国家出版基金项目
NATIONAL PUBLICATION FOUNDATION

海上絲綢之路文獻集成

總主編　陳支平　陳春聲

歷代史籍編 121

主編　范金民

海峽出版發行集團
THE STRAITS PUBLISHING & DISTRIBUTING GROUP
福建人民出版社

「十三五」國家重點圖書出版規劃重大出版工程規劃項目

國家新聞出版改革發展項目庫入庫項目

國家出版基金資助項目

本册目次

鴉片事略二卷

〔清〕李圭撰

《鴉片事略》二卷，清李圭撰。圭（一八四二—一九〇三）字小池，江寧（今江蘇南京）人。光緒十九（一八九三）任海寧知州。就見聞所及，博採群書，兼録郵報，並附外國往來文牘及鴉片輸入箱數統計，輯而成書。上卷起自嘉慶間英人從印度販運鴉片來華，訖道光二十二年（一八四二）《南京條約》簽訂。下卷起自道光二十三年清廷禁令吸食、興販鴉片，訖光緒二十年。於禁煙及鴉片戰争始末、戰役弛禁等情狀均有記述，尤以西方列國走私鴉片情形爲詳。據清光緒二十一年刻本影印。

鴉片事畧二卷

光緒二十一年乙未夏五月刊于海甯州署

鴉片事畧卷上

江甯李圭小池

鴉片爲中國漏卮爲百姓鴆毒固盡人知之而其於鄰邦流行之本末禁令弛張之互用與夫英人以售鴉片而與戎乞撫又以惡鴉片而設會勸禁三百年來之事則未必盡人知之用就見聞所及或采自他書或錄諸鄰報薈萃成此附以外國往來文牘曰鴉片事畧攷亞細亞洲（西人分地球爲五洲亞細亞五洲之一也）南境有國曰印度漢書所謂身毒又稱天竺者也廣袤四千餘里東界緬甸西界阿富汗俾路芝南際大海北迄葱嶺

東北界廓爾喀哲孟雄（一名西金一稱錫金）布魯克巴諸部落密邇三藏國區爲五地形入海之處爲南印度溫都士坦古稱中印度其厄納特爲四方適中之地孟加剌（音近邦格拉明史稱榜葛剌音頗近）爲東印度其會城曰加爾格達西印度跨恆河與阿富汗俾路芝接壤克什米耳爲北印度卽古之罽賓國西北距英吉利水程約二萬里東南距粵省不及萬里　國朝見據於英吉利英設總督（英制印度總督位最尊權最大）駐焉印度屬英本末譯附

印度幅員居中國三之二在昔其國物產之備文字之盛製造之精中國而外無與比倫國內部落各爲君長明中

葉有部長名巴白者霸於諸部自立爲帝號其朝曰泰麥萬歷間有英京倫敦商賈數人合資創貿易公司於印度以通商東土曰印度公司英君給以憑照準在東土通商不許他商繼迹初僅於印度濱海數處購地造屋若部落然不數年貿易日盛嗣因印人時與搆難英君又準其在印用兵自衛於是購兵船舉官長練兵丁築砲臺規模漸擴時印度泰麥朝猶盛無可乘之隙而英人亦尙安分也其後國勢漸衰部落相繼作亂英公司自衛之兵因此而增其在印度之荷蘭國人法蘭西國人亦皆以兵自衛諸

部長相爭多求助於西人西人立功恒索地以酬最著者英人也闢地故日大乾隆間泰麥之君爲英人所攻不敵出走繼將辨嘉霸夏亞利撒諸地永屬於公司公司且與之立約每年取銀八百萬兩泰麥幾不國英竟以一貿易公司稱霸印度時英君雖不自兼其國而慮公司尾大亦遣大臣駐其地以籍制之又調軍士數隊戍焉俸餉仰給於公司又命於倫敦設署爲印度公司總署凡事由署議定然後傳令於印度自是公司之權年大一年其與地失睦與之戰有不降服者或索地或與盟使類於屬國咸讋

七年公司所屬兵已二十有六萬人年中度支需銀九千五百萬兩是年土人作亂與英人搆難欲盡逐英人英人之居內地者多遭駢戮幾得境土岌岌可危英人併力死戰經年卒使其歸服然公司之權亦由是而日替蓋平是亂英君力也事後英君下令其地不再屬於公司而爲英之藩屬公司原設之員亦皆隸於國君英君遂兼有印度稱印度皇帝焉夫此公司也基於貿易之事卒以二萬里外之大國獻之雖曰人事豈非天哉

其地東南兩境產波畢音近瓔閒即罌粟花也取其漿摶爲塊曰

鴉片音近阿咪今所謂洋藥也泰西人紀載之書罌粟初產埃及國周威烈王時希臘人以其汁取入藥品食之能安神止痛多眠忘憂隋唐之世阿剌伯人自立爲天方國重希人醫學希人名罌粟汁曰阿扁阿人遂變扁音爲芙蓉波斯人又變音爲片故有阿芙蓉阿片之名明人醫學入門云鴉片一名阿芙蓉始見鴉片二字蓋自印度南洋展轉傳至中國復變阿音爲鴉也成化時中國得其取汁之法嘉靖初其法益精泰西化學家謂鴉片內有一質曰醉質食之令人多眠蓋醉去也漸久慣受醉質則成癮既得癮過時不食全體廢弛食

則復初而精神日耗死則隨之阿剌伯既廣種植土耳基波斯諸國效之歐羅巴洲（亦地球五洲之一）各國亦種此印度種最後其種有二十五而堪用者甚少產土耳基波斯多白花白子產印度者兩種一亦白花白子一紅花黑子下原所植俱白花出喜馬拉山（亞細亞洲境最高之山）俱紅花法國人以其子榨油合美頗好之英人亦用其漿爲藥材印人則取乾塊爲餅嚼食歎客南洋諸島有生食者俾路芝以西各部酋皆酷嗜之亦生食也明末蘇門答臘（在南洋新加坡之西）人變生食爲吸食其法先取漿蒸熟濾去渣滓復煮和菸草葉爲丸置竹管就火吸食

回教嚴酒禁而酷嗜鴉片近二十年美國因旅居華人吸食者衆亦有習食成癮者印人亦多習食毒物蔓延遂及天下而中國受禍爲獨鉅歐洲近今不種阿剌伯土耳基諸國俗尚因循故所產不加多而印度得英人督率榨漿摶塊以機器代人力遂年增一年其來中國者名有四產邁爾窪部而由孟買（一作孟米一作孟美）出海口者曰白皮乃印度官中自種箱百六七十枚至二百枚重百斤今所謂小土即小洋藥也產孟加剌部之派託拏者曰公班賓乃斯者曰剌班一曰姑（派託拏賓乃斯皆地名按洋文地圖譯音）乃英吉利官中所種箱四十枚重百二十斤

則皆由加爾格達城出海口今所謂大土即大洋藥也其他波斯所產曰新山又曰紅肉土耳基所產曰金花亦俱爲小土也英人初有印地歲徵其稅後見流入中國吸食漸衆銷路日暢於是印度人之操其業者莫不爭種印酋英官見獲利之鉅也咸命官經理其事不許民間私種英於孟買加爾格達兩海口設關榷稅箱納英金六十磅（其時磅核銀約二兩五錢）前明萬歷十七年定阿片每十斤稅銀二錢是爲中國徵稅之始康熙二十三年海禁弛南洋鴉片列入藥材每斤徵稅銀三分其時沿海居民得南洋吸食法而益精思之煮土成膏鑲

竹爲管就燈吸食其煙不數年流行各省甚至開館賣煙雍正中定興販鴉片煙者照收買違禁貨物例枷號一月發近邊充軍私開鴉片煙館引誘良家子弟者照邪教惑衆律擬絞監候爲從杖一百流三千里船戶地保鄰佑人等俱杖一百徒三年兵役人等藉端需索計贓照枉法律治罪失察之汛口地方文武各官並不行監察之海關監督均交部嚴加議處尙未及吸食者罪名乾隆二十年稅則仍載鴉片一斤估價五錢似徵稅如故也嘉慶十五年三月京師廣甯門盤獲楊姓身藏鴉片六盒請交刑部審辦得　旨鴉片煙性最

酷烈食此者能驟長精神恣其所欲久之遂致戕賊身命大爲風俗人心之害本干例禁該犯楊姓膽敢攜帶進城實屬藐法著即交刑部嚴審辦理惟此項鴉片近聞購食者頗多奸商牟利販賣接踵而來崇文門專管稅務僅於所屬口岸地方稽察恐尚未能周到仍著步軍統領五城御史於各門禁嚴密訪查一有緝獲即當按律懲治並將其煙物毀棄至閩粵出產之地並著該督撫關差查禁斷其來源毋得視爲具文任其偷漏二十年三月　諭粵督蔣攸銛等奏酌定查禁鴉片煙章程請於西洋貨船到澳門時先行查驗並明立

賞罰使地方知所懲勸等語鴉片煙一項流毒甚熾多由夷船夾帶而來嗣後西洋貨船到澳門時自應按船查驗杜絕來源至粵省行銷鴉片煙積弊已久地方官皆有失察處分恐伊等瞻顧因循查拏不力嗣後有拏獲鴉片煙之案除查明地方委員等有得規故縱情事應嚴參辦理外其僅止失察者概行寬免處分至所請獲與販煙斤自二百斤至五千斤以上分別紀錄加級及送部引見並軍民人等拏獲獎賞以及誣良治罪之處俱著照該督等所請行自是入口者率暗中偷運價値益增洋船初尚泊於澳門繼且移之黃埔皆

於貨物交易時夾帶私售道光元年查出葉恆澍夾帶鴉片之案奉　旨重申前禁凡洋船至粵先令行商出具所進黃埔貨船並無鴉片甘結方準開艙驗貨其行商容隱事後查出加等治罪開館者議絞販賣者充軍吸食者杖徒自此鴉片躉船盡徙於零丁洋其地水路四達凡閩浙天津之泛海者就地交易銷數之暢如故何則科條加重販者吸者罪皆不及於死而有癮者頃刻無煙即有性命之憂是以甘心觸犯購求愈切奸販乘其所急得以居奇胥役包庇關津賣放皆由此起逮躉船移零丁洋後而鴉片愈矜貴價値愈擡高

矣二年二月御史黃中模奏請嚴禁海洋偷漏銀兩一摺　諭廣東督撫洋商與外夷勾通販賣鴉片煙重爲風俗之害皆由海關利其重稅隱忍不發以致流傳甚廣著該督撫密訪海關監督有無收受黑煙重稅據實奏聞並通飭各省關隘一體嚴密查拏兩廣總督阮元奏　廷旨密查奏請暫事羈縻徐圖禁絕三年八月定失察鴉片煙條例鴉片煙一項流毒甚熾總由地方官查拏不力所致向來地方官止有嚴參賄縱之例並無議處失察之條且止查禁海口洋船而於民間私熬鴉片未經議及條例尚未周備嗣後如有洋船夾

帶鴉片煙進口並奸民私種罌粟煎熬煙膏開設煙館文職地方官及巡查委員如能自行拏獲究辦免其議處其有得規故縱者仍照舊例革職若止係失於覺察按其鴉片多寡一百斤以上者該管大員罰俸一年一千斤以上者降一級留任五千斤以上者降一級調用武職失察處分亦照文職畫一辦理其文武官拏獲煙斤議敘均著照舊例行惜其時躉船已改泊急水門金星門等處句結內地奸民往來傳送於是鴉片之來每年驟增至數萬箱洋商易貨無多輒載銀出洋回國內地銀荒日甚　朝廷憂之十年六月定查禁內

地行銷鴉片章程十六年太常寺少卿許乃濟上言近日鴉片之禁愈嚴而食者愈多幾徧天下蓋法令者胥役棍徒之所藉以為利愈峻則胥役之賄賂愈豐棍徒之計謀愈巧臣愚以為匪徒之畏法不如其騖利且逞其鬼蜮伎倆則法令亦有時而窮究之食鴉片者率皆浮惰無志不足輕重之輩亦有逾耆艾而食之者不盡促人壽命海內生齒日繁斷無耗減戶口之虞而歲竭中國之脂膏則不可不早為之計閉關不可徒法不行計惟仍用舊制照藥材納稅但祇準以貨易貨不得用銀購買應將紋銀番洋一體嚴禁偷漏又官員士子兵丁不得漫無區別犯者應請立加斥革免其罪名該管上司及統轄各官有知而故縱者仍分別查議似此變通辦理庶足以杜漏卮而裕　國計奉　旨交疆臣會議時九卿臺諫多不為然給事中許球論弛鴉片之禁既不禁其售賣又豈能禁人吸食若止禁官與兵而官與兵皆從士民中出又何以預為之地況明知毒人之物而聽其流行復徵其稅課堂堂　天朝無此政體臣愚以為與其紛更法制盡撤藩籬曷若謹守舊章嚴行整頓自古制夷之法詳內而畧外先治己而後治人必先嚴定治罪條例將販賣之奸民說合

之行商包買之窰口護送之蟹艇賄縱之兵役嚴密查拏盡法懲治而後內地庶可肅清若坐地夷人先擇其分住各洋行著名奸猾者查拏拘守告以定例勒令具限使寄泊零丁洋金星門之躉船盡行回國並令寄信該國王鴉片流毒內地戕害民生　天朝已將內地販賣奸民從重究治所有坐地各夷人念係外洋不忍加誅如鴉片躉船不致再入中國即行寬釋仍準照常互市倘仍前私販潛來句誘定將坐地夷人正法一面停止互市似此理直氣壯該夷人不敢存輕視之心庶無所施其伎倆得　旨鴉片煙來自外洋流毒內

地例禁綦嚴近日言者不一或請量爲變通或請仍嚴例禁必須體察情形通盤籌畫行之久遠無弊方爲妥善著鄧廷楨等將摺內所奏如販賣之奸民說合之行商包買之窰口護送之蟹艇賄縱之兵丁嚴密查拏各情節悉心妥議力塞弊源據實具奏是時鴉片弛禁之議已不行疆臣奏覆率請嚴定販賣吸食罪名十八年閏四月鴻臚寺卿黃爵滋奏請將鴉片從嚴懲辦以塞漏卮其疏畧曰考諸 純帝之世籌邊之需幾何 巡幸之費幾何修造之用又幾何而上下充盈號稱極富至嘉慶以來猶徵豐裕士大夫之家以及巨商

大賈奢靡成習較之目前不啻霄壤豈愈奢則愈豐愈儉則愈嗇耶竊見近來銀價遞增每銀一兩易制錢一千六百有零非耗銀於內地實漏銀於外夷也蓋自鴉片流入中國我
仁宗睿皇帝知其必有害也故告誡諄諄例有明禁然當時臣工亦不料其流毒至於此極假早知其若此必有嚴刑重法遏於將萌查例載凡洋船到廣必先取具洋商保結保其必無夾帶鴉片然後準其入口其時雖有保結視爲具文夾帶斷不能免故道光三年以前每歲漏銀數百萬兩其初不過紈袴子弟習爲浮靡尚知斂戢嗣後上自官府縉紳下

至工商優隸以及婦女僧尼道士隨在吸食置買煙具爲市日中盛京等處爲我 朝根本重地近亦漸染成風外洋來煙漸多另有躉船載煙不進虎門海口停泊於洋中之老萬山大嶼山等處粤省奸商句通巡海兵弁用扒龍快蟹等船運銀出洋運煙入口故自道光三年至十一年歲漏銀一千七八百萬兩自十一年至十四年歲漏銀二千餘萬兩自十四年至今漏至三千餘萬兩之多此外福建浙江山東天津各海口合之亦數千萬兩以中國有用之財塡海外無窮之壑易此害人之物漸成病國之憂日復一日年復一年臣不

知伊於胡底各省州縣地丁漕糧徵錢甚多及辦奏銷悉以錢易銀折耗太苦故前此多有盈餘今則無不賠墊各省鹽商賣鹽俱係錢文交課盡歸銀兩昔之爭爲利藪今則視爲畏途若再數年間銀價愈貴奏銷如何能辦稅課如何能清設有不測之用又如何能支今天下皆知漏在鴉片所以塞之之法亦紛紛講求或謂嚴查海口杜其出入之路固也無如稽查員弁未必悉皆公正每歲計有數千餘萬兩之交易分潤毫釐亦不下數百萬兩利之所在誰肯認眞查辦偶有所獲已屬寥寥況沿海萬餘里隨在皆可出入不能塞漏卮

者一也或曰禁止通商拔其貽害之本似也不知洋夷載入呢羽鐘表與所載出茶葉大黄湖絲通計交易不足千萬兩其中沾潤利息不過數百萬兩尙係以貨易貨較之鴉片之利不敵十分之一故夷人之著意不在彼而在此今雖割棄粤海關稅不準通商而煙船本不進口停泊大洋居爲奇貨內地食煙之人刻不可緩自有奸人搬運故難防者不在夷商而在奸民不能塞漏卮者二也或曰查拏興販嚴治煙館雖不能淸其源亦庶可遏其流不知自定例以來興販鴉片者發邊遠充軍開設煙館者照左道惑人引誘良家子弟例

罪至絞今天下興販者不知幾何開設煙館者不知幾何而各省辦此案者絕少葢粤省總辦鴉片之人據該窰口自廣東以至各省沿途關口聲勢聯絡各省販煙之人其資本重者窰口沿途包送關津書吏容隱放行轉於往來客商藉查煙爲名恣意留難勒索其各府州縣開設煙館者類皆奸猾吏役兵丁句結富家大族不肖子弟素有聲勢於重門深巷之中聚眾吸食地方官之幕友家丁等半溺於此未有不庇其同好者不能塞漏卮者三也或又曰聽開罌粟之禁聽內地熬煙庶可抵當外夷之所入漸久不致紋銀出洋殊不知內地所熬之煙食之不能過癮不過興販之人用以攙和洋煙希圖重利此雖開種罌粟之禁不能塞漏卮者四也然則鴉片之害終不能禁乎實未知其所以禁也夫耗銀之多由於販煙之盛販煙之盛由於食煙之眾無吸食者自無興販無興販則外夷之煙自不來矣今欲加重罪名必先重治吸食臣請

皇上嚴降諭旨自今年某月某日起至明年某月某日止準給一年期限戒煙雖至大之癮未有不漸斷者倘若一年以後仍然吸食是不奉法之亂民置伊重刑無不平允查舊例吸食鴉片者罪僅枷杖其不指出興販者罪止杖

一百徒三年然皆係活罪斷癮之苦甚於枷杖與徒杖等該犯明知不肯斷絕若罪以死論是臨刑之慘急更苦於斷癮之苟延臣知其情願絕癮而死於家不願受刑而死於市惟

皇上明慎用刑之意誠恐立法稍嚴互相告訐必至波及無辜然吸食鴉片者是否有癮無癮到官熬審立刻可辨如非吸食之人雖大怨深仇不能誣枉良善果係吸食者究亦無從掩飾故雖用刑並無流弊臣查余文儀臺灣志云咬𠺕吧本輕捷善鬬紅毛製造鴉片誘使食之遂疲羸受制其國竟爲所據紅毛人有自食鴉片者其法集眾紅毛人環視繫

其人桿上以礮擊之入海故紅毛無敢食者今入中國之鴉片來自英吉利等國其法有自食鴉片者以死論故各國祇有造煙之人無一食煙之人臣又聞夷船到廣時由孟買經安南邊境初誘安南人食之安南覺其陰謀立卽嚴禁凡有食鴉片者死不赦夫以外夷之人尙令行禁止況我　皇上雷霆之威赫然震怒雖愚頑之沈溺旣久自足以發聵振聾但天下大計非尋常所及顧　聖明乾剛獨斷不必衆意皆合誠恐畏事之人未肯爲國任怨明知非嚴刑不治託言吸食人多治之過驟則有決裂之患今寬限一年是緩圖也在

諭旨初降之時總以嚴切爲要　皇上之旨嚴則奉法之吏肅奉法之吏肅則犯法之人畏一年之內尙未用刑十已戒其八九已食者竟藉　國法以保餘生未食者亦因戒煙以全身命此　皇上止辟之大權卽好生之盛德也復請諭飭各省督撫嚴切曉諭廣傳戒煙藥方予限吸食並一面嚴飭各府州縣清查保甲預先曉諭居民定於一年後取具五家鄰佑互結仍有犯者準令舉發給與優獎倘有容隱一經查出本犯照新例處死外互結之人照例治罪至如通都大邑五方雜處往來客商去來無定鄰佑難於查察責成鋪

店如有容留食煙之人照窩藏匪類治罪現在文武大小各官如有逾期吸食者以知法之人爲犯法之事應照常人加等除本犯官治罪外其子孫不準考試地方官於定例一年後如能實心任事拏獲多起者照獲盜例議敘以示鼓勵其地方官署內官親幕友及家丁仍有吸食被獲者除本犯治罪外該本管官嚴加議處各省滿漢營兵每伍取結照地方保甲辦理其管轄失察之人照地方官衙門辦理庶幾軍民一體上下肅清無論窮鄉僻壤務必布告詳明使天下曉然於　皇上愛惜民財保全民命之至意如是則漏卮可塞銀

價不至再昂然後講求理財之方誠天下萬世臣民之福也得　旨黃爵滋奏請嚴塞漏卮以培國本一摺著盛京吉林黑龍江將軍直省各督撫各抒所見妥議章程迅速具奏時湖廣總督林則徐奏最剴切疏曰查原奏內稱耗銀之多由於販煙之盛販煙之盛由於食煙之衆今欲加重罪名必先重治吸食等語臣伏思鴉片流毒於中國紋銀潛耗於外洋凡在臣工誰不切齒是以歷年條奏不啻發言盈庭而於吸食之人未有請用大辟者以　大清律例早有明條近復將不供興販姓名者由杖加徒已屬從重若遽坐死罪是與十

惡無所區別卽於五刑恐未協中一則以犯者太多有不可勝誅之勢若議刑過重則弄法滋奸恐訐告誣攀賄縱索詐之風因而愈熾所以論死之說私相擬議者未嘗乏人而毅然上陳者獨有此奏然流毒至於已甚斷非常刑之所能防力挽頹風非嚴蔑濟茲蒙　諭旨飭議雖以臣之愚昧敢不竭慮籌維竊謂治獄者固宜準情罪以折其平而體　國者尤宜審時勢而權所重今鴉片貽害於內地非難於革癮而難於革心欲革玩法之心安得不立怵心之法況行法在一年以後而議法在一年以前轉移之機正繫諸此惟是吸煙之輩陷溺已深志氣無不昏惰今日安知來日當夫嚴刑初設雖亦魄悚魂驚而轉思期限尚寬姑俟臨時再斷至期迫而又不能驟斷則罹法者仍多故臣謂轉移之機卽在此一年之中必直省大小官員其矢一心極力挽回間不容髮期於必收成效永絕澆風而此法乃不爲贅設謹就臣管見所及擬具章程六條爲我　皇上敬陳之一煙具先宜收繳盡淨以絕饞根也查吸煙之竹桿謂之鎗其鎗頭裝煙點火之具又須細泥燒成名曰煙斗凡新鎗新斗皆不適口且難過癮必其素所習用之具有煙油積乎其中者愈久而愈寶之

此外零星器具不一而足然尙可以他具代之惟鎗斗均難替代而斗比鎗尤不可離今須責成州縣盡力收繳鎗斗視其距海疆之遠近與夫地方之衝僻戶口之繁約民俗之華樸由各大吏酌期定數責以起獲示以勸懲除新鎗新斗聽該州縣自行毀碎不必核計外凡積油之鎗斗皆須包封黏貼印花彙冊送省該省大吏當堂公同啟封毀碎無論此具或由搜獲或由首繳或由收覓皆許核作州縣功過之斷數若地方繁庶而收繳寥寥者立予撤參如能格外多收亦當分別獎勵一此議定後各省應卽出示勸令自新仍將一年之期劃分四限遞加罪名以免因循觀望也查重典之設原爲吸食起見果能人人斷吸亦又何求各省奉文之後應由大吏發給告示徧行剴切曉諭自奉文之日起扣至三箇月爲初限如吸煙之人於限內改悔斷絕赴官投首者請照習教人首明出教之例準予免罪然投首非空言也必將家藏器具幾副餘煙若干全行呈繳到官出具改悔自新毫無藏匿器具甘結加具族鄰保結立案報查如日後再犯或被告發或經訪聞拘訊得實加倍重辦其二三四限之內投首者雖不能概予免罪似亦可酌量減輕惟不投首者一經發覺

即須加重盡四時成歲三月成時氣候不爲不久果知畏法儘可改悔若仍悠忽遷延再三自誤採以誅心之律已非徒杖所可蔽辜除初限以內拏獲者仍照原例辦理外其初限以外四限以內未首之犯拏獲審實似應按月遞加一等至軍爲止其中詳細條款並先後投首如何減等首後首犯如何懲辦之處均請　飭部核議施行似此由寬而嚴由輕而重不肖之徒如再不知悔懼置之死地誠不足惜矣一開館興販以及製造煙具各罪名均應一體加重並分別勒限繳具自首以截其源也查開館本係死罪興販亦應遠戍近因

吸食者多互相包庇以致破獲者轉少今吸煙既擬重刑若輩豈宜末減應請一體加重方昭平允但澆俗已深亦宜予以自新之路請自奉文之日始開館者勒限一月將煙具煙土全繳到官準將原罪量減如係拏獲照原例辦理地方官於一月內辦出者無論或繳或拏均免從前失察處分倘逾限拏獲犯照新例加重自獲之員減等議處其興販之徒路有遠近或於新例尚未聞知不能概限一月投首應請酌限三箇月內不拘行至何處準赴所在有司衙門繳煙免罪若逾限發覺亦應論死其繳到之煙土煙膏限同在城文武加

用桐油立時燒化投灰江河匿者與犯同罪至製造煙具之人近日愈多如煙槍固多用竹亦間有削木爲之大抵皆煙袋鋪所製其鎗頭則裹以金銀銅錫鎗口亦飾以金玉角牙又聞閩粵間又有一種甘蔗鎗漆而飾之尤爲若輩所重其煙斗自廣東製者以洋磁爲上在內地製者以宜興爲寶恐其屢燒易裂也則亦包以金銀而發藍點翠各極其工恐其屢吸易塞也則又通以鐵條而矛戟錐刀不一其狀手藝之人喜其易售奇技淫巧競相傳習雖照例懲辦而製造如故應請概限奉文一月內將所製大小煙具全行繳官毀化免

罪並示諭煙袋作坊瓦器窰戶以及金銀銅錫竹木牙漆各匠互相稽查如逾限不首及首後再製俱照新例重辦其裝成鎗斗可用吸食者即應論死保甲知情不首與犯同罪一失察處分宜先嚴於所近也文武屬員有犯該管上司於奉文三箇月內查明舉發者均予免議逾限失察者分別議處其本署戚友家丁近在耳目之前斷無不知應勒限一箇月查明若不能早令革除又不肯據實舉發即是有心庇匿除本犯加重治罪外應將庇匿之員即行革職本署書差有犯限三箇月內查明懲辦逾限失察者分別降調一地保牌頭

甲長本有稽查奸宄之責凡有煙土煙膏煙具均應著令查
起也挾仇訐告之風固難保其必無但能起獲贓證即已有
據且起一具便少一害雖初行之時亦恐難免滋擾然凡事
不能全無一弊若果吸煙者懼其滋擾而皆決意斷絕不為
無裨至開館之房主及該地方保甲斷無不知之理若不舉
發顯係包庇應與正犯同罪並將房屋入官一審斷之法宜
預講也此議定後除簡僻州縣犯者本少即有一二無難隨
時審辦外若海疆商賈碼頭及通衢繁會之區吸食者不可
勝計告發既多地方有司日不暇給即終日承辦而片刻放

鬆則癮已過矣委人代看則弊已作矣是非問罪之難而定
罪之難也要知吸食之虛實原不在審而在熬熬一人與熬
數人數十人其工夫一也且專一人容或有弊多人同熬轉
可無欺譬如省會地方擇一公所彙提被控拘拏之人委正
印以上候補者一員往審足矣臨審時恐其夾帶過癮則必
先將身上按名嚴搜即糕點亦須敲碎然後點入封門如考
棚之坐號各離尺許不准往來問官亦止準帶一丁二役隨
身伺候不許擅離自辰巳以至子丑祇須靜對不必問供而
有癮之人情態已皆百出矣其審係虛誣者何員所審即令

何員出具切結倘日後別經發覺惟原審官是問以上六條
理合繕摺具奏再有丸方兩種飲方兩種另單請頒行各省
以資療治謹奏其戒煙方總論曰人之喉管有二食管以主
飲食下達二腸氣管以主呼吸周通五臟氣管本屬清虛不
受一粒半滴之物若物誤入其中即時咳逆必出之而後快
而煙乃有氣無形之物故可吸入呼出往來於五臟雖其氣
已去而其質仍留但人之所以得生者胥藉胃間所納穀氣
循環於經絡以培養其精神今食煙之人其臟腑慣得煙氣
以克穀氣故常人一日不食五穀則飢而憊食鴉片煙者視

五穀猶可緩但對時不吸煙則癮發而憊無他正氣為邪氣
所制也本草所載生煙即今之旱煙其氣辛故止於入肺若
鴉片則其性毒而淫其味濇而滯其色黑而入肝腎故一吸
而能透於肉筋骨髓之中一呼又能達於肢體毛皮之杪徧
身內外上下無處不到是以食纔下咽自頂至踵均覺舒暢
遂溺其中始則由漸而常繼則由常而熟至於熟矣內而臟
腑經絡外而耳目手足皆必得此煙氣而後即安一旦無之
腎先告乏故呵欠頻作肝因而困故涕淚交流肺病則痰涎
並生心病則痿輭自汗必至是時而起者脾主信故也彼溺

乎其中者至是而適受其困矣然溺而知戒不過困於一時溺而不戒則直徇以身命以煙氣克穀氣引邪奪正其能久乎果其戒之並非難事癮之輕者與體之壯者卽無藥方亦可斷絕茲專爲受癮深而氣體薄者立前後兩方一曰忌酸丸一曰補正丸忌酸丸卽煙灰和藥爲之緣戒時不能遽絕故以灰代煙也重用附子者取其走而不守能通行一十二經也佐以柴胡之左旋升麻之右旋沈香之直達下焦四者相合則徹乎上下表裏頃刻而能徧於一身矣顧吸煙之人中氣無不傷者中氣傷則氣不能化精而血衰故用參耆以

補肺氣白朮以補脾氣陳皮木香以利諸氣皆所以安其中也中氣既固再有當歸連柏以涼血而生血且連柏能殺附子之毒以生一源之水且制二相之火也氣血兩虛之人保無昏暈非天麻不能止故加以天麻其用甘草者不但可以補中兼可益血並和諸藥也此方氣血兩補而藥味不雜寒熱並用而於理不悖煉以爲丸吞入於胃行氣於五臟輸精於經絡不俄頃亦卽徹頂踵徧內外無處不到是以煙癮不起諸病不作且有沈木二香氣息芬芳藉附子行之熏蒸於五臟之中吞至數日後若再取過火之煙吸之不獨臟氣與

之扞格卽鼻孔聞之已嫌其臭矣補正丸卽以忌酸丸之方減去黃耆木香二味不用附子且不用煙灰其餘藥味分兩均與忌酸丸方同凡戒煙者先吞忌酸丸至三五日後每日減忌酸一丸則以補正兩丸替之減二丸則以四丸替之照此遞推互相加減至忌酸丸減盡再專服補正丸十日或半月後卽連補正丸亦不用服而癮自斷矣此方歷試歷驗具有神效緣有補中益氣之藥日減有煙之一丸以去邪癮日增補正之二丸以助正氣正氣日足邪無所容卽使至重之癮果能痛自改悔照法行之不過畧多數日未有不能斷絕

者全身命以保餘生懍　國法而免刑戮凡有血氣心知之人有不覺悟自新迷途早返者哉方藥製法開後

忌酸丸方

不曰戒煙丸而曰忌酸丸者蓋以既用煙灰吞服之後若與味酸之物同食則令人腸斷而死故以忌酸名方欲服之者顧名知忌耳生洋參五錢白朮三錢當歸二錢黃柏四錢川連四錢炙黃耆三錢五分炙甘草三錢五分陳皮二錢五分柴胡二錢五分沈香二錢忌火木香二錢忌火天麻三錢升麻一錢五分共爲細末入生附子七錢米泔浸透石臼中搗如泥再入煙灰一兩攪勻入麪糊同藥爲丸如小桐子大丸

成後其稱重若干約計平時有癮一分者每日所服之丸須有煙灰一釐二毫爲度必於飯前吞下否則不驗起初一二日或多吞些令其微有醉意則有煙亦不思食矣補正丸方生洋參白朮當歸黃柏川連炙甘草陳皮柴胡沈香天麻升麻分兩俱照前方其爲細末用蜜和丸如桐子大以之頂換忌酸丸如初一減忌酸丸一丸則用補正丸二丸吞下至初二則減忌酸丸二丸又用補正丸四丸吞下餘可類推如癮重者一劑不能盡除即多服兩劑癮亦必斷忌酸丸加減法紅白痢加黃芩白芍夢遺加龍骨牡蠣諸痛加重木香元胡

索咳嗽加紫菀炙冬花炙枇杷葉去毛咳甚者加杏仁阿膠熱痰加川貝母瓜蔞霜寒痰加半夏南星若覺下焦有火加黃柏知母眩暈加丹皮白菊小便短加豬苓澤瀉水瀉加白茯苓車前身體不虛者去洋參換沙參炙耆不必用如無頭暈者不用天麻氣短不足者加蛤蚧尾氣喘者加故紙並加蛤蚧尾以上或入藥或煎湯送下附錄簡便二方忌酸補正前後丸方極靈驗矣而配合兩劑需錢數千文彼憚於斷煙者尚有所藉口或謂一時乏此整款或謂配合費事有需時日即勸人斷煙者亦未必均肯捐資多製藥丸隨人施給雖

刀圭可以救病如畏難苟安何故又附錄兩方皆費錢極少而爲效甚捷者庶窮鄉僻壤之地輿臺奴隸之微但使一念知悔皆可立刻自醫更何畏難之有一曰四物飲赤砂糖一片生甘草一斤川貝母八錢去心研細鴉片灰三錢癮重者四錢右四物以清水十餘大碗入銅鍋煎兩三時約存三四碗愈濃愈妙將渣濾出取汁貯瓷甕內置靜室無人行處每日早起及夜臥之前各取汁一盃以開水溫服癮即可斷如癮極重者取已煎之汁而重煎之十盃煎成一盃照前再服必效一曰瓜汁飲南瓜正在開花時連其葉與根藤一併取

下用水滌淨於石臼中合而搗之取汁常服不數日夙癮盡去甫經結瓜者連瓜搗之亦可用謹按本草載南瓜甘溫無毒補中益氣截其藤有汁極清如誤吞生鴉片者以此治之即不死是其解毒如神故除癮亦極著效此物最易蔓生雖荒僻郊野無處無之惟至冬則藤葉皆枯無汁可取其在夏秋則取之不窮並可不費錢而得凡勸人戒煙者皆宜多取此汁廣貯罎甕留以濟人亦不費之惠疏上後復以各省章奏未齊定議需時慮民心一放難收乃商之湘鄂兩巡撫飭屬先訪開館興販之徒嚴緝務獲又會同出示剴切禁戒捐

廉配製斷癮藥丸於省城漢口鎮等處設局派員收繳煙鎗煙斗及一切器具餘煙隨據拏獲及首繳煙土煙膏一萬二千餘兩煙鎗一千二百餘桿煙斗雜具俱全湘省亦收繳煙鎗二千三百餘桿民婦多叩頭稱謝謂其夫男煙癮服藥斷絕身體漸強平日不能斷者至是皆恃　國法有以斷之時新例尚未頒行而情形業已如是林總督見其機不可失又上疏稱鴉片流毒天下爲害甚鉅法當從嚴若猶泄泄視之數十年後中國無可以禦敵之兵亦無可以充餉之銀　上深韙之七月步軍統領衙門奏拏獲職官吸食鴉片煙降

旨將該員革職並將販賣人等交刑部審訊九月莊親王奕賚輔國公溥喜等以吸食鴉片煙革爵奉　諭鴉片煙流毒內地官民煽惑傳染日深前年太常寺少卿許乃濟奏請弛禁朕即以爲不得政體本年鴻臚寺卿黃爵滋奏請嚴禁當降旨飭令直省將軍督撫各議章程昨復令大學士等會議朕於此事深加痛恨必欲盡絕根株毋遺遠患並於召見內外臣工時詳加察訪從無一人議及弛禁者許乃濟冒昧瀆陳殊屬紕謬著降爲六品頂帶即行休致以示懲儆其時天津鎮道在大沽一帶金廣興洋船拏獲煙土八十二口袋計重十三萬一千五百餘兩並取獲煙具軍械乃在廣東省城水西街開萬益號之廣東人李四莧仕粱等從嚴懲辦旋奉　廷寄賣大煙土者斬立決旗人吸煙者斬立決職任官本人吸煙者照例治罪幕友長隨吸煙者本官失察革職永不敘用民人吸煙治罪外子孫不準考試限一年內禁止盡絕其如何盡絕之處著各督撫府尹妥議具奏　詔林則徐來京面授方畧　命以兵部尚書頒給欽差大臣關防令馳赴粵東會同兩廣總督鄧廷楨查辦海口節制水陸各師十一月　陛辭出都十九年正月兩廣總督鄧廷楨等奏遵　旨

力除鴉片共矢血誠俾祛大患得　旨卿等同欽差大臣林則徐若能合力同心除中國大患之源不但卿等能膺懋賞即垂諸史冊朕之光輝豈淺鮮哉而民生之福政治之善又非淺鮮諒卿等亦不煩諄諄告誡也勉之勉之拭目待之此摺給林則徐閱看是月二十五日林大臣到粵維時粵中嚴拏興販吸食之犯坐地洋人不敢包匿其躉船寄椗零丁洋面者共二十二艘聞有　欽差到粵將欲開行林大臣欲窮治其事因咨會虎門水師提督碣石鎮總兵統帶各營分路把守傳令在洋躉船先將鴉片悉數繳銷方準開艙二月初

四月傳集洋商伍怡和等十三洋行發交諭帖令傳諭各洋商公司人等並歷年販運鴉片之奸商查頓顚地二人查其煙土存儲之實數卽時稟覆抄諭陳奏諭內有本大臣旣帶關防得便宜行事若鴉片一日不絕本大臣一日不回誓與此事相終始之語奉　批覽及此朕心深爲感動卿之忠君愛國皎然於域中化外矣傳諭後查頓聞風先遁時英公司領事義律已知其事託辭回澳門（澳門屬香山縣明季爲葡萄牙國人租佔）不至各洋行觀望推諉遷延不覆林大臣趣之急顚地始隨義律乘舟來省義律仍僞臥夷館如弗聞者因派兵役監守遂援

違抗封艙之案移粵海關監督將各洋商住泊黃埔之貨物一律封閉停其貿易又撤其沙文（音近邑僮）而羈禁之沙文者華人之受雇於洋館充買辦者也供應旣窮消息不通躉船之在外者經兵役防守斷其岸上接濟餉道垂絕諭帖附

諭各國夷商知悉照得夷船到廣通商獲利甚厚不論所帶何貨無不全銷欲置何貨無不立辦是以從前來船每歲不及數十隻近年來至一百數十隻之多我　大皇帝一視同仁準爾貿易爾纔得沾此利倘一封港各國何利可圖況茶葉大黃外夷若不得此卽無以爲命乃聽爾年年販運出洋絕不靳惜　恩莫大焉爾等感　恩卽須畏法利己不可害人何得將爾國不食之鴉片煙帶來內地騙人財而害人命乎查爾等以此物蠱惑華民已歷數十年所得不義之財不可勝計此人心所共憤亦天理所難容從前　天朝例禁尙寬各口猶可偷漏今　大皇帝聞而震怒必欲除之而後已所有內地民人販鴉片開煙館者立卽正法吸食者亦議死罪爾等來至　天朝地方卽應與內地民人同遵法度本大臣家居閩海於外夷一切伎倆早皆深悉其詳是以特蒙　大皇帝頒給平定外域

屢次立功之　欽差大臣關防前來查辦若追究該夷人積年販賣之罪卽已不可姑容惟念究係遠人從前尙未知有此嚴禁今與明申約法不忍不教而誅查爾等見泊零丁等洋之躉船存貯鴉片甚多意欲私行售賣獨不思海口如此嚴拏豈復有人敢爲護送而各省亦皆嚴拏更有何處敢與銷售此時鴉片禁止公行人人知爲鴆毒何苦貯在夷躉久碇大洋不獨枉費工資恐風火更不可測也合行諭飭諭到該夷商等卽遵照將躉船鴉片盡數繳官由洋商查明何人名下繳出若干斤兩造具淸冊呈官

點驗收明燬化以絕其害不得私毫藏匿一面出具夷字漢字合同甘結聲明嗣後來船永遠不敢夾帶鴉片如有帶來一經查出貨盡沒官人卽正法字樣聞該夷平日重一信字果如本大臣所諭已來者盡數呈繳未來者斷絕不來是能悔罪畏刑尚可不追既往本大臣卽當會同督撫兩院奏懇　大皇帝格外施恩不特寬免前愆並請酌予　賞犒以奬其悔懼之心此後照常貿易既不失爲良夷且正經買賣儘可獲利致富豈不體面倘執迷不悟猶思捏稟售私或託名水手帶來與爾無涉或詭稱帶回該

國投入海中或乘間而赴他省覓售或搪塞而繳十之一二是皆有心違抗怙惡不悛雖以　天朝柔遠綏懷亦不能任其藐玩應卽遵照新例一體從重懲創此次本大臣自京面承　聖諭法在必行且既帶此關防得以便宜行事非尋常查辦他務可比若鴉片一日未絕本大臣一日不回誓與此事相始終斷無中止之理況察看內地民情皆動公憤倘該夷不知改悔惟利是圖非但水陸官兵軍威壯盛卽號召民間丁壯已足制其命而有餘而且暫則封艙久則封港更何難絕其交通我中原數萬里版輿百

產豐盈並不藉資夷貨恐爾各國生計從此休矣爾等遠出經商豈尚不知勞逸之殊形與衆寡之異勢哉至夷館中慣販鴉片之奸夷本大臣早已備記其名而不賣鴉片之良夷亦不可不爲剖白有能指出奸夷責令呈繳鴉片並首先具結者卽是良夷本大臣必先優加奬賞禍福榮辱惟其自取今令洋商伍紹榮等到館開導限三日內回稟一面取具切實甘結聽候會同督撫示期收繳毋得觀望諉延後悔無及特諭

又諭夷人速繳鴉片煙土四條一論天理應速繳也查爾

等數十年來以害人之鴉片騙入銀錢前後不知幾萬萬矣爾則圖利而專利人則破產以戕生天道好還能無報應乎及今繳出或可懺悔消殃否則惡愈深而孽愈重爾等離家數萬里一船來去大海茫茫如風火雷霆之災蛟鱷鯨鯢之厄刻刻危機天譴可畏我　大皇帝威德同天今要杜絕鴉片是卽天意要絕鴉片也天之所厭誰能違之卽如英國之犯內地禁令者前有大班喇咈圖佔澳門卽在澳門死道光十四年嘩嘮啤闖進虎門旋卽憂懼而死嗎哩咗暗中播弄是年亦死此外尚有不循法度者或

回國而遭重譴或未回而伏冥誅各國新聞紙中皆有紀載　天朝之不可違者如是爾等可不懍懼乎一論國法應速繳也聞爾國禁令吸食鴉片者處死是明知鴉片之害人也若禁食而不禁賣殊非恕道若禁賣仍不禁偷賣是爲玩法　天朝販賣之禁本比吸食爲尤重爾等雖生於外國而身家養活全靠　天朝且住內地之日多住爾國之日少凡日用飲食以及積蓄家財無非　天朝恩典比之內地百姓更爲優待豈爾等於　天朝之法轉不知懍畏乎從前鴉片雖禁尚不加以嚴刑此是　天朝寬大

之政故於爾等私下販賣亦不十分窮究今則　大皇帝深惡而痛絕之嗣後內地民人不特賣鴉片煙者要死卽吸鴉片煙者亦死試思爾等若不帶鴉片煙來內地民人何由而吸是內地民人之死都是爾等害之豈內地民人該死而爾等獨不該死乎今仰體　大皇帝柔遠之心姑饒爾等之死只要爾等繳清煙土出具以後永不敢夾帶甘結如敢再帶人卽正法貨盡沒官這是寬既往而儆將來也何等包含渾厚且無論爾歷來所賣鴉片不計其數就論上年帶來鴉片偷賣約畧亦不少僅得躉船之見存

者儘數呈繳已極便宜那有再讓爾等多賺銀錢更誘內地民人買食以陷死罪之理恭查　大清律例內載化外人有犯並依例擬斷等語從前辦過夷人死罪如打死人償命之類多有成案試思打死不過衅起一時尚當依律抵死若販賣鴉片眞是謀財害命況所謀所害何止一人一家此罪該死乎不該死乎乃尙不思速繳煙土以免其死乎爾等細思之一論人情應速繳也爾等來廣通商利市三倍爾等帶來貨物不論粗細整碎無不聽爾銷售內地出產不論可喫可穿可用可賣者無不聽爾搬運不但

以爾國之貨賺內地之錢並以內地之貨賺各國之錢斷了鴉片而別項買賣正多則其三倍之利自在爾等仍可致富既不犯法又不造孽何等快活若必要做鴉片生意必致斷爾等貿易試問普天之下豈能更有如此好碼頭乎且無論大黃茶葉不得卽無以爲生各種絲帛不得卽無以爲織卽如食物中之白糖氷糖桂皮桂子用物中之銀硃藤黃白礬樟腦等類豈爾各國所能無者而中原百產充盈儘可不需外洋貨物若因鴉片而閉市爾等全無生計豈非由於自取乎況現在鴉片無人敢買爾等寄在

躉船按月有船租之價日夜有防範之工豈非多此枉費一遇風狂火熾浪捲潮翻沉沒燒燬皆意中事也何如呈繳而得賞乎一論事勢應速繳也爾等遠涉大洋來此經營貿易全賴與人和睦安分保身乃可避害得利爾等售賣鴉片貽害民生正人君子無不痛心疾首甚至興販吸食之人罹於死罪皆由爾等賣煙而起即愚闇小人亦多抱不平之氣衆怒難犯甚可慮也出外之人所恃者信義耳現在各官皆示爾等以信義而爾等轉毫無信義於心安乎於勢順乎況以不應賣之物當此斷不許賣之時爾

等有何爲難有何靳惜且爾國不食勢難帶回若不繳官留之何用至既繳之後貿易愈旺禮貌加優豈非爾等之福本大臣與督撫兩大院皆有不忍之心故不憚如此苦心勸諭禍福榮辱皆由自取毋謂言之不早也道光十九年二月十三日貼十三行

義律至是始謀於各商查明洋面躉船所存之鴉片據實稟繳計二萬二百八十三箱值英金三百萬磅核銀約八百萬兩稟詞附

英吉利國領事義律具稟　欽差大人爲恭敬遵諭稟覆事轉奉鈞諭　大皇帝特命示令遠職即將本英國人等經手之鴉片悉數清繳一俟大人派委官憲立即呈送如數查收也義律一奉此諭不得不遵自必刻即認眞一體順照緣此恭維稟請明示現今裝載鴉片之英國各船應赴何處繳出至所載鴉片若干繕寫清單求俟遠職一經查明當即呈閱也謹此稟赴大人臺前查察施行

英吉利國領事義律敬稟　欽差大人爲遵諭呈單事昨因謹奉大人鈞諭即經遠職持掌國王所賜權柄示令本國人等即將英吉利人所有之鴉片如數繳送遠職也現

經遠職查明所呈共有二萬零二百八十三箱恭候明示查收緣此謹稟赴大人臺前查察施行

林大臣得稟飭令各船駛赴虎門聽候收繳二月二十五日派員收起至二十七日林大臣復會鄧總督親詣虎門一面咨會提鎭各營統帶各標兵船分排口門內外海關監督駐稅口專司稽查於是躉船二十二艘先後駛抵虎門詳細驗收每艘大者千箱次者數百箱至四月初六日收畢核數得實每箱酌賞茶葉五斤集外洋各商出具永不售賣煙土在事後犯者人即正法貨船入官切結據以奏聞其煙土請解

京師原奏云臣於正月二十五日到省時在洋躉船二十二隻已陸續起椗開行作爲欲歸之勢若但以逐回夷界卽爲了事原屬不難惟臣等密計熟商竊以此次 特遣查辦務在永杜來源不敢僅顧目前因循塞責查夷情本皆詭譎而販賣鴉片者更爲奸猾之尤此次聞有 欽差到省料知必將該夷躉船發令驅逐故特先行開動離卻向來所泊之零丁等洋以明其不敢違抗其實每船內貯存鴉片聞俱不下千箱因上年以來各海口處處嚴防難於發賣而其奸謀詭計仍思乘間覓售非特不肯拋棄外洋亦必不肯帶回本國

卽使逐出老萬山以外不過暫避一時而不久復來終非了局且內海匪船亦難保不潛赴外洋句結售賣必須將其躉船鴉片銷除淨盡乃爲杜絕病源但洪濤巨浪之中未能確有把握因思躉船之存貯雖在外洋而販賣之奸夷多在省館雖不必遽繩以法要不可不喻以理而怵以威臣林則徐當撰諭帖責令衆夷人將躉船所有煙土盡行繳官與臣鄧廷楨怡良酌商定稿公同坐堂傳訊洋商將諭帖發給令其齎赴夷館偕同通事以夷語解譯曉諭立限稟覆一面密派兵役暗設維防惟查各國買賣以英吉利爲較大該國自公

司散局英人貿易公司道光十四年散局以後道光十六年派有四等職夷人義律到澳門經管商梢謂之領事臣等發諭之後各國則皆觀望於英夷而英夷又皆推諉於義律其中有通曉漢語之夷人噡等四名經司道暨廣州府等傳之公所面加曉諭因該夷噡等回稟之言尙爲恭順當卽賞給紅綢黃酒著令開導衆夷速繳鴉片未據卽行稟覆至二月初十日義律由澳門進省其時奸夷顛地等希圖乘夜脫逃經臣等查知截回諭責義律以不能約束之罪並照歷屆英夷違抗卽行封艙之案移咨粵海關監督臣豫堃將各夷住泊黃埔之貨船

暫行封艙停其貿易又夷館之買辦工人每爲夷人潛通消息亦令暫行撤退並將前派暗防之兵役酌量加添凡遠近要隘之區俱令明爲防守不許夷人出入往來仍密諭弁兵不得輕舉肇釁在臣等以靜制動意在不惡而嚴而諸夷懷德畏 威均已不寒而慄自嚴密防守之後省城夷館與黃埔澳門及洋面躉船信息絕不相通該夷人疑慮驚惶自言愧悔臣林則徐又復疊加示諭勸戒兼施卽於二月十三日據該領事義律稟覆情願呈繳鴉片維時距撤退買辦之期業已五日夷館食物漸形窘乏臣等當卽賞給牲畜等物

二百數十件復向查取鴉片確數經義律向各夷人名下反覆追究旋據呈明共有二萬二百八十三箱查向來挐獲鴉片如係外洋原來之箱每一箱計裝整土四十包每包約重三斤每箱應重一百二十斤即至日久收乾每箱亦約在百斤以外以現在報繳箱數覈之總不下二百數十萬斤若經奸販轉售則流毒何所不至今設法令其全繳不動兵刑無非仰仗　天威自然畏服當即諭令駛赴虎門以憑收繳除商明留臣怡良在省彈壓防範外臣林則徐臣鄧廷楨同抵虎門水師提督臣關天培本在虎門駐劄凡防範夷船查挐

售私之事皆先與臣等隨時商榷務合機宜自收繳之諭既頒尤賫嚴密防堵茲躉船二十二隻陸續駛至虎門口外關天培當即督率將領分帶提標各營兵船排列彈壓並先期調到碣石鎮總兵黃貴署陽江鎮總兵楊登俊各帶該標兵船分排口門內外聲威極壯粵海關監督臣豫堃亦駐虎門稅口照料稽查臣等親率文武大小各委員隨收隨驗隨運隨貯惟數甚多一躉船所載之箱即須數十隻剝船始敷盤運而自口外至口內堆貯之處又隔數十里若日期過促草率收繳恐又別滋弊端臣鄧廷楨擬收至兩三日後先回省

署辦公臣林則徐自當常駐海口會同提臣關天培詳細驗收經理一切容俟收繳完竣查明實在箱數與該夷領事所稟有無參差再行恭摺奏報並取具各夷人永不夾帶切結存案以斷根株伏思夷人販賣鴉片多年本干　天朝法紀若照名例所載化外有犯並依律科斷之語即予以正法亦屬罪所應得惟念從前該夷遠隔重洋未及遽知嚴禁今既遵諭全繳躉船鴉片即與自首無異合無仰懇　皇上覆載寬宏　恩施法外免追既往嚴儆將來並求　俯念各夷人鴉片起空無資置貨酌量　加恩賞給茶葉凡夷人名下繳

出鴉片一箱者酌賞茶葉五斤以奬其恭順畏法之心而堅其改悔自新之念如蒙　恩準所需茶葉十餘萬斤應由臣等捐辦不敢開銷至夷人呈繳鴉片如此之多事屬創見自應派委文武大員將原箱解京驗明再行燒燬以徵實在奉

硃批所辦可嘉之至另有旨旋奉　上諭本日據林則徐等由驛馳奏查辦躉船盡數呈交煙土一摺可嘉之至躉船私販煙土希圖脫逃經林則徐等截回躉船二十二隻起獲煙土二萬二百八十三箱該夷船畏法自首情尙可原著免治罪該督等奏請酌賞茶葉之處照所議辦理此項煙土爲

數甚多俟收繳完竣卽查明實在箱數派委明幹員弁解京
以憑核驗林則徐等查辦妥協自應量加鼓勵林則徐鄧廷
楨著交部從優議敘怡良豫堃關天培著交部議敘又奉
上諭據林則徐等馳奏躉船鴉片盡數呈繳請解京驗明燒
燬當降旨允行本日據御史鄧瀛奏稱廣東距京程途遙遠
所繳煙土爲數較多恐委員稽查難周易啟偷漏抽換之弊
等語林則徐等經朕委任此次查辦粵洋煙土甚屬認眞斷
不疑其稍有欺飾且長途轉運不無借資民力著毋庸解送
來京卽交林則徐鄧廷楨怡良於收繳完竣後卽在該處督

率文武員弁公同查核目擊銷燬俾沿海居民及在粵夷人
共見共聞咸知震懾該大臣惟當仰體朕意核實稽查不準
在事員弁人等稍滋弊混於是林大臣會同督撫於虎門監
視銷燬就海灘高處周圍樹柵開池二縱橫各十五丈有餘
灌以海水投以石灰頃刻湯沸不爨自然潮退啟涵洞隨潮
出海每日盡三四百箱至千箱不等自四月二十二日化起
五月十五日畢事除去箱隻實共燒燬煙土二百三十七萬
六千二百五十四斤先期出示令外洋人來虎門集視其時
觀者如堵悉慴伏無異詞且有敘入外洋新聞紙中以紀其

事者遂下令盡逐外洋之躉船與澳門之奸夷不許逗遛內
地其續到之船有鴉片者倘自揣不敢報驗卽日回國亦免
窮究若仍沿舊以煙土卸寄躉船則入口時丈量船旁水蹟
尺寸情僞立見必按夾帶鴉片新例人卽正法船貨入官所
有進口之船均應照此具結並行文英國王一體嚴禁文附
天朝欽差大臣兵部尚書湖廣總督林兵部尚書兩廣總
督鄧兵部侍郎廣東巡撫怡會同移文於英吉利國王爲
會禁鴉片煙事照得天道無私不容害人以利己人情不
異孰不惡死而好生貴國雖在重洋數萬里外而同此天

道同此人情未有不明於生死利害者也我　天朝四海
爲家　大皇帝如天之仁無所不覆卽遐荒絕域亦在並
生並育之中廣東自開禁以來流通貿易凡內地民人與
貴國番船相安於樂利者數百年於茲矣且如大黃茶葉
湖絲等物皆國中寶貴之產貴國若不得此則無以爲命
而　天朝一視同仁許其販運出洋絕不靳惜無非推恩
外服以天地之心爲心也乃有一種奸夷製爲鴉片夾帶
販賣誘惑愚民以害其身而謀其利從前吸食者尚少近
則互相傳流染毒日深在中原富庶蕃昌雖有此等愚民

貪口腹而戕生命亦屬孽由自作何必為之愛惜然以大一統之天下務在端風俗以正人心豈肯使海內生靈任其鴆毒是以現將內地販賣鴉片並吸食之人一體嚴行治罪永禁流傳惟思此種毒物係貴國所屬各部落內鬼蜮奸人私行造作自非貴國王令其製賣且即各國之中亦止數國製造此物並非各國皆有然又聞貴國亦不准人吸食犯者必懲自係明知其害人故特為之嚴禁然禁其吸食尤該禁其販賣並禁其造作乃為公恕之道若徒禁其吸食而仍製造販賣引誘內地愚民則欲己之生而

陷人於死欲己之利而貽人以害此則人情之所共恨天道之所不容以　天朝威震華夷何難力制其命而仰體

聖仁寬大自宜誥誡於先且從前曾用公文此文移會未見貴國王一同嚴禁則猶得諉為不知今與貴國王約將此害人之鴉片永遠斷絕我內地禁人吸食爾屬國禁人製造其從前已經製造者貴國王須即令其搜盡投之海底斷不許天地間更有此種毒物非獨內地人民不受其害即貴國民人既有造作安知其不吸食並令造作而禁之則貴國亦不受害豈不各享太平之福而益見貴國恭順之忱如此則明乎天理而上天不至降災協乎人情而

聖人亦必嘉祥況內地既經嚴禁無人吸食即該夷等仍行製造終亦無處銷賣無利可牟與其虧本徒勞何不改圖生業現在內地搜出盡付油火焚燒若再有夷船夾帶鴉片前來不能不一體燒燬恐船內他貨亦難免玉石俱焚是利未得而害已形欲害人而先害已　天朝之所以能臣服萬國正有不測之　神威無謂言之不早也貴國王接到此文即將如何嚴禁斷絕緣由速行移覆幸勿諉說遲延佇切盼切

五月王大臣等會議查禁鴉片章程三十九條一沿海奸徒開設窯口句通外洋囤積鴉片首犯擬斬梟為從同謀及接引護送之犯並知情受雇船戶擬絞監候該管官知情故縱者革職失察者分別議處一沿海員弁兵丁受賄故縱擬絞立決知情徇縱俱發往新疆官弁充當苦差兵丁為奴失察者分別議處兵丁杖徒一合夥開設窯口並合夥興販者以造意為首餘俱以為從論一沿海奸徒寄存洋船煙土照開設窯口從犯治罪一官役拏獲販煙吸食之犯得財賣放者與犯同罪贓重者計贓以枉法從重論失察之該管官分別

議處一收禁人犯如有禁卒人等將鴉片煙私行傳遞或爲代買者發極邊煙瘴充軍其遞解之犯解役人等有犯前項情弊發近邊充軍贓重者計贓以枉法論失察之該管官分別議處一兵役匪棍以查煙爲由肆行搶奪並挾讎誣賴者俱發極邊充軍贓一百二十兩以上者爲首擬絞監候失察之該管官分別議處一鴉片煙案內流罪以上人犯告稱留養者概不查辦一事未發而自首者免罪聞拏投首者減一等首後復犯加一等治罪一吸食之案止準官弁訪拏不許旁人訐告一開設煙館首犯擬絞立決從犯及知情租屋者

發新疆給官兵爲奴兵役包庇與犯同罪有贓計贓準枉法從重論失察之該管官分別議處一栽種罌粟造製煙土及販煙至五六百兩或興販多次者首犯擬絞監候爲從發極邊煙瘴充軍興販一二次數不及五百兩者爲首發新疆給官兵爲奴爲從發邊足四千里充軍兵役賄庇與首犯同罪贓重者計贓以枉法從重論其知情租給房地之業主受雇之船戶一年以外者發邊遠充軍一年以內杖流半年以內杖徒州縣官知情故縱者革職永不敘用失察之該管官分別議處一栽種罌粟向未製煙售賣及收買煙土煙膏未售

賣者爲首發極邊煙瘴充軍爲從杖流一吸煙人犯均予限一年六箇月限滿不知悛改無論官民概擬絞監候一平民吸煙在一年六箇月限內者擬杖流如係旗人銷除旗檔一體實發一在官人役並官親幕友一年六箇月內在署吸煙者照平民加一等治罪該管官知情故縱者革職失察者降調一職官吸煙在一年六箇月內者發新疆充當苦差一兵丁吸煙在一年六箇月內者發近邊充軍該管官知情故縱者革職失察者分別議處一開設煙館栽種罌粟製煙興販首從各犯除見擬死罪外其餘俟一年六箇月後均擬絞監

候一吸煙人犯雖經改悔戒絕但有存煙灰者杖一百一製賣鴉片煙具者照造賣賭具例分別治罪失察及拏獲之該管官分別議處議敘一同居子弟有吸煙者家長照不能禁約子弟爲竊例治罪一職官因吸煙發往新疆者概不準各城大臣因事保奏一宗室覺羅吸煙者發往盛京嚴加管束如係職官及王公均革職革爵發往盛京永不敘用如犯在一年六箇月限滿後者照新定章程加重擬絞監候宗人府會同刑部恭進黃冊請　旨一太監內如有從前吸食者限一箇月內自首免罪再限三箇月內令總管太監認眞搜查

如有收藏煙具者審明從重治罪如三箇月限滿半年以內
有在禁門以內各值房吸食者均擬絞監候在外圍值房吸
食者枷號六箇月發極邊煙瘴永遠枷號遇赦不赦失察之
總管首領及同屋太監奏請分別降革治罪如係首領吸食
均照禁門以內新擬罪名辦理失察之本管總管奏請分遣
究出販煙之人同罪若係民人交刑部加等治罪至　陵寢
首領太監等有吸食者照外圍辦理其王公門上及各大臣
宅中之太監等有吸食者交慎刑司永遠枷號不赦如半年
以後仍有吸食在宮門以內者擬斬監候外圍等處及　陵

寢當差並王公門上大臣宅中並已爲民太監等擬絞監候
各項失察處分仍照前議辦理一洋商住澳住行貿貨完竣
卽飭遵照定限起程如逾限久留照違制律治罪一官兵查
拏鴉片煙遇有大夥拒捕者準放鳥槍格殺勿論一銷燬煙
土令督撫親驗眞僞以防偷換一沿海各省洋船進口督撫
派公正大員實力搜查一各省海關監督於洋船帶煙進口
知情縱放者革職失察者分別議處一各省拏獲煙犯將由
何處購買何人包庇護送及經過地方逐一根究分別懲辦
該管官受賄故縱者革職治罪知情者革職失察者分別議

處一拏獲吸煙人犯承審徇情開脫照故出人罪例治罪一
吸食已戒平民例得免罪惟職官爲民表率如曾經吸食者
均勒令休致一拏獲囤積興販各犯無論鄰境本境均準給
予議敘仍分別送部引　見一訪獲吸食者亦準酌請議敘
一在京各衙門及外省督撫將吸煙之員列入京察卓異卽
將原保舉官議處一京城地面五方雜處稽查尤應嚴密應
責成步軍統領衙門順天府五城隨時訪察仍嚴禁番役等
訛索擾累一各省保甲飭地方官認眞編查如牌長有受賄
知情等弊一體懲辦一地方官朔望宣講後卽將吸食鴉片

之害傳齊衆人明白宣示庶父誡兄勉咸知自愛奏入得
旨上年黃爵滋條奏鴉片積弊請旨設法嚴禁當交各將軍
督撫等各抒所見妥議以聞嗣經陸續奏到並據科道等官
先後條陳特降諭旨交大學士軍機大臣會同各該衙門議
奏茲據詳議章程會同奏入朕詳加披閱尙屬周妥俱著照
所議辦理並著纂入則例永遠遵行各該衙門卽速行刊刻
頒發各直省將軍督撫等轉行所屬地方文武員弁一體遵
照明白出示曉諭咸使聞知時米利堅（今稱美國）諸國皆遵具切
結義律自省去澳復遞稟言遵禁販煙之弊亟應設法早除

如準委員來澳會議章程可冀常遠除絕林大臣批示奬勵
義律又稟請本國商船泊近澳門林大臣以澳門向例惟準
設西洋額船二十五艘若英夷援此例不入黃埔則海關虛
設而私煙夾帶更無從稽查駁不許義律乃倡言不準泊澳
便無章程可議因不受所賞茶葉不肯具結必俟奉國王命
定章程方許貨船入口時義律已寄信附貨船回國往返不
過半年而五月內有尖沙嘴夷船水手毆斃邨民林維喜之
事諭義律交夷犯抵罪義律遲未交出林大臣鄧總督遵例
禁絕薪蔬食物入澳並以澳門寓夷既不進口貿易卽不應

逗留澳門義律乃率眷屬及在澳英夷五十七家同遷居尖
沙嘴貨船時躉船一朝失利不無怨望義律以公司領事鼓
動羣夷暗招夷舉吐嘧嘩喻兵船二艘來粵又擇高大貨船
三艘配以礮械赴九龍地方假索食爲名突開礮攻我水師
我參將賴恩爵揮兵發礮擊翻雙桅夷船一舢板船一而奸
夷所雇呂宋日斯巴尼亞國屬地在臺灣東南大海中躉船逗留潭子售煙者亦
於八月初間爲我水師攻毀人船並獲義律託澳門西夷爲
轉圜願盡遣躉船回國其貨船亦願具結如有夾帶者船貨
充公林大臣令結內應加人卽正法之語且責交出兇犯旋

有其國兩船遵式具結驗無夾帶鴉片於九月底入口而義
律遣二兵船阻之又投稟請勿攻毀尖沙嘴之船以俟國王
之信水師提督關天培以兇犯未交擲還時我師船五隻在
洋彈壓夷見前稟不收又見我師船紅旗卽發礮來攻我師
連挫之夷先發礮者外洋示戰以紅旗止戰以白旗誤會我
懸紅旗以示戰耳事　聞十一月初八日奉　詔停止英夷
貿易義律復遣人乞恩謂在粵辦事多年嗣後請遵　大清
律辦理而仍無違於國王之法許英船回居澳門俟王諭至
再開貿易林大臣以新奉　諭旨不便驟更復嚴與之絕英

船始均駛出老萬山而粵洋漁船蛋艇亡命之徒貪薪蔬之
厚值與鴉片煙交易趨之若鶩時林大臣已奉總督兩廣之
命義律忽行文照會索償煙價蓋已得彼國王回諭也初
鴉片以藥材入中國康熙十年以前歲不過數十箱乾隆三
十年前每年尚僅二三百箱乾嘉之際吸食者漸多則不過
千箱道光初年已逾四千箱十二年多至二萬三千六百餘
箱西人紀載嘉道間印度入中國大小鴉片箱數價值譯附
嘉慶二十二年大鴉片二千六百十箱小鴉片六百箱共
三千二百十箱價洋銀三百六十五萬七千圓　道光二

年大鴉片二千九百十箱小鴉片一千七百十八箱共四千六百二十八箱價洋銀八百三十一萬四千六百圓　道光六年大鴉片三千六百六十一箱小鴉片六千三百八箱共九千九百六十九箱價洋銀九百六十一萬八十五圓　道光七年大鴉片五千一百三十四箱小鴉片四千四百一箱共九千五百三十五箱價洋銀一千四十二萬五千七十五圓　道光八年大鴉片五千九百六十五箱小鴉片七千七百七十一箱共一萬三千七百三十六箱價洋銀一千二百五十三萬三千一百十五圓　道光

九年大鴉片七千一百四十三箱小鴉片六千八百五十一箱共一萬三千九百九十四箱價洋銀一千二百五萬七千一百五十七圓　道光十年大鴉片六千六百六十箱小鴉片一萬二千一百箱共一萬八千七百六十箱價洋銀一千二百九十萬四千二百六十三圓　道光十一年大鴉片五千九百六十箱小鴉片八千二百六十五箱共一萬四千二百二十五箱價洋銀一千一百五十萬四千二百六十三圓　道光十二年大鴉片八千二百六十七箱小鴉片一萬五千四百三箱共二萬三千六百七十箱價洋銀一千五百三十三萬二千七百五十九圓　自嘉慶二十二年至道光四年每年入中國大小鴉片牽計四千四百五十五箱大箱牽值洋銀一千四百四十六圓小箱牽值一千七十三圓道光五年至十一年每年入中國大小鴉片牽計一萬一千九百五十三箱大箱牽值九百六十五圓小箱牽值八百六十二圓前後十五年中大箱價值最貴在道光二三年間每箱值二千五百五十圓最賤在道光十一年間每箱值七百九十圓小箱價值最貴在嘉慶二十五年道光元年間每箱值一千八百圓

最賤在道光十一年間每箱值五百二十圓

後此仍有增無減是年所燒之煙英國自稱破費洋銀一千二百餘萬圓即米利堅人核其成本亦在六百萬圓英以印度餉項所自出與民俱病之義律自念非力破此局不足以裕庫藏又念非合縱於外夷不足以樹黨援遂將各躉船繳銷之煙土按照一千二百萬賠償皆寫立匯單付各躉船回國交兌又遣人徧告孟加剌怵以生計之失印度民無不洶懼黑夷白夷更番應募不足則告助於佛郎西今稱法國米利堅等國米利堅素不善英所爲謂既在中國貿易宜遵中國律

例鴉片本非敎中所應行予以繳銷正與外洋違禁之物罰貨入官之例相符故英計不行而佛郞西覩望年餘始遣兵船至香港又爲靖逆將軍奕山所間遂託以居間講款爲詞其事亦寢又見粵東自燒煙後海口嚴密無間可乘遣兵船分擾閩浙以乘我未備二十年六月陷甯波之定海七月林大臣等奏續獲販煙人犯九月　諭前因鴉片煙流毒海內特派林則徐馳往廣東海口會同鄧廷楨查辦原期肅清內地斷絕來源隨地隨時妥爲辦理乃自查辦以來內而奸民犯法不能淨盡外而興販來源並未斷絕本年福建浙江江蘇山東直隸盛京等省紛紛征調糜餉勞師此皆林則徐等辦理不善之所致林則徐鄧廷楨著交部分別嚴加議處林則徐卽行來京聽候部議兩廣總督著琦善署理未到任以前著怡良暫行護理旋　命林則徐鄧廷楨赴廣東備查問差委先是八月琦大臣自天津奏英人船隻全行起碇南旋並稟稱沿海各處如不開槍礮亦不敢生事端定海之兵亦可先撤一半　上命琦善爲欽差大臣赴廣東查辦並　諭伊里布宋其沅裕謙邵甲名託津布鄧廷楨林則徐等一體遵照防守要隘洋船經過或停泊外洋不必開放槍礮十一

月琦大臣入粵議撫義律首索十九年燒煙之價許之又索香港全島以爲貿易來往市埠琦大臣不答十二月奏粵省實在情形並節次奉　旨飭查事件一洋人索償煙價緣林則徐示令繳煙時節次諭文均有奏請賞犒獎勵字樣洋人頗存奢望迨後每煙一箱僅給茶葉五斤該洋人所得不及本銀百分之一而又勒具以後再犯鴉片煙船貨入官人卽正法之甘結迄未遵依此釁所由起也一　硃筆點出林則徐奏躉船二萬餘箱係英國領事義律自行遞稟求收等語查義律遞稟距林則徐撤退買辦已五日可見窘迫而然非出情願時義律僅止孤身設有黨援未必降心俯首云云二十一年正月英人撲虎門兵艦中有輪船四艘琦大臣允爲奏懇給地通商　上命奕山至粵統兵會剿時琦大臣已受嚴譴撫議方息而義律以乘勝之師先發之遂破虎門闖入烏涌卡稱兵於省河四月英人攻省城急壞城外四方礮臺廣州府知府余保純言於靖逆將軍曰彼以索煙價來未可以空言撫也無以應次日礮子直入老城貢院前靖逆將軍謀於督撫請先遣其縋城出見義律義律謂余是隨林大臣查辦之員不應忘二萬餘箱之煙價靖逆將軍因奏請復

準通商維時米利堅人深以各躉船收回煙價不應向義律索加倍之償因余保純固請裁減乃勸義律援照成本按原索之半數償以銀六百萬兩乃罷兵而以償款作爲追交商欠完案然英人無厭之求已留爲異日再索之張本矣二十二年秋英國公使（因公所使謂之公使）璞鼎查率馬利遜等稱兵要撫至江甯省城　命廣州將軍宗室耆英乍浦副都統紅帶子伊里布爲　欽差大臣與璞鼎查議款遂索款二千一百萬兩首列煙價六百萬補足一千二百萬之原數次列商欠三百萬以粵東原議未及商欠一款也至戰費一千二百萬則

自入粵後償其所失而香港一島亦遂予英且準五口通商議十三條謂之江甯條約是年七月二十四日耆大臣等詣英國汗華麗兵船就約鈐印九月二十四日奉　硃批俱著照所議辦理是爲中外立約之始時靖逆將軍遠在粵東旣不與聞米利堅人亦無至者遂一任璞鼎查予取予求議款悉出自英人手定於是鴉片弛禁之議復起

鴉片事畧卷下

江甯李圭　也

道光二十三年九月　諭軍機大臣等耆英奏通商事竣朕思鴉片煙雖來自外夷總由內地民人逞欲玩法甘心自戕以致流毒日深如果令行禁止不任陽奉陰違吸食之風旣絕興販者卽無利可圖該大臣現已起程著於回任後統飭所屬申明禁令此後內地官民如再有開設煙館及販賣煙土並仍前吸食者務當按律懲辦毋稍姑息特不可任聽關吏人等過事誅求致滋擾累總之有犯必懲積習自可漸除

而興販之徒亦可不禁而自止矣方五口之通商也外洋出入之貨多定以稅則載入條議惟鴉片以新例初須釁端由是而起旣不便申明前禁又不便擅定稅章遂置此項於不議各洋商歷年進口之貨以此不入稅者爲大宗而吸食興販之徒竟明目張膽以趨附印度鴉片之稅歲增至八千餘萬盧卑（盧卑亦曰羅卜約銀三錢有奇）窰戶居奇關胥中飽　國課支絀軍餉浩繁咸豐五六年間東南各省奏請抽釐充餉始自江蘇之上海定以每箱二十四兩以二十兩歸入軍需支撥四兩爲辦公經費其後粵匪竄入閩界閩督奏請援照江蘇從權

辦理復以軍餉緊迫向洋商貸銀五十萬約以扣稅歸款見外國新聞紙領事官告示旋經興泉永道出示定以每箱洋銀四十圓外加費八圓浙之甯波有本地行棧與洋商往來議定箱價願赴官包繳月躉其他若江西之河口安徽之屯溪皆以此爲躉金大宗其徵稅則始於咸豐九年先是八年上海會議通商稅則善後條約　欽差大臣大學士桂良等與英法美三國公使額爾金等面議謂稅則內所定出口進口之貨均按照百中抽五以爲則惟查洋藥係例禁進口之物現因定稅弛禁通融辦理應與各貨分別徵收另立專條以示限制三

國皆以爲然乃於上海稅則善後條約第五款內開向來洋藥不準通商今稍寬其禁聽商遵行納稅貿易準其進口每百斤納稅銀三十兩惟該商只準在口銷售一經離口卽屬中國貨物祇準華商運入內地外國商人不得護送卽天津條約第九款所載英民持照前往內地通商又二十八條所載內地關稅之例皆與洋藥無涉其如何徵稅聽憑中國辦理嗣後遇修改稅則仍不得按照別貨定稅止準照新章買賣敢違此例所運貨物全罰入官等語渾其名曰洋藥以昔年原照藥材上稅故也當經王大臣等會戶部議奏畧言洋

藥一項除係官員兵丁太監人等照例治罪又私售藏奸聚集者照聚賭例治罪外其餘民人概準買用凡外洋及內地客商在各省關口貿易者均照酌定稅則上海一口議定每百斤稅銀三十兩所有各海口及天津關均係一水可通再內江河面凡船隻能到各稅關口者均請照上海一律輸稅至崇文門及各省由旱路轉進者均請每百斤減稅十兩作爲腳費一切緝私章程均照各關稅口毋庸另立條款以歸簡便各省關口於所徵此項稅課不必歸入各關歲額報部自接到部文之日爲始三箇月將所徵稅銀兩簿一面報部

一面起解交庫不準奏留撥充用項其民間買用於九年三月初一日出示曉諭一月以後悉照新定條例一體遵行奉

硃批依議於是鴉片之禁大弛其列入稅則也人多謂英人利己損人不顧公論强請而後允訪之局外人不盡然也蓋當日粵中互市定例以貨易貨不得易銀出洋彼以洋布呢羽易我絲茶商情多不踴躍示以鴉片則爭先恐後嗣又屢以鴉片違禁肇釁雖逐其躉船至外海而奸徒偷運如故英人見我嗜之甚遂謂與其以是肇釁曷若量請弛禁尚可保承平敦和好是此次之入稅亦我華人先有以召之也考

洋藥按百斤徵稅三十兩原係徵之海口徵之洋商今約內聲明一經離口卽是中國貨物則此後運入內地之洋藥皆係徵之華商與洋人無涉其徵之華商者聽中國辦理須照內地逢關納稅遇卡抽釐章程各省惟海口三十兩之稅一律照辦餘則收稅收釐應酌量情形隨時隨地或增或減悉聽中國外國不得干預乃上海方按章程舉行而英國駐京公使威妥瑪報稱上海設局抽釐於進口稅銀三十兩外另收銀五十兩與條約內明文不符商民不便經總理各國事務衙門王大臣行文江蘇旋準咨覆洋藥進口每百斤徵洋

稅三十兩售與內地商人徵華稅三十兩釐捐二十兩是徵之洋商者僅有三十兩其餘五十兩皆徵之華商與洋商無涉由總理衙門照會威使始不能辯續據總稅務司赫德總理衙門所延英人總司各口海關洋稅者食中國俸譯其銜曰總稅務司在京呈遞清單內稱洋藥抵中國者每年約有七萬箱收釐太重卽起保私偷漏之端現議有兩法一則進口時徵一次重稅每百斤六十兩完稅後準往各處不復另徵別稅一則進口時按則徵收洋稅三十兩再徵華稅十五兩準在通商之本府所屬境內不再加徵一出本府之境應聽憑地方官隨時設法辦理時王大

臣謂洋藥一入內地總以由中國任意徵收爲是赫德言今上海辦法並無起色如照單辦理徵洋稅三十兩華稅十五兩猶恐不無走漏是以到香港者雖有七萬箱而單內可稽者約祇六萬箱若照內地辦法另徵稅銀三十兩釐捐二十兩竊慮有名無實收稅愈重走漏愈多恐所徵者尚不如每百斤僅徵四十五兩之多經王大臣等奏請將單發給北洋通商大臣妥議又據赫德另呈洋藥一款內稱廣東省城設有洋藥釐捐總局如先在局納釐五十兩卽無庸在關完納正稅亦經總理衙門行文入粵仍照原議洋商交稅祇準在

海口銷賣不得運入內地其賣與華商後如何徵收稅釐之法洋商不得過問又議定土貨復進口應聽中國納稅抽釐卽使洋商影射銷售而徵稅徵釐悉與華商無別云云於是外洋無從取巧而各口走私偷漏之案層見疊出廣東一省爲尤甚竊以爲威妥瑪之爭欲便其洋藥商人釐輕則利重此其私心執約以拒是也若赫德總司稅務予奪出自中國其論收稅愈重走漏愈多一語誠有至理所請進口時徵一次重稅每百斤六十兩後不再徵正以救進口後走漏之弊惜其時初用洋人未能遽信其言然稅釐由關併徵卽根於

此也印度運來洋藥以香港爲總滙所地既屬英我不能設關以徵其稅而斤件固可稽其數故赫德單內有每年七萬箱之語但就六萬箱計稅則其餘皆走漏者也單內詳其漏稅之口以粵東爲最福州廈門次之香港係中國無稅之口四面皆海離岸不遠而粵東水程多歧因此大小各船均可到港洋藥物小價貴偷漏難防其自香港運入粵境亦非外洋船隻類多各鄉郇渡船漁船或販私鹽船更有官設保私之巡船不難指名若有海關巡船往拏則鬨槍礮抗拒不遑查驗漏稅之多即以粵海一關而論一年便有五十萬兩則

殘二萬箱矣又據單內照其所定每箱稅銀四十五兩估計各口每歲之稅額天津牛莊登州洋藥以每年二千箱算應納稅約八萬兩上海長江一帶以三萬餘箱算應納稅約一百五十萬兩福州以四千五百箱算應納稅約二十萬兩廈門以二千二百箱算應納稅約十萬兩廣州以一萬二千箱算應納稅約五十萬兩潮州以一千八百箱算應納稅約八萬兩此外臺灣瓊州甯波（其時甯波進口每年僅數百箱同治七年以後數始漸增光緒十二年增至八千餘箱）等處亦約有數千箱此六萬餘箱洋藥抵中國各口稅則之可考者也赫德又以內地人之做洋藥生理者窩

口一也行戶二也煙館三也自許民間買用之令下則與百貨之開張者無異而稽查稅則勢不能不設法辦理故單內言欲做此等生理者須先赴關呈明擬在何處開張洋藥店鋪請領字號招牌並須給準充執照方許開張凡給照者應以一年爲限請領準照之人應分別窩口經紀煙館三項照內注明某項應納銀若干若在通商港口請領執照者無庸拘定限額以符條約又後開另款內稱在上海做洋藥生理應由戶部行文地方官出示禁止包攬霸市但驗明有準照者均隨意在棧房或在躉船不論與外國何人置買洋藥等

語此亦惜未能行者光緒二年英官馬嘉理被害事起英公使威妥瑪會北洋通商大臣大學士直隸總督李鴻章於七月二十六日在煙臺議立條款其第三端洋藥一項威使議請本國準爲另立辦法與他項洋貨有別令英商於販運洋藥入口時由新關派人稽查封存棧房或躉船俟售賣時洋商照則完稅並令買客一併在關輸納釐金以免偷漏其應抽收釐稅若干由各員察看情形酌辦威使上之英廷議久不決下印度總督核議非英廷之難決也蓋印度度支賴是項稅款者十之三四慮一經議定中國既於海口重加其稅

躉內地復隨意抽收於販賣商人有所不便即於印度進款有所不便而於英廷尤有不便印督中於商人之言英廷復中印督之言且煙臺條款有益於彼者已盡行之此事遂置不理其謂久議不決特飾詞也六年十月總理衙門與美國駐京公使另立條款其第二條曰兩國彼此商定中國不準販運洋藥入美國通商口岸美國商民亦不準販運洋藥入中國通商口岸並由此口運往彼口亦不準作一切買賣洋藥之貿易兩國商民無論雇用本國別國船及本國船而為別國商民雇用販運洋藥者均由各本國自行永遠禁止維

時巴西國亦遣使臣喀姓來請立約北洋李大臣與議其第十四款與美約同美巴商人本無運售洋藥者論者謂是約無關重輕而不知關繫特重蓋將來與他國修約據是以為成案由漸而列之約章可期盡遏來源也七年南洋通商大臣大學士兩江總督左宗棠奏　詔入直樞垣與北洋李大臣會商威使加徵洋藥稅釐每百斤其銀一百五十兩使價貴癮減寓罰於徵得以漸除並加收土煙釐金奏曰鴉片流毒中國其患先中於市廛衙署凡中人溫飽之家佚游燕辟子弟聚處而嬉用以遣日比吸食有癖積漸成癮癮重而形

神交瘁於是貧傾家破而身命隨之內地罷民拋腴地以種罌粟劖果取漿名為土漿其患先中於鎮集鄉郁凡食貧力作之人遊手無聊之輩久且視為平常日用所需不知禁令為何事於是吸食者多更成積重之勢華民之吸煙者多洋藥之銷路亦日益暢從前各海口每歲進洋藥三萬餘箱嗣漸增至五萬餘箱近閒且增至七萬餘箱而洋藥之價前時每箱百斤售銀七百餘兩近聞已減至五百餘兩是銷路之暢由於貨價之減可知也而洋人心計之工亦可知於此而嚴吸食與販之禁法輕則易犯令峻又難行若奉行不得其

人非徒無益也臣前督陝甘先以禁種罌粟為務飭各屬隨時查拔以清其源遇有洋藥入境則標識封存行棧勒由原路折回不準在地方銷售其故違者察出焚之通衢已著微效惟此法行之一方為宜若統籌全局則令其由原路折回滯於此者或銷於彼仍為不了之局詳察事宜斷非加洋藥土煙稅捐不可稅捐加則洋藥土煙之價必貴價貴則癮輕者必戒癮重者必減由減以至斷癮尚有可期若徒恃空文禁制丁役之弊索官吏之欺隱由此而生案牘紛繁訟獄糾擾特恐政令不行而閭里騷然未覩嚴禁鴉片之效而先受

其弊也自古整齊世宙不能無藉乎政刑政刑之用窮不能不劑之以罰周課田功有里布夫家之罰漢重酒禁有誤酬免侯之罰其明徵也近如海國土產出口（此句疑誤當係別國土產進口云云）輒按其成本而倍徵之英人於嗜好之物更加徵兩倍亦與贖刑遺意相近況加徵洋藥土煙稅捐意在加倍減癮以期坊民正俗復厥本初多取亦不為虐且議加者中國吸食之價非取之出產之地外國興販之徒權自我操誰能過問稽經諏律理有同然而措正施行又無煩再計決也臣奉　命與各國事務責無可辭曾於接晤英使威妥瑪時論及鴉片

鴉片事畧　卷下　十

宜加徵稅釐冀可減癮威妥瑪亦無以難之適李鴻章至臣偕赴總署與威妥瑪會商一次李鴻章又獨與威妥瑪晤商兩次威妥瑪意見不同語多反覆而於加價一節尤斷斷然若重有所惜者臣等如從其後議以每箱八十兩為定則加數甚微不但癮無由減適足為興販洋藥者廣其銷路而內地種罌粟販煙土者得以藉口並加徵捐釐亦多窒礙是與擬增稅捐期收實效本謀大相剌謬而其事且有所難行茲擬總口原徵洋藥進口每百斤稅銀三十兩仍由總口徵收毋庸置議外其總口釐捐由中國自辦於總口附近地方設

立總局遴委廉幹大員總司洋藥釐捐凡洋藥進口完納稅銀後聽洋商分銷各口或留存躉船或起存行棧稅務司查明箱數報知總局復驗登簿蓋印設立三聯票一存總局為票根一填發稅務司為備核驗票一給洋藥商人為運銷各口驗票三聯騎縫鈐印編立號數彼此執存輪流互核遇有偷漏及土煙夾雜諸弊無難一覽而知似此銷路一清譏禁可得而施市價相若稅釐可得其實以言增加稅釐期收禁煙實效庶有當焉至於增稅加釐辦法各有攸殊或議於總口徵洋商之稅即併內地應捐之釐而加徵之是為合辦或

鴉片事畧　卷下　十一

議於總口照稅加釐外於內地分銷各口加徵華商之釐是為分辦兩者衷諸一是　朝廷執中有權推之而準與洋人毫無干涉按照現今釐章於兩起兩驗中寓周代儆惰農漢世嚴酒禁遺意每洋藥百斤統稅釐合計徵實銀一百五十兩理法均得其平總較之洋法土產貨物出口（此句疑誤當係別國土產貨物進口此國云云）照本徵稅其嗜好之物進口徵加兩倍輕減為多而以古昔省刑薄斂之意義論之固考之不謬而質之無疑者也若內地私種罌粟所造土煙行銷浸廣應即照洋藥稅則加捐示罰惟土煙味淡氣薄吸者弗向其價值亦較洋藥

爲轉稅釐之加未宜與洋藥一律如按其斤重價值準洋藥推算議加乃與罰捐之意允協而貧難之民因惜費而減癮其實效亦復相同奏上光緒七年五月初九日奉　上諭左宗棠奏禁食鴉片請先增洋藥土煙稅捐以收實效一摺鴉片流毒中國爲害甚深近因民間吸食愈多銷路愈廣於國計民生大有妨礙朝廷軫念時艱何難申明禁令齊之以刑惟慮陷溺既久與販吸食之徒日衆空文禁制旣屬徒法難行訟獄滋繁又將別增擾累左宗棠所奏擬加增稅釐參用罰懲遺意冀可漸挽頹風不爲無見各省原定洋藥釐捐本

較洋稅爲重乃總計所收釐金竟遠不及進口之稅是承辦之員奉行不力減成折收任令奸商隱匿偷漏巡役包庇分肥所致情弊顯然左宗棠所擬每洋藥百斤統稅釐合計共徵銀一百五十兩內地土煙價值較低稅釐準照洋藥推算徵收亦尙平允此項係取之於吸食鴉片之人與華洋各商並無干涉著南北洋大臣福州將軍各直省督撫粵海關監督將各關口及地方情形詳細體察將稽查徵收章程悉心妥議於一月內覆奏候旨定奪此事務在必行該大臣等當熟籌辦法期於大局有裨實爲至要原摺均著抄給閱看又

奏香港偷漏過鉅請由廣東督撫委員赴港查其出入之數經總理衙門會北洋李大臣以香港久畫爲英埠政令不及若在港查其出入寶數仍不能不與英官商辦等詞覆奏當增稅之　諭到浙浙江巡撫譚鍾麟委道員蔣國楨於五月二十八日抵甯波總口體察情形浙省可如而蘇省以上海有洋人聚居處所免釐之章未便遽加江浙毘連加於此而不加諸彼不啻爲淵敺魚闕之於粵情形亦然煌煌　天語率格不行而罌粟之禁自是轉不弛而弛嗣復經總理衙門與威妥瑪商辦洋藥稅釐倂徵在香港設局每百斤先收正

稅三十兩帶徵內地釐金八十兩威使仍有意推延始終以咨回本國爲詞維時有天津海關稅務司德璀琳者德國人上書北洋李大臣請先奏派大員往印度查勘種製鴉片情形兼探印度總督意指李大臣韙之因派道員馬建忠由津赴印將應議各節帶往面商印督印督亦深喜我　國自操此項貿易之權庶可緩緩斷絕卽抽收稅釐亦可由我　國自主於是德璀琳建議辦法十條陳之李大臣畧謂印度每年運來鴉片約九萬箱卽準此數由中國就印度設局收買運回分售別商不得買賣以三十年爲限每年遞減三千箱

請印督曉諭種罌粟者每年少種三千箱之罌粟減至三十年此患可絕而英人又謂中國土植罌粟年盛一年宜先自禁以是又不果行然所議由官收買立限遞減底於斷絕固至善也辦法附

一應奏明　特簡有名望才畧大員先赴印度與印督將中國現擬設局收買洋藥彼此均有利益各節詳細陳明再赴英京倫敦告知英廷請將煙臺條約第三端內之第三節刪去緣此條英廷從前未經允行以致中國迄未舉辦現既與印督商明辦法自應銷除前節另立專條以昭

信守

一特簡大員抵印度時須詳言中國受洋藥之害已數十年非不欲迅即禁絕奈目今關稅亦以此項為大宗實亦難於禁止而印度向以栽種罌粟為立國之基若驟欲禁絕揆情審勢亦斷辦不到現在彼此商議以三十年為限每年印度運到中國洋藥以九萬箱為則自立約之年起此九萬箱統由中國派員設局收買以後按年遞減三千箱至第三十年限滿洋藥即可斷絕印督須將此意曉諭通國種植罌粟之人遵照按年少種三千箱之罌粟減至

三十年此患永除在中國不禁之禁而在印度並不減少餉源又得禁止毒藥害人之美名此三十年中儘可設法變計講求樹藝黍稷皆能獲利又必須印督允準除中國收運洋藥之外他商一概不許購買即香港新嘉坡檳榔嶼等處所需煙土歷年若干亦應由出使大臣與英外部商定查明按年遞減不準溢出原數致被滋蔓其印度屬地有產洋藥之區亦由印督行知照辦並須印督派員在各該屬從嚴稽查以杜偷漏浮冒諸弊至外洋各口抽收稅課亦須商令照中國各口一律以免畸輕畸重致生弊

端

一印度洋藥價值自立約開辦之日起每箱需銀若干兩此三十年內不得加減在印度設局收運必須驗明真正好土然後按箱給銀

一印度總督須保其洋藥除中國收買之後不得分毫餘賸緬甸等國一概不準購買以免侵灌雲南等省

以上四條與印度總督英國外部商定之款增損隨時再酌

一既與印度立約收買洋藥則中國罌粟本干例禁自應

請　旨嚴飭各直省禁絕否則無以服印度之心

一設立總局擬名曰督銷洋藥局取銷毁之義派員總辦如延洋人辦理應議定年限由北洋大臣主持即在天津創設總局香港上海各設一總廠其通商口岸各設分局查照歷年洋藥進口稅冊各該口每年進口若干箱即分運若干箱只準照此定數亦按年遞減不準加多

一洋藥稅課每箱輸關平銀一百八十兩內擬提出十八兩充作公費緣開辦之際設局有費緝私有費察探有費及逐年遞減通都僻壤施藥勸戒一切皆應有費皆出自

公費之内非十中提一不能敷用

一洋藥運到各口存置棧房不得零星寄頓售出若干即納稅若干其稅仍在該口新關完納無論運往內地何處釐捐一概免完各關監督稅務司應令會同督銷局認眞查察

一在印度買洋藥時價值必須一律抵中國後除去印度原價及沿途水腳保險關稅等項其各口賣價須由總局核定稟報稽考

一此項收買洋藥之款應由總辦自向銀行立約言定在印度收買若干即由該銀行付銀若干俟洋藥抵華售出將銀付還其間往返約兩三箇月均以每年每百兩七兩合算按月付息其設局建廠棧各款須各向銀行借墊即於每箱扣提十八兩內分年加息付給均由總辦之員自行擔承經理如有短付情事與　國家無涉

以上六條乃中國自行辦理之大畧所有詳細節目未盡事宜俟議定後隨時稟請核辦

九年正月總理衙門仍持七年左相之議奏奉　諭旨飭出使英國大臣曾紀澤將洋藥加徵稅釐一節與英外部商辦

議久不決十年九月初五日奉　皇太后懿旨著戶部總理各國事務衙門會同預籌軍餉十二月初八日戶部等衙門議上開源節流疏其一爲推廣洋藥捐輸內開查廣東省光緒初年籌備海防由藩司招商黃近源包抽通省洋藥捐銀每年認交洋銀四十二萬圓五年爲滿每年遞加二萬圓嗣於光緒七年經兩廣督臣奏準新商李玉衡自光緒六年接辦每年包抽洋銀九十萬圓仍五年爲滿各省如能仿照廣東辦法招商包抽每沿海各省以百萬兩不沿海各省以數十萬兩爲率均可得銀數百萬兩惟各省水陸情形不同或

有不能仿辦自應另籌辦法查通商善後條約內開洋藥止準在口銷賣一經離口卽屬中國貨物祇準華商運入內地外國商人不得護送其如何徵稅聽憑中國辦理等語是運入內地之洋藥如何徵稅按照條約洋人原不能干預今擬不分洋藥土藥發給華商行坐部票按票捐銀以助軍餉其行票一項應塡寫商人姓名籍貫按年請領每票定以十斤每斤捐銀二錢經過關卡查驗另納稅釐並由各關卡於部票內塡註該商經過年月日上蓋印戳爲憑以杜重複影射無票者將貨充公並行嚴辦其行店坐票塡寫鋪戶姓名字號住址無論資本大小按年令捐銀二十四兩每年仍換票一次如無票者不準開鋪售賣並行懲治惟洋藥一離口岸散漫難稽且私帶私販如何防杜應俟各省議覆定章一律舉辦其未經離口之洋藥仍照條約辦理不在此例十二月貿大臣電奏洋藥稅釐現爭到一百一十兩刻將議約等語而香港設局未據陳及蓋設局香港仍辦不到也先是左相督軍閩省奏請加閩省洋藥釐金二十兩合原徵之數共爲八十六兩令江浙各省一律加重以免避就蘇省因於十一年二月十九日起每百斤先加銀二十兩浙省亦自四月初

一日起照加二十兩仍按開源節流議內所加之數也二月十五日戶部總理衙門會奏曰查原奏內開值此時艱餉絀財源無可再開擬請將局徵華商洋藥稅釐量予加重閩省洋藥進口每百斤完洋稅銀三十兩照舊辦理至進口後華商販運行銷每百斤徵華稅銀三十兩票稅銀十五兩釐金銀十六兩軍餉銀五兩共徵銀六十六兩今擬請加增華稅銀二十兩應收耗餘各款照章隨正加繳廈門向歸包徵責令躉數加繳惟江浙粵東各省若不一律議加私販避就充銷有礙大局仰懇　敕下江西浙江廣東各省督撫一律加重徵收等語臣等竊維洋藥一項流毒已深一時禁絕未能則加重稅釐正可藉資補救第恐抽釐愈重走私愈多必須設法嚴查方不致有名無實左宗棠等以時艱餉絀財源無可再開請將局徵華商洋藥稅釐加重自係實在情形擬請

旨先行照辦以濟要需原奏又稱閩省洋藥華稅議加江浙粵東各省壤地相接若不一律加收私販避就充銷等語此亦勢所必然所慮甚是應請　敕下江西浙江廣東各省督撫一律加重徵收以杜奸商而維全局再江南爲南洋總匯上海尤爲商船所聚擬請一併　敕下兩江督臣江蘇撫

臣將洋藥釐金酌量加重以歸畫一至嚴防偷漏設法稽查是在各省將軍督撫委任得人認眞辦理庶私販可絕而實效可期矣又片奏曰洋藥一項除洋稅定章每百斤徵銀三十兩外各省釐稅尚未畫一定章在抽收局所惟恐彼盈此絀暗地減成在販運客商無不避重就輕任意繞漏查光緒七年大學士左宗棠奏請加重洋藥釐金據各省督撫覆陳直隸津海關向章每百斤收正加釐捐銀二十四兩地方善舉耗費等銀八兩零山東東海關向章每百斤收釐金銀二十四兩江蘇上海向章每箱收釐金銀二十五兩減爲五五折鎭江每箱三十餘兩減爲四折浙江甯波溫州向章每百斤收釐金銀三十四兩洋行土行勞金六兩廣東向章每百斤收釐金銀十六兩貼餉七兩海防經費膏釐元茶即大土每百斤共收銀四十八兩三錢白茶即小土每百斤共收銀五十六兩六錢江西九江關向章由華商完納水路洋藥稅銀三十兩湖北漢口宜昌向章每百斤收錢二十餘串安徽蕪湖關向章仿照九江關辦法福建向章與該大臣等此次所奏相同惟尚有府局徵釐四兩八錢及隨繳各款耗餘銀兩不計收數此外尚有商人包抽之法此省有而彼省無內地釐

金之捐此省輕而彼省重至於未通商各省口岸局所則有洋藥土藥分別抽收亦有不論洋藥土藥一律抽收且有與百貨釐金合併抽收辦法旣屬參差抽釐遂無碻數今且以洋藥行銷各口之數言之上海鎭江二口每年約銷二萬五千餘箱天津牛莊之罘三口每年約銷三四千箱甯波溫州二口每年約銷八千餘箱福州淡水打狗厦門四口每年約銷一萬七千餘箱汕頭廣州瓊州北海四口每年約銷五千餘箱九江一口每年約銷一千數百箱漢口一口每年約銷三千數百箱合計每年各口約共銷洋藥七萬箱上下以報部抽釐之數言之福建省每年報收釐金等款約銀四十餘萬兩廣東報部釐金數目僅二十餘萬兩江蘇行銷洋藥最多每年所收釐金不過十二三萬兩浙江未據分析報部其餘各省僅數萬兩萬餘兩不等合計每年各口除徵收洋稅二百餘萬兩外約共收華商稅釐銀一百萬餘兩夫以行銷數多如彼而報收數少如此是抽收款項多寡不齊抽收章程疏密不同其間偷漏之患中飽之弊必有所不免然倘能報收華稅銀百萬兩之多若使各省一律徵收每百斤合華商納釐稅銀八十餘兩姑不論英人每年運來香港洋藥皆

在十萬餘箱即以每年進口有稅洋藥七萬餘箱計之應可收銀五六百萬兩實於軍餉不無裨益今該大學士左宗棠等奏請閩省加增華稅等因已由臣等會同另摺議覆復念及通商各口處處相通不特江浙等省壤地相接商販必多繞漏即如從前上海鎮江減折徵收銷數比他省爲多收數比他省爲少而直隸浙江皆以商販避重就輕偷運滬上爲言應並請　旨飭下直隸山東安徽兩湖各省督撫照章一律加徵除洋稅著有條約應照舊辦理毋庸議加外至通商各口岸洋藥進口以後華商販運行銷每洋藥百斤統令完

納釐稅銀八十六兩向歸包徵者應令按箱核數加繳向有隨徵餘耗等款者酌定確數抽收均在接奉此次　諭旨後趕緊定章自光緒十一年四月初一日起一律加徵不准藉端延宕以杜畸重畸輕之弊商人知隨所往皆需此數則趨避之術窮偷漏之數自少並令各省仿照浙省向辦稽徵釐稅章程於洋關之前設立局所每日進貨售貨各數設法稽查務與稅關收數層層核對以杜偷漏更須嚴定章程督飭地方官役水陸弁勇協力梭巡如有大幫私販抗拒橫行拏獲將貨入官充賞該犯照私鹽律治罪如並無抗拒情事只

按十倍議罰以二成歸公以八成給賞出力員役弁勇如私販被人指報拏獲即於八成內分給一半賞給指報之人如能緝獲私販洋藥一百斤以上者由該督撫將該官弁記功一次積功五次擬請准其照尋常勞績章程奏請獎敘倘查有局員乾沒丁役賣放等弊照侵欺錢糧例議處治罪各省通商口岸抽收洋藥釐金等款務須按洋關結數起止日期依限照報並將局員職名暨某口所銷洋藥斤重分析隨冊報部不准混入百貨釐金所收銀款聽候部撥不准擅行動支戶部稽查收數與關稅收數外洋貿易冊數層層核對以

杜中飽賣放及私自減折之弊如與稅關收數核較大相懸殊亦即將該局員等從嚴奏參查辦該督撫等接到此次部文後即將現辦情形及一切章程與委員職名於文到十五日內奏咨立案不准稍有遲延遺漏軍機大臣奉　旨依議於是自光緒十一年四月初一日起各省洋藥釐金每百斤一律加爲八十六兩按洋關結數起止日期依限造報不准混入百貨釐金所收之數聽候部撥如大幫私販抗拒橫行者照私鹽律治罪私販洋藥入官充賞緝獲百斤以上者官弁記功積加奏獎乾沒賣放者照侵欺錢糧例議處治罪一

時甯厲風行儘徵儘解然折減招徠仍所不免開辦經年各
省報收之數仍無起色而核計進口箱數且知其偷漏甚多
按鴉片來自印度諸處必先至香港轉運通商各口核每年
至香港之數轉運各口外必餘一萬數千石（百斤爲石）至三萬數
千石不等大此餘者即謂香港及上海洋商船棧年終餘存
與夫居香港澳門華人自食及煮膏運往美國諸埠南洋各
島多亦不過數千石萬餘石餘皆漏入中國而不輸稅釐者
也試合稅釐計之年中少徵必數十萬兩百萬兩今將通商
各關貿易總冊近二十餘年運來洋藥細數列下其紀以西

厤者緣海關沿用條約以英月三箇月爲一結皆以泰西年
月結計稅數也
同治三年十二月初四日起四年十一月十四日止即西
厤一千八百六十五年至香港者七萬六千五百二十三
石自香港運至各口者五萬六千一百三十三石餘者二
萬三百九十石　同治四年十一月十五日起五年十一
月二十五日止即西厤一千八百六十六年至香港者八
萬一千三百五十石自香港運至各口者六萬四千五百
十六石餘者一萬六千八百三十四石　同治五年十一

月二十六日起六年十二月初六日止即西厤一千八百
六十七年至香港者八萬六千五百三十石自香港運至
各口者六萬九百四十八石餘者二萬五千五百八十二
石　同治六年十二月初七日起七年十一月十八日止
即西厤一千八百六十八年至香港者六萬九千五百三
十七石自香港運至各口者五萬三千六百十五石餘者
一萬五千九百二十二石　同治七年十一月十九日起
八年十一月二十九日止即西厤一千八百六十九年至
香港者八萬六千六十五石自香港運至各口者五萬三

千四百十三石餘者三萬二千六百五十二石　同治八
年十一月三十日起九年十一月初十日止即西厤一千
八百七十年至香港者九萬五千四十五石自香港運至
各口者五萬八千八百十七石餘者三萬六千二百二十
八石　同治九年十一月十一日起十年十一月二十日
止即西厤一千八百七十一年至香港者八萬九千七百
四十四石自香港運至各口者五萬九千六百七十石餘
者三萬七十四石　同治十年十一月二十一日起十一
年十二月初二日止即西厤一千八百七十二年至香港

者八萬六千三百八十五石自香港運至各口者六萬一千一百九十三石餘者二萬五千一百九十二石　同治十一年十二月初三日起十二年十一月十二日止郇西厤一千八百七十三年至香港者八萬八千三百八十二石自香港運至各口者六萬五千七百九十七石餘者二萬二千五百八十五石　同治十二年十一月十三日起十三年十一月二十三日止郇西厤一千八百七十四年至香港者九萬一千八十二石自香港運至各口者六萬七千四百六十八石餘者二萬三千六百十四石　同治

十三年十一月二十四日起光緒元年十二月初四日止郇西厤一千八百七十五年至香港者八萬四千六百十九石自香港運至各口者六萬六千四百六十一石餘者一萬八千一百五十八石　光緒元年十二月初五日起二年十一月十六日止郇西厤一千八百七十六年至香港者九萬六千九百八十五石自香港運至各口者六萬八千四十二石餘者二萬八千九百四十三石　光緒二年十一月十七日起三年十一月二十七日止郇西厤一千八百七十七年至香港者九萬四千二百石自香港運

至各口者六萬九千二百九十七石餘者二萬四千九百三石　光緒三年十一月二十八日起四年十二月初八日止郇西厤一千八百七十八年至香港者九萬四千八百九十九石自香港運至各口者七萬一千四百九十二石餘者二萬三千四百七石　光緒四年十二月初九日起五年十一月十九日止郇西厤一千八百七十九年至香港者十萬七千九百七十石自香港運至各口者八萬二千九百二十九石餘者二萬五千四十一石　光緒五年十一月二十日起六年十二月初一日止郇西厤一千

八百八十年至香港者九萬六千八百三十九石自香港運至各口者七萬五千三百八石餘者二萬一千五百三十一石　光緒六年十二月初二日起七年十一月十一日止郇西厤一千八百八十一年至香港者九萬八千五百五十六石自香港運至各口者七萬四千五石餘者二萬四千五百五十一石　光緒七年十一月十二日起八年十一月二十二日止郇西厤一千八百八十二年至香港者八萬五千五百六十五石自香港運至各口者六萬六千九百八石餘者一萬八千六百五十七石　光緒八

年十一月二十三日起九年十二月初三日止卽西厤一千八百八十三年至香港者九萬四千三十六石自香港運至各口者六萬八千一百六十八石餘者二萬五千八百六十八石　光緒九年十二月初四日起十年十一月十五日止卽西厤一千八百八十四年至香港者八萬六千一百六十三石自香港運至各口者六萬八千八百十九石餘者一萬七千三百四十四石　光緒十年十一月十六日起十一年十一月二十六日止卽西厤一千八百八十五年至香港者九萬三百二十九石自香港運至各

口者六萬五千二百五十九石餘者二萬五千七十石　光緒十一年十月二十七日起十二年十二月初七日止卽西厤一千八百八十六年至香港者九萬六千一百六十四石自香港運至各口者六萬七千八百二石餘者二萬八千三百六十三石

聞嘗約計吸食鴉片者究有若干人核之中國人數約三萬萬外洋一年進口鴉片共一千萬斤五成煮膏五百萬斤節多補少每人日吸煙膏二錢一年則需膏四斤八兩以此計吸煙者得一百一十一萬餘人各省自種之土煙亦如進口

之數而兩倍之共得三百三十三萬餘吸煙之人若三萬萬中以四之一爲長成之男卽七千五百萬則吸食鴉片者僅逾百中之四其數以目前而論似尚不多特慮進口之數不減或且逐年增多各省自種者亦日廣一日則流毒有不堪設想者矣海關稅務司英人葛顯禮亦嘗約計土煙之產謂每年外洋來中國鴉片約十萬石有通商口岸之省分如遼燕齊鄂皖豫蘇浙閩粤凡十每省以一萬石計則適合十萬之數餘如汴晉秦凉川湘桂滇黔九省爲不通商省分每省亦以一萬石計則需九萬石核之通商各關貿易總冊外洋

進口之十萬石實尚不敷遼燕等十省之吸食試卽臺灣一境而論臺南之打狗臺北之淡水兩關進口鴉片西厤一千八百七十六年至一千八百八十年（光緒二年至六年）此五年中每年合計必五千石左右臺境生番所居半皆不吸煙其半僅內地兩府地耳以此爲則則每一通商省分吸食最少之數視臺灣加四倍則需二萬石矣通商省分十則二十萬石矣外洋來者十萬石外此之十萬石何自來邪汴晉等九省亦以十八萬石計此又何自來邪據此則自種土煙每年得二十八萬石盆見禁種之令難行而徵稅準售之出於不得已

也十二年正月總署奏請　飭派邵友濂赫德赴香港與英官商辦先後回京赫謂中國各口設法自行徵收固爲正辦然須歸各口稅務司經理邵謂運銷洋藥海關實總匯之區應於進口時先令封存俟稅捐完清給商起運若運鹽之就場徵課總署因有由各關監督與稅務司合力稽徵之議蓋其時曾大臣於英京倫敦業與英外部將洋藥允中國稅釐併徵每百斤一百一十兩之約議定於十一年六月七日畫諾其約名煙臺條約續增專條計十條附後

一煙臺條約第三端第一第二兩節所擬辦法現在議定應由兩國　國家日後再行商酌

二煙臺條約第三端第三節所擬洋藥辦法今議定改爲洋藥運入中國者應由海關驗明封存海關準設具有保結之棧房或封存具有保結之躉船內必俟按照每百斤箱向海關完納正稅三十兩並納釐金不過八十兩之後方許搬出

三現在議定凡照上節所載正稅釐金兩項完納之後該貨主即可在具有保結之封存處所眼同海關將洋藥折改包裝其貨包各種式樣尺寸應由海關官員會同該口領事官預先酌定聽貨主擇用如貨主於此時請領運貨憑單海關即當照給不取分文其所請憑單或每包一張或數包一張悉聽貨主之便凡有此等運貨憑單之洋藥運往內地之際如貨包未經折開暨包上之海關印封記號碼數均未擦損私改即無須再完稅捐等項此等運貨憑單只準華民持用而洋人牟利於此項洋藥者不許持用憑單運寄洋藥不許押送洋藥同入內地

四現在議定給發憑單章程各口一律其憑單式樣開列於後

爲給發憑單事照得單內所開蓋用記號碼號之洋藥遵照每百斤箱應納正稅釐金章程業經納銀共□兩按照憑單背面附刊　上諭批準一千八百八十五年七月十八日（即光緒十一年六月初七日）在倫敦所定一千八百七十六年九月十三日（即光緒二年七月二十六日）煙臺條約之續增專條凡照此憑單載運之洋藥無論在於何處祇查貨包未開海關印封記號碼號均未擦損私改則一切稅捐等項均免輸納記號□碼號□第□何處進口□發單日期□海關稅務司簽名

五中國　國家應許此等貨包在行銷洋藥地方開拆者如有應納税捐等項或當時所徵或日後所設或由明收或由暗取均不得較土煙所納税捐等項格外加增亦不得別立税課如此等税捐係照貨價計課卽應將洋藥與土煙價值相較均算其較算之法應於洋藥之市價內扣除進口時所納釐金

六現在議定此次所定續增專條應與一千八百七十六年九月十三日所定煙臺條約視同一律其實力鄭重之處亦與逐字載入煙臺條約無異此專條應於畫押以後

六箇月開辦施行此指兩國批準文據已在期內互換而言倘期內未能互換卽自互換之日開辦施行

七專條所載洋藥章程議定照行四年四年以後兩國如有欲廢棄章程者無論何時皆可先期十二箇月聲明一經通知屆期卽爲廢紙惟議定倘查所發運貨憑單於海口運送洋藥前往內地行銷處所之時仍不免其輸納一切税捐等項則無論何時英國卽有廢棄專條之權倘續增專條既經廢棄則洋藥辦法應仍照現在所行之天津條約所附章程辦法

八續專條既經開辦如查其中有應行變通更改之處兩國　國家儘可會同商議酌改

九煙臺條約第三端第七節所載派員查禁香港至中國偷漏之事應卽作速派員

十此次專條所改之煙臺條約暨此次議定續增專條一併由兩國　朝廷批準其批準文據應在倫敦作速交換

定約大臣各奉本國　國家之命議定續增專條畫押蓋印此專條在倫敦繕立漢文二分英文二分共爲四分

時總署戶部已屢次集議至十二年十一月始有成説擬自

十三年起由各口監督與税務司合力辦理慮各口開辦倉卒先於十一月二十六日總署分函密致各口監督略謂洋藥税釐併徵一事凡進口先封存在關具結準設之棧房躉船俟有華商承買每箱按約將税釐共一百一十兩照數清完始準起岸其詳細章程亦與總税務司籌擬日內卽奏請舉行擇明年西二月初一日卽十三年正月初八日爲開辦之期誠恐倉卒爲難先布大畧惟奸商惟利是圖倘稍漏風聲必囤積居奇豫圖避就候奏奉　諭旨再行電達出示其各口税務司由總税務司先後將應辦各節通飭預爲籌辦總署隨會

戶部於十二年十二月初十日奏請　飭由各口監督與稅務司合力商辦以專責成奏曰竊洋藥稅釐併徵一事上年二月戶部會同臣衙門奏請由各省自行開辦統計洋藥每箱除正稅仍收三十兩外釐金加徵銀八十六兩各口務合一律原以釐金抽自內地冀可收數見增乃試辦經年各省報收之數未見起色且核計進口箱數偷漏愈多臣等悉心籌慮欲稅釐之生色總非杜絕走私不可欲緝私之嚴密非各關監督與稅務司合力稽徵不可蓋洋藥之爲物可整可零其質既輕藏匿最易卽偷漏最易今惟明定新章刻期開

辦飭各口同時舉行每箱併徵之數照約以一百一十兩爲度於進口時卽應按照新章封存海關準設具有保結之棧房躉船等處必俟每箱向海關完納正稅三十兩並納釐金八十兩後始準搬出拆改包裝請領運貨憑單運往內地如貨包於運往內地之際未經拆開暨包上之海關印封記號碼數均未擦損私改卽無須再完稅捐等項臣等以爲刻下如照約舉行果能辦理得宜其益有四新關職在封儲稅司隨時收解互相稽核涓滴歸公此利於國者一也貨入華商之手釐稅早淸沿途不再稽徵往來任便此利於商者二也

不肖華商每假設洋行計圖偷漏口舌滋多今則貨未出棧課已並交奸商技無所施案牘亦可淸簡此利於官者三也新章旣行洋藥諸局卡可以裁撤道路閭閻無丁胥擾累此利於民者四也惟是口岸旣多用人必眾與夫購置巡船添雇扦手之類經費較繁茲赫德擬呈節署創始需款較多逐年亦可遞減天下利之所在卽爲弊之所生臣等不敢謂責成監督與稅司合辦必無流弊特以此事定約已逾十稔變計不啻百端與其遷就觀望而巨款虛拋何如立見施行而利權自主前者各省關皆以初無把握招商包辦縻費徒多

稅司除徵正稅外未能相助致難著效一經定立新章事在必行各監督受　恩深重自必激發天良認眞稽核稅司咸受中國祿糈亦必破除情面相與有成卽以每年進口七萬箱而論所收稅釐較之近年收數必有起色所以臣等反覆思維以爲舍此更無辦法其一切詳細章程容再飭各關道與稅務司妥商酌核總以寬籌經費俾布置可以周詳並須嚴定考成庶課項皆歸覈實萬一試辦以後窒礙稍形亦可隨時變通設法補救得　旨後總署電飭各省關定於十三年正月初八日爲各釐局停止之期初九日爲通商各關稅

釐併徵開辦之始凡洋藥進口由各該關稅務司查明封存準設具有保結之棧房躉船俟其運銷時赴關報完進口正稅釐金始準就棧房躉船拆改黏貼印封包裝行運其坿近香港之九龍澳門之拱北兩處新設兩關三月間開辦稽徵稅釐以為積年洋藥走私淵藪也光緒十二年十二月初八日起十三年十一月十七日止即西厤一千八百八十七年洋藥進口計牛莊二百十六石天津一千八百二十石之罘六百八石宜昌無漢口一千二百六十四石九江三千十七石蕪湖四千四百四十七石鎮江六千五百八十四石上海一萬七千九十九石甯波四千三百八十九石溫州六十四石福州四千九百三十三石淡水一千六百二十二石打狗二千六百二十六石廈門六千三百六十三石汕頭六千三百九十九石廣州七千七百二石瓊州一千三百九十六石北海七百七十四石九龍一千五百二十三石拱北一千三十一石綜二十一關七萬三千八百七十七石是年至香港者八萬九千三百六十九石餘賸一萬五千四百九十二石十三年十一月十八日起十四年十一月二十九日止即西厤一千八百八十八年牛莊一百十三石天津一千五百五

十五石之罘三百十八石宜昌二石漢口一千一百六十一石九江三千七十七石蕪湖三千四百石鎮江三千九百十一石上海一萬八千二百七十一石甯波六千四十石溫州二百三十四石福州六千一百六十六石淡水一千九百七十四石打狗二千六百七十二石廈門六千八百七十三石汕頭六千八百六十三石廣州一萬三千一百十四石瓊州一千一百六石北海一千一百石九龍二千八百五十一石拱北一千八百十一石綜二十一關八萬二千六百十二石是年至香港者八萬八千八百三十石餘賸六千二百十八石餘賸之數則為香港年終所存及各口年終躉關者自是香港轉運各口洋藥無偷漏之患向之釐金年終報部一百萬餘兩者自十三年由關併徵以來第一年報部釐金四百六十四萬五千餘兩第二年則六百六十二萬二千餘兩核之因併徵所增經費每年僅三十三萬兩耳此洋藥釐金由關併徵之明效大驗也然而稅銀三十兩列之條約稅則不換約不得有毫釐之加而約載洋商止準在口銷售一經離口即屬中國貨物止準華商運入內地則內地釐金應徵多寡其權猶自我操每百斤即徵至數百金外人不能藉口也

今並此釐金亦列入專條一則曰不得較土煙稅捐格外加增不得别立稅課一則曰運送洋藥前往內地仍不免其輸納稅捐無論何時英有廢棄專條之權仍照津約辦理據此則權自我操之釐金不換約亦不得有毫釐之加其與土煙並論者蓋深知我重徵土煙一時難辦以此愚我而遂其陰狡之謀所幸者尙有四年以後皆可先期知照作廢一語竊願專條廢棄仍由我自行徵收無虞掣肘特恐積習相沿前轍易蹈未必能如各關之稽徵一律涓滴歸公耳當道光年間中國吸食鴉片者尙少印度煙稅亦不過重燒煙之信傳

入外洋英上下兩議院臣民多以鴉片貿易本干中國禁令以此用兵其曲在我遂有耶蘇教會遞稟求禁並請勿任印度栽種罌粟又有人在英京倫敦作鴉片煙罪過論以爲旣壞中國風俗又使中國人猜忌英人而礙商局英王頗是之時義律意在用兵議遂寢迨通商弛禁後英之傳教士游歷各省見民間吸煙日衆勸止不可因於同治十二年春在議院論及大要謂印度鴉片流毒中國華人怨之鄰國非之損我英名因合英之善士聯名稟院致書各國有能痛陳鴉片利害者著爲論說儘六閱月內函達倫敦擇其尤善者酬金

六百次者半之通得五十四論中有四論爲華人所著取衆論編印成書以資國人觀感期有以歆動之十三年秋有曾在中國傳教之維魏林理雅格丹拏等三人曾在中國爲商之馬特生及其國中富商文士共六十五人於倫敦倡設勸禁鴉片會光緒元年五月復稟請議院設法漸令印度減植罌粟議院以四端批覆謂鴉片爲東方人性情所好日所必需一也華人自甘吸食與英何尤二也衆士所陳鴉片爲害情形過當難信三也罌粟關印度度支欲禁必倍徵他項恐激而變生四也觀其末端可知英人意向矣二年禮部左侍

郎出使英法大臣郭嵩燾旣至倫敦會中官紳覼陳鴉片宜禁各節郭大臣於三年二月初八日與副使候補五品京堂劉錫鴻具疏畧謂西洋通市於中國歷無嫌怨道光二十年議禁鴉片煙遂至失和宜如何疾首蹙額相爲戒禁以示無忘國恥之義就臣等耳目所及言之鴉片之禁始自雍正時其初但充藥品販運內地所恃政敎修明民間懍懍畏法無敢吸食至道光初而其風始熾由印度傳至雲南而南土興矣展轉至四川而有川土又傳至甘肅而有西土由是而至貴州至陝西山西一二十年來廢田而種罌粟歲益浸廣西

洋販運亦漸增多勢將盡中國之人皆失其生理西洋人士知鴉片煙爲害之烈與中國受害之深也將與設爲公會廣勸禁止栽種販賣臣至倫敦其地世爵憂弗斯伯里及議政院紳士馬克斯求爾德及教士里格丹挐畢士等五十餘人相就論此義形於色竊以爲禁止鴉片煙不在繁爲禁令在先養士大夫之廉恥而其要尤在長官稽查督察使不能有所寬假宜先示限三年責成督撫分飭州縣多製戒煙方藥施散勸諭逾期不能戒者官吏參革生監舉人褫斥長官不舉發同罪而凡文武試士子例具五童互結宜以鴉片煙爲

首禁容隱者一並除名童生皆先停考濫入場者廩保坐黜廩生吸食皆先停止保人濫保者教官亦坐黜至三年期滿學校中不準復有吸食鴉片煙者用以激勵士民之心而作其氣亦在使知所恥而已其川滇甘陝各省栽種罌粟則必以課吏爲先臣聞種罌粟一畝所出視農田數倍工力又復減省州縣因之添設陋規私收土稅亦數倍於常賦官民皆有所利以致四處蔓延男婦相率吸食不能如印度所出煙土禁民吸食而南洋坿近之暹羅東洋之日本皆有厲禁民間無吸食者獨中國販運銷行每年課稅數千萬爲英國入

款一大宗而其地紳士會議猶勤勤焉謂煙土貽毒中國引以爲咎倡言禁止伏乞 皇上堅以持之寬以期之責成各省學政整頓學校責成各省督撫整頓屬官而於栽種罌粟又須由督撫責成州縣勸諭紳民整頓所屬地方求實效而不爲虛語務力行而不貴近功其道無他在疏通民氣而已矣中國民情常若隔閡臣以爲禁止鴉片煙當使教化轉移之意多防禁操切之術少使天下臣民喻知此意自有不敢不禁不忍不禁者存乎 皇上一心之運用中外人心無不嚮從臣等正月內接據粵紳唐德俊等稟稱咨請總理衙門

轉奏其後屢見英國士紳力陳鴉片煙之害發於至誠又復集多人陳述此義人心向義之機不敢不據實縷陳（此藁傳抄疑誤未便肊易）會中亦上北洋李大臣書陳明其事郭大臣嗣有請禁鴉片條奏其畧曰鴉片煙爲害中國共五十年通計各省士民陷溺其中率十之四五（當是百之四五）其害日廣其毒亦日深道光十九年 特詔嚴禁至激成海疆之禍而吸食者愈多至咸豐九年例禁已開更無顧忌臣於此時復爲禁止鴉片之議人皆知其難行而臣揆之事理驗之人心顧獨以爲至易蓋使 國家嚴立科條責成地方官禁之徒以擾累百姓其

終必至愈禁而愈開使人民自爲禁制以奬勵其廉恥而激發其天良則動於　詔旨一二言而人心自振積弊亦將自除此臣熟籌深計而決知其必然者也僅就愚見所及畧具數條敬爲　皇上陳之一曰權衡人情以定限制之期臣前摺議禁鴉片煙以清理學校爲先所有文武職官及舉貢士紳一例示限三年自屬一定不移之章程而其中情節實各不同有因治病吸食者有年逾五十精力已衰不能驟戒者惟當責成各地方官清釐整飭萬不可搜剔窺伺及開揭告之風其紳士五十以上已至垂暮之年亦可毋庸示禁蓋此

次議禁之意在嚴絕其將來不在追咎其既往庶幾人心不至驚惶卽督撫大吏因病吸食者亦可無虞反噬　朝廷但有覺察無難處辦至於學校出身之階正本清源端在於是自府縣試互結卽須以鴉片煙爲首禁應纂入學政全書萬不宜絲毫寬假此權衡人情之大端也二曰嚴禁栽種以除蔓延之害臣前摺敘述陝甘雲貴山西四川等省栽種罌粟情形沿西數千里之地日肆蔓延內而江南之滁州浙江之台州亦皆種植罌粟有滁土台土之名向皆銷行內地是各省多種一畝罌粟卽民間多增一畝之害端　國家亦多廢

一畝之生產臣在京師聞山西撫臣鮑源深請禁栽種罌粟出省閱兵各州縣先期拔去驛路兩旁罌粟一二畝改種禾麥近年吏治廢弛日甚欺誣粉飾莫知爲非非得督撫臣深體　朝廷之用心切實推求斷絕根株萬不能實有裨益此嚴禁栽種之大端也三曰嚴防訛詐以除胥吏之擾　朝廷明示例禁督撫下其令於州縣卽授其權於書差乘勢苛擾得賄包庇其害且有不可勝言者自咸豐時開鴉片之禁旋禁旋開又旋加禁亦復無此政體臣之愚見以爲當時開禁僅及商民官紳仍照舊禁止是今日之設禁與咸豐之開禁

用意正屬相同而一以勸戒爲義則差役之騷擾不能不先示嚴禁但有因事生風借禁煙爲名稍事訛詐應聽民人呈控交涉書差者立行拏懲交涉地方官者亦立予嚴參總期使民間實受禁煙之利而不至虛貽禁煙之害此嚴防胥吏之大端也四曰遴派紳員以重稽查之責近年廣東設立勸禁鴉片煙會臣常嘉其用心之善然出自民間私議有勸導之功而無董率之責其勢不足以振發人心應飭各省督撫臣舉派在籍公正知事體紳員一二人使專司示禁鴉片煙之責以次責成各府州縣及學官各舉派總辦一人幫辦二

三人仍由府紳總其成以達於省紳而稽考其成效亦不必設立公局開支經費但由地方官及各紳民捐資廣製戒煙方藥分散四鄉責成各族族長稽查一族各鄉鄉長稽查一鄉督撫即因以推知州縣之奉行與否及各府縣紳員之得力與否一除粉飾之心而坦然示以大公惻然推以至誠紳民未有不感動踴躍自爲禁制者此舉派稽查之大端也五曰明定章程以示勸懲之義竊查鴉片煙之盛行在道光中葉以後風俗人心因之日趨於澆漓水旱盜賊相承以起貽患至今是鴉片煙之爲害不獨耗竭財力戕賊民命實爲

國家治亂之機一大關鍵是以道光中設爲厲禁嚴刑原屬懲姦之要義立法並無稍過惟當紀綱廢弛風俗頹敗之餘法令愈嚴推行愈多梗塞不能不以整齊之令寓諸從容勸導之中而人心骫法已甚其驟難禁革之積弊尤應明定章程以使知利病之切身而自求變計其法即取販賣鴉片煙之利以爲禁煙之資凡販運鴉片煙土者無論城邨市鎮概準釐稅加徵五倍永不停免亦責成紳員互相稽查一由釐局徵收而酌提爲製造方藥之費其各省栽種罌粟者亦皆示限嚴禁各視土地所宜責令改種五穀其田土有多寡久

有承佃及自耕之田逾期不改種二十畝以上酌提一半充公承佃出自業戶之意全數充公出自佃民之意責成更佃不遵辦者亦全數充公二十畝以下勒限懲責其充公之田各就其鄉添設小學及各善舉由地方官督飭辦理有侵蝕者亦聽呈控懲辦此明定章程之大端也六曰禁革煙館以絕傳染之害鴉片煙爲害之烈尤莫甚於煙館無藝平民及子弟之有管束者無不從煙館吸食以至積而成癮其害亦人所共知而不能禁革者在官之耳目不能敵書差之包庇也聞兩江督臣沈葆楨嚴禁煙館皆相率移至城外以沈葆

楨切實認眞其力亦不過周及城內而已非責成各處士紳自相稽查萬不能有實際而非督撫及地方官有實求整飭之心亦萬不能責紳士之奉行是以自古興利除弊尤以察吏爲先在京各城司坊等官在外各州縣巡檢典史能不以收受陋規爲事禁革煙館即亦非難此嚴禁傳染之大端也伏查此次議禁大旨全無妨礙俟奉有禁止明文臣即照會英國外部漸次禁止栽種販運此時開辦之始惟當從容涵泳寬以二十年之期先官而後民先士子而後及於百姓一以漸摩勸戒爲義明示以　朝廷愛民之苦心力拯陷溺力

除苛擾與天下相感以誠而其大要尤在責成各省士紳自立章程切實勸導謹奏四月初二日奉　上諭郭嵩燾奏鴉片煙為害中國擬請設法禁止一摺官員士子兵丁人等吸食鴉片煙例禁綦嚴近來視為具文吸食日眾為害愈深該侍郎等請以三年為期設法禁止著各將軍府尹各直省督撫斟酌情形妥籌具奏其各省駐防旂營著各督撫會同該將軍酌度辦理將此各諭令知之欽此英人知有此奏由是入會者年多一年七年四月初二日英議院諸臣會議有大臣丕斯者亦會中人也出會中所遞請禁鴉片稟詞多至二

百通內一通來自蘇格蘭具名畫押者五千餘人丕斯因向眾力陳鴉片之害謂印度倘能別求生財之道撙節用項此害去亦匪難且應將昔年煙臺所議條款第三端核準永不向中國更改諸臣多是其說獨管理印度大員哈丁登以有礙印度度支為辭十七年三月上海得英京電報當下議院闢門聚議時大員佐些卑士倡議停給在印度種製罌粟及發售煙土之牌照院員是其議者一百六十人非其議者一百三十八準以英人從眾之例則牌照弗給可以行矣不謂旋接復電英廷批駁謂議員動於羣言是其議者非出本心

當作罷論隨又聞英廷臣語佐些卑士曰印度所收鴉片稅年中數實不貲今使禁之是將革除此稅也他日入不敷出勢必另增他稅華民害去英民害來夫豈謀國之道蓋至此英之隱衷始揭以示人夫必欲禁者教士也不欲禁者執政也政與教原判兩途教以救人除害為心政以富國強兵為本鴉片為害人之物人人知之知之而設會禁之不復有所避迴不容有所顧慮此彼教士但知為人計而不再為己計也印度自種植罌粟政府重抽其稅設官戍兵地方經費多從此出使一旦禁絕費無從出此為人計而不為國計彼政

府所以不敢出也按諸同治十三年英國新聞紙載印度每年收稅共五千萬磅（磅約銀三兩五錢）內鴉片稅尚僅八百萬磅其時禁亦易易今日印度卽不欲禁風會所至非人力能強必有禁之之日禁之又必自易罌粟而植茶始中國土煙既收稅釐是禁種罌粟之令大弛民間種植必因之漸廣或至盡易茶而植罌粟數十年後中國或無植茶地印度則廣植之中國無茶以運外洋印度亦無鴉片以至中國漏卮塞矣利源涸矣而民間嗜食者亦必猶淡巴菰之人人習為固常則亦不禁之禁弛而不弛矣雖然事本乎情令出自上斯時也

誠得曲體郭大臣揆事理驗人心之言與英議院停給牌照之意中明而發號焉庶幾弛而復張合乎弛張自然之道先後直書其事覽者其亦有感於斯編歟

鴉片烟考一卷

〔清〕佚名輯

《鴉片烟考》一卷，輯者不詳。是書輯録王大海《海島逸志》、楊炳南《海録》、汪文泰《英吉利考》、沈豫《秋陰雜記》、顧禄《烟草禄》、陳文述《頤道堂詩選》、大槻磐水《蔫録》、古賀侗庵《阿片顛末》、王纕堂《衛濟餘編》、魏源《海國圖志》諸書有關鴉片烟之記載。敘鴉片之産地、種類、特質、配製、危害、貿易及戒烟片方等。據抄本影印。

王大海海島逸志云、和蘭夷衆之據有噶嚁吧地也、以厚幣甜言與爪鴉土番暫悅其牛皮大之曠地、以為貿易詭計而得之數百年於茲矣、爪鴉愚蠢既貪其利、漸受籠絡、奈何又設阿片黒烟、以誑誘之、使其衆必服食此物為快、暗令自致疲弱、至於絶滅、且使無志興復土地、不生報怨之心、而爪鴉本屬無識蠢類、果中其毒、無復致慮、我中華之人、亦受其朦、一服此物、遂忘故郷之苦、不以父母妻子為念、遺害不可勝言、夫阿片烟之物、乃属春方之意、其性斂攝、人之服此者、蓋藉其火力、以取快樂於一時、不知其能致元陽潛消、貽害於後日、蓋人身之元陽元陰、猶日月之光明、萬物得其陰陽和氣、藉以健運生長、阿片烟之火、如野火之燒山、草木各物當之、莫不焦枯腐爛耳、凡服之深者、則其人必瘦削軟弱、振作無志、容色青闇、元陽元陰、為之散失、不能生育、縦有生者、旋致病死、服之既久、則欲罷不能、破家蕩産、蟲生髓枯、怪病種々、醫藥無功、比々皆然、和蘭却自禁其衆、不得竊服、犯者立置重刑、何吾人之不悟、同於爪鴉、甘墜其術中耶、蓋阿片烟之害、甚於砒酖、一經入飲、欲罷不能、傷財受病、促壽變形、飲食日減、甚至不能生育子女、為害匪細、戒之戒之、

楊炳南海録云、明呀喇噗咭利所轄地、周圍數千里、西南諸番一大都會也、土産鴉片、有二種、一為公班、皮色黒、最上、一名叭第咕喇、皮色赤、稍次之、皆中華人所謂烏土也、出於明呀喇屬邑地名叭旦拏、其出曼噠喇薩者、亦有二種、一名金花紅、為上、一名油紅、次之、出嗎喇他及盎叽哩者、名鴨屎紅、皆中華人所謂紅皮也、出孟買及唧肚者、則為白皮、近時入中華最多、其木似罌粟、葉如靛、青子如茄、每根僅結子二三顆、熟時、夜以刀劃其皮分許、膏液流出、凌晨收之、而浸諸水数刻、然後取出、以物盛之、又取其葉、曝乾

末之、雜揉其中、視葉末多少以定其成色、葉末半則得膏半、然後捏為團、以葉裹之、子出膏盡、則拔其根、次年再種、通年以來、閩粵亦有傳種者、其流毒未知何所底止也、

汪文泰英吉利考云、英吉利不產金銀、兵餉官祿、皆取給關稅、屬國關稅、每年合計一千二百餘萬、而明雅鋪居六百萬、望買居三四百萬、以明雅鋪產大土、望買產小土、銷中國最廣故也、鴉片、明雅鋪謂之八誕挐、出有二種、一名公班、皮色黑、最上、一名八第姑喇、皮色稍赤、次之、即中國所謂烏泥也、出曼打拉沙者、亦有二種、一名金花、為上、一名油紅、次之、即所謂紅泥也、出馬喇塔者、名鴨屎紅、亦紅泥、出望買者、名皮紅、即所謂白皮也、其草之本似鶯粟及靛、葉亦似靛、結實如李、一本僅結實二三、熟時、以刀微破其皮、漿出、收之、浸之水中、稍去其紅色、即如華人所食之膏、復用其葉曝乾、研成細末、揉之膏中、視葉末多少、分其成色、葉末半則得膏六半、然後捏成團、以木葉裹之、更取陣死人土和之、並有蟲如螞蝗者、燒灰雜入、最毒劣、服之深者、其人身體瘦削、面目青黯、元陽散失、不能生育、縱有生者、旋至病死、服之既久、欲罷不能、肢體萎縮、臟腑潰出、蟲生髓枯、怪病種種、荷蘭法、食之者死、乃誑誘爪哇食之、暗令疲弱、至於絕滅、無志興復、英吉利亦不食鴉片、犯者、集眾紅毛環視、以炮打之入海、其用意甚深、

沈豫秋陰雜記云、鴉片煙出於外洋、閩粵諸省、多有服吃者、至近年各省徧行、即內地亦出温台諸郡、栽種罌粟取漿、搗土熬之、藉以漁利、外夷者為大土、內地者為小土、其價小土賤而大土貴、縱欲之輩、恃其頃刻足以提攝精神、故取直甚昂、久服上引、如今日午服、次日午時、萬不能緩、稍遲、便筋拖脉懈、如同癱瘓、最足短促年壽、俾晝作夜、竟同癈人、故厲禁甚嚴、雲南知縣許士傑、失察取利、因以落職、

顧禄煙草録云、外洋鴉片、天方國紅罌粟花、熬膏成之、色黑而潤、嗜者最盛於粵、今士宦中、多耽此、弗釋者、至娼家客寓、無不設此以餌客、然嗜好成癖、受害甚烈、向友人為余述鴉片之美、謂氣芬味甜、矮榻短檠、筠筩銀盒、對卧遞吸、始則精神煥發、頭目清利、繼之胸膈頓開、興致倍濃、久之骨節欲酥、雙眸倦豁、維時拂枕高眠、萬念俱寂、但覺夢境迷離、神魂駘蕩、真極樂世界也、

頤道堂詩選陳文述鴉片詩云、鴉片今鳩片、來自利未亞、厥種倭芙蓉、區種若穲稏、一從通市舶、流播遍區夏、泥客醉醇醪、熏人馥蘭麝、妖姬與蕩子、顛倒忘晝夜、癖好等嗜痂、餘味勝啖蔗、蓼蟲與桂蠹、積久因漸化、心竅作蟲窠、癮至蟲出罅、卷曲若尸厥、厥狀殊可詫、漸深及輿儓、辛苦百錢貫、寒餓任妻孥、曾不相假借、中土近亦多、鶯粟色嬌姹、天台近海濱、種植代耕稼、年來更蔓延、幾欲數州跨、官府設科條、犯者罪毋赦、愈禁犯愈衆、鞭笞曾不怕、彼國懸令甲、厲禁一何霸、食此必誅殛、嚴過十字架、明知流毒甚、以禍遠相嫁、奈何酣豢者、戀此若姻婭、貨幣不能易、質劑不相假、交易必精鏐、彎弓巧持弝、巨艦壓滄溟、險浪平如砑、岳貢與川珍、消若堰啓垻、我有苦口藥、厥性兼補瀉、龍宮出禁方、仙翁勞鶴駕、刊刻藉流通、數頁伴書帊、所願惡習除、稍冀善緣迓、無如痼疾深、溺人甚漼灞、諱疾等拒諫、甚或劉四罵、豈真代兵劫、孽重積嵩華、要本邪氣耳、嘗試事猶乍、所賴粵権廉、事權勿速下、譬若淬銛鋒、太阿持其欛、辟若馳輪轂、六轡握其靶、良田去稂莠、所恃利菑把、日久元氣囬、軍才不須禡、內地積弊久、去之宜亦暇、任其渡關津、亦聽設

館舍、不必拘文法、但須定官價、貴貿而賤易、有利無可射、販者既不行、嗜者將焉藉、如嗜口腹、人空羨牛心炙、瘦俗與頹風、庶幾久自罷、通洋始前代、萬里雲帆卸、金錢耗中國、夷情實狙詐、至今澳門居、金碧煥臺榭、其人可科牧、其地宜桑柘、正本與清源、所宜閑闢謝、世冨人老壽、伏臘歡祭蜡、

大槻磐水蔫録云、阿片烟者、蔫末阿片配合所製、其製法主用、共未詳之、喎蘭譯司説曰、開豁胸膈、寛舒心志、且夜忍睡眠、近時清人間有用阿片烟者云、

古賀侗庵阿片顚末云、阿片煙、未知其製如何、余嘗在長崎聞之、其質如膏、非以阿片和煙草也、舶來淅商輩、亦有窃服之、稱芳連煙、自註、芳連二字未考、姑從所聞、○蔚業又称蔻煙、見道光二十二年粤東義勇檄文、考字彙補、蔻音敦上声、其義未詳、崎俗又名調伏煙草、服之有法、非若尋常弄管為談柄然、欲服之者、先設枕褥、偃卧平氣、而後徐〻把筒點膏、以油燈火炙之、及膏熱、香氣巻口、意思極爽、一日服之取快、日日思之、不翅若狐於油鼠也、服之聾毫除眠、較多則睡、又治頭疼腹痛積聚、解酒肉毒、

海島逸志斷阿片烟方

每日用赤猪肉四兩切碎、放鍋中炒熟、加入黃砂糖一二兩、同炒乾、取放盆中、如思片烟難過時、取肉食之、則可挨過、日〻如是、吃過七日、則烟可斷、以後雖思烟、不可再吃、若再吃之、則無藥可救矣、雖再吃肉糖、亦不靈矣、切戒切戒、

又解阿片烟藥丸方

上洋參五分 化州橘紅五分 沈水香五分
上肉桂淨五分 白荳蔻五分 川貝母去心五分
胡椒粒三分 阿烟膏三錢 硃砂五分為衣

右將七味研細末、和阿片膏、合杵為丸、再以硃砂為衣、如桐子大、每服四五丸、或七丸、視症之輕重、以為加減、凡服此丸、未能一時即斷、暫服暫減、即可斷根、

右二方、服之無不效驗、故傳之以為救世、奉勸世人、如有犯此物者、依方速製服、可以永遠除根、半月之後、即能强飯肥胖、勿再惑飲、庶可保身承祧也、

又解烏烟藥酒秘方

歸全五錢 熟地四錢 白芍四錢
川芎二錢 洋參四錢、用福圓肉數錢、煎湯浸晒三次為妙、 杜仲四錢、塩水炒去絲、
白朮炒、二錢、 兎絲餅四錢 甘枸杞四錢
炙芪四錢 京桂四錢、淨去粗皮、 龍涎香三錢、要真者、如
炙草二錢 棋南香二錢、研末、 眞虎骨四錢、酥炙杵碎、
無、用川貝母代之、 鹿茸末四錢、炙好、
阿片膏三錢

以上諸藥、用紗袋裝好、放酒罈中、取上好高粱燒酒六斤、浸此藥、封固安鍋中、隔水胅一炷香久、取起待用、○每飲此酒一小杯、再取白酒一小杯和服、如再飲、須再和白酒一小杯、酒完可以斷根、如藥太重、則加入燒酒三斤亦可、此方、服者無不神驗、

衛濟餘編（王纕堂著）仙傳戒鴉片方　昔有一孝子、嗜鴉片、乩壇遇仙、傳與此方、竟獲考終、

石蓮子　貫衆（各三錢）　藿香

附子（製）　丹皮（各一錢五分）　防已（一錢）

右加黑沙糖五錢、水煎服、十劑之後、即照前分兩、十倍合丸、開水吞服、服後或腹瀉、肢體委頓、無妨、蓋必除盡臟腑之毒、始能復元、慎毋信心不堅、仍犯前戒也、（良方集要）

又戒鴉片方

石蓮肉　貫衆（各三錢）　當歸

貫衆（各三錢）

右為末、加紅糖五錢、開水和勻、不可太濕、丸如桐子大、以硃砂為衣、陰乾（忌日曬）、每引一分者、開水吞一丸、一錢者吞十丸、輕則減、重則加、日減一丸、至減盡而止、

又戒鴉片方　不論烟引大小、年分遠近、無不奇效、

上洋參　上南桂　上木香

白豆蔻　縮砂仁　法半夏（各一錢）

白茯苓（一錢五分）　川貝母（二錢）　眞沉香（二錢五分）

眞牛黃（七分）

附子　藿香（各一錢五分）　漢防已（一錢）

右加紅砂糖五錢、水煎、引前服、服四五劑後、則肚腹瀉、再服至十劑、自然不喜吃烟、如服十劑後、仍不能斷、即照此方分兩、十劑料合丸藥、引來時、用滚水吞三四錢、此方試驗多、人切勿泛視、（永福堂刊送）

又戒鴉片方

肉桂製附各五錢、研細末、和淨烟膏三錢、再和寧坤丸蘇合丸各四丸和勻、入後藥末、

白豆蔻　母丁香　石蓮子

防已　藿香　丹皮

右藥、共研為細末、加洋烟膏二錢五分、要烟灰重熬者更妙製膽南星二錢五分、為丸如小菉豆大、飛淨硃砂一錢為衣、每引五六分者、服十五粒、吸烟三分、或二分半、若引大、以次遞加、服至二十日、便可去烟、祇吞丸藥、以下三日減一粒、減盡即斷矣、神効之至、

斷烟後祇吞藥丸、如夜間不能寐者、則服後方、

熟地五錢　黨參三錢、米炒　冬朮土炒

棗仁炒黑、研　茯神各二錢　當歸

兜絲餅各一錢半　陳皮　半夏各一錢

遠志七分、鹽水炒　五味子四分　硃砂四分、作兩次冲服

右水煎服、以能寐為度、或多服亦有益無損、右方係繆漁隱試驗

頤道堂詩選鵲丹方

取南瓜根藤花葉實、滌淨搗爛取汁、或剪藤瀝其汁飲之、治鴉片烟癮神效、名曰鵲丹、其方與鴉片、均傳自倭國、盖白倭受黑倭之侮、誠感神降示以鴉片方、因滅黑倭、太乙憫鴉片之流毒無已也、亦此方以解之○陳文述云、此記不知何人所作、友人得自洋估、為題一詩、載之拙集、以備治癮者助焉、詩云、鴉片古所無、流毒到奴隸、溺者十七八、悔亦間一二、雖悔不可追、多緣無藥治、何人為此說、其事甚平易、維南方在離、萬物隶陽位、種瓜定得瓜、老農所恒植、取彼花與葉、兼及根與蒂、擣以石杵臼、厥數不須計、取汁以代飲、清甘殊有味、能使積蟲出、兼滌腸胃滯、曾有生服者、一勺救垂斃、孽海儻回頭、神丹應不替、奉勸沈溺者、何不且一試、惟鵲能送喜、和聲化乖戾、太乙大慈悲、是為青華帝、東極即南海、仙靈參佛慧、人身甚難得、所恃神與氣、未必遂長生、何苦令短逝、我更作此詩、苦心告當世、

魏源海國圖志云、中國以茶葉湖絲馭外夷、而外夷以鴉片耗中國、此皆自古所未有、而本朝有之、茶葉行於西洋、自康熙始、而鴉片之入中國、亦自康熙始、初准以藥材上税、乾隆三十年以前、歲不過二百箱、及嘉慶元年、因嗜者日衆、始禁其入口、嘉慶末、每年私鬻、至三千餘箱、始則囤積澳門、継則移於黄埔、道光初、奉旨查禁、復移於零丁洋之躉船、零丁洋者、在老萬山内、水路四達、凡中外商船之出入外洋者、皆必由焉、夷艘至、皆先以鴉片寄躉船、而後以貨入口、始躉船不過四五艘、其煙至多、不過四五千箱、可用火攻、而大吏容奏、請暫事羈縻、徐圖禁絶、于是因循日甚、其実增至二十五艘、煙二萬箱者、則在道光六年設巡船之後、巡船水師受月規、放私人口、于是藩籬潰決、及道光十二年、始裁巡船、而積習已不可挽、道光十七年、復設巡船、議定每千箱、以若干箱送水師報功、而鴉片遂歲至四五萬箱矣、今以道光十七年廣東與英夷貿易出入之數計之、湖絲價銀六百五十九萬員、茶葉價銀千有四百萬員、白礬、串珠、樟腦、桂皮、磁器、大黄、麝香、赤布、白糖、冰糖、雨繖、百二十二萬六千員、共計英吉利船所購出廣東之貨、二千一百八十一萬六千員、其入口者、棉花八百二十二萬員、（六十七萬石）洋米二十三萬八千員、（二十萬石）大呢（ラシャ）百五十五萬員、羽紗四十萬員、嗶嘰（ピーキ）八十萬員、羽緞五萬員、洋布七十萬員、棉紗七十三萬員、（千有八百石）水銀二十三萬員、（二千石）錫二十九萬五千員、（萬五千石）鉛八萬九千員、（萬四千石）鐵四萬八千員、（萬六千石）硝七萬五千員、（共萬石）檀香、烏木、象牙、珍珠、胡椒、沙藤、檳榔、魚翅、魚肚、花巾、洋巾、計七十一萬員、共英夷進口貨、千四百四十七萬八千員、少於出口貨價銀、七百餘萬員、使無鴉片、而以貨易貨、則英夷應歲補中國銀七百餘萬員、乃是歲鴉片價銀、反出口二千二百萬員、計銷鴉片四萬箱、此數之確然可考者、彌利堅（アメリカ）國是歲出口之貨、綢緞價七百五十萬員、茶葉五百十九萬八千員、（十二萬餘石）絲、棉、葛布、磁器、蔗糖、五十七萬九千員、共計千有三百二十七萬七千員、入口洋貨、三百六十七萬員、（内有洋米八十六萬員、洋布四十五萬員、白銀四十二萬員、價最鉅、）計少銀九百六十萬員、何以不聞補銀、蓋亦鴉片價内開除之數、（英夷所運者、印度鴉片、弥夷所運者、都魯機鴉片、）他西洋諸國出口入口者、約計二百萬員、共計外夷歲入中國之貨、僅值銀二千十四萬八千員、而歲運出口之貨、共值銀三千五百有九萬三千員、以貨易貨、歲應補中國價銀千四百九十四萬五千員、使無鴉片之毒、則外洋之銀、有入無出、中國銀且日賤、利可勝述哉、綜計英夷所購出之貨、莫大於茶、而湖絲次之、所售入中國之貨、莫大於鴉片、而棉花次之、至大黃、則蒙古所需、非西洋所急、故每歲出洋大黃、不過値五萬餘員、(即俄羅斯市大)(黃帰、亦僅用以染色、非用以治病、見松筠綏服紀略)茶葉雖西洋所盛行、而佛蘭西國不甚需之、以其本國皆飲白酒、不甚飲茶、故佛蘭西到粵之船較少、然前代市舶、從不聞茶葉出洋、茶葉出洋、自明季荷蘭通中國始、及康熙二年、英吉利商又自荷蘭購歸百斤、飲而甘之、國人飲者、歲增一歲、康熙四十九年、至十四萬斤、雍正二年、至二十八萬斤、乾隆二十四年、二百二十九萬斤、三十七年、五百四十七萬斤、五十年、遂至千三百萬斤、嘉慶十八年、二千一百二十八萬斤、道光二年、二千三百七十六萬斤、十年後、三千餘萬斤、及英夷公私散後、各商自運、銷茶愈廣、十七年、廣東出口茶葉、三十餘萬石、共價銀千有四百餘萬員、又彌利堅國、道光十七年、購茶價銀、三百六十九萬兩、(共茶十二萬餘石)荷蘭歲需茶、二百八十萬斤不等、佛蘭西、二十三萬斤不等、(佛蘭西茶、沿途售與各國、其到本國者無幾、)此外西洋各國、大約二百萬斤、惟俄羅斯由蒙古運往茶葉、歲六百四十餘萬斤、是西洋之飲茶、亦猶中國人之吸鴉片、雖損益懸殊、皆始自近日、非古昔所有、故知洋錢流入內地、皆鴉片未行以前、夷船所補之價、至鴉片盛行以後、則絕無貨價可補、而但補煙價、洋錢與紋銀、皆日貴一日矣、漕務鹽務邊務、皆日困一日矣、使非養癰於數十年之前、潰癰於設巡船之後、何以至是、今但歸咎割癰之人、而養癰潰癰者不問、故至今益以養癰為得計、此邊患宜溯其源者、籌海篇

英吉利夷舶入寇記二卷

〔清〕李鳳翔撰

《英吉利夷船入寇記》二卷，清李鳳翔撰。鳳翔字少珊，廣東南海（今廣州）人。此書一名《夷務權輿》，敘鴉片戰争始末，採摭甚廣，詳略得當，於道光帝詔諭、督撫奏摺、軍隊調遣、海防佈置、戰争經過、和議交涉等，皆有記述。復闡其主張，倡議購買及自製洋艘洋砲，振興水師。以親歷其事，頗翔實可信。末附同治間大臣奏摺，涉及洋務、治河、丁漕等，似與該書無關。據上海圖書館藏清抄本影印。

英吉利入寇記

辛芝公手抄

英吉利夷船入寇記上

道光十八年四月鴻臚寺卿黃爵滋奏敬籌　國計嚴防漏卮事近年各省鹽務漕務之疲累官吏之虧空商民之交困皆由銀價昂錢價賤向時紋銀每兩值千今則每兩至千有六百而銀少價昂之故由於粵東洋船鴉片煙盛行致紋銀透漏出洋日甚一日此烟製自英吉利夷嚴禁其國人勿食有犯者以礮擊沈海中而專以誘他國之人使其軟弱既以此取葛留巴又欲以此誘安南安南嚴令誅絕始不能入境今則蔓延中國橫被海內槁人形骸蠱人心志喪人身家實生民以來未有之大患其禍烈於洪水猛獸積重難返非雷厲風行不足以振聾發聵請仿周官用重典治以死罪得

詔各省將軍督撫會議速奏時湖廣總督林則徐奏最剴切言烟不禁絕國日貧民日弱十餘年後豈惟無可籌之餉抑且無可用之兵

一

復始堂

矣

上謂深憲遠識之言

詔林則徐来京而受方略以兵部尚書頒給

欽差大臣關防馳赴粤東查辦海口節制水師初鴉片煙在康熙初

以藥材上稅乾隆三十年以前每年多不過二百箱及嘉慶元年因

嗜者日衆始禁其入口而嘉慶末每年私鬻者至三四千箱始則囤

積澳門繼則移於黃埔道光初嚴旨

嚴旨查廣禁復移於零丁洋之躉船零丁洋者在老萬山内水路四達

凡中外商船之出入外洋者皆必由焉夷船至皆先以鴉片煙寄躉

船而後以貨入口又閩浙江蘇商船即從外洋販運其粤商則皆在

口内議價而後從外口運入始躉船尚不過五艘其烟至多不過四五

千箱而總督阮元密奏請暫事羈縻徐圖驅逐於是因循日甚其實

增至二十五艘烟二萬箱者則在道光六年兩廣總督李鴻賓設巡船之後巡船每月受規銀三萬六千兩放私入口於是藩籬潰決及道光十二年總督盧坤始裁巡船而水師積習已不可挽道光十七年總督鄧廷楨復設巡船而水師副將韓肇慶專以護私漁利與夷船約每萬箱許送數百箱與水師報功甚或以水師船代運進口自是韓肇慶反歷以獲烟報功保擢總兵　賞戴孔雀翎水師兵丁人人充橐而鴉片烟遂歲至四五萬箱矣大理寺卿許乃濟曾任廣東雷瓊道遂奏請將鴉片烟照藥材收稅不報蓋受廣東大使之指使也十七年正月二十五日林則徐馳驛抵粵傳洋商伍怡和勒交歷年販運烟土夷商及查頓及顛地二人查顛已聞風先竄惟顛地隨英吉利公司領事義律由澳門至省城夷館林則徐派兵役監守之并於省河之獵得炮台筏對朱阯論令將零丁洋所泊二十五艘之烟土

勒限呈繳免其治罪否即彰薪水而停貿易並采粤中士民輿論奏革水师総兵韩肇慶職公司領事者英吉利國王所派夷目管貿易者也他國夷商皆各自貿易惟英吉利有公司公司者匯國富商合貲出洋计本而分利而國王派領事官一員総管凡與中國官吏抗衡桀驁皆領事所為所議三十年為一局從議六十年為一局道光十三年公司局散粤中已無領事而總督盧坤聽洋商言反行文英吉利國令仍派領事來粤司領貿易初至者曰勞律以不法驅逐再至者即義律在粤三載夷商聽其號令至是被圍在省館不能回澳始於二月十二日具印禀遵繳並寄信各夷船將駛往東洋之烟盡駛回粤共繳鴉片烟土二萬二百八十三箱计每船大者千箱次者數百箱於是林則徐會同兩廣総督鄧廷楨親駐虎门驗收至四月初六日收畢每箱酬賞茶葉五斤其烟土請解　京师奉

上諭即在海口銷燬無庸解京等因欽此林則徐遂即會同督撫於虎門監視銷燬於海灘高處圍圈樹柵開池浸鹵投以石灰頃刻湯沸夕啟涵洞使其隨潮出海民夷共見咸知震悚其鴉片烟共四種宗上曰公班土白土次之金花土又次之每箱四十枚又有小公班土每箱一百數十枚更貴於公班土每箱百有二十斤共計鴉片烟二百三十七萬六千二百五十四斤皆產東印度之孟加臘南印度之孟邁曼達剌薩且檢出印度夷埠貨票有每月裝出一萬二千餘箱者雖間售南洋各國而中國居其大半計每歲不下五六萬箱閱兩旬始銷燬訖煙價在印度每箱洋銀二百五十元至廣東則每箱五六百元為利一倍此次所銷燬計本銀五六百萬元時有各國夷商聞風來觀作文紀事頌中國之政林則徐下令盡逐外洋之躉船與澳門之奸夷不許逗遛內地其續到商船有鴉片者自攜不敢報

驗即日回國免其窮追若仍沿舊習以烟卸寄躉船則入口時丈量尺寸情偽立見必照夾帶鴉片之新例人即正法船貨入官所有進口之船均應照此具結並行文英吉利國王詞嚴義正是時西洋彌利堅諸國皆遵具結於是義律由省下澳遞稟稟言速禁販煙之弊極須設法早除如准委員來澳會議章程可冀常遠除絶林則徐批示獎勵而義律復請本國貨船泊近澳門林則徐以澳門向例准設額船二十五艘苟英夷援此例不入黃埔則海関虛設而私煙夾帶更無從稽察嚴駁不准義律言不准泊澳便無章程可議因不受所賞茶葉不肯具結言必俟奉國王命定章程方許貨船入口時義律已寄信附貨舟而回國往返不過半年原可少需毋迫也而五月內復有尖沙嘴夷船水手毆斃村民林維喜之事諭義律交出兇犯抵罪義律雖未即交出而懸賞格千圓購告毆犯之人亦非故意抗違

也七月林則徐與鄧廷楨並例禁絕薪蔬食物入澳並以澳门寓夷原為经理貿易今既不進口貿易即不應逗留澳门義律乃率其眷屬及澳内英夷五十七家同遷出澳寄居尖沙嘴貨船於是義律怨懟潛招夷埠兵船二艘又撑高大貨船二艘配以礮械赴九龍山假索食為名突開火礮攻我水師船我參將賴恩爵揮兵發礮轟翻雙桅夷船一杉板船二而奸夷所僱呂宋夷船逗遛潭仔販賣鴉片者亦於八月初為我水師攻燬人船并獲義律旋托澳门西夷代為轉圜願盡遣夷船回國其貨船亦願具结如有夾私者船貨充公此粤事第一轉機而林則徐必令書人即正法之語且責繳兇犯旋有其國兩船遵式具结驗無夾帶鴉片於九月晦進口而義律遣二兵船阻之且投禀請無攻燬尖沙嘴之船以俟國王之信水師提督関天培以兇犯未繳擲還其禀時我師船五艘在洋彈壓見前禀不收見

我師船紅旗即發礮來攻關天培令開礮應之擊斷夷船頭鼻夷兵
多落海死又擊溺桅樓夷兵夷船旗落帆斜遁回尖沙嘴迤北之官
涌山兵營我軍營恃地勢轟斃夷兵無數時十月初間我軍連勝夷
船惡我順潮進攻又水泉皆下毒無可汲飲遂滅燈宵遁外洋初九
龍山之戰奏奉
諭旨有不患卿等孟浪但患過於畏葸之語十一月初八日
詔曰英吉利國夷人自議禁烟之後反覆無常屢仍准通商殊屬不
成事體至區區關稅何足計論我朝撫綏外夷恩澤極厚英夷不知
感戴反肆鴟張是彼曲我直中外咸知自外生成尚何足惜其即將
英吉利國貿易停止等因欽此並於原奏中夷船遵法者保護之桀
驁者懲拒之之語奉
硃批同是一國之人辦理兩歧未免自相矛盾此因禁烟而並斷英

夷貿易之本末也
上又以大理寺卿曾望顔之奏封關禁海林則徐力陳不可不允自
封港以後英夷貨船先後至者二三十艘皆不得入口人人怨懟於
是義律於十一月後遣人乞恩言在粵辦事多年實欲永平今諸事
援彼心多憂慮請自後遵大清律辦理而仍無違於國王之法乞仍
許英夷回居澳門俟國王諭至即開貿易此粵事再轉機而林則徐
以新奏
諭旨不便驟更復嚴斥堅與之絕其國貨船先後起椗揚帆駛出老
萬山者約十餘艘並續至之艘多觀望游弋寄泊外洋不肯去而粵
洋漁艇蛋艇亡命之徒貪薪蔬之厚值與鴉片之交易趨之如鶩時
林則徐已奏
命補授兩廣總督與水師提督關天培密籌師船未可遠出大洋不

如以毒攻毒招募漁船蛋艇授以火器領以弁兵於二十五年正月先赴各洋島嶼潛伏約俟月晦之後乘退湖往漲湖還游擊馬辰等四路分進出其不意突攻之於長沙灣燒燬運烟濟匪船共二十有三岸上篷寮六生擒奸民十餘其焚溺死者無數夷國船帶火倉皇闖避我兵勇乘湖急還無一傷者是時吸烟罪絞販烟罪　之律已頒一年有六月之限已半各省查辦日嚴戒食者已十之五六而英吉利國中聞廣東罷市之信各埠茶葉皆囤積不肯出售市價踴貴我閩粵販茶之商船赴南洋者倍利而返其倫敦國都銀行無銀轉輸亟借鄰埠之銀萬以供支應義律回國請兵時女王令國人會議其文武官多主戰其貿易商船皆不欲戰連日議不決容後拈鬮於羅占士廟三得戰鬮始決計國王命其外戚伯麥為統帥率兵船十加以印度駐防兵船二三十甫出兵而印度之兵目馬哈他死以布尔

利代之二十年四月林則徐以聞奉有以逸待勞以主待客彼何能
為之
諭五月初九日夜林則徐又遣火船於磨刀外洋燒燬杉板船二艘
白夷四又有一夷船桅帆著火棄椗駕逃先後延燒匪艇十有一擒
獲漢奸十有三是月英國大小兵船十二並火輪船三先後至粵泊
金星門其餘盡泊老萬山外林則徐又以火輪十艘每二艘縆以鐵
索乘風潮攻之洋面寥闊夷船皆駛避僅焚其杉板小船二而英夷
自是不敢駛近海口林則徐自去歲至粵日日使人窺探夷事繙譯
夷書又購其新聞紙具知夷人極藐視水師而畏沿海梟徒及漁船
蜑艇於是募丁壯五千每人月給月費銀六圓贍家銀六圓其費則洋
商鹽商及潮州客商分捐又於虎門之横檔嶼設鐵鍊木筏横亘中
流購西洋各國夷礮二百餘增排兩岸並購舊洋船為式令水師演

皆攻首尾躍中艙之法又雇同安米船紅單船拖罾船共六十備戰艦又備火船二十小船百餘令必俟梅湖乘上風為萬全必勝之計時常親赴師子洋校閱水師號令嚴明至是又下令每殺一白夷賞銀百圓黑夷半之斬首逆義律者二萬圓其下領兵夷目以次遞降獲兵艘者除礮械繳官外盡以充賞於是夷船之漢奸皆為英夷所疑忌不敢留盡行遣去其近珠江之內河在澳門西南門東者盡以重兵嚴守其餘海口多礁淺非洋船所能入夷船至粵旬日無隙可乘遂乘風竄赴閩浙各省是月夷船三十一艘赴浙先以其半攻福建廈門時水師提督陳階平先期告病閩浙總督鄧廷楨督金泉州兵備道劉耀春連開百餘礮一礮中其大兵船火藥艙沈之又募水勇數百偽裝商船出洋攻諸南澳港是夜無風夷船不能駛避且柁尾無礮我舟低又外蔽皮幕礮彈不能中遂壞柁尾遂擲火罐噴筒殲

其夷兵數十會風起夷船竄遁六月全赴浙江攻定海陷之總兵張朝發中礮死知縣姚祥懷典史全福投河死其分出之船游弋閩粵時時窺伺七月船夷突攻澳門後之關閘我守兵礮沈其數小舟傷其夷目夷兵數十八月林則徐偵夷師士密之兵船五艘在磨刀洋遂遣副將陳連陞游擊馬辰等率五大艘出洋剿之每艘兵六百時四艘阻風在後馬辰一艘先遇夷帥之船即乘上風攻之礮破其頭鼻船遂敧側夷兵多溺圍攻良久夷船鉛彈已盡僅放空礮他夷船以小舟十餘來圍辰馬辰之船小舟礮低祗中我船外之木排內有糖包無損我船齊開各礮斷賊繩纜不能駛進而夷帥之船乘我兵與他船相持即乘間竄遁擄獲夷尾十餘軍器數十件帥旗一面初七日奉殺人滅口之
嚴旨蓋自定海失守後浙撫烏爾恭額提督祝廷彪束手無策

七

復始堂

朝廷以定海孤懸海外非海道舟師不能恢復而水戰又夷船所長承平日久沿海恐其衝突已有蜚語上聞言上年繳烟先許價買而後負約以致激變者又有言鄧廷楨廈門軍報不實者七月

命兩江總督伊里布為大臣赴浙江寧波視師且

勅各沿海督撫遇夷投書即收受馳奏又

命侍郎黃爵滋祁寯藻赴福建查勘夷酋伯麥及義律於是月以五艘抵天津投書書乃其國巴里滿衙门寄大清國宰相之詞詞極桀驁多所邀索一償價初次夷書尚不敢顯言烟價但以貨價為名及見復書不及禁烟之事後遂顯言烟價矣二索廣州廈门福州定海上海各港口為市埠三欲敵體平行四索犒軍費五不得以外洋販烟之船貽累岸商六欲盡裁洋商浮費直隸總督琦善收書奏聞且於復書內言上年廣東繳烟其中亦有多少曲折將來特派大臣前往查實不難重治林則徐之罪蓋授意夷

酋欲其誣林以許價購烟之詞且以卸天津武備廢弛之責而夷酋终以印文申徼在前不能鑿空誣害也八月夷船自天津起椗其兵船半踞定海半赴廣東

詔授琦善為欽差大臣赴粤查辦革林則徐鄧廷楨之職赴粤聽勘并

敕沿海各省不得開礮九月義律回至定海見伊里布於鎮海城索俘夷安突德及七月間餘姚所獲黑白夷數十人不果而去伊里布遣其奴張喜赴夷船餽牛酒酋賀以林鄧革職之事夷酋伯麥搖首曰林公自是中國好總督有血性有才氣但不悉外國情形耳鴉片烟可斷貿易不可斷貿易斷則我國無以為生不得不全力以爭通商豈為仇總督而來耶是時直隸山東爭以夷情恭順告山東巡撫托渾布遣人餽夷船歸至有向年羅拜之奏而廣東裁撤水師之船

已半途為夷船劫虜矣署總督怡良奏聞而十月琦善至廣東查上
年義律先後繳烟印文欲吹求林則徐罪不可得則盲詰劫船之役
何人先開礮欲斬副將以謝夷而兵心解體矣撤散壯丁數千於是
水勇失業變為漢奸英夷招而用之翻為戎首矣撤橫檔水中暗樁
廣會義律於虎門左右夷船日以探水諜察往返而情形虛實悉洩
矣陸運使王篤之言盡屏廣東文武專用漢奸鮑鵬往來傳信其人
故奸夷顛地之僕役義律所奴視於是輕視中國無人矣義律與琦
善信云善多增兵勇未敵即不准和於是已撤之兵不敢再調凡有
報緝漢奸鴉片者輒被呵斥有探報夷情者則拒曰我不為林總督
以
天朝大吏終日刺探夷情者夷則一切力反前任之所為謂可得夷
懽心而逆夷則日夜增造杉板小船招集販烟之蜈蚣船蟹船數百

此外火箭噴筒竹梯攻具增造不可數計水師提督關天培總兵李
廷鈺皆密請增兵琦善惟恐妨其和議固拒不許許償夷煙價銀七
百萬圓而夷必欲索埠地琦善前以厦門及香港二地商之鄧廷楨
廷楨言厦門全閩門户不可許香港與尖沙嘴及裙帶路二嶼鼎峙
爲粤海適中之地形勢環抱藏風少浪若令英夷築台設礮久必窺
伺廣東琦善既據以奏聞遂不能自背前奏義律遂乘其無備於
十二月十五日突攻沙角大角礮台乃虎門外第一重門户也副將
陳連陞守之連陞久歷川楚戎行之老將兵祇六百夷船礮攻其前
而漢奸二千餘梯山背攻其後陳連陞於後山埋地雷機發轟死百
餘賊而不能再發賊後隊復擁而上衆五倍於我我兵前後殲賊三
百餘火藥已竭賊火輪杉板船又繞赴三門口焚我戰船十艘水師
兵或潰或死其橫檔鎮遠威遠各礮台僅能自保且俱隔於夷船不

能相救陳連陞父子戰死賊遂據沙角大角兩礮台時提督關天培總兵李廷鈺游擊馬辰等尚分守鎮遠威遠靖遠各礮台兵各僅數百相向而泣李廷鈺回回至省城哭求增兵闔省文武亦皆力求琦善初僅允二百繼增至五百黑夜以小舟偷渡分布各處人人憤恨且奏言逆夷殲我兵無數而我兵傷逆夷僅數十以張敵而脅款惟連夜作書令鮑鵬持送義律再申和議於烟價之外復以香港許之並歸浙江俘夷以易定海城琦善與立契約遂於正月出虎門會議義律宴於師子洋既而正月杪

批摺回不允於是復中變初琦善之陛辭也

上面諭以英夷但求通商則已如要挾無厭可一面羈縻一面奏請

調兵原未令其撤防專款也至是逆夷攻陷礮台大肆猖獗

上震怒於是有烟價一毫不許土地一寸不給之

旨並調四川貴州湖南江西兵赴剿又
命林則徐鄧廷楨隨同辦理夷務然琦善不與林則徐商議一事且
與英夷和議已絕尚不許關天培增兵為備而逆夷則船隻日多器
械火藥日備氣燄百倍於前矣二十一年正月初七日
詔暴逆夷罪惡特命宗室奕山為靖逆將軍湖南提督楊芳尚書隆
文為參贊大臣聲罪致討命刑部尚書祁𡎴赴江西總理兵餉楊芳
方志各入　覲出都行至安徽奉
命先往以二月十三日馳至廣東而英夷已於二月五日乘風潮先
以兵船截攻橫檔礮台再破虎門礮台提督關天培死之虎門為
隘所列大礮三百餘門並林則徐上年所購西洋大礮二百餘門至
是皆為夷有矣湖南兵千名餘新到琦善倉卒即遣禦之官涌甫至
經粵兵先走湖兵且戰且退後阻於河溺死者半提督祥福又死之

矣廣东省河廣濶惟東路二十里之獵德二沙尾西南十五里之大
黃滘河面稍狭可以扼守楊芳相度形勢使總兵段永福率千兵扼
南東十餘里之東勝寺為陸路三面咽喉然其地距河五六里不能
扼逆夷水路也又使總兵長春以千兵扼大黃滘滘五里之鳳皇岡
惟築濠壘橫木筏未沈石船下木樁夷船可闖而過也其獵德及二
沙尾雖沈船塞石而無兵炮守禦夷船至可撥而除也賊知龍譽楊芳
宿將威名又未悉內河虛實使白夷持書至鳳皇岡議款従以漢奸
沿途探水總兵長春收書送城中待報印掩帳而卧任漢奸導白夷
徧歷營壘盡得虛實歸報之備於是分路探入破鳳皇岡營進攻
東西炮台海珠炮台盡扼獵德大黃滘兩咽喉矣時琦善已革去大
學士拔去孔雀翎而怡良復以英夷香港僞示奏呈語絶狂悖
上益震怒籍琦善家産鎖逮來京逆夷見

朝廷赫怒局勢大變諒林則徐必復起用恐我軍一振和議永絶且該船兵費浩大急欲通商以濟餉各國商船罷市久矣亦皆咎之乃於二十六日託美利堅國事目與洋商伍怡和調停遞書言如欲永平不討别情但求照舊通商蓋并琦善所許之烟價香港皆不敢求矣楊芳諭令退出虎門義律言俟奉通商之旨兵船即退是月楊芳怡良奏聞是時門户已失賊入堂奧兵潰民散礮械俱乏舍暫款之退敵緩兵之計而烟價埠地皆不復求亦足申

朝廷折衝樽俎之威是粤事一大轉機而楊芳正月初行至江西時聞粤中和議將定先為給還堆貨之奏以逆附琦善既已不獲取信於

上及是再奏又不陳明琦善開門揖盜自撤藩籬非權宜不能退敵收險之故與將來守備繕完逆事如再鴟張立可剿辦之策

十一　復始堂

上以其毫無方略未戰先接非命將出師本意不許是時定海之夷
船亦駛至廣東共大船五十隻泊外洋半入虎門舳艫相接編立出
賣鴉片之懺將軍奕山行至江西以各省兵礮攻具未集暫駐韶州
以俟三月二十三日奕山隆文及新任總督祁墳並抵廣州奕山閱
計於楊芳林則徐二人皆言寇已深入新城卑薄無險可守宜遣人
計誘夷船退出獵德大黃滘之外連夜下椿沉船岸上迅壘沙城守
以重兵大礮為省城外障俾逆夷不能制我而後調集船礮兵勇以
守為戰俟風潮皆順簰筏齊備再議乘勢火攻庶出萬全而林則徐
又奉馳赴浙江軍營之
命蓋去冬浙閩總督顏伯燾浙江巡撫劉韻珂署兩江總督裕謙皆
先後密疏陳林則徐琦善守粵功罪至是裕謙奏
命赴浙代伊里布為欽差大臣故

上命林則徐以四品京堂馳往會辦以防粵逆敗竄赴浙而是時粵東~~夷~~逆艘方據省河咽喉我兵實無可操勝算之處且攻具未備所募福建水勇千人未至近募東莞水勇三千亦未集楊芳不欲浪戰奕山初至亦然之既而惑於翼長李湘芬西拉本段永福張青雲等之言不戰則軍餉無由開銷功賞無由保奏急欲僥倖一試遂不謀於楊芳並不探風色順逆以四月朔夜半三路突攻夷船一由西礮台外出中路一由泥城出右路一由東礮台出左路日暮兵已出城奕山始詢楊芳營卜休咎楊芳大怒拔劍怒詬而兵已不可挽回時水勇木筏未集先用四川餘丁充水勇者四百廣州水勇三百乘小舟攜火箭火彈噴筒分路夜伏聞礮齊起以長鉤鉤其船底是夜又值逆風礮破其二桅大船一大輪船一溺夷兵數百義律自夷館登舟竄免其夷館中貨物為四川湖南兵擄掠一空並誤傷美利堅

夷數人甫黎兵（明）夷兵大集反乘順風我兵退走廣州城三面臨河街
市鱗櫛麗甲南海至是火光燭天以及泥城港內所備攻夷之木筏
材料數百油薪船三十餘只皆為夷兵及漢奸所燼其筏材皆運自
廣西費數十萬計至第三日義律投書約詰朝大戰至期夷船還攻
城東西南三面佛山運至新鑄八千斤大礮本夷所畏懼而安置不
得地勢依山者高出水面依水者前後受敵架文不能運轉取準兵
丁點放不熟又用文吏西拉本李湘芬為翼長將各省之兵互相分
配各雜營伍兵將皆不相習潰走則互相推諉所費鹽茶口糧厚薄
不均祁境又吝費令十五兵共一帳房擁擠無紀律各擇利便掠取
貨物奕山又盡派重兵於東南二路而西北泥城後路無守備於是
天字礮台及泥城四方礮台一日皆失守守天字礮台者段永福守
泥城者副將岱昌與參將劉大忠守四方礮台者總兵長春天字礮

台上八千斤大礮未及一放即為夷兵錮以鐵釘四方礮台者在城北倚山之頂俯視全城

國初王師攻圍廣州半載不能破及得倚山置礮俯擊始陷之乃攻城之利守城之害也距水次十里層崖峭徑一夫守險可拒千人及夷自破泥城倚繞東而北沿途官兵無一阻截至山下僅百餘夷而守台之兵望風爭竄墮崖墜死無數夷兵唾手而得險要連夜於台下築土城運礮藥於是城中軍民如坐穽中而瞰穽上之下石矣將軍參贊不斬一逃兵逃將反開城納之連日城外之火箭火彈與四方礮台上之礮聲如雷如電晝夜不絕幸大雨傾盆其箭彈非墮池塘即墮空地無一延燒內城貯火藥二萬斤漢奸以火箭火彈射之亦為雨所滅楊芳坐城樓督戰每遇礮火穿窗突輒挺以身當之礮不能中惟內城尚厚而外城低薄女墻畀于甕脊人無固志第七日

夷兵遂并力專攻城東南隅若知將軍參贊皆居東南者前導入貢院樓甍皆破諸帥避入巡撫署面無人色議使廣州知府余保純出城請和款義律立索軍餉銀六百萬圓烟價在外香港再議限五日內交銀且約將軍參贊及外省兵先出省城夷門始退虎門將軍等一切允之城上改立白旗先令洋商出二百萬圓餘於藩庫運庫海關庫發給會奏請罪惟續至之參贊齊慎隔在佛山鎮未列銜而烟價及香港亦皆未入奏云十三日四方礮台夷兵盡回船義律即促將軍參贊離城十六日楊隆文退兵屯金山離省河數十里先撤回湖南兵惟楊芳仍留廣州彈壓隆文於請和時即憤恚成疾及抵金山不數日即卒臨死猶呼無面目對　朝廷也初將軍參贊之至粵也屢奏粵民皆漢奸粵兵皆夷黨故遠募水勇於福建而不用粵勇日令官兵擒捕漢奸有不問是非而殺之者有湖南兵誤奸瘋婦

妄閃小兒血可愈殺而飲之者粤民久不平而逆夷初不殺粤民所獲鄉勇皆釋還或間攻土匪禁劫掠以要結民心故雖有禽斬逆夷之賞格妄一應命嘗夷兵攻城居民多從壁上觀會南海義勇為湖南誣殺義勇大譁數百人擁入貢院搜兵報復兵皆竄竄將軍摘去段永福翎頂慰辭之始散夷兵日久亦漸肆淫掠與粤民結怨及請和次日夷兵千餘自西方礮台四至泥城三元里民憤倡義勇號召各鄉壯丁雲集鎗械齊備四面設伏截其歸夷兵終日突圍不出死者二百餘人殪其渠帥曰伯麥曰霞畢奪獲其調兵令符黃金寶刺又復蹈手礮而三山村亦斃殺夷兵百餘奪得二礮及洋鎗洋刀九百餘件義律馳赴三元里救護賊被賊重圍愈聚愈眾義律告急於知府余保純是時請和之銀僅送去四分之一又福建水勇亦至估令乘機應援夾攻圍殲兵生獲夷酋扶以為質令其退出虎門而後

徐與議款可一切惟我所欲而諸帥不計及此也反遣余保純馳往
解勸竟日始翼義律出囯四船十七日夷船漸次退出其大船有擱
滯淺沙者各鄉民復思截而火之奪回議款之銀義律懼復移文總
督於是祁𡎴出示曉諭衆始解散而新安武舉人庚體羣亦於初四
日夜半以火舟三隊自穿鼻洋乘潮至虎門攻賊後路夷船驚覺甫
開一礮我火舟已偪其後艙火藥轟發隻桅飛起空中全船俱燬餘
船皆棄椗竄遁又佛山義勇亦截攻刦掠之夷於龜岡礮台先從上
風縱毒烟以眯毒夷目殲賊數十又擊破應援之杉板夷船嘗事先
後奏聞
詔責諸將調集各省官兵何反不如區區義勇其一切並交部議處義
律亦惭且懼强出僞示言此次百姓刁執蒙大英官憲寬容後勿再
犯粤民憤甚復回檄討之曰尔自謂船礮無敵何不於林總督任內

攻犯廣東尔前日被围時何不能力戰自抜而求救於省府此次奸相受尔欺騙主款撤防故尔得乘虛深入倘每入内河我百姓若不雲集十萬衆各出草筏沈沙石整鎗礮截尔首尾火尔船艦殲尔醜類我等即非

大清國之子民是時南海番禺団集義勇三萬六千晝夜演練義律得擞偵知内河已有備竟不敢報復然自是知粤市之不可復開翻然思變計矣不逾月遂有厦门之事

論曰春秋之義治内詳治外畧洋烟流毒歷歲養癰林公雲横流潰決之餘奮然欲除中國之積患而辛滌沿海之大患其耳食者咎其勒弟繳烟而深患弟情者知其不由於繳烟而由於閉市其閉市之故一由不肯具結二由不繳弟犯然船貨入官之結懸賞購犯之示請待國王諭至之稟亦足以明其無悖心

而猶必以化內之法一切繩之其求外夷也過詳矣水師總兵
奏稱審訊而仍免罪置不以外夷從虐西法之律繩之乎海關
浮費數倍正稅皆積年洋商所肥橐起家不貲今既傾繳夷商
千萬之烟貲不當派捐洋商數百萬之軍餉乎誠能裁寬夷船
之款切以整水師之武備盡除海關之侵索以致遠人之畏懷
奏仿欽天監用西洋歷官之制行取美利堅法蘭西諸國各遣
夷目一二人赴粵司造船局火器局而擇內地巧匠精兵以傳
習之如傳習天文之例其有夷船夷礮火藥火箭願售者官買
之不惟以貨易船易火器火箭準以船械火器火藥抵茶葉湖
絲之稅不過取諸商捐數百萬不旋踵而西洋之長技盡為中
國所有且以其暇增修粵省之外城內河礮台裁并水師之員
缺而汰除其冗濫分配各船練習駕駛攻戰再奏請編閱各省

沿海省分之水師由粵海而厦門而甯波而上海而北洋城池
礮台不得地勢者酌量移建之水師冗缺并而更置之而後合
新修之火輪戰艦與新練水師之士集於天津奏請大閱以創
中國水師數千年未有之盛雖有教事其敢逞雖有鴉片其敢
售雖有譊譊之口其敢乘夫是之謂以治內為治外矣必亟亟
揆切外事從事或曰自有事務以來惟林公之守粵鄧公之
守閩不調外省一兵一餉而長城屹然使江浙天津武備亦如
閩粵則
廟堂無南顧之憂島寇有坐困之勢何不責江浙天津之無備與閩
粵後任之不武而求全責備於始事之人哉且林公於定海陷
後固嘗陳以事攻事之策矣陳固守藩籬之策矣又嘗密請以
粵餉百萬造船置礮矣苟從其策何患然發之不能收之哉曰

春秋之旨微矣不獨治內詳於治外亦責賢者備於責庸眾以外事不足詳庸眾不足責也吾曰勿驟停貿易世俗亦言不當停貿易世俗之不停貿易也以養癰曰英吏所志不過通商必不生釁至於鴉片貽害中國甚大何以禁其不來則不計也設有平秀吉鄭成功之梟雄出其間窺我沿海備弛所志不在通商又將何以待之則亦不計也以視吾之不停貿易以自修自強者天壤判之矣惟慮之也深所求之也備豈屑與顏伯燾裕謙輩爭優劣哉大哉天下之大難者必蹈天下之至危犯天下之至危者必預籌天下之至安乃籌之而不能竟其為當其為之又未能詳審其勢豈不惜哉豈不惜哉大凡承平日久上下娛嬉一二有志之士狃於所見所聞所見者或未悉其情所聞者或先有所主生是事義雖正而事不成意雖美而法不良甚

且事與時移變隨事至致後之論者歸咎於始謀之不善可慨也夫

英吉利夷船入寇記下

道光二十一年四月英夷之受款於廣東也在我師則以救一時之危在英夷則亦急欲得銀以濟兵餉故通商章程彼此皆未暇議及三元里之役夷酋大團自知已結粵民之怨又畏粵民之悍不敢復至內河貿易欲洋商赴香港而香港風浪不可泊舟洋商無肯往者欲以香港易尖沙嘴及九龍山將軍總督以香港尚未奏允何況二地約其仍來黃埔夷道不許我水師修復虎門礮台盡拆橫檔各礮台之石移往香港築台砌路建修洋樓且欲我拔去內河沙石樁筏彼此相持雖有通商之名無通商之實又余保純與義律議定送軍餉六百萬圓其烟價在外將軍祇以軍餉改稱商欠奏聞其餘未奏及也及夷船退出後內河填塞要害增修礮台守備日固不能如向時之闖突各國夷人皆咎義律議款時不別索他埠遂揚言英吉利

壱

國王譴義律無能改命濮鼎查為兵帥欲復出沿海各省必如上年
天津所索各款會六月夷港有風颶之事大吏張皇入奏謂撞碎夷
船無數漂没夷兵漢奸無數所有帳房篷寮新修石路掃蕩無存浮
尸蔽海
朝廷方發藏香謝海神布告中外先廣東保舉守城文武至數百員
而夷船數十已全赴福建攻陷厦门矣初上年夷船之攻厦门也水
師提督陳階平平日購火藥刊兵書寇至輒告病寇退復視事鄧廷
楨督同兵備道劉耀春但守舊礮台壘沙坦接形勢故夷船攻之不
破及顏伯燾嗣任首效陳階平之規避與琦善楊芳之主款意氣甚
銳然故紈絝矜驕自大且輕鄧廷楨之僅僅自守奏言用守而不用
攻則賊逸我勞賊省我費大礮止可施諸岸上不能載之海中小舟
止可禁諸內港不能施之大洋遂請餉銀二百萬造戰船五十餘募

新兵數千水勇八千欲與出洋馳逐又於口外之峿嶼青嶼大小擔增建多砲台備多力分新鑄千礮又多未就空船空台徒同虛物適因廣東歎議成奉撤兵省之旨盡散水勇八千水師提督竇振彪亦出巡外洋內備益弱七月初九日夷船數十突至投書令讓出廈門為夷埠倣上年天津所索各事皆遂再行繳還次早駛進先以數火輪往反忽東忽西哨探形勢並試我礮路見礮皆陷於石墻孔內惟能直轟一線不能左右轉運取準故夷先以舟試之知其所值則避之也既而諸舟盡擁前進我守青嶼仔尾嶼鼓浪嶼之兵三面環擊沈其火輪船二大兵船一又傷其一桅夷又以二三船併力攻一礮台一礮台破再攻一礮台新礮台本無重兵多礮其上年所守之舊礮台土城尚屹然將士亦皆死戰會夷船桅上飛礮墮空顏伯燾劉耀椿印通回總督提督署總

背一邑軍心皆亂岸上遣散水勇變為漢奸從中呼噪應之賊遂登岸反旋轉我台一數千斤礮回轟廈门官署衙市皆燬顏伯燾劉耀椿退保同安廈门遂為英據然英得廈门亦不守數日即全隊駛往浙江僅留數船泊據鼓浪嶼八月初四日顏伯燾即以收復廈门奏聞然同知潛要僻鄉不敢回署視事詔降顏伯燾三品頂戴留任命端華侍郎馳赴福建勘實以聞時鼓浪嶼英目招工匠趕造小船為駛窺內河計是月以大船五小船三十餘駛入廈门之木樁港礮沈我兵船五副將林大椿遊擊王定國中礮死提督普陀保統兵那丹珠督兵禦之礮沈其大兵船一始退出外洋福州省河之五虎门潮至直舟潮退閩淺故英船未敢駛入也先是裕謙於正月赴浙江代伊里布為大臣時英船已去定海鎮總兵王錫朋鄭國鴻葛雲飛以兵五千駐定海輯流亡修城壘礮台

為善後計裕謙任事剛銳而不嫻武事與禎伯盡前此傾心林則徐
而林則徐又有遣戍新疆改赴河工效力之
命蓋廣東鹽運使王篤進京引
見故黨於琦善
名見時力救琦善而排林則徐去浙於是浙事益無所倚定海孤懸
海中本不必守之地徒分兵力提督余步雲庸而猾素為裕謙所鄙
一時無人可代姑令駐招寶山不令渡海調度三鎮三鎮又皆武夫
無遠略及是築定海外城葛雲飛欲瀕海包市埠於城內左右抵山
其三面則依（以）山為城裕謙未渡海親勘但按圖指揮從之有諍者曰
天下無一面之城此乃海塘耳賊左右翻山入即在城內矣備多則
力分山峻則師勞請但環內城為新郛勿包外埠勿倚外山庶城足
衛兵兵足守城裕謙不介意玉若捐舟山專守海岸之策更不籌及

也是夏廣东議款奉

旨各省撤兵省費時精兵五千皆在定海其鎮海甯波僅兵四千分布各口八月初夷船先犯石浦以礁淺不利而退东西游弋十二日進攻定海甫入竹山门我礮迎擊破其火輪船一即竄遁十四日連檣進攻曉峯嶺开礮数百我兵皆隱崖側未傷其小舟登岸者為鄭國鴻督兵扛礮擊退次兩日登海中五奎山立營又繞吉祥门入攻東港浦又攻竹山门皆為我礮所卻十七日逆夷遂分由五奎山东港浦曉峯嶺三路進攻以牽我师且以我舟渡夷兵登岸後即撤去其舟以絕反顧前賊死傷後賊继進我守曉峯嶺兵逆風下擊鎗不得力日午鎗皆熱透賊遂冒死登曉峯嶺入城三総兵相继戰死定海復陷其鎮海防兵僅四千余步雲率其半守城外招寶山総兵謝朝恩率其半守隔江之金雞嶺裕谦先日見招寶山建白旗知余步

雲貳志乃先期盟示衆余步雲託足疾不跪裕謙奏言夷船黑兵及漢奸不下萬人賊可并幫來犯我兵必扼要分守賊可數日不攻我必晝夜防備彼衆我寡彼聚我散彼逸我勞又海船乘風潮而至前船稍退則後船必自相撞碎故有進無退我兵未歷戰陣無存一礮大雖潔之見是賊五船一心且衆船一心而我兵則人人一心是以自粵至閩英之敢攖臣何敢輕視惟有蹀血誠厲士卒斷不敢以兵單區守為詞藉鎮海半步不敢以保全民命為詞受逆夷片紙余步雲心銜之二十六日夷艘攻鎮海分犯金雞山及招寶山每路數千裕謙登城背戰惟金雞山力（擊）戰死夷兵數百而余步雲則不許士卒開礮且兩次上城請退守甯波裕謙不許賊甫由招寶山麓攀援登岸余步雲即率兵棄礮台西走裕謙令城上兵以銃截之遺區兵已下而後卻繞山後潰竄逆夷遂據招寶山俯攻鎮海於是守金雞

先

復始堂

山之兵見之亦潰總兵謝朝恩率親兵三百力戰死裕謙知事不可
為令副將豐伸護　欽差大臣關防責送浙江巡撫自沈泮池死之
二十九日英兵船四火輪二小舟數十進至甯波余步雲復棄城走
上虞甯紹台道鹿澤長知府鄧廷彩從之時甯波以西江浙海狹英
船不能渡西面杉板小船則可駛至慈谿餘姚二城亦逃散一空土
匪肆掠謠言流播浙西大震余步雲走後兩案咎以裕謙先走為詞
及殉難事聞
朝廷賜謚賜祠賜襲無可再誣則又流言此次英兵至浙皆為報復
裕謙梟斬白英嗢哩之仇江浙官吏無識者亦多惑於其說而無如
英之在廣東也先已敗盟索尖沙嘴九龍山不許修虎門礮台矣且
詭稱國號義律改命他帥先破廈門矣又無如在浙先後投英書函
英亦皆以欲索埠地為詞無一言及裕謙也及明年逮余步雲至刑

部咨以賊礮未向招寶山我兵何必開礮向賊為詞其意咨欲追咎裕謙遁乃自供罪狀奉旨正法九月命大學士宗室奕經為揚威將軍侍郎文蔚副都統特依順為參贊大臣以河南巡撫牛鑑為兩江總督怡良授欽差大臣馳赴福建會辦軍務九月十六日英大輪船二鈎船二小舟十餘駛入餘姚我兵望風皆潰十八日逆犯慈谿城中空無一人焚掠而去賊得餘姚慈谿亦不敢守仍回甯波十月奕經至江蘇以官兵未集逗遛蘇州十一月浙江大雪四晝夜平地五六尺英酋濮鼎查畏寒駛赴福建其甯波城中英兵僅千餘漢奸二千餘乘雪夜擣之可以盡殲而奕經逗遛豪興不進又詔舉沿海智勇之士廣咨方略奕經船頭設匭凡上書言事者授其

二十

中翼日招見其間固多奇策然凡言及練兵選將申紀律購水勇備
火攻者皆謂迂談亦有信將如前福建水師提督王得祿者赴軍皆
不用惟以購漢奸反間為祕計而所用漢奸又非能質其家屬以其
死力凡賊情虛實皆不敢聞而我軍一舉一動賊則無不盡知其幕
下隨員容照阿彥達揚熙等皆紈袴少年所至索供應徵歌舞縱博
蒱招攬威福其門如市其所用外東員甯波鎮海則一路泗州知州張
應雲王之家與乍浦一路則海州知州王用濱知注之張應雲小有才
而不知兵王用濱則博徒也由海州入京投奔倚門下王是以為左
右翼長識者不待師出而憂其輿尸矣十二月奕經至杭州文蔚特
依順皆會特依順至福建奕經不甚與商議令駐守杭州惟與文蔚
渡江替師定期正月二十八日三路進攻時甯波逆夷聞大兵至聚
悍夷四千分三隊日夜訓練戒嚴而諸將方信漢奸言不需火器但

侯官兵一至，城中漢奸即時響應，擒縛英酋英兵以獻，三城可唾手得。其所預備復城後火攻英船之具，亦皆草率不堪。及期，奕經營紹興之東關，使文蔚以兵四千半屯慈谿二十里之長溪嶺，半屯西門外之大寶山，以固鎮海。提督段永福以兵勇四千半伏寧波城外，半屯大隱山，以固寧波。其踰寧波西門入者，先為英兵所殺；南門則洞開，縱我兵入，直趨府署，將取英酋郭士利。英兵皆踞街樓屋甍之上，火箭雨下，而我兵有刀矛而無火器，不能仰攻，潰而驅。英伏兵又自北門橫截而至，巷狹牆高，前後受敵。賴入城時金雞山屯鍊兵驍悍死鬥，故陣亡者僅二百餘。段永福後至，尚未及城，聞風反走，並不至保大隱山，即直奔東關矣，奕經亦不動矣。此寧波之師也。其慈谿大寶山之兵，則副將朱桂、參將劉天保分領之。劉天保率河南鄉勇六百先發，鎮海城亦開門以待。英兵火器齊發，而我兵亦無火器，城

世

復始堂

外招寶山兵亦應之劉天保卷甲而遁此鎮海之師也至是始知陸漢奸空城計所死皆金川精兵然不過二三百人於大局尚無害時朱桂亦洪甘兵六百屯大寶山劉天保偕天貴分領四川河南兵勇各六百為左右翼二月四日夷兵自二千自慈谿登岸三里進攻大寶山朱桂軍以扛礮數十擊退者再夷兵死傷三四百若左右軍夾攻其後可獲全勝而劉偕二軍火藥先竭僅從壁上觀及夷兵分路繞出朱桂陣後左右軍即驚潰反衝亂朱桂之陣朱桂父子皆戰死其地距參贊文蔚長溪嶺營僅十餘里當戰時朱桂遣弁四請援兵五百截賊後路文蔚不應繞爭久之始允發二百薄暮未遣及聞朱桂戰歿侍衛容照司員聯芳皆爭請退避文蔚遂棄軍宵遁還東關沿途賞輿夫賞舟子惟恐夷兵追及參贊既遁全軍遂潰妄以後營夜被漢奸焚燬奏聞其實次日薄暮夷兵尚未至也長溪嶺既潰軍氣

大沮喪，即有獻議，抽集潰兵，劾斬逃將，別選新到之兵，將再與三戰

四戰，一以牽其北擾江蘇之路，一以阻其驕寇之磨之氣，而俟再與

議款者。奕經心已亂，言不入耳，初七日即與文蔚葉紹興走西興。巡

撫劉韻珂飛檄勿許一卒過江，違者軍法從事。於是文蔚仍回紹興，

惟奕經渡江回杭州，而事又不可為矣。紹興一路本議由乍浦僱漁

舟潛渡岱山以圖定海，已已渡兵勇四千餘，小舟五六百，以為夷所

覺，其燬大半。惟鹽大使鄭鼎臣忽於二月初四日三路火攻，焚沈兵

船杉板船數十，其溺斃夷兵五六百，我兵勇無一傷者。鼎臣故定海

殉難總兵鄭國鴻之子也。奕經奏聞，奉

旨奕經賞雙眼花翎，文蔚頭品頂戴，交部議敘。其後巡撫劉韻珂遣

弁密訪不實，奏聞，而奕經又以鼎臣所獲夷首夷衣及焚燬船板進

呈。其奏二月二十五日鎮海知縣葉堃及生員王師守招火攻鎮海

廿二

復始堂

夷船焚燬甚多其事皆公目驗莫窮其實而軍餉之報銷數十萬
上復命提督齊慎赴浙參贊
命宗室耆英為欽差大臣署杭州將軍與巡撫參贊會籌軍務是月
河南開封河決口堵合
詔林則徐由工次戍新疆大學士王鼎自河南工次回京復
命越五日發憤具遺疏暴薨三月奕經復渡江至紹興與文蔚駐防
曹娥江逆夷見將軍等曠日持久不戰不和遂思棄浙北窺松江長
江日索江浙地圖登范氏天一閣取去一統志又購長江圖及黃河
圖並造小舉船數十為入淺河之用勒索甯波紳士犒軍銀百二十
萬兩許以出城池遂於三月二十七日棄城登舟奕經等以大軍僞
退逆夷收復甯波入告蓋賊自去秋破甯波後即造火輪船歸報國
王其舟自中國至西洋往返半年可達至是該國王諭至令復往天

津求埠地通商故臣出甯波於官兵舍頭也四月朔鎮海夷船六艘
機而北恃為四舟及兵千餘守定海初九日犯乍浦先以兵船横列
成陣開礮與官軍相持潛以小舟分兵登岸攻東門不克轉攻南門
有福建水勇與官兵不協通夷船之漢奸縱火内應逆夷遂踰南門
盡焚滿營都統長喜與兵備道宋國經臣守嘉興杭嘉俱戒嚴原
任大學士伊里布至乍浦夷船議款蓋巡撫劉韻珂奏請也伊里布
前以在浙夷載老師養寇革職戍軍台至是奉
命復赴浙逆夷要挾甚侈不能成議
詔將軍奕經一人前赴嘉興防堵於是奕經自渡江而北欽差大臣
耆英方馳至嘉興忽奉
命前赴廣東其杭州將軍關防
命特依順署理蓋採御史蘇廷魁之言風聞孟加臘國已攻職英夷

駐防印度之兵夷船將回兵援救故因有退出寧波之事故

命耆英前赴廣東體察虛實乘機攻夷港及江左告急復

命中道於四防堵時夷港夷船十四杉板小船數十夷兵千餘漢奸

海盜藪聚其間奕山等既招回漢奸三千餘其夷港漢奸頭目內向

者十之五六多願請立功贖罪請自修虎門礮台並請令各令晦潮

出其不意與夷港漢奸裏應和火攻夷船之具一舉殲之而奕山方

聽祁墳言恃恐觸夷怒不敢六月

詔責奕山視師廣東半載毫無方略屢命收復虎門攻夷港以牽制

閩浙夷事皆以造船未就為詞恃以填塞河道為事至是奉

旨革去御前大臣都察院左都御史顏伯燾亦以久未剿除廈門停泊

之夷船革職以怡良代之十八日夷船復棄乍浦而北五月初三日

夷船至吳淞口初五日總督牛鑑接奕經檄令權宜設法羈縻牛鑑

逆至初七日始遣弁賫札赴夷船寶山城在吳淞口外洋面寬闊本不如口內東濤江灣之易於設守然是時寶山東西礮台有礮三万動旅七千提督陳化成亦勇敢海塘高厚數丈塘上土堆如雉堞我礮可以中夷夷礮不能遠塘即然礮桅上飛擊亦冒空而過不能命中其小船登陸之賊涉灘塗爬沙岸我兵據高臨下一可卻百但能膽定心齊假不能制夷死命亦可自守無虞故夷船初至釘泊數日未攻及初八日黎明開礮提督陳化成擊沈其二船又折其二船之桅夷兵溺死者二百餘牛鑑聞之喜出南門登塘觀戰直為一飛礮驚退於是徐州兵之在後逗留者望風先走而總兵王志元守小沙背之徐州兵皆走矣該夷遂由小沙背登岸提督陳化成前後受敵遂中礮死而塘上之兵亦潰矣牛鑑走嘉定其東礮台之兵江灣之兵皆同時潰賊遂陷寶山襲大礮軍械無算上海大震參將総

茁

復始堂

倫爭先棄城去兵備道巫宜禊知縣劉光斗先後走松江惟典史楊
慶恩投水死所募福建水勇変為土匪縱火焚掠十一日夷船七隻
駛入上海城中已空無人十三日夷乘火輪船二杉板船四五駛入
松江壽春鎮總兵尤渤率兵二千整陣以待夷開礮數十尤渤令我
兵皆伏避之礮過而起我礮齊發相持半日始退次日復至亦如之
故松江得無恙逆夷又欲窺蘇州使火輪船測水至泖湖輪膠於水
草乃返二十日夷船盡出吳淞闖入長江矣逆夷初不識江水淺深
沙線曲折又未審內地守備虛實遲迴未敢入乃劫沙船導火輪船
兩次駛探初探諸險要皆無備次探諸汊港荻洲皆無伏始連檣入
六月八日薄瓜州瓜州城已空遂窺鎮江鎮江依北固為城以運河
為濠形勢險固非寶山比駐防副都統海齡庸繆人也牛鑑既見吳
淞自應馳守鎮江會參贊齊慎提督劉允孝之兵節制副都統與城

固守夷船必不能越鎮江而進北犯江甯上之可餘籌大攻下之印
與夷請款亦不至拱手聽命乃牛鑑從丹陽向家直走江甯海齡拒
齋慌劉允孝使戰城外惟以駐防兵守城鎮江繁富十萬戶海齡禁
民遷徙出城者刃夷而搜括之日誅捕城中漢奸闔城鼎沸凡木石
火器毋物守城之具一切不備又不團練居民鄉勇為助城中僅駐
防兵千餘與綠營兵六百守義如舅長星始則城外軍擊其西北岸
之賊相持二三日逆夷遂佯攻北門而潛由西南梯城上城上兵僅
所其一二而賊已蟻附而登守兵皆潰焚滿營海齡為亂軍所殺鎮
江陷擄掠焚殺慘甚甯波寶山夷商璞鼎查即乘出江前赴天津而
馬禮遜尼之遂不果是時夷船八十餘礮聲震江岸自瓜州至儀徵
之鹽船估舶焚燒一空火光百餘里揚州鹽商許銀五十萬免禍六
月二十八日遂偪江甯東南大震

廿五

復始堂

朝廷屢令漕運咽喉與沿海流離之民
勅耆英便宜從事特夷酋已奉國王諭云但得通商他省更不必索
兵餉烟價其鴉片烟亦不再云故夷師三月即退出甯波其在乍浦
偽示亦有前往天津求和並國王兩諭辦理之語云是伊里布遣張喜
等云夷船夷酋言一索洋銀二千一百萬元分三年交付一索太港
為市埠並往廣州福州甯波上海貿易一夷官與中國官員敵體其
餘與上年琦善同張喜言烟價兵餉廣東已給過六百萬今索更奢埠地
太多若之何馬禮遜言此我國所要之價並即中國所還之價耶此
次通商為主並不志在銀洋但得一二港口貿易其兵餉烟價中國
酌裁可也詫大吏不速覆仍遣張喜往通傳語越二日張喜還則夷
酋聞有續調壽春兵之信謂我借款緩敵如今日不定議者詰朝交
兵甚言蓋欲款局速成非虛所求皆遂而諸帥已膽裂即夜覆書一

切惟命共禁約鴉片烟章程一語不及夷喜出望外會諸帥會奏言
鍾山之頂蓬夷安設巨礮全城命在呼吸實則絕無其事夷又言請
款文書中國需用
御覽彼國亦遣火輪船歸請國王用印夷船惟逗出海口其舟山及
鼓浪嶼兩港之夷兵必俟三年銀數交訖方可撤歸七月初九日款
議成耆英伊里布牛鑑及甯藩司黃恩彤親赴夷酋璞鼎查之船越
二日璞鼎查馬禮遜等亦入城會於正覺寺連日分提蘇州安徽江
甯藩庫揚州運庫銀數百萬兩餽之八月夷船將出江諸帥設餞
於正覺寺九月初夷船始回定海
詔以不守江口逮總督牛鑑治罪以耆英代之而伊里布以　欽差
大臣由浙至廣東議互市章程褫逮領兵之奕山奕經文蔚余步雲
交刑部治罪惟余步雲於是冬伏法沿海失守城池之大小官弁以

次分別懲處並分別豁免被寇地方錢糧而是年又有奏臺灣俘夷之事又有廓爾喀[illegible]佛蘭西義利暨各國進言之事又有廣東義兵焚夷船之事臺灣俘夷者二十一年八月及次年二月夷船兩窺臺灣一在淡水港遭風觸礁一在大安港為漁舟誘引擱淺皆為沿海兵勇圍攻擒獲三桅火輪二杉板船二沈溺擊斬無算生擒白夷二十四黑夷百六十有五礮二十門刀銃器械並甯波鎮海營中物蓋攻浙之船四窺閩洋者總兵達洪阿兵備道姚瑩先後奏聞二十二年二月夷以十九船自粵至臺灣圖報復結海盜數十艇導入港犯榜苓湖兵勇破其盜舟夷不敢入還轟大礮而去又數購奸人入臺煽兇皆被擒斬一方屹然夷船不敢再犯屢蒙溫諭優獎至是江甯議款約所獲兵民彼此各還而臺灣黑夷百六十五已於五月奉

旨斬訖惟以白夷還之夷酋謀具查送計臺灣鎮道妄殺其遭風難
夷時江蘇主款官吏方忌臺灣功而厦門失守各員亦相形見絀流
言四起耆英遂採劾故督蘇廷鈺及提督李廷鈺二人實係劾台灣
鎮道冒功
敕福建總督怡良查奏怡良至台灣查勘則鎮營守備士民呈詞並
無冒功實跡而怡良承閩鎮道引證以為夷酋遂劾東視逮至京
臺灣兵民洶洶鼓噪達洪阿姚瑩諭解之乃環訴顧留怡良皆斥不
許時英恩聯已移廣東藩司密書致朝士鳴周內二公罪其實以自
文其附款媚夷之恥朝士皆不直之
上亦鑒二人枉不深罪旋即起用云廓爾喀在西藏西南與英夷所
屬之東印度孟加臘接壤世仇二十年秋聞英夷入寇即寫駐藏大
臣言小國與底里所屬之地相連每受其侮今聞底里與

艾　復始堂

京師精兵　系屬屬臘小國那爭所部往攻底里所屬以助　天討
廷臣不知所謂底里者即英吉利所謂屬地者即孟加臘所謂系屬
者即中國所屬之廣東顧答以雪蠲相爭
天朝從不過問於是廓夷罷攻印度之兵反為英夷入寇之兵無內顧
憂及是秋款議成英夷歸印度以此大騷廓夷廓爾喀則反居於駐
藏大臣詞甚悖慢駐藏大臣惟羈縻之而已佛蘭西義利堅皆西洋
強國與英夷同市廣東且世仇英夷而恭順中國上年英夷入犯並
阻遏諸國不許貿易諸國皆言憾之言英夷若不早回國亦必調兵
船來粵與之講理林則徐曾兩次奏聞後林則徐以譴去粵琦善一
意主和前議遂中止及琦善褫逮後數日義利堅夷目即出調停故
有但請通商一切不索之請乃廣東諸紳夜攻夷館誤殺義利堅夷
數名於是義利堅不復出力而佛蘭西夷責於英夷再次敗盟之後

屢在粵願助造兵船是冬來兵船二兵帥一言有機事而見將軍從有能漢語之二僧請勿用通使將軍奕山及祁墳與再會於城外屏左右密言英夷阻遏諸國貿易故國王遣兵船前來保護并命從中解散請赴江浙代款必能折服英夷不致無厭之求倘英夷不從亦可藉口與之交兵乃奕山則拒不肯來及良久入奏又言夷情叵測難保其非陰助英夷據我客寔等語佛蘭西自正月至五月候命半載及六月始駛赴吳淞則英夷已深入長江法蘭西請我舟導之入口我上海官吏反難之往返中請稽付及佛蘭西易舟入江則款議已成數日矣船艦乃頓足而返是冬回至廣東議互市英夷欲各國英商欲彼掛幟於粉稅請美咭憤言我非英屬國且從未犯順中國中國何反厚彼而疏我二十三年春伊里布卒於粵詔耆英往接辦於是許各國皆如英夷之例而英夷反以此德於諸

廿六

復始堂

英夷廣東義民自三元里之後英人不敢入市廣州及請款後奉
旨許廣州貿易而粵民拒之甚多聚衆數萬殺白英數十於市焚
其英館掠其貨又殺英兵於澳門海中猶持再三諭散之蹤具查在
粵目睹其事竟不敢救復番禺紳士潘仕成捐貲延法國英官壬雷
士於家造洋船洋礮又造水雷能水中轟破船底先後奏聞進呈試
演如法
詔廣東新造戰艦一切交潘仕成承辦毋令官吏經手以杜侵蝕由
是綜而觀英寇之役中國非無人也非無兵也非無將也非無外援
也非無內助也無人調度之則毆屬英以資逆英且化義民為奸民
甚至誣義民為頑民近者鴉片之害遂甚於前沿海多英且擠官吏
鼓遁逃封豕橫門戶綢繆無棄土如之何如之何
論曰英寇之役首尾三年糜餉七千萬中外朋議非戰即款非

款即戰從未有專議守者何哉且戰也不戰於可戰之日而偏戰於不可戰之日其款也不款於可款之時而專款於不可款之時其守也又不守於可守之地而守於必不守不可守之地琦善之款是浪款也奕山之戰是浪戰也顏伯燾裕謙牛鑑之守是浪守也使能擇地而守相機而款因勢而戰先謀我之不可勝以乘彼之可勝則以守為戰以守為款操之自我何至倉卒從事一切惟命哉以守為款不特我兵可用即佛夷亦可用義夷亦可用喀夷亦可用我用外夷以攻外夷也不特義民可用即頑民亦可用番民亦可用奸民亦可用我用漢奸以攻逆夷也堅持禁絕鴉片之初志閉其口奪其氣用不得貿易之國之夷以與專販鴉片犯順之夷相持俟其居間調停設曲彼而直我疏彼而親我怨彼而愛我不但烟價可給并可永禁鴉片

之不復再來，於是有數千百萬精華之金，為購造輪船、造製新火礮、簡練水師、營繕礮臺、增修塘岸之用，富國強兵，外攘患事，時乎時乎！上知能待時，中材不失時，又何至過時而悔乎？雖然，過而知悔，悔而能改，未嘗不可補救於異時。

同治五年五月十三日左宗棠摺

奏為謹擬購買機器募雇洋匠設局試造輪船先陳大概情形恭

摺仰祈

聖鑒事竊維東南大利在水而不在陸自廣東福建而浙江江南山

東直隸

盛京以迄東北大海環其三面江河以外萬水朝宗無事之日以之籌轉漕則千里猶在戶庭以之籌懋遷則百貨萃諸廛肆匪獨魚鹽蒲蛤足以業貧民舵艄水手足以安游衆也有事之時以之籌徵發則百粤之旅可集三韓以之籌轉輸則七省之儲可一水運特巡洋緝盗有必設之防用兵出奇有必爭之道也

况我

國家建都於燕津沽實為要鎮自海上用兵以來泰西各國火輪

兵船直達天津藩籬竟成虛設星馳飆舉無足當之自洋船准載北貨行銷各口北地貨價騰貴江浙大商以海船爲業者往北置貨價本愈增比及回南費重行遲不能減價以敵洋商日久銷耗愈甚不惟虧折貨本寖至歇其舊業瀕海之區四民商居什之六七坐此闤闠蕭條税釐減色富商變爲窶人游手驅爲人役並恐海船擱朽目前江浙海運已有無船之患而漕政益難措手是非設局急造輪船不爲功從前中外臣工屢議雇買代造而未敢輕議設局製造者一則船廠擇地之難也一則輪船機器購覓之難也一則外國師匠要約之難也一則籌集巨款之難也一則中國之人不習管駕船成仍須雇用洋人之難也一則輪船既成煤炭薪工需費不貲月需支給又時須修造之難也一則非常之舉謗議易創興議者一人任事者一人

旁觀者一人事敗垂成公私均害之難也有此數難毋怪執咎無人不敢一任籌策以徇公家之急臣愚以為欲防海之害而收其利非整理水師不可欲整理水師非設局監造輪船不可泰西巧而中國不必安於拙也泰西有而中國不能傲以無也雖善作者不必其善成而善因者究易於善創如慮船廠擇地之難則福建海口羅星塔一帶開漕濬渠水清土實為粵東浙江蘇所無臣在浙時即聞洋人之論如此昨回福州參以眾論亦復相同是船廠固有其地也如慮購覓機器之難則先購機器一具巨細畢備覓雇西洋師匠與之俱來以機器製造機器積微成鉅化一為百機器既備成一船輪機即成一船成一船即練一船之兵比及五年成船稍多可以布置沿海各省遙衛津沽由此更添機器觸類旁通凡製造鎗炮炸彈鑄錢治水有適

生民日用者均可次第為之惟事屬創始中國無能赴各國購
覓之人且機器良楛亦難驟辨仍須託洋人購覓寬給其值但
求其良亦非不可必得也如慮外國師匠要約之難則先立條
約定其薪水到廠後由局挑選內地各項之少壯明白者隨同
學習其性慧夙有巧思者無論官紳士庶一體入局講習拙者
惰者隨時更補西洋師匠盡心教藝者總辦洋員薪水全給如
靳不傳授者罰扣薪水似亦易有把握如慮籌集巨款之難就
閩而論海関結款既完則此款應可劃項支應不足則提取釐
税益之又臣前函商浙江撫臣馬新貽新授廣東撫臣蔣益澧
均以此為必不容緩願湊集巨款以觀其成計造船廠購機器
募師匠須費三十餘萬兩開工集料支給中外匠作薪水每月約
需五六萬兩以一年計之需費六十餘萬兩創始兩年成船少

而費極多，迨三四五年則工以熟而速成，船多而費可漸減。通計五年所費不過三百餘萬兩，五年之中

國家捐此數百萬之入，合計見多，分之見少，似尚未為難也。如慮船成以後，中國無人堪作船主、看盤、買車諸事，均須雇傭洋人，則定議之初，即先與訂明，教習造船即兼教習駕駛，船成即令隨同出洋，周歷各海口。無論兵弁各色人等，有講習精通能為船主者，即給予武職千把都司守，由虛銜游補實職，俾領水師，則材技之士爭起赴之，將來講習益精，水師人材固不可勝用矣。且臣訪聞浙江寧波一帶，現亦有粗知駕輪船之人，如選調入局，船成即令其習駕，似得力更速也。如虞煤炭薪工按月支給，所費不貲，及修造為難之費，則以新造輪船運漕，而以雇沙船之價給之，漕務畢則聽受商雇，薄取其值，以為修造之費

三

復始堂

海疆有警專聽調遣隨賊所在絡繹奔赴分攻合剿尅期可至大凡水師宜常川住船操練俾其服習風濤長其精力深其閱歷然後可恃為常勝之軍近觀海口各國所駐兵船每月操演數次儼臨大敵遇有盜艇即躡蹤攫擊以試其能所以防其惡勞好逸者如此且船械機器磨損不用則朽鈍堪虞時加淬厲則器益出故船成之後不妨裝載商貨藉以捕盜而護商兼可習勞而集費似歲修經費無俟別籌也至非常之舉謗議易興始則憂其無成繼則議其多費或更譏其失體咯言中必有之事然臣愚竊有說焉防海必用海船海船不敵輪船之靈捷西洋各國與俄羅斯美利堅數十年來講求輪船之制互相師法製作日精東洋日本始購輪船拆視仿造亦成近乃遣人赴英吉利學其文字究其象數為仿製輪船張本不數年後東洋輪

船亦必有成獨中國因數年軍務繁興未暇議及耳前此有代
造之舉現復奉
諭旨僱覓輪船然皆未為了局彼此同以大海為利彼有所挾我獨無
之譬猶渡河人操舟而我結筏譬猶使馬人騎駿而我騎驢可
乎均是人也聰明睿知相近者性而所習不能無殊中國之睿
知運於虛外國之聰明寄於實中國以義理為本藝事為末外
國以藝事為重義理為輕彼此各是其是兩不相喻姑置弗論
可耳謂執藝事者舍其精講義理者必遺其粗不可也謂我之
長不如外國藉外國導其先可也謂我之長不如外國讓外國
擅其能不可也此事理之較著者也如擬創造輪船即須慮其
難成而自沮然則治河者當慮合龍之無期即罷畚築治軍者當慮
歲之無月即罷徵調乎如慮糜費之多則自前道光十九年以

来所靡之費已難數計昔因輪兵船致所費不可得而節矣今仿造輪船之而以預節異時之費而少容薪乎天下事故有所於本終必有所益輪輪既成則漕政興軍政舉商民之困紓海關之税旺一時之費數世之利也維今所制不及各國之工究之厭情勝無倉卒移有所得且由鈍而巧由粗而精者可期諸異日孰如虞魚而無網也計閩浙粵三省通力合作五年之久費數百萬尚非力所難維疆臣諒在睿鑒

國家公何敢惜小費而忘至計至以中國仿製輪船或疑失體則尤不然今論禮失而求諸野自古已然即以鎗礮言之中國古無範金為礮施放藥彈之製所謂礮者以車發石而已至明中葉始有佛郎機之名

國初始有紅衣大將軍之名當時得其國之器即被以其國之名

謂佛郎機者即法蘭西音之轉謂紅衣者即紅夷音之轉蓋指
紅毛也近時洋館開花礮等器之製中國仿洋式製造亦皆能之
礮可仿製船獨不可仿製乎要在其爲其難也臣自道光十九
年海上事起凡唐宋以來史傳別錄說部及
國朝志乘載記官私各書有關海國故事者無不涉獵及之粗悉梗
概大約火輪兵船之製不過近數十年事於前無徵也前在杭
州時曾覓匠仿造小輪船形模粗具試之西湖駛行不速以示
洋將德克碑稅務司日意格據云大致不差惟輪機須從西洋
購覓乃臻便利因出法國製船圖冊相示並請代爲監造以西
法傳之中土適髮逆竄漳州臣入閩督勦未暇及也嗣德克碑
歸國繪具圖式船廠圖式並將購覓輪機招延洋匠各事宜逐
款開列寄由日意格轉送漳州行營德克碑旋來漳州接見臣

時方赴粵東督勦未暇定議德克碑要赴暹羅屬日意格候信彼此隨函請論辦的要領日意格聞臣由粵凱旋擬來閩面訂一切臣原擬俟其來閩商妥後再具摺詳陳請

旨因日意格尚未前來適奉購雇輪船

寄諭臣先將擬造輪船緣由據實馳奏伏乞

太后

皇上聖鑒訓示至設局開廠購料興工一切事宜極為繁重俟奉到

諭旨允行除再當條舉件繫恭呈

御覽合併聲明謹

奏

同治十二年閏六月大學士直隸總督李　奏摺

奏為遵
旨從長計議黃運兩河情形據實詳細覆陳恭摺仰祈
聖鑒事竊臣承准軍機大臣字寄同治十二年二月初一日奉
上諭前因喬松年奏籌辦黃運兩河情形文彬丁寶楨奏請仍挽
復淮徐故道並御史游百川奏河運並治宜詳籌妥辦等情當
經降旨交軍機大臣六部九卿妥議具奏等因欽此仰見
聖慮周詳實事求是欽悚莫名臣自少壯南北奔走嗣督師追賊
往來河上迭就黃運兩河築圍圈賊雖於河務非所素習而

閱歷變遷討論掌故採擇衆議畧有見聞奉
命後復遴派幹練耐勞之員分投前往訪察測量茲謹悉心妥議
爲我
皇上詳細陳之伏查治河之策原不外恭親王等所奏審地勢識
水性酌工程權利害四語而四語之中尤以水勢順逆爲要
現在銅瓦廂決口寬約十里跌塘過深水涸時深逾三丈舊
河身高決口以下水面二丈內外及三丈以外不等如其挽
河復故必挑深引河三丈餘方能吸溜東趨查乾隆年間蘭
陽青龍岡之役費帑至二千餘萬大學士公阿桂奏言引河

挑深一丈六尺人力無可再施今豈能挑深至三丈餘乎千里口門進占合龍亦屬創見

國初以來黃河決口寬不過三四百丈尚且屢堵屢潰常閱數年而不成今豈能合龍而保固乎且由蘭儀下抵淮徐之舊河身高於平地約三四丈風沙成堆老淤堅結年來避水之民移住其中村落漸多禾苗無際若挽地中三丈之水跨行於地上三丈之河其停淤待潰危險莫保情狀有目者無不知之而歲久乾隄即加修治必有受病不易見之處萬一上游放溜下游旋決收拾更難議者或以河北行則穿運為運

二

道計終不能不挽之南行以會清口臣查嘉慶以後清口淤墊夏令黃高於清已不能啟壩送運道光以後禦黃竟至終歲不啟遂改用灌塘之法自袁浦洩黃入湖湖身頓高運河水少灌塘又不便遂迭次奏行海運彼時河務運務實有岌岌不可終日之勢蓋自明末迄

國初借清刷黃頗蒙其利厥後河淮不能合流天時地利人事三者皆窮今即能復故道亦不能驟復河運非河一南行即可僥倖無事也恭讀道光八年十二月初五日

上諭江境禦黃壩一帶上下黃河積年淤墊以昔證今已成不可救

槩之勢等因欽此
聖慮周詳早已洞悉無遺此淮徐故道不勢難挽復且於漕運無甚裨
益之實在情形也河臣喬松年所擬就東境束黃濟運一節
臣查當年清口淤墊即是借黃濟運之病乾隆二十三年八
月
諭河臣白鍾山曰引黃入運黃水多挾泥沙一入運河易至淤墊非
甚不得已不可輕為此遷就之計嘉慶十五年十二月十九日
諭河臣陳鳳翔曰因利漕先已病河權其輕重甯使暫時剝運渡黃
必不可復用借黃濟運之計各等因欽此道光五年洪湖潰淺

三

兩江督臣孫玉庭等復議引黃濟運起刹磨淺卒至未終其事是

歷朝聖訓昭垂至明至確往事前車可為永鑒今張秋運河寬僅數丈兩岸廢土如山若引重濁之黃以閘壩節宣用之水勢擡高其淤信速人力幾何安能挑此日進之沙且所挑之沙仍堆於積年廢土之上雨淋風蕩河底日高閘亦壅塞久之黃必難引明臣萬表劉天和等僉以此事害多於利非淤即決譬之以病為藥以狼兵止寇語殊痛切宏治初年荊隆口銅瓦廂等處屢次大決皆先因引黃濟張秋之運遂至導隙濫

觴臨清地勢低於張秋數丈而必以後無掣溜奪河之害臣亦不敢信也至翟家橋堵口築堤工程尤不易辦該處本非決口乃大溜經行之地兩頭無堤無岸一望浮沙並無真土可取若興作於茫茫沙水之中目前無從起手無從立脚即勉強沙堆節節偪溜下做竊恐浮沙易塌適足攖河之怒而所耗實多日後防守難資終為痼疾一遭潰隘水仍別穿運道而不專會張秋豈非全功盡棄至同知蔣作錦所擬導衛濟運原因張秋以北無清水灌運故為此議惟查元村集迤南有黃河故道地多積沙施工不且易且以全淮之強不能

敵黃尚致倒灌停淤豈清淺之衛遂能禦黃濟運耶彼其意在襲取山東諸水濟運之法不知泰山之陽水皆西流因勢利導十六州縣一百八十泉之水源旺派多自足濟運衛水來源甚弱北流最順今必屈曲注之南行一水何能兩分其勢實多不便況平時淺可膠舟漲時極其渾濁若攔河作閘遏水一遇伏秋盛漲閘必衝決新渠必淤即幸不決不淤而使上駛之蘆鹽下運之豫糧及來往商船皆停阻於河而聽命於閘勢不能行若令蘆鹽改由臨清運河入豫則三省鹽綱紊亂窒碍尤多若欲分沁水入衛以助其深而沁水猛濁

一發難收昔人已有明戒豫民必多驚惶若必多方更變另謀引水濯運必至如南河清口故事徒增漏卮無可持久此借黃濟運及築堤束水工程均無把握與導衛濟運難行之實在情形也惟河既不能挽復故道則東境財賦有傷水利有碍城池難於移置鹽場閒被漫淹如撫臣丁寶楨所奏各節均屬可慮臣查大清河原寬不過十餘丈今自東阿魚山下至利津河道已刷寬半里餘冬春水涸尚深二三丈岸高水面又二三丈是大汛時河槽能容水五六丈矣奔騰迅疾水行地中此人力莫可挽回之事亦禱祀以求而不易得之

事目下北岸自齊河至利津南岸齊東蒲臺民間皆接築護埝迤邐不斷雖高僅丈許詢之土人每有漲溢出槽不過數尺尚可抵禦並無開口奪溜之事岱陰之水如繡江等河亦經擇要築堤汛至則漲汛退即消受災不重至如齊河濟陽齊東蒲臺各縣城近臨河岸十九年來幸官民防守無恙以後可守則守不可守則遷似應隨時相勢設施若於此時驟議遷徙經費無籌民情難喻無此辦法惟鄆城一縣地本窪下現已淪沒水中須籌移置東省鹽場在海口者雖受黃淤產鹽不旺繼經撫 臣竭力經營南運膠萊之鹽時為接濟引

地無虞淡食惟鹽剹多費價值稍昂耳夫河在東省固不能云無害但得地方官補偏救弊設法維持尚不至為大患昔乾隆十八年銅山決口不能收功尚書孫家淦曾有分河入大清之疏乾隆四十六年蘭陽大工屢敗垂成大學士嵇璜又有改河行大清之疏此外裘曰修錢大昕胡家緒孫星衍魏源諸臣議者更多其時河未能北流尚欲挽使北流今河自北流乃轉欲挽使南流豈非拂逆水性恭讀嘉慶十六年八月十二日

上諭南河近年以來年年漫口前此已糜費三千餘萬均經竭力措

支辦理毫無成效今復鉅工迭出數將千萬國家豈能以有制
之帑金注無常之漏卮等因欽此大抵堵築一次通牽約費七
八百萬歲修約七百餘萬統計工需已在家祿名糧民欠之
上實為無底之壑蓋因河身日高水行不順雖窮天下之力
而不能必保安瀾今河北徙二十年未有大變亦未多費巨
款比之往代已屬幸事且環拱
神京尤得形勝自咸豐五年銅瓦廂東決後粵捻諸逆竄擾曹
濟幾無虛日未能過河一步而直東北岸防堵有此憑依稍
省兵力更為

畿輔百世之利此兩相比較河在東雖不亟治而後患稍輕河回南即能大治而後患甚重之實在情形也近世治河兼言利運遂致兩難卒無長策元明大河南行始能開會通以運漕至河北徙則無如運何斷難一治而兩全事窮則變變則通為今之計似不得不出於河自河漕自漕現在議漕政者鮮不以規復舊章為望然此兩言可以決耳運河有水可漕無水則不可漕水能分其自然之有餘者　南旺之　則可漕反是則不可漕同治初年大溜全趨張秋尚能灘運嗣流勢南滚運堤節節穿斷漕船繞坡河行至八里廟而黃水不

能入運不得已引溝塍雨水逐段倒塘灌放艱險已極豈可一再嘗試即運河黃淤歲積歲挑亦難久行若以全漕阻聚河干倖此無常之水其所害又非徒勞費已也若如前人所議漕船順河而東由利津渡海入天津取道固捷但江船不能涉河河船不能放洋勢難强為若倣前代置倉轉艘之法建倉設官一不得人便滋流弊而由張秋至臨清陸挽二百餘里車牛盤兌之煩費陰雨霉變之折耗何可勝計且北路亦無許多剝船可備接運反覆籌維竟無別有利運之術臣愚以為

天庾正供惟蘇浙為大宗同
國家治安之道尤以海防為重當今沿海數千里洋船駢集為
千古以來創局已不能閉關自治正不妨借海道轉輸之便
逐漸推廣以擴商路而實軍儲蘇浙漕糧現已統由海運臣
前招致華商購造輪船搭運頗有成效江廣等省自軍興後
奏改減價折漕民心大定若復徵解本色若於運費無措加之
於民則必滋事變取之於公又無此閒款似應暫准照章折
解仍由各督撫隨時體察情形如可酌提本色若干石即運
滬由海船解津較為便捷如京倉尚有不足更隨時指撥漕

折銀兩由南省採買運津或派員在天津招商採辦亦尚合
算應請
旨飭下戶部從長計議妥籌辦理至運道雖不能暢通河務亦未
可盡廢此時治河之法不外古人因水所在增立隄防一語
查北岸張秋以上至開州境二百餘里有古大金堤可恃為
固張秋以下抵利津海口八百餘里岸高水深應由山東撫
臣隨時飭將原有民埝保護加培南岸自安山下抵利津多
傍泰山之麓誠為天然屏障惟安山以上至曹州府境二百
餘里地形較窪為古鉅野澤即宋時八百里之梁山泊也自

宋元迄我
朝凡河決入大清之年無不由此旁注曹單鉅野金鄉各邑甚至吞湖併運漫溢數十州縣波及淮徐為害甚烈其侯家林決口現雖堵築堅固惟上下一百餘里之民埝高者丈餘低者數尺斷難久恃此處若有一失則西南之運道水櫃復被沖淤廬舍民田更遭蕩析其患不可勝言且黃河流分勢緩北路原行通暢入海之道亦恐漸行淤淺或生他變相應請
旨勅下山東撫臣丁寶楨於秋汛後悉心勘估酌籌款項將侯家林上下民埝倣照官堤辦法加高培厚若能接築至曹郡西

南責成地方印委設法守護吏為久遠之計沿河各州縣民人田地淪入正河身十餘年情殊可憫應查明分別蠲緩錢糧海口鹽場商運各事並隨時變通酌量妥辦又銅瓦廂決口現已沖寬十里水勢猶日向東坍刷若不設法約攔久必泛濫南趨至於決口以下蘭儀東明境内地勢平衍現雖刷有溝槽而中洪不深大汛漫灘仍東西坍漲不定亦不可無遙堤以杜竄越擬請

勅下河東督臣喬松年就近察看形勢應如何量築堤埝與東省曹州之堤相接俾資周防而期順軌綜計自安山上至銅瓦

廂決口接築南堤距北金堤約六七十里作遥為遮攔之勢去水較遠取土較易工費較省此六七十里中大水所常漫者不過二三十里所急流者不過三五里任其淤波蕩漾寬緩水勢以漸趨下游寬半里深數丈之大清河則緩急得以節宣不至逼激沖突別尋去路斯為穩著其堤內河內民田仍可隨時視溜勢之遠近地勢之高低搶種麥禾不至全無收穫似於民生亦無大碍至淮徐故道涸出舊河身千數百里水不復行居民佔種年年豐收並請

勅下江蘇河南山東各督撫分委妥員會同地方官查明酌議升

科以免私墾爭鬬之患所有遵
旨籌議黄運兩河情形謹據管見詳細具實覆陳是否有當伏乞
聖鑒訓示謹
奏

同治十二年閏六月江西巡撫劉坤一奏摺

奏為瀝陳丁漕改章實在情形恭摺覆奏仰祈

聖鑒事竊臣承准軍機大臣字寄同治十二年四月二十五日奉

上諭左都御史胡家玉奏江西省額外加徵地丁銀兩請飭裁革

一摺據稱江西省錢糧定例徵銀一兩隨徵耗銀一錢今每兩

加徵銀四錢顯違定制請飭永遠裁革不得再立捐款公費名

目等語等因欽此欽遵飭行司道查辦去後茲據布政使劉秉

璋督糧道全必達詳稱伏查原任大學士兩江督臣曾國藩

前江西撫臣沈葆楨釐定徵收丁漕章程原為今昔異勢法

久弊生捐攤之累迭出各衙門供應浩煩無一不取之於州縣州縣不得不取之於民地丁每兩徵銀一兩七八錢徵錢三千數百文漕米每石折收錢七八千或銀八九兩官民交困吏治日弊兵燹之餘公私疲乏欲求補救之法必清致弊之源由是督飭前藩司李桓悉心經畫停止各案捐款裁革一切陋規並將丁漕浮收數目大加裁減仍核計辦公必不可少之需通盤籌畫量出為入酌留餘地定以地丁每兩徵銀一兩五錢按時價折收錢二千四百文漕米每石徵銀一兩九錢折收錢二千文於咸豐十一年冬間出示大張曉諭

使民有差役官館加派名色刁衿劣監向以欺凌小民挾制官吏包漕抗糧為生業者概無所施其伎倆所徵地丁除耗正耗銀一兩一錢外另提捐款銀一錢漕米每石除解部銀一兩三錢外另行提捐款銀二錢六解司道各庫先收裁汰藩司衙門供應鋪墊於地丁每兩提銀一分以濟公用道府養廉每多不敷辦公裁汰糧道漕規於漕米每石提銀二分裁汰知府節壽禮月費漕規就所屬地丁每兩漕米每石各提銀五分俾資辦公州縣養廉尤少公事獨多地丁每兩餘銀二錢四分漕米每石餘銀三錢三分均爲各州縣辦公之

二

復台堂

需其指存司道庫之地丁一錢漕米二錢以之抵放向歸州縣攤捐如文武鄉試歲科考試司道辦理秋審各府辦理發審事件不敷用款與夫委解京協各餉不敷盤費以及京省甯贛各提塘郵資津貼瘠缺各縣緝捕不敷經費并撥司道府書吏例給工食徵費不足以資糊口亦按州縣兩捐之數支給庶公用咸歸有着攤派永可蠲除同治元年七月間前督　臣曾國藩先將江西奏派州縣捐攤各款奏請豁免聲明設法減徵丁漕另籌用款永禁捐攤欽奉
諭旨允准又於是年閏八月十四日奉

上諭御史袁德俊奏牧令宜加體察等語所奏甚是近日兩江総
督曾國藩江西巡撫沈葆楨請裁革江西捐攤各款以清弊源
詢能仰體朝廷澄清吏治之意實心辦理各直省自宜倣照奉
行等因欽此同治四年八月間前撫臣孫長紱因試辦數年官
民稱便咸歎既著當將原定徵收丁漕耗羨酌留公用數目
會同前督臣曾國藩前署督臣李鴻章據實具奏經戶部議
覆該省丁漕兩項自應均令照章徵收本省辦公經費籌資
丁漕名不容纖悉多收殊非經久之道地丁一兩除解正耗
外另提一錢六分漕米一石除解部款外另提二錢七分在

三

指減徵丁漕收数内供支之案應請准如所請奏辦理等因奉
旨依議欽此同治七年銀價大漲州縣收錢易銀不堪賠累據前
藩司文輝督糧道平步青詳經臣會同曾國藩將丁漕章程
重加釐定查照原議一律改收銀兩奏經戶部議覆江西漕
米自改折色以來每石秖解部銀一兩三錢並不准酌量加
收非特本省辦公竭蹶且恐規復糟運諸多窒礙改收銀一
兩九錢價值不甚懸殊且奏明一律收銀与州縣私自改章
者不同地丁收錢不過一時權宜改收銀一兩五錢連傾鎔
火耗在内除解正耗銀一兩一錢外餘為提補捐款公費並

州縣辦公之用均請准如所奏辦理等因奉

旨依議欽此又准軍機大臣字寄同治九年十月二十日奉

上諭侍郎胡家玉奏請飭該撫通飭各屬徵收地丁錢糧每銀一兩遵例加收銀一錢所有另立名目額外徵收永遠革除以蘇民困等語著劉坤一斟酌情形妥議具奏等因欽此當即行據藩司糧道核明利弊斟酌情形詳經　臣確核覆奏請仍照定章辦理以免紛更是年十一月初十日奉

上諭劉坤一奏稱江省地丁錢糧從前名為遵例一正一耗實則收錢不止二千四百文收銀不止一兩五錢等因欽此欽遵各

在案自定新章迄今十有餘年民間裁減浮收不下千餘萬各衙門無餽遺陋習吏治亦復從而澄清是曾國藩沈葆楨所定章程實屬斟酌至當非不知地丁每兩收銀一兩五錢顯違一正一耗之例然與其任聽州縣私自加收何如明定限制與其上下私相授受何如明給辦公之資此種因時救弊之苦衷不惟部臣所共諒並在

聖明洞鑒之中夫立法貴在因時變通惟期盡利江省丁漕章程既經迭次奏准有案並非違例私加且外間公用各款取之於丁漕羨餘各省大率相同非獨江西一省實事求是未便

稍事拘牽今若必如左都御史胡家玉原奏於一正一耗之外絲毫無浮多收則所稱文武鄉試等款不敷經費實必仍攤派於通省分捐即各府辦公無資亦必仍仰給於州縣而州縣衙門之用款更煩一無籍手憑何支應即以徵收錢糧一端而論催糧書役之飯食即造辦串票紙張傾鎔銀兩之火工解銀赴司之水脚種種費用州縣不能賠貼益之以捐攤陋規雖欲不私取於民而不可得其廉謹自愛者情有知難而退中材以下之員轉得有所籍口非侵挪正項即私取無藝從前浮收勒折之弊衿棍包攬之風均見接踵復熾是

五　復台堂

徒有減賦之虛名貽浮勤之實患殊於吏治民生大有関
碍事関通省利病再四思維不得不據實瀝陳所有地丁内
提補捐款以及府縣辦公之項均屬無雖刪減惟藩司衙门
經費因革除辦差供應增添一分公費究竟養廉較厚現於無
可裁減之中惟有力求撙節尚可儉約自持擬將藩司一分
公費刪除以後地丁每兩繳銀一兩四錢九分雖所減為數
無多究於民間不無絲毫之益至於徵收漕糧按限加價一
層由來已久從前起運本色之時即屬如此辦理蓋緣漕糧
例應冬兌冬開為日甚促必須尅期集事方能無悮兌運是

以開徵之時勒定限期遞加折價民間計較完數多寡稍有
力之户莫不於初限内歸數輸納二限三限完數寥寥既省
追呼並免敲扑亦催科之善策現在錢未起運本色而徵收
漕折均於年内大批委解次年春間全數解京此即按限加
價之數驗原定二限加銀三錢三限再加三錢共為六錢内
提八成充公僅以二成給州縣為數甚微如靈州縣於初限
限内徵少報多以為乳後二三限加價之地則徵簿串根具
在確有月日可查勢難挪移掩覆江西原定糧漕折價遞少
就現在時價每石糙價尚不止一兩九錢是現徵價銀猶不

六

復台堂

足一兩石之米運費至出又不待言欲籌本色必須加增折價徒以連年水旱歉收民力拮据仰體
聖主軫念民艱至意逐年詳請循舊折徵今若照按限加價亦復停止則舊制盡壞不但起運本色蓋恐至期即此後徵收折價亦虞明知逾至期限必致日久拖延必不能如以前之迅速解部濟用特於
國計有碍應請仍按議定章程籌理等情前來詳請覆奏前來臣查前據臣曾國藩前接臣沈葆楨所定徵收丁漕章程減浮收以裕民生停捐款以肅吏治仍酌量籌公必不可少之需隨

正徵收濟用以期官民相安上下有制一切謀畫均為救弊起見　臣抵任之時首經悉心考究各款俱在必需是以遵循辦理迨後銀價增昂徵錢不敷解款擬司道詳請奏明改徵銀兩亦係本省國藩等原議而行迄今時逾十年民樂薄賦吏絕苞苴此於一正一耗之外不准多收辦公無資必致虧及庫款暨聽其私自浮勒更巧詐弊叢生該藩司議將解司一分公費刪除免其徵解係於無可節省之中力求充足俾民之計此外實無可再刪漕糧按限加價亦係孫長紱面請和議所有且係二限加銀五錢三限再加五錢嗣於丁漕改徵銀

七

兩案內減為二限加銀三錢三限再加三錢確有歷次奏案
可考藉懇勸以速輸將是以江省報解獨早並不遲至次年
夏秋事為通省利病所係既據司道等瀝情具詳　臣何敢不
據實直陳可否仰邀
天恩俯如所請地丁每兩徵銀一兩四錢九分漕糧循舊按限加
價俾
國計民生兩有裨益出自
高厚鴻施此後　臣益當督飭司道認真稽察各州縣恪按定章實外
絲毫加增卽行從嚴參辦不敢稍涉徇隱所有丁漕改章實

在情形理合恭摺覆奏伏乞
皇上聖鑒訓示謹
奏奉
硃批覽奏已悉即著照所議辦理仍隨時認真稽察倘有絲毫浮
收即行從嚴參辦該部知道欽此

八

復台堂

江西巡撫劉　覆奏江西丁漕酌收錢文摺

奏為遵照部議丁漕改收錢文酌定徵收錢數恭摺仰祈
聖鑒事竊臣于同治十二年十月二十五日接准户部咨議覆
左都御史胡家玉奏　江西丁漕違例加徵請飭行核議一摺抄單
内開謹就江西情形悉心商酌擬請　飭下江西巡撫按照
曾國藩原定地丁每銀一兩連加一耗羨折收錢二千四百文之外
再按現在銀價酌加錢數由官易銀解庫所加之數每兩不得逾二
百文以示限制其漕折一項江西省每石解部銀一兩三錢徵之于
民以一兩九錢為率核與河南安徽等省折漕支解章程均屬一律
惟該左都御史慮及征銀不便于民自係確有所見所有該省漕粮
亦請即令該撫查照同治四年原定數目于每石收錢三千文及三
千二百之外酌量加收錢文其所加錢文即視地丁每兩加二百之

數核計徵收不准再有浮溢一面先行奏咨立案俟銀價平減即照
原定錢數徵收漕折總期辦運不至室礙而民情仍復相安庶為妥
善至江西徵收漕折既不能不藉加價為催科應令查照江蘇章程
年內毋庸加收年外加收錢伍百文仍將已徵未徵各數于年底截
清奏報以憑查核至原奏內稱上司一切鋪墊供應節壽禮月費漕
規應令認真革除如查有前項情弊即行從嚴參辦等因同治十二
年九月十九日奉
旨依議欽此等因轉行欽遵辦理去後茲據布政使劉秉璋督糧道
王必達會詳稱伏查江西省自經前督臣曾國藩前撫臣沈葆楨裁減
丁漕浮收原定章程地丁每兩連耗羨徵銀一兩五錢漕米每石折
收銀一兩九錢嗣因銀賤錢貴按每銀一兩作錢一千六百文扣算
改為地丁每兩折收錢二千四百文漕米每米每石折收錢三千文

萬安樂平二縣加錢二百文迨同治七年銀價漸長州縣收錢易銀
不敷解交據前司道詳經臣奏請地丁每兩連加一耗羨仍收銀一
兩五錢漕米每石折收銀一兩九錢萬安樂平二縣加收一錢二分
經部議准办理十二年四月間左都御史胡家玉以江西錢粮違例
加征奏請裁革復經由司確核原定征數在所必需寔難删減再四
籌畫于無可核減之中將藩司一分公費删除以後地丁每兩連
耗征銀一兩四錢九分奏奉　硃批着照所請等因欽此｜
均經遞次出示曉諭通飭各屬遵辦各在案茲經户部議令復照
曾國藩原定折收錢文按現在銀價酌加錢數每兩不得逾二百文
查曾國藩等原定每銀一兩合錢一千六百文其時銀價平減近年
銀價增昂每銀易錢一千八九百文不等自應恪遵部議酌加二百
文以錢一千八百文作銀一兩和算地丁每兩連耗羨人工等項改

收錢二千七百文仍删去藩司一分公費實收錢二千六百八十二文漕米每石連留文公用改用錢三千四百二十文萬安樂平二縣加收錢二百一十六文年內完納均照此數年外完納訪照江蘇章程每石加錢五百文即行通飭各州縣于奉文之日地丁漕米一律照章征錢不准于定數之外浮收分文仍于年底截清已徵未徵米數詳請報將來銀價如大有長落征收應行與時變通援照安徽等省成例專案詳請奏明辦理不准州縣擅自更張以杜流弊經此次改定章程從茲無可籍口每年額征地丁漕米自當責令年清年款掃數全完倘或仍前延欠照例分别參追惟是江西漕折總以年前大批解部實恃三限加價之舊章花戶用能爭先完納今改寬限期惟有責成州縣開導花戶激發天良一經開徵即行赶緊完交不得觀望遲延至于辦運米色一節江西折價太少規復舊章不易查江

蘇折漕年內每石收錢四千五百文河南折漕每石收銀三兩以視
江西折價多寡相去懸殊且蘇江西辦理海運較蘇省路途加遠數千里
費用亦應倍增此時征收本色不但民間狃于折價以便而且運費
無出船隻倉廒未修一無措手諸多窒礙竊以復辦本色必須量增
折價先將縣省漕倉運米船隻次第修造完竣再行改徵本色庶幾
辦理稍有把握運費缺之無虞然近年水旱頻仍民力拮据應請稍
寬時日一俟年穀順成地方充裕即當次第舉行以重
天庾正供斷不敢畏難因循稍事延諉等情詳請具奏前來臣覆加
確核均屬實在情形至于上司供應鋪墊節壽禮月費漕規等項自
同治元年奏定章之後即已禁革淨盡至今十有二年臣與司道時
加告誡稽察各守令尚屬謹守成規並無襲蹈從前陋習者臣仍當
隨時查訪如有私相餽遺即將與者受者一併嚴參勿稍容隱以副

聖主澄清吏治之至意除咨戶部外理合會同兩江督臣李宗羲恭

摺具奏伏乞

皇上聖鑒勅部查照施行謹奏奉

硃批戶部知道欽此

同治十三年協辦大學士陝甘總督一等伯左宗棠摺

奏為甘肅士子赴陝鄉試道遠費艱請分闈就試並分設學政以

崇正勸學而廣

皇仁仰懇

特恩俯順輿情事竊維甘肅地處西北邊荒舊隸陝西行省統轄至康熙年間拓地日廣始設甘肅巡撫駐扎臨洮乾隆年間又改臨洮為蘭州府復設總督駐之兼管巡撫事地當西陲衝要南北界連藩服荒服漢蒙回番雜處其間謠俗異宜習尚各別漢敦儒術回習天方蒙番崇信佛教亘古至今未之有改置省以來諸凡建設或創或因于武備尚詳而文治獨略其異于各省者兩大端各省除壤毗連一水可通之安徽一省鄉試歸併江南取中士子久習為常此外內就全省適中督撫駐扎處所設

五貢院屆期考官入闈校閱照額取中獨甘省距遠阻且長而
鄉試必須赴陝陝甘學政遠駐陝西三原三年一度按臨甘肅
舉行歲科兩試均與各省不同故自改建省治以來甘肅士人
經明行修能自淑其鄉里者尚不乏人至擢科登第以文章經
濟卑重當世者概不多見非各省皆知稽古之力爭自濯磨甘
肅士人獨安固陋不求聞達也計甘肅府廳州縣距陝近者平
慶涇鞏秦階兩道約八九百里千里蘭州一道近者一千三四
百里遠者一千六七百里蘭州迤西涼州甘州西寧迤北寧夏
遠或二千餘里或三千里至肅州安西一道則三千里或四千
里鎮廸一道更五六千里不等邊塞路程修遠又兼驚砂亂石
足礙馳驅較中原行路之難奚翅倍蓰士人赴陝應試非月餘
兩月之久不達所需車馱僱價飲食芻秣諸費旅費卷費少者

數十金多者百數十金其赴鄉試盖與東南各省舉人赴會試勞費相等故諸生附府廳州縣學籍後竟有畢生不能赴鄉試者窮經皓首一試無緣良可慨矣軍興以來學臣不按臨甘肅者已與十稔幸前學臣許振禕不避艱險以次按試生童踴躍歡呼迎拜馬首計補行各屆歲科諸試取入新生不下萬人而從前取進生員尚不在內是以資斧無措不能遠行加之夏秋暑雨水潦縱橫有無從問津者有中道迍邅致悞場期廢然而返者有資斧罄盡抑鬱成疾以殁者其得抵陝完試事者不及三千人然則甘肅士子之赴鄉試者合新舊諸生計之不過十之一二而已臣自蘭州凱旋歷甘涼各郡途間見諸生迎謁道左初疑其秋試被放者比詢以試事則僉稱無力赴陝不知其詳言已欷歔不絕慰諭遣之前准學臣許振禕咨送甘省赴試

士子公懇分闈呈詞當行兩司議詳昨由肅凱旋後又據紳士前刑部主事滕烜道員曹烟及漢回士紳等聯名呈稱捐建貢院擇定袖川門外地基籌備磚瓦材木已有頭緒請援照湖廣雲貴鄉試分闈取中前來並稱甘省武試本係分闈文試宜可仿照懇求具奏臣惟湖廣雲貴等省鄉試道路險遠歷蒙

列聖恩旨分闈取中士林感頌至今茲甘肅赴陝鄉試道路險遠較各省改倍有加

皇上一視同仁軫念士人赴試維艱

恩允分闈取中俾邊徼寒畯得照各省一律就近應試則投戈講藝士氣奮興

文治之隆可計日而待也惟是分闈取中額數應定若干難以擬議蓋陝甘鄉闈向係合兩省取中從未分析茲甫議分闈取中若

將兩省額數平分各占一半則陝省應試人員向多于甘省現
且有增無減甘肅如占額一半致陝西中額頓形減少殊非持
理之平若照臣度隴之初
奏准甘肅取中二十一名成案計算無論當時回賊氛正熾赴試人
稀一時權宜酌擬本非甘省定額況當隴境肅清應試士人自
必增多數倍而中額僅此翻致向隅亦無是理若按照永廣中
額部章計算甘肅軍興以來各府廳州縣派捐糧料餉需均值
人物彫殘市價翔貴之時調核各廳州縣歷年案卷核捐輸
各款為數甚距而又限于部議永廣中額不得十名定章無從
推廣此擬議中額鮮可依據之實情也溯考從前兩省合中時
道光丁酉己亥咸豐壬子等科甘肃每榜曾取中三十餘名
同治九年庚午科鄉試臣接陝西撫臣蔣志章緘稱主考評場

復始堂

中試卷甘肅獨優殊嫌額滿本年癸酉科鄉試據陝西藩司譚
鍾麟禀主考所論亦同是陝甘文風無容軒輊而甘肅分闈後
人文日新日盛尤在意中合無仰懇
皇上天恩逾格特准比照各省中額最少之貴州每科取中四十名
滿營應試士子每科取中二名合共四十二名作為定額遇簡
放主考學政之年另簡甘肅正副考官各一員甘肅學政一員
俾合省士子得以就近鄉試而歲科按屆舉行學臣得免跋涉之
勞生童得以時親承訓廸習舊學而啟新知不獨邊方士習文
風可期丕振已也臣自西征以來目覩民俗凌夷狉獉日甚不
但刦殺爭奪視為故常動輒嘯聚多人恣為不法而閒倫紀不
明禮教久斁干名犯義之案誅不勝誅雖地雜華戎習俗漸染
日深正恐夏變為夷靡所止極不得已設局鄂省影刊四書五

經小學善本分布各市各府州廳縣師行所至飭設立漢回義塾分司訓課與耳濡目染漸移陋習仍復華風邇來漢民敦崇儒術誦習六經回民亦頗知嚮慕爭請設立義塾延師課請儒書前學臣許振煒次第按臨多方激厲回生得附學籍育成均者所在不乏益欣欣然以得附宮墻為意外榮幸食桑黮而懷好音斯其時乎若荷

皇恩允其分闈就試屆時　簡派學政按期校閱則經正民興邊陲長治久安之效基於此矣臣亦知聖賢之學不在科名士之志于學者不因科名而始勸然非科名無以勸學則無讀書明理之人望其轉移風化同我太平無以致之固非謂科第文章足以歆動庸耳俗目兼可博取民譽也竊見所及謹以附陳如蒙

俞允每屆鄉試經費應由甘肅籌畫學臣衙署應于蘭州建立一

復始堂

切未盡事宜容俟續陳伏乞

皇上聖鑒訓示施行謹奏奉　旨已錄

河南巡撫臣錢

奏為汜水鄉民因聞糧票索費糾眾先鬧，先將署知縣撤任，一面

奏明查辦，提省審究，恭摺仰祈

聖鑒事。竊查開封府屬之汜水縣民情浮動，向稱刁悍，同治九年間

紳士阻考，挾制官長，前經升任撫臣李鶴年訊辦奏結完案。官

斯土者宜如何約束，接取潛移風俗，以戢囂陵。積習署知縣高

錫康本年開征新賦，該縣花戶鬨完踴躍，突有粮書私議需索

紙筆費錢每張二文，互相播傳，眾論譁然。該縣聞知，當將粮書

責押已放，在出示諭禁，突于本月十六日有東北鄉民糾眾入

城毀壞科房門窗，不服該縣開導，擁進衙署，逞兇滋鬧，舉械向

前，丁役攔阻抵禦，互有受傷，其中鄉民一人傷重身死，將各紛

紛逃散。據該署知縣由該管府轉報前來，當經批行兩司飭委

務須確切訪起釁根由有無別情一面遴員接署查拿首從等
人提同犯分別看審該署務高錫康於拿辦之際疲玩失
方實屬難辭咎除善後事宜由司先行擬議俟全案提集未有研鞫
確情再行分別參辦以肅法紀而昭平允謹繕摺具
奏伏乞
皇上聖鑒謹
奏
硃批知道了欽此

户部奏駁江督李宗羲刪併田則摺稿 同治十三年十二月

户部謹

奏為遵

旨議奏事内閣抄出兩江總督李宗羲等奏江蘇省額征田賦科則

太繁擬請釐刪併籌議大概情形一摺同治十三年十月初一

日奏

硃批户部議奏欽此欽遵抄出到部據原奏内稱江蘇省蘇松鎮常

太五府州屬額征田賦自經兵燹版籍參差現值續纂賦役全

書之際各屬科糧斗則互有不同即田地山蕩田項而論將九

則以内不計外多至五十餘則少亦不下十餘則甚或數畝析

為一畝一畝析為數分條緒紛繁莫可窮詰軍興以來冊籍燬

之蕪雜尤滋轇轕胥書差保不難重其所輕輕其所重此實江

江蘇丁漕積困之所因今日釐正全書之所急據署藩司應寶
時飭據元和等縣案詳冊繁就簡照同治四年初訂全書之額
刪除歸併至多以十五則為率比按原額贏縮之數每縣銀不
得過五兩米不得過五石以示限制由司詳請具奏前來查金
壇縣賦役全書內載乾隆三十八年清丈田糧首將斗則歸併
刪除同治七年前撫臣丁日昌議將各屬坍荒案糧參以查照
金壇成案酌量歸併此次清查各屬田賦自應將科則稍繁之
處體察刪併從此簡易分明差保無從上下其手欺隱挪移之
弊不禁自除於
國賦民生大有裨益等語臣等伏查江蘇省蘇松常鎮太五府州
所屬科則田賦不同相沿已久前人既經卓若為分明其差等
現在豈容輕議刪併妄改舊章同治四年永減漕糧均照原額

遞減六折，公平。同治七年前藩撫丁日昌以業戶只知田畝多
寡，不知科則重輕，每至徵收錢糧，漕書差保蠹弊多端，難以枚
舉，通飭各州縣刊費簡明告示，註明某都某圖科則錢數，每銀
一兩折錢若干，每米一石隨耗若干，奏准永為定章，以期便民
除弊等因，立法頗臻妥善。今據李宗奏等稱：蘇省科糧斗則
多至五十餘則，少亦不下十餘則，條緒糾紛，莫延轇轕，里保書
差不能素為重輕，請將科則較繁之處[illegible]刪併等語。臣等以
同商酌，藩省自經兵燹，田地拋荒，錢糧蠲緩，今欲清釐科則，核
實征收，必先使田無曠土，而後科則不至於虛立，徵收可期其
實效。溯自同治七年前江督馬新貽等奏，將蘇藩屬原額田
地共計二千四百六十萬畝零，截至同治七年止，未墾拋荒畝等
項田地約計五百九十四萬九千餘畝，此後有無續墾出未報

報有案現在續纂賦役全書為通省錢糧通撙自應以勸墾荒
廣為今日之所急至於歸併科則一節雖名歸併實則有增有
減在該情因為剔除弊端起見第恐遽議通多寡贏絀之間
稍有未均或至轉滋流弊自應悉守舊章以杜紛更俟查裕賦
以開墾荒廣為先聲弊以約束書吏為要李宗義等原奏內稱
前撫臣丁日昌奏各屬坍荒章程奏請查照金壇成案酌量併
歸併等語查同治七年馬新貽丁日昌會奏蘇省各屬荒瘠田
地設法招徠領墾案內田則外坍一條內開因上屆清糧以後
歷年既久地勢變遷科則斷錯膠合是以升坍各項外在丈見
坍于丈數之外今復稽考應查照上屆金壇紀全書載明乾隆
年間清丈各則同糧歸併刪除成案即以丈見田數科則作為準
額免報外坍等因是此條專為查豁外坍而設五府州屬各有

升垻田地自應欽遵前奉

諭旨辦理不能概律之無關升垻之科則也原奏又稱科條愈密弊

竇愈多將科則移繁之處酌定刪併著係無從上下其手等語

查民間完納丁漕有歷年串票為憑循舊辦理小民核算著係

為難蠹弊若一經刪併併院司無由按則而考州縣不遑假放

而積勢不能不倚手吏胥勢有防不勝防者至原奏所云牧令

疲于磨核一層其科則繁夥皆有籍可稽數十則與十餘則同

一磨核豈未經刪併疲于磨核刪併之後果易於磨核耶總之

糧有額征科則各州縣情形不同並以多寡輕重之別數百年

來並以奉行現當休養有年漕額永減全在因該督撫飭令各

州縣實力勸墾必期成熟田地歲有加增使丁漕漸符舊額一

面密查各屬有無以熟作荒情事嚴懲吏胥減重為輕化輕為

重名弊端一切征收祇須率由舊章並查照籍有屢次奏准成
案及前據臣丁日昌奏定簡明章程果能認真經理亦自簡易
分明不致滋欺隱挪移之弊裕
國便民莫善于此該撫等所請籍有科則太繁酌中刪併之處
難准行應毋庸議所有臣等遵
旨議奏緣由謹會摺具奏伏乞
皇上聖鑒謹
奏
同治十三年十一月二十三日奏奉
旨依議欽此

全銜左　於光緒五年十月二十二日在甘肅肅州行營
由驛具奏為遵
旨覆陳仰祈
聖鑒事竊臣於九月初九日欽奉八月二十三日
上諭總理各國事務衙門奏籌辦交收伊犁事宜請飭疆臣覈議
一摺據稱連接崇厚電報内稱約章現皆定議崇厚定於八
月初八日由黑海畫押後由南洋回京覆命並將現議條議
十八欵摘要知照詳加覆核償費一節尚不過多通商則事
多轇轕分界則弊難枚舉亟宜籌畫布置迅圖補救各等語
崇厚出使俄國固以索還伊犁為重而界務商務關係國家
大局者自應熟思審處計出萬全且疊經總理各國事務衙
門電致若照來械有礙大局節畧内並言所損已多斷不可

行該大臣尤應遵照辦理設法與之辯論乃竟任其要求輕率定議殊不可解現在俄約既經定議其第七款所稱中國接收伊犁後阻爾果斯河西及伊犁山南之帖克斯河歸俄屬第八款所稱塔城界址擬稍改是照同治三年擬定界址又於西境南境刷出地段不少從此伊犁勢成孤立控守彌難況山南刷去之地內有通南八城要路四條關係回疆全局尤匪淺鮮至第十款於舊約喀什噶爾庫倫設領事官外增出嘉峪關烏里雅蘇台科布多哈密吐魯番烏魯木齊古城七處亦欲酌設領事第十四款並有俄商運貨走張家口嘉峪關赴天津漢口過通州西安漢中運貨回國同路之語不特口岸過多且與華商生計有礙允行則實受其害先允後翻則曲仍在我自應設法挽回以維全局左宗棠於新疆

情形瞭如指掌金順錫綸久在西北各路諳習邊情其西路
通商應如何布置如能害少利多左宗棠必有權衡至張家
口漢口係南北洋分轄地方所有通商事務各條詳加籌畫
外其界務如何辦理各臻妥怗之處分別詳細密陳該衙門
另片所陳界務尤關緊要就崇厚寄來分界圖說中國如尚
可設法布置即當妥為辦理若必不可允則邊防尤宜及時
籌備各等語此事一出一入關係綦重左宗棠督辦軍務事
權歸一尤當通籌全局權其利害輕重一併核議密奏原摺
片並抄閱由六百里密諭知之同日欽奉八月二十四日
上諭昨日總理各國事務衙門奏崇厚與俄商辦交伊犁事宜輕
率定議畫押當經諭飭左宗棠等籌畫密奏本日據左宗棠
奏覆陳邊務一摺所陳界務商務大畧及妨民病各条慮遠

思深諭屬老成之見特崇厚已定議畫押事機已誤惟有亟籌補救設法挽回著左宗棠凛遵昨日諭旨將商務界務如何辦理各臻固妥之處或約章必不可允邊防一切如何布置方免患生肘腋之虞詳細籌度妥議具奏跪誦敬悉

皇上軫念邊陲勤求遠略

聖謨廣運燭照無遺曷勝欽服竊維

國家建中立極東南濱海西北以崑崙枝幹為界與俄羅斯不相連接以蒙部哈薩克布魯特浩罕為之遮蔽間隔也近日俄人日廹誘脅日深哈薩克布魯特等部落多附俄人俄又取浩罕三部落拓其邊圉於是俄與中國邊境毗連無復隔閡矣適中原兵事方殷未遑遠略俄人乘間佔據伊犁藉稱代我收復為要索計並照其國法按灶科賦以充兵費亦稱饜足

矣　朝廷重念邦交既予以代我收復之名並允給盧布五百萬元盧布亦呼魯布即所稱俄元者也光緒三年西洋新聞紙載俄國議願得俄元二百五十萬交還伊犁海上傳播未必無因此次償款忽議增五百萬元其挾詐相嘗已可概見至界務與商務兩者相因西北與東南事體各別道光中葉已來太西各國礮船横行海上闖入長江所爭者通商口岸非利吾土地也亦謂重洋迢遞彼以客軍深入雖得其地終無全理戰則勢孤守則費鉅合縱之勢既成或獨據則紛爭分肥則利薄也中國剿平髮捻兵力漸强製礮造船已覩成效彼如思逞亦有戒心而渝約稱兵各國商務先失貿易之利苟可相安無事其亦知難而息矣若夫俄與中國則陸地相連僅天山北幹為之間隔哈薩克安集延布魯特大小

部落從前與準回雜處者自俄距伊犁漸趨而附之已視為已有若此後蠶食不已新疆全境將有日蹙百里之勢而秦隴燕晉邊防且將因之益急彼時徐議籌邊恐勞費不可殫言大局已難覆按也夫陸地相接無界限可分不特異日無以制憑陵即目前亦苦無結束不及時整理坐視邊患日深殊為非計且俄人專尚詐力不以信義為重其情易變屢遷與太西各國不同斷難望其守約而持久即如佔據伊犁之始謂俟克復烏魯木齊瑪納斯即當交還比官軍連下烏城並克復南疆而俄不踐前言穩踞如故方且庇連叛逆縱其黨類肆出竄邊上冬今春陝回及布魯特汗安集延勒兵入犯時官軍獲生賊訊供搜有俄官路票昨次布魯特安集延諸賊由俄境阿來地方出竄經官軍剿洗殆盡漏網數十人

仍逼匿俄境據活賊口供亦由俄官驅遣所致四次縱賊犯
邊官軍追賊均未越俄境一步我之守約如此彼之違約如此尚何信義可
言當崇厚與俄官議交伊犁時俄人首以恩赦為請並以曉
示難於遍及為慮崇厚原奏奉
諭旨飭臣查辦臣謹遵
旨並會同金順出示曉諭伊犁漢陝纏土各國民等宣布
皇仁以安反側金順即派提督殷華廷賚示前赴伊犁張貼俄官
七河巡撫忽更前議將殷華廷擋回不令貼示藉稱應俟圖
爾齊斯坦總督回信比金順二次遣殷華廷復往探詢七河
巡撫竟派人阻之伊犁境外不准復入似此任意把持不獨
違慢
朝旨並置其君之外部諸臣成議於不顧其悖謬又如此俄之佔

據伊犁也將大城西北三城廬舍夷為平地迤東清水河塔爾齊綏定三城均毀棄以居漢回蘆草溝城盤子等處均棄而不守即取各城堡木料於大城東南九十里金頂子營造市廛幾二十里臣上年十月二十三日覆陳摺內已略言之茲接全順錫綸來信情形亦同察俄人用心蓋欲踞伊犁為佔地自廣籍以養兵之計久假不歸布置已有成局我索舊土俄取兵費鉅資於俄無損而有益我得伊犁只賸一片荒郊北境一二百里皆俄屬部孤懸萬里何以圖存況此次崇厚所議第七款接收伊犁後阢爾果斯河及伊犁山南之帖克斯河歸俄無論兩處地名中國圖說所無尚待詳考但就方向而言是劃伊犁西南之地歸俄也自此伊犁四面俄部環居官軍接收隨其度內固不能一朝居耳雖得必失詎有

倖乎武事不競之秋有割地求和者矣茲一矢未聞加遺乃
遽議捐棄要地饜其所欲譬之投犬以骨骨盡而噬仍不止
目前之患既然異日之憂何極此可為嘆息痛恨者矣全順
錫綸之擬緩收伊犁而以沿邊喀什噶爾烏什精河塔爾巴
哈臺宜足兵力濬餉源廣屯田堅城堡先實邊備自非無見
惟伊犁現無定議謀新疆者非合南北兩路通籌不可現在
伊犁界務未定則收還一節自可從緩計議喀什噶爾烏什
規畫已周毋庸再議其塔爾巴哈台精河急須加意綢繆應
由全順錫綸自行陳奏請
旨外所有崇厚定議畫押十八款內償費一節業經奉有
諭旨第八款所稱塔城地界擬稍改照同治三年議定界址尚無
電報應俟崇厚奏到再議第十款於舊約喀什噶爾庫倫設

領事官外復議增設嘉峪關烏里雅蘇台科布多哈密吐魯番烏魯木齊古城七處第十四款並有俄商運貨走張家口嘉峪關赴天津漢口過通州西安漢中運土貨回國均經總理衙門奏奉

諭旨指駁外第二款中國久頒

恩赦伊犁居民業經遵

旨照辦被俄官截阻責示委員不准張貼第三款伊犁民人遷居俄國入籍者准照俄人看待意在脅誘伊犁民人歸俄而以空城貽我與截阻責示委員同一用心第四款俄人在伊犁准照舊管業雖伊犁交還中外商民雜處無界限可分是包藏禍心預為再踞之計至商務尤其多設口岸不獨奪華商生計且啟蠶食之機總理衙門原奏籌慮深遠實已纖悉畢周

諭旨允行則實受其害先允後翻則曲仍在我應設法挽回以惟
全局竊維邦交之道論理而不論勢本山川為疆界界畫一
定截然而不可踰彼此信義相持垂諸久遠者理也至爭城
爭地不以玉帛而以興戎彼此強弱之分則在勢而不在理
所謂勢者合天時人事言之非僅直為壯而曲為老也俄踞
伊犂在咸豐十年間同治三年定界之後舊時中國民人雜
處各部落被其脅誘俄官即視為所屬藉以肆其憑陵俄之
取浩罕諸部也安集延未為所併其酋阿古柏畏俄之逼裹
其部衆蹈我南疆我復南疆阿古柏死逆子竄入俄境俄乃
認安集延為其所屬為侵佔回疆腹地之根現冒稱喀什噶
爾住居之俄屬本隨帕夏而來之安集延待和俄之無端冒
功為已屬實與交還伊犂仍留復踞地步同一居心觀其交

還伊犂而仍索西境南屬其詭謀豈僅在此數百里土地哉界務之必不可許者此也俄商志在貿易本無異圖俄官則欲藉此為通西於中之計其蓄謀甚深非僅若西洋各國只爭口岸可比就商務言俄之初意祇在嘉峪關一處此次仍議及關內並議及秦蜀是各處非不知運腳繁重無利可圖蓋欲藉通商便其深入腹地縱橫自恣我無從禁止耳嘉峪關設領事容尚可行至喀什噶爾通商一節同治三年雖約試辦迄未舉行此次界務未定姑從緩議而烏里雅蘇台科布多哈密吐魯番烏魯木齊古城等處廣設領事欲因商務蔓及地方化中為俄斷不可許此商務之宜設法挽回者也此外俄人容納叛逆白彥虎一節崇厚曾否與之理論無從懸揣俟其復

命時請
旨確詢以憑核議臣維俄人自佔踞伊犂以來包藏禍心為日已
久始以官軍勢弱欲誑榮全入伊犂陷之以為質繼見官軍
勢強難容久踞乃藉詞各案未結以緩之此次崇厚全權出
使喉布策先以巽詞餂之枝詞惑之復多方廹促以要之其
意蓋以俄與中國未嘗肇起衅端可間執中國主戰者之口
妄恃中國近或猒兵未便即與決裂以開邊衅而崇厚全權
出使便宜行事又可牽制疆臣免生異議是臣今日所披歷
上陳者或不在俄人意料之中當此時事紛紜
主憂臣辱之時苟心知其危而復依違其間欺幽獨以負
朝廷躭偏安而誤大局臣具有天良豈宜出此就時事次第而言
先之以議論委婉而用機次決之以戰陣堅忍而求勝臣雖

裒襄庸無似敢不勉旃除烏里雅蘇台科布多邊務應請
旨飭該將軍大臣預籌布置以臻妥慎外所有新疆南北兩路軍
務臣既身在事中自當與各將領敬慎圖維以期有濟現調
南疆立功後告假回籍飭赴喀什噶爾軍營換防之頭品頂
戴題奏提督陝西漢中鎮總兵騎都尉世職伯等巴圖魯譚
上達挑帶舊部一營並統楊昌濬所練關內三營赴肅俟明
春氷解先赴喀什噶爾仍歸劉錦棠總統外並催頭品頂戴
記名提督甘肅寗夏鎮總兵一等輕車都尉嗄什普祥巴圖
魯譚拔萃頭品頂戴記名提督甘肅巴里坤鎮總兵騎都尉
世職額爾克巴圖魯戴洪勝由籍挑選舊部到甘分統楊昌
濬所練之關內各營馳赴喀什噶爾均歸劉錦棠總統以厚
兵力而資分布臣率駐肅親軍增調馬步各隊俟明春氷解

出屯哈密就南北兩路適中之地駐紮督飭諸軍妥慎辦理所有進止遲速機要應秘密者即據所見械商總理各國事務衙門核酌務期內外一心堅不可撼維持大局仰副

宸謨現將軍械先運哈密諸凡部置已有端緒其軍餉一節所關緊要臣與楊昌濬往復籌商如果各省關三年以內能符原議每年解足五百萬兩而各省應解全順錫綸張曜金運昌各專餉亦歸有着不致分臣餉力則此次所開應增之費即可與於臣軍餉內騰挪挹注毋庸另請增撥合無仰懇

天恩飭軍機處戶部嚴催各省應協各款迅即大批起解以速補遲庶甘肅新疆大局可期無悞時事之幸亦微臣之幸也謹一併據實附陳伏乞

皇太后

皇上聖鑒訓示遵行

張之洞第二奏稿　　光緒庚辰十二月錄

奏為馭俄之策宜先備後議詳籌邊計以定
宸謨恭摺仰祈
聖鑒事竊臣於本月初五日曾上一疏備論俄約從違利害
皇
太后
皇上一再下廷議矣臣前疏之意要以急修武備為主竊思
朝廷之意未嘗不以修備為是而仍不免以修備為難豈非洞見二十年來邊備一無可恃遂覺中國大勢斷不足以禦強鄰故不免長慮卻顧不得已而出於講耶臣愚以為無備則不戰並不能講及今而言備尚有可備之兵可備之餉可用之人故就前疏未盡之言謹切臚陳惟
聖明爽察焉備之之法曰練兵曰籌餉曰用人練兵如何首練蒙古

復始堂

兵蒙古各盟與聖清累朝同休戚與今日中華同利害雍乾間征討
準回各部均資於兵力以集大勳近年各藩無才日就貧弱俄人乘
間闖入烏梁海南北受其牢籠喀魯倫河東西侵為田牧漸且奪
膏腴雜居無限一旦有事卡倫鄂博直如虛設彼將徑叩邊牆撤諸
特命蒙古王大臣隨帶曉習邊事文武各員體察土謝圖四汗所屬
情形息耗張為誘王台吉高下結聯以
詢布告各盟曉以俄人叵測意在蠶食蒙疆激勵所部諭求牧政簡
練成軍創辦之始酌給餉需蒙人以畜牧為耕鑿無多發帑金市其
戰馬酌給邊軍蒙人得軍我得馬邊軍多馬則兵強蒙馬易售則蒙
人因富而亦強設俄人內犯我堅守邊牆蒙人截其輜重擊其惰歸
其師必奔蒙古強則我之依應也蒙古弱則彼之魚肉也出入之間
利害不可以道里計矣其次練西兵沙漠營寨馳驟搏擊南人十不

敲北人一關內人三不敵關外人一劉錦棠之軍名為湘營實多隴西壯士關外流人以故所向有功額魯特種人賦性強悍阿拉善王部內向練有喇嘛兵如干点甚可用若推廣於西北各部喇嘛擇其傑出者多假以呼圖克圖名號必能號召約束执殳前驅哈薩克種為俄人所脅逃出歸化者不少前令錫綸於該路軍加以訓練庶湘營之勢不孤以後屯戍之後不煩征調南軍矣其次練東軍黑龍江人素朴勇古有滿萬無敵之称國朝名將多產其間將軍得人則其人皆為勁旅吉林金匪盤踞日久黨類繁多必將勦捕驅除若空其地殊無是理莫若撫之使為我用免為俄人所誘惑致多樹一敵又次北洋兵查得李鴻章之蚊子船頗稱便利惜其為數不多其價亦廉似宜向歐洲續造數十艘分派統領分扎北洋大沽營口煙台三處一方有警兩口赴援何敵登

岸因其舟而焚之設無归矣雖舟师海戰淮人十不敵閩廣人一請
飭閩廣督臣擇熟悉海戰水師若干人挑募閩廣精卒來京教用水陸
之前既究如是
密諭曾紀澤結英國俄攻所必救以掣敵勢此亦一奇也籌餉如何
北洋所需本有海防經費新疆所需本有西征專餉東三省餉項可
於南洋海防經費或各關提存二成內酌撥惟整頓蒙軍及沿邊重
鎮各卡布多烏里雅蘇台歸化庫倫張家口該處雖係次衝如從實
布置亦須增兵增餉竊思各省營勇除津防西征兩軍外現在不下
數百營節腹省之餉糜即可供邊軍之騰挪請
飭下各省督撫酌量裁汰大約汰四存六而邊餉出矣此外若儀徵
洋藥稅嚴可得數百萬兩提江廣傭於建郴亦可得二三十萬整頓
淮綱但能去杜商私亦不下數十萬錢留地上得人好理耳用人如

何蒙古部當以蒙古王率之科爾沁親王伯彥訥謨祜世篤忠貞康
朴勇敢為今其總統各盟副以大臣分防烏里雅蘇台庫倫兩處嘗
能遠退超勇親王策淩之裔夙近紹忠親王僧格林沁之節烈劉錦
棠故大將所部旅假以重權知毅威益振錫綸現撫塔爾巴哈台為
總邊張曜可使甫科布多為後路均宜重其任厚其兵餉使三
軍相為犄角則俄馬不敢西牧矣至東三省內撫外攘斷非長材不辦現
任各將軍才皆不逮中人恐不足以備緩急可否於宗室大員中
選數人特降
諭旨令將經畫關東方略條議以
聞就中察其實有條理氣象志壯者授以東方之任將來統攬大邊
指揮諸將一切閱歷閱識當責之素習之人似宜
宸諭左宗棠將各路戰守機宜以白條上設異日俄人敗盟必開兵

端帥令左宗棠則薦老成嫺以獻乃而身自來朝十閱以備
廟堂諮訪籌策亦無不可昔范仲淹自請行邊識者以為措置西夏
當在中書尚不見決籌決策者不在自將臨邊鎮一方何如策全局
乎至籌餉為理尤在度支則人倚郎閻敬銘長於綜核理財有效
朝廷咸知今雖養病山居並非篤老閻敬銘之心何嘗一日忘天下
我若蒙
溫旨宣召勤以時艱諭以大義該侍郎豈忍堅辭乃閻敬銘以理度
文
朝廷不復要還餉矣此外文武之才儲備宜廣擬請
飭李鴻章左宗棠切實薦舉以備錄用邊才奇將高門方今東外通
弊只貴多而通才少不孚何雅不學以旅帥如李鴻章左宗棠世著
於中原多乃久歷兵間其才以由而成以由而見伏望

飭下各部堂督各省大吏就所屬中訪求志節可造之人有願講求
邊務者即行奏請發往東西兩邊以資練習險遠之士來仕者亦許
一體列薦數年之後人才輩出安知不有駕李鴻章左宗棠而上之
者以武
朝廷西睠東顧興不得頗牧之嗟哉出使絕國漢有專科必如陸賈
之辯蘇武之節傅介子陳湯之權略常惠班超之勇力方稱其職並
請
諭令疆臣亟為物色有能人之選庶可與謀臣戰士相輔為功有備
如此可以言戰矣然臣知國家之意非好戰即臣之所以求戰也必
實有戰心實有戰具而後可以為講之之地也則請更籌講法一曰表
以義自我
聖祖以來與俄國久通盟聘不以藩屬畜之並不以外夷目之我朝

國雅克蘇城俄人窺覷
聖祖弗忍舍而不攻前有徐元文之碑後有察那之案載在盟府炳
如日星是我有德於俄一也造次所獲罗刹宜番數百餘人不加誅
戮
賜居京師編為佐領是我之有德於俄二也
世祖時俄国官生來学於是建俄罗斯館於是立俄罗斯学学塾則
遣蒙古從学喇嘛則遣託波尔番僧從是我之有德於俄三也哈克
圖開闢互市以利俄商茶黃出口以活俄民乾隆閒俄人違約犯禁
我
高祖如天之度不加以兵因其悔罪仍許通商是我之有德於俄四
也我有四德俄不知報咸丰八年乘我國方有兵事紿奕山而獲我
烏黑江东之地五千里又誘我沿邊常設卡倫以外之地萬餘里

久宗念旧盟重鄰雖兩國生釁因而畀之環海四洲莫不以俄為曲
今又乘我
天子沖齡邊圉甫定挾小惠徼大利俄之君臣獨不畏羅遠
天不祥之咎乎二曰按以約陸路通商不便原許酌商不得節外生
枝則有咸豐十年之續約第四條在有緊要妨礙之處尚未限滿立
即改議則有同治八年改訂之約第二十二條在界碑永不更改他
地並不侵佔則有咸豐十一年之續約第一條在邊界既宜登冊繪
圖永無此疆彼界之爭則有咸豐八年之續約第九條在張家口不
設領事不立行棧則有同治八年改定之約第四條在京城恰克圖
二處公文准用台站台費兩國共之今云在蒙古地方天山南北行
路寄信挽用台站新約有旧約無准設領事向止伊塔喀三處今又
增烏魯木齊二處新約有旧約無丁邊道路止恰克圖邊碼頭上張

家口今所道関隘以達漢口新約有舊約無松花江行船至伯都訥
與沿江一帶居民貿易新約有旧約無俄人來路向由北道當免西
防今由科布多已归化城運貨前往天津新約有旧約無蒙古貿易
或准或不准今照以中国蒙古並蒙古各盟已設官未設官之處概
之新約有旧約無不納子税無向止两国边界百里内為然今云在
中國蒙古地方関外天山南北概不納税新約有旧約無通商總例
向完正税子税今云陝甘漢口不納子税新約有旧約無交易原須
两利華商豈可偏枯今云準以貨物抵賬新約有旧約無通商許人
带兵器一件未已火器查洋鎗洋礮洋火药向為禁物今云人带一
鎗新約有旧約無領事官向止与地方官平行不得与大憲抗礼今
云領事与大憲往来用行商會晤如友邦礼新約有旧約無就臣所
指駁者固已如此其多或自相矛盾或射影欺蒙矣總理衙門更擬

各國條約条款比例並捡俄国歷届照会逐细研求可駁者更復何限以此语俄俄其何辞三曰怵以势俄人攝於義箝於约善矣若犹不聽則请说之曰俄逞威贪利归诿中国仁讓不能勝也我守已固我军已蒐閉関绝市茶黄不出东结混同江思归之义民西收哈薩克布鲁特反之旧部俄西犯則以一旅軍襲尼布楚东冠則我以輕騎破浩罕復伊犁俄人萬里孤軍長城前戈壘沒士卒頓匱糧絕俄軍必殲即或我軍不克我力不支則我犹出下策語孤注西參阿裏海以賜英吉利使之越裏海以啟土爾扈特游牧地东捐台湾山汝以賜日本使之渡库頁島以斷东海口徼土耳其以宿恨使仇俄啗日耳曼以重利使絕俄兵連禍結俄之精鋭竭于外俄之亂黨起於内恐彼得羅堡國都非俄之有也俄人自命大国比年来收纳難氏代衆軍据其心亦頗務市義沽名今見我有備而又參理势蕉沮

復始堂

柔以動之幾不能矣至使臣緩急安通則當更求操縱之法我新約
不許而增兵費邮款之數以易伊犁我新約不許而今左宗棠盡窮
邊荒遠無關要害之地數百里與之使參归伊犁山川要隘是我棄
一石田而得完伊犁也新約不許伊犁不归則令归我罪人白彥虎
我們以償款酬之此一役也俄有所詢既足以戢我心我除遺孽亦
足以存
國體此三者為奇兵為活著臨了於机是在使臣之善應矣總而論
之備為主議為輔操縱為安化我苟無備俄人知我虛實肆其恫愒
則有辯士將不得言言亦不能修備之道並非
朝廷須一詔書疆吏籌一復奏可也竊念咸丰以來無年不办洋務
無日不講自强因洋務而進用者數百人因洋務而靡耗者數千萬
冠蓋之使交錯於海邦市舶之司日始於腹地區已捐愛則曰特时

而越三朝積弱如故一旦俄事迭述莫決搢紳束手將帥變色即歸憂國者高論於後吁嗟太息而不能知其所以然泄泄之態，憂其憂於

君父今猶中興時不知十餘年後又將何以處之有七年之病而不蓄三年之艾此古來志士仁人所爲扼腕而歎恨者也伏願

皇上自今日始君臣上下臥薪嘗膽戒鴆毒之安惕腥臊之患去苟求賢才破格行賞罰如何有以含垢姑安養晦從敵之說進者一切斥勿用然後備南北兩宮文矣昔者晉氏失法符堅恃強而伐之度淮而堅滅宋無亂政完顏亮恃強而伐之臨江而亮亡天眷所在雖偏安之野猶足以勝強敵況以

國家億兆之衆疆域之廣物力雖絀而未窮人才雖稀而未盡此謂修德政竭禹迹九州之全力而不能與一鄰國抗殆忘數千年史冊

所未有者也仰懇

皇太后

皇上將臣此疏交再議之王大臣等一併議奏以備裁擇斯正重大

臣書生之見不知有當萬一否伏乞

皇太后

皇上聖鑒謹

奏

光緒七年　月前侍郎彭　霞奏查明江督被參摺

奏為遵

旨確切查明據實覆陳仰祈

聖鑒事竊臣於光緒七年七月初五日在江西鄱陽湖口巡次承准

軍機大臣字寄六月十三日奉

上諭有人奏兩江總督劉　嗜好素深又耽逸樂年來精神瘦弱於公事不能整頓沿江礮台多不可用毋發一礮煙氣迷目甚或坍毀又有人奏該督嗜好過深廣蓄姬妾希見賓客且縱容家丁收受門包在廣東所築礮台一經霪雨盡行坍塌各等語現在東南海防正關緊要所奏是否屬實著彭　按照所參各節確切查明據實具奏勿稍徇隱江海防務辦理有年究竟有無把握著彭　擇要駐紮將水師各營認真整頓不必拘定巡視長江原議以專

責成原摺著抄給與看等因欽此臣素性迂謹恭膺巡視長江之
命惟期與沿江文武該臣和衷共濟思患預防職任之外不敢與聞
今奉
諭旨查明情臣劉　被參各節自應據實覆陳不敢稍有徇隱查劉
心地和平向無嗜好貽隨江忠源征剿粵逆歷樹戰功及任封
疆勤勞素著皆在
聖明洞鑒之中惟勞瘁多年體氣漸弱前任廣東復受瘴溼致有瀉
痢病粵醫為言洋烟亦升提之力因而夜吸數口以期止瀉辦
公久之欲禁則舊疾復然畏病則遲延難斷劉　常自怨自艾
尚非耽於逸樂又查劉　年逾五旬未有子息置妾為嗣續計
亦誠有之在言者未嘗無因在劉　勢不得已與耽於逸樂者
情亦不同劉　到任之始公事原欲整頓容至應時立見家丁

嚴行管束臣曾見其張貼示諭犯者驅逐惟兩江總督管轄三
省公事浩繁非精神四周整頓實大不易非因公未見之客亦
不無謝絕之時家丁收受門包各省已成陋習往者惟閩臣曾
國　前督臣沈葆　所管之處弊絕風清餘則精神一有未到
積弊即有難防若縱容家丁細訪劉　實無此事至
諭旨飭查劉　在廣東所築砲台一經霪雨盡行坍塌一節臣相去
甚遠無從訪查竊思海防砲台關繫緊要豈可百年不用不可
一日無防防備不實如無備同應請
諭令兩廣督臣張樹聲確切查明始事若臣未周繼任宜即補救封
疆大吏責無旁貸應改造者力圖改造應脩整者力圖脩整必
思於
國事有濟豈敢以前後相推張樹聲素性公忠曉暢軍事自能熟籌

盡善防患未然至

諭旨飭查沿江砲台多不可用每發一砲煙氣迷目甚或坍塌江海防務辦理多年究竟有無把握一節查沿江砲台非劉　一人任內所辦前據臣李宗　於同治十三年實貽經營以固海疆之防惟砲台之設首在得地次在得人次在得法李宗　公忠清端恪吏治足以表率羣僚而兵事夷務閱歷較少當興築砲台之時商臣勘擇要隘臣愚以為砲台守險須在緊束易守之處可有兵力為要不在漫散難守之處貪多為壯再四詳勘謹擇海船由狼山福山入口之江陰鵝鼻嘴劉聞沙南北兩岸對面可守為第一重門戶次則圌山關東生洲南北兩岸江面最窄有險可守為第二重門戶再次象山都天廟南北兩岸焦山雄峙中流相為犄角有險可守為第三重門戶江陰以下形勢寬

漫似可毋庸浪費而匯山以上險隘雖多然皆長江之堂廡金
陵之外棡矣李宗　復委司道軍需總局各員往勘數次定議
興工局員候補道趙繼元總司其事以李宗　為不知兵性復
和平遂一任已意而行目空一切只修匯山象山江陰兩處至
圖山關並北岸各隘盡以為非要之不築所築者多用暗硯台
故每有一砲煙氣迷目事屬誠然後于蕉鼻嘴之外大小在灣
黃山港等江寬散雜守之處任性主持修築多台不問亡砲無
砲匯山而上至金陵亦復如是所謂發砲墜土堨者即此等處
也沈葆　總督兩江後趙繼元丁憂回籍北岸各隘炮台具復
商之沈葆　親往察看將修匯山象山砲台之不善者將修周
之去歲劉　到任趙繼元起復入局　臣約劉　親赴下游查閱
操砲台因見其弊經守江陰統領福建提督唐定奎公同酌議

撤去無關緊要之砲台三十餘座移出砲位以實無砲之台復
修改明砲數座以免煙氣迷目木塌石墜傷人之弊且砲台操
練以子葯為先務戰船相輔拒敵以火器為急需江甯總局子
葯棉紗領取不易如撲筒火灰火毬火箭之類皆水陸該軍打
仗之急需乃該局全無製造時際艱難經費原屬支絀然此要
需豈可概行節省且善籌畫者凡事必擇輕重緩急之分彼無
益之工不急之備往往縻費巨萬置諸無用之地又復聽其損
壞而應急備者反委以無款可籌名為撙節實則因循雖有砲
台徒壯虛聲實則無濟臣未敢言臣把握也欲求把握仍以得
地得人得法為先要隘之台須帶增築加修添置砲位製造之
法尤須精益求精所有圖山關要隘於今春經劉　親勘明白
迭飭修理封疆大吏固須得人委員辦理亦貴得人劉　秉璋

壽弱前在廣東時未為終養未蒙
俞允時會艱難受
恩深重遂不敢復上乞退之奏上年與臣察看閩山關形勢及各礮
台操演水陸兵勇並出洋一次終日登涉險步履尚健於臣惟
雖耐勞之則疲倦精神稍不如前兩江地大政殷慎海疆之重
防全恃臣之晚節出自逾格
鴻施微臣未敢妄請伏讀
俞旨令臣擇要駐紮將水師各營認真整頓不必拘定巡視長江原
議以專責成一節查巡視長江是職所應盡之事不敢不竭盡
微忱惟整頓水師必須巡閱往來查訪方周操練方熟不能
擇一要地駐紮反覺散漫難稽現在俄事已結海宇澄清正當
乘此無事之時以固海疆之屏障臣久病之軀雖無海防重任

仍請
天恩派南洋大臣專辦海防俾徵臣專巡長江免致貽誤所有遵
旨確切查明各節恭摺據實覆奏伏乞
皇太后
皇上聖鑒謹
奏

左宗棠

奏為欽奉
諭旨詳細籌議海防緊要應辦事宜恭摺密陳仰祈
聖鑒事同治十三年九月二十九日承准軍機大臣密寄奉
上諭總理各國事務衙門奏海防急宜切籌將緊要應辦事宜撮
敘數條請飭詳議一摺沿江沿海防務經總理各國事務衙門王大臣
並各該將軍督撫等隨時籌畫而備禦究未可恃亟應實力講求
同心籌辦堅苦貞定歷久不懈以紓目前當務之急以裕國家久
遠之圖該王大臣所陳練兵簡器造船籌餉用人持久各條均係
緊要機宜著李鴻章等詳細籌議將逐條切實辦法限於一月內
覆奏此外別有要計亦即一併奏陳不得以空言塞責等因欽此
旋又准總理衙門抄摺知照以丁日昌續擬海洋水師章程六條

請飭粵入該衙门前奏一併妥籌覆奏奉
硃批依議欽此仰見
朝廷思患預防力圖自强之至意欽服莫名　臣查各國條約已定
斷難更改江海各口門户已開已為彼此共之地無事
則同居異心猜嫌既屬難免有警則我虞爾詐措置更不易周
值此時局似覺防無可防矣惟交涉之事日繁彼族恃强要挾
在在皆可生釁自有洋務以來迭次辦結之案無非委曲將就
至本年日本興兵台灣一事經總理衙门王大臣與該使多方
開諭幾於舌敝唇焦猶賴
聖明主持於上屢
飭各疆臣嚴密籌防調兵集船購利器築炮台一時並舉雖未即有
把握而虛聲究已稍壯該酋外怵公論內懾兵威乃漸帖耳就

款於

國體民情尚無窒礙，未必非在事諸臣挽救之力。臣於台事初起時，即函商總理衙門，謂明與和局，而必隱為戰備，庶和可速成而經久。洋人論勢不論理，彼以兵勢相壓，我第欲以筆舌勝之，此必不得之數也。夫臨事籌防，措手已多不及，若先時備豫，倭兵亦不敢來，否則謂防務可一日緩。總理衙門陳請六條，籌目前當務之急，與日後久遠之圖，業經綜括無遺，洵為救時要策。所未易猝辦者，人才之難得，經費之難籌，畛域之難化，故習之難除，循是不改，雖日事設防，猶畫餅也。然則今日所急，惟在力破成見，以求實際而已。何以言之？歷代備邊，多在西北，其強弱之勢，客主之形，皆適相埒，且猶有中外界限。今則東南海疆萬餘里，各國通商傳教，來往自如，麇集京師及各省腹地，陽託

和好之名陰為吞噬之計一國生事諸國構煽實為數千年來
未有之變局輪船電報之速瞬息千里軍器機事之精工力為
倍砲彈所到無堅不摧水陸關隘不足限制又為數千年來未
有之強敵外患之乘變幻如此而我猶欲以成法制之譬如醫
者療疾不問何症概投之以古方誠未見其效也庚申以後夷
勢駸駸內向薄海冠帶之倫莫不發憤慷慨爭言驅逐局外之
訾議不悉局中之艱難及詢以自強何術禦侮何能則茫然靡
所依據自古用兵未有不知己知彼而能決勝者若彼之所長己
之所短尚未探討明白但以逞忿氣於孤注之擲豈非視
國事如兒戲耶臣雖愚闇從事軍中十餘年向不敢畏縮自甘貽
憂
君父惟洋務涉歷頗久聞見稍廣於彼己長短相形之處知之較深

而環顧當世餉力人才實有未逮又多拘於成法牽於衆議雖
欲振奮而無由易曰窮則變變則通蓋不變通則戰守皆不足
恃而和亦不可久也謹就總理衙門原議逐條詳細籌擬切實
辦法附以管見略加引伸丁日昌所陳間有可採一併彙入恭
擬以備芻蕘之獻仍請

敕下在廷王大臣詳晰謀議請
旨定奪總之居今日而欲整頓海防舍變法與用人別無下手之方
伏願
皇上念社稷生民之重時勢艱危之極常存敬畏不自足之懷節省
冗費講求軍實造就人才皆不必拘拘常例而尤以人才為亟
要使天下有志之士無不明於洋務庶練兵製器造船各事可
期逐漸精強積誠致行尤需歲月迨久乃能有濟目前固須力保

三　復始堂

和局即將來照精防固不宜自我開衅彼族或以非分無禮

相加不得已而一應之亦所有道

旨詳議緣由謹繕摺密陳並將議復各條繕具清單恭呈

御覽伏乞

皇上聖鑒謹

奏

沈葆楨

奏為遵
旨詳議海防事宜仰祈
聖鑒事竊臣於本年十月十七日承准軍機大臣密寄九月二十七
日奉
上諭總理各國事務衙門奏海防急宜切籌一摺所陳練兵簡器造
造船籌餉用人持久各條著詳細籌議切實辦法此外別有要計
亦即一併奏陳不得以空言塞責等因欽此我
皇上宵旰焦勞昭然若揭伏讀再四感激涕零臣佔畢迂儒洋務非
所諳習年來待罪船政不過因人成事絕未窺見要領然不敢
不以採訪所及參以管窺蠡測為我
皇上敬陳之原奏稱禦外患較辦髮捻為更難亦較辦髮捻宜更精

識確論也夫兵於何精練斯精耳以西洋槍礮之猛烈賁育無所用其勇蒼潘無所施其巧及觀其練兵也槍隊則步伐正齊之節縱横疾徐之序礮隊旋轉進退裝卸修整之法測量礮力遠近炸彈遲速之方斷斷請求若忘其利器之可恃也者蓋不以一人之力為力而以千萬人之力為力不以一人之巧為巧而以千萬人之巧為巧也然而練義勇之兵易練經制之兵難髮捻事起各省無不舍兵而募勇明知兵之無用也而大難甫平轉撤制勝之勇以復無用之兵且竊以為過矣數年來封疆大吏思矯兵之積弱優之餉糈使與勇等束之營壘使與勇偕而海上軍興復紛紛募勇未聞以兵為可恃者夫法弊而積弊滋也擬議一定餉款不支將又議汰勇留兵用其所不養養其所不用明知之而故違之自強其何日乎以西法練兵不得不

先以西法練將將所不知則兵欺之將所不屑則兵效之今之名將皆勦髮捻立功者也習故蹈常則無從精進而中年而外百戰之餘彼槍其所長技節於西學非其所願亦非其所能然不能盡曉其文不可不諒以其急應請每省選知兵大將能虛已耐勞者一二人練勇二萬少則萬人分為兩軍一駐省會一駐衝要地紮大營勿零星散布專練洋槍洋礮平時一如臨敵奉調即可啓征選西洋通兵法者為之教習我之大將待以賓客友朝夕與之講求切究乎其中數年而後陸營庶幾可恃矣水師則以熟狎風濤為本槍礮擬日操演可月異而歲不同熟狎風濤則少成若性水師與陸師異外海水師與內江異近日之外海水師與向日之外海水師又異綠營原額不乏精壯然城市熟風濤雖即曾經制勝之洋槍隊陸路用之猶恐不足豈能擋

入水師且遊地帶良一若駐掌雖亟精之技無所用之沿海漁
戶實繁有徒自募非難練習亦易所獨難者管駕官弁淺言之則商
船之舵工名口之引水其天資穎異於西洋輪船中歷練多年
者可充駕駛然僅千百中之一二耳深言之則必通曉華洋文
理明於算學兵法者乃勝其任非剽竊所為功上海出洋局十
五年限滿閩廠學生中每令出洋學二三年必有堪膺是選者
亟迎勒截擊尾追諸法合數船操演則其法備寓乎其中應請
將現有之兵輪船延英國水師一人教練以二人副之除奉差他
出外條皆撥日合演數年之後水師無慮都可恃矣經費不足
宜將水師額兵之無用者酌量裁汰固不當無地紛更亦不當
急存遷就總之化無用為有用要在潛移之因地制宜耳原奏
稱各國槍礮日出日精以知效彼之長已　於後臻使並無此

器更何所恃因而思曉　最精之器與自行製造之有夫槍礮
非曉之難而知之難用之難保之尤難新舊既判優劣懸殊貿
然曉之雖得以賊便要棄物耳非能測量礮力之遠近彈子開
花之遲速莫能演試非演試何能敍其優劣演後膛槍一出費
銀數分演羅螺絲大礮一出費銀數十兩磨擦有費修理有費
乃其器者往往一件藥藏之日久鏽生一用不可再用其惜之也
不審察之前膛一出後膛槍可以四出故臨陣必用後膛法之
薩司博微之白尔單布之莫司尔皆後膛槍也而以美之里明
東為最近則英之麻抵泥亨蓋駕乎其上今開布之新出斗文
勝之矣各國洋槍隊外均有小礮隊而以美之格林為最其大
礮先當銅繼當鐵則非鋼不珍前後膛互有短長而皆以螺絲
為其前膛者下藥裝子後下藥裝子之人須身出礮外無以避

敵人之礮然開放鮮炸裂之虞後膛者下藥裝子速其人可以避敵然開放次數過多則礮熱可慮前膛者以英國為最尚有新製口四十二寸徑重八十噸開花彈子二百磅者其演放則用電線火燃而人避之否則聲震耳裂此恐非中國所宜後膛礮各國皆有之而布國煉鋼之法非他國所能其彈子以開花者為貴然攻鐵甲船則非尖頂實心之鋼彈不可入也竊以為洋槍宜隨時訪其最精者購之大礮以十餘噸者為宜既購之須逐日付操則兵練而器亦練磨擦詳油砂布綿紗之費修理工匠之費必不容

其不致減費以肥私槖者在將之得人鑄造則津滬兩局已有端緒因端加廣自當日起有功且竊以為操術宜專專而後精進精而後可以益求其精庶請

飭總理衙門將沿海各局通盤打算孰宜槍礮孰宜子藥孰宜銅鐵

叔宜船隻無專其任以此所有易彼所無誠以洋人每造一器
必開無數廠所而後能集事為愛博不專則廠先不能窮工匠以
不必苟以此局之贏濟彼局之絀譬如千人之食欲以一竈炊
似費銀中實省多若以一人專灶合而計之費必倍矣今年臣
在江防李鴻章以津局所成洋藥金陵局所成火鋼礮火箭見
濟若由閩省購器自製費當何如　臣購洋槍獨所畏所未知
以滬局方在學製子藥可以權注修理不患無人換也至鑄造
槍礮似宜仿出洋局之例選巧匠穎童赴布國學習所法乎上
冀得淵源所經似送收效必速原奏稱翔各外海水師應如何
添購兵船及鐵甲船並自行製造擴充之處均宜寬備切籌查
中國海疆年來盜氛久靖倭番搆釁通逃又狀裝運援兵未逸未
手此則有船之利之所徵如然淮軍分裝三次累月而後完合

四

復始堂

據僅派六船便無船以供差使此文船少之病之所徵也第購船
原屬萬不得已之急需自通商以來從未見外國肯以全美之
船售諸中國者欲求其精非製造不可官廠所造雖未得其精
然頗能有基則進階有漸外國苦煤炭之費因為新式省煤輪
機若船脅彎木之難因為新式鐵脅應請購新式卧機一副仿
之以製兵船新式立機一副仿之以製商船鐵船鐵脅全副仿之
以濟彎木之匱而惜目前之費冀收後日之功惟駕駛之才則
船多而不足恃已彙者向共徒倚淩風兵者義多船合據稱老
輩皆駕者多由商船出身熟駕駛而不精兵法其自學堂出身
者駕駛兵船僅有根柢加以閱歷使成全材則出洋學習一端
不容緩也欲獲鐵船之力當先知鐵船之難其制始於美而各
國踵而行之而英國最精然新製試洋全船覆沒者每一則務

亦鉄甲之厚忘其上重下輕一傾而不可挽也一則務與水面相平以避礮忘其船不勝水而沉也且前撥招廠試造費既繁重成需時且上等船匠師未必肯遠涉吾地因復有赴西洋定製並資生童匠徒學習之議費雖多而效較捷而取大而小中無定見躊躇再四周所考求其因地制宜之說如謂造船須先修船計吃水只宜七八尺使可進福州口雖建石塢廣廠所添機器所費亦復不資然海國關鎖重疊去洋面尚百餘里將遇外警得礮台數座精勇數千守之廠中仍可製造修理以應急需且駕駛有勝任之華人臨事不致掣肘但使行駛快捷訓練純熟何遽見屈于大船駁之方日日費重款造鉄甲船豈惟出為守口計敵人舍而他形安以不越境窮追遇外洋大小異形勝負立見縱使快捷殊常亦僅能避敵而無從勝敵前方

五　復始堂

英國入華之鐵甲船損壞至港船塢尔不能容轉向東洋修理
至東洋目前尚無大船何以有大塢其意可知況宜防者更不
止此既未雨綢繆矣仍務因陋就簡之見如侮予[illegible]果尔則必
定製最大之鐵甲船又必擇沿海最深之地為最大之船塢蓋
最大之船廠所一切機器洋師匠徒咸備重兵設險以護之誠
煌煌巨觀也而僅此一端已非千餘萬金不辦且極深之水向
港無之必在外洋海我之全力所萃敵人亦必以全力攻之外
警一來本廠仍須停工而待濟於他廠況華人驟得大船無敵
承領駕駛若僱募洋將臨警必兼分周章且雖生長海濱向來
出洋自任船政始見福州口奉
命巡台始見台灣海口其何宜此船塢無從懸擬而又添慮集費之
難蕆功之難所以日夜彷徨寢食俱廢在半月有餘而亡之能臆

衙亦謹將候選知縣張斯桂所議及洋將日意格所陳函達總
理衙門以備采擇原奏稱非有大宗巨款不能開辦非有不竭
餉源無以持久以四成洋稅存款無多更求開源節流之計查
四成洋稅每關歲入若干何處借撥若干户部現存若干非臣
所與知惟念天下洋務綱領在總理衙門天下財賦綱領在户
部必總理衙門周知户部實存之款而後洋務可通盤籌畫
必户部周知每關實存之款而後隨時可應總理衙門之急需
計四成洋稅每關實必無敢於侵挪者或有指撥六成浮於所
入之數因而暫挪四成以待後日彌補第必須將六成不敷指
撥之處立即切實奏咨而後户部得以權衡調劑若秘而不宣
則六成既不敷撥安得彌補之期每關以為出款户部尚以為
存款日積日深於和盤托出貽悞必多論開源者曰借洋款夫

今日所償之數即從日所償之數非從也且厚息輸於外洋非甚燃眉誰甘挖肉曰開大捐民力竭矣減成徒濫名器未免踴躍輸將縱加以抑勒所得亦復無多且可一必不可再曰增洋稅無論外人以利為命勢所不行即竭澤而漁亦非招徠之術現在洋稅市無甚弊竇尤不當徒藉口以啟偷漏之端曰清田賦大髮捻之亂相尋十數年而元氣尚能漸復者則以

國家雖急從來不肯加賦農民猶得以自存故也按戶核實民不聊生州縣知騷擾之難堪略加粗頒以應之所以鐵河貽累亟滋曰收鹽利鹽歸官辦如得劉晏之才未嘗不可驟見起色然而接軸聯檣究釐課而享其奇贏者吾之商也肩挑背負逃釐課而竊其微利者吾之民也以才如劉晏不過巧取商民之利而歸之於官萬一不如劉晏則弊有不可勝言者矣勿擾獄市六

人源無存否似不如仍舊貫之為愈也所言開源或者其煤鐵乎福建古田等處產鐵甚旺洋人用之皆以為鐵質勝于西洋第地不產煤以松木鎔之近山松盡鐵礦尔廢且不通水路運致殊難鐵價每担僅千餘文而運費加倍故雖價予便值尔不能源源而來台灣產煤閩苗產鐵然不諳以煤鎔鐵之法故向來無試采者　臣曾函商總理衙門令若延一兩山洋人來台果能苗旺質佳再行酌議試辦近聞李鴻章已於磁州舉行將來或可仿照辦理蓋煤鐵充牣則財不耗於西洋而作苦小民並得資以食力台地樟腦石油雖其利不及煤炭尔地不愛寶之一端礦務例禁綦嚴第禁之而不免漏卮不若收之以廣餉軍用然此皆收效於數年之後目前經始尚苦費未易籌至節流不節其無用而已　臣竊以為折衝資行陳則武科宜裁兩粮

歸海運則漕標宜裁事權貴一責成貴專則與總督同城之巡
撫宜裁減一分虛縻即可以增一分實用我
皇上躬行節儉愛惜露台凡在臣工孰不當仰体斯意前原奏稱以
上為事一不得人均歸虛費請
簡派知兵重洋實心辦事熟悉洋務大員為之統帥為大臣公議會
推奏請
欽定臣賦性闇昧何足以言知人第就見聞所及並此數者計之
踰李鴻章左宗棠者矣李鴻章坐鎮畿輔中外洋務倚賴其主
持左宗棠一時能否舍陝甘而蒞海疆非臣所敢妄參末議臣
竊見前兵部侍郎彭玉麟忠肝義胆迥出流輩尤能為
國家肩大事者雖居官任職非其所願而禦災捍患當所不辭或
將海疆統帥時與洋人交接若性情激烈恐猜隙易生抑知天

下懷忠義之人最能堅忍即遠人未嘗不矜其素行而生愛敬之心至於後進人才既圖培養尤資歷練而後取多用宏其源不竭近日人才之弊有三一則誤於書生談謂公憤可以卻敵言洋事外則斥謂漢奸及身居局中又茫然不知所措一則狃於習見謂我曾以此法破髮捻戰以氣為主勿懾於彼族欺人之言迨臨事而悟其非為則已晚矣而避二者之弊又專取柔和軟熟一路但畧通洋語畧識洋文能調停交涉事件者便以為出類拔萃之才抑知片長末技以備顧問以供驅策未嘗不可寔學非所知也行陣步伍中國以為角力之士也而西洋無不知書之武人覘能準繩中國以為食力之民也而西洋無不知書之匠首我以為粗彼以為精則彼得其精我得其粗固其所也且前者奏請特設算學一科識以外國權輿華事之方齊根於

算學而中國鼓勵人才之用莫捷於制科今同文館之設有年
矣其中當有學業勤敏心術純粹者可否仿照滿漢
之小京官撥入總理衙門使習外事徐察其所成就而進退之
其尤異者升之於司員與正途出身等夫教之於同文館所以
培養之也試之於總理衙門所以歷練之也非培養則才無自
始非歷練則才無自伸其出洋有成效而歸者更當優予拔擢
名之所在眾所爭趨日推日廣而才不可勝用矣以臣所見洋
咸謂中國聰明實勝於西洋循序求之不患其不精進但風氣
創始苦於督率無人即如船政一事如得通曉製造淵源者領
袖其間所成就必不止此今則督藝徒者匠首而匠首之智
不如藝徒督匠首者員紳也而員紳之智不如匠首督員紳者
臣也員紳尚能知其大略臣則一無所知而已矣一切造船駛

船不能躬審其虛非只能訪問其優劣心力交瘁聰聽何裨此
培養歷練後進之人才所以不得不亟亟也原奏稱議定開辦
之後應如何一心一力歷久堅持尤宜同盡公忠永維大局且
以為殺敵持久之效當先究所以不能持久之原而豫杜之誠
使度支每缺日絀月將詮則殷展不跬之名以梗垂成之緒所
處在作每益害有益其然必益非與自強之急有所齟齬迨踵
事增華濟滯略長耗費之門日闢日廣府庫之積日浚日涸水
旱盜賊之憂相尋而起司眾仰屋物議橫生斯時欲不為苟且
之謀不可得矣人情憤則思奮厭則頹但使
朝野內外以庚申之恥辱懸於目前何能以自強之思暫置於度
外致於辦理之不善當究其人之失當不容廢於半途時勢至
殊當與其人以便宜不容苛以文法有以不給為持久者自強

之志百折彌堅，所謂不息則久，必有以善變為持久之自強之方，聞善能從，所謂窮則變，變則通，通則久也。然則練兵簡器造船為自強之目，籌餉用人為自強之綱，而其實綱目之中之則持久之精神與持久之作用。士夫知格致為入匠經之門，即報

國之經綸，讀有用之書，試諸有用之地，以成其為有用之才。局中之受局外之攻錯，輯思廣益，不視之為浮言；局外之諒局中之苦心，露胆披肝，勉資以所獨見。人人咸有以自盡，惟不苟同之然，係能為和衷緝之解，庶乎免矣。臣見聞固陋，罔識忌諱，自知所言無當萬一。伏惟

皇上垂鑒訓示施行，不勝惶悚待命之至。謹

奏

議覆兩江總督李宗羲奏請删併江蘇田則奏摺

户部謹

奏為遵

旨議奏事内閣抄出兩江總督李宗羲等奏江蘇省額征田賦科則太繁擬請清釐删併籌議大概情形一摺同治十三年十月初一日奉

硃批户部議奏欽此欽遵抄出到部據原奏内稱江蘇省蘇松常鎮太五府州屬額征田賦自經兵燹版籍參差現值續纂役賦全書之際各屬科糧斗則互有不同即田地山蕩兩項而論將九則以内不計外多至五十餘則少亦不少十餘則甚或數畝折為一畝一畝折為數分條緒糾棼莫可窮詰軍興以來冊籍燬亡荒熟尤滋轇轕里書差保不難重其所輕輕其所重此實江

蘇丁漕積困之所因今日釐正全書之所急擬署藩司應寶時
轉據元和等縣稟請刪繁就簡照同治四年初訂全書之額刪
除歸併至多則以十五則為率比較原額贏縮之數每縣銀不
得過五兩米不得過石以示限制由司詳請具奏前來查金坛
縣賦役全書內載乾隆三十八年清大田粮曾將斗則歸併刪
除同治七年前撫臣丁日昌議奏各屬坍荒章程聲明查照金
坛成案酌量歸併此次清查各屬田賦自應將科則較繁之處
体察刪併從此簡易分明差保無從上下其手隱挪之弊不禁
自除於
國賦民生大有裨益等語臣等伏查江蘇省蘇松常鎮太五府州
所屬田賦科則不同相沿已久前人既經苦為分明其差等現
在豈容輕議刪併妄改舊章同治四年永減漕粮均照原額遞

減亦極公平同治七年前蘇撫丁日昌以業户只知田畝多寡不知科則重輕每至徵收錢粮漕書差舞弊多端難以枚舉通飭各州縣刊發簡明告示註明某都某啚科則幾等每銀一兩折錢若干每米一石隨耗若干奏准永為定章以期使民除弊等因立法頗臻妥善今據李宗羲等奏稱蘇省科粮斗則多至五十餘則少亦不下十餘則條緒糾棼荒熟轇轕里保書差不難意為輕重請將科則較繁之處体察删併等語　臣等公同商酌蘇省自經兵燹田地拋荒錢粮蠲緩今欲清釐科則核實徵收必先使田無曠土而後科則不至於虛懸徵收可期夫實效溯同治七年前江督馬新貽等奏報蘇松等屬原額田地共計二千四百六十萬畝零截至七年止未墾拋荒等項田地約計五百九十四萬九千餘畝此後有無續墾尚未據報在案現在

續纂賦役全書為通省錢粮根據自應以勸墾荒田為今日之
急至于歸併科則一節雖名歸併實則有增有減在該督因為
剔除弊端起見第恐遽議變通多寡贏縮之間稍有未均或至
轉滋流弊自應恪守舊章以杜紛更復查裕賦以開墾荒廢為
先釐弊以約束書差為要李宗羲等原奏內稱前撫臣丁日昌
奏各屬坍荒章程聲明查照金坛成案酌量歸併等語查同治
七年馬新貽丁日昌會奏蘇省各屬荒廢田地設法招徠領墾
案內田則升坍一條內開因上届清粮以後歷年既久地勢變
遷科則斷難脗合是以升坍各項升在丈見之內坍于丈數之
外無從稽考應查照上届金坛縣全書載明乾隆年間清丈各
則田粮歸併刪除成案即以丈見田數科則作為準額免報升
坍等因是此條專為查辦升坍而設五府州屬各有升坍田地

自應欽遵前臬奉
諭旨辦理不能概律之無關升斗之科則也原奏又稱科條愈密弊
實愈多將科則較繁之處体察刪併差保無從上下其手等語
查民間定納丁漕有歷年串票為憑循舊辦理小民核對差保
尚難舞弊若一經刪併院司無由按則而考州縣不違履畝而
稽勢不能不假手吏胥轉有防不勝防者至原奏所云牧令疲
于磨核一層夫科則雖繁皆有籍可考數十則與十餘則同一
磨核豈未經刪併疲于磨核刪併之後果易於磨核耶總之蘇
省額征科則各州縣情形不同是以有多寡輕重之別數百年
來遵照臬奉行現當休養有年漕額永減全在該督撫飭令各州
縣實力勸墾必期成熟田地歲月加增使丁漕漸符舊額一面
密查各屬有無以熟報荒情事嚴懲吏役減重為輕化輕為重各

弊端一切征收祇須率由舊章並查照蘇省屢次奏准成案及前撫臣丁日昌奏定簡明章程果能認真經理亦自簡易明不致滋欺隱挪之弊裕
國便民莫善於此該督等所請蘇省科則太繁酌中刪併之處斷難准行應毋庸議所有臣等遵
旨議奏緣由理合恭摺具伏乞
皇上聖鑒謹
奏同治十三年十一月廿三日奏奉
旨依議欽此

戶部謹　　　　　戶部奏同治十三年九月兩江總督李宗羲奏刪併田則摺稿

奏為遵

旨議奏事內閣抄出兩江總督李宗羲等奏江蘇省額征田賦科則太繁擬請釐刪併等

議大概情形一摺同治十三年十月初一日奉

硃批戶部議奏欽此欽遵抄出到部據原奏內稱江蘇省蘇松常鎮太五府州屬額征田賦自經

兵燹版籍蕩然現值續纂賦役全書之際各屬科糧斗則互有不同即田地山蕩田項而論

將九則以內不計外多至五十餘則少亦不少十餘則甚或數畝折為一畝一畝折為數分僅備什

恭莫可窮詰軍興以來冊籍燬亡荒熟尤淆轇轕里書差保不難重其所輕輕其所重此實

江蘇丁漕積困之所因今日釐正全書之所急據署藩司應寶時轉據元和等縣稟請刪繁就簡照

同治四年初訂全書之款刪除歸併至多則以十五則為率比較原數亦概縮之數每縣銀不得過

五兩米不得過五石以示限制由司詳請具奏前來查金壇縣賦役全書內載乾隆三十八年清丈

田糧曾將斗則歸併刪除同治七年前撫臣丁日昌議奏飭屬墾荒章程聲明查照金壇

成案酌量歸併此次清查各屬田賦自應將科則較繁之處倣照刪併從其簡易分明庶俾無從

上下其手以杜弊混之弊不禁自除於

國賦民生大有裨益等語臣等伏查江蘇省蘇松常鎮太五府州所屬田賦科則不同相沿已久前

人既經考為分明其差等現在豈容輕議刪併妄改舊章同治四年承減漕糧均以原額通

減六折公平同治七年前蘇撫丁日昌以業戶只知田畝多寡不知科則重輕每至徵收錢糧漕書

差胥弊多端難以枚舉通飭各州縣刊發簡明告示註明某都某圖科則幾等每銀一兩

折錢若干每米一石隨耗若干奏准永為定章以期使民除弊等因立法甚臻妥善今據李

宗羲等奏稱蘇省科糧斗則多至五十餘則少亦不下十餘則僅備什繁荒熟轇轕里保書差

不難意為輕重請將科則較繁之處倣照刪併等語臣等公同商酌蘇省自經兵燹田地拋荒

錢糧蠲緩今欲清釐科則核實徵收必先使田無曠土而後科則不至於虛懸徵收可期夫實

數溯同治七年前江督馬新貽等奏報蘇松等屬原額田地共計二千四百六十萬畝零截至七年

止未墾拋荒等項田地仍計五百九十四萬九千餘畝此以有無續墾尚未據報在案現在續墾賦糧
全書為通省錢糧根據自應以功墾荒田為今日之所急至于歸併科則一節雖名歸併實則有增
有減在該督因為剔除弊端起見第恐遽議變通多寡盈縮之間稍有未均或至轉滋流弊自應
恪守舊章以杜紛更復查裕賦以開墾荒廢為先釐弊以約束書差為要李宗羲等原奏
內稱前據臣丁日昌奏分別坍荒章程聲明查照金坛成案酌量歸併等語查同治七年馬新貽
丁日昌會奏蘇省各屬荒廢田地設法招徠領墾案內田則升坍一條內開因上届清糧以後歷年
既久地勢變遷科則斷難脗合是以升坍分項升在丈見之內坍於丈數之外無從稽考應查照上
届金坛縣全書載明乾隆年間清丈各則田糧歸併刪除成案即以丈見田數科則作為準則
免報升坍等因是此條專為查辦升坍而設五府州屬各有升坍田地自應欽遵前奉
諭旨辦理不能概律之無關升坍之科則也原奏又稱科條愈密弊竇愈多將科則較繁之處併
案刪併差保無從上下其手等語查民間完納丁漕有歷年串票為憑循舊辦理小民核對差
保尚難舞弊若一經刪併院司無由按則而考州縣不遑履畝而稽勢不能不假手吏胥轉有
不勝防者至原奏所云牧令疲于磨核一層夫科則雖繁皆有籍可考數十則與十餘則同
一磨核豈未經刪併疲于磨核刪併之後果易於磨核耶總之蘇省錢征科則各州縣情形
不同是以有多寡輕重之别數百年來遵照奉行現當休養有年漕務亦減全在該督
飭屬令各州縣實力勸墾必期成熟田地歲月加增使丁漕漸符舊額一面密查各屬有無以熟報
荒情事嚴懲吏役減重為輕化輕為重等弊端一切征收祇飭率由舊章並查照蘇省屢次奏
准成案及前據臣丁日昌奏定簡明章程果能認真經理亦自簡易可明不致滋弊隱挪之弊裨
國便民莫善於此該督等所請蘇省科則太繁亟酌中刪併之處斷難准行應毋庸議所有臣等遵
旨議奏緣由理合恭摺具奏伏乞
皇上聖鑒謹
奏同治十三年
十一月廿三日奏奉
旨依議欽此

將錄寄可秘之毋使發之

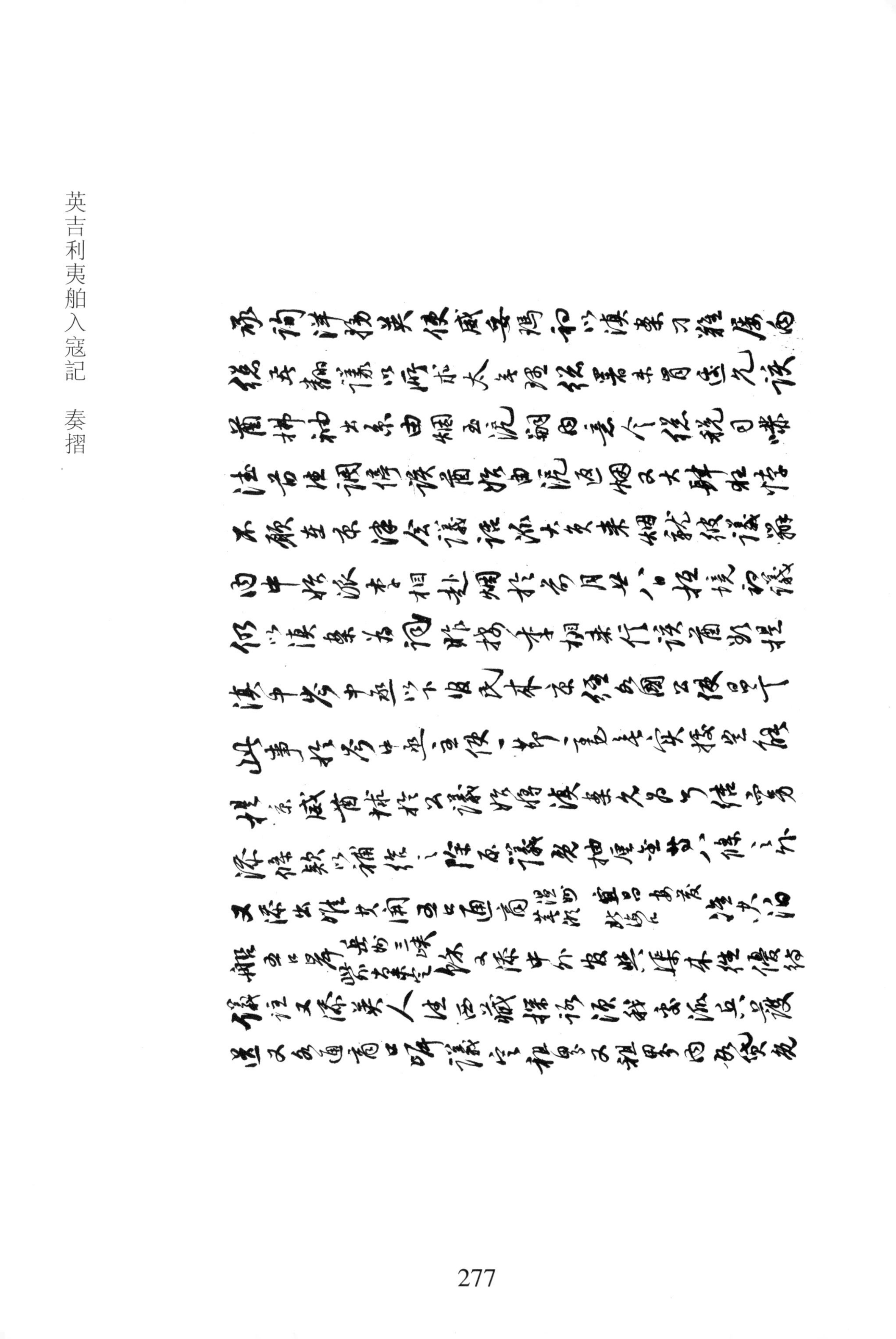

[illegible]

歷又據稱馬加理已兩候該國行到再議數月
多寡又須明降　諭旨保護洋人又出使該國
聘問又多子口稅須議定章其餘各條未
宣謹以奉　閩寄經洋務會辦理日益將就
而免歷一節如果允行則中國無以自主為
之奈何此事乃我命根須力與之爭經
閱雖亦無可避不論李相如何權衡也近日九
國公使於西烟台大半不置一詞也時勢如此今之
人煩閱至各國公使聚會於煙台商請申
於各該公使及威商到烟後仍密諭水師總督
等逐日照常操練非各國公使及法英諸帥
國兵船提督均趕赴師船閱操頗為稱許且法
俄兩國公使及法船提督有私謂中國有如此
兵船之之美人可以無敵於天下之語可見洋人
亦未始不敬佩中國其如委靡因循何知閩
廑念并以附及

煙海庚辛録不分卷（一）

〔清〕無得老人輯

《煙海庚辛録》不分卷，清無得老人輯。無得老人姓名無考，當係咸豐間浙人。是書輯西人走私鴉片，及道、咸年間禁煙之上諭、奏疏、告示、檄文、書論、紀事詩等百餘篇，多不見於他書之史料。據中國國家圖書館藏清抄本影印。

咸豐歲次己未訂

煙海庚辛錄

越元昇老人輯

煙海庚辛録總目

第一冊

委員查看定海情形禀

布定邦供詞

第二冊

兩湖總督林則徐等移嘆國王為禁烟照會

嘆吉利國訴呈

上諭林則徐鄧廷楨發伊犁効力

兩廣總督林　奏請從重治罪

爵督部堂琦　照會嘆國統帥懿律

欽差大臣伊　奏探悉夷情相機籌備

伊裕庀奏嘆夷犯兵家八忌

某奏定海不可准嘆夷通商臚陳八弊
浙江巡撫劉　奏定海難民聚集甯郡急宜撫卹
欽差兩廣總督琦　奏嘆夷不候回文直擊炮臺無分勝負
又奏嘆夷攻破沙角大角炮臺於提臣處投文請商各款
署江督裕　奏夷情詭詐現在妥為預備
又奏審度時勢敬陳制勝之謀
又奏逆夷未受懲創仍應設法進兵
山東巡撫托　奏豫籌戰守情形
署直隸總督訥　奏籌防天津大沽河等處海口情形
山海關副都統托　奏秦王島夷船遊奕情形

浙閩總督顏　奏厦門關係重大不可許與𠸄夷通商

第三冊

上諭伊里布尅日進兵

上諭琦善革去大學士拔去花翎仍交部嚴議

𠸄吉利告示

𠸄吉利講和文

欽差大臣伊　奏收復定海夷船全數起椗

廣東巡撫怡　奏據營員禀抄𠸄夷投遞文書出有僞示

上諭伊里布革去協辦大學士拔去花翎暫留江督之任

上諭琦善革職拏問查抄家產入官

上諭責問琦善十八條

欽差大臣江蘇巡撫裕　奏接交大臣關防籌辦善後事宜

兩廣總督祁墳等奏嚴粤東赴直商船水手米石數目以防接濟而杜漢奸

揚威將軍奕經奏定海焚燒夷船大獲勝仗

上諭鎮海生員王師真賞給六品翎頂

欽差大臣裕　奏嚴禁偷漏不宜封港

刑部奏會同審擬鮑朋照例治罪

廣東義民申諭逆夷告示

廣東夷務記

上諭奕山等奏焚勦省河逆夷兵船

第四冊

浙閩總督顔　奏廣東夷務全局攸關仰祈乾斷附呈廣東臬

司王信民人誓詞二件

靖逆將軍奕山遵　旨覆奏查明續燒夷船擒斬夷目

又奏海洋颶風陡發打碎夷寮漂沒貨船

直隸總督訥　奏遵　旨酌量撤兵歸伍

某奏鎮江城陷因海齡慢殺良民激潰

某奏上海失守時員弁走散情形

上諭查海齡是否自縊抑係被戕並上海失守情形

上諭海齡仍照前旨賜恤
江南總督裕　奏捡斬逆夷並呈逆匪供詞所懸賞格
奕山等奏查鬮天培陣亡時炮兵失散情形
裕謙片奏查明鬮天培子孫並有親母賞給銀米
上諭兵丁違犯治以軍法其有奇才異能許自行投効
兩江總督裕　奏阻截夷踪暫事羈縻並圖收復
四明失守黎庶流離情形
禮部奏兩江督臣裕謙殉節賜䘏
上諭將弁兵丁犯法即正刑誅立功當膺懋賞
揚威將軍先後差探夷情

第五册

揚威將軍奕　浙撫劉　仁和縣各信

某信

某荅祁春圃大司農信

奕經奏收復寧郡逼退逆夷暗襲鎮邑情形

上諭

上諭浙江總督余步雲正法

唤夷在鎮江瓜州地方張貼告示

賽尚阿等片奏夷船大邦闖入江口情形危急揚鎮等郡均屬可危

某片奏覆夷人船炮尺丈大小並接仗情形

軍機大臣字寄江督等奉　上諭杜受田奏廣東生員張煥元

　　防夷火攻陣法

江南河督麟慶奏防兵到齊預籌分撥設局事宜

山東巡撫托　奏遵　旨雇募善泅之夫置木筏安砲轟擊

又奏遵　旨設法嚴防漢奸

某片奏奉　上諭御史呂賢基奏招服盐梟以賊攻賊

署山東巡撫麟魁奏河防重於海防

直隸總督訥　奏驗收新建炮臺演試新炮考驗募兵技藝

浙江巡撫劉　片奏添製軍械照例價酌加十分之四

大學士穆　議奏吸食鴉片遵新例治罪

禮科給事中沈鑅奏團練水勇以散漢奸

浙江巡撫劉　奏請將鹿澤長舒恭受暫留幫辦

郡王載銓等奏議奕經奕山文蔚罪名

第六册

江南總督牛　移告嘆咈喳

某照覆全權公使

咪唎堅國使臣嚬喊來文

粤東士民討暎夷檄

江南總督牛　奏逆夷圍攻鎮江勢甚不支

又奏呈咦夷求給銀兩給香港寄居廣州福州厦門甯波上海
　　等處通商與中國官員平行禮三款
牛伊耆　會奏形勢萬分危急冒死允夷所請以拯民命
又奏咦夷請求各款會議章程
又照會咦夷預定和約十二款
又奏遵　旨詳陳酌辦夷務情形
又奏夷務已定録呈和約各條並陳酌辦情形
又奏夷情馴伏兵船陸續退出詳議善後事宜各條
華夷和約
浙江巡撫劉上伊耆書

江南道御史陳慶鏞以刑賞失措奏琦善奕經文蔚奉　上諭

着革職閉門思過

第七冊

平夷略

禦夷利用戰船練兵説

平夷論　附専造小船定非良策説

勦逆説　并序

造戰車説

桐城監生林光勳擬水陸並攻平夷二策

海盐俞浩籌海芻言

又籌海罪言

又江南江海形勢論

第八册

吳門魯襴仙茂才上潘相國書　無名氏五言俚詞附後

粤東禁烟感事詩七律十八首　又名海棠寺題壁

南中感懷詩七律十二首

旅舍題壁襍言古詩一首

閩中紀事詩七律五首

擬杜諸將前後二十首　俞浩

廣東戲目四十齣

對聯

粤省河南地方閤堡紳耆公啟　挨詞

致暎國領事官書以下附録

暎國夷酋吧嘛呈和商條款

王大臣會同户部議奏洋葯一項現准入口酌添税課

親王僧格林沁奏暎夷通商貽害無窮

鴉片烟事述　李維鏞著

明四譯館同文堂外國來文八冊有譯出暹羅國來文云那侃倫辦金葉表文差握坤大通事冢頭目到廣東布政司給文赴北京叩頭皇帝乞討紅紗二十匹緑紗二十匹紅羅二十匹青羅二十匹那侃進皇帝蘇木二千斤樹香二千斤馬前二百斤鴉片二百斤進皇后蘇木一千斤樹香一千斤馬前一百斤鴉片一百斤此不知何年文今暹羅貢龍涎香象牙閔金香緞胡椒滕黄蘇木豆蔻速香烏木大楓子金銀香無鴉片明人國朝典故星槎勝覽瀛涯勝覽俱不言暹羅鴉片然大明會典九十七九十八各國貢物暹羅爪哇榜葛剌三國俱有烏香即鴉片

緬文與會同館冊合知三國明時已有鴉片且入貢品蓋藥物也入中國曰烏香或曰烏烟就其本名還音曰鴉片亦曰阿片亦曰阿芙蓉亦曰合浦融至明時始錯見於諸家文字古人則止謂之藥烟唐鐸毗耶那雜事律云在王城嬰病吸藥烟瘳捐苾芻白佛有病者聽吸烟佛言以兩椀相合底上穿孔中著火置藥以鐵管長十二指置孔吸之用小袋盛挂杙笐竿上俟用時置火中燒以取淨不應用竹不應水洗此則西域古有之明徐伯齡蟫精雋云成化癸卯令中貴收買鴉片其價與黃金等其國自名合浦融是成化時市廛已有貨賣者萬歷時李時珍本草綱目穀部云鴉片前代罕聞近方有用者是已行于民間

近朱仕玠海東賸語云鴉片出外洋咬𠺕吧呂宋瓜哇烟筒以竹為管圍八九分中實椶縧頭髮側開孔以黃泥做成葫蘆空其中以火煆之則今鴉片槍與唐微異槍以精木斗以陶土槍以長鐵取烟以烟鐵剔斗斗以平篦以彎鐵篦皆鐵也有烟燈有烟盒不着火置藥椀内矣其為藥則本草綱目云阿芙蓉是罌粟花津液其結苞時午後以針刺外青皮勿損其裏皮刺三五處次早津出以竹刀刮入磁器陰乾今市者猶有苞片在内王氏醫林集要云是紅罌粟花汁又傳一方凡罌粟未開時皆有承花青瓣花開即落收之亦可用方以智物理小識云罌粟津液收入磁器用紙封口暴二七用之其方流傳如此或以治

泄痢或用爲房中藥性煖而濇未爲大害古方貢藥料之鴉片也今廣福鴉片則別有所謂鴉片土自西洋紅毛荷蘭人製者澳門記畧澳蕃篇西洋語鴉片爲亞榮而不詳其物黃琳臺海使槎録云鴉片烟用麻葛同鴉片土切絲於銅鐺内煑成拌烟用竹筒實以椶線貼之吸此則煖氣直注丹田竟夜不眠土人吸此爲導淫具肢體萎縮藏腑潰出鴉片土出咬𠺕巴云余文儀台灣府志云咬𠺕巴本輕口善鬭紅毛製鴉片烟誘使食之遂疲羸受制其國竟爲所據所謂鴉片土者死人骨骴紅毛即咬𠺕巴取之而禁紅毛自食集衆紅毛環視縣其人竿上以礮打之入海海東賸語云爪哇男女皆吸鴉片而荷蘭法則食之

則死其物之見於籍者如此向讀康熙會典雍正會典禮部主客司朝貢俱云荷蘭在東南海中按荷蘭實在西北遠海與俄羅斯近其云東南海者以鴉片土謀占咬𠺕巴之寄巢也是鴉片貽害之切證嘉慶十四年八月閩浙總督奏蔡牽事言詢之弁兵皆謂牽船碎落水該逆素食鴉片身體羸弱不能扶板浮起溺斃深洋道光十二年八月廣東奏猺事言調至連州軍營戰兵多有吸食鴉片烟者兵數雖多難於得力經兩次部議立禁已有專例中土自愛之士造止鴉片方或多費亦不能得效今考鴉片藥料本澀肺加以鴉片土人汁力猛澀肺愈甚久之則火氣送藥著肺不去故食鴉片者有肕說文肕瘕也灼肺成

癥仍以鵶片攻之如以火焊皮柔之稍通暢不食則肺癥挈搐肺主皮毛也皮毛淅淅然涔涔然若中寒者疲瘓矣肺發十二脈久之手足指甲十二脈起訖處皆痛手足無力就甚寒狀頸縮肩聳又食之則肺液盡此病之情也嘗以得其精為處一方研白芨末煉梨汁為丸常食之乃神效何由使咬嚼巴人知之也辨藥性在形色氣味鵶片由煎熬成形無可辨色黑當入腎味酸當入肝澀主收濇沉能達下爇為烟則下行極而上化味為氣由陰達陽可概見也人之呼由心肺吸由肝腎今煙注肝腎以酸澀收斂之人所斂養偕煙氣揚之於上故初吸精神煥發逾其度展轉口支久且不敷故至常吸精神困頓

所謂剔也肝主謀慮腎主作强吸煙久其人必畏葸庸之激之亦不怒由其精華竭也肝腎既竭脾亦陷房事不男終至後泄其命必傾理初治此意主治肺使肺氣下降肺腎受癊剔未深者其效必速第受病有淺深素稟亦寒熱不同故剔深必主補下而視寒熱所宜為輔佐究之升提既久下必虛寒藥宜於煖且剔久脾胃必弱宜先治中權使納食氣旺漸減其煙以至禁斷仍可延年生子至修合有罌粟汁由海舶來者分大土小土相傳大土為向日葵汁近内地亦學之葵向日而寒理初言陰極求陽此物性也葵寒而滑人受病與罌粟之澀者同理初言此寒藥熱用無微不入故鵶片剔成

前升而卒後泄也有服生鴉片過一錢而死者尸身無可驗惟軟如棉為異然寔非死也收斂口甚精神氣血皆閉塞氣復則蘇不復而氣絶則軟而不僵也先君子宦陝時檢一尸骨言服鴉片死其骸骨中凝如蓮搖之有聲蓋久用提澀可補洗冤録所未及也初服生煙者以口菜汁灌之立愈以其味甘滑中空與酸澀收斂正相反附其説於此李維鏞記鴉片為害使民貧尚可通變其使民弱則所關甚大今得一方白茅根五錢鴉片灰三錢甘草三分鷄末糖三兩煎濾至八分加川貝末五錢煎成膏入甲瓶別用鷄末糖八兩濾汁煎成膏入乙瓶為一單每用其中服甲瓶膏約三四錢再將乙

瓶膏如數兑入甲瓶藥漸淡刷漸輕一单畢刷去矣如未盡去再一单必效此神方也程尚甄記

暎咭唎考

暎咭唎在荷蘭佛郎機二國之西斗入西海南西北皆海惟東南通陸形如箕口東西長一千六百里南北寬六七百里畧同中國登萊形勢本歐羅巴之小屬國也國中產豆麥少稻不給於食皆仰給隣國以濱海專事交易故船炮至精與荷蘭佛郎機相等凡商船所至之國視其守禦不嚴者輙以兵壓其境破其城或降服為屬國或奪踞為分國若西海為亞默利加城孟邁孟嗒唎皆其屬國若南海之新荷蘭諦面地呂宋巴爾斯皆其分國也其所屬之國地皆大於暎咭唎或數倍或十餘倍其海道或距十餘日者或一二月三四月五六月者皆築城極其

險要駐兵防守設官收稅其中間土地與他國不相聯屬者全以兵船往來連絡之國中無地丁錢粮凡兵餉官祿皆取給於關稅本國海口共五關凡出洋回者值畨銀千元則上稅五十元每年約二百五十餘萬其各屬國之關稅則隨處支銷不解回本國每年計二千五百餘萬孟嗒喇進貢嘆咭唎六百萬孟邁進貢嘆咭唎五百萬此每年定數也鴉片烟土惟産二國孟嗒喇出大土孟邁出小土其行息中國至廣故其稅最多其餘各屬國每年進貢二百萬嘆咭唎不出亦不禁食鴉片而坐享其利故富強甲於諸國養兵三萬每年兵餉七百二十餘萬武官以火器考試入伍月俸多者銀三百兩其次二百六十兩以

次遞減其每月俸銀二千五百兩者六人一千五百兩者三十人今在舟中之伯麥月俸二千五百兩布耳利月俸一千五百兩一如中國之將軍一如總兵也文官皆入貲得之未有富而不貴者如官不稱職仍黜降之國都地名倫敦距海口二百里有河通海河廣三丈深百尺王宮皆在城外示守四方之意若環以城郭則四方不畏服以為示弱也其山後為舊王宮乃朝賀之所方四里山前面河者為新王宮甫營四十餘年方二里乃遊幸之所左隔河為城距宮十餘里城外為太醫院醫官數十員就醫者日以千計右三十里乃先王之墓在馬宮外河橋五道河中多火輪船過橋則倒其桅而過火輪船日行千里所

以送兵餉火葯通文報者盖王宫依山阻水上有炮臺以重兵守之故不城中而自固也嘆咭唎與荷蘭佛郎機其髮皆卷而紅故中國以紅毛呼之西洋皆奉天主教故其紀年以漢武帝元狩二年壬申為托始今嘆咭唎闢天主教不供十字架而其來書稱一千八百四十年九月二十七日者即道光二十年八月二十五日也其國中所主教者曰葛泥其神曰巴地行神有髮立而合掌面仰視在家人奉之亦有佛像曰巴地行出家之僧尼供之僧尼緇衣大袖無髮國中塑像有祖宗祭祀皆與天主教相反以三九月祀之無木主惟入廟誦經而已本國人相見禮輕則揭冠禮重則以手壓冠額而搓之皆立不跪亦無拜

禮嫁娶擇配皆女自主之如男女有成議及期大會親友入巴地行之廟男女共立於神前僧為誦經問男女願意否如皆以願意對則與香二炷令各執其一男援女手女援男手而吹熄之誦經畢而歸男家國中女子之權威於男子貴賤貧富皆一妻無妾妻死不繼娶雖國主亦止一妃如宮女有姙者亦為正嫡其子不許稱庶女今國乃女主名域多喇年二十一歲登基二載餘於去年冬乃贅隣國之王子為壻其國名乍容在海中距嘆咭唎五百里王子名雅那傳年與女主同庚左右侍從皆宮女無太監每臨期聽政二王子侍坐於旁凡宗室大臣皆坐而議政其前王名烏連殁後無子女有一姪不如其姪女之才

故遺言以國傳於姪女他日女國主有子傳子有女傳女如子
女俱無則大臣公擇族中有才者嗣位今女主生身母尚在國
主臨朝手執金鑲象牙之杖以為禮此道光二十年秋浙江寧
波府獲白夷晏土打喇打厘三賊所供也卿雲皆太守為之記

暎咭唎等國夷情記畧

暎咭唎即紅毛夷也考地圖在中國西北百餘度其國東西馬行約三日南北六日餘地散處各州島嶼與隣國分治相距有數萬里者悉航海以通往來荷蘭在其東佛蘭西在東南俄羅斯在東北瑞國及咪唎嘜在其西大西洋即葡萄雅在西南小西洋則在利未央之東其餘小國無筭半環地中海統名曰歐羅巴州州人皆遵耶蘇教耶蘇主東漢時始知以三百六十五日為一年今稱一千八百三十幾年以中國冬至後三日為冬十月為年節耶蘇生有天授能通各國土音創教勸人為善後為惡人釘其體於十字架剖割以斃其徒號其教曰天主國舊

初不信禁習頗嚴後與他國相攻不勝祈於其寺忽雲中現一十字架遂以一十字架為前鋒克敵因大信奉於是造禮拜寺供十字架自郡國至鄉閭在在皆有男婦七日一禮拜無跪拜儀以除帽為大禮禮拜日停工作許嬉遊不知閏故不以月繫年即以禮拜期為數貴女賤男自王至民卒一夫一婦無妾媵不分内外婦亦與人往還大約男以三十歲後女以二十歲後自相擇偶臨時議婚王則與鄰國世互婚嫁生子女成立後即分以業俾自治生理故配合多以財産軼亦有終身不嫁不娶者聽交游至只問其妻不及父母知俯育不知仰事交易鑄銀為錢大小不等以便市鬻死時預記貲財於薄或施仁會或分

交遊親戚子女咸無爭競三日除服不知祭祀鄉以仁會貲立貧院幼院病院公正之人董理故通州無鬻子女者亦禁蓄奴婢士農工商各世其業國立大學郡中學鄉小學延師以教書橫列不直行筆以鉛錐為之分科以習書醫士各有字彼此不相通曉商之子女皆習書算仕有土地世祿傳付長子農以稼穡為上次果木牧畜土地皆屬於王荒土呈官注籍往墾以三十年為期滿則歸還官出示招投各書願出價目封貽定期開看多者得將價呈繳始聽耕作期未滿亦聽轉投已滿亦許接投以是無地稅屋有賦以架為額高壘不計窗櫺外向以賦之賦有四一歸王一設巡邏兵一分贍守一養瞽目癈疾治兵再

賦每男婦許各僱一人司爨役多有賦僱他人賦倍之工分藝木石塑畫不許攙越能出一奇物專利三十年他人學作有禁有測度家專看羅經行海商則自小歷風濤習搽楫泅水居室以白石為墻壁木為梁棟高壘五六層以避賊次用磚下用土以白灰堊壁使極光明男短衣色尚青白冬呢夏羽居常以布卷单無棉夾裘大衣長其後兩幅愈貴愈長甚至丈餘者數人在其後提挈以行稱為禮服富者以金線緣帽及領袖以自表女則珠玉錦綉為飾極其華艷男受女制凡食早日飲茶食乾餱午小食晡大餐牛羊鷄鴨咸燒烤飯則麪飽後始飲酒食水果不以箸用叉匙器用金銀玻璃為上尺曰碼每碼約中國二

尺四五寸各國不一斤曰磅約十二兩零人隨身帶筆簿遇異聞異事則記然諾以拉手為定亦登於簿無遺忘無翻悔遇軍事治稅賦於亞勒馬呢亞國選兵其人忠實肯用命備宿衛置巡邏差募於此各國皆然不以民也若在東印度各國用兵則在滿剌加招募兵餉極厚每於禮拜日關領一人需洋錢十元八元不等計一月人需銀二十餘兩蓋自有賦與其酋也有官話通行一州之地無奴婢故無責打罵詈亦無笞杖刑有犯鐐銬手足閉置暗室視輕重定禮拜期滿始釋富者贖重者竄荒地交頭人驅使鬭毆死罪以繩弔頸斃之大逆不通則有如鼓狀內藏鋒刄納入置於通衢過者蹴使滾此為極刑凡傳召以

竹竿為符節至即隨行有深怨不解者各請証人至廣場架鳥鎗於肩約藥力所及背立發火互擊中不中皆息凡病死醫者不得其故則剖其臟腑頭顱考驗病之所在著書示後蓋以既死則無所惜又有所謂新聞紙者初出於義打里亞國後各國皆出遇事之奇異非情理及意想不到者皆許刻印散售各國無禁不待本人本事寄信而後知亦可覘各國之治亂此則遵耶蘇教毆羅巴一州夷俗之大畧也暎咭唎國初甚微弱前明時始昌大自大西洋通中國乞得澳門以居置買茶葉大黄等物歸售各國日益繁庶乾隆年間

恩開洋禁以粤東為市易所設洋商通事以理其事西南各國麕至惟俄羅斯船不准

開艙蓋其國與我蒙古毘連向有榷場互易恐碍蒙古生計也
至是大西洋夷始不得獨擅其利然各夷有不即歸者咸與澚
夷賃屋居住澳夷向有酋差一人以約束理詞訟四達一人治
賦稅嘆咭唎既常來遂於乾隆四十年間創立公司公司者國
之富人合本為之設公局立二十四頭人理事設坊織呢羽洋
布置棉花及時辰鐘表各土產物造船招工駕運而來於粤設
總理人俗謂大二三四班外有茶師寫字醫生及各家子弟來
學習者共數十人每年七八月夷船到時始至十三行夷館居
住經理許僱唐人司買辦食用年底事畢船歸伊等仍往澳棲
止駕船者有船主統管一舟人有大二三四夥長測星日看羅

經量刻漏沙對海圖以掌柁行舟有寫字登記數目出入醫生治疾病兵衛掌鎗炮水手管風帆以及搭客等每舟不下千餘人牛羊犬馬皆備至澳報同知衙門派漁船帶水入舶黄埔洋商僱西瓜艑船剥貨出入嗣海道日熟遞次減少今每舟不過三四百人大西洋既不得專利來船日少佛蘭西幅幀遼濶人民衆多富者始飲茶貧者以炒豆代船久不來荷蘭貲本薄無多船他如単鷹雙鷹黄旗等國間有至者惟公司以本國土産不敷販運又於萬打剌沙即東印度各國採買來售易茶以歸各國及俄羅斯西境皆就近至伊國轉販每年三四月間海船雲集故其初來亦只數船近年增至大舶二十隻蓋以小船恙

運茶回汲賦極重每百斤約中國買價又禁他人不得買即船主夥長等人買者到日交公司酌領買價由是日益富強有二三四等頭人以治政事其酋所居城名蘭墩跨海造橋上行車馬下過帆航富貴家皆有苑囿春秋佳日禮拜之期聽男婦游玩夜則街巷遍懸油燈行者無庸燭其費出於仁會亦有詼諧雜劇夜始演作晝有禁恐妨工作也人性强悍好上人荷蘭等國皆畏之推為盟主以時聘問數年一合各酋長至其國以申盟約讌遊累月方各航以歸惟米利堅夷不與相下米利堅即中國所稱花旗者初亦暎人拔竄於此地沃衍宜五穀周亦數千里人勤力作常以餘粮濟各國設十二頭人以理事一頭人

死公舉之必人人悦服而後立故其人最重行誼無梗化無催科有軍事方治賦以不下𠸄夷故𠸄常起兵攻之十餘年不能勝穀麥因賦遂貴各國病之又禁糶不與𠸄人𠸄夷困各國力為和解始罷兵米常指𠸄為山狗性如稍畏讓彼必追來一返身相向彼反曳尾而去故兵雖餘終不與往還𠸄亦無可如何也其在東印度各國採買亦設大班諸人有可乘隙即用大炮兵船占踞海口請夷目往始稱為監督以收出入之税自設公司以來得有噶剌甲新地坡新加步等處即噶剌巴本荷蘭自前明所踞有亦為𠸄奪其用兵餉費出於公司各港所徵税公司得收三十年期滿始歸其國酋凡用兵只禀命而自備資粮

以故到處窺伺然其人目不能遠視故不能挽强命中亦無他
技勇所恃惟鎗炮炮子用生鐵鑄重三十斤故所向無不披靡
至東印度皆回民各有酋長以其不深入亦姑聽之其回夷貿
易中國者所駕船用暎夷測度以行故打暎夷旗號名曰港脚
嘉慶十二年閒有大班喇咈者探知我屬國安南之東京地居
海隅時有内訌乘隙可取遂親往噶喇甲勾結掌兵頭人駕大
船十號直抵安南海口該頭人先令其副駕七船以入安南夷
閫有兵船來飭漁艇商船先其藏匿故入港數百里無阻直至
東京下碇不見一人是夜忽有小艇無數圍攏上裝乾柴火藥
急發大炮轟火益熾七船之人閒有善泅者由水出報兵頭駭

然不敢再入順抵粤洋喇佛又與内奸説合欲占澳門不果喇咈不能回復兵目遂潜匿不出不能開艙此十三年秋冬間事也該兵頭竟趨澳占踞炮臺西夷僅保守大炮臺發禀告急時新督憲由廣西來因直趨澳飭文武驅逐夷兵雖回船然不去也直待十四年春喇咈給與金錢帶歸以卹死難方回喇咈以此被革以四班嗌嗶喊為大班蓋議欲占澳時惟伊不肯署名嘉其有識也喇咈旋以憂死於澳嗌嗶喊之後有大班吐呥㖦者奥我大嶼山為居止寄信回國求奇異物自澳趨天津口天津鹽憲不及察遽以該國入貢告奉准入都朝見該夷等不肯行跪拜禮　聖明不尚珍異將貢物賞還即飭鹽憲護送回

澳此嘉慶二十二年秋間事也時督憲蔣亦將就從事不能如各國使臣儀其初設公司所來呢羽立股分分售於洋商總商有三四股者散商有兩股一股者所買茶即以股分為則其茶價照客價明加每石有銀十兩八兩不等名曰餉磅以此重口洋商收茶時用以上下其手肯巴結者茶多溢額如近年東裕行兩股羽呢交茶逾怡和四股之數此明驗也洋商中賢愚不一每每互相傾軋倘有述其短者公司必知遇事挑斥故雖賢而有品者詢以事亦謬為不知而於我　天朝之用人行政大憲之一舉一動彼覷無不周知嘉慶年間夷船到口該大班等恭請紅牌來至省館詰朝穿大服佩刀劍到各洋行拜候稍有

名望之商必辭以事不見俟其再來然後往答迎送如禮一切惟洋商之言是聽迺年來船益多銷茶益盛洋商仰其厚潤於是該班將到洋商託言照應過關即出遠迎入復常至夷館問候更不聞有大班至洋行者又有久踞十三行之𠸄夷知漢字能漢語帶矜其出入口稅餉每年幾及百萬而澳夷貨來甚少稅餉極微翻得安居澳門買賣自便極欲效之每遇班中人新來多方播弄如道光七八年於夷館前立大馬頭置圍墻栅欄其地為對河居民來往渡口具稟呈控大憲屢禁不遵迨奉
廷寄朱中丞親臨督飭拆毀該夷又將來船碇泊零丁洋面不入口開艙以八事入稟要挾又糾各國夷隨聲附和惟米利

堅夷不從回稱如我國有船至汝嘆貿易必遵汝嘆制度今來天朝圖覔利耳如無利即請汝亦不來何煩喋喋也維時各船主爭嚷向例到即開艙起貨不過一二月即開帆回今久碇於外不但貨物霉蒸一船數百人食用何出大班部樓頓庸懦無能聽二三四班許供給各船使用自七八月相持至下年正月大班見不能了潛附便船而去遂洋商以所定茶葉不交一年費用無出再約齊至澳解說於是月十四五等日入口開艙三月初間忽有火船目嗌剌甲乃該港坐班及駐巡夷目專信申飭令其作速開艙毋悞一年貿易火船者中立銅柱空其內燒煤上設機關火皷上燎即自運動兩旁悉以車輪自劃以行

每一晝夜可行千里自該處至粤僅三十七日據夷人云道光初年始見創造不能裝貨以通緊急信而已斯一奇也是年秋夷船到二班嚧口司大班事益無忌憚竟帶夷婦至十三行居住出入必乘肩輿翻不許洋商乘轎入館種種故為干犯大憲怵以言遂架大炮於夷館兩旁設兵守衛狂悖無禮已極居民無不憤愠即他國夷亦謂　天朝懷柔過甚其肩輿乃東裕行司事謝治安所送大憲訪知將治安拏究瘐死於獄嗣通事頭人蔡口往諭蔡素有膽識善語言厲聲辨詰始有畏意撤去兵炮夷婦仍不肯遽回蓋洋商於奉諭飭查時已具禀謂該大班患病需人乳為引故帶以來俟稍愈即遣回澳該夷故得延抗

而其時又不僅該班數人帶夷婦已也蓋自七八年來至今年方始安静先是道光三四年間該公司以緬甸南泌姑添土産甚盛發兵船占踞爲緬酋所敗兵船來澳取餉碇零丁洋面本新安縣屬有兵上岸滋事用鳥鎗擊斃數人大憲責令洋商向大班要兇手據稱此係過往兵船未經入口非我所能約束且帶兵人如　天朝官長我乃貿易民人豈敢往論回覆正在延挨間有米利堅船搭佛蘭西夷在黄埔以沙煲擊賣水小艇人落水身死報驗船主將夷送出正法而新安數命迄無以償後聞該兵船不敢回國在外三年始歸該國仍革去職事以其不能管約兵丁也可見殺人償命凡居覆載之中無不皆然近年

該班等在澳有為西夷所挫者該班既在省館前創置馬頭圍墻矣欲於澳所居館前立馬頭竪旂杆商之酋差酋差初答以此　天朝地方非我所主繼思伊現在省如此妄為倘洋商聞聲迎合為之營幹朦准是澳為彼有矣次日向該班跂說此地乃　天朝俾我大西洋居止汝等來貿易暫賃以居現有十餘國人在此如皆各主馬頭竪旂杆是此澳皆為汝各國之地矣事不准行該班妄念遂止澳傍高山西南夷建一望海楼面零丁洋於內用大千里鏡遠視可見數日後所到之船並能認係何國旂號山後向有小路可上原許一切人登眺唤船不入口時卷碇於零丁洋該班等欲借此樓眺望西夷不許翻將山後

小路鏟去大路添設兵卞禁止上下彼亦無可如何時有嘆夷在噶喇巴犯事潛逃來澳原告蹤至控於番差將該夷拏禁炮臺議罪該班為之緩頰不聽及着他夷往視又為守者拒不得入因相口角番差一併拏禁而使人謂各班曰汝等寄寓於此自應悉聽約束遵守法度如故干犯不論何人必盡法懲之勿謂言之不早也諸班正啞忍不能致辭以上問之通事頭人蔡剛定非虛妄然十四年間嘆夷曾占踞炮臺西夷僅得大炮臺以守幸制憲親至飭文武員弁驅逐嘆夷始俯首而下無敢抗者澳賴以安今此雖為番差裁抑未嘗非籍我　聖天子威靈也又各夷嘗頌我　天朝之盛寔無比倫者他港貿易無論

税賦懸殊即貨物每有售有不售至買貨更非經年累月不能集惟粤港無論何貨即壓船之石已爛之鐵及成衣剪棄之破碎呢羽等物一至即售所置貨值數百萬一兩月齊得即可開帆此雖繞大地一週無此港口也故唤夷來船皆有木牓横列數十欵闇係申戒之詞盖不獨彼國土産來此銷售而茶葉大黄實爲生命攸關况伊之賦餉又從此時虞封港故告誡極嚴無如該夷等生性好强又貪三十年之專利而聽積久盤踞之奸夷慫恿以致屢行悖妄苟非大憲以鎮静待之幾至釀成事端近聞該公司之期久滿後起富商不得續入無利可牟屢屢控争該國酋利其重賦日事因循邇以兵煩費重加之在事頭

人各懷已私舉用非人以至虧折支絀再二三年亦必散歇公司一散海疆可保久安酋之一人之力豈能恣肆至黨羽衆多勢力遂横善治者必先設法解散而後按名拘捕則易如縛雞豚方可靖閭閻而不致驚擾公司之夷邇來横甚散後則各管各船各自牟利此為易制然恐不知者翻以為憂因備記之俾見者亦知所去取也夫

某奉盧厚山 坤宮保書

厚山宮保大前輩大人閣下竊見前明外夷之患惟倭為甚若今之英吉利非有攻戰之勞糜餉之費似無所惡於天下然而洋烟之害毒流宇内歲耗二千萬將以盡殺中國之人罄中國之財其禍且百倍於倭寇此誠當世之隱憂巨患也當事者既坐視其死亾而不知救而上下内外並為一談則曰勿啟邊釁不知夷人志在牟利本無釁之可啟惟畏之至於無理為其所窺則懼釁適以召釁當嘉慶末年英夷入貢不肯跪拜實為跋扈之始未幾夷鬼殺人罪人不得且出言無狀矣番舶退入黃埔求其復返大費周章矣是時夷以囤船來且改泊零丁洋遂

恣横不可制其事皆在道光初年此疆吕畏葸縱敵之始嗣是畜將吏如奴隸狎洋商如倡優鄙大官如唾涕損威辱國傳笑四夷忍氣吞聲恬不知耻自大前輩臨莅兹土清心寡欲彼既無隙可乘而又力持大體以為當稍稍帖服矣乃大班初散夷目忽來雄據澳門闖入省會監司旁侍而受詬林官被擊而流血肆狂吠則大書深刻毁文告而拉朽摧枯遂乃潢池弄兵艨艟破浪礮聲發於水上烽火照於城中罪惡貫盈神人共憤而大前輩從容鎮定不聞有赫斯怒者良以　廷議經費無措力主戢兵不問曲直是非概以開邊為戒又目擊叅佐無才不足倚以辦賊而商人將卒咸為彼用尤可寒心不得不攬轡躊

躇蓄而不發，不知此虜反狀彰著，釁自彼開，毀我炮臺，勢難中止，殺我士卒，理合抵償，斷不容相忍成風，拘於常議。至将弁以下，執法以繩之，燃犀以燭之，賞罰嚴明，恩威並濟，亦足托腹心於秦越，化臭腐為神奇。又況衆怒沸騰，人懷鬥志，激昂義憤，宜收豪傑之心，召募土人，必得鄉勇之力，街子皆成勁旅，草野不乏奇謀，又何藉此闒冗之将材，籠東之軍士哉！且夷人之伎倆亦可概見矣。以彼秘計陰謀，積有年歲，即此次因循往復，亦越十旬。暨夷船之來也，度千家之門，越五虎之阻，履天塹若平地，狎沙磧若户閾，武備朽折而弗用，營員措手以相迎，外險既夷，内援復起，宜其削平濠鏡，席卷番禺，如王濬平吳之師，擒虎入陳之役勢同破竹功在漏刻矣乃自兵船銅礮之外別無長策尤可笑者驅無風不動萬斛之舟深入內地進退失據水陸成擒雖有漢奸無從助虐此可見夷人之孟浪生事實無能爲亦可見天助成功有以奪其魄也此時既阻其前進即宜斷其歸路至禦礮之策如魚網之屬張之岸亦可張之舟或設計誘之或中夜驚之彼之礮將盡我之礮無窮若能募敢死之士數百人潛伏水底躍登其舟以短兵急斫我軍復自外夾攻彼衆大亂而礮不及施此法之最捷者否則盡載柴薪竹葦灌以膏油引火之物令芟塘水拐自水中推傍夷艦順風縱之四面焚之我不傷而彼可立燼昔周郎之敗孟德全恃火攻慧口之滅盧

循亦施火箭自來舟師克捷未有不以此為上策者也如零丁洋等處尚有兵船宜誘之使來聚而殲旃無使一名漏網倘傾國而至尤善之善者其夷目夷從之在十三行僅百餘人勢甚孤危若寄虎口而乃嬉笑怒罵旁若無人觀者不知其何所恃此則軍門之內鈐閣之下必有為之耳目者知宮保寬仁必不苦之也一有所知則告之使立竄矣宜出其不意密掩捕之悉置於獄而大嶼老萬二山為咽喉最要之地速令腹心大將以兵守之遲恐為其所據則大事去矣又呂宋諸夷思甘心於紅毛而憚其強也因其兵拙國弱賄習於夷者縱反間以離其黨用甘言以誘其心以夷攻夷我為漁人收鷸蚌之利此英吉利

滅亡之兆可以洗數十年之恥可以貽數十世之福而洋烟之害合中外才能之臣束手而無策者將以一旦掃除之祛　國家之大害成宇宙之大功　宗社有靈實陰相之此一役也可以不朽於是論功行賞之外按問水陸官兵縱夷人之擅入者洋商通事之資其船且館舍者大者駢誅小者鞭杖悉以軍法從事如此大加懲創庶積玩之後人人股栗咸知法度矣若過聽奸人張大之詞襲用前人苟且之計非特無以抒士民之憤彼夷情凶狡異日必伺隙逞毒其法益周其計益險而商人將弁倖逃法網益無所忌憚人心内變禍有不忍言者此事機之所以不可失也願大前輩弗循　朝論弗顧星使弗信浮言弗

慮寡助揺顧榮之羽扇坐庾亮之胡床横槊賦詩登高置酒雍容談笑奏此奇勛使後之修粤大記者謂我公平海之功且駕李恭毅百文敏而上之則萬姓幸甚千秋幸甚秋暑伏惟籌筆之暇爲國自重不宣

鴻臚寺卿黄爵滋謹
奏為請嚴塞漏巵以培　國本事臣惟　皇上宵衣旰食所
以為天下萬世計者至勤且切而　國用未充民生罕裕情勢
積漸一歲非一歲之比其故何哉考諸　純廟之世籌邊
之需幾何　巡幸之需幾何修造之需又幾何而上下充
盈號稱極富至嘉慶以來猶徵豐裕士大夫之家以及巨商大
賈奢靡成習較之目前不啻霄壤豈愈奢而愈豐愈儉而愈嗇
耶臣竊見今銀價遞增每銀一兩易制錢一千六百有零非耗
銀於內地實漏銀於外夷也蓋自鴉片流入中國我　仁
宗睿皇帝知其必有害也故　誥誡諄諄例有明禁然當時

臣
等亦不料其流毒至於此極使早知其若此必有嚴刑重法
遏於將萌查例載凡夷船到廣必先取洋商保結保其無夾帶
鴉片然後准其入口爾時雖有保結視為具文夾帶斷不能免
故道光三年以前每歲漏銀數百萬兩其初不過紈袴子弟習
為浮靡尚知斂戢嗣後上自官府縉紳下至工商優隸以及婦
女僧尼道士隨在吸食置買烟具為市日中 盛京等處為我
朝根本重地近亦漸染成風外洋來烟漸多另有躉船載烟
不進虎門海口停泊零丁洋中之老萬山大嶼山等處粵省奸
商勾通巡海兵弁用扒龍快蟹等船運銀出洋運烟入口故道
光三年至十一年歲漏銀一千七八百萬兩自十一年至十四

年歲漏銀二千餘萬兩自十四年至今漸漏至三千餘萬兩之多此外福建浙江山東天津各海口合之亦數千萬兩以中國有用之財填海外無窮之壑易此害人之物漸成病國之憂日復一日年復一年不知伊於胡底各省州縣地丁漕糧徵錢為多及奏銷皆以錢易銀折耗太苦故前此多有盈餘今則無不賠墊各省鹽商賣鹽俱係錢文交課盡歸銀兩昔之爭為利藪今則視為畏途若再數年間銀價愈貴奏銷如何能辦稅課如何能清設有不測之用又如何能支　臣每念及此輾轉不寐今天下皆知漏卮在鴉片所以塞之之法亦紛紛講求或謂嚴查海口杜其出入之路固也無如稽查員弁未必盡皆公正每歲

既有數千萬兩之交易分潤亳釐亦不下數百萬兩利之所在誰肯認真辦查偶有所獲巳屬寥寥況沿海萬餘里隨在皆可出入此不能塞之漏卮者一也或曰禁止通商除其貽害之本似也不知外夷載入呢羽鐘表與所載出茶葉大黄湖絲通計交易之物不足千萬其沾潤利息不過數百萬兩尚係以貨易貨較之鴉片之數不敵數十分之一故夷人之着意不在此而在彼今雖劃棄粤海關税不准通商而烟船本不進口停泊大洋居爲奇貨内地食烟之人刻不可緩自有奸人搬運故難防者不在夷商而在奸民此不能塞漏卮者二也或曰査拿興販嚴治烟館雖不能清其源亦庶可遏其流不知自定例以來與

販鴉片者發邊遠充軍開設烟館者照左道惑衆引誘良家子弟例罪至絞今天下興販者不知幾何開設烟館者不知幾何而各省辦此案者絶少蓋原粤省總辦鴉片之人俱設窑口自廣東以至各省沿途關口聲息相通各省販烟之人其資本重者窑口沿途包送關津胥吏容隱放行轉於往來客商藉查烟為名恣意留難勒索其各府州縣開設烟館者類皆奸猾吏役兵丁勾結故家大族不肖子弟素有聲勢於重門深巷之中聚衆吸食地方官之幕友家人半溺於此未有不庇其同好此不能塞漏卮者三也或又曰開種罌粟之戒聽内地熬烟庶可抵擋外夷所入積之漸久不致紋銀出洋不知内地所熬之烟食

之不能過癮不過興販之人用以攙和洋烟希圖重利此雖開
鶯粟之禁亦不能塞漏卮者四也然則洋烟之害豈終不能禁
乎　臣謂非不能禁寔未知其所以禁也夫耗銀之多由於販烟
之盛販烟之盛由於食烟之衆無吸食者自無興販無興販則
外夷之烟自不來矣今欲加重罪名必先重治吸食　臣請
皇上嚴降諭旨自今年某月日起至明年某月日止准給一年
期限戒烟雖至大之癮未有不能斷絶若一年以後仍然吸食
是不奉法之亂民置之重刑無不平允查舊例吸食鴉片者罪
僅枷杖其不指出興販者罪止杖一百徒三年皆係活罪斷癮
之苦甚於枷杖與徒甘犯明刑不肯斷絶若以死論是臨刑之

慘急更苦於斷癮之苟延　臣　知其情願斷癮而死於家必不願受刑而死於市推。·　皇上明慎用刑之意誠恐立法稍嚴互相告訐必至波及無辜然吸食者是否有癮無癮到官熬審立刻可辨如非吸食之人雖大怨深讐不能誣枉良善果係吸食究亦無從掩藏故雖用刑並無流弊　臣　查余文儀台灣志云咬𠺕吧本輕捷善鬬紅毛製造鴉片誘使食之遂疲羸受制其國竟為所據紅毛人有自食者其法集衆紅毛人環視繫其人杆上以砲擊之入海故紅毛無敢食者今入中國之鴉片來自暎咭唎等國其法有食鴉片者以死論故各國祇有造烟之人無有食烟之人　臣　又聞夷船到廣由孟薑經安南邊境初誘安南人食之安南人覺其陰謀立即嚴刑示禁凡有食鴉片者死不赦夫以外夷之人尚令行禁止況我　皇上雷電之威赫然震怒雖愚頑之沉溺既久自足以發聾振聵但久大之計非常情可及惟　聖明乾綱獨斷不必衆論皆合誠恐畏事之人未肯為國任怨明知非嚴刑不可治託言吸食人多治之過驟則有決裂之患今寛限一年是緩圖也在　諭旨初降之時總以嚴切為要　皇上之旨嚴則奉法之吏肅奉法之吏肅則犯法之人畏一年之内尚未用刑十已戒其八九食者竟藉　國法以保餘生未食者亦因炯戒以全身命此　皇上止辟之大權即好生之盛德也伏請　勅下各省督撫嚴切

曉諭廣傳戒烟藥方毋得逾限吸食一面嚴飭各府州縣清查
保甲預先曉諭居民定於一年後取具五家鄰佑互結仍有犯
者准令舉發給與優獎倘有容隱一經查出本犯照新例處死
外互結之人照例治罪至如通都大邑五方雜處往來客商去
留無定鄰佑難於察查責成鋪店如有容隱吸食者照窩藏匪
類治罪現任文武大小各官如有逾限吸食者是以奉法之人
甘為犯法之事除應照常人加等治罪外其子孫不准考試地
方官於定例一年後如能實心任事拿獲多起照獲盜例請
旨議敘以示鼓勵其地方官署內官親幕友家丁仍有吸食
被獲者除本犯治罪外該本官嚴加議處各省滿漢營兵每任

取結照地方保甲辦理其管轄失察之人照地方官衙門辦理庶幾軍民一體上下肅清無論窮鄉僻壤務必布告詳明使天下之人曉然　皇上愛惜民財保全民命之至意向之吸食鴉片者自當畏刑感德革面洗心如是則漏卮可塞銀價不至再昂然後講求理財之方誠天下萬世臣民之福也臣愚昧之見是否有當謹奏

道光十八年閏四月初十日奉

上諭黄爵滋奏請嚴塞漏卮以培國本一摺着盛京吉林黑龍江将軍直省各督撫各抒所見妥議章程迅速具奏摺并發欽此

浙江巡撫烏　謹
奏為暎夷致書定海總兵肆其狂悖謹將逐次籌辦情形恭摺
由驛奏　聞仰祈
聖鑒事竊臣於本年六月初七日酉刻
據寧波府鄞縣知縣舒恭受以六月初五日辰刻訪有夷船多
隻在象山洋面游奕申刻又聞有大夷船兩隻小夷船兩隻從
水洋駛入定海縣洋面經提臣祝廷彪帶領將弁出洋堵禦並
經寧紹台道李紹昉力疾會同水師馳赴鎮海口防堵等情臣
以事關重大必須親往寧波一帶海口督辦當於初八日由省
起程具摺　奏報在案臣乘夜渡江於蕭山境內舟次即接提
臣祝廷彪函稱定海洋面有大小夷船二十餘隻游奕臣不勝

焦急星夜趲行至初九日未刻在會稽境内舟次接准定海鎮臣張朝發來咨在洋見有大小夾板夷船二十六隻隨即整頓砲械堵逐無如該夷船行駛如飛至旂頭洋面分作兩幫一幫竄入定港一幫向西駛去鎮臣張朝發即駛回定港防堵一面飭令署中軍遊擊羅建功會同署定海縣姚懷祥帶領兵役在於城廂内外及口岸炮臺整列隊伍嚴密防範並函送夷人所遞夷書一件到臣又接提臣祝廷彪先後咨函開初七日午刻鎮臣張朝發在船與該夷接戰未能取勝夷人俱已上岸約有三四千人圍攻城池鎮臣已進城保守提臣祝廷彪以該夷勢甚猖獗必須大兵方資攻勦先調署鎮海營叅將胡得耀提標

右營遊擊周士法帶領水師兵三百名前赴定海隨同鎮臣防護尚有提標兵五百名預備撥往現又飛調內地之湖州金華協兵各四百名嚴州協兵三百名紹興協及處州衢州鎮標兵各八百名速赴鎮海以資調撥再聞夷船最畏火攻有新任黃嚴鎮標中軍遊擊林亮光熟悉火攻之法現留鎮海口聽候差遣並飭鄞縣鎮海縣各備火攻船四十隻候用等因臣閱看夷書詞甚狂悖鎮臣張朝發何以遽往遞收夷船在洋遊奕既經帶兵防堵何以任其登岸均應嚴查　奏辦惟定海縣孤懸海外被圍甚急亟須添撥水師馳往援救方保無虞而另幫西駛之夷船難保其不窺伺直達寧波之鎮海要口所關甚鉅尤須

加兵嚴行防守方免竄入臣已即日飛咨提臣祝廷彪妥為調度刻速籌辦至於該夷匪多集醜類猝至定海其包藏惡心殊堪髮指必當痛加勦辦以張
國威現今定海情形日日不同臣心急如焚雖會稽相離鎮海尚有三百數十里連夜前往不過兩日可到臣與提臣祝廷彪見面當將應救應守以及應勦各機宜按照到後情形妥速再籌定議隨時
奏報以期仰慰
宸廑除將夷書咨送軍機處恭呈
御覽一面札調粮餉軍火解赴寧波聽候撥用並飛咨督臣鄧暨溫州黃嚴各鎮及沿海各督撫臣一體防堵外合先由驛馳奏
皇上聖鑒謹
奏 道光二十年六月初十日奏

浙江巡撫烏　等謹
奏為定海縣城失守夷船直逼鎮海要口臣等現在力籌堵禦
恭摺由驛馳　奏仰祈
聖鑒事竊臣烏前因嘆夷致書定
海總兵肆其狂悖先將逐次籌辦情形於本年六月初十日由
驛具　奏一面星夜儹行於十一月酉刻行抵鎮海口與臣祝
會晤驚悉先於初七日定海鎮臣張朝發與嘆逆接戰被嘆逆
砲傷官兵甚多船亦擊沉初八日定海縣城已被嘆逆攻破署
定海縣姚懷祥典史全福不屈投水被害身死惟鎮臣張朝發
護定標左營遊擊錢炳煥受傷及署定標中營遊擊羅建功護
定標右營遊擊王萬年署定標中營守備龔配道俱回鎮海又

有沈縣巡檢徐桂馥先受姚懷祥之命回郡請救其餘文武官兵尚無下落 臣烏聞信之下不勝髪指伏查定海鎮海相距僅止百有餘里一帆可到鎮海口直通内地其要隘全在笠山外障與招寶山及金鷄山對峙作爲鈐口先經 臣祝分佈提標五營兵八百餘名並調回署鎮海營叅将胡得耀提標右營遊擊周士法派配鎮海兵九百餘名在於要口縣城及沿海一帶駐紥防守 臣烏又調撫標兵四百名飛速來鎮聽候撥用並面諭寧波府知府鄧廷彩置辦船隻沉於通口要口再用木排以鐵鍊繫住上立木城以爲保護使夷船阻塞不能駛入正在籌備詎於十三日寅刻據報瞭見夷船多隻在於笠山以外往來遊

夾相距鎮海不過十有餘里臣等現在親駐要口調度並嚴兵緊守以防不虞惟聞㖼逆夷船又來五隻連前共有三十一隻四面裝炮大者三層次者二層小者一層内有兩隻船旁裝有輪盤旋駛如風往來甚速以為前導其兵約有五六千人若與之戰必須兵數相敵方可接仗臣祝前調之湖州等協兵三千五百名止到紹興協兵三百名此外及臣烏所調撫標各兵到鎮尚須時日合計在鎮各兵止有二千餘名與夷兵多寡懸殊此時利於固守而不宜於速戰先當定計以老其師使之進退維谷一俟大兵雲集再行合謀攻擊以期一鼓成擒辰下寧海大小各口岸均須設兵防堵溫州黃岩兩鎮水師亦應各守各

汎以防竄入即抽撥來鎮亦不能多現在鎮海兵力未免單薄
相應請　旨勅下閩浙總督臣鄧選派閩省大員帶領舟師
星飛來浙無論夷船在于何處即行會同浙江水師合兵會勦
並請　旨飭下協辦大學士兩江總督臣伊亦飭水師在於
江浙交界洋面堵禦以防夷船北逸並為浙洋應援除咨行浙
省沿海各文武嚴行巡防並各省督撫臣一體飭屬防堵外謹
合詞由驛恭摺具　奏伏乞　皇上聖鑒訓示謹　奏　道光
二十年六月十三日奏

上烏中丞籌辦夷書

敬稟者比值𠸄咭唎國逆夷滋事我大公祖大中丞福曜東行自必指揮如意某仰荷恩植派在天香書院兩年來素餐可恥祗緣筋力衰頹未能趨侍戟門精成所積發為芻蕘謹抒管見所及瀆陳清聽大抵用兵之法不外戰守剿撫四端顧海洋之戰非有要隘可用伏兵也非有狹巷可用短兵也非有山林險阻可以憑扼塞口攔截也其戰也惟恃船隻炮位之大小多寡為勝負今聞逆夷之船約長三十丈寬二丈餘尺每船安炮二十餘位其人又習於水道涉波濤如平地而我師以商漁船隻作為戰船不能多載礮位已有不可支持之勢兼以陸路之兵

登舟涉海風濤簸蕩俱惴惴焉憂沉溺覆亾之不暇而欲以小
敵大以寡敵衆勢必無濟或謂逆夷船隻無多粮必有限止於
沿海口岸偹兵防守嚴查番賊偷運接濟俟其粮盡不攻自退
是亦一法但内地各港口岸可以責令兵役巡查偷運而該國
航海而來歲且再三至矣洋面沙線若門闥我師不能於中途
截其往來安能禁其源源之接濟且曠日持久虛糜粮餉恐非
萬全或又謂逆夷販鴉片流毒中國我　皇上矜恤羣黎
立法嚴禁輙敢逞其不軌佔據我定海殘害我官弁擾亂我海
疆罪大惡極必滅此而後快然可以操必勝之謀挾必勝之具
考之野獲編所載紅毛夷自古不通中國直至前明萬歷間初

入内地海上官軍素不習見亦未曉其技能以平日所持火器
遥攻之彼姑亦以舟中所貯相酧答第見青烟一縷比即應手
糜爛無聲跡可尋徐徐揚帆去不折一鏃而官軍死已無算次
年復漂洋澳東粤人謀之香山嶼諸貢夷舶艫相接鉛硝互發
香山夷大敗所喪失以萬計及誘之登岸焚其舟則技倆立窮
由是觀之逆夷之在海舟剿之殊非易易而或又以撫之之説
進謂紅毛夷自萬歷間始入粤東求通貢市不許次年又至閩
海税監高寀許其通市撫安力遏而止歲甲辰漳州海商潘秀
等商通貢市厥後華人與之貿易不能禁今逆夷滋事自爲畨
通貨物起見事必畨其所終而後可歷久而無弊准其交通貨

物即難保其不夾帶鴉片當 功令森嚴之日尚不能禁遏盡淨若有夾帶則踈縱偷越無所不為流毒伊于胡底且逆夷得遂所欲必謂官軍不競懼而招撫勢必不安本分竊以為可戰而後可守用剿而後用撫為今之計似宜查照乾隆五十九年勦辦海盜之法添造米艇大船百隻或數十隻船身必須結實頭大桅木必用鐵皮帮鑲牢固蓬舵加料製備每船安設大礮二十位商漁船隻一律增添礮位并多備火箭火桶火斗火礶噴筒鳥鎗籐牌等物又多給蓬蓆繩纜釘灰油蔴各一分以備不虞其餘火藥柴薪長刀短刀另用小船裝載以為駛攏夷船捉擒逆匪之用如此興作督率官兵日夜訓練逆必望風知懼

不擊自遁即或舉發而我師有備無患心胆俱壮以之戰鬭則奮以之把守則固以之乘風破浪則堅事事可期得力其戰也又以誘令登岸為首務蓋逆夷遠涉海洋久為風濤掀簸其身心安於鼓蕩一經舍舟登陸則頭暈脚軟必無能為然後密令弁兵駕駛小船用火藥柴薪燒其船隻斷其歸路殲其渠魁收其擄脅似於戰守勦撫之法酌為次第明知添造大船工料繁重非一朝夕之所能辦第念戰船為官軍之保衛若畏其難而不為恐異日之難殆有甚焉倘謂逆夷以舟楫為巢穴不肯到岸則當詰以逆目布爾利統領陸路作何聲勢況佔據定海尤當以教場相見即不然或勵言激之或設詞誘之俟其舍舟登

岸或可就擒抑再有請者前閱傳抄一啟內稱粵東鴉片騙買竟不給價并視該夷為不吠之犬此信果確則其沿海滋事實為不平之鳴應請剴切示諭謂該夷既知仁義二字豈不知鴉片一物貽害無數生靈乎粵東如此辦理自是天人共鑒該夷不知悔悟此刻冒險遠來佔據定海其意何為要知欲在寧郡通商勢有不便亦斷不容姑念茶葉大黃為該夷必須之物當奏請　天恩諭令粵東照常開關通市只准貨物互易再有夾帶鴉片即予駢首如此明白曉諭或其忿可消不久自知遠退是否可采伏乞訓示　某謹稟

山陰令宋雲芴大寅覆書

積日不晤飢渴實深頃接惠書蒙賜示上中丞書稿即係令甥張韓圃先生原稿重加點定更覺沉著痛快巨艦乃水戰所恃以為命者而當事竟置之不問得此一書可以振聾發聵閣下舟楫才也請速致書及今猶或可辦緩則不能辦矣但恐雖有造船之時而無造船之地即造船而船不能出口徒歸無益緣中丞鄧太尊之謀沉船十隻以塞海口已形奏牘海口既塞則彼不能來我亦不能往矣閣下以為何如羽檄交馳始歎才薄時加策勵是幸

委員查看定海情形禀

試用未入王希璧縁前月二十日面奉撫憲大人密諭親往定海探視夷情並定民一切動静等因遵於二十一日動身二十四日到寧郡即覓妥線改換衣服不動聲色由穿山一帶潛入初二日抵定境由東嶴漸次而入五日進出始得其詳初八日由定動身十五日到省今將查看定海城鄉洋面船數並夷匪現在行為及百姓情節合臚列各條繕摺恭呈鈞覽

一查看定海形勢舟山係定海坐山其形如舟坐北向南山之北東西三面皆重山包褁所謂戴嶴是也城内高屋甚少街道甚窄中有小河係通合城水道南有水門城外濠河寬可旋小

舟自東西南至北四五十里東至西約百餘里南面即道頭去城不及三里沈嶴巡檢駐此正對海中亀山亀山之外即大洋西為火燒門又名吉祥門東為竹山門為貨船出入必由之處龜山之東有山亦名大龜山較龜山長大亦有口門不能行船周圍四百餘里皆通大洋舟山之後有山高大曰代山岑港巡檢還住于山之下故夷匪未到若住岑港亦被所害矣至十八日戴嶴居民散布不過兩三家一處近城者時被擄掠還者常多驚恐

一定海城内居民仍属寥寥凡有士民之殷實者概行搬移其高大房屋大半為夷匪所佔門窻户扇亦被打碎矮小之屋大

半拆光行人甚少夷匪各處巡行覿面亦不問來去

一各衙門亦復拆毁不堪亦無人住菴觀寺院有夷匪住宿神像皆爲所毁

一城門各處並未設有炮位城墻亦未增高城内小河亦未盡挖惟聖廟前河道較寬閣有挑挖之處訪之土人據云夷匪意欲挑深通外水門鑿通海岸以便往來及細視海岸道頭並無挑挖形跡而城濠深濶有無數夷匪在彼漂布即晒在空濶處

一城内自六月至八月並無人住近有貧窮小民聞夷匪不傷害百姓漸有搬移進去究不過十之一二第夷情不常或住此疾病又搬移他處閒有若干人爲夷匪搬移行李並抬送夷人者

一城内大小街道並未開有店鋪間有幾家小戶不過賣豆腐及米穀食物

一城南門外即道頭一路夷匪甚多持鎗往來不絶定民亦有小本貨易者夷匪就高大店屋開店兩處係賣洋布嗶嘰羽毛呢等件間有人出入買賣其用洋錢銅錢不拘洋錢用紅毛帶來内地舊洋錢不用其紅毛洋錢因夷匪初到時有價買食物半年定民收貯不少本地亦有以錢易彼洋錢者並見夷匪即在定城開鑄洋錢

一道頭海岸係土斜坡逆夷船船不遠並設炮臺等處炮位亦無定數多者二十餘位少者十餘位内中尚有假炮夾䙛

一道頭東首有山在内洋可見外洋土名東嶽廟山半山之上舊有炮臺一座多年未修無房屋係定海吃緊處所今夷人在舊炮臺邊新築方炮臺一座添設營帳兩大座山半有東嶽廟今夷匪在山頂上造起碉樓尚未完工周圍用方石砌與前東嶽廟相連其石大而整細訪之土人此毁近山墳墓移入造此查近山一帶墳墓均被掘毁朽骨拋棄即裝現在已死之夷尸就所掘之地埋塟以致朽骨成堆

一訪聞夷匪較來時甚少有不服水土而死者一千餘人有時常回去者在此大半皆廣東人一望而知為夷匪主謀者夷匪中黑鬼子是下人紅鬼子是兵白鬼子是官黑鬼死即棄於海

中白鬼死即用棺埋葬亦有用鹽醃者據云係借來夷兵回去要還等語又見人去扛抬帳房並傢伙故知夷情不常時時搬移不歇遇見短衣人即拉去服役抬價或給錢給米不等

一見夷船上有木人一個亦穿紅衣立於船頭其船寬有三四丈不等長有二三十丈不等中艙皆裝厚玻璃窻深有五六層有兩隻船上開店賣洋貨等件又有一隻船賣所搶當舖及富户衣服各樣土人曾經上船買過親見知之兩旁炮眼有十個九個不等兩層上一層少兩個炮眼貨船上只有四個炮擺在船頭兩邊俱係假炮眼炮筒銅鐵俱有閩定海舊有大銅炮一位鐵炮兩位俱被夷匪搬上船去小者推在海中海神廟前草

地上尚有鐵炮三位夷兵大半住城内

一訪聞夷匪動糶倉穀每石一洋元鄉民就糶者少因秋穀方收蓄薯多故耳牛羊教場以西道頭路一帶有數百隻均有夷人管喂探係夷匪在各鄉擄掠而來鄉中牛羊幾至一空來年春耕大有妨碍

一聞夷匪現在做生意安心居住並不提防攻擊又不説及回去惟其居之既久即有素不安分之遊民往往趍此多事煽誘黒夷及夷兵向縣内殷實之家強借稲穀有數十石二三百石之多者查得東南各縣大為所害西北各縣民情強悍被害尚可將來百姓不至受害於夷匪必受害於土棍

一聞定海城内外民人傳説夷匪頭目説道要定海子女五百人為夷人互相配合之事

一訪查定海土民因定海失守後夷匪佔踞城内始為要結人心不加殘害後見人心不附漸形擄掠以致逼迫强奪奸淫之事無惡不作故遞呈請救後又有百姓因無衣服又無歸宿呈求撫卹今抄原詞呈覽再聞八九月間懿律在伊中堂處要去告示内云夷人現將起椗回粤即還定海所有城鄉百姓毋得因見夷人出入妄行綑拿等語此話傳播即有貧家小户信以為實加之在外久居艱難竟有搬回二三百家大為夷人殘害此等情形百姓皆咬牙切齒恨不能咬夷匪之肉至拉扛抬及

做小生意之人民不過因無執業藉以少佔夷匪錢文以圖養活亦出於不得已之苦情並未安心通夷

以上各條皆身歷險境並訪聞確實目睹情形伏乞察核使海外孤城數百萬生靈仰再生之德實為幸甚再定海各嶴及相近各嶴百姓逃奔郡城扶老携幼竟無其數流離饑寒之苦狀真不忍目擊若不稍加撫卹轉眼必填溝壑合併聲明

布定邦供詞

據布定邦供廣東廣州府香山縣人年二十八歲父母俱故庶母歐陽氏四十七歲弟兄四人大兄定功二兄定漢小的行三定邦四弟定申向做紅毛西洋等國生意小的是今年廣東商鬼紅毛人名叨他目船名碟花打船主晏目雇來的每月洋錢十圓就到船上去了沒有言明地方小的在後頭船上十六日到舟山兩隻船同來的夷人大船可裝四百人中號可裝二百五十人小船裝八十人大船有兩隻中小等號二十四隻火輪兩隻一共二十八隻船上住的有一千餘人城內住的有四千餘人小的船上裝物統領總兵義律是廣東做生意頭目馬禮

遜是寫帖郭士立是審事官作告示美士但是師口嘉立也是師口伯麥是巡查海面到此布爾利不是布爾利就是路厘時是紅毛國王分發到舟山看各船隻若何如舟山不得回去再吽孟加喇船來現在還有散地噠生加波孟加喇巴厘共四國此四國紅毛霸佔來的如今地丁餉項係紅毛人收取還有花旗黄旗化冷西大吕來西洋喘國此六國與紅毛人長來往交易的因林大人燒了鴉片烟又不還錢又不肯吽他做生意茶葉大黄有一年不到他國是以帶兵來粤畜報彼時各外國洋船均在那裏林大人吽各外國洋船相帮驅逐他紅毛不敢交戰故此到舟山來的他們在廣東時並沒說到此地來小的坐

的此船前載棉花羽紗各貨來廣東售賣貨已起清尚未將大黄茶葉買回紅毛國義律出一萬洋錢雇他船裝銀餉物於六月初六日開行至十六日到舟山小的向在嶴門等處生理所以也會說幾句西洋及紅毛國的話紅毛大船有砲五十位鳥鎗二百枝小船炮二十四位鳥鎗一百枝火藥用紅毛所出沙藤炭配合硝磺所以砲甚利害紅毛人脚穿牛皮鞋在船脱去皮鞋極為利便若穿鞋上岸則行走不及漢人現在招寶山外夷船是恐怕大兵進攻用的夷人作事是一步一步欵欵進的紅毛船鎗砲利害難以近身破他的船惟用火牌最好今年三月間紅毛船在廣東林大人用木牌上茅草柴薪灌油燒起順

湖放下共烧三次一回用十個火牌烧去紅毛大船一隻一回有五個火牌一回用二十個因廣東洋面濶大均未烧着從此他也怕了伊大船向用大鐵猫大鐵索下碇要拔起鐵猫須得一個時辰工夫所以不及逃避全被烧燬以此破他最好的法子現船二十八隻止有火藥鉛子蒲桃酒麪粉食物及衣服等物並無買賣貨物伊意先占據舟山看可以做生意然後搬家眷並運貨來此内地售與各口通商如住廈門一般若無生理可做彼即回去聞伊現在已有書求撫憲大人請　旨若許他在舟山居住生理他就不回去若不許他也去了船上有黑鬼子二十餘名是孟加喇國人惟不伶俐極有力氣像紅毛僱

他來的紅毛二十餘人係伊本國人各船統兵五千餘人郭士立的父親本紅毛人向在直隸天津地方生理郭士立在天津生長所以會說官話及閩粵諸省的話小的想出破舟山之法舟山城内並無居民只用十來個人身帶火藥乘夜放火便可燒破縣城若要破他的船只用十數隻小船假作向伊做買賣船内暗裝火藥撑到船邊一點便走伊大船窩排在舟山衙頭港路窄小可以一燒盡淨或用火牌亦好小的願獻破紅毛計策求大人開恩的至紅毛人向來不吃鴉片其國亦不出此物惟孟加喇國出產鴉片所以船中黑鬼子多吃鴉片紅毛的鴉片係向孟加喇國販來售賣的紅毛船近底一半俱用銅包出

水面一半只是木料約厚七八寸有餘小的像在船做厨子現住城隍廟定海衙門是馬禮遜郭士立美士担嘉之四人住義律住鎮臺衙門各口城上都設放炮小的二十五日在舟山北門外買牛隻宰吃因無牛隻即想買猪尚未買就即被舟山百姓營兵拿獲送案的求開恩是實

天朝欽差大臣兵部尚書兩湖總督林　則徐　兵部尚書兩廣總
督鄧　廷楨　兵部侍郎廣東巡撫怡　良會同移文與嘆咭唎國王
為會禁鴉片事照得天道無私不容害人以利己人情不遠孰
非惡死而好生貴國雖在重洋二萬里外而同此天道同此人
情未有不明於死生利害者也我　天朝四海為家　大皇
帝如天之仁無所不服即遐荒絕域亦在並生並育之中廣東
自開海禁以來流通貿易凡內地民人於外來番船相安於樂
利者百數十年於茲矣且如大黃茶葉湖絲等物皆中國寶貴
之產外國若不得此即無以為命而　天朝一視同仁許其販
運出洋絕不靳惜無非推恩外服以天地之心為心也乃有一

種奸夷製造鴉片夾帶販賣誘惑愚民以害其身而謀其利從
前吸食者尚少近則互相傳染流毒日深在中原富庶蕃昌雖
此等愚民貪口腹而戕其身亦孽由自取何必為之愛惜然以
大清一統之天下務在端風俗以正人心豈肯使海内生靈甘
心鴆毒是以現將内地販賣鴉片並吸食之人一體嚴行治罪
永禁傳流惟思此種毒物係貴國所屬各部落内鬼域奸人私
行造作自非貴國王令其製賣即各國之中亦只數國製造此
物並非諸國皆然又聞貴國亦不准民人吸食犯者必懲自係
知其害人故特為嚴禁既禁其吸食何如禁其販賣並禁其造
作乃為清源之道若自己不食而仍敢製造販賣引誘内地愚

民則是頋已之生而蹈人於死頋已之利而貽人以害此皆人
情所痛恨天道所不容以　天朝威震華夷何難力制其命而
仰體　聖明寬大自宜告誡於先且從前未用公文移會貴
國一同嚴禁則猶得推諉不知今與貴國王約將此害人之鴉
片永遠斷絕我内地禁人吸食爾屬國禁人製造從前已經製
造者貴國王須即全行捜盡投之於海底斷不許天地間更有
此種毒物非獨内地人民不受其害即該民人既有造作安知
其不吸食並製造而禁之則貴國亦不受害豈不各享太平之
福竝覘貴國王恭順之忱如此明乎天理而上天不至降灾協
乎人情而　聖人亦必嘉許況内地既經嚴禁無人吸食即

使貴國仍行製造亦無處可賣無利可謀與其虧本徒勞何不改圖生業現在內地搜出鴉片盡付油火燒焚若再有夷船夾帶鴉片前來不能不一體燒燬恐船內所載貨物亦難免玉石俱焚是利未得而害已形欲害人而先害已　天朝所以能服萬國者正有不測之神威毋謂言之不早也貴國王接到此文即將如何嚴禁斷絕緣由速行移覆幸勿謊飾支延竚切盼切

嘆咭唎國訴呈

夫上年　欽差大臣林奉　皇帝之恩旨前往粵省將販賣鴉片之弊盡絕根株維時販賣已經停止而大臣到後粵東暨沿海各廳各縣復興矣至正經貿易雖奉命調理保護而因伊妄辦全禁現已漸成走私凡有承辦漢英各商均已重損血本又蒙　大皇帝睿智秉公訓諭其待遠客必應堅耿姑念兼全慎重分別良歹以免肇衅之隙不至將來與英國滋生事端且英國領事義律最肅國威力保承平意欲將不賣鴉片並不在此居之良商以公道待之仍願認真遵照　聖旨妥辦即經聲明心意無奈大臣輕視不允輒將英國領事連旬拘留

省城並將淡水食物盡斷逼迫各國商人治以死罪如此挾制
勒令義律將本國商人所有之鴉片盡數呈繳惟義律係英國
領事前蒙　皇帝恩准駐粵管理商人平日遵守國制盡忠
厥職乃大臣任意凌辱竟敢褻瀆中英兩國之大體試問能遵照
上旨成事乎抑大臣妄行逼勒肆為強奪無忌乎抑英國
領事盡職有分別良歹之起見稱求保結提防為分辨事非常
存之理乎如循領事之辦法可使斷絕販賣鴉片之弊可保正
經貿易而仍舊承平但因大臣妄為勒揹搶奪等事是以無人
信之又上年六月內在尖沙嘴岸有英吉利米利堅水手數十
人毆打而內地民人一名不幸斃命當經英國領事義律循照

本國之例詳細稽查請官憲當堂問供照鬬毆坐罪之法嚴刑
懲辦但因正兇查不發覺即不肯交出無辜者正法故此
欽差大臣將居住澳門本國老弱幼兒及臨娩之婦一體驅逐
其人離毆打之場百有餘里安然無罪維時有英吉利呂宋貨
船或正經貿易或駕載無辜逃難之人而大臣星夜派調舟師
多集兵弁攻燒船隻戮殺八九人又殘傷數人又藉故監禁兩
名久留不放以致甚辱國家又將毒藥下井嚴禁接濟致惹英
人爭鬬求食而大臣欲搪塞逞兇啟釁之情故疊次欺詐呈奏
捏飾告示當大臣入粵境之時大清一統太平天下各國無不
敬仰然英吉利領事陳明甚願遵照　聖旨妥辦伊卻肆行

凌辱比之及狗可謂無故結釁隙生戰端矣有與外國人素來
熟識忠義之官憲苦勸欲免行險妄辦大臣因無知識自傲自
尊以嫚言嚇唬而為批回英吉利國主與其國民人一概恭敬
大清皇帝慈惠内地民人現遭縱肆冤屈理應據實奏劾
請旨從重治惡人之罪嗣後善妥安置各事一均穩當至内地
民人宜安分務業必知前經英吉利官弁奉命柔恤綏懷保護
不致身家貲産受害如民人持械抗拒則英國弁兵亦不令安
保無虞矣

奉

上諭國家設立兵丁勤加訓練所以嚴武備而戒不虞總督有
統轄之責必應於平時認真督率將備加意練習使知有勇知
方一旦猝遇外侮何患不破敵摧堅立功奏凱道光十二年兩
廣總督李鴻賓廣東提督劉榮慶因辦理軍務臨時不能得力
平素毫無整頓曾經遣戍前任兩廣總督鄧廷楨履任多年懈
惰因循不加整頓所設排練空費錢粮全無實用以致該省兵
丁柔懦無能諸多畏葸虎門之役竟有為夷匪買通者思之殊
堪痛恨前任兩廣總督林則徐經朕特給欽差大臣關防辦理
廣東事件繼復令其實授總督全省軍務皆其統轄既知兵丁

染習甚深便因多方訓導勤加練習其於夷務亦當威德並用
控馭得宜乃辦理諸未妥協深負委任鄧廷楨業經革職林則
徐著革去四品卿銜均從重發往伊犁效力贖罪即由各該處
起解以為廢弛營務者戒欽此

兩廣總督臣林跪
奏為恭讀　批諭惶悚難名謹瀝下忱請
旨將臣從重
治罪恭摺　奏祈　聖鑒事竊臣奏報拏獲鴉片烟犯摺内
欽奉　硃批外而斷絕通商並未斷絶内而查拏烟犯亦不
能淨無非空言搪塞毫無實濟反生出許多波瀾思之何勝憤
懣看汝以何詞對朕耶臣跪誦之下伏地碰頭愧懼慚惶莫能
言喻伏思上年欽臣奉　命來粤查辦禁烟先蒙　頒給
欽差關防繼復　簡調兩廣總督責成之重委任之專臣何
人斯膺兹　倚畀敢不殫精竭慮以冀永臻成效仰答高深
乃為時已閱年餘而鴉片尚未盡除夷船别經遠竄雖異類難

延殘喘而淺謀未出萬全夙夜循思時懷愧憤茲蒙 訓飭感悚尤深自慚庸質駑駘實無詞以對 君父惟有仰求聖主將臣從重治罪以儆無能不勝戰栗屏營之至所有微臣惶悚下忱謹繕摺具奏伏乞 皇上聖鑒謹奏再臣渥受厚恩天良難昧每念一身之獲咎猶小而國體之攸關甚大不敢不以見聞所及敬爲 聖主陳之查此次暎逆所憾在粵省而滋擾乃在浙省雖變動若出意外而其窮蹙正在意中蓋暎逆所不肯灰心者以鴉片獲利之重每歲易換紋銀出洋多至數千萬兩若在粵得以復其舊業何必遠赴浙洋現聞其於定海一帶大張招帖每鴉片一觔只賣洋錢一元即是該

國孟啊啦等處出産之區尚且不敷成本其所以欲甘心虧折急於覔銷者或云以給僱資或云以充食用並聞其在夷洋各埠僨船僱兵而來費用之繁日以數萬金計即炮子火藥亦不能日久支持窮蹙之形已可概見又夷人向來過冬以毡為暖不着皮衣其素性然也浙省地寒勢必不能忍受現有夷信到粤有言定海陰濕之氣病死者甚多大抵翔風戒嚴自然舍去舟山揚帆南竄而各國夷商之在粤者自六月以來貿易為咦夷所阻亦各氣憤不平均欲由該國派來兵船與之講理是該逆現有進退維谷之勢能不内怯於心惟其虛憍性成愈窮蹙時愈欲顯其桀驁試其恫喝甚且别生秘計冀得陰售其奸如

一切皆不得行仍必帖然俯伏臣前次屢經體驗頗悉其情即此時不值與之海上交鋒而第固守藩籬亦足使之坐困也夫自古頑苗逆命初無損于堯舜之朝我　皇上以堯舜之治治中外知鴉片烟之為害甚于洪水猛獸即堯舜在今日亦不能不為驅除聖人執法懲奸實為天下萬世計而天下萬世之人亦斷無以鴉片為不必禁之理若謂夷兵之來由於禁烟而起則彼之以鴉片入内地者早已包藏禍心發之此時與發之異日其輕重當必有辨矣臣愚以為鴉片之流毒於内地猶癰疽之流毒於人身也癰疽生則以漸而成膿鴉片來則以漸而致毒原屬意計中事若在數十年前查辦其時吸食者尚少禁

令易行猶如未經膿之癰疽内毒或可解散今則流毒已久譬諸癰疽作痛不得不急為拔膿而逆夷滋擾浙洋即與潰膿無異然膿潰而後疾去果如其法醫治托裏扶元待之膿盡之時自然結痂收口若因腫痛而别籌消散萬一毒邪内伏誠恐患在養癰矣溯自查辦鴉片以來幸賴　乾斷嚴明天威震疊躉船二萬餘箱之繳係嘆夷義律自行遞稟求收現有漢夷字原稟並有夷紙印封可驗繳而在虎門燬化烟土先期出示准令夷人觀看惟時來觀之夷人有撰夷文數千言以紀其事者大意謂　天朝法令足服人心今夷書中具載其文諒外域盡能傳誦迨後各國來船遵具切結寫明如有夾帶鴉片人即正

法貨船沒官亦以漢夷字合為一紙自結之後查驗他國夷船
皆已絶無鴉片惟暎夷不遵法度且肆鴟張是以特奉　諭
旨斷其貿易然尚未有浙洋之事或猶可以仰懇　恩施今
既攻占城池戕害文武逆情顯著中外咸聞非惟難許通商自
當以威服叛第恐議者以為内地船炮非外洋之敵與其曠日
持久何如設法羈縻抑知夷情無厭得一步又進一步若使威
不能克即恐患無已時且他國效尤更不可不慮臣之愚昧務
思上崇國體下攝夷情實不敢稍存游移之見也即以船炮而
言本為防海必需之物雖一時難以猝辦而為長久計亦不得
不先事籌備且廣東利在通商自道光元年至今粵海關税已

徵銀三千餘萬兩收其利必須防其害若前此以關稅十分之一製炮造船則制夷已可裕如何至尚形棘手臣節次伏讀諭旨以稅銀何足計較仰見聖主內本外末不言有財誠足昭垂奕禩但粵東關稅既比他省豐饒則以通商之銀量爲防夷之用從此製炮必求極銳造船必求極堅似經費可以酌籌即裨益實非淺鮮矣臣于夷務辦理不善正在奏請治罪何敢更獻芻蕘然苟有裨國家雖頂踵捐縻亦不敢自惜倘蒙格外天恩寬其一綫或令戴罪前赴浙省隨營效力以贖前愆臣必當殫竭血誠以圖克復至粵省各處口隘防堵加嚴察看現在情形似無可乘之隙藉堪仰慰宸懷謹繕片

密陳伏乞

聖鑒謹奏

為照會事照得前據貴統帥回文經本爵督部堂代為具　奏
已另文照覆在案惟是一月以來貴統帥情詞恭順並無滋擾
言詞既屬可信處事亦屬明白良以貴統帥身為貴國大臣亦
明君臣之義蓋自古君尊臣卑不特　天朝如此體制即貴國
以及海外諸邦莫不有上下之分從來未有事屬既往復向君
上求索還價之理故烟價一節物本違禁又已燒燬　大皇
帝斷不允准還價惟就本爵督部堂之意思之從前燒烟之時
其中必有情節將來欽派大臣到粵自必將當日之烟究係如
何辦理之處細加訪察而烟入於內地所值無多其在貴國更

係極賤之物私相貿易本非正項貨物可比人所共知且據貴
統帥回文内稱意本不求利只一經秉公查辦之後處處得實
必能使貴統帥有以登覆貴國王即據貴領事前被屈抑之處
於此亦可昭雪且自我　朝二百年來歷蒙　恩施格外准
與貴國通商從無嫌隙今因　欽差大臣林等未能仰體
大皇帝上意操持過急致使貴統帥稱屈現今仰蒙　聖
恩准予查辦即為至公無私乃猶不謹遵　諭旨回粤聽候
辦理想貴統帥明理之人必知此大非敬恭之道至如彼此稱
兵此間之地早經有備已為貴統帥所目擊即他處大率多已
籌防且普天之下何莫非　大皇帝之民一經奉有　嚴

旨通飭內地商販不准與貴國人互相交接又孰敢私買私賣即如上年廣東奉旨封港後貴國貨物兩年未能行銷內地之茶黃無從購買其事已可明証自不待言且由貴國販來之貨並非內地不可無而內地販去之貨實為貴國所必需此內地所以能為貴國絕市而貴國必欲與內地通商其情已可想見也貴統帥經貴國王使令而來自必精明幹練為貴國從長計議若徒於數萬里外常此帶兵路涉風濤之險水土不服則疫癘病災兵火交加則喪亡相繼民遭塗炭而貴國之志在通商當此之時無論　大皇帝斷不允准且正在兵厄之中貴國又豈能安然貿易乎是既經廢時失業而又加以遠道用兵盤

費口粮需用浩繁所失滋多在不知者視之或謂我集兵防守殆亦不無需費而貴統帥明達事機所見必周試思天朝沿海地方止有數省須防者少不防者多是其餘各省仍復安堵如常即就沿海而論本係各設守兵平時亦例有口粮如有調撥毋庸增添粮餉非如貴國之用兵於數萬里之外不知花用路費若干再　天朝中華一統諸事近便所需兵丁無處不可調用即數百萬之衆亦不難指日調集非如貴國之用船裝載所來無多而遠隔重洋後路則又接應不及且　天朝屬處內地來則交鋒去則無事非貴國之一來一往動以歲計是攻擊則我易而貴國難也兵丁則我多而貴國少也用項則我簡而貴

國繁也形勢則我逆而貴國勞也凡此情形尋常不肯明言惟
貴統帥深謀遠慮諒已早經見及是何妨以實告貴國且本爵
閣督部堂因與貴統帥疊次公文往還知貴統帥才識精明彼
此以禮相加不事欺詐故特再行剴切規勸貴國王之使貴統
帥來者原欲照常通商之理智者當熟思審處計出萬全若仍
執意不回則芥蒂莫釋終屬齟齬在貴統帥轉無以覆命而貴
領事所稱被屈之處亦無由而得伸本爵閣督部堂身為大臣
正當仰體　大皇帝中外一家之意故既為　天朝計亦當
為貴國計且必為貴統帥計此事終無了期倘經貴國王以貴
統帥為未能辦理另行派員前來其後來之人知貴統帥終無

了結自必遵　大皇帝諭旨回粤聽候查辦迨　欽差大
臣馳往辦理雖明知烟價所值無多亦必使貴統帥有以登覆
貴國王而貴領事亦可伸雪前抑緣恐有見疑為再行照會貴
統帥如果聽悉將有利於商賈有益於兵民彼此相安如初則
貴統帥回國自必顏面增光可稱為貴國王能事之臣矣惟再
圖之須知照會者右照會咦咭唎國統帥懿律
道光二十年八月二十二日奉　硃批所曉喻者委曲詳盡
又合體統朕心嘉悅之至欽此

欽差大臣伊
奏為奴才探悉近日夷情並接到廣東來信相機籌備緣由恭
摺馳　奏仰祈　聖鑒事竊查夷目懿律於十月十九日分
船赴粵迄今一月有餘奴才因該夷船隻便捷由粵至浙極為
迅速粵省如何查辦留浙夷人必先得信是以屢經遣弁赴定
海密探以覘其有無去志該夷目懿律等赴粵之後防守漸形
踈懈任聽弁兵人等在城内出入並未盤詰阻止其原在道頭
一帶安設之砲位槍械皆紛紛搬運下船已有去浙之意至十
一月二十日忽有夷舡兩隻自粵回定該夷復將船内砲械運
至岸上排列操演兵技製造軍器並在城内各處嚴行防守又

出示諭其定民不得容留内地兵後數日之間情形互異奴才正深焦慮茲又接准廣東　欽差大臣署兩廣總督琦善來函據稱該大臣於十一月初六日行至廣州懿律等已先於十月二十八日抵粤省即遣弁前往探詢該夷詞漸強橫不如在直時之馴順初七日又接該夷來文聲言懿律因病起椗回國公事全交義律又欲在寧波貿易察其詭計恐懿律復回浙江藉圖佔據囑令留意等語核與　奴才在浙探聽情形雖各不同而形跡之間遥相脗合伏思懿律等前在天津其情本屬恭順即其回浙以後亦並無桀驁情形今既分船赴粤自應俯首貼耳聽候查辦何以與差弁接晤即形倔強而懿律又托言回國

並不靜候會議夷情反覆殊費揣度現在懿律是否在粵潛匿抑又折回定海該夷形跡詭秘無從探聽惟十一月二十日曾有夷船自粵旋回難保懿律不在其內今夷衆既已在定海掾兵製器而義律在粵又有在寧波通商之意其居心實為叵測該夷現未蠢動固不便遽議攻勦而守禦必宜暗加謹嚴　奴才現將前擬撤退尚未起程各兵仍行留住以壯軍威一面會同閩浙兩提　臣　督飭鎮將嚴密防範並選弁時赴定海覘探該夷動靜以便將防守招撫機宜密為布置俾免貽悞所有　奴才　探悉近日夷情及接到粵書相機籌辦緣由除咨覆廣東　欽差大臣暨知會沿海各省一體密防外理合恭摺由驛馳　奏

伏乞

皇上聖鑒訓示謹

奏道光二十年十一月三十日奏

伊裕附片奏

再𠸄咭唎逆夷以區區小醜犯我邊疆陷我城邑其所恃者不過船堅炮大不知該逆夷犯兵家之忌者有八千里餽粮師不宿飽況海道數萬餘里芻粮一匱後繼為難此一忌也遠涉重洋一往返間動經逾歲且掀天巨浪莫可屯兵前師一敗後師無援此二忌也該夷國富民貧平時養兵不甚愛惜一旦驅鬬於數萬里之外素無同袍之戀何有敵愾之心此三忌也該夷砲火雖利然砲之為用不利仰攻即以我吳淞海口而論下有石塘上有土塘又有炮臺其勢高出夷船彼如仰砲上攻鉛藥沉而力緩其船與浪低昂施放亦難得準此四忌也該夷以船

為家破浪乘風固屬長技但船身笨重吃水極深內洋沙線非所熟悉不得土人導引一遇水淺沙膠屹然山立轉動萬難此五忌也該夷船雖堅固然利於水者不利於火我兵若用火攻彼船頃刻焚燬此六忌也該夷雖習水戰而其戰也專恃鎗炮擊刺步伐皆非所嫻且其腰硬腿直結束緊密碍難屈伸一仆即不得起不利陸戰此七忌也該夷生長外洋不服中國水土探聞竊據定海後或出天花或染時疫死亡相繼殆無虛日此八忌也該夷犯此八忌其敗可立而待目惟有會督提鎮激厲將兵固不可預存輕敵之見尤不可稍有畏敵之見奮勇小心嚴防口岸力戢內奸絕米粟之接濟禁茶黃之透漏斷樵汲之

徑途以逸待勞以衆待寡其沿塘扼要處所安設大將軍紅衣神威等砲位大者重四千五百斤小亦二三千斤及數百斤不等火藥鐵弾均已足用該逆夷倘敢深入内洋即當相度遠近用砲轟擊可期致勝設或駛進口内 臣已於汊港内預伏柴船數十隻每船各堆柴草數千斤灌以桐油加以硝磺派令水師督押配帶噴筒火箭繞出其後佔其上風順流追逐縱火焚燒兩岸仍用鎗砲轟擊截其歸路若竟鋌而走險舍舟登陸更可大加剿洗不令其一人生還以彰 天威而洩民憤總之該逆性雖狡而多疑力雖强而少智止知貪詐不知信義孤軍深入實屬自取滅亡不足為患堪以仰慰 聖懷合併附片陳

明謹　奏

奏為定海地方斷難准㖊夷通商臚陳八弊請　旨飭令廣東　欽差大臣慎重妥辦恭摺奏祈　聖鑒事竊祛弊不可不決防患不可不嚴籌　國家之大計不可僅顧目前馭化外之夷情不可稍疎事後臣查夷船停泊定洋者尚有二十餘隻定城亦未獻還如果真心赴粵既蒙　恩准查辦自應率類偕往何以分黨戀據恐該夷有欲在定海通商之意自不得不深慮遠圖乘此粵議未定之時縷陳弊患叩乞　聖裁

一在地利查粵東海口向係各夷互市之區然亦僅准其舟泊澳門例不容其進口其廣州城外設立虎門門戶其外又有蕉、

門三門兩山亦俱設礮位為虎門外垣故夷人有深畏虎門礮臺之說不敢輕犯是廣東澳門之內既之字迴環諸山又矗立拱衛形勢控制防範綦嚴至定海孤懸海外並無咽喉險要可以控扼其西北直達甯波之鎮海象山奉化石浦及紹興之餘姚再西則達台州之甯海黃岩溫州之樂清瑞安玉環等處正北則直達杭州之錢塘海甯又北則達嘉興之海鹽平湖乍浦各城且與江蘇之崇明上海通州各處一潮可達綿亘二千餘里大小海口數十處並與沿海石塘及江口河道處處可通若𠸄夷在此通商地勢散漫一無鈐束即極力稽查亦斷難周密且馬頭既立該夷盤踞日久恐於汉河形勢探訪熟悉不可不

防其漸此定海內之難准該夷通商者一也
一在物産查浙江爲東南財賦之區通省皆産稲穀杭嘉湖三府又産蠶絲温處二府又産純鐵杭嚴金衢温台寧紹各府則又産茶葉鐵斤例禁出洋蠶絲素爲夷人所重至茶葉則夷人更以之爲命是中華之所以能制外夷者在此而外夷之受制於中華者亦在此粤東與夷人交易茶葉爲先若㖃夷在定海通商茶葉鉄絲既可就近謀取而各處茶葉更必百計潛取以能制該夷之物陰使奸夷之携取不特耗内地之貨財弛該夷之忌憚且恐其居奇轉售他國獲價倍蓰適足以遂其貪而益其富此定海之難准該夷通商者二也

一在勾結查唤夷自佔據定海其定民殷實有力者先已航海逃避其貧苦無聊者不能不困守故巢現聞該夷有取城中典當衣被散給老幼之事是其要結伎倆已有明証浙省沿海率係捕魚為業煮海為生之户既無恒産即少恒心若該夷在定海通商陰施小惠恐無衣無食之徒即甘心為其役使而乍浦又逼迫杭嘉湖及蘇松等府粮船水次查粮船水手多係無業游民桀驁性成亦難保不為夷人以利誘惑且閩洋為海盜淵藪定海一帆可通更恐其串通為害此定海之難准該夷通商者三也

一在烟禁鴉片流毒之各省而來源實自粤東自上年嚴定條

例各省隨時懲辦漸有成效唤夷因廣東斷其烟利故來浙滋擾思欲巧濟其奸其求通商以售貨實假售貨以售烟現聞該夷在定海城内開設舖面所售者亦未必即無禁物遽行查禁深恐另生枝節有碍廣東查辦若該夷在定海通商與閩廣江蘇山東直隸各省往來甚便勢必潛謀令售暢遂慾壑聽之則流毒滋蔓禁之則陽奉陰違威之則又更益其詭計彌縫轉得藉口不能相安張弛兩難寬嚴無濟此定海之難准該夷通商者四也

一在關稅查寧波浙海關歲征稅銀七萬九千餘兩乍浦温州各小口均附於寧波正口報銷其稅銀俱閩廣山東天津諸商

船及本省商漁船隻内征收而定海實爲各船進出必由之路自㗘夷佔據定城各船裹足不前現聞該夷已有在定海强收漁稅之事若准其在此通商良懦商艘勢必畏葸不來奸詐商漁久必依附偷漏即新定章程該夷一一遵奉而得不償失實以陰受其欺是閩粵之稅既少而浙閩之稅又缺必有兩形支絀此定海之難准該夷通商者五也

一在防費查㗘夷豕突定城數月以來諸省防費已屬不貲即閩粵江蘇山東直隸各省防堵亦不無耗費縱准其將來在粵貿易瀕海口岸尚須擇要防守若准其在海海通商以黠狡之島夷居適中之洋面各省防範更宜倍加嚴密防夷於粵與防

夷於浙其難易逈不相同且使其在定海日久土盜漁船設爲
該夷所用是土盜即係夷人漁船即係夷艇隨處可到不特海
防宜設即江防河防亦俱難弛防愈多則費愈繁防愈久則費
愈鉅經費有常亦不值因海外之番奴過耗府庫之賦稅此定
海之難准該夷通商者六也
一在國體我　朝柔懷遠人中外一體久准各夷在澳門立市
若咪夷僅止不願在粤貿易已屬自外生成乃因通商而先佔
定海佔定海而又通商恐其擇江設立馬頭久已垂涎定海倘
准其在此通商是該夷欲得在定海通商竟能在定海通商有
所操而求者設如償其願不特恐長該夷之奸併恐潛滋他夷

之詐似不足以懾夷情而尊國體此定海之難准該夷通商者七也

一在民心查浙省素本懦弱即水陸兵丁其膽力亦遜於閩粤而民心之懦更甚即以該夷佔據定海各島居民紛紛逃避寧波府城者已萬餘人迨酌量撤防鎮海居民又聯名具禀嘵嘵懇留此時粤省查辦尚在未定而民心驚惶已難言狀若准該夷在此通商且恐驚惶者尚不止甯波一府之民即寧波一府而論鎮定兩邑之民終無歸家安業之日其不欲歸者此心可嘉其意欲歸者此心莫測也此定海之難准該夷通商者八也

種種弊端關係非輕若僅顧瞻目前誠恐周章事後臣敢箝口

不言致韋　倚畀倘芻蕘不採惟求　聖恩諭令廣東
欽差大臣琦善計出萬全慎重妥辦必不可與英夷在定海
通商則夷奸可破而海疆可以漸安矣所有臣臚陳各弊緣由
謹繕摺具　奏伏乞　皇上聖鑒臣深恐粵議已定是以由
驛遞報合併陳明謹奏

浙江巡撫臣劉韻珂跪

奏為定海難民聚集寧波郡城急宜籌辦撫恤恭摺　奏祈

聖鑒事竊照本年六月間𠸄夷突陷定城該邑民人猝然遇難驚惶無措城内及附郭居民紛紛逃避或避居各島或遠走他方惟逃至寧波府城者居多前據寧波府縣先後稟詳該難民糊口無資經前任鄞縣舒恭受勸諭紳富量力捐輸其有愿赴遠處投親或在鄰近傭趁者酌給盤費遣令前往其老幼男女無處依靠者尚有五千餘人按名散給口粮尚屬安帖惟閱時已久定海居民陸續來郡人數日漸加增現已聚至五千餘人捐項將次用盡稟請籌備銀米迅速安撫當經臣札飭藩司

一面委員密查人數是否屬實一面先飭寧波局動支銀三千兩妥為安插散放去後茲據　欽差大臣伊里布奏稱定邑城陷之時居民至寧郡者二千餘人近因為日已久聚集日衆數將逾萬其接踵而至者更未可量等情且查夷船尚未盡去並在定城設立偽職出示禁民勢難遽議設官招復流離惟逃竄他鄉者形同哀雁概不能復歸而未離故土者心悸貪狼又不敢安處寧郡距定邑較近且有　欽差留兵防範擇地投足人有同情紛至沓來亦勢所必至因思該難民等棄家不顧携眷同逃寧為異地之顛連不受外夷之誘惑蓋受　國家豢養已二百年我　皇上深仁厚澤久經淪浹肌髓是以輿情

固結至於如此臣忝撫是邦不能使還定安集坐視生民之塗炭此臣所以傷心泣下者也又思難民之逃走原因躲避夷船夷船一日不去則難民終無復業之時定邑佔據日久則難民迄無安身且曠日持久老弱者勢必至轉於溝壑少壯者恐難保流為賊盜是於民生疾苦實已毫無補救此又臣驚心後患寢食難安者也現值嚴冬氣候各難民饑寒交迫實堪憐憫自應將現至之數急籌撫恤並妥為安置以杜釁端惟國家經費有常而難民以口授食日久恐難為繼臣與在省司道先行籌捐廉銀一萬兩稍為接濟即飭新升寧紹台道尚開模帶銀赶赴任所督同該府縣選擇就地公正紳士確查名數分別口

數將實係定海難民造具細冊於空廠處所或搭蓋蘆棚或寄寓廟宇分起安頓派委妥員稽查彈壓按名酌給口粮每日給發一次務期無濫無遺俾難黎不至失所以仰副 聖主痌瘝在抱子惠元元之至意第廣東之查辦未定定海之收復無期續至難民數難逆定倘定局動支及捐廉銀兩仍不敷散給

臣惟有籲懇 天恩俯准在截留軍需項下酌量動用一俟事竣即由臣督同藩司核實報銷所有籌辦撫卹定邑難民緣由謹繕摺具 奏

欽差大臣兩廣總督琦善跪

奏為㖈夷不候回文直擊炮臺現尚無分勝負恭摺由五百里

加緊馳奏仰祈　聖鑒事竊奴才於本日辰刻將備文照會

㖈夷及該夷業已張掛紅旗等情恭摺具奏後隨續接水師提

目關天培飛報㖈夷各船於十五日早間起碇分隊直撲虎門

外沙角大角兩炮臺炮火聯絡折戧環攻自辰至未約計夷船

共開有千餘炮我軍奮力回擊直至未刻遠見夷人有落海者

適值潮退該夷船始停炮火現泊沙角大角夾間中流彼此相

持大約次早潮長必仍開仗又有火輪船四隻直撲師船我兵

亦即回攻無分勝負該火輪船仍駛去回泊該夷船檔各等語

伏查奴才自到粵後疊次與該夷回文均係温言勸諭即其所
求各款雖不能飽其無厭之慾心然亦逐節曉有允許乃該夷
此次於十四日投到夷書不候回文輒於十五日早間直撲炮
臺其桀驁強橫一至於此議者猶謂固守藩籬即可使之自困
或但許通商即可就我範圍其言是否足據難逃　聖明洞
鑒現在該夷既敢先肆滋擾則衅自彼開已屬無可藉口所有
前件回文自不應再行發給查沙角炮臺孤懸海外惟恐兵力
較單業經添撥撫標兵二百名駐劄東莞之陸路提標兵二百
名預備防守惟大角炮臺近接南沙山一帶誠恐該夷繞越山
後奔竄前進現已飛諭水師提臣查明如應需添兵即就相距

該處較近地方指定營分移覆飭調一面囑令赶緊多備薪水火藥鐵彈等項總期足敷數月之用以便拒守其虎門係提督駐守處所並有　奴才　派往協防之潮州鎮總兵李廷鈺足資商辦至距省六十里之烏涌口前已調集舟師於傍岸安營築壘並又填石沉船紥立木筏以堵竄越業於初四日具摺奏報現經署督標中軍副將祺壽永靖營都司崔士亮等督辦完竣惟省城貼近城墻均係居民房屋礙難開炮餘亦四面皆河無可安營之地現亦就水中舊有炮臺增兵防守其有灘面者亦一律安營水陸兼防至浙江福建等省　奴才已於前月抄間察看該夷情形日緊誠恐別出肆擾即經分咨兼護閩浙督臣吳文

鎔浙江　欽差大臣伊里布知照並囑伊就近轉咨江蘇省
一體防範惟程途寫遠驛站積疲未識此時曾否准到除再行
分咨福建浙江江蘇山東直隸各沿海省分並飭將此次接伏
我兵有無受傷及受傷多寡查明飛報暨嗣後情形再行隨時
具奏外所有現在該夷不候回文先行攻擊業與接伏緣由合
先由五百里加緊恭摺馳奏伏乞　皇上聖鑒
奏
上諭琦善奏咦夷攻佔砲臺情形一摺逆夷到粵以後日肆猖
獗迭經朕嚴諭各省慎密周防相機剿辦該文武大員宜如何
妥為布置本日據琦善馳奏該處沙角炮臺竟為逆夷佔奪大

角炮臺亦被攻破並有戕傷將弁搶奪師船之事可見該署督等於防禦各事全未預行籌備琦善著交部嚴加議處仍督率調到各官兵奮勇進剿迅奏膚功關天培身任提督統轄水師平時既督率無方臨時又倉皇措据先行革去頂戴仍令帶罪立功以觀後效所有傷亡將弁兵丁該署督確切查明具奏欽此

欽差大臣兩廣総督琦善跪

奏為暎夷占奪沙角炮臺並將大角炮臺攻破又即於水師提臣處投文請商暨奴才先已發文詰詢縁由恭摺由六百里馳

奏仰祈

聖鑒事竊奴才前奏暎夷不俟回文直擊炮臺師船尚在彼此相持無分勝負係據提臣關天培函報馳

奏旋又接准該提臣函稱該夷即於本月十五日駛來大小兵船二十餘隻分攻沙角大角兩炮臺火炮較前倍增直至申時方息随查得大角炮臺前面灰沙炮墻已被打倒數段山後圍墻亦被打塌數處又打斷炮耳六位火藥局被炮打穿火藥轟發藥局被燒並延燒兵房十四間打倒兵房三間該夷又另撥夷

兵漢奸約數百名由大角後緣山直上從墻缺處打進炮臺經陸路官兵打死夷人漢奸數十名無如象寡不敵守臺千總黎志安身受多傷因恐炮位被其搬去當督臺兵將好炮十四位推倒海内負傷打出衆夷均亦回船僅存破爛空炮臺此大角炮臺之大畧也又沙角炮臺於被攻之際該夷另撥黑夷一千餘名漢奸數百名由穿鼻灣登岸兵船則攻打臺面黑夷則抄山後攻奪陸路營盤被飛炮落火沿燒各兵草棚接仗一時之久我兵兩面受敵遂致不支副將陳連升守臺千總張清令俱已陣亡守備程步韓受傷亦重兵丁死傷過半炮臺遂爲夷目義律所奪此沙角炮臺之大畧也又守口師船十隻先經該夷

開放火輪船四隻於是日巳刻進攻已被我師擊退互有受傷該火輪船復糾約大小三板船數十隻續來攻擊其三板船中全用鳥鎗火箭火罐等械其火輪船均用飛炮鐵彈打落船中即行炸裂子內藏有火藥炸散焚燒致我官弁兵丁有被鎗炮擊斃者有被火燒死燒傷者船隻亦有被燒燬者又前僱拖船十二隻現被搶去二隻其餘尚未查明此師船拖船之大槩情形也據該提臣聲請　奏參從重治罪又請將該夷前次來文仍從權再行照覆藉作緩兵之計庶可量為布置等情函致前來臣復查此間水師兵船技藝廢弛已久該夷現在所用飛炮子內藏放火藥所至炸裂焚燒不獨為我軍所無亦該夷兵械

中向所未見經此次猖獗之後我師勢必益形氣餒為今之計總須先行設法止住夷兵俾得再行籌辦而該夷前日來文内本有戰後再商之說 奴才正以該夷如果續有所請其來文接收與否頗覺兩難若如果該提督所稱將前日夷書仍行從權照覆而今者情形已與前日不同該夷既不候照覆此間更不值覆伊前日之文惟思該夷前日投具夷書後總應聽候回文何以輒先滋擾不若藉此作為詰問之詞令其將是何人意見再行登覆庶此後該夷續有來文係其稟覆文書既於 國體無傷或仍得設法羈縻 奴才甫經備文飭發去後續准提臣函稱十六日辰刻該夷將擄去我營兵何一魁放回交其帶致提

督夷書一件經提督答覆該夷隨又遞一書列名請求各款聲稱聽候於三日内照覆各等情奴才隨代提臣擬具覆夷文稿寄交繕發告以奴才業經行文詰詢俟該夷登覆再辦現尚未據回報所有該夷兩致提臣夷書並提臣寄到覆夷文稿及奴才代擬底稿謹一併進呈
御覽至提臣關天培身膺水師統轄督率無方擬請
奏叅從重治罪相應據情具
奏聽候
諭旨奴才欽奉
簡派來此查辦夷務惟正在查辦之際該夷不俟回文輒先肆擾大角沙角兩炮臺亦本係孤懸海外然不能駕馭貼服致令占奪炮臺戕傷兵弁實深悚懼相應請
旨將奴才交部議處再此次仍據提臣來函具奏雖續

經准到咨文以尚在倉卒之間其陣亡受傷官員兵丁及被搶被燒各船隻碓數未據逐一查明奴才已飛咨確查俟其將原調官兵若干現在陣亡若干尚存若干並被傷各船隻數目及受僱拖船水手有無受傷逐細查明咨覆到日另摺具　奏請
旨照例辦理並俟該夷義律如何登覆再行馳報外所有現在大概情形恭摺由六百里馳　奏

道光二十一年正月初五日奉
上諭本日據琦善馳奏逆夷攻占炮臺一摺前因逆夷日肆猖獗特降諭旨妥為准備相機剿辦原料其乘間擾廣東已非一日該大臣身膺重寄既知該夷情形桀驁又見該省營務廢弛自

應先事豫防以期有備無患兹據奏報逆夷占奪沙角炮臺並
攻破大角砲臺等情該夷甫於上年十二月十五日肆逆開炮
兩炮臺均被攻破可見該省全未準備實堪痛恨已明降諭旨
將琦善關天培分别摘頂嚴議矣現在逆情顯著惟有痛加勦
洗以示國威尚有何情理可喻已飛飭四川湖南貴州各省官
兵迅即赴粤並飭江西前所調南贛鎮兵二千名馳赴接應矣
廣東本省官兵悉歸該署督統轄現在情形緊急著先行分布
要隘按段拒守毋許再有疎虞所調各兵計正月内可以陸續
到粤著即督率將弁奮力勦除以圖補救至廣東砲臺前據鄧
廷楨等安設排鍊阻截夷船此次攻破之大角砲臺是否即係

其處著琦善一併查明據實具奏將此由六百里諭令知之欽此

署兩江總督臣裕謙跪二十年十二月十二日奏

奏為夷情詭詐現在妥為預備恭摺奏　聞仰祈　聖鑒事

竊臣接據沿海各營縣稟報江蘇洋面近雖安靜而查探定海夷船時有往來且在定海地方操演兵校情有可疑正在確探咨詢間接准　欽差大臣伊里布咨會夷目懿律在廣東省托言回國將會議事件諉之義律而義律言詞強横又欲在寧波貿易十一月二十日有夷船兩隻自粵回定將已經搬運下船之炮械仍行運至岸上操兵製械設守甚嚴恐懿律潛回定海藉圖占據咨行一體密防等因核與江蘇營縣所稟相符臣查義律不過該國貿易領事之人與中國洋行相等何以能議

事懿律曾否潛回雖不可必而似此種種可疑自應嚴益加嚴密為預備且該夷占據定海已逾半年游奕各洋亦將周遍沿海之險要雖未必能得其詳倫而沿海之奸民實難保無被其誘脅設有反覆則以熟悉路經之漢奸導引狡詐之夷人其情殊不可測江蘇洋面與定海毘連崇明既孤懸海外上海為通商馬頭寶山又為出入門户在在皆關緊要不敢因冬令水涸有天險可恃該夷現亦並未蠢動稍形鬆懈查防守寶山之營兵甫經撤退未便再令折回以致僕僕道途張皇驚擾臣業已飛咨提臣陳酌量情形妥為辦理一面將江寧將軍臣佈勒亨在滿營城内搜獲二千五百觔大炮三位又蘇州省城查出四

千餘觔大炮一位一併撥解吳淞海口擇要安設仍先飭委候補知府黃冕兼程前往隨同提臣經理彈壓以為固守海口控制崇明之計臣仍確探廣東浙江兩省情形或往蘇州或赴上海寶山相機辦理惟上海地方尚有徐州鎮標官兵七百名現係護理徐州鎮總兵事參將繼倫管帶恐不足以資彈壓可否請　旨勅下新任徐州鎮總兵王志元迅速前來以專責成而昭慎重除咨會沿海各省一體密防外臣謹恭摺具　奏

又於道光二十年十二月十六日

奏為審度時勢敬陳制勝之謀恭摺奏請　聖訓事竊臣承准軍機大臣字寄欽奉　上諭御史蔡家玕奏籌制暎夷事

宜一摺該夷臣既往廣東聽候查辦尚屬恭順毋庸遽議擊勦所有該御史籌議各條著暫為存記倘將來事有變更再行體察情形各條內有可採擇之處酌量妥為辦理原摺著抄給閱看欽此仰見我 皇上虛懷採納籌備機先之至意臣維制勝之道不外制尅二字該御史所陳各條是以小船制其大船以攻近之鳥鎗制其致遠之大炮以火攻尅其水戰以斧鑿尅其舟楫而又縱反間之計以毒制毒詢皆兵家要訣臣於本年夏秋間皆曾預備試行節次 奏明在案然皆沿海防堵使其不致侵犯之計而非驅除醜類之謀也臣愚以為該夷果能聽受 訓諭納還定海固可毋庸勦擊設有變更兵貴神速必

當先謀收復定海使之容身無地水米無資沿海各省復以尅制之法相機堵禦則該夷欲進不能欲守無藉雖船堅炮利無能為役矣說者謂定海孤懸海外其占據已逾半年若欲收復必將與之海上交鋒是以我之短試彼之長殊非善策不知定海周圍三百餘里該夷只占據空城不過一隅中之一隅數里外皆不為其所有定海之西境有嶴名岑港大船不能入形勢孤絕有險可守登岸甚難由岑港至縣城隔有西嶴等山可以隨時相機出奇搗擊其地山徑陡窄有一夫當關之勢為可戰可守之地前明倭寇據港堅守官兵攻之逾年不克　國初亦有據港以叛者載在誌乘班班可考由此觀之岑港之形勢實

為定海全境第一險要之地幸該夷不識地利又難於登陟筞於行走不敢離船故雖近在咫尺不能併據但得精兵數千乘夜渡海再行分兵守險出其不意昏夜擣襲黎明即收兵回嶴每夜輙聲東擊西使彼晝夜不得休息不出旬日彼必棄城而遁毋庸與之交鋒也且官兵移駐定海相機進勦有可以無慮者四有不可緩待者六 臣 請更詳言之定海縣城之後象山環峙如臼嶴釆利嶴童嶴干礷嶴馬嶴曉峯嶺東西北三面皆可結營屯兵不必團聚於岑港一處我兵居高臨下易於擊剌而彼不能仰攻進可以克復退可以自守此可無慮者一也該夷大炮不能登山施放夷力不能遠致夷人腰硬腿直一擊即倒

我兵矛矢擊刺趫疾如飛用我所長攻彼所短此可無慮者二也定海山外港汊有淺有礁夷船不能盡到而漁船則處處可行官兵既渡文報不致難通此可無慮者三也昆亭大旺新碶蟹浦等處現在漁船之往來定海者皆繞山斜渡由山後各口登岸若官兵乘夜潛渡一潮可達不致阻碍此可無慮者四也現在西北風司令我沿海口岸患占上風夷人既畏天寒又虞水淺是以不敢蠢動俟至春夏之交東南風發潮水充盈彼勢既張更恐義律之托言回國屆時又勾結夷船聯䑸而至則我先失天時更形棘手此不可緩待者一也定海各嶴收割未久有粮可就不患阻我餉道以我官兵駐我土地遲則地利人和

兩失所恃此不可緩待者二也各嶴居民除已逃回内地外尚不下數萬人並未從逆苦夷人之騷擾望官兵如雲霓從民所望勇氣百倍不獨未逃者恃此無恐即已逃者亦可復歸故土既壯軍威又免難民之踵至此不可緩待者三也該夷在定海出示定價買粮勒令送入城中設我遲久不顧該處民人被其廹脅儲蓄皆為彼有此不可緩待者四也現在各渡口漁船照常往來易於渡兵如再遲延誠恐夷人將各漁船脅從則我兵無船可渡此不可緩待者五也定海鎮標兵丁之散在各嶴者雖經　欽差大臣伊陸續招集而自懷疑懼不敢投回者聞尚不少我兵既渡下令招安此等散兵一呼可集用功不如用

過未有不感恩思奮者較之徵調官兵更為得力遲則該兵等守無恒產若不從逆必將流而為盜此不可緩待者六也臣從事半年揆時度勢確探情形審思熟慮竊謂各省皆可議守而浙江必應議戰且必應速戰蓋浙江不戰則定海不復定海不復則該夷米穀牲畜恐其擄掠供其用度不虞缺乏彼既據為飲食之源我無斷其接濟之法又荼毒良民誘集奸匪躭延愈久夷勢愈衆迨至潮汐旺盛彼更時出兵船游奕於沿海各省乘間滋擾反客為主轉勞為逸益寡為衆我則勞師糜餉處處防堵時時戒備商賈阻滯士民驚擾似覺不值亦非久長之計臣明知江浙唇齒相依江蘇洋面平衍散漫設守之難倍於浙

江該夷一經浙省擊敗必豕突江蘇為困獸之鬥以圖一逞然彼之銳氣既旺我則以靜待動練勇厲兵堅守口岸再多用小船以擊其杉板船隻絕其水米接濟似尚可以為力何敢畏難緘默致悞事機至該夷均係貿易圖利之人原無掠地爭城之志不過逞其譎詐要求通商若於我軍已振彼氣已懾之後畏威乞命再行仰懇 天恩網開一面庶該夷知感知畏不敢復萌故智則海疆永靖實億萬年無疆之福總之此等犬羊之輩使之知畏易使之知感難且非使之知畏更難使之知感臣愚昧之見可否請 旨勅下 欽差大臣伊浙江撫臣劉會同體察情形妥速辦理之處伏候 聖裁臣謹恭摺具

奏伏乞　皇上聖鑒訓示謹　奏二十一年正月十六日奉
到　硃批所奏不為無見已有旨諭知伊里布矣欽此
又於道光二十一年正月二十八日
奏為逆夷未受懲創遽請易地通商現仍遷延不去情實叵測
已飭壽春鎮標兵仍行前進湖廣官兵應請撤退恭摺附驛馳
奏仰祈　聖鑒事竊奴才奉
提臣余步雲勦辦逆夷當將起程日期恭摺　奏報在案正月
二十六日在青浦縣舟次接准　欽差大臣伊里布於二十
二日在鎮海軍營發來咨文內稱粵省夷務查辦完竣現飭繳
還定海所有前調之皖楚等省官兵已　奏明撤退並准抄録

摺稿及署兩廣總督琦善原奏前來 奴才伏查夷性畏强侮弱
惟利是視不與中土通商即無以資生其權操之自我自前年
絕其貿易之後屢次在廣東滋生事端皆為官兵擊逐而退沿
海地方若皆能有備無患該逆技何能施乃定海無備致被占
據迨奉 簡派大臣調兵勦辦東南沿海一帶兵民協力防
堵亦極嚴密即赴直隸遞呈乞 恩後見防兵漸撤民心漸
懈又肆鴟張其在定海則姦淫搶奪無惡不作其在廣東更敢
搶擄兵船攻占炮臺誠如 上諭實為覆載所難容人神所
共憤仰蒙我 皇上命將出師大張撻伐天下臣民罔不額
手稱慶該逆聞知 天威所加難逃鈇鉞又作此狡獪使倆

請在廣東即日通商寄居香港繳還定海及至到浙又欲將帶至定海貨物令寧波商民收買遷延不去仍是得步進步之故智若將已調及將到軍營之官兵全行撤退設該逆再有反覆更屬不成事體且該逆未受鉅創尚不知　天朝威力即使將就完結名不正則言不順將來之互市亦屬弛張兩難奴才奉　命勦辦雖尚未到軍營不敢坐視奴才業已咨會伊里布將夷俘晏士吋喇打厘等暫緩釋放并牌傳沿途驛站飭知將到軍營之壽春鎮標官兵一千二百名仍行前進不必撤退或者該夷聞風畏懼不待進勦退出定海固可先除一窟若再藉口遷延則是欲定海之外又占一香港也奴才到浙後即當

會同余步雲設法進兵殲除醜類以伸　天討而洩民憤其湖廣官兵程途遥遠本屬緩不濟急且湖南係屬苗疆湖北襄陽一帶素多不逞之徒在在均關緊要既經伊里布奏明撤退自可毋庸再調　奴才現又咨會江寧將軍倭勒亨挑選駐防八旗精兵三百名備帶抬炮馳赴浙江以備調遣　奴才謹恭摺附驛具　奏伏乞　皇上聖鑒謹奏

山東巡撫臣托渾布跪二十一年正月初六日奏

奏為豫籌戰守情形恭摺奏　聞仰祈　聖鑒事竊臣於上年十二月間承准軍機大臣字寄欽奉　諭旨𠸄夷在粵益形桀驁　勅下沿海各省痛加勦創當將籌備大概情形附片縷晰陳奏拜摺後兩奉　諭旨諄諄訓誨仰　聖謨之深遠益感悚而思奮連日復與所屬文武悉心計議豫籌戰守之策查東洋遼濶無險可恁登州府城傍海為垣夷船直可駛近水城次則該府所屬之滎城縣亦逼近海口形勢較險其地孤懸海外有民人有廬產之島嶼不下數十處賊匪闌入處處皆可侵擾必使夷船不敢駛入内洋然後濱海之城池可守必

使夷炮不能轟及城垣島岸然後内地之籓籬克固是他省皆守易於戰東省則戰守並重夷人所恃者船堅而炮烈我以炮及賊不能一發即中則炮雖大而無適於用賊以炮攻我不能多方以避則兵雖多而不足恃 臣以登州府現雖貯有三千觔大炮尚恐臨敵不敷應用擬再添造二三千觔大炮十餘位以資攻擊業已籌款覓匠飭令試鑄惟東省水陸弁丁於數千觔大炮皆未練習倉猝試放多不應手亦無準頭日前登州鎮演試大炮即因弁兵放不得法間有炸裂現雖責成各將弁不惜火藥多方練習惟製造之工匠既無經歷之人教練之將官亦未得傳授之法 臣咨訪僚屬傳詢羣言咸謂 國家承平日久

海宇又安各省亦少此等諳習炮手查德州營叅將尚五德由正黃旗漢軍兵丁出身據稱曾見該旗漢軍炮營所存數千觔銅炮製法精工其炮雖重旁有炮車移動便捷炮兵亦多諳練之人施放有準查夷船在洋倏忽靡定數千觔大炮必須便於轉移方能向賊船轟擊可否仰乞

聖恩勅下正黃旗漢軍都統於炮營內選擇二三千觔大炮二位並挑選該旗炮營章京一員諳練炮手兵六名飭發來東俾得依樣製造炮車就近教練陸營兵丁如蒙　俞允臣即遣該叅將尚五德赴京領運至臣前奏編查各島戶口豫備內徙並掘斷島上泉脉以絕夷匪薪水現已委員查明島戶有人數較多之處勢難一概遷

徙且如蓬萊縣之廟島長山鼍磯等島榮城縣之俚石二島既為南北扼要且又地面較寬泉脉甚多島民内徙恐各島為賊佔據仍被掘地取水現擬以小島併入大島擇大島中年力强壯之人給械訓練臨時再行撥兵遣弁使與島民恊守以杜夷匪侵佔據掠並訪求避炮之法以麻袋裝沙土間段排列築城沙堆高過城垣並於其間段空濶之處安放炮位沙性軟而滑賊炮雖猛不能轟透且我兵伏於堆後放炮則賊不能窺伺以之護城固屬良策即以之防衛島嶼口岸均可不致為夷炮所傷臣親於教場試驗其法確為砲丸所不能透現已檄飭省西各屬購買麻袋四萬條勒限運赴登州府一面札行登萊青道

王鎮並遴委曉暢營務之濟南城守營叅將托金泰曾隨前往陜甘總督楊遇春久歷行陣之新任高唐營遊擊陶昇馳赴登州府隨同登州鎮臣玉明督同該府縣相度城垣形勢妥為佈置其沿海劄營之處地勢寛狹不齊不能排列沙堆別令掘挑濠溝約深丈餘聞賊人開炮我兵藏伏溝內待其炮過逼近內洋出而攻擊以我所長攻賊所短務使夷炮無所施其力庶幾進可以戰退可以守辰下北風嚴寒各海口堅氷未解該夷船雖未必遽敢北來然趁此暇豫必須赶緊籌備臣仍密咨兗曹兩鎮豫為挑選驍健弁兵整備軍裝器械俟探有粵浙兩省確信如果事機稍緊臣即親帶省西官兵馳赴登州督飭所有現

在豫籌戰守情形理合恭摺具　奏伏乞
皇上聖鑒訓示
謹奏

署直隸總督臣訥爾經額跪二十一年正月初八日在天津大沽行次具奏

奏為籌防天津大沽等處海口情形恭摺奏祈　聖鑒事竊查天津大沽海口南與山東海豐縣毗連北與永平府山海關通達袤延寬廣路徑紛岐上年該夷船曾經往來遊奕瞬届東南風司令難保不揚帆北駛必須慎之又慎水陸交防臣自抵海口與鎮道營將悉心籌計凡濱海地方但有可以通船上岸及我兵可以蔵身埋伏相機制敵之處均經遴委妥員詳加考查正在酌核籌辦間承准軍機大臣字寄道光二十一年正月初三日奉　上諭本日據琦善馳奏該夷不候回文直撲虎門鬧炮我兵回攻無分勝負等語沿海各省地方必應加意防

範著各該將軍督撫等謹遵前旨遴選弁兵防守要隘如有夷船闌入即行相機勦辦不可稍形畏葸致悞事機等因欽此欽遵
目惟有殫心惕慮嚴密布置以期慎固封守查暎夷之肆出滋擾全賴與沿海奸商交通貿易於是米穀牲畜不虞缺乏藉為飲食之源必先斷其接濟絕其淡水使之水米無資容身無地攻勦自易為力茲天津大沽海口南北兩岸現計前存後調各營官兵共八百三十六名撤於南岸駐兵五百名派天津鎮陳金綬督同葛沽營遊擊經文岱守備常若及千把等守禦北岸駐兵三百三十六名派署務關叅將羅應鰲督同署大沽營守備李文治及千把等守禦寧河之北塘海口先後調天津鎮標

兵三百五十名派宣化鎮石生玉督同蘆台營都司林策勲寶坻營都司管德聲及千把等守禦並逐日演放炮位練打准頭務期一律精熟其自大沽海口迤南至山東海豐縣交界止内滄州之祁口滄州鹽山連界之趙家溝鹽山之狼坨子與山東海豐縣接壤之各港汊潮長之時或寬二三十丈或寬八九十丈該夷三板小船儘可徑達且易於登岸亟應設防於祁口趙家溝狼坨子三處各派天津鎮標兵一百名揀派倫弁分帶鳥鎗抬炮並發去五百觔神威無敵砲六位暗伏嚴防該夷或敢於進口或敢於登岸即連擊兜捦不令生還仍於各處添設馬撥以便往來馳報得以聲息相通又自此塘海口至永平豐潤

縣屬止内黑沿子港溰較寬該夷上年曾駕三板船登岸屢次買食暨黑洋河等處皆屬濱海港汊現在調派遵化營兵一百名由馬蘭鎮遊擊管帶黑洋河淵河二處各派豐潤玉田營兵五十名由豐潤玉田都司分帶駐防仍於各處安設馬撥以通文報至永平府臨榆縣屬之石河口暨秦島兩處海口附近山海關最為緊要已安駐山永三屯兩協兵五百名嚴行防守其餘撫寧縣屬之洋河昌黎縣屬之狼窩樂停縣屬之魚水溝清口灤州所屬之劉家河等五處海口即將前調提標兵八百名均匀派駐以資守衛其沿海可以登岸路徑實有若干處已飭委保定府同知張起鵷開州協副将向榮前往會同該處地方

文武詳細查明相度情形酌量籌辦如應添兵巡守再行酌量調遣至該夷航海而來道遠人多淡水食物必資内地接濟而奸商貪利恣其取携事所不免查大沽海口出入船隻有本地之商捕船浙江之沙船閩廣之洋船沙船洋船來直皆在夏秋之間商捕船則自開河以後即行出口每年奉省米豆攸關正賦歷係籤派該船户往運即直隸民食亦賴其販運接濟勢難遽行禁絶但噗夷横擾海上若不設法防範即使該户等不肯通夷豈能保該夷之不行搶刦飭令探無夷踪之時仍聽出入稍有信息該船未出口者嚴禁出口在奉省者截留奉省現在出示剴切曉諭並分咨所到省分查看情形隨時截留庶不致

轉齎宼糧若本地網船大半捕魚窮民水米偷運尤所宜防已
飭沿海州縣嚴密稽查如有夷船北來消息祇准張網内河概
不准其出口查有與該夷淡水一勺食米一合者以從夷論至
火攻之具毒流之藥凡可以制其命者均當設法廣為置備以
待臨時施行萬不可稍有玩忽現距開河尚有一月其前次停
調之兵俟屆時體察情形如應調撥再行酌調所有籌備天津
等處並永平府上下一帶海口要隘分兵守防及督同鎮將逐
日操練各緣由理合恭摺具奏伏乞皇上聖鑒謹奏正
月十二日奉到硃批備禦尚屬周到仍覺兵单另有旨欽
此

山海關副都統扎　謹

奏為據報山海關秦王島海洋夷船游弈加派官兵妥為攻勦

情形奏祈　聖鑒事竊　奴才節奉　諭旨撥練鎗炮妥備

攻勦因秦王島相距山海關三十餘里之遥有鞭長莫及之勢

遴委記名副將協領塔清安統領官兵撥練鎗炮加意防守並

派佐領智廣晝夜哨探見船馳報嗣奉　訓諭　奴才馳赴海

口相渡地勢挑築土碉暗營伏兵面與協領塔密授機宜我兵

探見夷船務期度其遠近足以相及方可開放鎗炮攻其不意

各緣由均經奏蒙　聖鑒在案兹於本年正月十一日亥正

刻接據秦王島帶兵協領塔清安文報十一日巳刻哨探佐領

智廣瞭見夷船一隻桅蓬看不真切當飭該佐領率同前鋒前往海島金山嘴一帶哨探虛實旋據聲稱金山嘴實有大船一隻在洋游弈向東南駛去等情呈報前來接閱之下伏思奴才前在海口親見海水結凍十餘里之遥足見逆夷詭譎多端誠如　聖諭務須嚴密布置方可有備無患是各處海口節節急應加意防守方保無失事之虞今據秦王島帶兵協領文報夷船在洋游弈旋向東南駛去夷情叵測逆料不及而秦王島則水路直達老龍頭將及二十里老龍頭近在鎮城八里奴才因思山海鎮城拱衛　京師著名要地彈壓民心驚動尤關緊要當即揀派佐鎮防校四員帶同挑備鳥鎗弓箭并兵一百名

馳赴秦王島復與協鎮塔清安調度先後合兵二百餘員名　奴
才馳赴秦王島復與協領塔清安商確無分晝夜瞭見逆夷駛
來必須見其登岸開放鎗炮相及是可擊制勝再暫伏兵齊出
萬不得稍形畏葸惟老龍頭相近鎮城咫尺之地雖有布置暗
營伏兵哨探防守誠恐逆夷乘虛而入遂委協領阿凌阿帶同
挑備弓箭弁兵五十名會合先後防守官兵二百餘員名晝夜
偵防見船馳報　奴才仍回鎮城不但彈壓驚動民心之望抑且
親督關隘守值官兵偵緝漢奸以防內患如秦王島老龍頭兩
海口夷船駛至　奴才刻即馳往相機攻勦惟有恪遵　諭旨
事事妥備刻刻嚴防萬不敢稍有率忽致悞事機以期仰慰

宸廑但山海關滿營兵二十四員兵八百名現已分派海口四百六十餘員名鎮城僅有兵三百餘名實不敷調所屬喜冷二口挑倫島鎗兵一百名以為接濟攻勦之用所有夷船在山海關秦王島海洋游弈復向東南駛去之處奴才業經飛咨盛京將軍直隸總督山東巡撫以及沿海各地方嚴密防守外理合恭摺具　奏伏乞　聖鑒再奴才向來奏摺俱係滿營弁兵賫呈總須五日方可到京今因逆夷來駛海洋游弈事關緊要不敢拘泥是以遵例由驛馳奏合併陳明謹　奏　道光二十一年正月十六日准咨

浙閩總督臣顏伯燾跪

奏為陳明厦門關係重大斷不可許與𠸄夷通商致貽後禍據

實密摺　奏祈　聖鑒事竊臣於正月十三日接准　欽

差大臣琦咨𠸄夷現在具文繳還定海籲請代為　奏請

恩施已給咨該夷官赴浙統撤師船並給與照驗准其沿途購

買食物等因其如何　恩施之處未據移咨臣無由知悉切

思𠸄夷桀驁強橫上年十二月十五日攻擊大角沙炮臺傷我

弁兵狂悖已極何以旬日之間即行帖服肯繳還定海該夷狡

詐性成或火藥料餉不敷藉作緩兵之計從容添辦而使我處

防備懈弛固未可知抑或要求各款已足飽其所欲亦未可定

在　欽差大臣琦膺此重任自必深思遠慮斟酌妥辦惟臣
現據汀漳龍道徐與泉永道劉密稟詢問商民紛傳廣東
欽差大臣有許與厦門馬頭通市之說此言固無確據臣既有
所聞目擊厦島情形關係重大不敢不據實密陳查厦門週圍
環海地方五十里而東為臺澎唇齒西為泉漳門戶北連會垣
通省咽喉所在一有梗塞則全體頹壞不支假使令該夷在厦
通商勢必該夷館攜家室良民驚擾滋懼奸民依附生端其貨
船兵船勢必擁迫內港我處官吏從何稽察水陸營伍從何設
防且港內四通八達去漳郡泉郡均不過二三日程該夷獲此
負嵎之地必益肆其佔據之謀防之則已無險可扼聽之則將

為所欲為而臺澎閒阻呼吸不通其害更不可勝言是厦門許
與通商直以全閩鎖鑰付之寇盗欲求一日之安不可得矣倘
現在　欽差大臣琦善所代乞　恩之處並無此款則是
臣過慮多言應毋庸議倘竟有此款惟有仰求　皇上乾威
獨斷嚴行駁斥臣身任封疆深知地方情形關係重大何敢緘
默不言并因事機迫切謹恭摺由驛馳　奏伏乞　皇上聖
鑒

国家出版基金项目
NATIONAL PUBLICATION FOUNDATION

海上絲綢之路文獻集成

總主編　陳支平　陳春聲

歷代史籍編

122

主編　范金民

海峽出版發行集團
THE STRAITS PUBLISHING & DISTRIBUTING GROUP
福建人民出版社

本册目次

煙海庚辛録不分卷〔二〕

〔清〕無得老人輯

奉
上諭我朝撫馭外夷全以恩義各國果能恭順無不立加優禮
以期共樂昇平前因西夷鴉片流毒日甚特頒禁令力挽澆風
惟暎咭唎恃其驕悍不肯具結是以降旨絶其貿易乃並不知
愧悔日肆鴟張竟於上年六月間乘駕夷船數十隻直駛定海
占據城池復於福建浙江江蘇山東直隸奉天各省洋面任意
往來多方滋擾該逆夷桀驁不馴至於此極原不難整我師旅
悉數殲除因念該夷投遞書函自鳴寃抑不可不為之查究以
示大公特命大學士琦善馳赴廣東據實查辦倘該夷稍有天
良自應全數赴粵靜候辦理乃一半起程歸行一半仍留定海

是其狡黠情形已堪指髮近聞數月以來姦淫婦女擄掠資財建築炮臺開挖河道且令僞官出示諭民納粮百姓何辜罹兹荼毒興言及此寢饋難安迨琦善抵粤後明白開導乃妄求無厭既思索償煙價又復請給馬頭朕早料其反覆無常斷非信義之所能喻特予簡調四川貴州湖南江西各路精兵前赴廣東又調湖北湖南安徽各路精兵前赴浙江預備攻勦兹據琦善馳奏該逆夷於上年十二月十五日糾約漢奸乘坐多船直逼虎門洋面開炮轟擊傷我官兵並將大角炮臺攻破沙角炮臺占據是其逆天悖理性等犬羊實覆載所難容亦人神所共憤惟有痛加勦洗聚而殲旃方足以彰天討而慰民望現在所

調各省勁兵計可赶到著伊里布剋日進兵收復定海以蘓吾國之困並著琦善激厲士卒奮勇直前務使逆夷授首檻送京師盡法懲治嚴拏盡數乃止至沿海各省洋面迭經降旨嚴密防範著該將軍督撫等加意廵查來則攻擊並曉諭官民人等共思敵愾志切同仇迅贊膚功其膺上賞實有厚望也將此通諭中外知之欽此

奉
上諭前因𠸄夷自浙回粤復肆悖逆攻陷炮臺特授奕山為靖
夷將軍隆文楊芳為叅贊大臣調集各路精兵聲罪致討據琦
善奏𠸄夷獻出沙角大角砲臺並遣人赴浙繳還定海懇請俯
准所請暫示羈縻等語覽奏曷勝憤懣不料琦善怯懦無能一
至於此𠸄夷兩次在浙江廣東肆擾攻佔縣城炮臺傷我鎮將
大員荼毒生靈驚擾郡邑大逆不道覆載難容無論繳還定海
獻出炮臺之語不可憑信即令真能退地亦祇可復我故土其
被害之官弁罹難之人民切齒同仇人神共憤若不痛加勦洗
何以伸天討而示國威著奕山隆文兼程前進迅即馳赴廣東

整我義師殲茲小醜類務將首從各犯及通夷漢奸檻送京師盡法懲治其沿海各省將軍督撫等尤當加意嚴防來即攻擊務令片帆不返同奏膚功至琦善身膺重任不能申明大義拒絕妄求竟甘受逆夷欺侮已出情理之外且屢奉諭旨不准收受夷書此時膽敢附摺呈遞並代為懇求是誠何心且據稱同城之將軍副都統巡撫學政及司道府縣均經會商何以摺內阿精阿怡良等並不會銜所奏顯有不實琦善著革去大學士拔去花翎仍交部嚴加議處欽此

暎夷告示

大暎傳示咨爾兆億我舉大旗順體天意嗟爾中原賍官污吏欺君虐民奸小蜂起不念時艱猶尚華麗聚斂侵吞上下搆弊外仁內賊心殘舌賦河伯為災祝融效厲上蒼垂儆罔無誕忌乃命我國徵討不義勅我為暎到處咭唎自我一怒萬邦來繼海潤天空旌懸日蔽巨艦千帆驊騮万騎猛將如雲奇兵不計火蝗飛天烟毬滾地佛郎轟擊玉石粉齏鵾鵬南啚展垂天翼破竹削瓜如摧枯蒂嗟爾軍民望風流涕以此爭登何取不利爾亦陳師不稱其器繕甲繕兵虛張聲氣問爾孫吳牙關緊閉揑詞報捷冒功頂替妄邀隆譽其實何濟惟有勸民趕緊援例

帥坐皋比飲酒挾妓士執戈矛擄掠無忌良臣斥逐巧夫脫避太山壓卵將何為技苟識天時與我和議餽貽百萬兼以皮幣子女玉帛一概蠲棄便行出令反其旌旄揚帆入海永不覰覦免爾晝宵殺戮恐悖爾惟三思毋反復異依然遂初為此布臆欽哉信哉人神於戲

嘆咭唎講和文

爲伸請辨究求使還國事　臣聞三皇立極五帝稱宗中華之有主豈夷狄而無君乾坤浩蕩非一人所能理宇宙寬洪豈一人所能治夫天下者非一人之天下乃天下人之天下也下國君性軟弱邦城不足六十疆域未及三千知足者常足　臣聞陛下萬萬餘里疆域萬萬餘城猶有不足之意常起絕滅之心天發殺機羣星頻移地發殺機龍蛇潛藏語云堯舜修德四海來賓湯武施仁八方拱手　臣聞陛下選股肱之帥起健銳之兵勢壓外域兵至將近論文修孔孟道德之文章論武講孫吳韜畧之兵法上國既有興兵之策下邦豈無禦敵之謀相遇於崎峰山

前有何懼哉上既不慈下即不孝使君勝臣輸固満上國之意設臣勝君輸反受下邦之恥不如休兵講和歸還土地免生民塗炭之憂解黎庶倒懸之苦　臣年年進貢於中原歲歲來朝於內地　臣謹以草疏　上聞

欽差大臣伊　謹
奏為定海業經收復夷船全數起椗恭摺由驛馳奏仰祈
聖鑒事竊奴才前因夷目胞祖呈報於二月初四日繳還定海
懇請釋放夷俘當即飭委總兵官鄭國鴻王錫朋葛雲飛統領
官兵三千名馳往收取并將前獲各夷交給帶往飭候收復城
池之後遵　旨遣釋倘該夷中懷詭詐無意交城即在陣前
將該夷囚等正法率督弁兵及預伏之鄉勇盡力攻擊以期克
復業將辦理緣由恭摺馳奏在案茲於初五日據差弁先行馳
回面禀我兵於初四日午刻馳抵定海該夷半在城內半在船
中見我兵到彼胞祖即繳納城池城內各夷立即紛紛退出我

兵整衆入城登陴看守並將衙頭地方該夷所盖草房全行拆
毁鄭國鴻等即傳宣　恩諭將夷俘晏士打喇打厘等釋令
領回並飭趕緊起椗脃祖等免冠服禮聲稱伊等將城池獻繳
後即於初五日全數撤退等語隨即率衆登舟旋又據鄭國鴻
等稟報前由聲明夷船業於初五日陸續起椗揚帆南去惟内
有三桅夷船一隻駛至蠏峙港地方失風擱淺另有夷船二隻
在傍救護該鎮等遣弁飭催該夷稱俟潮長即行開去等情前
來　奴才伏查該夷已將城池繳納大幫船隻多已遠去其擱淺
及救護之船必不在此逗遛現已批令查明該船何時開駛另
行飛稟外惟定海既經收復應即設官駐兵嚴加守衛　奴才已

札飭鄭國鴻等即帶所統各兵在縣城及緊要各口岸分營駐守并委前往經管粮臺之石浦同知舒恭受暫署該縣印務所有一切善後事宜俟　欽差大臣江蘇撫臣裕　到任察看情形會同浙江撫臣劉　查核辦理至奴才前次　奏調之皖楚等省官兵四千名内安徽壽春鎮兵一千二百名業已陸續抵浙現在仰蒙我　皇上簡派元戎赴粵勦辦誠恐該夷被勦竄突復至浙省滋擾防範仍須嚴密定海甫經收復防備未修尤須格外謹嚴壽春鎮兵素精應請暫行留防由裕　探明粵省情形連本省調防各兵分别裁撤其湖南湖北兵二千八百名此時浙省無須遣用若改　調赴粵則該省軍威更壯足寒夷

膽奴才現在咨明湖廣江西安徽江蘇各督撫臣不論該兵等
行抵何處暫為截留聽候 訓示如蒙 皇上准令赴粵
籲懇 敕下該督撫等速遣前往倘粵省兵力已充不必添
調並懇 諭知各督撫等分別遣回至前奉 簡派之韓
振先琦忠二員業經川陝二省咨報起程今浙省軍務已竣自
可毋庸前來奴才已咨明該二員經由各省飭令旋任除俟裕
到日將 欽差大臣關防委員賫送接收奴才即日馳回
本任外合將定海業經收復夷船全數起椗會同提臣余 恭
摺由驛奏聞伏乞 皇上聖鑒謹奏 二十一年二月

廣撫怡良謹
奏為接據營員稟抄𠸄夷投遞文書狂悖並在香港地方出有
偽示緣由據實具奏仰乞　聖鑒事竊臣於道光廿一年正
月初六日兩次欽奉　諭旨將預備情形由驛奏聞在案嗣
據署大鵬營協副將賴恩爵稟稱𠸄逆投遞該副將照會文一
角係收管香港地方令內地撤回營汛等由照具抄稟到臣按
閱之下不勝駭異髮皆上指竊維我　國家撫有寰區無遠弗
屆薄海內外悉子悉臣即至重譯未通亦莫不懷柔綏服乃𠸄
逆義律等大肆鴟張已忘名分況復胆思狡展指稱　欽差
大臣琦善與之說定讓給實為駭人聽聞該大臣到粵如何辦

法雖未知會到　臣然以事理度之亦斷無讓給土地人民聽其主掌如該夷所稱已有文據之說既無從悉其真偽徬徨夙夜心急如焚乃因民間傳說英逆即在香港地方出有偽示通令該民人歸順彼國等語方謂傳聞未確蠱惑人心　即據水師提臣轉據副將賴恩爵稟抄偽示移咨前來則是該夷竟以香港視為已有要害之區為其所據相去虎門甚近片帆可至沿海之各州縣以及省城勢非刻刻戒備不可嗣後內地犯法之徒必於此為藏納之所是地方既因之不靖而法律亦有所不行更恐犬羊之性反復無常一有要求不遂之時必仍以非禮相向雖欲反悔從前其何能及且大西洋自前明寄居香山縣屬

之澳門相沿已久所有澳門夷人均歸同知縣丞管轄議者猶
以為非計該逆夷意欲將　天朝土地人民占據全島更恐致
滋後患伏思　睿謨廣運　聖慮周詳定能燭照靡遺不
使奸宄得以遂志何待愚昧為之逆計但臣忽聞海疆要地外
夷竟爾主掌並敢以　天朝百姓竟稱名英國子民臣不勝憤
恨第一切駕馭機宜無從悉其顛末惟於上年十二月二十八
日欽奉　諭旨調集兵丁預備進剿兼令琦善督同林鄧安
為辦理始行宣示臣等晤見琦善亦悉心商議添募壯勇聲威
固守虎門炮臺防堵入省要隘竊惟用兵之道全在謀定心堅
若再稍涉游移逆夷窺伺多端實有措手不及之虞現既有夷

文並據禀抄僞示不敢緘默照録二紙恭呈　御覽伏乞
聖鑒
㖫夷與大鵬協照會文
本國公使大臣義律與欽差大臣琦善説定諸事議將香港等
處全島地方讓給英國主掌已有文據在案是該島現係歸屬
大英國主治下地方應請貴官速將該島各處地方所有貴國
官兵撤回四外洋面不准兵役稍行阻止難爲往來商漁人民
如有滋擾阻止係貴國終非誠心本統帥定必查明嚴辦云云
又曉諭告示
爾香港等處民人既係歸屬大英國之子民自應恭順樂服國

主派來之官亦必保護爾等所有田畝房舍産業家私概不輕
動所有禮儀率惟仍舊未奉國主降旨之先應照大清律例所
有商船往來貿易税餉船抄掛號等規輸納大英國云云

二十六日奉

上諭前因唊夷在天津投遞夷書聲稱訴冤朕維仁育義正無間華夷特命琦善赴粤查辦並諭知伊里布暫緩進兵旋因該夷日肆猖獗迭經降旨令伊里布迅速進兵攻復定海乃伊里布屢次奏報總以兵炮未集為詞直至探明該夷愿繳定海確信始行遣將帶兵前往本日據奏定海業已收復夷船全數起椗等語逆夷占據定海已經數月現因粤省命將出師聲罪致討方行繳還定海全數起椗出洋可見逆夷並無能為設使伊里布奉到進兵諭旨熟審順逆主客之勢密籌勦辦攻取之宜一鼓作氣四面兜擒復我故土殲除醜類庶足以伸天討而快

人心乃覲望遲延株守數月直至該夷聞有大兵望風遠竄遂將定海收回可為無能之至前將該督交部嚴議照溺職例草職實屬咎所應得姑念一時簡用乏人伊里布著革去協辦大學士拔去雙眼花翎暫留兩江總督之任仍帶草職留任處分八年無過方准開復以覲後效欽此

二月初八日奉

上諭前因暎逆日肆猖獗降旨令琦善等嚴密防範如有必須攻勦之處不可遷延悞事嗣因該逆攻佔炮臺特將琦善交部嚴議仍諭令奮力勦除以圖補救乃琦善甘受逆夷播弄自稱專辦夷務不令阿精阿怡良與聞迭次奏報情形非係開脫逆情即屬代求恩宥於一切防守勦堵事宜概置不問並因該逆有繳還定海之言輒將義律呈遞伊里布文件及該夷目給與留浙頭目夷信為其由驛遞交伊里布聽信順從遲延觀望本日據怡良馳奏暎夷投遞逆詞並在香港地方出有偽示一摺香港地方緊要前經琦善奏將香港如或給予必至屯兵聚粮

建台設炮久之覬覦廣東流弊不可勝言旋又奏請准其廣東
通商並給香港地方泊舟寄居前後自相矛盾已出情理之外
況此事並未奉旨允行何以該督即令逆夷公然佔據現據怡
良奏報𠸄夷盤踞香港稱係琦善說令讓給已有文據並偽發
告示稱該處百姓為𠸄國子民覽奏殊堪痛恨朕君臨天下尺
土一民莫非國家所有琦善擅與香港擅准通商胆敢乞朕施
恩格外是直代逆乞恩且伊被人恐嚇奏報粵省情形妄稱地
理無要可扼軍械無利可恃兵力不固民情不堅摘舉數端危
言要挾更不知是何肺腑如此辜恩悞國實屬喪盡天良琦善
著即革職鎖拏派副都統英隆並著怡良揀派同知知州一員

一同押解來京嚴行訊問所有琦善家産即行查抄入官欽此

炮臺失事，提鎮專弁赴省求援，僅發兵數百名，遣之夜渡，惟恐逆夷知覺，以致提鎮關天培失守陣亡，傷死弁兵無數。

一琦善因何於正月初五日在蓮花岡請逆夷宴會，現據奕山等遵旨查明，是日琦善只令鮑朋一人立艙傳語，首府暨洋商等均無同船，初六日與義律換船，諭令首府等先行回省，十九日復坐西瓜扁船往蛇頭灣地方與義律相見，是日如何商議，該府等供稱概不知情，以國家重大事情，撫馭外夷，琦善如此行蹤詭秘，是何主意。

一鮑朋乃一無賴匪徒，係前任督臣指拏之犯，琦善何以信用，鮑朋並非在官之人，何以知其在山東，携往粤省

一香港地方琦善曾奏稱斷不可給與外夷恐其屯兵聚粮建臺設砲何以嗣後竟敢給與先後矛盾顯然可見

一國家寸土尺地皆當世守琦善給與該夷香港地方令其棲止已屬罪無可逭何以尚未奏奉諭旨胆敢先令居住以致尚未收復海疆緊要地方私給外夷是何肺腑

一逆夷反覆無常稍形桀驁即奉旨飭令督兵進勦何以琦善遷延觀望總不議勦

一自議勦以後曾奉諭旨不准收受夷書何以琦善違旨收受復代夷乞恩如此悖妄

一琦善辦理此事已屬錯謬何以將義律呈遞文件及該夷目

給與留浙頭目夷信代為郵遞交代伊里布聽信順從遲悞勦辦

一福建厦門為全閩關鍵琦善久任封彊豈不知之何以在粤辦理棘手率敢奏請將厦門給與該夷通商移禍隣省

一辦理夷務欲其貼服必先斷其接濟何以該夷由海道馳赴浙江琦善竟給發憑驗准其購買食物旋又囑伊里布銷燬顯有情弊

一琦善既與義律往返說話情意親密自天律以至廣東該夷目餽送琦善物件若干琦善回送是何物件均須一一供吐不准隐瞞

一琦善既知廣東兵械不可用即當設法調兵何以屢用危言

恐嚇

一大角河角砲臺既被逆夷佔據斷無議撫之理何以琦善約與該夷商議章程四條蓋用關防試思該夷已形猖獗占據炮臺傷斃將弁即令說合後暫時了局日後該夷反覆要求無厭琦善又將何以處之

一琦善信用鮑朋令其傳話他人皆不能知琦善令鮑朋傳知義律係何話語該夷回覆琦善又用何等語言恐嚇此時鮑朋業經拏問交部不難嚴訊明確琦善諒不敢代為隱飾

一遞後遵旨添琦善給過伊里布信幾次每次信内是何話語

一遞後遵旨嘆夷既不恭順便是叛逆以驛站為叛逆遞信是

誠何心

欽差大臣江蘇巡撫臣裕謙跪　二十一年二月初八日奏
奏為恭報　奴才馳抵鎮海軍營接受關防日期并趕籌善後事
宜繕摺具奏仰祈　聖鑒事竊　奴才奉　命赴浙勦辦逆
夷當將由上海起程日期并夷俘晏士吋喇打厘等應暫緩釋
放壽春營鎮標官兵仍飭前進緣由先後奏報旋於石門縣舟
次承准軍機大臣字寄道光二十一年正月二十四日奉
上諭本日據伊里布馳奏飭繳定海一摺前有旨諭裕謙兼程
赴浙作為欽差大臣會同余步雲攻勦逆夷克復定海現據伊
里布奏稱接到廣東來信並義律呈遞文件應將定海繳還等
語逆夷反覆無常所言殊不足信著裕謙於馳抵鎮海察看情

形如定海業已繳回著即撫卹難民修理城濠一切善後防守事宜妥為經理倘詭言獻地仍復負嵎即遵照前旨相度事機痛加勦洗不可因有繳地之詭說為其所愚仍蹈伊里布覆轍逆夷所請將貨物帶至定海行銷望令商民收買斷不准行所有前調赴浙之皖楚等省官兵不可中止仍着裕謙催令前進協力進攻前獲夷俘晏士吖喇打厘等必待繳還定海方可釋放交收伊里布原摺發給閲看即由該大臣發交該督祗領欽此仰蒙　皇上洞燭機先周詳指示跪誦之下欽感難名奴才於二月初七日馳抵鎮海軍營欽遵傳　旨接受欽差大臣關防並將　諭旨一道　批摺二件一并親交伊里布

祇領並准伊里布咨會二月初三日派令總兵鄭國鴻王錫朋葛雲飛帶兵三千名橫度定海於初四日登岸即據該夷目繳納城池當將晏士咑喇打厘釋放該夷目於初五日率衆登舟起椗南去惟蠏峙港洋面因遭風擱淺尚有三船未去湖廣省兵及奉簡派之韓振先琦忠二員業已咨行退回前調江蘇兵二千亦應停止等因 奴才伏查定海雖據繳回而蠏峙港洋面既有未去夷船即所稱已經南去者查探亦未駛離浙境連日西北風大作該夷順風揚帆瞬息可以千里而遲遲其行已屬叵測且查接管卷內有廣東撫臣怡良咨會該夷竟敢將我香港之土地人民視為已有照會我副將賴恩壽撤回營汛示諭

我香港居民作彼主掌甚欲改法度收税鈔種種狂悖皆裂髮指且由定海駛去之夷船尚在觀望更難保其不復折回定海當此殘破之餘子女資財炮位軍械不為擄去即被殘毀為今日之計惟有一面撫卹難民以收人心一面擇要設守以固我圉然後妥議久經之計　奴才已飛調現駐寧波府城辦理軍需局務之浙江臬司周開麒並江蘇候補知府黄冕會督寧波府知府鄧廷彩帶領委員銀兩星夜渡海會同總兵鄭國鴻等並署定海縣知縣舒太壽勘明地勢情形妥議安撫設守章程總以不令一夫失所一隙可乘為主所有軍需局務責成寧紹台道妥為經理惟定海現無炮位而鎮海一帶所設之炮亦屬無

多且大炮用以防堵猶恐不足其新鑄之大炮尚未成功只可在於沿海所設炮內酌量抽撥先行解往其觀望未去之夷亦已嚴飭沿海水陸文武各官慎密防範杜絶接濟務使無力可圖有威可畏惟內多應與撫臣劉韻珂商辦事件若僅函商咨詢恐有辭不達意之處奴才業經咨會撫臣即日前來面加商確定見再行親赴定海相機辦理至壽春鎮標兵一千二百名徐州鎮標兵一千名江寧駐防八旗兵三百名皆係揀選精練之卒應俟廣東定局後再行撤退合併陳明所有奴才馳抵鎮海接受關防日期并赶籌善後事宜緣由謹恭摺馳奏伏乞

皇上聖鑒謹奏

兩廣總督臣祁𡎴等跪
奏為遵　旨嚴定粵東駛赴直隸天津等處商船水手米石
及附搭客人名數章程以防接濟而杜漢奸仰祈　聖鑒事
臣於道光二十一年二月十六日在安徽途次承准軍機大臣
字寄二月二十一日奉　上諭訥爾經額奏酌議閩廣商船
雇募水勇應限人數並嚴禁多帶米石一摺現在暎夷滋擾而
往來船隻必應嚴查漢奸夾帶接濟據訥爾經額查明粵東每
年到津洋船水手約計萬餘人大半藉充水手為名携帶貨物
其實駕船力作者每隻不過二十餘人亟應核定稽查以防冒
充滋弊著顏伯燾吳文鎔祁𡎴怡良嚴定章程嗣後洋船北來

雇募水手大號不得過四十名中號不得過三十名責成船戶招募有室家之人連環保結呈明該管州縣點驗將姓名年貌住址詳細填註其携帶米粮每船只准二十石以資往返食用如有溢餘治以違例之罪於駛進天津口時飭令報明天津鎮道詳加查驗不符者即行嚴辦似此防範周密庶漢奸不至涵跡而夷匪亦斷接濟海面漸就肅清矣將此諭令知之欽此臣祁𡎴當即先行恭錄移咨 臣怡良札飭司道欽遵一面酌核章程詳辦一面通飭沿海地方官遵照去後 臣抵任廣東飭藩臬兩司督粮道督同廣州府查議章程具詳 臣等伏查粤東駛往各省商船俱係船戶呈明本地方官給領牌照填列船戶水手

客商姓名年歲赴省河買貨裝載出洋向由省城福潮行商人具結保辦聽其赴粤海關報驗輸税開行俟至虎口由守口員弁驗明牌照卦號放行出口向來船內未經酌定人數所帶食米亦無限之數目迨十八年十一月內前督臣鄧廷楨會同臣怡良等議杜絶商船夾帶鴉片章程案內曾經奏明嗣後往赴天津等處貿易船隻應由福潮行保辦置貨完竣先令貨客出具並無夾帶烟土甘結該行加具切結備送商船姓名貨物冊籍一併呈核等語是商船水手雖經定有章程而人數並未分明所帶米石數目亦無稽核此次暎夷滋事水陸兩路官兵調泒防夷於盤查商船水手人數一事恐有未周即難保不生弊

端且夷船沿海遊奕較前散漫更難保無內地奸民乘機往來交通現當查辦漢奸斷絕接濟吃緊之時不可不嚴定章程限以數目以期密益加密應請嗣後由粵省至天津直隸及各北駛洋船盤查夾帶違禁物件出洋由福潮行保辦造具冊結繳報備查仍照原　奏章程辦理外其船內水手米石應即遵照

諭旨通飭各屬曉示船戶將雇用水手人數大號不得過四十人中號不得過三十人責成該船戶必須招募土著有室家之良民取具連環保結呈報該管州縣逐一查明將各水手姓名年貌住址籍貫詳晰填註照內如有順便附搭之客商民人雖例無禁阻之文而來歷均須根究明白無論大中小船每

船不得過十名亦責成船主詳細查訪必須有的實保人方准附搭並將搭客之年貌籍貫並保人姓名註明照內聽候地方官查驗其夾帶米粮每船只准帶米六十石以資往返食用即或搭客食物稍多必須添帶米石之處呈明地方官計口增添搭客不得過十名米石總不得過七十石並於照內註明以便稽核該管地方於查明填照後即徑報粵海關該船赴關報税時核明人數米石寔與牌照相符方准掛號出口一面由粵海關造冊移咨督撫飛咨各省及直隸總督其駛往外省者即由該省督撫照冊委員查驗其赴直隸天津者俟駛進天津口時仍由船户報名天津鎮道詳加查驗務將駛到各商船船户是

何姓名船工水手及搭客人數共若干其姓名年貌箕斗籍貫
及船中米石有無多餘禀報各該督撫衙門查核倘水手搭客
人數以及姓名年貌核與印照不符或多帶米石希圖接濟夷
匪者即行嚴究此外有海口各省分應請
旨勅令各該督
撫轉飭海口文武官均照此辦理如此出口入口時均經逐層
稽查水手米粮既有限制漢奸即無從混迹而洋面亦就肅清
似於防範海疆之道益加周密所有臣等遵
旨嚴定章程
緣由謹合詞恭摺具
奏再粤海關監督係臣怡良兼署毋庸
會銜合併陳明謹
奏

揚威將軍奕經等謹
奏為查明定海焚燒夷船大獲勝仗恭摺馳　奏仰祈　聖
鑒事竊查定海孤懸海外現在逆夷佔據恃為巢穴洋面風潮
既屬險惡逆夷船隻又復堅固督兵進攻頗難得力當因浙江
候補批驗所大使鄭鼎臣係上年陣亡原任處州鎮總兵鄭國
鴻之子稍知軍事曾隨伊父在定海辦理防堵與該處洋面情
形亦為熟悉特派該員招集水勇雇募火攻船隻即委總司其
事會同營員渡洋暗伏縣城內外並各嶴島預備焚燒攻剿並
札委現駐乍浦督辦防堵事宜之杭嘉湖道宋國經及山西遺
缺知府王用賓經理錢糧督飭辦理惟海洋風潮無定難以尅

期舉動該委員曾屢次稟報定期進攻或以風信不順或因逆夷預知已有防備皆未能動手 奴才奕經文蔚恐該大使等冒昧輕進連次札知該道宋國經等轉飭各營員委員如風潮不順務須暗伏不動設有隙可乘即行布置進剿亦不得坐失機宜並諭令各水勇內查有柔脆胆怯者即行撤回庶免臨期悞事而於 帑項亦稍可節省旋由該委員陸續撤退水勇約有二千餘名均經 奴才等派員押令回籍節次奏明在案茲於三月初十日迭據杭嘉湖道宋國經等轉據委員鄭鼎臣稟稱三月初四日督催水勇火攻船分路啟入十六門等處焚燒大夷船共四隻杉板船數十隻擊斃逆夷多名並據軍功項戴詹成

功把總吳大升稟稱在城内埋伏内應燒燬逆夷房屋殺斃逆夷數十名生擒白夷一名並將拿獲夷鎗夷刀等件呈繳奴才等因定海遠隔重洋究竟燒燬夷船若干有無擊斃夷匪僅據鄭鼎臣等稟詞尚有粉飾難於盡信復飭宋國經等核實確查並派令

御前侍衛珠勒亨並三等侍衛容照帶同台州同知陸權前往乍浦嚴密訪查嗣據杭嘉湖道宋國經等連次具稟並由該道派令委員鹽大使劉久蘭等五員改裝出洋黃盤洋彩旗門等處向自定海駛來漁商船隻及販貨商人江姓盤查俱與稟報相符該侍衛等到乍後密傳由定來乍商民張大江分別查問均無異詞據實稟覆並將奪獲及撈取夷衣夷物

被燒蓬索船板等件解送前來查得委員鄭鼎臣於正月間帶領船勇出洋逆夷處已有漢奸告知夷船逐日在各嶴搜捕並出僞示賞銀捉拿該員所有出洋各船隻得知向偏僻小港潛伏兼之風潮總未順利遲至月餘未敢輕進嗣將各船漸次聚集鄞縣大嵩港内停泊乘隙舉動並預行通知在定海城内埋伏之軍功頂戴詹成功等望見海面火起即行接應放火殺夷至於三月初四日風潮平靜當即暗令各船裝載柴草火藥等物先駛至梅山港黄昏出港分三路向北前進適值東南風大作守備徐積寶督率火攻船隻先由十六門地方分作七排壯勇放進道頭該處停泊大夷船三隻逆夷見頭排船隻攏進即

時開放鎗炮各船同時發火水勇赶緊換坐小船或鳧水避走風急潮緊七排船隻重重口進内有兩排未能牽掛夷船隨潮駛過其餘俱圍住夷船即時引燃火光燭天人聲鼎沸逆夷始猶極力撲滅並用炮四面轟擊繼見蓬索全燃火勢益盛無處躲避逆等分入杉板船逃竄正值水師効用武舉蔣忠清等管帶後路兵勇接應亦到開鎗放炮迎面攻擊該夷船隻驚亂復自相觸沉多隻並有退回仍被焚燒者東獄宮逆夷見道頭火起連放八九炮聲震數里火攻船雖被逆炮擊沉數隻而夷船大桅亦被自擊連斷兩根該勇等乘機喊殺逆夷大半落海只因黑夜潮急不及撈獲亦有脱逃上岸者徑向東獄宮定海縣

城内奔避其逃走杉板夷船奔向竹山門又遇水勇頭目袁高榮帶領火攻船自小渠山駛來該夷急用鳥鎗火箭擊射轉將柴草燒燃風催火猛烟燄迷天直向夷船噴燒夷船逃避不及又被焚燒多隻至蝦峙港地方自上年秋閒停泊最大夷船一隻總未移動是晚千總韓慶瑞王廷鰲並壯勇頭目李世茂等帶領大號火攻船二十餘隻一齊放進乘風發火首先燒燃逆船大桅及蓬索等件烈燄飛騰在船逆夷僅止開放四炮船板均已引燃不及解放杉板船各逆多帶焦頭爛額勢如鼠竄鳧水逃生轉瞬間逆船火藥燒燃聲如巨雷烟燄飛過山頂即時桅倒船沉不見踪跡維時軍功頂戴詹成功把總吳大升等在

定邑城内望見東南海面火燄冲天鎗炮連聲不絶知係火攻船隻得手當約齊埋伏兵勇先行放火延燒逆夷房屋乘其撲救擾亂之時奮力攻擊逆夷鎗炮並施兵勇奮勇向前擊殺逆夷數十名生擒白夷一名並奪獲夷刀夷鎗等件時已天明内伏兵勇人數較单恐被逆夷看出形踪嗣後轉難藏伏因止取割首級數顆仍前分藏各處預備再行乘機攻勦所獲白夷暫存民人許成明家内所割首級亦因夷人守城嚴密尚未能拿出其城外埋伏之委員銀沅等亦經放火焚燒沿城房屋以助聲勢但距逆匪較遠未能擊殺擒獲至委員鄭鼎臣分飭三路船隻發火後即上螺頭門山頂登高瞭望遥見城内火光騰躍

又有鎗炮之聲見五奎山有逆夷屯扎即分飭弁勇先行奮力上山攻擊該逆亦開放炮鎗迎拒此地夷人為數無多旋即潰散我兵乘勢追擊復殺死十餘人並奪獲夷箱夷刀錫桶衣帽等物數十件旋有火輪船二隻自北駛來接應各路弁勇即時開鎗迎敵擊破舵板一塊逆船遂於道頭洋面橫亘開炮堵截天已漸明勢難前進該營員委員等漸次撤退回望水路烟燄瀰漫尚未息止遣人順流撈取燒殘夷船槳片船板等物多件仍回至大嵩港停泊陸續查點各路弁勇止十餘人帶有鎗傷並火箭燒傷亦有在水中被礁石及船帮碰傷者並無一人陣亡統計此次火攻燒燬大夷船四隻內燒沉一隻杉板燒燬觸

沉者共有數十隻燒燬沉溺並城内擊殺逆夷約有三四百人實在數目未能確查現在逆夷將各舉停泊之船聚集一處不能遠駛四面用横木支撑搬運木料修理船隻並駛駕火輪船向各路搜尋凡遇柴草堆垛概行燒燬船隻往來益加盤詰處處查問官兵現屯何地頗有畏我火攻之意查逆夷自上年侵擾海疆在海洋水面從未稍受懲創向恃其船隻堅固又以我兵並無出海兵船故敢往來洋面猖狂無忌不虞我軍竟以水船火攻大獲勝仗該逆受此大創足使其胆碎心驚而我軍亦倍加氣壯　奴才等現在激勸將士　即日乘勝前進相機攻剿所有此次焚剿逆船夷匪及在事出力人員統俟確切查明再行

據實保　奏謹將定海打獲勝仗恭摺由六百里馳　奏再定
海遠在外洋往返查探有需時日具　奏稍遲合併聲明謹
奏奉　　硃批覽奏曷勝嘉悦即有恩旨欽此

奉　上諭奕經等奏遣派委員焚燒逆夷船隻並燒斃夷匪
一摺據奏二月二十五日夜間奕經等並劉韻珂飭令鎮海縣
知縣葉堃商同鎮海縣生員王師真統領火藥船隻及水勇數
十名由僻巷駛至鎮海緊對逆夷大船發火即將停泊税關道
頭之大夷船後尾燒燃該夷等驚起呼號不及解放杉板紛紛
竄入水中彼時生員王師真即乘勢督催水勇頭目人等將火
藥船隻重重繼進各杉板船四面圍住過船按放火具觸動機
關各船火藥立時並發附近暗伏鄉勇亦各發火鬧鎗作為疑
兵應援鄉勇水勇陸續撤退並無一人受傷焚燒夷船及燒斃

逆夷不少等語該逆經此懲創自已胆懾心驚着奕經特依順文蔚齊慎劉韻珂仍當商同相機攻勦無失機會鎮海縣生員王師真設法密辦嶌船親往督催鄉勇攻燒逆夷寔屬勇敢出力着加恩賞給六品頂戴藍翎鎮海縣知縣同知銜葉堃上年失守縣城本有應得之罪姑念此次辦理火攻船隻焚燒夷船尚為出力着從寬免其治罪仍責令設法防勦如果始終奮勉殺賊立功必當再沛恩施以昭奬勵所有奕經等請將該員賞戴藍翎之處着毋庸議欽此

欽差大臣裕謙謹
奏為遵　旨體察情形籌議具奏仰祈　聖鑒事竊奴才
承准軍機大臣字寄道光二十一年二月二十七日奉　上
諭據海齡奏請將沿海通商各馬頭港口嚴密查察皆為一律
封閉不准一人一船出入俾內地米粮等物不致偷漏出洋暗
中接濟並收捕漢奸藉得探知夷情虛實等語所奏自係收回
定海一節著該大臣體察目前情形是否可行悉心妥議具奏
海齡摺著抄給閱看等因欽此　奴才　伏查濱海之區地多斥鹵
民無恒產而性習於海有力者貿易於南北兩洋貨物因之流
通小民藉資生計無力者以船為家以海為業出沒於驚濤駭

浪之中並有所獲以易升合既就江浙兩省而論此皆仰食於海者已不下數萬人其因貿易沾潤澤者竟難計數閩廣二省所卤更甚貿易更廣人數之多可以類推一經封港有力者雖可支持市廛業已蕭索無力者頓失所天必將流而為盜且聞上年定海失陷之後漁户人等因碍其採捕之路無不同仇共憤現署定海縣事之石浦同知舒恭受在鄞縣任内一呼而集者數欲圖恢復因軍令不准遂皆解散亦並無接濟之事至九月以後該夷始駕杉板小船在浙東沿海一帶採買牲畜購覓淡水小民雖貪其利仍不敢與之交易嗣見官尚送給牛羊食物旋亦公然交接毫無顧忌官不知禁民不知非迨撫臣劉韻

珂到任嚴行申禁始稍斂跡是接濟逆夷者係沿海愚民且係
導之使然並非商漁船隻若商船之身家殷實一船貨物可值
數千金多者萬數金地方官給發印照其來有自其去有所沿
海之官兵差役無非耳目之人設有接濟斷難掩瞞藉端勒詐
勢所必至所得不償所失是以多知自好漁船雖無力之家而
早出晚歸例有一定口岸出入皆有稽查之人船身窄小有無
夾帶更不難一望而知況上年在乍浦洋面帮同官兵擊退夷
船者商船也江浙兩省僱備載渡征兵者商船也查探夷情救
護定海難民者漁船也預備火攻追逐夷船者漁船也現在往
來定海濟渡官兵糧餉亦皆漁船是商船漁船皆為我所必用

斷無用其船有不准其謀生之理即有不法商漁勾通接濟停泊於人跡不到之偏僻海汊斷不敢出入於衆目昭彰之通商正口是封港之議徒有碍於安分商漁而於杜絶接濟之法仍未得其要領再查漁户冒險採捕終歲勤勤僅能餬口竟有終身未見洋銀一元者其接濟夷匪亦不過貪獲厚利其有所得究屬有限若能許以重賞激勸而用之斷不肯舍無窮之富貴而冒死接濟以求有限之錢財即如 奴才於到浙後懸立賞格勸諭諸色人等同心殺賊如有偷漏接濟者即以通賊論斬並將上年拴解逆夷偽官宴士打喇打哩之民人包祖才等整飭查出從優獎賞月餘以來民情孚洽踴躍奮興竟有糾集多人

或以購買烟土爲由或以捕魚爲名潛伏山陬海澨以待逆夷之來設法擒拏以邀重賞者官兵亦因之而愧奮咸思敵愾當此用人用船之際所有該副都統奏請封港之處應毋庸議至漢奸一項籍隸江浙二省者甚少即閩粵漢奸本皆朝廷赤子或爲利誘或爲勢迫陷入逆黨情亦可憫果能殺賊將來固當與平民一律獎賞即畏罪潛回自行投首祇須察其意出真誠有人具保亦量從寬宥解散賊黨莫善於此惟甘心從逆者必得設法購拏到案梟示海濱並籍沒其財産緣坐其家屬以正人心而彰　國法若漫言搜捕非特阻其自新之路抑且堅其從逆之心不啻爲淵敺魚更恐啟挾嫌訐告株累良民之漸似

亦非宜　奴才愚昧之見接濟必應禁止港則斷不可封漢奸必應查拏辦理尤須得法劄商撫臣劉韻珂意見相同謹恭摺覆奏再去年六月夷船初至　奴才在江蘇巡撫任内曾有封港之議嗣經留心體察商情民情均多不便旋於九月初間即奏明開港在案目前浙江之定海已復大帮夷船亦已遠遁江蘇則自上年九月以後並無夷船踪跡今昔情形迥不相同　奴才不敢稍事遷就致多窒碍合併呈明　云云

刑部謹　奏為會同審擬具奏事道光二十一年四月十一日
據廣東巡撫將鮑朋解京奉　旨鮑朋着解交刑部派睿親
王莊親王惠親王定郡王大學士軍機大臣六部尚書會同刑
部審訊等因欽此臣等訊據鮑朋供稱伊自廣東來山東貿易
經同鄉濰縣知縣招子庸薦與山東巡撫托渾布令往夷船傳
話嗣被琦善帶往廣東在夷船遞送公文等情臣等取具鮑朋
供詞奏蒙　勅下山東巡撫將濰縣招子庸解京質訊旋據
該撫派員將招子庸解送刑部臣等督飭章京司員等復提鮑
朋及招子庸隔別嚴訊緣鮑朋籍隸廣東香山縣人幼從鮑朋

親戚舉人趙允善讀書鮑朋時往趙允善家探望因與招子庸認識道光九年鮑朋充當花旂子夷喇嚹館内買辦嗣因喇嚹回國旋即歇業上年鮑朋族叔鮑人綰用鮑漢祀名字赴澳門同知衙門請領腰牌在夷人嚩地館内充當買辦後鮑人綰患病回家鮑朋即孤身代充代夷人購買牛羊鷄鴨各項食物每年工價洋銀六十元外約賺辦銀二三百元不等十七年八月内鮑朋素識之通事何輝托伊代買牙庀烟膏鮑朋應允向香山縣人莫權買得烟膏六兩每兩價銀一兩二錢十八年間鮑朋又代福建客人王姓向駕快船生理之香山人莫文燦買得烟土一包給與洋銀十三元半均由鮑朋過付是年十二月有

夷館通事何同前欠伊洋銀八千元未還今又借銀一萬元鮑朋不允再三說合何同仍請借銀七千元並稱如不照數付與即控告鮑朋販買牙片鮑朋無銀借給又因前與何輝等代買烟土烟膏恐被何同查知控告致受拖累即於十九年二月潛逃至山東濰縣與招子庸見面招子庸向其查問鮑朋將被何同訛詐遠出躲避等情據實告知並懇其留住招子庸即將鮑朋暫留署內二十年春鮑朋接得家信知何同並未控告惟伊叔被前任

欽差大臣林則徐訪拿究問並無犯案寔據旋即釋放飭拏鮑朋即鮑亞聰未獲鮑朋因伊叔業經釋放料拏訪案內別無重情正欲搭帮回籍適招子庸荐舉鮑朋能通夷

語經山東巡撫托渾布令鮑朋向夷船開導嗣已革大學士琦善奉派查辦廣東夷務即信致托渾布索要鮑朋帶往粵東向夷船傳遞公文不記數次旋奉

旨將鮑朋解京嚴審並提到招子庸質訊究出鮑朋懼訴潛逃情節復據兩廣總督將訪拏鮑朋原案卷宗送部臣嚴詰鮑朋堅供在籍時實止身充夷人買辦圖賺銀錢並代人買過烟土烟膏並無另有不法別案屢加刑責矢口不移應即擬結查例載交結外國互相買賣誆騙財物者發邊遠充軍等語此案鮑朋即鮑亞聰身充夷人買辦代買食物每年賺銀二三百元不等即係交結外國誆騙財物該犯被何同訛詐欲控伊犯賣烟畏懼潛逃現雖據供避就

情弊已屬顯然惟事在十九年以前照販烟舊例辦理罪止近
邊充軍自應照例從重問擬鮑朋合依交結外國互相買賣誆
騙財物者發邊遠充軍例應發邊遠充軍該犯連次代人買烟
與積慣烟匪無疑現在查辦嚴緊之際未便輕縱應加等發往
新疆給官兵為奴遇　赦不赦濰縣招子庸查知鮑朋惧詐潛
逃係不安本分之人乃不加拒絕留住署內並荐舉傳話實屬
不合應請　旨交部議處飭令回山東本任聽候部議其借
端訛詐之何同買賣牙片之何燿莫權等雖據該犯稱或已病
故或已犯案被獲殊難憑信相應移咨廣東巡撫查明辦理所
有臣等會同審擬緣由謹奏

廣東義民申諭逆夷告示

盡忠報國全粵義民諭爾逆夷犬羊知悉查爾喚夷素習豺狼成性搶奪為强即前明倭寇之黨我　天朝曾經將爾誅滅因大洋各屬國求我　皇上體天地好生之德容爾畜邦通商交易爾不過貪利而來有何知識爾之貪利猶畜之貪食不知法度不知道理爾試攬鏡自照與畜生何異不過能言之禽獸爾何知忠孝節義何知禮義廉恥爾雖有羽毛大呢非我湖絲焉能織造雖有花邊鬼頭非我紋銀白鉛焉能成造其餘各物皆學我　天朝法度我　天朝茶葉大黃各藥材皆爾狗邦養命之物我　天朝若不給發爾等性命何在爾不報我　天朝

厚恩反加仇害用鴉片害我百姓騙我銀錢畜邦素不食此物
何以來我　天朝販賣　欽差大臣林公除盡鴉片之害先
期告示令爾繳烟免罪爾畜類尚知畏罪繳烟所以奏知
皇上賞爾畜類大黄茶葉爾畜類不知感　恩竟然不領又
不具結妄行利害何以不敢在林大人任内攻打竄去浙江殘
害百姓又往天津妄遞呈詞爾如果真有冤抑何不早遞呈詞
何以先擾定海後到天津可見爾明知罪重不能解救不得妄
捏呈詞希圖欺騙不料貪相受爾蒙蔽代爾轉達　天聰我
　皇上好生為德一時聽信撤去各省兵丁饒爾狗命不開
鎗炮爾果認真恭順何以不還定海退回廣東聽候審辦乃仍

在定海騷擾仍在各洋遊奕貪相受爾蒙混撤沙角横檔之兵攔阻衆軍不開炮火縱爾竄入内河勾引無父無君之徒作為漢奸從中作亂爾不過使錢哄買而已有何長處爾既妄稱知兵何不專用爾𠸄夷之兵今用我國人為漢奸非爾𠸄狗之能

我　天朝素行仁義不忍製造此等毒物傷害爾等如果狠心製造何愁不誅盡爾畜類不知自量妄稱强梁爾前月所佔炮臺爾所用火箭等物全不中用可見爾等畜類亦無才能其時我鄉義民約齊數百鄉村同時奮勇滅盡爾等畜類爾如果有能就不該轉求廣州府苦勸我們義民使之罷戰今各鄉義民既饒爾等之命爾人妄自尊大出此不通告示爾不過孽畜而

已竟敢為上憲又稱曉諭百姓爾知百姓二字作何講解一派混賬可惱之至我們義士爺爺爾畜生竟敢稱百姓即爾妄言寬容試思誰寬容誰爾前月船隻陷沙不動我兵何難將爾焚燒爾上炮臺我兵何難架炮轟擊特寬容爾等留爾一綫生路而尚反言寬我百姓耶爾全以假仁假義哄騙百姓謂不敢加害何以屢屢騷擾一厇狂言焉能騙我爾裝模作樣假殺一騷擾之人希圖買好用計騙我俟我不知防備爾隨乘閒攻我我們又受爾患爾又賣弄能幹以恐嚇我們豈知爾之伎倆我們早已盡知爾既言戰法即與爾陸戰或陣戰或馬戰或步戰爾仗大炮猛烈知爾炮幾斤我炮幾斤兩下對放看誰炮利害其

餘排鎗刀劍亦可兩下對仗看是誰勝若言水戰則爾等將船退出虎門俟我百日後造就船隻與爾外海對仗果能勝我方爲利害爾一味花錢勾買恐哄即算爾狗之能乎我　天朝仁慈寬厚不忍即誅大將軍金枝玉葉諸大臣厚德君子衆官員亦皆忠厚慈祥非其無能也特憐爾身同畜類豈有人與畜鬭之理故任爾猖狂今且不用官兵專用鄉民非我們鄉民不仁爾害我鄉村佔我男婦不得不與畜類同鬭我現在全粤士民數千百萬之多大村富厚者接濟小村兵餉粮草亦有義士捐資備辦器械熟悉水勢多者各有數百萬之衆志切同仇恨聲載道若不滅盡爾等誓不俱生爾若不退出虎門自有千百火

船妙法燒爾片帆不返不但現在船上畜類全行燒盡兼要滅爾狗國義士爺爺不論男女每人出錢十文便足以造船隻修戰具滅爾等有餘矣我們義士受　天朝二百年豢養之恩今日若不誅盡𠱁夷便非人類爾殺害我鄉百姓大干天和又將各處棺骸盡行殘毀各廟神佛俱受灾殃正為天怒人怨之時鬼神亦不容爾口口旋即憂懼死嗎唎咟暗中播弄是年亦死其慣賣鴉片之嘍益鬼使神差令其自刎而死而此等人個個難逃天譴何況爾等今日大逆不道豈能逃出天網耶即如現在爾等船隻或遭風火或陷河洲樣樣俱是天意爾所用火箭全然無用明明鬼神護佑我們畜生若再逆天是得罪上蒼天

上雷神何難将爾義律等立刻殛死何難以雷火燒盡爾等兵船何難一陣狂風掀翻船隻将爾等葬諸魚腹況且如今並不用驚動天神即用我等義民便足以滅盡爾等畜生上為天神洩憤下為冤鬼出氣不用官兵不用國帑自己出力殺盡爾等猪狗方去我各鄉慘毒之害也咟嘜嗄嘩平日何等強横如今二人已被我們義民畧施手段将他捡住斬尸萬段爾等更有何様本領敢犯我們我們何難一鼓而捡将爾勦滅耶爾所用漢奸皆我 天朝犯法之徒或殺人逃走或舞文弄弊平日極無本事 天朝所屏棄不用者爾如重用之此等人乃忘恩負義之徒既負於我必負於爾将來此等人在爾處從中作事将

爾殺盡亦不可知爾花錢勾買養活此等人物豈不大愚可笑爾等佔據均係强梁霸道不過在此通商好賣鴉片豈知賣買要人情願如今我們不情願與你交易爾偏要求人羞也不羞爾之貨物我們不希罕我要買貨物自有恭順各國同我交易貨物多得狠何必定要與爾交易耶爾今如此可惡我們痛恨已極若不殺盡爾猪狗便非頂天立地男子漢我們一言既出萬不折回一定要殺一定要砍一定要燒死爾等就請人勸我亦不依務必要剥爾的皮食爾之肉方知我們利害也特先示期諭爾義律嗎哩遜嚬呾咱等及各無父無君之漢奸知之本應措詞雅馴因畜類不通文字故用粗俗之言淡淡告諭爾畜

類急宜悔罪自首免縛跪求庶分别首從不認全誅如再遷延
後悔無及特諭

廣東軍務記

今夫暎夷之為粵患也其為厲有自來其所積有由漸盖自道光十八年首嚴烟禁制軍鄧乃徒塞其流也　　上因特命大臣林為欽差隆以節制闗防専辦夷務實属清源之意到任以後聲色不動首制逆夷使其狡獪無所逞猖獗無所肆然後願將鴉片二萬餘箱全行繳出雖威逼稍過若使成終成始自有可觀者焉惜乎暎夷反間之譎計可行而賄賂之陰謀有濟也

二十年十一月復有　　欽差大學士琦善來粵兼署總制一到則盡撤海防甫及兼旬於十二月十五日大角沙角两炮臺即為暎夷攻破三江鎮陳連升父子陣亾二十一年正月初旬

大學士琦善親往虎門與嘆夷由後海登蓮花山宴會修好遂有割香港議和之約逆夷守待一月未獲報音二月初七日由後海而入攻破橫檔炮臺竟入虎門提督關天培自刎身死初九日由獅子洋闖進内河攻擊烏涌拔去木椿砍散木排官兵失守逃散死傷者數百人遂一路抵黃浦至獵德打破炮臺絞起諸塞河口石船而省城由是騷動矣夫 國家昇平二百年來民生休養生息安居樂業含哺鼓腹渾忘於不識不知之天者道何隆也間有小寇亦只延擾各鄉從未逮省今一旦睹此凶横殃及池魚則人民之瑣尾流離可知矣初九初十兩日鋪盡罷市家盡扃户城廂内外遷徙搬運道路填塞擔夫索重貲

船户獲厚利街衢里巷各設壯勇防守互角之聲連宵達旦自此彌旬民之籌居靡有定止西關一帶前為繁縟鄉今忽易為閴寂境耳數日所有附海鄉村多被逆夷滋擾土匪亦有乘機竊發而隨處防守綦嚴不為大害十三日　欽差參贊大臣楊到省百姓聞風企羨嗣廣收馬桶排列沿河計辦棉胎蘸油放海紮作桿人紙人採訪策士謀士貪鄙者因沾河潤污賤者忽沐恩榮且也城隍廟内臺築禳星東郊方隅甕埋符水種種設施不一而足其捍患禦侮之法可謂良且盡矣二十一日奉

上諭　天威震怒將琦善鎖拏解京民心慰悦二十三日逆夷探知水道分兵西向直來攻擊大王滘炮臺二十六日

由鳳凰岡進攻水師營及西炮臺海珠炮臺官兵奔散遂致失守申刻由十三行登岸據回公司行值有粵省壯勇一名姓曾名阿妹者其時奮不顧身殺死逆夷二名惜獨力難支竟為逆夷放鎗轟死後叅贊揚賞卹項戴委南海縣丞為文致祭從厚殯殮以慰忠魂由是無人敢拒逆夷即日火炮喧天四城閉塞西關之未有遷徙者扶老攜幼倉皇失措深可憫也是晚花旗夷人與洋商伍議請求和通商廣府余面會唤夷義律定議翌日出示通商安民民因以稍定而各炮臺遂為逆夷據守矣夫逆自虎門突犯以來炮臺傷破大炮毀壞軍器不偹空城難守所謂英雄無用武之地也與暫為約和通商仍合兵家權變善

道洵為忍辱負重者矣於是即開靖海門不數日兩湖江西廣西四川雲貴大兵數萬雲集　欽差靖逆將軍奕參贊隆總督祁暨侍衛等皆抵省由是士民相慶安枕以為有恃而無恐也既而將軍總制果出示招募流亾而民亦陸續遷轉故居各國夷船亦開艙貿易而各大憲則鑄大炮制軍械備餱粮堆沙土辦草船紮木排招壯丁練水勇封拖船操快蟹兩月以來軍機縝密督辦森嚴萬姓咸舉手加額歡心引領以為此一舉也鼓蓄銳之精兵決運籌之勝筭有不醜類悉殲囂塵盡掃者哉四月初一日大將軍號令亥刻與夷接仗始則火光沖天繼則炮聲震地直至寅卯我兵報捷湖南官兵因而拆毀公司行一

連三間疋頭洋貨各什物搶奪殆盡門扇窗檻破滅罕存於是逆怒益憤逆船益增遂轟擊西炮臺傷壞官兵直抵泥城打破欄栅官兵數千水勇数百皆四散奔逃㖡夷發火燒去拖船数十隻木排草船盡行燒毀大炮悉被拋水西門閉塞午刻兩邊火炮罷攻初三日泥城添換官兵復欲設回欄栅未成而㖡夷三板船數隻火輪船一隻闖進轟炮数口逆夷登岸者數十人咸見官兵相喝鬼子來了二千餘人竟亡命奔逃逆夷追至賫步西塲乃止火燒去西塲茅寮数間督憲遷至撫署居住初四日午後㖡夷由西炮臺直至東炮臺沿河攻擊城廂內外火箭炮子紛紛射打河岸一帶官兵不能抵禦盡皆逃散申刻四城

緊閉炮聲喧慘至戌初方止所有河旁大炮盡被毀塞初更發
火燒西河新墩一帶至四更後始熄初五辰刻逆船由泥城直
進罾步登岸一路逐隊而行由西村後黃勝塘至北門外流花
橋連放火箭直射北門外方圓兩炮臺而守臺軍士發炮數口
各自棄甲拋戈望風而走而炮臺悉為逆據于沿路遍捉鄉民
役使扛炮午後攻城城内發炮互相攻擊火箭頻發城内督標
撫標旗滿官兵均欲奮勇出城決戰大將軍仁慈不肯發令以
為無濟于事也城内居民聯名稟赴各大憲懇恩拯救是日也
内外居民目愴有天穴鑽無地衢路傍徨庭堂瞻企竹杖老羸
弓鞋幼女莫不慘目傷心摧肝切齒較前次之仳離豈倍蓰之

可比真為目不忍見耳不忍聞大可哀也加以薄暮逆又發火燒潮音街金利埠及湖南洲嘴永清門外由接官亭至城門口止共約燒房舖數百間直至初六日午後方熄其時日夜兵火交迫民生塗炭百姓何辜究何不幸而遭此荼毒也論者謂逆夷今之如此凶暴皆由拆毀公司行而起吾謂逆之素心殘忍有所固然觀于定海可為鑒矣初六日逆夷在鵝翼城河面向貢院攻擊炮火火箭紛紛打射貢院門扇傷毀將軍參贊遷避又攻破東炮臺竹橫沙東關稅廠一帶均被火燒又復沿河施放雙响城內城外徧地居民幾無立身之地幸藉天降大雨房屋未被火燒晚間小東門自不戒慎引着火藥延燒城外橋邊

一帶城樓不能完保幸城門未有燒脫也是日城内徧插白旂廣府余踰城而下即偕洋商伍同至逆船與新夷目嘉符相見義律欵接議要給回兵費及公司行内所失貨物共銀四百二二十萬两限六日交清先請大將軍撤兵移營後方陸續退出虎門外將各炮臺交還等語兩邊議妥翌日先交銀一百萬两是日大雨後未末申初虹亘中天日氣蒸雲竟天作金黄色約半時許不敢久視變硃紅色亦半時許方晡也初七日在藩庫舁銀百萬两委廣府余送交義律欵留宴會倫極歡洽初八日始開靖海門及大南大東二城門人民出城者數萬計午後又開西門歸德門自此民心稍安惟是門外方圓兩炮臺被逆佔

據後肆行無忌於附近各鄉晝夜巡擾打破門扇搶奪耕牛搜索衣物淫辱婦女發掘墳墓禍及枯骨種種貽害不可勝言初九初十逆夷又往三遠里及蕭崗各鄉復行擾害由是鄉民共憤鳴鑼聚衆殺死逆夷六七人餘逆脱回因率衆而下約數百人鄉民復鳴鑼會集各鄉約數千人與夷决戰幸彼蒼默佑未刻迅雷甚雨鄉民佯敗引入黄婆凋磨刀坑殺死逆夷百餘名内一人説是西洋兵頭義律借來相助者全身盔甲刀砍不入手持寶刀裝嵌寶石映日不可逼視亦被殺死餘夷脱逃者或被坑水冲掩或爲失路饑斃悉無漏網其餘各處鄉民來攻逆夷者尚源源不絶而嘆夷亦從此寒胆潛踪矣且夫逆之自入

内河也戰無不利攻無不取鋒莫能犯勢莫能當養其桀驁不馴之心縱其貪狠自肆之欲進而日上得遂無厭既據炮臺頻施荼毒初七至初十日北門外一帶鄉村驚男竄女雞犬難安籲地呼天狼狽莫倚夫罹殃而妻受辱兩命皆亾子被縛而母困居身家俱殞而且田園被傷室廬被毀邱壟被掘老少被淫貧者室如懸磬富者家徒壁立洵屬鬼神積憤草木含愁故鄉民一旦志切同仇摧凶折馘實足以敵王愾而挫逆鋒然後知民心之堅固不摇而　聖化之漸摩良有以也十一日鄉民仍鳴鑼傳遞富者捐貲貧者出力備乃器械峙乃糗糧響應風從不謀而合者遥遥百有餘里聚至百有餘鄉將方圓兩炮臺四

面圍住各處設伏奮呼攻打晝夜不息逆夷各狐憑鼠伏潛避兩炮臺中不敢出入十二日逆夷義律極目遠望見遍地旌旆炫耀刀戟縱橫鄉民蟻擁蜂攢布滿山麓約有十餘萬衆逆夷更覺胆落心寒亟請廣府余暨南番二縣代求解免情願刻即撤兵下船不敢復行滋擾兩縣乃飭諭鄉民勢勒退息而鄉民之激於義者出語唐突致冒官長此固無知細民奮義忘身亦理直氣壯使然也嗣廣府余婉言排解鄉民始行退散𫫇夷即俯首下船十六日將軍奕叅贊隆撤營金山居住由泥城下船即有逆目數名駕三板過船與之送別所謂息兵而講禮棄武而修文不意干戈擾攘之中復見揖讓雍容之事其日仍委廣

府余将銀三百二十萬兩找足送納十四五日夷船退出泥城十八九日退出大王滘二十五六日遂漸退出虎門而背垣人民始漸安息矣夫以鄉民之有此一舉也亦一時奮激之心使然使非有理義以激之利害以動之凌辱以加之災禍以廹之則心不能勃然而興倏然而起當此之際使有人焉因十萬雄心之衆乘巨魁落胆之時鼓城中欲戰之兵應城外除殘之旅而隆之以禮結之以誠厚之以金貲動之以禄位則民心愈勵而戰氣百倍因而制勝出奇變通盡利計逆夷之兵不能上萬今登岸者已有數千則船必空虛吾於水路擊其虛陸路攻其實使其首尾難顧接應不暇有不一鼓成擒者哉以後得其船

炮為我所用則善後事宜更易為力乃計不出此使下民生際盛明之世妄罹慘殺之災豈逆夷之數尚未當殄滅耶抑亂劫之猶未有盡耶古人云一日縱敵數世之患有心者所謂觸目而深扼腕也方今各大憲存心仁愛別具謨猷軫念下民之生重惜軍士之命故今逆夷之犯順也始雖示之以威繼即懷之以惠洵可謂剛柔有體恩義兼隆而府尊余則王事賢勞屢不辱命深合懷柔之道且服遠夷之心亦何莫非愛民之苦衷也乎是為記

道光二十一年四月十八日奉　上諭奕山等奏焚勦省河逆夷兵船一摺勦辦甚屬可嘉據稱逆夷兵船自大黃滘二沙尾兩路連檣近逼省垣該將軍等於四月初一日飭令將弁挑選熟習水勇一千七百餘名交都司胡奉伸等帶領分起攻勦暗藏火器乘駕快艇埋伏各處並督令官兵在沿岸乘勢轟擊該弁勇等分為三隊先抄後路攻其左右該夷四面受敵同時火發弁勇伏身水上直撲船底鈎住船身拋擲火器須臾燒燬西路白鵞潭大兵船二隻大三板船四隻小艇三板船數十隻東路二沙尾小三板船數隻逆夷被擊及溺死者不計其數總

兵張青雲復於西炮臺督兵開炮其逆夷上岸者均被殺死次日該夷駕船救援又被官兵開炮擊沉三板船一隻逆夷始退等語該逆夷自去冬猖獗以來毒焰漸張往此懲創足以快人心而勵衆志著奕山等仍加意防守省垣毋令逆夷兵船駛入各緊要口隘督飭將弁分股嚴密防堵毋稍疎虞其應如何設法攻勦之處即着趁機籌畫計出萬全迅奏膚功以膺懋賞奕山隆文楊芳祁墳督率有方著先行交部從優議叙發去白玉翎管一個四喜班指一個帶鉤一個黄辮珊瑚豆大荷包一對小荷包二個着奕山祇領白玉翎管二個班指二個黄辮珊瑚豆大荷包二對小荷包四個着隆文楊芳祇領在事出力文武

員弁著該將軍等查明核實保奏候朕施恩所有傷亡兵弁水勇著分别咨部辦理該部知道欽此

浙閩總督臣顏伯燾跪

奏為廣東辦理夷務全局攸關據實密陳仰祈　乾斷事竊

臣以廣東夷務為萬里海洋安危所繫而閩粵直為脣齒尤為呼吸相通是以多用諜探節據報稱四月初一日逆夷火輪船一隻抵泊十三行河面官兵開炮攻擊至晚燒去三板船夷人亦有損傷初二日該夷駕火輪船一隻駛至省西泥城一路開炮兵勇望風而逃燒我船隻六十餘號初三四五等日逆夷駕船十餘隻開炮攻打上岸防兵四散逃走被燒民房甚多並佔去四方炮臺初六日炮子打入老城直抵貢院經廣州府余保純向逆夷面議息兵該逆始索洋銀千百萬元終定六百萬元

又須將軍參贊撤退方肯退出其銀已由藩運海關三庫湊給俱各交訖並聞四月十五日已作為追交商欠議撫情形專摺馳　奏探聞之下心膽俱裂正在疑信間適接藩司曾望顔來禀抄廣東臬司王廷蘭寄該司信函尚有偵探所不及悉者夫逆夷非不可撫然必痛剿之後窮蹙乞命殲其渠魁釋其餘黨始能俯首帖耳久安無事今賊勢方張資之以庫藏則何不以之養我士卒修我戰備如謂商民紛紛求息不得不曲狥所請以固人心則何不於誓師之時集其紳士耆老痛哭而申效死之義與之圖守且廣東民情非不可用四月初十日有蕭岡三元里等鄉數萬人圍困義律等衆攻擊而余保純得義律私書

出城彈壓民始散去在該府未始不藉口於議撫之後不應妄生枝節是直以六百萬之資可以求安也具此肺腑何以為臣子有該處鄉民等誓詞二紙各處傳抄言雖鄙俚亦足以見大義之在人心况撫之權在我而受撫之情在彼逆夷初無受撫之情何以言撫日內廣東抄來逆夷偽文一件偽示四件悖逆之詞令人髮指復於議撫後拆去大角沙角橫檔等炮臺甎石移往香港起造馬頭房屋儼然視為故物又廣東巡撫臣怡良來咨內粘单亦有四月初九日有夷人十一名漢奸數十名至香港傳喚鄉耆舖戶稱係喚逆知縣姓堅來查地方未知將軍叅贊如何入　奏又五月初六日接准廣東督臣祁墳四月二

十四日來咨逆夷搶去省廠盖造師船五隻尚未工竣等語如此情形斷非效命歸誠之象奕山隆文已於四月十五日後移駐離省六十里之小金山楊芳尚在城内齊慎亦已入城納賄之後無復亡羊補牢之計若謂賊已飽橐而去必不再來苟且於目前又思彌縫於異日計亦左矣 臣伏念上年八月該逆赴天津投遞呈詞不過藉緩定海之師耳琦善宴其頭目二十餘人嬉笑怒罵隱忍受辱天津道陸建瀛請盡數拘留令其繳還定海琦善以為書生之見冬間裕謙於前署兩江總督任内懸重賞以購義律而該逆則在鎮海與伊里布分庭抗禮非前任衢州守倫周光碧聲色俱厲義律且肩輿而出入今年琦善又

與該逆會飲於蓮花城琦善已視為固然不敢稍存他意乃自虎門失守琦善拿問北上參贊大臣楊芳適先至粵相持數日旋復效尤　臣猶以為外示羈縻內修戰具而義律偃卧於夷館已將匝月又縱之去及奕山隆文馳至幾於無可措手查楊芳前於江西逐次接奉參贊大臣印信即有以偏僻小港准逆夷屯集貨物之語甫經到粵撫議又起是楊芳之與琦善其心思智慮如出一轍疊經　　聖諭訓飭猶敢復蹈故智奕山隆文閱歷未深尚可諉為不諳軍務楊芳老於疆埸事機坐失咎復奚辭總之廣東以虎門為門戶虎門一失全勢已去　臣廣東人未嘗一至省凡過廣東來者詢之莫不謂琦善弛備失守開門

揖盜而炮為守門之具盡被搶去臺亦拆毀楊芳初到並不據實直陳懇乞　聖恩寬以時日鑄炮造船訓兵練勇俟奕山隆文到日謀定而與之戰一味托故心存僥倖至於僨事此時奕山隆文若再扶同捏飾　君門萬里何日得消南顧之廑

香港為商船駛至內洋必由之路其島曰香爐上有營房居民並非偏僻小港可比既被占據不惟該夷船隻悉由其便即我商船駛入內洋亦必遭其搜查以開抽稅之漸我　朝綂馭中外尺寸之土不可以與人香港一島亦與定海何異即使香港計日可復煙船紛紛四出等於遊魂此事終無了局是餒虎狼以肉而欲止其搏噬也為今之計急宜大張撻伐奕山隆文疊

經逆夷嘗試已懷輕之之心楊芳年老耳聾湖南之兵丁首先滋事不能約束尤不足以當此重任敢乞　天恩逈格此時准其暫示羈縻亟撤各處分調之兵　特簡親信重臣激勵人心作養士氣督造炮船用本省之人本省之兵勇勿以一時小勝而存矜喜之心勿以一事偶挫而懷退縮之志至於經費浩繁惟在用之得當不當省而省費且滋甚廣東若能厚卹將士精修戰具覓聚奇才異能之人緩以圖功即或外費增加多亦不過數十萬金不此之圖而輕以六百萬拱手奉之寇盜孰得孰失曉然易明計自廣東至於盛京海口林立夷船去來無定撤防無期與其日日用之而車薪不熄何如一日用之而燎

原可滅孫子兵法云用財欲泰誠不易之言也臣　駐扎厦門督造炮船而泉州及漳州興化各澳洋面探報逆船遊奕停泊者或三四隻或八九隻即廣東議撫之後亦無虛日痛心切齒何能一日姑容但炮船未備輕於舉動必礙全局一俟炮船齊備其各處停泊之船即當奮力攻擊不敢畏難苟安自取咎戾所有廣東臬司王庭蘭寄信一件廣東民人誓詞二件逆夷偽文偽示五件原底不無字畫訛舛敬謹照抄恭呈
聖覽事機萬緊幸惟
乾綱獨斷早定
偉謨佇見綏靖海疆四夷賓服蒼生受福矣臣謹繕摺附驛密奏伏乞
皇上聖鑒謹
奏

再正在封摺間又據探報廣東四月十五日一摺已奉　俞
允初八日勝仗并邀　恩旨等因臣接閱之下不勝駭愕查
四月初八日廣東業經傾財罷戰安得復有勝仗即初一日之
仗亦僅小勝旋即潰散是所奏直以痛勦乞撫欺蒙　天聽
大膽昧良不料如此之甚臣實無任憂廹憤懣并據探報逆夷
現在復萌禍芽猖狂尤甚膽敢由香港潛開大路一通香山一
通惠州揆此情形該逆據有六百萬之銀肆行無忌其為偽詐
萬端已可槩見督撫兩臣現已剴切獎諭各鄉之團練者慎終
如始團練既已自衛又可報　國省城當可無虞等情臣既有
所見理合附片密　奏

再浙江定海縣善後事宜業經　欽差大臣裕謙辦理妥協
浙江撫臣劉韻珂接手辦理防堵亦頗嚴密廣東事關重大
特簡自必有人倘一時乏人　簡放裕謙似可當廣東之
任惟其氣太鋭敢乞　皇上密飭暫示羈縻事備而後動庶
幾萬全無患四品卿銜臣林則徐前在廣東辦理海口事宜以
粤民誓詞揆之知其能得人心亦有威望其王庭蘭信函所稱
民怨之者自指販烟之莠民而言如以為裕謙之副尚能得力
浙江海口或即以撫臣劉韻珂長駐鎮海會同浙江提督臣余
步雲辦理其巡撫事務即以藩司常恒昌代辦重大事件仍令
隨時禀商似亦不致掣肘福建海口最多廈門尤為緊要臣既

一手經理浙江係臣所轄臣當時刻留心不敢視同膜外廣東事關一體尤須不分畛域期無貽悮廣東督臣祁墳撫臣怡良辦理地方甚好祁墳已經手夷務怡良始終其事雖非所能專主將來接手辦理能否不致回護伏候　聖裁是否有當臣謹附片密　奏

廣東臬司王致福建藩司曾信經閩浙總督顏密呈

御覽

再啟此番粤省用兵所調各省之兵萬有七千兵不可謂不多各項粮餉數至百萬粮不可謂不足至木料買自廣西火藥及鎗炮觧自江西徽省軍裝器械不可謂不齊而卒至潰敗決裂一至於此實由當事既少有章程用兵復毫無紀律有筆墨所不能言者而又有所不敢言者　弟覥然面目憤氣填胷此邦乃吾兄桑梓之地自必望信甚殷特將當日實在情形有不觧之事四可惜之事機二可為痛哭者三為足下告之廣東設炮臺以來有大角沙角虎門三遠橫檔烏涌臘德二沙尾以及省河各處要隘古人相度形勢碁布星列寔為今人所不能及夷船

之至省河也因漢奸所引進寔為我無所倚琦相來粤先存一不敢戰之心畏之如虎使早未雨綢繆斷不至此賊破虎門烏涌急撤臈德炮臺之兵賊至二沙尾又撤省河炮臺之兵其意以為我不撤兵我兵必為彼敗不若姑退收兵入城以為講和地步不知廣省之有炮臺猶人家之有門戶也賊到而門不關可乎開門揖盜百喙奚辭迨至卧榻之前已被他人酣睡乃歸之於始事之人不亦冤乎此不可解者一也夷船之進內河其初並不知內河虛實用小杉板船載漢奸探水次第而入至我所載石沉船之處不見一兵一將以為守禦故得將木樁碎石陸續起去放心前進本屬無人之境非入無人之境也城中有

拏獲漢奸詢之彼處每日有漢奸十六人分為四班進城偵探而我處探事終日誑報自相恐嚇者居多故兵船撤退之後始見其有擱淺數日不能動者或用小船起撥或用火輪船牽曳使早半月有一二能事者探得寔情用快蟹艇載水勇將擱淺之船四面圍繞之非易事歟乃彼有探事之人而我並無認真探事者彼能用漢奸作內應而我從未聞用一夷奸作離間者此不可解者二也更不可解者賊船搜香港蓋大帳棚百餘間并設有偽令初一日據行水探報所蓋棚帳忽然拆去大半又據報逆夷紛紛上船凡夷船在膓德烏涌一帶共二十餘隻火輪船數隻杉板船十餘隻云云早間行香後因於進見時妄參末

議以為夷衆既由香港上船彼處自必空虛如能分兵一路暗襲其巢穴一面用重兵守泥城如省河打仗時可以出兵由花地兜其後路縱未必全勝亦可牽制其兵奈當事以書生之見無應者殆事敗後羣歸咎於發令太早不知賊船已經全駛進虎門其意在我不擊彼彼必擊我先發制人未為不可特布置失當耳初一日打仗後夷船稍退火輪船二隻趨泥城為北門咽喉亦經佛山要路此重地也先是横檔失守有叅將劉大忠者兵敗而逃當事以殉難聞奏　旨以副將賜卹嗣因其逃回以受傷凫水得生覆奏為解至是復派伊與某協岱昌同守此地岱昌從未身列戎行一鄙陋無賴之小人耳因係親信混

充營伍日以箕口粮争供應爲能因辦買木料製備火藥可以沾潤復僉緣而往僱一柴貨船逍遥於其間距泥城水口尚有里許聞炮聲即倉皇遁去至今未聞作何叅揭又初五日賊逼炮臺將兵捲包而逃夷船至天字馬頭馬頭有兵千餘議放空炮數聲亦皆遁去其寔都守以上將官俱在城中不出是以敢死大義責之吾也維時城門全閉五六七三日以來夜間賊用火炮直打城中東西南三處火勢連天燒去民房千餘呼號之慘不堪言狀大師有令凡兵自城外逃回者開門准進而城中百姓不准放出一人夫兵所以衛民此不可解者四也義律住洋行十餘日省河中夷人杉板數隻而已不難擒也伊亦毫無

准倫時義律乘轎買物往來於市廛此時若遣敢死之士數十人至彼處擒之直囊中物耳乃屢言於當路俱推以現已講和未可輕動噫真可謂宋襄仁義之師矣此可惜者一也初十日賊將四方炮臺退去將取路泥城三元遠里村衆因其淫掠憤極鳴鑼一時揭竿而起連結一百零三鄉男婦數萬人圍之數重夷衆僅千餘冒死突圍死者八九十人又殺死兵頭二人受傷無數百姓亦有自傷者然人衆可恃愈擊愈衆斯時我兵在城者萬餘齊恭贊新到有生力軍五百近在金山如其有令兩路齊出接應鄉民使其腹背受敵縱未必聚而全殲當亦勦殺略盡矣乃計不出此不知何時義律將余守請出囑其彈壓又

不知余守何時私出城外向衆人解和彼百姓安知大義不過因其輪姦一年老婦人憤激而起雖人衆直烏合耳今見官如此隨漸漸解去而夷衆乃得遁回舟中此夷人自進虎門以來未有如此之受創者也事機之失至今實爲扼腕夫逆夷滋事豈獨漢奸引導寔亦衆百姓使然蓋廣東自查辦烟禁以來禁興販杜私走未免操之過急故兵怨之民怨之差怨之甚而武弁亦怨之當積衆之餘以爲絕我衣食之源也故於逆夷蠢動之時羣相附和此輩蚩氓既不畏　王章又何知　國體反恐逆夷不勝鴉片不行則前轍不能進退而逆夷四布紛言以爲與官爲仇不向民作害於是奸民食其利頑民受其愚雖督

撫曉諭以能擒逆夷者賞有等差數月以來絕無明驗及賊奪四方炮臺復淫掠不堪始疑其奸操戈相向設使當時圍城再遲數月必有爲内應而開門迎賊者食毛踐土乃良者少莠者多能不寒心真堪痛哭者矣　國家承平久矣民不知兵官不知兵而兵亦不知兵當廣東告警之時官兵民無不引領而望以爲某處調兵數千某處調兵數百指日雲集似此小醜跳梁縱難蕩平亦可恃以無恐乃衆兵未到以前已風聞路中有搶人財物者有毆傷差役者及至到省兵不見將將不見兵紛嚷喧呶全無隊伍斯時雖心知其不可用而竊幸其尚不滋事也不料初五日以後往往兵勇互鬭放手殺人教場中死尸不知

凡幾城中逃難之人兵或指為漢奸或奪其財物城内洶洶幾
於激變尤可痛哭者初二日衆兵搶奪十三洋行背負肩挑多
有逃去兼有無故千百成羣竟行逃去點兵冊中從未聞清查
一二及至沿途討要口粮清遠三水將逃兵數千應付回省反
以追赶鬼子迷路為詞當事者猶以衆兵受驚給賞試思追赶
鬼子豈有迷路退去今日如此則後日可知一省之兵如此則
天下可知　國家養兵千日用兵一時與言及此能無痛哭乎
弟以輇材毫無才識然要好之心未嘗不形諸寤寐自到貴省
四月於兹乃竟有此際遇有時欲自盡其分所當為并有時欲
自効其為所欲無如分職言輕徒多掣肘提庫中之　國帑惟

有傷心樹城上之白旗能無髮指我既承乏於此地想亦在衆人情議之中然實有不可和不得死不敢病不能走之苦撫手捫心能無痛哭至好如兄必有以教我矣以上數條皆係實情無一虛言雖係責省劫數當亦　國運使然所患一蹶不起從此為外夷所輕視更恐無賴匪徒漸生心於内地側身西望天下能重任者幾人欲著武功惟有慎選大將縱有小亂不可輕調重兵足下在同譜之中　弟所欽佩封疆指日事有可為或於弟之所言有採取印證歟又福建水勇初五日進城正逆夷由陸路上四方炮臺之時督撫用令箭令其出城應敵無如阿將軍不開城門將其攔回炮臺從而失守亦一恨事謹白

靖逆將軍奴才奕山等跪

奏為遵　旨查明覆　奏仰祈　聖鑒事竊奴才等於六

月初一日奉到　批迴承准軍機大臣字寄道光二十一年五

月十八日奉　上諭據奕山等奏查明續燒夷船及義勇擒

斬夷目一摺覽奏欣悅之至新安縣武舉庾體羣義勇顏浩長

尤國昭等先後在洋面焚燒夷船砍倒逆夷先鋒嚤嗶並斬紅

旗夷目一人黑白夷匪十餘名該義勇紳士等志切同仇實堪

嘉尚並前次斬獲咱嘜之義勇紳士等該將軍等於派員查驗

明確後一併按格奏賞以昭激勸又另片奏夷船現在退出虎

門已將虎門橫檔各炮臺收復等語夷船現仍寄碇伶仃洋遊

東之裙帶路地方著奕山即飭提督吳建勳將炮臺基地及殘
廢炮臺踏勘情形派兵防守以便委員查估辦理該將軍等仍
親歷查勘省河堵基要隘以期層層固守其如何堵塞之法遇
便具奏至該省用兵自楊芳及奕山等到後共焚燒夷船若干
隻擒斬夷目黑白夷人約計若干名擒拿勦戮漢奸約若干名
均著該將軍查明具奏將此由六百里加緊諭令知之欽此遵
旨寄信前來 奴才等復查此次協勦夷匪粵省各鄉村紳士及
客民義勇等或焚燒夷船或截殺漢奸夷匪或擒斬兵頭均屬
奮勉仰蒙
聖諭嘉獎應即照格議賞當即飭屬分別核議
辦理嗣據該紳士勇等聲稱前次奉令糾約鄉勇焚船殺賊實

出義憤不敢仰邀　恩賞懇乞查明酌保實為榮幸等情詳
察該紳士客民義勇等所稟出於誠心自應俯順輿情毋庸議
賞除業經保　奏外謹擇其尤為出力者另行分別開單奏懇
恩施以昭激勸　奴才等復加詳查據參贊大臣楊芳咨稱
二月二十四日逆夷闖進省河先經總兵長春在鳳凰岡堵禦
擊沉三板船二隻擊斷大船中桅一枝擊斃夷匪約有二十餘
名落水淹斃者五十餘名所用炮位係廣東舊存二千觔之炮
等語嗣於四月初一日經　奴才等分派都司胡倖伸等督率水
勇在西路白鵞潭海珠炮臺十三行馬頭等處焚燒大兵船二
隻大三板船四隻小三板船十餘隻又沙尾崖覓水勇朱亞蓮

焚烧小三板船四隻又續報大黄滘迤北焚烧大三板船二隻又西炮臺經升任提督張青雲督兵轟沉大兵船一隻擊壞小兵船二隻初三日經總兵琦忠督兵在東炮臺之北帝廟用炮擊壞火輪船一隻打折大桅夷船一隻總兵段永福長春候補副將唐永清等在靖海門天字馬頭均各用炮擊燬夷船一二隻不等初四日泥城地方經遊擊伊克坦布參將春福等擊沉三板船一隻夷人開炮自炸轟碎大板船一隻又武舉庾體羣等於初四日在横檔一路焚烧大兵船一隻統計自二月二十四日逆夷闖入省河四月初一日開仗之後官兵用炮轟擊及水勇焚烧共大兵船九隻大三板船十一隻小三板船十八隻

火輪船一隻當經飭局隨時分別酌加獎賞銀兩在案查該夷大兵船每隻約可載人二百餘名火輪船可載人八九十名大三板船可載人六七十名小三板船或二三十名不等初八日迅雷暴雨傾盆下注沖沒在北小五村擄掠之漢奸及黑白夷匪百餘名又三元里寺村義勇鄧彩賢督率義勇顏浩長等砍斃先鋒㗇嗶一名又手執紅旗夷目一名里白夷匪十餘名又前奏義勇陳棠吳濯泉紳士潘士棠等在附城左近擒斬大兵頭一名原報係⿰口伯嘜嗣據通事驗看首級發變認識不出間係㖹夷掌兵渠魁所獲寶喇等件用通書因現交差弁賫京呈驗此外又有紳士吳壁光都司銜文錦候選府經歷馮永煥等自

倫貲斧招募義勇三百餘名在佛山一帶防堵四月初八日因夷匪截搶搬住佛山之婦女等渡船數隻該紳士等聞信即帶領鄉勇等前往救護追回迨至夜間探得夷匪四出擄掠該逆所據之龜岡炮臺只有夷匪十數人該紳士等出其不意督率義勇分駕扒龍快艇四面圍攻夷匪鬧炮轟擊傷義勇數十名吳壁光等伏於上風施放毒烟夷人不能張目該義勇等奮勇搶上炮臺吳壁光首先殺死兵頭一名餘匪均皆殺死又有救援夷船飛駕三板接應經該義勇等在黑暗中埋伏用鎗擊斃夷目二名殺死夷兵數名餘匪潰散割獲首級三顆並搶獲船隻盔甲圖印炮劍火藥旂槍等物另單呈繳並據稟稱爾時該

逆擱阻河道不能進省就近隱匿村鄉未敢宣露茲聞夷船退出外洋是以來省呈驗等語 奴才等以該紳士等稟報少遲恐有揑飾自應密加訪查鎗岡炮山於初八日實有鄉民於黑夜在彼截殺匪夷之事是日省城亦曾聞有炮聲是該紳民所稟尚屬可信查驗首級奪獲軍械均屬相符該義勇等奮勇殺賊寔堪嘉尚未便因具報遲延遂至泯其微勞自應一併查明量予獎勵以上統而計之共被炮火擊傷溺水淹斃及登陸截殺黑、白夷目約有十餘名內有嚘嗶嘶喇吐喙嚈嗶嗯哦嘣呻口知其姓名五名又據署廣州府知府余保純訪查四月初一等日該夷用大兵船三隻載運夷匪屍身出洋瘞埋此外漂沒未獲

及受傷逃出被嚇病亡者不計其數此皆仰賴我　皇上威
福　神靈默助得以殲除醜類人心爲之一快所有紳士吴
光璧等呈繳夷物内除螺絲連環銀花甲一副連環套扣螺絲
銅甲一副獅嵌金線軟呢甲三副鑚石花金線夷帽二頂大金
花盔一頂洋銅鍍金剌劍一口花象牙字印二顆銅護心鏡一
面遇便解京呈驗其餘首級夷帽夷炮船隻盔甲刀鎗等件存
粤備查至於堵塞河道必須相度扼要令可靠紳士等會同派
委妥員探視河身形勢之深淺總以無碍民田無遏小道或以
石塞沙壅或以木爲樁作梅花品字形就其淺深只容貨船出
入前已會商於五月十八日動工因入夏以來雨水過多西水

大漲急切不能一律完工稍俟水消趕緊督辦內河炮臺業已勘明現在購買甎石灰料次第改造其沉失炮位前經飭委情愿自備資斧打撈炮位之驍騎校蕭英監生李逸羣黄元憲水勇孫建勳候選通判蔡松根生員李燮元已革知縣徐序等先後在省河泥城大黄滘等處撈獲落水堪用八千斤大炮三位三千斤大炮三位二千斤炮八位一千斤炮十五位八百至五百斤者二十一位統計撈獲大小炮位五十尊內有數萬斤重四十餘丈大鐵鍊二條三千斤大鐵錨一個夷炮九尊將來於各炮臺搭配安設尚堪應用其餘不敷炮位已飭委妥員陸續鑄造　奴才等現在會議善後一切寔力講求務期行之無弊用

垂久遠一俟議定章程　奏明請　旨以便責成地方官認
真經理奴才會同撫臣怡良於河水稍落後親歷查勘不敢稍
有草率上負　委任所有遵　旨查明緣由理合恭摺覆
奏伏乞　皇上聖鑒再叅贊大臣楊芳現在患病是以未
經列銜合併聲明謹奏

靖逆将軍奕山等謹
奏為海洋陡發颶風打碎𠸄夷香港房寮馬頭並漂沒𠸄夷貨
船兵船恭摺馳　奏仰慰　聖懷事竊𠸄夷自　恩准通
商之後因大兵未退心懷疑懼又官紳各處填塞河道勘修炮
臺𠸄夷貨船時駛至黃浦旋回泊裙帶路聲言在彼處交易不
願來省當委派廣州府知府余保純遴選明白通事前往開導
曉以中華誠信待人斷不加害上達　大皇帝曲賜矜全之
恩飭令傳諭去後尚未禀覆茲據水師提督吳建勳大鵬營副
将賴恩爵新安縣知縣彭邦晦禀稱六月初四日寅刻海面颶
風陡發踰辰愈加猛烈海濤山立大雨傾盆日夜不息各據差

探夷情兵丁民人同稱查得是日尖沙嘴所泊大小夷兵船被風打落沉壞三隻貨船三隻漂失洋銀三十餘萬又漂没大洋漢奸大小華艇四隻不知去向並擊碎夷匪二枝桅大三板船十餘隻其未被漂失者尚存大小四十餘隻而桅柁損損均已損壞内有八隻全行砍去桅木其接濟裙帶路等處匪徒各艇沉溺殆盡淹斃漢奸夷匪不能數計凡先後續到之夷兵船於本月初三日在尖沙嘴之炮臺前開架帳房二十五頂登岸居住所有帳房並裙帶路大小寮蓬悉吹捲無存僅餘裝貯棉花檀香五間未經全壞所築馬頭二條坍爲平地所鋤之路所造之屋亦一併拆毀埽蕩一空浮屍滿海隨波上下夷目僅義律

一名逃走粤門餘者尚未有下落等語奴才等聞報之下官紳士軍民人等無不稱快此皆我皇上至誠感神海靈助順鯨吞鰲擲剪此魍魎該夷船雖幸延殘息實皆震慄天威心寒膽裂奴才等同在省城是日風雨猛烈内河浪高丈餘僉云近年未有之事近城船隻亦多損壞人口間有淹斃外海師船撞碎二隻淹斃把總沈家珍外委吴殿鼎二員兵丁七名已經該副將賴恩爵打撈收殮照例撫卹辦理又據禀初八初九兩日颶風又作較前更大省河潮汐翻騰亦與所禀相符餘剩夷船想更無所逃避奴才等現擬分詣各神祠壇虔誠叩謝一面差委妥弁出海偵探俟得確情再行具奏外合

将嘆夷遭風漂没及打碎香港房寮縁由先行馳　奏仰紓
宸廑謹奏

直隸總督臣訥爾經額跪
奏為遵　旨體察情形酌量撤兵歸伍奏祈　聖鑒事竊
臣承准軍機大臣字寄道光二十一年六月十一日奉　上
諭前因咦咭唎夷船在沿海各省口岸遊奕滋擾屢經降旨着
該將軍督撫等調集官兵防堵勦辦現在廣東夷船經奕山等
迭次焚擊業已退出虎門粤省所調各路官兵現已陸續歸伍
所有各省調防官兵着該將軍督撫等體察情形如何酌量裁
撤迅速奏聞請旨將此由四百里各諭令知之欽此欽遵寄信
前來臣查咦夷在沿海滋擾業已年餘現經廣東迭次焚擊該
夷已受懲創退出虎門不敢抗拒寔足以快人心當即轉行天

津鎮道等熟籌妥議稟辦去後玆據核明原調兵數分別酌留
酌撤會稟請奏前來臣復加酌核並通計全省沿海情形如天
津大沽河口並北塘海口共計新舊大炮臺七座小炮臺七座
小炮十三尊駐兵三千五百名現排於大沽海口酌留熟習鎗
炮兵丁一千名水塘海兵酌留五百名並同新募之兵五百名
分撥大小各炮派員管帶駐守巡防其餘兵丁二千名即行裁
撤又豐潤縣所屬澗河黑沿二處海口駐兵四百名該縣桂起
萬已團練鄉勇二百餘名即行裁撤又永平府屬臨榆縣之秦
王島石河口二處現駐兵共一千一百九十名該處為山海要
隘應請酌留兵丁八百名其餘九十名即行裁撤又灤州之劉

家河現駐兵三百名樂亭縣之清河口真水溝撫寧縣之洋河現各駐兵二百名各該處海口淺隘駛船維艱但應防其登岸前已挖坑設伏現擬每處留兵一百名計共留兵四百名專管炮臺其餘五百名即行裁撤又昌黎縣之浪窩口駐兵三百名蒲河口駐兵二百名現據該縣曾世儀團練鄉勇八百餘名足以分防應請每處留兵五十名專管炮臺其餘四百名即行裁撤此外天津大沽海口迤南之狼坨子徐家溝趙家溝祁口四處海口分駐防三百名該處與山東接壤應請照數留防以期消息相通聲勢聯絡以上大沽所增及永平所屬等處各海口共調兵六千七百九十名現擬留三千三百名撤兵三千四百

九十名以後仍體察情形再行　奏明量爲減撤所留兵丁其
大沽北塘兩處照舊令天津鎮陳金綬宣化鎮石生玉督飭管
帶開州協副將向榮亦仍住山海關協同防守其間河等處海
口視留兵之多寡酌留將備帶領至湖北提臣劉允孝係
簡派來津應否仍駐大沽督同防範抑應回本任之處候
旨遵行所有遵奉　廷寄酌量撤兵緣由謹　奏

奏為鎮江城陷因誤殺良民激成潰敗請旨飭下確切查明據
實具奏以靖物議而固民心仰祈　聖鑒事竊維逆夷侵犯
海疆内地奸宄為之導也查拏漢奸實防夷之急務而辦理不
善漢奸未獲良民受害其貽悮有不可言者即如鎮江城陷物
議沸騰僉謂逆夷甫到江口尚未攻撲府城前任副都統海齡
因查拏漢奸誤殺良民至不計其數以致人心不服譁然而起
將海齡圍住海齡因總兵開炮轟擊百姓百姓復與駐防官兵
為讎逆夷聞内地變作即乘勢直入府城官兵士民各自逃走
統兵大臣等倉皇莫措是鎮江失守非防禦不力乃民心先潰

散也至海齡之死竟有謂被民殘害者臣初得諸風聞未敢遽行陳奏數日以來物議滋起幾於衆口一詞因思海齡既死人復何讎果係城陷殉難一家盡節其情形深堪憫惻平日即辦理不善亦可稍贖前愆其視臨陣逃走事後捏報遇救得生者殊屬有間公道自在人心言之者不應如此痛恨且前次陣亡殉難總督如裕謙提督如陳化成副都統如長喜以及總兵以下大小員弁既死之後未有不曲為原諒者何獨於海齡情事追咎不已人言恐非無因江南地方正當防堵吃緊之際誠如人言釀成事變誤國病民者幸邀卹典建立專祠流離失所之民至今尚懷怨望復何以作其同仇愾敵之氣乎此中關繫孚

海齡一身之節猶小關繫乎天下民心之好惡者甚大既有所聞不敢不據實具奏請　旨飭下督撫大臣明查暗訪確切報究當時逆夷未經攻撲府城之初海齡倘無誤殺良民如此之多且所殺者實係奸宄並非戕害無辜激成潰敗海齡之死不因人言而掩忠義之氣身後卹典乃得以長垂不朽如所殺實係良民則民心潰散府城失守海實為厲階死後尚有餘辜豈得幸邀卹典建立專祠如此確切查明據實具奏俾薄海士民益曉然於生民之疾苦動關宵旰之憂勤凡地方官辦理不善該大臣奏報不實之處胥在　聖明洞鑒之中斯朝廷議功議卹之典務協乎公是非之心不特生者不得冒昧圖功即

死者亦不能倖邀議卹庶苟免之徒益知警惕忠良之氣更加奮興物議由是胥平民心因而永固矣謹奏

奏為上海失守時員弁走散情形仰祈　聖鑒事七月初三
日奉　上諭牛奏上海文武官員下落等語上海縣典史楊
發恩捐軀殉節情殊可憫該部照例賜卹餘仍着該督查明確
實具奏欽此仰見　聖明洞燭無微不照在督臣身膺重寄
具有天良何至代為諱飾惟所恐者委員之查訪則難保無不
實不盡之處此次失事大員如提臣小員如典史皆經殉節昭
昭在人耳目而其餘各員弁尚未查明者職此之故臣聞徐州
鎮王志元調防吳淞兵號七百實在五百給發兵粮每名扣制
錢四文兵不為用騷擾尤甚督臣將數兵插箭令守小河背當

提臣在炮臺擊壞唤逆兵船之際漸欲退去小河背忽放信炮該鎮先走逆夷即擁至從此登岸帮辦寶山縣周木潤縣令周恭壽逃走加定五月初八日事初十日上海典史楊慶恩通稟巫道員與縣令劉光斗於初九日不知去向鄉民爕道署縣署及漕總房屋遷徙一空劉令旋為鄉民所得欲甘心焉右營遊擊鳳某諭之始散而武弁某竟有行刺該遊擊之事以其不肯走也武弁某送信至吳淞逆夷遂於十一日入上海城洪口炮臺已無一兵楊典史殉節於黃浦臣所聞如是至該遊擊係何名既曾為劉令諭散鄉民可即問之劉令武弁某係何營之弁既曾行刺該遊擊可即令該遊擊指出其人相應請　旨密

飭嚴查毋得稍有迴護庶文武員弁各知儆戒辦理堵勦事宜不致再蹈覆轍則逆夷不足道也總之近時習俗無事則玩忽縱恣有事則僥倖苟免官不卹民民不附官將不卹兵兵不附將兵民既非一體何以衆志成城甚至兵不剿寇而勦民民不畏寇而畏兵逆夷更聲言只與兵弁為仇不與鄉民為難鄉民受兵之騷擾而土匪乘之潰逃之後益肆淫掠以致不顧身家圖洩私忿國家設立文武官弁為何而任令衛民者轉為害民豈不知民為邦本乎故必大加懲創然後可力挽頹風民志既伸民心自固作忠義之氣杜奸宄之萌必能家自為戰人自為守凡赤子皆干城也語云感應之機捷於桴鼓其收效固在旦

夕間也是否有當謹　奏

七月十五日奉

上諭前因鎮江失守經耆等奏報副都統海齡自縊殉難念其為國捐軀特加優卹昨有人奏逆夷甫到江口尚未攻撲府城因海齡查拏漢奸悞殺良民不計其數以致人心不服將該都統圍住海齡縱令兵丁鬧炮轟擊逆夷探聞内變乘勢直入府城海齡之死聞係被民戕害等語又有人奏上海失事時徐州鎮総兵王志元添報兵數尅扣兵粮以致兵不為用該鎮先走寶山縣知縣周恭壽帮辦知縣周木潤於五月初八日俱走嘉定上海道巫宜禊知縣劉光斗於初九日不知去向該縣被民拏住經遊擊鳳某諭散又有武弁某欲刺該遊擊之事等語所

奏鎮江上海失守情形與耆牛程所奏均不相符想該大臣等倉猝之間或憑屬員稟報或據傳聞入奏豈能詳細確查以致彼此參差不能畫一着將二摺抄給耆等閱看究竟鎮江如何失守海齡是否被戕寶山上海各員如何逃走倘實在情形有與原奏不符之處准其再加察訪詳晰聲明萬勿迴護前奏扶同掩飾反蹈欺罔是為至要將此諭令知之欽此

九月初六日奉

上諭前因鎮江失守副都統海齡自縊殉難念其爲國捐軀特加優恤嗣據御史黄宗漢奏海齡悮殺良民被民戕害復降旨令耆英等再行詳查覆奏兹據奏稱海齡自縊身死被火焚燒據協領武忠阿切實供明領催海明等十四人於灰燼中尋得海齡屍骨檢獲殉難時所著袍褂並札委曾經稟訐海齡之常鎮道周頊確查取具合營官兵都統紳士顔宗禮郭湘等十六人切結實係城陷自縊並非被人戕害鎮江民人亦無圍署内變情事惟不聽民逃難以致城陷慘遭蹂躪資財盡飽囊橐並將形跡可疑之人概予駢誅辦理失當等語海齡因守鎮江拏

獲奸細辦理草率原有應得之咎惟既合門殉難大節允虧著
仍遵前旨照都統例賜恤海齡事宜均著照議辦理以慰忠魂
其御史安詩所奏總兵王志元尅扣兵餉等情亦經查明該總
兵寔無虛報兵数冒支口粮情弊惟不能約束兵丁致滋騷擾
吴淞失守引兵却退寔屬無能現已病故着勿庸議欽此

欽差大臣兩江總督臣裕謙跪
奏為捦斬潛行登岸圖搶訊係探聽消息之逆夷併陳浙江洋
面情形恭摺附驛具　奏仰祈
聖鑒事竊奴才前因鎮海
定海寧波等縣洋面各有夷船遊弈計共八隻并火輪船一隻
其情叵測當將偵探情形於七月二十六日恭摺具奏在案奴
才旋又遣人查探定海洋面之夷船及火輪船均不知去向寧
波洋面之夷船已開去二隻尚存一隻鎮海洋面有夷船三隻
其餘各處洋面傳聞不一尚未探確二十七日鎮海之盛嶴地
方有夷匪二十餘名駕坐杉板小船潛行登岸探看該處先經
防守穿山等處之副將福禧參將文祇因離夷船遊弈處所不

遠且係硬灘易於徒涉派撥弁兵在彼埋伏該處居民亦因奴才二月間到浙即懸有賞格捡獲白夷一名賞洋銀二百圓黑夷一名賞洋銀一百圓戒備是以於夷匪登岸後兵民協力奮勇剿擊該夷匪猝不及防無暇抵拒生捡白黑夷各一名又擊逐受傷落海者數名餘皆逃回大船將生捡夷匪派弁押解內黑夷一名因被擊過重行至鎮海城外殞命其白夷解送到營奴才當委江蘇候補知府黃冕譯訊據白夷供嗢哩於二十天之前兵頭噗喇喳令伊船同嗢囉叮啉兩船從廣東開行來浙江銷貨為名探聽各口防守情形出入路徑回去報信因無船向其買貨短少淡水食物登岸搶擄致被捡獲噗喇喳已往厦

門不知如何打仗亦不知其何時來浙并赴天津與否火輪船並非同帮等供奴才查現准粵省咨文有夷船已起椗由福建浙江直上天津之語該夷既為探信而來火輪船係送信之船既已來而復去必係已往廈門送信據供並非同帮並不知噗鼎喳何時來浙殊不足信提臣余步雲遴將該夷漢奸為養活隨時詢問敵情并作別用奴才當以不暫閒諜雖係行軍成法但該夷已為擒獲之人割去左耳並受重傷未必即能養活而言語不通情形狡詐現在譯訊供情真假已不可知能倫詢敵情致墮其術若作別用適足搖惑軍心廣東之失事由於各懷兩端可為前車之鑒現在廈門又已失守斷無再持兩端之理

且該逆驕盈已極斷不能因不誅此逆遂不來浙滋擾亦未必因誅此逆肆逞更甚不若誅之以堅衆志 奴才又因該夷前在廣東有 奴才曾將逆夷剥皮之謠隨即發令飭委翼長狼山鎮總兵謝朝恩寧紹台道鹿澤長將該逆嗢哩綁出營門先將兩大指兩臂及肩背之皮筋剥取一條留作 奴才馬韁再行凌遲梟示其黑夷咪哈吻亦即戮取首級剥皮梟示俾衆咸知 奴才有剿無他以杜其首鼠兩端之念察防兵民無不踴躍稱快所有賞項 奴才已飭糧臺查明照格發給謹將原定賞格及訊取逆夷供辭分繕清單恭呈

御覽 奴才正在繕摺間又據鎮海縣探報火輪船又在青龍港洋面游奕 奴才惟有激勵兵民

格外謹慎堅壁已待該夷果來侵犯務期痛加剿洗以申國威
斷不敢稍存遷就之心致負　聖主訓誡諄諄至意所有捡
斬逆夷緣由謹恭摺具　奏伏乞　皇上聖鑒再江蘇巡撫
梁　業已到任定於七月二十八日前赴上海防堵所有奴才前
據撤退各兵已准咨會仍行截留守禦極為嚴密現未報有夷
船游奕定海地方亦甚鎮靜合併陳明謹奏

謹將捡獲夷匪訊錄供詞繕具清单恭呈　御覽
據白夷嗢哩供年二十八歲嘆咭唎人船名哩哪是两桅貨船
船主名吽吒吥咂我是副船主這同時被獲來至城外因傷死
的黑鬼名吽咪哈吻因他懂的漢話又吽呫嗱我船上共有白

黒鬼三十五人廣東漢奸四人載的煙土洋布各貨向在廣東買賣二十天前兵頭嘆嚂嗑呌我們同了嗢囉三桅船吖啉的兩桅船同到浙江洋面以消貨為由探聽各處口岸防守情形出入路逕回信我們三船就駛到浙江洋面游奕了五六日因無人到船買貨無從探聽消息缺少淡水食物望見沿海山坳住有人家我帶了白黒鬼二十多人駕坐杉板小船登岸搶擄不料岸上埋伏兵民把我同咪哈吻砍傷捦住其餘各鬼子也有受傷逃回船上的也有打落海中我没有看得明白現在浙江洋面尚有夷船幾桅有無火輪船是否亦像嘆嚂嗑指使前來我不知道六月初四日廣東遭風打壞船二十餘隻淹斃鬼

子不知數百間、炮臺尚未築好，㗘𠻘喳帶了火輪船八九隻兵
船貨船共三十四隻到厦門去了，如何打仗，我們開船在先，實
不知道。
謹將所懸賞格照録恭呈
御覽
一無論文武官員弁兵商民漢奸人等有能將𠹭夷裝載八十
門炮之大兵船搶獲一隻駕駛獻官者賞洋銀二萬圓，小者按
炮數遞減，每少炮一門減洋銀三百圓，所有船内物件除炮械
鉛藥鐵彈鴉片連船繳官外，其貨物鐘表銀錢等物，不論多寡，
全行賞給。若將大兵船燒燬擊沉一隻，確有實據者，賞洋銀一
萬圓，小者遞減，其首先出力之人奏請　賞戴翎枝，官則越

級超升兵民賞給官職

一將暎夷貨船捦獲一隻駕駛獻官者除炮械鉛藥鐵彈鴉片等連船繳官外其貨物鐘表銀錢不論多寡全行賞給若係三枝桅大貨船另賞洋銀一萬圓二枝半者賞洋銀五千圓焚燬擊沉確有實據者比捦獲賞三分之一

一將暎夷杉板船捦獲一隻駕駛獻官者賞洋銀五百圓擊沉者減半給賞

一生捦逆首義律懿律伯麥者每捦一名賞洋銀五萬圓奏請

賞戴翎枝不次獎擢如係以次偽官按其職分之大小以次遞減仍酌量保奏殺死偽官將首級來獻者如係義律懿律

伯麥嗎哩遜布耳利仍照生擒論賞

一生擒白鬼子一名者無論是官是商賞洋銀二百圓積至五名以上奏請　賞戴翎枝生擒黑鬼子一名者無論是兵是奴賞洋銀一百圓積至十名以上奏請　賞戴翎枝殺死白黑鬼子將首級來獻者照生擒例減半論賞

一倘能兵民合力漢奸用命大帮夷船夷匪焚殺擒獲盡絕全得勝仗永靖海疆者更當奏懇　殊恩破格獎賞以示鼓勵

一漢奸自行投回禀首機密者有所在文武各官派員送來大臣軍營聽候訊明虛實密授機宜不得攔阻

九月十四日奉

上諭自上年暎夷犯順以來滋擾廣東福建浙江三省沿海居民慘遭鋒鏑或被搶掠一空或被流離失所朕統御寰區痌瘝在抱每閲各處奏報為之寢食不安命奕經為揚威將軍特依順文蔚為叅贊大臣調集各路精兵尅期追勦大兵到浙江自必迅速蕆功惟各路所調官兵過郡縣地方恐約束不嚴籍端滋擾著責成該將軍等嚴飭管兵各員分飭所屬謹守兵律秋毫毋犯違者即以軍法從事如有縱容徇隱別經舉發惟該將軍是問其沿海各處鄉村均宜自行團練鄉勇聯絡聲勢上為

國家殺賊下即自衛身家其有奇才異能足備禦侮之用者許

赴軍營自行投効該將軍等量才器使遇有出力之處隨時保
奏候朕施恩從前三首教匪滋事儘有由義勇出身擢至大員
者該將軍務當多方激勸咸使有勇知方一技之長勿許屈
抑凡茲薄海臣民皆係朝廷赤子二百年來食毛踐土具有天
良當此逆夷不靖自必志切同仇斷不可為奸夷所惑自外出
成其或被脅陷賊自投來歸者亦即宥其既往予以自新俾得
同膺功共享太平之福着沿海各督撫刊刻謄黃徧行曉諭
用示朕外攘內安至意欽此

奴才奕山臣祁𡊮臣梁寶常跪
奏為遵　旨查明前水師提臣關天培在靖遠炮臺陣亡時
炮兵失散情形並捏稟兵丁先逃之把總畏罪自盡恭摺奏
聞事竊查上年九月間奴才等覆查當日靖遠炮臺失守提督
殉難時炮臺兵丁不無散失當經附片　奏陳旋奉　諭旨
令將首先散失之兵丁嚴行查辦等因遵查靖遠炮臺原設武
弁十三員兵丁二百四十名分司各炮臺當即移咨現任水師
提臣吳建勳飭行查明究係何兵先逃從嚴懲辦隨准提臣轉
據調補水師提標右營右哨二司把總何居桐具稟查係兵丁
郭標歐振彪唐承恩吳就芬蘇勝亮五名先逃咨解審辦當將

五人發交署臬司王雲錦會同署藩司王廷蘭詳加究訊該兵丁郭標等供伊等於關提督受傷倒地後夷兵攻入炮臺兵衆抵禦不住一同走散並未先逃並稱關提督陣亡之前一日伊等曾經放炮擊中夷船蒙關提督各賞給銀四元交把總何居桐收存迨夷兵攻破炮臺伊等逃走時看見何居桐被夷兵掳挈下船次日始回伊等曾向其討要賞銀並未分給曾經口角等語由司移提何居桐質對兵丁郭標等仍執前供質之何居桐亦稱當時奉派防守靖遠炮臺與逆夷接仗時紛忙中何兵先逃實未看得清楚詰以因何稟報郭標等先行逃走並將賞銀私存不給據供關提督陣亡後伊被夷人强提下船次日始

行放回一時匆遽致將所存賞銀遺失嗣因該兵丁等屢向索取元銀賠償致相口角適奉查逃走兵丁伊因挾嫌即以郭標等五名先走捏詞稟覆以圖卸責其寔該兵等何時逃散伊不能指寔不敢誣執等語即經該署司等將何居桐發縣看管一面録供稟報十二月二十八日夜何居桐忽在南海縣看管處所自縊身死提訊看役梁成等究明何居桐於寗出被逆夷擄捉放回並不給兵丁賞銀反行誣稟各情時常愁嘆故畏罪乘間自盡該署司等將兵丁郭標等五名覆提訊明連看役梁成等解勘前來 奴才等親提隔別研訊各供如前反覆究詰矢口不移 奴才等恐郭標等狡供避就其何居桐自盡亦恐有屈抑

别情復将當時在該臺添防之弁兵毛大鵬等傳問據稱當時寔未見郭標等先行逃走並據該署司等稟稱兵丁郭標等先走一節止憑何居桐一人之言何居桐自盡由於畏罪其為誣稟無疑現在該把總已自縊身死無可質証惟先經在司取録案供亦稱該兵丁等並無先走情事係因何居桐挾嫌卸責混行稟覆案情似已確鑿 奴才等再為密查當日靖遠炮臺既被攻陥軍心無主一時潰散無從分别先後似係寔在情形此時必欲究明誰何先走該兵丁郭標等既屢訊不承認又無確切証佐若将原防炮臺弁兵多行提訊徒致紛擾亦無從指實應即将此案擬結查把總何居桐被捉放回遺失賞銀因兵丁郭標

等向索口角之嫌輒借訪查先行逃走兵丁混行誣指罪有應
得業已畏罪自盡應毋庸議兵丁郭標歐振彪唐彖恩黄就芬
蘇勝亮雖訊無先逃情事究係敗散餘卒未便仍列戎行應即
革伍仍行責懲其疎於防範致把総何居桐自盡胥役梁成等
飭司照例辦理此後 奴才惟有申明紀律嚴飭縣營員弁兵丁
務須一體相關兵將相顧以期殺敵禦侮固守疆圉庶竭盡一
分心力或可挽一分功効斷不敢意存因循致蹈罪戾謹會同
合詞恭摺覆奏奉
硃批不實不盡之口事已如此即使先遁之兵僥幸苟免豈有
概行誅戮之理姑可稍為寬貸朕祇恨世道人心何至如是之

不誠不寔朕以重任付諸臣諸臣無非還朕一欺字不觧是何
居心也另有旨欽此

臣裕謙片

奏再臣接准部咨欽奉

上諭原任廣東水師提督關天培除照例賞給銀兩准予世職外著該督撫查明伊子孫幾人均於服闋後送部引見候朕施恩等因欽此欽遵轉行該故員原籍山陽縣去後茲據該縣查明該故員之長子原任吳淞營叅將關奎龍先已病故現有次子關從龍年十八歲及關奎龍之子佛保福保祖保仙保四人均未成丁聲明該故員現尚有親母吳氏年八十三歲由江寧藩司詳據淮安府轉詳前來臣查該故員因征調不能自主無如之何殉難仰蒙

聖恩於照例賜恤之外復查其子孫洵為至優極渥惟其家有老母年逾

八十子孫俱幼情殊可憫臣不敢壅於上　聞謹附片具奏

奉　上諭裕謙奏查明原任廣東水師提督關天培現有子

孫並該故員尚有親母等語關天培次子關從龍現年已十八

歲著於服闋後送部引見伊母吳氏年逾八十著地方官每月

酌量給予銀米以養餘年欽此

兩江總督裕謙跪

奏為阻截夷踪現無滋蔓設法驚疑暫事羈縻請添調精兵防堵並圖收復恭摺奏 聞仰祈 聖鑒事竊奴才於八月二十九日因力竭難支退出寧郡稽至九月初六日甫繕摺由驛六百里加緊奏 聞在案羈遲之由前摺已經申明奴才之罪兼之撫 臣屢屢來咨早見及此故奴才即於上虞梁湖曹娥等處招集散兵與撫 臣奏委之前福建藩司鄭祖琛現在之寧紹台道鹿澤長衢州鎮總兵李廷揚反覆籌商一面派令妥靠弁兵改裝易服前往餘姚確探夷情就便假寫浙江餘姚紹興以西義民告示密差精細暗赴寧波鎮海四路張帖以為百姓數

百萬同心仇敵恐駭不使西擾以救目前之急前調各處官兵所到僅止江南旗兵八百截防曹娥江本省湖州兵一百名隨
奴才暨衢州鎮總兵李廷揚暫住紮上虞以遏寧波總徑雖江西兵頭起已到五百兵力尚形单弱不足以資堵剿又商之在防司道鄭祖琛等先令上虞縣知縣劉度湄不惜重貲招募鄉勇數百共為聲勢九月初六七兩日探得火輪夷船二隻舢板船五六隻在餘姚慈谿探量水勢　奴才先數日購得寧波細作多名聲言官兵協同寧紹上虞慈餘義民數十萬在餘姚以西各淺水狹隘處埋伏奮力截勦等語遍處虛傳逆夷似有所聞初七日竟已退回寧郡即令兵勇數人改裝百姓混入寧郡探

閩夷匪言稱我們此來原好報仇聽得　欽差裕大人由寧
波逃往餘姚我們所以先至慈谿近日方知他死了都不與你
百姓相干奴才察其有畏百姓之意故以百姓驚疑之幸連日
尚不出擾奴才盡心設法羈縻斷不令其滋蔓他處有厪
聖懷但浙江百姓非粵閩百姓之强悍可比一聞逆夷驚駭非
常所以招募鄉勇不應者多即有應募賊至而散即浙江之兵
自定鎮失守全省震動驚心未定一時亦難策勵復用奴才管
見非西北曾經出師生力精兵二三千不能濟事查湖南四川
貴州等省官兵甫自廣東撤回惟陝西漢中陝安固原等處地
連川楚其風尚武上年回疆軍務極為得力應請　皇上聖

裁可否於該省提鎮標酌調二三千名擇幹勇嚴明之鎮副將
管帶前來路途雖遠不過兩越月即可抵浙俟　欽差統兵
大臣到時先有此三千得力之兵勦辦自能應手俾奴才亦得
盡其不死之愚忱竭其不死之餘力奴才幸甚浙江幸甚謹將
慈谿上虞現無夷踪滋擾請添調精兵防勦情形恭摺由驛六
百里奏　聞伏乞　皇上聖鑒訓示謹　奏

道光二十一年八月望後四明失守黎庶流離實在情形節畧
自八月十二日暎夷攻擊定海經壽春鎮王舟山鎮葛處州鎮
鄭三總戎力戰四五晝夜殺賊二千餘人惟所殺之賊多係漢
奸緣該夷慣使漢奸為前隊導引而以夷兵押後以攻漢奸死
而夷人生維時警報飛馳羽書絡繹屢向　欽差大臣行轅
告急無奈援兵不發夷衆豕突狼奔三鎮勢孤力竭延至十七
日同時陣亡遂至失守旋於二十六日攻陷鎮海直逼寧波
欽差大臣裕謙先自肩輿逃避行至餘姚自知無顏見人始
行自盡寧波府鄧定海縣葉相率而逃兵卒潰散寧郡不戰而

失更可笑者慈谿餘姚二令聞風先逃迨探得城中尚無變動數日後又復潛回視事守土之官如此善遁節義全無廉耻盡喪上官竟范不顧問仍令靦顔而居民上安得不使人心惶懼寇盜横行從此謠言四起惑亂異常紹屬之山會蕭三邑居民紛紛遷避蕭山城鄉各家星夜移居者十之八九船價驟昂二三十里之程逐每船須洋三四五元不等携老挈幼道路紛馳觸目驚心莫此為甚猶幸逆夷佔踞寧郡而後不復進攻刻下余提台步雲帶兵駐守上虞陳提台階平防堵曹娥江心為扼要亦不與之決戰由是紹郡迤西三邑山陰會稽蕭山是也人心較前稍定該夷自踞寧郡設有偽官郭姓係閩省人出有偽示名曰安民實

仍搶擄城中米石倉穀定價每擔洋一元無知貧民競相爭買多被夷人擄去塗面灌葯即聲啞面充〔黑〕作黑鬼凡有銀錢銅器以及各神廟寺觀鐘磬等物劫掠一空更可恨者黑鬼夷姦淫婦女肆行酷毒白鬼夷陽則禁止黑鬼陰亦不免姦污見有壯健之人勒供驅使脅為漢奸如有不從即割耳剪髮生炙塗炭何忍言哉邇時寧波之江下仍有火輪大夷船兩隻拋泊內巷另有大小夷船二十餘隻散在鎮關內外隨潮上下往來無定餘姚境內先於九月初七八間有三板夷船三隻駛入當被該地士民率眾擊退此後不復來侵上虞慈谿尚稱安貼現在當路鉅公意在專候

星使各大臣涖浙再商設施竊恐仍無

勝箕徒事紛擾閩閩又月前杭省來信九月二十日有漢奸其人即定海童生到省在撫轅投遞夷書書內不知何詞劉中丞未敢拆閱該漢奸聲稱夷船擬由海道逕入錢江之鱉子門此處為全省最要關鍵江面橫亘數十里無要隘可扼江之西岸為海寧東岸即蕭山萬一竟如其言則省垣極為危險蕭山亦然從萬松嶺直攻省垣如要罷戰須給與銀一千萬兩該夷即率衆北向而攻天津等語詞之狂悖至於此極撫軍亦莫敢誰何後閩以一奏請旨為塞責夷勢如此猖獗疆吏如此委靡嘆夷之來內地如入無人之境又何所為防禦耶再逆夷未攻定海以前先於七月間有火輪大夷船多隻在外洋遊奕忽去忽來並無動靜迨後有三板夷船一隻駛入石浦內洋此處為寧波府所屬設有石浦

海防同知之鄞渠村夷人登岸採買牛羊尋汲淡水該處民人畏法不敢與通貿易情愿任其搶奪彼即掠取牛羊鷄鴨而去越日復遣夷卒到村以呢羽洋貨持贈村民作償物價意原不惡詎料其時適逢裕制軍所派委之弁兵延役入村搜查當將該夷拿獲黒白鬼子各一名解送裕制軍行轅請賞旋經該夷前來指名索討聲言還我二人便當即去否則必欲攻城復仇裕制軍憲令森嚴不容毫髮遂將黒白二夷立置極刑抽筋剥皮梟首懸示以為快心得計孰知激怒夷衆遂將鄞渠一村全行殺害房舍放火焚燒數十家性命巻成灰燼出自裕制軍高厚憲恩旋復急切攻城勢甚猛烈及至定海失守裕制軍嚴威

頓挫莫展一籌而又撥兵不發致使定海危城無救三鎮台殉
難一時兵民死傷無算鎮海寧郡旋踵失陷誤國殃民禍延江
浙實皆裕制軍一人剛愎所致全浙人民無不痛恨而猶得謂
為捐軀報國崇祀昭忠死如有知得無自愧似此朦蔽　聖
聰不分皂白實為不解撫浙大吏是何居心此真刦運使然蒼
生合該遭難如斯世界尚何言哉若仍如去年伊協揆之鎮靜
無為加以饋送該夷牛羊麵食縱使定海不保或可堅守鎮海
關要隘不致猝遭此日之慘烈也哀哉痛哉以上云云係寧紹
兩郡已往目前實在情狀但不卜後事如何誠不免切抱杞憂
心寒膽落奈何奈何謹畧

再啟者昨有人自餘姚來蕭述巻九月初六日有火輪大夷船兩隻三板船六七隻駛入餘姚内港（此處洋面寛大）來紅白鬼夷百有四人登岸入城令黑夷看守船隻入城之紅白夷百四人各處遊歷尋至縣署（維時彭署令先已逃去）及各神廟一走惟文廟武帝殿尚知敬禮餘皆毀像碎牌獨不滋擾居民舖户旋登鳳皇龍泉兩山（此兩山為邑之名勝）四面瞻眺復以千里鏡照之並即繪圖以紀形勢圖畢手舞足蹈似有欣欣得意之狀復率衆在山操演數次各皆腰插二利刄左右各一把右肩負一西瓜炮左手挾二尺餘長鳥鎗左膀下懸一裹貯火葯彈子等物之皮口袋頭戴稲桶帽鬚髮類皆似青山羊皮毛色其形狀裝束如是而腥羶之氣

不堪觸臭其人跳躍如飛一縱能踰數丈又能説中華官話不知從何處學來誠不可解由此推之可見漢奸之流入外夷已非一日其數亦不可勝計矣維時適有土人駕蘿蔔一船進港該夷以洋一圓盡買之又以一洋向邑民買鷄四隻握鷄在手盡代其毛而不宰殺就此炙而食之延至初八日登舟而去本定初十日復來因出口時其大船之火輪適觸石磯幾至傾覆該夷霎時驚惶無措從此退去不復再來想亦天之所以佑此一方借以示儆此後餘姚或可無害緣其入城登山演陣之時概聽當地人民觀看並不顧問以故人人得而觀之是皆來人目睹情形親切確寔毫無虛妄今所寄抄奉畧節中稱述九月

初七八間有三板夷船駛入餘姚境内爲土人擊退之語乃前
言傳聞訛誤也又有寧郡人來辰下夷衆在城除將銀錢銅器
鐘磬等物掠去外尚無别項擾害惟將江下店屋民房全行拆
毁又於寺觀中携取大銅鐘時來向各典鋪告借棉被各五十
條以爲落鐘時鋪襯地上免致損鐘之用用畢悉爲黑夷搶去
無還餘尚相安只可恨黑夷强擄婦女恣肆姦淫實堪髮指更
探得定海自該夷踞後夷目撲鼎喳等俱挈眷登陸而居城市
照常貿易民皆歸之果爾則此處似覺難於收復矣慈谿上虞
二邑並無侵犯惟各自戒嚴耳謹再略陳

禮部謹

奏為會奏賜卹事道光二十一年九月初十日内閣抄出

初八日奉上諭兩江總督裕謙功臣後裔世篤忠貞經朕擢任封圻遣當逆夷滋事特派為欽差大臣辦理浙江軍務該督銳意圖功方資倚畀茲以鎮海縣城失陷投水殉節為國捐軀深堪憫惻著加恩贈太子太保銜照尚書例賜卹任内一切處分悉予開復伊祖班第於乾隆年間在伊犁殉節入祀昭忠祠今該督臨危致命不忝前人着附祀昭忠祠並俟軍務完竣再於鎮海縣建立專祠以彰藎節其靈柩回旂着沿途地方官妥為照料並着伊弟裕恒前赴江蘇迎接到京時准其入城治喪

應得卹典該部照例具奏欽此欽遵抄出到阝衙門禮部查定
例内開文武一品官員　恩予卹典者給與一次致祭銀二
十五兩並葬銀五百兩遣官讀文致祭應否予謚請　旨定
奪予謚者内閣撰擬謚號工部給碑價銀三百五十兩其家自
行建立祭文碑文交翰林院撰擬不予謚文者交内閣撰擬並
行查事跡交翰林院立傳又八旗二品以上入京師昭忠祠者
仍入祀陣亡地方府城昭忠祠吏部查例載殉難官俱照本銜
廕子三品以上者廕其孫又例載陣亡人員文職一品官照叅
贊副都統例議給騎都尉兼以雲騎尉各等語今原任兩江總
督裕謙投水殉節奉　旨照尚書例賜卹應照例給與一次

致祭銀二十五兩並葬銀五百兩遣官讀文致祭祭文交翰林
院衙門撰擬並行查事跡交翰林院立傳除欽遵
諭旨附
祀昭忠祠並俟軍務完竣後再於鎮海縣建立專祠外仍入祀
該地方府城昭忠祠吏部查道光六年喀什噶爾叅贊大臣三
等義烈公慶祥因逆回滋事嬰城固守自盡經兵部照陣亡賜
恤例議給騎都尉兼以雲騎尉世職襲次完時給與恩騎尉世
襲罔替等因奏准在案今原任兩江總督裕謙因鎮海縣城失
陷投水盡節核與喀什噶爾叅贊大臣慶祥情事相同可否援
照陣亡例給與騎都尉兼以雲騎尉世職襲次完時給與恩騎
尉世襲罔替伏候
諭旨遵行其應否與謚之處伏候

欽定恭候　命下行文各該衙門遵照辦理再此摺係禮部
主稿合併陳明謹奏

十二月初六日奉
上諭用兵之道貴乎紀律嚴明賞罰必信誠以紀律嚴則法度
自昭賞罰信則德威並濟我國家承平垂訓二百年各省將弁
所以恩養而教育之者至優極渥偶遇征調宜如何爭先思奮
爲國立功乃自上年軍興以來屢與暎夷接仗惟定海一役力
戰六晝夜擊斃夷匪無數其餘各仗帶兵各員不能申明紀律
激勵士卒以致臨陣脱逃非逆夷之兇燄竟不可滅寔由統兵
大臣一味姑容故將士不能用命若不極加整頓何以挽積習
而勵軍心着揚威將軍參贊大臣等查明失守各城首先逃走
之將弁兵丁嚴切訊明即照軍法從事勿稍寬縱惟犯法者既

正刑誅立功者當膺懋賞激勸以壯其氣錫賚以獎其勞全在該將軍等開誠布公勗以忠義使人人有勇知方同心敵愾似此貪狡兇夷罪惡貫滿揆之人心天理殲滅何難若使紀律嚴明賞罰必信自可迅奏膚功茲特發去內花翎五十枝藍翎五十枝搬指五十個翎管四十個小刀九十把火鐮七十五把六品頂六十個七品頂八十個着珠勒亨等帶往軍營交揚威將軍奕經等祇領其將備兵丁及收羅異材並檄調各省官弁人等如有拔幟先登不避鋒焰斬獲夷目者該將軍等即將領去各件優加賞賚仍叙述事蹟據實保奏朕必破格施恩該將軍等惟當恩威並用整飭戎行以副朕綏靖海疆至意欽此

揚威將軍先後差探夷情

一探得逆夷佔據寧波地方偽欽差噗嘥喳住在月湖書院内作陸路提督郭士利住在寧波府署中設有公案兼理民事偽水路提督巴吉住在鄞縣署中城門上每處派黑鬼子十五名晝夜更輪看守目不交睫防範甚嚴

一探得鎮海城内有夷目嗚恭住札每日操演兵法黑鬼蹤跳如飛並教漢奸諸般技藝紀律極為精嚴城門只開東面一門有黑鬼看守盤詰甚嚴

一探得城外有杉板船四五十餘隻搬運擄掠之物送上鎮海大船絡繹不絶大兵船共有三十餘隻火輪船四五隻

一探得鎮海寧波居民大户索銀一萬兩中户五千兩次户三千兩小户牛一頭至四五頭鷄鴨十餘隻至二三隻均書一紙貼在屋上可免擄掠否則縱容黑鬼漢奸恣意擄掠當鋪亦索銀一萬五千兩二三千不等

一探得炮臺火藥銀兩洋錢及一切軍需物件均已搬至夷船其用不着者皆抛入海中

一探得定海道臺署已折毁璞巴郭三逆乘坐緑呢轎打紅傘隊伍整齊晝則在城夜宿於船恐有人暗算

一探得逆夷將廟宇學院鐘鼎盡行取去凡銅磬爐一切銅器皆搬上船銅錢亦盡行搜括有報其家藏匿錢文者搜出十千

賞報信者洋三元定鎮銅已取盡皆鑄炮用

一探得逆夷將寧波百姓挑選精壯三四百名飲以藥酒二三日後即變形為黑鬼驅使

一探得逆夷擄掠婦女其順從者隨意帶往民房姦宿或帶至船上其不從者二百餘人俱關鎖在天定寺有黑鬼數十人看守將衣服盡行剝去寸縷不留每一女人給一男子棉襖一件禦寒蔽體斂髮札根腳帶概行拉去恐其尋死用籐條拷打哭聲震天灌以藥酒頓時聲啞有絕粒而死者黑鬼有截下身而去悽慘不堪

一探得逆夷逼令各店家開張鋪面不遵者每家罰洋元多寡

不等
一探得逆夷將聖廟神牌劈毀在大成殿上宰殺牛羊鷄鴨烹煮供食
一探得逆夷拘齊各營及民間馬匹逼勒百姓林萬鄧三家倫買鞍轡以後用兵必要水陸並進
一探得鄞縣生員陳士俸為逆夷所重用代辦文案告示皆出其手前曾引路至餘姚又偕白鬼至天定寺五嶺繪圖而去
一探得逆夷漢奸數百人分赴各處偵探消息内地情事無一不知信息亦甚捷速　上諭廷寄奏稿皆有抄録寄去者
一探得逆夷分遣黑鬼每日執械下鄉糾同土匪擄掠鄉村所

得之物合用者取去用不着者分給土匪
一探得逆夷勾結洋盜以為羽翼現探已有七八十隻盜船在
洋以為聲援
一探得逆夷雇漁船將蛟門木樁盡行拔去即將木樁轉賣與
漁户又每日要納洋一元
一探得逆夷凡寧波鎮海城門出入之人皆要搜查如身邊有
銀錢帶者皆拏去
一探得逆夷諭民不許裝貯火藥如有私匿者放火燒房即花
炮棄之街衢
一探得逆夷做紅邊軍機褂四十件不知何用

一探得逆夷在洋遊奕計船八隻
正月十五日探回二十三日咨到河院

揚威将軍信

連日各處稟報前月二十九日寅刻進攻寧郡之中已有人內應我兵勇即時入城奈所僱本地勇壯究屬怯弱見夷人開放鎗炮即有退避我兵勇踴躍向前夷人在楼上施放火箭其勢如雨夷船又係四面直墻我兵勇不能上楼擒斬僅祇放火燒其飛楼一座燒斃數夷殺死迎敵逆匪及漢奸三百餘名嗣因夷人砲箭齊發我兵勇人數太多街道窄狹致形擁擠未能施展如志旋復退出鎮海亦於是日進兵入城亦因夷人踞楼拒敵我兵勇難於仰攻又因該夷大船均在城外圍繞恐其截我歸路祇好退出未能收復所傷夷人不知確數至梅墟地方埋

伏兵勇於二十九日午刻亦僅砲擊夷人杉板船二隻而所攻船隻因預有該處民人漏信先被夷人驅逐寧鎮兩路又祇燒燬大夷船一隻火輪船一隻杉板船數隻而已此次設伏制勝頗費經營所得不過如此未免小題大作深属可惜屢聞探報令人憤懣所幸兵勇傷亡無多現已飭員妥為安置大局均可安定　弟即擬進駐上虞就近調撥奈船隻人夫猝未能齊只得仍駐東關密圖進勦惟逆夷經我處此番舉動必得準備更恐四出滋擾不可不先為防範範等因

劉玉坡中丞信

揆帥暨文叅賛於正月先後由省赴紹密籌進勦之方幕府兵

機外首莫能揣測惟觀其集兵募勇繕械購船似已悉心經畫周密無遺或者振旅進攻可冀三城克復乃本月某日接揆帥來函云我兵於正月二十九日寅刻攻入寧城殺斃夷匪漢奸二百餘人逆夷據樓拒敵因城内街道狹窄兵勇人數衆多不能施展仍復退出其攻擣鎮海之師情形亦復相同兩路只擊毀大夷船一隻火輪杉板船各二隻云云繹其語意此次雖未克復郡縣要亦不甚失利而各處疊次禀報但稱我師大爲敗績官兵勇三項陣亡者二百餘人受傷者四百餘人亦無擊毀該逆大船及火輪等船之事與大帥所言不啻霄壤細加探訪寔由大帥所用爲内應者轉爲賊用以致墮其計中有此喪敗

勢不能不強為粉飾然謀之數月驟於崇朝喪者盡屬精兵存者全消銳氣不特恢復難期適以啟其狡焉思逞之志現聞初四日該逆駕駛火輪船二隻杉板船三十餘隻離慈谿之五里太平橋登陸四面攻擊營盤官兵對勦多時難以抵禦隨即潰散惟副將朱貴帶兵獨戰斷難支持慈谿甚為危急　弟聞信之下寸心焦灼莫可名言而最所憂慮者文參贊尚以孤軍駐於慈之長溪嶺設被該逆夷偵知難保不前往攻犯至乍浦尖山等處則又無險可扼兵力单弱莫不危如朝露萬不料事機之決裂賊焰之熾張至於此極者等因

仁和縣來信

飛啟者頃探得逆夷駕駛火輪船十六隻三板船數十隻停泊長灣等處陸路逆夷帶兵即在慈溪該處全軍已沒文叅贊陣亡該夷進攻紹興連搶諸暨山陰等縣復搶掠莊村四百餘座萬民塗炭已極該郡城危如朝露所有素昔防堵之將軍都統及文武各員等死者逃者尚無確信該夷現在分兵駛赴溫台等處聞得彼處近臨海濱向無官兵防堵如逆夷前往攻犯則如探囊耳揆帥於初八日督領軍兵退守杭州隨從甚少兵勇亦屬寥寥探聞兵勇不受節制任意逃散武弁亦頗懈怠昨據乍浦報信云瞭得逆夷駛進火輪船六七隻三板船數十隻已於月之初十日到乍現在該處雖有官兵防堵其勢亦甚单弱

據錢塘報稱有三板夷船六七隻駛進錢塘口之南越口現在
督飭加意防範等語業已稟明各憲撥兵助守

昨嚐𢘫詢以唤夷狡詐異常厦門鎮海預備周密曾不勞而得
恐天津之險未可恃而某竊意非唤逆之可慮漢奸内應之可
慮天津無内應故地險可恃請併天下之大勢籌之賊之攻厦
門也聞其船蔽海而來先用柴船灌以桐油隨我柴船之後至
礮臺而然之薰以濃烟驚以大炮我軍遂潰究其為之前引者
漢奸也定鎮之役我軍本不敢戰賊以洋銀二十圓買紅邊馬
褂一件兵皆賣衣而逃漢奸衣之以為兵賊至而應之故不戰
而潰今天津則不然河口寬不過四里賊不能放舟而進也賊
攻炮臺我張水簾以蔽鉛丸立天秤以修土垜賊不能驚我使

走也若為兩翌登岸炮臺兩旁皆係鹽池水溝益以沮洳喫逆又東縛作急裝陷入泥中豈能自拔我臺外為土堤列炮千百位臺後陸兵跕隊戰車數重其舟師入口則用火船絶流而燒之水底置炮以擊之賊軍雖精未見必勝然此但計賊之敢戰未計賊之不敢戰也賊船統計三十餘號其衆約萬五千人漸閩廣皆有盤踞之區漢奸附者甚衆必留重兵以鎮撫之其不能盡船北行明矣若來兵船數隻杉板船十隻載三月之粮與數千之衆遠無後援近無內應地理未明虛寔莫辨貿然爭一時之利決死於兩陣之間脱有敗覆将片帆不返恐賊未必如此失計也故奉委之日不慮賊戰但慮賊走不慮賊屯守以疲

我但慮賊游奕以誑我使我進戰不能退撤不敢坐耗兵力虛糜粮餉我且重困且非僅慮此也㕭賊惟利是嗜得地不能守得民不能用故但知通商今破寧波且置宰設守矣此漢奸教之也明歲出兵以臨曹江紹興將不戰而潰省城所恃以爲固者僨軍之將與思逃之兵耳隔江開礮必望風而靡浙西州縣已成破竹之勢近聞其撤屋材以造船聚銅鈇以鑄炮將取道江蘇擾我粮道昔鄭逆曾用此策曾不能有加於我緣火炮船隻彼此相等故持久而敗今若與㕭夷相決於長江之中以船之大小爲强弱以炮之遠近爲勝負其勢固有易見者矣然則爲今之計仍當絶通商以斷其餉招漢奸以散其兵廣東絶通

商賊必怒而歸廣賊必藉通商之資以殘他省今歸廣不能藉他省之資以殘廣東此引虎歸穴之策他省或可息肩説者曰廣東之通商他國也非嘆夷也既不與嘆逆通商嘆逆何以不攻東粤他國不通嘆逆何不禁嘆逆之擾閩浙是嘆逆之貨寄他國而售之他國之財資嘆逆而用之其患豈有極哉嘆逆歸廣東漢奸聚者必多當思有以散之懸重賞購間諜行反間散之之術也顧遲而且費計惟有減刑一策比如人有錮疾則以峻劑攻之薑桂大黄在所必用然期於勝病而止非常服之葯也立法之始外省菸案百餘或二百餘不等次歲而僅有今則絶無可見癮重者已死癮輕者已斷於法則令行禁止於人則

回面革心徒留此不易之典爲嘆逆所藉口用以恐脅漢奸相固結而莫解甚非計之得也故刑重則漢奸聚而爲嘆逆刑輕則漢奸散而爲良民黨羽既散則間諜可得而反間可行然後懸重賞以購首奸首奸且莫保其命遑爲嘆逆謀哉嘆逆失其謀主餉潰而兵乏逃竄窮海無以自全必將屈膝求成然後待之以不死此數世之安也

答祁春圃大司農

再天津戰守之倫前箓詳矣然未決其來之時也或者謂宜備於春愚竊意不然㗁逆盤據廣東摽掠閩海其注意者浙省也浙省當潰敗之餘兵力单薄人心不固因而乘之可以得志由浙省而江蘇皆舟師出没之地東南半壁足供蹂躪其無暇北畧者勢也若欲間道出奇其在夏秋之交乎賊在南省皆以内應得志天津為㗁逆偵探者容有之若聚千百之衆為賊效死則決其無有矣閩廣洋船來津貿易往者二百號近亦百餘號水手約三四千人逆夷盤踞洋面若不通欵豈能偷渡其船以六月始至秋盡則返來則泊津門北浮橋下此腹心之疾也尤

可慮者粮船水手亦以六七月抵通其衆約四五萬人往來各帶南貨隨路售賣回空則買醃菜夾帶盐觔是以人有贏餘各安生業自醃菜有禁回船无貨窮苦異常南引未見暢銷而陰蓄數萬人之怨已十餘年矣若賊至海口我軍外禦倘有不逞之徒暮夜一呼其響應可必也欲消患於未萌莫若暫弛菜禁比如无生而有生有不欣欣鼓舞者乎至洋船之來則令其納軍器於海口船中偶有私貨稍為寬假以安其心賊來則拘其船主於城中虛為優禮寔以為質啗之以重利或資其船以為衛或借其人以為兵賊之應反為我之應賊以間我而適以間賊顧人之方畧何如耳

奴才奕經等跪
奏為大兵進攻寧郡逆夷威逼竄退現在派員收復並乘機暗
襲鎮邑情形恭摺馳奏事竊奴才等前因夷情窘廹正宜及時
進勦以靖海氛業已密派將備委員遊擊高峻典史王希璧等
帶領兵勇分路進發一俟有隙可乘即行內外夾攻等情恭摺
奏 聞在案嗣後查得委員鄭鼎臣等在定海洋面焚燒大小
夷船多隻殺斃逆夷數百名不惟定海一路夷情自相擾亂即
寧鎮兩城逆夷驚惶無措連日三城船隻此來彼往勢如梭織
又加伏勇隨處驚擾自二月以來先後搶斬沉溺各逆不下數
百名衆逆益覺窮慼無論在船在岸均屬晝夜不安雖據各路

稟報該夷寔廹隱有去志　奴才等因逆夷船隻時常往來於寧鎮之間尤不敢遽信爲實但逆夷情勢已窮自不得任其揚帆遠遁　奴才齊慎於三月十六日帶同員弁兵丁親赴上虞川東相機進剿　奴才奕經文蔚除檄令委員將近海一帶口岸設法防堵復查得該夷口粮減缺即行文巡撫轉飭地方官出示禁賣牛羊令其無法覓食並就近劄催分赴慈餘之將備員弁帶領兵勇四面設伏迅速布置不得少有遲悞致逆夷另生詭計並據齊慎派令慈谿之升任遊擊李宗白揀發都司定住署守備黃天彪等酌帶弁兵會同管帶川兵之弁將張富已革遊擊梁有才等分帶兵勇前往接應攻取該逆一聞風聲不敢負固

久停即於二十七日搬運什物紛紛下船之際管帶官令遊擊高峻及分帶南北勇壯請升副將托金太業已於該逆泊船處所分路赶到乘勢截拿而逆夷遥見兵勇坌至四顧張惶不敢復行近拒紛奔上船沿途遺棄零星物件亦不及撿取僅止開炮數聲即時起身向鎮海倉惶遁去查逆夷自上年八月佔據定海之後即乘虛奪取寧郡蹂躪居民勒索財物復於各門安設炮位緊要口岸内偽泊船隻以為經久之計並仗恃船堅炮利凡水路可通之餘姚奉化慈谿無不被其滋擾迨至大兵進剿尤復凭險撑拒不遽輸服 奴才等於正二月間兩次接仗之後深慮其乘間鴟張因密令兵勇仍舊分路藏伏或乘間擒斬

多方驚擾暫為牽制即於休養之際口口士卒設法暗進以為攻取之地該逆計窮智竭力不能支遂被大兵逼退奴才等現已派員前往收復維是寧郡距鎮邑僅止六十里之遥一水相連江面深濶其間并無要隘可守逆夷詭譎異常雖現時逼退而鎮邑未復尚難保其不乘潮再至　奴才等一面分派委員相度梅墟蜀山渡等處河道地勢設法釘樁築壩但令逆夷大船不能駛入以便保守寧郡及慈餘兩縣布置稍有頭緒即行會同巡撫安設官吏辦理善後一切仍一面分飭管帶兵勇各員弁無須入城務即乘勝跟踪追襲相機攻取鎮邑以期迅速克復應俟稟報到日再行奏　聞所有此次逼退逆夷收復寧郡

在事出力人員除俟確切查明據實保奏外謹將大兵攻剿寧郡逆夷畏逼竄退現在派員收復并乘機暗襲城邑各緣由繕摺馳　奏奉

硃批即有旨欽此

四月二十九日奉

上諭朕以鴉片流毒中國貽害生民前歲特降諭旨飭令各省嚴禁再三剴切申誡因廣東為外夷通商之所特令林則徐前往查辦各國夷商均遵約束嘆咭唎逆夷義律以燒燬烟土之故藉口滋事因林則徐辦理不善旋亦罷斥遣戍及該逆於道光二十年六月潛竄浙洋竊據定海繼復於天津海口呈遞稟詞朕惟中外一體念切懷柔不以其侵犯在先訴辦在後遽加屏絕復命琦善前往廣東確查核辦又將伊里布在浙捡獲逆夷頭目安突德多名特予寬典免其誅戮於定海退出之時即行給還乃該夷狡詐反覆要求無厭明知琦善意存撫馭不設

防守竟爾添兵首禍迭犯大角沙角各炮臺傷斃提督大員擾我海疆黎庶是逆夷自私販烟土而肇啟釁端復陽為乞請而陰施詭計背信負恩神人共憤朕之命將出師寔由此也及至靖逆將軍奕山等到粵逆夷已竄入内港窺視省垣彼時帶兵守土大吏僉以該夷貪利性成希冀通市懇將商欠該夷銀两准令給還朕至誠待物從不以逆億為懷如果得安不至鄙啚滋擾區區之地寔非所吝蠢爾醜類何足為仇此又朕軫念溥海民生不得已之權宜也孰意逆夷包藏禍心欺天滅理粵東甫經斂跡閩浙又復揚波定海再窺連城襲據以致督臣殉節鎮將捐軀荼毒生靈罪難擢数爰命揚威將軍奕經等帥師攻

勦數月以來賊退寧波旋陷乍浦是該逆在粤以厚施為餌颺
之謀在浙則以擄掠為資粮之具察其奸狡情狀實已罪惡貫
盈
上天降臨必加誅戮下民何辜罹兹慘酷朕撫循各省
五内焦勞每念毒孽未除顛連痛心自恨才德之未逮夙夜難
安將軍參贊督撫及内外文武諸臣亦宜仰體朕懷亟蘇民困
勿存苟安之見狃於目前勿懷倖免之私貽臭身後至於將弁
兵丁動謂船堅炮利兇焰難當因而見賊倉皇望風先潰殊不
知賊之深入早已自蹈危機果令奮勇直前有進無退加以兵
勇義民層層接應則主客之勢既異衆寡之數又殊因地乘口
何難制勝逆夷之肆意猖獗皆士氣不振所致也其從逆漢奸

係窮促愚民以生計維艱為利所誘遂至甘心從賊暫遁身家試思蹂躪者誰之鄉里搶奪者誰之貨財賊來則驅之使前俾當鋒及賊去則委之於後仍蹈刑誅苟有人心當知悔恨朕為天下生民之苦祇顧目前苟安不思大者遠者一聽烟毒橫深不行禁止自朕上負　皇考付託之重下未能保吾民之生命思此曷有不肯竭力禁之更曷敢不竭力禁之也目前雖奸夷滋擾日肆貪殘專閫師口身膺重寄宜如何激發天良申明紀律凡奮勇爭先者賞不逾時退縮不前者誅之無赦如此則何攻不克何守不口耶從前辦理不善諸臣除分別懲儆諭令帶罪立功原冀其知感知奮勉贖前愆倘復坐失守機殃民縱

寇國法具在不能為若輩再寬也至於民中果有謀勇出衆之
材激於義憤團練自衛或助軍餉以復城邑或扼要隘以遏賊
鋒或焚㕵咭夷船擒斬大憝或聲明大義開啟愚頑能建不世
之殊勲定膺非常之懋賞總之禁烟所以卹民命禦寇所以衛
民生朕宵旰思艱兢兢業業爾諸臣工心維和衷共濟鼓勵戎
行不懸不踈以作士氣必能剪除夷孽掃蕩海氛與天下蒼生
共享昇平之福茲將辦理夷務前後及朕為民除害之本意特
諭中外知之欽此

奉

上諭浙江提督余步雲經朕畀以海疆重任上年定海失陷總兵王錫鵬等帶領各路官兵轉戰六晝夜之多該提督並不督兵應援以致孤城失守迨至鎮海寧波接踵失事總督及總兵等先後殉難余步雲輙敢節節退避當鎮海寧波未失之時與定海尚隔海洋若使鼓勵士卒奮勇當先嬰城固守地勢既據上游精兵復聚何至四路潰散頃刻不支言念及此實堪痛恨總因該提督平時既訓練無方臨時復貪生畏避首先退縮大懈軍心作此厲階罪難擢髮早經降旨飭令揚威將軍奕經查明屢次退敗情形按律治罪用彰國憲比因軍務吃緊查訪非

倉猝所能遂先其急暫緩遽回乃軍營將弁兵丁等相率效尤紛紛潰敗此皆余步雲為之倡也昨據奕經等奏稱乍浦失守不過數時之久該處將弁兵丁不為單弱何至逆夷甫至尚未交鋒遽爾奔潰棄城幾同兒戲總因余步雲身為提督屢失城池并未查究遂人人各懷倖免之心不思殺敵之計遲延觀望坐失事機若再不整飭紀綱大申軍令何以挽惡習而振軍容余步雲着即革職交奕經傳旨鎖拿派委妥員押解進京交軍機大臣會同刑部審訊治罪至前次飭查失守定海鎮海寧波三城及此次乍浦失事各文武員弁兵丁除鎮海縣知縣葉堃著有微勞功過尚足相抵其餘均着奕經分別查明首先潰敗

之員弁兵丁開单請旨此後務當嚴申紀律如再有臨陣退怯
首先潰散者即行軍法從事一面正法一面奏聞毋許仍存姑
息致令兵氣不揚該將軍共整勵戎行付朕委任欽此

暎夷在鎮江瓜州一帶地方張貼告示

大暎欽奉全權公使大臣噗為列情曉諭事夫天之所覆地之所載國家不一而萬國之中無不為天父上帝所治者即無不為一家弟兄也既如一家弟兄其宜相友通交不應自誇自能明矣乃英吉利國自極西遥來與極東之中國相交已歴二百年之久當此時中國官憲屢經忘刻彼大我小擅敢待我不平而英國不肯相爭即經耐多年迨及道光十九年中國　皇帝降旨嚴禁鴉片進口特派林則徐前赴粤省辦理該大臣既不能捉拿諸國走私之人欲止其進口無法可施即應與諸國所設官員酌議章程以期善妥乃胆敢將在粤省所住英國官員

及商人等強行拘留嚇以死罪意欲當年所有之鴉片勒取解京以自取名於
皇帝之前也其在粤省之英國官員見情如此即令凡英國之商人將在粤省所有之鴉片全行繳出方得救命於水火之中中國官員待英國人等大不端者一也我
大英君王既見大清官員待我如此不端又見該大臣此外多有不義辦法即經特派水師統帥懿律與原在粤省任為領事者義律給賜大臣全權與大清官員酌議善定諸事因為中國官員往年多有不義之處此次恐又有不端之情故命該統帥水陸軍師寄居中國海島地方倘若清朝情願認錯伸冤即可言定諸事惟恐不肯伸冤即當行文動兵相爭該統帥等徑赴

天津之白河口將大英宰相之公文遞投爵督部堂琦善接收
轉遞京中與衆宰相議定旋據該閣督部堂查明照會該統等
云事關粤省自宜善定着赴粤東酌議即早速定等詞其大英
國在粤大臣等本欲相和通交不願争戰當即安静赴粤與琦
爵相往來之書疊次回議奈事未議定而在京宰相不誠無信
奏諫撤回琦善隨派大將軍奕山前來粤省命其即行争仗致
英人無奈只得强取虎門一帶炮臺及攻擊省城勒索銀兩以
贖其不誠無信之罪中國如此無信其待我英國大不端者二
也且　欽差大臣裕謙及各省將軍大臣等往往遇我民人
因大風破船或被誘令上岸擅刑残殺並敢欺詐呈奏捏詞告

示飭以連日相爭奪獲船隻殺斃多名等捷報哄人耳目即如上年春間裕大臣之告示及呈奏定海情形又如在廣東之奕山四月間所奏打毀多船在閩省之顔制臺奏復厦門及台灣道兩次遭風之船人捉獲詐奏以作打仗得勝俘掠多名並本在浙江之奕經等未獲一船未殺一人呈奏燒燬多船種種揑飾奏聞及妄殺俘人致使仍不相和其待我大不端者三也至貿易一端原經英國商人在各省買賣貨物與衆民有益無害惟廣東官員欲自享其利經揑飾奏聞　皇上止准在粤省限與洋商十三行貿易亦准與洋商及官設通事人等來往該官等高下伸手隨意勒索任憑揑奏此中國官員待我大不端

者四也除此四大不端另外有不公不平之事原雖可惡可恨
而且無庸詳細列明也茲因中國如此不端相待是以本全權
公事大臣奉命前來中國務求伸冤然後善定事宜復修舊好
當未伸冤之先則有通領水陸軍師大憲等奉命照實爭戰專
心求為伸冤迨有中國大臣奏
皇帝欽賜全權准其自行
酌商辦理纔可戢兵不戰矣夫伸冤昭雪之大端者有三即賠
還所奪之貨物及年來相戰之使費一也其兩國官員以友禮
相待平行通交二也割讓海島以給英人之居貿易免致再起
爭端三也此三者不難善定本公使大臣恐爾民人等被官員
飭令與我兵弁相害致惹軍師怒氣累及家眷特先列情曉示

為此仰沿海各省衆民知悉爾等各自安分不宜聽人挑唆與
我相争免致連累身家為幸勿謂言之不先也特示
一千八百四十二年七月初五日示道光二十二年六月二十
二日

賽尚阿等片奏

再准江蘇巡撫臣程　抄摺咨會一件內稱夷船大帮闖入江口已過江陰之鵝鼻嘴地方情形甚為危急等語該夷如此猖獗誠如該撫臣　所奏不特江陰對岸之靖江通州等處人心震動即揚州鎮江等府均屬可危臣等揆度形勢恐所慮尚不止如該撫所云者緣鎮江為江浙兩省所必經而揚州尤為南漕之總滙該夷前在浙江即聞有收索揚子江黃河圖形之說是其斷我運道蓄謀已非一日假使大帮直入南則擄掠鎮江北則擄掠揚州西則堵塞瓜洲口三處盤踞使我本年之漕船不能歸次則水手未必相安明年之新粮不能北來則倉儲有關支

放是不必夷船北駛我固已坐受其困矣臣等再四熟籌該逆雖勢欲日張而由海入江未必非自投絶路誠使一意攻勦寔為可乘之機緣該夷盤踞海上肆意横行所恃者海面空濶無時無風亦無風不可駛遂覺莫與争衡江路較海逼窄一順一逆風祇兩面如遇旁風雖江船尚須沿岸帶牽該逆船隻較大非遇順風豈能飛駛且沿江支河港汊隨在皆是我兵擇地設伏或兩路夾攻或一路横衝均可折其兇勢此臣等所以謂該夷自投絶路也所可慮者沿江小船數萬隻其中或商或漁甚至塩梟土匪良莠萬有不齊此輩若經逆夷啗之以利挾之以威誘入敎中其患較漢奸為尤甚為今之計與其聽逆夷乘勢

勾結莫如自我先事招徠其招致之法則在廣其路而厚其資廣其路則梟匪亦可當兵厚其資雖商賈亦甘效命是在實心任事之員先核其船之大小以定其值之多寡雇有雇價買有買價以若干船隻設一甲掌之再几倍其數以總甲掌之俾如身之使臂臂之使指於各船中多用硝磺葦草火彈火箭及一切火攻之具在夷船之上下遊奕妥為安置上游得力則放上游船燒之下游得力則放下游船燒之以速定機以多取勝當不難褫其魄昔宋　臣韓世忠以巨艦戰於長江屢獲勝仗率以海船無風不能行駛為金兵所敗是其明徵總之逆夷雖張議攻勦於長江較之海面確有把握想刻下沿江防勦諸　臣當已

早見及此妥為籌備惟值茲滅此朝食之際 臣等苟有所見曷
敢緘默不言其究竟能否確合沿江機宜伏乞 宸衷
飭下江蘇督撫暨帶兵各大臣相機辦理合附片密 奏伏乞
皇上聖鑒謹 奏道光二十二年六月二十日奉 硃
批另有旨欽此

再臣於道光二十二年六月二十三七月初一等日承准軍機大臣字六月十七日奉　上諭夷船至京口大小若何其喫水深淺若何是否止係杉板及火輪船抑另有安設大砲之船其兵船大者幾桅長約若干丈安砲若干門並著確切偵探據實具奏欽此又六月二十四日奉　上諭逆夷接仗之際所帶夷兵何以能有進無退愍不畏死若此著於擒獲黑白夷時詳細訊問遇便具奏欽此遵查夷船尺丈及夷兵接仗情形臣因傳聞不一偵探未確不敢冒昧陳奏茲因親至夷船屢見夷酋始得悉其崖畧該夷兵船約五等大者載兵千人小者載兵

三百人火輪船載兵百餘人其長自數十丈至數丈不等船之大小不盡繫乎砲之多寡有三兩砲而其船實大者有四五砲而其船尚小者此次駛至江寧之船火輪船不及十隻其餘均係四五等兵船至杉板船乃係各船隨帶之脚船每船共有三五隻蟻附於旁不在兵船之數以 臣所至之火輪船長約五丈濶半之載大炮十二門中設水火二筒燔以煤炭火熾烟升內外有輪機括靈便大約暗運鐘表之法巧借水火之力是以不待風飈而行駛迅速有傳以為人力牛力轉輪者乃係臆度之論又臣所至之兵船名哻嗶囉乃係五等兵船長約九丈濶半之高亦半之上下三層峙如壁壘旁開砲眼安設大砲六十四

門大者重八十觔小亦四十觔均有砲車可以推挽有轉軸可以低昂砲子嵌設艙板之上大者七十觔小亦二十四觔另有炸子係以一子包孕羣子遇火開裂即能飛出實屬奇巧猛烈非尋常火器可比至其大船喫水過重不能入江四五等兵船喫水不過二丈火輪船喫水不過丈餘此所以由京口駛入並無擱淺之處再夷兵攸分水陸亦別白黑水師黑衣陸師紅衣白者乃英夷本國之兵黑者係英夷屬國嗌呷喇嗌嘪等處之兵其人率多猛勢武官四十以内不娶妻室兵亦然是以無所顧戀臨敵爭先而黑夷多力性愚罔知趨避夷酋役之如奴僕畜之如犬馬彼竟聽其指嗾甘為效命亦理之不可解者總因

孤軍深入歷七萬里而犯中國蹈萬死以求一生是以有進無
退慇不畏死非獨其性情異亦其勢使然所有遵　旨查探
緣由理合附片具　奏

軍機大臣字寄兩江總督牛　江南河道總督麟　江蘇巡撫程　安徽巡撫程道光二十二年六月二十六日奉

上諭杜受田奏廣東生員張煥元防夷書内有木簰火攻之議抄録呈覧着将原片抄給牛麟程程閲看聞江蘇安徽向多四川湖廣各省木簰停泊儘可将現有木簰如式改造裝載柴薪引火各物乘夜順流放下逼近賊船縱火焚燒即将來賊船駛退亦可尾追其後暗用火攻均可制其死命惟在該督撫等相度機宜妥速辦理是為至要将此由五百里各諭令知之欽此

一備木排每排横濶三丈竪四五丈用兩桅夾竹浮水有力排面開数井使戰急時可從井入水躲避或出或入隨時變通排

前半堆濕草高四五尺以纜結之每束草以竹篦口扎堅實取其勁而軟也軟可受炮勁不至傾濕草之外仍鱗次迭掛濕牛皮為甲濕草之下藏二木架高二尺餘以為炮屋上以竹筒夾藏草中以察敵情其草厚一丈内三五尺夾藏油棉胎爛布仍以濕草鋪面使人不覺只知藉草以禦炮不知實積草以發火也草後立人左右各置炮二尊中有飛輪旁列十六槳尾二櫓頭用長鐵標五尺餘二枝作蝦鬚形以撞鬼扒艇火輪船等使撞入夷船底中急不得脱上用長鐵鍊八丈一條臨戰時每排相聯六排為一大連環三排為一小連環每排四十人後拖蟹艇漁軍一隻每蟹艇漁軍設八槳二撓炮一尊竹炮木炮數尊

亦以濕牛皮為障每以一連環圍夷船一隻鬼扒艇長約十丈周迴共三十餘丈火輪船畧同即以小連環圍之鬼戰船長約二十三丈周迴共七十餘丈即以大連環圍之順流直抵不惧炮攻平排并發連如長城法長山口口之勢擊首則首向敵直抵而尾捲圍之尾中間亦然但圍時即挑去上面尺餘濕草發火焰騰六排並舉雖有水車水鼓等物無如火氣轟烈何加以每排各備大噴筒四枝初發火未大熾先點噴筒向夷船噴射人無站足之處及火大作人落蟹艇發炮奮攻砲乘火勢瞬息可盡夷人恃炮惟此炮無着力處夷船恃船惟此船無着力處恃火箭而不能燒我恃火輪船而不能襲我夷人善於旁擊而

擊我者必着我圍夷人善於攻堅而攻我者必致自困借水以為力用火以為攻步步以為營多多而益善此金鎖玉連環陣也

江南河道總督奴才麟慶跪

奏為調防兵丁將次到齊預籌分撥設局各事宜並淮安揚州現在安靜情形恭摺馳報仰祈

聖鑒事竊臣承准軍機大臣字寄六月二十九日奉

上諭據齊奏逆夷於二十二日由鎮江北門退出回船仍留二千餘人在城其船有開向儀徵三江口一帶停泊等語該逆舍鎮江而北渡必係窺伺揚州前調山東河南兵丁計日可到着麟慶酌加調撥傳諭但明倫竭力守禦其河道應填塞者即行填塞以斷其竄入之路總宜層層布置設伏互為聲援前路要隘固當撥兵嚴守而後路接應尤不可虛勿專注意江干孤軍無助一經挫失該逆則入無人

之境又蹈他處覆轍是在該河督等洞燭機宜妥為調度其所保全者大矣凛之慎之欽此仰見我
皇上智照周密指示幾先跪誦之餘莫名欽感查江面夷船現據報稱前月二十七八等日陸續駛往上游二十餘隻內一支四桅船身較大其餘仍在金焦一帶遊弈瓜洲三江口及儀徵停泊之船均未駛行並有杉板船載炮至瓜洲口內八里舖探水意在窺伺揚州尋據江都縣知縣彭以竺禀逆夷出有定於七月初三日由三江口入運河趨高寶勸民遷避偽示 臣恐係聲東擊西隨飭各屬嚴密防守茲已過期並無舉動緣逆夷多疑見有准備未敢深入現在揚州三渡河及三江口內河先經堵截其餘各渡

港亦皆飭屬沉船繫樹並飭揚粮揚河二廳預備碎石如果有
警立即抛作品字式俾阻夷船而仍不碍水道頃據淮揚道恩
齡稟稱運河東岸縴堤平坦恐逆夷捨舟登陸擬在堤上擇要
築做土壘以備伏兵已飭酌辦至高郵四壩原擬早啟減水第
因壩下民田正值收穫是以仍得守且守所幸仰賴
聖主
鴻福本年湖水不大智信二壩現暫堅守運河水淺實得地利
茲徐州兵調到二百三十名並准河南撫臣咨會挑兵六百名
即日分起前來又南揚鎮臣都勒豐阿報於二十六日先行起
程其山東兵計亦不日可到除揚州前經督撫派出之兵已自
蘇州調回本汎外就各路調防兵數約計二千名臣與運司但

明倫商酌謹遵　旨擬於揚州各要隘派一千二百名作為前路高郵寶應淮安清江派八百名以備後路接應互為聲援又狼山鎮臣順保於本月初六日自揚來浦臣接見後即囑其馳回防守一俟南陽鎮臣都勒豐阿到後留兵駐防仙女廟該鎮即赶緊折回狼山緣該境所轄海門等廳營均屬沿江沿海又為通太等處屏障且夷船退出必經之路恐其登岸滋擾必須嚴加防範當囑順保悉心籌辦扼要守禦惟各路兵丁不日到齊所有支發粮餉製備火藥軍裝器具俱應預籌查江寧及蘇州雖各設有軍需局而相距均遠且江路梗塞不通是以赶於清江浦設立江北軍需局委署河庫道趙廷熙總理同知王

國佐周維新經管局務在工學習兵部員外郎陳景淳稽查文案其高郵揚州亦各設分局接濟飭運司淮揚道揀員經理並派編修劉滂主事金安瀾分司稽查以專責成至軍器臣因淮徐所屬各州縣向來獲匪俱將所持兵械貯庫當經專弁揀取交局修理備用此内擡鎗一項尤為利器現不惜重價向民間收買藉以消土匪之用茲據各河廳呈請海廳各捐備四杆計共八十杆又銅山縣知縣趙毓丹請捐解硝二萬八千觔現據河標右營禀獲私硝五百餘觔中營會清河縣禀獲私硝一千二百餘觔均飭交局收用刻下硫磺短缺已移咨河南撫臣代為購運至木筏業經紮就以備火攻惟思用柴薪不如柳枝煉

火省費當發利本運脚令各河營每營採辦五百束計得一萬束赶交應用現在淮揚一帶民情安静所有防兵將到籌辦一切情形謹恭摺由六百里馳奏伏乞

皇上聖鑒再准

廷寄飭將侍郎杜受田所奏生員張煥元書内木簰火攻之議鈔給閲看查四川湖廣大木簰向在江寧以上停泊解散改小始入内河現在大江上游能否如式改造裝載引火各物順流放下應聽兩江督臣牛安徽撫臣程酌辦合併附陳謹奏

山東巡撫臣托渾布跪
奏為遵　旨相度情形悉心核議恭摺覆　奏仰祈　聖
鑒事竊臣承准軍機大臣字寄欽奉　上諭旅順口與山東
廟島相對其間海面相距百數十里為海船至天津必由之路
若設兵防堵其勢有所難及朕聞夷船堅固惟於夜間從後尾
轟擊較可得力倘能雇募海濱善泅之夫多置小木筏筏上安
設數百斤炮位令善泅者伏於筏下遇有夷船停泊該處洋面
我兵即可乘夜繞至船尾開炮轟擊如能損其船舵固可乘機
攻剿否則多方以擾之亦使知我有備狐疑而不敢進即或夷
船揚帆經過有此尾追木筏該夷不能無後顧之虞如此設法

牵制虛虛實實既可張我聲勢且令該夷進退趑趄不致毫無顧忌是否可行着耆英托渾布相度情形妥議具奏欽此伏思師行口律計必出於萬全制勝多方事必求諸實效東省登州府城東北洋面相距二百四十里孤懸一峯名隍城島其地與奉天之旅順口鐵山對峙中間洋面相距一百八十里以九十里屬奉天九十里屬山東係海船赴直隸天津府經由要道該處水勢急溜為南北過峽故中樞政考載明並無泊船之所廟島在登州府城偏北距隍城島一百八十里乃商漁各船赴登郡收泊之所與旅順口遠不相及亦非對渡情形本年春間欽奉

諭旨於隍城島安設兵炮邀截夷船來路經臣將洋面

開廠炮力不能遠及情形據實繪圖陳請　聖明洞見形勢
勅令裁撤茲復蒙　慈訓以設兵防堵勢所難及
勅下　臣相度情形設法牽制仰見我　皇上指示機宜無微
不至　臣跪領之下與登州鎮道及所屬文武員弁悉心參議詳
度洋面情形實有人力未能遽施者不敢畏難而自阻亦不敢
遷就而自欺謹就實在情形為我　皇上詳晰陳之查濱海
漁人多習水性相傳善於泅水者莫過於掏摸海參之人能於
水中晝夜沉伏本年春間　臣在登郡雇募此項漁人以重價招
徠親在海岸逐名試驗年力強壯者於距岸四五里之外攛身
入海約計片時由海底鳧水上岸其稍弱者或二三里或一二

里不等洋面稍寬波濤洶湧即不敢冒險為慮至其水上技勇僅能兩手舉起水面以短棒相擊別無他技以臣目之所見即遠不及耳之所聞就中挑選二三百名派員管帶間日操演經歷半年之久秋間臣重蒞登州復加親驗其伏水之淺深限於膂力技不加進惟海面躍跳較前迅疾此項水勇祇可於夷船駛入內洋口岸黑夜寄碇之時令其由中暗渡或以火毬擊燒其船尾或以刀鋸鑿沉其杉板小舟使之不能登岸尚易為力若驅出大洋彼且顧命不暇似難與賊爭鋒至沿海木筏長寬不及一丈板厚不及五寸取其輕浮遇浪不覆惟無帆無舵難載數百斤炮位且亦只能在近岸之處順水浮漾一出大洋浪

高數丈即不擊沉亦飄泊無定人力難施隍城島以外洋面既非泊船之所且係深水大洋夷船吃水甚深慮碰礁石必由中流徑渡斷不駛近島岸且其桅帆便捷瞬息百里似非木筏水勇所能尾追若僅令在近島洋面哨探游奕虛作疑兵以示牽制距賊既遠賊亦明知我木筏水勇不能近彼大船無所顧忌倘賊志狡譎疑我別有暗伏以繞其後先發制人以一炮轟之立成虀粉即或木筏較低賊炮不能下擊而以孤絕大洋驅此不知輕重之人冒險攖鋒前後均無策應賊亦善於泅水萬一以小舟圍截擄我水勇脅為內洋鄉導則我口岸虛寔賊得盡知似於防堵全局關係匪淺聞賊在定海即有擄脅內地漁船

供其役使者此寔意中之慮不容不熟籌而深顧也夫東洋為
天津要途而天津為　畿輔重地　臣職任封圻如果洋面情形
同於陸路可以據險扼要一夫當關萬騎莫度臣亦何敢稍存
泄視若明知於事無濟不計萬全不求寔效但圖遷就敷衍苟
且塞責　臣撫衷循省實萬萬不敢昧良上辜　生成所有核
議情形謹就　臣管見所及據寔恭摺覆奏　皇上聖鑒

山東巡撫托跪

奏為遵　旨設法嚴防漢奸恭摺覆　奏仰祈　聖鑒事

竊臣先後兩承軍機大臣字寄一奉　上諭浙江漢奸為逆夷導引於接仗之際扮作鄉勇商民難民使我兵不能辨別臨時脫去號掛及外面衣服手持槍械併力抗拒殊堪痛恨著托就所屬各海口情形嚴加堵禦不時偵察設使夷匪漢奸分路登岸該撫作何辨別策應並如何杜絕奸謀之處著分別妥議具奏一奉　上諭該逆詭詐多端於炮臺屯駐重兵處所必不逞兇突犯或乘風雨黄夜於遼闊無人之處改裝登岸暗行埋伏迨聚集多人抄入炮臺後面突出肆逆或因海口嚴緊無

隙可乘分遣漢奸扮作商民僧道乞丐及各色技藝人等潛蹤分起溷入城市豫為内應著托諄諭員弁留心偵察務使匪徒無從托足至浙省調去山東及各省壯勇現經遣回難保無助逆漢奸乘機溷入並闌入直隷境界並著飭屬嚴密盤詰其該省回籍壯勇固當妥為約束即外來路過各項人等亦須設法稽查勿令奸匪溷跡假道山東沿海地方竄入天津一帶致滋事端各等因欽此仰見聖慮周詳無微不至伏思逆夷假漢奸為爪牙漢奸資逆夷為利藪蔓延勾結為患滋深自須嚴杜漢奸庶足以遏賊氛熖東省在天津上游為北路屏障固本省之藩籬尤應嚴畿疆之防衛臣通盤籌畫悉心計議查東

省各營調防官兵自上年已採用前明戚繼光束伍法伍各有隊隊各有長居處相習非獨偏伍正兵即跟隨餘丁亦能聞聲相識招募鄉勇亦先以此法為團練綱領今欲杜絕漢奸溷入兵勇之中但須責成各隊長於各兵勇槍矛刀械軍裝衣服各令暗編記認弁兵餘丁彼此互語亦令每日變一口號以為問答晝戰則辨記認夜戰則辨口號使我兵進戰退守無論風雨晦明同隊之人各有辨認則臨陣接仗似無虞漢奸假冒詭溷至重兵屯聚擇要而守海岸遼濶之區固不能處處分防奸匪乘虛窺伺寔在意中然逆匪由僻路登岸或欲溷入城市或欲抄出我營盤炮臺之後分路肆擾要必有經由扼要之區斷其

來路即無所逞其奸謀如現在登郡防兵屯於城北而城東一帶海灘遼濶之處由東而北適有扼要狹徑現將此路設法塞斷挖掘陷穽賊即不能由東路橫衝奔突此外沿海各處且亦經委員分段查勘凡有傍路後路可以抄襲者俱令相度要隘多方堵截其不能堵截者責成各地方官團練民勇環築土堡憑險扼守並於濱海各城及衝要市鎮有關戰守之處俱排設柵欄派員分段監守但非本城本鎮之人無論商旅流丐概行盤詰稍涉可疑即時驅逐不准輕予出入似亦足以杜羣匪之冐濫而絶其內應之奸謀惟南來漢奸假道山東竄入天津此最為目前要慮而自東省至天津水陸兩程綿亘千里有可於

河路假充粮船及銅船官商各船水手縴夫結隊而過者有可於陸路假充過客北由德州東由武定府沿海一帶直趨天津者勢難執迹人而盡詰臣與所屬文武各員再四參酌計惟有於水陸兩路出境入境之地扼其要津派員嚴查南來河路以嶧縣之黃林莊為始北去以德州之柘園鎮為止南來陸路其山道以郯城縣為始湖路以嶧滕兩縣為始北以德州為止東北以武定府各縣與直隸天津府接壤為止每處各派精細幹練佐雜三四員酌給薪水令其常駐於南北要路梭織巡查遇有形迹可疑之人逐細盤詰一有端倪即解交地方官勘問一面諄切曉諭大小各坊店於行客投宿察其踪跡詭秘即就近

窯稟該委員查究並嚴諭該委員等稽查之法總宜小路密於大路小店密於大店其寔在正經商客行李車輛確無可疑者不得藉端留難以杜紛擾現在南粮重運將次入境兗曹兩鎮臣皆須往來河干督催臣分咨各鎮臣於水陸各路一體派弁巡防南路由兗州鎮督察務使文武委員星羅棊布無一處得容漢奸假冒北行以仰副我 皇上垂廑海疆諄切訓誨至意至浙江遣回之壯勇曾否全數回籍現已飭司委員分赴各該處按名確查容俟復到另定約束章程再行奏 聞所有現議設法嚴防漢奸情形理合恭摺覆 奏是否有當伏乞

皇上聖鑒

再臣欽奉　上諭御史呂賢基所奏招服盐梟以賊攻賊原摺著鈔給麟閱看倘能訪其著名頭目設法招徠或懸以重賞或給予頂戴既可助順討逆兼可濳戢亂萌著麟酌量情勢妥速辦理等因欽此並鈔摺到臣伏查原摺所稱為今之計莫若招服盐梟以賊攻賊欲服梟徒必先服梟之首以計招致大伙頭副伙頭等諭以大義誘以重利等語誠為目前要務查沿江梟匪儀徵最多臣前摺業已陳及並聲明運司但明倫署同知陳延恩知縣彭以竺已募鄉勇三千餘名聞即係此項梟匪現在江防揚粮二廳及沿江五十三洲宜陵仙女廟等大村鎮自行團練亦皆半用梟徒正與該御史所奏相合至高郵距北江

較遠刻下紳民團練專用土著取其有守望相助之誼而土匪亦藉以招徠不致為饑寒交迫是自行團練真堅壁清野之第一義所以臣并飭徐海二屬一體照辦至伏頭等名目仗即器械實乃富家其為匪另有頭人俗稱老大昔年頗有著名如黃玉林等犯嗣因疊次拿辦黨羽解散出沒無常現無著名頭目至粮船尚未回空水手是否可用容隨後與朱李商辦再接揚威將軍臣奕函商隨營効力已賞頂戴之甘泉捕役頭目楊泳熟悉梟匪情形可否用為招致臣因所見正同即請飭令設法渡江來揚聽用合併附片覆陳伏乞

聖鑒奏

署山東巡撫奴才麟魁跪
奏為東省現在情形河防重於海防先期分別籌議據實奏聞
仰祈
聖鑒事竊以攘外必先於安內杜患尤重於未形內
既安則人心不搖而根本自固患未形則措施暇豫而計慮易
周自逆夷犯順各省沿海郡縣征兵防禦東省登州府城雖僻
處偏隅而濱臨大洋故兩年以來添調省西官兵節節防堵不
敢以地非衝要稍涉踈懈此固就一時之情形不容不嚴為之
設守也至於今日時異勢殊外洋之侵侮固合巡防而內地之
隱憂尤關切要亟宜分別輕重先事熟籌臣忝權封圻職無旁
貸謹就管見所及為我
皇上詳晰陳之查東省汶衛兩河

上連直豫下達江淮綿亘千里為南北空重軍船經由要路南船之往返必取道於揚子江現在三進尾幫全入東境回空頭帮業已挽進衛河統計二千數百號粮船大半皆在東省境内一船水手十餘名合計全帮不下數萬人一聞鎮江失守揚子江為賊所扼南歸無路人人驚惶萬一八九月之間江省賊氛未能遽靖則此二千數百粮艘除淮安等帮尚可歸次外其餘軍船不能不於北路分段守泊各船水手多係獷悍宄徒常時往返一過尚虞結隊橫行難以約束矧曠日持久據此數萬宄匪於沿河一帶豈能不別滋事端且運河地界既隸兗濟又近沂曹該三府一州夙為東省著名强悍之區教匪盜賊私販盐梟

以及掖刀兇徒狡焉思逞者所在皆有雖現在年穀順成無機
竊發而羣兇聚處勾結為患實亦事在意中加以兖曹兩鎮附
近運河之兵多已調來登郡腹地空虛禁防疎懈且現又駐守
登州距運河較遠州縣幾及二千里驛程偏僻各屬文禀往返
非十餘日不達設有緩急實屬鞭長莫及籌計及此不禁夢寐
懸心寢食俱廢而自抵登州察看形勢郡治荒僻人户清貧既
非海船馬頭亦非驛路要津逆夷貪詐志圖脅據其在江浙等
省非衝要之地不佔非殷富之區不入以此測度賊情未必垂
涎登郡矧現在該逆分擾江省全力注南則北駛之謠明係聲
東擊西多方誤我若信其恫喝虛詞專以防海是務置根本重

地於不顧竊恐外患未來而内憂漸起事機一悞難可復追臣悉心參酌通盤籌計此時沿海之防兵雖未便遽撤而沿河之屯戍亟宜豫籌查現駐海口之兖州鎮所屬中右兩營兵四百名泰安營兵二百名沂州營兵一百名曹州鎮屬之東昌營兵一百名高唐營兵二百名臨清營兵一百名德州營兵二百五十名皆附近運河地處南北衝要臣擬俟秋涼之後察看情形如果回空軍船不能南下而海上氣候漸寒防兵可以稍減即將八營官兵一千二百五十名先行撤調回本汛與各該營留存官兵分布河干以資彈壓除此調回各兵核計登州府尚留臣標左右兩營兵三百名濟南城守營兵一百名青州營兵二

百名萊州壽樂兩營兵一百五十名並登州鎮本標中右兩營兵六百名以之守禦足壯聲威設有緩急查青州滿營官兵除上年調往江寧外尚存兵一千名該府距登州較近臨時尚可酌調以備防剿至登郡防堵事宜業已辦有成規且現有登州鎮臣玉及登萊青道王鎮足資統馭臣前過省城未及停留即行來登於省西沿河一帶情形未能諳悉駐登以來專注海防其漕運諸事惟責成於司漕文武員弁未克分身兼顧撫臣托自回省後病勢日重又不能就近督辦臣擬拜摺後即由登起身暫行回省督同司道詳查河路形勢豫籌防範事宜妥為布置俟籌定之後或仍赴登督防或即在省居中調度以期東西

皆可策應俾免顧此失彼之虞臨事察看事機再行　奏明辦
理所有現在河防重於海防先期分別籌議緣由是否有當理
合恭摺具　奏伏乞
皇上聖鑒　訓示謹奏

直隸總督臣訥爾經額跪
奏為驗收新建炮臺兵房各項工程並演試新炮考驗新募兵
丁技藝奏祈　聖鑒事竊照天津大沽南岸修建磚石炮臺
二座寧河所轄之大沽北岸及北塘南北兩岸改築土炮臺三
座及分建兵房二百間前據承辦工員先後稟報工竣經臣奏
明起程驗收在案茲臣於本月初三日行抵大沽海口連日詳
加查驗及南岸建造上甎下石炮臺二座大小土炮臺七座土
垻土埝六道溝濠二道北塘南北兩岸改築土炮臺二座添築
小土炮臺四座土垻土埝六道溝濠二道並分建之兵房二百
間俱已加式修竣逐一驗視工程純固堅寔防守足據形勝所

有沙墩土壘並炮車炮架炮罩以及攻守各器具均經偹辦完
竣安設妥協其新鑄之銅炮十二尊鐵炮八尊亦已擇要分設
臣督同鎮將逐漸加足藥力一一演放炮身穩固聲音洪亮可
資利用至新募兵丁五百名均係土著民人年力精壯專習陸
路鎗炮已臻熟練内有素識水性者一百名鳧水輕穩執持短
鎗噴筒火弾等件頭纏九龍袋裝子下藥點放甚屬便捷火器
所及約至四五十弓並能於水中時顯時藏用以設伏燒賊可
期得力兩鎮督練尚屬認真 臣仍飭隨時教演俾水陸兼防永
資捍衛以冀仰副 宸廑再大沽南岸磚石炮臺二座並土
埝等工係屬捐辦業經奏奉 諭旨准免造冊報銷其大沽

北岸原擬之甎石炮臺經臣奏明改築土炮臺一座並添築小土炮臺三座及土埝等工前據天津道禀稱北岸雖係寧河地面寔與南岸炮臺僅隔一河同為天津門户防守攸關不敢稍分畛域一併在於官紳商民捐欵内動撥修建未經動用正項應請一體免其造報此外動帑之工容另行造册報銷所有驗收新建炮臺兵房各工及演試新炮考驗新募兵丁技藝緣由理合恭摺具奏

浙江巡撫劉韻珂片

奏再查浙省自定海鎮海寧波相繼失守各兵潰散不但該處炮位卷皆遺失一切軍械及鑼鍋帳房亦皆蕩然無存現奉飭調各省大兵來浙攻勦軍械器具雖皆有隨帶然難一一齊備須在浙隨時添給又本省現在招回潰散兵丁僱募之鄉勇皆屬赤手空拳更須配給器械方足以資堵勦自應趕緊製造以備公用目前已飭司趕製並恐省局一處各項同時並舉勢難猝辦又分飭省外各屬一體製辦以期無悮要需惟浙省雖素稱殷阜之處然實以寧波一府為通商馬頭内自蘇杭外及閩粤熙來攘往絡繹不絶故諸貨滙集價亦甚平又户口殷盛習

尚紛華居海之工人數既衆傭值亦尚不甚貴鳩工庀材其勢尚易然較之數十年以前則物價之低昂工資之多寡亦屬大不相同凡修造器物按之例價皆有不敷必須酌量津貼方能濟事其津貼之項非由按年攤捐即係本人墊賠以致承造之人不勝苦累故軍器一項非實在朽壞不堪實在必須應用各營往往不肯詳修所以請修各物多有已逾固限者實應例價不敷人皆畏累之故亦即營務廢弛之一端且不敢仰欺
聖主今自上年逆夷犯順之後寧波當時封港海洋商賈不通百物漸形昂貴其後業已飭禁而逆船未能絕跡航海貿易者咸有戒心不若往年之衆物價終不能平本年八月十一日前

欽差大臣裕謙因夷跡竄至恐有奸匪混跡復飭封港不久而連城迭陷人心驚懼遷徙紛紛客商既多遠去工匠亦復逃亡至肆市蕭條百物騰貴不特甚於平日兼且甚於去年再較之數十年以前直有數倍之異此時購買物料僱覓匠工非給以重價不能應手然使造之物為數不多尚可查照向辦章程由外津貼無如自上年設局以來興作不斷工匠物料皆至數百萬例外之津貼數甚繁鉅攤捐勢所不能賠墊力更未逮若不仰懇 聖恩俯准酌加例價實難籌辦相應請 旨將浙江省自本年八月十一日以後製造一切軍器所需粮價工價准予例定數目之外酌加十分之四其例無定價向係按

照市價估計者即按現在市價撙節估辦庶工本不致十分竭蹶可以迅速成造藉資攻守之用如蒙　俞允將來事竣之日即以本年八月十一日為限將局製各項軍器分別核實報銷並將是日以前成造器具購買物料僱集工匠由局查明確數造冊詳送臣衙門立案以便日後按冊稽察不致牽混臣謹附片具奏奉　硃批該部速議具奏欽此

大學士穆彰阿等謹
奏為遵　旨議奏仰祈　聖鑒事九月初六日奉　上
諭貴　奏請酌議禁止鴉片烟例文一摺着大學士軍機大臣
會同該部議奏欽此臣等查該尚書原奏內稱鴉片烟舊例吸
食定以枷杖上年會議改為絞候剖晰情理鄉曲愚民似難置
諸重典等語伏查軍民人等吸食鴉片舊例原止擬以枷杖因
近年流毒日深積習難返我　皇上仁育義正務欲為天下
除此痼疾上年　特命臣等將黃爵滋原奏並各省將軍督
撫及科道條陳各摺悉心妥議經臣等公同商酌歷數月之久
始將一切章程詳議具奏仰蒙　欽定頒示中外自各省遵

行以來至今已屆年餘並未見有窒礙本毋庸再議更張且吸食罪名定為絞候係在一年六個月之後現因查辦嚴禁戒者已多迨今到限安知不各顧身家全行戒盡若於未經屆限之先輒行酌改例文議從輕典小民何知妄自揣度不以為　國有所貸而以為法有不行非獨未戒者難期速戒即不食者亦將吸食是成效未臻而全功頓棄該尚書所奏應毋庸議又原奏內稱閩廣地方十人九癮誠恐胥隸挾有死罪名目嚇詐鄉愚小民藉挺而走險等語查鴉片烟新例差役藉端訛詐照誣良為盜例發邊遠充軍贓至滿貫者擬絞監候該管官照失察捕役誣良為盜例分別議處立法至嚴民間自可無虞滋擾即閩

廣烟犯較多難於查辦而現在各處匪徒闖入各省者皆係與販並非吸食之人是走險之患不在吸食亦槩可知如以吸食人多尚恐滋生事端量加末減與販情罪更重豈有慮其橫行亦得曲從寬貸耶該尚書所奏亦毋庸議又原奏內稱鴉片烟本係娼優下賤吸食之物官民人等吸食即以待娼優下賤者待之雖子孫亦不得居官考試等語查娼優人等其子孫例不准居官考試者以其出身至賤不得復與齊民為伍故特異諸不齒之列其餘除習教人犯雖作奸犯科身罹重法亦止罪及其身未有並其子孫不准居官應試者蓋刑以輔教苟為刑所得加即屬教所不棄今吸食鴉片新例雖改從重典但能改悔

即同無罪之人並不咎其已往若以娼優待之是不容其悛改
而絕其自新之路甚非刑以輔教之意且不准其居官應試在
士大夫始知引以為恥若傭工賤役以及游手好閒之徒本不
望子孫之上進亦復何知顧忌此議一行恐天下不肖之輩皆
得自比於娼優得以公然吸食而不可復科以罪矣況舊例並
無娼優不禁之文何得謂本係娼優吸食之物該尚書所奏亦
毋庸議總之法窮則變原可因時制宜而令出惟行斷無違理
狥俗鴉片烟流毒已深湔除不易惟有恪遵新例實力奉行豈
容輕事更張致生觀望現均限期將屆應請　勅下各督撫
嚴飭所屬遍行曉諭俾皆及早洗心毋貽後悔若能廓清痼弊

勿犯刑章將見昇平永享仁壽同登天下幸甚所有臣等會議
緣由謹合詞恭摺具奏奉　　旨依議欽此

禮科給事中臣沈鑅跪

奏為沿海各省宜團練水勇以散漢奸而靖夷氛仰祈　聖

鑒事竊臣恭讀六月二十八日　聖諭以此次暎夷滋事攻

陷定海必漢奸為之主謀嚮導　特飭下沿海各將軍督撫

提鎮一體嚴拿仰見　皇上聖明洞燭欲除外寇先靖內奸

誠正本清源之要臣以為治漢奸之法其已為奸者固屬殺無

可赦而其未為奸者在今日正當使其為我用而不可以為寇

用蓋自閩粵嚴禁烟犯其沿海奸民聚而為盜者已漸闌入江

江西等省今浙江定海忽有逆夷陷城之事以該夷不通文字

不諳途徑其為漢奸勾引更可概見是則漢奸小則為盜大則

為寇若不急思所以散之其末為奸者恐又將去而從寇此則大可慮者也臣聞閩粵兩省屢與該夷接仗或焚燒其艇或轟擊其船多得力於水勇而所謂水勇者亦不過無賴游徒幸未為盜者耳惟得之以為我用彼遂肯致其死力悞為寇有則亦為寇用矣今各省沿海之地漁人蛋戶及亡命之輩更復值此夷氛不靖必當使其身有所歸應請

命下沿海各督撫等飭令所屬一如團練鄉勇之法各於所轄之境設法團練而漸省尤當早為收集非謂藉此即足以資捍衛要使海道業無之游民不為煽惑則該夷之狡詐無可使而漢奸之黨羽亦可以漸散矣臣愚昧之見是否有當謹

奏

浙江巡撫臣劉韻珂等片

奏再查寧紹台道鹿澤長前與舒恭受均經
欽差大臣耆英等調赴江省辦理撫夷事宜所遺道篆係委紹興府知府定保暫行兼護嗣該道因大局已定與舒恭受俱經耆英等飭令回浙收復鎮海現在寧鎮一帶查辦撫卹難民等事尚未接印回任伏查該道為守兼優體用具備浙省中官紳士民無不交口推譽實為監司中不可多得之員上年該道隨同
欽差大臣裕謙在鎮海防剿及該縣失守之後據稟伊當日見金鷄招寶等山及縣城先後失陷知事不可為即跳入城河殉節當時昏迷被水勇撈起用小船送至慈谿始行蘇甦腿已跌損等

情經臣奏請暫緩查議俟事竣再定功罪奉旨允准該道即在曹江與前任福建藩司鄭祖琛等會同堵禦旋又至紹興督辦粮臺事務揚威將軍抵浙後復令承辦一切事宜該道均悉心經理嗣夷船闖入大江耆英等向該夷撫諭因該道熟悉夷情辦事穩練且官聲茂著輿情愛戴與舒恭受同為夷人所敬服專札調往勦辦令撫夷有成雖大局均係耆英等主持而該道隨同措置與夷人折衝於口舌之間亦屬著有微勞至其前稟鎮海失事時投水被救一節臣屢經密查人言不一原不能即信為真况業經被救並未身亡即使所稟非虛亦屬不足深論該道職任監司當所屬城池被陷未能城亡與亡責以人臣

見危授命之義實屬咎無可辭然彼時逆焰甚張大兵卷潰該道一懦弱文員除死之外無可展施而其應得之咎亦祇在不能死嗣後該道在本省防堵又赴江省俱屬奮勉出力若援鎮海縣知縣葉坤焚燒夷船奉

旨准免治罪之案似可奏請准其功過相抵且現在寧波應行赶辦事宜該道實屬得力之員臣竟不能不於臣節宜勵之中轉設一人才宜惜之想但臣與該道均籍隸山東又與之同年拔貢後復同任刑部司員熟識已久若竟冒昧上陳即

聖主俯鑒微忱不疑臣為徇護而臣撫衷自問慙非內舉不避之祁奚究不敢因愛才之心輒畧引嫌之跡然亦不敢存防口之心甘蹈蔽賢之轍前准揚威將

軍行查業經將該道及此外失地諸員咨請將軍查核辦理是否准予完議抑與他員一併叅處應俟該將軍核議具　奏現在鎮海甫復夷船尚緊泊定海一切彈壓撫綏均關緊要且聞夷酋欲在寧波相度地勢安設夷館又須控制得宜舒恭受一人本難兼顧而才識究遜於該道此固目與僚屬士民所共知亦為奕經耆英等所深悉該道現雖在彼並未接印任事實屬呼應不靈應飭暫行回任委以一面之寄仍恭候　諭旨再行分別去留免致曠悮至定海前此被該夷占據半年恢復未久又遭失陷民間之受困甚於鎮海寧波迭據士民呈請設官撫治因夷務未定無從辦理茲該夷業已馴順該處被難之民

民滋事之土匪並宜撫戢以靖地方惟城池現當被占不便駐設官吏現據鹿澤長查得離城二十餘里之干𥗌莊地方尚屬適中之處可以暫駐經署藩司卞士雲代辦臬司布彥博勒格查有即補知縣王丕顯前曾署理定海印務甚得民心應委令署理定海廳事即駐扎干𥗌將應辦事宜逐一妥協查辦以蘇民困臣已批令委署並令鹿澤長將委員往署廳篆緣由向該夷知照以免驚疑至該署廳駐劄鄉閭諸事草剏應否添設佐襍教職等員其緝捕盜賊匪類應否添撥武弁酌帶兵丁前往巡閱之處容臣體察情形隨時分別辦理謹將委王丕顯署定海廳緣由會同督臣怡良附片具奏

十一月二十八日奉

上諭劉韻珂奏懇恩請將鹿澤長舒恭受暫留寧波責令幫辦接任之員辦理事務俟夷務完竣後再照刑部擬定罪名分別科斷等語國家設官分職責有攸歸失地之員罪名輕重自有一定即令其人官聲素著辦事亦有微勞而功不掩罪斷難因人地相需輒准留備差遣且恐此端一開流弊滋甚又何以持刑法之平現在鹿澤長業經革職舒恭受已降旨照部議斬監候秋後處決該撫所請暫留寧波幫辦之處着不准行至所請將林亮免予治罪與張從龍何一鵬一併開復原官酌量降補等語營員帶兵臨陣應得之咎罪所難逭所請開復降補之處

着不准行姑念已革遊擊林亮於防守金鷄山炮臺被夷刀傷
額顱等處經該撫提省驗明傷痕皮開骨折已將該員列入頭
等傷咨部賞䘏已革都司何一鵬在金鷄山接仗被刀砍傷鼻
梁又被鎗擊碎踝首暈絶致擄慘割股肉被義民周明珠乘機
搶回已革總兵張從龍駐守竇山被炮火燒傷倒地經兵丁搶
回看守該撫親驗砍傷兩手潰爛不堪該革員等均能臨陣爭
先受傷甚重與奔走逃生者迥異情節尚屬可原何一鵬張從
龍業經革職免罪林亮亦加恩免其發遣一併留於浙江交劉
韻珂差遣如果始終愧奮大著勞績再行據實具奏欽此

宗人府宗口覺羅口郡王奴才載銓等謹
奏為遵
旨會同定罪具奏事於本年十一月十一日内閣
奉
上諭國家命將出師徵討有罪原以保疆土而申撻伐
該將軍參贊等宜何如激勵將士申明紀律謀勇兼施尅期奏
績以副朕委任之重上年𠸄夷滋擾粵東特命奕山為靖逆將
軍授以重兵前往攻剿乃奕山赴粵未即入城遲迴觀望迨逆
夷圍困省城又不能奮我兵威剿滅殲除及逆夷退出省河佔
據香港事閱年餘一味因循束手無策以致該逆夷竄入閩浙
江蘇肆行滋擾是甘坐失事機厥咎甚重嗣因定海鎮海寧波
相繼失守爰命奕經為揚威將軍文蔚特依順為參贊大臣前

赴浙江徵調各路精兵俾得克復三城用揚我武乃奕經等駐札蘇州籌畫數月集兵募勇以期一鼓成功覽其所呈分路埋伏並進各圖說其運籌非不周匝無如謀事不密先事漏洩以致該夷處處預為准備我兵到彼不能得手因之乍浦失陷傷我兵弁遂得直犯長江毫無梗塞是奕經祇知株守一隅不圖收復勞師縻餉悞國殃民文蔚駐札紹興望見夷氛日熾但以退守為計一籌莫展實屬無能又安用此將軍參贊為耶奕經文蔚前已有　旨飭令回京均着交部治罪以示懲儆特依順齊慎到粵在後未與𠸄夷接仗惟特依順在浙於乍浦失守不能設法救援齊慎帶兵前赴江蘇不能保守鎮江又未能統

兵妝復亦有應得之咎特依順齊慎均著交部嚴加議處欽此
欽遵抄出到臣除叅賛大臣特依順等應得處分應由兵部遵
旨辦理外查律載軍臨敵境托故違期三日者斬監候又
守邊將帥守備不設為賊所掩襲因而失陷城塞者斬監候各
等語此案靖逆將軍宗室奕山前往粤省攻勦𠴊夷事閲年餘
一味因循以致𠴊夷竄入各省肆行滋擾誠如
聖諭遲延
觀望坐失事機厥咎甚重奕山應革去職任依軍臨敵境托故
違期律擬斬監候揚威將軍宗室奕經叅賛大臣文蔚辦理浙
江軍務並不周密先期漏洩不能克復三城又致乍浦失守誠
如
聖諭或祇知株守一隅或但以退守為計厥罪甚重奕

經文蔚均應革去職任依守邊將帥不設守備為賊所掩襲因
而失陷城寨者律斬監候與奕山俱秋後處決查奕山前已奉
旨回京應恭候　命下由刑部飛咨沿途各督撫查明
奕山行抵何處即行委員解交宗人府收禁奕經文蔚現奉
諭旨飭令折回浙江核報軍需應否俟辦理軍需完竣後由
浙江巡撫將該二員分別解交宗人府刑部監禁之處伏候
訓示遵行再此摺係刑部主稿合併聲明謹將臣等會同定
罪緣由具奏

兩江總督牛

移告噗鼎喳為爭戰由於情隔因特開陳布告公共通情事照得人秉天地之氣以生無論華夷不外情理六合之大四海之廣各君其國各子其民分疆界設關隘以稽查彼此不相侵者理也中華物產至為富饒遐荒僻壤亦多珍美有無相通公平交易以其聯和者情也　大清國撫有夷夏綿亘二萬里至於朝鮮極東之地貴國則居外洋極西之地相距甚為遼遠我朝　列祖列宗統中外為一體通商結好者已二百年今上皇帝聖文神武事事敬天法祖豈於今而忽改舊章其致衅之由實為鴉片流毒而起民以食為天鴉片非菽粟也而華

民食之愈染愈深冡耗其財殘其命害有不可勝言也焉得而
弗禁然自禁我民之吸食者人之良莠不齊我國有買食之莠
民故貴國亦有販賣之莠民初非貴國強之使食也禁鴉片而
禁通商非我　皇上懷柔遠人之本意也若禁通商而起兵
端亦非我　皇上綏靖外邦之本意也不然與貴國前公使
赴天津伸訴之時何以降　旨赴廣東聽候查辦何以於未
收定海之先屢諭沿海防軍不得開炮是我　皇上如天之
德薄海內外無不悉知貴國臣民亦當共見共聞至廣東查辦
之原委本部堂未官閩粤不能深悉即就現在浙江情形而論
自我定海失守以後本年三月内我　皇上賞給伊中堂四

品頂戴前赴軍營又命署理乍浦都統印務試思伊中堂前以畏縮得罪今又何以驟加録用本部堂微末小臣不能仰窺高厚然　聖德之仁蓄意必有所在矣乃自四月以外貴國之弁兵入我乍浦陷我吴淞殲我提督大員今又復陷鎮江府城江南百姓聞風大震莫不結社團丁各衛身家即本部堂職任封疆據險固守誓死報國迨儀徵縣抄呈公使所貼告示則又以結好伸究為詞乃知兩國本意原無不合祇以形跡之間愈遠愈離致成決裂如我中國之所以相待者於情理稍有未愜若將據實直陳是非可以立見或竟由貴公使撰表或由本部堂代遞或詳細致述公文由本部堂代奏均無不可兩情既通

夙嫌自解而後同歸和好事有可成若徒恃船堅炮利窮兵黷武日事戰爭縱令我中國久享成平攻戰之具未備以致疊遭荼毒然貴國將卒亦豈不多有損傷誰無父母妻子遠離數萬里之外與我相爭兵連禍結何時可了豈不大拂上天好生之德乎天道惡盈而好謙悖性情者上蒼不祐我中國亦惟戒盈守謙成敗利鈍一聽之於天命貴國最敬者天最重者理倘得盡達隱情上邀
帝鑒修好棄惡休兵息民自今以後貴國享利無窮貴公使之為本國効忠之功豈不更光明磊落哉若夫兩軍對壘互有傷殘此皆各忠其主不足為怨況我中國本未興兵因貴國相攻而自為守禦貴國遠來故多糜費我中國

三年防守其費亦更相倍耶本部堂一介書生未諳軍旅仰蒙
皇上畀以封疆重任不敢不盡心力報答　君恩而目
擊生民流亡遷徙土匪到處搶擄實屬疾首痛心自問予心毫
無所長惟此血誠一片足以矢天日而告鬼神用特開誠布公
遣兵弁賫文投告望貴公使權衡夫天理人情速決大計熟思
而審處之倘本部堂有一語失實神人共殛須至照會者

為照覆事七月初六初七日兩接
貴全權公使暨貴國水陸軍門初五初六日覆文閱悉之餘深佩
貴全權公使朝暮思念和好之本心且云酌定和好通商永久
不但贖城免戰之說可置不議凡以先討取贖城免戰之數並
可墊入將來議和須要之總項非欲逼之所難尤非貪酷求財
之心更見公恕為懷語之誠篤不欺尤深佩服文內所云伸已
往而保將來本部堂深知貴國積年在廣貿易受盡欺詐抑勒
之端不一而足　欽差大臣耆伊亦均皆知之現耆伊兩大臣必
要逐一查明痛加禁革俾貴國已後通商得利而免害其貴國
所要各條現有　欽差大臣作主會辦不難指日可成本部

堂不勝欣悅之至須至照會者再正在發文間適張士淳等回署知貴公使閣有調壽春兵之説心疑本部堂倫文通商一節全屬緩兵之計因議于明晨開仗等語訛言不知從何而起本部堂素以誠信待人不料竟不為貴公使所信服此時如果開仗非獨城中百萬生靈受其荼毒且通商一事係本部堂再三奏請仰蒙　聖恩准行今若徑行開仗本部堂城存與否不難一死報國而通商之説盡棄前功恐貴公使亦無所利也至壽春鎮兵前次原經札調旋因與貴公使議和當即發文停止茲將原稿送去閱看即可釋然又於初八日亥刻接到本月初二日奉　上諭一道謹將原封原摺一併附呈貴公使閱

看仍希發回倫案為望今將所要各款逐一照覆於後須知照
會者
七月初八日亥刻准　軍機大臣字寄兩江總督部堂牛道光
二十二年七月初二日奉上諭牛奏現在逆夷情形一摺覽奏
均悉昨已降旨飭令耆會同伊妥協辦理諒已盡心籌畫該督
發給照會告以耆伊皆係親信大臣奉有諭旨專辦此事祇須
兩國商量妥協該大臣等即可定議並無遊移惟此次辦理必
當十分明白簡易一勞永逸勿貽後患至防禦等事仍應一律
嚴密不可大意據稱在籍紳士團練協防朕心甚慰該逆反覆
無常情殊詭譎省城等處仍應有備無患欽此遵　旨寄信

前來

一烟價行欠軍費二項共銀二千一百萬元貴公使來議以自來中華之日所收之銀若干可以扣除等情足見貴公使公平正直毫無貪利之心可勝佩服但所收之銀除扣揚州之五十萬元外下餘五百五十萬元應即措繳其下餘之一千五百萬元作何分年交清之處會商善議

一英國官員來往文書大臣用照會屬員用申呈批覆札行其商賈上達用稟明兩國屬員來往各用平移均屬允協自應妥商

一粵東海關之弊在於款條各司事拘牽舊例以致遠商受其

掊尅即如貨船一到自進口日起至出口日止總督海關衙門均派有官役押船而押船之官役每日均取規費此外薪水食物均由買辦之手上下澳門全須牌照祇領此皆大不便於遠人者而洋商經手稅餉各種行用使費無不任意開銷貴公使條款所稱比稅餉增多二倍自係實在情形此時既經通商本大臣等定必嚴行禁革以伸既往而保將來所要香港居住自必照行其廣州寶山廈門寧波上海五處通商除廣州一處本有關稅定例外其餘各關則例不同尚須兩國會議以昭遵守

一所要零星各事仍不得加罪來往之人及釋放被擒被罪之人均屬可商

一和好既定所有貴國水陸路軍退讓南京瓜口等處不阻中華商賈貨船具見貴公使誠信修好然諸無欺其招寶山鼓浪嶼及舟山三處兵船必待銀両全數交清海口開關方始退讓似尚有疑慮之心本大臣至誠相待欺詐全無聽貴公使再行酌奪

咪唎堅國使臣嚬喊來文

為照會事本月初一日得接貴大人照會仰悉　大皇帝福
壽安康遐邇同慶本公使即奏知正統領俾合衆國均共知悉
至貴大人照會內所論本公使北上諸多未便及兩國本屬和
好何待要約本公使專為此二事而來因奉正統領諭囑本公
使不得與各等官員商論止與貴國　欽差大臣商酌不遇
欽差大臣大憲省與本公使同議此乃大失所望倘蒙
簡派欽差大臣與本公使商量立定兩國相交條欵允協至
貿易章程無關緊要為另有數欵國家密事必須在京都定酌
再本公使深感　大皇帝體恤遠人不忍公使於度越重洋

後再勞跋涉遠赴京都此乃仁慈厚待但本公使願進京将正
統璽書内開列各欵呈獻　大皇帝御覽至貴大臣不欲本
公使駕兵船往天津致道路傳聞或生疑慮惟本公使進京朝
見　大皇帝係因本國始終和好恭敬之意且奉正統領諭
令照行必須北上倘貴國不欲本公使引帶兵船赴往北江口
則本公使不辭跋涉自願由内河進京以免多生疑慮也須至
照會者

粤東士民討暎夷檄

欽維　天朝大一統豈容裂土以與人而草野効愚忠但知殺賊而報　國我大清撫有方夏二百年來　列祖列宗以聖繼聖舉凡食毛踐土久浹　帝德而洽　皇仁即在化外窮荒亦戴　天高而履地厚四海澄鏡萬國梯航乃獨有暎咭唎國者其主忽女而忽男其人若禽而若獸兇殘之性甚於虎狼貪黷之心不殊蛇豕輒夜郎以自大恒蠶食夫南夷乾隆嘉慶年間暎夷叩關納欵瀆請丹山　兩聖人洞燭其奸嚴行斥絕然自此勾引粤省奸商私往粤洋島嶼戚販鴉片毒我生靈傷民命奚止數百萬耗民財豈僅千萬金並敢屢殺民人

匿不交充抵命痛心疾首蓋數十年於茲而唤夷之窺伺　天朝其所由來者漸矣道光十八年我　皇上察知鴉片之毒急欲培養　國脉護惜黎元因黄鴻臚之奏即允所請　特命公正廉明之林尚書來粤查辦收蔓烟而停市易清去流而絶來源猛以濟寬法中寓德唤夷不知悔罪竟爾肆逆稱兵黄閣主和戎之議自撤藩籬烏集多敵日之奸甘爲謬醜以致一二年來逆夷恃其船堅炮利由粤入閩歷浙入江據我土地戕我文武淫我婦女掠我資財致使四省生民慘罹鋒鏑　九重宵旰倫益焦勞蓋暴其罪狀罄竹難書洗我仇究傾海莫盡實神人所共憤覆載所不容逼者江南諸當事仍用粤東故智

甘為城下之盟竭百萬氓庶之脂膏保一二庸臣之軀命誠有如金大理所奏者夫逆夷不過荒外一島夷耳其來動勞數萬里其衆不滿数萬人我　天朝席全盛之勢滅此跋浪之么麽何啻長風掃籜奈何差臣大帥惜命如山文吏武夫畏犬如虎不顧國愁民怨遽行割地輸金更有甚於南宋奸倭之所為者此誠不可解者也嘗歷觀其奏牘逆夷本無能也而張大其強橫兆民本奮勇也而反謂之渙散無非脅我君皇以必和之勢而得幸逃其欺　君誤國之愆試觀金大理奏牘所稱藉敵要挾一語真字字嚴於斧鉞矣士民等伏讀　明詔於萬無可奈何之中不得不勉允所請又有朕以重任付諸臣無非還

朕一欺字之旨仰見　聖天子英明神武燭諸臣之無能念士民之忠憤暫為覊縻於目前而急圖報復於事後将示天下以不測之神威也夫逆夷性等犬羊貪得無厭和之真偽不問可知試思上年逆夷冦粤自據四方炮臺遂爾肆行姦掠若非懐清等社昇平公所萬衆義士殺其兵頭殲其鬼卒勢必毫無忌憚破城焚刼以大快其宂貪豈肯以六百萬金即時解圍退去所可惜者困魚入釜抽薪來五馬之官於虎還山曳甲奪萬民之氣一日縱敵数省禍延言念及此真可為傷心痛哭者也且上年和約之時原議退出龍穴還我虎門香港亦是暫留兵端從此永息詎知曽未瞬時而前盟頓背二虎炮臺未能横據五羊門户

猶任長驅於今三年莫能收復其譎詐於嶺表更遑問乎江南我　大皇帝手握金鏡胸秉玉衡循以大事小之意而曲順予天防非族逼處之嫌而密為之備恭繹　絲綸昭如日月當事者如謂逆焔方收甘作處堂之燕鵲設或禍機猝發徒為入肆之豚魚律以負國之誅一死奚能塞責流芳百世遺臭萬年青史流傳所爭只在幾希之頃當事者念及此諒必知所奮發也士民等生當　景運世受　生成讀書者圖報　國恩擊壤者敢忘　帝力早矢忠以勵節願敵愾以同仇茲逆夷將入珠海創立馬頭不惟華夷未可雜居人禽不堪並處直是開門揖盜啟戶進狼況其向在海外尚多內奸乃今逼近榻前益

增心患竊恐非常事變誠有不可以言盡者若他國羣起效尤更將何以策應是則唉夷不平誠為百姓之大害國家之大憂惟不共此戴天方無愧乎血氣如甘同居斯土是真全無心肝前者恭讀上諭士民中果有謀勇出衆之才激於義憤團練自衛或助官軍以復城邑或據要險以遏賊鋒或夾擊夷船擒斬大憝或申明大義開啟愚蒙能建不世之殊勳定膺非常之懋賞欽此士民等恭奉
王言共相團練倣軌里連鄉之制指顧得百萬之師按計田捐餉之方到處有三時之樂無事則安歸農業有事則協力從戎踴躍賦同袍子弟悉成勁旅婉孌雖如玉婦女亦能談兵嗟乎昔日從容坐鎮誰令寇在門庭祇今

慷慨指揮誓使波恬滄海庶幾金湯鞏固紓　聖主南顧之憂鯨鯢殲除雪薄海數天之憤嗚呼結同仇以明大節鑑此丹忱伸　天討而快人心賴此義舉　天人共鑒莫負初心

道光二十二年十月　日全粵義士公檄

此檄貼處士民商賈各宜守護倘有私揭即係漢奸見者即行拏獲送至明倫堂鳴鐘齊衆交官嚴辦凡讀檄文而奮感者雖優隸亦為忠臣若聞義舉而阻撓者即縉紳亦為賊子務宜自愛為望

板存廣州府學明倫堂

兩江總督牛鑑跪

奏爲逆夷攻圍鎮江府城勢甚不支齊慎劉允孝業已退至新豐鎮地方恭摺奏　聞仰祈
聖鑒事竊臣於六月十五日申刻據常鎮道周頊稟報本月十四日辰刻逆夷萬餘衆登岸一面接仗一面攻城參贊大臣齊慎湖北提督劉允孝早已排隊豫備打仗登時開炮打傷六人又打傷騎馬頭目一名又打傷二名逆夷受傷者甚多已將奔敗復從後面兜圍官兵人數太少恐受重傷齊慎劉允孝已退至鎮江府城四十五里之新豐鎮地方又稱逆夷用大炮攻鎮江北行不動又用火箭射入城中火光四起城外一併放火現在泒撥京、口之江西兵一千名業已潰散情形十分危急等語臣查該逆猖獗至此是其專用全力據長江之險畧地城不但江寧省城危在旦夕當此人心震恐之餘而蘇浙揚淮亦有不支之勢由長江而至安慶府城水路不過六七百里安徽亦將有風鶴之警且連日以來盜梟處處蠢動放火肆搶雖經查拏數起不能禁止伏乞　皇上睿謨乾斷迅賜保全之策以綏疆土而拯民命如逆船駛至金陵並懇　聖恩容臣設法暫事覊縻以待援兵之至除現在飛咨揚威將軍迅遣精兵二千名赶緊來江以顧根本重地外臣會鎮江京口將軍德合詞繕摺由六百里馳奏伏乞

皇上聖鑒謹　奏

牛伊耆會銜於七月初九日由驛馳奏　奏為形勢萬分危迫呼吸即成事端冒死允夷所請以拯民命請　旨將臣等從重治罪恭摺奏祈　聖鑒事竊臣等於本月初八日將辦理夷務情形恭摺馳奏先於初七日據該夷將請求各款開列清单交委員搭芬布等携回臣等公同閱看一係索討洋錢二千一百萬元本年先交六百萬元其餘分年交代一係索討香港作為馬頭并求准給廣州福州厦門寧波上海等處貿易一係與中國官員用平行禮其餘雖尚有請求大抵不出三款之外並據堅稱若能如其所請即為永訂和好不敢再起兵端如不允所請即行開仗並行別省滋擾等語臣等正在會同酌議擬

即明晰照覆詎料初八日戌刻該夷因風聞訛傳有調壽春兵來省防勦之信忽換紅旂并于鍾山之上安設大炮聲稱定於次早開炮攻城勢甚猖獗臣等查江寧省城雖已派撥弁兵分段防守惟週圍五十餘里兵力不敷且所調江西湖北徐州各官兵均曾經挫衄士氣不揚不敢恃以為固況鍾山逼近省會該夷登高臨下一經轟擊勢必不支兼之民風柔懦一聞此信均各驚慌即有男婦數萬人在臣等各衙門遮道號呼欲請救命臣等伏查該夷自犯順以來由粵至浙入江屢經命將出師總未能挫其兇燄近復大集醜類兵船多至八十餘隻輙敢攻陷京口橫拒長江斷我南北衝要茲復連檣并進直逼金陵以

致危在旦夕　臣等目覩萬分緊迫情形若再固執萬一危城莫保　臣等死不足惜所慮三省根本一省搖動不惟京口梗塞不通即安徽江西湖北各省會該夷均可揚帆直達并據江都縣彭以竺探報該夷有戰若不勝即遣漢奸偷挖高堰等情如果屬寔禍患尤不可問　臣等伏思該夷所請各條雖係貪利無厭其意不過求賞馬頭貿易通商而已尚非潛蓄異謀與其兵連禍結流毒逾深不若姑允所請以保江南大局現已照會該夷申以盟誓如果悔禍厭兵即照所議各條速為商定一面奏明乞　旨倘犬羊之性仍不馴伏　臣等惟有激勵將士嬰城固守成敗利鈍非所逆料惟念　臣等均荷　聖恩畀以重任不

能宣武殄寇又復胆大擅專罪難擢數應請　旨將臣等一
併從重治罪理合會摺馳　奏伏乞　皇上聖鑒臣等不勝
悚惶待命之至謹　奏

道光二十二年六月　　日奏稿

一該夷求給洋銀二千一百萬元一款據稱以六百萬元作為烟價以三百萬元作為商欠以一千一百萬元作為軍費該侍衛咸齡等當以烟價已由廣東還過六百萬兩豈能重索商欠應由商清理何能官為償還至該夷所用軍需尤不得取償於中國向其反覆駁辨據該夷等聲稱牙片烟並非英國所產均係購自隣國攸關成本自被燒燬二萬餘箱賠折不少前給之六百萬兩不及原價一半是以此次仍須補還至商欠本應向洋行清理因洋商延宕不還積欠甚鉅所稱洋銀三百萬元尚不及原欠十分之一祇求行文廣東查明各欠商勒限追繳倘

不能追出仍須官為保交其軍需一節緣此時業經議和所有兵船均應犒賞遣散所費不貲若不蒙議給則兵船之願退與否伊等不得過問倘争戰不息恐中國將來費用不止一千一百萬元之數且伊等兵船已佔據京口阻塞要衝若能令及早退出所益於中國甚大各等語該侍衛等復向詰難而各夷酋怒目呆視不復置辭查該夷挾制要求殊堪痛恨第思業經攻陷京口據我長江不惟鎮郡驟難克復且恐南北梗塞為患滋深與以前之遊奕海上情形迥異不得不捐鉅費以全大局且所索洋銀二千一百萬元按文銀七折計筭共一千四百七十萬兩除商欠三百萬元折銀二百一十萬兩應由廣東查照欠

商勒追歸欵外所有本年先交之六百萬元計銀四百二十萬兩現在江蘇民捐商捐已有一百數十萬兩祇須官為墊發仍尚續有樂輸其餘分三年交清每年不及三百萬兩且有該國交納稅銀可以作抵似與　國家經費不致周章較之用兵歲需之數不及三分之一與其徒博征勦之名莫收寔效孰若竟作權宜之計永息兵端今擬由江寧藩庫撥銀五十萬兩淮運庫撥銀一百萬兩蘇州藩庫撥銀五十萬兩浙江藩庫撥銀七十萬兩福建藩庫撥銀三十萬兩廣東藩運各庫撥銀一百二十萬兩統於四月內發交該夷收領俟奉　旨後即飛行飭遵」

一該夷求　賞給香港寄居並請在廣州福州廈門寧波上海

等處通商貿易一款該侍衛咸齡等當以香港業經該夷建造房屋尚可乞

恩准與借居其廣州五處貿易未免為數太多至貿易章程及輸納稅課亦應早為詳議向其明晰詰問據該夷酋等聲稱伊等以香港為寄居之地必須廣州等五處為銷貨之所如果不准給予伊等現在佔據各處亦不肯退還至伊等赴各處貿易必設副領事隨往經理約束夷人斷不滋事其應納稅銀亦照中國則例按數輸將並不延欠惟伊等在廣東貿易均有額定行商致被從中朘削被害匪細嗣後應由伊等自行投商公平交易其稅銀即由副領事自赴海關完納不經行商之手以免侵扣而歸簡易等語該侍衛等復諭令將廣

州等五處大加刪減該酋等堅執不從查該夷借居香港及赴
閩浙通商均經奉　旨允准其所請五處貿易雖未免較多
惟該夷攻佔厦門寧波鎮海等處久經退出迄今未能收回至
古浪嶼定海招寶山等處仍據守未退克復尤難即守以大兵
而洋面難與交鋒徒滋曠日持久與其任彼佔據孰若准其歸
我土地與之通商且既願遵例輸稅即屬悔禍向風倘此後結
以恩信控馭有方彼既自立馬頭即可捍蔽海疆未必不轉為
我用應請　勅下各省督撫查照粵海關通商輸稅章程妥
議辦理

一該夷所請與中國官員用平行禮及將被虜夷人並被誘漢

民一體懇　恩釋放二款查平行禮本可通融而夷務完竣

亦應釋俘囚以堅和好清、脅從以清反側均事屬可行該侍衛

咸齡等未與馭辦

奏為咦夷請求各欵委員連日會議業經粗定恭摺　奏祈
聖鑒事竊臣等前因咦夷猖獗江寧萬分危廹冒死允夷所
請並將臣等從重治罪緣由馳奏在案彼時寔因安危呼吸稍
遲即變是以權宜從事暫戢兇鋒以便派令委員前往妥議臣
等於發照會後即委四等侍衛咸齡署江藩司黃於初九日乘
夜出城親赴夷船向該夷官明白曉諭並會議一切章程即據
夷官馬利遜等四人出會相見該侍衛等待以至誠曉以大義
反覆開導而該夷官等請求各欵堅執如前加以駁詰則負氣
不服該侍衛等連日與其詳議始據該夷將通商輸稅各事宜

粗定條款迫詰以如果允准所戰兵船是否即行退出長江該
夷等聲稱俟各款議定後先給洋錢六百萬元伊等即退出吳
淞口外京江等處決不再有阻遏惟招寶山厦門古浪嶼鎮海
三處須俟全銀付清方肯退讓等語侍衛等以為期太久復據
理向爭該夷僅允將招寶山先行退出其餘仍執原議據侍衛
等將詰辦緣由稟明臣等公同熟籌權其利害均有難以拒絕
之處謹將酌辦各條另繕清單恭呈
御覽再該夷於酌擬
各款復據稟稱此次和好通商既蒙
皇帝恩准賞給馬頭
不勝欣感惟萬世利賴在此一舉仍求將條款奏明
皇帝
批准鈐加
御寶夷等亦請伊國王蓋用印信兩國分執奉

為世守方可永結和好不致再啟兵端再三籲請情詞極為廹切該侍衛等告以中國無此體制而馬利遜則稱伊聞從前頒給各國敕封均用
御寶務求奏請於所議各款內鈐蓋
御寶如不見允伊等回國致無以取信國王必致再有爭端所有前議各條即可毋庸置議等情是該夷之意專以
御寶之准用與否為向背從違察其隱衷亦悔禍厭兵慮及後悔欲為一勞永逸杜絕後患之計該夷性本多疑若非示以見信易啟反側之端合宜仰懇
天恩俯准從其所請南北不致阻遏商民立解倒懸是所失者雖大而保全者尤為重大所有連日以來酌辦夷務情形合詞
奏聞

為照會事照得英吉利國來中國通商百有餘年彼此兩相和
好本無衅隙衹因定海失陷致啟兵端茲蒙　大皇帝鮮嫌
釋憾　恩准照舊通商廣州一處之外又給福州廈門寧波
上海四處俾得廣為貿易實屬體卹有加而貴公使所議私約
各條又經本大臣等再三奏懇仰荷　皇上允行並經鈐用
關防以照信守從此萬年永好兩國無爭矣惟貴國所定條款
期於永久遵行而中國亦有盟言必須預為和約蓋事定其初
後來可免反覆而言歸於好無語不可商量茲將所議各條照
會貴公使希即一一照覆施行須知照會者

計開

一廣州福州廈門寧波上海五處開港除廣州已給香港居住毋庸置議外其福州廈門寧波上海四處秖可於港建設會館俟英國商民來時居住其携帶家眷自係人情之常惟貿易事畢之後仍應回船歸國不必常在會館居住以為妥協如寔有賬目未清事件未了者照廣州押令商人之例呈明該管官准其在館居住

一粵東洋行商欠除定明三百萬元官為保交外此後英國通商現在議定無論於何商均聽其便但既係英國自投之行即非中國額設行商可比如有欠賬等事止可官為看追不能官

為償還

一和議完定永無戰征所有廣州福州厦門寧波上海五處止可貨船來往未便兵船遊奕其五處之外沿海各口及山東直隸奉天天津臺灣諸處非獨兵船不便往來即貨船亦未便貿易均宜守定疆界以期永好

一此時既經和好各省官兵應撤應留須聽中國斟酌其內地砲臺墩壘城池業經殘毀者均應次第修整以復舊規並非創自今日實為防緝洋盜起見英國既相和好不必有所疑慮或行攔阻

一廣東福建及江浙等省距江寧較遠之處不知英國和好信

息見有兵船駛入或相攻擊均須原情罷戰不必用爲口實致干和好

一和好之後付給本年所交洋銀各兵船自應退出江寧京口即福建廣東浙江等省兵船亦須約定同時退出散遣各國方堅和好其定海之舟山厦門之古浪嶼據議仍歸英兵暫爲駐守俟銀數交清海口開關方行退出等語但不便多泊兵船致中國百姓暗生疑懼與該夷二處通商之轉多窒碍前曾有每處泊船二隻之議自應教明以昭限制其英國所來官兵人等仍宜在船駐劄不必上崖另居較爲妥協

一舟山古浪嶼有兵船須令約束兵丁不得侵奪民人致乖和

好並問古浪嶼所泊兵船曾有攔阻中國商船扣收貨稅之事此時既經通商應令各兵船不得於中國商船再行攔阻抽稅」

一英國商民久在各處通商難保無與內地民交涉獄訟之事從前英國貨船在粵每以遑人為詞不能照中國律例科斷並聞欲設立審判衙門如英國之呵壓打米拿一樣但查乾隆十九年佛蘭西人時嗜呧一犯欽奉

諭旨令其帶回本國自行處治即道光元年英吉利國兵船水手打死黃俑民人黃姓之案亦經阮督部堂奏請令英國自行懲辦各在案此後英國商民如有與內地民人交涉案件應即明定章程英商歸英國自理內民由內地懲處俾免衅端他國夷商仍不得援以為例

一内地奸民犯法應行究辦若投英國貨船必須送出交官不可庇匿有違信誓致傷和好

一海外諸國在粤通商者甚多除大西洋自住粤門外如賀蘭呂宋港脚咪唎㗎佛蘭西諶吱啦嗹國喘國單鷹雙鷹諸處貿易均在廣東粤海關輸稅向來自有定章此次英國通商多得福州厦門寧波上海四處係 大皇帝逾格 天恩如有各國出而希冀應由英國與之講解俾仍在粤通商無致生事」

一各關稅例輕重不同現在福州厦門寧波上海四處計令英國通商該四處舊定關稅之則例向無英國出入口之貨物自應照粤海關輸稅章由戶部核議遵行俾照畫一其中國商人

運英國已稅之貨經過他關口照粤海關估價則例每两加稅若干以免英國商民貨價受虧之處事屬可行應咨沿海各省核辦

一英國所定和約前請鈐用御寶已蒙大皇帝恩准施行但英國距中華較遠必須英國先鈐印信寄到中華即由中國呈進鈐蓋御寶彼此两相交付各自收執庶昭信守

奏爲遵　旨詳陳酌辦夷務情形及臣等親往夷船妥爲招撫夷情似漸馴優恭摺覆　奏仰祈　聖鑒事竊臣等連次委員與𠸄夷議定條款及從權酌辦各緣由業經由驛馳奏在案因前議條款尚有未盡明晰之處復飭四等侍衛咸齡署江寧布政使江蘇按察司黄恩彤並委寧紹臺道鹿澤長前往妥議正在辦理間於七月十五日承准軍機大臣字寄是月十日奉　上諭云云同日又奉　上諭云云欽此遵　旨寄信前來查夷酋噗鼎喳先有請臣等出城面見以堅和好之約臣等亦知事涉冒險惟該夷性悍多疑動輒反覆若拒絕不

往非惟示以怯懦而尤恐易啟猜嫌當即訂於十五日輕舟減
從先至該夷之火輪船復經夷目尊引緣梯而上直至三桅兵
船該夷酋等率同夷兵擺隊跨刀作樂奉酒雖心難測揣而貌
甚恭謹臣等當向噗𠹭喳諭以兵爭之害通商之利現蒙
大皇帝逾格　施恩自當永結和好不得再起衅端該夷酋
等踴躍欣歡似知感戴旋於十九日在城外靜海寺行答拜之
禮復固請入城面定和約臣等以慮驚百姓向其辭覆據噗𠹭
喳聲稱伊只帶隨從數人不帶一兵祇求派兵迎護入城以示
兩無猜忌等語詞甚諄切臣等因大局將定不得不俯順其情
已定於二十一日選擇公所委員妥為照料俟入城後議定和

約再行照録呈　覽外伏思臣等此次酌辦夷務勢出萬難策居最下但計事之利害不復顧理之是非如該夷請求洋銀多至二千一百萬元馬頭多至五處臣等雖甚駑下亦知經費有常海疆至重不宜輕有所許第念寇勢方張據我要害四肢之患漸成腹心之疾若不藉此轉機速為招撫該夷豕突狼奔何所不至二年以來合數省兵力言剿言防總難得手此時該夷續到兵船較前加倍萬一江寧有失彼得泝江而上水深岸濶倫、分兵单炮位赶鑄不及勝負之勢已可預料倘從此南北阻遏禍患更難枚舉且該夷船堅炮猛初尚得之傳聞今既親上其船目覩其炮益知非兵力所能制服臣等前摺所請捐鉅費以全其大局者實出於萬不得已至福州貿易一節侍衛咸齡等前與會議時已曾以既有厦門無庸兼及福州向其爭辨據嗎禮遜等聲稱厦門相距福州尚有數百里海路可通伊等販買茶葉以福州為最便務求准予通商等語茲復委熟悉閩省之寧紹台道鹿澤長再向熟商該夷等堅執不從查寧波上海厦門等處該夷均曾經占據雖業已退出而要口俱泊有夷船尚不允所請勢必復來攻奪殘敝之餘防守尤屬不易定海之既得旋失是其前事臣等前摺所請與其任彼占據孰若准其歸我土地與之通商者寔已見及於此而既准貿易即屬馬頭舉凡設領事立夷館住家眷寔不能遏其所請其平行雖屬末

節於　天朝體制大有所損惟既經曲事羈縻亦復無暇計較至於善後之難措手他國之不免生心亦所慮及而害取其輕事先所急但得罷兵通商方可徐圖控馭此又臣等籌之至熟而不得不出於最下策者也再鎮江失守時揚州商民逃散危在旦夕經商人顏宗禮屢至夷船再三央懇並由商捐銀三十六萬送給該夷收受夷船始不北犯並不關防守之力現已議明在於先受之洋銀六百萬元內扣除五十萬元以抵前數該夷酋與臣見面後即將鎮江被擄之兵民十二人及出差安徽致被拘留之候補知縣朱子庚均行送還其所經掠去之洋銅商船亦許即釋放臣等具有血氣目覩夷情縱恣忿激難名第

以利害相權安危攸繫不得不降氣抑心冒死強忍以與事之
有成未敢逞匹夫之勇致成決裂惟既不能宣威殄寇又復胆
大擅專罪難擢數乃蒙　皇上天恩遲加誅譴臣伊里布復
蒙　賞戴頭品頂翎感愧交縈悚惶無地所有遵　旨覆
奏緣由及臣等感悚下忱理合繕摺由驛具　奏

奏為夷務已定和約鈐用關防茲將各條録呈御覽並將
酌辦情形恭摺奏祈聖鑒事竊臣等親往夷船招撫𠸄夷
及所請各款勢難拒絶緣由業經由驛馳奏在案道光二十二
年七月二十二日承准軍機大臣字寄是月十七日奉上
諭耆 等奏連日與𠸄夷會議粗定條約一摺覽奏忿恨之至
朕因億萬生靈所繫實關天下大局雖忿恨莫釋不得不勉允
所請藉作一勞永逸之計非僅為保全江浙兩省而然也該大
臣等所稱可救燃眉是徒知救急於目前並未計貽憂於日後
所商各條內尚有應行籌酌之處即如該夷船隻既肯退出長

江又肯退出擡寶山其前請之通商貿易五處除福州地方萬不可予或另以他處相易外其廣州厦門寧波上海四處均准其來往貿易不得估據久住至藉詞索欠一節該大臣等須婉轉曉諭該國與内地通商已二百年向係和好從前貨物交易銀錢往來俱係由洋商與汝等自行經理我國官員向不過問且此中貿易曲折價值低昂甚爲瑣屑況各國言語不通斷非地方官所能經理嗣後各處通商自應仍照舊章毋庸更改倘該商有格外苛求過於尅扣之處不妨向粤海關監督説明必將該商懲處斷不姑容所稱商欠一節除三百萬元由廣東查明商欠追還外其餘斷難官爲保交至現議先交之六百萬元

自應付給以示誠信除現在民捐商捐一百數十萬兩外其不敷之數准其暫於江浙安徽藩運各庫通融借撥統於捐輸項下還款其各省貿易該夷自納稅銀由副領事親赴海關交納不經行商之手一節有無窒礙漸流滋弊之處仍着該大臣等再行妥議具奏至官員用平行禮及將被擄夷人並被誘漢民一體懇恩釋放俱着准其所請又另片奏請於所議條款內鈐蓋御寶等語該夷不以汝等印信為憑而以御寶為信雖屬可惡尚不失尊崇之意向來頒給各國敕書均用御寶着准其鈐蓋惟如何賫呈鈐蓋之處仍先行奏明酌核辦理經此議定之後該大臣等務當告以大皇帝相待以誠所求無不允准從此

通商永相和好汝國亦應以誠相待斷不准再啟兵端違悖天理不但業經滋擾各省不得復來尋衅即沿海之廣東福建臺灣浙江江南山東直隸奉天各省地面亦不准夷船駛入此時既經和好各省官兵應撤應留我國自有斟酌至內地舊有城池墩壘並炮臺等項亦應次第修築以復舊規並非創自今日此係為防緝洋盜起見並非為防禦該夷而設不必妄生疑慮其有他省現尚不知和好信息見有夷船駛入輒行攻擊者亦不得藉為口實以上各節總在該大臣等深思遠慮切實定議永杜兵萌不可稍涉含糊將就目前仍成不了之局慎之慎之

本日據程矞采奏佛郎西亞國夷人前往吳淞江口等語該

夷所請各節是否另有詭計諒該大臣等於接到該撫信函後自必妥商酌辦吴程矞采及奕山等前陳各片具着抄給閲看將此由六百里加緊諭令知之欽此遵

旨寄信前來查該夷前請入城共計和約以示不疑臣等察其已就馴擾即定期七月二十一日派撥弁兵前往迎護夷酋噗喋喳帶同親隨十九人安靜入城與臣等在公所面議和約當將前經截留江寧將軍德珠布奏摺一件包封交還並將連日集議各條撰就和約繹出漢文呈遞前來臣等公同閲看雖文理未能通暢而大旨尚屬明晰其所列各條仍不出前請三事之外並未續有增添亦無違悖字句正在核辦間接奉

諭旨指示周詳夷情向背均

在　聖明洞鑒之中臣等昌勝欽佩當即派委四等侍衛咸齡署江寧布政使江蘇按察使黃恩彤浙江寧紹台道鹿澤長石浦同知舒恭受前往夷船宣示　恩旨並將奉　旨指出各款向其明白開導該夷酋噗鼎喳闍巳允准所請極知感戴一切解嫌釋疑及修復炮臺墩堡各事宜均敬謹聽從並無異說其商欠一節據稱廣東洋商積欠伊國銀兩甚多今止以洋銀三百萬元為斷此外不敢求官為保交至以後通商各事宜誠如　大皇帝聖諭事甚瑣屑渠等亦不敢求官為經理惟在廣東貿易以來深受洋行朘削以後情願自投行商交易按例輸稅免致暗被侵漁渠等既蒙　恩准赴各處貿易必

須設立會館以為貯貨之所分派領事以為總辦之人方能約
束衆商勿許生事又伊國至中國七萬餘里遠涉重洋經年方
能往返一次務求准其挈眷同來免致離散渠等既得貿易又
有室家益當感激　天朝厚恩安分輸稅並協助官兵緝捕洋
盜以期報効至福州乃武彞茶聚集之所又設有海關販貨納
稅係屬最便且其地舊有琉球館渠等事同一例是以籲請
施恩今蒙　大皇帝駁飭不准仍格外　加恩許以他
處相易惟天津密邇京都渠等不敢妄自請求此外濱海之區
販茶最便無過福州且係中國極南之地與廣州情形相等仍
求　大皇帝恩准賞給等語該侍衛等婉轉再三開導固請

如前臣等查夷人通商之所即屬馬頭向止廣東一處今既准該夷赴各處貿易凡該夷運來之呢羽鐘表及中國所産之茶葉絲棉不能不聽其互市成交而夷貨數多斷非旬月所能蕆發若限以泊船久待漫無歸着彼之轉運既滯我之銷秉尤難似夷館領事均難拒其所請至向來夷船進口携帶家眷止准留住夷船不許寄居會館立法本屬嚴益加嚴竊思夷船之所以難制者誠以飄忽往來於洪濤巨浪之中朝東暮西瞬息千里是以能爲邊患今若有室廬以居其貨有妻孥以擊其心既挾重貲又增細弱顧戀滋多控制較易况唤夷重女輕男夫制於婦是俯順其情即以暗柔其性似更不必過事防閑再查武

蓋茶產自建寧聚於福州行於西洋諸國為最遠該夷因販茶求往福州貿易尚屬實情考福州形勢與廣州同為海疆省會較諸寧波上海之逼近蘇杭者似尚有輕重之分若堅拒不准許易他處該夷既以天津藉口誠恐又添枝節臣等再四熟商復連日偵探夷情業經買石壓舵分船探水為出江歸海之計又行知各兵船不准攔阻過江船隻並照會臣等委員至鎮江府彈壓土匪是該夷罷兵就撫已有實據似未便堅執一端致碍大局當即訂於二十四日面晤嘆嘍喳據呈出原定和約四冊請臣等鈐用關防渠亦加用圖印分執為據以示永無反覆據該夷酋聲稱蒙 大皇帝逾格 天恩俯允所請斷不

敢久佔長江亦不敢滋擾他處一俟探明水路即行退兵等語察其情詞似非虛捏惟是臣等辦理夷務先既擅專輕許茲復不能力爭罪無可逭應請
旨將臣等一併從重治罪再前由吳淞強佔沙船前來講和之佛蘭西帶兵夷目則濟勒亦於二十四日據暎夷帶同來見並無所言似因和議已成無從置喙知關
聖廑合併附陳至奉
旨賞給該夷銀兩現即陸續交領約計夷船在八月初十日前後必可退出長江不致悮糧艘回空之限使江面肅清即當恭摺
奏報再噗𠹭喳等前請俟和約議定
賞加
御寶以昭信守欽奉
恩
旨准行該夷酋不勝欽感據稱此時兵船尚未即退不敢遽請

御寶俟退出長江再請鈐用以昭恭順等語係屬尊崇敬信之意除俟屆期再行妥議奏請外所有臣等與暎夷立定和約酌量辦理緣由理合恭摺具奏並將和約另繕清单恭呈

御覽伏乞　皇上聖鑒謹　奏道光二十二年七月二十六日　奏八月初九日奉　硃批即有旨欽此

臣耆伊牛跪　奏為夷情已就馴伏兵船陸續退出現仍詳議善後事宜酌定各條以杜後衅恭摺奏祈

聖鑒事竊臣等將酌辦夷務實在情形連次繕摺陳奏並將和約各條開单呈

覽道光二十二年八月初三日承准軍機大臣字寄七月二十六日奉

上諭耆等奏詳陳夷務情形親往夷船妥為招撫一摺覽奏忿懣之至朕惟自恨自愧何至事機一至於此于萬無可奈之中一切不能不勉允所請者誠以數百萬民命所關其利害且不止江浙等省故強為遏抑各條均准照議辦理惟該夷所請均已允准即當迅速定議全數退出大江不得任其躭延驚擾行旅至此外一切緊要事件必應籌及者均着責成

該大臣等一一分晰妥議不厭反覆詳明務須永絕後患該大臣既知善後之難於措手他國之不免生心即應思前顧後預為籌畫於勉從下策之中力求弭患未然之計倘稍留罅隙日後有所藉口以致别生枝節辦理掣肘是耆伊自貽伊戚不惟無以對朕更何顏以對天下再佛郎西亞國夷目則濟勒到後情形若何甚為廑念着一併奏慰將此由六百里加緊諭令知之欽此又於八月初九日承准軍機大臣字寄是月初二日奉

上諭耆等奏夷務已定和約鈐用關防一摺並開列各條

呈覽該大臣既已從權允許且摺内所稱堅欲於福州貿易並設立會館携帶家眷等欵均於七月二十六日所降諭旨内概

行允准該大臣等自請治罪之處前已有旨毋庸議洋商舊欠不敢求官作保修復炮臺墩堡並無異説此兩節似尚恭順至单開各款朕詳加披閱俱着照所議辦理惟尚有須斟酌妥協者即如該夷赴各該口貿易無論與何商交易均聽其自便一節須曉諭該夷一切聽汝自便與地方民人交易但日久難保民人無拖欠之弊只准自行清理地方官概不與聞至分年給銀一節為數過多究由何處措給將來責成者一手經理務當預為籌及明晰具奏单内所稱二十一年六月十五日以後該國在各城收過銀兩之數按數扣除等語究係在何城收過銀兩若干扣除若干亦着查明具奏其各國被禁人口自應一律

施恩釋放以示格外之仁又所稱中國之人與該國往來或跟隨伺候該國官人均准免罪一節可告以此次既經和好兩國民人視同一體斷不致概行誅戮倘該民人等別經犯法我國自當照例辦理與該國無涉將來五處通商之後其應納稅銀各海關本有一定則例該夷久在廣東豈有不知者至中國商人在內地貿易經過關口自有納稅定例所稱銀兩未清以前定海之舟山海島厦門之古浪嶼小島均准其暫住數船俟各口開關即着退出亦不准久為占據以上各節着耆等向該夷反覆開導不厭詳細應添註約內者必須明白簡當力杜後患萬不可將就目前草率了事其有應口講指畫該夷方能明白

者亦著飭令通事往返傳說令其折服據稱咉夷船隻八月初十日前後必可退出長江着迅速妥辦以慰廑念將此由六百里加緊諭令知之欽此先後遵
旨寄信前來臣等查該夷請求各款雖已定有和約十三條惟一切善後事宜尚須明晰妥議立定章程畫一辦理方可期一勞永逸永杜衅端具奏
旨指出各款尤須宣示該夷俾知遵照誠如　聖諭不厭詳細萬不可將就目前草率了事當即派四等侍衛咸齡署江寧布政使江蘇按察使黃恩彤浙江寧紹台道鹿澤長石浦同知舒恭受連日接見夷酋反覆詳議該夷嗎唎遜、囉咘呾嘟哋唎均通漢文兼習漢語勿須通事傳話及致隔閡該侍衛等與

之口講指畫推誠開導酌定善後章程彙分八條稟經臣等倫文明晰照會該夷酋噗鼑喳亦即照覆均無異説謹將各條另繕清单恭呈
御覽至此次奉
旨指出各款如該夷赴各口貿易一節聽其自便但日久難保民人無拖欠之弊祗准自行清理地方官概不與聞一節查前議商欠三百萬元即在二千一百萬元總數之内此外欠項均不能官為保交業經與該夷議定並奏明在案復於善後條款内載明此後該夷自投之行非中國額設行商可比如有欠債只可官為着追不能官為償還等語現據該夷覆稱嗣後利害均由自取万不再求官為還欠其情業已帖服又如此次既經和好兩國民人視同一

體斷不致概行誅戮倘該民人等別經犯法我國自當照例辦理與該國無涉一節查該夷原議此款係專指犯順以來被誘被脅之民人而言 臣 等竊以此等莠民即屬漢奸與夷匪相為表裡夷匪既散漢奸亦不能復聚惟人數眾多究係 國家赤子繩以峻法則相率為盜宥以寬典則反正來歸自當蠲除既往予以自新是以 臣 等奏懇 天恩准予釋免以安反側至通商以後華民歸中國管束𠸄商歸𠸄國自理華民有罪逃至𠸄館者𠸄夷不准庇匿𠸄商有罪逃入內地者中國即行交還均經 臣 等明定善後章程該夷亦切實照覆是該民人等別經犯法自當仍由該管官照例懲辦該夷斷不致藉端阻撓至各

關稅銀該夷情愿按照則例如數輸將惟稱粤海關丁書稅役向多陋規求為查明禁革其中國商人按例交納關稅非該夷所得越俎該夷於本年六月十五日以後止有揚州商人致送曹平銀三十五萬五千兩折洋銀五十萬元現已議明扣除此外並未收過銀兩再舟山古浪嶼暫住兵船應俟各口開關即行退出不准久為占據一節前經議及該夷酋必欲俟銀兩分年交清方始退還現經奉旨飭議復向開導該夷總稱和約既定必須堅守未便遽行更易至渠等酌留兵船不過數隻既不侵奪百姓亦不攔阻商船均於善後章程內切寔議定不致滋生事端惟求代為奏明仍如前約等語臣等查該夷既以

堅守和約為詞若不允所請轉恐藉口反覆其兵船如何漸次撤退應俟開關後由地方官察看夷情相機妥辦其分年措給銀兩臣等悉心籌畫所有癸卯年六月應給洋銀三百萬元擬於廣東洋商欠款內先行儘數追交十二月應給洋銀三百萬元擬於各海關稅銀內撥給倘有不敷再於廣東福建藩運各庫內籌款措交甲辰乙巳丙年應給之項屆期各海口均已開關稅額議有成數應俟通盤計算是否足以相抵再行籌辦至新設五處馬頭尤非善後事宜可比必應妥為籌定以期永久安堵容臣等同未盡各事宜悉心詳議務期周妥另行具奏外理合恭摺具奏伏乞

皇上聖鑒謹奏道光二十二年

八月十六日奏

一廣東洋行商久除議定三百萬元官為保交外此後暎國通商現經議明無論與何商交易均聽其便既係暎國自投之行即非中國額設行商可比如有拖欠止可官為着追不能官為償還查此欵業據該夷照覆嗣後通商利害均由自取若有欠項由管事官呈明內地官着追萬不可再求官為償還

一和議既定永無戰爭所有廣州福州厦門寧波上海五處止可貨船往來未便兵船遊奕其五處之外沿海各口及直隸奉天山東天津臺灣諸處非獨兵船不便往來即貨船亦未便貿易均宜守定疆界以期永和查此欵業據該夷照覆一俟五港

開關則例頒行即由唤國君主出示曉諭唤民止准商船在五口貿易不准駛往各處至該國向有水師小船數隻往來各口稽查貿易亦當協同中國地方官阻止商船不准他往並請中國地方官嚴禁華民除議明五港外不准在他處唤商貿易

一既經議和各省官兵應撤應留須聽中國斟酌其內地炮臺墩壘城池業經殘燬者均應次第修整以復舊規寔為防緝洋盜起見並非創自今日唤國既相和好不必有所疑慮或行攔阻查此款業據該夷照覆以上各事宜均應聽中國斟酌修整如舊係屬正辦唤國斷無攔阻之理蓋此次和好惟賴中國誠信踐約而唤國亦當專心以信守為務

一廣東福建及浙江等省距江寧較遠之處不知和好信息見有暎國兵船駛入或相攻擊均須原情罷戰不得援為口寔致乖和好查此款業據該夷照覆兩國和好信息業經由火輪船速行曉示所有暎國水陸軍師自必與中國兵民互相友愛偶有攻擊、悞未足為仇惟求臣等速將議和情由飛行各省一體知照免其紛爭更屬欣幸

一和好之後付給本年所交銀兩各兵船自應退出江寧京口即福建廣東浙江等省停泊兵船亦須約定同時退出散遣歸國方堅和好其定海之舟山厦門之古浪嶼據議仍歸暎兵暫為駐守但不便多駐兵船致中國百姓暗生疑惧與該二處通

商之事轉多窒碍所有每處泊船若干支自應預為申明以示
限制查此欵業據該夷照覆俟本年銀兩交清後所有兵船自
應退出江寧京口等處其他省停泊船隻除舟山古浪嶼二處
酌留兵船數隻管理貨船及香港仍須留兵駐守外其餘均可
遣散歸國蓋留兵於他國未免重賞咲國意在省費必不留兵
船於中國不必為慮致傷和好
一舟山古浪嶼泊有兵船須令帶兵官約束兵丁不得侵奪民
人致乖和好並聞古浪嶼所泊兵船曾有攔阻中國商船扣收
貨稅之事此時既經通商應令各兵船不得於中國商船再行
攔阻抽稅查此欵業據該夷照覆各處兵船本應帶兵官嚴為

約束此時和議已定尤當彼此親愛所有攔阻商船即應釋放不得再行抽稅各情早經行文各處曉諭在案嗣後倘有不遵致有侵奪攔阻情弊即當嚴行訊究不致有乖和好

一暎國商民既在各口通商難保無與內地居民人交涉獄訟之事應即明定章程暎商歸暎國自理華民由中國訊究俾免衅端他國夷商仍不得援以為例查此款業據該夷照覆甚屬妥協可免爭端即應遵照辦理

一內地奸民犯法應行究辦若投入暎國貨船兵船必須送出交官不可庇匿有違信誓致傷和好查此款業據該夷照覆內地犯法奸民若投入香港及暎國貨船兵船即行送出交官斷

不庇匿其暎國及屬國逃民逃兵若潛進内地中國亦須一例
送交暎國近地理事官領回以敦和好

華夷和約

茲因大清　大皇帝大英君主欲以近年不和之端解釋息

止肇衅為此議定設立永久和約是以大清　大皇帝派命

欽差便宜行事太子少保鎮守廣東廣州等處將軍宗室耆英頭品頂戴前閣督部堂署乍浦副都統伊里布

大英伊耳蘭等國君主特派欽奉全權公使大臣英國所屬印

度等處三等將軍世襲男爵璞鼎查公同各將所奉上諭便宜行事

及勅賜全權之命互相較閱俱屬善當即便擬議各條陳列於左

一嗣後大清　大皇帝大英君主永存平和所居華夷人民彼

此友睦各住他國者必受該國保祐身家全安

一自今以後　大皇帝恩准大英國人民帶同所屬家眷等

寄居大清沿海之廣州福州厦門寧波上海等五處海口貿易
通商無礙且大英君主派設欽事副領事等官住該五處城邑
專理商賈事宜與各該地方官公文往來令英人按照下條開
叙之例清楚交納貨稅鈔餉等費

一因大英商船遠路涉洋往往有損壞船隻須修補者自應給
予沿海一處以便修船及存守所用物料今　大皇帝准將
香港一島給予大英君主暨嗣後世襲主位者常遠據守主掌
任便立法治理

一因大清　欽差大臣憲等於道光十九年二月間經將大
英國領事官及民人等強留粵省嚇以死罪索出鴉片以為贖

命令　　大皇帝准以洋銀六百萬元償補原價
一凡大英商民在粤貿易向例全歸額設行商亦稱公行者承
辦今　　大皇帝准以嗣後不必仍照向例乃凡有英商等赴各
該口貿易者勿論與何商交易均聽其便且向例額設行商等
内有累欠英商甚多無措清還者今酌定洋銀三百萬元作為
商欠之數議明由中國官為償還
一因大清　　欽命大臣等向大英官民人等不公强辦致須
撥發軍士討求伸理今酌定水陸軍費一千二百萬元　　大皇
帝准為償補惟自道光二十一年六月十五日以後英國因贖
各城收過銀兩之數大英全權公使大臣為君主准可按數扣

除

一以上三條酌定銀數二千一百萬元應如何分期交清開列於左此時交銀六百萬元癸卯年六月交銀三百萬元十二月交銀三百萬元共銀六百萬元甲辰年六月交銀二百五十萬元十二月交銀二百五十萬元共銀五百萬元乙巳年六月交銀二百萬元十二月交銀二百萬元共銀四百萬元自壬寅年起至乙巳年止四年共交銀二千一百萬元倘有按期未能交足之數則酌定每年每百元加息五元

一凡係大英國人無論本國屬國軍民等今在中國所管轄各地方被禁者大清　大皇帝准其釋放

一凡係中國人前在英人所據之邑居住者或與英人有來往者或有跟隨及伺候英國官人者均由 大皇帝俯降御旨謄録天下恩准全然免罪且凡係中國人為英國事被拿監禁受難者亦加恩釋放

一前第二條内言明開關俾英國商民居住通商之廣州等五處應納進口出口貨税餉費均宜秉公議定則例由部頒發曉示以便英商按例交納今又議定英國貨物自在某港交税後即准由中國商人遍運天下而所過税關不得加重税例只可按估價則例若干每兩加税不過某分

一議定英國住中國之總管大員與大清大臣無論京内京外

者有文書來往用照會字樣英國屬員用申陳字樣大臣批復
用札行字樣兩國屬員往來必當平行照會若兩國商賈上
達官憲不在議内仍用稟明字樣
一俟奉大清
大皇帝允准和約各條施行并以此時准交
六百萬元交清大英水陸軍士當即退出江寧京口等處江面並
不再行攔阻中國各省商賈貿易至鎮海之招寶山亦將退讓
惟有定海縣之舟山海島厦門廳之古浪嶼小山島仍歸英兵
暫為駐守迨後所議洋銀全數交清而前議各海口均已開關
俾英人通商後即將駐守二處軍士退出不復占據
一以上各條均關議和要約應候大臣等分别奏明大清

大皇帝大英君主各用硃筆親筆批准後即速行相交俾兩國分執
一冊以昭信守惟兩國相離遙遠不得一旦而到是以另繕二
冊先由大清欽差便宜行事大臣等大英欽奉全權公使大臣
等各為君上定事蓋用關防印信各執一冊為據俾即日按照
和約開載之條施行妥辦要至和約者

劉韻珂上牛伊耆書

撫局既定後患頗多伏念計出萬全定必預防流弊而鄙人鰓鰓過計有不能不即管蠡所見爲執事陳之者查英夷船隻散處粤閩浙蘇爲數較多其中稱有他國糾約前來者又聞粤東近時尚有新到夷船數十隻倘該夷退兵之後或有他國出而效尤或即該夷托名復出别肆要求變幻莫測我未深知夷情又安能盡服醜類此不可不慮者一也該夷在粤曾經給予銀兩仍爾滋擾不休反復性成前車可鑒此次議定後或又稱國主之言謂噗嘟等酋辦理不善撤回本國别生枝節此不可不慮者二也該夷屢有前赴天津之謡去年來投書之再犒今年

誘獲之郭逆義子陳祿皆云雖給銀割地決不肯不往天津而現索通市馬頭恰又不及天津殊為可疑能杜其北上之心方可免事後之悔此不可不慮者三也該夷通商既定自必明定章程各有關口應輸稅課萬一該夷仍向商船阻勒勢必不能聽其病商讓課一經禁止必啟事端此不可不慮者四也該夷通商之後各省均照澳門定制民人與該夷獄訟須聽有司訊斷萬一案涉夷民執不交出究犯又如粤東林維喜之案何以戢夷暴而定民心此不可不慮者五也該夷罷兵之後各省海口仍須設防如修造炮臺戰船添設兵伍營卡本以防海非以剿夷倘該夷情疑阻撓以致海口不能整頓此不可不慮者六

也今日漢奸盡為夷用一經通商須治奸民所有內地民人現投該夷處者應令全數交出聽候定地安插否則介乎夷漢之間勢必恃夷犯法從此不逞之徒又將陸續投夷匪徒有害良民該夷萬一護庇官法難施必尋衅隙此不可不慮者七也該夷既定馬頭則除通商馬頭地面餘皆不容停泊上岸倘有任意闖入以致民衆驚惶或取牲畜或搶婦女民人不平糾合抗拒夷必歸罪於官即興問罪之師此不可不慮者八也名曰通商本非割地而現在定海已將城垣拆毀建造夷樓綿遠數里夷兵携眷居住大有據邑之意倘各省均如定海恐非通商體制腹內之地舉以與夷轉瞬之間即非我有此不可不慮者九

也中國凋獘之故由於漏銀出洋今各省內有夷船漏銀較前愈易大利之源勢將立涸會于交子之獘政將行國用民用之生機已絶嗣後雖准以貨易貨較前更須嚴禁漏銀分毫出洋殺必無赦而釁隙之開即在乎此此不可不慮者十也以上十條諸公自必早為見及無待芻蕘之献強聒之言幸垂恕宥至於浙省現在撥解之八十萬只能解至蘇州藩庫不能徑解金陵緣夷信實在如何此間無從探悉萬一稍有中變此銀定歸虛擲今留存蘇庫而令浙省委員守之果能永息兵端即可起解湊數倘有可疑姑緩給予係為鄭重帑項起見諒不見責其拘泥也承諭云此項銀兩須勸紳富捐輸歸款浙省自軍興以

來商民捐助餉需為數實已不少寧郡為全省精華又被逆夷搜括一空去秋收成本歉冬間復遭雪災各屬飢民滋事節經勸捐賑濟體察紳富情形實已竭蹶從事若責以賂夷之欵勸令捐輸勢必不應若如川省之議增粮賦江浙萬不能行必致忠義之心漸成怨毒之氣故勦夷之銀可勸捐而賂夷之銀不可勸捐他省完善之地或可勸捐浙省殘破之區萬難勸捐惟有據實陳賛不敢稍有欺蔽愚戇之言惟大君子含容而幸教之再成敗安危之機自此而定譬如病症本合用大黃芒硝忽而瞑眩一醫遽易以參朮一醫謂其悞治仍用硝黃而銖兩輕減配方雜亂屢試屢劇於是衆庸醫羣以硝黃為固不可用投

以大劑參术病者不復瞑眩而自是遂成痼症疾不可爲矣就今天下大勢而論文官愛錢而又惜死武官惜死而又愛錢加以兵無鬥志民有亂心帑藏空虛脂膏竭盡戰亦敗和亦敗然戰守之敗敗於無人而和之敗敗於失策逆夷之反覆最甚姑不具論即善後事宜而論已有僕焉如不終日之勢導夷爲逆者漢奸也除尋常覓僱探視放火各犯外其爲逆之謀執戈相從者何止萬人夷雖戢兵若輩肯散歸田里乎如仍混跡於夷籍夷之勢作奸犯科以謀衣食官不敢詰吏不能捕一也夷既以兵脇和固已夜郎自大通商馬頭清道而前文武官吏皆將尹邢避面取人貨財掠人婦女又敢問乎二也名曰四處馬頭

實則随地可到假令從千百里又遨遊蘇杭嘉湖等處街市孰能禁之三也不執之民干犯國紀竄身夷館即屬長城四也民犯夷則恐縱民以怒夷夷犯民則又将執民以媚夷地方官知有夷而不知有民五也水師将弁本皆怯懦洋盗出没伺刦商船只憑懸一大㖔國旗號我兵便已膽落口口已解六也挾兵通商自必充税沿海諸大半為㖔夷脇此後貨船皆附入㖔夷我設關而彼收税七也然此時所痛心切齒者祇在用兵誠使兵可用區區之税固不足云耳黄岩一縣無不食烟晝眠夜起杲杲日出闃若無人月白燈紅乃開鬼市通商之後烟禁大開鬼市将成八也两年來干戈擾攘專為禁烟專為漏銀烟禁仍

開銀盡可待亢也夫國家所恃治天下者法也民所恃以納稅課通貨物者銀也今法窮于夷銀盡于夷雖欲戰兵其將能乎然大局既壞攻補兩難而徒責今日之庸醫殺人則亦未為平允耳七月

江南道監察御史臣陳慶鏞跪

奏為刑賞失措無以服民竭瀝懇陳恭摺　奏祈　聖鑒事

臣惟行政之要莫大於刑賞刑賞之權操之於君而喻之於民所以示天下之大公也大學論平天下之道在於絜矩矩者何民之好惡是也民何好何惡好賢而惡不善耳倘有賢而不能舉舉而不能先見不善而不能退退而不能遠其端始於擾柔寡斷其後遂以小人為　國家病經意深微不可不察也逆夷滋事以來自總督將軍以至州縣丞倅禽駭獸奔紛紛藉口惟知船炮之足驚誰復典刑之是懼去年秋後逆船退出大江烽烟稍靜　皇上赫然震怒失律之罪法莫可逭始　命沿

海督撫將一切敗將逃官詳查確核交部治罪於是取辱　國之靖逆將軍奕山揚威將軍奕經參贊大臣文蔚兩江總督牛鑑浙江提督余步雲先後就逮部臣援律問擬斬監候秋後處決余步雲情節較重即於十二月二十四日奉　旨正法凡有血氣之倫者無不俯首稱快　國法雖未前伸於琦善而猶伸於余步雲失之東隅收之桑榆而今而後前車之覆足為殷鑒誰復肯蹈必然之死而不求生於一戰哉乃二十六日即奉
上諭起用琦善為葉爾羌幫辦大臣邸抄閱傳人情震駭既而徐徐解曰古聖王之待罪人也有投之四裔以禦魑魅之法　皇上之於琦善將毋類是而今且以之三品頂戴用為

熱河都統奕旋且用奕經為葉爾羌帮辦大臣文蔚為古城領隊大臣矣夫逆夷之敢于猖獗沿海兵丁之敢於逃竄馴之今日海島羣飛鯨鯢跋浪為所欲為莫能誰何者實由琦善於逆夷入寇之始首先示弱以惰我軍心助彼毒燄今海內麋爛至於此極即罷斥琦善終身不齒猶恐不足壓民心而服士氣何況鞶帶再加脫俘囚而薰沐之乎至於奕經之罪雖較之琦善少減文蔚之罪較之奕經又當少減然　皇上命將出師若何慎重奕經乃夜郎自大深居閫中頓兵半載曾未身歷行間騁其虛驕之氣志盈意滿期於一鼓而復三城卒之機又不密遺笑敵人覆軍沒將一敗不支此不待別科其騷擾供億招搖

納賄謂之罪罪已不勝誅矣臣亦知奕經爲　高宗純皇帝之後裔　皇上親親睦族惟念同氣必不忍遽加顯戮然竊意即幸邀　寛典亦當圈禁終身銷除旂檔以免遺　天潢宗室之羞豈圖收禁未及三月輙復棄瑕録用且此數人者　皇上特未知其見惡於民之深耳倘俯採輿論誰不切齒於琦善而以爲罪魁誰不疾首於奕經奕山牛鑑文蔚而以爲投畀之不容緩直道未泯況公論可畏非臣一人之私言也側聞琦善意侈體汰跋扈如常葉爾羌之行本屬怏怏今果未及出關即蒙　台還熱河密邇　神畿有識無識無不拊膺太息以爲　皇上嚮用琦善尚不止此萬一有事則熒惑　聖

聰必仍係斯人履霜堅冰深足懼也須者　御試翰詹以熹
阿封即墨命題凡百臣工能無惕息而今茲刑賞若此臣愚未
審　皇上之所謂阿者何人即墨者何人假或　聖意高
深偶或差忒而以即墨為阿阿為即墨將毋譽之毀之者有以
淆亂是非耶北齊文襄令杜弼陳政要可為鑒戒者弼曰天下
大務莫過刑賞一端賞一人使天下之人喜罰一人使天下之
人服二事得衷自然盡美矣文襄悅曰言雖不多于理甚要然
則今日用刑用賞豈可不以天下人之好惡為衡乎所望
皇上立奮天威收還　成命體大學絜矩之旨鑒盈廷毀譽
之真　國法稍伸民心可慰臣不勝激切屏營之至愚昧之

見是否有當伏祈　皇上訓誨施行謹　奏奉
上諭本日據御史陳慶鏞奏琦善等三人起用為刑賞失措無以服民等語前因琦善奕經文蔚先後辦理夷務未能奏效當將琦善革職治罪因思從前辦理不善總由朕無知人之明以致琦善奕經文蔚諸人喪師失律迄無成功惟有返躬自責愧悔交深何敢諉罪臣工以自寬解琦善等韜畧未嫻限于才力現在年力正强是以棄瑕録用予以自新今據該御史剴切直陳請收成命覽其所奏亢直敢言朕非飾非文過之君用人行政一秉至公初無成見豈肯因業有成命不便收還自存迴護耶琦善奕經文蔚均着革職即令閉門思過以昭賞罰之平至

黜陟之權操之自上非臣下所能干倘該御史所奏于情法未能持平朕亦不能曲從以邀譽中外臣民共曉然於朕撫躬引咎虛懷納諫之至意也欽此

平夷略

蓋聞知己知彼百戰百勝欲圖戰守之宜先量彼己之勢㖈逆之擾中國已歷年所計其大勢亦應重困矣其所以未困者恃有通商之策誤我耳㖈逆為紅毛夷之一種其東為雪西洋又其東為王兒虎特又東為俄羅斯又東則我之烏里雅蘇也其地去中國約二萬里以地毬九萬里計之水程遠涉南洋約七萬餘里大抵一年一至以為常試為籌其兵食聞其船可三十餘丈兵船跕隊每人應占五尺每面約六十餘人兩面約百五十人以正羨之卒併計之任戰者約三百人柁工水手醫師雜流將佐傔從再二百人止矣每人一日食米五合每日應得二

石五斗載粮千石始足一歲之食聞其船至者七八十號遠隔重洋輾轉萬里必不能自其國饋餉也恃有與國為之接濟其與國又未必傾國以輸之也非賴我出洋之米其勢無所得食故賊以通商欺我既通商則漢奸往來莫可稽查而我之銀米火藥與賊共之矣而我又償之以烟價賊得所欲益以易米益以聚人而我又亟誅漢奸以驅之則附之者衆矣附者既衆必有厚賞以結之賊又不肯自出已財也於是復思侵掠其不肯盟而攻廣者非愛廣也賊之根蒂在廣賊之綿索在廣其為賊偵探為賊供億者皆廣人也一殘廣而我必畫地以守之去海遠而炮所不及賊之長技無所施舍舟而陸必將墮我術中而

我又閉關不與廣人通偵探窮而供億絕而賊且重困於是變計而之閩浙破厦門而不守屯鎮海而不進非不能進也得一城則當留兵以守之多留兵則無以守船少留兵又不能守城故以一城之虜獲予漢奸而漢奸爭為之致死所謂以中國攻中國計無狡於此者矣尤可恨者仍以通商之説欺我若浙閩應之則必移禍於江南江南應之而山東而直隸凡濱海之區皆為受兵之地周而復始伊於胡底然則為之奈何一曰絕通商以斷其餉軍行以粮為重夷船多載貨物至中國而售之其貨皆其粮也若不通商則船有滯貨軍無餘粮賊將坐困故攻廣七晝夜挾以通商而廣東與之通賊有所資而因以殘我閩

浙又不攻城掠地而仍求通商則知其所急在餉也今欲斷其餉必絕通商而絕通商必自廣東始一曰招漢奸以散其兵賊之來也每船載五百人與一歲之粮以七十號計之約三萬餘人其任戰者不過二萬人以一萬為羨卒正兵不過萬人其卒以攻我也諸船未必皆會舟中之兵又未能盡行約出三千人止矣定海之役我兵苦戰六晝夜至於藥不能入猶捨命轟擊遂以盡覆夫兩軍相當我軍既覆彼軍豈能無損而不聞於賊有損者自係漢奸為之致死之故今若招徠漢奸賊死一人即賊少一兵我兵日有補益彼不能矣故漢奸宜招也一曰寬沿海失守之罰以全忠義之生嘆逆之炮遠擊四十里開山烈石無

堅不摧故沿海之城爲炮所及者皆不能守徒使忠臣義士慷慨捐軀良足悲也一曰籌陸路戰守之具以壯將士之胆偏箱獨頭水簾布幔皆所宜備其大炮不能移之於陸其餘火器皆可遮蔽至於設施之宜係兵機未便宣洩凡此者統天下之大勢言之非爲天津言也天津地勢平衍海皆頗岸去海濱數十里大船即不能入則炮無所施其威矣四望彌漫目極數里則奸細無所匿其跡矣城皆遼遠村皆僻陋則攻無所得野無所掠矣無大賈以濟其餉無羣奸以益其兵且自青州武定以至天津沿海斥滷水不可食海口雖多曾無便利之地以此策之賊必不來若肆其鴟張之勢逞豕突之謀入我阱中來游釜底

則因地而制宜隨方以應變當别有深機未可空談也

禦夷利用戰船練兵說

唉夷自上年攻陷定海後又破粵東大角沙角虎門進逼羊城雖代還商欠極力議和示以優容而犬羊無厭成性益肆鴟張今年七月破閩之廈門八月又破浙之定海鎮海前後六總兵一提督皆戰歿至裕制府死於鎮海之學宮泮池尤為可憫他如姚大令之殉城及大小文武員弁兵士陣亡殉難指不勝屈至民之被殺女之被污財物之被掠房屋之被焚到處皆然逆夷罪惡滔天神人共憤矣夫逆夷之所以大肆荼毒而莫攖其鋒者固由於船堅礮猛而我軍之大礮亦何常不猛其受制之處則在議防者僅斤斤焉守於岸而不議修戰艦練兵士以戰

於外洋也夫沿海有警戰場在水既無渡水之具何以言戰言守夷船不過三四十隻至多僅容萬二三千人海上之風信潮信無定其始到也不過船數隻或十餘隻未敢即攻也待其黨羽已集乃逆力内駛如粵之虎門及省城閩之厦門浙之定海鎮海皆闤闠都會之地列堵而居率皆綿亘數里數十里夷礮轟擊不必審其準無不中者中則洞墻倒壁傷斃人口而衆心易震震即未戰而心先怯怯即一有逃者相率而奔矣逆船數十隻散布海面如鷗如萍軍礮即審準始發而海濤之沉浮靡定勢難命中以彼此受礮之敵一聚一散聚即無不中散即偶或一中耳我軍大礮所中之逆船何常不沉溺該逆何常不畏

如厦門定海虎門皆有中礮逆船迨粵閩浙之礮臺既為所奪該逆即将礮眼用釘釘死是其畏礮之明驗也我軍僅守於岸彼來攻時得手則愈進不得手則拕舵而返逍遥自在數里外即礮不能及祗有臨涯而返望洋而嘆而已無別法也若堅造戰船選練兵士禦於內洋外洋即逆夷不得逞矣請詳言之盛京之奉天直隸之天津江蘇之崇明浙之定海閩之厦門福州粵之虎門山東之登州共八處內惟山東登州福建福州海口較窄只須造船十隻餘六大口每口造船二十隻共百四十隻每隻用兵或八十名或百名連舵工水手人等每船以百十人為斷其水師兵士即招募就近沿海漁人充之以其素習海上

波濤潮汐雖有大風浪而立脚既穩舉頭不暈至能挾尺板以凫水遠近者更加錢粮遇有夷船到來即扼於海口乘其大夥未至先挫其鋒而隨來隨剿既可省力即使大夥全至而以二十隻船散布汪洋中夷礮亦不能操必中之技軍礮與夷礮互相交鋒其中者不過偶值耳即偶值亦不過破一船而已若我軍利則乘風追擊火弾火箭火礶皆足蹴其尾而焚之不利則遊奕趨避或收泊沿海港汊軍船可以隨地寄碇而夷船不能也至海上之波濤有風固迅無風亦有潮浮送彼行一步我行一步不能如平地膽壯者足健膽怯者足軟之遲速隨時可以追及也且即如前此之虎門厦門定海鎮海皆在港以内該逆

之所以敢直入無忌者知我無戰船以襲其後也若我軍戰船拖於外洋得利則剿之不利則避之彼知有戰船在外必不敢直入内港攻陷城池懼軍船之封其口而襲其後也昔長於水戰者莫如李忠毅公常以戰船二三十隻破粤東艇賊三百餘船破蔡牽賊匪七八百船或詢之公笑曰是不煩言而解武弁不怕死是定心法且死亦怕不來息偃在床而病者多矣豈在死寇且交鋒時礮聲震地礮子漫天而不死者多即知生死有定而心定矣初臨陣時何常不心驚目眩及見陣一二次即心不動矣至以少破衆更易曉然賊艘連檣如城軍船只二三十隻令曰如礮彀得著只管裝藥點放不必端詳審準礮發時無

不中者賊礮亦偶中軍船不過適值其有中亦僅矣軍船二十隻發礮二十出以得半論足中其十船再發一出即賊或十餘船或二十船皆破矣賊雖數百船似乎衆寡不敵賊船比軍船高大又似乎大小相懸但數百賊船若傷其十船八船勢必潰散奔竄心虛胆怯我乃相度風信潮信令各軍船全提上風上潮長驅壓之遠則大小礮及之近則火箭火礶亦及之如驅羣羊矣或曰額設戰船不可用乎曰太平日久額設之戰船例價即不及半廠員監造賠累又過其半而虛應故事船身則板薄釘稀桅具亦多不全即全亦皆脆弱不任駕駛一遇風濤顛播便疎散矣此畏葸之弁兵得藉口為委兵於敵也若每船以萬

金造之必工堅料定可以衡風濤破賊盜矣或曰每船萬金以百四十船計之當百四十萬不於軍需外多添一大宗經費乎曰有逆夷滋擾閩浙軍需皆數百萬矣而粵省尤多徒費無補何如造船之得力也每船成造足用十年而歲時小修為數亦省有夷警則大得力若夷匪斂迹即以巡洋緝盜且廈門有警即福州兵船可以赴援浙洋有警即崇明兵船可以赴援而天津山東可以隨調赴援外洋行船瞬息千里一氣聯絡聲威益壯矣至戰船定例兩邊有木架高下雙層遇賊即用綿絮漁網浸海水掛之賊礮雖猛以柔制剛以水尅火不能為害至船之進退即乘風乘潮為之不比內河盪槳搖艣也故以戰船與在岸

守二者動静殊勝負判坐以待賊迄無了時諺所云做賊一更守賊一夜者此也至額設水師不可用乎曰閩粤之水師尚可用至浙江之水師其人本弱且不慣水性乘船出洋半多嘔吐昏暈故必多招募海邊漁户充之加以訓練而後可或曰造船有需時日今急矣何法以濟之曰造船分各省成造不過半年皆可就緒若急即先僱商船漁船應之如厦門之商船每船成造皆費萬金其堅實十倍於軍船又夷船停泊外洋其船笨重非風不行而海上亦時有數日無風者若招集沿海漁船懸以重賞擇其船可設槳二十四枝三十二枝者令於暮夜密赴夷船附近號令一聲盪槳飛集圍之彼雖有礮一時亦點放不及

且礮不能下出每船只用善鳧水者一二人下水伏其舵後用斧鑿鑿斷其繫舵巨纜即舵必上仰而不得力一遇風作其船自覆即無風其船亦不能動移勢必坐斃或用小漁船十隻為一排以千隻為百排連環而上堆放火柴薪油硝令快槳漁船昏夜送往焚之夷船底面雖有銅鐵包護而船之蓬蓆繩索一燒即船亦不動而坐困矣或以此船於各海口禦之亦可杜其竄入此在隨時隨機用之神而明之存乎其人謹抒管見以奉採擇亦愚人千慮之一得耶至為將為兵之胆將才實難敢死二字即無敵手也是在選而用之賞罰必信威令必嚴馭將馭兵之法具在顧用之訓之之人何如耳

世居海濱習知水性深知沿海夷患非造船練兵與戰外洋不能盪平且夷匪出没無定而沿海設防勢無了時徒糜粮餉究非久長之計目擊時艱終夜不寐因作此說以備採擇隨筆直書不成文理求於事之有益而已道光辛丑九月上澣海外書生并記

平夷論

𠸄夷實無能為也離家數萬里之遥在船僅數千人之衆日用飲食半取資於内地𠸄夷何能為哉惟我　國家昇平二百年將不知兵并兵不知兵動以船堅炮利横於胸中藉詞推諉處處讓𠸄夷立不敗之地故所向無敵遠近驚駭皆謂𠸄夷大有為也無怪乎猖獗日盛耳而不知非也𠸄夷所恃而不恐者我軍無戰船與之水戰伊得以來去自如殺人無庸抵命掠物無從追贓即大兵雲集伊復逍遥去矣林立岸上徒唤奈何豈𠸄夷之真有為哉實我軍之不水戰而自潰耳或曰海宜防不宜戰我　朝文德武功鑠古振今提鎮叅游陸路水師二者兼備

如謂海必不可戰也則水師一營不虛設乎定例制造戰船三年小修五年大修之謂何或曰軍工廠戰船有名無實多不適用從新購料創造大船又緩不濟急嗟乎𠸄夷所得志者在此我軍所喪膽者亦在此此所謂海宜防不宜戰借以文過飾非作一篇反面文字而甘心自潰也已獨不思𠸄夷之滋擾非一朝夕所能息也今年造船可俻明年之用明年造船可俻後年之用如以緩不濟急謂船不必造也海不宜戰也是無制勝之策坐以待斃於國計民生究何補哉況　天子聖明天下廣大取樹木於山無材不有取銅鐵於礦無物不俻工匠之聰明才技有過之無不及也夷船能堅我船何患其不堅夷炮能利

我炮何患其不利所貴乎實心以行之則得矣且暎夷據在船上有來路有去路有進路有退路四面寬濶攻守裕如也我軍站在岸上只有退後一路三面皆受制於夷焉往而不敗哉愚昧之見合閩浙粤三省每省各造大船二十號杉板船十號共九十號每大船坐提鎮叅游二員守備以下副之載精兵五百名載水勇五百名載鄉勇五百名以濟兵力之不足各泊本省海口一切器械軍裝等件精而且備無事各就船上訓練沿海梭織巡防查拏漢奸搜捕洋匪其責專矣一聞廣東警報閩浙兩路兵船合力攻之一聞福建警報浙粤兩路兵船併力勦之倘暎夷直駛東省天津等處閩浙粤三省兵船啣尾追之若暎

夷再猶本年之竄入福建廈門也竄入浙江之定海鎮海寧波也該逆蜂擁上岸搶掠資財姦淫婦女種種不法先有陸路兵勇相機堵禦當此之時夷船停泊深水口岸船内夷官夷兵岸上已去十之六七船上僅存十之三四我合三省軍船九十號首先剿滅三四十號之夷船其巢既撤其黨何歸如鳥入籠中隨撲隨滅該逆縱有智能何由插翅飛去耶藉非然者文武將弁率同兵勇徒守海口以爲有備無患嘆夷未來之先招募水勇鄉勇費銀若干萬製造器械刀鎗費銀若干萬鑄大炮造炮臺運火藥又費銀若干萬無不詡詡然以爲逆夷果來及鋒可一試也迨嘆夷甫到文官去矣武將遁矣兵勇散矣向所造器

具鎗炮皆為夷有也向所安大炮炮臺皆為夷佔也向所存局銀錢銅鐵等物皆為夷所摽掠也而民間之塗炭更不忍言矣試問造大船以水戰四圍皆海將弁挾敢死之心兵勇絶逃生之念器械鎗炮隨時能用孰不拚以死命血戰立功哉竊望此議可行急宜明定章程臚列條欵此中有宜詳者有宜略者有宜密者有宜疎者有宜現者有宜隐者有利於遠者有利於近者神而明之存乎其人暎夷必先聞風俯首矣始信我國之大有為暎夷卒無能為也機宜不可失也昔戚叅軍征倭寇有書云海面截殺為上策其此之謂與後之李提臺剿巨盜蔡牽帮駕大船駛之洋面賊南亦南北亦北尾而追之卒為所滅又一

明徵也

附專造小船定非良策說

古者以小船攻大船所謂鯽船是也古人原俻大船而與之水戰兼製小船數十號以濟大船所不便法良善也蓋有可用之船即有可靠之人耳今昔情形不同既無大船威武濱海專造小船數十號每小船僅招募水勇十餘人不羈之馬駕駛乏人倘被漢奸勾引從夷所造小船反為逆夷所用耳查沿海海門有大口旁有小口逆夷所不敢進小口者船大而水淺也與以小船是使之坐我小船而入我小口其為禍更烈矣竊顧運籌帷幄者先主大船之議兼採小船之謀並行不悖則收功不愈

逮予

余於辛丑九月作禦夷利用戰船練兵説至十二月初旬友人寄示平夷論及造小船非良策説與鄙論暗合陸放翁詩云不須強預國家憂亦莫妄參帷幄籌為退居人言也但海氛未靖目擊時艱思竭淺陋以獻芻蕘或能少稗萬一亦同仇共愾意也道光辛丑嘉平十日海外書生又識

剿逆説 并序

道光二十二年五月初八日[口英]逆犯江蘇提督陳公化成殉難吳淞隘警報至上海是夜調防守城条將某率兵遁且言賊將至於是守土各官倉皇棄城走僅教諭姚公員瀾典史楊公恩慶嬰城不去城大亂百姓憤甚毀道縣各署十一日賊始鼓吹入楊公投黃浦死姚公守學宮獲免十二四日賊兩犯松江府權郡守王公紹復知黃浦無倫賊必來稟大府乞調兵十二日壽春鎮尤公渤將所帶甘肅等省官兵至迎擊於東汊口王公激勵將士安撫百姓撿乘間為亂土匪數人立杖斃兩人登陴調遣守甚嚴賊度不可撼先後退以火輪船測水泖湖欲犯蘇州

省城輪為水草所膠不得入復退去屯吳淞揚言將犯金陵天津屢刼沙船使為導測由海入江水深淺逡巡不敢入尋知無倫始聯檣自江陰直趨長江攻陷鎮江府進逼江寧省城僕客江南久江南北形勢略識梗概初聞賊將圖入江即上書當道請速為倫嗣聞已入鵝鼻嘴又以火攻之策因友人進俱不報巡撫江蘇程公矞采僕故未之識念事亟不敢避嫌遂亦以火攻之策上時已七月初公知象志方堅不可破答書嘉許而已嗟嗟夫長江自江陰而上沙漫蘆洲鱗次櫛比凡百數十處幽深翳蔽無不可以設伏而自海入江鵞鼻嘴尤第一險要峭壁屹立上有天然炮眼七八十門若扼而守之我炮可及逆船逆

炮不能仰攻石壁斷難飛渡而入即不然江之左右巨湖大澤通達毗連皆漁舟往來私梟出没之所沙洲之民亦多强悍為人船之淵藪蘆葦更江之所産偷辦火攻極易之事且有皖人郝啟昌者以粟鹽致罪亡命洪澤湖為私梟之雄今年春聞逆夷將犯江蘇慨然謂其徒曰　朝廷倘赦罪用我誓當與若曹滅此朝食故某太守之子偉其言以聞當事而不能用稽諸前史古名將往往有出於髡鉗之徒者即以本朝近事徵之嘉慶間粤洋劇盜張保仔一旦投誠輒官至二品劇盜且用矧非盜乎伏讀歷奉　上諭無不　洞燭機宜　廟謨指示何等精詳聖恩屬付何等諄切苟有一線天良尚當於無可為

之中竭盡思慮以求其可為何況實有可恃之地利可扼之險要可用之人材可備之物料祇須欽遵　成命勉力實心認真辦理如其先事而備其未入江也何由而入即使後事而籌其既入江也何由而出剿而滅之直摧枯拉朽毫不費力彼焉能逃一人返一船耶奈何罔知攸措不展一籌竟創為棄江守城之說早預存以賄乞和之見是以鷔鼻嘴不放一槍縱令揚帆直入紫金山全不設守坐任架炮來攻不曰潮長八尺即謂勢危萬分上則敢欺　天聽下則忍竭民膏且夫律法者治國之大權軍令者馭師之要術今調防諸將賊未至而率兵先逃守土各官警甫聞而棄城俱走曾未誅一卒亦未劾一人網

紀全弛賞罰盡廢豈庸庸者故多厚福休休者實能有容耶此志士仁人所以隳心解體忠臣哲彥所以拊膺飲泣也僕衰老且病無所希冀吾謀不用夫復何言然食毛踐土雖草茅亦沐
皇仁而受辱蒙恥非木石能無義憤聊為剿逆之說俾就有道而正時壬寅七夕識於孤蓬自振之室

暎咭唎者海外之醜夷耳初以鴉片烟毒我生民迨經奉禁該逆夷瞯粵東防守綦嚴無隙可乘驟赴浙江犯我舟山事起倉卒遂為所陷乃又逞其狡詐陰赴天津偽乞通商以愚當事遂一則曰恭順再則曰恭順一則曰羈縻再則曰羈縻自撤藩籬闢門而揖擁兵肆逆戕官掠地而可謂之恭順亘古以來未之

前闌即羈縻二字亦可謂巧於欺飾矣乃竟以此朦陳　當宁傾害忠良顛翻全局卒為厲階以致逆志漸得宄皷日熾攻陷虎門自閩浙而犯江蘇以數萬里外蠢茲小醜船不過數十兵不過數千而我厚集數省精銳赴之莫之能禦其故不可得而解也或曰該逆船堅炮利我兵不習於海非其敵也豈其然歟姑無論矣今逆船已入江矣是其罪惡盈貫天奪其魄使之入我網羅而授我以剿滅之機也又何以不思所以殲之而尚徒事防禦卒之防不能防禦不能禦退而棄江守城自處於無可奈何以賄乞和而後已耶其故更不可得而解也該逆犬羊反覆何有乎信義去年粵東亦以賄乞和不數月而有閩浙之

事前車不遠寧不聞乎此次就使乞之而許不復恣逞而未幾又復誅求目前固苟安日後將何底止且既乞和凡所要挾勢不能不一一唯命自此以後各海口非復我有予以肢體使據之而圖我腹心坐成逆志將不可問是無異抱火厝薪以自焚也剿滅之策自當遵奉　諭旨火攻為亟昨者督師發銀數千委購船隻迎之於江而縱火焉該逆猝見驚退二十餘里俄而數船俱燼彼知萬火之無繼也始復大進其畏火攻也明甚此時姑無論調兵轉餉糜帑無算即以賄和論之彼揣我肥瘠某處應幾百萬某處應幾百萬不敢或違庫藏既竭捐派因之與其括民有限脂膏填彼無厭慾壑藉寇兵而資盜糧自貽不

可測之禍患曷弗速撥銀三十萬兩密委明幹大員一人訪求豪傑之士二三人令各賫銀數萬兩分赴沿江沿海以及洪澤等湖募善撩舟善泅水數萬人買多槳快船三千隻蘆葦三百萬斤直長杉木二萬根桐油二百萬斤硝磺火藥松香之屬各數萬斤即就各船所在先以桐油漬蘆葦令透務令火力猛而久然後分裝船上量船之大小酌裝之多寡不可多多則重而不利於行大率每船以千斤為度杉木製為筒另以他物令善製噴筒者仿噴筒法製為筒裝以火藥硫黃松香所合彈丸將筒納於木筒而實之木筒深揷蘆内中釘橫檔紮縛令固勿致火發掣動每船十數筒或二十餘筒亦視船之大小以為多寡

筒頭略欹向外上通藥線藥線宜長緣筒而下護以堅厚之紙刷以柿漆勿令雨浥受濕另用一空中之筒竪植適中蘆内下通蘆底將衆藥線併貯入筒線頭出於筒下而駢之旁置火繩使撩舟者駛近逆船即舉繩燃線衆筒之火俱迸彈凡射及逆船篷索延及檣桅製備既全量其遠近尅以日時乘夜迅駛同時並集四面環繞萬火齊發我撩舟者則泅水而歸或以小船接渡以三千火船載焚數十逆船於百數十里江面之間而不盡殲者無是理也以人船物料之值計之每船費百金足矣通計所費祇三十萬金耳何為轉惜之而不為也或慮無能任此事之人又或謂召募之文告屢張矣而無所謂豪傑之士者來

船隻泅人亦皆畏懼逆夷而不敢前小船版薄不足以禦大炮逆船之在江者首尾連絡互有接應火攻亦復難施我擒舟者又不能避洋鎗火箭難近逆船奈何愚謂能任此事之人不患其無特患無能用之之人耳闔省之官多矣豈無其人果無則在籍之紳士亦可任也但要在任之專而勿令貪冒浮偽之徒參與其間則事權一而奏效速若豪傑之士所在頗有急而求之非馳一檄張一示所能坐而召也此輩大都跅弛不羈觸犯禁令竄匿江湖然性直尚氣誠能遴委公忠愷悌平日為百姓敬服愛戴之員及紳士之賢者蹤跡而物色之曉以大義許其立功免罪且顯榮之彼必激昂奮發以圖報 國致其死力至於

船隻泅人皆窮民也扁舟一葉全家之生命託焉泅人多捕魚為業亦有父母妻子賴其終日泅水撈摸魚蝦以為活船隻一經應募即係官物況以供焚若不加倍酬值彼力不能復置一家即無以資生泅人一經應募即屬官身縱予口粮僅僅自給父母妻子俱失所養且守候聽遣羈累無時兵役卒隷又皆得叱辱凌轢之此其所以文告屢張而不前也是有畏於官非有畏於夷也逆夷惟官兵畏之此輩不畏也不聞粵東城外之役乎官兵盡潰而百姓一戰殺其數千擒其數百斬其渠魁且圍逆酋之館將盡殲焉脫非　欽差將軍之仁立馳令箭禁遏解救則早無噍類矣有今日此百姓不畏逆夷之明證亦足見

逆夷非若天神之不可以人制也其如官兵之逃乎該逆所恃船堅砲利而已我環而火之彼首尾聯絡互有接應正可聚而殲旃若分泊而為犄角之勢我以數十船圍火一船無往不可彼何所措其手足即開放大砲斷不能俯擊小船如以雕砲飛擊或於洋槍火箭適為我船發火我船既無一兵可無逃患一鼓而前彼船堅砲利皆無所用此正避長攻短之法也至我擦舟者必先於船之兩舷紮竹木為閣架使居其中頭以上蘆葦層疊積厚數尺洋槍火箭祇及蘆葦不能及人蘆葦火矣擦舟者仍可從容打槳而前待火將下爇而後翻身入水無畏乎洋槍火箭也何為乎先為種種畏難之言以自餒耶難之者又謂

杉木仿噴筒之法考之兵書得未曾有乃杜撰耳即果火攻既有蘆葦亦已足矣又焉用此愚謂兵家器械亦惟因敵制宜期於適用而已若一一必有所本不猶膠柱鼓瑟耶昔岳忠武之破拐子馬也其法又何所本不亦杜撰乎逆船甚高蘆葦僅能焚其船身不能焚及桅檣杉木長數丈貯以噴筒火發噴射及其篷索篷索既焚延及桅檣而舵樓及艙無不焚矣篷索等等俱焚縱船身仍在亦已無用若僅用蘆葦彼船身以鐵梨等木為之外包以銅設焚而不燬則三十萬金亦不過付之一炬耳此杉木仿噴筒法所以必用也又或以夷船富於財貨盡付灰燼亦大可惜自應兼用大船多載兵炮以夾攻之擊壞一船即

以其船之財貨與之不更踴躍耶不知此法祇可專用不可兼用也官兵列陣而與之戰用之可也若用火攻而雜以大船兵砲則小船皆為所碍不敢縱火矣且此令一出人人俱懷貪得之念誰復肯擊其火適為所誤也總之此事不可參用一兵委員而外亦不可令一人知非畏逆夷聞而遁去也畏統師者聞之而掣吾肘也惟此法也祇可用之於江不能用之於海今逆船在江是天與我也天與不剿是違天也失此機會一旦和議既成該逆志驕氣盈洋洋得意歌舞鼓吹去而之他是縱鯨鯢使歸大海也以後不可復制矣大局尚忍言哉此時事急勢迫少縱即逝安得有實心為國大賢者出決仁者之勇挽既倒之

瀾庶幾轉危為安雪恥伸憤在此一舉其如當事堅持成見方乞哀之不暇無可與語可與語者非事權不屬則力有不逮杞國之憂徒切長沙之哭空悲亦末如之何也已矣

逆船初入江時僕亟上火攻之策創為茅竹仿噴筒之法嗣思竹性柔紉若以倒植其上貯噴筒一頭重而動搖船行風浪中加以顛簸藥線既長震蕩必損殊非所宜自應改用直長杉木為妥木性堅挺無動搖之虞按籌海圖編內載明戚繼光製噴筒法截二寸竹裝藥製打成餅修合筒口餅兩邊取渠用藥線拴之下火藥一層下餅一筒層層送入推緊可高十數丈遠三四十步徑粘帆上如膠立見帆燃莫救此極妙效策云云其法

今必有善製者逆夷船身堅厚焚之不易惟焚其篷索延及桅檣樓艙則船身縱不能盡燬亦已無用是火攻尤必以噴筒為最要且必製之極精火葯精則能及遠丸餅精則能粘燃發必高十數丈始能及其篷索官製火葯層層剋扣悉以柳炭為之發丈餘而止用之貽誤匪細伏願賢士大夫不惜重資慎選工匠精製火葯丸餅倫具噴筒數萬箇以意製為鬬筍合於木端只須臨時運往嵌合至為便捷此策既無人肯用又奚為喋喋然區區愚忱猶切冀有忠臣志士出而為之遂不自知其為多言之妄耳閱者幸諒其苦心焉又識

江南刻本

造戰車說

兵凶戰危非可易言也當熟籌水陸之宜以備戰守之具水戰之法古書甚多今皆不可用何也古之水戰皆以中國敵中國其長技利器彼此相等故調度得宜即可制勝今我舟與賊舟大小不倫堅脆亦異則鬪舟力不鬪人力之說不可用賊之大炮所及甚遠則我之火器無所施此不待戰而勝負已决者也我今固守陸路炮之大者能前擊亦能後坐賊大舟既不能入若以小舟載大炮不能其後坐之力也若以人舉之二千斤之大炮非四十人舉之不能速行出兵千人但運炮十位而戰兵已稀矣度賊上岸所用者亦不過鳥銃劈山與我之火器相等

但當計其遠近以決勝負兵法短不接長唉逆火器精良我炮未能及彼彼砲已及我前行若傷後隊即亂此不可不預備也古人用木架上搭絮被沃之以水以禦火炮謂之軟壁然能立而不能行古人用炮車載炮便於進退然能攻而不能守古人用獨頭鹿車以載軍裝止則為營行則為陣然能守而不能攻今擬參合其法以用之獨頭車一輛一人駕把為車正車梁上施橫竿二根四人駕之為車副中安劈山炮一位前張水簾以十重棉被為之被約長六尺寬四尺製簾時將上下拖長二尺張於車上計高八尺上下二尺各五層中四尺為十層以滷水濕透簾上開炮眼以便轟擊賊來用三疊陣法以戰車列為三

層每層中空二十步彼炮子越簾而過者落於空處則不能傷人我車如墻而進戰兵伏於車後任賊開炮我軍静以待之俟賊至數十步内我軍開炮排鎗繼之賊陣既亂戰兵自後趨出蔑不勝矣車圖附後

具呈安徽桐城縣監生林光勳爲敬擬水陸並攻平夷二策懇
准代　奏事竊惟我　朝深仁厚澤天下共享太平之福已二
百年矣今有暎夷犯順塗炭生民凡吾有志之士莫不感激思
憤志切同仇恭讀　聖諭其有奇才異能足備禦侮之術者
許赴軍營以及一技一長毋稍屈抑生本擬趨赴軍門願效愚
忠因無旅費難以登程聊就管見所及藉達鄙忱非敢意圖干
進實因念切平夷夫暎夷無非小醜跳梁一旦整我軍旅不難
掃除一空第彼所恃不過砲火而已砲之猛烈雖云難當而水
攻宜用避砲之法焉陸戰宜有制砲之法焉水攻何以避其砲

夫水攻宜招募水勇置造竹筏爲要蓋夷船甚高安置炮火亦高若我以舟攻之難逃烈焰之險惟筏則低浮水面砲不能擊風不能翻筏以荻竹排成長三丈寬一丈中用木輪行走欲進則進欲退則退　無水聲擇霧天昏夜二面齊發一面虛中示之以實一面實中示之以虛虛中示之以實者藉以彰其形也筏之四圍安置竹架以薄布遮圍以成船形使賊不知其虛實中用藁人數個衣甲持鎗其形挺高在上舉火張旂誘賊放炮擊於上筏行於下欲前且却擾亂賊心使獨當一面不疑他處另有伏兵寔中示之以虛者蓋以出其不意也筏仍遮圍以成船形每排數層前一層者盡載蘆荻乾柴而其中多藏毒葯

人各啣枚潛聲匿跡另當一面賊方驚見前面有形之筏必不疑後至無跡之兵俟到賊舟旁即順風縱火焚燒賊舟火中毒葯熏之即目亂心迷自成灰燼其餘以木筏數十各載大砲亦用水輪行走横衝左右如竹筏自東西合者砲則由南北擊之竹筏自南北合者砲則由東西擊如此四面交攻賊雖有路亦難逃矣陸戰何以制其砲夫陸戰先恃將之智謀繼之以兵之奮勇能為不可勝不使賊之必可勝第江浙諸兵斷難盡用恐有與漢奸結黨反墮其計中宜用别路精兵擇其技藝素嫻勇敢足恃者而一切無用之兵不與焉此正兵也而正兵之外又在招集盜賊蓋盜賊乃亡命之徒驍勇强悍善於偷竊能飛簷

走壁而欲制其砲者非盜賊不可當大兵攻克之期賊必以大砲為先令其深夜之中密如鷺探疾如鶻摯遇有城垣不難躍身而上或竊取賊之軍號以便問答或冒充賊之巡邏以便窺尋遇有守砲者可殺則殺之如不能殺即乘其隙以醋濕其信眼燃火不灼以葯填其砲口非炸即裂並令探賊之火葯藏於何處設法焚之然後大兵乘隙幃擁而上賊雖有砲亦不啻無砲矣夫陸地賊之來路洋面賊之去路水陸交攻惟在賞罰嚴當號令詳明試思古之善用兵者兵不在多而恃有奮勇之概敵不患衆而在有制勝之人亦即如宋岳武穆善以少擊衆明戚繼光亦有勝而無敗其故在將軍之號令嚴明士卒之忠勇

足恃也所以兵法云今曰進雖前有火而必趨今曰退雖後有水而不辭千萬人之心同為一心千萬人之氣只成一氣以此克敵何敵之不克哉應請　旨飭交將軍是否能行量為裁酌伏乞代　奏

監生林光勲為相機扼要度地預防一併懇准代　奏事竊惟唉夷蠢動沿海鴟張粤閩浙省屢受其害今當大兵四集戮力同心固有備無患矣然遠者守禦有方而近者防堵宜密天津為　畿輔近地較之他方益加慎重兵法云無恃其不來恃吾有以待之無恃其不攻恃吾有所不能攻故古之善用兵者料敵所勝衆莫能知人知我所以勝之形莫知我所以制勝之術

此皆計之深防之密也夫防守之道必先得其地利而後知吾兵克敵之地地之利者兵之助也天津上下左右地多灘海有當海之衝要有為水之灣環要皆相兵境內形勢何處為扼要令重兵隱伏何處可分據令偏師犄角度其重輕明其緩急左而右之前而後之聚而散之分而合之聯絡聲勢各相應援此皆險要之防也其餘沙灘荒野之地寬廣而難以分兵守者危設壁壘安置砲臺列幟揮旂虛張聲勢賊以千里眼瞭之見為有兵而實無兵也見為無兵而實有兵也賊視伏兵之處儼然無兵必定乘隙登岸肆其猖獗惟時密令遊兵誘其進步俟到扼要之地伏兵蜂起已在圍中況𠸄夷舍舟登岸彼之所短我

兵據險遏敵我之所長以我之長攻彼之短縱横掩擊不難一掃無遺至若天津一城乃在海議之内宜設禦砲案以護其城為要其次凡有水者必得水性孰淺孰深淺者賊舟不到之處深者賊舟必由之所遇有港者藏舟藏炮見有議者伏筏伏柴度賊舟停泊之地先於此處要道前掘陷人坑後掘伏兵窖兵伏窖中俟賊經過按兵不舉窺其將至坑旁我兵突起進擊彼必陷入坑中如此上則伏兵破賊下則縱火焚舟一截其前進無去路一攻其後退無歸途豈非籠中之鳥釜底之魚乎而其外天津以下有五島登州之北海州之南曰常山島曰廟島曰脱機島曰南隍城島曰口島此皆天津之門户每島有居民三

四村向聞夷船多於此島取水購食使徒遏之於近則遠自能來惟先遏之於遠則近不能侵能於數島屯兵若干安置大砲賊舟經過一面大砲轟擊折其先鋒一面輕舟疾　通其消息由是不但為天津之保障並可為山海關之干城今者北風方盛賊舟難來第恐春令方轉風信漸移浙江平復之後遺孽猶存不得於彼必趨於此應請　旨飭交欽差大臣直隸總督量為裁酌陸地何以守其要隘水濱何以密其機謀城池何以堅其固守官兵之外尤在團練本地鄉勇蓋鄉勇上思報効下衛身家感激思憤未有不竭力輸誠庶邉疆鞏固永臻磐石之安矣生以艸莽之儒芻蕘之見一無寸能奚當禦敵之方而外

揆内安實有平夷之志不敢擅陳奏牘第恐干犯　宸嚴伏
乞代　奏

一禦砲案設在城垣之旁正對船行要道外砌以磚中灌以水内鋪棉被與生牛皮數層大砲擊來案中有水水有皮棉既以水尅火復以柔制剛砲雖猛烈而炎威既滅則城池自可無虞矣

一伏兵窖因無有要地無處伏兵度賊所必由之路掘坑起土上架以板土覆其上開道塞門以便出入令賊視之儼然土塹賊過此處潛匿不動俟到坑旁然後突起追擊

一陷人坑設在伏兵窖前十餘丈之外深二丈寬廣量地為之能灌水者即以水灌之不能灌水中用釘板竹簽上覆以蓆再

上
浮土務與地平不可辨認待伏兵衝擊自陷坑中
此數策無論用與不用與用之行與不行是宜秘之但恐
漢奸既覺必漏洩其機不特無益而轉有害也

籌海芻言

海鹽俞浩著

海之有防自明之初年始防之嚴自明之中葉始當嘉靖間倭夷入寇東南數千里蹂躪殆遍竭十餘年之兵力糜金錢千百萬僅而克之亦云殆哉今紅夷美兵無異倭寇彼其乘汎走舸疾于風雨撞虛咋脆狂若猘狗兵法所謂毋恃其不來恃我有以待之竊見浙東自蔡逆殲後經今三十年大吏非不督責也將領非不教閱也然不為部伍行陣如小兒戲即止加以太平日久人不知兵平時玩愒成風泄沓怠偆一旦聞警欲其無張皇失措不可得也切謂今日戰則不利守則不固豈非節制不立號令不明訓練不至器械不精之獘歟論者顧謂夷人火器

難當以致敗績此流俗之見道聽而塗説也夫火器固夷人之長技然我之所以不如者良由鑄造本不精施放未習慣耳苟病其拙而務反之則精益求精安見我之短者不轉為彼之長耶按東南濱海之地惠潮漳泉皆逋逃淵藪江浙財賦要區山東橫亘海上為門戶延袤一萬二千餘里處處可到處處宜備然而備雖謹不能如擺邊之嚴人雖衆不能如守城之密譬人身七尺之軀護風寒者不過數處是在我之扼其要而已矣今言防海者甚衆其要不過數端上策莫如遏之遠洋而使之不得暫泊也次則邀之近洋而使之不得旁岸也下則據險固圉而使之不得上也然揣之今日情形是三者皆未可恃以無恐

也蓋安汎立營分番遠哨使之不得住各島而爲依宿自不能越各島而入内洋豈非禦寇之良策但大海茫茫波濤澒洞風候向背潮汐消長隘沙暗礁彼能偵視我或未知以我之迷蹈彼之危能保必勝乎是遏之遠洋不足恃也至若内洋山嶴如粵之柘林閩之峿嶼浙之三門江南之洋山設兵駐守會哨策應良爲綜核易而聲援便不知近日海中堡寨雖因其名而實改建倚海之地故近洋無阻而寇舡可以飛渡則邀之近洋又不足恃也夫既不能禦之於海則必以固守塘岸爲上策矣然聯綜設備當先明其何者爲要衝何者爲次衝要衝宜專守禦次衝可兼策應乃沿海各弁方藉口于汛濶兵稀惟幸寇之不

不到其地以徼功又安望其趨利而互援至于闌入內地而議堅壁清野斯固無策矣且沿海患盜賊什九患外夷什一以禦盜無長策禦夷有成法也出沒無期聚散無定閧然來霍然去雲奔飈馳抄前掠後所驅即內地之民所奪即內地之船所勾通即內地之綫索所剽掠即內地之酒米官兵出汛則影匿聲銷撤汛則東飄西突不論汛前汛後卒然相遇鬥潮溯風苟緩應援理無全勝而今則夷夷非盜賊比且非倭寇比也蓋自古未有懸軍數萬里而能善其後者且彼之運粮募兵造船鑄礮需費浩繁曠日持久主客異勢人衆飢疲能保不內變乎我以逸待勞練習火器聯絡漁簰或據險以擊其惰歸或犄角以截

其初至隨地制宜因利乘便此成法也而必得人以任之夫浙海温為首台次之寧又次之温之設險在閩而不在浙如莆門鎮下官嶼南臺銅山皆所以扼其來路也于此不戒而延入浙洋豈衆寡之不敵實人謀之不臧耳定海昔之舟山孤懸海中洛伽長白諸處並無水寨礮臺宜其一帆徑抵城下也昨閲浙撫摺報夷兵約六七千併計守船之夷將及萬衆計月需食糧四五千石若大兵四集食盡援窮必無死守之理當為飽颺之計所慮者目前鎮海守禦單弱乍浦去海咫尺如其南犯足可寒心今日為浙計宜聯江閩為一局閩以重兵扼銅山水寨吳淞挑鋭師屯大小洋山固守鎮海昌國合温台之兵以駐松門

海門三方掎角絶其奔迸彼將不攻而自遁然後乘其疲而夾攻之足以制其死命江淮以北庶可安枕也説者謂南北海道不同船制亦異南洋水深浪巨故非鳥舡不行北洋水淺礁硬則宜沙舡沙舡浮載需水七尺鳥舡則倍之今夷舡上起層樓下施龍骨旁翼轉輪需水又倍于鳥舡彼若越五條沙而北是決成敗于一舉非勝筭也且夷人貪利惟爭馬頭登萊僻處一隅不通商賈當非彼所垂涎今覩其包藏禍心殆難叵測趨利忘死亦其天性倘遇西風盛時彼由盡山放洋望成山而趨則可至登萊自成山而東過舊旅順口可抵天津此則五條沙不能阻也葢豺狼之性本無厭足血入于牙浸淫未已我又安可

忽其未來而不思所以備之乎夫浙海自平陽至乍浦計二千七百里而抵江南界江南自金山至石臼計一千八百里而抵山東界又自石臼至南半洋為直隸之昌黎縣界計千二百里而抵遼東矣江南東瀕巨海北亘長淮中貫大江議守處多然有一省之險要有一府一縣之險要夫南可以援金山北可以扼長江吳淞固一省之險要也而黃浦又為吳淞之險要守浦所以守門戶也至洋山外為寧郡吳淞會哨兵船之羽翼内為海港把守兵舡之捍衛則洋山又控兩省之咽喉也大抵蘇松專防海常鎮專防江通泰揚淮則又防海而兼防江者也若登萊二郡東南北三面受敵登州文登即墨各當一面之寄登州

控北海而東南兩面則責之文登即墨盖登萊突入海中文登為東海盡處即墨則鄰于江南倘海波告警越過淮揚則自淮達萊庀帆可至若大嵩鰲山靈山安東皆為南海之險是宜置即墨一鎮重其事權以捍南番而伐寇謀也至登州外海島嶼縈紆自東北崆峒半洋以西抵長山田横沙門鼉磯各島錯落盤銘以為登州北門之護過此則遼陽矣此天造地設之險也然必于成山設重兵以為三面犄角之勢分防海港各岸會哨旅順以扼寇犯天津之路守白浪新河九海口以衛萊州南策即墨北應王徐西與青郡之聲援接守唐頭一帶以聯絡利津海豐是亦可以綏堂奥而宴海疆矣至安東日照接壤海州當

五條沙下游溜勢迅疾不容久泊防禦似可少寬餘如團丁勇以募土民擇島嶼以創水寨險要多建礮臺漁户宜編保甲不必出力爭鬥亦可張疑設伏蓋我增一處礮臺即彼多重一顧慮我得一名丁勇即彼少一名漢奸此各省均宜措置而不僅為東省言也至于偵探宜遠操演宜勤設法鼓舞衆志成城夫亦可以代金城湯池矣然而處盤錯于肆應妙運用于一心在乎得人而任之假便宜而破資格捐死法而用生人道若轉圜不容墨守是在當事者之應機能斷而已夫不龜手可以霸國而車戰亦以興尸若徒知言防莫自求治是猶北人試善泅之說庸醫效割股之方也奚但防海而已哉

籌海罪言

海鹽俞浩著

英吉利歐邏巴之遠夷也又曰英圭黎猶佛郎機之轉為佛蘭西譯音故無正聲也地直荷蘭北陸可達控噶尒俄羅斯自古未與中國通乾隆初始與荷蘭爭呂宋荷蘭勿能敵呂宋遂為所據（呂宋無來由分族明為干系臘所滅順治初荷蘭為鄭成功敗於臺灣無所歸遂奪呂宋而據之）復來澚門爭互市頻歲勿能決至五十八年遣夷目入貢有大力者為之主因言該夷願倍納濠鏡地租請許之賴老成謀國者力持之淂罷大抵西洋諸部落惟咼鬼最貧地不毛而性愚其首率賦其人賣與紅毛為奴餘皆蠢蠢無所知弋山釣海而已紅毛種類實繁英吉利其一焉俗善商賈甘得而忌死利所在雖同

類有勿顧所謂人面而狗腸也按前明法惟南洋暹羅占城浡泥諸部謂之南洋得互市於嶺南然在電白而非香山也香山之市則自嘉靖中賄指揮黃慶始由電白而移之濠鏡也萬厤中佛郎機潯混入澳中久之其來益衆南部畏而避之其後遂築室建城而奄有斯土當時有疏請盡逐澳中夷出居白浪外洋令其以濠鏡還中國者而粵中督撫上言濠鏡在香山内地官軍環海而守彼日食咸仰於我一有異志我即制其死命若移之外洋轉難防堵不如申明約束相安於無事之為得也部議是之而請設參將於雍陌歲千人戍之而防禦漸密　本朝因明之舊而澳中互市則佛郎機與荷蘭互相雄張亦互主之然二國皆奉天

主教者也雍正元年滿保請禁西洋人之行教惑衆者得旨嚴飭各督撫而粤之天主堂則以粤之督撫市恩得不毁焉蓋粤之患夷自昔已然而粤之督撫以夷爲奇貨苟目前而忘遠慮非一朝一夕之故也夫萬里經商本爲求財無故而輕棄數百千萬之銀錢買人歸附意欲何爲此廣州守藍鼎元所以發憤抗言於昔日者也若英夷雖紅毛種類而獨不事天主然性特充狡到處窺伺人國如葛路巴呂宋皆被據爲市舶所若粤之香港閩之厦門此固彼所垂涎數十年而不能得者故粤之有夷猶人身之有疽當其血氣强壯視以爲癬疥爲不足治也然而血氣之有盛衰猶世運之有否泰予之言已不能調攝於未

病之先而徒欲挽回於既潰之後然而亡羊補牢未為晚焉此予之所以不能已於言也猶憶乙亥客粵時故老為言鴉片本藥物前朝亦以充貢如阿魏豆蔻之類人不以為異也前此海關則例每百觔納銀錢餘以今視之何啻百倍而官府之陋規兵役之常例日增月益胥於是取給焉此在當日已然況三十年之隔乎夫英夷與荷蘭爭互市雖桀驁異於他夷然視我中國之尊如高山大海未易測其雄深何敢遽萌他志無奈貪冒成風滔滔不返昔人謂城門一過富可數世者蓋上下之間無不以海關為外府焉關稅之報贏餘他處僅什一而粵海則數十倍於正稅（粵海關額征四萬三千兩而盈餘八十五萬五千五百兩）夫豈不知鴉片之流

毒乃恬不為怪又從而掩覆之馴至年復一年各處卷消稔成大患誰之過與夫蠱蠆有毒況封豕長蛇乎彼既歲失千百萬通商之利又怨奸商之賣己也肆其血吻觸我藩籬無足怪者乃當事者識昧機先循常習故方狎以為小醜易與漫不飭備逮至凶燄已熾然後駭而圖之庸有濟乎而況違衆愎諫逞其私智輕發大難之端而又無術以收之乎故其始也明罰勅法若不可終日而斷在必行及其終也形格勢禁雖欲自悔其初心而已不可挽回自古謀國之士未有不成於謹慎而敗於輕發者也故於立法以祛害必須熟議而後行仲尼不為已甚豈僅防矯枉過直哉聖人之所慮遠也老子曰民不畏死奈何以

死畏之民非不畏死也知必死則不畏不畏則無事不可為矣。東南自查禁鴉片以來民之死於病於刑於仇陷株連者不可以數計於是民怨兵怨奸人得以乘隙而入當英夷入犯之時不得一民之守一兵之力方且輸情以與之齎粮以資之開門以延之方且一倡百和囂囂然相語曰彼固與官為難而非仇我也豈不大可歎哉今寇警未已勢且流漫根結未易猝圖然而倭寇之亂始雖起于奸民終亦收功此輩故為今之計用間最亟必陰亂其心目使之自相猜貳乃可以賊制賊其次則赦我民之罣誤者予之更始使勿為賊用至若責監紀于巡道廉欺蒙可絕重州縣之事權使便宜可行破內外拘牽之宿習與天下豪傑共功名此皆自治之急務也竊聞為國者不示人以易窺之形而示人以難犯之勢故中國之待外夷惟有以折其謀則為和者易有以啟其嫚則為和也難況荒外島夷又非可以中國常理待之乎熟觀前者使相入告之言但欲姑紓目前之急藉令和好亟就亦恐後患滋深耳盖自古未有恃和好舍武備而不為後患者是以古人雖和未嘗不為守雖守曷嘗忘為戰之備哉　國家自海寇殄滅以來東南無事者三十年海防廢弛將卒驕惰升遷惟循資格訓練徒有虛名至於今日形勢大詘乃我改絃更張之日昔人有言克敵在兵而制兵在將兵無節制則將不任將非其人則兵必敗疆埸之間一彼一此

雖有精兵不如良將今之督撫古之將帥也夫豈乏才明守潔之人然處承平之日察吏安民固已擘畫有餘至於出奇制勝折衝千里威名智略可當一面者殆未之見夫利劍拙于補履良犬不能捕鼠而況於任人選將乎以吳漢之勇而不習舟師則獨任岑彭殷浩之才而總師北代則貽譏宣武安可用違其才而興拊髀之歎哉至於遠調客兵以防沿海此可守而不可戰可暫而不可久也今夫飈騰電逐抄前略後者騎兵之長也長槍勁弩大呼薄戰者步兵之選也然可博驍於平原不能爭命於洪濤而況今日之兵紀律罔遵攘奪是恣勇不足以鎮衛社稷而暴足以侵害里閭乎竊謂沿海州縣鹽丁漁戶土豪著

姓伏習水土慣歷風波苟能懷之以恩結之以信誘之以爵賞贍之以官廩使之歡欣鼓舞視若一家父子弟兄爭欲自保因其馴習勒為軍伍略倣宋人弓箭社之法數年之後皆成勁旅但使勸募有方無不樂為我用無徵發之勞無騷擾之患較之客兵豈特相去什百倍而已哉且英夷雖强不抵中國一郡之地懸軍深入廻越數萬里荷蘭與彼世讐必思乘隙報復其餘諸部既為英夷隔其市易之塗未必俯首屈意甘為之助肘腋之變勢所必至今日之事我惟專求自治徐以觀其變俟其定稍遲歲月我之戎政益脩士氣益奮則操縱進退任所為而無不成功矣

江南江海形勢論　　海鹽俞浩著

閩浙濱海多山有險可扼易防也江南地多平衍寇艘闌入處處可危東晉遠矣前明倭寇為禍尤烈皆由於偵探疏略海有警而江隨之動搖也防汛之法在先知由海入江之門戶廖角嘴前兩沙相對海濶一百五十里為第一重狼福兩山相對海濶一百二十里為第二重江靖兩邑相對江濶四十里為第三重圌山永生洲相對江濶十餘里為第四重至京口瓜步則在閫內矣海艘浮空擊汰而來風濤無際望見陳錢山則喜陳錢俗呼盡山山大澳廣可泊百餘艘山產水仙海產淡菜賊舟每多寄泊陳錢者海中之標也航海者東南望陳錢東北望成山至陳錢則可進泊洋山矣洋山者形

如箕周圍百里有嶼十八可藏艘數百海水鹵不可飲惟山巔有泉甘洌寇艐必於此汲水覘風風從東北起則由下八馬蹟犯浙（江浙外海以馬蹟為界山北屬江南山南屬浙）流入蘇松從正東起則由茶山犯淮揚流入常鎮而發碇必於洋山是山固江海之閫限也然則防之之道奈何平時偵探必至洋山有警則以重兵先據此山以待之廖角營四處重重關鎖上下聯絡合浙師而一氣呼應則雖洪濤巨浸中而有金湯磐石之固無他其勢得也夫平居無事燕雀處堂一旦寇從外來團視而莫可如何前轍未遠可不為寒心哉今欲使沿海千里聲息相通收千百歲善後之效舍此其將以何道而為未雨綢繆之策哉壬寅冬恭讀　上

諭以牛鑑僅知守吳淞口夷船得以闌入長江　聖明坐照固已洞見利害矣竊聞兵家制勝之道在乎審彼己之短長而已夫乘風揚帆出沒波浪彼所長而我之短也躍馬挽弓摧鋒陷陣我所長而彼之短也火攻鎗砲我能用而彼亦能用也若夫儲粮清野歲月相持則其長專在我矣審是數者所謂短長互用制勝在心則亦惟是明于地利而已矣夫揚子江口内狼山外崇明而崇明上鎖長江下扼吳淞乍浦則東達漁山北犄洋山故洋山在所必爭至京口瓜洲僅隔一線民居稠密南阻山岡北臨城市我不能施所長而賊足以藏其短順治己亥鄭成功之役是其前轍也若使移營於福山平川馳驟而以我之

馬當彼之步無不破矣由是而崇明松江狼山三大營互為犄角彼亦何敢輕入即入亦安能出哉至於戰船在京口則無用在崇明狼松江則有用亦地利使然也用以巡哨偵探則可用以攻擊則不可何也舍所長而卒未服習也英夷長於火炮矣然彼衝風砲浪不如我之以逸待勞也彼用船載砲不如我之用船載火也三營多備船筏硝黃蘆葦堆積其上南風放江南之筏北風放江北之船以火接火迎而焚之易易也所謂習長短而明地利制勝無他道也所虞者賞罰不立文恬武嬉無事相猜嫌有事則掣肘寇未至而心已離寇既至而內自潰此則杞人所終夜思而不能寐者安得公忠無我之大臣為聖

天子舒南顧之憂哉　俞浩煔識

吳門魯襴仙茂才上潘芝軒相國書

某再拜謹奉書平江相公閣下惟公歷仕三朝襄贊樞密仕不可謂不久寵不可謂不深況復遭逢　聖朝都俞堂陛是宜竭志盡忠仰酧萬一軍國之事知無不言言無不盡矣乃自枚卜以來亦有年所求所謂啟沃　君心宣布美政者未之前聞豈嘉謨入告外人無由聞知抑希旨固位全身家保妻子而已耶甚非所以慰天下士民之望也某於二十年前見番奴錢貨之盛行與夫鴉片之流毒已竊竊憂之自恨疏賤輒嘆奈河每當酒酣耳熱誦兔爰之詩歌龜山之操以寄抑鬱無聊之志而已矣夫以某之昏愚猶且逆料今日之變明如我公而謂不

早見及此非人情也　某雖菰蘆謬厠庠序當　先皇帝時常草三無疏欲遂獻之黼座庶幾思患預防可補盛治三無者無官無軍無財也既而思之無論其棄我言而不用即用之未必能行行之未必能久久行矣不且令天下笑朝廷之無人乎今老矣旦暮將死猶念邦國之瘁抱杞人之憂貴如我公而不感知遇之恩非大臣也今　上御極之初公固未登臺輔其不敢越俎而謀者人臣之職分宜爾也今則儼然相矣相且不言誰當言者亦誰敢言者各省凶荒議捐議賑恩不下逮徒飽胥吏矣撫字下考催科上考縣官浮徵十倍曩昔矣剝民媚上營求美缺倉空府竭宦囊獨充矣訟牘積壓累月經年酷吏違律

待民如盜矣嘉湖數處江浙孔道刼殺頻聞案不一破矣軍額既缺器械不精操閱如戲騎射無準矣逆夷之教厥名天主雜居城市輸情於敵矣調停委署官無久任矣科派差徭民不堪命矣修城濬河勒捐強派十室九空民無上富矣是豈一無可言者乎何至今寂寂也諺曰此將帥之罪督撫藩臬之過不足為公病也相國之職惟是佐天子理陰陽順四時鎮四夷撫百姓進賢退不肖而已他非所知也然則公之有愧於相國者亦多矣比歲江南迭逢水厄冬雷發聲春霖壞麥今米價日增民無宿飽怨咨愁苦各生亂心尚得謂陰陽理四時順乎失職一逆夷戕我官吏據我城池辱我人民毀我器械聚而殲旃猶恨

不盡乃琦侯納其厚賄熒惑　聖聰、　皇上不察其詐曲從和議公不於此時極言夷人之恭順非誠不當依允亦復隨聲附和而示之以弱悞國家大事撫百姓鎮四夷者果若是乎失職二封疆大臣能固結民心通曉兵法者莫如林能搏擊豪强震攝奸盜者莫如鄧與周皆所謂賢臣也當鐫職遣戍之時公若委曲保全天心未必不可回而公漠然也林鄧鐫職逆夷釃酒相賀矣至汝南之嚴刑殞命父子投荒罪當情真誰能屈法　其亦不敢謂周之無罪特惜其才之可用而終老於戍所耳横覽四海輙歎才難矣又有所謂不肖者當逆夷之初据定海也定海之民不盡依附間有迫脅要非樂從使於此時分舟師兩隊一由台州伏舟山之後一由餘姚攻舟山之腋大軍出蛟門剋期齊發乘夜夾擊民知官軍兵至勢必內應逆夷四面受敵豈能支持收復定海其在此時也而乃擁兵觀望坐失事機致夷衆增城固守牢不可破此真駑駘之才令人憤懣也大經畧憫夷人之乏食也米鹽羊豕饋餉不絕又幸定海之歸我也餘姚生擭之漢奸頭目二十餘口悉縱之還夫以經畧赫赫之威復我版圖直同反掌而顧以我所力致之頭目易我固有之土地又不絕其饋送而轉齎寇粮不亦謬哉且定海雖還夷可復奪而漢奸頭目我不能復擭也其亦弗思之甚矣琦侯貪鄙傲慢閣下當亦深悉其爲人豈可視師粤東作三軍之司命哉

今果喪師失地重為逆夷恥笑且使安南琉球等國將皆有輕我中國之心其為辱國何可勝言使　命下之日閣下諫止其行當不至有今日所謂舉賢才退不肖又何如耶失職三是三者公不得辭其咎而某亦不忍專咎公何則盡已忠而責人宜恕也今事無鉅細出自　上裁相國之權滿洲為重語云兩姑之閒難為婦公之謂也雖然以順為正者妾婦之道也危而不持顛而不扶又焉用此宰相為哉君子之立朝也蓋將以行道也道不行則恥之恥其道之不行則諫諫而不聽則去區區祿養何足戀焉且閣下建試第一不可謂無名矣循資入相不可謂無位矣年踰七旬不可謂無壽此亦極人世奇福矣既

徵上壽貴無復加不於此時有所建白將何待哉某今為　國家計亦即為閣下計欲貧民之不思亂莫如免沿海州縣之漕粮而以平米價為先務其次罷斥貪酷之吏而舉慈祥廉潔者以與民休養生息是之謂安內欲逆夷之不入寇莫若復林鄧周之職東南之事悉以委之毋刻期毋掣肘毋信讒間而以購獲漢奸為良策其次則簡選各省駐防滿洲兵丁移屯要害如江南之屯於吳淞口是也是之謂攘外閣下試為　上剴切敷陳幸而聽社稷之福否則即乞骸骨歸優游林下以樂餘年不亦光昭史乘哉不然百世而下恐不能為閣下恕也某不佞辱與長公子有尊酒之雅故敢布其區區惟閣下熟計之

五言俚詞

浙江亂紛紛鴉片起禍根閩廣人向夷賢者林制軍設計燒烟土智勇天下聞不肖紳衿輩違法律不遵晝夜仍吸食轉怨黃鄧林外勾英夷國内糾奸佞召夷船紛紛至掩飾請調兵從未對過敵聞風即逃生林公不怕死竭力更忠心懸謀施戰策焚夷殆將盡豈料候國賊揑奏蒙朝廷欲掩栽兵罪定議請和戎兩軍通欵曲漢軍余保純饋送牛羊内割地又獻銀全不顧國體甘心城下盟忠佞不兩立讒謗起青蠅嗟予林少穆無辜坐充軍一旦漢奸露終難逃聖明再放兩欽差奕奕本虛名揚威威不揚靖夷夷不靖廣省已難堪浙江辱更甚勇者皆死節怯

者盡偷生一敗甯波府再敗乍浦城百姓人人怨兵丁處處奔不思破敵冦誑君冒功勳夷來速奔走夷去慢探聽忙煞伊里布氣壞劉中丞引軍牛總督拒夷陳化成一死一奔走誰猶與誰薰燒擊吳淞口讓走上海城陷去寶山縣鎮江被火焚佔住瓜洲城水陸圍金陵直逼蕪湖界太平不太平鎮江官兵散未幾失儀徵揚州早降伏八十萬鹽銀鹽政豈無官知幾但明倫可憐要路絕破敵賴何人百姓遭塗炭玉石皆不分夷勢如破竹中原無一能忠良俱不用盡是賣國臣聖君那得知蒙蔽上不聞貧民無活計飢寒起盜心搶劫犯科條只得正典刑獨念此貧者果誰使之貧更有可恨處見者毛髮森營兵賣火藥夥

貢與夷人地保不曉事莽撞報中軍中軍没奈何加兵聊自文
幸而看破了豈止賣千斤枉作天朝官食禄負君恩不怕老面
皮相示胡亂云枉讀聖賢書文章稱精能胸中無一策怕死更
貪生攢湊黄白金輸敵買安静将成何如人言之心忿忿聖朝
二百載代代是明君君使臣以禮臣子反欺心斯人豈無良權
奸獨秉政滿朝皆迎合諫諍無一人王相忠忿死老潘假不聞
賢能俱屏退哀哉 此生靈喪與爾奸臣

粤東禁烟感事詩七律十八首

聞道廷臣急理財海疆新令走風雷無多烟户供朘削既倒銀河望挽回生道殺民原聖德變通盡利仗宏才此邦凋獘難堪命况復頻年水火災

元寶如泉布百蠻分明津要失防閑望洋空嘆銀濤湧籌海虛縻鐵鎖環（恐夷人滋事用木排鐵鎖橫截海門以為得計）誰遣貨通獅子國豈無兵駐虎門山（虎門即海門也）年年悖出河沙數幸有雄師取賂還（謂兩廣巡船收回包獘私稅）

蠻烟流毒遍闤津興霧蜑尤術固神拯救有權仍在我誅鋤為事反循人效雖可必先防擾法亦何嘗不外仁正惜羣魚受甘餌頹教釜内作遊鱗

遠物焉能遍市闤舟師沿海可防奸渴來不飲貪泉水飛渡難通大嶴山（虎門外）君子有財兼有土今人為暴即為鬭燃犀試向源頭照百怪呈形咫尺間（巡船之防奸即作奸者）

樓船威鎮粵西東全改盧遺蛋户風（蛋户求盧遺軍士遺揵故名盧遺兩廣巡船之設始自制軍盧敏恪公因此借用之）曾列戎行皆巨富（武弁巡船諸人）縱抄民物亦奇功何時鐘室誅韓信自昔銅山屬鄧通正本清源誰不解同官無奈愛和衷

鐵艦爭看節鉞臨月餞三萬六千金（巡船月供本衙陋規）江湖盜賊收王振錦繡妻孥羨蔣欽（總巡有王蔣二姓得大利）自詡得名還得利誰知能縱不能擒至今反覆波瀾上孽海茫茫怨毒深

鵝軍飛遍粵江湄，送往迎來任所之。（巡船包送萬無一失）新政忽聞尊國體，宿賍久已唉民脂。道逐竟可拘滛具，江海焉能塞漏卮。到處營私兼犯法，如公原不是謙詞。

風土人情久漸移，烟霞痼疾急難醫。法當最密行宜恕，利未能興害轉滋。鬼滿棘林聞夜哭，人多菜色忍朝饑。恠哉究積蠹無限，吉了能言鳳或知。

罌粟花香分外濃，晨昏忙煞兩衙蜂。葉烟尚自難逃死，（何亟近攺業從善十餘年被誣至殺）比戶居然儘可封。（聞風不實便封舖戶）幾處閭閻齊罷市，半年囹圄已難容。（差役紛挐無辜被害者多）下民易虐渾閒事，那見痌瘝達九重。

真同兒戲捉迷藏，（謂黃布一紮）息鼓篝燈夜泛舡。（半夜猝至）越境誰能識官長委順德令前往捕之倒戈況是自殘傷差役自傷誣賴民人貪功趙括威名喪督巡捕主謀見傷係趙姓為政張君德頌長謂番禺令假使當時聲罪討村民焉敢抗王章當時上憲有勸洗之令幸張公懇求始免欽恤何人解泣辜漸看法網是秋荼逃亡家室生何計貧病纍囚死未誅坎地埋書征合比叫天無罪夢良夫從來南海祠神外曾見親祠獄鬼無南海縣獄誣禁斃命甚多時夜滿城鬼泣令親祠之羊狠狼貪案牘繁狐埋狐搰孰平反木人屢竊江充智薏苡爭鳴馬援寃時有追贓誣陷二案俱係馬姓黠赤萬家愁大索蒼黃半夜走訛言時多半夜無故入人家搜索甚残請看貫耳巡軍日所獲烟犯及誣陷者不分真偽俱禁獄中死者多生者貫耳釋之秦鏡難呼照覆盆

小民畏罪復何求武士貪功卒未休種禍詐財奸屢敗誘人犯法術彌周飛蚨有毋將馮往野雉無媒肯自投王道從來稱正直也同餌敵用權謀

時平偏為立功名不用文官但用兵牙爪倍承祈父恤腹心惟向武夫傾任信武弁等横恣特甚一坏土繫愚民命萬灶烟屯大將營怪得牧猪屠狗輩紛紛投筆請長纓誣陷良民有賄賂者即放無者即繫而鳴官得功

但見纍纍日被拘未聞寬鞫脫冤誣三章新改蕭何律一卷誰陳鄭俠圖執法敢辭民怨讟宣威剛被鬼揶揄感君寬厚培風俗遮道牽衣盡博徒禁烟已嚴陋規無出因寬賭博之令甚至當街設局遮道招邀雖官不避

官吏追呼遍石壕尚防沾溉有殘膏民多畏法棄其烟於城壕官吏日給百錢雇人撈之

有撈獲者即究辦其附近人家

淡烟已逐波中散，明月虛從浪裡撈。掩耳盜鈴聊自慰，拖泥帶水不勝勞。地皮剝盡君知否，猶當黃金鎮日淘。

無復天津估客船，都從橋上聽啼鵑。難通百貨價三倍，已散四方人幾千。屈指齊呼庚癸日，關心又近丙丁年。乾隆丙午丁未廣東大飢可憐粵海繁華地，城市淒涼似禁烟。

布告惟求固寵榮，全拋國計與民生。俱將驚擾為能事，幾見申韓致太平。入境逢人皆槁脊，斷烟無日不清明。長歌當哭吾何敢，半是嗷嗷澤雁聲。

南中感懷十二首

砥柱誰將地軸傾忍看貔虎困罷罹長風若破千重浪星火能燒萬里城疥癬釀成心腹疾太平都作亂離驚分明決勝良謀在無路終軍帳請纓

運籌帷幄祇求和鑑古觀今此恨多浪擲金錢空億萬掉回檣櫓又干戈豈無義勇摧前敵爭奈庸流倒太阿第一傷心身戰死孤忠閩海淚滂沱

執法除奸古大臣壯猷允是靖邊塵忠偏獲遣悲千里辱不行誅恨萬民兒戲將軍隨笑罵尸居宰相大因循可憐轟擊殘筋骨雨濕啾啾積海濱

警報驚聞至浙洋两年起滅更猖狂賊来便是亡城日寇退旋踵失地防咸望敵逃官首去有能死報帥猶強寂憐素號英雄将嚴餗今同遇虎羊

風雨新聞大将壇横磨劍定斬樓蘭無端勁旅求烏合可惜重城被犬殘説阱甘投全不愧飾詞蒙蔽究何堪上方請用朱雲劍如此庸材斷不寛

兵将無非畏死徒東南杜自濟軍需籌邊不用熊廷弼堅壁誰當周亞夫知有漢奸空議論任添敵艦鮮謀謨寶山上海連朝陥妣在尋官下落無

武臣重鎮豈無才三十餘員劇可哀血染濤頭餘怒在星騎箕

尾陣雲開生牽將帥糜忠骨死惻黔黎墮劫灰當道更無防禦
法蘇松一帶速奔回
剛聞逆砲震雲間倏泊金焦江上山要隘徒嚴鵞鼻嘴重門已
度虎牙關深藏干櫓虞驚敵廣購牛羊急賂蠻可嘆二分明月
夜頓教一夕淚痕潛
長江已截往來舟釜底游魚尚未愁塞口自誇逆莫進洩河便
謂我無憂莒惟恃陋先遭滅魯不防邾卒自羞獨有鄙人常抱
慮練兵儲餉一無籌
畏敵從來長敵威豈知鼓舞在兵機三江能縱周郎火百戰誰
開鉅鹿圍失隊秦兵先自亂摧鋒漢將怎如飛看追兀朮黃天

蕩敢笑偏安將落非
炮利船堅莫敢攻中原將軍可憐蟲果非强虜稱難敵豈必元
戎始奏功夾擊密排江上下奔逃那識路西東孤軍深入原非
計無奈齊甘拜下風
日月同灾朔望連天心示警象昭然城開鐵甕愁雲鎖帆指金
陵逆鏡圓閭闔難通懷鬱鬱鄉關逼近意懸懸何時盼得驃姚
將掃盡夷氛樂晏然

旅舍題壁 無名氏

男兒願作逍遥遊，便當散髮弄扁舟。不然仗劍殺賊陰山下，功成那不封通侯。胡為乎摧肩折胥戀五斗，風塵驅作牛馬走。傲骨年年耐挫磨，不如意事常八九。漫天飛雪别長安，金盡由來行路難。短僕揶揄笑拙官，故人鄭重勸加餐。吁嗟乎！海上三山渡不得，功名悔鑄六州鐵。四顧天地何茫茫，中宵坐起長嘆息。長嘆息，復何為？毒霧茫茫塞海陸，井底之蛙亦可嗤。初心豈敢內地窺，胡為大輸金幣撤藩籬，開門揖盜罪在誰？恨不請劍力誅之。嗚呼！毒蛇螫手須斷腕，禁烟一炬絕其根。丈夫隻手安天下，豈事區區婦人仁。但使東南半壁長借寇，鬼方聞之畏若神。

一朝自把長城壞羽書絡繹馳邊塵焦頭爛額無長策翻谷當初苦勸曲突徙薪人長嘆息泪沾巾燕雲白日團風沙走馬忽到天之涯中途有女顔如花明璫翠袖雲鬟斜盈盈十五未破瓜當筵勸酒撥琵琶明珠十斛索價奢我欲携之置後車黄金用盡難爲賒長嘆息惜年華

閩中紀事詩 五首

海不揚波久太平鄙夫逞辨獵功名蒼生自誤難歸罪黑鬼誰
儺敢弄兵未盡餘膏銷曲炮舊傳安土付長鯨須知天下原無
事都是庸臣造釀成

烏烟未靖起烽烟沿海居民最可憐大索縱逃三面網環攻又
遇兩輪船炮聲到處家成燼鉛子飛來骨亦穿願把殘魂化精
衛齊衝木石向西填

海口紛傳夾板橫飛符徵調水師營巡船有數空存額戰卒無
多半捏名烏合擅將亡命聚鴟張誰掃逆夷平而今應悔和夷
誤贏得南征又北征

經世宏謨屬大臣如何附和冀容身果無口實先貽寇那有天威不服人繩以殃民情未過律之誤國罪尤真優容存恤朝廷體處置憑君許自陳

回天手段不尋常障海如何久主張厦島兵民悲聚散翁洲文武痛淪亡攸關國體言宜擇慮挫軍威計亦良梟斬浮屍誇示武竟忘傳笑到遐荒

因夷船將黑夷斬於海內被我國督憲以洋錢四元將該夷屍買來斬其首示衆於厦門令民不必驚惶故有傳笑遐荒之諷

儗杜諸將前後二十首　海鹽俞浩著

纔得西戎罷遠征何緣蠻觸又縱横擣巢不屑鯤鵬國列戍聯威艸木兵日本波濤容反覆越裳正朔久頒行文長老去雄心在欲向胡公一請纓

魚海甯容負　國恩龍淵況復倚轅門東隅随地軍聲振西掖當年廟略存壯士幕前嬉稅甲羣夷島外任游魂可知社稷須公等好把昇平答　至尊

誰專籌海作藩屏仗鉞紛紛出　禁庭荀彘妒功忘遠略雒王爭長漏常刑鯨波卷陸朝飛雪鬼火連山夜吐青見説紅樓經亂盡蠻歌撫節不堪聽

兩朝宿將萬夫雄，更出樓船百粵東。豈謂飛霜移白簡，翻教下瀨挂雕弓。裹瘡已報三軍遁，犄角誰堪九地攻。回首繁華償劫火，轟雷猶自沸鮫宫。

長路鐃歌擁使旌，高城烽火照行營。山河表裏　天王地，社稷安危國士盟。伐鼓秋原開瘴癘，鳴弓炎海墮欃槍。和戎肯把金繒惜，魏絳由來有重名。

探丸赤白揭竿連，肉食無謀亦可憐。西域叛遲班定遠，南征師老馬文淵。凶門到處通泰謀，殺氣終宵掩斗躔。欲寫降箋待干羽，棘林生亦荷皇天。

萬竈貔貅海上屯，翠翎玉管擁王孫。鬭城礟火飛黃霧，鈴帳笙

歌進綠樽已報會稽傷謝末何曾臨海死孫恩禍深尚望天心悔刼急誰憑局外論

霧擁扶桑黯不開無諸城上角聲哀似聞漢節宣風下曾見鑾琛候月來海來鮫人新涕淚日邊蜃氣舊樓臺平倭更憶鴛鴦陣司馬當年只費才福州平遠臺紀功銘汪道昆爲戚繼光立

鹿耳鯤身絕島懸赤嵌城郭寄蛟涎曾驚横海將軍號不見浮查奉使年贅柱難支方外地見嚴助傳鯨波直到廣南天昨宵又奏甘泉捷萬里飛章丙夜傳

天邊太白一星明海上狂飇卷旆旌碧血幾人埋戰地白虹一道亘圍城鏽旗摩戛晨傳箭廣陌喧呼夜縱兵處處衝梯樓上

舞風雲誰為護行營

新拜元戎　寵命驕寶鞍横坐倚星旄登壇自昔誇龍種麾扇無煩問豹韜十部伎酣留客舞一丸泥代守關勞從知玉帳森兵衛不用靴中更納刀

接天烽火照金閶羽檄星馳驛吏忙嗚咽哀笳聞野哭縱横窮冦待天亡艅艎楚後悲猿鶴闤闠空來走虎狼拔劒有人鬚怒磔舍将巾幗贈蕭娘

千里鮫宮震鼓鼙九關無路訴瘡痍南人尚識天威在上客甯忘國士知見説盧循走單舸合分孫處領偏師如何一炷飛丸鐵又折東吳大将旗

咽喉内地控吳荆况有横行北府兵海鶻鐵鈎曾克敵水犀金
翅又連營烽傳舉國無生氣礮打沿江有哭聲却憶金山親擊
鼓雲臺只合讓傾城

一片銅符火急催添兵設戍遍江隈萬家性命憑天塹千里桑
麻化刼灰真有鰲身翻地軸是誰虎步説雄才書生磨盾知無
分悶對花前酒百杯

横戈雜虜儗天驕推轂何人翊　聖朝戰角三秋連睥睨軍
麾千里望招揺長驅趙壁心徒壯痛哭秦庭氣未消雄略果能
休鐵甲　殊恩原不負金貂

奇兵席卷等雷霆形勢江東况建瓴制勝竝傳司馬法何人曾

讀太陰經岢嵐陣上頻翔舞竹肉營中自醉醒一舉四方精銳
盡誰將軍令問街亭
一紙盟書息戰祲四方歌舞却霑襟射聲尚注黃金矢用間何
須翠羽琛但解使船如使馬不曾聞鼓只聞金怯他萬里懸軍
入後顧全無慮患心
中丞持節鎮中流砥柱東南十一州氣作江濤飛白馬妖生井
鉞化黃虬陣前仙婢梁書馬仙琕本名仙婢後改琕生無媿鼓下蠻奴死合休
欲乞錢王水犀手三千强弩射潮頭
尚書閫道有威名鎖鑰江淮總四溟收拾金繒和社稷安排霖
雨活生靈披肝已荷朱旂　賜歃血何煩白馬刑自是夷吾在

江左不須相對泣新亭

廣東戲目

黄爵滋上疏禁烏烟

林則徐巡邊施丹葯

發表章廷臣會議

承簡命天使臨邊

十三行圍困夷商

二萬箱勒交烟土

鄧總督奏獲番兜帽

林制軍堵禦阿娘鞋 即虎門炮臺

老舉館收買天癸布

軍需局催索地丁錢

建逆謀稱兵定海

用反間告狀天津

琦侯爺主議講和

林總督奉旨落職

琦相國東粤宴紅夷

余太守南牢放白鬼咟唛

陳連升父子死節

李廷鈺文武爭衡

塞海口議取桑園石

借香港大宴蓮花山
議定海私囑寄書
賫香港威逼用印
破虎門三軍失利
閉羊城百姓迯生
祥福戰死烏涌
義律兵進黄浦
怡中丞四門懸賞格
余太守単舸入敵師
廣副將割辮迯生

劉叅戎脱衣免死

琦侯爺痛哭龍亭

楊叅賛廣收馬桶禦炮用

英都統奉旨拏奸相

楊將軍奮勇斬挑夫因闖道立斬大佛寺前

長鎮臺大戰鳳凰嶺

鄧總督避兵獅子灣

楊叅賛一怒卧城楼

余太守二次入夷館

城隍廟大將建星臺建熙四十九日

怡和行洋商遭雷斧名伍紹榮

奕將軍潛師入境不敢走花地由北門旱路而來

祁宮保出榜安民

獻美婢巧扮巾袍姚春亭獻於楊侯者

作伴當希圖翎頂

選大臭婆娘請客義律妻到廣府帳說官話選大臭者陪之

愛小脚叔嫂宣淫指楊侯

娘子軍挺身探虎口余太守妻與義律妻往來

公司館架禍起狼心

失土城鬼兵登海岸

紮木牌戰將落泥沙
傷花旗誤捉良夷
占山寨久困洋鬼
觀音山餓鬼烹羊
西竺寺勇將墜馬
淫老婦夷兵縱慾
殺小小兒參賛加餐
燒營房四面受敵
求廣府三次議和
勇農夫殺賊立功

賢太守為敵請命

諭兵頭義律勸和

啖人肉楚師肆毒

湖南兵殺小兒為食

斬良民上將揚威

殺壯丁中宵激變

假打仗黄夜燒城

真議和連朝運庫

剪髮辮爭捉假漢奸

出賞格反放真鬼子

揀白旂朱粮道獻策

摘紅頂段鎮臺失機
大將軍一籌莫展
賢太守四次議和
擊貢院將軍鬧房門
拆府署太守鑽壁洞
閉危城總督籌粮
次逃卒將軍議賞
避火箭神聖保城垣
挽水車兵民救藥局
議和成八省弁兵齊奏凱

聖旨下一城文武盡升官軍功議叙六百人

對聯

鎮江不鎮定海不定一中丞憂國憂民

靖逆不靖揚威不揚兩經略難兄難弟

急智遁金山奕將軍善於保身未能保國

驚魂成木偶隆叅贊業已破胆如何破夷

粤省河南地方闔堡紳耆公啟
㖞夷於二月間駕駛兵船直抵粤省聲稱打仗並要上游為其
專摺奏請六事一要二年後進粤省城中二要在河之南岸建
立夷樓三要在十三行開河截斷四要設立天主教堂五要建
立夷衙六要在天津蓋屋通商一日在河之南岸勘地分界觸
怒粤民即時在省城廂内外議以按舖户捐租一月湊得經費
銀三百餘萬兩齊集壯勇十餘萬人並與議書一封逆夷見書
即鼠竄而去
河南四十八鄉合堡紳耆投詞
夫排難解紛古今共美和人息事中外同情現因㖞咭唎國欲

勒租河南地方建造屋宇本處紳民均不情願乃唤國領事官不待業主允議突於四月初二三等日竟到河南洲頭嘴地方大量插旗志界是將恃强硬占有背和約我等紳耆大爲駭異迫於初七日會齊四十八鄉約集三千餘人同到洋行會館欲與之面辯以明所不願者衆並非恃衆滋事也而領事推匿不見故勒函分辨情理陳說利害交通使轉遞原冀其中止以弭爭端俾各守和約相安無事共享太平何樂如之茲將原信照録刷印分送我閤省紳耆及各外國官商俾得咸知衷曲尚祈中外仗義之士達理之人評其是非曲直秉公理處還望各貴國達知德上使勸止此事免致將來相爭滋鬧玉石不分恐有

貽累各國貨財躭擱各行貿易又勿謂我天朝士民不知禮義言之不先則河南幸甚閩省幸甚

致咉咭唎國領事官書

公啟者竊以謀事必體乎人情作事當循乎天理而事之成敗尤須計及乎利害之重輕我粵東與貴國通商二百餘年彼此有相資之益中外無詐虞之嫌而貴國商民亦素以信義相交即千百萬之貨財一言為定一諾不移從無失約背議之事此中國商民所以樂與交易而歷久所以能相安也迨至二十一年搆怨交兵以來貨物多不能流通商賈亦日見倒敗在粵商固多失業而貴國之貨亦未為得利且當擾亂之餘土匪借端

尋釁小人乘機焚掠遠商皆受其累此前車可鑒各國所同知共見者也自宜各捐宿恨堅守和約以圖補救共享太平乃近聞貴國欲勒租河南地方建造屋宇我紳耆始以為此事必須兩相情願貴國素重信義斷不肯强占逼租今見我府縣官頻傳業主勒令議價且德公使差官竟於初二初三初四等日到河南洲頭嘴地方丈量揷旗誌界於是各鄉士民大為駭異初四日會衆集議於雙洲書院設與其相爭滋鬧責我啟禍生端於事後何如先為陳說辯此是非曲直於事前兹特將情理之可否利害之得失細為閣下陳之夫河南習俗非十三行可比也而河南地勢又非上海各港可同也蓋十三行與外國人居

住有年久相熟習倘令河南創建洋樓必致驚奇猜忌彼此斷
不相安矣上海係新開港口向無遠商貿易棲止之所且海濱
荒地無碍民居故擇地租住其理尚順若粤東近則有洋行遠
則有香港居住則有新建之公司大樓貽貸則有現租之洋商
棧房又何必貪多務得費此無益之巨資乎况河南地方寸金
寸土皆民血産該處田塘棧房鋪户民居或藉此耕作以贍家
或居此貿易以謀利甚至孤兒寡婦賴微息以存生或大族微
宗設嘗産以延年既不能聚族他徙又不能舍業别圖一旦强
逼奪之以致流離失所謀生無地情何以堪貴國人素以醫人
濟世為心何忍出此此衆情之不能强其所難者一也抑吾聞

之無信不立違約不祥查前次我官示諭萬年和約條欵內載各國商民准其租地自行建樓立棧仍由中國地方官會同領事官體察民情擇定地基所各國與內民公平議定租息內民不得抬價揹勒遠人不得强租硬占務須兩情允協等語今河南之地若云體察民情則衆口一詞不願出租矣若云公平議租則既未經願租開價又何抬價揹勒之有至於倚我大憲之勢欺我小民之愚挾制逼勒必欲租得而後已又不待業主允議遽行差官丈量此非强租硬占而何所謂萬年和約者曾不及數年即思翻約背議試問當時書此約者何用立此約者何心我等士民偶立券契字據尚能久要不忘豈有以堂堂㕑國

之公使大臣而肯背此兩國永守之和約乎此義理之不容失信者一也且貴國商人數萬里航海至粤無非為謀利而來耳貴國之所以獲利於粤東者利其民之相與交易也今欲與交易而先拂民之意人心不服於利何有凡人安居方能樂業守信始可通財今若不守信約恃强挾勢奪人之産占人之田園將為粤商所疑慮而不敢重托貨財亦將為各國所耻笑而不肯相與共事況夫奪則必争争則必鬬争鬬之際商賈避亂而不前貨物停市而不售試觀近來生意冷淡已可概見是欲奪人之利以為己利終致小利未見大利先失此智者所不為也抑且不獨失利已也其害更有不勝言者夫衆怒難犯專欲難

成今河南共四十八鄉烟户不下數萬家其閒賢愚不齊强弱不一心既不甘於棄地志即可激以成城若使强奪得地建造行棧則唉商携眷必於此往來貨物貴賤皆於此屯積竊恐出入而致磚石之相攻貽貨而致焚燒之肆害其能時時爲之防禦處處爲之設備乎是跬步之閒皆爲荆棘隣佑之近盡成讐仇將以千萬之資建此地而不足即以百十之人毀此地而有餘貴國亦何樂得此叢怨之府坐此爲厲之階乎此禍福之機甚明利害所關甚鉅不待智者而知也惟閣下熟思而籌度之我等紳耆生長河南目覩民情有洶洶之勢恐致激變故不得已會集衆人將情理利害四端先行詳晣陳明於閣下之前尚

祈轉達貴公使體察此情永守和約免致兩敗俱傷而謂我言之不先耳并將此情節控訴於各國領事官及富商大賈請各國賢人君子評其是非分其曲直免謂我　天朝士民不知禮義即將來鬧事生端有所累及亦可知釁由誰咎啓將誰歸也倘不曲諒愚衷不採納正言仍然恃強硬占竊恐怨積日衆禍胎日深其身與家相依為命者能不捨死相爭乎蓋前次擁兵係與官修怨故民懷觀望而情未奮若此次貽害係與民為仇故民動公忿而心甚齊此非我紳耆所能排解亦非我大憲所能壓服者也是皆實在情形舉國皆知毫無虛偽敢佈腹心悉陳隱曲希惟察奪見覆是幸謹啟

嘆咭唎夷酋咆㗗呈出各清摺

一嘆國欽派大臣駐劄京師

二准嘆人隨意往內地各處并海濱各城邑

三以天津為貿易通商港口派領事官駐劄

四嘆國欽派大臣欲與海疆各省總憲相晤會自應於署內平儀接見其管事領事各官遇有必須進見者亦應於署內照禮接晤粵東省垣亦在此條內

五兩國派委妥員將通商稅則會同輯修變通又將鴉片土一項准其一律進口納稅

六凡於貿易諸港准嘆船運貨往來無碍

七凡有進口貨運至内地並出口貨運至海濱除五港照税則納税外俱不得在内地關津重行征税總宜流通無有阻滯

八定各式洋錢價值無論何項大小式洋銀洋圓俱准按照分兩成色輕重行用

九彼此會同設法肅清海濱盜匪

十中土人涉海濱遷居他國彼此會同設法建立章程以資控御周詳稽察嚴密

十一應請專行詔諭各省大吏將唤人身體性命財産妥為保護

十二應請專行詔諭各省大吏凡有唤人購買地段總應勷助

成全寫與地契成案為據

十三應請專行詔諭各省大吏凡有𠸄人被中土人誆騙財物或誤收屈枉者速為查辦伸理

十四所有近年粵省加倍茶用每担一錢之數款應即停止其在前已交之項俱應照數付還𠸄國即在上海未納稅項內扣除

十五道光二十七年二月間前大臣耆立約定期准𠸄人進入粵東省垣應請　大皇帝特頒詔旨著為如約辦理

欽命統帥大臣駕合諸國專辦和議事務倪　為曉諭事沿海文武員弁商民人等知悉本帥奉命統合衆國北上見清國閣部

堂面叙和商事宜俟本帥駛到你等官民將應用魚肉菜蔬菓
品等物隨時源源呈進需價即照時值從優付給決不捐勒如
有刁難覬望者定即盡法懲治毋謂言之不預也特諭

王大臣會同戶部謹

奏為酌添稅課敬陳管見仰祈

聖鑒事竊查大學士桂良

等所定和約第五條內載向來洋藥銅錢米石豆石硝磺白鉛等物例皆不准通商現定稍寬其禁聽商遵行納稅貿易洋藥准其進口議定每百斤納稅銀三十兩惟該商祇准在口銷賣一經離口即為中國貨物止准華商運入內地外國商人不得護送即天津條約第九條所載英民持照前往內地通商並二十八條所載內地關稅之例與洋藥無涉其如何征收聽憑中國辦理嗣後遇修改稅則仍不得按照別貨定稅　臣等謹按洋藥雖准進口究與他貨不同止准該夷在海口銷售不得任意

搬運其中國商販經過内地各關稅厘捐俱由監督及地方官征收夷商不得過問亦不准護送以杜衅端等語 臣等查洋葯一項現准入口貿易即為内地貨物所有各省關口均應酌定稅則以免侵蝕包攬訛詐諸弊今上海一口現定每百斤稅銀三十兩所有各海口及天津關均係一水可通再内江河面凡舡隻能到之各稅關口均請照上海一樣輸稅至崇文門及各省由旱路轉運者均請每百斤減稅十兩作為脚價在商賈亦必樂從更非勉强抑勒者可比所有一切緝私章程均照各關稅口定例辦理各府州縣不准再為影射私征其各關稅口毋庸再立條款以歸簡便均應一體遵照認真稽核不得聽胥役

賣私侵蝕奸商包私漏稅一經查出均應照例嚴辦其各省關
口於所征此項稅課不必歸入各關歲額報部自接到部文之
日為始每計三個月將所征稅銀冊簿一面報部一面起解交
庫不准奏留抵充別項庶經費稍可補苴而於部中亦便稽核
此係一時權宜之計嗣後倘有流弊隨時奏明更改如蒙
俞允由戶部轉行各直省一體遵照妥為辦理所有臣等愚昧
之見是否有當謹合詞恭摺具奏伏乞　皇上聖鑒謹　奏
咸豐九年正月十八日奉　硃批依議辦理欽此

臣僧格林沁跪

奏為唆夷通商貽害無窮事竊聞逆夷牛羊之性犬豕之群不識綱常罔知倫理實是無父無君之國類皆不臣不子之人既已蚕食諸侯復欲虎視中國原其志固無厭也伺吾釁蓋有由矣慨自我　朝開國以來放牛歸馬脫劍止戈間有一二跳梁小醜無不以一旅之師一掃而清　先皇以為偃武修文國家盛事是以養兵不用士卒歸農而興學校制禮樂雍雍乎二百餘年無不樂太平之盛世而不知武俻亦似乎失修矣道光二十一年逆夷忽生叛心以烏合之衆長驅直入竟至勢如破竹莫敢攖鋒蓋沿海將士未曾訓練於平日安能奏績於臨時

是以聞之色變無不弃甲拋戈望風而遁以至粤東江蘇等處巷被蹂躪虜掠一空然而徐廣縉破之於粤東陳化成破之於江蘇林則徐毁夷船無數鴉片烟亦無數夫逆夷本無能之輩耳而孰知琦善得逆夷之賄賂撤去梅花樁開門揖盜以致徐廣縉累敗不能取勝牛鑑得逆夷賄賂撤去防堵兵勇拆毁炮臺以致陳化成累敗殉節琦善等復言林則徐擅燒鴉片致起兵端遂將林則徐發往新疆詔令琦善耆英與唉夷議和准其通商自是而逆夷得入中原矣逆夷既入中原遂在上洋蓋造房屋以外洋無用之泥土易中國有用之朱提是以逆夷日富中國日蹙由是觀之其志不止通商取利而直欲疲敝中國也

前數年夷人尚知畏懼不敢輕舉妄動者以中原尚有林則徐徐廣縉也而孰知紅巾賊起滋擾粤東賽尚阿隔水為營養成賊勢中國之經畧如是則經略不足懼各省督撫望風而靡以致賊越三四省直抵金陵中國之督撫更不足懼陸建瀛身為大藩而畏縮不前遂至引賊入境則大藩更不足懼親王奕山將黑龍江五千餘兵矯制受敵則中原之親王不足懼葉名琛身為爵憲而輕身赴敵擄作俘囚靦顏偷生中原之爵憲如此更貽笑於夷人也茲者桂良花沙納奉命議和逆夷在公館門外惡聲相加甚至語辱　皇上桂良等塞耳罔聞吞聲忍氣中原之宰相如此其他更何足懼哉而所懼者惟　皇上與

臣耳今日　皇上復聽讒言以為連年兵荒人民流離内兵不觧何堪更加外兵不知姑准其和待掃清中原培養士氣再彰撻伐等語此皆庸臣顧念身家眷戀子孫而不以　皇上為心臣請言其利害夫准其和先准其欵伊欲京師置一大員一切軍機密事必計議而行名曰計議實則奉命而行也勢必　皇上未知夷人先知則内閣軍機可以廢矣而彼却便宜舉事其害何窮又欲各省通商自道光二十四年迄今十餘年中國形勢日蹙若准其各省通商泉刀盡為敵有即以齎盗粮也其害何窮又欲各省多設會館多置人員往來船隻不准盤查其欲選能事者窺探各省地輿孰肥孰磽孰阻繪成圖本一旦舉

事則於通商船中暗藏火葯軍器按圖取路關塞不能盤查官府無從禁止各省一時齊舉雖武侯復生亦當束手其害何窮又各省傳習天主一教滅絶倫理廢棄綱常愚者即以耶蘇邪説蠱惑其心智者即以中國金銀要結其心不數年間耶蘇之邪説流行孔孟之正道不作勢必至不成世界也一旦舉事則中國之人民皆為賊用其害何窮至於兄弟稱謂書札往來先失上國體貌種種逆欵無非共蔑　皇上妄自尊大而已諸大臣等素飡尸位視若無事一聞賊至則斂束恐惧據本妄奏求請議和無非欲全身家保妻子誰肯以社稷生靈為重真可恨可歎可憐可笑之至矣臣聞　皇上宵衣旰食憂心如焚

至節飲食撤樂是憐憫蒼生之至意臣不勝感戴復聞　皇
上在內閣與諸大臣商議事務惟相飲泣問其謀則以議和對
臣知　皇上固無灼見必不以議和為是將憂中國生靈塗
炭一旦摒怨外夷誠恐兵不精粮不足耳然而豈相視飲泣可
遏敵人也況桂良花沙納等數月以來迄無成見大約逆夷愈
驕大臣愈懦耳依臣愚見不如乘驕而擊之古人云欺敵者必
敗　皇上粮不足臣以傾國之粮報效至於成敗兵家之常
事勝不足喜敗不足憂人心非不可奮與天心非不可挽回也
何至以堂堂上國伏首乞和於外夷哉　成宗皇帝誤信讒
言以至禍延今日想　先皇上在天之靈豈不焦心悔恨急

望　皇上大振國威以雪此仇恥也而孰知　皇上復信讒言隐憂社稷貽害子孫不思異日何以見　先皇上伏乞　皇上詔回桂良等令沿海多設炮臺嚴行防堵夫逆夷本無能之輩耳特誤國庸臣畏之如虎以致驕横如是茍邀在天之幸一大敗之一敗則知惧惧則受盟聽命而復綏之以德撫之以恩守在外夷金湯可以永固矣獨不見宋高宗議和　國南渡偏安蜀武侯五月渡瀘南蠻不叛至於金陵小醜現有飛國梁何桂清疥癬之疾無足憂焉伏惟聖斷究　蒭蕘天下幸甚泣血上奏　庚申三月

国家出版基金项目
NATIONAL PUBLICATION FOUNDATION

海上絲綢之路文獻集成

總主編　陳支平　陳春聲

歷代史籍編

123

主編　范金民

海峽出版發行集團
THE STRAITS PUBLISHING & DISTRIBUTING GROUP
福建人民出版社

本册目次

煙海紀聞不分卷（一）

〔清〕佚名輯

《煙海紀聞》不分卷，輯者不詳。輯録道光十八年（一八三八）至二十三年間與第一次鴉片戰争有關之廣東、福建、浙江、江蘇、直隸五省相關奏文、諭旨、探報、咨文、日記、信札、民間檄文、告白、小説目録、謡文等，以及英人照會、告示，中英和議條款，略次年月，雖欠整飭，然多原始史料。據中國國家圖書館藏清抄本影印。

煙海紀聞

抄英國移台灣鎮文

大英國欽點統轄水師官兵駐鎮厦門提督軍門札　為遵照移知通飭釋放難民事為照敝國凡有遭風漂泊難民所到之國凡為禮義之邦者無不格外恩卹以此難民皆貿易良民耳惟是日前商艘二隻漂泊貴轄所有得生難民俱承收領茲據郵報敝國與貴國連和議好焰依兩國欽差大臣議定章程所有和議以前彼此被獲兜留之軍民難民等概行釋放以敦和議等自奉此所有敝國兜留貴轄兩船之難民遵照公使大臣憲牌理合備文差弁即駕哨船前來台灣投繳交管船貨難民儎回收管併伸謝悃為此備移差弁前來請煩

貴鎮查照來移事理遵照和議迅飭刻日將兩次得生難民暨船
貨等項點交差弁押回俟行詳報彙奏並希賜覆毋使延擱足佩
高誼望切望速須至移者

右　　移

大清國欽命鎮守台灣統轄水陸官兵掛印揔鎮府達

英一千八百四十二年十月初六日移　即

清道光二十二年九月初三日移

抄㖤國移本部堂文

大英國欽點統轄水軍統領駐守厦門札　為咨請遵依和議釋放
難民事本年八月間奉
公使大臣璞鼎開所有本國夾板商舡二隻前此漂泊台灣其遭風
得生兩舡難民俱兜留在台仰即備文差弁即赴台灣鎮府衙門
投繳請將難民點交儎回收管等因奉此隨即撥舡差弁帶文赴
台灣鎮衙門投交豈料達鎮不顧兩國欽差和議會約煌煌未逾
年月竟然背約着令將佐將文擲還不許進見（非）惟難民不肯交還
且置不理等情茲據差弁回覆理合備文咨請
總督部堂俯察咨請事理垂念難民無辜覊留恩賜專弁赴台帶

回敝國兩次難民船貨等項來厦交還以便詳報彙奏遵依合約永
敦和誼須至咨者

右　　　　　　咨

大清國兵部尚書總督閩浙部堂兼管鹽課糧餉怡

英一千八百四十二年十月　　　日咨　即

清道光二十二年九月十二日咨

抄閩浙總督部堂覆

為移覆事照得道光二十二年九月十五日據厦門同知差賫

貴國水軍統領咨開為遵依和議放難民等由案查八月間本部堂

接准

欽差大臣耆等咨稱竊照被虜夷民前經本大臣奏請釋放所有台

灣俘虜如已解閩省速即委員送至古浪嶼交英官收領並取回照

備案倘尚在台灣羈管希即飛飭該鎮道將各夷人委解古浪嶼徑

行交領幸勿稽延等因當經本部堂於八月十九日耑弁行文台灣

鎮道遵

旨辦理由五虎門厦門二處分遞因台灣風汎靡常文到遲早不能

預定計
貴統領差弁赴台之時該處文武等既未接有本部堂公文亦未知
有和好之信不能擅自接收實在於此俟彼中一經接到文書自當遵
照
欽差大臣耆等咨文將所留各難民解還回厦門交還兩國既經
和好之後本部堂及文武各員官皆須欽遵
諭旨辦事斷不相欺也除再行文台灣飭催速解外相應咨覆
右　　咨
唉國水軍統領札
道光二十二年九月十五日

抄粤東委員祁之釪探禀

一八月初五日申刻第十四號火輪舡由江浙送議和之信來粤即於初六日辰刻起椗向𠻳啞喇送信是日巳刻有三桅兵舡一隻申酉之間又有十二號火輪舡一隻均由江浙駛回現在尖沙嘴抛泊

一初八日有第九號及第十八號火輪舡到尖沙嘴抛泊十七日逆夷有信言中國不與福州該逆尚不肯和該逆于定海買絲便于福州買茶便於香港屯土便其餘得以聯絡聲勢並言福州城四面大水其舡能直至大橋實爲貿易之上地又云得此三處可以制中國且久之則中國水陸要隘可以盡知

一聞逆夷之於吕宋先以兵占其馬頭與吕宋言以色餉貿易次

年即不與餉呂宋問之則謂走私太甚爾宜爲我緝私我且助爾捕務呂宋信之該夷遂添兵船築砲台内外勾結呂宋不支其地遂爲所有

一探得逆夷云得馬頭後設立領事以管貿易將來廣東馬頭洋商可以不要帷以香港爲屯土屯兵之所如此壟斷諸夷亦未必甘心

一逆夷於喀𠸄咘屢敗遂罷兵其兵由都爾吉打經過時頗有滋擾現在都爾吉打又與之打仗又聞佛蘭西咪唎㗂亦已動兵矣

抄浙江委員許善器探稟

一浙江前赴江南委員現已陸續回省卑職謹將寧紹台道鹿　定海同知舒　口述夷情列後

一伊中堂於說時和適患重症不能前往委員因請代往傳說伊中堂堅欲自去夷舡〻頭甚高夷目上下均用繩索扳援夷人聞伊中堂欲去特造一梯嘆喘嗟及一夷目兩旁扶掖上舡艙中即設一紅呢軟炕請伊中堂睡下即令該處醫生診視並未開方隨用藥湯進飲次日病即全愈而夷人所用之藥究不知何物如此神效其敬服伊中堂之意似非虛僞

一夷人索福州馬頭

聖意不允因即傳令知之該夷自言我等本欲天津馬頭因與都城迫近
未便啓齒今既不與福州可即以天津易換其有心挾制實為險
詐之至是以仍照前議
一夷目立和約後渠言中國海盜不少我當代造火輪舡数十隻
分置各海口以為防預禦此時經費雖多將来自能獲益但不知
大皇帝允行否此層如何復他未得底細
一夷人退出招寶山全住定海渠言定海民人受累已久我等尚須
寄住三年此三年中應請
大皇帝免錢糧以示體恤聞　劉中丞云渠借此市恩實為可惡
一浙江委員自江南起身時金陵與鎮江福山等口只剩夷舡十

二隻聞即日可以全退

一制夷之策向以燒船為上此次金陵之委員上夷船筵宴開放二十

一炮席間杯箸不動船身之堅即此可見

一英夷上條陳三事　一請中國仿式製造火輪船為漕運及巡洋

之用　一請協力攻捕洋盜　一請於伊國中派精于治水之人

為中國治河使河工無決口之患

一佛蘭西之船目前雖無所言而英夷頗憂其不易制恐此後英夷

不至反復而佛蘭西効尤在所不免或即英夷化身更為可慮謹將

各口夷船陸續退出日期列後

金陵鎮江探報八月二十二日起至二十四日止自下關至焦山共泊大

小舡及火輪舟舡三十一隻內有舡頭似牛形者兩隻舡身較小又有宸
大夷舡一隻左邊紅右邊黑聞說即係佛蘭西之舡又有三桅舡一
隻淺住焦山之下江陰探報八月十二日起至二十二日止先後東駛
夷舡三十七隻二十三二十六兩日各有火輪舡一隻至東駛西不爲
扣算統共截至二十七日止已出江陰口夷舡五十八隻另有三桅一
隻泊黃田港購取食物常熟明文兩邑探報福山口外洋面除八
月十五日以前東駛夷舡不計外自十八日起至二十六日止由西北
駛來東南去共三十隻
齊參贊來信八月二十七日噗喌嗜偕吧呷開去舡八隻二十八日嗎
哩𠯿押後開去舡四隻江省派有　清道并浙江參將尚安太押送

至圖山關江寧現在全無夷舡等語

抄奏為夷舡全数出江入海恭摺　奏慰
聖懷仰祈
聖鑒事竊照㗎夷来帮舡隻于前月二十八日起碇開行飭委鹽法道
積拉明阿浙江叅將尚安太護送出江當經會摺具
奏在案茲據道該積等稟稱大帮夷舡于九月初三日全数出江入
海併據沿海各州縣稟報該夷舡隻計共五十八隻均已陸續出
江惟佛郎西夷舡一隻較大且無火輪舡帶領是以初八日始行
駛出鵝鼻嘴立即出江入海等情呈報前来伏查㗎夷犯順以来
已歷三年此次入据長江為我腹心之患七月初五日該夷舡全数
駛至江寧排列江干計圖一逞經臣牛鑑飭委張喜及武舉張振

龍等冒險赴舡再三與之陳說省城大局得免決裂迨初六日臣耆英由丹陽馳至復飭令佐領塔芬布張喜陳志剛等出城設法羈縻漸期就緒詎該夷于初八日忽聞訛傳又行中變隨后換掛紅旂聲言初九日即欲開仗經臣等飭委四等侍衛咸齡署江寧布政使黄恩彤面見該夷剴切招撫始得鴂音來集通市輸忱當此兩番危急險之時事已在于呼吸幸蒙

訓示招撫事宜期於必成臣遵循辦理大局始免決裂茲大幇夷舡業已出江入海暫泊吳淞得將遣散回國皆由

皇上招撫懷遠文德誕敷寬既往之誠即以拯我生民之困普天臣庶感戴同深所有臣等節次面見該夷與之要約各條復蒙

指示機宜逐加籌議該夷首諸形馴順就我範圍察其通商之意實在志誠既經受撫以後情詞亦極恭順即如前此八月初十日恭值
皇上萬壽聖節該夷首噗鼎喳文稱遠涉重洋仰蒙
聖德欽祝福禧延洪請臣等代陳恭順之忱等語其感服之誠尚為可信此後各宜撫馭得宜斷不至再肆鴟張又成反覆足可仰慰
宸廑再查四等侍衛咸齡署江寧布政使按察使黃恩彤于七月初八日該夷復欲攻城惟時已近夜分合城驚懼該侍衛等同佐領塔芬布及張喜等乘夜出城登舟招撫彼時該夷兵舡在草鞋草一帶江面遠近排列恃其鎗炮方欲盛氣相凌而咸齡黃恩彤等不動聲色明白開導折以大義示以無欺卒能議定通商罷兵息戰此

後籌商條款約屢至夷舡往来於濤浪之中折衝於兵戈之際夷
情得以帖服該侍衛等之力為多惟咸齡曾任二品大員黃恩彤
現任三品大員渥荷
生成均不敢仰邀甄敘而臣等議在指臂之助實未敢壅於上
聞此外在事奮力及文武員弁等可否容臣等擇其尤為出力者分別
奏懇
恩獎伏候
聖裁再鎮海縣城及招寶山現已議定退還除知照揚威將軍浙江
撫臣外差委扎名之寧紹台道鹿澤長石浦同知舒恭受前往收
復合併陳明所有夷舡出江入海緣由謹合詞恭摺由驛馳

奏伏乞

皇上聖鑒謹奏

兵部火票遞到

兵部咨武選司案呈道光二十二年九月二十一日内閣抄出九月

二十日奉

上諭𠸄夷現已就撫一切通商章程善後事宜在〻均關緊要耆英現

授兩江總督所有江蘇省通商善後諸務會同程矞采尤渤等籌

議辦理其江北一帶善後並着該督等會同李湘芬籌辦至福建

浙江二省并非該督統轄之區惟事期經久法宜畫一所有因地

制宜之處必須會商妥議俾夷商有所遵守辦理不致兩歧所有

浙江省通商善後各事宜亦着耆英會同劉韻珂段承福一體妥辦其福建省善後事宜着怡良劉鴻翺普陀保悉心籌辦至該省通商章程仍着怡良洛商耆英妥辦定議現在夷務商定該督等務須因時度地謀及久遠總期夷民相安盡善無獘切不可將就目前致貽後患至兩江總督本有河務之責耆英事務殷煩所有南河修築事宜暫止毋庸兼管俟各省事務會商事件辦理完竣後再行炤常兼管欽此

抄軍機大臣字寄

欽差大臣廣州將軍伊

兩江總督耆

道光二十二年九月十四日奉

上諭耆　等奏夷舡全數出江入海并遵旨查覆及請赴粵東會辦稅餉各一節覽奏均悉本日已明降諭旨將牛　革職拏問兩江總督着耆　補授伊作為欽差大臣補授廣州將軍馳驛迅赴新任矣伊　接奉此旨即帶同江蘇臬司黃恩彤四等侍衛咸齡迅即起程赴粵辦理餉稅事宜該夷既稱五港外倘有舡隻來往即以貨物入官情詞尚為切實其嗣後商欠亦不求官為代還一層俟

伊　到粤時再為妥約切實免致日後藉口招衅即佛郎西船隻已與
㖷夷舡隻先後出江不致別生事端亦著伊　再行確探有無別情另
行具奏所有廣州省明年應付㖷夷之洋銀三百萬元已諭令該督
及粤海監督嚴追商欠勿誤税交其香港民户犯案應行分別審辦
之處着耆　等照所議諭知該夷矣現在夷舡雖已入海尚未全
行南駛耆　已授兩江總督所有上海等處查辦事件着次第妥辦
至此次議定通商息兵罷戰在事出力之黄咸及各文武員弁等
必應量予恩施以昭奬勸惟此時夷舡尚未回粤遽爾加恩體制
未協殊改甚有関碍　着俟廣東辦理通商大局就緒後再行奏請者
所帶盛京杭州官弁兵丁即飭令各回本處所有辦理税餉及一

切通商事宜着者通盤籌畫與伊詳細酌商各臻妥善以便伊到
粤後逐款定議俾得日久相安毋滋流獘將此由六百里諭令知之
欽此遵
旨寄信前来

抄探報

探得顧守備稟稱本月二十七日申刻嗎哩遜囉咱啲麥華陀三人来見制台取出兩江牛制台與伊的章程及噗鼎喳與牛制台章程呈送制台怡閱看至於古浪嶼的事與們告示為憑以便約束夷人倘有夷人生事我們拏去送他究辦我們的人生事〻端他們拏去請我們自己辦理二十八日又送文書三角一要與浙江撫台一要與寧紹台道一要與兩江總督耆大人代他摺奏

皇上辦理台灣鎮道府的事倘若不辦他明年自己来辦此件要我們一個月回信制台再三説一個月来不及要兩個月他經應許噗鼎喳已經差人来稟辭明日開船往廣東去另送洋酒四樣制台不收璧

還制台定二十九日自厦起身回泉再查閩省城馬頭該夷人今年不
來明春終定現在厦門夷舡尚有十一隻越日再開不知多少等因

抄上諭

閩督怡咨十一月初五日准兵部咨考功司案呈内閣抄出道光二十二年十月初一日奉

上諭國家命將出師征討有罪原以保疆土而申撻伐該將軍參贊等宜如何激厲將士申明紀律謀勇兼施剋期奏績以付朕委任之意上年嘆夷滋擾粤省特命奕山為靖逆將軍授以重兵前往攻勦乃奕山抵粤未及省城遲延觀望迨夷兵圍困省城又不能奮我兵威勦除殲滅及至夷船退出省河佔据香港事閱年餘一味因循束手無策以致該夷竄入浙江江蘇肆行滋擾是其坐失機宜厥咎甚重嗣因定海鎮寧波相繼失守復命奕經為揚威將軍文蔚

特依順為恭贊大臣前赴浙江徵名各路精兵俾得收復三城用
揚我武乃奕經等駐札蘇州省垣籌畫數月集兵募勇以期一致成
功覽其所呈各路埋伏水陸並進各圖説其運籌非不周匝無如謀
事不密先期漏洩以致該夷處處預為準備我兵到彼不能得手因
之乍浦失陷傷我兵弁遂得直犯長江毫無梗塞是奕經祗知株
守一隅不圖收復勞師糜餉誤國害民文蔚擁兵駐札紹興坐視
夷氛日熾但以退守為計一籌莫展殊屬無能又安用此將軍恭贊
為耶奕山奕經文蔚前已降旨飭令回京均着交部治罪以示懲
儆特依順齊慎到粵在後未與㗘夷接仗惟特依順在浙於乍
浦失守不能設法救援齊慎帶兵前往不能保守鎮江事后又

不能用兵克復亦有應得之咎特依順齊慎均着交部嚴加議
處欽此

抄上諭

浙江撫劉　為接據夷酋炤會分别辦理緣由經本部院會同欽差大臣伊由驛具奏於十月二十二日奉到

硃批另有旨欽此同日准兵部咨欽差者　浙撫劉　十月十六日奉

上諭伊里布等奏接據夷酋炤會酌量辦理一摺該夷以耆英已授兩江總督祗伊里布一人赴粵疑與前約不符懇請一同前往業據劉韻珂移咨耆英並該夷酋亦自向耆英炤會計該督接到後自必酌量情形覆咨到浙江伊里布現駐浙省着俟耆英覆到后察看情形如已釋然無疑即着星馳赴粵妥定章程其釋放漢奸須發謄黄一節天朝自有制度非該夷所能置喙現据伊里布

等以歷次所獲夷俘漢奸釋放張貼告示俾覽均悉亦祇可如
此辦理也欽此

抄兵部為欽奉事職方司案呈道光二十二年十月十九日內閣奉
上諭戴銓等遵旨定擬奕山奕經等罪名一摺奕山奕經文蔚朕授以
將軍參贊重任特命前往廣東浙江辦理攻勦自應力矢公忠勉
圖報稱乃老師縻餉坐失機宜辜恩昧良莫此為甚奕山奕經文
蔚均着照戴銓等所擬革職離任擬為斬監候秋後處決奕山諒已
自粵起程無論行抵何處着沿途各督撫傳旨鎖拏解京奕經
等前有諭令撤回浙江辦理軍需報銷此時毋庸留浙着耆英程
矞采劉韻珂傳旨鎖拏解京交宗人府刑部分別監禁其經手
錢糧之員飭令暫行辦理報銷彚交軍需局報部至特依順齊
慎本應照議革職惟念特依順到浙未經派令督兵接仗即乍

浦失守時伊方駐扎杭州齊慎於廣州被困時駐扎佛山且到
浙在後迨鎮江失陷尚能設法摸椿殺斃多賊尚可稍從末減
特依順齊慎着加恩改爲草職留任八年無過方准開復欽此
欽遵抄出到部相應由四百里行文各督撫欽遵查照可也

抄二十二年九月十五日内閣奉

上諭暎夷滋擾沿海省分已及年餘牛鑑身任封疆早已知悉自升授兩江總督以來宜如何加意防備禦奸衛國乃屢經朕曉諭小心防範不可稍涉大意該督一味疎忽弗知嚴防吳淞海口迨該夷駛入又不能守以致該夷等一犯長江直迫江寧省垣量数日工夫毫無准備糜餉勞師令人忿恨現在暎夷業經就撫舡隻全数出江朕矜念四海黎民塗炭不得不曲意勉從耆英等所請准令該夷通商俾吾民樂業安居免罹鋒鏑而追維前事咎有由歸牛鑑以一品大員封疆重任辜恩溺職有傷國體若不嚴加懲辦何以昭國法而勵官常牛鑑着即革職拏問由耆英派員解京交刑

部治罪程矞采亦有守土之責究因防護江蘇省城未經帶兵督戰與牛有閶德珠布于鎮江失守亦有防堵不力之咎著交部分別嚴加議處欽此

抄同九月十五日又奉

上諭唊夷防堵各省官弁兵丁戰守皆分所應為之事惟天津為畿輔重地與他省不同两年以来該督及該提督統率文武員弁籌辦防堵事宜認真講求該處五方雜處良莠溷積現任地方盡力巡察尤形周密允宜特沛恩施以旌勞績訥爾經額胡超陳金綬石生玉向榮善禄陸建瀛均着交部從優議叙周悦勝到任日淺着交部議叙訥爾經額賞加太子太保銜陸建瀛着加賞按察使司銜胡超陳金綬賞大緞四疋周悦勝石生玉向榮善禄着各賞大緞二疋其在事文武各員弁着訥爾經額擇其尤為出力者核實保奏候朕施恩勿稍冒濫欽此

抄探報

前日探報已於二十九日夷船開駛赴粤讀復探制台仝劉道台赴火輪舡該夷升炮站隊迎接上船待以茶菓等件已明白探閲第又聞制台赴船内艙有数層兩面及艙板全嵌玻璃寬敞精潔邀看船炮並火輪機運類似鐘表做法據稱每隻成造需銀二十萬兩三年乃成二十七日嘆目偕馬羅並率文武夷官兵共二十三人文者挟杖武者佩刀内有一世襲小夷官年纔十二三亦佩刀在側至户部館張設甚盛相見拱揖捧手夷人則以手脱帽為禮彼此分坐制台及劉道台陪座夷目西向主東向夷官下坐文左武右餘事前已明矣該夷相見各用京片大書姓名該夷言詞頗

見恭順併稱台灣不應妄殺一節又觀嘆目容止嚴重約年四十餘馬喇𨘥年二十八羅咱喃三十餘俱操官音明晰清朗該夷見制台威儀而又撫之有體言詞從容不迫諄囑誠懇無不欽敬感悦而去嘆目稱大人馬羅各稱大老爺舡内懸一小照障以玻璃畫一夷婦並童男女各二人貌俱姸好圓目卷髮文繡瓔珞據馬目云此為嘆大人之夫人及其子女其伉儷情篤大抵皆然現在古浪嶼夷酋扎某並舡十一隻駐守大小事聽命於粤東夷情安輯之至

抄偽示

大英欽奉專權公使大臣世襲男爵噗　為曉示事照得上年八月間有我國民舡納喇噠必號一隻於台灣鷄籠海面遭風破碎其人暫幸逃生者一百有餘又本年正月間再有我國民舡呵喲必號一隻在該府淡水海面遭風擊破其人幸得逃生已有數十其先後二次上岸者俱被拏獲監禁今於本公使到廈之日信聞此等遭風難民將及二百之多經被台灣鎮摠兵等官兇心殲殺聞信如雷聒耳不勝駭然且聞該官稱說奉

王命是以敢行殺戮實可傷心莫不令人髮指試思此次遭風之民假使手執兵械奮勇相争即被擒獲尚且萬不容如此濫行戮殺蓋

此有稱禮義之邦者俱以忍心為本則交戰時所有擒獲兵人軍
例不准於戰後妄殺而在此明我等禮義之軍比之茹毛飲血慘
酷肆戮之徒何等逈相去異何況此等難人原係水手小民及隨
營担夫等類無有護已無械傷人既經遭風捱苦即按
大清律例應得保護恩待奈何在台難民掠之將近一年而竟起
意兇殺嗚呼哀哉思念及此本公使怨恨憎惡百喙難言中華之
辱莫甚如此矣使或實奉
王命致我人受枉殺之冤者及該撫兵達洪阿等訛詐不顧廉恥貪婪功
勞揑詞以嚙唎唓嗟及阿嘞等舡屢次攻犯台灣之說假奏瞞騙
皇帝御聽以致王命誤降而我人被殺矣遭風之舡既非兵艦又無儀軍

兵達洪阿等所奏其為假冒不問可知而此次我人遭禍皆其假詐所由既經本公使訪得確實有憑有據自應將兇暴情由據實陳

明轉請

欽差大臣等奏請

皇帝聖鑒秉公使陳情之間雖不必恭謹但事關寃要仍必堅任求報

之意應代

君主討求即將台灣狼心假奏妄殺之兇官達洪阿等刻即去官正法將其家財入官照數若干金交暎官分濟無辜枉死之家屬

蓋達洪阿等既因假詐陷害我人多命自應以命抵償以揚

天道好還惡有惡報之理若非如此辦理本公使惟慮將情奏明我

國

君主之時非惟致傷二國和好之氣誠恐難保無致干戈復起再有

干戈之患百姓復受塗炭之苦即因一兇心官長貪賞冒功致令百姓〻

萬良民困苦無了不可不憐惜哉惟本公使欽賴

皇帝洞知明鑒秉公執法勢必星飛咨復俾令二國之和好免使百

姓啣冤矣因恐有人未知我民遭難致被受有萬苦之寃情理

合曉示通知為此仰英漢軍民各色人等知悉並令分行刊刻

⿰口英漢字文傳示天下諸國以使通悉特示

英一千八百四十二年十一月二十三日　即

道光二十二年十月二十一日

欽惟
天朝大一統豈容裂土以與人而草野効愚忠但知殺賊而報
國我
大清撫有區夏二百年来
列祖
列宗以
聖繼
聖舉凡食毛踐土久浹
帝德而洽
皇仁即在化外窮荒亦戴

天高而履地厚四海澄鏡萬國梯航距中國數百里外西南諸夷亦莫
不候月占風輸誠効順乃偏有暎咭唎國者其主忽女而忽男其
人若禽而若獸兇殘之性甚於虎狼貪黷之心不殊蛇豕恒蠶食
夫南夷輒夜郎以自大乾隆嘉慶年間暎夷叩
闗納款牘請舟山
兩聖人洞燭其奸嚴行斥絕然自此勾串粵省奸商私住澳洋島上盛
販鴉片毒我生靈傷民命奚止數百萬耗民財豈僅數千金并
敢屡殺廣人匿不交兇抵命萬衆痛心疾首蓋數十年於茲而
暎夷之窺伺
天朝其所由來者漸矣道光十八年我

大皇帝察知暎夷之横鴉片之毒急欲培養
國脉護惜黎元因黄鴻臚之奏而即所請
特命公正廉明之林尚書
頒給欽差大臣關防來粤查辦收繳烟而停市易清支流而絶來源猛以濟寛法以寓德暎夷不知悔罪竟爾肆逆稱兵黄閣主和戎之議自撤藩籬烏雲多蔽日之奸甘為謬醜以致三年以來逆夷恃其舡堅炮利由粤入閩歷浙入江據我土地戕我文武淫我婦女掠我貨財致使四省生民慘遭鋒鏑
九重宵旰倫極焦勞蓋暴其罪狀罄竹難窮洗我煩冤傾海莫盡實神人所共憤覆載所不容通者江南諸當事亦用粤東故智甘為城

下之盟竭百萬氓庶之脂膏保一二庸臣之軀命誠有如金大理
所奏者夫英夷不過荒外一島夷耳其来動勞数萬里其衆不滿
数千人我
天朝席全盛之勢滅此跋浪么魔何啻長風掃籜奈何疆臣大帥惜命
如山文吏武夫畏死如虎不顧
國仇民怨遽行割地輸金有更甚於南宋奸佞之所為者此誠不可解
者也嘗歷覼其奏牘英夷本無能也而張大其横強兆民本奮勇
也而反謂之渙散無非脅我
君王以必和之勢而得幸逃其欺
君誤

國之懲試觀金大理奏牘所稱藉敵要挾一語真字字嚴於斧鉞者矣士民等伏讀

明詔萬無可奈何之中不得不勉允所請又有朕以重任付諸臣諸臣無非還朕一欺字之

旨仰見

聖天子英明神武知諸臣之無能念士民之忠憤暫為羈縻於目前而極圖振發於事後將示天下以不測之神威也夫逆夷性等犬羊貪得無厭和之真偽不問可知試觀上年嘆逆寇粵自據四方炮台遂爾肆行姦掠若非北路各鄉社義士殺其兵頭殲其兇卒勢必毫無忌憚破城焚劫以大快其兇貪何肯以區區六百萬金錢

即時解圍退去所可惜者困魚入釜抽薪來五馬之官放虎歸山曳
甲奪萬民之氣一日縱敵数省禍延興言及此誠可為傷心痛哭者也
且上年和約之時原議退出龍穴還我虎門香港亦是暫留兵端
從兹永息詎知曾未踰時而前盟頓背二虎炮台木籠横据五羊
門戶鋏壯誰關於今三年莫能收復既詐譎於嶺表更逞鬨於江
南唯我
大皇帝手握金鏡胸秉玉衡循以大字小之義而曲順夫天防非族逼處
之嫌而容為之備恭繹
絲綸昭如日月當事者如謂逆燄方妝甘作處堂之燕雀設復禍機猝
發徒為入肆之豚魚律以負

國之誅一死奚能塞責流芳百世遺臭萬年青史流傳所爭祇在幾
希之頃當思念及此諒亦必知奮發也士民等生當
景運世受
生成讀書者圖報
國恩擊壤者敢忘
帝力早矢忠以勵節願敵愾以同仇茲聞唊逆將入珠海創立馬頭不
惟華夷未可雜居人禽不堪並處直見開門揖盜啓戶進狼況其向
在海外尚多內奸今及逼近榻前益增心患竊想非常事變誠有
不可以言盡者若他國羣起效尤更將何以策應是知唊夷不平
誠為百姓之大害

國家之大憂惟不共戴此天方無愧於血氣如甘同履斯土是直全無

心肝前者恭讀

上諭士民中果有謀勇出衆之材激於義奮團練自衛或助官軍以

復城邑或扼要隘以遏賊鋒或焚擊夷舡擒斬大憝或申明大義

開啓愚頑能建不世之殊勳定膺非常之懋賞等因欽此士民等欽奉

王言共行團練仿軌里連鄉之制指顧得百萬之師按當田指餉之方

到處有三時之樂無事則各歸農業有事則協力從戎踴躍同袍

子弟悉成勁旅婉孌如玉婦女亦能談兵嗟乎昔日從容坐鎮誰

令寇在門庭祗今慷慨指揮誓看波恬滄海庶幾金湯鞏固紓

聖主南顧之憂鯨鯢殲除雪薄海敷天之憤嗚呼結同仇以明大節鑑

此丹忱伸

天討而快人心賴茲義舉

天神共鑒莫負初心

天朝大清道光二十二年十月　日全粵義士民公檄

此檄貼處士民商賈各宜守護倘有私揭即係漢奸見者即拏獲送至明倫堂鳴鐘齊衆交官嚴辦凡讀檄文而奮感者即優隸亦為忠臣若聞義舉而阻撓者即縉紳亦為賊子務宜自重為望

板存府學明倫堂

抄探報

探得本年正月初二日有夷舡一隻駛進五虎港灣泊熨斗聽候夷大船巴柏架到時換坐進省觀看地方至正月初四日巴柏架夷船一號約載八百餘人灣泊白犬洋面初七日未刻開去駛往厦門不進省港内有夷提督一員付文書一封囑夷守備帶夷人數名坐杉板入省投遞限初六日駛赴厦門詢該通事書内所云何事據云不知底細至初九日申刻該夷等九人駛駕至省港經福防廳王設備北館與夷人住歇是晚五人在北館以四人在舡初十日督撫二中軍同福州府及閩侯二縣俱赴北館向該夷取書該夷要求投　大憲衙門午刻隨經帶進至藩署其時將

軍都統及司道先已齊集藩署傳其投遞該夷到時將書投遞問伊何職一名甲厘花係守備之職手執劍一把右臂上廂有金獸頭一個高鼻環眼深目螺髮一名庇利花係文官郎中之職螺髮深目戴有眼鏡在於各港面以次畫圖探水手執杖一把年俱四十以内又通事一名據稱係定海縣人又夷水手一名又夷舵工一人係福寧府三沙人一共五人詢問何事據稱伊係奉委送書其事盡在書内亦不進見隨蒙　列憲閱畢傳諭賜酒飯在二堂邊内司房該夷甲厘花庇利花及通事三人共一桌夷人水手舵工二人共一棹吃畢隨出藩署仍回北館酉刻回杉板船十一日辰刻開駛出港等情

抄探報

探得日前夷書因由大唊國欽差噗駕火輪船欲赴福州適遇狂風大浪不能進關江口即福州通商貿易之公所擇選幾處現在

大唊國水師提督與

貴國官均和好必須親拜　福州府大老爺

貴國合本國平安之豐為永遠也恭賀　新禧

計帖二張

大唊國欽命水師提督世爵巴圍覽頓首拜

大唊國欽命翻譯官李大郭頓首拜

炤會煩急送上

福州府大老爺安啓
十一月十七日者制台在常熟接到
廷寄所奏𪚥鼎喳焰會不依台灣上年之事聞
聖人以事在未經就撫之先令者明白曉諭亦有廷寄與怡劉矣者介
翁自有焰會與𪚥酋想伊亦無可說抑尚不依也　又聞浙江抄
報失地之知縣舒恭受王鼎勲彭松年金秀堃及城守武員皆焰刑
部議斬監候寧波府鄧廷彩鎮江府常𦳝併防守之總兵副叅遊
守皆發新疆充當苦差道員巫南池又革職拏問於十二月十三
日已起程解京想亦只革職而已　周天爵告回籍守制葬親
奉

旨先准故以廖鈺夫署理漕運總督

抄護閩撫曾奏稿

奏為夷船停泊五虎遣人至省投書仍即回船駛往厦門恭摺馳奏

仰祈

聖鑒事竊臣保昌臣曾望顏於道光二十三年正月初三日據閩安協稟報於初二日巳刻瞭見有火輪舡一隻進泊五虎門內熨斗洋面等情當即飭委署督標中軍副將慶順水師營叅將林建猷閩安協副將孫雲鴻前往查詢該夷舡係於上年十二月二十八日在浙江定海開駛來閩因在黃歧洋面冲礁撞損尾梢即在此修理並有定海夷目巴柏架隨後駕坐數船不日亦可至閩意欲換坐火輪舡進省擇看馬頭等語併據交出夷書一封轉遞到省面封

炤會福州府大老爺安啓字樣内有名帖二紙一係水師頭目巴
圖覽一係翻譯官李大郭叉夷字一紙辦認不清另有漢字一紙
語句亦不甚通曉大意以前此噗嘂喳由閩赴粵經五虎時因風
阻不能進口今欲會晤福州官員選擇馬頭臣等查前次噗自浙
来閩先有
欽差大臣伊兩江總督耆咨會字樣今巴柏架未經各處咨會何
以突来擇看馬頭既經准令通商自亦不便拒阻當即飭委員弁
往探續據稟報初三日午刻有杉板夷船一隻由五虎外洋駛泊
熨斗洋面泊火輪船邊該夷船向巡查員弁告稱巴柏架於正月初
一日自浙来閩帶夷船三隻併畫圖夷船一隻探水夷船一隻於初

五日駛至五虎換坐火輪船進省至巴柏架杉板舡前来報信其五船並不進口欲借官船往載巴柏架五虎換坐火輪舡進省巴柏架係英國水師提督官名巴圉覽係其人名等語經孫雲鴻派弁駕坐兵船前往面詢巴柏架又不進省遣其夷守備甲釐花等帶領譯官庇利花通事鄭彩賫帶書夲同跟役舵手八名駕坐杉板小船来省投遞經叅將林建猷等駕船護送於初九日酉刻同至南台地方臣等即飭福州府史同福防廳王會同中軍副將慶出城面見令其呈出夷書該夷弁必欲見衙門方肯呈遞隨飭將甲釐花等三人於初十日午刻来至藩署二門差房内停歇當據呈出夷書一封及名帖二紙均係照前開来内夷字一紙仍難辨

認漢字一紙語意亦不明晰大約謂先來火輪舡遇礁冲漏是以巴柏架不復來省有福州官見該國小兵船時時遊玩之語甚屬含糊當飭閩侯二縣詳詰來意據該通事轉據甲釐花聲稱巴柏架因𪘏焁會令其來閩察看地勢選擇馬頭本欲親自至省因火輪舡冲礁撞損是以不便進口遣伊賫書前來順便察看地方書內夷字漢字樣並無他語所云小兵船時時遊玩係指甲釐花等駕坐小舡而來准令察看而言巴柏架船隻現已駛赴厦門二處雖准該夷貿易設館通商諸務均須

欽差大臣伊等在粤議定方可舉行甲釐花不過奉其夷目差使前來投書并查看地勢情形並無他事臣等自可毋庸接見當

經賞以酒飯即自回至南台次早仍坐杉板小舡赴熨斗洋面火輪船邊於十四日午刻開駛出口現據興泉永道恒昌稟報初九日酉刻有三桅大夷舡一隻進泊厦港查係夷目巴姓自浙駕來俟在五虎修理之火輪船開駛到厦即一同赴粤等語是巴柏架一船果已抵厦該夷此來尚為馴順查詢亦無別意惟其書詞含糊來看馬頭通商事宜現在

欽差大臣等與該夷目嘆如何議定未准咨會到閩巴柏架果否係嘆令伊前來亦無明文除飛咨

欽差大臣伊兩江總督者查照辦理外所有該夷至省投書現已回舡開駛緣由理合恭摺由驛四百里馳

奏併錄夷書恭呈
御覽伏祈
皇上聖鑒訓示施行謹奏

第一次夷書舊日大唊國欽差噗駕火輪船欲赴福州適遇逆風大浪不能進閩江口即福州府通商貿易之公所擇選幾處現在大唊國水師提督與貴國官均歸和好必須親拜福州府大老爺望希貴國合本國平安之豐為永遠也恭賀新禧

第二次夷書火輪舡在黄歧遇着沈礁現有損漏因此大唊國水師提督不能赴福州以拜候福州府大老爺提督望希臨時去到貴處今福州府官見大唊國小兵船時時遊玩閩江口停泊悉知

大嘆國官同心均欲平安恭賀新禧

抄浙撫劉奏稿

道光二十二年十二月十八日附片具

奏再臣於回省後復接署定海同知王丕顯禀報現泊定港夷船僅止二十隻較臣在彼之時又減少十餘隻惟據署石浦同知黄惟誥禀稱本月初六日有夷船一隻駛泊該處洋面旋有夷目二人一名未氏碧一名得已士持帖進署求見該廳與之接時未氏碧等求派水手二人帶至福州及山東之登州該廳覆以并無此等水手未氏碧等遂即回船等情臣查福州乃許給該夷通商之處其欲行前往或係相視地方今乃欲兼往登州是何意見情殊可疑但查㖈夷自粵來浙必由閩洋該省古浪嶼尚有舡隻停泊閩省各洋

面該夷自必熟悉又該夷於道光二十年將舡隻駛赴天津係由登州經過其於該處路程自必認識何以此次復欲人帶領前往現在定海停泊有咪唎㗋佛郎西二國之人殊難揣測該廳雖向其覆絕但恐其自行覓人引往除飛咨閩督臣福建山東各撫臣飭屬探望防範并咨欽差大臣并直隸兩江各督臣一體查照外理合附片具奏

抄探報

探得厦門古浪嶼原泊夷船三桅二隻二桅六隻計八隻在港迨本月初九日酉刻又有三桅三層炮大兵船一隻投泊厦港查係夷酋巴姓駕坐初二日由定海開行初三日駛到福州港外初七日揚帆初九日駛到厦門該夷酋差賫拜帖二張赴水提台竇處拜賀一書大𠸄國水師提督軍門巴圍覽頓首拜一書大𠸄國委駐厦門管理本國商　人民管理官李大郭頓首拜擬俟十一日巳刻會晤等語十一日巳刻竇大人同恒道台前往夷船察看甚為高大通船計七八千斤至三四千斤大炮共有八十餘門其千餘斤至数百斤者不計其数據稱現配杉

板船所用面晤并無言及公事次日該夷酋帶夷官十數人赴
提台答拜又云自定海同帮火輪船一隻在洋碰漏駛往福州
港脩理一俟船竣日来厦同往香港恒道台亦到水提台轅門
會晤款以茶點該夷旋即回去等因
怡制台駐蚶江擇於正月初十日登舟渡台等因

抄台灣鎮道稟

敬稟者本年九月初十日具稟接奉　憲文遵　旨將台灣存留夷俘釋放委員護送往厦及鼓浪嶼夷官来台投書未交駕船駛去據實入奏等緣由并抄奏稿申送在案茲於九月二十三日接據淡水同知曹謹通稟本月十六日該廳所轄金包裏洋面有夷船一隻遭風擊碎會營督屬救起白夷二十五人等語當經批飭夷已受傷即當照難夷妥為撫卹委員送郡以憑查訊稟請憲示具奏去後嗣於九月三十日據鹿耳門口員報有前來之夾板船一隻復從西北駛来口稱奉有督憲文書求進郡城投遞本職職道查該夷既奉有憲文不可不出見接收當經熟商本職暫緩出見

職道先督府廳縣及中左右三營遊擊在西城外軍功廠傳見夷官二人言有憲文尚在本船先来請示如准来見該夷上司官即於明日上岸投遞職道許其初二日進見果於次日午刻該夷都司即前来之夷守備你咦同夷千把等四人上岸仍於軍功廠傳見夷皆行免冠禮詢所奉憲文安在當即取出呈閱乃九月十五日憲台給該國水軍統領之文乃知該夷前次来台因未投又回厦稟蒙　憲行賫奉前来求釋所獲夷人並出其前次賫投本職之文亦同前事中有祈將所獲夷人船貨見還字樣詞氣尚為恭順當經職道諭以台灣存留夷目九人業已遵奉憲札委員送厦請示交還夷問前二次共獲一百数十人何以只有九人諭以病斃

數十人餘皆正法夷問爲何正法諭以兩國交戰爲有不殺之理
惟天朝寬大不輕殺戮是以自上年八月及今年正月俘獲皆羈
留久之及爾國在浙江〻南屢次傷我大員害我百姓是以
大皇帝震怒台灣係五月後方遵
旨正法仍留紅白黑夷頭目已屬格外寬恩夷遂黙然形色益恭又問
近有夷船一隻台洋遭風係在何處是何月日諭以九月十六日在
台灣壯路金包里洋面遭風擊碎人皆溺海經地方官救起二十
五人現因你國受撫飭令妥爲撫卹即日委員護送來郡俟禀報
大憲奏明
大皇帝然後遣送往厦夷言若待禀奏爲日甚久可否恩准来船即日領

回 職道以其詞順許以既有前旨若你國誠心恭順亦可通融辦
理夷見允所請復免冠頂謝且稱回告本國上司亦當感謝
天朝大恩夷人無以為報欲求大人一登夷舟許衆瞻仰以伸謝悃意甚
懇摯職道伏思自古馭夷不外恩威信三字台灣兩次俘斬其衆
已足示威生釋其人又已示恩今若不許所請彼將謂我情且不
足以示信上年至今泉廈之間謡言未已台人日以摇動皆由姦
人煽播莫如竟往彼舟以觀所為一可釋外夷之疑怨二可安台
厦之人心三可杜奸人之煽惑四可細審其舟之制度遂允登舟之
請夷請示期許以後一日往夷悦謝而去還商本職 意見相同委
水師副將邱鎮功右營遊擊呂大陞護左營遊擊陳連斌于初

四日同職道並台灣府熊守台防同知余卜年候補同知直隸州托克通阿出安平港往詣夷舟不以兵械相從甫出口夷遣官偕通事乘杉板船来迎稟稱其酋懸綵旂百面備鎗炮六鳴以待登舟遥望果見五色綵旂懸桅索前後皆蒲夷言此乃彼國接待最尊貴者之禮問鎗砲何以六鳴荅以先三炮敬天朝大皇帝後三炮以敬貴臣既登舟夷船五人皆裹甲佩刀外加長衣整齊隊五列于艙面以迎艙面正中設座具茶果夷官親奉徧諸客已乃詳觀其舟約長二十丈寬四五丈兩舷各列銅炮八門炮長僅四尺腹圍寬五尺許鏜口光浄殊甚進退有機不以人力亦用自来火與鳥鎗同其船中層為夷員所居下層則火葯

及器械什物與顛林所供畧同觀畢言歸夷各持酒一甌云此太平酒也夷感

天朝恩自此不敢有異請以此酒爲誓言畢飲滿惟呼復鳴三炮送

職道等回舟始終未及索取船價之事察其情狀似已心悅誠服初五日北路難夷二十五名亦已至郡遂于初六日令其夷官具狀府縣驗明點交付領登舟職道復委報効職員張肇基帶同台灣縣役賫具文稟隨舟至厦門登岸賫投

督憲熊守亦備文復古浪嶼夷官布知

天朝恩德方夷再至台郡中紳商士庶咸有戒心及職道等往夷舟回知夷意無他衆心乃定所有辦理夷官再来求見及交還遭風難

夷各緣由即日會同據實入
奏另行抄稿呈送合先肅禀
十月初七日自台發禀至十七日到省

抄廣東欽差大臣奏稿　各口章程

奏為遵
旨議定通商章程收稅科則恭摺馳奏仰祈
聖鑒事切臣耆英奉
命来粤查辦稅餉事宜當將抵粤籌議大畧情形及廣州一口定于七月初一日通市緣由先後奏報在案兹復會同臣祁𡎴等督飭委員将章程科則往返籌議酌定通商章程并查照粤海關原定稅則議增稅銀之貨五十六種議減稅銀之貨六十四種原例一併按載現在查明添出者十三種此外另有價值靡常之貨品類不一祭用估價定稅之法以歸簡易臣等按册勾稽截長補

短實屬有盈無絀現屆六月中旬各關貨船業已雲集不及聽候
部覆除廣州一口已定於七月初一日查照新定章程開市貿易其
福州厦門寧波上海四處俟部復到日開關但廣州既經開市誠
恐福州等口商船風聞駛至相應請
旨飭下部臣迅速議復並由部給咨各該省知照俾有遵循除將收稅
科則比較盈絀分別清册咨呈軍機處并戶部外謹將造册事宜
撮其大要連通商章程一並謹繕清单恭呈
御覽其未盡事宜容臣另行妥議分別具奏所有通商稅則業已定案
緣由理合恭摺由驛具奏奉
硃批軍機大臣會同該部核議速奏单二件並發欽此

謹將新定科則與向例應征正什銀欵按照酌中年分約畧比較謹

繕清单恭呈

御覽粤海每年額征正税並額定盈餘共銀八十九萬九千六百四十

兩向来酌中年分可征收西洋各國税銀一百八萬一千九百餘

兩今照新定税則截長補短核計酌中年分可征收銀一百七十

萬零五千餘兩將新定科則與原例互相比較約計每年可以增

收銀六十二萬三千餘兩另有每口酌征内地商民貨税銀約十

餘萬兩因税則未經增减並未列入比較又應征西洋各國船鈔

并新定按價抽税各貨及原例未經核載與近年並無買賣各貨

因無定數無憑比較奉

硃批覽欽此

謹将廣州福州厦門寧波上海五口與嘆咭唎國通商章程十五
條繕録清单恭呈

御覽

一進出口僱用引水一款凡議准通商之廣州福州厦門寧波上海
等五處每遇嘆商貨船到口准令到水即行帶進俟嘆商貿易輸
税全完欲行回國亦准引水隨時帶出俾免滯延其雇募引水
工價若干應按各口水程遠近平險分别多寡即由嘆國派出管
事官秉公議定酌給

一口内押船人役一款凡應嚴防偷漏之法悉聽中國各口收税官

從便使理凡遇嘆商貨物到口一經引水帶進後即由各海關揀派妥實兵丁役一二人隨同押看預防走私或自雇小船乘坐或竟搭坐嘆船均聽其便其所需食用應由海關按日給銀自存備辦不得私索嘆商絲毫規費有犯計贓論罪

一貨船進口報關一款嘆國商船一經到口停泊其船應限一日之內赴嘆國管事官署中將船牌艙口報单各件交與管事官查閲收貯如有不遵罰銀二百元若報遞假单罰銀五百元若於未奉官准開艙之先遽行開船卸貨罰銀五百元並將擅行卸運之貨一概查抄入官管事官既將船牌及艙口報单等件查閲即行文通知該口海關將該船大小可載若干噸運来係何宗貨物逐一

聲明以憑抽驗明確准予開船其貨按例輸稅

一嘆商與華商交易一款既經議定嘆商卸貨後自投商賈無論與何人交易聽從其便遇有誆騙貨物脱逃及拖欠貨價不能歸還者一經控告到官中國官員即為查追倘誆騙之犯實係迯匿無踪欠債之人實已身亡產絶者嘆商不得執洋行代賠之舊例呈請着賠

一貨船按噸輸鈔一款凡嘆國進口商船應查照船牌開明所載若干定輸稅之多寡計每噸輸銀五錢所有約鈔舊例及出口進口日月滬規各欵費用均行停止

一進出口貨物納稅一款由係進口出口貨物均按新定則例五口

一律納稅此外各項規費絲毫不可加增其暎國商船運貲進口以及販貨出口均須按照則例將船鈔稅銀歸數輸納全完由海關給發完稅紅单該商呈進暎國管事官驗明餙准發還船牌令其出口

一大關東公驗貨一欵凡暎商運貨進口者即于卸貨之日販貨出口者即于下貨之日先期通報暎官差自雇通事轉報海關以便公同查驗彼此無虧暎商亦不必派人在彼協同料理倘或當時暎商無人在場看驗後另有告訴者向暎官駁斥不為查辦至現定稅則内所載按價若干抽稅若干倘海關驗貨人役與暎商不能平定其價即令各客商二三人前來驗貨估貨以各商所出最

高之貨實為此貨之價核計抽稅免致收稅有虧又有連皮過秤除及核算之貨如茶葉一項倘海關又與嘆商意見或異即于每百箱内聽官役揀出若干箱嘆商亦揀出若干箱先以一箱連皮過秤得若干斤再秤其皮得若干斤除皮核之即可得箱實在斤數其餘貨物但有色皮者均可准此類推倘有理論不明者嘆商赴管事官投知情由通知海關酌辦然必當日禀到遲則不為准理凡有此等尚須理論之件海關暫緩填簿毋致填入後碍難更易須俟秉公核斷明晰再為登填

一何時何銀輸稅一款嘆商進口必須鈔稅全完方准出口海關應擇殷實鋪戶設立銀號數處發給執照註明准某號代納嘆商稅

銀字據作為凭據以便𠸏商按期前往交納均准用洋錢輸征唯此等洋錢色有不定即應隨時隨地由該口𠸏官及海關議定某類洋錢應加納補水色若干公商妥議

一秤碼丈尺一欵咼合各口秤貨之大秤兑銀之法碼量物之丈尺均應按粤海關向用之式製造數付鐫刻圖印為凭每口海件發交一付以一付交海關以一付交𠸏國管事官查收以便按照輕重長短計貨計銀遵例輸税倘驗貨人役與𠸏商理論長短較量輕重悉凭此秤碼丈尺以杜爭端

一商剥貨小船一欵每遇卸貨下貨任從𠸏自僱小船剥送不論西瓜扁及各項船艇其僱價銀两若干聽𠸏商與船户自行議定不

解釋

必官為經理亦不必限定何船攬載倘有私走漏稅情弊查出将該船戶照例懲辦至此等小船倘有因剥送貨物誆騙逃走者中國官員即應嚴行查拏而暎商亦應各自留心防範免貽後累

一禁止剥貨過船一欵凡暎商進口船隻不准互相剥貨倘有必須物貨剥過別船者須先查實在情節禀請暎官察看給牌並移請海關委員查驗明確方准剥送倘有不先禀明候驗私行剥貨者即将其剥送之貨一概查抄入官

一設立屬員約束水手一欵暎國貨船停泊處所由管事官分設妥善屬員一員就近約束水手人等先須竭力禁止暎船免致與內地民人爭訟爭論為要倘遇有此等事件暎國屬員即應設法竭

力解釋若𠸄國水手上岸屬員必須派船内遣使長一名伴行倘有吵鬧争論等事俱唯該使長是問凡係船中水手因用衣食等物内地官員不得攔阻小民旁船買賣

一𠸄民華人交涉詞訟一款凡𠸄商禀告華民者必先赴管事官處報禀候管事官先行查察誰是誰非勉力勸息使不成訟間有華民赴𠸄官處控告𠸄人者管事官均應聽訴一例勸息免致小事釀成大案其𠸄商欲行投禀海關應由管事官投遞禀内倘有不合之語管事官即駁斥另換不為代遞倘遇有交涉詞訟管事官不能勸息又不能將就即移請華官公同查明其事既得實情即為秉公定斷免致訟端其𠸄人如何科罪由𠸄國議定章程法律

發給管事官照辦華民如有科罪均仍照前在江南原定先后條款辦理

一嘆國官船口內停泊一款所有通商五口每口內准嘆國官停泊一隻俾管事官及屬員嚴行約束水手人等免致滋事惟官船非貨船可比既不載貨又非為貿易而來其鈔税等費均應豁免至官船進口出口嘆國管事官先期通報海關以凴查照

一嘆商貨船担保一款向例嘆國商船進口投行認保所有出入口岸貨税均由保商代納經載撤保商則進口貨船即由嘆官担保

奉

硃批覽欽此

抄廣東欽差大臣奏稿

耆英奏為通籌沿海五關收稅並解支禁卒各事宜臚列條欵恭

摺奏祈

聖鑒事切照廣東粵海福州厦門寧波上海五關議定暎咭唎國出入貨物完稅則例及與該國開市章程現經臣等另摺恭奏伏查征收關稅既須先籌國計又當俯順夷情現定章程於閩浙江蘇所有暎咭唎西洋各關貨物皆由省分出就粵海一關而論稅數難免於稍絀而通五關計之彼此互相挹注必當較往年有盈無絀

臣督飭司員黃恩彤等體察情形悉心籌畫期於粵海不致廢弛稅額常能充足並可杜絕沿海漏卮藉以整頓內地各關稅務

酌擬幾條敬爲我

皇上陳之

一粵海原定稅額應暫歸五口勻攤以免偏枯也查粵海每年應徵外洋及内地商船正稅及銅斤水脚並額定盈餘共八十九萬九千六十四兩向來照數征解之外尚有額外盈餘每年自一二十萬至三四萬不等現在既分五口通商則粵海出入貨物較少若仍令照舊徵解勢有所難此后海關如有徵不足數應請於福州厦門寧波上海四關所徵各國稅貨内撥補足數即由各海關經目報撥額外盈餘各歸各關盡解

一五口征收西洋各國稅額應請試行三年再行酌定以歸覈實也

再西洋各國貨税本為福州厦門寧波上海四關所無現在甫准
通商其貿易之衰旺難以懸擬税額即難定准至粤海將来可否
征足舊額亦不能預定應請俟三年后察看五口每年可征税銀
各若干比較準確再將粤海原額銀八十九萬九千六十四兩分
款科算匀歸五口作為定額如有盈餘仍以額外盈餘報撥
一粤海關雜税款目應行删除以歸簡易也查粤海關税則除正款
耗羡之外尚有節次改正歸公案内各官估價一六算三八担匹頭
總口擔規東炮台以黄浦口扁艇歸規及船鈔内之進口規出口
規日規月規等項雜税隨征隨解今既無分正耗雜款歸作一條
徵收編綜計尚有盈無絀所有節次歸出案内雜款名目無論現

在己未查明應請删除免為糾纏

一平餘備貢等款應歸於額外盈餘項下開銷以免無着也查粤海關解部銀兩向有量加平餘銀十五兩係按税加收今既歸作一條編正則此項銀兩無從抽取應請仿照解部飯銀等項在額定盈餘項下開銷之例於額外盈餘數内各歸各關批解其本年新奉加增之二十五兩亦照此辦理又每年應解備貢銀五萬五千兩人參變價約銀十萬兩上下均由商按貨抽算彙繳監督轉解内務府又有放關分頭名目亦由洋商按貨抽算每年約銀四五萬兩徑繳糧道衙門撥充普濟堂老人口粮及孤貧養贍義船快船水手工食卹嫠口粮等項之用如有盈餘留備部撥現

在暎咭唎國既議裁減洋商倘其餘各國一體議裁則前項銀兩已歸無着應請將每年變價參斤毋庸飭發其價銀一款每年十萬兩為率與備貢銀五千兩一並在各關額外盈餘數内劃出視各關征數之多寡均匀攤解其ففف關分頭銀兩每年於粵海額外盈餘項下撥銀四萬兩觧交糧道衙門查照原案分加支觧設其餘貨稅仍須由洋商經理應體察情形另行酌量辦理

一粵海關應酌量耗羨之餘以備公用也夫粵海每年有應進貢品及奉文備辦物件連盤費色禁並經由各關稅銀等項計莫約需銀十數萬兩現在羡餘均已歸入額外盈餘項下而一切均不可少應請於粵海關外盈餘項下留銀十二三萬兩以備支用如有

餘存盡數報撥倘有不足由福州等處各海關於額外盈餘内協
濟辦理
一四口應補征内地各關湖絲税銀以補不足也查西洋各國出口
貨物向由内地客商運至廣東交易經過内地各關皆應納税今
改為五口通商則内地商販勢必趨近更恐内地各關税額致有
短絀内除各項雜貨為數無多又茶葉一項已加增税銀至倍半
有餘大黄一項已加增税銀至兩倍有餘足資抵注無庸再議以
免藉口外惟湖絲一項雖非茶葉棉花可比但為外國所必需現
於籌議税餉案内與之再三辦論始定為每百斤完税十兩就正
額錢粮而論業已加增税銀統各項雜税平餘計之尚較從前每

百斤減銀一兩二錢零自應飭令內地客商補完經過各關額稅以羨補苴嗣後凡內地客商販運湖絲前赴福州廈門寧波上海四口與西洋各國交易者均查明赴粵路程少過一關即在卸貨關口補納一關稅數方准貿易如有偷漏照例懲辦與各國商人無涉其餘貨物悉循其舊海關丁胥人等倘敢藉口勒索許各商據實指告嚴行提究

一內地各省販賣茶葉湖絲紬緞不准由海載運以杜影射也查茶葉湖絲例本禁止出洋近因內地各海口勒索過甚致有內地各商將給銷各省茶葉等貨搭船海運內地各關稅額自形短絀實由於此現定章程於西洋各國應完稅銀大有加增與內地流

通商貨税則輕重懸殊易啓避重就輕與洋船私相交易之弊嗣後如往販東洋等國進貢貨税與内地民間日用各物仍循其舊外所有内地各省行銷茶葉湖絲紬緞三項止准内地行走不准涉海倘有情愿販運者即照與西洋各國貿易例一體完税方准販運出口各海關則例内原有粗茶粗絲土絲等項名目全行刪除其台灣等處應用茶葉絲斤紬緞由該督撫體察情形另行奏明辦理

一與西洋各國貨税無涉之客貨應仍舊章辦理以免紛更也查粤閩江浙等省商民每多出入海口販運土産上至盛京下至廣東往来貿易其所運貨物除茶葉湖絲紬緞外均非西洋各國所需

無虞影射向來應完稅銀本有定章相安已久所有各處海關無論大關小口一切章程總仍其舊毋庸另議

一各項浮費應全行革除以杜弊端也查各項浮費於雍正乾隆年間改正歸公之后旋又陸續添出更多於前即如豆蔻一項每百斤例征平餘等銀一兩六錢有奇所加浮費幾倍此外各貨之浮費不知凡幾歷年既久致吏情不服嘖有煩言現將浮費全行裁革如再有需索等事無論官弁兵役俱照枉法贓粢革治罪惟粤海關差并無工食而在進口貨物内由洋商抽給於乾隆九年經前任監督奏明准其存留在案現在浮費裁撤未便令各差役枵腹從事轉啓藉口勒索之弊應請查照海關書吏之例核給工

食由臣祁𡊨等酌定各款銀數另片奏明辦理以上各條係
就臣等管見所及變通爲議惟治法需人全在各海關監督深
明通商之要領少取即所以多取之義廉以自持嚴以約束亦不
得稍有越分中外相安海疆永靖矣所有臣等會議緣由謹
奏奉
硃批軍機大臣會同該部速議具奏欽此

抄暎夷示

大暎委駐厦門口管理商民人等管事府記　為曉諭開市交商事照得我國公使大臣噗與大清欽差大臣耆在粤妥議通商事務立定章程先後合約二紙其新定章程及征稅則例已奉發到理合開市貿易茲擇於九月十一日開市征稅為此曉諭凡我番人知悉自今以後俱准來厦居住貿易惟是現在各船至厦務各剋期將爾等來歷及該船所儎貨物逐一開列清單投繳前來本管事以便將新議合約發到則例并爾等僉閱咸使通知俾以後各得遵循兩國議定章程毋致參差特示

一千八百四十三年十一月　即

道光二十三年九月

抄閩撫奏稿

奏爲福建厦門一口嘆啇已派委夷官擇定馬頭開市通商緣由

恭摺具奏仰祈

聖鑒事切照前准

欽差大臣耆英移咨准嘆啇照會派委夷官巴富爾前赴上海記里

布前赴厦門管理該國通商事務等因續又准移到酌定善後

章程十七條前來均經轉移遵照兹據興泉永道恒昌協領霍

隆武署厦門同知霍明高署同安縣知縣俞益等稟報巴富爾

記里布等已於六月初四日同抵厦港除巴富爾即赴上海外所

有記里布到厦之情形極爲恭順一經擇定馬頭即請開市續

據該員等詳報記里布到厦之後協同查看惟海關前吳姓闗閑之空行房屋一所與海關緊相毗連便於稽查記里布甚為合意隨出錢賃住以作馬頭擇於九月十一日開市一切厦商事宜遵照廣東議定現在華夷均各相安臣等查厦門通商事屬創始一切事宜期於行之久遠無弊隨與在省司道公同商酌必須由省派員前往協同核實辦理方為周密查有護延建邵道事福州府知府戴嘉穀老成幹練在閩年久熟悉情形堪以派委緣該護道留辦局務現在省垣飭即馳赴厦門會同該道恒昌協領霍隆武并該廳縣將一切通商事務經理要在盡善便民華夷永為悦服以仰副

聖主軫念海疆之至意再現准

欽差大臣者咨會據嘆酋照會稱福州一口現在無人可派應暫停
開市等因經臣等出示曉諭該處商民人等如有嘆夷貨物在口
外遊亦不准私相買賣交易并飛咨
欽差大臣耆暨兩廣浙江各督撫臣查照外謹合詞恭摺具奏伏乞
皇上聖鑒訓示再閩浙總督臣劉韻珂署毋庸會銜合併陳明謹奏

抄大學士穆等會奏稿

奏為遵

旨核議速奏事内閣抄出臣耆英等奏通籌海關收税并解支禁革各

事宜備列條款整頓税務一摺道光二十三年七月十六日奉

硃批軍機大臣會同該部核議速奏欽遵於七月十九日抄出到部臣

等詳加核議將籌畫各條備列于後

一粤海關原定税額應歸五口匀攤一款據原奏内稱粤海應征外

洋及内地正税並額定盈餘向来照數征解之外尚有額外盈餘現

既分五口通商若仍令粤海關照舊征解勢有所難此後粤海

關征不足數請于福州厦門寧波上海各關所征西洋各國貨物

内撥解足數等語臣等查粤海關額征正税並額定盈餘共銀八十九萬九千六十四两每年照數征解外尚有解餘銀自一二十萬至三四十萬不等現在沿海各關既准通商閩浙江蘇所征西洋各國貨税皆由粤省分出必較往年征收税數為多而粤海一關税銀不免短絀自係實在情形應如所請此後粤海關征收不足之數即由福州厦門寧波上海等處所征西洋各國貨税内撥補足數以昭平允

一五口征收西洋各國税額請試行三年再行酌定一款原奏内稱西洋各國貨税本為福州厦門寧波上海所有現在甫准通商税額難以懸定請俟三年後察看五口每年征收税銀若干再

行酌定等語臣等查沿海各關自通商以後西洋各國自應踴躍而来惟各口貿易衰旺尚難懸擬若遽照一年征收之數作為定額難以各得其平應如所奏以試行三年之後比較各口征收各數再將粤海關原定税額分款科箕勻攤閩浙上海各關以歸核實

一粤海關雜税自行删除一款據原奏内稱粤海關除征收税耗羡之外尚有節次歸公等項雜税隨正征解今既歸作一條編徵收綜計均尚有盈無絀所有歸公案内雜項名目無論已未查明請一槩删除等語臣查粤海關正税盈餘例有定數惟正税之外節次歸公案内款目繁多各耗羡歸公等項向係隨正征解今既無分正耗雜欵歸作一條編征收應如所奏一切雜項名目概請删除以

歸簡易

一平餘備貢等欵應歸額外盈餘項下開銷一欵據原奏内稱粤海關解部銀兩每千兩加平餘銀十五兩按税加收今歸作一條編征收此項無從抽取請在額定盈餘項下開銷各歸各關劃解本年新加之二十五両亦照此辦理又每年應解備貢銀五萬五千兩人參變價銀十萬兩上下均由洋商按貨抽算彙繳監督轉解内務府又有放關分頭名目亦由洋商按貨抽算每年納征銀四五萬兩繳糧道衙門撥充普濟堂等項之用現在嘆咭唎國已議裁洋商倘其餘各國亦一體議裁前三項銀兩亦歸無着請將每年變價參斤毋庸飭發其價銀以十萬兩為率與備貢銀五萬五

千兩各關盈餘數内征收之多寡均匀攤解其於關分頭銀兩於
粤海關盈餘項下撥銀四萬兩解交糧道衙門等語臣等查粤海
關解部銀兩每千兩加平餘銀十五兩今據稱歸作一條編征收
此項無從補取應准其在盈餘項下開銷各歸各關劃解今年新
增之二十五兩亦即照此辦理又據所稱每年應解内務府備貢
銀五萬五千兩人參變價銀十五萬兩上下又於關分頭名目約
銀四五萬兩撥交普濟堂等項之用均由洋商抽算彙繳現在
嘆咭唎國已議裁洋商三項均爲無着請將每年變價參斤毋
庸飭發價銀以十萬兩爲率與備貢銀在各關盈餘數内均匀
攤解内務府查每年臣衙門發交廣海關參斤變價銀兩係備

精捷營新陳鎗營兵丁操演公費進班口分並
賞給侍衛處軍機處步軍統領衙門內務府等處叅斤銀兩三旂養
育兵丁錢糧等項之用上年兩廣總督和墳貢等會奏請將叅斤
變價暫停飭發俟該商等所借庫款二百八十萬兩遵限四年完
繳清額另行照常請領售變經臣衙門以此項變價銀兩均係
支發各營兵丁錢粮公費
帑項攸關未便准其暫停領售請將該商等所借分限四年款庫
銀二百八十萬兩每年完繳交藩庫銀六十萬兩其餘十萬兩覈
計發去叅斤成數扣作變價之款等因具奏奉
旨依議欽此欽遵在案今據

欽差大臣耆英等奏籌議沿海關口收税事宜條款摺内備貢銀五萬五千兩參斤變價約銀十萬兩向均由洋商按貨抽算彙繳監督轉解現在暎咭唎國已議裁洋商倘其餘各國亦須一體議裁則此項銀兩亦歸無着請將每年變價參斤毋庸飭發其價銀每年以十萬兩爲率與備貢銀五萬五千兩一並在各關額外盈餘數内劃出攤解等語查此項變價銀兩均係支發各營兵丁錢粮公費等項之用該大臣等議以各關額外盈餘數内劃出攤解惟廣海關額外盈餘一款亦係歸公之項且無足額該大臣等所奏加平備貢等款均由額外盈餘項下撥解每年所收額外盈餘不敷撥解時則此項變價銀兩難期如數解交所有拖欠各營兵丁

錢糧無款可支於臣衙門經費大有關碍且

盛京每年解到參斤若廣海關等處停發他處更難售變經臣衙門

奏准自二十三年起至二十六年每年解交參斤變價銀十萬兩

係在該商等分限四年應完繳二百八十萬兩庫款之内於商力

既有變通自不應藉口更張而現在暎咭唎國已議裁洋商其餘

各國貨税仍歸洋商經理所有變價參斤一款仍照舊交廣海關

飭商相售將價銀依限批解以重帑項查備貢五萬五千兩一款

亦係由洋商按貨抽算彙繳該監督每年解交造辦處預備

上傳一切活計及匠役等錢粮之用亦難稍有遲緩且此款銀兩既

與參斤變價之款均由該商彙繳今亦未便由各關額外盈餘攤

解其應如何辦理及變價叅斤如何交商領售之處由廣海關監督自行妥議辦理其放關分頭銀兩應准其於廣海關盈餘項下撥銀四萬兩解交粮道衙門以充公用其餘各國如仍須洋商經理應令體察情形酌量辦理毋滋流弊

一廣海關酌量羨餘以備公用一款據原奏内稱廣海關每年有應進貢品至奏文備辦物件等項約需銀十數萬兩現羨餘均歸入盈餘項下而一切均不可少請於廣海關盈餘項下酌留十二三萬兩以備支用如有餘存儘數報撥倘有不足由福州等處各海關盈餘内協濟等語查内務府盈餘一款既歸入額外盈餘自非例准作正開銷之款不應動支且查各關差織造所進貢品較之

廣海關款雖均向不開銷今原酌內酌留銀十二三萬兩以備呈進
貢品及奉文傳辦物件之需未便准行臣公同酌議嗣後凡有奉
旨傳辦物件每年應需銀兩難以預定擬令督監核實辦理准其作正
開銷其該監督向例呈進貢品如何籌款之處由監督自行辦理
一各口應補征內地湖絲稅銀一款據原奏內稱洋船各關出口物
件內地各貨運至廣東經過各關皆應納稅今改為五口通商各
商販自必各趨近便除各項什貨為數無多又茶葉大黃已加增
稅銀毋庸再議惟湖絲一項為外國所必需現與再三辨論始定
每百斤定稅十兩統以雜貨平餘計之尚較從前每斤減銀一兩
二錢零應飭令內地客商販運湖絲赴福州廈門寧波上海四口

與西洋國交易者少過一關補納一關稅銀以藉補苴等語臣等查內地客商與西洋各國交易者先係運至廣東今福州等處既准通商自必各趨近便據稱湖絲一項外國必需現在議定稅銀較從前稅數為少應如所奏嗣後內地客商販運湖絲前赴福州廈門寧波上海等處與西洋各國交易者較赴廣程少過一關即在卸貨關口補納一關稅數以補不足其餘各國商人交易及其餘貨物仍照舊章辦理如有丁胥人等藉端需索即行嚴加懲辦

一內地各省販賣茶葉湖絲綢緞不准由海載運一款據原奏內稱湖絲茶葉例禁出洋近有內地客商將茶葉等貨搭船海運各關稅額短絀實由於此現定章程與西洋各國應完稅銀大有加

增亦啓避重就輕與西洋船私相交易為弊嗣後除往返東洋各
進出貨税與民間日用等物仍循其舊外所有内地茶葉湖絲綢
緞三欵只准其内地行走有愿由海運者照與西洋各國貿易例
一體完税等語臣等查茶葉湖絲例禁出洋㨿稱内地各商将行
銷各省茶葉等貨搭船海運以致内地短絀應如所奏内地行銷茶葉
湖絲綢緞三欵不准涉海有願由海販運者即照與西洋各國貿易
章程完納税銀方准出口以税課而杜流弊其往返東洋等國進出
什物與内地民間日用等物仍循其舊各海關則例内粗茶粗絲土
絲名目應用一併删除其台灣等省應用茶葉湖絲綢緞等物請
飭下該省督撫悉心妥議另行請

旨辦理

一與西洋各國貨無涉之客貨應仍照舊章辦理一款據原奏内稱粵海江浙等省商銀出入海口販運土産上至盛京下至廣東往返貿易除茶葉湖絲綢緞外所有五處海關無論大關小口悉照舊章程完税等語臣等查粵閩江浙等省商民販運土産甚多内除茶葉湖絲綢緞外均非西洋各國所需無虞影射向來應完税銀本有定章相安已久所有五處海關一切章程應仍其舊以免紛更其浮費全行革除以杜弊端一款據原奏内稱各貨浮費不知凡幾現將浮費全行裁革如有需索無論官弁兵役俱照枉法得贓治罪惟粵海關差役並無

工食現在浮費裁撤請查照海關書吏之例核給與工食由臣
祁墳酌定名數銀數等語臣等查各項浮費曾於雍正乾隆年
間改正歸公茲又陸續添出更多於前因將浮費全行裁撤如
有需索情事應無論官弁兵役俱照枉法治罪至粤海關向
無工食由洋商按貨抽給現在浮費裁撤未便令其枵腹從事
其核給工食應由該督酌議名數銀數妥為辦理臣等逐款詳
籌悉心酌議如蒙
俞允即行知炤各該省一體欽遵辦理所有臣等會議緣由是否有
當伏乞
聖鑒訓示再此摺係户部主稿合併聲明謹奏奉　旨依議欽此

抄厦門與暎夷面約各條款

一納稅查原議各條並無未卸之貨應否納稅明文惟厦門地方褊小銷路不遠本地又無殷實行棧承充收買所有夷商道口貨物不得不往别口銷售自應通融辦理以昭公允以后外國商船進口除噸鈔全數輸稅外其貨物俱經起卸均輸按例輸稅如未經起卸之貨須載往别口銷售者免其輸稅應由海關將餘剩之貨物開明色件若干另填牌单照上註明前赴某口銷售隨同紅单發給該商呈送管事官一併驗明方准出口該商一到某口即將牌照呈繳該口海關查驗收銷以杜中途偷漏之弊

一各國商船到厦由水道引入厦港拋泊不可拋泊古浪嶼背後及一

切僻處地方致啓偷漏走私之弊

一卸裝貨物總歸馬頭不准移至别處其卸裝貨物不論春夏秋俱從日出起至日入止不准太遲以防弊混

一善后條内有廣東内河之划船小船噸鈔一錢之例并聲明别口併與此項小船毋庸再議等語以後来厦之外國的船無論何船但經開艙均應按噸輸鈔五錢以符原議

一厦門街市係馬頭貿易之地外國各商人等自應聽其往来但不准擅入居民住屋及文武各衙門公館除暎國管事官隨從官兵公事往来一切番兵跟役水手人等均不許擅入附近厦門之鄉村及府縣城池均應遵守和約不准擅到

一外國商人到厦貿易除隨来隨去之夷跟等或有留在厦門居住者一共幾人是何姓名有無家眷租屋住居由管事官照會地方官存記其有本在厦門居之番商或搭船回本國亦由管事官照會地方官查驗

一各國商船上水館中跟役人等由管事官嚴切曉諭不得滋生事端

一各國各處所留通事係閩粤兩省之人其中良善不齊難保不滋生事端此輩皆係中國民人嘆國管事官難于處辦以后各處通事已由管事官細查開明列冊照會地方官衙門存案如各處通事有犯法之人或由管事官移送地方官衙門辦理或由地方官照會管事官查拏辦理彼此不得推托庇護

一內地奸商或有私雇外國商船假充番商運貨来厦者于通商
事件大局亦有防礙必宜嚴行禁止一經查出除將該假商之
貨物抄没入官并將本商照例治罪并究其受雇之外國商船
應由管事查辦仍先行曉諭各關口岸知之

抄廣東大員奏稿

欽差大臣耆　兩廣總督祁　廣東撫梁　粤海關文閏七月十二日由驛會奏為粤海自開市以来華夷安輯貿易照常恭摺附驛奏

聞仰慰

聖懷事切臣耆前因咦咭唎急于通市附片奏明即照伊前定期限於七月初一日先在廣州開市欽奉

諭旨著即遵照辦理欽此欽遵在案臣等伏查各國貨物向年皆於六月以後先后来粤隨時售貨完税俟来年二三月間裝載出口貨物陸續回帆歸國其後到之船為數甚多是以粤海關征收税銀最旺之期在於秋冬之交現自七月初一日查照新定章程開關

以來截至又七月初十日共有進口㗎咭喇米利堅二國貨船五十二隻各投素所相信之行店十餘家貿易貨物寔納稅餉華夷均極安静市肆閭閻極樂一切照常計已征收過稅銀十二萬八千九百餘兩比較上年七月初一日至八月初十日所收稅數有盈無絀歷來各國商船懋遷有無出口現在洋船甫到所收皆係進口之稅間有出口者為數亦甚細微轉瞬抽出口貨稅自必充盈將来福州等四口開市后粤海關稅雖減於往来而統五口計之稅數加增其機已見洵堪仰慰

宸廑惟粤海關口岸散漫港汊分歧必須多派書役逐段巡邏其計担納稅按貨過秤動輙以數千百担計所需人役實属不少

從前此等人役皆係私收担頭銀兩並無工食現在洋商全裁竟致枵腹從事其勢不能不為酌籌經費以備糊口而杜弊端俟臣祁臣文另行籌議辦理至要約各條皆已議定日內本可完結惟因夷首噗嚨喳不識漢字必須夷目嗎唎遜譯出英字與彼商定再譯漢字始能繕成書册嗎唎遜于又七月初五日因熱症暴斃已由臣耆飛飭噗酋派習漢字之夷目迅速譯出約須數目不致因之延誤所以有開市以后安靜情形臣等恭摺馳

奏伏乞

皇上聖鑒謹奏

抄奏稿

奏為縣令勸捐不善致劣衿藉端挾制赴縣滋鬧請將該縣及
衿一并先行斥革以便嚴審確情分别究辦恭摺具奏仰祈
聖鑒事切據餘姚縣知縣舒明稟稱縣屬舉人施襄徐文顈朱鑾生
員徐元亮宋以允徐庭廾向不安分或進署嘱托公事或向官借
貸錢文該縣均未允准本年七月初四日該舉人等藉勸捐之事
投遞呈詞該縣諭令候批該舉人等即咆哮辱駡該縣將為首之
施襄交差看守正擬稟請究辦詎初五日徐文顈唆令多人至署滋
閙將施襄放出並將土地祠及大堂門窻等物𣏌折抛擲該縣出
而彈壓致被擲傷其時教官營弁等踵至徐文顈等始各散去查

唊夷滋事餘邑地處海濱奉飭僱募鄉勇並令居民各自團練該縣勸諭各紳士捐貲僱勇據紳士朱文治洪維鍾黄寅清徐君望等以縣屬有田之户悉屬富民呈請以田畝之多寡定捐數之等差經該縣據呈批准所捐錢文均作僱募鄉勇及修建營房炮台之用令施襄等借端滋鬧禀請委驗究辦再施襄原名施貽襄朱鑾原名朱書勳俱係餘姚學生員嗣復改名由北籍入學中舉似係冒籍跨考等情該縣旋即来省臣當飭司驗明該縣右眼下右腮膊各有木器傷一處一面委員會同紹興府知府定保馳往嚴拏首夥各犯解省審辦嗣據該府將施襄徐文頡等提解来省並聲明初六日徐文頡等以本年春間該縣因防堵經費不敷令居民

按畝捐錢五十文隨粮完納縣書張文鳳等借捐舞弊連二十年陳粮亦令按捐入己苦累貧民伊等與施襄赴縣呈究張文鳳指使將施襄管押等詞在府具控等情臣因隨同滋鬧各夥犯尚多未獲復飭該府赶緊查拏茲又據施襄以初五日伊在押未釋並未在場滋鬧等詞赴臣衙門呈訴臣查浙省自上年逆氛不靖沿海各屬在在戒嚴因兵力不敷分守經臣通飭添僱鄉勇並令勸諭居民各自團練借資捍禦其一切有關防堵工程如紳民情愿捐修亦聽其便仍諄諭各屬務須聽民樂輸不得稍事抑勒致涉派累各士民情殷桑梓凡捐僱鄉勇捐修工程無不踴躍輸將業經臣暨欽差大臣裕先後將山陰會稽慈谿乍浦各紳士急公輸捐

情形恭摺奏報在案查該縣所禀情節與控詞種種未符亟應徹
底究明一并從嚴懲辦據兩司轉據該管道府揭報前來相
應恭摺奏參請
旨將餘姚縣知縣舒明革職并將舉人施襄徐文韻朱鑾生員徐元亮
宗以九徐庭升斥革以便提集人証一面勒拏赴縣滋鬧各犯務
獲解省務得各確情分别按律究辦以端士習而肅官方除委員
接署餘姚縣印務查明該縣經手倉庫錢粮有無未清另行辦
理外理合會同閩浙總督顔恭摺具奏伏乞云云

抄探報

探得廣信云𠸄逆於十二三等日在大黄滘等處探水之深淺另有火輪等船起椗上北又於十三四等日在黄浦等處潛探道路胆敢將陸路巡兵掠去二三十名不知生死經楊侯親自帶兵赴彼處剿捕因見各國夷船衆多難開大炮即傳諭各通事傳諭各國開艙各船迅即起椗退去免致玉石俱焚並傳令各路官兵定此十六日聽點分剿又委千總一員赴蓮花港口將逆夷所插紅白各旂盡行拔去丢棄並無動静又探聞義律于三月底已抵澳門只有嗎仔現在夷樓又聞義律因聞逆類在浙江被撫台拏去二名剥皮示衆爲此潛往浙江詐言尚在澳門又聞義律、

潛往浙江大將軍於十四日令各路官兵數千名分派各路埋伏
安置大炮併知會楊侯於中接應十五日委廣州府親赴夷樓
探其虛實伯麦亦不知去向只見嗎㖞一人責以探水私售等事
佯作不知只献出義律遞首府一信其中不知何説大將軍同
各大憲飭令文武各屬所有来往文報各宜慎密毋致泄漏倘敢
故違按軍法並諭令坐省各提塘聽事凡有接遞文報宜登暗歸
以杜逆夷詐偽並札飭潮州府轉檄所属各縣毎辦鳥鎗三百
扞文到五日内備齊應用又札飭新會縣備辦紅草船六十隻
順德協備辦拖風船四十隻限七日内備齊應用各等因

抄探報

探得廣東信云　楊侯前奏唤逆求和一摺奉到
硃批摺內有能保該逆不再反覆之句　楊侯又以八難之摺覆奏現
已委員帶兵一千名守護外城廣東兩首邑示諭附近省河人民
一概搬移別處等因順德新會兩縣因赶辦紅草拖風等船不及
摘去頂戴再限五日內辦竣悞則參辦粵中大憲飭令沿海各州
縣赶辦大商船應用又添鑄二萬斤大炮二尊備用番禺暹岡汛
把總陳朝安督率民人拏獲探水深淺之逆類二十名解省發交
廣州府訊辦烏涌逆船同已退出三隻所灣省河各船亦將退出
該逆亦知大兵雲集不日進剿似有逃竄之意省河各處尚揷右

紅白旂賣私又在新安裙帶各處添設帳房八十架又蓬寮十一所俱朝南向所開之路可通香港該逆偽設縣官胆在香港偽張告示不許賣酒賭博如有漢兵窺伺拿送本縣定奪等因

抄浙撫劉韻珂咨文

為咨會事為照現准　欽差大臣來函以粤議已定該夷即去定海城池既可收復並據寧波府鄧守禀稱正月十六日辰刻奉伊節相面諭早間接到琦侯于十二月二十六日六百里來信云𠯿咭唎事已説妥准在粤東通商與以香港居住囤貨義律有信給定海夷人即交還定海卑府伏思該夷退出定海即須設官經理禀請遴員接署定海縣事並令該員兼程來郡俾偕同官兵前往以資治理等情據此自應赶緊委員署理定海事務惟該縣境被𠯿逆蹂躪不堪所有安撫島民修補城工及如何添築炮台如何撥兵防守如何相度地勢堵禦及一切善

后事宜在在均關緊要必須精明幹練才識卓越之員方可勝任查有石浦同知舒恭受在鄞縣任内民心愛戴官聲洋溢本部院前在寧郡接見與議論公事深悉其老成歷練才具超軼現值急需賢能之際自應札委該丞前往暫行署理此係擇能而使尚須入奏斷不准該丞諉卸此時雖委該丞署理定海而公務蝟集且皆關緊要恐一人兼顧為難仍添委大順縣音布德太平縣馮錫鏞東陽縣王武曾即用縣高振宛試用縣汪仲洋試用主簿龔慶五署德清縣典史王希璧候補府經歷葉翔隨仝馳赴定海　欽差大臣伊行轅稟請指示機宜聽候委赴定海遵辦一切除行司道省寧二局并札飭石浦同知舒丞遵照

外合即咨會云云

抄　欽差大臣伊奏稿

奏為粵省夷務業經查辦完竣奴才現飭繳還定海恭摺由驛

馳奏仰祈

聖鑒事竊奴才於道光二十一年正月十六日接准廣東欽差大

臣署兩廣總督臣琦善六百里來咨以嘆夷照繳還定海及該

省之沙角該督允為代懇

天恩准其仍前來粵通商並請仿照西洋夷人寄居澳門之例將廣

東外洋之香港地方給與泊舟寄住業已據情代奏囑即收回

定海一面撥兵前往彈壓等情並據取到夷目義律呈遞奴才

來文一件又該夷目給與留浙頭目胞祖等夷信三件奴才飭

閱義律呈遞之文亦稱愿將定海獻還查本年正月初三日以
后迭接琦來咨知該夷在粤鳩張將攻勦事宜遂加籌備茲該
夷自知悔悟畏罪輸誠情愿撤兵納土自可無事勞師 奴才現
將粤省送到義律所給胞祖等信件并備文催令將行裝什物
搬運下船擇期起椗一面派委鎮將帶兵前往縣城彈壓防範
以備不虞其前獲之夷俘晏士 打喇打厘等除已病斃四名外
其餘俱遵前奉
諭旨概予釋放除夷船起椗之時押至船內至義律文內聲稱該國
商人將貨物帶至定海行銷懇令寧波商人收買俾免虧折等
情雖係該夷貪圖小利第輾轉交易有稽時日且恐啟 該夷妄

奠在浙通商之念未便准行　奴才　現已給與義律覆文並諭知
胞祖嚴加拒絶以免衅端除俟收回定海再行另摺奏報暨將
前請飭召皖楚等省官兵截回外所有接准粤信後辦理緣由
理合恭摺由驛馳奏伏乞
皇上聖鑒謹奏

抄粵督琦善奏稿

奏為暎夷桀驁難馴奉
旨預備攻剿乃奴才萬不得已欲安疆土而保蒼生已於未奉
廷寄之先量允所請謹恭摺再行密奏請　旨將奴才從重治罪事
窃准軍機大臣密寄奉
上諭琦善奏夷船逐日迫切現在籌備一摺反覆譸張難以理諭著
琦一面與之論說多方羈絆一面妥為預備倘有變更即奮勇
攻剿以懾夷胆等因伏查該夷桀驁性成誠如
聖諭難以理喻而其船隻之多大小悉備火器之利遠近兼施此間
水師廢弛已非一日雖現在提臣關天培亦頗竭力鼓勵兵心

而積重難返究多葸畏且該夷動輙火攻師船碍難帖近再加以漢奸導引水陸交竄省城則又無要可扼 奴才 昨因目擊情形萬不得已欲以一人之身及衆人之心不避重罪量允所請瀝情具奏在案茲欽奉

諭旨跪聆之下惶懼倍深雖現在業據該夷情愿繳還定海沙角等處經 奴才 另摺據情代為請奏惟 奴才 於未奉

廷寄之先輙以勢出無何酌先代懇 恩施冒妄之咎實所難辭理合再行恭摺密奏請 旨將 奴才 從重治罪以儆庸懦伏乞

皇上聖鑒謹奏

再㖆夷遵照繳還定海沙角籲懇通商寄居并以 奴才 冒昧量

允所請請 旨治罪業經分別具奏在案查該夷於本月廿三日遞到夷書二件一係遵繳定海沙角一係請於尖沙嘴香港寄居 奴才 以尖沙嘴新建炮台設兵防守非如香港之孤懸海外可比且係兩次地方碍難允准當又備文仍令委員前往辦論茲於廿五日又據該夷投到回文二件一係指請於香港泊船寄居一係求釋夷人二名 奴才 查現在大局將定定海陣前所獲之夷人自可毋須拘留即准其查明釋放至於香港地方 奴才 先已派員前往勘丈候奉 旨准行再為該夷約定限制至廣州開溝一節該夷狡執異常其情屬迫不及待迨至再四論說已據該夷於廿三日來文內稱請以明歲正月初旬為期

奴才代奏乞
恩摺內自道光二十一年起擬於明降
諭旨尚無窒礙合再附片密陳謹奏

抄　上諭稿

軍機大臣字寄道光二十一年正月初五日奉

上諭本日據琦善馳奏逆夷攻占炮台一摺前因逆夷日肆猖獗迭

降諭旨準備相機勦辦原料其垂涎廣東已非一日該大臣身膺

重寄既知該夷情形鷙驁又見該省營務廢弛自應先事預防以

期有備無患茲據奏報逆夷佔奪沙角炮台並攻破大角炮台等

情甫於十二月十五日肆逆開炮二台均被攻破可見該省全無

預備實堪痛恨已明降諭旨將琦善關天培分別摘頂嚴議現在

逆情顯著惟有痛加勦洗以示國威尚有何情理可諭已飛飭四

川湖南貴州等省官兵迅即赴粵並飭江西前所調南贛鎮兵二

千名馳赴接應其廣東本省官兵悉歸該督統轄現在情形緊要
着先行分布要隘分段把守勿再有疎虞所調各兵計正月內可
以到粤着即督飭將備奮力勦除以圖補救至廣東炮台前據鄧
廷珍等安設排練阻截夷船此次攻破之大角炮台是否即係其
處着琦善一並查明據實具奏將此六百里諭令知之欽此遵
旨寄信前來

同日內閣奉

上諭琦善奏𠸄夷攻佔炮台情形一摺逆夷到粵以後日肆猖獗迭

經朕嚴諭該省慎密固防相機勦辦該文武大臣宜如何布置本

日據琦善馳奏該處沙角炮台現為逆夷佔奪大角炮台亦被攻

破并有戕傷將弁搶奪師船之事可見該署督於防範各事宜均

未籌備琦善着交部嚴加議處仍督率調到各官兵奮勇堵勦迅

奏膚功關天培身任提督統轄水師平時既督率無方臨事又倉

皇失措著先行革去頂戴仍令帶罪立功以觀後效所有傷亡將

弁兵丁著該督切〔確〕查明具奏欽此

抄　上諭稿

軍機大臣字寄　欽差大臣琦　廣州將軍阿　提督郭　道

光二十一年正月初八日奉

上諭本日據琦善奏𠸄夷佔奪炮台難以拒守一摺又另片奏籲懇

恩施等語覽奏十分憤懣該大臣自因省城重地復因居民繁多恐

有激變故有此權宜之計姑允所請暫示羈縻現已降旨授奕山

為靖逆將軍隆文楊芳為參贊大臣赴粵協同勦辦又添派四川

貴州湖北三省兵丁各一千名迅赴廣東接應一俟將弁到齊不

難整頓戎行出力攻勦將軍阿勒精阿提督郭繼昌統轄陸路官

兵俱有守禦之責着該大臣等趕緊訓練兵勇奬勵士卒并預備

軍需糧餉鎗炮火藥俟夾山到後和衷共濟協力攻勦克復海隅
以申天討而建殊勛萬不可稍有畏葸致失機宜將此由六百里
諭令知之欽此遵
旨寄信前來

抄粤督琦善奏稿

奏為咲夷遵照繳還浙省定海縣粤省之沙角據情代奏籲懇

恩施仰祈

聖鑒事竊咲夷自前天津稟訴奉

旨准其查辦後該夷已心知感欽本月十五日正在查辦之際旋據該

夷呈稱祇緣素居化外向無紀律當此夷兵環集之時未能約

束致弁兵情急佔奪沙角炮台並將大角炮台攻破該夷旋即

悔懼現在情愿將定海繳還統撤師船回棹并將粤東之沙角

炮台獻出惟該夷素以懋遷為務歷蒙

天朝寬大之恩准令通商俾叨

豢養自斷其貿易後舉國無以為生并以該國距此數萬里航省
海而來輙經年越歲拋散骨肉隔離鄉土情堪憐憫竊惟西洋
夷人久沐
天朝懷柔曠典得以攜眷在澳門寄居今此事同一律欲求代為籲
懇
天恩自道光二十一年起准其仍前來粤通商並請仍照西洋夷人
寄居澳門之例准其就粤東外洋之香港地方泊舟寄居即不
敢再求往他省貿易各情懇請代奏前來奴才除給咨該夷令
其作速由海道馳往浙江將定海刻即繳還奴才亦即收回沙
角可否仰懇

聖恩俟伊里布奏報收回定海後准該夷自道光二十一年起仍前

來粵通商並仍照西洋夷人在粵寄居之例准其就粵東外洋之

香港地方寄居出自

逾格鴻慈理合據情由六百里馳奏伏乞

皇上聖鑒訓示施行謹奏此摺　批即上一條

抄粤督咨稿 兩件

兩廣總督琦為飛咨事竊照嘆夷反覆異常現聞大兵將集又思蠢動本月初四日准水師提督關函開據防守三門之遊擊王鵬年禀稱初三日未刻瞭見火輪船拖帶杉板船五隻駛至三門當即開炮轟擊伊亦回炮拒敵其杉板夷兵各執鳥鎗登岸圍繞王鵬年督兵連發四十餘炮打中火輪船約七八炮打死夷人約二三十名現在帶兵駐守山後等情報由水師提督函達前來

二月二十日准廣東二月初七日發　欽差大臣琦來咨竊照嘆夷大肆猖獗虎門炮台業已失守水師提督關亦不知下落

該逆夷現帶兵船進省相拒業已不遠除實力堵剿外相應飛

咨一體堵剿施行

抄　上諭

二月十六日准兵部遞到火票道光二十一年正月二十五日

奉

上諭前因𠸄逆自浙回粵復肆悖逆攻陷炮台特授奕山為征逆將軍隆文楊芳為叅贊大臣調集各路精兵聲罪致討茲據琦善奏𠸄夷獻出沙角炮台並夷人赴浙繳還定海懇請俯如所請云云覽奏曷勝憤懣不料琦善怯懦無能一至于此𠸄夷兩次赴浙江廣東肆逆攻陷縣城炮台傷我鎮將大員荼毒生靈驚擾郡邑大逆不道覆載難容無論繳還定海獻出炮台之語不可憑信即使真能退地亦祗還我故土其被害之兵丁罹難之民人切齒同仇

人神共憤若不痛加勦洗何以申天討而示國威着奕山隆文兼程前進迅即馳赴廣東整我義師殲兹醜類務將首從各犯及通夷漢奸檻送來京盡法懲治其沿海各省將軍督撫等尤當加意嚴防來則攻擊務令片帆不返同奏膚功琦善身膺重寄不能申明大義拒絶妄求竟甘受逆夷欺侮已出情理之外且屢奉諭旨不准收受夷書此時胆敢附摺呈遞並代為懇求是誠何心且據奏稱同城之將軍都統學政司道府縣均經相商何以摺内阿勒精阿怡良等均未會銜所奏顯有不實琦善着革去大學士拔去花翎仍交部嚴加議處欽此

抄浙江 欽差大臣伊里布奏稿

奏為奴才現在遣將帶兵收復定海並籌備攻勦緣由恭摺具

奏仰祈

聖鑒事竊奴才前准廣東 欽差大臣琦來咨以暎夷情願繳還定海奴才遣兵前往收復並取到夷目義律呈遞公文及所給留浙頭目伯祖私信當經奴才專弁諭令迅速納土退兵並遵前

奉

諭旨許將歷次拿獲之晏士打喇打呢各夷釋令帶回業於正月十六日恭摺馳奏在案嗣伯祖願將定海呈繳併以該國商船帶來貨物懇請在浙銷售復請將晏士打喇打厘等釋放奴才等

當將銷貨一節嚴行拒絶其被擄各夷允俟該夷繳地之日即
行釋還伯祖旋擇于二月初四日繳還定海不敢復求銷貨惟
仍欲將被擄各夷先行釋還奴才堅持不允兹據該夷允於初
四日人地兩交　奴才現與提督余步雲商定抽撥鎮海等處防
堵官兵二千六百名並甫經到鎮之安徽壽春鎮兵四百名並
令處州總兵鄂國鴻壽春總兵王錫鵬署定海鎮總兵葛雲飛
統領於初三日駕坐雇備商船一百五十餘隻由鎮海縣起程
前進以便如期收復城池並將晏士打喇打厘等交給帶往飭
俟復城之後即行釋放催令該夷即日起椗又委石浦同知舒
恭受等管帶糧餉隨往支發惟是該夷居心詭詐料此次繳還

定海其情雖似確鑿然犬羊之性難以理測必應兼籌攻勦庶不墜其奸計奴才前因粤信迫切即捐銀一萬兩交鄭國鴻遣人密往定海雇備鄉勇採購柴薪及火攻器具在附近定海縣一帶分頭埋伏現在派往弁兵俱屬精勇奴才已密飭該鎮等于到定之日察看情形如果該夷無意交城即督率弁兵及埋伏之鄉勇揜其不備同時並舉合力攻擊並將帶往之晏士等臨陣先行正法以勵士卒之心而奪該夷之氣如能仰賴聖主鴻福殲除醜類即可克復城池否則附城寬處扎營或在密險處分駐以圖後舉並鎮海縣城迫近定洋尤恐該夷前來滋擾現經余步雲及狼山鎮總兵謝朝恩督率將弁兵勇在各口岸

嚴加守衛城圵濱臨大海奴才即在城内督率文武防守以禦
攻擾而定人心除俟處州等三鎮到彼後作何進取情形再行
奏報外所有奴才遣將帶兵收復定海及籌備攻勦緣由謹會
同浙江撫臣劉韻珂合詞由驛馳奏伏乞
聖鑒謹奏

抄　欽差大臣伊里布奏稿

奏為定海業經收復夷船全數起椗恭摺由驛馳奏仰祈

聖鑒事竊奴才前因夷目伯祖呈報于二月初四日繳還定海懇請釋放夷俘當即飭委揔兵鄭國鴻王錫鵬葛雲飛統領官兵三千名馳往收取並將前獲各夷交給帶往飭收復城池之後即

遵

旨遣釋倘該夷中懷詭詐不肯交城即在陣前將該夷囚等正法督率弁兵及預伏之鄉勇盡力攻擊以期克復業將辦理緣由恭摺馳奏在案茲於初五日據差弁先行馳回面禀我兵於初四日午刻齊抵定海該夷半在城内半在船中見我兵到彼伯祖

即繳還城池城内各夷立即紛紛退出我兵整衆入城登陴看
守並將城外道頭所盖草屋全行折毁鄭國鴻傳宣
恩諭將該夷俘晏士打喇打厘等釋令領回並飭趕緊起椗伯祖等
免冠服禮稱伊等將城池繳還後即於初五日全數起椗等語
隨即率衆登舟旋又據鄭國鴻等禀報夷船業於初五日陸續
起椗揚帆南去惟内有三桅夷船一隻駛至嶼嶼港地方失風
擱淺另有夷船二隻在旁起護該鎮等遣將飭催該夷稱俟潮
長即行開去等情前來奴才伏查該夷將城池繳納大帮船隻
多已遠去其擱淺及救護之船必不在此逗遛既已批令查明
該船何時開駛另行飛禀惟定海既經收復應即設官駐兵嚴

加守衛奴才已札飭鄭國鴻即帶所統各兵在縣城及緊要各口岸分營駐守並委前往經管糧台之石浦同知舒恭受暫署該縣印務所有一切善後事宜俟欽差大臣江蘇撫臣裕謙到任察看情形會同浙江撫臣劉韻珂查核辦理至奴才前次奏調之皖楚等省官兵四千名安徽壽春鎮兵一千二百名業經陸續抵浙現在仰蒙

皇上簡派元戎赴粤勦辦誠恐該夷被勦竄突復至浙江滋擾防範尤須嚴密定海甫經收復防備未修尤須格外緊嚴壽春鎮兵素稱精銳應請暫行留防由裕謙探明粤省情形連本省調防各兵分別裁撤其湖南湖北兵二千八百名此時浙省毋須遣

用若改調赴粵則該省軍威更壯足寒夷膽　奴才現在咨明湖
廣江西安徽江蘇各省督撫臣不論該兵等行抵何處暫爲截
留聽候
訓示如蒙
皇上准令赴粵籲懇
敕下該督撫等速遣前往倘粵省兵力已充不必添調並懇
諭令該督撫等分別遣回至前奉
簡派之韓振先琦忠等二員業經川陝兩省咨報起程今浙省軍務
已竣自可毋庸前來　奴才已咨明該二員徑由各省飭令回任
又　奴才前因急籌攻勦湖廣兵丁到浙需時署兩江揔督裕奏

明在江省備兵四千聽候調遣即經咨請酌調二千來浙以備
攻守之用現已移咨停止除俟裕到日將欽差關防委員賫
送收接奴才即日馳回本任外合將定海收復並夷船全數起
椗緣由會同提督余步雲恭摺馳奏伏乞
皇上聖鑒謹奏

抄　上諭稿

二月十二日兵部咨二月初六日奉

上諭前因暎逆日肆猖獗降旨令琦善等嚴密防範如有必須攻勦之處不可遷延誤事嗣因該逆攻佔炮台特將琦善交部嚴議仍令奮力攻勦以圖後效乃琦善到粵以後甘受逆夷播弄節經諄切告誡迷而不返自稱專辦夷務不令 阿勒精阿怡良等與聞迭據奏報情形非係開脫逆情即屬代求恩宥於一切防守勦堵事宜置之不問並因該逆有繳還定海之言輒將義律呈遞伊文件並該夷目給與留浙夷目夷信代為由驛遞交伊里布以致伊布里聽信順從遲延觀望本日據怡良馳奏暎夷

投遞呈詞並在香港地方出有偽示一摺香港地方緊要前經琦善奏明如或給與必應屯兵聚糧建台設炮久之覬覦廣東流弊不可勝言旋又奏請准其廣東通商並給香港地方泊舟寄居前後自相矛盾已出情理之外況此事並未奉旨准行何以該署督即令逆夷公然佔據現據怡良奏報㕵夷盤踞香港稱係琦善說定讓給已有文據並偽出告示稱該處百姓為㕵國子民覽奏殊堪痛恨朕君臨天下尺土一民莫非國家所有琦善擅與香港擅准通商胆敢乞朕恩施格外是直代逆乞恩耳況伊被逆夷恐嚇奏報粤省情形妄稱地利無要可扼軍械無利可恃兵力不固民情不堅摘舉數端危言要挾更不知是

何肺腑如此辜恩誤國實屬喪盡天良琦善着革職鎖拿派都統英隆並着怡良揀派同知知州一員一同押解來京嚴行訊問所有琦善家產即行查抄入官欽此

抄　上諭

二月十五日准兵部咨道光二十一年二月初五日奉

上諭前因逆夷佔踞定海特派伊里布為欽差大臣相機籌辦並因該夷自浙回粵日肆猖獗屢經降旨令伊里布迅速進兵不必俟廣東知會即行攻勦乃伊不遵諭旨惟順從琦善屢次奏報悉以兵炮未集藉詞緩攻莫接得繳還定海之信即信以為實已有旨令折回本任命裕謙馳驛赴浙作為欽差大臣會同提督余步雲迅速攻勦伊未回任之前兩江總督着程矞采暫行兼護本日據裕謙馳奏逆夷未受懲刱飭兵仍行前進一摺所奏均是逆夷攻據定海之後奸淫搶奪荼毒生靈凡我士民自必志切同仇人思

敵愾裕謙此次赴浙以順討逆以主逐客以衆擊寡必當一鼓作氣聚而殲旃朕佇望該大臣迅奏膚功懋膺上賞斷不可因該夷現有繳還定海之說稍涉遲廻又墮逆夷詭計而陷琦善伊里布辜恩誤事之故轍凜之至伊里布身膺特簡迭次催令進兵並不遵旨勦辦株守數月觀望遷延甚屬畏葸不堪伊里布着交部嚴加議處欽此

抄　上諭硃批

奏厦門斷不可與逆夷通商一摺二月二十日奉到

硃批汝言固是但誤國辱國之人業經拿問所言自可毋庸議矣欽此

抄廣東巡撫怡良咨稿

閩撫吳文鎔

准廣撫怡咨竊照㖹夷自攻陷大角沙角兩炮台後益肆猖獗本月初六日駕駛兵船火輪船三板船多隻闖入虎門以內守台將弁因該逆炮力甚猛急切難於抵禦水師提督關當時陣亡並有陣亡將弁兵丁次日長驅直入泊於離省六十里之烏浦地方該處有先到之湖南鎮筸鎮總兵祥福帶領湖南兵數百名在彼防守見有夷船駛近奮勇攻擊亦因夷炮難以抵敵鎮筸祥福亦當時陣亡亦有陣亡將弁兵丁自烏浦以內為典浦為潖洲為腊德為二沙尾離省更近有兵駐札此處水勢較淺該逆只在腊德之外泊有六日本部院鼓勵本

標將弁並會同督部堂將軍都統齊心協力固守省城十二日
叅贊大臣楊芳到仍會商防守各事宜以俟靖逆將軍奕山叅
贊大臣隆文到粤并奉調各省之兵到齊再商進勦之策現在
探得該逆已將兵船由腊德逐潮退出誠恐犬羊之性復於別
省海口再肆鴟張不可不預為防範相應飛咨一體飭屬防堵
施行

抄閩督顏伯燾奏稿

奏為廈門防勦情形仰祈

聖鑒事竊臣蒙恩簡授閩浙總督於正月二十六日接篆當將地方緊要事件與撫臣吳熟商後隨即起程前赴廈門督辦防勦逆夷一事業經奏明在案臣於二月初十日抵廈連日親赴各海口詧看情勢查得廈門一島孤懸閩南遠控臺澎近接金門又為泉漳屏幛與粵東毘連洋面四通八達實為全閩咽喉門户西南北三面皆屬內港東則三十里外即係外洋大小諸嶼參差帆立至上年六七月間逆夷兩次竄擾皆由東南之青嶼口出入青嶼在浯嶼之內入口船隻必先徑由北岸之白石頭

安海二汎遮西為水㨪台頭中礁大小炮台皆為首冲再西則魯班廟文汎口沙坡尾虎頭山均為次要水㨪台對岩為嶼仔尾之西橫亘海中與虎頭山逕對北為古浪嶼登嶼則全廈瞭如指掌以上各處共安大小炮二百七十九門水陸兵二千七百九十九名倘有夷船竄至唔嶼大小炮台等處截擊之嶼仔尾夾攻之魯班廟等處斜擊之古浪嶼迎擊之其自白石頭至沙坡尾一帶俱為平地冲要障蔽不嚴兵威不壯原設沙囊久則腐散上年經興泉永道劉耀椿倡建石壁高一丈厚八尺長五百丈每五丈空炮洞安置炮門壁後各建兵房栖止有所惟外鄉澳海之處大船不能駛近是以上年未議設防自廣東大

角沙角炮台猝被逆夷攻奪皆有漢奸登岸萬一生心厦嶼誠恐故智復萌情形既今昔不同防堵宜水陸兼備所有安海迤東之魯厝白石頭迤東與北之孫厝鄉皆有沙坡可上厦北之五通汎則由金門可以逕達厦西之高崎汎杉板亦可駛入以上各處不可空虛共安設炮百門兵一千四百一十名高崎汎又派哨船十隻兵三百名攔截港面此外各處尚有水勇練勇九千二百七十四名並聽調遣是乃全厦備禦之大概也其中尚有應需設炮添兵之處容臣隨時相機辦理伏思嘆夷犬羊成性自去夏佔據定海滋擾粵東狼貪豕突惟利是圖實覆載所難容亦人神所共憤我

皇上乾綱獨斷特簡重臣調派勁旅馳往粵東定海分勦不難尅期
蕩平惟痛勦之後必四出竄擾閩省首當其冲備禦不可不嚴臣
屢勘廈門前後左右處處設兵安炮尚屬周密各將士志切
同仇無不發奮自勵若該逆自投死地痛加攻擊使其片板不
留一人不活以伸天討而快人心臣旬日内外佈置定局仍暫
回泉州居中策應所有臣親到廈門督辦情形謹繕摺由驛馳
奏伏乞
聖鑒謹奏
再逆夷猖獗亂常啗我以鴆毒而不容吐棄紿我以控訴而忽
肆憑陵而夜郎自大以侏儒醜類與

天朝爭敵國之體且敢窺我藩籬潛圖割據駸駸乎呂宋實力之謀
率土臣民莫不攘袂切齒思欲得而食其肉乃一再議撫未即
擒渠而定海粵東竟忘受降為受敵之戒弛防懈備誠恐有意
外之虞幸賴
天威大震聲罪致討
特簡奕山等往勦廣東裕謙亦進勦定海自今以往度無敢再進議
撫為幸完之計者矣既不議撫則惟議攻議守水師船質脆薄
篾篷遲重與賊角逐萬無勝算擊以巨炮威則壯矣然止能設
之岸上不能載之水中焚以小船計則奇矣然止能用之內港不
能施之大洋若是者守也非攻也不足者守有餘謂賊勞而我

逸也賊費而我省也今日之事則異是逆夷以船為家洪濤巨浪之中即其寢饋遊息之地帆影一來炮聲一震我之官弁兵勇儼然赴敵夜以繼日駢肩疊足於海壖之上船既不能追炮又不能及而賊則從容游奕或无所作為而去是賊常逸而我常勞也賊衆多寡固不可知約畧計之共巨艦不過五十六十隻每隻四五百人為率計日授食亦不過二萬餘人陽以兵船擾我陰以貨船朘我責土之所入足供火藥柴米之用我以沿海七省處處設防兵勇之口糧數十倍於賊軍需之什費又數百倍于賊是賊常省而我常費也夫用守則不能用攻守則不特勞且費而守終不能固何也自遼瀋以及廣東海洋且逾萬

里其間荒山埜岈賊或不敢捨舟逕入至島嶼孤懸溟渤煙灶俯迫大洋夷炮所能及之地計亦不下數十百處防守之策豈能一一堅固即以閩省而論全力所注惟厦門一島倘猝集逆夷大艦數十隻尚不致有不支之虞台灣地險兵足自衛此外如福州福寧漳泉興化南澚諸屬守備大半單弱較之厦門不及十之二三逆夷餌我奸民時時為之偵探某整某暇某嚴某懈無不在賊目之中一旦乘虛掩襲如定海大角之可危者正不止一二處將欲一一完繕如厦門不但無可調之兵無可設之炮且安得如許金錢填此巨壑此設守之不能固者一也近調各省精兵前赴粵浙逆夷聞之故應褫魄奪氣倘敢冒死來

薄自可滅此朝食所懼大兵雲集賊則揚帆而去或且益費休兵伺瞭再舉我兵既不見一敵勢不能坐縻帑餉數月之後不能不議裁撤未幾而賊又哭如其來自古邊防以遠斥堠為要義兵力即甚神速烽燧猶時報警况汪洋大海天水渺茫其去不知何往其來不知何時百里之内纔見風帆晷刻未及炮火已足相及此時若再下征調之檄捲甲急馳已屬緩不濟事其不為定海大角之續者幾何迨兵再集而賊又揚帆而去疲於奔命終不能加遺一矢司農告匱邊患依然此設守之不能固者二也臣伏度事勢逆夷未經大創萬無悔禍之理而我兵退守堂奥不能引而近之使之就我鋒鏑老師縻餉長此劬勞不

思制勝之方終成苟且之局臣與天下臣民莫不勝其憂憤廹

切臣世受

殊恩敢不竭盡心力帷有開誠布公集思廣益鼓勵人材而徵群策

激揚士氣而固人心冀得上秉

宸謨海疆綏靖是則犬馬微忱惓惓而不容自已者也冒昧妄陳伏

乞

皇上聖鑒訓示謹奏

抄　欽差大臣裕謙奏稿

奏再英逆在粤已退出外洋此次粤東所調川黔勁兵皆長陸戰守則有餘至於乘夜出洋燒擊夷船及攻勦香港則實不如本地水勇之得力語云徵兵百萬不如召募三千以其服水土而熟人情也查有粤東抄本番鬼錄係英夷商人用夷字記載見聞近年粤東通事用漢字譯出改名華事夷言其文雖屬鄙俚然係該夷本國自相告語之詞故於鴉片之數目走私之情節一一直書不諱而末段有中國之人柔弱不善戰水師軍師軍器皆不中用惟廣東有粗工力作之人及水中營生之人勇而有力歐羅巴人皆不能及若揀充兵丁可謂精兵等論是粤東

沿海水勇為該夷所忌憚已情見乎詞聞前年嘆夷兵船在粤被水勇乘夜燒燬去年六號兵船自該國抵粤時鋭意攻犯一聞該省總督下令懸立賞格凡沿海水勇殺一白夷者賞洋銀二百元殺一黑夷者賞洋銀一百元焚燒夷船及人船並獲者各有重賞又嚴禁接濟彼時夷船上之漢奸皆不復為賊用而樂為我用該夷聞風疑忌亦不肯信用並不肯容留解散賊黨俾其離心最為善策即 奴才 上年在寶山防堵亦曾懸示賞格無論兵民漢奸有擒獻義律者賞洋銀五萬元殺一白夷賞洋銀一百元殺一黑夷賞洋銀五十元擒獲大洋船一隻賞洋銀一萬元除船炮入官外其船上洋銀貨物全數充賞並差人四

路偵探設法密拿該逆夷義律始終不敢闖入江南洋面是其明徵乃聞琦善到粵後散遣水勇不啻爲淵驅魚乃致轉爲該夷勾去遂有大角沙角炮台之陷其奏中所云山後漢奸即係散遣之水勇不問可知現在逆夷在粵通計不過六七千人除水手外戰兵不過三四千人全賴漢奸爲耳目伙黨果如粵中前立賞格亦不過費數十萬金即可不傷一兵不折一矢殺盡賊衆散盡賊黨似屬萬全之策可否請

旨飭下靖逆將軍叅賛諸臣查明上年該省所立賞格速行出示並召募水勇多多益善較之徵召他省官兵事半功倍以之相機攻勦可補兵力之所不及至香港孤懸洋面非如定海田土寬

廣漢奸既為我用便可斷其接濟該船水米食物斷不能供贍
數千逆夷該逆夷游奕已逾半年所帶糧餉亦必將告匱只要
我兵嚴守口岸不令駛近不過數旬不難制其死命奴才見聞
所及謹附片陳明謹奏

再奴才先後承准軍機大臣字寄道光二十一年二月初五日
奉
上諭定海即使繳還官弁因之傷亡民人受其荼毒思之實堪痛恨
至香港一層琦善代逆乞恩朕斷不准其通商該大臣惟當一意
勦辦無復存一通商之見稍事遊移粵省既大加撻伐難保該逆
船隻不復竄回定海將來進勦時兵力設有未敷所有前調楚省

官兵着一面檄調接應一面奏聞等因欽此又於二月初六日奉
上諭楊芳所稱現在大局或一面威復定海一面准其偏僻小港屯
集貨物等語亦屬非是此時萬不許作此議論等因欽此仰見
聖謨宏遠
乾斷堅定凡屬臣民無不同聲欽感　奴才　伏查現在浙江情形當以
守為戰以禦為勦無事進取至楚省官兵已經伊里布以應否
調赴廣東奏請
訓示設該逆敢再豕突而來　奴才　惟有會同提督余步雲欽遵
諭旨督率將弁協力同心痛加勦洗務期殺盡乃止不敢稍事游移
致蹈覆轍再定海地方于被佔後該逆輙將近城之東山地方

民間墳墓盡行掘發剖棺棄屍以致殘骸剩骨遍滿荒郊慘毒已極即在該處又埋有逆屍數百皆以紅土為記奴才忿恨之餘已飭將該逆屍塚確切查明逐一刨出剉戮投諸海中不使汚我土地其被掘之民間屍骨已屬零星錯亂雖有孝子慈孫亦屬無可分辨業飭檢齊彙葬一塚立碑標記俾以後共相祭掃合并陳明謹附片復奏

抄興泉永道稟稿

稟稱探得廣東有一幼童手執茶壺内存火鑪鎔化錫鉛所有炮位火户皆被灌塞防範者見其可疑始行扭獲又探得大炮皆被鹽滷浸潰查夷人以重貲買囑漢奸何事不為廣東如此閩省不可不預為之防等語

抄欽差大臣裕謙咨代辦閩督事福撫吳文鎔稿

咨為飛咨防勦事二月二十二日亥時准署兩廣總督琦六百里咨開逆夷大肆猖獗虎門炮台業已失守水師提督亦不知下落該逆夷現帶兵船晉省相距業已不遠飛咨防堵等因到本大臣准此查該逆夷之注意本在廣東因天時和煖地利熟悉而與沿海居民又多相識也前兩年廣東防守嚴密沿海居民非應募充當即密奉軍令偽作漢奸從中處事該逆不能以欲得之天時地利人和奪我固有之天時地利人和技無所施遂來竊據定海而其居心實不能忘情於廣東故又逞其奸狡擇可欺者而欺之逕赴天津在前任直隸總督琦善處遞呈乞撫並

有中堂若赴廣東我們即可亦往和好之語琦善不識兵機不知夷情墜其奸計毅然以為己任一到廣東署兩廣總督即將防兵水勇盡行撤退甚至責備副將不應設立炮台放施號炮警動逆夷致令生氣此等謬妄情形已屬可詫可恨迨該逆日縱日驕防守各官再四告求添兵僅止寄派二三百名乘夜渡海致有大角沙角炮台被佔之事惟時若即添兵多募水勇與省城文武各官協力同心妥為防勦事尚不至十分掣肘乃視同僚如膜外事逆夷如頑父一任提鎮大員痛哭請兵堅不調派雖至要之虎門炮台僅止防兵數百提鎮相向而哭坐以待斃兵民盡已解體安得不復失事現雖奉

旨將其革職鎖拏解京嚴訊抄沒家産而廣東之官兵被戕人民受害業已不少此等誤國殃民喪心病狂之輩誠萬死不足蔽辜此廣東省屢次失利之實在情形並非逆夷之用兵神奇亦非我兵之不能與敵諒我兵民亦各有所見聞浙江省沿海地方守禦嚴密定海縣兵有五千炮械鉛藥亦皆足用與廣東之自撤藩籬開門而揖盜者迥乎不同凡屬帶兵鎮將地方文武只須激勵守兵鼓舞民勇則衆志成城雖有百萬之賊亦不敢正視何况此海上游魂並無後繼僅止數千逆夷能勿聞風疑懼自餒其氣除聲明轉飭浙江省寧二局翌長五鎮臬司等一體遵照鎮靜防守嚴密巡

探隨時稟報不得違誤外相應飛咨一體飛飭防勦施行

抄欽差大臣裕謙片奏

再嘆夷去年至天津遞呈躉船五隻且停泊之直沽河距天津府城甚遠而琦善張皇其事遽稱畿輔盛京處處堪虞浙江洋面海口全被佔住並稱後來船隻無數必將南北並擾希圖聳聽以掩其武備廢弛之咎繼又牛酒犒師遣弁講款因而山東浙江繼起效尤餽送絡繹致使攻陷城池之逆賊所至如賓而山東撫臣托又飾稱歡呼羅拜查嘆夷腰勁腿直見該國主向無拜禮嘉慶年間入京即因夷使不能拜跪驅逐回國是其明証豈有攻陷城池大肆猖獗之後忽向山東犒師弁兵羅拜之禮大辱國體之事其為欺蒙

天聽之詞不顧中外之非笑皆由天津辦理不善所致此琦善張皇飾欺之罪一也該夷回粤以後驁鷙愈甚求索愈多情勢愈形迫切琦善自當一面調集滿漢水陸兵勇親廵海口炮台嚴防要隘明立賞格激勵將士先不為不可勝以待賊之可勝乃惟知責副將賠禮責兵丁認錯毫無堵禦之方將士解體軍情阻喪以致該夷乘其無備開放鎗炮攻佔炮台傷折將士又以未申兩刻一事分作兩奏具稱我兵衆寡不敵查粤中水師船炮雖不如該夷之堅猛而陸路官兵則省城有駐防有督標有撫標又有沿海水勇以數萬計視賊何啻十倍而賊之在粤者不下數千人其陸路夷兵止有打尖鬼船二隻約計不過千人琦

善果能調兵嚴防後路何至夷賊千餘繞出山後便稱衆寡不敵耶琦善不知自愧懼尚以粵東武備廢弛諉過前任試思琦善未到任之前年餘以來即以粵省之兵勦堵粵洋之夷連得勝仗屢燒夷船賊衆望風不敢窺伺並未調兵餉於他省亦未聞有喪師挫銳之事此琦善弛備損威之罪二也沙角大角炮台既失之後虎門尚有炮台八座而威遠鞏固永安三台鼎峙鉄鍊橫鎖險阻斷難飛越此時即當速調兵勇固守親身馳往虎門號令調度以安人心而作士氣一面知會浙江乘機進勦定海使賊首尾不能相顧其時定海夷船止有廿餘隻且貨船居其半又義律伯麥皆未回浙定海止有偽將一人而粵中義律

得炮台后已捨舟登陸正是極好機會乃摺中于勦堵布置事
宜一字不提惟急以復書緩兵為詞聳聽入奏赶緊札囑浙省
不必進兵旋即給與香港即日在廣州定議通商不但故違
高宗純皇帝勑諭並不俟繳還定海后恭請
皇上准不准賞給之
諭旨則是該夷先得馬頭後還定海以地換地既不使威在朝廷且
許其即日通商給地在前奏明在後又非
恩出自上況該逆佔據城池戕害官員文武荼毒生靈罪大惡極竟
置之不論倒行逆施謬妄專擅此琦善違例擅權之罪三也琦
善既在粵給與馬頭即當說明浙中夷船全撤乃其遞到夷目

給伊咨文則又稱定海夷船各貨即令寧波商人前往銷售查該夷船在定海大售鴉片有去冬定邑難民呈詞可憑仍欲在寧波違禁通商銷去鴉片何以在粵講撫時並不與之詳確訂定斬截葛藤此琦善將就苟且之罪四也夷目公司領事義律止係夷商首領與中國洋行商人一例向在廣東均由澳門同知遞稟督撫皆自稱遠商或稱遠職而督撫行文飭令知府同知轉諭則稱該領事稱謂有定相安已久歷有案卷可稽自上年在天津浙江投書擅用照會僭稱本公使大臣而琦善等不加詳詧亦輙以公使大臣稱之以致外夷市儈竟與
天朝將相平行大闕

國體倘海外各國夷商紛紛藉口效尤何以處之豈有嚴謹于各國而獨屈辱于嘆夷之理又豈有既屈辱於嘆夷而仍能嚴謹于各國之理此琦善失體招衅之罪五也奴才愚昧之見邊疆大吏必須稍有威望方足以鎮服外夷廣東澳門大小西洋通市者數國皆觀望強弱為向背

天朝舉動遍播海外若使嘆夷得志則愈足以誇脅諸夷啟侮召衅其害有不可勝言者琦善挫軍損威委曲求欵已為嘆夷所藐玩並為大小西洋各國所輕視若竟令其久在廣東勢必專務敷衍彌縫恐不止難收禁烟靖夷之效從來外夷非畏威不知懷德故馭夷必先勦而後撫自宋至明邊患不同要之申國威

者皆忠義之臣而不顧國體者皆奸佞之輩慮久遠者皆智勇
之士而苟圖目前者皆庸懦之流我
朝二百年來聲威遠震四夷臣服曠古未有況暎夷不過海外之奸
商其所糾合不過販煙之匪類何必如琦善屢奏惟務夸張外
夷以挾制中國　奴才受
恩深重不敢瞻顧嫌怨而誤邊疆重計瀝誠密片附奏伏乞
聖鑒再　奴才聞夷人到粤必用漢人為買辦而為買辦者實為漢奸之
尤教猱升木皆其所為前鄧廷楨任內奏明驅逐之奸夷嗔吔
有買辦鮑聰係買辦中最為可惡之人因查拿嚴緊逃往山東
轉至直隸改名鮑鵬隨同琦善潛赴廣東托以心腹與義律往

來議事情殊詭秘琦善所稱夷言先戰後商之說難保非即係此等漢奸有所窺伺而教之使然也奴才竊以為鮑鵬不諳夷務必多反覆可否請

旨密飭靖逆將軍參贊諸臣確查琦善處如有鮑鵬其人實係買辦鮑聰即行密拿嚴究交通實情正法海濱以杜內外勾結之弊奴才既有所聞不敢因事無確據緘默不言坐視琦善誤墮奸匪之計合並陳明謹奏

抄鎮海縣拿獲夷匪審訊供詞

據布定邦供小的父親名布旭照向做西洋生意憑官給有牌照並未與紅毛交易鴉片去年被官差誣以私通紅毛將父親並胞弟𠖥甲拿獲番禺縣收禁又被禁卒將父親凌虐逼斃命次兄𠖥漢逃在咬𠺕吧小的聞拿四處逃避始入夷船的供這黑夷人據他說名咁馬默是孟加剌國所屬的孟加剌本紅毛屬國有上白中白及黑人三種上白人中白人肉色皆白人亦伶俐黑人最愚蠢紅毛船過孟加喇即買黑人到船使喚每人身價三四元亦有擄去的皆令學習當兵不能當兵的即在船供應打掃襍役此人是在船洗衣服打掃的其頭髮係伊國風俗自行剪去留有寸許

長再長仍剪去孟加喇的話與大西洋荷藍等處一般小的懂得的此人是無用的問他船中情形不甚明白若拿得白人他便知道船中底細了紅毛國都地名正埠實名蘭城其人不從天主教其國内小鄉地方人亦有從天主教的天主伊吽做耶蘇十字架伊教中吽做吉利生現在船中大官員皆正埠人不從天主教其餘兵丁不盡正埠人從此教的其孟加喇黑人二十名皆係天主教的又從天主教的人因耶蘇曾釘在十字架上故見十字架不敢輕慢其跨十字架便是反教恐來生下地獄故見十字架不敢放鎗砲來打此架若打不着架亦不要緊又船中現在官員最大的是伯麦管理用兵事務是他為主如元帥一般其次是厘時再

次是義律大約如總兵副將之類俱是紅毛國人並非漢人其餘小官職姓名記不甚清船中有一年糧食分裝中號船三隻係麪餅醃牛肉猪肉火腿活雞活羊燒酒等物此回都是兵船並無鴉片及貨物在船夜派十人支更看守白日大家防守的一這黑人馬默是住在中號船上船主名沽厘如千把捴之類是紅毛人不是漢人彼國到廣東順風行四箇月不順風六箇月方到小的于本月十六日始到船上前日何船何官回去小的實不知道現當頭陣的多是紅毛本國及僱來孟加喇的白人僱的白人每月工錢六元紅毛本國人及白人共二千有餘當頭陣的將官義律伊國前在廣東被林大人驅逐所以這回要取舟山出氣總是義律

主意向前的各官有一個香泥丸不認得何物問這黑人伊亦以手指地亦不知何物想是丸藥之類若漢人被他拿住如懂他話求他開恩他便不剪頭髮如或不懂便把他剪了亦有養一綹的不過是做個記號的意思紅毛船上水手兵丁均有刺字係編配各船字號凡水手刺在小臂兵丁刺在肩膀及胸前此係定例其餘閒散人等刺在腿上各人隨意自刺的不是定例這黑人肩上驗是繩綑痕迹不是印烙的又據供嘆咭唎國主是個女主今年二十一歲這伯麦等皆係官員不是國主親戚皆紅毛人帷這審事官郭士立他父親本是俄羅斯人後歸附紅毛所以也算紅毛官員中惟郭士立是從天主教的伊父親向在天津生理郭士立

後来又在廣東澚門開設學堂教中國人番字漢人有從天主教的皆到此讀書所以閩廣寧波各處的話他都會説這回纔派審事官管營官兵丁爭鬧打架等事馬禮遜又名嘆馬禮遜祖能通文字説漢話年不過三十歲亦在廣東多年前係國主叫他總管貿易故内地各樣的話他都會説各處情形亦皆熟識船内漢人止有廣東南海番禺等縣的二十人係做跟班及厨子等類無做官的小的亦不甚認得這夷船内有中號船及小船十隻各配黑人二百名單管鳥鎗各配紅毛白人四十名單管大炮所以不用黑人管大炮因其不會用大炮是銕鑄大船又各有兩隻銅炮大船管配紅毛及白人的至黑人二千名不相混什另配作十船紅

毛國多是白人孟加喇國亦有白人船中紅毛白人與孟加喇不甚分别得出來的共二千餘人惟黑人最好認識所以知道他每船黑人二百名十船共有二千人的小的不從天主教凡從天主教的人不肯説不從的話如自説不從便是反教了這閩吉祥小的亦不認得臂上刺字糢糊看不清楚看來刺在臂上想是水手又供這黑人自説我是無罪之人那日在河邊洗衣服不知何故把我拿來想要回船去又把我鎖鍊起來如把我開了鍊我也會在此帮助生活的何故把我來受苦的話又噗咭唎姓名小的不曉得彼國凡稱國主通曰唵巴喇聞女主之父本字唵吧喇因去年身故無嗣國中大臣立其女為主去年八月内招有丈夫亦伊

國人不知姓名年二十一歲不管國事的聞得坐殿時女主坐中伊丈夫坐在旁邊現在船上領兵事務是伯麥前鋒是義律開夷船此回東來非圖得地方亦非奉國主之命緣伯麥是伊國大臣義律是伯麥妻舅義律本係公司總管各洋商貿易舊年兜攬各國鴉片煙土來到廣東被林大人勒令繳出無價可還各國洋商要義律還銀義律無計可施遂與伯麥商議欲來廣東滋事欺其國主年輕騙請兵船十隻出海巡查不告以駛來中土之話嗣因來到中途過孟加喇望味槑山新寄波花旂等國沿途催來及搶來兵船二十隻駛入廣東滋事因廣東不停遂想取浙江舟山攜家來往可以長做貿易此皆義律主意並非國主之命想此番報

知國主未必一定歡喜想舟山得來亦是歸義律的夷船來此一切用度出于公捐緣孟加喇及望味出産鴉片兩國洋商因義律為鴉片吃虧遂公捐銀兩帮義律前來滋事如此銀兩用完即遣火輪船回孟加喇𠮟商家接濟由舟山二十日可到孟家喇十五日可到望味國的夷船帶火藥甚多本係足用如或用完伊亦可遣火輪船回去取用船中一切工匠無不齊備凡有器械隨時可以修理廣東虎門外尚有二隻大船每船有七十二位大炮未知隨後來否以后有無船隻來此小的却不知道伊國官員小的未嘗查問並不曉得船內文官最大的美士科如大學士之類其次一名麥記連一名烟治諳二人如尚書侍郎之類武官最大的伯

麦如大將軍之類其次義律及路厘時如總兵之類又其次一名梳厘一名荷唄一名接化時一名庇時（臣）如叅尤之類文官共有十員武官每船各一員工使的官職如知縣之類總管貿易事務現在船內並無工使其餘官員小的不曾查詢姓名（並）不曉得伊國稱大學士曰光臣民稱大將軍曰晏云

據布定邦又供小的想起家中止有庶母歐陽氏年四十七歲妻子鍾氏年二十八歲一女二歲無人照管小的又蒙拿到案萬一夷船不破小的性命又是難保所以傷心痛哭起來小的丈人名鍾士蘭香山縣學生員現在廣州府城教讀如蒙鴻恩肯容小的接妻來淅居家小的想起男子漢到處為家有何不可願作家書

接來同住第恐路途遥遠盤費無資紅毛來意實因義律被林大人勒繳煙土二萬三千餘箱每箱煙土四十個值銀四百元計共洋銀八百萬有零林大人無銀給還義律無計可施欲向廣東滋事恐各國夷商不能在廣安業福建又是衝煩馬頭不足通商惟浙省地方為南北交通孔道所出綢緞茶葉等物甚多舟山又是向來紅毛貿易道頭所以决意來取舟山並非欲得中原地土如肯准其通商給還八百萬之銀彼亦可以不搶舟山此義律之本意據小的所聞情形如此廣東尚有續僱來的各國兵船三十多隻泊在伶仃洋地方又有大兵船二隻泊在虎門在廣兵船大炮最大長一丈二尺可打二十里之遥來浙兵船大炮最大者九尺

可打十二三里之遥中者五尺小三尺五寸夷船炮習之法架以炮陣束以鐵鍊可左可右可高可下毎大炮一位用十二人掌管監督毎日練習施放之法先將大炮磨洗洗訖裝火藥彈子裝門藥定方向始行施放訖推回原處並非眞裝火藥彈子只將空炮練習手勢眼力俾其熟悉若一人稍有差悞立加鞭責演習鳥鎗亦是如此無一日不練所以熟能生巧發無不中若中土之炮未嘗演習砲且生秀臨時炮不可用用亦無準並非夷人別有巧妙也紅毛巧于用鎗炮拙于用刀兵看漢人以炮攻戰彼操必勝之權若用步戰刀兵彼則必散漢人常練刀兵夷人專習鎗炮的緣故船内只有廣東二十餘人並無福建人其餘有無别省民人小

的實未看見未敢混説布定邦驗得聞吉祥左臂上刺的夷的夷
字乃是第二兩字想係第二號船上水手紅毛本國的兵與水手
皆有刺字其餘黑夷不刺字如孟加喇的白人亦有刺字的等供

抄廣督琦善奏稿

奏為嘆夷佔奪沙角炮台並將大角炮台攻破旋又即於水師提臣處投文請咨奴才先已發文詰問緣由恭摺由六百里馳

奏仰祈

聖鑒事竊奴才前奏嘆夷不候回文直擊炮台師船尚在彼此相持無分勝負係據水師提臣關函投報馳奏旋又接准該提臣函稱即於本月十五日復駛來大小兵船二十餘隻分攻沙角大角兩炮台炮火較前倍增直至申時方熄隨查得大角砲台前面灰沙炮墻已被打倒數所山後圍墻亦被打坍數處又打砲耳六位火藥局被炮打穿火藥轟發藥局被燒並延燒兵房三間該夷又另

撥夷兵漢奸數百名由大角山後緣山而上從墻鈌處打進炮台經陸路官兵打死夷人漢奸十餘名無如衆寡不敵守台千總黎志安身受多傷因恐炮位被其搬去當督台兵將好炮十四位推落海內負傷打出衆夷亦均回船僅存破爛空台此大角炮台之大略也又沙角炮台于被攻之際該夷另撥黑夷一千餘名漢奸數百名由穿鼻灣登岸兵船則攻打台面黑夷即抄山後攻奪陸路營盤被飛炮落火沿燒各兵草棚接伏一時之火我兵兩回受敵遂致不支副將陳連陞守台千總張清齡俱已陣亡守備程步韓受傷亦重兵丁死傷過半炮台遂為夷目義律所奪此沙角炮台之大畧也又守口師船十隻先經該夷開放火輪船四隻於是

日已刻進攻已被我師擊退互有殺傷該火輪船復糾約大小三板船數十隻續來攻擊其三板船中全用鳥鎗火箭火礶等械其火輪船均用空心飛炮鐵彈打落船中即行炸裂子内存有火藥炸散焚燒致我官弁兵丁有被鎗炮擊斃者有被火燒死燒傷者船隻亦有被燬者又前僱拖船十三隻現被搶去二隻其餘尚未查明此師船拖船之大概情形也據該 提臣 聲請

奏叅從重治罪又請將該夷前次來文仍從權再行照覆藉作緩兵之計庶可量為布置等情函致前來 奴才 復查此間水師兵械技藝廢弛已久該夷現在所用炮子内存有火藥所至炸裂焚燒不獨我兵所無亦該夷器械中向所未有經此次猖獗之後我師勢

必亦形氣餒為今之計總須先行設法止住夷兵俾得再行籌辦而該夷前日來文內有戰後再商之說奴才正以該夷如果續有所請其來文接收與否頗覺兩難若如該提督稱將前日夷書仍行從權照覆而今此情形已與前日不同該夷既不候照覆此間更不值覆伊前日之文惟思該夷前日投具夷書後總應聽候回文何以輒先滋擾不若藉此作詰問之詞令其將是何意見再行登覆庶此后該夷續有來文係其遵覆文書既於

國體無傷或仍得設法覊縻奴才甫經備文方發去後續准提臣函稱十六日辰刻該夷將擄我營兵向一魁放回交其帶到該提督夷書一件經提臣荅覆發後該夷隨又遞一書列明請求各款聲

稱聽候於三日內照覆各等情 奴才 隨代具提 臣 擬具覆夷文稿
寄交先覆告以 奴才 業經行文請問該夷登復再辦現尚未據回
報所有兩致 提臣 夷書并 提臣 寄到覆夷文稿並 奴才 代擬底稿
一併進呈
御覽至 提臣關天培 身膺水師統轄督率無力方據請 奏叅從重治罪
相應據情具 奏聽候
諭旨 奴才 欽奉
簡派來此查辦夷務雖正在籌辦之際該夷不候回文輒先肆擾大角
沙角兩炮台亦本係孤懸海外然不能駕馭帖服致令佔奪炮台
戕傷兵弁實深惶懼相應請

旨將奴才交部議處再此次仍據提臣來函具　奏雖續經准到咨文
以尚在倉猝之際其陣亡受傷官員兵丁及被搶被焚各船隻確
數未據逐一查明奴才已飛咨確查俟其將原調官兵若干現在
陣亡若干受傷若干尚存若干並被傷各項船隻既受催拋船水
手有無受傷逐細詳查咨覆到日另摺具　奏請
旨照例辦理並俟該夷義律如何登覆再行馳報外所有現在大概情
形謹恭摺由六百里馳奏伏乞
皇上聖鑒謹　奏
十二月二十五日發申
正月　初九日　准到

患預防

抄廣西道監察御史蔡家玕奏稿

奏為遵
旨再奏事本月二十七日奉軍機大臣面述
諭旨御史蔡家玕奏稱粵省為暎夷出入門户最關緊要宜添兵設備等語所奏固是惟夷船又往他省何法以制着詳細再奏欽此仰
見我
皇上思患預防深謀遠慮之至意臣思茫茫大海而欲其不犯邊境豈有他術哉亦惟推原之論先制暎夷之心而已其一使其心之服我其心服我必不肯犯我邊境雖粵不設備可也否則使其心畏我也其心畏我則不敢犯我邊境雖亦撤兵可也現今大學士琦

善前往廣東撫夷以和該夷若果恭順則照常通商烟土不至內
地定海亦必速還航海來王兵船不至是其心眞服我矣如不服
我則必與琦善爭論先在廣東滋事是不可以德化者也不可以德
化則必以力制之而使其心之畏我而後可也然則以力求其使
彼畏我之法而已矣蓋暎夷之所恃者其船大其炮猛人必以是
為難制而不知正幸其船之大也船大則駕駛不靈非風不行矣
更不畏其炮之猛矣炮猛則不能近擊不能低放矣儻我以戰船
與之對敵則彼之炮得力而我必受其傷我惟以船之小且多者
明分其勢使之應接不暇炮猛而無所用船大亦不能移則彼失
所恃而我操勝算矣臣深思而得數計請詳言之當夷船之望洋

而來也我以小船二三百隻每隻止数人四圍擁近彼見四面皆船欲放炮亦無從下手即放矣而我船行走無定必無準頭豈能傷我追我船與夷船相緊接彼更無能為力盖其船大則其船沿必高炮不下放而刀戟亦不能下施當此之時我船齊放火鎗火箭火毬之類夷船火起我船四散立見其船燒燬況我既以小船圍其大船彼即更有大船從旁救者亦無法可救何也彼欲放炮擊我小船我之小船傷者有限而彼被圍之大船已全轟矣此一計也又有將火船緊燒之法我小船之内襍火舡十餘隻其法用乾柴堆於船内又用桐油將草把浸透雜入[柴]船内再藏火藥在内其船兩頭均安鍊鍊約数尺長鍊上置大釘一二枚約尺長鋒利

且堅當緊接夷船之時將三五火船釘住夷船之上即行放火而衆船皆散一時夷船及火船片板無存此二計也廣東省有名海鬼者其居水無異于陸地此等皆干犯潛逃之犯
皇上若下寬詔准其投功效力將功折罪事成猶有重賞衹須招集數百人各給以斧鑿利器夷船一至令其潛入水内將其船底鑿破夷船束手無策立時沉溺此三計也此外更有反間之計請並呈之令督撫出示曉諭言夷邦現有漢奸在内前經奉
旨查拿正法夷人不日就捦爾等何苦自送性命今朝廷開莫大之恩與爾等自新之路倘能得夷人之頭來獻者免其治罪仍加重賞爾等若能合力同謀將夷人一齊拿獲則功愈高而賞愈懋如此

則夷人聞之恐漢奸之叛已漢奸聞之恐夷人之疑已勢必兩相
刺害而我不傷一兵不折一矢坐觀成敗矣以上各條必使安排
以待動靜㬦夷果能恭順服我心誠不妨備而不用若或逆命立
即施行本彼素志輕驕玩視中國我正宜乘其倉猝于開首之始
一戰成功倘餘類尚多再接再厲使其全軍不返胆裂心寒知中
國有人
天威難犯庶其畏我者深矣從此潛居海隅不敢側視雖粵省且不至
何他省之足虞所請欲其不犯邊境亦為推原之論先制其心者
如是而已總之能使其服我畏我粵省可撤兵各省亦可撤兵不
能使其服我畏我粵省宜設備各省亦宜設備現在或服或畏事

尚未定而臣前摺內猶特重粵省者謂其地當緊要先務為急亦兼為經費計也且臣觀今日之暎夷大都欲使其服我也甚難即亦欲其畏我也亦不易何也唐虞之際階舞苗格厥後數千百年未聞再見其事矧當日格之於七旬而仍竄之于三危若此類者豺狼其性鬼蜮其心天生冥頑原不可德化者也以此知服我之難也況今之暎夷國強且富諸國多被并吞而且仁義不聞以利為命我縱備極利害大顯威嚴猶難保其不再至倘使因循不振專主於和彼肆志以揚威我無備而有患則邊患其何日已也以此知畏我之不易也臣江右庸材山隅末學未諳兵法敢論單情既承綸命之詢爰竭管窺之見自慚樗櫟願學芻蕘知是迂疏不

堪採擇伏乞

皇上聖鑒謹奏七月十七日准兵部火票遞到軍機大臣字寄

兩廣總督琦善　兩江總督伊里布　署兩江總督裕謙

盛京將軍耆英　直隸總督訥　山東巡撫托

閩浙總督吳文鎔　廣東巡撫怡良　浙江巡撫劉韻珂

道光二十年十一月三十日奉

上諭御史蔡家玕奏籌制嘆夷事宜一摺該夷目等現往廣東聽候查

辦尚屬恭順毋庸遽議攻勦所有該御史籌議各條着暫行存記

儻將來事有變更再行體察情形如各條內有可採之處酌量妥

爲辦理原摺着抄給閱看特此諭令知之欽此

抄閩浙總督吳文鎔奏稿

護理浙閩總督吳十二月十七日由驛馳

奏為暎夷復肆鴟鶩閩省各海口現在調兵練勇嚴密防守情形恭

摺馳奏仰祈

聖鑒事竊照暎咭唎夷船于本年夏秋間疊次在閩省厦門滋擾節經

前督臣鄧會同臣飭令將弁兵勇轟擊遁去一面分飭濱海各道

府廳縣營汛團練勇壯築建炮礮石墻安置沙囊鐵蒺藜加鑄大

礮以資攻守迨該夷在天津投遞呈詞情形頗為恭順蒙

欽差大臣赴粤東查辦奉

旨將各處添防兵丁招募鄉勇酌量裁撤以節縻費即經欽遵辦理恭

摺覆奏在案嗣查該夷雖稱起椗赴粵聽候查辦而閩省洋面時有一二隻遊奕從未絕迹是其叵測詭詐多端已可概見復經疊飭沿海各文武嚴密防守勿稍疎懈去後茲准　欽差大臣琦咨稱咦夷狡黠異常求索無厭疊經派員往與面諭並備文詳晰開導該夷始終堅執所請日益增添其兵目人等悉以打仗恫喝誠恐愈縱愈驕勢不能已于轟擊現已分別撥兵預備一經交鋒恐又必各路滋擾相應密速飛咨督率竭力防守務保無虞廈門一帶並須留意等因伏查該夷狼子野心難于馴服既經桀驁抗拒自應痛加轟擊以彰

天威唯閩洋居粵浙之中最為衝要茲定海尚未克復粵東又須用兵

該夷被創後勢必逃竄入閩是閩省洋海口岍處處吃重而厦門
為全省咽喉尤關緊要該處前次防兵僅留二百名餘皆撤退臣
現在咨行水陸提鎮將前次撤回之兵仍行調往協防散去鄉勇
赶令設法團練其餘各要口亦酌量添兵戍守省城鑄就大炮分
別解往安放以資守禦如厦門一有警報臣當將廵撫篆飭交福
建藩司瑞元護理一面奏
聞一面馳往泉州督辦期無疎虞至現在調兵練勇行裝口糧已飭
司籌款給發不致貽悞仍核實報銷不許稍有虛糜以重欵項所
有閩省接准粵咨現已調兵籌防夷船情形理合恭摺由驛馳
奏伏乞

皇上聖鑒訓示謹奏

抄欽差大臣伊里布奏稿

奏爲奴才探悉近日夷情並接到廣東來信相機籌備緣由恭摺

馳奏仰祈

聖鑒事竊查夷目義律于十月十九日分船赴粤迄今一月有餘奴才

因該夷船便捷由粤至浙極爲迅速粤省如何查辦留浙夷人必

先得信是以屢經遣弁赴定海密探以覘其有無去志該夷自義

律等赴粤後防守漸形疎懈任聽弁兵人等在城内出入並無盤

詰阻止其原在道頭一帶安設之炮位鎗械皆紛紛搬運下船已

有去浙之意至十一月二十日忽有夷船兩隻復將船内炮械運

至岸上排列操演兵技製造軍器並在城内各處嚴行防範又出

示曉諭定民不得容留內地兵役數日之間情形互異奴才深焦慮茲又准廣東　欽差大臣琦來函據稱該大臣於十一月初六日行至廣州義律等已先於十月廿八日抵粵當即遣弁前往探詢該夷詞漸強橫不若前時之馴服初七日又接該夷來文聲言懿律因病赴椗回國公事全交義律而義律又欲在寧波貿易察其詭計恐懿律復回浙江藉圖佔據囑令留意等語核與奴才在浙所探情形雖各有不同而形跡之間實相脗合伏思懿律等前在天津其情本屬恭順即其回浙以後亦無桀驁情形今既聽受訓諭分船赴粵自應俯首帖耳聽候查辦何以一與差弁接晤即形倔強而懿律又托言回國並不靜候會議夷情反覆殊費揣度

現在懿律是否在粤潛匿抑已回定海該夷形踪詭秘無從探聽唯十一月廿日曾有夷船自粤旋回難保懿律不在其内今夷衆已在定海操兵製器而義律在粤又有在寧波通商之意其居心實為叵測該夷現未蠢動固不得遽議攻勦而守禦必宜暗加緊嚴奴才現將前撤退尚未起程各兵仍行留住以壯軍威一面會同閩浙兩提臣督飭鎮將嚴密防範並選弁時往覘探該夷動靜以便將攻守招撫機宜密為措置俾免貽悮所有奴才探悉近日夷情及接到粤書相機籌辦除咨覆廣東欽差大臣暨知會沿海各省一體密防外理合恭摺由驛馳奏伏乞

皇上聖鑒訓示謹奏

抄浙撫劉韻珂奏稿

奏為定海地方斷難准㗼夷通商臚陳八弊請

旨飭令廣東　欽差大臣慎重妥辦恭摺奏祈

聖鑒事竊袪弊不可不決防患不可不嚴籌

國家之大計不可僅顧目前馭化外之夷情不可稍疏事後臣查夷船之停泊定洋者尚有二十餘隻定城亦未獻還如果眞心赴粤

既蒙

恩准辦理自應率類偕往何以分黨戀踞恐該夷有欲在定海通商之意自不得不深慮遠圖乘此粤議未定之時縷陳弊患叩乞

聖裁一在地利查粤東海口向係各夷通市之區然亦僅准其在於澳

門例不容其進口其廣州城外設立虎門一城住扎重兵此門之外有南山橫擋兩峙安設炮台為虎門門戶其外又有蕉門三門兩山亦俱設炮位為虎門外垣故夷人有深畏虎門炮台之說不敢輕犯是廣東澳門之內海口既之字廻環諸山又矗立拱衛形勢控制防患綦嚴至定海孤懸海外並無咽喉扼要其西北直達寧波之鎮海象山奉化石浦及紹興之餘姚再西則達台州之寧海黃巖温州之樂清瑞安玉環等處正北則直達杭州之錢塘海寧又北則又達嘉興之海鹽平和乍浦各城且與江蘇之崇明上海通州等處一潮可達綿亘二千餘里大小海口數十處並與沿海石塘及江口河道處處可通若咦夷在此通商地勢散漫一無鈐

東即悉力稽查亦斷難週密且馬頭既立該夷盤踞日久恐於江河形勢探訪熟悉不可不防其漸此定海之難准㗋夷通商一也一在物產查浙省為東南財賦之區通省皆產稻谷杭嘉湖三府又產蠶絲溫處二府又產純鐵杭嚴金衢溫台寧紹各府則又皆產茶葉鉄斤例禁出洋蠶絲素為夷人所重至茶葉夷人更以之為命是中華之所以能制外夷者在此而夷外之所以受制於中華者亦在此故粵東與夷人交易茶葉為先若㗋夷在定海通商稻穀鉄絲既可就近謀取而各處茶葉更必百計潛收以能制該夷之物陰便該夷之取攜不特耗內地之資財弛該夷之忌憚且恐該夷居奇轉售他國獲價倍蓰適足以遂其貪而益其富也此定

海之難准該夷通商者二也一在勾結查該夷自佔踞定、其定民殷實有力者先已航海逃避其貧苦無聊者不能不困守故巢現聞該夷有取典當衣被散給老幼之事是其要結伎倆已有明徵浙省沿海半係捕魚為業煮海為生之户既無恒產即少恒心若該夷在定海通商陰施小惠恐無衣無食之徒即甘心為其役使而乍浦海口又逼近杭嘉湖及蘇松等府糧船水次查糧船水手多係無業遊民鷙驁成性亦難保不為夷人以利誘惑且閩洋間為海盜淵藪定海一舨可通更恐其串結為害此定海之難准該夷通商者三也一在煙禁鴉片流毒各省而來源實自廣東自上年嚴定例條各省隨時懲辦漸有成效唊夷因廣東斷其烟利

國家經費有常亦不值因海外之番奴過耗府庫之財賦此定海之

難准該夷通商者六也一在國體我

朝懷遠人中外一體久准該夷在粵東互市若咲夷僅只不願在粵

東貿易已屬自外生成乃因欲通商而先佔定海而又求通商迹

其擇地設立馬頭久已垂涎定海倘准其在此通商是該夷欲得

定海通商竟能在定海通商有所挾而求者適如其願以償不特

恐長該夷之奸並恐潛滋他夷之詐似不足以懾夷情而尊

國體此定海之難准該夷通商者七也一在民心查浙省民氣素本

柔弱即水陸兵丁其胆力亦遜于閩粵而民心之懦更甚即如咲

夷佔踞定海各島居民紛紛逃避寧波府城者已萬餘人[illegible]之酌量

撤防鎮海居民又聯名具稟嘵嘵懇留此時粵省查辦尚未大定而民心驚惶已難言狀若准該夷通商且恐驚惶者尚不止寧波一府之民即以寧波一府而論鎮定兩邑之民終無歸家安業之日其不欲歸者此心可嘉其竟願歸者此心莫測也此定海之難准該夷通商者八也種種弊患關係非輕若僅瞻顧目前誠恐周章事後臣何敢箝口不言致辜

倚畀倘芻可採惟求

聖恩飭令廣東　欽差大臣琦善計出萬全慎重妥辦必不可准該夷在定海通商則夷情可破而海疆可期漸安矣所有臣臚陳各弊緣由謹繕摺具奏伏乞

故來浙滋擾思欲巧濟其奸其求通商以售貨實假售貨以售烟現聞定海城内該夷開有舖面其售者亦未必即無禁物遽行查禁深恐另生枝節有礙粵東查辦若該夷在定海通商與閩廣江蘇山東直隸各省往來甚便勢必潛謀分售暢遂慾壑聽之則流毒滋蔓禁之則陽奉陰違威之則又恐其詭計彌縫轉得藉口不能相安張弛兩難寬嚴無濟此定海之難准該夷通商者四也一在關稅查寧波浙海關歲征稅銀七萬九千餘兩乍浦温州各處小口附於寧波正口報銷其稅銀俱由閩廣山東天津來浙商船及本省商漁船隻内徵收而定海實為各船進出必由之路自唉夷佔據定城各船已裹足不前現聞唉夷已有在定海強[illegible][illegible]稅

之事若准其在此通商良懦商艘勢必畏葸不來奸詐商人必依附偷漏即新定章程該夷亦肯遵奉而得不償失實已隱受其欺是粤關之稅（既少而浙關之稅）又缺其課額必兩有詘支此定海之難准暎夷通商者五也一在防費查暎夷豕突定城數月以來浙省防費已屬不貲即閩粤江蘇山東直隸各省防堵亦無不耗費縱准其將來在粤貿易瀕海口岸尚須擇要防守若准其在定海通商以狡黠之島夷居適中之洋面各省防範更宜倍加嚴密防夷于粤與防夷於浙其難易迥不相仝且使其在定海日久土盜漁船設為該夷所用是土盜即係夷人漁船即係夷艇隨處可到不特海防宜設即江防河防亦俱難弛防愈多則費愈繁防愈久則費愈鉅

皇上聖鑒訓示臣深恐粤議已定是以馳驛遞報謹奏

抄欽差大臣裕謙奏稿

奏為敬陳沿海情形恭摺奏祈

聖鑒事竊查𠸄夷所恃惟船與炮而炮不能近攻船又不能近岸是船炮所不至之處甚多緣夷船吃水甚深故不畏風浪而畏礁淺但使內地城不偪海口即或城瀕於海而城外有淺灘十數里夷船便不能進若該逆改換三板小船則只可裝備三二十人無篷帆無炮位無鍋爐不能橫渡大洋不敢遠離大船一經上岸不難全數殲擒上年浙省𠸄逆兵船闖偪餘姚塘岸陷擱淺沙人船并為我兵勇所獲其搶登杉板小船竄逃者竟不能回返為上虞慈谿擒獲不食者兩日此外夷大兵船不能駛近淺而小船又不敢遠

離大船肆逆之明証至於数千斤之大炮夷島能任儎而一可駛於深水外洋不能施於近岍之内洋蓋内洋水淺近岍又必有暗沙礁為之擱護若放此數千斤之大炮船心倒退一經擱淺船底着實立刻震裂故在内洋施放亦只一二千斤及数百斤不過口門窄而後身寬多受火藥其施放靈熟較官炮遠一二里及十里以内實無遠十餘里之事即如定海城外之道頭距城近三里故夷炮能攻至鎮海城外有淺灘十餘里夷船初亦曾試放數炮未及城數里而墜自后不復開炮蓋恐官兵知其力量止此乍浦沙灘較近夷船與官兵開炮便互有損傷廣東福建所在亦然是船炮能及我則我炮亦能及彼我炮不能及彼則彼炮亦不能及我

船距岍遠即炮不能近又其明証不然夷船既侵犯虎門定海何愛于守泊數月之鎮海及往來必由之乍浦等處不敢屢犯乎又何愛於四面圍海之台灣荊州而不犯乎沿海洋面似一望汪洋其實水淺沙線千條萬縷從横曲折即平底沙船尚必多雇小舟熟悉沙線者探水引路來潮行駛潮退立虞淺擱故凡船之利於大洋者必不能利於內港猶之利於內港必不能利於外洋至江蘇除蜈蚣口崇明寶山最為險要外其淮揚海三府所屬外無屛障潮來甚溜又有黃河口之五條大沙或沉或浮東向直出若遇東風則風水相逼轉帆不靈舟隨溜擱靡不損壞即海中沙船尚必繞出此外山東登萊二府之成山雖從入東海而非通商馬頭

不過為南北往來之標準天津洋面外有旅順登州府城北對峙中間山島林立洵為天險其直潤口距天津府城甚遠船入內港既非若大洋之可以橫行冲突又非迫城咫尺之可以鎗炮攻擊且此地人不習於海並無漢奸至此奉天所屬外港口門最淺且有線沙為閩廣南洋夷島船所最畏何況夷船是以海賊蔡牽等滋擾浙閩粵三省十餘載從無擾及山東直隸奉天之事即北洋貿易亦均係平底沙船其閩廣為洋鳥船赴關東甚少蓋北洋之情形與南洋之情形迥乎不同南洋多石島之明險而北洋多沙泥之暗險夷船畏暗險甚于明險並非處處堪虞港港可入祇緣承平日久不但民不知兵抑且官弁水師皆不攷求試驗扼要

以待一見外洋夷船夷炮不知如何神奇風聲鶴唳草木皆兵遂
致沿海相為不靖相應請
旨飭下沿海各省將軍督撫通飭所屬縣營於洋面測量水勢之深淺
灘岍之遠近沙線之險易何處小舟可通而重載大船不能到何
處內地可通而外洋大號夷船不能及以及港岸口門距大洋若
干里水深若干丈城池距岸距灘距洋若干里陷溜暗礁若干處
一一試探酌量情形分別最要何處應安兵安炮防守何處應令
地方安民團練防守何處勿庸防守一面修理軍械操練兵丁籌
備糧餉製造鉛彈火藥整飭驛站以期有備無患並明白出示曉
諭兵民該夷除船炮外別無技能且其來意止要求通商亦無奢

望亦斷不敢深入不必到處張皇自相驚擾以安人心以節兵力以省經費仍隨時差人偵探一有夷船入境即嚴禁淡水出洋接濟違者以通夷論斬梟示海濱該夷船駛進口岸相度炮力能及即開炮轟擊該逆無隙可乘糧芻告匱斷不能與我持久倘敢挺而走險或入淺灘或登陸岸便可大加勦洗不令其一人生還此以逸待勞以主待客之法亦即堅壁清埜之法是否有當奴才謹繕摺具奏伏乞

皇上聖鑒訓示謹奏

抄兩廣總督怡良咨稿

准署兩廣總督怡二月三十日咨竊照㖹逆大肆猖狂虎門炮台失守該逆夷兵船進省相距不遠業經署部堂琦飛咨查照一體堵剿在案茲於二月二十六日該夷竟敢率帶兵船火輪船與附近炮台及扎營防守各官兵接仗互相開炮攻擊冒險闖進迫駛至省河見官兵防守森嚴不敢迫近城垣立即退下白寉灘下碇次日又陸續退出離二三十里誠恐分竄沿海各省意圖滋擾相應飛咨查照密飭所屬一體嚴加防範施行

又為恭錄

上諭咨會事三月初九日准兵部火票遞到軍機大臣寄閩浙總督顏

伯燾
閩撫吳 文鎔 福建水師提督陳 道光二十一年二[illegible]七
日奉
上諭據裕 謙 奏浙江象山縣營稟報于二月初五日有未經駛出浙境之夷船十八隻陸續由北駛出内港九隻先後往南駛去等語夷船由浙入粵必由温州黃岩二鎮所屬洋面經過據裕奏奚查未見稟覆所稱南駛之船難保不竄入閩境顏陳現俱住扎泉州防堵廈門等處要隘着仍遵前 旨嚴密巡查如有夷船滋擾即着并力攻擊以示懲創其有應堵各港並著顏等會飭將弁認真堵禦毋稍踈虞是為至要將此由六百里諭令知之欽此遵
旨寄信前來

抄前廣督林則徐家信稿

廣東情形大不可問是以今年以來未作家信寄回所有家中前寄粵東各信却無失落不過到得遲緩耳腊月十九日虎門外之大角沙角炮台被逆夷攻奪戕害副將及官兵多名諒閩中早已聞知不必細述自是以後理應極力籌辦豈有再行議和之理乃春初竟在內洋大開筵宴酬酢逆夷似深感其能攻者逆夷上坐琦相主位廣州府紬然在下眞堪為萬世笑矣詎知犬羊愈縱愈驕大懸告示令內地人民歸其治下納其租稅于是衆人始知琦相擅許以香港地方因該夷欲立合同之約

皇上不准琦相不能作主回復該夷甫于二月初間重新議勦[illegible]弓然

已晚矣水陸兵丁俱已散盡漢奸充入兵中無論一動一靜逆夷先已知之且該逆夷所製火箭等件軍器及添造杉板小船不啻百倍于前勢焰兇張至於此極皆養癰以貽大患故耳二月初四五兩日攻打虎門各炮台之兵丁全散提督關天培遊擊麦廷餘俱經盡節又於初七日進内洋攻打烏涌本省兵丁全數逃走湖南新到弁兵尚能接戰而扎營不得其地後面有河四道兵丁散走淹死者甚多署湖南提督祥福遊擊沈占鰲都司王懐貴廣西叅將周昉俱經陣亡近日夷兵船隻直進内河離省二十里省城士民挈眷而逃已大半矣然省會城垣實為高厚南面並有外城以我看來自應可守惟本地兵以逃走為事最不可恃此時有貴

州兵一千名江西南贛兵二千名湖南鎮筸兵亦尚有五百名叅贊大臣楊芳於二月十三日到省民心稍定琦相已革去大學士拔去花翎此係尚未接到虎門失守烏埔敗走之奏業已如此恐日後不免拏問矣後路之四川兵聞近日將到並聞靖逆將軍奕等本月內亦俱可到我在此雖無官職然臘月曾奉有同辦之

旨彼時琦相諸事隱瞞祇得退居以避之今値危急之際自揣曾任大僚豈能臨難不赴是以奮袂而出自顧本省壯勇募得八百餘名湖南鎮筸鎮兵勇亦願歸我統領以之守城禦敵似尚裕如但不能於水中制其死命耳家眷本擬與知縣林星章之眷屬約定正月間同行因延醫治病未見就痊旋見各處官眷紛紛搬、卜了得與鄧制台家眷一同起身大約在南雄州暫住因奐官媳臨娩期在三月也我一時不能回閩恐要過夏再作計較現在粵中鬧事之際家鄉謠言甚多切不可信須見有家信或原摺纔是實的親友中記掛者多我不及作信安慰如有來問以此轉告之可也

抄廣東巡撫叅贊告示

欽差大臣果勇侯楊

署總督廣東巡撫怡　示為照常通商安業事照得本月二十七日

據𠸄國公使文稱欲要承平不討别情惟有叩准照常貿易等情

查各國通商本係

天朝懷柔遠人之至意茲據𠸄國公使稱説不討别情只要貿易而咪

唎堅等各國商船又因互爭阻截以致貿易停滯回帆無期不得

不量為變通准其一律貿易以示體卹除據實陳奏外用特諭知

為此示諭商賈軍民人等嗣後各國商人均准一體進城貿易爾等

照常交易往來不得阻撓滋事至𠸄國兵船退出之後所有在埔

貨船各商人尤當好為保護優加看待各宜凜遵毋違特示

抄上諭

奉

上諭本日據奕瑞奏初八日辰刻琦善家抄出黄金六百八十二斤紋銀一千七百九十四萬兩並有珠寶十一箱仍着鉄䕶交貯内庫現令降旨令怡良將琦善衙署嚴密查抄朕思大吏不思報國反代逆懇求屢次濫奏不知是何肺腑實屬悞國病民並着奕瑞怡良等將琦善丁眷及任所丁眷人等一併解送來京交刑部嚴加審究欽此

抄批摺

欽差大臣裕咨為恭錄咨行事竊照本大臣於二十一年二月十九日由驛具奏敬陳沿海情形一摺今於三月初七日奉

硃批另有旨欽此又附片奏

敕粤省將軍出示賞格召募水勇一摺同日奉

硃批另有旨欽此又奏探查夷船情形詭詐酌借閩省炮位一摺同日奉

硃批另有旨欽此又於并由鎮海撥去一二千斤及数百斤炮位十座

句旁奉

硃批好欽此又于策應之兵句旁奉

硃批此是要著欽此又於借到皖豫兩省火葯內酌撥三萬斤奉
硃批好欽此又同日覆奏如該逆再敢豕哭來淅遵
旨會督痛勦不稍游移一摺同日奉
硃批覽欽此又於民間墳墓盡行挖（掘）剖棺棄尸以致殘骸剩骨徧散荒
郊句旁奉
硃批朕之赤子何辜受此塗毒不勝傷心慘目欽此又於將逆尸碓切
查明逐一刨出剉戮投諸海中句旁奉
硃批亦可稍稱一快欽此同日承准軍機大臣字寄道光二十一年二
月二十九日奉
上諭本日據裕奏查探夷船情形預籌防守一摺據奏夷船二十餘隻

停泊定海外洋現在廣東不准通商難保不竄回定海已撥四千八百餘名弁兵炮五十位等語所辦尚好惟策應之兵最為緊要着即會同余步雲先事豫籌密為調度無致臨事周章該大臣奏建築土城雇募水勇均屬緩不濟急必須安設大炮請於閩省酌借等情已諭知顏伯燾妥籌酌辦惟閩省沿海地方亦關緊要該處新鑄砲位能否多解足敷借撥尚難懸定據奏閩省委員炮匠已至定海雖製造尚需時日可免往返撥運之勞該大臣迅即飭令該委員等赶緊鑄造毋悞事機其修城雇募各事宜仍着隨時赶緊籌辦次第舉行不得以一奏了事再該大臣前奏請飭粵省知會情形等語本日已諭知奕山等矣將此五百里諭令知之欽此

抄欽差大臣楊芳奏稿

奏爲嘆夷兵船欲進省城經鳳皇岡官兵擊退恭摺奏祈
聖鑒事竊奴才抵粤後迭將布置機宜於二月十四二十等日兩次具
奏在案查逆夷船自闖過烏涌卽於二沙尾大黄滘兩處分頭遊
奕欲進省河奴才察看大黄滘退後五里之鳳皇岡係屬冲煩要
隘約可容兵千餘名阻截入省河道是以奏明派令南贛總兵長
春帶江西兵一千名掘壕挖坑安營駐守由省河北岸渡赴南岸
另派叅將劉乾忠尤吉崔開泰帶領兵弁分段埋伏以資策應連
日與廣州將軍阿兼署總督怡暨原任督臣林鄧督同各司道飭
署廣州知府余籌運各處炮位趕製麻布大袋貯沙堆垛璟挂牛

皮以擋炮彈並趕棉絮竹筏木排擱截水道一面指示安義鎮總兵叚永福帶領貴州官兵扼住北岍陸路於小北門外扎營復於東盛寺等處分叚伏兵一切布置甫於二月二十三日稍經就緒果於二十四日未刻即有逆夷乘駕大兵船二隻火輪船一隻杉板船十隻衝過大黄滘廢營直欲闖進省河將擱河木排迭用大炮擊打其飛炮紛至營壘斷樹壞囊飛沙四起總兵長春力督叅將潭恩忠及都司等官率兵開炮抵敵有炮子飛過長春右額角擦傷右顴皮破血出其在旁之把總被炮打死並傷斃兵丁四名長春激勵士卒奮不顧身迭開大炮百餘首先擊沉逆夷杉板船一隻夷衆盡行落水又有杉板船一隻被炮打穿入水其夷衆極

力鼓柮力挽出水我師再擊一炮人船俱沒其大兵船木料堅厚雖未能即時打穿已將大桅一枝擊斷逆夷均極倉皇即將各船退出查該逆大肆猖獗以來恃其船堅炮大於奴才未到之先虎門内外各炮台卡座節次失守今復攻撲鳳皇岡營壘欲進省河被我師打沉杉板船二隻並擊斷大船中桅致斃多名始行畏懼退走不敢直闖進省已可稍定民心惟該逆後船尚多恐仍分路駛入以圖夾攻奴才惟有鼓勵各鎮扼要分段極力堵截第一時兵力尚未甚厚仍飛檄迎催各道官兵迅駛來粤俾資調遣又據香山縣知縣吳恩樹稟稱二月二十一日逆船闖入大黄窖沙尾闖至距縣數里之馬頭欲圖攻城該縣會營抵禦即飛稟帶兵駐札

縣轄前山之江西南贛鎮總兵馬殿甲高廉道易中孚分帶兵勇赴援是晚該逆船始行退去奴才與怡良商明此時當以保護省城為要該處香山前山祗得責令原駐之鎮道督飭員弁兵勇盡力勦堵毋失機宜隨時具奏外所有現擊退逆夷情形謹會同廣州將軍阿署督臣怡合詞恭摺由六百里馳奏伏乞云云

再唊夷近日情形自因烏涌之戰湖南誓死官員力敵陣亡鎮內備弁三十一員兵丁四百四十五名回營兵四百五十六名除炮擊沉溺之外凡短兵相接砍斃逆夷多於官兵現在守城尚有貴州湖南江西官兵並辦火輪火排是以未能哭入奴才籌之至再如用貴州湖南江西官兵由陸路分撥分哨河岸中用火輪火排

由水路順潮下壓僅能燒其附近賊船一二隻其餘後路賊船聞風遠颺不能痛燒搶渠且城中人心甫定一見派令抄出恐本地守城兵單稍有警動轉為趨小利而誤大局是以暫為羈縻待奕隆趕到計後路官兵亦可陸續齊集再為設法水陸兜搶理合附片縷陳謹奏

抄上諭

二月二十八日奉

上諭琦善等奏虎門炮台失守提督陣亡一摺逆夷攻擊虎門炮台及烏涌卡座廣東水師提督關天培香山協副將劉大忠遊擊麥廷璋署湖南提督祥福遊擊沈占鰲守備洪達科先後被害殊堪憫惻俱着加恩照例賜恤以慰忠魂其傷亡兵丁着照例辦理欽此

抄户部咨閩督稿

閩督顔 伯燾 准户部咨爲遵

旨速議具奏事據閩浙總督顔奏請派軍需銀兩以資支應一摺道光

二十一年三月十二日奉

硃批户部速議具奏欽此欽遵由内閣抄出到部查核該督原奏内稱

現在各營召赴海口兵丁共有一萬三千餘名又雇募水勇共有

七千六百餘名民兵六百名應支鹽菜口糧并添鑄大炮雇買船

隻通盤覈計非僅請數十萬銀兩所能濟用請由部籌備銀三百

萬兩内二百萬兩迅速解閩其餘一百萬兩俟察看情形如果必

須應用再行奏請續解倘無須多用所有解到銀兩仍當報撥等

語臣等伏查閩省與粤東接壤防範尤關緊要其經費自應預為籌辦惟召兵防禦較之征勦究有不同臣等公同商酌擬本年春季現報之長蘆鹽課銀十三萬兩山東鹽課銀二萬兩河南地丁等銀四十萬兩硃奉勾安徽留備地方公用銀十二萬兩湖南地丁等銀一十五萬兩又河南封貯銀五萬兩蘇州封貯銀二十五萬兩安徽封貯銀五萬兩九江關稅銀十二萬兩北新關稅銀五萬兩淮安關稅銀八萬兩許墅關稅銀八萬兩以上共先撥銀一百五十萬兩應令該督等撙節支發毋稍虛縻如有餘存銀兩仍當造冊報撥倘實有不敷支用之處再由該督等酌量情形奏明辦理以重帑項伏祈

命下臣
部由五百里飛咨各該省限于文到五日内迅即委員赶解俾
濟要需所有臣等遵
旨速議緣由是否有當伏乞
皇上聖鑒謹奏

抄上諭

欽差大臣裕謙咨具奏東渡定海籌備善後各情形一摺奉到

硃批另有旨欽此又於摺内以上代賑之情形也召募水勇之情形也

撫恤難民之情形也三句下均奉

硃畫欽此又同日附奏定海修築土城已將紅毛道頭及夷館基地全

行折毁十五家均奉

硃圈欽此又奉

硃批可嘉之至欽此又于並將該處民房遷徙城内酌留兩門出入晝

啟夜閉一如内城之制使土城之外一無所有以絶逆夷覬覦之

念而斷内地接濟之源等句旁均奉

硃圈欽此又同日奏定海金滲洋面有夷船一隻游奕督防一片奉
硃批知道了欽此奏遵體察情形籌議封港緣由一摺奉到
硃批另有旨欽此又于摺內無所用其船而不准其謀生之理句旁奉
硃批是欽此同日奉到
上諭前據副都統海齡奏請將沿海通商各馬頭暫時封閉當降旨令
伊裕具奏旋據伊布里奏報一律封閉朕意所議窒碍難行降旨駁斥
茲據裕奏封港之議徒有碍于安分商漁而于杜絕接濟仍未周妥
等語所見極是沿海通商各馬頭着仍照舊准其商民往來交易毋
庸封港並嚴飭文武員弁於商漁船隻出入實力稽查如有匪徒透
漏消息接濟該夷米糧硝黄等物即著懲辦以順輿情而杜勾結欽

此

抄廣督咨

閩督顏伯燾咨接准兩廣總督祁𡎴廣東巡撫怡良咨道光二十一年閏三月十一日兵部火票遞到軍機大臣字寄道光二十一年三月二十五日奉

上諭着祁𡎴怡良傳知林則徐賞給四品卿銜迅即馳驛前赴浙江省聽候諭旨將此諭由五百里知之欽此

抄　上諭

三月初八日奉

上諭怡良等奏陣亡之香山協副将劉大忠得生等語所有劉大忠卹

典着即撤銷欽此

抄廣州府禀報

閩撫劉四月十一日接得廣州府禀報探得十三行英夷于四月初一日未刻俱已下船所有貨物亦經搬出其各國夷人亦遷往黄埔躲避　欽差奕将軍與各叅賛大臣于四月初一日在貢院殺漢奸八名即知會各憲督兵進勦逆夷于四月初一日晚起至寅刻止夜勦開炮攻擊四面杉板草船挽風紅單各船一齊裏應焚燒逆夷大兵船一隻火輪船一隻大沙板二隻傷斃逆夷一千餘名生擒白鬼五名水手五名擋有兵船数隻現在官兵重重圍住攻擊業已大獲勝仗定必乘勢進勦省中城門大開民心暢快後事如何容再禀報

抄上諭

三月二十八日兵部奉

上諭前因唤夷大肆猖獗傷我提鎮大員迭經降旨命楊芳先行會同怡良等領兵攻勦以伸天討而快人心今據楊芳奏各省官兵到粤已有八千餘名之多尚不即時進勦遲延觀望甚至仍請令唤夷所屬之香港商船在粤貿易是有意阻撓怠慢軍心殊出情理之外楊芳怡良着交部嚴加議處欽此

抄欽差大臣裕謙奏稿

奏為遵
旨體察情形籌議具奏仰祈
聖鑒事竊奴才承准軍機大臣字寄道光二十一年二月二十七日奉
上諭據海齡奏請將沿海通商各馬頭港口嚴密查禁一律封閉不准一人一船出入俾內地米粮等物不致偷漏出洋暗中接濟並搜捕漢奸藉得深知夷情虛實等語所奏自係未知收回定海一節着該大臣體察目前情形是否可行悉心籌議具奏海齡摺並着抄給閱看等因欽此奴才伏思定海之邊地多有魯民無恒產而習性於海有力者貿易于南北西洋貨物因之流通小民藉資生計無

力者以船爲家以漁爲業出没于驚濤駭浪之中冀有所獲以易升合即就江浙两省而論此等仰食于海者已不下数萬人其因貿易以沾潤澤者更難数計閩廣两省鹵斥更甚貿易更廣人数之多不可以数多推一經封港有力者雖可支持市廛業已蕭條無力者頓然失所必至流而爲盜且聞上年定海失陷以後漁户人等因碍其採捕之路無不同仇共憤現署定海縣乍浦同知舒恭受在鄞縣任内一呼而集者数百艘欲圖恢復因軍令不准遂皆解體然亦並無接濟之事至九月以後該逆始駕三板小船在浙東一帶採捕牲畜購覓淡水小民雖貪其利仍不敢與之交易嗣後官爲給送牛羊食物送亦公然交接毫無顧忌官不知禁民不

知非迫撫臣劉韻珂到任嚴行申禁始稍歛跡是接濟逆夷者係沿海愚民且係漢之使然並非商漁船隻敢于為此且商漁之家殷實一船貨物可值数千金多者数萬金地方官發給印照其来有自其去有所沿海之官兵差役無不耳而目之所得不償所失是以多知自好漁船雖無身家而朝出晚歸例有一定口岸出入皆有稽查之人船身窄小而無夾帶更不難一望而知况上年出乍浦洋面幇同官兵擊退夷船者商船也江浙两省僱備渡載征兵者商船也查探夷情救護定海難民者漁船也豫備火攻追逐夷船者漁船也現在之往來定海濟渡官兵粮餉亦皆漁船是商漁船隻皆我所必用斷無用其船而不准其謀生之理即有不法

商漁匀通接濟必停泊于人迹不到之海汊斷不敢出入于衆目昭彰之通商正口是封港之議徒有碍於安分之商漁而于杜絶接濟之法仍未得其要領再查漁户冒險採捕經歲勤劬僅能餬口竟有終其身未見洋銀一元者其接濟夷匪亦不過貪得厚利而其所得究屬有限若能許以重賞激勸而用之斷不肯捨無窮之富貴冒死接濟以貪有限之錢財即如奴才到浙後懸立重賞勸諭諸色人等同心殺賊如有透漏接濟者即以通賊論斬並將上年捡解逆夷僞官晏士打喇打厘之民人包祖才等正身查出從優奬賞月餘以來民情多有踴躍奮興或以購買烟土為由或以捕魚為名潛伏於山陬海澨以待逆夷之来設法捡捕以邀重

賞官兵亦因之愧奮咸思敵愾圖功當此用人用船之際所有該
副都統奏請封港之處應毋庸議至漢奸一項籍隸江浙兩省者
甚少即閩粵漢奸本皆
朝廷赤子或為利誘或為勢迫陷入逆黨情亦可憫果能殺賊歸來
應與平民一律奬賞即畏罪潛回自行投首祗須詧其是否真誠
有人具保亦應量從寬宥解散賊黨莫便於此惟甘心從逆者必
得設法拿獲到案梟示海濱並抄没其財産緣坐其家屬以正人
心而彰
國法若蔓延搜捕非特阻其自新之路抑且堅其從逆之心不啻為
淵敺魚且恐起挾嫌訐告株累良民之漸似屬非宜奴才愚昧之見

接濟必應禁港則斷不可封漢奸必應拏尤須滑法臣已札商撫臣劉韻珂意見相同謹恭摺具奏再去年六月夷船初至奴才在江蘇任内曾有封港之議嗣經留心體訪商情民情均多不便旋於九月初間即經奏明開港在案目前浙江定海已復大幫夷船亦已遠遁江蘇則自上年九月並無夷船蹤跡今昔情形迥不相同奴才不敢稍事遷就致多窒礙合並具奏

抄上諭

奉

旨前因楊芳怡良不能及時防範逆夷仍請准令所屬之香港商船在粤貿易當降旨交部嚴加議處茲據該部照溺職例革職實屬咎所應得惟現當勦辦吃緊之際若竟與罷斥轉得置身事外楊芳怡良俱着從寬改為革職留任以觀後效欽此

抄上諭

道光二十一年四月十八日奉

上諭奕等奏焚勦省河逆夷兵舡一摺勦辦已屬可嘉據稱逆夷兵船自大黃滘二沙尾兩處連檣遷迫省垣該將軍等於四月初一日飭令將弁挑選水勇一千七百餘名交都司胡伸等領帶分赴攻勦暗存火器乘駕快船埋伏各處并督令官兵在沿岸乘勢轟擊該弁勇等分為三隊先抄後路攻其左右該逆四面受敵同時火發弁兵水勇直撲夷舡鈎住船身拋擲火器須臾燒燬西路白鵞潭大兵船二隻大三板船四隻小艇三板舡數十餘隻東路二沙尾小三板數隻逆夷溺死者不計其數揔兵張晋雲等復于西炮

台督兵開砲其逆夷在岸者俱被殺斃次日該逆駕船救援又被官兵開炮擊沉三板船一隻逆夷始退等語逆夷自去冬猖獗以来毒燄漸張經此懲創足以快人心而勵衆志著奕等仍加意防守省垣毋令逆夷駛入緊要隘口督飭將弁分段嚴密防堵毋稍疎虞其應如何設法追勦之處即著赶此籌畫計出萬全迅奏膚功佇膺懋賞奕隆楊祁督率有方著先行交部從優議敘發去白玉翎管一個四喜搬指一個帶鈎一個黄辮珊瑚豆大荷包一對小荷包二對著奕祗領白玉翎琯二個搬指二個黄辮珊瑚大荷包四個着隆楊祇領在事出力文武員弁著該將軍等查明核實保奏候朕施恩所有傷亡兵弁水勇着照例分別咨部辦理該部

知道欽此

抄浙撫咨

欽差大臣裕咨開本年四月初六日准　欽差大臣楊咨開照本爵參贊於道光二十一年三月二十日承准軍機字寄道光二十一年三月初六日奉

上諭楊芳奏布置攻守機宜一摺辦理妥協周密可嘉之至朕心甚為忻悅明降諭旨將楊芳即行交部從優議叙矣粵東省城軍民襍處經此一番布置民心大定以期衆志成城計日奕隆等抵粵大兵雲集必可分兵進勦抄前襲後該逆首尾不能相顧即令奕等抵粵稍遲所合各路官兵陸續赶到諒楊必能出其不意另用奇兵爭先制勝朕日夜盼望捷音以紓廑念該參贊片稱將來改水

師爲陸路添築寨堡之處著將軍督撫公同妥議具奏將此由六
百里諭令知之欽此又前月二十日具奏唊逆游奕省城河連日
布置攻守機宜一摺業經洛明在同日奉
硃批即有旨欽此又片奏逆夷聞風遠颺一片奉
硃批另有旨欽此又片奏唊逆情形近日一摺奉
硃批二十日拜本後必有續到之兵如能相機攻勦先行痛殺方好朕
日夜引領東南企盼捷音之至即有旨欽此又奉
硃批各兵不滿二千危城竟保無虞若非朕之叅賛大臣果勇侯楊其
孰能之可嘉之至筆難宣述功成之日佇膺懋賞此卿之第一功
也厥後尤當奮勉欽此又於鎮將𠌫弁句奉

硃批覽之墜淚欽此又于短兵相接句旁奉
硃批可嘉可憫欽此于輾轉游奕句旁奉
硃批此處卿必有道理欽此于暫為覊縻句旁奉
硃批如能設法羈縻不令遁去方合機宜未知能否卿其善籌之等因
欽此

上諭

浙江撫劉浴軍機大臣字寄　欽差大臣兩江總督裕道光二十一年四月二十六日奉

上諭裕謙奏接奉廷寄籌畫住札地方一摺覽奏均悉江浙兩省爲海防關鍵必應防守周密以杜夷匪越竄裕謙現已接授兩江印務所有上海寶山各海口諒經布置妥協著酌量兩省適中之地在彼住札易于策應如遇浙省有應辦事件仍可馳往調度裕赴浙時即著程矞采至上海會同提督陳化龍實力巡防其鎮海營事務著派劉韻珂余步雲辦理並着林則徐暫行協同籌辦倘浙江省垣有應辦公事劉韻珂回至省垣即著余步雲林則徐周閈騏會仝

妥辦如有摺奏林則徐毋庸列銜總當和衷共濟嚴密防堵使江浙兩省聲勢聯絡逆夷自不敢妄生覬覦據奏浙江洋面仍有一二夷舡忽隱忽現著探明究係何項舡隻現在是否尚在游弈據寔具奏將此由四百里諭令知之欽此遵

旨寄信前來

感余

抄廣東来信

探聞粤省近日兵民以及漢奸互相擾亂昨有湖南兵數十名被殺又有百姓數十名被殺究不知是何人行兇首府兩首縣竟無從辦起即回明大將軍各叅賛雖經出示曉諭不遵亦竟無法處之現在漢奸數千名各往鄉邨姦污婦女穢聲難堪見者無不弔淚所在城內商民怨心切齒迭次催迫大將軍及叅賛各位大人移營各大憲覲勢難強只得暫移花縣住劄所有百姓皆感首府余太守大德謳頌載道此番若不是義律原係太守早年豢養之恩刻下省城早付唉夷久矣然義律原係江蘇常州人民向在外省跟官趁食前隨余太守在粤派司跟班嗣因余太守告病因無

官可跟奔往英國年復一年竟在該國為官言出計從位居權要令在蓮花城時西會義律認識余府余府不記得義律彼此談説言之有漏多人已知此初七日因兵攻擊大北門據佔各炮台事在危急各大憲再三相懇余府前往義律大營講和是以將余府用繩縋出城外見義律說明罷息議定紋銀四百二十四萬兩後義律稍退夷兵屯劄大王滘然後開城將余府放進城來各大憲稍安不慮漢奸兵民擾亂竟不用命混為兼有安義鎮段南贛鎮長二位大人辭官又兵丁私逃有數千名種種切要各大憲無力圖之只有垂淚號天忽聞漢奸在四方炮台不肯退出與官兵混殺藉勢亂搶無人敢往彈壓幸義律又同余府往視極力彈壓詎料

漢奸人衆義律亦無如何倒催首府趕緊禀請　各大憲嚴令拏辦

以靖地方各等由

抄四月初十日粤省信

目前湖南兵滋事已極於初八九日在省鄉内外被不知姓名者共殺死數十名兩首縣無從究辦各憲出示嚴禁靖逆將軍奕叅贊大臣隆擬四月半后移營花縣駐劄初九日委糧道朱先往花縣踏勘程途等由

唉夷業已講和惟伊從前所僱漢奸數千名兹雖辭退無家可歸竟不肯將軍裝繳還現義律亦無能為力該漢奸胆敢佔據四方炮台各在西北門外鄉邨姦污擄掠見者無不傷心義律又仝首府余往各處彈壓並請轉禀各大憲查拿等情

探得義律與首府説定于十三日將兵船盡行退出虎門外聽大

憲具奏等因
又探得雙門底商民齊赴爽將軍暨各叅贊轅門遞呈喊救連日
於初七日批據禀惶恐呼救讀之曷勝悲憤本將軍及叅贊奉
命而来原為保護爾等百姓故無時無處不以安全為念而民生至此
撫念滋慚既據聯名籲懇惟有極力設法以圖極救是不愛其力
總當殫盡㓛誠斷不視之膜外任其蹂躪爾等共諒此苦心爽將
軍為情切曉諭各營兵丁將弁現在入城雲集各宜歸各營駐劄
不得擾害商民即訪獲漢奸本將軍亦交臬司嚴訊如果有証據
按法懲辦自示之後如有妄拿陷害藉端滋事一經查出即按軍
法從事決不姑寬特示

四月十二日粤省来信

湖南永州鎮中營游擊楊昌泗因不能約束兵丁突將軍摘其頂拔其翎遲崗汎拿獲鬼子二十名訊係咪唎㗎夷人現未省釋督憲初九日称回督署辦公粮道十一日有稟到省称說花縣地方窄狭不能安營初七日晚許給咲夷銀四百二十萬両於十一日交清十二日咲夷起椗即交還北門外各炮台要洋商僱夫八百名運軍裝下舡惟夷人在初九至十一日在北門外三元里等鄉滋擾以致被鄉民將鬼子殺死不計其数並將該夷兵頭一名斬首鮮赴貢院楊侯爺即將白石頂一粒賞給該鄉顏姓榮身並諭現與夷人說和若夷人不復滋擾勿再尋衅十一日晚兩首縣往該處

彈壓鬼子即退四方炮臺鄉人大得勝回不失粤東銳氣督撫憲
見漢奸甚多誅之不勝誅十一日出示曉諭令各速歸降安業等
情

抄廣督咨

五月初一日准兩廣總督於四月二十二日咨為飛咨事照得粵省逆夷滋事搶去省廠尚未竣工師船五隻查該師船已被逆夷駛去橫檔之外誠恐其假冒官兵駛往各省影射滋擾己致以無以辨別或誤認為粵省師船相應飛咨為此咨貴部院請煩查照轉飭所屬口岸各汎舟師認真嚴密稽查防範毋任逆夷搶去船隻假冒粵省師船駛進滋擾等因准此

抄探報

探得廣東潮州府海陽縣石坑有起雙刀會現在海陽縣拏獲管賬一人有名簿一本未知若何辦法

又探得四月十九日潮州府城南門地裂傷害多人又水災傷害無數人衆城門緊閉幸數日水退等因

又探得三元里西村南岸九十餘鄉衆衿耆等告白為不共戴天誓滅㖴夷事向来㖴夷屢不安分久犯

天朝昔攻沙角炮台戕害官兵我

皇上深仁不忍加誅且示懷柔彼尚不知感恩猶復包藏禍心深入重地施放火炮燒害民居攻及城池目無大憲欽差大臣城廂内外

遭殃既議安民息兵唉夷理宜知好休兵豈料貪勝不知輸服得尺進尺容縱賊兵擾害邨庄搶我耕牛傷我田禾壞我祖墳淫我婦女鬼神共憤天地難容我等所以奮不顧身困義律於北門斬伯麦於南岸爾等逆黨試思此際若非我首府為爾解圍汝逆其能保首領下舡乎今爾出示當途罵大將軍無功揚言搶衆捻要與伯麦伸冤視我此地無人實甚是以飽德之義士仝助兵粮荷鋤之農夫操戈禦敵糾數十萬之壯士何怕唉逆之義律不可剪除水戰陸戰兼能豈怕夷舡堅厚務使鬼子無隻身留存鬼卒無片帆歸國爾等不避不日交戰特示

抄探報

探得三元里粤民合壯勇將義律重重包裹幾於得之大兵城上
竪起白旗講和廣州余府出城彈壓百姓漸漸散去夷人始得回
舡

抄廣東大將軍奕奏稿

奏臣自到粵以来烏浦大黄滘鳳皇崗已失臣 叅贊商議沿海一帶要處設立大炮嚴兵把守俱設立沙袋木橋壘石以當炮子另挖土坑以資兵丁藏身城角俱加沙袋周圍完固臣 與叅贊另募福建水勇壯勇數千名盡被木排水草放火攻打于初一日在西炮台與夷人交戰火燒夷人沙板舡五隻打斷二門炮位大桅沙板夷舡俱退臣 於五鼓正欲撥兵進勦夷舡多添至十六隻大舡八隻杉板舡八十餘隻一齊擁進由泥城登岸直燒大北小北門三面夾攻火箭炮子到處兵房俱着兵無立身之地處勢迫退回城內萬民號泣呼天遮道求乞和好據稱唤夷因前繳

烔土未蒙賞價今只求賞銀一百萬兩將兵退出虎門並無他求臣詢其香港一帶地方可以繳還否伊云琦中堂給伊現有文憑在案臣恐危城與戰萬民塗炭亦無用武之地暫行應允令其退出俟收回炮台另求攻勦以復香港故土乞將臣等交刑部治以死罪並祁墳怡良等交刑部嚴加議處謹將百姓求和緣由附片具奏

抄廣州府致潮州府信

接准廣州府函開近因各鄉村糾集衆壯勇困義律於北門斬伯麦於南岸不失粤省鋭氣而義律尤敢招會揚聲開炮攻城驚嚇百姓時大將軍恐城廂内外庶民受殃是以收兵息民詎料逆夷貪勝不知輸服得步進步要大將軍立誓立旂方肯不加炮擊大將軍復虞百姓之苦只得暫立白旂以為息和之號衆視此局黙默相視惟忝贊隆因此沉疴大病日久聲不絶口言有何面目見

主子連日各大憲安慰其心怎奈不能轉症然此一失竟無覆奏之章邇來民心與逆夷誓不共戴天大將軍及大憲驚喜交集雖錫延於紳耆實深焦灼伸縮大為作難所有不用命官兵概俱怠慢我等

亦只可聽時待命而已各等語粵東近日情形益形掣肘各兵均無戰心火炮火器均未製造而奸民遍地俱為逆用聲相息通若緊守相持恐有内變現在萬分為難其勢不能不然也

抄探報

前得廣信云此次議和賞給逆夷洋銀六百萬元内庫撥銀四百萬兩分作七年由各洋商自攤歸還庫款其二百萬係各洋商湊足給之

粤省北門外三元里地方民人會集數十鄉邨欲與鬼子相攻已帖告白於十三行門口因此該夷亦出僞示云如再致𠹌[口英]國官兵本公使即當咨請本國水陸軍師大兵再至省城并各色畫行勦洗各狂語

抄上諭

奉

上諭奕山等奏㘆逆船隻攻擊省城督兵保護無虞請權宜辦理一摺覽

奏均悉㘆夷自我兵二次擊退計窮勢蹙無力進攻該夷情性犬羊不

值與之計較況既經懲創已示兵威現據城内居民紛紛遞稟又據奏

稱該夷免冠作禮欲求轉奏乞恩朕諒爾等不得已之苦衷准令通商

該將軍惟當嚴諭該夷目立將各兵船退出外洋繳回礮台仍須凛遵

條例只准照常貿易不准夾帶違禁烟土倘敢故違斷不寬恕並著該

將軍會同督撫悉心籌議妥定章程夷性難測仍須嚴密防範不得稍

有疎懈俟夷船退出後迅將各炮台及要隘等處趕緊修築堅固如㘆

夷露有鷩鶩形跡仍當督兵勦滅不得因已施恩遂致諸事任其需索另片奏外城居民房屋多被焚燒着怡良祁墳即派委員查明妥為撫䘏所有借撥庫貯銀二百萬八十萬兩即着落該商分年補歸不得延宕餘着照所議擬妥為辦理將此由六百里加緊諭令知之欽此

抄粤省四月初八日来信

四月初四五六等日唤夷在河面與官兵打仗其炮子有打至大佛寺糧道前四牌樓等處其火箭有射至貢院前双門底等處督憲海關各衙門並舖面被炮子打爛甚多督憲已搬進撫台衙門居住初五日唤逆在四方炮台與官兵打仗其炮子有打至往宣街其火箭射至蓮塘大石壕賢司後各街民心甚為驚恐兼之湖南兵丁甚為猖獗日日在街上游蕩稍觸其怒即揑為奸漢並不解官審訊即拔刀殺人現在各街地保稟稱有無端被殺者數百餘命之多現充兩縣壯勇者亦被殺數人即時兩首縣回明奕將軍出示彈壓貴州安義鎮段大人　永福　江

西南贛鎮長大人 春因各省弁兵不肯用命自行摘去頂戴在大將軍行轅辟官不做辰下各省兵丁私自逃走者有數千人另探聞嘆夷連日催討允還七百四十萬两如逾限不交定又開炮省中百姓驚怕日夜在撫憲衙門號迫各大憲救生俾免破城等語大憲對衆大哭勢乏良策並聞兵丁私逃投夷者甚多

抄𠸄逆偽示

大𠸄國欽奉全權公使義律為曉諭事照得大𠸄上憲惟思與粵東商人歷久平安相交是以再三繞城並無加害通商衆民人所共知也至本公使大臣前經將炮台繳還欽差大臣等及議定一條

大清大𠸄國一概善妥除難然後再設炮台可也現查該欽差大臣等爽約再敢排炮又督帶各省新集官兵陸續進省且設密計攻擊大軍士卽是實護城之兵也既如此爾民人試思之前日交戰之際孰保護身家資業或蒙欽差大臣等與所率各省官兵奮勇立功抑因沾大𠸄上憲寛罪之恩故得保平安且須各軍營迫逼勤良居民若害之當城無不惹災累及全省資業為此合行出示告粤省各

民知悉除本省護守官兵毋庸議外欽差大臣等暨各省軍營住劄若限一日不出城外並不全數離粵他往則大哄上憲不能仍保全省若欽差大臣果能一晝撤兵安退尚可辦明本公使大臣相約籌辦之人係本省敏捷大憲慣熟外國性情者並經

皇帝責成伊等盡心使居民身家旺相安保無虞矣至欽差大臣等在城內毫無家業並不慮粵東之興旺獨務揑奏自利所有督領官兵情愿生事擾亂一省城民與外國通商咸富乘機刼搶之故此爾等務必同心協力催迫欽差大臣等暨所屬軍士即日安退北返則俾得全城及通省一概免受交戰之災各宜思之慎之特示

抄探報

探得粤省來信云　欽差大臣登城約會攻擊㗰夷號炮一起西炮台即放八千斤大炮水勇開草舡延燒官兵奮力各攻直至初二日辰刻燒其火輪舡並杉板共六隻該夷即駕火輪舡駛至泥城用火箭燒燬新備木排軍裝無数該夷舡仍泊回西炮台是日楚兵將公司行搶掠凈盡該夷亦放火燒河南二沙尾新墩各處房數間等因

又探得粤省三元里各鄉内有顏姓所斬夷匪兵總身上有掩心鏡寶刀等物夷匪現出花紅得回寶刀謝銀三千两得回尸身謝銀一萬两兹因懷恨逆夷竟將尸身分碎不受其銀各大憲現將

庫銀三千兩並賞匾額與各鄉匾書以答昇平四字爾等志切同仇深知大義殺敵立功深堪嘉賞其斃命受傷者尤屬可憫應分別賞恤仰司道核明辦理

各大憲出示安撫夷匪退出外洋所有遷去鋪戶民人昨日撤回省城安居等因

又探得夷匪並漢奸在鄉郊搶掠姦淫百姓恨怒糾衆十三鄉壯士奮力攻打將夷匪圍困亂殺義律前往禁止亦在其內該夷正在危急之際廣州府協同南番兩縣前往勸諭百姓即解圍而散該夷收拾殘兵陸續駛出外洋尚有火輪船二隻在省河聽候奕將軍離城方肯將船退出奕將軍擇於四月十六日移住金山當

此圍攻夷匪之時有顏姓奮勇殺斃夷兵頭目一名首級赴楊侯行營獻提楊侯賞銀三百兩並給頂戴該夷自退出外洋沿途猖獗道經東涌各鄉聚衆截殺夷賊不能抵當有番禺縣奉委前往勸止等因

抄硃批

四月初八日勝仗一摺於五月初九日奉到

批迴內云奕山隆文經朕面諭令能不失機宜謀勇兼施可嘉之至惟漢奸必應嚴拿盡絕即在軍營正法所有出力人員着酌量具奏從優保舉發去花翎三枝藍翎二十一枝江西寧府都州都司譚恩着加副將銜先換頂戴江西南昌城守營守備曾廷相當賞戴藍翎城守營都司伍廷清賞戴花翎順德協左營千總盧良弼督標前營把總梁玉猷均賞藍翎云云

抄探報

前奉部行查湖南兵丁有無在粵滋事等情楊倅飭南番二縣細
查據禀並無文案可查等由
省中大憲委糧道首府前往看視隆泰賛病勢倘萬一不測即在軍
營代為料理身後事宜
現提鎮將湖南官兵撤去四川貴州弁兵亦相繼而撤從此粵東安
靜矣惟探得義律病已全愈現有新到陸路夷兵數千尚要往浙江
與林大人討取煙價銀一千二百萬兩之説
又探得四月十五日奏于五月十二日奉到
批迴該夷既誠心恭順自可准其通商一切章程照摺内辦理等因

又探得隆恭賛因病故矣

抄將軍奕等奏稿

再奴才隆文楊芳等奉

命督師赴粵攻剿嘆夷奴才怡良阿祁𡎴楊裕謙等均有地方城池之責無日不思痛殲醜

類以彰

天威而快人心何敢妄為權宜之舉第有不得已之苦衷不能不直陳於

聖主之前者粵東用兵攻守之難約有八端先經奴才楊芳密陳

聖鑒嗣奴才奕隆抵粵後悉心體察省河左右咽喉均為可守溯粵東與

各國通商近二百年凡夷人之性情嗜好粵人無不周知而沿海居

民及漁船蛋户往來潮汐之中尤與夷人相狎言語皆通嗜利好鬥

輕去其鄉所以夷人不惜重資覓為使令遂致死心向外惟命是從

暗通消息無所不至雖屢經捕獲立即正法而混迹市廛無可辨認更知偽製兵丁號衣襍入行陣或首先奔潰或戕害官兵詐詭多端甚而謀為内應幸先事密拿駢誅示衆先經臣怡良於二月間刊示開導宥其既往許其立功自效奴才等又將賞格加重許以自新勸諭再三投回者卒鮮兼之水陸炮位失散無餘水兵無師可調陸兵臨河阻敵夷人炮火猛烈所恃者土堆沙袋棉絮牛皮而積厚丈餘猶能洞澈是以守兵往往立脚不住現在新調官兵一萬七千餘名將弁雖久歷戎行士卒亦皆用命無如粵東既無戰地又無以安營熱燥蒸濕久而成疾除佛山石門分防之外可用者不過十之八九此次夷舡長驅直入攻擊省城官兵縱能奮不顧身相持數晝夜無如

漢奸煽惑人心而夷匪既南逼省河又北踞山巔居高臨下全城在目

勢甚危極臣等蒙

皇上豢養恩深受命疆埸一身何足顧惜獨念城中數百萬生靈何幸遭

此荼毒且省城重地倉庫監獄實關緊要有一疎失收復固難而各路

土匪乘機竊發通省動揺更不堪設想揆之勢既難以久守百姓日愈

驚惶是以城内居民率衆籲求號哭請命臣等未經先爲陳奏候

旨遵行實因迫於情勢未能久待而種種辦理錯謬之處百喙難辭應請

旨交部從重治罪謹附奏密陳伏望留中伏乞

聖鑒謹奏

再查粤東與各國通商近二百年洋商夷商彼此交易歷年既久積欠

遂多節經夷商稟請清釐經各前任監督將積欠最多之洋商亦
革監禁其欠項分于各夷商攤認歸還在案此係向来之辦法也
茲據原商伍秉鑑等稟請前與夷商交易積有夷欠曾與議明分
年歸款自十九年停止㕭夷貿易至今未能清結茲蒙飭令查明迅
速清理商等豈敢稍事延宕除商等自行竭力籌措外尚不敷銀二
百八十萬兩時既倉猝且茶絲各商均已遷避一時無可借貸仰懇將
庫貯存款内撥二百八十萬兩由商等具領以清夷欠分作四年在各
行生意估價行用内按數攤出將現在之項全數歸款等語奴才等再
四思維此項雖由商欠而目下關係夷情萬一稍有差失所關非淺不
如俯准該商借領按年歸還終歸有着不揣冒昧一面

奏聞一面爲先墊補欠項既清庶夷商無可藉口除另行咨明户部外
奴才等謹附片具奏

抄義民告白

三元里西鄉南岸衆紳耆為不共戴天誓滅𠄘逆事照得向來𠄘

逆素不安分屢犯

天朝昔攻沙角炮台戕害官兵我

皇上深仁不忍加誅且示懷柔彼尚不知感恩猶復包藏禍心深入重地

亂施火箭燒害居民攻及城池目無各憲　欽差大臣見城廂內外

遭殃議約戢兵安民𠄘逆理宜得些好意即休胡乃貪勝不知輸服得

尺進尺容縱兵卒擾亂鄉庄搶我耕牛傷我田禾鋤壞我祖墳姦淫我

婦女鬼神共怒天地難容我等所以奮不顧身圍困義律於北門斬首

伯麦於南岍爾等逆黨試思此時若非我府尊為爾解圍各逆其得保

首領下船乎今聞爾出示當途辱罵將軍大人無功揚言于衆與伯
麦伸宽其卑視我此地無人實甚我等用是氣憤成雲志除妖孽飽
德之士僉助軍糧荷耡之農盡皆搽戟壯丁數十萬何難逆之不可
剪除水戰無能豈怕鬼舡堅厚務使鬼子無隻影畱存鬼舡無片
帆歸國而後已爾其勿避卜日交戰特示
道光二十一年四月　　　　　　　　　　日實貼十三行示夷衆

抄日記

四月初一日一切俱未齊備大將軍忽于三更天出令在西炮台與夷人打仗僅在西听施放炮夾攻及放火舡三十隻燒之到五鼓時后夷舡退出數里畧為安息無甚勝負

初二日弁兵乘機搶十三行夷館因此結恨愈深該逆遂揷黑旗以示死戰是日夷人到泥城僅有小三板七隻兵弁望風而逃被燒拖風舡二十餘隻泥城遂失守是午復放火燒新田地寮房數百間

初三日彼此息兵不戰

初四日在省河日夜交戰不分勝負連日放火延燒各馬頭及軍工厰舡隻

初五日夷人水陸並進水路則攻鎮海門五仙門永靖門陸路則由泥城進攻大北小北大東等三門所有圓炮台四方炮台東得勝西得勝各炮台俱失守計逆夷並漢奸登陸者不滿五六百人踞炮台者不滿二百人城内大軍如雲竟不開城出戰四方炮台在高阜之處枕近北城居高臨下俯視城中一經失守省城之勢去矣逆夷佔踞之後遂將我們大炮打進城内北方居民紛紛遷徙聞夷人欲攻西門西方之民又遷徙焉竟有一日三遷者惶恐號呼哭聲載道婦女擁斃於路者不少然是時各城堵塞無路可通即遷徙亦祗在城中矣大將軍因夷人火箭鎗炮盡向公院施放遂暫避撫署隨出示曉諭按兵不動固守城池並樹白旗以示夷衆炮聲方息

初六日夷人復欲攻城危在頃刻大將軍並令余太守出城言和議貼兵費六百萬元七兑紋銀四百二十萬兩大將軍兩叅賛暨督撫給會印字樣為憑約七日内交清

初七日夜先付紋銀七十萬兩與之俟數日内全数交清渠即先交還附省水陸各炮台退兵獅子洋候

旨但現在僅議通商及退兵兩事至香港一節並未一語及此也

初八日兩縣壯丁殺死湖南兵多人傷者無数

初九日壯丁又殺湖南兵因湖南兵佔住民房姦殺婦女搶掠財物並妄拿良民及壯丁水勇為漢奸希圖邀功大將軍不問是非即出令正法寃抑甚多怨聲載道似此外患未清内變將起矣日内先將湖

南兵移置外家以靖地方省中紳士或咎大將軍謀畧未周失機誤事或抱怨楊侯軍令不嚴士不用命究之廣省驕奢淫佚甲於天下造物忌淫盈極必反此不易之理也從此廣東大勢去矣過半矣居之可也不居之亦可也

初十日夷人並漢奸在北門三元里地方搶奪婦女財物鄉民出而禦之殺夷衆百餘人大敗而逃兵目伯墨死焉

十一日三元里鄉民邀約十七村之衆三萬餘人該夷有二三千人前往報復被鄉衆殺敗廣府委兩首縣前往彈壓夷人方得解圍

十二日鄉民欲搶四方炮台生擒義律盡殺逆衆廣府親赴炮台與義律並坐互相彈壓並委令兩縣前往三元里諭止義律懼遂棄炮台

率夷眾而去可見兵力之厚不如民心之堅眾志成城以此攻逆何逆不克但廣府因此聲名大減嘖有煩言議給義律四百二十萬洋行先交二百萬藩庫一百七十萬運庫五十萬所動庫款洋行四年繳還銀已付清義律還要大將軍先退兵三十里伊方肯退兵舡于虎門奕將軍隆泰贊于十二日起程往金山住劄楊侯仍在省夷人於十八日陸續退兵聞香港已起蓋房屋設立馬頭將來未知作何了局

宋運台十二日接到部文升蘇臬十四晚逝世只病二三日有妾七人無子

楊侯要娶小老婆並用丫頭裝男跟班未知古來用兵有如此否

抄欽差與㖒逆照會

為照會事現據貴公使來文擬在香港貿易查各國商船經臨之地自有一定處所若在香港貿易事屬創始與舊章程不符必須

奏明

大皇帝方能定實此迺

天朝規制使然非本部堂所能專主貴公使久在中華一切情形無不明悉強人所難之事諒不樂言也至各海口設官守土稽查往來夷船只即是守土者專司此時香港並未奏定則民船不能私自前往貿易且二月底轉轉據廣州府轉稟貴公使曾有一體嚴拏走私之說並據馬禮遜于單內代註明此一端與㖒官無涉一語彼時深以貴公

使刪弊戢奸能知大體何以此次来文反欲本部堂縱令走私與
前言不相符至中華商舡止在中華洋面往来並無干涉貴國洋
面即使貴公使意在香港貿易亦須恭候
大皇帝諭旨遵行安可遽言封口轉失議和之誼再横檔鎮守弁兵增
減無常向無一定之数目盤台排炮一事亦未議及彼此既通和
好揔以信義相維何必以安炮設兵較其多寡也須至復會者

杪夷詩一首 想係漢奸所作也

四方炮台晚眺題壁

越台夜氣鬱蘢葱立馬居然第一峯亂後居心如畏虎鑿餘山勢尚成龍三更風露沉金鐸百粵江河落玉鐘料得枯楊春未醒鶯啼燕語梦魂濃

新詩十二首

猛火燎原氣燄雄闔心警報半年中拋家民已亡生計勘亂人誰立戰功但有先聲驚唳鶴竟無奇策定哀鴻庸人未必垂青史邊衅徒開厪聖衷

番舶連雲起遠烽掀騰碧海走蛟龍深溝固壘須臾破水驛山程

次第封屋宇幾家餘廢址親朋 何處問行踪可憐珠海繁華地幻
作刀光劍影重
狼朊餘毒勝癰疽養患居然費剪除沿海百年憏利藪窺邊萬里
抗軍書橫江沉鍊謀空定壘石成堤計亦疎太息么魔難掃蕩天
心厭亂竟何如
已將樂土變危邦世事憑誰一力扛專閫無功官自貴守陴不戰
氣先降寇氛竄哭如奔豕封舍荒涼絕吠尨踐土食毛同一憤呼
天揮遍淚痕雙
亂離何計出重圍萬鳥馳風羽檄飛寥落人烟隨處斷流亡鄉井
幾時歸炊 珠安問貿民食仗鉞真慙大將威直到閉關籌善策議

和議戰兩全非

名募空聞日夜馳孫吳兵法有誰知防邊有險甘資寇料敵無奇

怕出師萬甲逍遥隨上將片帆來往聽狂夷倉皇不顧中華體雉

堞公然竪白旗

兵驕將懦勢虚張無暇商謀定亂方海錯山珍先果腹明珠翠羽

自充囊杯中淺酌西洋酒帳裏濃熏南海香料理征袍倩紅袖生

稀端合屬枯楊

閫外烽烟閫内驚氷澌瓦解此時情事危且救軍中急計絀甘為

城下盟鐵騎遠來空跋涉金符在握少縱横他年畫上凌煙閣記

否當時痛哭聲

大地俄成瓦礫堆楼舡過處走風雷箭真用火人難邇砲亦開花
事費猜化日光天容異族執圭擔爵盡凡才從今将出增聲價百
萬金錢買得來
一自夷帆入虎門砲台冷落少兵屯防閑有策蒙天聽調遣無才
負　主恩賈勇可能當上賞陣亡未必盡忠魂笑他兵力輸民力
斬将搴旗幾十邨
空把旌旗擁戍楼将軍河朔恣遨遊澈天紅焰收民産遍地青燐
動鬼愁粉飾太平先報捷荷邀恩寵竟從優失機誰守泥城險論
賞還推第一籌
遷移雖有避兵符坐看奸頑到處俱外患未平生内侮多求不遂

殺無辜寃仇不雪官尸位紀律難明將濫竽滿目瘡痍須撫卹誰

將民瘼奏　天衢

抄小說目錄

塞海口議取桑園石

議定海囑托寄書

祥福戰死烏埇

破虎門三軍失利

林總督捐資招奮勇

怡中丞四門懸賞

琦侯爺痛哭龍牌

英都統拏問奸細

獅子橋老鄧搬家

楊參贊五仙觀陣

討沙角大晏蓮花山

許香港威逼用印

義律進兵黄埔

閉羊城百姓遭殃

姚知縣被劫哭窮途

余太守初次講和

楊參贊廣收馬桶

楊元帥怒斬挑夫

鳳皇崗長春督戰

余太守二次講和

城隍廟大將建星壇
奕將軍潛師赴敵
獻美女假辦男裝
扯皮條叔侄宣淫
娘子軍挺身探虎口
剪髮辮爭捉假漢奸
招水勇大戰三板舡
觀音山餓鬼食牛
岱昌逃命失泥城
竪白旗朱糧道獻策

怡和行長孫遭雷擊
祁宮保出示安民
殺良民冤遭兵變
選大臬鬼婆接客（義律謂余府為余大臬又義律老婆見余府攜手並坐）
公司館架禍搶牛皮
出賞格反放真番鬼
佔山寨久困百餘鬼
西竹寺勇將墜馬
義律定計燒貢院
摘紅頂段鎮台失機

無用將軍一籌莫展
奉令箭深夜爬城
各上憲議開銀庫
八省弁兵敗家狗

多情太守三次講和
開漏危紋銀出海
大將軍退避金山
滿城文武可憐蟲

扒廣東義民告白

盡忠報國全粵義民諭爾逆夷犬羊知悉查爾㖞夷素習豺狼成

性搶奪為強即前明倭寇之黨我

天朝曾經將爾誅滅因大西洋各屬國求我

皇上准其通商我

皇上體天地好生之德容爾畜邦通商交易爾不過貪利而來有何知

識爾之貪利猶畜生之貪食不知法度道理爾試攬鏡自照與畜

生何異不過能言之禽獸而已何知忠孝節義何知禮義廉恥爾

雖有大呢羽毛非我湖絲焉能織造有花邊鬼頭非我紋銀白鉛

焉能鑄成其餘各物皆學我

天朝法度我
天朝茶葉大黄各樣藥材皆爾狗邦養命之物我
天朝若不發給爾等性命何在不思報我
天朝厚恩反加仇害用鴉片害我百姓騙我銀錢爾畜邦素不食此
物何以毒我
天朝我
皇上聞而震怒特派欽差大臣林大人除盡鴉片之害先期出示令爾
繳烟免罪爾畜類尚知畏罪繳煙所以奏知
皇上賞爾畜類大黄茶葉爾畜類不知感恩竟然不領又不具結爾既
妄稱利害何以不敢在林大人任内攻打廣東乃竄去浙江殘害

百姓又來天津妄遞呈詞爾如果真有寃抑何不早遞呈詞何以先擾定海後來天津可見爾明知罪衆不能解免不得已妄揑誑詞希圖欺騙不料貪相受爾蒙蔽代爾轉達

天聽我

皇上好生為德一時聽信撤去各省兵丁饒爾狗命不開鎗炮爾果認真恭順何不將定海兵舡退回廣東聽候查辦乃仍在定海騷擾仍在各洋往來遊奕貪相受爾朦混撤沙角横檔之兵攔阻衆軍不准開炮大縱爾入内河爾勾通無父無君之徒作為漢奸從中作亂爾不過使錢哄買而已有何長技既妄稱之兵何不專用爾暎夷交戰今用我國人為漢奸非爾暎國之能我

天朝素稱仁義不忍製造狠毒之物豈似爾畜類專以搶奪為生故
爾舡隻堅固炮火憏烈火箭威猛爾除此三物更有何能我
天朝平素仁慈不忍製造此等毒物傷害爾等如果狠心製造何愁
不誅盡爾等畜類爾不知自量妄稱強梁爾前日雖佔炮台而所
用火箭等物全不中用可見爾畜類亦無才能其時我們義民約
齊数百鄉邨同時奮勇滅盡爾等畜類爾如有能就不該轉求廣
府苦勸我們義民使之罷戰今各鄉義民既饒爾等之命爾反妄
自尊大出此不通告示爾不過孽畜而已竟敢稱為上憲又妄稱
曉諭百姓爾知百姓二字作何解上憲二字作何解一派混賬可
惱之至我們義士爺爺爾畜生竟敢呼為百姓耶爾妄言寬容試

思寬容者誰爾前日舡隻亢沙不動我兵何難將爾焚燒爾上炮台爾想我兵何難架炮轟擊特寬爾等留一線生路爾尚反言寬容我百姓耶爾全以假仁假義哄騙百姓謂不敢加害何以屢屢騷擾一片狂言焉能騙我爾裝模作樣假殺一二騷擾之人希圖賣好用計騙我俟我不加防備爾遂乘間攻我我們豈受爾愚爾又賣弄能幹以恐嚇我等爾之伎倆我們早已盡知爾既言戰法即與爾陸戰或馬戰步戰爾仗炮火猛烈則爾炮幾斤我炮幾兩下對放看誰炮火利其餘排鎗刀劍等物亦可兩下對仗看是誰勝若言水戰則爾等將舡退出虎門俟百日後造就船隻與爾外海對仗爾果能勝我方為利害爾一味勾買恐嚇即算爾狗畜之

能乎我

皇上仁慈寬厚不忍即誅大將軍王葉金枝諸大臣厚德君子衆官員亦皆忠厚慈祥非真無能也特憐爾身同畜類性本無知豈有人與畜鬥之理故任爾猖獗今且不用官兵專用鄉民非我不仁因爾害我鄉邨傷我男婦不得不與爾畜類鬥戰現在全粵商民数千百萬之多大村富厚者接濟小村兵餉糧草亦有義士捐資備辦器械有熟悉水路陸路者各数百萬之衆志切同仇恨聲載道若不滅盡爾等畜類誓不俱生爾若不早退出虎門或有千百燒船妙法燒爾片帆不返不但現在船上畜生全行燒盡並要滅爾㖶邦我義士爺不論男女每人出錢十文便足以造船隻修戰具

滅爾有餘矣我們義士受
天朝二百年豢養之恩今日若不誅盡唊夷便非人類爾殺害我家鄉百姓大傷天和又將各處棺骸盡行殘毀各廟神佛俱受災殃正為天厭之時鬼神亦不容爾畜類爾如不信試看前者大班喇咈圖佔澳門立刻在澳身死啤嘮啤闖進虎門旋即憂懼而死嗎哩咥暗中播弄是年亦死其慣賣鴉片之嘍嗌鬼使神差令其自刎而死此等人個個難逃天譴何況今日爾等大逆無道豈能逃出天網耶即如現在爾等船隻或遭風火或陷沙洲樣樣俱是天意爾所放火箭全然無用明明是鬼神護佑我們爾畜生若再逆
天行事得罪

上蒼天上雷神何難將爾義律等立刻殛死何難以雷火燒盡爾等兵舡何難一陣狂風掀翻舡隻將爾等葬之魚腹況且如今並不用驚動

天神即用我們義士便足以滅盡爾等畜生上為

天神洩憤下為寃鬼出氣不用官兵不用　國帑自已出力殺盡爾等猪狗方消我各鄉愫毒之恨也爾咟唛嚧嗶平日何等強横如今二人已被我們義民輕施手段將他捡住碎尸萬段爾等更有何様本領敢犯我們何難一鼓而捡將爾勦滅耶爾所用漢奸皆我

天朝犯法之徒或殺人逃命或舞文美弊平日極無本事

天朝所屏棄不用者爾乃重用之此等人在爾處用事將爾殺盡亦

不可知爾花錢勾買養活此等人物豈不大愚可笑爾佔據內河强梁霸道不過要在此通商好賣鴉片豈知買賣要人情愿如今我們不愿與爾交易爾偏要求人羞也不羞爾之貨物我們狠不希喊我們要買貨物自有恭順各國同我交易貨物多得狠何必定要與爾交易耶爾今如此可惡我們痛恨已極若不殺盡爾等猪狗便非頂天立地男子漢我們一言既出萬折不回一定要殺一定要砍一定要燒死爾等爾就請人勸我們亦不依務必要剥爾之皮食爾之肉方知我們利害也特先期示諭爾義律嗎哩遜嗔地担唖等及各無父無君之漢奸知之本應措詞雅鍊因爾畜類不通文字故用粗俗言語淺淺告諭爾畜類急宜悔罪自首面

縛跪求庶分别首從不忍全誅如再宕延後悔何及特諭

抄粤省致閩省信

再啟者此番用兵所調各省之兵萬有七千兵不可謂不多各庫款項數百萬餉不可謂不足至木料買自廣西火葯及鎗炮觧自江西安徽器械不可謂不齊而卒潰敗决裂一至於此實由當事既少有章程用兵復毫無紀律有筆墨之所不能言而又有所不敢言者弟覥然面目憤氣填胸此邦乃吾兄桑梓之地自必望信甚殷特將當日實在情形有不可解之事四可惜之事機二可為痛哭者三為足下告之廣東設炮台以來大角沙角虎門三遠横當烏涌腊德二沙尾以及省河各處皆為要隘古人相度形勢棊布星列實為今人所不能夷舡之至省河也固漢奸所引導實由

我兵無備使然琦相來粵先存一不敢戰之心畏之如虎使早未雨綢繆斷不至此賊破虎門烏浦急撤腊德炮台之兵賊至二沙尾又撤省河炮台之兵其意以為我不撤兵兵必為彼所敗不若姑退收兵入城以為講和地步不知省之有炮台猶人家之有門戶也賊到而門不關可乎開門揖盗百喙奚辭迨至卧榻之前已被他人鼾睡乃歸咎於始事之人不亦寃乎此不可解者一也夷舡之進内河其初並不知内河虚實用小杉板載漢奸探水次第而入至我所載石沉船之處不見一將一兵在彼守禦故得將木椿碎石陸續起去放心前進此無人之境非如入無人之境也城中有拏獲漢奸訊知彼處有漢奸十六人每人分四班進城偵探

我處探事終日誑報自相恐嚇者居多故兵船撤退之時始見其有擱淺數日不能動者或用小船起撥或用火輪船牽曳使及早半月有一二能事探得實情用快蟹艇載水勇將其擱淺之舡四面圍繞以火焚之非易事歟乃彼有用探水之人而我無認真探事者彼能用漢奸作内應者而我從未聞用一夷奸作離間者此不可解二也更不可解者賊船於香港盖大帳棚百餘間并設有偽令初一日據引水探報所蓋帳棚忽拆去大半又報夷衆紛紛下船凡夷舡在腊德烏浦一帶共二十餘隻火輪船數隻三板舡十餘隻云云早間行香後因於進見時妄叅末議以為夷衆既由香港上舡彼處必致空虛如能分兵一路暗襲其巢穴一面用兵重守

泥城如省河打仗時可以出奇由花地兜其後路縱未必全勝亦
可牽掣其兵奈當事以書生之見無應聲者迨事敗之後羣歸咎
於發令太早不知賊船已經全駛進虎門其意何在我不擊彼彼
必擊我先發制人未為不可特布置失當耳初一日打仗後夷船
稍退火輪二隻直趨泥城泥城為北門咽喉亦佛山要路此重地
也先是橫檔失守有叅將劉大忠者兵敗而逃當事以狥難聞奉
旨以副將賜恤嗣因其逃回以受傷鳧水得生為解至是復派伊與其
協岱昌同守此地岱昌從未身列戎行一卑鄙無賴之小人耳因
係親信派充營伍逐日以美口粮爭供應為務因辦買木料製備
火藥可以沾潤後夤緣而進顧一紫洞艇逍遙於其間距泥城水

口尚有里餘聞砲聲即倉皇遁走至今未聞作何叅劾又初五日賊逼炮台兵将捲包而走夷船至天字馬頭馬頭原設有兵房千餘放空炮数聲亦皆頓遁去其實都守以上将官俱在城中不出是以敢死大義徒責之兵丁也維時城門全閉五六七三日以來夜間賊用火炮火箭直打城中城外東西南三處火勢亘天燒去民房千餘呼號之慘不堪言狀大帥有令凡兵自城逃回者開門准進而城中百姓則不准放出一人夫兵所以衛民今反藉城以衛兵此不可解者四也義律住洋行十餘日省河中夷人杉板數隻而已不難擒也伊亦毫無準備有時義律乘轎買物往來於市廛此時如遣敢死之士数十人至彼處擒之直囊中物耳乃屢進

言於當路俱推以現已講和未可輕動噫真可謂宋襄仁義之師矣此可惜一也初十日賊將四方炮台退還而去取路泥城三元里村衆因其淫掠憤極鳴鑼一時揭竿而起連結一百三鄉男婦數萬人圍之數重夷衆僅千餘人冒死突圍死者八九十人殺死兵頭二人受傷者無數百姓亦有傷者然人衆可恃愈擊愈衆斯時我兵在城者萬餘齊叅贊新到有生力兵五百近在金山如其有令兩路齊出接應鄉民使其腹背受敵縱未必聚而殲旃當亦勦殺畧盡矣乃計出不此不知何時義律將余守請出囑其彈壓又不知何時余守私出城外向衆人觧和彼百姓安知大義不過因其輪姦一年老婦人憤激而起雖人衆直烏合耳今見官如此隨

漸漸解去而夷衆乃得遁回舟中此夷人自進虎門以来未有如此之受厄者也事機之失至今實為扼腕夫逆夷滋事豈獨漢奸引導寔亦衆百姓使然蓋廣東自查辦烟案禁興販杜私走未免操之過激故兵怨之民怨之差役怨之甚而武弁亦怨之當積重之餘以為絶我衣食之源也故於逆夷蠢動之時群相附和此輩蚩氓既不畏 王章又何知國體反恐逆夷不勝鴉片不行則前轍不能盡返而逆夷又四布紛言以為與官為仇絶不向民加害於是奸民貪其利頑民受其愚雖督撫曉諭亦以能捦逆夷者賞有等差數月以來絶無明驗及至賊奪四方炮台搶掠不堪始疑其奸而操戈相向設使當時圍城再遲數日必有為内應而開城

門而迎降者同此食毛踐土乃良者少而莠者多能不寒心此真可為痛哭者矣國家承平日久民不知兵官不知兵而兵亦不知兵當粤中告警之時官民無不引領而望以為某處調兵數千某處調兵數百指日雲集似此跳梁小醜縱難蕩平亦可恃以無恐乃衆兵未到以前風聞途中有刼奪人財物者有毆傷差役者及到省後兵不見將將不見兵紛嚷喧呶毫無隊伍斯時雖必知其不可用而竊幸其尚不滋事也不料初五日以後往往兵勇互鬥拔手殺人教場中死尸不知凡幾城中逃難之民或指為漢奸或奪其財物城内洶洶幾於激變尤可笑者初二日衆兵搶奪十三行背負肩挑多有逃去兼有無故千百成群竟行遁走者點兵册中從

不聞清查一二及至沿途討要口粮清遠三水将逃兵数千應付回省反以追赶鬼子迷路為詞當事者猶以衆兵受驚給賞試思追趕敵人豈有迷途反走者今日之兵如此則他日可知一省之兵如此則天下可知國家養兵十日用兵一時興言及此能無痛哭乎弟以輇材毫無才識然要好之心未嘗不矢諸寤寐自到貴省四月於茲乃竟有此殊遇有時自盡其分所當為並有時欲自效其力所欲為者無如分淺言輕徒多掣肘提庫中之　國帑惟有心傷樹城上之白旗能無髮指既我在此地想亦在衆人清議之中然實有不可活不得死不敢病不能走之苦伸手捫心能無痛哭至好如君必有以教我矣以上数條皆係實情無一虛語雖

屬貴省刼数當亦　國運使然所患一蹶不起從此為外夷所輕視更恐無賴匪徒漸生心於内地側目四望天下能當重任者更有幾人欲著武功惟有慎選大將縱有小亂不可輕台外兵足下在同譜之中弟所欽佩封疆指日事有可為或於弟所言者有所採取印証歟又福建水勇初五日進城正逆夷由陸路上四方炮台之時督撫用令箭令其出城應敵無如阿將軍不開城門將其攔回而炮台從此不守亦是恨事

抄上諭

六月初二日准兵部火票遞到兵部咨為欽奉事車駕司案呈

内閣抄出奉

上諭國家設立兵丁勤加訓練以嚴武備而戒不虞總督有統轄之責必應平時認真督率弁備加意練習使之有勇知方一旦猝遇外侮何患不破敵摧堅立功奏凱道光十二年兩廣總督李鴻賓廣東提督劉榮慶因辦理軍務臨時不能得力曾經遣戍前任兩廣總督鄧廷楨履任多年懈惰因循不能整頓所有排練空費錢糧全無實用以致該省兵丁柔懦無能諸多畏葸虎門之役竟有為夷匪買通者思之實堪痛恨前任兩廣總督林則徐經朕特賜欽

差大臣關防辦理廣東事件繼復令其實授總督全省軍務皆其
統轄既知兵丁染習甚深更應多方訓導勤加練習其餘夷務亦
當德威並用控馭得宜乃辦理諸未妥協深負委任鄧廷楨業經
革職林則徐着革去四品卿銜均從重發往伊犁効力贖罪即由
各該處起解以為廢弛營務者戒欽此

抄廣督奏稿

奏為唊夷舡隻攻擊省城督兵竭力保護幸尚無虞而體察局勢欲期久守惟有權宜辦理謹將實在情形恭摺奏

聞仰祈

聖鑒事竊臣等于本月初六日將連日接仗緣由馳報在案查廣東省會城垣立于觀音山之麓前臨大河西北韶肇南連等府州之水由花地滙流入海客商行旅即從此道入省溯自夷船駛入省河排列多艘咽喉已為所扼東西兩路由獵德大黄滘達黄浦而至虎門海道分岐路徑叢襍瀰漫平衍並無要隘可守且田塍窄狹不能紮營駐兵北路各山皆可俯瞰城中時有夷人潛往窺伺戒

倫未易前此倫辦火攻各具皆于離城十五里之坭城用廣西觧到木排稻草從三水縣屬之金山等處地方以下分頭委員編紮該逆探知工次木排將成自初一日開伏以後該夷即密遣三板舡前往探水經看守弁兵開放鎗炮擊退迨初五日夷舡三十八隻全數駛入攻城另駕火輪舡駛至坭城河面開炮漢奸扮作水手混入我草船左右縱火將前後裝運柴艸焚燒過半其漢奸覓水登岸自陸路抄赴我兵之後迨至三面受敵坭城不能拒守此時河道梗塞文報難通趕辦炮位一切既無從安置前往督催亦無從運送来省至兵糈尚有倉儲可碾而民間食米向皆來自鄉閭茲已堅守城池則商販不前尤于民食有碍兼之火炮不絕新

城居民相率移入老城以内相持日久即不能無匱乏之虞民氣搖動不堪設想省城重地為全省關係稍有疎虞則各府縣匪徒必致乘機蜂起況大兵聚集亦復在在可虞使在郊野行兵尚可層層擇險誘敵而省城萬無棄理城存與存本係 奴才等一身之責而城亡與亡實非保守城池地方萬全之計 奴才等日夜焦思萬分無術先是勘得省城北面原有炮臺製甚狹隘不能多駐兵丁止得于北城挑選精兵安炮固守迨夷舡由坭城登陸直逼北城城上開炮轟擊致斃逆夷十餘名漢奸百餘名該夷退守土山而炮台已為所據天已昏黑官兵暫收入城迨初七日城内居民紛紛遞禀籲懇保全合城民命又據守垛口兵丁探報城外夷

人向城内招手似有所言當即差叅將熊瑞升登埤看視見有夷
目数人以手指天指心熊瑞升不解何語即喚通事詢之據云要
稟請大將軍有苦情上訴総兵段永福喝以
天朝大將軍豈肯見爾奉命而來惟知有戰該夷目即免冠作禮屏其
左右盡將兵仗投地向城作禮総兵段永福向奴才等稟請詢問
即差通事下城問以抗拒中華屢肆猖獗有何寃抑據稱唤夷不
准貿易貨物不能流通資本折耗負欠無償因新城之外兩邊炮
火攻擊不能傳語是以來此求大將軍轉懇
大皇帝開恩追完商欠俯准通商立即退出虎門繳還各炮台不敢滋
事等語旋據衆洋商稟稱該夷央商等轉圜祇求照前通商并將

歷年商欠清還伊即將兵舡全数撤出虎門以外等語奴才等通盤籌畫虎門藩籬既失内外無所憑依與其以全城百萬生靈與之争不可必得之數似不若俯允輿情以保危城以甦民困竊計廣東一省關榷職稅每歲不下三百萬兩祇須夷務清厘數歲後元氣可復若堅持日久或致意外之虞不特收復大費周章而民為邦本或遭荼毒關係匪輕是以公同商酌派委廣州府知府余保純妥為查辦姑如商人所請暫准與各國一體貿易先蘇民困該逆以通商為命脈俟夷船退出漢奸解散之後先將省河淡虎門各處要隘磊塞河道增築砲台添鑄炮位門戶既固阻守足據即扼其吭倘再鴟張立斷通商庶辦理有所措手所有近

日省河攻拒實在情形並權宜辦理緣由謹合詞瀝陳伏乞

皇上聖鑒訓示謹　奏

抄探報

探得廣東來信云五月十二日有夾板公文到金山咨

欽差大將軍奕　咨内奉

硃批准奏辦理並准通商其前去六百萬兩之款着洋商賠墊等因

抄粤省來咨　六月十七日准粤省五月廿八日兩廣總督咨為飛咨事竊照迭次夷舡由粤省洋面前赴東北一路業經隨時飛咨在案現在本部堂風聞㗖夷有欲仍赴浙江一帶之信並據大鵬協副將賴恩爵具禀亦稱聞有此語並稱風聞早晚該夷又有新兵船火輪船到粤俟新船到齊再行攻取現在兵船先往浙江等情雖係風聞尚無確據惟夷舡詭詐多端亟應一體預防以期有備無患相應飛咨希即一體轉飭沿海文武預為防範施行

抄探報

探得粤省來潮之人傳言聯鄉百姓前圍義律在南岸寸磔伯麥於西村時正奮勇决戰求各大憲以兵助勢並借大炮欲洗嘆逆不料大憲借炮未允復令廣府余力勸衆民將各嘆逆釋放百姓藉此怨聲載道故出告白誓與鬼子較以勝敗各鄉富户助糧助餉結數十萬丁題錢製造船炮至期攻勦定滅嘆邦等由詎料義律驚聞照會澳門分府請各大憲到澳議事嗣於五月十九日義律到城外公司行内住候各大憲聞悉即委首府余到公司行會面義律要補搶貨價銀三十萬两另錯呂宋大兵船價銀一萬两限於廿二日交足並議不准塞閉河道不准禁民與夷賣磚尾木

料等情旋經各大憲將銀三十一萬兩交收一面委員押拆河道
緣各紳士堵築河道實不甘有夷船出入之舉時廣府相勸百
姓只得遵照
又探聞海陽縣蔡家園船戶由浙回潮在大洋面撞見夷船約有
二三十隻前往浙江等由
又坐省凌安於本月初一日發密稟內稱省中近日自楊侯爺具
奏告病之後所有各大憲議事甚緊彼此講說以紙條言閱過
即行付丙茲又暗行各處挑募水勇究其法度實難猜度並聞夷
船有二十餘隻已赴浙江向林大人取討烟價之説各等由
又六月初一日省發探得楊侯爺迴避見客奕將軍暨督撫拜會概

不得見

又探得唊夷船隻於五月廿七八兩日起碇二十餘隻駕駛往浙前去現在烏埔灣泊夷船全退出洋不知何往

又聞粵省於本月初三日發有密信來潮內云花旂鬼子催迫索要前搶貨價銀三百六十萬兩經大將軍含糊挨延未及示下在花旂鬼子竟為得勢猖狂揚言不日開砲亦要佔地造樓等語大將軍一味不理近日選有妓女二十餘個留在貢院住所陪飲又聞齊叅贊揭叅奕將軍數欵楊侯爺聞悉只得推病迴避又聞前奏告示一摺亦是揭叅奕將軍並請罪具奏唊夷佔香港實在情形等由雖係齊楊二大人叅奏奕將軍究其稿未見半字似難凴

信所有省中大憲隐情不漏惟諸事防範甚密暗禁坐省丁書凡
文報中毋得提起倘敢故違一經察出定干法辦等諭為此不便
細陳再百姓紛紛嘆惜香港付夷奕將軍作何歸計有戀花飲酒
不知死誰願香港與花旂歌語經兩首縣禁拏等由

抄上諭

兵部火票遞到軍機大臣字寄　閩浙總督顏　前任提督王得禄道光二十一年五月初七日奉

上諭據顏　奏夷船兩次滋擾銅山已飛咨前任提督王　迅赴駐紮防守等語所辦是銅山一島孤懸海外兵力单薄業經該督酌名官兵馳往防守惟澎湖地方為台湾厦門咽喉非銅山孤僻可比該處僅設有副將一員恐不足以資鎮守王得禄熟悉海疆情形前經降旨着該提督協同台湾鎮道辦理防堵事宜現在澎湖防堵緊要着即馳札澎湖督同該將備等嚴加守禦毋得疎忽至台湾有該鎮道等駐守所有應辦事宜仍可就近相商王得禄受恩

深重定當不負委任又另片奏盜匪出洋肆劫案經捕獲三百八十餘名等語匪徒逞兇不法倘與逆夷勾結或致為彼所用甚有關係慎勿輕視務須檄飭所屬文武員弁嚴密巡哨設法兜擒毋致養癰貽患是為至要將此各諭令知之欽此

抄閩督顔

奏前平和縣丁憂服滿陳文起暫留泉州帮辦防堵俟軍務告竣

即飭回籍請咨緣由一片今於本年五月二十六日奉到

硃批另有旨欽此同日奉到道光二十一年五月初七日内閣奉

上諭顔　奏知縣帮辦海口等語福建前任平和縣丁憂服滿知縣陳

文起着准其暫留閩省帮辦防堵口岸俟軍務告竣即行飭令回

籍請咨送部該部知道欽此

抄俞倅楊令來信

逆夷自議和後三帥籌商該夷飽橐而去如驅賊于大門之外更治藩籬另起爐竈急則治表緩則治本非甘心受辱也敷陳入告靜

聽

聖訓旬日以來稍得安枕乃該夷梟獍爲心竟以香港爲己物在彼擅出僞示大興土木甚至將我沙角横擋等處炮台磚石搬運一空此其目無華人者一也又藉口既已和好何以將軍參贊尚未回京各處官兵尚未退撤其中必有機謀是以去而復返仍在虎門附近遊移窺伺省城其詭計無常者二也節次所毀炮台乃内河要隘息兵後委員查勘丈量意在修復自衛該夷亦藉口若修理炮台攔

阻河道是絶我出入之路不足為信我等即來內河攻打此其大言挾我者三也種種猖獗事事詭詐差遞信字索我回音探聞幕府籌商若竟以和好為可信恐蹈前車之轍攻我無備措手不及若置之不理及時完繕必啓疑心萬一再來省城為之震動嗟爾小民實不忍再見驚惶左右掣肘進退維谷只得議詞答覆以示羈縻即修理河道亦指為百姓自行修理為保護田畝官不干預是役也一悮于虎門失守致該夷長驅直入再悮于上次短兵三單惟命為重百姓草木皆兵既不利於戰又不善於守猶恨漢奸布滿省城未謀先洩時時揑造流言層層惑亂人心歷來軍務之棘手未有甚于此者矣節奉

嚴旨期在勦滅迨盡斷斷不准乞和而此間萬分疑難不知作何了結
刻下　奕元戎駐扎金山　隆叅贊憂忿成疾寢食皆廢　齊叅
贊前往佛山今來省城　提軍率領兵勇前赴虎門屯扎以觀動
静其各路兵勇散處新舊两城或留或撤尚無成議逆夷狂悖普
天共憤此番粤東猖獗咎在自撤藩籬引賊入室若不從權暫息
勢必蹂躪百姓飽槖而去藉端復來一切底裏盡為所測更兼漢
奸播弄返戈內向雖鼓勇再戰奈戰具不修戰艦如卵傷弓之鳥
草木皆兵棄仇成好萬無是理而又不得不示羈縻以救目前之
急幕府忿極恨極蠢尔醜夷竟敢于光天化日之下耀武揚威我
等竟莫伊何此千古奇聞再漢奸者踐土食毛甘心從逆不過貪圖

小利竟皆背天逆倫此等人天必殛之待其惡貫滿盈耳獨怪如許之多殊不可知節經各憲諄諄告誡寬其既往予其自新若肯翻然改悟則逆夷不難殄滅弟恐滋蔓難芟積重難返奈何奈何再者　靖逆將軍偕　隆參贊于十六日辰刻起程帶兵四千餘名退至離城六十里之金沙地方駐札是日午刻夷船陸續外退所失遠近炮台業已交還至二十一日近城黄埔大黄窖等處夷船均已退出虎門矣聞　隆參贊有恙甚重之説省城尚留官兵七八千名仍係　楊侯爺統領弹押再聞逆夷已將漢奸開發每名給洋銀十元而散　楊侯爺出示招撫並未見有招撫者緣各漢奸面色鬚髮均已改變有不敢回之説弟恐若輩聚而滋事為

可慮耳又聞逆夷此次猖獗己竭力支持兵餉皆盡本來夷兵僅剩八九百名又向別國借到船四號共鬼子八百有零所有進港二十餘船以貨船十多號湊數助勢深悉我兵之大懦也幸有省城西北之三元里等鄉因夷衆登岸後姦淫婦女肆搶牛畜物件鄉衆糾合萬人與夷拒戰殺斃二百餘名水冲百餘名捡殺夷目伯麥一名夷人大窘又有南路近河之三山社各鄉紳民聞逆夷登岸肆搶之日而空船泊港縛草鬼守船近岸之民窺見如此即糾人將大小炮扛去多門及至議和一定各鬼赴鄉索砲因此争鬥而各鄉糾集五六萬人明帖告條議定担木挑土填河塞港不使一鬼逃出定使夷舡一隻不留等語並有赴　兩院求借火藥

之稟義律聞之膽喪轉達廣府諭止聞有不相犯各官安靜之語故各船之速退尚係民廹竄逃亦可稍洩吾忿但此間已若無事再不設備深可慮耳又有說者聞夷洋設備甚嚴而奸民無用不去滋擾苟能照常銷物斷斷不去之理定海必要報仇並有仍赴天津鳴冤定議等語論者謂必無此事係詐言以嚇且未識近來浙信如何果天奪其魄竟至閩洋窺探各口防堵久經 大憲籌備極週諒必痛剿迨盡查該火箭并不利害大者長六七尺小者二三尺頭繫尺餘長銅管內存火藥係木條藥線一然用強弓射來其響似乎可畏惟恐落于草篷等處別無可慮而聞炮火竟似可怕訪察此地前日情形放來並無準頭況火門煙起聲响子出

而來遲人可躲避惟落處速以濕棉絮承接之或緊按擦可以無碍惟鬼船難以攻擊聞接仗之時鬼兵均有銅葉上遮傷及甚難若能上其船則鬼竟不相拒逃縮下艙而已粵省以上佛山鑄銅砲十餘位鋏炮大小二十多門至大三千多觔昨經招得匠首細詢鑄法據稱此間所鑄鉄即用全鉄若攙銀銅恐未能鎔化一塊轉不得用若鑄銅炮須六成鉛共四成内黑鉛一成半如能攙銀不拘多寡如此次併未有攙銀之說并據匠口稱能鑄螺絲銅炮惟工價太多故未製也即商之赴閩鑄炮伊亦願往唯索貲太多連日與其商減必須四人去每人工貲銀六錢斷不可少須有六七月之工方去等語昨已囑其用木作樣送省尚未造就至于

舡匠此間尚多無論造出何様均能如式即夹板亦能造作恐番篷無人能使據云惟有篾篷換用布篷則兜風可駛堪轉亦可使捷如無别法可想奈何未識厦門所鑄各炮如何情形新造戰船何時可以完竣不勝懸念二匠所説係臨行　大憲面諭訪問敢及之　高明斟酌禀明可也再者日來所聞者更為可恨該義律致書廣府探諸將軍何以未北上各兵尚未見撤是何意思若要攻戰不妨定期等語令而知退還炮台之不修皆有攻戰深意存焉設或奉到

嚴旨將如之何　楊叅贊因腿傷復發動履維艱有請假之説城内軍務交　齊叅贊獨辦　隆叅贊駐在金山終日哭泣湯水不進已

三日矣　將軍進退維谷既不能言北上又不能遽然返省悉聽
首府調度耳再聞夷船雖于十六日以後陸續開出虎門外仍泊
大嶼等港即將我各炮台木料搬去香港修築炮台馬頭樓房大
興土木等情閩省水勇經　祁宮保囑吳提軍招入伍者一百二十
六名于初旬帶往虎門接應其餘即令回閩之説又聞近來
欽差暨各憲商辦之事意見頗不相同

抄探報

叅贊隆大人於五月十二日在金山因病仙逝各大憲及司道于五月十五六日分次前往致祭各大憲於十八日派四川來粤都守各員併隨來併侍衛等官運送隆大人靈柩回京　大將軍奕於五月二十一日自金山旋省駐扎又會同商議定于日內先將湖南湖北江西四川四省官兵日以五百名挨次凱撤歸伍尚有雲貴廣西三省之兵留辦善後　楊侯爺現辦夷務事竣隨請大將軍奕爲其出文以年老告休等因

抄浙江撫臣劉　咨五月二十三日准
欽差大臣裕　五月十八日准　靖逆將軍奕　叅贊大臣楊隆　咨會同兩
廣總督祁　于四月二十四日具
奏夷船退出省河繳還炮台一摺
奏爲夷船退出省河繳還炮台義勇勦殺漢奸及滋事夷匪省城安
堵恭摺奏　聞仰祈
聖鑒事奴才等於四月十五日拜發保固省城從權辦理一摺若一面
嚴守城池安戢居民一面飭令夷船赶緊起椗該夷船當退出十餘
隻又據該員夷目遣兵頭嗶喻禀稱實係各船商向其索欠情急
是以懇求准予清釐並非有心干犯　天朝乞將軍各大人在

大皇帝前懇
恩原赦奴才等查夷船此番闖入內河俱是漢奸導引雜以各島野夷借端生事搶奪鄉村不可不急爲殲除但該漢奸形踪詭秘有假換衣服者有扮作兵勇者散漫各處必須分路兜截若分兵四出恐辨別不真殃及于民激成事端不如本地鄉民團結義勇易于識認當傳諭城西北及東北各鄉頭人梁利煐等分路搜捕殺死漢奸及黑白夷匪二百餘名內夷目二名奴才等又前遣義勇紳士等於南岸擒新火頭目一名具稟報係屬伯麥人愿出洋銀萬元購求其尸紳士等密存深窖是否屬實俟查明再行具
奏現在夷船已陸續退出大黃窖腊德各炮台已派兵防守省垣城

門一律開通商民照舊生理安堵如常唯遷徙遠移者尚懷觀望
奴才等已出示招徠並查被火房間妥為撫卹所有流亡可期歸業
至粵省炮台散失各炮急需補𠡠鑄量為變通舊制截高補低
相度整理以期守禦得力用垂永久近省河道修築不及而要
隘處所或用木排或用沙石尤須趕辦現在漢奸土匪在南海縣
屬之三元等村乘勢搶刧尚須分兵前往就近彈押連絡聲勢以
固民心奴才奕隆帶兵三千名分駐虎門金山一帶會同叅賛大臣
齊慎籌辦一切並查驗各路木排船隻以備放下堵塞河口又於
離城十五里之燕塘地方移駐兵二千名會總兵琦忠管帶以防東
路奴才楊留駐省城會同臣祁撫臣怡等督率內外各兵及

御前侍衛珠勒亨等嚴密防守新任水師提臣吳建勳即飭令赴任

帶福建水勇前赴虎門查收各炮台一俟夷船退出虎門奴才等

即親身週歷再行妥議以固藩籬而資保障統俟夷船全行退出

虎門另行奏辦外所有夷舡現經退出省河及義勇勦殺漢奸緣

由合先恭摺馳

奏仰慰

聖廑伏乞

皇上聖鑒謹　奏

抄探報

接得坐省淩安来信寄来粤省附近各縣百姓連鄉村民三百餘萬
現在造炮製船誓與㗎夷決戰不肯干休等因又稱聞　各大憲
得悉前情委首府縣前往鄉村彈押竟被紳耆鄉民理較請示
究不知是清是㗎若論是清寃海深沉不能見天若道是㗎現與
我民有不共戴天之仇
大皇帝不知底細聽從私和如今我鄉村各人捐資助糧欲圖報國亦不
敢驚費各大人勞心等語各府縣具默默竟不能答只得回所將
原情面稟各大人深為躊躇　又聞香山新安南番各縣紳士因
墓被挖婦女被淫奸斃者甚多種種受害難甘已見相同進京叩

閣各等因　又聞大嘆欽奉全權公使為照會事炤得現有本國
人等在香港築建房宇所用木頭材料買運不必攔截及僱工匠
不可禁止往來仍不准則本國官憲雖誠心愿免以　授難務必
復取樻檔並全省貿易緊封為此照會者有照會
澳門分府另有為照會事照得本公使大臣現有要咨事與　貴
國大憲議門緊要可定于本月十九日由澳門起程前到黄埔
與　貴國大憲議明希為轉禀貴部堂可也為此照會

驚聞烽火起邊陲城市荒凉滿目悲萬里黄沙金鼓震九重丹詔羽書馳楚氛甚惡民先畏漢將無功敵已知記取當年妖讖兆不堪重讀蜀江碑

雄師久駐虎頭山之字江流往復還銅柱昔曾分漢界泥丸今已塞函關雉垣尚峩金甌勢獅海空沉鐵鎖環如此重洋天險地竟無奇計策平蠻

嬴得芑苴餽内臣片帆從此達天津曹騰受賄威全失頡利投誠意未真倭骨已輸長脚相忠肝應愧剖心人南邦不靖緣何事欲獻琛琦祭海神

霽語溫言竟諭夷此心難與斷公私望洋先怯狂濤勢航海誰通外國詞割地交情千古厚滔天奇罪萬人知百枝紅燭重圍裏憶向蓮花享宴時

粵江潮接浙江潮瘴雨罡風兩地飄鷹鼻跳梁知勢猛皺眉入座總魂銷望諸解甲軍心怠騎刼登壇士氣驕手握牙璋甘縱賊幾曾恩寵答中朝

百隊欃槍出浪中峩峩番舶走艨艟市城空語羈縻法節使難成克捷功已見陳湯能殉難可憐魏絳議和戎傷心同哭關西將一死猶留報國衷也

回首重營鼓角哀征南將士倍徘徊林宗久繫蒼生望鄧艾今無

上將才可奈妖氛從地起原知殺運自天開蠻烟鎖盡烽烟警空
使炎荒嘆刼灾
舊城危處又新城星火飛来膽亦驚潦草干戈勞劈畫流離家計
費經營殘兵漫演魚龍陣羸卒難爭貔虎名一樣沙塲横白骨依
然死所未分明
誰令邊寇肆披猖自大居然比夜郎重譯竟能通國語夷書翻敢
附王章笙歌城郭餘坏土錦繡山河作戰塲一片洋帆齊到處更
無人憶鳳皇崗
制敵原應據上流虎門失守已堪憂千行勁旅歸楊僕一局殘棋
待奕秋雖有禍胎生肘腋豈無隘口控咽喉請纓本是書生事匹

馬輕裘欲遠遊

莽莽風沙一望平烟雲飄瞥動旗旌舡飛海角帆無影火烈原頭箭有聲幾日征書馳遠驛連宵璽報避疑兵將軍尚有從容態翻把蕉程作緩程

槊戟森嚴聚百官不設攻守自盤桓亂離只說城中苦爭戰翻從壁上觀百尺將臺春日麗千重步障陣雲寒公侯若個威名重應為邊隅保乂安

楚庭高聳粵江邊睥睨雲山思惘然荒服共持蘇武節大江常放呂嘉舡弓刀殺賊今何用輜重從軍事可憐太息下民多疾苦哀鴻中澤已三年

官軍畏敵避無門逃竄真同萬馬奔大將虚收謀士策重臣亦負
至尊恩請和漫説人心樂招撫何知國體尊武備戎裝殘缺甚藩
籬固守不須論
結草為人計已窮望塵退敵術難工千層蜃市連雲黑十丈鯨波
洗血紅狐兔縱横隨地見龍蛇争戰幾番同閭閻無限仳離苦都
在驚濤雪浪中
雕結公然坐筍輿六街人語共傳呼威儀妄欲矜蠻冠佩何堪
屬賈胡名似鬼雄真酷肖事同兒戲竟非誣短衣秃頂真無賴便
許招摇過上都
戰士無心欲寢戈黄支烏弋詎能和軒轅破敵功難覯仁愿搴旂

事若何禦侮不嫌邊將少詐民深恨楚軍多拊髀望斷紅旗影何日承平奏凱歌
偶觸雄心起壯譚紛紛輿論亦堪參慕民尚覺紅單勇克敵都宜白戰酣投筆便應持勁努同行誰爲贈征驂哀詩聊當蘭成賦不哭江南哭嶺南

抄候補縣楊承澤時出差在粤

敬啓者六月十六日義律復駕火輪舡二隻至大黄滘聲言退還
香港易我九龍山地方並索未完烟價又允各國貿易貨物均應歸
伊經管不許粤人填塞河道婪索約有七端經廣州府余親往吏
舡告以上次議和時已將一切事宜剖晰明白甫經兩月又生枝節
將何以對人且香港地方乃琦侯私相授受並未奏明
大皇帝獲咎甚重尚未完結今又妄冀九龍山此等疑難之事不敢奏
大皇帝亦不敢向將軍參贊提及其他所求均難依允義律復稱現奉國王
来諭斥我辦事無能添派頭目伯都嗎嘡前来督辦若不依我所
約只有帶領兵舡前往福建浙江天津等處滋擾莫謂言之不預

也等語余公啻忍而回義律揚帆而去旋接来文內稱若不拔去內河木椿石塊即行開炮聞此種種信息令人髮指該夷四月議和時已給銀四百萬之多嗣奉

恩旨准其通商可無慾不遂乃又來討公司行貨價銀兩亦已如數付給今又來索九龍山更無數需索似此反覆無常貪求無厭伊於胡底憤極恨極不識幕府何辭以對候探明另告等語

抄廣東探信六月二十一自粵發

探得暎夷義律駕火輪舡直至大黄滘原係督憲傳令進来諭知
現在鄧林二位大人已赴新疆不必赴浙滋擾有何冤抑不妨直陳以
便轉奏該夷呈訴歷任督憲海關勒收漏規及一切欺壓情弊求
為轉奏刻下未悉大憲允准代奏否再收回各處炮台已飭工匠
趕緊修築等由義律駕火舡已於本月十八日晚退出外洋探
查澳門海口對炮台之處係西洋國夷原沐
皇恩准其在此建樓住居只有花旂國夷與之相同恭順
天朝往来貿易歷經百餘年矣其次暎夷以及別國来粵必須先在澳
門夷館去梳卸椗照向例納租後准駛至洋行約計每年生課亦

屬不少忽自本年二月暎夷公文與西洋國毋得添兵助勢

天朝等情西洋國王准此不順迅先飭知澳門夷目切勿聽從暎夷逆

犯

天朝如暎夷果要佔大嶼山背抗我西洋租稅准駐澳門各夷目等開

炮轟擊毋得順暎進口擾害守口如常若是暎夷不由澳門從虎

門進出諒

天朝自有能人攻剿該夷目等亦毋得生端隨自添派来粤加守等情

西洋此来之舡為此也日前義律到公司行居住于本月十八日

廣府余奉大憲委詢義律是何意見義律見廣府要九龍山地

方建造夷館不要香港廣府答問如要此山亦須候大憲奏明批允

方可義律又云若候奏批稽延月日今你大憲如不允准我亦要回國不日内有新兵頭領兵来此你向他説議廣府與義律争執云你既要回去須將六百元放下義律怒云你朝燬我國銀千百萬之多此數又何足道哉藉此怒氣挺身乘火輪舡出外洋去廣府見義律去了旋即將前情回明各大憲兩大憲諭不必理他刻下將各處炮台赶修為要義律此去其意莫測等由

抄廣東六月十八日寄來密信七月初八日龍溪縣來禀

抄得義律現值公司行内連日請廣府轉請大憲示下可否將所議九龍山撥給務宜回音現在各大憲諭以毋庸理他雖云如此恐有不便省中各大憲官眷多有移駐廣西梧州亦有乘勢回籍者適来奕大將軍着本地水手在内河每日扒龍舟消遣每次賞號極大少亦數元因此哄動

再各省官兵均已撤回惟㖞夷鬼子日有減灶添兵之勢忽於本月中旬又来西洋大兵船一隻其大非常艙中約載夷人數千之多現灣泊虎門觀其来意殊甚不解看其虛實亦無動静非但省中各大憲為難而别國鬼子亦甚驚駭概云從来未

見過如此大船等語又探單學台於本月二十六日赴潮考試
並帶官眷全来搬進考棚居住百姓以為竒事等由
頃得廣信云南海番禺新安順德香山三水等縣各紳耆聯名
入都叩
閽衆民人一面運石填塞通海各河道一面鑄炮修械誓滅暎逆各
大憲委地方官彈壓奈衆百姓心切同仇難以諭止香港民人
糾衆擒誅逆目哩嗎遜等殺死逆類甚多逆目義律漏逃杉板
欲奔大船忽遭大風飃颺不知所之各憲差官前往查探虛實
又聞得澳門廳有禀到省云義律於此月初七日住在水尾地
方新安縣禀報裙帶路洋面有大小夷船數十隻自初六日起

至初九初十等日被大風擊翻不少漂没逆類甚多因而香港
民趁勢攻殺該逆等兩下不及被殲甚衆是否虛實得有確
信另布等因
又川北鎮張青雲大人升授廣東陸路提督　叅贊隆大人没
于王事奉
旨賞加太子太傅銜給銀三千兩治喪前任藩司吴榮光同粤中鄉
紳主事蔡錦泉翰林羅文俊三員均奉
旨熏程進京各等因六月二十六日

抄雲霄廳来信 七月初五日

探得㖪夷義律日前要往浙江取討烟價大憲已知會鄧林二位

大人已經發赴新疆不在彼處毋庸前往矣是以不去義律本

月初旬在洋遭風落水得遇漁船搭救不死已謝漁人銀三千

兩又該夷義律六月十五日駕三板舡二隻并火輪舡一隻直入

大黄滘停泊義律身帶從人數名到公司行内着人往請廣

府余大老爺来行説話探係因香港被風難以修築今要新

安縣之九龍山建造夷館好做買賣等語

又探得此次兵船入大黄滘售私並無别情日前楊侯爺拜摺

請假今奉

批廻云着安心調理餘甚機密容俟再探廣府余大老爺將官太
太及各位少爺於本月二十七日回籍云送姑娘回籍出閣留
姨娘一位少爺一位餘概打發起程
新任提督張青雲大人擇十七日出省接印

抄詔安縣来禀

六月三十日亥刻接據家丁禀稱唊夷現有新兵頭三人二十一日駕駛火輪一隻三板舡一隻到省帶有該國王照會一道請首府到公司行面交探係該國王以義律辦理不善降職令派該兵頭帶兵来粤再要銀一千二百萬両并要九龍山尖沙二處建造夷館如不允所請定將舡駛入内河現在各大憲已將照會發還一面傳諭各紳士人等團練壯勇俟其来省痛加剿殺所有各省未撤官兵俱已截留等語伏思該夷反復無常實堪痛恨除函致沿海在事文武嚴密防堵云云

抄粤省六月二十四日發報

探得日前暎夷在公司行遞到照會大憲批飭發還所討一千二百萬兩一文不給所有地方寸土不與兵炮不設城門不閉聽其進来如我百姓傷害你們不要報怨云云等由該夷火輪舡接奉批飭即出外洋尚有火輪三板舡各一隻在省内外並無動静諒係故意索詐以便賣私耳

探得省中各大憲商批暎夷照會於二十三日發還着各官毋庸理他一面傳飭各紳士等團練壯勇以備堵禦粤省將軍裕大人即向奕將軍楊叅賛商議將已撤未行各省官兵暫且截留以應接仗　督憲祁撫憲怡連日會請各紳士諄諭再三務要奮志同

心攻勦㕭逆衆紳士應諾出外結聯備防但百姓人衆心雜各保鄉社恐難應命出征護城各等由此係寄信未上紅单合併探報大概禀呈

抄奏稿

再江浙等省民間傳報夷書夷事幾於無地無之亦無日無之蓋因絲貨茶葉產於江浙而洋貨則來自廣東此往彼來殆無虛日且有常川住居廣東之人謂之坐庄專為探聽貨物之多寡價值之低昂而設遇有可以貿易或有貨滯銷不可運往者則專遣捷足兼程趕回不過數日可到此等客商皆係身家殷實謹慎小心積于勞運之人並不夾帶私貨亦不干預官事是客商中之最為守法安分者惟廣東風氣遇有罕見罕聞之事即四處傳報各國夷人亦互相抄寫謂之新聞無不抄寫寄回以定貨物之應否運往並無他意於國事亦毫無關礙即如廣東

節次接仗及義民擒斬逆首伯麥情形於未見文報之先民間早已喧傳是其明証查之則不可勝查辦之則不可勝辦江浙二省如此其他各省雖未必如此之甚亦可概見查此等夷書夷事大抵皆從廣東傳報而來一經根究必多株連拖累更恐棍徒捕風捉影誣扳善良均屬勢所必至臣查為政之道以不擾為安現在情形尤以安民為要可否請

旨飭下各直省將軍督撫見有傳抄夷書夷事者即行燒燬不准傳報亦不必根究來歷並嚴禁書差地保人等藉端搜查混行首告以免紛擾之處出自

皇上天恩臣管見所及是否有當謹附片陳明伏乞

聖鑒訓示謹奏

抄福州府移福防廳稿

為嚴緊防堵事道光二十一年七月十三日蒙
省會籌備軍需總局司道憲札開照得本月十二日酉刻接奉
督憲傳牌初九日有夷船二十餘隻駛入厦門大胆口欲行進口滋
擾飛飭沿海防堵等因查閩安五虎為省會要口閩安協現帶
兵船出洋巡緝當此逆夷在厦欲圖滋擾之際亟應統帶巡洋兵
船星夜回鎮會同保叅將督率兵勇嚴行防堵以重要口而免倉
猝掣肘除飛移閩安協保叅將遵照外合亟飛移備札到府即便遵照
立將職員吳楚峯管招募水勇一百三十餘名立即會同租備快
船六隻勻配整齊搶炮器械即刻駛往金牌長門仍令該職員管

帶會同保叅府嚴行堵禦如該夷船胆敢逼近口岸視炮力可到之處立即開炮轟擊竭力痛剿務使片帆不返寸板無存全船覆沒一人不留以彰

國憲而快人心萬勿開炮轉致夷船駛近裝葯不及是為至要並將雇用舡號及匀配器械同開駕日期通報察查凜之火速等因蒙此合就飛移為此備移　貴分府煩為查照憲札事理希將吴楚峯管帶招募水勇一百三十餘名立即會同租備快舡六隻匀配鎗炮器械即刻駛赴金牌長門仍令該職員管帶會同保叅將嚴行堵禦仍將雇用船號及匀配器械同開駕日期具文通報

察查望切〻〻須至移者

抄咨稿

撫憲七月十二日准陸路提督普　咨七月初十日准閩督顏由廈門軍營填用八百里火票由驛遞到咨開照得現有㗆逆夷船二十餘隻駛泊大担口一帶亟應調兵協勦飛咨查照即速挑選精壯兵丁一千名配足軍火器械由貴提督親身統帶星夜馳來廈門協同勦辦等因准此除行標下署中軍叅將呂恒安就提標五營並泉州城守營挑選精壯兵丁一千名并配足軍火器械同各營帶隊之將領備弁限本月十一日自泉州府城起程由本提督親身統帶星夜馳赴廈門協同勦辦外相應咨明察照等因同日又據廈門營務處申報本月初

九日下午有夷船二十餘隻竄入厦門之語嶼等洋觀其來勢有意滋擾等由

抄探報

本日潮州府接到省中來信内云現今嘆逆猖獗受害者不可勝計幸有三元里等鄉百姓決意滅夷會衆於各要隘口岸防堵甚多立志不與嘆夷交往一切用度什物民禁不肯賣與嘆夷嘆逆起造城樓房屋均未造完打聽民情如此該逆想要棄香港而遁現在各大憲亦不能禁民之所爲前有安南國遣使呈告盧姓商人積欠貨銀八萬兩總督祁大人委員提集該商到省押追又花旂國前前因奕將軍出令箭一枝委員往公司行起貨百姓及兵丁沿街搶去貨物無從查追現據花旂國頭目要討還貨價銀三百六十萬兩刻下各大憲允籌未

給實幸百姓聲勢聯絡該鬼子亦不深求再各省來粤之
兵均經大將軍撤回原省矣
近聞大憲深為計慮百姓前因填塞內河水道欲絶夷船出
入經大將軍暨各憲恐唤夷生疑為此委員彈壓將內河折
開放夷船出入照常百姓遵示不敢抗違無如製械造炮聲勢
籍甚猶恐從中關係匪輕並飭各該管地方務宜設法除習
以昭平允

抄龍溪縣禀

敬禀者自嘆夷滋事以來曾經專遣家丁赴粤坐探消息業經節次探悉情形禀報在案兹又於六月二十日午刻據家丁禀報本月初四五六等日粤省連日颶風探得嘆夷律伯麥駕坐三板往大舡被風漂流不知去向所有貨物亦遭風漂失甚多又聞哩嗎噝已被香港居民殺斃等語除函致沿海各員弁督率兵勇勤加瞭望如有三板漂至嚴密擒拏務獲禀報外

合肅馳禀

探得粤省初八日發来密信内云三水新安南海番禺順德香山各縣紳士聯名由海船赴都叩閽現在香港百姓一枝擁殺

哄夷出其不意將哩嗎遜殺斃夷鬼被殺者甚多受傷者亦復不少義律等漏夜逃駕三板往奔大船忽遭大風捲颶不知所往百姓揚揚得意附近省城百姓將通海内河均已運石填塞首府親至彈壓被百姓一口同詞創駮不堪令百姓備造火炮器械決與哄夷打仗誓滅其國因船造不及待時而動各憲得悉前情不敢委員約束恐百姓臨時不遵反為不美現在香港居民業已起手攻殺哄夷各大憲驚聞只得差戌叶哈前往打聽虛實一面飭廣府兩縣嚴諭坐省毋得傳播於外惟含糊傳説海起驟風將逆貨漂失等情然各處百姓擦掌摹拳恐難掩息

海上絲綢之路文獻集成

總主編　陳支平　陳春聲

歷代史籍編

124

主編　范金民

海峽出版發行集團
THE STRAITS PUBLISHING & DISTRIBUTING GROUP
福建人民出版社

国家出版基金项目
NATIONAL PUBLICATION FOUNDATION

本册目次

煙海紀聞不分卷〔二〕

〔清〕佚名輯

閩督顏　奏為逆夷突然闖入厦門先將大概情形據實直

陳仰祈

聖鑒事切臣于六月二十七日欽奉

上諭廣東夷船退出虎門名防官兵著體察情形酌量裁撤等因

欽此正在欽遵辦理間探得廣東夷情反覆欲以香港換九

龍山地方併需索多端意甚叵測厦門緊要未敢遽議裁撤水

師提督以廣東甫經議撫現尚無多時日恐逆踪未滅仍行出

洋巡緝逾月未歸七月初九日酉刻突來火輪船數十隻銜尾

闖進青嶼口門當即飛名金門鎮總兵江繼芸並在事文武

小心防範又令查有曾經出洋經商通曉夷語之陳姓首往

查探旋於初十日早據陳姓帶回該逆交給照會提臣竇振彪偽文一件當將原件登交陳姓欲令擲還旋因瞭見該逆等船三十四隻起篷進駛情形殊兇臣不敢拘泥隨將偽文拆閱係夷偽公使璞姓及偽水師提督巴偽陸路提督郭姓照會水師提督臣竇之件其未出名偽文内稱如不議定上年天津所議各處辦理即應交戰並云請將厦門城邑砲台俱行讓給英國軍士暫為據守迨諸事善定仍行繳還等因拆閱之下不勝憤恨其船行走迅速業已駛進當即督同興泉永道劉耀椿率同在事文武督令弁兵開炮并排列水勇分堵隘口自白石頭汛起一路聯絡開放萬斤至數千斤以

下大炮數百門傳令對岸之嶼仔尾中路之古浪嶼三面兜擊打沉該夷火輪船一隻兵船五隻又該逆一面回炮一面蜂擁而進并放小三板分路守護炮台將弁自護副將凌志等以下或受重傷或即殞命各營兵以及各路水勇俱多傷亡惟時臣督同興泉永道劉耀椿親自督戰見該逆船以七八隻併力攻一炮台其餘先后夾持旋攻旋進一台破又攻一台兇猛異常我軍連環開炮受傷兵丁血肉狼藉其同隊兵丁猶各裝葯下子奮力拒敵及見將弁傷亡環視痛哭仍復極力回炮而將領等奮不顧身其受傷未死者亦各眦裂髮指催督愈急壯勇等分布各處見有三板夷兵上岸盡力

堵禦上而復下或三四次亦皆斬殺無算自辰至酉臣目覩
情形隨機飭令劉耀椿督帶印信委各員往來指揮兵勇
于炮火之間各兵勇益加感奮盡出死力無如該逆船隻過多
其大船約有千餘人中者五六百人小者亦二三百人炮愈
放愈多人愈殺愈厚臣與該道劉耀椿即委各員俱懷印信
分路攻擊臣行寓及各衙署並無城垣護衛且俱遠在水提
臣石寨之外均被逆夷炮火飛擊延燒悉為灰燼該道等勢
不能支向臣同聲一哭誓從臣死惟臣世受
國恩該道等亦得渥承
豢養

主憂臣辱豈僅一死所能塞責況廈門為同安縣所轄之一島港路可通城外偽文內有城邑讓給暫住之語萬一該逆乘危廹此虛空之際分其三板裝載夷兵暗襲同安尤為可慮且廈門商賈居民男婦紛紛逃避節經廈防同知顧效忠分路護送安撫街尾已屬空虛城內若再有事人心更屬驚惶當即剴切曉諭飭令各員臣退守縣城該道先經派管福建軍務亟須同行因一路安撫鄉民察看形勢水師潯尾劉五店二汛皆係廈門咽喉該道派令顧效忠駐潯尾臣復另台同安縣營及抽撥五通兵各二百名交給該道帶往督同該同知兩處屯札在鄉就近團練窺看動靜以圖進取所有分防

各將領等交于金門鎮臣江繼芸極力支持復名陸路提臣普陀保帶兵前來接應幷差幹弁赴洋　催水師提臣竇振彪星夜趕回商辦外伏念臣自到泉州知厦門地方吃重雖無險可守不敢畏難久居泉郡決意常駐札厦門並即督令文武前往浯嶼青嶼大小担一　新處處皆可設險迅即督令道劉耀椿委員赶辦各炮台甫經竣工而三處需火炮三百門又改加重　及買辦商船五百數十餘隻約需火炮千門採鍈鎔鑄雖已倍工赶辦而神物重大未能剋期蕆事空名空船悉成廢物以致第一重門無從措手是日南風大作該逆船隻又佔上風我軍烟火迷目臣力竭心殫所願不遂

撫心自問何為臣惟有仰乞
皇上鴻施逾格將臣即交刑部從重治罪興泉永道劉耀椿自辦
理夷務實心實力一意孤行時勢維艱與臣同一束手該道
雖統轄興泉永三府州而衙署設在廈門咎無可辭應將該
道交部嚴加議處水師提臣竇振彪出洋巡緝廈門被佔尚
非該提臣意料所及惟廈門全係水師所轄咎實難逭應請
將該提臣交部議處至現在籌辦情形並傷亡將士俟查有
確信續行陳
奏再台灣尚有五虎與八里坌對蚶江與鹿港對渡不致文報
隔絕合併附陳為此恭摺由五百里具

奏伏乞

皇上聖鑒謹奏

雲霄同知探報厦門近日情形屢接同安來信並探差禀報現在厦港尚有夷船三十餘隻時有三板船赴各處探看港路厦門居民盡行逃走在厦衙署民房均被逆夷佔據提道廳署三處各有逆夷頭目一人由鹿岩亦有逆夷頭目守住又有鎮南關扎營每夜分段派十餘夷執械巡查如有人身帶刀者即殺又出僞示令各居舖照常生理違者斬十六日早火輪船將厦廠廳造夾板戰船帶赴港内試駛各海口所設炮位鐵者即推落水或行火門銅者抬入夷船民人被押令挑水抬炮者甚多動輙責打遇見婦女即肆姦淫甚至有姦死者現在厦門城下挖坑貯放火藥令百姓不可近城闉

欲将城傾倒至逆行走必攜帶鎗械眼光不能遠視相離十餘步即難返戌刻接同安于十八日亥刻来信謂逆夷初登岸現因病斃頭目二人黑鬼数十人該逆下船者多在岸者少等因至探得初十日接仗陣亡者鎮軍凌志協戎伍守戎其餘武職受傷者不少文員惟前甄寧縣柯培元委員從九品劉春芳查無下落聞有被害之謠尚無確信陸提憲于十八日自同回郡十九早起程赴同至郡城招集防守厦門之督撫標概延各營兵丁八百餘名加以招募之義勇及提標六營分兵守城垣復按鋪添設栅欄令衿者自行選派壯丁協同防守并嚴查奸細似郡城可保無虞其各海口已令衿

者聯絡一百餘名鄉飲酒立誓如愿齊心帮官堵勦
明日前赴搞賞民心所向似亦可恃而無恐各海岸口時有
謠傳該逆之來實意中事也天旱一月幸臺米来有數萬石
十八十九等日米價俱減一角各米商仍赴源源販運郡城
安堵如常合即稟
聞

閩督顔　奏爲唊逆占據厦門口岸現在籌辦情形據實續
陳仰乞
聖鑒事切照厦門哭被唊逆船隻闖入業將大概情形于七月十
二日由驛馳
奏在案查厦門地方袤長三十餘里四面環海東南一帶最爲
殷盛居民市肆廹近水濱是以不能不在海邊安炮以資抵
禦初十日經逆夷搶上馬頭官兵俱無立足之地致被占去
前面近海口岸其中後兩路自溪岸迤北面大小一百三
十餘鄉經臣于退守同安縣城時飭令興泉永道劉率同厦
門海防同知顧效忠等諭令各鄉連夜聯絡團練是以逆夷

未能越占當即赶至同安督飭營縣安兵募勇傳同在事文
武及紳耆人等再四籌商泉州郡城須安大營並設糧台分
名陸路弁兵以備策應惟本省各處設防除現名之兵實已
無可再名外省之兵路途遥遠廹不及待且往返一切所費
無貲更多騷擾權宜之法祇可令紳士等就近懸立重賞各
撫敢戰之士募為新兵多則萬餘人少亦五六千人事竣之
後或歸各營或另立營頭有不願入伍者酌令歸農數年以
來以外即可全行裁畢帶領之人責成招募之紳士先為分
別給以軍功頂戴按其出身應得職銜給以分例事後再行
酌量奬敘派令現任武職協同管帶操演刻下應募者已有

三千餘人似尚易于集事廈門一島雖止被占口岸而鄉閭俱可暫設行營水師提督應即於同安駐劄其陸路叅將之在同安者暫歸該提督臣轄以資得力現據興泉永道劉来稟遵臣指授機宜督同廈防同知顧效忠于廈門各鄉勸諭各該紳耆動以大義許以優賚無不人人思奮志切同仇率其子弟願聽名遣又經該道稟委該同知顧效忠署興糧通判候補知縣史密馬巷通判俞益署馬巷通判劉銘本于馬巷一帶團練得義勇一萬數千餘人內撫外援均已布置周密一俟各鄉團練已成新兵招募已定臣即督令迅速兩路進攻以期滅此朝食伏念事機方緊費用之煩非平時可比

以臣獲罪之餘尚何顔面議論
國事惟臣受
恩深重不敢以獲罪置身事外再敢殫竭血誠直陳于
聖主之前請即
勅部籌撥銀三百萬兩迅解來閩以應軍需是爲切要再查金門
鎮江繼芸在水操台督率將士開炮攻擊因夷兵上岸該鎮
持刀追逐落水身死維廾福寧尤擊現護延平協副將凌志
因夷兵搶上炮台該將持刀殺退旋有夷衆一擁上前該將
身受重傷奮勇力拒遂被斬首破腹汀州守備署灌口都司
王世俊與凌志俱在炮台力戰亦遭慘害又陸路提標左營

遊擊邪丹珠在炮台抵禦被夷炮擊穿左腿水師營遊擊楊
靖江在古浪嶼身面均受重傷猶復率兵擊沉兵船三隻杉
板逆夷擁衆搶上該遊擊又連次殺退一夷賊繞至該遊擊
身後用刀砍倒當時暈絶均經兵勇搶回現在養傷未斃又
水師把總紀國慶楊肇基李啓明均各被炮擊傷身死其餘
兵丁尚多傷亡現飭催查再行陳
奏水師臣實七月十四日在海壇所轄洋面聞信南風正盛不
能戧駛即由福清縣地方起旱前來與臣面議一切即會同
該道劉相機行事為此由五百里具
奏伏乞

皇上聖鑒訓示謹奏

再臣在同安布置稍定因接據泉州探報府城之永凝等處海口有夷船多隻遊弈並有火輪船駛入深水該府係下南重地東南兩面海口至三十四處之多防堵較同安一縣更為緊要臣聞報即星馳赴泉郡據該府沚汝瀚面稟已聯絡海口村庄百餘並因素無存蓄籌儲台米民心稍定臣督飭府縣傳集紳民催募義勇一面與提臣普勢籌相度各海口形勢相距洋面夷炮所不能及處所分布兵勇設伏制勝以資堵禦又水師提督臣竇於十七夜赶到泉州知已經臣叅處據稱雖係出洋而平素籌辦未周咎無可逭不敢再行具

摺囑臣轉請

交部同臣一併從重治罪又金門鎮總兵員缺除委叅將沈河清

暫行護理外伏乞

迅賜簡放臣敬附片謹奏

永春州張禀報本月二十二日戌刻見有署興糧廳史令家

信内云厦門夷船已退去二十餘隻只剩三四隻在港該史

令同提憲道廳營帶兵渡厦可保無虞等語其中因何退去

亦未説及伏思夷情叵測其間是否駛往五虎門以及各海

口窺伺均未可悉卑職仍會同在事督率文武嚴加防堵外

謹禀

同安縣裕令稟聞前由見白石頭有紅頭賊船一隻古浪嶼有夷鬼居住本道帶同裕令輕騎渡江查探二十日回縣駐劄仍令再行催探實情

閩撫劉　奏為請撥軍需銀兩以供支應仰祈
聖鑒事切唉逆犯順自上年六月到厦門滋擾以来閩省各海口
處處設防以備攻剿所需經費節經先後　奏蒙
恩准飭撥銀一百五十萬兩解閩應用茲該逆大肆兇悖攻占厦
門經臣會同將軍臣保　副都統臣額由驛馳
奏在案伏念臣于本年四月到任後查厦門台灣澎湖各府縣
計自上年六月起至臣到任之日已陸續給經費銀六七十
萬兩督臣顏駐厦督辦鑄炮造船添兵募勇各海口一律嚴
防又經陸續支發二十餘萬兩今厦門倏被逆夷占據沿海
震動省垣為根本重地亟宜加倍防守查城外十里為南台

舖戶稠密接連省垣南台以下沿河兩岸各有村庄省河之外為五虎門至省百餘里港面多係寬深又有支港可通恐該逆順風乘潮而至不可不預為嚴堵臣 現飭司道等親往查勘擇其畧窄港面多用船石暫為攔堵使不得進倘該逆舍舟登岸惟有鼓勵將弁督率兵勇設伏截殺以期痛加勦除臣會同 臣 保臣 額前已 奏名延邵兵二千名外尚須多募民勇以助兵力且廈門為漳泉門戶廈門既失漳泉二府邊海各廳縣港道處處可通他如省南之興化府屬省東之福寧府屬口岸林立此外海壇金門銅山南川南澳各島皆在海中均應添募兵勇以備防勦又自廈逃入難民急應安

為撫恤現在番價驟昂兵糈民食尤為關重據各該府縣紛
紛請領經費均屬勢所必需現將存銀六十餘萬兩分別酌
給已屬不敷並准督臣来函必須招募漳泉水勇二三萬各
相機進勦以期克復所有一切應行製辦及續行支發之款
需甚多均應寬為預備設有不給所關非輕據省會軍需司
道詳請具
奏前来仰懇
天恩飭部再撥銀三百萬兩迅速解閩應用刻下需餉甚急如部
撥之銀一時未能解到即飭藩司于存庫各款先為墊用俟
部解到歸補臣仍飭各屬撙節支用將来事竣銀有餘剩自

當盡數報撥不致稍有浮縻謹恭摺由驛四百里具奏仰祈
皇上聖鑒訓示再軍需緊要督臣顏距省較遠若往返札商有需
時日是以未及會銜合併聲明謹奏

再逆夷佔據厦門駛船遊弈各海灣恐嚇勾誘欲圖四出滋
擾急須召集大兵為堵禦恢復之計唯閩省海口林立均經
分兵防守無可再召沿海省分亦均防禦吃緊至外省之兵
人地素不相習一望海洋心驚氣阻兼之水土不服易生疾
病多召徒滋縻費且難免沿途滋擾供給浩煩別生事端閩
省漳泉民人氣性剛强素習武藝尚屬可用現經督臣顏商
飛飭各府縣廣為召募作為民兵猶給口糧重懸賞格協仝

官兵堵禦相應進剿較之遠省召遣可期迅速得力謹附片
具奏
再行軍之際民食兵糧均關緊要地多田少存穀無多向來
不敷民食全賴上游台灣商販源源運濟現當逆夷在廈滋
擾泉州壤地相接米價驟昂而省城爲根本重地自本年六
月二十以後雨澤愆期經臣率同司道等員設壇祈禱至今
尚未得沛甘霖雖米價不過致增總須寬爲儲備臣與藩司
糧道籌商已飛飭上游各縣之穀各撥出一半運省並委員
隨帶銀兩前赴各縣採買米石招商接續運糶庶民食兵糧
無妨碍關懸

聖厔臣謹附片陳明伏乞

皇上聖鑒謹奏

閩督顏　為委署副將事照得委護延平協副將事淩志現已陣亡所遺該副將篆務應即委員接署陸路提標中軍叅將雙保堪以署理并令該副將充當翼長就于同安統帶陸路各營弁兵

閩督顏　為咨會事切照同安縣地方環接廈門最為阨要即日設立大營以便進勦事務更為煩重必須諳練之員接署縣篆除札委裕令遵照接署同安縣篆並札同安縣戚令知炤該令于交卸篆後即交代清楚馳赴泉州聽候差委

閩撫劉　奏為暎逆夷船滋擾閩洋厦門失守現在嚴密防守省垣情形由驛馳　奏仰祈
聖鑒事竊臣等于本年七月十二日接陸路提臣普洛七月初十日戌刻准督臣顏自厦門軍營八百里咨會現有暎逆夷船多隻駛泊大担一帶亟應調兵協勦咨調精兵一千名協勦等因又據同安縣知縣盛朝輔禀報厦門大担內外洋共有三桅夷船十二隻火輪船十二隻兩桅夷船十餘隻大小遠近不等臣等當以暎逆夷船多隻胆敢駛入厦門滋擾現在督臣顏駐劄勦辦該夷一經被創必至四處竄入即經飛行沿海各口岸文武嚴密把守並查閩安協所轄五虎門一口

為省垣咽喉扼要之區最為喫重先已飭委撫標中軍叅將
保芝琳周歷巡防並飭水師協領德音布派水師佐領黃振
麟帶兵在洋嶼一帶安炮防守兹復會商飭令臬司裕康督
糧道常大淳馳往會同該管副將逐細查勘添派兵勇實力
堵禦去後兹于十四日卯刻先接同安縣知縣盛朝輔稟報
該縣因大担內外有夷船三十餘隻親赴防堵行抵江頭地
方見有百姓紛紛來縣據稱夷舡攻打鼓浪嶼勢甚猖獗復
據稟報十一日早督臣顏稜駐同安縣探悉厦門業已失守
等情臣等接閱之餘不勝憤懣惟厦門究竟如何失守該縣
並未逐細稟聞亦未准到督臣咨會第省垣為根本重地最

關緊要臣等現復飭令臬司裕等會同武員實力防禦務保無虞除查探厦門實在情形再行具　奏一面飛調延建邵各營兵丁二千名至省聽候調遣外所有嚴密防守省垣情形謹合詞由驛五百里馳　奏伏乞

皇上聖鑒訓示謹奏

再正在具奏間臣劉接　靖逆將軍臣奕等咨會六月二十七日據廣州府稟呈嘆咭唎國夷人新到領事噗㖷喳呈逆夷書二件一係知照義律已革領事回國伊即接辦領事一係要議定章程照去年七月在天津呈訴各條辦理如廣東不能承當即分舡北上再求宰相商議等語並有七月初一二

即行起椗之信已派首府余前往澳門曉諭開導而夷性犬
羊難保不往飛咨轉飭防範等因伏查該逆夷桀驁非常現
已攻陷厦門難保不分舡北上臣已飛咨沿海各督撫外應
請
旨勑下直隸山東江蘇浙江各督撫臣一體嚴密防範謹合詞由
驛附　奏伏乞
聖鑒謹奏
再正在繕摺拜發間接督臣顏來函知已將厦門失守情形
由驛具奏現在退駐同安保守縣城力圖克復第閩省沿海
口岸處處吃重臣等惟有督飭文武員弁嚴密防守期無疎虞

謹合附片奏

聞伏乞

聖鑒謹奏

抄同安來禀

七月十四日接據同安縣來禀本月初九日有夷舡三十餘隻在厦門大担口内外業將查辦情形禀報在案十一日早督憲行並同安畀職探悉厦門業已失守查同安營叅將劉大彰奉名未能起程並將厦門逃來難民妥為安頓惟是縣城存穀無多兵糧既缺民食艱虞兵餉銀兩尤為緊要禀請本府給銀一萬両並籌備米石趕緊運濟七月十一日禀

抄督憲来咨

閩督顔為咨會事准浙江巡撫咨准　欽差大臣裕咨開五月二十六日准　靖逆將軍奕咨四月初六日奏會勦逆夷情形一摺兹于五月初九日奉到

硃批防堵甚好可嘉之至即有旨欽此又于摺内勢甚愴皇句旁奉

硃批可恨之至欽此又漢奸抛擲火礶火毬句旁奉

硃批深堪痛恨欽此又轟沉火輪舡句旁奉

硃批甚好欽此又打折夷人大桅句旁奉

硃批是放炮之兵查明應奬欽此又伊克坦布奉

硃筆一圈欽此又木排草舡兵勇趕緊牽入石門句旁奉

硃批可喜欽此又總緣虎門失守之後句旁奉
硃批琦善之罪實在于此可恨可恨欽此又拏獲多名句旁奉
硃批盡行誅戮方消此恨欽此

六月二十四日軍機大臣刑部奉
旨已革大學士琦善着焰王大臣等所議斬監候秋後處決欽此

抄　上諭

二十日准兵部咨議功司抄出道光廿一年六月廿九日奉

上諭奕山等奏海洋陡發颶風擊碎暎夷房樓馬頭並漂沒舡隻一摺據稱六月初四日寅刻海面颶風陡發海濤山立大雨傾盆河嘴所泊大小夷舡漂泊擊碎漢奸大小華艇漂出大洋所有大小四十餘舡桅舵俱壞淹死逆夷漢奸不計其数帳房船篷吹捲無存所築馬頭塌為平地掃除一空浮屍滿海朕披覽之餘感邀

天貺既深欣幸更益悚惶該夷惡貫滿盈肆其荼毒多行不義竟伏

天誅此皆冥漠之中

神明默佑餘氛掃蕩綏靖海疆允宜虔爇瓣香以伸誠敬著發去大
藏香二十炷交奕山等分詣各廟宇敬謹報謝并派惠親王
綿愉恭詣

抄閩督顔奏稿

閩督顔　奏為收回厦門口岸地方及安集逃避民人現辦情形恭摺續陳仰祈

聖鑒事切照逆夷竄離厦門口岸於七月二十一日開去舡三十餘隻尚有五隻在港遊奕經臣飭令厦防同知顧效忠安集逃避民人并查明被害之家量予撫卹于二十四日由驛具

奏在案茲于二十八日据興泉永道劉耀椿禀稱該同知顧效忠奉委前往厦門口岸合同署水師提標中軍叅將陳勝元查得各處街巷並無夷人踪跡所有逃避各鄉男婦陸續轉回各尋舊業商賈市肆未經残毁民間尚有台米流通經該

同知逐處安撫人心稍定又經該道移營妥爲彈壓諄諭各鄉紳耆各率子弟保衛相資其被害之家尚須造册詳請撫卹等情臣查厦島中後兩路一百三十餘鄉雖皆秋毫無犯而前面炮火所及民人驚恐痛定思痛疚心奚禆自夷船開去三十餘隻之後臣分遣兵役各赴高山用鏡瞭望附近大担東椗一帶大洋航影不絶或一二隻五十餘隻不等其在厦門港内或五六隻或八九隻遊奕不敢登岸有時在古浪嶼聲言起蓋夷樓必須官給銀兩方肯全行開駛逐日探問如有文員在厦門即欲呈遞夷書是以顧效忠暫住鄉間與陳勝元察看動静隨時稟報酌量辦理臣會同在事文武團集

兵勇相機進勦不留餘孽所有收回厦門口岸及安集逃避
民人現在辦理情形理合由五百里馳　奏伏乞
皇上聖鑒訓示謹奏
抄探報
探得粤省近日夷情反復肆行無忌毋駕火輪舡三板舡往
来遊奕内河所載入者係烟土出者湖絲茶葉等項於六月
二十八日舡泊十三行詢問洋商既准我通商緣何又塞斷
河道是誰人之見洋商答云此是鄉耆百姓所為唊夷説我
今盡行拔起惟有一稟遞上各官㥿將香港奉還請轉奏
大皇帝借我廣東之尖沙嘴及外省各口否則必須還我烟價銀

一千二百萬兩無則攻擊請先拜摺計半月可以抵京我今

往天津候

旨但我去後所有貿易夷人不可加害亦不可塞斷河道如有暗

害我旋粤時定必攻擊等語於六月二十八日放炮起程未

知　各大憲如何辦理現在雲南湖南之官兵盡行撤回四

川之官兵已撤一半其餘未撤之官兵尚有一萬有零并因

抄睿親王等奏稿

奏為會同定擬具奏事道光二十一年四月十三日奉
旨英隆奏押解琦善將次到京着解交刑部派睿親王等會同六
部尚書審訊等因欽此旋據廣州府都統英隆將琦善解送
刑部臣等會同監提琦善逐層訊問取具親供節次奏蒙
聖鑒在案茲復加研訊緣琦善於上年奉
派前往廣東查辦夷務因無人通曉夷語信知巡撫托渾布索要
濰縣知縣招子庸廣東同鄉能曉夷語之鮑鵬帶同前往粵
省琦善抵粵後先行以理曉諭該夷求討貿易馬頭商議未
定即攻擊大角炮台並將橫檔炮台圍困琦善因急救無策

佯乞代奏給與香港地方一處寄居該夷意圖挾制即在彼假出僞示支搭帳房十三日因該夷欲交定海遣在粤夷舡前往知會琦善函信伊里布囑其帶兵前往收復該夷給與留浙信函亦附入封內由驛遞往本年正月初五日琦善赴虎門查勘舟師獅子洋面夷目義律求見以定海繳還欲求通商呈出所議章程四條多係貿易瑣務琦善以其多有窒碍當加指駁其時首府及將弁並洋商等俱在該處伺候惟鮑鵬通曉夷語是以令其傳話十九日琦善復往虎門查看炮位至蛇頭灣地方義律又來求見懇給與香港全島並另擬寄居貿易各條求爲蓋用關防琦善未經允許二十八日

該夷因大兵將到勢必攻劫時思蠢動琦善慮虎門危急差鮑鵬給與文書一件內稱如欲香港全島囑其安靜伺候奏明方可定議並面諭鮑鵬如夷情不順即將文書帶回鮑鵬見其形勢兇惡未曾付給二月十六日該夷攻陷沙角炮台琦善救援莫及經 臣等會訊供悉前情再三究詰琦善惟有戰慄恐惶自認罪無可逭至與議和不過暫時羈縻未敢詭秘亦不敢收受餽送惟種種辦理不善祇求代為轉奏仰懇

天恩從重治罪等供嗣于六月十六日奉

旨琦善着交原訊之王大臣會同刑部定擬罪名具奏欽此遵即

擬結查例載守備不設失陷城池者斬監候等語此案琦善
以
欽差大臣查辦廣東夷務宜如何慎重周詳計出萬全該夷既不
遵照曉諭辦理已形猖獗即當奏請調兵尅日勦除乃妄冀
羈縻暫以香港地方許給俾得有所藉口於一切防守事宜
並不預爲設備以致該逆迭將炮台攻陷要隘失守實屬有
誤機宜自應按律問擬琦善合依守備不設失陷城池者斬
監候律擬斬監候秋後處決鮑鵬一犯前在夷館私充貿易
恐另有不法别案應俟審明另結所有臣等會審緣由謹奏
伏乞
聖鑒

抄浙江象山縣稟

八月初三日辰刻有雙桅夷船兩隻又火輪船一隻開炮駛進銅瓦門弁兵開炮抵禦該夷船開炮駛進盤倉前内港是日午刻在盤倉前與弁兵開炮拒敵該處民人逃避各情詞經先後馳稟並請派撥弁兵緣由諒蒙 鈞鑒茲于初四日黎明行抵石浦汎據巡役回稱初三日午刻該夷船連開大炮轟壞土堡官兵開砲致被擊傷兵民猝難抵禦即被該夷登岸毀壞銅關銅錢碓安設各炮之耳並釘塞炮門燒毀鄉勇及貢生許際和等並力轟擊是日酉刻該夷船退出銅瓦門由東北洋面而去搶得該夷炮彈大者二十六七觔甚屬

兇猛等情即經卑職撫慰居民仍安常業不致失所一面勸
諭紳耆人等團練鄉勇協辦防堵並查明受傷兵丁姓名數
目另報外合將該夷登岸滋擾現今擊退緣由理合肅稟

廣東謡文

夫魚在釜中則飲血獸罹網内則哀鳴我東方不靖禍起蠻天南國受殃端由首惡琦善莅任未及半載流毒已極千條有意賣津虎門之弓刀半撤無心為國羊城之矛戟不修香港因而遇灾烏涌從而致害近洋一帶望海洛嗟聽赤子之呼號聲隨淚下睹蒼生之啼哭目觸心傷凡百凄凉萬言難盡欲食其肉而寢其皮者屢矣幸而

皇上明並日月獨發奸謀愛切生民撍除民害選才命將發詔興師廣東之民莫不舉首加額以為重見天日矣不料將也不才昏迷閫幄師行無紀肆掠城鄉欲謀財則捉良為漢奸欲

邀功則指民為逆黨無端被戮有口難言更可痛者湖南士
卒全無節制宣淫疾婦致染麻瘋欲起沉疴廣求靈藥唦云
食人可愈因而剜孕為羹鼎俎民身膏脂民骨見者魄散聞
者心酸滄海沉寃皇天變色嗟嗟上天以生民為心
皇上以好生為德今官兵若此是官兵之惡轉甚於鬼子之惡也
是死于夷人之手轉勝死於官兵之手也誰無父母誰無兄
弟而忍見此慘毒哉語云獸相食且人惡之身為大將不能
殺賊以安民乃復縱兵以食民失律如斯從古未有欲求克
敵可能成功哉四月朔日夷兵數十攻城官兵聞風而走一
兵不發百姓遭凶鬼子縱火燒街我民焦頭爛額哭聲震地

怨氣彌天而彼漠不關心褎如充耳試問皇師至此究屬何為豈徒命其日夜閉城而已乎而且誘敵用民未遑休息何乃任夷劫命總不誅鋤許六百萬以求和交一千金以作定一時白鏹青蚨未完其數復勒洋商當鋪立刻捐貲竭民財以助軍儲猶可説也破民産以資敵國有是理乎在洋商獲夷國利息解囊猶可而當户乃朝廷餉典出帑何名且彼安坐官衙刻剥民脂者何不捐妻子捨身家以與之乎天朝體統何在毋怪夷人議和以後猶復縱兵肆掠也四月十日夷兵羈留南岸騷擾西村焚燒屋宇荼毒生靈挖掘墳墓禍延白骨姦人之妻淫人之女貞魂烈魄夜夜聞聲赴井墜樓紛

紛莫訴文士撫膺而泣血壯士蒿目而愴懷難忍此兇盡圖
報復爰集各堡戮力鋤奸三鼓斬其千人一併圍其大衆夷
兵喪胆不敢交鋒壯士雄心争先蹈刃務要生擒盡獲盡殺
夷奴下與閭里雪冤上為　朝廷洒恥乃獻俘在即議標銅
柱之威滅虜將成竟有金牌之下先使縣令往洛詢繼着府
官為彈壓示以已成和議毋得妄殺夷人百姓一齊泣下飲
恨無窮當斯時也江水為之不流神鬼從而嘆息夫百姓納
税以養官而官不為之保護百姓捐生以殺敵而官不許其
自防民究何辜罹此慘禍嗚呼公子圍之無能我知之矣秦
伯囿之所作亦復云然所幸鶴唳風聲逆夷恐惧可恨導行

宿衛太守殷勤以蹂躪土地之奸民荼毒生民之強慝事之如父敬之如賓彼屬何人色容如是曾是天子之元元反出逆夷下哉今而後廣東無遺民被夷殺者十之三被兵殺者十之二將來各國勢必效尤皆視逆夷以為例興言及此能無痛哭況目前之禍尚未息也伏念我

國家開基一百九十餘年

列聖相承恩周黎庶

今上御宇愛洽海邦斷不忍羣墜深淵同遭酷烈惟恨訴天無路難伸精衛之冤溺水思援共效斂人之泣願普天之下仁人君子廣佈斯文當今直閣賢臣諫臺御史有能忠君為國憐

憫無辜得知此段蕪文當作虞廷耳目則廣東之人萬世銘恩矣嗚呼筆未下而淚已傾口欲言而心已竭撫膺一慟草罷数行

奕世難逢此武功求和納賄暗關通軍需辦盡全無用都付夷人一火中

山河不顧性猶貪六百黄金非等閑辱國喪師千古恨對人猶說為民艱

隆隆勢位說參謀無勇無才死便休城下兵臨猶醉卧全憑奸府作和頭

文也貪財武愛身蠻夷擾害不知嗔弁兵數萬徒縻餉退縮金山避敵人

楊枝無力愛南風參贊如何用此公糞桶尚言施妙計穢聲傳遍越城中

芳名果勇愧封侯捏奏欺君竟不羞試看鳳凰岡上戰一聲炮響走回頭

抄 上諭

軍機大臣字寄福州將軍保　閩浙總督顏　福建巡撫劉
副都統額　八月初三日奉
上諭劉　奏請撥軍需銀兩一摺又另片奏招募民人相機進勦
一節省城南台以下沿海村庄自五虎門至省港洋面多係
寬深又有支港可通恐該夷乘潮駛入該撫現飭司道等查
勘多用船石攔堵總期得力毋稍疎虞厦門逃難民人著妥
為撫恤至漳泉民人素習武藝該撫等擬招募壯勇等二三
萬名所見頗屬近理着即廣為招募以資攻禦惟該水勇等
素性強悍要在駕馭得宜須以忠信激其天良復以嚴明消

其跋扈寬猛相濟始克奏功顏伯燾現守同安當即一面整
備器械炮火一面招募同心戮力奮勇勦拏以期克復顏伯
燾失守之罪或可稍從末減若再有貽悞自問當得何罪所
需銀三百萬兩著户部速議具奏並准其暫於藩庫各款内
先爲墊應候部項解到歸補將此由六百里諭令知之欽此

抄閩撫劉奏稿

奏為備陳防守省垣及近省口岸一律布置情形恭摺馳奏仰乞
聖鑒事切炤𠸄逆夷舡於本年七月初九日竄入厦門滋擾當經
臣等督飭文武嚴密防守省垣並飛名延建部各營兵丁二
千名至省名遣恭摺由驛馳
奏八月十一日承准軍機大臣字寄欽奉
上諭閩安協所轄五虎門為省垣咽喉尤當嚴密分兵防守不可
大意該夷伎倆原只恃船堅炮猛習慣風濤不意該逆登陸
佔據炮台亦如此兇狠是防守之術必應水陸交嚴方不致
倉卒失事顏退守同安保等堅守城垣均係責任重大但恐

兵力单弱已降旨另飭吳迅名精兵二千名赴閩應援該督
撫當激厲忠心及早克復厦門毋得坐失機宜致形滋蔓等
因欽此跪誦之餘仰見我
皇上垂念嚴疆神機燭照曷勝欽佩伏查逆夷自竄厦門以後于
七月二十一日開去舡三十餘隻尚剩七八隻或十餘隻盤
踞厦港孫與之古浪嶼當經督臣顏將收回口岸情形具摺
奏明惟該夷在古浪與晝則登岍練兵夜則下舡放炮尚未
四出滋擾厦港一日不靖防守不能不一日不嚴省垣為根
本重地現奉
聖諭必應水陸交嚴方不致倉卒失守查離省城十里為南台海

舡聚泊之所舖戶稠密如夷舡到此民心已自惶駭離南台三十里地名郤歧該處港道窄淺量寬四十餘丈深六七丈現飭署福州府知府史督令委員購舡二十隻載石沉水大舡已不能通而舡再用石加壓潮退石與水平杉板船亦不能入仍恐潮來小舡從石上竄進離郤歧里許名林浦用木排橫欄蓋以土泥該處水勢寬緩底皆沙泥下碇可期穩固守此則南台之咽喉塞斷復飭臬司裕並留辦局務之升任浙江鹽運使常署督標中軍副將徐撫標中軍叅將保前任督標中軍副將富福防同知文等查勘自林浦以下至五虎門中間要隘一為南北岸一為金牌長門皆兩山對峙特水

深溜急舡石皆不能用現仿照漁戶欄港挂網之法用四方大木架加以鐵爪繫以篾纜用竹簍盛石以沉水底架浮水面隨潮上下三板舡能鈎破其底即大舡亦能挂其舵又烏龍江有内港可繞入西關外之洪山橋水不甚深亦皆用石填塞以堵小杉板竄入之路仍留口門便於商漁民舡出入夷來則填省城各營兵丁除照例各處值班外實存兵一千零四十名又挑閑散餘兵二百名旗員帶之專於守城督撫標及城守等營兵共七千七百餘名除督臣名往泉州外尚有兵六千有奇又　奏名延建邵兵二千名又閩安水師營兵一千五百餘名又官雇鄉勇水勇三千名又紳士自雇鄉

勇二千名臣等酌撥鄉勇與旗營等兵以專城守其餘由五虎門至省城有六十里之遥擇其要隘分遣埋伏並暗藏大炮離埋伏遠處又多設假炮台以耗其炮力如我兵之水勇不能取勝彼必登岸則陸路伏兵齊起並埋伏之炮轟擊之定可掣其命五虎港內两岸村庄均各團練自備資斧器械缺者官給事竣收繳又民旗林立可以前後連環與兵勇互擊俟平定後擇其為首之有功者奏請獎勵又省港多碓石商舡必得引行現飭各該縣將本處沿海收入港內給以口糧曉以大義不得引夷滋事並令水師舡日夜盤詰奸細此臣等布置省城之大畧也臣等查逆夷雖有偽陸路提督名

目實不能陸戰厦門之失守緣大炮皆設於口岸雖能擊破其舡隻彼以多舡多炮攻我之炮台炮台毀即乘間上岸用我之炮打我之兵我兵無炮與之對敵遂至死傷毀散可見該逆非能陸戰也該逆雖得陸地總不能遠離其舡彼不於厦門立營盤大衆一去即移舡於古浪嶼此其徵也性又多疑時慮其舡擱淺厦門雖為港勢同小海故逆夷坦然直入海澄與厦門一港可通彼以小舡探水深淺一見塞港即退七月二十一日夷舡三十餘隻退出厦門時聲言二十五 日攻五虎門至期竟駛入東北外洋去傳説是閩省港已截雖謡言亦非無因是截港為第一要務現在督臣 飭諭沿 海文

武皆用截港之法移炮設伏省港乃臣督同司道各將等專
辦諒逆夷必不敢闖入即闖入亦有以待之可保無虞足釋
聖廑所有蒙
恩名江西精兵二十名一俟到省立即飭赴泉州聽督臣名遣攻
勅現在省城地方得有雨澤米價平減人心大定臣等謹具
奏

抄　上諭

八月十一日准兵部遞到火票軍機大臣字寄　福州將軍

保　閩浙總督顏　福建巡撫劉　副都統額道光二十一

年七月二十八日奉

旨本日顏奏夷舡駛入厦門情形劉等奏現在嚴密防守省垣各

一摺據稱逆夷兵舡於七月初九日闖進青嶼口門顏伯燾

親自督戰奮力拒敵開炮擊沉火輪舡一隻兵舡五隻該逆

一面回炮一面蜂擁而進是日南風大作該逆舡隻又佔上

風我軍烟火迷目以致厦門失守等語該夷如此猖獗實堪

痛恨厦門為閩省鎖鑰豈可令該夷久踞着顏督同竇普趂

此未及安定之時設法克復方成事體本省兵勇諒已陸續調撥協力防勦其應如何雇募水勇團練鄉勇之處務即迅速辦理毋再遲悞至閩安協所轄五虎門為省垣咽喉尤當嚴密分兵防守不可大意該夷伎倆原止恃炮堅船利習慣風濤今該逆登陸占據炮台亦如此兇横是防守之術必應水陸交嚴方不致倉猝失事顏退守同安保等堅守省垣均屬責任重大但恐兵力单弱已降旨令吴文鎔迅調精兵二千名赴閩應援該督撫總當激勸衆心及早克復厦門毋得坐失機宜漸形滋蔓所有陣亡將弁兵丁着奏明交部照例

賜卹該督自請治罪並請將各員分別交議之處着俟收復厦門後再降諭旨將此由六百里加緊諭令知之欽此

抄浙江撫劉奏稿

浙江撫劉片奏　七月二十四日發

再臣接准部咨欽奉

上諭林則徐着免其遣戍即發往東河効力贖罪欽此前奉

諭旨發遣伊犁即經臣繕給咨牌委員押解起程由江蘇安徽河

南陝西甘肅等省逐程轉解赴配該革員因沿途水阻未能

迅速計此時尚未行出江境臣於奉

旨後即移咨沿途各督撫臣轉飭速赴東河並行該革員知照諒

該革員奉文之後自必兼程前進不致遲延相應附片陳明

伏乞

聖鑒謹奏

抄　上諭　九月十八日晚奉到

八月初八日奉

上諭前據劉　請撥軍需銀三百萬兩當交戶部速議本日已據該部酌撥浙江等省各項銀兩飛咨各該省委員起解矣現因閩省軍務緊要不惜帑金如數撥解着顏劉核實支放樽節動用無任管局各員稍涉浮冒該逆前在廣東奕山等倉猝許給商欠銀兩竟至飽其所欲以致滋擾無厭此次該逆又復占據廈門難保不復萌故智顏業已深知廣東辦理不善倘該逆再有要求或因急圖繳還廈門又墮詭計致失國體並貽後患是既失地於前又復遷就了事罪在不赦矣凜

之慎之將此由六百里諭令知之欽此

抄同安縣禀

同安縣禀探得八月初十日厦港現有夷舡七隻初九夜駛去夷舡二隻杉板數隻出洋遊奕二更後炮聲不絕聞係與賊舡打仗今早往探見各夷舡仍舊駛回又添米舡一隻諒係昨夜攔截進口探聞逆夷問各行郊聲稱如有商舡出入儘管生意每舡但須送伊一百元等情十一日探得初十日夷舡六隻是夜駛去一隻逆夷舡渡過厦門拏去民人二十餘人到古浪嶼修路聞四日每日共給銀四元以作工食初十日逆夷出有偽示為弭盜安民等情

十二日探得厦港現存三桅夷舡四隻雙桅夷舡二隻並無

動靜聞欲與商夥貿易無人敢與買賣等情

抄浙江欽差大臣裕咨稿

二十七日接到欽差大臣裕咨照得福建厦門業已收復現在逆夷圍攻定海縣城甚爲危急所有前奉

諭旨調赴福建之江西兵二千名業經本大臣奏請改調赴浙除由六百里發牌傳知經過沿途州縣一俟江西兵到境即傳令改道前赴浙江鎮海軍營聽候調遣其應備夫馬舡隻照例應付齊進不得稍有玩悮相應飛咨查照一律轉飭遵照

抄　上諭

閩督顔提督實　普八月初七日奉

上諭本日據顔馳奏現在籌辦情形一摺據奏泉州郡城須安大營並設糧台現在懸立重賞名募新兵刻下應募已有三千餘名其厦門各鄉亦經該道飭屬團練義勇一萬數千餘人内應外援布置周妥等語覽奏均悉所請籌撥銀三百萬兩昨已有旨如數撥解由六百里寄知該督現駐泉州着即會同普實妥為熟商一俟應募新兵足資調遣即行兩路進攻一鼓破敵乘此逆夷甫經占據各鄉人心思奮之時及鋒而用滅此朝食兵貴神速无使滋蔓其陣亡之金門鎮總兵江

繼芸淮廾福亭鎮標遊擊淩志汀州守備王用俊水師把總
紀國慶楊肇基李啓明均着該部賜䘏被傷遊擊鄭丹珠楊
靖江其餘傷亡兵丁着確切查明具奏將此由六百里諭令
知之欽此

抄欽差大臣裕奏稿

奏為大帮夷舡闖入浙江内洋勢將分撲鎮海定海現在調兵防勦恭摺由六百里馳奏仰祈

聖鑒事竊奴才承准軍機大臣字寄道光二十一年七月廿八日奉

上諭逆夷占據厦門難保不乘空北駛江浙兩省毗連閩界前經

降旨着裕謙嚴密防範諒已各加准備如兵丁不敷准其酌量調撥該大臣等務須妥為布置毋稍疎虞萬一夷舡駛進即激勵將士同心敵愾以彰天討等因欽此奴才查逆夷於占據厦門後即起椗北来先在浙江洋面遊奕滋擾盛嶴石浦等處登岸擊退業經奴才於八月初六日恭摺在案嗣於

八月初六初七初八初九等日逆舡連檣而來在象山定海鎮海三縣洋面停泊約計共有四十餘隻初九日申時有火輪舡一隻帶領兵舡九隻駛至離鎮海縣城四五十里之黄牛礁洋面停泊又有十隻亦在離定海縣一百餘里之崎頭洋起椗北來復行中止揆厥情由似欲逕撲鎮海惟該逆自閩起椗半月後始到鎮海等縣洋面始則四處遊擾一經擊退又觀望不進是否因防守嚴密不敢輕犯抑另有詭計殊難測度查鎮海縣以招寶金雞兩山爲門户而金雞尤爲扼要奴才已派委署長狼山鎮總兵謝朝恩候補知府黄冕統帶將備弁兵嚴行防禦其招寶山上本有遊擊張從龍等帶

兵駐札提臣余親統精兵駐於招寶山下之東嶽宮又東嶽
宮迤西有攔江埠炮台竟對口門與金雞招寶互相犄角現
有衢州鎮總兵李廷揚統將備弁兵駐札並於兩岸密排火
攻水勇舡隻凡有可以扑越偷渡之處亦皆分駐兵勇排挖
暗溝密排蒺藜防其水陸並進并令鎮海縣城厢庶民按戶
各出壯丁一人協同守禦奴才督率寧紹台道鹿澤長鎮海
縣知縣葉堃堅守縣城鎮靜以待該逆倘敢前來侵犯即當
激勵將士痛加勦洗以彰天討而快人心其定海縣地方亦
有逆舡二十餘隻停泊口門之外經總兵葛雲飛王錫朋鄭
國鴻署知縣舒恭受等同心協力設法守禦尚未攔入內港

該處居民均仰沐
聖恩稠疊悉皆枕戈以待奴才現飭鎮海定海兩縣多雇漁船往
來探報以期聲勢聯絡鎮海兩處台防及本營官兵不及一
萬分處駐守尚嫌单薄且該逆分帮乘擾即無策應之兵奴才
已飛調江寧八旗官兵八百名壽春鎮官兵一千名兼程前
來鎮海以便調遣至江浙海口業已布置周密奴才現又飛
咨撫臣梁提臣陳隨機辦理所有大帮夷船勢將分撲定海
鎮海調兵堵勦緣由謹恭摺具奏伏乞
皇上聖鑒謹奏

抄　上諭

閩督顏本月二十五日在泉州府行館准兵部火票由六百里遞到軍機大臣字寄八月十一日奉

上諭顏　奏逆夷竄離口岸舡隻開去一摺據稱我兵正擬進勦夷衆悉數下舡於七月二十一日黎明開去舡三十餘隻聲言大隊不日復來留舡五隻未開等語該督機謀不密致令漢奸漏洩夷舡大半遠颺總因未加懲創故逆夷沿海肆掠要求無厭惟詭譎之性不可不妨安知非隱匿僻島以懈我軍心着顏等督飭文武員弁加意偵探一有機會便當督兵進勦毋再觀望畏葸摺內所稱掣動全局殊不成話至漳泉所

募新兵壯勇現已有萬餘人不為单薄該夷既有陸路名目自應豫為准備俾資攻剿該督既稱不與海邉交鋒則該夷如果登陸必能痛洗着即照議團集兵勇埋伏要阨之地俟其登陸盡為攻剿聚而殲旃倘再空逞大言不敢動手致有貽誤恐該督不能當此重罪也凜之將此由六百里諭令知之欽此

抄浙江欽差大臣裕奏稿

奏為逆夷大肆猖獗定海失守現先嚴守鎮海一面調兵進勦恭摺由六百里馳奏仰乞

聖鑒事竊奴才於八月十五日子時將逆夷於八月十二日侵犯定海登時擊退並有夷船二十九隻橫截定鎮洋面尚有十餘隻隱見不定緣由恭摺具奏甫經拜發風潮大作鎮海縣城外平地水深四五尺官兵帳房皆在水中夷舡揚帆起碇勢將乘風駛進幸各官兵先將火藥炮位搶護稍高處所堅壁不動該夷無隙可乘欲前又却適轉西北風潮隨風落即轉帆東駛直撲定海旋據鎮海縣等迭次探報聽聞定海炮聲未絕又見有擊破定海之三板舡

隻及無篷之大夷舡由定海漂出隨風南去惟連日風逆浪大又為逆舡梗阻不獨策應之兵一時無從東渡即探報亦不能刻期往返直至十八日申時據奴才遣派前赴定海查探弁兵飛報十三日午刻有夷舡十三隻在內地瞭望不見之竹山門外停泊旋有火輪舡二隻三桅舡一隻駛進竹山門經總兵葛雲飛等督兵開炮擊斷夷舡大桅當即竄去十四日連檣駛進攻打曉峯嶺開放三四百炮我兵伏於石岩之中並未受傷該逆駕駛三板舡由竹山碶登岸經處州鎮鄭國鴻督率弁兵開放抬炮擊殺夷匪無數傍晚該逆繞至定海南面孤懸海中之五奎山登高瞭望十五日即在山上支搭帳房我兵即在土城開炮遥擊打壞帳房五頂

逆夷十数名十六日該逆夷先從吉祥門駛進攻打東港浦我兵連開大炮轟擊該逆不能駛進旋即攻打曉峯嶺竹山二處至酉時逆夷登岸被我兵鎗炮轟擊死者不計其數十七日丑時該逆又駛火輪舡進攻定海縣葛雲飛親自開炮擊中其舡上火葯當即焚燒板片無存已時該夷分作三路一由五奎山迎面攻打一由東面之東港浦一由西向之曉峯嶺進攻壽春鎮王錫朋首當其鋒督兵開放鎗炮轟擊夷匪冒死進前我兵前隊陣亡後隊繼進業將夷匪殺退数次無如愈殺愈多我兵所用抬炮過於紅透不能裝打猶捨命死戰至未時逆夷約有三四千分路登岸我兵勢難抵敵等情奴才正在調兵策應並具摺奏聞間旋據定海縣

典史鄧鈞帶同水勇救護定海糧台委員同知黃維誥等並銀九千兩及定海縣印信到營奴才傳詢黃維誥據稱定海已于十七日未刻失守歷訴十二日以後接仗情形與探報大畧相同詰以文武各官下落則稱壽春鎮總兵王錫朋被炮打斷一腿陣亡處州鎮總兵鄭國鴻在竹山門陣亡總兵葛雲飛在東岳宮陣亡署定海縣石浦同知舒恭受臨城固守被火箭打傷旋即殞命其餘將弁苦戰六晝夜均已筋疲力盡陣亡者甚多一時無從查悉至登岸逆匪身穿黑衣黑袴皆係閩廣亡命夷匪躡後指揮被我兵擊殺一處又有一起接踵而至約計總有萬餘人其所持器械抬鎗火礶火箭無所不有皮梯可以爬越城池山嶺寡不敵衆以致

失守定海糧台本在城署知縣舒恭受因事在危急恐資盜糧委令鄧鈞帶領鄉勇將糧台護搶至城外山岙寺內並將印信交付家屬囑令鄧鈞尚有城池疎失即行保護內渡城內難民亦已保護出城因連日接戰道路不通致未隨時禀報等情奴才聞信之下不禁目裂髮指惟查該逆盈驕已極定海既已失守則我之鎗炮器械又為彼有勢將圖撲鎮海現在會同余步雲督率鎮將協力守禦城存與存斷不敢稍有退志以冀保守斯土一面專遣精細大員改裝易服前赴定海查探敵情並查王錫朋等屍身下落及陣亡將弁兵丁共有若干名招集散卒毋使驚疑致為賊用又分派員弁在於沿海一帶稽查奸細安插難民俟辦有頭緒再行

具奏至　奴才　前者請調江寧駐防八旗官丁八百名壽春鎮標兵一千名現已飛檄催調尚有駐扎江蘇寶山之徐州鎮標兵三百名本為江浙兩省策應之兵　奴才　先已咨商江蘇撫臣　梁　提臣　陳　酌量情形分別調派已准咨覆遣令星夜兼程前來約計今明日可到又有逃洋北來為夷船阻滯不能回營之黃岩鎮官兵一百数十名　奴才　亦已截留在鎮協守再前奏奉　旨調派江西兵二千名前赴福建昨接福建撫臣　劉　來函知該省招募民兵甚為同力無須飭調各省官兵現在厦門業已收復無須多兵而浙省需兵甚急　奴才　於接到定海危急探報後即已繕發傳牌並咨閩省督撫將江西兵二千名截赴浙江俟各兵到齊再用漁船分遣東

渡埋伏山谷就近招募鄉勇克復定海至壽春鎮總兵王錫朋處州鎮總兵鄭國鴻定海鎮總兵葛雲飛署定海縣舒恭受會督將弁兵丁苦戰六晝夜連得勝仗祇以衆寡不敵効命疆埸忠憫可嘉相應請

旨加恩賜卹並請將奴才交部從重治罪以爲失地喪師者戒奴才謹

繕恭摺具奏伏乞

皇上聖鑒謹奏

抄　上諭

道光二十一年九月初三日奉到八月十八日

上諭前據顏奏逆夷於初九日闖進厦門青嶼口門當經在事文武擊沉火輪舡一隻兵舡五隻該逆蜂擁而進分路上岸以致厦門失守當降旨責令顏迅速收復本日據報厦門各處街巷並無夷人踪跡商民復業台米流通等語逆夷沿海滋擾厦門尤其垂涎之地屢經諭知嚴顏等嚴密防範該督駐扎厦門半年之久不能先事預防以致倉猝失事本屬罪無可逭姑念逆夷豕突而來弁兵奮力抵禦擊沉夷舡六隻此時厦門業已收回從寬免其治罪仍着交部嚴加議處欽此

抄粤東探報

探得廣東逆目義律於七月十二日帶同妻子並逆舡二十三隻開駛回國在粤逆夷以官兵修整炮台填塞港道尚非和好之意復將横檔炮台用火葯焚燬現將已撤未行之江西兵二千名留守燕塘又派兵一千名防守泥城廣州府余葆純於八月初二日開考文童衆文童以其即是漢奸之首哄得翎子戴我等不願應試一鬨而散大憲扎委易中孚接署廣州府一面考校等因

抄廈門探報

探得興泉永道劉十六日自同安赴泉請制台發兵聞憲意欲俟調度周全一面攻擊古浪嶼一面令文武官圖攻廈島其逆夷將各炮搬運下舡諒是風聞我準備之故安南國夷舡係十四日駛進廈島十六日開去等因

抄浙江探報

探得浙江夷舡七八隻駛近寧波經官兵接仗後夷人有七八千上岸圖攻城池寧波府帶印投河被百姓救起不知生死等情

抄浙江稟

寧波府稟報夷舡三十餘隻攻擊鎮海縣八月二十六日午時失守又據石浦同知稟報寧波府屬之招寶山現已接仗十晝夜亦經失守　星使裕大人若非民人救回亦被害余提台謝朝恩不知生死等因

抄日報

侯官縣唐昨日往井闕外勸諭百姓團練至梅嶺地方見有下路人約五六十人一陣行走唐太爺傳詢據稱俱係捕魚為業詰其緣何由此路行走據稱魚舡泊在北路故由此處行走隨將其包袱打開看視並無禁物只是魚網魚鉤等件登即放行詢問該處

飯店據說每日俱有下路人由此經過多則百人少則六七十人由北而去唐太爺至酉刻回署

抄浙江探報

二十九日辰刻探得鄞縣來稟鎮海城陷後謝大人朝恩於二十六日申刻父子同時陣亡　欽差投水自盡兵民撈救得生現已不省人事同關防送回寧波鹿道台在鎮海墮城傷壞左腿現已亡故亦送回府城並探得　欽差已離寧波起身進省行抵餘姚縣境又復自盡已據隨員馮協稟報收殮但未報明地方官協同料理等因又裕大人甫於三十日舁至浙江省城外廟宇收殮隨行並無親屬

抄閩督奏稿

閩督顔　於九月初八日在泉州地方行館由驛馳

奏為浙江定海鎮海縣城先後失守恭摺馳奏仰懇

聖鑒迅賜簡派重臣督辦窃臣於八月三十日接據浙江寧波府鄧廷

彩馳稟逆夷自十三日起連攻定海至十七日失守臣聞信不勝

憤懣以

欽差大臣裕謙自必　上聞是以臣未再馳奏兹於本月初七日亥刻

又據鄧廷彩稟報八月二十五日夷船共有三十餘隻駛進鼓門

攻打鎮海二十六日縣城已陷大臣裕經兵民救送進省寧波府

逼近危急請閩兵調兵往援等情臣驚駭已極逆夷猖獗至此實

深痛恨臣任閩浙必應帶兵星夜赴浙勦辦無如廈門甫經收復
港內尚有夷船遊奕多少不定泉州近接廈門晉惠同安各海口
洋面夷船來往一經遠離無人可以肩代泉州正在喫緊恐逆夷
乘虛滋擾關係匪輕且計此時趕到浙江亦於事無濟至於福建
通省海口最要次要不下六七十處在在需兵防守本省兵額無
多陸路不敷分派是以多募鄉勇為最水路則哨船只可擊盜萬不
能當夷人之炮火而臣所造船隻四十餘號逆夷闖進廈門後半
被焚燒大小各炮亦被推入海內此時船炮俱無亦難以前赴臣
既不敢離閩閩兵又不能赴援五內如焚束手無策惟求
皇上迅賜簡派重臣遄赴浙江督辦相機進勦理合恭摺具奏伏乞

皇上聖鑒謹奏

抄余提台第一次奏稿

奏為逆舡多隻直撲鎮海金雞招寶兩山暨縣城同時失守奴才等退守寧波府城謹將大概情形恭摺由驛馳

奏仰祈

聖鑒事竊照㗣夷於八月十七日攻陷定海縣官兵多有陣亡當經欽差大臣裕與奴才籌商鎮海兵力尚形单弱一時難以分兵克復鎮海為寧波咽喉寧波為全浙門户惟有嚴防鎮海一面奏請添調官兵招集鄉勇另圖克復詎該逆既犯定海復敢窺伺鎮海于八月二十四日哭有火輪舡二隻率帶大夷舡二隻竄入蛟門遊奕旋即退出二十五日有火輪舡暨大小夷舡三十餘隻駛至

洱山洋面排列停泊因量炮力不及　奴才　隨同裕謙督率鎮將官
弁兵勇嚴密防範鎮靜固守二十六日辰刻逆舡駛進洱山分泊
沙蠏嶺外招寶後山鎮海之北城外同時開炮斯時　奴才　在東岳
宮沿江炮台往來督攻裕謙即在城内東門城楼督率調度揮令
各營盤炮台官兵開炮攻擊不料夷舡炮子竟能飛越招寶山上
直擊南北攔江埠等處　奴才　遥見沙蟹嶺有大股夷匪登岸即飛
知防守北攔江埠之衢州鎮總兵李廷揚用炮攻擊雖經擊斃逆
夷數十名奈夷匪衆多竟趁勢將金雞炮台佔据　奴才　復聞招寶
山葯局被飛炮飛中冒火燒燬防守是山之護處州鎮總兵張從
龍被葯轟傷尚能奮不顧身督放炮火　奴才　聞信之下不敢稍分

畛域專守一處即飛馳山上見殿宇墻垣均被夷炮擊倒磚瓦堆積並見有逆夷数百名爬上後山隨揮弁兵以上壓下擊殺多名該逆退下山去又見逆船駛至欄江樁木之外 奴才復馳至沿江督同護定海鎮總兵周士法督放銅炮二十二位登時打傷三桅夷船二隻三板船数隻而夷匪回炮之子風擦 奴才左眼當刻不能啟視其時金雞招寶兩山夷逆之火箭火炮勢甚迅烈直攻鎮海沿江一帶焚燒房屋 奴才因見縣北城被賊用炮攻擊飛炮觸燃城中葯局其勢甚兇 奴才忍痛趕至西城見兵民全行退出城中一空裕謙不得已退回寧波 奴才復思招實一山屹立海濱南接金雞北連鎮城今南北兩處俱為賊佔而招寶山又經攻壞倒

塌實緣鎮海兵勇僅止三四千名地方散漫賊匪過多寡不敵蒙
查定海寧波一帆可達並恐郡城聞風震動是以奴才無奈只得
退守寧波以安民心現在會同道府督率文武收集散兵設法加
意防守該逆現屯鎮海距寧波五六十里不知日內進擾與否奴
才惟有竭盡心力斷不敢稍形畏葸有辜
天恩再江南狼山鎮總兵謝朝恩在金雞山炮台防守現無下落其餘
各官兵陣亡若干員名現經飭查另咨撫臣具奏外所有夷船直
撲鎮海失守及奴才退守寧波大概情形謹繕摺由驛六百里馳
奏伏乞
皇上聖鑒再因裕退守寧郡後隨即起程進省是以未經會銜併奏

抄余提臺第二次奏稿

奏為寧郡空虛現在設法捍禦仰祈

聖鑒事切奴才於本月二十六日因鎮海失守退保寧波迅將大概情形由六百里奏聞在案當即督率將備兵丁分派寧郡六門更加嚴守無如城垣廣大周匝二十餘里從前在城額兵不足四千之数除分防各汛調派軍營外僅止七百餘名定鎮兩處敗散之兵雖經急急收回不過十之一二且驚心未定勢難催令登陴自裕謙於二十六日自鎮海退入寧波是日戌刻即率江南將備豐伸泰等兵丁数百名星夜退走餘姚紹興所有衢處二鎮官兵藉以護送為名概不入郡守城以致全郡百姓驚惶逃避擁擠道途自

相踐踏哭聲遍野而無聊匪徒又乘機糾夥刼奪奴才會督寧波府知府鄧廷彩並在城文武分頭走拏隨時嚴辦郡城稍為安定不料火輪夷舡直駛至寧郡東北城下量水淺深城中炮位去年六月已經分運定鎮兩處當無炮火施放人心尤覺洶洶兼之奴才自蒙授浙江提督以來俱在軍營郡城紳民多未見面全賴寧波府知府鄧廷彩深得民心勸令登陴防守亦有應命前往者惟城門六門三門臨江既無炮位又兼夷炮火火箭甚屬兇猛恐不足恃浙江全省處處吃緊現在兵無可調奴才惟有竭盡心力督率文武多方設守一面招集散兵鄉勇共為聲援一面飛催前調各省官兵速為救應仰仗

天威總期城 存俱存謹將郡城空虛勢甚危急設法捍禦情形飛迅奏

聞伏祈

皇上聖鑒訓 示謹奏

抄余提臺第三次奏稿

奏為攖城固守力竭難支退出寧波恭摺奏聞仰祈

聖鑒事竊　奴才　於本月二十八日因寧波府城空虛勢甚危急迅將捍禦大概情形繕摺由驛六百里奏明在案逆料夷船必於次日駛入滋擾當夜會督府縣並在城將領周士法李宗白等分門緊守緣無大炮又兼兵单不能處處登陴抵禦故先令敢死官兵暗伏城厢内遣一二精細在城頭瞭望如夷匪近城少則開門突出擒斬多則按兵勿動萬一攻入城門當以死拒　奴才　預帶奮勇弁兵三十員名以備臨時接應稽查漢奸其實此時在城弁兵並府縣自募鄉勇不過数百人連夜趕緊分派粗齊逆夷果於二十九日

駛入三桅舡暨两桅舡八隻火輪舡两隻杉板舡三四十隻分泊東北靈橋三門城下午正連開数十大炮杉板二隻即於北門駛攏登岸奴才聞信趕至見夷匪為数無多即令開門勦殺兵勇各執鎗矛一擁撲出殺斃数賊餘賊退走不暇下舡竟向西門竄擾奴才即招兵勇入城不令遠追恐其窺知虚實又聞東門亦有夷匪登岸奴才即往接應已為府縣暨將官周士法李宗白等鬭力擊退復將城門壘閉城外夷舡復開大炮炮子飛入城中打壞民房無数兵民亦多受傷間有擊斃者百姓因此忙亂爭門西南二門擁擠出城逃避奴才恐夷匪乘間闖入即與知府鄧廷彩分投飛速前往防守就便保護百姓出城奴才趕到南門兵民拏獲漢

奸二名方令正法訖忽見奔來百姓報稱靈橋門已被夷匪用大
炮轟開漢奸内應大股夷匪撲入城中抬炮鳥鎗排墻而進　奴才
聞之目裂髮指奮不顧身急欲抵死巷戰無如逃命百姓紛紛齊
向南門而來街巷為之擁擠不通　奴才趕至提署前街早有千数
夷匪手執鳥鎗攻入署内　奴才痛恨已極大聲喊殺随同兵丁亦
呼噪齊上夷匪放鎗不及奔入巷内　奴才騎馬適為飛弾所擊倒
地壓傷右足忍痛更換從騎回視左右不過十有餘人事勢至此
萬無可為　奴才此時本不欲生因思各處連喪提鎮大員不惟有
損國威且愈長逆夷驕悍之志與其死敵而有損無益莫如苟延
旦夕再圖後舉只得携帶提督關防復去俟難民由水陸全行去

畢　奴才方為退出夷匪疑城外有伏多時不敢追迫聞得百姓聲
稱寧波府知府鄧廷彩率領鄉勇趕至西門恰遇夷匪多名奮勇
接仗受傷落水為衆人救起赴慈谿招集鄉勇等語鄞縣知縣王
廷勳亦聞投水不知生死將官周士法李宗白聞已出城寧紹台
道鹿澤長聞先日稟明撫臣赴梁湖催解糧餉　奴才於當日出城
外查得餘姚寧郡一水相通夷舡易於往來人心惶恐勢難設守
惟上虞去寧郡大江畧遠雖有小河杉板亦難駛入無為寧郡咽
喉又梁湖距上虞三十里亦是寧郡餘姚必由之路兩處均可收
集散兵　奴才正在上虞繕摺間又接撫臣來信已于三十日派委
臬司將文慶星赴紹興沿路催調各路官兵即到梁湖籌商防堵

事宜並有江南旗兵暨省標兵陸續已到人心稍定不致驚惶俟

大兵到齊拚此餘生必期有以仰報

皇上天恩前於鎮海失守奴才負罪已極今又失陷寧波府城並請

勅下刑部從重治罪以示懲儆恭摺由六百里加緊馳奏伏乞

皇上聖鑒訓示謹奏

抄　上諭

道光二十一年九月二十日准兵部火票遞到軍機大臣加封二十一年九月初五日内閣奉

上諭前經降旨將顔伯燾寬免治罪仍交部嚴加議處茲據該部議奏革職已屬從寬姑念厦門業已收復着加恩降為三品頂戴革職留任以觀後効欽此

同日奉

上諭怡良着作為欽差大臣馳驅前往福建會同顔伯燾劉鴻翺辦理軍務廣東巡撫着梁寶常署理所遺布政使着祁𡎴委員署理欽此

扒欽差大臣怡咨
咨稱遵將巡撫關防交卸即於九月初八日馳驛前往福建除具
題外相應移咨等因

抄　上諭

浙撫劉奏　欽差大臣裕殉節捐軀一摺奉

上諭為國捐軀殊堪憫惻該逆之可恨莫可言喻另有旨欽此同日准

軍機大臣字寄道光二十一年九月初九日奉

上諭兩江總督裕功臣後裔世篤忠貞經朕任以封疆適當逆夷滋事特派為欽差大臣辦理浙江軍務該督意圖立功方資倚畀茲以鎮海縣城失陷投水殉難為國捐軀深堪憫惻着加恩贈太子太保銜照尚書例賜卹任内一切處分悉予開復伊祖班第於乾隆年間在伊犁殉節入祀昭忠祠今該督臨危致命不忝前人着附昭忠祠並俟軍需完竣之時再於鎮海縣設立專祠以彰藎節其

靈柩回京時着沿途地方妥為照料並着伊弟裕恒前赴江蘇迎

接到京入城治喪應得卹典該部察例具奏欽此

抄臺灣鎮道奏稿

奏為逆夷攻擊雞籠炮台我兵擊沉夷舡一隻杉板二隻生擒黑夷一百三十三人斬馘白紅黑夷三十二人奪獲夷炮圖栅現提訊辦恭摺仰祈

聖鑒事切照上年六月唉逆夷舡至鹿耳門外馬鬃隙洋面停泊經臣等督率官兵擊走之後臺灣外洋時有夷舡往來經先後籌備兵勇防守日益加嚴本年八月初一初五等日據淡水鳳山各屬禀報北路之雞籠中港南路之小琉球等外洋有夷船遊奕當飭守口文武各員相機防守倘進口門即開炮轟擊旋據護臺灣水師副將江奕喜南路叅將余躍龍署鳳山縣知縣白鶴慶禀報南洋

夷舡一隻將進口門見文武兵勇人多防守嚴密立即竄駛北去又接淡水廳營先後禀報八月十三日申刻有夷舡在雞籠口外之雞籠杙洋面停泊等情又經臣等飛飭廳營會督文武委員義首人等嚴防去後茲于八月二十五日據艋舺營叅將邱鎮功淡水同知曹謹委駐雞籠協防澎湖通判范學恒委巡海口之即用知縣王廷幹禀報該夷於十五日辰刻移泊近口之萬人堆洋面該員等用千里鏡照見一雙桅大號夷舡拖帶杉板多隻有夷人在桅頂張望十六日卯刻該夷舡駛進口門對二沙灣炮台連發兩炮打壞兵房一間我兵尚無損傷該叅將邱鎮功督率調防雞籠之噶瑪蘭守備許長明署艋舺營守備歐陽寶等在二沙灣將

安防大炮緊對夷舡轟擊曹謹范學恒王廷幹督同艋舺縣丞宓惟慷在三沙灣炮墩亦放炮接應卯鎮功並手放一炮重八千觔大炮有準立見夷舡桅折索斷舡即隨水退出口外海湧驟起冲礁擊碎夷人紛紛落水死者不計其數或鳧水上岸或上杉板馱竄卯鎮功督同署守備許長明歐陽寶署千總陳連春外委尤登和帶兵駕舡赶往生擒黑夷四十三人又割取格殺黑夷首級四顆該令王廷幹遣派家丁隨同縣丞宓惟慷亦駕快舡帶領屯兵鄉勇出洋生擒黑夷三十一人總理謝集成董事吳助友及屯兵義首人等生擒黑夷二十五人割取首級一顆該同知曹謹之親屬郝芝帶領家丁生擒黑夷五人督臣差委來台之候補從九周

晉昭亦經赶到幫同出力當將該舡擊碎時見一白夷自行投水是否頭目打撈無獲其時有署艋舺營滬尾守備台協千總陳大坤同委員德化縣典史陶榮在滬尾防守聞信駛駕巡舡截擊在野柳澳頭洋面見夷人數十駕杉板一隻向南逃駛該署守備等揮令兵勇開炮將其杉板擊沉夷人落海該署守備帶同親丁陳功陳經邦義首林得方等割取白夷首級一顆生擒黑夷十八人委員陶榮生擒黑夷二人金色里汎外委林光章目兵何得和兵丁李起鳳等均協同出力又據該同知曹謹通判范學恒叅將邱鎮功署北協右營遊擊安定邦先後禀報十六日晚有白夷帶領黑夷二十餘人駕三板一隻在大武崙港外竄駛該廳遣派役勇

坐舡追尋十七日早在觀音山追及互相格鬬該署遊擊督率兵丁截擊當經官兵役勇刺死白夷二人落水生擒黑夷九人殺斃黑夷十七人奪獲夷炮四門兵丁謝捷升同鄉勇二人均各受傷謝捷升傷重旋即殞命十九二十三等日署守備許長明縣丞宓惟慷在海濱撈獲白夷屍身二具查驗一穿紅呢戰甲胸前刺有八卦形一係尋常夷服胸前刺有蓮花形左右臂腕左右腿或刺人形或刺蓮花鳥形獅形又撈獲夷炮五門重七八九百觔不等大小炮子数十粒鐵錠一門大鐵鈎一個署千總陳連春撈獲大夷炮一門重二千觔大銕子一粒棕球二個被水火葯不計觔重又該同知曹謹通判范學恒遣派義首帶領壯勇及宓縣丞丁役

人等十七日駕舡搜捕至外洋草嶼有白夷二人紅夷五人携帶圖册在彼藏匿經役勇等上前圖拏該夷俱被格殺割取首級帶回搜獲夷圖一幅中繪山海形勢册頁五十一篇夷書二本又夷字十紙其夷書亦繪有城池人物車馬形狀等語前來臣等查此次文武義首人等前後共計斬馘白夷五人紅夷五人黑夷二十二人生擒黑夷一百三十三人同撈獲夷炮十門搜獲夷書圖册多件辦理尚為出力方夷舡初受炮傷之時海湧忽起遂將該夷舡冲礁擊碎具見海若效靈助順

天朝尤深寅畏惟該夷船是否即係滋擾厦門之船抑係另帮必須解郡查訊且可根究夷情臺地並無通事惟有醫生宋廷桂係粤人

通夷語可以傳供至現獲夷人為数較多程路窵遠現在委員馳
往行提分起解郡各俟訊供恭請
王命正法以彰
國威而狀士氣並將夷書圖册恭呈
御覽該逆夷經此次受創之後難保不再集大帮來台㠘圖報復臣等
仍嚴飭各口文武添派兵勇密防以免踈虞除查明在事文武兵
勇義首人等另行請奬受傷身斃之兵勇分别賞䘏照例查辦外
所有擊沉夷舡擒斬白紅黑夷多人奪獲炮位圖册各件緣由合
先恭摺馳奏伏乞
皇上聖鑒訓示再潮湖外洋亦有夷船遊奕經在籍提督王得禄欽遵

諭旨在彼駐扎督同文武嚴密防守現在尚無滋擾合併陳明謹奏

抄暎逆偽示

大暎國 公使大臣 璞水師陸路提督巴郭兩國相爭願為使命表進

大清國皇天承運之歷数受命於天既受永昌與分開鎮西主基緝熙敬止為君止仁為臣止敬為父止慈為子止孝交國止信仁義道德禮義廉恥發政施仁與唐相肖因不失親亦可宗也雖有唐親不如仁人百姓有過在于一人中國易朝宋元明清寡人與西視民如傷君子在位尊賢使能世襲富貴如保赤子允執厥中天禄承終纘嗣祖德一千八百四十一年繩繩子孫天之明命祖宗由來普天之下率土之濱每處生理自古及今滔滔天下皆是通意原非一時東夷西戎南蠻北狄交商貿易原無稍意天兵到處天

下咸服東西南北任其所止止于至善思及天下今爾大清不用
君子專任小人居位利家朝有佞位國有奸民以致廣東總督任
用權臣林則徐籍籍行私交引内侍與黄爵滋一黨奸黨瞞騙
皇上而罔市利欲賒價錢銀較紋廣籍用詭謀發賣肥已裝騙燒燬轉
賣取利枉法欺君共数十萬寡人貨物財本兩空為使出賣難以
復命統命大軍審實另差一官到厦定論辦理是非究被官府無
理欺負太甚文蔡海防武陳參將督陣千總陳光福放占射死來
使自古以來兩國相争不殺來使誰敢為之胆大如此横之非理
難容昨取舟山重取厦門庚子七月辛丑二月侵佔虎門縱横廣
東天理循環辛丑七月興兵來厦以洗前恨暫據民地侵取城池

不害唐人與官為仇與國無害出示安民勿取百姓秋毫視民如子開倉賑民以養老幼因民之所利而利之矣老者安之火者懷之有一不法斬首示衆歸土弗止畊者變之寡人不才特施衆與民同樂樂以天下樂民之樂雖無聰明睿智之主足見有容寬裕温柔足以有眩不念舊悪自今以後赤子蒼生降心相從遣使進表使命到日一切聲言免致後悔陳明如何降詔定命使命衣裳之會以和為貴

大嘆國一千八百四十一年九月初八日即

道光二十一年七月二十八日示

抄　上諭

閩督顔咨准浙江撫劉咨逆夷猖獗異常鎮海復又失守現委員

臬司等帶兵馳往紹興一帶防堵以杜内犯請

旨速派大臣統兵來浙勦辦緣由于道光二十一年八月二十九日會同

杭州將軍奇

都統恒恭摺由驛具奏今於九月初十日奉到

硃批憤恨之至即有旨欽此同日奉到道光二十一年九月初四日内

閣奉

上諭現在浙江軍營籌辦防堵所有應用軍需銀兩着户部速議具奏

欽此又同日奉到

上諭陳階平着仍以提督用即馳驛迅赴浙江軍營欽此又同日奉

上諭奕經着授為揚威將軍哈朗阿胡超着授為叅贊大臣馳驛前往
浙江辦理軍務欽此又同日接准軍機大臣字寄杭州將軍奇
浙撫劉　提督余　副都統恒道光二十一年九月初四日奉
上諭本日據奇等奏鎮海失守一摺已授奕經為揚威將軍哈朗阿胡
超為叅贊大臣馳驛前往浙江辦理軍務矣杭州省城緊要劉韻
珂着仍駐劄杭州會同奇　恒督率滿漢兵勇協力防堵並於定
海鎮海兩處招集散亡安撫居民仍嚴防奸宄混迹以杜內應所
奏保護紹興等處已飭臬司蔣文慶帶兵前往並候補知府王壽
昌帶銀雇募鄉勇等語均着照所議辦理據奏余步雲現尚無恙
着即移駐寧波府督同鹿澤長鄧廷彩招集兩處兵勇協力固守

俟尅日大兵抵浙會同攻勦所有前調江西湖北安徽各兵由六百里加緊諭知裕泰吳文鎔程楙采飭令帶兵各員迅即赴浙並令胡超帶領陝西官兵先行抵浙應用軍需已飭戶部議奏矣鎮海失守情形着即查明迅速具奏將此由六百里諭令知之欽此

又同日奉到軍機大臣字寄本日奉有

諭旨一道貴撫接奉後即恭錄知照提督余一體欽遵

抄 上諭

浙撫劉咨九月十六日准兵部火票遞到单開奉

上諭琦善着加恩釋放發往浙江軍營效力贖罪欽此

杪探報

探得揚威將軍奕經叅贊大臣哈哴阿陳階平胡超管帶司員四

員寶玉祥寶貴隆伊精額管帶京兵二千名馳驛來浙聽候

欽差來浙再圖進取又探得浙江餘姚縣於九月初八日酉時失守所

有官員退守上虞等因

抄浙撫劉奏稿

奏為逆夷內犯寧波府城業已失守紹興暨杭州省城一帶情形危急現委在籍藩司會同鎮道督兵扼要守禦恭摺馳奏仰祈

聖鑒事切照鎮海失守寧波郡城朝不保暮自慈谿縣西至省城人無固志業經臣劉於前月二十九本月初一等日疊次奏報在案茲于初二日午刻據寧紹台道鹿澤長稟稱該道于前月二十六日在鎮海督戰因逆夷猖獗我兵不能抵禦金雞招寶兩山及縣城先後失守該道知事不可為投入城河殉節當時昏迷被水勇撈起用小船送至慈谿始行蘇甦腿已跌損探聞提督退守寧波

欽差大臣裕殉節後經士民救起送至郡城由郡至省在途身故

該道見潰兵紛紛内竄即帶傷赶至上虞一帶招潰散欲至寕郡守禦本月初一日據寕波府知府鄧廷彩家丁邵榮赴舟次禀稱前月二十八日逆夷火輪船一隻至郡港探量水勢深淺二十九日辰刻夷船八隻駛近郡城鄧廷彩與提督鄞縣等督兵上城守禦因兵数無多該逆連開大炮轟擊不能抵禦夷衆七八百人一擁入城鄧廷彩跳入西門河中被小船户撈起載送出城氣息已絶用薑湯灌救稍有微息現在存亡未卜其餘文武各官不知下落該家丁路過慈谿見縣城已經空虛等情　臣等查鎮海失守寕波本已勢如纍卵前已據實陳明今於二十九日即行失陷是浙江又失一重屏蔽所屬之奉化象山二縣處在寕郡東南均皆海

濱今郡城既失則該二縣俱被隔絕深為可慮寧波之西雖河道較窄該逆大船不能直入而三板小船則在在可通初一日接慈谿縣知縣王武曾來稟有居民紛紛搬避勢難兩全等語今該家丁又稱路過慈谿城邑已空是該縣已成無人之境而慈谿以內之餘姚上虞會稽山陰蕭山等縣及省中民人連日均多遷徙大約距寧愈近則遷徙愈衆倘該逆探聞此情或駕三板或由陸路乘虛內犯恐慈谿以上各縣亦均難保守即使該逆一時不敢深入內地而奸民乘隙搶掠人數月積日多更恐所在嘯聚將成內訌言念及此不禁膽碎心驚臣與司道等通盤籌畫現在情形惟有扼要守禦以期保衛紹興以斷其自紹侵犯省城之路查浙東

内地形勢曹娥江為緊要關隘不可以　上虞餘姚慈谿等縣尚可以保紹郡省垣自應設兵駐守俾免該逆長驅直入並可彈壓地方查拏匪類暫杜内變惟浙省此時無一兵可調祗有前次遣往寧波應援之江寧旂兵八百名尚未抵寧臣等已飛飭帶兵各官即在曹娥一帶駐劄並將蘇省觧來之抬炮撥兵五十桿送往備用第該處駐兵防堵為目前第一要務必得謀為兼備之大員至彼調度方期有濟日來省中民情愈益驚惶勢甚岌岌臣劉晝夜設法鎮撫尚難安輯且該逆兇焰正熾尤恐其自海道西犯乍浦並由海寧州之尖山逕犯省城臣劉斷不敢再行出省致根本重地復有動摇且省城僚屬紳士亦均不容出省查前任福建藩

司鄭祖琛明幹有為臣劉深悉其材前經欽差大臣裕奏調赴
鎮已蒙
俞允該司甫經到鎮城遂失陷不及有所展布今已自鎮回省臣劉勉
以大義令赴曹娥督防該司不避艱險毅然自任現已發給令箭
札飭該司帶同文武員弁馳往該處相機堵禦並嚴拏內地奸民
即在彼處從嚴懲辦俾民心稍復安定寧紹台道鹿澤長現既在
上虞招集潰兵又聞衢州鎮總兵李廷揚在鎮海受傷後亦回至
紹興招集散兵應令一併前赴曹娥與鄭藩司會同籌辦並令會
同臬司蔣文慶即在紹興駐劄為鄭藩司聲援其糧台亦在紹興
安設俾可就近支發特是歷次奏調之壽春江西湖北等處官兵

均未到曾娥現設之兵為数總屬無多且當歷次挫衄之後士氣
消阻人心動摇事之濟否　臣　等實不能逆睹至省標滿漢各兵本
屬单薄　臣　劉疊次雇募鄉勇團練義民現在城内城外約計共有
二萬餘人連日傳見義勇頭目激以忠義賞給銀兩伊等亦頗感
動然定鎮兩處重兵先後潰敗如此省兵素本柔脆鄉勇義民尤
係不經行陣之人事急之際是否能收其用尚難預必　臣　劉驚恐
焦愁心力已竭疲憊不堪雖捐縻頂踵無以上報
生成惟有仰懇
皇上示以機宜俾有遵守不勝感禱再　臣　劉身膺疆寄半月之内連城
被陷並懇

勅部從重治罪以為失地喪師者戒其寧紹台道鹿澤長衢州鎮總兵李廷揚或殉節被救或在陣受傷退回內地現值用人之際應請暫緩查議俟事竣再定功罪以收指臂之助除查明寧波府鄧廷彩或存或亡及提臣余步雲等下落另奏外臣謹由六百里恭摺

馳奏伏乞

皇上聖鑒訓示謹奏

抄探報

探得漳州道府接據銅山委員黄梓春禀報有銅山商船自浙洋回來問其寧波情形據該船戶稱説在港逆船自襲寧波之後分駛火輪船十隻乘潮直抵餘姚縣佔據空城被我兵黑夜舉火四面夾攻誅殺鬼子無算生擒黑鬼五百餘人白鬼二百餘名並獲逆船数隻城内掃蕩無遺僅逃兩舡至寧波同象逆船停泊一處各等語

又探得古浪嶼所泊逆船夷匪竟將岸上小屋盡行折毁所有大屋墻頭嵌以玻璨廳上竟敢設櫃售賣烟土呢羽等貨均用足色紋銀午後停止不許民人登岸該逆舡灣泊嶼前自衞或六七隻

八九隻來去不定各等因

又　欽差怡帶同隨員候補府張錫蕃於九月二十六日抵漳二

十七日起身赴泉

抄謄黄上諭

兵部火票遞到各奉

上諭自上年𠸄逆犯順以來滋擾廣東福建浙江三省沿海居民慘罹鋒鏑或被搶掠一空或致流離失所朕統御寰區痌瘝在抱每閱各報奏處為之寢食不安已命奕經為揚威將軍特依順文蔚為參贊大臣調集各路精兵剋期進勦大兵到浙自必迅速蕆功惟各路所調官兵經過郡縣地方恐或約束不嚴藉端騷擾着責成該將軍等嚴飭管兵各員分飭所屬謹守紀律秋毫無犯違者即以軍法從事如有縱容狥隱別經舉發惟該將軍等是問其沿海各處鄉村均宜自行團練鄉勇聯絡聲勢上為國家殺賊下即自

衛身家其有奇才異能足備禦侮之用者許赴軍營自行投効該將軍等量才器使遇有出力之處隨時保奏候朕恩施從前三省教匪滋事儘有由義勇出身擢至大員者該將軍等務當多方激勸咸使有勇知方一技一長毋稍屈抑凡兹薄海臣民皆係朝廷赤子二百年來食毛踐土具有天良當此逆夷不靖自必志切同仇斷不可為奸夷所惑自外生成其或被脅陷賊自拔來歸亦即宥其既往予以自新俾得同奏膚功共享太平之福着沿海各督撫刊刻謄黄徧行曉諭用示朕外攘内安之至意欽此

抄　上諭

軍機大臣字寄道光二十一年九月初二日内閣奉

上諭浙江定海鎮總兵葛雲飛處州鎮總兵鄭國鴻壽春鎮總兵王錫朋當定海失守之時同時陣亡已降旨令該部照例賜卹現在葛雲飛鄭國鴻屍身業已殯殮王錫朋屍身尚無着落覽奏為之墮淚該總兵等奮勇殺賊效命疆埸深堪憫惻除照例賜卹外加恩各賞給銀伍百兩由各原籍藩庫給發並着該省督撫查明該故員等子孫幾人據實具奏葛　鄭　王俟定海收復後建立專祠該故員等靈柩回籍時並着各該地方官妥為照料此次陣亡將弁兵丁除分別奏咨照例賞卹外並着裕確切查明咨各原籍督

撫將其家屬從厚撫卹用示朕憫節晧忠有加無已至意欽此

又奉

上諭本日據裕謙奏查探定海夷情籌備堵勦一摺均着照所議辦理新放鎮海鎮總兵陳述祖本係浙江副將即着該大臣迅速飭赴軍營毋庸來京請訓其新放之處州鎮總兵梁勝灝壽春鎮總兵九渤已諭知托揮布牛鑑轉飭該鎮兼程赴浙矣另片奏定海縣差役李彪先被逆夷擄去現因帶回定海已專人前往招撫着該大臣俟其來時密詢該逆船隻多寡炮位若干現欲分竄何處意欲何為詳細究詰至其人是否有可用之處着該大臣察看情形酌量辦理現當軍興之際固須多用間諜惟該逆既有令漢奸詐

為逃兵之語亦須慎防奸細至定海義民徐保兄弟四人竊負葛
鄭屍身來營有踰墻走壁之能即着裕量才委用從前三省教匪
滋事之時儘有由義勇出身擢至大員者署定海縣舒恭受前已
有旨賜卹如果未死即令善為調養以備驅策所有撥解福建之
兩淮運庫銀七十萬兩着准其改撥浙江其福建應撥軍需着戶
部速議具奏欽此

抄　上諭

為咨會事准兵部遞到　軍機大臣字寄　盛京將軍耆　直督訥　江督牛　蘇撫梁　福撫劉　廣督祁　署廣撫梁　山東撫托　道光二十一年九月二十二日奉

上諭前因訥奏天津等處海口酌籌添駐官兵並建蓋墩台營房以資經久當降旨令軍機大臣會同兵部議准即在直隸各營内抽撥三千二百名外省簡僻營分抽撥二千八百名令訥分布防堵以資捍衛因思沿海各省兵額無多逆夷去來無定欲為經久之計必先籌屯兵之方計七省大小口岸險要處所應行添兵防守與直隸情形相同自應一律籌添着該將軍督撫等將該省險要各

海口查明共若干處何處共添兵若干名即于本省各營内或量為裁撥或分年换防逐一詳細查明妥議具奏開单請旨庶兵額不至增添而客兵亦可省徵名至夷匪沿海滋擾民間防守莫善於團練而拒絶之法惟土堡最為得力前據訥奏蘇袋貯土堦壘九層百歩之外試以百炮穿至七層而止將弁得以避其飛炮火弹人心安定又賊撲浙江定海時先向土城開炮不能損傷兵卒是土堡之能禦炮已有明徵着將軍督撫等諭令沿海居民處處倣此辦理以古人堅壁清野之法變通而為清海之法其庄居團聚地勢寬平者四面圍築土堡此外奇零村落亦可相度地形於傍海一面用沙墩土壘自為障蔽唯以土堡禦炮尤須以人力守

堡大村團練数百人小村百人或数十人互相聯絡置墩瞭望鳴鑼相助一有警急團練之民麕集而至附近防兵亦可聞聲應援由各村推之各縣衆志成城海濱自可安堵着該將軍督撫等遴選有守有為素得民心之州縣廣為勸諭飭令築堡自衛一切用項章程聽民間自為捐辦地方官隨時與之講論籌畫嚴禁胥役人等干預其事不時訪查俾在官人等咸知自斂無可染指倘該員等果能如此實心辦理著有成效據實保奏從優議敘及此官兵共憤之日並力舉行一半年間沿海各省均可有備無患切勿奉行故事視為具文至各海疆省分紳士商民果有捐貲助餉修建土堡及雇募鄉勇造舡鑄炮有益軍需者其急公好義即與出

力將士無異若仍照捐輸常例議敘不足以示鼓勵着核實保奏候朕破格施恩此外各省士民如有赴各海疆捐貲助餉者亦着一體請獎無阻其向善之志凡團練鄉勇建築土堡行之於民則自衛其生勸之於官則化行倍速如能認真經理歷久不懈靖夷氛而收實效朕有厚望焉將此各諭令知之欽此

抄浙江探報

叅贊胡傳牌内開前奉

諭旨統領陝西官兵來浙勦辦夷務今于道光二十一年九月初八日

奉

上諭天津毗連畿甸防備尤為緊要所有後起一千名官兵飭令前赴

天津着胡超管領兼所帶頭起兵一千名作為後路應援前傳備

車馬舡隻毋庸預辦可也又奉

上諭胡超改派天津特依順文蔚着赴浙辦理軍務欽此又慈谿來人

云十二日夷舡已退出招寶山外寧波只有火輪舡一隻似有去

意等因又提督陳階平已于十四日抵省等因

抄浙撫劉奏稿

奏再用兵之道偵探最為緊要臣於鎮海失守之後即遣精細弁兵改裝易服前往查探現尚未回省臣現向鎮海寧波逃至省城之人逐加查問據稱該逆於前月二十六日攻破縣城即至欽差大臣裕寓所用鳥鎗數百桿四面轟擊立成灰燼并向城內遺民聲言伊等蒙前任欽差大臣伊以禮相待本年復將被獲各俘與伊等易換定海伊等感其不殺之恩本不敢再來浙省滋擾乃裕到浙竟貼告示必欲將伊等勦滅伊等夷衆偶被拏獲動輒抽筋剝皮是以伊等前來報仇今定海鎮海俱為伊等所有伊等尚欲前至天津遞稟懇求

大皇帝准其在浙通商並在寧波建設夷館令各遺民照常安居毋庸驚懼及其攻破寧波亦以此語向人哄誘並將我鎮海等處所設各銅炮搬至寧波城上安設鉄炮用葯炸燬又逐日在教場内操練夷兵又遣火輪船直至慈谿丈亭一帶探量水勢此外夷船四散分泊自寧波直至鎮海疎密相間該逆又照内地船式在寧波另造小船具黑夷多至附近各鄉姦淫婦女搶擄牲畜白夷並不擾民等語此臣連日在省探問逆夷在寧波等處之情形也查該逆以報復為名逞兇犯順畧地攻城復欲在寧波挾制通商實屬狂悖已極其火輪船直至内河探水情尤叵測惟以上各情形多係難民傳述之詞有無不實不盡容俟臣所遣各弁兵回省查詢

明確另行奏報再臣聞鎮海失陷之日江南狼山鎮總兵謝朝恩及黄岩鎮標遊擊林亮光均已陣亡屍身未獲又鎮海縣縣丞李向陽自縊殉節鎮海縣知縣葉堃亦在城樓自縊經鄉勇解救出城該縣復投入河内直至深處各鄉勇設法撈起止存微息送至慈谿灌救存亡尚難懸定業據該鄉勇等来省呈報又署定海縣知縣舒恭受于定城被陷時受傷殞絕經士民搶護出城灌救得甦該縣復服毒不死又經士民擁至岱山調理該署縣泣謝各士民團練壯勇密圖恢復之策聞鎮海寧波相繼失守無從措手由閒道内渡至曹娥江將各情形據實自行稟報臣以該署縣素著循良民心愛戴飭令即在曹娥江招募鄉勇隨同前任福建藩司

鄭祖琛等協同防堵以收指臂之助至提臣余步雲已自寧波退守上虞業經該提督自行具奏其餘文武各官尚無下落臣已移咨提臣及前任藩司鄭等分别飭查一俟得有端倪再行專摺奏報所有臣查探大概情形合先附片陳明伏乞

皇上聖鑒謹奏

抄上諭

十一月初六日准兵部遞到咨十月十一日内閣奉

上諭達洪阿等擊沉夷船擒斬逆夷奪獲炮位一摺本年八月以來夷船送向臺灣外洋遊奕經該總兵等飭屬嚴防堵禦是月十六日卯刻該夷船駛進口門該總兵等督飭文武擒殺多人並奪獲炮位十門搜獲夷書等件辦理甚屬可嘉提督銜臺灣鎮總兵達洪阿着賞換雙眼花翎臺灣道姚瑩着賞戴花翎達洪阿姚瑩及道銜臺灣府知府熊一本均交部從優議敘其在事各員弁兵義勇首人等著據實保奏候朕施恩傷亡兵勇查明照例賜卹已革候補同知前臺灣縣知縣托克通阿丁憂候補同知前澎湖通判徐

桂邦休致通判銜前福清縣知縣盧繼祖均看准其留于臺灣差委此因軍務緊要是以允准其餘不得援以為例該部知道欽此

海警

放眼乾坤二百年太平天下　聖聖相承威德昭函夏塞北無塵
江南如畫奠海外島嶼微茫碁布星落一一沾　皇化垂衣
天子紫宸衙武緯文經都上麒麟畫更民閭遍地桑麻父老慈鳩
兒童竹馬作息光陰多寬假真箇是世躋羲軒治齊虞夏漢唐以
後如斯寡却不道平陂往復越越的暗裏禍萌芽
甚春工放出米囊花是那人羅衣暗解偷栽罷羞荅荅殢雨尤雲
默向東風嫁煎熬出迷魂仙藥呼吸了奪命的丹砂迷溺中原百
萬家
這淡巴菰名不差那嘆吉利来非乍真箇是黄金與土争同價有

兒郎俊雅更性情瀟灑等閑下了陳蕃榻卻道是色奪宮鴉勝似
那香焚寶鴨一陣陣迷濛雲氣繞窗紗
情不覺如梭歲月賒瘦骨如柴腰肢一把能文的躭悮了絳帳談
經會武的恇怯了柳營試馬黑鄧鄧房幃守藥叉萬人唾罵
那朝廷法令嚴那官府設施大流涕陳書不讓長沙賈紛紛籍籍儒
紳弄舌惡狠狠吏卒磨牙禁烟天氣無朝夜一味胡拿
最苦的李代桃僵叵耐的虎威狐假羅鉗吉網巧梳爬小户纖兒
冤牽挂亂紛紛市逢白著急攘攘獄滿黄沙首事的惹禍招災傍
觀的粧聾做啞要除積弊報 天家怎知道掀天攪地只圖得
浪酒閒茶到頭來成虛話

莫從来作事須明達敗事率虛誇濟巨川要用的萬斛凌波舟敢長途要策著千里追風駕寸壤怎補黄河罅他則是横海鯨你覷作井底蛙一霎時錦陌香街轉眼見頹垣斷瓦

想定海地勢佳四面周環聚客槎聽櫓聲咿啞認帆影横斜蛋户魚堪買居人酒可賒猛一聲霹靂從空下死的走的把滿城文武都嚇殺可憐呵深閨弱質蓬巷嬌娃都一似漢公主去和番别抱琵琶腸斷春風花草萬里越天涯

况番禺舊繁華接閩疆地犬牙遥遥一水通夘霸看夷船番舶来往周遮互市的紅瑜錦罽貿得的藥草名茶積薪厝火人聊且有一個邀功啓釁更一番議和養患醖釀做焚廬劫舍漢金繒宋歲幣

若是耶還說是文事昆夷湯事葛儘摧塌了錦繡街占污了笙歌榭堪嗟只餘得舊時月過女墻来荒城寂寞寒潮打這廈門集將領團鄉社經畧虛將手段誇風流自詡管蕭亞譙樓呵聽鼓城角呵吹笳篴至曾無一矢加脫身策出櫃公下督師的忘抽了光彌刀死綏的空喂得房謨馬勾引了封豕長蛇辱没了大纛高牙便有箇辭漢仙人也有淚如鉛瀉

說起来嗟呀提起来驚怕那鎮海飛禍天来大我這裡軍起蒼頭他那裡賊連黄帕大星夜落海氛驕一腔碧血萇宏洒平白地把一座孤城付與他寃慘慘父老焚香迓亂骨如麻遺鏃沉沙真箇是百年征戰盡擾擾見魚鰕

顧　皇威暢邇遐師以律士無譁擒楊么洞庭湖殺蚩尤中冀野
羈縻更望金雞赦海上兵戈談笑罷苐只見水天一色曙氣上雲
霞恁特小醜跳梁都肴做一場戲耍

抄欽差大臣怡奏稿

奏爲恭報奴才赴閩途次接奉

諭旨恭摺叩謝

天恩並將駐札泉州會辦緣由奏祈

聖鑒事切奴才於九月初八日由粵起程當經專摺具奏在案嗣於二

十五日行抵漳浦縣接到軍機咨稱道光二十一年九月初五日

内閣奉

上諭怡良着作爲欽差大臣馳驲前往福建會同顔伯燾劉鴻翱辦理

軍務欽此當即恭設香案望

闕叩頭伏念奴才才識庸愚知慮短淺迭蒙

寵遇洊陟封圻馳驅未效夫涓埃報稱未酬夫
高厚茲復更叨
簡畀作為欽差大臣聞
命之下自切悚惶當此逆夷不靖敢為異地而能良自省疎荒倍殷兢
惕查福建地方風氣與廣東相似而不同雖初到未能周知而督
臣顏撫臣劉抵任稍久諸事皆實心辦理奴才在粵時已畧聞梗
概昨經過之詔安等縣所見雇募義勇並委員下鄉勸諭及紳士
等自行團練各鄉之壯勇水勇已不下三萬餘人皆壯實器械亦堅
聲勢聯絡以現在機宜而論自當從此實力訓練俾內以自固而
復徐圖船炮等件則事有次第庶戒備不至虛設奴才於初一日

行抵泉州接見督臣顏詢悉廈門商賈士民漸次復歸故土鼓浪嶼有夷船數隻尚無動作因前情形不得不慎之又慎總俟所辦各件節節應手自爲相機辦理撫臣劉駐守省城尚未會晤奴才惟有和衷商酌殫竭愚忱不敢稍存私見庶幾無負聖主委任之意所有感激下忱謹繕摺具奏云云

抄上諭

十二月二十五日准兵部火票遞到軍機大臣字寄閩督顔閩撫

劉道光二十一年十月十一日奉

上諭本日據達洪阿等奏夷船滋擾經該總兵等督率員弁痛加勦洗

覽奏爲之一快唯逆夷被殲之後難保大夥夷船不闖入滋擾該

督撫接奉此旨即飭王得祿迅速移駐臺灣協力攻勦其澎湖防

守事宜着遴委妥員前往再據該總兵奏道庫共存銀五萬餘両

本年所撥經費銀十萬両現存無多請由省撥銀三十萬両接濟

等語着該督撫飭司如數動撥迅速委員起解无誤要需將此由

五百里諭令知之欽此

抄探報

福鼎縣金探得唤夷欲圖餘姚窺測山高水淺不敢駛進縣城尚未失陷現在夷船十八隻在寧波府城據守其餘船隻駛赴天津傳聞天津攻打五次我兵勝仗四陣九月二十六日逆夷攻打乍浦我兵亦得勝仗十月初二日該逆大隊圍攻乍浦有失守之信

杭州至蘇州一帶文報不通

欽差並各路官兵尚未抵浙并有漢奸假戴金頂穿開叉炮僞充官兵赴省城毗連火藥局之鞋店買鞋夾帶火藥暗中放火致將火藥局焚燒杭州一帶防守嚴密紹郡居民遷徙甚多等情

抄上諭

九月十三日奉

旨前有旨將琦善烏爾恭額發往軍台充當苦差兹據兵部奏稱軍台祗有効力贖罪並無苦差可以充當既係向例成案琦善烏爾恭額着照例發往軍台効力贖罪欽此

抄南日縣丞禀報

南日縣丞張德静敬禀者十一月十二日以後暴風大作該逆再不敢登岸窺探亦不起椗開駛直至十八日巳刻據東山澚田飛報有雙桅夷船一隻從東北駛来當即登高瞭望其船已由鏡仔澚外港繞出烏坵洋面向西南開去忽見澚内寄泊之夷船即將紅旗插立桅頭對面空開兩炮意似招之使来其船已遠未即掉回該逆又對烏坵開一大炮聲聞數十里但見烟霧迷空火光直連烏坵旋見開去之船即掉回駛来行至數里因風逆浪湧未能搶近隨亦空開兩炮仍由西南湄洲一帶駛去而在澚之船即落旂與我相距惟思該逆停泊數日先尚料其售賣而来兹看本日

情形又似由浙洋陸續退出以待大帮之船且本日所開之炮震動一島人心未免荒惧所賴鏡仔港一帶重山絕壁尚可守險現在北風當令連日相距我得地利又占上風該逆既無能施其炮力又不敢登岸深入惟有會同營汛督率義勇鼓勵人心并為嚴防以絕覬覦容將以後情形陸續禀報外合將本日夾板夷船一隻退泊欲拒緣由理合肅禀

抄御史福奏稿

掌雲南道監察御史福珠隆阿奏暫留罪夷以便訊究七款

一令夷犯供指在夷任事漢奸各頭目姓名里籍以便飛咨該省如其家屬尚在内地就中擇用一人詐爲投夷暗中招勸率衆来歸諭以已有赦罪

曠恩徧貼謄黄倘能在夷内作謀立功且予重賞等語日前

皇上破格恩旨漢奸既在夷内無由寄知故必用其家属傳語無異親睹謄黄矣

一訊衆夷犯令將該國製造火葯與千里鏡西化炮等件諸法明白陳説試驗果能致遠免其死罪放歸若不製造僅能指明上好干

里鏡其處往買必得即監候往購其一言不吐者嚴刑拷比

一令夷犯供明該國船隻遠来勢難久持必須內地何物接濟惟惧中國何法進勦

一令夷犯供明中國之硝磺米石係由何處偷販與夷須令指實無任妄扳

一令夷犯供明該國製造葯炮須用內地何項物料俟其指明以便嚴禁

一所獲夷書務須聘訪識夷字之人譯出酌辦毋得畏難置擱

一所獲夷炮如果輕便易攜即應募匠照製　奴才愚昧恭擬訊夷七條是否有當伏乞

皇上聖鑒謹奏　道光二十一年十月十五日奉

上諭御史福珠隆阿奏請暫留罪夷以便訊究一摺臺灣拴獲逆夷多名據達洪阿等奏稱俟解郡訊明後即行正法現在該逆犯等如果尚未正法即着劉飭令達洪阿等按照該御史摺内所陳各條除千里鏡一節毋庸查究外其餘逐層究詰明白曉諭務得實情客籌辦理異有裨於攻勦機宜嗣後各省拏獲夷匪俱着詳加訊究照此妥辦該御史原摺抄給閲看將此諭令將軍奕經等並沿海各將軍督撫知之欽此

抄寧紹台道禀

浙江寧紹台道鹿於十一月二十日發申禀報有三桅夷船十餘隻每船約百餘人攻打餘姚該逆在桅上開炮餘姚縣于十六日辰刻失守該逆於十九日又攻打慈谿縣因城上架炮防備嚴緊該逆始退等情

抄臺灣鎮道片奏

再前獲夷人一百三十三人先經臣等會派文武員弁分起提解來郡審辦現因嘉義匪徒滋事暫留塹城隨後起解又據淡水同知曹彬艋營叅將邱禀報先於拏獲夷人之後追查至雞籠口門左邉烏踏石山下有自刎夷屍二人一白夷卧石上一黑夷卧石下白夷頭帶黄金盔胸前掛金縧帶尾綴金縧墜十二個身穿紅呢戦甲内摺白綢摺衫及油綠毡褲脚穿五色織絨鞋面白無鬚頭髮黄捲縮其為擊碎夷船之頭目無疑黑鬼頭帶黑皮冠狀如僧帽身穿紅色貼身毡衣及油綠毡褲似係夷奴等情臣查該夷目即係船破時自行投水之夷既已自盡應毋庸議相應附片謹

奏

抄欽差端奏稿

為查明厦門情形恭摺仰祈

聖鑒事切奴才初九日行抵同安縣接閱興泉永道劉耀椿禀稱厦門雖已收回究與克復不同夷人未受懲創未免遽行前往又據該道會同參將陳勝元同知顧教忠禀稱夷船現於鼓浪嶼停泊離厦門口水程僅五六里其船隻來去無時少則六七隻多則七八隻職等前往厦門皆係便衣小帽借住民房未敢公然搬進衙署實緣夷情不測漢奸亦多倘有傳聞夷人具書要求恐有意外之虞乞勿親往各等語奴才伏思厦門是否收回夷船停泊何處若不親往目擊難昭核實奴才受

恩深重若如該道等所禀恐有負委任自干罪戾當於十三日　奴才率同隨帶司員及該道等由潯尾渡海分頭查看由西北沿海一帶至鼓浪對面新學山地方查看鼓浪嶼岸上居民房舍竟多再三瞭望並未見有逆夷出入鼓浪嶼外偏東南厦港内見有逆夷三桅船三隻二桅船二隻分散停泊又有二桅逆船二隻鼓浪嶼山頭遮掩只見旂未見全船頭尾實計逆夷七隻停泊厦港再厦港與鼓浪嶼只隔一水不過五六里岸上居民鋪户均照常生理商漁船隻亦多尚無阻礙　奴才飭令隨同司員由東北一路巡視各處村庄均屬安堵並未見有逆夷在岸惟提督衙門總督行寓及税關公所均已半被燒燬石壁并炮台多有擊壞情形該司員等

並登白鹿洞山後見有逆夷三桅船二隻遊奕詢之土人據稱伊不時繞山巡防并不敢往他處 奴才 查看屬實復傳廈門商民及生員倪林書等詢問據稱云云再三究詰並給與筆札令其各寫親供均屬相同此 奴才 親往查勘訊取各供之實在情形也再 奴才 於抵同安後所有應查各事及在各汛打仗之員弁分別調取旋即陸續來到 奴才 逐一接見并飭令隨帶司員隔別詢問據陳勝元及千總陳林等九名供稱云云以上各供均係隔別詢問再三究詰衆供僉同無異除錄各供外並校對該督原奏亦屬大略相同尚無隱飾此 奴才 訪查逆夷佔據口岸及督臣退守同安之實在情形也又原奏内同安紳士所募新兵除考驗技藝分別裁汰

外尚存二千餘名查此項各紳士所募新兵既有三千九百五十名此項數目較多與原奏不符又同安縣招募義勇三千名查此項前任知縣裕祿招募三千名復裁五百名現存二千五百名亦屬不符又原奏廈門同知團練水勇一萬餘名查此項共計四千餘名尤屬不符又所稱沿海各鄉村分別人數衆寡勸令團練自百餘名至千餘名不等或分派地方現給口粮或造存名册聽候名遣或收养頭目隨時招集等語查該督原奏并未將各項數目分別聲叙 奴才 調集卷册逐一核對實計各廳縣勸令各鄉團練義勇八千餘名均自相團練并不調遣亦不支食口粮又查委員等雇募鄉勇四千三百餘名此項分防各隘口三千八百餘名分

守各城一千二百餘名均係現給口粮又有晉江縣雇義勇四百名各紳士招募義勇一千名均係造存名册預備名遣奴才悉心酌核奏册無異惟前款數目多寡不符及原奏未經聲叙確數之處相應請

旨飭下該督查明確數再行具奏此奴才調查兵勇數目互有不符之實在情形也所有遵

旨查辦緣由理合恭摺具奏伏乞

皇上聖鑒謹奏

抄浙江奉化縣禀

十三日午刻接到浙江奉化縣禀十一月二十九日申刻有夷船

四五十隻火輪船四隻駛進該縣界内闖入水口當時天已昏夜

業已失守知縣旋赴大橋投水被百姓撈救勸令忍死再圖收復

請撥大兵滅勦等由

抄上諭

軍機大臣字寄　欽差大臣怡福建巡撫劉　道光二十一年十一月二十九日奉

上諭據御史龔文齡奏福州海口以五虎爲門户一進口門金牌實爲扼要近聞籌辦海防處處設兵而於金牌要害之區防堵轉形鬆懈金牌江面雖寬一百餘丈中多礁淺之處僅容大船二三隻對面爲長門兩山皆可屯兵設炮事半功倍等語防夷之法自以扼要爲先如能據險設防則兵力以少勝多不致顧此失彼據該御史奏該處江面雖寬中多礁淺對面兩山皆可屯兵設炮果如所言有險可據何以不設重兵以固唇齒是否未經詳查形勢抑兵

丁練勇不敷調撥或該處竟難以設法屯兵着怡良劉鴻翱詳細查明妥議具奏原摺抄發給閱將此各諭令知之欽此

抄御史龔巽奏稿

廣西道監察御史龔巽奏閩省海口逼近省垣宜據險監守以杜夷

患仰祈

聖鑒事切惟防夷之法在監守要害福州海口以五虎為門户一進口

門金牌實為要扼重關疊隘防守緊嚴庶可以建輔車而固唇齒

臣近聞福州籌辦海防自城廂内外及台江而下處處設兵而於

金牌要害之區防堵轉形鬆懈似此藩籬自撤萬一夷匪突入順

流長驅誠為足慮如七月間青嶼疎防厦門隨失是其明驗查金

牌江面雖寬一百餘丈而中多礁淺之處僅容大船二三隻可以

通行金牌之對面為長門兩山皆可屯兵設炮據此要害則鎖鑰

既固內可以保省垣外可以衛屬邑事半功倍莫便於此請
旨飭下閩省督臣悉心籌畫於金牌長門兩處設營置炮募該處鄉村
壯丁有室家者團練充補則彼知同仇敵愾即以自保其身家忠
勇之氣尤為可恃至兵額難以議增似可於各營通融裁撥臣籍
隸福州謹將管見所及據實直陳是否有當伏乞
皇上聖鑒謹奏

抄同安縣稟報 十二月

查鼓浪嶼一帶共泊夷船十隻二十一日晚間開去三隻尚泊七隻日前新到火輪船一條少頃即駛去鼓浪嶼逆夷將椅棹器具一起搬落夹板船查探或說有哦囉嘶叻咭仔攻打紅毛或說是花旂當日在廣東議不許暎夷生事乃又来擾害厦門寧波等處又有說花旂國載呢羽貨物到廣東因暎夷鬧事不能銷售將原貨載回花旂稟明伊國王興師攻打紅毛是以暎夷馳往令將厦門兵船撤回去與不去尚容確探等情

抄上諭

吏部咨為知照事文選司案呈内閣抄出道光二十一年十二月初九日奉

上諭閩浙總督着楊國楨補授即馳驛速赴新任毋庸来京請訓其未到任以前著怡良署理怡良著俟楊國楨到任後即馳驲回廣東巡撫之任山西巡撫着喬用遷暫行署理欽此

又正月初五日閩撫劉准閩督顏咨道光二十一年十二月三十日准兵部火票遞到吏部咨内閣抄出道光二十一年十二月初九日奉

上諭前因顏伯燾陳奏廈門失守情形恐有不實不盡面諭端華馳往

咨查茲據該侍郎奏大抵均屬相符即新兵義勇數目多寡亦不甚懸殊以總督大員駐札厦門專辦防堵事宜已閱半年之久乃一經逆夷突至厦門登時失守輒即退保同安泉郡庸懦無能罪無可逭嗣經厦門業已收回從寬免其治罪降為三品頂戴革職留任原期愧奮圖功藉資補救近閱疊次奏報無非虛詞搪責全無實際現在如何設法攻勦之處概未籌及種種荒謬實屬辜恩溺職顏伯燾着即革職欽此

抄部議

吏部謹

奏為請

旨事道光二十一年十月二十日内閣抄出安徽巡撫程楙采請將捐

修城垣等工之候選教諭訓導給予儘先選用一摺欽奉

上諭程楙采奏請將捐修城垣等工之候選教諭訓導循照例案給予

儘先選用並請將前議職名註銷一摺内着吏部查議具奏欽此

欽遵到部查臣部道光十八年奏定捐輸儘先章程内開候選人

員凡捐輸軍需餉河工辦賑修城重大事務等官捐銀四千両以

上有經該督撫專摺保奏奉

旨交議者臣部核其所捐銀兩數目與條款相符者准其儘先選用其
餘尋常事務俱照七年捐輸章程辦理等語又二十年臣部議覆
江西進賢縣壩工案內試用縣丞黎長春捐銀三千兩先經該撫
奏請本班分缺間用臣部核與章程內專捐保奏之議未符該員
黎長春議予加三級嗣經該撫奏請改議臣部准予本班分缺間
用將加三級註銷在案查上年臣查部議覆安徽寧國府捐修城
垣該撫奏請議叙摺內稱捐銀四千兩之候選教諭汪際虞候選
訓導趙家修均係在工効力勸捐督辦最為出力應請各予儘先
選用經臣部查明汪際虞所捐銀兩原足儘先選用惟該撫並未
耑摺保奏與臣部前奏章程不同按銀數照例奏定加銜章程給

予布經職銜並以董事出力議紀録二次至候選訓導趙家修係
捐修城垣書院兩項銀兩例不准請給儘先選用應將該員議予
按經職銜係董事出力再給予紀録二次道光二十年十月二十
七日具題奏奉
旨依議欽此今復據該撫奏稱候選教諭汪際虞督修寧國府郡城銀
四千兩以上所捐銀數核與江西成案并奉行新例相符請將該
員汪際虞前議布經職銜註銷照例給予本班儘先選用等情查
該員所捐銀兩本與應得儘先選用之例相符既據該撫復行專
摺奏明應請將候選教諭汪際虞准其本班儘先選用并將前議
章程職銜註銷該撫聲稱于捐修郡城案内捐銀三千兩因城工

項下僅用銀三百餘兩請以此項餘銀修理書院復又捐出竹園地三十畝所獲價銀一千四百兩統共捐銀四千四百兩是該員趙家修于修城重大事務所捐無多其捐修書院銀兩向不准奏請儘先選用今雖據該撫奏請數與臣部奏定捐輸款目仍屬不符似未便率行議准應請仍照前議給予按經職銜毋庸給予儘先選用所有臣等查議緣由謹繕摺具奏是否有當謹

奏

該將軍等即將頒去各件優加賞賚仍叙述事跡據實具奏朕必
破格恩施該將軍等惟當恩威並用整飭戎行以副朕綏靖海疆
之意欽此

抄揚威將軍咨

撫憲劉四月十三日准揚威將軍奕咨爲照會事内開現在逆夷被大兵攻擊退出寧波誠恐該逆情勢最蹙分擾海疆相應咨會等情

抄探報

福防廳稟探得浙江水商来信于三月二十九日到閩其浙江寧郡夷船俱已傳説一二日間退出舟山聞係各紳士商民湊成銀一百萬兩已交七十萬兩留銀三十萬兩以為賠修城垣之用現署定海縣之舒丞帶同兵勇在寧郡安撫此係浙江糖木等商来信之言等因

又探得逆夷于廈門貼有僞示當即派往查探兹于四月初一日據報逆夷雖出有僞示以近日戰船三十餘隻淺水港小船一百二十隻要来廈門寄椗但連日查探廈港夷船仍舊停泊八九隻并無多舡今將告示抄錄等情　內開大嘆國水師將帥時莪為

牌示事近日有戰船三十餘隻淺水港小船一百二十隻要来厦門寄椗爾等百姓不必驚忙本帥自有約束此四月間可以到厦協同在厦戰船往天津攻擊本帥言出法随决不食言各宜凛遵

抄閩督顔奏稿

爲臺灣府屬之噶瑪蘭應試文童恭懇
聖恩由廳考録並加額酌添廩增事切照臺灣府之噶瑪蘭廳地處臺
郡極北所有應試文童先于嘉慶九年經前督撫臣
奏請附入淡水廳學取進在案兹據臺灣道姚瑩詳據臺灣府知府
熊一本詳稱噶瑪蘭廳自嘉慶十五年歸入版圖大小口六千餘
户今三十餘年户口益滋該廳清查現在有一萬二千零户内有
應試之童三百十八名文風日盛惟地處萬山之後道路寫遠跋
涉艱難若赴淡水應試不免守候之苦應請仿照澎湖之例由廳
考録經廳送道試文蘭廳無學額向在淡水六名之中分進一名

間歲分進二名今應試日多若僅進一名誠不足以振興士氣若多進二三名有礙淡水之額應加進淡水廳學錄二名共為八名內以三名分給蘭童編為東字號以五名分給淡童編為淡字號以昭公允再淡水廳學廩增向各四名今既請加學額二名所有廩增生亦應酌加二名于淡蘭二廳附生內分別東淡字號考補其廩赴在蘭廳正供內照例分報等情由福建藩臬兩司具詳請
奏前來 臣 等查瑪蘭廳地處極北嘉慶十五年間收入版圖因該處業儒尚少所有應試文童附入淡水廳考試計今三十餘載戶口日煩人文日盛應試文童較前增多數倍仍照歷屆歲科試祇于淡廳額外分進一名誠不足振興士氣應請于淡水額六名之外

抄上諭

為欽奉事照得本部院遵　赴 錯字

旨前赴閩安巡查海口于道光二十一年十二月二十四日舟次接准

兵部火票遞到兵部咨開車駕司案呈內閣抄出奉

上諭國家用兵之道貴乎紀律嚴明賞罰必信誠以紀律嚴則法度自

昭賞罰信則德威並備我國家承平二百年各省將弁所以恩養

而教育者至優極渥一遇征名宜如何爭先思奮為國立功乃自

上年軍興以来屢與㖟夷接仗惟定海將弁苦戰六晝夜之久擊

斃夷匪無數其餘各仗帶兵之員不能申明紀律激勵士卒以致

臨陣脫逃非逆夷之兇竟不可當實由統兵大員一味姑容故將

士不能用命若不亟加整頓何以挽頹習而厲軍心著揚威將軍
賛叅大臣等查明失守各城首先逃走之將弁兵丁嚴切訊明即
照軍法從事毋稍寬縱惟犯律者既正刑誅立功者當膺懋賞激
勸以壯其氣錫賚以昭其勞全在該將軍等開誠布公勗以忠義
使人人有勇知方同仇敵愾似此貪狡兇夷罪惡貫盈援之人心
天理殲滅何難若使紀律嚴明賞罰必信自可迅奏膚功茲將發
出內庫花翎五十枝藍翎五十枝搬指八十個翎管四十個小力
九十把火鐮七十五把六品頂戴六十粒七品頂戴八十粒交珠
勒亨等帶往軍營交揚威將軍奕經等祇領其將備兵丁收買㒷
才併檄名各省官弁人等如有拔幟先登不避鋒鏑斬獲夷目者

酌加二名以五名分給淡童編為淡字號以三名分給蘭童編為東字號至蘭廳僻處萬山之後溪嶺險岐道路窵遠自蘭至淡計程六日有奇由蘭赴郡計程十三日兩番跋涉艱苦異常應請將縣府試由廳考録送道試較為簡便再蘭廳學額既增二名廪增生亦應請加二名于淡蘭二廳附生内分别東淡字號考補其廪生赴在蘭廳正供内照例分報不致淆混所有噶瑪蘭廳請加學額及添設廪增並由廳考録以廣聖化緣由臣等謹會同福建學政臣合詞恭摺具奏伏乞皇上聖鑒謹奏

淡字號考補　赴

抄探報

探得浙省原議十二月二十五日大兵進勦因寧波前聚鄉勇已經星散未能剋日進攻　欽差奕于正月初三日到省文叅賛初九日前往曹娥特叅賛協防省城現于十八日祭旂前進乍浦現獲黑夷一名解省因無通事未能訊供旬餘以來唤夷仍回寧波並不外遊滋擾自十二月二十九日搶掠奉化之後僅只各口銷貨並未接仗等因

欽差奕于正月十七日前往曹娥尚未開戰該夷亦未退出寧波特叅賛現擇於十二日前往乍浦防守惟文叅賛所帶四川兵丁經過紹興搶掠民財為非不法尚有四川苗兵五百名能食一切生物

不法更甚並搶劫紹興糧台迫勒會稽縣知縣張兆熙跳河遇救
官親胞兄投繯畢命僅將張令撤回現署壽昌縣新補會稽縣甘
鴻先行到任其壽昌縣印務委候圻代理等因
又探得　大將軍行營于正月二十八日亥刻酌名總兵段永福
頭等侍衛明慶二等侍衛希凌阿帶領苗兵并曹江所募鄉勇三
千餘名起程攻打寧波詎知逆夷城内安放地雷大炮同時轟炸
兵勇死亡過半段總兵等均受重傷旋即退回等因

抄探報

探得文參贊於正月二十八日由曹娥江協同提臺陳 宜昌鎮博 署宜昌鎮楊 金華協朱 侍衛明 希 常 並官兵三千名鄉勇五千名赴慈谿安營復就近新募鄉勇一千名一面偵訪寧波府城委屬空虛隨派令陳提臺防守慈谿朱協臺防守梅花嶺要隘率同侍衛帶領新舊兵勇馳赴寧波四十里之蕭家渡口安營即于二十八日調派新募鄉勇作為前站前往收復寧波迨距城三四里之遥新募鄉勇回身肆殺該夷內外伏兵齊起城門閉塞城内所藏大炮同時並發我兵四面受敵火箭如雨不能抵當官兵陣亡無數城内俱成灰燼後兵聞信亦即潰散并無救

應該逆隨又進攻慈餘兩邑開炮轟擊一面分兵追趕叅賛至曹
娥東岸方才退去大將軍於初七日申刻到省文叅賛趕至西興
奉令復回紹城現在各省兵勇紛紛回省奪路奔逃開戰情形尚
未議及僅奉撫憲委員馳往紹城安撫並往上下隘口阻攔兵勇
不得逃散此報
又探得撫院劉據卞汎司面禀拏獲充當漢奸之紳士張蕙生並
慈谿庫書陸心蘭等十一名訊據陸心蘭供稱該犯充當該夷漢
奸勸令富户助餉得功僞封九千歲又赴叅賛大營投効察探虛
實已蒙收録是日進兵該犯作為嚮導帶領段鎮臺官兵由西門
輾轉前進即自逃脱並供扳揚威將軍門生泗州知州張應雲向

與僞提督郭書札往來傳遞消息前曾送去火藥二箱以下情形尚未根究稟請憲示作何辦理尚未定議至張知州是日亦帶鄉勇三千名二起進城見門已閉塞飭令開炮闖開兵勇黃夜相接不能辨認自相戕殺死亡甚多該夷大炮火箭同時並發以致所傷益衆帶兵之副叅遊守二十餘員全無下落現在段鎮臺並張知州確有通夷情形具稟虛實統容探明另報

動之斯和事有終始　奚其政

知和而和盡心焉爾矣甚矣軍旅之事和為貴夫我乃行之不亦宜乎昔者竊聞之戎狄是膺荆舒是懲古之人皆然未聞千里而畏人者也有大人者生乎今之世反古之道夷狄之有君而好作亂者君名使擯不遠千里而来寇至則曰和也者宜若可為也仁者不憂勇者不懼民無得而稱焉天下之生久矣一治一亂亦運而已矣今燕虐其民大戒於國西夷怨而謀動干戈於邦内使者出彼為善之素夷狄其饋也以禮則受之犯而不校又從而禮貌之稱於異邦曰惟我與爾和樂且耽夫如是則君使人搏執之繼之以怒爰整其旅選于衆有貴戚之卿有異姓之卿惟奕秋之為

聽人皆仰之若大旱之望雲霓也俟一位則吾從先進其餘則日月至焉而已矣是何濡滯也其心曰予有戒心百姓之不見保於我何加焉仁人固如是乎今夫奕之為數小數也他日未嘗學問飲食之人如斯而已矣遵海而南始至于境聽其言也豈不曰城非不高也池非不深也兵革非不堅利也米粟非不多也吾何畏彼哉民以為將拯己於水火之中也至於日至之時臨事而懼大敗子之持戟之士棄甲曳兵而走或百步而後止或五十步而後止其三人則皇皇如也故龍子曰與民守之是謀非吾所能及也楊子曰戰必勝今而後吾知免矣既而曰無已則有一焉發而皆中節謂之和未有府庫財而不足以解憂則何為不行或問之曰

子行三軍而撫四夷也其斯之謂與自北雖有臺池有官守者狄人侵之莫之能禦也委而去之北方之學者乃屬其耆老而告之曰其待我以横逆西夷之人也吾豈若是小丈夫哉威武不能屈率其子弟環而攻之然後殺之爲匹夫匹婦復仇也百官有司是誠何心哉趨而往視之謂其人曰事之以珠玉而後和之如之何其拒人也舍之左右皆曰不可勿聽非吾君也或曰放焉寇退幸而免舉欣欣然有喜色而相告曰以德報德此有財吾非斯人之徒與而誰與子聞之喟然嘆曰是上慢而殘下也後世必爲子孫憂今之從政者古之所謂民賊也吾不欲觀之矣

抄上諭

三月初一日奉

上諭奕經等奏查明接仗情形並拏獲漢奸訊取供詞一摺逆夷竊據三城肆行滋擾又復勾結奸匪窺探軍情實堪髮指茲據奏稱逆首噗喋喳于上年八月定海打仗時被葛雲飛用砲擊斃現在夷船噗姓係屬假冒并慈谿接仗時砲斃逆夷頭目寧波城内夷人盡爲掛孝據報即係逆夷巴姓又逆夷安突德臂受一鎗並有大夷目受傷甚重與死夷屍身共載五船運往定海埋掩又首要漢奸陸秉鈞等五犯現已拏獲訊明正法其餘所獲夷目漢奸人數甚多等語現在著名緊要逆夷或臨陣受誅或被傷棄斃其助逆

肆惡之漢奸亦經先後拴獲是逆夷以漢奸爲牙爪漢奸即以逆夷爲利藪表裡爲奸殊堪痛恨該將軍等既經剴切曉諭於前兹復查拏懲辦於後想民人等自當曉然於順逆利害之故志切同仇益加感奮着奕經等激勵將士相機進勦其未獲奸匪仍當嚴密查拏毋稍踈懈務期速復郡縣盡掃逆氛以申天討而儆奸邪欽此

今將大英國向大清國所要各條款開明于後

關交還銀若干一端

六百萬元為鴉片烟價值乃係向英國領事及居住粤省英商者所索以為贖命也

三百萬元為行欠乃洋行商原係　國家所保者而我人只得與其貿易也

一千二百萬元為水陸軍費以得伸我官與商所受之冤也然而本大臣来中華之日所收了之銀若干為暫贖某某城之意可扣除也

此銀必交按年號于后

六百萬元必交於立刻也　六百萬元必交於癸卯年也

五百萬元必交於甲辰年也　四百萬元必交於乙巳年也
倘有此銀若干按年未交足則每年每百圓加息五圓亦可也
關兩國官員來往一端英國住中華之總管官員大清臣等有來往
文書則用照會字樣英國屬員則用申呈字樣大臣批覆則用札
行字樣屬員所來往者則仍當平行照會二國之商賈有所上達
官憲者則用稟明字樣爲善也
關讓地方通商一端大清必將香港地方讓與大英永遠據守蓋大
英之國體既被大清之凌辱理當讓地方以伏其罪而補所傷之
威儀也香港廣州福州厦門寧波上海五處通商納稅前情者乃
全權公使和約之大畧而既受

皇上蓋付　國寶恩准決定本大臣即諭令水陸軍退讓南京運糧河京口等處亦不阻攔中華商賈貨船惟鎮海之招寶山厦門之鼓浪嶼及舟山三處係我官兵所鎮守而本大臣必俟銀兩全數交清與及前言之各海口曾已開關方退讓之亦可也

欽差大臣耆　伊致㩳照會内條欵七月初八日覆去

今將所要各條欵逐一照覆於後

一烟價行欠軍費之項共銀二千一百萬元　貴公使来議以自来中華之日所收之銀若干可以扣除等情足見　貴公使公平正直毫無貪利之心可勝佩服但所收之銀扣除揚州之五十萬元外下餘五百五十萬元容即措繳其下餘之一千五百萬元作何分年交清之處會商善議

一英國官員来往文書大臣用照會屬員用申呈批發用札行其商賈上達用稟明兩國屬員来往各用平移均屬妥協自應妥商

一粤東海關之弊在於條欵過多司事者拘牽舊例以致遠商受其

掊克即如貨船一到自進口日起至出口日止總督海關衙門均派有官役押船而押船之官役每日皆取規費此外薪水食物均由買辦之手止下灣門全須牌照之領此皆不便於遠人者而洋商經手税餉各種行用使費無不任意開銷　貴公使條款所稱比税餉增多一二倍自係實在情形此時既經通商本大臣等定必嚴行禁革以伸既往而保將来所要香港居住自必照行其廣州福州厦門寧波上海五處通商除廣州一處本有關税定例其餘各關則例不同尚須兩國會議以便遵守

商

一所要零星各事必不得加罪来往之人及釋放被罪之人均屬可

一和約既定所有　貴國水陸軍退讓南京京口等處不阻中華商
賈貨船立見　貴公使誠信修好然諾無欺其招寶山鼓浪嶼及
舟山三處兵船必待銀兩全數交清及各海口開關方始退讓尚
有疑慮之心本大臣至誠相待欺詐全無聽　貴公使再行酌奪

抄上諭

道光二十二年七月初八日二更接奉　軍機大臣字寄兩江總督牛七月初二日奉

上諭牛奏現在逆夷情形一摺覽奏均悉昨已降旨飭令耆會同伊妥為辦理諒已盡心籌畫着該督發給照會告以耆伊皆係親信大臣奉有諭旨專辦此事祗須兩國商量妥協該大臣等即可定議並無游移惟此次辦理必當十分明白簡易一勞永逸勿遺後患至防禦等事仍應一律嚴密不可大意據稱在籍紳士團練協防朕心甚慰該逆反覆無常情殊詭譎省城等處仍應有備無患又另片奏遵查上海官員下落已悉仍俟查訪明確再行具奏劉允

孝現在患病着傳旨令其安心調理其湖北兵丁着即交該提督
所帶將領布置不可稍有疎虞將此由六百里加緊諭令知之欽
此遵
旨寄信前來

抄江督牛致噗照會七月初九日

為照覆事七月初六初七日貴全權公使暨貴國水陸軍門初五初六日覆文閱悉之餘深佩貴公使朝暮思念和好之本心且云酌定和好通交永久不但贖城免戰之説可置不議凡以先討取贖城免戰之數並可墊入將來議和須要之項非欲逼之以所難尤非貪酷求財之心更見公恕為懷語語誠篤不欺尤深佩服文内所云伸已往而保將来本部院深知貴國積年在廣貿易受盡欺詐抑勒之端不一而足

欽差大臣耆伊亦均知之現在耆伊兩大臣必要逐一查明痛加禁革俾貴國以後通商得利而免害其貴國所要各條款現有

欽差大臣作主會辦不難指日可成本部堂不勝欣悦之至須至照會

者

再正在發文時適張士淳等回署知貴公使聞有壽春調兵之説

心疑本部堂備文通商一節全屬緩兵之計因議于明晨開仗等

情此皆訛言不知從何而起本部堂素以誠信待人不料竟不為

貴公使所信服此時如果開仗非獨城中百萬生靈受其荼毒且

通商一事係本部堂再三奏請方蒙

聖恩准行今若徑行開仗本部堂城存與存城亡與亡不難一死報

國而通商之説盡棄前功恐貴公使亦無所利也至壽春鎮兵前

次原經札調旋因與貴公使議和當即發文停止兹將原稿送去

閱看即可釋然又于初八日亥時奉到
上諭一道謹將原封原摺一併附呈貴公使閱看仍希發回備案為望

抄牛制軍伊中堂耆將軍會銜於七月初九日由驛具奏

奏為形勢萬分危急呼吸即成事端冒死允夷所請以拯民命請

旨將臣等從重治罪恭摺奏祈

聖鑒事竊臣等於本月初八日將辦理情形會摺馳奏先於初七日據

該夷將請求各欵開列清单交委員塔分布等携回臣等公同閱

看一條索討洋錢二千一百萬元本年先交六百萬元其餘分年

帶交一擊索討香港作為馬頭並求准往廣州福州厦門寧波上

海等處貿易　一條與中國官員用平行禮其餘雖尚有請求大

抵不出三欵之外並據堅稱若能如其所請即當永訂和好不敢

再起兵端不如所請即行開仗並往別省滋擾等語臣等正會同

酌議擬即明晰照覆詎料初八日戌刻該夷因聞訛舛有調壽春鎮兵来省防剿之信忽換紅旂并於鍾山之上安設大炮聲稱定於次早開炮攻城勢甚猖獗臣等查江寧省城雖已派撥弁兵分段防守惟週圍五十餘里兵力不敷且所謂江西湖北徐州各官兵均曾挫衄士氣不揚未敢恃以為固況鍾山逼近省會該夷登高臨下一經轟擊勢必不支兼之民氣柔懦一聞此信均各驚慌即有男婦數萬人赴臣等各衙門遮道號呼籲請救命臣等復查該夷自犯順以来由粵入閩歷浙入江屢經命將出師總未能挫其兇燄近復大集醜類兵船多至八十餘隻輒敢攻陷京口横据長江斷我南北冲要兹復連檣並進直逼金陵以致危在旦夕臣

等因睹萬分緊廹情形若再四固執萬一危城莫保臣等死不足
惜所慮三省根本一有摇動不惟京口梗塞不通即安徽江西湖
北各省會該夷均可揚帆直達並據江都縣彭以竺探報該夷有
戰若不勝即遣漢奸偷挖高堰等情如果屬實禍患尤不可問臣
等復思該夷所請各條雖係貪利無厭而其意不過求賞馬頭貿
易通商而止尚非潛蓄異謀與其兵連禍結流毒愈深不若姑允
所請以保江南大局現已照會該夷申以盟誓如果悔禍戢兵即
照所議各條速為商定一面奏明乞
恩倘犬羊之性仍不馴伏臣等惟有激厲將士嬰城固守成敗利鈍
非所逆覩惟念臣等均荷

聖恩畀以重任不能宣威殄寇又復膽大擅專罪難擢數應請
旨將臣等一併從重治罪理合會摺馳奏伏乞
皇上聖鑒臣等不勝悚惶待
命之至謹奏

抄牛制軍　伊中堂　耆將軍會銜於七月十二日由驛具奏

奏為𠸄夷請求各款委員連日會議業經粗定條約恭摺具奏竊臣等前因𠸄夷猖獗江寧萬分危急冒死允夷所請并乞將臣等從重治罪緣由馳

奏在案彼時實因安危呼吸稍遲即變是以權宜從事暫戢兇鋒以便派委員弁前往妥議臣等於發給照會後即委四等侍衛咸署江寧布政使按察使黃於初九日乘夜出城親赴夷船向該夷酋明白曉諭并會議一切章程即據夷酋馬利遜等四人出艙相見該衛等待以至誠曉以大義反覆開導而該夷等請求各款堅執如前加以駁詰則負氣不服該衛等連日與之詳議始據該夷

將通商輸稅各事宜粗定條款迨詰以如果允准所請兵船是否即行退去長江該夷酋等聲稱俟各條款議定後先給洋銀六百萬元伊等即將長江所泊各船全行退出吳淞口外江寧京口等處決不再有阻遏惟鎮海之招寶山厦門之鼓浪嶼及定海三處須俟全銀付清方肯退出等語該侍衛等以為期太久復以據理向爭該夷酋僅允將寶山先行退出其餘仍執原議該侍衛等將酌辦各條款另繕清單恭呈

御覽再該夷于酌議條款後復據稟稱此次和好通商既蒙

皇帝恩准並　賞給馬頭不勝欣感為萬世利賴在此一舉仍求將條款奏明

皇帝批准鈐加
御寶伊等亦請國王蓋用印信兩國分執奉為世守方可永信和好不
致再起兵端再三籲請情詞極為迫切該侍衛等告以中國無此
體制而馬利遜則稱伊聞從前須給各國
勅書均用
御寶務求請于所議條欵内鈐蓋
御寶如不見允伊等回國無以取信國王必致再有爭端所有前議各
條欵即可毋庸置議等語是該夷之意專以
御寶之准用與否為向背從違察其隱情實因悔禍厭兵慮恐再有翻
悔欲為一勞永逸杜絶後患之計該夷性本多疑若非示以

恩信易啟反側之端合無仰懇
天恩俯如所請俾南北不致阻遏商民立解倒懸是所失者雖大而所
保者尤為重大所有連日以來酌辦夷務情形謹合詞恭摺奏
聞伏乞
皇上聖鑒謹奏

抄上海道稟送佛郎國夷人話頭

佛郎西亞國大兵將則濟勒

夷官買豆盧文武

非爾

通使金萬金

據稱該國常川派船二三隻周巡海上查看各國情形因聞英吉利擾害中國特差兵將看視打仗勝負恐其佔據地方益加強盛

該國王并令將一切情形報聞

該國與英吉利南北對峙中隔大海僅六十里該國周圍八十里

地方平大英吉利所居乃係海島該國西連大呂宋即四班亞歐

羅巴東界賀蘭其內地與俄羅斯連界

該國来中國六萬里往返須一年至快十個月

該國王有兵船三百餘號英吉利現今大小船隻来中國有一百

餘號二十餘號載水兵水戰之船其餘裝載陸兵則不能水戰者

計水陸兵有一萬則濟勒兵船自上年由該國駛来今已一年半

矣上年十月到廣東仍駛呂宋貿易今年正月又駛廣東三月至

定海五月来吳淞沿途看中國地方百姓被其擾害可憐願相帮

和好和好之說英吉利要香港作馬頭並索要銀兩今香港雖佔

住銀兩在廣東付他六百萬渠因并非

天朝皇帝允准給他又要該英吉利國差官一人照俄羅斯差官長住

北京之例允行定易和好

答以俄羅斯並無差官長住北京但與琉球國常有遣子弟入

國子監肄業三年即歸國之典

該國與英吉利並稱強大之國外國之制各國俱有一差官在其

國居住遇某國與此國有不講理之事此國王即傳令某差官報

該國王並諭各國差官各報知該國王各傳告某國王務要講理和

好如各國俱各和好

該國與英吉利及各二十餘國互相攻戰二十餘年今皆和好

該國亦曾與俄羅斯打仗欲攻取其城俄羅斯國王情急自焚其

城而走該國領兵五萬無屋可住一時凍斃一半今亦和好

該國製造軍器炮械最好英吉利所用炮械俱照他樣子作法凡國有一精工之器彼此即傳仿製但今英吉利所製火箭最利燒燬房屋城郭該國與各國即相仿製一樣利用

天朝大官欲與噗鼎查相見講和無論坐何船隻扯起白旗雖值打仗開炮即時息戰此外國規矩不要害怕

則濟勒意欲往南京因船大不便行使又怕中國官民疑其為英吉利打仗而來要請另雇船一二隻可坐夷官六七人夷兵三十多人者渠即駕行先見噗鼎查并見南京總督大人彼此講和現今就是英吉利一國與中國不和並無呂宋天竺賀蘭等國帮助之事紅毛即是英吉利廣東人稱為紅毛黑夷亦是英吉利人

今將大英國向大清國所要各條欵開列于後

關交還銀兩若干一端　六百萬元為鴉片烟價值

三百萬元為行欠　一千二百萬元為水陸軍費

本年交六百萬元　癸卯交六百萬元

甲辰交五百萬元　乙巳交四百萬元

關兩國官員来往一欵　英國住中國之總兵官員與大清大臣

等有来往文書則用照會字樣英國屬員則用申呈

關讓地通商一端

大清必准英人在粤之廣州厦門浙之寧波江之上海閩之福州

五處通商其所納之餉稅必有定數則例曉示而每處必有大英

付領事居住專辦大英商賈事宜者與地方官来往官文也

凡有額數行商買賣之例自此必廢也我英人貿易者不得與何人買賣者而該納之餉銀先交與本國領事之官俾轉交納海關亦可也

英國貨物既在廣州福州厦門寧波上海等處一次納稅者可遍運天下亦所過之關稅不可甚加稅例所加者應以作價為例每銀不過

大清皇帝必降諭旨謄録天下亦衆人凡係與我大英人有来往者或往在我英人所據各處者不得加罪且凡係我英人被擒者及中國人為我留坐監者必同均一皆行放失

抄探報

一探得噗鼎喳及郭巴兩夷本約七月十七日回拜因是日大雨改于十九日赴靜海寺帶領將弁兵丁共四百餘人甚屬安靜我處預備茶酒果點設宴夷人三次作奏夷樂禮儀甚恭二十一日噗鼎喳帶兵弁四五十人進城會晤　耆將軍　伊中堂　牛制軍筵設上江考棚該夷請于文報中稱英國去夷字我處欲于議单內去兵費字様夷人進城居民環視市廛安堵

一探得　揚威將軍于七月二十八日抵無錫即在小金山一帶鱗次停舟不復前進俟夷船退出長江仍折回杭

一探得江寧和局已成業于七月二十四日立有合約鈐蓋關防陸

續付銀說定八月初十左右夷船退出長江至所議條款不惟大營未接明文即江蘇撫藩亦無的信

一探得福州馬頭前奉　批旨因係省會之區不可與欲以別處水馬頭更易各師當即令黄藩憲恩彤咸大人齡鹿大人澤長赴下關會議夷人堅執前說不肯更換現仍權宜允許已經續奏請旨矣

一探得上元縣吳廷獻前因　德將軍奏摺被夷人搶去奉　旨革職發往新疆噗鼎喳將原摺交出並以上元吳令係好官不應連累求　耆將軍　伊中堂　牛制軍代為奏懇免治等語

一探得浙撫現接　耆將軍來信現有佛郎西米利堅兩國船隻前

據金陵尚不知其是何意見恐不免又生枝節

一探得鼓浪嶼及定海兩處兵船議定須俟三年我處銀兩交清方

行撤退

一探得所議條款甚屬煩多第一要他們之人第二要放我處拿住

各漢奸且云所有漢奸我去之後必須為之安插善地給其衣食

如有好者仍與官爵

一浙藩昨日奉

旨仍令卞大人士雲署理軍需局仍歸管大人遹羣接辦均于八月初

十日接印

抄探報

探得粤省日前有火輪船駛入内港　各大憲傳洋商往外洋查探情形該商到香港與該夷言及客商之貨至今尚無客售爾等亦無取利自和成之後並無攻戰惟奉

旨飭修炮台以防海盜可將各炮台交還以便興修倘任抗違必有勦殺我等我等只得辭歸税關該夷見問全不理會但云炮台須緩舉行等因

抄上諭

三月二十五日奉

上諭奕經等奏密派委員焚燒逆夷船隻燒斃夷匪一摺據奏二月二十五日夜間經奕經等並劉韻珂飭令鎮海縣知縣葉堃商同鎮海縣生員王師春統領火藥船隻及水勇數十名由僻港駛至鎮海縣對逆夷大船發火即將停泊稅關道頭之大夷船後尾燒燃該夷等驚起呼號不及鮮救杉板小船紛紛竄入水中彼時生員王師春即乘勢督催水勇頭目人等將火藥船隻重重繼進各杉板船四面圍住過船搜查自相觸動機關各船火藥立時并發附近暗伏鄉勇亦各發火開鎗放炮作為接應鄉勇水勇陸續撤退

並無一人受傷焚燒夷船及燒斃夷人不少等語該夷經此次懲創自已胆怯心驚着奕經特依順文蔚齊慎劉韻珂仍當相機攻勦無失機會鎮海縣生員王師春設法密辦藥船親往督催鄉勇攻燒逆夷實屬勇敢出力着加恩賞給六品頂戴並賞戴藍翎鎮海縣知縣同知銜葉堃上年失守縣城本有應得之罪姑念此次辦理火攻船隻焚燒夷船尚為出力着從寬免其治罪仍責令設法防勦如果始終奮勉殺賊立功必當再沛恩施以昭獎勵所有奕經等請將該員賞戴花翎之處着毋庸議欽此

抄上諭

道光二十二年四月二十二日内閣奉

上諭提督余步雲經朕畀以封疆重任上年定海失陷總兵王錫朋等帶領各路官兵苦戰六晝夜之久提督並不督兵應援以致孤城失守迨至鎮海寧波接踵失事總督及總兵等先後殉難余步雲輒敢節節退避當鎮海寧波未失之時與鎮海尚隔海洋若使鼓勵士卒奮勇當先嬰城固守地方既處上游精兵復聚鎮海河至四路潰散頃刻不支言念及此寔堪痛恨總由該提督平時既訓練無方臨事復貪生畏敵首先退縮大懈軍心作此厲階罪難擢髮早經降旨飭令揚威將軍查明屢敗情形按律治罪用彰國憲

比因軍務吃緊查訪非倉猝所能遂先其所急暫緩逮問乃軍營將弁兵丁相率效尤紛紛潰散此皆余步雲為之倡也昨據奕經等奏稱乍浦失守不過數時之久該處將弁兵丁不為單弱何至逆夷甫至尚未交鋒旋各奔潰棄城幾同兒戲總因余步雲身為提督屢失城池並未查究遂人人各懷倖免之心不思破敵之計遲延觀望坐失機宜若再不整飭紀綱大申軍令何以挽惡習而振軍容余步雲着即革職交奕經傳旨鎖拏派員押解來京交軍機大臣會同刑部審訊治罪至前次飭查失守鎮海定海寧波三城及此次乍浦失守各文武員弁兵丁除鎮海縣知縣葉堃著有微勞功過尚足相抵外其餘奕經分別查明首先潰散之員弁兵

丁開單請旨此後務當嚴申紀律如再有臨陣退却首先潰散者
即以軍法從事一面正法一面奏聞毋許仍循姑息致令士氣不
揚該將軍等共懋（宜）飭戎行付朕委用欽此

抄探報

探得粵東省三月間有逆夷火輪船二隻到腊德炮台河面查探載貨而入該處有防守兵勇開砲轟擊該逆夷亦開炮相迎兩邊空打片刻該逆船即行退出其省北之炮台亦有兵勇防守甚密其雲南四川貴州各官兵均于三月二十六七等日盡撤回原省又探得欽差大臣穆李慶三位大人於三月二十八日自省起程回京又提調本省督標陸路提標高州南韶等處官兵來省防堵等因

抄稟報

浙江平湖縣稟海上傳来本月二十四日有夷船十七八隻過江

蘇崇明縣少停開放幾炮往上海吳淞口等語不知確否答續行

確探再稟

抄偽示

大英國水陸提督巴郭為現諭事切照本軍門自抵浙以後迭次應承保護曾經苦諭所散居民安歸照常復業而各貢士舌畊化世但汝大半不遵訓諭乘其房室而容土匪肆行搶劫等事立案大英官悉斷愿磨難士民正欲著民獨與大清國家交戰及與百姓無干是以般戶所議一百萬洋銀以為寧郡贖價致免戰禍本軍門等不無允准而使伊等繳明本軍門即閉關海口致寧郡仍舊通商不幸汝等聽清官教汝失約令斯旺想馬頭台掐窮之之禍人見清官教汝自誘進剿大英軍士業經再三戰敗不肯公然打仗及私名逃黨免手往来拐掠如献首級即行厚賞議給頂戴為

官之等惡弊最玷辱汝大國也如此匪類城郡遍處雲集加殃良
民折屋搶殺若問其原故正是汝國官府自己無胆而容天下之
惡魁以成其力之計也衆者所知當其離城之際本軍門等一觀
全城之肆荒不勝其憂跟去后力務居民與他國廣仁貿易稍無
阻攩禁例俾得暫時補所受之重捐也況且大英國所不愿者係
難為百姓所最愿者以廣西兩國通商之路以延俾益維及今代後
代不絕矣現時派長目憲以守城池彈押匪類汝等各人凜遵其
命協力攻匪除害致各色人等全保無虞

抄江蘓來咨

一六月念四日接到江蘇六月十三日来咨夷船初到崮山關先經我兵擊沉二隻而大帮竟爾駛入金焦二山過京口尚無擾害惟南北道路梗塞文報不通現已飭臬司查安徽江西入都驛路酌量改站遞送事關緊急合肅飛稟

一探聞上海收復後係一巡検代理縣事巫道臺因敵来退避現在該處民人請其在城外居住

一耆將軍已抵鎮江現因該處勢甚危急於初八日發文書催江西兵二千名趕緊前往防堵

一探聞江督牛已馳回省城辦理防堵事宜京口副都統與耆將軍

均已馳赴崗防堵

一探聞夷船到福山口與該處居民索取牛羊雞鵝鴨等物約有一千兩之數該處民人即為備送不收價值故未滋擾

一探聞崗山關內積有淤沙夷船勢難内犯係該處土人所述不知確否

抄上諭

兵部咨道光二十二年四月二十七日奉

上諭朕以鴉片流毒中國貽害生民前歲特降諭旨飭令各省嚴禁再三剴切申誡因在廣東為外夷通商之路特令林則徐前往查辦各國夷商均遵約束獨暎咭唎逆夷義律以燒燬烟土之故藉口滋事因林則徐辦理不善旋亦罷斥遣戍乃該逆于道光二十年六月潛竄浙洋宿據定海繼復於天津海口呈遞稟詞朕為中外一體念切懷柔不以其侵犯在先許辦在後屏絕復命琦善前往廣東確查核辦又将伊里布在浙擒獲逆夷頭目安突得等多名特特予寬典免其誅戮于定海退出之時即為給還乃該逆夷後復

反覆要求無厭明知琦善意存撫馭不設防守竟爾添兵首禍迭犯大角沙角各炮臺傷我提鎮大員擾我海疆黎庶是逆夷因私販烟土而肇衅端復陽為乞請陰施詐謀背信負恩神人共憤朕之命將出師實由此也及至靖逆將軍奕山等到粵逆夷已竄入內港窺伺省垣彼時帶兵守土大吏愈以逆夷貪利性成希冀通市懇將商欠該夷銀兩准令給還朕之推誠待物從不逆億為懷如果得利相安不至別圖滋擾區區之施實非所吝蕞尔醜類何足為仇此又朕軫念薄海民生不得已之權宜也孰意逆夷包藏禍心欺天滅理粵東甫經斂跡閩浙又復揚波定海再窺連城襲据以致督臣殉節鎮將捐軀荼毒生靈罪難擢數及命揚威將軍奕

經等師師攻勦數月以來賊退寧波旋陷乍浦是該逆在粵則以厚施為餌豪之謀在浙則以擄掠為齎糧之具察其兇狡情狀實已罪惡貫盈

上天降鑒必加誅夷下民何辜罹此慘酷朕撫躬循省五內焦勞每念毒孽未除顛連莫極痛心自憤恨才德之未建夙夜難安將軍恭贊督撫及内外文武諸臣亦宜仰體朕懷亟蘇民困勿存苟安之見狃于目前勿懷倖免之私貽臭于後至于將弁兵丁動謂船堅炮利兇燄難當因而見賊倉皇望風先潰殊不知賊之深入早已自陷危機果人人奮勇直前有進無退加以鄉民義勇層層接應則主客之勢既殊衆寡之數又異因地乘機何難制勝是逆夷之

肆意猖獗皆士氣不揚所致也其從逆漢奸原係窮蹙愚民或以生計艱難為利所誘遂甘心從賊暫飽身家試問蹂躪者誰之鄉里搶奪者誰之資財賊來則驅之使前俾當鋒刃賊去則委之於後仍蹈刑誅苟有念及當知悔恨為天下生民若祗顧目前苟安無事不思大者遠者一聽烟毒橫流不為禁止是朕上負
皇考付託之重恩下不能保吾民之生命思念及此曷肯不竭力禁之更曷敢不竭力禁之也目前奸夷滋擾日肆貪殘爾等帥師疆臣身膺重寄宜如何激發天良申明紀律凡奮勇爭先者賞不逾時退縮不前者誅之無赦如此則何攻不克何守不固耶從前辦理不善諸臣除分別懲儆外餘着戴罪圖功原冀其咸知奮勉亟贖

前愆倘復坐失機宜殃民縱寇國法俱在不能為若輩再寬也至
士民果有謀勇出衆之才激于義憤團練自衛或助官軍以復城
邑或扼要隘以遏賊鋒或焚擊夷船擒獲頭目或聲明大義開啓
愚頑能建不世之殊勳定膺非常之懋賞總之禁烟所以恤民命
禦寇所以衛民生朕宵旰思艱兢兢業業諸臣惟和衷共濟鼓勵
戎行　以作士氣必能剪除夷孽掃蕩海氛與天下蒼生共享
昇平之福茲將辦理夷務前後情形及朕為民除害之本意特諭
中外知之欽此

抄閩督怡咨

福撫劉　本年五月十四日准　兩廣總督祁咨開切照粵東中路各洋面自本年三月起至四月二十三日止節據地方文武探報新到𠸄逆小中巡船八隻火輪船六隻裝兵夷船十六隻由閩浙駛回中巡船二隻裝兵夷船一隻共三十二隻內有中巡船三隻火輪船四隻裝兵夷船四隻共十一隻到泊數日即駛至老方山向東駛去探係往閩浙等情查𠸄逆大船裝兵各船遞來紛紛到泊復駛去應加意防堵以備不虞飛咨查照飛飭所屬沿海營縣督率舟師一體實力防範等因

抄探報

探得粤省三月初四日有嘆唎嘡國夷兵船一隻進口遞稟請減税務又火輪船二隻入口初五日俱駛出龍穴外洋等因

又探得浙省自佔乍浦之後經　伊中堂委員前往議和現將前獲黑白夷十六名易回漢滿男婦於四月十九日夷船退出乍浦其夷船全行即日望東駛去等因

又探得乍浦失陷之時副都統投水遇救得生等因

抄上諭

閩督怡咨准兵部火票遞到　兵部咨職方司案呈內閣抄出道
光二十二年四月十九日奉
上諭福建福寧鎮總兵邱奉岐年逾七旬精力就衰着以原品休致欽
此

抄兩廣總督祁

咨開現據中路文武各員探報逆夷大巡船一隻中巡船六隻小巡船裝夷兵船三十隻又火輪船一隻共船三十八隻均於四月二十四五月初二等日先後駛出老萬山揭帆向東而去此係駛往閩浙等情查㗋逆中小兵船並火輪各船多隻又駛出老萬山東去亟應加意防範再查逆夷巡船有大中小三等當為接仗而設大船載炮七十餘門中船載炮四十餘門小船裝炮二十餘門其載兵船則僅有三四百門係為夷兵居住及裝運火食之船相應飛咨查照飭屬防範施行

抄上諭

奉

上諭奕經等奏逆夷猖獗乍浦失守一摺逆夷甫經退出寧波輙復聚集船隻進駐乍浦攻撲該將軍等未能先事預防以致乍浦失守奕經文蔚特依順劉韻珂俱着交部嚴加議處欽此

抄奏稿

夾經等奏為大兵進攻寧郡逆夷畏廹竄逃現在派員收復並乘

機暗襲鎮邑情形恭摺馳

奏仰祈

聖鑒事竊奴才等前因夷情窘廹正宜即時進勦以靖海氛業已咨派

將備委員遊擊高峻典史王希璧等帶領兵勇分路進發一俟有

隙可乘即行內外夾攻等情恭摺馳

奏在案嗣後查得該逆因委員鄭鼎臣等在定海洋面焚燒大小夷

船多隻殺斃逆夷數百名不惟定海一路夷情畏懼即寧鎮兩城

逆夷驚惶無措連日三城船隻此來彼往勢如梭織又加伏勇隨

處驚擾自三月以来先後捡斬沉溺各夷不下數百名衆逆益覺
窮蹙無論在岸在船均屬晝夜不安雖據各路稟報該逆畏廹隐
有去志奴才等因逆夷船隻時常往来于寧鎮之間猶不能遽信
為實但逆夷情勢已窮自不得不揚帆遠遁奴才齊慎於三月二
十六日帶同員弁兵丁親赴上虞以東乘機進勦奴才奕經文蔚
即派令委員將近海口岸設法防堵復查得該逆口糧減缺即行
文巡撫轉飭地方官出示禁賣牛羊令其無從覔食並就近督催
分赴慈谿之將備委員帶領兵勇四面設伏迅速布置不得稍有
遲悞致逆夷另生詭計並據奴才齊慎派令防守慈谿之升任游
擊李宗白揀發都司定柱署守備黄天彪等酌帶弁兵會同管帶

川兵之叅將張富已革游擊梁有才等分帶兵勇前往接應攻取該逆業已聞風不敢負固久停即于二十七日搬運什物紛紛下船之 際管帶弁兵之游擊高峻及分帶南北壯勇請升副將托金太等業已于該逆泊船處所分路趕到乘機殲擊而逆夷遥見兵勇蜂至四顧慌張不敢復行上岸紛奔二船沿途遺棄零星物件亦不及撿取僅開炮數聲即時起椗向鎮海倉皇逃去查逆夷自上年八月間佔据定海之後即乘虛奪取寧郡蹂躪居民勒索財物復于各門安設炮位緊要口岸均停泊船隻以為經久之計並倚恃船堅炮利凡水路可通之餘姚等縣無不被其滋擾迨至大兵進勦猶復兇險撐拒不遽輸服是以 奴才等于正二月間兩次

接仗之後深懼其乘勢鴟張因密令兵勇仍以分路設伏或乘間擒斬多方驚擾暫為牽制即于伏養之際精選士卒設法暗進以為攻取之地該逆計窮智竭力不能支遂被大兵廹退奴才等現已派員前往收復惟是寧郡距鎮邑僅止六十里之遥一水相連江面深闊其間並無要隘可守逆夷詭譎異常現時雖廹退而鎮邑未復尚難保其不乘潮而至奴才等一面分飭委員相度梅墟蜀山渡等處河道地勢設法釘樁築壩俾令逆夷大船不能駛入以便保守寧郡及慈餘兩縣擬俟布置稍有頭緒再行會同巡撫安設官吏辦理善後一切仍一面分飭管帶兵勇各員弁無須入城務乘勝跟踪追襲相機攻取鎮邑以期迅速克復應俟稟報到

日再行

奏

聞所有追退逆夷收復寧郡在事出力人員餘俟確切查明據實保

奏外謹將將備弁兵攻勦寧郡逆夷畏追竄退現在派員收復並乘

機暗襲鎮邑各緣由恭摺馳

奏奉

硃批另有旨欽此

抄上諭

閩督怡　准兩江總督牛　江蘇巡撫程　咨切英夷大集船炮竄入吳淞寶山縣城失守提督陣亡請

旨將臣從重治罪等因一摺由六百里馳驛具

奏今於道光二十二年五月十九日奉到

硃批憤懣填胸即有旨欽此又于提督臣業已陣亡句旁奉

硃批揮淚覽之欽此同日奉到道光二十二年五月十四日內閣奉

上諭牛奏逆船闖入吳淞提督陣亡寶山失守一摺逆夷突集船隻攻撲寶山江南提督陳化成督率弁兵在塘堵禦相持七日之久開砲攻壞夷船三隻傷斃夷匪數十人該縣地本濱海該逆輒將巨炮

安于大船桅之上施放致將土塘轟破捍蔽無資該提督陣亡該縣城旋亦失守覽奏易勝悼惜陳化成久歷海洋素昭忠勇此次臨陣亦極果敢竟爾捐軀允宜特沛殊恩以慰忠藎陳化成着交部照提督例賜䘏仍加恩賞銀一千兩即由江蘇軍需局給發並着該原籍督撫查明該故員子孫幾人據實具奏併于殉難處所及該原籍各建專祠該故員靈柩回籍時並著各該地方官妥為照料其陣亡將弁兵丁着該督一併查明具奏該部知道欽此

抄上諭

两江總督牛　准軍機大臣字寄　两江總督牛道光二十二年

五月十四日奉

上諭牛奏逆船闖入吳淞提督陣亡寶山失守一摺據奏初八日卯刻驟聞塘岸炮響知係開仗該提督親在督戰遥見該逆將巨炮安于大桅之上重疊施放陳化成在塘對擊轟破夷船三隻傷斃夷匪数十人該逆仍疊放火箭不止將較場房屋將台打破旋報提督陣亡該督退在嘉定收集潰兵馳抵太倉防堵瀏河以遏入省要道等語覽奏憤懣填胸寶山為上海屏蔽現在失陷該逆已有進口之船自應竭力防守著牛鑑一面將各營潰兵收集一面查

探逆踪飭令員弁等各就防守要口嚴守防範勿使該逆乘勢内犯此次該督身冒矢石親自督戰卒因該處地勢濱海無可捍蔽以致有此挫折著暫緩治罪該督惟當振刷精神力圖補救斷不可稍挫鋭氣以致再有疎虞現已有旨飭令奕經酌派參贊一人帶兵赴蘇並令耆英伊里布馳赴上海會同該督相機籌辦江南提督印務已諭令劉允孝兼程赴蘇署理矣將此由六百里加緊諭令知之欽此遵

旨寄信前來

抄上諭

浙江撫　奏乍浦現已夷船全數退出緣由一摺令于本年五月

初五日奉到

硃批即有旨欽此又于恐其假扮弁兵商賈句旁奉

硃批所見甚好欽此又于應先委員文武弁兵句旁奉

硃批所議甚是欽此同日接准軍機大臣字寄于道光二十二年四月

二十八日奉

上諭據劉韻珂奏乍浦夷船于十八日開出二十餘隻餘船四隻于十

九日一併開出俱向東北洋面駛去并查該逆搶有倉米財物船

隻民房等件一摺該逆攻陷城池肆意荼毒深堪痛恨其忽來忽

去居心叵測安知又往江蘇各海口滋擾該撫已飛咨防禦該逆掠去戰船商船恐沿海假扮弁兵商賈闖入各口咨行各處認真稽查所見甚是其所議先委文武員弁並酌帶兵勇撫卹安民彈押土匪均合機宜該撫各當實力辦理以蘇民困而安衆心所有署乍浦同知韋逢甲遇賊被戕深堪憫惻已降諭旨照例賜卹此外陣亡弁兵人等俟查明後由該將軍照例分别奏咨辦理欽此

同日又奉

上諭劉奏浙江乍浦同知韋逢甲當乍浦失守之際帶領鄉勇汝行汛防堵被逆夷戕害該員為國捐軀深堪憫惻著照例賜恤以慰忠魂此外弁兵人等着查明照例辦理該部知道欽此同日又奉

上諭據劉韻珂奏浙江乍浦逐出夷船仍在浙江一揩乍浦口外小洋山各處現泊有夷船四十隻小洋山為江浙交界之道夷船停泊于此既可直至江蘇上海等處亦可轉至該省尖山海口逆情殊為叵測且招寶山地方現復製造杉板船多隻竹排百餘架顯有滋擾之意沿海各口岸節節嚴防本日已有諭旨着牛鑑等加意防禦　尖山為浙江省會要阨處所着劉韻珂督飭員弁防堵毋稍疎懈欽此

抄上諭

吏部咨福建揀發知縣錫讜係怡良堂姪現今補授閩浙總督應

照例令其迴避相應請

旨飭下吏部核實辦理等因奉

硃批交部查辦欽此查錫讜係怡良堂姪例應官小者迴避查浙江係

總督兼轄省分亦應迴避應以福建連界之江西廣東二省改掣

令掣得廣東省除咨兩廣總督廣東巡撫知照外相應行知飭令

該員前赴所掣省分候補遇有缺出照例題補可也

抄厦門探報

厦門同知顧效忠探稟聞厦門鋪户接到鋪夥在實叻番港于四月二十日寄来之信信内云及夷事隨飭令原信抄送前来内寫的唊夷因現有六七十隻載有夷兵数百餘人該夷因中國云伊只能水戰不能陸戰並載有戰馬五六百匹及馬車及炮架輪車數百座要往天津水陸並戰已到實叻船内又載有番女五六百名聞説帶來中國居住經實叻國王以各處攻戰未定未便即往將番女留在該處不令載去其戰船陸續揚帆前來等語

張邦達 卷三

暎咭唎國臣統領本國水師主師子爵巴兒免多謹呈
大清國
大皇帝駕下竊巴兒免多現奉敝國主命協同本國陸路統領總兵臣
布爾利帶領水陸軍兵戰船前來
貴國緣為上年本國之領事臣義律暨來
貴國貿易之夷民 來廣東 欽差林 總督鄧 凌辱無道以衆
欺寡並從前一向敝國之商民到廣多被該大憲等欺壓無辜為
此奉命前來上訴惟思船多兵衆夫用兵必須水陸擇地護船
安營是為首要之機孰思
貴各直省大憲俱以封港不通貿易決不納言不肯接呈代

奏準有相拒之勢此即彼此相鬥也因此不得不直登定海俾得

各船安營有所依倚

一去年林欽差到廣不幾日首將西洋各夷人用水陸官兵圍困在省城寓行之内立即封船連日不准出入兼絶伙食勒繳在洋停泊船内之烟土又言限日盡繳否則要斬要殺如若限内繳出則仍前交易買賣也竊思

貴國新例禁賣烟土但既禁絶無人敢買則西洋人亦必不再来即有愚人帶来亦無人敢買然則帶来何用且去年所繳之烟土係在洋面並非起運入内地而外國商人亦萬萬不能運得入港也奈林鄧二憲勒繳而嘆國商人等如不繳即不受殺亦要餓

死雖不懼殺而饑渴難當只得含恨忍氣以繳之然後再酌議論詎料已繳之後又要具結嗣後如若查出船内夾帶烟土即將貨物全行入官其領事人即正法等語但查禁物入官其領事人連船逐出不准交易此例西洋各國古今通行惟正法一条西洋至今無殺頭之例況且船多人衆萬一遇有一二水手不肖私自夾帶不拘多少豈不累人貨物入官而人亦受殺戮之慘耶因此正領事官義律等暨諸客商皆不肯具此結之原委也

一林 鄧二憲因前事不服衆未得具結即請封港不准交易竊思嘆國荷蒙通商以來百十餘年于貿易賣買場中豈無賒欠通融今計

貴國洋行商人前後共欠有數百萬兩之多一旦封港不獨不能貿易
又壞倒廣東船内之貨物不勝枚舉唊國商人所失之本何可勝
言且封港之後林　鄧二憲曾與義律商議允具甘結嗣後貨船
到廣任從查搜如無夾帶烟土方准出入否則逐回不准貿易奈
林　鄧二憲前言不對後語反覆無常忽然改變仍執前議具甘
受正法之結也後来義律等另有求請事件呈遞奈林　鄧二
憲絶不肯即去年封港後適有唊國兵船巡海到廣東洋面該
船之總兵官遞呈係請詢封港之由以為開解奈林　鄧二憲
仍不獨不能收呈又命水師提督帶領水師官兵前来相拒是
以不得不還炮相護矣

一去年林　鄧二憲禁止買辦伙食之後有呂宋貨船一隻與𠸄國船隻同泊洋面正欲回船之際適其船内人来𠸄探望即随送些〻少食物林　鄧二憲責言呂宋人不應與𠸄船人往来不應送食物竟用毒計命人于黑夜之中將呂宋船隻燒燬並傷斃三人可憐該船無辜受此慘害神人共憤竊思毆羅巴洲各國即大國小邦帝國王邦無分境屬呂宋國與𠸄國烟火相盖非親即故今同在異鄉客地過船相候即如送些食物亦人情之常事且毆羅巴洲與巴細亞洲相隔九萬餘里不獨無分統屬而且只有西洋船隻到中華而中華船隻萬萬不到大西洋今林　鄧二憲係中國之官任廣東上可管中國廣東事豈新管至大西洋耶

令大嘆國主仁慈憐念呂宋人無辜受此慘苦即命如數賠其銀兩但未審林　鄧二憲將此事如何奏報上聞奉

上諭前派林則徐鄧廷楨在廣東查辦鴉片乃時逾兩年不但未絕根株轉被該夷赴近畿投訴寃抑成何事體已將該督等誤國病民辦理不善之處降旨宣示據吏部遵旨將該督等議以革職實屬咎所應得林則徐鄧廷楨均着以部議革職林着撤回省城鄧即着前赴廣東以備查問差委欽此

欽差大臣伊摺稿

奏爲夷匪直逼口岸文武員弁督率兵勇分路痛勦擊沉船隻
搶獲鎗炮並生擒夷匪多名訊取供詞恭摺由驛馳奏仰祈
聖鑒事竊照本年八月二十等日夷匪駛入慈谿餘姚等縣内洋直逼
海岸經該縣分頭勦擊捦獲夷匪多名奴才接據禀報已于二十六
日附片具奏在案查此案先于八月十九日夜據寧波府知府鄧
禀探有夷船數隻駛入慈谿縣觀海衛洋面寄椗奴才商之福建
提臣余步雲以該處係腹裡内洋近接紹興府屬之餘姚等縣現
在浙江兵丁分駐鎮海一帶該處雖有兵勇防堵而勢實单弱該
夷既在彼停泊其心叵測誠恐闖入内地當令隨營效力之烏爾

恭額會同狼山鎮總兵謝朝恩壽春鎮總兵王錫朋分飭文武員弁酌帶兵勇馳往相機堵禦旋據該府暨該署餘姚縣知縣汪仲洋先後禀報該府鄧廷彩會同江蘇候補知府黄冕試用通判孫達堯暨護寧紹台道湯俊鄞縣知縣舒恭受江蘇候補知縣梁佐仲浙江候補知縣傅廷綬兩淮候補鹽知事蕭鳳孫寶山縣主簿翁嗣源寧波府城守營都司李宗伯等並捐資團練鄉勇之紳士葉仁等星馳前往于二十一日行抵該處慈谿縣知縣蔣錫孫亦聞信趕至該府等見五桅夷船一隻在洋停泊其杉板二隻業已駛至岸旁夷衆肆擁登岸遂督兵勇奮力迎擊當在岸邊用長鎗戳斃夷匪七名生擒白夷四名其餘各夷登舟逃逸五桅夷船駛

攏救援開炮轟擊更因正值大風該舟簸蕩不定施炮無準遂帶同各船轉搶西駛時餘姚縣知縣汪仲洋會同縣丞孫應昭三山司巡檢李凝宇併該處汛弁等在利濟塘地方防堵汪仲洋令巡船二隻出洋哨探並以該處塘邊均屬軟沙夷舟入水甚深若駛入沙塗勢必陷住諭令如夷船相遇致被追襲即設法誘令近塘以便攻勦是晚夷舟由慈谿縣駛至見巡船配兵稀少即向追逐巡船駛往塘邊逃避衆夷不識地利仍向尾追至軟沙之上船亦被陷該夷先尚施放鎗炮至二十二日早船陷愈深各夷張皇失措該員弁等即督兵勇駕坐小船駛近其旁躍入舵内生擒夷匪二十二名内二名因傷重旋即身死餘夷或跳至杉板船逃竄或

落海淹死兵船又在港内起獲銅炮二門其餘各炮因船没水中未經起出等情奴才當飭將所獲各夷鮮營審訊並令餘姚縣設法查起陷没夷船旋又據上虞縣知縣龍澤澔會稽縣知縣許發和稟報據巡洋兵役探有夷船先後在慈谿餘姚接戰龍澤澔督同俸滿名驗都事署梁湖巡檢張用錫代理梁湖巡檢馬國炳在本境之踏浦港防堵許發和會督把總倪勇曹娥司巡檢李樹在本境之瀝海廳防堵該兩處近在咫尺聲息相通二十三日辰刻見夷船二隻由東駛至該縣等與各員弁分督兵勇開炮抵禦一船當時逃竄一船被溜水所逼直入内港經兩縣兵勇用鎗炮擊斃十餘人倪湧即帶兵勇跳入夷船拏獲夷匪四名夷婦一名内

倪湧與會稽兵勇拏獲三名上虞縣兵勇拏獲二名併將該船及車械船具一併獲住等情又經飭提查訊去後茲據陸續解營委員研訊內餘姚縣所獲之咖咍哆唎在唊咭唎國官職較大係屬顯爵其餘或係該國兵丁或係工人水手據咖咍哆唎供稱該國大幫船隻多聚鎮海各頭目又分坐大船在浙江之南各洋面遊奕窺探伺瞭搶掠牛羊八月十九日伊來至大船并帶杉板船二隻駛至慈谿洋面寄碇本日令各夷分駕杉板登岸被官兵生擒戳斃多名伊救援無及駛至餘姚又被巡船誘入沙塗船身陷住以致就擒至上虞會稽拏獲之唊咭唎嘡等夷匪五名係由餘姚逃往等語質之其餘各夷供亦相同並提另獲之夷目晏士打喇打

必等指認據稱嘞咕唎係屬頭目屬實查該夷目定海被陷之後
時在洋面遊奕窺探此次又竄入內洋直逼塘岸希圖滋擾實屬
肆無忌憚該文武員弁督率兵勇或以力捦或以計取生捦夷匪
多名並獲船隻炮械等物洵足以振
國威而寒夷膽倘使其知儆懼查辦更易為力所有在事各員弁兵丁
勇練可否容 奴才 擇其尤為出力者酌量保奏以示激勵之處出
自
逾格鴻施合將夷船駛入內洋逼近海岸全獲勝仗緣由謹會同福建
提督臣余步雲浙江提督臣祝廷彪合詞恭摺由驛馳奏並開具
所獲夷匪姓名籍貫脚色清單恭呈

御覽謹奏

欽差大臣伊洛稿

欽差大臣伊洛會同福建提督余具奏浙江應用水師現已分别招募毋庸另行調撥一摺又片奏寧波府屬拏獲夷匪飭令解營一摺奉到

硃批另有旨欽此又如該夷或敢闖入内地句旁奉

硃批卿尚未知實在情形之故欽此又承准　軍機大臣字寄　欽差大臣伊九月初四日奉

上諭本日據伊里布馳奏浙省水師分别招徠僱募毋庸另行調撥一摺覽奏均悉㖷夷來至天津遞稟訴冤現經琦善妥爲查辦業已起椗南旋本日據托渾布奏夷船一律折回其駛至附岸小船據

稱遵　旨回南聽候　欽差查辦等語該夷現在情詞頗爲恭順着伊查明在浙夷船是否全行退回所有招募有應撤應留之處該大臣即酌量情形妥為辦理再本日據鄧廷楨奏福建前募水勇如果無需調撥亦着伊飭令仍由陸路折回以節縻費至該大臣所奏寧波府屬拏獲夷匪二十餘名着即妥為收管俟有商船赴粤之便觧赴廣東交琦善辦理托渾布原摺着抄給閱看將此由五百里諭令知之欽此

江督咨會奏稿

署兩江總督裕會同署江蘇巡撫提督片奏再崇明縣所轄沙洲皆係四面環海與縣地並不毗連八月十三日有大夷船三隻駛至崇明縣隔海之長安沙洋面突駕三板小船五隻共有夷匪百餘名登岸開放鎗炮轟斃兵勇二名致傷兵勇各一名搶掠海灘牲畜經防堵員弁督率兵勇協力堵禦擊斃夷匪四名受傷落海者十餘名奪獲三板夷船一隻並夷鎗夷刀夷鞋等件該夷匪始逃回大船乘風駛去又據探報九月初一日有佘山外洋大小夷船六隻由北往南並未停泊臣等查佘山外洋經過船隻自直隸折回是以並不停泊窺伺其八月三十日在長安沙滋事之船尚

未知

恩准赴粵叩闕之信臣惟有督率將備加意嚴防以免䟽虞除飭將備

覽兵勇妥為撫卹外謹合詞陳明伏乞

聖鑒謹奏

廣督林奏稿

奏為恭讀批諭悚惶難答謹瀝下忱請
旨將臣從重治罪恭摺奏祈
聖鑒事竊臣奏報拏獲鴉片烟犯摺內欽奉
硃批外而斷絕通商並未斷絕內而查拏犯法亦未能净無非虛言搪
塞不但終無實濟反生出許多波瀾思之曷勝憤懣看汝以何詞
對朕也欽此臣跪誦之下伏地磕頭愧懼慚惶莫能言喻伏思上
年微臣奉命來粵查辦禁烟先蒙　頒發
欽差關防繼復
簡調兩廣總督責任之重委任之專臣何人斯膺兹倚畀敢不殫精竭

慮以冀永臻成效仰答

高厚乃為時已閱年餘而鴉片尚未禁除夷船別經遠竄雖異類難言

殘喘而淺謀宜出萬全夙夜循思時懷憤恥茲聆

訓飭感怵尤深自慚庸劣駑駘無詞以對君父惟有仰求

聖主將臣從重治罪以儆無能不勝戰慄之至所有微臣惶悚下衷謹

繕摺具奏伏乞

皇上聖鑒謹奏再臣歷受

厚恩天良難昧每念一身之獲咎猶可而

國體之攸關甚大不敢不以見聞所及敬為

聖主陳之查此次暎夷所憾在粵而所擾在浙雖變動實出於意外其

窮蹙亦在於意中蓋𠸄夷所不肯心灰者以鴉片獲利之重易换紋銀出洋之多至數千萬兩若在粤得復其舊業何必遠赴浙洋現聞定海一帶大張招帖鴉片每斤只賣洋番一元是即該國孟吟拉等出產之區且不敷成本其所以甘心虧折亟於覓銷者或云以給現資或云以充食用並聞其在夷洋各埠備船僱兵而来費用之繁日以數萬金計即炮子火葯亦不能日久支持窮蹙之形已可概見又𠸄夷向来過冬以毡為暖不着皮衣蓋其素性然也浙省地寒勢必不能忍受現有夷信到粤已言定海陰濕之病死者甚多大抵朔風戒嚴自然捨去舟山揚帆南竄而各國夷商之在粤者自六月以来貿易為𠸄夷所阻亦各氣憤不平均欲由

該國派出兵船與之講理是該夷現有進退維谷之勢能不內怯
於心惟其虛憍成性愈窮蹙時愈欲顯其鷙驁別生秘計冀得陰
售其奸如一切皆不許行仍必帖然俛伏臣前次屢經體念頗悉
其情即此不涉海上與之交鋒而第固守藩籬亦足使之坐困也
自古頑苗逆命無損堯舜之朝我
皇上以堯舜之治控制中外鴉片之為害甚於洪水猛獸即堯舜在日
亦不能不亟為驅除　聖人執法懲頑實為天下萬世計而天下
萬世之人亦斷無以鴉片為不必禁之理若謂夷兵之來漸紛紛
皆由禁烟而起則彼之以鴉片入內地早已包藏禍心發之異時
與發之於此日其輕重必辨之臣思以鴉片之流毒於內地猶癰

疽之流毒於人身也癰疽生則以漸而成膿鴉片来則以漸而侵蝕原屬意計中事若数十年前查辦其時吸烟者尚少禁令易行猶如未經成膿之癰疽内毒或可消散今則蘊毒已深譬如癰疽作痛不得不亟為拔膿而夷匪滋擾漸洋即與潰膿無異然惟膿潰而後疾去果其如法醫治托裡調元待至膿潰之時自然結痂收口若因膿痛而别籌消散萬一毒邪内伏誠恐患在養疽矣溯

自查辦鴉片以来幸頼

乾斷嚴明

天威震疊躉船二萬餘箱之繳係喚夷義律自行遞到求收現有漢夷字據遞京可查有夷帑印封可驗繼而在五虎門燬化烟土先期

出示准令夷人觀看維時来觀之夷人有撰為夷語数千言以
記其事大意謂
天朝法令足服人心令夷書具載其文諒外域盡能傳誦迨後外國来
船遵具切結寫明如有夾帶鴉片人即行正法船貨沒官亦以漢
夷字合為一紙自結以後查驗他國夷船皆已絕無雅片惟唊夷
不遵法度且肆鴟張維時謹奉
諭旨斷其貿易尚未有浙洋之事或可以仰懇
恩典今既占據城池戕害文武逆情顯著中外咸聞非唯難許通商自
當以威服叛革恐議者以為內地船炮非夷之敵與其曠日持久
何如設法羈縻抑知夷情無厭得一步又進一步若使威不能克

即恐患無已時且他國效尤更不可不理臣之愚昧務思上崇
國體下攝夷情實不敢存游移之見即以炮船而言為防海必需之
物雖一時難以猝辦而為此長久計亦不得不先事籌畫且廣東
許其通商自道光元年至今粵海關已征銀三千餘萬兩收其利
者必須防其害若以關稅十分之製炮造船則制夷可以裕如何
至尚形束手伏讀
諭旨以稅銀何足計較仰見
聖主内本外末不言有無誠足以昭垂奕禩但粵關稅銀既比五省豐
饒則以通夷之銀量為防夷之用從此製炮必求極利造船必求
其堅有經費可以籌酌則裨益實非淺鮮矣臣於夷務辦理不善

已經奏請治罪何敢更獻芻蕘然苟有裨
國家雖頂踵捐糜亦不敢自惜倘蒙格外
天恩寛其一線或令帶罪前赴浙省隨營效力以贖前愆臣必當殫竭
血誠以圖克復再粤省各處隘口防堵加嚴察看現在情形逆夷
似無可乘之隙藉堪仰慰
宸衷謹繕片陳伏乞
聖鑒謹奏

欽差大臣伊函稿十一月廿四日抄

署閩督吴接准

欽差大臣伊函稱定海唉夷船隻已於十月十九日起椗十八隻並大

頭目懿律馬札遜等赴粤東聽候查辦等因

嘆咭唎照會閩省提督文稿

大嘆國公使大臣水師統帥懿律為咨會事本統帥現已遞進本

國宰相炤會公文因欲

朝廷如何批覆是以不願相攻茲特咨

貴提督如不先行攻擊又不命人攪擾定海民人則本統帥亦不

想攻擊炮台城邑乃定海屬地之内如遇綠人窺探當必依照相

戰之例辦理相應咨會

貴提督查照

一千四十年七月二十九日

道光二十年七月初一日

批摺稿奉

上諭鄧廷楨等奏請防堵經費一摺閩省為海疆重地訓練兵勇稽察要隘原不因𠸄夷船隻往來遊奕始行防守至于𠸄夷佔踞定海實因前撫臣未受該夷訴寃呈詞以致激成事端現在該夷僅止困守並未肆出滋擾鄧廷楨等所稱腹背受敵未知所受何敵該夷因閩浙疆臣未能代為呈訴寃抑始赴天津投遞呈詞頗覺恭順現在特派大臣赴粵查辦不日即可戢兵鄧廷楨等所稱該夷猖獗不知在何處猖獗總因該革員等種種辦理不善遂費周章著吳文鎔即將本省各鎮弁兵照常認真訓練堅守海口所需支發錢粮酌着酌斟籌畫裁汰浮縻其應用款項隨時奏聞所有該

省雇募水勇租賃漁船着酌量裁汰以節糜費而昭核實欽此

八月廿四日奏防堵經費不敷懇

恩續撥庫欵一摺奏　批云云

兩廣署督怡奏稿

為撤防師船猝被嘆夷在洋轟擊奪去米船一隻在船兵丁多名
并近口有擄船尋衅之案恭摺奏祈
聖鑒事竊臣於九月十八日接奉軍機大臣由五百里字寄道光二十
年九月初四日奉
上諭據托奏嘆夷船隻由直省外洋北赴天津共有夷船八隻現有夷
船五隻已開帆南旋其三隻亦由外洋先回該夷情形極為恭順
等語該夷船隻俱起椗南旋恐沿海將軍督撫等不知現在情形
將此飛示耆英裕謙怡良知悉并加酌核將前名防守各官兵分
別應留應撤妥為辦理托渾布摺片着抄給閱看將此由五百里

諭令知之欽此臣因前督臣林前次接奉
諭旨即已陸續議減臣接護督篆後復與提臣熟商將緊要各隘適相減撤其虎門內外等處各炮台扼要仍前加意防守當經附片陳
奏實以暎夷狡獪異常變詐百出貪婪成性陰險萬端不得不慎之又慎以防其乘虛直擣之謀惟遵
旨不與接戰則前名各營師船即須逐漸撤回各原營以節縻費即經函商提臣飭令分程起行在案十月二十日接到提臣函開撤回陽江中米艇三隻于十六日夜乘潮退開由龍穴之西直赴橫門不料陽右六號中米艇行過淺灘適潮水將次退盡不能行動其陽左四號硇州三號兩船均趁風遠去該弁兵不得已守候潮至

舡浮再行前進詎候十七日黎明即有桅舡杉板七八隻每舡約有五六十人蜂擁趕来弁兵等見其来意不善即聲明此係奉撤回營師舡有令不開鎗炮爾等不可生事該夷船駛至將近即對舡開炮轟擊夷衆紛紛上舡將弁兵追趕落水舡内各兵商正在爭持之際適值潮漲該夷等即連舡擄搶提標中軍李賢遠聞炮聲登山瞭望真切督率各師舡開帆起椗赶往救護迎潮行近隴穴瞭見伶仃磨刀原陽夷兵舡三隻已經乘潮赶来同各杉板將陽右六號船拖帶向南直駛該叅將因奉文行不敢赶赴外洋接戰只得仍將各船收回稟候核辦等由臣接閱之下不勝駭異該夷在粤肆擾業近年餘既逞狼貪之性復肆豕突之謀不自知其過

惡多端轉以譸張為得計仰蒙
聖朝燭照
天地為懷
特派欽差大臣來粵辦理飭令該夷南旋聽候查辦伏思我
皇上撫有華夷無分畛域柔携懷遠
怙冒同深該夷宜如何感激方足仰戴
生成乃于師舡撤防歸伍悞擱淺沙之際輙敢蜂擁多舡開炮生事經
弁兵聲說情由置之不理一味逞強肆橫紛紛上船將該兵舡拖
去實出情理之外查該夷自前次開閧滋事後兩月以來尚無動
作昨據澳門同知禀報十月十三日有𠹭夷中廵防一隻來至九

州洋面拋泊經引水等認係七月初十日駛老萬山東去之船復
来寄椗是該夷于天津情形在前回泊之火輪舡已為傳說更當
曉然于受
恩之重翻然自悔其前此之為則尚有人心可附于負氣含生之屬乃
吐喀夷巡船于十六日在桂碇洋面截去福建繒舡一隻駛去石
欄洋面東南駕駛據澳門同知禀報飭引水跟踪尚未回報復據
隨同呈報鹽船在洋被暎夷先後截去八隻近接水手迯回報知
如此情形又復漸形猖獗十七日又搶去陽江右營水師舡一隻
除落水鳧歸之外委何卓然及兵丁二十三名外尚有兵丁三十
名不知下落現飭沿海訪尋再行核辦臣思暎夷頑梗居心結連

内地奸民圖利生事所為往往不遵法度年來更形傲慢其于辦理有不可行者則托為言語不通文飾其罪甚至稱兵犯順奪據地方現蒙

俯鑒其衷大中至正亦可稍循冠履之分而行同犬彘狼甚豺狼狎侮尚托之空言跋扈竟見之實事雖與之無怨而

國體所關臣亦同之

覆載之内此心實異常憤懣惟輒奉

諭旨不敢輕遽率爾靜候

欽差大臣到粵後斟酌辦理若該夷等凶心未已敢來窺伺開炮滋擾勢不能任其猖獗亦惟有盡力轟擊以固口隘現已飭水師提

督沿海各鎮及各府州縣加緊嚴防並咨明
欽差大臣外謹將師船奉檄歸伍猝被攻奪唤夷又有携船尋衅情形
會同水師提督臣關荼摺由驛馳奏伏乞
皇上聖鑒

直督琦照會英吏稿

欽差大臣文淵閣大學士直隸總督世襲一等侯琦　為照會事照得
前月據　貴將帥回文經本爵閣督部堂代為具奏已會文照覆
在案惟自一月以來　貴統帥情詞恭順並無滋擾約言既不失
信處事亦屬明白諒　貴統帥身為　貴國大臣豈不能明君臣
之義蓋自古君尊臣卑不特
天朝如此即　貴國以及海外諸邦亦莫不有上下之分從未有事屬
既往向
君上求索價值之理故烟價一節物本違禁又已燒燬
大皇帝斷不能允從償還就本爵閣督部堂之意思之從前繳烟之時

其中必另有情節將來

欽派大臣到粵自必將當日緣烟究係作何辦理之處細加訪察而烟土入於內地所值無多其在　貴國處係極賤之物私將貿易本非正項貨物可比人所共知且據　貴統帥文內聲稱意本不在求利則一經秉公查辦之後處處得實必能使　貴統帥有以登復　貴國王即據稱　貴領事前被屈抑之處于此亦可昭雪且

自我

朝二百年來歷蒙

恩賜格外准予　貴國通商從無衅隙今因

欽差大臣林等未能仰體

大皇帝之意操持過急致使　貴領事稱屈現仰蒙
聖恩准予查辦即屬至公無私乃猶不欽遵
諭旨回粤聽候辦理想　貴統帥明理之人必知此為大不恭敬之道
　至如彼此稱兵此間之早經有備已為　貴統帥之目擊其他沿
　海區處大率多已籌防且普天之下何莫非
大皇帝之子民一經奉有
嚴旨禁止通商
諭內地商販不准與　貴國之人互相交接又孰敢私買私賣上年廣
　東省奉
旨封港後　貴國之貨物兩年未能行銷內地之茶葉兩年無從購買

其事已有明証他處已不待言且由　貴國販来之貨皆内地所
可無内地販去之貨實為　貴國所必需此内地所以能與　貴
國絶市而　貴國必欲與内地通商等情已可想見　貴統帥經
貴國主使命而来自必精明幹濟欲為　貴國從長計議若干数
萬里之外常此帶兵遠遊路途之遥風浪之險水土不服則疫痢
為災兵火相加則喪亡相繼不特兵民徒遭塗炭而　貴國主意
在通商當此之時無論
大皇帝斷不允准且在兵危之中　貴國主亦豈能安然貿易乎是既
經廢時失業無利可收而又加以遠道用兵盤費錢粮需用浩繁
所失滋大在不知者視之謂我集兵防守殆不無需費而　貴統

師明達事機所見必周試思
天朝沿海地方止有数省需防者少不必防者多是其餘各省仍復安
堵如故即就沿海而論本係各設兵守平時亦例有口粮有事調
撥毋庸增添粮餉非如　貴國之用兵于数萬里之外不知花用
多少路費再則
天朝中華一統諸事最便兵丁各處無不撥用即如數萬里之衆亦不
難於調集非如　貴國之用船裝儎所来無多而遠隔重洋後路
又應援不及且
天朝居處内地来即交鋒退即無事非若　貴國之一来一往動以歲
計是攻擊則我易而　貴國難也兵丁則我多而　貴國少也用

項則我簡而　貴國繁也形勢則我逸而　貴國勞也凡此情形
尋常不肯明言惟　貴統帥深謀遠慮已早經見及自不妨以實
告且本爵閣督部堂與　貴統帥叠次公文往返知　貴統帥才
識精明彼此以理相加不事欺詐故特再行剴切規勸　貴國王
之使　貴統帥来者原欲照常通商以享無窮之利今秉定海不
備占據城池殊非通商之理智者熟思審處計出萬全若仍執意
不回則芥蔕莫釋終屬齟齬在　貴統帥轉無以覆命而領事所
被屈抑之處亦無由而得伸本爵閣督部堂身為大臣必當仰體
大皇帝中外一家之意故既為
天朝計亦當為　貴國計且必為　貴統帥計設此事終無了時經

貴國主以　貴統帥未能辦結另行派委前來其後來之人知
貴統帥終于未了自必欽遵
大皇帝諭旨回粵聽候查辦迨
欽派大臣到粵後即行辦理畢事則　貴統帥徒勞往返未見所長殊
屬無色此本爵閣督部堂知　貴統帥係為　貴國實心任事之
人故代為籌慮揔之　貴統帥承辦此事無非欲有以覆　貴國
主之命如　貴統帥欽遵
諭旨返棹南旋聽候
欽派大臣馳往辦理雖明知烟價所值無多（必）能使　貴統帥有以登覆
貴國主之命而　貴領事亦可伸雪前抑緣恐空言見疑為此再

行照復　貴統帥果然所為有利于商賈有益于兵民使彼此相
安如初　貴統帥回國時自必顔面增光可稱為國王能事之臣
矣惟再國圖之須至照覆者
　右照會嘆咭唎國統帥懿律　奉
上諭所曉諭委曲詳盡又合體統朕心嘉悦之至欽此

署江督裕奏稿

署兩江總督裕會同江蘇提督陳化成 奏再海洋潮汐向月盈虧逐日按時最為有信八月十八日俗呼為潮生日係一年中潮汐最大之期每年是日潮必漫過寶山縣石塘風亦隨潮而至互相搏激浪花高於城頭歷年以來甚屬危險本年八月十四日以後陸續有夷船多隻倏來倏去時時遊奕顯欲屆期乘潮趁風窺伺寶山崇明二處以圖一逞 臣等親領將備督率兵弁加意嚴防晝夜不敢稍懈乃至大汛之期風恬浪靜竟與平日無異附近居民耆老僉謂為數十年未有之事此皆仰賴

皇上天威洪福百靈效順海不揚波官弁兵民無不額手稱慶不啻異

口同聲臣等欣幸之餘尤深寅感該夷見大潮不漲已屬技無可施臣等又調撥水勇漁船百餘隻並調火攻柴舡數十隻在洋面遊奕聚散無定出入無時作為疑兵使彼自行驚擾該逆果生疑懼旋皆揚帆駛去其庸懦無能已可概見此後西北風司令潮汐日小一日天寒浪硬水淺沙膠該夷船諒不敢深入倘敢深入險地妄肆猖獗亦無難至制其死命惟該逆飄泊日久糧餉匱乏潛駕小船伺間搶掠勢所必至即如本月十七夜忽有杉板夷舡四隻駛至太倉州屬之瀏港沙灘搶掠鄉民食物一見官兵追擊即行逃竄幾同豕突羊奔無異狗偷鼠竊雖于大局無礙而藉資寇糧防堵自應益加嚴密現在吳淞一帶尚屬平靖民情亦極安貼

可以上慰
宸廑至江蘇省承平日久營伍廢弛大小炮位悉皆視為棄物或有陷入泥沙者或有砌諸牆壁者或有堆貯公所抛擲空廟無人顧問者經臣等飭令地方文武各官逐一搜尋已據山陽崇明武進陽湖等營縣先後刨獲大小炮壹伯六十一位計重自一千斤至三四百斤不等又於蘇州省城搜獲大小鉄彈四萬九千餘斤臣等現將鉄彈分撥防堵各將備應用並督飭各縣營將炮位細加磨洗擇其可用者酌量地方情形分别安設其廢壞者存俟改鑄除催其餘各屬查明一體照辦外謹附片陳明乞伏
聖鑒謹奏　道光二十年九月廿六日在上海行館奉

硃批知道了欽此于天威洪福句旁奉

硃批非也欽此又于已屬技無可施句旁奉

硃批亦非也欽此又于該逆果生疑懼句旁奉

硃批更非也欽此又于酌量地方情形句旁奉

硃批是欽此相應恭録咨會查照欽遵

裕中丞致周制軍信稿

再嘆夷盤踞澳門已將二百年休養生息實繁有徒去年被逐之後窮無所歸鋌而走險其罪魁實止義律一人蓋義律生長廣東能通華夷言語文字為經營貿易之領事並不興販鴉片亦不崇奉天主教惟恃其狡詐强横于孟呷喇萬打喇沙等處設立兵舡收取各國鴉片烟税每年計有洋銀一千二百餘萬元為之護送販賣有偽將帥伯麥偽統領布耳利者該國領兵之官聽義律調遣不必奉命於國王該國王係前王之姪女年二十一歲贅隣國二王子為婿但知罔利而已不知其他也各國販烟之徒因嘆夷既收其税即假借嘆夷旗號遍浙游海國射利病民是以中土但

知唊夷販烟而不知販烟者實非唊夷少翁之責今義律繳烟洵能得其要領該逆既責無旁貸又貪貿易之利其勢不能不繳亦不敢不繳既繳之後無以對各國之人（而各國之人）貿易如故獨彼不能通商向日雄長西洋之威一旦挫折殆盡且不自知各國販烟皆由該逆為之包庇轉怪少翁仍與販烟之人通貿易遂有今日之事六月初間統領兵舡四五十號突至定海投書鎮縣招其投降該鎮張朝發既不能折以大義又無備禦之方致被登岸開炮轟擊城中樓房兵民皆恐鎮將先已內渡兵民哄然潰散僅存知縣典史二人以死報國城空至三日六月初八日該逆用千里鏡窺伺城中烟火俱無始行據為巢穴駐兵設守定海之失非特我所不料

即彼之始願亦不過脅之以兵求通貿易而已未必及此也定海既失江浙震動莘農節相適因閱伍至蘸得報後馳赴吳淞海口調兵防堵是時蘸省適值霪雨經月河湖並濫民間田廬盡在水中浙江寧波紹興杭州嘉興等府居民之遷移來蘸者踵相接米價騰貴銀價輕減正在設法撫綏之際六月廿四日夷舡又至乍浦開炮向岸轟擊雖經兵民登時擊退而浙省重兵全行調赴鎮海口岸乍浦設守未固逃避來蘸者更絡繹不絕江蘸之金山衛城只離乍浦二十餘里吳江縣之王江涇又距乍浦不遠且係江浙咽喉民情更滋惶惑急為之請免米稅招來商販嚴禁擾累發帑賑恤民心始固莘農節相奉

命赴浙弟暫權督篆于七月廿日行抵寶山知先于十七日有夷舡直撲吳淞海口為提軍開炮轟退以後日有舡三四隻不等在江蘇洋面游奕殆欲阻截我赴浙會勦兵舡並俟秋潮漲發時窺伺我崇明寶山也弟因該夷舡堅炮大若與之海上爭鋒適墮其術且其大舡之行必籍小舡測水導引聞其在定海登岸係用小船擺渡若去其小舡不啻人之無目無腿蠢然一物技無所施矣隨率督率鎮將持以鎮將堅守口岸並募小漁船或載鄉勇或裝引火之物或東或西或聚或散出入無時四出引誘該夷已生疑懼至廿七日該夷至海門廳屬之糖鱸沙地方登岸掠搶食物經防堵弁兵擊退八月十四日逼令廣東商船為之投遞字帖與提軍十

七日至太倉州之浪港沙灘欲搶牲畜一見官兵即行竄去三十日又至崇明之長安沙開炮傷我兵勇各一人斃我鄉勇二人為我兵并力攻勦殺死夷匪四名擊傷落海十餘人奪獲夷船一隻並鎗刀皮鞋等物其鋒既挫我兵勇氣百倍秋潮又不泛漲即揚帆遠去不敢犯我邊疆矣該夷又有兵舡在廣東澳門之外阻截各國貿易之舡搶佔鹽舡又畏少翁如虎不敢擾及虎門並兩次前赴福建之廈門滋擾各有殺傷旋即退出該逆義律譸張為幻又親赴天津在琦爵相處呈遞字帖攻訐此反間之計也少翁嶰翁以伸其冤並索前繳烟價求通貿易爵相為之乞

恩准其赴粵叩閽義律回至山東又經愛山中丞搞以牲牢九月初壹

日在江蘸洋面揚帆逕過折回定海該逆未回定海之先彼此相持兩月有餘定海居民深知大義各守各嶴不肯賣與食物一見鬼子即行細解內地尚有一巡檢督率居民堅守所轄日日有人往来內地傳道消息望大兵如雲霓且有情願預備粮米以餉大兵者亦有願備漁舡暗渡大兵者該逆因嶴口窄狹炮無所施又不善陸戰無可如何僅止株守空城出不通文理之告示招降嚇唬而已沿途口岸兵民亦甚叶力經餘姚慈谿上虞會稽等縣先引誘大夷舡一隻陷入漩渦軟沙全舡沉沒又奪獲小舡一隻共擒鬼子廿九名內僞官一員夷婦一口華農節相正在布置進兵收復定海之際而叩關之

旨適下義律亦回定海四處致書于烏中丞祝提軍又約期親至鎮海軍營謁見節相求釋偽官夷婦莘農節相因該逆在直隸本有情愿先撤定海兵舡一半之言而到浙後但止求釋所擒之犯並無撤兵之信諭以退還定海始准釋放此九月以前事也 弟思該逆犬羊性成貪得無厭其在廣東雖通貿易並無栖身之地覬覦定海為馬頭已非一日今雖竊據城池而定海居民深知大義不難收復沿海各省又能各自為守杜絕接濟見有小舡即行擒擊彼之大舡斷不能近岸當此西北風發行將不擊自斃待其窮蹙乞憐然後從而撫之其勢較易今督撫二十三人兩翁實在前五名也奈何奈何少翁嶰翁皆已被議而定海尚未納還莘農節相雖

有以地易人之諭彼則欲俟粤東定議再酌去留定海居民被擾日甚有不得不從逆之勢設有反覆殊多棘手查江蘇沿海地方轉歎為豐兵民輯睦安堵如故現因海水歸滯沙灘顯露該逆斷不敢冒險深入自蹈死地已將防兵撤退萬名酌留數千統領防守為暫時休息之計弟於十月朔起程前赴揚州清江壹帶辦理鹽務回空各事緣承重詢用附及之楚北鹽務深蒙整頓大有起色感極服極又啓

三月初七日廣東省奏

上諭嘆夷迭次進城攻擊長驅直入胆敢佔据皇城邊地肆其鴟張實

屬藐視

天朝傷我大將弁兵深為痛恨推其由皆係汝等因循怠玩以致如此

朕今又命綿芳瑚松額帶兵五萬務要盡勦逆夷以安〔民〕心倘敢顧

身怯陣私為招撫決不容誅今後招撫二字汝等不可存之于心

亦不可形諸奏章若不凛遵朕意則非我之臣子也若敢延緩私

為招撫朕當親統大師務要盡勦妖孽前有吉林黑龍江率〔索〕倫各

兵亦邀赴大營一同進勦俟片板無歸方釋朕懷欽此

奕將軍奉

旨查明琦善當日在蓮花城會義律情節初五日廣州府協行商船戶人等俱遞親供等由

欽差
隆奕會同　督憲令備大黑猪一百隻應用　祁宮保俱由四百里
公文行知近海各處招募壯勇防匪等由

探得湖南靖州協馬　帶兵一千名于初七日来粵
又探得日前往探㖞夷撥鬼奴駛火輪舡回國救援等由近日商
貨各舡每遇㖞夷搶物掠人殊難屢述以致百姓驚怕遠颺雖奉
大憲會示招安百姓搬回省者恐逆夷廹臨紛紛遠逃者不少等
由楊提督到省巡閱城内街道等處吩咐居民店戶開復生理發
令大開城門委南禺二縣辦女馬桶二千隻妓女二百名以備應
用三月二十一日夷匪打大王滘地方被福建潮州兵丁壯勇拏
獲夷匪大舡一隻小舡三隻夷兵死者甚多　撫憲委高廉道易
南韶連道　帶兵三百名速往香山救護楊侯在三沙尾賞給義
勇頭目頂戴並造木人黑帳房等因

補全粵東日報

三月初一日貴州安義鎮總兵段永福帶兵一千名到省往虎門駐札　廣西到兵二千名往筆管聽候名用　湖南鎮筸鎮總兵祥福帶兵一千名到省往烏涌駐扎

初二日逆夷劫去渡鹽舡共四隻

初三日有唊夷火輪舡四隻三板舡六隻直入三門焚去鹽關並天后宮及老君廟斃兵十餘名

初五日子刻逆夷攻虎門外至初六日攻破横檔威遠亞粮難及各炮台只剩大小虎炮台未攻官兵死者甚多

初七日又有火輪舡二隻杉板舡九隻直入烏涌攻擊連日打破

烏涌港州腊德各炮台省中震動居民逃走城内城外土盜連夜
放火搶刼省中防範可危之至
初八日軍機處公文到粤係派　祁墳辦總局事務又南雄州来
信説楊侯爺帶兵一千五百名渡嶺了
初九日林則徐帶福建壯勇一千五百名往二沙尾防堵
督憲出示獲夷賞格
十三日楊芳到省立即看城吩咐備兵五百與逆夷打杖　又報
梧州協周枋陣亡　又報香山協劉大忠被夷搶去割去鬚髮旋
即陣亡
十五日夷舡退泊烏涌

吏部文到係祁宮保同江西布使司趙炳言來粵同　廣西撫台
設辦理粮台事務　廣州府稟明賞還烟價一節楊侯不准定要
殺他片帆不還現在官兵有三萬多名惟省中荒涼不堪
二十日軍機文到係鎖拏琦善解京　撫台即于是日亥刻接督
印
二十一日英隆解琦善進京其漢奸鮑聰委二府押解本日逆夷
攻破大黄滘炮台
二十二日逆夷揷紅旂楊芳令長春往鳳凰岡段永福往東北門
外堵禦楊芳同楊尤吉為後應　又香山縣稟報有夷舡入港請
救

二十三日逆夷將順紫德泥岡房子焚燒一空省河有杉板四五十隻劫取往來渡船衣物

龍溪縣抄四月十九日發廿三日到 四月初八日粵省發
初四初六日唊夷在河面與官兵打仗其炮子有打至大佛寺粮道前四牌楼等處其火箭有射至貢院雙門底等處督憲海關各衙門並鋪户被炮子打爛甚多 督憲已搬進撫憲衙門居住初五日唊夷在四方炮台與官兵打仗其炮子有打至往宣街火箭射至蓮塘大石豪賢司後各街民心甚為驚恐兼之湖南兵丁甚為猖獗日日在街上遊蕩稍觸其怒即揑為漢奸並不解官審訊即拔刀殺人現在各街地保稟報有無端被殺者数百餘命之多現充兩縣壯勇者亦被殺数人即時兩首縣回明奕將軍出示彈壓並傳諭各壯勇倘湖南兵經 大憲示諭之後仍然擅自殺人

即與其扭稟等語貴州安義鎮段永福大人江西贛鎮長春大人因各省弁兵不肯用命自行摘去頂戴在　大將軍行轅辭官不做並現在各省兵丁私下逃走者有數千之多

另探聞㖹夷連日催討允還七百四十萬兩如限不交定又開炮等語省中百姓驚怕日夜在　撫院衙門號迫救生俾免城破百姓遭死等語經　大憲對衆大哭勢乏良策兼兵丁私逃投夷甚多等語

省中四月初八日經　三星使（楊奕隆）為曉諭通行事照得現在息兵鄉勇水勇等未能週知合再明白曉諭為此示仰各省各營官兵鄉勇水勇等知悉爾等各營下卡安靜住守勿得妄生事端捉獲

漢奸如遇各國夷商上岸赴行貿易交涉亦不得妄行拘獲倘敢故違軍令妄拏邀功及强賣强食不給錢者查出即按軍法治罪各宜凜遵毋違特示

四月初七日抄録唤逆僞示稿

大唤欽奉全權公使義律爲曉諭事照得大唤上憲惟思西與粤東商民歷久平安相交是以再三繞城並無加害通商衆民人所共知也至本公與大臣前經將炮台繳還欽差大臣等友議定一俟　大清唤國一概善妥然後再設炮台可也現查該　欽差大臣等爽約再敢排炮又督帶各省新集官兵陸續進省且設密計攻擊大軍士即是實獲城之兵也既如此爾等民人試思之前日

交戰之際孰能保護身家貲產或蒙　欽差大臣等與所率各省
官兵奮勇立功抑因沾大嘆上憲寬罪之恩故得保平且次各軍
營逼迫勤良居民若害之當城無不惹出殃亡臨城累及全省資
業為此合行出示告粵省各人知悉除本省護守官兵外毋庸議
欽差大臣等暨各省軍營住劄若限一晝不出城外並不全數離
粵他往則大嘆上憲不能仍保全省乃必率兵佔踞城池而沙城
內資業盡入　國家矣若　欽差大臣等果能一晝限內撤兵安退
尚可辦明本公使大臣相約籌辦之人係本省敏捷大憲慣熟外
國性情者並經
皇帝責成伊等盡心使得居民身家旺相安保無虞矣至　欽差大臣

等在城内毫無家業並不慮粤東之興旺獨務揑奏自利所有督
領官兵情愿生事擾亂一省城民與外國通商成富乘機刧搶之
故爾等務必同心協力催廹　欽差大臣等曁所属軍士即日安
迯北返則俾得全城及通省一概免受交戰之災各宜思之慎之
特示

韶安縣探報　四月初八日廣東省發

新任水提台吴大人帶本標兵丁初五日在省報程赴任省中初四初五兩日有㖰夷兵舡在白鵝潭直向西炮台打仗被官兵日夜放大炮打沉三桅夷舡一隻又有夷兵百餘名手執鳥鎗在精門海上岸被官兵放鎗傷斃夷人多名官兵在天字馬頭又打沉夷舡一隻斬獲白鬼首一个惟被㖰逆在石公祠東猪攔天字馬頭大港口等處放炮燒去房屋館店甚多即獲漢奸一名正法現㖰逆在泥城上岸佔據四方炮台攻打大北門官兵與夷接仗俱紛紛已困夷人在西炮台鴻鵠嶺連日攻打城門俱閉追後㖰夷蜂擁而来官兵抵敵不住所有北門外炮台以及營盤俱被㖰夷

燒燬

初六日奕將軍與𠸄逆說和聞要銀四百萬兩要補回兵價銀及公司行所失貨物共銀四百二十萬兩方肯息兵洋商認一半首府與新到之夷兵頭領咖⿰口奇說要六日交銀于是晚已先交銀一百萬兩𠸄夷暫將兵舡退出大黃滘其香港烟價仍要請

旨准給從此通商永不犯上　奕將軍並參贊等即日出示爲曉諭事現在本帥按兵不戰固守城池定不貽累爾等遭兵甚之害爾等諸民毋得驚恐特示

探得廣東信云咦逆于三月二十日後勢甚猖獗擄掠新會香山兩縣正在危急適二十三日　靖逆將軍帶領侍衛六員統領雄兵五千名　參贊大臣隆帶領侍衛二名精兵二千名逆夷聞風即遁　將軍直追虎門之外圍住鏖戰殺斃逆夷二千餘名尸橫遍野生擒小半覩其面龐服髮可辨其餘逆黨驚遁四散覓路上舡不知　隆林大人先在外口埋伏精兵飛砍黑夷白鬼及漢奸千餘名最勇者海侍衛生擒二賊伯麥哈爾喇布當即解進省城是日　楊侯爺帶兵至沙角地方開三炮擊去大夷舡三隻火輪舡四隻死者不計其數又奪得大夷舡二隻火輪舡二隻次日蒙各大憲勸勉居民安心無恐一日之中師旅若楊威不日就旋不難矣等因

探得浙江信云　大憲飭委各員撫恤難民修理
文武聖廟　城隍各廟以及文武官兵住房坟墓並在壘頭支築工城等
一切事宜于又三月間方可告竣又三月廿八日黄守二次督築土城
見有逆夷六人登崎頭山瞭望當被官兵殺死三人生擒喊咻吐
得一名即經訊明正法處治梟首招山示衆等因
又探得續到查抄　琦大人家產
水晶浴堂一座　大東珠十顆　珍珠燈八堂　女班子一堂
當鋪八處　各色鋪八十四處　紫貂褂二十四件　蟒袍二十
四件　洋錢一千萬元　西洋自鳴鐘二十四架　五彩外洋鋪
墊十二堂　外洋金錢表二十四個　翡翠班只二十四粒廿一年四月初九日到

抄拏獲唉咭唎白夷供

探得浙江寧波府拏獲白夷名晏士打唎打厘為其國將兵船繪地圖登舟山瞭望形勢被拴至寧波軍營據供唉咭唎在荷藍伏郎機兩國西界斗入海中西南北三面皆海惟東南通陸形如箕式東西長一千六百里南北橫廣六七百里畧同中國登萊形勢本交羅巴之屬國也國中産豆麥少稲不給於食皆仰給隣國以賴海面貿易故炮船講求至精與荷藍伏郎機相等先是凡商船所至之國視其守禦一不嚴者輙發兵壓其境破其城或降服為屬藩或奪踞為屬國若西海之面點利其西南海之亞非利加之甲城之孟邁之孟塔拉皆其屬藩若南海

之新加坡之新荷藍之蹄面地之吕宋皆其屬國也其所屬之國地皆大如暎咭唎或数倍或十餘倍其海道或距本國十餘日或三月五六月其中間以他國地土不相聯屬全以兵船往來聯絡之或築城據其要隘駐兵防守設官收税國中無地丁錢粮凡兵餉官禄皆取給于関税本國海口有五関凡貨出洋四國者值洋畨千元之数上税五十元每年計二百五十餘萬其各属國之關税則僅取支用報銷不能回本國每年計一千二百餘萬而孟塔垃國居六百萬孟邁居三四百萬以鵶片煙土惟産二國孟塔拉産大土孟邁産小土其行銷中國最廣故其税最多其餘各屬國合計每年不過二百餘萬而已暎咭唎

國不産鴉片亦不吸食鴉片而坐享鴉片之利富强甲於他國養兵十有二萬軍餉每兵洋番七十二元各官月俸多者洋番三百元次者二百六十以次遞減其每月俸洋番二千五百者六人一千五百者三十餘人今在舟山之伯麥即月俸二千五百布耳利之俸一千五百一如中國之將軍一如中國之揔兵也國都地名燉距海口二百里有河通海王宮在城外亦守在四方之意若環以城垣則四方不畏服以為示弱其山後為舊王宮山前面河者為新王宮舊王宮方四百里為朝會之所新王宮甫營四十餘年為游幸之所隔河為城距宮十五里河橋五道河中多火輪船逢橋則倒其桅而過火輪船行最速所以

通文報蓋王宮依山阻水上有炮臺以帥兵為營衛不必城中而後固也暎咭唎與荷蘭伏藍西其髮皆捲而微紅故中國以紅毛呼之伏藍西即伏郎機與荷蘭皆暎咭唎之隣國未嘗為所滅惟東西南有洲方數十里荷蘭據之旋為暎咭唎所有名曰新荷蘭距西洋之荷蘭祖國水程四月有餘而象人遂以荷蘭滅于暎咭唎矣西洋國皆奉天主教故以紀年天主教耶蘇生于如德亞當漢哀帝元壽二年為起始令暎咭唎闢天主教不供十字架而其書一千八百四十年九月二十日道光二十年八月二十五日者以舊為大西洋屬國猶隨大西洋之稱也其國王 所宗主教曰葛尼其神名曰巴底行距今千有六百二十

六年神有鬚髮立而合掌仰觀天上在家人奉之亦有佛像曰巴底利出家僧尼供之僧尼緇衣大袖無髮國中有塑像有祖宗祭祀皆與天主教相反遵卑相見之禮輕則揭冠重則以手拱額而擴之皆立而不跪惟祭神乃跪而無禮嫁娶不擇皆男女自主之如男女有成議則及期會親族入巴底行廟男女皆跪于前僧爲誦經問男女皆願否皆以願對則執與紅燭各執其一男授女女授男吹炮之後聽誦經咒而歸男家國中女子之権勝于男子貧富貴賤皆一妻無妾妻死乃得繼娶雖國王亦且一妃宮女有妊者生子亦歸正嫡止可爲幸不可有嬪妾名號亦不得稱主母也今國王乃女王名域多喇年二十一歲

登位二年餘去冬乃贅所屬隣國之王子爲壻其國在海中距
暎咭唎國五百里王子名雅那博年與女王同左右侍從皆宫
女每臨朝聽政王子亦侍坐于旁國中宗室大臣皆坐而議政
其前王名烏連殁後無子女有一姪而不及姪女之才故遺命
以國傳姪女如姪女生有子傳子有女傳女子女俱無則大臣
公擇親戚中有才者嗣位今女王生女尚存等語

抄浙撫劉韻珂奏稿

奏為探訪定海夷情尚有可疑請　旨飭令廣東浙江各　欽差
大臣斟酌妥善辦理仰祈
聖鑒事竊臣仰蒙
天恩擢授浙江巡撫自川省起程沿途訪詢不得暎夷實情深為焦
急嗣行抵安徽之鳳陽臨淮關適廣東　欽差大臣琦善亦行
抵該處將天津夷情向臣告述其定海夷情究未能深悉臣抵
任後本擬先赴寧波府探詢底蘊會同籌議緣各前任在軍營
防堵不能兼顧署中一切案牘奏咨不免積壓不得不先為清
釐並因各屬應試武生紛紛來省守候已久又不得不赶辦武

闓葉經　奏明于十一月初四日開考是以一時不能前往前
准浙江　欽差大臣咨會葉經出示定邑士民如果夷人並不
向定民擾累定民亦不得復行查拏現又准咨會嘆夷船隻定
于十月十九日分艅起椗赴粤聽候查辦所有各省官兵全行
撤退本省官兵酌量裁撤各屬所雇鄉勇一并撤去沿海商漁
船隻開港放行並接來函云嘆夷近來頗為馴順夷船前去六
隻茲接夷書已于十月十九日起椗十四隻各等因是該夷之
果否並不擾累是否如期赴粤及是否輸誠馴順　欽差大臣
伊崗司其事自知之甚悉臣雖身羈省垣其夷情若何民困若
何若不容加採訪旉寀實覺難安當即密差委員赴定海探訪

現據回稱該夷于定海城外築有炮臺在道頭地方亦修有馬頭復開有河道通達城内設有鋪面售賣洋貨闔城民房實已蹂躪不堪臣又聞該夷初到定海尚不騷擾現在不甚安靜已將定海所屬之岑港沈家門等處民房佔据搶奪姦淫雖定海奸民現亦聞有為其徒役者而各島居民仍均志切同仇不肯趨附並聞該夷設有偽官示諭定民令其接濟情事至赴粵船隻有云赴粵者有云未盡赴粵者有云時來時去者隻數多寡係傳説互異復據象山縣稟報十月二十二日有夷船六隻在洋游奕各等情查夷船既未盡赴粵其在象山洋遊奕之船或即在定洋停泊之船亦未可定其夷船赴粵之多寡自應以

欽差大臣函称數目為准亦未便以探聞之詞為據惟該夷既蒙
聖恩准其赴粤聽候查辦何以仍在定洋有修築炮台等事是否修
築在甫陷定海之時抑或在示禁定民之後臣尚不能確知如
果修築等事在後是廣東籌議尚在未定之時而定海夷情已
顯露存禍之跡如果搶奪等情在後是我雖以誠相予而彼終
以詐相應且如果真已赴粤又何以設立偽官示諭定民情節
均屬可疑誠恐該夷有欲在定立市之意緣定海為海洋適中
扼要之所南近福建廣東北近江蘇山東直隸皆可揚帆直駛
倘于此地通商其船隻忽南忽北較從前更為便捷若任其往
來則沿海貧民以及失利漁船及土盗船隻難保不被其勾結

設各省口岸處處防堵嚴加稽察是又不得任其自如亦未必能相安無事且定海居民視彼躁躪相擾不附和從夷將來籌議善后事宜自應加意撫卹該夷在此通商則文武之稽查彈壓輕重刁難在在均屬棘手況浙省為東南財富之區寧波府實為浙江精華之地跡其欲往定海之心難保無覬覦寧波之意否則燒烟在廣東受挫在浙閩何以不敢豕突澳門厦門而反豕突定海耶溯查乾隆二十一年間寧波琦頭洋有夷船一隻停泊茶奉

上諭向來夷船進口俱由廣東之澳門等處其至浙江寧波者甚少間有遭風飄泊之船自不得不為經理乃近年多有尚為貿易而

至者將來熟悉此路進口船隻不免日增久又成一市集之所
海濱要地殊非防微杜漸之道不可不預為留意又乾隆二十
二年
上諭寧波向非洋船聚集之所將來只許在廣東收泊不許收入浙江
海口各等因欽此今我
皇上亦只許赴粵叩關仰見
先聖
後聖慎重海疆若合符節現經　欽差大臣琦奉
命赴粵查辦自必籌度萬全斷不僅為目前之計即　欽差大臣伊
住扎鎮海亦必能洞察夷奸妥為經理原無俟臣之鰓鰓過慮

第 臣 渥受殊恩知夷情既有可疑若尚候廣東查辦竊恐廣東
不知定海近時夷情又恐赴粵夷人奸語偽求致被朦混 臣 思
患預防不敢不據實具奏相應請
旨飭令廣東 欽差大 臣 琦將 臣 探訪情形查核斟酌辦理仍請
飭浙江 欽差大 臣 伊就近確查夷情隨即咨荅廣東以期籌畫安
善 臣 俟武闈事竣將署中公牘分別趕辦即當馳往鎮海親歷
察看再行具奏所有 臣 現在探訪定海夷情可疑並請飭籌辦
緣由謹恭摺具奏伏乞
聖鑒謹奏
十一月十九日奉

上諭據劉韻珂奏探訪定海夷情一摺覽奏均悉已降旨飭令琦善伊里布體察情形妥辦併將原摺抄給琦善等閱劉韻珂着武闈事竣將各案清釐即赴鎮海再行詳細確查該夷現在情形會同伊里布妥為籌辦諭令知之欽此

抄　欽差大臣伊奏稿

再奴才前奉

諭旨以定海被難民人紛紛逃入内地着酌給撫卹口粮俾無失所等因欽此奴才當查定海失守之時城内及近城居民四散逃避其逃至郡城者或依親倚友暫行寄寓或自出己資賃屋居住或官為收養或酌給資斧遣赴鄞郡貿易傭趁均尚不至失所業經具摺奏報嗣據鎮海象山二縣具禀該縣等地方亦有難民陸續前往又經奴才批飭妥為撫卹在案茲復據寧波府鄧廷采禀称入冬以来又有定邑難民紛紛至郡皆係各島潛往今因為日已久續行内渡之人細查並無奸細溷跡其中俱

應收留撫卹又前經遣赴隣郡之難民因天氣嚴寒遂漸回郡其在郡寄住者或因親友不能久留或因資財業已用盡亦皆須接濟統計連前次收養之人已有八千餘名恐嗣後接踵而至者尚復不少奉請籌谷給養等情奴才查該難民等流離轉從情殊可憫自應欽遵

前旨酌加撫卹現已致撫臣飭令藩司籌谷發給賑卹並飭該地方官妥為安插以免聚集滋事又前任定海縣姚懷祥于城陷之時不屈殉難奴才屢經飭查屍骨並無下落茲于十一月十一日據定海縣紳士鍾勛等五人將該故令屍棺航海送入鎮關奴才向該紳士等詢問姚懷祥殉難情由并典史全福屍身着

落擄稱姚懷祥如何不屈自盡彼時倉猝之際伊等並未知悉
後見其屍漂池内伊等查認明確撈起棺殮浮厝山上今因海
道已通是以送入内地至全福如何殉難及屍在何處伊等均
未稔知等語奴才現飭寧波府將姚懷祥屍棺在城内妥為安
置傳知家屬具領又厚加贈䘏俾令回籍並因該紳士等好義
可嘉酌量給賞藉示奬勵飭令再查全福屍身送内以期不致
遺失所有續撫難民及姚懷祥屍棺業已送回緣由理合附片
陳明伏乞
聖鑒謹奏

抄浙撫咨閩撫稿十二月十一日接至

為懇請賜給文憑斂棺回籍事據布政司詳稱案奉

欽差大臣伊批據署定海縣知縣家丁林福稟稱竊家主姚懷祥奉委署理定海縣篆抵任未幾旋于六月初八日遭𠹭夷攻破縣城家主不屈被害身殉維時小家主廷璋護送家主母等逃難僅以身免流寓杭城靜候平定之時往收父骨本月初有定邑紳士着人赴省告知家主被難後經伊等浮厝北山因近時攻塚屍棺多被夷人殘毀未便久停在彼現值鎮海業已收關擬即設法乘間運柩航海送鎮等語故小家主即帶福來鎮探問始知家主屍棺已抵關前定邑紳士已于十一日呈明在案伏

思家主籍隸福建　候官自鎮回閩所過州縣關津非一似此長途跋涉資斧維艱非蒙給發文憑礙難回籍為此呈叩中堂大人俯准給憑領棺飭令沿途應付夫船俾柩眷得回故里聽候部議存殁均感等情奉批據禀請給文憑飭令沿途應付回籍候批司查例詳辦等因奉此該本司查定例官員卒于官許歸殯于家城門人役不得阻抑又奉准　禮部示覆官員在任病故任所督撫咨明原籍並給與牌票照例入城等因在案茲因署定海縣姚懷祥前在本任于本年六月𠸄夷攻城致遭身殉前經定邑紳士棺殮浮厝眷屬流寓杭城現在該員棺柩運送到鎮令伊子姚廷璋領棺挈眷回福建原籍應行照例給與牌

票令其沿途照驗所有經過縣驛關津並應撥給夫船以昭體
恤其該員被戕
恤典俯俟部議再行查辦理合詳候給發護牌下司以便飭令鎮海
縣轉給該家屬祇領起程並令知照經過州縣關津撥給夫船
一路應付並請咨明福建撫憲轉飭原籍侯官縣遵照等情到
本部院據此除給發護牌轉給賫領起程沿途照驗撥給夫船
應付以昭體卹外相應咨明為此合咨
貴部院請煩查照飭遵施行

右咨福建撫院

抄批摺稿

閩督吴接准軍機大臣字寄道光二十年十一月二十六日奉

上諭本日據祁𡎴奏洋西夷船停泊情形一摺泉州大隊山一帶尤為夷船往來寂燬之地烟販甚多禁令雖嚴揔未絶迹該尚書等於十月間在泉州厦門等處詢知夷船往來踪跡匪定自厦門滋擾之後提督廵道撤回防守不能專力泉州要隘以致夷船任意游奕等語現在琦善赴粤查辦尚未奏報情形該夷詭計多端情殊叵測着吴文鎔飭令將弁兵巡防各海口毋得稍形鬆懈是為至要將此諭令知之欽此

抄兩廣總督琦咨閩督稿

十二月十六日准兩廣總督琦咨開照得嘆夷狡黠異常求索無厭迭經派員往與面論並備文詳悉開導該夷始終堅執所請日益增添其兵目人等悉以打仗恫喝誠恐愈縱愈驕勢不能已於轟擊現分別撥兵預備一經交鋒恐該夷又必各路滋擾相應飛咨查照督率防守務保無虞廈門一帶并預備加意防守等因准此

抄　上諭

十二月二十四日兵部火票遞到軍機大臣字寄

盛京將軍耆　直隸總督訥　兩江署督裕　福建署督吴

浙江巡撫劉　道光二十年十二月初七日奉

上諭本日據琦善奏查探夷情漸形廹切現在該夷兵船日增駛近虎門内有打央鬼船二隻訪係該夷陸路兵丁名色此係向來所無其設心已可概見等語從前命琦善查辦原係朕慎重用兵之至意今聞該夷到粤更形驕傲且所恳甚奢非仁義所能感格其勢不能不加征勦以示創懲除由六百里諭令琦善暫事覊縻毋行隨時將情形馳奏外着沿海各將軍督撫等仍遵前旨加意嚴

練以期有備無患各省濱海地方港汊紛歧着各酌量形勢分撥防兵嚴密布置毋得稍有疎虞自干重咎將此各諭令知之欽此

遵

旨寄信前來

抄　上諭

十二月二十七日准軍機大臣字寄十二月十四日奉

上諭前因㗐夷反覆無常已飭令耆英等加意防範預備攻勦矣本日據琦善奏夷情愈形桀驁不可理諭着再申諭該將軍督撫遴選將弁整理炮械務當先事預備不可臨時掘井如該夷再來投遞稟詞一概拒絕不准接收或夷船駛近岈口即行開放槍炮痛加攻勦固當謀定後動不可稍形鹵莽尤不可稍存畏葸坐失機宜總期勝算克操成謀共濟是為至要將此六百里諭令知之欽此

抄暎夷求和所請十四條

一要暎夷受了委曲求伸辦

二要還鴉片價洋行夷欠及此次暎夷兵餉

三要天朝擔還各行夷欠

四要出入口餉價定實例不能加減

五要如有事通稟必要封口呈上　皇帝不能交官

六要派一夷官在北京住扎各處有夷人港口亦派夷官一人經理

七要如有在外洋查私犯事不得牽連內港貿易夷船

八要設暎夷港口分處貿易

九要不委洋商如要洋商必須加添
十要如唤夷到港口貿易必要家眷同往
十一要如有唤夷到港口任伊設立夷廟
十二要給一處地方與唤夷居住如澳門式樣
十三要如各港口唤夷犯事要交過夷官自行辦理
十四要減各貿易船隻使費

抄廣督琦善奏稿

欽差大臣署兩廣總督琦奏為夷情日漸迫切謹將現在籌辦緣由先由五百里恭摺密奏仰祈

聖鑒事竊奴才到省後業將暎夷義律所遞文書暨奴才照覆底稿

奏呈

御覽聲明俟委員回日再行具　奏在案茲據委員守備張殿元白含章暨通曉夷語之八品銜鮑鵬等取到該夷回書其文內祇揔言前情各款欲求照會辦理并無多言唯該夷兵船日益增添並陸續駛近虎門有打尖鬼船二隻訪係該夷陸路兵丁名色此係前此所無今則併此儀來其設心已可想見當據委員

等向其面論該夷先請給與兵餉該委員等答以此係自取虛糜我軍增兵防守亦曾多費餉銀又將從何取索該夷又言及洋商欠項並請償還兩年來所損船隻襍物委員答以欠項乃商人自行交涉之事官員向不過問至於所損船物並無確數証據無憑償給該夷又言及烟價其始聲稱需銀二千萬迨反復辯詰降至一千六百萬又降至一千二百萬據謂斷難再少又言所占定海無難繳還惟必需于廣東福建浙江等省沿海地方另行酌給一處以便退出定海該委員等答以
天朝准令外夷前來貿易原屬
大皇帝格外恩施豈有與以地方之理該夷隨聲言如不准另給祇

得占據定海詎忍將來再有如林總督者又何言以達彼之上
等答以但經說定奏奉
大皇帝諭旨後來者誰敢不欽遵辦理何庸伊等過慮該夷又言及
文移平行二節委員等答以書寫稟帖諭帖等字樣原屬舊規
今既據稱來係職官不難量存體面該夷並稱俟此大事既定
尚有小事數件欲與奴才一併商議一謂洋商向多勒措減其
物價以後請不由洋商經管准該夷自行開行並求准其于灣
門卸貨一謂該夷以後如被屈抑准其前赴天津呈訴一謂洋
商尚有積弊欲求為其整頓未據指明何事各等語委員等因
奴才未經指登復之詞但答以此時諸尚未定應先毋庸置議

而該夷于前請各款一一堅執不回該委員等以其過于狡黠
隨責以此事原因該夷前在津時情辭恭順方為代奏今奴才
奉
旨前來該夷自當感懷從命何以轉使奴才為難該夷聲言此非人
之無良實緣現又接到該國王之信必欲悉如所請並又添兵
前來該夷武職又多都事貪功樂于打仗非其一人之故據傳
到各武員令其自言紛紛藉藉大肆鴟張該委員等幾有口衆
我寡之勢鮑鵬因能作番語又向義律容談據稱該夷兵多餉
重每兵每日約須洋錢一元而員弁兵丁又無人無日不樂于
見長咸謂其徒事空言躭延時日虛糜粮餉故如不能作速蕆

事伊亦難于彈壓祇得任令接仗即使彼軍敗績亦足以明其
並非坐失機宜可以對其國王或再增兵添餉倘或稍能淂志
在彼固不負所使並據為奴才計亦足以見身歴艱難等語據
該委員等回省面稟前來隨再四思維並向鮑鵬等詳詢情形
據稱啓看義律頗爲狡黠亦頗自覺為難奴才伏查該夷兵勢
旣衆而此間船礮技藝久在 洞鑒之中此時若與交仗縱幸
賴
聖主鴻福而事終于未了因思夷人惟利是趨其烟價一節求索本
非無因斷難空言解釋而所給數目前經鮑鵬啓其勢不能已
作為巳詞私詢以三百萬之数旋復加至四百萬該夷均置之

不論奴才查夷人素用洋錢先允以五百萬元該夷能否允從再行與之辯論惟其銀仍復出自洋商而洋商近甚疲乏一時亦力有未逮故仍約以十餘年為期俾得陸續帶還至于稟諭一節原以其牽涉貿易官商之體制攸關以後官員不與商事彼亦自無公牘前來惟請給地方之説若仰体

聖恩假以偏隅尺土勢恐其結黨成羣建屋設炮久之漸成占踞遺患將來不得不先為之慮且其地亦甚難擇無論江浙等處均屬腹地斷難容留夷人即福建之厦門一帶亦與台灣壤地相連奴才並訪之前閩浙總督鄧廷楨據云該處勢甚散漫無要可扼防守尤難以是奴才再曉以理義繕給照會並密授機宜令

委員等再行前往一俟該委員等回日即行據實具奏奴才惟
有殫竭血誠不惜顏脫唇焦與之磨折但求可已則已斷不敢
稍存易于結事之心或致輕為然諾理合將探詢情形及現在
籌辦緣由先由五百里奏
聞並將夷書及奴才照覆底稿一併恭呈
御覽伏乞
皇上聖鑒再奴才以事關夷務並銀籌及價值地方各情是以恭摺
密奏合併陳明謹奏
道光二十年十二月初七日奉
硃批即有旨欽此

硃批看此光景逆夷反覆譸張恐難以理喻必當一面論說一面
準備待其稍形疲憊乘机勦截方可制伏也

抄署兩江總督裕謙奏稿

江蘇巡撫程矞采奏為審奪時勢敬陳制勝之謀恭摺奏請

聖訓事竊臣承准軍機大臣字寄欽奉

上諭御史蔡家玕奏籌制𠸄夷事宜一摺該夷目等現往浙江聽候查辦尚屬恭順毋庸遽議勦擊所有該御史籌議各條着暫為存記倘將來事有變更行再體察情形如各條內有可采擇之處酌量妥為辦理原摺着抄給閱看欽此仰見我

皇上虛懷採納籌備幾先之至意臣維制勝之道不外制剋二字該

御史所陳各條是以小船制其大船以攻近之鳥槍制其攻遠之大炮以火攻制其水戰以斧鑿剋其舟楫而又縱反間之計

以毒攻毒洵皆兵家要訣臣于本年夏秋間皆曾預備試行節次奏明在案皆沿海防堵使其不敢侵犯之計而非驅除醜類之謀也臣愚以為詼夷果能聽受

訓諭納還定海固可毋庸勦擊設有變更兵貴神速必當謀收復定海使之容身無地水米無資沿海各省復以制勊之法相機防堵則詼夷欲進不能欲守無藉雖船堅炮利無能為役矣說者定海孤懸海中其占據已逾半年若欲收復必將與之海上交鋒是以我之短試彼之長殊非善策不知定海周圍三百里詼夷止據定城不過一隅中之一隅數百里外皆不為其所有定海之西境有嶴名岑港小嶼環錯大船不能入形勢環抱有

險可守登峙甚難而岑港至縣城隔有西嶼等山可以隨時相機
出奇搗擊其地山逕陡窄有一夫當關之勢為可戰可守之地
前明倭寇據港堅守官兵攻之逾年不克
國初亦有據以叛者載在誌乘班班可考由此觀之岑港之形勢
實為定海合境第一險要之地幸該夷不識地利又難于登陟
笨于行走不敢離城離船故雖近在咫尺不能併據但得精兵
數千乘夜渡海先據岑港再行分兵守險出其不意乘夜搗擊
黎明即收兵回嶼每夜輒聲東擊西使彼晝夜不得休息不出
旬月彼必棄城而遁毋庸與之海上交鋒也且官兵移駐定海
相機進勦有可以無慮者四有不可緩待者六臣請更詳言之

定海縣城之後象山環峙如白嶼采和嶼童嶼千纜馬嶼曉峯嶺東西北三面皆可結營屯兵不必困聚于岑港一處我兵居高臨下易於擊刺而彼不能仰攻進可圖克復退可以自守此可無慮者一也該夷大炮不能登山施放夷刀不能遠刺夷人腰硬腿直一擊即倒我兵矛矢擊刺趫捷如飛用我所長攻彼所短此可無慮者二也定海山外港汊有淺有礁夷船不能盡到而漁船則處處可到官兵既渡文報不致難通此又無慮者三也内地昆亭大汪新喫嶰浦等處現在漁船之往來定海者皆繞山斜渡由山後各口登岈若官兵乘夜潛渡一潮可達不致阻碍此又無慮者四也現在西北風司令我之沿邊口岈恙

占上風夷人既畏天寒又慮水淺是以不敢蠢動俟至春夏之交南風發潮水充盈彼勢既張更恐懿律之托言歸國屆時又勾結夷船聯艅而來則我失其天時便形棘手此不可緩待者一也定海各澳收割未久有粮可就不患阻我餉道以我官兵駐我土地遲則地利人和兩失所恃者此不可緩待者二也各澳居民除已逃回內地外尚不下十數萬人並未從逆若夷人之騷擾望官兵如雲霓從民所望勇氣百倍不獨未逃者恃以無恐即已逃者亦可復歸故土既壯軍威又免難民之踵至此不可緩待者三也該夷在定海出示定價買粮勒令送入城中設我遲久不顧則該處民人被其脅廹儲蓄皆為彼有此不可緩

待四者也現在各渡口漁船照常往來易於渡兵如再遲延誠恐夷人將各船脅從則我兵無船可渡此不可緩待者五也定海鎮標兵丁之散在各嶴者雖經　欽差大臣伊陸續招集而自懷疑懼不敢投回者聞尚不少我兵既渡下令招安此等散兵一呼可集用功不如用過未有不感恩思奮者較之征調客兵更為得力遲則該兵等別無恒産若不從逆必將流而為盜此不可緩待者六也　臣從事半年揆度時待勢確探情形審思熟慮竊謂各省皆可議守而浙江必應議戰且必應速戰蓋浙江不戰則定海不復定海不復則該處米谷牲畜恣其擄掠供其用度不虞缺乏彼既據為飲食之源我即無斷其接濟之法又茶

毒良民誘集奸匪躭延既久夷勢愈重象迨至潮汐旺盛彼更時出兵船遊奕于沿海各省乘間滋擾反客為主轉勞為逸益寡為衆我則老師糜餉處處防堵時時戒嚴商賈阻滯士民驚擾似覺不值亦非久長之計臣明知浙江唇齒相依江蘇洋面平衍散漫設守之難倍于浙省該夷一經浙省擊敗必豕突江蘇為困獸之鬥以圖一逞然彼之銳氣既挫我則以靜待動練勇厲兵堅守口岸毋多用小船以擊搶其杉板船隻絕其水米接濟似尚可以為力何敢思維緘默致悞事機至該夷均係貿易圖利之人原無略地爭城之志不過逞其譎詐要求通商若于我軍既振彼志已懾之後畏威乞命再行仰懇

天恩綱開一面庶該夷知感知畏不敢復萌故智則海疆永靖實億

萬年無疆之福揔之此等犬羊之輩使之知畏易使之知感難

且非使之知畏更使（難）之知感　臣愚昧之見可否請

旨敕下　欽差大臣伊　浙江撫臣劉會同體察情形妥速辦理之

處伏候

聖裁　臣謹恭摺具　奏伏乞

皇上聖鑒謹奏

抄 上諭稿

署閩督吴正月二十六日准兵部遞到火票道光二十一年正

月初五日奉

上

諭我朝撫馭外夷全以恩義各夷果能恭順無不優加典禮以期共樂昇平前因西夷鴉片烟流毒日深特加禁令力挽頽風惟暎吉利恃其驕悍不肯具結是以降旨絶其貿易乃不知愧悔日肆鴟張突於上年六月間乘駕夷船数十隻直犯定海占據城池復于福建浙江江蘇山東直隸奉天各省洋面任意往來多方滋擾該逆夷桀驁不馴至於此極原不難整我師旅悉数殲除因念該夷投遞書函自鳴冤抑不可不為之查究以示大公特命大學士

士琦馳赴廣東據實查辦倘該夷稍有天良自應全数赴粤聽候辦理乃一半起椗南行一半仍留定海是其狡黠情形已堪髮指近聞数月以來姦淫婦女擄掠資財建築炮台兜開河道且令偽官出示令民納粮百姓何辜罹兹荼毒興言及此寢食難安迨琦善赴粤之後明白開導仍敢要求無猒既思索償煙價又復請給馬頭朕早料其反覆無常斷非信義之所能喻特於前年簡調四川貴州湖南湖西各路精兵前赴廣東又調湖南湖北安巖各路精兵前赴浙江預備攻勦兹據琦善馳奏逆夷于上年十二月十五日糾約漢奸乘坐多船直進虎門開炮轟擊傷我官兵並將大角炮台攻破沙角炮台占據是其逆天悖理性等犬羊實覆載所

所難容亦神人所共憤惟有痛加勦洗聚而殲旃方足以彰天討
討而慰民望現所調各省勁兵計已趕到着伊里布等尅日進兵
收復定海以蘇吾民之困並着琦善激勵士卒奮勇直前務使逆
夷授首檻送京師盡法懲治其該夷之醜類從逆之漢奸尤當設
法擒拏盡殺乃止至沿海各省洋面叠經降旨嚴密防範着各将
軍督撫等加意巡查來則攻擊並曉諭官民人等人思敵愾志切
同仇迅奏膚功共膺上賞朕實有厚望焉欽此

抄署理閩浙總督福建巡撫吳文鎔奏稿

奏為陳明厦門關繫重大斷不可與咲夷通商致貽後禍據實

密摺馳奏仰祈

聖鑒事竊臣於正月十二日接准　欽差大臣琦咨稱咲夷現在具

文繳還定海籲懇代為奏請

恩施已給咨該夷官赴浙統撤師船並給與照驗准其沿途購買食

物等因其如何代乞

恩施之處未據移咨臣無由知悉竊思咲夷鷙驁強橫上年十二月

十五日攻擊大角沙角砲台傷我弁兵狂悖已極何以旬日之

間遽行帖服肯繳還定海該夷狡詐性成或火藥粮餉不繼藉

前有一字同錯

作綏兵之計從容添辦而使我處防備懈弛固未可知抑或要求各款已足飽其所欲亦未可定在　欽差大臣琦膺此重任自必憂慮深遠斟酌妥辦惟臣現據汀漳龍道徐繼畬興泉永道劉耀椿密稟云訪聞商民紛傳廣東　欽差大臣有許與廈門馬頭通市之說此言固無確據然臣既有所聞目擊廈埕情形關繫重大不敢不據實密陳查廈門周圍環海地方五十里而東為台澎唇齒西為泉漳門户北達會垣通省咽喉所在一有梗塞則全體頹壞不支假使令該夷在廈通商勢必設夷館攜家室良民驚擾滋懼奸民依附生端其貨船兵船必擁泊內港我處官吏從何稽察水陸營伍從何設防其港內四通八達

去漳郡不過二三日路程該夷獲此負隅之地必益肆其占據之謀防之已無險可扼聽之則將為所欲為台澎間阻呼吸不通其害實不可勝言是厦門許與通商直以全閩鎖鑰付之寇盜欲求一日之安不可得矣現在　欽差大臣所代為乞恩之處並無此款則是臣過慮多言應毋庸議倘竟有此款惟有仰求

皇上乾威獨嚴斷行駁斥臣身任封疆深知地方情形關繫重大何敢緘默不言並因事機迫切謹由驛恭摺馳　奏伏乞

皇上垂鑒謹奏

抄 上諭

閩督顏 准兵部火票遞到軍機大臣字寄署兩江總督裕十

二月二十五日奉

上

諭昨據裕謙奏夷情詭詐現為預備一摺據奏江蘇洋面毗連定海崇明既孤懸海外上海實為通商馬頭寶山為出入門户該督現將炮位撥改海口擇要安放并派員固守海口控制崇明仍確探廣東浙江情形或往蘇州或赴上海寶山相機妥辦着照議妥為辦理徐州鎮王志元已明降諭旨令其馳驛速赴新任矣逆夷遊奕無定該署督嚴飭沿海弁兵隨時偵探加意巡防瞭見夷船踪影應行開炮必度其地勢遠近足以相及方可合力轟擊倘竟

竟進登岍卽四面堵截痛加勦洗査有通夷漢奸導引路徑接濟
水米嚴拿務獲盡法懲辦本日據裕奏審度制勝之謀一摺所奏
不爲無見已抄給伊里布閲看令其酌量情形辦理矣至浙江唇
齒相依該夷經浙省擊敗必遊奕江蘇所奏多用小船擊捦其杉
板船隻並杜絶接濟等語又另片奏修築土城高如海塘並于吳
淞海口多安炮位把守彈壓所辦均好着卽妥速籌備將此由六
百里諭令知之欽此

抄　上諭

兵部火票遞到軍機大臣字寄署兩江總督裕十二月初三日

奉

上諭裕謙奏戰守機宜一摺據奏收復定海宜潛師暗渡守據險要出奇擊搵沿海各省宜堅守口岸多用小船預備火攻斷其接濟等情已有旨由六百里諭令伊里布本日據琦善馳奏㗎夷不候回文直撲虎門炮台業經降旨令其相機勦辦并諭令伊里布收復定海及沿海各處一體備防所奏調集官兵選派將備親自帶赴

上海寶山會同提督相機辦理均即照所議迅速妥辦并着該署總督預為揀選或提督或總兵一員酌撥兵丁一二千名如浙江

省有應行接應之處一面飛速調撥一面奏聞將此由六百里
諭令知之欽此

抄　上諭

軍機大臣字寄閩督顔　署督吴　道光二十一年正月初四

日奉

上

諭本日據吴文鎔馳奏調兵練勇嚴防海口一摺逆夷日肆猖獗迭經飛諭各省海口加意防範閩洋居浙粤之中厦門為咽喉之地尤關緊要現據該署督咨行水陸提鎮標營將前次撤回之兵仍行調往協防散去鄉勇赶緊設去團練各要口亦酌量添兵戍守省城鑄就大炮分别解往安放等語着照所議迅速妥辦該夷窺伺厦門迭次滋擾粤省現已動兵難保不復行竄入一切堵勦事宜着顔伯燾迅速馳往泉州協辦未到任以前如有警報即着

吴文鎔親往相機辦理其調兵練勇行裝口粮業據籌款給發着
照例核實報銷将此諭令知之欽此

抄閩浙總督顔伯燾浙江巡撫劉韻珂合摺稿

奏為定海亟宜克復攻剿固為急務而籌辦尤須得人恭摺合

奏仰祈

聖鑒事竊臣顔於上年除夕由江蘇常州會晤署兩江總督裕俻細詢問江蘇防堵情形臣裕謙面述半年以來悉心籌畫一切調遣製造防勦制勝各事宜在在均已周密確有把握江蘇海口可無庸過慮臣顔復一路探訪定海夷情現今二十餘隻夷船分泊定海道頭岑港沈家門三處較從前尚未加增亦未露蠢動形迹但各處奸民時有私越夷船潛通貿易者臣顔正月初四日行抵浙江省城撫臣劉韻珂適於除夕自鎮海旋省覿面

縷述與臣顏沿途所訪大略相同臣等復查定海失守我兵隔海相望半年之久未嘗一矢相加該夷初計陽為恭順遠赴天津呈遞詐詞送料重臣自北而南查辦需時藉此開河修屋築台建寨已據山川之險且分䑸赴粵復敢逞其狡詐妄肆要求以致浙省重議守防轉形失計臣等愚昧之見竊謂赴粵之夷既已負固反覆則在浙江醜類勢必鬼蜮愈增定海雖為外洋實合腹地該夷自去歲六月以來公然安居吾宇進亦可戰退亦可守倘復再事遲延漢奸附和日衆各粵勢利之輩勢必煽惑益多是定海一日不復實為心腹之患有不勝言者臣劉抵任後思患預防首先咨飭地方各官並咨委妥員潛赴各灣設

法安撫竊幸民情固結嚮義可嘉當將應行各條商同
欽差大臣伊里布廣為酌核臣相度籌辦已剴切勸諭彼此各縣紳
士分造小船預備火攻之用並諭該紳士等潛覔渡兵間道密
為嚮應並飭委員赶造銅炮以為必勝之計惟是戰守固應夙
備而調遣尤宜得人臣劉身為巡撫政務殷煩勢難兼顧防勦
即令炮船齊備徵兵雲集臣伊縱能振發有為而襄贊運籌究
形寡此查已革兩廣總督林則徐已革閩浙總督鄧廷楨臣等
素知其有體有用其心思才力臣等撫衷自問深愧不如且又
為該夷所畏忌而屢欲中傷者該臣等雖前此辦理未協弟既蒙
嚴譴更難置身事外臣等再四熟商用功不如用過合無仰懇

皇上天恩准予戴罪自贖
飭令迅速馳馹赴浙林則徐駐劄鎮海鄧廷楨駐劄寧波會同伊里
布籌辦一切攻勦事宜並乞
逾格鴻慈一體假以事權令得陳奏乃為有裨如該二臣不知奮勉
圖功即治臣等以妄舉之罪事勢緊迫臣等冒昧瀝陳惶悚戰
慄所有臣等意見相同謹合詞恭摺由馹馳奏伏乞
皇上聖鑒訓示謹奏

抄閩督顏伯燾吳文鎔合奏稿

奏為夷情勦狡詐異常亟須籌備攻勦以彰
天威仰祈
聖鑒事竊㗎夷在粵大肆猖獗臣吳迭准欽差大臣琦咨會業經
將閩省各海口嚴密防守情形并厦門關係重大斷不可許與逆
夷通商致貽後禍緣由節次奏陳
聖鑒茲臣顏到閩後與臣吳反覆籌思琦來咨㗎夷業已遵照繳還
定海籲懇代為奏請
恩施並給咨該夷官迅速由海道馳赴浙江統領師船回棹復因該
夷自粵赴浙沿途應須購買食物經琦發給照驗以本年正月

十五日為限過此以後即為廢紙計今逾限旬餘閩省洋面雖時有夷船三五隻遊奕並無俯首帖耳持照求買食物之事浙省定海亦不據報繳還是逆夷此次所具之文與前次訴冤之禀皆同兒戲且必陰謀詭計别圖衅端其藐視狂悖情形實屬神人共憤查逆夷既鷙驁不馴若不痛加攻勦斷難慴服即我朝開寬大之恩亦必使之畏威方可冀其懷德是欲明示覊縻必先大申撻伐查該夷生計向資貿易惟利是圖我中國體統祇重邊防何須洋市且欲制該夷死命亦不在此設嗣後琦伊續有誤聽該夷之請再為遲延之計或許擇地為馬頭或許納煙價為了局臣等斷不敢曲從附會致阻事機臣顏現將省疆緊要

事宜趕緊布置並與臣吳面商一切定于二月初三日出省馳赴泉州厦門一帶詧看情形會同水陸提臣激勵士卒督率巡偵應守則守應攻則攻必當出奇制勝應變隨機期無疎誤而示懲創仍將布置情形隨時奏

聞至臣顏出省為時久暫難以預期所有署中照例題咨及日行事件若照例飭委藩司代拆代行恐有舛錯遲誤應由臣吳代理其重大事件仍封送臣顏行次核辦所有臣等籌備攻勦情形合詞恭摺馳奏伏乞

皇上聖鑒謹奏

抄暎送與大鵬協照會文

大暎軍師統帥水師總兵官伯麥　為照會事照得本國公候
大臣義與　欽差大臣琦說定諸事議得香港等處全島地方
讓給暎國主掌已有文據在案是以該島現係歸屬大暎國主
治下地方應請貴國官兵撤回四向洋面不准兵役稍行阻止
難為往來商漁人民惟思兩國現議和好本統帥果一本可常
遠相安自必盡心竭力以保各事善妥而貴國官民如有滋擾
阻止使民不安係貴國終非誠心求和之明徵本統帥定必查
照嚴辦本統帥存心誠信先應明白指示望免爭端為美為此
照會須至照會者

右　照會
廣東大鵬協賴
道光二十一年正月初八日

抄英送香港告示

大英公使大臣駐中華領事義律軍師統師水師揔兵官伯麥示為曉諭事照得本公使大臣奉命英國善定事宜現經與欽差大臣琦議定諸事將香港等處全島地方讓給英國寄居主掌已有文據在案是爾香港等處居民現係歸大英國主之子民故自因恭順樂服國主派來之官亦必保護爾等不致一人受害至爾居民向來所有田畝房舍產業家私概必照旧斷不輕動凡有擬議所關鄉約律例卒准仍舊亦無分毫更改之誼且未奉國主另降諭旨之先擬應照大清律例規矩之治居民除不得拷訊研鞠外其餘稍無所設凡有長老治理鄉里者仍所為舊惟須稟明英官

治理可也倘有夷民及外國人等致害居民准尔即赴附近官
前禀明定即為尔查辦至所有各省商船往来貿易為准任意
買賣所有稅餉船鈔挂號各等規費輸納大嘆國帑倘嗣後有
應示之事即由派來官憲隨時曉諭責成鄉里長老轉轄小民
使其從順毋違特示
一千八百四十二年二月初一日即
道光二十一年正月初十日

抄廣東撫怡良奏稿

道光二十一年二月初四日奏為接據營員稟報𠸄逆投遞文照詞意狂悖並在香港地方出有偽示緣由據實奏祈

聖鑒事竊臣于道光二十一年正月初六日兩次欽奉

諭旨遵將預備情形由馹奏　聞在案嗣據署大鵬協付將賴恩爵稟稱𠸄逆投遞該付將照會文一角係收管香港地方令內地撤回營汛等由照抄具稟到臣接閱之下不勝駭異髮皆上指竊惟我　國家撫有寰區無遠弗屆薄海內外悉子悉民即在重譯來庭亦莫不懷柔綏服乃𠸄逆義律等妄肆鴟張已忘名分況復胆思狡啓指稱　欽差大臣琦與之說定讓給實為

悔從前

駭人聽聞該大臣到粤如何辦理雖未經知會到臣然以事理度之亦萬無讓給土地人民聽其主掌如該夷所稱已有文據之理既無從悉其真偽徬徨夙夜心急如焚乃聞民間傳説咉逆即在香港地方貼有偽示迫令該處民人歸順彼國各語方謂傳聞未確故惑人心即據水師提臣轉據付將賴恩爵稟抄偽示移咨前來則是該夷竟以香港視為已有要害之地為其所據相去虎門甚近片帆可至沿海之新安東莞香山順德以及省城勢非刻刻戒備不可嗣後內地犯法之徒必于此為存納之所是地方既因之不靖而法津亦有所不行更恐犬羊之性反覆靡常一有要求不遂之時必仍以非禮相問雖然追悔

從前其何能及且大西洋自前明寄居香山縣屬之澳門相沿
已久所有在澳華夷均歸同知縣丞管理議者猶謂非計今該
夷竟欲將
天朝土地人民占踞全島更恐致滋後患伏思
宸謨廣運
聖慮周詳定能　燭照靡遺不使奸宄得以遂志何待愚昧為之過
計但臣忽聞海疆要地外夷竟思主掌並敢以
天朝百姓稱為嘆國子民臣實不勝憤恨第一切駕馭機宜無從悉
其顛末惟于上年十二月二十八日欽奉
諭旨召集兵丁預備進勦兼令琦同林鄧妥為辦理始經宣示臣等

始見琦卟經悉心商請添設壯勇以壯聲威固守虎門炮台防堵入省要隘竊惟用兵之道全在識定心堅若再稍涉遊移适夷窺伺多端實有措手不及之慮現既見有夷人等據禀抄僞示不敢緘默謹照録二紙恭呈

御覽伏祈

皇上聖鑒謹奏

抄臺灣道奏稿

臺灣鎮道　奏為遵

旨嚴訊夷供據實覆奏仰祈

聖鑒事竊於上年八月間具

奏淡水雞籠海口搶獲夷犯多名委員提郡嚴訊在案適加義匪徒

滋事北路用兵奏明暫緩起解嗣於十二月間南北兩路勦辦逆

匪事竣委員分起提解原獲夷犯一百三十二名除在監在途病

斃外陸續解到夷犯一百一十九名隨將前

奏能傳夷供之宋廷桂及陸續訪出通曉夷語之何奎飭交臺灣府

熊一本臺灣同知仝卜年督同臺灣縣知縣閻炘委員前候補臺

灣縣知縣托克通阿等日夜研訊甫得端倪正在籌商辦理間接
到撫臣飭知於二十一年十月十五日奉
上諭御史福珠隆阿奏請暫留罪夷以便訊究一摺台灣擒獲逆匪多
名如果尚未正法即着劉鴻翱飭令達洪阿等按照該御史所陳除
千里鏡一節毋庸查究外其餘逐層究詰明白曉諭務得實情密
察辦理冀有裨益于攻勦機宜欽此由撫臣照抄該御史原奏咨
行臣等查照辦理遵查原奏所稱應訊各條俱係案中緊要關鍵
先經該府廳縣悉心推鞫審問款目亦與原奏大畧相同茲于欽
奉
諭旨之後臣等復加審訊據黑夷頭目咽唎㗅等俱供伊等駕船三隻

同到臺洋均係紅毛望結仔吐嘮呻地方夷板夷船内屬嘆夷管轄嘆夷所轄各島每年進納鴉片烟土作為貢稅前年中國查禁鴉片嘆王不能銷售遂向各島索要金銀各島夷亦因鴉片難消無有金銀仍應求收納烟土嘆王即于梹榔嶼望結仔賞叨等處催名兵船七十餘隻在孟咖喇地方會齊大船用夷人八九百人小船五六百人每名每月給番銀四五元至十餘元不等又用漢奸五六名沿途賣貨記賬買食物等件令其頭目帶領至中國與領事義律懇求通商因中國嚴禁始初即帶各船至廣東虎門浙江之舟山福建之厦門等處滋擾去年不記月分義律被國王撤回換嘆喍喳為領事大頭目隨于七八月間先派三十餘隻船攻

打厦門又派二十餘隻船攻打浙江又派伊等三桅夷船三隻来台窺伺不料伊等所駕之三桅夷船于十二日傍晚先到雞籠外洋其同来二船不知在何處阻風停泊伊等于十六日駛入雞籠口内經官兵用炮轟擊伊等用炮回攻不能得力被岸上一炮擊倒大桅伊船立時破壞船上有夷官呷嗶三人一名呵呋一名吧喇啞一名咜吥嘮見勢危急一人手抱天后跳海一人剌目一人同白夷數十人紅夷數十人黑夷三百餘人及漢奸數人分駕原帶三板船四隻逃走因岸上官兵追趕各夷在杉板船上投水溺斃及官兵殺死者不少伊等均被生擒船上大小炮三千餘門及火藥炮子金銀食用等物俱已散失各等語此皆夷船聽從唤逆

各處滋擾來台被擒之原誘也詰以漢奸姓名原籍據稱漢奸是粵人從前暎逆到廣通商有漢奸管事白夷彼此認識是以此次僱在各船照料若是面生之人亦不使用伊等實不知其姓名詰以製造藥炮用銅鑄就取其 子便到伊等但能用藥點放不會造製詰以硝磺米石俱由何處偷漏所需內地何物接濟畏懼中國何項兵法據稱硝磺米石俱由嗎嗹孟咖喇等處運來也有各處漢奸接濟船上所有乾麪粉餅極多並非必需內地之物至中國打仗最怕擱淺是以到一海口必要量水淺深最怕火攻是以船上內板皆是夷木板中一層貯水以防炮火各等語臣等伏以梹榔嶼望結仔嗎嗹孟咖 喇嘪叻等處是否國名所獲圖冊夷書

是何奸計向其究問極稱孟咖喇嘪叨等處是暎夷屬島梹榔與望結仔嗯嗛三處是暎夷大馬頭在噶喇吧一帶遇有順風亦須四五個月始能駛到中國至所帶圖册是沿途各島及中國地圖夷書是官船白夷呷嗶呥之物伊等黑夷俱不識字莫能解說等供再三嚴詰矢口不移仍未便再四刑求臣等查該逆夷等因天朝不准販賣烟土輒聽暎夷召派分至各省滋事實屬罪大惡極該御史所奏觧省訊辦非惟無文武官兵配船護觧過海且此次黑夷俱係各島烏合愚蠢之人問以秘要夷情不能明晰設或洋面夷船聞風截奪更屬不成事體是否仍照臣等原議即行在台懲法以彰

國憲而快人心抑如該御史所奏暫緩懲法之處臣等未敢擅便除會
同客籌制勝之策相機辦理外合將遵
旨嚴訊緣由由四百里馳
奏恭候
命下之日欽遵辦理謹　奏

抄兩江總督牛奏稿

奏為逆船全行退出吳淞上寶兩城夷鬼俱已登岸竄去臣現檄
文武帶兵前往彈押並飛咨沿海口岸嚴緊防守分竄恭摺馳
奏仰祈
聖鑒事切臣昨于十六日將夷船再犯淞郡經總兵尤渤該夷復以杉
板菩船駛入泖湖測量水勢臣飛咨鎮臣概淅省加意防範緣由
馳
奏在案茲據寶山縣周恭壽探報吳淞逆夷船隻于十五日全數退
出距城十里之洋面停泊又據署松江府知府王紹復稟報于十
四日夜聞上海城內夷人鳴號十五日巳刻黑白鬼子全行登船

其火輪船大小船隻即時駛去吴淞口外洋莠語查該夷目前由黄浦兩犯松郡并分船駛入泖湖測量水勢是直欲内犯省垣今忽焉全行退出雖前在吴淞接仗曾被擊壞夷船四隻轟斃夷匪三四百名並入犯松郡時經總兵尤渤連番擊退但究未大受懲創何以驟然駛去其情殊為叵測除一面札飭蘓松鎮總兵周世榮同知沈炳垣前往上海寶山兩縣安撫百姓彈押土匪查明提臣陳化成屍身妥為棺殮一面飛飭崇明狼山瀏河福山各口岸在防文武督飭弁兵嚴密防範並咨明揚威將軍一體防範外謹將夷船全行退出緣由附片具奏

抄探報

一探得上海仍泊夷船三隻專向來往商船索税豆船每隻納税八十洋番此外各船高下不等

一探聞伊中堂現奉　廷寄仍回乍浦都統任所有江南防勦事宜留者將軍會同牛制憲商辦

一探得吴淞口於初九日有稍大黑色油漆夷舡兩隻傳説係佛蘭西國所來鎮江城門現已緊閉京江瓜州均被夷船攔阻金焦山有大小夷船數十隻文報改由句容江浦行走夷船有分往江寧直抵燕子磯之信又江陰縣十二日午刻有夷人百餘名手執洋鎗並桅架大銅炮一尊令十餘人扛抬隨行其意總欲入城等情

一探得六月十一日二更時分鎮江西門外漢奸将油舖放火至四鼓撲滅並有夷匪駕小舡二隻由長江小閘竄入内河並有一婦人二和尚嚮導引領陸續登岸十二日伊中堂差外委陳志剛赴夷舡投文知嘆鼎喳於申刻到鎮當給回文十三日又有續到夷船等因

一劉中丞病勢未減欲奏請開缺因浙江士民再三挽留現擬于二十二日出奏展限二十三日再看光景

一密探得伊中堂前次奏請夷船如至天津可令前大學士琦與之打話在浙夷船可令粵商前来議撫聞已批回有一派亂話四字

一探得夷船有數隻進瓜州口至老虎涇日来揚州勢亦甚危惟鎮

江失守後信息一時竟不能通

一探得定海尚有夷船十三隻招寶山尚有夷人一二百名署寧府舒恭受業已到任所有防堵事宜閧奕將軍仍令其相機辦理

一署院現接江蘇探報鎮江府城於十四日早辰被逆夷進攻未刻燒燬民房而入都統海凌業已殉難鎮府祥麟不知下落常鎮道周頊現在丹陽耆將軍伊中堂劉提臺齊叅贊均在丹陽舟次等因

一探得南京濟通門現已關閉蘇省委員前往不得進城仍即折回

一探得夷人回書與耆將軍伊中堂云議和之說非二公所能為此事難以歇手必欲往南京天津如欲議和須得朝廷另差全權大

臣前来商議等語

一探得夷人在鎮江出示有焦山進香南京祭祖天津打話等語只

稱同來諸國内有一處係前明子孫故須至南京祭掃

抄探報

一探得江蘇常州無錫一帶有匪徒裝夷人三五成羣在僻鄉搶奪索詐幸程中丞飭拏數起正法現在斂跡

一探得江蘇有咨文過来云南京燕子磯龍江下關等處江口均用木椿釘有數層現在小船亦不能行走

一伊中堂行抵嘉興奉到　廷寄仍折回江蘇會同　奕耆辦理即日返棹

一探得委員陳勛唐際功等禀稱六月廿三日辰刻改裝由丹陽馳赴鎮江沿途疊聞有盜刼奪行人之事申刻至鎮郡南門瞥見搶奪之人持擕衣物蜂擁無數出城因在城外探詢廿二日午刻逆

夷悉行下船現在城内並無一逆惟西北兩門外有逆夷一千餘
名早晨進城旋即出城該并隨繞至相近之木碁山頂望見逆船
自鎮江馬頭至金山約共三十餘隻時值炊爨遥見城内並無烟
火廿四日午刻忽有逆夷二三百人進城燒燬各衙門並在甘露
寺相近北城墻挖開三處江口逆船僅有廿餘隻並聞三桅船兩隻
停于浦口餘俱前往南京又據九江張守備告伊守禦新豐廿二
日逆夷數百人赴該鎮買牛羊衆百姓鳴鑼聚集各村有二三十
人官兵俱改装花布包頭一同勦殺多夷餘逆逃竄等語
一探得鎮江郡城夷匪俱已回船程中丞已委人前往安撫即可收
復至金陵觀音門外有火輪船數隻停泊大帮尚在棲霞一帶

牛制憲現在據設法羈縻等語

一探得鎮江停泊夷船二隻招寶山鬼子仍然住守近日鬼子下山進城巡視屋宇鬧因住山上患病甚多似有移住城内之意定海洋面夷船共十八隻内一隻前在烏龜山沉溺現已撈起修理等語

抄上諭

軍機大臣字寄　兩江總督牛六月十九日奉

上諭牛鑑奏逆夷攻鎮江府城勢甚不支江寧毗連一帆可達難保不乘勢駛至省城且恐鹽梟乘間勾結所請設法暫事羈縻之處本日已諭知耆英伊里布前往京口妥為辦理萬一該夷駛至省城滋擾准該督暫事羈縻如該夷不信即行告以業已降旨交耆英伊里布專辦此事該夷到彼即知底細也欽此

抄探報

一浙江桐鄉于六月十三日藉水灾滋事湖州安吉縣因求平糶傷官均經委員會府查辦

一招寶山白夷挂銅圈數十於樹上為戲黑夷等在下操演該處夷鬼病者甚多已抬七名下船

一鎮海夷人招募鄉勇設有公局時有上山代夷人查船傳說此局即為夷人通信而設近有漁船随潮進内風利甚猛夷人疑是奸細即放鎗打斃一人又時常向當鋪中索取物件現在羅伯舟曾否在彼尚無確信

一在粤夷目馬利遜有智謀通文理現已来江南船上一切均任其

主裁

一耆將軍伊中堂到蘓後連發三摺均言現在夷情與我家兵力戰守兩難第三摺内有速決大計四字

一牛制軍奏摺有求　睿謨乾斷迅賜保全之策如逆船駛至金陵並懇　聖旨准臣設法暫事羈縻以待援兵云云

一奏明驛遞摺奏等件由江蘓之宜興鎮江之溧陽江寧之高淳取道東垻歸安徽大路北上

一揚威將軍已奏請帶兵往援飭備塩船救生船為圖攻之用俟批摺轉後再行起身

一臺灣有米船將收寧波海口為盜船所截夷人聞之將盜船擊退

令米船進口并不收税

一伊中堂于六月十六日遣陳志剛至鎮江與夷人書荅以此時無暇作復俟至金陵再行打話

一江寗有火輪船一隻三桅大船二隻並有咨文與　牛制軍云云油閘關有大夷船收税

一十六晚齊恭贊會同劉提臺帶領湖北四川江西各路兵由丹陽赴金陵

一鎮江失陷後鄭士烈在彼占住殺人不計其數屍身均推落長江在浙夷目羅伯舟患病馬利遜自穪州折回代其辦事

一逆夷自破鎮江以後連日入城擄掠其火輪船一隻直抵南京一

隻直至龍江下關係報信連絡大帮逕趨金陵十分危急　者帥

駐保無錫常臬司防堵常州伊中堂回乍浦之任牛制軍仍有覊

縻辦理之奏

一鎮江東南城門已關晝則鬼子盤查出入夜則打更巡城郭夷在

府署居住約有鬼子四五千人並有大漢奸身穿羅衫尖靴手執

紈扇為郭夷謀主聞係鎮江舉人戴姓被草投夷城内都統衙署

及漢滿大房屋全行折燬四鄉窮民招来搬運木器什物惟金銀

洋錢堆積大堂有鬼子看守来𨑨運下大船銅錢分給窮人漢奸

扛抬死尸丢入大江自十五六至十九二十日尚未抬完城内死

者男女約有萬餘黑鬼在附近村庄奸淫婦女白鬼尚安静郭夷

常遣黑鬼潛往丹陽一帶密探消息已被鄉民擒獲一名送縣江口地方有帳房紮營並有馬匹不少火輪船尚有三十六隻停泊金山一帶其餘火輪船大桅船數十隻在儀徵洋面南京有舡十餘隻探量水勢所有鎮江洋面鹽船悉被火箭燒燬米船貨船為逆夷截去並招沙船大船助其聲勢由關已封名為太平關　齊叅贊在丹陽　耆將軍在無錫

一探得夷人現有偽示稱中國待以不平者四故興師進戰如欲罷兵須允其償還兵費平行來往割據馬頭等三樣又有洛文與江蘇撫臺蘇松道有以洋錢一百萬元贖取寶山上海地方等語又聞牛制軍馳回金陵居民閉關不納此似訛傳

抄上諭

奉

上諭劉韻珂奏病難驟痊懇請開缺等語着賞假一月欽此　又奉

上諭卞士雲着賞給三品頂戴署理浙江巡撫所辦糧台事務着管

接辦等因欽此

抄探報

探得兩江總督牛　接奉

上諭前有旨令劉允孝將帶赴蘇之湖北精兵一千名管解改赴青州

本日據牛奏該提督業已行抵江寧現在江蘇防堵緊要劉允孝

着留江蘇署理提督會同牛鑑籌辦防勦等因將此由六百里加

緊諭令知之欽此　又奉

上諭奕經等奏查探近日夷情會同參贊大臣帶兵就近控制並遵旨

將余步雲派員解京一摺又另片奏候補知府黃冕及裕謙家丁

余升由浙江巡撫派員解京着俟到京一併歸案質訊欽此又奉

上諭耆英等奏逆船折回吳淞現擬設法防堵一摺據奏該逆北竄之船

四十多隻仍復折回崇明及瀏河福山各口均有夷舡遊弈并有
欲犯江寧之說牛鑑已往洋子江京口溯流而上竭力防堵會同
德珠布商辦一切已有旨諭知奕經等酌派精兵一二千名接應
崇恩已調山東臬司現經駐守崑山着俟江蘇防堵事竣再赴新
任黄恩彤已放江蘇臬司仍着署理江寧藩司着該督分別飭知
又耆英伊里布奏接閱夷目回信一摺覽奏可惡之至該逆既不
肯退戰兵若再事羈縻不特于事無益且恐有傷國體着牛程專
意剿辦無稍遊移另片一件着發還將此由六百里加緊諭令知
之欽此
又六月初九日

江蘇巡撫接江陰縣禀報初六日有夷船二十餘隻停泊有黑白夷鬼二十餘人用杉板船在黄田港上岸先至天后宫一日隨買食物價值加倍並無滋事大城初一日僅有十二舡由北岸向西揚帆而去剩五隻未動等因

又十六日

撫憲接鎮江來信十五日申刻鎮城失守等因又鎮城失守都統海淩阿已經殉難鎮江府舒麟不知下落又長江瓜州等處均為逆夷所扼該逆登岸肆行搶奪現在文報不通江寧對渡有浦口路徑惟土匪蜂起亦難行走此次鎮江失陷共傷兵勇有四萬餘人等情

抄偽示

大嘆國領事全權大公使噗為列情曉諭事夫天之所覆地之所
載國家不一而萬國之中無不為
天父上帝所治者即無不為一家兄弟既如一家兄弟其宜相友通交
不應自誇已能明矣嘆咭唎自極西邉来與極東之中國相交已
歷二百年之久當此時間中國官憲屢經妄思彼大我小擅敢待
我不平而嘆咭唎不欲與之相争即經忍耐多年迨至道光十九
年間中國
皇帝降旨嚴禁鴉片進口特派大臣林則徐前赴粤省辦理此事該大
臣既未能捉拏諸國走私之人欲止其進口已無法可使即應與

諸國所設官員酌議章程以俾辦理妥善乃胆敢將粵省所住英國官員及商人等強行拘留嚇以死罪意欲將當年所有之鴉片勒取解京以自取名于

皇帝之前也其住粵之英國官員見情如此即賴　君主之權曾令凡英國之商人者將伊等在粵洋所有之鴉片全行繳出方得救民于水火之中矣其中國官員待英人等大不平者一也　大英君主既見

大清官員待我似此不平又見該大臣此外多有不公辦法即經特派水師統帥懿律為原在粵省領事官義律同賜全權命與清官酌議善定諸事因念中國官員往年有不義之為此須復已大使不

平再經命統師帶同水陸軍師令其寄居中國海島地方倘若
清朝情愿認錯伸究即可善定諸事惟恐不肯伸究照雪即當興義動
兵相争該統師等當經赴天津之白河口遞送　大唊國宰相之
公文即經爵督部堂琦善接收轉遞京中與宰相議擬旋据該閣
部堂照會統師等云爾事關粤省難以善定允其各赴廣東酌議
則不久可以定明等情其唊國大臣仍欲相和通交不忍争戰就
經聽照赴粤與琦爵相往来文書及面議数次奈諸事尚未明據
在京宰相不誠無信勸令
皇帝撤回琦善另派大將軍奕山前往粤省命其即行争仗致令唊人
無奈只得佔取虎門一帶炮臺及攻勝省城勒取贖回以為不誠

無信之罪也夫中國宰相等此無信其待我大不平者二也且
欽差大臣裕謙及各省將軍大臣等往遇我民人因火風破船被孥從
誘惑上岸者秋稍存懇擅敢以孥掠之人酷虐殘殺並敢欺詐呈
奏揑飾告示假以連日相爭拿獲船隻殺斃多名各等語哄人耳
目即如去年秋間裕大人之告示及呈奏定海上年情形又如在
廣東之奕將軍四月奏報打毀多船在閩省之顏制臺呈奏取復
厦門及臺灣道等兩次將遭風破船之難人執獲詐奏以打仗得
勝孥掠多名等語并如本年在浙之奕將軍等未壞一船未害一
人呈奏燒燬多船殺斃無數各等情由重重假揑奏聞及妄殺孥
人致使仍不和好其為待我大不平者三也至貿易一端原經㗖

國商人在各省買賣貨物與各省有益無害惟廣東官員因欲自
享其利經揑飾奏聞勸令
皇帝止准在粤貿易限于洋商十三人買賣只准與該洋商及官設通
事人等來往俾得該官高下其手隨時勒索任憑揑奏其中國官
員待我大不平者四也除此四大端者外另有不公道之情無計
雖屬可惡可恨而亦毋庸詳細列名也茲因中國似此不平相待
是以本全權公使大臣奉命前來中國務求伸冤照雪然後善定
事宜復修舊好尚未伸冤招雪之先則有統領水陸軍師大憲等
俱在奕經奉命興義争戰專心求為伸冤迨有中國大臣奉
皇帝欽賜之全權准其自行酌商辦理者前来議事纔可戢兵不戰矣

夫伸冤照雪之大端者三也賠還所奪之貨物及年來之使費一也其兩國官員嗣後必以交好相待平行通文二也割讓海島以便居住貿易而免再釀爭端三也得此三者其餘事宜則不難善定也　本公使大臣恐爾居民人等被官員誘惑令爾向我兵弁相害致惹軍師怒氣累及多人特先列曉示爲此仰沿海各省衆民知悉爾宜務須安分不可與我兵相爭免致連累身家爲害倘有不遵受害者勿謂言之不早也特示

一千八百四十二年七月初六日即

道光二十二年五月二十八日

抄唊夷照會

大唊統領水陸軍師大憲郭巴為照會事道光二十二年五月初八日勝取寶山縣城及所屬吴淞堡城之後經本統領照會上海縣中官憲等耐求即撥贖銀一百萬元俾免水陸軍師進前佔取該縣城恐未接到復文就經本統領等于初十日前進當有妄行抗敵者及城中官憲等俱已逃去遂經本帥占據城池矣惟本統領懷仁愛之心其安居良不忍難為則城中所獲諸物除炮位兵械之外並未獲取迨過四日即經撤退該城并未受本軍師之害奈本統領仍必討要稅銀以贖上海縣城及所隸之松江府城其数既為不多自必早為發出不然則本軍師現在大江河面者甚多

必須再撥弁兵再進該城及貴戍松江府城中官員憲協同輸納
贖銀其事先已親投日久恐一一百萬元可敷也為此照會
貴軍門
巡道祈為查辦須至照會者　　此處有夷字横排長短三行
江蘇全省提督軍門　江蘇蘇松太兵備道
一千八百四十二年七月初五日
道光二十二年五月二十七日

抄僞示

大唊國欽命守北固山鎮江地方總兵官張得為曉諭事照得本
軍門駐此有慈民之意所需各項食物牛羊雞鴨等每日在營前
買來是合宜也但汝等鄉民不敢遵照販賣而收公道價錢則派
兵弁強辦凜之慎之特諭

僞示後另有夷字不辨何字

抄探報

一初六日見江蘇探報南京觀音門外江面時有火輪船往来遊奕其大幇夷船俱在三江口儀徵江面停泊劉提臺允孝李鎮臺錡等營于儀鳳門水西門等處防堵甚嚴

一探得陳志綱見夷目嗎哩遜于二十八日取有夷書回来伊中堂耆將軍現已往南京於二十九日過無錫

一探得兩廣制臺有咨文到浙云伍姓洋商之弟及姪共兩人已由廣東委員伴送前赴江南聽候伊耆二大人遣用

一見江蘇探報上海六月二十八日有火輪船一隻杉板船三隻黑鬼百餘人直進城内需索欲見道台知縣因前所許銀嫖少要一

百萬上海百姓亦無敢與交接者現尚停泊未開等情

一見定海探報夷目丁儀士前因病危下船調治数日稍愈乘馬入城仍下船養病大馬頭泊船九隻竺山門二隻蟹臍港五隻共十六隻

一見鎮海探報初一日午刻有船一隻開往定海招寳山口仍泊船二隻其勒索協和鼎元瑞泉三當鋪饅首氷餹等物逐日如此不堪其擾又拏夫挑淡水上山亦如舊

一見慈谿探報初二日酉刻見慈轄之黄山洋面有火輪船一隻由西北洋面駛来片時即向東南洋面而去慈餘境觀海汛探稟亦相同

一見蘇撫程咨開江寧將軍德拜發奏摺由金陵驛至江淮驛遇見鬼子奪取摺件拋棄江中辰下江浦縣滁州入京大路業已阻斷不能遞送文報統歸高淳蕪湖行走

一浙藩常暨杭府淩被新補御史黃宗漢以辦事廢弛參劾休致浙藩現放孫善寶未到任以前管遹聲署理卞方伯卸撫篆後聞仍總理省城軍務鄭方伯管理行營粮台杭府篆現委台州陸丞模署理

一見江藴採報金陵北門外夷船停泊者漸多該夷仍願通商惟所求之奢殊屬狂悖異常曾約牛制軍與伊中堂往見制軍許以獨自先往不料該夷又請緩行此二十九與初一事也伊中堂約計

初三日可到白下此後如何商酌容再續稟等語

一探聞夷人索烟價兵費四千萬兩江藩已允其所求約定每年輸利銀數百萬作爲存欠之欵按年生息解付該夷云云該夷尚在游移

一探得揚州商民給夷人銀五十萬現已上船交付揚州似可無虞

一探得蕪湖關現已有火輪船三隻駛往因覬覦關税之故

抄探報

一探得夷船分泊江陰圌山關金山焦山甘露寺前瓜洲儀徵龍潭棲霞龍江下關等處恰未即攻金陵不解何故

一探得鎮江城中已無一夷衙署房屋焚燬畧盡圌山關閘改為順水關瓜州口改為大朝谷丹陽一帶搶奪紛紛亦無人禁捕

一劉中丞初六日見客十二日接印任事

一奕將軍行至嘉興王江涇駐劄為兩省策應

一探得松江府上海已湊得銀七十萬两令一周姓董事上夷船説合囑其將寶山停泊之六船全行退去嗣後勿再侵犯據夷人云我們不過在此守口不能作主須向鎮江打詰周董事覆以鎮江

我去不熟應尋何人如何說法諸多不便於是船上夷人給伊藍色小旂一面并派一通事同往現在尚無回音

一署寧波府舒恭受現調赴江蘇辦理羈縻事務遺缺委珠熉署理

一探得丹陽來信云據探子報廿四日辰刻鎮江西門橋上及城內大街至西牌坊民房皆被燒燬城頭城門皆已折毀教場城墻挖有一洞深不可測府署後十三門被夷折通開成大路出入下有埋伏面上用蘆蓆遮蓋鬼子出入別有記認廿三日鬼子將大倉米石拉民扛運下船至今未完廿二日夷人在北固山點兵短少八百餘名進城拉我百姓充數並出有偽示府縣衙門及城內各處均有埋伏其物似炮非炮如銅鼓一般中有口門約有五尺圍

圓五六人方能抬起其衙府署駐二銅物形式如馬
一夷人有偽咨與　牛制軍須派員商議贖取金陵以免戰禍等語
偽咨并鎮江偽示另紙録呈
一見蕪撫程咨開麟河臺以防汛緊要改派但運司統率淮揚軍務
加按察司銜准单銜奏事已奉
諭旨矣

抄暎國照會

大暎國統領水陸軍門郭巴為照會事本軍門等因奉君命在中國義戰昨已攻破鎮江雖經城中旗漢等兵盡力抵擋終不能擋住致殞命者甚多我兵突進據守本軍門等統領前往江寧心懷仁義不願害生靈特此照會

貴將軍部堂得派委員面議贖取省會免戰之禍仍應分晰咨知若計可施不贖江寧則本軍門不得不破城池但省會蒙

皇帝不准照英取討諸欵則本軍門亦不能全行罷兵今將前贖省會之計題咨惟望

貴將軍部堂熟思之

抄上元江寧兩縣来稟

江寧府上元縣吴廷向　江寧縣李彭齡稟

敬稟者夷人自六月十二日駛至通州之圌山關江口往金焦山上下大小夷船陸續踵至約有七十餘隻十五日攻破鎮江府城滿營被害最慘諸有青州駐防四百名陣亡有二百餘海都統自刎西門外關廂居民房屋每被燒燬瓜州儀州俱往侵擾老河頭停泊鹽船及岸上屋棚燒燬殆盡該夷大船駛至高明寺因水淺退出經揚州商人顔崇禮儀徵商人陳某到船與該夷目面議始得無事督憲二十日差書弁陳報龍陳百齡往彼投文該夷回稱至南京再議等語廿八九日果有火輪船有大小夷船陸續駛至

追字號

下關一帶全帮俱到江浦六合北河等口均有夷船停泊并未開炮及搶奪等情惟聲稱南京須給洋銀三百萬元方可無戰七月初三日伊里布進城遣張喜帶同戈什哈十餘人至彼船上講話該夷情愿議和至初五晚復稱明早無銀即行開仗初六日辰刻夷鬼紛紛登岸搬運炮械懸挂紅旗伊里布遣前署常州府徐牧同張喜陳報龍到彼與馬利遜面議該夷以速差各事自可罷兵旋撤紅旗改換藍旗夷鬼俱各回船耆英是日辰刻抵省初七日復令張喜與耆將軍隨員塔協領前至計議該夷稱索洋銀二千萬元其以前得過江浙兩省洋銀約有二百萬元即從此扣除其餘分年給付並要廣東香港福建厦門福州江蘇上海浙江寧波

五處馬頭通商前索南京之三百萬元無庸再給尚有納稅立約等情酌議停妥開单諸務議定即率同浙閩各口夷船全行回國今日辰刻各大憲仍遣徐牧陳志剛張喜陳郛龍顔崇禮等到夷船商議一俟大局甫定再行肅稟

再現到南京該逆夷目係噗鼎喳馬利遜巴吉郭士喇等人相據至十二日復往商議始有成說大局現付漕平紋銀六百萬兩其在馬頭各處通商與官員平行稱謂俟文明銀兩議定章程該夷即帶同浙閩各口夷船全行回國現在提解此項銀兩須浙省撥解藩運兩庫存銀湊付夷人以後勸捐歸款格外從優議叙現今儀鳳門有火輪船二三桅船五十餘隻只停泊江浦六合北河等處

均有夷船遊奕寄椗等語

抄探報

一浙省現於藩運兩庫撥銀八十萬兩即交觧往江寧七月十八日

浙省探報

一見江蘓探報鎮江又新到牛頭船二十餘隻逆夷在教塲建造洋

台云云

一探得周天爵賞給四品銜發往江蘓以知府候補並交耆將軍差

遣日前制軍接奉

諭旨令建造戰船制軍覆奏言造船有三難一江海路梗無處運料一

無空濶水面爲造船之所一造後亦無水勇可用拜摺後聞又奉

廷寄有監生遞造船封章交沿海各督妥議

一探得十四日見平湖縣稟報十二日申刻全山衛瞭見三桅夷船三隻在洋遊奕酉刻有夷船一隻自西南而来下浦之彩旂港洋面尚未停泊等語

一探得林則徐有釋回之説未知確否

抄浙撫来書並探報

浙江常藩臺致書閩撫劉中丞云別後於十一日趕到金陵知撫議已有成說除香港外共索馬頭五處廣州福州廈門寧波上海俱要安設領事付領事等官經理商賈事宜俟銀数内三千萬元減至二千一百萬元六百萬元為烟價三百萬為商欠一千二百萬為兵費現在六百萬其餘分為二年歸結並稱定議後必須於條款蓋用

御寶及彼國王之印彼此分執以期永無變更其所買貨物照例納稅但不由洋商經手　星使已據實入

告駁允尚難預定惟前送奉

咨吉許以便宜從事務期有成又奉
硃批有不必顧慮字樣戓既能如此完結未可知也瓜州口夷船已退
所有米船貨船進京口彼並不攔阻但必俟六百萬元交清方肯
退出大洋耳　七月二十日發
探得江寧欽差咸齡署江寧藩司黄恩彤往城外静海寺與夷目
馬羅麻三人面議許以二千萬元折銀一千四百萬兩分四年歸
結現已對付一百萬兩尚有二百五十萬兩俟江蘇浙江解到付
給此外挨年歸還立有執照等因
揚威將軍駐扎常州聽候金陵信息如接准　伊　耆　牛處咨
稱逆夷不受羈縻即速進剿辦理兹定於七月二十二日由嘉興

帶兵起程金陵日內毫無信息可知和議若何又鄞縣淹內各船出途向係鄞縣給照驗掛出入今鬼子倣照樣式給發夷照一紙索要洋銀二三元不等又泗州知州張應雲所領鄉勇水錦章誘捡鎮海白夷一名現須訊詰夷情文恭贊處咨送通事陸釗于二十一日到省不能繙譯夷語須俟

揚威將軍送到通事袁德輝到來方可向該夷對荅又劉中丞接印後仍招募鄉勇並勸諭各鄉團練壯丁惟恐該夷返覆無常奸宄百出在金陵議和後仍復來浙構衅滋擾之慮

抄探報

探得七月十四日署江寧藩司黃恩彤侍衛咸齡寧紹台道鹿澤長等到夷船議定條撫十五日辰刻欽差耆　伊　制軍牛　藩司黃等親到夷船面會噗夷等結　卅炮迎接十七日噗巳仍在靜海寺回拜各大憲我處款以茶果另日進城在朝天宮同各大憲議定明約靜候

諭旨回日退出海口等候付給銀款　揚威將軍因知江省議和已有成局仍駐蕪郡不赴常州矣所有議和各款該夷等必欲伊中堂等進呈

御鑒明降諭旨蓋用

御寶給與憑報為信僅用督撫欽差印信不願收執現又具奏前日張
牧所獲白夷一名交縣訊問據供係該國管船之夷有問渠伊處
軍務情形概言不知現令該縣看管遲日釋回又招寶山仍泊夷
船二隻該夷拿本地小船裝載死夷前去掩埋在祖應寺點黨鬼
子一百餘名下船往外洋定海大馬頭至西道頭泊有夷船十一
隻內二隻現有帶傷鬼子未知何處敗回其火輪船一隻已駛入
内港竺山門蟹臍港三處等情

抄探報

探得厦門七月三十日駛来各處来厦渡船於夜間出入往往被逆夷撐駕三板把持搜查如舡中存有器械者人船俱獲其現在古浪嶼花旂番夷三人内有素與民人醫病一人近亦染病此時古浪嶼之井水悉多變黑而夷匪因病死者甚多不敢吃食八月初四日巳時有火輪船三隻由東北外洋入港寄泊劍石尾海面即于午刻仍開出港而去旋有通事二人登岸乘輿直赴厦防廳公寓回話稱該火輪船係由北上投遞文書而来以𠸄國各船俱在江省議和所有在厦各戰船亦應并退近日即當開行出港現欲交還古浪嶼告請厦防廳親往交收等情

抄批摺

兵部火票遞到咨稱道光二十二年四月初五日奉

硃批可嘉之至即有恩旨欽此又奉

上諭本日達洪阿姚瑩由五百里馳奏逆夷復犯台港破舟殲逆一摺據稱同知曹謹署鹿港同知魏瀛澎湖通判范學恒彰化知縣黄開基護副將關桂稟稱正月三十日有三桅夷船及三板船在淡水彰化交界之大安港外洋欲行入口見兵勇衆多攻撲復退出外洋經貓霧捒巡檢高春如及大甲巡檢謝得琛所募之漁船粤人周梓等向夷船廣東漢奸作土音指呼誘從土地公港駛進果為暗礁所擱其船欹側入水該處埋伏兵勇齊起關桂及署北路

右營遊擊安定邦督令署守備何必捷千總何建忠李吉雲把總翁標桂林鵬等施放鎗炮奮力攻擊其船遂破逆夷紛紛落水死者不計其數復有數十人手持短械跳上漁船該廳縣將備同大甲巡檢謝得琛竹塹巡檢汪昱外委蕭振輝李賢魁等及義首弁兵兵勇奮力圍擊殺斃白夷一人紅黑夷數十人生擒白夷十八人紅夷一人黑夷三十人廣東漢奸五名奪獲夷炮十門又獲鉄炮鳥鎗腰刀圖書各件等語覽奏欣悅大快人心該逆上年窺伺台灣業經懲創復敢前來滋擾達洪阿姚瑩以計誘令擱淺破舟斬首大揚國威實屬智勇兼施不負委任允宜特沛殊恩以嘉懋績達洪阿着賞加太子太保銜並賞加克達春巴圖魯名號姚瑩

着賞加二品頂戴達洪阿姚瑩仍着交部從優議叙所有在事文
武員弁及義勇人等均着開单保奏候朕施恩欽此

抄牛制軍遣使致該夷書六月十八日

為戰爭由於情隔用特開誠布告共通情懷事照得人秉天地之氣以生無論英夷不外情理六合至大四海之寬各君其國各子其民分疆畫界設關隘以稽查彼此不得相侵者理也中華物產至為富饒遐荒絕域亦多珍異有無相通公平交易以共聯和好者情也我

大清國撫有華夏綿亘二萬里而至於朝鮮極東之地貴國則外洋極西之地相距甚為遼遠我　列祖列宗視中外為一體通商結好者已二百年今上　皇帝聖神文武事事敬天法　祖豈于今而忽改舊章其致釁之由實為鴉片流毒而起民以食為天鴉片非

蔽衆也而華人食之愈染愈衆耗其財戕其命害有不可勝言者
烏得而弗禁然亦自禁吾華民之吸耳人之良莠不齊我國有買
食之莠民故貴國有販賣之莠民初非貴國强之使買强之使食
也其禁鴉片而並禁通商亦非我　皇上懷柔遠人之本意也若禁
通商而大啓兵端尤非我　皇帝綏靖萬邦之本意也不然當貴
國前公使赴天津呈訴之時何以即降旨許赴廣東聽候查辦又
于未收定海之先屢須
聖諭沿海防軍不得開炮是我　皇帝如天好生之大德本部堂未官
閩粤不能深悉而就現在江浙情事而論自我鎮寧失守以後今
年三月　皇帝賞給伊中堂四品頂戴來赴軍營又命署理乍浦

副都統印務試思伊中堂前以畏懦得罪今又何以驟加擢用本
部堂以微末小臣不能仰窺高深然而聖心之仁育意必有所在
矣乃自四月以來貴國之弁兵入我乍浦陷我吴淞滅我提督大
臣今又攻破鎮江府城我江南百姓聞風大震莫不結社團丁各
衛身家即本部堂職任封疆亦惟有據險固守誓死報　國迨昨
儀徵縣抄呈貴公使貼告示則又以結好伸冤為詞乃知兩國本
意原無不合祇以形迹之間愈遲愈遠致成決裂如中國之所以相
待者于情理稍有未愜不妨據實直陳是非可以一决或竟由貴公使
撰表賫本由本部堂代遞或詳悉叙述公文由本部堂代奏均無
不可兩情既通夙嫌自解然後事可成而好可久若徒恃船堅炮

利窮兵黷武日事戰爭縱令我中國久享承平攻戰之具未備以致疊遭荼毒然貴國將軍卒亦豈不多有損傷孰無父母妻子遠離數萬里之外與我相爭兵連禍結何時可了豈不大拂
上天好生之德乎天道惡盈而好謙悖情理者且蒼天弗佑我中國亦惟戒盈守謙成敗利鈍一聽之于　天命貴國最敬者天最重者信倘得盡達隱情上邀　帝鑒同好棄惡休民息兵自今以後貴國仍得享無窮之福貴公使之為本國効忠立功豈不更光明磊落哉若夫兩軍對壘互有傷殘此皆各忠其主不足為怨又況我中國本未與戎因貴國相攻而自為守禦貴國遠來固多靡費我中國三年防堵其費不更相倍蓰耶本部堂一介書生未嫻

軍旅仰蒙　皇上畀以封疆重任不敢不敬心竭力報答　君恩
而目擊生民流亡遷徙土匪到處搶劫實為疾首痛心自問生平
毫無所長惟此血誠一片足以矢天日而告鬼神用特開誠布告
遣弁賫文投告望貴使權衡夫天理人情速決大計熟慮而審處
之倘本部堂有一語失實神人共殛須至照會者
二十四日夷人照會
大英國欽奉全權公使大臣世襲男爵噗為照會事六月二十二
日接奉
貴部堂來文均切閱悉切戰爭所擊禍害極深和好所謂福益綿
延固本全權之所深悉而晝思晚慮者即本公使奉君命欽賜全權

特為此意俾解嫌除害善定永好也初貴國久来相待心居益滿
致褻我君特委之官平時居折致損我民苦勞之資若必始終執
迷不伸先日已結之究不保後日復蹈舊轍則本公使必無所以
除戰害定和好之大計矣夫和好之事皆賴　皇帝善定宜照本
國管理通外事務大臣前經照會貴國宰相直陳各款准即商辦
其各款即于貴部堂已閱過儀徵縣抄呈本國侵所貼告示中亦
曾畧行敘述倘蒙
皇帝降旨照此商辦善定就可行戢兵則其中華官憲年来背情
違理辦事至貽禍患民害已深極尚時有得止息本全權公使専
心募求和好惟望

皇帝畀賜全權命臣以先我統領水陸軍門巴郎仍必欽遵君命行兵本公使亦無由善辦也惟望貴部堂熟思之是所切望須至照會者

国家出版基金项目
NATIONAL PUBLICATION FOUNDATION

海上絲綢之路文獻集成

總主編 陳支平 陳春聲

歷代史籍編 125

主編 范金民

海峽出版發行集團
THE STRAITS PUBLISHING & DISTRIBUTING GROUP
福建人民出版社

本册目次

煙海紀聞不分卷（三）

〔清〕佚名輯

抄上諭

奉

上諭前據怡　奏福建候補未入流霍明高捐資助餉請以同知留閩

補用當交吏部議奏茲據該部查明章程具奏聞係照例辦理惟

現當籌備軍需之際該員捐輸制錢一萬六千吊實屬踴躍輸將

自應破格施恩以昭激勸霍明高准以同知留於福建酌量補用

欽此

抄閩督怡

咨八月初十日准

欽差大臣廣東將軍耆　署乍浦都統伊　江督牛為咨會事照得

暎咭唎國現經議撫本大臣等將該夷所議各款會摺具

奏所有被掠夷人及被誘漢民一體懇恩釋放二款欽奉

上諭均着准其所請等因欽此合行咨會為此會咨

貴部院請煩查　即自暎夷犯順以來如夷目夷兵為我俘獲及

內地民人因與暎夷交涉致被緝拏並已監禁者速即飭司欽奉

諭旨一體查明省釋并予銷案庶幾縱俘囚以重和好寬脅從以安

反測也仍祈

貴部院見覆施行

抄探報

探得厦門該夷在與病者甚多死者不少僱工收埋因其惡臭異常無人肯去又聞逆夷所用大小船隻均是他國租来以三年為限至此年餘限期已滿其船理宜歸還故急往天津希圖議和准其買賣不供軍需該逆國中土商因動費難支倒罷七八因之軍需竭蹙等情

又探得揚威將軍於七月二十四日起身赴江蘇在蘇頭起兵勇亦陸續前進緩程而行于剿撫兩省俱無防碍云得夷人向江寗各大憲說俟現銀三百五十萬兩交訖後須將防兵先行撤退再行開出其浙江鎮海夷人招集難民每日給口糧五十文又探得陳提台

階平於二十六日自紹來杭次日即起身赴嘉興駐扎以為中權扼要又探得 伊中堂家人張喜賞五品頂戴又探得寧國府李湘芬奉

旨詔赴清江隨同 周制憲天爵專辦漕務益恐船不回空水手滋事又聞耆將軍 伊中堂 牛制憲所奏執照蓋用

御寶一摺尚未批回又云前日有

廷寄與浙撫因鎮江為夷人阻住糧船今年不能回空明歲即難北上有副憲祝慶蕃條陳折色解銀到都交浙撫議復令撫憲以事有格碍頗難議行且看鎮江消息倘夷船竟能退出可以中止矣等情

抄撫台劉　委往浙江之候補未入流許善噐稟報

探得

一金陵鎮江所泊夷船尚未退出囙山上夷人仍復扎營

一撫議据用　御寳亦已奉　旨允准

一金陵已議定五處馬頭廣州福州厦門寧波上海外給香港居

住現已付給夷人銀　百萬俟銀數交清方肯退出長江將來

夷人兵船均泊古浪嶼定海二處並須屯兵於陸路俟三年後交

清銀兩方肯撤回兵船

一咪唎㗉咈郎西啞船到南京下關據稱只求

大皇帝一視同仁即可相安無事是明〻有垂涎效尤之意現擬令

其與暎夷商議凡暎夷通商之處概准該國等通商不知暎夷與該國等肯否江陰鵝鼻嘴有船三隻駛出而又有數十隻往西駛入似係他國之船其意實為叵測

一乍浦又有新到三桅大船一隻前泊之二桅船開炮往迎接至口內寄椗於初十日有福建糖船一隻又被燒燬並開鎗炮將救火之人擊退又木塲內有幼童數十人用紅紙作旗在木塲內戲耍夷人瞭見即開一空炮幼孩皆驚散

一鎮海招寶山夷人向城內當舖索鴨三百隻羊一百隻饅首二千個鹽三百觔限五日繳至山上

一探得南河水勢甚漲隄高水面一尺及數寸不等各廳紛紛搶險

一七月十七日桃北廳揚上数處漫沖現今口門已二百数十丈大滔全注揚上寅時開辰時中河容納不下中河復開洞興崔鎮等處淹沒無踪當揚上之開邳宿運河黄河倒漾雜清水倒流而上頃刻隄長五六丈旋即消落安東沭陽均被水災

一湖州府歸安縣丁頭村有稽祖堂為首抗糧拒捕現在下忙各鄉均觀望效尤歸安縣因此稟請調兵往拿初七日署臬台布處州鎮梁　定海鎮陳　署杭州府通判康必晉候補通判崔魯並帶兵二千名前往各該村着將稽祖堂交出

又探聞得特將軍擬再添兵親自前往搜拿各等因

一八月十一日自浙發第三十一號本月二十三日到閩

抄浙藩常致閩撫劉信　聞據噗鼎喳回稱

一問逆夷加稅抽丁民怨之貿易艱難商怨之有其事否　答云逆夷加稅貿易艱難民商固有不願但人亦有怨有不怨者作鴉片之走私貿易之人必不怨蓋未打仗之時容易貿易也

一問天竺呂宋嗞呀哂皆因索債而助逆夷以兵有其事否　答云咈郎西助喀布爾事尚未聞然以理論似乎實事蓋嘟囉嘶咈郎西嘆咭唎皆係兵力相等之國今見嘆咭起兵四處攻打將來兵力必勝及各國或暗中幫助未可定即如嘟囉嘶起兵攻打塔爾奇之時嘆咭唎亦暗中幫助塔爾奇嘟羅斯不能攻此外國之常事

一問咈郎西有船在咪唎㗩及逆夷界上遊奕其欲連二十船為一幫

似有打仗之意究係何故　答云咈郎西重整兵船欲訓練其國兵人令其慣熟水務以備急用防暎夷日横日強不久有打仗事亦要令暎夷不敢輕視之意也

一問喀布爾與暎夷打仗究竟勝負如何嗌呀喇仍與打仗否　答云逆夷攻打喀布爾多吃大虧蓋喀布爾之人亦頗能打仗地勢當險截兵奪糧埋伏刼營無所不為現暎咭唎將官亦被擒獲數人逆夷亦無奈何其不肯自言無非恐損自己威風

一問逆夷各處搶掠所得足敷其兵費否　答云各處搶奪皆係兵丁所得與其國無涉

一問逆夷之國既已空虛何以其船仍陸續北上　答云暎夷國雖

空虚而船陸續北上者盖所到之處必得勝之故也

一問咈郎西本與逆夷和好近日操演水師現有大兵船八隻中兵船十隻遊奕㖦咭唎與咪唎㗔之間未知何意　答云咈啷西既在命哂呀唎為領来中國之説

一問逆夷與喀布爾打仗五月内逆夷在㘃唎巴地方大敗一陣有其事否　答云實有

一逆夷兵頭骨頭船有内夷婦三百餘名載往浙江為夷兵家眷多係搶掠嗑呀唎之夷婦娼婦用以縻繫夷兵漢奸香港厦門亦有百名有咪唎㗔問華人曰此時中國與㖦夷戰乎華人曰中國臣民皆欲戰也夷人曰屢敗矣何以戰乎曰守即所以戰

也曰失地屢矣又何以守乎華人曰亦知中國之大勢乎有近以敵其遠者多以敵其少者久以敵其暫者雖小敗無傷也夷人曰暫為和以相安民安其生兵養其銳非目前之策乎曰非爾所知也今以逆夷恃其小勝不聞乎去歲之逆夷苦遽言和逆夷所深願也以多得土與財也如與之能必其不再來乎能必逆夷不再來未能必俟逆夷者之不再來也多與土與財是招之也招之俱來中國也　也不招之而以久敵暫以近敵遠以多敵寡雖小敗而我之大勢得全故中國之臣民未有不欲守以待戰以報朝廷也

抄廣州將軍咨

欽差大臣廣州將軍者　等咨爲咨送事竊照暎夷闖入江蘇
長江彼時一面奏調重兵籌議勦辦一面欽遵迭奉
廷寄設法招撫並先後奏奉
恩旨准其通商即在廣州福州厦門寧波上海五處馬頭設立夷館攜
來家眷其內地炮台墩堡城池次第修整該夷不得攔阻沿海口
岸准予五處馬頭之外其餘兵船不得遊弈即貨船亦未便貿易
明定關税不得勒索夷兵不得滋擾並釋俘囚以堅和好寬漢奸
以安反測均載之條約明定章程欽奉
諭旨允准所有節次會奏稿件并酌定條約事宜除已奉到

硃批
上諭一併恭録咨行欽遵外其未奉
硃批俟奉到另録咨明合咨遵照轉飭施行
和㖽夷議定八條款目
第一條規紅毛官已經招和大家議和通商是
皇上皇叔大欽差與博䲣喏議定
第二條現中國約支土銀二千一百萬兩即先交六百萬兩然後
做字每年支銀五百萬兩每年坐利五分
第三條規約宇五處地方與我交商買賣即廣州福州寧波厦
門上海此五處地方許允番官且及家眷能住得但與交關觀看

若不公平併審官能議論
第四條香港交歸紅毛界管理
第五條前有所拴番人即時放回
第六條番官與大欽差相議約定
皇上出字不得拴辦奸人
第七條規番官有文書交唐官相好平平加賓同職分
第八條規博騰喏與唐欽差議和條規現奏明奉
上諭兩國相和本年交銀六百萬兩所有大嘆國戰船退出南京內河上海舟山古浪嶼不能退盡日後二千一百兩銀交明白自當一盡退回各照規條五處地方通商

抄奏稿并上諭

奏為夷務已定和約鈐印關防茲將各條録呈

御覽並將酌辦情形恭摺奏祈

聖鑒事竊臣等親往夷船招撫𠸄夷及所請各款勢難拒絕緣由業

經由驛馳奏在案道光二十二年七月二十二日承准軍機大

臣字寄是月十七日奉

上諭耆英等奏連日與𠸄夷會議粗定條約一摺覽奏忿恨之至朕

因億萬生靈所繫實係天下大局故雖忿恨莫釋不得不勉允

所請藉作一勞永逸之計非僅為保全江浙兩省而然也該大

臣等可救燃眉是徒知救急於目前并未計貽憂日後所商各

條內尚有應行籌酌之處即如該夷船隻既肯退出招寶山其前請之通商貿易五處除福州地方萬不可予或另以他處相易外其廣州廈門寧波上海四處均准其來往貿易不得占據久住至藉詞索欠一節該大臣等須委婉曉諭該國與內地通商已二百年向係和好從前貨物（交易）銀錢往來俱係洋商與汝等自行經理我國官員向不過問且此中貿易曲折價值低昂甚為瑣屑況各國言語不通斷非地方官所能經理嗣後各處通商自應仍照舊例毋庸更改倘該商有格外苛求過於扣剋之處不妨向粵省關監督說明必將該商懲處斷不姑容所稱商欠一節除三百萬元由廣東查明商欠追還外其餘斷難官為保交至現議先交六百萬元自應付

給以示誠信除現在民捐商捐一百數十萬兩外其不敷之數准其暫於江浙安徽藩運各庫通融借撥統於捐輸項下還款其各省貿易該夷自納稅銀由副領事親赴海關交納不經行商之手一節有無窒碍漸滋流弊之處仍着該大臣再行妥議具奏至官員用平行禮及將被虜夷人並被誘奸民一體懇恩釋放俱着准其所請於所議條內鈐御寶等語該夷不以汝等印信為憑而以御寶為信雖屬可惡尚不失尊崇之意向來頒給各國勅書均用御寶着准其鈐蓋御寶惟如何賫呈鈐印之處仍先行奏明酌核辦理此議定後該大臣等務當告以大皇帝相待以誠所求無不允准從此通商永相和好汝國亦應以誠相待

斷不准再起兵端違悖天地不但業經滋擾各省不得復來尋衅即沿海之廣東福建台灣浙江山東直隸奉天各省地面亦不准夷船駛入此時既經和好各省官兵應撤應留我國自有斟酌至内地舊有城池墩壘并炮台等項亦應次第修築以復舊規並非創自今日此係為防緝洋盜起見并非為防禦該夷而設不必妄生疑慮其有他省現尚不知和好信息見有夷船駛入輒行攻擊者亦不得藉為口實以上各節總在該大臣等深思遠慮切實定議永杜兵萌不得稍涉含糊將就目前仍成不了之局慎之慎之本日據程矞采片奏咈郎西啞國夷人前往吴淞江口等語該夷所請各節是否另有詭計諒該大臣等於接到該撫信

函後自必妥商酌辦矣程矞采及奕山等前陳各片俱着抄給閱看
將此由六百里加緊諭令知之欽此遵
旨寄信前來查該夷前請入城共訂和約以示不疑臣等查其已就馴
擾即定期七月二十一日派撥弁兵前往迎護夷首嘆喃喳帶同親
隨十九人安靜入城與臣等在公所面議和好當將前經截留江寧
將軍德珠布奏摺一件包封交還並將連日集議各條撰就和約
繹出漢文呈遞前來臣等公同閱看雖文理未能通暢而大指
尚屬明晰其所列各條仍不出前請三事之外並未續有增添亦
無違悖字句正在核辦間接奉
諭旨指示周詳夷情向背均在

聖明洞鑒之中臣等曷勝欽服當即派委四等侍衛咸齡署江寧布政
使江蘇按察使黄恩彤浙江寧紹台道鹿澤長石浦同知舒恭
受前往夷船宣示
恩旨並將奉
旨指出各款向其明白開導該夷首噗嘸喳聞已
允准所請極知感戴一切觧嫌釋疑及修築炮台墩堡各事宜均敬
謹聽從并無異説其商欠一節據稱廣東洋行積欠伊國銀兩
甚多今止以洋銀三百元為斷此外不敢求官為保以後通商
各事宜誠如
大皇帝聖諭事甚瑣屑渠等亦不敢求官為經理惟在貿廣易以来

深受洋行朘削以後情願自投行商交易按例輸稅免致暗被
侵漁渠等既蒙
恩准赴於各處貿易必須設立會館為貯貨之所分派領事以為捴
辦之人方能約束衆商勿許生事又伊國至中國七萬餘里遠
涉重洋經年方能往返一次務求准其挈眷同來免致離散渠
等既得貿易又有室家益當感激
天朝厚恩安分輸稅並協助官兵緝捕洋盜以期報効至福州乃武
彜茶聚集之所又設有海關販貨納稅係屬至便且其地舊有
琉璃館渠等事同一例是以籲請
施恩令蒙

大皇帝駁飭不准仍格外
加恩許以他處相易惟天津密邇
京都渠等不敢妄有請求此外濱海之區販茶寔便無過福州
且係中國極南之地與廣東情形相等仍求
大皇帝恩准賞給等語該侍衛等婉轉再三開導固請如前臣等查
夷人通商之所屬馬頭向止廣東一處今既准該夷赴各處貿
易凡該夷運來之呢羽鐘表及中國所產之茶葉絲棉不能不
聽其互市成交而夷貨數多斷非旬日所能發若限以泊船久
待漫無歸着彼之轉運既滯我之鈐束尤難似夷館領事均難
拒其所請至向來夷船進口攜帶家眷止准留住夷船之所不

許寄居會館立法本屬嚴益加嚴竊思夷船之所以難制者誠以飄忽往来於洪濤巨浪之中朝東暮西瞬息千里是以能為邊患今若有室廬以居其貨有夷邻以繫其心既挾重資又攜家室顧戀滋多控制較易況唊夷重女輕男夫制於婦是俯順其情即以暗柔其性似更不必過事防閑再查武彝茶産自建寧聚於福州行於西洋諸國為最遠該夷自販茶求往福州貿易尚屬情實考福州形勢與廣東同為海疆省分較諸寧波上海之逼近蘇杭又又似屬有輕重之分若堅拒不准許易他處該夷既以天津藉口誠恐又生枝節臣等再四熟商復連日偵探英夷業經買石押艙分舡探水為出江歸海之計又行知各兵舡不准攔阻過江舡隻並

照會臣等委員至鎮江府彈壓土匪是該夷罷兵就撫已有實據
似未便堅執一端致碍大局當即訂於二十四日面晤噗鼎喳據呈
出原定和約四冊請臣等鈐用關防渠亦加用圖印分執為據以示永
無反覆據該夷酋聲稱蒙
大皇帝逾格
天恩俯允所請斷不敢久佔長江亦不敢滋擾他處一俟探明水路即
行退兵等語察其情詞實屬可信惟是臣等辦理夷務先既擅專
輕許茲復不能力爭罪無可逭應請
旨將臣等一併從重治罪再前由吳淞強佔沙船前來講和之佛蘭西
帶兵夷目則濟勒爾亦於二十四日據噗夷帶同來見並無所言

似因和議已成無從置喙知關

聖廑合併附陳至奉

旨賞給該夷銀兩現即陸續交領約計夷船在八月初十日前後必可

退出長江不致誤糧艘回空之限俟江面肅清即當恭摺

奏報再噗鼎喳等請俟和約議定賞加

御寶以昭信守欽奉

恩旨准行該夷酋不勝欽感據稱此兵船尚未即退不敢遽請

御寶俟退出長江再請鈐用以昭恭順等語係屬尊從敬信之意除

俟屆期再行妥議奏請外所有臣等與唊夷立定和約酌量辦理

緣由理合恭摺具

奏並將和約另繕清单恭呈

御覧伏乞

皇上聖鑒謹奏道光二十二年七月二十六日奏八月初九日奉

硃批即有旨欽此

抄清单

一嗣後

大清

大皇帝與夷國

君主永存平和所屬華英人民彼此友睦各往他國者必受該國

保佑身家全安

一自今以後

大皇帝恩准英國人民帶同所屬家眷寄居沿海之廣州福州厦門寧

波上海等五處港口貿易通商無碍英國

君主派設領事管事等官住該五處城邑專理商賈事宜與各該

地方官公文往來令英人按照下條開敘之例清楚交納貨稅鈔餉等費

一因英國商船遠路涉洋往往有損壞須修補者自應給予沿海一處以便修船及存守所用物料今

大皇帝准將香港一島給予英國

君主暨嗣後世襲主位者常遠主掌任便立法治理

一因

欽差大臣等於道光十九年二月間將英國領事官及民人等強留粵省嚇以死罪索出鴉片以為贖命今

大皇帝准以洋銀六百萬元償補原價

一凡英國商民在粵貿易向例全歸額設行商亦稱公行者承辦
今
大皇帝准其嗣後不必仍照向例凡有英商等赴各該口貿易者勿論
與何商交易均聽其便且向例額設行商等內有累欠英國甚多
無措清還者今酌定洋銀三百萬元作為商欠之數中國官為之
償還
一因
欽差大臣等向英國官民人等不公強辦致須撥發軍士討求伸理
今酌定水陸軍費洋銀一千二百萬元
大皇帝准為償補惟自道光二十一年六月十五日以後英國在各城

收過銀兩之數按數扣除
一以上酌定銀兩數共二千一百萬圓此時交銀六百萬圓癸卯年六月間交銀三百萬元十二月間交銀三百萬元共銀六百萬元甲辰年六月間交銀二百五十萬元十二月間交銀二百五十萬元共銀五百萬元乙巳年六月間交銀二百萬元十二月間交銀二百萬元共銀四百萬元自壬寅年起至乙巳年止共交銀二千一百萬元倘按期未能交足則酌定每年每百圓加息五圓
一凡係英國人無論本國屬國軍民人等今在中國所管轄各
地方被禁者
大皇帝准即釋放

一凡係中國人前在英人所據之邑居住者或與英人有來往者
或有跟隨及伺候英國官人者均由
大皇帝俯降
諭旨謄錄天下
恩准免罪凡係中國人為英國事被拏監禁者亦加
恩釋放
一前第二條內言明開關俾英國商民居住通商之廣州等五
處應納進口出口貨税餉費均宜秉公議定則例由部頒發曉
示以便英商按例交納今又議定英國貨物自在某港按例納
税後即准由中國商人遍運天下而路所經過關税不得加重

稅例只可按估價則例若干每兩不過加稅某分

一議定英國住中國之總管大員與中國大臣無論京內京外者有文書來往用照會字樣英國屬員用申陳字樣大臣批覆用札行字樣兩國屬員往來必當平行照會若兩國商賈上達官憲不在議內仍用稟明字樣

一俟奉

大皇帝允准和約各條施行並以此時准交之六百萬元交清英國水陸軍士當即退出江寧京口等處江面並不敢再行攔阻中國各省商賈貿易至鎮海之招寶山亦將退讓惟有定海縣之舟山海島厦門廳之古浪嶼小島仍歸英兵暫為駐守迨及所議洋銀全

數交清而前議各海口均已開關俾英人通商後即將駐守二處

軍士退出不復佔據

一以上各條內關議和要約應候大臣等分别奏明

大皇帝硃筆批准及英國

君主判定後即速相交俾兩國分執一冊以昭信守惟兩國相

離遥遠是以另繕二冊先由

欽差大臣等及英國公使蓋用關防印各執一冊為據俾即日按

照和約開載之條施行妥辦

抄上諭

道光二十二年八月初九日准

軍機大臣字寄

欽差大臣耆　两江總督牛　署乍浦副都統伊

道光二十二年八月初二日奉

上諭耆等奏夷務已定和約鈐用關防一摺並開列各條呈覽該大臣既已從權允許且摺內所稱堅欲於福州貿易並設立會館攜帶家眷等款約于七月二十六日所降諭旨內概行允准該大臣等自請治罪之處前已有旨毋庸議洋商舊欠不敢求官作保修復砲台燉堡并無異說此兩節似尚恭順至单内開各條朕詳加披

閱俱着照所議辦理惟尚有須斟酌妥協者即如該夷赴各該口貿易無論與何商交易均聽其便一節須曉諭該夷一切聽汝自便與地方民人交易但日久難保民人無拖欠之弊只准自行清理地方官概不與聞至今年給銀一節為數過多究由何處措給將來責成者一手經理務當預為籌及明晰具奏單內所稱二十一年六月十五日以後該國在各城收過銀兩之數按數扣除等語究係在何城收過銀兩若干扣除若干亦着查明具奏其各國被禁人口自應一律施恩釋放以示格外之仁又所稱中國之人與該國来往或跟隨伺候該國官人均准免罪一節可告以此次既經和好兩國民人視同一體斷不致概行誅戮倘該民人等別經犯法我國自當照例辦理與該國無

涉將来五處通商之處其應納稅糧銀各海關本有一定則例該夷久在廣東豈有不知者至中國商人在內地貿易經過關口自有納稅定例所稱銀兩未清以前定海之舟山海島厦門之古浪嶼小島均准其暫住數舡俟各口開關即着退出亦不准久為占據以上各節着耆等向該夷反覆開導不厭詳細應添註約內者必須明白簡當力杜後患萬不可將就目前草率了事其有應口講指畫該夷方能明白者亦着飭令通事往返傳說令其折服據稱英夷船隻八月初十日前後必可退出長江着迅速妥辦以慰廑念將此由六百里加緊諭令知之欽此遵

旨寄信前来

抄奏稿

奏為夷情已就馴服兵船陸續退出現仍詳議善後事宜酌定各

條以杜後衅恭摺奏祈

聖鑒事竊臣等將酌辦夷務實在情形連次繕摺呈奏並將和約各條

開單呈

覽道光二十二年八月初三日承准軍機大臣字寄七月二十六日

奉

上諭耆等奏詳陳夷務情形親往夷舡妥為招撫一摺覽奏忿懣之

至朕惟自愧自恨何至事機一至於此於萬一無奈之中一切不

能不勉允所請者誠以數百萬民命所關其利害且不止江浙等

省故強為遏抑各條均准照議辦理惟該夷所請均已允准即當迅速定議全數退出大江不得令其躭延驚擾行旅至此外一切緊要事件必應籌及者均着責成該大臣等一一分晰妥議不厭反覆詳明務須永絶後患該大臣既知善後之難于措手他國之不免生心即應思前顧後預為籌畫于勉從下策之中力求弭患未然之計倘稍留罅隙日後有所藉口以致别生枝節辦理掣肘是耆伊自詒伊戚不惟無以對朕更何顏以對天下再佛郎西亞國夷目則濟勒到後情形如何甚為廑念着一並奏慰將此由六百里加緊諭令知之欽此又於八月初九日承准軍機大臣字寄是月初二日奉

上諭耆等奏夷務已定和約鈐用關防一摺並開列各條呈覽該大臣等既已從權允許且摺内所稱堅欲與之於福州貿易并設立會館攜帶家眷等款均於七月二十六日所降諭旨内槪行允准該大臣等自請治罪之處前已有旨毋庸議洋商舊欠不敢求官作保修復炮台礮堡並無異説此兩節似尚恭順至單開各款朕詳加披閲俱着照所議辦理惟尚有須斟酌妥協者即如該夷赴各處貿易無論與何商交易均聽其便一節須曉諭該夷一切聽汝自便與地方民人交易但日久難保民人無拖欠之弊只准自行清理地方官槪不與聞至分年給銀一節爲數過多究由何處措給將來責成耆一手經理務須預爲籌及明晰具奏單内所稱二十一年六月十五以後

該國在各城收過銀兩之數按數扣除等語究係在何城收過銀
兩若干扣除若干亦着查明具奏其各國被禁人口自應一律施
恩釋放以示格外之仁又所稱中國之人與該國來往或跟隨伺候
該國官人均准免罪一節可告以此次既經和好兩國民人視同一
體斷不致概行誅戮倘該民人等別經犯法我國自當照例辦理
與該國無涉將來五處通商之後其應納稅銀各海關本有一定
則例該夷人在廣東豈有不知者至中國商人在內地貿易經過
關口均有納稅定例所稱銀兩未清以前定海之舟山海島廈門之
古浪嶼小島均准其暫住數船俟各口開關即着退出亦不准久
為占據以上各節着耆等向該夷反覆開導不厭詳細應添註

約內者必須明白簡當力杜後患萬不可將就目前草率了事其
有應口講指畫該夷方能明白者亦着飭令通事往返傳說令其
折服據稱英夷船隻八月初十前後必可退出長江着迅速妥辦以
慰廑念將此由六百里加緊諭令知之欽此先後遵
旨寄信前來臣等查該夷請求各款雖已定有和約十三條惟一切
善後事宜尚須明晰妥議立定章程畫一辦理方可期一勞永
逸永杜衅端其奉
旨指出各款尤須宣示該夷俾知遵照誠如
聖諭不厭詳細萬不可將就目前草率了事當即派四等侍衛咸齡
署江寧布政使江蘇按察使黃恩彤浙江寧紹道鹿澤長石浦同

知舒恭受建日接見夷酋反覆詳議該夷嗎唎遜囉咘吧啷咃唎均通漢文兼習漢語勿須通事傳話反致隔閡該侍衛等與之口講指畫推誠開導酌定善後章程彙分八條稟經臣等備文明晰照會該夷酋噗鼎喳亦即照覆均無異說謹將各條另繕清單恭呈

御覽至此次奉

旨指出各款如該夷赴各口貿易一節聽其自便但日久難保民人無拖欠之弊祇准自行清理地方官概不與聞一節查前議商欠三百萬元即在二千一百萬元總數之內此外欠項均不能官為保交業經與該夷議定並奏明在案復於善後條款內載明此後該夷自投之行非中國額設行商可比如有欠債只可官為着追不

能官為償還等語現據該夷覆稱嗣後利害均由自取萬不再求
官為還欠其情業已帖服又如此次既經和好兩國民人視同一
體斷不致概行誅戮倘該民人等別經犯法我國自當照例辦理
與該國無涉一節查該夷原議此款係專指犯順以來被誘被脅
之民人而言臣等竊以此等莠民即屬漢奸與夷匪相為表裏夷
匪既散漢奸亦不能復聚惟人數衆多究係
國家赤子繩以峻法則相率為盜宵以寬典則反正來歸自當蠲
除既往予以自新是以臣等奏懇
天恩准予釋免以安反側至通商以後華民歸中國管束英商歸英
國自理華民有罪逃至英館者英夷不准庇匿英商有罪逃入

内地者中國即行交還均經臣等明定善後章程該夷亦切實照覆是該民人等别經犯法自當仍由該管官照例懲辦該夷斷不敢藉端阻撓至各關稅銀該夷情願按照則例如數輸將惟稱粵海關丁書稅役向多陋規求為查明禁革其中國商人按例交納關稅非該夷所得越俎該夷于本年六月十五日以前止有揚州商人致送曾平銀三十五萬五千兩折洋銀五十萬元現已議明扣除此外並未收過銀兩再舟山古浪嶼暫住兵船應俟各口開關即行退出不准久為占據一節前經議及該夷酋必欲俟銀兩分年交清方始退還現經奉

旨飭議復向開導該夷總稱和約既定必須堅守未便遽行更易至

渠等酌留兵船不過數隻既不侵奪百姓亦不攔阻商船均于善後章程内切實議定不致滋生事端惟求代為奏明仍如前約等語臣等查該夷既以堅守和約為詞若不先其所請轉恐藉口反覆其兵船如何漸次撤退應俟開關後由地方官察看夷情相機妥辦其分年措給銀兩臣等悉心籌畫所有癸卯年六月應給洋銀三百萬元擬于廣東洋商欠款内先行儘數追交十二月應給洋銀三百萬元擬于各海關稅銀内撥給倘有不敷再于廣東福建藩運各庫内籌款措交至甲辰乙巳兩年應給之項屆期各海口均已開關稅額議有成數應俟通盤計算是否足以相抵再行籌辦至新設五處馬頭尤非善後事宜可比必應妥

為籌定以期永久安堵臣等同商未盡各事宜悉心詳議務期周妥另行具奏外理合恭摺具奏伏乞

皇上聖鑒謹奏　道光二十二年八月十六日奉

一廣東洋行商欠除議定三百萬元官為保交外此後暎國通商現經議明無論何商交易均聽其便既係英國自投之行即非中國額設行商可比如有拖欠止可官為著追不能官為償還查此款業經該夷照覆嗣後通商利害均由自取若有欠項由管事官呈明內地官著追萬不可再求官為償還

一和議既定永無戰爭所有廣州福州廈門寧波上海五處只可貨船來往未便兵船遊奕其五處之外沿海各口及直隸奉天

山東天津台灣諸處非獨兵船不便往來即貨船亦未便貿易均宜守定疆界以期永好　查此款業據該夷照覆一俟五港開關則例頒行即由英國君主出示曉諭英民只准商船在五口貿易不准駛往各處至該國向有水師小船數隻往來各口稽查貿易亦當協同中國地方官阻止商船不准他往並請中國地方官嚴禁華民除議明五港外不准他處與英商貿易

一既經議和各省官兵應撤應留須聽中國斟酌其內地炮台墩堡城池業經殘毀者均應次第修整以復舊規實為防緝洋盜起見並非創自今日英國既相和好不必有所疑慮或行攔阻　查此款業據該夷照覆以上各事宜均應聽中國斟酌修整如舊係屬

正辦咲國斷無攔阻之理盖此次和好惟頼中國誠信踐約英國亦專心以信守為務

一廣東福建及江浙等省距寧波較遠之處不知和好信息見有英國兵船駛入或相攻擊均須原情罷戰不得援為口實致乖和好查此款業據該夷照覆兩國和好信息業經由火輪船速行曉示所有英國水陸軍師自必與中國兵民互相友愛偶有攻擊之誤未足為仇惟求臣等速將議和情由飛咨各省一體知照免起紛爭更屬欣幸

一和好之後付給本年所交銀兩各兵船自應退出江寧京口即福建廣東浙江等省停泊兵船亦須約定同時退出散遣歸國方堅

和好其定海之舟山厦門之古浪嶼據議仍歸英兵暫為住守但不便多駐兵船致中國百姓暗生疑懼與該二處通商之事轉多窒礙所有每處泊船若干隻自應預為申明以示限制　查此款業據該夷照覆俟本年銀兩交清後所有兵船自應退出江寧京口等處其他省停泊船隻除舟山古浪嶼二處酌留兵船數隻管理貨船及香港仍須留兵駐守外其餘均可遣散歸國蓋留兵于他國未免重費英國意在省費必不多留兵船中國不必為慮致傷和好

一舟山古浪嶼泊有兵船須令帶兵官約束兵丁不得侵奪民人致乖和好並聞古浪嶼所泊兵船曾有攔阻中國商船扣收貨

稅之事此時既經通商應令各兵船不得於中國商船再行攔阻抽稅　查此款業據該夷照覆各處兵船本應帶兵官嚴為約束此時和議已定尤當彼此親愛所有攔阻商船即應釋放不得再行抽稅各情早經行文各處曉諭在案嗣後倘有不遵致有侵奪攔阻等情即當嚴行訊究不致有乖和好

一英國商民既在各口通商難保無與內地居民交涉獄訟之事應即明定章程英商歸英國自理華民由中國訊究俾免衅端他國夷商仍不得援以為例　查此款業據該夷照覆甚為妥協可免事端應遵照辦理

一內地奸民犯法應行究辦若投入英國貨船兵船必須送出交

官不可庇匿有違信誓致傷和好　查此款業據該夷照覆內地犯法奸民若投入香港及暎國貨船兵船即行送出交官斷不庇匿其暎國及屬國逃民逃兵若潛進內地中國亦須一例送交英國近地理事官領回以敦和好

内閣抄出鴻臚寺卿臣黄爵滋跪
奏為請嚴塞漏卮以培
國本事臣惟
皇上宵衣旰食所以為天下萬世計者至勤且切而
國用未充民生罕裕時勢積漸一歲非一歲之比其故何哉考諸
純廟之世籌邊之需幾何
巡幸之費幾何修造之用又幾何何以上下充盈號稱極富嘉慶以來猶
徵豐裕士夫之家以及巨商大賈奢靡成習較之目前不啻霄壤
豈愈奢則愈豊愈儉則愈嗇耶臣竊見近來銀價遞增每銀一兩
易制錢一千六百零非耗銀於内地實漏銀於外夷蓋自鴉片流

入中國我

仁宗睿皇帝知其必有害也故告誡諄諄例有明禁然當時臣工亦不料

其流毒至於此極使早知其若此必有嚴刑重法遏於將萌查例

載凡夷舡到廣必先取其洋商保結保其必無夾帶鴉片然後准

其入口爾時雖有保結視為具文夾帶斷不能免故道光三年以

前每歲漏銀數百萬兩其初不過紈袴子弟習于奢靡尚知斂戢

嗣後上自官府縉紳下至工商優吏以及婦女僧尼道士隨在吸

食置買烟具為市日中

盛京等處為我

朝根本重地近來亦漸染成風外洋來烟漸々另有躉舡載烟下進

虎門海口停泊於洋中之老萬山大嶼山等處粵省奸商勾通巡洋兵弁用扒龍快蟹等舡運銀出洋運烟入口故自道光三年至十一年歲漏銀一千七八百萬兩自十一年至十四年歲漏銀二千餘萬兩自十四年至今漸漏至三千餘萬兩之多此外福建浙江山東天津各海口合之亦數千餘萬兩以中國有用之財塡海外無窮之壑易此害人之物漸成病國之憂日復一日年復一年

臣不知伊于胡底各省州縣地丁漕糧征錢不為不多及辦

奏銷皆以錢易銀折耗太苦故前此多有贏餘今則無不賠墊各省

鹽商賣鹽俱係錢文交課盡歸銀兩昔之爭為利藪今則視為畏

途若再至數年銀價愈貴

奏銷如何能辦稅課如何能清設有不測之用又如何能支臣每念及此輾轉不寐今天下皆知漏卮在鴉片所以塞之之法亦紛紛講求或謂嚴查海口杜其出入之路固也無如稽查員弁未必悉皆公正每歲既有數千餘萬兩之交易分潤毫釐亦不下數百餘兩利之所在誰肯認真查辦偶有所獲已屬寥寥況洋舡萬餘里隨在皆可出入此不能塞漏卮者一也或曰禁止通商拔其貽害之本似也不知洋夷載入呢羽鍾表與其所載出茶葉大黃湖絲通計交易不足數千萬兩其中沾潤利息不過數百萬兩尚係以貨易貨較之鴉片之利不啻數十分之一故夷人之着意不在彼而在此今雖割棄粤海關稅不准通商而烟舡本不進口停泊大

洋居為奇貨內地食烟之人刻不可緩自有奸人盤運故難防者不在夷商而在奸民此不能塞漏巵者二也或曰查拏興販嚴治烟館雖不能清其源亦可以遏其流不知自定例以來興販鴉片者發邊遠充軍開設烟館者照左道惑人引誘良家子弟例至罪絞候今天下興販鴉片者不知幾何開設烟館者不知幾何而各省辦此案者絕少蓋原粵省總辦鴉片之人據設窰口自廣東以至各省沿途關口聲勢連絡各省販烟之人其資本重者窰口沿途包送關津胥吏容隱放行轉於往來客商藉查烟為名恣意留難勒索其各府州縣開設烟館者類皆奸猾吏役兵丁勾結故家大族不肖子弟素有聲勢於重門深巷之中聚吃食地方官之幕友

家丁半溺於此未有不庇其同好者此不能塞漏危者三也或又曰開種罌粟之禁聽內地熬烟庶可抵當外夷所入積之漸久不致紋銀出洋殊不知內地所熬之烟食之不能過癮不過是興販之人用以攙和洋烟希圖重利雖開種罌粟之禁亦不能塞漏危者四也然則鴉片之害其終不能禁乎臣謂非不能禁實未知所以禁也夫耗銀之多由於興販之盛販烟之盛由於食烟之衆無吃食者自無興販無興販則外夷之烟不來矣今欲加重罪名必先重治吃食臣請

皇上嚴降諭旨自今年某月日起至明年某月日止准給一年期限戒烟雖至大之癮未有不能絕斷若一年以後仍然吃食是不奉法

之亂民置之重刑無不平允查舊例吃食鴉片者罪止枷杖其不指出興販者罪止杖一百徒三年然皆係活罪斷癮之苦甚於枷杖與徒故甘犯明刑不肯斷絕若罪以死論是明刑之慘急更苦於斷癮之苟延臣知其情愿絕癮而死於家必不願受刑而死於市推

皇上明慎用刑之意誠恐立法稍嚴互相告訐必至波及無辜然吃食鴉片者是否有癮到官熬審立刻可辨如非吃食之人雖大怨深仇不能誣罔良善果係吃食究亦無從掩飾故雖用刑並無流弊

臣查余文儀臺灣志云咬𠺕吧本輕捷善鬭紅毛製造鴉片誘使食之遂疲羸受制其國竟為所據紅毛人有自食者其法集衆紅

毛環視繫其人竿上以炮擊之入海故紅毛無敢食者今入中國之鴉片来自噗咭唎等國其法有食鴉片者以死論故各國祇有造烟之人無食烟之人臣又聞夷舡到廣由蓋萬經安南邊境初誘安南人食之安南人覺其陰謀立即嚴行示禁凡有食鴉片者不赦夫以外夷之力尚令行禁止況我

皇上雷霆之威赫然震怒雖愚頑之沉溺既久自足以發聵振聾但天

下大計非常情所及惟

聖明乾綱獨斷不必衆言皆合誠恐畏事之人未肯為

國任怨明知非嚴刑不治託言吃食人多治之過驟則有決裂之患今寬限一年是緩圖也在

諭旨初降之時總以嚴切為要
皇上之旨嚴則奉法之吏肅奉法之吏肅則犯法之人畏一年之内尚
未用刑十已戒其八九已食者究藉
國法以保餘生未食者亦因烟戒以全性命此
皇上止辟之大權即好生之盛德也復請
飭諭各省督撫嚴切曉諭廣傳戒烟藥方毋得逾限吃食一面嚴飭
府州縣清查保甲預先曉諭居民定于一年後取其五家鄰佑互
結仍有犯者准令舉發給予優獎倘有容隱一經查出本犯照新
例處死外互結之人照例治罪至如通都大邑五方雜處往來客
商去留無定鄰佑難於查察責成鋪店如有容留食烟之人照窩

藏匪類治罪現在文武大小各官如有逾限吃食者是奉法之人甘為犯法之事應照常人加等除本犯官治罪外其子孫不准考試地方官定例于一年後能實心任事拏獲多起者照獲盜例請
恩議叙以示鼓勵其地方官署内官親幕友家丁仍有吃食被獲者除本犯治罪外該本管官嚴加議處各省滿漢營兵每伍取結照
地方保甲辦理其管轄失察之人照地方官衙門辦理庶幾士民一體上下肅清無論窮鄉僻壤務必布告詳明使天下曉然于
皇上愛惜民財保全民命之至意向之吃食鴉片者自當畏刑感德革面洗心如是則漏卮可塞銀價不致再昂然後再求理財之方誠
天下萬世臣民之福也臣愚昧之見是否有當謹奏　奉

旨道光十八年閏四月初十日奉

上諭黄爵滋奏請嚴塞漏卮以培國本一摺着盛京吉林黑龍江將軍直省各督撫各抒所見妥議章程迅速具奏摺並發欽此於十五日抄出到部相應傳知直隸等司一體抄録原奏通行各督撫將軍遵辦可也

戒烟方

罌粟殼一兩　制香附四分　黑炮姜四分　焦山查四分

棉杜仲八分　生白朮八分　廣陳皮八分　西黨參二錢

大成耆三錢　升麻三分

水二碗煎八分早晚各服一劑不必翻渣引大者服十二三日可

愈如尚不能斷再服数日無不全愈倘引未斷時仍可照常吃烟
藥力到時自能斷絶

附録

撫憲牌行火票遞到咨　刑部咨福建司案呈准河南司傳抄所
有前事相應抄单飛行福建巡撫轉行閩浙總督福州将軍臺灣
鎮總兵一體欽遵辦理計单一紙等因到院准此之次欽奉
上諭妥議具奏自應集思廣益博採衆論以期周妥行司會同臬司欽
遵
諭旨各就見聞縷晰妥議限十日内詳覆以備採擇並等覆奏勿得刻
延切速

湖廣總督林

奏為遵

旨籌議章程恭摺覆

奏仰祈

聖鑒事本年五月初二准兵部火票遞到刑部咨開道光十八年閏四

月初十日奉

上諭黄爵滋奏請嚴塞漏卮以培國本一摺着盛京吉林黑龍江將軍

直省各督撫各抒所見妥議章程迅速具奏摺併發欽此　臣查原

奏内稱近来銀價遞增每銀一兩易制錢一千六百有零非耗銀

於内地實漏銀於外夷自鴉片流入中國其初不過紈袴子弟習

為浮靡嗣後上自官府縉紳下至工商優隸以及婦女僧尼道士隨在吃食廣東每年漏銀漸至三千餘萬兩合之各省又數千萬兩耗銀之多由於販烟之盛販烟之盛由於食烟之衆今欲加重罪名必先重治吸食請

皇上嚴降諭旨自今年某月日起至明年某月日止准給一年限期若一年以後仍然吃食是不奉法之亂民罪以死論等語臣伏思鴉片流毒於中國紋銀潛耗於外夷凡在臣工誰不切齒是以歷年條奏不啻發言盈庭而獨於吸食之人未有請用大辟者一則以

大清律例早有明條近復將不供興販姓名者由杖加徒已屬從重若遽坐死罪是與十惡無所區別即於五刑恐亦未協中一則以犯

者太多有不可勝誅之埶若議刑過重則吏法滋奸恐訐告誣扳賄縱索詐之風因而愈熾所以論死之説私相擬議者未嘗乏人而奮然上陳者獨有此奏然流毒於已甚斷非常法之所能防力挽頹波非嚴蔑濟兹蒙

諭旨飭議雖以臣之愚昧敢不竭慮籌維竊謂治獄者固宜準情罪以持其平而體

國者尤宜審時勢而權所重今鴉片之貽害於内地如病人經絡之間久為外邪纏擾常藥既不足以勝病則攻破之峻劑亦有時不能不用也夫鴉片非難於革癮而難於革心欲革玩法之心安得不立怵心之法况行法在一年以後而議法在一年以前轉移之

機正繫諸此書所謂舊染汚俗咸與維新傳所謂火烈民畏故鮮死焉者似皆有合於
大聖人辟以止辟之義斷不至與苛法同日而語也唯是吸食之輩陷溺已深志氣無不昏惰今日安知来日當夫嚴刑初設雖亦愧悚䰟驚而轉思期限尚寬姑俟臨時再斷至期迫而又不能驟斷則罹法者仍多故臣謂轉移之機即在此一年中必直省大小官員共矢一心極力挽回間不容髮期於必收成效永絶澆風而此法乃不為贅設茲謹就臣管見所及擬具章程六條為我
皇上敬陳之
一烟具先宜收繳淨盡以絶饞根也查吃烟之竹桿謂之槍其槍

頭裝烟點火之具又須細泥燒成名曰烟斗凡新槍新斗皆不適口且難過癮必其素所習用之具有烟油漬乎其中者愈久而愈寶之雖骨肉不輕以相讓此外零星器具不一而足然尚可以他具代之惟槍斗均難替代而斗比槍尤不可離遇無槍時以習用之斗配別樣烟桿猶或遷就一吸若無斗即烟無裝處而自不得不斷矣今須責成州縣盡力收繳槍斗視其距海疆之遠近與夫地之衝僻戶口之繁約民俗之華樸由各大吏酌期定數責以起獲示以勸懲除新槍新斗聽該州縣自行毀碎不必覈計外凡漬油之槍斗皆須包封粘貼印花彙冊送省該省大吏當堂公同啓封毀碎無論此具或由搜獲或由首繳或由購買皆許覈作州縣

功過之數若地方繁庶而收繳寥寥者立予撤參如能格外多收亦當分別獎勵

一此議定後各省應即出示勸令自新仍將一年之期劃分四限遞加罪名以免因循觀望也查重典之設原為斷吸起見果能人人斷吸亦又何求所謂以人治人改而止也各省奉文之後應由大吏發給告示遍行剴切曉諭自奉文之日起扣至三個月為初限如吸烟之人於限內改悔斷絕赴官投首者請照習教人首明出教之例准予免罪然投首非空言也必將家藏烟具幾副餘烟若干全行呈繳到官出具改悔自新毫無藏匿甘結加具族鄰保結立案報查如日後再犯或被告發或經訪聞拘訊得實加倍重

辦其二三四限之內投首者雖不能概予免罪似亦可酌量減輕唯不投首者一經發覺即須加重蓋四時成歲三月成時氣候不為不久果能畏法儘可改圖若仍悠忽遷延再三自悞揆以誅心之律已非徒杖所可蔽辜除初限以內拿獲者仍照原例辦理外其初限以外四限以內未首之犯拿獲審實似應按月遞加一等至軍為止其中詳細條款並先後投首如何減等首後再犯如何懲辦之處均請

勅部核議施行似此由寬而嚴由輕而重不肖之徒如在〔再〕不知悔懼置諸死地不足惜矣

一開館興販以及製造烟具各罪名均應一體加重并分別勒限

繳具自首以截其流也查開館今係死罪興販亦應遠戍近因吸食者多互相包庇以致被獲者轉少今吸烟既擬重刑若輩豈宜末減應請一體加重方昭平允但澆俗已深亦宜予以自新之路請自奉文之日開館者勒限一月將烟具烟土全繳到官准將原罪量減如係拿獲照原例辦理地方官於一月內辦出者無論或繳或拿均免從前失察處分倘逾限拿獲犯照新例加重自獲之員減等議處其興販之徒路有遠近或於新例尚未聞知不能概限一月按首應請酌限三個月內不拘行至何處准赴所在有司衙門繳烟免罪若逾限發覺亦應論死其繳到之烟土烟膏眼同在城文武加用桐油立時燒化投灰江河匿者與犯同罪至製造

烟具之人近日愈夥如烟槍固多用竹亦間有削木為之大抵皆烟袋鋪所製其槍頭則裹以金銀銅錫槍口亦飾以金玉角牙閩粵間又有一種甘蔗槍漆而飾之尤為若輩所重烟斗自廣東来者以洋磁為上在内地製者以宜興為高恐其屢燒易裂也則亦包以銀錫而發藍點翠各極其工恐其屢吸易塞也則又通以鉄條而矛戟錐刀不一其狀手藝之人欲其易售奇技淫巧競相傳習雖照例懲辦而製造如故應請概限奉文一月内將所製大小烟具全行繳官毁化免罪並示諭烟袋作坊瓦器窑戶以及金銀銅錫竹木牙漆各匠互相稽查如逾限不首及首後再製俱照新例重辦其裝成烟槍可用吸食者即須論死保甲知情不首與犯

同罪

一失察處分宜先嚴於所近也文武屬員有犯該管上司於奉文三個月内查明舉發者均予免議逾限失察者分别議處其本署戚友家丁近在耳目之前斷無不知應勒限一個月查明若不能早令革除又不肯據實舉發是即有心庇匿除犯者加重治罪外應將庇匿之員即行革職本署書差有犯限三個月内查明懲辦逾限失察者分别降調

一地保牌頭甲長本有稽查奸宄之責凡有烟土烟膏烟具均應着令查起也挾仇訐告之風固難保其必無但能起獲贓證即已有據且起一件便少一害雖初行之時亦恐難免滋擾而皆決意

斷絕正不為無裨也至開館之房主及該地方保甲斷無不知之理若不舉發顯係包庇應與正犯同罪並將房產入官

一審斷之法宜預講也此議定後除簡僻州縣犯者本少即有一二無難隨時審辦若海疆商賈馬頭及通衢繁會之區吸食者不可勝数告發既多地方有司日不暇給終日承審而片刻放鬆則癮已過矣問官稍倦而委人代看則弊已作矣是非問罪之難而定讞之難也要知吸烟之虛實原不在審而在熬熬一人與熬数人数十人其工夫一耳且專熬一人或有弊多人同熬轉可無弊譬如省會地方擇一公所彙提被控被拿之人委正印以上候補者一員往審足矣不必多員也臨審時恐其帶藥過癮則必將身

上按名嚴搜即糕點亦須敲碎然後點入封門如考棚之坐號各
離尺許不准往来問官亦只准帶一丁兩役隨身伺候不許擅離
自辰巳以至子丑祇須静對不必問供而有癮之人情態已皆百
出矣其審係虚誣者何員所審即令何員出具結倘日後别經發
覺惟原審官是問以上六條就臣愚昧之見斟酌籌議未知當否
理合繕摺具
奏伏乞
皇上聖鑒訓示再臣十餘年来目擊鴉片烟流毒無窮心焉如擣久經
採訪各種醫方配製藥料於其戒吸烟之時即施藥以療之就中
歷試歷驗者計有方飲各兩種謹繕另单恭呈

御覽可否須行各直省以資療治之處伏候
聖裁謹奏
再臣伏見我
皇上久道化成一切政典彝章悉秉
列聖成謨以垂法守况人命至重欽恤惟刑在强盗尚有原情之條豈吸
烟獨予加重之辟然眼前立法以救弊法雖創而理實因天下萬
世固曉然於因時制宜
前聖後
聖之揆一也况立法嚴行法恕古有明言將來尚有自首之減輕與秋
審之緩決原待

恩出自

上

聖明自有權衡現在既有黄爵滋奏奉

旨交議不獨率土周知即詭譎萬端之夷人亦必有内奸為之通信此

議若寢則從此玩心愈甚其害更烈於前故臣愚以為必須中外

臣工併力一心誓除此害

國家理財大計此時正一轉機也臣又嘗遍訪鴉片来由實皆港脚

奸夷所帶與暎咭唎國之修職貢者殊不相涉不過棪㸃市儈各

牟其利并非有總滙之處主使之人是以從前賣於澳門迨驅之

移泊於黄埔又驅之而寄椗於零丁洋何嘗不畏法紀所可惡者

内港之快蟹蠆船為之盤送耳如果内地無人吸食諒彼亦即不来然歷年出洋之銀固已不可勝数因思茶葉大黄湖絲皆内地寶貴之物而外洋所不可一日無者聞每年出洋交易約抵七八百萬第核其所賣之價不過與内地價同

天朝四海為家固不屑與之計較然揆諸造物好還之理似亦宜以盈補虛而準諸物類不齊之情尤不宜以貴伍賤如將售賣出洋之茶葉大黄湖絲等物倍蓰其價凡閩浙蘇皖川楚等處客商似皆無不樂從且其交易悉由洋行並不必與外夷對議每年内地收回之價值或可稍償前此之漏卮如新定價後縱有奸商跌價私售亦總比内地之價為昂況責成洋行自不敢聽其搶跌而内地

民間日用仍照常價并不病民此係重中華之物力亦洋禁之森
嚴於政體似無妨礙可否仰懇
皇上𡩖勑粵省督撫海關監督察看情形會行籌議如屬可行即擬立
章程請
旨定奪臣愚昧之見未知是否謹附片密陳伏乞
聖鑒謹奏

湖廣總督林　奏再臣　接准部咨欽奉

上諭據寶興奏近年銀價日昂紋銀一兩易制錢一串六七百文之多由于奸商所出錢票註寫外兌字樣輾轉磨兌並無現錢請嚴禁各錢鋪不准支吾磨兌總以現錢交易以防流弊等語着步軍統領衙門順天府五城會議具奏並着直省各督撫妥議章程奏明辦理欽此臣　查錢票之流弊在於行空票而無現錢蓋兌銀之人本恐錢重難携每以用票為便而奸商即因以為利遇有不取錢而開票者彼即啗以高價希圖以紙易銀愚民小利是貪遂甘受其欺而不悟迨其所開之票積至盈千累百並無實錢可支則於暮夜關歇潛逃兌銀者持票控追終成無着此奸商以票騙銀之

積弊也臣愚以為弊固有之治亦不難但須飭具五家連環保結如有一家逋負責令五家分賠其小鋪五家互結復由年久之大鋪及殷實之銀號加結送官無結者不准開鋪如違嚴究並拘拿脫逃之鋪戶照誆騙財物例計贓從重科罪自可以遏其流但此弊祇係欺詐病民而於

國家度支大計殊無關礙蓋錢票之通行業已多年並非始於今日即從前紋銀每兩兌錢一串之時各鋪亦未嘗無票何以銀不如是之貴即謂近日奸商更為狡猾專以高價騙人亦祇能每兩多許兌錢數文及十數文為止豈能因用票之故而將銀之僅可兌錢一串者忽擡至一串六七百文之多恐必無是理也且市儈之

年利無論銀貴錢貴出入皆可以取贏並非必待銀價甚昂然後獲利設使此時定以限制每兩只許易錢一串彼市儈何嘗不更樂從不過兑銀之人喫虧更甚耳若抑銀價而使之賤遂謂已無漏卮其可信乎查近來紋銀之絀凡錢糧鹽課關稅一切支解皆已極費經營猶藉民間錢票通行稍可濟民用之不足若不許其用票恐捉襟見肘之狀更有立至者矣夫銀之流通於天下猶水之流行於地中操舟者必較水之淺深而陸行者未必過問貿易者必探銀之消息而當官者未必盡知譬如閘河之水一遇大旱重重套板以防滲漏猶恐不足濟舟若閘閘不嚴任其外洩而但責各船水手以挖淺即使此段磨淺而過尚能保前段之無阻乎

銀之短絀何以異是臣歷任所經如蘇州之南濠湖北之漢口皆闤闠聚集之地疊向行商鋪戶暗訪客查僉謂近來各種貨物銷售皆疲凡二三十年以前某貨約有萬金交易者今只剩得半之數問其一半售於何貨則一言以蔽之曰鴉片烟而已矣此亦如行舟者驗閘河之水誌而知閘外淺水之多不得以現在行船尚未閣淺而姑苟安於旦夕也臣竊思人生日用飲食所需在富侈者固不能定其準數若以食貧之人當中熟之歲大約一人有銀四五分即可過一日若一日有銀一錢則諸凡寬裕矣吸鴉片者每日除衣食外至少亦須另費銀一錢是每人每年即另費銀三十六兩以戶部所奏各直省民數計之總不止於四萬萬人若一

百分之中僅有一分之人吸食鴉片則一年之漏卮即不止於萬萬兩此可核數而見者況目下吸食之人又何止百分中之一分乎鴻臚寺卿黄爵滋原奏所云歲漏銀數千萬兩尚係舉其極少之數而言耳内地膏脂年年如此剥喪豈堪設想而吸食者方且呼朋引類以誘人上癮爲能陷溺愈深愈無忌憚㣲玩心而迴顧俗是不得不嚴其法於吸食之人也或謂重辦開館興販之徒鴉片自絶不妨於吸食者稍從末減似亦持平之論而臣前議條款請將開館興販一體加重仍不敢寬吸食之條者蓋以衙門中吸食最多如幕友官親長隨書辦差役嗜鴉片者十之八九皆力能包庇販賣之人若不從此嚴起彼正欲賣烟者爲之源源接濟安

肯破獲以斷来路是以開館應擬絞罪律例早有明條而歷年未
聞絞過一人辦過一案幾使例同虛設其為包庇可知即此時衆
議之難齊亦恐未必不由乎此也吸食者果論死則開館與販即
加至斬決梟示亦不為過若徒重於彼而輕於此仍無益耳譬之
人家子弟在外游蕩靡惡不為徒治引誘之人而不錮其子弟彼
有恃無恐何在不敢復犯故欲令行禁止必以重治吸食之人為
先且吸食罪名如未奉
旨飭議雖現在止科徒罪恐將来忽罹重刑若既議而終不行或畧有
加增無關生死彼吸食者皆知從此永無重法孰有戒心恐嗣後
吸食愈多則販賣之利愈厚即冒死犯法亦必有人為之是專嚴

開館興販之議意在持平而藥不中病依然未效之舊方已耳訪云刖足之市無業屨僧寮之旁無鬻櫛果無吸食更何開館興販之有哉或謂罪名重則訛詐多此論亦似殊不思輕罪亦可訛詐惟無罪乃無可訛詐與其用常法而有名無實訛詐正無了期何如執重法而雷厲風行吸食可以立斷吸食既斷訛詐者又安所施乎若恐斷不易斷則目前之繳具已是明徵若恐誅不勝誅豈一年之限期猶難盡改特視奉行者之果肯認真否耳誠使中外一心誓除此害不惑於姑息不視為具文將見人人滌慮洗心懷刑畏罪先時雖有論死之法屆期並無處死之人即使屆期竟不能無處死之人而此後所保全之人且不可勝計以視養癰貽患

又孰得而孰失焉夫舜典有怙終賊刑之令周書有羣飲拘殺之條古聖王正惟不樂於用法乃不能不嚴於立法法之輕重以弊之輕重為衡故曰刑罰世輕世重蓋因時制宜非得已也當鴉片未盛行之時吸食者不過害及其身故徒杖已足蔽辜迨流毒天下則為害甚鉅法當從嚴若猶泄泄視之是使數十年後中原幾無可禦敵之兵且無可以充餉之銀興思及此能無股栗夫財者億兆養命之原自當為億兆惜之果皆散在內地何妨損上益下藏富於民無如漏向外洋豈宜藉寇資盜不亟為計臣才識淺陋惟自念受

恩深重備職封圻覩此利害切要關頭竊恐築室道謀一縱即不可復

挽不揣冒昧謹再瀝忱附片密陳伏祈

聖鑒謹

奏

永斷烟引屢驗良方

草故丸

太極參三錢 正冬朮三錢 雲茯苓三錢 蘇法夏一錢五分 祠內陳一錢五分

川貝母一錢五分 杭白芍二錢 秦歸身一錢五分 炙甘草五分

共藥一兩七錢五分加烟灰一錢八分煉蜜為丸如桐子大依

法吞服白滚水送下

鼎新丸

太極參三錢 正冬朮三錢 雲茯苓三錢 蘓法夏一錢五分 祠內陳一錢五分
川貝母一錢五分 杭白芍二錢 秦歸身一錢五分 炙甘草五分
共藥一兩七錢五分煉蜜為丸如桐子大依法吞服白滾水送
下
大凡藥力之厚薄亦視人處境之豐嗇而變通之富貴之家常服
補劑藥氣厚於腸胃如將方內太極參易作庫參京高麗正冬朮
易作天生朮擇其產自於潛天台宜興各地道有龍頭蛇尾中有
朱砂點者最佳則藥力厚祛病尤速也貧賤之人素不服藥偶然
服之亦多攻破之劑如將方內太極參易作蘇黨參法夏易作煮
半夏內陳易作舊橘皮則藥本輕治病更易為力也

一未草烟之前先用赤沙糖三錢生甘草一錢水四碗煎成濃湯一碗每早空心服之服到第七早後再論草烟

一草烟時先問每次吸烟若干如每次吸烟一錢改作吞草故丸二十粒如每次吸烟五分改作吞草故丸十粒引重次多者照加引輕次少者照減神而明之存乎其人

一每日每次果能不用吸烟只吞草故丸可以過引偶有呵欠眼淚鼻涕等症速用桑根白皮六七分煎湯代茶諸病不作

一桑根白皮要擇壯的桑樹根刮去粗皮留白用之最靈藥店所市之桑白皮不可用也

一每日每次既吞草故丸尚無他病服到第七日後每日減去草

故丸二粒增入鼎新丸四粒草故丸逐日減少鼎新丸逐日增多迨草故丸減盡則鼎新丸不妨多呑幾服身體日健而烟引日銷矣

一草故丸減少之後或夜不能寐心火上炎陽舉流濁諸症只用蓮子去皮心煎湯常服此症自除或手足酸軟四肢無力用桑枝二三兩熬湯隔日洗之自能壯健

以上方藥依法調治變吸為呑不出半月烟引自斷所慮此心未死草之未堅卽丸轉仙丹亦難救矣是甘為犯法之人也慎之哉

道光己亥年三月上瀚閒園散人刋送

謹按吸烟之人肝木必旺肝木旺則脾土必衰有烟吸則腸燥而結無烟吸則腸滑而瀉人人通病也今以參朮苓草四君以培脾土而固中焦自無洩瀉下痢之症百病皆由痰起吸烟之人痰飲最多今以法夏祛濕痰以貝母祛燥痰内陳潤肺而止咳痰飲化百病不生矣歸以和血芎以平肝更無肝氣作痛之患凡吸烟者速將是方反覆思之依法配造永絕舊染之污現際功令森嚴之下正爾四民改過自新之時如再觀望游移後悔無及矣

閬園散人又記

奏為遵
旨會議具奏事道光十八年九月初六日内閣奉
上諭前據黄　奏請嚴塞漏巵以培國本當降旨交盛京吉林黑龍
江將軍直省各督撫各抒所見妥議章程具奏茲據各該省陸續
奏到着大學士軍機大臣會同該部議奏　穆係大學士軍機大
臣現雖穿孝着一併會議欽此初九日奉
旨着宗人府一併會議欽此十月十六日奉
旨蘇廷玉議覆查禁鴉片章程着大學士軍機大臣會同該部一併議
奏欽此十八日奉
旨拿獲烟土烟膏嗣後如何滙辦查驗燒燬淨盡以杜弊竇之處着大

學士軍機大臣會同各衙門一併議奏欽此又先後據各科道及
各將軍督撫陸續奏入並妥議海口章程具奏節經奉
旨一併歸入會議各等因欽此臣等查鴉片之來皆由海口內地奸民
與夷匪私相交易加以兵弁縱容受財護送以致毫無顧忌肆意
暢行積習益滋日甚一日受其害者數皆沉溺不返幾同毒藥迷
人迨至骨立形消等于殘廢而執迷不悟莫可挽回
皇上痌瘝在抱欲為天下除此大患
特命廷臣會同妥議明定章程以期風易俗稜返淳還朴臣等謹就黄
原奏及各省將軍督撫並各科道条陳各摺参互考訂擇其實可
見諸施行臚列以陳用備

採擇切惟明刑所以弼教立法尤貴因時鴉片之禁載在爰書果能及
早查拿何至流毒如今日之甚總緣各省大小臣工視為具文不
肯認真查辦遂致澆風日熾幾成習慣自然當此披靡日甚勢非
雷厲風行不足以振聾啓聵查海販窑口實為禍首巨魁必應一
律從嚴分別治死方足以破奸徒之胆而昭情法之平至若巡海
兵弁假公濟私内地奸商輾轉銷售以及開設烟館引類呼朋堕
其術者罔不形同鬼域蕩産傾家傳染既深幾遍天下核其情罪
實為
聖世所不容必應明罰勑法俾無倖逃庶使狡獪之徒共凜然于法律
森嚴不敢冒死涉險以圖重利而後其源可塞其流自清数十年

漸染之風不待禁而自止矣至于吸食鴉片者初則被人引誘半屬愚民近則視為泛常明目張胆已屬罪不容誅倘經此次廣為勸諭依然怙惡不悛律以亂法則為亂民律以梗化則為頑民緣情定讞愚民可寬頑民必不可寬況吸食之弊一日不斷則興販之來一日不絕是興販與吸食厥罪惟均斷不容稍從寬典惟有一律從嚴俾吸食者共畏刑書興販者無從牟利庶可根株淨盡永絕弊原此外官員之失察胥役之得財商船之窩存關津之偷漏棍徒之冒充官人奸民之栽贓誣陷種種流弊不可勝數臣等謹按所犯情節酌定罪名列為三十九條謹呈

御覽伏候

皇上訓示

一開設窑口等犯向無治罪專條今擬沿海奸徒開設窑口勾通外夷潛買鴉片烟土入口囤積發賣圖利一經審實有犯擬斬立決恭請

王命先行正法仍傳首海口地方懸竿示衆為從同謀及接到護送等犯並知情受僱之舡戶均擬絞監候房屋舡隻一律入官

一沿海員弁人等收受窑口財物縱放烟土向無治罪專條今擬海口員弁兵丁受賄故縱無論財之多寡概擬立決其未經得賄但知情狥縱或漏信致令脫逃俱發往新疆地方給官兵充當苦差兵丁為奴如訊不知情寔係失于覺察者兵丁杖一百

徒三年

一鴉片烟案内合夥開設窑口並合夥興販人犯應分别首從辦理向無專條今擬拿獲鴉片烟案犯如有合夥開設窑口並合夥興販者無論出錢多寡以起意者為首餘俱以為從論

一寄囤夷舡鴉片烟土之犯向無專條今擬沿海奸徒貪利寄囤夷舡鴉片烟土流毒内地者照開設窑口從犯治罪其尋常興販烟土案内究出知情之犯減首犯一等治罪

一得財賣放鴉片烟案犯之官役人等向無治罪專條今擬拿獲興販鴉片烟及吸食之犯如有不肖官吏及兵役人等得財賣放者與本犯一體治罪贓重者計贓以枉法從重論

一禁卒人等遞給鴉片烟與犯人吸食向無專條治罪今擬内外問刑衙門收禁人犯如有禁卒人等私行傳遞或代買鴉片烟與犯人吸食者發極邊烟瘴充軍其奉官遞解看守之犯解役人等有犯前項情弊者發近邊充軍贓重者計贓以枉法從重論

一栽烟誣賴之犯向無治罪專條今擬拏獲鴉片烟舉發有據者方坐不許妄扳拖累兵役人等並地方匪棍冒充兵役假以查拏鴉片烟為由肆行搶奪並素挾仇恨或希圖訛詐審實不分首從俱照誣良為竊盜例發邊遠充軍至一百二十兩以上者為首擬絞監候

一鴉片烟案犯告稱留養向無專條今擬鴉片烟案内問擬流罪

以上人犯有告稱留養者概不查辦

一鴉片烟案由自首及聞拿投首人犯向無專條今擬鴉片烟案內人犯如有事未發而自首者照犯罪自首律准其免罪聞拿投首者于本罪上減一等科斷首後復犯加一等治罪不准自首

一吸食鴉片烟之犯止准地方官弁訪拿究辦不許旁人訐告如有訐告者均不准審理倘係干犯名義照本律治罪

一開設鴉片烟館原例爲首擬絞監候爲從擬流徒今擬私開鴉片烟館引誘良家子弟者首犯擬絞立決房屋入官從犯及知情租給房屋之犯發新疆給官兵爲奴房屋一律入官兵役受

賄包庇與犯一體科罪其知情之地保隣居人等俱仍照舊例
杖一百徒三年有贓計贓准枉法從重論
一栽種之鴉片烟又買土煎熬售夷人犯原例為首發邊遠充軍
為從流二千里興販鴉片烟人犯為首發近邊充軍加枷
為從流　　今擬內地奸民人等有栽種罌粟花收漿製造
鴉片烟土煎熬成膏售賣及興販鴉片烟膏圖利數至百兩或
雖不及五百兩而興販多次者首犯擬絞監候為從發極邊烟
瘴充軍興販僅止一二次並為數不及五百兩為首發新疆給
官兵為奴為從發極邊足四千里充軍兵役受賄包庇與首犯
一體科罪贓重者計贓以枉法從重論其知情租田地房屋之

業主及知情受雇之舡户但在一年以外者發邊遠充軍一年以内杖一百流三千里半年以内杖一百徒三年田地舡隻房屋一律入官有能自行首告將犯指拿到官者免罪田地舡隻房屋並免入官首而無獲者但准免罪田地舡隻房屋仍入官隣佑地保而不首各杖一百有贓者計贓准枉法從重論

一栽種罌粟花連畦成畝尚未製造售賣及收買鴉片烟尚未售賣者原例杖一百徒三年今擬栽種罌粟花尚未收漿製造烟土煎熬烟膏售賣及收買鴉片烟之烟膏尚未售賣貽害者為首發極邊烟瘴充軍為從杖一百流三千里

一吸食鴉片烟人犯在京各衙門以奉

旨之日為始各直省以奉到部文為始均予限一年六個月限滿不知悛改無論官員軍民人等一概擬絞監候其在一年六個月限內犯者仍分別辦理

一平民吸食鴉片烟在一年六個月限內犯案者照舊加重杖一百流二千里不能供出販賣之人加一等杖一百流二千五百里

一在官人役並官親幕友長隨人等一年六個月內在署吸食者照平民加一等治罪該管官徇隱不究知情故縱者革職私罪如係失于覺察照管束不嚴例降一級留用公罪自行查拿究辦者免議

一職官買食鴉片烟原例加平人一等治罪今擬職官買食鴉片烟在一年六個月內者仍加平民一等治罪均從重發往新疆地方充當苦差

一兵丁買食鴉片烟原例加平人一等治罪今擬在京各旗及各省駐防綠營兵丁買食鴉片烟在一年六個月內者發近邊充軍該管及本管各員弁兵部查在京各旗營兵丁買食鴉片烟該管各官如係知情故縱者革職私罪止于失察者該管官降一級留任統轄官罰俸一年俱公罪各省駐防兵丁亦照此辦理至綠營兵丁買食鴉片烟該管各官如係明知故縱者革職私罪止于失察者該管官降一級留任兼統官降一級留任提

督總兵罰俸一年俱公罪該管各官自行查出究辦者免議並
于挑募時訊取應募人各該族隣切實甘結
一開設烟館及栽種罌粟等花製烟售賣並興販鴉片烟首從各
犯除現擬死罪外其餘亦俟一年六個月後均擬絞監候
一拿獲吸食鴉片烟人犯訊明雖經改悔戒絶但存有鴉片烟灰
未經燬棄者尚無耑條酌照不應重律杖八十合擬加二等杖
一百治罪
一製造及販賣鴉片烟器具者照造賣賭具例分别治罪
一同居子弟有買食鴉片烟者除本犯照例懲辦外將家長照不
能禁約子弟為竊之例治罪

一職官因吸食鴉片案犯在一年六個月以内發往新疆者永不叙用概不准各該城大臣等因事保奏

一粤東洋行有向因貿易准與夷人往来住粤住行皆有一定期限不准任意羈留嗣後洋行與夷商交易應遵照定例于買貨完竣後即令起程逾限久留即照違

制律杖一百如查有積囤鴉片情弊照例治罪房屋查抄入官

一向例緝私兵弁准帶官編字號鳥鎗遇有大夥鹽梟拒捕准令開放格殺勿論嗣後查拿鴉片烟遇有大夥聚衆持械拒敵官兵者亦准施放鳥鎗格殺勿論其拒捕之犯聚至三人以上執持器械殺人者為首並殺人之犯俱擬斬立決傷人之犯斬監

候若傷人未死首犯斬監候為從下手如及傷及折傷以上者絞監候非金刃又非折傷及在場助勢未曾傷人各犯俱發往新疆給官兵為奴其聚衆持械未經拒捕之首犯無論興販次數多寡俱擬絞監候為從極邊烟瘴充軍

一銷燬烟土應防偷換嗣後州縣等官拿獲烟土解銷之日該督撫親至查驗真偽即行加貼印花存貯司庫酌定日期銷燬屆期該督撫仍將各處解到烟土逐細覆驗潑以桐油並攙食盐白礬眼同銷燬務令悉成灰燼投之河海不准委任他員致滋弊混

一沿海各省洋船進口或該督撫親往查驗或派委公正大員前

往實力搜查其並無夾帶烟土各舡概不准絲毫滋擾庶商情踴躍不至裹足不前現在奉天天津江蘇山東各省業將稽查海口章程開单具奏應令各該將軍督撫率同該關監督實力奉行此外各省海口應責成督撫及海關監督就該處情形詳議章程速行具奏

一各省海關監督稽查税務是其專責洋舡進口有無夾帶鴉片烟土亦應一體稽查嗣後責成該監督嚴飭該關胥吏人等于點驗商貨時認真稽查報明究治如敢知情縱放並得財包庇立即照例嚴懲倘有狥庇偷漏等獘將来别處發覺即予懲處

一鴉片總由海口上岸嗣後各省拿獲烟販應將由何處購買何

人經手何人包庇護送並由何處上岸及經過何處地方逐一
根究分别受賄及知情不知情照例懲辦議處
一拿獲吸食鴉片烟人犯到案承審之員務需嚴行審訊毋許漏
網如有徇情開脱照故出人罪治罪倘訊係無辜者烟土烟膏
實係查拿人役栽誣陷害即將栽誣之人役照例懲處
一吸食已戒平民例得免罪而官民應分别辦理查吸食鴉片烟
期于能戒而止平民已戒即係無罪之人若現在官員為民表率
但經吸食之人即行查辦革職嗣後現任各員如有曾經吸食
者該上司即行揭參勒令休致而不揭交部查現任官員如有
曾經吸食鴉片該上司知而不揭照徇庇例降三級調用私罪

一查向例議叙以獲盜爲最先然　次拏獲應斬決斬梟三名以
上或應凌遲者一二名方准送部引
見其道府大員止加一級今拏獲鴉片各案皆蒙
特恩破格升擢未便狃以常例嗣後各省文武查拏鴉片認真出力着
准督撫據實保奏請
旨定奪如所獲人犯僅止私種罌粟並非煎熬烟斤者概毋庸議叙議
處嗣後如有試用知府拏獲鴉片烟案核與州縣等官引
見之例相符者即查照拏獲盜案例准其遇缺儘先補用與例不符者
分别名數給予議叙其道府拏獲鴉片烟案核與州縣等官引
見之例相符者每案准其加二級與例不符者每名准其紀錄一次若

係督令屬員拏獲即毋庸給予議叙如地方官拏獲烟案人犯尚有以詐作真以少報多情弊即行嚴叅該督撫如敢狥情濫保將該督撫照狥情例降三級調用私罪又拏獲隣境有開設窑口人犯如僅獲烟斤人犯未獲仍照舊例按烟斤多寡分别議叙外各首先拏獲罪應斬梟及斬決立決人犯数在三名以上者即照拏獲隣境盜犯之例准該督撫奏請送部引

見恭候

欽定如未及三名而一年内能全獲五起其首犯内有罪應斬梟斬絞立決一二名或係應斬絞監候者除按名給予加級紀録外仍照拏獲大夥私梟之例不論俸滿即行升用協拏之員亦按其

罪名分別减等議叙如祇拏獲斬梟一名者加二級斬絞立决者加一級監候者紀録二次軍流者紀録一次如總兵拏獲核與付將等官引

見之例相符者每案准加一級與例不符者仍照拏獲贼盗例每名紀録一次如係督同屬員協拏者仍毋庸給予議叙至本境有開設窑口等犯地方官能自行查出破案全行拿獲内有罪名斬梟及斬絞立决数在三名以上者亦准該督撫奏請送部引

見如未及三名而一年内能全獲十起其首犯内有罪應斬梟及斬絞立决三名或係應斬絞監候亦仍照拿獲大夥私梟之例不論俸满即行廾用八起以上加三級四起以上加二級三起以下

每一名紀錄一次如地方文職各官拿獲烟案人犯倘有以偽作真以少報多情弊即行從嚴叅處該管各上司狥情濫保照狥情例降二級調用

一查拿鴉片興販與吸食並重今拿獲興販者得邀議叙而拿獲吸食者無庸奬賞非獨兵役不能得力即員弁亦有懈心恐吸食一日不盡即興販一日不絶現在京內五城拿獲職官吸食者已邀升擢嗣後各省如有能訪獲吸食設法緝拿驗明屬實但人数較多或不止一案准各督撫查明實在出力之員酌量奏請議叙

一在京各官及外省督撫有將吸食之員列入京察卓異別經發

覺即將原保舉官議處
一保甲之法原以緝捕奸宄今當嚴禁鴉片之時荒村僻鎮難保
死匪徒潛匿應令嚴飭所屬地方官認真編查以十家為一牌
設一牌長每牌上除將逐戶人數生業詳細開載並將興販吸
食鴉片罪名開列俾家知戶曉責成牌長如牌内之人有犯即
行舉發倘有受賄知情等弊一經犯案地保隣佑一體懲辦
一朔望宣講宜廣為勸諭查興販之人愍不畏死非因言語所能
化導至吸食之人各有身家果知一經吸食即犯死罪未必不
痛自改悔
以上各條臣等悉心商酌積弊已久非嚴刑峻法不足挽回有犯

舊例所無緣情定罪者有因舊例稍寬不加重者總期施行無碍
有犯即懲嚴興販以清吸食之源治吸食以絶興販之望此外所
有各弊逐細講求准情示罰應請
旨飭下各將軍督撫等激發天良同心協力致其勇敢之氣祛其廻護
之私恃之以公体之以實勿因畏難而中止勿以條教爲具文有
治人而後有治法積弊雖深不難立見肅清化臻刑措以仰副我
皇上惠愛黎元除惡務盡之至意所有臣等遵
旨會議緣由謹合詞覆奏是否有當伏乞
皇上訓示謹
奏請

旨五月初二日奏初五日内閣奉

上諭上年黄爵滋條奏鴉片積弊請旨設法嚴禁當交各將軍督撫等各抒所見妥議以聞嗣經陸續奏到並據科道等官先後條陳特降諭旨交大學士軍機大臣會同各衙門議奏兹據詳議章程會同奏入朕詳加披閱尚屬周妥俱着照所議辦理並將纂入則例永遠遵行各該衙門其即遵行刊刻頒發各直省將軍督撫等轉行所屬地方文武員弁一體遵照明白曉諭咸使聞知朕惟姑息非所以嚴用刑即所以痛懲鴉片来自外夷日甚一日兼以内地栽種罌粟販射漁利軍民人等受其毒者始則被人引誘繼則習為泛常甚至蕩產戕生罔知悛改關係于人心風俗者甚巨若不及

早查禁永杜弊源則傳染日深其害伊于胡底朕痛恨在抱欲為天下除此禍患不憚再三訓誡特議條章以期易俗移風還淳化樸因思海販窑口實為禍首罪魁倘非一律從嚴概置重典不足以防偷漏而塞来源至吸食之弊一日不斷則興販之来一日不絕亦不得稍從寬宥今定以死罪立限嚴懲此外種種流弊尤應時時隨地實力稽查歷久不懈庶幾根株淨盡力挽澆風惟是有治人而後有治法該將軍督撫等果能查辦何至流毒至此日之甚朕姑寬不究既往此次明定章程以後其各激發天良剪除積習同心協力仰體朕懷為民除害其有不肖屬員諱飾不辦者立即據實嚴叅重治其罪倘仍意存玩泄視條款為具文或致畏難苟

安始或勤終怠則是甘心骫法自喪天良朕言出法隨決不寬貸共
宜凜遵毋忽欽此

欽差大臣林　諭各國夷人知悉照得夷舡到廣通商獲利甚厚從前

來船每歲不及数十隻近年来至一百数十餘隻之多不論所帶

何貨無不全銷欲置何貨無不立辦試問天地間如此利市馬頭

尚有别處可覓否我

大皇帝一視同仁准爾貿易爾纔沾得此利倘一封港爾各國何利可

圖况茶葉大黄外夷若不得此即無以為命乃聽爾年年販運出

洋絶不靳惜

恩莫大焉爾等感

恩即須畏法利已不可害人何得將爾國不食之鴉片烟帶来内地

騙人財而害人命乎查爾等以此鴉片蠱惑華民已歷数十年所得

不義之財不可勝計此人心所共憤亦天理所難容從前
天朝例禁尚寬各口猶有偷漏今
大皇帝聞而震怒必須除之而後已所有內地民人販鴉片者開館者
立即正法吃食者亦議死罪爾等來至
天朝地方即應與內地人民同遵法度本大臣家居閩海于外夷一切
伎倆早已深悉其詳是以特蒙
大皇帝頒給平定外域屡次立功之
欽差大臣關防前來查辦若追究該夷人積年販賣之罪即已不可姑
容惟念究係遠人從前尚未知有此嚴禁今與明申約法不忍不
敎而誅查爾等現泊零仃等洋之躉船存有鴉片數萬箱意欲私

行售賣獨不思海口如此嚴拏豈復有人敢為護送而各省亦皆
嚴拏更有何處敢與消售此時鴉片禁止不行人已視為鴆毒何
苦貯存夷躉久控大洋不獨枉費工資恐大風更不可測也合行
諭飭夷舡等速即遵照將躉船鴉片盡数繳官由洋商查明何人
名下繳出若干箱統共若干斤兩造具清册呈官點驗收明燬化
以絕其害不得絲毫存匿一面出具夷字漢字合同甘結聲明嗣
後来船永不敢夾帶鴉片若有帶来一經查出貨盡没官人即正
法情甘服罪字樣聞該夷平日重一信字果如本大臣所諭已来
者盡数呈繳未来者断絕不来是能悔罪畏刑尚可以不追既往
本大臣即當會同

督部堂　撫部院奏懇
大皇帝格外施恩不特寬免前愆並請酌予
賞犒以奬其悔懼之心此後照常貿易既不失為良夷且正經買賣
儘可獲利致富豈不體面倘執迷不悟猶思捏禀售私或託名水
手帶來與夷商無涉詭稱帶回該國投入海中或乘間而赴他省
充售搪塞而繳十之一二是皆有心違抗怙惡不悛雖以
天朝柔遠綏懷亦不能任其藐法應即遵照新例一體從重懲創此次
本大臣自京面承
聖諭法在必行且既帶此關防得以便宜行事非尋常查辦他務可比
若鴉片一日未絕本大臣一日不回誓與此事相終始斷無中止

之理况察看内地民情皆動公憤倘該夷舡不知改悔惟利是圖非但水陸官兵軍威壯盛即號名民間丁壯已足制其命而有餘而且暫則封舵久則封港更何難絶其交通我中原数萬里版輿百産豐盈並不藉資夷貨恐爾各國生計從此休矣爾等遠出經商豈不知勞逸之殊形與衆寡之異勢哉至夷館中原販鴉片之奸夷本大臣早已備記其名而不責鴉片良夷亦不可不為剖白有能指出奸夷責令呈繳鴉片並首先具結即是良夷本大臣必先猶[優]加奬賞禍福榮辱惟其自取今令洋商等到館開導遵限三日内回禀一面取具切實甘結聽候會同

督部堂　撫部院示期收繳毋得觀望諉延後悔無及特諭

漳州府胡禀探得二月中旬
星使林到粤先傳洋商着令鬼子盡数呈繳鴉片烟土夷頭目七人
中有梗議者
星使将洋商摘去頂戴鎖項並将鬼子住楼封住禁止出入絶其飲
食後有夷人駕洋船進至擸德經該炮台施放三炮洋船退出並
拏住漢奸現在唉咭唎鬼子具禀愿繳烟土二萬零二百餘箱已
定十五十六日呈繳現已委員在于十三行及黄埔地方驗収
星使與両廣總督撫部院水師提督於十七八九等日赴虎門驗収
諭令各夷船繳烟隨到隨繳以便
奏明施恩両廣總督院憲賞給唉咭唎夷人等羊隻食物以示奨勵餘

俟再行探報此禀

抄浙藩移閩藩稿

為飛移堵逐事本年六月初八日奉

撫憲烏　札開照得夷舡竄入浙洋本部院親往寧波海口督辦

緣由經本部院于道光二十年六月初八日恭摺具

奏合行抄摺札飭該司立速移行沿海各道府督縣小心巡防實力

堵逐南回不准片刻停泊勿稍疏忽等因奉此查是案前據定鄞

二縣禀報當經移知堵逐在案今奉前因並據定海縣禀報共到

夷舡二十餘隻內二隻中起烟氣旁掛車輪均在南韭山之西北

一帶游奕等情合亟排单五百里飛移為此合咨

貴司請煩查照移行沿海文武一體嚴行堵逐施行須至咨者

計粘抄奏

奏為夷舡竄入浙洋臣即親往督辦恭摺奏祈

聖鑒事竊查浙洋四通八達前奉

諭旨飭防夷舡竄入經臣節次籌議防堵情形奏蒙

聖鑒并札飭沿海各屬隨時瞭探稟報在案茲於本年六月初七日酉刻據寧波府鄞縣知縣舒恭受以六月初五日辰刻訪得進港漁船稱有夷船多隻在於象山縣爵溪洋面遊奕是日申刻聞得定海縣南韭山洋面有大夷舡兩隻小夷舡兩隻從深水洋駛入業經臣祝廷彪帶領將弁出洋堵禦寧紹台道李紹昉亦即力疾會同水師馳赴鎮海口防堵該縣及營汛委員刻日封港稽查等情

飛報前來臣查夷舡實來多隻難保該夷不希圖窺探售其奸計事機之發不可不慎內外之防尤不可不嚴事關重大臣必當親往察看相機籌辦當于初八日由省起程迅速前往寧波一帶海口會同提臣祝廷彪暨鎮海鎮臣張朝發督率水師實力堵逐各夷舡南回如該夷匪敢于抗拒即行厚集兵力會合勦辦以懾夷情而伸

國法仍一面札司移行沿海各道府督縣小心巡防並飛咨閩浙總督鄧暨溫州黃岩各鎮並乍浦副都統及江南山東直隸各督撫臣一體飭屬預防以免竄逸合將臣出省督辦夷舡緣由恭摺具

奏伏乞

皇上聖鑒謹
奏

㖑逆致定海縣信稿此稿係鎮海布庄夥友寄回

大英國特命水師将帥爵子伯麦
陸路統領総兵官布耳利謹啓

定海縣主老爺知悉奉

大英國之命率領大有權勢水陸軍師前往到此特意登岸欲有占據定海並屬各海島至該島居民若不抗拒本國軍師大英國家前不欲害其身家産業也夫粤東上憲林鄧等於舊年行為無道凌辱大英國主特命正領事義律暨英國别人故不得不然占據辦法現今須要保護本國船隻弁兵一切妥當是以老爺必須即便将定海並所属各海島與其堡台一均投降故此本将帥統領老爺安然投降致免殺戮但爾肯投本将帥統領自應自戰法以奪据之

且逓書委員惟俟半個時辰須致咨覆此時已完了而老爺不肯投降並咨覆本將帥統領即行開炮轟擊島地與其堡台及率兵丁登岸特此咨

定海縣主老爺閣鑒

一千八百四十年七月初四日行

道光二十年六月初五日啓

浙撫奏稿

奏爲定海縣城失守夷舡直逼鎮江要口臣等現在力籌堵禦恭摺

由驛馳奏仰祈

聖鑒事切臣烏前因暎夷致書定海緫兵肆其狂悖先將逆次籌辦情形於本年六月初十日由驛具　奏一面星夜趲行於十一日酉刻行抵鎮海要口與臣祝會晤驚悉先於初七日定海鎮臣張朝發與暎夷接戰被暎逆炮傷官兵甚多舡亦擊沉初八日定海縣城已被暎夷攻破署定海縣姚懷祥典史全福不屈投水被害身死惟鎮臣張朝發護鎮標左營遊擊錢炳煥受傷及署定標中營遊擊羅建功護定標右營遊擊王万年署定標中營守備龔配道俱

回鎮海又有沈皋巡檢徐桂馥先受姚懷祥之命回郡請救其餘
文武官兵尚無下落臣烏聞信之下不勝髮指伏查鎮海定海相
距僅止百有餘里一帆可到鎮海口直通內地其要隘全在笠山
外障與招寶山金雞山對峙作為鈐口先經臣祝分佈提標五營
兵八百餘名並調回署鎮海營叅將胡得耀提標右營遊擊周士
法派配鎮海兵九百餘名在於要口縣城及沿海一帶防守臣烏
又調撫標兵四百名飛速來鎮聽候撥用並面諭寧波府知府鄧
廷彩置辦舡隻沉於通內要口再用木排以鐵鍊環住　上監木
城以為保護使夷舡阻塞不能駛入正在籌備詎於十三日寅刻
據報瞭見夷舡多隻在於笠山以外往來遊奕相距鎮海不過十

有餘里臣等現在親駐要口調度並嚴飭官兵堅守以防不虞惟聞㖊逆夷舡又来五隻連前共有三十一隻四面裝炮大者三層次者二層小者一層内有兩隻舡旁裝有輪盤旋駛如風往来甚速以為前導其兵約有五六千名若與之戰必須兵數相敵方可接仗臣祝前調之湖州等協兵三千五百名止到紹興協兵三百名此外及臣烏所調撫標各兵到鎮尚需時日合計在鎮各兵止有二千餘名與夷兵多寡懸殊此時利於固守而不宜於速戰先當定計以老其師使之進退維谷一俟大兵雲集再行合謀攻擊以期一鼓成擒辰下濱海大小各口岸均須設兵防堵温州黄岩兩鎮水師亦應各守各汛以防竄入即抽撥来鎮亦不能多現在

鎮海兵力未免单薄相應請
旨勅下閩浙總督臣鄧　選派閩省大員帶領舟師星飛来浙無論夷
舡在於何處即行會同浙江水師合兵會勦并請
旨勅下協辦大學士兩江總督臣伊亦飭水師在於江浙交界洋面堵
禦以防夷舡北逸并為浙洋應援除咨行浙省各文武嚴行巡防
並各省督撫臣一體飭属防堵外謹合詞由驛恭摺具奏伏乞
皇上聖鑒
訓示謹奏

浙撫片奏稿此稿與提臣祝廷彪合奏

再此次𠹌夷實擁大衆入犯官軍猝遇交鋒以致定海失守臣祝於初八日申刻始接鎮臣張朝發来咨該鎮于初七日自卯至午在舡與𠹌逆互相轟擊被傷左腿甚重落水扶板登岸不得已帶傷入城而臣等提訊羅建功等據稱該遊擊等自夷舡二十六隻入港以後會同文武商酌夷匪仗其炮火止利于水不利于陸擬將水陸各兵一半搬至離城一里之半路亭扼要地方堵住一半撤至城中防守衆謀皆同隨向該鎮尉切稟明即該縣姚懷祥及各紳士等亦皆求請該鎮進城督率保護乃該鎮轉調防城各官總要在于港面攻擊致被逆夷轟斃官兵無數迨至該鎮進城後

該遊擊等勢難抵敵尚與招携殘兵進城保護嗣至城濠姚懷祥
已將四門緊閉不能緣城而上夷逆徹夜攻城將東門攻破紛紛
而入該官兵既失其所該遊擊法無可施冒死到鎮等語臣等親
往看驗該鎮張朝發及提驗護遊擊錢炳煥受傷屬實伏查官軍
猝遇寇賊彼衆我寡必當出奇制勝謀定而後動今夷逆豕突定
海羅建功擬請分兵或戰或守衆謀僉同收合尚有一千餘兵可
以堅守何致猝然城陷乃該鎮張朝發愎諫撤守以致喪師失城
其情罪實屬重大該遊擊羅建功等于敗後遽即回鎮亦屬罪有
應得惟該鎮等有礙發落例應奏請處置相應請
旨將定海鎮總兵張朝發署中營遊擊羅建功護左營遊擊錢炳煥護

右營遊擊王萬年署中營守備龔配道一並革職交部分別定罪
由臣烏將張朝發委員先發寧波府城交寧紹台道嚴行看守候
旨遵行臣祝于倉猝之際未及救援臣烏得報較遲籌辦不及均屬咎
無可辭應請
旨交部嚴加議處其定海鎮印務先由臣祝兼署左營遊擊印信已經
錢炳煥失水同中營遊擊等官印務亦由臣祝先行委員代辦一
面咨明督臣同鎮篆分别委員接署以專責成署鎮海營參將胡得
耀未能得力臣祝即行撤回飭委在鎮差遣令新任黃岩鎮標中
軍遊擊林亮光署理臣烏查得鎮海縣知縣黃維同辦事未能周
到亦即撤任委員先行代理一面札司飛調精能之金華縣知縣

葉堃赴鎮接署仍飭胡得耀黄維同聽候差遣不得擅離沈奥巡
檢徐桂馥請救已遲亦應斥革示懲署定海縣姚懷祥典史全福
一并死節均屬可嘉容臣烏查其家屬下落飭行照例請卹其現
在無着落之定海文武官兵如有投回亦即查實分别辦理臣等
謹會同閩浙督臣附片具奏伏乞
皇上聖鑒

閩督奏稿

奏為恭報由閩赴浙會督勦辦夷匪日期仰祈

聖鑒事竊照暎夷兵舡駛入浙洋滋事定海被圍危急業經臣將先後接准浙江撫臣提臣咨會調撥黃岩温州兩鎮舟師並調衢州鎮總兵郭宏升前往協防勦辦情形兩次由驛奏報在案茲於六月廿七日據浙江提臣咨稱六月初八日准定海鎮張朝發咨稱初七日夘刻該夷船先後開炮轟擊該鎮揮令兵船齊放鎗炮并力堵禦至午後該鎮被夷舡炮子擊斷腿骨兵舡均被擊沉該鎮帶傷同各兵扳扶板片陸續鳬水上岸傷斃官兵一時不能查點該鎮退入城內督率文武官弁保固城池但夷舡勢大恐難抵禦懇

請統帶大兵速來救援等語張朝發旋即帶傷来至鎮海并聞定
海城池已失等情飛咨前来臣聞之不勝忿激查張朝發既因臨
陣受傷退入城内何以旋至鎮海其城池如何失陥此外知縣暨
文武員弁現在何處均未逐細指明五中更深焦灼查閩洋各口
門經臣會同水陸提臣督飭道府連日赶緊布置添兵防守修築
炮台炮墩安設炮位均已稍有頭緒刻下閩洋並無夷舡消息臣
自應先馳赴浙會督勦辦以冀迅殲兇逆查由泉赴浙必須道出
福州臣拜摺後即日折回省城將閩洋防堵事宜交撫臣吴来泉
接辦省垣重地有兩司随同将軍都統彈壓臣衙門尋常案牘仍
交藩司常代行代拆緊要事件仍包送行次核辦至定海城池如

何失守張朝發如何帶傷前赴鎮海傷斃官兵實有若干俟臣到浙

後確切查明據實參辦所有臣由閩赴浙會勦夷匪日期謹恭摺

具奏伏乞

皇上聖鑒

訓示謹奏

閩督奏稿

為陳明閩省舟師祇敷自衛口岸勢難派調赴浙現在由閩酌帶
官兵雇募水勇前往勦辦恭摺奏祈
聖鑒事切查𠸄逆兵舡攻陷定海縣城現復直逼定海口岸業經臣鄧
将由閩馳往會辦日期恭摺奏報在案而迭次接准浙撫臣烏咨
會鎮海兵力单薄請
旨飭下閩督選派閩省大員帶領舟師合兵會勦等情查閩浙兩省俱
由臣鄧統轄自當酌派兵丁盈餘調撥勦辦玆抵省垣與撫臣吳
商確閩省舟師額設提督一員總兵四員其提督駐札之廈門係
濱海最要之口岸前次夷匪曾來覬覦經攻擊遁去所轄兵丁除

戍臺巡洋差遣外在標者不敷千名亦覺兵力单薄南澳一鎮界連閩粤福寧一鎮界連閩浙金門海壇二鎮俱孤懸海島地方在在均關緊要額設兵丁僅能各固疆圉現經飭令多募水勇防堵其勢難以派調且閩浙洋面相距甚邇逆夷檣竿靈捷瞬息可以往返茲浙洋備禦謹嚴難保不轉擾閩省是以臣等復飭各營認真防範未敢稍撤藩籬以致顧彼失此惟浙省現當辦事之時必須多方協濟臣鄧在泉州時復飭馬巷通判俞益雇募水勇一千名並以陸路兵八百名由金門鎮派弁逕從閩洋雇坐漁舡分起管帶赴浙調遣約計臣鄧抵浙除會同提撫臣體察情形設法妥辦隨時奏報外所有閩省舟師

勢難派調赴浙及現雇水勇隨陸路官兵前往勦辦情形謹會同

具奏伏乞

皇上聖鑒謹奏

再臣鄧前在泉州奏報赴浙合辦夷匪摺内聲明閩洋防守事面

交撫臣吴赴泉接辦兹馳抵省垣與臣吴商確省垣係根本重地

稽查彈壓尤關緊要督撫同時並出似不相宜閩安福清海口距

省甚邇福寧一鎮緊接浙洋均應督飭防守又秋闈在即更須監

臨事宜查有署臬司常延建邵道徐堪以委令前往會同辦理除

檄飭赶緊馳往並由臣等發給令箭二枝文職知府以下武職叅

遊以下聽其調遣事關緊要軍務不得不稍從破格謹合詞附片

陳明伏乞

皇上聖鑒謹奏

兩廣撫督咨稿

為飛咨嚴防事竊照暎咭唎自斷絶貿易以後該國貨船散泊外洋遷延不去並傳聞有兵船多隻前来内地時值南風盛發誠恐夷船望非　竄業經咨會嚴飭沿海水陸各文武嚴謹巡查預為準備倘有夷舡駛進轄洋即行嚴加勦逐在案玆據各文武稟報五月廿二廿三等日暎吉利國陸續来澳大中小巡舡共十號惟中號一舡有炮三層七十餘門番夷約計数百名餘則炮五七門至十門不等合之先来吐嚕嗶喻嘟嚕嗌咯咆吐四隻共十四隻又有車輪大舡三隻均在外洋遊奕玆又據報大小巡舡十隻車輪大舡一隻于五月廿五廿六等日駛出老萬山向東逕去并傳

聞該夷船四月間在閩穿山洋面受創甚重現在竄入浙洋窺伺舟山雖恫喝之詞未足憑信而夷情叵測防範宜嚴云云

制台鄧　七月初六日途次接准　部咨奉

上諭前因查禁鴉片早經降旨令沿海各督撫嚴加防範本日據烏爾

恭額奏嘆吉利夷匪在浙江定海縣滋事已有旨由四百里諭令

余步雲酌帶弁兵星夜馳往該處勦辦着鄧　嚴飭各海口加意

防範毋得稍懈將此由四百里諭令知之欽此

浙撫奏稿七月十五日抄

奏為探明夷舡日益加增應行添兵攻守謹將籌辦情形恭摺奏

祈

聖鑒事竊臣等前因暎逆攻害定海直逼要口當將力籌堵禦緣由會摺馳奏在案臣等連日籌備已將沉舡口門各事宜次第辦竣前調各兵約到一半派在招寶山及縣城内外緊要各處嚴列隊伍軍容甚壯暎逆船隻畏威退走前往象山石浦以及鎮海内外洋面遊奕旋生詭計在洋忽將鄞縣商船扣住勒令商人投遞其國僞相書函欲求轉達廷臣籲請通商臣等知其居心叵測即將原書擲還加意防範此近日鎮海堅固暎逆旋退之實情也伏思要

口既固必當議戰然須探其底裏計出萬全乃能一鼓勦除立時克復臣等素知前廾鎮海鎮丁憂總兵葛雲飛在洋最久無不熟悉當即專函邀其赴鎮與議攻守之策該鎮臣葛雲飛精明曉暢所論悉合機宜實可相助為理一面疊遣兵目暗赴定海到處探視據報暎逆續添兵舡七隻連前共有三十八隻其兵計有七八千人舡在洋面及近城處所或散或聚其人或在縣城或在要隘羅列炮位防備極為緊要細度情形暎逆之兵勢已分我兵必需水陸夾攻始能得手臣等悉心籌備暎逆依城為穴已用兵把守我兵由海登陸攻城殺賊克復後即當住城防堵作為內應一路必得勁兵五千方敷調遣又恐在城暎逆逃走入舡連帮豖突擾

及沿海地方不可不防現在最要之鎮口兵威雖重其瀕海一帶以及迫近鎮海之穿山象山石浦并近省之乍浦兵力尚单必須酌兵四千名添入城鄉隘口嚴行防守此外濱海各州縣口岸甚多應飭令地方文武選帶兵役僱募鄉勇協同守望統計陸路戰守各兵需用九千臣等前已奏調提標撫標暨各營兵丁共計四千七百名尚缺四千三百名即在撫標處州衢州鎮標加興湖州紹興台州金華嚴州協標并温州定海鎮海太湖楓嶺各營内隨時調撥酌量分派至于水路尤關緊要唉逆生長海島素習水戰船隻之高寛靈便炮火之遠大猛烈迥非内地可比張朝發一戰而北固失機宜實由輕敵此畨進攻全仗水師衝鋒破陣寡援必

怯小挫尤撓斷須力敵勢均大隊持戰方使匪胆破落士志奮揚
現查提標各師額定兵幾即黃岩溫州兩鎮所轄多屬海疆均應
巡防亦難盡撥此中精練約可挑選三千實已無可再調竊恐衆
寡不敵難以決勝伏查各省水師廣東最强福建亦勇且聞屢與
暎逆接戰獲有勝仗為暎逆所震慴若得閩廣水軍會勦既壯我
軍又奪其氣即可制彼死命在閩浙兩圻尚屬同舟共濟是以臣
等前次請調閩師以為策應惟廣東為中外洋面門戶又未知近
事如何本非臣等所敢妄參輾轉思維此舉實關
國家大局不敢不鄭重詳慎固不得不冒昧陳請可否仰懇
皇上天恩俯准飭下兩廣督臣林閩浙督臣鄧各撥舟師二千選派大

員統帶星飛来浙會同各鎮并力勦辦俾知天威嚴重不敢再生覬覦臣等維時亦當往来督率以期将士争先效命迅即蕩平不勝急切待命之至謹合詞恭摺由驛具奏伏乞

皇上聖鑒

訓示再定海鎮篆經臣祝奏明兼署茲督臣咨飭委提標右營游擊周士法護理正值軍務需人之際應即飭交任事以專責成臣祝已於六月廿二日交卸鎮篆合并陳明謹奏

批摺稿七月十八日抄

為欽奉事道光二十年七月十六日准兵部火票遞到兵部咨職方司案呈内閣抄出吏部會奏㖞夷船隻駛入浙江定海縣登岸滋事姚撫烏提督祝奏請交部議處一摺道光二十年六月廿六日奉

上諭本日據烏等由驛奏定海縣城失守現籌堵禦一摺此次㖞逆船隻擁衆滋事官兵猝遇夷寇自應出奇制勝謀定後動乃該總兵張朝發恢諫撤守以致喪師失城情罪重大遊擊羅建功等敗後邊即回鎮亦屬罪有應得定海鎮總兵張朝發署中營遊擊羅建功左營遊擊錢炳煥右營遊擊王萬年中營守備龔配道均着革

職，挐問交部分别定罪。烏祝籌備不力，前降旨交部嚴議。兹據該部奏請革職，尚不足以蔽辜。惟現當防堵之時，若竟予罷斥，轉得置身事外。烏祝着先行革職，暫留本任，戴罪圖功，以觀後效。署鎮海營叅將胡得耀、鎮海知縣黄維同着撤回，仍留該處聽候差遣。逃檢徐桂馥請救已遲，着即斥革。署定海縣姚懷祥、典史全福不屈投水被害，身死實屬可憫。着該部加等議恤。餘着均照所議辦理。該部知道。欽此。抄出到部，行文閩浙總督欽遵查照可也。

閩督奏稿

奏爲再陳閩省舟師實在不能調撥赴浙協勦情形恭摺奏祈

聖鑒事竊臣前准浙撫臣烏洛會奏請調撥閩省舟師前赴鎮海協勦

逆夷業經臣會同撫臣吳查明閩省口岸處處吃緊額設兵丁自

衛藩籬尚形单薄現經僱募水勇協同防守勢難調撥赴浙以致

顧彼失此經臣委員僱募水勇一千名由閩洋僱坐漁船赴浙調

遣並酌帶陸路官兵五百名前往協勦具摺奏

聞在案茲復准浙撫提臣咨會奏請

勑下兩廣閩督臣各撥舟師一千選派大員統帶赴浙會同勦辦等因

伏查

國家設立水師原應互相策應臣職兼兩省更無畛域可分惟此次
權衡輕重緩急以期計出萬全粵省現在情形臣雖未得確言然
亦聞有夷船十餘隻在於銅鼓等洋停泊閩省曾有夷舡在厦門滋
擾正在設法防閑此時自應保固疆圉有備無患斷難稍涉疎虞
與逆夷以可乘之隙臣現在趕緊巡行除俟抵浙後會同撫臣察
看情形商議籌辦另行具奏外所有閩省舟師實難調撥赴浙緣
由謹由驛恭摺具奏伏乞
皇上聖鑒
訓示
再接准浙江將軍乍浦副都統先後咨稱乍浦洋面於六月二十

四日有夷船一隻遊奕我兵開炮轟擊逆夷亦開炮抗拒傷斃兵
勇十餘名等情業經 臣 飛咨湖州鎮撥兵丁五百名前往防守合
并陳明謹奏
再 臣 行抵福建延平途次正在繕摺間承准軍機大臣字寄欽奉
上諭前因查禁鴉片早經降旨令沿海各督撫嚴加防範本日據烏奏
暎咭唎夷匪在浙江定海縣滋事已有旨由四百里諭令余步雲
酌帶弁兵星夜馳往該處勦辦着鄧　嚴飭各海口加意防範毋
稍疎懈將此由四百里諭令知之欽此遵
旨寄信前来 臣 查余步雲久歷戎行熟諳軍務茲奉
聖明簡任諒此么麽夷孽不難速就蕩平惟該督駐劄泉州聚接廈門

係閩省最要口岸前次夷匪曾来騷擾正在設法防閑今余步雲奉
命前往浙江水師提督陳　業經告病尚未
簡放有人是漳泉一帶及全省海防僅有撫臣一人照料當此洋面有
事之時關係至為重大臣再四維思不敢稍事拘泥仍即飛速北回
防守至提標弁兵旡多防堵本省口岸尚形单薄實難調撥赴浙
臣已飛咨提臣即將臣帶往之建寧標官兵五百名并僱募之水
勇一千名帶往勦辦所有漳泉守兵旡須携帶至省合并前往浙
江閩省海防緊要不可一日乏員提調合旡仰懇
皇上天恩於就近提鎮中
勅調一員来閩代辦以重海防理合附片陳明謹奏

浙撫移咨稿

為恭録飛咨事竊照𠸄逆夷船竄入定海港內現經提督祝廷彪調兵堵禦并本部院籌辦緣由於六月初十日由驛恭摺具　奏抄摺咨會在案今於七月初二日巳刻在鎮海縣行館接准　兵部火票由四百里遞到欽奉

硃批浙江水師營伍之廢弛不問可知區區小醜胆敢如此披猖而文武大吏張皇失措平日豈知竟養癰耶另有旨欽此同日奉到內

閣奉

上諭烏爾恭額奏𠸄夷船隻駛入定海縣登岸滋事情形一摺前因查禁鴉片烟廣東省已斷絕該夷貿易迭經降旨令沿海各督撫嚴

加防範何竟毫無準備形同木偶致令登岸滋事烏祝均着先行
交部嚴加議處欽此同日接准　兵部火票由四百里遞到承准
軍機大臣字寄浙江巡撫烏奏𠹭夷滋事一摺六月二十二日奉
上諭𠹭夷因查辦烟土絶其牟利之念朕早料其必有竄入海口滋擾
之舉屢經訓誡有海口各督撫提鎮嚴密防範不許該夷駛入本
日據烏奏𠹭夷致書定海縣肆其狂悖并知夷人俱已上岸圍攻
城池覽奏之餘實深痛恨此等醜類不過小試其技阻攬禁令仍
欲藉勢售私他何能為該督撫提鎮果能認真防堵水陸交嚴何
致縱令登岸有三四千人之多似此偶遇事端文武大吏即張皇
失措浙江營伍廢弛不問可知已另旨將烏祝交部嚴加議處至

定海縣孤懸海外被圍甚急該撫自應添撥水師馳往救援而西
駛夷舡難保不窺伺寧波鎮海等處要口妄布占據着即派委將
弁分路嚴防毋許夷舡竄入本日已降旨由四百里飭令余步雲
酌帶兵丁前往勦辦計日可到該撫等務當悉心籌畫稍贖前愆
倘有疏虞必從重治罪將此由四百里諭令知之欽此遵
旨寄信前來為此云云

閩督接奉　上諭稿

七月初九日准　兵部遞到軍機大臣字寄六月二十六日奉
上諭本日據烏　苛由驛馳奏定海縣城被㠶夷攻破該撫等現駐鎮海縣城防堵瞭見夷舡多隻在笠山以外往來遊奕離鎮海不過十餘里現在鎮海官兵止有二千餘名應俟大兵雲集合謀攻擊等語着鄧　選派閩省大員帶領舟師星飛赴浙無論夷舡在于何處即會同浙江水師官兵合勦以期一戰成擒將此由五百里
諭令知之欽此

閩督接奉　上諭稿

制台鄧六月廿五日在泉州行館由驛具奏暎夷兵舡駛赴浙江定海洋面現在分別咨調提鎮并力防禦一摺又附片奏籌備經費銀十萬兩在於各官養廉内分年扣還歸款緣由今於本年七月二十日前赴泉州督辦海口事宜二十一日在閩縣坊口途次

奉到

硃批另有旨欽此同日承准軍機大臣字寄閩督鄧　道光二十年七

月初七日奉

上諭前因浙江定海縣被逆夷滋擾當降旨着余步雲酌帶弁兵星夜赴勦

又着鄧　選派大員帶領舟師赴浙以期一鼓殲除該督等接奉

後自己遵旨辦理矣茲據奏夷舡聯䑸赴浙並防守厦門臺灣情形一摺覽奏均悉現在逆夷佔據定海依城固守烏爾恭額雖調兵防堵恐不足以勝重任鄧　接奉此旨即携帶印信赴鎮海籌辦勦堵事宜浙江巡撫印務着鄧廷楨兼署並着該督於到浙後即行宣旨將烏爾恭額革職仍令隨營效力贖罪至閩洋緊要之處以厦門臺灣為最厦門一島據奏已會同該提督余步雲并與泉永道督飭廳營添備炮火加意圍防自可無虞疎失其台灣準備事宜在籍提督王得禄最為熟悉或有應行商酌之處着即飛飭該鎮道與王得禄同心協力以資保衛至另片奏籌備經費銀十萬兩着准其在藩庫動支將來作正開銷現在江蘇海口緊要所

請將陳化成調回閩省之處着毋庸議原奏着抄給閱看將此由
五百里諭令知之欽此遵
旨寄信前來
又七月廿二日准　兵部火票遞到軍機大臣字寄閩督鄧七月
初九日奉
上諭昨經降旨令鄧　余　先後馳赴浙江勦辦逆夷本日據鄧奏定
海被困情形并福建厦門尚須嚴密防堵前月定海失守該督此
時諒已得信接奉此信自必兼程前往惟閩省海口歧出處處均
關緊要余步雲接奉前旨諒已帶領弁兵赴浙陳階平又復賞假
一月醫治若鄧廷楨再離閩省恐不足以資彈壓本日已降旨須

發　欽差大臣闗防令伊里布赴浙勦辦浙江廵撫派宗其沅護
理鄧廷楨着毋庸前往如已起身仍即撤回務當督率將弁認真
防堵毋令逆夷竄入閩洋將此由五百里諭令知之欽此遵
旨寄信前來

霞浦縣周探抄浙江乍浦　稟稿

飛稟者竊照逆夷在定滋事乍浦一帶一水可通當將僱備義勇及乍防形勢有險可守亟須撥給兵餉於十三日會稟在案茲于廿四日未刻瞭有夷舡一隻由東南對塘駛来將近塘脚下沙泥淺處十餘里外轉而向西西面亦多淺沙復逆風向東駛去將近西山嘴炮臺正面　都統憲在山頂炮臺開炮夷船反退至西北停泊亦即開炮無如其炮甚速未申酉三時將塘面義勇擊斃四人滿營兵丁被傷五人又斃民人一名水師兵一名受傷十餘人夷船既不用杉板上船義勇亦無所施其技卑職與縣丞楊肇修主簿王重遠在西省管領鄉勇其打来之炮子有落塘下水者有

擊碎塘上瓦屋者而下防同知周召棠下防巡檢王熙淳在西塘之東首管領義勇均被炮子擦傷右面幸不甚重而水師弁兵亦各打着夷船數次夷船不復開炮即於戌刻仍揚帆向東南駛去伏查此次僅止一船而炮火甚遠人心既覺摇動設大帮前來何以抵禦乍浦為浙江門户與鎮海無異鎮海則口門險要難以攻擊乍浦則塘勢寬長處處受敵若非速發重兵斷不足以資保障而安人心合將本日夷船駛來轟擊情形飛稟　憲鑒再海防同知周丞受傷進城敷葯未及會銜合并聲明

欽差黄督撫祁吴鄧會奏稿

為籌備防海大局情形恭摺奏祈

聖鑒事竊惟唤夷僻處遠洋蒙我

朝覆載之恩百餘年来通市澳海中國不惜大黄茶葉繇斤生養該

夷而該夷乃以鴉片膏土毒害中國傷生耗財至此已極我

皇上好生為懷内外一體

特命大臣會同疆臣撤諭禁止嚴法以救民命寛政以及遠人該夷

苟有人心當如何感激愧悔報答

天朝乃猶抗不懼遵且敢向廣東之九龍山虎門尋釁是以遵

旨封港斷其貿易該逆夷仍與漢奸為勾引恃其船多炮猛乘風出没

前此在閩在粤滋擾已露端倪此次竄赴浙洋攻陷定海是其狡爲思逞不問可知現在浙洋共泊夷船三十餘隻閩粤洋亦尚有八九隻兼之近日海口傳聞該夷勒令所轄夷埠代備兵船意圖大舉語雖無據而犬羊之性稍勝則驕亦未可盡指爲恫喝之詞置之不論不議之列以刻下之情形而論定海急須攻剿而南北各省沿海防禦之策亦須通籌熟計俾無貽患查各省水師戰船均爲捕盜緝奸而設其最大之船面寬僅二丈餘安炮不過十門夷船大者安炮竟有十數門之多彼此遠不相敵故用之於緝捕則有餘用之於攻夷則不足此實在之情形也沿海要口甚多禦守固以炮台爲要而近日洋面有炮力不能及之處必用大炮相

機轟擊拖其中流然後炮台得力禦舡則全資船炮濟以兵勇尤須聲勢壯盛衆寡相敵始出萬全即令定海可以設計克復然以小船擊大船難保不無傷損究非長策且夷逆奸詭貪狠欺弱畏强是其本性若不到處被創豈肯曳尾遠遯此造船鑄炮二者貴務需時計雖延緩實海防長久最要之策也臣等現就廣東福建浙江三省計之亟須添造大船六十隻每隻可載大小炮三四十門其炮數只廣東尚屬敷用閩省除現在已有外應添鑄大炮八千斤至四千斤者約需二百門分配應用至江蘇山東直隸奉天各省應添炮船之處亦應一律籌辦船身既大桅柁尤為難購約值每隻須五萬兩方為工堅料固斷不容稍為刪減以致有名無

實其炮大小牽算每門約需三四五百兩不等通計船炮工費約需銀数百萬兩臣等極知

國家經費有常豈敢輕言添置惟當此逆夷猖獗之際恩衛民弭患之方詎可苟且補苴致他日轉增糜費且以逆夷每年售賣鴉片所取中國之財不下数千萬兩若用以籌辦戰備所費不敵十分之一彼則内耗外侵此則上損下益權衡輕重利害昭然可否仰懇

皇上天恩勅下廷臣集議籌款施行抑臣等尤有請者各省水師人材甚難非專門之技不足以收功非破格之施不足以勵衆向例總兵由副将保舉堪升者疊經奉

旨簡用其叅遊都守等官例有預保而無特保嗣後如有熟悉洋面堪
升人員并於摺內註明該員出力實跡以備查核又臣等現在召
募水勇多名用資防禦閩省同安馬巷等處其人習水好鬬與其
散而為盜不如聚而為兵且此輩跅弛之才馭之得宜即可儲水
師人才之用閩省如此他省是否相同應請
勑下沿海各督撫酌量辦理亦儲才備用之一端也臣等目擊情形深
為憤激不揣冒昧謹合詞恭摺具奏伏乞
皇上聖鑒
訓示謹奏

浙撫提咨會奏到　批摺稿

為恭錄咨會事竊照㗇逆佔據定海探明日益加增應予添兵攻擊現將籌辦情形經本部院提督于道光二十年六月廿六日會摺由驛具奏抄摺咨會在案今于七月十五日戌刻在鎮海行館接奉

硃批另有旨欽此又摺內恭摺由驛四字旁奉

硃直欽此同日承准　軍機大臣字寄浙撫烏　提督祝道光二十年七月初七日奉

上諭烏等奏探明夷船加增情形並經理軍需各一摺覽奏均悉自六月十三日奏報之後朕心方深廑念乃相距已及半月軍需緊要不得消息且此時摺件仍照常由驛馳遞實屬不曉事體糊塗已

極所稱該夷依城為穴重兵把守自應俟其勢窮力竭再出奇兵
制勝不可輕舉妄動致有疎虞惟當相度機宜分飭本省將弁合
守要隘毋令竄入前曾飭令余步雲帶兵赴浙本日復經降旨令
鄧廷楨前來勷辦計該督等先後可到該撫等此時惟當嚴密防
範該夷稍有近岸相逼之事即着並力擊追不可入洋窮追誤中
詭計所請檄台閩省水師着毋庸議丁憂總兵葛雲飛熟悉洋面
情形着協同出力一切軍火器械迅即飭員趕備俟鄧　到浙後
即須應用其糧餉火藥最關緊要必應加意慎重着即預積寧波
府城再行陸續轉運以資接濟毋得貽誤將此由五百里諭令知
欽此遵　旨寄信前來

撫台接准　制台由泉咨會文稿

本年九月初八日准　閩浙總督部堂函開承准　軍機大臣字寄道光二十年八月廿三日奉

上諭前因𠸄夷在天津海口投遞呈詞甚覺恭順籲懇恩施當飭令琦善剴切曉諭不准滋擾祇許赴粵叩關如果出于至誠該大臣等自能代為轉奏乞恩茲據琦善奏稱該夷聽從訓諭業經全行起椗南旋並稟稱沿海各處如不開放鎗炮亦不敢出生事端倘被攻擊勢難已于回手定海之兵亦可先撤一半等語該夷前次猖獗雖屬有激而成殊堪髮指必應痛除示威現在福建之泉州浙江之乍浦江蘇之寶山崇明各洋面均經前後轟擊夷船大挫其

鋒該夷既肯赴粤叩關乞恩自不值窮其所往本日已降旨派琦
善作為欽差大臣馳驛廣東查辦事件俟該大臣到粤後自能辦
理妥協但恐沿海各督撫不知現在情形特此由五百里諭令飛
示伊里布宋其沅裕謙祁𡈽甲名托渾布鄧廷楨林則徐等一體遵
照各守要隘認真防範如有該夷船隻經過或停泊外洋不必開
放鎗炮但以守禦為重勿以攻擊為先其應布置嚴密之處仍不
可稍形鬆懈是為至要本日琦善原摺照會㕮夷底稿及該夷回
文均着抄給伊里布閱看將此由五百里各諭令知之欽此遵
旨寄信前來

欽差大臣伊奏稿

奏為遵

旨訊明具奏仰祈

聖鑒事竊奴才前于本年六月十五日接准軍機大臣字寄一奉

上諭前據烏　奏𠹌夷船隻駛至浙江定海洋面滋事定海総兵張朝

發恇怯撤守以致喪師失城情罪重大署中營遊擊羅建功護

右營遊擊錢炳煥護右營遊擊王萬年署中軍守備龔配道于敗

績後即逃回營亦屬罪有應得當降旨將該総兵等革職拏問交

部分别定罪兹據刑部将張朝發擬斬監候羅建功錢炳煥王萬

年龔配道從重發往新疆充當苦差均係按律問擬惟該総兵等

當時接仗退避情形究竟若何該撫所奏未能詳悉着伊　於抵
浙後提同該革員等嚴行訊究務得確情據實具奏一奉
上諭朕聞福建已革舉人陳姓綽號不得已早經逆夷聘往為之主謀
總兵張朝發與彼同鄉素好定海未破之前十數日有授張朝發
一帖導之從逆現已着鄧　派員查拏務獲解至浙江訊究着伊
於提訊張朝發時一併嚴訊確情據實具奏將此諭令知之各
等因欽此奴才行抵浙省張朝發先因傷身死署遊擊羅建功等
均解禁省監當經附片　奏請俟飭提該革員等並清查張朝發
之家屬及當時出洋接戰之兵丁到案再行審訊在案茲據浙江
臬司將羅建功等押解來營並據鄞縣將隨同張朝發出戰之兵

丁姚тэ泉傳解前來奴才隨督令委員寧波府等提集人証逐加研鞫據已革署定海鎮中營遊擊羅建功護左營遊擊錢炳煥護右營遊擊王萬年署中軍守備龔配道及姚琛泉供稱本年六月初二日有咦夷火輪船二隻兵船二十四隻在定海南韮山外洋遊奕把總古萬麟瞭見禀報其時錢炳煥王萬年均在洋巡緝當經張朝發飛檄飭調一面親自帶領兵船出洋堵禦并令羅建功在營整頓炮械預備攻擊初三日南風盛發夷船分作兩幫一幫初四日行駛一幫竄入定海張朝發不能抵禦當即駛回錢炳煥王萬年接到札飭亦先後回至定海隨同張朝發在港防守共計大小兵船二十一隻每船所配兵自一百名至二十餘名炮自十

餘門至三四門不等統計兵九百四十餘名炮一百七十餘門張朝發又令羅建功帶兵六百名紅衣等炮二十餘門在道頭地方駐札其定海縣城令該縣姚懷祥督令兵役守衛至初四初五等日西駛一帶夷船陸續至定初六日夷人乘坐杉板小船至張朝發船上投遞書詞張朝發因其言語狂悖欲圖攻勦羅建功等因兵勢單弱與夷人衆寡懸殊又夷船甚大夷炮甚多水戰斷難制勝道頭近接海濱無險可憑亦難抵禦會同文武悉心商酌擬將兵丁炮械一半撤至離城一里之半路亭地方堵禦一半撤至城內防守俟夷人登岸再行攻勦可期得手當向張朝發剴切面禀張朝發以該夷猖獗不宜退避堅執不允羅建功又令姚懷祥及

各紳士復往稟求張朝發仍不允從初七日早張朝發聽聞夷船炮聲疑其出戰隨令水陸各兵用炮攻擊夷船亦即開炮奈我兵之炮不能遠達夷炮勢甚猛烈自辰至午水陸各兵傷斃不知其數船隻亦多碎裂沉陷張朝發被炮攻傷左腿王萬年亦被攻傷左背錢炳煥船破攻沉先後落水姚忝泉與兵丁李必全將張朝發撈救登岸抬送進城張朝發因傷重不能督戰令姚忝泉送至鎮定海請救錢炳煥王萬年隨波漂蕩經漁舟撈救得生時羅建功見官兵已敗恐全軍盡沒即招呼殘兵進城保護及行至城濠姚懷祥將四門緊閉塞以米袋不能進城夷衆蜂擁登岸羅建功先猶督兵繞城接戰至晚夷人登岸愈衆官兵力難抵敵紛紛四散

夷人用炮火攻城傷斃城内兵民数名房屋亦被毁壞合城荒亂
俱由北門縋下逃走至四更時分東門被夷人攻破羅建功力無
可施隨雇覓漁船至鎮求救錢炳煥王萬年在水中撈起之後亦
先後至鎮海此羅建功錢炳煥王萬年隨同張朝發與㗋夷接戰
退敗之情形也龔配道於六月初四日在寧波府城經提督考驗
初六日行抵定海因夷船竄入定港開船趕回初七夜船至道頭
夷人已用火炮將城攻陷勢難抵敵救應無奈復行折回致與羅
建功等一並被叅至張朝發曾否與已革福建舉人陳姓交好伊
等並不知悉惟姚叅泉向在張朝發署内充當旂牌往來信函均
伊傳遞本年五六月間並無閩人陳姓投給張朝發書帖之事質

之張振聲供稱伊父平素同鄉交好伊所素知無與綽號不得已之巳草舉人陳姓交往通過書信之事伊父如果接収陳姓書帖被誘從逆當夷船竄入定港何肯率兵堵勦致被攻傷斃命等語再三嚴詰矢口不移　奴才因恐有未確容加訪察亦與所供無異並移准浙江提臣查明龔配道于初四日在郡考驗初五日始飭回營屬實伏查此案張朝發先因愎諫喪師迨受傷進城復不設法固守速即遁回鎮海以致城被攻陷實屬咎無可辭業已因傷身死應毋庸議羅建功錢炳煥王萬年各員於戰敗之後紛紛回鎮亦有應得之咎惟或因落水被人撈救或因城破不能抵禦各行遁回與張朝發之棄城潛遁者似有區別其龔配道一員本未

身在行間及聞信趕回亦在城陷之際是以折回鎮海較羅建功
等更屬有間查該革員等所供情罪各有不同相應請
旨飭部分別定擬以昭核實至福建已革舉人陳姓投帖導令張朝發
從逆一節現據張振聲供稱並無其事其所稱如果被誘從逆何
肯率兵攻剿致被受傷斃命等語亦尚近理惟陳姓尚未拏獲誠
恐其中別有隱情並出張振聲所未知應請
勅下閩浙督臣飭屬嚴拏陳姓到案澈底根究炤例辦理所有遵
旨審訊緣由理合恭摺附驛馳奏伏乞
皇上聖鑒謹奏

海夷記略不分卷

〔清〕佚名輯

《海夷記略》不分卷，輯者不詳。是書輯録道光間英國水師侵逼浙江定海縣史事文獻，包含英軍水陸統領致定海總兵啓及御批籌防奏摺若干，次序編排，始末具備。據中國國家圖書館藏清抄本影印。

大英國特命水師將帥爵子伯麥
陸路統領總兵布爾利敬啟

定海縣主老爺知悉奉　大英國主之命率領大有權勢水陸軍師前往到此特意登岸如有佔據定海並所屬各海島至海島居民若不抗拒本國軍師大英國家亦不欲加害其身家產業也夫粵東上憲林鄧等於舊年行為無道凌辱大英國王主特命正領事義律暨英國別民人故不得一一然占據辦法現今務要[illegible][illegible][illegible][illegible]國船[illegible]

妥以

老
　　　　員即便
　　曉生一切均投降故此本統領
老爺定然投降致免誅戮但不肯投降本將帥統領
自應即用戰法以奪據之且遞書委員惟
候半個時辰俟致咨覆此時完了而老爺
不肯投降並咨覆本將帥統領即行開炮轟擊
島地與其堡臺及率兵丁登岍特此致
定海縣主老爺　閱鑒
一千八百四十年七月初四日即
道光二十年六月初五日啟

大英國特命水師將帥為通行曉諭事照
得粵東上憲林鄧等因玩視
聖諭相待英人必順秉公謹度轍將住省英國
領事商人詭譎強迫控詞誆騙表奏無忌
故此　大英國主欽命官憲着伊前往中
國海境俾得據實奏明
御覽致係太平永承要務正經貿易且大英王
恭敬
皇帝懷柔內地安分良民嚴命
為抗

則該民

濟英師之各營汛定要施惠低言心承

價錢也特示

奏為夷船竄入浙洋臣即親往督飭恭摺

奏祈

聖鑒事切查浙洋四通八達前奉

諭旨飭防夷船竄入經臣節次籌議防堵情形

奏蒙

聖鑒并札飭沿海各屬隨時瞭望稟報在案茲

於本年六月初七日酉刻據寧波府鄞縣
鄧恭受以六月初五日辰刻訪得進港漁
船稱有夸船多隻在於象山慈谿洋面游
弈是日申刻聞得定海縣南韭山洋面有
大夸船兩隻小夸船兩隻從深水洋駛入
業經提臣祝廷彪帶領將弁出洋堵禦寧
紹台道李紹昉立即會力疾會同水師馳
赴鎮海口防堵該縣以及營汛委員刻日
封港稽查等語飛稟前來臣查之、、
雞保該ヒ

之發固可

不嚴事關重大臣必當親往察看布置

辦當于初八日由省起程迅速前往寧波

一帶海口會同提臣祝暨定海鎮臣張朝

發督率出師實力堵逐各夷船南回如該

夷匪敢於抗拒即行厚集兵力會合勦辦

以攝夷情而伸

國法一面札司移行沿海各道府督縣小心

巡防並飛咨閩浙督臣鄧　暨溫州黃岩

各鎮并乍浦副都統及江南山東直隸各

督撫臣一體飭屬預防以免竄入合將臣
出省督辦夸船緣由恭摺具
奏伏乞
皇上聖鑒謹奏
奏為夷匪致書定海總兵肆其狂悖謹將
連次籌辦情形恭摺由馹奉
聞仰祈
聖鑒事竊臣於本年六月初七日酉刻〻〻〻〻
　　　　　據知縣〻〻

船多隻大

大夷船兩隻小夷船兩隻從淡[illegible]馬入

定海縣洋面經提臣祝廷彪帶領將弁出

洋堵禦並經寧紹台道李紹昉力疾會同

水師馳赴鎮海口防堵等情臣以事關重

大必須親往寧波一帶海口督辦當于初

八日由省起程具摺

奏報在案臣秉夜渡江於蕭山境內舟次接

准提臣祝廷彪函稱定海洋面有大小夷

船二十餘隻臣不勝焦急星夜趲行至初

九未刻在會稽境内舟次接准定海鎮臣張朝發來咨在洋見有大小夾板夸船二十六隻隨即整頓炮械堵逐無如該夷船行駛如飛至斾頭洋面分作兩幫一幫竄入定港一幫向西駛去鎮臣張朝發即駛回定洋防堵一面飭署中軍遊擊羅建功會同署定海縣姚懷祥帶領兵役在於城鄉内外及口岸炮臺整列隊伍嚴密防範並函送夷人所遞夸書一紙到臣人接〻

廷彪先幺

在船與言

已上岍約有三四千人圍攻城池鎮臣[illegible]

遊城保守提臣祝廷彪以該夸勢甚猖獗

必須大兵方資攻勦先調署鎮海營叅將

胡德耀提標遊擊周士法帶領水師三百

名前赴定海隨同鎮臣防護尚有提標兵

五百名預備撥往現又飛調內地之湖州

協金華協各四百名嚴州協兵三百名紹

興協處州協衢州協鎮標各八百名速赴

定海以資調撥再聞夷人最畏火攻有新

任黃岩鎮標中軍遊擊林亮光熟悉火攻之法現留鎮海口聽候差遣並飭鄞縣鎮海各備火攻船四十隻候用等因臣閱看夷書詞甚狂悖鎮臣張朝發何以遽准遞收夷船在洋遊奕既經帶兵防堵何以任其登岸均應嚴查

奏辦惟定海縣孤懸海外被圍甚急亟須添撥水師馳往救援方保無虞爾另幫西駛之夷船難保其不窺伺直達寧波之鎮[illegible]所關甚鉅

賫[illegible][illegible]已即日

度刻速籌辦至於該夷多集醜類猝至[illegible]

海其包藏禍心殊堪髮指必當痛加勦辦以

張　國威現今定海情形日日不同臣心

急如焚雖會稽相離鎮海尚有三百餘里

連夜前往不過兩日可以到彼臣與提臣

親見面當將應救應守以及應勦各

機宜按照到後情形妥速再籌定議隨時

奏報以期仰慰

宸廑除將夸書咨送軍機處恭呈

御覽一面札調粮餉軍火解赴龍侯撥用並飛
咨督臣鄧　暨温州黄岩各鎮及沿海各
督撫臣一體防堵外合先由馹馳
奏伏乞
皇上聖鑒謹奏
撫提合捐奏為定海縣城失守夷船直逼鎮海要
口臣等現在力籌堵禦恭捐由馹馳
奏仰祈
聖鑒事切臣烏　前

其狂悖先將逆
初十由馹具
奏一面星夜趲行於十一酉刻行抵鎮海口
與提臣祝　會晤驚悉先於初七日定海
鎮臣張朝發與夷逆接戰被𡀔逆炮傷官
兵甚多船亦擊沉初八日定海縣城已被
𡀔逆攻破署定海縣姚懷祥典史全福不
屈投水被害身死惟鎮臣張朝發護定標
左營遊擊錢炳煥受傷及署定標中營遊
擊羅建功護定標右營遊擊王萬年署定

標中營守備龔配道又有沈磊巡檢徐桂馥先將姚懷祥之命回郡請救其餘文武官兵尚無下落臣聞信之下不勝髮指伏查定海鎮海相距僅止百有餘里一帆可到鎮海口直逼內地其要隘全在笠山外障與招寶山金鳴山對峙作為鈐口臣祝分布提標五營兵八百名並調回署鎮海營參將胡德耀提標右營遊擊周士法派配鎮海兵九百餘名在於要〻[illegible]城及沿海一帶

標兵四百名册

波府知府鄧廷彩罝辦船隻沉於通
口再用木排以鐵鏈繫住上竖木城以為
保護使夷船阻塞不能駛入正在籌備詎
于十三日寅刻據報瞭見夷船多隻在於
笠山以外往来遊奕相距鎮海不過十有
餘里臣等現在親駐要口調度並嚴兵緊
守以防不虞惟聞㖶逆船又来五隻連前
共有三十一隻四面裝砲大者三層次者
兩層小者一層内有兩隻船旁裝有輪盤

旋駛如飛往来甚速以為前導其兵約五六千人若與之戰必須兵數相敵方可接仗臣祝　前調湖州等協兵三千五百名並到紹興協三百名此外及臣烏　所調撫標各兵到鎮尚需時日合計在鎮各兵止有二千餘名與夷多寡懸殊此時利于固守而不宜于速戰先當定計以老其師使之進退維谷一俟大兵雲集再行合謀攻擊以期一鼓成擒辰下濱海大小各口岸均須設兵防

應各守各汛以

多現在鎮海兵力未免单薄相應請

旨勅下閩浙總督臣鄧　選派閩省帶領舟師

星飛来浙無論夷船在於何處即行會同

浙江水師合兵會剿並請

旨勅下協辦大學士兩江總督臣伊　亦飭水

師在於浙江交界洋面堵禦以防夷船北

逸並為浙洋應援除咨行浙省沿途各文

武嚴行巡防並各省督撫一體飭属防堵

外謹合詞由驛恭摺具

奏伏乞

皇上聖鑒訓示謹奏

再此次嘆逆突擁大衆入冦官軍猝遇互鋒以致定海失守臣祝　於初八申刻始接鎮臣張朝發來咨該鎮係於初七自郊至午與嘆逆互相轟擊被傷左腿甚重落水扶板登岸不得已帶傷入城而臣等提訊羅建功等據稱該遊擊等自夷船念六隻入港以後會、、、

火止利於水不

半撤至離城一里之半路亭扼要地方堵

禦一半撤至城中防守衆諜皆同隨向該

鎮剴切聲明即該縣姚懷祥及各紳士等

亦皆求請該鎮進城督率保護乃該鎮傳

調防城各官總要在於港面攻擊被夷逆

轟斃官兵無數迨至該鎮進城後該遊擊

等勢難抵當尚冀招集殘兵進城保護嗣

至城壕姚懷祥已將四門緊閉不能緣城

而上夷逆徹夜攻城東門攻破紛紛而入

該官兵既失其所該遊擊等法無可施冐
死到鎮等語臣等親往驗看該鎮張朝發
及提驗該護遊擊錢炳煥受傷屬實伏查
官軍猝遇寇賊彼衆我寡必當出奇制勝
謀定而後動今夷逆遊奕定海羅建功等
擬請分兵或戰或守衆謀合同收合尚有
一千餘兵可以堅守何致遂然城陷乃該
鎮張朝發愎諫撤守以致喪師失城其情
罪實屬重大該遊擊羅建功等于敗後遽
即回鎮亦屬罪一

例准奏請處置、
旨將定海鎮總兵張朝發署中營遊擊羅建功
護左營遊擊錢炳煥右營遊擊王萬年署
中營守備龔配道一併革職交部分別定
罪由臣烏　將張朝發等委員先發寧波
府城交與寧紹台道嚴行看守候
旨遵行臣祝　于倉猝之際未及救援臣烏
得報較遲籌辦不力均屬咎無可辭應請
旨交部嚴加議處其定海鎮印務先由臣祝
兼署左營遊擊印信已經錢炳煥失水同

中營遊擊等官篆務亦由臣祝　先行委員代辦一面咨明督臣同鎮分別委員接署以專責成署鎮海營參將胡德耀未能得力臣祝　即行撤回飭委在鎮差遣鎮海縣黄維同辦事未能週到亦即撤任委員先行代理一面札司飛調精能之金華縣知縣葉堃赴鎮接署仍飭胡德耀黄維同聽候差遣不得擅離汛塞廵檢徐桂馥請救已遲亦請斥革示懲署定海縣姚懷祥同典史全福、　九節均屬可嘉容臣

烏　查其家屬一　𠃔行照例請卹其現
無着落之定海文武官兵如有校囬亦即
查究分别辦理臣等謹會同閩浙總督臣
鄧合詞附片具
奏伏乞
聖鑒訓示謹奏

會稽臬杭府
敬臬者十六日寅末接准鄞縣十五日申
刻寄信于十四日戌刻拏獲形跡可疑一

人訊供據名聞吉祥祖居鄞縣生長江南海州自幼離家由廣東投入紅毛國被夷人在左小臂刺字作記紅毛人所利船炮不能步戰現在来船二十餘隻按五行編號該犯土字號船上國王哈喇布在船上掌軍之子伯麦國王之壻亦屬中國人從少年擄去紅毛人因上年廣東毁其船貨被辱挾恨故此遣將前来求通買賣伊自念中華本土逃回獻計破夷等語詰其何人所遣同来幾人．犯不特堅不吐露且

將前供翻畫查明　匪頭上偏右短髮留
有一綹長三寸許左小臂刺有夷字叭令
其親筆書供係從左邊書起口音確係江
北身邊帶有香彈丸如鵝蛋大其為向在
夷船之漢奸無疑現在夷船相持蛟門之
外自必有人進探我處消息情形奸細想
必不少合亟馳布祈即移營轉致鄰縣嚴
諭精細妥役在于城鄉留心偵緝如有前
項形跡相似奸匪務即拏獲嚴究飛移敝
處備質等語除邑一切照辦合即稟聞

奏為探明夷船日益加增應行添兵攻守
謹將籌辦情形恭摺奏祈
聖鑒事切臣等前因𠸄逆攻陷定海直逼鎮海
要口當將力籌堵禦緣由于六月十二日
會摺馳
奏在案臣等連日籌備已將沉船口門各事
宜次第辦竣前調各兵約到一半派在招
寶山及縣城內外緊要各處嚴飭隊伍軍
容甚壯𠸄逆船隻威退去潛往象山石

浦以及鎮海内外、面遊奕旋生詭計在
洋忽將鄞縣商船扣住勒令商人投遞其
國偽相書函欲求轉達
廷臣竊請通商臣等知其居心叵測即將原
書擲還加意防範此近日鎮口堅固暎逆
旋退之實在情形也伏思要口既固必當
議戰然須探其底裏計出萬全乃能一鼓
勦除立時刻復臣等素知前陞定海丁憂
總兵葛雲飛籍隸山陰由浙江水師將領
游陞在洋最久無不熟悉當即專函邀其

赴鎮與議攻守之策該鎮臣葛雲飛精明曉暢所論悉合機宜寔可相助為理一面迭遣兵目暗赴定海到處探視據報𠸄逆續添兵船七隻連前共有三十八隻兵共計有七八千人船在洋面及近城處所或散或聚其人或在縣城或在要隘羅列炮位防備極為堅密細度情形𠸄逆之兵勢已分我兵亦須水陸兼攻始能得手臣等悉心籌畫𠸄逆依城為穴已用重兵把守我兵由海登陸攻𠃍殺賊克復後即當駐

城防堵作為内户　一路必得勁兵五千
亦敷調遣又恐在城嘆逆逃走入船連幫
豕奕擾及沿海地方不可不防現在最要
之鎮海口兵威雖重其瀕海一带以及逼
近空海之穿山象山石浦并近省之乍浦
兵力尚单必須配兵四千名添入城汛隘
口嚴行防守此外濱海各州縣口岍甚多
應飭令地方文武選带兵役雇募鄉勇協
同守望統計水陸戦守各兵需用九千
等前已

奏調提標撫標督各營兵丁共計四千七百
名尚缺四千三百兵即在撫標衢州處州
鎮標嘉興湖州紹興台州金華嚴州協標
並提標鎮海寧海太湖楓嶺各營内隨時
調撥酌量分派至於水路尤關緊要㖀逆
生長海島素習水戰其船隻之高寛靈巧
炮火之遠大猛烈迥非内地可比張朝發
一戰而敗固失機宜寔由輕敵此番進攻
全仗水師衝鋒破陣寡揆必怯小挫尤挠
斷難力敵勢均亻豕搏戰方使匪胆破落

士氣奮揚現查浙江水師額定無幾即黄岩温州兩鎮所轄多屬海疆均應巡防亦難盡撥此中精鋭約可挑選三千寔已再無可調竊恐衆寡不敵難以決勝伏查各省水師廣東最強福建亦勇且閩屢與㖭逆接戰獲有勝仗為㖭逆所震懾若得閩廣水師會勦既壯我軍又奪其氣即可制彼死命在閩浙連圻尚屬同舟共濟是以臣等前次請調閩師以為策應惟廣東為中外洋面門户又未知近事若何本非臣

所敢妄參但輾轉思維此舉寔關
國家大局不敢不鄭重詳慎故不得不冒昧
陳情可否仰懇
皇上天恩俯准勑下兩廣督臣林　閩浙督臣
鄧　各發舟師二千選派大員統帶星飛
來浙會同浙省各鎮併力痛勦俾知
天威嚴重妄生覬覦臣等臨時亦當往來督率
以期將士爭先效命迅速蕩平不勝急切待
命之至謹合詞恭摺由馹具
奏伏乞

皇上聖鑒訓示再定海鎮篆經臣祝
奏明兼署茲准督臣來咨飭委提標右營遊
擊周士法護理正值軍需之人之際應即
飭交任事以專責成臣祝　以于六月廿
二日交卸鎮篆合併陳明謹奏
奏為委員經理軍需恭摺奏
聞仰祈
聖鑒事切照勦辦嘆逆所需粮餉軍火併戰守
應用礮械物件均須預為籌備專委幹員

經理方無貽悞臣家核情形設局應分三
處在于杭州省城及寧波府城各設軍需
局一處鎮海城内設立粮台一處飭委道
府同通知縣佐雜等員分司收支粮餉軍
火及置辦鼘械物件各事宜以專責成現
調衢州府知府湯俊前赴寧波府辦理局
務所遺府篆因一時乏員委署已飭金衢
嚴道德興暫行兼攝臣又先後飭司提解
藩庫銀十萬五千兩撥造火葯十萬觔同
鎗炮彈子解局應用並飭慈谿等縣碾動

倉穀就近觧米五千石赴鎮以供兵糈如
有不敷易籌接濟一面飭司查明現謁各
協官軍例有應借銀両作速按数給発催
令起程不得延緩臣謹會同閩浙總督臣
鄧恭摺由馹具
奏伏乞
皇上聖鑒

江蘇撫臣裕督臣伊提臣陳跪

奏為夷船駛入浙江洋面擾及定海縣境據

咨調兵抵禦等情江南海面與江省在在

毘連亟宜厚集兵力嚴加防堵倘有夷船

竄入江境洋面痛加勦逐此固海疆而壯

聲威恭摺奏

聞仰祈

聖鑒事竊臣伊　于本年六月十二日在蘇州

省城接准浙江撫臣烏　咨會并臣裕

接據浙江藩臬兩司稟報共有夷船二十

餘隻駛入定海洋面江省吳淞海口與定
海相去不遠恐其乘風北駛臣裕　于六
月十三日自蘇起行仍赴吳淞會同臣陳
已帶提標兵一千名先經到口當率鎮
道各員調集提標吳淞營兵分授機宜排
舟設卡多安鎗炮遣探浙省情形預備截
堵一面通飭地方文武嚴禁漁船刁販勾
結外奸正在辦理間十六日後接浙江來
咨大小夾板夷船二十六隻分作兩帮一
幫竄入寧港約有三四千人圍攻定海勢

甚猖獗一面向西駛去難保其不窺伺寧
波府之鎮海縣境已經由驛奏
聞調撥兵餉前往勦辦咨照江省一體防堵
各等因臣等自應加調官兵以備勦堵兼
施伏查崇明鎮縣一面臨江三面臨海雖
有攔沙夸船難以駛入究屬跨入海內亦
應加意防守現有四營將弁統兵三千足
資保護外惟寶山上海兩縣逼近吳淞海
口必須水師船隻嚴為堵守吳淞上下南
北兩岸多安鎗炮兵丁方資保障夷船敢

入水陸交轟始能大皆（?）悉創臣等公同商
酌在上海營兵三千七百三十二名寶山
營兵三千六百六十一名內除吴淞營兵
一千零六十一名調往吴淞提標兵一千
名上海營兵七百三十二名外現有札調
徐州壽春兩鎮各四百名揚州營兵五百
名狼山福山京口左右奇兵等営官兵三
百五十名鎮江常州太湖高寶四營兵各
三百名飭令鎮將叅遊速帶前來在于兩
縣海岈上層層密布與水師聲援聨絡各

備軍火以待水陸夾攻臣伊　往來寶山
上海兩縣協仝提臣督率鎮將統領水陸
舟軍嚴加巡防倘夷船闌入江境即時親
督攻勦其餘近海各地方要口業與臣裕
通飭嚴防并提藩運庫銀四萬兩以供
支放塩粮兼札藩司赶辦火葯軍資務期
不致缺用仍飭臬司整飭驛遞無或遲悞
文報除俟續接浙信夯逆就殲另當撤防
馳
奏外所有現准浙信調兵加守以備剿堵情

形謹合詞恭摺具

奏伏乞

皇上聖鑒訓示謹奏

據布定邦供廣東廣州府香山縣人年二十八歲父母俱故庶母歐陽氏年四十七歲兄弟四人大兄定功二兄定漢小的行三定邦四弟定申向做紅毛西洋生意小的是今年廣東商鬼紅毛人名孖地臣船名蹀花打船主晏臣僱来的每月洋十元

就到船上去了沒有說明地方小的在後頭船上十六日後到舟山兩隻船同來的大船可裝四百人中號裝二百五十人小船裝八十人大船有兩隻中小等號二十四隻火輪船兩隻一共廿八隻船上住的有一千餘人城內住的有四千餘人小的船上裝食物的統領總兵義律是廣東做生意頭目馬禮遜是寫稟帖郭士立是審事官作告示美士坦是師爺嘉立也是師爺伯麥是巡查海面到此布爾利不是布

尔利就是路厘時是紅毛國王分發到舟山看各船隻若何如舟山不得回去再叫孟加喇船來現在還有散地嗹生加波孟加喇巴厘共四國此四國紅毛覇佔來的如今地丁餉項係紅毛人收取還有花旗黄旗化冷西大呂宋西洋瑞國此六國與紅毛長來往交易的因林大人燒了鴉片烟又不還錢又不肯教他做生意茶葉大黄有一年不到他國是以帶領總兵來粤圖報彼時各外國洋船均在那裡林大人

敎外國洋船相帮驅逐他紅毛不敢交戰故此到舟山來的他們在廣東時並沒說出到此地來此船前裝載棉花羽紗各貨來廣東售賣貨已起清故來買大黃茶葉買回紅毛國義律出一萬洋錢僱他船隻裝食物於六月初六日開行至舟山於十六日到小的向澳門等處生理所以也會說幾句西洋及紅毛國的話紅毛大船有炮五十位鳥鎗二百枝小船炮二十四位鳥鎗一百枝火葯用紅毛所出用沙藤炭

配合硝磺所以炮甚利害紅毛人脚穿牛皮鞋上岍則行走不及漢人現在招寶山外夷船是恐怕大兵進攻用的夷人作事是一步一步欵進的紅毛船鎗炮利害難以近身破他的船惟用火牌最好今年三月間紅毛船在廣東林大人用木牌上裝茅草柴薪灌油燒起順潮放下共燒三次一面用十個火牌燒去紅毛大船一隻一面用五個火牌一面用二十個火牌因廣東洋面濶大均未燒着從此他也怕了伊

大船用大鉄猫大鉄索下碇要拔鉄猫須得一個時辰工夫所以不及逃避全被燒毀以破他最好的法子現船二十八隻止有火葯鉛子蒲桃燒酒麪粉食物及衣服等物並無買賣貨物伊意先佔據舟山看可以做生意然後搬家眷並連貨来此内地售賣與各口通商如住粤門一般若無生理可做彼即回去聞伊現已有書求

撫憲大人請

旨若許他在舟山居住生理他就不回去若不

許他他也去了船上有黑兵二千餘名係
嗌咖喇國人性不伶俐極有氣力係紅毛
僱他来的紅毛兵二千餘人係伊本國人
各船統兵五千餘人郭士力的父親本紅
毛人向在直隸天津地方生理郭士力即
在天津生長所以會說官話及閩粤諸省
的話小的破舟山之法舟山城内並無居
民只有十来人身帶火藥乘夜放火便可
焼破縣城若要破他的船只用数十隻小
舟假作向伊做買賣船内暗裝火藥撑到

船邊一點就走伊大船密排在舟山道頭
港口路窄小可以一燒淨盡或用火牌亦
好小的愿獻破紅毛計策求
大人開恩的至紅毛人向來不吃鴉片其
國亦不出此物惟孟加喇國出產鴉片所
以船中黑鬼子多吃鴉片紅毛之鴉片係
向孟加喇販來售賣的紅毛船近底平用
銅包出水一半只見木料約厚七八寸有
餘小的係在船做厨子現住城隍廟定海
縣衙門是馬禮遜郭士力美士担嘉力四

人住義律住鎮臺衙門各口城上都設放
炮位二十五日在舟山北門外買牛宰吃
因無牛隻即向買豬尚未買就即被舟山
營兵拏獲送案的求開恩是實
六月廿七日鎮海營移咨呈

提右水師目兵卓大成鎮海營蠏浦汛目兵夏文魁沈成康來行臺面
陳奉周士法胡德耀大老爺差往定海探聽於
十七日起身十八日早到岑港進西門城
望見夷匪三十二名手拏鎗刀當即至鎮
臺衙門並未列有營寨衙門後鎮山列寨
帳房約有五六十頂帳篷似雨傘式樣白
布面牛皮裡兩傍有黑夷防守又至定海
縣衙門看見夷匪出有兩張告示一張寫
大英國水陸總兵官兼理定海縣正堂布
尔利示內說商漁船隻來往過境領照輸

稅一張寫示禁地棍撥搶鎮臺衙門並未有人居住城隍廟內貯有軍器不能進去因有白夷四名防守城垛均列有炮位黑夷防守兵丁出南門到半路亭見白布帳房五六十頂銅炮廿四門炮身約長一丈零前圓後方下用輪盤本城火藥他去在海內用他自己帶來白色藥料定海縣軍械庫內收好的刀弩去打磨不好的他改製了米倉封鎖不動只有一夷匪看守城隍廟間壁有祖音寺間據和尚說是夷國

將帥住劄門口拴有夷馬一匹比内地高
大尾短後脚有銅笵聯索扯長道頭夷船
有廿二隻竹山門起大道頭止一字排泊
道頭對門有烏龜山山上列有營寨二個
炮三門又烏龜山外另名奥山亦有營寨
二個炮三門此係由鎮至定海該兵等仍
由沿城復至岑港于十九日早回鎮再十
三日夷匪駛進鎮海蛟門或二三隻或五
六隻不定來去靡常先則遞書要通貿易
繼則硬要致書宰相又要會面及至約時

差官訂語先不收咨文継覆奏明奉
旨欽派官員方允晤面從此断絶来往夷船即
令三板船划進招寶山探量水勢深淺其
過往商貿大船即截往或令下船猶或割
蓬索或搬貨物将人赶回或留舵工出海
在船令其帮駛夷船自十七日起至今無
日不然連日開炮攻擊商船似爭誘敵我
兵静按不動夷船亦漸次駛至招寶山下
停泊又有一隻駛過招寶山直逼鎮海北
城寄碇至十九日早刻始行掛帆而去十

八日提兵在穿山地方騙獲黑夷一名現
發寧台道審辦六月初十日奏二十日奉
硃批浙江水陸營伍之廢弛不問可知區區小
醜胆敢如此猖獗文武大吏即張皇失措平
日豈竟知養尊處優耶另有旨欽此

同日內閣奉

上諭烏　奏暎夷船隻駛入浙江定海縣登岸滋事情形一摺前因查禁鴉片烟廣東省已斷絕該夷貿易叠經降旨令沿海各督撫嚴加防範何竟毫無整準備形同木偶致令登岸滋事烏　祝　均着先行交部嚴加議處欽此

軍機大臣字寄二十二日奉
上諭嘆夷因查辦烟土絕其牟利之念朕早料其必有竄入海口滋擾之舉屢經訓戒有海口各督撫提鎮嚴密防範不許該夷駛入本日據烏　奉嘆夷致書定海鎮總兵肆其狂悖並知夷人俱已上岸圍攻城池覽奏之餘深為痛恨此等醜類不過小試其技阻撓禁令仍欲藉勢受私他何能為該巡撫提督果能認真防堵水陸交嚴何致縱令登岸有三四千人之多似此偶遇事端文武大吏即張

皇上失措浙江營伍廢弛不問可知已另有諭
旨將烏　祝　交部嚴加議處至定海縣派
懸海外被圍甚急該撫自應添撥水師馳往
援救而丙駛夷船難保不窺伺寧波鎮海等
處要口妄布佔據著即派委將弁分路嚴防
毋許夷匪竄入本日已降旨由四百里飭令
余步雲酌帶兵弁前往剿辦計日可到該撫
等務當悉心籌畫稍贖前愆倘再有疎虞恐
不能當此重咎也將此由四百里諭令知之
欽此

硃改必當從重治罪

七月初六日奉到

硃批另有旨欽此同日奉到道光二十年六月

二十六日内閣奉

上諭本日據烏　等由馹馳奏定海城失守現

籌防禦一摺此次嘆夷船隻擁衆滋事官兵

倅遇寇賊自應出奇制勝謀定後動廼該總

兵張朝發愎諫撤守以致喪師失城情罪重

大遊擊羅建功等于敗後遽即回鎮亦屬罪

有慶得定海總兵張朝發署中營遊擊羅建功護左營遊擊錢炳煥護右營遊擊王萬年署中營守備龔配道均着革職拏問交部分別定罪烏　祝　籌備不力前降旨交部嚴議茲據該部奏請革職尚不足以蔽辜惟現當防堵之時若竟予罷斥治罪轉得置身事外烏　祝　着先行革職暫留本任戴罪圖功以觀後効署鎮海營叅將胡德耀鎮海縣知縣黃惟同均着撤回仍留該處聽候差遣署定海縣知縣姚懷祥典史全福不屈投水

被害身死殊屬可憫着該部加等議䘏餘均
着照所議辦理該部知道欽此

大嘆國特命水陸大師爵子伯麦陸路統領總兵官布尔利致書
浙江廵撫烏 令奉大嘆國主之命率領
水路雄兵到此意欲討回寧城内外洋面
並所建砲臺関隘各海島等處與舊年粵
東 憲臺林鄧二人騙買鴉片烟五千萬
零七百六十觔面允給還國主番銀十千
五百六十五萬約至今春尚未解到交卸

因國主于二月十五日遣使下書暫借數
萬轉粵東配茶以需大𠸄國用乃天朝大
臣粵東林憲非但不給與來使配茶當將
國王差遣使者辱罵逐出海洋即移札到
大書本大臣在此爾小國不吠之犬胆敢
遣使進関索取烟洋本大臣本當斬爾國
來使以正大清國法姑念使者無過放回
可對爾等知悉本大臣有威鎮三山五岳
計取四海九州機造周陸勇過霸岑兵馴
粮足如爾等不失外夷臣節本大臣即申

奏
聖朝提神兵率猛將出國下洋殺盡尔國片甲
無存等語令我國王怒起仁義之兵六十
萬往定海口齊來報名仰各省督撫部院
保奏
天朝將林鄧二人立送出洋並還寧城所屬地
面等語神民共鑒別無他意決不遺害鄉
城官官士賈農民倘若不從遭兵災加害
于百姓非大咲國之不仁也特稟明各督
撫大人即賜保奏限于本月初十寅時為

止如無旨復大嘆國大帥即于是日午時
率兵帶炮下鎮海大關討戰可無後悔也
六月初七日大嘆國水陸大帥麦致書于
浙江巡撫烏鑒察
此夷信雖廣為傳抄然閱其情節字句
恐非的確出自謠傳亦未可定姑留待
查

乍浦副都統長

奏為防堵夷逆並有夷船一隻直逼乍浦海

口肆甚猖獗恭摺由驛　奏

聞仰祈

聖鑒事切照㗰逆竄入浙洋歷准浙江撫臣烏

來咨該夷致書悖逆並攻陷定海縣城直

逼鎮海要口各等情狀思乍浦濱臨大海

接近外洋為浙省之門户勢與鎮海並重

隨迭經檄飭署乍浦營叅將王國渠整備

炮械帶領舟師在洋嚴密瞭望一有夷船

蹤影即行飛稟一面仍行堵遂並飭傳旂
營協佐領等官揀選精壯兵八百名妥備
鎗炮器械分駐西山嘴天后宫二處堵禦
遽于六月二十四日午刻據防海官兵稟
報見有夷船一隻在乍浦洋面遊奕奴才
隨即親赴海口西山嘴炮臺天后宫一帶
率兵堵禦不意該夷匪竟敢肆其猖獗直
逼天后宫海口汛奴才即令施放鎗炮堵
遂乃該夷匪毫不畏懼竟敢抵敵自未至
酉互相轟擊滿綠各兵内被炮斃帶傷者

十餘名追至戌刻該夷船稍停轟擊將船畧為駛遠奴才仍駐劄西山嘴炮臺督飭滿綠官兵堵禦驅逐其被炮轟斃受傷各官兵俟奴才查明再行
奏報該船現經雖到一隻難保不無陸續聯踪而至惟乍浦兵力單薄奴才急飛咨杭州將軍閩浙總督浙江巡撫提督藩臬兩司并兩江總督查奪飛速撥兵赴援暨江南浙江沿海各縣加意防範嚴行堵禦外所有夷船直逼乍浦要口并接戰兵丁受

傷各緣由理合恭摺由驛奏

聞伏乞

皇上聖鑒訓示遵行謹奏

閩浙總督奏爲浙洋夷匪滋事定海被圍

危急恭摺

奏祈

聖鑒事切于六月二十日連接定海鎮總兵張

朝發稟報嘆夷兵船二十四隻隨带火輪

船二隻于初三日分幫一帮駛入定港一

幫由猫港而行恐其川入鎮闗該鎮駛回

寧港嚴守港口等情當經臣將調撥黃岩

温州兩鎮水師前往協防緣由恭摺由驛

具

奏在案查泉州距浙之定海幾三千里水陸
文衛向來文報並無馬站俱係駟夫馳遞
行走較遲連日心急如焚不能得有的信
茲于六月二十三日接准浙江撫臣咨稱
初九日在于會稽舟次接准提臣祝　先
後咨函聞初七日午刻鎮臣張朝發在船
接戰未能取勝夷人俱已上岸約有三四
千人圍攻城池鎮臣進城保守該撫業已
奏報等語同日並准鎮臣咨同前由臣查
撫臣提臣來咨均係敘述初七日之事以

後情形尚未知悉距今業已半月之久定海城池能否保守逼近鎮海之蛟門曾否接仗均不可知實深焦灼現在撫臣早已行抵鎮海與提臣會同商辦所調水陸官兵統計不下四千三百名其提標水陸兵丁尚可就近續調已不為少惟帶兵必須久慣行陣之員方能克敵制勝查有衢州鎮總兵郭宏升久歷戎行打仗奮勇臣現已由八百里撤調該鎮前赴鎮海隨同提臣相機進剿臣身任兩省自應星夜馳往

督辦惟在閩洋界廣東浙江之間粵洋現有夷人兵船停泊既可乘風北來浙洋夷船二十餘隻除寧港一幫外尚有向西一幫未知下落又恐其轉帆南下是閩洋寔為往來要道腹背受敵之區且前次廈門驚擾已露端倪雖經攻擊而去難保其不復再來而晋江之永凝深滬外洋現尚聞有夷船遊奕窺探巡邏防守尤不敢不格外戒嚴臣若遽行前赴浙江道途遼遠萬一臣行未抵浙境而夷船又至閩洋轉恐

首尾不能相應臣與提臣余步雲再四熟商寔無兩全之策中心牽掣搖若懸旌現將漳泉議攻議守事宜日與提臣暨道守州通盤籌畫百計防維容俟隨時察看如浙省辦理得手臣即專辦福建若浙省稍有棘手完結不能迅速閩洋亦無夷船消息臣即將閩洋事務交與撫臣吴　暨水陸提臣督率文武照常籌辦一面星夜馳往浙江會同辦理所有浙洋寧港危急情形謹繕摺由驛馳

奏伏乞
皇上聖鑒訓示謹奏
奏爲恭報由閩赴浙會晉剿辦夷匪日期
仰祈
聖鑒事切照𠸄夷兵船駛入浙洋滋事定海被
圍危急業經臣將先後接准浙江撫臣提
臣咨會調撥黄岩温州兩鎮舟師並調衢
州鎮總兵郭宏升前往協防剿辦情形兩
次由驛

奏報在案兹于六月二十七日接浙江提臣
祝廷彪咨六月初八日准定海鎮總兵張
朝發咨稱初七日卯刻該夷船先後開炮
轟擊該鎮揮令兵船齊放鎗炮併力堵禦
至午後該鎮被夷船炮子擊斷腿骨兵船
俱被擊沉該鎮帶傷同各官兵扳扶板片
陸續鳧水上岸傷斃官兵一時不能查點
該鎮已退入城內督率文武官弁保固城
池但夷船勢大恐難禦敵懇請帶大兵速
來救援等語張朝發旋即帶傷來至鎮海

並聞定海城池已失等情飛咨前來臣閱之不勝急激查張朝發既因臨陣受傷退入城内何以旋至鎮海其城池如何失陷此外知縣暨文武員弁現在何處均未逐細指明五中更深焦灼查閩洋各口門經臣會同水陸提臣督飭道府連日趕緊佈置添兵防守修築炮臺炮墩安放炮位均已稍有頭緒刻下閩洋亦無夷船消息臣自應先其所急馳往浙江會督剿辦以冀迅殲兇逆查由泉州赴浙必須道出福州

臣拜摺後即日折回省城將閩洋防堵事宜交撫臣吳文鎔來泉接辦省垣重地有兩司隨同將軍副都統彈壓臣衙門尋常案牘仍交署藩司常恒昌代折代行緊要事件仍包送行次核辦至定海城池如何失陷該鎮張朝發如何帶傷前赴鎮海傷斃官兵寔有若干俟臣到浙後確切查明據寔叅辦所有臣由閩赴浙會剿夷匪日期謹恭摺由驛馳

奏伏乞

皇上聖鑒訓示謹　奏

再正在繕摺拜發間接浙江撫臣烏　寧
紹台道李紹昉咨稟定海城于六月初八
日失陷知縣姚懷祥赴水身死典史全福
不屈被害等情查暎夷以犬羊之衆胆敢
逞其桀驁陷城戕官寔屬神人共憤覆載
難容必須迅速殲除以彰
國法適有泉州之商于寧波鎮海等處者接
到彼行中夥計信稱該夷人入定海城後

即張榜招徠客商定于六月十六日開市此地民商不敢前往等語是該夷民因廣東斷其貿易欲于浙江佔一馬頭以為銷售鴉片地步詭謀奸計如見肺肝現在正經商民斷不敢與其交易惟若任其佔踞即難保無奸商潛往勾結尤不可不及早剪除查夷人舍舟登岸如獸之失其巢穴原不難率師一旋悉數掃除定海本周山四面環海逆夷雖已登岸而夷船二十餘隻聚泊港口勢類負隅內地師船恐難驟

進必改造堅寔大船數隻多配兵丁炮火
間道而進一擁登山庶可制勝而尤須統
一久歷行陣謀勇素著之大員指授機宜
方有把握切該撫臣到鎮已及半月自必
與提臣極力圖謀以期迅掃奸夷妝伏定
海惟臣管蠡所及不敢不據寔直陳謹附
片奏祈
聖鑒訓示謹　奏

浙江巡撫烏提督祝奏為恭摺叩謝
天恩仰祈
聖鑒事切奴才等因嘆逆攻陷定海奏請交部
嚴加議處於本年七月初六日奉到
諭旨烏　祝　籌辦不力降
旨交部嚴議茲據該部奏請革職尚不足以蔽
辜惟現當防堵之時若竟予罷職治罪轉得
置身事外烏　祝　着先行革職暫留本任
戴罪圖功以觀後効等因欽此惟奴才烏
職司疆吏臣祝　身列戎行尺土一兵不

容稍有疎失今𠸄夷突來佔據定海城池

誠如

聖訓皆由奴才等籌備不力所致職既不稱罪

無可辭廼荷

皇上逾格恩施僅予留革猶覲後効此實設想

所不到益覺無地以自容感激涕零非可

言喻伏思我

朝定鼎而後從無外夷入寇內地之事詎料𠸄

逆持其堅舟烈炮猝擁大衆擾我邊陲度

其包藏禍心已非一日此籌辦全在仰仗

天威厚集兵力痛加剿洗使之片甲不回方足
破其成謀絕其後患辰下夷船雖在象山
鎮海定海洋面遊弈停泊惟要口業已堅
固軍威甚為壯盛該逆夷有所震懾亦未
敢較前干犯前奉
欽派福建提督余步雲來浙剿辦計日可到一
俟舟師雲集即可約會定計相機進攻在
奴才等負罪愆之身久不敢遽為已有
都覩此逆匪猖獗恨不能早食其肉而寢
處其皮計惟有于運籌時竭盡心力于臨

敵時効命疆埸以冀稍贖前愆仰答
天恩伏乞
皇上聖鑒謹　奏
再定海鎮總兵張朝發署中營遊擊羅建
功護左營遊擊錢炳煥護右營遊擊王萬
年署中營守備龔配道已奉
諭旨革職拏問交部分別定罪臣等正在飭遵
將看守之張朝發等收禁間即據寧波府
鄞縣知縣舒恭受稟報張朝發於被炮轟

傷後日漸沉重飲食不進醫治無效于七
月初五日戌刻身故經該縣會同城守都
司李宗白親往查看張朝發妻係火毒內
攻身死等情詳報前來臣等伏查張朝發
雖已因傷殞命現奉
勅部定罪其屍棺應仍飭看守同羈禁之羅建
功等一併恭候
諭旨遵行至攻賊首重軍火臣等先在省垣寧
波府以及各營提取火葯数萬觔同鉛丸
等項應用一面飭令趕造源源接濟尚恐

不敷又經臣烏　分咨江西安徽各撫臣暫行借撥現准咨覆撥定火葯鉛丸委員起解足敷配用合併附片具

奏伏乞

皇上聖鑒謹　奏

附抄

閩浙總督臣鄧廷楨等跪

奏爲各路哨船水勇襲擊番船生擒黑夷並

在洋拏獲購土漢奸恭摺彙

奏仰祈

聖鑒事竊維夷船來至閩洋圖銷鴉片奸民勾

通販運如蟻附羶事非一年害幾徧地仰

蒙

宸衷獨斷刻意湔除臣吳文鎔自上年受任閩

疆會同各前督臣嚴加督飭去冬今春始

經調任水師提督陳化成金門鎮總兵竇

振飛核率師船開炮攻擊本年二月間臣
鄧廷楨自粵移閩道經漳泉等屬接見水
陸提鎮道府告以夷人之無能為而吾師
之大可用又沿途防察奸匪得有主名到
省後面商臣吳文鎔酌定章程派委興泉
永道劉耀椿汀漳龍道李𢖍美分投督辦
並咨行水陸提鎮分别外洋内港各專責
成適
欽差尚書祁雋藻侍郎黄爵滋奉
命來閩查辦海口事件開陳利病宣布

德威在事文武各員照曉然於
聖主
意旨所向如圖蔓草不盡不休或密設𨒂防或
明陳師旅羣情震悚漸寬奮興先于三月
間經前署水師提督程昰高在梅林海洋
面攻擊夷船致斃夷人擄獲洗炮木棍由
臣鄧廷楨
奏奉
恩旨特予甄叙在案茲於五月初一日據興泉
永道劉耀椿禀稱該道因金門銅山交界

地方為夷船來泉要路于此設伏攻打該
夷必不隄防隨咨飭厦門同知顧教忠捐
廉僱募水勇三百八十名分派民船十六
隻委令水師提標左營守備楊靖江督帶
出洋扮商緝捕于四月二十一日駛至穿
山洋面遇有夷船一隻在彼寄停該備出
其不意揮令外委李茂松督飭水勇各船
一齊駛近兵丁抛擲火罐入夷船水勇等
亦擲火開鎗連環攻擊夷人受傷無算落
水死者三人倉卒之間夷船不及開炮惟

亂擲鉄彈打來復經該備飭令水勇將夷
船後艄用鉤搭住水勇頭目陳育手執籐
牌首先躍上夷船隨之而登者二十餘人
搶得拗炮一門炮蓋一个夷人執鏢亂刺
吾軍門鎗回掣又中八人落水而死適南
風大作夷人砍斷船纜乘風駛逃兵勇恐
其去遠亦即跳入海中鳧水回船在海面
鉤起夷帽一頂錢鏢四枝並于本船上搶
得大小錢彈四十五箇惟時署銅山營叅
將陳顕生率師赴至該備會合窮追夷船

且拒且逃駛入深水大洋我軍始行收回
查點水勇傷斃八人業經飭與領教忠按
名卹賞等情並據將夷帽錢鐔鈎炮彈子
解送前來經臣等將所獲夷帽等項一併
親驗屬寔無謬又于五月初四日據銅山
營叅將陳顕生禀報四月二十日駕带兵
船在洋督捕見有夷船一隻川至虎嶼洋
面開放杉板小船内坐夷人數名似欲上
岸該將隨令各船弁兵迎頭放施鎗炮將
夷杉板擊仗夷人全行落水惟有黑夷二

名泗水近岸經火雷汛額外外委郭得長督兵拏獲搜出小刀一把該將仍伏督率舟師追拏夷船直至東南外洋始行收回等情並據漳浦縣稟報即經臣等飭同委員迎提來省臣鄧廷楨帶有廣東通事督飭嚴訊據供一名爽果一名蜻麻納人據同供係阿㗅西國人受雇在英責拉士担治加佳治船上充當水手船上黑白夷人共有四十餘名船內裝有鴉片不知箱數本四月初間由廣東門船來至福建一路

見有小船駛近夷船即被師船開炮攻打因此船上鴉片無人来買後来駁到崇武洋面遇有師船二十餘隻開炮攻打夷船不敢停泊就駛回不知名洋寄椗十夷乘坐三板欲行上岸洗衣即被拏獲等語餘與營稟大畧相同又于五月初三日接據陸路提臣余步雲来函並興泉永道劉耀椿稟稱委員署福州協都司周光碧僱募水勇二百餘名配駕民船出洋誘捕于四月二十七八夜在圍頭洋面截獲通夷匪

船一隻人犯十一名起獲烟土二千餘兩
現在發縣訊供已究出施郭施掌二名係
屬通民匪犯等情查明以上三事均在旬
日之間似水陸文武各員皆有軒鼚鼓舞
之意盖夷人惡將盈貫漢奸亦罪不容誅
自當乘時機滅並加奮迅目等惟有申明
賞罰策勵羣材化其畛域之私勉以協恭
之誼庶幾同心合力外攘内偵以異稍副
皇上拔本塞源除惡保民之至意所有閩洋辦
理情形謹合詞恭摺具

奏伏乞

皇上聖鑒謹

奏奉

硃批所辦認真可嘉另有旨欽此

七月初七閩浙總督　奏

為再陳閩省舟師實在不能調撥赴浙協

勦情形恭摺

奏祈

聖鑒事竊臣前准浙江撫臣烏　咨會

奏請調撥閩省舟師前赴鎮海協勦夷逆經

臣會同福建撫臣吳文鎔查明閩省瀕海

口岸處處吃重額設兵丁自衛藩籬尚形

單薄現經雇募水勇協同防守勢難撤調

赴浙以致顧彼失此並經臣委員雇募水

手千名由閩洋雇坐漁船赴浙調遣並酌
帶陸路官兵五百名前往協剿具摺奏
聞在案茲復准浙江撫臣提臣咨會奏請
勑下兩廣閩浙督臣各發水師二千選派大
員統帶赴浙會同浙省併力痛剿等因伏
查
國家設立水師原應互相策應臣職兼兩省
更無畛域可分惟必須權衡輕重緩急以
期計出萬全粵省現在情形臣雖未得確
信然亦聞有夷船十餘隻在于銅鼓等洋

停泊閩洋則有夷船至厦門滋擾正在百
計防閑此時自應保固疆圉有備無患斷
難稍涉疎虞予夷逆以可乘之隙臣現在
趕緊巡行除俟抵浙後會同撫臣提臣察
核情形商議籌辦另行具
奏外所有閩省舟師寔斷調撥赴浙協剿緣
由理合由驛恭摺具
奏再臣接准浙江將軍乍浦副都統先後咨
稱乍浦洋面于六月廿四日有夷船一隻
遊奕我兵用炮轟擊逆夷亦開炮抗拒傷

艚兵勇十餘名等情業經臣飛調湖州協
兵三百名前往防守合併陳明伏乞
皇上聖鑒訓示謹　奏

再臣行抵福建延平途次正在繕摺拜發
間承准軍機大臣字寄欽奉
上諭前因查禁鴉片烟早經降旨令沿海各督
撫嚴加防範本日據烏　奏㖦咭唎夷匪在
浙江定海縣滋事已有旨由四百里諭令余
酌帶弁兵星夜馳往該處剿辦着鄧　嚴飭

各海口加意防範毋得疎懈將此由四百里
諭令知之欽此臣查余步雲久歷戎行熟諳
軍務茲奉
聖明簡任諒此么麽夷孽不難迅就蕩平惟提
督駐劄泉州接近厦門係閩省最要口岸
前次夷匪曾來滋擾正在設法防閑令余
步雲奉
命前往浙江水師提督陳階平業經告病尚未
簡放有人是漳泉一帶及全省海防僅有撫臣
一人照料當此洋面有事之時關係至為

重大臣再四思維不敢稍事拘泥仍即飛
還折回防守至提標弁兵無多防堵本省
口岸尚形单薄寔難調撥赴浙臣已飛咨
提臣余步雲即將臣現帶之建寧鎮標營
官兵五百名並雇募之水勇一千名帶往
剿辦所有泉漳弁兵無須携帶至余步雲
前往浙江兩省海防緊要不可一日之員
提調合無仰懇
皇上天恩於就近提鎮中
勅調一員來閩代辦以重海防理合附片陳明

謹奏

六月二十六日

奏奉

上諭七月十五日戌刻在鎮海行次接准

兵部火票由五百里遞到欽奉

硃批另有旨欽此又摺內恭摺由驲四字旁奉

硃直欽此同日承准

軍機大臣字寄

浙江巡撫烏　提督祝

道光二十年七月初七日奉

上諭烏　等奏探明夷船加增情形並經理軍需各一摺覽奏均悉該撫自六月十三日奏報之後朕心方深廑念乃相距已及半月軍務緊要不得消息且此時摺件仍照常由驛馳遞實屬不曉事體糊塗已極所稱該夷依城為穴重地把守自應俟其勢窮力竭再出奇兵制勝切不可輕舉妄動致有疎虞惟當相度機宜分領本省將弁各守要隘毋令竄入前曾飭令余步雲帶兵赴浙本日復降旨

令鄧廷楨前來剿辦計該督等先後可到該
撫等此時惟有嚴密防範該夷倘有近岸相
逼之事即着併力擊退不可入洋窮追誤中
詭計所請檄調閩廣水師着毋庸議丁憂總
兵葛雲飛熟悉洋面情形即着協同出力一
切軍火器械迅即飭員趕緊籌備俟鄧　等
到浙後即須應用其粮餉火藥最關緊要必
須加意慎重著即囤積寧波府城由彼陸續
轉運以資接濟毋得貽悞特此由五百里諭
令知之欽此

探得

閩浙總督鄧　接據同安營叅將魏廷寅稟報本月初六日辰刻有夷船闖入厦門正在差目探明准同安縣典史潘恭位稟稱接到厦門初五日巳刻不意夷船闖入厦門大胆口稱付信與營汛看過當即擲還空炮驚嚇奠其出去該夷回放大炮數十門傷兵不少將炮臺打壞傷人二十餘名民房及厦港配料館均被燒燬落下炮子在厦門約計十餘觔夷船炮聲不絶厦

港兵民散去人心驚惶同安縣胡令徑即
馳赴察看去後卑職當即分派弁兵前赴
交界地方防堵並揀選精兵二百餘名善
治罷械炮位藥鉛伺候親臨帶同選用等
情

福建陸路提督余　照會道光二十年七
月初八日酉刻准
兵部火票由騐四百里遞到
軍機大臣字寄道光二十年六月二十二
日奉
上諭本日據烏　由騐馳奏暎咭唎夷船駛至
浙江定海縣洋面登岸滋事着余　即酌帶
弁兵星夜馳赴該處勦辦夷匪將此由四百
里諭令知之欽此

督憲鄧　劉開道光二十年七月初九日

准

兵部火票遞到

軍機大臣字寄

閩浙總督鄧　道光二十年六月二十六

日奉

上諭本日據烏　等由馹馳奏定海縣城被嘆

逆攻破該撫等現駐鎮海縣防堵瞭見夷船

多隻在笠山以外往来遊奕距鎮海不過十

有餘里現在鎮海官兵止有二千餘名㕓俟

大兵雲集合謀攻擊等語著鄧　選派閩省
大員帶領舟師星飛赴浙無論夷船在於何
處即會同浙省水師合兵會剿以期一鼓成
擒將此由五百里諭令知之欽此

七月初八日奉

上諭烏　以封疆大吏遇有啖夷滋擾事前既無準備臨事不合機宜且該撫奏報後朕心方深廑注乃距今已逾半月摺件仍照常由馹馳遞寔屬督率無能糊圖不曉事體着即革職仍令隨營効力贖罪浙江廵撫着劉韻珂補授劉　接奉此旨即着馳馹速赴新任毋庸来京請訓未到任以前着鄧廷楨兼署

欽此

刑部咨道光二十年七月初九日奉
上諭前據烏　奏英夷船隻駛入浙江定海洋
面滋事定海鎮總兵張朝發愎諌撤守以致
喪師失城情罪重大署中軍遊擊羅建功護
左營遊擊錢炳煥護右營遊擊王萬年護中
營守備龔配道于敗後遽即回營亦罪有應
得當降旨將該總兵等革職拏問交部分别
定罪茲據將張朝發擬斬監候羅建功錢炳
煥王萬年龔配道從重發往新疆充當苦差
均係按律問擬惟該總兵等當時接仗追敗

情情形究竟若何該撫未能詳悉着伊於

於抵浙後提同該革員等嚴行訊究務須確

情以伸　國法而儆將來毋稍徇隱據實具

奏欽此

兩江閣督部堂伊　咨道光二十年七月

初九日奉

上諭浙江定海縣逆夷滋事烏　辯理不善已

降旨革職令隨營効力復因閩省亦當吃緊

鄧　未便遠離本日明降諭旨須給伊

欽差大臣關防着馳馹前往浙江查辦事件矣
該督撫接奉此旨即將總督鹽政關防交裕
兼署該督即行馳赴寧波察看情形再定進
剿江蘇省水陸將備如有得力者准其帶往
差遣現在烏　所調本省兵諒已齊集并節
次降旨令余　帶兵赴浙暨鄧　酌派水師
會剿諒已先後可到伊　厚集兵力相度機
宜務須好謀而成以副朕望將此由五百里
諭令知之欽此

又同日奉

上諭劉韻珂已放浙江廵撫未到任以前着改

派宋　護理欽此

又同日奉

上諭伊　着頒給欽差大臣關防馳驛前往浙

江查辦事件兩江總督及鹽政印務着裕

兼署欽此

七月十二日蝲浦汛營兵解到鎮海大营
白黑夷人二名據供白夷係波斯嚙人年
二十二歲黑夷自跟来下人白夷是義律
的舅弟名鳴偲撈自幼在廣東澳門習醫
習算為營因義律住城隍廟受寒身上發
冷欲去海濱邊找沙蛤吃海濱無處找想
往内河一帶掘覔同了黑鬼行至港口見
魚船網捕被他看見上岸盤問我做手勢
未了漁人即用長索捉網不能逃脱解至
浦口营官即解到此来見大人寔是義律

因我妹已死兩載生養一甥上年二歲頗長成義律因上年粤東林大人搜去鴉片逐出外洋又未給價只畧擲茶葉又將澳門毀折其子亦被燒毀回去見國主將林大人禁止鴉片等貨章本付奏國主不悦將我妹夫革職治罪有西洋囒噸嗳喻咊唯嘛喇哋等國執事在國主前求免商議發大船四號中小船三十二隻兵十千有餘粮銀什物器具備齊擇定正月十六日開船先開四隻後首陸續運接如能至廣

東得還澳門仍做交易并收林大人上年
鴉片價回來可免治罪現在廣東嚴禁不
能到岸以此駛入舟山来的小人先是在
大船三月間到定海下碇見港口有桃花
紅客就從山後盤進城内探遊一日即回
船上義律請定海官府求通貿易並不有
害心官府到船見火炮器具便怕回身上
岸関城開炮船上亦驚惶也放炮多是兩
不相照並不要想佔據只要来做通商馬
頭如大人不許在定海我妹夫不能回去

再去借别馬頭到此幾有月餘並不見大人動靜回諭所以衆人心焦有想回去有想再到别處有想不回去前日加嗌美士旦生過計要將義律獻進做箇執事被妹夫得知合將二人斬頭拋在海流舟山城内外錢粮食物取用許多屋中日間屯人夜間大半上船大衙門内銅炮本是紅毛製的身上有文字難識現在擺在半路亭四面山隘港口要路多擺自帶来銅炮大小各擺百十箇其中有真有假船上銅炮

仍在船上施用營帳比大人所用的好多
用牛皮夾裡布面子有二三百箇列在各
口日日在城隍廟磨葯料做炮子恐帶的
不彀用黒夷共有二千三百零是嗌咖啦
咴唯嘛國差来使用白人只有一百十四
箇是嘆咭國執事富家其餘是貴國聚的
嘆咭國連年以来有别國發来貨物買賣
有的换貨有的换銀就是嘎嗟利嗌咖啦
等共有十外國来做市頭因國主雖係年
輕婦女却也務寔待人且極有銀交易公

道所以各國時来通商就是廣東澳門也馬頭大有出息現在截住来往義律亦不能回去別國貨物亦不能通市貴國鴉片既然不要別貨仍可往来其中白人不能久離飲食不便不比得居澳門黑人多無家室本在船上海濱過日極有氣力食物腥生不忌水中可以過活大人若要船隻回去只等天冷就過不得語不必開炮攻擊恐洋面濶大波浪翻掀致有失悮黑人雖有氣力亦怕冷因粵東地暖或再至粵

東停泊義律病死即要回去若不死總要
求大人賜恩借一馬頭做貿易的鴉片不
來賣的聞有書致大人查察奏明
貴大國王降旨來准不准再定行止小人
自幼在澳門所以能曉中國的話也會寫
中國的字黒鬼舌大音如猪聲不能分辨
所供是實求大人開恩

撫第六摺七月十六日

奏爲遵

旨剿辦逆夷謹將籌備防守各情形恭摺由驛

馳

奏仰祈

聖鑒事竊臣等於本年七月十五日戌刻承准

軍機大臣字寄欽奉

上諭烏　等奏探明夷船加增情形並經理軍

需各一摺覽奏均悉該撫自六月十五日奏

報之後朕心方深廑念相距已及半月軍務

緊要不得消息且此時摺件仍照常由馹馳
進實屬不曉事體糊塗已極所稱該夷依城
為穴重兵把守自應俟其勢窮力竭再出奇
兵制勝切不可輕舉妄動致有疎虞惟當相
度機宜分飭本省將弁各守要隘毋令川入
前曾飭令余步雲帶兵赴浙本日復降旨鄧
廷楨前來剿辦計該督等先後可到該撫此
時惟有嚴密防範該夷倘有近岸相逼之事
即着併力擊退不可入洋窮追誤中詭計所
請檄調閩廣水師着毋庸議丁憂總兵葛雲

飛熟悉洋面情形即着恊同出力一切軍火
器械迅即飭員赶緊籌備俟鄧廷楨等到浙
後即須應用其粮餉火葯所関緊要必應加
意慎重着即囬積寧波府城由彼陸續轉運
以資接濟毋得貽悮將此由五百里諭令知
之欽此臣烏𧼈誦之下深愧前
奏已邅上煩
宸廑誠如
聖訓糊塗已極曷勝惶悚臣等伏查浙江省之
温州台州寧波紹興杭州嘉興等府屬俱

濱海洋自南至北延袤二千一百餘里口岸甚多而惟寧波府屬之鎮海口最關緊要緣此口水深且遠緊接内河由寧波府城直板紹興府屬之蕭山而渡錢江即屬省城其間五百餘里一帶平衍毫無関隘全仗鎮海口門之招寶山金鷄山兩山對峙鈴鎖直同天險臣等相度形勢當在兩山各屯重兵把守臣祝　即住招寶山頂晝夜廵察進口則塞以沉船阻以木樁岸上又聯絡紮營外築土壘内豎木城安設

大炮十九位其提標鎮海舟師即在口內攔江渡排列有衢州鎮臣郭宏升領兵到鎮同前陞定海鎮丁憂總兵葛雲飛分段駐扎以防不測而鎮海縣之東附近招寶山不過一里城北有塘繫臨內洋該處三板小舟可以偷泊城中設有粮臺藏有軍火尤宜慎重臣等於城上滿布兵丁同紳士團練鄉勇瞭望防守臣烏　陞任處州鎮臣高明懷日夜巡城不使稍懈其次則為嘉興府屬之乍浦前後調兵練勇暨本

汎兵丁計有三千餘名加以乍浦駐防重
兵兼有將軍副都統併副將等官在彼調
度統帶業經附片
奏明可無他虞温州惟玉環廳孤懸海外設
同知朱煌頗能振作共募鄉勇三千五百
名分布各口臣等又撥兵二百名前往玉
環協防並改調兵三百五十名留守府城
台州以海門為通洋隘口已釘木樁併改
撥兵二百名協同防堵寧波府屬之穿山
象山石浦等處與定海縣逼近共撥兵一

千二百名分防守禦紹興府屬各縣通洋省多汊港叢襍各練鄉勇與兵固守惟蕭山之龍虎两山斜對海寧三尖山海口外為米船渡距舟可到已設兵安炮並練勇保衛杭州省城近臨錢江以海寧州之鳳凰山為通洋門户現已安設大炮六位撥兵二百餘名瞭望堵禦以上各處俱有將弁統率此外瀕海須要各屬俱以添兵募勇聲勢極為聯絡其出入口岸處處封禁以杜接濟此近日飭屬各守要隘預防夷

匪竄入之實在情形也至於藥鉛軍器目
爲　業已咨借江西安徽兩省並飭軍需
局撥粮銀製造添補又於碾動食物倉穀
之外採買米石以濟兵糈仍提藩庫銀兩
酌給各處兵糈其鎮海之粮餉軍火現飭
收貯寧波府城俟有應用隨即提取不致
盈絀此又近日籌辦軍需之寔在情形也
他如定海夷情目等連日遣人往探其仍
在道頭一帶蟻聚城内城外到處防閑較
前更密其大頭一名為伯麦次則義律布

爾利西人近聞有一頭目已遭冥誅甚屬
秘密尚未探有確名其夷船在外遊奕者
南至石浦北至乍浦其意慮恐我兵往剿
故刖遊兵分頭潛探未敢近岸即駛至鎮
海洋面旋停旋去相離較遠亦不敢近逼
倘此後或來窺伺臣等自當凜遵
訓示於擊退後不令入洋窮追使之無隙可乘
繺侯督臣鄧　提臣余　到鎮後再行會
商痛剿以伸
國憲合將遵

旨籌備防守各情形先行恭摺馳驛覆

奏伏乞

皇上聖鑒謹

奏

江蘇廵撫裕

為曉諭事照得㖸咭唎夷匪在浙江定海等處滋事本省調兵防堵及辦理過境差使一切經費皆係酌動庫項並不絲毫派累民間祇有上海縣職員顧錫麟急公好義捐錢一萬五千串助充費用係其自愿其沿海地方各自團練鄉勇為有備無患之計亦聽其便均非官為勒派况現在江揚蘇松常鎮等處積水未消低窪處所居民田畝半在水中本部院方以撫卹不能

周徧為歉又安肯因隣省小醜跳梁累我
赤子乃風聞民間有勒捐助餉及勒令雇
募鄉勇之謠以致人心惶惑殊堪詫異合
亟明白出示曉諭為此示仰闔屬紳富軍
民人等知悉爾等果有餘資慨捐助費與
邀議叙本部院亦不阻其急公好義之心
至勸捐勒派為
國家庫藏充盈斷無此政體勿為浮言所搖
惑如有不法棍徒藉端科歛擾及良民一
經訪聞或被告發定即立拏究辦決不寬

三一　耆齋

貸毋違特示

松江勸募竹枝詞

両堂局設辦軍儲舞爪張牙官自居更有人兒無恥甚計分漁利步徐徐內言董事查富堂錢也堂倪老步三人

爛泥膏藥是營生捐納微銜要出名心血来潮練鄉勇儼然為首想前程內言鄉勇頭姚崑坡外醫

唉夷被踞一彈丸何事江南官胆寒況有背提沿海駐雲間練勇實無端

從来團練是良圖今日良圖為勒輸官董武生聯一氣挨門遞帖亂傳呼

獄廟街頭先上門挨家勒派亂哼哼大言
我為皇家事每日十千不足論
按圖苛派運奇思陽為公來陰為私二十
一千祗一勇肯人家當出捐貲
是誰可派若干錢早向黄公說得堅也有
八名也有四託人賄囑不須捐
暗傳鄉保到家中細問某村富與豐一有
說成先遣去今朝權在顯神通
不顧官聲不論情一心苛索為逢迎可笑
黄公如夢裡計聽言從受污名

素稱疲乏是松兵鄉下何曾有壯丁縱使

匪徒来應募臨期罔不各逃生

大吏行文禁歛科撥開雲霧見晴和封疆

自有擎天柱何用黿頭教荷戈直指莊昌叔師

正在陰謀想發僱忽然平地一聲雷早知

畫餅難充飽悔却初三到局来

勒派鄉勇竹枝詞

立傳地保像官兒聽命庭前叟手垂其姓
小康其姓富泒捐妙計要先施
局設西林禅寺中議長議短興無窮河亭
可改風波榭求免風波只解銅
按圖泒董議雖公倉乜圖中泒未通地保
帶枷先獲利沿門索詐不曾空
寺院權為角技塲鴛鴦殿上好乘凉咲他
赤鼻乾與閧日後家聲未必昌
技勇無多只斂錢紛身看客要争先殺人
出自庸醫手唱打鄉民最可憐指傷醫姚崑坡也

一名鄉勇扣三分銀價相符四十文打定
算盤成畫餅分開狗党去狐群
不揚乃祖出身低妄自尊榮老面皮治晚
父臺不絕口柔容婉語假慈悲
王氏逃遷不放鬆思將住屋請官封謠言
一出全家怕嚇得妓妻也減容
白石黃銅與水晶稱呼舛伯弟和兄簡房
有信官來局宛似同寅帶咲迎
一個庸醫一蠹書豬行街上近隣居唐家
肚胖真堪吃心想分肥到口虛

家家差保鬧紛紛勒索差使不忍聞大戶
上千小上十喊稱憲諭有明文
不但沿街勒派捐并謠奉憲拆民壓城壕
相近居民苦日夜驚惶只叫天
閭閻騷擾刻安難秋季條銀早戢完新賦
舊銀連緊急那堪助餉又經官
綽號人稱牛馬王形容可想性乖張捐
條硬派貪無厭出口傷人語更狂
幸賴中丞示早頒轉愁為喜咲開顏若教
浔遂貪狼志城外居民店盡関

局開五日夙輸財當鋪先拏四百來茶担
酒餚都散盡西瓜滿載攤船回攤船即大駁船也

時值道光二十年　嘆咭唎駛進冒烟船
炮轟乍浦天妃廟　迯竄居民一溜烟
引動了禾城殷户　都移家避　也有那
混充豪富亦喬遷　邑尊着急心生計
思量要團練鄉民保萬全　紛紛具柬將
紳衿拜　免不得紈袴之兒也賞顏　遂
坊差保邀司事　如何號令有三宣　那
些坐坊司事心歡樂　幃帽方靴到縣前
治晚生名帖来投進　擺尾搖頭見長
官　一半是濶論高談来獻策　一半是

隨聲附和不多言　茶罷一仝來告退
齊聲領命應連連　出衙約會歸公局
議出章程倒有一大篇　行塲店鋪分頭
寫　典當車坊及醬園　鄉紳富户家家
闆　捐薄攤開像化緣　或依田產捐多
寡　或量家財要派若干　一炷香辦子
當官甩　挾制人家硬派捐　也有的公
報私仇來此刻　也有的翁婿之情不鑒
原　還有閻王靠勢稱前輩　常到衙中
去騙一餐　口稱公事應該出　比不得

廟宇裝嚴募化看　嚇得那有財無勢豪
華輦　口口聲聲叫苦冤　就將出數自
親填　正要湊齊將捐款繳　那曉得江
蘇巡撫裕青天　出示安民禁令嚴　說
道此乃小醜跳梁何足道　少不得指日
河清海晏安　況且是我朝糧足兵精勇
平定西洋頃刻間　何必得掠寫軍民
百姓錢　大張曉諭來懸掛　傳到禾中
只得半日間　喜殺那一錢如命看財虜
聞信之餘心放寬　猶如死裡逃生返

九泉　害浔那有事為崇諸董事勞心

枉費竟徒然　耀武揚威幾半月　異邀

議叙換頭銜　那吮浔此舉從今多免辦

做不成鄉勇頭兒領隊官　只好縮進

門中形同閨字般

八月初三日桂道臺遺囑

一介書生未諳軍旅適逢其會命也何如月餘以來日于郡城鎮邑兩地奔馳雖總局粮臺委員專其事我並未經手銀錢究屬顧此失彼屢經面稟撫憲烏　未荷允行猶冀即日勦除庶免決裂不意星使按臨事益劇煩撫憲又經革職護院遠去省城過事無所稟承自問才力精神寔不能獨當其任設有貽誤患何可言中夜自思寸心如割且到任封港以後關稅無徵例

須賠出造船急如星火又須津貼伊于何
底現在薪水之資已難設措而省城幼稚
日有斷炊之虞不能熏顧若再軍需凴空
受累竟無可通何惜拚此餘生一條定數
但愧未斬樓蘭不及復覩昇平為恨耳揮
淚書此留貽兒輩覽之不必出示外也人
被人恥咲也苟有一線之通愚不至此奈
何奈何

提右營外委袁兆奎及崇松千總張鴻選
奉差改裝漁人往淅探悉夷情具稟定海
城外節節俱有夷人支搭牛皮帳房或百
餘頂或八九十頂不等四城門各設大炮
四位並有夷三四十肩掮鳥鎗日夜廵查
其炮大小五十七門銅轟十位臨放有車
輪並又文生陳子賢將女兒獻與布耳利
為妻該生已更夸服出入俱有夷鬼護持
說其爵子伯麦自赴城隍廟內將城隍之
袍脫下穿在自己身上將紅背心穿在城隍

身上是晚自刎而死後軍中大放三聲炮
埋于鎮衙門後該夷船三隻停泊鎮洋面
其餘在招寶山口扯雜排列並在洋遊奕
划鳥船十二隻所划船上之人剃髮漆黑
吃啞藥以作黑鬼該夷即乘鳥船在洋遊
奕恐扮商人竄入該境飛稟等情

第一摺

協辦大學士江南總督伊

奏為恭報奴才遵

旨起程赴浙日期專摺由馹馳

奏仰祈

聖鑒事切奴才於本年七月十五日承准軍機

大臣字寄七月初九日内閣奉

上諭伊　着須給欽差大臣關防馳馹前往浙

江查辦事件兩江總督及鹽政印務着裕

兼署同日又奉

上諭浙江定海縣逆夷滋事爲　辦理不善已
降
旨革職令隨營効力復因閩省亦當吃緊鄧
未便遠離本日降
諭旨頒給伊　欽差大臣關防着馳驛前往浙
江查辦事件矣該督接奉此旨即將總督鹽
政印防交裕　兼署該督即行馳赴寧波察
看情形再定進剿江蘇省水陸將備如有得
力者准其帶往差遣現在爲　所調本省兵
諒已齊集並節次降

旨令余臣帶兵赴浙暨鄧　酌派水師會勦諒
已先後可到伊　厚集兵力相度機宜務須
好謀而成以副朕望將此由五百里諭令知
之各等因欽此伏念奴才材識庸愚未嫻韜
略仰蒙
皇上委兹重寄並荷諄諄誥誡指示先幾聞
命之餘莫名感悚該夷自攻陷定海以後船隻
日增人數日衆分據險要以抗我師誠如
聖諭厚集兵力好謀而成方克制勝奴才於奉
旨之日即自寶山縣起程十六日將兩江總督

關防及鹽政印務委員賫交撫臣裕　接
收兼署奴才即馳驛前往浙江省俟到浙
之後察看情形與福建提臣余　熱籌良
策督師進勦捻期推除醜虜克復城池仰
酬
簡任至江省水陸將弁現多派赴各海口防守
一時難以撤動且帶往之員須才具明幹
方足以資任使查有狼山鎮總兵謝朝恩
京口協副將林明瑞曾經出師熟悉行陣
平望營都司曾得勝人亦勇幹委用可期

得力現已札飭該鎮等逕行赴浙其所遺
各缺分别委員代理俾有責成另又派帶
備弁数員并帶署鎮江府知府黃冕部署
金匱縣知縣試用通判孫進堯及佐雜三
員隨往差委以收指臂之助至江省前調
防堵各兵或以到境或以起程不日即可
齊集奴才已將守禦事宜告知兼署督臣
裕 相機酌辦以靖海疆除俟到浙後查
看情形另摺奏報外所有奴才遵
旨起程赴浙緣由理合恭摺

奏聞伏乞

皇上聖鑒再奴才又奉

諭旨飭訊已革定海鎮總兵張朝發等與逆夷

接仗退敗情形及福建已革舉人陳姓經逆

夷聘為主謀遵令張朝發從逆一節抵浙後

即當提集人証並將張朝發澈底根究務

得確情據實具

奏合併陳明謹

奏

再奴才前經遵
旨揀水師二千名飭令蘇松鎮総兵田松林統
領聽候調遣恭摺奏明在案今奴才奉
命往浙查辦所有前備之江省水師或竟調往
協勦或遥為應援俟奴才到浙後察看情
形再行分别辦理惟浙江水師不如閩廣
之精練奴才前曾據寔密陳請
旨飭下閩廣各督臣派員赴浙會勦現已仰蒙
聖主飭令閩浙督臣鄧　派師前往惟粤師吏
強於閩可否仰乞

天恩再勅兩廣督臣林速即多派水師航海至
浙會同攻剿俾兵威更振易於殲除至戰
勝克敵全在將令得人奴才聞福建金門
鎮總兵竇振彪熟悉洋情諳習行陣為水
師出色之員當此用武之際合無仰懇
勅令閩浙督臣速飭該鎮馳赴浙省交奴才差
遣委用以期得力感激
鴻慈寔無既極謹附片陳　奏伏乞
聖鑒謹
奏

第二摺

協辦大學士兩江總督伊

奏為恭報奴才抵浙日期及現在籌辦情形

專摺由驛馳

奏仰祈

聖鑒事切奴才欽蒙

恩命赴浙江查辦夷務遵於七月十五日在江

蘇寶山縣起程業經恭摺奏明在案茲於

二十六日行抵寧波府城稍作部署並飭

該府縣等雇募商船添造炮位以備進勦

旋即馳至鎮海縣逐加察看該縣之招寶
金鷄兩山左右對峙口門不寬寔為大險
現在浙江前調各兵均已齊集于該兩山
及鎮海縣城并附近之石浦象山等海口
分營駐守聲勢聯絡軍容亦壯唤夷船隻
大幫多聚在定海其餘如鎮海之蛟門等
洋面亦皆分船遊弈雖未逼近口岸而官
兵出剿之路皆為所阻居心實屬叵測此
時浙兵雖已到齊然可以遣調之水師不
過三千陸兵則除分守各隘之外可備攻

勦者亦不過二千餘名是水陸兩路兵数
均屬無多自未便冒昧進攻輕為嘗試必
須厚集勁兵然後伺賊之隙分分数路水
陸並進虛寔兼施使其首尾不能相顧方
可操勝算而殄逆夷奴才前在江省曽調
壽春鎮兵一千二百名令該鎮王錫鵬統
領在吴淞防堵又令江西九江鎮総兵李
錡帶兵一千名分駐鎮海等處以備往来
策應查壽春兵数精鋭王錫鵬又久歷戎
行暁暢軍務深堪倚賴現在吴淞防守嚴

密夷船不敢闖入且有九江鎮兵可以移
駐壽春鎮兵自可調至浙省應用奴才現
已札飭王錫鵬帶兵来浙協力堵禦将来
陸路進兵之際即将此路兵派為前敵以
收衝鋒陷陣之效至應用水師雖有奴才
前次遵
旨選備之蘇松等標兵二千名可以飭調然合
江浙两省而計数止五千勢寔单弱原任
浙江撫烏　曾請
勅令閩廣各督臣遣兵會勦奴才亦經具摺密

陳令尚未奉
批廻奴才前奉
廷寄雖有降
旨令余步雲帶兵赴浙暨鄧　酌派水師會勦
諒亦先後可到之諭惟現在閩省僅調建寧
兵五百名暨雇募水勇一千名來浙並未
飭調水師且烏　前摺所請未蒙
俞允奴才又何敢再事瀆陳惟細察浙省情形
非該二省之兵合力攻擊難以得手奴才
受兹重寄若緘默不言勉強支持萬一稍

有貽悮何以上酬

高厚惟有仰乞

皇上格外天恩准

勅兩廣督臣林　閩浙督臣鄧　各派水師二

千綂以大員多帶炮位駕坐堅厚大船在

該二省適平之處彼此會合再行䑸䑸赴

浙奴才亦飭江省水師赶緊前來相機會

剿庶可迅奏蕩平收復城邑在該二省額

設水師數倍江浙量為抽撥不致即形支

絀而浙省則可大收其益若謂洋面現有

夷舟遊弈恐在途被其截擊未便前進查
該夷在洋遊弈之船至多不過三四隻若
該二省合兵北駛儘堪抵禦不虞失事似
可無須過慮奴才管蠡所及是否有當伏
乞
聖裁至閩浙督臣前請製造大船奴才已奏明
俟到浙後再行察看茲查浙省所產木料
均屬短小無從購製閩省產有巨木應請
勅下該督趕緊製造並添鑄四五千斤大炮數
位如能剋期竣事自可由間道運送來浙

以資配用倘驟難告成亦可留為將來廻繕備禦之需現在福建提臣余步雲將次可到奴才俟該提督及各路兵到日即當往來寧波鎮海兩處相度機宜會籌良策伺候出擊不敢因等候新炮新船致稽月日所有奴才到浙後查辦情形謹繕摺由五百里馳

奏伏乞

皇上聖鑒訓示謹奏

浙江將軍奇
都統恒

奏為恭摺奏

聞仰祈

聖鑒事切照嘆咭唎夷船竄入浙洋撫臣烏

於六月初八日由省馳赴寧波查辦伏思

杭州駐防滿營雖非水師不能不預籌以

期有備遂即會同奴才恒　　咨派滿營精

壯官兵五百餘員名飭令協領等官備齊

軍裝器械聽候調用並經奴才奇　　飛咨

乍浦副都統長喜　　督率水師叅將暨該

處文武地方官整理船械加添官兵防守
仍須遠為瞭探一有夷船到口務即寔力
截逐出境並一面飛報奴才查奪在案十
一日接准撫臣移咨文内先後接據提臣
祝廷彪咨函以定海洋面大小夷船二十
餘隻並有夷書情詞悖逆鎮臣張朝發接
戰未能取勝夷匪上岸圍攻縣城等因十
七日又准撫臣移咨定海城已失陷現在
嚴守鎮海口門提臣業已調撥附近鎮協
水師兵各數百名兵力一經厚集撫臣提

臣等自必會合熟籌勝算即可痛加剿逐
壯
國威而肅洋面奴才等受
恩深重今遇海疆不靖雖不敢輕舉妄動而
捍禦之方自應籌備何敢稍懈因知杭州
省城東面清泰等門近臨錢塘江岸江水
南來北流至艮山門之東北轉而向東由
鳳凰山鱉子門下注於海兩岸漲沙時坍
時長平日只通小船遇有潮汛微大船隻
亦可乘潮而入該夷匪既有大小船隻攻

破定海其鱉子門通江水路尤屬緊要業
經　奴才等商仝藩臬兩司出派文武妥員
往查得水面較窄鎗炮易施之潮神廟地
方乃咽喉要路可以屯兵數百名公同議
定安設滿兵二百名綠營兵二百名專派
協佐千把等官分撥帶管應用鎗炮一切
利器各令多為妥備日夜防堵一面飛札
潮神廟之東海寧州知州遠為瞭探得有
夷船之信星夜飛稟仍加派滿營幹兵一
體遠探以便准備該州屬境有巡道撥派

防汛弁兵三百餘名於鳳凰山暨州城一帶扼要處所協同本汛防守奴才等仍于城上添設帳房堆撥派兵各帶器械晝夜廵防其十城門亦一律加增官兵軍械均令嚴加稽查奴才等不時督率協領等官分頭查察仍另撥鳥鎗前鋒兵三百名齊集公所聽候倘有夷船雇信即便帶往潮神廟一帶策應撫臣現雖勦賊公出在城藩臬兩司均知慎重率領府縣並副叅等官業已分撥營兵差役一體防範遇事相

商和衷襄事城中固屬調遣分繁奴才等
仍督飭之鎮靜民情亦甚安貼除再飛咨
乍浦副都統督率水師加緊防堵外所有
奴才等設法籌備緣由理合恭摺奏
聞伏乞
皇上聖鑒訓示遵行爲此謹奏
二十年六月十九具奏

閩浙總督鄧

奏爲嘆夷兵船聯艅駛赴浙江定海洋面現

在分别咨調浙江提鎭併力防禦恭摺

奏祈

聖鑒事切臣先於六月十五日接據貽安營遊

擊李飛錦禀稱五月二十九日有嘆夷火

輪船一隻由南澳外洋駛向東北而去并

抄録廣東澳門文武禀稿内稱五月十七

日據西洋夷目遣番通向該處文武禀稱

嘆夷有兵船四十隻於四月二十九日自

新奇坡開行來粤約一二日可到大兵頭所駕兵船約遲数日始為開行等語臣當以嘆夷兵船如果有四十隻之多其意甚為桀驁雖據稱來至粤東而現當南風司令之時窃恐其分赴閩浙各洋滋擾且廈門已有夷兵船一隻前來窺伺是西洋夷目所稟信而有徵當即嚴飭閩省各鎮協營加意防範並飛咨浙江提鎮一體巡防去後茲于六月二十日辰刻連接浙江定海鎮總兵張朝發稟報六月初二日有嘆

夷火輪船二隻大小兵船二十四隻在于
鎮轄之南韭山東西柱外洋行駛經該鎮
統帶兵船配足炮火出洋防堵初三日南
風盛發該夷船駕駛如飛之旗頭洋面分
作兩帮一帮竄入定港一帮由猫港橫水
洋向西行駛恐其竄入鎮関該鎮因定海
孤懸海外恐有踈虞只得駛回定港嚴守
炮臺港口至西行一帮勢難兼顧就近圅
商提督派兵防範鎮海並請飛調黄岩温
州兩鎮督帶兵船飛駛前來會同堵逐等

情同日並接據浙江提臣祝廷彪函致前
來伏查定海一鎮孤懸海外距鎮海口門
二百餘里此時突有兵船駛至自應厚集
兵力以資聲援其分去一帮非近赴寧波
即遠窺乍浦當即飛咨提臣親赴鎮海相
機調度一面飛調黃岩溫州兩鎮統率本
轄舟師前赴定海協同張朝發防守堵逐
惟浙離閩窵遠茲距發稟之日幾及兩旬
局勢遷移殊難遥視臣現又飛咨浙江撫
臣就近調遣以期迅速伏念暎夷生計專

恃懋遷如果安分經營我
朝覆幬同仁原許其照常通市而該夷售賣
鴉片流毒生民是以
天威震怒嚴飭疆臣驅其船艘斷其貿易該夷
計窮情急輒敢逞其犬羊之性分派戰艦
犯我瀛壖此次越赴浙江其心尤為叵測
且來船四十餘隻除浙洋二十四隻外尚
有十餘隻未知下落是否停泊粵洋抑係
分赴沿海各省應請
旨飭下奉天直隸山東江南廣東等省督撫一

休防範至閩洋緊要之區以厦門臺灣為最而臺灣尤為該夷歆羨之地不可不大為之防臣前聞粵中探報即已飛飭臺灣鎮道及澎湖等協營準備周防嚴守口岸勿使稍有踈虞其厦門一島連日會同水陸提臣並興泉永道督飭廳營添備炮火加意周防以杜其復來滋擾所有嘆夷兵船聯䑸越赴浙江定海緣由敬謹繕摺由

驛馳　奏伏乞

皇上聖鑒謹奏　　六月二十由馹具奏

江蘇撫裕督伊提陳
奏為浙江定海縣失守江省現在續調鎮將
官兵分佈各海口堵禦并將前調近海各
營弁兵分別停留飭令防守本境以備不
虞恭摺具
奏仰祈
聖鑒事竊臣伊　前因夷船在浙江定海縣洋
面滋事當即
奏明于六月十三日自蘇州省城起程馳至
吴淞海口會同臣裕　臣陳　飭調徐州

壽春狼山三鎮及福山京口高資鎮江揚州常州太湖奇兵等營官兵四千二百五十名連臣陳所帶之提標兵一千名分駐吴淞上海兩處又令蘇松鎮總兵田松林率領該鎮兵三千名前往崇明縣防守以扼險要使通海之揚子江一帶咸資保衛業將辦理緣由恭摺具

奏在案兹于六月十九日接准浙江撫臣烏咨會定海縣城已於初八日失陷夷船現逼鎮海要口等因臣等查該夷胆敢逞兇

肆逆攻陷城池直逼內地寔屬罪不容誅
必應痛加剿辦以伸
國憲而振
天威惟夷詭譎異常一經被剿難保不四處竄
逸以為牽制之計江省各州縣率多濱海
之區口岸紛岐道里綿遠內吳淞上海兩
處近接定海為江南全省門戶亟應分駐
重兵遏其北竄其餘金山南滙奉賢華亭
常熟通州海門鎮江等府廳州縣或緊接
浙洋或近通海口亦應節節防守不容一

處稍疎臣等前調各兵尚屬不敷分佈且
所調之狼山福山京口高資鎮江揚州常
州等鎮官兵其所轄汛地即在常熟通州
等處自應留守本境未便飭調現已飛檄
傳至並因江寧將軍臣佈勒亨已往京口
防堵即移咨該將軍并飭該鎮將在于各
要隘處所加意嚴防以期有備無患一面
添調督標兵二百名漕標兵四百五十名
河標兵九百名蘇州撫標兵二百名徐州
鎮兵七百名壽春鎮兵八百名淮安營兵

三百名連前次調派之提標等營兵共六千名飭令徐州鎮總兵鮑方灼壽春鎮總兵王錫鵬太湖協副將汪士逵蘇州撫標条將馮萬青等管帶分佈吴淞上海兩處與水師互爲犄角並于海岸建築土墻添設炮位以備攻擊其金山南滙奉賢華亭常熟海門等處地處海壖額兵又均單弱復飭調提標兵六百名安徽撫標兵四百名安慶營兵三百名督標暨江寧城守遊兵等三營兵各二百名蒲口寧國蕪來泗

州等四營兵各一百名共二千三百名分
赴各該處協同防守又另調江西九江鎮
總兵李錡帶領該鎮兵一千名至蘇州鎮
江分駐為往來策應之用並咨安徽撫臣
程　借撥火藥鉛丸各五萬觔解蘇存貯
以便隨時動撥臣裕　現仍督同兩司在
省添置軍火籌備粮餉分運各處支應臣
伊　仍往來寶山上海兩處與臣陳　督
率鎮將嚴密防堵并令水師將弁多帶兵
船火器出洋巡哨遥為浙省聲援倘該夷

竄入江境即與陸路各兵合力夾擊務期
摧除夷逆保護地方仰紓
宸廑所有臣等現在辦理情形謹合詞恭摺
具
奏伏乞
皇上聖鑒訓示謹
奏

二十年六月廿六具奏

杭州將軍奇

奏為乍浦海口亦來逆夷船一隻現經奴才

帶兵馳往查辦恭摺由驛奏

聞仰祈

聖鑒事切照浙江寧波府洋面既有大小夷船

在彼遊奕定海縣又被夷匪攻破城池奴

才先後接准撫臣烏　行知當經商同副

都統恒　遴派精壯官兵五百餘員名整

齊一切軍裝器械以備調用並以杭州省

城東面近臨錢塘江岸其東北之鱉子門

海口有通江水路夷匪既有大小夷船難
保不乘風潮竄入復經　奴才就近商同藩
臬二司于入江要路潮神廟地方安設滿
營官兵二百餘員名綠營官兵二百餘員
名多備鎗炮利器日夜防堵仍于城上添
加帳房堆撥于各城門一律多派官兵各
營器械加意防範並節次飛咨乍浦副都
統長　倍加官兵捍禦各情形曾于六月
十九日會同副都統恒　合詞
奏報復于二十六日子刻忽接副都統長

飛報因令放炮堵逐乃被夷匪用炮擊傷
滿营綠营兵丁情形因乍浦兵力单少行
文　奴才暨隣境各督撫撥兵赴援業已由
馹馳
奏等因前來　奴才　前同恒　酌派官兵五百
餘名並城內選備策應官兵三百餘員名
各城上原設堆撥加添帳房堆撥十城門
加增值班官兵及滿城各門看守一切倉
庫共作用官兵不下一千一百餘員名是
內而守城外而堵匪在在均関緊要今萬

不得已選派官兵二百餘員名奴才妥令
協領等帶管隨同奴才分撥前往會同長
設法勦辦奴才伏思該夷匪既敢攻陷
定海城池復敢竄入乍浦用炮攻擊情堪
髮指現雖賊船僅來一隻難保不仍有踵
至者若非厚集官兵火炮戰船痛加勦除
何以振
天威而快人心可否就近調撥閩省克敵水師
官兵炮船以備內外夾攻之處恭候
聖裁奴才有統轄乍浦之責遇此兵警不能不

先往查辦暫留副都統恒　在城防守奴
才拜摺後即行起程理合據寔恭摺奏
聞仰祈
訓示謹
奏
六月廿七具奏

江蘇巡撫裕

奏再浙江定海洋面夷匪不靖浙江撫臣烏
堅守鎮海調兵剿捕現尚相持未下六
月二十六日探聞浙江乍浦洋面于二十
四日有夷匪船隻被官擊逐拒敵情事江
蘇洋面屢次查探並無夷船踪跡惟乍浦
與江蘇之金山縣接壤離吳淞口亦不甚
遠督臣伊　現在駐劄吳淞口會同提臣
陳化成調集水陸官兵節節防堵既固我
圉又為浙江成犄角之勢蘇松鎮總兵田

松林鎮守崇明狼山鎮總兵謝朝恩把截
江口其餘各小口岈亦皆添兵設守嚴查
奸細聲勢極為聨絡雄壯一切商漁船隻
盡行押歸口内以杜奸匪接引該夷匪如
敢竄入江省洋面即三路圍合痛加勦捕
常鎮道伊克精額會同京口協副將林明
瑞在于鎮江圌山関一帶水陸交巡江寧
將軍臣佈勒亨會同京口副都統臣于兆
祥在于焦山一帶派撥官兵安設炮位輪
流彈壓遥作聲援其與山東交界之贛榆

縣海口河臣麟慶已就近飭令淮海道趙
廷熙馳赴會同海州營恭將督率地方文
武嚴行防堵所需火藥鉛子除在本省各
營調撥外業已安徽等省暫行借撥并據
蘇藩司卲甲名委員前赴產地採買硝磺
赶緊添造沿海一帶及崇明縣素不產米
還當霪雨水發商販稀少米價騰貴亦經
卲甲名先行採買米三千石委員運往仍
陸續採買源源接濟沿途驛路被水淹沒
橋梁冲塌經臬司張晋熙督飭州縣設法

疏銷隨涸隨修并先多備快船馳遞文報
預備兵差省城各門原設大將軍神威紅
衣各炮位亦經臣委令張晋熙會同城守
營叅將易騰霄運赴太湖空澗河面疊次
演放存城弁兵臣逐日親督操演以壯軍
威而安人心地方民情均尚安貼所有一
切未盡事宜臣惟有與督臣伊里布詳加
商確隨機妥辦務期有備無患以仰副
聖主肅清海疆之至意所有江蘇省籌備防堵
情形謹附片陳明伏乞

皇上聖鑒謹

奏

二十年六月廿九日具奏

安徽巡撫程

奏為浙省借撥火藥鉛丸剿辦𠸄咭唎夷匪

現在儘力籌解並准督臣飭調安慶等營

官兵赴江蘇海口剿堵緣由恭摺

奏聞仰祈

聖鑒事竊臣於道光二十年六月二十三日接

准浙江撫臣烏　咨稱六月初八日有𠸄

咭唎匪船駛至浙江定海縣擾陷城池該

撫臣現與提臣統兵在鎮海口門守禦相

機剿辦借撥火藥鉛丸各五萬觔委員解

浙省備用等因臣接閱之下不勝憤恨伏查
該逆匪以海外遊䰟輙駕夷船二十餘隻
潛入定海洋面戕官據城寔屬罪不容誅
仰賴
皇上天威不難迅就撲滅查皖省北路壽春中
右六安廬州潁州亳州泗州宿州等八營
俱係重鎮遠距浙省且壽鎮王　已准督
臣檄調帶兵四百名赴江蘇防堵海口火
藥鉛丸應營隨帶備用餘營未便再行借
撥其南路臣標左右兩營及安徽池州潛

山遊兵燕萊徽州寧國廣德等十營額貯
火藥五萬餘觔尚敷撥觧惟額貯鉛丸僅
止一萬六千餘觔不敷運送當與藩臬兩
司面同將備商酌赶緊購鉛傾鎔以濟急
需僉稱皖省向無鼓鑄非若江浙商賈輻
輳且有錢局存鉛易于置辦皖省額貯鉛
丸俱係各營領價隨時製備若倉卒購買
數萬觔一時恐難湊手惟有赶赴隣省市
鎮分途購辦等語臣以軍需要件待造需
時若俟購齊回省傾鎔寔屬緩不濟急正

在差赴湖北漢口等處採買鉛觔並將現
貯火藥鉛丸先行酌撥起解間于六月二
十七月准督臣咨會以探得𠯆夷現在改
用杉板小船在浙江乍浦洋面遊奕江南
海口在在須防飭調臣標左右兩營及安
慶遊兵蕪萊寧國泗州等營官兵一千二
百名前赴吳淞南滙縣各海口協防等因
並據中軍叅將蔡邦慶稟稱奉調弁兵除
本㕔隨帶火藥鉛丸之外又蒙督臣飭令
每營酌撥火藥三五百觔交領兵官帶赴

協防地方備用等語臣查江浙兩省需用均關緊要而皖省瀕臨大江各營火器亦不可以無備自未便將現貯火藥鉛丸全行解浙茲臣儘力籌撥火藥三萬觔鉛丸一萬觔遴委文武員弁馳赴各營領兑足數製備木桶裝貯分起僱行解浙交軍需局驗收配用該委員等已于本月二十九日自皖起程計期自當赶到其採買鉛觔員弁亦已領價起程一俟購齊回皖即當飭匠漏夜傾鎔預備借撥並飭各營將撥

缺火藥赶緊製造足數以期有備無患除飭催安慶等營奉調官兵迅速起程另行具

奏外所有委員起解浙省借撥火藥鉛丸並差委員弁赴隣省採買鉛觔並准督臣飭調安慶等營官兵赴江蘇海口勦堵夷匪緣由理合恭摺具

奏伏乞

皇上聖鑒謹

奏

六月廿九日具奏

浙江巡撫烏
提督祝

奏為懇留陞任之處州鎮臣會勦㖃逆恭摺

請

旨遵行仰祈

聖鑒事竊臣祝　前因㖃逆圍攻定海城池勢甚猖獗先遣提標等營水師前赴定海防護一面飛調處州等鎮各兵速赴鎮海以資調撥在案茲于六月二十九日辰刻處州鎮臣高明德親帶標兵八百名馳抵鎮海與臣等會晤知高　已于途次奉到

諭旨補授鑾儀衛鑾儀使因聞定海失守義形

于色情願帶兵會勦力圖報効臣等會同

酌商高精力甚為強健且交部尚需時日

而處州鎮標多兵又須大員統帶方能淂

力可否仰懇

天恩俯念軍務緊急准令高　留于鎮海會勦

𠸄逆俟告捷後再行赴京供職之處恭候

聖裁臣等謹合詞恭摺具

奏伏乞

皇上聖鑒訓示謹　奏　六月三十具奏

再查浙省濱海各口鎮海而外近省之乍浦亦關緊要必須預籌防堵臣等以乍浦營額設水師兵四百九十名又防汛陸路兵一百三十六名恐不敷用先經札飭文武撥兵練勇協力堵禦旋據該管道府廳縣僱募鄉勇一千五百名籌撥塘名一百名嘉興協添撥兵丁三百五十名前赴乍浦一帶防守經臣烏　籌給粮餉應用並飭寔力巡防詎于六月二十八日據署嘉興府于尚齡等禀報二十四日未刻見有

夷船一隻直逼乍浦海口該文武督率兵勇堵逐經乍浦副都統長喜令放鎗炮該夷匪亦放炮抵敵打及滿漢兵丁併義勇十餘人或傷或死乍浦同知周紹棠巡檢王熙淳俱被砂子擦傷右面幸不甚重該夷船于戌刻揚帆駛去等情並于二十九日接准乍浦副都統長喜咨請添兵杭州將軍奇明保咨明帶兵赴乍勦辦等因前來臣等伏查該夷匪竄入乍浦海口胆敢肆其猖獗傷我兵民寔堪髮指惟該處口

岸多係板沙淺水我兵據要守禦該夷匪
即難攏近登陸臣等現又添派湖州協副
將陳述祖帶兵一百五十名太湖營遊擊
洪應逵帶兵三百五十名馳赴乍浦協防
統計綠營兵丁以及鄉勇已有三千餘名
加以乍浦駐防重兵兼有將軍副都統并
副將等官在彼調度統帶即或夷匪再至
有此兵勇嚴加防範似可不致疎虞合將
臣等先後籌防乍浦情形附片以
聞伏乞

皇上聖鑒謹

奏

六月三十日具奏

浙江將軍奇都統長

奏為乍浦海口竄入嘆逆夷船一隻今已退

出海洋無踪防堵更宜嚴固恭摺

奏祈

聖鑒事竊照乍浦洋面因来夷船一隻于六月

二十六日子刻申刻先後接准奴才長

飛報以夷船逼近炮臺互相開炮致傷我

兵乍浦兵力单少行文奴才奇　暨隣境

督撫撥兵赴援等因伏查奴才有統轄乍

浦之責遇此逆夷胆敢如此猖獗尤恐仍

有接踵而至者奴才不能不馳往查辦是以由杭州備防兵內選撥二百名責令協領等官管帶前往奴才于二十七日拜摺由驛馳

奏後隨亦星夜登舟行抵嘉興府地方得有該夷船于二十五日已經駛回之信切思開炮攻擊之時止見我兵受傷其賊匪船上豈無傷斃者否則何以忽然退回祇緣無可查察有難懸定三十日赶至乍浦齊集官兵次日黎明上岸接晤奴才長　暨

杭嘉湖道宋國經問悉一切情形知是日
賊船漸近我炮亦甚得力將賊擊退出洋
差探無踪核與奴才奇　揆度賊匪亦必
有受傷之見大畧相同奴才等隨即公同
先至西山嘴炮臺次至
天后宫海汛一帶衝要處所逐加履勘後亟應籌
議或戰或守以期預有成算免致臨時周
章因知夷船之進退均賴風潮斷不敢片
刻停留恐致阻淺所恃者賊船便捷炮能
至遠其能事止畢于此惟是乍浦海面遼

澗彔岐門東南一望汪洋現經兵力雖一時不能厚集總宜設法加緊堵禦固結人心為要看得炮臺並

天后宮一帶海汛扼要地方現經該巡道宋國經已設有加雜棉絮泥土麻袋宛如城頭垛墻奴才等合其形勢令其加高培厚既可以抵擋賊炮墻堆左右並可以安設炮位而烏鎗兵又可以藉以藏身待其船隻較近聽號令鎗炮齊發雖不能立時全行勦滅亦使賊夷破胆此時炮臺暨各海汛要

地已經奴才長　分設隨炮携鎗共滿營
官兵八百餘員名綠營水師官兵四百七
十餘員名奴才奇　帶來杭州滿營官兵
二百餘員名均泒令協領佐領守備千把
等官分頭管帶其嘉興協署副將費宗獒
今亦奉調在乍率領防汛官兵二百四十
餘名以上堵禦弁防汛通共實有滿漢官
兵一千七百餘員名外該巡道督率署嘉
興府並海防同知平湖縣知縣團練鄉勇
共計一千五百名責成佐襍等官帶領惟

事在洋面固不能甚得其力亦可以稍壯
軍威即使賊夷胆敢復來匪船多隻以現
在之兵勢而論雖接戰不足而防堵有餘
且于防堵之中並可以乘機擊賊之利所
有匪船已退防堵更宜嚴固各緣由合詞
由驛奏
聞伏乞
皇上聖鑒訓示遵行為此謹
奏

再現經 奴才長 查明滿兵被炮傷者九
名内立時斃命者四名傷重者一名傷輕
者四名又水師營兵受傷十名内滿水手
一名漢水手一名即時斃命其餘八名受
傷輕重不等以上共故滿漢兵六名應否
照依陣亡之例一體仰邀
卹典之處應由 奴才長 造冊咨部辦理 奴
才奇 於舟次即聞賊炮可惡誠恐此地
人情因而惶惑不相安堵即于嘉興赶辦
告示多張盖以賊匪伎倆止賴船炮一端

斷不敢上岸今已帶兵前來必以抵擋賊

炮為首計等詞先行明白曉諭奴才奇

一到乍浦即將已死者名牌其受傷者奴才

等先後分別賞䘏並經該道宋國經捐資

厚加安撫近日民情安貼士氣鼓勇洵足

仰慰

聖懷理合附片奏

聞

七月初三日由驛具奏

閩浙總督鄧
福建巡撫吳

奏為閩省舟師祇敷自衛口岸勢難派調赴
浙現在由閩酌帶官兵雇募水勇前往勦
辦恭摺奏祈
聖鑒事竊照嘆逆兵船攻陷定海縣城現復直
逼鎮海口岍業經臣鄧　將由閩馳往會
辦日期恭摺奏
報在案嗣遂次接准浙江撫臣烏　咨會鎮
海兵力單薄請
旨勅下閩浙總督遴派閩省大員帶領舟師合

兵會勦等情伏查閩浙兩省俱由臣鄧
統轄自應斟酌兵力盈虛調撥勦辦茲抵
省垣與臣吳　商推閩省水師額設提督
一員總兵四員其提督駐劄之廈門係濱
海最要之口岸前次夷匪曾來覬覦即經
攻擊遁去所轄兵丁除戍臺巡洋差遣外
在標者不敷千名亦因兵力較单催募水
勇防堵南澳一鎮界連閩粵福寧一鎮界
連閩浙金門海壇二鎮俱孤懸海島地方
在在緊要額設兵丁僅能各固疆圉現仍

飭令多募水勇協防其勢斷難派調且閩
浙洋面相距甚遙夷匪檣颿霎掟瞬息可
以往還茲浙洋備禦謹嚴難保不轉擾閩
省是以臣等嚴飭各營認真防範更未便
稍撤藩籬以致頓彼失此惟浙省現在事
急之時必須多方協濟臣鄧　在泉州時
復飭馬巷通判俞益僱水勇一千名倘僱
不足數即八百名由金門鎮派弁逕從閩
洋僱坐漁船分起管帶赴浙調遣約計日
抵浙時亦即可到復調建寧鎮兵丁五百

名隨帶前往其應如何攻守机宜容臣鄧
抵浙後會同撫提臣體察情形設法妥
辦隨時
奏報外所有閩省舟師勢難派調赴浙及現
在僱募水勇隨帶陸路官前往剿辦情形
謹合詞恭摺具
奏伏乞
皇上聖鑒謹
奏

两江總督伊
奏為探聞夷船在浙洋面遊奕言語狂悖臣
現在前赴吳淞海口相機預防恭摺
奏祈
聖鑒事竊臣前經
奏明前赴吳淞上海一帶查勘海口情形順
閱松江水陸官兵楚回蘇州甫經閱完撫
標等營官兵茲于六月十一日接准浙江
撫臣咨會有夷船在洋遊奕又于十二日
撫臣裕　接准浙江藩臬司六月初三日

定海洋面有夾板夷船二十餘隻在南韮
山一帶遊弈初九日又有夷船三隻駛至
三山洋面言詞狂悖浙江撫臣烏　業已
馳往督辦等情臣查該夷船胆敢聯踪跟
駛至二十餘隻之多顯因閩粵二省驅逐
嚴密闖入浙洋居心叵測今浙江撫臣既
已親往督辦江省洋面與定海相去不遠
誠恐該夷船乘風北上急應預籌堵禦絕
其希冀臣即于六月十三日仍由蘇州前
赴吳淞海口會同提臣陳　督飭水陸營

將口岸文員相機籌辦倘該夷竟敢闖入
江省洋面即當先行封港杜絕勾串示以
兵威驅逐出境務使夷匪無計可施奸民
無從接引以仰副
聖主乂安海寓之至意除飛咨沿海各督撫目
盛京將軍一體防堵外目謹恭摺具
奏伏乞
皇上聖鑒謹
奏
道光二十年六月十三日具

奏七月十八日崑山舟次奉到

硃批另有旨諭矣欽此又于杜絶勾串句旁奉

硃批先見甚明欽此又于除飛咨沿海各督撫

目句旁奉

硃批為國為公可嘉之至欽此

兩江總督伊
奏為遵
旨遴派帶兵大員揀選水師預備調遣恭摺覆
奏仰祈
聖鑒事竊臣於本年七月初三日承准軍機大
臣字寄六月二十四日奉
上諭英夷帶領船隻駛至定海縣登岸滋事已
調福建提督余步雲馳往會勦恐該夷等另
有勾結分竄他省情事申諭分飭將弁認真
操練加意防堵總當先事預籌毋得臨時掣

附同日又准字寄六月二十六日奉
上諭定海縣城被暎夷攻破着伊　遴派帶兵
大員水師數千預備調遣浙省尚有警報該
督一面奏聞一面派兵迅速馳往應援毋稍
延悞各等因欽此伏查暎夷於上年經粵省
絕其貿易欽奉
諭旨飭令各海口嚴密防範節經臣諄飭提鎮
暨沿海文武修明武備加意防範嗣又
奏明至吳淞上海等處親加閱視迨六月十
一日在蘇州途次聞該夷駛至浙洋滋事

復即馳抵海口飭調各營官兵分頭堵禦
業經先後陳明在案至該夷自攻陷定海
以後已在縣城及各要隘竭力守禦船隻
又日漸增添其勢殊為猖獗自應厚集兵
力嚴加攻勦江浙地屬連疆尤當先為籌
畫以備調用奉
皇上飭令選派仰見
廟算周詳曷勝欽佩臣查提臣陳　統轄全省
水陸軍務當此防堵吃緊之際責任綦重
未便輕動其餘各鎮又非素習海洋亦未

便遷行委任惟查有蘇松鎮總兵田松林
係水師出身游膺專閫曉暢軍務熟悉洋
情可資委寄至江省水師有外海內河之
別若遣至浙省應援必須外海水師方能
駕駛海船冲鋒克敵查江省額設外海水
師除防汛之外共止二千餘名臣現於蘇
松鎮標選備一千二百名狼山鎮標右營
遂備三百名吳淞川沙兩營各選備二百
五十名共二千名均交田松林統領聽候
諭遣如浙省續有警報臣即一面具

奏一面飭令該鎮率兵往援與浙省水師合
力夾擊共殲夷逆至水戰全憑船隻現聞
該夷船極高大我兵亦必須乘坐大船方
可制勝江省額設兵艘有艍船哨船等名
目制度均屬卑小難以適用臣前次一聞
夷匪在浙滋擾即飭屬雇備閩廣商舟將
來田松林如果赴浙臣即將所雇商舟給
與駕坐仍酌配艍船以備追勦之用惟田
松林前經臣飭令統領該標官兵在崇明
防堵查崇明孤懸海外切近浙洋最關緊

要現在既令該鎮預備赴浙並于該標挑
選備兵一千二百名則該處戍守未免單
弱臣現又飭調狼山鎮標中左二營兵七
百名前往協防仍俟田松林起程之時遴
委明幹鎮將一員代理該鎮印務俾有督
率其狼山地方另調京口營兵五百名京
口地方亦調揚州營兵三百名分往哨巡
用資保衛所有遵
旨選將派兵預備調遣緣由除移咨
欽派赴浙會剿之福建提臣余步雲暨浙省知

照外理合恭摺具

奏伏乞

皇上聖鑒謹

奏

道光二十年七月初五日具奏

道光二十年八月二十三日奉

上諭前因暎夷在天津海口投遞呈詞甚覺恭順籲懇恩施當飭令琦　愷切曉諭不准滋擾祇許赴粵叩閽如果出於至誠該大臣自能代為轉奏乞恩茲據琦　奏稱該夷聽受訓言業經全行起旋南還茲稟稱沿海各處如不開鎗炮亦不生事端倘被投擊勢難已於回手定海之兵先撤一半等語該夷前此猖獗雖屬有激而成殊堪髮指必應痛勦示威現在福建之泉州府浙江之乍浦江蘇之

寶山崇明各洋面先後轟擊夷船又挫其鋒
該夷既肯赴粵乞恩自不值窮於所往本日
降旨派琦　作為欽差大臣馳驛前往廣東
查辦事件俟該大臣到粵後自能辦理妥協
但恐沿海各督撫不知情形特此由五百里
飛示伊宋裕部鄧林關等一體遵照各守要
隘認真防範如有該夷船經過停泊內外洋
不必開炮以守禦為重勿以攻擊為先其應
佈置嚴密之處不可稍形鬆懈為至要本日
琦　原奏照會㖆夷底稿及該夷回文內着

抄伊闗照看将此由五百里諭令知之欽此

兩廣總督林
奏為恭讀
批諭惶悚難名謹下忱請
旨將臣從重治罪恭摺奏祈
聖鑒事切臣奏報拏獲鴉片烟犯摺內欽奉
硃批外而斷絕通商並未斷絕內而查拏犯法
亦不能盡無非空言搪塞不但終無實計返
生出許多波瀾思之曷勝憤懣看汝以何詞
對朕耶欽此臣跪誦之下伏地碰頭愧懼慚
惶莫能定命伏思上年微臣奉

命来粤查辦禁烟先蒙
頒給欽差關防繼蒙
簡調兩廣總督責任之重委任之專臣何人斯
膺茲
倚畀乃為時已閱年餘而鴉片尚未盡除夷船
則經遠竄雖異類難延殘喘而淺謀未策
萬全夙夜循思時懷憤愧茲蒙
訓飭感悚尤深自慚庸質駑台實無詞以對
君父惟有仰求
聖主將臣從重治罪以儆無能不勝戰慄屏營

之至所有微臣惶悚下忱謹繕摺具奏再

臣握受

厚恩天良雖昧每念一身之獲咎猶小而

國體之攸關甚大不敢不以見聞所及敬為

聖主陳之查此次英夷所感在粤滋擾乃在浙

省雖變動若出於意外其窺覷正在意中

蓋逆所不肯灰心者以鴉片獲利之重每

歲易換紋銀出洋數千萬兩若在粤得以

復興舊業何必遠赴浙洋現聞定海一帶

大張招帖每鴉片一斤賣洋銀一元是即

在嗌啊啦等處出產之區尚且不敷成本其所有甘心虧折覓消者或云以給雇資或以充食用蓋聞其夷洋各埠貨船雇兵而来日以数萬金計即以礮子火藥亦不能日久支持窮蹙之形已可概見又夷人向来過冬以鈷為暖不着皮衣蓋其素性然也浙省地寒勢必不能受現在夷信到粵已言定海陰溼之氣病死者甚多大抵朔風戒嚴自然捨去舟山揚帆南竄而各國夷商之在粵自六月以来貿易為英夷

所阻亦各氣憤不平均欲由該國派來兵船與之講理是該嘆逆現有進退惟谷之勢能不內怯于心惟其虛驕性成愈窮蹙時愈欲顯其桀驁試其恫愒甚且別生秘計冀得陰受其奸如一切皆不得行貼然俛伏目前次屢經體驗頗悉其情即此時不值與之海上交鋒而第固守藩籬亦足使之坐困也夫自古頑苗逆命初無損堯舜之彰哉

皇上以堯舜之治治中外知鴉片之害甚于洪

水猛獸即堯舜在今日亦不能不為驅除
聖人執法懲奸為天下萬世計而天下萬世之
人亦斷無以鴉片為不禁之理若謂夷兵
之来係由禁烟則彼之以鴉片入内地者
早已包藏禍心發之於此時與禁之於異
日其輕重當必有辨矣臣愚以鴉片之流
毒於内地者猶癰疽流毒於人身也癰疽
生則以漸而成膿鴉片来則以漸而致寇
原屬意計中事若在數十年前查辦其時
吸者尚少禁令易行猶如未經成膿之癰

內毒或可解散今則流毒已久譬如癰疽
作痛不得不亟為拔膿而夷逆滋擾浙洋
即為流毒無異然惟膿潰而後疾去如果
其法醫治托裏扶元至膿盡之時自然結
痂收口若因腫痛而别籌消散萬一毒邪
內伏誠恐患在養癰矣臣湖自查鴉片以
來幸賴
乾斷嚴明
天威震疊蔑船二萬餘箱之繳係𠸄夷領事義
律自行遞禀求收現有漢夷字原禀可查

並有夷紙封印可驗繼而在虎門燬化烟
土先期出示准令𠻤夷觀看維時来觀之
夷人有撰為夷文数千言以紀其事大意
謂
天朝法令足服人心今夷書中具載其文諒必
外域盡能傳誦迨後各國来船遵其切結
寫明如有夾帶鴉片人即行正法船伙役
官亦以漢夷字合一紙自結之後查驗他
國夷船皆已絶無鴉片惟𠻤夷不遵法度
且肆鴟張是以特奉

諭旨斷其貿易然未有浙洋之事或尚仰懇
恩施今既攻佔城池戕害文武逆情顯著中外
咸聞非惟難許通商自當以威服叛莠恐
議者以為內地船礮非外夷之敵與其曠
日持久何如設法羈縻抑知夷情無厭得
一步又進一步若使威不能克即恐患無
已時且他國效尤更不可不慮臣之愚昧
務思上崇
國體下懾夷情不敢稍存游移之見也即今船
礮而言本為防海必需之物雖一時難以

猝辦而為長久計亦不得不克自籌維且
廣東利在通商自道光元年至今粵海關
已徵三千餘萬兩收其利者必先預防其
害若前次關稅十分之一製炮造船則制
夷已可裕如何至尚形棘手且節次伏讀
諭旨以稅銀何足計數仰見
聖主內本外末不言有無誠恐昭垂奕禩但粵
東關稅既比他省豐饒則以通夷之銀量
為防夷之用從此製炮必求極堅似經費
可以酌籌即裨益實非淺鮮矣且於夷務

不善正在奏請治罪何敢更試芻蕘然苟
有裨
國家雖頂踵捐糜亦不敢自惜倘蒙格外
天恩寬其一綫或三木戴罪前赴浙省隨營効
力以贖前愆臣必當殫竭血誠以圖克復
至粵各省各處口隘防堵益加嚴密察看現
在情形逆夷似無可乘之隙藉堪仰慰
宸懷謹繕片密陳伏乞
聖鑒謹奏

十月初五日奉

旨前派林則徐鄧廷楨在廣東查辦鴉片乃將

逾二年不但未絕根株轉致該夷赴近畿呈

訴冤抑成何事體已將該督等悞國病民辦

理不善之處降旨宣示茲據吏部遵旨將該

督等議以革職實屬咎所應得林則徐鄧廷

楨均着照部議革職林則徐着即折回鄧廷

楨亦着迅速前赴廣東以備查問差委欽此

奏為撤防師船歸營猝被暎夷在洋轟擊奪去米艇一號在船兵丁多名並近日又有擄釁之案恭摺奏祈

聖鑒事竊臣於九月十八日接軍機大臣由五百里字寄道光二十年九月初四日奉

上諭據托津布奏暎夷船隻前由東省外洋北赴天津共有夷船八隻現來夷船五隻已開帆南駛其三隻亦由外洋先回該夷情形極為恭順等語暎夷船隻俱起椗南旋恐沿海將軍督撫等不知現在情形特此

飛示耆英裕謙怡良知悉並着詳加酌核將前調防守各官兵分別應留應撤妥為辦理托津布片奏着抄給閱看將此由五百里諭令知之欽此臣因前督臣林 前次接奉

諭旨即已陸續議減茲接護督篆後復與提臣熟商將次要各隘遞相減撤其虎門內外並各炮臺扼據要衝仍前加意防守當經附片陳

奏寔以𠸄夷狡獪異常變機百出貪罔成性

陰險萬端不得不慎之又慎以防其乘虛
直擣之謀惟遵
旨不與之接戰則前調各營師船即須逐漸撤
歸各原營以節糜費即經面商提臣飭令
分起行走在案十月二十日接到提臣函
開撤回陽江中米艇三隻于十六夜乘潮
開行由龍穴之西直赴橫門不料陽右六
號中米艇行過淺灘適潮水將次退盡不
能行動其陽四號砲洲三號兩隻業已趁
風走去該弁兵不得已守候潮長船浮再

行前進詎侯至十七日黎明即有桅夷三板七八隻每船約有五六十人蜂擁赶来該弁兵等見其来意不善即聲言此係奉撤回營師船有令不開鎗炮爾等不可滋事該夷船駛至將近即對船開炮轟擊夷衆即紛紛上船將弁兵追赶落水船内各兵尚在爭奪之際適值潮漲該夸等即連船擄刦提標中軍叅將李賢適聞炮聲登山瞭望真切即督率各師船開帆起椗赶往援救迎潮行近龍穴洋面瞭見伶仃礬

磐石原泊夸兵船二隻已經乘潮赶来同
各三板將陽右六號師船拖帶向南直駛
該叅將因奉文行不敢追出外洋接仗只
得仍將各船收回稟候核辦等由旦接閲
之下不勝駭異該夷在粤肆擾幾近年餘
既逞獪狼之性復肆豕突之凶不自知其
過惡之多端轉以鑄張為淂計仰蒙
聖明燭照
天地為懷
特派

欽差大臣来粵辦理飭令該夷南旋聽侯查辦
各情伏思我
皇上撫華夷並無畛域招携懷遠
怙冒同深該夷宜如何感激方足仰戴
生成乃于師船撤防歸營誤過沙淺之際輙敢
駛攏多船開炮生事經弁兵聲說情由置
之不理一味逞強肆横紛紛上船該兵船
復又圍截併船拖去寔出情理之外殊堪
髮指查該夷自前次閧鬧滋事後兩月来
尚無動作亦據澳門同知等禀報本月十

三日夜英夷中巡船一隻來至九洲洋面拋泊經引水等認係七月初十日駛出老萬山外東去之船復來寄碇是該夷於天津情形在前回泊之火輪船已為傳說至此更當曉然于受
恩之重翻然有悔其前次之為則尚有人心猶可附於負氣含生之屬乃吐嘧夷巡船于十六日在掛碇洋面截去福建艚船一隻駛出石欄門向東南駕駛據澳門同知飭引水跟探尚未稟報復據鹽運司轉據商

人呈報盐船在洋被英夷先後截去八隻近據水手逃回報知如此情形又復漸形猖獗兹于十七日又擄去陽江右營六號米艇一隻除落水鳧歸之外委何卓然並兵二十一名外尚有兵丁三十名不知下落現飭沿海訪尋再行核辦且思𠸄夷頑概居心勾結內地居民陰刺時事所作所為往往不遵法度年來更形傲慢其於事理有不可行者則託為言語不通文飾其罪甚

犯順奪據地方現蒙

皇上俯

大公至正亦可稍循冠履之分而行同犬彘狼

甚豺狼狎侮尚託諸空言跋扈竟見諸寔

事臣雖與之無怨而

國體所關臣亦同立覆載之內此心寔非常憤

懣惟叠奉

諭旨不敢輕遽率爾靜候

欽差大臣到粵後相機辦理若該夷等兇心未

已敢窺伺生事開炮滋擾勢不能任其蹂

躪亦惟有盡力轟擊以固口隘現已飛咨

水師提督暨沿海各鎮及各府州縣加意
嚴防並咨明
欽差大臣外謹將師船奉撥歸營被奪及嘆夷
又有擄船尋衅情形會同水師提督臣關
恭摺由驛具
奏伏祈
皇上聖鑒再廣東巡撫係臣本任合併聲明謹
奏

氵

奏爲探訪定海夷情尚有可疑請

旨飭令廣東浙江各

欽差大臣斟酌妥善恭摺奏祈

聖鑒事切臣仰蒙

天恩特授浙江巡撫自川省起程沿途訪詢不

得暎夷寔情深爲焦急嗣行抵之安徽鳳

陽縣臨淮關獲晤廣東

欽差大臣琦　亦祇將天津夷情向臣告述其

定海夷情伊亦未能深悉臣抵任後本擬

即赴寧波探詢底蘊會同籌議緣各前任
俱因在軍營防堵不能兼顧署中一切案
牘
奏咨展限數月以來不無積壓不得不先為
清理並因各屬應試武生紛紛來省守候
已久不得不趕辦武闈業經
奏明於十一月初四開考是以一時不能前
往前准
欽差大臣咨會業經出示定邑士民如果夷人

分船起程赴粵聽候查辦所有外省官兵
全行撤退本省官兵酌量裁撤各屬所雇
鄉勇一併撤去沿海商漁船隻開港放行
並接來禀云暎夷近來頗為馴順夷船前
去六隻茲據夸書已於十月十九日起程
十四隻各等因到臣是該夷之果否並不
擾累是否如期赴粵及是否輸誠馴順
欽差大臣伊　專司其事固知之甚悉臣身羈
省垣其夷情若何固守若何若不密加探

訪夢寀時覺難安當即差人密往定海查探現據回稱該夷在定海城外築有炮台在道頭地方亦修有馬頭復開有河道通達城內設有鋪面售賣洋貨闔城民房寔已蹂躪不堪臣又聞該夷初到定海尚不騷擾現在不甚安靜已將定海所屬之岑港沈家門等處民房佔據搶奪姦淫雖定海奸民聞亦有為其役使者而各畧居民仍均志切同仇不肯趋附並聞該夷有乞

云時来時去者隻数多寡信言[illegible]
象山縣禀報十月二十二日有夷船六隻
在洋游奕等情查夷船既未盡赴粤者其
象山洋游奕或即係在定海停泊之船亦
未可定其夷船赴粤之多寡自應以
欽差大臣函称数目為準亦未便以探聞之詞
為據惟該夷既蒙
聖恩准其赴粤聽候查辦何以仍在定海有修
炮台等事是否修築在甫陷定海之時抑

或修築在蒙准赴粵之後及搶奪姦佔是
否在
欽差大臣示禁定民之先抑或在示禁定民之
後臣尚不能確知如果修築等事在後是
廣東籌議尚在未定之時而定海夷情已
顯露藏禍之跡如果搶奪等情在後是我
雖以誠相孚彼終以詐相應且如果真心
赴粵又何以設立偽官示諭定民種種情
節均屬可疑誠恐該夷有[illegible][illegible] 互市

分駛倘在此通商其船隻，

輕

更為便捷若任其來往則沿海貧民以及
失利漁船並土盜船隻竟難保不被其勾
結致各省口岸處處防堵嚴加稽察是又
不得不任其自如亦未必能相安於無事
也且定海居民既被蹂躪不堪猶不附和
從夷將來籌辦善後自應加意撫卹該夷
在此通商則文武之稽查彈壓輕重兩難
在此均屬棘手況浙江省為東南財賦之

區而寧波府為浙省菁華之地跡其欲住定海之心難保無覬覦之意否則燒烟在廣東受挫在粵閩何以不敢遂竄澳門廈門而反遂竄定海耶溯查乾隆二十一年間寧波崎頭洋有夷船一隻停泊恭奉

上諭向來洋船進口但遊廣東之澳門等處其浙江之寧波府者甚少間有遭風漂泊之船自不得不為經理近年乃多有專為貿易而至者將來熟悉此路進口船隻

上諭寧波向非洋船聚集之所

東停泊不准擅入浙江海口各等因欽此我

皇上亦祇許該夷赴粵叩關仰見先聖後聖慎

重海疆若合符節現經

欽差大臣琦善奉

命赴粵查辦自必籌度萬全斷不僅為目前之

計即

欽差大臣伊里布駐紮鎮海亦必能洞察夷奸

妥為經理原無庸臣之鰓鰓過慮第臣渥

受

殊恩探知夷情既有可疑若專使廣東查辦竊

恐廣東不知定海近日夷又恐赴粵夷人

甘語偽求致被濛混臣思患預防不敢不

據實入告相應請

旨飭令廣東

欽差大臣琦善將臣探訪情形查核斟酌辦理

仍請飭浙江

欽差大臣伊里布就近[illegible]

再行呈奏所有鬥

疑並請

飭籌辦緣由謹繕摺奏

聞伏乞

皇上聖鑒訓示謹

奏

道光二十年十一月初二日奏

道光二十年十一月十九日軍機大臣字
寄奉到
上諭本日據劉韻珂探訪定海夷情一摺覽奏
均悉已降旨飭令琦善伊里布體察情形妥
辦並將原摺抄給琦善伊里布閱看矣劉韻
珂俟武闈事竣並將各案情清釐即赴鎮海
再行詳細確查該夷現在情形會同伊里布
妥為籌辦將此諭令知之欽此

国家出版基金项目
NATIONAL PUBLICATION FOUNDATION

海上絲綢之路文獻集成

總主编 陳支平 陳春聲

歷代史籍編 126

主编 范金民

海峽出版發行集團
THE STRAITS PUBLISHING & DISTRIBUTING GROUP
福建人民出版社

本册目次

撫夷紀略不分卷

〔清〕黄恩彤撰

《撫夷紀略》不分卷，清黄恩彤撰。恩彤（一八〇一——一八八三），字石琴，山東寧陽人。道光間署江寧布政使，時英兵犯江寧，乃奉耆英、伊里布令，協咸齡與英人議和定約。後隨伊里布赴廣東，籌議通商，旋調廣東按察使，遷布政使，擢巡撫。是書記道光二十二年（一八四二）至二十六年前後五年間與英人議和事，成書於同治四年（一八六五）。分禁鴉片烟、絶市用兵、金陵議撫、粤東復市、收復定海、撫咪唎㗷、撫咈囒哂七篇，所記多親身所歷。據上海圖書館藏清抄本影印。

道光撫夷紀畧序

撫夷爲道光中一大事當時首建其議者兩江總督牛公鑑力贊其決者前協辦大學士伊公里布而始終其事者則欽差大臣大學士耆公英余初從牛公防守金陵並未與聞撫議迨耆公伊公允夷所請余始見夷酋與之定約釋兵又從伊公赴東粵籌辦通商善後事宜伊公薨耆公繼之而大局始定迨暎咭唎互市開關猶就條理而咪唎嚁咈囒哂夷使踵至均不免非分之干其餘各小夷亦竊睨其旁妄生覬覦洵數百年來中外一大變動也計自二

序　一

十二年壬寅秋至二十六年丙午秋前後五年初與余共事者侍衛咸公齡嗣擢道員去繼之者按察使趙公長齡中間一赴香港再赴澳門剛柔迭用操縱互施雖有時俯順夷情要未敢稍失國體蓋亦不料其幸底于成焉惟是此事雖累經入告而樞廷秘牘外間罕得而窺其留于羊城節署者又因咸豐夷變燬失無存自維年來心力漸衰每憶舊事十不記一恐世人悠悠之口無從徵信爰于暇日檢核文案參以默識所及芟煩錄要粗加排比手繕成書名日道光撫夷紀畧聊存篋衍用示後昆云爾

同治四年歲次乙丑正月既望前撫粵東使者黄恩彤自
序于知止堂中

撫夷紀畧篇目

禁鴉片烟第一

我
宣宗成皇帝天授神武勤政愛民正位之初平定回疆生致首逆張格爾威加萬里之外嗣是年豐人和河海清晏閭閻不聞枹鼓之鳴士大夫但習俎豆之事時恩彤始釋褐為比部郎竊幸躬逢承平之盛焉自十五年後言事者每稱宜嚴鴉片烟之禁蓋鴉片產自外洋暎咭唎商船違禁運載進口愚民吸食者日衆往往成癮致疾而白金之漏卮出洋者歲難數計西臺諸臣因其戕我民命耗我國帑也

故屢以為言

聖意亦為之動然亦第申明舊例嚴敕中外而已未嘗有

所更張也

十八年戊戌太常寺少卿黄公爵滋上漏卮難填一疏歷敘

紋銀出洋實數歲以千餘萬計又援酒誥羣飲拘殺之文

以為烟之害更甚于酒吸食者罪死方足示戒其言最為

悚切于是奉

旨下中外大臣博議時余于役江南數月之久未與聞也

是時中外之議不一大抵以吸食為罪不至死者居大半

而山西巡撫申公啓賢言之尤切畧云竊觀自古國家往往因財用匱乏而以重法繩下迨重法既行而人情恇擾亦未見其財用之充足也申韓之法非所行於堯舜之朝云云惟漕運總督周公天爵以為吸食必應論死又云必須用兵捕拏烟販又請于京城各門分派御史搜檢出入而湖廣總督林公則徐尤痛切言之并有另摺密陳外廷不得見也未幾樞臣定議會奏吸食者絞監候開館興販以次加重有差

十九年己亥新例既須但懲內民未及外夷也而議者之意

未已以為外洋之來源不塞則内地之橫流莫禦槩然于杜絶之方亦未有定論也是時督粤者鄧公廷楨雖設法嚴辦積重難返一時未收成效而林公復建繳鎗自首之議以為遵諭呈繳者不下萬人民風蒸蒸丕變朝命罷鄧公以林公代之

林公蒞粤即禁茶出口以為可以制夷死命并頒手諭諭夷人曰茶葉一物爾等得之則生不得則死

大皇帝于爾等有關性命之物曾不稍為靳惜爾等昧盡天良乃以鴉片烟害我中國民命云云其實夷之飲茶但

嗜其味並非資以為生故不懼也繼又令夷商繳烟領茶不聽于是出其不意遣兵圍公司夷館驅逐沙文內民為夷傭工者買辦內民為夷買食物者禁斷食物夷目義律震恐乃令各商繳烟二萬餘箱焚之

初林公之令夷繳烟也與之約曰烟一箱償茶若干觔至是僅以一觔予之義律不受林公復遣廣州太守余君保純諭之曰爾等違禁販烟多至二萬餘箱厥罪大矣今但焚烟而不治罪恩莫厚焉既往姑置弗咎嗣後再有夾帶鴉片進口者船貨入官人即正法爾可先具切結以憑照

辦義律謂余君曰我等來中國貿易船有船主貨有貨主一船之貨並非專屬一商今因一商夾帶鴉片即累及各商并及船主于法不平且外國人犯法應由本國治以應得之罪若徑由中國正法從前不聞有此余君以所言白林公公曰若不肯具結即不准貿易義律復請于余君曰嗣後暎國貨船不准駛入虎門俱在澳門停泊由中國官員監視盤查貨物全行起卸上岸再用小船剝載至黃埔出售亦可杜夾帶鴉片之弊余君復以白林公公弗許以官員難得其人盤查徒以滋弊于是暎商之在澳者一併驅逐出洋而兵

端自此起矣以上各情余君言之最悉

絶市用兵第二

方義律之被逐出洋也與余君言頗形狡悍余君以白林公公亦慮其怒而反噬也乃謀豫為之備是時水師提督駐虎門者關公天培其人勇而知義尤慷慨喜自負每云兵精可用林公深倚仗之乃檄令調集兵船列虎門外洋面以待嗣義律果以兵船數隻駛至我兵開礮擊之不動彼亦開礮傷我弁兵旋即駛去林公奏一勝仗義律乃航海赴天津敂閽呈訴大學士直隸總督琦公善諭令回粤聽候查辦弁具疏以聞朝命罷林公即以琦公代之

二十年庚子琦公莅粵則議撫并用鮑鵬為耳目鮑鵬者粵之香山人素與夷狎者也屢至蓮花城海中小山在虎門外招義律與議議久不決先是康熙中嘆夷曾于舟山互市舊有紅毛館在大道頭地名在定海城外義律見粵市之驟難復通也于是以兵船突犯定海鎮兵不能禦遂入其城據之

二十一年辛丑朝命宗室奕公山為靖逆將軍湖南提督一等侯楊公芳為叅贊大臣率兵赴粵命協辦大學士兩江總督伊公里布為欽差大臣率兵赴浙分剿逆夷罷琦公以刑部尚書祁公𡎴代之而浙撫烏公爾恭額亦罷擢四

川布政使劉公韻珂代之
夷船突犯虎門關公禦之敗績戰歿奕公與義律戰于廣州不利夷圍廣州踞四方礮臺在城北俯瞰城中勢不支乃令廣州太守余君縋城出與議和犒以銀六百萬圍解先是楊公初至義律憚其威名亦未測我兵虛實當浼洋商遞稟云不討別情祇求通商楊公許之具疏奏聞粵東貿易如故嗣奉　旨不准奕公亦至楊公囑奕公再為奏請奕公不可竟一戰而敗
伊公擒獲夷目安突特及夷兵二十餘人義律恐其就戮也願還定海以釋俘為請伊公許之遣安突特等歸定海收復以上所紀畧存梗槩不能詳悉

是年春伊公移防上海江蘇巡撫裕公謙代爲欽差大臣
赴浙駐軍四明余先于上年典試粤西差旋途次閲邸鈔
發往江蘇以道員用旋補授江南鹽法道是年三月抵金
陵即往上海謁見伊公并接印任事以前任乃太守顔公
以熉攝篆方隨伊公在滬也伊公欲留余襄事余請暫赴
金陵本任未幾伊公爲裕公劾罷即代爲兩江總督
裕公扺四明志在滅賊氣甚鋭適于海上俘獲一夷剥皮
支解之而浙閩總督顔公伯燾亦威武奮揚屢騰章疏至
有無賊可剿恨賊不來之語是時英國以義律之生事而

不能成事也撤令歸更以噗㖂喳代之益集兵船多至百艘次第駛集粤洋將謀北犯沿海戒嚴
是年秋夷犯定海我軍失利三總兵戰歿遂失定海夷進至招寶山防兵潰遂失鎮海夷檴進至四明裕公不能禦出城謀退保他郡中途仰藥死之夷犯厦門顔公禦之不利退保福州遂失厦門及鼓浪嶼
朝命河南巡撫牛公鑑為兩江總督未至先以江蘇巡撫梁公章鉅兼攝梁公駐防上海余于七月奉檄赴蘇攝按察使甫一月朝命協辦大學士宗室奕公經為揚威將軍

七

侍郎文公蔚為叅贊大臣率兵赴浙勦夷于蘇州安設糧臺以梁公綜理其事公以大兵且至儲偫宜先即奏明馳回蘇州趕緊籌備其上海防務檄余往代余駐滬月餘時同事者水師提督陳公化成總兵王公士元閒嘗按視海壖體察形勢所恃僅一線危塘無險可扼而弁兵駐防已久漸形懈弛心竊憂之會牛公至余鄉試座主也當將防守事宜管窺所及者開摺密陳即代還蘇州

是年冬奕公以大兵至蘇復廣募義勇大抵江北獷悍無籍之徒握刃荷戈翱翔都市吳人大恐余隨梁公晝夜巡

行彈壓人心畧定而新任按察使李公星沅亦至同時奉
命協理糧台者又有原任布政使孫公善寶管公遹羣會
梁公因積勞觸發舊疾于接見屬僚之際忽而暈絶移時
始甦即以年逾七旬引疾乞罷布政使程公矞采護理巡
撫余攝藩司
二十二年壬寅夏公率兵前進初余官比部屢因會讞詔獄
為公所知至是疏請調余隨營襄理軍務得　旨俟交卸
藩篆即行前往會江寧布政使成公世瑄因病請假檄余
赴金陵攝理成公旋即開缺余是以未往軍營夏公進戰

失利退保杭州逆夷盤踞三城如故
是年夏逆夷乘南風以兵船犯上海時總督牛公進駐寶
山提督陳公親登礮台與戰敗績死之牛公禦之于海塘
失利退保崑山寶山上海相繼失陷夷于是有入江圖犯
金陵之意

金陵議撫第三

先是牛公退保崑山即援乾隆中緬甸成案奏請撫夷奉
旨未允六月夷船駛入圖山關直犯鎮江提督齊公慎
禦之城外失利退走夷攻城陷之副都統海公凌自焚死
事聞朝命兩淮鹽運使但公明倫加按察使銜防揚州四
品卿銜李公湘棻防清江夷犯揚州商人顏崇禮餉以銀
五十萬乃舍揚州而趨金陵仍于儀徵大張僞示畧云中
國官憲待我不平道光十九年大臣林則徐查辦鴉片既
未能捉拏諸國走私之人止其進口又不酌議章程妥辦

乃將任粵㖵國官商强行拘留嚇以死罪勒令將鴉片全行繳出此不端者一義律赴北河口投文爵閣督部堂琦善旋據照會仍赴廣東酌議義律回粵與琦善疊次面議未明而在京宰相奏請撤回琦善另派大將軍奕山前來爭戰致㖵人强取虎門礮臺並攻省城勒取銀兩以贖此不端者二大臣裕謙及各省將軍等往往遇㖵人遭風破船或被誘上岸擅行俘掠殘殺並敢欺詐妄奏此不端者三貿易一端㖵商與各省民人有益無害惟粵東官員欲專其利奏設十三行洋商止准在粵貿易俾各官得以高

下其手任憑勒索此不端者四今來中國務求伸寃者大端有三賠還所奪貨物及年來戰費一也兩國官員以友誼平行二也割讓海島給暎人居住三也得此三者其餘不難善定云云經儀徵令白牛公公以僞示語雖狂謬而意主伸寃似尚可羈縻當即照會嘆酋畧云中外通商已二百年何至今日忽改舊章實由鴉片流毒而起禁鴉片而併禁通商非我

皇上懷柔遠人之本意禁通商而大啓兵端尤非我

皇上綏靖萬邦之本意也至廣東查辦之原委本部堂未

十

能深悉近閱儀徵縣鈔呈公使所貼告示以結好伸寃爲詞乃知兩國本意原無不合祇以形迹之間愈離愈遠致成決裂如果中國相待于情理未愜不妨據實真陳由本部堂代奏若徒恃船堅礮利日事戰爭兵連禍結何時可了幸熟思而審處之云云仍具疏以聞時六月二十日也

蓋撫議始此

是時余擢授江蘇按察使仍攝布政使辦理城守事宜牛公尚在東路未回而江寧將軍德公珠布年踰八旬室有六妾其人風燭餘光耳余往與商禦寇之策默無一語但

云人死祇污一片土何懼哉余知其難與言即函請牛公
率兵速回以固根本仍會商在籍太僕寺少卿蔡公世松
糾集闔城大小紳士分段防守以清內奸親率江寧太守
樊君師仲及上元江寧二令逐戶清查力行保甲其老幼
婦女願出城避兵勿禁三日內部署粗定牛公回省方知
朝命將軍耆公英爲欽差大臣又起用前協辦大學士伊
公里布爲乍浦副都統會同前來辦理撫夷事務而夷船
四十餘隻連日駛至儀鳳門外草鞋夾江面停泊其酋一
名郭富一名巴駕

上

七月初一日𠱃酋有回文一件畧云欣閲
皇帝明降諭旨交與耆伊二大臣專辦和好之事心極快
悦上年六月初到中國即以善定和好等情照會兩廣總
督祁後至浙省又以前情兩次照會浙江撫院劉楊威將
軍奕均在案今接來文方知年來隔絶之情得以通達併
祈將情由轉咨大臣耆伊知之云云自是夷情畧有轉機
惟郭巴二酋欲索犒師洋銀三百萬圓牛公正言拒之
初三日伊公至初六日耆公至時續到夷船共八十餘隻
駐泊江面我弁兵亦在城上對江扼要之處列礮以拒相

持不決初七日耆 公遣佐領塔芬布等前往夷船告 知欽差已到夷酋即將請求各款列單交塔芬布代為呈遞單内所開一條索還洋銀二千一百萬圓本年先交六百萬圓餘分年帶交一條求賞香港作為馬頭幷求准往廣州福州厦門寗波上海等處貿易一條與中國官員用平行禮大抵仍不出備示所云之三大端也正在酌擬分別准駁初八日夷酋忽聞有調壽春鎮兵來省之信以為議和乃緩兵譎計將俟援兵齊集内外夾攻即換紅旗幷列大礮約俟次早攻城勢甚猖獗諸大臣同赴督署會商以江

甯省城周五十餘里分段防守兵力本單所調江西徐州湖北各官兵均新經挫衄士氣不揚未敢恃以為用兼之江南民氣柔弱一聞此信即有男婦數萬人赴各衙門籲請救命萬一危城莫保不惟三省根本動揺且恐長江頓失鎖鑰所關尤鉅于是連夜備文允夷所請令塔芬布等持往夷船夷酋見回文後立即換旗撤兵但以塔芬布等係微末員弁不足取信更請大員出城面訂時江甯太守樊君心明口訥諸大臣恐其未足了此商令侍衛咸公齡偕余同往咸公余舊友曾任吉林副都統隨者公襄辦軍

務者也余謂之曰事急矣敢辭難乎遂于初九日黎明聯騎出城至儀鳳門外之静海寺

是日巳刻夷副使麻恭帶同夷目馬禮遜上岸至静海寺請見執禮甚恭麻恭言語不通而馬禮遜生長澳門頗曉漢文兼能華語實夷之謀主也余曉以通商之利用兵之害二夷目唯唯其請求各欵逐加詰辯固執如初蓋夷性膠結難解各欵均覬覦已久乾隆中進京朝貢其使臣即以五口通商香港寄居為請志在必得斷難折以空言況先奉回文均蒙允許更非事後所能爭矣　欽差奏疏畧云該夷求給洋銀二千一百

萬圓一款查初擬款單本索銀三千萬圓經張喜再三駁減始定為二千一百萬圓之數張喜京城人曾隨伊公在四明軍營因安哭特釋俘收還定海屢至夷船往來傳諭為夷所信至是仍以伊公舊恩動之也據稱以六百萬作烟價三百萬作商欠一千一百萬作兵費侍衛咸齡等詰以烟價已由廣東還銀六百萬豈得重索商欠應由洋行清理何能官為償還至爾國所用兵費更不能取償于中國向其反覆駁辨據夷目聲稱鴉片並非暎國所產均係購自隣國攸關成本自被燒二萬箱賠折不少前給之六百萬不及原價一半是以仍須補還至商欠本應向洋行清

理因洋行延宕不還積欠甚鉅祇求行文廣東查明勒限追繳倘不能追出仍須官為保交其兵費一節此時業經議和兵船均應犒賞遣散所費不貲若不蒙議給則兵船之願退與否渠等不得過問倘爭戰不息恐中國將來費用不止此數若和好通商所入稅銀三年之内數足相抵不致有虧公帑等語該夷求賞香港寄居并請在廣州福州厦門寧波上海等處貿易一款侍衛咸齡等以香港業經爾等建造房屋尚可乞　恩准予借居其廣州等五處貿易未免為地過多至貿易輸稅各條例亦應及早詳議

向其明晰詰問據夷目聲稱以香港爲寄居之地必須廣州等五處爲銷貨之所如果不准給與渠等現在占踞之厦門寧波鎮海定海乍浦寶山上海鎮江各處亦不退還至渠等赴各處貿易應納税銀照中國則例按數輸將並不延久惟渠等在粤久被洋行朘削嗣後應請自行投商公平交易其税銀即由領事赴海關完納不經洋行之手以免侵扣等語當時問答之語甚多此其百之一耳以曾登奏牘故録存之

七月二十四日諸大臣與夷酋會晤酌定條款大約不出前三大端謂之萬年和約用漢文及西洋拉體那字寫立

書冊鈐用印信夷酋亦加用圖記自是撫議乃定諸大臣
具疏上聞得　旨允其所請
八月二十八日夷船全數出江諸大臣派員護送至圖山
關外入海揚飄南去鎮江寶山上海厦門乍浦寗波鎮海
次第收復惟定海鼓浪嶼夷尚留兵踞守約俟三年後撫
賞事竣再行交還
九月十四日有　旨牛公逮問耆公授兩江總督留辦善
後伊公授廣州將軍欽差大臣馳往粵東查辦通商納税
一切事件余與咸公隨同前往時伊公與咸公先行余交卸

十五

藩篆有經手軍需報銷未完留蘇清理一月始束裝取道
浙河按程南下
十一月行抵江西省城晤巡撫吴公文鎔始知台灣誅殺
夷俘幾致生變先是台灣鎮道達公洪阿姚公瑩于上年
兩次奏報擊壞夷船多隻擒獲夷人百餘名均膺懋賞金
陵議撫時夷酋屢以為言並具文申訴以為實係夷商遭
風破船凫水上岸被獲並非陣擒求為釋放諸大臣行文
福建因隔海未及轉行而鎮道已將夷俘全加誅戮㖡酋
聞之以鎮道揑奏冒功故違和約欲帶兵船前往報復者

公力為阻止具疏奏聞朝命浙閩總督怡公良渡海確查
捏奏冒功屬實鎮道治罪有差

粤東復市第四

是年十二月十六日余至廣東省城伊公與咸公于一月前早到同居將軍署中余亦寓居東院時粵東新遭寇擾民與夷仇募勇數萬結隊橫行驕悍難制余竊憂之私謂伊公曰粵患未已不在外而在内也伊公曰民夷何以和輯余曰狗夷則民謗狗民則夷嗔此地議撫難于金陵十倍矣伊公曰且徐圖之蓋伊公為人深沈多大畧尤能置利害毀譽于度外嘗書二語遺余曰夷務秖可粗枝大葉去畫不必細鍼密縷去縫余心韙其言

二十三年癸卯余仍寓將軍署中是時督粵者祁公𡎴昔為大司寇余官西曹時受知最深而臬長徐公繼畬又余同門石交也每語及粵東隱患與余所見畧同于是遣散壯勇拏獲游棍錢江何大庚置之獄省垣頓形安謐而各屬盜賊蠭起皆散勇為之

粵海關監督文公豐篤行君子也先命庫使夏君將稅課定額陋規實數幷洋商抽提行用徹底清查至是開冊造報余逐款鈎稽數日頗得要領商之咸公相與言于伊公曰今欲改定稅則辦法有二撤退洋商將抽提行用及海

關各項陋規一併裁正歸公則歲入可加三倍一也酌留洋商將出入口大宗貨物如茶葉湖絲棉花洋布之類逐件加增冷僻貨物如鐘表洋參洋緞之類逐件議減則所增之數百倍所減之數二也伊公沈思久之乃曰裁正歸公最為便捷但行用陋規雖裁仍在恐黠夷有所藉口不若減冷貨而增大宗稅從貨出可以由我操縱但酌留洋商恐夷必不從余曰夷之欲去洋商乃洋商喉使非其本意在金陵無所聞到粵始知之且夷商與洋商交易已久未必即肯舍舊趨新也今姑將裁商于夷不便之處剴切

具文行知噗酋看其有無轉機再籌辦法可耳伊公曰諸于是照會噗酋畧云中國洋商一如㖡國之擔保會一切貿易事宜均惟洋商是問事有責成若另投不知誰何之商萬一有匪徒誆騙逃走必致無從緝追一可慮也既無寬大棧房可以居積又乏殷實保家墊付價值而洋貨數多非若中國散商小販可以隨時出售必致壅滯不銷有悞轉運二可慮也貿易既分緝私倍難稅餉易滋偷漏且㖡國用洋錢而納稅須用紋銀多一傾鎔添一折耗估色較平動致爭論 三可慮也不如仍留舊商但不存官行之

名任憑哄商自投云云嘆酋接到此文遲久不復後乃以所慮誠是但成約不可輕改為詞具文搪塞未幾伊公薨于位時三月也聞嘆酋接奉前文立即集商會議均以為然但恐一留行商仍踵宿弊是以屢議不決羅伯聃云眾商先謀去公司公司去而貿易不如有公司時今又謀去洋行既去矣恐異日求復設而不可得嘆酋之意已轉因馬禮遜沮之而止迨通市後雖有新商而舊商貿易如故仍不出此議

四月朝命耆公為欽差大臣来粵接辦商稅事件余商之咸公曰耆公到粵需時我兩人株守無益不如逕赴香港示以不疑即在彼將加減稅則逐款詳議一月之間可以十得八九耆公一至即可核明定案事緩則變時不可失

咸公以為然適嘆啇遣夷目李太郭来噎余即以此意曉之李太郭聞而踴躍歸白嘆啇訂期遣火輪船迎于急水門外余偕咸公赴香港寓居夷樓嘆酋不時請見執地主之禮諸夷目亦耦俱無猜而羅伯聃往来尤數盖其人本暎國巨商嗻嚹之司事久在粤東兼通漢文華語請悉商稅事宜嘆啇倚為謀主者也

香港本海中荒島在急水門外地属新安詎縣城一百餘里舊有蛋户十餘家傍岸寄居捕魚餬口近日暎夷據為巢窟實非香港乃全島東偏瀕海之裙帶路也與九龍東

西相直隔一海港暎夷利在港内可以泊船避風岸上可以築樓居貨故于乾隆中遣使朝貢即以為請未能邀允至是始受廛于此其地初經開闢房屋無多洋樓尤少較諸澳門相去遠矣有二礮臺俱在平地開一直路約二十餘里可以馳馬行車閒有内民潛往貿易大抵貧而無賴鋌而走險者也有天主堂一書院一規制庳隘書院稱曰馬公書院蓋馬禮遜之父老馬禮遜頗通漢文在粤最久曾充副使進貢入京暎人推為文學之士故書院仍假其名也余與咸公在香港二十餘日税則畧定仍不出增大

宗減冷貨之辦法

一日語羅伯聃舊稅最重者洋參每斤徵至銀百兩而鐘表洋緞或以件計或以匹計稅亦甚重今洋參分別上下減去十分之九餘亦不過遞減大半所議加者茶葉每担不過七錢棉花每担不過一錢五分可謂減多加少矣羅伯聃日此言是也而非其實也洋參等貨舊稅固重但進口本屬無多又精細易于懷挾故百年來徒有重稅之名竟無一納稅之貨今大減其額商人憚于走私必有報関輸稅者是着無而今有也至茶葉棉花均係大宗物貨尤重難于夾帶但使每担酌加四錢一錢積徵成鉅歲增奚啻百萬如此辦理于天朝公帑大有進益此時且不必論行之一年便見分曉

耆公將至余與咸公乘火輪船回廣州時徐公擢福建布政使余調廣東按察使五月耆公至余與咸公面陳改定稅則一切辦法耆公日所事已得十之九所爭者茶葉棉

花耳餘不必校也乃訂期接見噗酋所以羈縻之者示以
恩信而節以禮蓋者公為人貌奇偉而多智術思慮精密
尤悉情僞噗酋在其籠絡中易于控馭先是茶葉每担稅
銀一兩三錢棉花每担一錢五分而行用陋規浮于此數
余與羅伯聃議茶葉每担增至二兩棉花每担增至三錢
余因訪知噗商運茶回國每担稅洋錢二十五圓較中國
數加數倍當欲于二兩外更有所加羅伯聃云須俟者大
臣自向公使言之至是余白者公公責噗酋曰茶葉產自
中國噗人以運貨之船販回雖歷重洋寔搭便耳非更有

廿一

運費也乃于本國納稅每担洋錢二十五圓按七折共紋銀十七兩五錢而中國納稅僅一兩有餘不及十分之一亦太失其平矣今即不必多有所增每担亦須加至三兩噗啇以商力不給為辭余曰今之商猶是昔之商也昔也正稅以外行用陋規孰非取之于商今第以正稅輸官而行用陋規槩行裁革于商何不利焉何難以昔之行用陋規併作正稅完納乎噗啇無以應遂議定茶葉每担增至二兩五錢棉花每担增至四錢其餘增减有差于是更定通商章程十五條並將貨稅分欵造册咨部具疏上聞一

面開關照新例互市並官設銀號由領事以洋錢赴號改鑄紋銀按卯交庫仍照粵庫砝碼另行仿鑄頒發五口一體遵用時七月初一日也二十五年粵海關具奏畧云粵海關税未定新章以前歲入約在一百三十萬兩上下最旺之年亦不過一百六七十萬兩尚有不及一百萬兩者自更定新章以後連年征收多至二百餘萬兩及二百三十餘萬兩不等而上海等口尚未併計在內比較舊額溢收幾及百萬税則既定暎酋遣馬禮遜來言曰鴉片為人害中國禁之是也然名禁實不禁也今禁之不為不嚴而吸食如故販運如故中國無如不良之民何也暎國亦無如不良之商何也且禁之則不准進口彼得于海中交易名為禁烟實

則免税彼獲厚利而不納税無怪乎愈禁而愈不止也爲今之計與其禁之不如税之者大臣若以此意入告增税必多并具有説帖一紙余白者公公躊躇曰鴉片弛禁噗酋蓄意久矣先不言而今始言之得毋別生枝節乎余曰夷所言其名非也其實是也今劳據理據法正言拒絶彼轉有辭不若設爲重税以難之乃謂馬禮遜曰者公非不知名禁不如實税也但中國烟禁甚嚴吸食者罪至死今遽請弛禁

大皇帝斷不依允中外大臣亦必力爭者公即冒罪奏請

恐亦無濟且奸民與商民走私漁利由來已久一旦弛禁能必其進口報關遵例納税乎誠恐徒有弛禁之名仍無納税之實誰任其咎公使若必欲着公奏請莫若先納税銀五百萬兩作為一年定額即由公使彙交以明各商先之走私原非得已今之納税實出至誠以後按年照額完納統歸公使保交或邀恩允准亦未可知馬禮遜曰販烟獲利誠厚亦安能先納五百萬之税乎余曰林大臣昔年繳烟二萬箱當時必不能收繳凈盡乃爾國索還烟價在廣東先有六百萬在金陵又有四百二十萬足見鴉片

之成本重而餘利多今中國弛禁每年止索税銀五百萬
未為過也如一時不能如數先交三百萬餘于半年内分
兩限完納或于此中劃抵中國補還暎國之銀似亦甚便
可回復公使斟酌為之其議遂寢　者公還金陵咸公擢
甯紹台道赴浙余亦于八月擢廣東布政使

收復定海第五

金陵議撫凡先被夷踞之寧波鎮江兩府城上海寶山鎮海三縣城及乍浦廈門均即如約次第收復惟定海一縣城及鼓浪嶼小島夷仍留兵據守約俟三年撫賞完竣再行退還二十四年（甲辰）噗酋回國代者為嘚庇吐狡而悍每因細故輒生事端耆公仍設法覊縻之往往折以成約彼亦無可置喙是年夏忽欲將鼓浪嶼先行交還閩督劉公咨商到粵余與耆公謀曰嘚酋事事欲見已長以形噗酋之短而採訪㖆商與論皆云噗酋與羅伯聃為中國大臣

茴

所愚以致稅額加增定例過嚴時所定善後條約如𠸄人上岸行走均有定界不准結伴任意閒遊及走私漏稅或五口以外私行貿易船貨一併查抄入官之類所以約束夷人甚備反不如未用兵以前得以自便揆度夷情未必不思改成約而又無衅可尋故以先交鼓浪嶼嘗我以為藉口違約之端不可不防當即函致劉公囑其安撫居民暫緩復業一面行文嘚酋申明定約以鼓浪嶼彈丸小島先還原自無妨但成約具在鼓浪嶼可以先還則定海亦可遲交是以此時未便收受嘚酋見者公窺破其隱遲久不復仍囑厦門夷目向劉公慫恿時閩省襄辦夷務藩伯徐公所見畧同亦

堅持成約以拒之嘚酋技無所施始切實具文以鼓浪嶼此時自可先還定海屆期亦必交還斷不遲延毋庸過慮于是鼓浪嶼先行收復

二十五年乙巳余擢廣東巡撫先是英夷來粵貿易二百年定制不准進城惟大臣林公于十九年招羅伯聃進城即縶之獄旋釋之夷人每以不准進城視同異類致為粵人不齒心甚憾焉金陵議撫噗酋即請進城拜謁諸大臣以申誠敬初以恐驚百姓拒之噗酋約以輕騎簡從不持一兵當于公所准其進見噗酋執禮甚恭宴犒盡歡而散瀕

廿五

行復進城拜辭亦無異說迨至粵東屢于城外謁見諸大臣不復以進城為請揣其意似因新與粵民搆怨慮及乘間報復是以格外慎重而馬禮遜于稅則定議後屢請進城盖是時噗夷于廣州議設領事馬夷自以素稱能事當膺是選故預建此議以備將來與地方官分庭抗禮也未幾廣州領事派李太郭暫管馬夷撤回香港旋即病斃進城之議遂寢是時上海寧波夷人均進城勿禁而地非省會在粵諸夷無從藉口也會福州省城有夷人占踞烏石山之事其人即李太郭閩省官民竟不能拒余聞之謂攝

南海令吳君廷獻曰福州亦省會也此間夷目必有從而效尤者行即至矣未幾而𠸄夷領事馬額莪果以為言咪夷領事福士繼之余檄諭之曰據稱粵東薄待外國人由于不准進城是大不然中國官員衙署多在城內而分設城外者亦復不少巨紳富室城內有之城外亦有之並非城內為貴城外為賤也富貴之人散處于關廂市鎮終歲不進城而人不以為輕貧賤之人肩挑背負日日進城而人不以為重並非進城為榮不進城為辱也外國人來粵專為貿易而馬頭行棧俱在城外不在城內領事與地方

官公文往來不因城外而有阻即有面商事件地方官儘可出城相就並非進城有益不進城有損也以毫無關貴賤榮辱損益之事而條約既不准行民情又不以為可所當翻然改圖方為曉事知幾云云夷目無可置喙亦即中止而德酋從此生心矣　是年京察余蒙　恩交部議敘并奉　硃諭有協力籌維共成敉定之褒

二十六年丙午撫賞各款截至上年十二月一律完竣方將按約收復定海德酋乃以不准進城即不能如約為要挾之計余與耆公屢經申明成約載之公文又復折以情理

動以利害加之函信（余有致嚥德酋論進城不便書見文集）嚥德酋遲久不復即有回文亦語多難解余與耆公謀曰彼以定海為奇貨可居若索之愈急則持之愈堅矣不若姑緩之計彼留兵定海所費不貲皆取諸商日久商力不給必且轉而就我于是遲至七月而定海復撫夷至是蕆事未幾余主試武闈以年老武生符成梅弓馬可觀乞賞千把總虛銜冒昧奏請獲咎罷官

二十七年秋余罷官後仍奉留粵差委之命遂移寓粵華書院適有夷務耆公仍虛衷諮訪而裏事者為按察使趙

廿

公長齡公初以肇慶守被議罷官旋賞給主事偕余隨耆公辦理夷務累擢至今官熟悉情僞尤工文檄余得藉以息肩焉旋蒙賞給六品頂帶春閒忽有嘚酋帶兵艇十餘隻進泊省河占踞十三行夷館并求見耆公有面訴事件遣弁詢其來意據云暎人半年以來屢被粤人欺侮地方官不為約束亦不懲辦是以帶兵前來向粤人理論非敢干犯官長倘能將滋事民人枷號示衆即可退兵不然定與粤人決戰以爭勝負耆公偕余出城接見嘚酋諭以粤人欺侮暎人總因用兵後夙嫌未釋且金頓致斃粤人二

命至今未抵豈能專責粵人生事況並無主名地方官從何懲辦今欲以兵決戰無論衆寡不敵且亦斷無不擇人而浪戰之理此事必須從緩查辦不可過急德酋亦無可置辭但云渠因粵人不願即約束英人不許進城未免示弱今既欺侮難堪非進城不可余曰以禮進城地方官尚可曉諭紳民酌量妥辦若以兵進城更有何說但和議從此決裂貿易從此禁斷不知何人任其責德酋色沮余亦偕耆公回城德酋復遣夷目密的羅稟請再議耆公令趙公復與接見德酋以此時不便進城固也但何時可以進

廿八

城必須預為約定渠亦不至無以對唊人矣趙公歸白耆
公余謂耆公曰西洋各國凡定條約必俟十二年後方可
更易今即依彼例俟十二年後再議可也趙公與之辨論
數四嘓德酋堅執不從卒定二年之約始去
二十八年戊申耆公述職進京旋留供職以廣東巡撫徐公
廣縉代之布政使葉公名琛擢巡撫時余再奉留粵差委
之命並傳　旨敦勉有平日辦理夷務尚能圓通之諭然
自此夷務多不與聞夏有林某來請見稱有機密事必須
面禀林某者山東淄川人曾充供事因投軍營未收潛入

夷館為馬禮遜幼弟之師教以漢文華語馬禮遜死林某失所依寄居粵省燕濟會館余知其非端人拒弗與見仍諭以若有機密事可見藩臬陳之時布政使李公璋煜按察使即趙公皆山東人也當遣弁帶林某往見二公未幾二公來見方知所陳乃外匪勾結土匪謀逆已遣偽軍師林姓潛至花縣欲招會匪入夥二公委員帶同眼線馳往緝獲林姓等七人解省起有黄緞偽詔墨濃字大語極悖逆余謂二公曰上年嚧酋曾備文鈔送一書稿係内地奸民糾夷同逆嚧酋自明某拒而不聽迨屢經行文令其指出

送書人籍貫姓名則置之不答今所獲僞詒必此人所為也雖幸而破案然大猾巨奸結成死黨斷不肯吐露真情必須設法研訊務得首惡徹底究辦庶足消患未萌免致釀成巨禍二公深以為然未幾余蒙　恩以同知起用赴部候選旋即束裝起程未知此案如何辦結然兩粤軍務從此起矣二十九年余赴京投供乞養將歸聞粤東不靖因二年届期㖞夷必欲進城粤人仍拒而弗納也是時嘚酋業經回國代者文翰人尚安靜而粤紳候選道許公祥光等糾合華商不與交易故夷不得逞進城仍復中止當事徐葉二公均膺子男世爵至咸豐六年而夷禍烈矣　余有致許觀察論㖞夷進城不難阻止書見文集

撫咪唎嚤第六

咪唎嚤為極西一大洲與暎咭唎隔一海初屬役于暎乾隆中暎欲加稅且脅以兵咪人怒始叛暎而自為一國共三十六部落地頗大產物亦多来粤貿易足抵暎之大半其船以花旗為標識故粤人稱為花旗近乃自稱曰合衆國商人不販鴉片烟不滋事有名醫伯駕者在粤久治疾輒愈藥不索直人皆愛之十九年繳烟及連年用兵皆暎夷而咪夷不與焉二十三年新例既定通行各國而咪夷領事福士有國中亦差公使来中國議和之說余有所聞

即遣同知銅君麟向其探詢並曉以兩國原無不和何須再議十萬里重洋何必徒勞跋涉福士答以業已啟程勢難中止揣其意蓋欲觀光上國藉以抗衡暎夷也二十四年正月有咪夷公使嚬喊船抵澳門寓居夷館時總督祁公因病請假旋即開缺巡撫程公裔采兼理督篆嚬啇呈遞公文籲請進京程公與余揀派同知沈君棣輝赴澳開導阻止一面具疏上聞會耆公由兩江調任粵東仍佩欽差大臣關防綜理各口商稅事務嚬啇聞之在澳靜候四月耆公至即往澳門接見嚬啇時隨往者余與候選主事趙

公長齡候選道潘公仕誠也
𡅏酋見耆公後呈出條約四十七款內多必不可行余偕
潘趙二公屢與辨論𡅏酋未能領悟而副使㖅咱吐噫國
中副統領之子也咪夷不立國王主國事者曰正統領番言伯理璽添德次曰副統領即國相也
年少桀黠有口辨嘵嘵不已幸伯駕居間傳譯言語可通
相持二十餘日不決余謂耆公曰夷性固執我終日與言
十不達一二欲其轉圜難矣不若以不能行之故敘八一
書致之彼得書可以繙成拉體那字文義雖未能盡悉尚
可十得七八較之口舌功相倍也耆公以為然余即代撰

一書畧云中國與合衆國及唊咭唎各國東西相距遥遠其所以通好往来者實由各國利在通商各國有求于中國非中國有求于各國也各國来粤通商既至中國應以中國為主亦如中國商人赴各國貿易所到之國即所主之國乃一定之理一定之勢也中國之待各國不容有所偏偏則各國不服是以新定唊咭唎貿易章程凡一切有益遠商之事不俟各國請求即通行一體照辦此即一無所偏之明證各國商人自應遵奉新章交易輸税彼此相安方合客從主人之義倘此國商人欲行此例彼國商人

又欲行彼例則中國之章程紊亂各國亦靡所適從非各國之利也中國與各國交涉僅貿易之一端其一切制度則迥不相同中國有中國之制度各國亦有各國之制度中國不能因與各國和好即改制度而就各國亦猶各國不能因與中國和好即改制度而就中國即如中國與暎國搆兵連年已成仇敵迨經議和以後所定通商善後章程仍不能違中國之制度書冊具在可考而知至兵者不祥之器不得已而後用之合衆國與中國毫無衅隙且遠隔十餘萬里重洋得其地不能守得其民不能治兩國均

不乏明于料事之人豈有無端用兵之理況用兵與通商不能並行其理尤至近易明云云蓋囒噸酋不諳中國制度所見不出西洋各國又以中國厭兵故將用兵列入條欵是以書中及之囒噸酋得書頗悟伯駕來云者大臣心如明鏡無所不照蓋亦心折此書嗣是妄求各欵遵即刪除余有致噘咱吐嚒一書見又集遂商定約册鈐印互換并呈出統領國書由耆公代爲呈遞具疏奏聞囒噸酋回國未幾余奉恩旨賞戴花翎隨帶加二級并有辦事認真不辭勞瘁之褒

撫咈㘓哂第七

咈㘓哂之在西洋素稱大國與暎咭唎隣世為仇敵其國王先有拏破侖者好兵卒為暎禽羈禁小島以終咈人恨焉方咪唎㗋之叛暎也屢征不服咈出兵助之暎始不支故咈夷暱咪而仇暎咪夷亦忌暎而德咈咈國頗富人憚遠涉來粵商船歲不過一二所載皆鐘表玻璃細巧之物粵商稱為巴黎嚣者也巴黎乃咈夷國都工巧所集二十一年將軍奕

公　山剿暎夷不利時有住澳咈夷二僧王實王哲倡為助順之說縣丞張君裕以聞奕公意以咈與暎世仇可資其

卅二

力乃招二僧晋省撫慰之令其致書本國未幾有二人一名真威意一名昌時忌自稱咈官來粤請見奕公優加宴犒及詢以何時可以出兵夾攻所索兵費頗多而師期甚緩奕公察其不誠厚贈遣之去二十二年嘆夷于金陵就撫即有咈夷謝西耳一名則濟勒駕船駛至停泊數日隨同嘆船出江又有巴日一船駛至上海與謝西耳揚颿同去二十三年余至粤東又有拉地蒙冬者自稱領事求見余遣同知銅君詢其來意語多支離而謝西耳上書總督祁公以嘆夷反覆不足信請中國遣使臣至其國講求修船鑄

礮攻守之法以備防剿祁公浼余作書荅之書見文集謝西耳留粵洋不去二十四年咪酋囒嘁在澳門議定條約即聞咈夷續有使臣將至迫囒酋回國而咈酋啦噂呢帶兵船八隻駛至澳門寓居夷館弁具文請見余與潘趙二公仍隨耆公赴澳時八月十八日也

二十日耆公接見啦酋執禮甚恭攜有夷婦自云曾出使于俄羅斯其婦俄羅斯女也察看其人目動言肆殊形狡猾詢其來意亦不肯吐露時有久經攜眷住澳之咈夷加畧利頗通漢文兼能華語居間傳譯似為啦酋所信用潘

苗

公向其偵探亦不得要領嗣是連次接見始以助攻唉夷為辭并云咈國當遣使臣進京朝見即留住京城中國亦遣使臣至咈國都城駐紥庶彼此消息常通可以互相扶助蓋猶是謝西耳書中所云云也者公折以定制正言拒之

越數日啦菌來見又曰既不准咈國使臣進京若仿大西洋故事由國中選明習天文之人送京當差可乎余應之日西洋人進京始于前明末季其時中國天文失傳不得不借資外國我朝人才輩出推步精詳是以遣高守謙等

各回本國無須咈國之人再往襄事矣啦茵又曰暎之所以橫行恃其船與礮也其法皆創自咈國而暎竊取之中國重文輕武更不講求水戰是以暎人得逞若遣使臣往咈囒哂講求船礮水戰之法以中國人之聰明不出三年可盡其妙暎人若再生事破之何難中國獨無意乎余應之曰中國年來仿造夾板船鑄銅鐵礮均與西洋工巧無異公使應早有所聞至水戰之法惟在因地制宜宜于西洋者不必宜于中國況臨敵決勝移步換形須刻刻百變豈可執一亦非咈國所能教也

越數日往見啦𠷈又曰暎人近在香港逼近廣州將來難免滋擾渠蒙中國大臣優待且素恨暎人情願以兵船數隻停泊虎門洋面代中國防守即在近岸建樓以便官兵棲止一切兵費工費咈國自行籌備並不仰給中國暎人斷不能越虎門而窺廣州渠之為中國謀者何如余斥之曰公使之意良厚而言則過矣香港乃海中荒島孤立無援非戰守之地是以准予暎人建屋寄居虎門乃省河第一要津水師提督駐守重地斷不能容留異國之人且礮臺林立戍有重兵今非昔比敵船能飛渡乎何必藉資客

兵之力至唊人在香港建屋一切費用皆取于商咈人貿易不及唊百分之一若欲在中國度地營居留兵戍守勞費無益乃失策之大者請三思之啦酋語塞余復致加畧利一書末云

足下曾言譬如人有屋一所被賊占住一間不能逐去而朋友借居則斬而勿予未免失算其說似已不佞則謂屋被賊占為朋友者惟有助主禽賊以屋還主方為良友耳若乘勢亦欲占屋一間是幸主之危援賊為例大非君子之道也加

夷無以應

越數日啦酋並未請見偵探亦無動靜余白者公日啦酋之技窮矣但彼以兵船多隻航海遠來意必有在連日以甘言嘗試虛聲恫喝我不為動彼求無一獲難保不別滋

事端近聞咈夷有路樸朗兵船一隻駛往東北其心叵測不可不防察看副使斐列勒人尚安静但言語不通無從駕馭惟有籠絡加畧利令其説轉啦酋尚是一策者公于是遣員吴君廷獻往見加夷贈以親書聯扇并曉以中國自有制度不可越分妄求爾久住中國素諳事體當勸爾公使勿再瀆請致遭駁斥轉為噗人所笑加夷唯唯自是以前各欵均置不議而天主教弛禁則堅以為請

余復致加夷一書畧云中國禁天主教乃禁中國之人藉天主教為名行不法並未嘗禁西洋之天主教中國自

崇儒教西洋自重天主教兩不相妨亦各不相謀也今欲强西洋人舍其天主敎而改奉中國之儒敎不待智者知其不能矣但西士愛慕儒教如足下者國之君相未嘗禁之也若足下藉儒教之名犯本國之法恐亦不能曲宥之也中國于習天主敎之人何以異是云云加夷無以應但云康熙三十二年曾奉禮部議准天主教與僧道喇嘛一體弛禁有案並非專指外國之人當將摹搨碑文呈驗查看碑文即係刋錄原案紙色黯舊字畫間有殘缺與案牘體式一切脗合似非虛捏詰以碑文傳自何人得自何處

據稱實係先年從中國流傳西土故老素所寶藏咈國昔年並無能書漢字之人亦不解刋石立碑之事何能憑空撰出即以碑文而論當時亦曾禁天主教因西洋人徐日昇等懇請始行弛禁咈國事同一例何難奏請施恩盖彼既援禮部成案為口實非空言所能折服矣

余謀諸耆公曰天主教弛禁固與定例有違但夷情固執不得不曲示覊縻今姑准所請必應先與之約者有二端一外國人不准赴内地傳教一内地習天主教之人藉教為非及另犯别項罪名仍照本例治罪如此則雖弛仍禁

也公曰諾遂傳諭啦酋亦無異言

者公具奏畧云天主教自前明由西洋羼瑪竇傳入中國各省愚民被惑入教在所難免惟三百年來並未滋事究與白蓮八卦白陽等項邪教不同因其藉教為非致有誘污婦女誆取病目之事是以定例嚴禁但隨同習教之人雖罪擬遣戍一經當堂跨過十字木架即准改悔免罪本屬法嚴意寬且自定例以來京中間有破案而外省鮮辦者甚屬寥寥亦因其尚無不法重情姑免深究幾與不禁無異夷使啦噂呢既航海遠來再四籲請可否仰邀

皇上逾格天恩將中外人民凡有學習天主教專意勸善並不滋事為非者槩免治罪如有誘污婦女誆取病目及另犯別項罪名仍照各本律例定擬不得稍從末減至咈嘣哂及各外國習教之人止准在通商五口地方建堂禮拜不准擅入內地傳教煽惑倘有違背條約越界妄行地方官一經拏獲即解交各國領事管束懲治不得遽加刑戮致生衅隙似于俯順夷情之中仍不失杜漸防微之意除將呈出碑模咨送軍機處備查外謹照錄原文恭呈

御覽奉　旨允行啦哂旋即揚帆出海咈夷亦有貿易條約三十五欵與唊

咪二夷無異其所重不在貿易也時又有澳門夷目士利
威拉邊多曾經請見更定貿易章程又北爾日喀國領事
蘭瓦請領稅則
皆瑣屑不足錄

後序

右所編次撫夷記畧七篇共一卷所記皆緊要節目至今相能記憶及尚有文案可稽者據事直書不加增飾至其細微曲折千迴萬轉非十餘年後所能追思以及繁文末節不関損益舉闕而弗錄當日起衅之由肇自禁烟而成于絕市夫以
宣宗成皇帝之聖神文武林大臣之公忠體國将以救民命而
肅國法豈料其決裂乃至是哉迨至兵連禍結江海鼎沸
自非牛公周知情偽孰敢據實上陳非伊耆二公洞悉機

宜安能動中肯綮而非
聖主如天之度燾覆無垠又安能以堯階干羽化覃海外哉余
于十八年間供職西曹提調律館以纂例為職乃方議加
重罪名而出使不得與聞及二十一年改官江南謁伊公
于上海意在留余襄事而以暫返金陵未果迨奕将軍帥
兵起浙業經奏調隨營又以攝藩迄未前往幾番欲即仍
離亦若限于局外詎意二十二年金陵議撫乃竟八乎其
中遂致始終無以自脫也當時議者皆以暎夷為禍首而
咈咪二夷素與不睦故咈夷每進助順之說咪夷亦深以

暎為可恨以為資二夷之力可制暎夷而粤民屢與夷鬪
若可恃以禦侮余每謂三夷外若水火內實狼狽在西洋
則不無蠻觸之爭在中國則隱有輔車之勢必不肯戕同
類以媚天朝而粤民見利忘義剽悍輕浮難與爭鋒亦難
與持久必不可倚以為用聞者往往心非而目笑之詎意
曾不十年竟不幸言而中哉此所由繕録終篇不禁擲筆
三歎也

龍江船廠志八卷

〔明〕李昭祥撰

《龍江船廠志》八卷，明李昭祥撰。昭祥字元韜，松江府上海縣（今屬上海）人。嘉靖二十六年（一五四七）進士。三十年任工部主事，駐龍江船廠，專理船政。因船廠管理混亂，歲無定法，遂博考其名物度數、沿革始末等，撰成是書。分訓典、舟楫、官司、建置、斂財、孚革、考衷、文獻八志，各一卷。内附船圖二十六幅。爲記述明代造船之專志，藉之可考鄭和寶船相關情形。據天津圖書館藏《玄覽堂叢書續集》景明嘉靖間刻本影印。

龍江船廠志序

我
聖祖奄有四海定鼎金陵環都皆江也四方往來省車輓之勞而興舩運之便洪武初年即於龍江關設廠造船以備公用而統於工部而分司於都水然官無專主歲惟部堂劄委司官一員監督提舉司管造而後定都燕京南北相距六七千餘里百凡取辦於南畿船司多工役日繁奸弊日滋正德十三年議准吏部銓選本司主事一員居廠專理然歲無定法損益因革或同或異未有成志嘉靖庚戌李子元韜由名進士出宰劇邑更歷考練擢任斯職慨然制之無一患記載之靡悉是上無道揆下無法守也財殫力疲利未見而害有甚焉者矣豈
國家建官之初意哉于是潛心盡力博考載籍名物度數沿革始末一一書

之越兩寒暑萃成爲志授予讀之予觀其目録有八首之以訓典曰謨訓曰典章具載焉尊王命政令自上行者也然訓典者何故次之以舟楫曰制額曰器數曰圖式具載焉而非人孰尸之故次之以官司曰郎中曰主事曰提舉凡役於廠者具載焉然人非周知其所蒞亦奚以從事故凡廠以内曰山川曰道里曰署宇曰坊舍具載焉動資於財故

次之以斂財曰抽課曰本價曰單板曰雜料凡廠之所需者具載焉財聚弊生故次之以孚革曰律己曰收料曰造船曰收船曰佃田曰看料具載焉然處之過不及其失均也故次之以考衷曰稍食曰量材具載焉七者備矣而曰創制曰設官曰遺跡有一弗詳亦焉得爲全書故次之以文獻終焉綱目相屬先後有倫上不得以立異下不得以行私財不告匱人不

肯綮觸之迎刃而解矣豈非司廠者之一大快哉昔周公相周以大聖人之才知豈不有餘裕哉而著爲周禮無亦曰文武之政布在方册舉而措之易易耳我

朝諸司職掌

大明會典一周禮也此志固一船事耳然非元韜之才識宏遠思慮周密亦安得補遺典於百年之餘哉即徵以占鉅由今以觀後乎於李子將來之樹立得之矣李子名昭祥雲間人予丁酉主試應天取士也因序之

嘉靖癸丑日長至

賜進士及第奉政大夫南京尚寶司卿

前翰林院侍講

國史編脩司經局洗馬　經筵講官校

正

歷朝寶訓實錄同脩　會典宋史泰和

歐陽衢譔

龍江船厰志目録

上海李昭祥

第壹卷

訓典志首曰謨訓載

勅諭以重

王命也次曰典章録律例以示官常也成規附焉厥一

展閲而知所持循也

第貳卷

舟楫志志船之名数與其形制其目為制額為器

数為圖式明此而職守可慎矣

第叁卷

官司志有是事而後有是官先郎中次主事次提

舉而凡役於厰者咸得附見焉

第肆卷

建置志凡厰以内山川之形勝道里之廣袤署宇

之沿革坊舍之廢置皆以次録之

第伍卷

歛財志船務非料不集曰地課曰木價曰单板曰

雜料厰之所需者備是矣

第陸卷

孚革志弊不革則利不興上不嚴則下不肅故其

目有六而首之以律巳而曰收料曰造船曰收船

曰佃田曰看料者次之

第柒卷

考衷志作船之務工料先焉豊約盈縮不可過亦

不可不及也曰稍食曰量材斯二者皆當考其衷

焉而後可

第捌卷

文獻志志歴代船制之由始曰創制船官之由始

曰設官而古今論船之異同用船之利鈍者備録

之曰遺蹟廢可以廣鑑矣

龍江船厰志目録終

龍江船廠志卷之一

訓典志

在昔盛時上有道揆漁為謨訓下有法守曠為典常故百工羣而厥績凝所以率之者有具也河瀆之器因有苦窳神聖所風默而成之太上立德由此其選矣文告肇興防範斯密明徵保定與治同歸逮我
皇祖開基𡌴漢厥六率舟楫是資首建專局用司厥務
神謨所存利用不匱垂裕無疆
列聖嗣興秉時損益凡以羽翼舊章而已易文之繇彖象莫殫繫傳廸行此成規所為附見也百工之所信者將于是乎在乃志訓典

謨訓

洪武[redacted]年勅

昔聖人也朴民俗亦厚制不飾華六書之設內工官居數中之一耳其所司之工者皆無異役國無奇徒然而公務雖簡其成也必精其廢也必當一舉而無再為一廢而無復造所以民逸者多勞者少因是而官賢稱君聖德令之人受職任事則又不然矣凡臨事之際必因公而役私因私以弊上於國則不利於民為害是以神人共怒禍及身家往往有之未嘗有福臻而愆消者也然非者已往存者猶為未不隔禽獸也所以古人重其事而選人在福民之禍固國以奉天地是以前賢能體君心而以務事工得家保而國昌今朕設工部實法古制特以爾某為工部某官當敬事信工無弊上下咸合汝負良哉

宣德三年勅

朕惟工部掌天下百工山澤之政令度民力因地利天時以成國家之務夫天地生人雖有貴賤之分而好逸惡勞情無不同過用人力則不堪命惟以身體人用人之力如己力斯民不病焉國家用度皆出于民過用於上必過取於下財匱民貧何以為國惟以身體國用民之財如己出斯財不匱焉凡所舉作審度緩急為之節制以息民力以裕國用斯為良哉古者役民於農隙當思用之以時古者山林川澤有厲禁當思用之有制今天下工匠數倍
祖宗之世而畏避逃逸者日多當思撫綏安養之道至

若屯田水利之政皆有成法比年因循廢弛罔聞實
效當思興舉作新之方爾其懋哉夫侈用傷財稚先
之端厲民循欲歛怨之階書曰民為邦本本固邦寧
節財所以愛民愛民所以愛國臣之職以道事君尚
率爾屬惟公惟清輔予于治庶幾明良相成之美爾
惟欽哉故諭

嘉靖六年旨
訪得南京進貢船隻起数甚多管運內官應請守法
者固有貪刻害人者不無沿途多索人夫勒要折乾

銀兩不遂所欲動輒捜求甚至毆打職官綁縛夫役
裏河一帶俱被其害甚非朝廷恤民之意便着兵部
行南京內外守備並進貢起数可省則省可併則併
如起数係定額難以省併裝運之時照例着科道兵
部官監視務要儘船裝載不許多撥聽其夾帶私貨
擄人索錢其管運內官務選老成安靜的去凡奸貪
刻剥好生事端之人俱不許差遣都察院還出榜禁
約人夫照例上水二十名下水十名合用廩給口粮
俱照関文應付敢有似前多索夫役指要折乾銀兩
生事害民的撫按巡河兵備等官將本船為首一人
拏與被害之人對問明白干礙應參官員指實具
奏

按舟楫之務冬官之一端耳然敬事信工節財愛民
則無異道焉竊嘗伏讀仰窺我
祖宗及
皇上惓惓之意惟欲損上益下俾家國俱昌公私並利
以臻至治而已至于洞察陪都貢獻船隻之擾民併
省從約嚴禁運官諄諄不已如此其節愛盛心即虞

廷咨吁交儆之義何以加焉方今造船者能無成之
不精廢之不當因公營私病國而害民乎侈用傷財
厲民徇欲而不知以身體國乎撥船者其有不稽厥
實多與以滋夾帶之弊乎
聖靈孔赫
國典於昭有一于此知不免矣書曰率作興事慎乃憲
欽哉屢省乃成詩曰王之藎臣無念爾祖敬揭首卷
相與佩服焉

典章

諸司職掌 凡在京并沿海去處每歲海運遼東糧儲
船隻每年一次修理其各衛征戰風快船隻等項若
缺少損壞當修理者務要會計木釘灰油麻藤及所
用工具等數撥用如有不敷亦當預為規畫或令軍
民採辦或就客商收買或外處撥支審度利便定擬
奏
聞行下龍江提舉司計料明白行移各庫放支物料其
工程物件照依料例文冊然後興工如或新造海運
船隻須要度量産木各便地方差人打造其風快小
船就京打造者亦須依例計造木料等項就於各場
庫支撥若内外有船隻務要周知其數設或畨索運
用酌量多寡撥與其各河泊所帶辦魚油鰾每
歲催督進納備用

大明律 凡造作不如法者笞四十若造軍器不如法者
笞五十若不堪用及應改造者各併計所損財物及
所費工錢重者坐贓論其應供奉御用之物加二等
工匠各以所由為罪局官减工匠一等提調官吏又
减局官一等並均賠物價工錢還官

文 凡造作局院頭目工匠多破物料入已者計贓以
監守自盗論追物還官局官并覆實官吏知情符同
者與同罪失覺察者減三等罪止杖一百

會典 國初造黄船制有大小皆為
御用之物洪武九年計叁拾柒隻正統十一年計貳
拾伍隻常以十隻留京師河下聽用成化八年本部
奏
准照快船事例定限五年一修十年成造其停泊去處
常用廠夫苫蓋軍夫看守

又 新江口戰船永樂五年額設一百三十一隻宣德
以後增至三百 十九隻至成化十年堪操者止一
百四十隻拼卸未[illegible]內三四百料者俱改造二百料
快船

又 洪武初置江淮濟川二衛馬快船及南京錦衣衛
等風快船以備水軍進征之用既遷北京遂專以運
送
郊廟香帛
上供品物軍需器仗及聽候差遣俱屬南京兵部掌

又永樂五年改造海運船二百四十九隻備使西洋
諸國正統七年令南京造遮洋船三百五十隻給官
軍由海道運糧赴薊州等倉
又登州衛每年裝送花布鈔錠原設海船一百隻正
統間止存三十一隻
職掌條例凡修造戰巡等船先年本部劄委司屬官
一員前去龍江提舉司督造正德十三年本部會議
題
准註選本司主事一員駐劄管理

又凡留京預備　黃船一十隻例該五年一修十年
一造如遇該修造之年官軍領駕咨送本部劄付督
造主事督同提舉司官吏匠作料計合用物料會有
者行龍江抽分竹木局等衙門關支會無者行撫上
江二縣舖户買辦給作修造遵照
欽限完工仍付原差官軍領駕料價支蘆課工食支班
匠銀兩
又南京各衛永樂年間額設大　黃船二十四隻內
濺江并千料遠年朽爛在塢不堪修造船九隻止有

一十五隻又設小　黃船三十六隻俱照例五年一
修十年一造先年該修理者就行督造主事并提舉
司官吏匠作會辦修理結申到部奏行工部轉行本
部覆查明白奏奉
欽依然後改造正德十四年該南京外守備衙門題
准今後大小　黃船例該改造者南京工部委官覆勘
明白即便會計工料　奏行本部轉行成造不必覆
查回奏其會有會無物料工價俱同前
又嘉靖七年咨送到預備　黃船伍隻內三隻該修
艙者係是楠木內二隻該改造者係是川杉等木本
部差官齎價四路收買絶無川杉木植題奉
聖旨造船隻既限期緊急准暫用楠木改造欽此以上黃船例

又新江口戰船原額一百七十八隻划船三十七隻
三板船三十隻巡船九十隻正德九年奏添哨船一
百隻造完九十七隻除正德十五年行取四十隻赴
京見在五十七隻通共三百九十七隻該五年一修
十年一造先年修理物料以五分為率官出三分軍
出二分成化二十三年南京內外守備題稱會同南

京工部議得巡船衝冒風浪易於損壞比之戰船不同除修理戰船仍照原擬事例遵行外其見今及以後巡船并在船浮動什物但遇損壞俱行南京工部支給官料修理如各官軍不行看守用心撑駕以致不久損壞并違失器具者痛加懲治追陪等因工部覆奏備行本部從公查照如果前項巡船曾經會議相應修理別無違碍就將該用物料查會關支採辦仍委官一員嚴督龍江提舉司官吏匠作及南京中軍都督府差撥官軍同原船旗軍相兼用工如或本

部雖經會議事有窒碍者宜從徑自奏請定奪等因到部時本部右侍郎黃　因曾經會議不復奏請即將戰巡等船竟與出料修理自後各船官軍不復出辦弘治十六年本部因料價不敷題准將改造戰巡等船會無物料分派直隸蘇松等一十二府廣和二州徽解應用其匠作工食係修理者本司隨宜斟定係改造者定立則例榜示俱於班匠銀內支給

（又）嘉靖七年為議處重大事宜請

聖裁以裨修省事南京禮部等衙門條陳內一嚴點閘減修造以節財用據督造船隻主事方鵬呈稱本職督造新江口戰巡等船四百隻每船一隻成造費銀二百餘兩修理亦不下五十餘兩例約五年一修十年一造動費料銀數萬兩切見船之所以速於修造者其弊在於撑駕官軍視為官物不加愛惜及將隨船什物私相借貸以致易壞故耳合無比照先年題准正陽等門查點軍器事例本部差官將館泊船廠所點閘及將前船十隻編作一幇每日輪流一軍看守等因該工部覆看得前項處置甚切時弊相應依

擬但事干兵務恐非工屬一官所宜獨任又一月二次點閘不無煩瑣合無添差兵部委官一員公同兵科給事中一員每遇季終會同點閘如有官軍一行愛惜抛棄擅損及將隨船什物私相借貸輕則責令陪修重則公同參究提問其編幇輪守之規亦依所議施行仍每季終取具管船官軍不致遺失損壞結狀查戳如此則法令既嚴而戰具常完修造亦有節矣奉

聖旨是依擬行欽此

嘉靖十三年爲條陳操延急務以修職業以靖江洋事該操江兼管巡江南京都察院右副都御史潘
題稱新江口戰船見在兩班止用一百二十二隻餘船無軍領駕置之無用欲於一百二十二隻之外添存二十八隻共湊作一百五十隻外再欲將原船改造輕淺利便船五十隻共定作二百隻發營駕操其餘船隻俱要除革等因該本部修造戰船雖係本部職掌其應添應減事體例係兵部掌行本部難以議擬復咨兵部議處去後今該前因通查案呈到部臣等看得南京兵部尚書劉龍等議關操江都御史潘
所奏裁革新江口戰巡等船事情與先年南京工部右侍郎何塘所奏大畧相同但船料大小船隻名色各異操演取用之際亦各有所宜必須斟酌應用多寡量爲去留要將四百料戰座船量留二隻二百料者量留三十八隻一百五十料者十二隻一百料者十六隻三板船十一隻划船十五隻浮橋船五隻哨船三十隻共一百五十隻就將見堪用者存留應造應修者照數補完其餘不堪應用船隻木料發回

提舉司改造輕淺利便船務合式樣大小適中可以遇風可以容衆便於撐駕者五十隻共二百隻比與
本官原奏數目相同及仍要遵照舊例修造一節爲照前項船隻既經南京各官會同議處事體已爲允當相應依擬合候
命下本部一咨兵部轉行南京兵部將前項戰巡等船悉依原議大小名色照數存留并修造二百隻其餘船隻盡行裁革一行南京工部查照舊例照依年限修造其該管官員務要嚴督造作如法不許板薄釘稀仍令領駕各軍小心愛惜若不及年限損壞者照例責令看守之人陪修還官如此則船非虛設財無妄費江防不弛而警急有備矣奉
聖旨是欽此　以上戰巡船例

又後湖額設樓座船二隻平船一十隻該三年一小修六年一大修十年改造南京光禄寺掌醢署額有供應打魚船二隻在金水河採捕魚鮮五年一修十年一造工料出辦與黄船同　以上湖船漁船例

一山東登州衛海船原設一百隻正統十三年減

外八十二隻止造一十八隻歲撥五隻裝運青登萊
三府花布鈔錠一十二萬餘疋斤前去遼東賞軍餘
船灣泊海濱以備海寇弘治十六年山東巡撫都御
史奏減四隻其十四隻分派湖廣江西各四隻就彼
成造浙江福建各三隻每隻解銀五千兩赴部買料
成造正德四年為遭風損壞官船事題准不必打造
今後各布政司每三年徵價解部三府花布准收折
色正德五年户部奏准仍復打造嘉靖三年本部尚
書崔　議得海船之設本為裝運花布防禦海寇今

花布已收折色貨此以為戰艦恐遇風則奔馳莫
止臨陣則重大難旋等因奏行查覆奉
聖旨是海船工程依擬停止今後各布政司不許科派
擾民欽此 以上海船例
又嘉靖四年為修武備以固畿甸事南京內外守備
衙門題准鑄造佛朗機銅銃六副打造蜈蚣船一隻
查係廣東按察使汪鋐奏有佛朗機番船長十丈闊
三丈兩傍駕櫓四十枝周圍置銃三四管底尖面平
不畏風浪人立之處用板捍蔽不畏矢石每船二百

人撑駕櫓多人裝無風可以疾走各銃舉發彈落如
雨所向無敵號曰蜈蚣船其銃管用銅鑄造大者千
餘斤中者五百餘斤小者一百五十斤每銃一管用
提銃四把以鐵為之彈丸內用鐵外用鉛其火藥製
法與中國異銃一舉發遠可百餘丈木石犯之皆碎
自古銃之猛烈無出其右是年行取到廣東船匠梁
亞洪等三名發提舉司先行料造蜈蚣船一隻長七
丈五尺闊一丈六尺及南京兵仗局鑄佛朗機銃六
副給發新江口官軍領駕操演 以上蜈蚣船例

又南京各衛快船額設七百八十八隻宣德十年奏
准每船物料以十分為率官給六分軍辦自備四分
中府委官於造船廠督造弘治十年該南京兵部奏
准改造快船一隻南京工部給銀七十兩本部出草
場地租銀二十兩本船釘板筭銀十兩共一百兩本
部委官督造正德十二年又該南京兵部奏行會議
原給銀一百兩不敷成造南京工部添銀二十兩兵
部添銀一十兩其底船不許變賣存留改造扁淺船
裝載蘆柴等用除去板釘銀一十兩每船共銀一百

二十兩每年成造六隻嘉靖元年又該南京兵部奏稱司奏議每船一隻兵工二部各加銀一十五兩共銀一百五十兩每年成造一十二隻嘉靖四年又該南京兵部議處底船為照每年成造快船小甲陪補不下百兩所有底船因仍丟棄誠為可惜今後快船聽差二三年委果損壞覆查明白即將釘板估計價值內除十兩責勒本船打造工食餘價定三分南京工部坐二分兵部坐一分於該給銀內各自扣除作數兵部覆議坐責底船必須會同南京工部差委該司經管官員眼同發估責付本船小甲變賣不必拘定年限挨次成造咨行兵部會同本部議處施行

又嘉靖八年南京兵部為會議重大事宜請

聖裁以裨修省事題准內開修船費多會同南京工部查議得舊例成造快船一隻該料價銀一百五十兩其底船臨期看估扣算但人得挪移或生弊騙且官須會勘未免後時合無比照漕運底船事例每隻定作銀二十兩外給官銀一百三十兩今奉

欽依歲造四十隻除底船外每年共用官銀五千二百兩宜斟量各衙門錢粮廣狹以定分數合無以二千五百兩坐派南京戶部於北新關商稅餘銀內支給以一千六百二十兩坐派南京工部於蘆課銀內支給以一千零八十兩坐派南京兵部於缺官及扣剩柴薪銀內支給其戶工二部銀兩聽兵部每年於正月內支取過部以便應用間有遭遇風水漂流損壞底船難拘定數臨時扣算不在二十兩之限所造船式合查復舊稍從淺狹使易于撐駕牽挽奸人不得多攬裝載以簽行船甲不至添陪工料少受累且又便江防之用不失立名風快之初意至造船之時兵工二部各委主事暫同該廠把總指揮等官照依時價收買船料立限成造務使官錢皆有所歸船隻堅而可久以上快船例

按備造快船兵部司之而海船蜈蚣船亦久矣略之可也然會督之責協濟之費總歸本部且遺制遂泯亦稽古者所憾也故附錄之以示存羊之意云

成規

凡事體遵行已久卷籍可稽而未經奏請或雖經

奏請而備例所不載者不敢混入別為成規附錄于後以便檢閱

一扁淺黃船卷查舊為進貢鷹新之用先二百料扁淺船三十隻成化二十三年俱因朽爛拆卸停造正德十四年外守備衙門會議大船沿途閣淺不便題咨到部議處先料船十隻造完給與南京錦衣等衛小甲領駕工料比小黃船間有多寡

一添設哨船卷查嘉靖十二年大勝關備申兵部轉行本部劄付提舉司照哨船式成造發該司領駕巡

船廠志卷一　十六

邏工料如例出給

一抽分座船嘉靖九年以前原係龍江抽分竹木局打造嘉靖十四年始送提舉司修理至嘉靖二十三年送司改造遂為定例

一計料船隻凡遇該修造　黃船由外守備戰巡船由操江各該衙門移文本部一行督造主事一行龍江提舉司相勘應否督造主事吊查卷簿果及年限看驗委係破壞取具提舉司官吏匠作不扶結狀呈報本部復委都水司會勘另行查例行料計近年不復會勘止是督造主事勘報批提舉司開具工料揭帖送督造主事計料回稱覆呈堂准發都水司案呈將會同竹木等廠衙抽分委官查會抽有者謂之會有無者謂之會無查會至日應修者劄行督造主事及龍江提舉司將會有者關支會無者收買興工工完呈報仍行提舉司將用過物料造冊一申本部一申督造分司名查照若改造者具題候

旨工部移咨至日方劄委官興工

一解領船隻凡戰巡船該修造者該管批差千戶或

船廠志卷一　十七

百戶解泊橋外投批督造分司行委提舉司官吏查照本船點單將船上浮動什物逐一點齊如船身破壞者查原造文卷點完板片方准開橋放入隨稟督造主事親臨覆驗無欠仍令駕船軍士將應改造者拆卸堆垛方給批迴修造完日呈報本部移文原發衙門差官各具印信領狀領駕督造主事復委官查照本船點單點齊文劄官軍領駕如係操江衙門委官驗看有無堅固嘉靖三十一年操江衙門移咨本部內開查驗原定戰船八隻滲漏要行買修等因該

主事李　照得造船雖十分完固看守不慎閣淺擱
岸不日可破前船八隻俱經督同各官人等眼同驗
過出廠到營未久豈遂滲漏彼此推誤終致誤事深
為未便合于船完之日呈報本部移咨操江衙門委
官前来廠前與本部委官眼同驗看如式方始領駕
如有前弊退回重修經管匠作如法完治到營之後
不拘久近但有損壞責有攸歸具呈本部准行遵守
以為定規
一會支物料凡修造合用楠杉等料抽分場局會有

者都水司案呈本部劄行該局知會提舉司差經管
匠作具印信領狀赴虞衡司関領勘合赴抽分分司
掛號發局查對無差出給查同仍赴抽分分司告領
准票前赴該場支領到廠查驗明白給作領用嘉靖
二十年蒞管督造主事沈啓查得舊有木植向来文
移止分大次根数並無圍圓長短領者發者但憑見
数開支節該領到楠木中有空爛灣小及無兩関與
提舉司相離一十餘里彼此搬發原無記號又無圍
長丈尺数里之間不啻轄搬匠作通同以小易大何

從稽考况原料丈尺有限若料大用小不無破費之
欺若料小而用大難免包陪之累及查　黄船小甲
所領每盈所估之数戰廵船所領多係不堪之材該
局不無輕重之弊議欲會查之時就将根数圍長丈
尺覈實開報照数派撥委官并提舉司對驗相同方
許印烙支出赴廠驗實給用等因具呈本部准立定
規劄付各委官并龍江瓦屑二局龍江提舉司查照
施行
一收買物料凡會無物料俱督造主事拘招商舗照

数買辦丈量秤驗明白發提舉收貯待用其舗商随
各具到狀三紙當標納過数目一存照一封送都水
司查明印記一發提舉司出給印信實收申部都水
司案呈移付屯田司估價商舖親自赴庫関支
●嘉靖二十六年奉部劄為乞恩憫察虧苦因時估
價以甦商困事據商人楊紀等通狀告稱本部造船
所買楠木價比兵部减少二部相隣事同一體乞賜
吊查定立規則超活商民等因到部行委司廳會同
四司官會議得本部木價雖比兵部畧少但本部圍

尺比之兵部每尺短少五分照尺折筭價之盈縮相
去不遠相應悉照兵部圖尺鑄造銅尺一様二根一
留都水司備照一發提舉司較定遵守價值亦照兵
部支給劄仰該司官吏将發下銅尺收貯遵行
又嘉靖二十九年該本部尚書潘[redacted]看得兵部原議
船政書冊内楠木照圍計價自圍叁尺起其叁尺以
下者不曾開載雖照銅尺圍量仍依時估筭價至今
遵行
又嘉靖三十一年為申明舊制裁弊安民事該本部

尚書潘[redacted]題各衙門買辦木植遵照舊規着令編定
坐地鋪行領價買用凡經過行商抽分完日給票照
行不許拘留抑買及近年内外木作類多虚張尺數
責有於無收小作大而釘鐵灰硃等料率候委官囬
齊一併支價似為淹滞以致商鋪屡稱賠累今後應
總給者總給應截支者截支其拘留折買減價齊給
重估覆料等弊盡行裁革等因該工部覆奏
欽依通行遵守于是行商坐賈各有定業矣但各工之
用木無涯鋪行之蓄有限而截支之令率亦未見

施行竊恐将来鋪行之告病殆有甚於行商者矣當
事者不可預為之支計乎
又嘉靖三十二年該本部尚書孫公[redacted]看得圍量木
植原無一定之規人易為弊備行督造主事李昭祥
查議得楠木頭稍俱除鼻量至五尺下篾稍圍比之
頭圍每木長一丈容其减小一寸五分以為定式如
稍尖小不及此式者每小一寸折减長一尺杉木圍
三尺者自頭除鼻量至三尺下篾二尺以下者量至
二尺下篾稍圍須及頭圍一半如尖細不及一半者

不拘幾尺除去不量其木價俱止照頭圍筭給具呈
本部覆行會議無異依擬遵行
一規筭戽板嘉靖二十三年該本部尚書宋公景因提
舉司修造船隻所用木植率以根計大小長短無從
稽覈乃立戽板則例詳見後凡木悉歸於板以板丈尺
稽木大小長短船亦如之又行各衙門但係本部修
造船隻每様取駕一隻前来委官逐一丈量通長深
闊丈尺揭筭該用戽板數目每船置簿一本發仰提
舉司收掌修造之時按籍求之如指諸掌公私便之

嘉靖二十八年督造主事裘衍吊取稽查偶值回禄遂成灰燼今雖檢閱舊案重録成帙已非原本舛謬良多上下猶以為據而不敢少加損焉是刻舟而記劍也嘗欲細加校覈未遑畢志故備記所聞以俟來者

一拆卸舊船凡船隻應改造者本船釘板即充所造船料三分止給新料七分相兼取用修者每用新板換下舊板與拆卸一應不堪舊料俱收入廠入庫造報本部聽候變賣其修造各船木楂定頭工完之日

督造主事行委提舉司查數發仰原管作頭領賣價銀觧部取批迴送驗附卷黄船俱有定数戰巡船查照舊案施行

改造每隻大黄船銀伍錢　小黄船銀肆錢伍分

修理每隻大小黄船銀貳錢壹分

嘉靖拾伍年造貳百料戰船壹隻壹百伍拾料壹隻哨船貳拾隻叁板船貳隻划船肆隻壹顆印巡船拾壹隻巡沙船貳隻共肆拾壹隻完頭叁千斤木楂壹萬叁百斤

嘉靖拾陸年造巡座船壹隻貳百料巡沙船壹隻壹顆印巡船肆隻划船叁隻共玖隻完頭貳百斤木楂捌百斤

嘉靖拾柒年造肆百料戰座船壹隻完頭壹百斤木楂貳百斤

嘉靖拾捌年造貳百料戰船捌隻完頭貳千肆百斤木楂伍千貳百伍拾斤哨船拾隻肆百料戰座船壹隻浮橋船壹隻壹百料戰船壹隻共壹拾叁隻完頭壹千壹百斤木楂叁千貳百斤

嘉靖貳拾年造浮橋船肆隻完頭壹千斤木楂壹千捌百伍拾斤

嘉靖貳拾壹年造貳百料戰船貳拾玖隻完頭捌千柒百斤木楂壹萬捌千捌百伍拾斤

嘉靖貳拾貳年造壹百伍拾料戰船拾壹隻壹百料拾伍隻叁板船捌隻划船玖隻巡沙船貳隻共肆拾伍隻完頭叁千伍百陸拾肆斤木楂柒千捌百貳拾斤

嘉靖貳拾伍年造輕浅利便船伍拾隻完頭伍千斤木楂捌千叁百伍拾斤

嘉靖貳拾伍年修造後湖楼平船拾貳隻完頭肆百斤木楂壹千叁百叁拾叁斤

嘉靖貳拾貳年造大勝関哨船貳隻完頭壹百斤木楂貳百貳拾斤

嘉靖貳拾叁年造抽分座船壹隻完頭捌拾斤木

楂貳百斤

嘉靖貳拾玖年造金水河漁船貳隻完頭叁拾斤木楂壹百斤

修理比改造数少酌量定擬

一變賣舊料嘉靖拾柒年為修造船隻變賣木料事該龍江提舉司看得累年舊料堆積朽爛具申督造主事及都水司稟堂准令變賣價銀貳拾玖両陸錢貳分觧部嘉靖貳拾柒年為變賣繩索以杜卷宗事提舉司通申修造各起船隻換下棕麻繩索乞行變賣等因該都水司稟堂行仰該司變賣價銀壹拾両貳錢伍分觧部俱有批廻在卷

一折徵油麻[illegible]拾[illegible]年爲查處油麻以便成造
事該督造主事李昭祥看得提舉司額管油麻田地
塘埂共叁千陸百壹拾畝壹分有零歲徵桐油陸千
壹百貳拾伍斤黃麻壹萬貳千叁百陸拾肆斤收時
則麻倍于油用時則油麻相等以致油恒不足麻恒
有餘要將本年應徵黃麻盡数折徵桐油但查佃戶
帖內桐油每斤價銀壹分柒厘黃麻每斤價銀壹分
叁厘算該麻壹斤肆兩玖錢貳分伍厘折該油壹斤
訪得見今時價與此徵有不同而一虧官損民法當

詳慎移文都水司稟堂覆行拘審舖戶查照時價酌
量議擬每麻壹斤捌兩折徵桐油壹斤案呈本部依
擬施行
一格眼文簿龍江提舉司掌之船完書其歲月與其
號數修理改造則據而考焉及期者結申本部其未
及期者則否
一關防出入本廠圍墻頹缺木柵毀盡耕牧者雜於
工作之間防範頗難舊例編有匠丁輪流把守一應
物料非奉分司批照不許擅取出外但出入收支原

無典籍稽記卷案汗漫並緣爲奸嘉靖叁拾年督造
主事李昭祥始立出入各壹簿不拘開支收買但物
料入廠即登入簿取用之時匠作赴分司告給小票
壹紙掛號出簿提舉司照票驗發每月終該吏將入
簿送分司查對已支盡者印盖支訖二字未支者發
回該司按籍稽查于是出入之数一舉睫而無遁情
矣
一派徵船料巻查弘治十六年本部因料價不敷題
准將改造戰巡等船料分派直隸蘇松等十二府廣和

二州徵解應用其匠作工食修理者隨宜斟定改造
者定例刊榜曉示遵行（詳見第七卷）
一處辦雜工凡戰巡船改造拆船出釘箍桶等匠該
提舉司移文新江口取討在營下班軍役不給工食
若　黃船仍本部催匠應役
一改造　黃船原係旗甲駕送到廠交收一如戰巡
船例後因各軍到廠不法俱改泊黃船廠塢內本部
估工給料遣匠修造亦照舊三七分数扣給不復
點单查對彼此稱便近時黃船仍復送廠而旗甲頗

知畏慎不復似前不法矣
一後湖船隻三年一小修六年一大修十年一造該湖移文本部委官詣湖估計發料修造亦照三七扣給而湖禁有入無出惟工訖告完而已
一栽革船數正德十三年裁革戰巡船貳百伍拾肆隻內貳百料戰船柒拾柒隻壹百伍拾料壹拾叁隻壹百料壹拾伍隻今船伍隻三板船壹拾柒隻划船貳拾伍隻肆百料巡座船叁隻貳百料巡沙船叁拾肆隻壹顆印巡船叁拾隻哨船叁拾隻貳百料兩頭

船貳隻蜈蚣船貳隻
一黃船公費預備船興工必先祭告出水亦如之重厥事也每祭用羊豕各一提舉司具申本部支官銀買辦仍送胙堂司及臨送船指揮後乃以隨船舊旗幟變賣充用不復具申故歷年皆無案卷盈縮莫稽嘉靖三十二年提舉司備申都水司及督造分司稟堂許允轉行估價共得銀柒兩伍錢有零准充公用仍將用過數目及有無餘剩申報查考

龍江船廠志卷之一

龍江船廠志卷之二

舟楫志

爰自象渙制器舟楫肇興其来尚矣月令五反五覆乃告舟備繼崇卑廣狹厥制靡傳而慎重之意可想也降乃青龍赤雀鐵舳牙檣名以義寄規緣時別紛乎無稽而古制日遠矣我
皇祖開基備物制用職掌一書巨細畢舉獨舟楫之制曠焉不書後有作者將奚考稟焉刳以備巡幸則等威攸章以供薦獻則孝敬攸寓以固江防則武備攸

飭尤所不容忽者哉乃括提舉司之所修造者類而為五曰黃曰戰曰巡曰滇曰湖是已黃船之別有四戰巡船之別各有七湖船之別有二滇船則無異制馬嗚呼器數並陳法象兼著是亦足以補職掌之遺備一代之典矣乃志舟楫

制額

北京預備　黃船壹拾隻
叁百料肆隻內　通州左衛貳隻
通州右衛壹隻　神武中衛壹隻

肆百料陸隻内
定邊衛貳隻　通州右衛貳隻
神武中衛貳隻
南京大　黄船壹拾伍隻　嘉靖拾捌年將貳隻改作香膳船
叁百料伍隻　肆百料拾隻　俱南京水軍左衛旗軍領駕
南京小　黄船叁拾陸隻
貳百料柒隻　壹百伍拾料柒隻
壹百料捌隻　壹百貳拾料拾隻
玖拾伍料壹隻　捌拾伍料叁隻
金吾前衛壹隻　金吾後衛壹隻

錦衣衛叁隻　旗手衛壹隻
龍江左衛伍隻　龍江右衛壹隻
江陰衛伍隻　横海衛壹隻
留守右衛壹隻　留守後衛壹隻
廣洋衛伍隻　和陽衛貳隻
水軍右衛叁隻　豹韜左衛壹隻
龍虎左衛肆隻　虎賁左衛壹隻
貳百料區淺　黄船壹拾隻
錦衣衛壹隻　羽林衛壹隻

金吾前衛壹隻　金吾後衛壹隻
府軍左衛壹隻　留守右衛壹隻
留守前衛壹隻　豹韜衛壹隻
水軍右衛壹隻　鷹揚衛壹隻
肆百料戰座船貳隻
瀋陽右衛壹隻　天策衛壹隻
貳百料戰船叁拾捌隻
府軍衛壹隻　府軍左衛貳隻
府軍右衛貳隻　神策衛壹隻

瀋陽左衛壹隻　瀋陽右衛壹隻
豹韜衛貳隻　鷹揚衛壹隻
天策衛貳隻　留守左衛壹隻
留守右衛壹隻　留守中衛貳隻
興武衛壹隻　金吾左衛壹隻
金吾後衛貳隻　錦衣衛貳隻
應天衛壹隻　龍江左衛壹隻
龍江右衛壹隻　廣洋衛貳隻
龍虎衛叁隻　虎賁右衛壹隻

江陰衛貳隻　水軍左衛貳隻
豹韜左衛壹隻　羽林右衛壹隻
壹百伍拾料戰船壹拾貳隻
留守左衛壹隻　留守右衛壹隻
留守中衛壹隻　留守前衛壹隻
府軍後衛壹隻　水軍左衛壹隻
水軍右衛壹隻　虎賁左衛壹隻
龍江右衛壹隻　豹韜衛壹隻
江陰衛壹隻　應天衛壹隻

壹百料戰船壹拾陸隻
府軍衛壹隻　府軍左衛壹隻
府軍右衛貳隻　應天衛壹隻
江陰衛壹隻　金吾前衛壹隻
鷹揚衛壹隻　留守前衛壹隻
豹韜衛壹隻　羽林左衛壹隻
天策衛貳隻　龍虎衛貳隻
橫海衛壹隻
三板船壹拾壹隻

水軍左衛壹隻　水軍右衛壹隻
府軍右衛壹隻　金吾前衛壹隻
龍江左衛壹隻　應天衛壹隻
虎賁左衛壹隻　鎮南衛壹隻
旗手衛壹隻　江陰衛壹隻
龍虎衛壹隻
划船壹拾伍隻
水軍左衛貳隻　水軍右衛壹隻
虎賁左衛壹隻　豹韜左衛壹隻

龍虎左衛壹隻　橫海衛壹隻
金吾後衛壹隻　鎮南衛壹隻
神策衛壹隻　旗手衛壹隻
興武衛壹隻　江陰衛壹隻
龍江左衛貳隻
肆百料擺搭浮橋船伍隻
留守中衛壹隻　留守右衛壹隻
留守前衛貳隻　留守後衛壹隻
肆百料巡座船壹隻

廣洋衛領駕

貳百料巡沙船伍隻

留守中衛壹隻　府軍右衛壹隻

天策衛壹隻　神策衛壹隻

龍虎衛壹隻

貳百料壹顆印巡船壹拾伍隻

留守左衛壹隻　留守右衛貳隻

留守前衛壹隻　金吾前衛壹隻

羽林左衛壹隻　羽林右衛壹隻

府軍左衛壹隻　錦衣衛壹隻

江陰衛壹隻　龍虎衛壹隻

旗手衛貳隻　水軍右衛壹隻

鎮南衛壹隻

九江式哨船壹拾肆隻

水軍左衛壹隻　水軍右衛壹隻

府軍右衛壹隻　府軍後衛壹隻

龍江右衛壹隻　驍騎右衛壹隻

虎賁右衛壹隻　龍虎衛壹隻

龍驤衛壹隻　旗手衛壹隻

應天衛壹隻　武德衛壹隻

廣洋衛貳隻

安慶式哨船壹拾陸隻

府軍左衛貳隻　府軍衛壹隻

龍江右衛壹隻　水軍右衛貳隻

龍虎左衛壹隻　龍虎衛壹隻

錦衣衛壹隻　留守右衛壹隻

豹韜衛壹隻　廣洋衛壹隻

江陰衛壹隻　橫海衛壹隻

天策衛貳隻

輕淺利便船伍拾隻

留守左衛壹隻　留守右衛貳隻

府軍左衛貳隻　府軍右衛貳隻

府軍後衛貳隻　留守後衛叄隻

水軍右衛叄隻　金吾左衛壹隻

虎賁左衛叄隻　虎賁右衛壹隻

羽林左衛貳隻　瀋陽左衛貳隻

龍江左衛壹隻　龍江右衛叁隻
豹韜左衛壹隻　豹韜右衛貳隻
龍虎左衛壹隻　龍虎右衛叁隻
錦衣衛壹隻　橫海衛壹隻
應天衛壹隻　驍騎右衛貳隻
鷹揚衛貳隻　武德衛貳隻
興武衛壹隻　鎮南衛壹隻
廣洋衛壹隻　神策衛貳隻
江口自造壹隻樣船

大勝關哨船貳隻
巡檢司弓兵領駕
金水河漁船貳隻
光祿寺掌醞署廚役領駕
後湖船壹拾貳隻
樓船貳隻平船拾隻俱水手撐駕
抽分座船壹隻
看船水手領駕

器數

船之制雖修短廣隘不可律齊其集衆材而始成一也譬諸人百骸九竅一不備則殘船之器不下百數一不備則廢稱工秩材典司者將於是乎稽之不容以瑣而畧也猶醫之於人察百骸洞九竅不容以小而遺也語曰室先基船先底言工有始也底有正（大船拾叁路小者遞減每路長短廣狹視船大小而隆殺之）有幫（初創為幫左右各壹路）輔之以棧棧必側之為擋泥為出水為中為完口為出腳（平鋪完口之上者）皆棧名也（每棧左右各壹路惟漁船無出腳無中棧）凡船必崇艹尾故有插找（用板尖其一端插于各棧之盡處也）中虛則不固故托

之以梁梁必衡之如屋梁也（分倉者曰座梁大船拾梁小者遞減前曰提頭次曰龍口次曰頭桅者三次曰馬口曰桅面曰落腳曰官倉者三曰靠背曰房倉者三曰斷水曰灶門而又有桅腳梁線梁挑梁衆梁者皆橫于船面者也過梁亭梁丁字梁喜鵲梁者皆架于船樓者也）左右有庫前後有樓（大船有長樓其前為捲樓左右窗櫺直達稍亭皆施花板小船則唯官樓而已）裏口在下側口在上（裏口在廠堂之裏以承水視鎖伏側口側于上以承樓柱窗櫺者）鎖伏本同而隨在異稱（船面橫板以蔽倉口曰鎖伏在孟頭者曰孟頭鎖伏其餘仙橋樓中路後倉等倣此）長羅桅雖設而因船以殺（完口之上又側壹口為羅桅上平壹板曰平盤黃船座船乃有之）拿獅伏獅其用殊也（首尾櫓大木曰伏獅兩邊側木曰拿獅以拿伏獅也）火櫃仙橋其實一也（大桅前之樓曰

仙橋下豈坐又名上倒頭有車羅以用武也尾有鬭𢧐以示文

也貳百料戰船以木縱横架于頭如桌廟使用技音倚以爲固座船尾一字梁下開栽花板曰鬭𢧐

桅面梁桅夾桅褙桅捻以小木横貫桅夾之下桅點船面上以小木斜撐爲

桅腰以爲固桅餅桅頂上平置之以護桅也桅哨竿餅上再加哨杆桅箍鉄爲之

桅緯桅桅也皆索皆因桅而設者也舵巾稍上横大版以貫舵者

舵桿舵牙插于桿以推移舵搭腦承舵柄者舵柄舵夾舵盤舵關

即關門棒舵箍鉄爲之舵吊索也皆因舵而制者也夫桅舵二

者船之要也可不致詳與于是有仙人檣立于船尾上墻畫處

仙人掌又名七星板以貫篷脚使不亂也將軍柱以繫纜者草鞋底關稍兩端

船廠志卷二　十

各豎壹扳琵琶欄淨瓶柱有鼠橋官樓下梁木也鸛嘴門也牽蝦鬚

貳百料船車羅下左右各壹板挑出船前如蝦之鬚象鼻座船頭下之木狗腦黄座船左右廢

堂之上再加浪槽板鼓用小木側于平盤之內以承浪槽板曰狗腦羊頭又名玲瓏曰拾車置于又

桅首以貫索戧莖者有荷葉葫蘆寶珠稍亭上之頂黄船則用金塗之綏帶長棱

左右短欄柱壹拄壹帶間以雲頭雲角俱刻鏤爲之黄船用文墻土墻利便船左

右各列短板爲欄曰女墻黄座船稍上左右側板曰土墻有天篷板樓頂海漫船面上用

長扳滿罩之護隐左右綫扳蓋各檣柩蔽之處裙扳則皆因象以成名

有順水牌百料戰座船稍下梁兩端各側長扳如羅桂者順擦黄座船頭左右各艊

扳以防擦拢水各扳在起鼓各如車羅狀敌水船左右各垂扳以便使風有

磨旗順水夜上上柱柱端復架長扳康力黄座船分內左右各扳匀滿船口之下平基

有之檣船上馬蹄大脚跳也千斤挑出左右以搖擼者當家大船頭面上横挑者是也

押伏挑頭伏者護損戰座船兩端用之挑梁有鋪頭鋪稍關頭關稍

有搭杆撐篙箍頭照面俱名物有水櫥水餞擦以止船餞以開船

水牌船上記物件者水覘鏡伏下覘水者有地平地脚扶地平者車關車

耳大船稍上起舵者也以圓木長叁尺許横之曰車關兩端承之以車耳日晒樓上鋪扳雨

篛左右蔽雨板也則皆因用以定號檣槳異名而同用搖者曰檣

木爲梭爲印藤爲箍鉄爲脚鏍爲丁公索爲綱划者曰槳栗木爲把又名八尺榆木爲翁榆木爲檣皮條

爲東跳板異用而共名脚跳扳檣跳板金鼓以令衆唯預備船

船廠志卷二　十一

有金而戰船獨缺旗幟以發號唯肆百料船爲多而

黄船獨少預備黄船大小黄旗叁餘黄船則壹面而已戰座船大黄旗帶之外有五方旗旋旗旗

發放旗催櫓旗共貳拾壹面貳百料船共柒面此其損益之宜沿襲之故有

不可得而知者乃若水殿檣帷等威以尊黄船稍亭爲殿形上

施寶珠雲角樓之左右俱有青幕龍笛鼉鼓雅樂以具刻龍頭于笛首繫以紅綃

大鼓之外復有伏鼓椅卓床杌致用以周黄船有連椅貳膳卓貳屏床壹御杌貳

釜竈盒桶鐥釜以慎鉄釜竈各貳膳桶肆浴桶之類無不畢具又泥金朱

彩物色以華用器俱硃紅花板雲與寶珠之類俱泥金以上皆預備船除黄船無之他

如篷簟縴纜俱以竹爲之鉤篙釘鍋鏍鐵鍬錐俱以鉄爲之雕

纜車旋油漆堊塗凡此類者更僕數之未易終也典司者一或懵焉何以稽其工敘秩其稍食幾其貨賄而禁其奇衺也哉考工記亦周禮之遺也讀其所以察車者輪軹軫轐尺度纖舉揉直杼侔必當於用雖良工莫踰焉豈聖人之昧大體而斤斤若此哉稽工秩材冬官之事守也近世學者崇藝文蔑世務勾稽磨勘輒目為俗吏矧工作末技乎是篇之著委瑣不遺非敢遠迹古人庶幾盾鏡將來爾矣

圖式

總圖二

凡量船舊用營造尺近雖照兵部尺量木而船書未改匠作亦沿故習參錯難考今悉從新尺

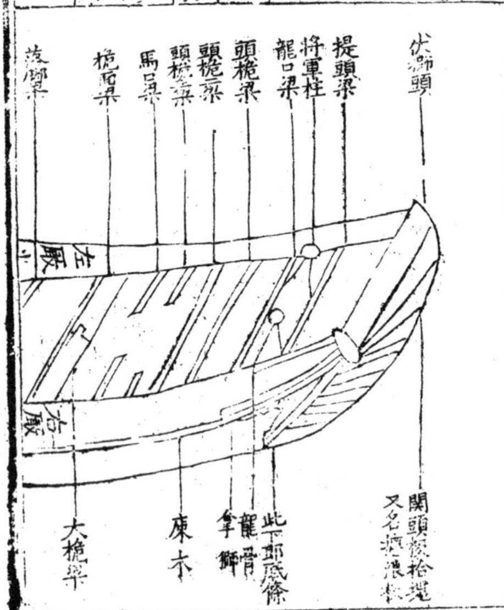

比舊每尺長五分鋸板厚薄不一不能悉載每船舉其底板最厚者餘可類推

預備船底厚伍寸

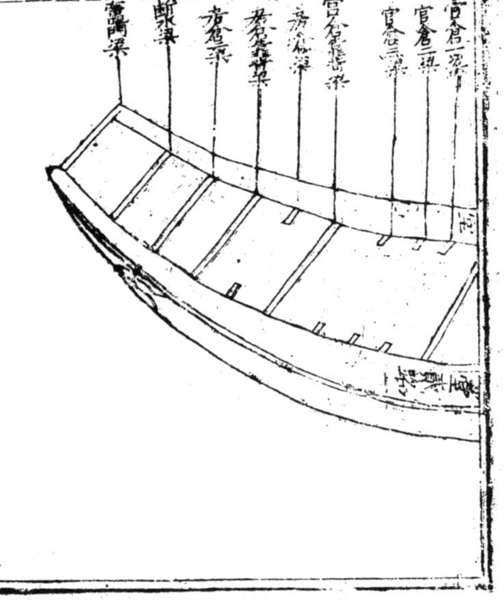

大黃船底厚貳寸貳分

小黃船底厚貳寸壹分

戰座船底肆百料者厚貳寸捌分

貳百料者貳寸貳分

壹百伍拾料者壹寸陸分

壹百料者壹寸陸分

[illegible]淺耕便

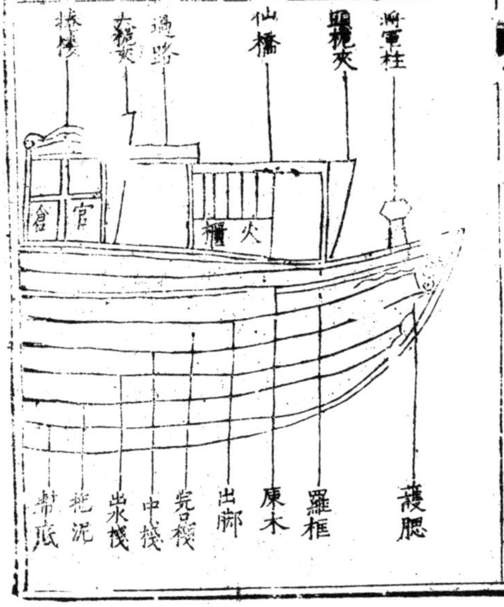

厚貳寸百料巡座船厚貳寸陸分貳百料沙船厚壹寸玖分擺搭浮橋船厚貳寸一顆印巡船厚貳寸哨船厚壹寸伍分划船厚壹寸伍分

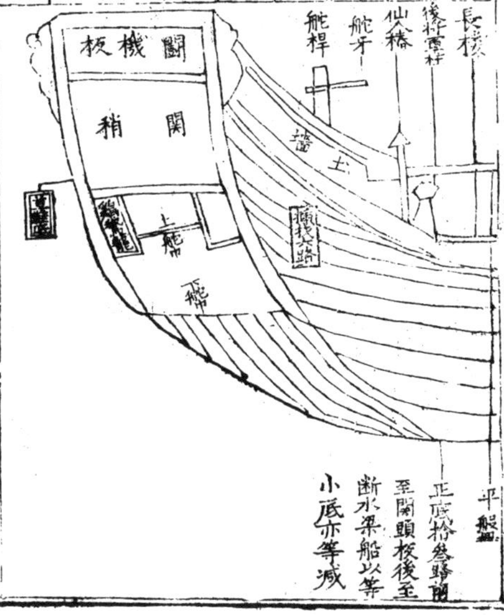

船廠志卷二　十四

預備大黃船

船面自頭至稍七丈玖尺叁寸

船底自頭至無板處伍丈貳尺肆寸

無板處稍貳丈貳寸

頭闊玖尺深伍尺肆寸

中闊壹丈伍尺深陸尺貳寸

稍闊壹丈肆寸深柒尺貳寸

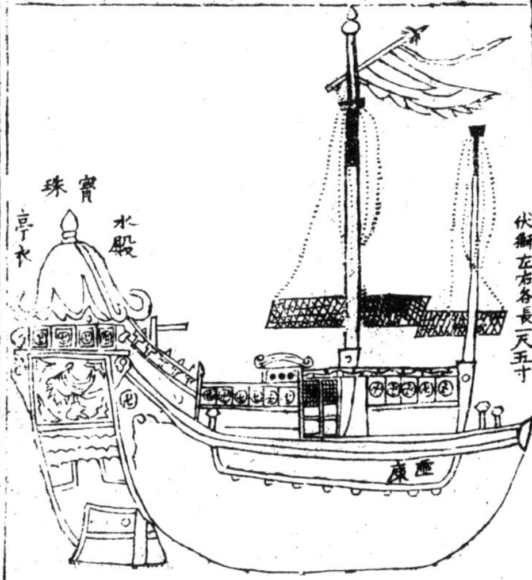

南船紀曰船之數十而式一也將不嫌於無别乎嘗聞龍與鳳輦制有等威数有隆殺是故議禮諸司之未及也有能請定二船而尊其制一如丹駕之儀副其二以備修理其他悉從會典所謂大小有制者而殺之則名分嚴而朝廷尊上下辨而民志定矣

按預備者備巡幸也故停泊通州番輪修造俾供御恒不乏焉然自都燕以來百九十年未嘗一御豈非鑒楚澤之荒唐懲邗溝之侈逸不為秉危之舉以勞民傷財也哉雖然明堂不毀路馬必式董修造之役者尚以其不用而忽之也

船廠志卷二　十五

大黃船

船面自頭至梢捌丈肆寸

船底自頭至無板處伍丈肆尺壹寸

無板處稍貳丈陸寸

頭闊壹丈壹尺伍寸深伍尺叁寸

中闊壹丈肆尺肆寸深伍尺叁寸

稍闊壹丈叁寸深陸尺柒寸

按大黃船專充本部及內官御用各監器貢之用與兵部快船相兼差撥歲有常數往返不絶竊謂一器之微有限歲運之費不貲修造船隻之費荼盛箱櫃之費拽送夫役之費起車綱腳之費計一器至京而費且數陪矣近歲大司馬王公建議減省進貢快船
皇上慨然行之損上益下恩至渥也方今司農告詘有能獻計將歲運之器就京師監局成造則供御不缺而民力所省多矣又安知不足以動
宸衷之軫念乎

小黃船（扁淺船同）

船面自頭至稍柒丈玖尺伍寸
船底自頭至無梹壹伍丈肆尺伍寸無梹處稍壹丈伍寸
頭闊壹丈壹尺柒寸深伍尺貳寸
中闊壹丈伍尺捌伍尺貳寸
稍闊壹丈伍寸深陸尺伍寸

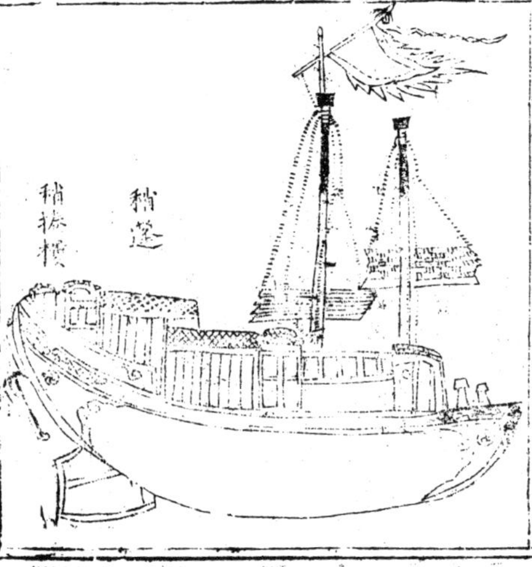

夫既謂之黃船矣而何取於小何取於扁淺乎利於行之疾也時鮮之貢以薦
宗廟是
聖天子之所以廣孝思示不匱也其可忽諸按是船供自九十五料始至二百料止視大黃船不過半之料以遞減制宜遞隘廻因從旗甲之便就於原泊塢內修造本部估給工料遣匠徃役不復稽其尺度遂使利於私載者漸為加廣厥制一定莫敢損益不惟工料視昔有加而所謂扁淺輕速之意果安在哉

肆百料戰座船

船面自頭至稍捌丈玖尺伍寸
船底自頭至無板處陸丈伍寸無板處稍壹丈叁尺伍寸
前闊壹丈貳尺捌寸深肆尺玖寸
中闊壹丈陸尺伍寸深陸尺
稍闊壹丈貳尺玖寸深柒尺

南船紀曰戰船曰座即邊營陸寨之帥幕也號令之所以整齊者是經界之所以指示者是威靈之所以震耀者是窺伺之所以寢息者是規制其可以簡陋乎哉是故桅標大纛也營以準稍翼方亭遠敵以覘舲艫中敞帷幄以尊艙雉外周矢石以捍艣枝齒列馳驟以騰浪板掌鋪奔突以便弩穴矛窗攻擊以利要其偉式追樓船之軌範與夫樓船之為器也大而雄堅而利用之驅浪乘颸正猶滄溟鯨運波濤鶩旋轉之威霄漢鵬摶風雲鼓扶摇之勢有不戰而先奪

人之心者矣此自古迄今所不能改與稽其尺度頗為適宜過此恐難為馭善陣者毋令越其制云

按我

聖祖嘗謂陳友諒巨艦大不掉之舟以自取敗而彭蠡之戰六舟飄摇勢若游龍卒以克敵戰艦之不貴大亦明矣而乃有肆百料者何與夫主將貴持重非持重則敵得而窺其隙偏裨貴敏疾不敏疾則不能赴功故所乘之舟亦各有宜也不然則斯船也獨非國初之遺制耶

貳百料戰船

船面自頭至稍柒丈捌寸

船底自頭至無板處肆丈貳尺伍寸

無板處稍壹丈伍寸

頭闊捌尺伍寸　深肆尺肆寸

中闊壹丈貳寸　深肆尺伍寸

稍闊　尺捌寸　深　伍尺

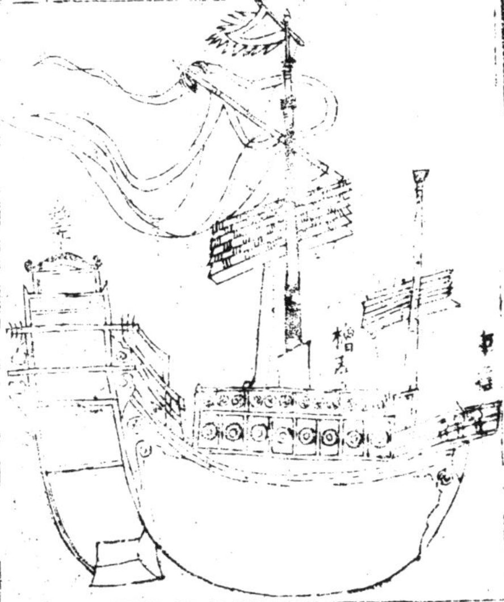

壹百伍拾料

戰船

船面自頭至稍伍丈伍尺

船底自頭至無板處肆丈貳尺伍寸

無板處稍捌尺伍寸

頭闊捌尺貳寸　深叄尺陸寸五

中闊壹丈壹寸　深叄尺陸寸

後闊柒尺柒寸　深肆尺壹寸

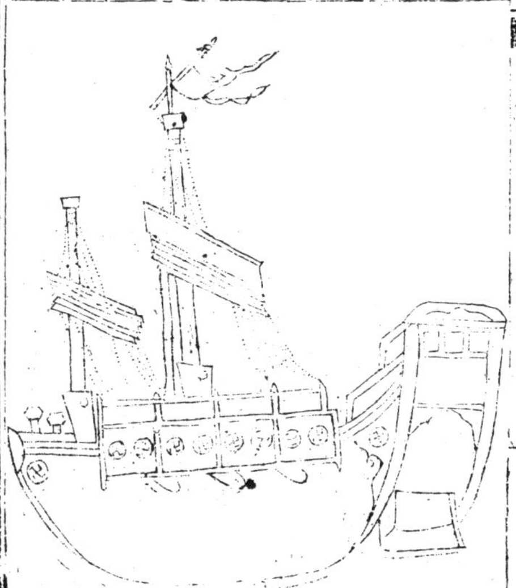

壹百料戰船

船面自頭至稍肆丈[illegible]尺貳寸

船底自頭至無板處叁丈肆尺貳寸

無板處稍柒尺捌寸

頭闊陸尺伍寸深貳尺叁寸

中闊捌尺壹寸深叁尺捌寸

稍闊柒尺[illegible]寸深肆尺

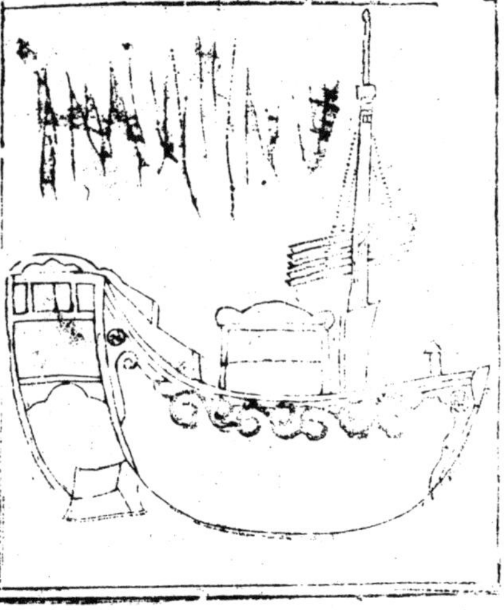

夫戰船一也而制以遞殺所以辨尊卑之等利遲速之宜也伍子胥論船戰之法謂大翼者當陸軍之車小翼者當輕車突冒者當衝車樓船者當行車似矣然長岸之役竟以餘艎資敵吳世為澤國宜足以盡其利而楚遂能克之何哉器雖利而用之存乎人也楊僕之樓船孫權之艨艟王濬之連舫皆足取勝而陶侃以運船為戰亦克成功故將得其人則隨宜致用因變就功而器械之利不與焉方今領府庫以營戰艦歲費不下萬計大小畢具遲速並宜誠足以揚武烈固不防矣業是舟術[illegible]思所以善用之哉

叁板船（划船同）

船面自頭至稍叁丈玖尺伍寸

船底自頭至無板處叁丈肆尺伍寸

無板處稍伍尺

頭闊伍尺叁寸深叁尺壹寸

中闊捌尺肆寸深叁尺壹寸伍分

稍闊伍尺伍寸深叁尺肆寸

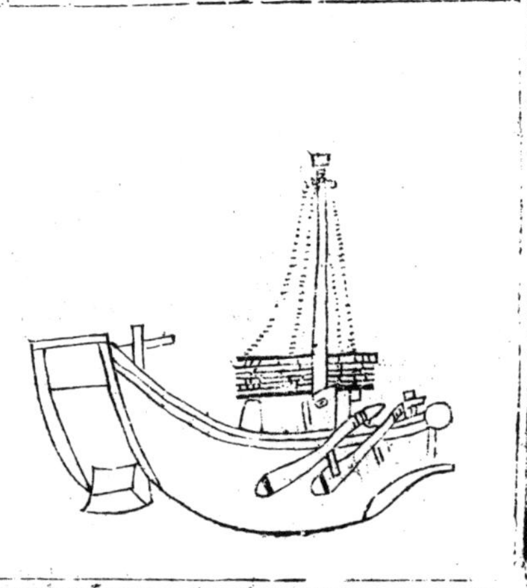

按二船名異而制同蓋戰船之極小而最捷者也所容不過十餘人耳三軍之衆動以萬計於茲何取焉稽之於古則遊艇飛舸輕舠舴艋往来神速率多取効善陣者所不廢也楊行密用飛艫以歸弘鐸魯肅因漁艇以擒關羽故因變設奇投機制勝顧所以用之何如耳豈可以其小而畧之也哉雖然長風巨浪撼壑摧山而縱一葦以當之苟非素習則股戰目瞬不能安其身矣雖有長技將安施乎此訓練之所以為要也

浮橋船

船面自頭至稍陸丈貳尺
頭闊壹丈貳尺伍寸
深肆尺肆寸
中闊壹丈伍尺深肆尺陸寸
稍闊壹丈貳尺伍寸
深伍尺叁寸
船底自頭至稍陸丈伍尺伍寸

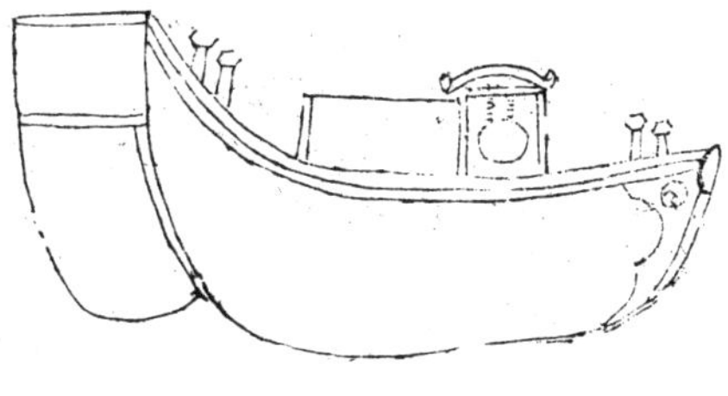

按詩曰造舟為梁橋之用船肪諸此矣木罌竹筏皆足以濟師而況船之為用其利尤溥此兵家所不容廢者然武王之濟孟津繆公之濟西河去文王未遠豈不能襲而用之哉而皆無聞焉以是知梁舟之制特以重大婚之禮非為軍旅設也至宋祖欲取江南乃命朗州造黃黑龍船跨采石磯以渡厥後樊若水即以其策授之虜人于是天塹失險宋遂不固嗚呼不戰自焚其此之謂乎有志於江防者當知斯船之不可忽也

將座船

船面自頭至稍捌丈捌尺
船底自頭至梢柒丈陸丈貳尺
無板底稍壹丈壹尺伍寸
頭闊壹丈貳尺伍寸深伍尺
中闊壹丈伍尺陸寸深伍尺貳寸
稍闊壹丈壹尺陸寸深陸尺叁寸

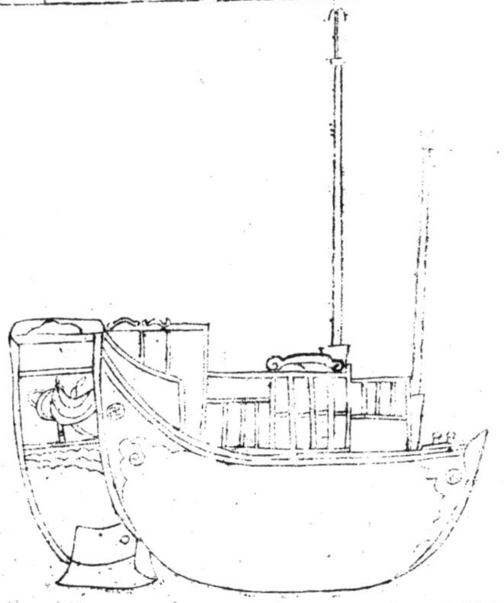

南船紀曰巡邏之政或據扼要害以探其出没或搜剔荒僻以發其埋藏或混雜艛集以覘其嚮傚或隱伏坳曲以幾其閃縮多方緝伺皆以我之無形致彼之有形也輕棹徒棹雲捲星馳猶懼為其所覺而何有座船之壯麗反示之有形也哉或總戎以身徇國欲與士卒分勞而鼓也果欲分任其勞又不必座船之逸暇矣若止欲為壯觀之圖則不貲之費必將啓憂國矜時者之緩咨

按昔人立法之意有警用戰船事用巡二船不可缺

一也然嘗竊觀水操者進退卷舒俱有成法不啻步
奈卒律之嚴固宜然矣使敵人乘間設奇變起倉卒
而欲按紀律以應之陳而後戰不亦晚乎嘗聞張巡
之教士不泥古法人自為戰但使兵知將意將識士
情正以此爾今江洋之盜乘風鼓浪倏去倏來若非
因勢趨便未有能收尺寸之功者竊以為宜合戰巡
而一之操練以覩其進退之常巡邏以習其應變之
畧奇正並用緩急從宜則船不虚設而臨事為有備
矣況
國家承平日久歲造戰船未嘗禦敵坐以待朽水軍
一出即乘巡船則彼之所用以駕馭風濤出没淵浸
者固已習之素矣及臨大敵乃復使去其所習而他
就焉其為計不亦左乎慶鄭論戰馬欲使安其教訓
而服習其道惟所納之無不如志噫知陸戰之所以
用馬則知水軍之所以用船矣

貳百料壹顆印

巡船

船面自頭至稍伍丈捌尺柒寸
船底自頭至無柀處肆丈叁寸無柀處稍壹丈壹尺
頭闊柒尺玖寸深叁尺捌寸
中闊壹丈貳尺深肆尺
稍闊玖尺貳寸深伍尺叁寸

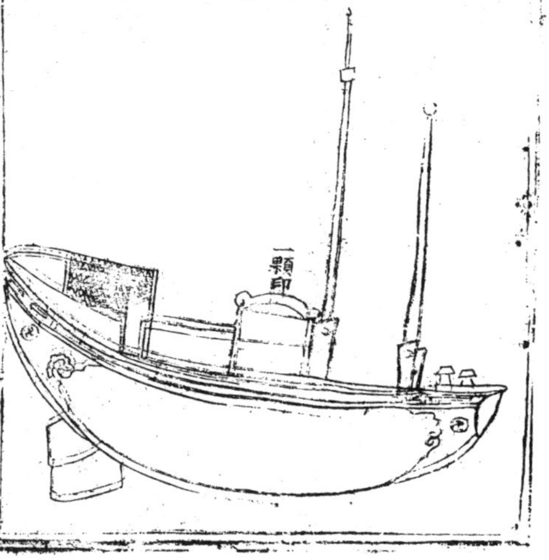

南濠紀曰船以一顆印稱前未之聞訊其所以官倉
如印蓋象形也較之沙船料同而制稍異嘗竊討之
戰船與敵為戮非大不足以鎮壓之巡船所巡不過
城狐社鼠之流耳諸哨船輕淺船足任之矣此與沙
船俱適當戰船之一等較武者宜不可無等第云
按是船與沙船戰船相當而顧巧其名稱多其制式
豈將以修武備之盛與嘗讀正德中裁革之疏知軍
少船多停泊者十看六七使誠合戰巡為一則沙船
戰船料數既同用亦無異又焉用此以勤歲時之修

浙式□料巡

沙船

船面自頭至稍陸丈壹尺

船底自頭至無板處肆丈無板處稍壹丈壹尺陸寸

頭闊柒尺伍寸深肆尺壹寸

中闊壹丈貳尺叁寸深肆尺貳寸

稍闊玖尺肆寸深伍尺

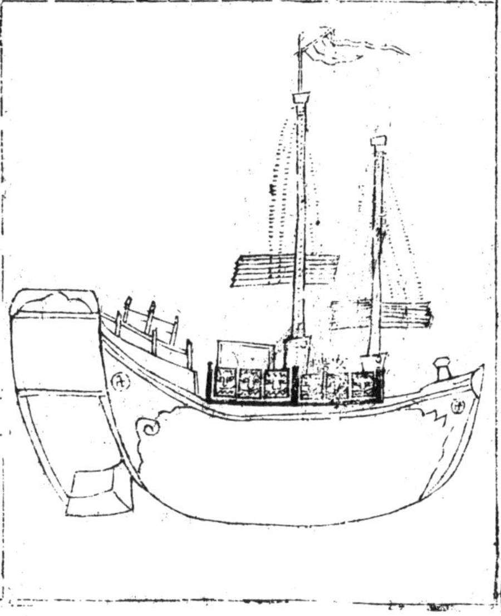

按三沙在崇明界浮居海中其人以魚塩為稼穡以舟楫為輿馬雖驚濤怒波震蕩掀揭彼方出没其間揚眉鼓氣挾其所長而用之故時入江洋為盗巡軍莫制馬巡船而曰沙者豈非倣其制度以夷攻夷之意乎漢人論匈奴之技上下峻阪出入澗谷中國之馬弗能當晁錯以為不然即以匈奴之馬與漢兵乘之欲其上下出入如匈奴亦未易得也故匈奴之長不在馬而在善馭沙人之長不在船而在善操近時言官請改操船悉放沙船之制議既不行豈非當事

者有見於此乎方今江津時[illegible]商旅畏途漂人國門不可長也任巡邏之責者尚加之意哉

九江式哨船

船面自頭至稍叁丈柒尺

船底自頭至無板處貳丈柒尺貳寸無板處稍伍尺[illegible]

頭闊伍尺肆寸深貳尺陸寸

中闊陸尺柒寸深貳尺柒寸

稍闊伍尺深叁[illegible]壹寸

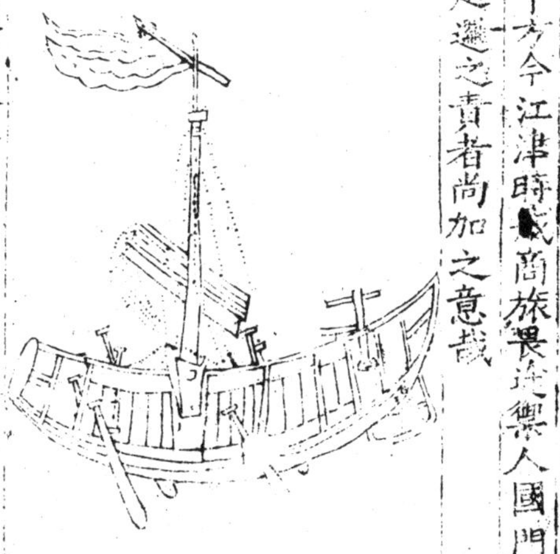

安慶式哨船大勝關哨船同

船面自頭至稍叁丈肆尺壹寸

船底自頭至無板處貳丈貳尺無板處稍陸尺伍寸

頭闊伍尺肆寸深貳尺肆寸

中闊陸尺肆寸深貳尺肆寸

稍闊伍尺貳寸深貳尺捌寸

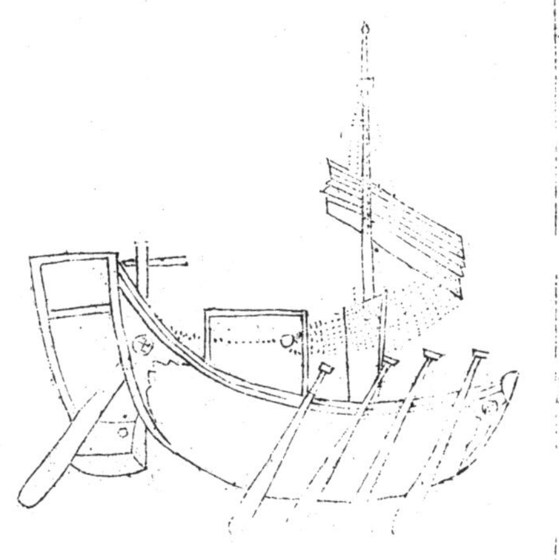

南船紀曰哨字名義不[illegible]家戰陣及考往古戰陣圖書皆無哨名至會典始載神機營有左哨右哨又律疏載軍衛有罪者發瞭哨即會典觀之左右遊擊之義也即律疏觀之墩堡覘諜之義也然亦未有名其器者船之名哨實肇於正德之九年流賊猖狂東馳西突國狗之瘈無走弗噬南京守備操江衙門謀為探察之計故有是設求諸江船之最疾者莫利九江安慶九江者無洞而差長安慶者有洞而差小淺入汨出狎浪驕風豈惟利于伺察為哉使戰陣而需之則或為向導或為挑戰或為疑兵或為伏甲安往不利所謂立成器為天下利者非耶

按哨船之義船紀備矣大勝關當畱都上流哨船之設信設險守國之要也然竊以為權不一則難於勾稽勢不屬則緩急不可為用原設哨船不為少矣輪撥聽用司巡者併察而考其成焉則事體歸一而緩急亦可以為策應矣不猶愈於添設矣乎

輕淺利便船

船面自頭至稍伍丈陸尺

船底自頭至無板處叁丈陸尺陸寸無板處稍壹丈伍寸

頭闊捌尺肆寸深叁尺肆寸

中闊壹丈深叁尺肆寸

稍闊柒尺柒寸深肆尺叁寸

按船而謂之輕淺利便者取其行之捷也其制始於嘉靖十三年都御史潘珍之蹤彼誠深達於江防之政者哉然名雖創新義實緣舊昔田顥嘗攻趙鍠於宣州而以輕船取勝劉裕之北伐亦以輕利船成功潘公之為此也殆稽古而準今者與是故其尺度視壹百料戰船其規制視壹百伍拾料戰船非侈非隘適惟其中或戰或巡無所不利又復有哨船以遠斥堠有划船以當冒突如是而不足以取勝焉者非器之罪也

金水河漁船

船面自頭至稍貳丈貳尺叁寸
船底自頭至無板處壹丈柒尺叁寸
無板處稍叁尺柒寸伍分
頭闊貳尺柒寸深壹尺肆寸
中闊肆尺深壹尺伍寸
稍闊貳尺柒寸深壹尺肆寸

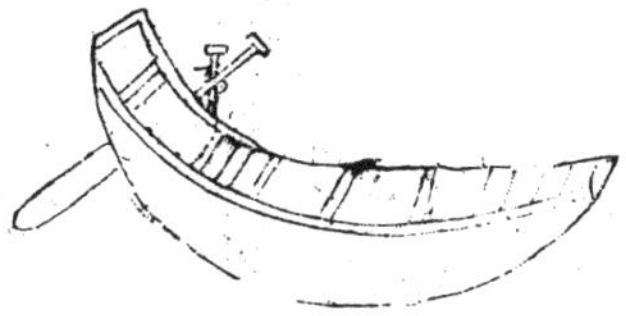

按金水河即古燕雀湖也王宮既宅則是水縈絡宮墻如古之御溝矣我
聖祖乃取其魚以薦
奉先殿此漁船所由設也詩載猗歟禮嚴薦祀
聖祖可謂孝思維則矣
列聖以來雖定鼎北京而薦廟之禮奉行惟謹豈非善
繼
聖祖達孝之志與然是船視諸船制極小而總約可造作者不可不知其所繫之重也

後湖一號樓船

船面自頭至稍伍丈伍寸
船底自頭至無板處叁丈伍尺叁寸
無板處稍柒尺柒寸
頭闊柒尺肆寸深貳尺伍寸
中闊壹丈壹尺深貳尺陸寸
稍闊捌尺深叁尺叁寸

後湖二號樓船

船面自頭至稍肆丈壹尺捌寸
船底自頭至無板處貳丈玖尺
無板處稍陸尺捌寸
頭闊陸尺柒寸伍分深貳尺伍分
中闊捌尺肆寸深貳尺貳寸
稍闊陸尺肆寸深貳尺肆寸

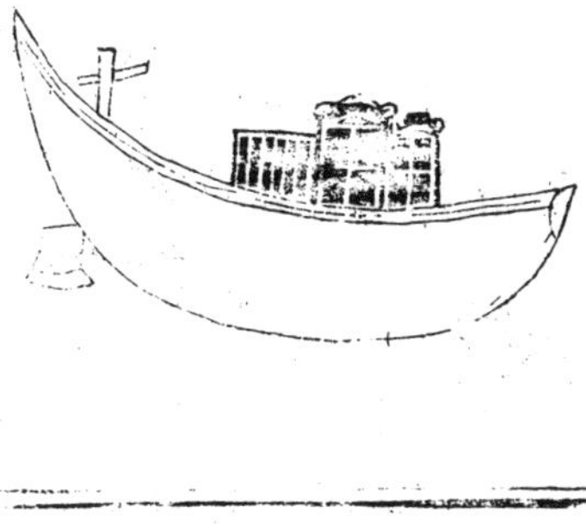

後湖平船

船面自頭至稍叁丈玖尺貳寸
船底自頭至無校處貳丈伍尺捌寸
無校處稍柒尺
頭闊陸尺壹寸深貳尺貳寸
中闊柒尺壹寸深貳尺叁寸
稍闊陸尺深貳尺陸寸

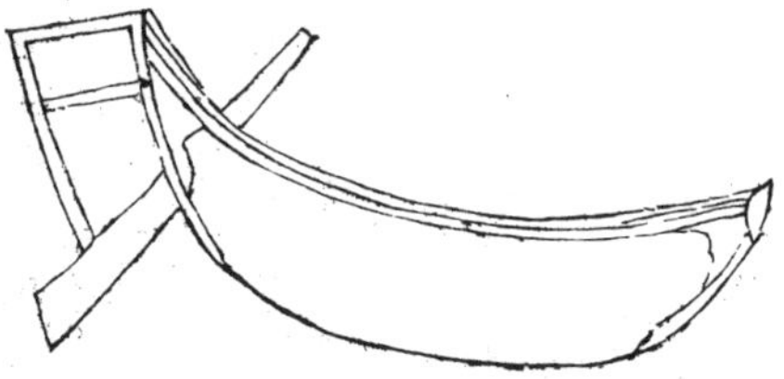

按後湖者古玄武湖也自舒王建議富國遂為膏腴之地盖三百餘年矣我

聖祖神謨獨覽開府其中用藏版籍乃復潴水為浸非船不濟非有事不入矣船之數為樓者一官乘之為平者十有二胥役乘之正德十三年因大查官衆奏

准添造樓船一而稍殺其制焉船皆鏁于石非五日之期不得輒啓啓則請其鑰于內府返復鏁而歸之可謂禁嚴而地重矣其視六朝歌舞游嬉何如哉

抽分座船

船面自頭至稍渕丈伍尺柒寸
船底自頭至無校處捌丈壹尺伍寸
無校處稍壹丈伍寸
頭闊壹丈貳尺深肆尺貳寸
中闊壹丈伍尺陸寸深肆尺柒寸
稍闊壹丈貳尺肆寸深陸尺捌寸

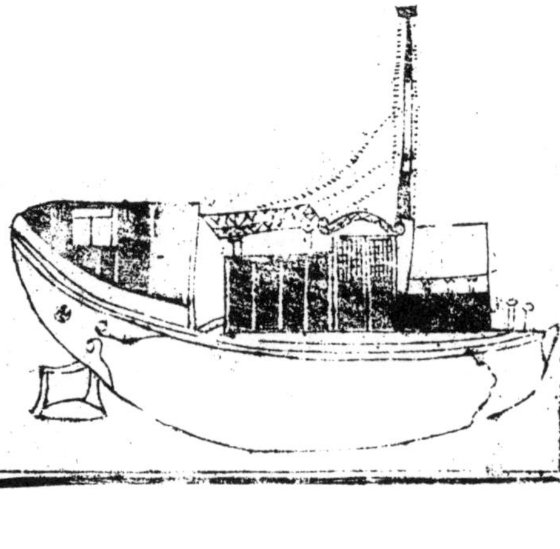

按本部抽分原設瓦屑壩龍江二局官吏專掌其事所抽率多竹木柴炭之類以供　內府及各衙門支用後因抽積數多改收折色于是都察院及本部各委官壹員會同監督驗抽此座船所由設也舊例兩局自行修造不屬提舉司屬提舉司自嘉靖九年始但是船撑駕無虛日與諸船番休迭用者不同故破漏特速須時為修艌庶不速敗不察者乃欲拘拘於五年之限斯亦迂矣每船水手貳名本部歲給工食云

快船

尺度載兵部船政書

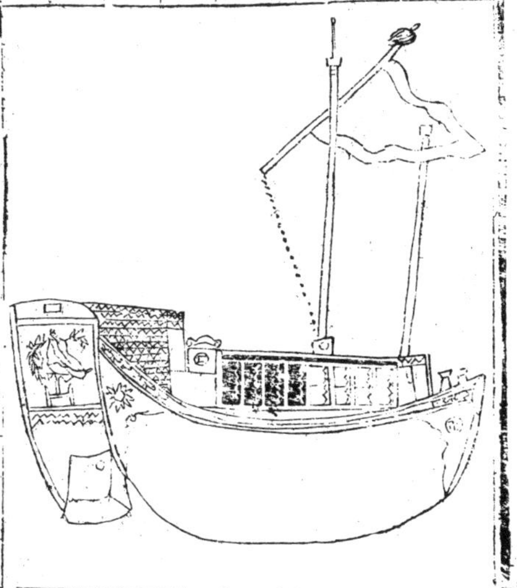

按快船原額九百九十八隻專以備進征也部糵之後乃以充進　貢器物之用于是南北往返絡繹不休舊俱行委提舉司相勘應否改造料計會辦給兵部委官領赴造船廠與工各料之費本部十居其七後節經南京兵部奏減止存七百八十三隻嘉靖二十一年又奏減三十三隻今見額止七百五十隻而已嘉靖二十四年南京兵部尚書宋公始立單板自行委官督理雖料價照舊支給而相勘料計俱不屬之木部矣

蜈蚣船舥

頭至梢通長捌丈闊壹丈伍尺

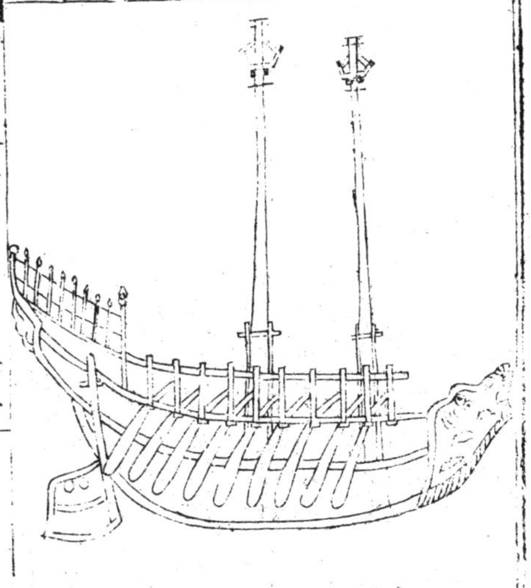

按蜈蚣船自嘉靖四年始倣島夷之制用以駕佛朗機銃者也廣東按察使汪鋐圖其制以獻

上采其議令南京造以為江防之用至十三年而復罷之夫佛朗機銃之猛烈有益於兵家固已試之矣乃若是船之制不過兩旁多櫓取其行之速耳而謂之蜈蚣者蓋象形也考之壹百伍拾料戰船兩旁置櫓亦畧似之而扞以廂門義尤為備特其首尾之制微有不同因是而增損之則無蜈蚣之名而有蜈蚣之周矣何至堂堂

天朝取去小夷傾其品式巧其稱謂以為作者之眩哉

海船 巳單

尺度無考

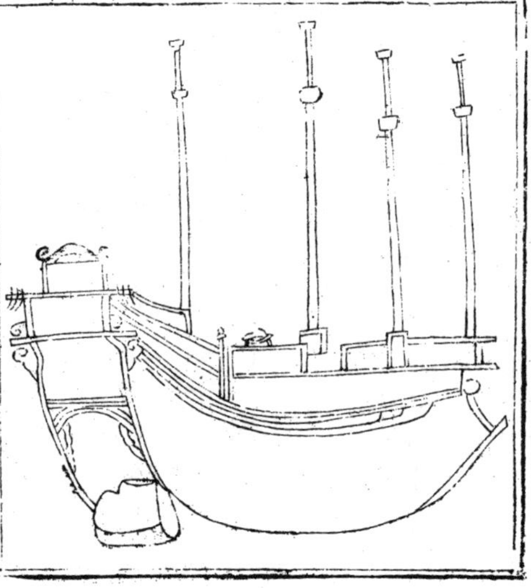

南船紀曰謂海之不可行者漕政錄有見于惠通之利也謂海之可行者衍義補習知海道之故也人多以此咎文莊啓天下紛更附和之談不知文莊未嘗言廢河而任海也亦未嘗言河海分任其事也特欲稍閒暇習船一二俾知海道以濟意外分毫之急耳雖然近又竊有聞焉旁海閒有支河由海州入安東衛抵鹽山通馬家濠可避劉家島大洋之險又由馬家濠至海滄口新河四百里可避蓬萊黑水之險取道閒行舟穩而捷是又一惠通而更便者也惟其道

泉引水決河立牐之工所不能無侈之者尤謂其有三利噫三利未足言而海運之說可無勞于聚訟矣

按海船者即元之運船也元都燕輓東南之粟由海道入直沽

國初因之永樂十二年會通河成而海運罷然猶用之以輸遼東之花布以備倭夷之侵擾正德中華而復沿至嘉靖三年始題准停造矣然竊聞其說不過曰花布已收折色無事裝運而重大難施不可用以為戰噫是說也以為為　國家惜財則可恐非所以達變也邇者島夷屢發為寇閩浙至焚村落屠居民雖添設重臣奔走二省而全効未著豈兵威之未振哉士不習也夫海濤之勢與江湖稍異士非素習其間一旦欲用之頭旋股慄不能安其身矣況欲展其技能乎然則謂海船之不可廢者未必無深意也因訪其遺制圖以俟考焉

兩頭船𦨵

尺度俱無考

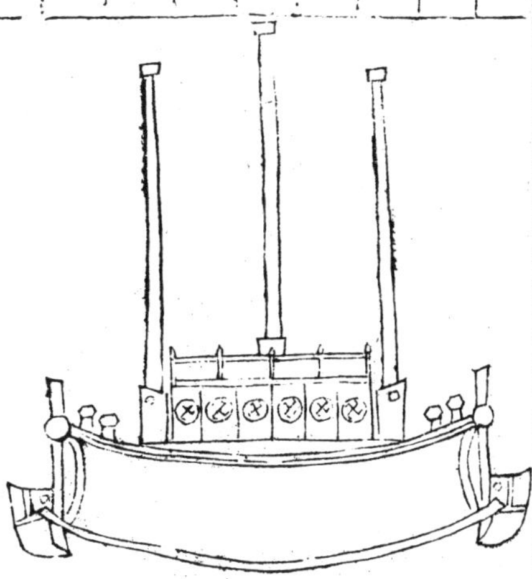

按兩頭船未之前聞也其說始見於丘文莊公蓋海風轉易不常而船大難旋故兩頭置舵隨風順逆而用之要亦行海之不可缺者審如是又何憂其重大難旋而遂廢之也哉稽之戰船卷中亦有是名而裁革已久莫可考據竊以為江海異宜特其制有大小耳未有利于海而不利于江者也用圖其制以俟采擇云

龍江船廠志卷之二

龍江船廠志卷之三

官司志

共鼓之後作舟楫者代不乏人周官六職厥屬三千乃稱大備然僅設川衡一官掌川澤禁令而舟楫之務不一槩及豈冬官信亡哉抑上古疆服不及江漢遊巡征伐惟車馬是飭也膠舟之變不為耻矣楚人乃委諸水濱莫任厥咎典司之曠不以甚與漢元鼎中置水衡都尉左右使者然不主舟楫也主天下舟船自魏黃初始于是乃有專職矣故有以進賢兩梁

冠與御史中丞同者有為大舟卿位視中書郎列卿之末者有攻監及少監並為令者唐為使領舟楫河渠之署不屬將作宋制都水監判監事一人以員外以上充同判一人以朝官以上充丞二簿一並以京朝官充蓋自南北分治江淮間戰漕之務不可一日不講則其職任日繁而重者亦勢使然也其屬有舟楫署檝櫂令丞在晉曰船曹吏在齊曰官船典軍後周曰舟中士隋曰舟楫署令唐宋因之掌公私舟船漕運之事元豐中詔都水外監提舉汴梁乃始有提

舉之稱矣

明興法古並建六部政無旁出河渠舟楫之事凡在兩直隸者皆隸都水司郎中總其事主事分往監督故衛河清江龍江皆有分司有提舉司綱舉目張超越前代矣然衛河清江專理漕務皆永樂以後增置唯龍江則肇自洪武初年專為戰艦而設也正德戊寅復註選主事駐劄管理責任既專而防範益密矣

郎中 正五品

郎中舊非為船廠設也然船務無巨細必關白之例不可畧已但事籍莫稽雖名姓僅存率多闕畧不無待于博稽云

洪武時張缺名　王溥　蔣□　杜來中　劉杉

永樂時向善　□□□　李思忠

宣德時李源

正統時缺

景泰時王缺名

天順時蔡缺名　劉昌四年任　劉春六年任　陳浩八年任

成化時潘傑四年任　黄會廿一年任　張縉山西人十六年任　張本浙江人十九年任　彭鏦二十三年任

弘治時盧昜元年任　安康三年任　司馬垔浙江山陰人六年任　金祺浙江麗水人十年任　曹秤直隸歙縣人十三年任　汪濬直隸黟縣人十五年任　汪從恩浙江人十八年任

正德時

徐潭浙江錢塘人一年任

李汛直隸歙縣人四年任

邢珣直隸當塗人八年任

盧學書江西清江人九年任

陳伯安錦衣衛湖廣黄陂人十年任

徐愛浙江餘姚人十年任

吳士典福建龍溪人十二年任

張漢湖廣安陸人十四年任歷本司員外郎

劉守達直隸開州人十五年任

方選江西浮梁人六年任歷本司主事十

嘉靖時

祝亨應天江寧人三年任

李鳳山東昌邑人四年任

盧蕙直隸山陽人六年任

倪霦[redacted][illegible]人七年任

林維翰[redacted]廣東番禺人八年任

劉讓嶼[redacted]江西安福人十一年任

狄冲[redacted]陞任應天溧陽人嘉靖癸未進士十二年

鄧文憲[redacted]廣東新會人十三年任

涂相[redacted]江西南昌人十七年任

薛𡟖[redacted]直隸魏縣人十七年任

陳文浩福建閩縣人嘉靖壬辰進士歷[redacted]二十一年[redacted]陞任

鄭汝舟福建莆田人嘉靖壬辰進士歷本部主事員外郎二十二年任陞湖廣按察司僉事

船廠志卷三　四

金椿浙江山陰人嘉靖丙戌進士[redacted]二十四年陞任尋陞廣東瓊州知府

李愚[redacted]河南祥符人[redacted]二十七年由[redacted]陞任

鍾卿廣東東莞人嘉靖己丑進士歷戶部郎中謫官二十九年由府同知陞任陞江西九江知府

張珪直隸太倉人嘉靖壬辰進士歷南京刑部郎中謫官三十一年由府同知陞任

楊九澤陝西華陰人嘉靖戊戌進士由御史謫官歷陞南京戶部員外郎三十二年陞任

督造員外郎主事

正德十三年以前督造之責未有專屬或員外郎或主事隨時承委裨代靡常今皆無可考矣獨其留心廠務著有政績者猶可得而紀焉

司馬垚[redacted]弘治二年以都水司員外督造首復廠地為富民侵并者四頃五十餘畝歲增油麻以千數

王鐶[redacted]人[redacted]弘治四年以都水司主事督造因廠地四曠乃立木柵自帮工廠專藉前廠延袤二百餘丈守者稱便焉

沈啓直隸吳江人嘉靖戊戌進士嘉靖二十年以營繕司主事兼理督造念船務頗瑣牽牘汗漫難稽作南船紀四卷至今賴之

註選主事　正六品

船廠志卷三　五

劉夢詩江西永新人正德[redacted]進士十四年任陞南京刑部郎中歷陞兖州知府河東鹽運使

王熺順天固安人正德[redacted]進士十六年任陞禮部郎中

方鵬直隸建德人嘉靖丙戌進士五年任歷陞戶部員外郎中按察僉事

陳茂義浙江慈谿人嘉靖己丑進士歷吏部主事謫官九年任歷陞兵部車駕司郎中廣西參議

王利山東陽信人嘉靖中舉人歷知縣十三年任改工部主事歷陞郎中山西僉事

張瀚浙江仁和人嘉靖乙未進士十六年任改刑部主事郎中陞廬州知府

陳津直隸長洲人嘉靖中舉人歷知縣二十年任陞南京兵部職方司郎中致仕

裘衍江西新建人正德丙子舉人歷推官嘉靖二十五年任陞本部虞衡司郎中致仕

李昭祥直隸上海人嘉靖丁未進士歷知縣嘉靖三十年任

河防科令史壹名典吏壹名附

屬轄

龍江提舉司提舉壹員正八品副提舉貳員正九品典吏壹員流外入正德十三年裁革副提舉壹員典吏壹員然自嘉靖九年副提舉張秀之後亦不復選止存提舉壹員而已其在弘治以前者不惟事籍莫詳雖名姓亦莫可考

南船紀曰提舉之職專掌戰巡等船之政令凡工之將興也經始畧事鳩工度材及其興也恊其法式禁其奇衺又其既也比其功而稽其稍食幾其貨而陳其要會出其船而詔其器數上之部司以聽部司之考覈焉又以朔望之期聽中軍都督府之治也如之

提舉

凌鶴應天江寧人弘治八年任　張赴山東商河人正德二年任

鞏瓚河南杞縣人正德五年任　梁清廣西鬱林人正德九年任

郭彥實陝西涇陽人正德十三年任　權仝直隸霍丘人嘉靖六年任

運議直隸潁上人嘉靖十二年任　劉子貞江西安福人嘉靖十六年任

鄒亨江西清江人嘉靖二十年任　鄒瓊江西南昌人嘉靖二十五年任

龔佶江西南昌人由中書謫都司檢校嘉靖三十一年陞任

副提舉

榮濟山東曹縣人弘治三年任　張希德湖廣石首人弘治十年任

尹貴江西貴溪人弘治十一年任　苟賢河南新鄭人正德三年任

劉晟陝西渭南人正德十三年任　柯正國四川雲南人嘉靖四年任

張秀直隸新城人嘉靖七年任

司吏貳名一人匠科一人計料科

幇工指揮千戶百户各一員五年一次兵部考選廉勤者充之受中軍都督府操江都察院之約束督率駕船官軍在廠恊濟小工如艌板舂灰搜鑽之類船之成也上其數于府院以聽取撥焉邇者軍士習於偷惰督率者以非屬姑息十不一至恊濟之工皆出於作頭之雇募而匠役於是愈困矣

雜役附

廂長四十名洪武永樂時起取浙江江西湖廣福建南直隸濱江府縣居民四百餘戶來京造船隸籍提舉司編為四廂一廂出船木梭櫓索匠二廂出船木鐵纜匠三廂出艌匠四廂出棕蓬匠廂分十甲甲有長擇其丁力之優者充之長統十戶每廂輪長一人在廠給役季一更之歷年既遠匠戶皆失其故業且消長不齊嘉靖二十年存者二百四十五戶又戶丁多寡懸絕視戶責役貧者不堪流亡日甚至三十年而戶不及二百矣乃通行清審勾稽廂均其甲甲均其戶與丁于是舊規稍復勞逸漸平但遇年船政督察近苛雖宿弊漸除而匠作不樂其業率趨他役以求脫賴版籍素定罔敢輒改雖有力者亦莫行其志云

作頭四十五名匠戶中擇其丁力有餘行止端慤者充之所以統率各匠督其役而考其成也舊制船木作艌作各四名蓬作索作各二名鐵作纜作細木作各一名共一十五名歲歲不易役因[illegible]役苦[illegible]乃分

定三班役一休二週乃復始三年而一審之覈其貧弱者而更之

內官監匠三十八名先年該監因造上供器皿移文本部取撥造船匠充役工完發回後因工作增多陪數添取遂為定例及遇工完止將添取者發回而原數三十八名即轄內府每月輸錢不可復蠲今四廂之丁日就衰耗雖本廠之役亦不克支苟不稍為矜恤吾不知其所終也

御馬監匠四名洪武中移文取撥船匠油艌馬槽料桶

丁字庫匠三名永樂中移文取撥船匠油艌板櫃裝盛各處市舶司所進魚油

寶船廠匠二名洪武永樂中造船入海取寶該廠有寶庫故取撥匠丁赴廠看守今廠庫鞠為茂草而匠丁之輸錢者如故

酒醋麪局匠三名洪熙元年該局奏
准行取艌匠作酒榨飯槽等器

後湖水夫三十七名永樂中該湖奏

准取撥匠丁三十七名駕船過湖每名幫丁一人共七十四人分為二班統以小甲五日一往如遇事故更易提擧司審僉二名送湖聽點是役視諸役最輕人率趨之以避重差

看料匠丁二十名本廠物料叢聚無墻垣之限舊規本部撥班匠二名并四廂空丁輪流看守遇晚附近地方撥人巡徼弘治年間廂民不便告部准令朋辦料錢雇人充役正德二年本部班匠不復撥到在廠者唯雇倩之人而已嘉靖八年都水司免匠户雜差帖照得所轄龍江提擧司專以修造各項𦨭隻設有廠庫房屋堆放木物等料先年俱是西城所轄地方晏公廟車船塲定淮門儀鳳門四處人户輪撥看守朔望呈點不致失誤結狀其提擧司所轄四廂人户雜處四散又當該城夫差近該本部督造主事方壽查各户原係起取赴京造船人匠今多不諳祖業着令子弟在廠學習本藝以備差用及至拘喚多着原到部以憑當該城總小甲坐舖夫差搪塞緣由此恐避重就輕躭誤工程從宜處置究換續奉本部送到南京通政使司送據龍江提擧司匠籍余仲善等連名狀告為分理重復差役事比例太常寺牧馬織染所事體給帖執照除豁地方雜差以便在廠專役等情當審得四廂人匠在廠造船係當正差西城夫差皆係雜役輕重應否自有不同况西城原聽提擧司巡守人役幾倍于四廂人户今提擧司既不用西城人夫則西城雜差亦不宜復用四廂人户已經禀堂行城遵依究換給帖付照外今該城仍復朦朧差撥以致爭訟法司殊非定策除府原帖取回塗抹另給新帖付照其西城所轄四廂

人户仍舊輪流看守提擧司錢糧朔望呈點不致失誤結狀提擧司所轄四廂人户遇夜應當該城坐舖守更此外不許該城勾擾别差科索財物亦爲遵守使習藝者日間得以在廠專工幫匠者不致妨害生業庶可經久如該城再行勾擾許令呈告轉呈本部參送治罪

更夫一十五名係定淮門儀鳳門車船壩晏公廟四舖居民輪撥巡徼

橋夫四名前後廠溪口二處皆有板橋每處僉左右各一家以司啓閉幾出入

脚頭一名商舖輪木于廠雇募附近軍民扛擡往往掯索工價隨時低昂乃僉一人為首而平其值使統理而督率之

船户無定数四廂匠户皆無恒産率以駕船為業舊規有船者隨其大小報名分司置籍紀之以聽本部之差别衙門不得擅撥近因儀真等處埠頭拘擾告給印烙稍牌為照嘉靖三十年督造分司行儀真縣廠轉行禁革公移為乞恩查革濫差以便貧匠活生事據龍江提擧司部等廂匠户浦鳳等連名狀告鳳等蒙僉作頭廂長身役家無田産惟靠撑駕船隻活生已蒙本部批允不缺所在地方埠口攬載往返再無别項差遣遵行已久不期近來儀真縣積年埠頭將彼處船隻賣放却强拏身等船隻裝差但不依聽不容在彼覔載曾經具告本部督造分司蒙行文本部蒙憑轉行知革未久又被慣悪埠頭袁遷樂景等屢屢設遠拏明恐本縣

有晚差船隻豈容賣放不撥扰拿身等替差理法不卄休允行文禁革庶免擾害等情據此看得所轄龍江提舉司四廂匠户俱各盪船生理凡有船隻俱報注冊聽候本部差遣今據前因相應查豁為此合用手本前去管理瓜儀二廠本部主事案□處煩為轉行衛縣禁革施行

佃户無定数即提舉司歲徵油麻人户每遇本廠起船出船車水作壩等務暫拘幫役事已即散不得数召久羈以妨農業

上作頭十六名本部各所局所轄不屬提舉司故稱上以別之每遇預備等船興工提舉司作頭所不能辦者則暫撥管理搭罩遂作三名旗作油畫作鼓作銅作縧作鑄作鏇殼作穿椅作貼金作纓作旋作各一名箍桶作二名

龍江船廠志卷之三

廠圖

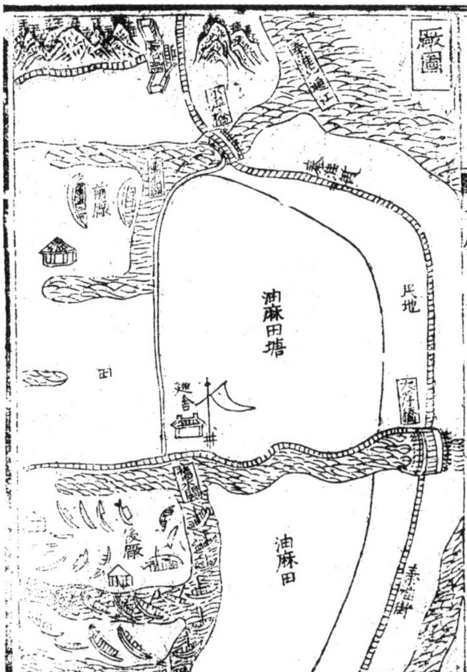

龍江船廠志卷之四

建置志

周禮設官分職必先辨方正位體國經野所以察地宜立民極也廠地外縈天塹内倚石城衍沃四望盧龍馬鞍料榜諸峯前後拱揖足稱形勝天待我明闢置船肆建官設局彙材聚工而茲地日益增重雖百九十年來制有沿革神謨宏遠莫越範圍無疆之休端在是矣居是地者尚務成厥事以無負建邦啓土之意哉乃志建置

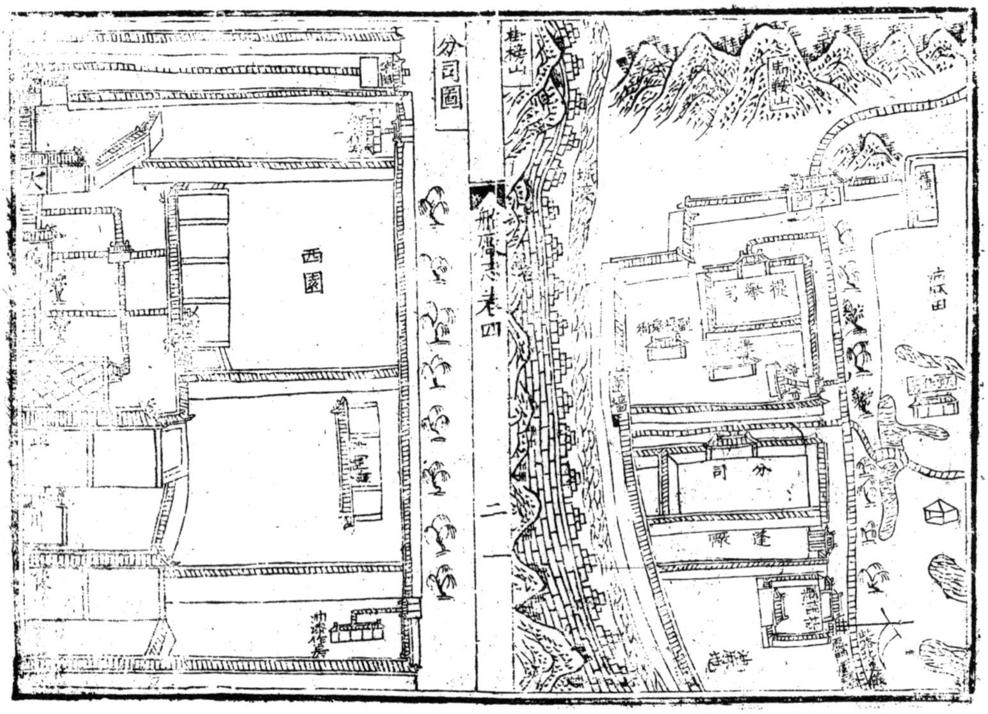

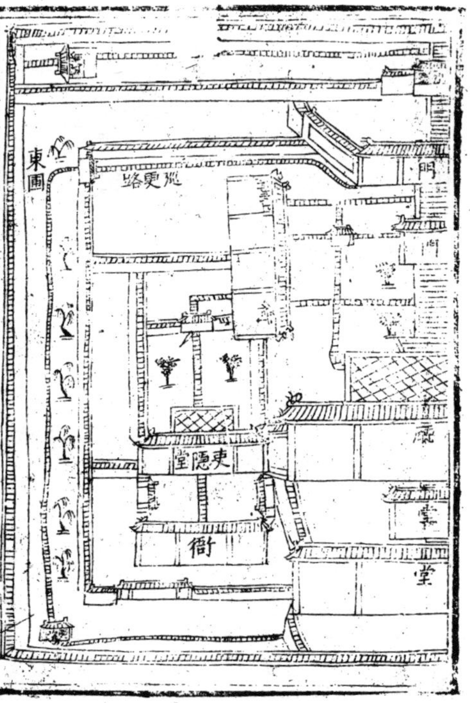

船廠志卷四　三

洪武初即都城西北隅空地開廠造船其地東抵城濠西抵秦淮衛軍民塘地西北抵儀鳳門第一廂民住官廊房基地壹百叁拾捌丈南抵留守右衛軍營基地北抵南京兵部苜蓿地及彭城伯張[redacted]田深叁百伍拾肆丈後因承平日久船數遞革廠内空地暫召軍民佃種止留南北水次各一區以便工作畎澮中界而廠遂分爲前後矣二廠各有溪口達之龍江限以石閘板橋以時啓閉東南隅舊有短垣西北沮洳艱版舂弘治四年主事王鏌作木柵以補其缺周繞二廠各置

水關以幾出入守者便之歲久而廢南為廠門三間路由馬鞍山下透迤蜀之道衢嘉靖十五年主事王利建工部分司坊於路口今易其額曰龍江船廠又因路苦濘悉甃以磚右副都御史顧璘為記云南都石城之西沿清江而下暨工部分司接水部尚書郎一人總今提舉司之政督治江防戰艦廠務重矣前視事者多擧其人政日蠱擧自陽信和齋王君利來董司事精核敏亮百務煥修嘗坐外庭見百工赴役者值霖雨泥濘露體沒足跛涉孔艱惻然念之且自訟曰任王事而不備謂之不忠覩民瘼而不恤謂之不惠吾將誰諉乎於是相地曲直為道者凡三百六十丈有奇廣狹如度不越歲告成去跛即平視故都御史容菴金公所葺道未備者益更新充拓仍建表識以壯觀望里有金生詈賈容菴公之從子樂圯遺之聿新聆與人之共誦率同里滕生泰華謁余為

文以紀厥美且曰特君仁政之緒耳昔聞令冀城及順義時定婚塟之禮均里甲之稅鋤横暴之族屈強桀之勢解淹滯之獄仁聞四達臺府交薦擢官南來父老留連車下若失怙特可不謂仁人也乎今蒞茲任政固有大於修道者顧因此以着嘉績之一遂不讓為之記廠內有分司提舉司幫工指揮廳各一區蓬廠一所云

工部分司建自成化初年坐東向西前有池跨石為梁正德十四年主事王熺增建後廳三間左右廂房以為寢室嘉靖七年主事方鵬建儀門及牌坊三座中曰工部分司左曰監收右曰督造又立分司題名碑目為記云環留都長江也大塹之也人固之江操耳戰船由設也工為通津舊往來之暴有巡船馬由江而入館都城曰龍江十餘里外

司署焉分都水司督造船事而駐劄於此也所屬有提舉司有幫工廠造船之所也屬官提舉一員副提舉二員典史一員正德年間裁減存提舉副提舉各一員今止存提舉矣凡造船之料物司之也計料有科人匠有料爲吏各承行也人匠皆洪武永樂年間取江西福建湖廣浙江南直隸邊江府縣熟於造船者挈家於提舉司隸籍今知藝者百無一二兮外匠也幫工有軍指揮千百戶各一員率以趨之聽提舉司取撥於江口之營也工峻皆隨船歸撥焉分司催督視其成者夫驗料正貫謹作衛工亦不敢辭勞也利之所在弊端毛舉匪明蔽匪公蔽仁匪毅蔽斷匪介蔽惠蔽法無威姦費濫功非也雖易之間克任與否嫌疑非所計無愧而已是職也成化以前文案灰燼二十三年本部奉欽依委官一員嚴督提舉司官吏匠作及南京中軍都督府差撥官軍督造之責蓋重也往歲部委攝行通事更代不常右侍郎新泰崔公請于廷添註主事一員專奉南京工部都水司比洪閘例專任三年滿日考覈吏部政選督造

之責始專也予始承乏人曰南京之清秩也抵任諸寮曰吾部之僊官也予以為然可免俗累矣接其事件件然略無統紀既而視船於營弊殆甚焉予心不遑寧也夫以保障重寄乃見戲如此哉江南窮民膏血取集于一船必視為官物焉仁者不為也歸其究在我者一一經理之料惟負有惟當主權精弊者滌其廢者役斯工速用舒船皆為經久圖也任歸于營吾末如之何矣右侍郎懷慶何公轉聞命下檄予會同兵部職方兵科按李鼎聞故壞船者陪且罪吁特刃斷水能如之何然愈為不為也漸可致警工作庶乎少息民徵可緩急可有備矣不自反者为我咎焉惑也所惜者交承不面事與俱往來者之心未必不猶我之初來也茲用石端疏分司專任者姓諱附籍任年月于其下兼者如次而具則專任分司者自是秩然于目矣雖然人之賢否職之舉墮觀之者得以指其名而議否異予不能無罪也僭及膚妄非敢為衍且俟徵云耳惟同志君子矜恕焉幸也十七年主事張瀚建吏樓於

門之左右隅二十六年主事梁衍建希僊堂於儀門之北依穀亭於堂左自為解云魯江子至龍江之明年為嘉靖丁未時維朱明伏金于與當風鼓婁蘊隆鬱蒸乃命童子移几席擇樹陰而避之北隅有木秀發茂樸古幹卷曲高者若昂函下者若伏追近附著堂然如屋薰風徐徐日光凝綠時有長者之車貴然過余招之燕坐偷以瓜蔬客曰南有喬木不可休息喬木果若是之非乎魯江子曰有杖之杜生于道左信非杖杜之所可及也客曰李托于君子為主賓陶甄奕世相聞惜也維穀材非栗榛傳謂惡木未由自新世參與墨世稱皆人或回朝歌之車或忌罵毋之門常恐不善親于其身乎也力學洗愛親仁甘與惡木日相比隣毋乃不可乎曾江子曰天之沃沃叢生卉育胡為以惡厚誣于木子必有□□哉絲告客曰穀之生理外枉中施大雜備夫棟□□亦不可製器工師臨之過而弗視或楮或薪為不小技與櫃而惡誰毀誰譽曾江子曰出于

船廠志　卷四　六

夫者為命畀于物者為性性固本于天成命實由乎一定孰委化以流行孰委順而名正義惡于物何由僭莫達夫性命即以其材遂豈其惡脫有抱善之類陋巷獨樂顏可以名題使才如跳躍亦將以善類而自托客曰然則然矣豎崇明堂緝治總章斷削篚篚斲敷南鄙信如穀也柰何與辟木而爭長曾江子曰子能不主故常變化回翔闡視玄聽知微知彰人達觀于物情否耶吾聞尤物總總必有偽用多用繁與真元日傾聖人所以不貴異物者慮其外本而內末施天下以奪爭是故巢穴而民莽茨而君詎曰知巧罔及夫人常維風而亙蔽敢追琢乎儀文使穀生斯時講會逢機招搖茅茨並駕齊驅投之所嚮何往弗宜豈終受玄御之汚染附翼燒氏常供烈焰之需悲夫至德無為管商出而崛奇枝葉繁盛墳典盡棄澶漫摛僻蹩躠踶跂致使後進禮樂淵倒波蕩懷大雅之君子日滋披卜白駒乃欲舉天下于隆古吾將帳惆而誰歸客蕩蕩默默乃不自得三復俛仰恍惚戚感曾江子撫膺拊而歌曰噫嘻穀兮維木之良身□

作古守郁棟樑儀高才之粟征兮颶拙斯蔽誰云巧善而拙惡兮使我心傷願構亭以寄笑兮聊寓乎而循律歌既寓之亭中以質諸好古者　二十八年燬于火室守蕩盡唯希僊堂僅存李跋題景陶齋因三十一年主事李昭祥重建視舊制稍崇廣之跋為南向自為記云龍江廠所司特船務爾提舉董之矣分司何居司督察也夫事久則蠱必幹乃亨情怠則媮必紛乃據故印琴瑟弛斯更張至聖人遇變而通道固然也我　聖祖龍興蕩平僭亂率先吳漢吳濟皆澤國故舟楫為要焉乃提舉司船廠設也有貳有史官備責專俾隸諸水部可不謂慎且重哉于時人咸會庸藝精業監舳艫蔽江用罔弗利矣迨熙洽既洪四海過劉上下相蒙視水軍為虛設而舟楫之務不復一加之意謀國者長慮遠覽圖善厥終謂提舉官畀秩下不足倚遂疏請專任部屬蒞往督察于是分司建焉然廠部相去三十里而遙官多攝事蒞不

船廠志　卷四　七

以附蠱者未盡幹媮者未盡飭奸宄之侵漁而詭迹者未盡麗於法也後請添選主事駐劄專理夫船務一也或幸諸提舉而有餘或督以部屬而不足豈難易之勢遂懸殊哉敬與怠焉爾矣余去秋承乏茲官則分司已先弗戒燬無遺壓席蓁莽眂事因嘆曰有居而至者弗時且息若事矧無居乎乃白于大司空樸溪潘翁將重建焉翁曰可遂以見屬鳩工度材歲莫經始廳事首建墉垣周繚門閾中啓可以止姦矣餘乃以次底績為中門為左右廂為後堂為川堂規制既具翼然改觀而書齋寢室神祠警舍左右嗣興庶幾完美計為堂三十有六總門之外為綽楔三凡六閱月而竣事是役也以經畫則受之樸翁以經費則出之公帑以規制則循其故址易西向南以受陽也余不能少有與焉既成矣將蒞其廳或以舊額告曰濟川余易之曰敬事夫敬始于吾心而充之可以安百姓使居是堂者恒惟委任之卑懲玩惕之弊日兢兢焉思提厥後毋俾其不試而苟且以塞責毋悍于更張而因循以滯怨剝人恩功能工必信慶因

初戚美可以復蘇故幹盤餘婾知所做矣不則上䢴下案終以僨事濟川之功不亦遠哉後食之堂名以素絲食之不浮則委蛇而有流羊之風矣遂紀諸石將與同志者共勗焉別作吏隱堂於左以為衙舍又遷三坊於前而新之易其額中曰大衙別署左曰省試右曰監督鑿井甃泉插柳移竹於是方隅不倚規制整肅蔥欝幽雅與馬鞍諸峯爭勝矣

提舉司國初創建堂寢門廡靡不備具左為幕廳吏舍今廢洪正德十四年提舉郭芳實重修嘉靖十六年提舉劉子貞增建儀門及寢室於堂後二十二年提舉鄒亭立題名石之赤江張時為記云予北上維舟南部龍江因謁提舉鄒君居官何如民皆賢之予與君里姻也聞之喜及抵公所遂見君徒步烈日中視事無斜旨無費態既而君懇留踰信宿備見君建下廳而紆削棘敏而楚至於奉身則又儉而約類然一書生也予益喜謂氏之言足徵矣因訊前之官此者何人君舉對沛如建瓴纚如貫珠無注舌也予甚異之因詰其何能悉此君曰吾景仰先華久矣第惜其去世遠則跡耗跡耗則湮涸湮涸則名湮將祈扛筆紀而求諸石惜未得其人今幸遇君脫穽既沐思胹矣予曰噫觀此豈惟見君待前輩之厚實能懋官以風後人是君愛國之意遠矣夫即石以觀其名綠名以覈其實使民是之必其人之賢也不治右之光乎脫民非之必其人之不賢也不貽石之羞乎歆其光思以就之而取以淑己恐其羞思以去之而恐其逸己是則所謂懋官也德是心也豈惟君哉蓋人皆同也人皆同則凡後之官是者同一知所去就而人思懋厥官也官懋則治功樹治功樹則朝廷之望副矣由是觀之則後之懋官者皆君啓之也是君愛國之意不亦遠哉則斯石之建其為百官之功也不淺矣昔彭克修尹求安石前尹名於亭繼克修者亦劉克修名於後未幾而克修之孫有官而過求安者問其祖民携香拜於石而指以告焉今予一至龍江已喜民賢君之言足徵又覘君愛國之遠逆知他日必有思君如克修者君勉乎哉君聞予言拜手颺言曰命之矣命之矣遂請刻於石二十六年提舉鄒瓊即幕廳故址作小堂三間司後為油麻庫左右各八間歲久而圮三十一年提舉龔信重修之庫後為提舉副提舉廨宇各一區今皆廢僅存形制焉

幫工指揮廳坐廠東北隅西向前後各三間左右廂房

蓬廠坐分司之北先年打造海船風蓬之所也內有房十連計六十間收貯船料今俱廢惟墻垣僅存拆船舊板收積其中既無蓋茨日就腐爛是房之建殆廠務之不容已者云

細木作房六間在分司西南

油漆作房四間在分司西北舊房與分司同災三十一年重建

艌作房三間在提舉司北

鐵作房四間在提舉司西北路外

遂作房　索作房　纜作房以上供廠

看料鋪舍一所在後廠路口

愚嘗歷覽木柵之遺迹而知創治立法之難也使繼之者日葺而月補之豈遂至廢壞若此哉聚財貯於廣野中欲無浸蝕之患不為深墉固門之限而僅托諸區區之法禁吁危矣哉方今財用日詘興復之難不待智者而知之矣嘗欲因四周舊河濬而廣之蓄水為限似為稍易而淤淺之弊亦近在二三年後耳嗚呼秦築長城後世哂之乃至于今利焉而三代井田良法至漢已不可復覩矣吾亦且柰何哉

龍江船廠志卷之四

龍江船廠志卷之五

斂財志

昔大禹經畧九州三壤咸則乃役交正厥土庶慎財賦故自總銍之外凡有裨於邦用者漆枲絺紵羽毛齒革璆鐵簵箘楛不登貢周禮大司徒以土宜之法辨物任事剃茅不入至動師致討厥亦慎哉我

聖祖建都江南倚舟楫為重務然船政所需率資于権又隨宜收買以濟不給具載職掌可覩也惟油麻所入額有土田科徵儲用故厥土之賦一不及民雖市舶有魚鰾之貢而海船既罷尋亦停革豈非崇本抑末憫農恤民之至意與逮弘治中始有議都協濟船料之派蓋亦當事者補獘持偏不獲已之計也今油麻田土屢經增置而権政日趨折色竹木之用收買者什居七八矣通工恵商量入為出固典司者所事也乃志斂財

地課

國初設廠以來廠外原有田地塘堰逓年召人佃種比照稅糧計畝出辦桐油黄麻收貯司庫以待修造

黃戩等船之用不敷又將苑屑壩抽分場空地俱撥
提舉司召佃亦照前例徵辦油麻後因海運等大船
漸次裁減廠地空閒數多正統天順間附近居民侵
占耕種冒認上元縣及各衛所稅粮屯粮又太監鄭
和子孫盜賣菜地一塊弘治二年本部右侍郎黃
據匠作周春等呈告查實具
奏准行南京刑工二部會官勘問明白查出退還田地
共肆頃伍拾捌畝伍分玖釐玖毫南京工部爲清查侵占官地事都水清吏司案呈奉本部送准工部咨該南京工部右侍郎黃　等奏方璉等侵占盜賣龍江提舉司官地數
多欽行差官清查提問如果冒認稅粮即與開豁將
所占田地給帖暫令承管比照慶豐閘河岸空地認
納油麻以備造船取用候該司造船工多之日仍各
退還堆放料物工部議擬覆題奏奉
欽依移咨南京刑部工部委官各一員督同該城兵馬
司通行查實果有侵占盜賣情由應提問者就彼提
問應參奏者徑自參、奏等因移咨到部本部就經
委官員外郎司馬垚會同南京刑部委官山西司郎
中游興督同西北二城兵馬指揮王瓔趙勝帶領原
識匠作周春等前去龍江提舉司沿丘履畝踏勘丈
量委被方璉等侵占盜賣本司牆圍內地基共肆頃
伍拾捌畝伍分玖釐玖毫是實將方璉等貳拾壹名
依律問罪外照出龍江提舉司原被方璉等耕種稻
田水地塘小蘆洲埂并房基地係經會官丈量
過數目明白行兵馬司造冊本部給帖暫令各人承
管耕種辦納油麻其方璉等陸名於正統天順年間
冒認上元縣及該衛所稅粮屯粮合移咨戶部查吊
各人冊籍開豁差徭及鄭灝招係太監鄭和子孫伊

祖在日耕種提舉司菜地壹段今擅自給賜之
文查無文卷可照太監已死子孫陸續賣與江寧縣
已故民人宋謙得銀貳拾兩入己緣前項地土原係
該司官地理合退還仍令買主照舊耕種辦納油麻
等因具奏又該二部覆題奉
聖旨是欽此欽遵移咨到部理合就行爲此一咨戶部
將方璉等稅粮除豁一咨委官郎中司馬　及龍江
提舉司俱遵照　欽依內事理施行
嘉靖五年又據佃戶王徽等告勝太等欺隱田租本
部委官踏勘查出二處田地塘埂新舊共叁千叁百
陸拾壹畝貳分柒釐貳毫玖絲陸忽伍微貳圭內除
無土墳地肆畝陸分叁釐柒毫絲租荒地玖畝柒分
玖釐柒毫每年實徵油麻田地共叁千叁百肆拾陸
畝捌分叁釐捌毫玖絲陸忽伍微貳圭內提舉司柒
百叁拾叁畝肆釐玖絲陸忽伍微貳圭苑屑壩貳千
陸百壹拾叁畝柒分玖釐捌毫查得嘉靖五年踏勘文冊總內多算麥地叁畝伍分肆厘失算無主墳地肆畝陸分叁厘柒毫今俱查明改正十二年又據黃淮
告稱龍江抽分場牆外空地比照苑屑壩事例自願
承佃開墾本部委官勘量除石堆不耕外實得田地
塘貳百陸拾壹畝壹分叁釐貳毫伍絲照例輸納油
麻二十年又據佃戶張獻等告稱開墾提舉司麥地
壹畝肆分伍釐肆毫壹絲三十一年又據本司匠戶

廿日，等告稱龍江場墻外空地亦願照例承佃開墾
該督造主事李　呈部委官勘量賣得田地叁百
貳拾畝肆釐時豪家爭佃者多比照子粒屯田止許
軍人領種事例准給本司匠户永遠承佃不得盜賣
南京工部督造主事李　呈爲開墾官地以助
國用以掌資匠事查得龍江抽分場原堆竹木地方
廣大後因改堆瓦屑壩場該場空地數多嘉靖十三
年有黄准等告部請領自備工本開墾前地比照犁
江提舉司官地辦納油麻以充造船之用蒙准差官
勘明給帖承佃外尚餘未墾荒地壹半有餘今照本
部造船歲用油麻地課不足不免動支庫銀收買前
地乃棄不耕深為可惜擬照前例召人開墾歲
辦油麻少紓公帑為分之一及照提舉司所屬一戶
俱係先年起取外京人民來京造船原無恒産　貧

生齒日繁貧不能給往往流移漂散失其故業故每
一興工輒募外匠該司油麻官地理應比照各衛所
屯田止許軍士領種事例通行分給匠户以為恒産
然召佃之時每為有力者奪去貧匠束手無策自甘
窮餓良可憫恤又恐安習已久一時難以紛更見今
未墾之地合無候本部委官勘明查審各匠丁力多
寡量分承佃不許豪家仍前霸占其原佃過田地一候
有事故更佃之時悉改給匠户漸次更張使歸畫一
匠户亦不許不行告官私相授佃及佃與軍民人等
以開墾工本為詞得銀入己即以盜賣官田抵罪庶
伏積荒無用之地既得以裨　國用而貧不
聊生之匠皆得藉此為業而不至於流散矣于是土
地[illegible]課稅[illegible]增適計田地塘溝埂共叁千玖百肆
拾貳畝肆分肆釐伍毫肆絲陸忽伍微貳圭內除無
主租堆荒地外實在三處共叁千玖百貳拾捌畝

壹釐壹毫肆絲陸忽伍微貳圭歲納桐油陸千陸百
玖拾斤柒兩貳錢黄麻壹萬叁千伍百叁拾壹斤陸
錢陸分捌釐
稻田每畝徵桐油貳斤黄麻肆斤計稻田貳千玖
百零壹畝伍分玖釐捌毫捌絲叁忽
該徵桐油伍千捌百陸斤肆兩柒錢捌分
黄麻壹萬壹千陸百壹拾貳斤伍兩伍
錢陸分
本廠肆百柒拾玖畝玖分壹釐叁毫叁絲
瓦屑壩抽分場貳千壹百壹拾貳畝肆分伍釐

捌毫
龍江抽分場叁百玖畝貳分貳釐柒毫伍絲
麥地每畝徵桐油壹斤黄麻貳斤捌兩計麥地伍
百捌拾陸畝陸分玖釐陸毫肆絲柒忽壹
微
該徵桐油伍百玖拾斤肆錢玖分貳厘
黄麻壹千肆百柒拾柒斤貳兩壹錢
分

本廠壹百陸拾畝柒分柒釐玖毫肆絲柒忽壹微

瓦屑壩抽分場貳百叁拾叁畝貳分叁釐
龍江抽分場壹百玖拾貳畝陸分捌釐柒毫

藕水塘蕩每畝徵桐油壹斤[illegible]計塘蕩貳百玖拾壹畝肆分伍釐肆毫捌絲忽玖微貳圭

該徵桐油貳百玖拾肆斤壹兩[illegible]分捌釐

黃麻貳百玖拾肆斤壹兩玖錢貳分捌厘

本廠陸拾肆畝柒分柒釐肆毫捌忽玖微貳圭
瓦屑壩抽分場壹百伍拾畝壹分貳釐貳毫
龍江抽分場柒拾陸畝伍分伍釐捌毫

菜基墳地埂每畝徵黃麻壹斤計地埂壹百肆拾柒畝壹釐陸毫壹絲柒忽伍微

該徵黃麻壹百肆拾柒斤柒兩

本廠弍拾玖畝貳釐捌毫壹絲柒忽伍微
瓦屑壩抽分場壹百壹拾柒畝玖分捌釐捌毫

木價

本部諸料價從上江二縣逐年估價造報隨時增
損唯木[illegible]嘉靖二十六年以後用兵部[illegible]試量
木亦照兵部書冊給[illegible]以備稽考其價
木自圍陸尺以上杉木圍叁尺伍寸以上本廠向
無收買及楠木圍不及叁尺杉木圍不及
壹尺伍寸者兵部原無開載故皆不[illegible]

楠木	圍叁尺	圍肆尺	圍伍尺
每長壹尺	該銀玖分玖釐	該銀壹錢柒分陸釐	該銀貳錢柒分伍釐
加圍壹寸	該銀壹錢貳釐叁毫	該銀壹錢捌分肆毫	該銀貳錢[illegible]
加圍貳寸	該銀壹錢伍釐陸毫	該銀壹錢捌分[illegible]毫	該銀[illegible]分
加圍叁寸	該銀[illegible]捌釐[illegible]	該銀壹錢捌分玖釐貳毫	該銀[illegible]玖分[illegible]伍毫
加圍肆寸	該銀壹錢壹分貳釐貳毫	該銀[illegible]陸毫	該銀貳錢玖分柒釐
加圍伍寸	該銀壹錢壹分伍釐伍毫	該銀壹錢玖分捌釐	該銀叁錢貳釐伍毫
加圍陸寸	該銀壹錢壹分捌釐捌毫	該銀貳錢貳釐肆毫	該銀叁錢捌釐
加圍柒寸	該銀壹錢貳分貳釐壹毫	該銀貳錢陸釐捌毫	該銀叁錢壹分叁釐伍毫
加圍捌寸	該銀壹錢貳分伍釐肆毫	該銀貳錢壹分壹釐貳毫	該銀叁錢壹分玖釐
加圍玖寸	該銀壹錢貳分捌釐柒毫	該銀貳錢壹分伍釐陸毫	該銀叁錢貳分肆釐伍毫

杉木	圍壹尺	圍貳尺	圍叁尺
每長壹丈		該銀壹分壹釐	該銀伍分壹釐
加圍壹寸		該銀壹分[illegible]伍毫	該銀伍[illegible]

加圍貳寸	加圍叁寸	加圍肆寸	加圍伍寸	加圍陸寸	加圍柒寸	加圍捌寸	加圍玖寸
			該銀肆釐	該銀陸釐	該銀柒釐伍毫	該銀捌釐	該銀玖釐
該銀壹分貳釐伍毫	該銀壹分伍釐	該銀壹分伍釐伍毫	該銀貳分壹釐	該銀貳分柒釐	該銀叁分壹釐	該銀叁分半釐	該銀肆分肆釐
該銀伍分捌釐	該銀陸分貳釐	該銀陸分伍釐					

按此乃長壹尺之價也執此法而推廣之則自尺而丈以至十佰千萬皆可指諸掌矣不然則雖寸寸而列之亦何益哉

單板

單板之法每長一丈闊一尺厚一寸為一箇箇者片也即今筭板之一丈也木有尖削彎扁空朽者計其所欠之數而折除之視板數以減其箇但筭時須頭稍相折大小適中若止以頭圍為憑則兩細而少板又立法初意矣

楠木	每長壹丈	加圍壹寸
圍叁尺	計柒箇伍分	計捌箇捌毫
圍肆尺	計拾叁箇[illegible]分叁釐叁毫	計叁肆[illegible]捌毫
圍伍尺	計貳拾箇捌分叁釐叁毫	計貳拾壹箇陸分半釐伍毫

加圍貳寸	加圍叁寸	加圍肆寸	加圍伍寸	加圍陸寸	加圍柒寸	加圍捌寸	加圍玖寸	加圍叁寸
計捌箇伍分叁釐叁毫	計玖箇柒釐伍毫	計玖箇陸分叁釐叁毫	計拾箇貳分捌毫	計拾箇捌分	計拾壹箇肆分捌毫	計拾貳箇叁釐叁毫	計拾貳箇陸分柒釐伍毫	
計拾肆箇柒分	計拾伍箇肆分捌毫	計拾陸箇壹分叁釐叁毫	計拾陸箇捌分柒釐伍毫	計拾柒箇陸分叁釐叁毫	計拾捌箇肆分捌毫	計拾玖箇貳分	計貳拾箇捌毫	
計貳拾[illegible]分叁釐[illegible]毫	計貳拾叁[illegible]肆分捌毫	計貳拾肆箇叁分	計貳拾伍箇貳分捌毫	計貳拾陸箇壹分叁釐叁毫	計貳拾柒箇柒釐伍毫	計貳拾捌箇叁釐叁毫	計貳拾玖箇捌毫	

	長壹丈	加圍壹寸	加圍貳寸	加圍叁寸	加圍肆寸	加圍伍寸	加圍陸寸	加圍柒寸	加圍捌寸
圍陸尺	計叁拾箇	計叁拾壹箇捌毫	計叁拾貳箇叁釐叁毫	計叁拾叁箇柒釐伍毫	計叁拾肆箇壹分叁釐叁毫	計叁拾伍箇貳分捌毫	計叁拾陸箇叁分	計叁拾柒箇肆分捌毫	計叁拾捌箇伍分叁釐叁毫
圍柒尺	計肆拾箇捌分叁釐叁毫	計肆拾貳箇捌[illegible]	計肆拾叁箇貳分	計肆拾肆箇肆分捌毫	計肆拾伍箇陸分叁釐叁毫	計肆拾陸箇捌分柒釐伍毫	計肆拾捌箇壹分叁釐叁毫	計肆拾玖箇肆分捌毫	計伍拾箇柒分
圍捌尺	計伍拾叁箇叁分叁釐叁毫	計伍拾肆箇陸分柒釐伍毫	計伍拾陸箇叁釐叁毫	計伍拾柒箇肆分捌毫	計伍拾捌箇捌分	計陸拾箇貳分捌毫	計陸拾壹箇陸分叁釐叁毫	計陸拾叁箇柒釐伍毫	計陸拾肆箇[illegible]分叁釐叁毫

	圍柒寸伍分	圍壹尺	圍貳尺
加圍玖寸	計叁拾玖箇陸分柒釐伍毫	計伍拾貳箇捌毫	計陸拾陸箇捌毫
杉木長壹丈	計肆分陸釐捌毫	計捌分叁釐叁毫叁絲叁忽	計叁箇叁分叁釐叁毫叁絲叁忽
加圍伍分	計伍分叁釐叁毫叁絲叁忽	計玖分壹釐捌毫柒絲伍忽	計叁箇伍分貳毫捌忽
加圍壹寸	計陸分貳毫捌忽	計壹箇捌毫叁絲叁忽	計叁箇陸分柒釐伍毫
加壹寸伍分	計陸分柒釐伍毫	計壹箇壹分貳毫捌忽	計叁箇捌分伍釐貳毫捌忽
加圍貳寸	計柒分伍釐貳毫捌忽	計壹箇貳分	計肆箇叁釐叁毫叁絲叁忽
加貳寸伍分		計壹箇叁分貳毫捌忽	計肆箇貳分壹釐捌毫柒絲伍忽
		計壹箇肆分捌毫叁絲叁忽	計肆箇肆分捌毫叁絲叁忽
加叁寸伍分		計壹箇伍分壹釐捌毫柒絲伍忽	計肆箇陸分貳毫捌忽
加圍肆寸		計壹箇陸分叁釐叁毫	計肆箇捌分
加肆寸伍分		計壹箇柒分伍釐貳毫捌忽	計伍箇貳毫捌忽
加圍伍寸		計壹箇捌分柒釐伍毫	計伍箇貳分捌毫叁絲叁忽
加伍寸伍分		計貳箇貳毫捌忽	計伍箇肆分壹釐捌毫柒絲伍忽
加圍陸寸		計貳箇壹分叁釐叁毫叁絲叁忽	計伍箇陸分叁釐叁毫
加陸寸伍分		計貳箇貳分陸釐捌毫柒絲伍忽	計伍箇捌分伍釐貳毫捌忽
加圍柒寸		計貳箇肆分捌釐叁毫叁絲	計陸箇柒釐伍毫
加柒寸伍分		計貳箇伍分伍[illegible]	計陸箇叁分貳毫捌忽

船廠志卷之五　一

	圍柒寸伍分	圍壹尺	圍貳尺
加圍捌寸		計貳箇柒分	計陸箇伍分叁釐叁毫叁絲叁忽
加捌寸伍分		計貳箇捌分伍釐貳毫捌忽	計陸箇柒分陸釐捌毫柒絲伍忽
加圍玖寸		計叁箇捌毫叁絲叁忽	計柒箇捌毫叁絲叁忽
加玖寸伍分		計叁箇壹分陸釐捌毫柒絲伍忽	計柒箇貳分[illegible]釐貳毫[illegible]忽

慨自六藝教廢數學之不講久矣雖薦紳學士鮮或習之殊不知畫象而易道肇推步而乾度著皆是數之用也況其小者耶宋公舉夜之法[illegible]軌俾船料之盈縮物價之增損咸有準焉豈直利一時已哉然考其法不過圍長相乘一二歸除皆昔人之成法也而寥寥乎莫有倡明之者噫豈節夾漈所謂小學不傳已久見者不無疑駭與

船廠志卷之五　二

雜料

一木材

川杉木（船用近因川杉木無買題准用楠木代）　川杉連二枋　川杉連三枋（俱黄）

杉木

杉木桅心　杉木櫓（桅櫓之木俱用頭尾相等故價亦視杉木稍加）

杉槁（小者）　楠木　松木

榆木（舵桿）　樟木　檀木

白楊木（供車旋捲餅玲瓏等用）　雜木

栗木（栗把）　木柴

二竹貨

猫竹　筀竹　水竹

苦竹（龍筋用）　篾　蘆

白藤　黃藤　椶毛

蘆蓆

三五金

熟鐵　生鐵　鐵釘（大中小）

鐵事件（攀物之類）　鐵錨　鐵鍋

鐵竈　響銅　熟銅（紅黃二色）

金箔　花錫　硼砂

四五采

光粉　黃丹　水花硃

銀硃　二硃　番硃

紅土　藤黃　石黃

合碌　三碌　靛花

枝條碌　銅青　密陀僧

墨煤

五麻

白麻　黃麻（即地課所收少則收買）

絡麻（海船用）　檾麻（快船用）

六油

桐油　香油（漆作用）　猪油（擺錫用）

魚油（貯內庫海船用）

七灰炭

石灰（艌作用）　瓦灰（漆作用）　捻鉛灰（染作用）

木炭　煤炭　稻皮

麥穗（鋳作用）

八皮毛

生血水牛皮　生净水牛皮　紅真皮

紅鹿皮　皮條（鞦用）　茜紅火把纓

黑纓　水膠　蜊殼

九絲布

黃熟官絹　黃生官絹　白綿布

黃綿布　青綿布　紅綿布（供旗幟用）

龍江船廠志卷之五

苧布　白綿 作用 俱漆　青綿紗 倚穿

青絲線　黃絲線　大紅熟線

綠絲線　生絲左線　大紅絨

白麻線

十漆柒

生漆　熟漆　㸃漆

白麪　靛青　蘇木

槐花　土子　明礬

猪胰子

龍江船廠志卷之六

孚革志

革之九三征凶貞厲革言三就有孚革豈易言乎哉議之迨三衆孚而後可革也躁則凶厲從之聖人應天順人未占有孚禪代之代興忠質之異尚寬猛之互施凡以捄敝也適治之路弗可易已弊之[illegible]也益姦而更斷之惑矣甚焉夫弊也者非能自為之也猶垢之於服也麗服以生可澣而不可絕也故禁雖備弗能悉奸猶雖遠弗能任後亦勢然也廠為百需所萃弊茲蝟興而婺經釐剔政亦咨焉數矣然不能俾之弗弊也去泰去甚焉爾矣周咨爰度非歲月不能悉了未究其所由来而徒欲祛之使去將無凶厲之咎乎乃志孚革

律己之弊有五

一曰慎任使夫官非士流則自愛者寡歛財程工咸須親為裁制毋輕委任以滋弊端苟委非其人即不至相欺為奸而彼之智識有所不逮亦適以啓奸而[illegible]矣胥隸匠作尤宜隄防點差廣乎賣囑之弊可

少革也二曰杜請託夫廂民既無恒產率多貧弱能不累於衣食者僅什一耳若以請託之故勞逸不均輕重易置不惟怨讟繁興而守道守官均有所未安也三曰平市價夫分司去市稍遠凡有市易率委諸直月廂長苟不戢御僮僕至或損其價值則賠補之累必有所歸日積月累其何以堪是不可不慎也四曰嚴鈐分夫廂民雖附籍京師然世居草野朴陋特甚雖作頭日役于官亦與各局院者不同苟御之以術震之以威雖有迫切之情不復能自鳴矣恩威兼

著情法並行使彼畏我而不敢欺愛我而不忍欺萬一情有冤抑事有窒碍亦須為之稟堂曲為區處無俾失所如是則自然樂於趨事而大有功矣五曰察扣減夫工匠執役於官晨出暮歸其責有奉公之義哉為餬口計也興工之初工食未領先稱貸以自給工完支銀計其出息十已損二矣而府史胥徒蚕食於公門者又方聚喙而睜目焉故匠工之所得者僅十之六七耳此之不戢其傷實多邇因查訪既明痛加禁革冀得少祛一二但恐以石壓草右去旋生能時加之意或庶乎其可也

收料之弊有八

一曰燭容隱昔聞往時船料派徵畿內郡邑商人上木於廠給文徑往關支無候價之勞其利頗豐騙驅量木人役即有空損容隱不舉時单板木立原料率多寬盈故匠役亦樂從之今廠總振綱稽考嚴密然未能保其盡無也二曰預儲蓄夫大筏之來俱在春夏水長時至秋冬則商賈屏迹若不於此時多買以備一年之用即有緊急不能集事不可不知三曰戒

濫惡夫水楠大葉楠皆楠也然不若香楠為美清流木色白理疎而易朽均稱為杉又尾削則料少灣扁則不中于用兵部收買楠木大者至圍七八尺圍不及三尺者棄而不售本部雖欲圍四尺者亦不易得故稜狹縫多而船不固竹有大小其價適以高下鋪戶率以小者充數收者取盈而止殊不知匠作不敷則料計時必旋添以足之若能揀選大者可當十之二三矣蒿雖取之抽分其美惡之不同亦猶竹之有大小也支到者往往細弱不堪匠作買遂以代之綿

布闊一尺八寸與黃絹俱長三丈二尺為一疋若狹不中度損其長以補之棕麻貴乾濕則重而易朽油貴清多滓則不真又天寒經凍則入艌不固鐵有精粗以尤溪者為最大廠原有定規每歲百斤出釘六十五斤但新舊雜揉藏帶易而防範難小匠率有盜竊之弊凡此皆不可不察也四曰謹權度圜篋丈尺俱有本部原定式樣及量衡號烙皆須收貯分司臨時驗發用畢交收不時查勘以防那移加損五曰禁需求商鋪人等赴廠納料候至工完方得領價最為

可憫驗收時若信下人留難適啓需求之路但親為查驗不許稽延將不禁而自止矣六曰量貼[illegible]鋪户一名率小户數名貼之其為首者每遇衙門派辦物料即分派小户出貼夫物價在官未有[illegible]而不支者所當貼者不過送納之脚錢與官價比時價或有不敷耳又其甚則領價稽遲所賠之利息爾乃欺其[illegible]弱并物價而均派之稍不如意往往告追當審者急於取料不得不狥其求而不知貧民之受困者多矣七曰稽氐換會有物料赴抽分場支用相去既遠抵換之弊不可不防若木植則先差吏赴場印號支回驗而入之八曰懲勒措作頭赴場支料該場看守人役有指索出場常例紙劄錢者商舖上料赴部支價吏胥索賂輒停閣累月夫作頭自備腳價以運官物舖户先納料而後領銀中間既有折閱之憂乃復有此人何以堪嚴禁而痛絕之可也

造船之弊有十

一曰板薄夫板之厚薄每船俱有定式載在船書但自单板法行料算精密匠作有折閱之憂率減薄以

足之承沿已久恬不為意須於鋸時用時親詣稽查務求如式又雇募小匠習用營造小尺以致混亂成法亦須不時較勘二曰釘稀一尺三釘原有成規作頭不能防閑小匠之竊取致有不足則其用之必省然畏於查驗故鑽孔雖密入釘則疎一經艌過無復可辨此須責之艌作毋得互相容隱犯者一體處治又乗未艌時隨意撿閱庶可革其一二爾三曰不精夫造船之工唯油艌為最要油艌不固雖板厚木堅水一入而朽隨之矣然油艌欲固又在灰麻如法舂

灰者心須寬力須猛心不寬則入油太驟而不純力不猛則不得成胎少弛即敗棄矣撚麻須細令幇軍不至作頭雇人充役率以速了為幸豈肯盡心如此哉油滲豐嗇亦各有宜油不嗇則木不受而多皺澀不豐則不澤灰入油少則未久而剥落凡此類者皆不精之過可以觸而長也四曰不式夫船之制雖不同大小廣狹皆有成式但造完時不曾覆量故有船名同料同而長短不同者此因襲之弊也至於黄船則又甚焉小者比之大者而反寬四百料者比之

一百料者而反窄恐傳之愈久而愈失其真矣五曰故板夫拆船舊板雖例充本船改造三分之料然破朽有多寡則舊料有盈縮若破朽不甚則三分為有餘新板七分須隨時斟酌給用否則新板既盈人情不樂于用舊皆棄而歸之木植矣六曰省艌匠作視船為官物無誠心體國之義如悶頭之内廒堂之下查看所不及虚稍等處波濤所不至者皆艌其外而遺其中或全畧而不艌以為是無害焉而不知艌而不復則一經搖動灰皆脫落水即入之安得不朽此

處凡朽彼亦安能獨固耶嘗試觀　黄船有小甲以監造每至三十餘年尚堪撑駕而操船之壞常不及修造之期使能查做　黄船事例每船定委一官或旗甲看管不待屢易修造時即令本人赴廠監察修匠竟非親知歸管看守損壞者不罰如是而船之不固者未之有也七曰稽延本廠造船唯預備　黄船有早遲餘皆無之故興工之後日暴雨浥在所不免若非嚴限速完則船未入水而已先受損矣八曰尅減凡造船所用料物皆有定数若完時不為查驗漸

歸短小日積月累將有不堪之憂如旗幟布絹須量筭丈尺繩索棕麻須秤計斤数又就其中量除折耗則情法皆宜公私兩便矣舉此二者餘可類見九曰措詐夫船之必求堅固者雖以為　國而於身謀亦未嘗不便近来匠作既圖苟且監督者忽而不察恐既不能如式安得不啓小人之措詐乎故預備船政造時至有一板一木之不精旗甲執勒所得至十餘金皆不敢與較則動以　上用為詞多方恐嚇必滿而後巳承襲既久肆[illegible]無畏近事可懲後圖宜慎

[illegible]處船雖無此弊而驗之時匠作亦有所費夫使船不如式則役雖不言而肩兌于後患之憂曷若勞心於初使彼無所用其詐乎雖小人貪得之風或不能頓革、先簿正器亦君子挽回末俗之一機也十曰暗補　六部船政冊内每船雜工不下百数如車船起側落墩出水之類皆計工給銀匠作樂於趨事而無苟且之心本廠每一大船出入至用二三百工然料時止筭正工凡諸雜工悉倚辦於幇軍夫幇軍即使盡至多不過三四十人耳況未必至乎又原料正

工既經刋定榜例而後来監督者率以節省為能日減月縮作頭賠補之累至今日可謂極矣苟非變通而優恤之不惟痡民之日貧而欲求船之如式也不亦難哉

收船之弊有二

一曰驗器物通州預備船備　御用也未經　御用則器物不應先自損壞先自損壞者非管船旗甲偺用破損則造作之不固也操船既經五年風逢之類雖以責其不壞唯件数不可缺耳二曰查收廠新江口送到船隻程[illegible]來及修造之期先已被碎沉水桅木欠少畏於追賠剗[illegible][illegible]作為之容隱又挨至水涸之時駕送到廠[illegible][illegible][illegible]就于水次拆卸此令一行則小人之計逞矣況戰船梁修制度多與常船不同即有欠少非曾經造過者不能悉知匠作既受其囑又何從而稽其全缺也

佃田之弊有三

一曰轉佃提舉司田地止是任人承佃歲辦油麻初無取價之例有等奸人將佃帖私賣與人買者承其

舊名以輸歲課相沿成風于是無無價之田矣此弊雖不可頓革亦須時時查訪懲一警百漸次而消息之可也二曰霸佃油麻田地如衛所屯田止應軍人承佃但提舉司匠戶貧困者多每遇召佃之時率爲豪家所霸況本廠作壩車水之役皆倚諸佃戶豪家佃田莫肯赴役則小民獨受其累又油麻不以時納至經歲拖欠使小民効尤深為不便三曰官佃舊因提舉無薪皂之資將油麻田地七十餘畝與彼耕種除納課外藉其餘利以給家口此例不知始於何年

但一官既去輙為吏胥所賣新官到任乃復取田與興詞訟今已禁革政召廂民有力者承佃後来者不許仍蹈前弊況每歲油蔴既屬該司掌收則此田之課納與不納亦無從考事関錢粮跡涉嫌疑不可不遠也

看守之弊有二

一曰懲玩愒廠寄城外又官多交承防範之規廢弛特甚其僅存者看守之役而已然偷安嗜利人情所同偷安則巡徼不以時嗜利則通同之弊日滋苟非時時申飭懸重法以懼之嚴檢閱以察之欲無侵漁之患也難矣二曰汰老弱看料之人廂民每月贍其工食下之人非無故而養之上之人非無故而優之也亦曰廠為百需所萃將恃此以無失耳柰庸懦衰老之徒藉以為終焉之計而巡徼之責漫不加意甚者以患失為心憚于致怨保奸容冦無所不至噫畜猫捕鼠豈以無鼠而畜不捕之猫乎

愚因忝守華深究船政之由盡得其大端二焉成之太艱而毁之太亟也夫戰艦自裁革之後僅止二百隻以常期計之每歲所當修造者不過各二十隻耳然工役之興靡有寧日是何其成之之難若此耶葢遲速無期勤怠莫別于是愒日避勞者得行其私而一船之工至有經歲未報者及其歸諸營也典守者五日輙一易焉故物無常主莫加愛慎人無固志盻盻焉惟候代之不暇而莫任其朽敝之責風雨所侵波濤所觸雖欲無毁不可得已嘗觀

國初彭蠡之戰舳艫千艘然不聞其成造之難也今修造之費歲且鉅萬監督之寄已有專屬矣乃者江防小警輙有缺乏之憂至以馬船充数噫是將孰執其咎哉究厥弊原端在於此此之不革而徒區區於末恐於船政未見其益也嘗欲合戰艦之数量其大小難易均為十班每班二十隻每歲定限修造各一班歲終不竣事者有罰則當事者各務舉其職業莫敢曠矣工孰有踰期者乎而又通計水軍之数授以水操之船隨船大小以為軍之衆寡每船設一甲以統之十船為一聯因以寓部伍之法有事而出各乗其所授之船人不得越船船不得離次違者罪之敝者

罪之有故然後吏之則軍之視船也如其室然身所
庇也又安肯坐視其損破而不一加之意哉然一船
之作也必具
奏待報乃敢興事而分撥之令則又屬之操江衙門皆
非可得而擅革者嗚呼易窮則變變豈聖人之得已
哉桒弘羊王安石皆不忍時事之弊起而更張之卒
犯衆喙死有餘戮自今觀之海内虛耗經費匱乏舉
朝莫為之所二子者盖有激焉欲以濟時艱紓國恤
特其自信太過未達於孚革之義焉耳使智慮不逮
二子遂欲嘐嘐焉以變法更化為倡吾懼其咎之滋
甚也

龍江船廠志卷之六

龍江船廠志卷之七

考衷志

盖嘗博徵典籍歴騐中古灼知船務者前稱陶刺史
後稱劉度支卓乎尚矣及考其綜理之密不遺于竹
頭木屑君子曰士行之精敏其集事而裕國也宜哉
至每船給錢千緡雖損半猶可以辦則又曰何士安
之闊略乃若此耶晉承曠蕩之餘威綱寛簡非明作
罔以就功唐祚中興政惟永圖惇大成裕固其所也
夫創制者必稽其終師古者不泥其迹故曰道有升
降政由俗革益之損之酌時而趨變者善為理者也
史稱晏之法至咸通中已為極敝矧今船肆之闕歴
年將三倍于茲乃欲循故轍膠往調以求理即使陶
劉復生曷以善其後哉傳曰銖銖而稱之至石必差
寸寸而度之至丈必舛言貴操其要也船書之設詎
而寡核船紀之作漫而靡歸竊欲持盈縮之準燭良
苦之賊而不使少進退焉是豈易言哉揆諸故而已
矣作考衷志

稍食

弘治拾陸年榜例

預備大（參肆百料同）貳千伍百伍拾捌工伍分該銀柒拾陸兩柒錢捌分伍釐

南京大（參肆百料同）壹千貳拾貳工該銀叁拾兩陸錢陸分

南京小（貳百料以下俱同）玖百叁拾肆工該銀貳拾捌兩貳分

船木作柒百捌拾工
鋸作貳百貳拾伍工
裝修作叁百壹拾工
雕鑾作伍拾捌工
鋸作柒拾肆工
艌作叁百工
舂灰撕麻扯纘肆拾叁工伍分
鐵作壹百叁拾工
上鐵作貳拾柒工伍分
蓬作玖拾壹工伍分
索作柒拾肆工
上索作壹工伍分
纜作貳拾玖工伍分
竹作貳拾工伍分
油漆作壹百叁拾叁工
五墨作叁拾貳工伍分
粧鑾作捌工
抹金作肆工
旗作陸工
鼓作陸工
蜊殼作貳拾叁工伍分
漆作貳工伍分
抹作五工

船木作并扯纘㩪板共叁百柒拾伍工
鋸作壹百貳拾工
裝修作壹百肆拾伍工
雕鑾作壹拾叁工
鋸作貳拾伍工
艌作壹百壹拾伍工
斵麻舂灰貳拾工
鐵作肆拾伍工
鎚打柒工
蓬作叁拾伍工
索作叁拾工
纜作拾肆工
竹作貳拾工
油漆作拾捌工
五墨作陸工
粧鑾作貳工
旗作陸工
蜊殼作柒工
纓作壹工
旋作貳工
柒作拾貳工
攞錫作壹工
雙線作壹工
銅作貳工

船木作貳百玖拾捌工
鋸作壹百叁拾工
裝修作壹百陸拾工
雕鑾作伍拾工
鋸匠伍拾工
艌作壹百壹拾伍工
鐵作鎚打柒工
蓬作叁拾伍工
索作叁拾貳工
纜作拾陸工
油漆作叁拾貳工
五墨作捌工
粧鑾作貳工
旗作叁工
蜊殼作柒工
纓作壹工
旋作貳工
柒作肆工
攞錫作壹工
雙線作壹工
餘買辦不料

柒作壹百叁工
戧縫作玖工伍分
攞錫作壹工伍分
雙線作貳工
縧作肆工
穿椅作陸工
桶作拾貳工伍分
銅作貳拾壹工伍分
響銅作拾肆工
鑄作伍工

船書

玖百貳拾柒工該銀貳拾柒兩捌錢壹分

船木作并扯纘㩪板共叁百陸拾伍工
鋸匠壹百壹拾工
裝修作壹百叁拾伍工
雕鑾作叁拾工
鋸匠貳拾伍工
艌作壹百叁拾叁工
舂灰撕麻拾工
鐵作鎚打伍工
蓬作叁拾貳工
索作叁拾伍工
纜作拾貳工
竹作玖工
油漆五墨二作拾陸工
粧鑾作貳工
旗作陸工
蜊殼作伍工
餘買辦不料

捌百陸拾陸工肆分該銀貳拾伍兩玖錢玖分貳釐

船木作叁百工
鋸匠壹百壹拾伍工
裝修作壹百伍拾工
雕鑾作叁拾工
鋸匠叁拾工
艌作壹百壹拾工
鐵作打釘貳拾肆工
肆分鎚打陸工
蓬作叁拾貳工
索作貳拾柒工
纜作拾叁工
油漆五墨二作貳拾壹工
粧鑾作壹工
旗作貳工
蜊殼作伍工
餘買辦不料

一朵貳千肆百柒拾叁工

玖百貳拾柒工捌分

玖百壹拾柒工該銀

柒分該銀柒拾肆兩
貳錢壹分壹釐嘉靖貳拾
伍年造
肆百料
雕鑾作　錨匠
舂灰撕麻扯鑽
蓬作　上索作
纜作　竹作
五墨作　粧鑾作
抹金作　旗作
鼓作　蜊殼作
纓作　旋作
裁縫作　擺錫作
雙線作　絲作
牙桁作　桶作
銅作　響銅作

該銀貳拾柒兩捌錢
叁分肆釐嘉靖貳拾柒年造
勝肆百料船
船木作　錨匠
雕鑾作　錫匠
艌作　舂灰撕麻
蓬作
竹作　油漆作
索作　粧鑾作
油漆作　俱同船書
裝修作壹百貳拾工
木作叁拾工
鐵作貳拾貳工捌分
錨打伍工
索作肆工

鍾揚川關嘉靖貳拾叁年造
雕鑾作　粧鑾作
旗作　俱同船書
艌作　蓬作
纜作　五墨作
蜊殼作　俱同捞例
船木作叁百陸拾工
鋸匠壹百貳拾貳工
裝修作壹百陸拾肆工
鋸匠伍拾叁工
鐵作釘買辦鐵打
索作貳拾陸工
油漆作貳拾叁工

鑄作
船木作柒百玖拾工
錨匠貳百貳拾陸工
伍分
裝修作叁百伍工
艌作貳百玖拾肆工
鐵作壹百壹拾捌工
上鐵作拾貳工柒分
索作…拾工
油漆作壹百叁拾…
工伍分
雜作肆拾叁工

俱同捞例
餘買辦不料

餘買辦不料

二千貳千伍百柒玖工該捌百叁拾壹…該銀
拾伍兩貳錢柒貳拾肆兩…
[illegible]

柒作陸拾壹工

叁案貳千肆百貳拾柒工捌百伍拾捌工該銀捌百貳拾工該銀貳
伍分該銀柒拾貳兩嘉靖…貳拾伍兩柒錢肆分拾肆兩陸錢嘉靖叁拾貳年
捌錢貳分伍釐嘉靖叁拾
壹年造
叁百料
船木作　雕鑾作
上索作　粧鑾作
抹金作　鼓作
纓作　旋作
擺錫作　雙線作
絲作　牙桁作
響銅作　俱同捞例
索作…案

嘉靖叁拾壹年
造周鼎肆百料
雕鑾作　鋸匠
撕麻舂灰蓬作
索作　纜作
竹作　粧鑾作
旗作　蜊殼作
俱同二案
船木作叁百貳拾伍
工
鋸匠壹百工
木漆作壹百…拾伍

造葛原一
壹百料
蓬作　纜作
油漆作　五墨作
粧鑾作　旗作
蜊殼作　俱同船書
船木作貳百捌拾伍
工
鋸匠壹百肆工
裝修作壹百肆拾工
雕鑾作貳拾捌工
鋸匠貳拾捌工

船木作　鋸匠
裝修作　雕鑾作
鋸匠　艌作
舂灰撕麻扯鑽
蓬作　索作
上索作　纜作
竹作　油漆作
五墨作　粧鑾作
抹金作　旗作
鼓作　蜊殼作
纓作　旋作
裁縫作　擺錫作
雙線作　絲作
牙桁作　桶作
銅作　響銅作
鑄作　俱同一案
鐵作壹百貳拾肆工
上鐵作貳拾肆工

船木裝修鋸匠
雕鑾作　蓬作
纜作　竹作
旗作　蜊殼作
俱同一案
船木作貳百玖拾伍
工
裝修作壹百伍拾叁
工
艌作壹百…拾工
索作貳…工
油漆五墨…壹拾捌
工
餘買辦不料

索作
纜作　粧鑾作
蜊殼作　俱同一案
船木作貳百伍拾叁
工
鋸匠壹百柒工
裝修作壹百伍拾叁
工
雕鑾作貳拾肆工
鋸匠叁拾工
艌作壹百工
鐵作鍾打柒工
油漆作拾貳工
五墨作伍工
旗作壹工
餘買辦不料

牽作同一案
船木作鋸匠貳百貳拾工
裝修作貳百玖拾叁工
鋸匠柒拾工
艌作貳百捌拾捌工
舂灰捌麻扯鐵肆拾叁工
鐵作壹百壹拾貳工
上鐵作貳拾肆工
蓬作捌拾捌工
纜作貳拾柒工
竹作貳拾工
油漆作壹百叁拾工
五墨作叁拾工
旗作肆工
蜊殼作貳拾叁工

工
艌作壹百貳拾工
鐵作鐽打伍工
油漆五墨作共壹拾陸工
餘買辦不料

艌作壹百肆工伍分
鐵作貳拾肆工伍分
鐽打陸工
索作貳拾陸工
餘買辦不料

裁縫作捌工
桶作拾貳工
銅作貳拾工
鑄作拾工

戰船
肆百料座船
弘治貳千肆百捌拾柒工
拾陸壹分該銀柒拾肆兩
年榜陸錢壹分
例
船木作捌百伍拾工
鋸匠貳百伍拾工
裝修作叁百陸拾伍工
雕鑾作柒拾玖工
漆匠肆拾工

貳百料
壹千工該銀叁拾兩
船木作叁百壹拾工
鋸匠壹百壹拾工
裝修作壹百伍拾工
鋸匠陸拾伍工
艌作壹百叁拾肆工
鐵作柒拾工
蓬作伍拾伍工
竹作叁拾叁工
纜作柒工
油漆作拾工

壹百伍拾料
柒百伍拾壹工該銀
貳拾貳兩伍錢叁分
船木作貳百柒拾工
鋸匠壹百壹拾工
裝修作捌拾工
鋸匠肆拾工
艌作壹百工
鐵作肆拾捌工
蓬作貳拾玖工
索作貳拾壹工

艌作叁百肆拾叁工陸分
鐵作壹百玖拾伍工伍分
上鐵作拾柒工
蓬作捌拾玖工
索作陸拾貳工伍分
纜作拾捌工伍分
油漆作陸拾陸工伍分
五墨作叁拾工
旗作玖工伍分
鼓作伍工
蜊殼作肆拾柒工
纓作貳工
旋作伍工
染作肆工
擺錫作叁工

五墨作拾壹工
旗作拾工
鼓作叁工
蜊殼作叁工
纓作壹工
旋作叁工
染作貳拾伍工
雙線作壹工

纜作柒工
油漆作拾壹工
五墨作玖工
旗作貳工伍分
鼓作叁工
蜊殼作貳工
纓作壹工
旋作壹工
染作拾伍工
雙線作壹工伍分

船書
雙線作陸工

柒百零壹工伍分該
銀貳拾壹兩肆分伍
釐
船木作　船木鋸匠
艌作　李作
纜作　油漆作
五墨作　旗作
蜊殼作　俱同榜例
裝修作捌拾叁工
裝修鋸匠肆拾壹工
鐵作鐽打拾貳工
蓬作叁拾叁工
餘買辦不料

壹案

貳千肆百柒拾壹工該銀柒拾肆兩壹錢叁分 嘉靖拾柒年造

船木作　船木鋸匠　雕鑾作　裝修鋸匠　上鐵作　蓬作　索作　油漆作　五墨作　旗作　皷作　蜊殼作　纓作　旋作　染作　擺錫作　雙線作　俱同榜例　裝修作叁百陸拾肆工　艌作叁百肆拾叁工　鐵作壹百捌拾工伍分　纜作拾捌工

玖百貳拾玖工該銀貳拾柒兩捌錢柒分 嘉靖拾捌年造

船木作　裝修作　裝修作鋸匠　索作　蓬作　油漆作　纜作　旗作　五墨作　纓作　蜊殼作　染作　旋作　俱同榜例　雙線作　船木作鋸匠壹百零貳工　鐵作鏇打柒工　皷作貳工　餘買辦不料

陸百玖拾玖工該銀貳拾兩玖錢玖分 嘉靖拾伍年造

船木作　艌作　索作　纜作　油漆作　五墨作　旗作　蜊殼作　俱同船書　裝修作　裝修鋸匠　蓬作　纓作　旋作　染作　雙線作　與同榜例　船木鋸匠壹百貳工　鐵作鏇打柒工　餘買辦不料

貳案

貳千壹百柒拾貳工該銀陸拾伍兩壹錢陸分 嘉靖叁拾壹年造

船木作　船木鋸匠　裝修作　雕鑾作　裝修鋸匠　俱同一案　艌作叁百柒拾工　鐵作鏇打玖工　上鐵作拾陸工　蓬作陸拾工　索作陸拾一

捌百捌拾捌工該銀貳拾陸兩陸錢肆分 嘉靖貳拾壹年造

裝修作　裝修鋸匠　索作　油漆作　五墨作　蜊殼作　俱同一案　船木作叁百貳拾貳工　船木鋸匠壹百肆拾工

柒百零陸工伍分該銀貳拾壹兩壹錢玖分伍釐 嘉靖貳拾貳年造

船木作　艌作　裝修作　裝修鋸匠　索作　纜作　油漆作　五墨作　旗作　蜊殼作　俱同一案　鐵作鏇打拾貳工　船木鋸匠壹百壹拾

纜作拾伍工　油漆作伍拾工　五墨作貳拾柒工　旗作拾工　蜊殼作貳拾貳工　餘買辦不料

艌作壹百叁拾伍工　鐵作鏇打玖工　蓬作[illegible]柒叁工　旗作柒工　餘買辦不料

工　蓬作叁拾捌工　餘買辦不料

叁案

捌百柒拾貳工該銀貳拾陸兩壹錢陸分 嘉靖叁拾壹年造

裝修作　裝修鋸匠　俱同二案　船木作叁百貳拾工　船木鋸匠玖拾伍工　艌作壹百叁拾工　鐵作鏇打玖工　蓬作肆拾工　索作叁拾工　纜作陸工　油漆作捌工　五墨作拾工　旗作柒工　蜊殼作貳工　餘買辦不料

陸百肆拾柒工伍分該銀壹拾玖兩肆錢貳分伍釐 嘉靖叁拾年造

纜作　蜊殼作　俱同二案　船木作貳百伍拾工　船木鋸匠捌拾伍工　裝修作柒拾捌工　裝修作鋸匠叁拾肆工　艌作玖拾伍工　鐵作貳拾伍工伍分　蓬作叁拾壹工　索作貳拾工　油漆作拾工　五墨作捌工　旗作貳工　餘買辦不料

戰船

弘治拾陸年榜

壹百料

肆百玖拾工該銀壹拾肆兩柒錢

船木作壹百肆拾玖工

三板船

貳百伍拾陸工陸分柒釐該銀柒兩柒錢

船木作捌拾工　船木作釘匠肆拾

划船

貳百肆拾陸工柒分柒釐該銀柒兩肆錢

船木作陸拾伍工　船木[illegible]鋸匠伍拾兩

船書

肆百伍拾壹工該銀
船木鋸匠壹百[illegible]工
裝修作弁鋸匠柒拾[illegible]
艌作伍拾柒工
鐵作肆拾貳工
蓬作貳拾陸工
索作貳拾壹工
纜作肆工
油漆作伍工
五墨作肆工
旗作貳工
蜊殼作叁工
纓作壹工
旋作壹工
染作叁工
雙線作壹工

貳百叁拾貳工該銀
艌作叁拾[illegible]工
鐵作叁拾[illegible]工
蓬作[illegible]
索作貳拾壹工
纜作伍工
油漆作叁工
五墨作叁工
旗作貳工
蜊殼作半工
旋作壹工
染作貳工
雙線作半工

貳百壹拾玖工該銀

船廠志卷之二

壹拾叁兩伍錢叁分
船不作　船木鋸匠
艌作　索作
纜作　油漆作
五墨作　旗作
俱同榜例
裝修作伍拾貳工
裝修鋸匠貳拾貳工
鐵作鍍打拾工
蓬作貳拾叁工
蜊殼作貳工
餘買辦不料

陸兩玖錢陸分
船木作　船木鋸匠
艌作　蓬作
索作　纜作
油漆作　五墨作
旗作　俱同榜例
裝修作伍工
鐵作捌工

陸兩伍錢柒分
船木作陸拾伍工
船木鋸匠伍拾貳工
裝修作伍工
艌作叁拾貳工
鐵作鍍打捌工
蓬作貳拾叁工
索作貳拾壹工
纜作伍工
油漆作叁工
五墨作叁工
旗作貳工

壹案

肆百肆拾捌工該銀　壹拾叁兩肆錢肆分　嘉靖拾伍年造
貳[illegible]該銀陸[illegible]　兩玖錢
貳百肆拾壹工該銀　柒兩貳錢叁分　嘉靖拾[illegible]

貳案

嘉靖貳拾貳年造
船木作　船木鋸匠
鐵作　艌作
蓬作　索作
纜作　油漆作
五墨作　旗作
蜊殼作　俱同船書
裝修作弁鋸匠柒拾壹工
餘買辦不料

貳百叁拾貳工該銀
船木作　艌作
纜作　油漆作
五墨作　旗作
纓作　旋作
染作　雙線作
俱同船書
船木鋸匠肆拾工
裝修作肆工
鐵作鍍打伍工
蓬作貳拾叁工
索作拾玖工

貳百[illegible]拾捌工該銀
年造
船木作　艌作
油漆作　五墨作
旗作　俱同船書
船木鋸匠肆拾柒工
裝修作肆工
鐵作叁拾工肆分
蓬作貳拾伍工
索作拾玖工
纜作伍工陸分
纓作半工
旋作壹工
染作叁工
雙線作半工

船廠志卷之二　十一

陸兩玖錢陸分　嘉靖[illegible]
貳年造
船木作　艌作
纜作　油漆作
五墨作　旗作
俱同一案
船木作鋸匠
裝修作　鐵作
蓬作　索作
俱同船書
餘買辦不料

陸兩伍錢肆分　嘉靖[illegible]
貳年造
船木作　艌作
油漆作　五墨作
旗作　俱同一案
裝修作　船木鋸匠
鐵作　蓬作
索作　俱同船書
纜作肆工
餘買辦不料

叁案

肆百貳拾陸工該銀　壹拾貳兩柒錢捌分
貳百壹拾貳工該銀　陸兩叁錢陸分　嘉靖叁拾
壹百玖拾捌工該銀　伍兩玖錢肆分　嘉靖叁拾

巡船榜例

肆百料座船
[illegible]拾
[illegible]造
船木作　船木鋸匠
裝修作　裝修鋸匠
鐵作　艌作
索作　油漆作
五墨作　旗作
蝌殼作　俱同二案
蓬作縏挽貳工
餘買辦不料

貳百料巡船
造[illegible]
裝修[illegible]　索作
油漆作　纜作
旗作　俱同一案
船木作柒拾伍工
船木鋸匠肆拾工
鐵作錠打柒工
艌作叁拾工
蓬作貳拾肆工
五墨作貳工
餘買辦不料

貳百料沙船
[illegible]
裝[illegible]作　油[illegible]作
旗作　俱同二[illegible]
船木作陸拾工
船木鋸匠肆拾貳工
鐵作錠打柒工
艌作叁拾工
蓬作貳拾肆工
索作壹拾捌工
纜作伍工
五墨作貳工
餘買辦不料

捌百柒拾工該銀貳拾陸兩壹錢
船木作叁百貳拾工
船木鋸匠壹百貳拾工
裝修作壹百壹拾捌工
艌作壹百壹拾工
鐵作捌拾叁工伍分
蓬作伍拾貳工
索作叁拾肆工伍分
纜作陸工
油漆作玖工
五墨作玖工
旗作壹工伍分
蝌殼作貳工
纓作半工
旋作壹工伍分

船書

[illegible]作壹工伍分
雙線作壹工

陸百柒拾壹工陸分該銀貳拾兩壹錢肆分捌釐
船木作貳百捌拾工
船木鋸匠玖拾工
裝修作陸拾工
艌作玖拾工
鐵作陸拾伍工陸分
蓬作叁拾玖工
索作叁拾貳工
纜作柒工
油漆五墨作共柒工
旗作壹工
餘買辦不料

壹案

壹千肆百工該銀肆拾貳兩嘉靖叁年造
船木作肆百壹拾陸工
船木鋸匠貳百工
裝修作貳百零肆工
雕鑾作肆拾肆工
裝修鋸匠貳拾叁工
艌作壹百玖拾肆工
鐵作壹百壹拾玖工
蓬作伍拾工
索作叁拾伍工
纜作拾工
油漆作叁拾捌工

陸百貳拾肆工伍分該銀壹拾捌兩柒錢叁分伍釐嘉靖拾伍年造
船木作貳百玖拾捌工
船木鋸匠玖拾叁工
裝修作陸拾叁工
艌作玖拾柒工
鐵作錠打柒工
蓬作肆拾伍工
索作叁拾肆工
纜作柒工
油漆作伍工

柒百柒拾壹工伍分該銀貳拾叁兩壹錢肆分伍釐嘉靖拾伍年造
船木作　裝修作
艌作　索作
油漆作　五墨作
旗作　旋作
蝌殼作　漆作
纓作　雙線作
俱同榜例
船木鋸匠壹百肆工
鐵作錠打玖工
蓬作肆拾伍工

五墨作拾柒工
旗作捌工
鼓作叁工
蚵殼作貳拾陸工
纜作壹工
旋作叁工
染作肆工
攏錫作壹工
雙線作肆工

五墨作叁工
旗作壹工
纜作壹工伍分
旋作壹工
染作壹工伍分
雙線作壹工伍分

纜作柒工

貳案壹千玖百伍拾伍工柒百壹拾陸工伍分捌百叁拾捌工該銀
伍分該銀伍拾捌兩該銀貳拾壹兩肆錢貳拾伍兩壹錢肆分
陸錢陸分伍釐嘉靖貳拾玖分伍釐嘉靖拾陸年造嘉靖拾陸年造
玖年
造

船木作　船木鋸匠
裝修作　艌作

船木作　船木鋸匠
裝修作　艌作

船木作柒百壹拾工
船木鋸匠貳百工
裝修雕鑾作叁百陸拾肆工
裝修鋸匠陸拾工
艌作叁百壹拾叁工
鐵作柒拾貳工
蓬作陸拾玖工
索作肆拾伍工
纜作拾捌工
油漆作伍拾工
五墨作貳拾工
旗作肆工伍分
蚵殼作貳拾工

蓬作　索作
纜作　油漆作
五墨作　旗作
旋作　纓作
染作　雙線作
俱同一案
鐵作陸拾伍工

蓬作　索作
纜作　油漆作
五墨作　旗作
蚵殼作　纓作
旋作　染作
雙線作　俱同一案
鐵作柒拾叁工伍分

叁案
陸百叁拾陸工該銀陸百捌拾叁工伍分
壹拾玖兩捌分嘉靖叁拾該銀貳拾兩伍錢伍

安慶哨船
九江哨船
輕淺利便船

壹年
造
總作　旗作
俱同船書
船木作貳百柒拾工
船木鋸匠捌拾工
裝修作伍拾陸工
鐵作陸拾肆工
蓬作叁拾伍工
索作貳拾捌工
纜作陸工
油漆作叁工
五墨作叁工
餘買辦不料

嘉靖壹年
油漆作　五墨作
蚵殼作　俱同榜例
鐵作同一案
船木作貳百捌拾工
船木鋸匠捌拾伍工
裝修作捌拾工
裝修鋸匠叁拾工
艌作壹百工
蓬作肆拾貳工
索作叁拾工
纜作陸工
旗作壹工伍分
餘買辦不料

榜例貳百伍拾貳工該銀柒兩伍錢陸分
船木作玖拾工
船木鋸匠陸拾工
裝修作柒工
艌作肆拾伍
鐵作鐙打
蓬作拾工
索作拾貳工
纜作伍工
油漆作叁工伍分
五墨作貳工伍分
旗作壹工伍分
纓作壹工
旋作半工
染作半工

同安慶號

捌百柒拾陸工該銀貳拾陸兩貳錢捌分
船木作貳百玖拾貳
船木鋸匠叁釐
船木鋸匠壹百叁拾
陸工叁分捌釐
裝修作壹百肆拾壹
工貳分柒釐伍毫
裝修鋸匠陸拾貳工
艌作叁百肆拾壹工
鐵作鏜打拾肆工
蓬作貳拾玖工
索作貳拾玖工
油漆作玖工柒分
五墨作拾工柒分
旗作叁工

雙線作壹工

船書

壹桌貳百貳拾工該銀陸兩陸錢 嘉靖拾年造
船木作 艌作 俱同榜例
纜作
船木鋸匠叁拾捌工
撻板扯鑽捌工
舂麻撕麻叁工
裝修作叁工
鐵作柒工
蓬作柒工
索作捌工
纜作貳工
油漆作貳工
五墨作貳工
旗作壹工
染作叁工

貳百叁拾貳工該銀陸兩玖錢陸分 嘉靖伍年造
船木作玖拾工
船木鋸匠陸拾捌工
艌作肆拾伍工
蓬作柒工
索作捌工
纜作肆工
油漆作貳工
五墨作貳工
旗作壹工
旋作壹工
染作叁工
纜作考工

捌百玖拾捌工該銀貳拾陸兩玖錢肆分 嘉靖拾叁年造
鼓作叁工
旋作貳工
纓作半工
雙線作半工
旗作 鼓作
旋作 纓作 俱同榜例
雙線作
船木作叁百工
船木鋸匠壹百肆拾工
裝修作壹百肆拾肆工
裝修鋸匠陸拾肆工
艌作壹百肆拾伍工
鐵作拾伍工
蓬作叁拾工
索作叁拾工
油漆作拾工
五墨作拾壹工

貳桌貳百零肆工該銀陸兩壹錢貳分 嘉靖拾肆年造
玉墨作 旗作
俱同一桌
船木作捌拾工

貳百伍拾貳工該銀陸兩伍錢陸分 嘉靖拾伍年造
船木作 艌作 俱同一桌
纜作

玖百零伍工柒分該銀貳拾柒兩壹錢柒分壹釐 嘉靖拾年造
艌作
蓬作
裝修鋸匠
索作

叁桌壹百捌拾捌工伍分該銀伍兩陸錢伍分 伍釐 嘉靖叁拾年造
船木鋸匠肆拾工
裝修作伍工
艌作肆拾工
鐵作拾工
蓬作陸工伍分
索作拾叁工伍分
纜作叁工
油漆作叁工
五墨作壹工
染作壹工
餘買辦不料

壹百捌拾陸工伍分該銀伍兩伍錢玖分 伍釐 嘉靖叁拾年造
裝作 鐵作 索作 油漆作 旋作 染作 俱同榜例
船木鋸匠 蓬作 纜作 五墨作 旗作 雙線作

油漆作 五墨作
俱作 俱同榜例
船木作貳百玖拾貳工
船木鋸匠壹百叁拾陸工
裝修作壹百肆拾工
鐵作肆拾玖工叁分
纜作肆工
餘買辦不料

蓬作 索作
纜作 五墨作
旗作 俱同二桌
船木作柒拾伍工
船木鋸匠叁拾伍工
裝修作肆工
艌作叁拾肆工
鐵作拾貳工
油漆作貳工伍分
餘買辦不料

湖船

壹號樓船
榜例伍百玖拾□工該銀壹拾柒兩玖錢柒分

貳號樓船
肆百貳拾壹工該銀壹拾貳兩陸錢叁分
五墨作 旗作
俱同一桌
船木作柒拾伍工
船木鋸匠叁拾伍工
裝修作肆工
艌作叁拾肆工
鐵作拾工
蓬作陸工伍分
索作拾叁工伍分
纜作叁工
油漆作貳工伍分
餘買辦不料

平船
壹百陸拾工該銀肆兩捌錢

船書

壹案

船木作壹百捌拾柒工
船木鋸匠柒拾伍工
裝修作壹百肆拾柒工
裝修鋸匠貳拾柒工
艙作陸拾捌工
鐵作叁拾工
蓬作拾玖工
索作拾陸工
油漆作貳拾柒工
五墨作伍工
伍百玖拾玖工該銀
壹拾柒兩玖錢柒分

船木作壹百柒拾工
船木鋸匠陸拾伍工
裝修作并鋸匠伍拾
艙作陸拾伍工
鐵作貳拾壹工
蓬作拾捌工
索作拾肆工
油漆作拾壹工
肆百貳拾壹工該銀
壹拾貳兩陸錢叁分

船木作陸拾工
船木鋸匠肆拾捌工
艙作叁拾陸工
撚麻舂灰肆工
蓬作柒工
索作伍工
壹百肆拾伍工伍分
該銀肆兩叁錢陸分

貳案

嘉靖拾壹年造
船木作　船木鋸匠
裝修作　裝修鋸匠
艙作　鐵作
蓬作　索作
油漆作　五墨作
俱同榜例
伍百捌拾貳工該銀
貳分該銀壹拾柒兩
肆錢陸分陸釐
船嘉靖貳拾伍年造
船木作　船木鋸匠
裝修作　裝修鋸匠

嘉靖拾壹年造
船木作　船木鋸匠
艙作　鐵作
蓬作　索作
油漆作　俱同榜例
裝修作肆拾伍工
裝修鋸匠拾貳工
肆百零貳工該銀壹
拾貳兩陸分
嘉靖貳拾伍年
船木作　船木鋸匠
裝修作　裝修鋸匠
艙作　鐵作
油漆作　俱同一案
蓬作伍工

伍釐　嘉靖拾壹年造
艙作　蓬作
俱同榜例
船木作伍拾叁工
船木鋸匠貳拾陸工
鐵作貳拾工
索作叁工伍分
壹百陸拾工該銀肆
兩捌錢柒　嘉靖拾柒年造
船木作　船木鋸匠
艙作　春灰撕麻
裝修作　索作
俱同榜例

叁案

艙作　油漆作
俱同一案
鐵作貳拾玖工貳分
蓬作拾□工
索作□□工

索作捌工

壹百叁拾柒工捌分
該銀肆兩壹錢叁分
肆釐　嘉靖貳拾伍年造
船木作　艙作
俱同榜例
船木鋸匠同一案
鐵作拾柒工捌分
蓬作貳工
索作叁工

肆百料浮橋船

抽分座船

金木河漁船

榜例

船書

壹案

陸百陸拾陸工陸分
柒釐該銀貳拾兩零
壹毫　嘉靖伍年造
船木作叁百肆拾工
船木鋸匠壹百肆拾工
艙作壹百伍工伍分
鐵作伍拾玖工陸分
柒釐

捌百零陸工該銀貳
拾肆兩壹錢捌分　嘉靖
貳拾叁年造
船木作叁百伍拾工
船木鋸匠拾貳工
裝修作壹百叁拾工
裝修鋸匠叁拾工
艙作貳百工
鐵作貳拾工

捌拾肆工該銀貳兩
伍錢貳分　嘉靖拾壹年造
船木作肆拾伍工
船木鋸匠拾叁工
艙作貳拾叁工
鐵作叁工

索作陸工伍分
纜作捌工
油漆作肆工
五墨作叁工
蓬竹作貳拾陸工
索作拾伍工
纜作伍工
油漆作拾工
五墨作陸工
剉㲉作貳工

貳案
肆百玖拾伍工該銀柒百玖拾工柒分該捌拾柒工該銀貳兩
壹拾肆兩捌錢伍分銀貳拾叁兩柒錢貳陸錢壹分
嘉靖貳拾年造
船木作叁百工
船木鋸匠捌拾工
艌作壹百伍工
鐵作伍工
油漆作叁工
五墨作貳工
分壹釐嘉靖叁拾貳年造
裝修鋸匠蓬竹作
索作　纜作
油漆作　五墨作
剉㲉作　俱同一案
船木作貳百玖拾工
船木鋸匠壹百工
嘉靖貳拾玖年造
船木作　船木鋸匠
艌作　俱同一案
鐵作陸工

餘買辦不料
裝修作壹百壹拾陸工
鐵作貳拾壹工柒分
艌作壹百陸拾玖工
餘買辦不料

叁案
肆百玖拾捌工該銀
壹拾肆兩玖錢肆分
嘉靖叁拾貳年造
船木作　船木鋸匠
艌作　鐵作
油漆作　俱同二案
五墨作伍工
餘買辦不料

船廠志卷七　二十一

量材

船紀

預備黄船

船木作
楠木单板壹千伍百壹拾伍丈壹尺叁寸
川杉木并連貳連叁枋共单板伍百柒拾柒丈伍尺伍寸
頭、大桅用川杉木貳根
櫓拾張用杉木伍根
旗哨招杆用中杉條叁根
蓬秤杠用杉條肆根
水戧用雜木貳根
舵桿用榆木壹根
舵牙關門棒用櫃木貳根
水櫃柳頭用舊料改用

裝修雕鑾二作
川杉木并連貳連叁枋共单板叁百陸拾陸丈陸尺捌寸
楠木单板叁拾

船書

壹案嘉靖貳拾捌年

船木作
楠木单板玖百伍拾丈捌尺貳寸叁分
楠木連叁枋单板貳百伍拾叁丈肆尺肆寸
川杉木单板肆百柒拾丈貳尺壹寸
川杉連貳連叁枋单板壹百壹拾柒丈陸尺
川杉頭大桅
旗哨招杆
櫓木　蓬秤杠
舵牙關門棒
已上俱同船紀
撑槁杉條拾根
水戧杉條貳根

裝修雕鑾二作
川杉連貳連叁枋共单板壹百玖拾捌丈柒尺貳寸
楠木单板伍拾捌丈陸尺陸寸
榆木
魚線膠
俱同船紀

貳案嘉靖叁拾貳年

船木作
楠木单板玖百壹拾捌丈柒尺伍寸
川杉木单板叁百伍拾捌丈伍尺玖寸
楠木連叁枋单板
川杉連貳連叁枋单板
川杉頭大桅　俱同壹案
旗哨招杆
櫓木　蓬秤杠
舵桿　水戧
撑槁　舵牙關
門棒
已上俱同壹案

裝修雕鑾二作
川杉連貳連叁枋单板
楠木单板
榆木　魚線膠
俱同壹案

艌作
桐油柒百伍拾斤
白麻陸百斤

船廠志卷七　二十二

伍丈柒尺陸寸
陸分
連椅用榆木壹
根
魚線膠壹斤
艌作
桐油捌百斤
白麻陸百伍拾
斤
石灰壹千陸百
斤
鐵作
熟鐵[redacted]
煤炭
上鐵作
熟鐵
煤炭[redacted]
篷作
青篷竹柒百根
猫竹肆根
棕毛壹百柒拾
斤
黃藤壹百斤
箬葉壹百貳拾
斤
索作
棕毛捌百斤
白麻肆百伍拾
斤
上索作

艌作
俱同船紀
鐵作
熟鐵壹千陸百
斤
煤炭貳千肆百
斤
上鐵作
熟鐵叁百斤
煤炭肆百伍拾
斤
篷作
猫竹　青篷竹
箬葉　黃藤
俱同船紀
淨棕伍拾斤
索作
白麻同船紀
淨棕貳百陸拾
陸斤玖兩
上索作
同船紀
纜作
青水竹壹千陸
百根
竹作
猫竹　青篷竹
俱同船紀

石灰壹千伍百
斤
鐵作
熟鐵壹千肆百
斤
煤炭貳千壹百
斤
上鐵作
俱同壹案
篷作
青篷竹陸百伍
拾根
猫竹叁根
黃藤捌拾斤
箬葉壹百斤
淨棕伍拾斤
索作
白麻肆百叁拾
斤
淨棕貳百伍拾
叁斤
上索作
同壹案
纜作
青水竹壹千伍
百根
竹作
猫竹　青篷竹
俱同壹案

白麻肆拾斤
纜作
青水竹壹千柒
百根
竹作
青篷竹壹百伍
拾根
猫竹叁根伍分
油漆作
桐油壹百斤
石黃叁拾斤
白麵陸斤捌兩
中白綿伍兩
二硃捌斤
土子叁升
瓦灰壹斗捌升
生漆肆拾斤
水花硃壹斤肆
兩
密陀僧陸兩
墨煤伍斤
水膠陸斤
銀硃伍斤
紅土伍斤
光粉貳拾斤
番硃貳斤
黑漆貳斤
黃丹貳斤拾兩
香油肆斤
苧布壹疋壹丈
陸尺
五墨作

黃藤貳拾斤
油漆作
桐油　白麵
二硃　中白綿
土子　瓦灰
生漆　墨煤
水膠　密陀僧
紅土　光粉
黑漆　番硃
香油
俱同船紀
石黃拾叁斤
水花硃叁斤捌
兩
黃丹貳斤
苧布壹疋壹丈
伍尺伍寸
五墨作
俱同船紀
粧鑾作
金箔　苧布
熟漆俱同船紀
生漆壹斤
抹金作
金箔同船紀
熟漆伍兩
旗作
俱同船紀
鼓作
生血水牛皮壹

黃藤壹拾捌斤
油漆作
二硃　水花硃
光粉　黑漆
黃丹　香油
番硃　苧布
俱同壹案
桐油捌拾斤
石黃拾貳斤捌
兩
白麵陸斤
土子貳斤
瓦灰壹斗陸升
生漆叁拾玖斤
中白綿肆兩
墨煤肆斤
水膠伍斤
密陀僧伍兩
紅土肆斤
五墨作
銀硃　二硃
水膠俱同壹案
光粉貳斤
枝條綠貳斤拾
兩
墨煤壹斤
三綠貳斤肆兩
合綠壹斤拾兩
靛花青肆兩伍
錢
藤黃貳兩
粧鑾作
俱同壹案

銀硃貳斤
貳硃貳斤
光粉叁斤
墨煤壹斤肆兩
水膠叁斤
叁碌貳斤捌兩
合碌壹斤拾貳兩
藤黃貳兩
枝條碌叁斤
靛花青伍兩
粧鑾作
金箔陸拾貼
苧布伍丈
熟漆拾貳兩伍錢
生漆貳斤

抹金作
金箔拾叁貼
旗作
黃生官絹捌疋
黃絲線貳兩
鼓作
生血水牛皮壹張伍分
樟木壹段
鯏殼作
鯏殼陸拾斤
纓作
茜紅火把纓貳張
樟木壹段
鯏殼作
纓作
旋作
俱同船紀
染作
靛青壹百玖斤
槐花貳斤
明礬　蘇木
猪胰　攪缸灰
俱同船紀
裁縫作
闊白綿布拾捌疋
青絲線伍兩
擺錫作
雙線作
縧作
穿椅作
桶作
銅作
響銅作
俱同船紀

抹金作
金箔拾貳貼
熟漆肆兩
旗作
黃生官絹捌疋
黃絲線壹兩捌錢
鼓作
鯏殼作
纓作
旋作
俱同壹案
染作
明礬　槐花
猪胰　俱同壹案
靛青玖拾斤
蘇木伍兩捌錢
攪缸灰陸拾貳斤
裁縫作
俱同船紀
擺錫作
雙線作
俱同壹案
縧作

斤
旋作
白楊木壹段
檀木壹段
白苦竹貳根
染作
靛青玖拾貳斤
明礬壹斤
蘇木陸兩
槐花叁斤
猪胰子壹斤
攪缸灰陸拾貳斤
裁縫作
闊白綿布拾捌疋
青絲線肆兩
擺錫作
花錫捌兩
猪油捌兩
雙線作
生水牛皮叁分
紅真皮叁分
生絲左線陸錢
縧作
大紅熟絲線捌兩伍錢
綠絲線叁錢
紅絨伍兩

鋿作
紅銅伍斤
木炭拾伍斤
廣鐵鍋貳口買辦

大紅熟絲線捌兩
綠絲線貳錢伍分
紅絨肆兩
穿椅作
桶作
銅作
響銅作
俱同壹案
鑄作
紅銅伍斤
生鐵叁拾捌斤
木炭壹百斤
廣鐵鍋貳口買辦

索作 青綿紗貳斤捌兩
桶作 用本船舊料
銅作響銅作 黄熟銅拾陸斤 響銅拾伍斤 木炭壹百斤 硼砂壹兩
鑄作 紅銅伍 生鐵壹百[illegible]拾玖斤

南京大黄船

船紀
稻皮壹百壹拾玖斤
麥穩壹百壹拾玖斤
木炭壹百壹拾玖斤
煤炭壹百壹拾玖斤

船木作 楠木单板朩百壹拾陸丈陸尺叁寸 杉木并板枋单柂貳百陸拾陸丈叁尺貳寸

船書
船木作 楠木单板陸百[illegible]丈[illegible]尺[illegible]寸捌分肆釐 杉木单板壹百貳拾柒丈壹尺[illegible]寸[illegible]分

壹號 嘉靖貳拾柒年
船木作 楠木单板[illegible]百伍拾伍丈壹尺伍寸陸分 杉木单板伍拾[illegible]丈捌尺陸寸貳分捌釐

貳號 嘉靖叁拾壹年
船木作 楠木单板陸百陸拾陸丈[illegible]叁寸叁 杉木单板壹拾[illegible]丈捌尺壹[illegible]分

頭大桅用杉木貳根 櫓肆張用杉木貳根 旗哨招杆用杉條叁根 水戧用雜木貳根 舵桿用榆木壹根 撐篙用杉篙拾根 舵牙関門棒用檀木貳根
裝修雕鑾二作 杉木单板壹百伍拾貳丈陸尺

頭大桅 旗哨招杆 舵桿 撐篙 舵牙関門棒 俱同船紀 蓬杆扛用杉條陸根 水戧用杉條貳根 稍欄杆用杉條貳根
裝修雕鑾二作 杉木单板壹百貳丈貳分肆釐 楠木单板陸丈柒尺陸寸壹分伍釐貳毫

頭大桅 蓬杆扛 撐篙 舵牙関門棒 舵桿 俱同船書 哨招杆用杉條貳根 桅點用杉條壹根
裝修雕鑾二作
艌作 俱同船書
鐵作 熟鐵叁百捌拾伍斤

杉木单板[illegible]柒尺貳寸捌分 水戧 頭大桅 撐篙 蓬杆扛 舵桿 哨招杆 舵牙関門棒 俱同壹桨
裝修雕鑾二作 杉木单板壹百叁丈陸尺玖寸[illegible]分 楠木单板肆丈[illegible]尺玖寸柒分陸釐
艌作 桐油叁百伍拾

肆分 楠木单板貳拾丈叁尺
艌作 桐油肆百壹拾貳斤 黄麻肆百壹拾貳斤 石灰捌百貳拾伍斤
鐵作 熟鐵 煤炭 [illegible]
蓬作 青筆竹壹百根

艌作 桐油肆百斤 黄麻肆百斤 石灰捌百斤
鐵作 熟鐵貳百伍拾斤 煤炭[illegible]斤
蓬作 青筆竹 蘆柴 [illegible]
索作 [illegible]

煤炭玖百伍拾斤
蓬作 索作 纜作 竹作 油漆㠯墨二作 [illegible]作 [illegible]作 [illegible]作

黄麻叁百伍拾斤 石灰柒百斤
鐵作 熟鐵貳百伍拾斤
蓬作 蘆柴 黄藤 俱同壹桨 青篾竹玖拾叁根 [illegible]棕陸斤捌兩
索作 [illegible]棕[illegible]百肆斤

蘆柴伍拾束
黃藤伍拾斤
棕毛叁拾伍斤
索作
棕毛伍百斤
白麻貳百伍拾
伍斤
纜作
青水竹壹十根
竹作
青筀竹柒拾根
貓竹柒根
黃藤拾斤
油漆五墨二作
桐油貳拾伍斤
銀硃肆斤
二硃肆斤
番硃捌兩
土[illegible]叁斤
二碌[illegible]
石黃叁斤
枝條碌壹斤
藤黃貳兩
靛花青叁兩
黃丹壹斤
密陀僧肆兩
黑煤貳斤
光粉拾壹斤
水膠肆斤
粧鑾作
金箔[illegible]貼

淨棕壹百陸拾
陸斤拾兩
黃麻貳百伍拾
斤
纜作
青水竹陸百根
竹作
青筀竹伍拾伍
根
貓竹叁根伍分
黃藤拾斤
油漆五墨二作
桐油貳拾斤
銀硃捌兩
墨煤貳斤
水膠貳斤拾叁
兩
黃硃壹斤
二硃壹斤拾伍
兩
光粉叁斤[illegible]
兩
黃丹壹斤[illegible]
紅土拾叁兩
密陀僧叁兩
石黃拾斤
[illegible]碌壹斤
枝條碌[illegible]伍兩
藤黃壹[illegible]
靛花青[illegible]兩
粧鑾作
金箔拾[illegible]貼

蜊殼作
蜊殼　蜊釘
俱同船書
貓竹壹根
纓作
俱同船書
旋作

黃麻壹百陸拾
柒斤
纜作
青水竹伍百伍
拾根
竹作
貓竹　黃藤
俱同壹案
青筀竹陸拾貳
根
油漆五墨二作
桐油　墨煤
水膠　番硃
二硃　光粉
石黃　密陀僧
合[illegible]俱同壹案
黃丹[illegible]斤[illegible]兩
貳[illegible]
紅土[illegible]貳兩柒
[illegible]
藤黃[illegible]陸錢
靛花[illegible]兩[illegible]錢
枝條碌[illegible]伍兩
粧鑾作
金箔叁貼
熟漆貳兩
旗作
黃熟絹
紅[illegible]布
青[illegible]絲
[illegible]

熟漆伍兩
旗作
黃生官絹貳疋
壹丈捌尺
黃絲線貳錢
闊白綿布柒疋
青絲線伍錢
鼓作
鼓壹面
蜊殼作
蜊殼陸拾肆斤
纓作
茜紅纓貳斤
生挣水牛皮壹
分伍釐
紅麻皮壹分伍
釐
旋作
榿木壹段
白楊木壹段
染作
靛青貳拾斤
槐花伍兩
明礬捌兩
蘇木肆兩
銅作
黃銅壹斤伍兩
船紀

熟漆肆兩
旗作
黃熟綿肆丈貳
尺
青綿布伍疋
紅綿布叁丈
鼓作
同船紀
蜊殼作
蜊殼伍拾捌斤
貓竹壹根伍分
鉋釘貳千個
纓作
大紅纓頭壹個
旋作
削竹木葫蘆頂
壹個
木捲餅伍個
七星板貳塊
木玲墻叁個
鼓搥壹副
寶珠頂壹箇
船書

壹案嘉靖貳拾玖年

青綿布伍疋
鼓作
同壹案
蜊殼作
鉋釘　貓竹
俱同壹案
蜊殼伍拾斤
纓作
旋作
俱同壹案
貳案嘉靖貳拾玖年

小黃船

船木作
楠木单板柒百貳拾陸丈伍尺伍寸壹分捌釐
杉木并板枋共单板壹百叁拾捌丈陸尺叁寸
頭大桅用杉木貳根
櫓用杉木貳根
篷秆扛用杉條叁根
水艥用雜木壹根
旗哨招杆用杉條叁根
撑篙用杉篙捌[illegible]

船木作
楠木单板壹千貳拾貳丈陸尺[illegible]寸壹分
杉木单板玖拾貳丈玖尺陸寸[illegible]分肆釐
松木单板叁拾肆丈捌尺捌寸陸分叁釐
頭大桅
旗哨招杆
撑篙　舵桿
舵牙閂門棒
俱同船紀
篷秆杠用杉條陸根

船木作
楠木单板柒百肆拾丈玖尺捌寸捌釐
杉木单板壹百零伍丈壹尺伍寸捌分伍釐
松木单板貳拾貳丈玖尺伍寸捌分肆毫
旗哨招杆
撑篙　水艥
舵桿　篷秆杠
舵牙閂門棒
俱同船書
椗梢用杉木壹根

船木作
楠木单板捌百柒拾柒丈捌尺叁寸肆分陸釐
杉木单板伍拾肆丈貳尺肆寸貳釐貳毫
旗哨招杆
水艥　篷秆杠
撑篙　舵桿
舵牙閂門棒
俱同壹案
頭大桅
梢箭篷桁條
俱同船書
裝修雕鑾三作

[illegible]根
舵桿用楡木壹條
舵牙閂門棒用[illegible]根
篷[illegible]根
裝修雕鑾二作
杉木并板枋共单板貳百肆拾陸寸柒丈捌尺肆寸叁分[illegible]釐
楠木单板壹拾捌丈伍尺貳寸
艌作
桐油貳百斤
[illegible]貳百斤
[illegible]百斤

梢篷桁條用杉條肆根
水艥用杉條貳根
裝修雕鑾二作
杉木单板壹百壹拾伍丈叁尺陸寸貳分
楠木单板柒丈陸寸陸分肆釐
艌作
桐油貳百伍拾[illegible]
[illegible]貳百伍拾[illegible]
[illegible]伍百斤

梢篷桁條用杉條肆根
裝修雕鑾二作
杉木单板玖拾[illegible]丈[illegible]尺陸寸伍分肆釐
楠木单板捌丈柒尺伍寸玖分貳釐捌毫肆絲
艌作
俱同船紀
鐵作
[illegible]斤
篷作

杉木单板壹百貳丈陸尺叁寸肆釐捌毫
楠木单板壹拾壹丈叁尺肆寸[illegible]
艌作
俱同壹案
鐵作
熟鐵叁百捌斤
煤炭肆百陸拾貳斤
篷作
蘆柴　青筀竹

鐵作
熟鐵[illegible]
煤炭[illegible]
篷作
青筀竹壹百根
蘆柴伍拾束
黃藤肆拾斤
棕毛叁拾斤
索作
棕毛貳百伍拾斤
黃麻貳百斤
纜作
青水竹肆百肆

鐵作
熟鐵叁百陸斤
煤炭陸百伍拾玖斤
篷作
蘆柴　青筀竹
俱同船紀
黃藤叁拾斤
淨棕
索作
淨棕捌拾叁斤
黃麻壹百叁拾斤
纜作

青筀竹玖拾陸根
蘆柴肆拾捌束
黃藤貳拾捌斤
淨棕玖斤伍兩
索作
淨棕柒拾伍斤
黃麻壹百叁拾貳斤
纜作
青水竹肆百根
油漆作
桐油　黃州
番硃　密陀僧
墨煤　水膠

黃藤俱同船書
淨棕玖斤拾伍兩
索作
淨棕同壹案
黃麻同船書
纜作
油漆作
五墨作
裝鑾作
鼓作
俱同壹案

拾根
油漆五墨二作
桐油貳拾斤
銀硃貳斤肆兩
靛花壹斤[illegible]兩
石黃陸斤
光粉叁斤
番硃壹斤
藤黃貳兩
墨煤貳斤
黃丹壹斤
水膠叁斤
二硃貳斤
密陀僧陸兩
三碌壹斤
枝條碌壹拾伍[illegible]

青水竹伍百根
油漆作
桐油貳拾斤
黃丹壹斤
密陀僧[illegible]兩
石黃拾斤
番硃壹斤
墨煤壹斤
水膠貳斤
二硃壹斤
光粉貳斤
五墨作
三綠壹斤
合碌壹斤
二硃拾兩
[illegible]

二硃　光粉
石黃[illegible]
俱同[illegible]
五墨作
俱同船書
裝鑾作
金箔[illegible]貼
熟[illegible]壹兩
鍍作
[illegible]
鼓作
鼓壹面
刊[illegible]

蜊殼作
纓作
俱同壹案
旋作
花餅　七星板
玲瓏　葫蘆頂
俱同壹案
鼓搥壹副

粧鑾作
金箔貳貼
旗作
黄熟絹貳疋
黄絲線伍錢
鼓作
皷壹面
剔殼作
剔殼伍拾陸斤
擺錫鉋釘貳百個
纓作
茜紅纓貳斤

藤黄貳兩
靛花青貳兩
水膠壹斤
墨煤壹斤
光粉
粧鑾作
金箔貳貼
熟漆壹兩
旗作
黄熟絹壹疋壹丈
鼓作
壹面
剔殼作

剔殼伍拾陸斤
纓作
同船書
旋作
玲瓏七星板
葫蘆頂、俱同船書
木棆餅伍個

肆百船木作

船紀
生淨水牛皮壹分
紅鹿皮壹分
旋作
櫃木壹段
白楊木壹段

船書
剔殼伍拾陸斤
擺錫鉋釘壹千肆百肆拾個
錨竹伍分
纓作
紅纓頭壹付
旋作
木棆餅叁個
七星板貳塊
木玲瓏叁個
葫蘆頂壹個

船木作
壹案 嘉靖拾柒年

船木作
貳案 嘉靖叁拾壹年

船廠志卷七　三十二

料戰座船

楠木并板枋共單板壹千捌拾叁丈陸尺肆寸陸分貳釐
杉木并板枋共單板貳百柒拾捌丈壹尺陸寸陸分
松木單板壹百伍拾丈貳尺捌釐玖毫
頭大桅用杉木貳根
櫓用杉木捌根
蓬秤杠用杉條肆根
招杆用杉木壹根
水戧用雜木貳根
撑篙用杉篙拾陸根
五方旗桿用杉篙拾陸根
舵桿用楡木壹根
舵牙關門棒用檀木貳根
装修雕鑾二作
杉木并連貳枋共單板貳百柒拾伍丈柒寸叁分肆釐
楠木單板拾叁丈貳尺叁寸

楠木并連貳連肆枋單板伍百陸拾壹丈壹尺貳寸
杉木連貳連叁枋單板伍百伍拾貳丈柒尺貳寸
杉木單板肆百玖拾玖丈壹尺捌寸玖分
羅松連貳枋單板壹百零玖丈貳尺
頭大桅
櫓木　招杆
水戧　蓬秤杠
舵桿　舵牙
關門棒
俱同船紀
撑篙用杉篙壹拾根
装修雕鑾二作
杉木連貳枋單板壹百陸拾捌丈
杉木單板壹百零玖丈捌尺柒寸伍分
樟木壹根
艌作
俱同船紀
鐵作

楠木單板壹千貳百叁拾貳丈陸尺伍寸貳分叁釐捌毫
杉木單板叁百伍拾丈陸寸玖分肆釐玖毫
頭大桅
招杆　撑篙
舵桿　舵牙
關門棒
蓬秤杠
俱同壹案
旗哨杆用杉條貳根
水戧杉木貳根
装修雕鑾二作
杉木單板貳百捌拾貳丈肆寸叁分玖釐肆毫肆絲
楠木單板柒丈叁尺伍寸柒分叁釐玖毫
艌作
俱同壹案
鐵作
鐵釘壹千捌百貳拾斤
鉛打舊釘煤炭貳百斤
上鐵作

船廠志卷七　三十三

艌作
桐油柒百斤
黃麻柒百斤
石灰壹千肆百斤
鐵作
熟鐵
煤炭[redacted]
上鐵作
熟鐵
煤炭[redacted]
蓬作
青篷竹肆百根
黃藤伍拾斤

鐵釘壹千肆百貳拾捌斤
上鐵作
熟鐵貳百斤
木炭貳百斤
煤炭貳百斤
蓬作
索作
纜作
油漆五墨二作
旗作
俱同船紀

熟鐵貳百斤
煤炭叁百斤
蓬作
青篷竹卦百貳拾肆根
黃藤伍拾斤
淨棕貳拾斤
箬葉伍斤
索作
淨棕貳百伍拾陸斤拾兩
黃麻貳百柒拾斤
纜作
青水竹陸百根

棕毛捌拾斤
索作
棕毛柒百柒拾斤
黃麻貳百肆拾斤
白麻叁拾斤
纜作
青水竹柒百根
油漆五墨二作
桐油壹百斤
叁碌壹斤
合碌壹斤
靛花青叁兩
銅青陸兩

皷作
俱同船紀
鋓殼作
纓作
生挣水牛皮壹張貳分
紅鹿皮壹張貳分
白麻線叁兩
紅纓拾貳斤
黑纓拾貳斤
染作
擺錫作

油漆作
桐油壹百斤
黃丹叁斤
密陀僧捌兩
水膠拾斤
光粉貳拾壹斤
番硃拾斤
黑煤拾斤
紅土陸斤
白麵拾斤
瓦灰叁斗
土子貳升
石灰貳拾斤
糯米肆升
五墨作
叁碌壹斤

藤黃貳兩
銀硃貳斤
花粉貳拾叁斤
墨煤拾貳斤
水膠拾貳斤
黃丹叁斤
密陀僧肆兩
瓦灰貳斗
白麵拾斤
紅土貳拾斤
旗作
白綿布拾伍疋
壹丈柒尺
黃生官絹柒疋
黃絲線柒錢
青絲線壹兩壹錢

[illegible]
旋作
白楊木壹段

合碌壹斤
靛花青叁兩
藤黃貳兩
光粉貳斤
銀硃貳斤
墨煤貳斤
貳硃貳斤
水膠貳斤
旗作
黃綿布拾伍丈玖尺
藍綿布叁丈陸尺
紅綿布叁丈陸尺
青綿布陸疋壹丈玖尺

皷作
生血水牛皮壹張
樟木壹段
鋓殼作
鋓殼柒拾貳斤
猫竹貳根
纓作
生挣水牛皮[redacted]
紅鹿皮[redacted]
白麻線陸兩
紅纓壹拾貳斤
黑纓共壹拾貳斤

白綿布壹丈玖尺
黃麻線叁兩
黃熟絹貳拾壹丈肆尺
紅熟絹叁丈陸尺伍寸
白熟絹壹丈玖尺
青熟絹壹丈玖尺
藍熟絹叁丈壹尺伍寸
黃紅絲線貳兩
整皷作
皷壹面

旋作
桅餅拾[illegible]
稍子寶珠壹箇
桅頭[illegible]蓮頂拾
肆個
寶珠拾肆箇
染作
槐花壹斤
明礬壹斤
靛青貳拾斤
五倍子壹斤
蘇木貳兩
換缸灰貳拾斤
擺錫作
花錫壹斤

剩殼作
剩殼伍拾貳斤
搖竹貳根
纓作
大紅纓叁個
大黑纓叁個
五方旗小紅纓
拾陸個
旋作
桅餅陸箇
搶車貳箇
七星板貳塊
玲瓏叁箇
哨杆桅餅壹箇
寶珠頂壹箇

[illegible]柏壹斤
寶珠座壹箇
欄杆寶球大小
叁拾箇
鼓搥壹副

貳百料戰船

船紀
船木作
楠木并板枋共
單板貳百陸拾
叁丈捌尺柒寸
柒分肆釐
杉木并板枋共
單板玖拾貳丈
叁寸陸分
柒尺貳寸[illegible]分
松木單板壹百
[illegible]拾捌丈陸尺
肆寸伍分陸釐

船書
船木作
楠木單板肆百
玖拾玖丈柒尺
捌分捌釐
杉木單板壹百
貳拾捌丈陸尺
叁寸陸分
松木單板[illegible]拾
[illegible]丈伍尺玖寸
伍分
頭大桅

壹案　嘉靖叁拾壹年
船木作
楠木單板肆百
伍拾陸丈陸尺
陸寸柒分柒釐
杉木單板壹百
丈捌尺肆寸陸
分柒釐
松木單板壹拾
陸丈壹寸捌分
捌毫
頭大桅
桅木

貳案　嘉靖叁拾貳年
船木作
裝修作
俱同船書
艌作
同壹案
鐵作
鐵浮動事件
旗櫃斗裝修

頭大桅用杉木
貳根
櫓用杉木[illegible]根
旗[illegible]招杆用杉
條叁根
蓬秤扛用杉條
貳根
撐槁用杉槁壹
拾根
水戧用雜木貳
根
舵桿用榆木壹
根
舵牙閘門棒用
櫃木貳根
裝修作
杉木并連貳枋

撐槁
舵桿
閘門棒
俱同船紀
蓬秤扛
舵牙
水戧用杉木貳
根
旗招[illegible]用杉條
貳根
裝修作
杉木單板壹百
伍拾壹丈肆尺
伍寸肆分
艌作
桐油貳百伍拾
斤
黃麻貳百伍拾

水戧
哨杆
撐槁
蓬秤扛
舵桿
舵牙
閘門棒
俱同船書
裝修作
杉木單板壹百
肆拾伍丈壹尺
肆寸肆分
艌作
俱同船書
鐵作
鐵浮動事件
旗櫃斗裝修
小釘
煤炭

小釘
煤炭
俱同壹案
鐵釘叁百伍拾
斤
蓬作
頭大桅篾風蓬
貳領
青篁竹玖根
黃藤貳斤
淨棕壹斤
索作
同壹案
纜作
篾纜水貳條
篾纜壹條

單板壹百[illegible]拾
叁丈陸尺肆分
石灰伍拾斤
艌作
桐油叁百斤
黃麻叁百斤
石灰伍百斤
鐵作
鐵釘肆百柒拾
斤
鐵浮動事件叁
拾貳斤
蓬作
青篁竹貳百陸
拾根
黃藤叁拾伍斤

石灰伍百斤
鐵作
鐵釘肆千叁拾
玖箇
鐵浮動事件拾
捌斤伍錢
旗櫃斗裝修
小釘壹千貳拾
玖箇
煤炭壹百斤
蓬作
頭大桅篾風蓬
貳領
青篁竹肆根
黃藤拾叁兩

俱同船書
鐵釘叁百柒拾
斤
蓬作
青篁竹貳百零
壹根
黃藤叁拾斤
淨棕拾陸斤
索作
淨棕壹百肆拾
捌斤
黃麻玖拾陸斤
捌兩
纜作
青水竹叁百貳

油漆作
五墨作
旗作
鼓作
剩殼作
纓作
旋作
俱同壹案

棕毛伍拾斤
索作
棕毛肆百伍拾斤
黄麻壹百斤
白麻貳拾斤
纜作
青水竹叁百肆拾根
油漆五墨二作
桐油叁拾伍斤
黄丹貳斤
密陀僧捌兩
叁碌壹斤
台碌壹斤

棕櫚索拾肆斤
拾貳兩
索作
棕綳纜共壹百肆拾捌斤
黄麻繩索共玖拾陸斤捌兩
纜作
茂繫水貳條
篾牽纜壹條
油漆作
桐油貳拾伍斤
黄丹壹斤
密陀僧陸兩
番硃叁斤

拾根
油漆作
五墨作
旗作
鼓作
蜊殼作
纓作
旋作
供同船書

船廠志卷七　三十八

靛花青貳兩
銀硃壹斤
貳硃貳斤
藤黄叁兩
水膠陸斤
光粉肆斤
黑煤肆斤
番硃叁斤
紅土伍斤
石灰叁拾斤
糯米捌升
旗作
白綿布玖疋
黄綵線壹兩
青綵線伍錢
鼓作

墨煤叁斤
水膠叁斤
貳硃肆兩
紅土壹斤
石灰貳拾伍斤
糯米伍升
五墨作
叁碌陸兩
貳硃陸兩
藤黄壹兩
靛花青貳兩
水膠壹斤
光粉貳斤捌兩
墨煤壹斤
旗作
黄綿布玖疋

鼓壹面
蜊殼作
蜊殼捌斤
篠竹伍分
纓作
黑纓貳斤
白麻線貳兩
生挣水牛皮壹分
紅鹿皮壹分
旋作
檀木壹段
白楊木壹段
染作

尺寸
紅綿布貳丈
青綿布伍丈肆尺
藍綿布貳尺
白綿布貳尺
五色麻線伍錢
鼓作
鼓壹面
蜊殼作
蜊殼肆斤
篠竹貳分
擺錫鍍釘壹百陸拾箇
纓作

船廠志卷七　三十九

槐花壹斤
蘇木陸兩
明礬捌兩
靛青貳拾斤
捻缸灰拾斤

壹百伍拾料戰
船紀
船木作
楠木并板枋共單板貳百陸拾柒丈捌尺玖寸柒分捌釐

黑纓頭玖箇
旋作
木槌斷伍兩
搖車貳箇
木砵碗叁箇
望斗十小葫蘆頭伍箇
敵臺雲珠拾箇
七星板貳塊
船書
船木作
楠木單板貳百叁拾陸丈貳尺柒寸肆分玖釐玖毫

壹案嘉靖貳拾貳年
船木作
裝修作
艌作

貳案嘉靖叁拾年
船木作
裝修作
艌作

杉木单板伍拾柒丈叁尺叁寸伍分陸釐
頭大桅用杉木貳根
櫓用杉木肆根
旗哨招杆蓬秤杠用杉條柒根
木餞用雜木貳根
撑篙用杉槁陸根
舵桿用楠木壹根
舵牙閂門樣用檻木頭根

裝修作
杉木单板肆拾柒丈陸尺肆分壹釐
松木单板貳拾貳丈貳尺陸分捌釐
撑篙　頭大桅
旗哨招杆秤杠
舵桿　閂門樣
舵牙俱同船紀
水餞用杉木貳根
頭大桅上旗杆貳根

裝修作
杉木单板肆拾陸丈壹尺叁寸

鐵作
蓬作
俱同船書
索作
棕毛同船書
黄麻捌拾斤
纜作
油漆作
五墨作
旗作
紅綿布同船書

俱同壹案
鐵作
成釘壹百肆拾陸斤
熟鐵貳百肆拾肆斤伍兩
煤炭肆百柒拾陸斤拾兩
蓬作
黄藤　青筀竹
俱同壹案
净棕拾斤
索作
纜作

杉木并板枋共玖分肆釐貳毫
单板柒拾伍丈壹尺肆寸柒分捌釐
艙作
桐油貳　伍拾斤
黄麻貳百伍拾斤
石灰伍百斤
鐵作
成釘肆百貳拾斤
鐵浮勦拾壹斤
蓬作

艙作
同船紀
鐵作
鐵釘肆百壹拾捌斤
浮勦同船紀
蓬作
同船紀
索作
净棕壹百貳拾斤
黄麻捌拾貳斤
净

黄綿布玖丈叁尺陸寸
鼓作
蜊殼作
纓作
旋作
俱同船書

油漆作
五墨作
俱同壹案
旗作
黄綿布同壹案
紅綿布壹丈柒尺伍寸
麻線叁錢
鼓作
蜊殼作
纓作
俱同壹案

青筀竹貳百伍拾根
黄藤叁拾斤
棕毛叁拾斤
索作
棕毛叁百柒拾伍斤
黄麻捌拾斤
纜作
青水竹叁百貳拾根
油漆五墨二作
桐油貳拾斤
黄丹□斤
叁綠壹斤

纜作
青水竹貳百根
油漆作
桐油貳拾斤
黄丹玖兩
密陀僧陸兩
土硃貳斤
墨煙貳斤
水膠壹斤
貳硃壹兩
銀硃壹兩
糯米貳升伍合
石灰拾伍斤
五墨作
叁綠陸兩

旋作
同壹案

靛花青貳兩
銀硃壹斤
貳硃貳斤
黄硃貳斤
藤黄叁兩
水膠叁斤
光粉肆斤
墨煤肆斤
合綠壹斤
密陀僧捌兩
紅土叁斤
石灰貳拾斤
糯米叁升
旗作
白綿布柒疋
黄綿線伍錢
青綿線叁錢

合綠陸兩
貳硃拾貳兩
銀硃陸兩
藤黄貳兩
靛花青壹兩
光粉貳斤
墨煤貳斤
水膠壹斤
旗作
黄綿布捌丈柒尺肆寸
紅綿布貳丈貳尺
蜊殼作
蜊殼伍斤
猫竹叁分

鼓作　鼓壹面
剩殼作　剩殼伍斤　小鉋釘捌兩
纓作　黑纓壹斤　紅乾皮壹分　生狰水牛皮壹分　白麻線壹兩
旋作　白楊木壹段　檀木壹段

擂鑼鉋釘貳百陸拾肆箇
鼓作　同船紀
纓作　黑纓頭貳箇
旋作　寶珠肆箇　大猪嘴叁箇　七星板貳塊　鼓扦壹副

壹百料戰船

船紀
船木作　楠木單板貳百伍拾壹丈叁寸陸分捌釐　杉木單板叁拾陸丈叁尺玖寸伍分
桼作　明礬肆兩　槐花捌兩　蘇木肆兩　靛青拾斤　攪缸灰拾斤

船書
船木作　楠木單板壹百玖拾肆丈柒尺陸寸　杉木單板貳拾壹丈貳尺陸寸肆分

壹案　嘉靖貳拾貳年
船木作　裝修作　艌作　鐵作

貳案　嘉靖叁拾貳年
船木作　裝修作　艌作　鐵作

桅用杉木壹根　檣用杉木貳根　蓬評扛招杆用桅心杉條肆根　撑篙用杉稿壹拾根　水戧用雜木貳根　舵桿榆木壹根　舵牙關門棒櫃木貳根
裝修作　杉木單板貳拾貳丈伍尺壹寸柒分陸釐
艌作　桐油壹百貳拾斤　黃麻壹百貳拾斤　石灰貳百肆拾斤
鐵作　鐵釘貳百叁拾斤　鐵浮動拾伍斤
蓬作　青篁竹壹百根　棕毛叁拾斤　黃藤貳拾斤
索作

松木單板柒丈捌尺叁寸捌釐　蓬杆扛　招杆　舵桿　舵牙　關門棒　俱同船紀　旗竿旗哨桁用杉條貳根　撑篙用杉稿陸　水戧杉木貳根
裝修作　杉木單板壹拾陸丈貳尺玖分柒釐叁毫
艌作　同船紀
鐵作　鐵釘貳百壹拾斤　鐵浮動拾壹斤　鎚打舊料煤炭壹百斤
蓬作　青篁竹同船紀　黃藤貳拾斤　棕毛拾伍斤
索作　棕纜纜柒[illegible]　黃麻索陸拾伍

蓬作　俱同船書
索作　净棕捌拾叁斤　黃麻柒拾伍斤
纜作
油漆作
五墨作
旗作　俱同船書　黃綿布柒丈壹陸寸
紅綿布捌尺
剩殼作
纓作
旋作　俱同船書

俱同壹案
蓬作　篾風蓬壹扇　青篁竹壹根　黃藤肆兩
索作　净棕柒拾捌斤　黃麻同壹案
纜作　篾纜水貳條　篾牵纜壹條
油漆作
五墨作
旗作
剩殼作　俱同壹案
纓作　黑纓頭壹箇
旋作　同壹案

棕毛[illegible]用伍拾斤
斤
黄麻柒拾伍斤
纜作
青水竹貳百根
油漆五墨二作
桐油拾斤
三碌伍兩
黄丹肆兩
合碌伍兩
銀硃拾貳兩
二硃壹斤
靛花青陸兩
藤黄貳兩
土粉貳斤
墨煤貳斤

纜作
同船紀
油漆作
桐油拾斤
黄丹肆兩
密陀僧叁兩
水膠壹斤
墨煤壹斤
番硃捌兩
糯米貳升
石灰拾斤
五墨作
三碌叁兩
合碌叁兩

水膠貳斤
密陀僧肆兩
番硃捌兩
石灰拾斤
糯米叁升
旗作
白綿布伍疋
黄絲線伍錢
鋓鏺作
鋓鏺捌斤
小鉋釘捌兩
纓作
黑纓壹斤
生熟水牛皮[illegible]
分

二硃捌兩
銀硃肆兩
藤黄壹兩
靛花[illegible]兩
水膠捌兩
土粉壹斤肆兩
墨煤壹斤
旗作
黄綿布伍丈柒
尺肆寸
紅綿布捌尺
鋓鏺作
鋓鏺伍斤
箭竹叁分
[illegible]鉋釘貳百
[illegible]拾肆箇

旋作
棍木壹段
白楊木壹段
柒作
槐花捌兩
明礬肆兩
靛青貳斤

三板船

船紀
船木作
楠木單板壹百
柒拾陸丈貳尺
肆寸伍分
杉木單板玖丈

纓作
黑纓壹斤
生熟水牛皮捌
麂紅鹿皮肆張
麻線貳錢伍分
旋作
木槌餅壹箇
七星板貳塊

船書
船木作
楠木單板壹百
貳拾捌丈壹尺
肆分柒釐柒毫
杉木單板拾肆

一案　嘉靖貳拾貳年
船木作
裝修作
艌作

二案　嘉靖叁拾年
船木作
裝修作
艌作

肆尺伍寸
桅心杉木壹根
篷秤杠用杉條
貳根
撐篙杉條肆根
櫓用杉木貳根
旗招杆用杉條
貳根
水戧雜木貳根
舵桿楡木壹根
舵牙關門棒用
櫓木貳根
裝修作
銃[illegible]壹座
銃桿叁根
艌作

丈肆尺肆寸玖
分叁釐
杉木單板柒丈
柒尺玖釐
桅心　篷秤杠
撐篙　旗招杆
舵桿　舵牙
關門棒
俱同船紀
水戧用杉條貳
根
裝修作
杉木單板壹丈
叁寸肆分貳釐
[illegible]
艌作

鐵作
篷作
索作
纜作
油漆作
五墨作
俱同船書
旗作
黄綿布壹疋貳
丈肆尺貳寸
紅綿布捌尺

俱同一案
鐵作
鐵釘柒拾斤
熟鐵壹百叁拾
貳斤拾兩玖錢
肆分
柴炭貳百壹拾
壹斤捌兩
篷作
黄藤　青篚竹
俱同一案
淨棕叁斤
索作
纜作

桐油壹百斤
黃麻壹百斤
石灰貳百斤
鐵作
鐵釘叁百斤
鐵浮動拾壹斤捌兩
蓬作
青篾竹壹百捌[illegible]
黃藤貳[illegible]
棕毛叁拾斤
索作
棕毛貳百伍拾斤
黃麻伍拾斤

俱同船紀
鐵作
鐵釘壹百肆拾斤
鐵浮動拾叁斤壹兩伍錢
旗櫃庠斗小釘叁拾叁箇
鍍打舊料煤炭捌拾斤
蓬作
黃藤 青篾
俱同船紀
棕毛拾伍斤
索作

纓作
黑纓頭壹箇
旋作
同船書

油漆作
五墨作
旗作
纓作
旋作
俱同一案

船廠志卷七　四十六

纜作
青水竹[illegible]
油漆五墨三作
桐油拾斤
黃丹壹斤
密陀僧肆兩
墨煤捌兩
銀硃捌兩
光粉捌兩
水膠捌兩
槁木貳升
銀硃肆兩
石灰拾斤
旗作
漂白綿布貳疋

[illegible]斤
纜作
青水竹壹百[illegible]
拾根
油漆作
桐油叁斤
黃丹叁兩
密陀僧貳兩
水膠肆兩
墨煤肆兩
銀硃肆兩
槁木貳升
石灰拾斤

黃絲線壹錢
纓作
黑纓貳斤
主犢牛皮壹分
紅鹿皮壹分
旋作
檀木壹段
白楊木壹段
漆作
槐花貳兩
蘇木壹觔
明礬壹兩

五墨作
合碌貳兩
水膠肆兩
光粉捌兩
銀硃貳兩
墨煤肆兩
旗作
黃綿布伍丈肆尺柒寸
紅絹[illegible]捌尺
纓作
黑纓捌兩
主犢牛皮肆釐
紅鹿皮叁釐
麻線壹錢伍分

船廠志卷七　四十七

划船

船紀
同三板船

旋作
捲餅壹箇
七星板貳塊

船書
船木作
楠木單板壹百肆尺陸寸貳分貳釐玖毫
杉木單板[illegible]拾壹丈伍尺叁寸陸分伍釐捌毫
松木單板柒丈叁尺捌寸玖分[illegible]
[illegible]

一案（嘉靖貳拾貳年）
船木作
裝修作
艙作
鐵作
蓬作
索作

二案（嘉靖叁拾年）
船木作
裝修作
艙作
俱同一案
鐵作
鐵釘柒拾斤
熟鐵壹百叁拾壹斤捌兩伍錢

依旗哨杆用杉條貳根 遮篷秤杠水戧用杉條肆根 撑篙用杉篙肆根 舵桿用榆木壹根 舵牙關門栓用櫟木貳根
裝修作 杉木單板玖尺伍寸捌分肆釐陸毫 吊桶水瓢子斗俱用舊料
艌作 桐油壹百斤 黄麻壹百斤 石灰貳百斤
鐵作 鐵釘壹百肆拾斤 鐵浮動拾叁斤壹兩 伍錢 旗纛[illegible]斗 小釘叁拾叁箇 鍍打煤炭捌拾斤
篷作 青篁竹壹百根 黄藤貳拾斤 棕毛拾伍斤
索作 棕䌫等纜柒拾叁斤 黄麻伍拾伍斤
纜作 青水竹壹百柒拾根

纜作
油漆作
五墨作 俱同船書
旗作 黄綿布伍丈肆尺柒寸 紅綿布捌尺
纓作
旋作 俱同船書

伍分 煤炭貳百捌拾玖斤拾壹兩
篷作 黄藤 青篁竹
俱同一案
索作 净棕伍斤
纜作
油漆作
五墨作
旗作
纓作 俱同一案 黑纓頭壹箇
旋作 同一案

肆百料巡座船

船紀
船木作 楠木并枝桁共單板捌百叁拾陸丈叁尺叁寸玖分陸釐叁毫 杉木并枝桁共單板壹百玖拾[illegible]

船書
船木作 楠木單板柒百肆拾[illegible]丈陸尺肆寸肆分肆釐 杉木單板壹百[illegible]拾[illegible]丈玖尺[illegible]分叁釐 [illegible]大桅 [illegible]

一案 嘉靖拾陸年
船木作 楠木單板壹千陸百玖拾叁丈壹尺陸寸叁分捌釐 楠木連貳連叁 杉單板貳百肆拾柒丈貳尺 杉木單板[illegible]叁拾丈陸尺[illegible]

二案 嘉靖貳拾玖年
船木作 同船書
裝修作 杉木單板壹百捌拾叁丈伍尺 [illegible]毫 [illegible]丈 [illegible]分

油漆作 桐油[illegible]斤 黄丹[illegible]叁兩 密陀僧貳兩 水膠肆兩 墨煤肆兩 苗碌肆兩 糯米貳升 [illegible]灰拾斤
五墨作 石碌貳兩 水膠肆兩 光粉捌兩 銀硃貳兩 墨煤肆兩
旗作 黄綿布肆丈玖尺柒寸 紅綿布捌尺
纓作 黑纓捌兩 白麻線壹錢伍分 生漆水
牛皮肆釐 紅安皮肆釐
旋作 木桅頭壹箇 七星板[illegible]塊

伍拾壹丈貳尺頭大桅用杉木貳根擋用杉木肆根撐槁用杉槁拾根旗哨招杆篷秤杠用杉條柒根水戧用雜木貳根舵扞扇榆木壹根舵于閑門棒用櫃木貳根

裝修作

杉木弄板枋共單板壹百柒拾柒丈肆尺伍分楠木長短壹□□花板拾叁塊□□

紀閑門等俱同艕水戧用杉木貳根篷秤杠用杉條陸根

裝修作

杉木單板壹百伍拾伍丈玖寸榆壹分伍釐□毫楠木單板捌丈壹尺玖寸玖釐陸毫

艌作

同陸分杉木連貳連叁枋單板陸百陸拾丈櫓用杉木捌根撐槁頭大桅秤杠舵牙閑門棒舵捍俱同船書水戧同船紀

裝修作

杉木單板壹百零玖丈捌尺陸寸伍分杉木連貳枋單板壹百陸拾捌丈魚線膠壹斤

艌作

同一案

鐵作

鐵釘伍百捌拾伍斤熟鐵玖百斤煤炭壹千叁百伍拾斤

上鐵作

熟鐵同一案煤炭貳百貳拾伍斤

篷作

蘆柴　青篁竹

帶叁拾貳條屏風床壹張桌子壹張鋭鼓架衣架各壹座扶梯伍張旗櫃壹個

艌作

桐油陸百斤黄麻陸百斤石灰壹千貳百斤

鐵作

鐵釘大小玖百壹拾斤鐵浮動陸拾貳斤旗罾斗斗大小劄伍拾個

篷作

青篁竹叁百壹拾伍根蘆柴捌拾束棕毛捌拾肆斤

鐵作

篷作

頭大桅蘆風篷貳扇

索作

棕繩纜大小叁拾捌條黄麻索大小拾肆條白麻旗綵壹條

纜作

麂縻水戧條茂牟繪篷條

艌作

同船紀

鐵作

熟鐵壹千捌百斤木炭壹千捌百斤煤炭壹千捌百斤

上鐵作

熟鐵壹百伍拾斤木炭叁百斤

篷作

蘆柴　青篁竹黄藤　棕千俱同船紀

黄藤俱同一案淨棕貳拾壹斤

索作

淨棕貳百壹拾陸斤拾兩黄麻貳百肆拾斤

纜作

油漆五墨二作

俱同一案

旗作

黄綿布捌丈捌尺紅綿布壹丈紅黄麻線共貳錢

□藤□斤□□肆斤□猫竹貳□

索作

棕毛陸百伍拾斤黄麻貳百壹拾斤白麻叁拾斤

纜作

青□竹捌百肆拾根

油漆五墨二作

桐油陸拾斤黄丹壹斤銀硃貳斤光粉貳拾伍斤銅青陸兩墨煤拾伍斤水銀□斤□□捌斤□□□□□合碌壹斤□□壹兩叁□□□

油漆五墨二作

旗作

六黄布□號帶□□旗青□□□壹面□□□□

剹殼作

紅布□□□

鼓作

索作

纜作

油漆五墨二作

俱同船紀

旗作

闊白綿布叁丈貳尺黄綵線柒錢

剹殼作

剹殼捌拾斤猫竹貳根

鼓作

壹□

剹殼作

剹殼捌拾斤猫竹捌根

鼓作

同船紀

纜作

同船書

旋作

木桅餅陸個木瑪瑙叁個七星板貳塊

靛花青貳兩密陀僧貳兩苗硃貳拾斤白麵伍斤馬灰貳斗

旗作

闊白綿布叁丈貳尺黄綵線柒錢

鼓作

鼓壹面

剹殼作

剹殼捌拾斤猫竹貳根擺錫鉋釘肆千伍百個

纜作

黑纓貳斤生犅水牛皮叁分紅麂皮叁分白麻線貳兩

纜作

黑纓頭貳個

旋作

生血水牛皮壹張樟木壹段

纜作

黑纓貳斤白麻線壹兩

旋作

同船紀

染作

槐花壹斤朗礬拾兩蘇木拾兩

三百料巡船

旋作：白楊木壹段，楊木壹段
漆作：槐花壹斤，明礬拾兩，蘇木貳兩

船紀
船木作：楠木并板枋桅板肆百叁拾叁丈柒尺陸寸柒分壹釐，杉木單板貳拾丈柒寸陸分叁釐，頭大桅用杉木貳根，櫓木杉木貳根，旗哨招杆用杉條叁根，蓬秤杠用杉條肆根，撑篙用杉篙肆根，水戧用雜木貳根，舵桿用榆木壹根，舵牙関門捧用櫨木貳根
裝修作：杉木單板陸拾丈玖尺伍寸貳分捌釐伍毫，楠木單板壹丈壹尺柒寸陸分
艌作：桐油壹百斤，黃麻壹百斤，石灰肆百斤

船書
船木作：楠木單板肆百叁拾捌丈陸寸柒分壹釐，杉木單板叁拾捌丈壹尺陸寸玖分玖釐叁毫，撑篙、頭大桅、秤杠、旗哨招杆、舵桿、舵牙関門捧俱同船紀，水戧杉木貳根
裝修作：杉木單板伍拾丈玖尺肆寸捌分壹毫
艌作：桐油貳百貳拾斤，黃麻貳百貳拾斤，石灰肆百肆拾斤
鐵作：熟鐵叁百貳拾斤，炭壹千貳百叁拾斤，鐵鍋壹口
篷作：青篾竹黃籐伍斤蘆

一案　嘉靖拾陸年
船木作：楠木單板貳百叁拾捌丈伍尺八寸壹分陸釐，杉木連二連三枋單板壹百叁拾壹丈伍尺貳寸，楠木連二連三枋單板壹百捌拾玖丈叁尺陸寸，頭大桅、櫓木、旗哨招杆、蓬秤杠、水戧、撑篙、舵桿、舵牙関門捧俱同船紀
裝修作：杉木連二枋單板捌拾肆丈，杉木單板貳拾伍丈貳尺壹寸貳分伍釐
艌作：同船書
鐵作：熟鐵捌百貳拾斤，木

二案　嘉靖叁拾壹年
船木作：楠木單板叁百壹拾肆丈玖尺玖寸陸分肆毫，杉木單板叁拾貳丈柒寸肆釐肆毫肆絲，撑篙、頭大桅、蓬秤杠、旗哨招杆、水戧、舵桿、舵牙関門捧俱同船書
裝修作：杉木單板叁拾叁丈肆尺玖寸捌分肆釐
艌作：同一案
鐵作：熟鐵同壹案，煤炭壹千貳百叁拾斤，鐵鍋壹口
篷作
索作：俱同壹案

肆拾斤
鐵作：熟鐵[illegible]拾斤，鐵鍋壹口
篷作：青篾竹壹百壹拾伍根，黃籐肆拾斤，棕毛伍拾斤，箱竹貳根，蘆蓆貳拾領，蘆柴伍拾束
索作：棕毛叁百伍拾斤，黃麻壹百伍拾斤，白麻貳拾斤
纜作：青水竹叁百伍拾根
油漆五墨二作：桐油拾貳斤，黃丹壹斤，密陀僧壹兩，水膠貳斤，墨煤貳斤，銀硃伍兩，二硃伍兩，藤黃貳錢，靛花青壹兩，三碌叁兩伍錢，枝條碌叁兩伍錢，光粉貳斤
旗作：白綿布貳疋，黃絲線伍錢
纓作：黑纓貳斤，白麻線叁錢，生淨水牛皮

[illegible]蘆柴俱同船紀，淨棕壹拾陸斤拾兩
索作：淨棕壹百壹拾陸斤，黃麻同船紀
纜作
油漆五墨二作：俱同船紀，[illegible]項壹箇
旗作：黃綿布伍丈柒尺陸寸，紅綿布陸尺肆寸，麻線伍錢
纓作：黑纓頭壹箇
旋作：木棉餅[illegible]伍箇

炭捌[illegible]貳拾斤，煤炭捌[illegible]貳拾斤
篷作：同船紀
索作：棕毛黃麻俱同船紀
纜作
油漆五墨二作
旗作
纓作
旋作：俱同船紀

纜作
油漆五墨二作
旗作
纜作
旋作：俱同一案

三百料巡沙船

[illegible]分[illegible]乾皮壹[illegible]
綳殼作 綳殼壹拾斤
旋作 檀木白楊木各壹段
索作 槐花捌兩 蘇木捌兩 明礬伍兩

船紀
船木作 楠木單板肆百捌拾捌丈陸尺貳寸壹釐伍毫 杉木單板叁拾捌丈壹尺壹寸

船書
船木作 楠木單板肆百貳拾柒丈肆尺捌寸貳分叁釐 杉木單板肆拾叁丈伍尺柒寸

一案 嘉靖貳拾貳年
船木作 楠木單板肆百壹拾壹丈壹尺玖寸伍分貳釐 杉木單板貳拾捌丈貳尺伍寸

二案 嘉靖叁拾壹年
船木作 楠木單板肆百叁拾玖丈壹尺肆釐 杉木單板[illegible]拾丈壹尺玖寸柒

船廠志卷七　五十四

柒分捌釐 頭大桅用杉木貳根 檣用杉木貳根 旗招杆篷桅杆用杉條柒根 撐篙用杉篙拾根 水戧用雜木貳根 舵桿用楠木壹根 舵牙閂門棒用檀木貳根
裝修作 杉木單板貳拾玖丈壹尺伍寸貳分貳釐
艌作 桐油貳百伍拾斤 黄麻[illegible]伍拾斤

玖釐 頭大桅 撐篙 旗招桅杆 篷杆 舵桿 舵牙 閂門棒 俱同船紀 水戧杉木旗杆
裝修作 杉木單板貳拾肆丈陸尺叁寸陸釐陸毫 鍋蓋水桅子木桶牟斗俱壹箇 用舊料
艌作
鐵作 [illegible]

肆分柒釐 松木單板肆拾柒尺叁寸陸分壹釐捌毫 撐篙 頭大桅 旗哨杆 篷杆杠 舵牙 閂門棒 舵桿 俱同船書 使風梁用杉木壹根 桅點稍欄杆用杉條叁根
裝修作 同船書
艌作 同船紀
鐵作 鐵釘[illegible]

分捌釐 撐篙 頭大桅 旗招杆 篷杆杠 水戧 使風梁 桅點 稍欄杆 舵桿 舵牙 閂門棒 俱同一案
裝修作 杉木單板肆丈壹尺捌寸 鍋蓋水桅子木桶牟斗同一案
艌作
鐵作 俱同一案
索作 藤[illegible]

鐵作 [illegible]肆百[illegible]斤 [illegible]鍋壹口
篷作 青篾竹壹百肆拾根 棕毛陸拾斤 黄藤肆拾斤 蘆柴肆拾陸束
索作 棕毛叁百柒拾斤 黄麻壹百伍拾斤 白麻拾伍斤
纜作 青水竹百柒拾[illegible]
油漆五墨二作

篷作 風篷貳箱[illegible]拾伍領 [illegible]
索作 棕毛繩纜叁拾捌條 黄麻繩索拾肆條 白麻旗線壹條
纜作 篾繫水貳條 篾牽壹條
油漆五墨二作
旗作 黄[illegible]

[illegible]拾捌斤叁兩 [illegible]小釘 鍋壹口
篷作 同船紀
索作 [illegible]壹百貳拾叁斤 黄麻壹百壹拾[illegible]兩
纜作 青水竹貳百伍拾根
油漆作 桐油拾伍斤 黄丹陸兩 密陀僧叁兩 水膠貳斤 光粉貳斤 墨煤[illegible]

同一案 淨棕貳拾斤
索作 同一案
纜作 青水竹貳百貳拾伍根
油漆作
五墨作 俱同一案
旗作 黄綿布[illegible]紅
綳殼作 同一案

船廠志卷七　五十五

桐油拾伍斤 黄丹捌兩 密陀僧叁兩 土粉陸斤 番珠貳斤 水膠叁斤 墨煤叁斤 銀硃拾伍兩 二硃拾伍兩 靛花青叁兩 藤黄貳兩 土硃拾伍兩 桉條[illegible]伍兩
旗作 [illegible]
伍錢
綳殼作 [illegible]斤 小[illegible]
[illegible]白麻線[illegible]

布[illegible]肆面 中心紅線
綳殼作
纓作 黒纓頭貳箇
旋作

貳斤
五墨作 三綠拾伍兩 石綠拾伍兩 藤黄叁兩 靛花青肆兩 墨煤壹斤 光粉貳斤 銀硃陸兩 二硃捌兩 水膠壹斤
旗作 黄綿布柒丈陸寸 紅綿布捌尺
綳殼作 綳殼拾貳斤 擺錫鮑釘肆百貳 筒箔竹伍分
纓作 黒纓壹斤捌兩 紅鹿

纓作 同船書
旋作 同一案

……分
……𢑥……
旋作 檀木白沙……段
染作 蘇木……
明礬伍兩

安慶
哨船

船紀
船木作 楠木單板壹百伍拾壹丈肆尺玖寸陸分叁毫，杉木單板陸丈壹尺陸寸伍分，陸釐松木單板

船書
船木作 楠木單板壹百……尺貳寸玖分陸釐捌毫，杉木單板肆丈，貳尺壹寸捌分，玖釐陸毫

一案 嘉靖貳拾肆年
船木作
裝修作
艌作
鐵作

皮伍張……牛皮壹分……線……
旋作 木桅……頂……

二案 嘉靖叁拾年
船木作 楠木單板玖拾玖丈柒尺壹釐，柒毫杉木單板，腳跳鋪倉檣木，水櫓傘伏梁椿，印子水撥垝心

拾伍丈柒尺伍寸桅心用杉木
壹根撐篙用杉木
篙肆根旗哨杆
遂提頭共用杉
脩桿根棺用杉
條伍分舵桿用
桅木壹根榆木
桊樁捌根檀木
小撥貳根舵牙
用槐木壹根槳
八尺用柒木捌
根槳皮條壹拾
陸條
松木腳跳壹塊，木船舊桅改用
鋪倉檣木水撥
分……印子
柳頭水撥俱用
……料并舊舵桿
改用
……心撐篙槳八
尺皮條俱同船
紀舵桿用榆木
壹根舵牙閘門
榫用檀木貳根
遂秤杠用杉條
貳根
裝修作 杉木單板貳丈……
柒尺肆分吊……
摩……名壹……
裝修作……
柒寸鍋……
吊舖……

篷作
索作
纜作
俱同船書
油漆作 黃丹……銀硃……墨煤……水膠……
五墨作 桐油伍斤
旗作
俱同船書

撐篙舵桿舵牙
閘門榫桊木皮
條遂秤杠俱同
一案
裝修作
艌作 俱同一案
鐵作 鐵釘……伍斤熟鐵壹百壹拾壹斤
壹百……兩爍炭貳
拾……斤貳兩
粗碗……鐵鍋
俱同一案
篷作
俱同一案

船作……料
艌作 桐油玖拾……
石灰壹百陸拾……斤
鐵作 鐵釘壹百捌拾斤
鐵索壹條鐵鍋壹口
旗櫃小釘伍拾
箇粗碗拾箇
鐵浮動
篷作 青竹叁拾壹根黃
藤肆斤棕毛肆
斤蘆柴拾伍束
蘆蓆伍領竹……
壹根
索作 棕毛壹百捌拾斤黃

麻叁拾伍斤
纜作 青水竹伍拾根
油漆五墨二作 銀硃陸兩二硃陸兩合綠陸兩三綠陸兩光粉拾兩墨煤捌兩黃丹……兩……
……拾貳兩……
……
……
旗作 白綿布壹疋
纓作 黑纓捌兩

艌作 桐油玖拾斤黃麻玖拾斤石灰壹百
鐵作 鐵釘……斤鐵浮動拾肆兩
斤鐵索壹條
……
旗櫃小釘
……鐵鍋壹……
……
……
篷作 蘆柴蘆蓆……棕毛……
俱同船紀
索作 棕毛貳百斤黃麻肆
……
纜作 同船紀
油漆作 桐油貳斤黃丹貳兩……
……
五墨作 三碌陸兩銀硃……
……
旗作 黃綿布貳丈陸尺壹……
纓作 黃麻線共……貳錢

纓作
旋作 俱同船書

索作 淨棕……黃麻……
纜作
油漆作
五墨作
旗作
纓作
旋作
俱同一案

旋作白楊木檀木
漆作槐花肆兩明礬壹兩

九江哨船

船紀

船木作楠木单板壹百肆拾壹丈叁尺玖寸伍分柒釐叁毫杉木单板拾陸丈陸尺柒寸貳分肆釐貳毫松木单板拾伍丈柒尺伍寸桅用杉木壹根撐篙用杉篙肆根旗哨招杆遊提頭用杉條肆根押伏用杉條貳根櫓用杉木伍分舵桿用槐木壹根舵牙用槐木壹根榆木槳櫓肆根檀木水櫃貳根皮條捌條

裝修作戽斗壹箇

艌作桐油捌拾斤黃麻捌拾斤石灰壹百陸拾斤

鐵作鐵釘壹百捌拾斤

纜作黑纜頭壹箇
旋作桅餅玲瓏參壹箇

船書

一案嘉靖拾伍年

船木作楠木单板壹百叁拾捌丈玖尺貳寸杉木单板拾柒丈捌尺伍寸肆釐松木单板拾丈伍尺桅心撐篙旗招杆遊提頭拿伏櫓木槳櫓皮條俱同船紀舵桿用榆木壹根舵牙関門棒用檀木貳根槳八尺用栗木肆根

裝修作

艌作俱同船紀

鐵作鐵釘壹百伍拾斤旗樞戽斗小釘叁拾箇鐵鍋壹口鐵浮動拾伍斤捌兩祖碗拾箇

篷作青篦竹叢柒黃藤叢蓆貓竹俱同船紀

二案嘉靖叁拾年

船木作楠木单板玖拾捌丈肆尺叁寸壹釐杉木单板肆丈貳尺貳寸捌分玖釐陸毫腳跳壹塊本船舊桅改用鋪倉板槳鉚子櫓木水槐拿伏槳櫓俱用舊料舵桿舵牙関門棒俱同一案

裝修作旗櫃戽斗鍋蓋水挽子吊桶俱同舊料

艌作桐油玖拾斤黃麻玖拾斤石灰壹百捌拾斤

鐵作鐵釘伍拾斤熟鐵捌拾柒斤壹兩焊炭貳百伍斤捌兩鐵鍋祖碗俱同一案

篷作蘆蓆柒黃藤蘆蓆貓竹

鐵鍋壹口[illegible]鍋壹口旗櫃戽斗小釘伍拾箇鐵浮動貳拾斤

篷作青篦竹叁拾壹根黃藤肆斤棕毛肆斤蘆柴拾伍束蘆蓆伍領貓竹壹根

索作棕毛壹百捌拾斤黃麻貳拾捌斤

纜作青水竹伍拾根

油漆五墨二作桐油叁斤番硃陸兩墨煤肆兩黃丹壹兩

旗作白綿布壹疋

纜作黑纜捌兩

旋作桅餅玲瓏肆箇

漆作槐花肆兩明礬壹兩

輕淺利便船

船紀

船木作楠木单板叁百壹拾叁丈柒尺壹寸玖分[illegible]杉木单板叁拾

紙劄毛捌斤

索作

纜作

油漆五墨二作

旗作

纜作俱同船紀

旋作檀木白楊木

漆作同船紀

船書

船木作楠木单板叁百伍拾叁丈柒寸玖分叁毫捌絲杉木单板貳拾

俱同一案

青篦竹貳拾捌根淨棕壹斤陸兩

索作淨棕捌拾斤黃麻[illegible]拾斤

纜作同一案

油漆作桐油伍斤黃丹貳兩黑煤肆兩番硃捌兩水膠陸兩

五墨作[illegible]

[illegible]貳兩三碌壹兩[illegible]

[illegible]

[illegible]行花粉[illegible]兩二硃貳兩

纜作同黑纜頭壹[illegible]

旋作桅餅玲瓏壹箇

一案嘉靖貳拾伍年

船木作楠木单板叁百伍拾壹丈玖尺玖寸玖分叁毫玖絲

二案嘉靖叁拾貳年

船木作楠木单板叁百壹拾玖丈柒尺肆寸貳分杉木单板貳拾

龍江船廠志　卷七

柒丈壹尺柒分
桅用杉木壹根叁毫
撐楄用杉楄陸根桅心旗
根旗嘴桿篷
扛杉條伍根
八尺桌木拾陸
根舵牙閂門
舵木貳根舵
用榆木壹根
木欒椿拾根桅
拴壹根紫皮條
拾陸條
裝修作楠木單板叁拾
伍丈肆尺柒分
伍釐杉木單板
拾肆丈柒尺玖
寸肆分

貳丈壹寸貳分
叁毫貳絲
桅心旗嘴桿篷
桿扛舵桿舵牙
閂門俱同船
書檣拾根
桅欒貳根笋木
八尺拾
裝修作杉木單板伍丈捌尺壹寸伍分
捌釐陸毫陸絲
神武船與利便船身同
杉木單板拾肆丈叁尺叁寸伍分肆釐肆毫
楠木單板捌丈

杉木
桅心旗嘴桿篷桿扛舵桿舵牙閂門撐楄八尺
桅點[illegible]
同船書
裝修作楠木單板貳拾
捌丈叁尺貳寸
杉木單板同船
神武船與利便
船身同
俱同船書
艙作
俱同船書

叁丈玖尺捌寸
桅心旗嘴桿篷
舵桿舵牙
閂門撐楄八尺
桅拴支條
俱同一桌
裝修作楠木單板叁拾
陸丈肆尺肆寸
捌釐杉木單板
柒丈肆尺柒寸
柒分肆釐
神武船與利便
船身同
俱同船書
艙作桐油貳百斤黃麻壹
百捌拾伍斤石

艌作桐油壹百
捌拾伍斤
黃麻壹百捌拾斤
伍斤石灰叁百
陸拾斤
鐵作鐵釘壹百
貳拾肆斤
鐵浮動柒
旗櫃牟斗小釘
伍拾箇鐵鍋
口鐵鍋壹口粗
碗拾箇
蓬作青箬竹貳
百零肆根
棕毛貳拾斤黃
藤拾伍斤
索作小柒條

艌作同船
鐵作鐵釘壹百
斤拾兩旗櫃牟
鐵浮動柒拾貳
斗小釘陸拾箇
釘鍋小釘肆拾
壹口粗碗拾箇
鐵鍋壹口鍋
蓬作青箬竹貳
百零伍根
棕毛黃藤俱同
敦盆用青箬竹
紮根箬
棕毛肆兩

鐵作熟鐵叁百
斤煤炭叁
百柒拾斤
鐵浮動旗櫃牟
斗小釘鐵鍋粗
碗俱同船書
蓬作
索作
纜作俱同船書
油漆作桐油
壹斤墨煤壹斤
水膠捌兩黃丹
肆兩蜜陀僧
兩土子半斤

鐵作鐵釘壹百捌拾斤
鐵浮動旗櫃牟斗小釘鐵鍋粗碗俱同一桌
斤
鐵釘打煤炭柒拾
蓬作頭大桅篷
篷貳扇
撓子箬竹貳根
敦盆箬竹壹根
淨棕壹兩伍錢
黃藤拾壹兩箬
索作同一桌
纜作條

緷索伍條
纜作青水竹貳百根
油漆五墨二作
桐油拾斤
壹斤墨煤
黃丹肆兩
珠叁兩
肉水膠壹斤
黃貳兩
伍兩光粉貳斤
二珠陸兩
僧肆兩土子
斤
旗作
叁尺

索作淨棕壹百貳斤黃麻
玖拾捌斤
纜作青水竹壹百壹拾根
兩銀珠
兩桐油
光粉二珠
黃丹
俱同
神武船與
壹斤
布捌丈
伍尺桐油肆斤
肆兩

五墨作光粉貳斤二珠
陸兩石黃貳兩
綠陸兩銀珠
叁兩靛花青伍
墨煤壹斤水
膠壹斤
神武船同船書
旗作
鼓作
纓作
旋作
俱同船書

鼓作
纓作黑
牛皮半分紅
皮半分白麻
貳錢
旋作樟木壹

旗作黃綿布肆
丈貳尺紅
綿布叁尺
鼓作同船紀
纓作黑纓頭壹
箇
旋作木桅
箇仙人掌
葫蘆頂壹箇
撓壹副

油漆作
墨作
旗作
鼓作
纓作
旋作
俱同一桌
加漆頭桅
船木作杉木壹
根楠木單板拾

丈肆尺陸寸柒
分陸釐杉木單
板壹丈捌尺伍
寸壹分撐楄用
杉楄肆根
鐵作鐵拳頭
道馬口貳道
風篷鉤壹副
鐵釘
壹箇
蓬作頭篷
索作淨棕捌斤
黃麻肆拾斤
油漆作桐油壹
斤

黄丹叁兩墨煤肆兩水膠肆兩
旋作 仙人掌壹箇 玲瓏壹箇 頭桅木餅貳箇

後湖一號樓船

船紀

船木作 楠木单板壹百捌拾伍丈壹尺貳寸玖分 杉木单板貳拾陸丈貳尺伍寸 舵桿用榆木壹根 舵牙関門棒用檀木貳根

裝修作 杉木单板肆拾壹丈壹寸伍分 座蓬貳毫

艌作 桐油壹百捌拾斤 黄麻壹百捌拾斤 石灰肆百斤

鐵作 熟鐵壹百伍拾陸斤 錫浮勤

蓬作 徽单甲青竹壹百根 猫竹肆根 棕毛伍拾斤 黄壹拾斤 菜葉百斤

船書

一案 嘉靖拾壹年

船木作 楠木单板貳百叁拾伍丈伍尺 楠木連二連三枋单板捌拾肆丈叁尺柒寸 杉木单板拾肆丈陸尺肆寸 松木单板拾捌束 丈柒尺伍寸 櫓用杉木壹根 撑篙用杉篙陸根 水戧用杉條柒根 舵桿用榆木壹根 舵牙関門棒用檀木貳根 槳八尺用栗木肆根 棕皮條添桅壹根

裝修作 杉木单板貳百伍拾陸丈叁尺 伍寸楠木单板貳拾貳丈伍尺

艌作 俱同捌

二案 嘉靖貳拾伍年

船木作 楠木单板貳百柒拾貳丈肆尺 柒分捌厘 杉木单板伍丈 舵桿舵牙関門棒撑篙俱同一案

裝修作 杉木单板壹百玖丈貳尺玖寸 楠木单板拾壹丈捌尺陸分叁厘

艌作 桐油黄麻石灰

鐵作 熟鐵壹百伍拾斤

蓬作 同一条

索作 棕肆拾斤

油漆五墨二作

索作 棕毛壹百斤
油漆五墨二作 桐油伍拾斤 墨煤肆斤 光粉貳拾斤 水膠陸斤 黄丹肆斤 二硃壹斤 水花硃壹斤 密陀僧肆兩 黄丹貳斤 白麵拾斤 枝條碌肆兩 靛花青貳兩 藤黄壹兩

二號

船紀

船書

一案 嘉靖拾壹年

船木作 楠木单板貳百零壹丈 楠木連二連三枋单板柒拾伍丈 杉木壹根 撑篙用杉篙肆根 蓬架用杉條貳根 添桅用杉木壹根 舵桿用榆木壹根 舵牙関門棒用檀木貳根

裝修作 杉木单板陸拾肆丈肆尺伍寸

艌作 桐油壹百斤 黄麻壹百斤 石灰

鐵作 熟鐵叁百伍拾斤 木炭叁百伍拾斤 烘炭叁百伍拾斤 添鐵錨壹口

蓬作 同船紀

索作 棕毛壹百斤 添桅用黄麻伍拾斤 棕毛伍拾斤

油漆五墨二作 俱同船紀

二案 嘉靖貳拾伍年

船木作 楠木单板壹百柒拾叁丈陸尺 柒分捌厘 杉木单板捌丈 舵桿舵牙関門棒同一案

裝修作 楠木单板壹丈 伍尺伍寸壹分 杉木单板叁拾叁丈叁尺叁寸陸分 貳釐玖毫

艌作 桐油黄麻 石灰貳百斤 俱同一案

鐵作 熟鐵貳百伍拾斤 烘

一案 墨煤水膠密陀僧 枝條碌俱同 桐油叁拾斤 白麵肆斤 二硃叁斤 光粉拾斤 硃拾兩 銀硃肆兩 藤黄伍錢 花青伍錢

貳百伍拾斤

鐵作熟鐵叁百斤木炭叁百斤煤炭叁百斤添鐵錨壹口

篷作青篁竹肆拾根黃藤捌斤箬葉肆拾斤添風篷用青篁竹叁拾根黃藤肆斤棕毛肆斤蘆柴拾伍束

索作棕毛伍拾斤添鐵纜棕毛貳拾斤黃麻肆拾斤

油漆作桐油貳拾斤光

炭叁百柒拾伍斤

篷作猫竹陸根箬葉叁拾斤黃藤伍斤棕毛拾叁斤

索作淨棕叁拾貳斤捌兩

油漆作墨煤壹斤光粉貳斤畨硃壹拾兩水膠壹斤捌兩桐油拾伍斤黃丹伍兩

粉貳斤畨硃拾貳兩墨煤壹斤水膠貳斤黃丹伍兩

平船

船紀

船木作楠木單板壹百壹拾貳丈肆寸陸分杉木單板玖丈陸尺叁寸陸分

鐵作鐵釘壹百壹拾叁斤拐棒萬字鐲貳拾陸箇挽子壹把槁鐏貳箇

船書

一案嘉靖拾柒年

船木作楠木單板壹百捌拾貳丈捌尺貳寸壹分杉木單板拾貳丈陸尺伍寸松木單板貳拾貳丈伍尺櫓用杉木伍分撐槁用杉槁貳根

二案嘉靖貳拾伍年

船木作楠木單板壹百壹拾捌丈壹尺捌寸肆分杉木單板柒丈貳尺貳分撐槁貳根桅架杉槁貳根

鐵作洗鐵貳百斤煤炭叁百斤

艌作桐油壹百斤黃麻壹百斤石灰貳百斤

鐵作鐵釘壹百斤拐棒萬字鐲貳拾捌箇鐵槁鐏貳箇

艌作同船紀

篷作青篁竹肆拾根黃藤伍斤箬葉貳拾斤

索作棕毛捌拾斤

艌作同一案

篷作猫竹叁根黃藤貳斤箬葉貳拾斤

索作淨棕陸斤拾兩

浮橋船

船紀

船木作楠木單板伍百貳拾玖丈玖尺

船書

船木作楠木單板陸百伍拾捌丈

一案嘉靖貳拾年

船木作

艌作

二案嘉靖叁拾貳年

船木作

艌作

伍寸肆釐杉木單板伍拾捌丈肆尺壹寸肆分叁釐撐槁用杉槁肆根水戧用雜木貳根水撇貳根

艌作桐油肆百斤黃麻肆百斤石灰捌百斤

鐵作鐵釘伍百肆拾斤鐵拐棒萬字鐲叁拾壹斤

索作棕毛壹百斤

楠木將軍柱肆箇頭梢伏獅貳箇撐槁同船紀水戧杉木貳根

艌作桐油叁百斤黃麻叁百斤石灰

鐵作鐵釘壹百柒拾伍斤鐵拐棒萬字鐲拾斤拾兩槁鐏肆箇挽子貳把鐐打舊料煤炭伍拾斤

索作棕纜水貳條

纜作篾纜水貳條

鐵作　索作　纜作　油漆五墨二作　俱同船書

鐵作　索作　纜作　油漆五墨二作　俱同一案

抽分廠船

船紀
纜作 青水竹伍百根
油漆五墨二作 銀硃肆兩二硃肆兩黃丹貳兩水膠壹斤番硃壹斤墨煤貳斤光粉壹斤靛花青壹兩桐油貳拾斤楠木肆升石灰貳拾斤

船書
油漆五墨二作 銀硃叁兩二硃叁兩黃丹貳兩光粉拾兩水膠拾兩靛花青伍錢番硃拾兩墨煤貳斤

一案 嘉靖貳拾叁年
船木作 楠木單板肆百捌拾捌丈玖尺肆寸叁分捌釐龍骨肆根櫓貳張杉木桅心壹根哨杆蓬秤杠肆根撑篙肆根腳跳貳根舵牙閂門櫓貳根舵桿壹根俱用會丈本廠舊料杉木單板叁拾陸丈叁尺玖分
裝修作 楠木單板肆丈壹尺伍寸捌分曾本廠舊料用杉木單板壹百五拾壹丈肆寸捌分陸釐

二案 嘉靖叁拾貳年
船木作 楠木單板陸百柒拾捌丈伍尺壹分貳釐杉木單板捌拾貳丈肆尺柒寸陸分叁釐桅用杉木壹根哨杆蓬秤杠用杉條叁根撑篙用杉篙肆根舵桿用楠木壹根舵不用門棒用櫃木貳根
裝修作 楠木單板肆丈玖尺捌寸玖分陸釐杉木單板壹百伍拾陸丈叁尺貳寸

貳百伍拾斤
鐵作 熟鐵叁百斤木炭叁石灰陸百尺
鐵作 鐵釘肆百陸拾斤鐵浮動叁拾捌斤旗植斗裝修小釘柒百個接錨熟鐵貳拾斤鎚打接錨用煤炭貳百伍拾斤
蓬作 青篁竹伍拾柒根蘆柴貳拾叁束棕毛叁拾斤黃藤貳拾斤

炭叁[illegible]斤
蓬作 [illegible]箬葉[illegible]張小釘俱同一案熟鐵捌拾肆斤拾貳兩煤炭叁百陸拾玖斤
蓬作 青篁竹黃藤蘆柴俱同一案淨棕壹拾斤
竹作 同一案
索作 淨棕壹百貳拾陸斤黃麻壹百柒拾斤

竹作 箬葉貳百伍拾斤貓竹貳拾根黃藤拾斤
纜作 青水竹伍百根
油漆作 光粉貳拾貳斤白麵陸斤石灰叁斗墨煤陸斤水膠陸斤番硃貳斤黃丹壹兩密陀僧陸兩桐油肆拾斤
五墨作 銀硃叁兩二硃叁兩合綠叁兩光粉壹斤水膠

纜作
油漆作
五墨作
錋殼作
鈑作
旋作
俱同一案

金水河漁船

船紀

船書

……斤旋花壹兩

銅鈸作　銅鈸貳拾斤　釘……百貳拾箇

鼓作　鼓壹面

旋作　槍餅貳箇　玲瓏貳箇

一案　嘉靖拾壹年

船木作　楠木單板拾壹丈貳尺伍寸　杉木單板柒丈

鐵作　鐵釘伍拾斤　煤炭拾伍斤

艌作　桐油叁拾……斤　黄麻叁拾斤　石灰陸拾斤

二案　嘉靖貳拾玖年

船木作　楠木單板捌丈肆尺肆寸玖分　杉木單板伍丈肆尺陸寸

鐵作　熟鐵柒拾伍斤　煤炭伍斤

艌作　壹百壹拾貳斤　同一案

各船單板鐵釘之數俱照例十分之七若遇失風漂流舊料不及三分者臨時量加其槁櫓篷索之類不拘修造全料易新不在三七之例也

龍江船廠志卷之七

龍江船廠志卷之八

文獻志

昔者孔子删述典禮志存夏殷之盛乃以文獻不足喟然興嘆至論為治之要雖一車一冕必稽諸先王之制是何其篤於信古不一自用其聖耶故曰述而不作不知而作之者我無是也多聞擇其善者而從之多見而識之噫信乎哉其言之也矧舟楫之制聖人觀象天船以前民用降自吳楚遂倚為戰爭之具國之安危恒必繫之胡可忽也但言既人殊制亦時禪班班史籍雖未能盡媚於先王之典而考今揆昔循景察標亦足以達從違之宜廣得失之鑑矣乃志文獻

創制

刳木　易繫詞黄帝刳木為舟剡木為楫舟楫之利以濟不通致遠以利天下盖取諸渙釋文曰渙之象木在水上也

梁舟　詩大明文王親迎於渭造舟為梁不顯其光集註云作船於水比之而加版於上以通行者即今浮

橋也張子曰造舟為梁文王所制而周世遂以為天子之禮也禮曰天子造舟諸侯維舟大夫方舟士特舟 按周以前雖有舟楫而無等威至周始有之

舟師 左傳襄二十四年楚子為舟師以伐吳 按以舟為戰蓋始於楚

鉤拒 武經總要公輸般自魯之楚為舟楫之具謂之鉤拒退則鉤之進則拒之

餘艎 左傳昭十七年吳伐楚戰於長岸大敗吳師獲其乘舟餘艎 餘艎舟名舟之有名始此

太白 蜀王本紀秦為太白船萬艘以攻楚

牂柯 地理志牂柯係船杙也楚王伐夜郎杙船于岸乃改其名曰牂柯

大小翼 越絶書越為大翼小翼中翼為船戰

戈船 下瀨船 吳子胥書有戈船以載干戈也又有下瀨船漢書武帝紀元鼎五年遣歸義越侯嚴為戈船將軍師古注曰船下安戈戟以禦蛟鼉之害也

樓船 漢官儀云高祖命選引關蹶張材力武猛者為輕車騎士材官樓船平地用輕車山阻用材官水泉用樓船 嚴助傳越王入燔潯陽樓船 食貨志下武帝時粵欲與漢用船戰乃大修昆明池治樓船高十餘丈旌旗加其上甚壯 黃圖云昆明池有百艘樓船上建樓櫓戈船各數十上建干戈四角悉垂幡旄葆麾蓋

枋箄 露橈 岑彭傳建武九年公孫述遣將數萬人乘枋箄下江關擊破馮駿横江起關樓立攢柱絶水道彭裝直進樓船冒突露橈數千艘直衝浮橋飛炬燒之註曰枋箄以竹木為之浮於水上郭景純曰水中箄筏也爾雅曰檝謂之橈露橈者露檝在外人在船中

革船 漢和帝時鄧訓縫革船置箄上渡河擊迷唐羌註曰箄筏也

龍舟 魏黃初二年帝親御龍舟浮淮如壽春至廣陵吳大浮舟艦於江為疑城假樓帝曰魏雖有武騎千群將安用之 按舟以龍稱蓋人君所御如龍車龍樓之類始於魏而盛於隋

蒙衝 吳志張昭曰操得荆州水軍蒙衝戰艦浮以沿江釋名曰上下重版曰艦外狹而長曰艨艟 按蒙衝與艨艟

子異名長一也皆所以衝突敵船者然評考其制艦之長大者也

飛雲　周瑜傳孫權乘飛雲大舸　吳都賦弘舸連舳巨艦接艫飛雲蓋海制非常模註船後施舵處曰舳船頭刺櫂處曰艫銑曰飛雲船上樓名其高者蓋海言多也劉曰飛雲蓋海吳樓船之有名者

艨艟　通鑑綱目孫權遣呂蒙以艨艟載其精兵使白衣搖櫓收縛江邊斥候遂斬關羽

連舫　王濬傳作大船連舫方百二十步受二千餘人以木為城起樓櫓開四門上皆得馳馬來往又畫鷁首怪獸於船首以懼江神舟楫之盛自古未有

指南舟　宋志晉代有指南之舟

蒙衝小艦　通鑑綱目劉裕使王鎮惡伐秦乘蒙衝小艦行船者皆在船內秦人但見船進驚以為神

鯿魚船　梁天泉池製鯿魚船形狹而短

没突艦　梁裴邃征邵陽洲密作没突艦破之

鵃舠 舣舺　梁侯子鑒以鵃舠千艘載戰士拒王僧辯侯景以舣舺載石斷秦淮口拒陳霸先

青龍白虎艦　湘州賊陸納造青龍艦白虎艦衣以牛[illegible]十五丈王僧辯敗降之

金翅　陳樊毅請出金翅二百以為防備集覽云金翅船名

龍舟 翔螭 浮景　隋煬帝幸江都龍舟四重高四十五丈長二百尺上重有正殿內殿朝堂中二重有百二十房皆飾以金玉下重內侍處之皇后乘翔螭舟製度差小別有浮景九艘三重皆水殿也　按水殿之名始此

五牙 黃龍 平乘 舴艋　楊素傳素為取陳計作大艦名曰五牙上起樓五層高五餘百尺左右前後置六拍竿並高五十尺容戰士八百人次曰黃龍置五百人餘平乘舴艋等各有差

戰艦　唐河間王傳孝恭及李靖率戰艦二千餘艘東下擊蕭銑　曹王皐傳教戰艦挾二輪蹈之鼓水疾進　按船之有輪始此然未有名也宋人效之而有車船之名使其制尚可考將不為今日水軍之利器耶

海航　裴立德傳太宗時為匠即洪州造浮海大航

戰格　後梁賀環以竹笮聯鏁艟十餘艘蒙以牛革設陴睨戰格橫於河渚

黃黑龍船宋開寶七年遣八作使郝守濬[illegible]荊湖以
大船載巨竹絙并下朗州所造黃黑龍船於采石磯
跨江為浮梁
轉海船咸平三年造船務匠項綰獻轉海船式
戰棹大中祥符六年於金明池按試戰棹
海鰍建炎四年韓世忠與兀朮相持于黃天蕩進海
鰍百餘泊金山下
飛虎紹興二年無為軍守臣王彥恢制飛虎戰艦傍
設四輪八楫四人旋斡日行千里

海鰌紹興三十一年金人南侵虞允文用海鰌（鰌與鰍同）
船迎擊虜舟多沉溺
車船楊存中虞允文恐車船餘時不可用臨江按試
命戰士踏車往趣瓜州上下三周金山回轉如飛金
主咲曰紙船耳
龍虎舟鴉鶻船金主亮既敗盡焚其龍虎舟趣[illegible]
令軍中運鴉鶻船於瓜州期以明日渡江[illegible]
飛江船淳熙三年建康都統郭剛奏依[illegible]船樣[illegible]
造飛江船

[illegible]飛船寶慶三年李全請於[illegible]南匠大冶造舡艇船
白鷂船德祐元年張世傑敗績於焦山元人獲白鷂
七百餘艘
划車元伯顏設划車中流數千艘乘風直進勢不可
敵
海運船開島戶府于江南作運船由海道抵直沽
龍舟順帝於內苑造龍舟自製其樣首尾長一百二
十尺廣二十尺前尾龕棚兩廊兩煖閣後五殿樓子
龍身并殿宇用五彩金裝前有二爪船行則龍首尾
爪眼皆動

鑽風海船　國朝諸司職掌有千料海船四百料鑽
風海船
水殿黃船　國朝御用之船以石黃塗其外又稍上
有亭如殿故名水殿
匾淺黃船座船划船沙船一顆印巡船三板船哨船
蜈蚣船兩頭船輕浅利便船馬船[illegible]船俱　國朝之
制詳見舟楫志
設官

蒼兕齊世家武王東征以觀諸侯師尚父左仗黃鉞右把白旄以誓曰蒼兕舟楫總爾衆庶與爾舟楫馬融曰蒼兕掌舟楫官名

舟虞魯語諸侯伐秦及涇莫濟叔向召舟虞與司馬曰魯叔孫賦匏有苦葉必濟矣具舟除隧不共有法注云舟虞掌舟

黃頭郎漢鄧通以濯船為黃頭郎注云濯與櫂同濯船能持櫂行船也土勝水故刺船之郎着黃帽

水衡都尉元鼎二年置水衡都尉主上林苑魏因之

始主天下水軍舟船器械

伏波樓船戈船下瀨將軍元鼎五年征南粵置

船司空地理志京兆尹船司空注云本主船之官遂以名縣又廬江郡有樓船官

輯濯令丞百官表水衡有輯濯令丞注云輯與楫同短曰楫長曰櫂如淳曰船官也

都水晉武帝置都水使者一人掌舟航及部運其屬有船曹吏

龍驤武帝與羊祜謀伐吳吳有童謠曰阿童復阿童銜刀浮渡江不畏岸上獸但畏水中龍祜曰此必水軍有功王濬小字阿童乃加濬龍驤將軍密令造舟楫

水衡令宋都水使者銅印墨綬進賢兩梁冠與御史中丞同武帝改為水衡令

將作長史齊衍竪以能選為將作長史大修舟艦

官船典軍南齊置都水臺使者其屬有官船典軍

大舟卿梁天監七年改都水使者為大舟卿位視中書郎列卿之最末者主舟航河隄

都水監舟楫署隋仁壽元年改都水臺為監煬帝漕置少監領舟楫河渠二署署有令丞各一人

司津監丞唐龍朔四年改都水使者為司津監丞

造船務宋建隆四年置造船務上臨幸觀水軍

戰棹都監乾德元年遣戰棹都監武懷節分兵巡岳州

戰棹指揮劉光義伐蜀生擒戰棹指揮使

遺蹟

黃帝臣共鼓貨狄為舟楫

公劉涉渭爲亂集註云涉渭取材而爲舟以往來
邲之役荀桓子令具舟故中軍不敗下軍爭舟舟中
之指可掬也
晉侯享秦鍼造舟於河
楚囊瓦伐吳師吳人見舟豫章而潛師于巢
吳伐越獲俘焉使守舟吳子餘祭觀舟閽弑之
楚獲吳乘舟艅艎公子光請于衆曰喪先人之乘舟
豈惟光之罪衆亦有焉請藉取以救死衆許之使長
鬣者三人潛伏于舟側曰我呼艅艎則對師夜從之
三呼皆迭對楚人從而殺之師亂取艅艎以歸

蔡吳唐伐楚舍舟于淮汭左司馬戌謂子常曰子沿
漢而與之上下我悉方城外以毀其舟
吳徐承師舟師浮海入齊 按此浮海行師之始
越爲船戰吳王闔閭以問子胥對曰夫船軍之教猶
陸軍之法也大翼者當陸軍之車小翼者當輕車突
冒者當衝車樓船者當行樓車[illegible]船者當輕足驃騎
越使范蠡入吳徙其大舟
周昭王巡狩反濟漢漢濱人以膠膠舟王至中流膠
液王及祭公皆溺焉
秦始皇東遊海上遣徐市等求蓬萊不死藥船交海
中又宛渠之民乘螺舟而至
漢韓信擊魏王豹陳船欲度臨晉而伏兵從夏陽以
木罌度軍
伍被論吳王伐江陵之木以爲船
武帝欲伐南粵遣伏波將軍路博德出桂陽樓船將
軍楊僕出豫章歸義越侯嚴爲戈船將軍甲爲下瀨
將軍各將船十萬人
帝欲通南粵唐蒙上書曰南越王名爲外臣實一州

主今以長沙豫章往水道多絕莫若通夜郎道浮船
牂柯出其不意此制越一奇也
帝遣嚴助浮海救東甌淮南王安上書諫曰前時南
海王反擊之會天暑多雨樓船卒水居擊櫂未戰而
疾死者過半
朱買臣爲會稽太守受詔到郡治樓船
公孫述聚兵蜀中作十層樓船
元帝欲御樓船薛廣德諫上不說張猛進曰乘船危

就橋安聖上不乘危上遂從僑

李傕郭汜之亂白波將帥李樂欲令車駕御船楊彪以為河道險惡乃使樂夜渡具舟上與公卿步出同濟者纔數十人

劉備使關羽乘船數百艘會江陵備斜趣漢津適與羽船值共至夏口

周瑜部將黃蓋曰今寇衆我寡難與持久操軍方連船艦首尾相接可燒而走也乃取蒙衝載荻蒿居前同時發火風猛火烈船往如箭燒盡北船延及岸上營落皆盡

孫權舟船整肅曹操嘆曰生子當如孫仲謀

曹操擊馬超軍皆先渡許褚扶操上船船工中矢死褚左手舉馬鞍蔽操右手刺船得渡

黃祖横兩蒙衝夾守沔口吳軍不能前董襲乘大舸突入斷紲蒙衝横流大兵遂進

吳將軍賀齊所乘船雕刻丹鏤青蓋絳襜蒙衝鬬艦望之若山

王濬大作舟艦別駕何攀曰屯兵五六百人不能猝辦後者未成前者已腐宜召諸郡兵合萬餘人造之歲終可成濬欲先上須報攀曰朝廷猝聞召萬兵必不聽不如輒召設或見却功夫已成勢不得止

王濬既克西陵起火巴山陶春謂吳主曰蜀船皆小得二萬兵乘大船以戰自足破之衆未合濬方舟百里鼓譟入石城

孫楚遺孫皓書曰國家整器械興造舟楫簡習水戰樓船萬艘千里相望刳木以來舟車之用未有如今日之殷盛者也

蜀漢蔣琬以秦州道險亦數出無功乃多作舟楫欲浮漢沔東下

鄧艾既滅蜀在成都以書言于晉公昭曰兵有先聲而後實者今因亡蜀之埶以乘吳吳必震恐席卷之時也然大舉之後將士疲勞不可便用宜留隴右及蜀兵大作舟船豫為順流之事

晉懷帝欲還都傅祗以司徒受詔出河陰修理舟楫為水行之備

陶侃造船荆州竹頭木屑皆籍而記之後桓溫伐蜀

用其竹頭作釘裝船係綜理精密器械舟車皆有定
簿
陳敏反寇武昌係以運船為戰艦或以為不可係曰
用官船擊官賊何為不可
桓玄欲平闢洛先作輕舸載神玩圖書曰脫有意外
當使輕而易運又嘗漾小舸于舟尾以備走故士無
鬭志
張駿有兼秦雍之志上疏曰勒雄既死虎期繼逆元
老消落後生不識慕戀之心乞勑司空鑒征西亮等

泝舟江沔首尾齊舉
石虎欲擊燕以船三百艘運穀詣高句麗又令青州
造船千艘
慕容垂攻翟釗為牛皮船百餘艘偽列兵仗泝流而
上釗擊之垂乘隙度河
燕太子寶擊後魏臨河造船為濟具忽風漂船南岸
魏人拒之寶遂燒船夜遁
何澹之以所乘舫盛裝旗幟何無忌曰賊必不居此
乃詐我耳

孫恩以樓船千艘浮海至丹徒劉裕破之恩船高大
泝風數日乃至白石
宋桓護之以百舸為前鋒王玄謨敗魏人以所得戰
艦鐵鏁三重斷河護之中流而下以長柯斧斷之唯
失一舸
魏諸將欲大作舟艦以禦宋師崔浩以為不可魏主
不能違衆乃詔造船三千艘
齊蕭衍起兵出檀溪竹木裝船葺之以茅事皆立辦
張融為中書郎曰臣陸處無屋舟居水上武帝問其

從兄緒緒曰融未有居權作小船岸上住帝大咲
梁常叡以舟師伐魏魏起鬭艦高與合肥城等
王僧辯克郢州宋子仙乞歸僧辯給船百艘子仙將
發水軍主宋遙帥樓船暗江雲合遂大破之
王琳伐陳侯瑱發拍擊艦以牛皮冒蒙艟小船擊之
章昭達討歐陽紇紇聚沙石盛以竹籠置水柵以遏
船昭達裝艦造拍臨柵令人潛水斫籠因縱大船乘
流突之賊遂敗
周華皎侵陳吳明徹令軍中小艦先出受其拍俟其

拍盡乃以大艦拍之[illegible]大敗
吳明徹圍彭城環列舟艦于城以鐵索貫車輪数百
沉之清口以遏船路遂擒明徹
隋賀若弼以老馬多買陳船而匿之置敝船五六十
艘于瀆內陳不為備遂滅之
楊素引舟下三峽陳將軍戚昕以青龍百餘艘守龍
尾灘素曰勝負大計在此一舉若晝日下船彼見虛
實灘流迅激制不由人則吾失其便不如以夜掩之
乃夜率黃龍数千艘啣枚而下

素水軍東下陳江中無一戰艦護軍將軍樊毅言於
袁憲曰京口采石俱是要地各須銳兵五千并出金
翅二百緣江上下以為防備憲及蕭摩訶皆以為然
越州高智慧蘇州沈玄懀皆舉兵反船艦蔽江楊素
擊之來護兒曰吳人輕銳利在舟楫難與爭鋒宜嚴
陣以待之請假奇兵潛度掩破其壁此韓信破趙之
策也素從之護兒以輕舸数百直登江岸襲破其營
煬帝欲巡歷淮海遣王弘等往江南造龍舟及雜船
数萬艘官吏督役嚴急丁夫死者什四五

帝親御龍舟擊高麗又勅元弘嗣往海口造船三百
艘
帝幸江都龍舟之外餘舟数千艘諸王公主百官僧
尼道士番客乘之共用挽士八萬餘人皆以錦綵為
袍衛兵所乘又数千艘舳艫相接二百餘里
處士元藏幾至海中一洲人曰此滄洲去國幾萬里
藏幾思歸洲人製凌風舸送之激水如箭旬日歸東
萊
唐高祖欲征蕭銑命李孝恭大作舟艦

太宗以張亮為總管率艦五百泛海征高麗貞觀二
十一年欲復征高麗發江南工人造大船
玄宗泛舟白蓮池召李白至扶以登舟
韋堅聚江淮運船望春樓下上幸觀堅以新船数百
艘扁榜郡邑各陳珍寶
劉晏以江汴河渭水力不同各隨便宜造船江船達
揚州汴船達河陰河船達渭口渭船達太倉又於揚
子置十場造船每船給千緡或言虛費太多晏曰成
大事不得惜小費凡事必為永久之慮今始置船場

執事者至多當先使之私用無窘則官物堅完矣若
遽與之屑屑校計錙銖安能久行乎異日必有患吾
所給多而減之者減半以下猶可也過此則不能運
矣後五十年有司果減其半及咸通中有司計費給
之無復羨餘船益脆薄漕運遂廢
韓滉為鎮海節度使造樓船三千艘以舟師由海門
大閱至申浦乃還
後梁王彥章攻唐陸遣具舟楊村朱守殷不為備遂
拔德勝守殷撤屋材為筏載兵器浮河東下彥章亦

為筏而東唐人以火筏燒其連艦彥章乃走
楚人以水軍圍漢封川漢人沉鐵絙于江兩岸作巨
輪挽絙輕舟迎戰楚人逐之挽輪舉絙楚舟不能進
退漢主龑遣其子弘操將兵攻交吳權先于海口多植大杙銳其首冒之以鐵遣輕舟乘潮挑戰偽遁漢舟逐之潮落艦礙鐵杙不得返大敗溺死
吳水軍攻楚岳州許德勳將戰艦千艘禦之以輕舟
三百出其後遂大敗之
楚彭師暠復立其君希萼斷江為栅編竹為艦
周世宗伐契丹自御龍舟沿流而北舳艫相連數十
里

世宗患唐水軍銳敏於汴水側造戰艦數百艘命唐
降卒教之數月後縱橫勝唐兵騰水戰舟達江唐人
大驚
宋太祖從世宗伐唐乘皮船入壽春濠中
乾德元年造樓船數百艘選精卒號水虎捷
宋太宗幸金明池觀習水戰戰艦角勝以進顧謂侍
臣曰兵棹南方之事也今既平定固不復用但時習
之不忘武功耳
張魏公制置江淮戰艦悉備

韓世忠與兀朮戰豫以鐵綆貫大鉤敵舟噪而前每
縋一綆則拽一舟沉之兀朮窮蹙募人獻破海舟策
閩人王姓者教其舟中載土以平板鋪之穴船板以
櫂槳俟風息則出有風則勿出海舟無風不可動也
又以火箭射其箬篷則不攻自破矣兀朮然之天霽
風止兀朮乘小舟出海舟無風不能動兀朮使善射
者以火箭射之五綱皆自焚世忠遂敗走
楊么方浮舟湖中以輪擊水其行如飛旁置撞竿官
舟迎之輒碎岳飛伐君山木為巨筏塞港汊又以腐

木亂草浮上流而下賊船來追草木壅積船[illegible]
官軍乘筏以牛皮蔽矢石舉大木撞其舟幺拔[illegible]
水
嘉定三年命殿前司造戰艦又韓侂胄有北伐之謀
習戰造艦
金主亮至和州以梁山濼水涸先造舟不得進乃命
李通更造船督責苛急將士日夜不得息壞城中民
居以為材木煮死人膏為油用之
械不[illegible]海船不滿百戈船半之虞允
文謂[illegible]之風則使海船無風則使戰艦又以數少恐不
足用遂聚材改治[illegible]
李全謀叛募舟楫習水戰[illegible]其艦二以一
教十又命南匠造艦[illegible]及海相望時試舟射陽
湖及海洋人以糧少為辭造海舟自蘇州洋入平江
嘉興告余[illegible]習海道以覘臨安
賈似道出師臨安所乘舟膠堰中以千人拽之不能
動
帝舟遂于厓山時官民二十餘萬多舟居資糧衙辦

廣右後刷人匠造舟楫民不能堪
張世傑結大船千餘艘於海中艫外貫以大索四周
起樓如城堞元人以舟載茅乘風縱火宋艦皆塗泥
舟不能爇
國初中書省命處州造海船又僉溪船户一千為水
軍章溢奏設千户統之
偽漢陳友諒攻太平引巨舟泊城西南士卒緣舟尾
攀堞而登
陳友諒入寇戰于龍灣獲其巨艦名混江龍塞斷江
撞倒山江海鰲者百餘艘及戰舸数百
太祖高皇帝征陳友諒舟師發龍灣　上御龍驤巨艦
有烏数萬來止艦而飛又有鮀鰭舵後衆以為神物
之助
張士誠寇長興放火船燒水關
陳友諒復攻洪都作大艦高数丈飾以丹漆上下三
級級置走馬棚下設板房為蔽置櫓数十其上中下
人語不相聞櫓箱皆裹以鐵　上諭諸將曰彼巨舟
首尾相接不利進退可破也乃命舟師為十二隊火

令近寇舟先發火器次弓弩及其舟則短兵擊之
上所乘舟檣白友諒覺之欲併力來攻　上夜令諸舡
盡白其檣敵益駭敵巨艦艱于運轉我舟環攻之殺
卒殆盡而操舟者猶不知呼號搖櫓如故俞通海等
以六舟深入敵運大艦拒戰望之無所見意謂已沒
有頃旋繞敵舟而出勢若游龍

張士誠寇江陰康茂才追之獲巨艦無算又獲其斗
船十八艘

張士誠將徐義為常遇春所困士誠遣赤龍船親兵

援之遇春襲破焚之

傅友德伐蜀阻漢水不得渡作戰艦三百艘

大將軍達北征至天津獲元海船為浮梁濟師

正德乙亥盗劉七等肆山東猾人有慮者獻計者用火攻船名曰砲鴉藥火於腹矢下發之又為形如鳥喙將之入水喙觸舟機發自為連弩試之驗

龍江船廠志卷之八　終

船政不分卷

〔明〕佚名輯

《船政》不分卷，輯者不詳。是書專記造船、修船法式，凡造修之構件、材料、尺寸、費用及匠作等，皆詳列清單，盡爲臚舉。首冠「快船式様」、「平船式様」二圖，圖中相應部位，均注名稱及尺寸，可一目了然。據天一閣博物院藏明嘉靖間刻本影印。

船政目録

一圖式
一案呈
一給幫甲小票
一
題例
一禁約
一買木事宜
一准准規議價
一准准尺造圍篾
一量木筭除鼻眼
一折減法
一折单板價銀數目
一立木格以便查筭
一買杉木准工部價增定數目
一油蔴釘鍋照時值估價
一圓木見单板法
一造修事宜

一勘船单
一修船单
一議造樣船
一各甲領木鋸板歸見鋖數
一立鋸木官
一立鋸木官簿式
一告示
一造修樣船完報工料銀兩數目
一造修快平船隻刋定銀兩則例
一造修船隻工完餘剩年例銀兩解司貯庫
一立賞格以示獎勸

圖式

快船式樣

平船式樣

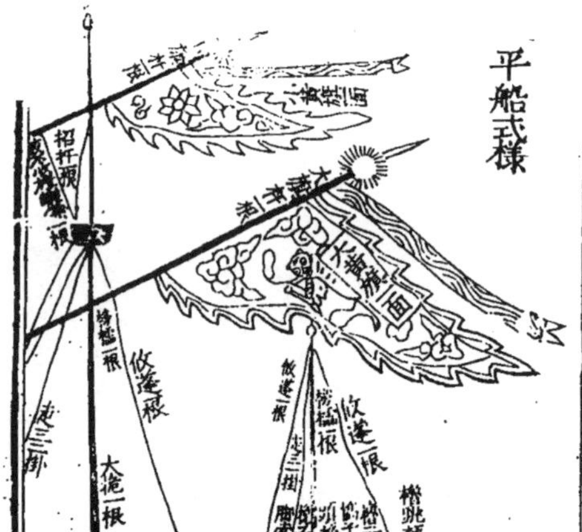

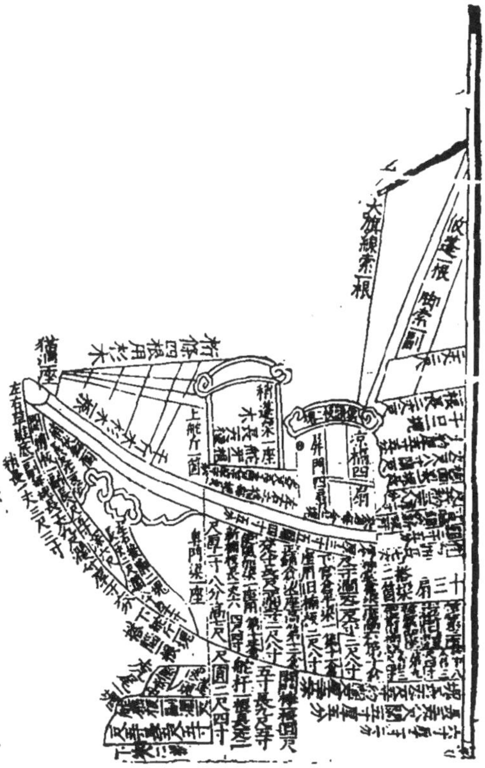

南京兵部爲遵
明例立定規以永恤幫甲事車駕清吏司案呈奉本
部送該本司郎中王問呈照得本部車駕司見
行事務莫大於修造船隻南京錦衣等四十衛
軍餘困苦莫甚於幫甲嘉靖二十一年該本部
題奉
明例各衛船隻官修官造不許拘擾幫甲該廠踵習
舊弊於領給官銀之外仍開幫甲自備幫助銀
兩數目造冊完報此外冒濫科派更多各衛軍

餘未能蘇息嘉靖二十四年六月內續蒙本部
禁約申明前例斷在必行又經劄委羽林左衛
指揮張壽松等召商和買木料羽林右衛指揮
高旻等驗勘臨差船隻及行該廠督率委官甲
匠人等造修自興事之日迄於竣工一應費用
工料應增應革事宜俱係該司參酌擬議稟
請裁定修造各項樣船置立官簿具數覈實今
據造船廠完報小甲馮聰王立等拆造樣船六
隻撥船廠完報小甲任福等大修樣船七隻王

□等中修樣船六隻開載工料銀兩止裂
□宗數目並不用幇甲一人到廠幇助亦不用別
項賠貱支取本職竊思官之遷改不常人之奸
僞易起此例一行貪夫不便必思巧立事端百
計阻壞一中其說曰後幇甲復罹前害爲此呈
乞將本部
題例禁約并本年行過事宜刋刻成書散與各甲
被害之日許執赴
部陳告及行該司將本年但係修造船隻收買

木料各項文卷印記另櫃收貯司堂立石大書
以記其事則永遠有所稽查成法難於變動及
照各衛修造船隻前後雖殊事體則一天理人心
衆所同具後之君子一覩其弊必不至聽憸夫
之讒賊以壞良法取軍餘之膏血以利奸究禁
例昭然成規具在誰肯自傷慈惠之心以開千萬人
怨讟之口哉等因呈部奉批據呈足見老成深
遠之慮即如擬施行等因送司奉此擬合就行
爲此仰將各該修造支剩年例銀兩內動支雇覔

工匠打造碑記刋刻書籍給散各衛幇甲永遠
遵守等因案呈到部合就連送本司仰將前銀
照數動支覔工勒石刋書給甲遵守施行
計開打造碑記刋刻書籍置櫃等項共動支
銀
一　勒　石　碑　記
一　刋　刻　書　籍
一　給散書籍曉諭各該幇甲遵守
嘉靖二十五年正月　初六　日

南京兵部車駕清吏司爲船政事照得南京錦
衣等四十衛造修船隻先年□損幇甲富者消
乏瀕殘貧者逃竄流離甚有□緊追逼縊溺身
死仁者痛心隕涕嘉靖二十四年該
本部尚書宋　侍郎劉　出給告示申明
題
准事例官修官造不許拘擾幇甲已經查議仰造撥
兩廠造修樣船工料銀兩備細登記官簿存司
可査於官銀年例銀內扣算支剩倶有羨餘又

該本司郎中王　員外郎李　主事龍　公同
到廠看驗造修樣船釘板俱有實材比前加倍
寀厚先年信係委官小甲匠作人等恣意剋減
花消幫甲賠貱羅此害者何啻萬家積弊殃民
良可悲歎為此除稟
堂外合將題
例禁約刊給衆甲執照此外買木造修二項事宜續
刻成書給發兩廠遵守自今以後若有姦貪之
輩巧說買木價銀不彀造修用度不敷曲稟司

堂復開抅擾科泒之門者許各甲會齊執此赴
部陳告乞寢其謀萬一歲時早晚物價不齊止
於兩廠解部造修年例剩銀稍為盈縮當無不
濟讒言雖利而怨詛叢興君子在位公明仁恕
必将彼兇投畀豺虎與衆棄之幫甲永得安生
矣須至票者

嘉靖二十五年三月　　日給

例
南京兵部尚書臣熊　等謹
題為查處快船事宜以蘇軍餘困苦事車駕清吏
司案呈奉本部送該南京通政使司連狀送據
南京旗手等衛軍餘方欽等連名告稱先年業
僉快船幫甲每船或四五名或七八名各照分
數出銀如遇有差共出銀二十兩付與小甲應
役無差年分共出銀十兩以助小甲出水近年
以來一應修船造船等費俱令幫甲出銀陪補

少則五六十兩多則百十餘兩往往將各家產
子女變賣猶不能辦如金吾後衛幫甲朱昇因
修船無措夫婦二人同溺死於水羽林右等衛
幫甲蔡清徐勝陳清等亦因修船逼迫自縊身
死留守左衛幫甲周隆受逼不過自刎身死其
他挈家逃走者不計其數欽等見在者累苦不
堪情實可憐只得告乞垂憫早為議處增添修
造料價依期官修官造免令幫甲陪銀困累止
照舊例出辦年例貼差銀兩庶使各役得脫塗

炭少遂安生等情到部送司查得旗手等衛原
額快平船共八百隻先年奏革一十七隻見在
船七百八十三隻每船小甲一名月支米一石
送船餘丁十四名月各支米五斗正德八年因
差繁難每船僉取軍餘三五名名曰探甲照分
出銀幫助小甲出水嘉靖九年本部右侍郎萬
鏜題奉
欽依快船每二十年一造十年一大修五年一中修
每年造船四十隻每隻除舊船底心作銀二十
兩官給工料銀一百三十兩於南京戶部商稅
工部蘆課及本部武庫司缺官柴薪銀內支給
大修官給銀五十兩中修三十兩俱將本部扣
追違限月粮及幫甲年例銀內支給其每年小
修及修造不足之數又將餘丁月粮扣補隨該
本部車駕司主事林文華奏將快船每年止造
十數隻不必拘四十隻之例以致停造年久敗
船滿塢近因差使繁多幾于無船可撥嘉靖拾
貳年又該本部尚書王廷相題

餘丁月粮無差年分通革不支各船每遇修造
官給銀少既不足用餘丁月粮又無扣補加以
小甲及委官匠作人等通同作弊虛冒侵費每
造船壹隻用銀多至叁百餘兩不足之數俱逼
令幫甲賠賍遂至傾家蕩產鬻女賣男甚至死
喪逃移情委可憫相應議處案呈到部看得前
項快船本備差撥赴京等項公用例應官修官
造其幫甲之設原止令出分銀以助小甲出水
今修船造船乃遂一槩逼使賠銀以致困累如
此且南京各衛所軍士近來逃亡過半所僉幫
甲共該陸柒千名餘丁不足多將營操正軍掣
補行伍日虛武備漸弛至如豹韜等陸柒衛尤
稱疲敝舊僉幫甲類多消乏訴告日至紛紛逃
亡尤難僉撥及今不爲計處將來益見不堪查
得年例起運
進貢赴京等項差使所用馬快船不過肆百隻叁
柒兼撥快船止用貳百伍拾隻叁年壹差共止
用船柒百伍拾隻其叁拾叁隻似爲多餘合無

將前項快平船共留柒百伍拾隻多餘叁拾叁隻查各疲敝衛分照數減革遣下幫甲分貼見存各船送船餘丁發營操備及當別差其造船規則近該本部差委車駕司主事諸傑同指揮胡椿先造樣船壹隻該用木料釘灰等項親自估計收買先年冒費等弊盡行革去總計實用過銀貳百兩以後造船合就准此為式仍查照

本部右侍郎萬鏜先年題

准事例再加損益每年造船叁拾伍隻每船工料等

項該用銀貳百兩除船身作銀貳拾兩外官給銀壹百捌拾兩照舊於南京戶部商稅銀內支取貳千伍百兩工部蘆課銀內支取壹千陸百貳拾兩本部武庫司缺官柴薪銀內支取壹千捌拾兩餘該銀壹千壹百兩查得本部車駕司收貯江濟貳衛歇役水夫銀內可以通融支給以足前數每遇成造之時本部該司官會同工部委官嚴加督察務要成造堅固不許該廠官通同夫匠人等作弊侵費各該幫甲仍照先年

編定事例每年每分出銀壹兩本衛照數徵收解部存貯該司官庫但遇出差年分照例將前銀支出壹拾兩再令各甲出銀壹拾兩共貳拾兩以助小甲出水費用其拾年大修官給銀柒拾兩伍年中修給銀伍拾兩每年小修亦各呈請委官驗估合用工料銀兩俱於前銀及扣追違限月糧并前歇役水夫銀內支用不許再令幫甲陪累庶船隻得以及時成造既無老朽不堪之弊甲役亦各少獲蘇息可免死亡流離之

苦矣伏望

皇上軫念根本重地軍士疲困已極

勅下該部議擬施行地方不勝幸甚緣係查處快船事宜以蘇軍餘困苦事理未敢擅便為此具本專差冠帶舍人史宗濟捧謹題奉

聖旨該部知道欽此欽遵嘉靖二十一年八月十九日少保兼太子太保兵部尚書張　等覆題奉

聖旨准議行

禁約

[illegible]為遵

[illegible]弊以蘇軍餘困苦事車駕清吏司案呈奉本部送該本司署員外郎事主事李遷呈照得各衛軍餘每日訴告通狀不下百十餘紙俱稱快船差使賠累消乏有家產盡絕者有賣鬻男女者有逃竄流移者近因時歲荒歉烝為疫癘死亡無算寡妻孤子提携哀哭枕藉仆伏塵之不去欲一槩分豁則出此入彼或以招嫌欲漫不省理則日消月耗豈容坐視此在今日所當

急為區處者也查得快船幫甲之設當初審編殷實人戶止照分數出辦年例貼差銀兩其於造船修船並不干預近又該本部題奉

欽依造船壹隻除舊船底心外官給銀壹百捌拾兩大修船壹隻官給銀柒拾兩中修船壹隻官給銀伍拾兩小修船隻臨時委官驗估量給銀兩不許拘擾幫甲禁例昭然詎行已叁年各甲宜充然有餘裕矣而又日見困憊者何哉此造撥貳廠委官耗之也夫造修船隻本委官小甲之事也無由侵尅必詭言幫甲不來則造船不得堅固必欲拘集衆甲然後通同經商鋪戶欺隱冒破重復科派指一取十雖有千金之家易於貧矣況江北軍餘產業尤薄一經修造生理蕩然此幫甲之苦唯在於造船修船之二事也二者不禁則困苦無時可蘇矣為此呈乞申明

題例省諭各該幫甲祇照分數出辦年例貼差銀兩其餘一應船務非奉部司明文該廠把總委官不許輕易拘擾疲憊之軍餘得以少蘇而

不致訴告紛紛矣等因送司案呈到部看得幫甲之設止該照數出辦年例貼差銀兩其造船修船原無干預各該委官利於幫甲之來以濟其貪得之私深為可惡相應嚴加禁革為此示仰京城內外幫甲人戶知悉今後但遇修船造船本部自有題定價銀該司自行召商平買木植委官監督匠作如法造修責令小甲管領撐駕並不干及幫甲如該廠把總委官不奉部司明文敢有指以箇釘寸木擅自科擾者本部訪

出或被害人告發定行坐贓參問決不輕貸須至禁約者

造修事宜

南京兵部車駕清吏司為造修船隻事照得南京錦衣等四十衛造修船隻有成造拆造大修中修小修五項合用工料多寡俱照船身損壞剳量若勘驗不精致被小甲通同匠作虛捏開報或是委官匠作故生奬端有應小修者勘作大中修應大中修者勘作拆造又有應拆造者止勘大中修應大中修者止勘小修捏勘則虧官減勘則害甲似此深為不便為此除票堂外嘉靖二十五年輪該造修船隻[illegible]先期定委廉明縝密指揮二員高旻張[illegible]會同該廠把總督率委官小甲帶[illegible]二名到船細勘自底板以至浮動[illegible]船身該載者逐一眼同查驗務要周[illegible]拆造大中小修每項分別等第以損壞多者[illegible]上等次為中等又次為下等從實填单開報仍候本司覆勘定奪匠作識字照議給與工食合用勘单紙[illegible]具數領價毋得違錯不便

南京兵部車駕清吏司爲造修船隻以備差撥
事照得南京錦衣等四十衛快平船隻雖經題
奉
明例驗估給銀官修官造不許科擾幇甲但覔利之
徒已成槽局船一與工便登壟斷官甲因而派
價匠作利於冒工材猶可用指摘瑕類而斬爲
爨薪工尚未完假托棄餘而取爲私器祗圖科
歛之多全無撙節之意再照成造快船先年議
有式樣如遇損壞止據撥船廠揭帖開報年分

淺深損壞多寡定與成造并大中修理本司俱
是臨時查驗未經細勘將船車絞上岸該廠稱
說損壞數多給領官價之外不免派甲陪補工
完之日亦止據該廠申報工料銀兩數目揭冊
查照其間科害花銷之弊難與覈實此貧甲所
以愈困德意所以不流也爲此除稟
堂外今置文冊開立衛分委官小甲幇甲餘丁
姓名曾否造修遠近年分備將船身處所長短
廣狹并一應什物空立前件刊刻印定發仰

會同撥船廠把總等官先將各衛
嘉靖貳拾伍年分輪撥船隻順序灣泊塢内登
船逐一細勘於前件項下批註損壞長短濶狹
丈尺多寡在船壞處仍油灰抹書號候本司覆
勘的實酌量工程大小定其成造大中修理庶
事無遁情而人難欺蔽矣須至單者

右　附　訖

嘉靖貳拾肆年捌月　十五　日給

司　押

衛委官千戶　第　號快船　小甲　幇甲　名　餘丁拾肆名

底板 前件	左右幇底 前件	左右拖泥板 前件
左右棧板 前件	左右插稍板 前件	左右㡖當板 前件
左右出脚 前件	左右㡖 前件	擂浪板 前件
猪嘴梁壹座 前件	提頭梁壹座脚梁加梁拐梁 前件	頭桅後第壹座班頭梁脚梁加梁 前件

貳座滿梁脚梁加梁　前件
第叁座馬口倉梁脚梁加梁拐梁　前件
第肆座馬口倉梁脚梁加梁拐梁　前件
第伍座馬口倉梁脚梁加梁拐梁　前件
第陸座使風梁脚梁加梁　前件
第柒座滿梁脚梁加梁　前件
第捌座太平倉梁脚梁加梁拐梁　前件
第玖座水倉梁脚梁加梁拐梁　前件
第拾座神堂倉梁脚梁加梁拐梁　前件
第拾壹座下官倉梁脚梁加梁拐梁　前件
第拾貳座下官倉梁脚梁加梁拐梁　前件
第拾叁座正鋪後梁脚梁加梁　前件
第拾肆座斷水梁脚梁加梁　前件
大龍骨貳根　前件
夾桅龍骨貳根挑稍龍骨貳根　前件

伏獅頭壹根　前件
鋪頭板壹副托梁肆根　前件
左右廠堂板　前件
悶頭小廠板　前件
左右稍小廠板并子口貳根　前件
將軍柱貳箇　前件
將軍柱面梁壹塊　前件
頭桅面梁壹塊　前件
大桅面梁壹塊　前件
挽脚梁壹根　前件
土墻板貳塊　前件
頭伞獅貳根撒當板貳條　前件
左右頭護腮板貳塊　前件
左右攔水　前件
稍伏獅壹根挑稍板壹塊　前件

稍伞獅貳根撒當板貳條　前件
左右稍護腮板　前件
左右稍接脚板　前件
閘稍板陸塊　前件
花梁板叁塊壹字梁板壹塊　前件
草鞋底貳塊　前件
皂門梁壹座　前件
眼肘貳根　前件
左右豎肘陸根　前件
浴倉柱拾貳根　前件
管頭枋壹塊地脚枋壹塊　前件
管頭照面板壹檔　前件
左右掛枋貳根　前件
左右地脚枋肆根　前件
左右平盤板貳塊　前件

長樓板壹副　前件
長灣梁伍根　前件
左右老鼠橋貳根　前件
神堂倉雲頭板貳塊靠背梁壹座　前件
悶頭鎖伏板并子口梘槽　前件
日晒鎖伏板　前件
梘槽拾貳塊　前件
夾桅鎖伏板　前件
八尺鎖伏板　前件
鋪稍板壹副托梁肆根　前件
桅背梁壹座柱子貳根　前件
狗腦梁壹塊　前件
上下舵斤貳塊關門栓壹根　前件
舵枕貳箇絞關壹箇　前件
廁板伍塊　前件

[illegible]兩拾貳拾扇	前件
官倉壁夾拾根	前件
上官倉正鋪床面壹張	前件
上官倉平門肆扇	前件
左右亮槅拾貳扇	前件
大桅後腰裝板壹槽上下左右掛鈎共貳拾箇	前件
枋貳根	前件
官倉抱柱肆根	前件
上下官倉地平共拾柒扇桅後倉平門肆扇	前件
裙板貳塊	前件
暖槅肆扇	前件
搶車貳箇	前件
脚踏貳箇	前件
神堂壹座	前件

下官倉叁鋪床面	前件
千斤木貳根	前件
碗廚壹座	前件
上官倉正鋪板	前件
頭桅壹根綁鈴壹根	前件
下官倉梯子壹張	前件
稍篷架壹座板壹槽	前件
中路鋪伏板	前件
下官倉叁鋪板	前件
頭桅夾貳塊箍臼壹箇	前件
稍篷桁條肆根并竹篷	前件
登脚橋子壹根板壹塊	前件
悶頭倉內肆鋪板	前件
八尺下面鋪板	前件
大桅壹根綁鈴壹根哨什壹根	前件

大桅夾貳塊箍臼壹箇	前件
舵[illegible]板	前件
舵搭腦[illegible]夾	前件

隨船浮動什物

頭篷壹扇	前件
頭大桅拴貳根桅點壹根頭天桅挨壹貳根	前件　前件
舵桿壹根舵牙壹根	前件
更漏壹座	前件
大跳壹塊	前件
大篷壹扇	前件
舵中夾下夾	前件
椿獅木壹根登脚橋子貳根	前件
小跳壹塊	前件
櫓貳張	前件

櫓跳板肆塊	前件
挽子貳把	前件
戽斗壹箇	前件
吊桶壹箇	前件
牌架壹座	前件
槁子拾伍根連拐鏟	前件
捎棍肆根	前件
水牌壹面	前件
舂米臼壹箇	前件
澆管壹箇	前件
招杆壹根	前件
鉄錨壹口	前件
水桶壹副	前件
板凳貳條	前件
榔頭壹箇	前件

水瓢貳箇 前件
鉄攀頭壹副 前件
舵杆貳根 前件
遮篷貳箇 前件
迎嘴壹根 前件

椰子壹箇 前件
大旗壹面 前件
明瓦燈籠貳箇 前件
走三叁掛 前件
上馬索壹根 前件

篙袋壹副 前件
夜不收旗壹面 前件
水缸壹口 前件
櫓擦貳根 前件
櫓繃繩貳根 前件

猫本身壹根 前件
貓頭繩壹根 前件
旗線索壹根 前件
扶拔貳根 前件
帶纜貳根 前件

猫䪼壹根 前件
攀頭繩壹根 前件
度力貳根 前件
攸篷貳根 前件
寶纛旗鈴并架 前件

吊舵繩壹根 前件
脚索貳副 前件
牽篷貳根 前件

本船
年成造
年大修
年中修
年小修

南京兵部車駕清吏司爲慎修理以節財用事
照得南京錦衣等四十衛快平船隻每大中修
該廠匠作希圖修艌日久破冒工銀不顧船身
好歹恣意拆毁各衛委官小甲人等只要多派
幇銀全不省惜以致工料倍費船不堅牢深爲
未便爲此除具
堂外仰該廠把總官將發去修船单照式勘单
責令委官督率小甲匠作人等從實拆修逐一
填註前件項下中間損壞有勘单未註拆動緫

知者有因修壞處傍及别板者具揭呈稟填註
并計筭大修船用大木匠若干細木匠若干艌
匠若干鋸匠若干打灰捻鑽幇工各若干捻船
上岸下水用人若干該作工食若干及油畫匠
工價若干中修者分照各色所用工食亦若干
其估定工食不論限内工完早晚任從各匠添
人幇造但有先完者一併准給原定工食仍將
用過木植油灰釘鍋蔴觔并搭棚費用銀兩的
確數目開報以憑稽考匠作姓名亦要書記冬

不堅牢責追工銀陪艌該廠把總官務體
部堂節財至意嚴加覺察毋沿舊習視作泛常
查訪得出一體參究不恕須至單者
右　附　訖
嘉靖二十四年　月　日給
司　押

衛委官千户　第　號　船
小甲　匠作

底板以下前件同勘船單

合用各色匠作人役

大木匠 前件
細木匠 前件
艌匠 前件
鋸匠 前件
打灰匠 前件
搬[illegible]對上 前件
搬船上岸下水 前件
畫匠 前件
油匠 前件

合用木植釘灰油蔴等項料物

楠木 前件
榆木 前件
杉木 前件
栢木 前件
桐油 前件
釘 前件
鐵 前件
黃蔴 前件
綵蔴 前件

石灰 前件

平船勘修二單同快船單

快船單内第二座滿梁第七座滿梁落倉柱管頭
枋管頭照面板左右掛枋長灣梁神堂倉雲頭板
靠背梁夾艙鎖伏板左右紅黑雨搭官倉抱柱艙
車艙後倉上官倉平門正鋪床正鋪板帽板左右
亮槅㥜槅中路鎖伏板平船無其第二座拐梁第
七座拐梁照面雲頭板照面常平門捲樓板并左
右雲頭板短平門左右披水左右子口蓬架梢蓬
照面板平船有快船無

南京兵部車駕清吏司爲立官鋸木以便給甲事照得撥船廠應修船隻損壞大小不齊該用板片亦合比照計筭給用爲此除稟
堂外仰廠設立委官專一鋸木將發下印鈐官簿登記原領商人某人某號楠木每一根定立前件候填給甲板數各衛管修委官於各甲下應修船隻將勘单比對壞處令匠作備筭合用某樣板材若干塊某塊長若干闊若干厚若干逐一開单送鋸木官處查對明白其鋸木委官

令鋸匠照单鋸成材料記官簿給甲領用至於查報銀數則以原來見单板於該甲領過板數多寡扣筭覈實復照各衛應修船隻數多一齊興工鋸木止是一官板料給領不及仰將十船統會一總領木到廠立官分頭鋸板庶材得應用匠不停工須至牌者

嘉靖二十五年五月　日

南京兵部車駕清吏司爲公務事照得本部委官召商收買木植將圓木見单板法分别字頭照派銀數俱有定規不容再議爲照本木發廠鋸材止照頭圍筭板以中圍稍圍比之不免短少及標皮纖角俱非實材爲此除稟
堂外仰造撥兩廠將發去官簿登記原領商人某人某字號楠木圍圓丈尺鋸成中心左右標皮實板頭中稍大小面原闊尺寸開立前件填寫用過板片係作船身某材纖悉備書毋得遺

漏聽候本司不時吊查其撥船廠修船用板多寡不齊有一木儘在一船用者有一木分派二船三船用者亦要備細登記查考各船用過板片歸見銀數仍以原議頭圍則例派分庶與買木原價相合錢糧清切不紊日後易於稽查俱毋違錯不便須至牌者

計開鋸尓六號楠木壹根長三丈九尺三寸二分圓六尺九寸八分鮮板八塊
除標二寸二分下鋸淨板二寸厚　餘同此式
左標板長二丈九尺　頭厚一寸八分大面闊一尺七寸　中大面闊一尺四寸

稍大面闊八寸　前件
左二桅長四丈內稍薄削折三丈七尺　頭大面闊一尺九寸四分小面闊一尺六寸八分　中大面闊一尺六寸二分小面闊一尺四寸
稍大面闊一尺二寸八分小面闊一尺　前件
左一桅長四丈　頭大面闊二尺二寸六分小面闊二尺　中大面闊一尺七寸三分小面闊一尺六寸三分
稍大面闊一尺五寸六分小面闊一尺二寸八分　前件
忠左桅長四丈　頭大面闊二尺二寸四分小面闊二尺二寸一　中大面闊一尺八寸五分小面闊一尺八寸二分
稍大面闊一尺八寸六分小面闊一尺七寸　前件
中心右桅長四丈　頭大面闊二尺三寸小面同　中大面闊二尺五分小面闊二尺三分
稍大面闊一尺九寸小面闊一尺八寸八分　前件

船政　鋸木官價式　十四

右一桅長四丈　頭大面闊二尺[illegible]小面闊二尺二寸[illegible]　中大面闊二尺八分小面闊一尺九寸七分
稍大面闊一尺八寸三分小面闊一尺七寸五分　前件
右二桅長三丈九寸　頭大[illegible]小[illegible]　中大面闊一尺九寸六分小面闊一尺七寸三分
稍大面闊一尺七寸二分小面闊一尺四寸五分　前件
右標桅長三丈九尺　頭厚一寸五分大面闊一尺八分　中大面闊一尺五寸七分
稍大面闊一尺一寸　前件
鋸桅派甲歸見原價楠木一根以原圍筭单桅若干價銀若干
鋸成材料除虧折實得桅若干與各甲分領要歸原價法以各甲所領實
[illegible]上用乘法加與虧折桅数仍以每
人[illegible]一錢三分二釐筭見原價

南京兵部車駕清吏司爲廣德意祛宿弊以新
船政事照得即今快平船隻已經申明
題例官造官修不許拘擾甲又慮官甲人等見
泥故常心懷疑懼復牌行造撥二廠將一應合
行事務備細開報又經本司公同采議稟
堂定奪施行外爲照船差實南都之重役優恤
乃
本部之盛心固不許以箇釘寸木科擾甲必
不欲以分銀文錢累損小甲至於各官賢勞雖

船政　告示　十五

較常嚴密亦自求免於受直怠事之咎耳自本
司查將各船分委各官督管去後除木植油麻
釘鍋物料俱是公同查照時估召商收買給散
應用其餘凡係因船有費不涉私謀者肇自經
始迄于完工無巨無細許將領出官銀動支幹
辦隨即明白備記官簿以聽不時吊取查考但
不得毫釐冒破及登記不明通取罪戾所有恭
酌擬定應行事件開具于後仰該廠把總并各
委官甲餘匠作人等一體遵行所願精白一心

仰承至意庶事不煩民不擾即見太作之成功
弊以革利以興終慶同舟之克濟矣俱毋違錯
未便

計開

一稽財用 照得近年造修俱奉
明例加給銀兩固宜綽有餘裕往往輙稱賠貱數多實由費用不知撙節故稽查財用乃本廠之第一義也今次造修船一隻委官即置方尺簿一扇送司用印給付收掌凡領到在官銀兩或本船年例俱要先開總數後開逐日支用細數務先斟酌當用多寡方與支給不當用者不准支銷

聽候本司不時吊查如有虛冒侵尅等情查出一體從重治罪又查得江濟二衛造修馬船完日俱有木楂銀兩解司惟二廠造修獨無則從前官甲冒[illegible]同[illegible]今後船工完日即將逐[illegible]頭板槅朽爛物料碎斷[illegible]篷柴篾等項盡數查出仍[illegible]照依時值變賣價銀如船[illegible]未結即以充費完則該廠總會解司寄庫公用並同各船支費過錢糧造冊繳報候查

一搭篷席 據該廠開稱擇取十一月初一日制木興工查照舊規先期俱應搭盖廠篷於二廠臨河造修適中去處各總搭官蓬一座以爲給料看工之所除小修船及中修工少不須上岸者止搭匠作小窩篷

一座總搭委官坐卧蓬一座其係拆造大修及中修底壞必須上岸者每船各搭堆放料物蓬一座匠作蓬一座仍共搭委官坐卧蓬一座炊爨蓬一座但隨料物工匠多寡爲之大小取足以隔內外蔽風雨而已雖稱暫用稿秸席篾等物至工完之日又可拆爲本船稍蓬等料況原有苫盖船隻蘆席蓬奏用未爲全費不得務爲寬整靡費錢粮

一查底船 照得舊規拆造快平船底船作銀二十兩如係成造年分未遠及板木真正者所值之價豈止於此往時多被夫甲匠作不知愛惜拆船之際漫不稽查致將堪用物料棄置浪費後却從新一一買辦

亦以前有幇甲之能陪錢故也今次拆船各該委官務要眼同小甲匠作查將先經驗註船圖板片什物件數點記仍將拆出堪用及不堪用者各另堆積以候親詣查驗其堪用者即留奏用不堪用者亦須量改別材或照時價變銀充費雖大中修船換下朽板亦俱要見下落如有浪費侵盜等情查出一體究治

一筭板片 照得本部召商選買木植先經稟奉裁定俱於頭長五尺處下篾圍量若就據此折筭板片給發鋸用則頭稍大小尺寸不同難以爲準今擬於木大頭中身末稍三處各圍計尺寸仍以中身一處準折頭稍將覓補密計筭板片管解委官將小甲領到木植督令匠役

鋸成板後即與查照字號各另登記片數堆積該廠復與查算的實然後支用其有灣區空朽者仍將原量木格比對務要補折得宜庶幾板木多寡有實可稽而無冒破虧損之失矣

一遵定式　照得馬快平船長短廣狹俱有原定丈尺近訪得積年匠作或多通同夫甲妄意增減預圖攬載之利者使大其量而有容間存省料之心者雖小其材而亦用事屬故違法難輕貸今次造修船隻匠役務要恪遵原定丈尺如法造作本職每日詣廠看工即帶原畫圖樣隨將船身前後內外板木物件長短廣狹厚薄尺寸逐一查對如有違式增減定將匠作治罪仍追工食官甲連坐

一覈物料　照得二廠造修船隻先據把總同各委官將合用木植物料油麻釘鍋估計定數然後買辦應用往年被各委官漫不稽查夫匠全無愛惜致將物料恣意花銷後有不敷又行科派故稱陪補之多害甲之所以受累也今次官造官修豈容仍蹈前弊既經委官管解木料則管造官必先查得本船該用某板督令木解二匠商同下鋸勿致輕率枉費及領出用後仍將印發官簿登記某日領板若干片并長短寬窄厚薄若干用在某處或無剩有剩剩則留充別用用盡註銷凡釘鍋油麻亦委官帶同小甲領同收貯逐日眼同各匠支用俱照板例明白備記以候本司不時吊查務使竹頭木屑各得其用而

後官爲稱職匠爲稱役矣如有登記不實者即係通同作弊查出一體究治

一禁故板　查得先年造修船隻被各夫甲將支出官銀任意花費及至工程緊急難以完結專一串通積年拆賣故船板片人戶將朽爛不堪舊板圖賤買用木匠串通暗得偏手即與設法安頓塗抹苟完以致船隻隨修隨壞虛費錢糧今遵奉明例官造官修凡一切板木俱係新材及揀選底船堅實板料相兼應用不許夫甲仍前串通買用故板違者查將官甲匠作與同賣板之人連坐以罪

一嚴工程　訪得二廠但遇造修船隻俱被積年匠作獨行包占却又轉覔年老力弱并初學藝業不精些人多是偷工演日本身俗稱纔着却行袖手分銀以致因循月日虛費廩餼今後該廠工匠務選藝精朴實勤慎之人取具不致延工弄術結狀及將年貌籍貫造報查照每日限以寅時上工酉時散工其逐日用過工程仰委官俱與登記官簿如云某日解匠某人解過某字號木闊若干長若干板幾片某日木匠某人裁過板幾片作爲某材完船某處別匠工料俱照此備記每三日本司親詣比較一次實見用工次第日有所增方免責罰造者仍限以二箇月工完大中修者限以一箇半月工完小修者不得過二十日俱要完報不許故意延緩通取罪究

造修年分柰何近年以來造修船隻年分未及先
已損壞皆由督造官員不加嚴切

一精造作 照得馬快平船俱有議定題

夫匠止圖了事致使板薄釘稀麻
粗油少灰縫不合下水未幾而滲
漏隨之捉艌多而錢愈費矣今後
承委官員務要嚴督匠作凡船周
身緊要去處俱用正色堅實新木
其合用整段板片者不得零碎餖
釘致易鬆損如拆造止完脚梁搭
底梔泥艌行側底艌縫庶得堅固
釘鍋俱要粗壯容施油灰務使細
勻深入至如裝修油飾二精鐵鮮
明隨船什物種種纖悉齊備查驗
粉牌逐件登記毋令遺失違者痛
責船工完日仍取具各匠結狀如
不及造修年分損壞者根究追陪

決不輕貸

一裁冗費 訪得往年造修船隻即與諸人開張編局一畨夫甲領銀到手

耗費輕於已財衙門人役索取常
例舊規匠作人等特需神福犒餉
甚則夫甲官伴從而蚕食其中得
非法禁不嚴之故哉今次官造官
修分銀文錢之用俱要登記查算
敢復蹈此以速罪咎各匠工食銀
兩已經參酌舊規俱有定數許赴
司照數親給飯食菜蔬俱自買用
本廠量撥與炊爨餘丁一名仍定
制木下水大神福二次拆造每次
動支祭禮銀七錢大中修五錢鋪
底上伏御頭起厫小神福三次每
次祭禮銀四錢大中修船如有起
底止小神福一次銀三錢祭畢即

令各匠共享神餘尋常毋得巧立
名色生事索取如該廠各衛原有
識字者令書寫頗多每日量給飯
食銀一分五釐如無識字須雇用
者每日給工食銀三分五釐工完
住止該廠仍查船工多少量定名
數開報查照至於督工官甲人等
日用飯食俱係自行備辦如此庶
廉介彰而糜
費可省矣

一謹隄防 照得造修遵廠上下四圍俱係竹槁蘆蓆前後且與官街可道

相隣中間堆積料物干係錢根火
盜二事尤宜防慎舊規俱有巡風
官甲今除見委督工官員更難分
以別事及另行西城兵馬司每日
輪撥弓兵一名帶領火夫五名晝
夜在於造船處所巡邏外該廠把

總官查將無船官一員仍輪撥看
船人役十名隨船餘丁六名每五
日一班晝則把門防檢夜則支更
巡邏以警衆心而禦奸慝日暮放
工先將南北二門上鎖俱於中門
行走凡工匠人役必於門上搜檢
過方許放出如有夾帶寸木箇釘
纖芥料物者即便拿送究治至夜
令將火燭撲滅淨盡內不許燃
燈如此庶防範周而萬全可保矣

夫治不貴乎多言尚務力行之實法有難于詳
禁矧兼慮事之疎凡議擬未協于中幸忠告可
圖于後能視
國事如家事職業奚慙倘以私智狥私情 神明鑒之

嘉靖二十四年十月　　日示

南京兵部車駕清吏司照得造撥兩廠造修南京錦衣等四十衛快平船隻先年係是各船幇甲領銀承認造修合用一應匠作工費俱無定規任憑甲匠人等科派花消船工緊急將故板稀釘苟且完事本部洞見宿弊今後遇該造修之時禁各幇甲不許到廠止令委官督率小甲匠作遵奉嘉靖二十一年題

准官價并各衛年例銀兩造修星銀文錢皆係官給

猶恐事非覈實則法立而衆可議道不宜民則令行而人弗從爲此除禀

堂外仰將金吾前等衛小甲馮聰王立等拆造大中修樣船七隻照依勘定拆造大中修理等第造修樣船自興事之日至於竣工凡寸木個釘之用一夫半食之費備細登記發去鈐印官簿稽考仍候本司不時吊查俱毋違錯不便

計開

拆造快船一隻金吾前衛小甲馮聰王立

拆造平船一隻府軍左衛小甲賈鑾

拆造平船一隻府軍左衛小甲滕儀

大修快船一隻府軍後衛小甲任福

大修平船一隻府軍左衛小甲張旺

中修快船一隻府軍左衛小甲王榮

中修平船一隻鷹揚衛小甲陳剛

嘉靖二十五年　月　　日郎中王

員外郎李

主事龍

南京兵部車駕清吏司爲造修樣船以立定規事照得造撥兩廠造修南京錦衣等四十衛快平船隻先年係各船幇甲領銀到廠朋認造修費用不敷責令賠補

本部遵照嘉靖二十一年題

准事例官修官造不許拘擾幇甲已經本司重覆勘定金吾前等衛小甲馮聰王立等拆造大中修樣船發廠責令委官韓輔等督率小甲馮聰王立等匠作許鸞等造修去後今據該廠完報到

司又該本司會同司官督同該廠把總及委官
小甲人等覩詣船所看視上下船工牢固密厚
及查各船官簿開載實用過各項工料銀兩數
目比照
題定官價及各領支年例銀兩俱有羨餘顯是先
年造修花消浪費者十居五六幫甲賠累困苦
何堪今係官造官修各甲稍得蘇息竊恐年歲
遷移簿籍湮滅奸貪之徒復得巧言亂法為此
具呈乞行造撥兩廠將嘉靖貳拾伍年分拆造

大中修樣船各官簿開載各項工料實用過銀
兩數目出給告示刻板張掛諭衆通知永遠遵
守施行須至揭帖者

計開

拆造小甲馮聰王立快船壹隻

一領楠木玖根各圍圓不等共該價銀
玖拾兩玖錢肆厘貳毫伍忽柒微
玖纖叁塵
一領杉木叁根價銀壹兩伍錢叁分肆
厘伍毫
一領釘伍百貳拾伍斤每百斤價銀壹
兩陸錢共銀捌兩肆錢
一領鍋柒拾捌斤每拾斤價銀貳錢貳
分共銀壹兩柒錢壹分陸厘
一領桐油叁百壹拾柒斤捌兩每百斤
價銀壹兩陸錢共銀伍兩捌分
一領黃麻叁百肆拾柒斤每百斤價銀
捌錢共銀貳兩柒錢柒分陸厘

一領縈蔴壹百柒拾斤每百斤價銀捌
錢共銀壹兩叁錢陸分
一領官銀收買各項料物共銀壹拾陸
兩貳錢柒分伍厘
一給散各匠作工食銀叁拾肆兩捌錢
貳分伍厘
一小工做過肆百壹拾肆工每工工食
銀叁分共銀壹拾貳兩肆錢貳分
一本蓬本廠鋸木識字共領工食銀壹

兩伍錢貳分
一給小甲每日盤費銀壹分伍厘共銀
玖錢
已上除舊底船外共用過銀壹百柒
拾柒兩柒錢壹分柒毫伍忽柒微
玖纖叁塵餘剩銀貳兩貳錢捌分
玖厘貳毫玖絲肆忽貳微柒塵解
司貯庫
一關支隨船月粮貳拾捌石先年原係

本船餘丁壹拾肆名親身赴船值
匠幇工食用今[illegible][illegible]各餘每名止
令出銀貳錢[illegible][illegible]僱熟人役值匠
及添用小甲家屬在蓬看守錢粮
等用前米仍給各役食用
折造小甲貿鑾平船壹隻本船原係出差
遭風拆回釘板比照官價多用銀
柒兩玖錢叁分陸厘陸絲柒忽貳
微叁纖捌塵

一領楠木玖根各圍圓不等共該價銀
玖拾捌兩肆厘柒忽貳微叁纖捌
塵
一領楠木桅根壹根價銀肆兩陸錢叁
分伍毫陸絲
一領杉木貳根共該價銀壹兩柒分玖
厘
一領釘陸百壹拾斤每百斤價銀壹兩
陸錢共銀玖兩柒錢陸分

一領鍋壹百斤每拾斤價銀貳錢貳分
共銀貳兩貳錢
一領桐油叁百伍拾叁斤捌兩每百斤
價銀壹兩陸錢共銀伍兩陸錢伍
分陸厘
一領黄蔴肆百肆拾玖斤每百斤價銀
捌錢共銀叁兩伍錢玖分貳厘
一領縩蔴壹百柒拾斤每百斤價銀捌
錢共銀壹兩叁錢陸分

一領官銀收買各項料物共銀壹拾玖
兩貳錢叁分伍毫
一給散各匠作工食銀貳拾玖兩柒錢
壹厘
一小工共做叁百肆拾貳工每工工食
銀叁分共銀壹拾兩貳錢陸分
一本蓬本廠鋸木識字共領工食銀壹
兩伍錢陸分叁厘
一給小甲每日盤費銀壹分伍厘共銀

玖錢
已上除舊底船外共用過銀壹百捌
拾柒兩玖錢叁分陸厘陸絲柒忽
貳微叁纖捌塵
一關支隨月糧同前
拆造小甲艚儀平船壹隻
一領楠木玖根各圍圓不等共該價銀
玖拾兩捌錢捌分陸厘陸毫貳絲
柒忽柒纖肆塵

一領楠木桅根壹根價銀肆兩肆錢貳
分捌厘貳毫
一領杉木叁根共該價銀貳兩貳錢陸
分陸厘
一領釘伍百貳拾斤每百斤價銀壹兩
陸錢共銀捌兩叁錢貳分
一領鍋陸拾捌斤每拾斤價銀貳錢貳
分共銀壹兩肆錢玖分陸厘
一領桐油叁百肆拾叁斤每百斤價銀

壹兩陸錢共銀伍兩肆錢捌分捌
厘
一領黃蔴肆百叁拾斤每百斤價銀捌
錢共銀叁兩肆錢肆分
一領檾蔴壹百柒拾斤每百斤價銀捌
錢共銀壹兩叁錢陸分
一領官銀收買各項料物共銀壹拾柒
兩伍錢貳分壹厘伍毫
一給散各匠作工食銀叁拾壹兩壹錢

壹分玖厘
一小工做過叁百伍拾工每工工食銀
叁分共銀壹拾兩伍錢
一本蓬本廠鋸木識字共領工食銀壹
兩伍錢叁分柒厘伍毫
一給小甲每日盤費銀壹分伍厘共銀
玖錢
已上除舊底船外共用過銀壹百柒
拾玖兩貳錢陸分貳厘捌毫貳絲

柒忽柒纖肆塵餘剩銀柒錢叁分
柒厘壹毫柒絲貳忽玖微貳纖陸
塵解司貯庫
一闗支隨船月粮同前
大修小甲任福快船壹隻
一領楠木肆根各圍圓不等共該銀肆
拾貳兩叁錢壹分壹毫壹絲伍忽
壹微捌纖伍塵
一領杉木壹根價銀叁錢肆分貳厘

一領釘貳百斤每百斤價銀壹兩陸錢
共銀叁兩貳錢
一領鍋貳拾斤每拾斤價銀貳錢貳分
共銀肆錢肆分
一領桐油叁百柒拾叁斤捌兩每百斤
價銀壹兩陸錢共銀伍兩玖錢柒
分陸厘
一領黃蔴叁百零肆斤每百斤價銀捌
錢共銀貳兩肆錢叁分貳厘

一領籐蔴壹百柒拾斤每百斤價銀捌
錢共銀壹兩叁錢陸分
一領官銀收買各項料物共銀捌兩伍
錢柒分貳厘叁毫
一給散各匠作工食銀貳拾叁兩貳錢
玖分伍厘伍毫
一小工共做過貳百柒拾叁工每工工
食銀叁分共銀捌兩壹錢玖分
一本蓬本廠鋸木識字共領工食銀陸

錢肆分貳厘
一給小甲每日盤費銀壹分伍厘共銀
陸錢
已上共用過銀玖拾柒兩叁錢伍分
玖厘玖毫壹絲伍忽壹微捌纖伍
塵
大修小甲張旺平船壹隻
一領楠木肆根各圍圓不等共該價銀
貳拾陸兩捌錢壹分柒厘肆毫陸

絲柒忽伍微
一領楠木板玖塊各價不等共該銀叁
兩玖錢伍厘柒毫
一領杉木壹根價銀柒錢陸分
一領釘壹百柒拾斤每百斤價銀壹兩
陸錢共銀貳兩柒錢貳分
一領鍋伍拾伍斤捌兩每拾斤價銀貳
錢貳分共銀壹兩貳錢貳分壹厘
一領桐油叁百玖拾伍斤捌兩每百斤

價銀壹兩陸錢共銀陸兩叁錢貳
分捌厘
一領黃蔴叁百叁拾貳斤每百斤價銀
捌錢共銀貳兩陸錢伍分陸厘
一領縈蔴壹拾伍斤每拾斤價銀捌分
共銀壹錢貳分
一領官銀收買各項料物共銀壹拾肆
兩伍錢伍分柒厘
一給散各匠作工食銀貳拾貳兩叁錢

貳分陸厘
一小工共做過貳百柒拾捌工每工工
食銀叁分共銀捌兩叁錢肆分
一本廠鋸木識字共領工食銀陸
錢肆分貳厘
一給小甲每日盤費銀壹分伍厘共銀
陸錢
已上通共用銀玖拾兩玖錢玖分叁
厘壹毫陸絲柒忽伍微

中修小甲王榮快船壹隻
一領楠木貳根各圍圓不等各該價銀壹拾陸兩壹錢捌分叁厘壹毫捌絲壹忽貳微伍纖
一領楠木板陸塊各價不等共銀壹兩捌錢伍分貳厘柒毫
一領杉木壹根價銀肆錢伍分伍厘
一領釘壹百斤每拾斤價銀壹錢陸分共銀壹兩陸錢
一領鍋叁斤玖兩每斤價銀貳分貳厘共銀柒分捌厘叁毫柒絲伍忽
一領桐油叁百零玖斤每百斤價銀壹兩陸錢共銀肆兩玖錢肆分肆厘
一領黃麻叁百捌拾伍斤每百斤價銀捌錢共銀叁兩捌分
一領檾麻壹百柒拾斤每百斤價銀捌錢共銀壹兩叁錢陸分
一領官銀收買各項物料共銀壹拾伍

兩貳錢柒分
一領散各匠作工食銀壹拾肆兩伍錢玖分貳厘伍毫
一小工做過貳百零貳工每工工食銀叁分共銀陸兩陸分
一本廠鋸木識字共領工食銀肆錢捌分壹厘
一給小甲每日盤費銀壹分伍厘共銀陸錢
已上共用銀陸拾陸兩伍錢伍分陸厘柒毫伍絲陸忽貳微伍纖
中修小甲陳剛平船壹隻
一領楠木貳根各圍圓不等共該價銀壹拾捌兩捌錢陸分壹厘壹毫玖絲伍忽
一領楠木板貳塊各價不等共銀壹兩壹錢貳分捌厘肆毫
一領杉木壹根價銀叁錢柒分伍毫

一領釘壹百斤每拾斤價銀壹錢陸分
共銀壹兩陸錢
一領鍋捌斤拾兩每斤價銀貳分貳厘
共銀壹錢捌分玖厘柒毫伍絲
一領桐油叁百伍拾捌斤每百斤價銀
壹兩陸錢共銀伍兩柒錢貳分捌
厘
一領黃麻叁百捌拾斤每百斤價銀捌
錢共銀叁兩肆分
一領綠麻壹百柒拾斤每百斤價銀捌
錢共銀壹兩叁錢陸分
一領官銀收買各項料物共銀壹拾壹
兩玖錢陸分伍厘伍毫
一給散各匠作工食銀壹拾伍兩陸錢
伍分玖厘
一小工做過壹百柒拾工每工工食銀
叁分共銀伍兩壹錢
一本蓬本廠鋸木識字共領工食銀陸

錢肆分貳厘
一給小甲每日盤費銀壹分伍厘共銀
陸錢
已上共用銀陸拾陸兩貳錢肆分肆
厘叁毫肆絲伍忽
嘉靖貳拾伍年肆月　十九　日郎　中王問
員外郎李遷
主　事龍灊

南京兵部車駕清吏司爲造修船隻事照得造
撥兩廠先年遇船造修俱係幇甲承認完工合
用各色匠作幇工算識工食未曾立有定規以
致浪費今該本司已經造修樣船覈實酌擬稟
堂裁定發廠遵守施行須至揭帖者

計開

每拆造船壹隻
一領楠木玖根共圍圓肆拾玖尺共長
叁拾伍丈此准須圍給領以原木見單板共七百片二尺八寸每一片折銀一

錢三分二厘共該折銀玖拾貳兩四錢三分七厘〔整〕 以三折圓篾折及鋸線篾角標皮鑿削折板俱在內

一領杉木叁根

一領釘陸百斤

一領鍋壹百斤

一領桐油叁百捌拾斤

一領黃蔴肆百伍拾斤 本船舊繩在內

一領䕸蔴壹百柒拾斤

一買石灰捌百斤

議定各匠作工食

一大木匠工銀捌兩食銀叁兩

一艌匠快船工銀[illegible]兩平船工銀陸兩伍錢食銀[illegible]同

一細木匠快船工銀叁兩[illegible]食銀壹兩伍錢平船工銀壹兩伍錢食銀陸錢

一鋸匠工銀叁兩食銀壹兩伍錢

一打灰匠工銀壹兩貳錢食銀陸錢

一熗釘匠熗淨釘壹百斤工食銀叁錢

一[illegible]炭本匠自備 [illegible]

一打繩匠打過通船繩索工食銀叁錢叁分

一畫匠工食銀貳錢桐油官給顏料本匠自備

一油漆匠工食銀叁錢桐油官給顏料本匠自備

一搭蓬匠每日工食銀叁分

一風蓬匠大小風蓬貳扇價銀叁兩

一攪泥水拽船工食銀肆錢

一小工每日工食銀叁分

一書寫官簿識字官驗給食銀壹分伍厘雇覓者叁分伍厘

此係拆造有底船議定釘鍋數目如遇接駕拆卸回還船隻臨時驗看釘板多寡另行稟請定奪

每大修船壹隻

一領楠木 照船身損壞大小計合用板片開单領木送鋸木官照单鋸板給用算價俱以原木見单板法計用過板數見銀兩數目

一領杉木貳根如大桅稍頭桅損壞者
領用堪可者不領
一領釘貳百斤
一領鍋肆拾斤
一領桐油叄百柒拾斤
一領黃蔴伍百斤本船舊繩在內
一領綠蔴壹百柒拾斤
一買石灰壹千斤
議定各匠作工食

一大木匠計工給銀每日工食銀五分
一艌匠計工給銀每日工食銀肆分
一細木匠計工給銀每日工食銀肆分
一鋸匠計工給銀每日工食銀叄分伍厘
一打灰匠計工給銀每日工食銀肆分
一熕釘匠熕淨釘壹百斤工食銀叄錢
煤炭本匠自備熕小淨釘一斤工食銀三厘五毫接補鍋一箇工食銀一厘
一打繩匠打過通船繩索用蔴肆百叄
拾斤工食銀叄錢叄分外打絞船

慢繩用蔴壹百伍拾斤工食銀捌
分
一畫匠工食銀貳錢桐油官給顏料本
匠自備
一油漆匠工食銀貳錢伍分桐油官給
顏料本匠自備
一搭篷匠每日工食銀叄分
一風篷匠大小風篷貳扇係舊船篷大
價銀叄兩伍錢係新船篷小價銀

叄兩修換大篷壹葉價銀捌分頭
篷壹葉價銀肆分
一車船上岸起底落墩下水共工食銀
壹兩貳錢
一小工每日工食銀叄分
一本篷本廠書寫官簿公文并鍩木識
字係官驗者每日給飯食銀壹分
伍厘雇覓者每日工食銀叄分伍
厘

每中修船壹隻

一領楠木照船身損壞大小計合用板片開帥領木送鋸木官照尋鋸板給用筭價俱以原木是準板法計用過板數見銀兩數目

一領杉木貳根如大桅稍頭桅損壞者

領用堪可者不領

一領釘壹百伍拾斤

一領鍋叄拾斤

一領桐油叄百貳拾斤

一領黃蔴肆百捌拾斤本船舊繩在內

一領綠蔴壹百柒拾斤

一買石灰壹千斤

議定各匠作工食與大修船同

已上俱照造修上等立則其原勘造修

中下貳等工料差少因有扣剩銀

兩照數解司貯庫

嘉靖貳拾伍年四月　十九　日郎　中王

員外郎李

主　事龍

南京兵部車駕清吏司為修理船隻事據撥船
廠揭帖開稱嘉靖貳拾肆年分大中修快平船
壹拾叄隻小修快平船壹百叄拾伍隻俱蒙給
發年例官銀并領官給板木等料修理完備聽
候差撥造冊繳報外先據各該委官開報各船
逐年在塢徵收貯庫修船年例銀共叄千貳拾
壹兩叄錢數目到廠內除修船支用過銀壹千
玖百貳拾肆兩柒錢捌分壹厘柒絲柒忽壹微
陸纖捌塵賞給匠役并家屬工食用過銀壹百

肆拾肆兩玖錢尚有餘剩銀玖百伍拾壹兩陸
錢壹分捌厘玖毫貳絲貳忽捌微叄纖貳塵今
照將來修船復有日後追徵該船年例動支其
前項餘銀再無別項支用似難仍於該衛厘內
混收相應照數轉收官庫以為將來造修船隻
准作官銀支給如此庶錢粮有所稽查而修船
不致缺用續據造船廠折造揲船陸隻撥船廠
後寨大中小修船陸十捌隻該船俱有年例剌
銀等因到司照得各衛年例銀兩係備修船應

用舊規俱是該衛徵完解司委官自用匣[illegible]封
記呈禀支用今據該廠呈稱前項餘剩銀兩船
既修完再無別項支用乞要照數收入官庫准
作官銀支給修船另立卷冊查考似亦相應等
因據此理合禀
請定奪施行等因呈部奉批依擬施行後有風
水漂流大壞船隻年例銀兩不勾修造者於此
動支着爲定規庶免別處

計開
造船廠拆造樣船陸隻共餘剩羨餘銀貳
百伍兩捌錢壹分捌厘柒毫陸絲
捌忽肆微肆纖玖塵
撥船廠大中小修餘剩羨餘銀玖百伍拾
壹兩陸錢壹分捌厘玖毫貳絲貳
忽捌微叁纖貳塵
撥船廠大中小修陸拾捌隻餘剩羨餘年
例官銀捌百貳拾柒兩捌錢叁分
肆厘

南京兵部爲獎勵督工官員事車駕清吏司案
呈據造撥二廠呈報造修完金吾前等衛小甲
馮聰王立等快平船隻緣由到司照得嘉靖二
十四年分各衛船隻遵奉
禁約依例官造不許科擾幫甲備經劄委
把總指揮張壽松等召商和買木料指揮高旻
張文爵協助臨差船隻并行造撥二廠督率委
官匠作人等造修去後今照各官盡心協力明
作赴功果致節省財用休恤幫甲相應獎勵及

照各該小甲匠作亦合賞犒等因案呈到部合
就連送本司仰將庫貯造船餘剩年例銀內動
支壹百貳拾壹兩玖錢壹分買辦後開禮物用
鼓樂導送以示獎勵施行
計開
獎勸各官職名禮物銀兩數目
造船廠把總指揮張壽松
紅紗壹疋　絨花貳枝　禮銀陸兩
撥船廠把總指揮高旻[illegible]王欽[illegible]

各紅紗壹疋　絨花貳枝　禮銀陸两
管勘驗船隻指揮張文爵
紅紗壹疋　絨花貳枝　禮銀貳两伍錢
管買木兵馬宗部
紅紗壹疋　絨花貳枝　禮銀貳两伍錢
千户二員　官瀚　鄧鉞一次
各紅綾壹疋　絨花貳枝　禮銀叁两
造船委官千户六員　卞實　韓輔二次
張憲一次　金瀚一次　孫鑾　孫棠

各紅綾壹疋　絨花貳枝　禮銀貳两伍錢
管大修兼中修委官千户八員
陸勳二次　翟承宗一次　劉瀚　曾鈺一次
時珊一次　馬永昌一次　宋璧一次　陸章
管勘驗船隻千户二員
李椿一次　許藻
各紅綾壹疋　絨花貳枝　禮銀貳两伍錢
管鋸木委官千户二員
張純一次　常禄一次

管中修船隻委官千户十員
賈岐　李文璧　王英　王麟
蔡永　徐山　王鸞二次　胡益二次
薛合一次　何欽一次
各紅綾壹疋　絨花貳枝　禮銀貳两
管散油蔴釘鍋委官千户一員
張添爵一次
紅綾壹疋　絨花貳枝　禮銀壹两
管小修船隻委官千户十三員

陳介　張學一次　李繡二次　張甫
胡山　甯泉　孫盖　徐節
張鉞一次　李堂　閆鑑　潘儒
賈文舉
各紅綾壹疋　絨花貳枝　禮銀壹两伍錢
拆造大中小修二次小甲馮聰王立等
木匠許蚕等共四百七十七名
每名賞肉壹斤捌两共肉柒百壹拾
伍斤捌两

每名賞酒壹斤貳兩共酒伍百叁拾
陸斤拾兩
外擬拆造大中修舩一十九隻大木匠
許銮等一十九名
每名賞紅布壹疋折銀貳錢共銀叁
兩捌錢
大中修大木匠陳忠等四十二名
每名賞紅布壹疋折銀壹錢伍分共
銀陸兩叁錢

買木事宜（釘鍋油蔴附）
南京兵部車駕清吏司爲公務事查漕船志內
開楠木價值每根圍圓四尺者每尺該價銀壹
兩貳錢伍分五尺者每尺該價銀壹兩伍錢六
尺者每尺該價銀壹兩捌錢此必公平估驗題
例刊之書册遵奉已久近該本部修造馬快船
隻應用楡楠等[illegible]召商平買而商人陳旭等執
稱[illegible]新
[illegible]
[illegible]用手本前
部分司[illegible]查[illegible]歲用楡楠等木價值近於
何年月日題奉則例於漕志原例上曾否損益
打造運船工作重大必有畫一之規與商交易
近行則例三尺以上至四尺五尺六尺七尺八
尺者每根楠木各該用價若干楡木該用價若
干逐一查明希報施行須至手本者
嘉靖二十四年七月　初八　日署郎中事主事王問
工部督理漕河[illegible]部水清吏司主事李　爲公務

批准
南京兵部車駕清吏司手本前事備行本職云
云等因准此查得漕船志内開載楠木價值歷
年增損不一自嘉靖叄肆年來每船一隻議作
價銀伍拾貳兩伍錢近因裏河商人虧折頗多
屢告
漕運衙門於伍拾貳兩伍錢之外三次增銀柒
兩伍錢每隻實給價銀陸拾兩整切照此數係
[illegible]酌時宜招徠商賈之意其實各商自
外[illegible]買木由江製辦經湖入淮中間勞費不知
其幾及至敝司仍復報抽始得驗納而欲望銖
兩之息亦在此數之内江客所得想自有數今
欲例此買木竊恐壟斷之徒因而騰踊似為未
便況南京至淮尚復迢遞彼既增貴此當何如
且聞
皇木停止江簰此多滯而不售價應自減敝司船價
似難拘執今准前因擬合回覆為此合用手本
前去

南京兵部車駕清吏司煩為查照斟酌施行須
至手本者
嘉靖二十四年七月　二十　日主事李洞
南京兵部車駕清吏司為公務事照得即今成
造馬快船隻收買楠榆等木已經呈
部移文差人前去
工部分司查取漕規則例價值數目去後今照
量木圍篾總與
本部尺寸長短不同事難畫一相應移取為此
除稟
堂外合用手本差人前去
工部分司煩將貴廠節年量木酌定印烙圍篾
希封給發來役如圍篾不便亦煩照式較量一
尺小篾一根印烙兩頭封付過司以憑查驗施
行須至手本者
嘉靖二十四年七月　二十一　日署郎中事主事王問
工部督理漕船都水清吏司主事李　為公務
事准

南京兵部車駕清吏司手本前事備行太倉衛云
云等因准此案照先准本司手本查取楠木價
值緣由已經查明回覆去後今准前因隨將本
廠在官牙脚將逐年圍木官尺較量竹筏一根
長一尺整封固給付原來舍人洪剛領齎外合
用手本前去
南京兵部車駕清吏司煩爲查照施行須至手
本者
嘉靖二十四年七月　三十　日主事李洞

圖筏　四

准準尺造圖筏

寸　寸　寸　四寸　五寸

一[illegible]

嘉靖二十四年九月初一日[illegible]

南京兵部車駕清吏司爲公務事照得即今廠
造馬快船隻收買木植已經呈
部拘集商人陳旭等遴
堂議定價銀比與往時寬處照准規六十兩除
過江過壩盤費抽分等項楠木每[illegible]長五
字三根四字三根共七根議定價銀[illegible]
算給今照查木定依准尺如地鼻眼[illegible]
一半以補鼻眼空處如碎裂尖削等項[illegible]
頭處量起以五尺之上下筏長以[illegible]爲

五

至天鼻眼外淨除不筭餘長照尺寸筭價銀[illegible]
照尺寸扣價其空滑蘇心彎[illegible]
俱各不用委官[illegible]商[illegible]廠
地方聽候
本司按臨丈量妥放如木匠水手通同商人作
弊聽委官懲治呈來參究爲此[illegible]委官[illegible]
張[illegible]同千戶官瀚[illegible]
理并後開折減法備不[illegible]數目一體
遵[illegible]須[illegible]者

計開折減法

通身匾斧口削俱以原木見單板每十丈

減一丈

三吊灣以原木見單板每十丈減七尺五

寸

二吊灣并半邊通身匾半邊斧口削俱以

原木見單板每十丈減五尺

晒皮爛皮滅裂破碎節眼匾凹俱以量報

尺寸長乘濶厚照數減除

六

稍尖以原圍見單板後以稍尖圍照尖長

尺寸亦見單板折減

天空地扒麻心傢鋸木有損壞多寡照數

補板

計開補木折單板價銀數目

圍叁尺長叁丈貳尺壹根折單板貳拾肆

丈每丈折銀壹錢叁分貳厘共銀叁兩

壹錢陸分捌厘

圍肆尺長叁丈貳尺壹根折單板肆拾貳

丈陸尺陸寸陸分每丈折銀壹錢叁分

貳厘共銀伍兩陸錢叁分貳厘

圍伍尺長叁丈貳尺壹根折單板陸拾陸

丈陸尺陸寸肆分每丈折銀壹錢叁分

貳厘共銀捌兩捌錢

圍陸尺長叁丈貳尺壹根折單板玖拾陸

丈每丈折銀壹錢叁分貳厘共銀壹拾

貳兩陸錢柒分貳厘

圍柒尺長叁丈貳尺壹根折單板壹百叁

七

拾丈陸尺陸寸陸分每丈折銀壹錢叁

分貳厘共銀壹拾柒兩貳錢肆分捌厘

圍捌尺長叁丈貳尺壹根折單板壹百柒

拾丈陸尺陸寸陸分每丈折銀壹錢叁

分貳厘共銀貳拾貳兩伍錢貳分柒厘

圍玖尺長叁丈貳尺壹根折单板貳佰壹

拾陸丈每丈折銀壹錢叁分貳厘共銀

貳拾捌兩伍錢壹分貳厘

各字圍尺上零寸照本字頭價目筭補

南京兵部車駕清吏司爲立木格以便查覈事
照得本司修造馬快船隻召商收買木植先年
緣無稽查以致商人串同匠作筭手人等圍量
勘估中間尺寸欠明疵病漏報作弊多端深爲
未便爲此除票
堂外置立格式一扇印發買木委官將□到各
商木植查筭明白照式填註送司以憑給領價
價及將折圍丈尺數目填明發鋸木委官鋸板
給用施行須至格者

右附記

嘉靖二十年　月　日給

司押

□木壹根圍　尺　長　丈
商人　看量木匠　圍　量　出山　號　看疵病　筭手
折減
價銀
頭圍
折圍　中圍　梢圍
嘉靖貳拾年　月　日　鋸板數目另具官簿查考　備小甲　領訖

捕木壹根圍　尺　長　丈
商人　看量木匠　圍　量　出山　號　看疵病　筭手
折減
價銀
頭圍
折圍　中圍　梢圍
嘉靖貳拾年　月　日　鋸板數目另具官簿查考　備小甲　領訖

商人　看量木匠　圍　量　出山　號　看疵病　筭手
折減
價銀
頭圍
折圍　中圍　梢圍
嘉靖貳拾年　月　日　鋸板數目另具官簿查考　備小甲　領訖

捕木壹根圍　尺　長　丈
商人　看量木匠　圍　量　出山　號　看疵病　筭手
折減
價銀
折圍　中圍　梢圍
□□□□年　月　日　鋸板數目另具官簿查考　備小甲　領訖

南京兵部車駕清吏司爲造修船隻事照得工部定買杉木俱是三尺上下圍篾今本部買用杉木俱於五尺上圍量若依工部給價恐是虧商已經本部行據委官把總指揮王欽高旻張壽松兵馬宗部公同會議參酌時價量行加增具揭到司呈
堂定擬外爲此牌仰造撥兩廠遵照後開各項議加杉木價值召商收買施行俱毋違錯未便須至牌者

價　十一

[illegible]三尺五寸以上圍圓杉木各船未用不開外

圍三尺四寸每尺價銀五分

圍三尺三寸每尺價銀四分八厘

圍三尺二寸每尺價銀四分六厘

圍三尺一寸每尺價銀四分四厘

圍三尺每尺價銀四分二厘

已上係工部原定價值今參酌時價每尺加銀七厘

圍二尺九寸每尺價銀三分六厘

圍二尺八寸每尺價銀三分

圍二尺七寸每尺價銀二分六厘

圍二尺六寸每尺價銀二分三厘

圍二尺五寸每尺價銀一分七厘

已上係工部原定價值今參酌時價每尺議加銀七厘

圍二尺四寸每尺價銀一分三厘

圍二尺三寸每尺價銀一分一厘

價　十二

圍二[illegible]二寸每尺價銀九厘

圍二尺一寸每尺價銀八厘

圍二尺每尺價銀七厘

已上係工部原定價值今參酌時價每尺加銀六厘

圍一尺九寸每尺價銀六厘係工部原定價

圍一尺八寸工部原無定價今照工部規則每一尺該作價銀五厘五毫

闊一尺七寸工部原無定價今照工部規
則每一尺該作價銀五厘
闊一尺六寸工部原無定價今照工部規
則每一尺該作價銀四厘五毫
圍一尺五寸工部原無定價今照工部規
則每一尺該作價銀四厘
已上今參酌時價每尺議加銀四厘
通前四等杉木長四丈之外工部原無定
價今議不筭

直[illegible]清吏司爲造修船隻事照得造
撥兩廠合用油蔴釘鍋數多相應照依時價參
酌舊規召商和買仰廠遵奉施行須至牌者
計開
桐油每一百斤舊價銀一兩四錢五分今
定價銀一兩六錢
黄縈蔴每一百斤舊價銀八錢今定同上
釘每一百斤舊價銀一兩五錢今定價銀
一兩六錢

鍋每一百斤舊價銀二兩五錢今定價銀
二兩二錢
已上肆項價值俱宜隨時酌定仍仰該
廠每月查訪時價具揭呈報

日本見單板法

計開

楠木每長壹丈闊壹尺厚壹寸爲壹箇即壹片

單板借名箇以立法耳即名片可也

圍叁尺計柒箇伍分

叁尺壹寸計捌箇捌毫

叁尺貳寸計捌箇伍分叁釐叁毫

叁尺叁寸計玖箇柒釐伍毫

叁尺肆寸計玖箇陸分叁釐叁毫

叁尺伍寸計拾箇貳分捌毫

叁尺陸寸計拾箇捌分

叁尺柒寸計拾壹箇肆分捌毫

叁尺捌寸計拾貳箇零叁釐叁毫

叁尺玖寸計拾貳箇陸分柒釐伍毫

圍肆尺計拾叁箇叁分叁釐叁毫

肆尺壹寸計拾肆箇捌毫

肆尺貳寸計拾肆箇柒分

肆尺叁寸計拾伍箇肆分捌毫

肆尺肆寸計拾陸箇壹分叁釐叁毫

肆尺伍寸計拾陸箇捌分柒釐伍毫

肆尺陸寸計拾柒箇陸分叁釐叁毫

肆尺柒寸計拾捌箇肆分捌毫

肆尺捌寸計拾玖箇貳分

肆尺玖寸計貳拾箇捌毫

圍伍尺計貳拾箇捌分叁釐叁毫

伍尺壹寸計貳拾壹箇陸分柒釐伍毫

伍尺貳寸計貳拾貳箇伍分叁釐叁毫

伍尺叁寸計貳拾叁箇肆分捌毫

伍尺肆寸計貳拾肆箇叁分

伍尺伍寸計貳拾伍箇貳分捌毫

伍尺陸寸計貳拾陸箇壹分叁釐叁毫

伍尺柒寸計貳拾柒箇柒釐伍毫

伍尺捌寸計貳拾捌箇叁釐叁毫

伍尺玖寸計貳拾玖箇捌毫

圍陸尺計叁拾箇

陸尺壹寸計叁拾壹箇捌毫

陸尺貳寸計叁拾貳箇叁釐叁毫
陸尺叁寸計叁拾叁箇零柒釐伍毫
陸尺肆寸計叁拾肆箇壹分叁釐叁毫
陸尺伍寸計叁拾伍箇貳分捌毫
陸尺陸寸計叁拾陸箇叁分
陸尺柒寸計叁拾柒箇肆分捌毫
陸尺捌寸計叁拾捌箇伍分叁釐叁毫
陸尺玖寸計叁拾玖箇陸分柒釐伍毫
圍柒尺計肆拾箇捌分叁釐叁毫

十六

柒尺壹寸計肆拾貳箇捌毫
柒尺貳寸計肆拾叁箇貳分
柒尺叁寸計肆拾肆箇肆分捌毫
柒尺肆寸計肆拾伍箇陸分叁釐叁毫
柒尺伍寸計肆拾陸箇捌分柒釐伍毫
柒尺陸寸計肆拾捌箇壹分叁釐叁毫
柒尺柒寸計肆拾玖箇肆分捌毫
柒尺捌寸計伍拾箇柒分
柒尺玖寸計伍拾貳箇捌毫

圍捌尺計伍拾叁箇叁分叁釐叁毫
捌尺壹寸計伍拾肆箇陸分柒釐伍毫
捌尺貳寸計伍拾陸箇叁釐叁毫
捌尺叁寸計伍拾柒箇肆分捌毫
捌尺肆寸計伍拾捌箇捌分
捌尺伍寸計陸拾箇貳分捌毫
捌尺陸寸計陸拾壹箇陸分叁釐叁毫
捌尺柒寸計陸拾叁箇柒釐伍毫
捌尺捌寸計陸拾肆箇伍分叁釐叁毫

十七

捌尺玖寸計陸拾陸箇捌毫
圍玖尺計陸拾柒箇伍分
玖尺壹寸計陸拾玖箇捌毫
玖尺貳寸計柒拾箇伍分叁釐叁毫
玖尺叁寸計柒拾貳箇柒釐伍毫
玖尺肆寸計柒拾叁箇陸分叁釐叁毫
玖尺伍寸計柒拾伍箇貳分捌毫
玖尺陸寸計柒拾陸箇捌分
玖尺柒寸計柒拾捌箇肆分捌毫

船政新書四卷

〔明〕倪涷撰

《船政新書》四卷，明倪涷撰。涷字霖仲，浙江上虞（今屬紹興）人。萬曆二年（一五七四）進士，歷任南京兵部車駕司員外郎、兵部郎中、安福知縣、瓊州知府、荆州知府等。萬曆中任職南京兵部車駕司時，整頓船政，就該司前修《船政》，更爲補苴，撰成此書。卷一題稿部洛、稟揭文移，卷二弊害緣由、調度大綱，卷三派丁編銀、募夫着船、買給料價、修造船隻、查扣銀兩、夫役工食、差撥驗裝、看守禁約、申明職掌，卷四會計、客問、慮後、紀事、解對、黄船。於南京船隻數目及航運管理，船舶修造及費用，人員征募及遣調等均有詳述。據上海圖書館藏明萬曆十六年刻本影印。

船政新書序

南都濵江古來為水國我

太祖之殲僞漢也遡長江大戰

鄱陽湖寔資舟楫之利當時載

軍馬為馬船載輜重為快船嗣

後

成祖定鼎金臺仍其舊為貢舫

駕馬船之夫取諸江西湖廣二

省太平寧國安慶三府諸沿江

地方所僉解給工食而來南戶

部亦給有月粮焉後即都城召

募工食月粮猶舊也會運內使

以召募去來不常猶稍寛需索

獨船稱支數及各船工食之条

錯莫可勾稽而諸曹與皂每私

相窟穴其間與積猾奮緣為奸

弊多不可究詰此公家所稱無

經之費乃諸役之患苦則惟廩

餼之不時與勞逸之無序而已

快船支

國初取諸京軍無所資給而應

役後來正軍不足則濫及於軍

餘軍餘又不足則掣及於操軍

船支有正甲有幫甲有送船餘

丁甚則一名有數名朋挈者每

船每年計用軍二十五名五百

船總計十年共用軍十二萬五

千名而朋名不與奸豪積猾之

覘兒管運內使之誅求至於本部錢粮歲糜殆且不貲臨差各甲多逃避不能以時召集也於是操軍亦多掣取戎伍控致空虛而公私之困憊日愈甚先是有出軍婦求鬻以輸差者有乞判懸於门捐宅舍以求代差者自縊者投河而死者往往有其人快船甲役從是多不樂有生矣予佐南銓時自公退食則百餘人持牒跽而泣請曰願公活我予惟此兵曹事也時大司馬莆陽郭公方杜门欲請告去署兵篆者太倉顧公也予因從臾顧公

乘旱霾應

詔疏陳其弊害顧公謀可以辦此者於予予舉駕部上虞倪君涷倪君有八面之才又最能任大事予蓋嘗稔知君君則不知予之能知君而薦君也疏上得報可郭公且去居頃之顧公亦捐館舍矣乃委任責成倪君者衡水傅公也君於是盡心力而為舉馬快船九百四十隻而稍稍更張焉減快船五之三然以通增馬船差與快船等而用更有餘增船差三之一然以通增各工食而人更樂於為用工食雖增然以調度節

省而銀更大減快船比舊雖減少然以更餘船制略與馬船同而用數常足各軍之蒙寬撫於人情為易玩然以編僉收解各有法而絕律常存討丁編銀又計力派丁且示無有別差也故爭先入冊而不似往時之逃避召募新丈優其廩

餼且著為令令往回永給以牽繫之也故中途無亡去之患在官之人即充役之人故無可避而臨差自易於召集所充役者即所當編銀者也故有所資藉而輸納常易完以經年遠役常憲破家亡身者易之以編銀之法而永無患害編

銀數止於萬五千金足為各船五萬金十萬米之費而寬然有餘船有歸支有數工食不致有參錯而可為稽且所挈之操軍盡使之歸伍是又於營務有裨也至於錢粮之弊實為爬梳剔塞幾盡矣中貴之息然而恣肆君能曲防其橫武

矣之阻撓市棍積猾之欺矣君能坐照其奸欺往昔此輩交相比周為甲害者今皆敢怒而不敢言即敢言矣亦一示之頤也於乎夫於此非所謂良工獨苦者歟繼傳公者為淮陽李公李公自吏而兵居無何即改北繼李公者內江陰公也陰

公既建上兩疏請蠲宿逋杜變更以成此船政之終今又將清理黃船之奸弊謀之署王篆少司徒新安方公謀之給諫永年杜公又謀之原駕部山陰馮公暨王曹田閔諸公而竟又委之倪公列為十款以請行見南都之船政無不理舉

南都黃馬快船之軍甲無不人得其所矣然則船政新書謂之船政全書可也予之為船政新書序也以謂之船政全書序亦可也

萬曆戊子春正月既望

賜進士出身資善大夫南京禮部尚書丹陽姜寶頓首拜書

船政新書目録

第一卷

題稿部咨　各七道

禀揭文移　凡九道

第二卷

弊害緣由　總由一條　馬船四條　快船十五條

調度大綱　凡二十四條　各衛原派船數　各船新編字號　稽蹟簿式　夫船指掌冊式　聽事水夫額數

第三卷

派丁編銀　凡二十六條　丁銀由票　分司完票式　禁約牌式

募夫着船　凡十一條

買給料價　凡一十條　派木則例　油麻釘鍋常價

修造船隻　凡十七條　修造年分　各等則例　給料總單式　各匠額數

查扣銀兩　凡十一條　半差額例　底薪額例　椿柴額例

夫役工食　凡二十條　造夫條冊式　支工食冊式　省府原派銀數　各役工食銀兩

差撥驗裝　凡九條　好歹起數　大馬船差分數

看守禁約　凡七條

申明職掌　凡二十條

第四卷

會計　銀查追節省實計捌萬伍千叁百貳拾陸兩肆錢零　減船免造約伍萬捌千兩共壹拾肆萬叁千叁百貳拾陸兩肆錢零　米實省叁萬伍千伍拾柒石貳斗

客問　凡五十四條

慮後　凡六條

紀事　凡二十條

解對　凡十四條

黄船續集

船政新書目録

船政新書第一卷　南京兵部車駕司員外郎倪涷編

郎中馮景隆校

題稿部咨

〇〇釐正五議疏

〇南京兵部尚書臣郭　題為船差困弊勢漸不支敬陳切要事宜以裨時政事車駕清吏司案呈奉本部送據本司管船廠主事倪涷揭呈前事內開本職蒙委管理船政已逾一年竊見差使日煩弊害日滋軍甲困累家破身亡若不稍事調停誠恐後患不測謹將事體重大者條為

十議具揭呈請批行車駕清吏司酌報備行到司該署司事主事孫秉陽細加覆議委足以蘇軍困而釐弊端除議考覈等五事本部查照施行外其議官守等五事乞照題請等因到部臣等竊惟留都諸曹獨船政最劇弊孔最多而軍甲之困苦最甚臣等蒿目而隱心久矣固未易盡議汰革以杜浮冗之端亦不忍徒事因循以重軍民之累除本部職掌所得專行者悉照施行不敢一一輕瀆

天聽茲將所議官守差使支放木料出則五事相應
開列上陳伏乞

勅下該部再加查議如果臣言不謬擬議上

請定奪咨行本部欽遵施行則軍民幸甚臣等幸甚

緣係船差困弊勢漸不支敬陳切要事宜以裨

時政事理臣等未敢擅便謹題請

旨

計開

〇一議官守照得船政設三廠把總歲終會同科道

舉劾蓋所以專事權而示激勸也然黃船廠專管黃船是矣差撥船隻皆由管船主事則撥船廠為虛設乃以快平船之修理者屬之而新造者則屬之造船廠因修多而造少乃令造船廠總收木植馬船屬江濟二衛而又多以江濟二衛掌印官兼管造撥二廠稱名無謂行事矛盾其失一也估驗之時造船廠欲多造撥船廠欲多修意見不同事體掣肘其失二也木植係江濟二衛及造撥二廠共用之物而使一官總將

船政新書 卷一

収者不盡關心。用者更多藉口。其失三也。廠煩
于衛。而把總尊于指揮。但掌印五年黃選。而把
總遇缺推除。故有衛已調簡。而仍總廠務者。尊
卑煩簡。各乖其序。其失四也。舉劾專為船政。向
因江濟掌印。多兼造撥把總。而舉劾及之。致令
偶有不兼把總者。遂不與舉劾。是管船同而激
勵異。其失五也。合無將撥船廠改為快船廠。以
錦衣等四十衛快平船屬之。照黃船廠事例。于
四十衛內。選掌印指揮之賢能者帶管。造船廠
改為馬船廠。以江濟二衛掌印官各帶管馬船。
赴廠修造。以上指揮四員。皆以本衛兼該廠把
總名色。一體舉劾。并行去留。木植亦照油麻事
例。計数分買。則事權一而激勵明。去五失而就
二善。計之便者也。其委官員數。向屬太煩。以後
江濟二衛各該五員。錦衣等四十衛各設一員。
減去三十餘員。以免官多事擾之弊。伏乞
聖裁。
○一議差使。照得各船三年一差。而修造春秋二案。

大約一船。三年之內。料價。工食。糧賞。使費。不下
数百金。馬船仰給于官。猶之可也。快平黃船。皆
係編審。名為有力。實則貧軍。而前站經手。又倚
之為奇貨。指稱詐害。非刑搒掠。無所不至。一當
此差。則身家不可保矣。見今
上供難緩。差使日煩。故或今歲而預撥明年。或臨春
而預提秋案。往者猶有休息。今則迄無寧期矣。
夫一船之內。有朋役。帮甲。餘丁。無慮百十人。總
計六七萬家。此六七萬家者。皆皇皇焉思畢其
命者也。根本之地。而使軍窮至此。可不為寒心
哉。查得嘉靖六年。節奉
世宗皇帝聖旨。查進貢起数可省則省。可併則併。如
起数有定額。難以省併。裝運之時。照例着科道
官。兵部官。監視。務要儘裝船載。不許多撥。
欽定額例。萬曆二年。又經題
准。裁減船差。故每年修造之船。止給常差之數。今
上供已出額外。而常差又復求增。以致預撥預提。日
積月累。數年之後。將何以支。合無通查常

貢船差及公侯伯進京悉遵
欽定額例其近日奉
旨增取者或同時起運則併差一官不必多委難以
併差者比照相同事體酌量撥給仍聽本部司
官會同科道官嚴行監視務要儘船裝載坐調
內官不拘是何衙門止撥馬船一隻身已在北
者遺下行李聽內守備衙門查船附載不必槩
給其馬快兩項船隻四六均撥前站經手照萬
曆七年題

准事例赴部卯酉部給印票付小甲收執如有指稱
等弊許塡註票內回日赴部銷查凡此皆恪遵
明旨並非擅議減縮而寬一分則民受一分之賜矣
若因循不節恐勢終不給反誤
上供是非所以善後也再照大馬船止供下江差使
與小馬船進京者苦樂較異乃差至淮安等處
者亦皆撥小馬船而扣追半差銀兩是以數百
金之費行數百里而止追還一二十金在官爲
虛糜而在船則多差利歸于本甲而害增于衆

人也合查凡係淮安而下換船搬壩者悉撥大
馬船亦均勞逸之一義也伏乞
聖裁
○一議支放照得馬船水夫原係南直隸江西湖廣
等處僉解後經題
准就近召募而工食則各該州縣照數徵解本部照
數散給是謂銀與人之無損益也非謂解與放
之不通融也柰何失議法之意而啓弊害之端
必欲以本縣解到銀兩給所補該縣水夫而勢

終不能久待則創爲借支名色有臨差而借者
矣有役過而借者矣有差使煩苦而借者矣有
修造重大而借者矣有因追拖欠官銀而借者
矣又有幾年無解而徑行改編者矣夫以萬人
之衆而名色多端又如此查核可否聽之衙官
出入緩急憑之胥吏事體錯雜文移浩繁豈能
一一而綜核之乎冊查蕪湖黃梅黃安瀘溪興
安城步等縣原無水夫而歲徵解銀壹千柒百
餘兩當塗縣歲支銀陸千餘兩而止編貳千餘

兩則立法之意原自通融且工食料價總行編派料價既係通融而何獨疑于工食哉况借支已非本處所解而改編則并其冊籍而更之矣顧猶執不敢通融之說使貧困者嗷嗷待哺而積猾乘之上下其手竊以為非策也合無總計出入通融支放凡改編借支暫借預借名色一切革除每年見夫若干支銀若干指掌了然隨時支給所以杜奸竇而澤窮夫者非細故也伏乞

聖裁

一議木料照得船工所用楠木為急而杉木次之乃杉木無減折之例又當時給價故商人夤緣告納以致買多積久朽爛不堪楠木頗為難得係查工部稅单計数派買而反過為掯尅既減其疵病矣又恐心有麻腐乃扣價十一俟用完之日而後給發以致商人往往畏避杉木苦多楠木苦少杉木之害在小甲楠木之害在商人二者皆弊也夫木心之蠹商人亦不得知乃使之守候于数年之後已非人情矣及查每年所減麻心價銀業亦無幾而臨期缺木則必廣行召買或減疵病或寛丈尺計之常價十增二三以其所增當其所減何止倍蓰而枸拿保家督責經紀紛紛四出擾害多端勢不得已則在官姑收不堪之物以取盈小甲強領不堪之物以抵数料既不備用亦易朽公私兩弊昭然甚明又小甲陸續告領本部陸續批查官役刁難奸甲夤緣弊端叢生莫可殫述項該本官清理見

在杉木三年之內不復收買每年所省何止萬金合著為例以後如遇應用杉木皆先一年預案呈堂批准收買買足之日即呈堂停止其楠木除疵病減價外免其扣留而量增派買之額則商人免守候之苦而本部免召買之累豈非兩利之道哉木頭鑿官匠姓名隱匿疵病者許本甲呈究給木之時查明各船等第扣筭應領木植并油麻釘鍋等項總開一单召集各甲拈鬮給發則終年之所擾擾者頃刻可畢而刁難

濫收之弊不革而自除矣伏乞
聖裁
〇一議出則照得修造各船其工料銀兩皆有定則
向由小甲陸續告領俟通完之日委官查刷凡
所領逾則者復委官追還其間增減情弊擢髮
不足数即每案所追出則大約不下二三千兩
秤頭火耗小甲之加納者十三而委官侵漁該
衛之觧部者十一拖延不結毋慮数十年蠲免
則為委官之資清查則為各甲之擾弊非一日

矣夫既與而復追不完而議免議免而不盡皆
弊孔也木植扣價油麻計数總填一单拈鬮給
散自無出則何用查追如有額外告增及冐破
餘剩等項徑于應領銀内查扣何用委官近該
本官議行查扣約計肆千餘金小甲欣然而錢
粮清肅如使委官追觧恐十年未必能了而奸
弊亦不知其何極也查得嘉靖肆拾貳年起至
萬曆八年止見經清查蠲免後尚欠伍百餘兩
多係委官侵匿但有事係祖父而物故貽患有

身家困極而無可賠償清查稍嚴則將各甲免
過之数指作應追肆行追呼上德不究此革雖
罪無可宥併望悉從蠲豁以廣
朝廷曠蕩之恩自萬曆九年起至十一年止共約三
千餘兩先經委追而工食亦先領訖無可查扣
合將各官該管查開手冊立限比追無令乾沒
其十二年以後悉照近法出則冐破餘剩等銀
馬船于工食快平船于行粮楂柴皆于料價預
行查扣以免委追則官無虗縻民沾實惠委官

之事益簡而冗員信乎其可減矣伏乞
聖裁奉
聖旨兵部知道萬曆拾肆年肆月拾玖日太子太保
兵部尚書張　等覆
題看得南京兵部尚書郭　等條議五事俱于船
政有裨相應開立前件擬議上
請恭候
命下本部移咨南京兵部欽遵施行
計開

○一議官守

○前件臣等看得撥船既由主事則廠為冗員而撥船廠之兼修理造船廠之收木植皆委任不專責成無法是以有五失存焉誠不可不為議處也所據尚書郭　等具題前因深為有見相應依擬合無備咨南京兵部除黄船廠照舊外其撥船廠改為快船廠造船廠改為馬船廠快船廠於錦衣等四十衛揀選賢能掌印指揮一員帶管馬船廠以江濟二衛掌印官帶管皆以本衛兼各廠把總各色一體舉劾其收用木植亦照油麻事例計數分買各廠委官俱照議定員數委用以免十年九收之擾永為遵守伏乞

聖裁

○一議差使

○前件臣等看得進

貢船隻設立之初原自足用亦未病民近日奉差員役額外多索裝載私貨肆行拷掠剥削貧軍以致差用不足困窘日甚所據尚書郭　等具題前因深得節用善後之畫俱應依擬合無備咨南京兵部將常貢及公侯伯進京船隻悉遵

欽定額例外其近日奉

旨增取者或同時起運則併差一官難以併差者酌量撥給仍聽該部司官監視儘船裝載毋調內臣止撥一船遺下行李查船附載仍將馬快船四六均撥前站經手卯酉稽查以後差至淮安徐州等處及換船撤還者俱撥大馬船各項事宜悉如所議施行伏乞

聖裁

○一議支放

○前件臣等看得馬船水夫既係就近募役則各處解到工食但當稽核定數給散明白而已今必以本縣解到銀兩給所補該縣水夫則解到自有遲速而給散不無先後是以借支之名多端出焉可否緩急之際吏胥因而上下其手肆行騙索是皆不體立法之意而拘攣之過也既經尚書郭　等具題前來相應亟行釐革合無備

咨南京兵部將馬船水夫工食自萬曆拾肆年為始每年止查筭見夫若干共應給銀若干以時支給不必拘定募當其處水夫方領其處銀兩致有守候之苦其改編借支等項名色盡行革除若有積猾衛官胥吏仍前固執不行通融者聽該部查訪的實從重究處伏乞

聖裁

○一議木料

○前件臣等看得楠杉木料均係船工所需則給價豈宜過為低昂以致杉多楠少之患且楠木既不易得而掊尅反過遂致商人畏避及其乏木又寬減召商何前後之失計也所擬尚書鄭等題稱以後如遇應用杉木先一年預案呈堂收買買足即行停止召買楠木量增額數免其扣價誠為公私兩便經久可行相應依擬合無備咨南京兵部將收買木料拈鬮給發等項悉照所議事理着實遵行伏乞

聖裁

船政新書

○一議出則

○前件臣等看得工料銀兩若干給領之時清查定數毋令冒破如有餘剩徑行查扣則查刷之委官何用而侵漁之弊實自絕矣今尚書鄭　等目擊其弊條議前來誠于船政有裨相應依擬合無備咨南京兵部將嘉靖四十二年起至萬曆八年止拖欠銀伍百餘兩查明的數盡行蠲豁造冊

奏繳萬曆九年起十一年止所欠銀叁千餘兩責成該管主事開註手冊立限追比完納其十二年以後悉照近行出則冒破餘剩等銀馬船手工食快平船手行糧楂柴手料價皆預行查扣不必復行委官查追致滋奸弊伏乞

聖裁本月二十一日奉

聖旨依擬行欽此

船政新書

〇〇快船僱募疏

〇南京兵部右侍郎臣顧　奏為特陳京軍最要疾苦懇乞
聖恩亟賜蘇息以溥
德意以召天和事邇者伏睹
聖諭以風霾示異恐政事有妨民生者命所司條具
奏請仰見
大聖人畏天勤民至意本部尚書臣郭　已條議四事上
聞矣續據南京錦衣等四十衛甲餘孫芳等連名開具呈冊內稱快船小甲十害并處分六事時臣
應聘請告杜門該臣暫攝部事隨與車駕清吏司主事倪涷細加查審商確頗有端緒一得之愚不容自默輒敢上干
宸聽伏惟
皇上俯垂察焉竊惟
皇祖開國之初設四十八衛拱護
神京無非居重馭輕之意今日之留都誠為根本之重地然都城內外編户軍衛居其大半干城爪牙於是焉賴今則日朘月削極敝而不可支矣究其所由則船差之害為大而各衛之所以告病也船差之害有三曰修造曰差煩曰審甲修造之害清之則弊除已經臣等隨宜區畫差煩之害寬之則困蘇臣應聘業已具奏上
請至審甲之害非大舉而更張之不可去也審甲之害不去即修造無弊差撥不煩其害猶在也臣
請得而備言之洪武初置江淮濟川二衛馬船及錦衣等衛風快船以備水軍征進之用逮
成祖定鼎金臺遂專以運送
郊廟香帛
上供品物軍需器仗而又有黃船平船名色然皆僉軍駕運而已後因船無定主易於朽壞乃僉有力者使總一船之事而名之為小甲夫荷戈執殳屠估負販之流豈真有力哉就其儕伍之中稍能自樹者強而名之強而用之耳而長途之費用不貲積猾之需求無厭彼將何以堪之也

故有一船而三四甲者矣一甲而數人㮣名朋
役者矣㮣名不已而加之以幇甲幇甲不已而
波及於餘丁一船所累毋慮數十百家總之殆
六七萬家此六七萬家者皆濱于死亡而無所
控訴者也分析規避告替扳誣畏之若湯火而
豪強貪黠者且視之為奇貨蓋害愈多則弊愈
甚弊愈甚則困愈深故未役之先則百計經營
剜肉醫瘡家業已破及其既役則多方求索剥
膚椎髓皮盡而毛無所傅矣數年以來如穆欽
秀鄭鎣陳嘉慶朱喜高鋭吳子高等皆相繼自
盡舉室流離其典妻鬻子啼饑號寒者蓋十室
而九見之而有不痛心酸鼻者臣以為必無人
心者也夫大小馬船與快平等船一體差撥馬
船不以為苦而快平船則深以為病者何也蓋
快船之應役者皆小甲之正身而馬船則募夫
應役也夫有常直故人皆樂從人皆應募故外
無需索兩船利害何止徑庭臣以為今日亟反
之計在改快船為馬船而已臣所為改者非改

其制與名也改其實而已改其實者去小甲之
名而從募夫之例也如是則向所謂百計經營
多方求索者不禁而自革矣查得進京馬快平
船共捌百陸拾肆隻內馬船叁百陸拾肆隻每
船募夫壹拾陸名共給工食銀貳萬玖千兩有
奇月粮米約陸萬玖千石快平船共伍百隻若
照馬船事例募夫則應銀肆萬餘兩而月粮米
玖萬陸千石此則為費太多難以輕議然各船
皆三年一修以供差使而差回空泊者輒二年
有餘故朽多而費重各夫工食亦三年分領故
劳少而利微若各船止留三分之二而工食則
增三分之一使以一年修船出差一年更番休
息則船藉于頻修而不至于朽夫喜于增銀而
不怨其劳故留船陸百隻而循環足用矣又下
江馬船柒拾陸隻似屬太多合無減去貳拾陸
隻少隘其制併作進京船數則進京馬船共存
叁百玖拾隻而快平船所留者止須貳百壹拾
隻矣照例募夫增其工食不過貳萬金歲支粮

米約肆萬石。據孫芳等詞稱願照原船伍百隻之數。每隻派銀叁拾兩解部。共該銀壹萬伍千兩。則所少者不過伍千金。而修造所省。亦畧相當矣。又查得先年快平船原設捌百隻守船有月糧。而出差有行糧。每歲所支約米叁萬石。自嘉靖萬曆等年裁減船糧。見支貳萬石。則比之近日。雖有貳萬石之增。而較之先年原數所增不過萬石。但馬船差使既煩。則工食亦須增給。計每年約銀壹萬兩。而本部馬船工料。一歲所羸。亦幾及貳萬兩。量入為出。寬然有餘。伏惟

皇上作民父母。四海軍民。皆惟赤子。而留京重地。比之他處尤切。即使

國家額外捐銀萬兩。米萬石。出此六七萬家於水火之中。鞏留都於磐石之固。以

皇上之聰明仁聖。固將欣然樂從。而況通融裒益本不出於經費之外乎。且各軍原無常產。船差原非常役。其自願輸萬伍千金。臣猶以為無辜之累。而使復因循不議。誠恐流亡困踣日甚一日。

不惟船政大廢。運輸缺乏。而行伍空虛。守備單弱。變生不虞。他日之憂。更有不可言者。又將何以救之乎。本部諸司。惟船務為最劇。軍人疾苦。惟船甲為最深。地方隱憂。亦惟軍窮為最大。是以不避瑣屑。直陳于

皇上之前。伏乞

勅下該部。再行查酌。如果臣言不謬。擬議上

請。恭候

命下。移咨到部。先行江濟二衛。清審夫餘。如有不足。許于附近地方。開召應募。查訪的實。詳具籍貫年貌文冊。候至萬曆十六年。小甲輪差已滿。即以次年為始。各衛通免審甲。革去前日小甲之名。悉用有司條編之法。每船一隻。編銀叁拾兩。審照貧富。以為差等。徵銀解部。募夫應用。其下江大馬船。減去二十六隻。改作進京小馬船。而進京馬快平等船。共減三分之一。兩年更番。增其工食。悉聽臣等會計酌量。務使經久可行。黃船差撥屬之外守備。修造屬之工部。編審屬之

兵科亦乞一體編銀催役而後俯從前蹤申明
舊章併省進貢起數查核杠數多寡務加樽節
勿致泛濫則數萬生靈世世蒙再生之德而地
方安堵豈鎬培不拔之基所以召和氣而致禎
祥者良不小矣緣係特陳京軍最要疾苦懇乞
聖恩亟賜蘇息以溥
德意以召天和事理臣等未敢擅便謹題請
旨奉
聖旨兵部看了來説萬曆十四年五月十三日太子

太保兵部尚書張　等覆
題看得南京兵部右侍郎顧　奏稱
國初設江濟等衛馬快船以備水軍征進之用逮
成祖定鼎金臺遂專以運送
上供品物等項而又有黃船平船名色皆僉軍駕運
後因船無定主易于朽壞乃僉有力者領駕長
途費用不貲積猾需求無厭因備陳其困苦流
離之狀及稱查得進京原額馬船三百六十四
隻人多樂役議将下江馬船減去二十六隻改

作進京馬船其快平船五百隻減去二百九十
隻止存二百一十隻聽從軍願照原船伍百隻
之數出銀募夫領駕以甦其困及将黃船轉行
兵科及外守備衙門一體編銀募役各一節為
照馬船快船既均係進貢等用豈宜苦樂懸殊
揆其所由盖因江濟二衛馬船工料派之湖廣
江西等處徵銀解部召募水夫故歲給工食月
支口糧船有損壞官為修造事守定規未嘗有
害是以人皆樂役至若黃快平船則于南京錦

衣等衛審編小甲幇甲名色領駕出差方有行
糧之給撐駕又費催覔之資而各船皆自行修
造差官又從而需索科派無有窮已害及六七
萬户若因循不早為救處将不知其所終矣今
該侍郎顧　目擊時弊條議前因不出經費之
外而得紓困之策當事之臣虚心為
國恚如所議通融酌處不嫌于更變而期于經久
上無匱公家之用下有濟斯民之難則救時之
術宜未有過于此也相應依擬覆　請恭候

命下。本部移咨南京兵部。轉行錦衣等四十衛。將快平船小甲。悉照江濟二衛馬船水夫事例。在于附近地方召募殷實人户。詳具籍貫年貌文冊。候至萬曆十六年小甲輪差滿日。即以次年為始。通免審甲。每船一隻。編銀三十兩。以資當為差等。徵銀觧部。以為募役工食之資。其下江大馬船。減去二十六隻。改作進京小馬船。數原額進京快平船五百隻。於內減去二百九十隻。止存二百一十隻。永為遵守。兩年更番。增其工食。

悉聽該部酌處。務使經久可行。仍轉行兵科及守備衙門。將黃船一體編銀。召募應役。庶久困疲軍。得以少甦。而留都重地。永保無虞矣。萬曆十四年五月十五日奉

聖旨。各衛快平船小甲。既以累京軍。這免審編銀及減省船隻等項。俱依擬。欽此。

[illegible]始草此稿[illegible]原[illegible]該臣批行四司[illegible]詳議。會揭到臣而顧案卻改為臣與本部司主事倪涷。細加查審等語。職按累劄輸廿[illegible]主。[illegible]以進[illegible]閒之[illegible]。[illegible]未之知也。使非前後[illegible]主持[illegible]顧堂翁夫人之累矣。[illegible]識

○○專官經理疏

○南京兵部尚書臣傅　等謹題為特陳京軍最要疾苦懇乞

聖恩亟賜蘇息以溥

德意以召天和事。車駕清吏司案呈。奉本部送。准兵部咨　云　云。欽此。欽遵行間。又據南京錦衣等四十衛甲軍孫芳等連名通狀告稱。芳等久困船差。流離顛沛。今

綸音甫布。萬姓懽騰。伏乞專委倪主事經理完報。救

活生靈等因。送司案呈到部。先該本部右侍郎臣顧　署管印務。看得車駕司郎中吳仕銓見在考滿未回。且俸資已深。所有見管船政主事倪涷。委果留心職務。洞析利獘。所宜專委以責成功。隨劄行管理去後。續該臣等照得前項事體頗多。計慮宜審。一切事宜。除本部可以徑行者。聽本官規畫呈行外。其有一二關係重大。相應題請者。謹開立條件上

請。伏乞

勑下該部再加查酌，如果臣等所言不謬，速為覆
請，恭候
命下，咨行臣等欽遵奉行，庶不孤
朝廷惓惓軫念軍民德意，地方幸甚，臣等幸甚。緣係
特陳京軍最要疾苦，懇乞
聖恩亟賜蘇息，以溥
德意以召天和事理，臣等未敢擅便，具題請
旨。

計開

○一曰重事權以便責成。照得船政一節，蘇京軍之困苦，剔累年之積蠹，主持在部司，而奉行在各衛，必須上下相成，事方有濟。但該管主事與各衛掌印官，除江淮、濟川二衛[illegible]無相關者，使沿襲舊規，群情何由[illegible]倪凍歷俸已及二年，而經理更需[illegible]之際，尤須任怨任勞，自非稍示優[illegible]俾之[illegible]措置，未有可以齊衆而集事者。合無[illegible]官比照戶工二部事例，量加協司職銜。

請給船政關防一顆，一以重本官之事權，一以新衆人之耳目，仍免其赴京考滿，毋致作輟稽悞，事完之日，容臣等考核題
請破格優擢，以酬其勞，則臣工兢勵，事體易完，而軍民得沾實惠矣。再照本差職務特繁，而舊無定員，止以新到主事管之，計日望代，豈能專心職業，講求利獘。查得南京工部止是修造黃船及戰巡等船，尚註選主事一員專董其事，本部船政豈特倍蓰于彼而已。合無俟本官竣事之後，於該司主事二員內，比照前例註選一員，付以新給關防，專理船政，隨時防檢，是又善後之一策也。伏乞
聖裁。

○二曰明激勸以勵人心。照得船差之家皆隸衛所，審編丁銀，事在各衛掌印官，其間奉法秉公者間有之，而射利自私，掊尅軍伍，亦其常態也。自有小甲以來，上自各官，下逮胥役，皆藉以為利窟，一旦奪之，有不怏怏缺望者乎？苟不示之激

勸。恐無以鼓舞人心。且容有倡異說以陰畜阻撓者矣。合無令掌印官。悉聽船政官調度。事完之日甄別賢否。具呈到部。聽臣等指名舉劾。果能守法奉公。有裨新政者。特與優叙。若畜私阻撓。昏庸不職者。或調衛。或革任。分別處治。其有鼓衆把持罪情重大者。聽臣等不時摘行糾劾重處。庶淑慝有章。而法行無阻矣。伏乞

聖裁

○三曰嚴參罰以清逋負。照得各該省直州縣解部工料銀兩。原備馬船之用。今既歲增工食。以甦甲困。則快船之費。亦仰給于此矣。一歲所入。僅足以供所出。安可任其逋負。而不為之所乎。查得車駕司分司主事一員。原奉

勑書。親往各處。催督舉劾。

明旨。昭然固在。萬曆九年。又經申明一次。近年以來差官則有地方騷擾之嫌。舉劾容有職名未確之處。遂致因循廢格。各州縣視為末務。而徵解不全者。往往有之矣。合無查將前例。嚴行申飭仍容臣等。每年七月初旬。行分司官。將完不及分數州縣。通行查出。咨行各該巡撫。備查各經管官職名。特差衛官一員。守催造冊前來。以憑論劾。分別罰治。催徵完日。方許陞取。庶各官知儆。工料早完。而所入足以供其所出矣。伏乞

聖裁。

○四曰豫會計以便關支。照得各船工料銀兩。已經臣等委曲措處。而關支米糧。則事在戶部。除馬船仍照舊規外。其快船舊例。原係十年一審。應于萬曆十六年輪差方畢。故前號募夫應役。擬以十七年為始。而連年

上供。逾於常額。差撥繁多。今計舊存快船。止較十五年之用。則新編船隻。當以十六年應役。例應先于十五年支糧。查得原船五百隻。看守有月糧。而出差有行糧。歲約支米貳萬壹千貳百玖拾石。今擬主事倪涷議呈收糧之法。大約將見留船二百一十隻。定為四班。漸次收補。而又擬其修造之重輕。以為關支之先後。於均平之中。寓

節省之道十五十六十七四年之間通融加減
比之舊額尚未及數至十九年為始加收妻粮
一半然猶無所增也直至二十年通增妻粮每
歲方約增米数一萬石始合前疏所題歲增萬
石之數然比諸嘉靖年間原額固不甚相遠也
若不預行知會未免臨事稽遲伏乞
勅下該部議請容臣等先咨南京户部會計明白臨
期関支則規畫預定而粮餉不致後時矣伏乞
聖裁奉
聖旨該部知道萬曆十四年八月初一日太子太保
兵部尚書張　等覆
題看得南京兵部尚書傅　等條議四事俱于船
政有裨相應開立前件擬議上
請恭候
命下本部移咨吏禮二部南京兵部一體欽遵施行
計開
○一曰重事權以便責成
○前件臣等看得南京馬快船隻委干供運之重務
實賴振作之得人非有幹濟之才不能以集事
非專委任之權不足以急功所據尚書傅　等
具題前因深得經久善後之畫相應依擬合無
移咨吏部將南京兵部車駕司主事倪涷比照
户工部事例量加協司職銜俾令專管馬快船
隻免其赴京考滿事完之日聽該部考校題
請優擢以酬其勞本部仍移咨禮部覆
請鑄給船政關防一顆以便行事其本官竣事之後
亦照南京工部事例於該司主事二員內註選
一員專董其事以後相襲舉行不得紛更伏乞
聖裁
○二曰明激勸以勵人心
○前件臣等看得船政之調度固在于部署之振舉
然非衛官無以責成其事而衛官之勤惰非舉
劾無以激勵其心所據尚書傅　等具題前因
深得激濁揚清之法相應依擬合無咨行南京
兵部將所議舉劾事宜轉行船政官着實舉行
毋得視為文具致隳衆心伏乞

聖裁。

○三曰嚴怠罰以清逋負

○前件臣等看得工料銀兩原係額供錢粮若任其逋負而不督催則甲乙傚效視爲故事而馬快船之資費何所取給要非所以甦軍甲之困也今該尚書傳　等欲將催督之例嚴行申飭如有未完等項咨行巡撫備查職名特差廉幹衛官守催冊報聽該部分别論劾一可以杜騷擾之獘一可以振廢格之獘相應依擬合無備咨南京兵部悉照所議施行伏乞

聖裁。

○四曰豫會計以便關支

○前件臣等看得船甲之粮米既隷户部之關支而應增應支各數亦當豫爲會計庶免枵腹待哺之患所據尚書傳　等具題前因要皆先時豫備之意相應依擬合無咨行南京兵部將新舊存留快船應支粮米照依原議年分那償支給仍須漸次收補以贍其用每歲應增數目查筭的確轉咨南京户部豫先會計明白聽令臨期照数關支毋致稽遲不便伏乞

聖裁本月初三日奉

聖旨依擬行欽此。

〇〇增餙船制疏

〇南京兵部尚書傅　等謹

題為特陳京軍最要疾苦懇乞

聖恩亟賜蘇息以溥

德意以召天和事車駕清吏司案呈奉本部批送管理船政署員外郎事主事倪涷揭稱本職欽奉

明旨經理船政雖各項事務業已就緒而慮後之計猶宜致詳蓋快船之實雖葦而其名不可除快船之數雖減而其用不容缺今之所增者馬船也然遇修之時有船已沉卸所宜重造者為費甚多今之所減者快船也然應減之船有體尚堅固堪於駕運者棄置可惜合無備查馬船之沉卸者免其重造即擇快船之堅固者照數抵補則馬船之所省不貲而快船之應用不缺且工食料價已皆一體使後日以馬船不如快船之疾速也則馬船悉彷快船之制可也使後日以快船不如馬船之高朗也則快船盡從馬船之規可也事在于今原無更變而法垂於後又可通融其快船周圍仍加彩畫而後倉則易遂以板稍似馬船之形本身制度悉仍其舊是增其文餙堅固而於舊制一無所改也事體人情實為兩便等因到司該掌印郎中馮景隆看得馬快船式原不相遠但恐私畜不便者或藉口於制度之不同今委曲更調既足快船歲用之數而馬船免於重造所省更多且在今無紛更之嫌而在後裕變通之術相應依議奏

請施行等因到部看得快船之苦已幾二百年近當水患之流離又值編審之將及人情洶洶深為可慮荷蒙

皇上超然遠覽

俯從臣等所

請擇官專任十萬生靈若脫之水火而置之衽席莫不舉手加額以祝

聖壽於萬年誠千載一時之會矣但船式關於

上供而人情或不可測今更換新舊節省官銀快船雖減而實存馬船不造而自足既該員外倪涷

籌畫於始。又經郎中馮景隆。叅酌於後。救時應
遠可謂詳妥相應奏
請伏乞
皇上勅下該部擬議覆
請。恭候
命下。移咨到臣。備行本官。使之益竭心思。務底成績。
則軍國永賴。而臣等一念任事之愚忠。亦庶幾
其少慰矣。緣係特陳京軍最要疾苦。懇乞
聖恩亟賜蘇息。以溥
德意。以召天和事理。臣等未敢擅便。謹題請
旨。奉
聖旨。兵部知道。欽此。萬曆拾伍年柒月初肆日。本部
尚書王　等覆題。卷查萬曆拾肆年捌月內。該
南京兵部尚書傅　等條議船政。已經本部覆
奉
欽依。裁定馬快等船增減數目。責令該部車駕司主
事倪涷。專心經理修造。去後今該前因。看得南
京兵部尚書傅　等題稱。將馬船之沉卸者。免
其重造。即擇快船之堅固者。照數抵補。而於周
圍仍加彩畫。後倉易蓬以板。使似馬船之形。而
制度悉仍其舊。通融更換。節省官銀一節。為照
馬船應增而當修之時。有船已沉卸。所宜重造
者。為費甚多。快船應減而應減之船。有體尚堅
固堪以駕運者。棄置可惜。今將應減快船之中。
擇其體尚可用者。稍加改飾。抵補應增馬船之
數。即有沉卸應修者。免其重造。是既足供應之
需。又省工料之費。通融有法。樽節甚多。相應依
擬覆
請。恭候
命下。本部移咨南京兵部。責令經該司屬等官。備查
應用馬船見已沉卸若干隻。應減快船見有堅
固若干隻。通融照數抵補。不須重造。惟於船外
及後倉加之彩畫。易以板蓬。使馬船之體制自
存。快船之舊料不廢。其於輸運重務。裨益不淺
矣。等因。萬曆拾伍年柒月初陸日。奉
聖旨。是欽此。

〇〇請蠲夙逋疏

〇南京兵部尚書臣陰　等謹
題。爲特陳京軍最要疾苦。懇乞
聖恩。亟賜蘇息。以溥
德意。以召
天和事。車駕清吏司案呈。奉本部批送據管理船政
署員外郎事主事倪涷。揭稱本職欽奉
明旨。更新船政。一切經理。業且告成。近蒙本部札任。
見四方災沴相仍。
留都連年水患。屢命司屬。通查職掌。凡可以蘇軍
民之困疲。而廣
朝廷之
德意者。據實開報。以憑施行。遵依查得錦衣等衛快
平船舊役小甲。自萬曆拾貳年起。至拾肆年止。
共未完年例油艌銀貳千壹百壹拾玖兩貳錢
壹分玖釐。自萬曆九年起。至十三年春案止。共
未完出則。骨破餘剩。銀壹千柒百壹拾叁兩肆
分捌釐肆毫肆絲叁忽伍微。自萬曆拾壹年起
至拾伍年止。底薪半差等項銀壹百玖拾陸兩
伍錢伍分捌釐陸毫。通共未完銀。肆千貳拾捌
兩捌錢貳分陸釐肆絲叁忽伍微纖鏵流離。人
不堪命。今計各役常差之期。雖該以萬曆拾陸
年爲滿。但連歲
貢額倍常。舊船不待至期。先已撥盡。故今十五年。
即照新議。改派丁銀。計所納拾伍拾陸兩年之
數。殆不下叁萬兩。而自今以往。又永無虛糜拖
欠之弊。是前項銀兩。在小民既因困窮逋負。而
在本部又已剩量先徵。蠲之于
國計無損。徵之則民力不堪。伏乞行司酌議。具題
請蠲。則貧軍之困盡紓。而來蘇之心益慰矣。等因到
司。該掌印郎中馮景隆看得前項銀兩。向因各
甲出差費重。貽累貧乏。以致經年拖欠。今行新
法。貧富有序。輸納爭先。軍户流移。方漸還集。而
使以夙逋。復肆追呼。恐襁負來歸之衆。復將展
轉溝壑。何以慰其更生之願。況丁銀預納已多
出則弊端已絶。即少蠲之。自無不足者。倘查無

異委應具
題等因到部該臣看得南都連歲災歉京軍尤極
困疲恭逢
皇上加志窮民凡四方水旱已屢發
德音切于拯救即常賦之額猶議
蠲除雖在官之儲猶議發賑況丁銀之見納者已及
叁萬而夙逋之難追者不過肆千蠲不急之徵
以蘇積困之衆推不費之惠以廣恤災之仁正
今日所宜亟行者也既經該司備查酌議理合
具
題伏乞
勑下兵部再加覆議上
請恭候
命下移咨臣等遵將未完年例出則等銀共肆千貳
拾捌兩捌錢貳分陸釐肆絲叁忽伍微盡行
蠲免則荒年無追徵之擾貧軍有樂業之心其于我
皇上愛民恤困之仁未必無少補于萬一矣緣係特
陳京軍最要疾苦懇乞
聖恩亟賜蘇息以溥
德意以召
天和事理臣等未敢擅便爲此具本專差千戶牛應
宿齎捧謹題請
旨奉
聖旨兵部知道欽此萬曆拾伍年拾壹月初叁日兵
部尚書王　等覆題看得南京兵部尚書陰
等題稱南京錦衣等衛快平船舊役小甲連年
未完年例出則等銀共肆千貳拾捌兩捌錢貳
分陸釐肆絲叁忽伍微向因各甲出差費重貽
累貧乏以致經年拖欠今南都連歲災歉京軍
尤極困疲況查見納丁銀已及叁萬前項夙逋
不過肆千乞要盡行蠲除以蘇各軍積困一節
爲照經
國理財惟在上足歲用下體民情南京快平船小
甲年例出則等銀當時所以派之各軍者亦爲
歲用計耳今該部定爲新議改派丁銀預納已
多歲用已足前項未完銀兩即爲蠲免於

國計無裨於軍困大甦既經尚書陰　等酌議停
妥具題前來相應依擬覆
請恭候
命下本部移咨南京兵部將各軍連年拖欠年例出
則等銀肆千貳拾捌兩捌錢貳分陸厘肆絲叁
忽伍微悉與蠲免以蘇困疲仍大書榜文揭示
通衢衛所不得重徵軍甲不得冒騙使餓殍流
離之衆咸霑
朝廷浩蕩之恩等因萬曆拾伍年拾壹月初伍日
奉
聖旨是欽此

○○請定差役疏
○南京兵部尚書臣陰　等謹
題爲特陳京軍最要疾苦懇乞
聖恩亟賜蘇息以溥
德意以召
天和事車駕清吏司案呈奉本部送據管理船政署
員外郎事主事倪涷揭稱近者船政更新京軍
樂業但衛所各官喜事射利者多而潔己奉公
者少非示以畫一之守何以收寧一之功查得
衛所軍餘各差不一快平船重矣而次則有
黃船有運糧有軍斗有小識字有長巡有夜巡有
修倉有看倉有夜歇有看守草庫有跟隨巡捕
有守内外城門有
内府幼匠有工部燒窯有供應機房摻檢有
御馬監養馬有武學聽事凡拾捌等要之快船獨
當其柒捌而別差共居其貳叁或困其力或困
其財或財力俱困焉去取出入皆衛所之事也
舊例各差原有分認自船差困極以來每遇僉

乏輒以别差餘丁撥補而别差有缺亦撥船差
之人補還遂至彼此牽連蕩無限制而官役樂
其多事以恣需求凡壹役偶缺則盡壹衛之人
而繹騷之故有壹人而當數差者有壹差不當
而爲空閒者有各官隱占而竟爲私役者公門
之姦弊萬端而閭閻之扳訐百出擾亂困害至
此極矣夫軍之與民皆爲赤子民差版籍不亂
而軍差尺籍混淆者以軍餘各差
國初所未有亦
令甲所未載故雖有分認而亦易紛更今快船編
派丁銀比之别差輕重相等而又該本職逐一
清理各差俱已從一合無題
請恭候
明旨着爲定例凡快平船丁銀悉以今冊爲據子孫
永遠辦納即有消長止於本冊内增減並不許
扳扯别差亦不許别差扳扯是守壹差之舊而
免拾有柒差之擾也省事安民莫便於此職豈
不知獘孔盡塞致怨於人顧今快船所重者惟

丁銀而丁銀所出者由户籍使一變動則各軍
歲歲有扳連之擾而
國家歲歲有賠賍之費矣與其順群小之私孰若
爲
國家經久之慮與其避一身之怨孰若貽各軍無
窮之安乎爲此具揭伏乞批司酌議早爲具
題等因到司該掌印郎中馮景隆看得軍民差使
理無重役向因船差困極遂致互相扳扯紛紛
擾害弊難枚舉今本官清理歸一明於指掌庶
幾各役有息肩之日矣若不著爲定例誠恐漸
致紛更且丁銀歲有額徵而户丁常無定籍不
惟姦弊復作亦恐輸納不全委宜具
題永杜變亂等因到部該臣看得安民之道惟事
簡法清與之休息而已故今船政之法雖任事
者極其煩勞而要其所歸則惟省重以爲輕剔
煩以爲簡而變難以爲易也況劑量適均各差
已無偏重而户籍一定各軍惟恐變更據其籍
而世守之則所事者壹而所省者拾有柒事本

至公法尤畫一信安民之首務爲可久之良圖
矣既經該司覆議相同理合題
請伏乞
勑下兵部查果所言不謬覆題上
請恭侯
命下移咨到部著爲定例快平船丁銀悉以今冊爲
據子孫永遠辦納遇有消長即於冊內人丁增
減並不許將別差人丁撥補亦不許將快船餘
丁撥補別差如衛所各官有違
制紛擾圖逞已私者輕則革任江操重則調衛降級
則輸銀者有定籍而歲征不乏力役者有定差
而諸弊盡除不特船差各軍子孫相安於無事
而尺籍之衆亦皆世享清靜寧一之澤矣所爲
留都根本之計者豈其微哉緣係特陳京軍最要
疾苦懇乞
聖恩亟賜蘇息以溥
德意以召天和事理未敢擅便謹題請
旨奉

聖旨兵部知道欽此萬曆拾伍年拾壹月初叁日兵
部尚書王　等覆題看得南京兵部尚書陰
等題稱衛所軍餘舊例各差原有分認後因船
差困極每遇缺乏輒以別差撥補而別差有缺
亦撥船差之人補還遂至互相扳扯紛紛擾害
已經該司管理船政主事倪涷身任其事清理
歸一然恐久漸紛更弊端復作乞要著爲定例
快平船丁銀悉以今冊爲據子孫永遠辦納遇
有消長即於冊內人丁增減不許將別差人丁
撥補亦不許將船差餘丁撥補別差仍禁衛所
各官毋再違
制紛擾各一節爲照船差近派丁銀軍圖始甦額徵
必有冊籍人心始定若被牽連於別差法守終
難於畫一所據南京兵部尚書陰　等逐一清
理衡量適均使各差俱有歸一彼此不相扳擾
欲著爲定例具題前來誠經久可行之法相應
依擬覆
請恭侯

命下。本部移咨南京兵部。備行各衛所。快平船丁銀
悉以今冊爲據。子孫永遠辦納。遇有消長。即於
冊内人丁增減。不許扳扯别差人丁。别差雖遇
缺乏。亦不許將快船餘丁撥補。著爲定例。一體
遵守。衛所各官。如有違
制紛擾。圖逞己私者。悉照原議。嚴加處治施行等因。
萬曆拾伍年拾壹月初伍日。奉
聖旨。是。欽此。

○○船政報完疏

○南京兵部尚書臣陰　等謹
題。爲船政事完。遵
旨考覈任事司官事。武庫清吏司案呈。奉本部送。據
本部車駕清吏司管理船政署郎中事主事倪
涷呈稱。本職先奉本部劄付。爲特陳京軍最要
疾苦。懇乞
聖恩。亟賜蘇息。以溥
德意。以召
天和事。專委本職經理船政。事完之日。呈部考覈。題
請等因。隨該本職遵奉原議。經理茍完。除將造過丁
銀書冊。備照書冊。船夫指掌圖冊。并刊船政新
書。已呈聽查外。所有原蒙劄委事理。遵依完報。
伏乞考覈施行等因。送司。禀堂。奉批。查行。奉此。
隨經移付該司。吊取本官原經理過船政始末
文卷。備付前來。卷查先准吏部咨開。准兵部咨
該本部題。南京馬快船隻。係干供運重務。要將
南京兵部車駕司主事倪涷。比照户工貳部事

例量加協司職銜俾令專管馬快船隻免其赴
京考滿事完之日聽該部考覈題
請優擢以酬其勞本官竣事之後亦照南京工部事
例于該司主事貳員內註選壹員專董其事以
後相襲舉行不得再議紛更等因奉
聖旨依議行欽此咨部送司查得本部見行事例南
京户工貳部註選官員俱以差滿赴部考覈又
查得倪涷歷主事俸未及兩考例該署職通查
案呈到部看得主事倪涷既經兵部題奉
欽依移咨前來又經該司查有考滿事例相應題
請欲將本官加陞南京兵部車駕清吏司署員外郎
事主事恭候
命下本部給憑令其專管馬快船隻如遇考滿免其
給由候任滿之日聽該部考覈仍起送赴部補
考以後註選該司主事壹員管事永爲遵守等
因奉
聖旨是欽此備咨前來先准兵部咨開該本部右侍
郎顧　題前事該兵部覆題奉

聖旨各衛快平船隻小甲既苦累京軍這免審編銀
及減省船隻等項俱依擬欽此備咨到部又准兵
部咨開該本部尚書傅　等亦題前事該部覆
奉
聖旨依擬行欽此等因咨部隨經劄行署員外郎事
主事倪涷經理去後續據本官扣于萬曆拾伍
年柒月貳拾壹日連閏實歷俸叁拾陸箇月叁
年考滿例應給由呈請委官暫代起送赴部等
因奉本部批查得本官奉吏部咨文明開考滿
免給由矣況船政雖定而創行之始正賴督理
得人方能事有專一暫代恐非所宜也該司查
各部例報奪奉此查得本官新改船隻雖已出
差所派丁銀雖樂輸納尚有快船壹百伍拾隻
未及提修人夫壹千陸百捌拾餘名未盡調撥
所議船夫揩掌圖冊亦未造完一切調度方賴
本官酌行固非他官可得而周悉所據給由一
節相應查照南京户工貳部奉差官員差滿補
考本官督理船政寔與各部奉差事例相同仍

留在部管事。俟其事完。呈部起送給由等因。移
咨南京吏部查照外。今奉送前因。查得本官經
理過馬快平船玖百肆拾隻。已經完備。原審正
幇甲并餘丁楊芳等壹拾貳萬伍千名。已盡〔㕘〕
家。造過錦衣等肆拾衛丁銀書冊伍本。共計伍
萬丁。又造完軍丁備照冊貳本。其預徵萬曆拾
伍年分丁銀。除見差船隻扣筭免徵外。實徵銀
壹萬叁千壹百捌拾肆兩陸厘伍毫捌絲。俱徵
完貯庫。萬曆拾陸年分丁銀并油艌餘差共壹

萬陸千貳百餘兩。見今行徵。又造完船夫指掌
圖冊壹拾貳本。計水夫壹萬伍百肆拾名。調撥
已盡。其新船于萬曆拾伍年伍月拾壹等日撥
差起。見撥過壹百伍拾陸隻。又刊完船政新書
肆卷。計貳百玖拾肆條。逐項查明外。又該本司
會計先後銀米數目。節省不下累萬。事事停妥。
人人稱便。其苦心盡瘁。備見於船書。慮遠防微。
更徵於圖冊。即今歡聲載道。公論翕然。誠爲善
後之良謀。

國家之永利也。已經查勘明確。理合案呈考覈。具
題補考優錄等因到部。看得船政一事。關係極重。
而事體極煩。至于內外阻撓。尤甚掣肘。該署郎
中事主事倪涷。力創其議。身任其成。不避怨嫌。
惟求共濟。取百數拾年之蠹弊。釐正於一時。舉
肆拾餘衛之困疲。蘇息於旦夕。其才猷宏遠。計畫
周詳。省費殆已不貲。爲謀且能垂久。不惟有益
貧軍。蓋將仰裨
國用者。非淺小也。既經該司查勘前來。擬合題
請。伏乞
勑下吏部。再爲酌議
[illegible]署郎中事主事倪涷行令赴部補考。查照原
題優錄。惟復
俯念船政新成。人心正戴。或量加陞俸級。仍留在司
總理。俟其資序相應。破格以待。則勞績可酬。而
地方之望亦慰矣。緣係船政事完遵
旨考覈任事司官事理。未敢擅便。爲此具本。專差承差
尸顧英選齎捧。謹題請

旨奉
聖旨吏部知道欽此欽遵萬曆拾陸年叁月初柒日
太子少保吏部尚書楊　等覆題查得本部
見行事例南京户工貳部註選官員俱以差滿
赴部考覈通查案呈到部看得南京兵部尚書
陰　等題稱管理船政車駕清吏司署郎中
事主事倪涷給由行令赴部補考惟復仍留在
司總理一節爲照本官創議造船委多功績但
差滿之日起送補考已經本部覆題奉有
明旨且所議優録亦須南京吏部及河南道考覈到
部引
奏之後方可臨時議處合無恭候
命下行令該部仍将本官考覈起送赴部補考庶事
例不致異同而優叙亦爲有攄矣等因本月初
玖日奉
聖旨是欽此

興革文移
各稿毋慮百十通録其事有関緊而欵中所不見者餘皆弗録

〇〇郭堂翁稟帖
〇南京兵部車駕清吏司主事倪涷謹
稟頃者仰荷
台命條陳船政十議蒙批五議照行五議題
請業已具藁呈覽然此特其細節也即不題亦未必
不可行即不行亦未必不可已也所謂軍國之
大計拯民生於塗炭而肇根本於磐石者獨畫
改快船一事而已業已三請而未竟其始末茲
敢畢陳之伏乞
垂聽焉
高皇帝水征之有馬船也以載軍馬也其有快船也
以載輜重也
文皇帝定鼎金臺皆爲貢舫然馬船係水夫應役有
工食糧米而快船則僉軍駕運後因軍不惜船
遂令其支領木料自行造修於是皆僉有力者
充之惟名有力故官役需索内使逼詐勞費困
辱殊不可堪真有力者萬方計脱而稍給衣食

及貧窮愚弱之輩無不領船當差矣梁名朋甲分析釐毫推避紛爭日相鬬訟其間弊害擢髮不足数雖千金之家十年之内而當三差未有不蕩盡者也流離自盡者何歲無之遂

二祖之約束僉軍駕運而官為修造亦奚不可然勢不能杜中貴之權而顧使之一無所藉恐他日之憂更有大于此者所謂口不得而言也為今之計惟有仍快船之名用馬船之法而已蓋馬船夫甲皆係雇募近觀中貴出差者皆求快船而不願馬船則馬船需索之不便可知也軍民人等求充馬船水夫者紛紛不息則馬船夫役之不苦可知也驗船之時馬船完好倍于快船以馬船有常守而快船係輪役也船回之時馬船限期亦先于快船以馬船往回有常而快船財力已竭也馬船無逃夫而快船有逃甲者以馬船甘一時之勞以畜三年之養快船則累極而思去既去而倖免也利害較著而人不敢議者豈盡自便之心亦以養夫之無策耳查得快船五百隻若照馬船事例該夫八千名工食約肆萬餘兩而米約九萬六千石但快船每年除無名之費道路之苦意外之虞所不計外其出差私派亦不下三萬餘兩使減其半而通融派征有不忻然鼓舞而爭先輸納者乎工料歲用有餘可以請捐船政虛糜無度可以節省共處一二萬兩湊用則所少者米耳再查進京馬快船共八百六十四隻内馬船三百六十四隻每隻額夫一十六名共五千八百二十四名臨差一年固為應用而閒居兩年實為虛糜若閒居守船止用六名而將見在馬船之夫分派快船之内尚餘夫六百四十名儘缺勿補固不必減輩以驚人心而臨差則加給行糧一十名又盡給三年各十六名之工食使之自行雇募并供出差諸費是米無缺乏而銀有餘饒矣其銀前議已足而其米則取之快船原支小甲安家行月等糧及遞年不補夫糧而業已裕如豈非所謂不加賦而用自足者哉若以各夫分船恐乎

修造之輕重則莫若將馬船夫仍其舊而快船
一體募夫但裁減快船以省募夫之值又通增
工食以增減船之差會計所費皆不相遠而又
可以省修造變料價較之前策更為便妥是在
老先生擇而行之耳安常守順之説盖為常而
順者則安而守之即所謂祖法不可變之意也
今已廢
祖宗之法軍困而不支費濫而無節尚可謂之常與
順乎日甚一日年甚一年即欲安而守之胡可
得歟若謂南京不宜革弊是自私自便者之説
非職所敢聞也
老先生純誠體國而
政府方虛懐求善倘蒙採擇而轉聞之未必其
不見入也合屬艱多才賢亦惟
老先生所使昨云委之下職則誤矣職結髮受
書本無他技雖民瘼國事頗所留心而性闇而
踈才庸而窒即能言之未必其能行也若欲委
之于職則誤矣職此帖不敢委筆于人又不查

考卷册故數目未核而周析未詳誠恐迂踈不
足採
台見尚未定而各軍聞之反起其皇皇之念于
事體原無益耳南中生齒軍強半焉而軍人大
害莫如此事此事若荷
留神則不惟十萬生靈世世享生全之福而軍
漸歸營又于戎政有裨豈鎬萬年之計非
老先生又誰望乎為此具禀伏乞
財督批示下情不勝悚慄之至須至禀帖者

○○派編丁銀通行各衛牌
○南京兵部管理船政分司員外郎倪　為特陳
京軍最要疾苦懇乞
聖恩亟賜蘇息以溥
德意以召天和事照得近奉
明旨更張快船事宜盖以蘇十萬餘家之困苦而剔
二百餘年之弊蠹所関軍國事非渺小本職猥
以菲才謬叨重委日夜兢惕惟恐不勝碩相與
同心以共成善政者則各衛掌印官是賴而已

竊惟各官世受
國恩正宜勉畬報效而事干舉劾尤當奮志功名
毋聽唆哄之言毋懐疑二之志毋芦法而射利
毋陽是而陰非其一意奉公助成新政本職必
不相負不然
明旨具在
堂禁森然本職亦不能為爾庇也為此示仰旗
手等四十衛官識人等知悉逐一查照後開款
項遵奉施行須至牌者

○○移内守備禁約出差各監局官員帖
○南京兵部尚書傳　為特陳京軍最要疾苦懇
乞
聖恩亟賜蘇息以溥
德意以召天和事照得本部原設進京快平船五百
隻馬船三百六十四隻共船八百六十四隻十
年三差往時凡撥差使皆快六馬四今准兵部
咨為前事遵奉
聖旨各衛快平船小甲既苦累京軍這免審編銀及

裁省船隻等項俱依擬欽此將快平船甲役盡行
免編悉照馬船事例募夫應役快平船止存二
百一十隻馬船三百九十隻共六百隻十年五
差在船甲夫盡係僱募馬快平船事同一體為
此合用揭帖前去
南京内守備廳知會煩為轉行各該衙門悉遵
明旨俟舊設快平船撥盡之後一應差使俱聽本部
酌量蕪撥以盡六百隻為一週仍嚴禁前站經
手等項人役凡船中事務悉照馬船毋得分外

需索以致各夫怨恨自取罪戾再照近年以來
快船小甲類多奸狡身家可過者即僱募積年
棍徒其家力貧難者又多拚命畬賴或臨差躲
避或中途脫逃或尅落官銀修造不固遇風漂
沒反借運官銀兩回家之後捏情抵騙雖經查
明而住居星散無從追給者有之今悉照馬船
事例則人皆在官事無推諉如有不法悞事之
徒可以查究是
新例之行不獨貧軍受福而差使員役便益尤多更

煩備諭出差官員務在欽遵
明旨施行

○○洛河道部院山東撫院禁革沿途積害文

○南京兵部尚書傳　為懇禁沿途蠹害以肅地方以蘇甲困事車駕清吏司案呈准本司船政分司付開據馬快船廠把總等官王詰等揭帖開稱據江淮濟川二衛馬快平船小甲胡巳范等連名呈稱役等承領馬快船每遇差裝各項錢粮赴京切被儀真揚州淮安等處沿途一帶無籍群虎惡棍號為蹉船火光等項名色遇船到彼登船索詐常例稍有不遂輒將私塩等物抛於倉內或將飯米行李捏為私貨百般嚇騙坐陷無辜如儀真火光勒詐常例三錢揚州火光常例五錢淮安火光常例五錢徐州吕梁二洪相識五錢臨清火光常例五錢又有臨清帶磚二百四十塊除交官價外勒要使用銀八兩船隻到灣起剥錢粮仍要看堆使用銀叁兩癸空回南搜塩火光勒詐常例銀一兩甲累無辜實為船政蠹害懇乞轉達行文沿途一帶洪閘等衙門究禁前惡庶差裝不致受害貧甲得以稍蘇等情備付到司准此看得先年赴京船隻有馬快之分馬船係雇募夫役但資工食過活快船係審有力之家或有挾帶私貨以覓利息者以致沿途地方生情索詐相因日久即無挾帶者亦一槩被害莫可聲訴近奉
明旨快船馬船一體募夫在船夫役悉係窮民誠恐沿途積棍仍前需索則各夫必不能堪而新法終不可乆相應移咨河道等衙門一體嚴行禁革等因案呈到部擬合就行為此合咨
貴院煩為行令兵備道轉行沿河一帶府屬州縣地方遍出榜文張掛凡遇本部差出裝運
上供錢粮船隻到彼如有前項蹉船搜塩等項棍徒仍踵前弊侵害甲役者許各甲即赴所在官司禀究各該衙門仍設法採訪但有此等不時擒拏輕則徑自責治重則鎖解
貴院依例問遣務使各屬軍衛有司一一遵奉

新題事例嚴示施行希無視為泛常有辜奉
旨恤甲之意
○○議水夫聽事揭帖
○南京兵部車駕清吏司管理船政署員外郎事
主事倪涷為特陳京軍最要疾苦懇乞
聖恩亟賜蘇息以溥
德意以召天和事案照先該本職揭開各衙門役占
水夫凡二百九十四名呈
請定奪蒙批司務廳會同四司酌量　共去

七十六名留二百一十八名會揭呈
堂批允在案但照水夫工食向各隨縣而當差
又各隨船故一船之內名數不齊工食之數多
寡不一各衙門所役人數皆以着船當差為名
移咨戶部收糧而實在衙門應役既已開載職
掌人所共知而又掩耳偷鈴殊非事體推其所
由蓋謂各衙門不宜役占水夫故為此漫欺之
術也該職備查
大明會典及先後職掌乃知江濟二衛

聖祖特設以停泊馬船管夫役原非軍衛也會典
內開載事例一款武官隨從人指揮使至僉事
各四人尋加二人千戶以下三人百戶以下二
人俱在正伍取用三日一易衛所直廳六人守
門二人守監四人守庫一人俱選老軍充役一
月一易夫管軍則役軍江濟二衛既專管夫則
所役者非夫而誰及查
國初二衛馬船共八百一十七隻而夫共二萬三
百六十二名二衛官員相沿私役殆不可記至

嘉靖二十四年因裁減夫船乃留其不盡減者
聽各官跟用是減之而未盡非創設也後本部
復設分司及總庫又議設巡河巡捕等委官則
一應聽事跟伴及庫子等項俱宜添設使不用
水夫則須另議錢糧以供各役故即將所減之
夫量留應役揆之事理極為妥順但未有發明
透徹徒因循苟且反貽可議之端耳況今各船
字號已更各夫名數已定工食多寡已均即欲
使各役揷入別船不惟理有所不可亦勢有所

不能矣。且各衙門所役，在往時事體冒濫之際，名數尚多。今百弊清楚之日，又經裁減，而使盡欲議革，毋論人情不堪，即自古以來，亦豈有衙門而不役一人者哉。合無將各衙門應用人役，照今所裁定之數，明開為聽事水夫，從實移咨，每名遵例歲支工食銀三兩五錢，則制限既明，後日永無私增之弊。不然，名稱不實，濫觴無已，往日之弊可鑒也。再照江濟二衛，今見大小馬船止四百四十隻，連新改快平船，止共六百五

十隻，再加以今議聽事水夫，共不過一萬三百餘名，比之

國初僅及其半。用省而名正，限定而弊絕，似于計便。本職未敢自專，擬合呈

請，批示施行。須至揭帖者。奉

堂批：衙門應用人役，果係必不可少者，須得從實裁定，若可對人言，雖私亦公也。據議查擬妥確，事體明正，不但釐私增之弊，且所省更多，誠於計為便也。悉如行，仍諭衆知悉。

○○議抵充大馬船提追工食揭帖

○南京兵部車駕清吏司管理船政署員外郎事主事倪涷，為特陳京軍最要疾苦，懇乞

聖恩亟賜蘇息，以溥

德意，以召天和事。案照本部舊有右堂皂隸，及車駕司官四員各皂隸，船政分司書手，京畿道刷卷書手工食，及一切紙張公用等費，每年約計銀一百七八十兩，向于提追大馬船工食支給。今大馬船已經裁減，不可復追。先該本職查出小

甲鄧汝鷺、黃表、毛鳳，向未出差，而船又朽壞，遂各照舊例扣追工食銀八十五兩，奏給萬曆十四年合用之數，以免各船提追之累。而十五年以後無從措處，又經具揭呈

堂，蒙批：司務廳會同四司議報。經今日久，未見歸著。竊思前項銀兩，所以不敢動支正項錢糧者，蓋以各官既有直廳銀，不應復用皂隸工食，故自開弊竇，遂致浸淫，即法可請支者，亦以提船為便，不復呈

堂習以為常恬不知怪不惟官箴有碍亦恐夫
困日增及照司官四員共領印一顆關防三顆
勑書二道頗稱劇曹而直廳止四名一官一皁何以
給使令乎在各官則新俸已薄既難使之自行
僱募而在各役則利竇盡塞亦豈可使之枵腹
而趨扒與其陰伏隱護孰若明白支銷先蒙減
革車駕司庫子工食銀五十八兩五錢內將三
十六兩給報堂官工食外尚餘二十二兩五錢
合准給補車駕司掌印郎中員下皁隸支領其

右堂皁隸工食缺銀一十六兩馬政廳皁隸工
食缺銀二十二兩五錢及刷卷書手工食銀一
十二兩俱于車駕司集場租銀內動支船政分
司皁隸工食缺銀二十二兩五錢書手工食銀
一十四兩四錢及書筴紙張工價皆于船政內
植柴出則冒破餘剩半差底薪空役等項下動
支惟草場分司另有皁隸一班原係上江二縣
解有工食足敷支給但因各官員額在先而草
場建立在後設官之時已有隨官皁役而建司

之後未定差係何官故舊皁向係輪流供役今
管船主事既係註選則草場主事亦有常差矣
舊皁既無常主而工食亦無從措處但南都各
役皆有窩銀一家數口衣食所賴而若一旦議
革人情必不能堪伏乞
俯念姑留其工食仍批定于何項下動支以便
遵守本職未敢擅便理合備具揭帖禀請
批示定奪施行須至揭帖者奉
堂批各役工食依擬支給其多餘舊皁六名即

於草場分司紙贖銀內動支每名歲給六兩其
車駕司聽事可總撥二名作快船廠看廠人役
不必添設前六名分與該司掌印二名四分司
各一名跟用
〇〇工料分司呈華紙贖保家小票揭帖工料係水夫工食及修船料價而所議書手工食及筆扎等費又係船政銀兩故記之
〇南京兵部清理工料分司主事倪涷為議處分
司事體以肅官常事照得分司官員原係欽領
勑諭巡歷各省故經承員役及一切人戶得以徑行

提問擬罪追贖隨行書吏給有廪粮頗為饒裕
以後官不出廵吏無廪給仍將違限員役批城
問罪以供吏書工食及紙張筆墨之資因設保
家六十餘人承批員役不遠千里解銀赴部而
復行保候事屬無端京曹擬贖亦非事體又舊
有小票往復稽查動經八次而本司又係三六
九投文便須一月之期且
部堂司聽車駕司總庫批文投銷未必日期偶
合故有伺候至兩三月者及查小票之法無益
事體祇為下人恐嚇之資耳合無將小票保家
罪贖盡行禁革解人到京先赴本司掛號即赴
部堂投文車駕司查送總庫收銀各印給批廻
完訖後赴本司查銷而本司仍每日投文隨到
隨發則官常既肅而諸弊盡除矣但書手二人
上供抄寫近奉
本部議題歲終將禁直寺兵各項錢粮完欠通
行本司查覈分別薦劾獎戒則其事頗繁其身
頗勞固難使之枵腹而應役而所用硃墨印色

造冊工食等項無從出辦理合議處查得車駕
司冒破銀兩歲入原無定額合無自本年七月
初一日為始書手每名給銀六錢以供口食仍
月支銀一兩以供硃墨印色刷印等匠之費又
恐日後仍襲往例問罪追贖則前銀反為多給
合著為定規夏冬季終本司具揭呈
堂明開並未追有罪贖批行車駕司查明支給
以免冒支之弊再照解人之勞苦固所當憫而
奸弊亦不可不防使一切違限俱置不問又恐
奸巧之徒將官銀那移別用或變貨畜利反生
事端亦合定例凡直隸違限一月以上湖廣江
西違限二月以上即於堂批內開註發回該省
司府自行查究則解人無所容其奸各役無所
行其弊情法兩備而本部之體統自尊矣本職
未敢擅便理合具稟伏乞
批示施行須至揭帖者
○○總庫查出各役那借官銀付文（銀係快船年例故記之。）
○南京兵部車駕清吏司管理總庫主事倪　為

清查未明銀兩以杜弊端事。本職承委監庫，除将節年朦朧卷冊及錯亂銀號逐一清理外，又查出原委徵年例指揮王省方等銀兩未明，隨于庫子處查出封鎖銀匣一件，向未入冊交盤，不知内係何物，輕重若干。又查出庫子收貯指揮王省方等私開借銀文簿一扇，計三百九十九兩七錢一分九厘，皆係兩堂車駕司各役及庫子人等先後借支，尚未扣還。備查前因，蓋緣萬曆十年以前年例銀兩，皆委官徵收，各役即從委官處支借。至萬曆十三年奉例，将萬曆十一年以前未完盡行蠲免，原委各官将已徵報完銀兩，貯匣封鎖，交庫子尹孫等。又将各役借數備開文簿，并交庫子，欲俟扣完之日，方并匣内銀兩總行起解。口稱原銀共七百餘兩，相沿二年，所借並未見扣，而匣内之物亦未清查，累年交盤亦未入冊。切照蠲免錢粮，多為奸人之利，乃使将已報在官之數，而朦朧多年，未見歸着，甚非所以釐奸端而肅紀法也。顯係委官庫役扶同侵隱，本宜查究，但前項銀兩，係貴司職掌，數未入庫，似與本庫無干。止因銀匣借簿俱在庫役之手，亦恐後日乾沒，不無相關，為此合付

貴司，煩查委官王省方等原管何年年例，其該管年分銀兩共計若干，除蠲免若干外，在官若干，簿内借支數目，有無虗捏。如果係各役所借，即于應領工食内扣還，其餘尚應存銀若干，即與本官眼同開匣查驗，先令具批解庫，以杜宂弊。須付。

○○咨兵部免聽守船隻差官文

○南京兵部爲特陳京軍最要疾苦。懇乞
聖恩亟賜蘇息以溥
德意以召
天和事。車駕清吏司案呈。奉本部送該本司署員外
郎事主事倪涷揭稱照得本職遵奉
明旨。經理船政。雖所以蘇快船之困窮。而馬快平船。
動相關係。必一一更張。而後事體停妥。今查得
職掌聽守船隻一款。備開正統元年肆月內。准

兵部咨稱每年上下半年。各撥馬快船伍拾隻。
赴京聽守。上半年以叁月初壹日爲始。至本年
捌月終。下半年以玖月初壹日爲始。至次年貳
月終。各半年爲滿更替。及稱以後差官管押半
年船隻。給與批文。前來守取印信批迴。以便稽
考。自後本部每年照例輪撥馬快船。陸續裝送
各衙門起運物件。前赴通州交卸。就彼聽候半
年。本部又劄委指揮千戶等官。管押。赴
內府南京禮兵二科。填給精微批文。定限回銷。仍

給與委官勘合應付廩糧。駕船行月糧銀。照例
關支。遵行已久。及查各衙門起運物件。未有適
敷伍拾船者。原稱陸續撥發。又安能以壹官而
管押之乎。且到京遲速。事由內臣。亦非差官所
能押也。故本部上下半年。皆于各船撥盡之後。
總差壹官。領批赴北。取批迴南而已。然稽查總
在壹時。則先到而未查者。即過限終無回日。遇
到而隨查者。即壹日亦可徑回。況後船未到之
時。所謂伍拾隻者。亦未必滿數。委官既到之日。

所謂在後船者。尚可以支吾。即此日船數適足。
而北京用船又豈適在此日耶。且各船原領本
部勘合。赴兵部投遞。而限期未滿。每家兵部撥
發順裝內臣回南。勢亦不能聽守。以致所差官
員。虛文了事。而各船小甲。亦僥倖生心。蓋起運
之差。美惡原自徑庭。而聽守之船。銀米又有增
給。故有既撥惡差。復令聽守。而甲夫重困者。又
有虛認聽守。多給銀糧。而抵京即回者。使苦樂
不均。人心無儆。既失立法之意。而復啓奸弊之

端竊以爲非策也今後合無逐年查定美差船
壹百隻挨次序撥責令支領應增銀兩赴京聽
守業已均其苦樂而又改刻原給勘合分別長
短貳差使各船小甲抵京之日即赴兵部投驗
仍以到部之日爲始係短差者照舊聽守壹月
長差者照舊半年限滿無差許小甲赴兵部告
領車駕司查照原開填判到京及發回日期印
給本甲以便稽考往北船多而回南差少即遇
順便差使自有餘船可撥凡聽守船隻如限期
未滿者毋容姦甲朦朧告回則長差既守半年
而短差又守壹月彼來此往循環無端通州聽
守之船常滿伍拾之數兵部查所留之勘合而
聽守船隻可數而計矣各船自相投到何膚管
押部司自能查理何俟差官此不待智者而後
知也又查得通州有參將壹員凡聽守各甲皆
壹月叁次點卯未免擾害亦合悉行停止但查
無兵部印信者不容回南則人無倖心而緩急
有備所以剔船政無窮之弊而體

國家深遠之思者良非細故矣不猶愈于鶩虛名
而滋實弊者乎伏乞批行車駕司再加酌議如
果不謬移咨兵部查照施行等因稟堂奉批車
駕司查議奉此該掌印郎中馮景隆查得馬快
船隻每年運送
上供之物至通州交卸上下半年各留伍拾隻在彼
聽候此
祖宗立法良有深意不容有缺然但當常川守候不
宜分限上下半年若立期分限則前限滿者盡
回而後限者未至反有缺守候之時矣且差使
有美惡而守候有長短宜爲相准事乃得均而
舊無分別以致姦弊叢生況船隻陸續撥發而
事完之後乃始差官管押到京先後由于運官
取批之說向屬虛文久矣今員外郎倪涷更新
船政議及於此差苦者與長差使之守候差苦
者與短差使可即回此誠至公無弊之法又改
刻各船勘合分別長短貳差以抵京投部之日
爲始短差者照舊聽守壹箇月長差者照舊陸

箇月。則通州之船。常不止于伍拾隻矣。兵部但查所留勘合。而船數可知也。事在掌握之內。何俟南部之差官哉。若通州叅將。向于聽守甲夫。每月點卯叅次。徒爲勞擾。今後但查本船勘合內。如無兵部該司印信發回者。不許南行。則各甲豈能飛渡。而一切姦弊。不禁而自除矣。委合備咨兵部。轉行通州叅將衙門。并知會南京禮兵二科。查照前議施行等因。具揭禀堂奉批准行。奉此理合案呈施行等因到部。擬合通行。除

行南京禮兵二科外。爲此合咨

貴部。煩爲查照前議。如遇各甲管運錢糧到京投部。將本部改給勘合。填註投到日期。計筭長差守候陸箇月。短差守候壹箇月。務令滿足。方許回南。有無順差。填註勘合。以便查驗。其給批差官管押。一切悉行停止。庶免虗文。仍轉行通州叅將衙門。一體查照施行。

兵部。爲特陳京軍最要疾苦。懇乞

聖恩亟賜蘇息。以溥

德意。以召

天和事。車駕清吏司案呈。奉本部送准南京兵部咨前事。送司查得馬快等船長差。分上下半年。依限聽遣。短差到京守候壹月。無差放回。此舊例也。今南京兵部更新船政。議將差美者與長差。使之聽守。差苦者與短差。使之即回。且改刻勘合。分別限期。短差照舊守候壹月。長差陸續撥

遣。令其自到。無俟差官管押。既均苦樂。又省虗文委爲便易。相應依擬。其通州叅將點閘各一節。盖因船泊水次。本部不便稽查。故以約束委之本官。令彼禁絕逃回私弊。夫責有所統。衆乃不譁。事有所稽。序乃不亂。此

國家立法深意。難以輕議停革。但壹月叅次。委屬煩擾。今准前因。合行令本官每月止於朔日點驗壹次。不許仍前擾害。庶事簡法行。經久無弊。呈乞施行。案呈到部。擬合就行。爲此除劄行通

州糸将責令每月朔日點卯壹次如船甲有私逃等情本官或因而擾害俱聽本部查究外其餘悉照原議合回咨

貴部煩爲查照施行須至咨者。

按通州糸将船卯以每月叁次減至壹次誠爲簡便頋所以不盡停免者則以禁絶私逃耳然凡小甲棄船逃回者皆快船也快船各甲遞管本差既完則船爲下甲之物而一切使費又各家幇貼故以接船爲名逃回告擾

即壹月拾點尚有貳拾日可逃即壹日壹點尚有點過之時可逃豈以煩簡爲辨哉今悉照馬船僱募則夫甲以船爲本業况空閑之年銀米一體支給則各役正思船回以支壹年銀米寧肯棄船而失終身之利哉又每船壹年銀米約計共貳百餘金即本船棄毀而扣此亦足相當第北部未之知耳以此知文移之不足以盡意也

船政新書第二卷

南京兵部車駕司員外郎倪涷編
郎中馮景隆校

船政獘害緣由

○○南京黄馬快平船凡四項黄船之編審由兵科修造由工部撥差由外守備駕司第移文知會而已其疾痛非不在念業已于快船疏中附

題得

旨而職掌所在不得越俎而治之馬快船皆

國初所設以備水軍進征之用盖馬船以載軍馬而快船以載輜重及建北京皆爲貢舫然其中

事體則大不相同馬船乃洪武元年令湖廣江西二省太平安慶寧國三府沿江地方慣熟風水造船僉夫解部聽用洪武二十八年始設江濟二衛使之停泊船隻安插人夫而它衛所不與焉湖廣太平二處水夫係槩名永充原無工食故設有贍夫田聽各夫回籍取討田租及户丁津貼江西寧國安慶三處以民粮審編十年一換悉照解軍事例僉妻發解遇缺清勾而各夫工食仍自回取討凡船隻朽壞皆發回修造

以後水夫在外有騷擾之患。而在內有逃亡之弊。船隻在外則潦草塞責。而在內則等候缺差。節經本部及撫按條議。至嘉靖十一年。始著為令。各處酌量水夫工食及修船料價。徵解本部。名曰工料銀兩。其船皆本部自造。而水夫亦皆就近召募。各夫既多土著。頗為便益。而內使官役。及沿途衙門亦以其係應募之人。少寬索詐。故水夫願充者多。乃其大弊不過四端。

○一各處議派工食多寡不同。有六兩者。有四兩者。有三兩五錢者。凡補某處水夫。即支本處銀數。事已不均矣。且各夫惟在進京小馬船者為最苦。其在下江大馬船者次之。又有竄名在官。資衙門之利。而無船差之擾為至逸。乃其工食反有逸者厚而苦者薄。是一弊也

○一各處原有水夫戶口冊在部。相沿不改。至以後投充之人。皆冒各處戶籍。反以實為虛。使有逃亡。何從拘解。是一弊也。

○一各夫工食。從其地方所派。故本處銀未解到。則本夫不許支領。于是立為數項借支名色。不惟在官人役。得操緩急之柄。而扣借扣補。卷冊棼亂。易于為奸。至有本縣銀兩三年不解。遂將各夫改入他縣者。于是吏書之權益重矣。語備耶堂翁疏中。是一弊也。

○一各夫工食。皆年終支放。出差之時。不准全給。長差止與七錢五分。短差止與六錢。各夫揭債無路。則預扣重息。將工食立券。推與書庫等役。及京城奸富之家。而借其銀兩實未得半。及至放時。竟被全扣。是一弊也。其餘各項弊害。雖種種有之。然其大者止此而已。

○○快船原於錦衣等四十餘衛。僉其有力者充之。平船即快船也。嘉靖三十六年。因解黃木不便裝貯。故量取快船八十五隻。去其樓裝。遂名之曰平船。而快船實總名也。

國初循以快船在本地應後比之馬船為安逸。故並無優恤之典。惟正甲有安家月粮十二石。長差行月粮一百一十一石。短差則行月粮七廿

四石而已。既名有力，則內使官役，及沿途惡少，莫不倚之為奇貨，相沿一百餘年，弊害日深，困窮日甚，流離顛沛，家破身亡，而勢遂不可支矣。見船五百隻，三年一差，而無差之年，則納年例銀兩。十年一審，每審輒定十年，每年正甲一名，幫甲十名，餘丁十四名，而又有數人朋一名者，殆不下十數萬户。自都城而外，以及于廬鳳淮揚安太鎮江邳泗和滁七府四州之地，周圍千里。凡係尺籍之家，舉若坑焚矣。姑言其槩，

○一臨審之年，先期採訪五城四十八衛之官役，本部衙門之積猾，以至山人墨客，凡出入部司之門者，莫非騙局。富家上户，竟以倖免，而貧弱之輩，橫被編差，是一害也。

○一十年之內，家力消長不一，人丁存亡不齊，有差既當出水，無差又納年例，故遇缺則呈補，告貧則查替。及其將差，初則牽扯無干，次則推調同役，次則科派户丁，官役樂于多事，任意反覆，名曰十年一審，實則歲無寧日，是一害也。

○一十年總定三差，每差朋有數役，其間分上中下三甲，而又某人分幫某人幾個月，又某人係當出水，某人係當貼差。究其緣由，支吾不一，詢之衆役，亦盡茫然。總是積猾故神其說，使不可測，得以上下其手，而尺籍之徒聽部衛之督責，亦不能辯。二百年來，由而不著，莫畢其命，是一害也。

○一各甲自編審扳告，打點使用，未及領船，所費已不貲矣。及至領船，則廠衛各官，以及管修人役，

事事有常例之稱，所領官銀，不足以當無名之費，是一害也。

○一估驗之時，或官役刁難，定額太少，不免賠補；或暫啚目前，多領官物，事完查刷，又有出則之追。每年動經數千金，紛紛扳告，户無安枕，而委官多事侵漁，更有秤頭火耗之增，是一害也。

○一內使討船之後，即役使船丁，扛擡私貨，每船不下二十名，並無寧日。初見有拜見錢，有轎馬錢，有執結錢，有緯纜錢，有提幫錢，有進閘喜錢，有

慶壽禮錢而跟隨有酒飰錢有衣帽錢有絛杖
錢有押幇錢少不如意即非刑搒掠無所不至
是一害也
○一內使扛擡私貨已用其力需索常例又盡其財
九死一生幸及交卸而北司書吏查刷獨嚴違
限失期不問運官而問小甲至財力困竭船不
能回則停船在湾而回家措費大抵愚弱者剝
膚椎髓而奸黠者生情扳擾是一害也
○一沿途閘津棍惡每生情枝詐臨清有搜盐之擾

呂梁有放船之例往回名色甚多是一害也
○一差回之年船泊在廠恐有疎失每船要小甲一
人巡風盡卯衛廠各官班頭牢子之費皆給于
各甲更有無名之費其江北甲役隔數百里而
赴廠尤為可憐是一害也
○一各甲困窮畏禍往往雇覓積年走差之人代為
出水及至悞事或船不能回或損失官船則復
告正身倍其費而益其困是一害也
○一各甲皆係輪役互相推調以致遺失什物損壞

船隻修理之費倍于馬船而工料反不堅固中
途漂没者有之力不能回而故意鑿沉稱為漂
没變賣回家有之至追底薪半差銀兩則或斃
于狴犴或扳扯無干或朦朧寢案或困急自盡
委官每因之為利而所追錢糧多被侵漁公私
兩弊是一害也
○一在衛軍餘或屯或運或守門或修倉或夜巡或
黃船或快船並無空閑向以快船差重每將別
差戶內人丁扳扯幇補而別差臨役之時亦扯

快船歇役人丁衛官喜其有事各役暫畜目前
致差使混淆弊害日甚是一害也
○一快船力不可支輙將營操正軍掣補以致戎伍
日虛武備単弱是一害也
○一快船之義取其疾速今挐名朋役住居散遠推
躲扳替紛紛不齊有撥差數月而役尚未定或
先期遠遁或中途脫逃或捨命畜賴勢窮理極
漸誤
上供是一害也

〇一内使以快船為利。每每多求。而貧甲間有逃亡。卒不能補。故十年之差。每八九年而已盡。非
上供缺乏。必重行編審。是一害也。

以上十五款。特畧言其槩耳。至弊害纖悉。擢髮不易数也。各甲除編審僉補。官役需索外。每差一次。輙派銀二百兩。而尚有意外之禍。棄家遠役。風波霜露之苦。所不與也。沉河自縊。顛沛流離。私鬻妻子。官拆房屋者。何月無之。但事關于

上供。而肘掣于中貴。夙弊之所積。而奸宄之所藏。即有憂世之心者。亦付之無可柰何而已。天
啓
聖明。而有今日之事。大約以近時之條編。而行宋世之雇役。但計船募夫。每歳應工食銀。約四萬餘兩。又有小甲貼接銀約二千兩。而米九萬六千石。若欲盡派各船。則每船應徵銀八十餘兩。米二百石。民力既有所不堪。而

請捐銀米。又各止一萬有奇。欲使賦不加而用自足
上不損而下自裕。經理調度之間。始稱難事矣。

調度大綱　凡二十四條

〇一快平船舊数五百隻。每船一隻。編銀三十兩。備募夫之用。但酌貧富。以定多寡。其正甲幇甲餘丁名色。及一切出水。年例等項。盡行除豁。比之舊日。曾不及十分之一矣。

各衛船数開後

錦衣衛三十七隻　旗手衛六隻
金吾前衛十五隻　金吾後衛十隻
羽林左衛八隻　羽林右衛十五隻
府軍衛十五隻　府軍左衛十七隻
府軍右衛十八隻　府軍後衛十七隻
留守中衛八隻　神策衛五隻
廣洋衛十六隻　應天衛九隻
和陽衛三隻　留守左衛十二隻
水軍左衛十五隻　驍騎右衛十五隻

鎮南衛八隻　虎賁左衛十五隻
龍江右衛十八隻　瀋陽左衛二隻
瀋陽右衛五隻　龍虎衛七隻
龍虎左衛五隻　留守右衛十五隻
水軍右衛十一隻　虎賁右衛十六隻
武德衛八隻　留守前衛十二隻
龍江左衛二十隻　龍驤衛七隻
豹韜衛六隻　天策衛十二隻
豹韜左衛九隻　留守後衛十三隻
鷹揚衛十七隻　興武衛十八隻
江陰衛十七隻　橫海衛二十一隻

○一派銀数少。恐募夫不足。于是減其應募之船。見在大小馬船并快平船共九百四十隻。內進京會小馬船三百六十四隻。快平船五百隻。共八百六十四隻。走下江者。大馬船七十六隻。查大馬船之沉御及朽壞應拆者。減去二十六隻。改作小馬船。連見在共三百九十隻。而快平船減去二百九十隻。止存二百一十隻。則進京船共六百隻。而快平船募夫工食糧餉。十減其六矣。

○一船可減。而朝廷差使不可缺。舊例進京馬快平船。三年一差。今減船三分之一。須二年一差矣。恐夫力不堪。于是增其工食。然一槩議增。不惟用銀太多。而抑且人無激勸。備查水夫工食。原有六兩四兩三兩五錢。而差使又有進京下江聽事。各三等。本年三月內該南京廣東道監察御史王（諱藩臣，富順人）題稱要將水夫工食。酌量適中。以四兩為率。奉旨議行。于是即以四兩為準。凡進京者。增三分之一為六兩。下江者。皆四兩。聽事者。皆三兩五錢。更調各夫。名正言順。而聽事與下江者。終以原役為利。情愿自減。以就四兩及三兩五錢之数。其進京者。亦喜于銀数之增。不復沮議。蓋四兩而三年一差。與六兩而二年一差。均之一差。得銀十二兩。差頻銀多。尤其所願也。然在本部。則寓裁減于增益之中矣。

○所減之数。雖盡係快平船。而快平之用。恐不可少乃仍查所减數內有船身堅固者選存九十隻抵換拆造馬船編入快船號內總計馬船三百隻快船二百五十隻平船五十隻亦共三百隻彼此適均如数內尚有可用者俱留調拆造之船以省工料之費應拆者方拆估貯厰照價散給别船以抵正料其不堪作料并浮動什物皆變價觧庫作正支銷

○一新定快平船三百隻以備原差之數而各夫廪沿途之詐害猶以快平船為俱乃于快船尾艙

改建為板凹圍畫彩平船皆造活楼使裝卸随時內仍快平之舊而外似馬船之形仍備咨河道及山東巡撫衙門嚴革沿途積棍

○一馬船向係各處自編字號而快平船又係四十衛類編節年裁减不一錯亂難查既經畫一悉宜清理今江淮大馬船二十五隻取國字小馬船一百五十隻取泰字濟川大馬船二十五隻取民字小馬船一百五十隻取安字江淮快船一百二十五隻取風字平船二十五隻取調字濟川快船一百二十五隻取雨字平船二十五隻取順字各為號總為國泰民安風調雨順皆自一而二由始至終內守備移討船隻除去馬快名色正開字號

○一江濟二衛舊于大馬船內各將一隻改作黒楼船以備

部堂督操乘用今各在二十五隻数內即各編入號尾江淮為國字二十五號濟川為民字二十五號除外兩衛實在大馬船各二十四隻

船號開後

江淮衛（萬曆拾伍年春案起每年春秋貳案週而復始第貳拾伍號遇閏另修）

前所國字一號　即舊右所禮字九號

後所國字二號　即舊右所仁字三號

後所國字三號　即舊後所岳字八號

（第一案止）前所國字四號　即舊右所義字七號

中所國字五號　即舊右所禮字三號

右所國字六號　即舊右所義字八號

後所國字七號　即舊後所岳字十三號

第二案止 中所國字八號　即舊左所智字四號
中所國字九號　即舊中所永字二號
中所國字十號　即舊左所智字七號
左所國字十一號　即舊左所仁字七號
第三案止 前所國字十二號　即舊右所信字三號
右所國字十三號　即舊右所仁字七號
右所國字十四號　即舊右所義字四號
前所國字十五號　即舊前所梛字二號
第四案止 左所國字十六號　即舊左所仁字二號

前所國字十七號　即舊右所智字三號
後所國字十八號　即舊右所智字六號
左所國字十九號　即舊左所智字三號
第五案止 左所國字二十號　即舊左所智字十號
右所國字二十一號　即舊右所義字三號
右所國字二十二號　即舊右所義字九號
左所國字二十三號　即舊左所智字五號
第六案止 中所國字二十四號　即舊左所智字二號
遇閏另修 後所國字二十五號　即舊後所信字二號

濟川衛 萬曆拾伍年春案起每年春秋貳案遇而 後始第貳拾伍號船遇閏另修
右所民字一號　即舊右所安字四十九號
前所民字二號　即舊前所荊字二十一號
後所民字三號　即舊後所歸字九號
第一案止 後所民字四號　即舊後所歸字二十五號
左所民字五號　即舊左所安字二十一號
左所民字六號　即舊左所安字二十六號
左所民字七號　即舊左所安字十五號
第二案止 右所民字八號　即舊右所安字四十三號

左所民字九號　即舊左所安字六號
右所民字十號　即舊右所安字四十五號
右所民字十一號　即舊右所智字二號
第三案止 左所民字十二號　即舊左所安字二十三號
前所民字十三號　即舊前所荊字三號
中所民字十四號　即舊右所安字四十二號
後所民字十五號　即舊右所安字四十號
第四案止 中所民字十六號　即舊中所武字二十三號
中所民字十七號　即舊中所武字二十二號

後所民字十八號　即舊右所安字三十七號
前所民字十九號　即舊左所安字二十四號
第五案止 中所民字二十號　即舊中所武字三十號
後所民字二十一號　即舊右所安字四十八號
前所民字二十二號　即舊前所荆字七號
中所民字二十三號　即舊中所武字二十八號
第六案止 前所民字二十四號　即舊左所安字十三號
遇閏另修 右所民字二十五號　即舊右所天字號

江淮衛 萬曆拾伍年秋季起每年春秋貳案遇而後始

中所泰字一號　即舊中所杜字號
中所泰字二號　即舊中所林字號
後所泰字三號　即舊後所馮字號
中所泰字四號　即舊中所倪字號
右所泰字五號　即舊右所流字號
中所泰字六號　即舊中所鳳字號
前所泰字七號　即舊前所忠字三號
左所泰字八號　即舊左所松字號
右所泰字九號　即舊右所息字號

左所泰字十號　即舊左所竭字號
前所泰字十一號　即舊前所衣字號
左所泰字十二號　即舊左所獎字號
中所泰字十三號　即舊左所似字號
右所泰字十四號　即舊右所騮字號
右所泰字十五號　即舊右所驅字號
右所泰字十六號　即舊右所驕字號
後所泰字十七號　即舊後所錢字號
中所泰字十八號　即舊中所馬字號

右所泰字十九號　即舊右所馴字號
前所泰字二十號　即舊前所任字號
左所泰字二十一號　即舊左所斯字號
中所泰字二十二號　即舊中所玄字號
前所泰字二十三號　即舊前所皮字號
右所泰字二十四號　即舊右所驪字號
後所泰字二十五號　即舊後所楊字號
左所泰字二十六號　即舊左所盛字號
左所泰字二十七號　即舊左所乾字號

中所泰字二十八號　即舊中所夏字號
左所泰字二十九號　即舊左所與字號
後所泰字三十號　即舊後所豊字號
右所泰字三十一號　即舊右所縣字號
左所泰字三十二號　即舊左所君字號
後所泰字三十三號　即舊後所魏字號
後所泰字三十四號　即舊後所張字號
後所泰字三十五號　即舊後所朱字號
中所泰字三十六號　即舊中所顧字號

後所泰字三十七號　即舊後所羽字號　第一案止
中所泰字三十八號　即舊中所郎字號
中所泰字三十九號　即舊中所安字號
前所泰字四十號　即舊前所蘇字號
中所泰字四十一號　即舊中所鮑字號
前所泰字四十二號　即舊前所唐字號
左所泰字四十三號　即舊左所孝字號
後所泰字四十四號　即舊後所鄔字號
前所泰字四十五號　即舊前所徐字號

中所泰字四十六號　即舊中所蔡字號
後所泰字四十七號　即舊後所范字號
中所泰字四十八號　即舊中所洪字號
後所泰字四十九號　即舊後所公字號
前所泰字五十號　即舊前所薛字號
中所泰字五十一號　即舊中所齊字號
中所泰字五十二號　即舊中所卜字號
右所泰字五十三號　即舊右所駒字號
中所泰字五十四號　即舊中所閔字號

左所泰字五十五號　即舊左所是字號
右所泰字五十六號　即舊右所淵字號
右所泰字五十七號　即舊右所駓字號
右所泰字五十八號　即舊右所騤字號
中所泰字五十九號　即舊中所平字號
右所泰字六十號　即舊右所駰字號
右所泰字六十一號　即舊右所駟字號
右所泰字六十二號　即舊右所馳字號
中所泰字六十三號　即舊中所方字號

左所泰字六十四號　即舊左所寶字號
右所泰字六十五號　即舊右所驛字號
左所泰字六十六號　即舊左所地字號
後所泰字六十七號　即舊後所湯字號
右所泰字六十八號　即舊右所称字號
右所泰字六十九號　即舊右所騁字號
中所泰字七十號　即舊中所趙字號
後所泰字七十一號　即舊後所賀字號
後所泰字七十二號　即舊後所宮字號

右所泰字七十三號　即舊右所駝字號
右所泰字七十四號　即舊右所駴字號
第二集止
右所泰字七十五號　即舊右所騋字號
左所泰字七十六號　即舊左所震字號
前所泰字七十七號　即舊前所天字號
左所泰字七十八號　即舊左所資字號
右所泰字七十九號　即舊右所驕字號
中所泰字八十號　即舊中所田字號
前所泰字八十一號　即舊前所宙字號
二

前所泰字八十二號　即舊前所嬈字號
右所泰字八十三號　即舊右所駿字號
左所泰字八十四號　即舊左所非字號
左所泰字八十五號　即舊左所磬字號
右所泰字八十六號　即舊右所川字號
中所泰字八十七號　即舊中所江字號
左所泰字八十八號　即舊左所取字號
左所泰字八十九號　即舊左所父字號
左所泰字九十號　即舊左所之字號

前所泰字九十一號　即舊前所董字號
前所泰字九十二號　即舊前所忠字九號
右所泰字九十三號　即舊右所驪字號
前所泰字九十四號　即舊前所和字號
前所泰字九十五號　即舊前所伍字號
後所泰字九十六號　即舊後所呂字號
右所泰字九十七號　即舊右所驍字號
後所泰字九十八號　即舊後所止字號
後所泰字九十九號　即舊後所子字號
一

中所泰字一百號　即舊中所路字號
前所泰字一百一號　即舊前所岑字號
右所泰字一百二號　即舊右所驥字號
前所泰字一百三號　即舊前所郭字號
右所泰字一百四號　即舊右所驄字號
右所泰字一百五號　即舊右所騏字號
右所泰字一百六號　即舊右所駪字號
前所泰字一百七號　即舊前所褚字號
中所泰字一百八號　即舊中所沈字號

左所泰字一百九號　即舊左所力字號
左所泰字一百十號　即舊左所陰字號
左所泰字一百十一號　即舊左所嚴字號
第三案止　左所泰字一百十二號　即舊左所如字號
中所泰字一百十三號　即舊中所滕字號
前所泰字一百十四號　即舊前所尹字號
前所泰字一百十五號　即舊前所董字號
前所泰字一百十六號　即舊前所梁字號
後所泰字一百十七號　即舊後所袁字號

前所泰字一百十八號　即舊前所顏字號
前所泰字一百十九號　即舊前所汪字號
中所泰字一百二十號　即舊中所郝字號
後所泰字一百二十一號　即舊後所方字號
後所泰字一百二十二號　即舊後所鍾字號
中所泰字一百二十三號　即舊中所顏字號
後所泰字一百二十四號　即舊後所盧字號
中所泰字一百二十五號　即舊中所常字號
後所泰字一百二十六號　即舊後所畢字號

後所泰字一百二十七號　即舊後所邵字號
後所泰字一百二十八號　即舊後所金字號
前所泰字一百二十九號　即舊前所栢字號
左所泰字一百三十號　即舊右所駱字號
後所泰字一百三十一號　即舊後所郝字號
中所泰字一百三十二號　即舊中所時字號
後所泰字一百三十三號　即舊後所黃字號
中所泰字一百三十四號　即舊中所祝字號
左所泰字一百三十五號　即舊中所應字號

後所泰字一百三十六號　即舊後所商字號
後所泰字一百三十七號　即舊後所許字號
後所泰字一百三十八號　即舊後所彭字號
前所泰字一百三十九號　即舊前所屈字號
左所泰字一百四十號　即舊中所樓字號
前所泰字一百四十一號　即舊前所徐字號
後所泰字一百四十二號　即舊後所角字號
左所泰字一百四十三號　即舊中所蔣字號
左所泰字一百四十四號　即舊中所危字號

左所泰字一百四十五號　即舊左所事字號
左所泰字一百四十六號　即舊中所阮字號
前所泰字一百四十七號　即舊前所凌字號
前所泰字一百四十八號　即舊後所伯字號
前所泰字一百四十九號　即舊前所高字號
第四案止　前所泰字一百五十號　即舊中所季字號

濟川衛　萬曆拾伍年秋案起每年春秋貳案週而復始

前所安字一號　即舊前所癸字號
中所安字二號　即舊中所駿字號

前所安字三號　即舊前所仁字號
前所安字四號　即舊前所木字號
後所安字五號　即舊後所人字九號
後所安字六號　即舊後所地字七號
前所安字七號　即舊前所忠字四號
左所安字八號　即舊左所人字七號
前所安字九號　即舊前所行字三號
右所安字十號　即舊右所騣字號
前所安字十一號　即舊前所文字九號

中所安字十二號　即舊中所駒字號
前所安字十三號　即舊前所士字號
前所安字十四號　即舊前所信字二號
後所安字十五號　即舊後所地字四號
後所安字十六號　即舊後所地字六號
前所安字十七號　即舊前所行字七號
右所安字十八號　即舊右所馴字號
前所安字十九號　即舊前所信字五號
中所安字二十號　即舊中所驄字號

前所安字二十一號　即舊前所已字號
前所安字二十二號　即舊前所信字四號
前所安字二十三號　即舊前所恭字號
後所安字二十四號　即舊後所歲字號
右所安字二十五號　即舊右所洪字號
後所安字二十六號　即舊後所姜字號
中所安字二十七號　即舊中所律字號
後所安字二十八號　即舊後所仌字三號
前所安字二十九號　即舊前所行字五號

後所安字三十號　即舊後所人字五號
後所安字三十一號　即舊後所成字號
左所安字三十二號　即舊左所禮字號
右所安字三十三號　即舊右所人字六號
左所安字三十四號　即舊左所暑字號
中所安字三十五號　即舊中所駟字號
左所安字三十六號　即舊左所字字號
第一案止
前所安字三十七號　即舊前所文字四號
左所安字三十八號　即舊左所信字六號

後所安字三十九號　即舊後所珎字號
右所安字四十號　即舊右所騎字號
右所安字四十一號　即舊右所地字一號
中所安字四十二號　即舊中所信字一號
中所安字四十三號　即舊中所信字三號
中所安字四十四號　即舊中所驪字號
前所安字四十五號　即舊前所行字一號
後所安字四十六號　即舊後所菜字號
後所安字四十七號　即舊後所天字五號

右所安字四十八號　即舊右所駛字號
後所安字四十九號　即舊後所河字號
前所安字五十號　即舊前所義字號
左所安字五十一號　即舊左所戊字號
右所安字五十二號　即舊右所甲字號
中所安字五十三號　即舊中所騶字號
左所安字五十四號　即舊左所金字號
左所安字五十五號　即舊左所黒字號
右所安字五十六號　即舊右所騂字號

中所安字五十七號　即舊中所蒲字一號
前所安字五十八號　即舊前所讓字號
前所安字五十九號　即舊前所木字號
左所安字六十號　即舊左所火字號
中所安字六十一號　即舊中所駃字號
左所安字六十二號　即舊左所壬字號
前所安字六十三號　即舊前所仁字四號
右所安字六十四號　即舊右所騤字號
右所安字六十五號　即舊右所騁字號

中所安字六十六號　即舊中所地字二號
中所安字六十七號　即舊中所騍字號
前所安字六十八號　即舊前所忠字六號
中所安字六十九號　即舊中所騠字號
後所安字七十號　即舊後所麗字號
右所安字七十一號　即舊右所騂字號
右所安字七十二號　即舊右所驪字號
後所安字七十三號　即舊後所忠字八號
後所安字七十四號　即舊後所文字一號

第二條上
左所安字七十五號　即舊左所巳字號
中所安字七十六號　即舊中所駃字號
中所安字七十七號　即舊中所騋字號
後所安字七十八號　即舊後所天字二號
中所安字七十九號　即舊中所駙字號
左所安字八十號　即舊左所義字號
前所安字八十一號　即舊前所行字四號
前所安字八十二號　即舊前所信字八號
左所安字八十三號　即舊左所辛字號

左所安字八十四號　即舊左所庚字號
左所安字八十五號　即舊左所乾字號
左所安字八十六號　即舊左所艮字號
左所安字八十七號　即舊左所白字號
左所安字八十八號　即舊左所巽字號
後所安字八十九號　即舊後所人字號
中所安字九十號　即舊中所調字號
左所安字九十一號　即舊左所坤字號
右所安字九十二號　即舊右所駿字號

右所安字九十三號　即舊右所駒字號
右所安字九十四號　即舊右所地字九號
中所安字九十五號　即舊中所金字號一
中所安字九十六號　即舊中所果字號
中所安字九十七號　即舊中所駔字號
中所安字九十八號　即舊中所騮字號
後所安字九十九號　即舊後所玉字號
左所安字一百號　即舊左所丁字號
後所安字一百一號　即舊後所易字號

前所安字一百二號　即舊前所忠字七號
後所安字一百三號　即舊後所重字號
後所安字一百四號　即舊後所天字十號
右所安字一百五號　即舊右所騷字號
前所安字一百六號　即舊前所庚字號
右所安字一百七號　即舊右所驍字號
左所安字一百八號　即舊左所水字號
左所安字一百九號　即舊左所黃字號
中所安字一百十號　即舊中所地字三號

前所安字一百十一號　即舊前所信字號
第三案止　左所安字一百十二號　即舊左所良字號
右所安字一百十三號　即舊右所清字號
左所安字一百十四號　即舊左所讓字號
左所安字一百十五號　即舊左所儉字號
左所安字一百十六號　即舊左所兑字號
左所安字一百十七號　即舊左所坎字號
中所安字一百十八號　即舊中所騂字號
後所安字一百十九號　即舊後所天字號

前所安字一百二十號　即舊前所溫字號
左所安字一百二十一號　即舊左所智字號
左所安字一百二十二號　即舊左所土字號
右所安字一百二十三號　即舊右所騧字號
左所安字一百二十四號　即舊左所仁字號
中所安字一百二十五號　即舊中所駐字號
中所安字一百二十六號　即舊中所驕字號
前所安字一百二十七號　即舊前所文字三號
右所安字一百二十八號　即舊左所溫字號一

後所安字一百二十九號　即舊後所天字三號
右所安字一百三十號　即舊右所駭字號
右所安字一百三十一號　即舊左所離字號
右所安字一百三十二號　即舊左所乙字號
右所安字一百三十三號　即舊右所驥字號
中所安字一百三十四號　即舊中所騄字號
前所安字一百三十五號　即舊前所文字五號
後所安字一百三十六號　即舊後所天字六號
右所安字一百三十七號　即舊左所赤字號

後所安字一百三十八號　即舊左所恭字號
後所安字一百三十九號　即舊左所癸字號
右所安字一百四十號　即舊右所駘字號
右所安字一百四十一號　即舊右所騂字號
中所安字一百四十二號　即舊中所驅字號
右所安字一百四十三號　即舊右所駱字號
前所安字一百四十四號　即舊前所文字八號
中所安字一百四十五號　即舊中所驛字號
後所安字一百四十六號　即舊後所人字十號

中所安字一百四十七號　即舊中所驊字號
後所安字一百四十八號　即舊左所賀字號
後所安字一百四十九號　即舊前所仁字三號
第四案止　右所安字一百五十號　即舊右所辰字號

江淮衛　萬曆於伍年秋案起每年春秋貳季遇而復始

左所風字一號　即舊左所仁字九號
左所風字二號　即舊左所智字八號
左所風字三號　即舊左所仁字四號
左所風字四號　即舊左所禮字號

左所風字五號　即舊左所禮字十號
左所風字六號　即舊左所義字一號
右所風字七號　即舊右所禮字六號
右所風字八號　即舊右所義字二號
右所風字九號　即舊右所仁字八號
右所風字十號　即舊右所仁字四號
右所風字十一號　即舊右所仁字六號
右所風字十二號　即舊右所信字五號
右所風字十三號　即舊右所智字四號

後所風字十四號　即舊後所永字十九號
左所風字十五號　新募
左所風字十六號　新募
左所風字十七號　新募
右所風字十八號　新募
右所風字十九號　新募
右所風字二十號　新募
中所風字二十一號　新募
中所風字二十二號　新募
中所風字二十三號　新募
前所風字二十四號　新募
前所風字二十五號　新募
前所風字二十六號　新募
後所風字二十七號　新募
後所風字二十八號　即舊後所雷字號
後所風字二十九號　即舊後所施字號
中所風字三十號　即舊中所傅字號
左所風字三十一號　即舊中所胡字號

第一宗止
右所風字三十二號　新募
中所風字三十三號　新募
前所風字三十四號　新募
左所風字三十五號　新募
右所風字三十六號　新募
中所風字三十七號　新募
後所風字三十八號　新募
前所風字三十九號　新募
中所風字四十號　新募
左所風字四十一號　新募
右所風字四十二號　新募
中所風字四十三號　新募
前所風字四十四號　新募
中所風字四十五號　新募
後所風字四十六號　新募
左所風字四十七號　新募
右所風字四十八號　新募
中所風字四十九號　新募

前所風字五十號　新募
後所風字五十一號　新募
中所風字五十二號　新募
後所風字五十三號　新募
左所風字五十四號　新募
右所風字五十五號　新募
中所風字五十六號　新募
前所風字五十七號　新募
後所風字五十八號　新募

中所風字五十九號　新募
左所風字六十號　新募
右所風字六十一號　新募
中所風字六十二號　新募
第二案止　前所風字六十三號　新募
右所風字六十四號　新募
後所風字六十五號　新募
中所風字六十六號　新募
左所風字六十七號　新募

右所風字六十八號　新募
中所風字六十九號　新募
前所風字七十號　新募
後所風字七十一號　新募
右所風字七十二號　新募
中所風字七十三號　即舊中所露字號
中所風字七十四號　即舊中所吳字號
左所風字七十五號　即舊左所路字號
前所風字七十六號　即舊前所穆字號

前所風字七十七號　即舊前所肖字號
右所風字七十八號　即舊右所駟字號
中所風字七十九號　即舊中所地字號
左所風字八十號　即舊左所壁字號
左所風字八十一號　即舊左所澄字號
後所風字八十二號　即舊後所若字號
中所風字八十三號　即舊中所孫字號
前所風字八十四號　即舊前所童字號
左所風字八十五號　即舊左所尺字號

右所風字八十六號　即舊右所驊字號
後所風字八十七號　即舊後所梛字號
左所風字八十八號　即舊左所蘭字號
前所風字八十九號　即舊前所王字號
左所風字九十號　即舊左所敦字號
後所風字九十一號　即舊後所謝字號
前所風字九十二號　即舊前所湛字號
後所風字九十三號　即舊後所戚字號
（第三號止）後所風字九十四號　即舊後所思字號

左所風字九十五號　即舊左所曰字號
左所風字九十六號　即舊左所寸字號
中所風字九十七號　即舊中所潘字號
前所風字九十八號　即舊前所范字號
中所風字九十九號　即舊中所尹字號
後所風字一百號　即舊後所侯字號
後所風字一百一號　即舊後所安字號
右所風字一百二號　即舊右所駐字號
前所風字一百三號　即舊前所藍字號

前所風字一百四號　即舊前所霍字號
右所風字一百五號　即舊右所不字號
右所風字一百六號　即舊右所映字號
右所風字一百七號　即舊右所驪字號
左所風字一百八號　即舊左所當字號
中所風字一百九號　即舊中所苗字號
前所風字一百十號　即舊前所強字號
中所風字一百十一號　即舊中所樂字號
前所風字一百十二號　即舊前所衛字號

前所風字一百十三號　即舊前所文字七號
前所風字一百十四號　即舊前所周字號
中所風字一百十五號　即舊中所鄭字號
後所風字一百十六號　即舊後所史字號
前所風字一百十七號　即舊前所花字號
後所風字一百十八號　即舊後所鮑字號
前所風字一百十九號　即舊前所曾字號
前所風字一百二十號　即舊前所羅字號
後所風字一百二十一號　即舊後所葛字號

後所風字一百二十二號　即舊後所梅字號
後所風字一百二十三號　即舊後所任字號
後所風字一百二十四號　即舊後所容字號
第四幫止　後所風字一百二十五號　即舊後所男字號
濟川衛 萬曆拾伍年秋派起每年春秋貳幫遞而後始
左所雨字一號　即舊左所安字八號
左所雨字二號　即舊左所安字二十三號
左所雨字三號　即舊左所安字十六號
左所雨字四號　即舊左所安字三十四號

左所雨字五號　即舊左所安字二十號
左所雨字六號　即舊左所安字一號
左所雨字七號　即舊左所安字二十七號
左所雨字八號　即舊左所安字二號
左所雨字九號　即舊左所安字十七號
中所雨字十號　即舊中所武字三十三號
中所雨字十一號　即舊中所武字三十二號
前所雨字十二號　即舊前所荊字十三號
左所雨字十三號　新募

左所雨字十四號　新募
左所雨字十五號　新募
左所雨字十六號　新募
右所雨字十七號　新募
右所雨字十八號　新募
右所雨字十九號　新募
右所雨字二十號　新募
中所雨字二十一號　新募
中所雨字二十二號　新募

中所雨字二十三號　新募
中所雨字二十四號　新募
前所雨字二十五號　新募
前所雨字二十六號　新募
前所雨字二十七號　新募
前所雨字二十八號　新募
後所雨字二十九號　新募
後所雨字三十號　新募
後所雨字三十一號　新募

第一宗止　後所兩字三十二號　新募
前所兩字三十三號　即舊前所禮字號
左所兩字三十四號　新募
右所兩字三十五號　新募
中所兩字三十六號　新募
前所兩字三十七號　新募
右所兩字三十八號　新募
中所兩字三十九號　新募
後所兩字四十號　新募

右所兩字四十一號　新募
中所兩字四十二號　新募
前所兩字四十三號　新募
後所兩字四十四號　新募
左所兩字四十五號　新募
右所兩字四十六號　新募
中所兩字四十七號　新募
後所兩字四十八號　新募
右所兩字四十九號　新募

前所兩字五十號　新募
前所兩字五十一號　新募
左所兩字五十二號　新募
右所兩字五十三號　新募
中所兩字五十四號　新募
前所兩字五十五號　新募
後所兩字五十六號　新募
前所兩字五十七號　新募
左所兩字五十八號　新募

右所兩字五十九號　新募
中所兩字六十號　新募
前所兩字六十一號　新募
後所兩字六十二號　新募
第二宗止　前所兩字六十三號　新募
左所兩字六十四號　新募
右所兩字六十五號　新募
中所兩字六十六號　新募
前所兩字六十七號　新募

中所雨字六十八號　新募
前所雨字六十九號　新募
左所雨字七十號　新募
右所雨字七十一號　新募
前所雨字七十二號　新募
後所雨字七十三號　新募
右所雨字七十四號　新募
後所雨字七十五號　新募
前所雨字七十六號　新募

後所雨字七十七號　新募
左所雨字七十八號　新募
右所雨字七十九號　新募
中所雨字八十號　新募
後所雨字八十一號　新募
右所雨字八十二號　新募
中所雨字八十三號　新募
前所雨字八十四號　新募
後所雨字八十五號　新募

左所雨字八十六號　新募
右所雨字八十七號　新募
中所雨字八十八號　新募
前所雨字八十九號　新募
後所雨字九十號　新募
右所雨字九十一號　新募
中所雨字九十二號　新募
前所雨字九十三號　新募
第三寨止
左所雨字九十四號　新募

右所雨字九十五號　新募
中所雨字九十六號　新募
前所雨字九十七號　新募
後所雨字九十八號　新募
右所雨字九十九號　新募
中所雨字一百號　新募
後所雨字一百一號　新募
前所雨字一百二號　新募
後所雨字一百三號　新募

左所雨字一百四號　新募
右所雨字一百五號　新募
中所雨字一百六號　新募
後所雨字一百七號　新募
右所雨字一百八號　新募
中所雨字一百九號　新募
前所雨字一百十號　新募
後所雨字一百十一號　新募
左所雨字一百十二號　新募

右所雨字一百十三號　新募
中所雨字一百十四號　新募
後所雨字一百十五號　新募
前所雨字一百十六號　新募
後所雨字一百十七號　新募
中所雨字一百十八號　新募
右所雨字一百十九號　新募
後所雨字一百二十號　即舊後所海字號
右所雨字一百二十一號　即舊右所生字號

左所雨字一百二十二號　即舊左所信字號
後所雨字一百二十三號　即舊後所火字四號
中所雨字一百二十四號　即舊中所騄字號
第四案止　後所雨字一百二十五號　即舊後所闕字號

江淮衛　萬曆拾伍年改隸起[illegible]年泰發處參送而後始

左所調字一號　新募
右所調字二號　新募
中所調字三號　新募
前所調字四號　新募

後所調字五號　新募
左所調字六號　新募
第一案止　右所調字七號　新募
中所調字八號　新募
前所調字九號　新募
後所調字十號　新募
左所調字十一號　新募
右所調字十二號　新募
第二案止　中所調字十三號　新募

前所調字十四號　新募
後所調字十五號　新募
左所調字十六號　新募
右所調字十七號　新募
中所調字十八號　新募
第三案止　前所調字十九號　新募
後所調字二十號　新募
左所調字二十一號　新募
右所調字二十二號　新募

中所調字二十三號　新募
前所調字二十四號　新募
第四案止　後所調字二十五號　新募

濟川衛　萬曆拾伍年秋案起每年春秋更替遞而復始

左所順字一號　新募
左所順字二號　新募
右所順字三號　新募
右所順字四號　新募
中所順字五號　新募

中所順字六號　新募
第一案止　前所順字七號　新募
前所順字八號　新募
後所順字九號　新募
後所順字十號　新募
左所順字十一號　新募
右所順字十二號　新募
第二案止　中所順字十三號　新募
前所順字十四號　新募

後所順字十五號　新募
左所順字十六號　新募
右所順字十七號　新募
中所順字十八號　新募
第三案止　前所順字十九號　新募
後所順字二十號　新募
左所順字二十一號　新募
右所順字二十二號　新募
中所順字二十三號　新募

前所順字二十四號　新募
(第四新止)後所順字二十五號　新募
〇一江濟二衛掌印指揮悉照新
題事例各兼本衛馬船廠把總名色仍改造船廠
為馬船廠聽二衛把總臨坐管理修造事
〇一撥船廠改為快船廠于四十衛掌印指揮内選
賢能一員遵新
題事例兼快船廠把總名色坐廠管理修造事
〇一募夫遵

制悉屬江濟二衛凡係夫役事俱由該衛申呈其
屬修造者俱以本衛准本廠把總關稱仍用
印快船廠照例施行毋得用空白文移致延
端歲終同黄船廠把總四員一體舉劾
〇一江濟二衛各五所每所原各設千户二員先該
堂翁郭　題減其半今既添募水夫合照舊註
選毎衛共十員各兼本衛馬船廠委官事毎員
管大馬船三隻(纔書二隻)小馬船一十五隻夫役修
造悉聽管理又快平船一十五隻止管夫役事

其修造盡屬快船廠不許干與
〇一快船廠舊設委官千户七十二員先該
堂翁郭　題減三十二員今事體益簡止選各
衛所能幹掌印千户十員帶管快船廠委官事
毎員管快平船修造三十隻随船水夫聽其鈐
束但不與僉補事已上千户共三十員皆填給
劄付歲終奬戒夫留
〇一舊例年終舉劾奬戒皆適用耳目以致賢否失
真今船政分司置稽蹟簿一扇各官所管船隻

逐一開列毎船之下將修造期限應追銀兩逐
一款開遇到即註歲終呈
堂從實區處
簿式開後
計開萬曆　年分
江淮衛左所千户某人
某字號小甲某人驗係大修下等船
一隻某年某月某日給单限
月　日繳单

前件某日繳（或違限幾日／或不違限）

照填

該扣出則銀若干

前件某年月日完

餘剩銀若干

前件某年月日完

冒破銀若干

前件某年月日完

楂桨銀若干

前件某年月日完

○一木植油麻。向係造船廠總收。今江淮濟川快船三廠。各照數分買。以免藉口。釘鍋難于收貯。照舊許各甲赴舖户處支領。

○一舊例水夫隨縣。而各縣隨所。修造又隨船。故各所之夫多寡不一。而食補修造彼此牽連。今夫盡隨船。船分屬所。各官均分管理。自干責成。不許錯亂推諉。

○一刷卷舊例。獨馬船係江濟二衛承刷。快船因無該吏。及印信。乃車駕司代送。不惟體統倒置。抑且人不知儆。今馬船照舊外。其快船廠把總原係別衛掌印指揮。委官又係別所掌印千户。一應文卷。俱關用該衙門印信。以識字一名承刷。馬快船各該委官造修文卷。逐一整理送查。如有侵欺。庶便追究。

○一舊例各夫。皆冒各省府籍貫。今皆從實開報。置夫船指掌冊。某衛某所某船甲夫姓名。工食銀数。關收妻粮扣支月日。差使長短修造等則。一

船自為一葉。照例填註。一覽了然。盡革隨縣夫冊。食粮冊。接貼冊。撥差冊。查撥冊。以省煩擾。及指影緩急之弊。自此部司。始得為主。畧第畫諾而已。

夫船指掌畧冊式開後

船號

各夫死故及頂補工食身糧支放日期每年填壹格其前小格總填年分及扣銀數

姓名籍貫

年　共扣
年　共扣
年　共扣
年　共扣
年　共扣
年　共扣
年　共扣
年　共扣
年　共扣

肆格填修造等第并應追銀兩叁年壹次管拾貳年

凡算小年逐年算歲計幾分填此

船號

各夫死故及頂補工食身糧支放日期每年填壹格其前小格總填年分及扣銀數

姓名籍貫

年　共扣
年　共扣
年　共扣
年　共扣
年　共扣
年　共扣
年　共扣
年　共扣

凡修造年分等第應追銀兩皆填于後拾年伍次止伍格

凡出差長短應追羊差底薪銀兩皆填于後

聽事共
貳百壹拾捌名

各衙聽事水夫，扣定名數，每名為壹行，每行為拾格，總列拾格，悉照船夫式填註，仍分起歛，以便支銀，相接開列，數盡則止。某撥船八口壹名工食肆兩，附于末。

庫子某人某
戶籍

若干年　若干年　若干年　若干年　若干年　若干年　若干年　若干年　若干年　若干年

一快平船既募夫應役，而馬船又事體更張，必使舊夫無昔日之苦，而新夫見今日之利，然後人情相安，法行可久。查將工食半使出差扣放領料刁難扣除鈌差及代船雜差一應衙門弊查革盡絕。

一各衙門聽事水夫備查會典法可得用舊已刊載職掌而移咨戶部，又以着船當差為名，殊非正大光明之舉。其工食亦隨本縣派數多寡不同。今革去柒拾陸名，止存貳百壹拾捌名，工食止照下等，每名計叁兩伍錢，永為定額。事係裁減，並非創增。

計開聽事共貳百壹拾捌名

本部總庫庫子貳拾肆名，庫夫貳名。共貳拾陸名內 江淮左所叁名，前所貳名，中所叁名，前所叁名，後所貳名；濟川中所拾貳名，後所貳名

正堂衙把門貳名　濟川後所

右堂衙把門貳名　濟川後所

司務廳司務員下掛號書手貳名　濟川左所

把門壹名　江淮左所

武選司聽事貳名江淮壹名左所　濟川壹名右所

武庫司聽事壹名

車駕司把門貳名

看司壹名

聽事捌名

共拾壹名內江淮伍名左所　濟川陸名右所貳名　中所壹名　後所叁名

馬政廳把門壹名

看司壹名

聽事壹名

共叁名內江淮貳名左所

濟川壹名右所

船政分司

把門壹名

看司壹名

聽事肆名

共陸名內江淮左所壹名　中所壹名

濟川肆名前所

草場分司

把門壹名

看司壹名

聽事壹名

共叁名內江淮貳名左所

濟川壹名中所

工料分司

看司壹名

聽事貳名

共叁名內江淮壹名右所

濟川貳名中所

南京戶部廣東司聽事貳名濟川右所

科道部三司管放賞聽事伍名內江淮貳名右所　濟川叁名前所

快船廠看廠貳名[illegible]右所

江淮衛總甲伍名左右中前後伍所各壹名

識字伍名左右中前後伍所各壹名

把衛門壹名右所

看衛廳壹名右所
看馬船廠壹名右所
掌印指揮員下伴當叁名右所
僉書指揮員下伴當貳名右所
經歷司
把門壹名中所
識字壹名中所
經歷員下伴當叁名中所
江淮關管擺渡指揮員下巡河夫貳

名前所
衛鎮撫司
把門壹名中所
伴當叁名中所
左所把門壹名
掌印千户員下伴當叁名
僉書千户員下伴當貳名
所鎮撫員下伴當貳名
右所把門壹名

掌印千户員下伴當六名
僉書千户員下伴當貳名
中所把門壹名
掌印千户員下伴當叁名
僉書千户員下伴當貳名
前所把門壹名
掌印千户員下伴當叁名
僉書千户員下伴當貳名
後所把門壹名

掌印千户員下伴當叁名
僉書千户員下伴當貳名
巡捕千户員下巡捕夫拾名後所
外巡千户員下巡捕夫捌名前所
濟川衛總甲伍名左右中前後伍所各壹名
識字伍名左右中前後伍所各壹名
把衛門壹名前所
看衛廳壹名前所
掌印指揮員下伴當叁名左所

僉書指揮員下伴當貳名左所

經歷司

把門壹名左所

識字壹名左所

經歷員下伴當叁名左所

新江關管擺渡指揮員下巡河夫貳名右所

衛鎮撫司

把門壹名左所

伴當叁名左所

左所把門壹名

掌印千户員下伴當叁名

僉書千户員下伴當貳名

右所把門壹名

掌印千户員下伴當叁名

僉書千户員下伴當貳名

中所把門壹名

掌印千户員下伴當叁名

僉書千户員下伴當貳名

前所把門壹名

掌印千户員下伴當叁名

僉書千户員下伴當貳名

後所把門壹名

掌印千户員下伴當叁名

僉書千户員下伴當貳名

巡捕千户員下巡捕夫拾名左右中前后伍所各貳名

已上聽事水夫皆仍隨原所。内庫子貳拾

肆名。每年計工食銀捌拾肆兩。奉堂批以貳拾肆兩。給輪役陸名。壹兩伍錢加交盤紙張之用。叁拾陸兩。給報堂官伍名。貳拾貳兩伍錢。奏給郎中員下皂隷工食。

○一舊例馬快船事體較異。故料價及底薪半差之類。俱各不同。今除大馬船外。其快平船給料追銀。悉與小馬船一例。

○一每年有長差船壹百隻。在通州守候陸箇月滿

方囬。此始于正統年間。蓋
國家深意不敢議改但舊日馬船。以長差為苦。而快船以長差為利。又無定著故撥差之際。奸弊叢生。今馬快一體。則長差皆其所苦矣。故凡撥長差者。皆與好差使苦樂相準每年江淮泰字號撥貳拾捌隻。風字號撥貳拾貳隻。濟川安字號撥貳拾捌隻。雨字號撥貳拾貳隻。共湊長差壹百隻。舊例平船不撥長差。蓋因平船無樓難以裝載人口。不必守候。且止可裝運竹木。而竹

木又多苦差不得復以長差苦之。今既增造活樓而好差數內又有工部板枋壹起。今即以工部板枋定作長差。秪作快船之數。其銷批期限悉照舊

○一舊例長差百隻。原分上下半年各伍拾隻。耳然船隻往來不能適合其期反致無船聽守今查定長差壹百隻陸續序撥。又改刻勘合令赴北部投遞。依限聽守務使循環不乏。

○一舊例上下半年本部差官管押聽守船隻起批赴北領批回銷悉屬虛文。又通州各衙皆聽被處叅將朔望卯酉未免擾害。今悉咨北部停罷。但限期未滿者北部不發勘合。無北部印信者。叅將不放回南。

○一各款議畫既定。竊謂萬曆拾陸年秋。法當行矣不啚
朝廷忽有額外之供。舊船先期早完而新船勢不能給。于是調所減大馬船貳拾陸隻之甲夫潘貴等。使領快船。以續于舊船之後。又調見在小

馬船夫之有力者范鳳等。使充快船小甲。以續于潘貴等之後。特新夫以范鳳等為領袖。范鳳等以潘貴等為觀望。潘貴等係舊役。于事頗慣。所慮者中貴耳。乃事體周悉。既杜其倚藉之口。牢籠前站。又制其撥置之人。曉諭利害。吏息其無厭之欲。潘貴等之差妥。則范鳳等之心安。由是事有定規。人無異慮。新夫爭先應役。而新法行矣。職于萬曆拾肆年拾月拾叁日。方領關防行事。而撥新船蓋在次年伍月拾壹日也。

船政新書第三卷　南京兵部車駕司員外郎倪　涷編

派丁編銀之法　凡二十六條　郎　中馮景隆校

○一各衛查照見在船数。每船壹隻。派徵銀叁拾兩。因銀数多寡難定。故派丁以為準則。富者或以壹人而派叁丁伍丁。以至拾丁貳拾丁。貧者或壹人止壹丁。或貳人共壹丁。或叁人共壹丁。儘壹船戶內人数。扣派壹百丁。每丁編銀叁錢。共足叁拾兩。計丁編銀。計力派丁。人多不增。人少不減。名曰快船工料銀。或先曾審有聽繼人戶。

亦照例派丁。每丁亦照例納派銀叁錢。或係正軍者。以其食糧免操。除量力派丁外。仍徵油艙銀貳兩。不在叁拾兩之數。

○一貧者以叁人而共壹丁。每人壹年所出者。止銀壹錢矣。若壹錢而力猶難辦者。但另作貧軍附在本船之後。例不派編。故不得以肆人共壹丁。編銀者稱丁。不編銀者稱軍。不相混襍。

○一各船有家力消乏。難足叁拾兩之數者。查有聽繼抵作正數。無聽繼者。將戶內人丁。報充水夫。資其輸納。並不扳及別船。

○一每年于本船內。查其丁力堪可者。僉充收解。亦照民家糧里事例。有力者。以壹人而管數年。不及者。或管壹季。或半年。或叁季。或壹年。其力不能管壹季者。不必僉也。

○一派丁以見在快船差內者為據。係職方驗充別差者。並不許入。其在本差之內者。亦不許出。凡兩處着差者。查其派差多寡。從多者歸一。或戶丁分認。各從一差。永不許亂。如冊內人丁。有例

應補軍頂操者。該衛先申船政分司查明。或加油艙。或照舊輸納。或開豁本名。另為派補。註冊明白。案行到衛。方許抄呈職方司收驗。

○一衛所各官。不許隱占軍丁。違者許被占之人。赴告本部。隨便入快船號內。或派壹丁。或貳人或叁人共壹丁。開入聽繼。如本船消乏者。即幇入正數內。貧不能出銀者。即開在貧軍項下。

○一派丁着見役小甲。會同輸年各甲。從公報派。冊內先開報派人姓名。次開逐年收解姓名。次將

納丁銀人逐戶細開如一戶趙甲計幾名某人
某人共派幾丁如內又有家力不等者後開某
人幾丁某人某人共幾丁以便填由徵銀每隻
銀叁拾兩外加聽繼丁銀若干正軍油艌銀若
干總若干皆該年人役收解
○一嚴限各船甲役將丁銀數目及收解姓名用手
摺呈報隨發該衛審取結狀類造手冊送司仍
將收解姓名榜示各衛一月無爭方雇募書識
造冊貳本壹發各衛一存部司各丁之輕重關

于收解收解之當否關于甲役所派原輕而又
相關制如此故無徇情自累之弊
○一各衛造報清冊差漏頗多且行法之初體式不
一復經查取聽用指揮李徵壽供文到司將甲
役草數對查衛冊之有無增減將歲報舊冊對
查今派之有無遺漏一應體式皆本職親自裁
定逐一監造以便日久遵守
○一快船之差在舊為極重故人恐惟其有名在今
為極輕故人惟恐其無名其原造快船歲報冊

內存有朋名字樣而今派丁遺漏者恐行查騷
擾特造備照冊貳本存司以聽日後告明查入
○一凡在快船丁銀冊內者子孫世世止納丁銀並
不許別差扳扯其冊內無名者亦不許夤緣挨
入混躲別差如係親子的孫見今未及入冊者
該衛不許復撥別差通俟下次造入
○一丁銀拾年造冊壹次以歲次丁年為度拾年之
內如有死故者查其遺有妻子產業者丁銀仍
于妻子身上追納如故絕無產而有朋役者朋

役代認如無朋役及雖有而無力者本戶派納
如一戶俱貧必難加派者該衛查通船有力之
家派補如通船俱貧即于充夫之人與正軍派
補如無即于一船內均派永為定例不許紛紛
告擾
○一拾年造冊如貧富相安者該衛具文報部不必
再審但查本家死故者開除新收者造入如有
死故而無新收者即將原派丁銀歸併本家在
冊名下如無死故而有新收者即將所增人數

分派本家應納丁銀以上皆扣合其原編銀數
不得增減所論者專在家力消長不在人數多
寡
〇一拾年造冊之時如有消長只于本船之内增減
丁銀更换收解如一船盡貧者仍以聽繼水夫
貳事補之果有本船人户消耗将盡而别船拾
分有餘人所共知者方許本船收解公同告部
酌量裒益如虐重責枷號仍不准補
〇一各船人户有住居窵遠不便催收者于各甲呈

報手摺之後發衛類造手冊之時出示曉諭許
其各從近便照丁充换蓋恐各甲蚤識此意則
派丁或有私心故耳其充换未盡者仍俟下次
造冊時再换相安者不必紛擾
〇一丁銀油艌遇
恩不赦遇災不免其未派丁以前拖欠出則肯破餘
剩半差底新年例等項銀兩盡行蠲免以蘇困
窮
〇一派編丁銀悉照見在人役並無優免如派後有

登科第者俟下次造冊之年将本名除豁其應
納丁銀仍于本身家下人丁分派或自報空閑
項認及義男僮僕願充水夫者聽其入冊派丁
〇一舊船于萬曆拾伍年肆月撥盡新船即于本年
伍月撥起丁銀亦即于本年開徵復查出差未
回船壹百伍拾叁隻通行免徵止徵銀壹萬叁
千壹百陸拾壹兩叁錢伍分陸厘伍毫捌絲在
各役既無重徵之困矣又調祈減大馬船各夫
充領快船接應本年差使其新募快船水夫通

以拾陸年爲始應差支領工食則本年所徵丁
銀皆爲餘羨先該本職設法追扣夙逋及節省
各項銀兩已預足壹年之用以役丁銀皆前壹
年完納次壹年方支如完不及數者次年即以
拖欠收解作正甲餘玖名爲幇甲係下衆户扣
派快船舊例應出銀兩付正甲仍領出完過丁
銀領船出水
〇一每船壹隻逐年發由票壹張印給該年收解悉
照冊内人名銀數逐一填註凡係壹丁者即註

銀叁錢分為肆季完納力能先期全完者聽凡各户完過銀數即親填本季項下其未經填註者即係未完每季中月望以前陸續赴衛領批解部總庫批迴該衛附卷本役赴船政分司領完票存照過期不解及解不足數者許該衛提究如有欠户許收解呈衛即與查追細户無欠原由呈繳每年拾貳月該衛即將次年由票照式填註類申船政分司掛號印發

〇一收解雖在各役而查催則在衛官每衛立堂簿壹扇印發各衛將本衛船銀總撒數目備開在內每年分肆季比較如本限不完者下季所完儘足前限以便清查如遇收解請批當時給發差千户壹員押赴車駕司投𢇁守領批迴附卷但不許秤驗以起物議批發叁日而批迴不至衛者即提解委官季終初壹日衛官親齎赴部堂聽比錦衣衛舊設造撥千户貳員今已無造撥事將該衛船數各分壹半填給劄付與各衛掌印官一同派丁催徵比較歲終查全完者獎完不及捌分者提責示戒完不及伍分者革任

〇一丁銀收解批文之法蓋使官役互相牽制以杜弊端如掌印官刁難批文者許本役即赴本司告納領完票囬照本部照數行衛催取批文仍提官識解究如承批千户有索分例者許各解抱牌面稟

〇一丁銀皆總庫親收並無衛所一切使費如有收解私增秤頭火耗者許各納户扭送本司從重究治

〇一丁銀壹季壹比雖收解有貳叁人分管者亦可先後遞收故每船止給部由壹張該衛不許另給私由以滋別弊各户驗非本部總由者不許秤納

〇丁銀由票式

〇南京兵部船政分司為特陳京軍最要疾苦懇乞

聖恩亟賜蘇息以溥

德意以召天和事今將　衛第　號船應納工

料銀兩各户姓名。逐一填註。發衛轉付本船收解人役。執票催徵。肆季解納。爲此票仰各細户人等。遇票到日。即将應納銀兩。照數交付本役。當時将票内本名下。眼同親註某月日完過數目。以防影射。該衛不許另給私由。以滋要端。此銀遇

恩不赦。遇災不免。若有拖欠。即拘領船出水。俱要在季中之月。拾伍日以前。赴衛請批解部。該衛止發批文。差官押解。不許秤驗。及刁難批文。違者

許收解徑赴本司告納。領完票回照。該衛官識另行提究。其肆季應納銀兩。有能先期全完者。尤見奉公。該衛及收解人等。再不許混行催擾。如各户恃奸不完。及不足數者。許收解人役。呈衛查追。不服者。申

部提究。如收解有私加秤頭火耗者。一體重責枷號。決不姑息。須至由票者。

計開

工料銀叁拾兩　油艌銀　聽繼銀

共銀

一户　該銀　月　日完過　月　日完過
月　日完過　月　日完過

後户同前

右給付收解　某人　准此

萬曆　年　月　日

司押

〇分司完票式

〇南京兵部船政分司。為收納丁銀事。據　衛第　號船收解　解到萬曆　年分丁

銀　兩　錢。收完貯庫外。尚欠銀　兩　錢。限　月　日完解。付照。

萬曆　年　月　日給

〇禁約牌式

〇示。快船丁銀收解。如有衛官刁難批文。委官識字軍牢人等。需索押批飰食分例。及本司總庫把門一應人役。凡有需索者。許抱牌面稟

吏書隱匿此牌者。究革。

[illegible]船之法　凡十一條

○一先行江濟二衛查儘在冊夫餘外方行招募初擬即招各衛快船户內派丁之人既可以爲養贍之資又可以爲輸納之助而愚人聽信奸徒恐充夫貽累反自隱避願充者不過壹貳拾人乃示附近軍民聽其赴衛報名造冊繳部依次序撥着船

○一行法之始人未知充夫之利而江淮尤甚乃將衙門人役子弟親故批發江淮以作之倡江淮行則濟川易易矣江淮自衙門人之外未嘗批

壹人濟川則雖衙門人亦未嘗批也皆聽該衛自行查收以免日後藉口

○一派丁人充夫極爲兩便而此輩一時未易通曉偶見夫冊之外尚有軍民告投者乃許其投入快船號內認派貳丁取收解結狀方與充夫時已撥過冊內夫貳千餘名其初充壹貳拾人及後投入派丁人皆已撥過無不樂其利者于是派丁各軍復紛然告投而缺已少矣乃擇極貧軍丁各發該衛取收解結狀儘缺撥用

○一先查革各衙門聽事食糧水夫凡柒拾陸名撥入各船以省新募之費

○一着船當差因舊夫事體熟慣故先撥裁革聽事之人快船貧糧輸納故次撥快船初充及投派丁銀之人次序撥舊冊餘丁次序撥新冊應募及至將盡而快船派丁貧軍復来投充于是儘缺撥用並不紊亂

○一內官前站經手自願投充水夫俱准入冊每船撥入壹名以便制馭

○一募夫船貳百壹拾隻分爲肆班漸次收夫大約以差次之遠近及修造之重輕以爲夫糧之先後則緩急有序而人情自平第壹班拾伍年陸月初壹日第貳班柒月初壹日第叁班拾月初壹日第肆班拾陸年正月初壹日各爲始

○一每船撥夫拾陸名每班計船若干隻扣撥夫若干名牌行該衛令其各從熟便以拾陸人爲壹號互相認識凡有詐冒情弊者查革撥補止許把總親自查審並不許轉行委官以滋煩擾拾

陸人內選調舊夫壹人爲甲各甲齊赴本部将
見留船隻拈鬮撥定即依號管領絕無官識需
索及揀選船隻之弊

一拾伍年快船未盡回塢先查見在凡係中修小
修者扣提應用逐班撥夫以後随到随選凡大
修以上者皆不用蓋不特漸次收糧爲節省之
法且用新棄舊以省修理之資

一新甲貳百壹拾名每名各給銀伍兩作守船飰
食其工食仍俟次年當差之特方與各夫一齊

支領前壹百伍隻于拾陸年正月初壹日後壹
百伍隻于拾柒年正月初壹日爲始

一在塢快平船将安家月糧畫行住支以後随到
随住會計新收糧數

買給料價之法 凡十條

一杉木利息頗多姦商鑽求上納不問應用幾何
合用何項非惟材料不堪抑且久積多朽自萬
曆拾貳年捌月本職到任即停汝買拾伍年爲
始每至秋季預查實在杉木要見次年何項缺
乏應買若干方具揭呈
堂依數召買其圍量價式俱照舊刋職掌

一楠木照工部稅単派商上納苦于不足而舊例
恐木心有腐每價百兩扣留伍兩俟用後查給
商人又甚苦之今免其扣留而增其買數使商
不苦而用不乏

派例開後

稅銀壹兩派木陸分不及壹根免派至貳
兩方派（壹根從叁字起貳根則壹叁壹肆以外皆叁肆字均派）

壹拾兩者內派伍字壹根
貳拾兩者伍字貳根
叁拾兩者陸字壹根　伍字叁根
肆拾兩者陸字壹根　伍字肆根
伍拾兩者陸字壹根　伍字伍根
陸拾兩者陸字貳根　伍字陸根
此外照例加增派木除伍字陸字外
其叁字肆字派至伍根者內各派桅
木壹根

○一舊例該廠圜收木植。止編字號。及丈尺疵病備造格冊呈司。而價則未定。俟各甲領用之後。本司方催募書筭。照例磨勘。備開價數。造冊呈
堂。復行原收衙門。取印信領結。呈
堂批車駕司。方許領價。事煩多弊。商人又有守候之苦。今即着原收該廠。照例筭價。填入初呈格冊。同印信領結。一并申司。當日呈
堂批領。其圜量價式。并折竅疵病。俱照舊職掌。

○一圜收各木。皆要把總親自估收。木頭即鏨把總

及匠人姓名。如丈尺不准。疵病不開者。許領用小甲禀告。匠役革責。本官酌量處治。仍追賠。各甲所虧料價。若係本心麻腐。鋸開始見者。事干原收官匠無干。若入空地扳損處太多。斧敲可辨者。仍于原收官追賠。

○一月朔將各廠木植。備開舊管新收開除實在四柱簿呈
堂查發。

○一舊設龍江關經紀叁名。天寧洲經紀拾貳名。管催各商木植。又設龍江關保家貳名。保歇各商。皆朔望赴船政分司點卯。而在外惟造船廠有各役姓名卯簿。盖收買木植。舊例總歸造船廠也。今既叁廠分買。則各役亦宜分屬。合定為例。經紀龍江關每廠壹名。天寧洲江濟馬船廠各叁名。快船廠陸名。俱自立卯簿。每月望日。赴廠查點。朔日總赴船政分司點卯。保家止貳名。又難分屬。各廠照舊。并入簿內。總聽稽查。

○一船政分司。舊役催木弓兵拾名。造船廠又用巡

木弓兵拾名。查弓兵每名工食米兩貳錢。而借役至貳拾名。似為非法。且催木已有經紀弓兵為多。擾而巡木新設小甲。弓兵為冗役。以後俱革回城。永不復用。

○一桐油黐麻黃麻。原有鋪户。向因姦商逐利。寅緣上納。高擡時價。且貨未到京。先告認狀。以致鋪户不敢收買。或違限不至。未免躭悞船工。今皆禁革。悉着鋪户辦納。如商人有見貨在京者。許其依價上納。以免商旅不至。物價騰踴之虞。

○一油麻釘鍋時價不等舊皆于用完之後行城訪報致給料之時難于扣筭出則之多皆由于此且用有定數而價有貴賤依價扣額多寡不同今給發小甲皆定常價以便計價扣額並無增減其舖户領價仍依時貴賤毋致虧濫

給單常價開後

蔴麻每斤銀壹分貳厘　黃麻每斤銀壹分

桐油每斤銀壹分肆厘　釘每斤銀壹分捌厘

鍋每斤銀貳分

○一油麻釘鍋皆于驗船定則之後該廠照例查合用數目揭呈分司即喚集鋪户照數認買仍一面訪定時價俟船工完日該廠仍查用過實數揭呈分司計筭價明白呈堂給領

造修船隻之法 凡十七條

○一舊例造修原分春秋貳案後該本部議以夏日炎長冬日寒短併作春案壹次但修完俟差日久損壞今將進京馬快平船每年造修壹半每

半分為兩案定于正七月中旬將輪該船隻提出估驗等則依期完工不許遲至叁個月

○一兩衛大馬船向不修理遇差即令本甲科派各夫自行整艌殊非事體今每衛除黑樓船外各實在貳拾肆隻見今編號皆以極損者在前依次提修每年各捌隻其序編在後者見今尚堪應因叁年壹遍循環修理費省而用自足

○一舊因快船小甲住居散遠故提修之時有牌行數月而甲猶未至者以致工完遲悞今既係食糧常役又多在城中如牌出伍日而小甲不至者責治半月而該廠不請本司臨驗者委官提究把總附過

○一舊例驗船既有該衛廠指揮把總矣又有別衛指揮經歷鑽求重勘索詐多端今盡禁革止該廠把總帶該船委官小甲木匠識字各壹人將本船週圍損壞去處逐一量記丈尺填註勘冊估定等則總具揭帖送部以憑親臨覆勘

○一國民貳號大馬船泰安貳號小馬船一應勘冊

畵式。工料什物官銀俱照舊職掌風雨貳號快船圖式止添週身彩畫及海青板裝調順貳號平船圖式止添活樓及週身彩畫海青板裝其工料什物官銀。與泰安貳號悉同一例。

○一舊例本司勘船皆多帶官從以示體面又發官銀貳錢與快船廠使之辦飯貳叁日內所用不下伍陸金而官役乘機科派殊非法紀今止帶夫皂肆伍人每人日給俸錢拾文使自買飯食亦不許跟上各船本司即帶該廠人役將原造

勘冊所開損壞去處隨意點出親驗有無相同增減等則各船總集一處一日可完自備蔬飯一飡儘足爲適此雖小節實杜弊源不可忽也

○一估船定等姦弊最多向無定準致姦甲專事賄緣且損多等重反以船損爲利不復愛惜今大約以年分爲主如年分未及而船已多朽勢不得不從重者雖依其等則而仍須酌量減其料價庶各甲以船爲命自知愛惜木料不堪者必不肯領各廠亦不敢收矣。

計開

拆造後經壹貳差者。小修。

叁肆差者中修

伍陸差者。大修。

大修之後又小中大修。

拾差以上者方拆造。

如船有車壩遭風等項須開塲之日即告部查明案候估時雖年未及而逾等者免減料價

○二等則料價什物官銀完工限期悉照舊職掌快平船俱與小馬船同但職掌原開大馬船難以大修故不開大修則例今查實可大修也凡船身底板極壞者方拆底板稍損者皆可修今添定國民貳號大馬船大修則例凡叁等

計開

國民貳號大馬船每壹隻

一成造（謂另造者止壹等係舊例）該工料銀貳百伍拾兩內

官給買辦什物銀貳拾兩

官給釘鍋油麻并楠杉雜木計筭銀壹百玖拾兩原有舊例相習。故不細開。後皆倣此

隨船各夫自備匠作工食銀肆拾兩小甲免派。夫拾肆名。每名應出銀貳兩捌錢伍分捌厘。

一拆造謂有舊船。拆而重造者。凡叁等。俱係舊例。

下等該工料銀壹百捌拾兩內

官給買辦什物銀拾兩

官給釘鍋油麻并楠杉木植計筭銀

壹百叁拾柒兩

隨船各夫自備匠作工食銀叁拾叁兩小甲免派。夫拾肆名。每名應出銀貳兩叁錢伍分捌厘。

中等該工料銀壹百柒拾兩內

官給買辦什物銀拾兩

官給油麻并楠杉木植計筭銀壹百叁拾兩

隨船各夫自備匠作工食銀叁拾兩小甲免派。夫拾肆名。每名應出銀貳兩壹錢肆分叁厘。

上等該工料銀壹百陸拾兩內

官給買辦什物銀拾兩

官給釘鍋油麻并楠杉木植計筭銀壹百貳拾貳兩

隨船各夫自備匠作工食銀貳拾捌兩小甲免派。夫拾肆名。每名應出銀貳兩。

一大修係今添定者。凡叁等。

下等該工料銀玖拾貳兩內

官給買辦什物銀拾兩

官給釘鍋油麻楠杉木植計筭銀陸拾兩係新定。故細開。後倣此。

鐵釘貳百伍拾斤

鍋捌拾斤

桐油肆百伍拾斤

黄麻叁百伍拾斤

蕷麻貳百斤

楠木伍字頭壹根

肆字頭叁根

叁字頭叁根
杉木櫓木肆根　頭桅肆根
跳木肆根
隨船各夫自備匠作工食銀貳拾貳
兩小甲免派。夫壹拾肆名。每名應出銀壹兩伍錢柒分貳厘。
中等該工料銀捌拾伍兩內
官給買辦什物銀拾兩
官給釘鍋油麻楠杉木植計筭銀伍
拾伍兩

鐵釘貳百肆拾斤
鍋柒拾伍斤
桐油肆百叁拾斤
黃麻叁百伍拾斤
檾麻叁百斤
楠木伍字頭壹根
肆字頭貳根
叁字頭叁根
杉木櫓木肆根　頭桅肆根

跳木肆根
隨船各夫自備匠作工食銀貳拾兩
小甲免派。夫壹拾肆名。每名應出銀壹兩肆錢叁分叁厘。
上等該工料銀柒拾捌兩內
官給買辦什物銀拾兩
官給釘鍋油麻楠杉木植計筭銀伍
拾兩
鐵釘貳百貳拾斤　鍋柒拾斤
桐油肆百貳拾斤

黃麻叁百伍拾斤
檾麻貳百斤
楠木伍字頭壹根
肆字頭貳根
叁字頭貳根
杉木櫓木肆根　頭桅肆根
跳木肆根
隨船各夫自備匠作工食銀壹拾捌
兩小甲免派。夫壹拾肆名。每名應出銀壹兩貳錢捌分陸厘。

一中修凡叁等俱係舊例

下等該工料銀伍拾伍兩內

官給買辦什物銀捌兩

官給釘鍋油麻并楠杉木植計筭銀

叁拾貳兩

隨船各夫自備匠作工食銀壹拾伍兩小甲免派夫壹拾肆名每名應出銀壹兩柒分貳厘

中等該工料銀肆拾捌兩內

官給買辦什物銀捌兩

官給釘鍋油麻并楠杉木植計筭銀

貳拾柒兩

隨船各夫自備匠作工食銀壹拾叁兩小甲免派夫壹拾肆名每名應出銀玖錢貳分玖厘

上等該工料銀肆拾叁兩內

官給買辦什物銀捌兩

官給釘鍋油麻并楠杉木植計筭銀

貳拾肆兩

隨船各夫自備匠作工食銀壹拾壹

兩小甲免派夫壹拾肆名每名應出銀柒錢捌分陸厘

一小修凡叁等俱係舊例

下等該工料銀叁拾柒兩內

官給買辦什物銀伍兩

官給釘鍋油麻并楠杉木植計筭銀

貳拾貳兩

隨船各夫自備匠作工食銀壹拾兩小甲免派夫壹拾肆名每名應出銀柒錢壹分伍厘

中等該工料銀叁拾貳兩內

官給買辦什物銀伍兩

官給釘鍋油麻并楠杉木植計筭銀

壹拾玖兩

隨船各夫自備匠作工食銀捌兩小甲免派夫壹拾肆名每名應出銀伍錢柒分貳厘

上等該工料銀貳拾柒兩內

官給買辦什物銀伍兩

官給鐵釘油麻并楠杉木植計筭銀

壹拾陸兩

隨船各夫自備匠作工食銀陸兩 小甲免派夫壹拾肆名每名應出銀肆錢叁分玖厘

泰安風調雨順小馬快平船每壹隻

一成造 止壹等係舊例 該工料銀貳百壹拾伍兩內

官給買辦什物銀貳拾兩

官給釘鍋油麻并楠杉雜木計筭銀壹百陸拾伍兩 原有舊例相習故不細開後皆倣此

隨船各夫自備匠作工食銀叁拾兩 小甲免派夫壹拾伍名每名應出銀貳兩

一拆造 凡叁等俱係舊例

下等該工料銀壹百肆拾伍兩內

官給買辦什物銀拾兩

官給釘鍋油麻并楠杉木植計筭銀壹百壹拾兩

隨船各夫自備匠作工食銀貳拾伍兩 小甲免派夫壹拾伍名每名應出銀壹兩陸錢陸分柒厘

中等該工料銀壹百叁拾捌兩內

官給買辦什物銀拾兩

官給釘鍋油麻并楠杉木植計筭銀壹百零伍兩

隨船各夫自備匠作工食銀貳拾叁兩 小甲免派夫壹拾伍名每名應出銀壹兩伍錢叁分肆厘

上等該工料銀壹百叁拾兩內

官給買辦什物銀拾兩

官給釘鍋油麻并楠杉木植計筭銀壹百兩

隨船各夫自備匠作工食銀貳拾兩 小甲免派夫壹拾伍名每名應出銀壹兩叁錢叁分肆厘

一大修 凡叁等俱係舊例

下等該工料銀柒拾捌兩內

官給買辦什物銀拾兩

官給釘鍋油麻并楠杉木植計筭銀伍拾兩

隨船各夫自備匠作工食銀壹拾捌兩 小甲免派夫壹拾伍名每名應出銀壹兩貳錢

中等該工料銀柒拾貳兩内
官給買辦什物銀拾兩
官給釘鍋油麻并楠杉木植計筭銀
肆拾陸兩
隨船各夫自備匠作工食銀壹拾陸
兩小甲免派夫壹拾伍名每名應出銀壹兩陸分柒釐
上等該工料銀陸拾陸兩内
官給買辦什物銀拾兩
官給釘鍋油麻并楠杉木植計筭銀

肆拾貳兩
隨船各夫自備匠作工食銀壹拾肆
兩小甲免派夫壹拾伍名每名應出銀玖錢叁分肆釐
一中修凡叁等俱係舊例
下等該工料銀伍拾兩内
官給買辦什物銀捌兩
官給釘鍋油麻并楠杉木植計筭銀
貳拾捌兩
隨船各夫自備匠作工食銀壹拾肆

兩小甲免派夫壹拾伍名每名應出銀玖錢叁分肆釐
中等該工料銀肆拾叁兩内
官給買辦什物銀捌兩
官給釘鍋油麻并楠杉木植計筭銀
貳拾肆兩
隨船各夫自備匠作工食銀壹拾壹
兩小甲免派夫壹拾伍名每名應出銀柒錢叁分肆釐
上等該工料銀叁拾捌兩内
官給買辦什物銀捌兩

官給釘鍋油麻并楠杉木植計筭銀
貳拾兩
隨船各夫自備匠作工食銀壹拾兩小甲免派夫壹拾伍名每名應出銀陸錢陸分柒釐
一小修凡叁等俱係舊例
下等該工料銀叁拾叁兩内
官給買辦什物銀伍兩
官給鐵釘油麻并楠杉木植計筭銀
壹拾捌兩

隨船各夫自備匠作工食銀壹拾兩
小甲免派。夫壹拾伍名。每名應出銀陸錢陸分柒厘。

中等該工料銀貳拾玖兩內
官給買辦什物銀伍兩
官給鐵釘油麻并楠杉木植計筭銀
壹拾伍兩
隨船各夫自備匠作工食銀玖兩小甲
免派。夫壹拾伍名。每名應出銀陸錢。

上等該工料銀貳拾肆兩內
官給買辦什物銀伍兩
官給鐵釘油麻并楠杉木植計筭銀
壹拾叁兩
隨船各夫自備匠作工食銀陸兩小甲
免派。夫壹拾伍名。每名應出銀肆錢。

○一舊例木料。皆各甲逐根告領。本司批廠查給。故先通廠識查。選字號陸續守候。稽悞船工。名曰精詳實開奬賞。今各船等則既定。本司即將在廠木植。挨次照例。每船總填長單壹張。丈尺疵病。折減價數。備開在內。

○一舊例釘鍋油麻。亦陸續告領。而價尚未定。致難扣筭。今照額定常價。將各船應給之數。并入木料長單。總扣合額。預示各甲。依期赴部。拈鬮填名。登時散給。

○一釘鍋油麻。若單內數不足用者。皆各甲自買添湊。木料不足。許其告增。當時筭價扣足額數。多者即註原單出則項下。其楠木鋸板。內有麻廢與原收官無干者。該廠查明寸尺。具呈本司。依數給補。

給料總單式

某字號

萬曆　年　季　衛　船小甲　驗係

應給料價

計開

楠木商人　號圍　尺　寸長　丈　尺
寸疵病　灣　匾　凹
節　已經減價　外

計價

號圍　尺　寸長　丈　尺

寸疵病　灣　區　凹

節　已經減價　外

計價

號圍　尺　寸長　丈　尺

寸疵病　灣　區　凹

節　已經減價　外

計價

杉木商人、

號圍　尺　寸長　丈　尺

寸計價

號圍　尺　寸長　丈　尺

寸計價

號圍　尺　寸長　丈　尺

寸計價

鐵釘　斤計價

鐵鍋　斤計價

桐油　斤計價

黄麻　斤計價

䔢麻　斤計價

以上共計價

查　則銀

右單付本甲。齎赴該廠。照數支領。毋得留難。時刻內木植丈尺疵病。已經開載者。不許混復告擾。釘鍋油麻。止以常價扣筭。其時價貴賤。本部自與舖戶訪定。于各甲並無增減。免多寡之累。有無出則。已填註單內。免查刷之弊。拈鬮領單。

免營求之姦。楠木鋸見麻心者。先呈該廠查明揭報。并呈原單。聽本部親筆登註撥補。如有額外告增者。亦呈原單。登註各項下。以免隱匿。若木植丈尺不合。疵病不報。釘鍋油麻。斤數不足。及官識需索者。許登時赴禀。或填註單內。定行重究。

告增

計價

通查　則

萬曆　年　月　　日定限　　日同勘冊繳

部押

○一各甲領料之後俱要依限完工將用過各料填入勘冊原報損壞項下仍將此冊與料單一同繳銷違限叁日者本甲責伍板多者遞加拾日以上并提官識

○一舊例惟馬船拆造額內開桅根稍壹副快船並不給桅領者追還價銀及原桅損壞又令估價交廠若本甲領用又扣價還官是官給壹桅而

甲兩出價故各甲亦多不領彼此借用用反生弊端今馬快平船事同一體凡新造者額內皆開桅根稍壹副如遇損壞估價交廠另給新桅除所交舊桅扣價抵數外其餘即于料價或工食內扣除若失桅另給者新桅價銀盡數扣筭其見領舊船未經領桅者許其仍舊借用船政分司仍置舊桅簿壹扇價數支銷逐一開註

○一船工匠役各廠雖經造冊及給有由票而多寡不一有無不等時有推諉攬役之弊今酌量修造多寡各定應用額數有缺方補不得額外多收以免人多債事之害其部司官工盡行禁革

計開

快船廠

大木匠壹百貳拾名　細木匠陸拾名

艌匠貳百伍拾名　油漆畫匠肆拾名

蓬匠拾名　鋸匠拾肆名

鐵匠貳拾陸名　繩匠捌名

江淮衛

大木匠陸拾名　細木匠叁拾名

艌匠壹百貳拾伍名　油漆畫匠貳拾名

蓬匠伍名　鋸匠柒名

鐵匠拾叁名　繩匠肆名

濟川衛

大木匠陸拾名　細木匠叁拾名

艌匠壹百貳拾伍名　油漆畫匠貳拾名

蓬匠伍名　鋸匠柒名

鐵匠拾叁名　繩匠肆名

一各匠舊係官撥各船。或酗酒生事。或故損物料。或工作草率。而估驗之時。由其唱報。故各甲不敢與抗。今本部驗船。不由各匠。凡在官匠役。雖由該廠撥用。仍許本甲查選。如有前項之徒。即稟廠究革。若本甲有慣用勤謹之人。亦許自行僱用。各匠不許以衛冊無名。及無由票爲詞。沮撓爭競。違者究革。

一各廠工銀。皆有定額。用匠緩急。本甲自有主裁。舊例本司赴廠點查。無益船工。而反爲甲匠之

擾。今皆停止。

一江濟貳衛黑樓船。遇差之日。委官壹員。同守船小甲。逐一估驗。另開合用工料。呈司說堂。木植油麻釘鍋。于該廠及舖户處支領。同馬船項內。并筭顏料工匠銀兩。于船政銀內動支。

查扣銀兩之法 凡十一條

一料價額外多領者。謂之出剩。未開用過者。謂之餘剩。開用太多者。謂之冒破。舊日料價不定。給發無限。而各甲困于使費。又瞽面目前。故任意告領。又各甲勘冊。皆不依期呈繳。冒破餘剩。亦無從查。俟出差之後。方委別衛經歷壹員。帶筭識人等。磨筭木價。勘冊查刷前項銀兩。每案動經數千。經歷有獎禮。筭識有工食。亦復數拾金。然後委官行追。永無杜絕。各甲困窮拚命者有之。委官肆行侵漁者有之。種種獘害。不可殫言。今扣額給單。有無出剩。先自了然。勘冊與料單同繳。冒破餘剩。隨到隨刷。每案應追甚少。即于各船應領工食內扣完。絕無絲毫拖欠。而且省

委官筭識之費。

一舊例進京船隻。中途發回者。扣追半差銀兩。然其中事體。大不相同。如縉紳齎捧。及姜果香橙木樨煎等差。本部原給有陸路勘合。一遇河凍閘淺。恐悞限期。即起旱前行。本船止行所過地方。其有遭風失火。漂没灰燼。已經代僱民船裝運到京。取有本官及所在官司批照者。不惟事出不測。而本甲所費。亦足抵償。乃一例查追。殊失輕重之義。合着爲例。馬快平船皆同。

計開

差官起旱本船自囬者

至淮安囬者。舊追銀貳拾捌兩。今追銀叁拾伍兩。

徐州囬者。舊追銀貳拾貳兩。今追銀貳拾捌兩。

濟寧囬者。舊追銀壹拾捌兩。今追銀貳拾叁兩。

張秋囬者。舊追銀壹拾柒兩。今追銀貳拾貳兩。

東昌囬者。舊追銀壹拾陸兩。今追銀貳拾兩。

臨清囬者。舊追銀壹拾伍兩。今追銀壹拾玖兩。

德州囬者。舊追銀壹拾兩。今追銀壹拾叁兩。

天津囬者。舊追銀貳兩。今追銀叁兩。

例不到京者。姜果香橙木樨前皆先照例查扣。不許遲至次年。餘俟次年領工食時查扣。

遭風遇火代僱民船進京。取有批照者。

至淮安囬者。舊追銀貳拾捌兩。今止追壹拾肆兩。

徐州囬者。舊追銀貳拾貳兩。今止追壹拾壹兩。

濟寧囬者。舊追銀壹拾捌兩。今止追玖兩。

張秋囬者。舊追銀壹拾柒兩。今止追捌兩伍錢。

東昌囬者。舊追銀壹拾陸兩。今止追捌兩。

臨清囬者。舊追銀壹拾伍兩。今止追柒兩伍錢。

德州囬者。舊追銀壹拾兩。今止追伍兩。

天津囬者。舊追銀貳兩。今免追。

以上所追半差。皆以短差爲準。如係

長差者須再加追所多官貼接之
數。半差及長差貳項皆依例查追並無減免。
○一舊例進京各船如有遭遇風火難復修艌者許
于所在官司告給印照拆料變價回部計追底
新銀兩但職掌前後互異以致姦人牽引事難
歸一今着爲例馬快平船皆同
貳拾年以上成造者追銀肆拾伍兩
拆造者追銀叁拾伍兩
拾伍年以上成造者追銀伍拾兩

拆造者追銀肆拾伍兩
拾年以上成造者追銀陸拾兩
拆造者追銀伍拾伍兩
柒年以上成造者追銀柒拾兩
拆造者追銀陸拾伍兩
伍年以上成造者追銀玖拾兩
拆造者追銀捌拾兩
叁年以上成造者追銀壹百兩
拆造者追銀玖拾兩

壹貳年成造者追銀壹百貳拾兩
拆造者追銀壹百兩
已上皆同半差長差一并查追外其拾年以
下船隻而又在徐州以南損壞者以其年分
不遠而地方又近止許艌完駕回不許違例
拆賣若黄河水驟漂沒無跡及失火灰燼片
板無存者必要同䑸保結及所在官司印信
執照方謂事出非常照舊從輕追扣
貳拾年以上追銀貳拾兩

拾年以上追銀貳拾伍兩
伍年以上追銀肆拾兩
叁年以上追銀伍拾兩
新造壹年以上追銀陸拾兩
若漂沒非黄河之内火失無同䑸燒
燬及運官所失錢糧數目者俱不得
用此例
○一大馬船地方不遠其到江西湖廣者又係平水
如有損壞止是駕回修造並無變價追底新之

例。

〇一舊例楂桴銀兩。快平船帷拆造以上方追。而馬船則大中小修皆有之。且江濟多寡不同。殊屬無謂。又委官查追。多致侵漁。今江濟馬快平船俱爲一例。即于領官銀時查扣。不必行追。

計開

一大馬船成造叁兩貳錢

拆造下叁兩

拆造中貳兩捌錢

拆造上貳兩陸錢

大修下壹兩捌錢

大修中壹兩陸錢

大修上壹兩肆錢

中修下壹兩貳錢

中修中壹兩壹錢

中修上壹兩

小修下玖錢

小修中捌錢

小修上柒錢

一小馬快平船成造叁兩

拆造下貳兩柒錢

拆造中貳兩伍錢

拆造上貳兩叁錢

大修下壹兩叁錢

大修中壹兩貳錢

大修上壹兩壹錢

中修下壹兩

中修中玖錢

中修上捌錢

小修下柒錢

小修中陸錢

小修上伍錢

〇一各夫逃故頂補之月。俱作空役。扣除工食。陸兩者。月扣銀伍錢。肆兩者。月扣銀叁錢叁分叁厘。叁兩伍錢者。月扣銀貳錢玖分壹厘。總庫失查混給者。書庫坐賍。

〇一舊例各夫未差而死故者。仍通查前後日期。追缺差銀兩。其間意義欠通。向憑吏書開報。莫可推曉。今兩年壹差。歲月較近。所稱缺差一切豁務。使易知。

〇一舊例長差船抵灣。守候陸箇月。方許發回。故此短差多領貼接銀柒兩陸錢。奸甲凡係長差者。多夤緣北部衙門書謀領便差。或捏稱裝內臣行李回南。印給批迴。並未守候。不惟虛冒官銀。亦且失

國家立法深意。以後各船回塢。須查批內抵灣及開回日期。壹月不滿。扣追銀叁兩。名曰長差銀。一體呈

堂查考。

〇一出則餘剩一半差底薪。長差定數後。船政分司一面填入委官稽績簿內。一面行總庫查扣。一面行委官起批至季終。并查本季扣過楂柴銀數。總案呈

堂批車駕司存照查理。各項銀兩。皆于應領銀

內查扣。不盡者方追。有銀可扣而朦朧遺失者。該吏書坐贓究治。

〇一前柒項係已經給發。而船政分司清查追扣。聽

堂上作正支銷。與在庫錢糧不同。故名曰船政銀。總庫立日收簿。逐月呈

堂。車駕司立號簿。逐號查理。遇有應用銀兩。俱由船政分司具揭呈

堂批車駕司查支。歲終車駕司。船政分司。總庫會同查筭明白。將實在之數。具案呈

堂轉入庫冊查盤。與江濟工料銀兩。通融支用。凡失查失扣者。吏書呈

堂究革。

〇一船政銀柒項內除楂柴。先于領官銀時查扣外。其出則餘剩半差長差底薪陸項。須查小甲若已收過各夫包封。及貼差銀兩者。俱于本甲身上追納。毋得重派各夫。若未收者。各夫照數分扣。

凡三十條

○一馬船水夫。其原係江西湖廣太平安慶寧國批解來京者。此爲祖役。其近日招募。係快船户内派丁人數。及挨派丁銀者。則輸納所資。所有夫缺。理應世代頂充。其以前冒籍入冊者。乃滕朧之弊。及今別户挨充者。乃勢不得已。止許壹當充當。今後每遇丁年。本部備查指掌冊内。食粮夫。凡係祖役及派編丁銀者。案行江濟。令其開報親男親孫。造冊貳本。仍每船取見食粮水夫並無虚報弟姪。及別籍義男。連名結狀貳張。壹申部。壹存衛。遇缺查補。混報混造者。官識提究。各夫通革。仍許諸人首發。即賞原缺。冊式開後。

計開

某字號船夫某某係江西籍貫

親男某年若干歲

某年若干歲

親孫某年若干歲

某字號船夫某某係某衛快船派丁人

親男親孫照前

自親男孫外不許混稱户丁滕朧造入

○一新船撥夫一完之後。其挨派丁銀之例。亦盡停止。如有滕朧告入者。本人枷號。官識提究。本司吏書不稟查者。呈堂究革。仍許諸人首告。即賞頂原缺。其冊内派丁極貧人。許其俟驗船之時。查缺告補。本司查□銀冊内相合。一面着船收粮。一面行本衛取收解結狀。若有冒名代告者。仍查革究治。

○一見今派丁各軍及挨丁之人。凡充水夫者。除拾年以内。丁銀照數辦納外。其下次造丁冊時。俱要與通船之人量力增減。不許拘定今數。違者革除夫籍。

○一夫餘年貳拾歲。方准補役。年未及者。不許濫充。如有躲避差使。貧賴貼銀。私自遠出。告假違限者。許該委官及小甲呈告。即行查革。

○一各夫皆將真正籍貫填入指掌冊内。如有冒籍者。許諸人首告。即將本缺賞補。凡大馬船甲壹名。夫拾肆名。小馬快平船甲壹名。夫拾伍名。名聽

事額定貳百壹拾捌名。不許增用。其逃故頂役
及毋妻粮開住日期。支過及應扣銀兩。每月初
壹日。江濟貳衛。各委官壹員。帶識字貳名。赴部
註冊。

〇一各夫如有逃故者。該衛當時揭報本司。隨即住
粮。并填註指掌冊格內。如官識隱匿日期。冒支
錢粮者。依律究治

〇一見今招募人夫。既非祖役。又與丁銀無干。其冊
末撥船不及者。本應停罷。但小人既已入冊。便

生覬心。除聽繼冊燒燬不用外。其在正冊者。止
除民籍。及冒江濟籍貫者不用。其各衛軍餘技
充者。俱許與舊冊冊內餘丁。遇大小馬快平船
夫缺。一體收補。止許壹輩充當。以後不許造報
夫餘冊。

〇一今年歲次丁亥。江濟貳衛。本應造報夫餘文冊。
但查原冊在萬曆柒年方造。冊後新生者。至今
不滿拾歲。亦未及補役之年。况招募冊內。報入
者已多。合暫停止。通至下次丁酉年。將祖役及

派丁人餘丁。一體造報。凡未及拾歲者。俱不許
造。

〇一舊例水夫有缺。在冊夫餘。即具通狀。告送本司。
行衛查明結報。方准補役。候有臨差之船。數內
缺人。又告本司。行衛查報。方准着船。始得收粮。
支領工食。事體煩瑣。官役需索。以致姦徒補役
着船。同時具告。每年冒濫無筭。自本職到任。置
補役冊。遇差船夫缺。依次撥補。粮賞工食。歲省
不貲。而事體亦簡。後議拾陸年爲始。皆兩年壹

差。空閑不多。仍許遇缺即補。然恐預補壹年。未
差而故。則拾餘金盡屬虛棄。合着爲定例。凡告
通狀補役等項。盡行禁革。遇有夫缺。該衛當時
揭報註冊。記候直至各船提驗定則之後。方許
小甲具告本船缺夫幾名。即查故夫親子孫撥
補。如無。查冊內本所夫餘次及別所撥補。如有
快船冊內極貧人。查缺告頂者。准其即撥。諸人
不得執爭。以上不拘馬快平船。一體着役。

〇一各夫臨修方補。即有包封之費。其故夫在空閑

之年。而或應支銀米月分太多者。實爲虛冒。但工食在庫。可以酌處。前項包封。該衛臨期呈奪。

○一舊例每年四季。本司親臨江濟貳衛。查點水夫。不到及老弱冒替者。除名責治。但甲夫出差。臨期自相關係。閒常混查。固爲無益。且壹年出差壹年休息。亦不必查。必欲查之。未免冒替。萬夫之衆。一人豈能盡識。祇爲群小資耳。合行停止。

○一江西湖廣舊夫有回家省親及各夫因事出外者。許赴分司告假。違限不到。方扣月糧工食。違

至叁月者。除名僉補。

○一各夫犯罪革役者。俱不許告復。原在各船者。不許更換聽事常川跟用。犯法者逕革易補。不許復着船差及將船內人補役。其委係老疾而子孫告替者聽。

○一舊例水夫收妻月糧。皆無定准。今着爲例。凡新補者。每月止收糧陸斗。叁年之後。加妻糧肆斗。俱行衛查勘明白。方准收支。妻故者住支。續娶者。叁年之後。另收。身死妻糧同住。凡收糧皆要

本船小甲結狀。如朦朧混收。及應住不住者。許小甲及同船人首告。本夫責革。官識提究。

○一舊例水夫工食。各隨縣分。如該縣銀未解到。則本夫無從支領。今通融一體。各夫皆隨本船。不拘縣分。每年拾貳月。通行放給。其借支改編名色。盡行革除。

○一舊例各船臨差。拘于歲終總放之例。止稱預給。凡長差止給柴錢伍分。短差止給陸錢。使之揭債磊息。而在官人役乘之爲利。今除無差之年。

及衛門聽事。照舊年終總支外。其長差皆支本年。短差皆支捌箇月。如撥差已在拾月之後者准支壹年。但通不得支過本年。如一應隨船各夫不遇差使及衛門聽事。先期支給。或支過本年。致難查刷。使奸役乘機作弊者。書手庫子究坐賍。同本夫究革。

○一小甲爲壹船之主。俱要正身應役。遇差。先行該衛。備查年貌。填註勘合。以便稽查。其隨船各夫。聽其貼銀僱代。若非老疾。而自願出水。果係正

身者該衛即給印照不許甲夫生情計阻其老疾不堪而強要搪塞者許本甲呈稟查實革退

（）一總庫給散工食舊皆隨縣多寡不等每封止以壹貳人領出扣分各夫頗生弊端今既隨船每船扣給壹封付小甲領出分散事有歸着庶弊自除

（）一進京馬快平船長差者臨行官貼及船回官接加給銀柒兩短差者各叅兩貳錢不許同支

（）一各夫凡遇進京差使除本身應役外其貼銀小

甲僱人代役者臨行上等叅兩貳錢中等叅兩肆錢下等叅兩陸錢回時接船每名各銀壹兩

（）一各夫出差領過工食出過貼差而偶遭事故者未滿月日皆免追空役多役月日亦不復補支許小甲回領官接時具告本船事故幾名查勘明白每名官補接船銀壹兩其夫缺使至下次提修時方照例撥補所省拾陪于所增矣

（）一各夫歲終或遇差告領工食皆隨船共具通狀壹張過部送車駕司行衛類造實支冊壹本遂船扣筭明白申部查支

支工食冊式（凡差內事故官給接船者未支月日通作缺）

（）南京江淮衛爲支領水夫工食事今將本衛各所各船應支水夫工食逐一查開于後須至冊者

一某所某號船甲夫　名每名支工食（或壹年或捌箇月）

該銀若干內

某人　某人照數實支

某人領過若干止支若干

某人陸月事故（支至伍月止）　某人拾月補役（拾壹月起支）

空役伍箇月不支外實支若干

某人柒月補役以前原缺空役柒月實支若干

某人陸月事故以後未補空役柒月實支若干

本船總實支若干

補支工食冊式

（）南京江淮衛爲補支短差水夫工食事照得各所某年短差船隻各夫未支工食各肆箇月已經查勘明白理合呈請補支須至冊者

一某所某號係　年（大木 杉條）短差隨船甲夫拾陸名已支捌箇月應補肆箇月每名該銀貳兩內

某人　某人照數實支　某人　月畫故不支

本船總實支若干

〇一輪差之年。各夫領銀。恐致花費。江濟馬船廠。快船廠。但遇驗等既定之後。即照例将各夫應出包封之數。關付江濟貳衛。照數具揭。并取各夫領狀。差官呈船政分司。即支給本甲。以便造修。餘俟定差臨行之時。總具通狀過部。送車駕司行衛。方照前式備具手冊。将支過應補數目。逐一填註。又具總數印信領結。呈車駕司。補支完足。其前次領狀。請出塗抹。蓋手冊備開先支應扣應補細數。以便細查。而領結止開應領總數。內除空役不支月日以便總刷。其各夫貼差。該衛亦照例扣給本甲。不足者追補。如各夫身非老疾。自願出水者。不許強扣。各甲亦不許私派各夫。但先支包封。不得過肆兩。蓋因有短差船。止應扣支銀肆兩也。

〇一在船甲夫。凡支包封及短差銀。俱要一齊支領。不許故意參差。致難查刷。其短差未支肆箇月工食。俟次年終領工食時。另具通狀過部。送車駕司行衛。另造補冊。及領結。一同支領。每船每年。止有通狀壹張。須結壹張。手冊壹本。惟短差者。次年多補支通狀領狀手冊。聽事人役。照指掌冊內。所分起數。同支。死故頂補者。照前冊式。并開本名下。以便查刷。並不許先後參差煩瑣。違者。庫書。及該書坐贓。

〇一長差稱通支本年工食者。謂支本年拾貳月。以前應得工食也。如補役在陸月。則除扣外。止應實支銀叁兩。短差稱扣支捌個月工食者。謂扣支本年捌月以前工食也。如補役在陸月。則除扣外。止應實支銀壹兩。餘皆倣此。凡應支數少。則先支包封。亦不得過應支之數。如遇告支銀兩。吏書庫役先取船夫指掌冊。逐一查明。方准支給。朦朧多支者。吏書庫役。同本夫一併究治。

〇一江濟貳衛黑樓船各壹隻。船不常用。夫亦不必常役。止各留甲壹名。領工食銀肆兩。看守本船。遇差。于船政銀內。照例支給本甲。催夫應用。

一各處工料銀兩。向因改編增減不一。以致州縣數目不合。其拖欠數多者。本部例有舉劾。而職名差錯。功罪不明。掣肘因循。遂成畫餅。今先咨該撫院。將各省總數轉發各該司府。備造書冊。使總撒數合。本部補刻于後。每年柒月初旬。即將應薦應獎應參州縣。備開完欠數目。具冊壹本。差官壹員。前赴該院。令自查該管職官姓名。移咨前來。以憑舉劾。自無錯悞之失。而人心亦自知儆矣。

計開

一湖廣江西直隸安慶寧國太平等府。原額工料銀共捌萬柒百陸拾肆兩捌錢伍分捌厘陸毫伍絲柒忽壹微

湖廣總額銀伍萬陸百叁拾陸兩柒錢貳分叁厘

武昌府共銀

興國州銀

江夏縣銀

武昌縣銀

嘉魚縣銀

咸寧縣銀

蒲圻縣銀

崇陽縣銀

大冶縣銀

通城縣銀

通山縣銀

漢陽府共銀

漢陽縣銀

漢川縣銀

黃州府共銀

蘄州銀

廣濟縣銀

黃岡縣銀

蘄水縣銀

麻城縣銀

黃陂縣銀

羅田縣銀
黃梅縣銀
黃安縣銀
德安府共銀
隨州銀
應山縣銀
應城縣銀
安陸縣銀
雲夢縣銀
孝感縣銀
承天府共銀
沔陽州銀
荆門州銀
鍾祥縣銀
京山縣銀
景陵縣銀
當陽縣銀
潛江縣銀

襄陽府共銀
襄陽縣銀
宜城縣銀
光化縣銀
荆州府共銀
夷陵州銀
江陵縣銀
監利縣銀
公安縣銀
枝江縣銀
松滋縣銀
宜都縣銀
長陽縣銀
石首縣銀
永州府共銀
道州銀
零陵縣銀
東安縣銀

祁陽縣銀
寧遠縣銀
永明縣銀
郴州銀
宜章縣銀
桂陽縣銀
興寧縣銀
桂東縣銀
永興縣銀

岳州府共銀
澧州銀
巴陵縣銀
平江縣銀
臨湘縣銀
華容縣銀
安鄉縣銀
慈利縣銀
石門縣銀

長沙府共銀
茶陵州銀
長沙縣銀
善化縣銀
瀏陽縣銀
安化縣銀
湘鄉縣銀
湘潭縣銀
寧鄉縣銀

攸縣銀
醴陵縣銀
益陽縣銀
湘陰縣銀
衡州府共銀
桂陽州銀
藍山縣銀
臨武縣銀
常寧縣銀

衡山縣銀

衡陽縣銀

耒陽縣銀

安仁縣銀

酃縣銀

寶慶府共銀

武岡州銀

邵陽縣銀

新化縣銀

新寧縣銀

城步縣銀

常德府共銀

龍陽縣銀

桃源縣銀

武陵縣銀

江西總額銀壹萬肆千壹百叁拾兩

南昌府共銀壹千肆百肆拾兩

寧州銀壹百伍拾柒兩伍錢

新建縣銀貳拾柒兩

南昌縣銀貳百貳兩伍錢

豐城縣銀肆百玖拾玖兩伍錢

奉新縣銀貳百伍拾陸兩伍錢

武寧縣銀壹百貳拾陸兩

靖安縣銀壹百叁兩伍錢

進賢縣銀陸拾柒兩伍錢

瑞州府共銀壹千壹百捌拾捌兩

高安縣銀陸百叁兩

新昌縣銀貳百玖拾貳兩伍錢

上高縣銀貳百玖拾貳兩伍錢

袁州府共銀壹千柒百伍拾伍兩

分宜縣銀貳百伍拾陸兩伍錢

宜春縣銀伍百捌兩伍錢

萬載縣銀肆百陸拾叁兩伍錢

萍鄉縣銀伍百貳拾陸兩伍錢

臨江府共銀柒百捌拾柒兩伍錢

新淦縣銀貳百柒拾兩

清江縣銀貳百貳拾伍兩
峽江縣銀壹百捌拾兩
新喻縣銀壹百壹拾貳兩
撫州府共銀壹千捌百伍拾肆兩
臨川縣銀叁百玖拾陸兩
宜黃縣銀叁百陸兩
東鄉縣銀貳百壹拾陸兩
金谿縣銀貳百肆拾叁兩
樂安縣銀叁百柒拾捌兩

崇仁縣銀叁百壹拾伍兩
建昌府共銀壹千壹百貳拾伍兩
南城縣銀肆百柒拾貳兩伍錢
南豐縣銀叁百貳拾肆兩
新城縣銀貳百貳拾玖兩伍錢
廣昌縣銀玖拾玖兩
廣信府共銀壹千壹百伍拾貳兩
上饒縣銀貳百貳兩伍錢
玉山縣銀貳百貳拾伍兩
永豐縣銀壹百玖拾捌兩
弋陽縣銀貳百貳拾玖兩伍錢
鉛山縣銀貳百貳拾玖兩伍錢
貴溪縣銀陸拾柒兩伍錢
饒州府共銀壹千叁百伍拾兩
鄱陽縣銀貳百伍拾陸兩伍錢
樂平縣銀貳百肆拾柒兩伍錢
德興縣銀貳百柒兩
浮梁縣銀貳百柒兩

餘干縣銀壹百柒拾壹兩
萬年縣銀壹百肆拾肆兩
安仁縣銀壹百壹拾柒兩
南康府共銀柒百壹拾伍兩伍錢
星子縣銀伍拾捌兩伍錢
安義縣銀壹百叁拾伍兩
建昌縣銀貳百叁拾肆兩
都昌縣銀貳百捌拾捌兩
九江府共銀伍百陸拾柒兩

湖口縣銀貳百叁拾肆兩
瑞昌縣銀壹百壹拾貳兩伍錢
德化縣銀壹百壹拾貳兩伍錢
德安縣銀壹百捌兩
吉安府共銀壹千伍百貳拾壹兩
廬陵縣銀肆百伍拾兩
泰和縣銀壹百貳拾壹兩伍錢
永豐縣銀壹百伍拾叁兩
永新縣銀貳百叁拾肆兩

萬安縣銀肆兩伍錢
安福縣銀叁百貳拾捌兩伍錢
吉水縣銀貳百貳拾玖兩伍錢
贛州府共銀陸百柒拾伍兩
贛縣銀貳百貳拾伍兩
興國縣銀貳百貳拾伍兩
寧都縣銀貳百貳拾伍兩
直隸叁府總額銀壹萬伍千玖百玖拾捌
兩壹錢叁分伍厘陸毫伍絲柒

忽壹微
安慶府共銀玖千捌百伍拾兩伍錢
懷寧縣銀壹千陸百捌兩陸錢叁分
桐城縣銀壹千捌百捌拾兩捌錢叁
分
宿松縣銀壹千捌百陸拾玖兩柒錢
捌分
潛山縣銀壹千肆百捌兩柒錢捌分
太湖縣銀壹千玖百壹拾捌兩叁錢
捌分

望江縣銀壹千壹百陸拾肆兩壹錢
寧國府共銀叁千貳拾肆兩
宣城縣銀壹千肆百肆拾玖兩
南陵縣銀伍百捌拾伍兩玖錢
寧國縣銀叁百貳拾壹兩叁錢
旌德縣銀貳百叁拾叁兩壹錢
涇縣銀叁百陸拾伍兩肆錢
太平縣銀陸拾玖兩叁錢

太平府共銀叁千壹百貳拾叁兩陸錢
叁分伍厘陸毫伍絲柒忽壹微
當塗縣銀貳千玖拾叁兩陸錢伍分
玖厘壹毫
蕪湖縣銀壹千貳拾玖兩玖錢柒分
陸厘伍毫伍絲柒忽壹微

○一舊例右堂及車駕司官肆員船政分司書手筭木刷案筭識刷卷整案書手各工食經歷獎禮驗船飭食紙張等項皆提大馬船免其出差而

追其工食支給前項銀兩每歲約用壹百柒捌拾金殊非法紀且大馬船已經裁減難以復追其前項銀兩除經歷獎禮筭識工食驗船飯食節省外其餘已奉
堂批于堆動各項銀內支給永華提船之例
動支各項銀兩開後
車駕司郎中皂隸陸名補支銀貳拾貳兩伍錢于臧華庫子工食銀內支給

右堂皂隸拾叁名補支工食銀壹拾陸兩
馬政廳皂隸陸名補支工食銀貳拾貳兩伍錢
刷卷書手工食銀壹拾貳兩
以上銀兩俱于車駕司集場銀內動支
船政分司皂隸陸名補支工食銀貳拾貳兩伍錢
書手貳名共支工食銀壹拾肆兩

肆錢
書筭紙張工價銀兩以上俱于船政項下楂柴出則月破餘剩半差底薪銀內動支
車駕司船政馬政工料草場分跟舊多皂隸陸名共支工食銀叁拾陸兩于草場分司紙贖內動支

差撥驗收之法 凡九條

○一各差船數悉遵

列聖明旨。刻石定額。不得濫增。其近日奉
旨增取錢糧。仍遵萬曆拾肆年伍月。（本部尚書郭
題奉
欽依。或同時起運則併差壹官。難以併差者。酌量撥
給。仍聽該部司官監視。儘船裝載。陞調內官。不
拘是何衙門。止撥馬船壹隻。或身已在北者。遺
下行李。查船附載。

○一船工既完。該廠呈報部司。即會同科道。知會運
官。一同驗裝。若臨期錢糧不出。顯係運官畏避
即酌量裁減。如有修完船隻預備者。先驗裝。發
撥給。

○一每年進京長差船壹百隻。皆撥好差。序開在後。
計開
尚膳監起運芥菜薹
尚膳監起運鮮筍
內守備廳起運枇杷果
尚膳監頭起鮮魚
尚膳監貳起鮮魚
巾帽局起運苧布
內官監起運楊梅
尚膳監起運糟筍
司苑局起運苗姜
孝陵起運苗姜
內織染局起運龍袍春秋貳起
尚膳監起運鮮魚乾
府部寺衙捧　表文
內守備廳起運藕鮮
內官監起運竹器
尚膳監起運紫蘇糕
工部起運器皿
工部起運板枋
司禮監起運畫匣板枋
司禮監起運　制帛
工部起運制錢陞起
司苑局起運藕鮮
印綬監起運誥命

司苑局起運葶藶
司苑局起運生姜芋苗
禮部起運樂器絃線叁年壹次
侯伯内臣行李及本部公差
黃船旗軍宿食叁年壹次

○一舊例長差。分上下半年。其限票内亦開守候其年上半年止。或下半年止字樣。然船差陸續撥發。即如陸月叁拾日抵灣。柒月初壹日回南。亦即可謂之守候上半年已畢。而准其長差乎。今改爲以抵灣之日爲始。扣滿陸箇月。方許回南。

○一凡係淮安徐州以南。大馬船可通之地。皆撥大馬船。因地遠近。定差分數。而工食歲終總給。但貧人出差。未免有工食之費。合着爲例。凡全差者。每人預給工食貳兩。伍分以上者。壹兩。不及伍分者。照舊無支。

計開

至儀真差壹分
鎮江差壹分

揚州差貳分
丹陽差貳分
巾帽針工貳局内使暫座差貳分伍厘
常州差叁分
江陰差叁分
寧國差叁分
採打鰣魚差叁分
採打鯡魚差叁分
蘇州差叁分

湖州差肆分
嘉興差肆分
安慶差伍分
淮安差伍分　楊梅撒場
鳳陽差伍分
蕪湖裝板枋差伍分
蕪湖裝白土差伍分
杭州差伍分
巡歷小姑山差伍分

武昌笑壹差
南昌笑壹差
新江關擺江笑壹差
江淮關擺江笑壹差
襄府食塩笑壹差
孝陵甎瓦笑壹差

一舊例江淮新江貳關每衛上下半年各撥大馬船貳隻名爲擺江以便過客朝覲年各加撥壹隻和滿陸箇月爲壹差此係本處

地方不准預支查舊管渡委官索受各夫常例聽其偷安不赴或以叁肆名在船撐駕致過客覊留而江淮尤遠常例尤多每名至壹兩每年所索至陸拾餘金甚非法紀今盡行禁革違者許各夫赴告本部訪實即重責革任問發江操

一每年內外守備部堂科道閱操渡江應用大馬船江濟輪流撥用不計分數

一各差先後原有定期舊因船號錯亂無司憑據又運官多先期咨討圖夫役之用而姦弊寅緣推託以致姦弊多端今船號既定次序昭然查照各差先後壹江壹濟依次序撥差期序後

計開

進京內官監起運杉楠雜木船正月中旬撥
進京御用監起運杉條木船正月下旬撥
進京尚膳監起運芥菜薹船貳月中旬撥
進京司禮監起運杉條木船貳月中旬撥
進京尚膳監起運鮮笋船貳月下旬撥
下江尚膳監採打鮮魚船叁月初旬撥
進京內守備廳起運枇杷果船叁月中旬撥
進京尚膳監頭起鮮魚船叁月中旬撥
進京尚膳監貳起鮮魚船叁月中旬撥
進京巾帽局起運苧布船叁月中旬撥
進京內官監起運楊梅船肆月初旬撥
進京尚膳監起運糟笋船肆月初旬撥
進京司苑局起運苗姜船肆月中旬撥

進京黄船旗軍宿食船肆月初中撥叁年
壹次
進京孝陵起運苗姜船伍月初旬撥
進京内織染局起運龍袍春秋貳起
秋起船肆月中旬撥
春起船拾月下旬撥
進京尚膳監起運鰣魚乾船伍月中旬撥
下江司禮監起運板枋赴蕪湖印烙船伍
月下旬撥
下江内官監起運楊梅至淮安撇壩船伍

月下旬撥
進京府部寺齎捧
萬壽表文船陸月初旬撥
進京内守備廳起運藕鮮船陸月中旬撥
進京内官監起運竹器船陸月中旬撥
下江孝陵取裝氈尾船陸月中旬撥
進京尚膳監起運紫蘇糕船陸月下旬撥
進京禮部起運樂器絃線船陸月下旬撥
叁年壹次

下江湖廣襄府食鹽船陸月下旬撥
下江内織染局起運龍袍至淮安撇壩船
陸月下旬撥
進京内織染局起運板箱船陸月下旬撥
或叁年壹運
下江尚膳監採打鰣魚船柒月初旬撥
進京尚膳監起運木樨煎船柒月初旬撥
進京内官監起運銅器船柒月下旬撥或
貳年壹運

進京工部起運器皿船柒月下旬撥
進京工部起運板枋船捌月初旬撥
進京孝陵起運姜果船捌月初旬撥
進京司苑局起運香橙船捌月初旬撥
下江司禮監起運
制帛赴湖廣船玖月下旬撥
進京司禮監起運畫匣板枋船拾壹月初旬撥
進京司禮監起運
制帛船拾壹月中旬撥

進京司苑局起運藕鮮船拾壹月中旬撥
進京印綬監起運誥命船拾壹月中旬撥
進京司苑局起運荸薺船拾貳月初旬撥
進京司苑局起運姜芋苖船拾貳月終撥
進京御用監起運杉楠板木船拾貳月終
旬撥
進京工部起運制錢陸起無定期
進京侯伯内臣行李用船無定期
進京内官監起運椋薦或叁伍年取運壹

次無定期

〇一舊例各船報杠驗裝向屬撥船廠。今撥船廠改爲快船廠。一切夫役皆屬江濟貳衛。如遇驗裝報杠貳衛各撥委官壹員量帶人役協同答應。如推諉悞事貳衛官役併究

看守禁約之法 凡七條

〇一舊例快船廠看廠人夫及把總委官轎馬及牢子班頭飯食一應科派皆在各甲。今添設看廠水夫貳名聽把總差用其前項無名差使及部

司郊餞發銀置酒。借辦什物扛擡柴米等事。壹行禁革。

〇一大小馬船并快平船。每隻輪夫壹名看守。壹月壹換該委官遇交換之日。即将本船週身及船内什物逐一眼同查驗明白並無損失方放上手。仍帶下手赴分司呈遞甘結如各夫共僱人守者聽仍要壹月壹遞甘結

〇一叁廠各置船簿壹扇内将原設出差面塢數目。叁柱填註。又各置木簿壹扇内将各木舊管新

收開除實在肆柱填註。送分司印給。仍各撥委官壹員帶小甲拾名内伍名巡船伍名巡木各将姓名分填各簿内每拾日賫簿同赴分司呈遞聽查下班委官即帶該班小甲總遞報名揭帖當面領簿出外填名不到者提責舊設年貌鐵與結狀俱免遞

〇一江東巡檢司大勝關每月拾伍日照舊呈遞循環填註有無經過木簰。

一船政分司舊有禁約前站牌一張即付前站之

手。甚屬無謂，今經題
准。遇差各給堂牌一張，付小甲收領。其前站。經手。吹手。班頭、厨子。家人。各項人役姓名，俱開列在內，如前途撥置內官，索詐夫甲者。許自填各名之下。回部投遞，依律問遣。

○一前站經手，每月初貳日。赴車駕司點卯。恐其有無壞法違者，依律究遣。

○一舊例每月漆匠赴車駕司點卯。盖恐其代內官裝做漆器。私帶進京。事屬無益，今即停免。

申明職掌之條　凡二十條

○一舊例追扣出則等項銀兩。但由船政廳出票。車駕司投批。船政廳不知其完欠，殊非互相覺察之義。今後凡係船政內柒項銀兩，俱由船政分司。照例酌定。一面付車駕司答簿，一面付總庫遇放查扣。一面行該衛查有銀在庫可扣者。俟總庫放銀日。照數具批。無銀可扣者行追，批文皆於車駕司投遞。每季終，船政分司將壹季內追扣銀

兩。總案呈
堂。批車駕司逐號查理

○一厰衛各官賢否事蹟。皆船政分司。日逐親臨。事事有據。乃至歲終舉刺奬戒。盡由車駕司。而分司絕不相與。車駕司既無定見，則臨期遍用耳目。反致失真。殊非同心共濟之義。夫各官賢否。不過船工之遲速，與錢粮之完欠而已。今後船政分司。將各官實事。逐款登入考績簿內。至歲終會同車駕司。從公斟閱。虛心參酌。會揭呈
堂定奪。應奬戒者。會同施行。應舉刺者。車駕司
齎
堂批原揭。會同科道。

○一舊因快船小甲。關係甚重。原由車駕司編審。故有更替頂補。亦由車駕司定奪。今盡係募夫，則小甲直壹夫頭耳。船政分司。已係註選。凡事悉由經理。與舊事體不同。況甲夫銀數，俱無增減，不必復煩車駕司。以後該衛凡遇定甲。及僉總[illegible]等項。徑呈分司定奪。填註指掌冊。亦不移付

一夫粮通狀皆革如遇夫缺應補及妻粮應收者具告船政分司照例查結付車駕司呈
堂移咨户部

一水夫年終或臨差支領工食及小甲接貼銀兩皆具通狀過部送車駕司行衛查造手冊領結仍取船政分司指掌冊磨勘明白給發

一小甲預支各夫包封皆狀告船政分司照例查明付車駕司送庫支給其領狀須於車駕司投遞以便總支時查筭船政分司但將預支之數逐一填註指掌冊格內

一操估船隻照舊由船政分司驗明定等

一各船合領官銀照舊由船政分司於驗船定等之後具案呈
堂批車駕司查明支給

一應用木植油蔴釘鍋等項照舊由船政分司依等給發

一各船用過釘鍋油麻船政分司照舊於工完之後備查用過數目查訪時價具案呈
堂批車駕司查明支給

一新例船政分司收買杉木皆呈
堂定奪不得擅收補木皆照工部稅单不得擅減永禁召買抵銷之弊其木價照舊則扣筭呈
堂批車駕司查明支給

一各船用過木植舊例船政分司每月初十日止具四柱簿呈
堂似乎踈畧今每案工完之後船政分司備查本案用過各項木料總案呈
堂批車駕司存照其肆柱簿照舊呈遞

一委官告假各甲巡風船行執結回塢報到及報杠驗蒙告賣底薪擺江季報一切瑣務皆船政分司之事而舊皆互報車駕司甚為煩擾今後車駕司俱免報

一舊例各船出差船政分司給與禁約小票今皆裁革其禁約堂牌一應勘合限期悉由車駕司填發分司不與回日止將限票批廻送分司查理以便查追長差銀兩

○一撥船照舊由車駕司説
堂定數送船政分司照數序撥季報分司共案
呈
堂
○一收解丁銀批文皆投車駕司送庫秤收明白該
書查對批廻填註小票赴船政分司僉判印發
○一四季比較各衛丁銀皆由船政分司照例查明
填註

堂簿年終備查完欠數目會同車駕司呈
堂定奪遇有各衛及收解呈告拖欠者皆分司
施行
○一每年車駕司造見徵丁銀冊壹本遇有增減油
艌等項由船政分司查定付車駕司註冊
○一拾年錦衣等肆拾衛造報丁銀文冊俱由船政
分司事完付車駕司知會
○一拾年江濟造報夫餘冊照舊止申船政分司

船政新書第四卷　南京兵部車駕司員外郎倪　涷編
郎　中馮景隆校

會計銀米

工食銀兩馬船舊夫皆有增減故須并
舊數而會計之糧米舊夫皆如舊故止
計節年所省及快船見支之數與今募
夫糧扣筭多寡

○○先後銀數
○一查萬曆拾貳年正月起至柒月止買過杉木銀
肆千玖百兩其餘最少年分亦不下貳千兩即
以叁千兩為適中自萬曆拾貳年捌月本職到
任起至拾伍年止並未收買計省銀壹萬兩

○一萬曆拾貳年捌月起至拾伍年止查追過年例
銀壹萬壹百叁拾伍兩肆錢伍分柒厘伍毫
○一萬曆拾貳年捌月起至拾伍年止追扣過出則
冐破餘剩桅價餘丁半差底心銀共柒千叁百
伍拾肆兩玖錢陸分肆毫玖絲陸忽伍微壹纖
○一萬曆拾貳年捌月起至拾伍年止不補開船水
夫遇差方撥逐年分筭共計叁百叁拾肆名內
支陸兩者伍拾玖名計叁百伍拾肆兩支肆兩
者壹百柒拾捌名計柒百壹拾貳兩支叁兩伍

錢者玖拾柒名計叁百叁拾玖兩伍錢共省銀
壹千肆百零伍兩伍錢
〇一萬曆拾叁年停折造馬船貳隻夫叁拾貳名調
補別船之缺省工食料價什物共銀捌百壹拾
貳兩
〇一萬曆拾叁年免成造平船壹隻計省差銀料價
叁百叁拾玖兩
〇一萬曆拾肆拾伍年更調各夫自願減銀共貳百
貳拾陸兩肆錢
〇一萬曆拾叁肆伍年減華總識貳拾貳名每年許
省銀捌拾陸兩叁年共省銀貳百伍拾捌兩
〇一萬曆拾伍年快船人役自願先納丁銀內除見
差免徵外實先徵銀壹萬叁千壹百陸拾壹兩
叁錢伍分陸厘伍毫捌絲貯庫未用
〇一減船貳百玖拾隻擇船身堅固者調換應造之
船見換過玖拾隻計省過銀捌千貳百捌拾肆
兩以後調完可共省銀貳萬貳千餘兩
〇一減船貳百玖拾隻變賣什物每船叁兩見完銀
玖拾叁兩柒錢伍分未完銀柒百柒拾陸兩貳
錢伍分共計銀捌百柒拾兩
〇一減船貳百玖拾隻調換應折造之船其應拆之
船即折料估價抵別船正料見抵過料價及賣
楂柴銀貳千叁拾玖兩貳錢通完可約銀壹萬
柒千餘兩
〇一減船貳百玖拾隻其錨鍊重器皆留在廠候日
後小甲缺時領用扣價每船可約銀壹兩共銀
貳百玖拾兩

已上除未換船隻未完什物價銀未
拆朽船未變錨鍊等項約共銀貳
萬玖千柒百肆拾餘兩未筭外實
經查追節省過銀伍萬肆千壹百
玖兩陸錢貳分肆厘玖毫柒絲陸
忽伍微壹纖止于萬曆拾伍年用
賞新甲銀伍百貳拾伍兩除外實
省積銀伍萬叁千伍百捌拾肆兩
陸錢貳分肆厘玖毫柒絲陸忽伍

徵壹繳

萬曆拾陸年會計

查舊額夫共柒千貳百伍拾柒名內支

陸兩者捌百陸拾捌名計銀伍千貳百捌

兩。

肆兩者叁千柒百壹拾肆名計銀壹萬肆

千捌百伍拾陸兩。

叁兩伍錢者貳千陸百柒拾伍名計銀玖

千叁百陸拾貳兩伍錢。

以上共銀貳萬玖千肆百貳拾陸兩

伍錢。

新支陸兩船肆百玖拾伍隻計夫柒千玖百

貳拾名該銀肆萬柒千伍百貳拾

兩。

肆兩船肆拾捌隻又黑樓船甲貳名共計

夫柒百貳拾貳名該銀貳千捌百

捌拾捌兩。

叁兩伍錢聽事貳百壹拾捌名該銀柒百

陸拾叁兩。

賞新甲伍百貳拾伍兩。

共用銀伍萬壹千陸百玖拾陸兩除

舊用銀貳萬玖千肆百貳拾陸兩

伍錢共增銀貳萬貳千貳百陸拾

玖兩伍錢。

除徵快船丁銀壹萬陸千貳百柒拾壹兩叁

錢。

又自拾陸年以後每年應買杉木銀不過壹

千兩比舊常數約省銀貳千兩。

又省追出則約銀壹千兩。

又追扣空後楂桴餘剩冐破約銀壹千兩。

又舊例每年止修造馬船玖拾隻皆各夫自

備工食比之快船少領官銀不等。

今每年叁百隻事同一體則皆自

備工食美少領官銀者比前多船

貳百壹拾隻通融折筭每船約計

省銀貳拾兩止筭銀肆千兩。

已上共銀貳萬肆千貳百柒拾兩叁
錢除抵所增貳萬貳千貳百陸拾
玖兩伍錢外尚省剩銀貳千零壹
兩捌錢

萬曆拾柒年會計
新支陸兩船共陸百隻計夫玖千陸百名該銀
伍萬柒千陸百兩
肆兩船肆拾捌隻黑樓船甲貳名計夫柒
百貳拾貳名該銀貳千捌百捌拾

捌兩
叁兩伍錢聽事貳百壹拾捌名該銀柒百
陸拾叁兩
通共陸萬壹千貳百伍拾壹兩除舊
用銀貳萬玖千肆百貳拾陸兩伍
錢又除新缺減省銀貳萬肆千貳
百柒拾壹兩叁錢外實增銀柒千
伍百伍拾叁兩貳錢
原題舊例各船皆叁年壹修損多料

重今貳年壹修損少料輕每年叁
百隻每隻豈止拾兩總之不下叁
千兩此數未實
○萬曆拾捌年以後皆同
○總筭萬曆拾陸年以前清查減省共約銀捌萬伍
千餘兩又減船貳百玖拾隻皆係應成造拆造
之數約用伍萬捌千餘兩今皆省免共約省銀
拾肆萬叁千餘兩自萬曆拾柒年以後每年方
增用銀柒千伍百伍拾叁兩貳錢而又有陰省

料值約叁千兩未筭然則所增者僅肆千餘兩
先後糧數
○一萬曆拾叁年減成造船壹隻計甲夫壹拾陸名
調撥別船叁年省米伍百柒拾陸石
○一萬曆拾貳年起拾伍年止閘船不補夫共叁百
叁拾肆名每名歲省米拾貳石共省肆千捌石
○一萬曆拾肆年住過小甲安家月糧共省米壹千
壹百伍拾壹石
以上叁年共省米伍千柒百叁拾伍

石。並無增米

萬曆拾伍年分

陸月初壹日起增夫柒百壹拾伍名。每名月支米陸斗。至歲終支米肆石貳斗。共增米叁千叁石。

柒月初壹日起增夫玖百壹拾壹名。每名至歲終支米叁石陸斗。共增米叁千貳百柒拾玖石陸斗。

拾月初壹日起增夫捌百名。至歲終每名

支米壹石捌斗。共增米壹千肆百肆拾石。

以上共增米柒千柒百貳拾貳石陸斗。

○一住過快平船小甲安家月糧省米玖百貳拾壹石。

○一省快船長差叁拾叁隻每隻行月糧壹百壹拾壹石。共省米叁千陸百陸拾叁石。

○一省快平船短差捌拾隻每隻行月糧柒拾肆石。

共省米伍千玖百貳拾石。

○一省拆造快平船貳拾伍隻每隻省餘丁幇工月糧貳拾捌石共省米柒百石。

以上通省米壹萬壹千貳百肆石。除抵所增數外拾伍年分實省米叁千肆百捌拾壹石肆斗。

萬曆拾陸年分

正月初壹日起增夫捌百捌拾名。每名歲支米柒石貳斗。共增米陸千叁百

叁拾陸石。合拾伍年原增米柒千柒百貳拾貳石陸斗。通共增米壹萬肆千伍拾捌石陸斗。

○一省快平船伍百隻安家月糧陸千石。

○一省快船長差柒拾隻每隻行月糧壹百壹拾壹石。共省米柒千柒百柒拾石。

○一省快平船短差壹百壹拾隻每隻行月粮柒拾肆石。共省米捌千壹百肆拾石。

○一省拆造快平船貳拾隻每隻幇工餘丁月糧貳

拾捌石，共省米伍百陸拾石。

以上通共省米貳萬貳千肆百柒拾石，除抵所增數外，拾陸年分實省米捌千肆百壹拾壹石肆斗。

〇萬曆拾柒年，與拾陸年同，省米捌千肆百壹拾壹石肆斗。

〇萬曆拾捌年，與拾陸年拾柒年同，省米捌千肆百壹拾壹石肆斗。

〇萬曆拾玖年，將拾伍年募夫壹千陸百貳拾陸名，每名歲增妻糧米肆石捌斗，共增米柒千捌百肆石捌斗，連原增夫糧壹萬肆千伍拾捌石陸斗，通共增米貳萬壹千捌百陸拾叁石肆斗，所省與前同，除外實省米陸百陸石陸斗。

〇萬曆貳拾年，又將拾柒年募夫壹千陸百捌拾名，每名歲增妻米肆石捌斗，共增米捌千陸拾肆石，連原米貳萬壹千捌百陸拾叁石肆斗，通共增米貳萬玖千玖百貳拾柒石肆斗，所省與前同，除外實增米柒千肆百伍拾柒石肆斗。然各夫無妻者多，未必盡增。又往以內官多索快船，每年不止于壹百捌拾隻，多壹船則多壹行月糧，而今皆無之，故所開減數尚為未盡，而增數猶未及也。

〇總筭萬曆拾玖年以前，共實省米叁萬伍千伍拾柒石貳斗。自萬曆貳拾年以後，每年方各增米柒千肆百伍拾柒石肆斗。然無妻應減者未筭。

〇謹按：自萬曆拾柒年以後，所增銀不過肆千餘兩，米不過柒千餘石，而使拾萬生靈永無流離死亡之患，亦既鉅矣。而所省銀米共拾柒萬有奇，足抵叁拾餘年所增之數，得失損益，不可較而鏡乎。

各項事例已經欵開在前，但機微之間，未
易通曉，故次序其客問答之詞，凡五十四條
○客問：藏船恐差不足，何如。　職應之曰：舊設進京
船共捌百陸拾肆隻，而叁年零肆箇月輪壹差，
則每年應差者貳百陸拾隻耳。今共船陸百隻，
而貳年輪壹差，則每年應差者叁百隻矣。故曰：
船雖藏而用反有餘也。
○客問：差頻恐夫不堪，何如。　職應之曰：見奉

明旨，議均各夫工食，原以肆兩為準。今進京船夫一
切陸兩，是增叁分之壹矣。各夫所欲者銀耳，而
所增之銀與所增之差適足相當，方以得差為
幸，寧復以為不堪乎。即以拾年計之，使歲得銀
肆兩，則拾年總得肆拾兩，修船出差之費共以
捌兩為適中，叁差共費貳拾肆兩，所餘者止壹
拾陸兩，其叁兩伍錢者，止拾壹兩耳。今歲得銀
陸兩，拾年總得陸拾兩，而伍差共費銀肆拾兩，
計餘者尚貳拾兩，比之舊數更有餘饒，故曰差
頻而夫反獲利也。總計每夫歲加銀貳兩，而壹
船拾陸夫共叁拾貳兩，拾年共叁百貳拾兩，而
增貳差，以當年食糧領工食之人，增百陸拾金
而加壹差，豈為困乎。
○客問：水夫增差者，增其工食矣。寧國夫原陸兩，而
無所增，何如。　職應之曰：奉
旨肆兩，則肆兩矣，寧國夫敢抗
旨乎。且
國初江西、湖廣、太平、安慶皆有司造船，而僉夫駕

運，故有贍夫田，其資本厚。寧國以路近，故每夫
歲編工食拾兩，解部內扣貳兩為修造工料，而
捌兩給夫，比之江西等處尚為不及。後經題
准，江西等處將工食料價徵銀解部，其數漸減至于
肆兩，與叁兩伍錢，而寧國乃減止陸兩，視他處
反優焉，是非
國初本制矣。
祖宗立法，餼廩稱事，斷不使近者反厚，而遠者反薄
也。且通融支放，遇差全支之法行，每歲所免摘

債子錢，亦足以當增差之直矣。

○客問兩年壹差，陸續撥給，陸百隻固足矣。然使一時用船在陸百隻以上，則何如。　職應之曰：每年陸續撥船叁百隻，猶不可堪。一時而用船在陸百隻以上，此何等時乎。且今依期序撥，數月而猶未應差，若一時而欲盡用之，非轉並流離，則逼之亂耳。

國家萬萬無此時。即有之，方賴其多貳百壹拾隻雇募可用之船，不見其少貳百玖拾隻原存之

數也。

○客問拾年在伍差之外，何如。　職應之曰：凡吾所爲在以叁差爲伍差，而人不苦，以捌百陸拾肆隻爲陸百隻，而船不缺，如是而已。若以陸百隻而拾年不止于伍差，則捌百陸拾肆隻，拾年亦不止于叁差矣。與其困無辜之軍丁，孰若勞受雇之夫役乎。嗟乎。使

聖明儉德日彰，即陸百隻而猶有餘。使

聖[illegible]制度日廣，即壹千隻而猶不足。是豈臣子所

敢必也。斟酌損益，是又在後之君子。民爲邦本，吾所知者此耳。

○客問快平船留用募夫者，止貳百壹拾隻。而編丁徵銀復以伍百隻，數不相合，何如。　職應之曰：減船省募夫之費耳。原船伍百隻，編銀壹萬伍千兩，本不足用，皆由通融調度，以足其數，安能相合。若減去貳百玖拾隻，分增于貳百壹拾隻之內，各編每船夫甲應支銀兩之數，使所募船夫對號支討，則不惟分派之間反生弊端，而亦

恐出銀之人，終爲官役所制，不如混而無查之爲妙耳。蓋派丁徵銀之船，如民家田畝，募夫出差之船，如有司差役，原不相蒙，不必其相合也。

○客問既以伍百隻徵銀，貳百壹拾隻應用矣，而又兌換馬船，以足叁百隻之數者，何也。　職應之曰：馬快平船樣式雖不甚相遠，而亦稍有不同。馬船上高而下淺，客艙而狹旁，便于乘座。快船上淺而下深，艙疎而旁濶，便于裝貯。而平船無樓蓋，裝運竹木之具也。舊額快船肆百壹拾伍

隻而拾年叁差則每年應差者壹百貳拾肆隻半而已平船捌拾伍隻而拾年叁差則每年應差者貳拾伍隻半而已今貳年壹差而快船足貳百伍拾隻平船足伍拾隻適與原數相合中貴亦無所藉其口矣

○客問快平船既足叁百隻之數矣而又彩畫周身改換尾艙復似馬船何也　職應之曰此為關津棍惡而設也快船所至地方惡少百計詐害謂之端船棍而馬船則不敢行法之初各夫尚

慮于此故從而增飾之以慰人心耳上艙下艙週圍廠堂凡乘座裝貯之處悉仍其舊止增其華彩而益其堅固所謂快平船之用則如舊矣

○客問減船貳百玖拾隻厓棄可惜何如　職應之曰凡所減者皆其朽爛不堪已當拆卸及原已拆卸號存而船無者也所留貳百壹拾隻已盡選其新造堅固者矣其餘原非上等稍堪者抵換馬船而省其重造之資應拆者拆料估價而分給各船之用其號存而船無者則原無船可

棄也此舉並無寸板隻釘之費而反獲換船變料之資又節省數多故曰催夫而費更減也

○客問快平船工料比之馬船原為稍減今所存叁百隻既仍照快平船式則工料亦宜照等遞減可也而悉從馬船之數何如　職應之曰馬船式樣原勝快船舊因中貴圖快船之利毋以制度不同為辭故仍足快船應差之數使其無所藉口若數年之後人心既定未必不盡欲馬船矣議減于今而復議增于後祇多事耳況今日

衆夫洶洶皆不樂于快船即以此稍優之亦人情之一端也

○客問快船係肆拾衛之差後而今募夫事體悉屬之江濟貳衛何如　職應之曰是即
國初之意也馬船原係湖廣江西太平寧國安慶之差役尚屬江濟況肆拾衛皆京輔之地又何為而不可昔有分屬故各衛官自行管理今既合一自應總屬非江濟而誰歸哉況
國初江濟所管馬船共捌百壹拾柒隻水夫貳萬

叄百陸拾貳名。今大小馬船并快平船共陸百伍拾隻。水夫約壹萬餘名。視
國初猶爲未足也。

○客問快平船募夫既屬江濟。則修造宜并歸之。以見今馬船廠爲江淮船廠。快船廠爲濟川船廠。革去快船之名。豈不安妥。而復留快船廠。且使夫船分屬二處。何如。　職應之曰。此微意也。快船之名。敢遽革乎。今之以國泰民安風調雨順而易舊編字號也。意已寓乎其間矣。且改撥船廠爲快船廠是
郭堂翁之題
請也。
顧堂翁上疏之時。
郭堂翁尚未離任。所議者未見可否。而遽更前日所請。即大旨無異。人且疑之矣。若各夫向皆隨縣而修造。又隨船。夫船未始不分屬也。數年之後。事體既定。當有訬悟而潤色之者矣。

○客問編派丁銀。恐有騷擾。何如。　職應之曰。計人派丁。則擾矣。今所計者力耳。人多不增。人少不減。入名在冊者。永免別差。不在冊內者。聽衛差撥。見今衛所差使。無輕于快船丁銀者。人方聞報之不暇。故一月而事集。並未見其擾也。

○客問見今伍百船。其家力貧富。亦甚不同矣。乃不通融裒益。而止據原號各派銀叄拾兩。何如。　職應之曰。物之不齊。物之情也。世豈能使貧富上下無秋毫之失序乎。快船之害。審編爲第一。往以數官分任。猶不能定。今大舉更張。群奸之所切齒。而獨職一人身綜其事。使通融裒益。審編何異。恐弊端叢出。而事終不可了矣。每船叄拾兩。力優者固是有餘。即力詘者。其所減省亦既倍蓰于往日矣。已又補之以聽繼。助之以水夫。自是沆然人生。使自蘇息足矣。何必與有餘者論分數也。拾年之後。就其極貧極富者。而間一酌量。則錄中大意已備。臨時妙用。是在後之君子。

○客問貧人朋丁納銀。恐其不願。何如。　職應之曰

衛所餘丁。無壹人不差者。最輕者。莫如守宿夜巡。歲猶出銀柒捌錢。今此輩或以貳人朋壹丁。則每人所出。不過壹錢伍分。叁人則壹錢矣。而寧有不願者乎

○客問貧軍既不出銀。復附名冊後。何如。　職應之曰。是亦免其別差之累也。不在此冊。則衛所之差。終不可免。此輩原以船差所累。積困至今。附名于冊。銀差俱免。蓋所以優之耳。拾年之後。或家力稍裕。仍酌量派丁。永為本船之助。

○客問快船差銀。已極輕省。恐人皆投入。則別差苦。何如。　職應之曰。此所以有職方司驗過別差。不許混入之禁也。衛所各差。原有分認。其臨役推扯者。弊也。往者不可追。一以見在為據。其有彼此干連者。酌其重輕。而各自歸一。載在方冊。世無相扳之患矣。寧以船差吾所事事。而遂不念及于他差之人乎。

⊙客問拾年造冊。貧富相安者。既無增減矣。而人名增入。何如。　職應之曰。是亦免其別差之意也

快船丁銀。世世相守。而使子孫為別差所奪。是重困之矣。見今行法之初。恐人未通曉。故凡係快船冊內。真正子孫。而未經入冊者。衛所俱不許別差。至下次造冊。通令報入。如下次再遺者。方許別撥差使。

○客問丁銀收解。似宜付之衛官。乃立收解之人。何如。　職應之曰。衛官收解。能保其不侵漁乎。各家星散。委官到鄉。逐一查催。能保其不騷擾乎。且拾年收解。即寓拾名甲役之意。使本役錢粮

不完。次年即以此役為正甲。餘玖名為幫甲。在冊各丁為餘丁。領船出差。則人心恐懼。各為早完之計矣。夫恩所以濟衆生。而法所以齊衆志。操縱自我。孰敢奸之。不然。則渙散而無統矣。

○客問衛官恐其侵漁矣。倘收解侵漁。何如。　職應之曰。收解委之各役。而查催責之衛官。稽遲無利于衛官。而早完可免于鄙比。彼此相制。豈致侵漁。況領船之約具在。彼寧舍生而趋死乎。且每季錢粮不及捌兩。而收解類多有力。即有意

外之變尚可賠償。猶勝委之窮官之手也。

○客問立收解誠善矣。恐有貽累何如。　職應之曰
此正所以杜其貽累也。衛官侵欺而捏開未完
私增秤頭。而加派火耗。豈一朝夕扎。且由票之
法。巳極精詳。必無拖欠之理。况壹年收觧。即是
壹年正甲。往賠百金而不足。今雖悉行代納。不
過叁拾金也。往者經年往来于數千里之外。今
遠者。不過淮安也。向凡正甲出差。未嘗不科歛
各家使用。今官票徵收。而反稱不便乎。

○客問雇募錢粮。據録内會計之數。似為有餘矣。然
或各省工料銀兩。徵觧不全。各衛快船丁銀。又
多逋負何如。　職應之曰。各省工料。原是舊徵
巳有查叅之法矣。今之新徵者。獨快船丁銀也。
故意負欠者。使之出水力。不能完者。令其充夫。
何患其不足乎。按季催查。是在後之君子。因循
廢弛。而徒議立法之不善。非職所敢聞也。

○客問各衛窮軍蘇息。巳盡而衣冠之士。未蒙優免
何如。　職應之曰。是不得巳也。有司槩縣總筭。

故易于分派。船銀每隻叁拾金。此免則彼增矣。
且今據原差人數而派之。凡衣冠人等。皆向充
正甲。一船之領袖。而使盡從優免。則貧軍益困
矣。京都之内。名色甚多。希異紛紛。事何得杜。拾
年清冊之時。郷荐巳上。則除其名。或令自報空
閒朋補。或報義男充夫。所以優之者。未嘗不在
也。且子孫世世優免則可。不然。則求入快船冊
而不可得矣。近有生員貳人。以祖曾登第免差。
自陳其曾祖以上。原係快船。而告求入冊。此誠

守法而知幾者。然以行法之初。尚未入別差事
故得準耳。有一春元者。不求免而多派丁銀。犄
歟達矣。

○客問派丁編銀。既無田畝粮籍可憑。宜從深詳審。
而嚴限速完。似嫌于迫。及各役依期開報。復行
各衛查審。而各衛又鮮所變更何如。　職應之
曰。是所謂事機也。人苦不知足。得隴又望蜀。事
久則弊生矣。向者快船出差。則小甲遍派各户。
以備使用。其間原有等第。方人心踊躍。天理臝

事之時。尅期定限。則爭先報完矣。况派丁之人載名在冊。虛實完欠。動輒相干。彼寧肯輕富重貧。以自貽後累乎。催徵比較。責在該衛。使悉由甲役。而官不與聞。將有諉其失于上者。衛官方切齒于此舉。其所更易。未必盡公。摘發而懲創之。衆心自懾。故官甲相信。事不煩擾。而責自不可辭矣。

○客問此舉。與民家條鞭。相似何如。　職應之曰。是則不可同日語矣。盖民家條鞭。利者什九。而累者什一。傜役輕重。何嘗天淵。上差下户。原不相及。乃隻丁升米。一例派編。是貧與富為資也。履畝起科。而大商巨賈。一無所問。是農與商為役也。軍家快船。上者身亡家破。而最下者。亦歲辦銀伍錢柒分。今上者不及拾金。而下者。或壹錢或空名寄冊。永無衛所之擾。是貧富兩利之道也。且條編所派。皆有恒產。而此則尺籍窮軍。多無宿粒。其所派徵。不足以當所用之半。與量出為入者。難易又徑庭矣。

○客問建議者。謂各船悉照其舊。止分馬船夫之半。使領快船。可足柒百貳拾捌隻。所少壹百叁拾陸隻。亦止募夫一半。則止應募夫壹千餘名。所資月粮。不甚相遠。而各夫工食。仍合每船拾陸名。每名肆兩之數。則銀數亦畧相當。仍舊叁年壹差。是亦可行也。而竟不從。何如。　職應之曰。此職初議也。他人見亦相同耳。再思則知其難矣。船身有美惡。而各夫之包封有重輕。惟減船則留用者皆堅美。而包封皆輕。使分船。而以輕易重。人將何堪。况舊夫工食原有三等。若欲扣合每名肆兩之數。則孰增而孰減乎。又况減船頻修。固節省之一策也。

○客問雇募人夫。恐其脫逃何如。　職應之曰。節年逃者。皆快船之甲役。而無馬船之夫。何也。快船之甲。逃以避禍也。馬船之夫。逃則失利矣。兩年一差。而無差之年。亦通支銀米。彼寧不忍壹年之苦。而冀次年之利哉。遇有死故。即有頂補。雇募原照馬船之例。非創法也。

○客問不減船。不增工食。而多募新夫。與減船而增
舊夫工食損益何如。　職應之曰。此易見也。新
夫壹名。銀陸兩。舊夫止增貳兩。則壹人可當叁
人。而又無壹人之粮。此所以減船而增工食也
○客問節年水夫臨差方補。開船並不混收。固為節
省矣。快船召募。一時而招叁千餘人。又先將衙
門人批收。何如。　職應之曰。此正所謂苦心之
極也。萬曆拾肆年伍月
命下。馬船水夫。未知增銀之議。止聞快船減十分之
六。疑其獨累馬船。而一切奸宄不逞之徒。揑造
詞說。以疑其志。而激其怒。數千人譁然而起。時
戶部方散夫粮。竟無壹人往者。或言宜急出示
以安衆心。職曰。業已籌此。各夫眼不識字。而奸
徒皷簧其間。即言之諄諄。彼必以為誑也。事在
呼吸。寧得以空言立散扎。欲安舊夫。須使人投
充新夫。欲外人求充。須自衙門人始。惟衙門人
知為夫之利。而外人視衙門人以為趨向也。
兩堂翁甚善其策。職即召本衙門人諭意。皆
然求批。是日各將子弟。批發貳拾肆人。舊夫稍
息。次日各衙門人。皆以子弟告批。復批貳百餘
人。伍日而衆逾叁千。即出示停止。猶不能已。舊
夫惟恐見革。即往戶部支粮矣。然皆報名在冊
耳。至收粮領工食。則直至拾伍年陸月為始。以
漸開支。至拾陸年方盡。此即臨差方撥。節省錢
粮之意。蓋未嘗有一粒一錢之濫用也。
○客問工食通融支放。戶籍不同。何如。　職應之曰。
必某縣水夫。而後可領某縣工食也。則凡各縣
派有柴直者。必本縣官員。而後可領乎。況今召
募人夫。未必皆係原籍。則將無所支乎。其它疏
題已悉覽之。自當了了。
○客問出差全放。恐有它故。無以制之。何如。　職應
之曰。他故最大者。至死止矣。舊例死者。猶容妻
兒告領。查明補給。固未嘗少之。乃當予而故靳。
行查而復補。祇為胥吏資耳。或曰。恐其脫逃。則
前辦已明。彼所繫戀者。無差之年。所支銀米耳。
若止本年。即不全放。亦不足以繫其逸足也。

○客問見食粮水夫止許親子孫入冊聽補而快船冊內編丁人数許即收充水夫又許空閒人入快船丁銀冊內幇丁充夫者何如　職應之曰快船丁銀本無辜之累而入冊夫役未必皆祖役之人職之意不欲使遊手者冐水夫銀米之利而無辜者貽輸納不足之憂耳水夫歲支工食銀陸萬餘兩而米約拾叁萬石乃快船所納丁銀僅壹萬伍千金使以水夫叁分之壹為快船人所充則可以使快船各户世世無窮民尚何輸納之不足乎有力者欲免累不催而自無力者既充夫扣之而有餘矣語法至此亦庶幾所謂左右逢其原者歟

○客問驗船不多委官役恐把總扶同何如　職應之曰各官鑽求委用其心豈真欲除奸剔蠹竭力公家耶祇令各甲多分例幾倍耳把總舉刺所關分委他官反使得逃其責矣等則高下由損壞多少據冊抽驗尚有可憑不猶愈他官之口報耶要之此事不能無弊但使弊少害蘇則善矣若曰京曹不宜自苦利害不宜盡塞食君禄而齒晏安糜民脂以悅群小非職所敢知也

○客問木價由該廠自定恐有私意何如　職應之曰價有定額據籍可知而丈尺疵病則無定形数淆難驗使該廠有私則先于丈尺疵病處上下其手矣而顧私于價数以待上之覺察耶且舊所雇募美識又非該廠人役而誰徒糜工食重困商人欲自以為明而適為奸人所竊笑也

○客問楠木價不扣留恐鋸有麻腐虛糜何如　職應之曰此正所以杜其虛糜也量木之法懸去頭尾減折疵病皆有定額向因楠木不足往往額外召買例皆連其頭尾免其疵病卷查自萬曆元年起至拾叁年止以扣留而減者凢伍百柒拾伍兩以召買而增者凢柒百壹拾貳兩有奇虛糜果安在乎況召買即抵後次正数以致時常缺乏遲悞船工免扣留而增派数兩利之道也

○客問沿道去其太甚乃盡舉而更張之何如　職

應之曰船政之害豈特不調之琴瑟而已乎勢窮理極而猶欲以補褊救弊之法行之祇益弊耳況不費斗粟不勞壹人順民之欲而竭吾之才所驚者庸人之見而所傷者奸人之心耳是亦安足計也即今群小側目中傷萬端寧有訟言法之不善者乎且事體相聯勢不容已譬如棟礎既更則榱題椽壁自須一一修理當事始知之

○客問左右之藪古人所驚鼠穴晝塞哲王攸戒頑事未底績而先裁革胥濫杜塞利竇以驚奸宄之心何如　職應之曰事以錢粮為急會計錢粮不得不先于此也其更調各夫寓節省之術也其盡釐諸弊慰各夫之心也各夫方以減快船為疑又以調工食為疑而使支領之困猶夫前日則止見其可疑而未見其為利矣故通融支放遇差即給領木無費出則無追查盤無弊使衆心共信曰即有裁減此猶足以勝彼哉紓徐以觀吾之成及其工食既增前弊又革然後

孟信新法之為便矣且預處壹年錢粮以給新募水夫之工食使本年所納丁銀皆供下年之用則可以稽其完欠而行欠銀領船之禁以束縛之不然隨納隨支事亦無可稽查矣凡職為此寧顧一身之利害哉

○客問事主于節省矣乃工食反增而商人之料價船甲之等則不聞議減何如　職應之曰此其所以為節省也凡節省者在汰其糜財之人與塞其為奸之竇而已若工食料價等則之類必更從優而後可以行其節省況議減乎減之則後日之害從茲始矣識治體者當自辨之

○客問半差互有增減而底薪類多從重何如　職應之曰半差事體原不相同故酌量而增減之船之損壞多由工料草率故稍重底薪使知所警耳至于事出非常者則悉仍其舊矣非黃河之內未有漂沒無跡者失火必延及同䑸遇水火大變運官錢粮不能獨存即回南空船亦必有同䑸保結是則不可不辨耳

○客問長差較之短差多守伍月而多領官銀柒兩陸錢則每月計銀壹兩伍錢耳乃不滿壹月者追銀叁兩何如。

職應之曰因其久候故撥好差又多給官銀而竟復早歸是以名為市也且人皆效尤如立法之意何不陪追奚以示懲哉。

○客問長差不守候者既陪追以示懲矣乃六及到京者又止照數追償何如。

職應之曰船不抵京非各甲意也勢無可奈何耳且有半差底薪之徵矣而復法外陪追人將何以堪其命乎。

○客問長差原于上下半年差官查驗而今陸續撥發不復差官恐船不聽守難于查驗何如。

職應之曰此事前後得失揭帖已明徙第無加之意者耳次序循環數常不乏勘合查限操在北司乃掌握之內不自憑而憑一差官之力哉向來差官其虛文與實事可考鏡已長差之船依期守候者有幾若北司先期發回又豈差官所能制也緣將卯酉橫多事耳免朔望之卯酉而查回南之勘合豈非法簡而弊自除者乎。

客問此舉蠲免者以千計節省者以萬計而蘇息者至不可美乃楂紮錙銖之細仍前追扣何如。

職應之曰事惟求其至當奚論多寡法惟求其無弊奚論人已積逋難完則蠲免濫用無度則節省人不堪命則蘇息楂紮之在各甲原不為苦而又公用所需有其因之何必于是且留此足為後人寬恤之地必欲使恩自己出而使後來者無所措手非至公為國之心也。

○客問節年拖欠出則等項銀兩自萬曆捌年以前查免共伍百餘金矣今又自未編丁以前所欠并未完年例而盡蠲之似于濫免何如。

職應之曰見查一切未完共肆千叁百餘兩半係出則而半係年例往之年例即今之丁銀也每年新派丁銀壹萬伍千兩而又可復追其夙負乎出則之多皆由積弊所致往年追呼四出其解部者幾何徒為委官利耳自職立查扣之法既無絲毫拖欠立總單之法又無絲毫出則自嘉靖年間通查至今連前

題免及今未完僅共貳千伍百餘金此皆向来逋
未有也民間力既不堪而部中事已更始徒忍
不能決何歟
○客問新甲多給銀伍兩似于濫予何如　職應之
曰省也非濫也亦勢不得已也例貳年壹差先
年收糧即領工食今新甲方苦于畏難而使一
槩給領無以示恩故各夫工食皆臨差之年開
支而獨賞小甲則彼視之為分外之獲而欣然
應役矣實省銀壹萬陸百陸拾伍兩伍錢而非
為壹千貳拾伍金之濫予也小人愚而勢不得
已也夫役之利頗饒惟以得充為幸皷新甲之
志而未嘗傷各夫之心是又與尅減為節省者
不可同年而語矣
○客問變審力減船數于
祖宗之制何如　職應之曰馬快貳船原係進征之
具
國初仍其便而用之以進貢非謂進貢所用分馬
快二船也且

國初馬船用夫而快船用軍養其身而後用其力
未嘗累及于無辜自變為審力而累及于無辜
之軍餘始非
二祖之制矣凡今所行政以善述
二祖之事也大小馬船原捌百柒拾壹隻減而至于
肆百肆拾隻快平船原捌百隻減而至二伍百
隻減船非自今日始也且昔者快船減而差數
加增則軍困仍舊馬船減而工食仍舊則夫困
益增今易審力而為僱募則軍困盡蘇計差數
而增工食則夫力不困故曰今之減與昔之減
異矣且事皆奉
旨非小臣所擅行也
○客問此書不早刻以安人心何如　職應之曰是
難言也快船之户拾萬散居千里馬船之夫捌
千共聚一方貳百年之積習糾纏棼錯數千人
之怨望皷惑譸張若早刻此書則奸黠者且造
為無端而指其瑕繆熒惑人心盖在于此一事
不妥則百謫交萃身辱而事僨矣故職常面諭

諸人曰。使法不便者。即集衆廷訴。當虛心以改。然後人情無恐。而吾乃隨機酌量之。故令出則行。而邪說莫動。然後筆之于書。以垂永久。此書未成之時。夜卧何曾帖席也。篝燈擁衾。窮思達旦。有所得。則起書片紙。粘之壁間。四壁皆滿。夫示之以一毫無所着。而出之使一定不可移。真凛凛乎朽索之馭也。只今頭顱種種白矣。

○客問小人不利者。恐有變更。何如。　職應之曰。此必不能。盖充夫趋利者萬人。聚不可散。蘇息避害者拾萬。散不復來。且自古議法。未有純乎無弊者。惟利多而害少。則從之。及其既弊。輒爲人所藉口。乃若此法。則有利而無害。數年之後。輸納之計益便。而小人之心漸平矣。

○客問派丁貧軍充夫。恐預措包封不便。且充夫爲丁銀之助。而極貧者未必盡得。各船亦未必盡均。何如。　職應之曰。包封許扣支庫內工食。何憂其不便。職於快船人按夫詞狀。先儘其貧不派丁者。次儘其丁數最少者。又斟量各船人數。亦可謂盡心焉耳矣。但貧軍不下數萬。而夫缺不及壹千。且赴告者又多不齊。其貧者不盡得。而船數不盡均。固也。然拾年之內。丁銀有缺。許于充夫人酌補。下次造冊。許其量力增丁。各船丁銀。又許以羨補不足。則貧人無不蒙其庇。而其事未始不均矣。盖充夫者在壹船。則爲壹船之利。在伍百船。則爲伍百船之利。不但壹人之私也。諺云同船共命。正謂此耳。

○客問快船派丁人充夫者。混撥大小馬船。何如。　職應之曰。馬快平船。事同一體。必使夫無分別。而後事始合一。故快船之夫。先儘馬船舊冊夫餘。而快船人丁。撥充馬船夫役。彼此渾然。並無分別。方成一體之義。不然。分船分夫。恐終成兩家。數拾年後。未免有意外之弊矣。此長慮却顧之心也。

○客問應募者市人耳。既非祖役。又無丁銀。冊末撥船不及。即宜停罷。而復留之聽補。似於姑息。且使舊冊夫餘。急不得補。何如。　職應之曰。此亦

所謂事機。而未嘗不出于至公也。快船先儘舊
冊夫餘。凡壹千餘名。今應募候缺者。不及壹千。
而又係馬快兩船無用。是猶不足以償其半也。
且外無可用之人。則人將制我。下多待命之衆。
則我可制人。去年江濟招募新夫。人言內有老
弱者。請職督察之。職唉而不荅。乃叅日數足。而
舊夫貼然。即此意也。夫事所難者。一時之人情
耳。徐察而潛消之。則柒寸之管可定矣。
○客問快船以流離顛沛之苦。而改爲徵銀。又以拾

萬餘金之費。而止派壹萬伍千兩。今又使之挨
充水夫。既除其害。而又增其利。毋乃仁之過乎。
　職應之曰。父母之於子也。所以保護而撫愛
之。豈有限量哉。經曰。若保赤子。又曰。撫士卒如
嬰兒。力苟可爲。何嫌於過。且獨不念此輩貳百
年之苦。又他人所未有乎。古云。成大事者不惜
小費。不計小害。又云。一勞而永逸。今無一勞而
有永逸。無小害而有大利。無小費而有大省。而
頑謂仁不可過。乃靳之而弗爲乎。

○客問分定職掌。恐議其借。何如。　職應之曰。源清
則事簡。事簡則弊除。且往以船政爲苦差。畀之
新任者。職守茫然。而業已告代矣。後係註選事
于責成。而猶可泄泄如故乎。曩者
傳堂翁灼見事體。欲爲職建一分司。而職不可。
終不以身當糜公帑。人惟患官之或曠。丁業非
長子孫。寧復藉曹事爲重輕哉。
○客問船政事。往者皆言欲爲壹分之賜而不可得。
乃今樂利至此。且人之所必不爲。而獨爲之。豈

將以自見乎。　職應之曰。以自見爲疑。則奉公
者沮矣。職之抵
留都。駕曹也。曾未匝歲。而快船軍丁。所報自盡及
挈室流離。逼鬻妻女。折賣房屋者。業已數拾。毋
一念之寢食俱廢。苟可以救庸。計其他。且始之
密請欲恩出于上。而人之不我知也。繼之草疏
以時當攝篆。而職之不可諉也。終之任事。以奉
有
明旨。而義之不可辭也。若身創其議。而委勞於人。非

雖人不能堪。亦恐意見不同。及主債事。則將以
前事為妄矣。職不足惜。如
黨翁何。士君子修身砥行。隨事効忠。凡以求慊
吾心而已。謹一節以希有聞。下士所深恥。而職
乃願之乎。

因革緩急。前後異宜。或在今不可遽行。而
在後所當損益者。敢殫愚衷。敬貽忠告。凡
六條
〇一快船丁銀。已極輕省。而本職所以計計之者。又
極周悉。恐拾年之後。生計日蕃。未免為別差人
所忌。而衛所樂于紛擾。畧一扳動。則漸致蕩然
矣。故今特
題奉

旨。永不許別差扳擾。後之賢者。如遇別差告扳。須念
此輩貳百年困累之苦。又念吾黨三載經理之
勞。堅守成規。毋為輕動。是省事安民。純心為
國之道也。
〇一快船之人。既不許別差扳扯。則亦不可自扯別
差之人。倘有事故。只應在本船內照例處補。不
可告入空閒餘丁。[illegible]奉本司批查者。亦須備查
並無別差粘帶。方與執結入冊。如貪多輕入。反
為別差人所藉口矣。語曰。安分者享福。[illegible]

也其撥丁充夫之例已經停止斷不可復開今
不早撥者後悔當無及矣
〇一充夫之利惟城中人知之而江北則向所不識
也見今城中快船人丁撥充水夫者已多拾年
之後將無不撥充者矣江北人終不慣此恐法
外之利盡為城中所擅非大公之心也清審之
時如江北丁力消乏不能足前叁拾兩之数而
又無充水夫者會而通之亦在後之君子
〇一收觧日久必至于多收秤耗衛官日久必至于
差使收觧由是收觧衛官相倚為奸而指稱科
派之弊出矣防微杜漸蚤拆弊萌後来者不可
不加之意也
〇一朝廷差使非臣子所能必萬一
上供日益拾年伍差而不足則有櫝桊包封貼撥叁
事可以漸議盖櫝桊之扣已為美盡于秋毫故
寬一分則民受一分之賜而各夫又有包封之
助即舊職掌所刊自備工食銀若干兩者是也
若本部全数實給則各夫免出包封較之往日

所省幾半差雖多而人不以為苦矣舊例小甲
臨差皆領貼接銀長差拾肆兩短差陸兩肆錢
于此量增則無賠墊之患包封各夫之所費貼
接小甲之所資一免一增夫甲各蒙其惠矣然
小人貪得無窮
國家錢粮有限使拾年不過伍差或偶有增益而
不為常例者慎勿輕議詘
國計以市私恩此人臣之大戒也萬一時勢異常
轉運不給雖議三事而人猶不堪則酌量增造
照例募夫嗟乎此非忠臣所忍言也
〇一快船所編銀兩已為極輕初職面語派丁甲役
令將極貧之人俱免編派而各甲計較錙銖忍
不能割恐此輩完納違期未免貽累收觧後遇
造冊之年必須會同收觧酌量明白如果極貧
而又非正軍及充水夫者不若通開免派項下
而丁銀派增有力之家則所增者不過分厘而
貧人安其養收觧省其勞矣夫有力之家未有
不充收觧者此正所以自為耳然智者當自辨

官司固不得而强之也。

總論　凡二十條

此事倖而獲成，實非部劣所能辦也。

廟堂主持于上，

堂翁保護于下，而職因得以竣事。否則事未成

而禍先及矣。人情事體，聊記于後。

〇一船差關于

上供。人情沿于積習，叢群小之態，以拂中貴之心，便

須將利害贅毀，一切置之度外，人生未免有情，

亦復誰能堪此。

〇一各廠把總及掌印指揮，其間賢而宣力者，蓋有

之矣。至以妨己見惡者，則甚多也。若中貴前站

經手，各所委官，及修造委官，各船總甲，廠衛識

字，商人鋪戶，牙保吏書班隨門皂，及各衙門聽

事各役，積年包攬，放債富家，皆所不便。蓋船政

係留都弊藪，奸宄之所藏，每年蠹蝕其間者，不

下萬人。而一旦盡汰，寧無鞅鞅，且黃船之編

審修造差撥，經該衙門凡六七，一應官役，及包

攬射利之人，亦復不少。惟恐快船事成，則黃船

得以比例成否所關。獨職一身而已。小人之心
何所不至。
○一此法之行。實快船八八人之福。然其間有力者。向
多貪緣交結。或竄入衙門。並未有充前役者。今
一槩編丁。不以為德。而反以為累者。亦或有之
矣。
○一人心類不知足。留都玩愒成風。向者領船一年。
類費一二百金。又不免于風波勞役之苦。今有
止派丁銀一二兩。而復央求減免。至動聲色者。

收解即係小甲。蓋已十省其九。而又有欲并收
解而俱免者。造收解貽累之說。而簧鼓愚人。預
造募夫冊。所以安舊夫之心也。而惟利是趨之
徒。輒欲將所報夫數。預收糧銀。一有不從。即閧
然論說。曾不計錢糧之所從出。彼皆所稱蒙恩
者也。而尚如此。他可知矣。
○一肆拾餘衙。比于小〻八小官員。動以千計。而又
皆其心之所甚不欲。郎署威令。孰與撫按。武弁
志操。孰與有司。舉刺之

肯。適以增其疑忌而已。
○一凡舉大事者。未有不用錢糧。而左右或乘之以
為利。故亦樂于從事。今惟以心思計慮塞人利
孔于筆劄之間。承委應役者。晝夜勤勞。而無錙
銖之利。積年當事者。機巧盡絕。而罕衣食之資。
欲其奮發効勞。胡可得也。
○一奸人市利。巧為鼓簧。即如調船之法。極為便民。
乃初行之始。委官譁然以為厲下。而各甲亦稱
不便。即職亦自疑之矣。及各甲正身。赴部告明。

至欲拳毆前告者。而始知前告者為包攬也。蓋
拆造則委官有分例銀拾兩。而包攬乘之以措
尅耳。如此之類。豈能盡數。
○一非常之原。黎民懼焉。如裁減快船之
命甫下。而未見實際。人孰知增馬船之銀也。補夫之
禁方嚴。而忽行批收。人孰知安舊夫之心也。既
經召募。而未即開糧。人孰知錢糧之有會計也。
及至着船。又先着舊役。人孰知事體之有慣否
也。快船之名。人所共畏。孰知新法之無碍也。各

夫之船向自相傳孰知更調之有利也天下皆以編丁為擾孰知入冊之為福也快船愚氏日用而不知焉船衆亦懷疑而未定左右詖惑之于上衛所沮撓之于下群奸扇動之于外是可指顧而定乎

○一派徵銀兩曾不及所用十分之三未免立于節省即委曲調度自使人無失所而小人胸中有物未事先疑千人一心百端撓沮積弊如此之久事體如此之難頭緒如此之煩地方如此之

廣人户如此之衆行法者一人而撓法者數千百十掣肘苦心豈口舌所能盡哉

○一諸弊積習二百年而衛官才識有限即日者以派丁事一官帶数人来見與所行條格亦然不合職詰之曰如此則須加派銀若干卻更困之矣此官即回顧其人言曰部司分付加派銀若干其人亦應聲而亡急進而細告之方頓首曰衛官言向不如此問何以不觀部示曰目不識字差乎利其行者皆愚民而利其敗者皆奸宄

奸宄以沮法而才不能奉法欲法之行難矣

○一船政廳舊所司者竹頭木屑之細而已又皆受成于正郎今事當始規模之所肇而反使副貳為之一切卷籍皆非司存又本廳止書手貳人諸事素未諳習乃呈請

堂翁批借正司書手使之承行其事寬猛之間將何以為政耶

○一黃船原非職掌而黃船衆甲欲職越俎而治爲職出疏稿示之曰已為若附題得

旨轉行該衙門矣但職掌則不可越也小人不惟不感而反生然又忌快船之獨逸也惡其成而倖其敗豈叔季之世人情固如此乎

○一人心不同有如其面群小沮撓無怪矣快船人户惟恐一日之不行而意指殊歸異論蜂起職于是大會父老及衣冠之士于朝天宮令其各陳所見極言無隱其議既畢而職乃出袖中稿遍示之要皆稿中之緒餘也于是始無敢議法者不然幾何而不為道傍之謀哉

卒

○一稽倣洪平船拾年壹次編審新船應于萬曆拾柒年為始初擬拾肆年行事至拾柒年下以成功未及查見存舊以之數也既題之後方查船数向因内臣越例多討多用壹年故

傳堂翁復題當以拾陸年為始已甚促矣不意

朝廷忽有額外之供舊船一時撥盡空縣兩年計船約伍陸百隻舊法既不可復行而新法又方在酬酢將欲已之則業已奉

旨將欲亟之則人盡茫然況時當大計姦徒睥睨乃

以叁月之間而成叁年之事變貳百年之法而安拾萬人之心憂疑勞苦豈筆舌所能盡也

○一職至愚極拙素非處世之才而血指汗顏強効鉛刀之割衆已詫其不量矣且更張之初人懷疑信而都會之地法難必行即如丁銀有多寡收粮有先後充夫有去取收解有出入調船有高下撥差有美惡一派丁也始則本差之人尚用計以避既則別差之人且用計而來一役夫也始則食粮之人聲言欲出既則合京之衆無不顧投本户充夫以爲輸納之助也始焉出示曉諭則疑其累而莫應既焉夫冊已定復知其利而求充分船定日使總甲役之事也奸黠者衆所共擯而彼則求充謹厚者衆所共推而彼則求脫此輩株連蔓引慣事夤緣關節應酬日無寧晷而成敗所關難以曲徇即人皆相諒亦恐遂成落落之名矣

○一舊因船號夫籍銀數錯亂不齊莫能綜核故收夫補粮等為細事游人色役輙自請求求者既

志有所憑予者復勢無所靳相沿日久習以為常今一切清楚絲毫皆有會計而此輩一不如意便起戎心耳可得而聞口不可得而言者又不知其凡幾也

○一事當更始百務棼紜左右近習能保其無作姦犯科者故不得操之以嚴吾以爲社鼠之祛而彼固以爲淵魚之窽矣

○一江濟先募新夫蓋救時之一策耳當時惟恐其不來乃人心鼓動爭先入冊至有以楮筆遺該

衛官識者而人或病職不行督責之術嗟乎挍
夫之人所謂以耳視者也方舊夫譁然欲散之
時而使新夫至損咨以求入轉移之機言何容
易乃官識刀錐之細而一切督責使之無樂于
此則彼將倡言沮散恐新夫纍足而逝舊夫復
脫巾而起矣然委官賢否自不能逃于咸終之
去留蓋叅尺未嘗不在而其事則人所未曉其
機又不可以語人故曰難也
〇一中官未知典故以快船審甲為

國初事也偶因驗裝會于公所見其衣領之式譏
問之曰內庭制如此乎諸璫競云此
聖祖舊制也請君亦改之職曰吾所改者正謂其變
聖祖之制者耳因備為道狀群璫語塞
〇一新法政在洶洶而
朝廷忽有額外之供一最無狀者趨謂中璫曰舊
船先期且盡新船未能遽辦況今不便者方各
為計此法必不成矣船不應差時借阻乏
上供為名彼無死所矣職若弗知者即

堂翁前亦不相聞蓋恐聞而氣阻則群小得以
測其機耳惟晝夜經理委曲調度乃至舊船盡
時新船已蚤備矣爭撥之先密詢守備大璫之
親信者使以事勢利害反復曉諭大璫感悟已
復白
傳堂翁備陳更張之故及所以折難之詞乞往
諭大璫以堅其心
傳翁慨然命駕悉如職言大璫唯唯次日乃撥
新船又次日而領差中璫往見大璫欲集衆詰

職論辯而後行大璫叱之曰若何為者京軍久
不堪命一旦思變禍且不測部司今日所為是
福我也且事事奉
旨款款周詳若將何以措其詞耶若即往彼豈畏若
等者速退無賈禍吾不與若等事也自是群璫
始帖然矣

此法之行上益
國家下濟軍民蓋人人稱慶而怨懟之人則亦已
多矣故各為詞以解之并記于此（凡十四條）
○一中貴分例快船多而馬船少故俗名馬半邊謂
其止得快船之半也今皆減少豈能什然不知
近年以來快船之人皆雇覔棍徒或中途脫逃
或損壞船隻反將人命告賴內官者屢屢有之
可以詐騙者十不二三則欲求半邊而不可得

反不如今之為妥也且廷臣宮臣俱當以
君父之念為念
皇上愛恤軍民廷臣竭力經理而宮臣可專畜家詐
乎又聞中貴多供佛求福又豈可苦剝窮軍以
造來生罪業耶若謂舊例不可變則請復
國初僉軍駕運尅日到京之制
○一裁革委官六十二員每員隨伴人等各不下拾
餘人動以千計又革江濟食糧總識伴當米拾
陸名又革各衛識字貳百餘名此輩每年除書

何止萬金貳百年利家一旦塞之亦人情所不
堪也然人生天地間何往不可自食而必于船
事乎各官如有才能別處自可委用各役若能
守分別處亦可資生必吮咂窮軍之膏血是何
無策之甚乎今各官皆痛恨不已識則以為未
必非福也蓋造修委官原無上進之路其捐貲
鑽求以畜委用者志在得財耳然部司每年考
劾去留常有不足以酬其所費者即倖留用而
廠衛之科派上官之差遣科房之需索錢糜于

酒食用賠于僕從常見委官皆衣冠不備未聞
其有肥家潤身者也即別無委用而優游世祿
豈不更為愉快耶
○一衛所之於快船猶其良田之負郭者也咸望其
入以資百用而今皆無望能不怏怏然各官世
受
國恩不能勉畜報效而徒剝削窮軍以為利是尚
謂有人心乎且往者部司有比較之煩各軍有
反噬之毒今上下恬然豈不快也況宗族親戚

累于快船者甚多。徒以一已之微利。而不忘親族之積患耶。料賢者必辯于此矣。

〇一各廠把總及委官。以修造買木為利。今皆減少。以為不便固也。然把總官階亦尊。選擇而使。宜以事簡無誤為樂。豈宜計微利以自苦。若委官尚得留用。視之裁革者相去何如。正宜益加勉旃。恪守職業。安得更起怨尤。為他人所笑乎。

〇一快船書辦。缺銀數百。此外凡在車駕司者。亦一二百金。合司皂隸。頂首銀皆六十餘金。所倚者。

船政也。而今皆無望。宜其怨矣。然爾等獨不為子孫計乎。使快船之害一除。爾等今日倚此以尅剥窮軍。後世子孫。當有為人所尅剥者。快船之害既除。爾等今日無橫財。子孫亦無橫禍矣。諺云。公門好修行。此語尤有意味。書辦僅足資生。皂隸皆有工食。是亦足矣。必欲快意以積罪業乎。世曾見公門人非義之財有能成家受用者耶。

〇一各衙門人役。向皆竄名夫籍。空盡官錢。莫可究

詰。而今一切清汰。又聽事多者減銀貳兩伍錢。少者減銀伍錢。而本司四廳皂隸。因不提大馬船。恐工食無措疑。亦至誠所宜然。獨不思

朝廷錢糧。原非爾等應得之物也。豈可以不得冒濫為恨耶。聽事人役。向雖工食數多。然事體未妥。今則永久不變矣。且優游衙門。視之修船出差者。相去何啻倍蓰。試增爾之銀。而使之當差。爾其願之乎。要之充夫已擅船中之利。聽事尤擅夫中之利者也。爾輩豈不自知。若四廳皂隸

工食。悉為議處。更得實支。視前日為較勝矣。

〇一前站經手。向視快船小甲。如机上之肉。恣其嘬咬。而無復顧忌。今皆不可得。其根固宜。然爾等不耕不織。竄入中貴之門。憑藉光頑。肆為非法。不知惡業既重。天殃必深。且人生勤動終年。衣食尚不能給。爾等鮮衣美食。揚揚人前。亦既足矣。乃猶無厭。必至於大禍臨身而後悔乎。

〇一各處商人販賣杉木油麻。輙以衙門為外帑貨。不論美惡價。不論高低。但求一津要人情。即盡

數收買。從高定價、牙保舖戶。相倚為利。而今乃一洗而清之。能不切齒。然以有易無。因本生息。是古今常道。未有無故縻官錢、以市私恩者也。今所清理者。非虧爾等之本。而困爾之生也。應用則收買。應買則予直。視之市價。猶或贏焉。且需索刁難之弊。業已盡洗。爾輩如有留、易。視前為更便矣。

〇一富家巨室。及書庫有力之人。向多預借夫銀。臨放扣息。歲得子錢無筭。今弊實已絕。寧無恨心。

然人生自有本等經營。未有使人借債。而自畜其息者也。爾等家有贏餘。他道皆可以生息。放私債而扣官銀。獨不聞律例乎。

〇一快船有力者。向多夤緣交結。或竄入衙門。未經編有差使。今一槩派丁。宜其不以為德也。然今派丁者。即壹人拾丁。歲不過出銀叁兩。若以交結。所費寧止于此。而且時時有四顧之慮。乃今則高枕矣。竄入衙門。冀免者差患耳。今所派甚微。而且世世無患。以彼較此。不相天淵矣乎。

〇一各船包攬之徒。衣食所藉。今船既裁減。而夫皆傕募貧身。若無策矣。然船雖減。而每年差數不缺。見今召募水夫。卯可校充。且他人充夫差。又皆轉傕慣識風水之人。則爾輩仍可往也。在今日。則利本不失。而在後日。則子孫世世。永無扳差之患。此正爾輩之福。而反怨望耶。若曰往日包攬。政欲為躲閃翻覆之計。以肆詐害。此則殺人于貨之心。而可以不得遂為恨乎。

〇一快黃船差。向同患害。今快船在春臺之上。而黃

船尚在水火之中。爾等未嘗學問。忌成倖敗。固情所宜然。官各有守。非其職而題
請。已貫群小之怨矣。又豈能越俎而治之乎。且黃船之數。不及快船之拾壹。而人情事體。難易較然。快船事成于前。則黃船可彷于後。況已經題
請。必無獨寢之理。正宜共為休戚。寧可遽分兩家。但快船之害。人人所巳。而黃船則獨累幇甲正甲。及藉為利。故間有為兩可之說者。此在爾等宜

一各省直解宮解户。是積書保家之魚肉也。一日
而革保家陸拾餘名。使書手空勞于筆劄。心非
巷議。情固宜然。但識之意則以為最宜革者。莫
如工料分司之弊役也。蓋别役詐人而取其財。
猶為有所事事。工料之完欠在正官。於解役何
與。千里而来。無端召保。内則書手。外則保家。扶
同恐赫。刁難挾詐。而官司故示遲留。以為群小
之資。此何為者哉。
一各役所借年例銀柒百餘兩。事經多年。而冊籍

已漸埋滅。此皆視之為囊中物。而一旦查還庫
子工食。又經裁減。似乎六堪矣。獨不念侵盜有
重律乎。使後終發覺。則爾等當何如。今還其本
無之銀。而免其應有之罪。猶為未厭耶。南京庫
役。無不貪緣投充。未聞有糧賞工食者也。肆年
之内。壹年應役。有糧賞。有工食。叁年空閒。止無
工食。而尚有糧賞。况耶儉耶。爾等肯以工食之
微遂棄之不充。而甘心于船差否乎。

黃船續集　黃船已奉欽依而莫之或行故臺中復有疏請
南京陝西道監察御史臣陳奇謀。謹
奏為
留都船政新成。人心鼓舞。乞遵
明旨。擴
仁恩以隆
聖治事。竊惟更化善治者。帝王經世之術。因事效功
者。人臣報國之忠。是故 上有明聖之君。則下有
忠懇之士。上有辨賢之典。則下有任事之臣。自

古百職熙而世治康。率由此道也。
留都根本重地。而軍衛十治其八。二百年來。流離
顛沛。而勢不可支者。則船差之為害而已矣。臣
奉
命巡視京營。又直驗裝船隻。故於軍人船差事。知之
頗詳。而又知其繫於
國家者甚重。要之快船患害為最。而黃船則當其
十一焉。然人有衆寡。害有大小。而莫非
皇上之赤子也。但快船審甲造修撥差。皆由南京兵

部黃船則審甲由兵科造修由工部而撥差由
外守備查得先該南京兵部右侍郎顧章志奏
為特隳京軍最要疾苦懇乞
聖恩亟賜蘇息以溥
德意以召
天和事要將快船更改而黃船則轉行該衙門一體
行事該兵部覆題奉
聖旨各衛快平船隻小甲既苦累京軍這免審編銀
及減省船隻等項俱依擬欽此

綸音甫下凡積害望蘇之衆眞如大旱之望雲雨而
縉紳之士則相顧吐舌以為事之極難而成之
必不易者隨該原任南京兵部尚書傅　　特
舉其所屬主事倪涑坐名題
請專任責成是時監局官員千般恐嚇廠衛員役百
計阻撓前後左右伺間動搖市棍積猾生情簸
弄此臣等耳所聞目所見也又快船與馬船相
兼撥差事須悉行更始而規模制度之間動輒
窒礙至其積習之敝多端尤為掣肘乃本官以

身承之殫精畢慮肓逾壹載事已就緒見今羣
小無所逞其謀監局無所藉其口自都城而外
以及於廬鳳淮揚邳滁和泗太平安慶鎮江柒
府肆州之地凡隸軍衛之家無不焚香額天荷
皇上好生之德父老至有泣下者此其為船政之良
法可知也臣按京營見往年抽掣軍丁已多歸
伍及查撥船又見出差船隻視昔更便臣又面
會原任南京兵部尚書等　今任尚書陰詢
其會計銀米之數僉言視舊更為節省然則天

下無難事亦有志者竟成耳今黃船之數不過
快船之十一況與別船不相干涉其間事體則
人人能言之矣所稱難易豈特千百之一二哉
且監局之意已平上下之謀已協在快船有已
成之規而黃船切奚後之怨又先經題奉
欽依因勢而利導之未有便於此者也今各甲投控
各衙門欲照快船事例奔走街衢哀號涕泗而
曾無一人肯任其事者往云視快船之成敗以
為行止今快船成效如此而又奚視耶推其所

由。蓋以利害勞逸之間。人所顧避。而因託詞於
事權之不一耳。查得監局官員。討取黃船。皆移
兵部。該部酌定船數。轉行外守備照撥。而季終
又係兵部
奏報。則外守備之撥差。本無關係。而弊則由此以
生。是不若歸併兵部。自撥自報之爲便也。其餘
事體以錢粮爲重。而造修錢粮。原出工部。豈宜
自諉。合無責令堂上官。推司屬之賢而有才者
壹員。坐名題

請。專董其事。一應事例。悉照快船。其審甲一節。仍聽
部科會議歸一。果有因革異宜。不妨隨機酌量。
事成之日。准與紀錄。量行優敘。毋使任勞任事
之臣。反出優游自逸之後。則事有專責。而人懷
勸心矣。夫此船政之敝。乃貳百餘年之積習。而
軍衛至拾餘萬户之紛紜。倪涑纔一建議。其事
即應手而成。況今跡其已行之緒。而補其未行
之缺。勢固甚便。且事係一體。亦安得舉甲而遺
乙。利此而棄彼也。不然。快船已盡蘇息。而黃船

困累如前。臣復不言。豈所以仰承
皇上無不覆幬之仁哉。伏乞
勑下兵部。再加查訪。如果臣言不謬。覆議上
請。恭俟
命下。備咨南京工部。將黃船事宜。悉聽經理。仍選司
屬之才賢者壹員。專董其事。功成之日。准與紀
錄。量行優敘。更乞
天語。嚴戒監局官員。以後出差。不許貪圖小利。需索
各船水夫分例。以致貧人受困。則善政可垂於

不朽。而
聖治益隆於無疆矣。緣係
留都船政新成。人心鼓舞。乞遵
明旨。擴
仁恩以隆
聖治事理。未敢擅便。謹具奏
聞。奉
聖旨。兵部看了來說。欽此。
兵部爲

留都船政新成人心鼓舞乞遵
明旨擴
仁恩以隆
聖治事該本部題重駕清吏司案呈奉本部送兵科
抄出南京陝西道監察御史陳奇謀奏云云奉
聖旨兵部看了來說欽此欽遵抄出到部送司卷查
原行事理相同案呈到部看得南京陝西道御
史陳奇謀奏稱快船審以造修撥差皆由南京
兵部黃船則番甲由兵科造修由工部而撥差

由外守備今快船既經題奉
欽依委官專理蘇息京軍已有成效黃船小甲欲照
快船事例歸併兵部自撥自報其造修錢糧原
出工部責令堂上官坐名題
請司屬官一員專董其事一應事例悉照快船而惟
於番甲則仍聽部科會議併戒出差各監局官
員不許需索船甲分例以蘇黃船困累各一節
爲照船政之積弊已以軍困已極黃快二船名
雖不同而事體則一今快船既經題奉

明旨專任經理已有成績獨黃船尚稱困累委應議
處所據南京陝西道御史陳　　　　　同壁其弊條
議前來欲因已行之緒而補未行之缺誠一體
恤軍之意但事在彼中遙難定擬應行查議合
候
命下本部移咨南京兵部會同工部備查黃船之撥
向由於外守備者有無關係據奏弊由此生何
以禁革若兵部歸併差撥工部專官造修番甲
部科會議果否長便將奏內事情逐一會議停

妥務在酌量經久可行徑自具奏以憑覆
請定奪施行等因萬曆十五年八月二十三日本部
尚書王　　等具題本月二十五日奉
聖旨是欽此欽遵抄出到部送司案呈到部擬合就
行爲此合咨前去煩爲查照本部題奉
欽依內事理欽遵施行須至咨者
南京兵部尚書臣陰　　等謹
題爲
留都船政新成人心鼓舞乞遵

□旨撥
仁恩以隆
聖治事車駕清吏司案呈奉本部送准兵部咨云云
到部送司奉此理合案呈施行等因到部該臣
查得南京馬快平船共玖百肆拾隻已盡更張
而偏小黃船止肆拾陸隻尚未經理先該原任
本部尚書傅　李　欲行而未果及臣初
至本部亦欲議題而未發者誠以職掌所關不
可得而越耳備查黃船職掌造修屬南京工部

而審甲撥差皆屬外守備後因審甲弊多至萬
曆柒年該南京兵科給事中王良心奏將審甲
聽該科會同御史壹員轉行應天府江防廳編
審造冊而撥差一節仍由外守備顧勳府重臣
勢難親理而一切員役沿習爲姦正如御史陳
奇謨所稱撥差雖無關係而弊則由此以生者
也先該本部原任右侍郎顧　奏爲特陳京
軍最要疾苦懇乞
□□亟賜蘇息以溥

德意以召
天和事乞將快船審甲改爲丁銀而黃船則□行該
衙門一體行事奉
旨欽依復該原任本部尚書傅　題委□議主事
倪涷專任責成將馬快平船通行經理見已完
妥黃船各甲因苦于衙門之多而又見快船之
便具告通狀并訴各該衙門求併于本部船政
分司但工部原有註選黃船主事壹員職係專
管故御史陳奇謨題乞歸併于工部者蓋遵職

掌體民情之至意也該臣會同南京工部署部
事南京戶部右侍郎方　弘靖南京兵科給事中
杜縻議得審甲改爲編銀則派編者兵科職也
而催徵銀兩該科又難于兼理黃船既有註選
則修造者工部事也而調度官軍該部亦有所
不便至於各甲皆願比照快船事例而中間事
勢亦難盡同快船每隻工食米價通計應派銀
貳百餘兩而今所派止叁拾兩者則因馬快船
隻數多而事又歸一故得以通融調度清查節

省使之足用黃船數少而事又分爲則通融查
省將安所施矣然猶僱止用夫壹拾陸名而
黃船比之則多冒名若通船僱募銀米之費計
貳百伍拾餘兩矣快船造修皆出官帑而黃船修
理則係旗甲尚須加派數拾金是安可盡同也
今准南京工部咨稱據甲役何汝泮等肆拾餘
名呈稱自願每年納銀叁千餘兩則每船該銀
柒拾兩矣然快船派銀叁拾兩猶懼其不能完
納黃船所派復欲增于一倍之外恐民力不堪
他日之虞更大也詔臣等委曲調停留于必濟
除將派編丁銀仍聽兵部造修船隻盡歸工部
外其催徵之事則本部義不敢諉并調度軍夫
節省銀兩臣已通行該司覆議處分俱妥大都
派徵之數每船止伍拾兩共銀貳千叁百兩而
有餘應役之人亦已取具認狀文冊在卷緣事
體煩瑣敬陳爲十款開列具
題伏乞
聖裁

勅下兵部再加覆議上
請恭候
命下移咨到臣轉行各該衙門一體欽遵施行則臣
等幸甚軍民幸甚緣係
留都船政新成人心皷舞乞遵
明旨擴
仁恩以隆
聖治及奉
欽依會議停妥務在酌量經久可行徑自具
奏以憑覆
請定奪事理臣等未敢擅便爲此開欵具本專差千
户顧英選齎捧謹題請
旨
計開
一曰分大小黃船之差照得黃船原有大小貳項
大黃船壹拾伍隻拾年伍差歲計柒差有半不
爲煩苦而每船原有駕軍叁拾名無食補餘丁
之害故今皆仍願照舊不在更張數內所更張

者止小黃船肆拾陸隻耳但彼此混淆以致姦徒作弊不可縷指若將杠櫃輕差專屬大黃船又減去半差每年一差米次則既任其輕又樂其簡大黃船軍役皆忻然感悅而小黃船亦不受其所混矣如後遇有額外加差則小黃船加過叁次大黃船方加壹次乃為適均伏乞

聖裁

二曰減太常寺官之差照得小黃船差使向稱拾年捌次者蓋因經管員役扶同作弊賄放姦富之家而將各衛正軍及僉補餘丁暗行差撥其應役者但總計拾年之內出差捌次相沿日久竟莫覺其弊端之所在耳今該本部備查奏報卷內每年內守備貳拾捌差太常寺半差共叁拾伍差除大黃船米差外止餘貳拾捌差則肆拾陸船拾年止陸差有零耳又查得太常寺雪梨香櫞茭白甘蔗等差名雖由船管差者常恐違限例於前途起旱極稱不便今該寺差官皆須即於南京由陸若每差加給路費銀壹拾兩

則既獲長途之資而又免違限之患是肆差者故可減也見存貳拾肆差而以肆拾陸船分為貳班則每年貳拾叁隻止少船壹隻耳於拾年伍差之外通融輪撥所增無幾而人皆樂為之役矣伏乞

聖裁

三曰減駕船之軍額照得小黃船駕運舊例每船用正甲壹名軍餘壹拾玖名然往以各甲朋當故多壹人則增壹八之補貼今皆用銀僱募故少壹役則省壹役之工資備查本船輕重與馬快船相同止用壹拾陸人已有餘裕況舊用貳拾人而拾年捌差今用拾陸人而拾年止有伍差視昔更為輕便是財既可省人亦不病其勞矣伏乞

聖裁

四曰處原駕之正軍照得駕船人數雖減而以壹船拾陸名論之僱募之直所缺尚多備查各衛有原駕小黃船食糧正軍共貳百捌拾名向皆

免其差操每月納銀貳錢交委官收貯名爲備用而官則乾沒今若盡僱外夫而使此輩出辦丁銀則每年不過派銀貳兩肆錢莫若將各軍勻開分隸各船之內照船輪差免其丁銀則所免者少所省者多矣差回免其月銀悉發寄操照例休息是各軍免于納銀委官無所乾沒而營伍不致空虛非一舉而三利者乎于中又擇其年力相稱者壹人爲軍頭本部給付批單壹張使之約束各軍査檢什物此壹軍者仍歲加

工食銀肆兩常川免操則統率得人而勞逸有辨矣見取各軍認狀在卷如出差之年偶遇米賤許照運軍事例將月糧壹半及所加行糧俱支折色則小人尤感德易使而在官固不費之惠也伏乞

聖裁

五曰會計行糧之數照得正軍以本役而免其丁銀減其差數固翕然應命矣然用人之道必使士貧給優從而後法行可久也備査小黄船舊

例每隻正甲軍餘共貳拾名計船肆拾陸隻共玖百貳拾名每名遇差支行糧陸斗合無照加玖斗共壹石伍斗使其月糧足以安家行糧足以自給則往返無内顧之憂矣然向以甲餘玖百貳拾名各支陸斗而拾年捌次共肆千肆百壹拾陸石今止以正軍貳百捌拾名各支壹石伍斗而拾年伍次共貳千壹百石軍利幾于叁倍而公廪所省則過半矣伏乞

聖裁

六曰酌量應募之直照得各船正軍處之誠無容議矣然每船所派僅僅陸柒名耳此外當募者尚多也使欲如快船之例盡募外夫將何以給

伏惟

國家定鼎燕臺而東南貢運多用操軍者

神謀遠慮萬世所當法也修舉而整飭之豈特爲貢事之利已乎大黄船每隻用正軍叁拾名悉出水軍左衛今水軍右衛軍數相同比例用之義無不可各船如遇出差即于水軍右衛操軍抽

數撥用。各軍原有月糧。不必再給。但每名給工食肆兩。亦免行糧。業已爭先應命。取認狀文冊在卷矣。若快船召募外夫。不得不厚。黃船即用食糧正軍。可以從輕。差回一體撥操。原無曠役。遇差方給工食。亦無濫與。固不必泥快船之法而貽不給之憂也。伏乞

聖裁。

七曰議接船之銀。照得各軍出差。固皆稱便矣。但錢入人手。雖良民不免妄用。而況貧軍乎。使厚

其往而不慮其回。非長策也。備查馬快平船將回之時。皆有官接銀兩。合無照例每差議增官接銀壹拾兩。給軍頭收領。以備本船回南公費。而募軍工食肆兩之內。亦扣存壹兩。于回時補給。則不惟前後往來皆無缺乏。而即有姦狡之徒。亦顧其後而不敢肆矣。伏乞

聖裁。

八曰議修理之費。照得工部黃船職掌。開拾年成造壹次。日久相沿。止管成造。而一切修理皆各

軍自辦。積困非一日矣。然該部儲蓄。已漸空虛。而若欲使之盡出于官。其力恐有所不給也。今調劑之間。已多節省。即于徵完貳千叁百兩之內。扣銀叁百伍拾兩。助該部修理之費。見在船肆拾陸隻。兩年更番。歲修壹半。通融裒益。綽有餘饒。倘更不足。即照該部咨開抽分木植。及地租銀內。量加賠補。則不加賦而用自足矣。伏乞

聖裁。

九曰派編應照快船。照得先據各申。告稱每船顧

派銀柒拾兩。然若爲船盡用募夫。尚不足僱直叁分之壹。今調度節省。通計催募修理接船及太常寺道官路費。止編伍拾兩而已足矣。但先因審甲。有正户幇户之不同。是差有重輕。法宜詳慎。故必行應天府江防廳會同該衛編審。方送科道會同參酌。今已改爲編銀矣。止是各役自相派認。該衛亦無所容其私。況編派與催徵相關。若再行別委。恐反致藉口互異。合無悉照快船事例。徑行該衛。召集原認舊役。公同派報

取具各役及收解結狀，造冊壹本。各先呈送兵
科叅酌停妥，復送船政分司，塡註由票，庶事簡
而人便矣。伏乞
聖裁。
十曰撥差應併兵部。照得審甲改爲編銀，撥差巳
無他弊矣。但各衙門取討黃船，皆行文本部查
定隻數，轉行外守備點撥。而本部季報，又轉行
該衙門查明附奏。往反多端，深爲不便。合無照
御史陳奇謀所請，歸併本部船政分司。將見在

船隻照前議派定軍頭管領，具造書冊。遇差序
撥，季終一併奏
聞。其黃船廠官，亦逕由本部選補，則事簡而權一矣。
巳上處分，巳頗周悉。至于一切條約款目尚多，
難以一一瀆煩
天聽。本部見有船政事例書冊，開載甚詳。雖黃船事
簡，不及馬快平船之百一。然其間事有相類者，
所宜悉照施行。務在省事安民，釐姦革弊。輸納
者自丁銀之外，無復他擾；應差者自駕運之外，

無復他勞。則良法永垂于不朽矣。
聖治益隆于無疆矣。伏乞
聖裁。
兵部爲
留都船政新成，人心鼓舞，乞遵
明旨，擴
仁恩，以隆
聖治事。該本部題車駕淸吏司案呈，奉本部送兵科
抄出南京兵部尚書陰　等題前事等因，奉

聖旨：兵部知道。欽此。欽遵抄出到部，送司案呈到部。
看得船差之爲旗甲害也久矣。賠累巳極，勢不
可支。邇者快船盡數更張，大愜來蘇之望。而黃
船獨未經理，不無向隅之悲。今據尚書陰
等因，御史陳　所條陳者，會同各該衙門覆
行酌議，條爲拾款，具題前來。其間體恤軍甲，劑
量事情，委曲詳盡，得行之永久而無所阻撓，則
船政一新，
聖恩普洽。凡此軍衛積困之衆，盡如赤子而衽席之

夫相應開立前件，議擬覆
請恭候
命下，本部移咨南京兵部，轉行各該衙門，一體欽遵
施行。等因，萬曆拾陸年叁月初陸日，本部尚書
王　等具題，本月初捌日奉
聖旨：黃船輪差，還着南京兵部會同守備衙門照次
定撥，不許縱容下人需索阻撓，其餘俱依議行，以
蘇京軍疲困。欽此。欽遵，抄出到部，送司。案呈到部，
擬合就行。為此，合咨前去，煩為查照本部題奉

欽依內事理，欽遵施行，須至咨者。
計開
一曰分大小黃船之差
前件臣等看得黃船既有大小，撥差亦當分屬。若
役此混淆，姦弊滋起。據議前因，誠為有見，相應
依擬，合無咨行該部，查將大黃船壹拾伍隻專
撥杠椒輕差，每年挨次；而小黃船則分為別差，
不使相混。其額外加差者，必小船加過叁次，大
船方加壹次。務要苦樂適均，不至推諉悞事。伏

聖裁。乞
二曰減大常寺官之差
前件臣等看得公差既有定數，則撥船當有定次。
經管員役乃一向暗行差撥，作弊多端，委非事
體。據議欲除大黃船柒差外，其餘貳拾捌差減
去大常寺肆差，將小黃船肆拾陸隻分為兩班，
通融為兩年壹差之法，永杜其拾年捌差之弊。
相應依擬，合無咨行該部，查將雪梨、香橙、茭白、

甘蔗肆差委官，加給路費銀拾兩，徑於南京起
旱。免撥船隻，而以輪年貳拾叁隻之船，聽撥貳
拾肆差之用。外少壹隻，挨次撥補。要之人樂為
役，自經久可行。伏乞
聖裁。
三曰減駕船之軍額
前件臣等看得駕船軍數之多少，一視船隻之輕
重。況用銀雇募，與朋當不同，尤宜從省。據議應
減名數，無非節用至計，相應依擬，合無咨行該

部照馬快船例每黄船止用軍壹拾陸名毋庸
多募財既可省人亦樂從伏乞
聖裁
四曰處原糧之正軍
前件臣等看得
國家養軍在體恤其情以備一時差遣非爲月銀
丁銀也若有軍不用而令之納銀雇募外夫委
爲未便擬議欲以原糧正軍分隸各船照帆輪
差差回發操誠所謂一舉而三利也合無咨行

該部將各軍悉依原議調度而月銀丁銀槩免
輸納仍立軍頭壹名歲於工食肆兩常川免操
使約束衆軍查檢物件各軍如出差之年偶遇
米賤將月糧一半與外加行糧俱支折色以卹
其私庶幾悅以使民民忘其勞矣伏乞
聖裁
五曰會計行糧之數
前件臣等看得小黄船軍甲每名支糧陸斗此舊
例也但遠涉風波軍有饑色資給不贍內顧是

憂擬議欲爲增給行糧無非體恤至意相應依
擬合無咨行該部每軍於陸斗之外再加玖斗
使資用優裕往返無憂且向也軍多而拾年捌
次雖支陸斗而費至肆千肆百餘石今也軍少
而拾年伍次則雖加玖斗而僅用貳千壹百石
是名增而實減雖惠而不費矣伏乞
聖裁
六曰酌量應募之直
前件臣等看得貢運用軍爲慮寔遠水軍撥用有

例可行今計每船止軍僅陸柒名則欲足壹拾
陸名之數不容不募而外夫之募又苦計費之
難擬議欲將水軍右衛比例差撥誠通融調度
之法應如所議施行惟用水軍右衛之軍未有
的數見今應命承認者如係常直船役則應籍
有定名如或輪流差撥則應約爲定次其出差
之時止給募直銀肆兩不給行糧差回即發收
操仍聽該部審察而酌行之蓋初募以所本無
之後則宜預體其所求便之情伏乞

聖裁。

七曰議接船之銀

前件臣等看得駕運官軍。當使往來足用。若厚其往而不慮其回。委非其策也。據議欲增處銀兩。量扣工食。於回時接濟補給。其于人情曲而盡矣。相應依擬。合無咨行該部。准照馬快船例。每差增官接銀拾兩。扣工食銀壹兩。給各軍頭收領。以備本船回南公費。則往來俱無缺乏。所負軍之利賴不淺矣。伏乞

聖裁。

八曰議修理之費

前件臣等看得修理船隻。本當給以官銀。向乃責諸各軍自辦。賠累久矣。據議欲將原徵銀內。扣剩助工部修理之費。其餘聽另項處補。誠所謂不加賦而用自足者。相應依擬。合無咨行該部。於徵完貳千叁百兩內。扣銀叁百伍拾兩。解發工部。將見在應用船隻。每年更番。歲修壹半。倘更不足。不妨於抽分木植。及地租銀內。量行處補。伏乞

聖裁。

九曰派編應貼快船

前件臣等看得黃船舊審正戶幫戶。故事繁而委官亦多。今既改為編銀。則無庸紛紛別委矣。據議欲照快船事例。徑行該衛。使各役自相派認。誠為簡便。相應依擬。合無咨行該部。以後每船派銀伍拾兩。止令各該衛。召集原認舊役。公同派報。取具冊結。送兵科酌議停妥。該部分司填註由票。照數催徵。毋得再行別委。以滋煩擾。伏乞

聖裁。

十曰撥差應併兵部

前件臣等看得黃馬快船。本同一體。季報點撥。本為一事。據議欲照御史陳奇謀所請。將黃船歸併該部。自發自報。而黃船廠官。亦由該部徑自選補。蓋所以一事權。而祛積弊也。相應依擬。合無咨行該部。將見在黃船。俱聽差發。仍

服馬快船例填給勘合議定限期到京赴本部
校放以便稽查黃船廠官亦由該部徑自選補
一體施行伏乞

国家出版基金项目
NATIONAL PUBLICATION FOUNDATION

海上絲綢之路文獻集成

總主編 陳支平 陳春聲

歷代史籍編

127

主編 范金民

海峽出版發行集團
THE STRAITS PUBLISHING & DISTRIBUTING GROUP
福建人民出版社

本册目次

船政奏議彙編五十四卷（卷一至卷四二）

〔清〕左宗棠等撰

《船政奏議彙編》五十四卷，清左宗棠等撰。同治五年（一八六六），閩浙總督左宗棠創辦福州船政局於馬尾。輯録督辦福建船政諸大臣左宗棠、沈葆楨、文煜、丁日昌、吴贊誠、黎兆棠、張夢元、何如璋、張佩綸、裴蔭森、卞寶第、譚鍾麟、邊寶泉、裕禄、增祺、許應騤、景星等有關船政奏議而成。起同治五年，訖光緒二十八年（一九〇二），反映福州船政局沿革及各期情形，亦多涉晚清海軍、中法戰争及近代科技交流等史料。奏議具載日期，無一缺者，足備文獻之徵。據天津圖書館藏清光緒十四年刻本影印。

船政奏議彙編

船政奏議彙編

光緒戊子歲
本衙門開雕

船政奏議彙編卷一目錄

左宗棠一

船政奏議彙編卷一

左宗棠一

試造輪船先陳大概情形摺

奏爲謹擬購買機器募僱洋匠設局試造輪船先
陳大概情形恭摺仰祈
聖鑒事竊維東南大利在水而不在陸自廣東福建
而浙江江南山東直隸
盛京以迄東北大海環其三面江河以外萬水朝
宗無事之時以之籌轉漕則千里猶在戶庭以
之籌懋遷則百貨萃諸廛肆匪獨漁鹽蒲蛤足
以業貧民舵艄水手足以安游衆也有事之時
以之籌調發則百粵之旅可集三韓以之籌轉
輪則七省之儲可通一水匪特巡洋緝盜有必
設之防用兵出奇有必爭之道也況我
國家建都於燕津沽實爲要鎮自海上用兵以來
泰西各國火輪兵船直達天津藩籬竟成虛設
星馳飈舉無足當之自洋船准載北貨行銷各
口北地貨價騰貴江浙大商以海船爲業者往
北置貨價本愈增比及回南費重行遲不能減
價以敵洋商日久銷耗愈甚不惟虧折貨本寖
至歇其舊業濱海之區四民中商居什之六七

坐此闤闠蕭條稅釐減色富商變爲窶人游手驅爲人役並恐海船擱朽目前江浙海運即有無船之慮而漕政益難措手是非設局急造輪船不爲功從前中外臣工屢議僱買代造而未敢輕議設局製造者一則船廠擇地之難也一則輪船機器購買之難也一則外國師匠要約之難也一則籌集巨款之難也一則中國之人不習管駕船成仍須僱用洋人之難也一則輪船既成煤炭薪工需費不貲月需支給又時須修造之難也一則非常之舉謗議易興創議者

一人任事者一人旁觀者一人事敗垂成公私均害之難也有此數難毋怪執咎無人不敢一紓籌策以徇公家之急臣愚以爲欲防海之害而收其利非整理水師不可欲整理水師非設局監造輪船不可泰西巧而中國不必安於拙也泰西有而中國不能傲以無也雖善作者不必其善成而善因者究易於善創如慮船廠擇地之難則福建海口羅星塔一帶開漕濬渠水清土實爲粵浙江蘇所無臣在浙時即聞洋人之論如此昨回福州參以衆論亦復相同是船

廠固有其地也如慮機器購覓之難則先購機器一具鉅細畢備覓僱西洋師匠與之俱來以機器製造機器積微成鉅化一爲百機器既備成一船之輪機即成一船成一船即練一船之兵比及五年成船稍多可以布置沿海各省遙衛津沽由此更添機器觸類旁通凡製造鎗礮炸彈鑄錢治水有適生民日用者均可次第爲之惟事屬創始中國無能赴各國購覓之人且機器良楛亦難驟辨仍須託洋人購覓寬給其值但求其良則亦非不可必得也如慮外國師

匠要約之難則先立條約定其薪水到廠後由局挑選內地各項匠作之少壯明白者隨同學習其性慧夙有巧思者無論官紳士庶一體入局講習拙者惰者隨時更補西洋師匠盡心教藝者總辦洋員薪水全給如靳不傳授者罰扣薪水似亦易有把握如慮籌集巨款之難就閩而論海關結款既完則此款應可劃項支應不足則提取釐稅益之又臣曾函商浙江撫臣馬新貽新授廣東撫臣蔣益澧均以此爲必不容緩願湊集巨款以觀其成計造船廠購機器募

師匠須費三十餘萬兩開工集料支給中外匠作薪水每月約需五六萬兩以一年計之需費六十餘萬兩創始兩年成船少而費極多迨三四五年則工以熟而速成船多而費亦漸減通計五年所費不過三百餘萬兩五年之中
國家捐此數百萬之入合雖見多分亦見少似尚未爲難也如慮船成以後中國無人堪作船主看盤管車諸事均須僱倩洋人則定議之初即先與訂明教習造船即兼教習駕駛船成即令隨同出洋周歷各海口無論兵弁各色人等有講習精通能爲船主者即給予武職千把都守由虛銜洊補實職俾領水師則材技之士爭起赴之將來講習益精水師人材固不可勝用矣且臣訪聞浙江甯波一帶現亦有儱知管駕輪船之人如選調入局船成即令其管駕似得力更速也如慮煤炭薪工按月支給所費不貲及修造之費爲難則以新造輪船運漕而以僱沙船之價給之漕務畢則聽受商僱薄取其值以爲修造之費海疆有警專聽調遣隨賊所在絡繹奔赴分攻合勦尅期可至大凡水師宜常川

住船操練俾其服習風濤長其精力深其閱歷然後可恃爲常勝之軍近觀海口各國所駐兵船每月操演數次儼臨大敵遇有盜艇即踴躍攫擊以試其能所以防其惡勞好逸者如此且船械機器廢擱不用則朽鈍堪虞時加淬厲則晶瑩益出故船成之後不防裝載商貨藉以捕盜而護商益可習勞而集費似歲修經費無俟別籌也至非常之舉謗議易興始則憂其無成繼則議其多費或更議其失體皆意中必有之事然臣愚竊有說焉防海必用海船海船不敵輪船之靈捷西洋各國與俄羅斯咪利堅數十年來講求輪船之制互相師法製作日精東洋日本始購輪船拆視仿造未成近乃遣人赴英吉利學其文字究其象數爲仿製輪船張本不數年後東洋輪船亦必有成獨中國因頻年軍務繁興未暇議及雖前此有代造之舉現復奉
諭購僱輪船然皆未爲了局彼此同以大海爲利彼有所挾我獨無之譬猶渡河人操舟而我結筏譬猶使馬人跨駿而我騎驢可乎鈞是人也聰明睿知相近者性而所習不能無殊中國之睿

知運於虛外國之聰明寄於實中國以義理爲本藝事爲末外國以藝事爲重義理爲輕彼此各是其是兩不相喻姑置弗論可耳謂執藝事者舍其精講義理者必遺其麤不可也謂我之長不如外國藉外國導其先可也謂我之長不如外國讓外國擅其能不可也此事理之較著者也如擬創造輪船卽預慮難成而自沮然則治河者慮合龍之無期卽罷畚築治軍者慮蕆役之無日卽罷徵調乎如慮糜費之多則自道光十九年以來所糜之費已難數計昔因無輪

船致所費不可得而節矣今仿造輪船正所以預節異時之費而尙容靳乎天下事始有所損者終必有所益輪船成則漕政興軍政舉商民之困紓海關之稅旺一時之費數世之利也縱令所製不及各國之工究之慰情勝無倉卒較有所恃且由鈍而巧由麤而精尙可期諸異日孰如羨魚而無網也計閩浙粵東三省通力合作五年之久費數百萬尙非力所難能臣誼

在體

國奉公何敢惜小費而忘至計至以中國仿製輪船或疑失體則尤不然無論禮失而求諸野自古已然卽以鎗礮言之中國古無範金爲礮施放藥彈之製所謂礮者以車發石而已至明中葉始有佛郎機之名

國初始有紅衣大將軍之名當時得其國之器卽被以其國之名謂佛郎機者卽法蘭西音之轉謂紅衣者卽紅夷音之轉蓋指紅毛也近時洋鎗開花礮等器之製中國仿洋式製造亦皆能之礮可仿製船獨不可仿製乎安在其爲失體也臣自道光十九年海上事起凡唐宋以來史

傳別錄說部及

國朝志乘載記官私各書有關海國故事者每涉獵及之麤悉梗概大約火輪船之製不過近數十年事於前無徵也前在杭州時曾覓匠仿造小輪船形模麤具試之西湖駛行不速以示洋匠德克碑稅務司日意格據云大致不差惟輪機須從西洋購覓乃臻捷便因出法國製船圖册相示並請代爲監造以西法傳之中土適髮逆陷漳州臣入閩督剿未暇及也嗣德克碑歸

國繪具船式船廠圖册並將購覓輪機招延洋

匠各事宜逐欵開載寄由日意格轉送漳州行
營德克碑旋來漳州接見臣時方赴粵東督剿
未暇定議德克碑辭赴暹羅屬日意格候信彼
此往返講論漸得要領日意格聞臣由粵凱旋
擬來閩面訂一切臣原擬俟其來閩商妥後再
具摺詳陳請
旨因日意格尚未前來適奉購僱輪船
寄諭應先將擬造輪船緣由具實馳陳伏乞
皇太后
皇上聖鑒訓示至設局開廠購料興工一切事宜極

爲繁重俟奉到
諭旨允行後再當條舉件繫恭呈
御覽合并聲明謹
奏
同治五年五月十三日拜發奉
上諭左宗棠奏現擬試造輪船並陳剿捻利用車戰
各摺片覽奏均悉中國自强之道全在振奮精神
破除耳目近習講求利用實際該督現擬於閩省
擇地設廠購買機器募僱洋匠試造火輪船隻實
係當今應辦急務所需經費卽著在閩海關稅內

酌量提用至海關結欵雖充而庫儲支絀仍須將
此項扣欵按年解赴部庫閩省不得輒行留用如
有不敷准由該督提取本省釐稅應用左宗棠務
當揀派妥員認眞講求必盡悉洋人製造駕駛之
法方不致虛糜帑項所陳各條均著照議辦理一
切未盡事宜仍著詳悉議奏至所陳剿捻宜用車
戰等語捻蹤剽疾異常飄忽靡定日前鮑超曾有
擬用獨輪車放礮之奏能否合用制勝尚未據該
提督續陳行軍之道全在因地制宜將來仍須論
令曾國藩斟酌辦理所論調派習戰營官令赴豫

奏一帶挑選土著散丁練成隊目赴甘聽用之處
事屬可行卽著該督遴選得力營員奏明調派另
摺奏覆陳籌議洋務事宜著留中將此由五百里
諭令知之欽此

請
派重臣總理船政摺
奏爲請
旨簡派重臣總理船政接管輪船局務以便開局試
辦恭摺馳
奏仰祈
聖鑒事竊維試造輪船兼習駕駛一事臣詳加諮度
始敢據以入
告欽奉
諭旨允行比即緘知原議之洋員日意格令轉告德

克碑速來定議時日意格方充江漢關稅務司
得信來閩一面緘寄德克碑德克碑時方在安
南海濱也日意格七月初十日來閩後臣與詳
商一切事宜同赴羅星搭擇定馬尾山下地址
寬一百三十丈長一百一十丈土實水清深可
十二丈潮上倍之堪設船槽鐵廠船廠及安置
中外工匠之所議程期議經費議製造議駕駛
議設廠議設局冀由麤而精由暫而久盡輪船
之長並通制器之利日意格立約畫押後候德
克碑未至返滬見法國總領事白來尼畫押擔

保八月二十七日德克碑自安南來閩臣出示
條約無異詞惟慮馬尾山下土色或係積淤所
致未能遽決臣比令開掘取驗泥多沙少色青
質膩知非淤成德克碑乃信其眞可用也正議
令其到滬見白來尼並約日意格及始議之按
察使銜福建補用道胡光墉等同來定議緣此
事係德克碑日意格兩人承辦非齊來面訂不
可定約臣亦非俟條約訂定不敢率行陳
奏也九月初六日奉到
恩命調督陝甘時德克碑正在臣署議事比即令其

逕赴甯波約日意格據稱日意格江漢關稅務
司已經辭退惟向例須三月始能離任恐不能
同來臣謂日意格已經面議畫押即不偕來亦
可惟該洋員到總領事白來尼處畫押後須速
來此以便面訂移交後任德克碑即覓輪船於
十三日赴滬大約十月初旬內外始可回閩也
臣維輪船一事勢在必行豈可以去閩在邇忽
爲擱置且設局製造一切繁雜事宜均臣與洋
員議定若不趁臣在閩定局不但頭緒紛繁接
辦之人無從諮訪且恐要約不明後多異議臣

尤無可諉咎臣之不能不稍留兩三旬以待此
局之定者此也惟此事固須擇接辦之人尤必
接辦之人能久於其事然後一氣貫注衆志定
而成功可期亦研求深而事理愈熟再四思維
惟丁憂在籍前江西撫臣沈葆楨在官在籍久
負清望爲中外所仰其慮事詳審精密早在
聖明洞鑒之中現在里居侍養愛日方長非若宦轍
靡常時有量移更替之事又鄉評素重更可堅
樂事赴功之心若令主持此事必能就緒商之
英桂徐宗幹亦以爲然臣曾三次造廬商請沈

葆楨始終遜謝不遑可否仰懇
皇上天恩俯念事關至要局在垂成
温諭沈葆楨勉以大義
特命總理船政由部頒發關防凡事涉船政由其專
奏請
旨以防牽制其經費一切會商將軍督撫臣隨時調
取責成署藩司周開錫不得稍有延悮一切工
料及延洋匠僱華工開藝局責成胡光墉一手
經理緣胡光墉才長心細熟諳洋務爲船局斷
不可少之人且爲洋人所素信也此外倘有斆

人可以裨益此局者臣當咨送差遣庶幾製造
駕駛確有把握微臣西行萬里異時得幸觀玆
事之成臣之微忱亦釋然矣至此事係臣首議
試行儻思慮未周致多疏漏將來察出仍請
旨將臣交部議處以爲始事不慎者戒謹瀝悃馳陳
伏乞
皇太后
皇上訓示施行謹
奏
同治五年九月二十三日拜發奉

上諭左宗棠奏請派重臣總理船政接管局務一摺
沈葆楨辦事素來認眞所有船政事務卽著該前
撫總司其事並准其專摺奏事先刻木質關防印
用以昭信守道員胡光墉卽著交沈葆楨差遣欽
此

籌撥購買輪船廠機器等件銀兩摺

奏爲籌撥購買輪船廠機器等件銀兩並請
旨諭令沈葆楨仍接管船政事竊臣前請
簡派前任江西撫臣沈葆楨總理船政當卽抄摺咨
請接辦去後沈葆楨以丁憂人員不應與聞政
事具呈固辭引據經義堅不可奪惟思總理船
政究與服官不同所履之地並非公署所用之
人亦非印官無宴會之事不以素服爲嫌公事
交接可用函牘往返不以入公門爲嫌且在籍
監造不爲奪情久司船政正可侍養嚴親於忠

孝之義究亦兩全無害若以事非金革勿避非
宜則此局所關非徒一時一地之計謂義同金
革也可謂更重於金革也亦可臣旣奉
命西征尅日就道洋員回閩卽須與之要約以便交
替非得中外仰望之人擔荷遠謨無以堅遠人
之信非遠人信服事難必成不敢輒發巨欵交
替之際間不容髮復以此商之沈葆楨續准沈
葆楨呈稱如果奉
旨飭令辦理亦必請俟明年六月母喪服闋後始敢
任事其未釋服以前遇有咨
奏事件可由署藩司周開錫道員胡光墉詳請督
撫臣代爲咨
奏臣維製造輪船一事大致已有頭緒德克碑日
意格等於旬日內卽可齊來定議應先行備辦
之事臣早爲籌及周開錫胡光墉皆與知之數
月以內沈葆楨暫緩任事尙無不可惟當飭周
開錫胡光墉遇事稟承庶接辦時頭緒了然更
期妥善遇有咨奏事件暫由周開錫胡光墉一
面稟知督撫臣代爲咨
奏庶大局可冀有成而沈葆楨於居憂讀禮一事

可無遺議其感荷
朝廷矜全之
恩更當何如耶應請
旨飭下沈葆楨於服闋後總理船政未任事之先所
有船政事宜仍一力主持以繫衆望而重要工
勿許固辭至購買機器輪機鋼鐵及募僱師匠
辛工路費洋將薪水與器具水脚包紮保險等
項有須半領者有須全領者共計關平銀十三
萬三千八百六十六兩五錢應先動欵應付理
合恭摺馳陳伏乞

皇太后
皇上聖鑒訓示施行謹
奏
同治五年十月初八日拜發奉
上諭前因閩省設廠製造輪船諭令沈葆楨幫同該省督撫等悉心區畫嗣據左宗棠奏請派重臣總理船政復諭令沈葆楨總司其事與英桂吳棠徐宗幹會商辦理茲據左宗棠奏該前撫兩次呈稱以丁憂人員不應與聞政事如奉旨飭辦亦必俟明年六月服闋後始敢任事其未釋服以前遇有咨奏事件請交督撫臣代爲咨奏等語製造輪船一節關繫中外事更重於金革豈得以引避爲辭沈葆楨辦事認眞著仍遵前旨總司其事一切應辦事宜均著英桂左宗棠吳棠徐宗幹與沈葆楨隨時會商辦理署藩司周開錫即著與胡光墉一并交沈葆楨差遣惟既據該前撫呈稱現未服闋未敢公然任事即著俯順所請未釋服以前遇有應行陳奏事件由沈葆楨知會該督撫代爲具奏一俟服闋仍著會同該督撫聯銜奏事以重事權其購買機器等項共需銀十三萬三千八百餘兩

著照左宗棠所籌先行動款應付以便興辦將此由五百里各諭令知之欽此

開造輪船請暫動結欵摺

奏為開造輪船需用經費浩繁閩海關稅不敷支撥請暫動結欵以濟要需恭摺仰祈

聖鑒事竊臣等欽奉同治五年六月初三日

上諭該督現擬於閩省擇地設廠購買機器募僱洋匠試造火輪船隻實係當今應辦急務所需經費即著在閩海關稅內酌量提用至海關結欵雖完而庫儲支絀仍須將此項扣欵按年解赴部庫閩省不得輒行留用如有不敷准由該督提取本省釐稅應用等因欽此伏查製造輪船一事前與洋員德克碑日意格定議購買機器等件需銀十六萬九千九百六十九兩保險包紮及募僱洋匠盤費需銀二萬九千五百十二兩德克碑日意格借支薪水及來往盤費並各洋匠借支薪工需銀一萬九千三百七十兩又蓋造鐵廠船槽船廠學堂及外國員匠公所住屋並製辦一切用器購買地基約需銀二十餘萬約統計需銀四十三四萬兩刻下德克碑日意格來閩定約所有募僱洋匠盤費辛工及德克碑等借支薪水應先全給置買機器應先付一半價銀以

便回國購辦鐵廠船槽船廠及各項房屋除地基價銀應即全給其一切工料本年動工亦須先付一半銀十萬餘兩餘俟明年春夏間清給將來開廠之後用費較省每月牽算有四萬兩諒可敷用而本年應給銀兩則萬難刻緩閩海關稅通年約計不過二百萬兩內除四成結欵八十萬兩兌費銀四萬兩本年奉撥京餉五十萬兩補解上年京餉十萬兩加平飯食一萬八千兩兌費等項約共銀三萬九百兩又奉撥內務府餉銀二萬兩平餘抬費兌費二千五百餘兩撥補常稅二萬五千兩司稅辛俸並本關經費約共銀十五萬兩改留閩省協餉本年正月至十一月止應解銀五十五萬兩核計本關進出各欵尚不敷銀二十四萬餘兩至閩省釐稅現因清發各營欠餉需銀三十餘萬臣左宗棠隨帶西征勇丁行糧及製辦軍火一切又需銀十餘萬兩此外留防本省弁勇餉項亦須隨時發給並應兼籌協濟甘餉實已竭蹶萬分臣等再四思維製造輪船為中國自强之策久在

聖明洞鑒之中無論如何為難必須設法辦理所需

經費臣等苟能勉爲籌措何敢妄自瀆陳無如開辦之初需欵甚鉅閩省關稅釐稅皆無可撥而事已定議未便暫置緩圖合無仰懇

天恩俯准由四成結欵項下動撥銀四十萬兩嗣後再由閩海關稅撥濟如尚不敷即提閩省釐稅不得再動結欵以重部帑臣等謹合詞恭摺由

驛具

奏伏乞

皇太后

皇上聖鑒訓示施行謹

奏

同治五年十月十五日拜發奉

旨著照所請該衙門知道欽此

閩海關展限月協五萬兩請撥充輪船經費片

再閩海關改留閩省協餉每月五萬兩已截至本年十一月爲止嗣於奏撥協濟甘餉摺內曾聲請展限自十二月起仍月協五萬兩以二萬兩爲造輪船經費以三萬兩爲甘省協餉在案茲查製造輪船事煩工鉅開廠之後每月經費牽算雖不過四萬兩而用費一切有不能預計者必須寬爲籌備方免臨時掣肘浙江廣東督撫臣雖各允協濟究不若就近提取爲便臣左宗棠係倡議之人現在奉

旨調督陝甘斷不敢因餉事維艱專顧西征而於輪船經費不統爲籌及臣等會商擬請將閩海關展限月協五萬兩概行撥充輪船經費其浙江廣東即除定撥甘餉外將原議月協造船之欵各一萬兩劃撥甘省以濟要需謹合詞附片具

奏伏乞

聖鑒謹

奏

同日拜發奉

旨戶部知道欽此

據實覆陳片

再臣於十月三十日准護理福建巡撫臣周開
錫咨呈十月二十九日兵部火票遞到
批回諭旨英桂徐宗幹奏閩省紳民懇留督臣暫緩
西行一摺英桂現尚未接印著左宗棠暫緩交卸
督篆剋日催督工匠上緊製造妥定章程與英桂
沈葆楨會商辦理前已有旨授劉典甘肅臬司該
署督即行檄催劉典先行赴任並將兵將著酌撥
數營交劉典管帶迅速入甘該督俟吳棠到任後
再行交卸來京等因欽此竊臣已於十月十七日

交卸督鹽兩篆十九日出駐城外營盤英桂於
十七日兼署閩浙總督均經奏報英桂接奉此
次
諭旨後面商交還篆務臣以前奉
恩旨調補陝甘其閩浙總督篆務應即送交英桂兼
署祇因自粵還閩後亟圖竭力整理吏治軍政
稍盡愚忱甫經半載紀綱麤立一旦舍之遽去
竊慮後此頭緒棼如難以尋繹又輪船一局正
當將定未定之時不敢置身事外而德克碑日
意格又未能即來定議不得不稍留待之故當

奏到
新命時自限四十日料理諸務始可交卸也迨十月
十七日交篆後二十三日日意格德克碑始來
連日往復商確至十一月初三日輪船局務俱
有眉目適先日奏到
諭旨沈葆楨總理船政接辦有人私衷稍慰而督鹽
兩篆有英桂兼署經理裕如撫臣徐宗幹遺缺
英桂已檄周開錫護理必無貽誤微臣既無復
接篆務之理亦可不俟吳棠之至矣惟士民聞
臣將有萬里之行不盡依戀此則令臣有不能

終恝者勉爲數日之淹一盡綢繆之誼沿途當
趲程行走以速補遲耳至劉典自回籍後音問
稍稀臣前緘商糾聚舊部三千漢口會隊尚未
接其覆信其進止機宜則必俟到陝後始可決
也謹據實附片覆陳伏乞
聖鑒訓示謹
奏
同治五年十一月初五日拜發奏
旨另有旨欽此

船政奏議彙編卷一終

船政奏議彙編卷二目錄　左宗棠二

船政奏議彙編卷二　左宗棠二

詳議創設船政章程摺

奏爲詳議創設船政章程飭洋員回國購器募匠來閩教習恭摺奏祈
聖鑒事竊臣前議習造輪船曾將應辦情形及請
簡總理船政大臣接管籌發購器募匠銀兩各緣由業經迭次陳明臣於交卸督鹽兩篆後駐營城外東教場嚴裝以待洋員之至本月二十三日道員胡光墉偕日意格德克碑來閩據日意格等稟呈保約條議清摺合同規約各件業經法

國總領事官白來尼印押擔保臣逐加覆核均尚妥洽所有鐵廠船槽船廠學堂及中外公廨工匠住屋築基砌岸一切工程經日意格等覓中外殷商包辦由臣核定計共需銀二十四萬餘兩船槽尤爲通局最要之件應用法國新法購辦鐵板運來船廠嵌造成槽此外一切局中應用雜物由護撫臣周開錫委員估置日意格德克碑俟廠工估定即回法國購買機器輪機鋼鐵等件並購大鐵船槽一具募僱員匠來閩一面開設學堂延致熟習中外語言文字洋師

教習英法兩國語言文字算法畫法名曰求是堂藝局挑選本地資性聰穎麤通文義子弟入局肄習並採辦鋼鐵木料一俟船廠造成卽先修造船身庶來年機器輪機運到時可先就現成輪機配成大小輪船各一隻此後機器輪機可令中國匠作學造約計五年限內可得大輪船十一隻小輪船五隻大輪船一百五十匹馬力可裝載百萬觔小輪船八十匹馬力可裝載三四十萬觔均照外洋兵船式樣總計所費不逾三百萬兩惟採買物料一切有此月需多彼

月需少者勢難畫一應將關稅每月協撥兵餉五萬兩劃提四萬兩歸軍需局庫另款存儲以便隨時應付而前後牽計仍不得踰每月四萬之數以示限制抑區區之愚有不敢不盡者茲局之設所重在學造西洋機器以成輪船俾中國得轉相授受爲永遠之利非如僱買輪船之徒取濟一時可比其事較僱買爲難其費較僱買爲鉅臣德薄能淺不足爲其難又去閩在卽不能爲其難當此時絀舉盈之際凡費宜惜鉅費尤可惜而顧齗齗於此者竊謂海疆非此兵

不能强民不能富僱募僅濟一時之需自造實爲無窮之利也於是則雖難有所不避雖費有所不辭然而時需五載銀需二百數十萬兩事屬創舉成否未可預知幸而學造有成縱局外議論紛紛微臣尚有以自解設學造未能盡洋技之奇卽解造輪船不能自作船主曲盡駕駛之法則費此五年之時日二百數十萬之帑金僅得大小輪船十六號機器一分鐵廠船槽船廠及各房屋雖所造輪船較尋常購買各色輪船精堅適用而估計所費多於買價一倍於大

局仍少裨益責以糜帑咎何可辭凡此皆宜預爲綢繆而不能預爲期必者故此局之定愛臣者多以異時咎責爲臣慮局外阻撓爲臣疑卽日意格亦言此時局面既更勢難兼顧如欲停止願將已領之銀仍卽繳回臣答以事在必行萬無中止之理但願一一謹守條約盡心經畫共觀厥成如有差謬當自請

朝廷嚴加議處而已察看人情尚可望其有成合將日意格德克碑會稟條約條議清摺合同規約照抄咨呈軍機處總理各國事務衙門存案外

謹臚舉船政事宜十條另繕清單恭呈
御覽謹會同兼署閩浙總督臣英桂恭摺具
奏伏乞
皇太后
皇上聖鑒訓示施行謹
奏

謹將船政事宜臚列十條繕具清單恭呈
御覽
一洋員應分正副監督也日意格德克碑各有所長臣前摺曾陳及之現經上海總領事白來尼以日意格通曉官話漢字辦事安詳令德克碑推日意格爲正監督德克碑爲之副洛商允洽均無異詞一切事務仍責成該兩員承辦
一宜優待藝局生徒以拔人材也藝局之設必學習英法兩國語言文字精研算學乃能依書繪圖深明製造之法並通船主之學堪任駕駛是藝局爲造就人才之地非厚給月廩不能嚴定課程非優予登進則秀良者無由進用此項學成製造駕駛之人爲將來水師將材所自出擬請凡學成船主及能按圖監造者准授水師官職如係文職文生入局學習者仍准保舉文職官階用之本營以昭奬勸庶登進廣而人才自奮矣
一限期程期分别酌定也輪船一局實專爲習造輪機而設俟鐵廠開設卽爲習造輪機之日故五年之限應以鐵廠開設之日爲始一面造

鐵廠房屋一面購運鐵廠機器計自法國購運來閩約須十箇月十一箇月不等日意格德克碑兩員回國後一員約五箇月帶船廠洋匠來閩開船廠造船槽一員俟機器等件齊備交鐵廠洋匠管解起程後先趁輪船來閩約八九箇月可到

一定輪機馬力並搭造小輪船也大輪船輪機馬力以一百五十匹爲準除擬買現成輪機兩副外其餘九副皆開廠自造鐵廠造輪機頗費時日船廠配造成船較爲迅速恐船廠閒曠虛

糜辛工因議於大輪船十一隻外另購八十匹馬力輪機五副其式與外國便婆子兵船相近乘船廠開工加造小輪船五隻

一飭洋員與洋匠要約也洋人共事必立合同船局延洋匠至三十餘名之多其中賞罰進退辛工路費非明定規約無以示信已飭日意格等擬定合同規約由法國總領事鈐印畫押令洋匠一律遵守

一宜預定獎格以示鼓舞也洋員及師匠人等須優定獎格庶幾盡心教導可有成效現已與

日意格等議定五年限滿教習中國員匠能自按圖監造並能自行駕駛加獎日意格德克碑銀各二萬四千兩加獎各師匠等共銀六萬兩計共定獎格銀十萬八千兩如果有成則日意格德克碑之忠順尤爲昭著應更懇

天恩再加獎勵以示優異

一購運機器等件來閩須籌小費也各項器具物料由外洋運儎來閩非按洋法包紮恐多損壞非交洋行保險難免疏虞此項包紮保險銀兩已一並議給

一凡需用紋銀之項應准開銷銀水也閩省通行銀色向較江浙廣東爲低番銀到閩無論官民皆不辨花樣但用鐵鏨烙印以辨眞假行之他省外洋卽減貶色船局支發各欵除在閩境採辦物料無庸補水外其採買洋料等用欵應將補水銀兩作正開銷

一宜講求採鐵之法也輪機水缸需鐵甚多據日意格云中國所產之鐵與外國同但開礦之時鎔煉不得法故不合用現擬於所僱師匠中擇一兼明採鐵之人就煤鐵兼產之處開鑪提

鍊庶幾省費適用此事須臨時斟酌辦理

一輪船中必需之物宜籌備也輪船中應用星宿盤量天尺風雨鏡寒暑鏡羅盤水氣表千里鏡玻璃管以及墊輪機之輭皮即音陳勒勃等件現飭日意格等回國探問製造器具價値如所費不過數千金即由日意格等籌購一分並酌募工匠一人同來一並教造

謹將擬定藝局章程繕列清單恭呈

御覽

一各子弟到局學習後每逢端午中秋給假三日度歲時於封印日回家開印日到局凡遇外國禮拜日亦不給假每日晨起夜眠聽教習洋員訓課不准在外嬉游致荒學業不准侮慢教師欺淩同學

一各子弟到局後飯食及患病醫藥之費均由局中給發患病較重者監督驗其病果沈重送回本家調理病痊後即行銷假

一各子弟飯食既由藝局供給仍每名月給銀四兩俾贍其家以昭體恤

一開藝局之日起每三箇月考試一次由教習洋員分別等第其學有進境考列一等者賞洋銀十元二等者無賞無罰三等者記惰一次兩次連考三等者戒責三次連考三等者斥出其三次連考一等者於照章獎賞外另賞衣料以示鼓舞

一子弟入局肄習總以五年爲限於入局時取具其父兄及本人甘結限內不得告請長假不

得改習別業以取專精

一藝局內宜揀派明幹正紳常川住局稽察師徒勤惰亦便剿學藝事以擴見聞其委紳等應由總理船政大臣遴選給委

一各子弟學成後准以水師員弁擢用惟學習監工船主等事非資性穎敏之人不能其有由文職文生入局者亦未便概保武職應准照軍功人員例議奬

一各子弟之學成監造者學成船主者即令作監工作船主每月薪水照外國監工船主辛工銀數發給仍特加優擢以奬異能

道員葉文瀾等交船政差遣片

再臣所知閩浙官紳中有裨船政之員亟宜咨送沈葆楨差遣如鹽運使銜廣東補用道葉文瀾好善急公熟悉洋務遇有委辦事件均能妥實經理爲人敦樸可恃候選同知黃維煊迭次委赴香港廈門上海甯波及福州羅星塔等處測量沙水訪察洋務并隨同胡光墉與日意格德克碑議擬章程均能不辭勞瘁該員係丁憂在籍人員輪船局甫經議設人才最少與尋常局務不同應請

旨准其留閩差委以裨要工又五品軍功貝錦泉向在江浙管帶捕盜緝私各輪船熟習直隷山東江蘇閩浙各洋面情形堪充輪船船主閩省新買輪船一隻取名華福寶昨由上海展輪來閩即係貝錦泉管駕此船應令貝錦泉管帶隷水師提臣李成謀統轄爲巡洋捕盜之用並令貝錦泉多募甯波少年在船習練駕駛庶一輪船即有駕駛一輪船之人無須外僱迨五年輪船成局中船主之學亦成人才固不可勝用也該軍功樸實勇敢熟悉洋務應請

旨破格錄用以都司留於福建水師儘先即補並
賞加遊擊銜以奬倡導之人又福建候補布政司經
歷徐文淵涉獵西洋圖書頗有巧思現仿製洋
礮百餘尊亦均合用應一併送交沈葆楨差遣
至士紳商民可用之才應由沈葆楨隨時蒐訪
札調入局差遣謹附片具
奏伏乞
聖鑒施行謹
奏

陳奏仍會後銜片
再日意格德克碑昨次來閩稟稱輪船一切條
約皆臣核定仍請臣主持此事當即告以業經
請
簡總理船政大臣事有專屬自可毋庸兼顧且相距
萬里以外亦勢難兼顧也該洋員仍以為言竊
維洋人素性多疑驟難譬曉始事之初須堅其
信揣彼疑慮之端有二不過事慮牽制費慮不
繼已耳復告以身雖去閩此事究屬首先倡議
事成無可居之功不成則無可逭之罪如有謬
誤應加議處業經
奏明在案並未嘗置身事外也至經費每月四萬
兩已指關稅協餉萬無不繼之理如尚慮不繼
則閩省尚有協甘之餉四萬兩可以通融當預
為籌之日意格等意始釋然應先陳明此後船
局遇有陳奏事件仍由沈葆楨會臣後銜以昭
大信可否之處伏候
聖裁謹
奏

改用鐵板船槽片

再臣前會同將軍巡撫臣
奏請撥閩海關結欵銀四十萬兩作輪船局創始經費摺內聲明購買機器等件及募僱師匠來閩建造鐵廠船槽船廠中外官員公廨工匠住屋購買地基約共需銀四十三四萬兩惟船槽爲船局最要之件日意格等原議建造石船槽臣細加採訪均以難成易圮爲慮茲詢之日意格等據云若照法國新法改用鐵板造成船槽較爲妥速惟必須自法國購運前來價腳太貴

是以前次仍議就近取石爲槽以期節省臣思石槽既造作需時又慮傾圮自不若改用鐵槽爲一勞永逸之計計買現成大鐵船槽一具由法國運儎來閩需多用銀三萬餘兩除已
奏撥閩關結欵銀四十萬兩外尙不敷銀七萬餘兩應在本年十二月起閩海關每月續撥銀五萬兩內提用以濟要需此項本係儘充輪船局每月經費現在議定每月約以四萬兩爲準計可月存銀一萬兩且目前未卽開廠以之移濟創始經費本屬一事更無庸另籌撥注至買用馬尾山下民田二百餘畝作爲局廠地基共畝分契價細册應由督撫臣會同總理船政臣沈葆楨另行專案
奏咨辦理合併聲明謹附片具陳伏乞
聖鑒謹
奏

道員胡光墉未能常川在閩片

再工程必期核實度支尤戒虛縻而輪船局事屬創行將來限滿果能習成與否雖據日意格德克碑一力擔承臣亦不敢遽謂確有把握但覺事不可已惟當擇人而任盡力以圖且其中支銷款目並無例案可循公家之事往往縛於文法搖於物議故敢任此事絕少其人卽如道員胡光墉素敢任事不避嫌怨從前在浙歷辦軍糧軍火實爲緩急可恃咸豐十一年冬杭城垂陷胡光墉航海運糧兼備子藥力圖援應舟

至錢塘江爲重圍所阻心力俱瘁至今言之猶有遺憾臣入浙以後委任益專卒得其力實屬深明大義不可多得之員惟切直太過每招人忌臣茲於輪船局務

奏請將一切工料及延洋匠僱華工開藝局責成該員一手經理實爲局務需才起見昨據胡光墉具禀固辭願隨同署福建布政使現護巡撫臣周開錫辦理局務聽候總理船政差遣凡其所舉之人出具保狀經手之項出具領狀惟該員是問至一切局務及支銷款目實以臣軍上海採辦轉運諸務奉委督辦必須兼顧未能常川在閩一手經理懇請陳明等語蓋以非常之舉易滋疑議不欲以一身爲衆射之的也臣稔知其任事之誠招忌之故與其過重責成轉使畏難於今日不若稍寬責任仍收臂助於方來且臣軍採辦轉運局務亦需該員經理不得不勉如所請准其往來照料聽候總理船政差遣總之此局非尋常工程可比卽

朝廷不預存綜覈之見在事者已不免有意外之虞惟有仰懇

天恩曲賞

鑒察庶凡率作興事敏則有功儻臣所舉非人致有貽誤仍請將臣交部嚴加議處謹附片具

奏伏乞

聖鑒謹

奏

各摺片於同治五年十一月初五日拜發奉

上諭左宗棠奏詳議船政章程並藝局章程各開單呈覽及曉諭日意格等各摺片奏均悉此次創立船政實爲自强之計若爲浮言搖惑則事何由成

自當堅定辦理方能有効左宗棠所見遠大大臣謀國理當如此其所議優待洋員酌定程限甚爲周妥均著照所請行若五年限滿洋員教有成效卽著照所議加賞以示獎勵其日意格德克碑勤勞既著忠順可嘉尤當優加賞賚並著英桂等存記俟五年後中國工匠如能按圖監造自行駕駛卽著奏聞候旨破格於原定賞銀之外再給優賞屆時甘肅必早底定朝廷不難令左宗棠赴閩共覩厥成該督等可傳諭日意格德克碑俾其專心教習毋稍疑惑其餘所議各條亦屬妥協並著照

所議辦理左宗棠雖赴甘省而船局乃係該督創立一切仍當預聞沈葆楨總理船政其未服闋以前遇有船局事宜由英桂等陳奏服闋以後由沈葆楨會同該督撫陳奏均著仍列左宗棠之名以期始終其事另片奏船局經費不敷銀兩請於續撥銀兩內動用等語著照所請所有前項不敷銀七萬兩卽於續撥閩海關每月五萬兩內支用著英桂如數籌撥毋許遲誤道員胡光墉既據左宗棠歷試可以相信卽著交沈葆楨差遣其補用道葉文瀾同知黃維煊著准其留閩並候補經歷徐

文淵均交沈葆楨差遣軍功貝錦泉熟悉洋務堪作船主自應破格錄用卽著以都司留於福建水師儘先卽補並賞加遊擊銜此後如能奮勉立功並著沈葆楨等再請優獎用資鼓舞其餘如有可用之才卽由沈葆楨酌委務當虛心訪求以期集事劉典業經服闋本日已明降諭旨實授甘肅按察使矣該員舊部三千名卽著催令前進左宗棠吳棠周開錫亦當和衷商酌於日意格等加意籠絡勿稍膜視本日據楊岳斌奏甘肅藩司林之望

各劣款一摺林之望前在鞏秦階道任內經駱秉章保奏擢任藩司該司曾經參劾楊岳斌辦事失當各情楊岳斌諒亦聞知是否該前督挾嫌參劾抑或林之望實有此事著左宗棠於到任後留心訪查按照摺內所參各節據實覆奏毋稍遷就原摺著抄給左宗棠閱看將此由五百里諭知英桂左宗棠吳棠沈葆楨並傳諭周開錫知之欽此

船政奏議彙編卷二終

船政奏議彙編卷三目錄　沈葆楨一

船政奏議彙編卷三　沈葆楨一

恭謝
天恩馳報任事日期兼瀝下忱摺

奏爲恭謝
天恩馳報任事日期兼瀝下忱仰祈
聖鑒事竊臣於同治五年十一月初一日奉
上諭左宗棠奏請派重臣總理船政一摺沈葆楨著總司其事並准其專摺奏事先刻木質關防印用一切應辦事宜並需用經費均著英桂吳棠徐宗幹妥爲經理仍隨時與沈葆楨會商不可稍有延

誤等因欽此臣自涅荷
生成優予終制從未敢一入官署左宗棠奉
命西征倉卒見訪堅以船政相屬臣知事在必行自顧材非其任面辭者四函辭者三呈辭者再且徇本籍士民之意聯名籲留左宗棠暫緩去任原以創造輪船關係至鉅非其人莫能勝也乃
蒙
聖主特達之知采及菲材畀以重寄始飭會辦繼令專司且感且懼至於涕零早夜傍徨寢食幾廢誠以臣之材望迴非左宗棠之比而所處之地

又各不同故也洋人之性善疑非其素所信服
之人動生猜忌日意格德克碑久隸左宗棠麾
下其公忠果毅親見之而習知之固宜爲之盡
力臣於二將無一面之識其難一也輪船經費
與別項軍需不同稍不應手便礙大局從前所
估祇屬大概數月以來核計應辦工程應發欵
項便有從前未經議及者出欵稍溢便苦不敷
至於成船之後一船又有一船之經費非放開
眼界通盤籌畫雖竭帑藏不足以供之臣以迂
拙之才處桑梓嫌疑之地其難二也紳受治於

官者也爲所治者忽然與之並列其勢必爭咸
豐年間設團練大臣選巨紳之有鄉望者爲之
然獲咎者往往而有未見成功者蓋互相推諉
則事不行互執已見則事又不行搆隙甚微頓
成冰炭雖封疆大吏均公忠體國而權勢所在
媒蘖者多下至胥隸皆足以簸弄是非其難三
也官之於民有分以相臨故威則知懲恩則知
勸紳與士民等耳不任事猶可也任事則親故
滿前恩威俱窒所求不遂謗讟橫生臣自束髮
受書及官成歸里頗不見惡於鄉黨乃奉

命之日薦書盈篋戶爲之穿舌敝脣焦立成怨府匿
名揭帖倡自官場寖爲風俗輒思搖撼大局以
快其志於臣何所加損然而人心世道之憂也
其難四也欲速則不成惜費則不成其理顯而
易見然費數百萬帑金責效於五六年之後人
人以利藪相窺一處脂膏便思自潤先飽私槖
貽笑遠人非以法痛繩之卽轉相仿效其難五
也外國可法之事無多而製器之工實臻神妙
其人非有聰明絕異之質但此精益求精密益
加密不以見難自阻不以小得自足此意正自

可師內地工匠專以偷工減料爲能其用意卽
已迥別故不患洋人教導之不力而患內地工
匠向學之不殷非峻法以驅之重賞以誘之不
足以破除其相沿之痼習其難六也日意格德
克碑功成之日旣獲厚利又得重名名利所歸
妬之者衆求分其利求毀其名皆在意料之中
稍涉游移則前功盡棄左宗棠威望足以鎭之
非臣之所及也其難七也具此七難何敢輕率
從事惟念殷憂啓
聖時事多艱

皇太后
皇上旦旰食宵衣焦勞中夜若爲臣子者狃於避謗
遠罪之私智何以上答
君父而自立於天地之間是以再四躊躇欲辭不敢
計惟有毀譽聽之人禍福聽之天竭盡愚誠冀
報
高厚鴻慈於萬一臣所深恃者
諭旨諄切知自强之道斷自
宸衷以萬不得已之苦心創百世利賴之盛舉必不
爲浮說所搖但願共事者體

朝廷之心以爲心勿以事屬創行而生畏難之見
勿以議非己出而存隔膜之思則大功之成拭
目可俟矣船廠根本在於學堂臣訪聞所派教
習咸能認眞講授生徒英敏勤慎者亦多其頑
梗鈍拙者隨時去之有蒸蒸日上之勢惟馬尾
船廠洋樓一切工程去城較遠監工員紳呼應
不靈匠徒不無延緩臣面囑前署藩司船政提
調周開錫先行親赴工所催督一次現在工程
亦漸有端緒可以無誤事機周開錫一腔血誠
不避嫌怨視公事如家事爲船政中必不可少

之人現在病已就痊與臣常川住局可以隨時
相與講明而切究之聞日意格已將機器購齊
料理下船約計七月間可到福建候補道船政
提調胡光墉將左宗棠餉事安置妥貼亦可來
閩臣於本月十六日釋服十七日往晤福州將
軍臣英桂閩浙總督臣吳棠福建巡撫臣李福
泰後即駕輪船駛至馬尾工次恭設香案望
闕叩謝
天恩敬謹任事遵
旨刊刻木質關防文曰總理船政關防即日開用一

切辦理情形容俟詳細察核會商隨時奏請
聖裁所有任事日期並感懼下忱理合先行由驛馳
陳伏乞
皇太后
皇上聖鑒訓示謹
奏
同治六年六月十七日拜發奉
上諭前因左宗棠奉命西征特令沈葆楨總理船政
茲據沈葆楨奏報任事日期並瀝陳各情覽奏具
見誠悃船政事宜本非旦夕所能奏效左宗棠以

事當創始專摺請派其知該前撫者實深該前撫清慎之懷中外共見朝廷因事擇人亦期任事者以朝廷之心爲心並非浮言可奪該前撫現已任事惟當勉爲其難即著督飭周開錫等實力講求並將日意格等加意籠絡庶觀成有日用以自强毋得瞻前顧後有誤鉅工沈葆楨以本地紳士督辦船政必須地方大吏聯爲一氣呼應始靈英桂吳棠李福泰務當和衷商辦俾該前撫永無掣肘之虞其應需經費並著英桂等隨時經理以竟全功將此由五百里各諭令知之欽此

察看福州海口及船塢大概情形摺

奏爲察看福州海口及船塢大概情形恭摺具陳

仰祈

聖鑒事竊臣於六月十七日馳赴馬尾涖事業經

奏明在案隨接見在事員紳咨詢一切並駕輪船周覽上下形勢知馬尾一區上抵省垣南臺水程四十里下抵五虎門海口水程八十里有奇自五虎門而上黄埔壺江雙龜金牌館頭亭頭閩安皆形勢之區而金牌爲最要自閩安而上洋嶼羅星塔烏龍江林浦皆形勢之區而羅星

塔爲最要馬尾地隸閩縣踞羅星塔之上流三江交滙中間港汊旁通長樂福清連江等縣重山環抱層層鎖鑰當候潮盛漲海門以上島嶼皆浮潮歸而後洲渚礁沙縈迴畢露所以數十年來外國輪船夾板船常泊海口非土人及久住口岸之洋人引港不能自達省城道光末年地方大吏籌備海防但載石鑿舟以塞林浦上流竟割重重天險而棄之臣詢之海濱土人至今猶共以爲非策也船塢在馬尾山麓地曰中岐但就其一方地勢而言大江在前迤南而下

𦶜峯西拱狀若匡床中間坦處舊本村田去年購買歸官始圈爲船塢計地周圍四百五十丈有奇客冬以來召集民夫窪者平之低者壘之慮田土之積弱難勝也沿塢密釘木樁以固之慮海潮溪汛之不時驟至也沿塢各增五尺以防之塢外三面環以深濠旣藉通運載之船亦可瀉積淤之水塢內濱江者爲船槽若鐵廠輪廠機器之廠斲木之廠架木之棧房皆參列其後餘尙有從前未經商定之件宜俟洋將到閩續行分別籌商措置塢外之東迤北爲臣及辦事各員紳公所外列外國匠房三十間周以甎垣如鱗之次外國匠房之左爲法國學堂後綴生徒下處三十間其制畧如匠房之式又左爲英國學堂其生徒下處同之下近江滸則煤廠在焉上倚山麓則中國匠房在焉循麓再上山之左肋可以眺遠臣飭前駐楚軍五百人因地築壘不特可攬船廠全局沿江上下數十里風帆沙鳥如在几前稍下則監督日意格所居也在臣公所之右者有外國醫生寓樓匠首寓樓其與日意格山樓對峙者則副監督德克碑之

屋下爲官道將抵江岸劃爲官街以便民間貿易一切土木或已經完工或已有三四分至八九分不等辰下畚鍤雨集斤斧雲從計日課功屈指可數此船塢內外之大概情形也臣又維船政根本在於學堂因於六月十九日就馬尾甄別法學藝童隨及英學藝童旣因其勤惰分別升降復定章程每日常課外令讀

聖諭廣訓孝經兼習論策以明義理其續招入局者先扃門考校擇其文理明通尤擇其姿質純厚者以待敘補蓋欲習技藝不能不藉聰明之士而天下往往愚魯者尙循規矩聰明之士非範以中正必易入奇衺今日之事以中國之心思通外國之技巧可也以外國之習氣變中國之性情不可也且浮澆險薄之子必無持久之功他日於天文算法等事安能精益求精密益求密謹始愼微之方所以不能不講也採辦一節似易實難不患美材之難求而患人心之苟且向來官場習氣以浮冒搪塞爲能船政之興尤視爲利藪去年以來承辦銅鐵木料煤炭者非無其人然用商賈有時擾累之弊甚於官司用官

司有時侵漁之端甚於商賈馴至劣幕奸胥交通市儈鬼蜮叢生是以民間置貨尚有精良一屬公家便多贋鼎明知國帑之當重竟敢於糜國帑明知要工之不可誤竟敢於誤要工言之實堪痛恨臣邇又聞向來外國船材煤炭多運自緬甸暹羅現雖遣員先於近處採幹搜巖他日恐仍不免取材荒裔重洋遼迴更防不勝防任非其人糜費雖多仍歸無用擬乘此發令之初明罰勅法以警其餘人心畏法而後弊實可除良材畢至也至船廠之興固須收羅工匠輪

船下水則舵工水勇缺一不行非徒習慣風濤尤須熟精鎗礮蓋

國家之勑造輪船譬諸千金買駿儻衝鋒陷陣不持寸鐵雖有千里之馬安足成功現在洋匠尚未至閩船成尚需時日擬先調閩中舊撤礮船十隻添練水勇二三百名未成船以前藉以巡緝近洋成船以後即可擐甲登舟駕輕就熟此

臣近日考校學堂分飭採辦及招募水勇之情形也至製造工程俟日意格等分載工匠輪機到廠後再行具

奏除繪圖咨呈軍機處總理衙門外理合先將大概情形謹會同一等恪靖伯陝甘總督臣左宗棠福州將軍臣英桂閩浙總督臣吳棠福建巡撫臣李福泰恭摺由驛具

奏以

聞伏乞

皇太后

皇上聖鑒訓示遵行謹

奏

同治六年八月初八日拜發奉

上諭覽奏察看海口及船塢大概情形尚屬周妥事屬勑造該大臣即當力任其難妥籌辦理以杜流弊而收實效圖留覽欽此

洋將到閩日期摺

奏爲洋將到閩恭摺馳陳仰祈
聖鑒事竊臣於本年八月初八日業將船塢大概情
形
奏明在案茲九月初九日洋將日意格帶同洋員
洋匠十二人女眷四口幼孩一口乘輪船駛至
馬尾其機器各件據稱兩月一起分作三起由
夾板船裝運來閩以後陸續可到至所有船槽
鐵廠一應如何興造之處俟其詳晰具稟再行
隨時
奏聞理合先將洋將到閩日期會同一等恪靖伯
陝甘總督臣左宗棠福州將軍署閩浙總督臣
英桂閩浙總督臣吳棠福建巡撫臣李福泰合
詞恭摺由驛四百里具
奏伏乞
皇太后
皇上聖鑒訓示謹
奏
同治六年九月初十日拜發奉
旨該衙門知道欽此

謹陳洋匠購器僱工詳悉情形摺

奏爲謹將洋將購器僱工詳悉情形恭摺仰祈
聖鑒事竊臣於九月初十日業將洋將日意格到閩
日期
奏明在案茲據日意格稟稱該洋將去年十一月
二十二日由香港西旋十二月二十七日抵國
卽日向該國水師兵部尚書稟明中國委造輪
船情由該尚書以未奉
天朝
諭旨令該洋將暫緩僱工一面行文該國留駐香港
之水師提督確查五月初四日該提督覆稱此
事已奉
俞旨並
簡派大臣督辦且以該洋將並德克碑等効勞中國
有年此次剏造輪船尤裨實用等語該國尚書
乃許僱定工匠七月二十日該洋將卽乘輪船
起程九月初九日抵福州馬尾前約往返以六
箇月爲期現逾原限實因輾轉行查所致並非
無故稽延至原約採辦各廠器具及輪機洋鐵
等項共重九百八十七頓今多備一千餘頓所

有價銀以及包紮保險尙屬敷用惟水腳不敷
船中所用星宿盤量天尺水氣表之類亦已購
齊該洋將先於六月十四日派夾板船一號由
該國載船廠器具並鐵二百五十餘頓八月十
八日又派夾板船一號載鐵廠一半器具並鐵
二百餘頓十月初又派夾板船一號載鐵廠一
半器具並輪機兩副尙有輪機兩副十二月初
亦可開船惟夾板之捷不及輪船每次約須五
箇月爲期鐵船槽長三十丈闊十五丈可以進
修二千五百頓之輪船工匠原約共三十七人

現由該洋將帶來匠首五匠人七另有醫官一
總監工一看鐵監工一駕船教習一下月可到
餘則皆於明年正月由德克碑帶來又稱本年
六月二十四日經該國主傳詢中國造船情形
諭令用心辦理旋飭該國各部行文留駐香港
之水師提督隨事照料各等情據此臣維該洋
將此次遠涉數萬里風濤購器募工均已就緒
現在征衣甫卸卽躬督中外工匠日在船塢將
應辦工程妥速布置一面趕造船身以便輪機
到時卽可配製洵屬踴躍從公深堪嘉尙除將

日意格原稟抄呈軍機處總理衙門備查外謹
將所有購器僱工詳悉情形會同一等恪靖伯
陝甘總督臣左宗棠福州將軍署閩浙總督臣
英桂閩浙總督臣吳棠福建巡撫臣李福泰合
詞由驛四百里具
奏伏乞
皇太后
皇上聖鑒訓示遵行謹
奏
同治六年九月二十三日拜發奉

上諭沈葆楨奏洋將購器募工均已就緒並請令周
開錫始終其事留李慶霖差遣各摺片洋將日意
格回國採辦器具均已齊備並僱覓工匠人等十
月後可陸續到閩卽著沈葆楨會同英桂李福泰
督飭局員及該洋將等將應辦工程妥速布置一
面趕造船身輪機到時卽可配製前署藩司周開
錫道員胡光墉前經左宗棠等奏派充局員並據
左宗棠奏稱但願謹守條約可望有成是左宗棠
於船政一事責成該員等確有把握著沈葆楨傳
知周開錫專意從公毋得畏難退阻並著馬新貽

迅催胡光墉剋期赴閩以資差遣道員葉文瀾現在已否到局該員前有被控之案著英桂李福泰速爲秉公斷結知府李慶霖前經吳棠奏參革職勒令回籍茲據沈葆楨奏稱該員在局襄辦有年尙無劣蹟著准其暫留船政局差遣儻復始勤終怠卽著沈葆楨據實參撤毋稍迴護所有船政一切事宜著英桂等俟吳棠旋任後詳細商榷和衷辦理將此由五百里各諭令知之欽此

船政創始在在需才宜固人心以全大局摺

奏爲船政創始在在需才宜固人心以全大局恭摺瀝陳仰祈

聖鑒事竊惟爲政在人古有明訓事關創始尤藉羣策羣力以相與有成況駑鈍如臣若非廣益集思何以上承

朝廷付畀之重前者渥荷

天恩以署藩司周開錫補用道胡光墉交臣差遣良以周開錫器局宏敞志慮忠純且藩司爲度支總匯衙門呼應較捷胡光墉素爲洋人所信才具優長內外兼資俾臣得所藉手是以左宗棠與臣會商派周開錫胡光墉爲提調又奏請以廣東補用道葉文瀾等一並交臣差遣得

旨允行知

朝廷所以爲船政謀者至深且遠臣方幸協力同心衆擎易舉乃督臣吳棠到後晤將軍臣英桂卽有船政未必成雖成亦何益之語嘗以總理衙門公信示臣謂臣曰此處我等用錢失當也臣逐加披閱只囑將所辦情形隨時函致並無涉及惜費一語臣知督臣胸有成見然尙冀各

行其是彼此兩不相妨詎意周開錫爲匿名揭
帖所牽涉督臣吳棠明知其誣以業經病痊之
員諭令續假另委藩司葉文瀾爲訟棍陳永躲
所翻控督臣吳棠明知其誣以業經咨結之案
任聽狡展致滋拖累周開錫爲各員領袖且甚
有功於閩省葉文瀾亦於諸紳中工程較熟官
職較崇當局者先懷潔身之思共事者遂有波
及之懼胡光墉在浙堅辭提調屢展行期難保
非以憂讒畏譏之情致有觀望徘徊之意伏維
國家之任事以人人之慮事以心若人人自危將
事事皆廢

聖主至誠所感洋將効順日意格自入閩以來殫精
竭思孜孜焉如治其家事如能和衷共濟臣當
決其有成儻人各有心不特事廢半途抑將爲
遠人所笑且船政之設雖由總理衙門王大臣
及左宗棠奏請而自強之道實斷自
宸衷爲臣子者宜何如激發天良以副
宵旰勤求之望臣官非言責分屬部民苟非船政所
關雖桑梓情殷斷不敢妄參末議至船政係臣
專責死生以之與其終誤

國家百身莫贖何如傾竭愚戇以自鳴於
君父之前合無仰懇
天恩諄諭周開錫終始其事專意從公毋畏浮言輒
萌退志
飭督撫臣將葉文瀾被控之案秉公斷結並
飭下浙江巡撫催胡光墉即日前來俾臣獲收指臂
之助不勝激切待命之至伏乞
皇太后
皇上聖鑒訓示遵行謹
奏

船政需人請留局員差遣片

再伏讀本年八月二十日

上諭吳棠奏甄別知府請旨革職等語延平府知府李慶霖著名巧猾專事趨承著即行革職勒令回籍等因欽此是時李慶霖正隨臣課督廠工欽奉前因理應飭即交卸經手事件以便具報起程俾免逗遛之咎惟閱原參摺內稱李慶霖到任未久即夤緣為通商局員又兼為船政局員督臣所謂趨承者當即指此查李慶霖以咸豐年間入通商局至今已有十餘年自船政議興左

宗棠以其熟悉洋情委辦購地設廠等事去年十二月部咨飭赴延平府新任復經兼署督臣英桂護撫臣周開錫以通商船政均極緊要接辦乏人會商奏調來省是其入局之始皆在延平府未到任以前此後則為地擇人藉資熟手何得以奏調有案責其夤緣縱使李慶霖極善趨承豈左宗棠英桂周開錫等均甘受其籠絡且延平府地方安靜通商局事事掣肘均在

聖明洞鑒之中豈善於趨承者轉舍所甘而就所苦又原摺內稱其在船政局則向督臣言該局紳董主持委員無權又言洋人日意格不知何日能來督臣所謂巧猾者當即指此查臣原係本省紳士船政為臣專責臣自當一力主持至日意格之來本難定期縱有此言亦非取巧乃臣面詰李慶霖則據稱謁撫臣時曾問及船政謹陳大概情形至謁督臣時從未垂詢何由妄對臣未任船政以前與李慶霖向無一面之識其先後入局則左宗棠英桂周開錫所委臣無所用其迴護地方官之賢否非臣所能周知封疆大吏之黜陟尤非臣所得干預督臣勒令回籍之請原以豫杜留局之階臣且自處危疑何敢

更存偏袒惟船政濟否關係匪輕人無卻顧之心而後事有告成之日李慶霖在局襄辦已閱年餘勞瘁不辭並無劣蹟若聽其負屈以去此後何以用人臣顧惜身家坐視事之頹廢不特終蹈罪戾即此心何以上對

朝廷合無仰懇

天恩俯念船政需人准將李慶霖留局差遣如能著有成效由臣奏請開復儻始勤終怠即當奏請加等治罪斷不敢稍事優容是否有當理合附

片陳明伏乞
聖鑒訓示謹
奏

船政奏議彙編卷三終

船政奏議彙編卷四目錄　沈葆楨

船政奏議彙編卷四　　沈葆楨

報明造船開工日期並船廠一切情形摺

奏爲報明造船開工日期並將船廠一切情形恭摺具陳仰祈

聖鑒事竊臣於同治六年九月二十三日業將洋將購器僱工到閩詳悉情形

奏明在案十月十二日總監工達士博鐵山煤山監工都逢英文教習嘉樂爾醫官尉達樂等到

臣隨時犒勞安置該洋員等靡不感戴

皇仁臣一面與日意格熟籌應辦事宜並飭各員紳

鳩工庀材務期妥速以便開工日意格先令木匠將從前所蓋棧房接段編門平鋪地板令畫匠繪一百五十四馬力船式於地板之上分行布線細如繭絲凡船身所有關筍銜接處莫不有圖各不相混曲直尺寸誌以洋字令中國木匠一一辨識俾按圖仿造可以不煩言而解又於船塢之右臨江口岸創造船臺其造之之法先用木樁長二三丈餘者以雲梯懸七百觔鐵椎數十人挽繩擊下之與地平而止星羅碁布以固其基復將大木縱横壓於木樁之上以取其平乃鱗疊巨材鈐以長四尺方圍四寸之鐵釘使黏合無間其底寬二丈五尺以次遞銳及其巔僅五尺厚一尺三四寸不等正視之若堵牆旁視之如累塔是爲一疊自外而内以次漸高凡爲疊五十有五前疊高一尺六寸五分積至末疊則一丈六尺五寸將來船成入水順推而下勢若建瓴可不重煩人力每疊相去三尺有奇統計全臺長二十有四丈自江中遥望之若岡巒迤邐而來中間貫以巨梁支側柱無數使互相撐拄深固不搖然後可鋪板其巔以造

船底自去年九月中旬而後匠作百餘人斧斤無間至十二月初五日第一座船臺始竣其餘三座今年秋冬當陸續告成然而船之所可貴者在機機之所從出者在廠鐵廠關係既重工費益繁方日意格之未來也其監工俄羅斯人貝錦達疊土於塢之中央形如半月議以船臺鐵廠參列其中嗣達士博以火患難防宜離不宜合於是復召工填土期於一律坦平劃前右方百餘丈之地爲船臺四劃後左方百餘丈之地爲鐵廠五其一曰鐵廠其二曰水缸廠其三

日打鐵廠其四曰鑄鐵廠其五曰合攏鐵器廠廠界既定乃於壘牆之地各開溝徑二十丈廣六尺深五尺恐其積水難消也每溝之旁各開一井以洩之溝底編釘巨樁留徑尺出地面塡以碎石擣之成屑使與樁齊其上築以石灰再聯壘方石交互鈐束以爲基址然後可施甎甓梁柱天寒霜肅衆杵爭鳴邪許之聲聞於數里此未造船以前剏立船臺並量度鐵廠基址之情形也去年十一月十八日頭起夾板船運火鋸鑽鐵機劈鐵機礪輪洋秤等物並大小鐵片

鐵條二百五十餘頓到船高器重數百人運二十餘日始畢有一器以五十餘人舁之而揮汗如雨者所購木料除暹羅以急於運米無船可裝外餘則花旂木及香港所購之暹羅木先後附舶而來雖輪機未齊而船臺已成船材漸集可造船身遂擇於十二月二十四日親率在事員紳並日意格達士博等祭告

天后出赴船塢偕提調官周開錫夏獻綸與諸員匠共捧龍骨安上船臺又到鐵廠親自拽繩下石均賚以牲醴以昭愼重禮畢召中外員匠敬宣

皇上德意勸以黽勉圖功我

國家懋賞懋官有逾常格聞者皆歡聲雷動手舞足蹈出自至情臣偕提調官舉爵挈觴勞之以酒而退此當日船身開工並鐵廠經始之情形也日意格以造船之樞紐不在運鑿揮椎而在畫圖定式非必通其理所學仍屬皮毛中國匠人多目不知書且各事其事恐他日船成未必能悉全船之窾要故特開畫館二處擇聰頴少年通繪事者敎之一學船圖一學機器圖庶久久貫通不至逐末遺本又以船臺船身所需鐵

葉釘鐶甚夥萬難待鐵廠之成不得不先蓋兩區俾隨時打造於是有小鐵廠之設春間多雨恐停工曠日不得不先事圖維於是有附近船臺搭蓋板棚之舉擣和石灰鎚鑿石板恐其散漫無稽致滋偷惰於是有附近外國棧房搭蓋板棚之舉此隨時相機酌量辦理之情形也臣維輪船之制雖屬奇剏而詳察洋匠所造絫黍皆依準繩苟竭中國之聰明諒不難於取法惟是工煩費重厥有數難海濱土狹水寬列數千萬觔之機器於一隅已不勝爲患若機器一動

颷馳霆擊尤虞內重外輕必周圍累巨石爲堤方臻鞏固而各廠急需之石招匠廣採方日不暇給石堤所需更難計數不得不俟諸春末夏初去年十二月二十五日以風怒潮激衝齧堤根致崩坍十數丈牽倒棧房五分之一聲震如雷現搶護之以巨樁大局尚無妨礙然一勞永逸則石堤終非可緩之圖而石匠往往居奇冀徼高價縱之則玩急之則逃不得不略示羈縻爲招徠地步此需石之難也鐵廠初基取材最鉅尚有舵廠模廠纜廠等十餘處梁棟大必數

圍近水之區萬難中選深嚴邃谷輦致一枝費既不貲動淹旬月取之立竭而待之甚殷此需木之難也廠地本屬村田恆虞水潦每有營造必增土五尺方樹屋基而所填之土稍乾則尺寸頓減須添填兩三次乃得其平以錢購土竟至十數里內無可購者此需土之難也中外工匠言語未通目擊手畫事多隔閡稍習其言語者又染於積習輒思因緣爲奸且藉以凌其儕伍外國匠人以精勤自喜彼則以偷減爲能巡察稍疏作輟任意督責少過怨謗叢生此需匠

之難也要工所係臣不敢浪費以縻帑金亦何敢惜費以誤大局不敢作威以失眾望亦何敢姑息以媚俗情所幸我

皇上至誠格

天自去年九月以來雨少晴多既無損於農田而趨事赴功得以日新月異日意格達士博實心實力事事務求精詳又執法嚴明絕不徇庇其下如監工貝錦達辦事遲緩匠首布愛德負氣凌人皆立與驅斥所以洋員洋匠咸恪遵約束盡心教導不致滋生事端在事員紳仰體

宵旰之勤沐雨櫛風昕宵匪閒

天心若此人心若此庶幾可望有成謹將造船興工日期並一切情形會同一等恪靖伯陝甘總督臣左宗棠福州將軍署閩浙總督臣英桂閩浙總督臣吳棠福建巡撫臣李福泰合詞由驛四百里具

奏伏乞

皇太后

皇上聖鑒訓示遵行謹

奏

同治七年正月初九日拜發奉
上諭沈葆楨奏報造船開工日期並陳明船廠情形一摺據稱開造輪船鐵廠關係最重上年十二月間船臺造成一座所運鐵器木料亦已附舶而來當親率在事官紳工匠前赴船塢開工相機酌辦惟需石需木需土需匠四者頗難所奏均中窾要輪船一事所難在於經始現在鳩庀已有可觀尤當矢以實心實力期於必成著沈葆楨督飭周開錫等及日意格各員盡心經理毋以畏難自阻庶日新月異共觀厥成其巡察布置一切均著照該

前撫所議辦理沈葆楨以本地紳士督辦船政事非易爲英桂馬新貽李福泰卞寶第務當遇事籌商並將經費隨時撥給俾得一無掣肘克蕆要工沈葆楨另片奏請將洋將獎勵等語日意格等自委辦船工以來勤能盡職自應量予恩施正監督日意格著賞加提督銜並賞戴花翎副監督德克碑著賞戴花翎總監工達士博著賞加三品銜該前撫接奉此旨後即行宣示以昭激勸將此由四百里各諭令知之欽此

船政提調等員到工日期片

再臣於同治六年十一月初十日奉
上諭著沈葆楨傳知周開錫專意從公無得畏難退阻並著馬新貽迅催胡光墉剋期赴閩以資差委道員葉文瀾現在已否到局該員前有被控之案著英桂李福泰速爲秉公斷結等因欽此臣當即
恪遵
諭旨傳知周開錫該員跪聆之下感極涕零自謂賦質疏愚恐辜重任乃荷
天恩逾格勖以專意從公雖頂踵捐糜豈足仰酬

高厚於萬一更何敢以身家爲念稍存避禍弭謗之見自蹈愆尤等語胡光墉於十一月初一日到工臣與熟商一切該員因兼辦陝甘轉運局務未便久離旋於十一月二十五日請假回浙該員經左宗棠奏明往來照料奉
旨允准未能常川在局臣查有前署福建藩司候補道夏獻綸辦事精細因而商調到工協同周開錫辦理提調事務葉文瀾於去年四月間來省臣囑其即赴工所據稱有被人京控之案應在省候訊且原案曾經咨結諒不至久延若先行

到工恐招物議等語俟至六月案尚未結而廠工孔亟刻不容緩臣只得諄飭其先行到工遇有傳質之時不難上省該員熟於營造是以派爲總監工數月以來早夜奔馳備嘗勞怨比因各匠假歸度歲暫停數日之工五品銜舉人王葆辰會同日意格前赴上海考驗胡光墉所招鐵匠並駛船之人內閣中書銜莆田縣學訓導吳仲翔會同達士博前赴泉州之深滬祥芝等處採勘南洋木料葉文瀾亦赴泉廈一帶採辦紅甎等件知關

宸慮謹會同一等恪靖伯陝甘總督臣左宗棠福州將軍署閩浙總督臣英桂閩浙總督臣吳棠福建巡撫臣李福泰附片陳明伏乞

聖鑒謹

奏

洋將續招員匠到工並船廠現在情形摺

奏爲洋將續招員匠到工並將船廠現在情形恭摺具陳仰祈

聖鑒事竊臣於本年正月初九日業將造船開工日期並一切情形

奏明在案三月十九日副監督德克碑到工晉謁時自稱身沐

皇仁有加無已惟有竭誠報効仰答

天恩等情旋據日意格稟稱該副監督續帶洋員五名洋匠十七名並從前陸續報到者共四十五

員名內除暫僱者二名專教駕駛輪船者一名造風雨表等匠三名不計外實應三十九員名原約應募三十八員名現計逾額一名嗣後續到者尚有二三名實緣刱始事繁不得不廣爲招募故未能適符原約此外尚有女眷八口幼孩四口合並聲明等因臣諭以所招員匠果能人人性情溫厚技藝精良則多一人正得一人之益

國家固不惜此小費而隘招徠臣一面優加犒勞一面飭其妥爲安置現各已赴工教導矣船廠

工程二月初七日外國夾板船雨號報到內載暹羅直木曲木七百餘件及船槽所需花旗木料臣當時即飭員紳督率人夫搬移上岸二十餘日始畢洋匠於江邊樹木爲表鵠工挖土以待安頓槽身一面將新到木料多集匠作照前所畫樣板引繩削墨趕造船身惟是閩省入春以來雨水連綿經旬累月操作頗難即舵廠一所石基已竣累甎壘甓往往因雨輟工不能不隨處各暫搭板棚以資屏蔽工程既拓需鐵葉釘鐶尤夥前搭小鐵廠鑪冶尚少不敷打造而

大鐵廠之成又需時日不能不更蓋一廠以分之匠役既集前設匠房不足相容矧海濱卑濕炎蒸擁擠不開恐疾病叢生不能不添建一區以便棲息但每一營造需材需匠動計千百且以煙莨雨笠運斤揮斧勞頓殊常所幸中外員匠各知

朝廷要工所係不敢以畏難之見阻趨事之心故不特曠廢無聞亦且精神愈奮至去冬日意格前赴上海所考江浙鐵匠水手人等共一百二十九人現經委員黃維煊督帶來工已分別先後赴船赴廠學習臣當更隨時察視巧拙勤惰以定去留今先將副監督到閩日期並現在船廠情形謹會同一等恪靖伯陝甘總督臣左宗棠福州將軍兼署閩浙總督臣英桂調任廣東巡撫福建巡撫臣李福泰合詞恭摺謹由驛四百里具

奏伏乞

皇太后

皇上聖鑒訓示謹

奏

同治七年三月二十九日拜發奉

旨該衙門知道欽此

代　奏叩謝
天恩摺
奏爲據情代
奏恭謝
天恩仰祈
聖鑒事竊臣據船政正監督日意格禀稱比奉
恭錄
諭旨行知謹悉同治七年二月初二日奉
上諭沈葆楨另片奏請將洋將獎勵等語日意格等
自應量予恩施正監督日意格著賞加提督銜並
賞戴花翎副監督德克碑著賞戴花翎總監工達
士博著賞加三品銜等因欽此欽遵跪誦之下感
激難名竊維外裔末員馳驅中土戎行幸厠
天寵躬膺
獎功叨
金珮之頒作鎭許銅符之授每撫衷而負疚思奮力
以趨公邇因船政開工海壖興役重膺委任方
慚作楫非材幸與經營竊喜運斤有藉三年踟
躕兩度滄溟度地甫竣募工畢集數月以來規
模麤具方將慎之又慎精益求精用壯橫梅之

威永廣梯航之利迺微勞纔効
温旨旋頒既
畀崇銜復
加翠飾德克碑泰西採幹同承
寵錫彯纓達士博末技襄勞亦荷
榮加新秩
九重異數四海稱榮頂踵捐糜詎足報稱惟有勉鞭
駑鈍力効奔馳俾鉅工早蕆利涉同歡以上副
聖朝開物成務之至意所有感激下忱謹懇代
奏前來臣勵其益加奮勉以迓
逾格恩施合將日意格等感激下忱謹會同一等恪
靖伯陝甘總督臣左宗棠福州將軍兼署閩浙
總督臣英桂調任廣東巡撫福建巡撫臣李福
泰合詞恭摺代
奏伏乞
皇太后
皇上聖鑒謹
奏
同日拜發奉
旨知道了欽此

游擊楊廷輝暫緩進京留帶船政水師營片

再據管帶船政水師營儘先游擊楊廷輝稟稱該員由儘先都司保升儘先游擊前署督標水師營參將兼帶內河礮船於去年十一月間復蒙委帶船政水師營自應勉竭駑駘力圖報效惟該員於同治五年十二月初九日奉
上諭左宗棠奏堪勝水師總兵並堪膺保薦各員一摺候補都司楊廷輝著送部引見欽此計奉行知已逾一年懇予請咨晉京引
見等因臣自應欽遵辦理第船政需人孔亟水師尤資熟手該員諳悉海上情形遇事勤奮現當工程吃緊沿江一帶轉運巡緝事事躬親未便遽易生手合無仰懇
天恩俯念要工准其暫緩晉京留帶船政水師營藉收指臂之效實出逾格
鴻慈謹再合詞附片具陳伏乞
聖鑒訓示謹
奏
同日拜發奉
旨著照所請該部知道欽此

船政需人請留員襄辦提調事務片

再船廠事務殷繁需人助理本任臺澎兵備道吳大廷因病卸篆本年三月間內渡晉省臣察其精神均已復元該員心地洞達才具優長一時尚無地方之責堪以相助為理合無仰懇
天恩俯准暫留該員在船政襄辦提調事務實屬逾格
鴻慈謹再合詞附片陳明伏乞
聖鑒謹
奏
同日拜發奉
旨著照所請該衙門知道欽此

盛典之行得
天題爲重合無仰懇
恩施
御書匾額以光廟貌謹再合詞附片陳明伏乞
聖鑒訓示謹
奏
同日拜發奉
上諭沈葆楨奏新建
天后神宮請頒匾額等語
天后神靈夙昭顯應我朝
封號疊加欽崇備至茲當閩省
神宮落成尤冀長承
靈貺著南書房翰林恭書匾額一方交沈葆楨祇
領敬謹懸挂以迓
神庥欽此

擇建　神宮仰懇
御書匾額片
再我
國家懷柔百神崇德報功祀典具備而海疆
天后靈貺尤昭昭不可殫述是以
列聖封號疊加
綸音累賁海宇之內莫不尊親臣自奉
命總理船政以來深維事鉅才輇恐辜委任夙夜祇
惕冀託
神佑以牖愚蒙每月朔望卽公所中設位行香罔
敢曠越客冬開工伊始復率在事員紳人等潔
齋祭告期以必成中外工匠歡聲雷動竊見洋
洋盛德體物不遺但廨宇囂雜不足以昭誠敬
且椽舍迫狹秋霜春露祭獻有期興俯祼將莫
展儀節心實歉然因於船塢後適中山巔擇建
神宮一所居高臨下形勢巍然以致明禋藉通肸
蠁辰下鑿石培土鳩工庀材計夏至前後可以
集事惟是
靈威之赫以
宸翰始昭

江岸坍塌逼近船臺謹陳籌堵情形摺

奏爲江岸坍塌逼近船臺謹陳籌堵情形並請
旨將臣交部嚴加議處恭摺仰祈
聖鑒事竊臣於本年三月二十九日業將德克碑到工及船廠現在情形
奏明在案入夏以來雨水漸晴方督中外匠作趕造船身以待機器一面建銅鐵各廠詎閏月十九日海潮初落西南風驟來逆浪旁衝深齧岸址二更以後船臺前石橫四十丈直十丈之江岸塌入水中臣率在事員紳夫役人等馳赴搶

護奈水勢迅急上實下虛遠者已卧波心近者土紋泳裂雖沿江一帶前已徧釘巨樁而根柢受傷樁亦隨流而靡百端設法補救無從只得將岸傍堆積羣材拖運中間以防漂溺船臺本近水濱岸址愈低潮痕漸及因於臺前添釘巨樁三層以禦目前之急大局尙無妨礙然土性既爲水所剋土日虧則水日驕欲固土必先敵水臣前此卽思沿江盡砌石岸以敵洪濤因工繁費鉅需石甚夥非曠日持久不能成功且恐岸址未堅驟加石堤不免下輕上重是以姑俟

緩圖今受病既深則病源不可不塞蓋船塢地本洲田港汊糾紛窪處皆爛泥所積去歲塡平浦潊又於平地增高五尺望之坦然而客土與原土燥濕不相能非多歷歲時未能黏合無間邇來每有營造患土力之不勝則密釘巨樁以實之釘樁之地實而旁土爲樁所逼雖日溢一黍無迹可見而外既無所鈐束內逼則外傾前者全塢環以深濠可通潮汐爲便於運致材木然土性必乾而始凝置土水中水愈通土將愈弱此病源之在內者也塢之上流五里地名下

洲角十數年前水必漲一沙洲下接中岐江分爲兩江水爲洲頭所激橫出東西然後折而南下東出者遂以塢口爲衝途兼以今春洲尾之在中岐者沙痕漸長彼羸則此絀塢前港底愈深衝流愈迅臣與日意格及諸員紳乘小舟從上流詳察水勢試以木屑數十石傾入水中木屑逐水斜行恰抵塢岸而止當是時也潮迴風定波浪無聲衝激之狀猶灼然可見儻夏秋之間海颶一作驚濤怒雨傾江倒海而來撮壤懸流愈不相敵此病源之在外者也夫內外之病

源如此非石岸必不爲功然非先導水勢使之旁流石與水已相搏其間岸亦不能遽就臣愧憤之下博訪周諮咸謂上流當衝之處宜以數巨艦滿載大石鑿沈水中以殺其怒再廣伐竹箭斜插淺流處所順迴瀾之勢引之西行塢不當衝江流自緩然後依勢築捍水短壩於外更緊靠江岸樹樁爲幹壘石爲堤以垂久遠斯外患可平依山另開數小溝以洩諸路內積之水將環塢長濠一律塡塞不致往來潮汐漸漬四旁遲之又久土性乾凝而後內患可息臣曩者

亦慮水勢西趨則塢前淤塞不便舟行長濠既塡則盤運路遠既而思之塢外之水並力而西對岸之沙洲必日侵日削輪船仍可暢行不過船臺去水稍遙成船之時下水多費人力塢內之長濠盡塞不過小舟不能出入多用人夫然地基鞏固較之日惴惴焉以横決爲憂者相去懸絕兩害相形則取其輕此臣籌堵內外之大概也惟是臣躬膺鉅任不能先事豫防咎無可諉合無仰懇

天恩將臣交部嚴加議處以爲不慎所事者戒謹將籌堵情形由驛四百里馳

奏伏乞

皇太后

皇上訓示遵行不勝戰慄屏營之至謹

奏

同治七年閏四月二十五日拜發奉

上諭沈葆楨奏江岸坍塌逼近船臺現籌堵禦一摺船臺前江岸於閏月十九日夜間被風浪衝齧塌入水中所有岸傍堆積羣材雖經拖運中間臺前亦添釘巨樁三層暫資堵禦惟岸址未堅風濤不

時衝激其勢斷不能久該大臣現擬疏洩積水改築石堤將環塢長濠一律塡塞俾土性乾凝岸旁地基鞏固所籌尚屬妥協著即照所擬辦理船塢廠基關係綦重該大臣務當趕緊庀材集夫督率興修以防横決此次江岸坍塌該大臣未能先事預防所請嚴議之處姑從寬改爲交部議處嗣後惟當審愼督修勿稍疏忽以期無負委任將此由四百里諭令知之欽此

船政奏議彙編卷四終

船政奏議彙編卷五目錄　沈葆楨三

船政奏議彙編卷五　沈葆楨三

機器到工已齊並船廠現在情形摺

奏爲機器到工已齊並將船廠現在情形恭摺具
陳仰祈
聖鑒事竊臣於本年正月初五日業將洋將日意格等所購第一起機器到工
奏明在案四月十六日復由外國馬梨阿勒各三丁船運到第二起機器其中最鉅者爲鐵廠水筒三口每口各廣數十圍高近一尋輪船之水缸次之餘爲鐵廠一半器具殊形詭狀非安頓如法關捩威張無從稱名指類當時分派員紳督率人夫移頓二十餘日之久始獲竣事五月十九日第三起機器復由外國夾板船運到船名曰法彼爾士較第一二起之船大倍之據日意格稱中所載除鐵條七千四百二十九條鐵片鐵釘大礮洋灰等項數百件不計外凡爲機器者五百六十有三最重者二萬餘觔餘或萬餘觔七八千觔三四千觔不等自五月末旬之初勇丁數百人揮汗炎風烈日之中並力搬運及今一月尚未蕆事六月十七日第四起機器

復到船名曰汪德乃木所載皆輪船機器計重百有二萬四千八百觔計件三萬五千有奇當令拋泊江中先將稍輕者用兵船剝載入廠其餘重大者俟第三起搬竣再行部署而當時羅列岸旁分頭起運者則有曰安迭喇係運花旂木板之船有曰悅諸花思得係運喰叻長短雜木之船有曰西洞係運船槽木料之船外尚有臺灣運木運煤之船廈門運甎之船附近運沙運石運土之民船分載竹梢插護江岸之小船搬移杉木儲蓄各廠之排船而木簰小舠不與

焉沿江埠頭星羅碁布無隙可容故日役千夫難以剋期告畢論閩省夏秋之間颱颶常作機器重船皆涉數萬里而來儻因風浪疎虞停工待器勢必遷延時日今各起陸續到齊但費安置之力大廠一成便可專心製造故中外員匠咸鼓舞赴功以爲鉅工之成愈有把握也船塢地基舊坍之處臣恐其復有橫決自閏月末旬之初即派弁入山採伐竹箭數萬分插沿江淺流處所從前潮汐爲西南風所激洶湧塢前者現十減其四五上流衝口前擬巨艦載石沈之

水中無如旋渦屈注萬馬奔馳千石之舟無從下椗現於水中樹木爲柵壘石爲壩力遏怒流因江底向多爛泥泥弱石强須漸實漸加一時未能遽就環塢長濠當一律盡填惟左近一帶工作繁興需土匪易而小溝未開儻遇陰雨無從疏洩因於左側濠口當衝之處先封塞以杜近患再行施功現在急流漸緩果經秋颱安堵如故潮頭盡折而西以後水落霜寒石塘方可興役此船塢地基之情形也船廠以內已成者曰轉鋸廠安十五匹馬力水缸於中中爲鋸輪

者三一曰大直鋸一曰小直鋸一曰圓鋸外爲礪輪者一爲鑽機者一爲車牀者二爲鉗牀者三十有五缸中湯氣既升大小鐵輪互相牽引各機一時並發雷動飈馳除零星鋸鑿鑢削不計外尚有重機未曾排比妥貼者難以枚舉四起機器既齊從前房屋不足容之復搭瓦房三十餘間曰大機器之所輪船水缸凹凸累砌高若重樓關竅相通盈千累百其已成者自外洋轉運皆折解而來入廠後必費數月釘鈴鈕合之工方可適用因於製作之處建瓦亭一區名

曰水缸之廠外國鑄器皆先有鐵模始必刻木爲範不溢累黍後乃擣炭和沙與土郎其空隙填之脱胎而出再灌鐵汁其間鐵模乃就刻模者以遲而成功鑄模者以速而見效遲速既殊不得淆雜於是分建二區一曰木模之廠一曰鑄鐵之廠風雨鍼寒暑表皆輪船必需其製法則鉤心鬬角其器具或牛毛蠒絲當其游思無間炫於日光則目神散有所隔蔽則目力窮其造作之所塞向闔牖陰陽向背調度必由洋人辰下業已完工可以董率匠徒排列鏤刻因名

之曰鐘表之廠西人鎚鐵小者需人力大者賴懸機懸機之器或隆然而高或岈然而深重皆數千觔森挺槎枒目前大廠未成已須工作非夏屋不能容於是復有暫搭之鎚鐵廠其與鐵廠鄰者曰銅廠地雖稍狹制亦如之鐵銅水缸等廠鎔鍊火爐甚夥扇鞴爲煩西法取風地中不勞人力先周各廠甃甎爲隧斜引旁通磐石蓋之鋪土地平而翕張之鐵機繫於鋸廠之方窖氣輪一動彈指間數百步外爐火並熾力倍風箱若是者名曰風洞銅鐵重器自彼移此皆

需百十人因𢫬拽車以便挪動然恐溼土埋輪因處處俐木爲道凸其兩旁中平如砥俾易推行若是者名曰木轍從前書館之設寄於棧房現在推積充牣不能不另蓋一區於是復有繪事之廠采辦銅鐵煤炭木料石灰繩纜等件分道而來連艑累舸量移上岸非分儲之不可而收積材木之地非潮水可通不但出運爲難亦慮久而枯朽於是塢外南側既建一區曰廣儲之廠又於塢北里許濱江淺港圈數百丈以鱗疊巨材上接山坳駐兵守之曰儲材之廠廠內

除轉移執事外隨同洋人學習者若鋸木之匠造船之匠冷鐵之匠鑄鐵之匠刻模之匠鑄銅之匠水缸之匠反沙之匠車牀之匠鉗牀之匠其因營造各廠而招者若斲木之匠版築之匠鎚石之匠攻皮之匠共二三千八五方雜處漫無統紀易滋事端棲息無從亦難號召於是塢外復建二所居之在左者曰東考工所在右者曰西考工所皆以員紳統之早出暮歸乃無紊亂據日意格前稱華匠與洋匠器用不同言語不通事事隔閡況素諳繩墨者類皆中年以往

心氣耗散往往不能探賾通徵請各廠分招十五以上十八以下有膂力悟性者或十餘人或數十人俾易教導名曰藝徒現所招已及百餘又不能無以鈐束之於是復有藝圃之設各廠事務猥煩委派員紳近增至百餘曉鐘出塢躬率工作指揮奔走見星始歸饋餉在道每遇暴風驟雨借蓋無從不能不小築數間以資憩息於是復有塢內官廳之設傭工雜作是有健丁日每八九百人非以兵法部勒則散而難稽呼而不應於是每十人以什長一人束之每五什

長以隊長一人束之特派勤能之武弁統焉然必寢息有所竈廁有所稽查有所因傍山結壘署如營房是爲健丁營之設凡此者數月以來已皆趕辦計可先後告竣其餘若鍊鐵爐瓶片之窰燒煤骨之窰煅蠣灰之窰以及浸木甎槽等處或纔興工或纔擇地經營之後當更陸續

奏聞此船塢內外之情形也鐵廠地基去冬以來開土釘樁以及嵌塡石屑石灰皆已就緒應行補苴者亦屬無幾惟所需堅甎方石厥數甚鉅合計五廠需甎數百萬方需石則自長二丈三尺六寸至一尺二寸五分者計十萬有奇堅甎以海船運於下游數目既多非數百起不能盡之石質纍重運載更難卽源源到工但移一石非數人不可況刓方琢平勢難用驟際此盛夏酷暑石上如以熱湯凡椎鑿者下蒸上曝敲火生光膚焦肉泡故雖監工日號迄今牆基未就廠內橫梁需堅木一百五六十根每根長須七丈二尺有奇圍圓八尺以上近地搜採無此巨材現飭員往暹羅三馬丹吻嘮呷等處覓購窮海帆檣往來第憑風汎更非刻日可期所幸機

器已齊並有現成輪軸儻船材該備年底船身可就尙易圖成惟斲輪之方總俟營搆齊全方有眉目此大鐵廠之情形也洋將德克碑自到工以來覩塢內運載之艱願往南洋訪購載貨夾板船已附搭輪船前往安南各國兩月以後方得回閩理合附陳今先將機器到齊日期並船塢一切情形謹會同一等恪靖伯陝甘總督臣左宗棠福州將軍兼署閩浙總督臣英桂福建巡撫臣卞寶第合詞恭摺謹由驛四百里具

奏伏乞

皇太后
皇上聖鑒訓示謹
奏
同治七年六月二十三日拜發奉
旨該衙門知道欽此

周提調請假回籍省親片

再船政提調前署福建布政使司周開錫到工以來已逾一載本年三月以買運津米馳赴上海五月回工迭得家書以嗣母年高舊病時作請假三月馳回湖南本籍省視臣見其詞意迫切不忍拂其至情已於本月二十一日遵海溯江而歸假滿即來工次理應合詞附片陳明伏乞
聖鑒謹
奏
同日拜發奉
旨知道了欽此

委員鄭應奎積勞病故請予䘏典片

再船政委員五品銜候補縣丞鄭應奎於同治六年六月二十五日前赴臺灣內山采辦煤炭木料積勞成疾內渡後於本年六月間身故該員辦事勤能遠涉重洋親歷深巖密箐之中蒙犯瘴煙沈痾不起誠堪憫惻可否仰懇

天恩

飭部照軍營病故例議䘏以慰幽魂謹再合詞附片具陳伏乞

聖鑒訓示遵行謹

奏

同日拜發奉

旨鄭應奎著交部照軍營病故例議䘏欽此

恭謝

天恩摺

奏爲恭謝

天恩仰祈

聖鑒事竊臣於同治七年六月十一日准軍機大臣字寄五月十八日奉

上諭沈葆楨奏江岸坍塌逼近船臺現籌堵禦一摺該大臣所請嚴議之處姑從寬加恩改爲交部議處嗣後惟當審慎督修以期無負委任等因欽此臣跪讀之下慚感交并悚惶無已伏念臣迂庸下士陋蒞凡材無作楫之能膺扶輪之任承

鴻恩之稠疊

温語頻加愧蟻穴之先知周防乏術卽荷

嚴加譴責詎足稍贖愆尤迺

宸鑒之明同於日月而

聖慈之被比於生成不予重懲但從薄罰旣前非之

曲宥復

新命之重申

訓誡周詳合中外咸資圭臬

裁成備至俾樗櫟得就範圍臣自顧何人邀茲

曠典惟有謹遵
敎誨益竭愚誠矢愼矢勤成終成始以期無負
高厚鴻慈於萬一所有微臣感激下忱謹繕摺恭謝
天恩伏乞
皇太后
皇上聖鑒謹
奏
同日拜發奉
旨知道了欽此

恭謝
天恩准抵銷降級處分摺
奏爲恭謝
天恩仰祈
聖鑒事竊臣於同治七年七月初六日准吏部咨稱
同治七年五月十八日奉
上諭沈葆楨奏江岸坍塌逼近船臺現籌堵禦一摺
此次江岸坍塌該大臣未能先事豫防所請嚴議
之處姑從寬改爲交部議處欽此欽遵到部查此
案應請將前任江西巡撫沈葆楨照防範不嚴

降一級留任例議以降一級留任係公罪例准
抵銷可否准其抵銷之處恭候
欽定等因五月二十五日奉
旨准其抵銷欽此臣跪讀之下感激莫名伏念臣智
遜挈瓶勤慚運甓奠磐乏術遽致滄海之橫流
劖木稽時未覩樓船之下瀨咎由自召罪有難
辭旣荷
寬典乃
生成之曲宥僅示薄懲卽殫昕夕之愚誠詎酬
朝廷立法咸協於中而

聖主施恩有加無已
温綸下逮復予湔雪之方
新命重申不啻陽春之煦臣自顧駑駘之下質何幸
累數之頻邀惟有益竭鄙忱率作興事矢勤矢慎蕆
此要工以期無負
高厚鴻慈於萬一所有微臣感激下忱謹繕摺恭謝
天恩伏乞
皇太后
皇上聖鑒謹
奏

同治七年七月二十八日拜發奉
旨知道了欽此

暹羅船木到工摺

奏為暹羅船木到工恭摺具報仰祈
聖鑒事竊臣於六月二十三日業將機器到齊並各
廠情形
奏明在案其第四起所載輪船機軸尤緊重殊常
經派人夫起運四十餘日之久始獲蕆事銅鐵
機器封閉艙底經年海氣薰蒸盡掩鉎鏽難以
遽臻靈轉當即一面督工節節磨刮使光潤滑
澤以利樞關一面責令學習駕駛之藝童水手
人等幫同洋匠相機辨竅零星湊合俾即鈎心

鬬角之處悟推行利轉之功由體達用由委窮
源果能實力講求他日製造之法駕駛之方實
根於此機器雖齊船材未備斧斤莫施殊深焦
急臣自船廠開工以後即維上游杉木既不足
以耐風濤臺地樟木港狹山深出運遲滯而遣
員踩勘深滬祥芝等處存儲洋木復不適用因
於四月間派洋員達士博同營弁等赴噹叻暹
羅仰光各處購致南洋楢木嗣據營弁回工稱
該處得木易而得船難木價廉而船價貴業已
由該洋員試辦數船應用臣以船工稍遲正擬

專員催趲東裝未行而該船之來自暹羅者於八月二十六日報到船名曰華德西樂共載木五百餘節二十七日駛入塢口人夫並力五日之久盡數起岸一面著洋匠估量尺寸一面劈鋸興工又據日意格稱此次到工係頭起洋船其第二起船名曰麻力阿立三丁聞自暹羅揚帆已二十餘日其第三四五起船有曰悅諾花思得者有曰安密喇者有曰巴奴格者數日內亦自暹港出洋此時海面雖北風司令然颶颶不作則較夏間倍其日數亦陸續可到果如所揣一兩月內數起俱齊船材該備廠內加工趕造船身應易告竣至船上帆檣器具俱經日意格購致齊全船身下水機器入船之後便可次第安頓周妥理合先將暹羅木船到工日期謹會同一等恪靖伯陝甘總督臣左宗棠閩浙總督兼理福州將軍臣英桂福建巡撫臣卞寶第合詞恭摺由驛四百里具

奏伏乞

皇太后

皇上聖鑒訓示謹

奏

同治七年九月初二日拜發奉

旨知道了欽此

暹木陸續到工第一號船身告成摺

奏爲謹將暹木陸續到工第一號船身告成第二號船身經始並鐵廠教造起限情形恭摺具陳

仰祈

聖鑒事竊臣於同治七年九月初五日業將第一起

暹木到廠召匠趕工情形

奏明在案當時所到之木僅有五百餘節匠作雲集斤斧繁興直至十月中旬而續到木船尚無確耗臣不勝焦灼只得一面派員赴厦門洋人船塢購致曲木四十一片直木一百二十九根以添船務一面派員赴香港洋人船塢購致槍板七十片以爲船旁雖俱陸續到工而撮壞涓流隨到隨盡十月二十一日第二起船麻勒阿立三丁到據日意格報稱內載曲木二百七十餘節方木一百九十餘根槍板三百六十餘片二十七日第三起船安密喇到據報內載曲木一千二百二十餘節方木二百二十餘根槍板一百九十餘片船材既足添募省外各匠加緊課功所有船務底骨灰絲縫節均一律完竣內骨既成旋封外板分段嵌鑲鱗次而上逐日增

高惟尾務之際骨節窪隆相去數尺封釘匪易於是該洋匠等剏設木氣筒一座長約三丈有奇承以臥架筒之首尾各戴鐵笠旁結板棚安置湯鑪一具湯鍋之側綴以銅管通於氣筒入巨板於筒中鐍固鐵笠閉氣而蒸之歷兩時許便柔韌如牛皮然後以釘尾務曲折隨心不煩繩削辰下外板既封內板亦齊船身木工計已集事此後分鈐鐵葉安頓鐵務橫梁須加一月之功布置輪機包裹銅片以及油漆粧飾等事須加兩三月之功再得一月試演駕駛便可展輪出洋十二月初九日第四起船悅諾花思得到據報內載曲直木一千七百五十六節十三日第五起船巴奴格到據報內載槍木八百零四根竊思前此因木料費手致船工稽遲若必俟第一號船工盡完始將第二號開造未免曠日縻費因先於塢中預疊第二號船臺可造八十匹馬力者現在四船接續而到木料既不止供一船之需因一面飭趕第一號未竟之工一面飭將第二號龍骨鏇削鋪排擇於本月二十七日興工該洋匠等樣板已成中國匠人卽其

分注尺寸施之斧鋸駕輕就熟尤易就緒鐵廠
本年以來壘石築甎牆基已就惟梁柱瑰材苦
難覓購前日意格擬用鐵柱已試鑄一根費重
工遲告齊不易現擬仍參用外洋大木而運道
險遠總須來年方可節次到工查合同內載五
年限期以鐵廠開廠之日為始今經費如此其
絀成廠又如此其難為日愈多則需費愈鉅所
幸前者暫搭各廠可以次第興工現在暫搭打
鐵之廠則船上鐵軸鐵旁俱能打造暫搭鑄鐵
之廠則大而鐵柱小而齒輪俱可成功地窖煙

爐亦尚適用茲據日意格稟稱所有五年之限
請以明年正月為始察看省外各匠日與洋人
共事口講手畫頗能心通其意惟輪機之分度
水氣之升合非日久融會貫通莫能盡探底蘊
耳合將暹木陸續到工第一號船身告成第二
號船身經始並鐵廠起限教造情形會同一等
恪靖伯陝甘總督臣左宗棠福州將軍臣文煜
閩浙總督臣英桂福建巡撫臣卞寶第合詞恭
摺由驛四百里具
奏伏乞

皇太后
皇上聖鑒訓示謹
奏
同治七年十二月二十六日拜發奉
旨知道了欽此

委員馳赴暹羅辦木片

再造船以求材爲急而求材以適用爲先前據各洋匠稱閩地杉木輕鬆非輪船所宜樟木質堅而體曲祇可作船中肋骨雜具且新收溼幹非經年餘風日難施斧斤最合用者無逾於檜木檜木產暹羅各島彼國土音稱曰惹致又曰麻石又曰萬涉名異實同山谷中常有之土人造舟搆屋皆取材焉采購頗易惟運途遼遠計自廣東七洲洋出外羅山水程二百八十更始抵其處木料麤笨非輪船所能載惟夾板足以

容之夾板乘風往來未易刻期以待非派專員坐山收運難以操縱自由茲當春令正商舶南下之期謹派船政總監工布政使銜廣東補用道葉文瀾帶同舉人蔣錫璠生員吳寶璘游擊吳世忠六品軍功劉國泰葉景祺吳作楫吳高翔等東裝前往一面咨會暹羅國王飭所屬關津沿途照料該員等已於二月十二日由廈門登舟駛赴香港候搭輪船入暹夏間南風司令冀可陸續購運到工應將派員出洋采木情形合詞附片陳明伏乞

聖鑒訓示謹

奏

同治八年二月二十三日拜發奉

旨知道了欽此

船政奏議彙編　卷五　三十二

請飭吳道赴閩襄理片

再船政提調前署福建藩司周開錫去年六月間請假回籍省親業經臣等

奏明在案該員假滿後旋赴上海清釐辦運津米銀款於本年三月初四日到工提調補用道夏獻綸現權閩藩未能常川到廠辰下第一號新船迅卽下水理合專派大員督同管駕將領赴津請驗非熟於船政者不足以當之而廠務殷繁周開錫一人勢難兼顧查前船政提調臺澎道吳大廷因病懇請開缺回籍調治業經半載

該員操守端潔才識優長且熟於船政合無仰

懇

天恩諭湖南撫臣飭令吳大廷趕緊調治就痊卽行赴閩襄理可否之處恭候

聖裁謹再合詞附片陳明伏乞

聖鑒訓示謹

奏

同治八年三月二十五日拜發奉

上諭沈葆楨等奏前任臺灣道吳大廷因病開缺回籍調理現在船政需員請飭仍赴閩省等語吳大廷告假回籍調治業經半載計早痊愈著湖南巡撫迅卽飭令該員趕緊赴閩襄理船政不得遲延將此諭令知之欽此

船政奏議彙編卷五終

船政奏議彙編卷六目錄　沈葆楨四

船政奏議彙編卷六　沈葆楨四

第一號輪船下水並續辦各情形摺

奏爲第一號輪船下水並續辦各情形恭摺具陳仰祈

聖鑒事竊臣於七年十二月二十六日業將船政一切工程奏明在案本年正月起廣召艌鑽各匠黏灰穿孔塞罅漚釘鐵匠打鑲鐵梁鐵脅鐵條等件兩月之久始行蕆事三月初旬船匠始得刓雕梁座鬬攏機器車治舵梔鐵匠折移輪機水缸等件上船配合徧嵌泡釘螺餅兼製銅管氣筒尾輪鐵輥等事如是者復一月有奇四月以後船內之匠則造艙堵戰枰桅架椗車舨板等件船外之匠則趕包龍骨銅皮分造重輞凹槽下水托輞等件內外完備乃加堊洋油聯鈐銅板如是者復二十日有奇四月之杪日意格稟稱船上大小工程一切告竣請期下水臣飭監工員紳覆驗無異因諏五月初一日乘午潮漲滿縱船入江先期一日用巨鑊煮牛膏豕脂胰皀油等物數十斛灌入船底凹槽凝厚寸許將船臺初

疊之木節節掇下另墊木楔使船身低倚兩旁托架跗蕚相銜留船旁撐柱數十根以支之屆期臣躬率提調周開錫及各員紳致祭

天后江神土神船神向午潮平日意格督匠作人等盡拔撐柱將船頭所銜木楔衆斧齊敲使船勢全力趨下再將船頭托輞鋸斷鋸甫過半船砉然自行一瞬之間離岸數十丈船上人乘勢下椗拋泊江心萬斛艨艟自陸入水微波不濺江岸無聲中外歡呼詫爲神助辰下方升桅竿繫帆纜安牀爨添旂幟製號衣整礮械以備出港

適提調道員胡光墉同管駕官副將銜游擊貝錦泉續募通曉輪機之中國舵工水手八十餘人到工伏念新船如生馬非銜轡均調恐不相習且一律用中國人駕駛初試風濤尤當慎益加慎因飭該管駕等就船上加緊練習由近漸遠七月間當可逕出大洋駛赴津門請

旨簡派大臣勘驗此第一號下水之情形也第二號之船自開工以來匠作等駕輕就熟工程較速現邊板已封三分之一再有兩三月亦可下水第三號船臺底樁俱如法釘齊全架一成便可

興造木料一節日意格所購者年內已到五起業經臣等

奏明在案本年二月初十日第六起報到二月二十八日第七起報到三月初十日第八起報到三月二十九日第九起報到四月十二日第十起報到凡五起計統裝曲直木及櫓板六萬六千六百四十六幅地去年委員劉國泰往南洋所辦者於二月十七日報到船名曰法蘇甲里凡載櫓木鐵抄打馬輣轆武結噢唧咨蚋等木一千八百四十餘節石來板二千七百八十餘

片其中可供鐵廠橫梁之用者不少目下良材麕至船工自易圖成惟機器之出專由鐵廠閩省春夏陰雨連綿版築不易監工員紳披蓑荷笠號召泥滓之中數月以來甎垣石檻石簷一律完竣欒棁杗桷亦皆裁量如式而鑄匠方趕造各種船上器具未遑兼鑄鐵柱是以棟宇未得觀成現首船下水鑄工稍鬆當飭刻期趕辦鐵廠告竣便可講求輪機關竅輪機之巧能應手得心船事乃中邊俱澈也前派總監工道員葉文瀾赴暹羅采辦櫓木據報於三月初一日

安抵喰叻派游擊吳世忠舉人蔣錫璠等先赴
暹羅葉文瀾先將喰叻所辦木料僱船起運亦
於四月初六日前赴暹羅矣第一號船擬名曰
萬年清第二號船擬名曰湄雲暫資號召應俟
抵津勘驗再懇
恩旨寵錫嘉名以光海宇其萬年清謹委游擊貝錦
泉管駕湄雲謹委游擊吳世忠管駕貝錦泉原
駕之華福寶委都司銜貝珊泉管駕以專責成
合將第一號輪船下水日期並第二號第三號
工程以及采辦暹木營造鐵廠遴委管駕各情

形謹會同一等恪靖伯陝甘總督臣左宗棠福
州將軍臣文煜閩浙總督臣英桂福建巡撫臣
卞寶第合詞恭摺由驛四百里具
奏伏乞
皇太后
皇上聖鑒訓示謹
奏
同治八年五月十二日拜發奉
旨知道了欽此

第一號輪船赴津摺

奏爲第一號輪船試演漸熟專員監駛入津靜候
派驗恭摺具陳伏祈
聖鑒事竊臣於本年三月二十五日因船工將成請
旨飭調前臺澎道吳大廷來閩督同管駕官赴津請
驗五月十二日復將第一號新船下水及一切
工程
奏明在案維時船上機器氣鑪銅輪各大宗雖已
如法安置而零星大小器具爲開駛所必需者
尙難數計下水之後臣一面飭管駕官貝錦泉

督率目兵駐紮船上練習駕駛操演礮械以臻
純熟一面飭日意格催中外匠作逐件製造大
自桅舵煙筒煤艙舢板小至明窗水管繩纜欄
梯精自舵表氣表遠鏡號鐘纖至帆旗衣裝牀
褥倚几計兩月有餘大致完備八月之初日意
格先同各洋匠等在塢前升火試輪以覘靈鈍
八月十三日候補同知黃維煊會同游擊貝錦
泉等駛出閩安館頭壺江等處二十日申刻臣
親督日意格暨各員紳將領登舟出港向晚寄
椗尉斗內洋二十一日丑刻東北風大作潮聲

甚壯逆風衝潮徑出大洋以試輪機之堅脆駕駛之巧拙星月在天一望無際銀濤萬疊起落如山臣不勝眩暈而在事人等皆動合自然隨於大洋中飭將船上巨礮周迴轟放察看船身似尚牢固輪機似尚輕靈掌舵管輪礮手水手人等亦尚進退合度由正東轉向福甯洋面繞南茭北茭各島而歸謹按部頒營造尺核計船身長二十三丈八尺有奇廣二丈七尺八寸有奇船頭高二丈六尺一寸有奇船尾高二丈三尺三寸有奇其齧水也虛船則船頭五尺五寸

有奇船尾八尺四寸有奇重船則船頭一丈二尺六寸有奇船尾一丈四尺五寸有奇其任重也除滊鑪機器官艙煤艙外可裝貨七十萬觔煤艙兩所可裝煤二十五萬餘觔煤艙之間爲前後滊鑪兩座前鑪火門五高一丈六寸有奇深九尺九寸有奇廣一丈五尺七寸有奇後鑪火門四高深均如前鑪廣一丈二尺五寸有奇鑪後機器承之器高一丈二尺有奇座廣九尺有奇長一丈有奇火炎湯沸蒸氣盤鬱匣中船尾暗輪每一時轉九千三百六十餘徧其出也

逆風逆水一時行七十里而遙逮乘風潮折回一時行九十里而近以風平浪靜計之蓋閱一時以八十里爲準云輪機船身既已並試駕駛亦漸純熟可以遠出重洋前臺澎道吳大廷先於七月十一日病痊遵
旨到閩謹擇八月二十六日展輪北上駛赴津門合無仰懇
天恩於該船到津之日
簡派大臣勘驗所有未能如法之處恭候
旨下再行督飭中外員匠悉心研究損過就中庶幾

獲所遵循漸臻完善至船中裝飾仰體我
皇上崇儉之意務求樸固不敢稍涉浮華伏祈
寵錫嘉名以光海宇其船身機器滊鑪之式恭繪總
圖呈送軍機處以備
御覽至船骨機關鑪竅條目孔繁俟更細意講求分
圖貼說彙帙進呈除將管駕官以下銜名並酌
擬月給薪糧數目造册咨部外謹會同一等恪
靖伯陝甘總督臣左宗棠福州將軍臣文煜閩
浙總督臣英桂福建巡撫臣卞寶第恭摺具
奏伏乞

皇太后
皇上聖鑒訓示謹
奏
同治八年八月二十六日拜發奉
旨另有旨欽此

第二號輪船下水並續造各情形摺
奏爲第二號輪船下水並續造第三號第四號各情形恭摺具陳仰祈
聖鑒事竊船廠本年八月間第一號輪船北上之後第二號船身鑽艌各工已有三分之二輪機流鑪俱安排妥貼計船上大端所短者惟鐵嵴鐵梁及桅舵戰坪等件一經完竣以常法論之便可入江嗣據日意格議稱前者第一號輪船下水之後尚需兩三月之久始能出洋者以一切零星器械未全工匠在船操作手足難展登降殊煩致稽時日此次當移後工爲前工即在架上安置各件器具然後下水試輪少加修飾便可出洋演駕當時在事員紳分廠催趲中外匠作工程習熟不及兩月之久大自桅柁舢板鐵櫃煙筒小至流管水筒欄梯釘鎖纛自布帆鐵纜油繩轆轤精至向盤時表遠鏡湯鍼一律完備因擇十一月初四日乘午潮入江屆期臣祗告
天后江神土神旋赴船上勘驗已畢該工匠等如法推船下架自在游行毫無窒礙次日在塢前江

面升火試輪輪機亦稱靈便適該船之管駕官游擊吳世忠到閩派令駐船監製旗幟號衣鞶漆內外船板檢點軍火礮械申定號令章程月終當出大洋駕駛第三號之船亦於初四日安放龍骨其船脅數百幅前兩月間分工繩削業已告齊辰下均已一律鬬合年底可上旁舨第四號現方添築船臺臺工一畢便擇日安放龍骨開造船身今將第二號輪船下水曁第三號第四號經始情形謹會同一等恪靖伯陝甘總督臣左宗棠福州將軍臣文煜閩浙總督臣英

桂福建巡撫臣卞寶第恭摺具

奏伏乞

皇太后

皇上聖鑒謹

奏

同治八年十一月十二日拜發奉

旨知道了欽此

船政漸著成效懇俟輪機創造就緒擇尤請獎

摺

奏爲船政漸著成效懇俟輪機創造就緒

恩准將中外出力人員擇尤獎勵以資鼓舞恭摺籲

陳仰祈

聖鑒事竊臣於同治八年十一月十一日續將第二號輪船下水情形

奏明在案十二月初七日前任臺澎道吳大廷督駕萬年清駛回工次仰賴

聖主福庇海若效靈風靜波平人人額慶初九日第

二號湄雲器具告備管駕官游擊吳世忠調度水手人等整理旗幟礮械申明約束申刻臣率同監督日意格及各員紳將領登舟出洋是晚寄椗媽祖澳初十日黎明遥望大洋展輪而出水天無際午後回舵拂福甯左界繞南茭北茭各島揚帆而歸臣親在洋面細察掌舵管輪礮手水手人等俱能操縱如意船身尙稱牢固輪機亦頗輕靈二十七日日意格偕吳世忠又駛至福安於洋面較羅盤之有無參差本年正月初四日駛回工次本月初五日載釆辦京米委

員前赴臺灣購米俟購有成數飭萬年清前往
裴運臣查外洋船式與中國迥不相同船身固
以木料爲大宗而銅鐵零星器具名目繁多雖
洋人亦未易悉數創始之艱難非語言所能罄
今兩船就緒歷試外洋第三號之船四月可以
下水第四號亦刻日興工此製造之漸著成效
也有船不能駕駛與無船同曩者官私均購有
輪船因駕駛未得其人卒之呼應不靈臂難使
指興事以來招中國素習洋船之人爲管駕官
當其任者皆有奮於功名之念不敢惟利是視

而以効命
聖主爲榮龍窟蛟門無異輕車熟路此駕駛之漸著
成效也惟前此四船輪機係購自外洋若中國
鼓鑄無成則買櫝還珠教者學者均難逃其責
現在打鑄銅鐵瀛鑪各廠兩年以來所造廠中
應用大小機器及船上所需雜件不下萬計去
冬之杪起造一百五十匹輪機先由畫廠繪圖
以定其度次由模廠刻木以肖其形然後照模
逐件鎚鑄刮摩鬬合成副臣嘗細詢駐廠員紳
工匠人等俱以爲頗有把握如果鑄造成功與

購自外洋者合轍可否籲懇
天恩將出力之中外文武員弁工匠人等容臣擇尤
請獎以資鼓舞而收後效出自
逾格鴻慈理合會同一等恪靖伯陝甘總督臣左宗
棠福州將軍臣文煜閩浙總督臣英桂福建巡
撫臣卞寶第恭摺由驛具陳伏乞
皇太后
皇上聖鑒訓示謹
奏
同治九年二月初十日拜發奉

旨准其擇尤奏保毋許冒濫欽此

第三號輪船下水並續造第四號情形摺

奏爲第三號輪船下水並續造第四號情形恭摺
具陳仰祈
聖鑒事竊臣於本年二月初九日業將第二號船成
出洋隨卽前往臺灣情形
奏明在案第三號龍骨船務去冬卽已安排當時正在趲辦第二號出洋事宜僅一面分工繩削新正以後始得督率工匠畢力其間四月下旬據監督及在事員紳等禀稱外而鑽艌內而輪機一律齊備可以下水臣謹擇五月初一日巳

刻祭告
天后江神土神乘潮縱江推移如法所有桅舵蓬鈎舢板已先期製造可以隨時安置船上應需者惟零星器具以及刮摩髹漆門艙牀爨等事一經就緒便可出港試輪臣竊維船成之後以駕駛爲急務年來招中國之素習洋船者充管駕官固操縱合法而出自學堂者則未敢信其能否成材必親試之風濤乃足以覘其膽智否卽實心講究譬之談兵紙上臨陣不免張皇去年派員到香港南洋各處購致舢板輪船以資藝童練習無如願售者皆朽窳之餘不適於用購歸修整價又不貲遂作罷議而登舟練習之事終不可以久延辰下第三號八十匹馬力輪船告成其式本屬戰艦利於巡洋擬以學堂上等藝童移處其中飭洋員教其駕駛由海口而近洋由近洋而遠洋凡水火之分度礁沙之夷險風信之徵驗桅舵之將迎皆令卽所習聞者印之實境熟極巧生今日聚之一船之中他日可分爲數船之用隨後新舊相參遞更遞換冀可漸收實效第四號係一百五十匹馬力龍骨業

已安置船務關合亦已過半南洋木料陸續到工匠作漸皆熟手當易蕆功茲謹將三號擬名福星四號擬名伏波以資號召當否之處伏候
聖裁合將第三號下水暨第四號製造情形謹會同一等恪靖伯陝甘總督臣左宗棠福州將軍臣文煜閩浙總督兼理福建巡撫臣英桂合詞恭
摺具
奏伏乞
皇太后
皇上聖鑒謹

奏

同治九年五月十四日拜發奉

旨知道了欽此

請派輪船統領以資訓練摺

奏爲籲請

簡派輪船統領以資訓練而靖海疆恭摺具陳仰祈

聖鑒事臣維輪船之設其利較戰船數倍其難亦較戰船數倍戰船伍符尺籍恒取土著之人一入營便知定分層層鈐轄安於固然輪船則博采廣搜不拘成格耐風濤者未必習輪機習輪機者未必精駕駛其出色當行之技雖籍隸閩廣江浙大半久於洋舶之中且有生長南洋眷屬未入内地者其天性誠篤心地明粹者固不乏人而漸染既深習氣難除者亦復不少且平日等夷相視去就自由繩以營規幾不解爲何故此約束之難也兵船恃鎗礮爲聲威鎗礮生疏非特不能命中利器與空手同且臨敵倉皇將有自焚之患戰船可就地操演近日輪船所用鎗礮多於後膛安放子藥非海外絶島試之則恐傷人此操演之難也輪船號數漸多不能不分布各口平日各不相聞臨時各不相習雖有事調合一處而聲氣隔閡號令參差此稽查聯絡之難也具此數難寄諸疆臣則職守所羈

無從歷風濤以兼顧責之駕弁則勢分相埒無從聯指臂以和衷合無仰懇
天恩簡派熟悉海疆忠勇素著之大員一人以爲統領俾訓之禮義以生其忠
君愛
國之心練其技能以壯其敵愾同仇之志庶幾南北一氣寰海鏡清矣愚昧之見是否有當伏候
宸裁謹會同一等恪靖伯陝甘總督臣左宗棠福州將軍臣文煜閩浙總督兼署福建巡撫臣英桂由驛四百里具
奏伏乞
皇太后
皇上聖鑒訓示謹
奏
同治九年八月初七日拜發奉
上諭沈葆楨奏請簡派輪船統領一摺據奏新設輪船約束操演以及稽查聯絡其難較戰船數倍亟須知兵大員統率藉資訓練福建水師提督李成謀前隸楊岳斌外江水師壘著戰功著作爲輪船統領英桂沈葆楨即傳諭該提督務當申明紀律

嚴加約束以肅營規兵船恃槍礮爲聲威若技藝生疏非特不能制勝且臨敵倉黃將有自焚之患近日輪船所用槍礮多於後膛安放子藥非海外絶島試之則恐傷人英桂等即責成李成謀隨時駕駛出洋周歷海島勤加操演俾該員弁等熟悉風濤悉成勁旅不得牲躭安逸致令訓練皆屬具文有名無實輪船號數漸多不能不分布各口若彼此各不相習勢必心志不齊難期用命李成謀身爲統領尤當將各船聯絡一氣以壯聲援將此各諭令知之

水師提督李成謀堪勝輪船統領片

再統領之才與管駕官不同管駕官必精駕駛驍輪機者乃可而統領則以忠正率屬爲先臣等竊見福建水師提督李成謀器識沈毅操守端潔前隸楊岳斌外江水師戰功卓著其始莅福建水師提督之任也海上風濤本非所習而忠勇自勵雖極顛簸眩暈百折不回久之遂視重洋如枕席自是水師將領無敢不日馳驟於狂飈巨浪之中數十年頹廢之習爲之一振輪船統領責任綦重

朝廷自有權衡惟臣等既有所知不敢不仰體

皇上求賢若渴之誠敬獻芻蕘以備

采擇謹合詞附片密陳伏乞

聖鑒謹

奏

建造船廠丈買田地請豁應徵錢糧糧米片

再查船廠基地同治五年前督臣左宗棠勘得閩縣中岐鄉地勢開曠面臨大江堪以建廠當經派員會同福州府閩縣將該鄉民田按畝丈量給價臣莅工後察看原丈之田尚不敷用續經給價添買茲先查明所用中下則田三百四十六畝七分五釐三毫二絲七忽隸閩縣永北里二圖年額應徵地丁銀四十一兩五錢一分二釐糧米四石七斗九升五合九勺又營前縣丞分徵地丁銀六錢四分三釐糧米七升四合

三勺現在各該田既歸官用相應

奏明請自同治六年起

恩准豁除著爲定章以資遵守據閩縣造册請豁前來除咨明戶部並行福建藩司查照暨以後續買田畝查明另請豁外謹合詞附片籲

陳伏乞

聖鑒謹

奏

同治九年八月初七日拜發奉

旨著照所請戶部知道欽此

卷六終

船政奏議彙編卷七目錄

船政奏議彙編卷七

第四號輪船下水第五號先已開工並船槽告　文煜二
成各情形摺

奏爲第四號輪船下水第五號先已開工並船槽
告成各情形恭摺會陳仰祈
聖鑒事竊照閩省船廠續造第四號輪船擬名伏波
經總理船政前江西撫臣沈葆楨於五月十四
日會摺
奏報嗣因沈葆楨丁憂復經臣文煜臣英桂
奏明將船政事宜暫令提調夏獻綸妥辦並請
旨飭令沈葆楨於守制百日後仍出任事其百日內
應行咨奏事件由夏獻綸稟知臣等代爲咨奏
各在案茲據監督日意格以第四號輪船計自
安上龍骨迄今不過六閱月所有船身鐵手灰
艌鑽孔及安置機器水缸尾輪艙屋船底包釘
銅片等件均已齊備請擇期下水稟經夏獻綸
謹擇十一月初一日率同在事員紳祭告
天后江神土神乘潮縱江推移如法其桅舵篷纜礮
架煙筒瀛管並船上刮摩髤漆零星各件尙未
就緒約計兩月以後卽可一律告竣展輪出洋

該船按照部頒尺共長二十一丈七尺八寸廣
三丈五尺深一丈六尺五寸船頭高二丈五尺
七寸有奇船尾高二丈四尺九寸有奇除去滊
爐機器官艙煤艙外可裝貨五百六十噸計重
九十四萬觔續造之第五號亦係一百五十匹
馬力先擇於閏十月初四日安上龍骨其船脅
八十九節均已鬬合即日可以封板所需機器
水缸等件係由廠中自行製造配用明年夏間
當可蕆工至輪船造成之後遇有修理等事須
進船隖其隖或如一船之式而稍加寬拓下釘

木樁面蓋石條外用閘板以豁洩水勢船身進
隖後隨即下閘用機器將水洩出而後可容工
作又有一法係用木架鈐以鐵條安置水中隙
處用碎石填滿以取堅固船身即可橫上不必
進隖外國謂之鐵船槽其法較用石壘砌者尤
稱便捷前經督臣左宗棠飭令日意格回國按
照外國鐵船槽新法將應用木料鐵料傢具機
器等件購辦來工以資興造自同治七年秋間
興工至本年二月始將槽架四十二橺製造齊
全合為一座縱橫以鐵螺絲鈐之推移入水一

切均安置如法並配用四十匹馬力輪機水缸
一副以便推動即可拉船上槽該船槽計長英
國尺三十二丈合中國尺三十丈四尺中分兩
段同時可上兩船若將兩段並合則可上大船
一號後又蓋屋一區計長如船槽之式為遮蓋
機器免致損壞而設本年九月暨閏十月間先
後將長勝福星萬年清各船拉置槽上試驗甚
為合式工已告成據船政提調遇缺題奏道夏
獻綸稟請具
奏前來臣等覆查無異謹將第五號輪船擬名安

瀾以資號召當否之處伏候
聖裁至學堂藝童練習駕駛沈葆楨前因購致輭板
船未得議將第三號福星作為練船茲已購得
日耳曼國輭板船一號改名建威按照兵船之
式量為修改一俟修竣即可將英國學堂上等
藝童暨令上船練習以收成效除咨呈總理各
國事務衙門查照外臣等謹會同一等恪靖伯
陝甘督臣左宗棠合詞恭摺具陳伏乞
皇太后
皇上聖鑒謹

奏
同治九年十一月二十七日拜發奉
旨著照所請該衙門知道欽此

第六號輪船開工第七號改造兵船情形摺

奏爲第六號輪船開工第七號改造兵船情形恭摺會陳仰祈
聖鑒事竊照閩省船廠第五號輪船開工擬名安瀾據船政提調福建遇缺題奏道夏獻綸稟經臣等會摺
奏明在案旋因廠中所存木料不敷續造輪船應用夏獻綸當飭先儘存料繩削一面派員會同監督日意格前赴上海洋行採購於正月底將各項木料購運到工卽據監督日意格以現在

第六號船身配用八十四馬力輪機者所有龍骨旁骨等料均經鋸斲齊備計船身長十六丈六尺寬二丈六尺有奇可以剋期開工等情稟由夏獻綸於同治十年二月初九日安上龍骨查輪船之設外洋所長全在礮位多而馬力大故能於重洋巨浪之中縱橫顛簸履險如夷制勝確有把握今閩省不惜巨帑創造輪船自應設法講求得其奧妙當商之日意格以倣照外國兵船式樣製造輪機馬力似宜增拓日意格深以爲然因議定購二百五十四馬力新樣輪

機水缸一副約以五箇月後到工爲第七號船配用現在一面先繪船圖三月間卽先製造船身以免閒曠其船身長十九丈寬三丈六尺有奇以取艙面空闊則可多安礮位外國兵船有配礮二十一尊者有配礮十三尊者總以礮大而能及遠者爲佳究應如何配設已由夏獻綸咨商統領輪船福建水師提督臣李成謀斟酌妥辦計該船可容水手兵丁二百四十人如果製作堅利行駛迅速以後並可按式仿造惟據日意格稟稱造一百五十四馬力輪船一年內

可成三號如改製二百五十四馬力兵船一年工程僅抵一半統計一船自開工起須閱十五箇月方能造成所用木料銅料鐵料及篷索器具等件均須加增一倍等語現在第七號二百五十四馬力係購買輪機水缸試行製造將來如照此辦理輪機水缸由廠中自製則所需經費尤繁擬俟此號工竣勘驗如均合法再行

奏請辦理據夏獻綸稟請具

奏並將日意格繪呈船礮各圖轉送前來臣等覆查無異謹將第六號輪船擬名鎮海以資號召當否之處恭候

聖裁至四號伏波輪船於同治九年十一月初一日下水本年二月十二日工竣出洋駕駛甚爲靈捷除將船礮各圖咨呈總理各國事務衙門察查外所有第六號輪船開工第七號改造兵船緣由臣等謹會同一等恪靖伯陝甘總督臣左宗棠合詞恭摺具

奏伏乞

皇太后

皇上聖鑒訓示再總理船政前江西巡撫臣沈葆楨

因丁憂患病未出任事是以仍由臣等具

奏合並陳明謹

奏

同治十年三月初十日拜發奉

上諭文煜等奏第六號輪船開工第七號改造兵船情形一摺另片奏船政大臣因病不能赴工請旨遵行等語閩省第六號輪船現已購齊木料剋日開工卽著照文煜等所擬命名鎮海至輪船之設須礮位多而馬力大方能利涉波濤制勝較有把握文煜等擬將第七號改造兵船不爲無見著卽

督飭在事人員與日意格悉心講求功歸實濟不得曠日持久虛糜帑金沈葆楨辦理船政成效彰彰現雖病未就痊仍未可置身事外著文煜等督飭夏獻綸等認眞妥辦並令該道等隨時稟商沈葆楨以昭愼重沈葆楨著俟服闋後再行赴工督率經理此係朝廷曲體孝思俯允所請該前撫毋再因病固辭以副委任將此各諭令知之欽此

第五號輪船下水並自製滊爐輪機告成第七第八號兩船製造情形摺

奏爲第五號輪船下水並自製滊爐輪機告成第七第八號兩船製造各情形恭摺會

奏仰祈

聖鑒事竊照閩省船廠續造第五號輪船擬名安瀾並第六號輪船開工第七號改造兵船情形經

督臣英桂會同臣等先後恭摺

奏明在案茲安瀾輪船據監督日意格稟稱該船長二十丈寬三丈船前齧水一丈有奇船後齧

水一丈二尺有奇自船面至船底深一丈八尺有奇除機器煤艙外可裝貨四百噸計重六十七萬餘觔所有船身灰艌鑽孔鑲鈴鐵手及包釘銅片等項均已齊備請即擇期下水經提調夏獻綸謹擇於同治十年五月初一日率同在事員紳祭告

天后江神土神畢將該船推移入水所配輪機滊爐係一百五十匹馬力均由廠中自製先於三月間將滊爐製好安置船上其輪機至本年六月底竣工現亦移配入船一俟桅舵篷纜礮架及

零星各件料理就緒卽可展輪出洋並據日意格稟製造輪機之法計分五項一在先將全座輪機分件按量尺寸縮畫圖式一在模廠按畫圖之大小刻木以肖其形一在打鐵鑄鐵各廠仿照模樣打鑄成器一在輪機廠將打鑄器件刮磨合攏一在水缸廠打造大小各節銅管鑲配聯合是並數廠之工作方能共成一器做法雖極靈巧卻皆有次第可循該輪機自九年八月起造適因各廠皆有添配器件未暇專力於此故至本年六月始報完竣現在第二副第三

副輪機均按照式樣接續製造匠作趨事日久駕輕就熟較易爲功其第七號改造二百五十匹馬力兵船於五月二十五日安上龍骨現在兩艘船脇均已上齊卽日可以封板第八號輪船仍係一百五十匹馬力已於七月初間動工謹將第七號船擬名揚武第八號船擬名飛雲以資號召至鎚鐵廠本設於船廠之內與輪機鑄鐵水缸各廠並列旋因廠內地基鬆軟每一滊鎚擊動則屋瓦皆震經日意格勘明於船廠迤東山麓一帶添設鎚鐵廠一所並銜接起蓋

拉鐵廠一所因廠中所用鐵條鐵片皆須購自外洋如能拉鐵則廠中可以自製爲一勞永逸計也現在拉鐵鎚鐵兩廠均已完工據船政提調福建過缺題奏道夏獻綸稟請具

奏前來除咨呈總理各國事務衙門察照外所有第五號輪船告成並第七第八號兩船製造情形臣等謹會同一等恪靖伯陝甘督臣左宗棠合詞恭摺具

奏伏乞

皇太后

皇上聖鑒訓示再總理船政前江西巡撫臣沈葆楨因丁憂未出任事是以仍由臣等具奏福州將軍係臣文煜本任毋庸會銜合並陳明謹

奏

同治十年八月初十日拜發奉

旨該衙門知道欽此

第六號輪船下水第九號現已開工並第五號
出洋試驗各情形摺
奏爲第六號輪船下水第九號現已開工並第五
號出洋試驗各情形恭摺會陳仰祈
聖鑒事竊照閩省船廠續造第六號輪船擬名鎮海
先經前督臣英桂會同臣等將製造情形恭摺
奏明在案茲據監督日意格以第六號鎮海輪船
所有船身灰艌鑽孔鑲釘鐵手及艙堵並船底
包釘銅片均已造竣請卽擇期下水稟經提調
夏獻綸擇於同治十年十月十六日率同在事
員紳祭告
天后江神土神畢將該船推移入水其瀛爐煙筒輪
機礮架篷桅等項尚未安置當飭趕緊料理就
緒以期早日出洋第九號輪船仍係八十匹馬
力丈尺大小暨造法均照兵船式樣與第六號
相同現已接續動工於十月十九日安上龍骨
擬名靖遠以資號召其第五號安瀾輪船所配
瀛爐輪機均係廠中自造由羅星塔出五虎口
而至白犬北茭一帶洋面試驗逆風逆水一時
約行六十餘里順風順水一時約行八十里船

極靈捷平穩機器配搭亦均合宜與購自外洋
者無異據船政提調福建遇缺題奏道夏獻綸
稟請具
奏前來臣等覆查無異除咨總理各國事務衙門
察照外謹會同一等恪靖伯陝甘督臣左宗棠
合詞恭摺具
奏伏乞
皇太后
皇上聖鑒訓示再總理船政前江西撫臣沈葆楨因
丁憂未出任事是以仍由臣等具奏福州將軍
係臣文煜本任毋庸會銜合並陳明謹
奏
同治十年十一月二十四日拜發奉
旨知道了欽此

第七第八兩號輪船下水情形摺

奏爲第七號第八號輪船下水情形恭摺具

奏仰祈

聖鑒事竊照閩廠續造第七號輪船擬名揚武第八號輪船擬名飛雲前將製造情形恭摺會

奏在案茲據監督日意格以第七號船身工已告竣機器亦均安置惟滊爐及四葉輪暨零碎器件可俟下水後再行鑲配計該船二百五十匹馬力長十九丈寬三丈六尺有奇船前齧水一丈四尺有奇船後齧水一丈六尺有奇又第八

號船工程亦已完備滊爐及四葉輪均安置妥貼機器俟下水鑲配計該船一百五十匹馬力長二十丈有奇寬三丈二尺有奇船前齧水一丈有奇船後齧水一丈二尺有奇兩船配置機器雖先後稍有不同及其告成則並無二致稟請分期下水經提調夏獻綸擇於三月十六日將第七號船推移入水四月二十八日將第八號船推移入水察看七號八號兩船煙筒房艙篷桅繩索礮架等項均於七八月間可期料理就緒展輪出洋惟第七號船全照外洋兵船式樣其工料之繁鉅臣等前已

奏明現在統爲核計較一百五十匹馬力者約多一倍有零其滊爐機器安置艙內與水面相平以取其能避礮子也煙筒分作三截隨意升降亦取其能避礮子之意一百五十匹馬力輪船配礮不過六七尊舵水兵勇人等有一百三四十名即可操駕二百五十匹馬力兵船配大礮十三尊舵水兵勇人等非配二百餘名不敷遣用卽查外洋兵船規制亦與此相仿其艙位全爲機器滊爐所佔除住人而外不能再裝貨物

艙面以上不另起蓋房間取其寬闊便於演習鎗礮此仿造兵船之大概情形也該二船既已告竣惟有督飭該管駕員弁等認眞操練以求實用而免虛糜又船廠對岸沙洲漸漲恐港流逼窄有礙船工經日意格於上年購置挖土機器二副今年三月配造成船一隻專事挖取泥土可省人工甚爲便捷據船政提調署福建臺灣道夏獻綸稟請具

奏前來臣等覆查無異除咨呈總理各國事務衙門查照外謹會同一等恪靖伯陝甘督臣左宗

棠合詞恭摺具
奏伏乞
皇太后
皇上聖鑒再總理船政前江西撫臣沈葆楨因丁憂
未出任事是以仍由臣等代
奏至福州將軍係臣文煜本任毋庸會銜合並陳
明謹
奏
同治十一年五月十九日拜發奉
旨該衙門知道欽此

第九號輪船下水並續造第十第十一兩號輪
船情形摺
奏爲第九號輪船下水並續造第十第十一兩號
輪船情形恭摺具
奏仰祈
聖鑒事竊照閩廠續造第九號輪船擬名靖遠前將
製造情形恭摺會
奏在案茲據監督日意格以第九號八十匹馬力
靖遠輪船所有船身灰艌鑽孔鑲鈴鐵手及艙
堵並船底包釘銅片均已完竣其滊爐煙筒輪

機礮架篷桅等項應俟下水後再行鑲配請先
擇期下水稟經提調夏獻綸謹擇於七月十八
日率同在事員紳祭告
天后江神土神畢將該船推移入水一面催令將未
竣各工趕緊料理就緒以便出洋其第十號輪
船仍係八十匹馬力丈尺大小暨造法均照兵
船式樣與第六第九號相同已先於五月十九
日安上龍骨第十一號輪船係一百五十匹馬
力丈尺大小暨造法與第四第八號相同於六
月二十日安上龍骨現督飭工匠並力營造約

計年內均可下水第十號擬名振威第十一號擬名濟安以資號召至原奏應造大號一百五十匹馬力輪船十一隻小號八十匹馬力輪船五隻今第二第三第六第九第十等號均八十匹馬力已如額造齊其一百五十匹馬力輪船十一隻內將第七號改爲二百五十匹馬力工料繁鉅約增一倍有零應作爲兩號統計應造十號除已經動工外應再續造一百五十匹馬力輪船四號據船政提調淮署福建臺灣道夏獻綸稟請具

奏前來臣等覆查無異除咨呈總理各國事務衙門查照外謹會同一等恪靖伯陝甘督臣左宗棠合詞恭摺具

奏伏乞

皇太后

皇上聖鑒再總理船政前江西撫臣沈葆楨因丁憂未出任事是以仍由臣等代

奏至福州將軍係臣文煜本任毋庸會銜合並陳明謹

奏

同治十一年八月十六日拜發奉

旨該衙門知道欽此

船政奏議彙編卷七終

船政奏議彙編卷八目録　沈葆楨一

船政奏議彙編卷八　沈葆楨一

恭謝
天恩馳報任事日期摺

奏爲恭謝
天恩馳報任事日期仰祈
聖鑒事竊臣於同治九年十月二十三日奉
上諭沈葆楨現丁父憂懇請簡員接辦本應俯如所請惟船政緊要未便遽易生手著百日後仍照常經理等因欽此又於九年十一月十二日奉
上諭沈葆楨陳情終制原出至誠惟辦理船政仍可素服從事著遵前旨毋再固辭等因欽此又於十年二月初九日奉
上諭文煜等奏沈葆楨百日孝後患病未能赴工現工程喫緊著趕緊調理一俟病痊迅速赴工等因欽此又於十年四月二十二日奉
上諭文煜等另片奏船政大臣因病不能赴工請旨遵行沈葆楨著服闋後再行赴工以副委任等因欽此伏念臣才識庸愚疊蒙
覆幬三年曠職
聖人鑒讀禮之忱九譯輪誠

盛世重濟川之業敢辭艱鉅勉効涓埃臣於本年十
二月十二日釋服十五日赴工恭設香案望
闕叩謝
天恩敬謹任事一切情形容俟詳細察看會商將軍
督撫臣續行具
奏所有任事日期並感激下忱理合先行由驛馳
陳伏乞
皇太后
皇上聖鑒訓示謹
奏

同治十一年十二月十五日拜發奉
旨知道了欽此

第七號第八號輪船出洋第十號第十一號輪
船下水並第十二號酌改船式各情形摺
奏爲第七號第八號輪船出洋第十號第十一號
輪船下水並第十二號酌改船式各情形恭摺
具陳仰祈
聖鑒事竊閩廠七號八號九號輪船下水並十號十
一號輪船起工業經督撫臣節次
奏明在案比據提調夏獻綸稟稱第七號之揚武
第八號之飛雲先後竣工出洋試演計順風順
水揚武一時約行百里飛雲一時約行八十里

輪機靈捷礮位精良第九號之靖遠工尚未畢
再需三四箇月方可出洋第十號之振威十一
年十一月十一日下水第十一號之濟安十二
月初四日下水船身既竣水缸汽爐機器等事
飭令次第安排第十二號於九月二十二日安
上龍骨日下船脅甫齊正在封釘艙板等語臣
視事後察看飛雲工堅料實與萬年清伏波安
瀾相伯仲而兵船之用則以揚武爲長爐座輪
機僅與水面相平煙筒三節可以隨意升降利
於避礮本船配大礮十有三尊利於攻敵馬力

加多行駛尤速然而造船之費購礮之費薪糧之費煤炭軍火之費則不啻倍於飛雲矣揚武所用多英國之前膛礮摧堅及遠迥異尋常而靈巧則不如飛雲所用之布國後膛礮蓋前膛礮築藥裝子洗礮均須人出艙外身當礮口旣慮敵礮見傷又防餘藥遺患後膛礮則裝放之時敵人無從望見而內膛螺絲中有無渣滓黏滯從後窺之便一目了然惟打放數十次之後卽須暫停否則恐其熱而炸裂蓋靈巧與堅實互有短長在熟知其性者舍所短而用所長庶

幾收其利不受其害第十二號輪船擬名永保馬力百五十四本與飛雲一律辦理而養船經費支絀異常臣擬令監督日意格仿照外洋商船規制將房間移建上層俾中艙底艙地位寬闊多裝貨物以便招商試行領運不苟繩以成法冀收效於將來如荷

恩俞請將第十三十四十五等號輪船一體改造廣

闢閩之生計節

國家之度支然此第屬一時權宜若經費漸裕仍

當仰體我

皇上力圖自強之意講求兵船新法以固疆圉而壯

聲威臣愚昧之見是否有當謹會同陝甘總督一等恪靖伯臣左宗棠閩浙總督兼署福州將軍臣李鶴年福建巡撫臣王凱泰恭摺由驛四百里具陳伏乞

皇上聖鑒訓示謹

奏

同治十二年正月二十七日拜發奉

硃批該衙門議奏欽此

覆陳船政經費支絀情形摺

奏爲覆陳船政經費支絀情形仰祈

聖鑒事竊臣鶴年臣凱泰於同治十一年十二月二十日准戶部咨本部議覆陝甘總督左宗棠奏閩省輪船經費不敷請於該省應解甘餉內酌撥一摺閩省造船經費前據英桂等奏每月牽算不過四萬兩留撥閩海關銀五萬兩已屬寬爲籌備究竟大小船隻每隻需銀若干每月經費實需若干並成造後管駕員弁薪費若干請

飭下福州將軍閩浙總督福建巡撫核實估計奏報到日再由臣等酌核等因奉

旨依議欽此查左宗棠之議立船政也中國無一人曾身歷其事者不得不問諸洋將其約自鐵廠開工之日起立限五年成船一十六號估費三百萬兩雖中外員匠有生熟巧拙之殊銅鐵木料有貴賤之異零星物件外國取諸市肆而皆足中國非一一本廠自造卽購諸重洋然所估之數尚不甚相遠至以結欵四十萬兩爲購器募匠買地建廠之需則昔之所估與今之所費大相懸絕專就建廠而論一椽未立一瓦未覆

第購民田釘木樁培山土地基甫固而所費已不貲矣蓋洋將所見者外國已成之廠而未見當日經營締造之艱難所以臣葆楨初次任事時卽有應辦工程應發欵項多從前未經議及之奏也原議鑄鐵爲一廠打鐵爲一廠模子爲一廠水缸兼打銅爲一廠輪機兼合攏爲一廠合共五廠後增拉鐵搥鐵鐘表帆纜火磚舢板六廠而打鐵輪機鐘表又各有分廠計船臺三座船亭五座船槽一座外凡爲廠一十有四原議學堂兩所後添繪事院駕駛學堂管輪學堂藝圃四所臣葆楨察看其均係不容已之需懔遵我

皇上勉爲其難毋得瞻前顧後之

旨不追繩其原估之疏漏而務責其全局之必成所有添設緣由均經

奏明在案雖於同治八年正月初一日起限實則十年秋間廠工始畢購器建廠費百餘萬此結欵不敷挪用月欵之實在情形也添廠則添機器添匠丁並添工費原議監督暨洋員匠三十八員名月薪費銀八千九百七十八兩嗣增拉

鐵搥鐵洋匠銀四百兩監造工程洋匠銀五百兩駕駛管輪教習銀七百五十兩敎造船上鐘表洋匠銀四百四十兩德克碑教練公費銀五十兩各洋匠夜課藝徒讀書銀二百兩洋匠禮拜加工夜作加工銀六七百兩不等中國匠丁人數亦逐廠隨之而增原議兩學堂藝童六十八今則藝童藝徒合三百餘人始也月給贍銀四兩學業日進則贍銀日增其來自南洋通外國語言文字略知機器之學者贍銀月數十金此月欵始而充裕繼而支絀之實在情形也成

船日多票稅日絀十一年所入票稅僅七萬兩按月勻算得五千餘兩就分撥各省後目下閩省存船計之揚武薪費月番銀三千二百五十兩萬年清飛雲月各二千一百二十六兩五錢建威練船月一千四百八兩四錢鎮海水師船月六百四十八兩八錢共番銀九千五百六十兩二錢折紋銀八千六百九十一兩九分一釐而煤炭之費修理之費不與焉且分撥各省輪船均須在閩敎練數月此數月之薪費不得不出於閩此養船經費不敷因而挪用月欵致月

欵愈絀之實在情形也每船工料價銀若干驟難一一釐析臣等謹就每月額定經費計之洋員匠薪費約一萬二千兩監工員紳薪水暨書役工伙約一千二百餘兩各匠工食約一萬一千五十餘兩健丁運夫排工口糧約四千三百九十餘兩藝童贍銀約八百八十餘兩藝徒辛工約八百一十兩零通事辛工約九十兩各船薪費八千六百九十一兩零共三萬九千餘兩而歷年採辦大小料件勻月牽算數與相當蓋每月實不敷銀二萬餘兩合無仰懇

天恩准自本年正月爲始每月添撥銀二萬兩臣等再行極力撙節以收垂成之功俟限滿洋將撤回此二萬之欵卽行停撥臣等愚昧之見是否有當謹會同陝甘總督一等恪靖伯臣左宗棠合詞由驛四百里具陳伏惟

皇上聖鑒訓示飭部議覆施行謹

奏

同日拜發奉

硃批該部議奏欽此

輪船薪糧公費並管駕員弁銜名摺

奏爲輪船薪糧公費銀數並管駕員弁銜名恭摺
具陳仰祈
聖鑒事竊准兵部咨閩省調撥輪船赴粤僅將大建小建銀數籠統具奏其管駕舵水管輪升火八等如何配僱薪糧如何酌定均未妥議章程奏明定案至所稱番銀是否洋元抑係實銀公費一欵據稱每月用過若干俟月底由管駕官據實報銷是每月用欵由管駕官臨時酌定並無畫一數目核與奏案不符應另行詳議一並附

奏立案等因查閩廠成造各輪船官弁舵水名額及薪糧銀數前經核定二百五十匹馬力者額設一百八十員名月支銀二千八百五十兩一百五十匹馬力者額設九十八員名月支銀一千六百九十兩五錢八十匹馬力者額設六十七員名月支銀一千一百七十八兩大建則照額開支小建則照數核扣茲查伏波安瀾飛雲各船額支銀數雖屬相符而二等水手額應一十名各該船共設一十四名二等升火額應六名各該船僅設四名副號手並醫生各應一名各該船迄未募補現臣札飭各該管駕官自本年正月起分別裁補以符定章前督臣英桂等奏請添撥弁兵以資練習除分派各省之船應由各該省酌辦外現在工之萬年清飛雲各派千總一員月給薪水十六兩兵四十名每名月加行糧三兩惟揚武額設水手既多現經費孔艱擬從緩添撥至公費一欵前因成船伊始需用浩繁管駕官力難賠墊不得不准其實用實銷每月自三四百兩至八九百兩不等現飭其極力撙節自本年正月起二百五十匹馬力

者限每月四百兩一百五十匹馬力者限每月三百兩八十匹馬力者限每月二百四十兩所有船中應用各色洋漆油觔棉紗砂布同幕友書識各口引港經費更換旂幟號衣以及購備應用零星物件均於此欵動支唯帆布繩索價值甚鉅屆限朽爛准報明由廠換給其尋常修補亦於公費動支應需煤炭火藥彈子各項准予隨時具領閩粵通行番銀輪船薪費暨以番銀給領稍資撙節然係屬實銀並非洋元天津牛莊等處向不通行番銀仍給紋銀以示體卹

相應將各船薪費銀數並管駕員弁銜名開單

恭呈

御覽謹會同陝甘總督一等恪靖伯臣左宗棠閩浙總督兼署福州將軍臣李鶴年福建巡撫臣王凱泰恭摺具

奏伏乞

皇上聖鑒訓示謹

奏

同日拜發奉

硃砒該衙門知道單二件並發欽此

謹將現委管駕輪船員弁銜名開列清單恭呈

御覽

計開

萬年清輪船五品軍功儘先把總沈順發管駕

湄雲輪船都司銜居宗年管駕

福星輪船五品軍功楊泳年管駕

伏波輪船儘先游擊補用都司貝珊泉管駕

安瀾輪船儘先游擊補用都司呂文經管駕

鎮海輪船五品軍功儘先把總陸倫華管駕

揚武輪船副將銜補用參將南澳左營游擊貝錦泉管駕

飛雲輪船准補湄洲營游擊吳世忠管駕

謹將各號輪船官弁舵水員名並月支薪糧公費銀數開列清單恭呈

御覽

計開

二百五十匹馬力輪船

管駕官一員月支銀二百六十兩

大副一名月支銀六十兩

二副一名月支銀四十兩

三副一名月支銀三十兩

正管隊一名月支銀四十兩

副管隊一名月支銀三十兩

水手正頭目一名月支銀三十兩

水手副頭目一名月支銀二十兩

頭等水手六十名每名月支銀一十二兩五錢共月支銀七百五十兩

二等水手三十名每名月支銀一十兩共月支銀三百兩

管帆桅頭目六名每名月支銀二十兩共月支銀一百二十兩

舵工頭目一名月支銀二十四兩

舵工八名每名月支銀一十五兩共月支銀一百二十兩

舢板頭目一名月支銀一十六兩

正管輪一名月支銀一百二十兩

副管輪一名月支銀六十兩

三管輪一名月支銀四十兩

管小水缸一名月支銀二十四兩

管油三名每名月支銀二十兩共月支銀六十兩

管水氣表三名每名月支銀一十六兩共月支

銀四十八兩

頭等升火一十二名每名月支銀一十四兩共月支銀一百六十八兩

二等升火六名每名月支銀一十一兩共月支銀六十六兩

總管鎗礮一名月支銀二十六兩

管礮頭目二名每名月支銀一十六兩共月支銀三十二兩

礮勇二十六名每名月支銀一十兩共月支銀二百六十兩

正號手一名月支銀一十兩
副號手一名月支銀九兩
正鼓手一名月支銀九兩
副鼓手一名月支銀八兩
銅匠一名月支銀一十五兩
鐵匠一名月支銀一十五兩
木匠二名每名月支銀一十五兩共月支銀三
十兩
醫生一名月支銀一十兩
以上官弁舵水人等一百八十員名計月支

薪糧銀二千八百五十兩
公費月支銀四百兩
統共月支薪費銀三千二百五十兩
一百五十匹馬力輪船
管駕官一員月支銀二百兩
大副一名月支銀五十兩
二副一名月支銀四十兩
三副一名月支銀三十兩
管隊一名月支銀四十兩
水手正頭目一名月支銀二十五兩

水手副頭目一名月支銀二十兩
頭等水手二十九名每名月支銀一十二兩五
錢共月支銀三百六十二兩五錢
二等水手一十名每名月支銀一十兩共月支
銀一百兩
舵工八名每名月支銀一十五兩共月支銀一
百二十兩
正管輪一名月支銀一百兩
副管輪一名月支銀五十兩
三管輪一名月支銀四十兩

管油三名每名月支銀二十兩共月支銀六十
兩
管水氣表三名每名月支銀一十六兩共月支
銀四十八兩
頭等升火一十二名每名月支銀一十四兩共
月支銀一百六十八兩
二等升火六名每名月支銀一十一兩共月支
銀六十六兩
正管礮一名月支銀二十五兩
副管礮一名月支銀一十三兩

礮勇一十名每名月支銀八兩共月支銀八十兩

正號手一名月支銀一十兩

副號手一名月支銀九兩

鼓手一名月支銀九兩

木匠一名月支銀一十五兩

醫生一名月支銀一十兩

以上官弁舵水人等九十八員名計月支薪糧銀一千六百九十兩五錢

管帶練兵千總一員月支銀一十六兩

練習水務兵丁四十名每名月支銀三兩共月支銀一百二十兩

以上官兵四十一員名計月支薪糧銀一百三十六兩

公費月支銀三百兩

統共月支薪費銀二千一百二十六兩五錢

八十四馬力輪船

管駕官一員月支銀一百六十兩

大副一名月支銀五十兩

二副一名月支銀三十兩

三副一名月支銀二十五兩

水手正頭目一名月支銀二十五兩

水手副頭目一名月支銀一十四兩

頭等水手一十六名每名月支銀一十二兩共月支銀一百九十二兩

二等水手一十名每名月支銀一十兩共月支銀一百兩

舵工六名每名月支銀一十五兩共月支銀九十兩

正管輪一名月支銀一百兩

副管輪一名月支銀五十兩

三管輪一名月支銀三十兩

管油一名月支銀二十兩

管水氣表一名月支銀一十四兩

頭等升火八名每名月支銀一十四兩共月支銀一百一十二兩

二等升火四名每名月支銀一十一兩共月支銀四十四兩

正管礮一名月支銀二十四兩

副管礮一名月支銀一十二兩

礮勇六名每名月支銀八兩共月支銀四十八兩
正號手一名月支銀一十兩
副號手一名月支銀八兩
鼓手一名月支銀八兩
木匠一名月支銀一十二兩
以上官弁舵水八等六十七員名計月支薪糧銀一千一百七十八兩
管帶練兵千總一員月支銀一十六兩
練習水務兵丁二十名每名月支銀三兩共月支銀六十兩
以上官兵二十一員名計月支薪糧銀七十六兩
公費月支銀二百四十兩
統共月支薪費銀一千四百九十四兩

輪船弁兵專習槍礮片
再臣於邸抄中伏讀同治十一年八月二十二日
上諭水師所用本以施槍放礮爲優劣何得藉口演習弓箭致開陸居之漸所有長江水師及江蘇新設之外海內洋內河水師均著專習槍礮毋得再習弓箭等因欽此查輪船與長江水師事同一律所有船上之官弁兵勇應懇
天恩准其免習弓箭俾專心訓練槍礮精益求精是否有當伏乞
聖鑒訓示施行謹
奏
同治十二年正月二十七日拜發奉
硃批著照所請兵部知道欽此

船政采辦物料仍懇免納稅釐片

再准江西撫臣劉坤一咨開同治十一年八月二十九日奉

上諭劉坤一奏近年來各省興辦善後工程及造船修隄需用木植物料甚多出外購買之員因有免完釐捐印照其跟丁船戶紛紛夾帶私貨乘機闖關不候稽查借詞津貼運費抗不完納釐稅並有不肖委員轉爲庇護卡員亦或瞻徇情面勉强放行流弊日滋請飭停止發給印照等語似此情形恐不獨江西一省爲然著各直省督撫嚴查卽行

禁止不得發給免完釐稅印照等因欽此臣等伏查船政需用各項料件向係遴委妥員親赴各處採辦並給發免稅印照逐一填明件數以杜弊端從無敢不候稽查夾帶私貨者欽奉前因自應遵照辦理惟現在輪船經費支絀異常若完一項稅釐卽多一項經費合無仰懇

皇上俯念船政係欽奉

特旨興辦事件與尋常善後工程不同且船政所需經由洋稅關者多過內地釐卡者百不及一通商條約外國師船駛入中國修理船隻不納各項稅餉卽洋商船用雜物各口皆准免稅儻外

藩邀

寬大之典而

天朝軍國重事反不得與之一例辦理恐於政體有妨若新關免稅而內地完釐則事涉兩歧所得不過錐刀之末恭繹

諭旨似爲嚴杜夾帶私貨而言並非於工程中之物料計較釐稅竊思印照旣逐一填明件數儻有夾帶一經查驗便水落石出臣等當嚴飭採辦委員及跟丁船戶人等每過關卡靜候查驗放

行儻有夾帶營私各項情弊察出立予盡法究辦其船政物料伏乞

天恩仍予免納稅釐以資撙節是否有當恭候

聖裁謹合詞附片陳明伏乞

聖鑒訓示謹

奏

同日拜發奉

硃批著照所請該部知道欽此

船政奏議彙編卷八終

船政奏議彙編卷九目錄

船政奏議彙編卷九

續陳各船工程並挑驗匠徒試令放手自造情形摺　沈葆楨二

奏爲續陳各船工程並挑驗匠徒試令放手自造情形仰祈

聖鑒事竊臣於本年正月二十七日業將第七號第八號輪船出洋第十號第十一號輪船下水第十二號酌改船式各情形

奏明在案二月第九號靖遠工竣以留閩補用千總鄭漁管駕二十八日試洋順風順水約每時可行七十里輪機靈捷完好惟礮位向外國定製往返數萬里未克如期而來耳第十號振威閏六月工亦可竣以留閩補用千總羅昌智管駕擇吉試洋第十一號濟安七月底可以竣工第十二號永保閏六月可以下水該船之水缸機器車軸等項均於船臺上安置妥貼下水後兩箇月即可出洋第十三號於二月初二日安上龍骨船身已得過半工程第十四號於六月初九日安上龍骨船務尚未就緒此近日各船工程之實在情形也自增月欵二萬之後臣得

以廣購木料南風司令暹羅仰光所產絡繹而來將來十二號下水十五號即可安上龍骨雖成船未能適符限期而逾期計不甚遠然當時創始之意不重在造而重在學臣與監督日意格約限滿之日洋匠必盡數遣散不得以船工未畢酌留數人如中國匠徒實能按圖仿造雖輪船未盡下水即爲教導功成獎勵優加犒金如數必不負其苦心儻洋匠西歸中國匠徒仍復茫然就令如數成船究與中國何益則調度無方教導不力臣與該監督均難辭其咎該監督請六月自模廠始挑選匠徒之聰頴者逐加驗試洋匠頭授之以圖令其放手自造是後洋匠均不入廠俟其自造模成察看脗合與否稍有絲毫未協再爲詳說竅窾令其改造試之又試至再至三務期盡其技能而止模廠既畢他廠繼之臣以其所議尙屬責實飭令次第舉行毋令中國匠徒得以附會塞責愚昧之見是否有當謹會同陜甘總督一等恪靖伯臣左宗棠福州將軍臣文煜閩浙總督臣李鶴年福建巡撫臣王凱泰恭摺由驛四百里具陳伏乞

皇上聖鑒訓示謹

奏

同治十二年六月二十日拜發奉

硃批知道了欽此

分撥各省輪船由統領躬歷各口閱操片

再輪船之設必聲勢聯絡如身使臂如臂使指倉卒徵召方足以資敵愾前以養船經費支絀署督臣文煜等奏請分撥各省奉

旨允行計誠出於萬不得已第仍須於分撥之地力籌聯絡之方雖各省大吏可以督其勤加操演而有事合之一處各不相習甚慮驅策不靈臣與統領臣羅大春熟商若俟其來閩修船順便閱操則曠日太久且有本省自有船塢可修不必定歸閩廠者若紛紛召之而至則於其本省

巡洋捕盜諸務窒礙殊多計不如統領躬任其勞隨時周歷各口校閱凡遇統領出洋將赴某省先期由驛咨會某省督撫惟海道瞬息可達驛遞有時遲延或統領船來而督撫之行知未到則由統領知照海關道即時校閱其船上有練兵者亦一體操演所需子藥等項統由各該省應付爲統領者不敢以遠涉風濤爲憚而封疆大吏自必以不分畛域爲心臣愚昧之見是否有當謹合詞附片陳明伏乞

聖鑒訓示謹

奏

同日拜發奉

硃批知道了欽此

續陳輪船工程並練船經歷南北洋各情形摺

奏爲續陳輪船工程並練船經歷南北洋各情形
仰祈
聖鑒事竊臣於本年六月二十日業將第九號輪船
試洋第十三號第十四號輪船起工並中國匠
徒放手試造情形
奏明在案閏六月十八日第十二號永保船身灰
艌鑽孔鑲鈐船內艙堵輪機水缸船底銅片各
工告備臣謹致祭
天后江神土神船神將船推送下水其桅杆煙筒煤

艙銅管並帆纜等工八月間可以蕆事該船寬
長及豁水尺寸與伏波安瀾等船一律惟船面
前後增設艙房則仿照商船程式耳永保下水
騰出船臺飭匠修理完固即於二十四日安上
第十五號龍骨二十五日第十號之振威工竣
監督日意格親帶出洋展輪而出展輪而入洋
面則息火張帆將船左右折轉而行約計其適
中者每時行七十里輪機靈捷與靖遠同第十
一號之濟安工亦垂竣臣擬調管駕飛雲之湄
洲營游擊吳世忠於引

見後回工管駕其原帶分撥山東之飛雲查有久充
該船大副之都司銜林文和水務諳練心地樸
誠兼通英語堪以接管此各輪船續辦工程之
實在情形也其建威練船去年乘風北駛歷浙
江上海燕臺天津至牛莊始折而南本年二月
教習洋員德勒塞駕船南行先厦門次香港次
新加坡次檳榔嶼六月始回工次計四閱月除
各馬頭停泊外實在洋面七十五日海天蕩漾
有數日不見遠山者有島嶼縈迴沙線交錯駛
船曲折而進者去時教習躬督駕駛各練童逐

段謄注日記量習日度星度按圖體認期於精
熟歸時則各童自行輪班駕駛教習將其日記
子細勘對至於颱颶大作巨浪如山顛簸震撼
之交默察其手足之便利如何神色之鎮定如
何以分其優劣其駕駛心細膽大者則粵童張
成呂翰爲之冠其精於算法量天尺之學者則
閩童劉步蟾林泰曾蔣超英爲之冠臣謹拔張
成呂翰管駕閩省原購之海東雲長勝兩輪船
使獨當一面以觀後效此教練駕駛之實在情
形也限期瞬屆臣惟有力催洋員洋匠認眞教

導中國匠徒藝童刻意講求以冀上副
聖懷於萬一愚昧之見是否有當理合會同陝甘總
督一等恪靖伯臣左宗棠福州將軍臣文煜閩
浙總督臣李鶴年福州巡撫臣王凱泰恭摺由
驛四百里具陳伏乞
皇上聖鑒訓示謹
奏
同治十二年七月二十四日拜發奉
硃批知道了欽此

管駕福星輪船楊永年在洋救護英國洋船出
力懇請獎勵片
再臣接據臺灣滬尾通商委員佐領劉青藜申
稱准稅務司好博遜照會本年五月二十日有
英國夾板船一名吞頓一名絲馬兒均泊雞籠
口忽西南風大作該兩船拖椗而行人力難施
去礁不遠幸福星輪船亦泊雞籠起錨飛駛而
來將該兩船護帶進港賴以無虞管駕官楊永
年恤難情殷睦鄰誼重希爲轉禀並准副領事
貝德祿到關面謝等因臣竊惟有生之倫無非
聖人覆幬所及當日兩船中外商賈性命均在呼吸
之間該管駕見義必爲實能仰體
朝廷德意可否將管駕福星輪船五品軍功楊永
年以千總留閩儘先補用之處出自逾格
天恩臣爲激厲人材起見謹合詞附片陳明是否有
當伏乞
聖鑒訓示謹
奏
同日拜發奉
硃批著照所請兵部知道欽此

船工將竣謹籌善後事宜摺

奏爲船工將竣謹籌善後事宜請
旨定奪事竊惟船政之設原約造百五十匹馬力輪船十一隻八十匹馬力輪船五隻嗣督臣英桂議改第七號爲二百五十匹馬力據該監督估計工料繁鉅較百五十匹馬力增一倍有零請以一號抵作兩號經臣文煜等
奏明在案共應大小成船一十五隻除第十號以上業經造次
奏明出洋外本年八月初六日第十一號之濟安

試洋八月二十八日第十二號之永保試洋均一時以七十里爲率輪機之靈捷船身之堅固與安瀾等船大略相同九月十九日第十三號之海鏡下水計年內可以出洋第十四號輪船年內亦可下水惟第十五號須待明春然中國匠徒能放手自造與遺散洋匠兩無妨礙此船工將竣之實在情形也此後如爲節省經費起見則停止造船除修船養船而外一切皆可節省惟既絕難續不免盡棄前功而鵲巢鳩居異族之垂涎尤爲可慮若歲仍造船兩號則已成之緒不致中乖而洋人辛工歲可省十餘萬然中國員匠能就已成之緒而熟之斷不能拓未竟之緒而精之雖則歲告成船究竟毫無進境與我
皇上力圖自强之
旨迥不侔矣臣竊以爲欲日起而有功在循序而漸進將窺其精微之奧宜置之莊嶽之閒前學堂習法國語言文字者也當選其學生之天資穎異學有根柢者仍赴法國深究其造船之方及其推陳出新之理後學堂習英國語言文字者

也當選其學生之天資穎異學有根柢者仍赴英國深究其駛船之方及其練兵制勝之理速則三年遲則五年必事半而功倍蓋以升堂者求其入室異於不得其門者矣其學生中有學問優長而身體荏弱不勝入廠上船之任者應令在學堂接充教習俾指授後進天文地輿算學等書三年五年後有由外國學成而歸者則以學堂後進之可造者補之斯人才源源而來
朝廷不乏於用惟合之遞年成船二隻所費甚鉅本年所加月款二萬可省而原定月款五萬必

不能省也限期瞬屆應如何辦理之處敢懇
皇上飭下各衙門速議具奏儻以前赴外國學習爲
可行則數萬里長途驟試者不無疑懼臣奉
旨後尚須與日意格及生童人等堅明約束詳議章
程必事事得理之所安而後人人於心有所恃
臣不揣冒昧謹會同一等恪靖伯陝甘總督臣
左宗棠福州將軍臣文煜閩浙總督臣李鶴年
福建巡撫臣王凱泰恭摺附驛馳陳伏乞
皇上聖鑒訓示謹
奏
同治十二年十月十八日拜發奉
硃批該衙門速議具奏欽此

船政教導功成請奬洋員匠並籌犒銀回費摺
奏爲船政教導功成籲懇
天恩將出力之洋員匠併案奬勵並速籌犒銀回費
俾得如期遣散以昭大信而杜虛縻事竊臣於
同治九年二月間
奏請俟輪機創造就緒懇將中外出力人員擇尤
奬勵奉
旨允准在案嗣臣以丁憂交卸致未舉行自本年六
月起該監督日意格逐廠考校挑出中國工匠
藝徒之精熟技藝通曉圖說者爲正匠頭次者
爲副匠頭洋師付與全圖即不復入廠一任中
國匠頭督率中國匠徒放手自造並令前學堂
之學生繪事院之畫童分廠監之數月以來驗
其工程均能一一脗合此教導製造之成效也
後學堂學生既習天文地輿算法就船教練俾
試風濤出洋兩次而後教習挑學生二名令自
行駕駛當颱颶猝起巨浪如山之時徐覘其膽
識現保堪勝駕駛者已十餘人管輪學生凡新
造之輪船機器皆所經手合攏分派各船管車
者已十四名此教導駕駛之成效也伏惟船政

祗自強之一道而創始較他務爲獨難當一質之甫施詎成山之敢望或以洋人祕其要領弗輕傳授爲疑或以中國狃於見聞無可攀躋爲
慮仰賴
乾綱在握翊贊僉同既歷久而弗渝遂覩成之有日雖精益求精密益求密尚有待於將來而步能亦步趨能亦趨已幸償夫始願想重譯爭效所長之意正
中朝有善必錄之科茲據日意格將出力之洋員洋匠開單請奬前來臣逐加檢核尚無冒濫謹
將原單抄呈
御覽條
旨遵行監督日意格始終是事經營調度極費苦心力任其難厥功最偉德克碑自同治九年二月後前赴甘肅臣左宗棠另有差使惟經始之時底地計功購料僱匠馳驅襄事亦未便沒其微勞應如何分別奬勵俾昭激勸之處出自
宸裁至合同內約明五年限滿中國員匠能自監造駕駛應加奬兩監督各銀二萬四千兩加奬外國員匠銀六萬兩又約明五年工竣每名另給

辛工兩月並勻給回費三百七十八兩照現在洋員匠名數科算統共犒賞辛工回費需銀十五萬兩有奇合無仰懇
天恩飭部速即籌撥銀十五萬兩俾得於限內及時遣散不致坐食虛糜其中國出力之員弁工匠可否容臣一體併案保奬以資鼓舞而責後效出自逾格
鴻慈理合會同一等恪靖伯陝甘總督臣左宗棠福州將軍臣文煜閩浙總督臣李鶴年福建巡撫臣王凱泰恭摺由驛四百里馳陳伏乞
皇上聖鑒訓示謹
奏
同治十二年十月十八日拜發奉
硃批該衙門速議具奏單片並發欽此

外洋員匠遵約遣散摺

奏爲外洋員匠遵約遣散謹將動用欵項開列清單仰祈
聖鑒事竊臣前以船政限滿請籌犒銀回費經總理衙門暨户部會議指撥奉
旨依議欽此旋准閩海關解銀八萬兩福建稅釐局解銀七萬兩前來臣謹按照合同發交監督日意格具領分給並將
賞賚黃馬褂寶星等件加工配製以壯觀瞻各員匠感戴

皇仁歡聲雷動現在日意格德克碑均赴上海等處游歷除補請寶星之日意傑在閩候
旨斯恭塞格候交外洋續到礮械外其餘英法員匠已儘數起程薪水一例截至同治十二年十二月三十日止所有動支獎賞各欵謹援照天津機器廠成案開單呈
覽可否
允行之處出自逾格
天恩理合會同協辦大學士陝甘總督一等恪靖伯臣左宗棠福州將軍臣文煜閩浙總督兼署福建巡撫臣李鶴年恭摺馳陳伏乞
皇上聖鑒訓示施行謹
奏

同治十三年二月初六日拜發奉
硃批著照所請該部知道單並發欽此

據情代　奏恭謝
天恩摺
奏爲據情代
奏恭謝
天恩仰祈
聖鑒事竊據船政監督日意格稟稱比奉行知以船
政限滿教導有成經總理各國衙門議
奏
賞加一品銜並
賞穿黃馬褂暨一等寶星其餘洋員暨各師匠等

賞賚有差奉
旨依議欽此欽遵等因捧戴之餘同深感抃伏念泰
西末將預中土之戎行漢北嚴關筦長江之稅
則曾膺
嘉賚時切祇兢嗣於同治五年承乏閩江襄勞船局
購材募役相地營基
特隆專閫之銜兼
予彰纓之飾撫衷滋愧奮力圖功於是斥舊翻新窮
搜萬竅積年累月屹立連檣匠作精神辨機[illegible]
而解操爐錘塾童穎悟量沙線而慣習波濤如

約觀成依期蕆役凡馳驅之勉效洵責任所難
辭迺復鑒及微勞
奏邀
溫旨貂冠極品許聯紆紫之班騎服嚴褒分織流黃
之色而且
論功稠疊
頒惠宏深合在工而遞列榮階舉曠代而實稱異數
自維譾陋同感
恩榮期屆西旋徧紫海傳觀車服情殷北望跂
丹宸彌切軒饕所有感激下忱祇懇代

奏前來理合會同協辦大學士一等恪靖伯陝甘
總督臣左宗棠福州將軍臣文煜閩浙總督兼
署福建巡撫臣李鶴年合詞恭摺代
奏伏乞
皇上聖鑒謹
奏
同日拜發奉
硃批知道了欽此

調派濟安等船駕弁片
再濟安船成臣奏調湄洲營游擊吳世忠管駕
嗣吳世忠經山東留帶飛雲改調在粵原帶安
瀾之候補都司呂文經回閩管駕日久未准粵
省咨覆管駕官勢難懸曠查有原帶靖遠之候
補千總鄭漁諳練水務辦事勤能堪以調管所
遺靖遠船務查有原帶海東雲之五品軍功張
成器局開展能耐風濤堪以接管遞遺海東雲
船務查有藝童五品軍功葉富熟悉海道人亦
謹飭堪以接管十二號永保船成查有飛雲大

副都司銜林文和洋務嫺熟心地樸誠堪以調
管謹合詞附片具陳伏乞
皇上聖鑒訓示謹
奏
同日拜發奉
硃批知道了欽此

軍功張成在洋救護商船援案請獎片
再同治十二年十二月初一日據船政監督日
意格禀稱英國德吉利士輪船由粵來閩經過
福清縣海壇洋面瞭見灘島之上華民數十人
搖旗哭喊欲停輪赴援而風狂浪惡無從攏近
急請設法等因當即飭令管駕海東雲之五品
軍功張成飛速開行沿途瞭探次日駛至該處
果有二十餘人呼號待援窘急萬狀該管駕親
下舢板破浪而前無如風濤洶湧礁石嵯岈併
槳攏岸屢被激退嗣改覓極小漁艇銜礁而上

進退十餘次始得全數陸續救出於初四日帶
同回工派員點驗計二十四人均屬漳泉一帶
商販水手僉稱由福州彩駕縉船於十一月二
十七日晚間在該處遭風擱淺逃生荒島槁立
五晝夜饑凍難支命懸呼吸非管駕官奮不顧
身冒險引援斷難絕處逢生等語查該軍功由
藝童初任管駕以一葉小艇出入驚濤駭浪之
中十餘次拯救二十餘命洵堪嘉尚可否援照
楊永年救護英國夾板成案以千總留閩儘先
補用之處出自逾格

天恩臣爲激厲人材起見謹合詞附片陳明是否有
當伏乞
聖鑒訓示謹
奏
同日拜發奉
硃批著照所請兵部知道欽此

船政奏議彙編卷九終

船政奏議彙編卷十目錄　沈葆楨三

船政奏議彙編卷十　　　　　　　　沈葆楨三

遵

旨會籌大概情形摺

奏爲遵

旨會籌大概情形恭摺仰祈

聖鑒事竊臣等於本年四月十六日奉

上諭總理衙門奏日本兵船現泊厦門請派大員查看一摺李鶴年事務較繁不能離省著沈葆楨帶領輪船以巡閱爲名前往臺灣一帶相機籌辦等因欽此查日本上年遭風難民經臺灣商民與熟

番救出稟由地方官護送到滬交其領事收回

天朝柔遠之心至僻壤民番咸知遵守該國宜如何

感激圖報仰答

生成乃轉藉他國積年舊案以怨報德越境稱兵此其意有所圖尙伺待閒中西人人髮指非虛言也此時示以撻伐之威並不得謂釁開自我惟近來議洋務者非一味畏葸只圖有日置身事外不恤貽患將來則一味高談謂義憤快心不婉孤注之一擲於

國家深遠之計均何當焉臣等往返會商謹以管見所及爲我

皇上陳之一曰聯外交倭奴狡譎非常其稱兵也西人斥其非彼則以商諸中國業經見許對中國據理詰之則互相推諉閃爍其詞西人雖疑其奸亦無從遽發其覆臣等擬將遞次洋船遭風各案摘要照會各國領事其不候照覆即舉兵入境並與生番開仗各情形亦分次照會請其公評曲直日本舉動西人纖悉必知之如其怵於公論斂兵而退上也否亦輾轉時日我得集備設防其鬼蜮端倪亦可隨時探悉一曰儲利

器議者咸謂日本迥非西洋之比然有明中葉全盛之時萃俞戚譚劉之將才竭蘇浙閩粵之兵力狼噬豕突數十年而後定不可謂非勍敵其陸戰雖西人亦憚之臺灣與之鄰壤形勝扼要物產富饒彼既利欲薰心未必甘爲理屈而所以敢於鴟張者則又窺中國器械之未精兼恃美國暗中之資助其已抵臺南各船均非中國新船之敵而該國尙有鐵甲船二號雖非完璧而以摧尋常輪船則綽綽有餘彼有而我無之水師氣爲之奪則兩號鐵甲船不容不購也

海疆守口之利莫若水雷中國雖能自製而力量單薄不足以破巨艦則水雷不能不購也陸路之利莫如洋鎗操演則宜用前膛臨敵莫便於後膛閩局雖有之而不足於用添募陸師則各種洋鎗並其合膛之子不能不多購也水路之利在輪船巨礮船無煤炭與無船同礮無子藥與無礮同則洋煤洋火藥合膛之開花彈以及火龍火箭之類不能不多購也明知所費不貲必有議其不量力者然備則或可不用不備則必啓戎心乘軍務未萌之時尚可爲牖戶綢

繆之計遲則無及矣如蒙
俞允可否容臣等將閩省存欵移緩就急其不足者暫借洋欵分年籌還之處出自逾格
天恩一曰儲人材閩省陸勇寥寥因臺北查辦匪徒已調兩營東渡其分防馬尾厦門及上游三營均不可動水師除輪船外亦無可量移者若待弁兵厚集誠恐稽期現在福星長勝海東雲三船已在臺灣揚武自臺歸涤子藥又即日赴臺靖遠在厦門振威經臣鶴年派令賫摺赴滬浙江之伏波山東之飛雲天津之萬年清濟安永保均調而未歸聞廣東之安瀾即日可到到時臣葆楨當飭其裝足子藥煤炭即乘之東行並咨調提臣羅大春即日赴臺與臣葆楨及鎮道會籌一切此時消除萌蘖須得折衝樽俎之才査有籍隸廣東之前署臺灣道黎兆棠膽識兼偉洞悉洋情威惠在臺民懷吏畏臣葆楨謹飛函赴粤調之前來並以共事日久深相倚仗之吏部主事梁鳴謙等諸文士隨臣葆楨東渡以期輯思廣益毋失機宜一曰通消息臺洋之險甲諸海疆從前文報恒累月不通有輪船後乃

按月可達然至颶風大作時雖輪船亦爲所阻欲消息常通斷不可無電線計由福州陸路至厦門由厦門水路至臺灣水路之費較多陸路之費較省合之不及造一輪船之資瞬息可通事至不虞倉卒矣所有會籌大概謹合詞由驛六百里密陳其詳細情形容臣葆楨抵臺後察看飛報愚昧之見是否有當伏乞
聖鑒訓示施行再此摺係臣葆楨主稿合併陳明謹
奏
同治十三年四月十九日拜發奉

硃批另有旨欽此

派稽查並提調片

再臣葆楨渡臺後船政工程委內閣中書銜莆田學訓導吳仲翔提調該員素以篤誠剛直爲在事員紳所信可以保無他虞惟廠地費

國家數百萬帑金外人垂涎已非一日其左羅星塔即閩海咽喉前數日有琉球人來看廠後又有日本人踵至愚者千慮不無後顧之憂儻倉卒變生非有威望卓著之大員難資鎮壓號召查前陝西藩司林壽圖在籍服滿不日進京合無仰懇

天恩飭林壽圖暫緩北行藉稽查船政爲名資其坐鎮並隨時察看海口情形以固省垣門戶萬一事出不測可否准其專摺奏事以重事權臣等飭管帶福靖後營駐守船廠之總兵銜副將王正道添募新後一營仍歸王正道統帶聽候林壽圖調度其船政工程仍責成吳仲翔一手經理臺事定局林壽圖便可起程入都是否有當

伏乞

聖鑒訓示謹

奏

同日拜發奉

上諭沈葆楨現在赴臺著文煜等傳諭前陝西布政使林壽圖前往船廠認眞稽查隨時察看海口情形如有緊要事宜與文煜李鶴年妥爲備禦並著會銜具奏欽此

琛航留工轉運並十五號下水片

再船政自第十二號永保起仿照商船式樣除永保留於船政以備轉運外餘三號議撥招商局應用第十三號海鏡去年經招商局派員領回茲第十四號琛航工竣應行續撥招商局惟目前軍火孔亟洋船向不肯裝永保一船恐不敷周轉擬暫將琛航留閩派五品軍功林國祥管駕以佐轉運候防務稍定再撥歸招商局至第十五號之大雅亦於四月初一日下水矣合併陳明伏乞

聖鑒訓示謹

奏

同日拜發奉

硃批知道了欽此

葉道辦軍火並挈日監督東行片

再采辦軍火有在船政總監工之廣東候補道葉文瀾可勝其任惟鐵甲船水雷等件西洋所珍秘者非廉幹洋員無從得其要領臣等擬函召前船政監督日意格適該洋員從上海來據稱聞英國有兩鐵甲船可購但必須與中國海口相宜者乃適於用請先打電線往詢實在情形並其價值如蒙

諭旨准購應懇

飭總理衙門行文英國公使威妥瑪傳咨回本國辦理方不費手該洋員議論日本事宜多中窾要臣葆楨擬挈之東行以收指臂之助是否有當伏乞

聖鑒訓示謹

奏

同日拜發奉

硃批知道了欽此

船廠備用物件仍令趕製以待不時更換片

再船政善後事宜一時尚難定議現在海防緊急已成船隻難保無傷損之時臨事周章必碍大局臣葆楨一面東渡一面飭廠將應行備用物件加緊趕製以待不時更換之需臣文煜仍將額解關款源源接濟一則有備無患一則工匠甫成之藝不致以別謀生計而荒是否有當臣謹會同協辦大學士陝甘總督一等恪靖伯臣左宗棠合詞附片恭陳伏乞

聖鑒訓示謹

奏

同治十三年四月二十八日拜發奉

硃批知道了欽此

各輪船添設礮勇片

再閩廠新造輪船前經
奏定二百五十匹馬力者額設礮勇二十六名一百五十匹馬力者額設礮勇十名八十匹馬力者額設礮勇六名當時爲圖節經費起見防務喫緊實屬不敷調遣今擬二百五十匹馬力者增五十名一百五十匹馬力者增四十名八十匹馬力者增三十名卽著該管駕官迅募登舟逐日練習以臻嫻熟理宜合詞附片陳明伏乞
皇上聖鑒訓示遵行謹
奏
同治十三年五月二十一日拜發奏
硃批知道了欽此

覆陳議購洋鎗鐵甲船片

正繕摺間奉到五月初一日
上諭所擬購買鐵甲船水雷及各項軍火均照議行閩省存欵如有不敷卽照所請暫借洋欵以應急需沿海各輪船應如何調撥之處卽咨商妥辦前臺灣道黎兆棠著卽赴閩所請電線著迅速辦理前陝西布政使林壽圖前往船廠稽查如有緊要事宜著卽會銜具奏各等因欽此臣等跪讀之下感激莫名洋鎗鐵甲船二事日意格到閩之日
臣葆楨卽屬其由電線打探近得回報里明東後膛鎗現成者有六千桿每桿配藥子四百顆開價洋銀三十一圓器固適用但價須議減鐵甲船現成者亦有一號吃水一丈八尺與中國港道尙屬相宜約價洋銀一百二十五萬圓惟其船身之新舊堅脆則未明言擬更由電線查悉再行購辦謹合詞附片陳明伏乞
皇上聖鑒訓示施行謹
奏
同日拜發奏
硃批知道了欽此

伏波在洋遭風請修片

再本月十二日據管駕伏波輪船游擊貝珊泉稟稱該船於六月初三日載臺灣道夏獻綸等駛至蘇澳登岸初四日遂赴雞籠裝煤剛出口片時海上波濤大作風威火力相逆輪梶不前追距雞籠七八十里天色如墨不能收口祇得隨風駕駛夜半風雨迸至船上前後桅杆橫擔大小舢板以及鐵擎繩纜先後漂沒其餘船燈船表併零星碎件以顚簸碰壞者不可勝計幸舵準機器煙筒尚無大損力望西南而行經一

晝夜乃抵福州洋面於初六日駛回工次稟請勘修等因旋接船政提調吳仲翔函稱該船遭風損失物件甚夥飭匠估計工料非三數萬圓不辦非三四月不能竣功等語臣等查是日颶風驟起商船業經收澳者亦顚覆數十號沿海民居間有傾塌英國兵船派員往金包里護其擱礁商船者與其水手漂沒無蹤伏波雖被損傷而船身機器及弁勇人等仰賴

福庇均獲保全尚非駕駛不愼之咎除飭趕緊修理外理合附片據實陳明伏乞

皇上聖鑒訓示謹

奏

同治十三年六月十七日拜發奉

硃批知道了欽此

續行興造輪船片

再閩廠計成輪船十有五號除鎮海一號駐天津湄雲一號駐牛莊海鏡一號歸招商局駕駛外祇餘十有二船辰下海防喫緊揚武飛雲安瀾靖遠振威伏波皆兵船也前囑日意格向赫德借海關之凌風輪船已到臣擬派此六號常駐澎湖隨之練習合操陣式福星一號駐臺北萬年清一號擬駐廈門濟安一號擬駐福州以固門戶尚嫌單薄永保琛航大雅三船本商船也現派迎淮軍並裝運礮械軍火往來南北殊

少曠時此閩局諸船分派之情形也而滬船之到閩者現祇測海一船僅供閩滬遞通消息臺灣遠隔內地防務文書刻不容緩就眼前輪船計之實覺不敷周轉臣計現在廠中百五十匹馬力之輪機水缸已成兩副所運外洋木料聞亦陸續歸來因未奉

諭旨不敢擅自興工工匠人等祇令製造備用器具並修理舊船若爲省費起見尚須酌量遣撤惟該工匠等學習多時造輪之法已皆諳悉聚之數年散之一旦不免另圖生計他日重新招募

殊恐生疏而已便之水缸機器已購之木料將俱置諸無用之區實則暗中縻費似不如仍此成局接續興工在匠作等駕輕就熟當易告成而廠中多造一船即愈精一船之功海防多得一船即多收一船之效況由熟生巧由舊悟新即鐵甲船之法亦可由此肇端購致者權操於人何如製造者權操諸己除出洋學習一節仍候會議覆奏請

旨遵行外合懇

天恩准將閩廠輪船續行興造以利海防臣等愚昧之見是否有當謹會同協辦大學士陝甘總督

臣左宗棠附片陳明伏乞

皇上聖鑒訓示遵行謹

奏

同治十三年七月十四日拜發奏

上諭閩廠輪船即照所請准其續行興造得力兵船以資利用欽此

養船經費撥入臺防項下輪船薪糧歸併報銷片

再前者海防方亟所有閩廠輪船除鎭海一船駐天津湄雲一船駐牛莊外餘均調到臺灣差遣或駐澎湖扼紥操演或赴天津上海飛遞文報其間添募礮勇積儲煤炭修整機器繩纜等項爲費甚繁中除飛雲一船始終由山東領餉外餘皆仰給於養船經費一欵萬分不敷若侵用船政月欵則於造船大有窒礙且此後臺防應辦之事非可以歲月計竊思各船爲臺防而

集所有經費宜向臺防領支玆擬將自本年四月十六日起將前撥養船經費併入臺防項下其各輪船薪糧亦歸入臺防項下統報統銷以免歧出伏乞

聖鑒訓示遵行謹

奏

同治十三年十二月初一日拜發奏

硃批該衙門知道欽此

第十六號元凱輪船上龍骨日期片

再臣等前奏八月初二日

上諭閩廠輪船卽照所請准其續造得力兵船以資利用等因當卽札飭船政提調吳仲翔督率員匠集料開工玆據稟稱業已設法添購曲木於九月二十一日起造船脅於十月二十七日安上龍骨是爲第十六號百五十匹馬力兵船擬名之曰元凱以資號召理合會同大學士陝甘總督臣左宗棠附片陳明伏乞

皇上聖鑒訓示謹

奏

同日拜發奏

硃批知道了欽此

購大挖土機船並鐵脅新式輪機片

再船工現已續辦臣等查應亟購備者尚有三端一曰大挖土機船一曰船上鐵脅一曰新式輪機船廠江濱年來泥沙日淤雖用挖土機船設法開濬無如地寬器小旋挖旋積儻江流日淺新船下水無由廠地便因而廢閒外國有極大挖土機船計一點鐘可挖土五十方尺當人工一千餘擔之多果得此船剷除積淤廠地乃可無虞此挖土機船之購所以不容緩也船脅必需天然彎木內地無之向運諸暹羅仰光等

處聞該處近來此木亦少所以西洋剏易鐵脅以濟其窮閩廠前者皆用木脅邇來十六號闊工木脅大形竭蹶勉强湊集尚不敷一船之用後繼尤難非亦改鐵脅不爲功惟此項工程本廠匠徒未曾素習不得不取式於外洋此鐵脅之購所以又不容緩也舊式輪機用煤過費外國近又剏新式卧機以爲兵船取其機器與水面平可以避礮也剏新式立機以爲商船取其機器所佔艙位無多可多裝客貨也煤較省而機較靈非各購一副而來俾匠徒仿造則巧拙懸殊造船之功亦難於精進此新式輪機之購所以又不容緩也惟此三項之費自定購以及保險包紮護送合攏計非二三十萬金不可使惜一時之勞費誤後日之遠圖因小失大又非長策臣等再四思維似難中輟合無仰懇

天恩俯准乘此防務已鬆飭日意格先赴廈門打電線出洋採悉三項實價然後令其歸國先辦大挖土機船一隻迅駛來工以保廠地一面在法國定造鐵船脅全副帶匠一二人前來鬭合並教匠徒打造約限一年成功而歸一面往英國

定造新式卧機立機各一副帶匠二三人前來合攏並教匠徒鑄造亦約限一年成功而歸鐵脅必取法國者以閩船皆法匠所造其尺寸乃符新機必取英國者以英船向稱堅緻其制度無弊也至議定製鐵甲船未知底細下手殊難擬令日意格順途細訪詳悉開單寄歸以便他日斟酌舉辦可否之處謹會同大學士陝甘總督臣左宗棠附片陳明伏乞

皇上聖鑒訓示遵行謹

奏

同日拜發

稽查船政林請准北上片

再前任陝西布政使林壽圖回籍守制服闋四
月閒正擬束裝進京臣葆楨適將渡臺以船廠
重地異族眈眈
奏請其暫緩北行藉稽查船政爲名坐鎮廠地並
隨時察看海口情形以固福州門戶隨經臣文
煜臣李鶴年等以倭船駛至虎門
奏請該藩司就近督防均奉
旨允准在案現倭事已定防務稍鬆據呈請代
奏起程北上前來臣查該藩司自五月到防以來

一面催督船政工程一面徧至長門南北岸川
石金牌各海口規畫礮臺訓練防勇布置嚴密
人心以安以該藩司忠勤素著智勇兼賅當此
國家需才之際正臣子報効之時臣葆楨雖在海
外未敢滯其行期謹[illegible][illegible]附片代陳伏乞
皇上聖鑒訓示謹
奏

同治十三年十二月初五日拜發奉
硃批知道了欽此

船政奏議彙編卷十終

船政奏議彙編卷十一目錄

船政奏議彙編卷十一

報銷船政經費摺　沈葆楨四

奏爲閩廠刱造輪船年久費繁謹核用欵大數截
淸月日援案開單彙報懇
恩准銷恭摺具陳伏祈
聖鑒事竊維國家自强之計於刱造輪船肇其端其
辦之難其費之鉅臣未受事以前雖心知之究
所謂難者如何所謂鉅者如何尙無能預揣累
年以來身親其役始知前此籌及者不過曰廠
工船工購器僱匠學習製造駕駛數大端而一

端之中始終之層次分出之條目曲折之變態
何止百十端事既日增費亦日溢誠非筆墨所
能罄左宗棠刱議之疏惟云但求其良寬給其
値迨臣莅工而後應辦工程應發欵項往往有
從前未經議及者曾據實
奏明奉
旨勉爲其難毋得瞻前顧後等因欽遵在案經始之時
不但以成船爲期必能自造自駕乃於自强之
意有合局外方以洋人祕其要領爲慮以中國
艱於學步爲虞臣無事不存節費之思亦無日

敢懷吝費之見偷漏者銖兩必誅奮勉者細微必賞無非以鼓勵誘進爲心以經久遠圖爲計仰賴
朝廷體䘏輪船得以依限告竣製造駕駛尙能師其成法惟一切用欵與原議萬不能符當時所估購輪機募洋匠鐵廠船槽學堂洋樓併製器買地等欵不過四十三四萬兩今則何止倍蓰就廠工而論初但曰五廠耳今塢內所蓋其砌甎者曰鑄鐵廠曰輪機廠曰合攏廠曰大鐵廠曰水缸廠曰大火爐屋曰轉鋸廠曰繪事樓其

架木者曰拉鐵廠曰鎚鐵廠曰打鐵廠曰小輪機廠曰木模器具廠曰桅舵舢板廠曰帆纜廠曰鐘錶廠曰船亭曰船臺曰船槽曰鐵天車馬頭餘若鐵轍風隧鐵爐煙筒其用只一端其工則經年累月始就者殊難枚舉也塢外者初但曰學堂洋樓耳今則學堂有前後之分而藝童下處隨之而增大洋樓四座以居洋員大洋房四所以居洋匠臣與各員紳辦事公所外曰東西考工所曰藝圃曰健丁營棚曰儲材所曰機器所曰廣儲所曰甎窰廠等處物質麤重棟宇宜寬人工既多拓地益廣至鎮廠之
神宮捍水之石壩逐漸興建者又難以枚舉也且機器非不已購也而配座配槓零星添造之費不知凡幾洋匠固有月辛也而撤招路費傷亡䘏賞禮拜補工之欵殊難斬給藝童以外又有藝徒工匠以外又有健丁千夫萬杵併日連宵所有情形雖陸續上陳未能十盡三四蓋外國造船頻年有之爲洋將所親見雖中外有難易之不同而所估不致懸絕外國造廠在百數十年以前日新月異乃成鉅觀其締搆之艱洋將

無由親見之故所估懸殊也今核製船經費經前督臣左宗棠奏撥閩海關四成結欵銀四十萬兩爲購器建廠等項之需以後按月解銀五萬兩嗣因經費支絀於十二年正月間臣等會
奏請自是年正月起至十二月止每月添撥銀二萬兩經總理衙門議由閩省茶稅項下提撥奉
旨允准各在案計自同治五年十一月十七開局之日起截至十三年六月底止共計收閩海關結欵銀四十萬兩閩海關月欵銀四百七十萬兩福建稅釐局解銀二十六萬兩又收犒賞限滿洋

匠剩銀五百八十八兩五錢二分三釐四毫統
共收銀五百三十六萬五百八十八兩五錢二
分三釐四毫除造船購器蓋廠贍工等項支用
銀五百一十六萬四千四百八十九兩二錢五
分七釐叉墊支養船經費銀一十九萬二千四
百五十八兩九錢七分六釐五毫二忽一微統
計共支銷銀五百三十五萬六千九百四十八
兩二錢三分三釐五毫二忽一微實存銀三千
六百四十兩二錢八分九釐八毫九絲七忽九
微此年來製船實用之欵項也至養船經費於

同治八年五月間經前撫臣卞寶第同臣會
奏請七年三月以後將福建稅釐局所收洋藥票
稅銀兩撥濟關於十三年十二月間經臣以籌
辦海防輪船往來如織需費益多養船不敷
奏請自十三年四月十六日起將洋藥票稅併各
船薪糧歸入臺防項下收支在案今計自同治
八年八月起至十三年四月十五日止共收福
建稅釐局解來票稅銀四十二萬九千三百七
十二兩八錢一分三釐七毫九絲七忽九微除
自六年八月起截至十三年四月十五日止共

支銷養船各欵銀六十二萬一千八百三十一
兩七錢九分三毫外尚不敷銀一十九萬二千
四百五十八兩九錢七分六釐五毫二忽一微
係就製船項下挪用此年來養船實用之欵項
也臣自開辦船政以來即飭在工人等一面極
力講求製造駕駛之方一面鉤稽大小費用之
數雖逐日登記不敢曠遺無如事爲創舉器具
工作皆耳目所未經言造船或馬力同而配製
不同言蓋廠或丈數同而間架不同言購器或
斤磅同而機關體質不同言辦料或名目同而

精麤鉅細不同且西匠擇材務精稍不中繩墨
即棄而弗收甚有工程甫半忽思變更營造既
成改求新異此等情事誠有如直隸督臣李鴻
章前遵
旨籌畫輪船善後疏中所言者若必廠歸各廠船歸各
船工歸各工料歸各料縷析而條分之雖監工
員紳日數十人把筆其側亦瞠目而無可如何
反覆思維智盡能索而時近十年案牘山積若
不及時截報過此以往更轇轕難清臣智術短
淺本無理繁治劇之能況事關創辦無可憑依

祗有竭其愚衷實支實用以仰副
國家委任之意謹援照天津機器局成案將製船
以及養船各欵截清年月據實開具簡明清單
恭呈
御覽仰懇
天恩逾格准予開銷以清積牘至製船單內存剩銅
鐵木料煤斤及購存鋼礮等欵留備六月以後
船工撥用合併聲明除咨總理衙門戶部兵部
工部查照外理合會同大學士一等伯陝甘總
督臣左宗棠福州將軍臣文煜閩浙總督臣李
鶴年福建巡撫臣王凱泰恭摺具陳伏乞
皇太后
皇上聖鑒謹
奏
光緒元年正月三十日拜發奉
旨該衙門知道單二件片一件併發欽此

謹將製船經費自同治五年十一月十七日起
截至十三年六月底止收支各欵數目開具簡
明清單恭呈
御覽
謹開
舊管
無項
新收
一收閩海關解結欵銀四十萬兩
一收閩海關解製船經費自同治五年十二月
起截至十三年六月底止連閏計九十四箇
月每月銀五萬兩共銀四百七十萬兩
一收福建稅釐局解製船經費自同治十二年
正月起至十二月底止連閏計一十三箇月
每月銀二萬兩共銀二十六萬兩
一收犒賞洋員匠用剩銀五百八十八兩五錢
二分三釐四毫
以上共收銀五百三十六萬五百八十八兩五
錢二分三釐四毫
開除

一支製造二百五十匹馬力輪船一號並應配機器舢板一號帆桅舢板五號小舢板一號暨衣旗傢伙器具工料價腳銀二十五萬四千八百九十三兩八錢一分一釐八毫

一支製造一百五十匹馬力輪船九號並應配機器舢板一號帆桅舢板三十五號小舢板九號暨衣旗傢伙器具工料價腳銀一百四十七萬五千九百六兩一錢八分二釐七毫

一支製造八十匹馬力輪船五號並應配帆桅舢板二十號小舢板五號暨衣旗傢伙器具工料價腳銀五十四萬三千一百一兩一錢三分一釐

一支製造八匹馬力小輪船一號並應配衣旗傢伙器具工料價腳銀二千三百四十五兩五分七釐二毫

一支已製成未合攏一百五十匹馬力輪機一副又製成一百五十匹馬力輪機胚一副除四葉輪併水缸內配用物件暨小馬力抽水機未造外共工料銀二萬七千三百五十七兩四錢一分一釐六毫

一支已製成未合攏一百五十匹馬力水缸二副除銅管未造外共工料銀二萬四千五百六十兩九錢三分四毫

一支各輪船鎗礮價腳銀一十六萬二千五百四十二兩三錢二分六釐八毫

一支製造挖土機船暨裝土各船隻工料銀一萬二千二百二十五兩八錢四分九釐六毫

一支起蓋各廠所購買田地價值銀二萬五千三十二兩七錢一分九釐九毫

一支起蓋洋樓購買山地價值銀二千二百四十九兩一錢

一支起蓋各廠所填地工價銀三萬九千五百二十九兩八錢七分五釐

一支開掘環塢長濠暨板橋工料銀四千四百三十八兩二錢八分四釐

一支鋪砌石道頭工料銀二千一百四十八兩六分八毫

一支壘築石墻工料銀一萬三千四百九十九兩一錢

一支監督日意格領蓋學堂洋樓洋房工料銀

六萬七千二百八十兩
一支製造船臺工料銀六萬四千二十九兩七錢三分六釐一毫
一支起蓋船亭工料銀六千四百八十一兩二錢八分五釐四毫
一支起蓋鑄鐵廠工料銀七萬七千四百一十一兩五錢一釐
一支起蓋輪機廠工料銀四萬二千三百六十四兩一錢三分三釐八毫
一支起蓋合攏廠繪事廠工料銀二萬三千三

百九十九兩四錢八分七釐
一支起蓋大鐵廠工料銀三萬三百六十一兩二錢八分三釐三毫
一支起蓋水缸廠工料銀五萬六千八百一十九兩六錢四分七釐五毫
一支建造大煙筒併大火爐屋工料銀六萬三百四十六兩一錢四釐七毫
一支起蓋拉鐵捶鐵廠工料銀一十七萬五千五百八十三兩九錢三分二釐三毫
一支起蓋轉鋸廠工料銀二萬二千六百七十

四兩九錢三分五釐二毫
一支起蓋打鐵廠工料銀二萬二千四百一十五兩六錢一分五釐八毫
一支起蓋小輪機廠工料銀三千二百五十七兩五錢一分一釐六毫
一支起蓋木模器具廠工料銀三千一百六十九兩六錢八分一釐四毫
一支起蓋儲模所工料銀一千二百四十六兩三錢五分八毫
一支起蓋鐘表廠工料銀三千三百一十五兩

八錢七分七釐一毫
一支起蓋桅舵舢板廠工料銀四千一百八十六兩七錢二分九釐四毫
一支起蓋帆纜廠礮廠併藝徒誦堂工料銀三千六十一兩二錢三分九毫
一支起蓋甎廠工料銀一萬九千六十七兩七分三釐三毫
一支製造鐵船槽併機器房工料銀一十七萬五千四百兩二錢八分八釐七毫
一支建造起重鐵馬頭水枰鐵車道工料銀五

萬五千九百九十四兩一錢二釐五毫
一支起蓋　天后宫工料銀三千八十三兩八錢一分一釐七毫
一支起蓋衙署工料銀八千五百九兩二錢九分一釐二毫
一支起蓋東考工所工料銀五千二百九兩五錢三分六釐四毫
一支起蓋西考工所工料銀八千七十一兩五錢三分六釐七毫
一支起蓋藝圃工料銀三千八百六十兩五錢三釐四毫

一支起蓋廣儲所工料銀一千三百七十七兩四錢七分二釐六毫
一支起蓋廣儲所第一座料廠工料銀二千四百八十一兩五錢一分七釐六毫
一支起蓋廣儲所第二座料廠工料銀一千六百七十三兩三錢八釐八毫
一支起蓋廣儲所第三座料廠工料銀一千六百四十八兩六錢四分六釐五毫
一支起蓋機器所工料銀一百九十六兩七錢二分二毫
一支起蓋儲材所工料銀一百七十七兩三錢五分七釐八毫
一支起蓋鎮海營兵房工料銀一千六百七十七兩一錢五分五釐二毫
一支起蓋健丁營房屋工料銀一千四百一兩三錢三分九釐四毫
一支修理船臺工料銀七千六百五十八兩四錢八分一釐
一支修理煙筒火爐火溝風溝等項工料銀一萬一千四百九十六兩五錢三分二釐二毫

一支購買各廠機器並合攏添配工料共銀一十二萬三十九兩九錢七分三釐四毫
一支製造各廠機器工料銀五萬四千七百五十七兩九錢六分五釐八毫
一支歲修各廠機器工料銀八千四百六十四兩九錢六分五釐二毫
一支購製各廠所傢伙器具工價銀一十一萬九千六百三十兩九錢八分八毫
一支洋員匠五年九月十八日起至十二年十

二月底止薪費銀八十七萬一千四十三兩
五錢二釐八毫
一支洋員匠路費借支銀五萬六千八百二十
二兩三錢八分一釐八毫
一支洋員匠卹賞銀四千五百六十兩
一支員紳五年十一月十七日起至十三年六
月底止薪水銀八萬五千四百二兩三錢六
分七釐
一支前學堂藝生童五年十二月初一日起至
十三年六月底止贍養飯食共銀二萬五千

二百五十七兩一錢七分四釐九毫
一支後學堂藝生童五年十二月初一日起至
十三年六月底止贍養飯食共銀二萬三百
一兩二錢八分二釐五毫
一支繪事院畫童六年十二月初一日起至十
三年六月底止贍養飯食共銀一萬四千二
百六十七兩四錢三毫
一支藝徒七年正月二十四日起至十三年六
月底止工食銀四萬九千八百九十四兩七
錢八分

一支前後學堂繪事院藝生童獎賞銀二千八
百六十二兩九錢八分一釐八毫
一支前後學堂繪事院藝圃書籍器具價值銀
七千五百六十六兩六錢六分三釐四毫
一支書役五年十一月十七日起至十三年六
月底止工伙銀一萬一千九十六兩八分二
毫
一支心紅紙張銀一千一百五十兩四錢三分
三釐四毫
一支油蠟銀一千三百三兩八錢九分九釐九

毫
一支通事八年正月十九日起至十二年十二
月底止工伙銀五千五百二十五兩一錢
一支健丁六年十月十三日起至十三年六月
底止辛糧銀四萬四千四百九兩五錢
一支看管船槽匠丁九年十月初一日起至十
三年六月底止工食雜費共銀一萬一千四
百一十五兩四錢八分
一支廣儲所盤運料件運夫六年九月初一日
起至十三年六月底止口糧銀一萬八千三

百二十三兩
一支儲材所運送木料排工七年正月十一日起至十三年六月底止口糧銀七千七百一十四兩四錢四分
一支親兵六年六月二十五日起至十年二月二十九日止口糧銀一萬三千八百五十六兩一錢一分三釐三毫
一支臺灣東澳采辦木料局護勇六年七月初一日起至九年八月二十八日止口糧銀三千四百五十三兩
一支親兵護勇旗械號衣工價銀三百七十七兩五錢五分二釐二毫
一支甯粤厦門各匠暨通事盤費銀二千五百八十三兩四錢九分九毫
一支副監督德克碑采辦教練輪船用飛輪礮價腳銀五千六百七十三兩四分八釐四毫
一支購存用剩銅鐵木料煤斤價腳銀一萬六千一百九十兩六錢八分八釐九毫
一支購存鋼礮價腳銀一萬四千三百二十五兩四錢五分八毫

一墊支養船經費銀一十九萬二千四百五十八兩九錢七分六釐五毫二忽一微
以上共支銀五百三十五萬六千九百四十八兩二錢三分三釐五毫二忽一微
實在
存銀三千六百四十兩二錢八分九釐八毫九絲七忽九微

謹將養船經費自同治六年八月起截至十三
年四月十五日止收支各欵數目開具簡明清
單恭呈
御覽
謹開
舊管
無項
新收
一於同治八年八月起至十三年四月十五日
止先後共收福建稅釐局呈解七年三月起

至十三年正月止征收洋藥票稅銀四十二
萬九千三百七十二兩八錢一分三釐七毫
九絲七忽九微
一收挪用製船經費銀一十九萬二千四百五
十八兩九錢七分六釐五毫二忽一微
以上共收銀六十二萬一千八百三十一兩七
錢九分三毫
開除
一支各號輪船併建威練船七年正月初三日
起至十三年四月十五日止官弁舵水薪費
番銀四十二萬一千七兩九錢九分九釐五
毫每百兩貼水一十兩申銀三十八萬二千
七百三十四兩五錢四分五釐
一支各輪船煤炭價腳銀四萬七千六百七十
八兩四錢三分四毫
一支各輪船藥彈價腳銀二千九百四十二兩
九錢八分四毫
一支水師營六年八月初一日起至十三年四
月十五日止薪費銀八萬七千四百九十五
兩二錢三釐二毫

一支福星練童九年六月初五日起至十一月
十六日止贍養飯食共銀一千二百八十四
兩六錢六分六釐八毫
一支建威練童十年四月初一日起至十三年
四月十五日止贍養飯食共銀一萬五千四
百六十六兩七錢八分三釐一毫
一支駕駛藝童七年正月十九日起至十年三
月底止贍養飯食共銀八千四百一十九兩
四錢四分一釐六毫
一支管輪藝童七年正月十九日起至十三年

四月十五日止贍養飯食共銀一萬九千六百四十六兩七錢七分四釐九毫

一支福星建威並駕駛管輪各藝童獎賞銀六百二十一兩八錢一分八釐二毫

一支駕駛管輪藝童並輪船舵水各項盤費銀四千九十一兩四錢

一支駕駛管輪學堂書籍器具價腳銀二千九百一十二兩五錢一分五釐四毫

一支購修建威練船工料銀二萬八千七百三十兩七錢六分一釐八毫

一支修理萬年清並湄雲福星未撥牛莊臺灣以前各輪船工料銀一萬五千八百六十二兩八錢九分三釐五毫

一支水師營船隻衣旗鎗械工價銀三千九百四十三兩五錢七分六釐

以上共支銀六十二萬一千八百三十一兩七錢九分三毫

實在

無項

船政奏議彙編卷十一終

船政奏議彙編卷十二目錄　　沈葆楨五

船政奏議彙編卷十二　　沈葆楨五

船工動費解款久停請就閩海關籌撥摺

奏為船工續起動費殷繁解款久停工稽料絀懇
恩飭部仍就閩海關迅籌接濟以免曠延恭摺仰祈
聖鑒事竊臣任船政以來奉
旨自同治五年十二月起准於海關六成項下每月撥
銀五萬兩以為經費仰賴
高厚之恩源源接濟俾得祗遵原限船工廠工一律告
成感激之私靡可言罄同治十三年八月初二
日復奉

上諭閩廠准續行興造得力兵船以資利用等因欽此
臣伏讀之下遵即札飭船政提調吳仲翔督率
員匠集料興工開造第十六號一百五十匹馬
力兵船業經
奏明在案辰下十六號之船工程業已大半輪機
水缸一切亦已告成而廠儲木料銅鐵雜件均
已用罄必須分途趕辦輦運來工且所采各件
皆收自遠地深山巨海購致維艱鑪錘斧斤又
需時日必前船一面下水後船一面程材方無
停工待料之虞愈臻駕輕就熟之效儻工程作
輟則廩食虛糜後日應辦之工節節礙手誠非
計也今海關月撥之款以六成項下萬分支絀
解至同治十三年八月分而止經臣文煜將為
難情形
奏明在案十一月二十日奉
上諭船政經費應如何籌畫之處著戶部議奏等因欽
此仰見
聖明洞燭體卹無遺臣何敢再行曉瀆惟是自去年九
月至今四月有餘短解之款已二十餘萬廠內
員匠童徒工役方趕辦工程斷難責令枵腹從

事祗得於臺防經費項下暫行移撥而臺地開
山築壘營餉工料需用繁興又不能挪此而輟
彼進退維谷苦嘆柰何矧現在采鐵采木之貲
鐵脅臥機之購一時均難緩於舉行鉅款紛羅
計窮智絀儻議撥無著之款抑或待挹注於鄰
封微臣力無所施大局必滋貽誤合無籲懇
天恩俯念船政撥款係奉
特旨允准積年遵行成案祗緣續撥之款逐漸增多致
海關入不敷出請
飭部將續款改撥他省原定船政經費仍於閩海關

按月撥解以扶自强之局謹會同大學士一等
恪靖伯陝甘總督臣左宗棠福州將軍臣文煜
閩浙總督臣李鶴年福建巡撫臣王凱泰合詞
恭摺附驛馳陳伏乞
皇太后
皇上聖鑒訓示遵行謹
奏
光緒元年正月三十日拜發奉
旨戶部速議具奏欽此

遣散員匠經費歸入造船項下片
再遣散船政洋員匠經費動支各數目經臣於
同治十三年二月間開單具
奏聲明存銀六百一十四兩四錢六分一釐六毫
嗣洋員日意格補請
賞給二等寶星奉
旨俞允當於此欵動支製給計工價銀二十五兩九錢
三分八釐二毫實存五百八十八兩五錢二分
三釐四毫歸入造船經費項下作收謹附片陳
明伏乞
聖鑒謹
奏
同日拜發奉
旨覽欽此

船政銷案勾稽就緒刻日渡臺摺

奏爲船政銷案勾稽就緒微臣葆楨刻日渡臺恭

摺報明仰祈

聖鑒事竊臣等於同治十三年十二月二十三日業將履勘琅璚形勢並二十四日臣葆楨由輪船內渡稽核船政報銷大數各等因

奏明在案二十四日巳刻臣葆楨由安平登舟展輪風潮尚穩二十五日午刻即抵馬尾工次時已歲暮旋飭在事員紳等將累年以來動費諸欵册檔詳悉勾稽謹另摺開單陳明恭呈

御覽本年正月十九日輪船自臺至接臺灣道夏獻綸等函稱游擊王開俊以獅頭社生番抗不交兇居民不堪其擾呼籲請兵於正月初八日帶同中後左各哨由枋山溪一路蓐食而進寅刻攻破該社將草房焚燒巳刻進攻竹坑該兇番等公然持械抵拒經陣斃數十人始各獸散方謂可以示懲詎該番等預逞狡謀先於社外草間四面設伏我兵以路徑生疏樹木叢雜防不勝防行至七里溪地面密箐中鎗標蠭起蜂擁合圍兵勇等極力衝突傷亡甚多該游擊身受重傷握刀血戰手刃十餘賊直至晡時力盡陣亡哨長周占魁等三員亦同時遇害等語臣等思獅頭社爲鳳山通琅璚之中道前與刺桐腳莊民仇殺累經理諭夜郎自大抗玩不遵茲竟逞其狡鋒戕我官兵傷我良將狉榛之類竟有此頑梗之風若不痛加勦懲何以肅民心而伸

國法除函商淮軍統領唐定奎相機勦辦飭臺灣道遴員接帶該營查明接仗詳細情形各哨勇有無棄將私逃並忠骸下落外臣葆楨擬於拜摺後即隨帶洋鎗利器坐揚武輪船東渡迅速

籌辦兼布置開山建治一切事宜隨時再行

奏聞謹先合詞恭摺由驛六百里馳陳伏乞

皇太后

皇上聖鑒訓示遵行再此摺係臣葆楨主稿合併聲明謹

奏

光緒元年正月三十日拜發奉

旨另有旨欽此

委蔡國祥駐揚武督操片

再閩廠新製兵輪船均經分配礮械增設勇丁尤須隨時訓練方足以資得力前由臣等奏派署水師提督羅大春統領嗣該提督赴陸路本任遂難兼顧去年洋務方興專派六船駐紮澎湖朝夕教練究屬一時權宜之計現擬將揚武改爲練船取熟諳西學堪以出洋之藝童萃其中募洋將德勒塞爲總教習以精於鎗礮帆纜洋師二人副之以期日益求精其餘各船除出差外亦隨之合操俾號令畫一惟輪船一日千里或由內洋而外海或由腹地而邊陲非有熟習水務之大員坐鎮船中周歷洋面無以察其勤惰而策其精能不特陸路提督萬難兼顧卽水師提督亦有本衙門及各營汛應辦事件未易遠離且駕駛之才曰熟狎風濤曰精通鎗礮曰曉暢輪機兼備者已難其選而統領尙須於數長之外能正己率屬而後爲所統領者可期有勇知方所以躊躇累年迄未能定局也茲查有記名提督蔡國祥前經大學士臣曾國藩擬派統帶輪船嗣以李泰國違約輪船發還而止曾國藩素有知人之明該提督爲所賞識必非庸庸者比但該提督由長江水師出身外洋情形非試之實境臣等亦未敢深信其能現擬令暫充督練之任俟其周巡海上數月如果於外洋駕駛窾要嫻習精通能誘掖諸藝童咸折節以取西人之長無桀驁以蹈西人之習再奏懇作爲統領以專責成可否之處出自天恩謹會同大學士一等恪靖伯陝甘總督臣左宗棠合詞附片陳明伏乞聖鑒訓示遵行謹奏

光緒元年二月十七日拜發奉

旨著照所請欽此

報明藝童隨日監督出洋片

再臣等於上年十二月初一日附片

奏陳船廠應辦挖土機船輪船鐵脅新式輪機等件請飭洋將日意格歸國采購奉

旨允准當即欽遵辦理本年二月之初臣葆楨東渡臨行以船政月欵停解提分臺餉給日意格西行續經

奏明在案因思前者藝童出洋之舉經臣葆楨恭摺具陳奉

旨飭李鴻章等議覆茲六事之籌未定未敢瀆陳且無巨欵可籌遽難如願惟當此船工續興之後恰日意格西歸之時重洋萬里前導有人生徒等正宜乘便偕行涉歷歐洲開擴耳目既可以印證舊學又可以增長心思所有采辦各件就近先考究其機關到地便不難於安置似非無益而充選者擇之必精庶所費輕而易舉因於前學堂內派出魏瀚陳兆翱陳季同等三人後學堂內派出劉步蟾林泰曾等二人隨同日意格前往游歷英吉利法蘭西等處俟機船鐵脅新機采購既便仍隨日意格同歸謹會同大學士

一等恪靖伯陝甘總督臣左宗棠附片陳明伏乞

聖鑒訓示謹

奏

光緒元年三月十三日拜發

船工告成積年出力員紳請奬摺

奏爲船政告成遵將積年出力員紳將弁藝童匠
徒擇尤併案請
奬緣由恭摺列單仰祈
聖鑒事竊臣葆楨自同治五年間奉
旨勅辦船政仰賴
天恩優渥不惜巨款不搖浮議船工廠工得以依限告
成製造駕駛藉獲著有成效捫心深夜感激莫
名同治九年二月間經臣等
奏請俟輪機勅造就緒懇將中外出力人員擇尤

奬勵奏
旨允准嗣臣葆楨以丁憂交卸致未舉行同治十二年
十月間
奏奬出力洋員洋匠摺內復經申請將中國出力
之員弁工匠一體保奬均蒙
允准在案正在遵照核辦上年五月奉
命巡臺因而中止現在洋防稍定謹細加考覈始固因
事而任人今則因人而考績苟有所効雖小善
不敢沒以仰體
朝廷作養人才之心苟無可錄雖所親不敢濫以
上副
國家愼重名器之意惟船政之勅始較他務爲獨
難其初員匠則中外言語不相通器具皆生平
耳目所未見自一釘之始基至全體之具備其
間朝更夕改瑣碎繁重非筆墨所能陳監工者
顚蹶於嚴風烈日之中從役者體會於意象形
聲之表總辦者於向無章程之事而遞勅章程
學習者於無可尋繹之中而曲爲尋繹未成船
以前司采辦者絕島窮荒衝煙冒瘴既成船以
後練駕駛者濤山浪屋測海占星自始至終時

經十稔無日不聞雞趨役篝火傳餐瘁心力於
機輪視波濤爲衽席雖由熟臻巧尚有待於後
來而應手得心已無需乎借助查各省局務每
二年請奬一次合無仰懇
鴻慈俯念該員弁等無前軌之可循幸成功之有日
且係積年併案保奬如蒙
天恩允准請
飭部毋庸照尋常勞績核減以資觀感而勵將來茲
擇其尤爲出力者開列清單出具考語籲候
天恩其出力稍次者可否由臣等咨部奬敘祇乞

宸裁所有船政積年出力人員併案請奬緣由謹會
同大學士一等恪靖伯陝甘總督臣左宗棠福
州將軍臣文煜閩浙總督臣李鶴年福建巡撫
臣王凱泰合詞恭摺附驛具陳伏乞
皇太后
皇上聖鑒訓示遵行謹
奏
光緒元年五月二十三日拜發軍機大臣奉
旨陳宗濂等均著照所請奬勵餘依議該部知道單
併發欽此

船政在工病故各員請卹片

再船政歷年在工員弁積勞病故者計有三品
銜福建補用知府黃維煊五品銜刑部七品小
京官江滙同知銜候選縣丞鄭虞江蘇候補縣
丞補缺後知縣沈爾綏德化縣學訓導王沂舉
人孟宗湜廩生高桐生員葉景淞監生陳承曾
補用都司劉國泰十員其冒險殞身者有五品
軍功差弁陳炳金一員黃維煊熟悉洋情聯絡
中外慷慨任事出力有年可否請照知府軍營
立功後病故例從優議卹江滙鄭虞王沂可否

均以原官照軍營立功後病故例議卹沈爾綏
孟宗湜可否均照知縣軍營立功後病故例議
卹生員葉景淞精熟製造力疾從公可否照從
九品軍營立功後病故例從優議卹廩生高桐
監生陳承曾可否均照從九品軍營立功後病
故例議卹補用都司劉國泰涉歷窮島采辦洋
木繼復管駕輪船出力尤多可否照都司軍營
立功後病故例從優議卹五品軍功差弁陳炳
金于役暹羅因山水夤夜陡漲搶護木料漂流
入海而歿尤堪憫惻可否照把總陣亡例從優

議卹以慰幽魂謹合詞附片陳明伏乞
聖鑒訓示遵行謹
奏
同日拜發軍機大臣奉
旨黃維煊等均着照所請交部分別議卹欽此

十六號船下水十七號開工片
再據船政提調吳仲翔報稱第十六號元凱輪船上年十月杪安上龍骨後即朝夕趕工現在船身輪機一律告竣已於五月初一日下水具臻穩善計六月即可試洋其第十七號本擬續造百五十匹馬力兵船因暹羅鸞木未齊無從動手各藝生獻所自繪五十四馬力機器圖船圖禀請試造亦於是日安上龍骨輪機水缸圖係藝生汪喬年所測算船圖則藝生吳德章羅臻祿游學詩所測算並無藍本獨出心裁該生

既各竭其苦思臣等亦藉是以覘其悟境謹俟完工之後果能駕駛靈捷臣當再擬船名敬候
欽定謹合詞附片陳明伏乞
聖鑒謹
奏
同日拜發軍機大臣奉
旨知道了欽此

請撥四成洋稅摺

奏爲船政需費萬緊海關六成無款可撥籲懇
天恩俯念事關自强大局准撥四成洋稅以濟燃眉
恭摺瀝陳仰祈
聖鑒事竊臣於同治十三年八月初二日奉
上諭閩廠准續行興造得力兵船以資利用等因欽此
遵卽分途趕辦木煤銅鐵等料加緊課工詎九
月以後海關以六成入不敷出遂將船政月款
停解經臣奏懇
飭部將閩海關續欵改撥原定船政經費仍按月撥
解並聲明短解之欵於臺防經費項下暫行挪
墊在案旋經部議請
旨飭下福州將軍迅將輪船經費在六成項下按月
如數撥解以顧要工上年短解二十餘萬亦卽
隨時補解以清移撥之欵奉
旨依議欽此臣伏讀之下感極涕零敢不黽勉圖功
以上副
朝廷自强之至意乃每月函催三四次臣文煜極
力挪湊閱時三箇月分爲四次僅解十萬兩至
去年十月而止臣之奉

命巡臺也以船政本臣所辦故未設後路糧台凡臺灣
應由內地采購之件兌發之欵卽以船政局員
兼理近者臺防餉源日絀不特萬難再事挪墊
而采購之件兌發之欵必逐漸清償春季尙可
向銀號錢庄籌借指茶季關欵坐扣今則茶季
最旺之月失信於人人亦咸知船政此後無可
指之欵雖欲不失信而不可得而籌借之路絕
矣入夏南風司令去年定辦各料絡繹到工此
時雖欠解之四十萬兩源源而來亦僅足敷周
轉斷不能稍有贏餘昨准臣文煜覆書閩海關
歲征銀約二百三十萬六成約銀百四十萬奉
提京餉五十七萬
萬年吉地十萬應解部庫墊欵十三萬有奇陝西出關
餉運十萬福廈司稅辛俸十二萬部庫加平飯
銀滙費撥補常稅支銷等項十三萬有奇此必
不可緩者約銀百一十六萬所存僅二十四萬
應匀撥輪船經費六十萬雷正綰餉二十四萬
奉省捕盜餉二萬計不敷銀六十二萬卽使將
二十四萬全數解歸船政亦所短甚鉅惟四成
項下可餘銀四十萬原奏部文不准截留第船

政要需斷難貽誤應請將所餘四成儘數撥抵
不敷者仍由六成匀撥方有實濟函商會奏前
來臣四顧茫然深慮決裂臣卽不顧大局擅議
停工而已定之料已用之工當刻日清償亦須
鉅欵況
宵旰焦勞惓惓南顧而臣子只圖自便棄垂成之緒
墮未竟之功清夜捫心何以上對
君父惟有仰懇
天恩逾格俯念事關自强大局
准將閩海關所餘四成洋稅儘數撥抵船費不足者
再由六成匀撥俾符原數以濟要工明知不准
截留四成部臣特為海防護惜命脈第船政與
海防相表裏若船政半途而廢則海防並無一
簣之基不得不竭其狂愚冒昧干瀆謹會同大
學士一等恪靖伯陝甘總督臣左宗棠福州將
軍臣文煜閩浙總督臣李鶴年福建巡撫臣王
凱泰合詞恭摺馳陳伏乞
皇太后
皇上聖鑒訓示遵行不勝惶悚待命之至謹
奏

光緒元年六月十八日拜發奉
旨該衙門速議具奏欽此

會籌船政晉人候
旨盤交赴任摺
奏爲會籌船政晉人候
旨盤交遵赴新任恭摺馳陳仰祈
聖鑒事竊臣於本年八月初一日承准軍機大臣密
寄七月十四日奉
上諭臺郡事宜漸次就緒沈葆楨交代清楚即行前
赴新任籌辦海防毋庸來京陛見等因欽此伏念
臣以樗朽之質膺艱鉅之投疊奉
恩綸自容無地瀝情上籲

慰勉有加尙冀瞻覲
天顏面申忱悃抑或
機宜密授得所遵循茲奉前因仰思
宵旰焦勞何敢更爲再三之瀆計惟有遵
旨速赴新任竭蹶襄事以待
朝廷徐擇賢能而區區下私所不能釋然者則以
船政一端挪之甚難墮之甚易名則爲觀成之
有日實不過一簣之始基儻非精益求精恐前
此數百萬
帑金盡歸虛擲得其人則恢之彌廣日進無疆失
其人雖欲循前軌而守成規有所不可得臣在
臺時已與臣凱泰晰夕晤商十餘次自七月二
十一日
奏報起程後二十二日開駛是晚寄椗澎湖二十
三日登岸查閱礮臺工程甫及七成修築尙均
牢固閱畢起椗二十四日到工將積牘稍事清
釐二十七日到省與臣文煜臣鶴年晤商船政
交代咸以爲無逾於前署廣東巡撫現任福建
按察使郭嵩燾者詢謀僉同與臣凱泰所見若
合符節郭嵩燾學問經濟十倍於臣人人知之

而忠愛肫摯之忱尤臣久所佩服日來慮已苦
心以講求洋務所見益深惟船政責重緒繁且
時有關涉中外事件必躬親諦審以威望坐鎮
其間臬司礙難兼顧合無仰懇
天恩逾格俯念船政關海防大局可否
准將郭嵩燾臬司開缺
賞給卿銜督理船政俾得專摺奏事以肅中外之觀
聽而期呼應之靈通臣一面飭各廠員紳將現
存物料敘造簡明清冊並將臣經手未完事件
及採辦欠發欵項逐一清查開具節略如奉

俞旨即可以次點交愚昧之見深恐無當謹會同大
學士一等恪靖伯陝甘總督臣左宗棠福州將
軍臣文煜閩浙總督臣李鶴年福建巡撫臣王
凱泰恭摺由驛六百里馳陳伏乞
皇太后
皇上聖鑒訓示不勝惶悚待命之至謹
奏
光緒元年八月初八日拜發奉
旨另有旨欽此

十六號船試洋十八號興工片
再據船政提調吳仲翔報稱第十六號百五十
匹馬力元凱輪船於本年六月二十八日工竣
在本港試輪七月初五日出五虎口試洋旋於
二十日駛到臺灣安平載臣葆楨內渡發軔之
始即涉橫洋船身完固輪機靈捷與伏波等前
准浙江巡撫楊昌濬函稱浙洋輪船不敷調遣
尙須添派今擬增撥元凱一船與之其船上礮
位業安配三尊因關款欠解甚多所有應配邊
礮六尊無從購辦應歸浙省自行補足用資扞
備十七號船身過半而機器未備十八號仍做
百五十匹馬力兵船業於本年六月十九日安
上龍骨現正昕夕趕工十七號擬名之曰藝新
十八號擬名之曰登瀛洲以資號召是否有當
之處附片陳明伏乞
聖鑒訓示謹
奏
同日拜發奉
旨知道了欽此

請改派接辦船政摺

奏爲船政需人甚急改請
欽派重臣接辦並懇
飭由海道南來俾臣得以迅速盤交遵
旨赴任恭摺馳陳仰祈
聖鑒事竊臣於本月初八日業將船政請
派郭嵩燾接辦緣由
奏明在案初九日准大學士直隸總督李鴻章密
咨知郭嵩燾已奉出使英國之
命勢不能爲船政中止而船政關係海防根柢斷不

容不愼擇其人非無熟悉工程結實可靠者然
能恪守成法恐未能式廓前規且當經費支絀
動輒掣肘之時非有卓絕之才識老成之資望
能於萬難中出新意以經緯之者不足爲
國家鞏持久之基而收自强之效臣思維再四計
惟有北洋幫辦大臣丁日昌果毅精明不避嫌
怨近日講求洋務罕出其右者可否仰懇
聖恩准派丁日昌督辦船政該大臣必能恢此遠謨
爲南北洋生色臣因陋就簡負疚於心者有年
亦急待丁日昌之精思密慮補臣之闕至北洋
幫辦原係鉅任然李鴻章莅事日久綱舉目張
似可無煩藉助且天津與福建雖遠隔數千里
而海道五六日可通船政如得其人南北洋均
藉以聯氣脈是於幫辦之任正相成而不相妨
近聞丁日昌因病思歸想水土異宜所致閩粵
接壤冷煖差同該大臣亦可藉是調攝其躬爲
國家更膺非常之任冒昧之見是否有當謹會同
大學士一等恪靖伯陝甘總督臣左宗棠福州
將軍臣文煜閩浙總督臣李鶴年福建巡撫臣
王凱泰恭摺由輪船駛赴天津發驛六百里馳

遞如蒙
俞允應請
飭下丁日昌卽坐遞摺輪船由海道來閩俾臣得以
迅速盤交卽赴新任伏乞
皇太后
皇上聖鑒訓示不勝惶悚待命之至謹
奏

光緒元年八月十八日拜發奉
旨另有旨欽此

船政欠款請補籌足額摺

奏爲船政欠欵懇
恩飭閩海關查照部議補籌足額以後六成洋稅先儘船政按月解濟勿因他欵挪動以固海防之基恭摺馳陳仰祈
聖鑒事竊臣准戶部咨本部會同總理衙門議覆船廠經費不敷請撥用四成洋稅一摺奉
旨依議欽此查原奏以製造輪船與海防相爲維繫旣據該大臣稱用欵艱難應即准如所請將四成項下餘銀四十萬兩儘數撥歸船政將七月

以後續征四成洋稅提撥四十萬兩解還部庫以清界限嗣後船政經費仍遵原定章程由閩海關六成項下每月撥解銀五萬兩以符奏案等因旋准福州將軍臣文煜咨稱七月以前存銀堪以查照部案撥解輪船經費皆僅只十五萬兩並卽隨文咨解前來伏念船政月欵自去年九月停解今年四月以後陸續彌補二十萬兩僅敷去年十二月而止茲遵撥四成十五萬兩亦僅敷今年三月而止而船政懸欵如日意格采辦之鐵脅全副新式輪機兩副挖土大機船一號牛價十餘萬元南洋采辦木料未到者又十餘萬元挪用巡臺經費逐月補還外尚十餘萬兩如果部撥六月以前四成之四十萬兩儘歸船政閩海關固當遵照部議提七月以後四成四十萬兩補解部庫今六月以前存銀僅十五萬兩則是舊存之二十五萬兩業經先期解部自當提七月以後之四十萬兩以十五萬兩補解部庫而以二十五萬兩交還船政方與部議相符而船政自本年五月至八月欵項始有著落大局不致決裂其九月以後旣照原定

章程於六成項下每月撥解五萬兩應懇
飭下閩海關先儘船政籌解所餘再撥京協各餉庶幾月欵不至子虛接辦者方得所藉手臣交卸在卽而嘵嘵不已於
君父之前者誠以海防始基不容中廢按月有欵而後可次第責其成功區區下私是否有當謹會同大學士一等恪靖伯陝甘總督臣左宗棠福州將軍臣文煜閩浙總督臣李鶴年福建巡撫臣王凱泰恭摺附輪船至滬發驛六百里馳陳伏乞

皇太后
皇上聖鑒訓示不勝戰慄屏營之至謹
奏
光緒元年八月二十九日拜發

報起程馳赴江督新任摺
奏爲遵
旨卽赴新任恭摺馳報起程日期仰祈
聖鑒事竊臣承准軍機大臣字寄光緒元年九月初
二日奉
上諭船政事宜沈葆楨卽交李鶴年等暫行兼顧督
率道員吳仲翔一手經理俟丁日昌到閩後再行
交代並著沈葆楨卽起程前赴兩江新任等因欽
此仰見
聖主愼重海防之至意循誦再四感悚交并伏念船
政經費萬難經臣屢次縷陳在案吳仲翔工程
熟悉廉正樸誠任勞任怨此臣所素信者儻費
無所出課虛責有不特非一道員所能爲力卽
丁日昌到閩後亦斷不能以空拳赤手從事其
間兩江責重事繁
宵旰憂勤惓惓南顧臣何敢藉船政籌欵爲口實稍
事遷延惟是事關自强中外屬耳目焉若半途
而廢則大局全隳伏懇
天恩飭下將軍督撫臣設法支持視如家事舊欠者
彌補足額按月者解濟如期俾丁日昌得以展

其所長補臣積年固陋之愆曷勝幸甚臣擬於
十月初一日乘輪船由海道入江遵
旨赴任合將起程日期由驛五百里馳報以冀上慰
皇太后
慈廑伏乞
皇上聖鑒訓示謹
奏
光緒元年九月二十八日拜發

振威管駕守備黎家本積勞病故請　飭部議
卹片
再管駕振威輪船五品軍功留閩儘先守備黎
家本自同治元年選充駕駛學生十年派在建
威船上練習風濤頗悟精進膽智過人十二年
閏六月充長勝大副十三年六月調振威大副
九月管駕長勝輪船本年五月調管振威輪船
來往臺灣口岸運解軍火濟渡各軍冒險衝濤
刻期無悞遽於本年八月二十日積勞病故殊
堪憫惻合無仰懇
天恩飭部以原官照軍營立功後病故例從優議恤
以慰幽魂謹合詞附片陳明伏乞
聖鑒謹
奏
同日拜發奉
旨黎家本著以原官照軍營立功後病故例從優議
卹欽此

船政奏議彙編卷十二終

船政奏議彙編卷十三目錄

船政奏議彙編卷十三

蒞工任事叩謝　丁日昌
天恩摺

奏爲微臣行抵工次任事叩謝
天恩恭摺馳陳仰祈
聖鑒事竊臣於九月初三日在天津欽奉
上諭閩廠船政關繫緊要丁日昌現擬力疾起程即
著禀遵前旨迅速到閩等因欽此仰見
聖主慎重鉅工曷勝欽感臣當於九月初六日在津由運河動身途中丁寶楨函約到山東商辦海防躭擱一日兼之沿途醫藥稍有延滯於九月二十八日行抵上海聞沈葆楨到滬在即當在上海守候十月初七日沈葆楨行抵上海經將一切船政事宜畧談大概臣因途中躭延過久焦急萬分仍改由海道乘輪船南下初八日開輪十一日行抵福建馬尾工次由船政提調呈送木質關防一顆臣當於十月十二日恭設香案望
闕叩謝
天恩敬謹任事伏念臣賦質愚戆於工程製造等事

本末窺見一斑仰蒙
聖慈優加策勵謹當力疾圖報稍効涓埃所幸該廠
規模皆由沈葆楨以不計成敗利鈍之赤忱創
此絶無僅有之事業船政提調吴仲翔一腔血
誠不避嫌怨前爲沈葆楨所倚信現更爲局中
必不可少之人敬遵前奉
諭旨督率吴仲翔一手經理其廠內一切程規均率
由舊章無所用其交盤更改臣仍隨時認眞講
求儻有一知半解容再愼發徐圖以求盡美盡
善所有微臣行抵工次任事叩謝

天恩緣由謹專摺由驛馳陳伏乞
皇太后
皇上聖鑒訓示謹
奏
光緒元年十月十五日拜發奉
旨知道了欽此

船政需款即擬晉省會商籌撥片
再臣到工後欽奉九月十八日
寄諭船政刻下需款甚殷沈葆楨等請提七月以後
之四十萬兩以十五萬兩補解部庫以二十五萬
兩交還船政以符四十萬兩之數即著照所議辦
理嗣後六成項下每月應解之五萬兩著文煜先
儘籌解毋稍延緩致誤要需等因欽此仰見
聖慈權衡緩急愼重海防伏讀之餘無任感涕伏查
船政經費近來支絀異常如泉之無源如木之
無根業經沈葆楨據實呼籲早在

聖明洞鑒之中此次欽奉
恩旨飭該關先儘籌解文煜公忠體
國素顧大局苟力可從心想無不隨時籌措以應
急需臣本擬日間晉省與文煜李鶴年王凱泰
等面商籌款事宜因在輪船嘔吐過甚舊證復
發現擬趕緊醫藥一俟稍爲痊可即當晉省會
商一切目前籌款本屬萬分艱難臣於工程一
事茫無把握深恐費一文未能得一文之用無
以上釋
慈廑下收實效傍徨輾轉坐立不安且臣向來求治

過急尤恐蹈欲速不達或致紛更之弊際此時
事多艱不得不以慎重出之仰祈
聖慈隨時訓示俾得有所遵循庶可餉不虛糜功歸
實濟所有欽奉
諭旨即擬晉省會商緣由謹附片馳陳伏乞
聖鑒謹
奏
同日拜發奉
旨知道了欽此

養船經費不敷請飭歸地方官設籌支應摺
奏爲養船經費不敷請
旨飭歸地方官設籌支應以全大局恭摺仰祈
聖鑒事竊照前因閩廠新造輪船先後下水年需養
船經費無可動撥經前撫臣卞寶第會摺
奏請將同治七年三月以後閩省續征洋藥票稅
之款撥作養船經費奉部議准臣葆楨去年奉
命巡臺當以閩廠輪船因海防緊要均調臺灣差遣
此後臺防應辦之事非可以歲月計所有經費
宜向臺防領支
奏請自同治十三年四月十六日起將所撥養船
經費併入臺防項下其各船薪糧亦歸入臺防
項下支銷奉
旨該衙門知道欽此計自去年四月十六日起截至
現在止僅據稅釐局先後批解船政衙門洋藥
票稅正項銀九萬八千二十九兩零而各船之
調供臺灣差使者除飛雲伏波仍歸各該省支
給外其萬年清等船截至去年底止已由船政
衙門支銷番銀九萬七千八百五十兩零此外
尚有建威練船鎮海水師營出洋學生贍養各

船煤費修費爲數甚鉅尚未併計在內前此因臺防經費有解存船政衙門者挹彼注茲猶堪敷衍現在臺防本款涓滴無存在工各船並鎮海水師月應支銀一萬三千六百七十三兩零出洋游歷並赴臺繪圖學生贍養月應支銀一百六十九兩零臺灣礮臺洋匠揚武洋教習並日意格等薪水月應支銀四千五百四十一兩零祇此三款年共銀二十二萬六百一十六兩零核計洋藥票稅歷年徵數同治八九兩年尚七八萬兩十年以後則祇六萬兩左右比較支

銷之數不敷二倍有零製船經費自今年六月起至十二月止共欠解三十五萬兩即使掃數解清而應辦之料應還之款正多何能兼顧及此臺灣開路建城一切工程尚未竣事各輪船之運木石糧餉軍火者絡繹不絕又未能將各輪船分撥各省致臺事有所掣肘再四思維惟有仰懇

天恩俯准將養船項下應銷各款統歸地方官設籌支應庶製船與養船之款不致並逼一處臣日昌得以專督製造無顧此失彼之慮微臣幸甚

大局幸甚理合會同大學士一等恪靖伯陝甘總督臣左宗棠福州將軍臣文煜閩浙總督臣李鶴年恭摺附輪船到滬交上海縣由驛四百里馳陳伏乞

皇太后

皇上聖鑒訓示再此摺係臣日昌主稿合併聲明謹

奏

光緒元年十二月初四日拜發奉

上諭沈葆楨丁日昌奏養船經費不敷請歸地方官設籌支應丁日昌奏請收回成命各一摺丁日昌

向來辦事認眞不避嫌怨特畀以福建巡撫重任係屬爲地擇人該撫惟當力任其難將任內應辦事宜隨時整頓並將海防及中外交涉事件會商文煜李鶴年悉心辦理以副委任毋許固辭至地方與船政事難兼顧自係實在情形即著丁日昌會同沈葆楨酌保一二員奏請簡派所有船廠事務責成該員經理仍由該督等隨時稽查以期周妥船政衙門支銷款項甚鉅前撥養船經費不敷應用沈葆楨丁日昌請將養船項下應銷各款統歸地方官籌措支應以免顧此失彼應如何籌畫

欵項寬爲應付之處著文煜沈葆楨李鶴年丁日
昌斟酌情形妥議章程奏明辦理將此由五百里
各諭令知之欽此

鐵脅廠興工片

再製造輪船脅骨必需天然彎木向係運諸南
洋近來該處此木亦少是以泰西各國刱易鐵
脅以濟其窮閩廠前者皆用木脅因購致爲難
沈葆楨爰有鐵脅之議惟此項工程華工未曾
素習不得不取式於外洋因飭日意格西歸在
於法國定造一副帶匠前來鬭合教導匠徒打
造約限一年成功業經沈葆楨
奏明在案惟刱造鐵脅必先蓋廠方堪工作廠中
隙地無多無可另蓋經沈葆楨議將打鐵工程

歸併拉鐵廠其新舊打鐵廠改作鐵脅廠而舊
廠土木之料日久傾敗因往呂宋購運樑棟巨
木現在已報到工並據洋員斯恭塞格繪圖呈
送前來臣即督飭委員於十一月十一日興工
起蓋約計來正可以蕆事至日意格所購鐵脅
並新式省煤立機臥機同挖土機船前據函報
係在法國地中海並英國談士來鐵廠定製自
六月十八日起限六箇月完竣此時瞬將限滿
臣當催其迅速起運以副要工所有鐵脅廠興
工緣由謹會同大學士一等恪靖伯陝甘總督

臣左宗棠兩江總督臣沈葆楨福州將軍臣文
煜閩浙總督臣李鶴年附片陳明伏乞
聖鑒謹
奏
同日拜發奉
旨知道了欽此

恭謝
天恩籲懇收回
成命摺
奏爲恭謝
天恩瀝陳感悚下忱並衰病未能勝任實情籲懇
鴻慈收回
成命恭摺仰祈
聖鑒事竊臣於本年十二月初三日奉
上諭福建巡撫著丁日昌補授欽此當即恭設香案
望
闕叩頭伏念臣嶺嶠荒傖至愚極陋仰荷
高厚生成仍畀海疆重任雖頂踵捐糜豈足仰酬萬
一然聞量而後入者古人所以事君信而後任
者聖門以之自勵荷物者不揣身力幾何而輒
負顛躓之所以即形也操舟者不諳駕駛之法
而輒行傾覆之所以立見也雖際多事之時度德量
湯赴火非臣子所敢辭而當無事之時度德量
力實事理所難已謹將臣不能勝任地方實情
爲我
皇太后

皇上縷晰陳之船政與海防相爲表裏其責任並不輕減於地方臣莅工月餘雖未能盡窺門逕然鉅細必親錙銖必較無一日不巡查各廠評記功過明知內而員弁外而洋匠嘖有煩言嫌臣瑣碎而臣固不敢自安緘默儻能專心致志或可不墜前規天下事非專則萬不能精凡言遙制者皆屬具文沈葆楨之經營臺事也廠中諸務已有不能兼顧之時臣自問才具不如沈葆楨遠甚今若身任地方則廠事即云兼顧必致有貌無神臣病入膏肓深恐先犬馬塡溝壑亦

嘗欲爲

國家預籌一接替船政之人然才優者或望未敷望敷者或才未足際此餉需奇絀幾於赤手空拳尤非泛泛之人所能接手好官非不欲爲而要工未忍中廢臣實自諗才力不及苟爲高掌遠蹠之圖必有顧彼失此之慮此臣才短不能兼任地方之實在情形也臣丁憂後里居頻年去歲仰荷

聖慈宣召病未能行今春驟聞

穆宗毅皇帝賓天之信遂踉蹌北上途中吐血盆餘從此一日數吐或數日一吐今雖多方調理然當公事不能順手或目睹員弁未能盡心便覺肝氣上升嘔吐竟日徹夜不能成寐現值隆冬氣斂猶可力疾從公一交春令木旺土衰即船政猶恐不能勝任况乎巡撫爲刑錢總滙之區更非孱軀所能卧治臣本無肆應之才而又諸事不肯假手於人任蘇撫時年甫四十餘歲數年之間鬚髮盡白尚且於地方毫無裨益今臣精力遠不如前而閩省自撫臣渡臺後案牘壓積之多尤過他處誠恐病軀從事其間不能徹底

淸釐措置一未裕如貽誤誠非淺鮮此臣身病不能兼任地方之實在情形也臣現於公事之餘時近醫藥仰荷

聖主福庇一二年內精力稍健船政接替有人其時予以地方之任必當竭力馳驅即遇臺灣有緊要事件

派臣前往專駐臣用志不紛或亦不致顧彼失此至閩省辦理海防並中外交涉事件臣雖未身任地方謹當遵

旨與文煜李鶴年等隨時會商辦理以慰

慈釐臣了然孤立四顧徬徨荷
聖明非常特達之知恨不粉骨碎身以圖一報惟此
時遽任地方實覺外慙物議內疚神明有不能
不宛轉陳情於
君父之前者合無仰懇
天恩鑒此愚忱收回
成命另簡賢能庶地方得免貽誤微臣亦荷終始
矜全於靡旣矣謹將感激悚懼下忱恭摺附驛馳陳
伏乞
皇太后
皇上聖鑒訓示不勝戰慄屏營之至謹
奏
同日拜發奉
旨另有旨欽此

擬保船政替人恭候
簡派摺
奏爲遵
旨擬保船政替人恭候
簡派仰祈
聖鑒事竊臣等奉
上諭地方與船政事難兼顧自係實在情形即著丁
日昌會同沈葆楨酌保一二員奏請簡派所有船
政事務責成該員經理仍由該督等隨時稽查以
期周妥欽此等因仰荷
聖慈體郵周至臣日昌無任感激涕零伏查船政事
宜不特與海防相爲維繫而且尤與臺灣相爲
表裏船政若稍有掣肘則臺灣諸事不能順手
臣葆楨與臣日昌往返函商皆以爲無逾於二
品頂戴順天府尹吳贊誠布政使銜直隸津海
關道黎兆棠者查吳贊誠深諳算學曾在直隸
督臣李鴻章處管理機器廠數年功歸實用覺
不虛糜李鴻章稱以爲能其前署廣東惠潮道
時臣日昌正丁憂在籍深悉其惠政及民操守
不苟黎兆棠熟悉洋務前署臺灣道張弛得宜

民懷吏畏前年臣葆楨經營臺事時調充營務處籌度軍情悉中肯綮以上二員其才識皆遠過臣等可否於該二員中
簡派一員來閩接辦船政事宜於時局必大有裨益如蒙
俞允並籲懇
天恩飭該員乘坐輪船迅速前來閩廠接手以免曠誤至船政提調二品銜候選道員吳仲翔辦事結實長於理財足膺地方之任臣日昌到省接巡撫印後所有船政款項並日行事件仍交吳仲翔一手經理緊要事件由臣自辦省城距工次不遠新任未到之前臣仍當不時親自赴工督商期臻妥洽所有遵
旨酌保船政替人緣由謹會同福州將軍臣文煜閩浙總督臣李鶴年合詞恭摺由閩省例送會試士子北上輪船之便交天津縣發驛五百里馳陳伏乞
皇太后
皇上聖鑒訓示再此摺係臣日昌主稿合併聲明謹
奏

光緒二年正月十九日拜發奉
旨另有旨欽此

操演輪船片

再貨輪船以裝載轉運爲主兵輪船則以操演爲主去冬湄雲飛雲鎭海等各兵輪船陸續自北省避凍回南原在閩省之萬年清濟安靖遠振威福星等兵輪船均經調集操演其操演帆索鎗礮以萬年清振威爲優操演舢板用槳用帆各欵以濟安爲優操演洋鎗中靶以靖遠振威爲優操演水雷以鎭海爲優除給賞獎勵並分別存記功過外查本廠總監工廣東補用道葉文瀾慷慨好義熟諳西法輪船營務處游擊

吳世忠練習風濤能耐勞苦現飭其會督各兵輪船出五虎門外大洋練習大礮打靶及學習洋人分操合操之法並囑葉文瀾細察吳世忠能否勝輪船統領之任再當分別奏明辦理所有操演輪船情形謹會同福州將軍臣文煜閩浙總督臣李鶴年附片陳明伏乞

聖鑒謹

奏

同日拜發奉

旨知道了欽此

委赴香港招募學生片

再船政前設立前後學堂招致聰慧學生延請精通西人教習製造駛船並英法語言文字用意至爲深遠現在該學生等學業有成者已派充輪船管駕類皆深諳測量經緯以及風潮沙線即西人亦深贊其能其尤精者如張成呂翰等已派在揚武輪船隨同教練洋人前赴日本等處游歷以增膽識而擴見聞惟後學堂學生除入揚武輪船並經洋將日意格帶往英法各國游歷外現在均係新選幼童僅習伊唔難冀

其卽能升堂入室查現在輪船數目日增若非由學堂造就管駕之才諳練天文算學各事則一出大洋便茫無津涯豈能與西人並駕齊驅決勝頃刻從前張成呂翰等皆由香港英國學堂招集而來蓋緣該學生在彼先已肄習數年近朱者赤變化更易爲力臣日昌現在札飭熟悉洋務之知府銜分發同知唐廷樞同知銜黃達權前往香港英國學堂挑選學業可造之學生四十名俟其到廠卽派歸後學堂趕緊學習天文算學駕駛諸法仍一面延請諳通西人認

參操防不力之總兵革職片

奏爲特參操防不力之總兵請
旨革職以肅軍律恭摺仰祈
聖鑒事竊船政設有福靖新後老後兩營練勇計共一千人按月給餉原冀其認眞操演練一兵得一兵之用詎意統帶營官記名總兵王正道懶惰性成平日全不以訓練操演爲事臣前親往閱操見該勇丁步伐全不整齊放鎗全不如式親詢該勇丁名姓極多與號衣內所書之名姓不符當於十一月間從寬將該營官記大過三

次並飭其此後如能認眞即可將功補過乃該營官仍不激發天良當早晚操演時勇丁總不足數今年正月訪聞該勇私行逃去數名尤爲可恨並據幫帶參將李忠元訐該營官從前有五月一簽口糧利其截曠銀兩情事雖尚訊無實據而勇丁操練不能認眞則已彰彰在人耳目且臺防前此購存洋藥一萬餘桶封存庫中由該營官派兵看守昨經查明火藥受潮竟有二三千桶之多雖海邊濕氣較重一經夏雨連旬百物無不蒸變情節亦尚可原然該營官防護不愼亦難辭咎現經將受潮火藥飭令廠員查驗能否重新改製不致全行廢棄之處另行辦理並商明督臣李鶴年另選候補參將佘致廷前往該營接管飭令認眞操演外理合據實參劾伏乞
天恩飭部將記名總兵王正道即行革職以爲操防不力者戒是否有當伏候
聖裁所有特參操防不力之總兵緣由謹會同兩江總督臣沈葆楨福州將軍臣文煜閩浙總督臣李鶴年恭摺由輪船交天津縣發驛五百里馳

陳伏乞
皇太后
皇上聖鑒訓示謹
奏

光緒二年正月十九日拜發奉
旨王正道著即革職該部知道欽此

擾亂營規之參將李忠元以都司降補片

再據營官王正道禀稱正月十三日正在教場督操有幫帶新後營副將銜留閩儘先補用參將李忠元酗酒毆罵擾亂操規李忠元亦訐該營官行兇毆辱情形除王正道已另摺奏參外查李忠元擾亂營規亦有應得之咎合無籲懇

天恩飭部將副將銜留閩儘先參將李忠元以都司

降補以示懲儆之處出自

聖裁謹會同兩江總督臣沈葆楨福州將軍臣文煜

閩浙總督臣李鶴年附片陳明伏乞

聖鑒訓示謹

奏

同日拜發奉

旨著照所請該部知道欽此

就署起蓋銀庫片

再閩海關撥解造船經費當船政經始之時草昧初開規模未備所有現銀不能不暫寄錢莊以便隨時提用現在船工告成擬就船政衙門隙地起蓋銀庫俾便庋藏以昭愼重理合會同兩江總督臣沈葆楨福州將軍臣文煜閩浙總

督臣李鶴年合詞附片陳明伏乞

聖鑒謹

奏

同日拜發奉

旨知道了欽此

道員父子因公遇難請卹摺

奏爲道員父子因公遇難偉節可風籲請
天恩分別
俯賜旌卹恭摺仰祈
聖鑒事竊臣接據鹽運使銜江蘇補用道李光熙之家屬李孟庚稟稱竊身堂叔李光熙廣東嘉應州人上年春間在揚州差次丁親母憂八月間扶柩南旋行抵上海因聞輪船近多失事已擬改道由陸適接奉札委順往香港地方訪購造船桅木因决意附搭輪船將母柩回籍寄頓後

再赴香港購料十月十二日行抵南澳洋面輪船誤觸礁石頃刻損破船上人等紛紛跳往舢板逃生時有熟識水手援救身叔李光熙而李光熙抱柩哀號不願再生其子提舉銜補用運判李培清已爲水手援上舢板因望見其父李光熙抱柩浮沈水中仍卽跳入洪波計眷屬親友僕從共十六人沈沒者十五人僅身一人奉堂叔李光熙諭令逃出報信並聲稱母柩沈沒無顏在世等語身由舢板行至汕頭旋據漁戶將堂叔祖母之柩撈獲而堂叔等十五人之屍骸則至今尙未尋獲合併聲明等情前來臣伏查道員李光熙服官蘇省爲守俱優前在張國樑處當差屢著勞績張國樑甚倚任之臣文煜臣日昌在江蘇時先後委以差使均能實心辦事上年春間李鴻章擬派充當營務處旋因該員丁憂而止臣到上海時因聞船廠缺少桅木該員正在上海飭令順往香港詢訪價値一面采辦並力勸改由海道起程與臣均於十月初八日分搭輪船詎臣於十一日到閩旋聞該員卽於十二日遇難當輪船觸礁時水手援上舢

板本可逃生而該員捨命殉母其子李培清又捨命殉父眷口親友僕從十餘人均皆相隨沈沒竟無一人願上舢板者聞信之下不禁惻然傷之若非該員平日結實可靠臣斷不委以香港訪購木料差使若非委派香港訪購木料差使該員斷不改由海道以致全家遭此大刼雖取義成仁在該員當無遺憾而移忠作孝其偉節可振頹風合無仰懇
天恩俯念運使銜道員李光熙奉差遇險以身殉母提舉銜運判李培清復以身殉父大節均屬凜

然可否
飭部分別從優旌卹之處恭候
聖裁謹將道員因公遇難偉節可風緣由會同兩江
總督臣沈葆楨福州將軍臣文煜閩浙總督臣
李鶴年恭摺由驛附陳伏乞
皇太后
皇上聖鑒訓示謹
奏
光緒二年正月十九日拜發奉
旨著照所請該部知道欽此

遵
旨赴任謝
恩摺
奏爲微臣遵
旨赴任恭謝
天恩仰祈
聖鑒事竊臣於光緒二年正月十一日奉
上諭丁日昌向來辦事認眞不避嫌怨特畀以福建
巡撫重任係屬爲地擇人該撫惟當力任其難將
任內應辦事宜隨時整頓並將海防及中外交涉
事件會商文煜李鶴年悉心辦理以副委任毋許
固辭欽此等因當即恭設香案望
闕叩頭伏念臣薄植菲才至愚極陋仰荷
聖慈因材器使委曲成全捧讀
溫綸不覺感激流涕而不能自已也草木異類尙爾
向陽犬馬無知猶思報主臣何人斯渥受
天恩至於此極雖病體自交春以來愈加沈劇然延
一日之殘喘必當盡一日之涓埃斷不敢延宕
推諉致曠職守至臣新承
恩命例應聲請入覲

天顔惟巡撫印信封存司庫帀月所有積牘自去年五月故撫臣王凱泰渡臺之後久未清理本年三月初間又須提辦秋審臣不敢拘泥成例致誤事機擬將船政經手事宜畧爲部署卽當晉省接印一俟整頓稍有頭緒再當趨叩

闕廷親承

訓誨以免隕越是否有當伏候

聖裁謹將微臣感謝下忱並先行受事情形恭摺附

驛馳陳伏乞

皇太后

皇上聖鑒訓示謹

奏

光緒二年正月十九日拜發奉

旨知道了欽此

再延請教習嘉樂爾來工教導片

再臣派員前往香港英國學堂挑選學生四十名來廠學習並擬延請西人認眞教習業經

奏明在案查從前後學堂本有兩項教習一係駕駛一係管輪其充駕駛教習者爲英人嘉樂爾心氣和平循循善誘學生素所悅服同治十二年冬間因屆限滿遣撤回國現飭日意格函招嘉樂爾再行來工並另募管輪老手教習一名查照舊章給予安家路費每月各給辛工銀二百兩約定三年爲限如果教導出力三年限滿給予回費並兩箇月辛工儻不受節制不守規矩或教導不力聽憑撤回所有招募洋教習緣由謹會同兩江總督臣沈葆楨福州將軍臣文煜閩浙總督臣李鶴年附片陳明伏乞

聖鑒謹

奏

光緒二年二月十五日拜發奉

旨知道了欽此

第十七號藝新輪船下水片

再去年夏間因南洋鸞木購辦未齊一百五十匹馬力兵船驟難動工前學堂藝童吳德章羅臻祿游學詩汪喬年等獻所自繪五十匹馬力船身機器各圖禀請試造於五月初一日安上龍骨取名藝新經臣沈葆楨先後奏明在案計自興工後船身則先造樣板機器則先製木模次第趕工迄本年二月杪據船政委員報稱外而舦板內而氣爐輪機一律齊備禀請諏吉下水臣謹擇三月初三日午刻親臨工次督率在事員紳祭告天后江神土神船神乘潮縱江具臻穩善船長自前垂線至後垂線計一十一丈八尺八寸闊自外舦極寬處量應一丈七尺通深一丈五尺一寸喫水深七尺六寸水缸機器均在水線之下辰下當升桅杆繫帆纜安牀爨上煙通配氣管以及髹漆等事一經就緒便可試輪出洋據船政提調儘先選用道吳仲翔具禀請奏前來臣查閩廠自經始迄今共成一十七艘海鏡以下等船雖係工匠放手自造皆仿西人成式唯藝童吳德章等獨出心裁克著成效實中華發軔之始該藝童等果能勇猛用功精進當未可量所有藝新輪船下水緣由謹會同兩江總督臣沈葆楨福州將軍臣文煜閩浙總督臣李鶴年合詞附片陳明伏乞

聖鑒謹

奏

光緒二年四月初十日拜發奉

旨知道了欽此

千總陳世安積勞病故請卹片

再五品軍功儘先千總福建水師提標中營右哨把總陳世安前經臣沈葆楨派委舢板廠當差在工七年始終勤奮本年正月因積勞成疾旋於二月初七日歿於工次殊堪憫惻合無仰懇

天恩

敕部照軍營立功後病故例議卹出自

逾格鴻慈謹會同兩江總督臣沈葆楨福州將軍臣文煜閩浙總督臣李鶴年合詞附片籲陳伏乞

聖鑒謹

奏

同日拜發奉

旨兵部議奏欽此

船政奏議彙編卷十三終

船政奏議彙編卷十四目錄

吳贊誠一

船政奏議彙編卷十四　吳贊誠一

報明船工近日情形摺

奏爲報明船工近日情形恭摺仰祈
聖鑒事竊第十七號五十四馬力藝新輪船本年三月初三日下水第十八號一百五十四馬力登瀛洲輪船去年六月十九日安上龍骨均經沈葆楨丁日昌先後
奏明在案藝新輪船工程一律完竣委千總沈有恆管駕先在塢前試輪閏五月十九日該千總會同製造學生汪喬年吳德章等駛出五虎門

外試洋船身堅固輪機靈捷一時約行四十餘里現飭再就近洋演駕數次期益純熟方出大洋以昭愼重登瀛洲輪船五月杪據船廠委員報稱外而灰艌銅板內而火爐機器均已齊備稟請諏吉下水臣謹擇閏五月初二日祭告
天后江神土神船神乘潮縱江具臻穩善船長自前垂線至後垂線計二十丈四尺四寸闊自外舭極寬處量應三丈三尺五寸戰枰至內龍骨計深一丈六尺五寸船頭喫水一丈一尺船尾喫水一丈三尺現在裝豎桅舵鑲配氣管及備辦零星各項器具一經就緒便可展輪四月間丁日昌以藝新登瀛洲尅期可竣日意格所辦鐵脅一時未到船廠須籌續辦之工因查廠中自製之一百五十四馬力輪機水鍋合攏完楚者已有一副南洋曲木尙可敷用當飭船廠委員趕造第十九號船脅閏五月中旬據報製造齊全臣謹於是月十九日安上龍骨現在木脅一百二節鬪合已竣塞匡插脅及內外舭板可以次第動工臣惟有嚴督在事員紳認眞催趲以期工無曠誤費不虛糜仰答

聖主生成於萬一所有船工近日情形謹會同兩江總督臣沈葆楨福州將軍兼署閩浙總督臣文煜福建巡撫臣丁日昌合詞恭摺由驛四百里具陳伏乞
皇太后
皇上聖鑒訓示謹
奏
光緒二年六月初十日拜發奉
旨知道了欽此

鐵脅廠布置及自製機器酌改省煤新式片

再鐵脅廠本年三月間起蓋已竣鑽牀剪牀及一切火鑪機器亦已布置妥貼因大鑪屋須展拓七間大煙筒須增高丈餘召匠趕造七月初方能蕆事日意格所辦新式卧機立機及鍋鑪兩副閏五月二十九日到工日來召集夫船趕緊起駁以便合攏一俟鐵脅續到便可興工惟廠中自製一百五十匹馬力之輪機耗煤較多緣開廠之初尚未有康邦新式工匠規摹成法祇可駕輕就熟驟難推陳出新現在既能步趨

自應益求精密已將外國原來康邦輪機全圖飭學生分手摹繪陸續發廠製模以資倣造第二十一第二十二等號輪機先已製成未便廢棄臣經飭日意格與洋匠斟酌稍加增改俾可省煤據稱須各添小汽鼓二並汽鼓蓋數事工程尚不甚鉅水鍋則應改製圓筒雖非全式康邦亦可省煤三分之一已飭繪圖趕製一俟製成再督令妥爲裝配以期合用所有鐵脅廠布置及自製輪機酌改省煤新式情形謹會同兩江總督臣沈葆楨福州將軍兼署閩浙總督臣文煜福建巡撫臣丁日昌合詞附片陳明伏乞

聖鑒謹

奏

同日拜發奉

旨知道了欽此

考校學生閲操各船飭募教習片

再臣到工受事後卽親詣學堂畫院考校學生並督帶揚武飛雲濟安等船赴媽祖澳洋面操演鎗礮前學堂學生文筆通達明於製造理法者則以李壽田游學詩羅臻祿吳德章鄭清濂汪喬年爲最畫院學生善於布算繪圖者則以古之誠林滋燥爲最其餘皆有一節足錄若再喫緊用功均屬可造之器後學堂老班學生已上揚武練習在堂者皆年來新招內惟林占熊羅熙祿唐祐許兆箕鄺聰陳燕年等頗得算學

門徑洋教習嘉樂爾業經到工正在課督誦習惟前學堂雖多聰穎之士究竟讀書未多見聞未廣現在出洋之局旣未定議臣擬飭日意格於該國格致學堂中延訪淹通博雅精於氣學重學化學者一二人來工教導一每月給銀二百五十兩一每月給銀二百兩並照舊章給安家來費約定三年爲限如果教導得力三年限滿給予回費暨兩箇月辛工儻不受節制不守規矩或教導不力聽憑撤回以免虛糜各船鎗礮揚武中靶最多飛雲次之濟安又次之而揚武之中靶則水手又不及學生營務處記名總兵吳世忠駕駛精穩堪膺督率之任臣現飭其不時帶同各船出洋操練以期純熟謹會同兩江總督臣沈葆楨福州將軍兼署閩浙總督臣文煜福建巡撫臣丁日昌合詞附片陳明伏乞

聖鑒謹

奏

同日拜發奉

旨知道了欽此

鐵脅船興工並續陳廠務情形摺

奏爲鐵脅船興工並續陳廠務情形恭摺仰祈
聖鑒事竊臣於六月初十日業將船工情形
奏明在案日意格所辦鐵脅六月二十日到工當郎召集夫船起駁上岸七月十五日就第二號船臺先上龍骨套前鬪鯨次脅骨次橫樑次堵板牽板皆鐵片鐵槽所製者密嵌泡釘十三萬餘顆鐵工旣竣而後可施木工廠中試造第二號鐵脅製成各色凡六百餘件按照全船鐵件科計約十分之一康邦卧立機由外洋購來者

業已合攏完好現在模廠自製卧機木模陸續鼓鑄已成者約十分之五查近日泰西各國鐵皮鐵甲諸船機器皆取省煤脅骨則全用鐵學徒工匠果能殫心研究實力規摹一二年後技藝漸熟興造鐵甲當有始基惟鐵脅雖較木脅之料易辦而工程之鉅則較木脅多一倍有零輪機水鍋所需銅鐵料件長短廣狹照從前所辦以備製造舊式者尺寸少有脗合必須另爲購致而經費支絀籌畫維艱所望海關收款可旺按月源源解濟方無停工待料之虞庶收日起有功之效至十九號船內外舦板已上齊全水鍋輪機不日入船鑲配現正趕製龍骨夾鬪鯨套四葉輪及戰枰曲肘等件剋日可以下水挖土船與鐵脅同時報到一俟第一號船臺修竣卽行派匠裝合搗前港道仍前淤塞此船成後逐段開挖輪船出入方期通暢所有鐵脅船興工及廠務情形理合會同兩江總督臣沈葆楨福州將軍兼署閩浙總督臣文煜福建巡撫臣丁日昌由驛四百里馳陳伏乞
皇太后

皇上聖鑒訓示謹
奏
光緒二年九月初七日拜發奉
旨知道了欽此

十八號船調員管駕飭赴金陵差遣片

再登瀛洲下水後經臣督飭廠員昕夕趕工帆桅旗幟及應配器具一律全備調原帶濟安輪船補用都司鄭漁管駕先在塢前試輪七月二十八日駛出媽祖澳試洋船身完固輪機靈捷悉合成法准沈葆楨函請飭赴金陵差遣以固江防臣當飭於八月二十八日展輪惟礮位祇安船頭七十磅螺絲前膛一尊尚有應配邊礮六尊因經費支絀艱於籌辦應由江省自行補足用資捍衛至濟安輪船查有儘先游擊呂文經海道熟悉兼通英語堪以接管理合會同兩江總督臣沈葆楨福州將軍兼署閩浙總督臣文煜福建巡撫臣丁日昌附片陳明伏乞

聖鑒謹

奏

同日拜發奉

旨知道了欽此

調員接辦總監工事務片

再船政總監工廣東遇缺題奏道葉文瀾經臣等奏派前赴臺北開辦煤務現在製造鐵脅工務較繁亟應遴員接理查有按察使銜候選道葉廷眷籍隸廣東才識優長熟悉洋務前任上海縣於中外交涉事件辦理合宜政聲頗著臣等會商飭調該道來工接辦總監工事務以資得力理合會同兩江總督臣沈葆楨福州將軍兼署閩浙總督臣文煜福建巡撫臣丁日昌附片陳明伏乞

聖鑒謹

奏

同日拜發奉

旨知道了欽此

十九號輪船下水並續陳廠工情形摺

奏為第十九號輪船下水並續陳廠工情形恭摺
仰祈
聖鑒事竊臣於六月初十日業將第十九號輪船安
上龍骨
奏明在案十月初旬據船廠委員報稱第十九號船船身灰艌鑲鈐船內輪機水缸船底銅片各工齊備請諏吉下水臣謹擇是月十七日致祭
天后江神土神船神將船推送下水擬名之曰泰安以資號召船長自前垂線至後垂線計二十丈

四尺四寸闊自船舷極寬處量應三丈三尺五寸戰枰至內龍骨計深一丈六尺五寸船前喫水一丈一尺船後喫水一丈三尺辰下趕製桅杆煙筒煤艙銅管並帆纜等工一經就緒便可展輪試洋第一號鐵脅船脅骨及隔堵鐵板已嵌泡釘八萬餘粒外舷已鑲木板二十五行鐵工得十分之八木工得十分之三銀款如能應手工程不致作輟明歲二三月當可下水第二號鐵脅自興工迄今製成內外匡脅骨五百九十餘件內龍骨鐵槽四百九十餘件尚須逐一鑽孔以備合攏更有戰枰樑柱鐵牽脅座等項現亦催督華洋各匠次第製造康邦臥機銅鐵件經輪機廠鉋削已成者共五百三十餘件其大汽鼓泥模已竣不日亦可鼓鑄在事工匠尚能悉心考究勤奮趨公惟獨出心裁創立新法則非工匠所能老班學生現議出洋繼起不可無人臣現選閩童材質聰穎者分送前後兩學堂肄習照章給予贍銀時加課督以期廣植人材為
國家收得人之益理合會同兩江總督臣沈葆楨

福州將軍兼署閩浙總督臣文煜福建巡撫臣丁日昌恭摺由驛四百里馳陳伏乞
皇太后
皇上聖鑒訓示謹
奏
光緒二年十一月二十日拜發奉
旨知道了欽此

製船養船經費兩絀請飭設籌濟應片

再閩廠造船經費向由閩海關於六成洋稅項下按月解銀五萬兩嗣文煜以六成洋稅不敷撥解奏奉

飭部議覆請自光緒二年正月爲始所有船政經費由閩海關六成內月撥銀三萬兩四成內月撥銀二萬兩仍令先儘批解等因奉

旨依議欽此養船經費向在閩省續征洋藥票稅項下撥解支給同治十三年沈葆楨奉

命巡臺閩廠輪船均調赴臺差遣奏請將原撥養船經

費併入臺防項下支銷丁日昌到工後因臺防本欵無存洋藥票稅徵數年來短絀奏請將養船項下應銷各欵統歸地方官設籌支應奉

上諭著文煜沈葆楨李鶴年丁日昌斟酌情形妥議章程奏明辦理等因欽此欽遵各在案核計閩海關應解光緒元年分之欵截至二年三月陸續解過銀四十萬兩按數扣算僅解足八箇月而止其二年分月欵六月以前均照五萬之數解清七八九十等月因六成無銀僅撥四成項下銀八萬兩統計新舊欠解共三十二萬兩養船各欵自丁日昌請由地方官籌支去年十二月起至本年十月底止先後據稅釐局批解番銀十二萬六千餘兩仍歸船政衙門臺防項下作收而在工輪船鎮海水師薪糧出洋游歷赴臺繪圖各學生贍銀揚武洋教習臺灣礮臺洋匠辛費以及礮子銅帽價銀等欵共支發番銀二十三萬六千餘兩計不敷番銀一十一萬餘兩均在造船本欵暫爲挪墊各船修理之費煤炭之費尚不與焉伏查船政月欵祗有此數購買料件出其中華洋匠食出其中學生贍養員役

薪工亦出其中遇有採辦大宗尚須設法騰挪將贏補絀乃一年之中海關欠解十餘萬代墊養船又須十餘萬應籌之工應辦之料勢必因此躭延署督臣文煜撫臣丁日昌皆公忠在抱顧全大局丁日昌曾任船政深知此中爲難斷不致視同隔膜祇緣今歲閩省慘遭水患商情彫敝釐稅短收加以部撥之欵增多以致入不敷出惟船政爲海防根本關係東南大局辰下正在趕辦鐵脅及康邦機器所需木料銅鐵均須分途購運來工不容因所費不貲遂爾中輟

即在船將士衽席風濤責其操防尤未便令其
枵腹臣遲荷
天恩畀以船工重任亟思力求撙節以期功歸實濟
惟是經費必須充裕遇物料價賤時方可預爲
儲積免致零星購買轉被居奇急之則擡價既
須受虧緩之則曠工又滋糜費譬如大賈富商
經營必有厚利窮民小販貿易必少盈餘豈智
不足識不逮哉蓋本厚則利權可自我而操本
薄則盈絀皆由人而定也今船政東挪西貸右
絀左支料價賤則無款可籌料價昂而解款始

到欲圖節費而爲費更增欲速竣工而延工更
甚臣焦思輾轉悚惕彌深惟有仰懇
天恩飭下福州將軍督撫臣遵先儘船政之
旨將造船養船兩款儘先撥解源源接濟其欠解之
欵隨時解清俾無顧此失彼之虞大局幸甚微
臣幸甚理合附片馳陳伏乞
聖鑒訓示謹
奏
同日拜發奉
旨另有旨欽此

學生出洋起程日期摺
奏爲出洋學生起程日期恭摺仰祈
聖鑒事竊閩廠製造駕駛各生徒應派華洋監督帶
同出洋學習經直隸督臣李鴻章於光緒二年
十一月二十九日會摺
奏明奉
旨該衙門知道等因欽此欽遵在案華監督道員李
鳳苞本年正月由滬來工適閩海關稅釐局各
將第一年出洋經費按成撥解前來臣於船政
項下籌款撥湊備足番銀七萬三千五百餘兩

發交該員暨洋監督日意格公同承領該監督
於二月十七日帶同隨員馬建忠文案陳季同
繙譯羅豐祿製造學生鄭清濂羅臻祿李壽田
吳德章梁炳年陳林璋池貞銓楊廉臣林日章
張金生林怡游林慶昇藝徒裘國安陳可會郭
瑞珪劉懋勳駕駛學生劉步蟾林泰曾蔣超英
方伯謙嚴宗光何心川林永升葉祖珪薩鎮冰
黃建勳江懋祉林穎啓等乘坐本廠濟安輪船
開赴香港二十二日由香坐西國公司船放洋
長行該生徒等深知自强之計舍此無可他求

各懷奮發有爲期於窮求洋人秘奥冀備
國家將來驅策雖七萬里長途均皆踴躍就道他
日或能蔚成大器共濟時艱所有出洋學生起
程日期謹會同大學士直隸總督一等伯臣李
鴻章兩江總督臣沈葆楨兼署福州將軍閩浙
總督臣何璟福建巡撫臣丁日昌恭摺由驛四
百里馳陳伏乞
皇太后
皇上聖鑒訓示謹
奏
光緒三年三月十九日拜發奉
旨該衙門知道欽此

撤揚武練船教習調吳鎮管駕操練片
再揚武輪船經沈葆楨改作練船招募洋將三
人教練出洋藝童令提督蔡國祥坐鎮船中暫
充督練之任於光緒元年二月間
奏明在案該船學生現挑出洋者十二人餘分派
各船充當管隊及大二副執事外在船祇五六
人新班各童入學未久遽令上船又覺太驟而
教習辛費月需七百餘金際此欵項萬難自應
力求撙節因將該教習一併裁撤查現管飛雲
輪船營務處記名總兵吳世忠熟習輪船操法
辦事認眞堪以調管揚武仍責成該總兵督率
各船實力操練所遺飛雲輪船委游擊銜都司
呂翰管駕以節經費而期得力理合附片陳明
伏乞
聖鑒訓示謹
奏
同日拜發奉
旨知道了欽此

前赴澎湖校閱各船鎗礮片

再揚武飛雲濟安伏波登瀛洲龍驤虎威等船先經撫臣丁日昌因臺防緊要調赴澎湖駐泊交記名總兵吳世忠督同操練並輪流派赴省廈洋面游巡現准直隸督臣李鴻章咨以赫德所購配三十八噸礮輪船二隻不日即可到閩請於各船員弁中挑選熟手備充管駕臣查各船駐澎日久操練鎗礮當有可觀而礮位較巨之船非精通西法演放有準者難期勝任適濟安輪船巡抵福州海口臣擬即乘坐該船於本

月二十日前赴澎湖校閱各船操演選擇鎗礮較精者留備管駕三十八噸礮輪船以昭慎重一俟事畢即行馳回工次理合附片陳明伏乞

聖鑒謹

奏

同日拜發奉

旨知道了欽此

船政奏議彙編卷十四終

船政奏議彙編卷十五目錄　吳贊誠二

船政奏議彙編卷一目錄　　左宗棠一

年清輪船補用守備周鳳震管駕先於二月初一初四等日在塢前試輪三月二十日駛出芭蕉試洋船身完固輪機靈捷悉合成法日內擬飭赴山東煙臺差遣東省原派飛雲輪船元年十二月間回工修理經丁日昌札留該船管駕官吳世忠辦理營務處改派萬年清船前往嗣據登萊青道龔易圖稟萬年清船身稍長於該處海口不甚相宜請予另調當以泰安船式與飛雲相埒准予互換惟船上應配大礮七尊因經費支絀艱於籌辦已咨由東省自行購備用資捍衛至萬年清船行駛多年機器鍋鑪均應大修現調管駕建勝輪船都司銜千總鄭溥泉酌帶弁勇到船接管俟修理工竣再將舵水人等照額招募足數其建勝輪船委揚武練船未出洋學生把總陳毓淞管駕理合會同兩江總督臣沈葆楨閩浙總督兼署福州將軍臣何璟福建巡撫臣丁日昌合詞恭摺由驛四百里馳陳伏乞

皇太后

皇上聖鑒訓示謹

奏

光緒三年四月十九日拜發奉

旨知道了欽此

哨官龍游清容留閒人住廠玩視工務請
旨革職片
再船廠料物繁多常防偷漏故派哨勇嚴守不
許閒雜人等濶迹其中同治十二年正月間鎮
海營右哨哨官花翎游擊銜留浙補用都司龍
游清迭次容留閒人住宿廠內並給予勇丁號
褂希圖蒙混經沈葆楨查出咨部斥革在案接
准部咨該員花翎游擊銜留浙補用都司由何
案所得且係都司官職應奏明辦理等因檢查
鎮海營前送各哨弁履歷清册內開龍游清籍
隸湖南湘陰咸豐三年投入楚省南勇營効力
歷保守備藍翎因克復常山衢州各郡縣及肅
清浙東一帶出力經前閩浙督臣左宗棠彙保
同治二年九月初八日奉
上諭著以都司留浙儘先補用加游擊銜賞換花翎欽
此該員容留閒人住廠給予號褂以監守之弁
先開踰閑之端實屬玩視工務相應請
旨將花翎游擊銜留浙補用都司龍游清革職以示
懲儆除咨兵部外理合會同兩江總督臣沈葆
楨閩浙總督兼署福州將軍臣何璟福建巡撫

臣丁日昌合詞附片陳明伏乞
聖鑒謹
奏
同日拜發奉
旨龍游清著即革職該部知道欽此

管駕官沈順發積勞病故請卹片

再前管駕萬年淸輪船都司沈順發由華福寶輪船大副調充萬年淸大副拔升管駕歷派天津上海香港臺灣等處巡緝並運送軍火料件供差十載毫無貽誤因寢食風濤蒙犯霜露積勞過甚致成咯血之症二年正月間乞假回籍就醫旋據該船報稱該都司於閏五月十六日病故殊堪憫惻合無仰懇

天恩

敕部將該都司沈順發照軍營立功後病故例議卹

出自

逾格鴻慈謹會同兩江總督臣沈葆楨閩浙總督兼署福州將軍臣何璟福建巡撫臣丁日昌合詞附片陳明伏乞

聖鑒謹

奏

同日拜發奉

旨沈順發著交部照軍營立功後病故例議卹欽此

前赴澎湖校閱槍礮事畢回工片

再臣於三月二十日前赴澎湖校閱各船槍礮業經

奏明在案臣二十一日抵澎當卽調集各船水勇飭令打靶大礮中靶以登瀛洲爲最揚武次之洋槍中靶以揚武爲最登瀛洲次之伏波龍驤虎威等船又次之撫臣丁日昌約臣順道赴臺商榷一切臣以鐵脅船已定期下水亟須校閱畢親自回工照料因約丁日昌來澎會同校閱見其病狀船中難以調養勸令就近回省就醫

並籌商餉事遂偕同內渡於二十六日到工理合附片陳明伏乞

聖鑒謹

奏

同日拜發奉

旨知道了欽此

遵
旨赴臺並船政事宜布置情形摺
奏爲微臣遵
旨赴臺並將船政事宜布置情形恭摺馳陳仰祈
聖鑒事竊臣承准軍機大臣字寄光緒三年三月二
十五日奉
上諭丁日昌奏請假一月回省調理各摺片該撫病
體未痊著賞假一箇月回省調理所有臺灣防務
即著吳贊誠暫行接辦應如何籌畫布置著與何
璟丁日昌籌商妥協次第舉行等因欽此聞

命之下惶恐難名臣前因校閱各船操練親赴澎湖
與丁日昌會晤見其病體難支臣亦以廠工正
緊偕同回省籌商業經附片
奏明在案臣回工後連日晉省與督撫臣會商籌
撥臺營月餉及購辦外洋船礮軍火事宜麤有
端緒仰蒙
聖慈垂念臺防緊要
諭飭微臣暫往接辦臣自應瀝
旨東渡伏念臣才識迂庸未諳時務自辦船政將屆
一年未報涓埃方深悚惕臺防關係東南大局

丁日昌以全力經營苦心規畫大端雖已畢舉
成效尚待徐收更非臣菲材所能稍禆萬一且
邇來船工製造日求其新而經費日見其絀上
年七月間起造鐵脅及康邦輪機洋匠半係新
招工徒皆非素習考究規摹變通增減稍一大
意往往既成復毀工料虛糜不似前此專造舊
式之易循成軌也出洋監督道員李鳳苞暨日
意格西行時臣曾囑一抵法都即校定一千七
百匹馬力巡海快船圖式及應配料件開單趕
寄現接電報該監督及學生等於三月二十四

日抵法之馬塞海口前項圖式清單計日可到
當即起手仿製唯籌工必先籌費而海關月款
元年欠解二十萬兩二年欠解十八萬兩本年
自正月迄今六成項下又新欠十二萬兩雖四
成項下按月撥解二萬兩杯水車薪立見其涸
第一號鐵脅船竭力趲工始克依期下水第二
號所需鐵板銅管各料已由外洋購到者價腳
未能給清船殼應用之楢木因費不應手尚未
購辦度支如此其難雖使聰明才力十倍於臣
者處此亦不免有無米爲炊之慮況臣之闇昧

尤恐顧此遺彼欲速反遲總監工道員葉廷眷因母病未克來工廠中一切事件僅恃提調道員吳仲翔襄理該員熟練工務任事實心深資臂助惟當此工繁費絀措手殊難儻臺防稍鬆臣仍暫回工次往來照料以期慎密李鴻章以所購三十八頓礮鐵船二號日內可到囑臣俟該船抵閩將教習洋人分別去留並配募礮勇核定章程歸併龍驤虎威等船一處操練屆時臣若未能遽回應飭吳仲翔就近稟商督撫臣代爲酌奪撫臣丁日昌素抱公忠力維大局臺

事正有起色若病勢稍減必仍一手經理以收未竟之功臣現將廠事略爲部署即日帶船政關防渡臺應如何籌畫布置當謹遵

諭旨隨時咨商督撫臣妥籌辦理船政尋常公事暫交提調吳仲翔代拆代行緊要事件包封遞臺由臣親自酌辦至製船經費爲目前急需並懇

天恩飭下閩海關按月照數撥解並將新舊欠欵陸續解清以濟要工而全大局除俟抵臺後察看情形隨時馳報外所有微臣赴臺並將船政事宜布置緣由理合恭摺附輪船遞交上海縣由驛四百里馳陳伏乞

皇太后

皇上聖鑒訓示謹

奏

光緒三年四月二十五日拜發奉

旨知道了欽此

鐵脅船出洋並廠務情形摺

奏爲威遠鐵脅船出洋並廠務情形恭摺仰祈
聖鑒事竊臣於本年四月十九日業將威遠鐵脅船
下水緣由
奏明在案八月初旬據船廠委員報稱威遠船上
應需之桅杆帆纜鍋鑪煤艙以及銅管等工一
律配置完竣業就塢前試輪三次堪以定期試
洋當調現帶飛雲輪船儘先都司呂翰過船管
駕擇是月初八日臣力疾登舟親督該駕弁於
十二點鐘升火展輪二點鐘駛至壺江察看船

身堅固機器精良臣因巨浪掀騰病體難支換
坐藝新輪船先回飭呂翰駕出白犬洋面次日
申刻始返據報一分鐘輪轉九十七週順風順
水每閱時約行八十里尚覺穩捷船上應設礮
位七尊經由外洋購辦一俟運到即行安配用
資捍衛第二號鐵脅船於六月十九日安上龍
骨所用脅料由廠自製雖依圖仿樣而工匠等
體認平側裁度繩尺均能力求脗合造於自然
該船需脅一百四十八節逐節製竣現已配上
一百脅有奇尚覺曲中成法所製七百五十匹
省煤臥機一副打鐵鑄鐵兩廠均已竣工輪機
廠磨刮工程得十分之八合攏工程得十分之
五更有立機一副模成起鑄工程計亦得半臣
仍常川分飭趕造以副要工至飛雲輪船改調
現帶振威輪船千總梁梓芳接管振威輪船調
現帶藝新輪船千總沈有恆接管遞遺藝新管
駕查有揚武未出洋學生現充該船大副之千
總許壽山堪以拔令管帶各經分札飭遵所有
威遠鐵脅船出洋並廠務情形理合會同兩江
總督臣沈葆楨閩浙總督兼署福州將軍臣何

璟署理福建巡撫臣葆亨恭摺由驛四百里馳
陳伏乞
皇太后
皇上聖鑒訓示謹
奏
光緒三年八月十三日拜發奉
旨知道了欽此

許道到工派稽查員紳片

再准總理衙門咨稱光緒二年十二月初二日

內閣奉

上諭直隸候補道許鈐身著發往福建船政局差委等因欽此許鈐身遵於本年五月二十七日到工查工次員紳理應常川在廠從前經派道府大員專事稽查設簿登記考其勤惰現在工程仍緊當派許鈐身司稽查員紳之任以昭慎密理合會同兩江總督臣沈葆楨閩浙總督兼署福州將軍臣何璟署理福建巡撫臣葆亨附片陳明伏乞

聖鑒謹

奏

同日拜發奉

旨知道了欽此

千總陳春愷病故請卹片

再五品軍功儘先千總陳春愷在廠充當鑽匠首經沈葆楨於船工告成案內咨部拔獎今職該弁在工十年始終出力今年七月二十三日銜署操作暴病身故實堪憫惻合無仰懇

天恩飭部照軍營立功後病故例從優議卹出自

逾格鴻慈謹會同兩江總督臣沈葆楨閩浙總督兼署福州將軍臣何璟署理福建巡撫臣葆亨附片陳明伏乞

聖鑒謹

奏

同日拜發奉

旨著照所請該部知道欽此

製船養船經費兩絀摺

奏為製船養船經費兩絀請
旨飭下閩海關將軍及督撫臣設法籌解以濟要工
恭摺仰祈
聖鑒事竊本年正月間准福州將軍文煜咨光緒二年十二月初十日奉
上諭船政經費均關緊要必須源源接濟以期毋誤要需著文煜何璟丁日昌酌度情形分別緩急將船政局造船養船兩款儘先撥解毋稍延緩其欠解之款並著隨時解清俾資應用欽此嗣准文煜

咨會六成洋稅撥款遞增
奏懇將船政經費前欠銀兩停緩奉
旨飭議據戶部會同總理衙門議奏閩海關六成洋稅自上年七月至年底止計六箇月共欠船政銀十八萬兩請
飭遵照上年十二月初十日
諭旨隨時解清其自本年正月起應撥四成六成項下船政經費並令月清月款不准再有絲毫蒂欠等因奉
旨依議欽此欽遵各在案仰見
聖主眷念海防慎重要工之至意督臣何璟撫臣丁日昌署撫臣葆亨同抱公忠深知費集始可程功費絀必形棘手祇緣閩省迭遭水患關收減色部撥加多遂致船工月款舊欠者杳無可指新欠者日且遞增核計製船項下元二兩年已欠銀三十八萬兩本年六成應撥者又欠銀一十二萬兩養船項下截至二年十月底止已由製船經費墊發銀一十一萬餘兩自二年十一月起截至本年十二月十七日止各船薪糧等款共支發銀二十六萬餘兩稅釐局先後僅解

銀一十五萬餘兩計又墊發銀十萬餘兩而煤炭之費修船之費不與焉臣查洋面風浪之險無過臺灣且無泊船口岸自防事興各輪船周歷南北兩路行駛已艱迨進軍後山連艘轉運洶湧倍於山前即當乘閒拋停而巨颶怒濤四起衝激或斫椗以避或留火以防顛簸磨盪諸形喫重因而船身易傷帆纜易傷水缸輪機亦易傷幾於無役不修所費工料每船輕則數百金重則萬餘金及數千金不等從前船少而較新今則船多而漸老即如萬年清一船為時最

久均須逐件大修靖海則全換船身兼治機鑪此外各船往往接踵請修日不暇給且船多則多費薪糧多糜煤炭若養船本欵充裕儘可次第設籌無如不敷已多悉取資於製船之項製船本欵贏餘亦得從容兼顧無如自贍弗給更分力於養船之需竭蹶籌維實難措手現在次號鐵脅船工程及半正擬續將前購康邦立機配造成船而木料購自外洋因窘於費未能猝辦海關月欵祗有此數即按期批解亦僅足敷周轉斷不能稍有餘存況欠解者五十萬兩挪

用者又二十餘萬兩前此遇有支絀尚可向銀號錢莊籌借指關欵以歸還邇來商景蕭條且僉知關欠纍纍告貸其誰相信惟船政爲海防根本關繫匪輕儻因費絀工停恐啓外人覬覦之漸臣展轉焦思悚惶彌切查海關四成洋稅項下尚有所贏原應解部光緒元年六月間經沈葆楨以六成解不足數奏請將四成所餘四十萬兩儘數撥濟船費業奉
恩准所有本年六成項下欠解之一十二萬兩惟有
仰懇
天恩逾格
飭下閩海關將軍於四成項下照數撥湊嗣後六成如不及額
准予一律於四成劃解其養船經費並懇
飭下督撫臣設法多籌欠解之欵欽遵前奉
諭旨隨時解清以重舟師而全大局理合由驛四百里馳陳伏乞
皇太后
皇上聖鑒訓示謹
奏

光緒三年十二月十八日拜發奉
旨該衙門速議具奏欽此

派候選道王葆辰接辦總監工片

再候選道葉廷眷經臣於光緒二年九月間
奏調來工接辦總監工在案該員以母老多病不
克遠離具稟辭退未便强留惟日意格已帶學
生出洋幫辦洋員斯恭塞格又已回國廠中洋
匠必須駕馭得人卽各廠船工尤必有提綱挈
領者方期日起有功查有候選道王葆辰在工
十年品學優長工程諳練經沈葆楨於船工告
成案內以該員辦理中外交涉事務操縱得宜
奏請獎敘臣經札委該員接辦總監工以資臂助

而重要工理合會同兩江總督臣沈葆楨閩浙
總督兼署福州將軍臣何璟署理福建巡撫臣
葆亨附片陳明伏乞
聖鑒謹
奏
同日拜發奉
旨知道了欽此

遵
旨籌撥輪船由滬赴津轉運糧米摺

奏爲遵
旨籌撥輪船由滬赴津轉運糧米恭摺仰祈
聖鑒事竊臣承准軍機大臣字寄光緒三年十二月
十七日奉
上諭給事中郭從矩奏稱晉豫兩省待賑孔殷請由
盛京江浙湖廣山東各省招商買米借用官辦輪
船爲之濟運著李鴻章酌度情形咨行辦理所稱
由兩江總督及福建船政大臣各撥輪船一二號

專聽商販運米赴津著沈葆楨吳贊誠妥籌咨商
辦理等因欽此仰見
聖主軫念災黎之至意臣前准直隸督臣李鴻章咨
直境各屬災歉委員赴奉購糧開河必需趕運
商由閩廠酌撥輪船二月間來津轉運並路過
上海詢商招商局如有採辦米石順便裝運赴
津正在籌撥間欽奉
寄諭飭臣等籌商酌辦臣查晉豫賑務方急各省招
徠糧販自以上海爲匯集之區雖各能僱搭洋
輪夾板並招商局船載赴津沽得官辦輪船周

轉無間更賚捷易李鴻章本有順載滬米運津之議自應察酌辦理臣綜計閩廠輪船現共十八隻除分撥奉天直隸山東江浙各省外在閩者十二隻八十匹馬力以下之船艙位過狹不能裝米百五十匹馬力以上者八隻内威遠練船現派學生駕駛赴南洋一帶練習揚武兵船前出外洋久經風浪去冬由澎湖調回察驗機鑪多已損蝕現需上塢大修萬年清飛雲濟安三隻俱係兵船或派巡廈門或赴臺灣南北路差遣均難抽調惟永保海鏡琛航三船係仿商船造法艙位較寬臣與李鴻章沈葆楨函商調派該三船先後駛往上海飭署蘇松太道劉瑞芬招商局總辦道員徐潤查有商販運到糧米待船裝載即交該船順便運津抵津後或撥赴奉省轉運或仍赴上海輪裝均由李鴻章酌核分遣各船口糧由閩給發沿途添購煤炭由津領價現在先將永保略加修整已飭於二月十二日開行海鏡甫自臺回亦須換配帆纜二十日前後續當展輪琛航裝運軍米尚在臺灣後山臣已飭從速駁卸內渡儘月底駛滬應差其

派駐江甯之登瀛洲兵船先經沈葆楨委運鐵路赴臺現准咨商該船差竣仍當旋滬候遣赴津業於二月初九日開駛回滬所有籌撥輪船赴津轉運糧米情形理合會同兩江總督臣沈葆楨福州將軍臣慶春閩浙總督臣何璟署理福建巡撫臣葆亨恭摺由驛四百里馳陳伏乞

皇太后

皇上聖鑒訓示謹

奏

光緒四年二月十六日拜發奉

旨知道了欽此

出洋學生分派練習片

再據出洋監督李鳳苞日意格稟稱赴英學生劉步蟾上馬那杜鐵甲船林泰曾上孛來克珀林鐵甲船蔣超英上狄芬司鐵甲船林穎啓江懋祉同赴西班牙上愛勤考特兵船黃建勳赴美利堅上伯里洛芬兵船均能與泰西將士講求鎗礮水雷及行軍布陣之法嚴宗光方伯謙何心川林永升葉祖珪薩鎮冰等經總教習好士德驗試評定甲乙送入格林尼次官學均習駕駛理法繙譯委員羅豐祿入倫敦之琴士官學習氣學化學及格致之學赴法學生魏瀚陳兆翺鄭清濂陳林璋等入削浦官學梁炳年吳德章楊廉臣李壽田林怡游等入多郎官廠池貞銓張金生林慶昇林日章等入科魯蘇民廠均習製造理法羅臻祿入汕答佃學堂專習礦務隨員馬建忠文案陳季同俱入政治學堂專習交涉律例等事藝徒陳可會入臘孫船廠劉懋勳入馬賽鑄鐵廠裘國安郭瑞珪入馬賽木模廠均習製造技藝各該生徒朝夕觀摩可期精進惟藝徒人數尚少不敷分撥請酌添數名

分習鐵板銅管諸技等情臣查出洋隨員及學生藝徒共三十三人本中華傑出之材收莊嶽數年之益習英學者可期為良將習法學者可望為良工該監督等所稟位置情形似尚周妥據請添派藝徒俾便分習亦屬實情適去年九月間幫辦洋員斯恭塞格回國臣經續選廠徒張啓正王桂芳任照吳學鏘葉殿鑠等五名隨同西行據報於十一月初四日抵法國馬賽地方將張啓正送入臘孫船廠王桂芳等四名送入白代果德鐵廠學習繪圖及製造鐵甲等事該藝徒等行裝贍養一切銀兩另由製船項下支銷理合會同兩江總督臣沈葆楨福州將軍臣慶春閩浙總督臣何璟署理福建巡撫臣葆亨附片陳明伏乞

聖鑒謹

奏

同日拜發奉

旨知道了欽此

恭謝
天恩瀝陳感悚下忱並病體未痊難勝署任籲懇收
回
成命摺
奏爲恭謝
天恩瀝陳微臣感悚下忱並病體未痊難勝署任實
情籲懇
鴻慈收回
成命恭摺仰祈
聖鑒事竊准吏部咨光緒四年四月初七日內閣奉

上諭福建巡撫著吳贊誠署理欽此臣當即恭設香
案望
闕叩頭伏念臣皖北庸材至愚極陋荷蒙
聖恩器使任以船政要工未報涓埃方深悚惕茲復
仰荷
溫綸畀權疆寄臣自顧何人膺斯
寵遇雖捐糜頂踵何足仰答
高厚生成竊思事不避難人臣所以勵職量而後入
亦人臣所以返躬苟不自量力而遽負重肩未
有不顛蹶立見者謹將臣不能勝任地方實情

爲我
皇太后
皇上縷晰陳之臣幼本孱弱及仕粵二十年久在行
間備嘗艱苦曾在德慶江口堵禦艇匪墜水受
傷自五十歲以後氣血漸衰筋骨疼痛頭目眩
暈諸病不時舉發上年四月奉
命渡臺周歷後山感受暑瘴回郡重病幾瀕於危防
務稍鬆
奏明內渡就醫服藥多劑外證稍痊而飲食減少
精神委頓總未復舊入春以來因經費日竭工
務棘手五中焦灼夜不成寐病勢轉增所以不

敢請假者值此荒歉頻仍雨暘未若
宵旰憂惕方深苟能勉強支持何敢以病狀瀆陳
天聽臣麤習算學略通西法歷在天津機器局及閩
廠隨事考究於測量製造之理稍窺門徑止堪
督率工匠教導生徒細壤涓流無非自效假以
歲月或望有成至於
朝廷典章地方經政臣以奔馳鞅掌學術久荒全未
諳悉又賦性魯鈍只可心專一事不能並務兼
營閩省襟帶山海幅員遼闊民俗強悍吏治頹

靡丁日昌以全力整頓尚以省臺不能兼顧慮多疏漏況以臣駑下之質兼病弱之軀萬難綜理船政爲海防要圖刻下洋務雖然平靜而外人猶時藉保護商船之案肆意苛求屢思啓釁船工萬不能停而經費又萬不能裕惟恃嚴汰冗濫併日經營臣不敢隳棄前功堅忍撐持心力俱竭近來披閱公事爲時稍久即心神恍惚甚或眩不能仰若再任以地方恐昚亂顛倒必致兩誤臣即愚昧亦何至甘居暴棄自外

帡幪惟自揣已審內疚實深一身之敗裂所繫猶小地方之貽誤所關甚大有不能不宛轉陳情於

君父之前者合無仰懇

天恩鑒此愚忱收回

成命另簡賢能庶地方得免貽誤微臣亦荷終始矜全犬馬餘生翁矢將來之圖報謹將感激悚懼下忱恭摺具陳伏乞

皇太后

皇上聖鑒訓示不勝戰慄屏營之至謹

奏

光緒四年五月十一日拜發奉

旨吳贊誠仍著署理福建巡撫用副委任毋許固辭

欽此

第二號鐵脅輪船下水並廠務情形摺

奏爲第二號鐵脅輪船下水並廠務情形恭摺具
陳仰祈
聖鑒事竊臣於三年八月十三日業將第二號鐵脅
船六月十九日安上龍骨情形
奏明在案本年五月初旬據船廠委員報稱船身
自灰艌鑲釘以及包裹銅板各工一律告竣輪
機亦已上船請諏吉下水臣謹擇是月十九日
致祭
天后江神土神船神將船推送下水擬名之曰超武

船內配七百五十匹馬力新式卧機汽鼓在水
線之下船身自前垂線至後垂線計長二十一
丈七尺一寸闊自船舷極寬處量應三丈一尺
一寸戰杆至內龍骨計深一丈七尺八寸船頭
喫水一丈五尺四寸船尾喫水一丈五尺九寸
均與威遠輪船相同所有鐵脅鐵樑鐵牽鐵龍
骨鬬鯨及所配輪機均係華工按圖仿造視威
遠經始購手技較熟原可剋期蕆事祇緣月款
支絀不免懸釜待炊臣覩省門窘迫情形因將
匠丁酌量裁撤以期節省督飭留工者併力趕
作料件則權其緩急次第購辦計自動工以迄
下水閱十一箇月較之威遠竣工稍遲但望此
後關稅旺收源源解濟庶工料應手自無延曠
之虞臣現飭廠員將該船鍋鑪桅杆銅管煤艙
帆纜槍械等件趕配完備一經就緒當即選派
管駕展輪試洋從前廠製各船艙內截堵鐵板
船底銅板及鑪內煙管皆來自外洋動需時日
閩省所產熟鐵以之拉製鐵板尙覺堅韌適用
惟火鑪機器力量較小長止能拉至九尺有零
闊則三尺左右臣經飭出洋監督日意格招募

拉銅洋匠曰赫莫拉鐵洋匠曰墨仕勃日均給
月薪洋平番三百圓安家來費悉照舊章給發
赫莫到工後悉心教導拉成銅板二千五百餘
片現用作第二號鐵脅船底堅緻異常與洋製
相埒銅管機器洋廠居爲奇貨不肯出售赫莫
請繪圖自製製就後安置妥帖方可興工墨仕
勃日將拉鐵舊軸略爲更易已可拉一丈二尺
餘長現擬添製能拉二丈餘長六尺餘闊之碾
軸機架如果有成鐵脅船所需之截堵板毋須
購諸歐洲即將來製造鐵皮船亦較易集事前

學堂洋教習曰德尙曰邁達德尙月薪二百五十兩敎老班學生邁達月薪二百兩敎新班學生各能循循善誘生徒學業均有竿頭日進之象後學堂另延管輪洋教習穆勒登去年十二月到工月給薪銀二百兩經選粵童八人閩童二十一人入堂肄業內有四人本係輪機廠藝徒向習法文法語現令兼習英文每日堂課畢該教習率帶諸童到廠學習合攏技藝臣竊以現在出洋之製造生徒皆不能通英語專在法廠學習尙恐囿於一偏此班學生如果藝成不

獨用爲船上管輪且可備將來選赴英廠學工藉以廣儲才技所有第二號鐵脅船下水並廠務情形理合會同兩江總督臣沈葆楨福州將軍臣慶春閩浙總督臣何璟署理福建巡撫臣葆亨恭摺由驛四百里馳陳伏乞

皇太后

皇上聖鑒訓示謹

奏

光緒四年五月二十八日拜發奉

旨知道了欽此

福星輪船擱淺現經拖回修理片

再三年五月二十二日臺灣北路颶颶爲災福星輪船轉運軍米前往後山正泊蘇澳因風勢猛烈折斷錨鍊尾舵隨浪捲上沙灘經臣附片陳明並飭該船管駕都司楊永年極力救護各在案楊永年督飭水手挖沙作塢以冀潮水漲時推移而下無如地勢險惡風浪動輒經旬以致船旁沙石旋挖旋積八月間經飭永保輪船駛赴拖帶該船屹然不動隨派差弁工匠帶巨纜鐵鍊等件幫同布置向內山斫伐硬木環塢

釘樁障以木板藉禦風湧一面趕挖淤塞乘月望大潮用磨盤引繩併力推絞船只移下七尺有零十月中旬添派振威輪船協同永保復拖下二丈有零詎天色驟變風雨大作該船復被推上七丈有零時值北風司令驟難圖功臣當飭楊永年將水手裁撤只留三十四員名在船照料俟今春天氣暄和再行設法直至四月風色稍定以威遠輪船馬力較巨當飭往拖五月初六日始將該船乘潮拖下隨即帶同內渡初十日安抵工次臣察看福星船身尙屬完好惟

灰舩全鬆尾後龍骨及方柱關鯨等處多已脫落輪機水缸不無鏽蝕帆索艙板均形爛朽尙須上槽勘明由廠分別大修以期妥固所有福星輪船擱淺現經拖回情形理合會同兩江總督臣沈葆楨福州將軍臣慶春閩浙總督臣何璟署理福建巡撫臣葆亨附片陳明伏乞

聖鑒謹

奏

同日拜發奉

旨知道了欽此

第三號鐵脅輪船興工摺

奏爲第三號鐵脅輪船興工恭摺具陳仰祈

聖鑒事竊臣於五月二十八日業將第二號鐵脅輪船下水並廠務情形具

奏在案光緒元年二月間船政監督日意格回國

經沈葆楨

奏明飭令於英廠購買七百五十四馬力康邦新式卧機立機各一副其卧機已配威遠船上立機不佔艙位利於裝貨亦經由廠合攏因窘於經費未能猝辦臣於上年十二月十八日具

奏製船養船經費摺內曾經陳明本年春間北省需糧永保海鏡等舊式商船儘數撥往濟運亦尙得力若再配以康邦新式立機遇有急需轉運必更迅捷臣前擬造一千七百四匹馬力巡海快船經地中海洋廠監工核覆須改爲二千四百匹馬力方可適用目下圖表未全寄到料價尙須另籌一時未能起手廠中工程稍鬆當飭洋匠就威遠超武鐵脅兩船原圖酌改爲商船式樣據稱但於船面前後拓蓋艙棚各一段爲管駕大副諸人住所船內之艙地可以益擴餘

與兵船之制仍同八月以來拉鐵洋匠已拉便鐵脅三百餘枝龍骨套板各鐵片亦據鐵脅廠委員禀報製造竣工當於本月十三日臣親詣船臺安上龍骨船殼竣後即配以日意格所購之立機其所需戰枰板內外舭板應用外洋檜木前因經費奇絀未遑豫購現與洋商訂立合同由暹羅搜致運濟一面由香港上海兩處覓訪尺寸合度者先行購應冀副要工至此項立機已飭在廠華工摹圖仿造藉收圖新之效所有第三號鐵脅輪船興工緣由理合會同兩江

總督臣沈葆楨福州將軍臣慶春閩浙總督臣何璟署理福建巡撫臣葆亨合詞恭摺由驛四百里馳陳伏乞

皇太后

皇上聖鑒訓示謹

奏

光緒四年六月十五日拜發奉

旨知道了欽此

船政奏議彙編卷十五終

船政奏議彙編卷十六目錄

吳贊誠三

船政奏議彙編卷十六

吳贊誠　三

遵

旨前赴署任叩謝

天恩並部署船政事宜摺

奏爲微臣遵

旨前赴署任叩謝

天恩並部署船政事宜恭摺具陳仰祈

聖鑒事竊臣於五月十一日具

奏病體未痊難勝署任實情一摺六月十一日奉

旨吳贊誠仍著署理福建巡撫用副委任毋許固辭

欽此當卽恭設香案望

闕叩頭伏念臣薄植菲材濫膺船局

聖慈不責其隳廢復重以

恩命權任封疆所以慺慺籲辭者自揣私衷難期報

稱猥蒙

寵遇委曲成全捧讀

溫綸感深流涕雖病弱之軀無裨職守不敢不揆葵

藿向陽之義切犬馬圖報之思竭盡愚忱冀副

高厚生成於萬一擬將工次經手事宜略爲部署妥

帖卽當晉省接署巡撫印務船政提調道員吳

仲翔在工有年綜覈精細臣到任後所有船政
收發經費並日行一切公事交吳仲翔經理遇
有緊要事件由臣自行酌辦省門距工不遠臣
仍當不時親自來廠督商期臻妥洽顧海壖之
斤斧未答涓埃感
闕下之
帡幪彌深悚惕謹將微臣感謝下忱並部署船政前
赴署任情形恭摺附驛馳陳伏乞
皇太后
皇上聖鑒訓示謹
奏

光緒四年六月十五日拜發奉
旨知道了欽此

超武鐵脅船出洋並廠務情形摺
奏爲超武鐵脅船出洋並廠務情形恭摺仰祈
聖鑒事竊臣於本年五月二十八日業將超武鐵脅
船下水緣由
奏明在案八月中旬據船政提調道員吳仲翔報
稱超武船上鍋鑪桅杆銅管煤艙以及帆纜等
工一律完竣業就隝前試輪二次堪以定期試
洋當飭總監工候選道王葆長營務處記名總
兵吳世忠酌帶在工輪船舵水人等上船於是
月二十五日未刻展輪駛出南茭洋面晚泊媽

祖澳次日寅刻開赴白犬洋行駛數周未刻回
工據報頂風頂潮每閱時約行八十里一分鐘
輪轉九十五周機器精良船身穩固帆纜一切
均覺如法查同治十三年十月間前浙江撫臣
楊昌濬具
奏海防緊要請由閩代造輪船兩號赴浙巡緝奉
硃批知道了欽此當經沈葆楨先將新造之元凱一
船派往上年正月復准楊昌濬咨催以溫州新
設口岸洋務繁多請將續造一號飭令駛赴浙
洋等因經查續造之藝新馬力較小登瀛洲已

派江南泰安已派山東威遠留爲駕駛學生練船未能抽調擬撥超武以應俾符原議經臣咨會在案現在超武既試洋合度當調靖遠輪船管駕儘先補用都司葉富作爲該船管駕所有水手升火及舵工礮勇等項均照一百五十匹馬力各船名額募充一俟操練稍熟即飭赴浙應配礮位七尊因經費支絀艱於籌辦應由浙自行購配用資捍衛所遺靖遠輪船管駕查有原帶靖海輪船之儘先補用都司陳紹芳堪以調管至第三號鐵脅船六月十三日安上龍骨

後飭廠趕工已配上鐵脅八十八節再湊配六十節便可接續鑽孔嵌鑲鐵內牽鐵截堵木工亦可次第舉行福星船殼修補已竣惟鍋鑪機器鏽壞過甚工程浩大計須冬杪方能蕆事揚武鍋鑪亦多剝蝕正在分工趕修而海東雲自臺來海鏡自津回均以鍋鑪用久鐵質太傷請予修理匠作因以益忙閩局各船差使絡繹日在洪濤巨浪之中而鍋鑪尤行船要件鹵湯內齧煤火外爍比年以來接踵勘修不得不抽製船之工移製船之料設法分應致工繁而費益

絀所望海關釐局徵收起色得以源源接濟庶免顧此失彼之虞至超武脅骨輪機及船上所需各件均係華工仿照外洋新式放手自造與購自外洋者一轍在工文武員弁工匠人等殫精竭慮學製有成不無微勞足錄可否仰懇

天恩准臣擇尤請奬以資鼓舞而收後效出自

逾格鴻慈理合會同兩江總督臣沈葆楨福州將軍臣慶春閩浙總督臣何璟恭摺由便輪交上海縣發驛馳陳伏乞

皇太后

皇上聖鑒訓示再福建巡撫係臣署理毋庸會銜合併陳明謹

奏

光緒四年八月二十八日拜發奉

旨著准其擇尤保奏毋許冒濫欽此

敎造鐵脅洋匠限滿回國請給獎賞片

再同治十三年十二月間沈葆楨

奏請飭日意格回國購買鐵船脅並康邦臥機立機各一副隨帶洋匠前來敎導在案先是臺防有事日意格請將前屆限滿未歸洋員舒斐留製礮子嗣因議造鐵脅改充輪機監工並募洋員匠古都阿蘇法勢嘉部勒克勒涅河貝順凡五人先後到工嘉部勒三年五月初六日舒斐三年七月二十五日先經資遣回國古都阿等自二年七月十五鐵脅開工之日起按照外國月日扣至三年七月二十五日限滿臣以華工放手自造雖有把握更得洋師監視庶幾益密益精因予展限一年以收成效克勒涅本年七月初四日病故賞䘏如例古都阿蘇法勢河貝順八月初六日二次限滿回費犒薪亦如例伏查該員匠等跰踵重洋宣勤中土深堪嘉尚古都阿蘇法勢尤爲循循善誘喜觀成之有日願

懋賞之優加可否籲懇

天恩准照前屆船工限滿洋師克林等請獎成案將古都阿蘇法勢各賞給五品銜並金牌以示鼓勵出自

逾格鴻慈理合會同兩江總督臣沈葆楨福州將軍臣慶春閩浙總督臣何璟謹附片陳明伏乞

聖鑒訓示謹

奏

同日拜發奉

旨著照所請該衙門知道欽此

出洋學生病故法國請議卹片

再據出洋華監督李鳳苞洋監督日意格稟稱製造學生五品軍功儘先千總梁炳年在法國都郎官廠學習銳志精思昕夕弗懈本年五月中暑疾作猶據牀捧卷不肯因病廢學致精神內耗邪氣愈深醫藥罔效於六月初二日身故當經妥爲殯殮運回等情查出洋學生攻苦積勞致有不測之事經北洋大臣李鴻章
奏明給一年半薪費仍予請卹在案該學生梁炳年素肯用功出洋後學業更進方冀限滿回工

堪成大器乃竟齎志以歿惋惜殊深相應仰懇
天恩勅部將五品軍功千總梁炳年照千總軍營立功後病故例從優議卹以慰幽魂謹會同兩江總督臣沈葆楨福州將軍臣慶春閩浙總督臣何璟合詞附片陳明伏乞
聖鑒訓示謹
奏
同日拜發奉
旨著照所請該部知道欽此

病勢增劇籲懇
天恩准開署缺摺

奏爲微臣病勢增劇籲懇
天恩准開署缺仍回船工醫調恭摺籲陳仰祈
聖鑒事竊臣自上年夏間在臺灣後山感受瘴癘卧病數旬屢經醫調精神總難復舊本年五月蒙
恩命署巡撫篆務當即瀝陳病體難勝實情欽奉
諭旨毋許固辭等因欽此臣自顧何人膺斯
寵任勉就職守冀効涓埃若果精力稍可支持敢惜捐頂踵以酬

高厚惟臣此次渡海親往岐萊風浪險惡瘴毒深重營中地尤卑溼夜間海氣砭肌以致右臂酸痛牽引項背頭目益加眩暈終日如坐霧中臺北既乏醫藥而病眩又難渡海只得就艋舺暫息伏思省屬公事繁重數倍於臺巡撫有綜理之責非全神貫注不能提挈整頓周徧無遺豈容一再貽誤念之焦灼愈加遂致虛火上炎夜不能寐醫者謂心血虛耗兼風邪深入經絡非息心靜養難期速痊閩撫衙門事件自丁日昌屢請病假旋回原籍葆亨以山西藩司留署斯缺

中間不無耽擱積壓漸多臣接篆後督同幕僚
竭數旬之力清理積牘甫有頭緒而省外屬員
之賢否地方之利病尚未及采訪周知清夜自
思倍深疚惕旋以番社不靖恩遽渡臺忽又逾
月雖現任藩司李明墀才力勝臣十倍精於察
吏熟於洋情可期得力而藩司自有錢穀專責
撫署公事僅代印代行非比一手經理可以任
其展布臣竊慮此次事竣回省百務紛集立待
清釐而病軀如此支離精神萬難周到報
國之心雖切任事之力已殫若但請
賞假醫調則展轉貽誤仍所不免天下事皆由因循
於積漸遂致敗壞於一朝縱幸逃尤未暴譴責
不加臣自問亦天良難昧船政近因費絀員匠
裁減工務暫鬆臣自不敢卸責惟有籲懇
天恩准開署缺
迅簡賢能接任俾臣仍回船工力疾照料藉可稍資
調理以冀漸獲就痊至臺灣海防省城洋案皆
與船政極有關繫臣思所能及力所能為無不
與督臣隨時會商妥辦不敢稍存膜視臣原籍
安徽廬江縣自兵燹後住屋已無片瓦斷非敢

遽思安逸徜徉田里自外
生成犬馬餘生仍當竭力馳驅圖報
鴻慈於萬一所有微臣病勢增劇請開署缺緣由謹
力疾籲懇附驛馳陳伏乞
皇太后
皇上聖鑒訓示臣不勝迫切惶悚之至謹
奏
光緒四年十月初六日拜發

製船養船經費兩絀請　飭閩海關設法籌解
摺
奏爲製船養船經費更形支絀籲懇
天恩俯念海防緊要
飭下閩海關及督撫臣設法籌解以濟要工而固大
局恭摺仰祈
聖鑒事竊臣於光緒三年十二月間奏請將閩海關
欠解三年分六成項下一十二萬兩於四成項
下照數湊撥養船經費懇
飭督撫臣設法多籌奉

旨飭據戶部會同總理衙門議奏閩海關四成洋稅
除月撥船政經費二萬兩外自光緒三年七月
爲始以一半批解部庫一半分批北洋大臣及
福建巡撫兌收係屬奏定章程應請
飭下福州將軍閩浙總督福建巡撫將三年分欠解
船政銀兩仍於六成項下趕緊撥解嗣後製船
經費應於六成四成項下按月籌解不准再有
蒂欠養船亦合寬爲籌費其積欠之欵陸續解
清惟海防要務如實因支絀萬分爲難請
飭船政大臣咨明南北洋大臣於海防經費項下籌

商酌濟不得藉口餉需短絀停誤要工等因奉
旨依議欽此欽遵在案仰見
聖主肅海綏邊力圖自强之至意臣維船政與海防
相表裏海防持久而不懈船政亦宜日起而有
功同治十三年臺防事興護送兵勇轉運軍裝
接濟糧食均由輪船直達重洋剋期而集後山
浪湧倍於前山泊各軍深入陸行則山道艱難
舟行則商艘畏憚總兵孫開華吳光亮諸軍前
年克阿棉納納去年克加禮宛等社濟師窮域
舍輪船無以應徵調之機從前南北各洋盜艇

出沒自牛庄天津江甯甯波及閩省之福甯海
壇厦門臺灣南北分派湄雲鎮海等船駐紮梭
巡疊獲巨盜海氛稍戢商旅便之去年晉豫旱
災待賑孔急臣派海鏡琛航三船會同招
商局各艘分赴金陵上海牛庄接裝米麥大幫
賑務得以應手近年省厦洋面華商遇險無不
資船拖帶即外洋船隻遭風擱淺者亦往往倉
皇乞援臣立飭拔椗前往或保其全船或拯其
人貨以化險爲夷具函致謝是不特杜藉端需
索之漸上示

朝廷柔遠之仁凡此數端皆海防船政相輔而行者現在內地匠徒放手自造均有端緒尤宜力求擴充俾臻精密無如製船經費項下元二三等年共欠解銀五十萬兩四年分六成應撥者又欠銀一十八萬兩養船項下自三年四月起截至四年十二月底止由製船經費墊發薪糧約銀二十八萬餘兩既左支而右絀復挹彼而注茲無論難爲展拓之圖卽循守成規已屬竭蹶萬分閩省頻年水患釐稅短絀撥欵日增臣深知度支爲難如其稍可撐持自當酌盈劑虛何

敢再三瀆請實因積欠較多甚有懸釜待炊之慮去年經將工匠極力裁汰目下留工者皆不可少之人應備者皆不可緩之料使斧斤中輟殊負十餘年締造苦心且匠徒遣散後各自營生再集良非易易至應修之船幾無間斷亟予整治則舊質尚可生新任令拋停則擱廢亦殊可惜況駕駛將弁効力海上袵席風濤額領薪糧亦應按月籌支未忍令其枵腹竊維海防之機宜以船政爲關鍵既

聖慈准照部臣所議由海防經費項下籌商移撥以濟艱難所有閩海關欠解四年分六成銀一十八萬兩合無仰懇

大恩逾格飭下閩海關將軍就於四成應解南北洋海防經費項下照數撥補嗣後六成如不及額一律就於四成應解海防銀內劃解其養船經費併請

飭令督撫臣設法多籌從前欠解之欵均欽遵前奉

諭旨隨時分別解清以重舟師而全大局理合由驛四百里馳陳伏乞

皇太后

皇上聖鑒訓示謹

奏

光緒五年正月十八日拜發奉

旨戶部速議具奏欽此

驟患急症醫治已有轉機籲懇

天恩賞假一月調理摺

奏爲微臣驟患急症醫治已有轉機籲懇

天恩賞假一月調理恭摺陳明仰祈

聖鑒事竊臣上年兩次渡臺並親往後山周歷人蹟不到之地上霧下溼積受瘴毒時發時痊臣自覺身體尚屬結實總未認眞調理十二月二十三日來省與督臣何璟商辦公務復往前撫臣丁日昌寓所甫談數語左手猝覺麻木身漸發顫强起將歸左足亦復蹇滯丁日昌見臣不支

扶就榻上當時似睡似醒雖心胸了了意終不達於言經進以祛風解瘴之藥日復一日神識漸清惟尚未能披閱公牘左手左足亦尚痿痺不能運動丁日昌本在病中醫藥較便督撫臣亦時來看視均因臣此次驟得急症病勢甚深未可移動亦未可過用心思已先會委提調吳仲翔代辦一切現據醫云積受風寒瘴溼過深必須靜養方可復元合無仰懇

天恩賞假一箇月俾臣靜心調理工次公事仍由提調道員吳仲翔代拆代行暫爲經理以免延誤

臣一俟稍可支持卽當勉竭駑駘以圖報効所有微臣因病請假緣由謹專摺附驛陳明伏乞

聖鑒訓示謹

奏

同日拜發奉

旨吳贊誠著賞假一箇月欽此

假期屆滿病未就痊請開船政差使摺

奏爲微臣假期屆滿病未就痊籲懇

天恩賞開船政差使恭摺陳明仰祈

聖鑒事竊臣正月十八日奏明驟患急證請假調理

欽奉

恩旨賞假一箇月臣仰荷

聖慈感激無地亟思加緊醫治速就痊可得以勉圖

報効惟臣當繕摺時風眩漸定方謂已有轉機因由省回工冀內患既清左手左足雖形牽掣就外醫治便可日痊乃連日服藥兼以湔熨筋

絡稍舒手足略能運動不數時而仍然蹇滯工次地方荒僻既無良醫亦無良藥且負山面江風勁溼重水土不服病體愈爲之不調據醫云病之起伏無常仍係積受風邪深入腠理須易地靜養內劑外灸方可望漸次平復斷不能剋日見功竊念臣待罪船工已深惶悚濫膺卿秩

復荷

生成但使稍可支持方將竭盡駑駘期答

鴻慈於萬一乃假限已屆病尚未瘥有時强起披閱案牘而頭重目眩閱未半神輒昏亂廠中公事

提調道員吳仲翔暫代經理遇有要件臣亦力疾與之商辦一切雖幸無曠誤惟臣精力實在不支黽勉從公則難專事醫藥悉心調攝則難兼顧工程臣自受事以來遇病每自撐持從未敢稍躭安逸此次心力相違勢難速效一身之疾猶輕公事之繫甚重躊躇再四惟有瀝懇

天恩俯念臣嬰病已逾兩月療治久未見功

准開船政差使

賞假兩箇月俾臣赴江南訪求良醫移易水土冀得漸痊後此有生之年皆係

聖主所賜至船政關係海防交涉中外應懇

簡派賢能接辦以重工務臣儻蒙

天庇得以就痊即當泥首

宮門求

賞在都供職藉抒犬馬報効之忱不勝瞻

闕待

命之至所有微臣病未就痊請開船政差使緣由謹

專摺陳明伏乞

皇太后

皇上聖鑒訓示謹

奏

光緒五年三月十八日拜發奉

旨吳贊誠著賞假兩個月毋庸開船政差使所有船

政事務著交吳仲翔暫行代辦欽此

保夏吳道員存記錄用片

再臣自入閩以來深念海疆緊要在在需材每

遇稽核工程講求防務於僚屬中隨時留心考

察以冀得人而理渡臺時見布政使銜臺灣道

夏獻綸精明敏銳能任煩勞在工時見二品銜

選用道吳仲翔精細安詳實事求是查該二員

留心時務自船政開辦之始同襄厥事先後派

充提調同治九年間沈葆楨丁憂離工夏獻綸

代理三年遇事認真於廠務備知關鍵及任臺

灣道篆凡開山撫番之要臣每與商榷識力鎮

定悉協機宜吳仲翔始終在局歷十三年之久

沈葆楨赴臺辦防一切船工責成經理丁日昌

移任巡撫及臣渡臺疊次奏明代辦多藉其力

遇談防務亦能曉悉邊情該二員均爲李鴻章

沈葆楨所知曾經列諸薦剡臣爲時艱起見與

該二員共事既久素稔其才不敢不敬舉所知

上備

朝廷采擇應否存記量材錄用之處出自

聖裁理合附片陳明伏乞

聖鑒訓示謹

奏
同日拜發奉
旨覽欽此

病久未痊籲懇展假暫離工次赴蘇就醫摺

奏爲微臣病久未痊籲懇
天恩准展假暫離工次赴蘇就醫恭摺陳明仰祈
聖鑒事竊臣三月十八日以病未就痊奏請
賞開船政差使閏三月二十日欽奉
恩旨吳贊誠著賞假兩個月毋庸開船政差使所有船政事務著交吳仲翔暫行代辦欽此臣何人斯渥蒙
聖主逾格矜全一至於此跪聆之下感激涕零自蒙
恩賞假以來多方調治醫者始用疏達之劑嗣防中氣或虧改服煖補現交夏令又謂忌投峻品計自得病至今已經半年左手五指雖漸能伸屈而手腕僵硬不能運動左骰亦僵直難舉雖略能移步而足趾著地即痛站立不牢默自體察由左邊顛頂以至踵趾筋絡連綴中隱隱若有牽掣之者證諸右體界限判然氣脈全不聯貫閩省無良醫亦無佳藥延診者言人人殊莫得要領服藥至百數十劑迄無大效臣素不敢躭安逸且年未六十亟望調服早愈効奔走以答
生成無如咫尺工廠此數月中僅扶病出視一次竟

不能常川周歷提調道員吳仲翔精明沈毅於船政事務措置咸宜惟經費奇絀諸形拮据凡有稟商之件臣不能不力疾與之擘畫兼之海防正在籌辦督撫臣函來商榷勉强作答更未敢因病躭延顧披閱公牘及數頁作字及數行便覺頭重目眩神疲力乏亟愈焦急而病愈淹纏雖醫者有云宜緩調不宜急治然再三考究總未洞中病根臣素聞江蘇孟河名醫費姓長於方脈馬姓精於灸法然皆不肯出門臣嬰疾在工勢難靜攝而受

恩深重又未敢申引退之詞輾轉思維惟有叩籲

天恩准予展假兩箇月暫離工次赴孟河就醫俾微臣得藉灸治兼易水土冀蘇痼疾可否之處出自

高厚鴻慈至船工一切吳仲翔辦理無誤遇有緊要公務及海防關係中外交涉事件當飭其稟商督撫臣暨南洋大臣沈葆楨會辦海防大臣丁日昌以昭慎重而副事機並瀝懇

飭下福州將軍將海關月欵如數籌濟俾吳仲翔隨事有資臣儻得醫治漸痊凡此餘年莫非出自

聖慈所賜無論假期以內即當馳回工次仍理職守以冀稍遂犬馬報

主之私所有微臣籲懇展假暫離工次赴蘇就醫情由謹專摺陳明伏乞

皇太后

皇上聖鑒訓示謹

奏

光緒五年五月十六日拜發奉

上諭吳贊誠奏病體未痊懇恩展假就醫一摺吳贊誠著再行賞假兩箇月准其前赴江蘇就醫一俟

病體稍痊即馳回工次以重職守船政事關緊要兼之海防事務甚繁何璟李明墀務當督飭道員吳仲翔悉心經理遇有緊要公務隨時稟商妥辦勿稍疏虞至船政經費支絀尤當寬為籌備俾資應用著慶春等將海關月欵如數籌解以期無誤要需將此由四百里諭令知之欽此

第三號鐵脅輪船下水並廠工情形摺

奏爲第三號鐵脅輪船下水並廠工情形恭摺具
陳仰祈
聖鑒事竊臣於四年六月十五日將第三號鐵脅輪
船安上龍骨並配康邦立機仿照商船造法情
形
奏明在案本年五月中旬據船廠委員報稱船身
自鑲鈴灰艙以及包裹銅板各工一律告竣輪
機亦已上船請諏吉下水臣謹擇六月初二日
委提調道員吳仲翔恭代致祭

天后江神土神船神將船推送下水擬名之曰康濟
船身自前垂線至後垂線計長二十一丈七尺
一寸闊自船舨極寬處量應三丈一尺一寸戰
坪至內龍骨計深一丈七尺八寸船頭喫水一
丈五尺四寸船尾喫水一丈五尺九寸配七百
五十匹馬力康邦省煤立機不佔艙位利於裝
貨其鍋鑪前經日意格連前項立機同時購到
嗣因超武所配臥機廠中仿造已便而鍋鑪鐵
板甫由外洋辦運到工製造需時經將前項購
便鍋鑪先行移用一面飭廠按式自製以備該

船之需辰下工作已竣堪以裝配並趕辦桅杆
煙筒煤艙銅管以及帆纜等工一經就緒便可
展輪試洋前准兩江督臣沈葆楨來函以江防
需船諮予調撥本擬以揚武威遠二船應之而
海防正值喫緊閩洋未便空虛現將廠製第二
副臥機配造第四號鐵脅兵船以備撥往經飭
該廠將龍骨並前後鬬鯨各鐵件趕備齊全本
月初七日委提調吳仲翔代詣船臺安上龍骨
次第興工但望關稅起色源源接濟庶免延曠
之虞前募拉鐵洋匠罡仕勃日教導限滿業於

四月間回國鐵脅鐵樑鐵牽及船艙鍋鑪應用
四尺零闊之鐵板華工均能自製其六尺餘闊
之碾軸鼓鑄已就正在車光將來安置機架果
堪拉造成效更有可觀拉銅洋匠赫莫銅板銅
條銅線之工均各精良惟銅管拉機外洋不肯
出售祇就廠中機器添改拉製雖成數十枝究
未能靈捷應手該洋匠亦屆限滿當飭回國令
華工就其所授成法且自仿造當再購致外洋
機器期盡能事駕駛學生現選首班八名飭上
揚武輪船以資練習製造及管輪學生亦日有

精進各洋教習均能循循善誘不惓所傳足收
廣植人材之益所有第三號鐵脅輪船下水並
廠工情形理合會同兩江總督臣沈葆楨福州
將軍臣慶春閩浙總督兼署福建巡撫臣何璟
恭摺由驛四百里馳陳伏乞
皇太后
皇上聖鑒訓示謹
奏
光緒五年六月初七日拜發奉
旨知道了欽此

各船添設礮勇以資操練片
再閩廠輪船礮勇一項經
奏定二百五十匹馬力者額設二十六名一百五
十匹馬力者額設十名八十匹馬力者額設六
名同治十三年五月間臺防喫緊沈葆楨
奏明二百五十匹馬力者增五十名一百五十匹
馬力者增四十名八十匹馬力者增三十名在
案揚武船係二百五十匹馬力額設並續增共
七十六名光緒元年九月改作練船延募洋教
習帶同駕駛學生上船練習不設礮勇二年十
二月洋教習回國學生仍回學堂聽候出洋該
船委記名總兵吳世忠管帶復飭募配礮勇六
十名三年十月因海防安瀾經費支絀飭裁三
十四名仍留原額二十六名其一百五十匹馬
力之萬年清飛雲濟安八十匹馬力之福星振
威等船續經添募者均於三年間先後裁撤現
在籌辦洋防更應認眞操練原額礮勇仍不敷
調遣當飭揚武先增四十名萬年清飛雲濟安
威遠各先增二十名福星振威各先增十五名
責成各管駕官迅募登舟勤加訓練揚武威遠

募補後即於五月十七二十一等日先後赴吳
淞口合操臣一面隨時察看緩急酌量添募以
臻周密而壯舟師理合會同兩江總督臣沈葆
楨福州將軍臣慶春閩浙總督兼署福建巡撫
臣何璟合詞附片陳明伏乞
聖鑒訓示謹
奏
同日拜發奉
旨知道了欽此

經費支絀請
旨分飭趕解片
再製船經費向仰給於閩海關養船經費向取
資於稅釐局前經奏奉
諭旨飭令儘先撥解在案近來税釐短絀部撥增多
以致解不應時積欠甚鉅臣局無可籌挪只得
極力節省遇緊要必需之料暫向洋行賒取急
待款到清還本年自正月起截至五月底止製
船項下支發匠工料價銀二十萬餘兩海關僅
解到正月至五月四成洋稅銀十二萬兩正二
兩月六成洋稅銀六萬兩養船項下支發薪糧
等款銀七萬餘兩釐局僅解到三萬兩實屬入
不敷出現屆南風司令臺北煤船聯艅而至暹
羅洋木亦陸續到工所需價銀並洋行欠款及
應撥第三年出洋學生經費非得十餘萬金無
以解目前之急而應發之辛工應辦之料件更
應隨時籌備方免曠工且籌辦海防講求操務
各船子藥需費煤炭需費薪糧需費尤不容缺
乏或誤事機現在釐稅旺月徵收當較起色再
四思維惟有仰懇

天恩飭下福州將軍將本年三月起至五月止六成
洋稅卽日撥解以濟眉急嗣後按月照數解清
並請
飭下督撫臣將養船經費迅撥大批接濟其海關釐
局從前積欠之欵續籌歸還以副要工而全大
局微臣幸甚理合附片陳明伏乞
聖鑒訓示謹
奏
同日拜發奉
旨另有旨欽此

船政奏議彙編卷十六終

船政奏議彙編卷十七目錄　吳贊誠四

船政奏議彙編卷十七

修船立限事多窒礙臚陳實在情形摺　吳贊誠四

奏爲修理輪船立限事多窒礙臚陳實在情形恭摺仰祈

聖鑒事竊准戶部咨製造船隻自應工堅料實雖海面風濤不測如果船身堅固亦何致時待興修於會議覆奏製船養船經費支絀摺內請

旨飭下嗣後製造輪船務須明定章程嚴立保固年限如限內損壞責令賠修不得動用正欵並將章程奏明立案等因五年二月十五日具奏奉

旨依議欽此仰見

聖主慎重要工自應欽遵辦理臣維輪船之大宗有四曰船身曰輪機曰水缸曰帆桅其隸於船身者曰龍骨曰鬭鯨曰套輞曰脅骨曰艘板曰戰坪曰截堵曰望臺曰艘梯曰艙梯曰舢板而尾柁錨鍊椗車柁車向盤礮門礮轍屬焉隸於輪機者曰汽鼓曰氣罨曰氣餅曰氣筩曰開車機曰轉輪臂曰轉輪軸曰冷水櫃曰四葉輪曰大車軸而氣表號筩水龍水抽捩機套環屬焉隸於水缸者曰火鑪曰氣道曰煙筩曰煙管曰轉

氣筩曰脫氣筩曰進水筩而水管氣管煤艙水櫃風筩及驗水機之玻璃管屬焉隸於帆桅者曰天篷曰遮陽曰橫擔曰側杆曰緯索曰繚索曰收帆索曰開帆索曰舢板索曰錨梯索曰鐵索梯曰油索梯曰索髻曰索串曰轆餅而帆套桅衣向水杆舢板桁屬焉此外件數甚繁名目不一究難枚舉閩廠之造船身也先經洋匠教導選材必精稍有瑕疵概擯勿用自船底以至戰坪密鈐銅鐵釘栓三萬餘枝長者丈餘短亦一二尺龍骨則鑲以銅夾水底則裹以銅皮脅骨橫樑既嵌鐵牽復鑲鐵肘雖至庖廁之細居楔之微亦必力求堅固洋匠撤後華工恪守成法罔或敢渝年來改製鐵脅造法雖殊而工料之堅則與從前無異輪機則銅鐵諸件皆幾經提鍊成胚成胚矣而後車光車光矣而後較準較準矣而後刮磨刮磨矣而後合攏所以精益求精者防一絲之溢一隙之疏或礙全體耳水缸則需鐵板百餘片厚自五分三釐至三分五釐不等平向者務取精良轉折者尤求堅韌工竣驗試能勝火力不漏湯氣乃稱完善至於桅

杆帆布以及繩索之屬皆取材於歐洲諸島開廠以來工匠習於西法非精者不敢用亦不能用也就其常者言之輪機最爲經久船身次之水缸又次之桅帆繩纜又次之然船身灰艌時有剝落輪機轉捩受力之件時有鬆蝕水缸之氣道煙管時有滲漏風帆繩索時有綻裂儻遇暴風則桅傾舵折鍊斷錨沈舢板漂沒舷梯衝失往往有之駕駛者持滿磅火力以敵風力於驚濤駭浪之中衝突摩盪震撼掀騰則船身傷輪機傷水缸尤傷而帆索之受傷更無論矣蓋

屬於人者可預爲防屬於天者難以逆料也夫派駐他省之船或間年而修或兩三年而修或今歲修此件明歲修彼件或此件數年一修或數年未修緣南北各洋駕駛者可以測驗天時較有把握獨臺灣洶湧極惡頃刻變幻出人意外往往卜晴而出遇澳將停而颶颷猝來展輪莫及後山之險倍於前山深者寄椗無從淺者觸礁可慮當夫發危候於瞬息爭性命於呼吸僅而脫險已爲天幸此其境固臣所親歷而非駕弁張皇其說而爲諉卸地也是以同治十三年沈葆楨奉

命巡臺師奏明船隻難保無傷損之時飭廠將應備物件加緊配製以待不時更換竊計歷年以來赴臺各船有此蹚修而次蹚復修者有此船修而彼船亦修者皆出於不容已也今欲立定限期則船身等四項幾年小修幾年大修幾年拆造既難明定章程而四項中各有所隸不下數百件更難逐一區別況同一船身有木脅鐵脅之殊同一輪機水缸有老式新式立機臥機之別乎天下事亦求無弊耳拘尋常文法以律輪

船必有已屆修而不必修未屆修而不容不修者不必修而報修廠員駕弁具有天良斷不至有此舉動不容不修而竟格於成例不得言修因而不敢言修遷就於目前必至貽誤於後日其害曷可勝言至若責令賠修則以不得已之故竟致負累既罰非其罪彼衽席風濤者月薪無多迨至賠繳不前多方催追徒延時日於事究屬無濟而船隻更不免擱朽之虞臣愚以爲程功固宜節費立法亦貴準情擬請嗣後每船稟修時驗係駕弁將事不慎立予參辦外果因

歷時已久或遭風遇險人力難施以致損壞仍
予動欵修理所有部議立限之處合無仰懇
天恩逾格免予舉行臣待罪船工當此籌欵萬難固
不敢稍事虛糜亦不敢稍存迴護良以責嚴則
窒法密轉窮惟有據實陳明冀收舟師之益所
有修船礙難立限緣由謹會同兩江總督臣沈
葆楨福州將軍臣慶春閩浙總督兼署福建巡
撫臣何璟合詞恭摺附驛陳明伏乞
皇太后
皇上聖鑒訓示謹
奏
光緒五年六月初七日拜發奉
旨著照所請戶部知道欽此

駕弁許壽山屢次救護船隻出力請獎片
再沿海文武汎官救護船貨一萬兩以上中外
人等十名以上者註冊記功三功以上者酌記
外獎五功以上者分別
題升經前署閩浙督臣文煜福建撫臣丁日昌
奏明在案五品軍功補用千總許壽山管駕藝新
輪船先經派巡五虎一帶嗣令駐防福甯光緒
三年八月美國佛蘭牌利夾板船在興化長與
洋面遭風沈沒該弁救出洋人韋士客拉等十
九名給以飲食護送至省領事戴蘭俳感激不
勝具文致謝十月劉金獅商船在長樂松下洋
面衝礁損壞該弁又救出難商十三名並搶護
船身代之修補四年四月二十九日阜康號商
由滬乘商輪至羅星塔行李銀物移置駿船甫
經開駛陡起暴風立時傾覆該弁衝冒風雨搶
救陳廷降等七名十二月金同生商船裝運杉
木一千九百根並紙張等件開至五虎擱淺發
漏該弁聞報立即駛往將該船拖帶進口又在
福甯三沙洋面拯救許阿鄒遭風商船一隻並
難商三名本年三月金裕昌商船裝杉木三千

四百餘根衝礁於媽祖澳船將沒矣該弁由三沙厎輪而下拖至古鎮該船賴以保全查該弁許壽山於遭風遇險船隻均能督率大副水手人等於驚濤駭浪之中奮不顧身設法救護迭經臣記功記獎在案現核其所救中外各船船貨萬兩以上人數十名以上者非止一次實與獎敘之例相符合無仰懇
天恩俯准將五品軍功留閩儘先補用千總許壽山以守備留閩儘先補用以示鼓勵出自
逾格鴻慈除將該船出力之大二副水手人等分別

咨部以千把總外委拔補並塡給功牌外理合會同兩江總督臣沈葆楨福州將軍臣慶春閩浙總督兼署福建巡撫臣何璟合詞附片陳明
伏乞
聖鑒訓示謹
奏
同日拜發奉
旨著照所請兵部知道欽此

林高輝等約束不嚴分別斥革片

再海鏡輪船去年十一月開赴臺灣管駕柯國棟適值病發經令琛航管駕林高輝暫代駛往本年正月二十六日據臺灣道夏獻綸禀報該船抵郡後十二月二十日飭令裝送都司張福勝所部飛虎後營兵勇前赴後山成廣澳二十二日至恆春縣轄龜仔角洋面寄碇二十五日駛離成廣澳不遠詎東北風大作浪湧如山該船不能前進夜仍退泊於龜仔角三更以後風力愈猛錨鍊折斷船身擱淺次日尾舵又折正

危迫間忽轉北風船落深漈而錨舵俱失人力莫施夏獻綸二十八日聞報飛飭海東雲輪船趕往救援而海鏡已漂出外洋駕弁張澤錦極力搶護始於正月初一日帶至旗後停泊張福勝營勇卽由該處登岸等情臣當飭總兵吳世忠督同差弁匠丁隨帶鐵錨並木料繩索等件開駕揚武前往將該船畧爲修配二月初八日拖帶回工上槽勘驗船尾之鬪鯨直柱船底之套轆龍骨均被風浪衝失船身則灰艌全鬆受傷過甚經飭廠員將灰縫先行補艌龍骨趕工

嵌鑲並將輪機鍋鑪一律吊起就廠修理一面配製尾舵添換繩纜各項惟工程較鉅約計七月末旬方可竣工臣查臺灣後山地勢險惡颶颶之起往往猝不及防此次海鏡遭風實屬事出意外惟查去年十二月該船駛抵龜仔甪寄椗之日林高輝及大副柯建章任聽水手在船酬神酗酒滋事其約束不嚴之咎實所難辭相應請

旨將升用守備千總林高輝都司銜柯建章一併斥革以示懲儆理合會同兩江總督臣沈葆楨福州將軍臣慶春閩浙總督兼署福建巡撫臣何璟合詞附片陳明伏乞

聖鑒訓示謹

奏

同日拜發奉

旨著照所請兵部知道欽此

總兵吳世忠駕船出洋猝遇惡風身故請卹片

再據商船金長成稟該船裝運官鹽在赤嶼洋面遭風桅折船漏收泊松下澳口勢迫求援等情臣當查松下澳口水淺大號輪船不能駛近飭揚武管駕總兵吳世忠督駕湄雲輪船於二月二十一日前往拖救船抵該處適值陰霾累日不能遽回二十七日午後吳世忠見難商情急方禱神望霽拔椗以待詎料猝中惡風不省人事登時在船身故據揚武大副鄧世昌稟報前來臣當令湄雲駛回飭傳該家屬妥為殯殮查吳世忠先經管駕長勝輪船迭次在洋獲盜出力同治八年沈葆楨委赴暹羅采辦木料嗣委管駕湄雲赴浙巡緝旋調飛雲駐防煙臺經丁日昌飭調回工委辦輪船營務處派令救護中外遭風船隻臣莅工後見其器識練達志慮深沈光緒二年冬調管揚武兵船兼司督操事務常與各船將士講求槍礮奮然有為該員由外委積功歷保記名總兵並

賞加提督銜十年以來周歷南北諸洋寢饋風濤出入艱險雖口不言瘁而元氣漸虧此次甫自臺

灣拖帶遭風受傷之海鏡回工未及旬餘一聞
商船危急毅然往援以致猝中海風竟爾溘逝
聞之殊為惋惜合無仰懇
天恩敕部將提督銜總兵吳世忠照提督軍營立功
後病故例從優議卹以慰藎魂出自
逾格鴻慈理合會同兩江總督臣沈葆楨福州將軍
臣慶春閩浙總督兼署福建巡撫臣何璟合詞
附片陳明伏乞
聖鑒訓示謹
奏

同日拜發奉
旨吳世忠著交部照提督軍營立功後病故例從優
議卹欽此

鐵脅船仿造功成出力員弁匠徒人等擇尤保
奬摺
奏為鐵脅輪船仿造成功所有在事出力員紳將
弁匠徒人等遵
旨擇尤保奬謹分繕清單恭摺仰祈
聖鑒事竊閩廠仿製鐵脅輪船並康邦機器著有成
效經臣於四年八月二十八日
奏請將出力人員奬敘奉
旨著准其擇尤保奏毋許冒濫欽此臣維泰西製船

機竅奧妙每矜奇而衒異卽移步而換形守舊
學者尙易遵循繹新知者驟難融會閩廠自仿
造鐵脅船以來調度者苦心擘畫監視者銳意
推求測算者觸類旁通體認於意象形聲之表
操作者因難見巧神明於方圓規矩之中巡查
者冒暑衝寒既始終以赴役采辦者裒多益寡
亦轉運之應時聲力畢宣鉅工用舉事雖因而
實創咸堅學製之心藝由淺而得深遂集觀成
之效向者因材器使省試親加今者卽事課功
等差必辨有勞則錄俾興鼓舞於將來所舉維
嚴藉免竽吹之或濫臣現核員紳將弁尤為出

力者六十七名敎習學生匠首差弁人等尤爲
出力者七十名查各廠匠首前屆船工告成案
內經沈葆楨咨部核獎內有已保至千總者此
次續著勞績自應一併上
聞以示激勸謹分繕清單出具考語恭呈
御覽合無仰懇
天恩俯念該文武員弁等從事要工力求新異不無
微勞
准予奬敘用資觀感而勵後來除將出力稍次者咨
部核獎外理合會同兩江總督臣沈葆楨福州
將軍臣慶春閩浙總督兼署福建巡撫臣何璟
合詞恭摺附驛具陳伏乞
皇太后
皇上聖鑒訓示謹
奏
光緒五年六月初七日拜發奉
旨許鈐身等均照所請奬勵餘依議該部知道單二
件併發欽此

提調吳道留心海防通曉洋務請交軍機處存
記片
再船政提調二品銜儘先選用道吳仲翔本年
四月間督臣何璟等於臺灣後山三次剿平番
社案內以該員轉運出力擬保以道員分發省
分歸候補班前補用
奏明在案該員在工最久考工最熟當締造之始
一切章程多資擘畫而於中外交涉事務操縱
得宜同治十三年沈葆楨奉
命巡臺經
奏派提調維時防務吃緊督率在工水陸各軍並
輪船將士操練巡防不遺餘力光緒二年臣受
事閩廠適鐵脅輪船仿製興工該員實力講求
堅任勞怨器件之新異匠作之繁劇益復心苦
分明深裨大局今年奉
旨代臣辦事數月以來調度安詳臣病假中因得靜
心調攝查吳仲翔才大心細識遠思精留心海
防通曉洋務堪勝海疆繁缺道員之任茲當
朝廷求賢若渴不敢壅於上
聞可否仰懇

天恩將該員
交軍機處存記以備
錄用出自
逾格鴻慈謹會同兩江總督臣沈葆楨福州將軍臣
慶春閩浙總督兼署福建巡撫臣何璟合詞附
片陳明伏乞
聖鑒訓示謹
奏
同日拜發奉
旨留中欽此

分部郎中嚴良勳督課精勤請察試錄用片
再分部學習郎中嚴良勳先由中書銜附監生
充上海同文館教習期滿經前兩江督臣劉坤
一咨送總理各國事務衙門察試文理優長繙
繹無誤奏請以六部主事選用遵例加捐郎中
光緒二年三月總理衙門派該員隨臣來閩差
遣當派稽查前後學堂督課精勤諸生多所成
就三年五月間隨臣渡臺籌辦海防甚資臂助
因聞母病內渡旋卽丁憂現在將次服闋查該
員學有根柢兼通西法留心洋務堪備使才可
否俟服闋後由臣咨送總理衙門覆加察試

奏請
錄用之處出自
天恩謹會同兩江總督臣沈葆楨福州將軍臣慶春
閩浙總督兼署福建巡撫臣何璟合詞附片陳
明伏乞
聖鑒訓示謹
奏
同日拜發奉
旨著照所請該衙門知道欽此

洋員額蘭照案給奬片

再洋員額蘭光緒元年八月間經日意格招募到工派管外國文案帳目嗣日意格奉差出洋幫辦斯恭塞格請假回國該洋員兼司出洋局事務並繙繹一切數年以來謹愼勤勞均無貽誤現在鐵脅輪船仿造功成效譯鞮而襄役願

褒賞之優加可否籲懇

天恩准照前屆船工限滿文案洋員請奬成案將該洋員額蘭

賞給四品銜以示鼓勵出自

逾格鴻慈理合會同兩江總督臣沈葆楨福州將軍臣慶春閩浙總督兼署福建巡撫臣何璟合詞附片陳明伏乞

聖鑒訓示謹

奏

同日拜發奉

旨著照所請該衙門知道欽此

船政出力員紳積勞病故請卹片

再提舉銜候選通判錢文煥派駐香港采辦悉心籌畫勞瘁不辭五品銜分發省分補用知縣邱書勳曾赴臺灣番境采取樟木並煤炭等件衝冒煙瘴艱險深嘗五品銜候選訓導選缺後選用知縣曾兆鵬派管學堂並各項料件宣力有年六品頂戴按照磨銜監生孟宗疇曾赴福安等處采辦木料久耐煩劇辦事認眞均因積勞成疾先後病故情殊可憫可否仰懇

天恩飭部將錢文煥照通判軍營立功後病故例議

卹邱書勳曾兆鵬均照知縣軍營立功後病故例議卹孟宗疇以原銜照軍營立功後病故例議卹以慰幽魂理合會同兩江總督臣沈葆楨福州將軍臣慶春閩浙總督兼署福建巡撫臣何璟合詞附片陳明伏乞

聖鑒訓示謹

奏

同日拜發奉

旨錢文煥等均著照所請交部分別議卹欽此

閩廠製造輪船支用各欵查照成案開單核實
報銷摺
奏爲閩廠製造輪船支用各欵查照成案開單核
實報銷恭摺仰祈
聖鑒事竊查閩廠製船各欵自同治五年十一月十
七日起截至十三年六月底止動支閩海關暨
福建釐局所解稅釐銀兩經沈葆楨彙數分欵
開具簡明清單於光緒元年正月三十日奏奉
諭旨並經戶部核復准銷在案臣維閩廠自洋匠遣
散以後華工各出所學悉心仿造固已輒見有

成學生亦能自運心裁製作合度以爲恪守成
法足矣迨鐵脅輪船之役興不特船身制度視
前大異卽輪機水缸之體段亦迥然不侔甚至
所蓋之廠屋所砌之鑪座所用之機器傢伙有
非成式所可比擬者事旣效其新奇費自形其
增鉅他若老班各生徒已出洋矣復募訂洋教
習以培後進前後兩學堂已分課矣復選入電
線局以擴新知習管駕矣更習管輪習算學矣
兼習化學鐵工精悉矣而鐵片鐵槽復延拉鐵
洋師以益其技銅工純熟矣而銅條銅板復延

拉銅洋師以廣其能搥鐵廠已告成功矣復增
七千磅氣鎚以鍊大車軸鑄鐵廠已著成效矣
復設將軍柱懸機以鑄大氣鼓船塢重地防範
宜周也於是圍牆以界之船工要欵度藏宜愼
也於是設庫以儲之廠岸瀕江淤塞宜治也於
是添購挖土大機船以濬之至於練船礟械購
運有費船臺廠所歲修有費各廠楨具學堂書
籍添置又有費凡屬零星之件其爲事所必需
者尤難枚舉此歷年製造一切之實在情形也
查閩海關六成洋稅每月應解船政銀五萬兩

嗣因部撥增多入不敷出船政月欵停解沈葆
楨於光緒元年六月間
奏請將四成項下餘銀四十萬兩儘數撥歸船政
經戶部會同總理衙門議復准照所請奏蒙
俞允並奉
諭旨嗣後每月應解六成銀五萬兩著先儘籌解等
因欽此是年十月福州將軍文煜以六成支絀
先儘船政勢恐顧此失彼奏奉
飭部議復自光緒二年正月爲始六成月撥銀三萬
兩四成月撥銀二萬兩仍先儘批解船政兌收

各在案今核製船經費自同治十三年七月接造起截至光緒三年十二月底止上屆報銷案內存銀三千六百四十兩二錢八分九釐八毫九絲七忽九微閩海關每月應解銀五萬兩自同治十三年七月起至光緒元年十二月底止計一十八箇月內除欠解四箇月外實一十四箇月計收六成銀三十萬兩四成銀四十萬兩共銀七十萬兩又四成洋稅自光緒二年正月起月奉撥銀二萬兩截至三年十二月底止連閏計二十五箇月共收銀五十萬兩又六成洋

稅自光緒二年正月起月奉撥銀二萬兩截至三年十二月底止連閏計二十五箇月內除二年分七八九十十一十二凡六箇月三年分九十十一十二凡四箇月計共一十箇月欠解外實一十五箇月共收銀四十五萬兩又收前屆報銷案內存剩銅鐵木煤各料價腳銀一萬六千一百九十兩六錢八分八釐九毫又存鋼礮價腳銀一萬四千三百二十五兩四錢五分八毫又收同治十三年間臺灣辦理海防案內旗後礮臺撥用安瀾輪船鋼礮價腳銀九千六百

四十四兩一錢六分四釐二毫核計管收共銀一百六十九萬二千八百兩五錢九分三釐七毫九絲七忽九微內除造船購器蓋廠贍工等項支用銀一百三十八萬四千四百四十兩五錢七釐九毫九絲七忽九微又墊支光緒三年四月起至十二月底止各輪船薪糧銀一十二萬三千三百八十五兩一錢九分四釐三毫又墊支光緒元年十月起至三年十二月底止各輪船煤炭價腳銀六萬三百六十四兩六錢六分七釐九毫又墊支修理輪船工料銀六萬五

千三百四十二兩四錢九分一毫統共支銷銀一百六十三萬三千五百三十二兩八錢六分二毫九絲七忽九微實存銀五萬二千一百四十二兩二錢七分九釐五毫又存鋼礮價腳銀八千一百二十五兩四錢五分四釐共應存銀六萬二百六十七兩七錢三分三釐五毫查輪船薪糧煤價修費三欵上屆報銷係另歸養船項下開報沈葆楨奏

命巡臺時奏明自同治十三年四月十六日起將所撥養船經費併入臺防項下其各船薪糧亦歸

臺防項下支銷奉
旨該衙門知道欽此維時臺防經費有解存船政者
提彼注茲猶堪敷衍迨臺欵停解而稅釐局奉
撥養船經費應統歸臺防造報者又批解不前
各船應領之項除赴臺赴廈者各就差次支領
外其餘均就製船項下暫行墊支現核同治十
三年四月十六日起薪糧一項截至光緒三年
三月止煤價修費兩項截至元年九月止業就
臺防項下支收歸欵應歸臺防另案造銷外其
自三年四月起墊支薪糧元年十月起墊支煤

價修費統截至三年底止共銀二十四萬九千
餘兩刻下臺防本欵涓滴無存莫從劃還而鉅
欵久懸徒滋轇轕自應援照前屆成案將墊支
前項養船銀兩歸入本案作正開銷以昭核實
此歷年支銷一切之實在情形也竊念經費之
鉅上關
國帑船工之要下繫海防沈葆楨丁日昌皆不憚
繁難實事求是遂成經久之規臣受事以來考
察各廠工程均屬不可稍緩當令在事人等極
力講求益期精密而動用叢集無日不存撙節

之想亦無日敢懷靳吝之見致曠事機獨是工
務浩繁但循故步條緒已極千端重以新異日
開器件之洪纖機竅之奧折益出不窮殫精竭
慮手摹心追非不逐欵比照逐日登記而一器
或經數廠一件或連數件有錯綜參差斷難剖
析者總之事資洋員製資洋法料資洋產必欲
壹意鉤稽俾用欵犁然不紊案牘山積握算胥
窮誠有如沈葆楨前案報銷疏中所言若廠歸
各廠船歸各船工歸各工料歸各料欲縷析條
分而無可如何者今仰賴

國家威福西人效順鐵脅輪船仿造成功華工之
操作生徒之循習亦次第就理所有頻年欵目
實支實用若不及時截報恐日久糾纏愈難核
結謹援照前屆成案將製船經費截清年月據
實開具簡明清單恭呈
御覽伏懇
天恩逾格准予開銷以清積牘至單內存剩銅鐵木
料煤炭等欵銀兩留備四年正月以後船工撥
用合併聲明除咨總理衙門戶部工部查照外
理合會同兩江總督臣沈葆楨福州將軍臣慶

春閩浙總督兼署福建巡撫臣何璟恭摺具陳
伏乞
皇太后
皇上聖鑒訓示謹
奏
光緒五年七月初二日拜發奉
旨該衙門知道單併發欽此

謹將製船經費自同治十三年七月初一日接
造起截至光緒三年十二月底止收支各欵數
目開具簡明清單恭呈
御覽
謹開
舊管
截至同治十三年六月底止流存銀三十六百
四十兩二錢八分九釐八毫九絲七忽九微
新收
一收閩海關解製船經費自同治十三年七月
起至光緒元年十二月底止計一十八箇月
內除欠解四箇月外實一十四箇月每月銀
五萬兩計六成洋稅解銀三十萬兩四成洋
稅解銀四十萬兩共銀七十萬兩
一收閩海關四成洋稅自光緒二年正月起每
月奉撥銀二萬兩截至三年十二月底止連
閏計二十五箇月共銀五十萬兩
一收閩海關六成洋稅自光緒二年正月起每
月奉撥銀三萬兩截至三年十二月底止連
閏計二十五箇月內除二年分七八九十十

一十二計六箇月又三年分九十十一十二
計四箇月共一十箇月欠解外實一十五箇
月共銀四十五萬兩
一收前屆報銷案內存剩銅鐵木煤各料價腳
銀一萬六千一百九十兩六錢八分八釐九
毫
一收前屆報銷案內流存鋼礮價腳銀一萬四
千三百二十五兩四錢五分八毫
一收臺防案內旗後礮臺撥用安瀾輪船鋼礮
七尊價腳銀九千六百四十四兩一錢六分

四釐二毫
管收共銀一百六十九萬三千八百兩五錢九
分三釐七毫九絲七忽九微
開除
一支製造第一十六號一百五十四馬力元凱
輪船一號並應配帆桅舢板四號小舢板一
號暨衣旗傢伙器具工料共銀一十六萬二
千七百七兩五錢八分五釐八毫內除撥用
前屆報銷案內廠存已製成未合攏輪機一
副工料銀一萬五千三百七兩四錢一分八

釐八毫又已製成未合攏水缸一副工料銀
一萬二千二百八十兩四錢六分五釐二毫
外計撥用前屆報銷案內流存用剩銅鐵木
煤價腳銀一萬六千一百九十兩六錢八分
八釐九毫本案湊用工料銀一十一萬八千
九百二十九兩一分二釐九毫二共合銀一
十三萬五千一百一十九兩七錢一釐八毫
一支製造第一十七號五十四馬力藝新輪船
一號並應配帆桅舢板二號小舢板一號暨
衣旗傢伙器具工料銀五萬一千六百一十

一兩二錢二分八釐
一支製造第一十八號一百五十四馬力登瀛
洲輪船一號並應配帆桅舢板四號小舢板
一號暨衣旗傢伙器具工料共銀一十六萬
二千五百二十四兩八錢五分六毫內除撥
用前屆報銷案內廠存輪機胚一副工料銀
一萬二千四十九兩九錢九分二釐八毫又
已製成未合攏水缸一副工料銀一萬二千
二百八十兩四錢六分五釐二毫外計本案
湊用工料銀一十三萬八千一百九十四兩

三錢九分二釐六毫
一支製造第一十九號一百五十匹馬力泰安輪船一號並應配帆桅舢板四號小舢板一號暨衣旗傢伙器具工料銀一十六萬二千六百九十四兩六錢三分六釐九毫
一支製造第二十號七百五十匹實馬力威遠鐵脅輪船一號並應配帆板舢板六號暨衣旗傢伙器具工料銀一十九萬五千三百九十六兩九錢六釐九毫
一支製造未成第二十一號七百五十匹實馬

力鐵脅輪船一號並應配帆桅舢板六號已動用工料十分之五計共銀九萬五千八百六十七兩三錢七分八釐三毫
一支製造四十匹馬力挖土大機船一號工料銀三萬二百二十一兩九錢七分一釐五毫
一支已製成未合攏一百五十匹馬力輪機一副除大車軸通軸筒束軸托車軸托四葉輪並水缸配用物件未造外工料銀一萬三千七百三十三兩六錢六分六釐一毫
一支已製成未合攏一百五十匹馬力省煤輪機一副除大車軸通軸筒束軸托車軸托四葉輪並水缸配用物件未造外工料銀一萬五千四百七兩三錢二分五釐二毫
一支已製成未合攏一百五十匹馬力省煤輪機一副除轉汽櫃方座脫汽筒大車軸通軸筒車軸托束軸托四葉輪水缸配用物件並備用銅鐵件未造外工料銀一萬四千三百二十三兩六錢五分八釐六毫
一支製造未成七百五十匹實馬力康邦立輪機一副已動用工料十分之三並仿製木模

計共銀九千七百七兩四錢八分一釐一毫
一支製造一百五十匹馬力省煤水缸壓一副除煙筒座煙筒套爐格汽門蓋螺絲棍銅煙管銅汽管未造外工料銀九千一百三十五兩七錢九分四毫
一支製造七百五十匹實馬力康邦水缸壓一副除煙筒煙筒座煙筒套爐格汽門蓋火爐門螺絲棍鐵撐鐵鈐銅煙管銅汽管未造外工料銀一萬一千二百六十兩二錢六分七釐四毫

一支已製成未合攏八十匹馬力水缸一副除煙筒爐承銅汽管未造外工料銀六千八百七十三兩七錢九分七釐五毫
一支前船政監督日意格采辦七百五十匹實馬力康邦立輪機一副價腳銀二萬四千四百八十八兩二錢三分九釐七毫
一支前船政監督日意格采辦七百五十匹實馬力康邦水缸一副價腳銀一萬四千四百六十八兩一錢四分六釐七毫
一支勻撥出洋肄業學生第一年經費銀一萬

六千八百七十七兩八錢六分一釐五毫
一支續派出洋肄業藝徒第一年經費銀四千八百四十九兩七錢三分八釐
一支采辦威遠練船配用鋼礮價腳銀一萬九千九百五十一兩六錢二分四毫
一支元凱登瀛洲兩船撥用前届報銷案內流存鋼礮價腳銀六千一百九十九兩九錢九分六釐八毫
一支續購廠地價銀二百九十四兩五錢四分五釐四毫

一支建造環塢圍牆并牌樓栅門木牆工料銀一萬六千三百一兩二錢八分五釐一毫
一支建蓋鐵脅廠并砌造煙筒爐溝工料銀一萬九千三百五十三兩八錢八分六釐四毫
一支添造搥鐵廠機器座爐溝工料銀一萬六千三百七十一兩三錢一毫
一支建蓋銀庫工料銀一千八百三十八兩一錢一釐九毫
一支修理船臺工料銀一萬七千一百二十三

兩七錢三分七釐六毫九絲七忽九微
一支修理各廠火爐火溝風溝等項工料銀六千六百九十八兩七錢七分九毫
一支修理各廠屋工料銀五百七十四兩三錢九分五釐
一支購製各廠機器工價銀四萬五千一百五十一兩九錢五分四釐二毫
一支歲修各廠機器工料銀八千九百兩二錢四分二毫
一支購製各廠所傢伙器具工價銀二萬七千二百四兩六錢三分二釐

一支洋員匠光緒元年五月初一日起截至三年十二月二十九日止薪費銀五萬五千三百四十八兩二錢四分二釐九毫

一支洋員匠路費借辛銀九千三百六十兩六錢七分四釐九毫

一支洋員匠卹賞銀七百三十四兩一錢八分一釐四毫

一支員紳同治十三年七月初一日接給起截至光緒三年十二月底止薪水銀六萬三千一百九十八兩五錢六分六釐八毫

一支前學堂藝生童同治十三年七月初一日接給起截至光緒三年十二月底止贍養飯食共銀一萬三千五百四十九兩三錢五分七釐一毫

一支後學堂藝生童同治十三年七月初一日接給起截至光緒三年十二月底止贍養飯食共銀一萬五千五百三十三兩三錢一分四釐三毫

一支繪事院畫童同治十三年七月初一日接給起截至光緒三年十二月底止贍養飯食共銀五千六百三十二兩三錢九分九釐七毫

一支學習電線藝童光緒二年三月十四日起截至三年十二月底止贍養飯食共銀五千一百六十八兩五錢一分六釐五毫

一支藝徒同治十三年七月初一日接給起截至光緒三年十二月底止工食銀九千四百八十七兩五錢一分

一支續派出洋肄業藝徒光緒三年九月初一日起截至十二月底止贍養銀二百八十六

兩六分四毫

一支前後學堂繪事院各生童獎賞銀八百四十二兩三錢八分一釐八毫

一支購買學堂繪事院藝圃書籍器具價腳銀三千一百一十四兩八錢四分六毫

一支粵童廈匠盤費銀六百七十四兩一錢八分一釐八毫

一支書役同治十三年七月初一日接給起截至光緒三年十二月底止工伙銀五千五百九十五兩六錢三分三釐一毫

一支心紅紙張銀五百八十兩三錢八分三釐八毫
一支油蠟銀六百五十兩二錢六分六釐九毫
一支健丁同治十三年七月初一日接給起截至光緒三年十二月底止口糧銀一萬四千六百四十二兩一錢六分六釐七毫
一支看管船槽匠丁同治十三年七月初一日接給起截至光緒三年十二月底止工食雜費共銀一萬四千四百八十兩五錢三分三釐三毫
一支廣儲所盤運料件運夫同治十三年七月初一日接給起截至光緒三年十二月底止口糧銀八千三百四十九兩四錢二分
一支儲材所運送木料排工同治十三年七月初一日接給起截至光緒三年十二月底止口糧銀四千一百一十四兩八錢
一支購存用剩銅鐵木料煤炭價腳銀一萬六千九百五十四兩四錢二分一釐七毫
一墊支各輪船光緒三年四月起截至十二月底止薪費銀一十二萬三千三百八十五兩

一錢九分四釐三毫
一墊支各輪船光緒元年十月起截至三年十二月底止領用煤炭價腳銀六萬三百六十四兩六錢六分七釐九毫
一墊支修理各輪船光緒元年十月起截至三年十二月底止工料銀六萬五千三百四十二兩四錢九分一毫
以上共支銀一百六十三萬三千五百三十二兩八錢六分二毫九絲七忽九微
實在
存銀五萬二千一百四十二兩二錢七分九釐五毫
又存鋼礮價腳銀八千一百二十五兩四錢五分四釐
統共應存銀六萬二百六十七兩七錢三分三釐五毫

恭謝

天恩並報明就醫江蘇起程日期摺

奏爲恭謝

天恩並報明微臣就醫江蘇起程日期恭摺仰祈

聖鑒事竊臣於六月二十三日承准軍機大臣字寄

光緒五年六月初一日奉

上諭吳贊誠著再賞假兩箇月准其前赴江蘇就醫一俟病體稍痊即馳回工次以重職守船政事關緊要兼之海防事務甚繁何璟李明墀務當督飭道員吳仲翔悉心經理遇有緊要公務隨時稟商妥辦毋稍疏虞等因欽此臣當即恭設香案望

闕叩頭謝

恩伏念臣才庸識陋深荷

生成因病狀之侵尋方書徧檢顧假期之屢展

温旨優容感激涕零不能自已現調任湖南撫臣李明墀業經起程臣扶病前赴省門與督臣何璟會晤將現在應辦工程事宜逐一詳告督臣亦親來工所察看一過所有船工料件存欵均點交道員吳仲翔接收妥辦其總理船政木質關防並交該員敬謹封藏遇有應奏事件飭其稟

請督臣代奏以重廠務臣於七月初四日乘輪船前赴江蘇就醫儻蒙

聖慈福庇得以速痊仍當恪遵

諭旨馳回工次藉盡犬馬圖報之私所有微臣起程日期並感激下忱謹繕摺恭謝

天恩附驛陳明伏乞

皇太后

皇上聖鑒訓示謹

奏

光緒五年七月初四日拜發奉

旨知道了欽此

康濟鐵脅輪船歸招商局領用片

再前因養船經費支絀康濟鐵脅立機商船下水後經臣函商沈葆楨飭歸上海招商局備充攬運茲據該局道員唐廷樞稟稱現在南北洋商運日漸開拓該船裝貨頗多堪以領用惟該局商船配設水手僅十餘名桅帆須爲減輕藉省人力其上層船面搭客艙位並須充拓請由該局派人前來察看斟酌添造等情除批飭趕緊派員來工商辦一俟工竣卽予承領駛赴滬局應用外理合會同兩江總督臣沈葆楨福州

將軍臣慶春閩浙總督兼署福建巡撫臣何璟附片陳明伏乞

聖鑒謹

奏

同日拜發奉

旨知道了欽此

船政奏議彙編卷十七終

船政奏議彙編卷十八目錄　黎兆棠一

船政奏議彙編卷十八　黎兆棠一

恭謝
天恩摺
奏爲恭謝
天恩仰祈
聖鑒事光緒五年十月二十八日在籍准閩浙總督
兼署福建巡撫臣何璟咨開光緒五年九月初
八日内閣奉
上諭前直隸按察使黎兆棠著賞給三品卿銜督辦
福建船政事宜欽此到臣當即恭設香案望

闕叩頭謝
恩訖竊臣粤東下士知識毫無由部曹而疊晉臬司
因病劇而請假回籍涓埃未報負疚方深茲復
渥荷
恩綸畀以重任伏念卿銜爲清華品秩船政實水師
要工現當籌辦海防之時關係尤鉅如臣檮眛
深懼弗勝惟有勉竭駑駘勤加督飭遇有要務
隨時與將軍督撫臣暨南北洋大臣和衷商辦
以期仰答
鴻慈於萬一所有微臣感激下忱理合繕摺具奏伏
乞
皇太后
皇上聖鑒再此摺係借用兩廣督臣關防拜發合併
聲明謹
奏
光緒五年十一月初二日拜發奉
旨知道了欽此

請假兩箇月醫調片

再臣前在軍營得有怔忡不寐之症去年因舊病復發請假回籍年餘以來加意調治怔忡之病雖痊惟從前心血過虧血不養肝以致兩脅掣痛夜不成寐非再加調養驟難復元伏念時事多艱臣具有天良詎敢稍耽安逸但恐抵閩之日事務紛煩舊病增劇轉多貽誤惟有籲懇

天恩賞假兩箇月俾臣趕緊醫治假滿之日即行航海赴閩斷不敢再事緩延致滋咎戾理合附片具陳伏祈

聖鑒訓示謹

奏

同日拜發奉

旨黎兆棠著賞假兩箇月假滿即行赴閩毋再延緩

欽此

假滿赴閩恭報到工任事日期摺

奏爲微臣假期已滿力疾赴閩恭報到工任事日期叩謝

天恩仰祈

聖鑒事竊臣棠

恩派辦福建船政事宜於光緒五年十一月初二日在籍具摺謝

恩因病未痊請假兩月調治當經附片具陳在案假滿日病雖未痊不敢再事延緩當即由籍起程行至番禺地方閱看前兩廣督臣劉坤一所買

船隝因前福建撫臣丁日昌曾任船政繞道揭陽商詢製造及海防事宜二月二十日行抵馬尾工次由船政提調呈送木質關防一顆臣當於二月二十一日恭設香案望

闕叩謝

天恩敬謹任事伏念臣賦質庸愚於泰西製造之法向未學習仰荷

聖慈起之衰病之中畀以重大之寄誼當力圖報稱勉效涓埃查船政開創十有餘年規模已具提調吳仲翔忠誠精核經理周詳局中幸有此人

諸事均能就緒出洋學徒已有學成而歸者新式快船亦能仿製臣惟有凛遵
諭旨精益求精密益加密程規悉仍其舊製造則究其新務使費不虛縻功歸實用以期仰答
高厚鴻慈於萬一所有微臣行抵工次任事即謝
天恩緣由謹專摺由驛馳陳伏乞
皇太后
皇上聖鑒訓示再前撫臣丁日昌精神尚好惟足疾未愈步履維艱據稱多方調治一俟稍能行走即出圖報效等語合併附陳謹

奏

光緒六年二月二十五日拜發奉
旨知道了所有製造事宜卽著認眞講求務臻精利可用方爲妥善欽此

會奏仿造快船請
飭南洋協撥銀兩以爲經始之費片

再李鴻章原摺內稱閩廠現有快船圖式及出洋學生陳兆翱等精通製法終以費絀未能仿造比已函商黎兆棠屬其察酌情形專造快船此項工竣遲速與購之外洋者相等而與鐵甲船相輔並行爲用甚大等語查光緒二年九月間吳贊誠准李鴻章咨福建所造各船除揚武外均係舊式現與日意格酌議應於鐵甲船未購之先配造巡海快船四隻以備將來購成鐵

甲可以練成一軍請由廠分年籌造當經吳贊誠飭日意格向法國地中海船廠購齊該船各項圖式核算全船噸載二千一百五十二噸輪機水缸升常火得二千四百匹馬力每點鐘行十五迷盧升大火得二千八百匹馬力每點鐘行十五迷盧有半船身長二百五十二英尺寬三十二英尺有奇以鐵板爲皮再加木皮二層頭尾可配十二噸礮各一尊前向左右耳臺各配七噸礮一尊後向左右耳臺各配四噸半礮二尊左右兩舷分配四噸半礮四尊船頭水綫

之下設碰船尖鋒以之衝擊敵艘洵屬堅鋭經
出洋學生陳兆翱魏瀚等按圖測估由廠製造
工料一切約需銀四十萬兩以外開辦伊始必
須預籌二十萬兩因關稅積欠甚鉅措手無從
五年十一月間奉
上諭福建製造各船必精益求精不可蹈常襲故李
鴻章此次定購之快船如能仿造始裨實用著該
管大臣實力整頓逐漸圖功等因欽此臣兆棠抵
工後悉心詢考該船樣新且固亟應勉力仿製
諸生學而有得並可藉此以效其能惟是經費
之匱實倍往常正在晤商設措間復緣購辦柏
爾來鐵甲一船集欵特急議從海關應解臺防
並船政項下權提二十萬兩湊付而快船之役
更屬空拳赤手無以爲匠作先臣等伏念船政
與海防相表裏既得鐵甲又必佐以快船始堪
訓練成軍宣威海上且此舉通籌海疆全局閩
省非敢據以自備當此庫欵奇絀不能不借助
鄰封可否仰懇
聖慈俯念要工
飭下南洋大臣協撥銀二十萬兩以爲經始之費舟

師幸甚大局幸甚謹合詞附片陳明伏乞
聖鑒訓示謹
奏
光緒六年三月二十三日拜發奉
旨該部議奏欽此

第四號鐵脅輪船下水並廠務情形摺

奏爲第四號鐵脅輪船下水並廠務情形恭摺具
陳仰祈
聖鑒事竊第四號鐵脅船去年六月初七日安上龍
骨業經前督辦船政吳贊誠
奏明在案本年九月初旬據船廠委員報稱船身
自鑲鈴灰艌以及包裹銅板各工一律告竣輪
機亦已上船請諏吉下水臣謹擇是月十九日
致祭
天后江神土神船神將船推移下水擬名之曰澄慶

船內配七百五十匹馬力康邦臥機氣鼓在水
線之下船身係仿兵船造法長短廣狹及喫水
尺寸均與威遠超武二船相同所有鐵脅鐵樑
鐵牽鐵龍骨闗飾及輪機水缸均係華工自造
臣現飭廠員將該船水缸桅杆銅管煤艙帆纜
等件趕配完備以期早日試洋方今泰西以巡
海快船爲新式仿造經費續經戶部議奏在於
南洋添收各關稅銀項下照數撥解荷蒙
旨准經臣咨准劉坤一咨覆將粵海關欠解南洋第
七十六七十七兩結約銀六萬三千餘兩匯解

閩廠復經臣咨催粵海關監督俊啓趕解並派
員前往守提惟快船經始購備材料約銀二十
萬兩南洋指撥此數僅得三分之一不敷尚鉅
容再竭力催提設法鳩集以期舉辦臣到工以
來目擊支絀情形已將各廠可併者併之工匠
可裁者裁之澄慶輪船試洋後快船如因費絀
酌量撙節積有成數再行仿造前後學堂聽候
挑選出洋各學生經臣迭次考校尚不乏雋穎
之才惟學駕駛者於帆纜槍礮諸法尚待歷練
當派出洋學成回華學生蔣超英帶上揚武輪

船勤加練習學製造者仍令在堂温習舊業以
洋教習德尚課之近因德尚抱恙撤回改派洋
教習邁達教導數月以後各生學業當更有進
遣之西行派入官廠官學庶理法素諳領會較
易後學堂新班學生洋教習本係嘉樂爾管輪
洋教習本係穆勒登四月間嘉樂爾病故穆勒
登續因限滿而歸現延駕駛洋教習曰鄧羅管
輪洋教習曰理格月薪各銀二百兩均於八月
二十七日到工所有學生人品學問臣當嚴加
考察並激勵洋師盡心訓迪期副

聖主作養人材之至意所有第四號鐵脅船下水並
廠務情形理合會同兩江總督臣劉坤一福州
將軍臣穆圖善閩浙總督臣何璟福建巡撫臣
勒方錡恭摺由驛四百里馳陳伏乞
皇太后
皇上聖鑒訓示謹
奏
光緒六年九月二十六日拜發奉
旨知道了欽此

第四號澄慶鐵脅輪船試洋摺
奏爲澄慶輪船出洋恭摺仰祈
聖鑒事竊臣於本年九月二十六日業將第四號鐵
脅澄慶輪船下水緣由
奏明在案十一月中旬據船廠委員報稱澄慶船
上應需之桅杆帆纜煤艙以及銅管等工一律
配置完竣業就隝前試輪堪以定期試洋當派
出洋回工學生留閩補用守備蔣超英上船管
駕是月二十八日臣親督該駕弁五點鐘升火
八點鐘展輪出芭蕉至白犬洋行駛數周申刻
回工順風順潮一分鐘輪轉九十五週每閱時
約行八十里頂風頂潮一分鐘輪轉九十一週
每閱時約行六十里船身堅固機器精良帆纜
一切均各如法查五年六月間前兩江督臣沈
葆楨以江防需船請予調撥經吳贊誠
奏明將續造第四號鐵脅兵船撥往駐防現該船
業已出洋所有水手升火及舵工礮勇等項已
飭該駕弁按照超武輪船名額募充一俟操練
稍熟即行飭赴江南至礮位原擬配英國安蒙
士唐六寸口徑七寸口徑及七十磅彈者各一

尊四十磅彈者二尊現因經費支絀艱於籌辦
應由江南自行購配用資捍衛所有澄慶輪船
出洋緣由理合會同兩江總督臣劉坤一福州
將軍臣穆圖善閩浙總督臣何璟福建巡撫臣
勒方錡恭摺由驛四百里馳陳伏乞
皇太后
皇上聖鑒訓示謹
奏
光緒六年十二月十八日拜發奉
旨知道了欽此

約估製造防守長江小輪船工料片

再臣欽奉
上諭彭玉麟奏請趕造十七八丈長之小兵輪十隻
此船重在頭梢兩礮亦酌配邊礮以輔之以爲江
陰以下海防之用著會商妥辦等因欽此並准彭
玉麟繪具船圖由劉坤一咨送到閩臣經飭出
洋回工監造船身學生魏瀚監造輪機學生陳
兆翱李壽田按圖推算將全船頓儎應配馬力
約估工料銀數逐一開單該學生等並另擬英
尺十五丈長兵輪圖說呈送前來臣當即咨請
劉坤一與彭玉麟會商核覆一俟定議興造何
項之船並所需經費江南籌有的欵即行動工
以資江防理合會同兩江總督臣劉坤一福州
將軍臣穆圖善閩浙總督臣何璟福建巡撫臣
勒方錡附片陳明伏乞
聖鑒訓示謹
奏
同日拜發奉
旨知道了欽此

侍衛佟在棠留廠學習片

再漢頭等侍衛佟在棠前因丁憂後措資來閩值船廠試造水雷留該侍衛在廠學習頗有悟

入處臣察該侍衛年富力强勤慎精細擬留在船廠學習水雷洋操以備異日干城之選而臣亦得收指臂之助理合附片請

旨伏祈

聖鑒訓示謹

奏

同日拜發奉

旨著照所請該衙門知道欽此

船政提調吳道給咨送部引見片

再二品銜分發補用道吳仲翔在工多年歷著勞績經沈葆楨疊次

奏請獎勵並委充船政提調在案光緒五年六月間經吳贊誠於鐵脅船仿造功成案內以該員留心海防通曉洋務堪勝海疆繁缺道員之任

奏請

交軍機處存記奉

旨留中欽此茲據該員以工程稍鬆呈請赴部引見前來臣查該員吳仲翔穩練精核不避嫌怨曾經

奏保堪勝海疆道缺現當時事需材自應給咨送

部聽候帶領引

見應如何量材錄用之處出自

天恩謹附片陳明伏乞

聖鑒訓示謹

奏

同日拜發奉

旨知道了欽此

出洋限滿生徒學成並華洋各員襄辦肄業事
宜出力分別請獎摺

奏爲出洋限滿生徒學均有成並華洋各員襄辦肄業事宜始終出力懇
恩分別獎勵以昭激勸恭摺仰祈
聖鑒事竊查閩省船政選派學生二十六名藝徒九名隨同李鳳苞日意格並斯恭塞格先後出洋前赴英法兩國學習駕駛製造礦務其先經限滿學成回華之魏瀚陳兆翱劉步蟾林泰曾等四名經臣等會摺

奏請獎勵又在洋病故之梁炳年亦經吳贊誠
奏卹各在案茲查赴英學習駕駛學生蔣超英林穎啓江懋祉黃建勳方伯謙林永升葉祖珪薩鎮冰嚴宗光何心川等十名均係光緒三年三月到洋蔣超英上狄芬司鐵甲船黃建勳赴美利堅上伯里洛芬兵船林穎啓江懋祉赴西班牙上愛勤考特兵船均能與泰西將士日夕講求五年秋間各生艙上課程屆滿李鳳苞延水師礮隊教習蘇萃授以礮壘軍火諸學又延美國水雷官馬格斐授以水雷電汽諸學蔣超英所造最深林穎啓江懋祉黃建勳亦能專心學習方伯謙薩鎮冰林永升葉祖珪均入格林尼次官學先習行船理法薩鎮冰旋上們那次兵船林永升上馬那杜兵船方伯謙先上恩延甫兵船嗣調士班登兵船葉祖珪先上孛來克珀林兵船嗣上英芬昔孛耳兵船均經周歷地中海大西洋美利堅阿非利加印度各洋於行軍布陣及一切戰守之法無不諳練本年三月已屆三年期滿經李鳳苞咨送回工嚴宗光先在抱士穆德肄業隨入格林尼次官學考課屢列

優等又赴法游歷後復回該官學考究數理算學氣化學及格致駕駛鎔鍊鎗礮營壘諸學五年六月吳贊誠以工次教習需才調回充當教習何心川先入格林尼次官學習測量格致等事復上菩提西阿兵船巡防阿非利加西南各洋時值英兵有事於租魯紮船於租魯海口該生在船親閱戰事因受瘴抱病經李鳳苞先令回華此駕駛學生學業有成之實在情形也赴法學習製造者學生則鄭清濂楊廉臣吳德章林怡游李壽田陳林璋等六名藝徒則郭瑞珪

劉茂勳裘國安陳可會等四名均三年三月到洋藝徒葉殿鑅張啓正四年十一月到洋鄭清濂陳林璋入削浦官學吳德章楊廉臣林怡游李壽田入多郎官廠所習皆製造船身輪機理法照章兩年卒業削浦合考鄭清濂第一楊廉臣吳德章次之林怡游李壽田陳林璋又次之經該學監院各給堪勝總監工官憑又游歷法國比國英國船廠輪機廠暨鎔鍊鋼鐵官民各廠以資考證本年三月限滿時李鳳苞以鎗礮爲防海要務留吳德章楊廉臣赴盧愛里並布

呵士水師陸軍各礮廠專習鋼鐵各礮鄭清濂林怡游赴汕答佃洋鎗官廠專習驗料鍊造諸法凡四閱月而業成船機鎗礮理法相通故事半而功倍也藝徒之在白海士登官學者郭瑞珪劉茂勳裘國安均列優等劉茂勳又在多郎隨同總監工古新閱看官廠郭瑞珪裘國安經總監工薩巴里講授汽缸之學陳可會葉殿鑅考列監工學堂張啓正考列匠首學堂該學考校生徒算學等項陳可會算繪全船圖表葉殿鑅練習輪機合攏事宜張啓正推算船身均得

入選吳德章楊廉臣林怡游李壽田陳林璋郭瑞珪劉茂勳裘國安先後回工鄭清濂經李鳳苞仍留在洋估計鐵甲船價值及繪算一切陳可會葉殿鑅張啓正留習魚雷雷艇此製造生徒學業有成之實在情形也赴法學習礦務者學生則林慶昇池貞銓張金生羅臻祿林日章五名三年三月到洋藝徒則王桂芳任照吳學鏘等三名四年十一月到洋林慶昇池貞銓張金生林日章先入科魯蘇民廠羅臻祿入汕答佃官學四年李鳳苞將各該生統送巴黎礦務

學堂學習期滿大考林慶昇爲最池貞銓次之張金生羅臻祿林日章又次之各給堪勝礦務總監工官憑李鳳苞又帶往德國之哈次游歷該處礦山薈萃開採之精實爲歐州之冠各該生與洋員研求淘洗鎔鍊均能得其要領王桂芳任照吳學鏘前在閩廠習攻金之工到法後先在汕薩穆鐵廠一年專習鍊鐵鎔鋼嗣復派入賽隆藝學習算輪機及分化試驗五金等事課終大考均列優等此礦務生徒學業有成之實在情形也襄辦肄業華洋各員文案則陳季

同專譯法文函牘兼習律例公法頗稱熟悉繙譯則羅豐祿隨同李鳳苞諮商英國海部考證製造又進涇士書院兼習化學政治幫辦洋員斯恭塞格襄同日意格調置生徒料理妥洽洋員高氏耶管理支應收掌文案始終不懈此華洋各員在事出力之實在情形也臣等查李鳳苞日意格率領生徒出洋能與英法海部互相歘洽使生徒得入官學官廠並上各兵船練習考證畢傳其藝洵屬調度有方各生徒均仰體
國家作人之意隨地考求底於成就隨員等在事三年馳驅數國尚能兼習各學均屬可嘉除李
鳳苞日意格據稱受
恩深重不敢仰邀
獎敘外所有各生徒及華洋各員合無仰懇
天恩俯准分別獎勵以資鼓舞而勸將來謹開具清
單呈候
宸裁理合會同福州將軍臣穆圖善福建巡撫臣勒方錡恭摺具陳伏乞
皇太后
皇上聖鑒訓示再此摺係臣兆棠主稿合併聲明謹

奏
光緒六年十二月十八日拜發奉
旨蔣超英等均著照所請獎勵該衙門知道單併發
欽此

船政奏議彙編卷十八終

船政奏議彙編卷十九目錄　黎兆棠二

船政奏議彙編卷十九

閩廠製造輪船支用各欵查照成案開單核實　黎兆棠
報銷摺

奏爲閩廠製造輪船支用各欵查照成案開單核
實報銷恭摺仰祈
聖鑒事竊閩廠製船各欵自同治五年十一月十七
日起截至光緒三年十二月底止動支閩海關
洋稅等欵業經沈葆楨吳贊誠先後彙數分欵
開具簡明清單奏奉
諭旨並經戶部核復准銷在案茲核閩廠自光緒四

年正月接造起截至五年十二月底止計湊成
康邦卧機鐵脅兵船一號曰超武製成康邦立
機鐵脅商船一號曰康濟起造康邦卧機鐵脅
兵船一號曰澄慶皆七百五十匹馬力用煤較
省行駛尤靈水線以下鬬鯨凸出取其利於衝
突泰西之新法也又向法國地中海訪購二千
四百匹馬力巡海快船圖表全副凡二百四十
幅用資仿造又湊成七百五十匹馬力立機一
具以備續配商船添製礮鐵輪架煉銅機器各
一副四十匹二十五匹馬力水缸各一座以供

廠用藝童則隨時選充洋師則仍留課督出洋肄業者則寬籌經費以廣甄培藝成回華者則優予俸薪以資指臂他如歲修廠所購補器具添置書籍在在需費款目繁多實難枚舉此製造一切之情形也閩海關洋稅應解船政者經戶部議奏自光緒二年正月爲始六成月撥銀三萬兩四成月撥銀二萬兩今核製船經費自光緒四年正月起截至五年十二月底止上屆報銷案內存銀五萬二千一百四十二兩二錢七分九釐五毫又存用剩銅鐵木煤各料價腳

銀一萬六千九百五十四兩四錢一分一釐七毫又存鋼礮價腳銀八千一百二十五兩四錢五分四釐閩海關六成洋稅月奉撥銀三萬兩自光緒四年正月起截至五年十二月底止連閏計二十五箇月內除四年分七八九十十一十二凡六箇月五年分七八九十十一十二凡六箇月共一十二箇月欠解外實一十三箇月共收銀三十九萬兩又四成洋稅月奉撥銀二萬兩自光緒四年正月起截至五年十二月底止連閏計二十五箇月共收銀五十萬兩核計

管收共銀九十六萬七千二百二十二兩一錢五分五釐二毫內除造船購器修廠贍工等項支用銀五十四萬二千八百五十二兩一錢七分八釐九毫又墊支光緒四五兩年分各輪船薪糧銀二十二萬九千七百二十八兩七錢五分三釐七毫各輪船煤炭價腳銀五萬三千一百九十七兩九錢一分七毫修理輪船工料銀七萬一百一十五兩九錢九分二釐六毫統共支銀八十九萬五千八百九十四兩八錢三分五釐九毫實存銀六萬三千二百一兩八錢六

分五釐三毫又存鋼礮價腳銀八千一百二十五兩四錢五分四釐統共應存銀七萬一千三百二十七兩三錢一分九釐三毫查輪船薪糧煤價修費船政第一次報銷係另歸養船項下開報沈葆楨奏

命巡臺時奏明自同治十三年四月十六日起將所撥養船經費併入臺防項下各船薪糧亦歸臺防項下支銷奉

旨該衙門知道欽此光緒五年間吳贊誠辦理船政第二次報銷因各船薪糧等欵除由臺防本欵

支給外截至三年十二月底止船政墊支銀兩
無款劃還彙入製船經費單內奏請作正開銷
業奉戶部覆准在案所有光緒四五兩年分稅
釐局奉撥養船之項應歸臺防造報者仍復批
解不前各船應領之項除將解到養船銀兩儘
數支給並赴臺赴廈就於差次支領外製船項
下尚墊支各船薪糧煤價修費三款共銀三十
五萬三千餘兩現在養船經費涓滴無存莫從
支收歸款自應援照成案將墊支前項銀兩歸
入本案作正開銷俾免款項虛懸以昭核實此

支銷一切之情形也竊維製船經費絲毫均關
國帑吳贊誠事必躬親力求撙節在事員紳亦皆
恪守舊章潔身自愛臣核此兩年中動支各款
均係實用實銷惟是器械之洪纖不一機竅之
奧折尤多仿製之初一物或經數廠既成之後
一器或連數宗錯綜參差實難剖析若必壹意
鉤稽誠有如沈葆楨前案報銷疏中所言雖監
工員紳數十人把筆其側亦無可如何者所有
光緒四五兩年分用款惟有及時截報免致日
久糾纏謹援照歷屆成案將製船經費截清年

月據實開具簡明清單恭呈
御覽伏懇
天恩逾格准予開銷以清積牘至單內存剩銅鐵木
料煤炭等款銀兩留備六年正月以後船工撥
用合並聲明除咨總理衙門戶部工部查照外
理合會同兩江總督臣劉坤一福州將軍臣穆
圖善閩浙總督臣何璟福建巡撫臣勒方錡恭
摺具陳伏乞
皇太后
皇上聖鑒訓示謹

奏
光緒六年十二月十八日拜發奉
旨該部知道單併發欽此

謹將製船經費自光緒四年正月初一日接造
起截至五年十二月底止收支各欵數目合就
造具四柱簡明清單恭呈
御覽
謹開
舊管
截至光緒三年十二月底止流存銀五萬二千
一百四十二兩二錢七分九釐五毫
流存鋼礟價腳銀八千一百二十五兩四錢五
分四釐

流存用剩銅鐵木煤各料價腳銀一萬六千九
百五十四兩四錢二分一釐七毫
新收
一收閩海關解四成洋稅自光緒四年正月起
每月奉撥銀二萬兩截至五年十二月底止
連閏計二十五箇月共銀五十萬兩
一收閩海關解六成洋稅自光緒四年正月起
每月奉撥銀三萬兩截至五年十二月底止
連閏計二十五箇月內除四年分七八九十
十一十二計六箇月又五年分七八九十十

一十二計六箇月共一十二箇月欠解外實
一十三箇月共銀三十九萬兩
管收共銀九十六萬七千二百二十二兩一錢
五分五釐二毫
開除
一支製造湊成第二十一號七百五十匹實馬
力鐵脅超武兵輪船一號並應配帆桅舢板
六號連前共湊成工料十分暨衣旗傢伙器
具工料銀二十萬四百六十九兩九錢五分
九釐三毫內除光緒三年十二月以前造報

銀九萬五千八百六十七兩三錢七分八釐
三毫又撥用前屆報銷案內購存七百五十
匹實馬力康邦水缸一副價腳銀一萬四千
四百六十八兩一錢四分六釐七毫外計撥
用前屆報銷案內存剩銅鐵木煤各料價腳
銀一萬六千九百五十四兩四錢二分一釐
七毫本案湊用工料銀七萬三千一百八十
兩一分二釐六毫共銀九萬一百三十四兩
四錢三分四釐三毫
一支製造第二十二號七百五十匹實馬力鐵

脅康濟商輪船一號並應配帆桅舢板五號小舢板一號暨傢伙器具工料銀二十一萬一千七百四十六兩八錢六分八釐九毫內除撥用前屆報銷案內製造七百五十匹實馬力康邦水缸胚一副工料銀一萬一千二百六兩二錢六分七釐四毫又購存七百五十匹實馬力康邦立輪機一副價腳銀二萬四千四百八十八兩二錢三分九釐七毫外計本案湊用工料銀一十七萬六千五十二兩三錢六分一釐八毫

一支製造未成第二十三號七百五十匹實馬力鐵脅澄慶兵輪船一號除桅擔帆纜舢板未動工外船身輪機水缸已動用工料十分之二計共銀三萬四千六十九兩九錢四分八毫

一支製造湊成未合攏七百五十匹實馬力康邦立輪機一副除大車軸通軸筒車軸托束軸托四葉輪小馬力抽水機水缸配用物件未造外併仿製木模計共工料銀二萬七千二百八十七兩五分八釐七毫內除光緒三

年十二月以前造報銀九千七百七兩四錢八分一釐一毫外本案湊用工料銀七千五百七十九兩五錢七分七釐六毫

一支購買巡海快船船身機器圖表價值銀三千九十一兩九錢八分八釐九毫

一支勻撥出洋肄業學生第二第三兩年經費銀二萬七千三百二十二兩三錢一分四釐四毫

一支續派出洋肄業藝徒第二年經費銀三千八百六十八兩七分六釐九毫

一支添造拉鐵廠水缸爐工料銀二千七百三十九兩七錢二分二釐四毫

一支修理各廠火爐火溝風溝等項工料銀二千七百一十兩五錢四分四釐八毫

一支修理各廠屋工料銀三百四十六兩三錢九釐六毫

一支添製各廠機器工料銀七千八百一十八兩六錢一分四釐二毫

一支歲修各廠機器工料銀五千二百七十五兩七錢三分五釐六毫

一支購製各廠所傢伙器具工價銀一萬五百九十五兩八分九釐
一支洋員匠光緒三年十二月三十日接給起截至五年十二月二十日止薪費銀五萬一千二百九十一兩九錢九分四毫
一支洋員匠路費借辛銀五千二百九十四兩六錢八分六釐六毫
一支洋員匠獎賞邺賞銀一千六百八十七兩二分五釐九毫
一支員紳光緒四年正月初一日接給起截至五年十二月底止薪水銀三萬一千四百八十九兩三錢九分九釐九毫

一支肄業藝成回華學生光緒五年十月初一日起截至十二月底止薪水銀五百兩九錢四分五釐四毫
一支前學堂藝生童光緒四年正月初一日接給起截至五年十二月底止贍養飯食共銀九千五十九兩一錢八釐八毫
一支後學堂藝生童光緒四年正月初一日接給起截至五年十二月底止贍養飯食共銀七千六百三十六兩二錢二分四釐三毫
一支繪事院畫童光緒四年正月初一日接給起截至五年十二月底止贍養飯食共銀三千四百一十一兩八分三釐三毫
一支學習管輪藝童光緒四年正月十九日起截至五年十二月底止贍養飯食共銀五千八百二十三兩三錢四分二釐一毫
一支學習電線藝童光緒四年正月初一日接給起截至五年十二月底止贍養飯食共銀六百九十二兩四錢一分六釐七毫

一支藝徒光緒四年正月初一日接給起截至五年十二月底止工食銀五千一百五十八兩八分
一支續派出洋肄業藝徒光緒四年正月初一日接給起截至五年十二月底止贍養銀一千七百八十九兩九分九毫
一支前後學堂繪事院管輪各生童獎賞銀七百三十五兩五分四釐五毫
一支購買學堂繪事院藝圃書籍器具價腳銀四千三十一兩四錢七分四釐五毫

一支各生童盤費銀四百三十兩二錢五分四
釐五毫
一支書役光緒四年正月初一日接給起截至
五年十二月底止工伙銀三千三百一兩三
錢二分
一支心紅紙張銀三百四十四兩四錢
一支油蠟銀三百八十一兩三錢
一支健丁光緒四年正月初一日接給起截至
五年十二月底止口糧銀七千三十七兩
一支看管船槽匠丁光緒四年正月初一日接

給起截至五年十二月底止工食雜費銀八
千八百七十兩二錢二分六釐七毫
一支廣儲所盤運料件運夫光緒四年正月初
一日接給起截至五年十二月底止口糧銀
四千三百三十九兩四錢四分
一支儲材所運送木料排工光緒四年正月初
一日接給起截至五年十二月底止口糧銀
一千七百一十一兩四錢四分
一支購存用剩銅鐵木料煤炭價腳銀一萬六
千二百三十二兩一錢六分四釐一毫

一墊支各輪船光緒四五兩年分薪費銀二十
二萬九千七百二十八兩七錢五分三釐七
毫
一墊支各輪船光緒四五兩年分領用煤炭價
腳銀五萬三千一百九十七兩九錢一分七
毫
一墊支修理各輪船光緒四五兩年分工料銀
七萬六千九百八十九兩七錢九分一毫內
除撥用前屆報銷案內已製成未合攏八十
匹馬力水缸一副工料銀六千八百七十三

兩七錢九分七釐五毫外計本案實用工料
銀七萬一百一十五兩九錢九分二釐六毫
以上共支銀八十九萬五千八百九十四兩八
錢三分五釐九毫
實在
存銀六萬三千二百一兩八錢六分五釐三毫
又存鋼礮價腳銀八千一百二十五兩四錢五
分四釐
統共應存銀七萬一千三百二十七兩三錢一
分九釐三毫

船廠猝被風災各廠所塌倒損傷亟籌修補情
形摺
奏爲船廠猝被風災各廠所塌倒損傷亟籌修補
情形恭摺仰祈
聖鑒事竊本年閏七月初一日夜間驟起暴風初二
日終朝怒吼雨勢如潮雲垂水立至戌亥之間
風力尤猛雨聲更沸江潮方長比向時頓長數
尺直淹至臣署二堂階下廠中各所多被淹浸
幸初三日風勢漸減臣隨飭員紳詳查廠所受
傷情形據報學堂洋樓前圍牆坍倒數丈輪機
廠棧房盡被吹倒料件棧房牆壁坍塌截鐵廠
屋瓦吹落殆盡拉鐵廠棧房瓦蓋飛去幾半水
缸廠鐵棧房概行傾倒其雜料房傢伙房銅棧
房屋瓦均損壞甚多水龍房亦倒塌鐵脅廠棧
房瓦傷損大半礮廠亦被水淹福靖後營兵房
倒塌八間健丁營棚屋概被打倒甎灰廠煉鐵
亭全座吹塌東考工所塌左右圍牆二面西考
工所匠棚全壞廣儲所椽瓦門窗牆壁均損壞
此外前後學堂鑄鐵廠藝圃皮廠船廠帆纜廠
船臺船亭木料亭以至模房轆餅房舢板廠等

所及火藥庫圍牆均各有損壞幸停泊工次各
輪船以及馬力機器均無損傷匠役均皆無恙
查閩省夏秋間向患海颱此次疾風怒雨傾山
倒海而來勢甚猛烈土人亦稱多年所未有船
廠濱臨大江受風尤烈幸各廠料件多是銅鐵
雨濕尚無大礙臣一面飭各員弁開單召匠勘
修次第整理務期各安棲息率作興事上慰
厪懷所有廠所猝被風災一面估修大概情形謹會
同南洋大臣兩江總督臣劉坤一福州將軍臣
穆圖善閩浙總督臣何璟福建巡撫臣岑毓英
合詞恭摺由驛具陳伏乞
皇太后
皇上聖鑒訓示謹
奏
光緒七年閏七月十一日拜發奉
旨知道了卽著確實勘估一律修補以資工作欽此

派道員呂耀斗充船政提調片

再船政衙門聚員紳將弁學生匠徒數百人於咫尺之地提調一員非老成端謹不足以資表率而孚衆望前提調吳仲翔已請咨北上亟宜遴員查有指發直隸試用道呂耀斗穩練端方才識通達臣因函商北洋大臣李鴻章亦稱其堪收臂助鎮式浮囂現已檄調呂耀斗到閩委充提調是否有當伏乞

聖鑒訓示謹

奏

同日拜發奉

旨知道了欽此

巡海快船開工日期並籌辦一切情形摺

奏為報明巡海快船開工日期並將籌辦一切情形恭摺具陳仰祈

聖鑒事竊查巡海快船之用與鐵甲相輔而行亟應勉力仿製始堪訓練成軍宣威海上臣上年九月奏明酌量撙節積有成數再行仿造在案現逐漸裁併略有嬴儲雖不敷尚鉅未便再事遲緩當飭出洋學生將二千四百匹馬力快船圖說摹繪繙譯分發各廠另派洋商博那飛赴暹羅采辦方彎梄木約四萬三千五百二十五幅

地第一次已到一萬二千四百六十一尺四寸六分八釐統計全船需用鐵料購之外洋者十居六七製自本廠者十之三四所有鐵中汽鼓並鐵套筒鐵後汽鼓並鐵套筒鐵汽餅桿頭鐵汽餅轉輪軸轂鐵蓋輪機鐵座汽餅桿頭鐵滑軌均由鑄鐵拉鐵兩廠陸續製備其餘廠中未製料件先由外洋購買將來拓出廠地再行仿造現由外洋運到龍骨等九十餘件立飭趕辦前後鬬艌鐵槽鐵板擇於九月十八日親率在事員紳與諸匠等捧龍骨安上船臺惟庀材選

料前經函託駐德大臣李鳳苞一面飭出洋監造鐵甲學生逐件驗收速令寄運一面飭廠匠接製車軸筒及後向之鐵槽鐵板脊座等件加工催趲奮力興作查快船經費經戶部議奏由南洋協撥二十萬兩荷蒙

俞允經臣咨准兩江督臣劉坤一咨復先將粵海關欠解南洋之六萬三千餘兩匯解閩廠復經臣迭次咨催並派員赴粵守提迄今一年之久粵海關先後僅解到三萬兩尚短三萬三千餘兩如此支絀情形現工程喫緊采辦諸料絡繹而來待支孔急將何以應之應請

旨飭下南洋將議准撥之二十萬兩除收到粵海關劃付三萬兩外尚短十七萬兩務設法分批籌解方免耽延要工臣不勝屏營迫切之至謹將開造巡海快船興工日期並一切情形會同南洋大臣兩江總督臣劉坤一福州將軍臣穆圖善閩浙總督臣何璟福建巡撫臣岑毓英合詞恭摺由驛四百里具陳伏乞

皇太后

皇上聖鑒訓示遵行謹

奏

光緒七年九月十八日拜發奉

旨另有旨欽此

萬年清輪船修改商船式樣片

再萬年清輪船製於同治六年成於八年爲開設船政首創之船歷久未修諸多窳敗該船過長過高本不便兵船之用春間飭出洋學生等改爲商船練船之式以便兩用船面重蓋客艙長四丈五寸闊一丈七尺高七尺九寸左右兩旁分設十間房爲搭客艙位又拓船前後舊設官員水勇兩艙改爲新貨艙計二百立尺有奇折成二百十餘噸合該船本有之二百六十噸統成四百七十餘噸足敷載貨原設有三枝桅

一切帆纜仍存其舊足備操演前向中向原設四尊礮位每尊均重二噸餘今仍留存備用惟原製常式輪機諸形損鬆方式水缸二箇又多滲漏因將廠存之製成一百五十匹省煤康邦機器一座並所配圓式水缸二箇配較部位易舊更新至全身打艌及銅片與上下戰枰木板暨行重換內外舦板與銅鐵釘栓量爲抽換添拓望臺房舍移置錨鍊部位均內外完備布置如式不殊新製之船已飭管駕駛放澎湖聽候臺防差遣謹合詞附片陳明伏乞

聖鑒訓示謹

奏

同日拜發奉

旨知道了欽此

覆查輪船管駕員弁各節並陳詳細情形摺

奏爲遵
旨覆查輪船管駕員弁各節並陳詳細情形恭摺仰
祈
聖鑒事竊光緒七年九月初三日准閩浙督臣何璟
咨到兵部火票遞到軍機大臣字寄
傳諭臣兆棠奉
上諭另片奏近來派駐各口之輪船操演多不合法管駕員弁徵逐嬉游漫無紀律水手間有虛額薪糧或亦尅扣等語中國創造輪船操練水師需費

甚鉅原期海口巡防藉資得力若如所奏各情虛縻帑項弊竇叢生殊屬不成事體著李鴻章劉坤一彭玉麟何璟岑毓英黎兆棠查明參辦等因欽此跪誦之下欽悚莫名當查威遠兵船管駕都司呂翰去年三月間開赴天津聽候北洋大臣李鴻章差遣四月初三日該船到小陽山洋面約在該處經線一百二十一度五十七分左右緯線三十度四十分左右向東北偏北一字而行突聞碰撞之聲船身一震即刻遍船艙搜看並無滲漏鬆縫細查海圖亦無暗礁沙線未知

水底何物當時行駛如常抵滬由機器製造局勘驗計傷損龍骨兩處估需折修護板木工小工及木料等共銀一千五百餘兩旋由閩籌還此威遠輪船之情形也泰安輪船管駕都司周鳳震檄泊山東煙台前於六年十月間泰安輪船水手等三十四名寄稟到船政衙門僉稟本船管駕周鳳震虛捏人數等弊臣當即密咨山東撫臣周恆祺查明懲辦嗣據撫臣周恆祺咨稱由東海關監督登萊青道方汝翼派員按册分別點名均無短缺隨將水手貝熙乾等三十

三名帶領登岸方汝翼親提隔別研訊均稱按月支領口糧銀兩管帶官並無絲毫尅扣詢其聯名呈控究係何人定稿呈遞僉稱伊等並未回閩毫不知情不知是誰揑名呈控等語復提水手礮勇升火等五十六名到案逐一訊究並在船之大二副管輪管隊等詳細訊問均稱伊等所領口糧並無短少取具甘結三張似應免其置議咨覆在案嗣幫辦山東軍務廣東提督吳長慶駐登州該船歷次轉運淮軍米糧吳長慶亦稱該管駕當差無前項劣迹七年十二月

已檄令該船回工查勘俟修理完竣仍飭回煙臺此泰安輪船之情形也臣遇各口輪船回工立飭點名閱操勤者賞之惰者罰之並時加查訪遇有劣弁隨時撤換誠以造船養船需費至鉅豈容付託非人而育才根本全在前後兩學堂洋師固須慎選而漢監督尤必挑選老成束之規矩之中俾知尊親之義查成船愈多成才實少除北洋檄調外殊不敷分布從前練童多半得力帆船延洋教習試之洪波巨浪之中現帆船朽廢練童暫分派兵船學習臣惟有趕緊

籌欵仍購備帆船駛洋教練方可長其膽藝以儲幹濟之材尤當隨時整頓期副

國家自强之意謹將覆查輪船管駕員弁情形據實詳陳理合會同大學士二等恪靖侯兩江總督臣左宗棠福州將軍臣穆圖善閩浙總督臣何璟福建巡撫臣岑毓英恭摺具陳伏乞

皇太后

皇上聖鑒訓示謹

奏

光緒八年三月二十四日拜發奉

旨知道了欽此

收過奉撥快船經費數目片

再快船經費奉部議准南洋撥解二十萬之欵疊奉
諭旨飭催准前粵海關監督俊啓六年分劃解到三萬兩七年十一月南洋大臣劉坤一解到銀四萬兩本年二月南洋大臣左宗棠續撥銀四萬兩近接粵海關監督祟光咨七年十一月解銀一萬兩十二月發西商期票銀二萬兩尚未接准守提委員報收公文現外洋購料尚未全到應找付之欵甚鉅又飭員試辦暹羅木料及購

備觥板練船在在需項臣惟撙節覈實催趲工程以期上慰
聖廑謹合詞附片陳明伏乞
聖鑒訓示謹
奏
同日拜發奉
旨知道了欽此

管駕建勝輪船守備江懋祉病故請卹片

再管駕建勝輪船都司銜留閩儘先守備江懋祉於光緒三年派出洋學習駕駛姿性頴悟赴西班牙與泰西將士日夕講求又習礮壘軍火水雷電汽諸學積勞釀病而勤奮不少怠六年五月回華維時已患喀血失音調治少瘳七年九月接管建勝輪船猶力疾梭巡林浦一帶始終勤慎遽於本年二月初六日病故殊堪憫惻合無仰懇
天恩飭部將該守備江懋祉照軍營立功後病故例

從優議卹以慰幽魂謹合詞附片陳明伏乞
聖鑒訓示謹
奏
同日拜發奉
旨江懋祉著照所請交部從優議卹欽此

船政奏議彙編卷十九終

船政奏議彙編卷二十目錄　　黎兆棠三

船政奏議彙編卷二十　　黎兆棠三

遵
旨迅派兵輪赴粵駐紮廉瓊洋面巡防摺

奏爲遵
旨迅派兵輪赴粵駐紮廉瓊一帶洋面巡防恭摺馳
陳仰祈
聖鑒事竊臣於本月初三日承准軍機大臣密寄到
光緒八年四月十四日奉
上諭據張樹聲奏遵旨通籌邊備一摺法人圖佔越南北圻已於二月中攻破東京又將城池交還南官意殊詭譎恐復用佔據南圻故智修改新約迫越南以必從事機甚爲緊急張樹聲所稱中國邊備之策惟有令滇粵防軍守於域外仍以勦辦土匪爲名藉圖進步卽當乘時合力經營毋落後著廣東兵輪各船應尅期整頓出洋藉壯聲勢著裕寬迅將該省兵輪各船挑選齊備卽派吳全美統帶駛赴廉瓊一帶駐紮認眞操練作爲防勦黎匪巡緝重洋之師仍不時駛往越南洋面游弋確探消息隨時知照裕寬妥籌因應之方相機調度閩廠兵輪並著黎兆棠擇其尤爲得力者迅速撥調

前往統歸吳全美督帶以資厚集等因欽此仰見
我
皇上幾先洞燭防患未然跪誦之下欽悚莫名伏計
閩廠所成輪船除商輪僅資轉運外所有兵輪
其分駐他省者九駐天津者曰威遠曰鎮海駐
煙臺者曰泰安駐牛莊者曰湄雲駐江甯者曰
靖遠曰澄慶曰登瀛洲駐浙江者曰元凱曰超
武其分駐閩省各口者五伏波駐臺灣振威駐
廈門福星駐海壇藝新駐福甯揚武駐羅星塔
均於就地洋面熟悉藉敷防守未便更調赴粵
惟有濟安由浙撤回飛雲由臺調回兩船現皆
駐工勘修均係一百五十匹馬力其船上輪機
帆纜礮械等項完備堅固駕駛海上亦尚靈捷
管駕濟安者五品軍功唐祐管駕飛雲者五品
軍功黃倫蘇皆由閩廠駕駛學堂出身而籍隸
廣東於廣東廉瓊一帶洋面港道風濤沙線較
見諳熟派撥前往洵更相宜近密商之閩浙督
臣何璟福建撫臣岑毓英亦以爲然臣卽面飭
該兩船管駕準備一切配齊彈子火藥迅駛赴
粵駐紮廉瓊一帶認眞操練游弋洋面確探消

息至於一切機宜切囑其隨時稟承廣東巡撫
臣裕寬廣東提督臣吳全美相時調度飛雲船
帆纜子藥等件須月之下旬配全開駛濟安則
先令展輪該兩船薪糧煤炭子藥均由臣酌發
足供五六兩箇月之用嗣後應歸廣東撫臣裕
寬就近散給已經備文咨明粵省理合聲明茲
謹將遵
旨迅派兵輪兩號赴粵駐防廉瓊洋面情形謹會同
大學士二等恪靖侯南洋大臣兩江總督臣左
宗棠福州將軍臣穆圖善閩浙總督臣何璟福
建巡撫臣岑毓英合詞恭摺馳
奏伏乞
皇太后
皇上聖鑒訓示遵行謹
奏
光緒八年五月十七日拜發奉
旨知道了欽此

營弁逞兇訊明懲辦並參劾庸懦印委各員摺

奏爲營弁逞兇故殺訊明懲辦並刁徒藉端滋事

將庸懦不職之印委各員參劾勒拏恭摺仰祈

聖鑒事竊臣兆棠於本年六月初八日據管帶福靖

後營副將佘致廷詳稱該營洋鎗教習守備銜

外委朱得桂寓所勇丁林國楨於本月初七晚

無故自縊身死請卽飭縣驗埋旋據屍母林盧

氏禀稱氏子福靖後營勇丁林永成卽林國楨

向在朱得桂寓所當差常被毆打本月初七日

朱得桂命洗磁煙斗失手跌破朱得桂又將伊

子拳打脚踢致左脇臍肚均受重傷復用布帶

扣勒身死叩乞驗究等情當卽檄飭閩縣迅帶

刑仵立詣驗辦翌日傍晚該縣委員張道亨到

地相驗未畢因圍看人多誤將屍場布棚擠蹋

刑仵紛散該委員乃亦踉蹌避匿初十早晨經

臣兆棠派撥弁勇在場彈壓始據將屍驗明確

係毆傷後被勒身死詎該委員竟不卽取屍親

摹結將屍交殮又不提訊兇犯及鄰佑人等遽

行退回臣兆棠署內以致屍親懷疑袒縱號泣

奔隨旁觀愈聚愈衆人聲鼎沸圍署不散臣兆

棠適在假中當因委員相驗不能得力人聚愈

多恐釀事端十一早一面馳諭現署閩縣繆嘉

行迅詣彈壓一面力疾親提屍母林盧氏兇犯

朱得桂逐細研訊據供實因一時逞忿將林國

楨拳毆脚踢後復用布帶勒死不諱實屬逞兇

故殺查船政重地前此工役有犯均按軍法從

事歷辦有案朱得桂旣係營弁所斃林國楨又

係該營勇丁卽將該犯朱得桂按照軍法立予

懲辦當臣兆棠訊辦間適署閩縣繆嘉行帶同

人役踵至維時觀看人衆擁擠該縣不能設法

解散輒進船政署內躲避有奸民林二二曾隨

縣署仵作幫役冒認屍親號召匪徒混稱相驗

有弊定要速辦拾石跟隨亂擲致將臣兆棠衙

署頭門全行擲毁住房亦遭毁壞時値午刻各

工人回廠工作亦被阻止不能歸廠委紳紛出

勸諭有閒立被擲傷者而繆嘉行乃竟莫展一

籌堅匿不出臣璟在省聞信當卽飭派水師營

弁齎持令箭撫標中軍參將莊鎭藩管帶練兵

先後馳往彈壓臣兆棠亦經調撥福靖後營練

勇整隊圍拏衆始解散查朱得桂身充教習罔

知法紀敢於逞兇故斃人命罪無可逭合正軍
法以儆將來惟船工要地竟任奸民藉端聚衆
毀署阻工固由民情刁悍而印委各員實亦庸
懦不職有以釀成署閩縣繆嘉行身任地方於
人命重案延不親驗及至刁民滋事又復坐視
委員張道亨代縣相驗一味畏葸無能副將佘
致廷管帶福靖後營駐紮中岐原爲保護工廠
而設乃於營弁故殺重情不能覺察混行具報
臨事復彈壓不力均屬咎無可辭相應請
旨將補用同知直隸州署閩縣事福建候補知縣繆
嘉行管帶福靖後營儘先補用副將准補閩浙
督標水師營參將佘致廷委員候補知縣張道
亨一併摘去頂戴分别撤任撤差勒限一月内
務將要犯林二二等按名弋獲訊擬懲辦以肅
吏治而挽澆風如逾限無獲再行從嚴參辦所
有辦理緣由謹合詞繕摺具陳伏乞
皇太后
皇上聖鑒訓示謹
奏
光緒八年六月十五日拜發奉

旨著照所請該部知道欽此

擬添造輪船以資調度而速戎機摺

奏爲會商海防事宜恭摺並陳仰祈

聖鑒事竊臣等會同何璟張樹聲衛榮光籌議海防事宜正具摺間臣玉麟適巡閱長江水師馳抵江南省城臣宗棠邀入署中面商海防事宜質以張樹聲何璟衛榮光之議所見均同除具

奏外謹將臣等思慮所及蕘有裨於海防者一併陳明以備

聖明采擇竊閩省設局製造輪船臣宗棠於同治五年閩浙總督任內奏奉

諭旨允行嗣請設船政大臣總理局廠事務交卸後赴陝甘總督任於船政事務時復預聞臣玉麟於長江海口涉歷最久所言防務情形尚爲確鑿茲就臣玉麟所見長江海口防務陳之凡言長江海口者多指吳淞而吳淞實進黃浦江之口爲蘇松扼要門戶於長江固不相涉也外海入內海之輪船左爲吳淞其右有崇明一島外洋輪船若不進黃浦江即不必由吳淞入口但由崇明北繞白茅沙便可順抵狼福山徑趨長江緣福山南岸近年新長遠沙梗礙滃路輪船不能直行須繞狼山北岸而入江陰故吳淞設防不能扼其來路查吳淞口南北寬不過十里狼山福山口南北寬百餘里由此衝入長江其勢甚順此時防長江海口以狼福山爲重兼顧吳淞口庶期周密現查吳淞江陰及圌山關焦山象山都天廟等處沿江礮臺均修整堅固其守礮臺之記名提督吳宏洛唐定奎章其作曾萬友等均能認眞操練結實可靠惟水面空虛時切隱憂長江長龍舢板不能禁海上風濤其蟲子船礮大船小頭重腳輕萬難出洋對敵祇可

作水礮臺之用其餘各省兵輪船歸李朝斌每月調操與臣玉麟每年巡閱一次者亦不過於無事時虛壯海隅聲威而已設一旦有事該各省各有應防之海口方且自顧不暇何能舍己芸人置本省不顧而應長江海口之調遣以軍令督責之而亦有所不行至謂此時江防緩而海防急宜先籌海而後防江亦非確論長江各省伏莽甚多歷年竊發有案倘海疆有警則乘間揭竿而起勢所必然腹地多虞防剿之軍時被牽掣適足啓盜賊之心而長寇讎之燄因思

自强之道宜求諸己不可求諸人求人者制於人求己者操之己張佩綸原奏各海口可自爲一軍是不必求於人而求諸己也與其購鐵甲重笨兵輪爭勝於茫茫大海之中毫無把握莫若造靈捷輪船專防海口扼要之地隨機應變緩急可資爲愈臣玉麟於六年冬奏造小輪船十隻專防海口不爭大洋卽是自成一軍爲自强之意奉

旨准照辦理在案因南洋經費維艱部議暫從緩籌至今尚未開造張佩綸原奏謂淮揚瓜州等水

師宜改西式江船夫西式卽火輪也與其花費添造輪船於淮揚瓜州兩標營紊亂長江營制轉不得力不如節此經費趕造臣玉麟所奏小輪船十隻派長江久於戰陣之員管帶選通習洋語算法之學生幫辦駕駛以熟海道募海上各島漁戶强壯者爲勇丁旣可收熟諳風水沙線勇敢之人才爲將來推廣之用又可免敵人招此等漁戶作奸細爲害內地誠一舉而備三善也該輪船歸提督統領勤慎操練使礮火技藝純熟精益求精不爭大洋衝突只專海口嚴防無事則巡緝洋面盡其力所能到以靖洋盜有事則齊集海口堵禦或誘敵擱淺我船環而攻之可以制勝或伺敵船長驅大進我船跟蹤追擊斷其後路以便前途師船堵剿斷不至坐視豨突狼奔任意猖獗也臣宗棠細繹臣玉麟所議專就長江海口而言力主有海防無海戰之說據實之談洵足見諸施行徵其實效與張佩綸原奏江南可自爲一軍之說適相符合惟就長江江防海口而言兩江總督爲固圉之謀無逾乎此若籌兼顧南洋則遇有警報各省同

一洋面自顧不暇何能爲兩江之助江南海口宜守亦難應各省之援其餘兼顧之義終鮮實濟自宜亟籌增製大號輪船數隻以資調遣而速戎機前閩廠開造快船馬力甚速船亦合用昨與李鴻章晤商亦以爲宜詢快船一隻工料需價若干據稱並槍礮約計每隻需銀三十萬兩臣宗棠默計經費雖艱亦應竭力籌維未可稍存顧惜之見計增製快船五隻需籌銀一百五十萬兩若求之南洋各省恐等諸築室道謀無以應手合之臣玉麟擬造小輪船十隻每

隻需工料礮價合銀八萬兩共銀八十萬兩兩項船價共需二百三十萬兩江南財力搜索已頻本難籌措惟事關海防大局不容束手而細察淮鹽加引一案加意料理猶可有爲竊計增置大小輪船無論購自外洋與在閩滬各廠局製造均須分年辦理所需經費亦可分年解濟以應要需現在淮鹽加引試行之初就票費一項劃撥支應一年內外輪船經費計可有餘此後銷路漸暢雜款亦可奏請酌撥俾能接續解濟要需庶海口有備南洋相庇以安外海有船

巡駛更可常通聲應似於防務較有把握臣等與李鴻章所見亦同謹合詞據實具陳伏乞

皇太后

皇上聖鑒訓示施行謹

奏

光緒八年七月二十九日拜發奉

旨該衙門知道欽此

按此摺係左文襄公彭大司馬會銜陳奏者後來爲南洋代造快船兩號寰權輿於此因按照年月前後附刻備考

恭謝

天恩補授光祿寺卿摺

奏爲恭謝

天恩仰祈

聖鑒事竊臣於光緒八年八月十九日准吏部咨本

部具

題前事本年七月二十一日奉

上諭光祿寺卿著黎兆棠補授欽此伏念臣賦性迂

庸稟資孱弱蒙

恩器使俾總船工撫歲序之頻遷竟涓埃之未効私

衷怵惕舊病侵尋深慮曠職之辜

恩爰思乞身而省過迺荷

聖慈高厚曲予矜全舉凡稠疊之

隆施悉爲夢想所難及茲復恭承

特簡晉秩卿班聞

命自

天感慙無地光祿職司尚食卿寺選屬清華以臣濫竽懼滋速謗臣惟有殫誠自靖力疾從公有堪搘拄之精神勉盡綢繆於夙夜策茲羸鈍冀答

鴻慈所有微臣感激下忱謹繕摺叩謝

天恩伏乞
皇太后
皇上聖鑒謹
奏
光緒八年八月二十日拜發奉
旨知道了欽此

刱製巡海快船下水並陳廠工情形摺
奏爲刱製巡海快船下水並廠工一切情形恭摺
具陳仰祈
聖鑒事竊查巡海快船製精而行速利於衝擊與鐵
甲船相輔而其用過之固中華所未曾有之巨
艦海防必不可少之利器非尋常輪船可比臣
仰體
國家自強之意遵奉
諭旨督工試造於上年九月十八日開工安上龍骨
當經

奏明在案快船每時行水程百里較之常式兵輪
每時僅行五六十里者迥別故稱快焉其制度
規模亦較常式兵輪新奇而宏壯未開工之先
繪圖製式既無舊制可承選料庀材又非一時
可集事事籌畫積閱月日備極繁難及開工後
部署甫定木料之購自暹羅者鋼件之購自英
德兩國者陸續釐至於是廣召工匠分匠呈能
廠大者容七八百人廠小者亦百餘人按圖製
作推陳出新趲趕工程夜以繼日在事員紳匠
徒人等莫不殫精竭瘁寢饋不遑咸與黽勉從

公深望鉅工告成稍答
宵旰勤求之至意比據出洋製機學生楊廉臣李壽田禀稱船上輪機由廠自製者如鐵汽鼓鐵輪機座鐵冷水櫃鐵滑軌鐵水缸煙道等大小一千餘件均已蕆事其由外洋采購之鐵水缸板鋼轉輪軸鋼轉輪臂鋼汽餅桿等數十欵亦已循序鬬合將竣現在各廠製件隆然高者呀然深者星羅鱗疊只待刨光琢平排比妥帖便可成副關捩咸張又據出洋製船學生吳德章禀稱全船鐵脅經已配齊鐵樑鐵柱鐵牽經已鑲

竣舨板銅片經已封固粘灰穿孔塞罅漚釘經已妥協船首之鋼刀船尾之鋼夾銅馬船面之鐵戰枰前後左右耳臺暨首尾兩旁之礮位船中之鐵望臺鐵廚房船底之全鐵蔵堵船內之輪機艙水缸艙煤炭艙鐵練艙礮勇水手艙亦均已一律完工堪備下水其餘火藥彈子帆纜糧食各艙以及桅檣帆纜舢板軍裝盒舵車錨挑抽水汽機向盤等件間有竣有未竣一俟下水後緊催鑲配即可試洋臣飭各廠員紳等覆驗無異因命之曰開濟諏十二月初三日乘午

潮漲滿縱船入江先期一日用巨鑊煮牛膏豕脂胰皂油等物數十斛灌入承船凹槽凝厚寸許使滑船臺初壘之木節節掇下另墊木楔使船低倚兩旁托架跗蕚相銜留船旁撐柱數十根支之届期臣躬率提調呂耀斗及各員紳致祭
天后江神土神船神向午潮平拔撐柱抽墊楔鋸斷船頭托輣砉然有聲瞥眼間船已離岸矣船通長二十六丈有奇寬三丈六尺喫水深一丈七尺高三丈四尺全船噸儎計二千二百噸配新

式二千四百匹馬力省煤康邦卧機一副汽鼓三座水缸八箇機件之緐重馬力之猛烈皆閩廠創設以來目所未覩其大段欵式已與常式兵輪有異製件之精良算配之合法悉皆製造學生吳德章李壽田楊廉臣等本外洋最新最上最便捷之法而損益之尤爲各船所不可及其慮船身笨重難速行程也特易木脅爲鐵脅匪特船可耐久而又較輕且曲木難購故今泰西製船鐵脅稱爲獨步其慮外皷不固日久滲漏也特於船身鐵脅外掩以雙重木皷內重以

鐵栓外重以銅栓兩相嵌固使各稱其質而不相蝕日後行船匪特無虞滲漏且利水程其慮礮彈礁石損礙船殼也特於船中多設阻漏全鐵截堵設一堵受損次堵阻隔船仍可駛而無害其慮礮位不周難以角敵巨艦也特於船之前後向製左右耳臺可寘新式後膛長身鋼礮四面轟放旋轉攻打無不及遠命中前向耳臺礮每尊約重一萬六千八百觔每尊放度可得一百三十五度凡外國鐵甲船之能來中國口者皆足以破之後向耳臺礮每尊約重四千二

百觔每尊放度可得一百二十五度船尾礮重與後向耳臺礮同其放度可得二百二十五度三面施放無不如意船首一礮船旁四礮均約重二千六百觔每尊放度可得七八十度共成配礮十尊進可角戰退可拒敵船礮猛快當無有逾於此者更於船頭水線之下設碰船鋼刀以之衝擊敵艘洵屬堅鋭閩廠前造各號常式兵輪恆藉外國員匠誘掖而教導之方始有成今快船算繪之難製作之巧工程之鉅何止數倍從前而該學生等及在工各執事竟能式廓

前規無煩藉助實
國家剏設船政力圖自強之實效此次下水後臣仍嚴催其趕速配上輪機湊成艙位帆桅錨鍊並船上一切器件以及髹漆等事務須及早一律完備以便試輪出洋合將剏製巡海快船下水日期並廠工一切情形謹會同大學士二等恪靖侯南洋大臣兩江總督臣左宗棠福州將軍臣穆圖善閩浙總督臣何璟署福建巡撫臣張兆棟合詞恭摺由驛四百里具陳伏乞
皇太后

皇上聖鑒訓示遵行謹
奏
光緒八年十二月初三日拜發奉
旨該衙門知道欽此

續造第五號鐵脅船工程並南北洋議造快船
情形片
再六年十一月第四號鐵脅澄慶船出洋試輪
後臣卽飭廠接造巡海快船配二千四百匹馬
力輪機當因快船制度規模與廠中向製各號
常式兵輪迥別圖式木模絕無可仿從新估算
繪圖六百餘紙製模二千餘件未開工之先鐵
廠工程正鬆一面飭其乘間挼製七百五十匹
輪機一副備快船下水後續造第五號鐵脅船
配用及七年九月快船開工時鐵脅之輪機已

成十之五六嗣以快船工程萬緊不克兼營辰
下快船已經下水開春各廠工程稍寬仍飭湊
製成副第五號便可起工安上龍骨現據北洋
大臣來函屬造快船兩號又據南洋大臣來咨
屬造快船五號合計七艦均應趕趲工程以期
迅速臣擬木料鋼件由外洋趕購一面開拓廠
地以廣招工匠添設機器以多製輪機每起兩
艦並造便覺事半功倍且可爲將來試造鐵甲
船之地現在多製快船且亟須添造大石隖可
修喫水深一丈八尺之船者以備隨時勘修卽

外國購回之鐵甲船到閩修理亦無不可閩廠
前此只造常式兵輪其輪機不如快船繁重工
程不如快船艱鉅故廠地猶未廣機器猶未備
船槽猶未大不足以修大船臣莅工後常冀漸
拓規模製船愈多成船愈速庶幾海防有賴足
以副
國家自强之意惟是拓廠添機造隖需費動輒鉅
萬必須經費應手方能逐漸舉辦日起有功稍
可上慰
聖懷於萬一臣愚昧之見是否有當謹會同大學士

南洋大臣二等恪靖侯兩江總督臣左宗棠福
州將軍臣穆圖善閩浙總督臣何璟署福建巡
撫臣張兆棟合詞附片伏乞
聖鑒訓示遵行謹
奏
同日拜發奉
旨覽欽此

請留學生游學詩在臺灣煤務差遣片

再學堂製造學生候選縣丞游學詩前經督辦甯古塔等處事宜大臣吳大澂奏請調赴吉林差委當奉
諭旨准調在案臣經恭錄札飭該學生欽遵前往適該學生兩目昏翳乞假醫理臣委員驗明屬實咨商吳大澂寬展限期俾安心醫痊赴吉嗣該學生病痊銷假臣即飭赴吉林候遣正在啓程北行間據臺灣道劉璈禀臺北煤礦整頓需人惟該學生熟悉情形堪以勝任且臺灣海防緊要與東省無殊亦惟該學生最熟請將該學生留臺遣用並據閩浙督臣福建撫臣同咨前因臣當咨商吳大澂據覆由臣奏明謹將學生游學詩留臺差遣情由附片具陳可否之處伏乞
聖鑒訓示遵行謹
奏
同日拜發奉
旨知道了欽此

輪船大副吳夢頁積勞病故請卹片

再輪船員弁積勞病故者向例請
予卹典歷屆
奏明在案現據派駐江甯澄慶兵輪船報稱該船大副留閩儘先千總吳夢頁因積勞成疾於本年七月十三日病故查該大副吳夢頁由閩廠駕駛學堂學生出身派入練船歷赴東西洋練習調補各船大副歷委管駕龍驤操江鎮西鎮北各兵船八年正月補充澄慶兵船大副歷練風濤始終勤慎竟以積勞病故殊堪悼惜合無仰懇
天恩飭部將該千總吳夢頁照軍營病故例議卹以慰幽魂謹會同大學士南洋大臣二等恪靖侯兩江總督臣左宗棠合詞附片伏乞
聖鑒訓示謹
奏
同日拜發奉
旨兵部議奏欽此

恭謝

天恩報明回籍就醫起程日期摺

奏爲恭謝

天恩並報明微臣回籍就醫起程日期恭摺仰祈

聖鑒事竊臣於十月十四日因病日增劇

奏請

給假回籍就醫十一月二十三日承准軍機大臣奉

旨黎兆棠著賞假兩箇月回籍就醫一俟假滿即行

回工現在船廠一切事宜務令呂耀斗認眞督率

妥爲經理欽此臣當即恭設香案望

闕叩頭謝

恩伏念臣疊受

生成深慚病朽向江湖而戀

闕假歸猶捧丹忱效犬馬以酬

知未老敢渝素願屢蒙

温詔備荷

優容感激涕零不能自已現在快船業經下水廠中

趕速鑲配不日便可試洋所有應辦工程事宜

及一切料件存欵提調呂耀斗儘可付託臣於

日內交代明白切囑認眞妥辦其總理船政木

質關防並交該員敬謹封藏遇有事關緊要應

行奏報者令其就近稟請閩浙督臣代奏以重

廠務臣於十二月初三日快船下水後即乘輪

船回粤就醫儻沐

聖慈福庇早日就痊仍當恪遵

諭旨馳回工次斷不拘泥假期稍躭安逸所有微臣

起程日期並感激下忱謹繕摺叩謝

天恩附驛陳明伏乞

皇太后

皇上聖鑒訓示謹

奏

光緒八年十二月初三日拜發奉

旨知道了欽此

船政奏議彙編卷二十終

船政奏議彙編卷二十一目錄　　張夢元一

船政奏議彙編卷二十一　　張夢元

交卸臬篆到工任事恭謝
天恩摺
奏爲恭報微臣交卸臬篆並到工任事日期叩謝
天恩仰祈
聖鑒事竊臣在福建臬司任內欽奉
諭旨著開缺賞給三品卿銜督辦福建船政事宜業
經專摺謝
恩旋准督撫臣奏委鹽法道解煜接署臬司篆務遵
於光緒九年四月初三日將印信文卷移交卸
事卽於是日馳赴馬尾工次由提調道員呂耀
斗呈送木質關防前來當卽恭設香案望
闕叩頭敬謹任事伏念臣才識愚庸於泰西製造
等法素未諳習乃蒙
聖恩稠疊畀任優加閒
命悚惶彌思奮勉查船政爲籌辦海防而設溯自創
始迄今幾二十年歷經前督辦臣措置一切漸
臻完備近日仿造新式快船亦能如法臣莅事
伊始既未敢於章程久定妄議更張亦未敢於
利弊攸關莫思補救經費更須撙節庶持久之

可圖規模或待擴充乃自强之有具自維非質
深懼弗勝惟有振刷精神遇事考究時與將軍
督撫臣悉心商榷並咨商南北洋大臣極力籌
維以期仰答
高厚生成於萬一所有微臣交卸臬篆並到工任事
日期謹繕摺由驛馳陳叩謝
天恩伏乞
皇太后
皇上聖鑒訓示謹
奏
光緒九年四月十三日拜發奉
旨知道了欽此

第五號鐵脅輪船安上龍骨並陳廠務情形摺
奏爲第五號鐵脅輪船安上龍骨並陳廠務情形
恭摺仰祈
聖鑒事竊開濟快船於去年十二月初三日下水鐵
廠工程稍鬆乘間興工續造第五號鐵脅輪船
經前督辦船政黎兆棠
奏明在案黎兆棠乞假還籍經提調呂耀斗督率
工匠趕將鐵脅龍骨鬬鯨等件陸續製齊臣到
工視事後即據呂耀斗禀請諏吉安上龍骨前
來爰擇於本月十一日臣親率在事員紳匠徒
將全鐵龍骨安設第三號船臺其前後鬬鯨兩
翼鐵脅等飭令以次鑲合應配之康邦卧機一
副先經籌備現已製造過半此次安上龍骨後
其船舨水缸一切工程即可次第興作矣南洋
定製快船二號其機器料件有應由廠自製者
業經分別交廠鑄造有應在洋定購者亦經詳
具圖册咨由出使德國大臣李鳳苞限期購寄
一面趕將第一號第二號船臺兩座修理堅實
一俟定購之料件運到即安上龍骨與第五號
鐵脅輪船可以兼營並造至開濟全船工程已

得十之八九水缸雖已懸放而鬬合輪機葳功匪易兼之桅檣帆索裝潢油漆等項猝難告竣約須夏秋之交方克試洋臣甫經莅事覼悉規模惟有矢慎矢勤加意董率以仰副我
皇上軫念要工之至意所有第五號鐵脅輪船安上龍骨並廠務情形理合會同南洋大臣大學士兩江總督二等恪靖侯臣左宗棠福州將軍臣穆圖善閩浙總督臣何璟署福建巡撫臣張兆棟恭摺由驛四百里具
奏伏乞

皇太后
皇上聖鑒訓示謹
奏
光緒九年四月十三日拜發奉
旨該衙門知道單片併發欽此

藝新等船員弁舵水名額並月支薪費銀數片
再准兵部咨行報銷章程內開輪船薪糧報銷如係奏明有案均照章核銷其未經奏明者應令奏明後再行核銷等因查閩廠輪船弁勇員名薪糧公費曾經前總理船政沈葆楨開單
奏明在案嗣後續造各船馬力相符部中均照前
奏核計惟五十匹馬力之藝新輪船八匹馬力之祥麟小輪船十六匹馬力之威鳳小輪船其員名銀數但經按季咨部未經奏報藝新現派巡防福甯等處祥麟威鳳二艘係在工次巡緝

兼以起運料件該三船所設弁勇舵水員名額支薪糧公費銀數相應開列清單恭呈
御覽謹會同南洋大臣大學士兩江總督二等恪靖侯臣左宗棠福州將軍臣穆圖善閩浙總督臣何璟署福建巡撫臣張兆棟合詞附片具
奏伏乞
聖鑒訓示遵行謹
奏
同日拜發奉
旨覽欽此

謹將藝新等號輪船官弁舵水員名並月支薪
糧公費銀數開列清單恭呈
御覽
計開
五十四馬力藝新輪船
管駕官一員月支銀一百兩
大副一名月支銀三十兩
二副一名月支銀二十兩
水手頭目一名月支銀一十八兩
頭等水手八名每名月支銀一十兩共月支銀
八十兩
二等水手八名每名月支銀八兩共月支銀六
十四兩
舵工四名每名月支銀一十二兩共月支銀四
十八兩
正管輪一名月支銀六十兩
副管輪一名月支銀三十兩
管油兼管水汽表一名月支銀二十兩
頭等升火六名每名月支銀一十二兩共月支
銀七十二兩

二等升火四名每名月支銀一十兩共月支銀
四十兩
管礮一名月支銀一十六兩
礮勇四名每名月支銀八兩共月支銀三十二
兩
號手一名月支銀八兩
鼓手一名月支銀七兩
木匠一名月支銀一十兩
以上官弁舵水八等四十五員名計月支薪
糧銀六百五十五兩
公費月支銀一百二十兩
統共月支薪費銀七百七十五兩
查該船係光緒二年四月造成起支
八匹馬力祥麟小輪船
駕弁一名月支銀一十二兩
管車一名月支銀八兩
舵工一名月支銀六兩
水手八名每名月支銀四兩五錢共月支銀三
十六兩
升火一名月支銀四兩八錢

以上駕弁舵水人等一十二名計月支薪糧
銀六十六兩八錢
公費月支銀一十五兩
統共月支薪費銀八十一兩八錢
查該船係同治十二年十二月造成十三年
正月起支
十六匹馬力威鳳小輪船
管車一名月支銀八兩
又一名月支銀六兩
舵工二名每名月支銀六兩共月支銀一十二
兩
水手一十名每名月支銀四兩五錢共月支銀
四十五兩
升火二名每名月支銀四兩八錢共月支銀九
兩六錢
以上管車舵水人等一十六名計月支薪糧
銀八十兩六錢
公費月支銀二十兩
統共月支薪費銀一百兩六錢
查該船係同治十三年七月由臺防經費項

下購買即月起支歸祥麟駕弁兼帶

遵照部章查出應行聲明各欵摺

奏爲遵照部章查出應行聲明各欵恭摺仰祈
聖鑒事竊臣於四月初三日到工任事查接管案內光緒八年十一月前督辦船政黎兆棠任內接奉戶部奏定外省報銷章程第十四條內稱各省設立機器局並閩省船政局購買輪船機器外洋鎗礮電線等件日新月異名目不一耗費尤多旣無定例可循部中無憑稽核應請
飭下南北洋大臣及設立機器局各省督撫暨船政大臣總計常年經費若干如有添購機器經費

若干雖不能限以定數亦當立有範圍事前奏明報部立案事後方准核銷等因現黎兆棠業經開去差使臣查船政常年用數視閩海關解欵爲衡解欵足則工程緊而用數多解欵不足則工程緩而用數少量入爲出不能預定情形其添購機器一節自應隨時奏咨立案茲據提調道員呂耀斗禀稱現辦六年至八年前督辦船政黎兆棠任內銷案除已經奏明有案及例支各欵外尙有添製機器各欵應行照章聲明者一爲添製各廠機器添造各廠水缸爐之欵此欵因年來製造船身並輪機水缸均有加大故各廠機器爐座有不敷用之處隨時由廠添配計添製機器約用銀二萬一千五百餘兩添造水缸爐約用銀四千七百餘兩一爲修理鐵船槽並機器房之欵此項因歷年久遠其木鐵件及機器等項不無損壞船槽爲修船所必需自應興修約用銀一萬六千五百餘兩一爲修拓巡海快船臺並添蓋快船樣板房之欵此欵因前所造只資八十匹一百五十匹二百五十匹七百五十匹馬力各船所用現新造二千

四百匹馬力快船殊不敷用若從新另造需費孔多故將第一座舊船臺修理拓大並添蓋樣板房一所計修拓船臺約用銀七千零兩添蓋樣板房約用銀一千零兩呈請具奏前來經臣覆查無異除咨部查照並飭另行彙案造銷外合將應行照章聲明各欵緣由謹會同南洋大臣大學士兩江總督二等恪靖侯臣左宗棠福州將軍臣穆圖善閩浙總督臣何璟福建巡撫臣張兆棟恭摺由驛四百里馳陳伏乞
皇太后

皇上聖鑒訓示謹
奏
光緒九年六月十五日拜發奉
旨該部知道欽此

閩廠製造輪船支用各欵查照成案開單核實
報銷摺
奏爲閩廠製造輪船支用各欵查照成案開單核
實報銷恭摺仰祈
聖鑒事竊閩廠製船各欵自同治五年十一月十七
日起截至光緒五年十二月底止動支閩海關
洋稅等欵業經沈葆楨吳贊誠黎兆棠先後彙
數分欵開具簡明清單奏奉
諭旨並經戶部核復准銷在案茲核閩廠自光緒六
年正月接造起截至八年十二月底止計湊成
康邦臥機七百五十匹實馬力鐵脅兵船一號
曰澄慶起造康邦臥機二千四百匹實馬力鐵
脅巡海快船一號曰開濟乘間鑄造康邦臥機
七百五十四馬力輪機銅鐵胚件以備續配鐵
脅兵船之用添製機器則如三十四十五匹馬
力水缸各二副公用大小水缸甑爐各一座剪
鐵輪架製土模鐵斛木架起重機各一副拗鐵
脅鐵牀六座以及拉鐵之碾輪拗鐵之輪架劃
枰懸機等件以供廠用添修廠所則如七年秋
季颶風爲災牆屋補葺者不少船槽歷年久遠

亦於此屆大修仿造快船樣板房船臺均當添拓藝童隨時選充而美國回華各童亦派同學習洋師仍留督課而廠中工作洋匠則一概撤回出洋學生藝成回華者皆優予俸薪以資指臂出洋經費一次找支外又續派二屆以廣甄培他如歲修爐溝機器添置書籍器具在在需費款目紛繁實難枚舉此製造一切之情形也閩海關洋稅應解船政者經戶部議奏自光緒二年正月為始六成月撥銀三萬兩四成月撥銀二萬兩今核製船經費自光緒六年正月起

截至八年十二月底止上屆報銷案內存銀六萬三千二百一兩八錢六分五釐三毫又存用剩銅鐵木煤各料價腳銀一萬六千二百三十二兩一錢六分四釐一毫又存鋼礮價腳銀八千一百二十五兩四錢五分四釐閩海關六成洋稅月奉撥銀三萬兩自光緒六年正月起截至八年十二月底止連閏計三十七箇月內除六年分七八九十十一十二凡六箇月七年分七閏七八九十十一十二凡七箇月八年分三四五六七八九十十一十二凡一十箇月共二

十三箇月欠解外實解一十四箇月共銀四十二萬兩又四成洋稅月奉撥銀二萬兩自光緒六年正月起截至八年十二月底止連閏計三十七箇月共銀七十四萬兩南洋協撥快船經費原奏請撥二十萬兩除粵海關欠解銀二萬五千七百七十七兩外實解到銀一十七萬四千二百二十三兩核計管收共銀一百四十二萬一千七百八十二兩四錢八分三釐四毫內除造船購器修廠贍工等項支用銀八十萬四千八百二十九兩四錢五分九釐五毫又墊支

光緒六年至八年各輪船薪糧銀四萬七百七十四兩三錢七分八釐七毫各輪船煤炭價值銀四萬四千一百六十四兩一錢九分三釐七毫修理輪船工料銀一十萬八千九百二十五兩四錢三釐六毫又六年間閩省議購鐵甲船經善後局撥借製船經費銀七萬兩統共支銀一百六萬八千六百九十三兩四錢三分五釐五毫實存銀三十四萬四千九百六十三兩五錢九分三釐九毫又存鋼礮價腳銀八千一百二十五兩四錢五分四釐統共應存銀三十五

萬三千八十九兩四分七釐九毫查輪船薪糧煤價修費船政第一次報銷係另歸養船項下開報沈葆楨奏

命巡臺時奏明自同治十三年四月十六日起將所撥養船經費併入臺防項下各船薪糧亦歸臺防項下支銷奉

旨該衙門知道欽此光緒五年間吳贊誠辦理船政第二次報銷六年間黎兆棠辦理船政第三次報銷均因各船薪糧等欵除由臺防本欵支給外截至五年十二月底止船政墊支銀兩無

欵劃還彙入製船經費單內奏請作正開銷歷奉戶部覆准在案所有光緒六年至八年稅釐局奉撥養船之項應歸臺防造報者仍復批解不前各船應領之項除將解到養船銀兩儘數支給並赴臺赴廈就於差次支領外製船項下尚墊支各船薪糧煤價修費三欵共銀一十九萬三千八百餘兩現在養船經費涓滴無存莫從支收歸欵自應援照成案將墊支前項銀兩歸入本案作正開銷俾免欵項虛懸以昭核實此支銷一切之情形也竊維製船經費絲毫均

關

國帑黎兆棠併廠裁工力求撙節深冀積有成數湊合南洋協欵以舉辦快船並擬以所贏者留爲湊備拓地添機之用所有動支各欵均係纖毫核計實用實銷在事員紳亦皆恪守舊章潔身自愛臣莅工後檢查接管卷內八年十一月十四日奉戶部頒到部議外省報銷章程內開光緒八年八月以前未經報銷各案各省向來開單者截至光緒八年十二月止照舊開單自奉到部章之日始福建限九箇月奏報到部等

因當飭局員逐件鉤稽臣復覆加詳核深悉此三年中一切支銷並無浮冒所有光緒六年至八年用欵謹援照歷屆成案將製船經費截清年月遵照部章於限期內開具簡明清單恭呈

御覽伏懇

天恩逾格准予開銷以清積牘至單內存剩銅鐵木煤等欵銀兩留備九年正月以後船工撥用合並聲明除咨總理衙門戶部工部查照外理合會同南洋大臣大學士兩江總督二等恪靖侯臣左宗棠福州將軍臣穆圖善閩浙總督臣何

璟福建巡撫臣張兆棟合詞恭摺具陳伏乞
皇太后
皇上聖鑒謹
奏
光緒九年七月初五日拜發奉
旨該衙門知道單併發欽此

謹將製船經費自光緒六年正月初一日接造起截至八年十二月底止收支各欵數目合就造具四柱簡明清單恭呈
御覽
謹開
舊管
截至光緒五年十二月底止流存銀六萬三千二百一兩八錢六分五釐三毫
流存鋼礮價腳銀八千一百二十五兩四錢五分四釐
流存用剩銅鐵木煤各料價腳銀一萬六千二百三十二兩一錢六分四釐一毫
新收
一收閩海關解四成洋稅自光緒六年正月起每月奉撥銀二萬兩截至八年十二月底止連閏計三十七箇月共銀七十四萬兩
一收閩海關解六成洋稅自光緒六年正月起每月奉撥銀三萬兩截至八年十二月底止連閏計三十七箇月內除六年分七八九十十一十二計六箇月又七年分七閏七八九

十十一十二計七箇月又八年分三四五六
七八九十十一十二計一十箇月共二十三
箇月欠解外實一十四箇月共銀四十二萬
兩
一收南洋協撥快船經費銀二十萬兩除粵海
關欠解外實銀一十七萬四千二百二十三
兩
管收共銀一百四十二萬一千七百八十二兩
四錢八分三釐四毫
開除

一支製造湊成第二十三號七百五十匹實馬
力鐵脅澄慶兵輪船一號並應配帆桅舢板
六號連前共湊成工料十分暨衣旗傢伙器
具工料銀二十萬二百七十七兩二錢一分
四毫內除光緒五年十二月以前造報銀三
萬四千六十九兩九錢四分八毫外計撥用
前屆報銷案內存剩銅鐵木煤各料價腳銀
一萬六千二百三十二兩一錢六分四釐一
毫本案湊用工料銀一十四萬九千九百七
十五兩一錢五釐五毫共銀一十六萬六千

二百七兩二錢六分九釐六毫
一支製造未成第二十四號二千四百匹實馬
力鐵脅開濟巡海快船一號並應配帆桅舢
板五號機器舢板一號已動用工料十分之
七暨仿製木模樣板全副計共銀二十六萬
八千七百一十三兩一錢五分四釐三毫
一支製造未成卧機七百五十匹實馬力康邦
輪機胚一副已動用工料十分之五計共銀
五千八百六十三兩二錢三分二釐四毫
一支勻撥第二屆出洋肄業學生第一第二兩

年經費銀一萬五千九百九兩九分九毫
一支第一屆續派出洋肄業藝徒第三年經費
銀六千一百三十八兩二錢四分七毫
一支添造鑄鐵輪機水缸模子小輪機各廠水
缸爐並煙筒工料銀四千七百五十七兩二
錢七釐五毫
一支添蓋巡海快船樣板房工料銀一千五十
八兩六錢三分三釐二毫
一支修拓巡海快船船臺工料銀七千五兩九
錢六分八釐一毫

一支修理鐵船槽併機器房工料銀二萬六千五百一十五兩一錢五分八釐五毫
一支歲修各廠火爐火溝風溝等項工料銀四千一兩六錢六釐六毫
一支歲修各廠所併七年分遭風大修工料共銀五千六百五十七兩九錢一分三釐
一支添製各廠機器工料銀二萬一千五百九十一兩二錢四分三釐二毫
一支歲修各廠機器工料銀七千九百六十六兩六錢七分一釐八毫

一支購製各廠所傢伙器具工價銀一萬八千二百八十兩五錢四分一釐三毫
一支洋員匠光緒五年十二月二十一日接給起截至八年十二月二十三日止薪費銀三萬二千二百五十九兩四錢七分二釐六毫
一支洋員匠路費借辛銀四千六百二十兩二錢二分二釐一毫
一支洋員匠郵賞銀一千六百六兩二分一釐七毫
一支員紳光緒六年正月初一日接給起截至八年十二月底止薪水銀四萬七千三百一兩一錢三分三釐三毫
一支肄業藝成回華學生光緒六年正月初一日接給起截至八年十二月底止薪水銀一萬四千三百七十三兩三錢七分五釐三毫
一支前學堂藝生童光緒六年正月初一日接給起截至八年十二月底止贍養飯食共銀一萬三千九十一兩九錢九分一釐四毫
一支後學堂藝生童暨美國回華學生光緒六年正月初一日接給起截至八年十二月底止贍養飯食共銀一萬四千五百二十八兩

二錢九分一釐三毫
一支繪事院畫童光緒六年正月初一日接給起截至八年十二月底止贍養飯食共銀四千二百七十九兩五錢四分一釐九毫
一支學習管輪藝童光緒六年正月初一日接給起截至八年十二月底止贍養飯食共銀五千九百四十九兩二錢六分六釐九毫
一支學習電線藝童光緒六年正月初一日接給起截至八年十二月底止贍養飯食共銀

二千四百四十四兩二錢五分一毫
一支藝徒光緒六年正月初一日接給起截至八年十二月底止工食銀五千九百八十四兩六錢一分
一支續派出洋肄業藝徒光緒六年正月初一日接給起至八年正月同華止贍養銀一千二百五十八兩六錢六分六釐七毫
一支前後學堂繪事院管輪各生童獎賞銀五百二十三兩三錢九釐一毫
一支購買學堂繪事院書籍器具價值銀四千七百八十五兩九錢七分八釐六毫
一支各生童盤費銀六百三十六兩八錢七分二釐七毫
一支書役光緒六年正月初一日接給起截至八年十二月底止工伙銀四千四百一十九兩九錢二分七釐
一支心紅紙張銀四百五十三兩七錢四分九釐四毫
一支油蠟銀五百四十八兩五錢八分三釐
一支健丁光緒六年正月初一日接給起截至

八年十二月底止口糧銀一萬二千一百六十一兩八錢三分三釐三毫
一支看管船槽匠丁光緒六年正月初一日接給起截至八年十二月底止工食雜費銀一萬三千五百五十一兩一分三釐三毫
一支廣儲所盤運料件運夫光緒六年正月初一日接給起截至八年十二月底止口糧銀六千四百三十二兩七錢二分
一支儲材所運送木料排工光緒六年正月初一日接給起截至八年十二月底止口糧銀二千一十一兩九錢二分
一支購存用剩銅鐵木料煤炭價值銀六萬一千九百四十兩七錢七分七釐七毫
一墊支各輪船光緒六七八三年分薪費銀四萬七百七十四兩三錢七分八釐七毫
一墊支各輪船光緒六七八三年分領用煤炭價值銀四萬四千一百六十四兩一錢九分三釐七毫
一墊支修理各輪船光緒六七八三年分工料銀一十三萬三千四百六十八兩五錢一分

九釐二毫內除撥用光緒三年以前報銷案
內已製成未合攏一百五十匹馬力省煤輪
機一副工料銀一萬五千四百七兩三錢二
分五釐二毫又撥用一百五十匹馬力省煤
水缸胚一副工料銀九千一百三十五兩七
錢九分四毫共銀二萬四千五百四十三兩
一錢一分五釐六毫外計本案實用工料銀
一十萬八千九百二十五兩四錢三釐六毫
一支撥借閩省議購鐵甲船在閩海關六成洋
稅應解船政經費項下提銀一十萬兩嗣鐵
甲船罷議經善後局解還銀三萬兩外實撥
借銀七萬兩
以上共支銀一百六萬八千六百九十三兩四
錢三分五釐五毫
實在
存銀三十四萬四千九百六十三兩五錢九分
三釐九毫
又存鋼礮價腳銀八千一百二十五兩四錢五
分四釐
統共應存銀三十五萬三千八十九兩四分七

釐九毫

船政奏議彙編卷二十一終

船政奏議彙編卷二十二目錄　　張夢元二

船政奏議彙編卷二十二　　張夢元二

察看船政情形通盤籌畫摺

奏爲察看船政情形通盤籌畫具摺瀝陳仰祈
聖鑒事竊臣四月初三日抵工後第五號鐵脅輪船
安上龍骨業於四月十三日並將廠務情形
奏明在案近復細心察看極力圖維竊念船政之
難難在籌欵長下各處餉源支絀度支爲難船
政工程自應節省經費惟是專圖節省則減工
匠卽有曠日持久之病少采購又有停工待料
之虞欲省轉糜雖設猶廢所以不敢議請停止
者則以船政關繫海防爲自强之本
國家旣費數百萬帑金製船製機已有成效前功
不容盡廢且慮及洋人設有閉關之日未有之
船無從購已有之船無從修則船政有萬萬不
敢請停之議夫船政旣不敢議停則船工當日
求起色惟有添廠地添機器添工匠添料件而
後製船速成船多旣足以應海防之急需且合
工程通盤而估計之同此日用船出愈多則費
實愈省不如開拓之更爲合算然開拓則經費
更多按月五萬兩解足外尚須加添庶幾展拓

規模日有起色且成船日衆養船經費亦日增此亦不能不從長計算者也臣才識疏淺何補鉅工合將察看近日船政情形通盤籌畫先行具摺馳陳至應如何變通辦理之處容臣咨商南洋大臣並會商福州將軍臣閩浙督臣福建撫臣悉心妥籌再行據實瀝陳檮昧之見是否有當謹會同南洋大臣大學士兩江總督二等恪靖侯臣左宗棠福州將軍臣穆圖善閩浙總督臣何璟福建巡撫臣張兆棟恭摺由驛四百里馳

奏伏乞

皇太后

皇上聖鑒訓示遵行謹

奏

光緒九年七月十三日拜發奉

旨知道了欽此

製船經費貼水銀兩提作雜款以爲津貼員紳薪水等款外銷片

再查船政工程仿照西法日新月異事事繁難在工各執事非精細靈敏者不足以督率工作相與有成故或用候補人員或用在籍紳士因材器使遴擇維嚴無不風雨奔馳昕宵勞瘁專靠薪水酬其苦以養其廉蓋入局之員別無調劑薪水不足孰効驅馳入局之紳各有本圖薪水無多烏能維縶船政用人之難誠非他處可比故自開辦以來員紳薪水於例銷之外皆有加增以津貼之惟視其差使之重輕不專論品職之大小皆開銷於正款之內惟是薪水一款自應作正開銷至津貼之款似應變通辦理改歸外銷外銷各省皆有係從雜款動支而船政則又苦無雜款查歷來撥解製船經費有貼水銀兩一項嗣閩海關以號商工伙應予津貼於每百兩貼水十兩之內劃提三兩動支經閩海關奏明有案竊念號商員紳同是津貼而員紳之勞心勞力更甚於號商似可援照津貼號商之例所有津貼員紳薪水卽於每百兩貼水七

兩項下動支合無仰懇
天恩俯准將撥解製船經費貼水銀兩提作雜欵以
爲外銷所有向給津貼員紳等欵均於此欵支
放以歸覈實查船政爲南洋大臣左宗棠創議
其中情形諒所洞悉福州將軍閩浙總督福建
巡撫皆近在咫尺臣萬不敢一毫欺飾可否請
旨飭下南洋大臣福州將軍福建督撫臣查看核議
具奏請
旨定奪臣愚昧之見是否有當伏乞
聖鑒訓示遵行謹
奏
同日拜發奉
旨另有旨欽此

舊定輪船薪費名額分別裁減酌核變通摺

奏爲舊定輪船薪費名額分別當減當裁當仍酌
核變通恭摺具陳仰祈
聖鑒事竊查閩廠輪船各項薪糧名額以及公費一
切皆經前總理船政沈葆楨按照船身大小分
別兵輪商輪酌定
奏明在案嗣是續造各船率皆比照辦理惟今昔
情勢不同舊章不妨酌易積年成船益多經費
益鉅尤不得不力求撙節以裕度支臣謹悉心
酌核有當議減者有當議裁者有當仍其舊者
船政初設之時東南各省間有購置輪船率募
西人駕駛沈葆楨務矯其弊暨以華人充之事
當創始不得不稍從優異以勵將來近則風氣
日開嫻技者多所有管駕以下各項之薪水與
夫月支之公費皆不妨損過就中以節經費此
其所當減者也船上執事及舵水礮勇名額各
有專司本無浮冒第當定額之時慎重駕駛間
或稍有寬餘由今細加察核則有事可兼攝而
不妨議裁者有額設稍多而不妨議裁者又有
暫時募添而事後尚未遣撤者有續經酌汰而

他船未能一律者凡此皆在所當裁者也水手升火人等出没風濤薰灼炎歊事極勞而境極險況升桅理索轉舵捩機尤非技藝嫺熟不能原定工值本未過優即減亦爲數無多轉不足以示體卹此則所當仍其舊者也臣謹就舊章分別當減當裁當仍酌定各船薪費名額計閩廠所造大小輪船現有二十號月共減銀五千五百餘兩通年計之可省銀六萬六千餘兩相應開列清單恭呈

御覽惟各船現支銀數久經

奏定臣未奉

俞允不敢擅專且各船有于役臺灣及分防他省者勢難同日截支擬俟奉到

俞旨恭錄行知各該船即以奉文之日起改照新章支領嗣後在閩及分防各省輪船設有因時因地應行增減名額薪糧之處當另由各該督撫

奏咨立案再查工次尚有八匹馬力祥麟小輪船十六匹馬力威鳳小輪船二號該二船原定名額銀數本屬無多莫從裁減所有薪費仍前支給合併陳明是否有當謹會同南洋大臣大學士兩江總督二等恪靖侯臣左宗棠福州將軍臣穆圖善閩浙總督臣何璟福建巡撫臣張兆棟恭摺具陳伏乞

皇太后

皇上聖鑒訓示謹

奏

光緒九年九月十一日拜發奉

旨留中欽此

謹將各號輪船經裁減後額配官弁舵水員名
並月支薪糧公費銀數開列淸單恭呈
御覽
計開
二百五十匹馬力兵輪船
管駕官一員月支銀一百八十兩
大副一名月支銀六十兩
二副一名月支銀四十兩
三副一名月支銀三十兩
管隊一名月支銀三十兩

水手正頭目一名月支銀二十五兩
水手副頭目一名月支銀二十兩
管帆桅頭目一名月支銀二十兩
舢板頭目一名月支銀一十六兩
舵工六名月各支銀一十五兩共銀九十兩
頭等水手三十名月各支銀一十二兩五錢共
銀三百七十五兩
二等水手二十名月各支銀一十兩共銀二百
兩
管礮正頭目一名月支銀二十五兩

管礮副頭目一名月支銀一十三兩
礮勇二十名月各支銀八兩共銀一百六十兩
正號手一名月支銀一十兩
副號手一名月支銀九兩
鼓手一名月支銀九兩
正管輪一名月支銀一百兩
副管輪一名月支銀五十兩
三管輪一名月支銀四十兩
管小水缸一名月支銀二十兩
管油二名月各支銀一十八兩共銀三十六兩

管水汽表二名月各支銀一十六兩共銀三十
二兩
頭等升火一十二名月各支銀一十四兩共銀
一百六十八兩
二等升火六名月各支銀一十一兩共銀六十
六兩
醫生一名月支銀一十兩
木匠一名月支銀一十五兩
銅鐵匠一名月支銀一十五兩
以上官弁舵水人等一百一十九員名計月

支薪糧銀一千八百六十四兩
公費月支銀二百六十兩
統共月支薪費銀二千一百二十四兩小建
照扣查此項馬力輪船只揚武一號現配官
弁舵水人等除學生聽差厨夫外計一百四
十七員名月支薪費銀二千七百四十六兩
此次裁撤二十八名連同減支月共省銀六
百二十二兩
七百五十四馬力兵輪船
管駕官一員月支銀一百四十兩

大副一名月支銀五十兩
二副一名月支銀四十兩
三副一名月支銀三十兩
管隊一名月支銀三十兩
水手頭目一名月支銀二十五兩
舵工六名月各支銀十五兩共銀九十兩
頭等水手二十九名月各支銀一十二兩五錢
共銀三百六十二兩五錢
二等水手一十名月各支銀一十兩共銀一百
兩

管礮一名月支銀二十五兩
礮勇一十名月各支銀八兩共銀八十兩
正號手一名月支銀一十兩
副號手一名月支銀九兩
鼓手一名月支銀九兩
正管輪一名月支銀八十兩
副管輪一名月支銀四十兩
三管輪一名月支銀三十兩
管油一名月支銀一十八兩
管水汽表一名月支銀一十六兩

頭等升火六名月各支銀一十四兩共銀八十
四兩
二等升火六名月各支銀一十一兩共銀六十
六兩
醫生一名月支銀一十兩
木匠一名月支銀一十五兩
以上官弁舵水人等八十四員名計月支薪
糧銀一千三百五十九兩五錢
公費月支銀二百二十兩
統共月支薪費銀一千五百七十九兩五錢

小建照扣查此項馬力輪船共三號超武澄慶二船各現配官弁舵水人等八十四員名月支薪費銀一千七百七十一兩五錢此次不裁名額各減支銀一百九十二兩威遠一船前派直隸現配名額未知是否一律茲照超武澄慶科計三船月共省銀五百七十六兩

一百五十匹馬力兵輪船

管駕官一員月支銀一百四十兩

大副一名月支銀五十兩

二副一名月支銀四十兩

三副一名月支銀三十兩

管隊一名月支銀三十兩

水手頭目一名月支銀二十五兩

舵工六名月各支銀一十五兩共銀九十兩

頭等水手二十九名月各支銀一十二兩五錢共銀三百六十二兩五錢

二等水手一十名月各支銀一十兩共銀一百兩

管礮一名月支銀二十五兩

礮勇一十名月各支銀八兩共銀八十兩

正號手一名月支銀一十兩

副號手一名月支銀九兩

鼓手一名月支銀九兩

正管輪一名月支銀八十兩

副管輪一名月支銀四十兩

三管輪一名支銀三十兩

管油一名月支銀一十八兩

管水汽表一名月支銀一十六兩

頭等升火六名月各支銀一十四兩共銀八十四兩

二等升火六名月各支銀一十一兩共銀六十六兩

醫生一名月支銀一十兩

木匠一名月支銀一十五兩

以上官弁舵水人等八十四員名計月支薪糧銀一千三百五十九兩五錢

公費月支銀二百二十兩

統共月支薪費銀一千五百七十九兩五錢

小建照扣查此項馬力輪船共六號飛雲濟

安二船各現配官弁舵水人等一百零四員名月支薪費銀一千九百三十一兩五錢此次各裁撤二十名連同減支共銀三百五十二兩伏波一船現配官弁舵水人等九十八員名月支薪費銀一千九百九十兩五錢此次裁撤一十四名連同減支共銀四百一十一兩元凱登瀛洲泰安三船前派浙江江南山東等省現配名額未知是否一律茲照伏波科計六船月共省銀二千三百四十八兩

一百五十四馬力商輪船

管駕官一員月支銀一百四十兩

大副一名月支銀五十兩

二副一名月支銀四十兩

三副一名月支銀三十兩

水手頭目一名月支銀二十五兩

舵工六名月各支銀一十五兩共銀九十兩

頭等水手一十名月各支銀一十二兩五錢共銀一百二十五兩

二等水手一十名月各支銀一十兩共銀一百兩

頭等礮勇三名月各支銀八兩共銀二十四兩

二等礮勇三名月各支銀七兩共銀二十一兩

正管輪一名月支銀八十兩

副管輪一名月支銀四十兩

三管輪一名月支銀三十兩

管油一名月支銀一十八兩

管水汽表一名月支銀一十六兩

頭等升火六名月各支銀一十四兩共銀八十四兩

二等升火六名月各支銀一十一兩共銀六十

六兩

木匠一名月支銀一十五兩

以上官弁舵水人等五十五員名計月支薪糧銀九百九十四兩

公費月支銀二百六十兩查商船與兵船情形略異兵船雖有巡洋操練尚有駐防各口商船則往來裝運開行之日爲多費用較鉅故此欵較之一百五十匹馬力兵輪船多給四十兩

統共月支薪費銀一千二百五十四兩小建照扣查此項馬力商船計萬年清永保海鏡

琛航共四號各現配官弁舵水人等五十五
員名月支薪費銀一千三百七十六兩此次
不裁名額各減支銀一百二十二兩月共省
銀四百八十八兩

八十匹馬力兵輪船

管駕官一員月支銀一百二十兩

大副一名月支銀四十兩

二副一名月支銀三十兩

三副一名月支銀二十五兩

水手頭目一名月支銀二十兩

舵工六名月各支銀一十五兩共銀九十兩

頭等水手一十六名月各支銀一十二兩共銀
一百九十二兩

二等水手一十名月各支銀一十兩共銀一百
兩

管礮一名月支銀二十兩

礮勇六名月各支銀八兩共銀四十八兩

號手一名月支銀一十兩

鼓手一名月支銀八兩

正管輪一名月支銀八十兩

副管輪一名月支銀四十兩

三管輪一名月支銀三十兩

管油一名月支銀一十八兩

管水汽表一名月支銀一十四兩

頭等升火六名月各支銀一十四兩共銀八十
四兩

二等升火六名月各支銀一十一兩共銀六十
六兩

木匠一名月支銀一十二兩

以上官弁舵水人等六十四員名計月支薪

糧銀一千四十七兩

公費月支銀一百八十兩

統共月支薪費銀一千二百二十七兩小建
照扣查此項馬力輪船共五號福星振威二
船各現配官弁舵水人等八十員名月支薪
費銀一千五百一十二兩此次裁撤一十六
名連同減支共銀二百八十五兩湄雲鎮海
靖遠三船前派奉天直隸江南等省現配名
額未知是否一律茲照福星振威科計五船
月共省銀一千四百二十五兩

五十四馬力兵輪船
管駕官一員月支銀八十兩
大副一名月支銀三十兩
二副一名月支銀二十兩
水手頭目一名月支銀一十八兩
舵工四名月各支銀一十二兩共銀四十八兩
頭等水手八名月各支銀一十兩共銀八十兩
二等水手八名月各支銀八兩共銀六十四兩
管礮一名月支銀一十四兩
礮勇四名月各支銀八兩共銀三十二兩

號手一名月支銀八兩
鼓手一名月支銀七兩
正管輪一名月支銀六十兩
副管輪一名月支銀三十兩
管油兼水汽表一名月支銀一十八兩
頭等升火六名月各支銀一十二兩共銀七十二兩
二等升火四名月各支銀一十兩共銀四十兩
木匠一名月支銀一十兩
以上官弁舵水人等四十五員名計月支薪糧銀六百三十一兩
公費月支銀一百兩
統共月支薪費銀七百三十一兩小建照扣
查此項馬力輪船只藝新一號現配官弁舵水人等四十五員名月支薪費銀七百七十五兩此次不裁名額月減支銀四十四兩

甫造第五號鐵脅船仿照西國練船配製備用

片

再閩廠舊有建威帆船一號爲練習學生水手之用後因年久朽壞不堪修理權以揚武兵輪作爲練船年來南北洋皆經調用學生練童非多爲敎練不敷調撥而揚武本係兵船艙位桅檣均與練船較異欲另購帆船則須另行籌欵查南北洋先後以威遠澄慶二艘改作練船茲若改拓揚武則所費亦匪輕臣愚以爲不如及未成之船而豫圖之擬將閩廠甫造未成之第

五號鐵脅船仿照西國練船之式其船身機器皆同所異者艙堵桅檣耳於工費無大出入將來造成後卽留閩作爲練船而以揚武仍作兵船或留防閩疆或分撥他省庶幾兩得其宜設遇有用兵船之時該練船仍可充兵船之用蓋練船本安礮位可作兵船兵船則不能竟作練船也是否有當謹會同南洋大臣大學士兩江總督二等恪靖侯臣左宗棠福州將軍臣穆圖善閩浙總督臣何璟福建巡撫臣張兆棟合詞附片陳明伏乞

聖鑒訓示謹

奏

同日拜發奉

旨留中欽此

船政宜籌變通摺

奏爲船政宜籌變通恭摺具陳仰乞

聖鑒事竊臣於本年七月十三日謹將察看船政情形通盤籌畫具摺瀝陳八月三十日遞回原摺後開軍機大臣奉

旨知道了欽此伏念船政爲海防根柢既有成效不能盡棄前功尤當力圖經久再四籌維惟有經費足則先開拓而後收束經費不足則早收束而無庸開拓舍此兩端無可中立近年製船新法愈巧馬力愈增從前所置機器廠地船隖均

不敷用所撥製船之費以之製船尚形竭蹶焉能兼顧及此現當各處經費支絀亦不敢再請撥添但求閩海關奉

旨准撥之年額六十萬兩不再短解乘此明後兩年有南洋快船可造撙節閩廠製船之費卽爲添機拓廠置隖之需機器旣敷成船可速造船必多未有不立見節省者至此後製船之費閩廠製船仍動閩海關欵不必格外請加若沿海各省何省需船何省籌欵援照閩廠代造南洋快船成案辦理若慮及養船經費日增亦不得不

爲節流之計惟有於無事之時將船歸隖派員看守用人既少經費所省必多嚴課學生勤習駕駛整頓練船出洋試練設遇用船之際管駕由學堂挑選水手由練船派撥其餘次等水手以及升火人等隨時不難立募以學堂練船之經費較之各輪船之經費所省不可以道里計迨至成船既多無須多造則規模縮小既有藝成學生藝徒再將船工最爲得力之員紳酌留若干猝不易得必不可少之工匠酌留若干已成之船每年常有修理工程不少所留員紳工

匠薪水辛工亦非虛糜遇有應造之船廠內之機器廠地船隖皆備而熟悉船工之員紳工匠俱存添募次等工匠健丁亦非難事既不至有棄前功亦可爲經久之計此經費足則先開拓而後收束之情形也經費固應節省若徒減工併廠則似省實糜成船遲而且少亦屬非計欲多且速非經費充足不可閩海關洋税六成月撥三萬兩光緒七年以前每年解六箇月八年則解兩箇月本年結至八月尚未解到一箇月四成月撥二萬兩光緒八年以前皆按月解足

本年結至八月解到五箇月總計六成四成奉撥之六十萬兩現解到十萬兩本年幸有代造南洋之船否則本廠所造之鐵脅船雖已開工既須購料復須發工又須給薪水養贍卽製造一船尚恐停工待料更何速且多之足云且查現在船工所造南洋之船應歸南洋項下報銷而員紳薪水書役辛工以及零星添置器具修理廠所皆開支於閩廠同是公家之欵何敢故爲區別惟將來閩廠報銷連同洋教習之薪伙各學生之養贍費用多而工程少已屬勢所必

然然有南洋之船可造經費究不爲虛糜若南洋之船造完閩廠經費不足儻再不求變通工程甚少費用甚多則船廠之設實成無當漏卮現在閩海關分撥拮据自屬實在情形若以後仍不能多解不若早爲收束仿照天津機器局江南製造局辦法但留前後學堂及藝成學生藝徒最爲得力之員紳必不可少猝不易得之工匠以儲修船之用設遇亟須造船有欵撥解則添人卽可集事亦不至有隳前功且可經久此經費不足早爲收束無庸開拓之情形也惟是經費之足與不足悉視關欵之撥解臣無自主之權開拓之與收束臣管見所及不敢不據實直陳謹將閩省船工擬籌變通情形縷悉奏陳伏乞

皇太后

皇上聖鑒訓示遵行謹

奏

光緒九年九月二十日拜發奉

旨著咨行何如璋悉心酌覈奏明辦理欽此

開濟快船試洋訂期駛往南洋並廠工情形摺

奏爲開濟快船試洋訂期駛往南洋並廠工一切情形恭摺具陳仰祈

聖鑒事竊查閩廠剏製二千四百四馬力開濟快船所有開工下水日期暨長短廣狹喫水深淺丈尺每時行程里數以及購料製機安放礮位全船噸儎數目並備極繁難情形均經前督辦船政臣黎兆棠先後

奏明在案迨黎兆棠請假回籍皆由提調道員呂耀斗督率員紳工匠悉心講求盡力工作歷時

四閱月全船工程已得十之八九臣抵工後察看未竣工程尚多均屬新式非數月所能蕆事南洋需船孔殷當與呂耀斗詳細籌商督令工程處出洋同華學生魏瀚吳德章李壽田楊廉臣等及各廠員紳將未竟之工何者提前何者在後何者及早添工何者改歸他廠晝夜兼營在事人人出力八月二十六日大致完備臣於二十七日辰刻躬率提調呂耀斗及各員紳致

祭

天后展輪試洋九月初一日會同督臣何璟又試驗一次十一日派委員紳駛往外洋是日北風大作潮聲甚壯迎風衝潮而行逆風逆水每一點鐘行英海里十六迷盧每一時計行中國九十一里餘若遇風平浪靜燒用上等英煤每一時可行百里有餘船身尙屬牢固輪機尙屬靈捷洵中華所未曾有之巨艦海防必不可少之利器試洋後卽飭南洋委派之管駕官都司何心川將船上機器帆索及一切器具整理妥貼定九月二十二日展輪開往南洋聽候南洋大臣驗收遣用所有管駕官以下銜名礮勇水手人

等額數月給薪糧公費數目咨由南洋大臣

奏咨立案閩廠自快船工竣卽飭員紳督率工匠加緊趕造第五號鐵脅輪船全船鐵脅鐵桁現均製齊安就其餘輪機汽鼓冷水櫃水缸諸大件工程有十得五六者有十得三四及十得二三者外層鐵板木般已起首裝釘其第二三號快船所需檣木早經向德商博那飛訂定價値當可陸續運華其鐵件鋼件購自外洋者前經詳具圖册咨由出使德國大臣李鳳苞就近彙寄並派留洋監造鐵艦之學生幫同驗收據

電報龍骨鬭鯨等料已經起運刻尚未到工船
身鐵板暨各樣鋼件俟選定次第飭運其有應
由閩廠自製者各廠現已鑄造此廠務近日大
概情形也伏查此次掀製二千四百匹馬力開
濟快船乃外洋新式與從前廠造尋常輪船不
同歷時兩年有餘在事員紳不無微勞足錄可
否籲懇
天恩將出力之文武員紳工匠人等容臣擇尤請獎
以資鼓勵出自
逾格鴻慈謹會同南洋大臣大學士兩江總督二等

恪靖侯臣左宗棠福州將軍臣穆圖善閩浙總
督臣何璟福建巡撫臣張兆棟恭摺由驛四百
里馳陳伏乞
皇太后
皇上聖鑒訓示謹
奏
同日拜發奉
旨准其擇尤酌保毋許冒濫欽此

恭謝
天恩遵
旨卽赴廣西新任並報交卸船政起程日期摺
奏為微臣叩謝
天恩遵
旨卽赴廣西新任並報交卸船政起程日期恭摺具
陳仰祈
聖鑒事竊臣於九月二十七日承准軍機大臣遵
旨傳諭寄信光緒九年九月初九日奉
上諭本日已有旨倪文蔚調補廣東巡撫徐延旭補

授廣西巡撫張夢元補授廣西布政使張夢元著
卽赴新任所有船政事宜著會商何璟張兆棟派
員暫行代理倪文蔚著俟張夢元到任後再赴新
任均毋庸來京請訓等因欽此臣卽恭設香案望
闕叩謝
天恩伏念臣畿輔庸才海疆末吏由舉人起家牧令
歷任監司春間奉
命督辦船政事宜到工半年涓埃未報茲復渥承
溫簡補授廣西藩司感激悚惶罔知所措惟有遵
旨迅速赴任遇事禀商撫臣悉心經理以仰答

高厚鴻慈於萬一所有福建船政遵卽會商閩浙督
臣何璟福建撫臣張兆棟派委船政提調道員
呂耀斗暫行代理臣趕緊料理交代事件定於
十月初三日交卸十二日起程所有微臣感激
下忱遵
旨卽赴新任並報交卸船政起程日期理合繕摺具
陳恭謝
天恩伏乞
皇太后
皇上聖鑒謹

奏
光緒九年十月初一日拜發奉
旨知道了欽此

展留洋員教習酌加薪水並陳學堂現辦情形
摺
奏爲展留洋員教習酌加薪水並陳學堂現辦情
形恭摺仰祈
聖鑒事竊閩廠後學堂駕駛洋教習鄧羅於六年八
月到工約限三年扣至本年八月三十日期滿
該教習在堂教導頗稱得力因與續約再留一
年查駕駛教習每月向給薪銀二百兩前洋教
習嘉樂爾限滿續留曾加給月薪五十兩今該
教習因教導得力限滿續留亦予援照嘉樂爾

之例每月加給薪銀五十兩以示鼓勵又前學
堂算學教習邁達約限扣至今年年終期滿該
教習在堂多年成就頗衆亦擬再留一年其月
薪原給二百兩嗣因兼辦繙譯事務加給五十
兩現既限滿續留其教習薪水應照鄧羅一例
每月二百五十兩另每月加給洋錢五十元以
作繙譯公費前學堂尚有製造洋教習一缺前
教習德尚因病回國久懸未補現在生徒加多
邁達一員未能兼顧亟應遴充查有出洋回華
學生鄭清濂在洋肄習有年學問尚優擬令兼

充前學堂製造教習其後學堂管輪教習一缺自前教習理格遣回後前督辦船政黎兆棠咨商總理各國事務衙門轉向英國延聘嗣由出使英國大臣曾紀澤聘得英國水師管輪師丟瓦一員於今年四月到堂現因水土不服力辭斯任察其情辭屬實不便强留若再向英國延聘往返需時徒糜川費查有派廠監工學生魏瀚兼通英文熟悉輪機擬令兼充後學堂管輪教習諒可勝任至兩學堂肄業學生除續批出洋肄業及派赴閩省南北洋各練船外臣到工後即出示招考遴取材質聰穎之幼童百二十名分實兩學堂肄習督令各監督教習嚴密課程認眞教導現合新舊各班學生計之前學堂學生共四十七名後學堂駕駛學生共七十一名管輪學生共三十一名臣每屆季考親自秉公考校給予獎賞其有魯鈍不堪造就以及不率教者皆隨時斥革不稍姑息務期學有專長廪無虛費以仰副我

聖主陶育人才之至意所有展留洋員教習酌加薪水並學堂現辦情形理合會同南洋大臣大學

士兩江總督二等恪靖侯臣左宗棠福州將軍臣穆圖善閩浙總督臣何璟福建巡撫臣張兆棟恭摺具陳伏乞

皇太后

皇上聖鑒訓示謹

奏

光緒九年十月初三日拜發奉

旨該衙門知道欽此

閩廠因製造快船添拓廠所船台動用工料片
再前奉戶部奏定外省報銷新章第十四條內
載各省設立機器局並閩省船政局如有添購
機器經費若干事前奏明咨部立案事後方准
覈銷等因查閩廠本年因造南洋快船廠地不
敷添蓋南洋快船地圖房一所以繪地圖計用
工料銀三千餘兩添蓋木料亭一座以收儲洋
商運到各木計用工料銀三百兩有奇應歸九
年分銷案造報除咨部查照並飭另行彙案造
銷外合行照章聲明此外尚有第二座船臺太

小不足以容快船應行修拓以備續造快船之
用其落水枰亦併添修鑄鐵廠因舊烘模爐尚
小不足以烘大模添砌烘模瓶爐一座鐵脅廠
因拗鐵平牀不敷添製鐵平牀一座所有工程
均有十之七八容俟一律完竣覈明動用工料
銀兩卽行照章立案合將應行聲明各欵緣由
謹會同南洋大臣大學士兩江總督二等恪靖
侯臣左宗棠福州將軍臣穆圖善閩浙總督臣
何璟福建巡撫臣張兆棟附片具陳伏乞
聖鑒訓示謹
奏
同日拜發奉
旨知道了欽此

侍衞佟在棠入都供職片

再漢頭等侍衞佟在棠前因丁憂後於光緒六年四月措資來閩五月間經前督辦船政黎兆棠留工學習水雷洋操十二月十三日
奏明在案嗣因船工加緊改派鐵脅廠監造至今三年勤愼得力該侍衞現已服滿起復並無經手未完事件應行給咨入都供職理合附片陳
明伏乞
聖鑒訓示謹
奏

同日拜發奉
旨知道了欽此

船政奏議彙編卷二十二終

船政奏議彙編卷二十三目錄

船政奏議彙編卷二十三

恭報到工任事日期叩謝

何如璋

天恩摺

奏爲恭報微臣到工任事日期叩謝
天恩仰祈
聖鑒事竊臣於九月初九日欽奉
諭旨著督辦福建船政事宜業經恭摺謝
恩旋於十月初二日
陛辭荷蒙
訓示周詳莫名欽感遵即束裝出都由天津航海赴閩十一月二十六日行抵馬尾工次十二月初一日由提調道員呂耀斗呈送木質關防前來當即恭設香案望
闕叩謝
天恩敬謹任事伏念臣一介庸愚濫叨侍從愧學術之至陋尤器數之不諳閒
命以來日夕惶悚查海防以水師爲要圖水師以船政爲根柢際此時艱孔亟備禦爲先凡製造駕駛等事在在均關緊要自維鈍拙懼弗克勝所幸船政創設近二十年經前各督辦臣次第經

營規模略備提調道員呂耀斗廉勤誠樸熟悉工程亦可藉資臂助臣惟當悉心講求督率各員紳認眞考核有應行酌籌變通情形容俟詳細察看就近會商將軍督撫臣並咨商南北洋
大臣隨時
奏明辦理庶事歸實用款不虛糜以期仰副
朝廷愼重要工之至意所有微臣接印任事日期並感激下忱謹繕摺由驛馳陳伏乞
皇太后
皇上聖鑒訓示謹
奏

光緒九年十二月初二日拜發奉
旨知道了欽此

南洋定製兩號快船安上龍骨並廠務情形摺

奏爲南洋定製之兩號快船安上龍骨並陳廠務情形恭摺仰祈

聖鑒事竊閩廠承造南洋快船兩號自定議後即將應用之機器料件分別購製一面修理船臺準備安上龍骨其一切辦理情形經前督辦船政臣張夢元

奏明在案嗣由出使德國大臣李鳳苞將定購之龍骨關鯨船身鐵料等陸續運閩如數到齊臣蒞工後即據提調道員呂耀斗稟請諏吉安上

龍骨前來爰擇於本月初七日安上第二號快船龍骨十五日安上第三號快船龍骨均經臣親率在事員紳匠徒如法安置本年所造之第五號鐵脅輪船其船身製已及半船臺鼎峙合此而三雖並製兼營工程不易而通盤扯算究於經費較省現屆歲暮照例停工擬乘隙查閱各廠點盤器具明正開工即可添招匠徒併力興作矣臣甫經蒞事規制纔諳惟有矢愼矢勤加意董率以仰副

朝廷軫念要工之至意所有南洋定製之快船兩號安上龍骨並廠務情形理合會同南洋大臣大學士兩江總督二等恪靖侯臣左宗棠福州將軍臣穆圖善閩浙總督臣何璟福建巡撫臣張兆棟恭摺由驛四百里具

奏伏乞

皇太后

皇上聖鑒訓示謹

奏

光緒九年十二月二十四日拜發奉

旨知道了欽此

修拓船臺水坪並各廠火爐機器動用工料片
再前奉戶部奏定外省報銷新章內載各省設立機器局並閩省船政局如有添購機器經費若干事前奏明立案事後方准覈銷等因十月間前督辦船政臣張夢元將本年添蓋修拓添製各欵陳明在案內有未經覈明工料銀兩者現均一律完竣計修拓第二座快船船臺連落水坪用銀一萬三千五百餘兩添砌鑄鐵廠烘模甎爐一座用銀二千七百餘兩添製鐵脅廠鐵平牀一座用銀四千餘兩又查閩廠本年續

造第五號鐵脅船所用第三座船臺間有朽壞陸續修理計用銀二千七百餘兩隝內起重鐵水杯並鐵車道已歷十年杯面率多損壞鐵轍亦有傾斜兼行修整計用銀二千餘兩水缸廠廠地不敷添蓋水缸亭一座計用銀二百餘兩各廠機器不敷計小輪機廠添製旋螺絲小輪架一副用銀一百餘兩拉鐵廠添製拉銅鐵小碾輪二副用銀二百餘兩輪機廠添製旋螺絲小輪架二副用銀二百餘兩添購起重機器鐵鍊輪一副用銀七百餘兩均應歸於九年分銷

案造報除咨部查照並飭另行彙案造銷外合行照章聲明至於各廠廠屋爐溝機器間有修理各廠家伙學堂繪事院器具間有添置名目旣屬紛繁用欵又極瑣碎礙難專案奏咨惟有飭令極力撙節據實彙銷所有應行聲明各欵緣由謹會同南洋大臣大學士兩江總督二等恪靖侯臣左宗棠福州將軍臣穆圖善閩浙總督臣何璟福建巡撫臣張兆棟附片具陳伏乞

聖鑒訓示謹

奏

同日拜發奉

旨該部知道欽此

遵
旨酌覈輪船薪費名額練船各事宜現籌變通整頓
情形摺
奏爲遵
旨酌覈輪船薪費名額練船各事宜現籌變通整頓
情形恭摺覆陳仰祈
聖鑒事竊臣於光緒九年十月初三日承准軍機大
臣字寄本日奉
上諭張夢元奏舊定輪船經費名額酌覈變通一摺
據稱閩廠輪船各項薪糧名額以及公費一切因
今昔情勢不同酌易舊章分別當減當裁當仍開
單呈覽等語自係爲覈實撙節起見張夢元交卸
在卽著何如璋到閩後詳細酌覈奏明辦理另片
奏擬將第五號鐵脅船改作練船等語著一併酌
度等因欽此臣客臘莅工後檢查卷案細加考核
前船政大臣沈葆楨創辦之始所定各輪船名
額薪糧及一切公費斟酌再三本無浮冒惟礮
勇名額閒有辦防時添設嗣後未經裁撤者年
來經費支絀張夢元奏請分別裁減誠如
聖諭爲覈實撙節起見臣謹就閩廠所製兵商輪船

參以泰西定制及上海招商局現辦章程詳細
酌覈分別釐定一爲名額查輪船官弁舵水係
按馬力之大小船身之寬狹分配定額然同一
馬力而輪機有繁有簡同一船身而桅帆或少
或多必欲比而同之其勢轉多窒礙今卽製式
相同者酌分等類有溢額者裁歸一律礮勇額
設仍以平時無事爲衡其派駐各省分口岸如
在籌防之時應否添設及添設若干應歸各省
督撫隨時酌辦其有前此辦防時添設未經裁
撤者現照舊額開列能否裁撤亦應由各督撫
酌辦臣緣各省防務情形不同未便預爲懸斷
此名額之應行酌定者也一爲薪糧查全船執
事各有專司必須熟悉風潮沙綫天文測算輪
機關竅火候湯汽方足勝管駕管輪之任其餘
則上桅理索捩舵張帆升火司油及操演舢板
槍礮各技類皆勞心勞力危險異常必學而後
能習而後熟非尋常水師可比故向章稍從優
給然較之內地水師固優例之外國海軍則絀
現值操防緊要若復驟議核減無以鼓士氣而
固軍心此薪糧之應行照舊者也公費一款月

支尤大查輪船巡行以機器油棉紗等件爲大
宗閩廠各船先係儘用儘報頗涉浮糜嗣乃包
定數目按月支給相沿日久視爲固然各管駕
竟有覬覦所贏而憚於差操者此章不改流弊
不可勝言現擬將船面油漆繩索及辦公零雜
等欵按船核定總數歸之月給其行船時輪機
艙內所需機器油棉紗等件則按行駛時刻程
途遠近酌定各船每時需費若干附入用煤册
內據實開報按次核給庶各船樂於趨事日起
有功以言撙節計近年各船行駛日期歲可省

五六萬金即此後常日操巡而按次開支斷不
致有逾原包之數此公費之應行酌改者也至
練船爲練習風濤而設輪船不如帆船查泰西
操練駕駛人等未有用輪船者誠以帆船便於
習帆纜而壯膽智也惟議購帆船質窳價貴且
須修改所費不貲故閩廠自建威朽壞後歷議
購置未果暫以揚武兵輪代之南北洋亦用威
遠澄慶然不如帆船之容人較多成材較速臣
擬由廠自造以期廣育人才辰下帆船未製且
仍就揚武練習况值防務需船新製第五號鐵

脅船似應配成兵輪以備巡防之用抑臣更有
請者輪船之製器械實繁駕駛之方毫釐必愼
惟人船相習庶指臂可聯閩廠成船之始駕駛
乏人所有船中各執事均由管駕招充每值量
移全船更換管帶則去留任便難免偏私在事
以聚散不常幾同傭保就現在情形而論閩廠
有已成十年之輪船而船上獨無十年老練之
舵工欲期教練以成軍不啻望前而卻步因查
泰西兵船統隸海部自管駕以下校藝敍資按
班推補卽舵水升火之微亦不能濫竽充數故

各船專心執業分之則自成一隊合之則屹若
長城萬里縱橫聲勢聯絡所恃以爭雄海上者
此也今沿海所有兵船惟北洋調集於旅順威
海一帶特延洋師教練結營合隊稍具規模餘
則分隔乖離十羊九牧各管駕經時停泊絕少
操巡偶一差調輒復飾詞守候數日之程動淹
旬月似此情形緩急決不可恃非專設海軍衙
門嚴定章程辦理難收實效不得已暫籌權宜
整頓之法擬請
旨飭下各督撫札調各輪船於駕駛輪機桅舵帆纜

槍礮舢板泗水等技分操合校嚴加甄別倘有額缺按格遞遷下至升火礮勇須稟由練船挑補不准各管駕任意更易庶幾人與船習久練成軍或飭令次第回工由臣認眞考核以資整頓當此時局艱難海防要緊有船尤須有駕船之人一船務求得一船之用臣不敢見小欲速稍涉紛更亦不敢遠怨避嫌自甘推諉所有遵

旨酌覈輪船薪費名額及鐵脅船不必改製練船各緣由謹將現籌變通整頓情形分別開列清單

恭呈

御覽是否有當理合繕摺由驛四百里具

奏伏乞

皇太后

皇上聖鑒訓示謹

奏

光緒十年二月二十八日拜發奉

旨該衙門議奏單三件併發欽此

謹將奉

旨發交各號輪船額配官弁舵水員名並月支薪糧公費銀數分別酌覈繕具清單恭呈

御覽

計開

二百五十四馬力兵輪船

管駕官一員月支銀一百八十兩

臣復查此項原設月支二百六十兩張夢元擬減支八十兩現擬覈減公費飭將原定公費內所支幕友書識各口引港三款在於薪水動支

原定薪水擬無庸裁減月仍支二百六十兩理合登明

大副一名月支銀六十兩

二副一名月支銀四十兩

三副一名月支銀三十兩

臣復查以上三項張夢元原單均照原設銀數開列理合登明

管隊一名月支銀三十兩

臣復查該船原設正管隊一名月支四十兩副管隊一名月支三十兩張夢元擬裁一名改為

管隊一名月支三十兩現擬照裁照改理合登明

水手正頭目一名月支銀二十五兩

水手副頭目一名月支銀二十兩

臣復查以上二項張夢元原單均照原設銀數開列理合登明

管帆桅頭目一名月支銀二十兩

臣復查此項原設三名月各支二十兩張夢元擬裁二名實配一名惟該船配全桅三枝現暫作練船各桅隨時操練必須有人專管未便議裁擬仍照原設三名理合登明

舢板頭目一名月支銀一十六兩

臣復查此項張夢元原單係照原設銀數開列理合登明

舵工六名月各支銀一十五兩共銀九十兩

臣復查此項原設八名月各支一十五兩張夢元擬裁二名實配六名惟該船暫作練船正須多人練習擬仍照原設八名理合登明

頭等水手三十名月各支銀一十二兩五錢共銀三百七十五兩

臣復查此項原設四十名月各支一十二兩五錢張夢元擬裁一十名實配三十名惟該船現暫作練船正須多人練習擬仍照原設四十名理合登明

二等水手二十名月各支銀一十兩共銀二百兩

管礮正頭目一名月支銀二十五兩

管礮副頭目一名月支銀一十三兩

臣復查以上三項張夢元原單均照原設銀數開列理合登明

礮勇二十名月各支銀八兩共銀一百六十兩

臣復查此項原設二十六名月各支八兩張夢元擬裁六名實配二十名查船上礮勇一項前此遇有籌防卽行奏請添設該船配礮一十一尊又係暫作練船擬仍照原設二十六名理合登明

正號手一名月支銀一十兩

副號手一名月支銀九兩

鼓手一名月支銀九兩

臣復查以上三項張夢元原單均照原設銀數

開列理合登明
正管輪一名月支銀一百兩
臣復查此項原設月支一百二十兩張夢元擬
減支二十兩現擬照減理合登明
副管輪一名月支銀五十兩
臣復查此項原設月支六十兩張夢元擬減支
一十兩現擬無庸議減仍照原支六十兩理合
登明
三管輪一名月支銀四十兩
臣復查此項張夢元原單係照原設銀數開列

理合登明
管小水缸一名月支銀二十兩
臣復查此項原設月支二十四兩張夢元擬減
支四兩現擬無庸議減仍照原支二十四兩理
合登明
管油二名月各支銀一十八兩共銀三十六兩
臣復查此項原設二名月各二十兩張夢元擬
各減支二兩現擬無庸議減仍照原支月各二
十兩理合登明
管水汽表二名月各支銀一十六兩共銀三十

二兩
頭等升火一十二名月各支銀一十四兩共銀
一百六十八兩
臣復查以上二項張夢元原單均照原設銀數
開列理合登明
二等升火六名月各支銀一十一兩共銀六十
六兩
臣復查此項原設一十二名月各支一十一兩
張夢元擬裁六名實配六名惟該船水缸鍋爐
多隻此項升火未便議裁擬仍照原設一十二

名理合登明
醫生一名月支銀一十兩
木匠一名月支銀一十五兩
臣復查以上二項張夢元原單均照原設銀數
開列理合登明
銅鐵匠一名月支銀一十五兩
臣復查該船原設銅匠一名鐵匠一名月各支
一十五兩張夢元擬裁一名改爲銅鐵匠一名
月支一十五兩現擬照裁理合登明
公費月支銀二百六十兩

臣復查此項原支四百兩張夢元擬減支一百四十兩現擬將原在此項動支之幕友書識引港三欵改由薪水支用其船上各費分別月給及行船按時支給另單開列理合登明

七百五十四馬力兵輪船

管駕官一員月支銀一百四十兩

臣復查此項原設月支二百兩張夢元擬減支六十兩現擬核減公費飭將原定公費內所支幕友書識各口引港三欵在於薪水動支原定薪水擬無庸裁減月仍支二百兩理合登明

大副一名月支銀五十兩

二副一名月支銀四十兩

三副一名月支銀三十兩

臣復查以上三項張夢元原單均照原設銀數開列理合登明

管隊一名月支銀三十兩

臣復查此項原設月支四十兩張夢元擬減支一十兩現擬照減理合登明

水手頭目一名月支銀二十五兩

舵工六名月各支銀一十五兩共銀九十兩

頭等水手二十九名月各支銀一十二兩五錢共銀三百六十二兩五錢

二等水手一十名月各支銀一十兩共銀一百兩

管礮一名月支銀二十五兩

臣復查以上五項張夢元原單均照原設銀數開列惟水手頭目原設名爲水手正頭目管礮原設名爲正管礮張夢元擬將正字删去該船既無水手副頭目及副管礮其正字應即照删理合登明

礮勇一十名月各支銀八兩共銀八十兩

臣復查此項張夢元係照原設銀數開列惟原設礮勇名額只供平時操演之用遇有辦防卽須添設閩廠造成七百五十匹馬力兵船三號內除威遠現作北洋練船澄慶現作南洋練船額設不在此論外超武現駐浙江該船配礮七尊長下應否添設礮勇由該省巡撫自行奏明辦理其原設只照此數理合登明

正號手一名月支銀一十兩

副號手一名月支銀九兩

鼓手一名月支銀九兩
臣復查以上三項張夢元原單均照原設銀數開列理合登明
正管輪一名月支銀八十兩
臣復查此項原設月支一百兩張夢元擬減支二十兩現擬照減理合登明
副管輪一名月支銀四十兩
臣復查此項原設月支五十兩張夢元擬減支一十兩現擬無庸議減仍照原支五十兩理合登明
三管輪一名月支銀三十兩
臣復查此項原設月支四十兩張夢元擬減支一十兩現擬無庸議減仍照原支四十兩理合登明
管油一名月支銀一十八兩
臣復查此項原設月支二十兩張夢元擬減支二兩現擬無庸議減仍照原支二十兩理合登明
管水汽表一名月支銀一十六兩
頭等升火六名月各支銀一十四兩共銀八十

四兩
二等升火六名月各支銀一十一兩共銀六十六兩
醫生一名月支銀一十兩
木匠一名月支銀一十五兩
臣復查以上五項張夢元原單均照原設銀數開列理合登明
公費月支銀二百二十兩
臣復查此項原支三百兩張夢元擬減支八十兩現擬將原在此項動支之幕友書識引港三款改由薪水支用其船上各費分別月給及行船按時支給另單開列理合登明
一百五十四馬力兵輪船
管駕官一員月支銀一百四十兩
臣復查此項原設月支二百兩張夢元擬減支六十兩現擬核減公費飭將原定公費內所支幕友書識各口引港三款在於薪水動支原定薪水擬無庸裁減月仍支二百兩理合登明
大副一名月支銀五十兩
二副一名月支銀四十兩

三副一名月支銀三十兩
臣復查以上三項張夢元原單均照原設銀數開列理合登明
管隊一名月支銀三十兩
臣復查此項原設月支四十兩張夢元擬減支一十兩現擬照減理合登明
水手頭目一名月支銀二十五兩
舵工六名月各支銀一十五兩共銀九十兩
頭等水手二十九名月各支銀一十二兩五錢共銀三百六十二兩五錢

二等水手一十名月各支銀一十兩共銀一百兩
管礮一名月支銀二十五兩
臣復查以上五項張夢元原單均照原設銀數開列惟水手頭目原設名爲水手正頭目管礮原設名爲正管礮張夢元擬將正字刪去該船旣無水手副頭目及副管礮其正字應卽照刪理合登明
礮勇一十名月各支銀八兩共銀八十兩
臣復查此項張夢元原單係照原設銀數開列惟原設礮勇名額只供平時操演之用遇有辦防卽須添設閩廠造成一百五十匹馬力兵船六號伏波配礮九尊現駐臺灣飛雲配礮九尊濟安配礮七尊現駐廣東元凱配礮九尊現駐浙江登瀛洲配礮七尊現駐江南泰安配礮七尊現駐山東辰下各該船有無添設礮勇應由各該省督撫奏明辦理其原設只照此數理合登明
正號手一名月支銀一十兩
副號手一名月支銀九兩

鼓手一名月支銀九兩
臣復查以上三項張夢元原單均照原設銀數開列理合登明
正管輪一名月支銀八十兩
臣復查此項原設月支一百兩張夢元擬減支二十兩現擬照減理合登明
副管輪一名月支銀四十兩
臣復查此項原設月支五十兩張夢元擬減支一十兩現擬無庸議減仍照原支五十兩理合登明

三管輪一名月支銀三十兩
臣復查此項原設月支四十兩張夢元擬減支一十兩現擬無庸議減仍照原支四十兩理合登明
管油一名月支銀一十八兩
臣復查此項原設月支二十兩張夢元擬減支二兩現擬無庸議減仍照原支二十兩理合登明
管水汽表一名月支銀一十六兩
頭等升火六名月各支銀一十四兩共銀八十四兩
二等升火六名月各支銀一十一兩共銀六十六兩
醫生一名月支銀一十兩
木匠一名月支銀一十五兩
臣復查以上五項張夢元原單均照原設銀數開列理合登明
公費月支銀二百二十兩
臣復查此項原支三百兩張夢元擬減支八十兩現擬將原在此項動支之幕友書識引港三

欵改由薪水支用其船上各費分別月給及行船按時支給另單開列理合登明
一百五十匹馬力商輪船
管駕官一員月支銀一百四十兩
臣復查此項原設月支一百八十兩張夢元擬減支四十兩現擬覈減公費飭將原定公費內所支幕友書識各口引港三欵在於薪水動支原定薪水擬無庸裁減月仍支一百八十兩理合登明
大副一名月支銀五十兩
二副一名月支銀四十兩
三副一名月支銀三十兩
水手頭目一名月支銀二十五兩
舵工六名月各支銀一十五兩共銀九十兩
頭等水手一十名月各支銀一十二兩五錢共銀一百二十五兩
二等水手一十名月各支銀一十兩共銀一百兩
頭等礮勇三名月各支銀八兩共銀二十四兩
二等礮勇三名月各支銀七兩共銀二十一兩

臣復查以上九項張夢元原單均照原設銀數開列理合登明

正管輪一名月支銀八十兩

臣復查此項原設月支一百兩張夢元擬減支二十兩現擬照減理合登明

副管輪一名月支銀四十兩

臣復查此項原設月支五十兩張夢元擬減支一十兩現擬無庸議減仍照原支五十兩理合登明

三管輪一名月支銀三十兩

臣復查此項原設月支四十兩張夢元擬減支一十兩現擬無庸議減仍照原支四十兩理合登明

管油一名月支銀一十八兩

臣復查此項原設月支二十兩張夢元擬減支二兩現擬無庸議減仍照原支二十兩理合登明

管水汽表一名月支銀一十六兩

頭等升火六名月各支銀一十四兩共銀八十四兩

二等升火六名月各支銀一十一兩共銀六十六兩

木匠一名月支銀一十五兩

臣復查以上四項張夢元原單均照原設銀數開列理合登明

公費月支銀二百六十兩

臣復查此項原支三百兩張夢元擬減支四十兩現擬將原在此項動支之幕友書識引港三款改由薪水支用其船上各費分別月給及行船按時支給另單開列再查閩廠造成一百五

十四馬力商船三號又將萬年清兵船改作商船一號共四號現海鏡派往直隸供差萬年清永保琛航在福州臺灣各處轉運理合登明

八十匹馬力兵輪船

管駕官一員月支銀一百二十兩

臣復查此項原設月支一百六十兩張夢元擬減支四十兩現擬覈減公費飭將原定公費內所支幕友書識各口引港三款在於薪水動支原定薪水擬無庸裁減月仍支一百六十兩理合登明

大副一名月支銀四十兩
臣復查此項原設月支五十兩張夢元擬減支
一十兩現擬照減理合登明
二副一名月支銀三十兩
三副一名月支銀二十五兩
臣復查以上二項張夢元原單均照原設銀數
開列理合登明
水手頭目一名月支銀二十兩
臣復查此項原設名爲水手正頭目月支二十
五兩張夢元擬删去正字減支五兩現擬無庸

議減仍照原支二十五兩惟該船既無水手副
頭目正字應卽照删理合登明
舵工六名月各支銀一十五兩共銀九十兩
頭等水手一十六名月各支銀一十二兩共銀
一百九十二兩
二等水手一十名月各支銀一十兩共銀一百
兩
臣復查以上三項張夢元原單均照原設銀數
開列理合登明
管礟一名月支銀二十兩

臣復查此項原設名爲正管礟月支二十四兩
張夢元擬删去正字減支四兩現擬無庸議減
仍照原支二十四兩惟該船既無副管礟正字
應卽照删理合登明
礟勇六名月各支銀八兩共銀四十八兩
臣復查此項張夢元原單係照原設銀數開列
惟原設礟勇名額只供平時操演之用遇有辦
防卽須添設閩廠造成八十四馬力兵船五號
湄雲配礟五尊現駐奉天福星配礟五尊現駐
海壇鎭海配礟六尊現駐直隸靖遠配礟五尊
現駐江南振威配礟五尊現駐厦門辰下各該

船有無添設礟勇應由各該省督撫奏明辦理
其原設只照此數理合登明
號手一名月支銀一十兩
臣復查該船原設正號手一名月支一十兩副
號手一名月支八兩張夢元擬裁副號手一名
將正號手改爲號手名目月支照舊現擬照裁
照改理合登明
鼓手一名月支銀八兩
臣復查此項張夢元原單係照原設銀數開列

理合登明
正管輪一名月支銀八十兩
臣復查此項原設月支一百兩張夢元擬減支
二十兩現擬照減理合登明
副管輪一名月支銀四十兩
臣復查此項原設月支五十兩張夢元擬減支
一十兩現擬照減理合登明
三管輪一名月支銀三十兩
臣復查此項張夢元原單係照原設銀數開列
理合登明

管油一名月支銀一十八兩
臣復查此項原設月支二十兩張夢元擬減支
二兩現擬無庸議減仍照原支二十兩理合登
明
管水汽表一名月支銀一十四兩
臣復查此項張夢元原單係照原設銀數開列
理合登明
頭等升火六名月各支銀一十四兩共銀八十
四兩
二等升火六名月各支銀一十一兩共銀六十
六兩
臣復查該船原設頭等升火八名月各支一十
四兩二等升火四名月各支一十一兩張夢元
擬將頭等升火八名内移二名作爲二等升火
其銀數照二等升火支給現擬照移理合登明
木匠一名月支銀一十二兩
臣復查此項張夢元原單係照原設銀數開列
理合登明
公費月支銀一百八十兩
臣復查此項原支二百四十兩張夢元擬減支

六十兩現擬將原在此項動支之幕友書識引
港三款改由薪水支用其船上各費分別月給
及行船按時支給另單開列理合登明
五十四馬力兵輪船
管駕官一員月支銀八十兩
臣復查此項原設月支一百兩張夢元擬減支
二十兩現擬覈減公費飭將原定公費内所支
幕友書識各口引港三款在於薪水動支原定
薪水擬無庸裁減月仍支一百兩理合登明
大副一名月支銀三十兩

二副一名月支銀二十兩
水手頭目一名月支銀一十八兩
舵工四名月各支銀一十二兩共銀四十八兩
頭等水手八名月各支銀一十兩共銀八十兩
二等水手八名月各支銀八兩共銀六十四兩
臣復查以上六項張夢元原單均照原設銀數
開列理合登明
管礮一名月支銀一十四兩
臣復查此項原設月支一十六兩張夢元擬減
支二兩現擬無庸議減仍照原支一十六兩理

合登明
礮勇四名月各支銀八兩共銀三十二兩
臣復查此項張夢元原單係照原設銀數開列
惟原設礮勇名額只供平時操演之用遇有辦
防即須添設該船配礮三尊現駐福甯應否添
設礮勇由閩省督撫奏明辦理其原設只照此
數理合登明
號手一名月支銀八兩
鼓手一名月支銀七兩
正管輪一名月支銀六十兩

副管輪一名月支銀三十兩
臣復查以上四項張夢元原單均照原設銀數
開列理合登明
管油兼水汽表一名月支銀一十八兩
臣復查此項原設月支二十兩張夢元擬減支
二兩現擬無庸議減仍照原支二十兩理合登
明
頭等升火六名月各支銀一十二兩共銀七十
二兩
二等升火四名月各支銀一十兩共銀四十兩

木匠一名月支銀一十兩
臣復查以上三項張夢元原單均照原設銀數
開列理合登明
公費月支銀一百兩
臣復查此項原支一百二十兩張夢元擬減支
二十兩現擬將原在此項動支之幕友書識引
港三款改由薪水支用其船上各費分別月給
及行船按時支給另單開列理合登明

謹將各號輪船經酌覈後賠配官弁舵水員名
並月支薪糧銀數開具清單恭呈
御覽
計開
二百五十匹馬力兵輪船
管駕官一員月支銀二百六十兩
大副一名月支銀六十兩
二副一名月支銀四十兩
三副一名月支銀三十兩
管隊一名月支銀三十兩

水手正頭目一名月支銀二十五兩
水手副頭目一名月支銀二十兩
管帆桅頭目三名月各支銀二十兩共銀六十
兩
舢板頭目一名月支銀一十六兩
舵工八名月各支銀一十五兩共銀一百二十
兩
頭等水手四十名月各支銀一十二兩五錢共
銀五百兩
二等水手二十名月各支銀一十兩共銀二百
兩
管礮正頭目一名月支銀二十五兩
管礮副頭目一名月支銀一十三兩
礮勇二十六名月各支銀八兩共銀二百八兩
正號手一名月支銀一十兩
副號手一名月支銀九兩
鼓手一名月支銀九兩
正管輪一名月支銀一百兩
副管輪一名月支銀六十兩
三管輪一名月支銀四十兩

管小水缸一名月支銀二十四兩
管油二名月各支銀二十兩共銀四十兩
管水汽表二名月各支銀一十六兩共銀三十
二兩
頭等升火一十二名月各支銀一十四兩共銀
一百六十八兩
二等升火一十二名月各支銀一十一兩共銀
一百三十二兩
醫生一名月支銀一十兩
木匠一名月支銀一十五兩

銅鐵匠一名月支銀一十五兩
以上官弁舵水人等共一百四十五員名月
支薪糧銀二千二百七十一兩小建照扣
七百五十匹馬力兵輪船
管駕官一員月支銀二百兩
大副一名月支銀五十兩
二副一名月支銀四十兩
三副一名月支銀三十兩
管隊一名月支銀三十兩
水手頭目一名月支銀二十五兩

舵工六名月各支銀一十五兩共銀九十兩
頭等水手二十九名月各支銀一十二兩五錢
共銀三百六十二兩五錢
二等水手一十名月各支銀一十兩共銀一百
兩
管礮一名月支銀二十五兩
礮勇一十名月各支銀八兩共銀八十兩
正號手一名月支銀一十兩
副號手一名月支銀九兩
鼓手一名月支銀九兩

正管輪一名月支銀八十兩
副管輪一名月支銀五十兩
三管輪一名月支銀四十兩
管油一名月支銀二十兩
管水汽表一名月支銀一十六兩
頭等升火六名月各支銀一十四兩共銀八十
四兩
二等升火六名月各支銀一十一兩共銀六十
六兩
醫生一名月支銀一十兩

木匠一名月支銀一十五兩
以上官弁舵水人等共八十四員名月支薪
糧銀一千四百四十一兩五錢小建照扣
一百五十匹馬力兵輪船
管駕官一員月支銀二百兩
大副一名月支銀五十兩
二副一名月支銀四十兩
三副一名月支銀三十兩
管隊一名月支銀三十兩
水手頭目一名月支銀二十五兩

舵工六名月各支銀一十五兩共銀九十兩
頭等水手二十九名月各支銀一十二兩五錢
共銀三百六十二兩五錢
二等水手一十名月各支銀一十兩共銀一百
兩
管礮一名月支銀二十五兩
礮勇一十名月各支銀八兩共銀八十兩
正號手一名月支銀一十兩
副號手一名月支銀九兩
鼓手一名月支銀九兩

正管輪一名月支銀八十兩
副管輪一名月支銀五十兩
三管輪一名月支銀四十兩
管油一名月支銀二十兩
管水汽表二名月支銀一十六兩
頭等升火六名月各支銀一十四兩共銀八十
四兩
二等升火六名月各支銀一十一兩共銀六十
六兩
醫生一名月支銀二十兩

木匠二名月支銀一十五兩
以上官弁舵水人等共八十四員名月支薪
糧銀一千四百四十一兩五錢小建照扣
一百五十匹馬力商輪船
管駕官一員月支銀一百八十兩
大副一名月支銀五十兩
二副一名月支銀四十兩
三副一名月支銀三十兩
水手頭目一名月支銀二十五兩
舵工六名月各支銀一十五兩共銀九十兩

頭等水手一十名月各支銀一十二兩五錢共
銀一百二十五兩
二等水手一十名月各支銀一十兩共銀一百
兩
頭等礮勇三名月各支銀八兩共銀二十四兩
二等礮勇三名月各支銀七兩共銀二十一兩
正管輪一名月支銀八十兩
副管輪一名月支銀五十兩
三管輪一名月支銀四十兩
管油一名月支銀二十兩

管水汽表一名月支銀一十六兩
頭等升火六名月各支銀一十四兩共銀八十四兩
二等升火六名月各支銀一十一兩共銀六十六兩
木匠一名月支銀一十五兩
以上官弁舵水人等共五十五員名月支薪糧銀一千五十六兩小建照扣
八十匹馬力兵輪船
管駕官一員月支銀一百六十兩

大副一名月支銀四十兩
二副一名月支銀三十兩
三副一名月支銀二十五兩
水手頭目一名月支銀二十五兩
舵工六名月各支銀一十五兩共銀九十兩
頭等水手一十六名月各支銀一十二兩共銀一百九十二兩
二等水手一十名月各支銀一十兩共銀一百兩
管礮一名月支銀二十四兩

礮勇六名月各支銀八兩共銀四十八兩
號手一名月支銀一十兩
鼓手一名月支銀八兩
正管輪一名月支銀八十兩
副管輪一名月支銀四十兩
三管輪一名月支銀三十兩
管油一名月支銀二十兩
管水汽表一名月支銀一十四兩
頭等升火六名月各支銀一十四兩共銀八十四兩

二等升火六名月各支銀一十一兩共銀六十六兩
木匠一名月支銀一十二兩
以上官弁舵水人等共六十四員名月支薪糧銀一千九十八兩小建照扣
五十四馬力兵輪船
管駕官一員月支銀一百兩
大副一名月支銀三十兩
二副一名月支銀二十兩
水手頭目一名月支銀一十八兩

舵工四名月各支銀一十二兩共銀四十八兩
頭等水手八名月各支銀一十兩共銀八十兩
二等水手八名月各支銀八兩共銀六十四兩
管礮一名月支銀一十六兩
礮勇四名月各支銀八兩共銀三十二兩
號手一名月支銀八兩
鼓手一名月支銀七兩
正管輪一名月支銀六十兩
副管輪一名月支銀三十兩
管油兼水汽表一名月支銀二十兩

頭等升火六名月各支銀一十二兩共銀七十二兩
二等升火四名月各支銀一十兩共銀四十兩
木匠一名月支銀一十兩
以上官弁舵水人等共四十五員名月支薪糧銀六百五十五兩小建照扣

謹將各號輪船分別按月常給公費及行船按時照給公費開具淸單恭呈
御覽
計開
按月常給公費項下
二百五十匹馬力輪船月支銀一百兩
七百五十匹實馬力輪船月支銀八十兩
一百五十匹馬力輪船月支銀七十兩
八十匹馬力輪船月支銀五十兩
五十匹馬力輪船月支銀四十兩

以上所給公費銀兩係備隨時磨擦輪機礮械應用之松節水棉紗砂布紅丹各項油觔洋燭等件洗刷船艙補油船身輪機舢板應用之胰皁船帚各色漆油煤油油漆刷等件暨更換旗幟號衣零碎修補帆纜並各項燈油辦公心紅紙張等件惟全刮船身舢板重加油漆由廠另行勘辦不在此內所給銀兩小建照扣理合登明
行船按時照給公費項下
二百五十匹馬力輪船每行船一點鐘支銀七

錢一日夜二十四點鐘共支銀一十六兩八錢
七百五十匹實馬力輪船每行船一點鐘支銀
五錢一日夜二十四點鐘共支銀一十二兩
一百五十匹馬力輪船每行船一點鐘支銀五
錢一日夜二十四點鐘共支銀一十二兩
八十匹馬力輪船每行船一點鐘支銀四錢一
日夜二十四點鐘共支銀九兩六錢
五十匹馬力輪船每行船一點鐘支銀三錢一
日夜二十四點鐘共支銀七兩二錢
以上所給公費銀兩係備行船時輪機艙應
用之機器油牛油花生油等件按照進出口
報單行船時刻及速率海里提驗日記簿核
實支給其停船留火概不准支理合登明

船政奏議彙編卷二十三終

船政奏議彙編卷二十四目錄

船政奏議彙編卷二十四　何如璋二

船政關繫海防擬請協籌經費以擴成規而期實效摺

奏爲船政關繫海防擬請協籌經費以擴成規而期實效遵
旨酌覈籲陳
聖鑒事竊前督辦船政臣張夢元於光緒九年九月二十日附奏船政宜籌變通一摺奉
旨著咨行何如璋悉心酌覈奏明辦理欽此欽遵臣莅工數月詳加考察竊以船政爲海防根本萬

無收束之理查閩海關歲撥經費六十萬兩近來積欠甚鉅計去年所解不過二十萬兩張夢元目擊情形莫從措手不得已而爲收束之請覈其原奏曰收船歸隖曰整頓練船曰裁撤工匠就現在製成之船各省分防深虞不足非特無隖可歸亦且無船可練工匠在工年久西法漸通一旦散而之他勢難復聚費千百萬之帑金經十餘年之締造乃以經費支絀盡棄前功貽笑强鄰自乖本志其爲失計當在
聖明洞鑒之中竊維時局艱危需船孔急惟有協籌經費力圖開擴庶足壯海軍之規模立自强之根柢臣謹悉心酌覈約舉數端敬爲我
皇太后
皇上陳之一曰添機擴廠查閩局創造輪船馬力不過二百五十匹故廠機較小取給一時嗣仿造二千四百匹馬力快船機器卽不敷用所有鋼鐵大件不得不購自外洋駁運固屬紆迴製造尤虞停待今計拉鐵廠應添者曰廠屋曰五百匹馬力水缸曰五百匹拉鐵大機與夫起重汽鎚甎鑪之屬凡十有餘具在輪機水缸兩廠應

添者曰轉輪軸大機曰旋內徑大機與並剪牀鑽牀刨牀之屬凡十有餘具如就廠製造鐵甲則拗龍骨烘鐵脅與夫拉甲烘甲削甲刨甲之機器甎鑪等項均須加擴廠地一律增添庶工程事事應手不致仰給外洋此廠地機器之應籌展擴者也二曰仿造鐵甲泰西兵艦以鐵甲爲最堅堵口衝鋒端恃此種與其購諸外國利權屬之他人不如製自廠中臨事尙能適用查沿海各港水不甚深仿造鐵甲不宜過大今擬製甲厚八寸之船馬力一千餘匹容重一千餘

噸喫水不過二十尺每時約行八十里製價較廉用煤亦省駕駛靈快攻守兼資進可摧敵艦之堅退不阻內河之淺地形異便器用隨之此鐵甲之應籌仿造者也三曰購造船隖製船在廠修船在隖閩廠舊用鐵螺絲船槽容重二千餘噸去年製成之開濟快船卽不能修何況鐵甲大沽與上海先後建隖修船較便然以港道稍淺亦不能收納快船此事實難再緩查閩廠左近有英商船隖一所意欲出售如能購就則展大開深將隖門改製加長便可合用否則亦

須擇地築造備各船隨時驗修庶不致利歸外商事多捍格此船隖之應籌購造者也四曰開辦鐵礦製船以鋼鐵爲大宗閩廠所用除購洋產外兼資古田銕古田之鐵取鍊未能如法價本較昂查福州穆源鐵礦前船政臣黎兆棠曾督洋師前往踏勘苗砂甚旺祇以銷路未廣舉辦維艱如能添機擴廠仿造鐵甲則歲需鋼鐵較多擬卽由閩廠劃撥官本招商開採所出礦砂悉以西法提鍊先儘閩廠購用次及南北洋機器各局從此資給不竭又可設局製礮供各

省海陸軍礮臺之用庶財源不致外溢軍實亦可日精此鐵礦之應籌開辦者也綜此四端需款頗鉅計添機擴廠建隖開礦應須百餘萬兩若此後每年仿造中等鐵甲船一號上等兵船一號額定經費非歲籌一百二十萬兩不可當此時局艱難庫儲支絀議增製船經費固未易言第以强鄰日逼事變日深欲固沿海之防必先壯海軍之勢欲壯海軍之勢必先增巡海之船臣通籌大局再三考覈舍力求開擴之外別無辦法蓋經費充則製船自速成本自輕鋼鐵

取諸域中漏卮可塞兵艦交乎海上外釁潛消卽以近事徵之法之圖越非伊朝夕我苟海軍足恃以艦隊進扼東京海口則北圻一帶屹若長城法人雖橫斷難猝逞彼卽欲移師恫喝而我軍聲勢聯絡或犄之或角之或遮其前或尾其後彼將長慮卻顧自防之不暇何暇謀人是沿海七千餘里我但擇要堅築礮臺護以蚊子船調營扼守已足操必勝之權制敵人之命矣又何致紛紛募勇處處設防勞費周章尙覺毫無把握乎伏願

朝廷早定大計整練海軍擬請
旨飭下戶部通盤籌畫責成閩海關覈計協撥各欵
移緩就急將積欠百餘萬兩設法解清其定額
六十萬仍舊按年解足並劃撥各省關歲協六
十萬兩充經費以濟要工如蒙
俞允一俟奉部酌定臣謹當督率各員紳覈實估計
分別開具清單次第
奏明辦理斷不敢稍涉苟且因循有辜
高厚所有遵
旨酌覈應籌開擴各緣由理合會同北洋大臣一等

肅毅伯大學士臣李鴻章二等恪靖侯大學士
臣左宗棠福州將軍臣穆圖善閩浙總督臣何
璟福建巡撫臣張兆棟恭摺由驛五百里馳陳
伏乞
皇太后
皇上聖鑒訓示謹
奏
光緒十年四月十三日拜發奉
旨另有旨欽此

光緒六年至八年製船用欵遵照部頒格式變
通辦理摺
奏爲光緒六年至八年製船用欵遵照部頒四柱
格式變通辦理開具清單懇
恩准予支銷恭摺仰祈
聖鑒事竊閩廠自光緒六年正月起截至八年十二
月底止造船收支各欵經張夢元援案具摺開
單請銷光緒九年七月二十七日軍機大臣奉
旨該衙門知道單併發欽此欽遵在案嗣准戶部咨
稱光緒八年十月間本部奏定報銷章程擬將

各省向來開單者截至八年十二月止照舊開
單先開兵勇員弁名數與口糧實數及增裁四
柱清單再開收支銀數欵目四柱清單其開單
應遵照部頒格式開列等因奏奉
俞允由部將奏定章程及清單格式刷印通行遵照
在案今據該廠所銷係光緒八年十二月以前
之欵其開單奏報之處核與本部前奏向開單
者仍開單之語相符按單覈算散總數目亦屬
符合惟查閱原單一切人數餉數起止日期及
支放章程均未聲敍殊與新章格式不符礙難

核銷相應移咨速將本部應銷各欵如支給員紳並出洋肄業生徒暨前後學堂繪事院生徒藝童健丁工匠人等薪水經費贍養飯食盤費獎賞口糧雜費暨書役工伙心紅油蠟洋員匠薪費等欵務須按照部頒單式將員役人等名數餉數起止日期並照何項章程支發其無例案可援者是否奏定有案逐欵詳晰另行開具清單迅速專案奏報等因又准兵部咨令將洋員匠卹賞運夫排工各口糧輪船薪糧四欵所支銀數造具細册送部覈銷又支欵單內製造鐵脅澄慶兵輪船撥用前屆報銷案內存剩銅鐵木煤各料價腳銀一萬六千二百三十二兩一錢六分四釐一毫應將運腳數目劃分清楚其如何分別支發之處隨案詳細聲明以憑核辦等因又准工部咨令將單開製造及修理各輪船並舢板等船用過工料銀兩詳細分晰造册報部查覈等因各移咨前來臣查船政用欵均係開單請銷所有不能造册緣由歷屆奏銷摺內經據情入

告久在

聖明洞鑒之中臣莅工以來悉心體察覺工程錯綜欵目紛繁誠非筆墨所能盡罄一切用欵皆屬據實支銷並無浮冒今部臣所查者曰四柱清單曰支欵細册曰運腳數目曰工料細册自應遵飭局員分別辦理惟戶部指查之勻撥第二屆出洋肄業學生經費續派出洋肄業藝徒經費各生童獎賞盤費等四欵或係按年勻撥匯解外洋或係遇事必需隨時支用均無起止四柱可開其洋員匠薪費一欵係照西歷月分支發與中歷月日起止不同每月日數多寡不等僅僅截明起止究亦無從積算兵部指查之墊支輪船薪費一欵查輪船薪費自同治十三年四月十六日起經沈葆楨奏明歸併臺防項下支銷惟省局批解養船經費不敷支放間於製船項下零星湊欵墊支既不能指明專支何船亦不能指明墊支何月且墊支銀數將來應由省局登收所有各輪船員名薪糧起止細數省局自當彙同全數造册請銷臣衙門自無庸造册其製造澄慶兵輪船撥用前屆報銷案內存剩銅鐵木煤各料運腳數目一欵查船政采辦

各料向係由商攬辦包運到工統計價值報銷
單內所稱價脚者脚在價中實即到地之物價
也工部指查之製造及修理各輪船並舢板等
船用過工料細册查此項用欵在光緒八年十
二月以前自應遵照奏定新章向開單者仍開
單辦理以上各條理合據情懇
恩飭下部臣免予開具四柱清單及劃分數目詳造
細册迅即照單覈銷至員弁並出洋肄業生徒
各學堂繪事院生徒藝童健丁工匠人等薪水
贍養飯食口糧雜費書役工伙心紅油臘暨廣
儲所運夫儲材所排工口糧洋員匠卹賞等欵
均遵照部頒四柱單式變通開列員名餉數起
止日期送部備覈惟各欵四柱清單卷帙繁多
未便附摺玆謹將截至光緒八年十二月底實
存員弁生徒書役丁夫名數餉數開具簡明清
單連同支欵清單恭呈
御覽伏懇
天恩逾格准予開銷以清積牘除咨總理衙門戶部
兵部工部查照外理合會同南洋大臣大學士
兩江總督二等恪靖侯臣左宗棠福州將軍臣

穆圖善閩浙總督臣何璟福建巡撫臣張兆棟
合詞恭摺具陳伏乞
皇太后
皇上聖鑒謹
奏
同日拜發奉
旨該部議奏單二件並發欽此

謹將截至光緒八年十二月止實存員弁生徒書役丁夫人等名數並月支薪水贍養等項銀數開具簡明清單恭呈

御覽

謹開員弁薪水項下

道員一員月支銀四十兩

郎中員外郎各一員各月支銀三十兩

主事通判共四員各月支銀二十兩

知縣七員各月支銀一十六兩

鹽大使教諭府經歷縣丞共十二員各月支銀

一十二兩

訓導一員月支銀一十兩

舉人從九品共四員名各月支銀八兩

副貢生附生監生共四名各月支銀六兩

承襲一等輕車都尉一員月支銀一十八兩

千總九員各月支銀一十兩

把總三員各月支銀八兩

外委七員各月支銀六兩

軍功九員各月支銀五兩

外科醫士一名月支銀六兩

肄業藝成回華生徒薪水項下

學生四名內一名月支銀八十六兩四錢三名各月支銀七十二兩

藝徒六名內一名月支銀二十二兩五名各月支銀二十兩

前學堂藝生童贍養及飯食項下

駐堂幫教二員內一員月支銀二十二兩一員月支銀一十七兩

派廠幫教二員內一員月支銀二十二兩一員月支銀一十九兩

藝童三十四名內一名月支銀九兩一名月支銀八兩一名月支銀七兩三名各月支銀五兩二十八名各月支銀四兩又每名日支飯食銀七分五釐

後學堂藝生童贍養及飯食項下

幫教五員內一員月支銀三十六兩一員月支銀一十八兩一員月支銀一十七兩二員各月支銀一十六兩

藝童四十四名內一名月支銀六兩一十三名各月支銀五兩三十名各月支銀四兩又每名

日支飯食銀七分五釐
後學堂美國回華學生贍養及飯食項下
學生四名內二名各月支銀九兩二名各月支銀七兩又每名日支飯食銀七分五釐
繪事院畫童贍養及飯食項下
幫教二員各月支銀一十六兩
畫童一十名內一名月支銀一十二兩一名月支銀六兩二名各月支銀五兩六名各月支銀四兩又每名日支飯食銀七分五釐
學習管輪藝童贍養及飯食項下
幫教二員內一員月支銀一十一兩一員月支

銀一十兩
藝童一十八名內一名月支銀一十一兩一名月支銀九兩五錢一名月支銀九兩一名月支銀八兩一十四名各月支銀四兩又每名日支飯食銀七分五釐內有在船學習六名加倍支給
在船學習藝童僱用廚夫一名月支銀四兩聽差一名月支銀三兩
學習電線藝童贍養及飯食項下
藝童六名內一名月支銀二十兩二名各月支銀一十六兩一名月支銀一十兩二名各月支銀四兩又每名日支飯食銀七分五釐
藝徒工食項下
藝徒六十二名內八名各日支銀一錢九分二名各日支銀一錢七分五十二名各日支銀一錢五分伙夫六名各日支銀一錢
書役工伙項下
經書九名各月支銀四兩繕書二十一名各月支銀三兩驛書號書各一名各月支銀三兩

聽差六名各月支銀二兩四錢
遞夫二名各月支銀二兩四錢
健丁口糧項下
管帶官一員月支銀二十兩隊長一名月支銀六兩什長五名各月支銀四兩八錢健丁五十名各月支銀四兩二錢伙夫五名各月支銀三兩
看管船槽匠丁工食雜費項下
船槽機器匠二名各月支銀一十二兩小工一十二名各月支銀四兩二錢磨擦機器油料緜

紗各雜費月支銀一十二兩
挖土大機船一號配用正管機器匠一名月支銀一十二兩副管機器匠一名月支銀八兩小工一十六名各月支銀四兩二錢挖土煤炭油料各雜費月支銀七十二兩
刮土小機船一號配用小工六名各月支銀四兩二錢
裝土船四號配用小工二十四名各月支銀四兩二錢
廣儲所盤運料件運夫口糧項下
夫長一名月支銀六兩什長五名各月支銀三兩六錢運夫四十五名各月支銀三兩三錢
儲材所運送木料排工口糧項下
排長一名月支銀六兩排工六名各月支銀五兩四錢

謹將製船經費自光緒六年正月初一日接造起截至八年十二月底止支過各欵數目開具簡明清單恭呈
御覽
謹開
一支製造湊成第二十三號七百五十匹實馬力鐵脅澄慶兵輪船一號工料銀一十六萬六千二百七兩二錢六分九釐六毫
一支製造未成第二十四號二千四百匹實馬力鐵脅開濟巡海快船一號已動用工料銀二十六萬八千七百一十三兩一錢五分四釐三毫
一支製造未成臥機七百五十匹實馬力康邦輪機胚一副已動用工料銀五千八百六十三兩二錢三分三釐四毫
一支勻撥第二屆出洋肄業學生第一第二兩年經費銀一萬五千九百九兩九分九毫
一支第一屆續派出洋肄業藝徒第三年經費銀六千一百三十八兩二錢四分七毫
一支添造鑄鐵輪機水缸模子小輪機各廠水

缸鑪並煙筒工料銀四千七百五十七兩二錢七釐五毫
一支添蓋巡海快船樣板房工料銀一千五十八兩六錢三分三釐二毫
一支修拓巡海快船船臺工料銀七千五兩九錢六分八釐一毫
一支修理鐵船槽並機器房工料銀一萬六千五百一十五兩一錢五分八釐五毫
一支歲修各廠火鑪火溝風溝等項工料銀四千一兩六錢六釐六毫

一支歲修各廠所並七年分遭風大修工料銀五千六百五十七兩九錢一分三釐
一支添製各廠機器工料銀二萬一千五百九十一兩二錢四分三釐二毫
一支歲修各廠機器工料銀七千九百六十六兩六錢七分一釐八毫
一支購製各廠所傢伙器具工價銀一萬八千二百八十兩五錢四分一釐三毫
一支洋員匠薪費銀三萬二千二百五十九兩四錢七分二釐六毫

一支洋員匠路費借辛銀四千六百二十兩二錢二分二釐一毫
一支洋員匠邮賞銀一千六百六兩二分一釐七毫
一支員弁薪水銀四萬七千三百一兩一錢三分三釐三毫
一支肄業藝成回華生徒薪水銀一萬四千三百七十三兩三錢七分五釐三毫
一支前學堂藝生童贍養銀一萬二百四十二兩六分六釐四毫

又飯食銀二千八百四十九兩九錢二分五釐
一支後學堂藝生童贍養銀九千三百五十五兩七錢九分九釐七毫
又飯食銀三千四十四兩七錢
一支美國回華學生贍養銀一千七百四十三兩二錢六分六釐六毫
又飯食銀三百八十四兩五錢二分五釐
一支繪事院畫童贍養銀三千五百三十六兩二錢一分六釐九毫

又飯食銀七百四十三兩三錢二分五釐
一支學習管輪藝童贍養銀四千一百七兩一
錢一分六釐九毫
又飯食銀一千八百四十二兩一錢五分
一支學習電線藝童贍養銀二千四十九兩六
錢一毫
又飯食銀三百九十四兩六錢五分
一支藝徒工食銀五千九百八十四兩六錢一
分
一支續派出洋肄業藝徒贍養銀一千二百五

十八兩六錢六分六釐七毫
一支前後學堂繪事院管輪各生童獎賞銀五
百二十三兩三錢九釐一毫
一支購買學堂繪事院洋書器具價值銀四千
七百八十五兩九錢七分八釐六毫
一支各生童盤費銀六百三十六兩八錢七分
二釐七毫
一支書役工伙銀四千四百一十九兩九錢二
分七釐
一支心紅紙張銀四百五十三兩七錢四分九
釐四毫
一支油蠟銀五百四十八兩五錢八分三釐
一支健丁口糧銀一萬二千一百六十一兩八
錢三分三釐三毫
一支看管船槽匠丁工食雜費銀一萬三千五
百五十一兩一分三釐三毫
一支廣儲所盤運料件運夫口糧銀六千四百
三十二兩七錢二分
一支儲材所運送木料排工口糧銀二千一十
一兩九錢二分

一支購存用剩銅鐵木料煤炭價值銀六萬一
千九百四十兩七錢七分七釐七毫
一墊支各輪船薪費銀四萬七百七十四兩三
錢七分八釐七毫
一墊支各輪船領用煤炭價值銀四萬四千一
百六十四兩一錢九分三釐七毫
一墊支修理各輪船工料銀一十萬八千九百
二十五兩四錢三釐六毫
一支撥借省會善後局議購鐵甲船經費銀七
萬兩

以上共支銀一百六萬八千六百九十三兩四錢三分五釐五毫

船政奏議彙編卷二十四終

船政奏議彙編卷二十五目錄

船政奏議彙編卷二十五

旨查明船政前此承造開濟快船並無玩延諱飾據

遵

實覆陳摺

奏爲遵

旨查明恭摺覆陳仰祈

聖鑒事竊臣承准軍機大臣字寄光緒九年十二月

十四日奉

上諭左宗棠奏閩省船政局製造巡海快船任意玩

延開濟船甫經試洋偶遇風浪抽水機器即不合

用行駛不前前船政大臣張夢元有意諱飾請旨

嚴行申飭等語即著何如璋確切查明據實參奏

毋稍徇隱並將船政局務破除情面切實整頓各

員紳人等隨時酌量分別勸懲以重要工原摺著

鈔給閱看將此諭令知之遵

旨寄信前來等因欽此欽遵臣於去年十二月莅工

時張夢元早既奉

命前赴粤西開濟船亦既駛抵江甯從中有無玩延

諱飾等情當即檢覈案卷察問在事之員紳弁

匠按條逐節細加研究一面咨令張夢元據實

聲覆並飛札開濟管駕何心川吊取發還原稟

茲據各覆前來經臣復查尙無玩延諱飾情弊

謹將確切情形剖陳

御覽左宗棠原摺稱開濟自十二月初三日船身告

成下水裝配機器一切約計五箇月本可試洋

乃至本年九月間始報啓行遲至十一月初十

日始抵上海並述管駕何心川所稟原估該船

下水後五閱月可以蕆工繼又展至八月告竣

等語臣查開濟快船係八年十二月初三日下

水始擬併力專趕約九年五月間試洋嗣因北

洋催修海鏡湄雲兩船分去一萬九千工南洋

催修澄慶一船又分去八千七百餘工而閩省

之揚武萬年清福星長勝等船又復先後接修

必不可緩者九千餘工閩局餉以經費不充故

廠地未拓機器未添値此趕製快船之時各船

待修孔亟雖亦鳩工併力而限於廠地機器未

免顧此失彼張夢元九年四月初三日到工督

辦距始擬試洋之期不及一月經累次嚴飭員

紳學生人等將未竟工程何者提前何者在後

何者及早添工何者勻廠分製夜以繼日設法

兼營八月二十七日及九月初一日兩次駛出內港試驗九月十一日各廠員紳弁匠及揚武管駕張成會同該管駕何心川駛出向來試船之媽祖洋逐一試驗隔宵始返九月二十二日由何心川駕赴江甯二十七日遭風折回經張夢元疊次派員勘驗船身輪機並無損壞查係該船人等不能得力於汽鼓之洩蒸汗銅管久啓不閉遂致熱水入艙浸化艙底抽水機所配樹膠洋名因陳勒勃者因而施展不靈一面飭予修理一面於十月初二日專函密商左宗棠

另撥南洋諳練管駕協駕此船原期愼重十月二十三日始據咨覆南洋各船管駕未能抽派仍飭何心川小心駕駛來甯而張夢元旣於十月十三日啓程赴粵矣當經提調道員呂耀斗稟商督撫臣以洋商福克所購各礮適到應乘該船折回之便剋日配齊俾資應用而免往返十一月初八日配竣赴甯初十日報抵上海此皆當日實在情形在事人等晝夜趕辦異常勞瘁實無泄沓玩延情事原摺述何心川所稟該船忽遇颶風抽水機器竟不合用致水積艙中

激翻鐵板礙及輪機不能旋轉極力保護無恙急用側帆收泊北礵一連三晝夜設法抽水至二十七日不得已駛回工次據情稟請改製船政憲將稟發還飭即換具遭風稟報都司只求製造完固不得不遵等語臣查該船所配抽水機凡五項曰艙底抽水機二件備專抽輪機艙底水出船外也曰旋轉抽水機二件備專抽海水入冷水櫃兼抽輪機艙底水入冷水櫃也曰艙面抽水機二件備專抽各艙底水出船外也曰小馬力抽水機二件備專抽輪機艙底水出

船外兼抽海水共入水缸也曰手運抽水機二件亦備專抽各艙底水出船外也檢查洋廠購來原圖僅配艙底抽水機及旋轉抽水機兩項工程處按照尺寸配備已足抽艙底積水其三項則工程處另行出圖添配以臻周密者具此五項抽水機儻臨時能知運用何至有倉皇失措之事乃該船當日遇風艙底抽水機之因陳勒勃竟爲熱水浸化施展不靈尙有各項之機不知運用遂至積水太多衝翻艙底踏腳鐵板又值風濤大作全船忙亂事勢幾危幸船機堅

固得乘風折回工次據張夢元覆稱該管駕所稟不實稟內詞語亦與面稟情形不同是以飭令另行據實具稟曾將銅管頭須修因陳勒勃爲熱水浸化抽水機施展不靈情節函告左宗棠有稿可覈該管駕如肯據實稟陳豈有不令管駕稟陳之理等語臣查無異復覈何心川所呈張夢元發還原稟有駛至大洋天色驟變浪如山壓風若雷鳴顛簸情形不可言狀等語是何心川原稟卽報遭風非張夢元飭其改稟遭風也原稟且有汽鼓洩蒸汗銅管銲頭經茲風

浪旣將剝裂等語是託此語以文洩蒸汗銅管久啓不閉之過張夢元覈與查勘情節不符原稟擲還亦屬衙門常例此開濟抽水機非不合用張夢元尚無諱飾之實在情形也原摺述何心川所稟該船應需之海圖羅經及備用之輪機要件或采辦尚未到工或應造並不趕製諸見附會並稱輪機應製備用各件開單稟請製備乃轉輪臂及大件三船只備一副等語臣查海圖羅經等件其購自外洋者往返自稽時日雖海圖於十月十七日發船羅經於十月二十

四日發船皆在該船折回之後但查該船早領有廠存海圖及向盤日規等件似不得以遭風諉之至備用各件查外洋向無定章此船欲備某件彼船又欲備他件件數之多寡視需用之緩急經費之盈絀爲衡年來船政以關欵短解支絀異常故擬以大件不易壞並不便在船儲備者開濟及第二三號快船共製一副其小件覈照向來各船所給之目當卽分別寄洋購配及飭廠製造有案一時未能全備該船安能久候自應飭先駛赴江甯原摺述何心川所稟原

定喫水一丈七尺茲驗喫水一丈九尺原定每時可行百里今茲試洋只行九十餘里工程處揑稱英海里與法海里不同其實英法海里原無二致等語臣查原定喫水尺寸係照洋廠原圖法尺五尺五寸合營造尺十七尺四寸言一丈七尺者舉成數也若合英尺則係十八尺零三分合魯班尺則係十八尺三寸三分何心川所驗一丈九尺似是英尺與魯班尺耳法國每海里合法尺一千八百五十二尺歐洲各國亦通用之英國每海里合法尺一千六百零九尺

惟英獨用之法海里合中國三里三英海里合中國二里八六是英法海里兩不相同黎兆棠於開濟下水摺稱每時可行百里該船試洋時逆風逆水行九十一里餘若遇風平浪靜燒用上等英煤可行百里有餘經張夢元奏明並無欺朦原摺述何心川所禀該船原估經費三十三萬兩現聞將及四十萬兩等語臣查開濟工料原估係四十萬經前督辦黎兆棠會同閩浙督臣何璟

奏明在案至南洋續定兩號因圖模既備工作既

熟故約估三十三萬之數臣維製造與駕駛藝雖各執用實相資故創立船政之始卽開前後兩學堂招致生徒不惜重費帑金延師課督原冀其觀摩集益砥礪成材固不宜遇事推諉徒爲護短便私之計何心川係駕駛學生臣去冬過滬時接見一次人尚樸訥揆開濟折回情節始因洩蒸汗銅管久啓不閉致抽水機之因陳勒勃爲熱水浸化懼獲譴於張夢元遂匿報以文過及張夢元擲還原禀且開馳函密商南洋又懼獲譴於左宗棠文過之心乃變爲諉過之舉肆意辯飾牽引多端祇圖卸責之工不顧措詞之過至船機製造術本精微卽西人專門亦復時有增改此次仿製新式快船圖件實繁設或麤心便虞疏漏工程處學生李壽田等初膺重責惟惴惴焉不克成船是懼胡敢肆之敢萌嗣因開濟試洋行駛自如審視船機各要件悉臻完固非特在事各員紳匠徒深喜鉅工告成不負勞苦卽工程處各學生亦私幸多年練習小效微長雖一二小件尚費修飾然揆之大局無礙似可不事苛求庶足鼓該學生等奮發任

事之心而祛其掩飾彌縫之習左宗棠以昔年創立船局深費苦心據何心川禀詞恐滋流弊請

旨申飭張夢元並請

飭下臣切實整頓自係關顧要工之至意嗣聞左宗棠以何心川駕駛該船於去年十一月十九日今年二月十七日兩次擱淺亦經撤調具徵爲公起見毫無成心現臣遵查各節委無玩延諱飾情事可否

准予免行申飭張夢元之處出自

天恩至在事各員紳臣謹當隨時考察分別勸懲其
督造開濟異常出力者可否
准照前奉
批旨由臣擇尤酌保候
旨遵行所有微臣遵查各情形謹專摺覆陳伏乞
皇太后
皇上聖鑒訓示謹
奏
光緒十年五月二十四日拜發奉
旨知道了旣據查明張夢元尚無諱飾情事卽著毋
庸置議其在事各員製造究未盡善所請保獎之
處著不准行嗣後如續有勞績再行奏請欽此

法船聚泊馬江敵情叵測應亟調各省兵船協
防摺
奏爲法船聚泊馬江敵情叵測應亟調各省兵船
協防恭摺馳陳仰祈
聖鑒事竊法人此次派員來議越事乃一面令該海
軍提督孤拔率領艦隊駛泊馬江以圖要挾閏
五月二十二日法艦安菩黎入口行至羊嶼擱
淺船壞於二十六日開往香港二十四日又到
嚳盧茶法船一號二十五日又到益士弼法船
一號二十六日又到都杰端臘士法船二號共
駐泊馬江者大小四艘孤拔卽在其中而我之
揚武福星兩兵船並福勝建勝兩礮船卽與之
銜尾停泊飭令各管駕嚴密豫備以爲互相牽
制之計但法船仍有一號停泊芭蕉口外聞尙
有陸續至者彼衆我寡非飛調各省兵船應援
則我船形勢孤危攻守均無把握臣先經函商
福州將軍臣穆圖善等電請調船赴援如各省
兵輪能迅速來閩則我勢稍强彼謀自戢不特
船局可保卽法人索賠之願亦不致過奢儻法
船移向別口而我船跟蹤前駛於各省防務決

不致稍有疏虞至陸路防營則塡紮海口要隘及防護各礮臺外其駐防馬江者新舊兩營現又由會辦大臣張佩綸親率二營來工屯紮陸兵尙不過單惟彼以兵船大礮相攻防護頗難措手又彼此兵船銜尾相拒萬一決裂先發制人後發卽爲人制以法人橫肆性成臨事必圖狡逞使各船靜以待變深恐爲敵所乘若各船不扼其衝則船局尤爲難保此事如何措置臣謹當與張佩綸等悉心籌度隨時相機因應至船廠製造臣自應督率員紳分飭各匠徒照常

工作以安人心斷不敢稍涉張皇致誤大局所有法船聚泊馬江各緣由謹繕摺由輪船馳陳伏乞

皇太后

皇上聖鑒訓示謹

奏

光緒十年閏五月二十六日拜發

近察法船舉動請調南北洋兵輪以相牽制摺

奏爲近察法船舉動請調南北洋兵輪以相牽制恭摺馳陳仰祈

聖鑒事竊臣於閏五月二十六日馳報法兵船大小四艘聚泊馬江嗣於二十七早駛入碰快大兵船一隻又停泊芭蕉口外大兵船二隻情形日急遂有傳二十八日限滿卽攻馬尾之謠船局各學堂洋師相率求避人情洶懼臣乃飭各兵輪管駕嚴密備戰不得擅移一步萬一開仗勝則破格優獎如不戰自潰定按軍法且告以電

調南北洋援船陸續卽至各管駕感奮聽命矢以死報並密飭後山防營擇要埋伏杜敵人登岸包鈔又分飭各廠弁丁將礮械火藥周密安放豫備法人侵佔廠地爲拚敵俱焚之用布置麤定一面飭各員紳督率匠徒照常工作以安人心二十八日淸晨會辦大臣張佩綸親率提督黃超羣兩營馳至軍心益固法提督孤拔見我防軍大集戒備加嚴遂函向揚武兵船探詢臣與張佩綸令張成荅以戰必彼此約期屬該提督無須疑慮該提督因邀張成相見言彼船

擬卽先退兩艘二十九日晨法兵船大小兩號乘潮駛出壺江查此次法提督孤拔率領艦隊直趨馬江原欲以虛聲恫喝圖佔船局爲要索鉅欵地嗣見我師船銜尾相拒船局安固不搖而會辦大臣張佩綸又復親率兩營繼至自知詭計不行乃明約先退兩艘顯若露不侵馬尾之形隱實似趨重長門之意其橫肆狡詐不過欲遂其要索本謀俾我懼而易從耳現在講欵未就敵船來往自如而我船竟無一至設一旦彼艦紛來則閩船祇此數艘雖復獨力支撐而强弱勢殊彼必將肆意要求多方挾制冀飽所欲而後已應請

旨飭下南北洋大臣迅派各快船剋期赴閩以助聲援儻法船移向閩口我船卽銜尾並驅互相接應庶足杜法人狡逞之心而議欵亦較易得力矣所有微臣近察法船舉動應調南北洋兵輪牽制各情形謹繕摺由輪船馳陳伏乞

皇太后

皇上聖鑒訓示施行船局幸甚大局幸甚又總理衙門印有電報密本船政未承頒發是以近日情形不敢由局傳電恐致宣洩合並陳明謹

奏

光緒十年閏五月二十九日拜發奉

旨覽奏因應機宜頗中肯綮南北洋疊稱船不能撥著就現有兵力妥籌備禦以遏兇鋒所需電報密本已諭令該衙門頒發矣欽此

恭報交卸船政局務遵
旨來京摺
奏爲恭報微臣交卸船政局務遵
旨來京仰祈
聖鑒事竊八月十五日接會辦大臣張佩綸咨稱准
吏部咨七月十八日奉
上諭張佩綸著以會辦大臣兼署船政大臣詹事府
少詹事何如璋著來京欽此伏念臣莅工甫及半
年守廠勉支逾月兵輪遽挫機料纔存負職忝
恩深爲惶悚自劾之疏既上
召還之命適頒感激
隆施曷有紀極船廠被法船攻擊後臣連日親自巡
閱各廠所外圍殘缺屋宇多傷機器料件亦間
有損壞七月初十後工匠稍稍回廠因飭令趕
撈船廠修補架具以備擇要安置並督催各廠
所經手員紳將料件逐一點查分別造册送覈
理合將船政所有卷册暨局存經費等件並木
質關防一顆於本月十五日移交兼署船政臣
張佩綸接收臣即於是日交卸遵
旨來京所有微臣交卸船政日期相應專摺具陳伏

乞
皇太后
皇上聖鑒謹
奏
光緒十年八月十五日拜發

船廠受傷查造機料清册併局存經費一起移
交摺
奏爲船廠受傷查造機料清册併局存經費一起
移交恭摺仰祈
聖鑒事竊臣於七月初五日親帶經費赴省與督撫
臣晤商戰守事宜經將我軍與法接仗船廠受
傷各情馳報在案隨於初七日回工巡閱各廠
濒江外圍殘缺而校鍊門尤甚緣門內新設礮
臺戰時經廠中差弁冼懿林等擊壞法船彼乃
聚船攢攻致該處牆門悉毀礮架亦傷其各廠

爲敵擊傷者砌磚之廠以合攏廠畫樓爲最水
缸廠次之礮廠輪機廠又次之鑄鐵廠爲最輕
架木之廠以拉鐵廠爲最廣儲所甎灰廠次之
船亭棧房又次之模廠爲最輕船槽陡出江干
受礮最烈新製第五號鐵脅船身將次下水被
敵礮擊穿九十餘孔至學堂匠房等處雖受礮
較輕而器具書籍亦有殘缺各廠機器則輪機
水缸等廠微有損壞據學生勘驗略爲修整尚
堪運用至製船所需之鋼鐵銅鉛油漆帆纜木
植等料件經催集經手員紳督同看守各廠所

差弁丁役截至七月初五日止逐件盤查分別
造具清册臣詳加查覈除廠存礮彈鉛子運藏
後山藥庫儲材所木植失數十根外其餘各廠
所料件傷損亦復無多惟製船經費及南洋快
船撥欵爲數頗鉅查向來採購外洋料件係由
香港南臺洋商銀號匯兌自閏月杪法船日逼
恐有疏虞陸續將經費飭支應處密行匯出以
重帑項仍存用欵四萬有奇七月初四晚由臣
派員弁帶領親兵與黃超羣營勇搬小船運至
後山初五日臣帶省寄存藩庫經費數十萬幸

無遺失衙署雖被十餘礮尚未大傷各工匠初
十後稍稍來工因飭令趕撈船礮修補架具分
置各要隘以資防禦法船之賺入馬江也原欲
以虛聲恫喝規佔船廠藉遂其要索償欵之謀
詎見我水陸軍防備加嚴相持逾月窮而無所
知我援絕守疲乃以全力注閩希圖一逞三日
之戰彼船猝發我將士感
國家豢養之恩悉力抵禦血戰逾時統計我兵輪
馬力不及九百匹額勇不過千人强弱逈不相
敵竟能壞其堅船傷其大將彼船攻廠兩日欲

圖佔據終以一月來見我廠前後穴地穿坎疑
有地雷埋伏故不敢由正道登岸其間僻要隘
又爲陸軍分扼勢不得逞仰賴
朝廷福庇船廠獲全初五後彼因船壞將傷力難內
犯始移攻下游礮臺爲出口計至初十日駛出
芭蕉口外媽祖澳迭派小船往探報稱數艘駛
赴香港外停泊該澳者尚有七艘內三艘損壞
難涉大洋出口後數日集夫修葺使有大隊堅
艦搏之恐彼族且隻輪不返也閩口防務現由
會辦大臣張佩綸會同將軍穆圖善等妥籌布
置本局機器料件名目繁多各廠所逐具查點
造册需時臣現將各廠所具報傷損實存各册
並局存經費移交兼署船政臣張佩綸接收將
來核計實用若干另行奏咨立案所有廠屋受
傷各緣由理合繕摺附驛馳陳伏乞
皇太后
皇上聖鑒謹
奏
同日拜發奉
旨該衙門知道欽此

兵輪傷亡弁勇由船政籌欵撫卹片
再馬江之役大小各兵商輪船被法船擊壞九
艘弁勇傷亡五百餘員名謹由會辦大臣張佩
綸遵奉
懿旨賞銀四萬兩內籌撥銀一萬兩會同臣示給各該
家屬分別具領以各兵輪弁勇均係船政招致
募集之人復由臣於本局經費提欵酌量加給
各家屬以廣
皇仁而示體卹所有撫卹一欵俟事竣附册造報外
理合附片陳明伏乞
聖鑒謹
奏
同日拜發奉
旨該部知道欽此

船政九年分報銷及應行奏咨各件暫展限期片

再前奉戶部頒到外省軍需善後報銷奏定新章十四條第六條內開光緒八年八月以後各省報銷仍按各省舊章或半年奏報一次或一年奏報一次上半年者限本年十二月到部下半年者限次年六月到部一年者限次年八月到部不准經年累月彙案造報等因船政製船經費截至光緒八年十二月底止業經分案奏報其光緒九年分報銷自應遵照部章按年造報依限達部惟自去年閩省辦理海防一切礮臺器械多由廠中代製接續不斷所有動用工料年終未能截清至本年四月間始將辦防應用各工料剔出製船欵目方清臣當即分飭廠員將九年分製船用欵趕造細册以期應限奏報詎料閏五月間法船駛入閩港停泊廠前防務尤形喫緊廠中添庀戰具趕製桿雷廠員晝夜兼營迄無暇晷因將報册暫行緩辦辰下限期已屆而法船尚停泊口外眈眈窺伺廠中員弁督率各工匠趕撈船礮修補架具臣又以交

代在卽催造各廠所機器料件清册而銷册仍復未能起辦臣不勝焦灼合無仰懇天恩俯准將船政光緒九年分銷案及一切應行奏咨各件暫展限期一俟防務稍鬆再行起限除咨部查照外所有報銷不能依限各緣由理合附片陳明伏乞

聖鑒謹

奏

同日拜發奉

旨該衙門知道所有船政用項俟防務稍鬆卽行報銷以免積壓欽此

船政奏議彙編卷二十五終

船政奏議彙編卷二十六目錄　張佩綸一

船政奏議彙編卷二十六　張佩綸一

兼署船政恭謝
天恩摺

奏爲兼署船政恭謝
天恩仰祈
聖鑒事竊七月十八日奉
上諭三品卿銜翰林院侍講學士張佩綸著以會辦
大臣兼署船政大臣欽此當經臣電
奏懇辭嗣准北洋大臣李鴻章電稱七月二十三
日奉
旨李鴻章電稱張佩綸懇辭船政等語張佩綸應遵
前旨將船政妥爲籌辦不得藉詞推諉欽此本月
十五日部文到閩准少詹事何如璋將船政木
質關防一顆及卷册文案派員賫送前來臣當
卽恭設香案望
闕叩頭祇領兼署訖伏念船政爲海軍根本非深諳
制作嚴覈工程不能日起有功法人窺伺以後
振墜補殘尤非易易臣以戎行待罪之庸材猶
復仰荷
恩言飭其妥爲籌辦敢不競競自勉以贖前愆所有

機器各廠因臣駐軍馬尾於部文未到之先已
經查閱一過復因南洋電報及省城傳聞與船
廠情形稍有歧異商由臬司裴蔭森暫同點驗
當經電陳大略除俟再行詳覈分别
奏咨外臣惟有督率員紳相度事機勉力措置以
期仰答
高厚鴻慈於萬一所有微臣兼署船政日期理合恭
摺叩謝
天恩伏乞
皇太后
皇上聖鑒謹
奏
光緒十年八月十六日拜發奉
旨知道了欽此

籌辦船政事宜摺
奏爲籌辦船政事宜恭摺仰祈
聖鑒事竊臣奉
命兼署船政電奏懇辭奉
旨張佩綸應遵前旨將船政妥爲籌辦欽此臣自六
月間引軍駐廠因前奉
寄諭察核船政事宜每與何如璋上下議論反覆研
求稍得崖略法事未定不敢遽陳自八月十五
日視事以後檢查案卷咨訪員紳以衆論之異
同定全局之利弊竊謂張夢元意主收束爲經
費計也而稍失老成籌海之壯圖何如璋意主
擴充爲海軍計也而未權天下用財之全數微
臣暫膺斯寄又適當馬江戰後工匠或散輪機
或傷牆屋或圮擴充固有所不能收束亦有所
不可獨居深念酌勢準情惟有因時制宜循名
責實雖攝官承乏莫不墜左宗棠沈葆楨立法
之初意若夫遠大之模變通之策有志未逮以
俟後來謹將現在籌辦事宜條列上
聞
一整飭局章也沈葆楨立局之始人才衆多條

章續密支應雖米鹽鰷雜大臣皆與聞之伏弊
尚少局中最有關繫者惟工匠及學生兩途臣
惟善事必先利器鳩工尤貴庀材器不求新而
致械船式之舊材不預蓄而苛責工匠之疲殆
非揣本推源之論顧購機儲料今非易言惟有
修補快船招集舊匠爲船政目前要義至前後
學堂生徒固在博習遠游以免孤陋寡聞之誚
尤在澄心養性以洗夸詐嗜利之風海防卽未
解嚴功候不容作輟現已查照舊章令工匠勤
工學生入學旣一切悉循往制卽不免致怨招

尤適沈葆楨之孫世襲一等輕車都尉沈翊清
在局當差家學淵源不染習俗酌令總司稽查
以復沈葆楨之舊規以補微臣之疏失
一兼籌軍火也閩防所缺在礮現金牌獺石鳴
牛射馬厂石馬尾各臺所置礮位均各船起出
之礮礮架現已配齊礮子尤宜儲備長門克虜
伯礮五尊每尊存子百餘出非閩廠所能𢪛造
此外前後膛各礮核計大小約三十餘尊每尊
擬各造子五十出惟廠中所造開花子𢪛自洋
總監工舒裴有偏左偏右之病現在廠匠不能

辭明規矩仍有此弊不及洋購之佳而軍儲不
足不得不仿造以應急需至臺呆土脆河直港
支求所以輔礮力而固軍心者惟水雷地雷兩
種閩廠備雷不多現飭學生等修改碰雷並令
設法鑄造地雷價廉工速旬日可成用以塞港
阻船出奇設伏較爲靈便雖雷學未盡精深雷
引未能齊備然巧由於習有勝於無強寇在門
外援不至亦惟有竭力從事耳
一擬增臺礮也馬尾設立船廠中外通商各國
兵船卽泊羅星塔下相距陸行一里許水行二

里許以數百萬金之機器露置河干設兩營以
衛之而夾岸無一堅臺無一大礮無乃慢藏誨
盜乎羅星塔有林則徐原建礮臺頗得形勢四
十年來臺式迭更礮法愈巧不可拘於故常其
地近亦民居稠密矣臣聞沈葆楨建廠時原擬
近廠築臺已命日意格繪圖勘地適以臺防中
止今圖與地已不可考臣駐廠時令陸桂山於
馬尾山左急壘一臺以克虜伯行仗礮擊敵船
頗能命中惜礮小臺脆也現就壞船舊礮治一
臺於山前稍稍堅實而船礮究不及遠爲經久

之計宜於馬尾及對岸各山擇地爲礮臺兩座購克虜伯十七生的邁當礮六尊分置之既夾河衛廠亦省城門戶也惟船局無欵可籌而閩防需礮甚亟臣函商督撫臣以二十萬金購礮止能顧海口各臺未能顧廠再四思維擬於製船項下動用一二萬咨商穆圖善於海關六成項下酌撥舊欠二三萬並查前由李鴻章動用出使經費購置洋械撥閩克虜伯小礮四隊哈乞開思鎗一千二百桿共銀約五六萬擬懇

天恩俯念閩省爲瀕海瘠區船政爲水師根本准將此欵免其繳還飭司解廠湊足十萬兩併欵買礮以爲增臺衛廠之計

一統計船費也製船經費舊定六十萬近年僅解二十餘萬員紳薪水工匠稟給及局用均取給於此因船設局轉因局累船積三年之費不能成一新式快船爲時愈久所費愈昂船政幾不能自立現在籌辦閩防海關司庫均有入不敷出之虞事定之後欲關清年欵同協船資此必無成矣惟查此次所毀各船每年管駕薪水在省應支者八萬九千餘兩在臺者五萬六千餘兩每年共約十四萬餘兩擬請

飭下閩浙督撫臣將此項養船經費仍按月照數解局併作造船經費庶免停工待費待料之苦將來改造大船分撥省防臺防爲船政計卽爲閩省計本無畛域可分該督撫籌畫海疆必已見及飛雲濟安兩艘每年養船之費約二萬餘兩船歸粵省轉運欵卽由粵省發給張之洞於海軍洋務極所關懷必能同心共濟能否將兩船薪水撥注閩廠造船之處容臣具咨商榷屬其體察粵省戰船軍餉情形酌復辦理

以上四端前二事爲施行之急務後二事爲補救之淺謀輾轉綢繆苦無遠慮臣旣治軍不效亦思以考工將作塞愆贖慼顧其理曲折精深其道樸屬微至實非末學所能遽窺而又苦於事雜言哤用宏費絀欲於振廢拾殘之後興事半功倍之規於提綱挈領之中得舍舊謀新之意深恐心因力阻志與願違惟有任一日之寄勵一日之勤以冀無負

生成稍寬疚責耳所有微臣勉籌船政應辦事宜理合繕摺具陳伏祈

皇太后
皇上聖鑒訓示施行謹
奏
光緒十年九月初五日拜發奉
旨覽奏均悉所有購置槍礮等項銀兩照所請行其
養船經費卽著咨行楊昌濬等源源解濟張佩綸
務將船廠事宜認眞整頓以期日有起色該衙門
知道欽此

遵
旨毋庸會辦閩防摺
奏爲微臣遵
旨毋庸會辦閩防恭摺仰祈
聖鑒事竊臣於光緒十年九月二十七日准閩浙督
臣楊昌濬咨准總理衙門二十五日電本日奉
旨閩省軍事張佩綸毋庸會辦等因欽此臣查楊昌
濬到閩以後臣本當靜候處分以符人臣省過
待罪之義前奏已陳愚悃仰荷
聖明鑒及感愧難名伏念臣甫至閩中卽與軍事相

値倉卒顧廠支拄月餘未嘗自調一將未嘗自
增一營隨臣者僅三五文員六七差弁而已黃
超羣方勳泒充營務處各治其軍皆授以虛名
並未加給薪水現卽檄令撤銷文案處委員亦
卽咨令回省北洋調來差弁應候藩司給資歸
伍至會辦事宜文牘畧一料簡截至本月三十
日止應將刊用會辦福建海疆事宜木質關防
照例截銷臣八月間兼署船政因支領會辦公
費六百兩船政公費並未兼支十月以後暫由
船政局照例支用以資辦公所有微臣毋庸會

辦閩防緣由理合恭摺馳陳伏乞

皇太后

皇上聖鑒訓示謹

奏

光緒十年九月三十日拜發

知府孫孚侃仍回江西原省試用片

再查三品銜道員用江西試用知府孫孚侃於

光緒六年夏間經前閩浙督臣何璟

奏准調閩差遣樸實耐勞綜理精密本年閏五月

間微臣到閩會辦防務調營差遣隨駐馬江艱

苦卓絶深資臂助惟調閩將逾四年之久格於

例章未便請留閩省補用臣已奉

旨毋庸會辦軍務該員在閩歷奉差委及在營均無

經手未完事件相應請

旨准令孫孚侃仍回江西原省試用謹會同福州將

軍臣穆圖善閩浙督臣楊昌濬福建撫臣張兆

棟附片陳明伏乞

聖鑒勅部知照施行謹

奏

同日拜發奉

旨吏部知道欽此

委提調代拆代行片

再船政向派道員提調廠務自呂耀斗卸辦提調後尚未遴員接辦茲查有福建補用道丁憂開缺臺灣府知府周懋琦才識明通練習時務上年李鴻章商同何璟擬派船政差務以該員丁憂回籍未能即來本年七月間經何如璋函催來閩派充總監工現該員將屆服闋而提調虛懸已久經臣飭委署理提調事務藉資臂助臣病體增劇實虞貽誤暫令代拆代行遇有緊要事件臣仍隨時指示理合附片陳明伏祈

聖鑒訓示謹

奏

光緒十年十月十一日拜發

橫海鐵脅輪船下水摺

奏爲橫海鐵脅輪船下水循例具陳仰祈

聖鑒事竊船局鐵脅輪船造成四艘第五艘於光緒九年四月十一日安上龍骨已經前船政臣張

夢元

奏明本年七月初間本可竣工馬江之戰此船被傷臣攝官後飭令併工修補以夜繼晝現已鑲配灰艙外加銅板於十月杪工竣輪機亦已上船乘本月初二日大潮吉日下水臣現在因病

奏請開缺派一等輕車都尉沈翊清致祭各神

定名曰橫海據工程處稟稱船縱二十一丈七尺一寸橫三丈一尺一寸船唇刻水一丈二尺船尾刻水一丈四尺配七百五十匹馬力康邦臥機暗輪旋轉前加耳臺兩坐船底加鑲龍骨兩條加耳臺者放礮旋轉較寬可至一百三十度加鑲龍骨者使船不欹側駕駛較穩耳臺應配後膛十五生大礮二尊船尾應配十二生礮一尊船旁左右應配十二生礮四尊望臺上應配糯等飛礮四尊以便懸桅擊遠現飭廠員將水缸煙筒煤艙帆纜等件配造完備兩月後即

可展輪試洋計鐘漏一點能行海里幾買應俟試行後再行繪圖貼說咨明總理各國事務衙門及戸兵工各部存案現在閩防需船甚亟應卽將橫海兵船酌留閩口臣查泰西造船始以曲木爲船脊旋因曲木中材者甚少改木爲鐵費省質輕閩廠自威遠改用鐵脅超武因之然猶沿用立機康濟澄慶與此船則均用卧機由閩廠創立名字謂之鐵脅船實則各國鐵木兵船快船無非鐵脅此特外洋之三等快船耳臣詳加攷究留載之地位過寬則配礮之墩數尙

少仍不免參用商輪之式應飭工程處學生於第六艘酌改機件全按兵船圖式以期推陳出新程能效技用副

朝廷振頓船工講求機學之至意所有橫海兵船下水緣由理合會同欽差大臣大學士二等恪靖侯臣左宗棠福州將軍臣穆圖善閩浙總督臣楊昌濬福建巡撫臣張兆棟新授福建巡撫臣劉銘傳恭摺由驛馳陳伏乞

皇太后

皇上聖鑒訓示謹

奏

光緒十年十一月初八日拜發

定購雷艇片

再泰西水師火器日新月異南北洋水師均購置魚雷快艇以輔師船洵爲水師必不可少之利器臣在威海親見演習魚雷實有開濵跋浪之奇激電驚霆之勢馬江之役法有魚雷而我無之深受其害至今猶痛定思痛也查魚雷以德國刷士考甫燐銅魚雷爲最良雷艇以德國佛爾鏗廠頭等雙筒魚艇爲最捷茲定購一船並保險各費需銀五萬七千餘兩訂雷十具需銀二萬八千餘兩船政經費支絀督臣楊昌濬

允由閩省籌給所有駕駛雷艇及修整雷具學生已先期派赴北洋學習一俟雷艇到工即令工程處鑲合試行並擬如式仿造數艇在船政對渡之烏龍江隨時訓練稍改閩防簡陋之習理合會同大學士二等恪靖侯臣左宗棠閩浙總督臣楊昌濬附片具陳伏乞

聖鑒謹

奏

光緒十年十二月十六日拜發

購配橫海礮位片

再橫海兵船自張夢元任內即奏明留閩而礮位尚未訂定臣於本年十月訂購德國克虜伯廠十二生的邁當後膛鋼礮五尊十五生的邁堂後膛鋼礮二尊挈騰飛連珠礮四尊配齊架具子藥共需銀七萬八千五百餘兩旋以克虜伯廠定造鋼礮運至上海須明年九月始到橫海兵船已於本年十一月初三下水明年二月可以試洋有船無礮緩不濟急復據德商福克稱英國埃姆斯得耶廠有造成之六寸口徑後

膛新式水師鋼礮六尊限八十日運至福州英礮亦係名廠且能迅速達閩安配橫海輪船較可應期利用已與訂立合同刻限運閩又購荷乞開思五管連珠礮四尊懸桅擊遠配齊架具子藥並水腳保險等費共需銀九萬六千三百餘兩此項礮位到閩先配橫海明年德礮運回移配續造新船庶免懸船待礮船政並無儲備礮械經費此船既歸閩防由善後局籌給礮價開單報部理合附陳伏乞

聖鑒謹

奏

同日拜發

恭報交卸船政遵

旨北上日期摺

奏爲恭報微臣交卸船政遵

旨北上日期仰祈

聖鑒事竊臣恭閱邸抄本月十二日奉

上諭張佩綸著即行革職尚有被參之案即著來京

聽候査辦等因欽此旋准楊昌濬電知總署二十

二日電報本日奉

旨裴蔭森著即赴船政大臣署任欽此伏念臣愚闇

疏庸𠎝尤山積

恩寬譴薄感激悚惶現裴蔭森於二十四日由省到

工臣委員將船政關防文卷齎交該署大臣祇

領臣卽於是日交卸遵

旨刻期北上聽候査辦所有微臣交卸署任日期理

合繕摺具陳伏祈

皇太后

皇上聖鑒謹

奏

光緒十年十二月二十四日拜發

延訂英國教習片

再船政建有學堂兩區前學堂學製造後學堂學駕駛管輪沈葆楨詳立章條遴選俊造學規極爲整肅十餘年來考較生徒不無徇濫而泰西機巧日闢船局經費支絀不免因陋就簡狃一得以自封偷惰寬疲後學堂尤甚臣以生徒所習藝術由麤及精期於致用屬洋教習鄧羅酌將水師將弁應讀之書應學之技增購洋籍加定課程務令日擴新知勿狃故步並咨取北洋水師學堂章程以補閩學疏漏監督學堂須

有正紳挽回風氣茲訪有前甘肅卽用知縣何履亨咸豐丙辰進士家居養親教授自給成就後學甚衆品望素優委令爲後學堂監督俾諸生有所矜式惟西洋機算水師專門精詣一知半解而遽令出洋游學必不能爲國工孤陋寡聞而遽令駕船領兵必不能爲名將擇善而從務在講習討論臣電商曾紀澤延訂英國上等格致教習兩員英國上等管輪教習一員來閩教導學徒均以三年爲期俟到閩後由裴蔭森督率整頓章則由舊學則知新庶幾日起有功

不負船政儲材初意理合附陳伏乞

聖鑒謹

奏

同月拜發

傷亡弁勇卹欵片

再馬江戰後奉

懿旨發內帑銀四萬兩由福建藩庫提存善後局經臣

賞給各營將士銀五千九百餘兩均飭營官赴

局具領又飭委船政員紳查明水師輪艇各船

及陸營弁勇傷亡者八百一十九員名現已截

數共給卹銀二萬三千七百餘兩以上兩欵動

用銀二萬九千餘兩尚存局庫銀一萬餘兩俟

事竣核明細數造册報部所有動支賞卹銀兩

緣由理合附片陳明仰祈

聖鑒謹

奏

同日拜發

船政奏議彙編卷二十六終

船政奏議彙編卷二十七目録

裴蔭森一

船政奏議彙編卷二十七

接篆任事日期並叩謝　裴蔭森一

天恩摺

奏為恭報微臣抵工任事日期叩謝

天恩仰祈

聖鑒事竊臣恭閱邸抄光緒十年十二月十三日奉

上諭裴蔭森著署理船政大臣福建按察使著該督撫派員署理欽此又於二十三日承准閩浙督臣咨開接總署來電本日奉

旨楊昌濬電奏已悉裴蔭森著即赴船政大臣署任

等因欽此遵於二十四日申刻行抵馬江工次准前署船政大臣張佩綸飭提調道員周懋琦管帶福靖營總兵彭定太等呈送總理船政木質關防支卷前來當即恭設香案望

闕叩謝

天恩敬謹任事伏念臣江左輇才由庚申進士觀政工部改官道員分發湖南

題補辰永沅靖道缺上年二月仰蒙

皇上特達之知

擢授福建按察使適值臺島戒嚴鱗編待輯涓埃未報競惕方深茲復渥荷

溫綸權典船部查製造為海軍之根本工程隨財力為盈虛法人肆擾以後張佩綸振墜補殘煥然復舊現與臣擬商添購機鑪推廣廠塢而臺氛未靖經費尤難船政本大學士臣左宗棠創議現在駐軍閩海就近咨詢實力講求督率提調員紳人等認真考核遇有應行酌籌變通情形會商將軍督撫臣並咨商南北洋大臣隨時

奏明辦理庶事歸實用款不虛糜以期仰副

朝廷慎重海防籌固要工之至意除臬司篆務另

候督撫臣派員接署外所有微臣抵工任事日期並感激下忱謹繕摺由驛馳陳伏乞

皇太后

皇上聖鑒訓示謹

奏

光緒十年十二月二十七日拜發奉

旨知道了欽此

察看福州海口及塡塞港道大概情形摺

奏爲察看福州海口及塡塞港道大概情形恭摺具陳仰祈

聖鑒事竊臣於光緒十年十二月二十四日馳赴馬江工次莅事業經奏明在案伏維大易垂象王公設險以守其國有風濤潮汐以爲天險有砂礁阨塞以爲地險而未陰未雨桑土綢繆尤賴人謀扼險以預爲之備若恃其自然之險要而貿貿焉苟且目前僥倖無事彼鴟張狼顧者方伏伺於牀榻几席之前斯開門揖盜之勢成而

有險與無險者等矣是以

國家不患無天地之險而患無人險臣嘗乘輪上下周覽形勢知馬尾一區上抵省垣南臺水程四十里下抵五虎門海口水程八十里有奇自五虎門以至南臺歷壺江王埔金牌長門館頭亭頭閩安鎮員山寨羅星塔烏龍江鼓山林浦皆形勢之區而壺江港道居長門之外總扼芭蕉五虎兩路要衝實爲海門第一重險要馬江地隸閩縣居省城南臺林浦鼓山之南踞羅星塔之上流三江交匯中間港汊旁通長樂福清連江等縣重山環抱層層鎖鑰固沿海七省形勢最勝之區船政公署建於馬尾山之麓製造兵輪設廠一十有三而輪機廠鑄鐵廠尤爲江粵所罕見船隖傍山列屋夾道隘巷處處可以伏兵故去歲七月間守者扼險以待彼族亦未敢闌入也過羅星塔田螺灣稍折而東爲閩安南北岸兩山相距不及百丈鑿山開洞安設礮位敵船不能飛渡蓋露處礮臺容有被敵損破之時兩山鑿洞安礮斷無被敵摧殘之理實爲省城東路重鎭鎭南出爲琯琦門其最險者梅

花泒之汎石澳與琯琦島對峙口門有鐵沙三道迴環交互橫亘於中居民素稱鐵港又閩安鎭之東爲金牌長門中流一束兩崖相距皆不越一百二十丈現在金長礮臺及射馬干礮臺划鮲港礮臺均能直擊壺江來路又擬於熨斗山坡掘土爲臺安設巨礮宿重兵於山坳以爲堅護一切攔江之物臣前在臬司任內奉檄督辦塡塞海口事宜經督撫臣奏明在案先塡林浦以固近省之門戶次塞梅港以杜旁竄之途徑數月以來次第蕆事惟金牌長門雙龜對峙

水深溜急非人力可施現於金長外之壺江擇中間港道淺隘處所外用木櫃竹簍壘石爲堆中用木毬鹿角海馬鐵銜拒計一百五十架內用新造平底方舟三十號裝石沈水最後一層編巨木爲長簰橫列港路截斷衆流層層佈置藉可遏敵船入口之咽喉庶幾可復當年天險之舊而敵人不敢萌窺伺之心壺江四面皆山其地若壺故名壺江叉四面皆水其地若浮亦名浮江一切商船皆停輪待潮非用海戶漁船引水不能自達於馬江該處有鐵沙可以擱舟

有活沙可以膠舟勢甚險阨敵人憚之故塞壺江者所以扼芭蕉五虎之要衝也查馬江爲船政重地本不應停泊商輪臣現與督撫臣議商照會英美各國領事官請將壺江封口一切商船改停芭蕉山側貨物用駁船由壺江從分流小港起運仍於通商無礙所有船署需用木料鋼鐵等件向由外洋購回及香港上海轉運者應由壺江起駁亦須水師陸軍更番照料庶免意外之虞伏波輪船歲前修竣惜非康邦機器且礮位較小不能衝擊現飭駐防館頭一帶橫

海一船二月底亦可完工但前購之礮一時尚難運到至添補機錘推廣船隖講求兵輪水雷應如何寬籌經費之處容俟查明續請理合先將大概情形謹會同欽差大臣大學士二等恪靖侯臣左宗棠福州將軍臣穆圖善閩浙總督臣楊昌濬革職暫緩交卸福建巡撫臣張兆棟恭摺由驛具奏以

聞伏乞

皇太后

皇上聖鑒訓示遵行謹

奏

光緒十一年正月十五日拜發奉

旨覽奏已悉所籌尚妥仍著隨時會商左宗棠等相機布置嚴密防守並將船政應辦事宜實心經理以副委任欽此

懇准撥款試造鋼甲兵船摺

奏爲中法議約已成懇留船政試造新式雙機鋼甲兵船以壯軍心而堅和局恭摺會陳仰乞

聖鑒俯准撥款事竊查同治十三年倭兵擾臺前總理船政臣沈葆楨疊次商辦鐵甲兵船在事官紳有婉辭諷止者有直言駁辯者而沈葆楨與洋將之言曰有鐵甲而兵輪乃得用其長無鐵甲而兵輪終恐失所恃議者謂其慮患之深不遽信其謀兵之善也迨上年法人犯順各處新報開列法國兵船綜計不足三十號而差遣轉

運各船亦充其數至上等敵船不過與福勝建勝等船爭猛上等兵船不過與南琛南瑞等船爭快徒以二三鐵甲縱橫閩浙洋面致有馬江石浦之失雖管船者不得其人而虛聲所播士膽先靡要皆無鐵甲而兵輪失所恃之明證也然則懲前毖後之計整頓海軍必須造辦鐵甲時勢所趨無庸再決者矣查有船政出洋學生同知銜知縣魏瀚參將銜遊擊陳兆翱都司鄭清濂等在洋肄業時適七年會經委令監造德國鐵甲兵船閱歷頗深據稱法國於光緒十一年創造雙機鋼甲兵船名柯襲德士迪克士飛禮則磨等三船計船身長中尺十七丈三尺九寸船腰闊四丈船旁鋼甲厚八寸艙面鋼甲厚二寸每時可行中國海道八十里配用新式康邦臥機計算實馬力一千七百匹較北洋德國訂造之定遠鐵甲船身較小與濟遠鐵甲馬力稍輕而駕駛較易費用較減除礮位魚雷電燈另購外每船工料估銀四十六萬兩兩船並造二十八箇月可成三船同造三十六月即竣聞省若有此等鋼甲兵船三數號礮船快船得所

護衛膽壯則氣揚法船斷不敢輕率啓釁稟由提調道員周懋琦繪圖通稟請示並據稱試造雙機鋼甲以魏瀚鄭清濂吳德章監造船身陳兆翱李壽田楊廉臣監造船機確有把握如果虛糜公費甘與該學生等一同科罪等語臣等復查疆臣議辦鐵甲十有餘年或因喫水動逾二丈三四尺中國海口較淺出入不能自如所可慮者一閩粵等省船塢過小修理不能勝儎所可慮者二船身滯重轉掉未靈管駕不能如法所可慮者三該道員周懋琦等所呈總分船

圖據開至船噸儎一千八百噸喫水止深一丈二尺三寸沿海各口均可駛行則出入不難矣船政前爲南洋承辦開濟等項快船實馬力大至二千四百匹本勘定附廠紅山山麓另造礮石大塢預備修理南北洋快兵船鐵甲船之用核估工料需銀一十萬兩三四月可以竣工現將次第造辦則修理不難矣三屆出洋學生另案請加展年限每年在外國兵船閱歷須扣足六箇月爲期船政見又另購舢舨復設練船爲出洋訓練學生水手之用則管駕亦不難矣自

來兵家有恃乃可無恐先聲足以奪人南北洋籌辦水師頗費財力援閩之師久而不出出則遲回觀望畏葸不前法人得窺其微遂乃截商阻漕欺中國鐵甲未成兵船無護不敢輕於嘗試將以大肆要求幸而諒山復爲我克臺澎不能安據孤拔又伏冥誅餉絀民譁暫時就範然而法人豈能一日忘臺澎耶該道員久官閩臺該學生等籍隸福省均無希圖名利之心祗以馬江死事諸人非其親故卽屬鄉鄰以報仇雪憤之心寄於監作攷工之事其成效必有可觀

至所需製船經費一百三十餘萬兩或在洋款內酌撥抑或另籌協濟現雖經費異常支絀然必需之款臣等不敢稍有畏難應俟奉
旨後由臣昌濬等隨時妥籌辦理所有船政試造雙機鋼甲兵船緣由理合會同馳
奏抑臣等更有請者歐洲大局已成連橫之勢中國若再拘於成見情形岌岌可危除製礮造船教將練兵別無自强之道然不開礦鍊鐵購機造鑪事專購自外洋財源溢出軍火之費較之洋藥漏卮尤爲繁巨臣宗棠日前拓增船礮大

廠一疏仍求
宸衷獨斷天下幸甚此摺係臣蔭森主稿臣宗棠臣穆圖善臣昌濬臣兆棟會商意見相同謹恭摺附輪船到滬交上海縣由驛五百里馳陳伏乞
皇太后
皇上聖鑒訓示謹
奏
光緒十一年五月二十二日拜發奉
旨留中欽此

購修舦舨復設練船摺

奏爲購修舦舨復設練船恭摺馳陳仰乞

聖鑒事竊查泰西水師章程凡習駕駛者先由學堂肄業數年於天文羅經測量算法麤具根柢大約年十八九歲以後派入練船周涉海洋閱歷風沙演試礮彈嚴定年限按時考試按資陞調蓋海上交綏非衽席風濤者不能確有把握耳練船以舦舨爲多輪船用火帆船用風汪洋大海之中偶遇機器損傷抑或煤炭缺乏非帆纜無以繼輪機之窮故學御帆船較輪船爲尤要

亦較輪船爲尤難也同治九年原任大學士臣英桂於閩浙總督任內曾以萬金購日耳曼國舦舨一號從新修改名曰建威練船另延英國水師官遜順等爲教習頗著成效嗣建威損壞經費支絀改派揚武爲練船有名無實練務廢弛馬江石浦諸役死事獲咎各學生內有曡經英國水師兵船總統書院教習甚爲褒奬出具切考給憑回工者乃臨事倉惶不能出奇制勝固由船小力單形見勢絀要亦各船士卒疏於訓練所致蓋練船不但練水手礮勇卽管駕大

二副無不因練成熟臨機決勝此泰西海軍尤必多設練船者也臣等以爲諸費可省練船之費必不能省創深痛鉅之餘懲前毖後萬難再事因循前任船政臣何如璋奏請由廠新造舦舨估費須二萬餘兩又恐貽誤別船工程因未造辦適有英商美那二枝半桅舦舨一號去冬守風泊住羅星塔江次該船主遂先回滬其船托英商天裕洋行拍賣洋平番銀四千元委員勘估該船身長英尺一百四十尺腰闊英尺三十一尺三寸艙深英尺十七尺七寸商噸可儎

重四百五十七噸船身係硬木枰面係金山松木均無腐爛艙底底栓銅鐵各半船底全鑲銅片桅身係鐵木船上鐵索錨鍊舢舨抽水機器起錨車件一切器具俱全查閱驗船公司憑照係同治十年在德廠製成光緒八年至十年保險公司照一等夾船保險卽飭知縣魏瀚購定並由英領事繕立契據惟去冬今春久泊江灘舦舨應須修理帆纜亦須更換商船改練所有帆艙索艙火藥艙彈子艙及礮門職枰官廳住房等處又須添備核估修費減於建威而船身

較爲堅結查船政前屆出洋章程習駕駛者每年在船僅兩箇月現擬咨商北洋大臣大學士臣李鴻章請改爲每年在船必扣足六箇月冀增功課惟核計每人每屆三年勻算需銀一萬元之多勢難多派學生而學生根柢未深出洋亦屬無益整頓海軍惟有多設帆船訓練庶有實效現在所購舢舨擬名曰平遠已飭廠員趕修於船政駕駛學堂各生取其年逾十八歲以上二十五六以下材貌魁梧膽氣壯定者另選精壯水手多人赴船肄業嚴定課程稽核日記

由近及遠東則日本高麗各洋南則新加坡檳榔嶼各埠北則旅順大連環海參衞西則印度洋紅海地中海每年春出秋歸冬出夏歸學堂所習天文海圖證之於礁沙實境是否測算合符所習槍礮陣法驗之於風水疑難是否施放定準三年爲期與學堂輪番更換學業愈練愈熟人才愈練愈多同是出洋同習駕駛用費較減收效較易果有膽略非常人才出衆再赴各國兵船涉歷一年半載便能得其體用據提調道員周懋琦禀請前來臣查駕駛與製造不同外洋廠多器備習製造者非親至廠中不能深窺窾竅習駕駛者則無論何國水師不外嚴密二字嚴則一律整齊密則不留疏懈而要在乎熟而已至臨陣對敵運用在乎一心但須出洋久練不必定至外國兵船始識兵機也惟管駕練船與管駕輪船不同管駕輪船固須熟習船學管駕練船卽爲各輪船管駕執事水手之教習必須曾歷各國洋面通曉水師章程爲洋員所素知者始能勝任未便輕率派委船政向延西員又頗煩費現擬會商李鴻章於北洋兵船

管駕內或於水師學堂教習內揀派管駕以資得力理合會商大學士二等恪靖侯臣左宗棠福州將軍臣穆圖善閩浙總督臣楊昌濬革職暫緩交卸福建巡撫臣張兆棟恭摺附輪船遞上海縣由驛四百里馳陳伏乞

皇太后

皇上聖鑒訓示謹

奏

光緒十一年六月初六日拜發奉

旨該衙門知道欽此

粤省劃收快船購料存銀請飭撥還並催積欠
關款片
正在繕摺拜發間承准兩廣督臣咨據廣東善
後局司道詳請將前任船政臣何如璋寄存滙
豐銀行二十萬元一款抵收代閩省購辦軍火
之欵飭藩司籌還船政等語臣查何如璋兌存
滙豐銀行番銀係臣左宗棠南洋解造快船經
費並非閩款現第三號快船輪機鑄件三萬餘
兩鐵板鐵槽各件五萬餘兩一箇月內卽到船
政續造三等快船鐵料正月改電英廠鑄辦需

銀十萬餘兩約四箇月後可到均須在香港兌
給洋商故奏案辦結未將番銀提回以省往返
兌費今廣東抵收代閩購辦軍火各款自應照
辦惟南洋快船購件轉瞬到粤提單寄閩無銀
付給必需認息各件躉儎奇重棧租甚昂守候
付銀估算棧租多至千餘元數千元不等南洋
不能承認船政何從賠墊請
旨飭下閩浙督臣飭藩司迅速撥款解還船政各淸
各款楊昌濬顧全大局必不令臣爲難爲南洋
藉口再船政造船歷奉

恩旨於海關六成項下月撥三萬兩四成項下月撥
二萬兩現核六成項下積欠二百四十餘萬兩
四成項下上年連閏欠解十四萬兩本年時屆
六月應解十二萬兩甫解四萬兩前蒙將軍臣
穆圖善洞悉臣爲難情形允本年四成項下全
數解足現在閩省茶市正旺南洋第三號快船
槍木月內起運到工須付價十餘萬兩並求
恩旨飭下閩海關將軍籌解足數以應急需曷勝急
切悚惶之至理合附片陳明伏乞
聖鑒謹

奏
同日拜發奉
旨著照所請卽由裴蔭森知照楊昌濬穆圖善將應
還應解欵項迅速撥解以濟急需欽此

船政奏議彙編卷二十七終

船政奏議彙編卷二十八目錄

船政奏議彙編卷二十八

第五號橫海鐵脅輪船試洋摺　裴蔭森二

奏爲橫海輪船出洋恭摺具陳仰祈
聖鑒事竊船政第五艘鐵脅輪船下水日期暨船身縱橫長廣齧水丈尺馬力及擬用礮位緣由經前任署理船政大臣張佩綸於光緒十年十一月初八日
奏明在案張佩綸於十二月二十四日交卸赴京時法船連䑸北發另以鐵艦游駛於媽祖澳洋面往來窺伺閩口情形緊要臣嘗親至壺江琯

崎青嶼梅花各港督飭員紳填堵旁流勘辦礮路不敢稍分畛域各廠工匠任令調往金牌長門南北岸各路軍營幫築礮壘修製礮架等事侵佔船工十之六七正月以後南洋輪船被阻不出臺澎求援雖殷閩省陸軍望洋徒歎乃收回各路撥出工匠專力船工據報水缸機鑪安置妥貼四月初三日於塢前試車查有記名簡放總兵潘順上年隨同督臣楊昌濬來閩派交船政差遣臣察看潘順身經戰陣歷練老成商明督臣委令上船管駕據報船艙之機器管軸

船面之帆纜桅杆船身之粉油髹漆自下水後
陸續估辦三萬工有奇一律製配齊全閩口分
流支港現已開行遂於六月初四日臣親督各
員紳八點鐘升火十點鐘展輪由馬江出芭蕉
山放洋至白犬洋行駛數周申刻回至媽祖澳
洋面寄椗臣復乘舢舨上岸由北風澳翻山至
南風澳周覽形勢訪查去冬今春法船寄泊蹤
跡儻有鐵艦三艘上等中等快兵輪十號統以
學識兼備知兵大員當可扼江浙臺廈之隘爲
閩江五虎口外添一重保障也次日風色尤順

復令滿張桅帆由媽祖澳復駛出白犬洋數轉
午後乘潮入芭蕉山口緩緩而行申刻抵工計
自芭蕉以內兩山相向左右迴抱層層收束轉
轉灣環闊處至二百餘丈狹處不及百丈上年
儻以福勝建勝等巨礮之船泊駐於金長各處
與礮臺相爲輔助其餘各兵船每船添購連珠
礮數架孤拔雖凶豈能深入重地僥倖嘗試哉
則相與太息追悔於九船調泊馬江一隅之非
計及知連珠礮之猛而惜費不購之誤也計橫
海在洋升大火用水缸汽力四倍半天氣一分

鐘輪轉百週每閱時可行七十四里順風順潮
加滿帆纜每閱時可行八十里升常火用水缸
汽力二倍半天氣一分鐘輪轉七十二週每閱
時可行六十里船身前遭法船連珠礮打穿百
餘彈經飭匠重新修換現在驗其船機轉運靈
捷船身亦極堅固五月二十日據泰來洋商福
克電稱張佩綸訂購英國埃姆斯得郎六寸口
徑後膛新式水師鋼礮六尊荷乞開思五管連
珠礮四尊已由香港起運後又據稱駁舨觸礁
另須換船起運俟礮位運到鑲配工程完竣再

行繪圖貼說咨送總理衙門及戶兵工各部存
案據提調道員轉據工程處員紳具稟前來臣
復查伏波輪船雖已修竣前經臣加委督帶候
補游擊陳友定准督辦臺灣防務福建巡撫臣
劉銘傳咨調東渡赴臺差遣橫海係三等快船
北洋咨請調用臣以閩省兵輪止有此號應留
防閩口該船薪糧請照章由閩善後局支應所
有橫海兵輪出洋緣由理合會同督辦軍務大
學士二等恪靖侯臣左宗棠福州將軍臣穆圖
善閩浙總督臣楊昌濬革職暫緩交部福建巡

撫臣張兆棟恭摺由輪船遞滬交上海縣發驛四百里馳陳伏乞

皇太后

皇上聖鑒訓示謹

奏

光緒十一年六月初八日拜發奉

旨該衙門知道欽此

製船養船經費請飭地方官寬籌濟應片

再閩廠初造成萬年清湄雲兩船薪糧及各項費用無出同治八年五月福建巡撫臣卞寶第奏請以福廈兩口洋藥票稅作爲養船經費嗣成船愈多費用愈廣原任督辦臺灣海防船政大臣沈葆楨同治十三年十二月奏請養船經費撥入臺防項下輪船薪糧歸併報銷奉

旨該衙門知道欽此光緒元年十二月原任船政大臣丁日昌奏明養船經費不敷各輪船薪糧以外如建威練船薪費鎮海水師營薪費出洋肄業學生游歷學生繪圖學生各項贍養洋教習薪水洋匠辛工各輪船修費煤價各欵統歸地方官設籌支應光緒二年正月十一日欽奉

寄諭如何籌畫欵項寬爲應付著文煜沈葆楨李鶴年丁日昌斟酌情形妥議章程奏明辦理等因欽此船政以地方官遵

旨籌措支應不便稍分畛域歷年將製船經費挪移墊給往往無欵購料船政造船少成船遲估船貴練船廢悉由養船各欵應付不前所至也去冬馬江事後張佩綸請將被燬九船薪糧飭局

照解併作造船經費蓋以造船原欵代司局墊應養船等欵自同治八年八月起截至光緒八年十二月止共墊支九十八萬八千餘兩銷案具在可復核也而九十兩年尙未併計在內乃省城善後局誤以養船經費祇支應被燬九船薪糧其餘練船水師營薪費各項概無著落臣以一切經費由船政籌由省局籌同爲

國帑本可從容商権斷不敢稍爲爭執卽如何如璋任內訂購藥彈價銀一萬四千六百餘兩應歸海防案內支銷現欲船政籌應船政挪無可

挪墊無可墊此臣萬不得已仍請省局籌解者也查船政祇有養船製船兩欵養船經費本無定數已挪墊一百餘萬兩製船經費海關六成項下月撥三萬兩截至本年六月止積欠二百四十餘萬兩四成項下月撥二萬兩上年亦欠解十四萬兩本年時閱六箇月甫解四萬兩幸而不至工匠譁散者南洋二三號快船經費全數解存暗中挹注耳臣仰蒙

天恩派署船政已閱半年不得不將實在情形上達

君父之前伏懇

聖慈垂念海軍以船政爲根本船政隨經費爲轉移預先儲材則工程倍出臨時購料則縻耗無形

臣惟有督率員紳力求撙節應請

旨飭下閩海關將軍閩浙總督福建巡撫諸臣遵照

歷奉

諭旨籌畫欵項於張佩綸所奏九船薪糧年解銀十四萬兩之外仍寬爲籌備隨時接濟俾養船製船經費兩無所虧現在法議雖成而防務不容稍緩似宜及此海道疏通之時趕將外洋鋼鐵桅木各料荷士基糯等飛四管五管連珠礮位

及輪船應用之電燈水雷應用之電纜各件設法購置庶幾綢繆未雨預備不虞合並附片陳明伏乞

聖鑒謹

奏

同日拜發奉

旨著卽知照該將軍督撫於九船薪糧外仍寬爲籌

備隨時接濟該衙門知道欽此

洋教習到工添蓋學堂洋房片

再船政前學堂專習製造兵船輪機等學法員教之後學堂專習駕駛天算等學英員教之各取其長互相爲用也海防事起除英士鄧羅不受英海部外部節制外其法教習邁達早已辭退上年十一月間張佩綸電致出使英法大臣曾紀澤由英國格尼址書院山長栢爾訥薦舉英員賴格羅李家孜來華訂立合同於中歷三月十七日卽西歷五月初一日到館賴格羅派爲駕駛學堂管輪教習李家孜派爲製造學堂

格致算學教習製造學生先習法文已三四年若令改習英文前功盡廢而駕駛學生亦不敷用因另招幼童百餘名入堂先教以語言文字俟半年後再行甄別去留賴格羅李家孜到館已將三月和平勤愼尙屬相安曾紀澤墊給船價俸薪銀兩均已匯還並委紳士於學堂隙地添蓋學舍洋式樓房各四十間樓上樓下隔作八十間並將馬限山頂舊日洋房二十四間重新修整爲賴格羅李家孜寓處俟工程事竣查照向章彙案核銷再船政上距省城四十里下距長門八十餘里辦理海防時虞隔閡張佩綸任內購買電機全副於船政公署內另蓋洋式樓房一座作爲電報房派學生數人專遞緊要之事以與將軍行營督撫省署互通消息所有購買機器添造屋宇等經費應彙歸船署報銷理合附片陳明伏乞

聖鑒謹

奏

同日拜發奉

旨知道了欽此

臺防需船派伏波東渡以供差遣摺

奏爲臺防需船謹派伏波東渡以供差遣恭摺復
陳仰祈
聖鑒事竊臣承准軍機大臣字寄光緒十一年五月
二十六日奉
上諭楊岳斌等奏籌辦臺灣防務澎湖基隆滬尾三
海口均須長泊快兵船一隻修造礮臺運辦各料
須裝貨船二隻請飭南北洋分撥快船三隻福建
船政速撥貨船二隻到臺備用等語臺灣所需各
船能否照數撥往著李鴻章曾國荃裴蔭森奏明
辦理至各船到臺之後餉項如何發給並著妥議
具奏將此由四百里諭知李鴻章曾國荃並傳諭
裴蔭森知之欽此仰見
宸慮周詳關顧海防之至意臣查船政所造輪船其
可裝貨者曰海鏡曰康濟曰永保曰琛航曰萬
年清凡五號海鏡康濟早經先後派駐北洋其
永保琛航兩船去秋駐泊馬江均爲法礮擊燬
永保破碎沉沙無從撈獲琛航現雖撈起尚須
大加修理方能適用萬年清一船已於七年九
月派供臺灣差遣上年因法人肆擾該船藏在

滬尾內港稍加整頓可應轉輸辰下臺灣修造
礮臺需船運料亟應續撥一船以免工程遲滯
計惟有熟悉臺灣港汊之伏波船曾於八年四
月間派駐臺灣所有薪糧向歸臺防給發上年
六月調回馬江沈擱林浦現在修理完整自應
仍派東渡以收駕輕就熟之效其餉項亦仍彙
歸臺防開報以符舊制是否有當伏候
聖裁所有續派伏波船東渡以備臺防差遣緣由恭
摺由驛四百里具
奏伏乞

皇太后
皇上聖鑒訓示謹
奏
光緒十一年七月十二日拜發奉
旨該衙門知道欽此

橫海兵船公費遵照新章分別核給片

再七月初九日准閩浙督臣咨開五月初九日准兵部咨車駕司案呈上年閏五月初一日本部會議前船政大臣何如璋奏酌核輪船薪費名額練船各事宜一摺當以行船按時支給公費應令將各船行駛處所及進出口時刻提驗日記簿每於月杪備列細册查核至閩廠外調各船應否一律照辦請

旨飭下各該大臣及有輪船省分督撫詳細籌酌奏明辦理等因奉

旨依議欽此欽遵在案現僅據南北洋大臣廣東督撫先後奏咨報部其餘浙江湖北安徽山東奉

天直隸淮軍福建江蘇等處均未奏明報部應行催各該將軍大臣督撫遵照本部前奏趕緊詳細籌酌奏明辦理毋得遲延可也等因咨催前來臣查接管案內去年閏五月二十四日何如璋任內已准兵部咨同前因當緣防務喫緊未經定辦奏咨迨七月法人肆擾馬江九輪被燬閩口別無輪船惟伏波一號沈擱林浦冬間始經修理完整時値海道梗阻不能巡防各口其公費一項總無逾原包之數今年四五月間橫海輪船甫經試洋所有公費祗飭其實報實銷亦總不得過原包之數今據部臣咨催自應遵照核准新章辦理惟福州馬江祗此伏波橫海兩船辰下伏波已飭渡臺以備差遣其薪費係歸海防開報一切章程應歸福建督撫臣籌酌奏咨橫海兵船係七百五十匹馬力按照舊章月應包給公費三百兩現臣遵照部議核准新章自本年八月起按月常給公費八十兩如遇行船每點鐘加給輪機艙應用各費銀五錢

計點核給當不至逾原包之數每月杪提驗日記簿嚴加稽察以杜牽混自應造具細册送部查核爲將來報銷根據惟該船月杪呈驗日記簿後其行駛處所及進出口時刻詳查細核宜計三箇月彙爲一次合無仰懇

天恩飭部准臣按季咨送到部庶便詳覈而省繁瑣所有微臣遵照核准新章辦理緣由除咨明兵部外理合附片具陳伏乞

聖鑒謹

奏

同日拜發奉

旨兵部知道欽此

九十兩年分歲入歲出册籍請展限片

再臣於六月十三日准閩浙督臣咨送到部頒出入欵項章程一卷內載戶部奏定各省督撫各將通省各項出入按新頒册式塡造光緒八九兩年收支欵數均於光緒十一年八月間造送到部其光緒十年一年收支欵數仍均令於光緒十一年十二月間封印以前造册送部限定於封印日到部嗣後按年卽將其前一年收支各欵均於次年十二月封印以前造册加結報部不許宕延等因臣查船政光緒八年分歲入歲出業經造齊應卽援照前咨六七兩年分歲入歲出之案開具清單咨報其光緒九十兩年分亦應遵照限期造册達部以重考成惟是船政用欵以製造爲大宗若非縷晰條分不能各歸各欵卽不能彙造册籍閩省自九年間起辦海防以迄辰下一切修建礮臺修製礮械以及禦敵各器械均由船政代籌工料悉力兼營其欵目應歸省局彙銷其册籍均由廠員彙造目下海防製器欵項尙屬轇轕不淸製船用欵萬難分晰去年八月間因光緒九年分奏銷届

限經何如璋奏明防務喫緊請將光緒九年分銷案及一切奏咨各件暫展限期奉
旨允准欽遵在案此屆亦因海防款目糾纏不能彙造册籍事同一律且船政入款係由閩海關及南洋協撥非實入之款出款總不越閩海關及南洋撥款之中不致因船政册籍未齊有礙部中會計合無仰懇
天恩俯准將船政應造光緒九十兩年分歲入歲出册籍展限一年一俟省局海防款目稍能清理即飭廠員趕造不敢再事稽遲除咨部查照外所有收支款數册籍不能依限各緣由理合附片陳明伏乞
聖鑒謹
奏
同日拜發奉
旨著照所請戸部知道欽此

船政奏議彙編卷二十八終

船政奏議彙編卷二十九目錄　裴蔭森三

船政奏議彙編卷二十九

釐定員紳書役薪工並一切雜費據實覆陳摺　裴蔭森三

奏爲遵
旨釐定員紳書役薪工並一切雜費據實覆陳恭摺
仰祈
聖鑒事竊臣於接管卷內查有戶部咨文內稱議覆
前兩江總督左宗棠等奏船政員紳書役薪工
請准實支實銷一摺光緒十年五月二十五日
具奏本日奉
旨依議欽此欽遵鈔錄原奏恭錄

諭旨飛咨前來臣查閱原奏緣前船政大臣張夢元
奏請將製船經費貼水銀兩提作外銷津貼員
紳等欵經左宗棠等議奏以船政係創閞之局
差事既異尋常員紳薪水書役辛伙例外從優
亦非過濫此外尙有公幹員紳盤費大小差船
工食以及醫藥犒賞油蠟紙張一切雜費按之
例章雖難造報而揆之事理實應開銷請
旨飭由船政衙門逐一釐定奏明准予實支實銷分
晰造冊報部毋庸另提貼水作爲外銷津貼復
經部臣議奏以左宗棠等所奏情節尙屬實事
求是請
旨飭令該大臣遵照該督等原奏請上自總理提調
下至員紳書役人等月支薪工並一切雜費逐
一釐定奏明立案以憑核辦各等因前船政大
臣何如璋張佩綸均以防務喫緊未及籌議臣
莅任之始將各項支欵逐一查核亟思釐定章
程奏請立案著爲令典俾部中易於勾稽督辦
者亦不得以愛憎爲厚薄庶幾良法美意可以
垂示將來迨考察數月始知薪工數目參差之
故爲歷任諸大臣之苦心有不如此不能集事
者敬爲我

皇太后
皇上陳之船政用人之難張夢元等先後陳奏已屢
及之然其中尙有未盡者員紳當札委之始薪
水視其官階津貼則視責任之重輕廠務之繁
簡以爲區別支欵旣極參差任事以後或由簡
調繁或由繁調簡支欵又從而增減且廠員中
有能留心西法通曉工程者復加增津貼以優
異之卽隨同員紳辦事書役按月支欵亦以此
法行之於量能授食之中寓獎勸人才之道皆

歷任諸大臣所行之而有效者故均此一廠而各員支欵不同均此一人而前後支欵不同張夢元於督辦時目擊情形不得已而有外銷之請迺蒙
天恩優渥准予逐一釐定實支實銷誠以船政爲創開之局關涉洋務本爲成例所無但能欵不虛糜事收實效卽可著爲定章臣敢不仰體
聖慈參酌盡善第以歷任諸大臣聰明才力皆遠過於臣所定成法行之二十年而有效者臣何敢率議紛更致滋流弊惟有將員紳書役原支薪

工津貼改爲實支薪工及一切雜費數目據實開具清單恭呈
御覽懇
恩飭下部臣立案嗣後如有添裁員弁增減薪費按年報部以憑核銷臣不敢稍存畏難之見祗以事關大局與其勉强以就範圍何如規隨以承矩矱伏查提調道員月支薪水津貼係左宗棠前在閩浙總督任內核定照閩省現任道員津貼銀數支給無論在工久暫不復增減其餘稽查學堂管理學堂文案支應以及各廠員紳當差勤愼者擬請自本年起月支薪水總不得過五十兩以示限制至部查貼水銀數張夢元原奏業已陳明除將張夢元原奏鈔錄送部查核外所有員紳書役不支津貼改爲實支薪工及一切雜費據實開報並酌量釐定各緣由謹會同福州將軍臣穆圖善閩浙總督臣楊昌濬革職暫緩交卸福建巡撫臣張兆棟恭摺由驛四百里具陳伏乞
皇太后
皇上聖鑒訓示謹

奏

光緒十一年七月二十六日拜發奉
旨戶部知道單併發欽此

謹將船政員弁書役按月原支薪工津貼改爲
薪工名目並一切雜費自光緒九年正月起實
支銀數開具清單恭呈
御覽
謹開
員弁薪水項下
督辦船政大臣薪水六百兩
提調道員前翰林院編修呂耀斗原支薪水四
十兩津貼二百六十兩今改爲薪水三百兩
謹查船政提調開局之初奏派曾任實缺司
道周開錫吳大廷夏獻綸三員充當嗣後裁
併一員辦理責任愈重用度愈煩且無養廉
可支其原支津貼左宗棠任內係倣照閩省
實缺道員津貼之案支給今經釐定統行改
爲薪水不列津貼名目理合聲明
稽查學堂郎中嚴良勳原支薪水三十兩津貼
二十兩今改爲薪水五十兩
稽查學堂員外郎林泂淑原支薪水三十兩津
貼二十兩今改爲薪水五十兩
管理文案知縣施魯濱原支薪水一十六兩津

貼二十四兩今改爲薪水四十兩
管理文案應襲一等輕車都尉生員沈翊清原
支薪水一十八兩津貼一十二兩今改爲薪水
三十兩
管理文案舉人陳與同原支薪水八兩津貼一
十八兩今改爲薪水二十六兩
管理支應知縣李聖培原支薪水一十六兩津
貼二十四兩今改爲薪水四十兩
管理支應生員陳允豫原支薪水六兩津貼一
十四兩今改爲薪水二十兩
管理前學堂兼繪事院縣丞夏允晃原支薪水
一十二兩津貼一十四兩今改爲薪水二十六
兩
管理前學堂兼繪事院府經歷朱慶生原支薪
水一十二兩津貼一十二兩今改爲薪水二十
四兩
管理前學堂兼繪事院舉人范繼馨原支薪水
八兩津貼一十六兩今改爲薪水二十四兩
管理後學堂兼管輪學堂主事黃軒齡原支薪
水二十兩津貼二十兩今改爲薪水四十兩

管理後學堂兼管輪學堂縣丞林憲曾原支薪水一十二兩津貼一十二兩今改爲薪水二十四兩

管理後學堂兼管輪學堂訓導梁鳳翔原支薪水一十兩津貼一十四兩今改爲薪水二十四兩

管理船廠縣丞鄭鏞原支薪水一十二兩津貼一十二兩今改爲薪水二十四兩

管理船廠教諭林世仁原支薪水一十二兩津貼一十二兩今改爲薪水二十四兩

管理鐵脅廠從九品程華湘原支薪水八兩津貼一十四兩今改爲薪水二十二兩

管理輪機廠知縣王樹翰原支薪水一十六兩津貼一十四兩今改爲薪水三十兩

管理輪機廠知縣張家湉原支薪水一十六兩津貼八兩今改爲薪水二十四兩

管理輪機廠縣丞林豐鑫原支薪水一十二兩津貼一十二兩今改爲薪水二十四兩

管理鑄鐵廠知縣陳慶辰原支薪水一十六兩津貼四兩今改爲薪水二十兩

管理水缸廠知縣鄭逢時原支薪水一十六兩津貼八兩今改爲薪水二十四兩

管理水缸廠鹽大使鄭孝顥原支薪水一十二兩津貼八兩今改爲薪水二十兩

管理水缸廠縣丞孟宗洛原支薪水一十二兩津貼一十八兩今改爲薪水三十兩

管理小輪機廠貢生何炳如原支薪水六兩津貼一十四兩今改爲薪水二十兩

管理拉鐵廠府經歷林希曾原支薪水一十二兩津貼一十兩今改爲薪水二十二兩

管理帆纜廠兼礮廠知縣鄭瓊書原支薪水一十六兩津貼一十四兩今改爲薪水三十兩

管理帆纜廠兼礮廠監生孟宗韓原支薪水六兩津貼九兩今改爲薪水一十五兩

管理甎灰廠從九品楊嵩年原支薪水八兩津貼八兩今改爲薪水一十六兩

管理船槽縣丞孟宗伊原支薪水一十二兩津貼一十八兩今改爲薪水三十兩

管理廣儲所通判馮敏功原支薪水二十兩無津貼

管理廣儲所縣丞陳耕原支薪水一十二兩津
貼一十兩今改爲薪水二十二兩
管理儲材所縣丞許桐原支薪水一十二兩津
貼八兩今改爲薪水二十兩
管理東攷工所生員謝纘原支薪水六兩津貼
一十四兩今改爲薪水二十兩
管理西攷工所通判張慶鈞原支薪水二十兩
津貼四兩今改爲薪水二十四兩
發審委員通判呂葆孫原支薪水二十兩津貼
一十兩今改爲薪水三十兩

銀庫差弁千總李得標原支薪水一十兩無津
貼
銀庫差弁千總李得升原支薪水一十兩無津
貼
船廠差弁外委阮友性原支薪水六兩無津貼
船廠差弁外委李得泰原支薪水六兩無津貼
船廠差弁軍功阮友華原支薪水五兩津貼一
兩今改爲薪水六兩
鐵脅廠差弁千總葉景祺原支薪水一十兩津
貼二兩今改爲薪水一十二兩

鐵脅廠差弁軍功傅金榜原支薪水五兩津貼
一兩今改爲薪水六兩
輪機廠差弁外委梁渭熊原支薪水六兩無津
貼
輪機廠差弁軍功吳一升原支薪水五兩津貼
一兩今改爲薪水六兩
鑄鐵廠差弁軍功鄭元標原支薪水五兩津貼
一兩今改爲薪水六兩
鑄鐵廠差弁軍功朱木松原支薪水五兩津貼
一兩今改爲薪水六兩

水缸廠差弁外委李玉雲原支薪水六兩津貼
一兩今改爲薪水七兩
水缸廠差弁外委張金福原支薪水六兩無津
貼
水缸廠差弁軍功陳標原支薪水五兩津貼一
兩今改爲薪水六兩
小輪機廠差弁千總鄭福泉原支薪水一十兩
無津貼
小輪機廠差弁軍功鄭東桂原支薪水五兩津
貼一兩今改爲薪水六兩

拉鐵廠差弁千總王本成原支薪水一十兩津貼二兩今改爲薪水一十二兩

拉鐵廠差弁把總鄭康泰原支薪水八兩無津貼

帆纜廠兼礮廠差弁軍功吳道濟原支薪水五兩津貼二兩今改爲薪水七兩

船槽兼挖土船差弁千總何佩琳原支薪水一十兩津貼二兩今改爲薪水一十二兩

船槽兼挖土船差弁軍功林勝超原支薪水五兩津貼二兩今改爲薪水七兩

版築所差弁把總侯定邦原支薪水八兩無津貼

皮廠差弁把總冼懿林原支薪水八兩津貼四兩今改爲薪水一十二兩

廣儲所差弁千總王明貴原支薪水一十兩無津貼

查驗隝口差弁千總梁湘原支薪水一十兩無津貼

查驗隝口差弁外委鄧復升原支薪水六兩津貼四兩今改爲薪水一十兩

查驗水坪差弁外委葉長發原支薪水六兩津貼一兩今改爲薪水七兩

武巡捕千總林高陞原支薪水一十兩津貼六兩今改爲薪水一十六兩

外科醫士林世蔭原支薪水六兩津貼一十四兩今改爲薪水二十兩

書役工伙項下

經書九名各原支工伙四兩津貼二兩今改爲各工伙六兩

繕書二十一名各原支工伙三兩津貼一兩今改爲各工伙四兩

幫書一十四名各原支工伙四兩向歸津貼今各改爲繕書工伙照支

聽差六名各原支工伙二兩四錢無津貼

添僱聽差六名各原支工伙二兩四錢向歸津貼今各改爲聽差工伙照支

號書一名驛書一名共二名各原支工伙三兩無津貼

遞夫二名各原支工伙二兩四錢無津貼

心紅紙張油蠟項下

公署心紅紙張原支四兩津貼八兩今改爲一
十二兩
公署油蠟原支二兩津貼四兩今改爲六兩
公幹委員盤費項下
由福州赴天津每人每次支輪船儎番三十元
由福州赴上海每人每次支輪船儎番一十五
元
由福州赴香港每人每次支輪船儎番一十四
元
由福州赴厦門每人每次支輪船儎番七元
由福州赴臺灣由官輪附搭每人每次支輪船
飯食番三元
大小差船工食項下
大差船一號月支工食一十六兩
小差船一號月支工食八兩
犒賞藥費項下
新船下水各廠匠首每名犒賞一兩六錢散匠
每名犒賞八錢
工匠因工作受傷每日給藥費二錢傷愈停給
如歷久未愈亦惟給至三箇月以示限制

製造各種水雷並廠署被風損傷估修片
再海防利器攻剿莫捷於魚雷守口莫猛於水
雷此外洋各國之通義也上年七月以後法船
聚泊媽祖澳洋馬江師船悉沈南北岸礮臺亦
燬急謀堵口祇存有何如璋任內電請前出使
德國臣李鳳苞購到水雷一百具尚存五十具
張佩綸由南洋借到水雷二十具派學生林慶
平帶赴長門一帶聽候臣穆圖善指示布置惟
水深潮急港道寬長不敷安插而戰局旣成縱
使加價十倍各國同守局外之例不能再購查
有丁憂廣東學生陸汝成上年冬月自粵回閩
該生向從英人哈倫授學有年通曉化學能自
造各種油藥白藥及水雷火箭諸法尤能自造
電引極爲靈捷因飭繪算圖式發廠製成子母
新式水雷二十具每子雷一具應鍊熟鐵三百
數十觔每母雷一具應鑄生鐵一千五百數十
觔統核各廠工料比較德國購到水雷原價有
減無增臣嘗會同恪靖營營務處前浙江提督
黃少春於烏龍江口驗放以巨木紥成九層方
簰貫以數百鐵條厚及八尺該水雷礮力能擊

起木簰離水十數丈裂爲五斷較德雷力尤猛烈臣穆圖善亦派林慶平臣楊昌濬亦訪有建甯學增生楊仰曾飭到船廠各抒所見各用所學分製各種雷殼沉雷現擬仍飭各製二三十具留備攻守所有製雷經費由製船項下先行挪墊將來專案歸入海防案內報銷再船署各廠屋被法人用連珠礮彈擊破多處去冬今春經張佩綸及臣先後派匠修理復舊七月十五六七等日秋颶大作風力奇猛查與光緒七年情形尤甚在船槽修理之舨舨在船臺續造之

快船岌岌可危經臣督同在事文武員紳弁丁設法支撐多方保護仰賴
聖慈福庇一律平順在江停泊各兵輪並無擱損惟船政公署廳堂及各廠新修各屋宇土木尙未黏結牢固狂雨連宵屋飛椽折牆壁亦間有倒塌現在派員核估工料查照光緒七年成案辦理所有修費歸入本年分彙案核銷理合會同附片
奏明伏乞
聖鑒訓示謹
奏　同日拜發奉
旨戶部知道欽此

駕駛洋教習鄧羅援案請奬片

再查洋員在工供差著有勞績者限滿之日例

應奏請

賞給頂戴寶星以示奬勵歷辦在案現在駕駛學堂洋教習鄧羅由英國應募來閩於光緒六年八月二十七日抵工按照外國月日約定三年爲限扣至九年八月三十日期滿嗣因該教習到工以來教導尚屬認眞學生著有功效張夢元任內再留一年俾期得力自九年九月初一日起換立合約扣至十年八月十二日止張佩綸

任內復因教導精勤再留一年自十年八月十三日起扣至十一年八月二十三日止現屆該教習期滿所授第一班學生堂課已畢現候出洋肄業臣現復議留三年加訂合同接授第二班學生按照年月排定功課庶期駕駛人才陸續成就以備任使惟該教習在工已歷五年盡心教導合無籲懇

天恩准照歷屆洋員限滿請奬成案

賞給五品頂戴並二等寶星以示鼓勵之處伏乞

訓示遵行理合附片具陳伏乞

聖鑒謹

奏

同日拜發奉

旨著照所請該衙門知道欽此

船政奏議彙編卷二十九終

船政奏議彙編卷三十目錄

船政奏議彙編卷三十

光緒九十兩年分歲入歲出欵目懇准略展限期摺　裴蔭森四

奏為光緒九十兩年分船政歲入歲出欵目實與閩省海防轇轕不清懇
恩仍准略展報部限期恭摺仰祈
聖鑒事竊臣前因船政製造欵項與福建省局海防製器一時不能分晰附片請將光緒九十兩年分歲入歲出册籍按照部限暫展一年八月初四日奉

旨著照所請戶部知道欽此欽遵在案嗣部臣以船政造報一經准緩恐各省聞風相效託詞延宕致部中通籌出入之要政化為空談專摺請
旨更正仍請
飭令迅將光緒九十兩年分歲入歲出欵數按照部頒册式原限原章一併於本年封印前造報到部勿得延緩等因八月二十六日奉
旨依議欽此欽遵抄錄原奏恭錄
諭旨飛咨飭令遵照辦理前來臣捧誦之下無任悚惶自應督飭廠員依期趲辦何敢再瀆干冒

宸嚴惟是所以不能依限造送情形有部中未能深
悉者敬再爲我
皇太后
皇上陳之船政用欵以工料爲大宗尋常無事之日
所用工料一曰製船一曰修船一曰建蓋一曰
製器一曰修廠一曰修機製船修船之中又別
爲某號之船建蓋修廠之中又別爲某所之廠
製器修機之中又別爲何廠何項之器何廠何
項之機雖欵目紛繁各有册籍登記誠如部臣
摺內所稱細目宏綱有條不紊者以此照格塡

寫固可計日而成迨閩省籌辦海防凡禦敵所
資者若礮臺若礮具若水雷若桿雷若地雷若
木簰若鐵鏈以及零星修製皆船政爲之兼營
工料則由製船墊給欵目則應省局造銷其初
皆由省局備文請製飭廠興工另册登記眉目
未始不清及敵船進港戎機瞬息製庀軍需以
速爲要自不敢泥守向章文領未及具也卽營
弁以片紙列單均行照付新製不及待也或廠
儲之製船成件立飭改鑲祗期器備之無缺數
目之糾纏初不暇計也如果事平之後所有海

防擬用工料省局一一承認何難照册剔除則
製船欵項立時卽可淸出無如列單移局淸算
省局以各項工料未經具文請領現値部章嚴
密必須指明請製者何人承領者何人確鑿有
據方能歸欵造銷臣亦恐廠員倉卒之中登記
舛錯飭其歷檢單據省憶請製承領之人列單
行令營員及管帶礮臺員弁逐一核對據實聲
覆務期各歸各欵無稍混淆歷時既久各營員
弁更代已歷數員新任者諉諸不知舊任者或
另差或回籍輾轉行查動稽時日總之海防工

料一日未清卽製船工料一日未清歲入歲出
册籍實難依限造送臣係十年十二月二十四
日到工此項工料皆動支於臣未莅任之前原
無所用其迴護祗以支銷
國帑必求核實斷不敢苟且遷就强應限期合無
仰懇
天恩逾格俯准將船政光緒九年分歲入歲出欵數
展至明年三月送部十年分歲入歲出欵數展
至明年六月送部至部臣慮各省相效宕延船
政無實入之欵非他省有實入之欵者所得援

以爲例去歲馬江之戰卽在船政廠塢之前尤非他省無被兵海防者所得藉口除咨部查照外所有請展歲入歲出款目報部限期各緣由理合會同署理福州將軍臣古尼音布閩浙總督兼署福建巡撫臣楊昌濬合詞恭摺由驛四百里馳陳伏乞

皇太后

皇上聖鑒訓示謹

奏

光緒十一年十月初六日拜發奉

旨著照所請戶部知道欽此

第六號鐵脅輪船安上龍骨並陳廠務情形摺

奏爲第六號鐵脅輪船安上龍骨並陳廠務情形恭摺仰祈

聖鑒事竊船政所造第五號鐵脅輪船曰橫海已於六月初四日告成試洋經臣具摺

奏明在案其第六號鐵脅輪船自應接續照製以備海防要需惟查廠中歷來製成之兵船如一百五十匹七百五十匹等號意在有事利於攻戰無事便於轉輸其制係參兵船商船之度轉致行程不速去歲馬江之戰兵商兩絀張佩綸任內知有此病飭令嗣後所造七百五十匹鐵脅船式稍爲變通務期合兵船體製臣莅工後堅與員紳約專造兵輪永不准再造商船經工程處委紳魏瀚等議將船身加闊一尺三寸馬力加增至一千六百匹加闊則船穩增馬力則行速以法推算可每時行九十五里較之往常鐵脅船每時僅行八十里者有別費省工簡行速機靈亦爲海上攻戰利器可輔快船鐵甲船之用臣核所議自是精益求精密益求密之事飭照所議辦理所有應用檣木各料去年十二

月已飭道羅洋商購辦現已陸續運到其鐵料機件因廠中趕造二三號快船工程礙難兼營分力因照前此爲年清揚武及八十匹等船成案寄由英國采購康邦新式機件全副運回工次鑲配合攏以期速成詎於十月十八日臣親率在事員紳匠徒將全鐵龍骨安上船臺一俟鐵木料件到齊便可興工分製至南洋兩號快船自去年海防喫緊以後各廠工匠均著力於辦防趕製水雷礮彈礮架等事工程不無停緩現時和局已成礮具亦已完竣臣已催飭趕行併力工作查二號快船本年十一月間可下水明年夏間可試洋三號快船明年夏間可下水明年冬間可試洋合併聲明所有第六號鐵脅輪船安上龍骨並廠務情形理合會同署理福州將軍臣古尼音布閩浙總督兼管福建巡撫臣楊昌濬恭摺由驛四百里具

奏伏乞

皇太后

皇上聖鑒訓示謹

奏

光緒十一年十月二十五日拜發奉

旨該衙門知道欽此

委弁千總邱水生請卹片

再監工委弁五品軍功留閩儘先補用千總邱水生督帶匠丁在撈起之琛航船上折卸銅鐵各件以備修理詎意九月十二日午後風暴驟作江濤洶起船爲之簸該弁正在船旁透板上指揮匠作被翻入水身故查該弁在工供差幾二十年勤奮出力此次在船率作因公淹斃實堪憫惻合無仰懇

天恩飭部照軍營陣亡例從優議卹以慰幽魂出自

鴻慈謹會同署理福州將軍臣古尼音布閩浙總督

兼管福建巡撫臣楊昌濬附片陳明伏乞

聖鑒謹

奏

同日拜發奉

旨邱水生著照軍營陣亡例從優議卹該部知道欽

此

謹陳船政形勢及應行次第舉辦事宜摺

奏爲微臣莅工視事已滿一年謹將船政形勢及應行次第舉辦事宜恭摺瀝陳仰祈

聖鑒事竊臣自去歲十二月莅工經將察看福州海口情形及復設練船試造鋼甲並請

飭催積欠關欵各緣由先後奏明在案數月以來臣復細加考察催趲工程時與在事員紳及監造工程學生往復講求每至夜分必盡得其蘊而後已稍閒則獨乘小舟隨潮上下詳看工次一帶地勢港道竊維閩之設船政也原爲天下海

防至計非一切機器局製造局可比造成兵輪派駐各省而巡防皆賴學生藝成亦派赴各處而洋務漸開二十年來實有成效形勢非不足恃防守密則無虞工程非不日興經費足則皆舉應將形勢及應辦事宜實在情形敬爲我

皇太后

皇上陳之船政廠地在馬尾山麓羣峯繞其背狀若匡牀前瀕大江踞林浦下流羅星塔之上流前閩浙督臣左宗棠議設船政疏稱羅星塔一帶開槽濬渠水清土實爲粵浙江蘇所無前船政

大臣沈葆楨察看海口及船隖摺內亦指林浦以下爲頭重天險臣自臬司任內奉檄塡港到工後巡勘較詳閩江自芭蕉五虎入口以來兩山環抱層折轉彎至馬尾八十里實爲自然天險論者徒以去歲七月馬江之戰遂疑船廠之露處爲孤危可慮不知去歲法船肆擾深入口內已犯兵家之忌不過行險儌倖賺入長門地方官以中外尙未失和不早封口誤墮其術使能扼之於海門以外何至受其所欺譯法國官報孤拔上書其海部具言閩廠之所以不能燬

者緣大兵船喫水過深祇能停泊羅星塔以外不能直逼船廠廠之左近有馬限山爲之屏蔽礮彈鉅者不能遠及廠屋其船小礮輕者又不足以燬之等語臣則以爲該敵酋冒險深入終不敢佔留一日以索償者實懼海口之險南北洋援軍之將合圍耳此閩廠地勢形勝最踞險要無容改設之明證也或謂吳楚適中之地如湖口地方可以建設船隖不知海潮有定江潮無定每當伏秋盛漲江水挾四川三峽而下必將漫過船隖至交冬後水落石出巨船又必不能進槽此湖口長江一帶祇能造軍火機器局不能造鐵甲船隖固不待智者而知也船政舊用鐵螺絲船槽容重二千餘噸比年製成之開濟鏡清快船卽不能修津之大沽蘇之上海粵之黃埔雖皆有隖亦以港道稍淺不能收納此事實難再緩經前大臣黎兆棠何如璋奏明有案臣曾勘定船政左近紅山之麓可造船隖在羅星塔之下員山寨之上兩山中間生成小港實爲天然船隖距船政僅水程八里工匠往來取攜甚便亟宜砌石造就大隖以備勘修南洋

快船及臺灣所用快船卽北洋之鐵艦如定遠鎭遠者亦可來閩修理此閩廠急宜增造船隖之實在情形也現在出洋回華藝成之學生如魏瀚鄭清濂陳兆翺吳德章李壽田楊廉臣等於製造船身輪機工程測算工夫具有本領本年所成之橫海鐵脅船並開濟鏡清兩快船實已均臻美備南洋三號快船明秋亦可下水六號鐵脅船亦已安上龍骨此次奉

准試造鋼甲一號只待省局經費解到便可購料開工推該學生等造詣所到如果添機拓廠卽大

鐵艦之鐵甲及輪機大件亦可自製無庸購於外洋前督辦黎兆棠何如璋均經奏請以經費難籌而止臣擬擇其急者陸續添置庶經費可寬籌而工程亦能起色此閩廠亟宜添拓之實在情形也戰守之利器近今以水雷魚雷爲要去秋之戰人皆以前向德國采購魚雷水雷緩不濟急爲憾及何如璋所購伏雷百具到時福州封口方有藉手尙慮港道寬長不敷布置因商督臣楊昌濬招募廣東學生陸汝成建甯增生楊仰曾各抒所學分製各種沈雷二三十具

以供守口之助嗣購到德國魚雷十具在德習製魚雷伏雷學生陳才鍴亦已藝成回華臣飭逐件修配以便試演一面出圖仿造不使外人傲我所無惟建造廠屋購置各雷機器所費又已不貲至於開礦鑄礮以及製造各項火藥槍彈船政皆有藝成回華之學生可以承辦廠屋機器之費動輒鉅萬此皆海防必不可緩之事即船政所不容已之圖惟是經費難籌深爲焦灼年來閩海關月僅解到四成項下二萬兩其六成項下三萬截至今年六月止積欠二百四十萬有奇經臣奏奉

旨飭速撥以濟急需迄今未承解應製船經費尙且不敷何況別項此又必須外省協濟之實在情形也現値

朝廷整練海軍所需船礮必多臣愚以爲應拓船政以爲表裏請

旨飭下閩海關四成六成項下按月解清所有遞年積欠速爲設法陸續籌補並請

飭下海疆各省督撫酌籌協欵解濟所有事宜臣再隨時函商以期開拓工程不囿故步上副

國家力圖自强之至意本年歲底封印期內照例停工開正初旬臣當乘輪馳赴金陵與南洋大臣曾國荃面商一切所有船政形勢並應行舉辦事宜實在情形理合會同署理福州將軍臣古尼音布閩浙總督兼管福建巡撫臣楊昌濬恭摺由驛四百里具

奏伏乞

皇太后

皇上聖鑒訓示遵行謹

奏

光緒十一年十二月初二日拜發奉
旨留中欽此

廠造第二號快船工竣下水摺
奏爲廠造第二號快船工竣下水恭摺具陳仰祈
聖鑒事竊船政前年擬造快船第一號開濟撥駐南
洋後復經前南洋大臣左宗棠定造兩號當於
九年十二月間次第安上龍骨經前督辦船政
臣何如璋
奏明在案去春開工興作與第五號之鐵脅船兼
營並製三艘同工夏秋之間法人肆擾兼辦閩
口防守各船工程大爲所分臣莅工後飭令併
力趲造五號鐵脅船曰橫海於今春蕆事試洋

十月間第六號鐵脅船龍骨接續安上經臣先
後兩次
奏明茲據工程處稟稱二號快船鐵脅已配艙板
已封阻漏鐵堵已隔鐵樑鐵柱已竪艙灰穿孔
塞鎼漚釘已妥船首之銅刀船尾之銅夾銅套
船面之鐵戰枰船旁之鐵耳臺船中船後之礮
位船上之鐵望臺鐵廚房船內之輪機艙水缸
艙煤炭艙鐵練艙水手艙帆纜艙糧食艙淡水
艙亦已一律竣工輪機水缸及冷水櫃抽水機
大小鋼鐵各件亦已在廠合攏就序現在船身

可以下水下水後即可鑲配齊全其餘火藥艙彈子艙以至桅檣帆纜舵車向盤等件亦俟下水方能照配臣飭各廠員紳等覆驗無異因命之日鏡清諏十一月十八日下水屆期風日清和午潮如鏡臣躬率各員紳致祭各神抽撐扳楔如法臺上之船便砉然循滑軌而下在事人等及士民來觀者無不鼓掌懽呼爲之快意查該船長二十六丈有奇寬三丈六尺喫水深一丈七尺高三丈四尺全船噸載計二千二百噸每噸合中國一千六百八十觔儲煤之艙可積

三百五十噸配新式三汽鼓康邦省煤臥機一副計實在馬力二千四百匹圜式水缸八箇可出汽力六十八磅計每時可行水程百里一切制度與第一號開濟相等惟船底兩旁添製幫龍骨兩條日後船行愈穩而不簸更於望臺上添配雙燈電機一副以燭黑夜防雷艇之暗劫也船後改配十九生口徑大礮一尊以便阻擊敵船之尾追因配電燈故設小水缸以出汽力因配大礮故改尾桿艙以舒礮度原式本係三枝木桅今改來爲鋼靡特鋼片之製甚便可濟

木料之窮而且桅盤保護可置連珠之礮慮敵船之近迫特於船之首向另設魚雷機二具以資衝擊慮機艙之炎熱特於船之中艙另配引風箱二具以大風力因設風箱而日後輪機馬力可增至三千匹船行又當加速凡此皆原式快船所無今皆燦然大備兵船之利用至此極矣儻得十數艘輔以鐵艦魚雷艇訓練成軍庶幾進戰退守兩有把握上可副

國家自强之至意外可杜異族要挾之詭謀臣自去冬權篆莅工以來無分鉅細親自講求始知

刱製快船工程繁難較於常式兵輪何止數倍在工各執事頻年趨効晝夕兼營沐雨櫛風不憚勞苦皆能各稱厥職而益求其精前製輪船多係百五十匹馬力今則由七百五十匹推而大至二千四百匹馬力前皆倚賴洋匠今則由熟生巧出圖自造克盡快船之能事且屢請試製鋼甲以展其長其實心可嘉其微勞足錄臣查光緒十年前督辦臣何如璋任内請奬奉

旨嗣後如續有勞績再行奏請欽遵在案現在續製二號快船較之開濟更加完備各員紳等實屬

異常出力可否籲懇
天恩准俟該船試洋後督臣將在事文武員紳工匠
人等擇尤請獎以資鼓勵出自
逾格鴻慈合將鏡清快船工竣下水緣由謹會同南
洋大臣兩江總督臣曾國荃署福州將軍臣古
尼音布閩浙總督兼管福建巡撫臣楊昌濬恭
摺具陳伏乞
皇太后
皇上聖鑒訓示謹
奏

光緒十一年十二月初二日拜發奉
旨此項輪船著俟試洋後如果駕駛得力毫無流弊
再將出力人員擇尤請獎欽此

添蓋廠屋修船添機照章聲明片

再前奉戶部奏定外省報銷新章第十四條內
載各省設立機器局並閩省船政局如有添購
機器經費若干事前奏明咨部立案事後方准
核銷等因茲據員紳稟稱閩廠去年因併造南
洋兩號快船及鐵脅船廠地機器均有不敷鑄
鐵廠起卸重件添製鐵柱大懸機一具計用工
料銀五千三百餘兩輪機廠添製轉輪軸轂旋
機一具計用工料銀四百餘兩合攏廠換鋪地
枰計用工料銀八百餘兩水缸廠添製梁上起

重鐵車一具計用工料銀六百餘兩小輪機廠
狹隘有礙工作將原設行鋸機器移置模廠一
切拆鑲安配計用工料銀五百餘兩甎灰廠試
造洋火甎添蓋廠屋一所計用工料銀三百餘
兩水缸廠新造二百五十匹馬力水缸胚一副
原備換配揚武船所用去年海防喫緊未及拆
換該船旋卽被轟沉失現將該水缸留備別用
計用工料銀八千五百餘兩船上電燈爲泰西
防敵要需因購電燈一具留備各快船配用計
用價值銀二千八百餘兩去秋三日之戰船槽

陸岀江干受礮最烈修理機器屋宇等項計用工料銀五千四百餘兩隝前挖土機船被礮擊沉設法起撈修刮機器修補船底船舨及添配傢伙計用工料銀六千二百餘兩又修裝土船二號計用工料銀一千二百餘兩以上各款應歸船政十年分銷案造報再查光緒九年分海鏡輪船經北洋大臣調往差遣大加修理以利遄行計用工料銀一萬六千九百餘兩琛航輪船拆修水缸等件計用工料銀一萬六千餘兩其餘揚武福星萬年清三船或小爲補葺或換

配物件計共用工料銀四千六百餘兩去秋伏波輪船被創之後沉擱林浦龍骨及船身機件均損傷須加大修當因本隝船槽被礮該船未能上槽勘修賃用馬尾英商船隝租費並本廠修理工料計用銀一萬六千五百餘兩以上各款係由船政墊支歸省局彙銷等語呈請立案前來經臣覆查無異除咨部查照並飭另行彙案造銷外合將應行照章聲明各款緣由謹會同南洋大臣兩江總督臣曾國荃署福州將軍臣古尼音布閩浙總督兼管福建巡撫臣楊昌濬附片具陳伏乞

聖鑒訓示謹

奏

同日拜發奉

旨戶部知道欽此

船政奏議彙編卷三十終

船政奏議彙編卷三十一目錄　　裴蔭森五

船政奏議彙編卷三十一　　裴蔭森五

會同考核船政員紳分別應裁應留及應備咨取各銜名摺

奏爲遵旨會同考覈謹將船政員紳分別應裁應留及應備咨取各銜名開列清單恭摺覆陳仰祈聖鑒事竊臣等承准軍機大臣字寄光緒十一年十月二十七日奉上諭御史殷如璋奏福建船政局收用員紳過多需欵太鉅致造船經費不能統歸實用請飭詳加考試認眞核辦等語福建船政局近年瞻徇積習濫用委員支銷浮冒朝廷早有所聞當此整頓海防綜覈名實之際豈容不肖員紳虛糜無已致辦理不收實效著裴蔭森會同楊昌濬將該衙門現用各員認眞考覈其冗濫充數者悉行裁汰並將實能通曉製造當差勤慎人員開單具奏一面咨報總理各國事務衙門查覈考驗儻再因循瞻顧不能破除情面仍有濫保浮支情事必惟該大臣等是問原片著抄給閱看將此諭知楊昌濬並傳諭裴蔭森知之欽此欽遵臣等跪誦之下仰見

朝廷慎重用人制節謹度之至意欽悚莫名伏查船
政爲海防水師根本非一切機器局製造局可
比工程繁鉅用人尤難非有穎悟之心思不能
體會於意象形聲之表非有强幹之才力不能
率作於暑寒風雨之中監工者必諳機器之法
程庀料者必審華夷之物質理文案者兼調度
工程之事不徒案牘奉行筦支應者兼考核工
料之能不僅銀錢出納得人任事之難有如此
者故或用候補人員或用在籍紳士無不因材
器使遴擇維嚴更設提調以提調之設稽查以

稽查之在工各執事初無定額視工程之緩緊
隨時增減溯查同治五年營構伊始工作繁興
或經理收發或監視工程或分司稽察或采購
料件量能授事將及百員同治十二年間以建
蓋工竣便將儲石所磚瓦所及管理營造之員
裁撤並遣散各洋匠又將機器所併歸廣儲所
鐘表廠併歸輪機水缸等廠兩項員紳亦卽裁
撤迨光緒六年四月復將舢舨廠併歸船廠藝
圃併歸東考工所又裁撤若干員初設提調三
員今則僅用其一初設總監工總考工各一員

今則此缺尚懸七年以後因廠務稍鬆復於每
廠中暫裁一二員卽將所裁員額作爲懸曠惟
九年以來廠造鐵脅兵輪及承造南洋兩號快
船同時併工去歲法船猝臨閩口海防喫緊兼
爲省局趕造戰守各具如礮臺礮架彈子桿雷
地雷水雷及横江鐵練阻船木簰等件工程繁
緊督視需人不得不添員差遣然亦不過五十
七員而已臣蔭森到工後防具稍備横海鐵脅
船試洋二號快船下水廠工漸緩仍行裁汰數
員現在此缺亦懸而未補寔因愼重工程節省

經費起見未敢稍事虛糜復查各員紳當札委
之始薪水視其官階告假者按日扣除間有責
任較重廠務較繁尤爲出力者另籌津貼以優
異之於量能授食之中寓獎勸人才之道此固
歷任督辦大臣勤功集事之苦心也上年前船
政大臣張夢元議奏以員紳津貼應改爲薪水
作正開銷經臣等於本年七月二十六日
奏明已蒙
天恩優渥准臣蔭森逐一釐定實支實銷在案臣昌
濬到閩後亦嘗查諗船政規模日新月異比年

所造開濟橫海鏡淸等船實已全臻美備該員
紳等籌畫精詳不辭況瘁其薪資皆累勞而日
增其工程亦隨時而俱進統計各廠員紳職有
專司尚無外間素食乾館等流弊茲復欽奉
諭旨經臣等精心抉擇嚴加考核其辦公竭蹷假期
過多者應裁撤以昭核實其治事惟勤歷著勞
績者當留用以策將來其在事員紳及出洋學
生實能通曉製造者計十有四人均不愧奇才
異能之選可備總理衙門咨取考驗至該員等
月支薪水雖屬稍優係按照前閩浙督臣左宗

棠奏定藝局章程子弟學成監造者即照外國
監工銀數然較初開船政時所用外國員匠每
員月支五百兩至百餘兩者亦屬有減無浮此
皆實在情形臣等不敢稍有欺飾現値
國家整練海軍之際需用快船鐵艦魚雷艇必多船
政正宜開拓工程多製以圖報效臣蔭森受
恩深重惟有實心整頓破除情面無任冗員稍糜經
費冀仰副
皇上綜覈名實之至意臣昌濬亦不敢稍分畛域隨
時互相妥商以重要工而歸實用所有遵

旨會同考覈緣由謹恭摺由驛四百里馳陳伏乞
皇太后
皇上聖鑒訓示再此摺係臣蔭森主稿理合聲明謹
奏
光緒十一年十二月初十日拜發奉
旨該衙門知道單併發單內鄧承修周德潤均稱星
使殊屬不合著飭行欽此

謹將船政已經考覈員紳應裁應留及應備咨取考驗各銜名開具清單恭呈
御覽
謹開
應裁撤各員紳內
委紳後學堂監督戶部候補郎中梁佟年一員月支薪水三十兩
查船政人員凡告假者按日扣除薪水該員梁佟年性情好動往往擅回省城並不告假本年五六月間借差請假赴滬甫回工兩月又面稱渠京寓尚有舊宅賃人租住欲借差赴都門清理屋宇揆諸學堂監視督率之義因循作輟實非所宜應即裁撤
委紳管理學堂刑部候補主事黃軒齡一員月支薪水三十兩
該員志氣伉爽才具開展惟不能常川在工去歲馬江戰事離工數月請假在省本年五月銷假回工原支薪水四十兩酌減十兩復又請假渡臺數月尚未回工亦未領支薪水應即裁撤

委員總稽查各廠浙江候補知縣夏獻鋆一員月支薪水五十兩
該員由前大學士督辦福建軍務左宗棠奏調來閩咨商船政委派各廠稽查事務到工三月即請假借差回浙聞該員前在浙江署理東陽武義瑞安等縣尚有錢糧經手未完事件急須回省清理交代應即裁撤
委員管理磚灰廠福建候補知縣盧紹昌一員月支薪水二十四兩
該員在磚灰廠督率工作尚無貽誤惟查省局章程凡錢糧經手未清者例不准給予差委該員因代理武平縣錢糧欠款奏參摘頂急須清理交代應即裁撤
委紳後學堂候選訓導梁鳳翔一員月支薪水二十四兩
該員兩次經該學堂教習羅熙祿等稟訐謂該紳袒護廚丁有剋減在堂學生伙食等情事雖查無確據而素無清望不足以折服人心應即裁撤
委員支應處候選訓導鄧承基一員月支薪水

三十兩
該員借差赴粤業經數月尚未來工查船政
章程凡請假數月未回者應即裁撤
委員文案處候選縣丞常鼎一員月支薪水十
六兩
委員核對處候選從九品嚴樹立一員月支薪
水十六兩
該二員性情好動不能常川在工應即裁撤
委員廣儲所管理煤鐵軍功武舉廖雄勳一員
月支薪水十六兩

該員性氣纛浮每與同事好爲爭競惟簩力
方剛尚耐辛苦酌減薪水四兩降充差弁專
管挖土機船如再不知愧奮即行裁撤
應留用各員紳內
提調委員補用道周懋琦一員月支薪水銀三
百兩
該員講求用世之學才識明通籌商一切工
程措理裕如深禆大局應留用現已
奏明監督出洋學生提調員缺尚須揀派
總監工一員查此項差使從前係委用熟悉洋

務道員自出洋肄業學成各生回華設立工程
處總核工料此缺久懸未補
總稽查委員紳二員
委紳承襲一等輕車都尉生員沈翊清一員月
支薪水銀五十兩
該員淵源家學品粹才優督課工程堅任勞
怨應留用
又一員懸曠
稽查各學堂兼辦文案候選知府嚴良勳一員
月支薪水銀五十兩

該員學有根柢兼通西文督課精勤諸生多
所成就辦理中西文牘均臻周密應留用
稽查各學堂委紳員外郎林洄淑月支薪水銀
五十兩
該員才器宏遠約束學生查察功課甚爲得
力應留用
文案處管理核議各廠所各輪船各學堂事宜
釐校工料册卷辦理中外交涉事件委員紳四
員
委紳知縣施魯濱一員月支薪水銀五十兩

該員學優才展熟悉船政情形於海防事宜亦能洞達應留用

委員知縣張思敬一員月支薪水銀二十八兩

該員品粹學通練達公事應留用

委紳武平縣學訓導許貞幹一員月支薪水銀二十四兩

該員志行端謹才具穩練應留用

委紳生員五品軍功梁孝熊一員月支薪水銀一十六兩

該員才潔品端辦公勤愼應留用

支應處管理收發製船養船經費稽核工料數目等事委員紳三員

委紳知縣李聖培一員月支薪水銀四十兩

該員勾稽精詳久耐繁劇於一切工料欵目最爲熟悉應留用

委紳五品軍功監生韓沐之一員月支薪水銀三十二兩

該員公正廉潔精於勾稽應留用

委紳五品軍功生員葛晉謙一員月支薪水銀二十二兩

該員學優行謹會計精晰應留用

前學堂兼繪事院管理督課藝童防閑誘掖等事委員紳三員

委紳刑部主事鍾大焜吳徵騊等二員各月支薪水銀三十兩

該二員品粹學優足資表率應留用

委紳舉人范繼馨一員月支薪水銀二十四兩

該員認眞勸導兼善防閑

後學堂兼管輪學堂管理督課藝童防閑誘掖等事委員紳四員

委紳大挑敎職沈輝宗一員月支薪水銀二十八兩

該員著有學庸疏解於西學外兼示漢文義理足資矜式應留用

委紳舉人林宗開一員月支薪水銀二十四兩

該員誘掖後進悉心化導應留用

又二員懸曠

船廠管理監造船身桅檣舢板器具併建蓋廠屋籌度用料調度工作等事委員紳三員

委紳縣丞鄭鏞一員月支薪水銀二十四兩委

員從九品程華湘一員月支薪水銀二十二兩
該二員熟悉船工辦事勤奮應留用
委紳訓導吳豐昌一員月支薪水銀二十兩
該員年富力强勤於任事應留用
鐵脅廠管理監造船身鐵脅各艙鐵梁鐵板籌
度用料調度工作等事委員二員
委員巡檢徐泰來一員月支薪水銀一十六兩
該員才具開展振作有為應留用
委員從九品夏慶餘一員月支薪水銀二十兩
該員心地樸誠兼通鐵脅造法應留用

輪機廠管理監造輪機併各廠機器籌度用料
調度工作等事委員紳三員
委紳知縣王樹翰一員月支薪水銀三十兩
該員精明强幹熟悉輪機窾竅應留用
委紳縣丞王毓珍一員月支薪水銀二十兩
該員心思精細辦事勤能應留用
委員巡檢楊嵩年一員月支薪水銀二十四兩
該員心精力果調度有方應留用
鑄鐵廠管理監鑄銅鐵機件籌度用料調度工
作等事委員紳二員

委紳教諭林世仁一員月支薪水銀二十四兩
該員品粹才優為匠徒所敬服應留用
委員鹽大使李雲樞一員月支薪水銀一十八
兩
該員曾在德國使館供差通曉西洋廠務應
留用
水缸廠管理監造鍋爐汽管鐘表向盤籌度用
料調度工作委員紳三員
委紳知縣鄭逢時委員府經歷林希曾等二員
各月支薪水銀二十四兩

該二員才幹優長工程熟悉應留用
委紳縣丞孟宗洛一員月支薪水銀四十兩
該員熟悉鍋爐造法才大心細隨時兼派勘
估起蓋修葺工料應留用
小輪機廠管理監造船工鑲配銅鐵併修製各
廠機器籌度用料調度工作等事委員府經歷
朱慶生一員月支薪水銀二十四兩
該員心細才優兼通法國語言文字應留用
拉鐵廠管理監造船身輪機鋼鐵胚件併拉銅
鐵等件籌度用料調度工作等事委員紳二員

委紳監生孟宗韓一員月支薪水銀一十五兩
該員廉幹勤奮熟悉廠務應留用
又一員懸曠
模廠管理監造鑄件木模併轆餅索串籌度用
料調度工作等事委紳舉人鄭鍐一員月支薪
水銀二十兩
該員才敏心靈勤於任事應留用
帆纜廠兼礮廠管理監造帆纜起卸重件併驗
收礮械籌度用料調度工作等事委紳二員
委員知縣鄭瓊書一員月支薪水銀三十兩
該員勤能諳練兼曉外洋礮械應留用
委紳訓導梁益謙一員月支薪水銀二十四兩
該員辦事認眞兼曉帆纜造法應留用
磚灰廠管理監造火磚煆灰煆煤籌度用料調
度工作等事委紳知縣陳慶辰一員月支薪水
銀二十六兩
該員樸誠勤奮曉暢工程應留用
船槽管理調度輪船上槽排日江干挖土督趲
工作巡視勤惰等事委紳縣丞孟宗伊一員月
支薪水銀三十兩

該員公正老成精勤穩練熟悉船身製法及
一切工程甚資得力應留用
販築所管理監造爐溝及輪船鍋爐砌磚船底
築灰籌度用料調度工作等事查此項差使應
派員一名現懸曠未補暫由船廠委員紳兼管
廣儲所管理驗收銅鐵帆纜煤油各料監守藏
儲稽核支放等事委員二員
委員縣丞陳耕一員月支薪水銀二十二兩
該員謹愼耐勞諳熟船料應留用
委員縣丞鄧慶光一員月支薪水銀二十二兩
該員當差勤愼稽核必親應留用
儲材所管理驗收製船蓋廠各項木植監守藏
儲稽核支放等事委員縣丞許桐一員月支薪
水銀二十二兩
該員出納必愼才具優長應留用
東西攷工所管理鈐束工匠支放薪銀等事委
員紳四員
委員通判張樾雲一員月支薪水銀二十二兩
該員認眞約束寬嚴得宜應留用
委紳知縣林昌謨一員月支薪水銀二十四兩

該員老成諳練守潔才優應留用
委紳監生楊廷綸一員月支薪水銀一十八兩
該員年富力强辦公勤愼應留用
又一員懸曠
藝圃管理鈐束藝徒兼課讀支放辛銀等事委
紳生員王熀一員月支薪水銀二十兩
該員品行端正廉幹有爲應留用
香港采辦分局管理采辦外洋船料收支料價
等事委員二員
委員縣丞何定求一員月支薪水銀三十兩

該員熟悉船料辦事勤能應留用
委員五品軍功附生于成泰一員月支薪水銀
四十兩
該員老成謹愼爲守兼優應留用
發審所管理審勘工次匠徒關涉詞訟兼查保
甲等事委員通判嚴毓瑞一員月支薪水銀三
十兩
該員穩練精明勤於聽斷應留用
出洋學成回華匠作藝徒三員
藝徒千總任照一員月支薪水銀二十二兩

該藝徒同治八年十月入廠學習技藝麤通
法國語言文字繪算光緒三年九月出洋肄
業在法國專學拉打鐵脅鐵甲兼習提鍊鋼
鐵諸法六年十月學成回華現充鐵脅廠兼
船廠監工應留用
藝徒千總王桂芳一員月支薪水銀二十二兩
該藝徒同治七年六月入廠學習技藝麤通
法國語言文字繪算光緒三年九月出洋肄
業在法國專學拉打銅鐵兼習提鍊銅鐵鋼
諸法六年十月學成回華現充拉鐵廠監工
應留用
藝徒千總吳學鏘一員月支薪水銀二十兩

該藝徒同治七年六月入廠學習技藝麤通
法國語言文字繪算光緒三年九月出洋肄
業在法國專學打鑄銅鐵兼習輪機諸法六
年十月學成回華現充鑄鐵廠監工應留用
應備咨取考驗各員紳內
繪事院管理督課藝童等事委員同知董毓琦
一員月支薪水銀三十六兩
該員向習天文弧算機器船械重電各學兼

習占風望氣映相水墨畫藝著有星算補遺
笠寫壺金交食南車籌筆初梯髀矩測營九
環西解各書識解名通可備咨取考驗
水雷處管理監造調度工程等事委員二員
委員翰林院待詔陸汝成一員月支薪水銀四
十兩
該員向從英人哈倫授學有年心思靈敏通
曉化學能自造各種油藥白藥及水雷火箭
洋鎗諸法尤能自造雷引極爲靈捷繪算圖
式製成新式子母水雷可以洞穿鐵艦曾在

烏龍江口演放以巨木紮成九層方簰貫以
數百鐵條厚及八尺該水雷礫力能擊起木
簰離水十數丈裂爲五段較德雷尤爲猛烈
可備咨取考驗
委紳附生兼襲雲騎尉世職楊仰曾一員月支
薪水銀二十二兩
該員苦心研慮精求西學旁通默悟推陳出
新能自造電雷碰雷連環地雷及一切神機
火弩之法尤能造自發蚌雷其形如蚌兩雷
相對能開能合在水中輕不滿觔使善泅水

者挾之伏水而往至敵船之下機發人離其
雷自能緊貼船底四五分鐘時兩雷並發礫
力極大可備咨取考驗
出洋學成回華通曉製造學生十一員
學生知縣魏瀚一員月支薪水銀八十六兩四
錢又監造南洋快船加給銀五十兩共一百三
十六兩四錢
該學生同治五年十二月選入前學堂學習
法國語言文字格致算學光緒元年正月出
洋肄業在英法德比四國專學製船諸法兼

習製洋鎗及鋼鐵甲等學五年十一月學成
回華派在工程處總司製船六年十二月復
出洋在德國監驗定遠鎮遠鐵甲船工料八
年十二月回華仍派工程處供差出圖自製
横海鏡清等船現總司快船鋼甲船工程可
備咨取考驗
學生花翎游擊陳兆翱一員月支薪水銀八十
六兩四錢又監造南洋快船加給銀五十兩共
一百三十六兩四錢
該學生同治七年四月選入前學堂學習法

國語言文字格致算學光緒元年正月出洋肄業在英法德比四國專學輪機製法五年十一月學成回華派在工程處總司製機六年十二月復出洋在德國監驗定遠鎮遠鐵甲船濟遠穹甲船工料十年十一月回華仍派工程處供差現總司快船鋼甲船輪機工程可備咨取考驗

學生花翎都司鄭清濂一員月支薪水銀八十六兩四錢又監造南洋快船加給銀五十兩共一百三十六兩四錢

該學生同治五年十二月選入前學堂學習法國語言文字格致算學光緒三年二月出洋肄業在英法德比四國專學製船諸法兼習洋鎗造法在德國監驗定遠鎮遠鐵甲船工料九年九月學成回華派在工程處總司製船出圖自製橫海鏡清等船現總司快船鋼甲船工程可備咨取考驗

學生守備吳德章一員月支薪水銀七十二兩又監造南洋快船加給銀五十兩共一百二十二兩

該學生同治六年十一月選入前學堂學習法國語言文字格致算學光緒元年自製藝新輪船經沈前大臣奏明獨出心裁併無藍本等語三年二月出洋肄業在英法比三國專學製船諸法兼習英法二國洋礮造法六年十月學成回華派在工程處總司製船出圖自製開濟橫海鏡清等船現總司快船鋼甲船工程可備咨取考驗

學生都司銜守備楊廉臣一員月支薪水銀七十二兩又監造南洋快船加給銀五十兩共一百二十二兩

該學生同治七年四月選入前學堂學習法國語言文字格致算學光緒三年二月出洋肄業在英法比三國專學輪機製法兼習英法二國洋礮造法六年九月學成回華派在工程處總司製機出圖自製開濟橫海鏡清等船輪機現總司快船鋼甲船輪機工程可備咨取考驗

學生都司銜守備李壽田一員月支薪水銀七十二兩又監造南洋快船加給銀五十兩共一

百二十二兩
該學生同治七年五月選入前學堂學習法國語言文字格致算學光緒三年二月出洋肄業在英法比三國專學輪機製法六年五月學成回華派在工程處總司製機出圖自製開濟橫海鏡清等船輪機接續總司快船鋼甲船輪機工程現隨鄧星使承修赴廣西勘界可備咨取考驗
學生花翎都司林慶昇一員月支薪水銀三十六兩

該學生同治六年十二月選入繪事院學習繪事並法國語言文字格致算學光緒三年二月出洋肄業在英法比三國專習礦務采鐵煉鐵煉鋼等學六年十月學成回華覓得福州穆源鐵礦並赴臺灣總司煤礦工程嗣派在拉鐵廠料理拉鐵工程現隨周星使德潤赴雲南勘界可備咨取考驗
學生守備池貞銓一員月支薪水銀三十六兩
該學生同治六年十二月選入繪事院學習繪事並法國語言文字格致算學光緒三年二月出洋肄業在英法比三國專習礦務采鐵煉鐵煉鋼等學六年七月學成回華覓得福州穆源鐵礦現派拉鐵廠料理拉打鋼鐵工程兼仿造洋火磚可備咨取考驗
學生縣丞林日章一員月支薪水銀三十二兩
該學生同治七年七月選入繪事院學習繪事並法國語言文字格致算學光緒三年二月出洋肄業在英法比三國專學礦務兼習輪機六年十月學成回華勘驗北洋開平煤礦福州穆源鐵礦現派輪機廠製機工程可備咨取考驗

學生從九品魏暹一員月支薪水銀三十二兩
該學生同治八年三月選入前學堂學習法國語言文字格致算學光緒七年十二月出洋肄業在法國專學輪機製法十一年四月回華現派工程處幫理快船鋼甲船工程可備咨取考驗
學生從九品陳才鏋一員月支薪水銀三十二兩
該學生同治十年二月選入繪事院學習繪

事並法國語言文字格致算學光緒七年十二月出洋肄業在德國專學製配魚雷伏雷兼通德國語言文字十年十一月學成回華現派總司魚雷工程可備咨取考驗

請留道員吳仲翔接辦船政提調片

再船政提調道員周懋琦現經
奏派充當第三屆出洋肄業學生監督奉
旨允准在案所遺提調差事有勷理工程表率員紳之責非體用賅備爲守兼優弗克勝任查有分省補用道吳仲翔前曾派充提調熟悉廠中情形能任勞怨現辦天津水師學堂練船事宜本年二月前大學士臣左宗棠曾以該員究心洋務船政章程多其手定請仍
飭回船政辦事經北洋大臣李鴻章以津局乏員接辦奏懇

恩准暫留在案該員才具端謹任事實心在工十有餘年經畫工程探討利弊實堪幹濟時艱昨適由津請假回籍擬卽留充提調藉資熟手而收臂助經臣電商大學士北洋大臣李鴻章並會商署福州將軍臣古尼音布閩浙總督兼管福建巡撫臣楊昌濬均屬意見相同當此裁汰冗員撙節經費之時得該員悉心綜覈必能條理得宜所有道員吳仲翔應留船政接辦提調緣由理合附片具陳伏乞

聖鑒訓示謹
奏
同日拜發奉
旨該衙門知道欽此

添蓋學舍復設藝圃招考生徒片

再查船政舊章學堂招考文學聰穎子弟學習製造及駕駛管輪名曰藝童自選充入堂之日始日給飯食銀七分五釐並月給銀四兩俾贍其家繪事院習圖算者亦照此例藝圃招考膂力壯健子弟分派各廠學習工作名曰藝徒自選充入圃之日始日給工食銀一錢五分經前大臣歷辦在案溯自開局迄今學堂藝圃繪事院均多成就年來嚮學者漸衆臣蔭森莅工後因於前後學堂繪事院增添學舍以廣育藝童前裁藝圃併歸考工本年復設藝圃以多招藝徒改定章程自光緒十一年起各學堂繪事院新招藝童只給飯食不給贍銀學習三箇月後考定留堂者始行於日給飯食外月給贍銀四兩藝圃新招藝徒日只給工食銀七分五釐隨時察看學藝有進再行加給於培植人材之中仍寓撙節經費之意除咨部查照並彙案造銷外臣蔭森謹將節省藝童藝徒贍銀工食緣由附片
奏明伏乞

聖鑒訓示謹

奏

同日拜發奉

旨該衙門知道欽此

船政奏議彙編卷三十一終

船政奏議彙編卷三十二目錄

船政奏議彙編卷三十二

橫海輪船在澎湖觸礁派員起重撈救摺　　裴蔭森六

奏爲橫海輪船在澎湖洋面遇霧觸礁派員起重設法撈救恭摺會陳仰祈

聖鑒事竊查光緒十二年二月初八日署臺灣道陳鳴志由閩口乘坐橫海輪船解餉赴臺過厦是時臣昌濬出巡海口適將由厦渡臺先乘美富輪船進發因水師提督彭楚漢亦擬會勘海口情形與署臺灣道陳鳴志同坐橫海輪船東渡於十一日早由厦展輪出口向澎進駛是時海

霧迷濛竟越過澎湖口岸轉輪回駛十二日早船抵澎湖北礁吉貝目嶼地方仍大霧迷天莫辨行徑忽聞聲響船已觸礁擱淺人餉無恙即據該船管駕忻成發馳稟前情當由臣昌濬派令美富輪船前往拖帶不起僅將索纜等件搬運寄存其船身機器均關緊要誠恐被風飄散派令已革前任澎湖右營都司鄭漁會同該管駕忻成發妥爲看守保護並飭由興泉永道奎俊於十九日電達到工派船援救適伏波萬年清兩船在工修理臣蔭森當飭修竣要工即於二十二日駛赴澎湖相機設法起救旋據鄭漁等稟稱是船於十七十八等日迭經風颶板片漂散無存惟機器半存礁上者仍竭力設法起救等語臣等查臺灣厦門澎湖各海口風霧不時礁砂錯布自昔稱爲奇險同治十三年沈葆楨督師臺灣安瀾大雅兩船在安平旂後遭風同時沈没本年正月間洋商得忌利士輪船在厦門附近之南汕頭地方迷霧觸礁又本年二月十一十二等日洋商時和輪船亦有在浙江台州洋面遇霧觸礁之事是其明證此次橫海

輪船觸礁擱淺雖因霧氣深重人力難施然該副將忻成發職司管駕未能預識於幾先補救於臨事實屬咎無可辭相應請

旨將總兵銜副將忻成發即行革職該船大副五品軍功容倘謙係學生出身在外洋肄業十年之久夙諳沙線羅經何以一逢濁霧遂至迷於所往應即咨部斥革仍由臣等一併發交福州府會同船政局發審委員提集舵工水手人等確訊眞實情形分別辦理以示懲戒而警將來所有橫海輪船在澎湖洋面擱沈委員設法護起

機器並將管駕各員分別參處緣由謹合詞恭
摺由驛四百里馳陳伏乞
皇太后
皇上聖鑒訓示再此摺係臣蔭森主稿合併聲明謹
奏
光緒十二年三月初一日拜發奉
旨覽奏均悉忻成發著即行革職容尚謙著一併斥
革仍著將觸礁實在情形確切研訊分別辦理該
部知道欽此

覈估第三屆出洋用欵並另委洋監督摺
奏爲選派第三次出洋肄業學生覈估按年用欵
並另委洋員接充洋監督恭摺仰祈
聖鑒事竊臣等以駕駛製造在在需才於去年十月
間奏請續選學生出洋肄業分別扣足在船月
日展拓在洋年限荷蒙
恩准欽遵在案臣等悉心遴選於北洋水師學生中
選取陳恩燾劉冠雄曹廉正陳燕年黃裳吉伍
光鑑鄭汝成陳杜衡王學廉沈壽堃等十名於
船政駕駛學生中選取黃鳴球羅忠堯賈凝禧
鄭文英張秉圭羅忠銘周獻琛王桐陳鶴潭邱
志范等十名凡二十名以備往習駕駛於船政
製造學生中選取鄭守箴林振峯陳慶平王壽
昌李大受高而謙陳長齡盧守孟林志榮楊濟
成林藩游學楷許壽仁柯鴻年等十四名以備
往習製造當飭華監督道員周懋琦率領出洋
內除黃裳吉在北洋供差尚未抵閩外其餘三
十三生均乘坐洋商輪船開赴香港於三月初
三日由香搭坐西國公司輪船出洋其按年用
欵臣蔭森督飭華監督周懋琦查照舊章細加

參酌計駕駛二十生在洋三年製造十四生在洋六年一切經費約共需銀三十萬兩有奇援照成案由閩省釐金項下籌撥四分之二閩海關四成洋稅及船政製船經費項下各籌撥四分之一分年匯解計第一年應解銀八萬三千兩有奇第二年應解銀六萬兩有奇第三年應解銀五萬四千兩有奇第四年應解銀三萬六千兩有奇第五年應解銀三萬九千兩有奇第六年應解銀三萬四千兩有奇依期匀匯以資源源接濟惟英國行用金錢每枚謂爲一磅兌

欵向按英金磅數購匯而磅價長落靡常一時不能豫定臣等暫估之數僅照辰下時價每磅以洋番六圓一角科計將來設有盈絀自應據實支銷至各生抵洋後分途投學必須洋監督會同照料臣等前摺所派之日意格已於本年正月在其本國病故臣等查有法員斯恭塞格由水師出身前在船政幫同日意格辦理工程均臻妥協前兩屆學生出洋肄業該洋員充洋監督之幫辦與華員和衷共濟克底有成擬令該洋員接辦洋監督事務以資熟手經電商出

使大臣許景澄意見相同當由許景澄與之定議飭俟各生到洋後一切延師課授及各生赴船赴廠學習各事宜隨時會同華監督周懋琦認眞經理務使各生學業在在咸有裨益此次出洋章程駕駛學生既令扣足在船月日製造學生復予展拓在洋年限各該生自應益求深造藉副培成臣等仍當隨時督飭華洋監督悉心籌畫期於欵不虛糜學有成效以無負

朝廷倡練海軍甄陶繼起之至意所有選派學生暫估用欵另委洋員緣由理合會同南洋大臣

兩江總督臣曾國荃署福州將軍臣古尼音布閩浙總督兼福建巡撫臣楊昌濬合詞恭摺由驛四百里馳陳伏乞

皇太后

皇上聖鑒再此摺係臣蔭森主稿合並陳明謹

奏

光緒十二年四月初七日拜發奉

旨該衙門知道欽此

學生匠首出洋習製鐵甲學成回華請獎片

再臣鴻章前向外洋訂造定遠鎮遠等號鐵艦開工之初經前出使大臣李鳳苞咨留出洋肄業期滿之留閩補用都司鄭清濂先赴該廠查核圖幅勘驗工料並資學習復經電商黎兆棠選派出洋肄業期滿回華之留閩補用游擊陳兆翶同知銜分發省分補用知縣魏瀚並曾充管輪之都司銜留閩浙補用守備陸麟清帶同匠首守備用留閩補用千總黃戴陳和慶五品軍功留閩補用千總譚秀補用千總黎晉賢補

用外委記名把總程好五品軍功把總李祥光六品軍功陸昭愛等續行出洋學習洎所造鐵艦一律竣工經李鳳苞將各該員匠分別咨送回華內除陸愛昭一名到津供差旋卽病故外其鄭清濂等續派在洋學習閱時三稔中間疊赴各國研究製造管輪各項新法具有心得與二屆出洋各生期滿學成事同一律自應一並

奏請獎勵以勸來茲鄭清濂可否免補本班以游擊留閩儘先補用並

賞加副將銜陳兆翶可否免補本班以參將留閩儘先補用並

賞加總兵銜魏瀚可否免補本班以直隸州知州分發省分儘先補用並

賞加四品銜陸麟清可否免補本班以都司留閩浙儘先補用並

賞給四品

封典黃戴陳和慶譚秀黎晉賢可否均免補本班以守備留閩儘先補用程好李祥光可否均免補本班以千總留閩儘先補用並

賞加守備銜出自

天恩逾格臣等為激勸人才起見謹合詞附片具陳

伏乞

聖鑒訓示謹

奏

同日拜發奉

旨該部議奏欽此

軍功陸昭愛病故請從優議䘏片

再六品軍功陸昭愛諳習輪機技藝供差閩廠歷有年所經黎兆棠選派隨同陳兆翱等出洋學習在洋三年倍加攻苦及訂造之各號鐵艦一律竣工李鳳苞以該軍功習製鐵艦及雷艇等工尤能得心應手適北洋訂造之導海船需人經理並有未合攏之大雷艇二艘需人襄助飭令該軍功隨同導海船回華旣抵津門經臣鴻章派赴旅順船隖供差甚爲得力上年正月以積勞病發在差身故據陳兆翱等稟懇照章奏䘏前來臣等查光緒二年奏定選派船政生徒出洋肄業章程內開生徒因攻苦積勞致有不測之事酌量奏䘏等因今陸昭愛選派出洋數年藝成而歸遽因攻苦積勞在差病故殊堪憫惻相應據情籲懇

天恩俯准飭部從優議䘏以慰幽魂謹合詞附片陳

請伏乞

聖鑒訓示謹

奏

同日拜發奉

旨陸昭愛著交部從優議䘏欽此

二屆出洋學生援案請獎摺

奏爲二屆出洋期滿學生學均有成並襄辦肄業事宜學生始終出力援案懇
恩分別獎勵以昭激勸恭摺仰祈
聖鑒事竊查閩省船政二屆選派學生出洋肄業期滿學成臣等業將英法等國官學教習洋員及使館出力各員暨原派之洋監督分別附片
奏請獎勵在案茲查二屆出洋學生派赴法國專習營造者二曰黃庭王迴瀾專習鎗礮者一曰李芳榮專習硝藥者一曰王福昌專習製造者

一曰魏暹派赴德國專習魚雷者一曰陳才鍴派赴英國專習駕駛者二曰陳兆藝李鼎新前經出洋專習製造藝成回華襄辦二屆肄業繙譯各事宜者一曰吳德章各該生率皆在洋三年經歷英法德各國官學名廠提督兵船海口要隘其習營造者於測量算繪久暫臺堡守城防隘水底設防各項習鎗礮者於鎗礮軍械鎔鍊鋼料各項習硝藥者於藥彈棉藥新藥爆藥造藥鍋鑪各項習製造者於水師製造輪機船身各項習魚雷者於新式魚雷尺寸製雷修雷各項習駕駛者於行兵布陣風濤沙線駛船用礮各項莫不詳求博覽理法兼精當期滿學成經前出使大臣李鳳苞出使大臣許景澄查錄各該生在洋課程出具考語先後咨送回華內除李芳榮一名臨時咨留駐日參贊官署代辦繙譯事宜外其黃庭等均已到華供差際今倡練海軍之會臣等公同考察各該生所學若營造若鎗礮若硝藥若製造若魚雷若駕駛莫不各具專長或爲前屆學生所未備習實足以仰備

國家因材器使吳德章以製造學生襄辦肄業事宜始終不懈亦屬著有微勞查前屆出洋生徒學成回華經臣鴻章會同
奏請獎勵荷蒙
恩准欽遵在案此次學成各生事同一律合無援案
仰懇
天恩俯准分別獎勵以資鼓舞而勸將來謹開具清單呈候
宸裁理合會同福州將軍臣古尼音布恭摺附驛馳
陳伏乞

皇太后
皇上聖鑒訓示再此摺係臣蔭森主稿合併聲明謹
奏
光緒十二年四月初七日拜發奉
旨黃庭等均著照所請獎勵該衙門知道單併發欽
此

三届出洋製造學生先予請奬片

再查出洋肄業章程向以三年爲限生徒期滿學成則予一律請奬此次北洋閩廠所派第三届出洋學生習駕駛者仍以三年爲限習製造者則酌予變通以六年爲限凡以使各生於其所學益求精密期必盡窺奥窔而後歸也惟駕駛製造同一出洋而相較年月增至一倍若使製造學生必俟六年期滿方予奬勵彼此相形恐無以作其歷久不衰之氣臣等細加體察擬請俟此次出洋駕駛學生三年期滿學成回華之日責成華洋監督將因展限期留洋學習之製造學生按名出具切實考語備文呈送由臣等先予擇尤彙案請奬一次俟六年期滿回華若果各生所學均能益臻深造再予一律請奬以符向章而昭公允使各生咸知
朝廷作育人才令其重瀛遠涉期限培增所以奬勵之者亦復有加無已必能爭先奮發相勵有成庶於變通肄業事宜不無裨補儻邀
天恩俯准可否
飭下部臣立案遵行之處出自

宸裁謹合詞附片具陳伏乞
聖鑒訓示謹
奏
同日拜發奉
旨著照所請該部知道欽此

員紳薪水請照原數支銷摺
奏爲員紳薪水懇
恩准照原數據實支銷免予核減以勸在事而濟要工恭摺仰祈
聖鑒事竊臣於上年七月間釐定員紳書役薪工摺內恭陳員紳原支薪水津貼情形請將津貼改併薪水據實支銷於八月二十日奉
旨戶部知道單併發欽此欽遵在案嗣准戶部來咨以單內各欵第將津貼名目改爲薪水名目其中之數並未減去分毫仍令嚴行裁減以節欵項而昭核實等因又臣上年十二月間會同考覈員紳案內續准戶部來咨行令遵照前咨速將員紳薪工從實核減至所派員紳現在留用者連藝徒學生等尚有六十餘員足供任使其懸曠各缺自應裁汰毋庸添補並令將該廠委員酌定額數奏報立案以示限制各等因前來臣承准之下伏念際今帑項奇絀事事咸籌撙節臣職司考工但令於無可裁減之中尚堪裁減分毫均應嚴加綜核期歸實用何敢稍執前說上瀆

宸聰惟船政得人任事之難迥非尋常局務可比不能不優其廩餼藉資激勸歷任大臣於此具有苦心久邀
聖明洞鑒從前祇以員紳薪水格於例銷不得已而有津貼名目前大臣張夢元始請改歸外銷前兩江督臣左宗棠等會議復奏有與其强符成例而津貼仍應外銷何如照欵動支俾造報胥歸核實之語凡所反復論列皆祇釐定主名辨析銷欵非於動支多寡之數前後有所出入也臣莅工接辦是案亦以爲與其異名同實不若

使名實相符之爲愈是以前奏輒請將津貼改併薪水據實支銷其數未經裁減者亦以祇屬併二爲一在各該員紳月得多寡之數前後無所出入也查現在閩局員紳薪水津貼數目以提調一員月共支銀三百兩爲最鉅左宗棠前在閩浙總督任内核定此數誠以提調有調度全局工程辦理交涉事宜之責自延幕友聯絡洋人在在因公耗費獨爲較鉅故也遞是以降最多者祇五十兩亦僅寥寥數人其餘率在二三十兩上下至十餘兩不等要皆量能任事課功按食核其原支數目或因歷著成效遞次加增或因具有奇材量予優異多寡參差蓋又莫不有爲而然夫優加薪水所以示勸則核減薪水所以示懲在事稍不得力之員經臣前已裁汰現所留者胥能矢慎矢勤奉公無過似未便祇以釐定主名概予核減且船政成船工料侈約實與在事員紳精神怠奮互爲乘除得其人則費約功倍失其人則費侈功半但令在事員紳咸出實心實力爲
國家區畫鈎稽俾木屑竹頭均收實用則一船一

役較量歲時所撙節裨益於無形者實非淺鮮錄厥微勞厚以薪俸庶亦
朝廷寬厚所樂予優容者也臣再四籌思惟有據情剖籲仰懇
天恩俯念船政用人第資廩餼以相激勸此次改併津貼以爲薪水在各該員紳月得多寡之數前後非有出入
飭下部臣立案准照原數據實支銷免其核減嗣後在事員紳臣仍嚴加考察其勤慎得力應加薪水者自稽查學堂管理文案支應以下仍不得

過五十兩之數以示限制如或任事不力立予罰減薪水或徑行撤差其所增所減數目按年報部以憑核銷至臣前奏單開懸曠各員自應遵照部咨悉行裁汰惟分廠員額向視工程緩急以爲增減應增之時不敢以乏員墜公應減之時亦不敢以狥情糜費若予先時預定誠恐轉多窒礙合無並懇

恩准如果將來工作繁興或新設廠所必須添用人員仍由臣隨時酌派咨部立案以重工程而昭體制除咨部查照外所有在事員紳薪水據實

支銷懇免核減緣由謹會同署理福州將軍臣古尼音布閩浙總督兼管福建巡撫臣楊昌濬恭摺附驛馳陳伏乞

皇太后

皇上聖鑒訓示謹

奏

光緒十二年四月初七日拜發奉

旨戶部議奏欽此

研訊横海輪船觸礁情形據實覆陳摺

奏爲遵

旨研訊横海輪船觸礁情形據實覆陳恭摺仰祈

聖鑒事竊横海輪船前在澎湖目嶼吉貝地方遭霧觸礁沉没經臣等將大概情形繕摺馳報並將管駕大副人等發交福州府訊究在案嗣准兵部火票遞回原摺後開軍機大臣奉

旨覽奏均悉忻成發著即行革職容尚謙著一併斥革仍著將觸礁實在情形確切研訊分別辦理該部知道欽此臣等當即恭録

諭旨札飭福州府知府張國正船政局發審委員通判嚴毓瑞提同管駕大副舵工水手人等確切研究旋由該府等訊據管駕忻成發供浙江甯波府鄞縣人由軍功疉保副將光緒十一年九月間到閩奉委管駕横海輪船先後駛歷上海金陵及臺北基隆各處從無貽誤本年二月初八日由閩口駛往厦門十一日七點半鐘放定羅經由厦開船出口駛至中途適值大霧迷漫越過澎湖是夜二點鐘轉輪回駛至十二早七點半鐘行抵澎湖吉貝地方霧薇益甚咫尺莫

辦以致船碰暗礁失事經美富輪船前來拖拉不起遂將人衆餉銀搬救過船等語質之大副容尚謙舵工水手陳金存江四等供均相同究詰不移等情具詳前來臣等覆查本年二月十一十二等日洋商時和輪船在浙江台州洋面遇霧觸礁適當其時卽臣昌濬乘坐美富輪船先期抵澎亦親見大霧四塞十步之外不辨人物該管駕等供稱遭霧失事人力難施尚屬實在情形惟據供由厦出口中途遇霧該管駕不卽設法停輪候晴開駛以致迷霧擱淺復不能

盡將煤物搬卸使船身輕浮冀可出險未免昧於幾先疏於臨事究有應得之罪除將大副容尚謙舵工水手陳金存江四等由臣等分別懲辦外相應請

旨將已革副將忻成發永不敘用並不准赴各省防營投効以示懲儆所有訊明橫海輪船觸礁實在情形分別辦理緣由謹合詞恭摺由驛四百里馳陳伏乞

皇太后

皇上聖鑒訓示施行再此摺係臣蔭森主稿合並聲明謹

奏

光緒十二年五月初六日拜發奉

旨著照所請該衙門知道欽此

船政奏議彙編卷三十二終

船政奏議彙編卷三十三目錄　　裴蔭森七

船政奏議彙編卷三十三　　裴蔭森七

鏡清快船試洋摺

奏爲鏡清快船試洋恭摺仰祈
聖鑒事竊臣於去年十二月初二日業將第二號鏡清快船下水日期並該船丈尺行程里數及加配電燈風機魚雷格林礮改換鋼桅礮位各情形具摺
奏明並請將在事員紳人等擇尤保奬奉
旨此項輪船著俟試洋後如果駕駛得力毫無流弊再將出力人員擇尤請奬欽此欽遵在案臣督率

在事員紳催趲工程務期堅實一面電商李鴻章於曾經出洋之駕駛學生酌派一人來閩管帶當准電覆學生何心川可遣札令來閩試用並准曾國荃以派令何心川來工管駕咨會前來臣當卽飭其將該船自大副以至舵水升火人等嚴加遴選以備試洋適據各廠員紳及工程處製造學生稟報該船輪機鍋鑪桅檣帆纜一律完竣臣諏於七月十二日躬率員紳工匠乘坐該船併飭學堂洋教習鄧羅邀同英國兵船水師官二人前往看驗屆期四點鐘升火六

點鐘由羅星塔展輪八點鐘一刻出港九點鐘到媽祖澳卽在該處及白狗山一帶放洋試驗是早北風大作波濤澎湃該船鎮定不簸是晚七點鐘回工據何心川稟稱輪機每分鐘旋至八十一轉每點鐘船行法海里十四迷盧半合英海里十六迷盧零嗣復開滿車輪機每分鐘旋至八十七轉每點鐘船行法海里十五迷盧零合英海里十七迷盧零核與工程處學生所稟相符並據何心川面稱該船機件均各堅利靈快並無疵病卽前往看驗之英國水師官亦

無不盛稱美備謂非經目覩尚難信閩廠之有此精工鉅製也臣復細加週視船上一切部位機器咸屬穩固現飭該管駕將應配零件趕備齊全卽行駛赴金陵聽候南洋大臣驗收遣用其應配礮位魚雷係由外洋定購一俟運到再爲配置至管駕官以下銜名水手人等額數月給薪費數目應由南洋大臣

奏咨立案以昭核實此次工程處監造學生及員紳工匠殫竭思力精益求精成此海防利器實屬異常出力自應欽遵前奉

諭旨俟該船駛到南洋後將在事出力人員擇尤保獎所有鏡清快船試洋各緣由理合會同南洋大臣兩江總督臣曾國荃署福州將軍臣古尼音布閩浙總督兼管福建巡撫臣楊昌濬恭摺由驛四百里馳陳伏乞

皇太后

皇上聖鑒訓示謹

奏

光緒十二年七月十五日拜發奉

旨著照所請該衙門知道欽此

平遠舢舨船配設官弁舵水名額並月支薪費

銀數片

再臣於去年六月間擬設學生練船購修平遠

舢舨業經

奏明在案該船船身由廠加修堅固並換配帆纜添設礮堞展拓水艙所有船面戰枰艙內住房均改照戰船式樣以備各生練習嗣因第三屆出洋肄業之議已成經於駕駛學生中選派十名隨同監督道員周懋琦西行其餘在堂堪以上船者僅林葆懌等七名人數無多若專設一船訓練一切規模概照練船辦理經費稍嫌過鉅因函商李鴻章將此七生附入北洋威遠練船學習在各生既無曠學之虞在閩廠可收節費之實殊屬兩有裨益該七生已於六月初一日飭其北行矣至平遠一船因臺灣建蓋衙署應用內地各料需船裝運而臺煤臺樟又爲廠中所急需當札委升用守備林高輝暫充該船管駕大副舵水人等力加刪減只予僱募二十三員名飭其往來省臺專司轉運謹將該船員弁名額並月支薪費繕具清單恭呈

御覽將來新班駕駛學生堂課畢時應往海上練習

仍將該船作爲練船以培後進除咨部查照外

理合附片陳明伏乞

聖鑒謹

奏

同日拜發奉

旨該衙門知道單併發欽此

定購第六號鐵脅輪船礮位片

再第六號鐵脅輪船於上年十月間安上龍骨經臣恭摺奏報在案該船係變通從前所造鐵脅改依外洋三等快船新式製造馬力速率等項前奏並經聲明嗣因所需鐵料機件寄英購辦遲遲未來而廠中方在趲造第二三號快船此項鐵脅工程遂暫從緩現在機件雖尚未到而鐵料業已陸續到工木料亦經先時購備適當第二號快船告成之會堪以接續興工惟該船所需礮位亦應先期定購經臣於去臘函商

督臣楊昌濬與德商福克訂立合同向外洋克虜伯廠定購十二生水師後膛鋼礮四尊架具全備配各種彈子一千二百顆棕色藥餅一千二百袋又十五生水師後膛鋼礮三尊架具全備配各種彈子九百顆棕色藥餅九百袋共配銅拉火二千二百枝又荷士基五管連珠礮四尊架具全備配各種彈子四千顆約明限十三四箇月包運到閩價值並水脚保險等費統共銀一十二萬一千四十八兩七錢七分應先付一半交該商作爲定銀其餘一半俟礮件到閩驗收找給所有第六號鐵脅輪船係專爲閩防而設此項礮位需用銀兩經與楊昌濬商定即就閩省善後局隨時籌撥應付理合附陳伏祈

聖鑒謹

奏

同日拜發奉

旨該衙門知道欽此

製船用欵造册報銷難拘成例請　飭部立案
摺
奏爲製船用欵造册報銷難拘成例瀝陳實在情
形懇
恩飭部立案恭摺仰祈
聖鑒事竊前准戶部咨議覆軍需善後報銷內外辦
法摺內擬請光緒八年十二月以前各省未經
報銷各案向開單者仍開單向造册者仍造册
其九年正月以後各欵無論何省何處概令一
律造册報銷不准再有開單等因奉
旨依議欽此欽遵在案查船政從前歷屆報銷均屬
開單良以事爲剏舉器具工作皆耳目所未經
言造船或馬力同而配製不同言蓋廠或丈數
同而間架不同言購器或斤重同而機關體質
不同言辦料或名色同而精麤鉅細不同所有
不能造册緣由歷屆報銷摺內疊經各前大臣
據情陳奏久在
聖明洞鑒之中茲准前因各省報銷光緒九年以後
一律造册船政自不能不照新章辦理惟製船
用欵非他項可比初次改造細册實無成例可

循勢難悉協部章又難據初次所造細册以爲
定案責令將來報銷尺寸符合有不得不爲我
皇太后
皇上詳晰陳之者此次戶部新章於機器局專條云
船料物件購自外洋並無繩墨可守工部新章
於製造洋式物件專條云外洋式樣概爲定例
所無是製船用欵之難繩以成例已爲部臣之
所深知而工程之瑣勾稽之難前後銷册之不
能較若劃一容亦有未及備悉者夫船式機件
新者貴益求新利者貴益求利選料課工固者
貴益求固精者貴益求精當製造之頃旣不容
强後符前及造銷之時自無從執前概後工師
洋法料資洋產故同一匠工日辛或至二兩有
奇或僅二錢以內同一料件商販缺則價漲商
販足則價平間有逕由外洋採辦者前後物價
同而前後兌銀之磅價又或不同則前後不能
劃一者此其一然猶曰此特辛工料價之因人
而異因時而異也乃同製一物材木中度則工
省而耗亦省稍不中度斷削求合則工多而耗
亦多銅鐵之質有精麤火耗卽分多寡斧鑿之

鋒有利鈍工作因以參差則前後不能劃一者又其一然猶曰此特因物料之不同致工耗之各異也乃有同此料同此器同此工前後工耗亦終不能同者船機銅鐵巨件動輒萬觔形質離奇尺寸不容差以半黍和金入冶百數十人奔走左右一煅而適合者有之再煅三煅而始合者有之萬觔之鐵火候必以竟日再煅三煅不特火耗增多卽工爍亦當倍計謂匠有巧拙則前後均此人也謂事有難易則前後均此物也而其不同也竟若此則前後不能劃一者又

其一然猶曰此特人事之不齊也廠中工作半資機器機器之動必藉革帶以掣衆輪閩地瀕海燥溼靡常天氣燥則革帶緊而輪轉多天氣溼則革帶鬆而輪轉少天氣過燥則革帶又易斷而輪轉停輪轉多則工程速轉少則工程緩轉停則工程愈緩緩速繫乎天時而費之繁節視焉則前後不能劃一者又其一夫至天時所限人力已幾爲窮又況一船專營則工費較侈數船並造則工費較約譬諸炊斗米者必不用炊升米者十倍之薪與夫十倍之人力此則又繫乎經費之充與不充而非盡天時人事之咎矣凡此數者一有不同卽前後斷難劃一而向所謂新益求新利益求利固益求固精益求精者猶不與焉今後凡諸用款改造細冊若必繩以成例徵特洋法之工洋產之料無從劃一卽中華工料亦斷難持乾隆嘉慶年間價值以例今日而將來銷冊必不能與初次所造尺寸符合又屬不問可知比而同之雖使在事員紳曠厰專司咸事勾稽猶難强合卽能强合終不免於移甲就乙亦甚非

朝廷實事求是本意也再四籌思維有仰懇

天恩飭部立案今後製船用款改造細冊仍准隨時實支實報免以成例相繩庶款項咸歸據實支銷而製造亦得益求精密船工幸甚所有製船用款造册報銷難拘成例緣由謹會同南洋大臣兩江總督臣曾國荃署理福州將軍臣古尼音布閩浙總督兼管福建巡撫臣楊昌濬合詞恭摺附驛馳陳伏乞

皇太后

皇上聖鑒訓示謹

奏

光緒十二年七月十五日拜發奉

旨著照所請該部知道欽此

修理萬年清輪船動用工料銀數片

再萬年清輪船向係派駐臺灣供差間有船機損蝕回工修繕其修費槪由省會善後局造銷歷辦在案去年十一月間准督辦臺灣防務福建巡撫臣劉銘傳咨稱該船曾在滬尾遭風艙縫綻裂全船滲漏船底龍骨船身木脅及輪機鍋爐帆纜器具歷年旣久多有損壞請予照修前來當卽飭廠興修計自去年十一月回工至本年二月工竣覈用工料並另領備用繩索共銀一萬四千九百四十餘兩遵照部定新章應先行奏咨立案除咨部查照外理合附片陳明伏乞

聖鑒謹

奏

同日拜發奉

旨該部知道欽此

修理泰安輪船動用工料銀數片

再泰安輪船向駐山東煙臺供差間有船機損蝕回閩修理其修費概由該省造銷歷辦在案去年八月間該船因鍋爐年久朽壞兼以年來海防喫緊時往來於朝鮮煙臺旅順一帶北海風日燥烈波濤險惡致船底艙縫銅皮船面帆纜器具在在鬆裂殘缺來閩稟請大修經山東撫臣咨部立案並咨請照修前來旋准工部來咨以修理該船用過銀數應先行奏咨立案等因查該船自去年九月興修至十二月工竣飭

據各廠開列工料覈計用銀二萬六千四百九十餘兩又修竣啓行時領用煤炭覈共價銀四百九十七兩零均係船政墊支應由山東籌還彙案造銷除咨部查照外理合附陳伏乞

聖鑒謹

奏

同日拜發奉

旨該部知道欽此

洋監督日意格請卹片

再准出使大臣許景澄咨稱據出洋肄業監督日意格胞弟日意吉呈稱胞兄日意格由法國水師參將歷充中國甯波漢口稅務司因剿髮逆獲勝克復城池身受鎗傷屢次蒙

恩賞給正一品銜黃馬褂花翎一等寶星權授總兵嗣委出洋採辦船料派充出洋肄業監督上年因驟發舊傷醫治無效於本年正月十六日病故可否照軍營立功後病故例奏請

賜卹等情照錄原呈咨請前來臣查日意格前在浙

江助剿髮匪克復上虞縣城首立戰功經前閩浙督臣左宗棠奏奉

上諭賞加總兵銜欽此嗣充船政正監督經前船政大臣沈葆楨奏請獎勵同治七年二月初二日奉

上諭賞加提督銜並賞戴花翎欽此同治十二年船工告成蒙

恩賞加一品銜准穿黃馬褂並

賞給一等寶星光緒二年經前船政大臣吳贊誠奏派會辦出洋肄業監督該洋員於安置生徒一切事宜俱極妥協克收成效該洋員宣力中華二

十餘年始終不懈忠勇可嘉生既疊荷
恩施歿當更邀
曠典應如何從優
賜卹之處惟有仰懇
天恩飭下總理各國事務衙門核議施行除照錄日
意吉原呈咨送軍機處暨總理各國事務衙門
外理合會同北洋大臣直隸總督大學士一等
伯臣李鴻章附片具奏伏乞
聖鑒謹
奏

同日拜發奉
旨該衙門議奏欽此

廠造第三號快船下水並陳現在工程情形摺
奏爲廠造第三號快船下水並現在工程情形恭
摺具陳仰祈
聖鑒事竊臣於本年七月十五日業將第一號鏡清
快船試洋各緣由
奏明在案旋飭該船管駕都司何心川於八月初
二日駛赴金陵聽候驗收遣用去後臣卽督同
各員紳催趲第三號快船工程嗣據工程處稟
稱該船經已配齊鐵脅封固重舨鐵梁鐵柱以
及牽鉗截堵經已鑲竣船首之銅刀船尾之銅

夾鉗套船面之鐵戰枰船旁之鐵耳臺船中船
後之礮路船上之鐵望臺鐵廚房船內之輪機
艙水缸艙並煤炭艙鐵練艙水手艙帆纜艙糧
食艙淡水艙亦已一律竣工現在船身可以下
水下水後則輪機水缸以至桅檣帆纜舵車向
盤抽水機電燈等件便當次第安配齊全臣飭
各廠員紳等覆驗無異因命之日竊恭擇九月
十八日下水屆期丁率員紳致祭各神命工抽
撐拔楔如法午潮正滿船循滑軌而下中流容
與水波不興船身之靈快穩重已可共信查該

船長二十六丈有奇寬三丈六尺喫水深一丈
七尺高三丈四尺全船噸儎計二千二百噸每
噸合中國一千六百八十觔儲煤之艙可積三
百五十噸配新式三汽鼓康邦省煤卧機一副
計實在馬力二千四百匹圓式水缸八箇可出
汽力六十八磅計每時可行水程百里一切制
度與二號鏡清之船相同推陳出新迥非常式
舊製之兵輪可比其工料堅實亦遠過於泰西
所售此皆臣所勘驗而確信之者也辰下嚴催
廠中趲工以期早日蕆事試洋應配大礮魚雷

一俟運到亦卽接續安置六號鐵脅船工逐漸
趕造至遵
旨試製之鋼甲艦圖式木模亦漸就緒省局撥解之
經費四十六萬兩業經陸續到齊臣派工程處
學生魏瀚赴外洋選購鋼甲龍骨及各料件現
在龍骨之料已經到工其他鋼料不日亦可運
到十月初旬便當開工起製矣合將寰泰快船
下水並廠中工程情形各緣由謹會同南洋大
臣兩江總督臣曾國荃署福州將軍臣古尼音
布閩浙總督兼管福建巡撫臣楊昌濬合詞恭

摺由驛四百里具陳伏乞
皇太后
皇上聖鑒訓示遵行謹
奏
光緒十二年十月初八日拜發奉
旨該衙門知道欽此

添購雷艇配用礮位雷機片

再前署船政大臣張佩綸任內與洋商福克訂立合同向德國佛爾鏗廠定購頭號雙筩魚雷快艇一隻價值並保險運脚各費共規銀五萬七千五百餘兩又定購德國刷士考甫廠燐銅魚雷十具連同做汽機放汽機灌汽機各一具配件齊全價並保險運脚各費共規銀二萬八千餘兩以船政經費支絀督臣楊昌濬允由閩省籌給經張佩綸於十年十二月間

奏明在案及臣莅工署事後查據該洋商以佛爾鏗廠不能承造此種雷艇因與該洋商重訂詳細合同改向德國挨呂屏什好廠定購其價值各費仍照前約無所增減當以雷艇應配放雷礮筩兩箇蓄汽櫃兩箇放雷壓汽大汽機一副及一切應用傢伙備用各件復與該洋商等補立合同向刷士考甫廠添購價值各費共規銀八千三百餘兩又添購雷艇配用哈乞開司五管連珠礮二尊並彈子等件價值各費共規銀六千三百餘兩咨明督臣統由省局撥給燐銅魚雷十具暨各汽機三具去年九月運到適二

屆出洋在德國專習製造魚雷之學生陳才鍴限滿回華臣因添建廠屋派其督課匠徒細加修整合攏以備演試如能得法當卽令其購料做造魚雷快艇亦於本年八月二十七日由德國水師兵官駕駛到閩經派魚雷工程處學生陳才鍴等會同製機工程處學生陳兆翱逐加勘驗據報艇長四十三法尺闊五法尺船頭喫水深法尺一尺二寸船尾喫水二尺二寸輪機水缸各一具馬力一千五百匹船之首段配放魚雷礮筩二具臥艙糧艙列焉船之中段爲輪機艙水缸艙水缸艙之左右可儲煤二十噸船面之首尾望臺各一臺上各配哈乞開司連珠礮一尊船旁船舨一切皆以鋼爲之三十早晨臣復親詣該艇覆驗駛出海口芭蕉五虎以外至媽祖澳白犬洋一帶試其行程速率是日風浪甚大每點鐘實行二十一英海里有八若無風浪之時應可行二十三海里有奇在魚雷艇中尤爲異常快捷所配礮筩二具蓄汽櫃二箇放雷壓汽大汽機一副驗亦靈捷其備用各件不日亦可續到此數項價脚銀兩已由船政墊

支應歸省局撥給報銷至該艇應配駕弁舵水
名額薪糧及廠中修整合攏燐銅魚雷十具匠
徒之薪料件之費亦應由船政隨時墊支由省
局撥給報銷至添建修造魚雷廠屋則應由船
政製船項下支銷除遵照部定新章咨報戶部
外合無仰懇
天恩准予飭部立案所有購辦魚雷快艇及燐銅魚
雷各緣由謹會同南洋大臣兩江總督臣曾國
荃署福州將軍臣古尼音布閩浙總督兼管福
建巡撫臣楊昌濬合詞附片恭陳伏乞
聖鑒訓示謹
奏
同日拜發奉
旨該衙門知道欽此

添蓋廠屋並添製機器動用銀數片
再前准戶部咨奏定外省報銷新章內載各省
設立機器局並閩省船政局如有添購機器經
費若干事前奏明咨部立案事後方准核銷等
因歷經遵辦在案茲據製造工程處學生分省
補用直隸州知州魏瀚等稟稱去年因快船工
作繁興廠屋機器均有不敷拉鐵廠添製拉鐵
碾輪三副計用工料銀一千餘兩輪機廠添製
轉輪軸轂旋機一架計用工料銀二百餘兩小
輪機廠添製挂壁鑽機二架計用工料銀一百

餘兩又因料件繁多就小輪機廠旁添蓋棧房
一座計用工料銀二百餘兩十年七月初三日
馬江之戰拉鐵廠大煙筒被轟倒壞從新砌造
一座計用工料銀一萬一千六百餘兩興造第
六號鐵脅三等快船將舊日船臺重加修理計
用工料銀一千四百餘兩仿製水雷建蓋水雷
廠一座計用工料銀四百餘兩前後兩學堂添
招藝童學舍不敷經於十一年六月間奏明嗣
就學堂隙地添蓋樓屋上下共一百一十八間
計用工料銀七千三百餘兩復設藝圃廣植藝

徒經於十一年十二月間奏明嗣將舊日藝圃屋宇重加修葺計用工料銀六百餘兩船局添設電報經於十一年六月間奏明嗣就署內添蓋電報樓屋一座計用工料銀七百餘兩購製電報應用機器料件計用工價銀六百餘兩船政衙署學堂暨各廠所十一年七月間遭風損壞當經奏明陸續大加修整計用工料銀五千一百餘兩學堂洋教習賴格羅李家孜來工經於十一年六月間奏明將馬限山舊日洋房二十四間修理以爲該教習等寓所計用工料銀

一千三百餘兩馬江陣亡員弁舵水兵勇前經張佩倫奏明由船政建立昭忠祠茲就馬江山麓舊日洋匠住屋一所修葺改建計用工料銀九百餘兩廠中製船需用煤鐵銅鉛悉以遠購爲艱擬令礦務學生於附近處所探覓礦苗以期自行開採購驗礦鑽地機二副計用價值銀一千八百餘兩後學堂洋教習請購電學氣學重學水學各機件用以兼課藝童計用價值銀六百餘兩十一年六月間奏明購買英商美那二枝半桅舦舨船一號以作練船名曰平遠經由廠修改各艙添備各件計用工料銀一萬四千七百餘兩以上各款應歸船政十一年分銷案造報藝新一船馬江戰後沉於林浦嗣經撈起由廠大修計用工料銀一萬三千六百餘兩查此款係屬船政墊支應歸省局彙銷呈請立案前來經臣覆查無異除咨部查照並飭另行彙案造銷外合將應行照章聲明緣由謹會同南洋大臣兩江總督臣曾國荃署福州將軍臣古尼音布閩浙總督兼管福建巡撫臣楊昌濬合詞附片具陳伏乞

聖鑒謹

奏

同日拜發奉

旨該衙門知道欽此

船政奏議彙編卷三十三終

船政奏議彙編卷三十四目錄　裴蔭森八

船政奏議彙編卷三十四　裴蔭森八

請撥款仿製穹甲快船摺

奏爲覈計閩廠造船實較外洋所購料堅價廉請
旨飭議撥款仿製穹甲快船恭摺仰祈
聖鑒事竊臣於今春二月間派令製造工程處學生分省補用直隸州知州魏瀚出洋選購鋼甲艦料件業經陸續運工該學生於九月初旬回華茲據稟稱竊瀚此次三至泰西職司購料志在採訪新船歷英法德十餘廠較量圖式查探情形並於曾許兩大臣訂購之四船制度工價考覈最爲詳悉許大臣訂購之船舨有甲臺有堡船可儎重二千九百噸馬力三千四百匹行可十五海里應配二十一生大礮二尊十五生大礮二尊魚雷筒四具價每艘約英金十七萬磅合銀七十五萬兩礮械保運各費在外曾大臣訂購之船無甲無堡船可儎重二千三百噸馬力五千五百匹行可十八海里應配之礮械雷筒與許大臣之船相若價每艘英金十四萬二千五百磅合銀六十三萬兩礮械保運各費在外按兩大臣所購四船均勝於濟遠誠爲巡海

利器而曾大臣之船艙有穹甲厚處四寸薄處二寸半在水上半在水下製法尤遠勝於濟遠蓋濟遠穹甲全在水下若穹上中礮水浸其上船將不穩又查法蘭西今年七月開製穹甲一船長英尺三十丈寬三丈有八寸中臣喫水十六尺六寸可儎重一千八百噸馬力六千零六十四穹甲厚四十密里合英尺計一寸五分行十九海里半應配十五生大礮四尊魚雷筩四具價約銀五十六萬兩礮械保運各費在外此船亦爲中國水師合用之式以上三種之船經

瀚切實核算如由閩廠仿製曾大臣所購之船每艘只需銀五十三萬兩較外洋定辦可省十萬兩如由閩廠仿製許大臣所購之船每艘只需銀六十三萬兩較外洋定辦可省十二萬兩如由閩廠仿製法蘭西所製之船每艘只需銀四十五萬兩較外洋定辦可省十一萬兩蓋外洋匠資貴於華匠洋廠每日每工扯計一二兩有奇而閩廠匠資每日每工只扯二錢餘銀且洋廠有貪求資本之息而閩廠則實用實報故同此一船中外之價相懸什二況自製且免駕駛回華保運各費每船又可省數萬兩竊維自製較之外購每船所省不輕際此經費支絀之時與其利溢於人何如藝精於已之爲得乎查日本近在英法兩國定購十八海里穹甲快船各兩號式與曾大臣所辦相同而船較大又在本國仿製四號是日本水師一二年後即有十號八號十八海里之穹甲快船中國整頓海防更宜早籌多製現在閩廠承造南洋之快船業經藏事寰泰將次試洋廠中工程祇有遵

旨試辦之鋼甲一艦及第六號鐵脅一船耳儻再添

製十八九海里快船一二隻於船工不無裨益如製不合法瀚與在工學生甘任其咎等語稟請奏咨籌款添製前來臣查該學生等於製船工程閱歷頗深前爲南洋協造之開濟快船視所購之南琛南瑞規制相同靈快相似而堅實則過之本年告成之鏡清寰泰兩艘其製法之精密船機之穩快又遠過於開濟則該學生等於製造確有把握實可共驗而深信之刻下鋼甲船料購自外洋者陸續到工十月間即可開辦如趁此時添機多製則料以分用而益省工

因合作而速成工程所裨實非淺鮮惟辰下船政經費萬難閩海關四成六成兩項歲應六十萬撥解不及其半藩司應解之養船經費遞年皆解濟不敷今年尚未解到前大臣張佩綸疏請奏准九船薪糧十四萬按年仍解以爲製船經費者去年僅解六萬本年則絲毫未解在省局雖亦因經費支絀非不關顧鉅工無如船工以經費爲衡經費充則易於起色船政疊奉恩旨指撥之欵向使按年解淸不至積欠二百餘萬添機拓廠其成效必有可觀年來猶恃南洋兩快船之欵全數解齊稍資挹注而工程便覺振作畧展其益求精密之能此臣去年所以有催解關欵並各省協欵之請而不敢稍安緘默者也今春臣赴金陵晤商南洋大臣曾國荃初猶欲造鋼甲兩艘嗣因南洋海防經費二百萬已提歸海軍衙門其養船之費方慮不給不復能兼顧造船矣茲據該學生魏瀚所禀如由閩廠仿造穹甲快船每船必較外購者節省十數萬經臣再三考覈均係實在情形並無一毫虛飾

既不糜夫國帑且有益於船工臣何敢壅於上聞稍負朝廷整頓海防垂顧船工之至意合無仰懇恩旨飭交海軍衙門籌議由南北洋海防經費項下撥款數十萬發交閩廠仿製穹甲快船一號歸北洋海軍差遣俟告成驗收後再行撥欵續造以壯海軍之勢所有核計閩廠造船實較外購料堅價廉請旨飭議撥欵仿製穹甲快船各緣由謹會同南洋大臣兩江總督臣曾國荃署福州將軍臣古尼音布閩浙總督兼管福建巡撫臣楊昌濬合詞恭摺由驛馳陳伏乞

皇太后

皇上聖鑒訓示施行謹

奏

光緒十二年十月初八日拜發奉

旨該衙門議奏欽此

核定魚雷艇名額薪費並擬由廠仿造摺

奏爲閩口新購魚雷艇覈定名額薪糧公費並擬由廠仿造數艇恭摺具陳仰祈

聖鑒事竊臣查前署船政大臣張佩綸任內以魚雷快艇爲水師必不可少之利器

奏請定購一船到工後鑲合試行並擬如式仿造數艇在船政對渡之烏龍江隨時訓練奉

准在案本年八月二十七日德國挨呂屏什好廠如約造竣由水師兵官駕駛到閩經派工程處學生逐加勘驗臣復親出芭蕉口外試其行程速率均屬完固靈快此項價脚銀兩已由船政墊支應歸省局撥給報銷至該艇應配駕弁舵水名額薪糧公費及廠中修整合攏魚雷十具各工料亦應由船政隨時墊發歸省局撥給報銷臣經於十月初八日附片

奏明所有該艇駕駛訓練事宜臣查前船政駕駛學生軍功陳應濂曾充廣東震威練船管駕兼充魚雷學堂教習年強技熟可以勝任隨即派令管駕該艇係按德國頭等新式制度較之津粵所購者船身加大而行亦較速因命之曰福

龍應配各執事名額及月支薪費銀兩據該管駕參照津粵章程稟請前來經臣再三酌量核減尚無浮額濫費當即咨明省局查照開支一俟廠中所購魚雷配合完妥便令駛赴烏龍江驗試訓練惟閩口僅此一艇未免單弱應請

准照張佩綸原議由閩浙督臣飭局籌撥經費發交臣廠仿造數艇俾成一隊以壯聲威所有福龍魚雷艇員弁名額薪費銀數除咨海軍衙門總理衙門及戶兵兩部查照外合行開單恭呈

御覽謹會同南洋大臣兩江總督臣曾國荃署福州將軍臣古尼音布閩浙總督兼管福建巡撫臣楊昌濬恭摺由驛馳陳伏乞

皇太后

皇上聖鑒訓示謹

奏

光緒十二年十一月初三日拜發奉

旨該衙門知道單併發欽此

謹將福龍魚雷艇官弁舵水名額月支薪費開
具清單恭呈
御覽
計開
管駕官兼充教習一員月支銀八十兩
大副一名月支銀三十六兩
二副一名月支銀二十四兩
水手頭目一名月支銀一十八兩
舵工三名月各支銀一十五兩共銀四十五兩
頭等水手八名月各支銀一十二兩共銀九十
六兩
二等水手八名月各支銀一十兩共銀八十兩
正管輪一名月支銀四十六兩
副管輪二名月各支銀三十兩共銀六十兩
管油三名月各支銀一十六兩共銀四十八兩
頭等升火二名月各支銀一十四兩共銀二十
八兩
二等升火二名月各支銀一十二兩共銀二十
四兩
煤夫二名月各支銀一十兩共銀二十兩

廚夫一名月支銀五兩
伙夫二名月各支銀四兩共銀八兩
辦公經費月支銀七十兩
以上共三十八員名大建月支銀六百八十
八兩小建月支銀六百六十五兩六分六釐
七毫

定購外洋大礮請
准支銷立案片
再臣於本年八月初六日准戶部咨開七月十
一日遵
旨議奏閩浙總督兼福建巡撫楊昌濬奏臺事需欵
甚急籌撥維艱一摺內載以後各省及統兵大
臣如有購買外洋船械鎗礮等事務於未經定
議之先咨報部中暨海軍衙門俟核准請
旨之後該省再與洋人定議以免失信遠人之虞如
有自行定議者卽令該省自行籌欵辦理不准

開支正項以杜冒濫而嚴限制等因臣按部臣
所議原爲愼重軍火限制欵項起見船政自應
一律遵照辦理臣查船政八月奉到部文之後
尚無定購鎗礮之議惟二月間委派工程處學
生魏瀚赴外洋采購鋼甲船料件時曾囑其就
洋順購二十六生口徑水師後膛鋼礮一尊以
備鋼甲船之用二十一生口徑陸軍後膛鋼礮
一尊以備馬尾山護廠礮臺之用嗣據該學生
稟稱該礮兩尊業於六月間在洋向德國克虜
卜礮廠定辦約明二十六生口徑水師後膛鋼

礮一尊重四萬六千五百觔長英尺三十尺暨
架零件全備實價德銀二十一萬九千九百六
十九馬克四十分約合中國銀四萬七千七百
九十兩二十一生口徑陸軍後膛鋼礮一尊重
二萬二千六百觔長英尺二十四尺礮架零件
全備實價德銀八萬九千一百五十馬克約合
中國銀一萬九千三百六十八兩共先付定銀
三萬三千五百九十兩其餘銀兩俟礮位製便
再行找付其二十六生大礮應配鋼開花子三
十顆生鐵開花子七十顆實價德銀一萬九千

六百五十五馬克四十分約合中國銀四千二
百七十兩外加保運到閩等費英銀一千四百
磅約合中國銀六千一百七十五兩至二十一
生大礮應配藥彈查省局存儲尚多應可挪用
不必另購臣經細加覆核所有價腳均屬廉實
並無浮濫准予照購在案此項兩尊大礮係配
鋼甲船及護廠礮臺之需容臣籌定配用之時
續將詳細情由分別具報所有購製該礮彈實
情係該學生在洋六月間議定計在船政未奉
部文之先此項價腳銀兩合無仰懇

天恩准予開支飭部立案除咨海軍衙門及戶兵兩
部外合將未奉部文之先在洋定議礮彈價腳
數目各緣由謹會同南洋大臣兩江總督臣曾
國荃署福州將軍臣古尼音布閩浙總督兼管
福建巡撫臣楊昌濬附片陳明伏乞
聖鑒訓示謹
奏
同日拜發奉
旨著照所請該衙門知道欽此

派員暫行代辦提調片

再船政提調分省補用道吳仲翔近因舉發濕
熱舊疾一時不克到工續請銷差自應准如所
請俾得安心調理俟病痊日再行給咨送部引
見所有船政提調事務應由臣遴員
奏派接充以昭慎重惟提調有表率員紳稽查工
程之責一時慎選尚難其人而事體殷繁又未
便久令懸曠自應先行揀員代辦藉專責成查
有在籍四品頂戴升用同知曾任浙江餘杭縣
知縣王崧辰老成練達熟悉情形堪以暫行代
辦除檄飭外所有提調道員吳仲翔因病銷差
並委員代辦緣由謹會同署理福州將軍臣古
尼音布閩浙總督兼管福建巡撫臣楊昌濬附
片陳明伏乞
聖鑒謹
奏
同日拜發奉
旨知道了欽此

鋼甲船安上龍骨請俟船成照異常勞績奬勵
摺

奏爲試造雙機鋼甲兵船安上龍骨並懇俟全船
告成
恩准將監造各員紳按照異常勞績擇尤奬勵以資
激勸會摺籲懇仰祈
聖鑒事竊臣於上年十一月奏請試造雙機鋼甲兵
船荷蒙
俞允在案隨於本年二月間飭出洋學生四品銜分
省補用直隸州知州魏瀚前赴外洋購辦船身
鋼料運帶回閩剋日興工併力趲造茲據代理
提調知縣王嵩辰稟請諏吉安上龍骨前來爰
擇本月十二日率同在事員紳工匠親捧龍骨
安置船臺其船身鋼脅業已陸續捯製輪機亦
已先後製模發廠開鑄所有外洋定購之船身
鋼板並輪機水缸鋼料等件今冬來春漸次到
工臣卽策勵匠徒加緊興作計至明年冬間可
以全船下水臣維泰西輪船之製由木質而鐵
脅而快船其堅韌至於鋼甲而極輪機之製由
立機而卧機而康邦其靈巧至於三脫汽而極

洋人負其殊能頗爲矜秘此番閩廠仿造該監
造等絶無師授竟能獨運精思匯集新法繪算
圖式累黍無差其苦心孤詣直凑單微卽外國
師匠入廠游觀莫不詫爲奇能動色相告儻能
廓充廠地寛籌經費多製數艘以備海上緩急
之用匪特可固各口之藩籬亦可隱懾强鄰之
心志
國家設立船政垂二十餘年糜費不爲不鉅今茲
仿製鋼甲不用一洋員洋匠脫手自造按圖以
成範課實以求精是可知其確有把握而不愧
奇才異能之選矣臣昕夕莅廠逐加稽覈親見
該監造等思慮周詳締造艱苦實非尋常勞績
可比日後工竣試洋仍當駛赴天津由北洋大
臣派員勘驗如果製造合法可否仰懇
天恩准將監造各員紳按照異常勞績擇尤奬勵以
資激勸先行
飭部立案出自逾格
鴻慈理合會同署福州將軍臣古尼音布閩浙總督
兼管福建巡撫臣楊昌濬恭摺由驛四百里具
陳伏乞

皇太后
皇上聖鑒訓示祗遵謹
奏
光緒十二年十一月十六日拜發奉
旨著俟工竣試驗後如果製造得宜准照所請擇尤
保奬該部知道欽此

船政奏議彙編卷三十四終

船政奏議彙編卷三十五目錄　　裴蔭森九

船政奏議彙編卷三十五

裴蔭森九

覈定魚雷廠名額薪工懇

恩飭部立案摺

奏爲覈定魚雷廠名額薪工謹繕清單恭摺仰祈

聖鑒事竊查前署船政大臣張佩綸訂購德國刷士考甫廠燐銅魚雷十具連同做汽機放汽機灌氣機各一具於前年九月運到閩口經臣蔭森添建廠屋派令出洋回華學生陳才鍴修整合攏於去年十月初八日附片

奏明在案臣等深維魚雷爲海防制勝利器必須中國能自製造始足以張我軍威陳才鍴曾在德國專習製造魚雷於魚雷工程確能深窺機鍵究其精微自應專設廠所飭其招集匠徒於修整之餘兼課製造數月以來鑲配合攏深中肯綮從此因熟生巧當能專門製造爲

國家備防禦之資惟此項魚雷係爲閩口海防而備其添建廠屋購置機器兩欵經費擬由船政製船項下支銷此外如修整魚雷所需料件以及魚雷廠月支薪工等費統歸福建善後局由海防項下撥給報銷茲據學生陳才鍴將去年

六月初一日起該廠興工額數支數參照船政各廠章程禀請覈定前來臣等再三酌量裁減尙無浮額濫支等情相應開列清單恭呈

御覽懇

恩准予飭部立案儻將來開製魚雷工程推廣尙須添派匠徒添購料件之處再由臣等隨時據實

奏報除咨部查照外所有臣等覈定魚雷廠名額薪工緣由謹開單合詞會同署福州將軍臣古尼音布恭摺由驛馳陳伏乞

皇太后

皇上聖鑒訓示再此摺係臣蔭森主稿合併聲明謹

奏

光緒十三年三月十二日拜發奉

硃批該部知道單併發欽此

謹將新設魚雷廠監工教習匠徒書吏人等額數支數開具清單恭呈

御覽

謹開

監造出洋學成回華學生一員月支薪水銀五十兩

該學生前在德國學習製配魚雷藝成回華派往北洋倏遣嗣因閩省定購魚雷到工復由北洋咨調回閩該學生於十一年六月回工其時魚雷廠屋始行建蓋即派該生監造布置一切月先支薪水銀三十二兩迨十二年五月廠屋告成招集匠徒人等於六月初一日興工該學生月始起支五十兩薪水理合聲明

教習演放學生二員月各支薪水銀二十二兩

匠首一名月支工食銀一十八兩

又一名已向北洋咨調尚未到工俟其到工酌定工食若干再行咨部立案

散匠一名月支工食銀一十兩八錢

又四名各月支工食銀六兩六錢

又二名各月支工食銀六兩

藝徒二十一名日各支工食銀七分五釐月各支銀二兩二錢五分

該藝徒等均係新招入廠學習照船政新定藝徒章程各日支工食銀七分五釐俟技藝稍精隨時酌量加給加至一錢九分爲度其年節假期亦照船政藝徒章程均行扣給理合聲明

小工十五名各月支工食銀四兩二錢

藝徒伙夫二名各月支工伙銀三兩

繕書一名月支工伙銀四兩

紙張月支銀五錢

閩厦兩口輪船薪費名額請
飭部改照舊章立案摺

奏爲閩厦兩口輪船名額薪費仍請改照舊章恭
摺具陳仰祈
聖鑒事竊閩廠輪船各項名額薪糧以及公費一切
皆經前總理船政沈葆楨按照船身大小分別
兵輪商輪酌定
奏明在案嗣於光緒十年二月二十八日復經前
總理船政何如璋重爲
奏定將名額薪糧酌核裁減並將原包公費一欵

改按行船點鐘核給奉部議准並行南北洋遵
照各在案旋准南北洋大臣以閩廠新章礙難
照辦咨復兵部並抄稿咨會前來臣查何如璋
所定新章原爲核實起見然輪船爲防海而設
兵輪操巡商輪轉運皆須不時行駛勢不能終
日停泊口門若必按日按時核給公費則停泊
日少行駛日多綜計一月所支勢必倍於原定
之數且恐法久弊生將有浮開水程虛報時刻
情事轉不足以昭核實臣細繹南北洋大臣復
部之文所論尤爲詳盡溯自甲申七月戰後閩

厦兩口只餘藝新琛航二船該二船於奉公往
來香滬臺厦之餘尤須時時出口巡緝若以行
駛點鐘核計公費誠不免溢出原包數目之外
現在南北洋以及粤洋浙洋臺洋各輪船均係
按照舊章包定公費閩厦兩口事同一律合無
仰懇
天恩准將藝新琛航二船改復沈葆楨原定公費數
目按月照給至名額薪糧各項沈葆楨開局之
初原按船身大小酌中核定本無浮濫等弊自
應一體規復舊章以期畫一如蒙

俞允應請
飭部改照舊章立案藝新係五十匹馬力兵船琛航
係一百五十匹馬力商船原定名額薪費數目
部中均有成案可稽無庸另繕清單除咨部查
照外所有微臣請將閩厦兩口輪船薪費名額
改照舊章緣由謹會同署福州將軍臣古尼音
布閩浙總督兼管福建巡撫事臣楊昌濬恭摺
馳陳伏乞
皇太后
皇上聖鑒訓示謹

奏

光緒十三年三月十二日拜發奉

硃批該部議奏欽此

補派後學堂委員片

再竊准戶部咨開議覆船政員紳薪水懇准照數支銷摺內聲稱嗣後該廠所用員紳名數亦即按照單開之數作爲定額不得率行添派等語於光緒十二年五月十九日具奏奉

旨依議欽此欽遵移咨前來臣謹查船政各廠所額設員紳經歷任各大臣斟酌盡善並無冗員間遇廠工稍鬆就中懸曠數員或以一廠兼二廠之事或以一人兼二人之責誠以

國家帑項絲毫必惜有可撙節之處無不力求撙

節辰下廠工尙未繁興所有久經懸曠廠員自應暫照部章不復添派惟臣原奏單內後學堂兼管輪學堂額設四員懸曠二員此二員者非久懸未補之缺因其時考覈裁撤郎中梁佟年訓導梁鳳翔所遺之員缺也學堂爲人才所從出實船政根本該兩堂學生百二十有八人管理者於支放贍養飯食之外凡課督學業稽查出入所以防閑誘掖於無形者以四員之耳目精神尙恐其日不暇給若更誤會部章以爲懸曠二員不復派補該兩堂僅設二員惜微費以

誤要圖臣雖至愚斷斷不敢出此故於梁佟年
等撤差後以遴選難乎其人暫派他廠員紳兼
攝以承其乏又以廠員兼攝照料難周於去年
十月間添派刑部主事曾福謙月支薪水銀四
十兩十一月間添派候選直隸州知州劉宗駿
月支薪水銀四十兩會同管理始臻妥協臣因
公起見斷不敢糜費以濫用冗員惟有仰懇
天恩俯念該項員缺本非懸曠不在部議不得添派
之列
准予派補以肩重任除咨部查照外所有後學堂兼

管輪學堂仍照額設四員管理各緣由謹合詞
附片陳明伏乞
聖鑒訓示謹
奏
同日拜發奉
硃批戶部議奏欽此

出洋藝成學生回華委派差事給薪片
再查出洋藝成學生或回華供差或留洋監製
皆在
奏定考覈員紳之後未曾咨部立案者計有陳林
璋黃庭王迴瀾王福昌鄭誠李芳榮六員陳林
璋於六年六月回華曾充閩廠製船副監工旋
調赴浙江山東兩省辦理機器局事務十二年
五月由山東撫臣咨送回工仍派充會辦製船
監工月給薪銀五十兩黃庭於十二年二月回
華派充前學堂洋文教習月給薪銀四十兩王

迴瀾於十二年二月回華曾充前學堂洋文教
習旋經調赴臺灣道用十二月由臺回工派辦
繙譯事務月給薪銀三十六兩王福昌於十一
年十一月回華調赴廣東遣用十二年六月咨
回工次派辦繙譯事務月給薪銀三十六兩鄭
誠於七年八月派隨駐美使臣鄭藻如在洋辦
理繙譯十二年三月回華仍派辦繙譯事務月
給薪銀三十六兩李芳榮出洋藝成後尚未回
華經留洋辦理參贊官署繙譯十二年七月起
復派在洋監造鋼甲月給薪銀七十二兩津貼

公費英金三十磅該學生等均屬
國家造就成材足資器使自未便置之閒散荒棄
前功經臣前後委派差事合無仰懇
天恩准予飭部立案謹附片陳明伏乞
聖鑒謹
奏
同日拜發奉
硃批該部知道欽此

監造快船委員學生加給薪水仍請准銷片
再臣准戶部咨開船政光緒九年支用各款送
部立案册內有南洋監造委員薪水並加給學
生薪水查上案銷册無此款項此次亦未據該
大臣奏報至委員月支薪水前據該大臣於釐
定案內聲稱不得過五十兩之數何以監造委
員每月竟支銀一百三十兩之多應令該大臣
將派委監造員名及一切詳細緣由補行奏報
等因查閩廠承造南洋快船始於光緒八年十
二月經前兩江督臣左宗棠札派熟習機器由

製造學生出身之布政司理問汪喬年駐工監
造月支薪水銀一百兩公費銀三十兩一切該
員應用之書役紙張等費均在其內又經提調
道員呂耀斗以南洋船隻係另款工程先後稟
請兩江督臣札委在工藝成回華學生魏瀚吳
德章李壽田楊廉臣等專司其事一切工料歸
其調度考覈迨十年閒德國監造鐵艦學生陳
兆翱鄭清濂回華復經前船政大臣張佩綸札
委會同趲造該學生等均於船局原薪之外月
各加銀五十兩由派委之日起支並先後咨明

兩江督臣在於南洋經費項下開支嗣因兩江督臣曾國荃來咨以南洋快船工料既歸船政造銷所有監造等員薪水亦統歸船政造報以免兩歧自應將此項薪水併入支用册內咨部立案至臣釐定員紳薪水案內所稱薪水不得過五十兩之數者第指未經出洋各廠所員紳而言該學生等藝精製造自應稍加優異以勵其才且查左宗棠奏定藝局章程單內子弟學成監造者即令作監工其薪水照外國監工辛工銀數發給原所以開風氣而奬異能也近來閩廠製造均係出洋學成回華學生核其所給薪水合原薪加給兩項尚不及當日洋員薪水之半玆准部臣咨令補行奏報相應請

旨飭部立案准銷除咨覆戶部外謹會同南洋大臣兩江總督臣曾國荃署福州將軍臣古尼音布閩浙總督兼管福建巡撫事臣楊昌濬附片陳

明伏乞

聖鑒施行謹

奏

同日拜發奉

硃批戶部知道欽此

船政添築護廠礮臺經費擬從製船項下支銷
懇請
飭部立案摺
奏爲船政添築護廠礮臺經費擬從製船項下支銷懇請
飭部立案恭摺具陳仰祈
聖鑒事竊查閩口自芭蕉五虎而入疊鎖重關本屬自然天險船廠地據羅星塔上游馬限山屹立其旁形勢最爲扼要光緒十年七月閒馬江之役法人鐵艦艱於涉淺皆停泊羅星塔下其礮

彈縱猛烈異常終不能越馬限山而過船隝之前小船雖能駛進然船小則礮微其力亦不足以轟廠屋是以弭首帖耳匆匆出長門而去使當日馬限山早設礮臺則近可守而遠可攻不特敵人不敢逞其先發之狡謀方其連檣銜尾而來已足以一礮摧其兇燄其理勢固確有可信也既戰之後前署大臣張佩綸毖後懲前思爲亡羊補牢之計由是察勘地勢分建礮臺馬限山兩座中岐山一座船隝旁臨江一座維時敵船尚游弋於白犬洋媽祖澳之閒既無巨工

可集亦無巨礮可資草草經營原爲急就權宜之策臣於是年冬閒奉
命署理船政深維守廠之道守口爲先與其臨事禦之於廠前不如先事扼之於口外既商同督臣於長門以外堅築礮臺密布水雷以阻塞壺江港路而內顧船廠露處江干僅恃張佩綸新造之礮臺其孤危誠爲可慮夫常人家有餘貲且汲汲然嚴鎖鑰厚垣墉以防暴客況船廠費數百萬之金錢經二十年之締造爲島族素所垂涎四面儻無堅實礮臺連環保衛則慢藏誨盜

其何以杜窺伺而遏戎心此護廠礮臺所宜亟謀改築也因就馬限山前坡張佩綸原築礮臺基址開廣挖深用鐵鈔木平鋪七層內嵌螺絲巨釘填以三合土後面環掘避礮之洞俾守臺兵勇得以潛藏上安二十一生口徑克鹿卜後膛巨礮一尊左右分置安蒙士唐後膛礮十五生者二尊又於馬限山中閒新築礮臺一座先從廠中運置十五生克鹿卜後膛礮二尊仍擬添購二十四生口徑巨礮一尊下設卡樓酌移兵勇駐之以防羅星塔後小港划船之登岸其

馬限山後路礮臺亦仍張佩綸原址鳩工庀材再行堅築先撥運廠中十五生安蒙士廓後膛礮二尊亦擬添購二十一生口徑巨礮一尊安置其中犄角之勢旣成吞噬之謀自戢庶幾綢繆未雨思患豫防以冀仰副

聖主綏靖巖疆愼重海防之至意至張佩綸前築礮臺其欵項係由船政墊給省局經費支絀迄今尚未解還臣思礮臺雖專固船政之藩籬亦兼扼省垣之門戶事屬一家何分畛域此次建築礮臺用欵擬徑從製船經費項下開支應請

飭部立案以省周折所有船政添築護廠礮臺經費擬從製船項下支銷緣由謹會同署福州將軍臣古尼音布閩浙總督兼管福建巡撫事臣楊昌濬合詞恭摺由驛具陳伏乞

皇太后

皇上聖鑒訓示謹

奏

光緒十三年四月初九日拜發奉

硃批該衙門議奏欽此

鏡清快船業經南洋驗收所有在事出力員紳遵

旨擇尤請奬摺

奏爲鏡清快船業經南洋驗收所有在事出力員紳人等遵

旨擇尤請奬繕具清單恭摺仰祈

聖鑒事竊臣於十一年十二月初二日

奏報鏡清快船下水並請擇尤奬勵一摺奉

旨此項輪船著俟試洋後如果駕駛得力毫無流弊再將出力人員擇尤請奬欽此復於去年七月十

二日

奏報該船試洋赴甯摺內更申前請奉

旨著照所請該部知道欽此欽遵各在案嗣准南洋大臣曾國荃咨稱驗得該船機器精良行駛迅速有駕於各船之上洵稱靈快出自中國放手自造實爲近今所僅見等語咨復前來臣查船政迴年以來製造之精不亞於外洋工程之大有倍於曩昔昔者匠作悉藉洋員今則尙象考工華人能集其事也昔者機器購由外國今則繪圖模式廠所各擅其能也昔者船皆木質器

盡立機馬力不過百五十匹今則由木質而鐵脅而快船由立機而臥機而康邦其馬力且由七百五十匹推而大至二千四百匹也藝益精則功益懋時愈久則勞愈深溯自光緒五年間鐵脅告成經前總理船政大臣吳贊誠

奏獎以後員紳之殫勤匠徒之勞瘁與夫將弁書吏之辛苦則又時更八年船成六號也在事者櫛沐風雨宣力積年不能不賫以鼓舞而在臣考覈有素尤不敢稍涉冒濫之愆既蒙

天恩鑒及微勞疊

准保獎自應擇其尤爲出力者分繕清單加具考語

恭呈

御覽籲候

鴻施除將工程處員紳擬作異常勞績另片請獎並將出力稍次者咨部獎敘外所有微臣遵

旨擇尤請獎緣由謹會同南洋大臣兩江總督臣曾

國荃署福州將軍臣古尼音布閩浙總督兼管福建巡撫事臣楊昌濬合詞恭摺附驛具陳伏

乞

皇太后

皇上聖鑒訓示再此項勞績係在海軍衙門議定保獎章程以前奉

旨俞允在先合併聲明謹

奏

光緒十三年四月初九日拜發奉

硃批該衙門議奏單三件片二件併發欽此

總司製造各學生請照異常勞績奬勵片

再閩廠代造南洋快船三艘其總司製造之四品銜分發省分儘先補用直隸州知州魏瀚花翎總兵銜留閩儘先補用參將陳兆翱花翎副將銜留閩儘先補用遊擊鄭清濂都司銜留閩儘先補用守備陳林璋六品銜不論雙單月遇缺儘先選用鹽大使吳德章雙月選用縣丞李壽田六品銜儘先選用縣丞魏暹縣丞職銜楊廉臣皆工程處曾經出洋之學生其監視船工之雙月選用布政司理問汪喬年則委自南洋

亦係學堂學生查船政仿製兵輪其始皆資洋匠嗣由吳德章等自出心裁造成藝新一艘而超武等船繼之製造乃以有成然此特尋常輪船耳洋人之性恥襲故常力求新異其翻爲快船也雖承輪船之餘沫已開鋼甲之先聲欲學鋼甲而不能造快船是猶循斷港支流而欲抵海也此次三號快船之製華匠既莫名其竅要洋匠復甚秘其師傳該學生等毅然承辦者緣出洋日久於泰西造船各廠皆悉心考求得其要領而復運以穎異之心思持以精專之詣力故能神明規矩屹然成防海之巨觀臣昕夕在廠親見該學生等索隱鉤深困心衡慮或一圖而屢易其稿或一器而屢改其模或於獨悟而戛戛生新或於會商而心心相印寒暑無閒寢饋胥忘歷四五年如一日夫海上爭衡全憑利艦而船非自製終苦良窳莫辨緩急難資閩廠設立學堂學製造者先後奚啻數百人而心領神會曲鬯旁通亦僅此數人無愧瑰奇之選學者如牛毛成者如麟角呈材蓋若斯之難也
國家方廣求諳習洋務之人儻從而激勵裁成之

於戰艦槍礮一途必能殫竭血誠力圖報效該學生等積年辛苦臣不敢沒其微勞可否仰懇
天恩按照異常勞績魏瀚以知府仍分發省分儘先補用陳兆翱以副將仍留閩儘先補用鄭清濂以參將仍留閩儘先補用陳林璋以都司仍留閩儘先補用吳德章李壽田魏暹三員均以知縣不論雙單月遇缺儘先選用楊廉臣以縣丞不論雙單月遇缺儘先選用汪喬年以知州不論雙單月遇缺儘先選用之處出自逾格
鴻施謹合詞附片具陳伏乞

聖鑒訓示遵行謹
奏
同日拜發奉
硃批覽欽此

船工員弁積勞病故請卹片

再臣查船政歷年在工員弁積勞病故者計有廕襲一等輕車都尉舉人沈瑋慶工部員外郎林洄淑縣丞林憲曾陳桂從九品鍾飛鶴林寶琛葉捷魁附生于成泰副將銜張清標補用遊擊都司繆承勳守備陳清福楊嘉樹千總郭瑞珪周泰和陳玉春等十五員或派稽查或司采辦或肩廠務或任考工以及回華藝徒水師員弁並書吏人等均係積年出力在工病故微勞不沒優卹宜加茲據代理提調知縣王崧辰轉據各該故員家屬等稟彙請前來臣查光緒元年船工告成案內所有在工病故人員經前大臣沈葆楨請卹有案此次事同一律相應援案彙請合無仰懇
天恩准將沈瑋慶等十五員名
飭部均照軍營立功後病故例從優議卹以昭激勸而慰幽魂謹開單合詞附片陳明伏乞
聖鑒訓示謹
奏
同日拜發奉

硃批覽欽此

覆陳戶部刪減奏銷各欵仍懇
恩准照銷摺
奏爲船政奏銷經戶部刪減各欵據實覆陳仰懇
天恩仍准如數支銷恭摺仰祈
聖鑒事竊准戶部咨開本部具奏船政登覆光緒六
七八等三年閩廠開支員紳薪水等欵分別准
駮行查一摺光緒十二年十月二十一日具奏
本日奉
旨依議欽此欽遵鈔錄原奏恭錄
諭旨移咨前來足見部臣慎重度支減一分支銷卽

多一分
國帑臣雖至愚敢不深體此意且此項用欵非臣
任內之事臣亦無所用其回護如果核刪各欵
畧可遵辦斷不敢曉曉置辯瀆陳於
君父之前惟檢查案卷體察情事實屬無可刪減謹
逐欵開列恭呈
御鑒
一原奏稱支給員弁薪水項下冊造總監工一
員檢查該大臣奏報裁留員紳清單內開自出
洋學成各生回華設立工程處總核工料久懸

未補今冊造六年分回華生徒已分派監工各差則是總核工料者已不乏人何以仍設總監工一員開支薪水殊與清單所載不符應將支過銀四百五十三兩三錢三分三釐三毫如數删除追繳等語臣謹查船政開辦之始即設總監工一員以總核工料光緒五年十一月至六年十月出洋學生先後藝成回華設立工程處其總監工一員原可裁撤因其時各學生年齒尚稺驟膺重任或恐號召不靈故暫緩數時以資董率是年冬間各學生稍經歷練駕馭有方

總監工道員王葆辰即於十二月間自行辭退經前督臣何璟於光緒七年二月間查明船政局務據實覆陳摺內奏明有案厥後總監工一員即作爲懸缺歷七八九三年不復派員接充惟光緒十年間因提調道員呂耀斗於正月間銷差前督辦船政何如璋未派提調暫派道員周懋琦代辦總監工月支薪水銀一百五十兩名爲代辦總監工實則代辦提調嗣經前署理船政大臣張佩綸附片奏派周懋琦接充提調即於十月間起支提調薪水其總監工仍作爲懸缺是光緒六年十二月十六以前之總監工因恐工程處學生未嫻調度暫緩裁撤十六以後總監工一員實久懸未補與臣裁留員紳清單所載非有不符所有冊支光緒六年正月初一日起至十二月十五日止總監工薪水銀兩合無仰懇

天恩仍准如數支銷以昭覈實

一原奏稱冊造肄業藝成回華生徒薪水項下查各生徒自派差之日支給薪水並因派辦正監工等差從優支給核與錄送章程內所載子

弟學成監造者即令作監工薪水照外國監工發給等語尚屬相符亦與洋人支欵有減至楊廉臣李壽田吳德章等三名已月支銀五十七兩有奇揆諸計功授食之義已屬從優均不應復有加給且李壽田吳德章二名業因監造得力派辦監工加至前數尤不應再行加給漫無限制所有冊造楊廉臣等三名因調度有方各加銀十四兩四錢均應删除仍令嗣後遵照此次酌定銀數不得任意加增致涉冒濫計此欵删除番折庫平銀四百二十六兩七錢六分三

躉零七絲加數追繳等語臣謹查前此廠中監
工洋員月薪多者四百兩少者亦不下二百兩
各該生等藝成回華均得有堪爲總監工憑據
當差委之始本應卽照奏定章程給與洋員支
數緣該生等年齒尚穉技藝雖精或恐董率未
能勝任故雖假以名號猶靳其廩糈當諭以辦
有成效隨時加給該生等均踴躍任事歷造各
號快船不辭勞苦是以疊次量加藉資鼓舞今
部臣以屢行加給漫無限制遽令删除不知該
生等雖經疊次遞加較之原定章程所支尚未

及半合無仰懇
天恩俯准將楊廉臣李壽田吳德章等三名薪水仍
照册造銀數支銷並懇
飭部立案所有回華學生薪水仍准隨時酌加以加
至二百兩爲止以示限制
一原奏稱册造支給前後學堂生童贍養項下
查閱廠章程生童月支贍養銀四兩並無隨時
加給明文卽因生童學有進益酌量加給亦應
分別等次立定限制庶不致任意增添漫無稽
考今前後學堂各處藝童既無額定名數亦無

額定支數或同係生童復有教習名目生童支
數前後互有參差幫教支數彼此亦未畫一所
開贍養由四兩至二三十兩不等較舊定之數
加至數倍實屬毫無限制應令該大臣遵照章
程參酌情事將生童贍養加至十餘兩二三十
兩者大加删減並將生童分爲等次釐定在何
等者准支若干仍不得過若干庶該廠以後易
於遵循部中亦便於稽考所有各學堂生童支
過贍養銀三萬零一百八十九兩七錢五分應
俟該省自行删減立定等次之後再行核辦等

語臣謹查册內月支至二三十兩以上者均幫
教薪水非學生贍養也船政開設學堂之始教
習幫教均用洋員迨學習有年學生堂課已深
除選派出洋外遇有幫教需人卽由此項學生
選充酌給薪水不支飯食其有訓迪精勤者隨
時量加間有曾歷外洋及曾充輪船管駕者不
能不畧爲優給而較之僱用洋員所省已多此
幫教支數不能畫一之情形也學堂原定章程
雖無加給明文然學堂老班學生入堂既久其
諳熟洋務技藝優長實堪備異能之選非酌與

加給不足以作養人才故有月支十餘兩者他如繪事院之繪圖精緻電報局之報打靈捷者均予優加係量能授食與學生加贍微有不同此學生贍養較舊定之數加至數倍之情形也今部臣令將生童釐定等次支數庶以後易於遵循而便稽考允爲良法應請自光緒十三年起凡考試學生另列特等一項學生經考列特等三次者除照章獎賞外月加贍養銀一兩再考列特等三次者月再加銀一兩以此類推其入堂未滿三年者不得列入特等庶有限制部

中按獎賞册籍亦便稽考至光緒十二年以前各學生歷經加給者爲數既屬無多若必概行追減殊失從前鼓舞之意合無仰懇

天恩准予如數支銷以清積牘

一原奏稱册造支給藝徒工食項下查藝徒係奏明添設核與錄送原案相符第原奏並未聲明每名日給工食若干亦未有聲敘隨時考校酌加之語檢查該大臣奏閩廠藝童等分別支欵附片內稱藝徒自選充之始日給工食銀一錢五分今據册報每名日給工食銀一錢九分殊屬不符自應將支銀一錢九分者删銀四分支銀一錢七分者删銀二分統以日給銀一錢五分准其開銷計此欵删除銀三百四十八兩九錢六分應令轉飭追繳等語臣謹查閩廠有藝童藝徒之分藝童即指前後學堂習學製造駕駛之學生而言是以初次遣散洋匠該學生等脫手自造一船命曰藝新言藝童所新造也至輪機水缸拉鐵截鐵及鐵脅各廠其習學技藝者概稱曰藝徒是藝徒之設亦備選派出洋本與藝童相附而行入廠學習之始給予工食

銀一錢五分係作本人飯食兼以畧贍其家猶之藝童入堂給予飯食贍養也藝童閱三四箇月考校一次藝徒亦如之藝童考列一等則有獎賞歷考三次一等則有加贍藝徒則不給獎賞惟擇其手藝精進者酌加工食本爲鼓舞人才起見前大臣沈葆楨奏報添設之時未奉事前奏明立案新章故未聲明章程支數臣奏請將工食一錢五分改爲七分五釐係指新招入廠者而言故只言選充入廠之支數未及入廠以後考校酌加之支數若概不准加增則此後

入廠藝徒日僅工食銀七分五釐殊不足以廣
招徠而示鼓舞合無仰懇
天恩仍准如數支銷並懇
飭部立案此項藝徒仍准隨時考校量加以加至一
錢九分爲度以示限制
一原奏稱册造支給續派出洋肄業藝徒贍養
項下查贍養銀兩係援照前次出洋肄業成案
給發惟臺防案內養船項下出洋藝徒每名原
支十六兩經臣部核定月删銀四兩准支銀十
二兩此次續派出洋肄業藝徒自應比照每名

准月支銀十二兩删銀四兩計張啓正等五名
統共删除番折庫銀三百十四兩六錢六分六
釐七毫應令該大臣如數追繳等語臣謹查藝
徒必技藝精良且通洋文繪算者始足以膺出
洋之選此項藝徒早經拔升作匠月支或已十
兩有奇更復使之遠涉數萬里若不畧爲加給
何以鼓勵其心前大臣吳贊誠定爲月給贍養
銀十六兩本無濫予迄今三年限滿該藝徒等
均已藝成回華派廠監工方期宣力以圖報稱
一旦追減其前領贍銀責令繳納不特失鼓舞

人才之本意且恐無以勉勵將來合無仰懇
天恩俯念該藝徒等遠涉重洋所有加給贍銀免予
追減以廣
皇仁至臺防養船册支此項藝徒亦由船政支放事
同一律自當另案請免追繳合謹陳明
一原奏稱册造支給船槽匠丁工食雜費項下
查臣部核覆臺灣格林礮案內機器匠月支銀
八兩閩省碰雷案內機器匠亦月支銀八兩在
案今册造管槽機器匠二名每名月支銀十二
兩支數浮多應照成案每名月删銀四兩准支

銀八兩又小工十二名每名支銀四兩二錢比
照本案辦公所小工支銀三兩六錢亦有浮支
之處應每名月删銀六錢准支銀三兩六錢計
此欵共删銀五百五十四兩二錢九分三釐二
毫四絲應令如數追繳等語臣謹查船槽爲修
船必需之所槽身袤長三十餘丈機括叢雜運
以四十匹馬力輪機看管之匠必通曉汽力洞
悉窾竅始無僨事之虞固輪船管輪之流亞非
格林礮及碰雷案內僱用修整零件工匠所可
比前大臣沈葆楨原定月辛十二兩係照船上

管輪支數按馬力遞減又以在廠工作無涉歷風濤減之又減酌給此數本無浮濫至該槽僱用小工專爲磨擦輪機槽身機括而設係匠作小工亦非辦公所但供洋人使令之小工所可比其辛工倣照本案健丁支給亦屬省之又省並無浮支合無仰懇

天恩俯念該匠等責任綦重所給月辛實由量能授食免予追繳以重要工

一原奏稱册造支給洋員匠薪水項下查出洋監督薪費清摺內開洋監督一員薪水每年支銀七千二百兩今册開出洋監督日意格既由出洋本欵月支銀六百兩復於製船項下支銀四百兩殊與奏定數目不符又嘉樂爾因兼辦公所月支洋平番銀三十五兩八錢五分檢查合同並未登註均應照數删除計此欵共删除洋平番銀六千九十二兩九錢九分一釐九毫折合庫平紋銀五千五百九十四兩二分五釐八毫八絲一忽四微應令將删除銀兩在於承辦之員名下如數追繳歸欵等語臣謹查洋員日意格於同治五年經前閩浙督臣左宗棠奏

派爲船政正監督月支薪水銀一千兩載在原立條議第十條同治十二年洋匠限滿遣撤卽行住支迨同治十三年臺灣有事經前船政大臣沈葆楨附片奏明挈該洋員東行以收指臂之助每月薪水照舊支銀一千兩在於閩省臺防案內支銷均屬有案可考光緒二年議遣閩廠學生出洋學習復奏派該洋員爲洋監督其時臺灣礮臺監工洋槍教習甫經裁撤而仿造鐵脅船及新式省煤輪機各洋匠已陸續到工此項匠工皆先經該洋員訂募是於船政尙有應辦事件出洋監督係屬兼差自無減支薪水之理經前船政大臣吳贊誠議由出洋本欵月支銀六百兩船政製船項下月支銀四百兩以昭平允出洋薪費清摺係北洋大臣李鴻章主稿具奏該大臣不知日意格薪水於船政更有找給僅將出洋本欵支數列摺入

告而吳贊誠以爲日意格月薪一千兩早經奏報有案此次雖匀作出洋及製船經費兩項開支於原額初無浮溢故未將此節聲明奏報部臣所謂與奏定數目不符職是故也厥後第一屆出

洋學生陸續回華第二屆出洋學生人數稀少
工次僱用洋員匠又所剩無多經前船政大臣
黎兆棠與出使德國大臣李鳳苞往返函商議
定該洋員減就出洋本欵月支銀六百兩其由
船政找給之四百兩於光緒七年四月起截支
是承辦之員凡有一毫可省之欵無不力爲撙
節其不至以
國帑市惠可知臣又查辦公所原設洋文案一員
名曰額蘭凡工次洋員匠薪水由其承領支放
中外交涉文件由其繙譯洋人來廠者由其安

插出洋局往來函稟由其轉遞光緒五年十二
月間額蘭因病撤回其時工次洋員匠無多此
項洋文案不復僱募補充所有應辦各事議令
後學堂英學教習嘉樂爾兼之嘉樂爾病故復
以前學堂法學教習邁達兼之均於月薪之外
另加七一七洋平番五十元折合銀三十五兩
八錢五分以爲紙筆酬應之費亦爲撙節經費
起見惟嘉樂爾合同未經登註無怪致啓部臣
之疑不知嘉樂爾留工增立合同在於光緒五
年四月兼辦洋文案起支公費在於是年十二

月立合同在先兼文案在後是以未經登註然
合同雖未登註而辦公所月支雜欵據字內第
一條卽已載明該據字早經送部可爲確據其
無浮冒可知合無仰懇
天恩俯念此項洋員薪費均屬應支之欵非承辦之
員有所冒濫其未經聲明奏報之故係在未奉
新章以前
准予如數支銷免予追賠以清積牘
一原奏稱册造支給洋員匠路費貼辛項下鄧
羅理格及妻室來工路費各支銀七百一十餘

兩理格及妻室回國路費支銀七百五十六兩
查僱募洋匠所費已屬不貲卽間有帶妻室者
理宜由洋人自行設措中國不應於洋匠路費
之外再爲籌及眷口路費致糜費竟無既極雖
據合同內將此項聲明究係原立合同之員辦
理不善臣部礙難核准所有鄧羅理格來工路
費及理格回國路費均應照三百七十八兩之
數支給其溢支銀兩卽著落原立合同之員如
數賠繳以重庫欵計此欵共删洋平番銀一千
零四十四兩四錢二分零四毫折合庫平紋銀

九百五十八兩四錢九分二釐五毫應令將刪
除銀兩在於承辦之員名下如數追繳等語臣
謹查鄧羅理格均於光緒六年間應募來工係
洋監督日意格在洋與之訂立合同合同之內
載有眷口一名來回路費均由船政發給並聲
稱異國人奔走數萬里効順
天朝挈眷偕來酌給路費以資鼓舞
天朝所謀者大斷不肯惜小費以失有用之材等語
當時見其措詞正大且所給僅只一名爲數亦
屬無多合同既經訂定自當准予照支今部臣

以爲原立合同之員辦理不善著令賠繳自應
遵辦惟原合同係洋監督日意格在洋代船政
訂立該洋員業已病故無從責賠合無仰懇
天恩逾格准予支銷以免轇轕嗣後如有僱用洋人
自應遵照部章不准開支眷口路費以期撙節
一原奏稱册造甄別考取各生童加獎項下查
錄送章程內載開局之日起每三箇月考試一
次其學有進境考列一等者賞洋十元連考一
等者於獎賞外另賞衣料以示鼓舞等語今據
册造考取生童每名加獎一二元至十六元不

等殊與定章不符應將開報逾十元者均行刪
減其賞給十元不及十元者俱准照給計此款
刪除洋番二十二元折合紋銀十四兩四錢應
令將刪除銀兩如數追繳等語臣謹查原定章
程凡學生考列一等者均賞洋十元然同考一
等之中學問不無微分高下若概行照章統給
十元雖能恪守成規轉恐未成鼓舞歷任各大
臣參酌變通因於每次甄別案內計一等若干
人就中復第爲甲乙或給予十餘元或僅給一
二元大抵多給之數不敵短給之數以勵人才

亦以節經費今若令多給者照章追繳若短給
者照章請補轉恐纏糾不清合無仰懇
天恩准予如數支銷並懇
飭部立案此項加獎仍准於十元之數酌量變通每
名照十元之數匀扯加獎總不得有逾原額以
示限制統計此案戶部共刪減銀八千六百六
十四兩九錢三分四釐六毫九絲一忽四微行
查銀三萬一千二百三十四兩五錢五分臣再
四勾稽見前支各款均屬覈實支銷並無浮濫
即間有未經奏明立案者實緣用款在於未奏

新章以前自未便以新章繩其既往除行查各
欵另行登覆咨部請銷外所有刪減各欵仍請
如數支銷各緣由謹會同署福州將軍臣古尼
音布閩浙總督兼管福建巡撫事臣楊昌濬合
詞恭摺具陳伏乞
皇太后
皇上聖鑒訓示謹
奏
光緒十三年四月十六日拜發奉
硃批戶部議奏欽此

南洋監造快船員生薪水懇
准照支並專案具報摺
奏爲南洋監造快船委員學生薪水懇
恩仍准照支遵照部議專案具報恭摺仰祈
聖鑒事竊臣前將南洋監造委員汪喬年薪水並南
洋加給工程處學生魏瀚等六員薪水支銷數
目附片請
旨飭部立案於光緒十三年四月初一日欽奉
硃批戶部知道欽此欽遵嗣准部議以汪喬年薪水
祇准照金陵監造機器局委員之例月支七十
兩其從前溢支銀兩即由臣核明數目於嗣後
應給該員薪費內扣抵又以魏瀚等六名加數
太鉅應令或酌減人數或酌減支數即行專案
奏報各等因抄錄奏稿咨行前來臣查魏瀚等
六員薪水支數臣於光緒十一年十二月間會
同督臣楊昌濬遵
旨考覈員紳單內曾經開列學生魏瀚等於月支薪
水銀若干兩外又監造南洋快船加給銀五十
兩並經部臣核准有案至其人數臣於光緒十
一年五月間與左宗棠等聯銜

奏請試造雙機鋼甲摺內亦經聲明以魏瀚鄭清濂吳德章監造船身以陳兆翱李壽田楊廉臣監造船機奉

准在案溯自船政創辦之始製造悉用洋員月薪多者四百兩少者亦不下二百兩誠以其事甚創名家爲難此左宗棠奏定章程內所以有子弟學成監造者卽令作監工其薪水照外國監工發給之語今魏瀚等藝成而上勞勤非常而所給月薪尚不及洋員三分之一卽益以南洋加給亦不及洋員三分之二且旣經核准有案當

此工程喫緊似未便驟與議裁若以人數六員恐浮於事抑知製造工程或繪圖式或製輪機或定船身或造器械各有專精之藝必合衆技而成之六員者分工集事責有攸專實爲船政局必不可少之員現在於監造快船外更復兼造鋼甲並第六號鐵脅各船工程倍於曩時不特無慮人浮而且各有兼人之任是其人數亦實在無從覈減合無仰懇

天恩仍准將該學生等加給薪水人數支數飭部立案照支以示鼓勵至汪喬年駐工監造實與金陵上海各機器局監造不同查上海機器局專製鎗礮軍火僅一製船係僱募洋員出圖製造其監工之委員不過巡視工作而已若汪喬年由船政前學堂學生出身當其肄業之時半日在堂研習功課半日赴廠習製船機曾經七年之久祗以體氣素弱未經出洋然其藝學之專研精殫慮亦爲學生中之翹楚矣光緒元年五月閩廠開造十七號藝新輪船爲船政學生學成放手自製之始查該船船身圖式爲學生吳德章等所測算而測算船內輪機水缸等

圖則出自汪喬年一人之手經前總理船政沈葆楨

奏明在案迨南洋興造快船左宗棠遂以該學生藝學有成派作委員駐工監造而前船政提調道員呂耀斗亦准照奏定藝學章程第八條學生學成監工薪水照洋監工之例酌劑其中稟由左宗棠核定月給薪水公費銀共一百三十兩該委員自駐工以來實能與工程處各學生互出心裁精求製造其所監造之快船一日開濟曾駛赴北洋會操二日鏡清亦經南洋驗收

其第三號寰泰業經下水秋間即可試洋是該
委員監造各船確有功効與他局監造委員祗
事巡視工作者未便同日而語既准部咨前因
臣自應遵照部議將該員薪費自奉到部文之
日起月以七十兩開支以期撙節惟從前已支
銀兩薪費均屬因公可否仰懇
天恩俯念該委員駐工數載著有微勞其已支者
准予飭部立案照支免其扣抵出自逾格
鴻慈臣不勝籲懇悚惶之至除將歷屆奏案鈔錄咨
復戶部外所有監造委員學生薪水仍請

飭部立案緣由謹會同南洋大臣兩江總督臣曾國
荃署福州將軍臣古尼音布閩浙總督兼管福
建巡撫事臣楊昌濬合詞恭摺由驛四百里馳
陳伏乞
皇太后
皇上聖鑒謹
奏
光緒十三年五月十五日拜發奉
硃批著照所請該部知道欽此

補派後學堂委員改爲留工候差片

再臣於本年三月間奏請將閩廠後學堂監督
兩缺添派刑部主事曾福謙候選直隸州知州
劉宗駿二員會同管理欽奉
硃批戶部議奏欽此嗣經部議礙難核准各情於閏
四月初二日具奏奉
旨依議欽此欽遵恭錄
諭旨抄錄原奏飛咨前來臣查後學堂監督兩缺自
梁佟年等撤差後實係難乎其人暫派他廠員
紳兼攝臣前奏曾經聲明在案中間並無懸曠
多時今部臣以節費爲辭臣亦何敢堅持前見

計惟仍復派員兼理以期事無貽誤其添派之
曾福謙劉宗駿二員自應遵照部議於奉到部
文之日即行裁撤惟曾福謙精明穩練事事講
求實際亦復留心洋務劉宗駿由諳生出洋歷
充英德法各國出使大臣隨員在洋十有二年
通曉中西語言文字該兩員皆爲有用之才以
之充當船工差事尤爲相宜容臣仍留工次候
有相當缺出再行酌補至該員等已支後學堂
監督薪銀本應遵照部議追繳惟念該兩員自

委辦以來經理一切尙見勤勞似未便令其枵
腹從事可否仰懇
天恩免其追繳之處出自逾格
鴻慈除咨復戶部外謹會同署福州將軍臣古尼音
布閩浙總督兼管福建巡撫事臣楊昌濬合詞
附片具陳伏乞
聖鑒訓示謹
奏
同日拜發奉
硃批該部知道欽此

船政奏議彙編卷三十五終

船政奏議彙編卷三十六目錄　裴蔭森七

船政奏議彙編卷三十六

協造廣東兵輪八號請由船政報銷摺　裴蔭森

奏爲閩廠協造廣東兵輪大小八號定議協欵統
由船政報銷籲懇
天恩飭部立案恭摺具陳仰祈
聖鑒事竊查戸部奏定外省報銷章程第十四條內
開各省設立機器局並閩省船政局總計常年
經費若干如有添購機器經費若干雖不能限
以定數亦當立有範圍事前奏明報部立案事
後方准覈銷等因閩廠前爲南洋製造二千四

百匹馬力快船三號一曰開濟二曰鏡清早經
竣役駛回金陵三曰寰泰業已下水與本廠自
造第六號鐵脅快船約九十月間均可完工廠
中更有鋼甲一船當於去冬安上龍骨入春以
來亦已鑲配脅骨次第施工惟一屆秋間三船
中當竣兩船匠作較鬆必預籌接續之工庶不
致虛糜廠用臣查閩海關應解船政經費積欠
甚鉅近得以連艘併製者蓋藉南洋代造之欵
騰挪挹注日起有功現在南洋三船工程既畢
船政月欵有限專造鋼甲兵船而外匠力縱可
分給而辛資料件苦無可指之欵乘間兼營積
二十年來締造苦心養才儲器不爲不備乃以
費絀之故能盡數圖之量者限於一圖能應數
所之需者限於一所體察時勢固不敢任令曠
延又不敢輕言收束若不設法力持其後則前
功盡廢殊非所以體
國家自强之意恢海宇利濟之模正擘畫間適准
兩廣督臣張之洞函詢製造大小兵輪船情形
因將閩廠新舊所製各船分別馬力之大小駛
行之遲速酌估工料價值繪圖貼說以告時廣

東方製淺水輪船而海上巡防東西相距二千
餘里之遙實乏巨艦分紮其間用資號召因商
就閩廠製造一千六百匹馬力快船一號二千
四百匹馬力穹式快船三號徒以籌欵不易零
星湊集每號各協番銀九萬兩共三十六萬兩
又商於工隙搭造中等淺水兵輪船四號每號
各協番銀三萬兩共十二萬兩均自開製以訖
工蕆酌分三次兌解當經臣通盤牽算八船協
價雖僅而得半然粵濟閩廠經費之不足閩協
粵省工力所有餘製船用船均屬公家自無庸

兩相計較臣既先後函復如議飭廠分辦其鐵脅一艘擬即以現製第六號快船秋間竣後撥應粵防並上年經臣奏明由閩廠在德國克虜伯礮廠定購十五生口徑礮三尊十二生口徑礮四尊荷乞開士連珠礮四尊各配藥彈等項計價十二萬一千零四十餘兩亦歸粵省籌撥以資分配其新造穹式第一艘自本年四月起約十八箇月第二艘約二十四箇月第三艘約三十箇月可以次第完竣其淺水四船自本年閏四月起約十六箇月可成兩號又八箇月工

竣亦如之兼擬於船旁左右出水加高喫水加深仍可出洋駛行以期得力當於四月閏月間由粵先後兌閩於鐵脅穹式項下解到協造番銀二十萬兩又於淺輪項下解到協造番銀六萬兩經臣飭工程處學生直隸州知州魏瀚遊擊陳兆翱等陸續匯寄外洋商由洋員福禮士在法國科兒蘇製廠定購鋼板料件咨由出使法國大臣許景澄驗收運閩應用以上協造粵省輪船大小計共八號閩廠一面遵照
奏案趲造鋼甲船隻按時銜接辦理以重要工臣維船政往者製成各船輒派赴南北洋各口備防頗擴舟楫之利閩粵比鄰緩急與共此次粵省籌款製造兵輪事屬海防船政又何敢稍分畛域且洋船入華以粵海為首衝粵繕舟師閩之臺廈隱隱然亦門庭之益固海疆脣齒關繫邊防微特通力合作為閩廠一時周轉之計至將來成船動用工料總數仍歸船政報銷仰懇
天恩俯准
飭部立案以符向章而昭核實理合將協造廣東輪船大小八號定議協欵緣由謹會同署福州將軍臣古尼音布閩浙總督兼管福建巡撫事臣楊昌濬恭摺具陳伏乞

皇太后
皇上聖鑒訓示謹
奏
光緒十三年五月十五日拜發奉
硃批該衙門知道欽此

烈婦陳李氏請
予旌表片
再據代辦船政提調四品銜前浙江餘杭縣知縣王崧長等聯名禀稱查有已故烈婦陳李氏係福建福州府侯官縣人幼具淑姿長嫻閨訓事父紹昌母林氏以孝聞年二十有二歸同邑儒士陳健儀逮事舅姑克盡婦道健儀體羸善病値父歿營葬蒙犯炎暑病益加劇氏侍奉湯藥衣不解帶者經年光緒十年閏五月十八日健儀病故氏痛不欲生矢志殉烈以家人防之

密無所得間遂起治喪事陽陽如平時逾月健儀出殯有期先一日氏蚤起躬營齋奠神色無少異日加午命女傭具湯浴久之不出亟破扉入則投繯寢室氣已絕矣時七月二十六日距健儀死僅六旬年甫二十有六歲健儀家本寒素其族人多旅游他省不能自達於有司職等誼屬桑梓且與氏嫡堂兄江蘇補用知縣李聖培同事船工見聞既確不忍聽其湮沒造具册結禀懇
奏請
旌表前來臣查該烈婦陳李氏無忝所生深明大義職修佩帨既盡孝以無虧節勵靡笄復捐生而不悔洵爲巾幗完人宜邀
褒揚盛典相應籲懇
天恩俯准
飭部旌表以維風化以闡幽潛除册結咨送部科外理合會同閩浙總督兼管福建巡撫事臣楊昌濬福建學政臣陳學棻附片具陳伏乞
聖鑒訓示謹
奏

同日拜發奉
硃批著照所請旌表該部知道欽此

第六號鐵脅兵船下水摺

奏爲第六號鐵脅兵船下水循例具陳仰祈
聖鑒事竊閩廠鐵脅輪船造成五艘第六艘於光緒十一年十月十八日安上龍骨經臣
奏明在案本年六月初旬據工程處監造學生直隸州知州魏瀚參將陳兆翱等禀稱該船自灰艙鑲鈴以及包裹銅板各工一律告竣請諏吉下水臣謹擇是月十七日午時致祭
天后江神土神船神乘潮推送勢極靈穩擬名曰廣甲該船計長英尺二百二十二尺寬三十三尺

七寸深二十五尺三寸船艏刻水深十一尺船腰刻水深十二尺五寸船尾刻水深十三尺九寸全船可載一千三百噸配新式一千六百匹馬力康邦三脫汽三汽鼓卧機一座以法推算每點鐘應行十四海里合中國每時可行九十二里船首兩旁耳臺配新式後膛十五生鋼礮二尊每尊可施放一百二十度船中兩旁配新式後膛十二生鋼礮四尊每尊可施放九十度船後配新式中樞旋轉後膛十五生鋼礮一尊可施放二百一十度瞭臺上配連珠礮二尊鋼桅上配連珠礮二尊以備攻擊魚雷艇之用船前旁左右應配魚雷筒二具用以衝擊敵船艙面配鋼桅二枝木桅一枝張挂颿席以收風力而省煤斤船之美備較前製各船僅七百五十匹馬力者殆爲過之蓋推陳出新洋人雖日更其舊制而是能效巧閩學亦盡得其祕傳也臣復詳加體察目下工程全船鐵脅均已配就內外兩殼均已封完船內阻漏鐵堵豎鐵梁鐵柱鐵牽鐵鉗等項既安設咸宜輪機水缸颿纜鐵鍊軍火淡水等艙亦布置就緒輪機水缸業已

製成其礮械藥彈前由德國克虜伯廠定購者亦經掃數運到只俟次第分配約三月後卽可展輪試洋臣查閩廠現爲粵省協造大小兵輪八號成船尙需時日前准兩廣督臣張之洞函商需船甚切臣允俟此船竣工卽先撥赴粵防藉資號召經於五月間
奏報定議協造粵輪摺內聲明在案閩粵一家固無所分其畛域且雙機鋼甲兵船現方遵造明歲可成將來留備閩防亦可以固藩籬而嚴守禦矣除試洋之後另將行駛情形咨明海軍總

理各國事務兩衙門及戶兵工各部存案外理
合會同兩廣總督臣張之洞廣東巡撫臣吳大
澂署福州將軍臣古尼音布閩浙總督兼管福
建巡撫事臣楊昌濬恭摺由驛馳陳伏乞
皇太后
皇上聖鑒訓示謹
奏
光緒十三年六月二十二日拜發奉
硃批該衙門知道欽此

寰泰快船試洋並陳廠務情形摺
奏為寰泰快船試洋並現在廠務情形恭摺具陳
仰祈
聖鑒事竊臣於光緒十二年十月初八日業將第三
號寰泰快船下水日期並該船丈尺行程里數
專摺
奏報在案數月以來督率在事員紳工匠併力趲
造七月初旬全船工竣遂擇於十二日卯刻躬
率代理提調王崧辰及工程處各廠所員紳致
祭
天后展輪試洋是日北風大作潮聲甚壯該船由羅
星塔駛至媽祖澳放洋而行船身穩固如履平
地水缸升大火輪機每分鐘旋至九十一轉每
點鐘行法速率十五迷盧半合英速率十八迷
盧若遇浪靜風平燒用上等英煤每時可行一
百里許臣查製造此等快船每點鐘能行法速
率十五迷盧即為絕技今得十五迷盧有半則
其輪機之靈快已有逾於原定之數該學生等
於製造之學研慮殫精不特刱中華未有之奇
能抑且駸駸乎駕泰西而上之矧三船皆為南

洋代造而製法則日新月異復有不同開濟之堅韌靈捷既非南瑞南琛所能及而鏡清又勝於開濟寰泰又勝於鏡清所謂進而益精熟能生巧南洋得此三艘洵足以壯東南海疆之聲勢矣閩廠自快船工竣一面營造雙機鋼甲輪船兼爲粵省協造穹式快船及淺水兵輪鉅工併集其材木之駢羅夫役之奔赴期限之嚴急製造之繁難非藉羣策羣力以圖功殆難計月計時而畢事臣仍督飭工程處學生魏瀚陳兆翺鄭清濂吳德章楊廉臣李壽田等接聯監造

俾資熟手而重要工其南洋監造之委員汪喬年本係製造學生出身現雖快船工竣而閩廠工役繁興自應仍留船廠當差藉收臂助除飭管駕官吳安康將該船定期駛赴金陵驗收遣用並將該船所用員弁銜名及礮勇水手人等月給薪糧咨由南洋大臣曾國荃

奏咨立案外所有寰泰快船試洋並現在廠務緣由謹會同南洋大臣兩江總督臣曾國荃署福州將軍臣古尼音布閩浙總督兼管福建巡撫事臣楊昌濬恭摺由驛四百里馳陳伏乞

皇太后

皇上聖鑒謹

奏

光緒十三年七月二十六日拜發奉

硃批該衙門知道欽此

遵議覆奏核減快船保案文職員數摺

奏爲遵議覆奏並核減保案文職員數籲懇
天恩准予獎勵以昭激勸謹繕清單恭摺具陳仰祈
聖鑒事竊臣於光緒十三年四月初九日奏請鏡清快船業經南洋驗收將在事出力員紳人等遵
旨擇尤請獎一摺欽奉
硃批該衙門議奏單三件片二件併發欽此嗣經部議以此案文職員紳保至一百四十餘員之多較光緒五年間鐵脅奏獎成案員數計加一倍有餘不免浮濫應令將各該員等分別在工之

久暫勞績之優次按照鐵脅請獎成案員數覈實删減並聲明船成六號除鏡清快船外其餘係何項船隻是何船名及各員紳到工年月詳細查明覆奏再行覈辦至另片奏獎閩廠總司製造各員亦令一併覈實覆奏照成案給獎等因於七月十二日具奏奉
旨依議欽此欽遵恭錄
諭旨抄錄原奏飛咨前來伏查船政保案自光緒五年間鐵脅告成奏獎後迄今八年中間成船鏡清而外更有康濟澄慶開濟橫海寰泰五艘並鏡清共成六號前後奏報有案現在廣甲下水則又不止成船六號矣自中國開廠造船以來至開濟而規模始拓至鏡清而機括愈靈近日寰泰試洋速率又視鏡清爲勝蓋亦精益求精之明效且此等快船計長二十六丈有奇寬三丈六尺高三丈四尺喫水深一丈四尺配新式三汽鼓康邦省煤卧機一副計實在馬力二千四百匹每時可行水程百里許全船噸載計二千二百噸每噸合中國一千六百八十斤其規模之宏敞機器之精良行駛之迅速迥非常式

舊製之兵輪可比視外國所謂次等鐵甲者已有過無不及之而閩廠不用洋員放手自造竟能臻其美備創中華未有之奇此皆
聖主日省月試稱事勸工所以在事人員感激思奮日起有功遂以二十餘年之締造駸駸乎駕技巧於外洋其勞績正有不可沒者也臣前兩次奏請將製造鏡清出力人員擇尤獎勵迭經奉
旨允准夫勞則必錄者激勵人才之心賞無濫施者愼重名器之道臣雖迂拙具有天良斷不敢以
國家逾格之恩市惠僚屬前單所列在工各該員

均係擇其供差已久積有勞績者方予開保其有到工在鏡清快船下水之後者業已一概删除不敢濫爲厠列卽以勞績而論於員紳則擇其始終勤勞者於將弁則擇其防護勇奮者於工匠則擇其技藝優長者然猶再三審愼僅以尋常勞績列保惟於船工總匯之工程處學生魏瀚等爲之另片請奬量加優異是此案列保之員均係在工年久而其勞績之優次在臣固已早爲分別也至所保員數較之前屆鐵脅成案誠如部臣所議不無加多然其所以加多蓋亦有故委非出於浮濫請爲我

皇上陳之臣維光緒五年六月鐵脅告成保案距元年五月船工告成保案中間相去僅有四年所有在事員紳少所更換故其員數僅就在工開列而見少此次保案距五年鐵脅保案更隔八年之久其間在事員紳不無供差數年或赴本任或調別差者一缺交替前後兩人旣著勞績於先自未便因離工而不爲彙保此員數之加多者一也鐵脅開保之時其間監工匠首半用洋員故員數特少洎製造快船各廠日異月新工程浩大凡安設礮械鑲配魚雷電燈快船中所必需者均須添設廠員以專其事而向之用洋員者今皆以學成藝成之學生藝徒代之此員數之加多者二也部議所駁員數專指文職而言查鐵脅告成案內前後學堂學生多以武職保奬其時學堂敎習亦半用洋員今則兩學堂僅以四洋員爲總敎習其餘每班敎習均以學成製造駕駛管輪之學生充當且自捐例旣開各學生多有量力報効指捐文職者此次保案自不能不仍其職銜列保此員數之加多者

三也此皆實在情形其不敢有絲毫冒濫自在

聖明洞鑒之中若必責令照鐵脅成案删減則同一赴業程功臣旣目擊其勤勞自未便遽爲軒輊况閩廠現在趲造鋼甲並協造廣東穹式淺水各兵輪工程正在喫緊尤當有以作其氣而策其能但旣准部議前因臣特就前單所列文職員紳於無可删減之中視其離工較早勞績較次者極力删減三十三員名以副部臣覈實之意合無仰懇

天恩俯念臣廠在事員紳人等出力有年不無微勞

足錄且案奉
俞允在先業經遵照部議删減
准予飭部照單奬敘以示激勸出自逾格
鴻慈至前奏另片請奬總司製造各員委係勞績優
異可否並懇
天恩飭部准照原片奬勵臣不勝屏營悚惶之至除
將員紳到工年月開單咨覆吏部外所有遵議
核減保案支職員數緣由謹會同南洋大臣兩
江總督臣曾國荃署福州將軍臣古尼音布閩
浙總督兼管福建巡撫事臣楊昌濬合詞恭摺

具陳伏乞
皇太后
皇上聖鑒訓示謹
奏
光緒十三年八月念四日拜發奉
硃批著照所請吏部知道單併發欽此

奏覆協造廣東兵輪援案動支官欵摺
奏爲閩廠協造廣東兵輪八號應援照開濟快船
成案動支官欵籲懇
天恩仍由船政報銷
飭部立案恭摺具陳仰祈
聖鑒事竊臣於光緒十三年五月十五日奏陳閩廠
協造廣東兵輪八號定議協欵統由船政報銷
一摺六月初五日欽奉
硃批該衙門知道欽此欽遵在案嗣由戸部奏稱粤
省所造兵輪係由官紳捐辦與南洋之動支官
欵者不同將來應由廣東督撫彙案開報該大

臣所請由廠報銷先行立案之處應毋庸議至
於造船價銀該大臣既與粤省自行定議將來
即由該大臣與粤省自行清算不得於官欵內
先爲墊付亦不得開支監造員紳薪水等因七
月二十一日奉
旨依議欽此欽遵恭錄
諭旨並抄粘原奏飛咨前來臣查船政開支涓滴皆
關帑項在部臣愼重度支固應嚴爲考覈惟協
造者但協船工所不足非全船工料毫不動支

官款而能成也溯自船廠𠡠設垂二十年當締造之初財源較裕取材旣便成船亦多故南北洋各口需用輪船無不臨時派赴閩無所謂協造也光緒四五年以後閩海關四成項下應月解二萬金者近來尚勉强敷額六成項下應月解三萬金者或全年停解或每年僅解兩三月積欠竟至二百餘萬之多製船之費旣無巨款可資乃以協造酌劑其盈虛亦甚不得已之計也光緒六年前督臣何璟前督辦船政黎兆棠議造開濟快船需銀四十萬餘兩以官款不足

請由南洋撥解二十萬兩以助其成船成仍歸南洋遣用此協造之船曾動支官款有案者也自時厥後閩海關之欠解如故閩廠之支絀亦如故而能維持不墜者則因開濟竣工又有鏡清寰泰兩船承平其後得以南洋解款展轉支拄以迄於今現在三船均已告成船政除專造鋼甲兵輪及六號廣甲船業已下水外原可自製穹式兵輪以資利濟無如月入有限不能儲成大款爲外洋購買鋼料之需勢且至待料停工貽誤大局殊非所以體

國家講求海防之至意時値兩廣督臣張之洞以粵省巡防需船頗急鳩集官紳捐款僅數十萬以之自造則萬萬不敷因與閩廠商爲協造辦法粵濟閩經費之不足閩助粵工力所有餘撥銀四十八萬協造大小兵輪八艘等語函商前來惟核計兵輪八艘工料需款在一百一十萬左右粵之協款四十八萬尚不及工料之半因援照閩廠協造南洋開濟成案其不敷工料卽由船政官款開支協辦此臣原奏所以有協價僅而得半之語而請將動用工料統歸船政報

銷也臣維船政之設原以籌備沿海七省非福建一省所得而私方今威遠康濟鎭海供差於直隸之津沽湄雲在奉天之牛庄泰安在山東之煙臺靖遠登瀛洲在南洋之金陵超武元凱在浙江之甯波伏波海鏡在臺灣此數船皆係船政所造及其派撥各省並不索取原價分文誠以同屬海疆彼此無所分其畛域況粵東毗連閩海復爲洋舶入華之首衝內而港澳外而瓊廉近守遠攻在在皆關形勢卽使閩治舟師粵省力難協濟亦應酌派巨艦以固藩籬矧協

以節費與各省尤不容歧視臣聞張之洞經營是項兵輪其邀集官紳捐辦幾於舌敝唇焦僅得此數若閩廠不與合力通財勢不能再籌接濟功墜垂成不特莫慰粵民報效之忱且恐陰啓他族窺伺之念兵輪之成否係粵備之堅瑕其有關於海防者誠非淺尠雖款由捐集應歸粵省報銷而料件辛工既從閩廠開支非由船政報銷不足以昭覈實可否仰懇

天恩俯念粵省協造兵輪八艘原與外洋購買合同訂價者不同雖曰捐款而成船均為公家防海

之用與通商口岸鳩貲造船裝貨貿易者更自有別既於閩廠可資周轉復於粵洋有裨巡防事屬一家計為兩得

准予援照開濟快船成案成船以後動用工料總數統由船政報銷仍

飭部先行立案出自逾格

鴻慈其粵省官紳捐款應由粵東督撫臣另案具報不至有所歧異至監造委員魏瀚等自寰泰快船試洋後業經停支南洋津貼銀兩其雙機鋼甲兵輪原本廠應辦之事亦不敢另籌津貼現在協造粵船係屬兼營併繕自應按照部議無庸另款開支以節糜費合併陳明所有閩廠協造廣東兵輪八號應動支官款緣由謹會同署福州將軍臣古尼音布閩浙總督兼管福建巡撫事臣楊昌濬恭摺附輪船到滬交上海縣由驛四百里馳陳伏乞

皇太后

皇上聖鑒訓示謹

奏

光緒十三年十月十七日拜發奉

硃批該衙門議奏欽此

建修廠所船臺添配各項機器照章聲明立案片

再前准戶部咨奏定外省報銷新章內載各省設立機器局並閩省船政局如有添購機器經費若干事前奏明咨部立案嗣後方准覈銷等因歷經遵辦在案茲據各廠員紳稟稱製造鋼甲艦較之從前木殼鐵脅等船工程浩大料件繁多所有機器棧房均須添拓鐵脅廠計添購鉋鋼板機器一副並合攏添配工價銀二千二百餘兩添購碾鋼板機器一副並合攏添配工

價銀二千一百餘兩添購扨鐵平牀一座並合攏添配工價銀三千六百餘兩添購開鋼鐵圓孔手機一副價值銀一百餘兩添購大洋磅機器一副並建蓋木亭安放工價銀三百餘兩拉鐵廠計添製八匹馬力鐵水缸一副工料銀一千七百餘兩添製八匹馬力磚爐一座工料銀六百餘兩添製拉鐵碾輪三合工料銀九百餘兩輪機廠添蓋棧房一座工料銀五百餘兩儲材所添蓋木料亭一座工料銀三百餘兩又船臺鐵水坪鐵車路石道頭年久不無朽蝕坍塌船臺為鋼甲船身所托而鐵水坪等處爲起卸重大料件之地均宜修整堅固以免疎虞計修鋼甲船臺一座工料銀二千五百餘兩修鐵水坪鐵車路工料銀一千五百餘兩修石道頭工料銀四百餘兩又前學堂法學教習邁達應募來工修理洋樓一座與其住宿計工料銀六百餘兩又藝圃藝徒既多添蓋誦堂繪圖房二座計工料銀九百餘兩又閩省籌辦海防購置礮位均存工次計添蓋儲礮廠一座工料銀四千五百餘兩添蓋礮廠棧房一座工料銀一千五

百餘兩又前署大臣張佩綸向德國訂購魚雷十具到工經臣於十二年十月間奏明所有添建魚雷廠屋並該廠添製機器兩項用款由船政製船項下支銷在案計起蓋魚雷廠一座工料銀五千二百餘兩魚雷廠製配鐵劃坪一座工料銀四百餘兩製配驗魚雷鐵水櫃一副工料銀三百餘兩以上各款應歸船政十二年銷案造報又琛航一船馬江之戰被礮轟沉江干嗣經撈起由廠大修配換機器添補船身工程幾及新造之半計工料銀六萬五千三百餘兩

此欵係由船政墊支應歸閩省善後局彙銷等語呈請立案前來經臣覆查無異除咨部查照並飭另行彙案造銷外合將應行照章聲明各欵緣由謹會同署福州將軍臣古尼音布閩浙總督兼管福建巡撫事臣楊昌濬合詞附片具陳伏乞

聖鑒謹

奏

同日拜發奉

硃批該衙門知道欽此

船政奏議彙編卷三十六終

船政奏議彙編卷三十七目錄　裴蔭森十一

船政奏議彙編卷三十七

廣甲輪船出口試洋並陳現辦廠務情形摺　裴蔭森十一

奏爲廣甲輪船出口試洋並現辦廠務情形恭摺
具陳仰祈
聖鑒事竊臣於光緒十三年六月二十二日業將第
六號鐵脅廣甲輪船下水緣由
奏明在案十月中旬據工程處監造學生直隸州
知州魏瀚參將陳兆翱等報稱廣甲船上應需
之桅桿帆纜水缸機鑪並鋼礮藥彈均已配置
完備業就塢前試輪堪以定期放洋當遣由粵

遴派之守備武永泰上船管駕並派後學堂駕
駛學生把總程璧光作爲幫帶是月二十日臣
親督該駕弁等六點鐘升火九點鐘展輪出芭
蕉口至白犬洋行駛數周申刻回工當出口放
洋之時適值潮汛初平水缸臺煤英煤並用升
大火輪機每分鐘旋至一百二十五轉驗船行
速率十四諾半有奇合四十八中里視原算行
程殆爲過之船身堅固機器精良帆纜一切均
各如法衆該船深長尺寸與前五號鐵脅船相
同惟船中較寬二尺前鐵脅船馬力祇七百五
十匹其速率故僅及四十中里而止茲船配英
國極新康邦三脫汽卧機其馬力至一千六百
匹所以速率亦增至四十八中里是亦精益求
精之效也臣查閩廠製造兵輪其現存十餘艘
均撥赴沿海各省以備巡防廣甲未經完工之
先適兩廣督臣張之洞函商由閩廠協造大小
兵輪八號因興辦需時粵洋亟需巡緝經臣
奏明俟第六號鐵脅兵船告成先行撥應蓋閩粵
比鄰緩急固有相通之義也現該船業已出洋
應即飭赴粵東時正冬防俾資調遣除將船中

執事人等咨由粵省按照名額募充其薪糧亦
由粵自行籌給外臣仍督飭各廠所員紳工匠
併力趲造雙機鋼甲快船並以餘工協造粵省
大小兵輪期於早日完工以仰副
聖主綏靖海疆之至意所有廣甲兵輪船出口試洋
並現辦廠務情形各緣由理合會同兩廣總督
臣張之洞廣東巡撫臣吳大澂署福州將軍臣
古尼音布閩浙總督兼管福建巡撫事臣楊昌
濬恭摺由驛四百里馳陳伏乞
皇太后

皇上聖鑒訓示謹

奏

光緒十三年十月二十五日拜發奉

硃批該衙門知道欽此

雙機鋼甲兵船下水並陳現在廠務情形摺

奏爲雙機鋼甲兵船下水並現在廠務情形恭摺

具陳仰祈

聖鑒事竊臣於光緒十二年十一月十六日業將廠

造雙機鋼甲兵船安上龍骨各緣由

奏明在案自時厥後臣復嚴飭員紳工匠併力趲

造本年十二月初旬據工程處監造學生直隸

州知州魏瀚參將陳兆翱等禀稱該船自旁舨

梁柱以及枰堵臺艙均已一律竣工請諏吉下

水臣覆驗無異擬名之曰龍威謹擇是月十七

日午時致祭

天后江神土神船神拙撐拔楔如法推送風潮順滿

循軌徐趨勢極靈穩萬目共瞻莫不同聲稱快

查該船計長英尺十九丈七尺寬四丈喫水深

一丈三尺一寸兩重鋼底中間相距二尺其船

身外甲近在水線帶者寬厚不等屬在機器鍋

鑪彈子各艙者甲寬五尺厚八寸前段甲厚五

寸後段甲厚六寸船脣甲寬七尺船尾甲寬四

尺二寸艙面甲厚二寸礮臺甲厚八寸礮罩甲

厚二寸全船可載二千一百噸配新式省煤康

邦輪機兩副計實馬力二千四百匹以法推算每點鐘應行水程四十五里載煤二百五十噸升大火足供一百二十點鐘之需行五千四百里升常火足供二百五十點鐘之需行八千二百五十里較之前造各快船船身之重有過船行之捷相當前設礮臺可配二十六生口徑長三十五倍重二十八噸大鋼礮一尊左右耳臺可配十二生口徑鋼礮兩尊船後可配十二生口徑大鋼礮一尊均以一人司機三面施放無不如意且周圍護以礮甲衛礮兼可衛人法至

善也船上可配電燈二具用以遠照敵舟防其暗劫更配連珠礮四尊用以近擊雷艇勿使前侵其船前後各配魚雷礮一具亦以備衝擊敵船之用雖目下全功未竟鑲鈐尚在需時然船式之精良輪機之靈巧鋼甲之堅密礮位之整嚴該學生等損益泰西新法其聰明才力亦已殫竭無遺矣臣維近日海上爭衡全資鐵艦該船工料堅實萬一海疆有事不特在深水洋面縱橫盪決可壯聲威即使港汊淺狹進退艱難斯船喫水不深其攻守尤資得力儻能寬籌經費多製數艘分布各省互相聯絡洵足內固沿海之邊防外杜強鄰之覬覦尤臣區區之心所日深其企望者耳現歲闌循例暫停工作臣當督同各員紳將廠儲料件逐細盤查一俟開工仍將該船趕緊營繕期於早日試洋以仰副

聖主綏靖海邦之至意所有雙機鋼甲兵船下水並現在廠務情形理合會同福州將軍臣善慶閩浙總督兼管福建巡撫事臣楊昌濬恭摺由驛四百里馳陳伏乞

皇太后

皇上聖鑒謹

奏

光緒十三年十二月二十四日拜發奉

硃批該衙門知道欽此

請加給工程處學生薪水片

再工程處製造船身學生魏瀚鄭清濂吳德章製造輪機學生陳兆翱李壽田楊廉臣等六員自出洋藝成回華先後派充工程處製造以代洋員之任歷製開濟橫海鏡清寰泰廣甲龍威等船均能精益求精創中華未有之奇以副
朝廷培植之意溯船政創辦之始所用製造洋員月薪多者四百兩少者亦二百餘兩自派該學生等充當製造而船政所省洋員薪水每歲不下數千金此該學生等前造南洋快船左宗棠所

以有每員加給五十兩之數誠爲奇才異能量加優予所以示奬勵而勸有功也今年秋間寰泰試洋此項加給薪銀業經遵照部議截止在該學生等渥荷
國家豢養之恩原不敢更萌奢望而在臣際此經費支絀亦何敢虛糜庫帑市惠屬員惟查左宗棠奏定船政章程内有子弟學成監造者即令作監工其薪水照外國監工發給之語今該學生等所得月薪尚不及洋員三分之一而所司製造日新月異實不亞於洋員揆之餼稟稱事之經似不能不稍厚勸工以資鼓舞合無籲懇
天恩准將該學生等薪銀每員月加三十兩飭部立案准銷此係微臣考覈數年確知該學生等積勞有素技藝優長故敢酌劑其中仰冀
鴻施於萬一以後斷不敢援以爲例所有請加薪水緣由謹附片陳明伏乞
聖鑒訓示謹
奏

光緒十三年十二月二十四日拜發奉
硃批戶部議奏欽此

訂募並展留洋教習片

再閩廠前後學堂學生共分四班前學堂兩班曰法學曰英學後學堂兩班曰駕駛曰管輪每班設總教習一員以洋員充之四員之中計法員一曰邁達英員三曰鄧羅曰李家孜曰賴格羅經臣將各該洋員所立合同咨部立案茲准戶部來咨以事關動支庫款未便據咨立案應由臣奏明辦理以昭愼重等因竊查李家孜賴格羅二員於光緒十一年三月十七日應募來工經臣於是年六月間附片陳明在案鄧羅一

員於光緒六年八月二十七日應募來工經前督辦船政黎兆棠於是年九月間奏報第四號鐵脅輪船下水摺內陳明在案嗣復展留兩年扣至光緒十一年八月二十三日期滿該洋員歷年教導生徒灼有成效因與續訂合約再行留工三年邁達一員前充法學教習歷有年所造就人才不下數十人因中法失和撤退回國經臣復行電聘該洋員於光緒十二年七月二十日到工訂立合同仍派前職除咨部查照外所有延留洋教習各緣由理合附片陳明伏乞

聖鑒謹

奏

光緒十三年十二月二十四日拜發奉

硃批該衙門知道欽此

船署電報名額支數片

再船政公署添設電報房並派學生數人專司其事經臣於光緒十一年六月間附片奏明在案並列入十一年報部名額四柱册內玆准戶部來咨以新添電報員藝暨繕書雜費未據專案奏咨礙難核准等因伏查船廠爲造製兵輪之所與南北洋廣東浙江煙台各海口均有交涉事件必須電報可以遞達船署以冀靈通此項報房內用正打報學生一名月支薪水銀二十兩副打報學生一名月支薪水銀一十六兩

繕書一名月支工伙銀四兩聽差一名月支工食銀二兩四錢又辦公雜費月支銀一十六兩人數既無浮濫支數亦屬無多旣准部咨前因理合附片陳明籲請

飭部立案照册核銷伏乞

聖鑒謹

奏

光緒十三年十二月二十四日拜發奉

硃批該衙門知道欽此

武職保案請免撤銷以昭激勸摺

奏爲保奬武職員數實無冒濫籲懇

天恩准免撤銷以昭激勸謹繕清單恭摺具陳仰祈

聖鑒事竊臣於光緒十三年四月初九日奏請鏡清快船業經南洋驗收將在事出力員紳人等遵

旨擇尤請奬一摺欽奉

硃批該衙門議奏單三件片二件併發欽此嗣准兵部議覆以船廠在事出力人員光緒十二年七月十四日以前原在不准保奬之列七月十四日以後卽應遵照海軍衙門奏定章程自奏定

之日起五年限滿方准列保不得復以出力在前爲詞補請保奬且以一船而保至數百員之多亦恐易滋冒濫除文職由吏部辦理外應請將此次奏咨所保武職暫行撤銷等因於九月二十八日具奏奉

旨依議欽此欽遵恭錄

諭旨抄錄原奏飛咨前來伏查此案列保武職人員除將官職較卑勞績較次者咨部奬敘外開單請奬不過七十餘員計自光緒五年間鐵脅告成奏奬以後閱時八年之久成船六號之多在

事出力之武職上自製造學生廠員下至水陸營弁以及各廠匠首統計不下數百人經臣慎擇其尤僅以七十餘人列保是臣激勵人才之心與慎重名器之念所不敢稍滋冒濫者自在
聖明洞鑒之中而部臣更繩以海軍衙門奏定章程之例以爲必自十二年七月十四日起五年限滿方准列保而以此案爲出力在前補請保奬之案概行撤銷此則臣所不能不辨者請爲我
皇上陳之查鏡清快船請奬一案經臣於十一年十二月初二日奏報鏡清下水摺內請予擇尤奬勵奉

旨此項輪船著俟試洋後如果駕駛得力毫無流弊再將出力人員擇尤請奬欽此復於十二年七月十二日奏報該船試洋赴甯摺內更申前請於八月初十日奉
旨著照所請該部知道欽此欽遵各在案是此案奏請月日在海軍衙門定章之前而此案奉
准月日在海軍衙門定章之後其不得繩以十二年七月十四日新定之章程不辨而明所以遲之又久於本年四月間始行開保者實因慎重其事將各該員等八年中所著勞績詳細考校計其久暫權其優次致需時日其不得視爲出力在前補請保奬之案更不辨而明且臣前准吏部抄咨議覆此案文職奏稿內開製造鏡清快船出力各員請奬前經該船政大臣兩次奏奉
諭旨准擇尤保奬在案此次片查海軍衙門既據覆稱與定有年限者不同自無庸另扣年限等語而臣遵議覆奏文職一摺亦經於九月二十二日賫回原摺欽奉
硃批著照所請該部知道欽此欽遵在案是此項保案疊奉

恩准在先而扣計八年所著勞績更逾新章五年之數誠如吏部所云與定有年限者不同不必另扣年限況文職既蒙
允准武職獨予撤銷同一赴業程功而邀
恩判若霄壤在部臣無非冀昭核實而微臣仰體
朝廷勸功之意旣無絲毫冒濫誠不忍使勞勤一體武職獨抱向隅合無仰懇
天恩俯念臣廠在事武職人等出力有年不無微勞足錄

准予飭部免其撤銷照單獎敘以示激勸出自逾格
鴻慈至前請另片請獎總司製造各員內有武職三
員委係勞績優異可否並懇
天恩飭部准照原片獎勵臣不勝屏營悚惶之至除
咨部外所有保奬武職員數實無冒濫請免撤
銷緣由謹會同南洋大臣兩江總督臣曾國荃
福州將軍臣善慶閩浙總督兼管福建巡撫事
臣楊昌濬合詞恭摺附驛具陳伏乞
皇太后
皇上聖鑒訓示謹
奏
光緒十三年十二月二十四日拜發奉
硃批著照所請兵部知道單並發欽此

閩廠開辦船塢由製船經費撥用報銷摺
奏爲閩廠開辦船塢擬由製船經費撥用報銷請
旨飭部立案恭摺具陳仰祈
聖鑒事竊臣查閩廠原設船槽一座以鐵抄木爲梁
柱用機器旋轉將船挽而登陸以便勘底修理
核計槽身任重可勝一千五百噸左右以修一
百五十匹馬力之船力足支載自開設船政迄
今用之垂二十餘年近來廠製之船規模日廓
如開濟鏡清寰泰各快船並雙機龍威鋼甲艦
除安配礮位不計外船身已重至二千二百餘
噸斷非舊日船槽所能勝任且船槽經用已久
係屬木質儻使任過其量不無意外之虞必須
另有石底船塢以備常修始足以昭慎重臣於
光緒十一年十二月間瀝陳船政應行舉辦事
宜摺內所以有開辦紅山谷船塢之請也旋經
海軍衙門議覆俟籌有定欵再行舉辦等因臣
維快船鋼艦每年必須油刷船底一二次香港
上海各商塢原可借修而一船入塢修理工料
以外更須計噸加費未免虛糜即北洋旅塢告
成亦能修理而由南赴北波路修遠偶逢冬凍

勢更需時儻閩廠建一大塢不特南洋浙洋粵洋臺灣各兵船就近勘修甚便卽北洋鐵艦每冬避凍南下亦可備不時之需是閩塢工程以臣竊計亦先務之急矣前此所勘紅山地段距廠八里臣猶以爲遠因復與工程處出洋學生鄭清濂吳德章等就船廠近處羅星塔青洲地方再三踏勘得一塢所固知一經開辦籌欵誠難然第就閩廠製船經費項下按年勻銷似亦輕而易舉臣再四思維勢難更緩已於去年十一月間諏吉開辦計塢身通長三十八丈寬十

丈深二丈八尺以備極大兵輪皆可入塢修理該塢前臨大江塢口潮平計深三丈有奇各國兵商輪船之抵港者均萃泊於此羅星塔控其右海口出其左擁馬限山之背中間隔一均竹港去船廠三里而近因築木橋一所名曰通濟跨港流以達船廠俾聯一氣臣嘗與鎮閩將軍臣善慶閩浙總督臣楊昌濬北洋水師統領天津鎮總兵臣丁汝昌親歷其地均以爲土實港深天然船塢而且逼近山根大半石骨以爲石底之塢料省工堅其便一與船廠接近工匠料件水陸均可往來無庸另建修船之廠其便二塢口江干可泊輪船百艘無庸另建泊船之塢其便三惟始事之初內挖塢身外砌壩口風潮暴猛頗有衝擊之防臣惟有督飭該學生等認眞從事早告成功以仰副

朝廷講求海防之至意至全塢工料應用若干一時尙難逆揣臣尤當在在撙節慎重度支斷不敢稍從寬假臣爲鉅欵未易遽籌而塢工又難久待是以權衡緩急酌量辦理合無仰懇

天恩准予

飭部立案將此項船塢應用經費由製船經費項下勻年撥用報銷以集要工而分鉅欵除咨呈海軍衙門並咨戶部南北洋大臣外所有微臣開辦船塢並勻撥製船經費緣由謹會同鎮閩將軍臣善慶閩浙總督兼管福建巡撫事臣楊昌濬恭摺由驛具陳伏乞

皇太后

皇上聖鑒謹

奏

光緒十四年三月初六日拜發奉

硃批該衙門知道欽此

恭謝
天恩摺
奏爲恭謝
天恩仰祈
聖鑒事竊臣接准總理各國事務衙門咨開光緒十
四年二月初五日由軍機處抄出內閣奉
上諭福建按察使裴蔭森著開缺以三品京堂候補
督辦福建船政事宜欽此當卽恭設香案望
闕叩頭謝
恩訖伏念臣淮東輇質江左菲才由庚申進士備職

工曹改官湘省於辰永沅靖兵備道任內蒙
恩擢授福建按察使時值閩口辦防勉効馳驅未遑
報稱旋奉
特旨署理船政大臣竊維廠塢近臨馬瀆遠控虎門
舟楫以備濟川戈樓實兼防海臣涓埃未答方
滋攝乏之慚
寵渥疊邀更拜
眞除之
命特還京秩俾督船官躋三品之崇班職隆清望合
五材而並用任重考工檮昧如臣能無感奮際

此海軍經營之始帑項支絀之時臣惟有督率員紳激勵徒匠講求樸屬工程必究其精微慎重度支經費悉期乎撙節勉殫駑鈍仰副
鴻慈以冀答
高厚生成於萬一所有微臣感激下忱謹繕摺恭謝
天恩伏乞
皇太后
皇上聖鑒謹
奏
光緒十四年三月初六日拜發奉
硃批知道了欽此

船政奏議彙編卷三十七終

船政奏議彙編卷三十八目錄　裴蔭森十二

船政奏議彙編卷三十八　裴蔭森十二

調回靖遠輪船改設練船摺

奏爲調回靖遠輪船改作練船懇
恩飭部立案恭摺具陳仰祈
聖鑒事竊臣於光緒十一年六月間奏明購修平遠舦板作爲練船俾駕駛學生得資練習旋因三屆出洋議成將學生撥隨監督道員周懋琦西行肄業其餘在堂學生堪以上船者既已無多而練船經費亦籌無所出復於十二年七月間附片奏明將平遠船應用舵水人等力加删減

飭其來往閩臺專司轉運各在案前年十一月間准臺灣撫臣劉銘傳電稱臺灣急需甎瓦木料借用平遠運載餉由臺發等因臣當將平遠一船撥歸臺灣遣用因思後學堂駕駛管輪之頭二班學生將屆五年期滿必須另籌一船以爲練習地步適聞南洋以經費支絀將靖遠輪船暫行收隝該船本由閩廠派赴江南者因函商兩江督臣曾國荃將靖遠調回工次略加修理改作練船伏查練船兼用舦板者原爲帆纜可以濟輪機之窮也惟駕駛學生習之舦板管輪學生則必習之輪船臣原期經費稍充更當於舦板練船外添設一兵輪練船俾駕駛管輪兩項學生得以衽席風濤以備海軍之器使乃遲之又久經費總無所籌而駕駛管輪各學生陸續期滿又不可無練船以竟其事即使平遠不撥借臺用而僅練習駕駛一途已有偏而不舉之處再四思維惟有求目前兩得之計仍以輪船爲練船即以管駕爲教習俾得認眞訓練以仰副
朝廷培植人才之至意合無仰懇

天恩飭部立案將此項練船薪糧公費歸養船經費支銷由福省善後局造報查靖遠係八十匹馬力兵船原定名額薪費數目部中均有成案可稽無庸另繕清單除咨呈海軍衙門並咨戶部兵部查照外所有微臣調回靖遠改作練船緣由謹會同南洋大臣兩江總督臣曾國荃兼署福州將軍閩浙總督兼管福建巡撫事臣楊昌濬恭摺由驛馳陳伏乞
皇太后
皇上聖鑒訓示謹

奏

光緒十四年四月十六日拜發奉

硃批該衙門知道欽此

延留洋教習片

再閩廠學堂共設總教習洋員四員經臣於去年十二月間附片陳明在案就中李家孜賴格羅二員扣至本年三月間限滿本應屆期遣撤回國另募充補緣李家孜一員於去年十一月間經兩廣督臣張之洞調赴廣東充當水師學堂教習其時適有英人斐士博者素精管輪學問來華遊歷緣與工程處學生魏瀚等前在英國倫敦時相處最久稔其於輪機之學大有根柢堪勝管輪教習之任是以就近與之訂立合同以補李家孜之缺較之由英另募既無曠延時日之虞亦藉省由英來閩之費其賴格羅一員平日循循善誘所課各生學業日進亦教習之良者因與續立合同再行留工一年藉資熟手除咨呈總理各國事務衙門並咨部查照外所有延留洋教習各緣由理合附片陳明伏乞

聖鑒謹

奏

同日拜發奉

硃批該衙門知道欽此

報銷運夫等項工食請准照支片

再竊准兵部咨開光緒十三年十一月十九日本部附奏核覆閩廠光緒六年至八年船政報銷一片奉

旨依議欽此抄錄原片移咨前來臣伏查原片內稱前據船政所報廣儲所盤運料件運夫口糧項下其夫長月支銀六兩什長月支銀三兩六錢運夫月支銀三兩三錢又儲材所運送木料排工口糧項下其排長月支銀六兩排工月支銀五兩四錢等語前項運夫排工按照江南籌防成案每月祗應銷銀三兩及二兩四錢今每名

請銷銀自六兩至三兩三錢不等與成案均有浮多又看管船槽匠丁工食雜費項下挖土大機船一號配正管機器匠一名月支銀十二兩副管機器匠一名月支銀八兩小工十六名各月支銀四兩二錢挖土煤炭油料各雜費月支銀七十二兩又刮土小機船一號配用小工六名各月支銀四兩二錢裝土船四號配用小工二十四名各月支銀四兩二錢各等語前項挖土裝土各船與江南運船相同所有工食銀數亦較江南每月支銀三兩之數浮多均應分別核減並行查曾否奏明有案今既據該大臣詳細聲覆係在新章以前之欵擬請准予開銷以清積案其九年在新章以後應令該大臣遵照前次駁查之案分別減支以示限制等因足見部臣愼重度支減一分支銷即多一分

國帑臣雖至愚敢不深體此意惟檢查案卷體察情事就中各欵實屬無可減支請爲我

皇太后

皇上詳悉陳之船政爲刱辦之局本無例案可循各欵額支銀數皆前大臣沈葆楨所手定該前大

臣公忠體

國久在

聖明洞鑒之中當時餼廩稱事必得其平斷不肯市

私恩而糜

國帑二十年來歷任各大臣規隨而不變者職是故也今部臣以江南運船比較行令減支不知運夫排工遇有大幫料件到工須通宵搬運非如尋常轉運朝作暮息者比然運夫月支僅三兩三錢較之江南成案月支三兩之數所多亦

屬無幾惟排工支數爲較優耳工次木料鱗疊江干用時則須撈運未用則須看守溪漲江潮時防漂失非熟諳水性者不能操作裕如閩省本有此項工作之人傭於商而受其直閩中木商最旺故受直常豐傭於商者月辛此數傭於官者勢不能減其數而强使供差且事在必需所以剏辦之初卽照民間工資以相招募夫長排長有鈐束督率之責口糧自應畧優至挖土刮土裝土各船匠工尤非運船民夫所可比挖土機船配用輪機計實馬力四十四看管之匠

卽輪船管輪之流亞前大臣沈葆楨原定月辛十二兩及八兩者係照船上管輪支數按馬力遞減又以僅在內河工作無涉歷風濤減之又減酌給此數本無浮濫其配用小工兼以磨擦輪機非僅撈運泥沙而已此項匠工與本案船槽匠工事體相同船槽匠工支數曾經戶部核減臣於光緒十三年四月間據實覆陳復經戶

部核准照數支銷奏奉

俞允在案此欵自當援案開支以上各欵前此雖未

奏咨立案然此屆既經奏明奏

旨准銷九年以後支數亦經咨部立案合無仰懇

天恩俯念此項運夫排工匠丁口糧工食實屬無可

減支准予照舊支給以濟要工除咨部查照外

理合附片陳明伏乞

聖鑒謹

奏

同日拜發奉

硃批兵部議奏欽此

快船保案文職各員請改獎照獎片

再臣於光緒十三年八月間遵議覆奏核減保案文職員數一摺欽奉

硃批著照所請吏部知道欽此欽遵在案嗣准吏部查核各該員到工年月按照尋常勞績定章分別准駁具奏奉

旨依議欽此欽遵恭錄

諭旨抄錄原奏飛咨前來足見部臣慎重名器恪守定章臣雖至愚亦何敢至再至三曉曉瀆請惟如越級之過優加銜之失當既經部臣議減議

改自應一一仰遵其有因分省人員而撤銷者有因鹽務人員而撤銷者有因未滿三年而撤銷者揆其情形既有不同之處論其勞績尚有足錄之微殊不忍概令撤銷使有向隅之抱臣再四思維不能不籲懇

聖主之前冀邀

恩准於萬一茲謹就部臣原奏逐條敘列恭呈

御覽

一原奏稱遇缺儘先選用知縣鄭誠請仍以知縣不論雙單月遇缺儘先選用所請係屬重複應令另核奏明請獎等因鄭誠可否懇

恩准改俟得缺後以同知直隸州遇缺儘先補用以示激勸

一原奏稱江蘇候補班前補用知縣李聖培湖南候補巡檢徐泰來江蘇試用布理問樊棻均係有省分人員所請獎勵核與例章不符應請撤銷等因查定章所謂分省人員不准在他省例保者似指已到省人員而言李聖培係在籍人員於同治七年到工至今仍在工次並未到省樊棻於光緒八年派駐上海採辦至今仍在

差次亦未到省該二員均係指分未到省人員與已經到省在他省列保者不同茲遵照例章將徐泰來一員撤銷外其李聖培樊棻二員可否仰懇

天恩准予飭部將該二員仍照原單所請獎敘以昭

激勸

一原奏稱遇缺儘先選用鹽大使吳德章不論雙單月儘先選用鹽大使李雲樞均係鹽務人員所請獎勵核與定例不符應請撤銷等因查吳德章由出洋學生報捐鹽大使職銜經臣於

光緒十二年間奏獎襄辦二届出洋肄業出力案內請以鹽大使不論雙單月遇缺儘先選用奉部核准在案李雲樞於光緒元年到工旋派充出使德國使館供事三年期滿准保今職仍回工次供差該二員均係候選鹽大使未經分省且係在籍人員始終供差工次與河工鹽務人員不准因地方差委奏請獎勵者原自有別儻拘以成例不准列保是該員既無省分而勞績雖著始終莫得進階殊不足以昭激勸合無

仰懇

天恩飭部准將吳德章李雲樞二員仍照原單所請

獎敘俾資鼓勵

一原奏稱呂耀斗等二十七員其在事均未滿三年所請獎勵應請撤銷等因查道員呂耀斗提調船政之時適值前船政臣黎兆棠病假回粤半年之久係該員以提調兼代督辦之事洎前船政臣張夢元赴粤之後前船政臣何如璋未到任之前中間尚隔數月亦係該員以提調兼代督辦之事該員二次兼代督辦任勞任怨辛苦倍越尋常而適當快船開辦之初事事悉資謀始雖年分稍有未足而勞績實有足嘉又道員周懋琦以船廠提調派充出洋局監督此項差事仍係屬在船政與銷差者不同似未便以出洋月日作爲離工月日扣算又知府范錫鵬於光緒元年十一月到工二年六月調赴日本復於十年二月到工十二年十月銷差計其前後在工年月已逾三年以外又知府嚴良勳於光緒二年到工十年咨送總理衙門十一年復到工十二年銷差赴選核其在工前後不下十年除光緒五年以前勞績歸之鐵脅案內而

自六年以後計之亦已不止三年之久其餘各員除劉應曾一員於光緒三年到工有踰五年張樾雲一員於光緒七年到工因原册錯悞業已咨部更正請予照保又林宗開王毓珍二員遵議撤銷外更有通判呂保孫附生葛晉謙廪生陳充豫翰林院待詔銜陸汝成附生楊仰曾縣丞鄧慶光刑部主事吳徵騶同知董毓琦附生王煜通判張慶鈞監生楊廷綸通判嚴毓瑞知縣張飛鵬縣丞何定求縣丞何世昌舉人陳文灝揀選知縣林志濂廪生楊承箕廪生林鑒

波等十九員名核其在工年月雖或未滿三年然當馬江戰事之後該員等均以船工八員兼辦海防善後事務如陸汝成精造子母水雷能擊飛九層木簰其堪以洞中敵船已可概見經臣於光緒十一年七月間奏明有案是年九月適現任吏部尚書臣錫珍現任浙江巡撫臣衛榮光由臺來閩道出馬江臣復邀同試驗咸稱如法其餘各員或製造水陸碰雷或用木簰鐵銜塡塞海口或起撈沈礮沈船或製設金牌長門鐵鍊沐雨櫛風備嘗勞苦並未加給兼差薪水郎如呂保孫陳充豫張慶鈞三員業已銷差亦嘗檄飭來工分任其事原其情事是各該員等尙有挈長補短之微勞足以仰邀獎勵臣前遵議核減員數之時非不知其年分不足所以不忍删汰者亦實因其効力海防之故可否仰懇

天恩俯念該員呂耀斗等二十五員或已滿足三年或著有分外勞績

准予飭部仍照原單所請獎勵以錄微勞而收後効除咨部外理合附片陳明伏乞

聖鑒訓示謹

奏

同日拜發奉

硃批吏部議奏欽此

請增價協造粵船摺
奏爲廣東捐造兵輪屢經部駁現擬勉增協費並
聲明閩廠並非額外多支經費恭摺瀝陳仰祈
聖鑒事竊查臣等上年具奏廣東分年捐款由閩廠
協造鐵脅穹甲快船四艘共協銀三十六萬兩
又協造中號兵輪四艘協銀一十二萬兩聲明
請免報銷等因一摺欽奉
硃批該衙門知道欽此嗣准戶部咨議覆船政大臣
裴蔭森奏請動用工料仍歸船政報銷一摺以
所造兵輪係由捐辦與南洋之動支官款者不

同將來應由廣東彙報該大臣所請由廠報銷
之處應毋庸議又於裴蔭森奏請援照開濟快
船成案動支官款仍由船政報銷摺內議以此
項兵輪係粵省官商捐辦與開濟快船事由官
辦者不同所請動支閩省官款及代爲報銷之
處碍難核准各等因會同海軍衙門奏奉
懿旨依議欽此先後咨行到粵並准船政大臣裴蔭森
咨會籌辦前來伏查兩次部咨皆議駁閩廠所
請報銷而令照粵省原擬辦法夫粵省原議本
謂粵濟閩費閩濟粵工不論需費若干惟以大

船每艘協銀九萬中船每艘協銀三萬爲率緣
訂議之初工料皆從約估未能絲絲入扣且謂
公款公用尤不必過較錙銖其實各船需用繁
鉅斷非數萬之資所能造成若如部議不准閩
支官款則不敷之物料將自何出不准閩爲報
銷似常年之工資亦歸粵認在閩廠有難行之
勢卽粵船有中輟之虞有不得不縷晰上陳於
聖主之前者臣等瀝議辦此事之初粵省並無可籌
之款徒以官紳商民忠忱激發報效銀八十萬
兩以三年之力成十艘之用而有船不可無礮

除備購礮價二十餘萬兩並粵省船局自造廣
戊廣已兩小輪工價五萬數千兩外以之再製
大中八艘實有不敷適值閩廠爲南洋代造之
船告竣器至工暇遂商爲協造之舉誠以閩廠
工匠豢養有常不令造船便成坐食且虞荒惰
而閩廠造船經費又苦難支是以臣等前奏有
粵濟閩經費之不足閩助粵工力所有餘之語
此蓋兩省均有利益資閩廠之成局成粵防之
利器非欲使閩廠爲粵之故驟然多請撥支數
十萬也粵省原奏所謂不動庫款者謂粵協數

十萬全出捐資不動粵省庫款閩廠就原有經費協造亦不另撥閩省庫款也閩廠原奏所謂船政自行報銷者乃就閩廠原有之常年經費中分晰造報協造粵省某船用過工費若干其應銷之數自當循照閩省舊章辦理如部駁所云則是經費工力皆須粵認是直粵省雇賃閩廠閩工而爲之耳何名爲協造乎與臣等原奏旣有未符與他省協造成案亦不盡一夫南洋前製快船動用官款閩廠且爲代造助以工料之不足今粵省兵輪出自民捐實歸官用將來

造成尚須遵照海軍衙門奏定章程駛赴津沽聽候查驗與民捐民用者迥然不同雖非全數報效較之南洋究可省官款一半而轉不令協助工費臣等反覆思之未解其理江粵同爲海疆戶部斷無厚於江而薄於粵之理竊揆部臣之意似係誤會閩奏疑爲閩廠將因此於年例外多支多銷若干萬以致嚴切駁阻查粵省於歷年悉索之餘能捐船礮費八十萬可謂急公好義竭盡綿力而船政大臣於作輟兩難之際思爲協造之法其支持籌畫亦實具見苦心茲

粵價已滙閩料已買而閩廠奉駁欲停辦而不能欲續捐而無力不但失此次商民之心且以阻後來勸捐之路則是反不如不捐之爲愈也惟旣屢經部駁且又謂協費未能及半自不得不勉籌辦法以冀兩全臣等與裴蔭森往復函商切實估計廣甲一艘約計工料銀二十二萬兩乙丙丁三艘每艘約二十萬兩庚辛壬癸四艘每艘約六萬兩合計約共需工費銀一百零六萬兩以協濟各半計之粵省應協助銀五十三萬兩除原議協銀四十八萬兩外擬再統行

協助銀五萬兩湊足半價五十三萬兩其餘一半由閩支銷庶閩廠不致掣肘粵船得以告成與兩省原奏之案亦相符合然粵省於捐定鉅資之外復增數萬之多實已萬分爲難矣竊念
國家設立船政原爲海疆各省造船而設經費有專款員匠有常額自造與協造本無區別協粵與協江更無差等不過爲粵省多造一船卽爲別省少造一船要之於閩廠經費並無出入合無仰懇
天恩俯念此舉有益粵防無損閩款

勅部立案准照臣等所議辦理仍由船政自行造報以清欵目至於各船礮位現擬改設耳臺添配一尊並須較大者原備礮價二十餘萬仍有不敷尚須勉籌集捐彌補以成斯舉而裨海防所有廣東捐造兵輪現擬勉增協費暨聲明閩廠並非額外多支經費各緣由除咨呈海軍衙門暨咨戶部外臣謹會同福建船政大臣裴蔭森合詞恭摺具陳伏祈

皇太后

皇上聖鑒訓示謹

奏

光緒十四年五月十四日拜發奉

硃批該衙門知道欽此

按協造粵船屢經部駁嗣由粵督張公之洞粵撫吳公大澂合詞陳請奉

旨後復經戶部議覆欽奉

懿旨依議欽此附刻於此俾協造粵船顛末後來有所考焉

粵船先後安上龍骨並廠務情形摺

奏爲協造粵船先後安上龍骨並廠務情形恭摺具陳仰祈

聖鑒事竊臣前與粵省定議協造大小兵輪八艘曰廣甲廣乙廣丙廣丁廣庚廣辛廣壬廣癸經於

光緒十三年五月十月兩次

奏請立案當卽購料製機逐一開造旋因部議未卽核准停工緩辦是以未將安上龍骨日期及時奏報嗣經兩廣督臣張之洞會銜申請奉

旨允准並准戶部抄錄

懿旨飛咨欽遵前來自應將協造工程接續興辦查粵船八艘除將廠造第六號鐵脅作爲廣甲先行撥應粵用於去年十月間該船試洋摺內

奏明在案外其餘七艘穹甲三艘淺輪四艘所謂穹甲者內用鐵脅外加穹甲一層以保衛輪機鍋爐藥彈等艙以便衝擊敵船所謂淺輪者船身吃水較淺旣可往來海上更可駛入支港內河以廣巡緝之用均係參酌新式與前此鐵脅現制不同廣乙一艘於去年十一月十九日安上龍骨廣庚一艘於去年十二月二十日安上

龍骨廣丙一艘於本年五月念八日安上龍骨三艘並製工程緊緊臣惟有督率工程處學生並各廠員紳等沐雨櫛風不辭勞瘁船身必求其堅固機件必究其精微以副
朝廷愼重海軍購求利器之至意閩廠自去歲冬間開辦羅星塔青州船隝塢內排打木樁漸次就緒現在累砌壩口尤爲開塢第一緊要工程該地與船廠相隔一水臣按日親往督飭員紳工匠在在冀求堅牢不敢稍從寬假至雙機龍威鋼甲艦亦晝夜催趲工程約計臘底可以試洋俟明春津沽開凍後駛赴北洋勘驗緣該艦安設大礮機件繁多船身下水之後方能逐一鑲配故其試洋日期去下水日期以視他船較爲遲緩合併聲明所有彙報協造粤船先後安上龍骨日期並陳廠務情形各緣由謹會同兩廣總督兼署廣東巡撫臣張之洞調任陝甘總督署理福州將軍臣楊昌濬閩浙總督兼管福建巡撫事臣卞寶第恭摺由驛馳陳伏乞
皇太后
皇上聖鑒謹

奏
十月二十五日拜發奉
硃批該衙門知道欽此

建蓋廠屋礮臺購製機器爐座聲明立案片

再前准戶部咨奏定外省報銷新章內載各省設立機器局並閩省船政局如有添購機器經費若干事前奏明咨部立案嗣後方准覈銷等因歷經遵辦在案茲據各廠員紳稟稱製造鋼甲艦需大爐以燒煆鋼板添湯汽以掣轉機輪鐵脅廠砌造燒鋼板大磚爐一座工料銀三千零兩又砌造二十五匹馬力水缸磚爐一座工料銀八百餘兩又添製二十五匹馬力鐵水缸一副工料銀二千一百餘兩又砌造大煙筒一

座工料銀二千四百餘兩又因製造鋼甲艦及拉鐵機器不敷鐵脅廠添購鑽機六架連製木架及合攏添配工價銀一千六百餘兩又添購鑽剪機器二副連合攏添配工價銀三千四百餘兩又添購刨鋼板邊機器一副連合攏添配工價銀一千九百餘兩又添購開鋼鐵圓孔大手機一副價銀二百餘兩又添製鐵起重機五副工料銀四百餘兩鐵脅水缸兩廠添購鑽孔軟手機二十四副價銀二千三百餘兩拉鐵廠添製拉鐵碾輪四副工料銀九百餘兩又因鋼

甲艦工程繁重間有未便停輟須日夜兼營者設電燈以利夜工添水龍以備不虞計添購各廠夜工通用電燈機器一副並起蓋電燈房及安裝合攏添配工價銀二千八百餘兩又添購滅初火藥水銅壳水龍二副價銀九十餘兩又添製水龍一架工料銀二百餘兩又因鋼甲艦輪機鑄件繁多鑄鐵廠狹小不敷鼓鑄添蓋洋式廠屋一座工料銀二千零兩又因儲模日多前建模房不足庋藏添蓋洋式模房一座工料銀六百餘兩又因采購外洋鋼鐵繁多原設棧

房不敷庋置廣儲所添蓋洋式棧房一座並添造起駁水坪工料銀四千一百餘兩又因稱收鋼甲重件帆纜廠添購三十噸懸機洋磅一架價銀二百餘兩又因教導藝童後學堂添購化學氣學電學各種機器料件價銀一千零兩又因安置魚雷料件及試驗魚雷添蓋洋式棧房馬力房二座工料銀三百餘兩又添製壓氣機一副連通氣筒通氣管工料銀一千四百餘兩又因護廠拓建礮臺卡樓以資捍禦計拓建馬限山前坡護廠洋式礮臺一座工料銀一萬三

百餘兩又起盖馬限山洋式卡樓一座工料銀八百餘兩前二欵經於光緒十三年三月間
奏明在於製船經費項下開支在案以上各欵應歸船政十三年銷案造報又修理伏波輪船工料除料價銀兩由臺灣解還外計各匠辛工銀五千八百餘兩係由製船經費墊支將來應歸閩省善後局彚銷等語呈請立案前來經臣覆查無異除咨部查照並飭另行彚案造銷外合將應行照件聲明各欵緣由謹會同調任陝甘總督署理福州將軍臣楊昌濬閩浙總督兼管

福建巡撫事臣卞寶第合詞附片具陳伏乞
聖鑒謹
奏
同日拜發奉
硃批該衙門知道欽此

船政奏議彚編卷三十八終

船政奏議彚編卷三十九　裴蔭森

龍威鋼甲試洋折損螺絲修好回工摺

奏爲龍威雙機鋼甲兵輪出口試洋右副輪機折損螺絲小件現已修整完好駛回工次恭摺具陳仰祈
聖鑒事竊臣於光緒十三年十二月二十四日業將閩廠試造雙機鋼甲兵輪下水緣由
奏明在案自時厥後臣復嚴飭員紳工匠併力營繕無如工繁件夥非急切所可圖成本年四月中旬始據工程處監造學生直隸州知州魏瀚

參將陳兆翱稟稱龍威船上鋼甲均已鉸釘齊全其水缸機爐并鋼礮藥彈亦已一律配置業就隝前試輪堪以定期放洋當派靖遠練船管駕千總林承謨暫行上船管帶是月十六日臣親督該駕弁等駛至館頭停泊次早六點鐘升火九點鐘展輪出芭蕉口至白犬洋行駛數周時值潮汎初平水缸臺煤英煤並用升大火每點鐘得速率十二諾半有奇合四十二中里船身極爲堅固機器極爲靈動行駛極爲穩快申刻折回將近芭蕉演放二十六生大礮方欲鼓

輪前進頓覺右副輪機轉旋遲鈍不能如左副之運掉自如亟停輪審視見右輪所鑲螺絲折損者一枚脫落者一枚以致礙及開車機軸是右邊輪機本無弊病祗因螺絲折落補救尚易爲功是時天晚潮退因就深處拋錨次日駛入壺江暫行停泊飭將螺絲等件修整完好已於三十日駕駛回工臣查鋼甲兵輪爲閩廠初次剏辦之工該學生等竭慮殫精原不敢絲毫苟且惟工程煩鉅其爲圖爲笵爲輪爲軸少常累百多且盈千製造非出一人鬭合不由一手難

保兩輪互較不無纖芥之異累黍之差故外洋定例必先期試洋考驗純疵參觀利鈍俾得補偏捄弊損過就中是亦月令所云使舟牧治舟五覆五反之義也此次龍威試洋始則甚見輕靈繼則稍形遲緩實因成船伊始該學生等雖職司製造亦祗能綜其宏綱其情尚爲可原惟螺絲等件既有折損誠恐合攏鑲配百密不免一疏擬將康邦三脫汽兩副卧機逐件折卸一一較對必求疾徐罔背銖兩適均然後再行合攏以昭慎重一俟蕆功並將電光燈鑲配齊全

即行駛赴津沽聽候海軍衙門勘驗不敢稍事稽延致滋咎戾所有龍威雙機鋼甲兵輪出口試洋右副輪機折損螺絲小件現已修整完好駛回工次各緣由謹會同福州將軍世襲一等繼勇侯臣希元閩浙總督兼管福建巡撫事臣卞寶第合詞恭摺由驛四百里馳陳伏乞

皇上聖鑒訓示謹

奏

光緒十五年五月初一日拜發奉

硃批該衙門知道欽此

定購製礮鋼坯機件照章聲明立案片

再礮位爲防海要需而各處製造未精遂讓德國克虜伯廠以獨步然未嘗不可跂而至也閩廠二届出洋學生李芳榮曾在德國礮廠學習製造槍礮藝成回華臣細加考察於製礮[redacted]道頗能得其要領通其精微卽擬開廠試辦以覘其能無如建蓋廠所購置機件估欵甚鉅當此經費支絀實覺力難爲籌顧天下事欲爲高掌遠蹠之圖須有銖積寸累之業儻以畏難自阻必至畢世無成因於常年經費內極力省嗇得

有贏餘卽予擇要購辦庶幾一簣有基後來有所藉手乃飭該學生測繪圖算於十三年九月間函囑出洋局洋監督向法國科兒蘇廠先訂辦鋼坯六塊其價值約合銀一千九百餘兩現已運送至工又向英國礮廠訂辦鑽礮膛刨礮膛機各一副量礮箍礮筒內外徑機尺各一架其價值約合銀五千三百餘兩尚未至工故運費未計其餘尚有應行購置者亦擬於節省項下隨力續辦統歸船政常年製船經費內報銷一俟機件齊備欵項寬舒再行察看情形

奏請開廠試辦以期有成此則臣區區之心所願望焉而不敢必者也除咨部查照并飭另案造銷外合將照章應行聲明謹會同福州將軍世襲一等繼勇侯臣希元閩浙總督兼管福建巡撫事臣卞寶第附片具陳伏乞

聖鑒訓示謹

奏

同日拜發奉

硃批該衙門知道欽此

奏定購魚雷戰頭棉花藥照章聲明立案片

再防海利器以魚雷爲最重閩廠於光緒十年經前署船政大臣張佩綸向德國刷次考甫廠購置魚雷十具到工後派學生陳才鍴督率工匠合攏校定隨時演放在案嗣據該學生稟稱原購魚雷所配雷頭第宜於操演必須另備攻敵雷頭十具以防戰事繪具圖式請并應配之戰雷機銅引信爆藥管棉花藥等件分別寄購前來臣考魚雷全具分爲九節其首節曰槍操演之槍不裝棉藥攻敵之槍則內藏三節前爲

轟雷機中爲爆藥斗後爲引藥管所用既異製亦徵殊且既有攻敵之槍更不容無機信爆管棉藥等物以期全備因於光緒十三年三月咨由使德大臣許景澄向德廠照樣定購該件於是年十二月暨本年正月陸續到工一切價值并保險運費計共番銀一千三百餘兩查前購魚雷係爲閩防而設現在續購各件係原購魚雷應配應備之需其價銀係屬船政墊支應由閩省善後局撥解歸款除咨部查照并飭另案造銷外合將應行照章聲明謹會同福州將軍

世襲一等繼勇侯臣希元閩浙總督兼管福建

巡撫事臣卞寶第附片具陳伏乞

聖鑒訓示謹

奏

同日拜發奉

硃批該衙門知道欽此

奏定購修理魚雷機件照章聲明立案片

再閩省於光緒十年經前署大臣張佩綸購辦魚雷艇一號魚雷十具到工後又經臣添購放雷礮筒蓄汽櫃壓汽機哈乞開司連珠礮並增蓋廠屋派出洋學生陳才鍴督課匠徒合攏修整其規模亦已略備矣惟查魚雷機器畸零瑣細與各輪船機件迥不相同其雷中所裝者或爲引火轟藥之機或爲裝藥轟雷之機或爲蓄雷裝雷之機或爲駛雷浮雷之機或爲四輪箱之機或爲十字架之機或爲隨雷深淺之機或

爲令雷升降之機合之則細鍼密縷晰之則繭絲牛毛心目偶睽往往迷於所向且機件脆薄屢經演放易致損傷是則不能無資於修整之機器料件矣查閩廠機件頗夥而以修魚雷則無一可適於用若不先事籌維必至日漸銷磨功用盡廢因於光緒十二年二月間咨由使德大臣許景澄向德國刷次考甫廠訂辦修理魚雷機件二十三項現已節次到工目下度支未裕且留爲修整之資日後經費稍充可移爲製造之用所有價值機器料件各居其半約合銀一萬九千餘兩屬在機器者應同合攏鑲配各工料遵照光緒十二年十月十二年三月

奏明成案歸船政報銷屬在料件者係修整魚雷所用應歸閩省善後局撥給除咨部查照并飭另案造銷外合將應行照章聲明謹會同福州將軍世襲一等繼勇侯臣希元閩浙總督兼管福建巡撫事臣卞寶第附片具陳伏乞

聖鑒訓示謹

奏

同日拜發奉

硃批該衙門知道欽此

閩廠經費奇絀請另籌解濟摺

奏爲閩廠經費奇絀海關六成未能照撥籲懇
天恩飭部通盤籌畫設法解濟以救燃眉恭摺具陳
仰祈
聖鑒事竊船政製造工程應需經費原經部定月撥
閩海關六成洋稅五萬兩開工伊始遞年解清
嗣因兌解愆期經前總理船政沈葆楨奏奉
諭旨嗣後六成項下每月應解之五萬兩著儘先籌
解等因欽此並經戶部會同總理各國事務衙門
議自光緒二年正月爲始六成洋稅內月撥銀

三萬兩四成洋稅內月撥銀二萬兩仍先儘解
船政衙門兌收不得再有帶欠奉
旨允准在案計自奉議以後四成項下尚准遞年解
足而六成之欵積欠竟至三百餘萬兩之多臣
於光緒十年冬間受事維時正值代製鐃清寰
泰快船繼以仿辦龍威鋼甲尚有兩處撥欵得
以騰挪今則快船久已蒇功鋼甲亦將畢役目
下協造粵船尚餘七艘外洋購料動用浩繁而
買鐵購煤駁運船費出洋經費前後學堂暨畫
院練船各學生贍養員紳薪水工匠飯食在在
需財尤恃六成關欵按月解齊庶足以資接濟
查光緒十二年正月間前將軍古尼音布奏六
成洋稅入難敷出請停解船政經費經戶部核
議輪船係海防第一要需若使經費不足難期
整頓從前籌議由閩海關儘先撥解者誠以該
關與船政最近取其籌解妥速不致有誤要工
是此項經費斷難別籌改撥雖六成用欵以入
抵出誠似不敷然該關向有前後套搭開支由
下結歸還足資周轉各等語是船政必需六成
解欵久在

聖明洞鑒之中無如比年以來洋稅短絀雖經部臣
竭力代籌而十三四兩年亦祇各解四箇月聊
資敷衍本歲茶季不旺較之去年征僅及半經
將軍臣希元目覩艱危於無可設法之中力籌
一箇月以應此後茶市若少轉機六成殆難指
望然則欲維持廠務似宜稍予變通臣查六成
項下其提歸京餉者事關根本不容輕請挪移
其餘各省協餉爲數甚多中間豈無可停可緩
抑洋藥釐稅儲在關庫者或有贏餘可否仰懇
天恩飭下部臣從長核計於此兩欵之內權其緩急

分別指撥若干專顧船政庶巨工不虞中輟沿
海愈固邊防大局幸甚微臣幸甚所有閩廠經
費奇絀請籌解濟各緣由謹會同福州將軍世
襲一等繼勇侯臣希元閩浙總督兼管福建巡
撫事臣卞寶第合詞恭摺由驛四百里馳陳伏
乞
皇上聖鑒訓示謹
奏
光緒十五年七月十五日拜發奉
硃批戶部議奏欽此

分別減支夫長排長排工片
再竊准兵部咨開光緒十四年十二月二十五
日具奏議覆船政運夫排工匠丁口糧工食仍
令查照前奏分別減支一摺本日奉
旨依議欽此欽遵恭錄
諭旨鈔錄原奏咨行前來臣謹查原奏內稱船政支
放運夫排工口糧挖土機船匠丁工食按照江
南籌防運船成案均有浮多前經行令分別減
支以示限制茲雖據該大臣奏稱前項運夫排
工機船與江南運夫運船情形不同惟口糧工
食支數過優若遽行議准儻各省紛紛援引殊
非慎重帑項之道應仍令該大臣查照臣部前
次奏令分別減支之案酌量核減以節糜費所
請照舊支給之處應毋庸議等因伏維船政爲
剏辦之局本無例案可循一切支數礙難援照
他省章程亦非他省尋常工程所得援引第際
此經費奇絀之時臣敢不力求撙節以重帑項
惟有於無可議減之中遵照部臣原奏酌量核
減就中如夫長排長月各原支銀六兩現各減
支銀六錢月各支銀五兩四錢排工月各原支

銀五兩四錢現各減支銀六錢月各支銀四兩八錢均自光緒十五年正月起照減支之數支銷其光緒十四年十二月以前染經支放之欵合無仰懇

天恩逾格免予追繳以示體䘏至挖土機船匠工與本案看管船槽匠工操作皆同船槽機器匠月支銀一十二兩小工月各支銀四兩二錢經戶部核准照數支銷於光緒十三年五月間奏奉

俞允在案此欵事同一律自未便案有兩歧運夫在廠斯宵盤運勞苦異常非尋常轉運朝作暮息

者所可比月僅支銀三兩三錢卽較之江南成案月支三兩之數所多亦屬無幾什長有鈐束運夫之責月支銀三兩六錢較之運夫月支之數亦僅多銀三錢實屬無可減支統乞

飭部立案照數核銷以清積牘而濟要工除咨部查照外所有分別減支夫長排長排工各緣由理合附片陳明伏乞

聖鑒訓示謹

奏

同日拜發奉

硃批該衙門知道欽此

協造粵東廣庚廣乙兵輪先後下水摺

奏爲閩廠協造粵東廣庚廣乙兵輪先後下水並廠務情形恭摺具陳仰祈
聖鑒事竊臣於光緒十四年十月二十五日將協造粵東廣乙廣庚廣丙兵輪三號安上龍骨
奏明在案廣庚係淺水兵輪購料庀材程工較易故下水在本年五月初一日廣乙爲新式穹甲配機製殼集料甚繁故下水在本年八月初三日此兩日臣均親率在事員紳致祭
天后江神土神船神乘潮推送雖船身大小不同而

順軌徐趨靈快則有如一轍查兩船原定圖式廣庚馬力四百匹長約一百四十四英尺寬約二十尺喫水深約十尺全船載重三百二十噸每半時約行三十六中里應配船頭十二生長礮一尊船尾十生半長礮一尊船腰桅盤各荷乞開士聯珠礮二尊廣乙馬力二千四百匹長約二百三十五英尺寬約二十七尺喫水極深處約十三尺全船載重一千噸每半時約行五十五中里應配船頭十五生長礮一尊船尾十二生長礮一尊船腰桅盤荷乞開士聯珠礮二尊興辦時又悉心參酌長短廣狹或略有增減礮臺礮位或稍有遷移緣邇來西法輒變其故趨華學亦臻其新智隨時損益與原定規制初不相妨也辰下工作將竣堪以鑲配一俟活桅鋼罩煙筒等項趕製齊備便可展輪試洋所餘各船亦陸續圖功不敢稍參作輟惟本年茶稅不旺海關解濟難期籌料募工實覺不敷甚巨臣惟有勉强支撑以期毋誤大局所有協造粵東廣庚廣乙兵輪先後下水並廠工情形謹會同兩廣總督兼署廣東巡撫臣張之洞福州將

軍世襲一等繼勇侯臣希元閩浙總督兼管福建巡撫事臣卞寶第合詞恭摺由驛四百里馳陳伏乞
皇上聖鑒訓示謹
奏

光緒十五年八月初十日拜發奉
硃批該衙門知道欽此

請暫停船隖工程片

再臣前就船廠左近青洲地方開辦船隖以備
修理極大兵輪之用於光緒十四年三月間
奏明在案其經費原擬在製船項下按年勻撥以
冀輕而易舉計自開辦以來該隖工程已得有
十分之四甚願竭力籌辦竟此鉅工惟查船廠
常年經費取源於閩海關四成六成兩項滿擬
可以源源接濟則於開支薪工採辦料件外儘
可以其餘力協造粵船兼造船隖乃本年閩海
關於四成項下猶能按月撥解其六成項下迄

今八箇月祇准解到三萬兩加以粵船工程正
在趲趕以致左支右絀幾成無米之炊臣通盤
籌算既無別項挹注之謀祇得請將船隖工程
暫行停止一俟經費充裕再行陸續接辦除將
用過經費勻年歸於歲出歲入册內咨部核銷
外所有暫停船隖工程緣由謹附片陳明伏乞
聖鑒謹
奏
同日拜發奉
硃批該衙門知道欽此

叩謝
天恩摺

奏爲恭謝
天恩仰祈
聖鑒事竊臣於光緒十五年十月初六日准吏部咨
本年九月初七日奉
硃筆裴蔭森補授光祿寺卿欽此當即恭設香案望
闕叩頭敬謹謝
恩訖伏念臣江左樗材淮東軺質前以庚申進士觀
政工曹嗣由湘楚備兵陳臬閩省光緒十年十

二月間仰承
恩命署理船官五材並用豈斤斧之爲勞一藝至微
究涓埃之未報十四年二月欽奉
上諭開去臬司員缺以三品京堂候補時值經費艱
難工程緊迫荷
隆施之稠疊愈夙夜以徬徨茲復渥被
温綸補授卿職自
天閶
命向日銜
恩光祿爲尚食之官卿寺屬清華之選得膺典膳深

愧濫竽臣惟有殫竭悃誠勉圖報稱詠伐輪之
什戒先凛乎素飧佩和羹之言用卽通於作楫
從此
御廚春滿旨甘紓
旰食之勤庶幾寰海波清尊俎寓折衝之義願鞭駑
鈍冀答
鴻慈所有微臣感激下忱謹繕摺叩謝
天恩伏乞
皇上聖鑒謹
奏
光緒十五年十月十二日拜發奉
硃批

船政奏議彙編卷三十九終

船政奏議彙編卷四十目錄　裴蔭森十四

船政奏議彙編卷四十

廣庚輪船試洋赴粵並現辦廠工情形摺　裴蔭森十四

奏爲廣庚輪船試洋赴粵並現辦廠工情形恭摺

具陳仰祈

聖鑒事竊臣於光緒十五年八月初十日業將協造粵東廣庚廣乙兩兵輪先後下水日期並該船丈尺行程里數專摺

奏明在案廣庚係屬淺水輪船程工較速九月中旬據工程處監造學生直隸州知州魏瀚縣丞楊廉臣等報稱廣庚船上應需之活桅鋼罩水缸機鑪均已配置齊全業就塢前試輪堪以定期放洋當遣由粵遴派之都司張斌上船管駕並派後學堂駕駛學生外委林占熊作爲幫帶十月初七日臣親率該駕弁等卯正升火巳初展輪出芭蕉口至白犬洋行駛數周申刻回工當放洋時潮汛方平北風甚勁水缸英煤臺煤並用升大火輪機每分鐘一百二十轉驗船行速率十二諾合四十中里視原算僅及三十六中里者殆爲過之船身堅穩機器靈捷其餘亦一切如法定期十二日飭將該船駛赴粵東驗收遣用除船中執事人等應由粵省按照名額募充其薪糧亦由粵自行籌給外臣仍督飭員紳工匠將已下水之廣乙催令試洋已上龍骨之廣丙催令下水惟製船全資經費而經費出自閩海關本年六成項下僅據解到一箇月既缾罍之交罄卽斤斧之難營臣惟有隨時婉商

將軍臣設法解濟庶鉅工罔墜以仰副

聖主整頓舟師之至意至續製粵船其穹甲之廣丁淺水之廣辛亦擇於本月十二日安上龍骨合併聲明所有廣庚兵輪試洋赴粵並現辦廠工各緣由謹會同兩廣總督臣張之洞署理廣東巡撫臣游智開福州將軍世襲一等繼勇侯臣希元閩浙總督兼管福建巡撫事臣卞寶第恭摺由驛四百里馳陳伏乞

皇上聖鑒謹

奏

光緒十五年十月十二日拜發奉

硃批該衙門知道欽此

添拓廠地並購修機器請　飭部立案片

再前奉戶部奏定外省報銷新章第十四條內載各省設立機器局並閩省船政局如有添購機器經費若干事前奏明咨部立案事後方准覈銷等因茲據廠員稟稱去年因合攏鋼甲艦輪機原設合攏廠地址逼狹不敷位置將隔牆原蓋之大鐵廠騰出空地偏釘木樁添鋪地坪並將添配製造鋼甲艦之大架機器安置其中以便分班工作計添鋪地坪用銀一千七百餘兩添配大旋機一副用銀二千九百餘兩大鑽

機一副用銀二千八百餘兩大刨牀一副用銀五千零兩掣機總輪軸全副用銀一千五百餘兩又因仿製鋼甲鐵皮各船及船桅換用鋼片所資機器有前此製造木船木桅之時未經籌備者特於鐵脅廠添配一百噸壓水機一副用銀四千五百餘兩鋸冷鋼鐵鋸機一副用銀一千四百餘兩鋸熱鋼鐵鋸機一副用銀一千三百餘兩捲鋼桅機一副用銀九百餘兩小輪機廠添配鋸鋼鐵小鋸機一副用銀五百餘兩大鐵座螺絲旋牀一副用銀二千零兩鋼甲船機內多巨件運送維艱添配四輪鐵車起重機二架以省人力計用銀一千五百餘兩又因起製穹甲船舊設船臺經用日久間有朽蝕酌量折修計用銀八百餘兩閩省前購魚雷十具操演修整所需機件爲工次所無因添配十五匹馬力輪機水缸一副用銀三千三百餘兩旋牀三副用銀一千五百餘兩製魚雷尾機器一副用銀一千三百餘兩刨牀二副用銀八百餘兩刨齒輪機器一副用銀四百餘兩雙機鑽牀一副用銀五百餘兩壓水力驗雷氣櫃一副用銀三

百餘兩蓄氣櫃一具用銀七百餘兩較定魚雷各機件全副用銀三百餘兩操魚雷用入水衣服機具全副用銀五百餘兩掣機總輪軸全副用銀一千三百餘兩以上各款應歸光緒十四年分製船經費項下造銷又因靖遠輪船改作練船修整拓改用銀七千四百餘兩閩港蓺新輪船自光緒十一年大修以後行駛又歷三載有奇船機不無損蝕酌核興修用銀一千三百餘兩此二欵係由船政墊支應歸省局彙銷等語呈請立案前來臣復查無異除咨部查照並

彙案造銷外所有遵照新章應行立案各緣由
謹會同福州將軍世襲一等繼勇侯臣希元閩
浙總督兼管福建巡撫事臣卞寶第謹附片具
陳伏乞
聖鑒謹
奏
同日拜發奉
硃批該衙門知道欽此

龍威鋼甲在滬修機請暫摘製機學生頂戴片

再閩廠倣製雙機鋼甲兵輪本年四月間試洋因折損螺絲曾經
奏明留工修理工畢之後遂派都司楊永年上船管駕並派後學堂出洋駕駛學生黃鳴球作爲幫帶於九月初四日復行出洋試驗一切尚爲合法初十日由閩開行十四日抵滬擬竟駛赴
天津聽候勘驗二十六日在滬展輪之初覺小抽汽機軸折損動掣未能如意即駛回吳淞就耶松洋廠定購抽汽小軸兩具據監送製輪學生參將陳兆翱等稟報換配前來臣當委後學堂管輪洋教習斐士博赴滬切實查明據覆稟稱該船大機兩副毫無弊病惟此抽汽小機喫力最重該件鐵質稍鬆應易以純鋼便臻美備自應准其換配以昭慎重惟鑲配工程非旬餘不辦瞬屆北洋冰凍似未便遽駛入津而北洋兵船卽須避凍南下該船至津亦恐無人收管應俟明春北上目下旣爲節候所限不克駛赴津沽查該船下水年餘船底久經浸漬苔衣蠣殼叢生膠附應乘此次過滬之便一併進塢驗

視船底刮垢傅油俾臻完善已飭該管駕等遵照辦理至該船看底換機各已竣事或仍留滬瀆或飭返閩江或隨北軍巡洋總俟明歲氷融即令其隨同北洋各兵輪北上臣查雙機鋼甲爲閩廠初次刱辦之船該製造學生等當夏初試洋回工修理之時宜如何詳愼精勤力求美善茲何以由滬開行展輪之初便將小機軸折損雖曰小疵究屬大意應請

旨將製機學生參將陳兆翺知縣李壽田縣丞楊廉臣等暫行摘去頂戴以示懲警仍責成該學生

等在船在工加意修整不得再有疎虞所有閩廠仿製雙機鋼甲兵船修機勘底請展緩明春北上並將製機學生摘頂各緣由謹會同福州將軍世襲一等繼勇侯臣希元閩浙總督兼管福建巡撫事臣卞寶第附片具陳伏乞

聖鑒訓示謹

奏

同日拜發奉

硃批著照所請該衙門知道欽此

閩廠製造輪船支用各款造冊覈實報銷摺

奏爲閩廠製造輪船支用各款遵照新章造冊覈實報銷恭摺仰祈

聖鑒事竊閩廠製船各款自同治五年十一月十七日起截至光緒八年十二月底止動支閩海關洋稅及南洋協撥等款疊經各前大臣先後彙數分款開具簡明清單奏奉

諭旨並經各部覈准銷在案茲覈閩廠自光緒九年正月接造起截至十一年十二月底止計湊成二千四百匹實馬力鐵脅巡海快船一艘曰

開濟製成七百五十匹實馬力鐵脅兵船一艘曰橫海製造未成二千四百匹實馬力鐵脅巡海快船兩艘曰鏡淸曰寰泰一千六百匹實馬力鐵脅三等快船一艘曰廣甲五船接續兼營廠地或過狹也是以有添蓋之廠機器或不足也是以有添設之機增學舍復藝圃以廣育生徒蓋水雷廠建電報樓以講求防務議興練艦購舭舨而修之新募洋員葺山樓以寓之他如鐵水坪船臺船槽挖土船裒土船及各廠所學堂衙署或經歲久而修或經礮火而修或經颶

風雲撼而修十年馬江之役葺舊宇以妥忠魂籌加卹以撫難眷凡屬動支款項均經先事奏咨其常年支放有額可稽者如薪水贍養飯食工伙口糧等款亦經遵照部章按年開列名額四柱送部備案其有經部覆准不能專案奏咨者則如歲修之機器廠屋爐溝添置之傢伙書籍器具款目紛繁實難枚舉此製造一切之情形也閩海關洋稅應解船政者經戶部議奏自光緒二年正月爲始六成月撥銀三萬兩四成月撥銀二萬兩今覈製船經費自光緒九年正

月起截至十一年十二月底止上屆報銷案內存銀三十四萬四千九百六十三兩五錢九分三釐九毫又存用剩銅鐵木煤各料價値銀六萬一千九百四十兩七錢七分七釐七毫又存鋼礮價値銀八千一百二十五兩四錢五分四釐閩海關六成洋稅月奉撥銀三萬兩自光緒九年正月起截至十一年十二月底止連閏計三十七箇月內除九年二月起至十一年十二月止連閏共三十六箇月欠解外實解到一箇月銀三萬兩又四成洋稅月奉撥銀二萬兩自

光緒九年正月起截至十一年十二月底止連閏計三十七箇月內除十年分四五閏五六七八九凡七箇月欠解外實解到三十箇月共銀六十萬兩南洋協撥第一號快船經費原奏請撥二十萬兩除上屆列收及未解外實解到銀一萬六千兩又續造第二號第三號快船經費原奏撥銀六十六萬兩除未解外實解到銀六十一萬七千一百九十兩六錢五分四釐八毫閩省善後局撥解試造鋼甲艦經費原奏請撥四十六萬兩除未解外實解到銀一十六萬兩

上屆奏銷員弁薪水項下核刪總監工薪水追繳銀四百五十三兩三錢三分三釐三毫覈計管收共銀一百八十三萬八千六百七十三兩八錢一分三釐七毫內除造船購器修廠贍工等項支用銀一百一十四萬四千八百五十三兩七分五釐七毫又墊支光緒九年至十一年各輪船薪費銀三萬五百九十五兩八錢九分二釐七毫各輪船煤炭價値銀二萬三千七百八十四兩二錢八分一釐修理輪船工料銀六萬八千一百六十兩六錢七分二釐九毫統共

支銀一百二十六萬七千三百九十三兩九錢二分二釐三毫實存銀四十四萬九千三百五十六兩八錢六分二釐六毫又存用剩銅鐵木煤各料價值銀一十二萬一千九百二十三兩二分八釐八毫查輪船薪糧煤炭修費船政第一次報銷係另歸養船項下開報沈葆楨奉
命巡臺時奏明自同治十三年四月十六日起將所撥養船經費併入臺防項下各船薪糧亦歸臺防項下支銷奉
旨該衙門知道欽此嗣後歷居報銷各前大臣均因

輪船薪糧等款除由臺防本款支給外船政墊支銀兩無款劃還截清年月彙入製船經費單內作正開銷歷奉戶部覆准在案所有光緒九年至十一年稅釐局奉撥養船經費仍復批解不前各船應領之項除將解到養船銀兩儘數支給並赴臺赴廈就於差次支領外製船項下尚墊支各船薪糧煤價修費三款共銀一十二萬二千五百四十兩八錢四分六釐六毫莫從支收歸款自應援照成案將墊支前項銀兩歸入本案作正開銷其款應由閩省善後局登收

彙總造册以昭覈實此支銷一切之情形也竊維製船經費絲毫均關
國帑各前大臣於製造則日求美備於款項則力節虛糜即在事員紳亦皆恪守舊章潔身自愛此固臣莅工以來默察焉而確有可信者惟是輪船爲製器之刱舉改造細册爲船政報銷之刱舉一切造船蓋廠購件製機微特間架造法與則例不能相符而名目紛歧尤非尋常所經見所以臣於光緒十二年七月間有造册報銷難拘成例之請也茲將三年中用款彙造細册

飭員逐件鉤稽臣復覆加詳覈深悉一切支銷並無浮冒伏懇
天恩飭部免以成例相繩照數覈銷以清積牘除咨海軍衙門總理衙門並將細册咨送戶部兵部工部覈銷外理合會同南洋大臣兩江總督臣曾國荃福州將軍世襲一等繼勇侯臣希元閩浙總督兼管福建巡撫事臣卞寶第恭摺具陳
伏乞
皇上聖鑒謹
奏

光緒十五年十一月十二日拜發奉
硃批該衙門議奏欽此

龍威鋼甲修整回工請復學生頂戴並暫定名
額薪糧請　飭部立案摺

奏爲龍威鋼甲兵船修整完竣驗試回工籲懇
天恩賞還製機各學生頂戴並將暫定名額薪糧
飭部立案恭摺具陳仰祈
聖鑒事竊臣於光緒十五年十月十二日會經
奏明龍威鋼甲兵輪由滬開行折損小機軸等件
請將製機學生陳兆翱等暫行摘去頂戴責令
修整完好欽奉
硃批著照所請該衙門知道欽此欽遵在案嗣據該

學生等稟稱小機軸等件均就上海修配一律完固十一月二十日北洋舟師巡歷過滬經海軍提督丁汝昌偕副統領琅威里帶同洋管輪等到船勘驗旋准提督丁汝昌電稱龍威於二十日出海駛驗三點鐘之久推算風差水溜每點鐘約近十一海里倘升火得法再用好煤當不止十一海里又准函稱龍威艙位工程布置妥貼大機器兩副亦復堅固靈通閩廠首先試造之船能是亦足各等語維時以節逾大雪津沽計已封河因飭該船駛回工次自滬展輪僅

歷四十六點鐘即抵閩江羅星塔停泊視在上
海試驗速率亦復相符臣親行登輪覆勘復飭
該學生等加意閱視隨宜添修一俟春融冰解
即行駛赴天津聽候北洋大臣驗收臣查閩廠
初次倣造鋼甲該學生鋭意發端竟能成此鉅
製雖從前折損小軸不無疎忽而修整之後自
驗試以及回閩經行大洋並無絲毫疵病揆諸
朝廷愛惜人才之意似宜寬其既往以策將來可否
仰懇
天恩將製機學生參將陳兆翱知縣李壽田縣丞楊

廉臣三員摘頂處分
准予開復俾資激勸出自逾格
鴻慈至該船自五月試洋後經臣暫定名額薪糧公
費在工時支給半餉出海時支給全餉此項經
費該船未到天津以前應歸福建善後局養船
項下造報謹繕清單恭呈
御覽伏乞
飭部立案用昭覈實除咨呈海軍總理各衙門並咨
戶兵兩部外所有龍威兵輪試驗回工並請復
各學生頂戴暫定名額薪糧各緣由謹會同福
州將軍世襲一等繼勇侯臣希元閩浙總督兼
管福建巡撫事臣卞寶第恭摺由驛四百里馳
陳伏乞
皇上聖鑒訓示謹
奏
光緒十五年十二月十三日拜發驛站擅拆盜
換復於十六年二月初六日補奏奉
硃批着照所請該衙門知道單併發欽此

謹將二千四百匹實馬力龍威鋼甲艦官弁舵水員名並月支薪糧公費銀數繕具清單恭呈

御覽

計開

管帶官一員月支銀二百一十六兩

會帶官一員月支銀一百兩

大副一員月支銀六十兩

駕駛二副一員月支銀四十八兩

槍礮二副一員月支銀四十八兩

船械三副一員月支銀三十六兩

舢板三副一員月支銀三十六兩

正礮弁一員月支銀二十四兩

水手總頭目一員月支銀二十四兩

副礮弁二員每員月支銀一十六兩共月支銀三十二兩

總管輪一員月支銀一百四兩

大管輪二員每員月支銀六十四兩共月支銀一百二十八兩

二等管輪二員每員月支銀四十八兩共月支銀九十六兩

三等管輪二員每員月支銀三十二兩共月支銀六十四兩

水手正頭目六名每名月支銀一十四兩共月支銀八十四兩

水手副頭目四名每名月支銀一十二兩共月支銀四十八兩

一等水手一十六名每名月支銀一十兩共月支銀一百六十兩

二等水手二十二名每名月支銀八兩共月支銀一百七十六兩

三等水手二十二名每名月支銀七兩共月支

銀一百五十四兩

管旗一名月支銀一十四兩

一等升火一十六名每名月支銀一十二兩共月支銀一百九十二兩

二等升火一十六名每名月支銀一十兩共月支銀一百六十兩

三等升火六名每名月支銀八兩共月支銀四十八兩

二等管艙一名月支銀一十六兩

一等管油六名每名月支銀二十兩共月支銀
一百二十兩
三等管油六名每名月支銀一十六兩共月支
銀九十六兩
一等管汽六名每名月支銀一十八兩共月支
銀一百八兩
油漆匠一名月支銀一十六兩
木匠頭目一名月支銀一十六兩
二等木匠一名月支銀一十兩
電燈匠一名月支銀三十兩

鍋鑪匠一名月支銀二十二兩
夫役六名每名月支銀六兩共月支銀三十六
兩
三等文案兼支應一員月支銀二十兩
三等醫官一員月支銀二十兩
以上官弁舵水人等一百五十九員名計月
支薪糧銀二千五百六十二兩
行船公費月支銀四百四十兩
統共月支薪費銀三千零零二兩

派知府楊廷傳充提調片
再船政提調有勷理工程表率員紳之責應派
專員以昭慎重前緣道員吳仲翔因病銷差經
臣委令總辦文案處補用直隸州知州王嵩辰
代理於光緒十二年十一月
奏明在案歷辦三年深資臂助惟文案公牘既繁
提調責任尤重必須兩得其人而後兼收其益
茲查有告養在籍鹽運使銜前甘肅甘州府知
府楊廷傳才具穩練綜覈精詳堪以派充提調
王嵩辰仍總辦文案以專責成除分別檄飭外

謹會同福州將軍世襲一等繼勇侯臣希元閩
浙總督兼管福建巡撫事臣卞寶第附片陳明
伏乞
聖鑒謹
奏
同日補奏奉
硃批該衙門知道欽此

船塢添派員弁專駐梭巡督率片

再閩廠於光緒十三年十一月間開造石船塢經臣奏報在案當夫開挖伊始匠作日數百人時有乘潮趕辦工程非有專駐之員梭巡督率難保無偷惰悞工臣察度情事於開工之日即派委員二員一員月支薪水銀三十兩一員月支薪水銀二十兩差弁二員每員月支薪水銀六兩列入是年員弁名額四柱冊內作爲暫添員額咨報戶部備案嗣准部咨以閩廠員弁悉以兩次奏單爲定額不應再有添派且船塢之

設係因舊設船槽經用已久始另修船塢一所或令各廠差使較簡之員分辦或令船槽原設員弁兼辦自無不可所有新添員弁均應刪除等因經臣將不能分辦兼辦情形備咨聲覆復准來咨以如因船塢開挖伊始非專設員弁不足以資遣用亦應將實在情形詳細叙明奏請添派此時未便據咨率准等因咨覆前來竊維製船經費年來支絀異常臣具有天良有可畧從節省者無不力求節省惟是新塢工程綦重其地距船廠將及三里舊槽日有工作原設船槽員弁各日有專司即各廠差使之員經戶部照單刪裁後常苦不敷遣用就中欲籌兼辦則勢有不能欲籌分辦則人患不足合無仰懇

天恩准予暫添船塢委員二員差弁二員薪水均自開造船塢之日起支將來石塢告成此項暫添員弁或留或撤仍隨時察看期於工無曠悞款不虛糜除咨部查照外所有暫添船塢員弁各緣由謹附片具陳伏乞

聖鑒訓示謹

奏

同日補奏奉

硃批該部議奏欽此

遵　旨補奏摺

奏爲遵

旨補奏恭摺具陳仰祈

聖鑒事竊臣於光緒十六年二月初一日承准軍機

大臣字寄本年正月初八日奉

上諭兵部奏驛站擅折夾板請旨飭查究辦一摺據稱本年正月初四日接到裴蔭森於上年十二月十三日拜發夾板一副奏摺公文均已無存前於光緒十四年九月十一月間楊昌濬兩次奏報摺件均經折毀盜去該部奏明飭查僅據浙江咨報並無折動情形福建省迄今一年之久並未查明報部且他省奏報並無似此情形獨福建省驛站屢屢擅折實屬目無法紀請飭查參等語昨據劉銘傳咨報兵部發回夾板僅有大婚恩詔滿漢文各一紙並無摺當令該部詳查並著該撫確切查辦茲據該部所奏復有此等情事殊堪詫異驛站遞送摺報膽敢屢次擅折夾板盜換摺件若不確切查明從嚴懲辦何以肅郵政而儆效尤著卞寶第劉銘傳飭屬認眞挨站查究係何處私折更換限四個月覆奏毋許延宕裴蔭森此次所奏摺件並著該京卿迅速補奏兵部原摺均著抄給閱看將此各諭令知之欽此跪聆之下欽悚莫名謹查臣上年十二月十三日拜發摺件計正摺一件係報龍威鋼甲修整完竣驗試回工並附暫定該船薪糧名額清單附片兩件一係遴充提調一係暫添船隝員弁薪水經臣親自封固發驛遞送此次被人擅折夾板盜換摺件由督臣卞寶第飭屬挨站查究另行具報外臣應將前遞摺片敬謹補繕恭呈

御覽所有遵

旨補奏緣由理合恭摺由驛四百里馳陳伏乞

聖鑒謹

奏

光緒十六年二月初六日拜發奉

硃批兵部知道欽此

船政奏議彙編卷四十一目錄　裴蔭森十五

船政奏議彙編卷四十一

遵　旨裁員依限具報摺　裴蔭森十五

奏爲遵
旨裁員依限具報恭摺仰祈
聖鑒事竊於光緒十五年十二月二十二日准戶部咨開光緒十五年十一月十五日內閣奉
上諭國家綜核度支必先嚴除冗濫從前各省辦理軍務創立支應採辦轉運等局本屬一時權宜不能視爲常例迨軍事敉定又以善後爲名凡事之應隸藩司者分設各局名目衆多鹽務則督銷分

銷局卡林立大率以候補道員爲總辦而會辦隨辦各員其數不可勝計所有專管之藩運兩司轉以循例畫諾爲了事又如清訟保甲捕盜等事本係臬司專責亦皆另設一局授權委員論公事則推委轉多論庫款則虛糜甚鉅至船政機器各局原爲當務之急而局用開支尤屬獘竇叢生漫無稽考若不一律認眞整頓何以昭核實而塞漏巵前於光緒十一年八月二十二日欽奉
懿旨各省設立各局種種名目濫支濫應無非瞻徇情面爲位置閒員地步飭令大加裁汰定議覆奏仰見

聖慈誥誡嚴明各該省雖經遵議奏明量爲裁減總未能將煩費認眞䇿除近年以來冗員愈多浮費愈甚着各直省將軍督撫破除情面將所有各局通行查核或刪減或歸併其有必不能裁者即將按月經費限定數目不准任意增添自接奉此旨後勒限三個月將議定限留各局開單奏報並將各局經費每月若干咨報戶部存案該部於每年報銷冊內逐一查對毋任稍有含混理財與用人相輔而行實爲圖治之大端各將軍督撫身膺重寄務當振刷精神切實經理不得狃於積習敷衍塞

責將此通諭知之欽此欽遵恭錄飛咨前來臣跪聆之下欽悚莫名伏查光緒十五年九月間海軍衙門遵議詹事志鋭條奏海軍事宜摺內於福建船政局一項陳明應將局面變通裁減改歸海軍衙門節制就現有經費將已開工之石隝造竣專爲修理鐵甲之用北洋兵輪冬令赴南巡操至福州即可就近進隝停歇修理俟將來經費稍充再議製造其應如何變通裁減員役縻費擬請

飭下船政大臣會同將軍督撫悉心妥議詳咨海軍衙門酌核請

旨辦理等因奉

旨依議欽此欽遵亦經恭錄咨行前來

國家愼重度支凡屬臣工敢不深體此意竊維船政之設綜其大綱不過製造輪船而已然製造輪船非一廠一所所能集事也約舉條目一曰製船身而船身有木脅鐵脅之分且鑲配之件以及桅舵舢舨不能不分廠營焉一曰製輪機而輪機胚件或鍛或鑄以及鑄件木模亦不能不分廠營焉一曰製鍋爐而所用之鐵版鐵槽

鐵條由荒鐵拉鍛而成者咸仰給於他廠焉一曰製帆纜而所配之轆輪索串銅鐵鈎環非本廠所能自造者亦仰給於他廠焉凡此數者工異料殊各不相習他如修船有槽儲料有所學堂有英法之分住宿有匠徒之別名目紛繁不勝枚舉前大臣沈葆楨爲之分門別類始克綱舉目張嗣復仿製水雷開辦石隝計先後設廠所者三十兼以署中應設之提調總稽查文案支應發審以及采辦各員統共員紳七十二員遞年以來裁併廠所者六裁汰員紳二十一員

截至光緒十五年十二月底止計實存廠所二十有四員紳五十一員常苦不敷遣用至於各學堂教習本不在定額之內平日分班授課藉以培育人才亦未便多所裁減茲經設法騰挪請自光緒十六年二月起裁減鐵脅廠委員一員東考工所委員一員發審所委員一員水雷所委員二員前學堂漢文教習一員後學堂帮教一員槍砲教習一員漢文教習一員管輪學堂帮教一員繪事院派廠帮教一員計共裁員紳五員教習六員經將所裁員額支數連同弁

役各項咨呈海軍衙門聽候酌核請
旨辦理竊恐輾轉奏報有逾限期合將所裁員額依限先行具報除分咨海軍衙門戶部查照外所有裁員依限具報各緣由理合會同福州將軍世襲一等繼勇侯臣希元閩浙總督兼管福建巡撫事臣卞寶第恭摺馳陳伏乞
皇上聖鑒訓示謹
奏
光緒十六年閏二月初八日拜發奉
硃批該衙門知道欽此

隝前泥積擬於對岸插筒引水刷沙片

再船政廠地憑陵大江開辦之始擇江流深處傍岸設立船臺以便下水船槽以便修船鐵水坪以便起卸法至善也嗣以水力漸微刷沙不暢因購置大機器挖土船排日起挖泥沙用資補救詎邇年以來溪流盡歸對港船臺船槽及鐵水坪前水勢日消沙痕日長雖有挖土船亦無以施功臣因親乘小舟沿江測驗確見溪流改道近廠之處淤墊有加非亟予疏通數年後成陸成洲將廠地盡成廢棄所關大局非淺尠

也查疏濬江流祇有引水刷沙一法察看現在情形能於上流鼇頭鄉以下別開深港暢引溪流俾資衝激策之上也其次則於對岸上游密插竹筒使水到筒前折回近港水流既暢亦可挾沙而行惟沿流開港動費浩繁當此庫藏支絀之時力難舉辦擬先徧插竹筒引水徐回仍用挖土船常川開掘約估工料至省亦須數千金所患水性無常難保其必能移流就軌仍應隨時揆度期於泥沙盡刷廠地無虞所需款項仍由製船經費項下支銷仰懇

天恩先予飭部立案俟工竣之日核計支用統歸本年分歲入歲出冊內報銷除分咨戶工兩部外所有試辦插酋引水緣由謹會同福州將軍世襲一等繼勇侯臣希元閩浙總督兼管福建巡撫事臣卞寶第附片陳明伏乞

聖鑒訓示謹

奏

同日拜發奉

硃批該衙門知道欽此

沾患肝痛懇　恩賞假兩月調理片

再臣自去年秋間沾患肝痛時發時止初不以爲病也今歲時交春令木氣日旺土氣漸衰因而頭目眩暈兩耳常鳴胃脘之間結成痞隔筋絡旁掣逆氣上衝伏枕終宵不能成寐病狀迭出服藥數十劑迄不見差據醫者言病由操勞太過以致心血虧損肝燥脾傷非靜攝數時恐成怔忡之證臣當時即欲請假醫調因龍威鋼甲工程未畢祇得勉强支撐今該船將次赴津而協粤各艘亦陸續圖功具有機緒但得經費少舒即可按常營繕可否仰懇

天恩賞假兩個月藉資調理日間尋常公事暫委提調代拆代行其事屬要公仍由臣力疾核辦一俟醫治稍痊即行銷假不敢自耽安逸有負生成所有臣因病請假緣由謹附片陳明伏乞

聖鑒謹

奏

同日拜發奉

硃批着賞假兩箇月欽此

三屆出洋學生學成并襄辦肄業各員出力分
別獎勵摺
奏爲三屆出洋期滿學生學均有成並華洋各員
襄辦肄業事宜始終出力懇
恩分別獎勵以昭激勸恭摺仰祈
聖鑒事竊臣等續派北洋閩廠學生出洋肄業經將
分別扣足在船月日展拓在洋年限並覈估按
年用款以及出洋製造學生在洋三年先予擇
尤請獎六年期滿再予一律彙保先後
奏明荷蒙

恩准欽遵在案茲三屆出洋學生三十四名內除黃
裳吉一名在北洋供差未經出洋外其派赴英
國專習測繪海圖巡海練船兼駕駛鐵甲兵船
之學者陳恩燾賈凝禧周獻琛三員專習操放
大礮槍隊陣圖大副等學兼駕駛鐵甲兵船者
劉冠雄黃鳴球邱志范王學廉鄭汝成陳杜衡
沈壽堃鄭文英八員專習兵船管輪機之學者
王桐一員專習水師兵船算學格物學者伍光
建陳伯涵曹廉箴三員專習水師海軍公法捕
盜公法及英國文字語言之學者張秉圭羅忠

堯陳壽彭三員專習海軍製造之學者陳慶平
李大受陳長齡盧守孟四員其派赴法國專習
海軍製造家算學化學格物學者鄭守箴林振
峯二員專習萬國公法及法文法語者林藩游
學楷高而謙王壽昌柯鴻年許壽仁六員各學
生抵洋後陳恩燾賈凝禧周獻琛均由英國海
部送上巡海練船周歷東南西洋歐亞澳美各
州陳恩燾復由法國海部送入繪海圖衙門學
習繪圖併圖之法賈凝禧歷過海海軍大操後
又入雷學並上英屬地中海海軍部丹麥雷鐵

甲兵船周獻琛又調入糯次安伯倫鐵甲兵船
習練船用帆駛風之學均經法國海圖總辦各
兵船船主出考給據劉冠雄黃鳴球邱志范前
由英海部派上槍砲練船復入英兵部武力士
砲廠操練各種大砲洋槍陣圖及修理製造理
法更調英海海軍部愛倫求克等兵船講求雷
學王學廉鄭汝成陳杜衡沈壽堃鄭文英均先
入英國格林書院肄業算學法格物學水機水
汽等學又派上槍砲練船學習操砲操彈操機
操轉輪砲臺操洋槍隊學製槍砲理法準法及

腰刀手槍等學均考列優等由英國監督船主等各出考給據王桐派入英海部格林書院肄業考列二等嗣在英海海軍部莫納克耳克鐵甲兵船幫辦三等管輪人員亦經船主出考給據伍光建陳伯涵曹廉箴同在英海部格林書院肄業兩年同時考試代數三角學圜錐學重學動學水學積分微分學雜學算學格致理法化學理法汽機學圖學均列上等又赴英國公司遇尼外耳及金士哥利士兩書院肄業一年所學益精經該書院給據獎賞張秉圭羅忠堯

學習臘丁文字及英刑司各種律例海軍捕盜等項公法皆深知旨要陳壽彭充當繙譯亦音字無訛陳慶平李大受入法國工部製造大書院肄業於開河築壩起造鐵石橋梁試估輪車鐵道各項工程皆能繪圖算料計工科程該書院總監督稱其可勝橋路總監工之佐陳長齡盧守孟入法國海部製造大書院肄業於船身輪機各學均有心得鄭守箴林振峯考入法國學部娜鑾大書院均取中算學科格致科舉人林藩游學楷高而謙王壽昌柯鴻年許壽仁入

法國學部律例大書院肄業均列上上等高而謙游學楷又取中律科舉人至繙譯李隆芳洋支應貝西保兒供事熊應斌書事張寶章皆能各稱厥職其考未入格者僅製船學生楊濟成一人而已該學生等期滿學成由出使大臣劉瑞芬查錄各該生在洋課程出具考語先將學習駕駛三年期滿者咨送回華臣等公同考驗各該生等所學莫不盡探奧妙各具等長較之前屆學生亦學業較邃創獲實多當此倡練海軍之時得此有用之才洵足仰備

國家器使而華洋監督周懋琦斯恭塞格率領生徒出洋能與英法各部互相款洽使生徒得入官學官廠並上各兵船練習考證盡得秘傳實屬調度有方始終出力而隨帶各學生出洋肄業並襄辦出洋肄業事務魏瀚李壽田吳德章王崧長許貞幹沈翊清韓沭之梁孝熊李聖培等於應辦事務均能措理得宜三年罔懈亦不無微勞足錄查前兩屆出洋生徒學成回華並

華洋襄辦各員均照異常勞績

奏請給獎此次事同一律合無仰懇

天恩准予援案奬勵以資鼓舞而勸將來謹開具清
單恭呈
御覽除咨呈海軍衙門並咨吏兵二部外所有出洋
學生並華洋各員援案請奬緣由謹會同福州
將軍世襲一等繼勇侯臣希元恭摺附驛馳陳
伏乞
皇上聖鑒再此摺係臣蔭森主稿合併聲明謹
奏
同日拜發奉
硃批周懋琦等均着照所請奬勵該衙門知道单併
發欽此

出洋學生積勞病故從優請卹片
再船政駕駛學生五品頂戴陳鶴潭製造學生
五品頂戴林志榮經臣等選取隨同三屆各學
生出洋肄業抵洋之後陳鶴潭在英國高士博
伯呢學堂温習語言文字又在蘇格蘭製造船
廠學習輪機製用各法探秘窮微曉夜攻苦遂
得咯血之疾病歿於法國醫院林志榮入法京
營造官學堂學習在洋三載夙夜勤劬亦以積
勞咯血洋醫審爲不治扶病回閩隨即身故查
光緒二年奏定選派船政生徒出洋肄業章程
內開生徒因攻苦積勞致有不測之事酌量請
卹等因今陳鶴潭林志榮選派出洋藝已垂成
遽因勤學病故殊堪憫惻相應籲懇
天恩俯准飭部從優議卹以慰幽魂謹合詞附片陳
明伏乞
聖鑒訓示謹
奏
同日拜發奉
硃批着照所請該部知道欽此

船政奏議彙編卷四十二

閩廠製造輪船支用各款造册覈實報銷摺　裴蔭森十六

奏爲閩廠製造輪船支用各欵造册覈實報銷恭摺仰祈

聖鑒事竊閩廠製船各欵自光緒九年正月起截至十一年十二月底止動支閩海關洋税及閩省善後局南洋協撥等款經臣於去年十一月間遵照新章造册請銷奏奉

硃批該衙門議奏欽此欽遵在案茲覈閩廠自光緒十二年正月接造起截至十四年十二月底止計湊成二千四百匹實馬力鐵脅巡海快船兩艘曰鏡清曰寰泰一千六百匹實馬力銕脅三等快船一艘曰廣甲製造未成二千四百匹實馬力銕脅鋼甲艦一艘曰龍威二千四百匹實馬力銕脅穹甲快船兩艘曰廣乙曰廣丙四百匹實馬力銕脅淺水兵船一艘曰廣庚七船接續並營廠機益資添拓兼以開石隝以備巨船之修葺建砲臺以固廠地之籓籬魚雷之門合宜精購新機以興役巨礮之收儲宜慎擇隙地而鳩工黽勉經營洵皆當務之急他如船臺銕

水枰爲任重之區謫堂繪圖房爲課學之所或修或建亦未敢置爲緩圖凡此應辦緣由均經隨時奏報其常年支放有額可稽者如薪水贍養飯食工伙口粮等欵亦經遵照部章按年開列名額四柱送部備案其有經部覆准不能專案奏咨者則如歲修之機器廠屋爐溝添置之傢伙書籍器具欵目紛繁實難枚舉此製造一切之情形也閩海關洋稅應解船政者經戶部議奏自光緒二年正月爲始六成月撥銀三萬兩四成月撥銀二萬兩今覈製船經費自光緒

十二年正月起截至十四年十二月底止上屆報銷案內存銀四十四萬九千三百五十六兩八錢六分二釐六毫又存用剩銅鐵木煤各料價值銀一十二萬一千九百二十三兩二分八釐八毫閩海關六成洋稅月奉撥銀三萬兩自光緒十二年正月起截至十四年十二月底止連閏計三十七箇月內除十二年分欠解一十箇月十三年分欠解九箇月十四年分欠解八箇月外實解到一十箇月共銀三十萬兩又四成洋稅月奉撥銀二萬兩自光緒十二年正月

起截至十四年十二月底止連閏計三十七箇月共解到銀七十四萬兩又南洋協撥第一號快船經費原奏請撥二十萬兩除上屆列收外找解銀九千七百七十七兩又續造第二號第三號快船經費原奏撥銀六十六萬兩除上屆列收及未解外實解到銀二萬二千五百二十九兩三錢四分五釐二毫又閩省善後局撥解試造鋼甲艦經費原奏請撥四十六萬兩除上屆列收外找解銀三十萬兩又廣東撥解協造輪船八艘經費原奏番銀五十三萬兩除未解

外實解到番銀三十九萬兩折合銀三十五萬四千五百四十五兩四錢五分四釐五毫又滙存廣東快船經費生息番銀二千六百九十七兩五錢六分四釐七毫六絲六忽六微折合銀二千四百五十二兩三錢三分一釐六毫覈計管收共銀二百三十萬五百八十四兩二分二釐七毫內除造船購器修廠贍工等項支用銀一百七十五萬九千九百三十兩九錢三釐九毫又墊支各輪船薪費銀九萬三百二十九兩六錢五分四釐六毫各輪船煤炭價值銀一萬

五千八百九十九兩一錢二分九釐九毫修理
輪船工料銀八萬三十一兩九錢六分六毫統
共支銀一百九十四萬六千一百九十一兩六
錢四分九釐實存銀一十一萬七千八百三十
五兩四錢一分九釐六毫又存用剩銅鐵木煤
各料價值銀二十三萬六千五百五十六兩九
錢五分四釐一毫查輪船薪糧煤炭修費船政
第一次報銷係另歸養船項下開報沈葆楨奏
命巡臺時奏明自同治十三年四月十六日起將所撥
養船經費併入臺防項下各船薪糧亦歸臺防
項下支銷奉
旨該衙門知道欽此嗣後歷屆報銷各前大臣均因
輪船薪糧等款除由臺防本款支給外船政墊
支銀兩無款劃還截清年月彙入製船經費單
內作正開銷歷奉戶部覆准在案所有光緒十
二年至十四年稅釐局奉撥養船經費仍復批
解不前各船應領之項除將解到養船銀兩儘
數支給並赴臺赴厦就於差次支領外製船項
下尚墊支各船薪糧煤價修費三款共銀一十
八萬六千二百六十兩七錢四分五釐六毫莫

從支收歸款自應援照成案將墊支前項銀兩
歸入本案作正開銷其款應由閩省善後局登
收彙總造册以昭覈實此支銷一切之情形也
竊維船政用款多製船則費似奢而實節少製
船則費似省而實糜蓋多製船而稽察之員紳
司帳之書吏各廠日用之煤炭油觔各款所支
者此數少製船而稽察之員紳司帳之書吏各
廠日用之煤炭油觔所支者亦此數所以臣蒞
工以來力籌多製船隻以求無形之節省此臣
沾沾焉圖報
恩遇之私忱也惟船機之興作日繁工料之支銷日
鉅若不及時截報竊恐轇轕不清茲將三年中
用款彙造細册飭員逐件鉤稽臣復覆加詳覈
深悉一切支銷均無浮冒伏懇
天恩飭部查照臣光緒十二年七月閏造册報銷難
拘成例奏案免以則例相繩照數覈銷以清積
牘除咨呈海軍衙門總理衙門並將細册咨送
戶部兵部工部覈銷外理合會同南洋大臣兩
江總督臣曾國荃兩廣總督臣李瀚章福州將
軍世襲一等繼勇侯臣希元閩浙總督兼管福

建巡撫事臣卞寶第恭摺具陳伏乞

皇上聖鑒謹

奏

光緒十六年三月二十八日拜發奉

硃批該衙門議奏欽此

試造鋼甲兵船溢用銀數聲明立案片

再竊據工程處監造船身學生魏瀚鄭清濂吳德章監造船機學生陳兆翱李壽田楊廉臣等稟稱竊學生等於光緒十一年間稟請試造鋼甲艦原估除礮位魚雷電燈另購外每船約銀四十六萬兩當經鳩工庀材於光緒十二年間安上龍骨十三年十二月間下水迄十五年九月間工竣蒙飭駛赴天津聽候勘驗嗣由滬展輪小抽汽機軸折損卽駛回吳淞就洋廠修整完固復蒙飭駛回閩加意閱視隨宜添修刻已將船機緊要之件全行折視隨宜添改一律完好可以隨同北軍前赴津沽候驗覈計工料自興工起至現在止連電燈價值約共銀五十二萬餘兩內除不在原估數內之電燈價值五千餘兩外尚需銀五十一萬餘兩較之原估銀數溢用銀五萬餘兩所以溢用緣由有不能不詳晰陳者學生等原擬所造之船船身長十七丈三尺九寸船尾喫水深一丈二尺三寸全船噸儎一千八百噸實馬力一千七百四今所造之船船身長十九丈七尺喫水深一丈三尺一寸

全船噸儎二千一百噸實馬力二千四百匹噸儎馬力旣增則船身丈尺自不能不增工料所以溢於原估者此其一學生等原擬三船並造請欵一百三十八萬兩凡三船可以通用者如船身之版樣鑄件之木模以及船架船撑木楔木槽造三船只需一分造一船亦需一分是原擬均諸三船者今專萃於一船工料所以溢於原估者又其一學生等原估船上礮位電燈各項歸於另購應由用船省分自行購配故一切安鑲砲位電燈工費未及估計在內嗣因大砲電燈業已購到乘其船工未竣先行配置免致將來周折凡安裝大砲嵌鑲電燈以及砲臺之鐵罩電機之鍋鑪亦皆製配齊全工料所以溢於原估者又其一凡此數端第就目前覈計而言聞該船派歸天津水師差遣凡屬一軍必須整齊畫一倘閩船與津船船中配件不能一式者將來又須添改尤非學生等意計所及應請另案續銷理合稟請奏咨立案等因前來臣覆覈所稟各節均屬實在情形至船身丈尺噸儎馬力加增有請造及下水奏案可稽且到船尙

可按驗非該學生等所能揑飾合無仰懇

天恩俯准飭部立案以爲報銷根據除咨呈海軍衙門分咨戶部工部外所有試造鋼甲艦工料溢於原估各緣由理合會同福州將軍世襲一等繼勇侯臣希元閩浙總督兼管福建巡撫事臣卞寶第附片具陳伏乞

聖鑒謹

奏

同日拜發奉

硃批該衙門知道欽此

龍威鋼甲兵船修整完竣改名平遠駛赴天津
摺
奏爲龍威鋼甲兵船修整完竣接准北洋大臣電
寄改名平遠現已駛赴天津恭摺具陳仰祈
聖鑒事竊臣於光緒十五年十二月間曾將龍威鋼
甲兵輪修整完竣驗試回工籲懇
天恩賞還製機各學生頂戴並將暫定名額薪糧
奏明
飭部立案奉
硃批著照所請單併發欽此查該船於去冬在滬時

經北洋副統領琅威理驗視後駛回閩洋照兵
船新式增修鑲配約有百數十件已於三月二
十八日由海軍提督丁汝昌統率北上方北軍
各輪舟在香港之時適接北洋大臣李鴻章電
寄龍威既撥歸北洋操演宜改名平遠庶與北
軍鎮遠定遠等合隊堪以隨時號召即交提督
丁汝昌統率北上等語該船隨同北軍由閩赴
滬祗歷四十四點鐘已抵上海行駛尙爲合法
一切名額薪糧皆照龍威定製其薪糧餉項暫
由製船項下墊給未抵津沽之前旣應歸閩省
善後局開支卽應由閩省解還歸款所有龍威
鋼甲船改名平遠隨同海軍北上各緣由謹會
同北洋大臣大學士直隸總督臣李鴻章福州
將軍世襲一等繼勇侯臣希元閩浙總督兼管
福建巡撫事臣卞寶第恭摺由驛馳陳伏乞
皇上聖鑒訓示謹
奏
光緒十六年四月初六日拜發奉
硃批該衙門知道欽此

展留洋教習片

再駕駛學堂洋教習鄧羅由英國應募來閩於光緒六年八月二十七日抵工按照外國月日約定三年爲限扣至九年八月三十日期滿嗣因該教習到工以來教導尚屬認眞張夢元任内再留一年俾資得力自九年九月初一日起扣至十年八月十二日止張佩綸任内復留一年自十年八月十三日起扣至十一年八月二十三日止其所授學生堂課已畢堪以出洋肄業由臣復議留三年接授二班學生經於光緒

十一年七月二十六日

奏明在案嗣自十一年八月二十四日起扣至十四年八月二十五日止限滿臣詳加察看該教習於督課各學生甚屬盡心教導因復議留三年加訂合同按照年月排定功課以期廣收駕駛人才之益理合附片陳明伏乞

聖鑒謹

奏

同日拜發奉

硃批該衙門知道欽此

青洲石隖復行開辦片

再閩廠於青洲地方剏設石隖藉以修理鐵甲巨船經臣於光緒十四年三月初六日

奏明開工試辦嗣因閩海關六成項下報解不前經費無從籌墊不得已於光緒十五年八月初十日

奏明暫行停辦是年冬間承准海軍衙門來咨以閩省石隖可備北洋兵船避凍南下及時修整之需應分工兼辦以重海防各等因臣與將軍臣督臣熟商議以六成項下兩箇月六萬金作

爲按年籌辦船隖之資咨呈海軍衙門請爲轉奏現雖未據咨覆而石隖既爲現時之急務似不容置爲緩圖業於本年二月二十七日委飭員紳酌帶工役復行開辦目下規模畧具其如何斟酌損益仍由督臣隨時核辦以竟前功所有續辦船隖緣由理合附片陳明伏乞

聖鑒謹

奏

同日拜發奉

硃批該衙門知道欽此

恭謝　天恩並報明交卸船政起程日期摺

奏爲恭謝
天恩並報明交卸船政起程日期恭摺具陳仰祈
聖鑒事竊臣於光緒十六年三月三十日承准海軍
衙門咨開三月初二日奉
上諭光祿寺卿裴蔭森著來京供職所有船政事務
著派閩浙總督卞寶第兼管欽此臣當即恭設香
案望闕叩頭謝
恩訖伏念臣六載船官毫無報稱迺蒙
聖恩不加譴責仍令以本職入都能無感極涕零奮

思自効四月初六日准閩浙督臣卞寶第來馬
江任事臣即於是日交卸篆務定期十六日起
程臣籍隸淸淮由閩入江地當孔道前於閏二
月初八日因患肝病籲請假期仰荷
聖慈賞假兩個月無如假期屆滿而病未全瘳伏乞
天恩再賞假兩箇月就醫江北倘蒙
聖主福庇得以速痊卽行入都供職藉盡犬馬圖報
之私所有微臣感激下忱並交卸起程日期謹
繕摺恭謝
天恩附陳明伏乞
皇上聖鑒訓示謹
奏
同日拜發奉
硃批着再賞假兩箇月欽此

国家出版基金项目
NATIONAL PUBLICATION FOUNDATION

海上絲綢之路文獻集成

總主編　陳支平　陳春聲

歷代史籍編 128

主編　范金民

海峽出版發行集團
THE STRAITS PUBLISHING & DISTRIBUTING GROUP
福建人民出版社

本册目次

船政奏議彙編五十四卷（卷四三至卷五四）

〔清〕左宗棠等撰

船政奏議彙編卷四十三目錄　　卞寶第一

船政奏議彙編卷四十三　　卞寶第一

恭報接受船政關防叩謝
天恩摺

奏爲恭報接受船政關防叩謝
天恩并陳船廠距省較遠難於兼顧情形仰祈
聖鑒事竊臣於光緒十六年三月二十九日承准總
理海軍衙門咨照光緒十六年三月初二日內
閣奉
上諭光祿寺卿裴蔭森著來京供職所有船政事務
著派閩浙總督卞寶第兼管欽此臣跪聆之下感
悚難名當卽恭設香案望
闕謝
恩隨經咨明裴蔭森清理交代事宜茲於四月初六
日准前船政大臣光祿寺卿裴蔭森將總辦船
政關防一顆委員齎送前來臣敬謹祗受應卽
欽遵兼管辦理惟查船廠設立馬江地方距省
六十里廠中銀款料物匠人工作學堂課程委
員勤惰均須逐日稽查加以水陸營勇傭趁夫
役人衆類繁易於滋事必須大員駐廠方足以
資彈壓臣職兼督撫兩署公事統轄浙江臺灣

弁鹽政洋務事極繁重萬不能舍此就彼若不常時駐廠又恐查察難周廠員稟事每日來往一百二十里且非乘潮上下不能行走諸多未便可否仰懇

天恩另派大員管理或

添派大員代臣駐廠彈壓稽查恭候

欽定所有微臣感悚下忱理合繕摺恭謝

天恩并陳難於兼顧情形伏乞

皇上聖鑒訓示謹

奏

光緒十六年四月初七日拜發奉

硃批另有旨欽此

軍機大臣字寄光緒十六年四月二十六日奉

上諭卞寶第奏船廠距省較遠難於兼顧一摺福建船政關繫緊要聞近年來弊竇叢生虛糜甚巨亟應實力整頓卞寶第向來辦事尚能不避嫌怨船廠離省六十里並不甚遠雖不能在彼久駐儘可隨時前往督率經理至逐日稽查課程等事著於道府中遴派廉幹之員常川駐局認眞查覈仍責成該督綜理一切事宜毋得稍有推諉將此諭令

知之欽此

恭覆　寄諭片

再臣承准軍機大臣字寄光緒十六年三月初二日奉

上諭船政事宜極關緊要近年以來該局積習甚深所委各員辦事多有不實不盡之處裴蔭森性情長厚於刁劣員紳未能鈐束以致諸務漸就廢弛本日已明降諭旨令裴蔭森來京供職派卞寶第兼管船政事務該督平日辦事尚屬認真務當破除情面實力整頓將從前弊端悉行禁革凡一切應辦事宜隨時咨商總理海軍事務衙門奏明舉

辦總期實事求是毋蹈因循粉飾舊習以副委任將此諭令知之欽此欽遵寄信前來臣恭讀之下

仰見

聖明鑒察洞澈無遺曷勝欽感船廠自同治六年開辦前江西巡撫沈葆楨總理其事經營創造極費苦心用人尤爲慎重雖其至親舊交不濫收錄以故不利衆口謗議紛騰是時臣任福建巡撫知之最悉迨沈葆楨總督兩江此後接辦船政諸臣欲思弭謗不得不稍涉圓融各路薦書難於拒絕廠員皆係本地紳衿尤覺礙於情面此近年濫收濫委之實在情形也臣愚以爲任事全在得人提調支應監工等差最爲緊要非選端人正士不足以收實效而除積弊臣惟有不避嫌怨訪查刁劣員紳隨時裁汰更換務期諸務振興不致虛糜帑項以仰副

皇上實事求是之至意謹附片具陳伏乞

聖鑒謹

奏

同日拜發奉

旨知道了欽此

三屆出洋保案卽選知縣王崧辰所保官階請
撤銷片

再三屆出洋期滿學生學業有成照章准予
奏請獎勵本年閏二月間經船政大臣裴蔭森核獎具奏在案茲查有在廠員紳竄名其中臣等既未先事預聞又未會稿書奏遽列臣與李鴻章前銜會奏殊堪詫異臣細加訪查係總辦文案卽選知縣王崧辰乘裴蔭森患病神智不清自開保獎官階繕摺由驛發遞實屬膽大妄爲近三年中該員代辦提調聲名最劣相應請

旨將卽選知縣王崧辰請免選知縣以直隸州仍歸原班選用并加知府銜保案撤銷并交部議處以爲刁劣者戒是否有當謹附片陳請伏乞
聖鑒訓示謹
奏
同日拜發奉
旨另有旨欽此

閩防擬設水雷營變通籌款摺

奏爲閩防擬設水雷營變通籌款請
旨飭撥恭摺仰祈
聖鑒事竊臣維海口防禦之道岸防以礮臺爲先水防以水雷爲最至魚雷快艇用以輔助兵輪水戰轟擊必須練成大隊方資制勝閩口自甲申戰後兵輪盡燬現存琛航伏波兩船修之沈撈之餘聊供轉運料件巡緝近洋本非兵輪製式更有福龍魚雷艇經前大臣張佩綸購自德國原屬銜鋒利器而孤行一艇殊不足以助聲威現在閩口如長門金排厂石等處礮臺分峙在

在可壯岸防而港道紆迴尤宜添布水雷庶水防無空虛之慮船政庫藏如洗勢不能添製兵艦兼護礮臺而雷艇一艘停泊江干月費數百金於防務仍屬無益臣再四思維不如撤去魚雷艇於海口改設水雷營卽以歲養魚雷經費爲水雷營經費無事之日相度水流測量演練一經有事卽可布列要衝以與礮臺相依護閩口既乏兵輪是水雷一營尤爲當務之急臣因函商北洋大臣李鴻章囑其選派精熟水雷將

弁來閩管帶教練以資得力查福龍魚雷艇薪糧公費歲計八千餘金益以歲修添置等項已不下萬金水雷一營官弁兵匠月餉以及操用號衣雨衣油紗繩索五金雜料歲計亦不過萬金經臣兩兩比較贏絀尙屬無多惟開辦之始需費頗鉅如購用電器電線布置合用約須二萬兩浮雷沈雷由廠自造而棉藥須購五萬磅約須一萬四五千兩又雷廠雷電庫電線池工程約須一萬四五千兩下雷小火輪一隻平船兩隻舢舨四隻由廠自造約須七八千兩此皆

按照西法必不可少之需合計已在六萬兩左右船署既無款可籌而閩省司庫又支絀異常無從動撥臣查閩省前購魚雷艇並配礟筒汽機連珠礟等件價銀七萬二千餘兩又購魚雷十具並配戰頭等件價銀三萬六百餘兩此項船雷均係重價購置統計十萬有奇今雖擬裁撤必須置之有用之地現時南北洋均有兵船成軍訓練則此雷艇一號魚雷十具皆爲操防所必需可否請
旨飭下南北洋大臣或北洋或南洋籌度所宜將此船雷留防應用其前購之價亦不必如數給還但將閩省現需雷廠等項經費六萬兩籌撥分期解閩濟用一轉移間於海防均有裨益臣爲熟籌閩口防務起見於無可籌措之中爲此變通之計想南北洋之於閩省當必畛域不分樂於解濟以仰副
朝廷愼重海防之至意除分咨南北洋大臣外所有閩防擬設水雷營變通籌款請
旨飭撥緣由謹會同福州將軍臣希元恭摺具
奏伏乞

皇上聖鑒訓示謹
奏
光緒十六年六月二十一日拜發奉
旨該衙門議奏欽此

遵議查覆並另核請獎摺

奏爲遵議查覆並另核請獎恭摺仰祈
聖鑒事竊三屆出洋學生保案於光緒十六年閏二月二十二日欽奉
硃批恩准欽遵在案嗣准吏部按照奏定章程核議分別准駁具
奏奉
旨依議欽此欽遵鈔稿並單咨由北洋大臣轉咨前來內開柯鴻年許壽仁所請銜翎核與定章不符應另核奏明請獎陳恩燾履歷冊內未聲敘報捐指省年月陳長齡履歷冊開官銜與原保清單不符均令查明覆奏再行核辦各等因臣查柯鴻年許壽仁二員所請既與定章不符自應另核請獎陳恩燾係於十六年二月間在京捐局遵新海防例報捐縣丞並捐分直隸試用前開履歷僅敘報捐縣丞其指分省分一層漏未聲敘陳長齡係於光緒十四年十一月間在江南捐局遵蘇皖賑捐例報捐從九品職銜該員請保時自漏聲明故原保清單內未爲敘入茲據該二員呈驗報捐執照經臣查核無異合無仰懇
天恩飭部准將陳恩燾陳長齡二員均照原保單開官銜獎敘將柯鴻年許壽仁二員改作以巡檢歸部儘先選用並加六品銜以示獎勵除咨覆吏部外所有遵議查覆並另核請獎各緣由謹會同北洋大臣大學士直隸總督臣李鴻章南洋大臣兩江總督臣曾國荃福州將軍世襲一等繼勇侯臣希元恭摺具陳伏乞
聖鑒訓示謹
奏

光緒十六年八月二十一日拜發奉
旨吏部議奏欽此

保奬學堂製造駕駛管輪洋教習片

再臣查船政前後學堂製造駕駛管輪三項之
總教習向係延訂洋員在堂授課其在工供差
限滿著有勞績者應行奏請
賞給頂戴寶星以示獎勵歷辦在案茲查前學堂英
文格致算學教習賴格羅於光緒十一年三月
十七日抵工定限三年復經展留一年於十五
年三月限滿業已回國後學堂駕駛教習鄧羅
於光緒六年八月二十七日抵工前經兩次展
留於十一年七月間經前大臣裴蔭森附片請

奬賞
恩賞給五品頂戴並二等寶星在案十一年八月間
又展留三年十四年限滿復予展留現仍在工
供差後學堂管輪教習斐士博於光緒十三年
十月二十九日抵工定限三年轉瞬十月限滿
即須回國以上洋教習三員均係英國人在堂
授課均能精勤教導著有功効自應按照歷屆
洋員限滿請奬成案彙核請奬賴格羅擬請
賞給二等寶星斐士博擬請
賞給五品頂戴鄧羅擬請

賞換三品頂戴合無仰懇
天恩准予照奬以示鼓勵而柔遠人所有循案彙奬
在工洋員緣由理合附片陳明伏乞
聖鑒訓示謹
奏
同日拜發奉
旨著照所請該衙門知道欽此

√閩廠工程稍鬆接造穹甲快船摺

奏爲閩廠工程稍鬆接造穹甲快船恭摺仰祈

聖鑒事竊維船政之設所以開中國製造之先備沿海防禦之用創立以來廿有餘載成船三十一艘除撥駐煙台牛庄浙粵南北洋各處外其在閩口者燬於甲申一役僅存伏波琛航兩艘伏波調換於臺灣棄置之餘琛航修理於馬江撈獲之後且係兵商參製供轉運而不足以備巡防臣以爲閩海口岸雖云天險而防禦必不可以無船船政經費雖際萬難而製造尤不容以

中輟此臣所以早夜籌維恒以續造兵輪爲先務也閩廠自本年春間鋼甲告成經北洋大臣驗收後專爲粵省協造廣乙廣丙兩船廣乙本月內卽可試俥廣丙大件輪機近亦將次完竣現在輪機拉鐵鐵脅各大廠工程極鬆厚辛艮匠若令其雜作細工未免有虛糜之費臣查協粵各船更有廣丁一艘於光緒十五年十月間亦已安上龍骨經前大臣裴蔭森

奏報在案嗣准兩廣督臣李瀚章咨請暫行緩辦前來故將該船停止製造惟核計該船已動工程約有一萬三千餘工購備料件亦已過三分之一與其半途而廢不若竟其未完之工就其已有之料接續兼營俾廠工有日起之功而匠丁無星散之慮臣因粵省既議緩辦閩省又在需船故欲趁工程稍鬆之時將該船作爲本廠自造之船改名福靖以爲閩防之用如果以後粵省仍照原議辦理臣廠再當爲之購件另製則一轉移間粵料既不至於滯留廠工尤不至於懸曠而閩口亦不至於空虛矣至該船製成之日其養船經費當由福州善後局設法籌備

或卽就伏波琛航兩船挑舊換新酌劑辦理總期一船得一船之實用無廢船亦無糜費以仰副我

皇上撙節度支講求防務之至意除咨呈海軍衙門並咨部立案外所有接造穹甲快船緣由謹會同福州將軍世襲一等繼勇侯臣希元恭摺由驛馳陳伏乞

皇上聖鑒謹

奏

光緒十六年八月二十八日拜發奉

旨該衙門知道欽此

末

船政局添製機器並修造船礮各臺動用經費
奏咨立案摺
奏爲船政局添製機器並修造船礮各臺動用經
費遵照新章恭摺具陳仰祈
聖鑒事竊前奉戶部奏定外省報銷新章第十四條
內載各省設立機器局並閩省船政局如有添
購機器經費若干事前奏明咨部立案事後方
准覈銷等因茲據廠員稟稱輪機廠汽機經用
日久機括鬆蝕運動不靈應添製十五匹馬力
汽機一副以備抽換工料共銀一千四百餘兩

又輪機水缸兩廠製造銅鐵小機件藉欲節省
汽力輪機廠添製旋鐵小輪床三副工料共銀
一千五百餘兩水缸廠添製挂壁小鑽機二架
工料共銀一百餘兩又船槽機器屋宇自光緒
十年間大修之後歷用將及五年該槽爲任重
之區日久不無鬆朽用特興修以昭愼重工料
共銀二千一百餘兩又工次船臺歷時已久木
質間有朽蝕凡起製新船均應先行驗明其應
修者卽與興修始堪任重計修第三號穹甲艦
船臺工料銀七百餘兩又建造馬限中坡後坡

洋式護廠礮臺兩座經前大臣裴蔭森將建造
緣由於光緒十三年三月間
奏明在案工程現已告竣計中坡礮臺工料共銀
八千七百餘兩後坡礮臺工料共銀一萬七百
餘兩以上各款均應歸於光緒十五年分製船
經費項下造銷等語呈請立案前來臣復查無
異除咨部查照並彙案造銷外所有遵照新章
應行立案各緣由謹會同福州將軍世襲一等
繼勇侯臣希元恭摺具陳伏乞
皇上聖鑒謹

奏
光緒十六年九月二十三日拜發奉
旨該部知道欽此

廣乙輪船出海試洋並現辦廠務情形摺
奏爲廣乙輪船出海試洋並現辦廠務情形恭摺
具陳仰祈
聖鑒事竊廣乙輪船於光緒十五年八月間下水經
前船政臣裴蔭森將船身尺寸馬力匹數喫水
淺深噸載多寡以及行船速率並應配礮位若
干尊
奏明在案茲據工程處學生將該船桅桿帆纜水
缸機鑪鑲配齊備稟請試洋前來臣查協粵各
船如廣甲廣庚均係由粵派員管帶應期試洋
茲廣乙試洋期近而粵員未到當由臣派令靖
遠管駕千總林承謨暫行代理該船試洋事務
並飭提調知府楊廷傳率同員紳前赴該船定
期出海驗試旋據提調楊廷傳稟稱本月十九
日辰刻該船由羅星塔下起椗開駛半車緩進
於午刻出芭蕉口升大火開滿車放絡驗嗞約
一沙漏十四杪許放絡十五結每結法尺七尺
二寸三分核計速率每點鐘可行法海里十五
嗞盧合中國四十九里半倘使升火更能得法
汽力滿量則嗞數尚不止此放洋約半點之久

至馬祖澳而回於申刻仍至羅星塔下寄椗是日壺江以外微有風浪而船身安穩尚不顛簸至進出港道如田螺灣南北龜等處疾徐回轉機舵亦甚靈捷等語臣查該船出海放洋經該提調等眼同驗試船身機器尚屬堅靈雖行船里數與原定稍有不符其因升火未盡得法之故亦屬實在情形應俟粤省將該船應配礮位魚雷辦運到閩配置完備即當由粤派員駛赴北洋勘驗其薪糧名額亦應由粤核定開報現在閩廠趕辦廣丙福靖兩船並開辦羅星塔船塢工程繁浩雖經責成提調楊廷傳駐工辦理臣仍隨時前赴工次悉心督率總期工無廢曠費不虛糜以仰副

朝廷整頓船政之至意除咨部外所有廣乙試洋並現辦廠務各緣由謹會同兩廣總督兼署廣東巡撫臣李瀚章福州將軍世襲一等繼勇侯臣希元恭摺由驛馳陳伏乞

皇上聖鑒謹

奏

光緒十六年十月廿九日拜發奉

旨該衙門知道欽此

船政扣平銀兩列入收款摺

奏爲船政製船經費支絀異常請將扣平銀兩列入收款作正開銷恭摺仰祈

聖鑒事竊船政製船經費經戶部議奏自光緒二年正月爲始在於閩海關六成洋稅項下月撥解銀三萬兩四成洋稅項下月撥解銀二萬兩全年共應解銀六十萬兩凡造船購器修廠修機及一切薪贍工伙雜支等項均出其中邇來閩省茶稅不旺其六成洋稅應解製船之款蒂欠纍纍數年以來藉有南洋廣東協造之船挹彼注茲通挪支放長下快船久已告竣粵船又經議緩他省既無協撥之款而閩口又不能無續造之船兼之開辦石塢工費浩繁費不貲籌則工虞中輟伏查戶部減平新章凡船政支放之薪水工匠贍飯工伙及一切雜項均照湘平每兩扣平四分支放扣出銀款另行存儲造冊報部候撥計船政自光緒十三年奉到部章分別核扣起截至十四年十二月底止共扣存銀一萬四千八百五十兩四錢五分二釐三毫經前船政大臣裴蔭森於本年三月間造冊報部旋准部咨覆核相符照數登記備撥咨行前來臣維本年閩口茶稅極淡六成項下只能解濟兩個月工繁費絀竭蹶立形計惟有將扣存之款暑濟要工雖爲臨渴掘井之謀暫免懸釜待炊之患再查部章內載如有將扣平銀數仍行列入收款作正開銷亦必另款詳細聲明等語是此項扣平銀兩作正列收與部章亦非相背合無仰懇

天恩俯念船政爲海防所繫籌款維艱准將光緒十三十四兩年分扣平銀一萬四千八百五十兩四錢五分二釐三毫仍收入製船經費作正開銷俾資接濟並懇

飭部立案光緒十五年以後船政扣平銀兩按年均准予列入收款造銷另冊報部備覈如將來關款稍充六成洋稅全年可以解足則扣平銀數仍應存儲候撥庶與部臣酌盈劑虛之意隱相符合除分咨海軍衙門戶部外所有請將扣平銀兩列入收款緣由謹會同福州將軍世襲一等繼勇侯臣希元恭摺具陳伏乞

皇上聖鑒訓示謹

奏
光緒十六年十一月二十五日拜發奉
旨戶部議奏欽此

船政奏議彙編卷四十四目錄　卞寶第二
船政奏銷經戶部刪除加給生徒薪水等項據
實聲覆摺
協粵廣丙穹甲船下水摺
已革總兵王正道當差出力請賞還頂戴片
大員遺愛在人工次員紳僉請建立合祠據情
轉奏摺
船政局添購機器並修製機船土船動用經費
奏咨立案片
船政經費支絀異常懇請改撥廣西解款仍將
扣平銀兩作正開銷摺
廣丙輪船出海試洋並擬續製船隻摺
閩廠製造輪船支用各款造冊核實報銷摺
展留前學堂洋教習邁達以資教導片

船政奏議彙編卷四十四　　卞寶第二

船政奏銷經戸部刪除加給生徒薪水等項據

實聲覆摺

奏為船政奏銷經戸部刪除加給生徒薪水及繕
書工伙心紅銀兩據實聲覆恭摺仰祈
聖鑒事竊准戸部咨開本部議覆閩廠光緒十二十
三十四等年製造輪船支用各款造冊報銷分
別准駁行查一摺光緒十六年十月三十日具
奏本日奉
旨依議欽此欽遵鈔錄原奏恭錄

諭旨移咨前來臣檢查前大臣裴蔭森報銷案卷細
心酌覈有不得不詳細代陳者如原奏內稱藝
成回華學生池貞銓按支之外月加銀十四兩
魏暹月加銀八兩又藝徒吳學鏘月加銀六兩
任照王桂芳各月加銀四兩核與上案暨裁留
奏單不符雖據聲稱因調度有方或監工得力
是以加給惟生徒在廠監工是其本分若因調
度有方即加給薪水將來各生徒皆可藉口勢
必紛紛請加於經費大有關礙未便遽准加給
應將該生徒所加薪水照數刪除追繳計此款
刪除番折銀九百七十八兩九錢九釐等因查
藝成回華學生池貞銓原支薪水銀三十六兩
於光緒十二年四月間加銀十四兩月共支五
十兩魏暹原支薪水銀三十二兩於光緒十二
年八月間加銀八兩月共支四十兩藝成回華
藝徒吳學鏘原支薪水銀二十兩於光緒十二
年十一月間加銀六兩月共支二十六兩任照
原支薪水銀二十二兩於光緒十二年九月間
加銀四兩月共支二十六兩王桂芳原支薪水
銀二十二兩於光緒十二年十一月間加銀四
兩月共支二十六兩當時所以加給之故實緣
前督臣左宗棠奏定藝局章程第八條內載子
弟學成監造者即令作監工薪水照外國監工
銀數發給等語該學生等藝成回華均得有堪
為監工憑據查前此廠中所募外洋監工即次
等者月薪亦在百兩以外該學生等雖不足當
總監工責任然以充次等監工固綽綽有餘派
廠之始以其年齒尚稚技藝雖精或恐調度匠
丁未能得力故較之洋員支數減之又減月薪
僅給予三十餘兩及二十餘兩之多當諭以果

能調度有方監工得力隨時再行加給留餘地以資鼓舞就中寓有權衡該生等均默體此意踴躍從事於調度監工咸能勝任是以畧爲加給究之雖經加給其月支之數以視定章尚未及半查光緒六七八等三年銷案內藝成回華學生楊廉臣李壽田吳德章等三名亦以薪水屢加至七十二兩之多經戶部核刪嗣經前大臣裴蔭森據案覆陳由部議奏以該學生楊廉臣等既據聲稱得有憑據月支薪水雖經遞加較定章尚未及半自應准照冊報銀數核銷等

語此案藝成回華學生池貞銓等亦係得有監工憑據雖經加給月薪均在五十兩以內亦以較定章尚未及半事同一律未便案有兩歧合無仰懇

天恩俯准將池貞銓魏暹吳學鏘任照王桂芳等五名薪水援照楊廉臣等加給成案仍照冊報銀數支銷又原奏內稱冊造書役工伙心紅項下新添船隝繕書一名查該廠新添船隝員弁業經查照奏案刪除此項繕書一名共支過工伙心紅銀十九兩七錢自應一併照刪等語查閩廠石隝開辦之始經前大臣裴蔭森派設員弁繕書支給薪水工伙心紅紙張各項銀兩迭經部議將此項員弁刪除支過薪水照數追繳其船隝工程委令在廠之員兼辦咨行遵辦在案惟是繕書一項必須常川在隝登記工料彙造冊籍非他廠所能兼他廠原派經書繕書不過兩三名各有專司亦屬無可抽撥是以員弁雖不專設仍設繕書一名登記料件工程以備稽考至心紅紙張尤不能與他廠互相兼用且支數無多確爲必需之款合並仰懇

天恩俯准將新添船隝繕書一名所支工伙心紅銀兩仍照冊造銀數支銷以清積牘除行查各款另行登覆咨部請銷外所有刪除加給生徒薪水及繕書工伙心紅銀兩仍請如數支銷各緣由謹會同福州將軍世襲一等繼勇侯臣希元恭摺具陳伏乞

皇上聖鑒訓示謹

奏

光緒十七年二月二十二日拜發奉

旨著照所請戶部知道欽此

協粵廣丙穹甲船下水摺

奏爲協粵廣丙穹甲船下水恭摺具陳仰祈
聖鑒事竊閩廠協造粵船於光緒十四年十月二十五日經前船政大臣裴蔭森將廣乙廣庚廣丙安上龍骨情形
奏報在案廣乙廣庚工程先竣業已先後下水試洋本年二月下旬據工程處道員魏瀚等將廣丙船身工程將次完竣稟請諏吉下水前來臣謹擇三月初三日大潮之日派令提調知府楊廷傳致祭

天后江神土神船神乘潮推送旋據該府稟稱是日午刻潮平該船下水勢極靈穩計船身長二百二十六尺寬二十六尺四寸艙深一十八尺七寸船腰喫水深一十一尺六寸艙面左右耳臺並船梢各配十二生快礮一尊兩旁配五管三生七哈乞開司礮四尊又六磅子哈乞開司礮四尊船中艙配魚雷筒四具底艙配新式鍋鑪三座康邦卧機兩副每副馬力一千二百匹裹煤一百五十噸等因臣查該船上施穹甲與廣乙同其規制下水之後艙內尚有裹配鍋鑪輪機各工程艙面尚有鑲配礮位艙位烟筒桅纜各工程臣當隨時前赴工次督率提調各員紳將該船應辦工程催趲趕辦秋間當可試洋所有協粵廣丙穹甲船下水緣由理合會同兩廣總督臣李瀚章廣東巡撫臣劉瑞芬福州將軍世襲一等繼勇侯臣希元恭摺馳陳伏乞
皇上聖鑒謹
奏

光緒十七年三月二十一日拜發奉
旨該衙門知道欽此

已革總兵王正道當差出力請賞還頂戴片

再船政差委已革總兵王正道湖南永定縣人於咸豐六年投効軍營隨勦髮逆轉戰浙江福建廣東等省積功保至副將留閩浙補用同治十二年管帶船政福靖後營光緒元年經前船政大臣沈葆楨以船工告成積年出力保奏奉

旨王正道著以總兵記名簡放欽此二年前船政大臣丁日昌以該員操防不力請

旨革職十二年前船政大臣裴蔭森以該員前帶福靖營部勒有方巡查勤謹匪類斂迹民有去思札調船政衙門差遣派委總巡查事務臣查該員到差五年梭巡地面晝夜辛勤捕獲賭竊各匪多名驅逐游兵散勇道路清平居民安堵實屬著有微勞合無仰懇

天恩賞還王正道總兵頂戴以示鼓勵出自

鴻慈謹附片陳請伏乞

聖鑒訓示謹

奏

同日拜發奉

旨王正道著賞還頂戴兵部知道欽此

大員遺愛在人工次員紳僉請建立合祠據情轉奏摺

奏爲大員遺愛在人工次員紳僉請建立合祠據情轉奏仰祈

聖鑒事竊據船政提調知府楊廷傳暨在工各員紳許貞幹等呈稱懷德者故吏之同情褒功者

熙朝之盛典同治五年間福建馬江始設船廠其時原任大學士左宗棠適任總督實創厥謀原任兩江總督沈葆楨丁憂在籍首任其事締造之艱難經營之縝密考工育才之宏遠所謂蕭規曹隨交濟其美也於是二十餘年來船廠成船不下數十艘各省口岸藉以固圉是固

朝廷講求洋務防務有以開風氣之先而左宗棠沈葆楨之卓見遠識其關中華未有之奇裕濱海自强之本者亦不無勤勞可紀且福州地瘠民貧謀生不易自有船廠趨工若鶩仰食者不下萬家至今福州士民言之無不稱誦敢援崇德報功之義稍展水源木本之思擬請在於廠所左近自籌經費建立合祠春秋官爲致祭等情呈請具奏前來臣查已故大學士左宗棠已故

兩江總督沈葆楨均經欽奉
恩旨准在原籍及立功省分建立專祠是該故員等
功績卓著久在
聖明洞鑒之中而所以
寵飾之者備極優渥況船廠開辦之始形製一無憑藉卒能不辭艱鉅不避勞怨和衷共濟成此宏規準以有功則祀之文允宜不忘尸祝臣兼管船政以來稽閱案牘竊歎其始事之難而謀
國之忠之不可及也茲該員紳等篤念遺愛出乎至誠而自行籌款建祠更不必動及官帑尤足以仰副
朝廷撙節經費之意合無仰懇
天恩准其就近廠地建立合祠以順輿情以彰勞勩所有僉請建祠據情轉奏緣由謹會同福州將軍世襲一等繼勇侯臣希元恭摺具陳伏乞
皇上聖鑒訓示謹
奏
光緒十七年六月十八日拜發奉
旨著照所請禮部知道欽此

船政局添購機器並修製機船土船動用經費奏咨立案片

再前奉戶部奏定外省報銷新章第十四條內載各省設立機器局並閩省船政局如有添購機器經費若干事前奏明咨部立案事後方准覈銷等因茲查船政添購製礮機器並礮胚價值共銀七千一百餘兩其添購緣由經前船政大臣裴蔭森於光緒十五年八月附片
奏明有案又據廠員稟稱拉鐵廠碾輪經用日久不無損蝕應予製換計添製鐵碾輪三件工料共銀四百餘兩挖泥機船自光緒十年間大修後歷用將及六年損蝕之處應予修理計用工料銀二千七百餘兩工次裒土船向係配用三號光緒十年間修理二號更有一號歷用多年日形朽壞應予修理計用工料銀四百餘兩以上四款應歸光緒十六年分製船經費項下造銷又藝新輪船於光緒十一年間大修以後光緒十四年雖經修理船機而水缸帆纜等項歷用五年有餘均宜製換修配以昭慎重計用工料銀七千三百餘兩此欵修費係由船政墊支

應歸省局彙銷等語呈請立案前來臣復查無
異除咨部查照並彙案造銷外所有遵照新章
應行立案各緣由謹會同福州將軍世襲一等
繼勇侯臣希元附片具陳伏乞
聖鑒謹
奏
光緒十七年九月二十二日拜發奉
旨該部知道欽此

船政經費支絀異常懇請改撥廣西解款仍將
扣平銀兩作正開銷摺

奏爲船政經費支絀異常懇請改撥廣西解款仍
將扣平銀兩收作正款開銷恭摺仰祈
聖鑒事竊臣接准部咨會議廣西巡撫奏廣西省修
築礮臺請撥銀兩分年籌解開單會奏一摺於
光緒十七年九月初八日具奏奉
旨依議欽此欽遵抄錄原奏清單飛咨前來內開福
建省船廠光緒十五十六兩年扣存減平項下
動撥銀一萬兩於十七年籌解一半十八年如
數解清等因查船廠扣平銀兩其十三十四兩
年存款經臣於十六年十一月內以船政經費
支絀
奏請列入收款作正開銷奉部議准在案其自十
五年起扣平銀兩雖奉部議仍令存儲候撥然
以船政目前情形而論閩省茶征欠旺海關應
解六成項下驟難冀復原額所資經費惟洋稅
四成項下按年撥解二十四萬兩及六成項下
兩箇月撥銀六萬兩統計全年入款僅及三十
萬兩現在製造福靖穹甲船之外更兼趕辦青

洲船塢工程浩繁日不暇給其船塢經費雖經
前大臣裴蔭森
奏明在於製船項下勻年分撥而工程緊急期於從速竣事勢不能緩工待費所藉以挪緩濟急者惟此扣平一款此臣前奏所以請將十五年起扣平銀兩仍歸收款作正開銷者雖未明指爲製塢之用而實因製塢需費擬留此款藉以通融接濟然猶杯水車薪耳夫船政經費既在奇絀之時而船塢工程又在吃緊之際本應請
旨籌撥以濟要工臣因知各項空乏已屬萬難部臣

籌畫更屬靡易尤不敢遽行上請重煩
宵旰之廑懷是以臣接辦伊始於請不敢請籌無可籌之餘不得已函商北洋大臣於北洋新海防捐項下撥借十萬兩暫充船塢經費俟北軍南來修船陸續扣抵然全塢需款不下數十萬金北洋借款雖經全數撥付而入不敷出依然竭蹶時形玆准部咨前因在部臣全局通籌酌劑原無分彼此卽在臣以公家之款撥作公家之用亦何敢此疆彼界稍存畛域之分惟廣西之修礮臺與閩廠之辦船塢同一爲
國家愼防固圉之經營則款之可撥以修礮臺者似亦可留以濟塢工也查閩省善後局一切用款扣平銀兩收作正款開銷歷由部准辦有成案船政十三十四兩年扣平銀兩亦經奏准在案合無仰懇
天恩准將籌撥廣西解款由部另籌改撥並將船塢扣平銀兩自十五年起仍照十三十四兩年成案列入收款作正開銷免予指撥
飭部立案俟將來閩海關六成洋稅撥解足額仍應存儲候撥臣不勝悚惶籲懇之至除咨覆戶部

外所有懇請改撥廣西解款仍將扣平銀兩收作正款開銷緣由謹會同福州將軍世襲一等繼勇侯臣希元恭摺具陳伏乞
皇上聖鑒訓示謹
奏
光緒十七年十月二十五日拜發奉
旨戶部議奏欽此

廣丙輪船出海試洋並擬續製船隻摺

奏爲廣丙輪船出海試洋並擬續製船隻恭摺具
陳仰祈
聖鑒事竊廣丙輪船於本年三月間下水經臣將船身尺寸馬力匹數喫水淺深噸載多寡及行船速率並應配礮位若干尊
奏報在案茲據工程處學生將該船艙面艙底所有應配器件鑲配齊備稟請試洋前來臣即派令靖遠管駕千總林承謨暫行代理該船試洋事務併飭提調知府楊廷傳率同員紳前赴該船定期出海驗試旋據報稱該船於十八日試洋升火滿車每點鐘可行十五咪盧合中國四十九里半自羅星塔下駛出芭蕉口外放洋往返八點鐘進出港道周回旋轉尚屬靈捷等語俟將粤省所購該船應配礮位魚雷飭廠配齊即當由粤派員駛赴北洋勘驗現在閩廠專造福靖快船匠工稍鬆臣擬添製中號快船以資轉運梭巡之用查閩口向稱天險臣於電光山建造礮臺一座鎮以二十八生大礮守禦之資頗有把握惟虎門以外上下沿海千餘里支港歧出海盜出没其中梭巡亦爲急務現在閩口雖有伏波琛航靖遠藝新四船然伏波收回於臺灣棄置之餘琛航撈獲於馬江轟沈之後尋常轉運間歲一修未免多所糜費靖遠不過容載百十人藝新不過日行百餘里梭巡洋面不足以張軍威不如趁匠工稍鬆之時兼製中號快船將此四艘陸續抽舊換新成船之後口糧公費出入無多萬一海疆有事軍裝糧米多有阻格該船與福靖快船裝運護送俾無疏失並可壯礮臺防禦之聲威實於海防大有裨益閩廠經費雖極支絀然以歲入之款勻年分製不過稍需歲月而已除飭工程處學生將船式機件繪圖核計俟安上龍骨之日另行
奏報外所有廣丙試洋並擬添製船隻情形謹會同福州將軍世襲一等繼勇侯臣希元恭摺具
陳伏乞
皇上聖鑒謹
奏

光緒十七年十一月二十二日拜發奉
旨該衙門知道欽此

閩廠製造輪船支用各款造冊核實報銷摺
奏爲閩廠製造輪船支用各款造冊覈實報銷恭
摺仰祈
聖鑒事竊閩廠製船各款自同治五年十一月十七
日起截至光緒十四年十二月底止動支閩海
關洋稅及閩省善後局南洋廣東協撥等款疊
經各前大臣先後開單造冊奏奉
諭旨並經各部覈覆分別准駁行查在案茲覈閩廠
自光緒十五年正月接造起截至十六年十二
月底止計湊成二千四百匹實馬力鐵脅鋼甲
艦一艘曰平遠四百匹實馬力鐵脅淺水兵船
一艘曰廣庚製造未成二千四百匹實馬力鐵
脅穹甲快船三艘曰廣乙曰廣丙曰福靖兵艦
既竭兼營之力石隝復籌攢造之方斤斧雷厎
畚揭雲集增礮臺並增礮位以佐設防購礮機
並購礮胚以期學步他如船臺因造船而修船
槽因修船而修挖土裹土各船又因開濬淤泥
而修凡此應辦緣由均經隨時奏報其常年支
放有額可稽者如薪水贍養飯食工伙口糧等
款亦經遵照部章按年開列名額四柱送部備
案其有經部覈准不能專案奏咨者則如歲修
之機器廠屋爐溝添置之傢伙書籍器具款目
紛繁實難枚舉此製造一切之情形也閩海關
洋稅應解船政者經戶部議奏自光緒二年正
月爲始六成月撥銀三萬兩四成月撥銀二萬
兩今覈製船經費自光緒十五年正月起截至
十六年十二月底止上屆報銷案內存銀一十
一萬七千八百三十五兩四錢一分九釐六毫
又存用剩銅鐵木煤各料價值銀二十三萬六
千五百五十六兩九錢五分四釐一毫閩海關
六成洋稅月奉撥銀三萬兩自光緒十五年正
月起截至十六年十二月底止連閏計二十五
箇月內除十五年分欠解十箇月十六年分
欠解一十一箇月外實解到四箇月共銀一十
二萬兩又四成洋稅月奉撥銀二萬兩自光緒
十五年正月起截至十六年十二月底止連閏
計二十五箇月共解到銀五十萬兩又北洋解
還平遠船礮價銀五萬二千一百七十八兩一
錢五分一釐八毫又光緒九年至十一年奏銷
案內覈刪繪事院畫童贍養追繳銀一十七兩

六錢又光緒十二年至十四年奏銷案內覈刪船塢員弁薪水追繳銀八百三十二兩五錢三分三釐三毫藝童獎賞追繳銀二十五兩九錢二分船塢田地價值追繳銀三百一十兩八錢覈計管收共銀一百二萬七千七百五十七兩三錢七分八釐八毫內除造船購器修廠贍工等項支用銀七十五萬三千一十八兩三錢三分三釐四毫又墊支各輪船薪費銀二萬七千九百一十七兩四分七釐一毫各輪船煤炭價值銀一千八百九十三兩二錢三分二釐修理輪船工料銀七千三百七十八兩六錢三分一釐九毫統共支銀七十九萬二百七兩二錢四分四釐四毫實存銀一十一萬八千二百九兩二錢二分八釐一毫又存用剩銅鐵木煤各料價值銀一十一萬九千三百四十兩九錢六釐三毫查輪船薪糧煤炭修費船政第一次報銷係另歸養船項下開報沈葆楨奉

命巡臺時奏明自同治十三年四月十六日起將所撥養船經費併入臺防項下各船薪糧亦歸臺防項下支銷奉

旨該衙門知道欽此嗣後歷屆報銷各前大臣均因輪船薪糧等款除由臺防本款支給外船政墊支銀兩無款劃還截清年月彙入製船經費單內作正開銷歷奉戶部覆准在案所有光緒十五十六兩年稅釐局奉撥養船經費仍復批解不前各船應領之項除將解到養船銀兩儘數支給外製船項下尚墊支各船薪糧煤價修費三款共銀三萬七千一百八十八兩九錢一分一釐莫從支收歸款自應援照成案將墊支前項銀兩歸入本案作正開銷其款應由閩省善後局登收彙總造冊以昭覈實此支銷一切之情形也竊維製船經費絲毫均關

國帑各前大臣於製造則日求精密於款項則力節虛糜即在事員紳亦皆恪守舊章潔身自愛此固臣莅工兼辦以來默察焉而確有可信者惟是輪船為製器之蔽局工資洋法料資洋產一切造船蓋廠購件製機微特間架造法與則例不能相符而名目紛歧尤非尋常所經見前大臣裴蔭森奏請造冊報銷難拘成例實職是故茲工作又逾兩年亟應及時截報謹將此兩

年中用款彙造細冊飭員逐件鉤稽臣復覆加詳覈深悉一切支銷並無浮冒伏懇
天恩飭部免以成例相繩照數覈銷以清積牘再製船經費支絀異常所有此兩年中覈扣四分平餘銀兩擬請援照上屆成案懇
恩准予作正列收以濟要工除咨呈總理海軍衙門總理各國事務衙門並將細冊咨送戶部兵部工部覈銷外理合會同南洋大臣兩江總督臣劉坤一兩廣總督臣李瀚章福州將軍世襲一等繼勇侯臣希元合詞恭摺具陳伏乞
皇上聖鑒謹
奏
光緒十八年正月二十二日拜發奉
旨該衙門議奏欽此

展留前學堂洋教習邁達以資教導片

再閩廠前後學堂向訂洋教習四員法國邁達英國鄧羅賴格羅斐士博分班教授後學堂駕駛管輪各學生功課既完而該洋教習等訂限亦先後期滿業經陸續遣撤回國至後學堂教習事務經臣派令出洋回華學生分班充當尙能勝任其邁達一員係屬法人於光緒十二年七月間電聘來工派充前學堂製造教習訂限五年扣至本年七月間亦已期滿惟查前學堂爲製造學生而設凡船身機器推陳出新繪算之精微窾竅之奧妙較之駕駛管輪兩項尤爲微至雖歷屆出洋肄習製造者回華尙不乏人然僅敷派司工程而於教習事務仍難兼顧該洋教習在工多年督課生徒著有成效臣擬再與訂定合同留辦三年以資教導實於船工大有裨益除咨部查照外理合附片陳明伏乞
聖鑒謹
奏
同日拜發奉
旨該衙門知道欽此

船政奏議彙編卷四十四終

船政奏議彙編卷四十五目錄　　譚鍾麟一

船政奏議彙編卷四十五

譚鍾麟一

船政各廠添製購用各項機器應歸十七年分造銷等款奏咨立案片

再前奉戶部奏定外省報銷新章第十四條內載各省設立機器局並閩省船政局如有添購機器經費若干事前奏明咨部立案事後方准覈銷等因茲據船政局委紳稟稱拉鐵廠碾輪爲逐日拉鐵所必需歷久半已損蝕添製鐵碾輪八件計工料銀九百餘兩又各廠原設鍋爐經用日久不勝火力湯汽日患不足應添設鍋爐以資工作拉鐵廠添製鐵水缸二副計工料銀三千一百餘兩添砌水缸甑爐二座計工料銀一千一百餘兩小輪機廠模廠添製通用鐵水缸一副計工料銀一千五百餘兩添砌通用水缸甑爐一座計工料銀六百餘兩又鐵脅廠添購鑽孔轆手機一十四副價值計銀二千四百餘兩又船隖添購梨式抽水機四副價值計銀三千二百餘兩又修理裝土船二號計工料銀九百餘兩以上各款應歸船政局十七年分銷案造報等語呈請立案前來經臣覆查無異除咨部查照並飭另行彙案造報外合將照章聲明各款緣由謹會同福州將軍世襲一等繼勇侯臣希元附片陳明伏乞

聖鑒謹

奏

光緒十八年九月初二日拜發奉

旨戶部知道欽此

閩廠試造鋼甲兵船告成照異常勞績獎敘摺

奏為閩廠試造鋼甲兵船告成經北洋驗收遵
旨照異常勞績擇尤請獎恭摺仰祈
聖鑒事竊查閩省船局試製新式雙機鋼甲兵船於
光緒十二年十一月十六日經前船政大臣裴
蔭森奏請俟全船告成將監造各員紳照異常
勞績擇尤獎勵以資激勸十二月初六日奉
硃批著俟工竣試驗後如果製造得宜准照所請
擇尤保獎該部知道欽此欽遵在案嗣於十六年
四月該船全功告竣駛赴北洋驗收經北洋大

臣直隸督臣李鴻章親行出海試驗據稱該船
鋼甲鍋爐等項均係新式洵屬精堅合用
奏報在案並錄稿咨會前來臣維鋼甲兵輪係奉
特旨撥款飭造啟外洋獨得之秘扃創中國未有之
利器視從前木質鐵脅快船等工異常艱鉅經
始於十二年冬告成於十六年夏在工員紳盛
暑嚴寒昕夕無閒其勞勤迥異尋常既經北洋
試驗確係製造得宜自應欽遵
諭旨擇其尤為出力者分繕清單籲懇
鴻施以仰副
朝廷鼓勵人才慎重名器之至意除咨海軍衙門總
理各國事務衙門並吏兵二部外所有遵
旨擇尤請獎緣由謹會同北洋大臣直隸總督臣李
鴻章福州將軍世襲一等繼勇侯臣希元恭摺
具陳伏乞
皇上聖鑒訓示謹
奏
光緒十八年十一月十九日拜發奉
旨該衙門議奏單二件併發欽此

船局在工人等五年限滿照例請奬摺

奏爲船局在工人等五年期滿遵照海軍衙門奏
定章程開單請奬恭摺仰祈
聖鑒事竊前准海軍衙門奏定章程內開各省水陸
操防船政機器或與海軍相輔而行或爲海軍
必需要務凡沿海省分應保營局各員以五年
爲限等因咨行遵照在案查閩省船政衙門自
光緒十三年四月間鏡清快船告成請奬之後
迄今已逾五年中間製造廣甲廣乙廣丙廣丁
暨平遠鋼甲艦共計五艘並修理南洋北洋浙

洋粤洋各處兵輪均經
奏咨有案船廠十餘所工程浩大人數衆多該員
紳將弁等均能勤慎奉公始終出力不無微勞
足錄其在鋼甲船告成案內擇尤請奬經臣再
三核減所保無多而未經開列者雖勞績稍次
亦未可獨令向隅茲特併其勞績扣足年限仍
從嚴考核分繕清單恭呈
御覽合無籲懇
天恩俯念該員紳將弁等在事五年之久著有成效
准予飭部照單奬敘以昭激勸而溥
鴻慈除咨海軍衙門總理各國事務衙門並吏兵二
部外所有船局五年期滿遵照定章請奬緣由
謹會同福州將軍世襲一等繼勇侯臣希元合
詞恭摺具
奏伏乞
皇上聖鑒訓示謹
奏
同日拜發奉
旨該衙門議奏單三件片二件並發欽此

洋教習邁達請獎片

再法國舉人邁達於同治七年間延訂來華充前學堂教習十二年教導功成請獎案內曾經賞給四品銜二等寶星光緒十二年七月間續聘到工仍充教習數年以來謹慎勤勞教授學生著有成效可否籲懇天恩准照前屆請獎成案將該洋員邁達賞給三品銜以示鼓勵出自逾格鴻施謹附片陳請伏乞皇上聖鑒訓示謹奏

同日拜發奉

旨覽欽此

船政局員弁積勞病故請䘏片

再船政局自開辦以來員弁積勞病故者均經奏請給䘏在案茲據提調知府楊廷傳查明數年來在工病故者二十餘員該故員家屬等稟請給䘏前來臣查在工病故人員從前既准給䘏此次事同一律相應彙列清單援案請䘏合無仰懇天恩飭部准照軍營立功後病故例從優議䘏以慰幽魂謹附片陳請伏乞聖鑒訓示謹奏

同日拜發奉

旨覽欽此

遵議核減保案員數分繕異常尋常勞績清單
覆陳摺

奏爲遵議核減保案員數分繕異常尋常勞績清單恭摺覆陳仰祈
聖鑒事竊臣准海軍衙門咨開議覆前保平遠鋼甲輪船一案請奬至五十八員之多未免漫無限制祗准照異常勞績酌保數員其餘均筴入五年例保案內照尋常勞績核給奬敘應飭酌定員數核明應保官階分繕清單統俟覆奏到日再行核辦等因抄錄原奏飛咨前來臣卽飭船

政局提調嚴行核減茲據提調楊廷傳稟稱查試造鋼甲輪船係前船政臣裴蔭森於光緒十二年
奏請照異常勞績保奬欽奉
諭旨准其擇尤保奏時閱四年始得告成局廠各員紳分任其事始終無間勞勩實莫分軒輊奬敘亦難定去留前單所列委無冒濫茲旣准海軍衙門以人數過多議令核減因查鋼甲試造之初以魏瀚鄭清濂吳德章監造船身以陳兆翺李壽田楊廉臣監造船機曾經
奏明有案其稽查廠務催趲工程則候補知府沈翊清專其責製成之後駛赴津滬交收則候選知府許貞幹總其成擬將此八員仍照原列異常勞績奬敘其餘文武員紳均改尋常勞績請奬以定限制至各員紳內有分發指省者均係在廠當差並未到省合無仰懇
天恩俯准照單奬敘以昭激勸出自逾格
鴻慈除咨覆海軍衙門暨吏兵二部外所有遵議核減保案員數並改保各員官階緣由謹會同北洋大臣直隸總督臣李鴻章福州將軍臣希元

恭摺具陳伏乞
皇上聖鑒訓示再船局提調知府楊廷傳督率員紳綜核一切原單請奬曾經開列在前茲因核減員紳過多該員自行稟請不敢仰邀議敘合併聲明謹
奏
光緒十九年四月十九日拜發奉
旨該衙門議奏單二件併發欽此

委楊道總辦船政局片

再臣兼管船政局在馬江距省五十餘里未能常川往駐所有公事逐日封送臣署核辦至稽查工程收發銀錢各有員紳專司而以提調總其成前船政臣裴蔭森委在籍紳士前甘州府知府楊廷傳爲提調在局日久瞻徇太甚呼應不靈現在因病辭差另委福建即補道楊正儀總辦局務該道老練穩慎不避勞怨令其督飭員紳嚴核工程撙節費用從前支應所通融借支各款悉令繳還如繳不足數即稟明叅追員

紳倘有可裁者隨時撤退以杜糜費而重公帑除檄飭遵照外謹附片具陳伏乞

聖鑒謹

奏

光緒十九年八月二十日拜發奉

旨知道了欽此

船政各廠添製購用各項機器應歸十八年分造銷等欵奏咨立案片

再前奉戶部奏定報銷新章各省機器局並閩省船政局如有添購機器經費若干必先

奏明立案事後方准核銷等因茲據總辦船政局記名道楊正儀詳據各廠委員稟稱船隖內抽水必需添購雙汽鼓兩機合座大副抽水機併鍋鑪及附配進水機噴水機等件計價脚銀二萬三百餘兩於光緒十七年五月十八年閏六月咨報海軍衙門戶部覆准又碾輪爲拉鐵廠

拉銅板所需年久損壞應購鑄鋼碾輪二個共價脚銀五百餘兩亦於光緒十七年三月十八年閏六月咨報海軍衙門戶部覆准在案又各廠通用鐵水缸併甎爐毗連五座開廠以來歷經修理而鐵質炙鍛日薄茲擇損傷較甚者先行換配三座計工料銀五千七百餘兩又船槽爲修船所必需其木機架橫直樑並鑲配各鐵件日久均有損壞計修理工料銀三千一百餘兩又廠前臨江鐵馬頭爲起卸重件之區其水坪木板木梁併廠內鐵車路諸多朽壞計修理

工料銀二千六百餘兩以上各款應歸十八年分銷案造報呈請立案前來臣覆查無異除咨部查照外謹附片陳明伏乞
聖鑒謹
奏
光緒十九年九月二十四日拜發奉
旨戶部知道欽此

福靖穹甲船出海試洋情形片

再船政續造福靖穹甲船經前督臣卞寶第於光緒十六年八月
奏明有案是船按圖定製計長二百三十三尺寬二十六尺四寸艙深一十八尺七寸船腰喫水深一十一尺六寸全船載一千餘噸內配康邦雙汽鼓卧機兩副圓鍋鑪三個實馬力二千四百匹大致與廣乙廣丙二船相埒於十八年十二月初三日船殼工竣下水臣親到工次勘驗如式茲據工程處將該船輪機鍋鑪等件鑲配齊備稟請擇期試洋適臣由泉廈閱兵回省登舟閱看即派記名道楊正儀率同員紳暨靖遠練船管駕林承謨於十九年十一月初九日乘潮展輪赴馬祖澳外洋驗試船身堅穩機器輕靈是晚駛回工次進退旋轉尚屬便捷計風逆水急用馬力一千六百匹每點鐘可行三十四里馬力二千匹每點鐘行四十六里若用上等煤炭久練升火人等馬力應得二千四百匹每點鐘可行五十里艙面礮臺七座左右配十二生快礮二尊六磅子快礮四尊船尾配十二生

快礮一尊演放均屬穩便稟報前來臣查福靖一船原議爲閩防之用尚有零星工程應即配造現調藝新輪船管駕都司楊永年到船接帶應配員弁舵水人等及需用經費另覈辦理除咨海軍衙門暨戶工二部察照外謹會同福州將軍世襲一等繼勇侯臣希元附片具陳伏乞

聖鑒謹

奏

光緒十九年十二月初八日拜發奉

旨該衙門知道欽此

運糧船安上龍骨奏咨立案片

再前督臣卞寶第議造中號快船爲轉運梭巡之用曾於

奏報廣丙輪船試洋摺內聲明飭工程處將船式機件繪圖覈計俟安上龍骨之日另行奏報在案茲據船政局記名道楊正儀稟報所造運糧船業於本年三月初三日安上龍骨由工程處覈實估計除礮械外全船價值約銀二十二萬兩零除咨戶工二部立案外謹附片陳明伏乞

聖鑒謹

奏

同日拜發奉

旨該部知道欽此

閩廠製船十七八九等年用款造冊報銷片

再閩省船政局自光緒十七年正月起至十九年十二月止製造已成鐵脅穹甲快船三艘未成鐵脅運糧快船一艘添購各項機器料件及礮位配購彈子濬河採辦篙竹均經隨時奏報其常年額支薪水等款亦照部章按年開摺咨送在案製船經費向章由閩海關洋稅月撥六成銀三萬兩四成銀二萬兩茲查六成洋稅自光緒十七年至十九年僅解到五箇月銀十五萬兩又解四成洋稅銀七十二萬兩又上屆報

銷案內存銀一十一萬八千二百九兩零又前督臣卞寶第用剩薪水備充公用銀五千五百八十一兩零又光緒十三年至十六年准銷各款內核扣四分減平銀二萬七千八百五十兩零又十五十六兩年分奉部覈刪工匠盤費追繳銀一十八兩零又流存用剩銅鐵木煤各料價值銀一十一萬九千三百四十兩零共銀一百一十四萬一千一兩零內除造船購器修廠贍工等項支用銀九十六萬五千五百一十三兩零又墊支各輪船薪費銀一萬四千九百四十四兩零各輪船煤炭價值銀二千六百三十九兩零共支銀九十八萬三千九十七兩零實存現銀六萬七千七百五十九兩零又用剩各料價值合銀九萬一百四十三兩零據委辦船政局福建記名道楊正儀詳請

奏咨前來臣覆覈無異除分咨海軍總理各衙門並造細冊咨送戶兵工部覈銷外臣謹附片具陳伏乞

皇上聖鑒謹

奏

光緒二十一年二月十六日拜發奉

旨該衙門知道欽此

船政奏議彙編卷四十五終

船政奏議彙編卷四十六目錄　　邊寶泉一

船政奏議彙編卷四十六　　邊寶泉一

洋教習邁達再行展留聲明立案片

再製造學堂正教習法國舉人邁達前於光緒十二年七月間延訂來工教導扣至十七年七月間五年限滿經前督臣卞寶第留辦三年計至二十年七月展留之限復滿惟該教習在工有年心明氣和知敦品節督課生徒各有造就已於二十年八月起再與訂定合同留辦三年俾資教導適前督臣譚鍾麟交卸赴粵未及核辦由總辦船政局道員楊正儀稟請奏咨立案前來臣覆核無異除咨部查照外理合附片陳

明伏乞
聖鑒謹
奏
光緒二十一年八月十三日拜發奉
旨該衙門知道欽此

添購起重轆餅轆手機皮管聲明立案片

再前准戶部咨奏定外省報銷新章內載各省設立機器局並閩省船政局如有添購機器經費若干事前奏明咨部立案事後方准核銷等因歷經遵辦在案茲據總辦船政局道員楊正儀稟稱光緒二十年分輪機廠添購起十噸重全鐵連鍊轆餅二副價值銀二百九十餘兩鐵脅廠添購鑽孔轆手機皮管二十條價值銀一千五百餘兩均係船廠所必需呈請立案前來臣覆查無異除咨部查照並飭彙案造銷外理合照章附片聲明伏乞

聖鑒謹

奏

光緒二十一年九月十三日拜發奉

旨戶部知道欽此

二十二十一兩年各處修船工價暫由製船項下開銷聲明立案片

再船政經費向供製船之用修理福建臺灣輪船工料銀兩仍由閩臺善後局解還歸款歷經辦理在案前督臣譚鍾麟以從前協造廣東輪船祇由粵解濟半款閩臺與船政既屬一家應收代辦物料銀兩不收工價將來修船項下另列貼工一款報部核銷臣查船政經費奇絀閩海關四成六成撥款均有定額歲解多不如數誠恐難資挹注惟前督臣譚鍾麟係爲不分畛域起見擬請將二十年二十一年各處修船工價暫由製船項下開銷嗣後製船項下能否常挪作修船工價之用須視經費贏絀由臣隨時察看情形分別辦理除咨戶部外理合附片陳明伏乞

聖鑒謹

奏

同日拜發奉

旨戶部知道欽此

覆部駁船隖購買田地懇准照銷餘款遵刪片

再准戶部咨覆十七十八十九等年銷案內開刪造支給船隖地價銀一千二百七十八兩二錢一分八釐二毫查閩廠新建石船隖自光緒十三年開工起至十九年已歷六七年之久一切工程亦當將次告竣何以復購地三十餘畝且此次購買地畝並未先行專咨報部所有請銷地價銀兩礙難核准應卽全數刪除以杜冒濫等語臣查石船隖工程事屬創舉製造之初本無把握應需地畝只准擇要先購其未用者一概從緩以期撙節迨鐵閘安妥規模麤具前督臣譚鍾麟以將來在隖修船尙須添蓋廠屋安放小馬力等項就近製造零星銅鐵小件藉省工費飭令該局購地備用所有價銀均照十六年准銷成案核給造銷今戶部行令刪除原爲愼重度支起見惟飭查此項地畝爲船隖添蓋廠屋所必需實屬費無可省合無仰懇

天恩准予作正開銷俾淸積牘其餘部駁各項遵照刪除列入二十一年分收款以充製船經費除咨戶部外理合附片具陳伏乞

聖鑒謹

奏

光緒二十一年九月二十八日拜發奉

旨戶部知道欽此

光緒十七十八十九等三年扣平銀數列入二十一年分收款作正開銷片

再查部章內開如將扣平銀數仍行列入收款詳細聲明等語並經前督臣卞寶第請將光緒十五年以後船政扣平銀兩按年均准收入製船經費作正開銷另册報部備核如將來關款稍充六成洋稅全年解足則扣平銀數仍應存儲候撥

奏明在案現在閩餉奇絀船政四成項下本年截至九月止只撥七萬兩六成則全未批解所有十七十八十九等三年支用各款應扣四分平餘銀一萬五千九百八十四兩一錢九分三毫合無仰懇

天恩照案准作二十一年分收款俾充製船經費之用除咨戸部外理合附片具陳伏乞

聖鑒謹

奏

同日拜發奉

旨戸部知道欽此

閩廠續造福安鐵殼船安上龍骨并派各省輪船修改工程片

再閩省船廠新造建靖一船工漸就緒准直隸督臣王文韶咨稱北洋添設練船擬備料價銀兩向船政調取一俟工竣卽由天津派員管駕北駛福靖兵船經署兩江督臣張之洞調赴旅順差遣伏波一船准兩廣督臣譚鍾麟調粵巡洋均已分飭前往查閩船現祇琛航飛捷兩船較大疊次送散勇赴鄂滬厦各處亦復奉公絡繹若再有徵調誠恐不敷差派當飭總辦船政局道員楊正儀將陸續抽辦之七百五十匹馬力輪機接連配成鐵殼取名福安於十月十六日安上龍骨核實估計除礮械外全船船身機器價值約銀二十萬兩之譜除咨戸工二部立案外理合附片具陳伏乞

聖鑒再查各廠工程靖遠練船鍋爐已壞應予製換元凱兵船前准部咨交廠折卸另裝茲自浙江駛回勘明艙底滲漏機件亦有損傷卽令局員核實估價擇要興修合併陳明謹

奏

光緒二十一年十二月十八日拜發奉

旨該部知道欽此

覆陳船政實在情形摺

奏爲查明船政實在情形恭摺覆陳仰祈

聖鑒事竊臣承准軍機大臣字寄光緒二十一年十一月初八日奉

上諭昨據御史陳璧奏請派大員查明福建船政實在情形本日據戶部奏船政事宜可否仍循舊章特派大臣總理各摺片福建船政局興辦已久近年來製造日稀雖撥款較少總難免濫支濫用情弊邊寶泉到任後業經飭令兼管所有一切情形有無弊竇著邊寶泉確切查明據實具奏應如何整頓辦理聽候諭旨戶部片陳璧摺均著鈔給閱看將此諭令知之欽此遵查船政在事員紳經調任督臣譚鍾麟力加裁汰臣抵任後復歸併刪節所有一切浮費實已較前大減惟撥款漸少製造日稀而廠所多至二十餘處未免人浮於事此卽該御史原奏所稱經費細則愈見虛糜者也竊以船政之設經營垂三十年糜帑至千百萬綱舉目張規模畢具祗以財力短絀因陋就簡積習日深若不及時整頓設法擴充則墮棄前功殊屬可惜臣謹就管見所及爲我

皇上纖晰隙之一造船宜講求實際也泰西製造各有專門雷快甲船日新月異閩廠所製如琛航靖遠等船以之運糧載勇巡洋緝盜頗爲得力惟馬力既微行駛較緩不能與商船爭一日之長船政本爲海防而設若所造之船無事但借以轉輸有事難任以衝擊徒糜巨款無裨實用轉不如停撤之爲愈矣應添置機器募精於工作之洋員督率在事員匠認眞講求改造新式巨艦務使堅固迅捷成一船即得一船之用庶不致有名無實一物料宜內地採辦也廠中製

船一切需用料件均係購諸外洋紋銀易鎊經手分肥運腳包險費用浮濫名爲造船實與買船無異查船工以煤鐵爲先閩省礦務現已遵
旨委查一經興辦當可就地取資至於鍊鋼鎔鐵大小機器必須潛心考究依法仿造自成機杼不常仰給於人則權自我操而財不外溢矣一學生宜認眞造就也講求西學乃製造之權輿從前學生出洋期限太蹙粗涉門庭未窺堂奧一經回華便詡成材監製各船不過按圖湊集初無心得查選派出洋需費較巨不特人多年久財力未逮且遠在異域賢否工拙稽察亦苦難周不若延致洋教習數人在廠督課凡天文算學工程駕駛及一切技藝分門講習按時甄別攷其優劣而賞罰隨之庶幾人知奮勉所業日進程功速而省費亦多一經費宜通籌的款也船政經費向由閩海關洋稅每年撥銀六十萬兩按月分解數年前不過解至二三十萬近則並不及二十萬閩地瘠苦無可再籌每造一艘左支右絀查內地船廠祇此一處沿江沿海各省輪船在所必需與其展轉藉手而購之外洋

何如通力合作而造諸內地且即以購船之費分年撥解陸續興造在各省既化總爲散可以舉重若輕在船政則積少成多足以通功易事但能剔除糜費涓滴歸公不過數年當有成效以上四條粗陳梗概至於匠役之巧拙工作之勤惰料件之良窳支銷之盈縮以及委紳丁役如何減裁廠所學堂如何歸併必須事事攷求時時稽察任專日久辦理方有把握總督事繁不能兼顧委員總辦權勢較輕非有專管大員駐工督率破除情面不足以振全局而擴前功

應請如戶部原奏
簡派廉幹精核之大員來閩接辦並將撥款造船各
事宜
飭下戶部暨南北洋大臣會籌妥議請
旨遵行臣愚昧之見是否有當謹據實覆陳伏乞
皇上聖鑒訓示謹
奏
光緒二十二年三月二十九日拜發奉
旨該衙門議奏欽此

船隝告成報銷立案並請獎敘摺
奏為閩廠船隝告成分別報銷立案並懇將在事
各員擇尤保獎以示鼓勵恭摺仰祈
聖鑒事竊查船隝係光緒十三年間前大臣裴蔭森
奏請開辦約計經費銀三十餘萬兩旋因製船項
下無款勻撥暫飭停止十六年二月前督臣卞
寶第重議開工截至是年底止已用銀一十萬
七千有奇當咨海軍衙門撥借十萬兩並敘明
兩年工竣須湊銀二十二萬三年工竣須湊銀
二十三萬合計裴蔭森原咨已估未辦之鐵水
坪房棧等項銀十萬餘兩共應四十萬餘兩臣
到任後准戶部咨船隝通濟橋工料銀數核與
原估多用十九萬兩等因復經行局澈查咨覆
由部改咨為
奏以此項加增要工添購機器尚屬實在准予歸
案作正開銷各在案茲大工一律告成統計全
隝前後用款不過四十九萬餘兩除十九年以
前已報部准銷外共二十二十一兩年用款細
數即飭分起趕造報部至隝內按時車水隝外
逐日挖泥及管理機器爐座各匠丁薪糧名額

常時限定二十八名按照廠內船槽銷銀一千
餘兩之譜比例酌加每年約需一千八百兩緣
該隖在羅星塔青洲地方與船廠相隔一山一
水地段寬廣機器繁多再三詳核實爲必不可
少之需據總辦船政局道員楊正儀辦理船隖
道員沈翊清稟請具奏前來臣查此隖仿照洋
式事屬剏辦無可依據且歷年既久作輟相尋
始以滲漏加工繼以開拓添費核計現銷數目
較原估所增無多辦理尚屬撙節所有在事各
員協力監造向未開支薪水臣到閩後卽飭具
限竣工各該員昕夕勤勞尤爲出力查光緒十
二年十一月裴蔭森奏鋼甲船成請照異常勞
績獎敘又十七年五月前北洋大臣李鴻章等
奏查勘海口臺隖工程請將在事出力人員照
章獎敘均經奉
旨允准閩廠剏造船隖較製船尤難且與北洋建隖
情事相同可否仰懇
天恩俯念船隖爲海防要工准將在事各員照異常
勞績擇尤保奬之處出自
逾格鴻施除歷辦情形及委員銜名業經先後咨部

並飭將前項銷冊趕緊造送核咨分別報銷立
案外理合恭摺具陳伏乞
皇上聖鑒訓示謹
奏
同日拜發奉
旨准其擇尤酌保毋許冒濫欽此

船政局廠招商迄無成議請作罷論片

再閩省船政局廠前經粤督會

奏飭派道員延年招商承辦迄今尚無成議緣該

廠需費較繁華商既無力承攬洋商又未便招

致臣詳加體察事屬爲難現既奉

旨整頓船政招商一節應請作爲罷論以免糾紛而

杜弊竇除咨兩廣督臣查照暨飭委員延年遵

照外理合附片陳明伏乞

聖鑒謹

奏

同日拜發奉

旨知道了欽此

酌保船隖在事人員摺

奏爲遵

旨酌保船隖在事人員繕具清單恭摺仰祈

聖鑒事竊照閩省船隖告成經臣援案奏請照異常

勞績擇尤獎勵奉

硃批准其擇尤酌保毋許冒濫欽此當即轉行欽遵

辦理茲據總辦船政道員楊正儀查明在事文

武官紳開摺稟保前來臣查閩省刱辦船隖歷

時既久所有在事出力員紳均先後咨部有案

惟此數年中或先經引退或續派供差勞勩不

無差等謹詳加考覈分別酌擬請奬合無仰懇

天恩俯准照單奬敘以昭激勸出自

逾格鴻慈謹會同福州將軍臣裕祿繕單恭摺具陳

伏乞

皇上聖鑒訓示謹

奏

光緒二十二年六月二十六日拜發奉

旨該部議奏單併發欽此

總辦船政局楊道正儀總稽查沈道翊清送部
引見以備錄用片
再福建記名遇缺題奏道楊正儀係原任陝甘
總督楊岳斌之子由附生工部主事洊歷今職
光緒十九年
奏委總理船政局務該員穩練篤誠實事求是稽
察綜覈勞怨不辭此次塢工依限告成深資督
率又江西儘先補用道沈翊清係原任兩江總
督沈葆楨之孫由舉人一等輕車都尉洊保今
職光緒七年調辦船政文案旋

奏派總稽查事務兼管船塢工程該員在事最久
恪守前規器識閎通志趣遠大以上兩員稟承
家學不染時趨才略優長均堪任使合無仰懇
天恩俯准送部引
見以備錄用出自
鴻慈逾格除履歷咨部外理合附片具陳伏乞
聖鑒訓示謹
奏
仝日拜發奉
旨楊正儀沈翊清均著送部引見欽此

查明船塢保奬人員覆陳仍照前單奬敘摺
奏爲查明閩省船塢保奬人員恭摺覆陳仰祈
聖鑒事竊准部咨閩省船塢出力各員援案奏請照
異常勞績擇尤奬勵係於何年月日奉
旨允准援照何案奏請應令查明覆奏至文內聲明
光緒十七年間將派辦各員弁一十員名咨呈
海軍衙門等語部中亦無案可稽一併查明補
咨等因於光緒二十二年九月十八日覆奏奉
旨依議欽此黏連原奏知照前來遵查閩省創造船
塢在事應保各員前經援照十二年十一月鋼

甲船成奏准照異常勞績專案奬敘又十七年
五月北洋校閱海軍並修建臺塢工程奏准將
出力人員照章彙奬均經由部覆准之案於本
年三月二十九日奏請保奬奉
硃批准其擇尤酌保毋許冒濫欽此至派往稽查兼
辦各員弁先於十六年間准海軍衙門咨取銜
名經前兼管船政臣卞寶第於十七年三月開
單呈復並聲明各廠處所承辦員紳時有更調
未盡開列二十一年十二月復經查明續派員
弁列單分咨各在案此案事屬創舉工程繁瑣

歷時已八九年經費逾四十萬承辦兼辦各員隨時調換何止二十餘人所有積派各員昕夕勤勞依限蕆事實屬異常出力其先派之員或補缺赴任或因事告退雖未始終其事而締造之艱勛勤之力亦未便没其微勞臣瀝遵
批旨斟酌再三惟有就咨報有名之二十餘員内覈定等差照鋼甲船工請獎成案分别異常尋常勞績擇其尤爲出力者量擬優獎並將出力稍次之知府吴德章等五員酌擬予以應升附列單末庶昭公允而杜冐濫合無仰懇

天恩俯准仍照前單奬敘以示激勸出自
逾格鴻慈除將前派十員鈔案開單補咨吏部查核外謹會同福州將軍兼管船政臣裕祿合詞恭摺覆陳伏乞
皇上聖鑒飭部覈覆施行謹
奏
光緒二十二年十月二十九日拜發奉
旨吏部議奏欽此

船塢保案重複各員聲請改奬片
再查船塢在事各員請奬案内福建上杭縣峰市縣丞任德溥請在任以知縣歸候補班前補用並加同知銜福建試用縣丞陳煊請仍以縣丞歸候補班前補用並加六品銜均經列單具
奏在案兹查任德溥已於直隸勸辦光緒十八九年賑捐案内保准以知縣在任候補陳煊已於閩省辦理洋務出力案内經部議加六品銜以上二員保案均屬重複應請將任德溥改俟補知縣後以同知留原省補用先換頂戴陳煊改

仍以縣丞歸候補班前補用俟補縣丞後以知縣留原省補用俾昭核實而示激勸謹附片具陳伏乞
聖鑒訓示謹
奏
仝日拜發奉
旨吏部議奏欽此

總理衙門覆奏遵議閩督奏船政情形請派大
員督辦一摺
謹
奏爲遵
旨議覆事光緒二十二年四月二十一日淮軍機處
鈔交閩浙總督邊寶泉奏查明船政情形一摺
奉
硃批該衙門議奏欽此欽遵到臣衙門據原奏內稱
船政之設經營垂三十年糜帑至千百萬若不
及時整頓設法擴充則墮棄前功殊屬可惜等
語臣等查船政始於前大學士臣左宗棠成於

前兩江總督臣沈葆楨樸實耐勞實事求是其
所用又多本地寒士布衣草笠親執扑以巡功
故弊絕風清爲各省官廠所僅見近十餘年來
泰西製造日精日新閩廠出洋回華學生雖不
無穎悟之資能自出圖製樣而財力短絀既不
能添機拓廠又不能製料儲材自光緒八九年
以來購買現成機器就廠合龍製就寰泰鏡清
開濟平遠各快船後卽得有更新之法亦因無
機無廠不能如法更製而木質輪船如同治年
間所製之琛航靖遠等船經費較輕馬力較微
者又不合於時用於是製造日稀人多閒曠不
得已而裁汰歸併苟爲省費儲款之謀至於急
迫用船則勢須勉捐重資種種吃虧展轉而購
諸外國既傷財力復誤事機誠可惜也所請造
船宜求實際添置機器募精於工作之洋員督
率在事員匠認眞講求改造新式巨艦各節應
請
旨飭行以期有裨實用原奏又稱物料宜由內地採
辦閩省礦務現已遵

旨委查一經興辦當可就地取資其鍊鋼鎔鐵機器
必須依法倣造自成機杼等語查一船價値料
居七工居三各料之中如煤鐵土木之類爲生
料有產自中國者有不產自中國者如鋼甲鐵
甲帆纜之類爲熟料有中國現能自製者有必
待僱匠添機拓廠而後能自製者應由船政大
臣督同洋員學生隨時考究奏明辦理至煤鐵
各礦雖經該督委查將來興辦能否速效應用
尙無把握應請
飭下該督不准猾吏蠹役土豪劣紳阻撓擾亂以期

刻日課功原奏又稱學生宜認眞造就從前出洋學生限期太促初無心得經費太鉅財力未逮不如延致教習在廠督課等語查船政本有前後兩學堂前學堂習法文學製造後學堂習英文學駕駛學成擇其尤爲聰穎者派令出洋在中國既學有根柢再令遊習泰西各大學堂及各國礮臺兵輪以資練習廣見聞此必非在廠一師教授之所能及前據船政大臣會同南北洋奏請設立肄業局委派監督帶同出洋已歷三屆所謂置之莊嶽之間也日本現在執政

大臣多與我第一屆出洋學生同堂肄業豈中國學生資質盡出人下哉蓋用之則奮發有爲人人有自靖自獻之思不用則日就頹落人人有自暴自棄之境聞船政學生學成回華皆散處無事饑寒所迫甘爲人役上焉者或被外國聘往辦事其次亦多在各國領事署及各洋行充當繙繹我才棄爲彼用我用轉需彼才揆諸養才用才之初心似相刺謬若以此而弁廢出洋之舉是因噎廢食從此更難儲上品之才矣應如該督所請延致教習數人在廠督課其尤爲異等者仍照成案絡繹出洋俾後出更新之法不至絕無聞見至學成回華之學生如所造尚淺仍令再行出洋其業有心得者應令分別有差無差咨報臣衙門聽候調取考驗咨送各督撫酌量位置以昭激勸原奏又稱經費宜籌的款船政經費向由閩海關洋稅每年撥解六十萬按月分解數年前不過解至二三十萬近則並不及二十萬請沿海各省通力合作卽以購船之費分年撥解又請如戶部原奏

簡派廉幹精核大員來閩接辦等語臣等查船政用

款初由閩海關六成項下月撥三萬兩四成項下月撥二萬兩其養船經費則隨時由善後局撥解本無定數光緒二三年以前前兩江督臣沈葆楨前福建撫臣丁日昌任內位望較崇隨時將需款爲難情形據實奏明每奉

特旨催解各將軍督撫亦氣誼交孚力籌應付故經費裕而成船多此後船政大臣如黎兆棠張夢元裴蔭森皆以兩司調管船政不能不事事稟承督撫將軍名爲專管實與司道兼權無異所謂權勢較輕不足振全局擴前功者也所以光

緒四五年以後閩海關積欠幾至三百萬兩善後局積欠亦不下百萬兩從前但製木質輪船每年六十萬兩尚可敷用現既責令改造鐵甲鋼甲僱募洋匠一船之費動値百十萬金洋匠薪水費亦不貲斷非月款數萬金所能敷用況此數萬者又皆不能應手至各省通力合作一層非有一定章程恐亦徒成畫餅可否仰懇

天恩俯念船政爲海防根本較邊防尤爲喫緊飭下閩海關及該督將每月應解五萬兩并養船各經費仿照光緒二三年以前按月清解倘解不

足額請照甘餉邊餉之例由臣衙門嚴定功課

奏明請

旨辦理并飭下南北洋大臣及沿海沿江各督撫應定何項快船甲船繪成圖式估價若干奏明由

臣衙門會同戶部指款分期派撥其造不如式以及逾期告成者應請將該大臣及在事人員分別議處果有限內告竣及堅固速率如法者亦准擇尤優獎該督所稱總督事繁勢難兼顧

自屬實在情形應請援照舊案

欽派大臣馳往督辦隨時與該省將軍總督南北洋大臣聯銜具奏一切兵輪各船統歸節制以重

事權所有遵議整頓船政擬請援案

特派大臣督辦緣由是否有當謹具摺覆陳伏乞

皇上聖鑒請

旨遵行謹

奏

欽奉
上諭一道
光緒二十二年六月十八日奉
上諭總理各國事務衙門奏遵議閩浙總督邊寶泉奏查明船政情形請派大員督辦一摺福州將軍裕祿著兼充船政大臣船政一事爲海防根本經前大學士左宗棠等經營締造實事求是卓著成效後因經費支絀日漸廢弛現在泰西各國製造日新鐵甲愈堅快船愈速非大加整頓不足以建威銷萌該衙門所議各節均極周妥其添置機器招募精於工作之洋人督造新式巨艦卽照邊寶泉所請行造船物料名目不一著裕祿督率在事員匠隨時講究奏明辦理內地煤鐵各礦業經該督委員查勘卽著從速興辦不准猾吏劣紳等阻撓以收實效船政學生延請教習數人在廠督課仍照成案出洋其業有心得者咨送總理衙門考驗酌量位置經費一項從前積欠過多亟應源源撥解以濟要工著裕祿邊寶泉將閩海關等處每月應解五萬兩並養船各經費均照光緒二三年以前按月清解倘解不足額卽照甘餉邊餉之例由該衙門嚴定功過奏明辦理並著咨行南北洋大臣及沿海沿江各督撫將應定甲船快船繪圖估價奏明撥款興辦現在從新整頓船政實於時局大有關繫該將軍務當破除積習實力實心認眞辦理方爲不負委任直隸候補道徐建寅熟悉機器情形已由總理衙門電飭該員前赴船政局聽候差遣著裕祿察看能否派充提調酌量辦理
欽此

船政奏議彙編卷四十六卷終

船政奏議彙編卷四十七目錄　　裕祿一

船政奏議彙編卷四十七　　裕祿一

恭報接任船政關防日期摺

奏爲恭報奴才接任船政關防日期叩謝
天恩仰祈
聖鑒事竊奴才於光緒二十二年七月初六日承准軍
機大臣字寄光緒二十二年六月十八日欽奉
上諭總理各國事務衙門奏遵議閩浙總督邊寶泉
奏查明船政情形請派大員督辦一摺福州將軍
裕祿著兼充船政大臣等因欽此當經閩浙總督
邊寶泉於七月初八日飭委辦船政局福建記
名道楊正儀賫送船政關防並將文卷等項移
交接辦前來奴才當卽恭設香案望
闕叩謝
天恩祗領任事伏念船政與海防相維繫工程視財
力爲盈虛福建船政自左宗棠沈葆楨經營締
造以來迄今垂二十餘年規模具備成效漸臻
近年外洋之鐵甲快船日求新異製作愈精而
閩廠則以經費支絀力難推廣值此整飭海防
之際講求船礟尤爲當務之急歷成之功不可
隳棄未精之藝亟宜擴充奴才賦質庸愚知識淺

陋於機器製造之學素無閱歷茲荷
聖恩畀兼船政重務才軽任鉅彌切悚惶顧當時事
多艱治艦爲籌防根本𢿾受
恩深重不敢不勉竭駑駘力圖報稱惟有隨時親在
工次於經畫工程探討利弊及各堂學生肄業
等事督同在局員紳認眞考求實力整頓其船
廠經費向恃閩海關歲撥洋稅爲大宗𢿾兼管
關務職任所在自當並顧兼籌酌劑緩急將額
解之款竭力設籌期濟工用至總理各國事務
衙門奏派來工差遣之直隸候補道徐建寅不

日計可到閩該員於機器製造素爲熟諳其應
如何添置機器招募精於工作之洋人督造新
式巨艦及考核各項物料名目並廠中一切應
行整頓各事宜容𢿾詳細體察與徐建寅並在
廠各員紳研求討論妥細通籌隨時具奏庶期
集事勸工冀圖寸效以仰副
聖主經武整軍愼重鉅工之至意所有𢿾接任船政
關防日期並感激下忱理合繕摺叩謝
天恩伏乞
皇上聖鑒謹

奏
光緒二十二年七月初八日拜發奉
硃批知道了欽此

通濟輪船下水試洋日期並現辦廠務情形摺

奏爲通濟輪船下水試洋日期並現辦廠務情形恭摺具陳仰祈

聖鑒事竊孥接管卷內查船政前擬製造運糧一船原名建靖光緒十九年十二月初八日前督臣譚鍾麟將安上龍骨日期並核估價值銀二十二萬兩零恭摺

奏明在案該船身長二十五丈二尺七寸舨寬三丈四尺一寸艙深二丈五尺一寸全船噸儎一千九百噸船頭喫水深一丈四尺船尾深一丈

六尺於二十一年三月十八日下水內配康邦雙汽鼓臥機一副長式鍋爐兩箇短式鍋爐兩箇實馬力一千六百匹本於去年竣工以北洋船隻稀少准直隸督臣王文韶咨調改作練船更名通濟由直隸酌貼閩廠料價銀十七萬兩前兼管船政督臣邊寶泉遂議歸直隸差遣除礮位由北洋運配應由北洋奏報外本年秋間據工程處監造船機道員魏瀚等報稱通濟船上應需之桅桿帆纜鍋爐機器均已配置齊備堪以定期放洋八月初九日孥帶同道員楊正儀等親督飛捷管駕千總王以彰乘潮駛赴媽祖澳分別按照西法量驗鍋爐汽力至一百磅每分鐘機器八十圈轉量得每點鐘能行十一海里半合中國三十五里如再用上等白煤每點鐘當能行十三海里試驗船身堅穩機器靈捷是日酉刻回工灣泊即將該船交北洋派來之管駕官李和收管其船中執事人等由北洋按照名額募充薪糧亦由北洋籌給又上年閩廠造成之福靖一船先經調防旅順後亦歸北洋差遣工價歸閩料價仍擬由直隸劃還其礮

位已商明運回船廠以便新造鐵脅船分設配用等情由總辦船政局道員楊正儀等詳請具

奏前來孥伏查通濟輪船現照直隸議改練船之式修造完竣試洋合用應即飭令駛赴北洋聽候差遣其福靖一船既留北洋自當照案工價歸閩料價由直隸劃還應由孥咨會直隸督臣陸續劃撥解閩以清款目至目下所造之福安船輪機水缸已備船脅截堵亦將次完工惟俟外洋採辦鋼鬪鮮到廠即可次第排釘鐵舨下水合攏機件並再接修元凱輪船現議整頓船

政推廣製造兵艦應俟所延之洋員匠等明春到工後，再督飭提調道員徐建寅等再擬照新式繪算船機次第修造所有應辦事宜隨時奏明辦理總期閩廠工作與外洋工作無異則各省購船無涉遠之勞閩廠製船有自立之勢所有通濟輪船下水試洋日期及現在船政情形理合會同北洋大臣直隸總督臣王文韶閩浙總督臣邊寶泉恭摺具

奏伏乞

皇上聖鑒訓示謹

奏

光緒二十二年九月十三日拜發奉

硃批該衙門知道欽此

道員徐建寅到工派充提調總辦楊正儀改充提調片

再，前奉

寄諭直隸候補道徐建寅熟悉機器情形已由總理衙門電飭該員前赴船政局聽候差遣著裕祿察看能否派充提調酌量辦理等因欽此茲該道徐建寅於八月十五日到閩察看該員才識練達究心時務歷辦津滬江南山東製造等局並曾至外洋各國多所閱歷於機器製造情形極爲熟悉堪以委充船政局提調在局提調福建記名道楊正儀廉正勤明辦事結實任事數年情形極熟深資得力現值整頓船政工務重要且延有洋員交涉事繁應飭會同徐建寅並總稽查道員沈翊清工程處道員魏瀚協力整頓以收實效除分咨飭遵外理合會同督臣邊寶泉附片陳明伏乞

聖鑒謹

奏

同日拜發奉

硃批知道了欽此

整頓船政延訂法國洋員謹將辦理情形及議
定各洋員薪費數目摺

奏爲整頓船政延訂法國洋員謹將辦理情形及議定各洋員薪費數目恭摺具陳仰祈聖鑒事竊臣前奉上諭總理各國事務衙門奏遵議閩浙總督邊寶泉奏查明船政情形請派大員督辦一摺船政一事爲海防根本經前大臣左宗棠等經營締造實事求是卓著成效後因經費支絀日漸廢弛現在泰西各國製造日新鐵甲愈堅快船愈速非大加整

頓不足以建威銷萌該衙門所議各節均極周妥其添置機器招募精於工作之洋人督造新式巨艦卽著照邊寶泉所請行造船物料名目不一著裕祿督率在事員匠隨時講究奏明辦理等因欽此並接准總理各國事務衙門函電從前創設船廠本延法人日意格開辦曾援法使照會中國如果整頓船政其國家極願選薦名手相助爲理現令其國兵船官卜玳來閩晤商延訂法員之事當妥籌因應等因該兵官卜玳隨於八月初四日到閩接見連次商論該兵官以現在

延請洋員來工助理總欲多用洋員匠臣告以從前左宗棠等時設立船政雖曾延用洋員匠五十餘人原因事係初創今則規模具備匠徒有人所學祇新式輪機情形與前不同當與商定先延洋員五員內洋正監督一員幫辦製造監工一員製鍊鋼鐵礦務監工一員繪圖一員書記一員將來如有應需洋匠幫同教習之處俟該正監督到工後看明情形再行核實商訂其正監督到工承辦事件一如日意格時章程管理船政工程藝學學堂並所屬各廠及羅星

塔船隖修船之事倘監工及各匠人等辦理不妥係歸正監督責成正監督由法國海部水師軍工人員內遴選並出使法國大臣所許約者延聘餘員皆由該洋正監督從法國大製造廠及法國水師人員內選擇均以五年爲限五年限滿或復用舊員或另換新員或無須再請再行續議該正監督等皆可於明年正月到工由該兵官開具合同規約各條大致以該洋正監督到後凡中國兵船來船政修理者皆可修理現在船廠之前水淺潮退時喫水僅止二丈餘

尙難修造極大兵艦現當先就現在船臺修造二千二百噸以內之船及推求製鐵之法幫同創設鎔鐵鋼廠俾供船政要需次再於羅星塔察看地勢喫水淺深籌造巨艦其船政學堂妥立規條該洋員到工後用心整頓推廣中國匠人肄業才能以備後來揀選監工匠首之用並即繪成圖樣定以期限先造新式輪船兩隻教練匠人製造餘則申明洋員來廠約束及洋工匠在工過犯分別辦理之法至洋員所需薪費該兵官卜玳以此時銀價太低如從前日意格

時每銀一兩合法國八佛郎零今則四佛郎換銀一兩僅止一半擬照前以銀定價爲數太少難以延致議將洋正監督薪俸每年六萬佛郎幫辦製造監工每年三萬佛郎製鍊鋼鐵礦務監工每年三萬六千佛郎繪圖洋員每年一萬九千二百佛郎書記洋員每年一萬五千佛郎並照左宗棠延訂日意格時每月公費一千兩定章一體改照佛郎支發月給四千佛郎年共四萬八千佛郎應歸正監督支領爲在工各洋員零碎公費以上各款均應照佛郎數目按每

月價目行市折算發給其起支薪俸日期正監督以合同畫押日起餘員皆由到閩日起該洋員等在法國合同畫押後由中國出使大臣各按一箇月俸祿及公費數目發給一萬七千三百五十佛郎由該洋員等分領以備該洋員等安家及製備行囊等用其來華路費正監督再發二千六百佛郎監工二員共給五千二百佛郎繪圖書記各一員共給三千六百佛郎亦由出使大臣發給以上由出使大臣先行墊發者統合二萬八千七百五十佛郎其餘如告假回

國及因事撤退並因工作受傷或限滿回國各條均按薪俸路費各佛郎數目分別議給貼薪路費賞郵之款除因工作傷重成廢及受傷身死均照六箇月薪工郵賞並給路費外餘則或貼給一二月至四箇月並路費佛郎或無庸給發薪工路費均詳載合同之內此外該兵官以原延在船政局前學堂教習之法員邁達因在明年七月限滿請續立合同亦照佛郎議支薪俸每月改爲二千佛郎附在差遣法員人數之內可於明年正月先定合同其改爲佛郎薪俸

仍從舊限滿日算起接支又洋匠俟監督到後再訂但察看情形將來匠首五人似不可少亦應先將月薪說明每人一千一百佛郎容或稍有多寡總以此數爲定等復查該兵官卜琺所擬規約辦法尙能申明洋員約束助裨工作其擬議各洋員薪費所言現在銀價太低尙屬實情按現在佛郎時價每四百佛郎約合銀一百兩該兵官所擬洋員薪費應發之數約月需銀三千八百餘兩上下在該兵官以現延洋員與日意格時佛郎數目比較其薪俸固無多加而

在中國以銀核算則比從前日意格時爲數較費當以莫若仍照從前以銀折中定價與之駁辯數次而該兵官總以外國專用佛郎此時銀價太低情形與日意格時不同堅執不肯照銀改定竊念

朝廷馭使遠人但令所延技藝精良來工教習有效固不必惜此小費彼既堅不肯改自無須再與深較其餘所議條款內有辦理稍有窒礙之處皆經反覆駁議更正至九月初四日始將合同議妥於初五日同該兵官卜琺並駐閩法國領

事官高樂待在馬江船政衙門彼此於合同內畫押鈐印立案所有造船購機一切應辦事宜應俟該洋員到工後妥細籌商再當隨時

奏明督同在事員紳悉心經理除將所定畫押合同漢文法文各一分咨呈總理衙門察核備案並抄錄一分咨部外理合恭摺具陳伏乞

皇上聖鑒訓示謹

奏

同日拜發奉

硃批該衙門知道欽此

察看船政新造石隖籌辦善後事宜片

再青洲船隖工程業由前兼船政臣邊寶泉督修完竣

奏報在案。〔臣〕接任後察看該處依山臨江地勢軒廠，船隖規制足可供備鋼鐵戰艦修理之用。此隖工大費鉅，歷任大臣經營數載始成，刻下雖經告竣，而以後管隖購機應辦之事尚多，必當隨時講求，次第舉辦，以期周密經久。惟該隖殺造時並未另請專款，均係由製船項下層累而成。且現只專備隖工所用抽水機、拉船機及起

卸船物機器，其餘修船應用機器雖設有房屋，而器具尚待購備。現值整頓之際，欲造大號新式鋼鐵戰艦，亟須接續預籌。至如隖中一切零星歲修及委募管隖工匠，並添備挖泥機船以防潮壅沙淤，阻礙閘路，亦當妥為籌備。隖工並無專款，所有以上待辦之事，當由〔臣〕隨時察度情形

奏明辦理，應用款項請仍於製船經費項下動撥造報，以資修繕而重要工。理合附片陳明，伏乞

聖鑒。謹

奏。

同日拜發，奉

硃批：該部知道。欽此。

二十一年分換配廠用鐵水缸修理船臺工料

照章聲明立案片

再戶部奏定外省報銷新章第十四條內載各省設立機器局並閩省船政局如有添購機器經費若干事前奏明咨部立案事後方准覈銷等因茲據局員稟稱輪機水缸鑄鐵各廠通用鐵水缸五座曾於光緒十八年擇其損傷較甚者先行換配三座尚有二座並抽水機一副復經使用三年鐵質炙煆日薄機關損蝕日鬆不堪修理應予換配共工料銀五千八十餘兩又

船廠第二號船臺歷時已久木質朽腐因開造福安鐵脅新船修理共工料銀二千七百七十餘兩呈請立案前來努復查無異除咨部查照並彙案造銷外理合遵照新章附片具陳伏乞

聖鑒謹

奏

同日拜發奉

硃批該部知道欽此

察看船政情形應行整頓各事宜摺

奏爲察看船政情形應行次第整頓各事宜恭摺具陳仰祈

聖鑒事竊努奉

命兼理船政業將整頓船政延訂洋員來工教習辦理情形恭摺具

奏在案努接辦船政兩月有餘時駐工次察看現時工作考核從前定章並將在廠各項機器逐一點驗一切規模及整理機器諸務尚均能循守左宗棠沈葆楨所定成規未致大形隳廢祗

緣近年經費支絀力難推廣而在廠員紳匠作人等於外洋之新式輪機鮮所習見以致僅能恪守已成之緒而不能推求新異日起有功此時整頓之要非教練人材講究新法改造鋼鐵巨艦不足以適海防之用而欲期費省效速尤必在物料有資經費有著方足以利功用而塞漏卮努就現時船政情形詳加體察並將所需經費暨閩稅目前出入款項通盤籌畫所有應行整頓次第舉辦者約有數端謹爲

皇上縷晰陳之一續辦生徒出洋以教練人材也查

現在延募洋員在工教習原屬一時權宜之舉而自强之要尤在人材有所成就以備接續有人從前船政定章前學堂專習法文及製造船機等學後學堂專習英文及駕駛管輪測量等學藝圃匠徒則專習各廠機器工作之事在堂肄業有成挑選出洋分插英法各國深究各學精奥俾升堂而可入室自光緒二年至十一年業經先後辦過三次現在廠中監工製造暨南北洋各學堂所用多係曾經出洋肄業之人是已漸著成效迨光緒十九年擬辦第四屆出洋

之期尚未商有定議卽值日人事起未及舉辦刻下各堂舊班生徒應習課程多已報滿待期揀選出洋亟宜接續辦理庶得擴充所學增廣識見以備將來任使不致終藉異地之才查首屆出洋學生藝徒三十名限期三年議撥經費銀二十萬兩次屆出洋學生十名亦限期三年議撥經費銀十萬兩第三屆出洋學生三十一名習駕駛者仍以三年爲限習製造者因理法太深期限太促加展三年以六年爲限共議撥經費銀三十萬九千兩此項經費均經奏明閩

海關勻解四分之一福建稅釐局勻解四分之二船政局勻解四分之一分年解交船政衙門隨時匯兑出洋以資應用現如接辦應卽詳加揀擇選定人數查照第三屆成案分別三年六年爲限以定經費數目所需銀兩亦仍循歷辦章程由福建釐金閩海關洋稅船政經費按成勻撥現當庫款支絀綜計歷屆用款雖爲數頗鉅第由地方關稅及船政衙門三處按六年分解每年籌措尚不甚多而於整頓船政實大有裨益俟奏准後奴才卽將在堂學生詳爲考選以

定人數並妥派監督帶同出洋仍照案咨商北洋會奏辦理一整頓應用工匠以講究新法也查船政初設原祇習造木質輪船延聘洋員日意格帶同洋匠等來工教習五年限滿成船十五號後卽照約遣散回洋自此續辦船工皆由廠內學生匠徒繪圖自造亦先後成船十九號其中除木質外如開濟寰泰鏡清平遠廣甲廣丙通濟等船或仿造鐵甲或仿造穹甲快船分於南北洋及廣東等省尚皆堅實可用是在工員匠等於製造技藝非僅墨守成規無自圖精

進之志祇以所習之法皆係從前舊式而外洋製造則講求日新輪機愈臻精巧船身愈形靈便凡船中要緊之處無不易鐵爲鋼是以煤省行速堅利無比我則不特廠中之匠徒於新法未得指授即曾經出洋之學生亦在十數年以前於近時新式造法鮮所閱歷以故造詣不深難及洋廠所製現既復延洋員來工教習指授新法該生徒等本已明習造船之理一經推闡似無難融會貫通得其奧竅惟自光緒十六年以後經費支絀工程稀少從前在廠肄業已成及曾經出洋生徒或經別省調往或自另謀生計現計在廠人數不多而離廠生徒頗有現已回籍閒居者散處於外棄置可惜此時推廣製作工務繁興各廠自須添機增匠與其另招新手不若仍用舊時已學之人隨同習造較諸未識門徑者自覺事半功倍且在工能明西法者多則洋員不能藉口多用洋匠於經費亦資節省擬將此等生徒詳加察選列名存記俟廠中出缺或應增添即擇其可用者分別派令入局充差其曾經因事斥退及藝業荒疏者仍不

濫行收入至學堂及藝圃等處久未招考新童恐後接續無人亦宜及時舉辦擬按從前定章招考年十四五歲以上十八歲以下之聰慧幼童挑選入學交各學教習認眞教導兼令在各廠觀習製造新法五年之後庶可成就有人以儲後來之選凡此皆目前應辦要務容俟揀選招考後詳立章程奏咨立案至各廠機器本從前製造木質輪船之具現在改造鋼鐵甲等項快船並籌自鍊鋼鐵尚有必須添置之件應於所延洋員到工後詳細妥商核實辦理一開辦礦務以期物料有資也查製船物料現以鋼鐵爲大宗外洋各國製造諸廠大半皆有自開煤鐵之礦以資興作應用物料取之本地而皆足故得費省功多日求新異福建船廠所用煤鐵向皆購自遠方費重運遲功用迥難與比近年木質輪船已成舊式防海不適於用若製新船必須專意於鋼鐵快艦一經推廣製造則需用鋼鐵更多購運之費益鉅若不亟籌變通即匠徒講求新式學習有成而物料猶待外求漏卮莫塞則仍治標而未及本與從前之未能擴充

者無異是開採煤鐵實爲船工之本原而製鐵鍊鋼尤爲整頓之要務努於接辦船政後即與在事員紳詳細考求查得侯官縣屬之穆源地方有鐵可採迭次派委熟於礦學之員前往查看僉言該處礦苗甚旺質係養鐵爲鐵礦最上之品如採鍊合法每砂百觔約可得鐵五十餘觔礦山近省距船廠僅百餘里一水可通沿山樹木叢茂取用木炭亦便其上游建甯之黎山下游厦門之厦島南太武山並皆見有煤礦可供採用卷查穆源產有鐵礦曾經前船政臣裴蔭森奏明有案彼時即擬開辦因集款不易因而中輟現既需用方般自當先就此處亟籌開採未可視爲緩圖努因於此次延聘洋員內訂定製造鋼鐵礦務監工一員俾得教習採鍊以冀漸獲成效將來開採之事擬招商承領提鍊則歸船廠自辦所採之鐵悉供船政之用惟估計此項成本至少總需數十萬金雖爲費較鉅一時籌集不易而事關船政要需不敢畏難中止惟當會同督臣暨藩臬兩司延致鄉望素著之紳耆廣爲勸募招集商股如果集有端倪再將如何設廠僱匠置辦提鍊機器各事宜妥爲籌辦隨時奏明其礦務未能辦成以前廠中應需鋼鐵聞湖北鐵政局所鍊頗屬可用現擬購試如果合宜價不貴於外洋即可先由鄂省辦運若有大件鋼件及精巧料物湖北不能製造者仍由外洋訂購總當隨事妥酌辦理以期省便一籌撥款項以期經費有著也查船政製造所需經費大率工三料七料有一定之價值工則視成船之遲速以爲費省近年所購外洋諸物每因磅價增昂折合規銀均較昔時爲貴全賴工價減省稍爲補苴之助故欲節省經費必在工程捷速而欲工料應手尤須經費充餘此一定不易之理況現在延募洋員來工教習每年薪費不少如果船能多造則於海防方有成效而於經費不致虛縻查船政經費自創設以來向藉閩海關歲撥四六成洋稅銀六十萬兩以供船工之用至光緒元年以後因洋稅協撥日增六成洋稅久已不能如額撥解而四成洋稅自近年辦理海防亦多欠解近來洋稅減色以近三年收數按每年四結比較每屆四結所

收稅款綜計不過合銀二百二十餘萬通核撥款本已徵不敷解本年又奉攤撥歸還洋款銀四十萬兩不敷之數竟至五十餘萬雖此次派撥歸還洋款案內部議除常年應解京餉東北邊防經費甘肅新餉籌備餉需加放俸餉及內務府經費稅務司經費本關經費出使經費等項仍照常分別批解留支外其餘無論何款俱准酌量劃提但祇能勻顧借還洋款一項而於船政經費仍無款可以勻撥關務亦為孥兼管現在通盤核計為兼顧統籌之舉若以後洋稅

收數不能加增而期船政經費仍歸有著其六成內應撥之三十六萬似非於洋藥釐金撥款內及六成洋稅之應解出使經費內勻挪湊撥不能以濟工用查出使經費各關均有提解原不專指閩海一關而辦理船政延募洋員所用款項亦關洋務似不妨移緩就急暫為挪濟以顧目前要需如果洋稅修數暢旺六成撥款充裕再行分年補解似亦通融應急之一法然即按照此數勉挪勻濟而徵解相抵每年連四成洋稅項下所撥之二十四萬統計亦僅能勻出

有著之款五十萬其餘十萬仍尚無著再四思維在閩關所可設籌者舍此別無他策惟現在議造鋼鐵巨艦一切料物用款與從前所造木質輪船不同誠如總理各國事務衙門所奏改造鐵甲鋼甲僱募洋匠一船之費動值百十萬金斷非月款數萬金所能敷用各省通力合作一層非有一定章程恐亦徒成畫餅等語實屬洞見癥結之論船廠所募洋員明正即可到工訂明先行開辦新式輪船兩隻應需料物必須趕速籌備專賴閩關撥款斷難濟事且造船亦

為備南北洋之用可否由戶部於各省應解南北洋海防經費項下勻撥四五十萬兩於本年冬間迅解來閩俾船工得資藉手以上各節孥愚昧所及皆目前應行整頓要務除開辦穆源礦務由孥會商地方官招商集股妥為籌辦如辦有端倪再行具奏外所有籌撥出洋經費借撥出使經費請撥製船經費各款合無仰懇

天恩飭下總理各國事務衙門會同戶部分別核覆指撥以重船工而免延誤其餘應辦各事宜及仍有應行整頓者孥仍當督同在事員紳認眞

講求悉心辦理以期仰副
聖主籌固海防整理要工之至意所有察看船政情形擬議應行整頓事宜各緣由理合恭摺具陳伏乞
皇上聖鑒訓示謹
奏
光緒二十二年九月二十三日拜發奉
硃批該衙門議奏欽此

船政奏議彙編卷四十七終

船政奏議彙編卷四十八目錄

船政奏議彙編卷四十八

元凱輪船修改練船規制估需銀數摺　裕祿二

奏爲現修元凱輪船擬改照練船規制修配俾資
學生習練恭摺仰祈
聖鑒事竊查船政定章設立前後學堂在堂學生分
習製造駕駛管輪等學其習駕駛管輪者肄業
數年於天文羅星測量算法粗具根柢即須派
上練船涉歷海洋熟悉風濤沙線以資練習而
壯膽識從前船廠設立建威練船嗣因損壞改
以揚武兵船爲練船又於光緒十年間在馬江

被燬迨十四年四月間復經前船政大臣裴蔭
森奏明以靖遠兵輪改爲練船該船僅祇八十
匹馬力船身不大一切艙位不合練船規制本
係將就配用奴才兼管船政後據管帶靖遠練船
補用守備林承謨稟以該船艙面逼仄練生諸
形擁擠且練習風濤須帆輪兼用該船僅有輪
機並無桅帆於教練亦未能全備現既元凱輪
船在工修理可否即照練船規制修配改作練
船庶於生徒肄業有裨等情當經奴才飭令船政
提調道員徐建寅總稽查道員沈翊清工程處
道員魏瀚等詳加勘議茲據該提調徐建寅等
稟稱元凱輪船身長二十丈零八尺寬三丈二
尺艙面寬展現在折卸另裝以之改照練船規
制修配派令學生上船練習自較靖遠爲合宜
其加配桅帆查勘船上地位祇容安配桅杆兩
枝不能改配三枝若將風帆加大駕駛亦可合
用至船上教練須用快礮現廠中存有十二生
的礮二尊六磅子礮四尊配用該船亦尚合式
無須另購查該船上年十月間由兵部咨交閩
廠折卸另裝經前兼辦船政大臣邊寶泉飭廠

議換鍋鑪一副並修船殼改配銅輪估需應費
銀二萬餘兩現若改照練船規制修配核計加
配桅檣帆纜暨裝修學生艙位學堂安設操演
礮位等工並添置天文駕駛測量各儀器及一
切應用書籍器具約再增銀九千餘兩即可照
練船規制修配完備稟請核辦前來奴才覆查元
凱本係木質輪船鍋鑪機器均屬舊式如照原
式修理不過僅供差巡轉運之用若照練船修
改加配帆檣礮位則在堂生徒皆資練習且於
巡緝轉運等事仍可兼顧所增修費無多而比

之祗作巡運等船爲益較大自當即照練船規
制妥爲修理以期適用現已將該船拖上船槽
督匠興修所需工料及添置器具等項銀兩事
竣歸於製船經費案內核實報銷所有現修元
凱輪船擬改照練船規制修配緣由除咨部立
案外理合恭摺具陳伏乞
皇上聖鑒謹
奏
光緒二十二年十一月二十六日拜發奉
硃批該衙門知道欽此

修理洋式樓屋並購備化學器具估需銀數片
再船廠初設時延聘洋員匠來工教習經前船
政大臣沈葆楨修建洋式樓屋爲洋員匠居住
之所自前次洋員匠遣散回洋後迄今二十餘
年未經修理房屋多有滲漏椽柱朽牆壁閃
裂灰飾剝落窗扇不全此次整頓船政與法員
卜玳商訂洋監工五員限六個月內來閩計明
年正月到工合同載明該洋員所住房屋由官
撥給自應將原建洋房修葺整齊分撥居住茲
當飭工程處道員魏瀚核實估修據該道勘明
應修鶯脰山洋樓一所船政署後山洋樓一所
船政署西洋樓一所前後學堂洋樓各一所辦
公所洋樓一所繪事院洋樓一所馬限山洋房
一所工程處洋房一所計上下樓房並洋房共
九十二間統共需工料銀九千五百六十六兩
零現飭趕爲修理以便該洋員等到後辦公棲
止又近時製造需用鋼鐵甚多講求鍊鋼必須
詳加試驗其採看礦砂亦必有化學器具始能
詳考優劣廠中此等器具均屬不全現擬購備
手力試驗鋼鐵拉機壓機兩件約價英金五百

磅化學器藥料礦石玻璃匣天平等件共英金
三十六磅合每磅按照時價以六兩八錢七分
二釐科計共約合銀三千六百八十六兩零謹
遵部章先行
奏明立案歸於製船經費報銷除咨部外理合附
片陳明伏乞
聖鑒謹
奏
光緒二十二年十一月二十六日拜發奉
硃批該衙門知道欽此

接造光緒二十二十一兩年製船各款報銷摺
奏爲閩廠接造輪船支用各款造册覈實報銷恭
摺仰祈
聖鑒事竊査船政製船經費光緒十七年正月至十
九年十二月以前支用各款業經前兼辦大臣
譚鍾麟造册
奏銷由戶兵工各部覈覆分別准駁行查各在案
茲自光緒二十年正月起截至二十一年十二
月止前兼辦大臣譚鍾麟邊寶泉任內接造一
千六百四實馬力鐵脅運糧中號快船一艘開

造七百五十匹實馬力鐵殼輪船一艘湊款修
造羅星塔石船塢等項工程均經隨時奏報並
常年額支薪水等款亦照部章按年開摺咨部
查核立案所有收支各款應行接續報銷計自
光緒二十年正月起至二十一年十二月止舊
管上屆報銷案內存銀六萬七千七百五十九
兩九錢二分八釐八毫新收光緒十七年至十
九年准銷各款內核扣四分減平銀一萬五千
九百一兩二錢六分二釐三毫奉部核刪洋員
貼薪路費銀三百七十五兩三錢五分一毫覈

删養傷藥費銀六兩八錢閩海關解到四成洋稅銀三十萬兩六成洋稅銀一萬兩北洋解到津貼一千六百匹馬力快船料價一十萬兩北洋提用船政第二届報銷案内廠製已成未合攏一百五十匹輪機一副撥還價銀一萬四千三百二十三兩六錢五分八釐六毫又流存用賸銅鐵木煤各料價值銀九萬一百四十三兩七錢四分七釐四毫以上舊管新收共銀五十九萬八千五百一十兩七錢四分七釐二毫内開除二十年正月起至二十一年十二月支用

造船購器修廠贍工等項共銀四十一萬五千一百二十七兩六錢六分九釐三毫墊支各輪船薪費銀九千三百五十四兩八錢七分一釐六毫墊支煤炭銀一千八百九十九兩二錢三分三釐六毫統共開支銀四十二萬六千三百八十一兩七錢七分四釐五毫除支外實存銀一十一萬三千六百五十三兩四錢二分四釐二毫又用賸各料價值合銀五萬八千四百七十五兩五錢四分八釐五毫據船政提調直隸候補道徐建寅督同承辦各員造具清册詳請

奏銷並請隨摺聲明將本届核扣四分減平銀八千一百三十九兩零照案歸入二十二年分報銷册内列收等情前來。𦍑覆覈無異除分咨總理衙門並將細册咨送戶兵工部核銷外理合會同閩浙總督臣邊寶泉恭摺具陳伏乞

皇上聖鑒敕部覈銷施行謹

奏

光緒二十二年十一月二十六日拜發奉

硃批該部知道欽此

候選知縣施魯濱派辦文案請免予扣選片

再候選知縣施魯濱福建長樂縣人由生員於同治六年間經前船政大臣沈葆楨劄派船政委員在工委辦船機各廠並管製造學堂等差洊保以知縣選用光緒十六年庚寅科中式進士奉

旨以原班勞績遇缺先知縣選用在吏部投供候選因閒現在整頓船政情殷投効呈經總理各國事務衙門以該員施魯濱前在船政衙門當差有年諸事自應諳練咨送船政衙門酌量差遣

委用該員旋即來工聽候差委伏查定例在部投供候選各官如因公出差遇輪選到班照例擬選俟差竣回京附入月選官後補行驗看考試引

見各等語該候選知縣施魯濱係經總理各國事務衙門咨送船政衙門差遣委用人員與候選人員因公出差之例相符應懇

天恩勅下吏部將該員施魯濱一體按班銓選免其扣資理合附片陳請伏乞

聖鑒訓示謹

奏

光緒二十二年十一月二十六日拜發奏

硃批吏部知道欽此

船政奏議彙編　卷四十八

船政延訂法國洋員到閩日期摺

奏爲船政延訂法國洋員到閩日期恭摺奏

聞仰祈

聖鑒事竊𠵽前因奉

旨整頓船政擬延訂法國洋員五員來工教習製造

當將與法兵官卜玳等在閩訂立合同辦理情

形於光緒二十二年九月間恭摺具奏欽奉

硃批該衙門知道欽此旋於本年二月間先後接准

駐法出使大臣慶常來咨該大臣接法國外部

大臣哈諾德照會該國海部按照合同選派該

國水師製造學堂幫辦教習二等監工杜業爾

應聘來華充當福州船政正監督該洋員杜業

爾應聘日期擬自光緒二十二年十一月二十

八日卽西歷一千八百九十七年正月初一日

算起隨帶勘鑛煉鋼監工達韋德一員水師製

造監工畢爾第一員繪圖官李嘉樂一員書記

官伯樂一員赴工差遣業由慶常按合同載明

在法應先墊發該洋員等薪費川資二萬八千

七百五十佛郎照數送交法國外部轉給洋員

杜業爾等收領取具杜業爾領據存案並發給

該洋員等護照於本年正月十三日由法國馬

賽開船起程前往福州任差咨會𠵽查照等因

茲該洋員杜業爾達韋德畢爾第李嘉樂伯樂

等五員均於二月二十二日抵閩𠵽連日接晤

詳與談論該洋員等均屬初到中國人俱誠實

議論工程具有條理除將現在整頓船政應辦

事宜與該洋員杜業爾等妥商次第籌議隨時

奏明辦理並將出使大臣慶常墊發該洋員等

薪費川資二萬八千七百五十佛郎照數由福

州太古洋行電滙法國巴黎轉交慶常兌收歸

款外所有整頓船政延訂洋員到閩日期理合

恭摺奏

聞伏乞

皇上聖鑒謹

奏

光緒二十三年三月初二日拜發奉

硃批該衙門知道欽此

閩省前辦法防墊支各款就船政款內銷案摺

奏爲閩省前辦法防船政墊支各款歷因款絀未能歸墊請就船政款內開除銷案以清款目恭摺具陳仰祈

聖鑒事竊查光緒十年間前督臣何璟等任內因法防事起司庫經費不支由船政支墊各項薪費購製礮械雷艇魚雷水雷以及起撈船礮各款除陸續解還外核計尚有司庫未經撥還銀七萬三千八百一十七兩零經前督臣在於閩省光緒十年十一十二十三十四十五等年善後

報銷案內列款報銷並於案內聲明欠解船政墊支數目奉部核准歷因庫款支絀以致久未歸墊而歷屆船政報銷之案祇得仍列實存項下臣裕祿於上年七月到任後查明此款尚在久懸屢經咨催解還歸墊據善後局司道以福建庫款支絀出入相抵不敷甚鉅所以前此法防案內船政墊支各項早應解還之款至今未能歸清近年稅釐收數更形短絀加以添撥歸還洋款等項解款益鉅庫儲奇絀無可設籌查此項船政墊支銀兩本經善後報銷案內奉部准銷有案與未經報部准銷者不同且係辦防要需事在一省通融協濟原無畛域可分刻下司庫既實無款籌還可否將此項未還銀七萬餘兩奏明在於船政款內開除銷案無庸由司撥還以清款目等情由該司道等詳請會核辦理前來臣等查光緒十年因法防事起籌辦防務及辦理善後各事宜由船政經費款內墊支各項銀七萬三千八百一十七兩零均經列入光緒十年至十五年善後報銷案內報部准銷並經隨案聲明欠解船政墊支數目歷因庫款

支絀未能撥還歸墊詳核該司道等所詳現在協撥增鉅庫款艱窘所欠銀兩無款可還委屬實在情形船政雖待用孔殷第値款絀用繁之際別項協撥同關緊要亦不能不統顧兼籌臣等公同商酌此款懸欠有年可否卽如該司道所請將前項未經撥還銀七萬三千八百一十七兩零准在於船政經費款內開除銷案無庸再由司庫撥還謹將閩省前辦善後報銷案內准銷年分款目繕具清單恭呈

御覽如蒙

俞允臣裕祿即於船政實存項下照數登除以清懸欠而免轇轕謹合詞恭詞恭摺具

奏伏乞

皇上聖鑒飭部核覆施行謹

奏

光緒二十三年四月初十日拜發奉

旨戶部議奏單併發欽此

謹將閩省前辦善後報銷案內列入籌辦法防及善後事宜船政墊支各款經戶兵工等部准銷未由司局撥還數目開列清單恭呈

御覽

謹開

一墊給馬江堵勦飛雲永保琛航振威福勝建勝等船截至光緒十年七月初三日薪費共銀六千九百一十三兩七錢四分八釐六毫該款經善後局彙入光緒十年起至十二年底止造册報銷奉兵部核覆照准

一墊給起撈琛航輪船領用物料價值工費除解還外共銀七千二百七十二兩九錢六分七釐八毫該款經善後局彙入光緒十二年底止分款造册報銷奉戶兵工各部核覆准銷

一墊給委員翰林院待詔廣東學生陸汝成製造子母雷工料價值除解還外尚銀一萬兩

一墊給洋商福克訂購雷艇價值除解還外尚銀一萬一百二十五兩

該二款均經善後局彙入光緒十一年八月

底止造册報銷奉工部核覆准銷

一墊給雷艇配用連珠礮二尊價腳銀六千三百九兩九錢

該款經善後局彙入光緒十二年底止造册報銷奉兵工二部核覆照准

一墊給增生楊仰曾製造各項碰雷工料銀九千五百四十二兩五錢六分四釐二毫

一墊給魚雷艇光緒十四年分上槽修理工料銀八百八十四兩二錢三分九釐三毫

該二款均經善後局彙入光緒十三十四兩年分造册報銷奉工部核覆准銷

一墊給魚雷廠光緒十三十四兩年薪工及修整料件共銀六千八百六兩七分五釐八毫

該款經善後局彙入光緒十三十四兩年分款造册報銷奉戸工二部核覆准銷

一墊給魚雷戰雷頭並配件棉藥價腳銀一千三百七十五兩八錢四分二釐一毫

一墊給修理魚雷料件價腳銀一萬三百五十四兩七錢五分八釐七毫

該二款均經善後局彙入光緒十五年分分款造册報銷奉兵工二部核覆准銷

一墊給魚雷廠光緒十五年正月起至六月止薪工及合攏修整料件共銀一千六百五十三兩八錢三分四釐四毫

該款經善後局彙入光緒十五年分分款造册報銷奉戸工二部核覆准銷

一墊給中岐馬尾添築護廠礮臺撥用鐵板製給各件光緒十年八月十六日起至十一年四月底止工料共銀二千六百七十八兩五錢四分六釐九毫

該款經善後局彙入光緒十年起至十二年底止分款造册報銷奉兵工二部核覆准銷

以上共墊支銀七萬三千八百一十七兩四錢七分七釐八毫

船政代修泰安船並墊支臺灣款無從歸還片

再查從前船政代各省修理輪船墊支款內尚有光緒十一年間山東咨送泰安輪船來工修理共墊支銀二萬六千四百九十五兩零應由山東撥還曾經前任船政大臣裴蔭森於光緒十二年七月間

奏明在案嗣除由山東陸續撥還銀一萬一千兩外尚欠解銀一萬五千四百九十五兩零屢次咨催未據解還清款迨至光緒二十二年間准北洋大臣王文韶咨會據辦理輪船招商局道員盛宣懷呈稱泰安輪船於光緒十八年十月經前署山東登萊青道李正榮與該道盛宣懷遵飭會議將該輪船撥歸招商局自行籌款修理並常年養船經費亦歸該局籌支詳經前北洋大臣李鴻章轉咨戶部核飭遵辦自招商局收領之後十九二十年兩次修理共用規銀二萬一千餘兩僅將船身銅皮修換而鍋爐機器仍屬舊壞嗣因軍興經南洋租用運兵共收水脚一萬九千七百餘兩除開支辛工煤費外仍虧銀九千四百餘兩現在閒擱海濱據商董等

會商該船機器鍋爐既不值修換惟有仍照原議改作躉船以免廢棄並據上海英國領事衙門驗船官柏駕將該船核實估價機器鍋爐船殼共計值銀七千兩是該輪船撥歸招商局先修後租虧折鉅款不得已由驗船官驗明估價改作躉船實不能承運商貨來往南洋各路碼頭現東海關因該船已歸招商局承運商貨所欠閩省修費銀兩無款可解詳請飭令招商局分年認還如果該船尚可承運商貨自應遵照代山東認還所欠修費無如該船實難運貨前經南洋租用運兵水脚不敷煤薪之用已屬明證現在改作躉船而招商局所墊兩年修費二萬一千餘兩又屬無著勢難再令商局代賠十餘年以前之款查此項山東前欠修費除已還外尚欠銀一萬五千四百餘兩山東既不能歸還該道等與商董再四籌商或請將此船照咨部原議仍歸招商局改作躉船即由招商局按照驗船官估價繳還閩廠其餘山東尚欠閩廠十一年修費銀八千四百餘兩不得不請豁除銷案以免虛懸轇轕等情咨商前任船政大臣

未及核定奴才到任後清理庫款查此項墊支銀
兩尚在懸欠未清詳核案卷該輪船已經山東
裁撤撥歸招商局領用議將前欠未清修費令
由招商局分年認還而招商局又以此船現改
躉船不能承運商貨勢難再代山東認還舊欠
是前項欠款在山東既不能歸還而船政亦不
能無著既據該局商董會商請將此船由招商
局按照驗船官估價規銀七千兩繳還閩廠刻
下船政需費甚殷應請
飭下北洋大臣轉飭招商局迅將前項規銀七千兩
如數解閩清還以濟要需其餘山東尚欠閩廠
修費銀八千四百餘兩該省既無款解還招商
局又力難代認應否豁除銷款並請
飭下戶部核議辦理又光緒二十年二十一年臺灣
辦理防務咨調測繪學生楊則哲林鑑般鄭奉
時林兆燕董壽棟林詠埧陳振家王韶聰陳寶
煊九名墊發盤費薪銀及澎湖雷營領用料件
傢伙飛捷輪船兩次修費靖海輪船領用煤炭
價銀統共墊支庫平番銀一萬五百六十九兩
九分五毫未經解還歸款從前臺灣借用之項

現在無從歸還所有前項銀兩應否歸入船政
案內造報核銷以清款目相應一併奏明請
旨飭下戶部核議施行謹附片具陳伏乞
聖鑒謹
奏
光緒二十二年四月初十日拜發奉
旨戶部議奏欽此

報明福安鐵殼輪船下水日期摺

奏爲奏報福安鐵殼輪船下水日期恭摺仰祈
聖鑒事竊查前經前兼管船政大臣邊寶泉因福靖伏波等船調往旅順廣東差遣通濟一船工漸就緒應撥歸北洋閩船只琛航飛捷兩艘較大亦復奉公絡繹若再有徵調誠恐不敷差派奏明將陸續抽辦之七百五十四馬力輪機配成鐵殼取名福安於光緒二十一年十月間安上龍骨督匠修造奴才接辦後該船輪機水缸已備船脅截堵亦將完工惟俟外洋採辦鋼鬬鯨到廠即次第排釘鐵舨下水合攏機件曾於上年
奏報通濟輪船試洋摺內將辦理情形具
奏在案嗣外洋採辦之鋼鬬鯨於去歲十月間運到奴才即督飭提調及在廠員紳趕緊排釘鐵舨於本年三月間將船身造齊計船長英尺二十三丈八尺寬三丈二尺二寸艙深二丈四尺船頭喫水一丈四尺船尾喫水一丈六尺全船噸儎一千八百噸擇吉於三月十八日下水察看體質靈便工亦堅實現在督飭工匠趕將造成七百五十四康邦省煤立機一副鍋爐四座安配並將船面艙房等項裝修妥協約在六月中旬前後即可一律修竣定期試洋除俟該船全工告竣再將試洋情形奏報外所有福安輪船下水日期理合恭摺具
奏伏乞
皇上聖鑒謹
奏

光緒二十三年四月初十日拜發奉
硃批該衙門知道欽此

延募洋員到閩商擬製造船工大概情形摺
奏爲延募洋員到閩商擬製造船工大概情形恭
摺具陳仰祈
聖鑒事竊照前因整頓船政所延洋監督杜業爾監
工達韋德畢爾第繪圖官李嘉樂書記官伯樂
等五員於光緒二十三年二月二十一日抵閩
當將該洋員等到工日期恭摺
奏報在案孥於該洋員等到工後即飭洋監督杜
業爾先赴船政各廠將所用機器逐加考驗並
就現時在廠機鑪能造何等新式船艦暨一切
噸重速率料物工作等事詳晰討論籌議辦法
據杜業爾詳看各廠情形一切器具只須略加
整理即如外洋之廠相埒凡小號中號噸儎之
船及可入塢上槽各項船艦均能就廠修造按
現時截鐵鑄鐵打鐵模子舢板船廠等處所用
各項機具均屬合式不須添製其輪機廠機器
亦多合式得用惟須略爲修理並尚有必不可
缺之新式機器數件須籌添備目前大號輪船
尚不能就廠自製其製大號輪船機器之機具
無庸急於購辦其鐵脅鍋鑪二廠現時鐵脅廠

所用機器僅有馬力十五匹力量太小鍋鑪廠
所用機器亦屬力小陳舊刻下專造鋼鐵之船
工多用廣必須由廠自製大號馬力機器各一
副更換並將亟須添置不可缺乏新式傢伙機
具籌議添備方可程工迅速費用節省大略估
計鐵脅鍋鑪輪機等廠修改添購機具約有十
五萬餘佛郎合銀四萬兩以內即敷整理此外
如運送鑲配鋼甲安置礮械礮臺與各項重大
之件必須有可起至二十五噸重之浮水起重
輪機一架可儎至八十噸重之鐵質方舟二號
並購買德果非李鐵軌及小車十副用以轉運
重器亦爲舉辦大工必不可缺之件應須次第
籌備其青洲新修船塢察看鐵閘口門水勢溜
急若大船進塢修理挽進不易稍有疎虞恐與
塢船兩碍必須修造三百匹馬力拖船一隻以
爲帶船進塢之用該船並可照兵船式樣製造
身長十丈四尺寬一丈八尺八寸深九尺八寸
三分船尾喫水深七尺二寸六分全船噸儎一
百三十五噸每點鐘行十一嘫半上配三十七
釐徑小號快礮二尊遇輪船修理時無論船身

大小均可拖帶進塢不至爲急溜阻碍無事兼可梭巡内港查緝奸宄此船由廠製造估價不過十九萬佛郎合銀約在五萬兩上下即可造成應用於塢工巡緝均有裨益至提煉鋼鐵機器現爲廠中所無購買之價約需二十五六萬兩其開礦應用機器尙不在内據杜業爾之論以開辦此項鋼鐵廠必須煤鐵所產應手尤須銷路暢旺方有成效可觀按現在廠中所用機器只能製造小號中號之船需用鋼鐵猶不甚多若購機提煉其一年出數必遠浮於所需如但就本廠所需煉用必致或作或輟不特空費重本抑且多有縻費轉不若採購製造較爲合算此時似可暫從緩議俟船政整頓開拓廣有銷路再行購辦庶有把握此杜業爾到工後考驗各廠機器及察看船塢等處商籌整理添備之大概情形也至此次整頓船政延募洋員來工教習以製造新式快艦俾在廠工匠習學新法爲第一要義努督同提調等酌度現在款力與杜業爾連次面商據杜業爾估計三年之内可先籌造魚雷鋼艇兩艘鋼板魚雷快艦一艘

均按現在法國名廠極新式樣製造其魚雷鋼艇每艘噸儎在三百五十噸左右安配二千五百匹馬力雙輪機器速率可行二十一𧽊鋼板魚雷快艦噸儎八百噸安配六千五百匹馬力雙輪機器速率可行二十三𧽊料物本廠能辦者由廠自行製造内地所無一時不能自造者先在外洋購買大略三艘工料價値連礮具魚雷及船上應用器具等項一併估計約需銀一百二十萬兩以内即可造成當以所擬船式尙屬合用現飭分繪細圖估開各項料價再與詳細推求議定開辦此與杜業爾現在商籌製造船工之大概情形也努復查洋監督杜業爾所議添修機器鍋鑪並擬造船塢需用之拖船均係現在整頓船政必不可省之工所估需費亦尙無多刻下福安輪船業經下水工漸就緒而新船起造繪圖購料尙需時日亟宜乘時將以上各廠應辦之工及擬造之拖船先行開辦以資整理而免懸曠一面飭令杜業爾細繪擬造新船各圖詳開應用料件努督同提調等與之隨處講求逐加討論總期工堅行速費無虛縻

一俟將圖繪成估算詳妥即擬次第舉辦待三船造有眉目續應製造何船再行察度籌議除仍妥爲督辦並將應用採辦料物隨時遵章
奏明立案外所有洋員杜業爾到閩後商擬製造船工大概情形理合恭摺具陳伏乞
皇上聖鑒訓示謹
奏
光緒二十三年四月初十日拜發奉
硃批該部知道欽此

挑取生徒入堂肄業並定年限課程片

再䇲前奏察看船政情形應行整頓各事宜摺內奏明學堂藝圃等處久未招考新童宜及時舉辦擬按從前定章招考年十四五歲以上十八歲以下之聰慧幼童挑選入學交各學教習認眞教導兼令在各廠觀習製造新法以儲後來之選奏奉
飭交總理各國事務衙門戶部議准在案䇲當查船政前學堂藝圃兩處專學法國語言文字製造等學現在洋員已到應即先行挑補俾資教習隨於三月初間招考年幼聰穎幼童投考甚多逐加遴選挑取學生八十名送入前學堂肄業挑取藝徒六十名送入藝圃肄業並與洋監督杜業爾商定章程前學堂課程限制以六年爲期初入學堂先照法國初學學堂課程辦法學習數學入門幾何入門並格致淺語等書次則再按法國水師學堂課程辦法學習數學理解代數平面及立面幾何八線算術幾何畫法重學格物入門化學入門等書至第五六兩年則學上等代數學幾何代數重學理解微分微積

化學格物等書循序肄業除習洋學外每日仍兼習漢文藝圃學堂擬分爲兩學一爲藝徒學堂一爲匠首學堂課程限制各以三年爲期初入學堂按照法國初學學堂辦法學習法國語言文字數學幾何入門常用藝學淺義並畫法等書各徒均於每日下午赴學肄業上午入院學習船身輪機各種繪事並時時派赴各廠歷練工作三年之後大考一次考校所習各業並令試製匠人手藝器件其所製精熟者即予升爲匠人赴廠辦工擇其尤者派入匠首學堂肄業三年教以稍深藝學並講說製造輪機汽機打揀鋼鐵法度以爲升補匠首管輪之用技尙未精者可以分派各廠充當小匠俟其歷練嫻熟再升爲匠人各生徒在學或性情懶惰不肯勤學或資質魯鈍於學難期心得者均隨時剔退另行挑補現均飭令入學按章辦理此外並尙挑有年幼總穎幼童造册存記令其在家候傳以備後學堂挑補及前學堂藝圃兩處魯鈍生徒剔退者之用臣惟當率同提調等隨時留心稽察督飭認眞教習俾期皆有成就以仰副

聖主教育人材之至意除在堂舊班學生應派出洋學習現在精加挑選俟遴選妥協另行

奏明辦理外所有先行挑取前學堂藝圃兩處生徒入學肄業緣由理合附片具陳伏乞

聖鑒謹

奏

光緒二十三年四月初十日拜發奉

硃批該衙門知道欽此

船政奏議彙編卷四十八終

船政奏議彙編卷四十九目錄

船政奏議彙編卷四十九

選派第四屆出洋肄業學生核估用欵並派監督帶往摺　裕祿三

奏爲選派第四屆出洋肄業學生名數核估按年用款並擬派監督帶同出洋恭摺仰祈

聖鑒事竊（奴才）接准總理各國事務衙門咨議覆（奴才）前奏察看船政情形摺内所陳續辦生徒出洋以教練人材一條以學生出洋爲練習新法起見亦應續辦惟挑選之法宜精而不宜多應擇其姿性聰頴而又勤奮好學可望有成者精選十名或十餘名妥派監督帶同出洋仍分別三年六年爲限以資歷練等因於光緒二十二年十二月二十三日奏奉

硃批依議欽此並鈔錄原奏咨行前來應卽遵照辦理查泰西各國向收外來生徒入學肄業皆在西歷每年正月間過期則須候至次年再收本屆所派學生自應及時選定俾於冬間到彼無誤明春入學船政歷屆挑選學生皆係將前後兩學堂學生一併選取此次（奴才）與提調等公商原擬照案於前後兩學堂中挑選學生十名上

下分赴英法兩國肄業惟現接出使英國大臣羅豐祿來電英外部函致該大臣云格林書院額滿華生暫不能收是赴英學生暫時可緩選派應卽先將前學堂派赴法國肄業六年之生徒挑選派往以資學習茲率同提調暨洋監督杜業爾等就前學堂舊班學生中逐加考選揀選得施恩孚丁平瀾盧學孟鄭守欽黃德椿林福貞等六名均在學堂肄業有成人俱聰穎好學堪以揀派出洋擬請卽以該六名派赴法國入該國各大學堂練習製造新法其每屆學生

初涉重洋皆派有華洋監督各一員此次學生無多祗須於船政各員中選派監督一員帶同前往毋庸再派洋員以節經費奴才現經詳加選擇查有三品銜江蘇候補知府吳德章本係首屆出洋學生出身老成練達學有根柢以之帶領此屆學生出洋肄業洵堪勝任擬請卽派該員爲出洋監督將該學生等到外洋入學肄業各事宜查照歷屆成案妥爲經理以資表率至學生出洋經費除應赴英國之後學堂學生暫不出洋可從緩議外其選派前學堂學生在洋

六年一切需用款項應查照第三屆成案核算定擬惟從前此等用款多以英國金磅核定溯第三屆學生出洋時在光緒十二年是時英金磅價每磅不過洋錢六圓零今則磅價日增每磅漲至洋錢十圓左右此後仍恐復有加漲本屆學生出洋用款若仍以英磅核付任隨磅價增長未免漫無限制當此經費支絀必須槪用銀數酌定以免繁費現擬核照第三屆出洋用款當時磅價合銀數目凡從前以金磅支給之款今皆以銀兩數目核定撥付由該出洋監督

帶同學生撙節動用不得再以磅價科算支領統計此屆學生出洋六年應用款項共需七一七洋平銀十萬七千餘兩謹將擬議各款經費細數繕具清單恭呈

御覽仰懇

敕下總理各國事務衙門戶部核准施行並請將此項應用銀兩仍照歷屆成案由閩省釐金項下籌撥四分之二閩海關四成洋稅及船政製船經費項下各籌撥四分之一撥解船政衙門分年勻解計第一年應解銀二萬二百一十兩有

奇第二年應解銀一萬七千一百三十二兩有
奇第三年應解銀一萬七千三百九十五兩有
奇第四年應解銀一萬七千一百三十二兩有
奇第五年應解銀一萬七千九百八十三兩有
奇第六年應解銀一萬七千二百四十二兩有
奇均由閩省釐局閩海關船政衙門分年照撥
以備隨時挨期接濟免有貽誤除分咨總理各
國事務衙門暨戶部查照外理合會同北洋大
臣直隸總督臣王文韶閩浙總督臣邊寶泉恭
摺具陳伏乞

皇上聖鑒訓示謹
奏
光緒二十三年五月初三日拜發奉
硃批該衙門知道單併發欽此

謹將閩省船政第四屆選派學生出洋肄業核
估用費繕具清單恭呈
御覽
謹開
一學生行裝
謹查歷屆奏定每名五十磅此屆六名共三
百磅
一監督在外洋安插生徒查閱功課來往路費
謹查第三屆奏定六年支數不得逾三千二
百磅此屆學生六名擬照數核減支給六年

共合八百磅
一學生房租脩膳雜費
謹查第三屆奏定每名年支一百四十四磅
此屆六名六年共合五千一百八十四磅
一學生遊費
謹查第三屆奏定製造生六年各遊歷四次
每名每次約五十磅此屆六名擬定為遊歷
三次每名每次五十磅三次共合九百磅
一學生另延教習脩金
謹查第三屆奏定製造生十四名每年約七

百磅此屆按六名算每年應三百磅六年共合一千八百磅

一學生另給外洋衣資

謹查第三屆奏定製造生每名共四十磅此屆六名六年共合二百四十磅

一學生添購書籍圖件等費

謹查第三屆奏定製造生每名約共五十磅此屆六名六年共合三百磅又第三屆另有學生回華購買書籍存船政衙門備考約五百磅一項此屆擬將此款節省

一電報信資及醫藥等費

謹查此款歷屆成案均係實用實報作正開銷無預先估計之數照第三屆用過數目製造生十四名六年駕駛生二十名三年共用過一千九百二十磅此屆六名仍應實用實報六年支數不得逾四百八十磅

以上八款係查照第三屆出洋奏定磅款按以現定額名照核開列共計一萬四磅以第三屆出洋時金磅價核之每磅計六圓一角合七一七洋平銀四兩三錢七分三釐七毫共應七一七洋平銀四萬三千七百五十四兩四錢九分四釐八毫近年金磅日見價昂按現在時價每磅七兩一錢四分合算即需七一七洋平銀七萬一千六百七兩六分較前增至十分之四此後仍恐再長值此經費支絀之時豈可漫無限制現擬不計金磅時價仍照第三屆出洋時所用銀數概行按銀核給以示限制此屆六名照現定銀數六年共合支七一七洋平銀四萬三千七百五十四兩四錢九分四釐八毫茲將此屆該八款

應支銀數照列於後

一學生行裝每名合銀二百一十八兩六錢八分五釐六名共七一七洋平銀一千三百一十二兩一錢一分

一監督在洋安插生徒查閱功課來往路費六年合七一七洋平銀三千四百九十八兩九錢六分分年給領

一學生房租脩膳雜費每名年支銀六百二十九兩八錢一分二釐八毫六名六年共七一七洋平銀二萬二千六百七十三兩二錢六

分八毫
一學生遊費六年各遊歷三次每名每次合銀二百一十八兩六錢八分五釐六名六年共七一七洋平銀三千九百三十六兩三錢三分分第二至第五年給領
一學生另延教習脩金每年合銀一千三百一十二兩一錢一分六年共七一七洋平銀七千八百七十二兩六錢六分
一學生另給外洋衣資每名合共銀一百七十四兩九錢四分八釐六名六年共七一七洋平銀一千四十九兩六錢八分八釐分第二第四兩年給領
一學生添購書籍圖件等費每名合共銀二百一十八兩六錢八分五釐六名六年共七一七洋平銀一千三百一十二兩一錢一分分第一第三兩年給領
一電報信資及醫藥等費實用實報六年支數合共不得逾銀二千九十九兩三錢七分六釐分年給領
以上八款共計七一七洋平銀四萬三千七

百五十四兩四錢九分四釐八毫
一監督繙譯薪水
謹查第三屆奏定華洋監督各一員各年支銀七千二百兩繙譯兼支應一員年支銀一千二百兩三員六年共支七一七洋平銀九萬三千六百兩文案由監督自理此屆擬派監督一員年支銀七千二百兩繙譯兼管支應一員年支銀一千二百兩兩員六年共合支七一七洋平銀五萬四百兩因此次監督只派一人事務殷繁文案由監督派人辦理其薪水卽由監督薪費項下劃支
一監督辦公所雜費
謹查第三屆奏定華洋監督辦公所雜費年支銀二千四百兩六年共支七一七洋平銀一萬四千四百兩此屆擬派華監督一員照數減半應年支銀一千二百兩六年共合支七一七洋平銀七千二百兩
一監督繙譯往返路費
謹查歷屆奏定華洋監督及隨員繙譯文案坐上等艙位每員每次約番五百三十元合

銀三百八十兩火車費及各雜費在內兩員往返共支七一七洋平銀一千五百二十兩此屆監督一員繙譯兼支應一員路費查照現在法國輪船公司來單內開由滬至馬賽輪船價每員每次三百六十兩外加火車費及各雜費銀一百兩計四百六十兩兩員往返共合支七一七洋平銀一千八百四十兩往費起程照發回費分第五第六兩年給領共文案一員往返路費即按照學生舟車二等艙位由監督薪水項下開支

一學生往返路費

謹查歷屆奏定學生各坐二等艙位每名每次約番三百二十元合銀二百二十九兩四錢四分火車費及各雜費在內按六名額數核計往返共支七一七洋平銀二千七百五十三兩二錢八分此屆學生六名查照現在該公司來單輪船二等艙位價每名每次二百三十五兩外加火車費及各雜費七十兩計三百零五兩六名往返共支七一七洋平銀三千六百六十兩往費啟程照發回費分第五第六兩年給領以上路費因磅價昂貴故該公司寄來船費單內所開銀數較從前增多

一奬賞洋教習寶星金牌

謹查第三屆奏定銀一千兩以十四名六年二十名三年科計此屆六名六年應合支銀二百四十三兩在第六年給領

以上五款係查照第三屆出洋奏定銀款按以現定額名照核開列共計六年七十七洋平銀六萬三千三百四十三兩連前八款七一七洋平銀四萬三千七百五十四兩四錢

九分四釐八毫總計七一七洋平銀一十萬七千九百九十七兩四錢九分四釐八毫至其中各項用款除薪費外或有應爲互相增減之處俟到洋後憑監督詳察情形酌核辦理所有遞年滙付銀數附單列後

第一年

監督並繙譯薪水全年共銀八千四百兩

監督辦公所雜費全年共銀一千二百兩

監督並繙譯一員往費每員銀四百六十兩共銀九百二十兩

學生六名往費每名銀三百五兩共銀一千八百三十兩

學生六名每名行裝銀二百一十八兩六錢八分五釐共銀一千三百一十二兩一錢一分

在洋安插學生查閱功課來往路費共銀五百八十三兩一錢六分

學生六名房租脩膳雜費每名銀六百二十九兩八錢一分二釐八毫共銀三千七百七十八兩八錢七分六釐八毫

另延教習脩金共銀一千三百一十二兩一錢一分

學生六名添購書籍圖件等費每名銀二百一十八兩六錢八分五釐第一年各先給銀八十七兩四錢七分四釐共銀五百二十四兩八錢四分四釐

電報信資醫藥等費共銀三百四十九兩八錢九分六釐

以上計第一年應滙七一七洋平銀二萬二百一十兩九錢九分六釐八毫

第二年

監督並繙譯薪水全年共銀八千四百兩

監督辦公所雜費全年共銀一千二百兩

在洋安插學生查閱功課來往路費共銀五百八十三兩一錢六分

學生六名房租脩膳雜費每名銀六百二十九兩八錢一分二釐八毫共銀三千七百七十八兩八錢七分六釐八毫

學生六名每名另給外洋衣資銀一百七十四兩九錢四分八釐第二年各先領八十七兩四錢七分四釐共銀五百二十四兩八錢四分四釐

學生六名六年各遊歷三次每名每次遊費銀二百一十八兩六錢八分五釐六年共銀三千九百三十六兩三錢三分分第二至第五年給領第二年應給銀九百八十四兩八分二釐五毫

另延教習脩金共銀一千三百一十二兩一錢一分

電報信資及醫藥費共銀三百四十九兩八錢九分六釐

以上計第二年應滙七一七洋平銀一萬七千一百三十二兩九錢六分九釐三毫

第三年

監督並繙譯薪水全年共銀八千四百兩

監督辦公所雜費全年共銀一千二百兩

在洋安插學生查閱功課來往路費共銀五百八十三兩一錢六分

學生六名房租倄膳雜費每名銀六百二十九兩八錢一分二釐八毫共銀三千七百七十八兩八錢七分六釐八毫

學生六名遊費共銀九百八十四兩八分二釐五毫

另延教習倄金共銀一千三百一十二兩一錢一分

添購書籍圖件等費每名找給銀一百三十一兩二錢一分一釐共銀七百八十七兩二錢六分六釐

電報信資及醫藥費共銀三百四十九兩八錢九分六釐

以上計第三年應滙七一七洋平銀一萬七千三百九十五兩三錢九分一釐三毫

第四年

監督並繙譯薪水全年共銀八千四百兩

監督辦公所雜費全年共銀一千二百兩

在洋安插學生查閱功課來往路費共銀五百八十三兩一錢六分

學生六名房租倄膳雜費每名銀六百二十九兩八錢一分二釐八毫共銀三千七百七十八兩八錢七分六釐八毫

學生六名找給半領外洋衣資共銀五百二十四兩八錢四分四釐

學生六名遊費共銀九百八十四兩八分二釐五毫

另延教習倄金共銀一千三百一十二兩一錢一分

電報信資及醫藥費共銀三百四十九兩八錢九分六釐

以上計第四年應滙七一七洋平銀一萬七千一百三十二兩九錢六分九釐三毫

第五年

監督並繙譯薪水全年共銀八千四百兩
監督辦公所雜費全年共銀一千二百兩
在洋安插學生查閱功課來往路費共銀五百
八十三兩一錢六分
學生六名房租脩膳雜費每名銀六百二十九
兩八錢一分二釐八毫共銀三千七百七十八
兩八錢七分六釐八毫
學生六名遊費共銀九百八十四兩八分二釐
五毫
另延教習脩金共銀一千三百一十二兩一錢
一分
電報信資及醫藥費共銀三百四十九兩八錢
九分六釐
監督並繙譯一員各領回費二分之一共銀四
百六十兩
學生六名各領回費二分之一共銀九百一十
五兩
以上計第五年應滙七一七洋平銀一萬七
千九百八十三兩一錢二分五釐三毫
第六年

監督並繙譯薪水全年共銀八千四百兩
監督辦公所雜費全年共銀一千二百兩
在洋安插學生查閱功課來往路費共銀五百
八十三兩一錢六分
學生六名房租脩膳雜費每名銀六百二十九
兩八錢一分二釐八毫共銀三千七百七十八
兩八錢七分六釐八毫
另延教習脩金共銀一千三百一十二兩一錢
一分
電報信資及醫藥費共銀三百四十九兩八錢
九分六釐
獎賞洋教習寶星金牌共銀二百四十三兩
監督並繙譯一名各領回費二分之一共銀四
百六十兩
學生六名各領回費二分之一共銀九百一十
五兩
以上計第六年應滙七一七洋平銀一萬七
千二百四十二兩四分二釐八毫
以上六年統共七一七洋平銀一十萬七千
九十七兩四錢九分四釐八毫共第一年經

費於起程時由監督具領帶往支發及起程八箇月續由船政滙付第二年經費再十二箇月又滙付第三年經費均交監督收存備用嗣後遞年滙付經費均照第三年辦理

福建候補道楊正儀仍回船政當差片

再福建候補道楊正儀前經督臣邊寶泉於船政船塢告成案內保奏奉

旨送部引

見該員領咨赴京現於光緒二十三年六月初三日回省查該員前經㕘於上年九月間附片奏明現值整頓船政工務重要且延有洋員交涉事

繁請以奉

旨發交船政差遣之直隸候補道徐建寅派充提調仍將楊正儀留工飭令會同徐建寅協力辦理現在該員引

見回閩應令仍回船政局當差以資熟手理合附片陳明伏乞

聖鑒謹

奏

光緒二十三年六月二十二日拜發奉

硃批知道了欽此

籌造新式快艦現與洋員議定辦理情形摺

奏爲船政籌造新式快艦謹將現與洋員杜業爾議定辦理情形恭摺具陳仰祈

聖鑒事竊照福州船廠議造新式快船自延聘之洋員杜業爾等到工後經 孥率同提調各員酌度現時款力與杜業爾商籌辦法據杜業爾估計就廠中現在情形三年之内可先籌造二千五百匹馬力魚雷鋼艇兩艘六千五百匹馬力鋼板魚雷快艦一艘當以所擬船式尙屬合用飭令分繪細圖估開各項料價再與詳細推求議

定開辦先將商擬大概情形於本年四月間恭摺陳

奏旋由杜業爾繪呈魚雷鋼艇鋼板魚雷快艦各圖並開明船中安配機爐礮械及應用各件因其所議魚雷鋼艇圖式祇擬配二千五百匹馬力輪機船之速率亦每點鐘只可行二十一浬與總理各國事務衙門行知上年八月間在德國實碩廠訂購之輪機馬力五千匹速率每點鐘可行三十二海里魚雷艇船相較船之大小不甚懸殊而馬力則少一半速率少至十一海里恐尙非近年新式復與逐細考究據杜業爾議論以爲造船非惟專貴速率尤須船殼輪機堅實煤艙廣大並可多安礮位以涉遠耐久攻禦兼資方爲全美大凡速率過大之船其船身必形輕脆蓋速率關於馬力馬力由於輪機速率愈大則輪機不得不因之愈重輪機重則勢不得不薄其船殼減其禦具狹其煤艙以取輕便且展其至快速率亦只能於晴和天氣海平若鏡之時若遇洪濤巨浪速率即減況體質輕脆輪機鍋爐均屬繁巧雖有管輪之人工藝絕

等亦必時有損壞修理不遑力言此時船政議造新船講求工藝當以經久適用爲宜不可專求非常速率所論雖亦近理惟近年外洋製造此項雷艇推求新法莫不先以速率爭勝若廠中所造速率不能相及終屬不爲美備況一船製造之費船殼輪機礮位雷具等項工料併計總須三十萬金上下造法未能埒於外廠縱堅固可用亦覺徒費無益但杜業爾既所論如此而在廠工匠於製造新法亦不如外洋之廠人手精熟似當再加考求未可勉强輕試 孥當與

提調及在工各員詳細商酌擬將此項二千五百匹馬力魚雷鋼艇暫行緩辦核其所繪六千五百匹馬力魚雷快艦圖說船身通長英尺二百五十七尺十寸船寬處二十六尺七寸船中吃水九尺六寸船頭吃水八尺二寸船尾吃水十尺十寸全船噸載八百三十噸安配新式大汽力鍋爐四座馬力六千五百匹至七千匹速率每點鐘能行二十二半海里至二十三海里煤艙裹煤二百噸升常火每點鐘能行十二海里煤炭足敷五千七百海里之用船頭配十生

口徑快礮一尊船尾配六生半口徑快礮一尊船旁配六生半口徑快礮二尊能前後施放又船旁配三十七密里連珠礮六尊內二尊能向前施放二尊能向後施放二尊專向左右施放配魚雷礮二尊魚雷四具隨船配電機二副電光燈二架又十枝光電燈三百盞轉舵機一架起錨機一架大號抽水機二副魚雷壓汽機一副小機通用冷水櫃一箇外配小機船一號差使舢板船一號船上各員舢板船二號大小洸船舢板船二號按圖製造計工料價值以法國

佛郎科算用洋銀二百四十萬佛郎上下可造一號惟在外洋採辦物料須用金磅磅價時有長落佛郎合銀難以預定經䇿飭令在工熟悉工程之道員魏瀚等詳加研求僉謂此項船隻洵屬現在新式比所擬二千五百匹馬力雷艇大而得用速率猶多三海里而估價在二百四十萬造成一號與造小號雷艇兩艘用費亦復相等因與杜業爾議定卽先照所繪六千五百匹馬力魚雷快艦圖式造辦二號兩船共需四百八十萬佛郎左右欵目較鉅經費自須陸續

籌撥方可應手擬將第一號先行購料興造其第二號俟第一號辦有眉目再爲接造自開工之日起分作三年兩船均令告竣其款亦按三年分次籌備應用物件內地可辦者由內地辦理內地所無及一時不能自造者先在外洋購買現已飭杜業爾按照議定辦法妥爲開辦該洋員擬於諸事布置停妥後照上年所立合同自赴法國購辦緊要機器料件等項迅速回工以濟工作除需用料價隨時購定遵章奏明立案外所有現在議定辦理情形恭摺具陳伏乞

皇上聖鑒訓示謹
奏
光緒二十三年六月二十四日拜發奉
硃批該衙門覈議具奏片併發欽此

添募洋匠分隸各廠指教議給月薪片

再前因整頓船政延聘洋員與來閩之法國兵官卜玳訂立合同當商定先延洋員五員內洋監督一員幫辦製造監工一員製鍊鋼鐵礦務監工一員繪圖一員書記一員將來如有應需洋匠幫同教習之處俟該監督到工後看明情形再行核實商訂曾將辦理情形於光緒二十二年九月間
奏明在案現該監督杜業爾到工已歷四月據稟各廠情形均經看明現在籌造新船大致亦均

議定查上年所立合同內原議延用員弁不可缺五名廠首現該洋員到工詳加體察只須輪機鐵脅拉鐵鍋爐四廠延用廠首四人惟此時所造輪機均屬新式本廠工匠皆未經歷其鑲配合攏等事甚關緊要必須延一熟悉匠首隨時指點相助俾資得力又現在製造新式輪船需用鋼件甚多本廠向未購設鍊鋼機器工匠多未學習亦須募一鑄鋼匠首來為導引又此次新船鍋爐均用新式其機器極屬繁巧所有安配試驗以及試火試俥等事亦關重要又船

隖造成凡修造大號船隻需用拖船帶領進出一不如法則恐船隖兩碍現時在工員匠於此等事件素未閱歷亦必各有一精通之人詳爲教導方無貽誤此外繪圖事件繁多在廠學生藝徒只能照圖摹繪當添募洋匠兩人來工繪畫庶工程不至遲緩以上十人再四斟酌實屬必不可少均請由該洋員在外洋僱募以備使令其該員等薪俸廠首四人原立合同次章第十三條內業經議定每員每月一千一百佛郎應請照原議發給其匠首四名擬請每名月給

薪俸八百佛郎繪圖匠二名擬請每名月給薪俸六百佛郎其來華盤費住屋並在洋起程時借與一月薪俸均請悉照原議合同辦理如蒙允准該洋員於在廠工程布置停妥後即乘回國購辦機器料件之便自行妥擇親帶來華用資臂助等情前來　　伏查該洋員杜業爾所稟現擬延用廠首四人較原立合同減少一人尚爲核實其另擬延僱輪機合攏鑄鋼管隖駛船鍋爐試火等匠首四人及繪圖洋匠二名詳察亦均實情現時通籌全廠舉辦大工此等匠人俱屬不可缺少統計此項薪俸每月合洋銀八千八百佛郎所費尚不爲多而於廠工甚有裨益似可准如所請令其延募以濟要工除咨明總理各國事務衙門戶部外理合附片具陳伏乞

聖鑒飭部立案施行謹

奏

光緒二十三年六月二十四日拜發奉

硃批覽欽此

遵照部議約扣六分平餘分別一年原扣添扣數目先行專案奏報摺

奏爲遵照部議將船政一年約扣六分減平分別原扣添扣數目先行專案奏報恭摺仰祈

聖鑒事竊臣准戶部咨議復御史宋伯魯奏請添扣各項減平以裕利源一摺本年五月十二日具

奏奉

旨依議欽此鈔錄原奏行令一體遵辦先將各該省各項減平一年約扣數目專案奏報勿稍遲延等因咨行前來應即欽遵辦理臣伏查船政每年應扣減平款項除部議僱募洋人薪工購買外洋物料毋庸議減外按照歷年用款計員弁薪水藝成同華生徒薪水前後學堂繪事院教習薪水藝童贍養飯食獎賞藝徒工食書役工伙驛遞工伙健丁口糧廣儲所運夫口糧儲材所𢈔工口糧看管船槽匠丁工食挖泥機船匠丁工食差船工食工匠犒賞養傷藥費造船工費及各廠歲修工費計共十四款核照光緒二十一年送部銷册全年共用銀九萬五千七百餘兩科算該扣四分減平銀三千八百二十八兩現在遵照部章添扣二分減平約計一年應增扣銀一千九百一十四兩共四分減平歷年均經報部此後添扣之二分減平亦當自光緒二十三年七月初一日起遵照部章隨時核扣彙同報解統計每年按六分減平核算共約扣銀五千七百四十二兩惟各項用款以後情形不無增減而匠工亦視工程之多寡爲支數之盈絀如有增減之處總須每年用款截數時核扣總數方能準確應於辦理奏銷時將一年所扣數目專案咨部隨同報解除先造具應行扣平款目清册咨送戶部外理合恭摺具陳伏乞

皇上聖鑒謹

奏

光緒二十三年六月二十四日拜發奉

硃批戶部知道欽此

福安鐵殼輪船告成擬留閩差遣辦理情形摺

會閩督前銜

奏爲福安鐵殼輪船現已告成擬留閩防差遣謹
將辦理情形恭摺具陳仰祈
聖鑒事竊查福州船廠製造七百五十匹馬力鐵殼輪船取名福安於採辦鋼鬬鯨到工排釘鐵舨後即於本年三月十八日下水合攏機件曾由
臣裕祿於四月間將該船下水日期恭摺
奏報在案隨督在廠員匠將船內鍋爐機器趕緊安配並將船面艙房等項裝修妥協據工程處

道員魏瀚等報稱該船全工於六月二十六日一律修竣堪以定期放洋臣裕祿當即於七月十九日帶同提調道員徐建寅楊正儀等各員親督琛航管駕把總周永庚乘潮駛赴媽祖澳分別按照西法量驗該船五倍天氣新式鍋爐升大火汽力至七十五磅平潮每點鐘可得速率十一海里半約合中國三十六里有奇該船船長英尺二十三丈八尺寬三丈二尺二寸艙深二丈四尺船頭喫水一丈四尺船尾喫水一丈六尺前後配桅二枝全船隨載一千八百噸

實得儎米一萬二三千担試驗船身堅穩機器靈捷是日申刻回工臣等伏查該福安輪船係前經臣寶泉因福靖伏波等船調往旅順廣東差遣通濟一船撥歸北洋閩船只琛航飛捷兩艘較大亦復奉公絡繹若再有徵調誠恐不敷差派奏明將該船陸續抽辦現在全工告竣臣等公同商酌閩省船少差繁擬請即將該船留閩駛用以供差防惟留船則須增養船之費當此庫款支絀亦當力求撙節現擬參仿外洋養船之法可與閩省現有之船撥份駕駛擬即派

令琛航輪船兼管該福安新船養船經費祗添派管守輪船官弁一員月支薪水銀三十兩經理機艙弁丁四名內頭目一名月支薪水銀二十四兩其餘三名每名月給口糧銀六兩看守全船勇丁六名內頭目一名月給口糧銀七兩其餘五名每名月給口糧銀五兩又該船每月應需擦器油紗胰皂等項一切雜費擬月給銀二十六兩以上共添看船弁兵人等十一名以爲看守福安輪船之用如遇新船行駛時即將琛航自管駕起所有一切官弁管輪水手人等

全數調歸新船駕駛將新船所派看管弁兵移入琛航看守琛航行駛時一切辦法亦如之其琛航輪船向支養船經費原因庫款支絀疊經核減二成發給刻下福安輪船亦歸駕駛該船人等輪流調用不無稍有搬運之費擬於前次疊減兩成經費内酌撥銀六十三兩五錢分給該船一切人等以資貼補以上各項每月共添銀一百九十三兩五錢其向章應扣建者小建仍行照扣較之全添養船經費每年可節省銀一萬餘兩如此相間輪用撙節辦理在平時既

可稍減糜費如將來遇有多用船隻之處再爲添足人數亦可自成一船之用似於現在養船節費不無禆補此項所添銀兩擬在閩省養船經費内按月開支歸於每年善後報銷案内彙案造銷除將添支細數開單咨部察核外謹合詞恭摺具陳伏乞

皇上聖鑒飭部察照立案施行謹

奏

光緒二十三年八月初六日拜發奉

硃批該衙門知道欽此

修造挖泥裹土刮土各船並皮管工料立案片

再前奉户部奏定外省報銷章程各省設立機器局並閩省船政局如有添購機器經費若干事前奏明咨部立案事後方准覈銷等因茲據廠員稟稱船廠新造船隖告成於光緒二十二年九月間奏明必須添備挖泥機船以防閘外潮壅沙淤阻礙閘路計購買閩省善後局舊挖土機船一號並修理工費共合用銀三千九百四十餘兩又配造裹土船二號工料銀二千九百三十餘兩又因船隖之隖身内及閘口時虞

泥沙污塞造辦刮土船一號以備洗刷計用工料銀一百九十餘兩又各廠公用水龍進水之因陳勒勃管經用日久朽壞不堪修理應行購換計用價銀四百二十餘兩又船槽挖土機船自光緒十六年修理後又歷六年有餘常年使用船機日形損蝕折造修補計用工料銀三千五百餘兩又船槽裹土船工次向配用三號於光緒十六年間修理一號十七年間修理二號今亦經用日久又復損蝕先修二號計用工料銀九百餘兩呈請

奏咨立案等情前來𢽳覆查無異除咨部查照並
彙案造銷外理合附片具陳伏乞
聖鑒敕部立案施行謹
奏
光緒二十三年十月二十日拜發奉
硃批該部知道欽此

船政奏議彙編卷四十九終

船政奏議彙編卷五十目錄　　　　裕　祿四

船政奏議彙編卷五十　　裕祿四

奏船廠製造魚雷快艦現已開辦工需緊要籲懇勻款接濟摺

奏爲船廠製造魚雷快艦現已開辦工需緊要籲懇勻款接濟恭摺仰祈

聖鑒事竊查船廠製造爲整頓海防要務現旣延募洋員教習修造新式之船所造船隻必須依限告成方能程功節費早濟海防之用前經　奴才奏明議造新式魚雷快艦兩號與洋員杜業爾訂定三年內造成工料並計每號約需法銀二百

四十萬佛郎兩號共合四百八十萬佛郎內製船應用鋼料船機等件廠中一時不能自造者皆先由外洋採購以資工匠觀習所有製造魚雷快艦兩號應買鋼件及輪機電機電燈魚雷礮械子彈等項料物約共需法銀三百二十六萬佛郎又尙有應買製造各廠必須添補新式修船機器並造拖帶輪船進塢拖船及先令本廠學造新式小魚雷艇一隻之各項料物及雷礮等件共約需法銀二十三萬七千二百佛郎以上兩項約共法銀三百四十九萬七千二百

佛郎上年杜業爾出洋回法採購物件已由　奴才先撥給三十九萬佛郎爲該洋員分投採購時發付定銀之用其餘三百一十萬餘佛郎訂明勻作三年料物運到閩廠隨時分付按三年勻付每年卽應攤法銀一百零三萬餘佛郎以現在磅價約量估計須合銀三十萬兩上下加以廠中造船匠丁工價及在工華洋各員弁並學堂各教習生徒薪水工食贍銀等項與銅鐵煤木雜料一切用度每年又約需銀二十餘萬兩統計現三年內船廠經費一年至少總須有銀

五十餘萬兩工作方不誤手自船政開設以來雖經部定有歲撥閩海關四成洋稅銀二十四萬兩六成洋稅銀三十六萬兩作爲經費而歷因六成洋稅征不敷支皆未能按數照解　奴才到任後竭力經營儘能將四成洋稅內應解銀兩勉籌足數其六成洋稅應解之款實緣海關比年協撥增繁已屬竭蹶萬分難再有餘分濟船政是以　奴才於光緒二十二年九月間具奏整頓船政事宜摺內將經費支絀情形縷晰陳明恐工費難期應手會有於洋藥釐金撥款內及六

成洋稅之應解出使經費內匀挪湊撥之請且以造船原備南北洋海防需用並請由戶部於各省應解南北洋海防經費項下匀撥解濟奉
旨交總理各國事務衙門會同戶部議覆以匀撥出使經費一節難以准行由各省應解南北洋海防經費匀撥解濟一節電詢南北洋大臣亦皆稱無餘力分濟由部奏撥銀十萬兩先爲開工之用其新造船隻令仍遵照光緒二十二年六月十八日
諭旨辦理時値所募洋員業已到工原訂合同有來工後卽定以期限先造新式輪船兩隻以俾在廠工匠學習現在各省經費皆非充裕何省有款購船非一時所能商定若俟各省議定再辦必多時日洋員無工坐待月支薪俸不免虛糜因卽察度情形與杜業爾商定先行籌造六千五百匹馬力魚雷快艦兩隻奏奉
允准修造在案現在船已開辦用款正般此後所購物料絡繹而至尤須隨時付價方不致有逾期貼息及停工待料之累而通籌歷年海關六成洋稅收數照額撥解匀顧實難努目覩情形不敢以交卸在卽稍存推諉而當此用款吃緊之際又無別法可籌再四思維惟查有閩海關向有歲撥洋藥釐項下應解南北洋海防經費銀二十四萬兩近年因洋藥釐金收數減色未能按年撥解本年戶部奏催照解並令於此項二十四萬兩內撥銀十萬兩解交北洋修理旅順礮臺工用竊念船廠籌造快艦本爲南北洋海防調用與北洋之整頓海防修理臺工事無二致此項應解海防經費除撥旅順之款外其餘銀兩若以撥濟船工是仍以南北洋海防之需爲南北洋海防之用現旣造船經費待濟甚殷合無仰懇
天恩俯准將閩海關洋藥釐項下應解南北洋海防經費銀二十四萬兩除修理旅順礮臺銀十萬兩撥解北洋外其餘銀十四萬兩暫收船政爲湊濟船廠造船經費之用俾期快艦速成要工無誤俟三年限內快艦造就再行照舊解部實於船工裨益非淺努爲籌接濟要需起見是否有當伏乞
皇上聖鑒飭部議覆施行謹

奏
光緒二十四年二月十二日拜發奉
硃批戶部議奏欽此

船政局道員沈翊清給咨晉引請
旨分發四川遣用片
再二品頂戴世襲一等輕車都尉分發江西候
補道沈翊清自光緒七年派充船政委員在工
年久勞績甚多光緒二十二年六月間閩浙總
督前兼辦船政大臣邊寶泉於青洲新建船塢
告成保奨出力人員案內以該員在事最久恪
守前規器識閎通志趣遠大奏奉
硃批沈翊清著送部引見欽此時值奉
旨整頓船政講求製造新法延募洋員來工教習奴才

接任後仍留該員在工會同提調道員徐建寅
等協力整頓現在船工各事大致皆有頭緒該
員並無經手未完事件應即給咨赴部引
見聽候
錄用現值時事多艱需才孔亟奴才在船政年餘深知
該員辦事精勤能耐勞苦留心時務通達有爲
在工歷事多年於各項西學素所講求奴才欽承
恩命調補四川總督叠奉
諭旨飭將川省開礦事宜認眞籌辦必有諳習之員
方收指臂之助可否仰懇

天恩於該員引
見後將該員沈翊清發往四川交奴才差遣委用以資
得力出自
鴻慈謹附片具陳伏乞
聖鑒謹
奏。
同日拜發奉
旨留中欽此

船政接造輪船光緒二十二年分支用各款覈
實造册報銷摺
奏爲船政接造輪船支用各款造册覈實報銷恭
摺仰祈
聖鑒事竊查閩廠製船經費光緒二十年正月至二
十一年十二月以前支用各款業經奴才於光緒
二十二年十一月二十六日會同督臣邊寶泉
造册
奏銷由兵戸工各部核覆分別准駁行查各在案
茲據船政提調直隸候補道徐建寅等督同承
辦各員造册詳報自光緒二十二年正月起至
十二月止前兼辦大臣邊寶泉及奴才接辦任内
接造湊成第三十四號通濟一千六百匹實馬
力運糧中號快輪船一艘接造未成第三十五
號福安七百五十匹實馬力鐵殼輪船一艘購
買修造船隖挖土裒土各船修葺延募洋員五
員來廠辦公居住之洋樓洋房各工暨歲修廠
屋爐溝機器添置各廠機器學堂繪事院藝圃
書籍器具等項及常年額支薪水等款均隨時
奏報遵照部章按年開摺咨部查核立案所有收

支各款應行接續報銷計舊管上屆報銷案內存銀一十一萬三千六百五十三兩四錢二分四釐二毫又流存用剩銅鐵木煤各料價值銀五萬八千四百七十五兩五錢四分八釐五毫新收光緒二十二十一兩年准銷各款內核扣四分減平銀七千七百二兩九錢四分六釐四毫閩省善後局解還光緒二十二十一兩年分奉部飭除修理各輪船匠工銀三千五百二十六兩七錢八分八釐二毫閩海關解四成洋稅銀一十六萬兩北洋解接造未成一千六百匹

實馬力通濟中號快輪船料價銀五萬八千三百六兩三錢四釐五毫以上舊管新收共銀四十萬一千六百六十五兩一分一釐八毫內開除二十二年全年支用造船購器修廠贍工等項共銀一十九萬八千一百九十一兩八錢一分七釐墊支各輪船薪費銀四千三百二十八兩八錢四分七釐九毫墊支煤炭銀一千二十一兩一分六釐統共開支銀二十萬三千五百四十一兩六錢八分九毫除支外實存銀一十二萬三千六百九十兩一分六釐二毫又用剩

各料價值合銀七萬四千四百三十三兩三錢一分四釐七毫並請隨摺聲明以上存銀一十二萬三千六百九十兩零一分六釐二毫內有光緒十年閩省籌辦法防案內銀七萬三千八百一十七兩四錢七分七釐八毫一款今尚未由閩省善後局解還曾於光緒二十三年四月間奏明現在奉部行查應俟定案後再行開除造報又有光緒十一年山東泰安輪船修費銀一萬五千四百九十五兩八錢九分三釐六毫一款現奉部行令招商局解還尚未解到又有

光緒二十年臺灣辦理海防墊支各款銀一萬五百六十九兩九分五毫一款奏奉飭部覆准歸於船政報銷應彙入二十三年船政報銷冊內開除造報又本屆核扣四分減平銀三千五百二十二兩零應請照案歸入二十三年分報銷冊內列收俟二十三年七月起遵照部章改扣六分平再行分別解部及報部候撥等情詳

請具

奏前來奴才覆核無異除分咨總理各國事務衙門

並將細冊咨送戶兵工三部核銷外理合會同

閩浙總督臣邊寶泉恭摺具
奏伏乞
皇上聖鑒飭部核銷施行謹
奏
同日拜發奉
硃批該衙門知道欽此

續到洋匠應給住房添修工料並蓋鍍鉛廠及
修補廠屋用款奏咨立案片
再船政延募洋監督杜業爾等於上年到工後
詳勘各廠及察酌辦工情形議請於鐵脅拉鐵
鍋爐輪機四廠各添洋匠首一名並僱用教習
鑲配合攏新式輪機等事洋匠首一名教習練
鋼鑄鋼洋匠首一名教習考驗鍋爐試火試車
等事洋匠首一名教習使用拖船帶領進出船
隖等事洋匠首一名及繪圖洋匠二名以資工
作經臣裕禄於光緒二十三年六月間附片
奏明並奉部核覆照募在案現在所僱洋匠人等
均將次到工按前歲九月與洋員卜玳原訂合
同船廠延募洋員匠所住房屋皆由官撥給此
次所募洋匠等十名照合同撥給房數需洋房
三十六間並其跟丁及厨屋等房亦須隨同撥
給查船廠原建洋房自同治十三年洋員匠遣
散之後俱年久未修坍塌破爛情形輕重不等
上年杜業爾等到工時僅將該洋員五員辦工
居住各處房屋修理現在續募洋匠等到工其
撥住房屋亟當爲之修葺以俾棲止當飭提調

等核實估修據該提調等就原建洋匠住房處所勘明分別修補計洋房及厨屋並洋匠等跟丁住房大小四十五間共需工料銀七千二百餘兩現飭赶爲修理以便洋匠等到後分撥居住又現在造船鐵工居多鐵脅廠最爲工繁之地而造成船上鐵料非按新法鍍鉛不能久無鏽蝕廠中尙少此廠前據洋監督杜業爾察看鐵脅廠原竪木架均年久欹側亟須修理議乘修理之時卽用廠存鋼鐵料件照西法易以鐵架並添砌打鐵爐一十四座以利工作其拆下木料可湊爲添蓋鍍鉛廠房屋之用當查現值造辦快艦船工緊要修此兩處廠屋均實未可延緩飭據估計用費修理鐵脅廠動用廠存鋼鐵料件約合價三千六百餘兩購辦甎瓦木石洋灰料並匠人工價等項約銀五千六百餘兩修蓋鍍鉛廠屋添補木料及購辦洋灰洋甎瓦石並匠人工價等項約銀一千五百餘兩已飭次第修辦謹遵部章先行

奏明立案歸於製船經費報銷除咨部外理合附片陳明伏乞

聖鑒謹

奏

同日拜發奉

硃批該衙門知道欽此

製造第一號新式魚雷快艦安上龍骨日期摺

奏爲船廠製造第一號新式魚雷快艦安上龍骨日期恭摺奏報仰祈

聖鑒事竊福州船廠製造六千五百匹馬力新式魚雷快艦兩號曾經努將籌辦情形暨擬先購料興造第一號其第二號俟第一號辦有眉目再爲接造自開工之日起分作三年兩船均令上竣各情於光緒二十三年六月間恭摺

奏明在案旋經洋監督杜業爾將造船各項分圖繪妥後即飭匠將船身龍骨趕緊製造並先就內地可辦各廠能造等料件按圖工作一面由杜業爾自行出洋採辦應需新式機件茲據代辦洋監督畢爾第稟所造第一號快艦龍骨業經製成努當擇於三月十七日親率在事員紳匠徒將龍骨如法安置上臺該船龍骨上臺後即可接配脅骹截堵督匠依次修造先將第一號船身造成下水即將第二號龍骨上臺接造現杜業爾購料亦將回工並俟各項機件陸續運到分督各廠修製合攏次第裝安上船以副議定期限所有第一號魚雷快艦安上龍骨日期理合恭摺具陳伏乞

皇上聖鑒謹

奏

光緒二十四年三月二十六日拜發奉

硃批

元凱練船修改工竣摺

奏爲元凱練船修改工竣恭摺具陳仰祈
聖鑒事竊查元凱輪船前於光緒二十一年十月間由兵部咨交閩廠折卸另裝經前兼辦船政大臣邊寶泉飭廠議換鍋爐一副並修船殼改配銅輪副孥兼管船政後因在船政之靖遠練船本係將就配用不合練船規制艙面逼窄練生諸形擁擠且僅有輪機並無桅帆礮位於教練亦未能全備元凱船本木質鍋爐機器均屬舊式現既在廠修理如照原式修成不過僅供巡緝轉運之用若照練船式修改加配帆檣礮位則在堂生徒皆資練習於巡緝轉運等事仍可兼顧所增修費無多而爲益較大曾將擬辦情形於二十二年十一月間恭摺
奏明在案隨卽督飭在廠員紳將該船應換鍋爐並修理船殼改配銅輪暨加配桅檣帆纜裝修學生艙位學堂安設操演礮位等工以及該船應添天文駕駛測量各儀器及一切應用書籍器具督飭分別修造購辦茲據船政提調直隸候補道徐建寅等稟報該船於本年二月十四日將各工一律如式修竣礮位亦俱安設妥協應添儀器書籍等項均已備齊孥親赴該船察驗工程堅實運掉亦甚靈便俱與練船規制符合孥伏查元凱輪船係前經奏明照練船規制修改爲船政學堂肄業諸生上船練習之用此船艙位較寬船身較大輪機桅帆俱備比靖遠可以涉歷大洋於習練風濤甚爲有益現經修理完竣卽將靖遠練生移於該船練習靖遠前因船小練生不能多容現在更換元凱其在後學堂功課已滿待上船習練之生並可多撥數名赴船隨同學習俾資造就至該船應用管駕教習管輪駕駛各項人等若將靖遠船原設之名額酌量調撥不過略爲增改卽可敷用其靖遠一船所有應用員弁舵水人數應如何於現有輪船裁併分派當由孥與督臣會商妥爲議定另行奏明辦理除將工料等項用款歸入製船經費報銷案內造報外所有元凱練船修理工竣緣由理合恭摺具
奏伏乞
皇上聖鑒謹

奏

同日拜發奉

硃批

船政奏議彙編卷五十終

船政奏議彙編卷五十一目錄　增祺一

恭錄總理衙門奏請簡派船政大臣欽奉

諭旨

恭報兼理船政日期叩謝

天恩摺

船工緊要遵

旨遴員接辦提調摺

徐建寅起程日期片

恭錄

廷寄各省籌款撥濟船廠經費

恭錄

廷寄應行添製船礮就閩廠趕緊興辦電催撥款

恭錄

廷寄各省籌撥船廠經費解交部庫擬造各船暫緩

購料興工

恭錄

懿旨榮中堂奏北洋練兵籌餉辦法情形

福建船廠現造船工暨擬續造各船情形摺

奏留撥款片

吉雲試洋片

船政奏議彙編卷五十一

增祺　一

恭錄
上諭
軍機大臣字寄福州將軍增祺光緒二十四年
閏三月初十日奉
上諭總理各國事務衙門奏請簡派船政大臣等語
福州將軍增祺著充船政大臣船政爲海防根本
前經特派裕祿從新整頓已有規模該將軍到任
後務即查照裕祿所定章程督率該廠提調各員
並工匠等將一切製造機器事宜認眞講求覈實
辦理以副委任將此諭令知之欽此遵
旨寄信前來

恭報兼理船政日期叩謝
天恩摺
奏爲恭報兼理船政日期叩謝
天恩仰祈
聖鑒事竊孥於赴閩途次承准軍機大臣字寄光緒
二十四年閏三月初十日奉
上諭總理各國事務衙門奏請簡派船政大臣等語
福州將軍增祺著兼充船政大臣等因欽此孥於
四月初二日行抵福州省城准前福州將軍兼
船政大臣裕祿飭提調道員徐建寅呈送總理

船政木質關防文卷前來孥當即恭設香案望
闕叩謝
天恩敬謹任事伏念孥叨蒙
恩遇擢授福州將軍鉅任初膺正深祗懼茲復荷蒙
聖恩畀兼船政事務自
天閩
命彌切悚惶竊維船政爲海防根本孥自維愚鈍於
製造工程夙鮮閱歷材軽任重深恐弗勝顧當
時勢多艱船工關係重要何敢不勉竭駑駘力
圖報稱惟有殫矢愚忱倍加勤愼欽遵
諭旨於到馬江船廠後查照裕祿所定章程督率該
廠提調各員並工匠等將一切製造機器事宜
認眞講求覈實辦理砥礪羣材冀收實效以期
仰答
高厚鴻慈於萬一所有孥兼理船政日期並感激下
忱理合繕摺叩謝
天恩伏乞
皇上聖鑒謹
奏
光緒二十四年四月初二日拜發奉

硃批知道了欽此

船工緊要遵

旨遴員接辦提調摺

奏爲船工緊要遵

旨遴員接辦提調恭摺仰祈

聖鑒事竊臣於光緒二十四年七月初七日承准總理各國事務衙門電寄奉

旨徐建寅現已賞給三品卿銜督理農工商總局著增祺迅即遴員接辦船政提調傳知該員趕緊起程來京勿稍延緩等因欽此臣遵即一面傳知徐建寅一面趕即揀員接辦提調惟刻值整頓船

工提調有稽覈一切表率員紳之責非熟悉廠務爲守兼優不足以相助爲理會辦提調楊正儀現經督臣委署福建督糧道篆並兼辦通商局務交涉事繁未能駐工工程處道員魏瀚管理工程各有專責一時愼選尙難其人而徐建寅係奉

旨趕緊來京未便稍事延緩當查有前船政總稽查道員沈翊清現奉

旨發往四川補用由上海便道回籍措資該員穩練老成才優識卓在船政歷有年所情形尤爲熟悉隨商督臣邊寶泉亦以該員勤愼有爲堪資臂助因令暫行接辦提調以便徐建寅交卸起程惟該員係發往四川補用人員合無仰懇

天恩俯念船工緊要准其暫留差委實出逾格鴻慈其在部所領赴川執照卽由臣先行咨送四川督臣查照繳部應以繳照之日卽作爲到省日期一俟船政揀派提調有人再飭該員赴川候補除分咨查照外謹會同閩浙督臣邊寶泉恭摺具陳是否有當伏乞

皇上聖鑒訓示謹

奏

光緒二十四年七月二十一日拜發奉

硃批著照所請該衙門知道欽此

徐建寅起程日期片

再徐建寅於七月二十一日由閩起程遵

旨赴京業經先行電請總理各國事務衙門代

奏在案理合附片陳明伏乞

聖鑒謹

奏

同日拜發奉

硃批知道了欽此

恭錄

上諭

軍機大臣字寄各將軍督撫光緒二十四年六

月初十日奉

上諭國家講求武備非添設海軍籌造兵輪無以爲

自强之計兹經召見裕祿詢以福州船廠情形據

奏工匠機器一切均足以資興造惟所需款項較

鉅必須於原撥常年經費外另籌的款按年撥解

庶足備製造船礮之用著各該將軍督撫遵照單

開指撥數目妥籌辦理方今時勢艱難朕宵旰焦

勞力求振作思禦外侮則整軍經武難再視爲緩

圖各將軍督撫受恩深重蒿目時艱亦當仰體朕

懷協力同心急其所急當此度支匱乏艱於挹注

惟於無可設法之中力籌撥濟如釐金之剔除中

飽局務之酌量歸併該當破除情面實力籌維倘

指款實有不敷除應解各項京餉暨應還洋款不

准擅動外其餘無論何款准其移緩就急如數撥

解不准託詞延宕國計安危所繫我君臣宜相感

以誠同維大局用副朕殷殷訓誥之至意仍將遵

辦緣由於接奉此旨十日內先行電奏以慰廑系

原單著抄給閲看將此各諭令知之欽此遵
旨寄信前來
直隷二十萬兩
奉天五萬兩
吉林尙未撥定　續定五萬兩
江蘇二十五萬兩
安徽五萬兩
江西八萬兩
福建十萬兩
浙江八萬兩
湖南十萬兩
湖北十五萬兩
河南五萬兩
山東五萬兩
山西五萬兩
四川尙未撥定　續定十萬兩
陝西五萬兩
甘肅五萬兩
出使經費三十萬兩
淮鹽督銷局十二萬兩

恭錄
上諭
軍機大臣字寄福州將軍船政大臣增祺光緒二十四年八月初十日奉
上諭前因添設海軍一事據裕祿面奏曾與洋員杜業爾討論以振興船政爲海上立一强軍必需大小戰艦三十四隻除已有穹甲鐵甲等快船及各式魚雷艇艦等船十三隻外尙應添造一等守口甲船一隻二等守口甲船二隻二等魚雷艇十八隻曾據杜業爾估需造價及礮械等項約合中國銀六百七十萬兩上下如限四年造成每年約需銀一百六十餘萬兩當經諭令各直省分別數目籌撥現除四川吉林尙未撥定其餘各省將軍督撫俱已如數認解共有一百七十三萬兩卽著增祺按照單開應行添製船礮數目就閩廠趕緊興辦現在上海製造煉鋼機器早已購就應用鋼件能由滬局代辦則工運等費更可節減著增祺咨商南洋大臣妥速辦理其各省認撥各款並由該大臣電催迅速如數籌解以應要需單二件著抄給閲看將此諭令知之欽此遵

旨寄信前來

恭錄

上諭

軍機大臣字寄福州將軍增祺光緒二十四年

九月二十九日奉

上諭昨經諭令戶部分咨各省將籌撥船廠經費解

交部庫候撥所有前擬製造各船著暫緩購料與

工俟前項經費積有成數再候諭旨飭遵將此諭

令知之欽此遵

旨寄信前來

恭錄
懿旨
光緒二十四年十月二十四日奉
懿旨欽差大臣大學士榮祿奏練兵籌餉大概情形一摺所請將提督宋慶等所部分為左右前後四軍擇要駐紮布置尚屬周妥其自請另募中軍萬人擇地安營督率訓練均著准行所有新軍餉項除將添練新建陸軍餉銀四十萬兩撥充外不敷之數准由各省撥解福建船政經費項下動用至宋慶等各軍拱衛近畿所關甚重必使餉需無缺方足以資飽騰著戶部仍按前定指撥的款嚴催各省關迅即如額協解倘有任意延宕拖欠即由該大臣指名嚴參北洋淮練各軍合計尚有三萬餘人若任其窳惰以有用之餉養無用之兵殊為可惜即著裕祿體察情形認真裁併仍歸榮祿督飭操練隨時調遣現當時事艱難以練兵為第一要務該大臣責無旁貸務當實力講求俾各軍悉成勁旅以副朝廷整軍經武之至意餘依議欽此

由
欽差大臣榮祿咨到

福州將軍衙門移會船政衙門查照欽遵

福建船廠現造船工暨擬續造各船情形摺

奏爲謹將福建船廠現造船工暨擬續造各船情形恭摺具陳仰祈

聖鑒事竊福建船廠自同治年間剏設以來成船不下三十餘艘續因經費支絀因而製造日稀幾至前功墮棄自前大臣裕祿接管奉

旨重加整頓復經延訂法國洋員杜業爾等十五員名先後來廠教習製造察看廠中各項機器有應修理者有須添製者並以青洲新修船塢鐵閘門口水勢溜急若大船進塢修理挽進不易

於是議造三百匹馬力拖船一隻以爲帶船進塢之用又與洋監督杜業爾議定先造六千五百匹馬力新式魚雷快艦兩號自開工之日起分作三年造成其款亦勻作三年按月籌給應用物件內地所無及一時不能自造者先在外洋購買旋經杜業爾將船圖繪妥一面提製第一號船身龍骨安置上臺一面由杜業爾自行攜款出洋採買應需各項新式機件此前大臣裕祿先後整頓及籌造新式魚雷各船之大概情形也臣伏查該前大臣自兼辦船政重募洋員力圖整頓籌畫具有規模臣自當欽遵

諭旨查照所定章程核實經理當於到任後即親赴馬江工次適杜業爾亦由外洋辦料回閩隨率同該洋監督並廠中提調各員將各廠挨次周歷見其局勢宏敞結搆精良據稱外洋各廠規模亦不過是所有各項機器應修應添者亦已陸續完備親至船臺察看新造第一號魚雷快艦正在接配旁舨截堵等工嗣疊次到工與杜業爾詳加討論詢以現時各國軍艦配合之制暨將來續造以何項船隻爲合宜曾據開呈節

略船表大致謂一船不能兼備衆善應視船之作何用處以定配制之所宜以中國形勢而論海口林立又多大江大河則淺水之二等守口甲艦目下最爲合用亦名爲守邊甲艦其式船身須短船面須寬舵機須靈往來內河亦可無阻其用不在於攻而在於禦故裝煤不必求多速率不必求大至於保衛之方礮械之力亦不在頭等甲艦以下因請將現造第一號魚雷快艦加工趕製刻下排釘鐵舨將次竣工冬臘月即可下水第二號魚雷快艦亦在廠接造龍骨

以備第一號下水即可安上船臺漸次工作俟第二號快艦下水則此二等守口甲船又可安上龍骨如此接續趕造船隻可收速成之效匠作自無停曠之虞復經奴才與提調等商酌先行飭造船模一具以備咨送總理各國事務衙門詳加考較以昭慎重此奴才接辦船政現造船工之大概情形也第念成船匪難所慮者經費支絀查船政一局原定每年由閩海關四成洋稅項下解銀二十四萬兩六成洋稅項下解銀三十六萬兩續因六成洋稅征不敷支所籌解者

僅只四成項下二十四萬兩甚有僅解二十萬兩之時以故前數歲之局面日見收縮造船亦屬寥寥迨裕祿與杜業爾訂造魚雷快艦兩號除撥給法銀三十九萬佛郎爲該洋員分投採購物料之外計三年內船廠經費一年至少總須有銀五十餘萬兩工作方不誤手復奏將閩海關每年應解南北洋海防經費內劃留十四萬兩比奴才接辦後船隻業已開工所有由外洋購辦料價照裕祿與杜業爾議定須按月勻付八萬六千餘佛郎加以洋員薪水及廠中員紳學堂教習生徒薪水工食贍銀出洋委員學生經費匠丁工價與夫銅鐵煤木雜料一切用度統計每月需銀常在五萬兩以外是每年需款已不下六十餘萬兩而有著者只三十八萬兩而已奴才迭與提調及支應處通盤覈算正擬奏請撥款以濟要工光緒二十四年九月初一日

承准軍機大臣字寄

上諭據裕祿面奏曾與洋員杜業爾討論以整興船政爲海上立一強軍尙應添造一等守口甲船一隻二等守口甲船二隻二等魚雷艇十八隻約合

中國銀六百七十萬兩上下如限四年造成每年約需銀一百六十餘萬兩現除四川吉林尙未撥定其餘各省俱已如數認解共有一百七十三萬兩即著增祺按照單開添製船礮數目趕緊興辦現在上海製造鍊鋼機器早已購就應用鋼件能由滬局代辦工運等費更可節減著咨商南洋大臣妥速辦理其各省認撥各款並由該大臣電催迅速如數籌解單二件著抄給閱看等因欽此仰見我

皇太后

皇上整軍經武慎重要工之至意欽遵卽電催各省務將認解之款迅速起解以應要需現接各省覆電或稱庫款支絀或俟續卽籌解除甘肅銀五萬兩已由閩海關協甘餉內兌解外其已報批解之直隸四川河南安徽湖南等省以及出使經費亦止三十五萬兩至滬局現鍊之鋼曾淮南洋大臣覆稱係專造軍械與造船鋼甲鍊法不同若購自外洋其價亦不甚貴現與杜業爾商酌頭等甲艦需款較多仍擬先造二等守口甲船一隻魚雷艇四隻其餘再爲接續製造

並據該洋監督將應由外洋購辦料件約需法銀四十萬佛郎稟請先爲撥給以資採買查與前大臣裕祿訂造魚雷快艦辦法尚屬相符批令俟款項解到時卽爲給發以便開辦除將該船木模圖式並尺寸礮位開摺咨送總理各國事務衙門攷究是否合式以憑遵照製辦外謹將現造船工暨擬續造各船情形合先繕摺具陳伏乞

皇太后

皇上聖鑒訓示遵行謹

奏

光緒二十四年十月初七日拜發奉

硃批另有旨欽此

十月二十八日奉

上諭增祺奏福建船廠現造船工暨擬續造各船情形並請截留銀兩各摺片著准其在各省已經解到之三十五萬兩內留銀十五萬兩以資應用餘仍儘數解部至常年經費據稱每年不下六十餘萬兩著仍照原定章程由閩海關四成洋稅項下解銀二十四萬兩六成洋稅項下解銀三十六萬

兩每年照數籌解辦理自可裕如現在外洋各國戰船速率日增魚雷船每點鐘能行二十三海里者甚多各項戰船速率亦不下十七八海里此次該廠所造速率僅止十一海里國家不惜鉅款辦理船政要貴適於戰守之用若速率太少必致相形見絀該將軍務須督同洋員將各船造法實力講求勿稍遷就將此由四百里諭令知之欽此

奏留撥款片

再正在拜摺間適准戸部電稱前令各省籌撥
船廠經費一百八十八萬兩現在奉
旨飭各該省解交部庫存儲除分咨外卽將船廠收
到前項經費銀兩由閩省匯解部庫並電復等
因承接閱之下當將洋員杜業爾所請採購外
洋物料之法銀四十萬佛郎暨開送之二十一
號艦艇估單均飭其暫從緩辦據稱已有向洋
廠訂購之料容俟查明再行具
奏至此項續造船隻是否仍行製造自應恭候

諭旨遵行惟查目下廠造之魚雷快艦兩號工程甚
關緊要所有應給採購外洋料價及洋員薪水
暨常用各款每月總在五萬餘兩且須隨時發
給洋稅項下二十四萬兩並截留南北洋海防
經費十四萬兩業已陸續撥解將完暨甘肅兌
解銀五萬兩均已搭放外核計臘月應發之款
卽已無可籌措再四思維萬不得已惟有仰懇
天恩俯念工需緊要別無款項可籌准由現在各省
已經報解之銀三十五萬兩內再留十五萬兩
以濟眉急其餘銀二十萬兩一俟解閩自當趕

卽匯解部庫除電復戸部外謹附片具陳伏乞
聖鑒訓示施行謹
奏
同日拜發奉
硃批覽欽此

吉雲試洋片

再廠內所造青洲船隖需用之三百匹馬力拖船一號其船身長十丈四尺寬一丈八尺八寸深九尺八寸三分船尾喫水深七尺二寸六分全船噸儎一百三十五噸業經前大臣裕祿於光緒二十三年四月

奏明在案該船現已製造竣工取名吉雲本年八月初二日曾派元凱練船管駕官林承謨帶同試洋計每點鐘得速率十一海里半合中里三十八里馬力在三百五十匹左右較原估踦又

爲充拓船身機器亦均屬穩捷若用以拖帶一千噸至一千二百噸之船其速率每半時可有五咪現在北洋海籌兵船將次來閩進隖修理正需該船拖帶除應配舵水人等所需薪糧經費另行開單咨部查照外理合附片陳明伏乞

聖鑒謹

奏

同日拜發奉

硃批知道了欽此

遵照部章應行聲明立案各款摺

奏爲遵照部章應行聲明立案各款恭摺仰祈

聖鑒事竊照戶部奏定外省報銷新章第十四條內載各省設立機器局並閩省船政局如有添購機器經費若干事前奏明咨部立案事後方准覈銷等因拏查接管卷內光緒二十三年分所有添置機件修葺廠屋動支銀兩前大臣裕祿未及核辦各款茲據提調道員沈翊清等稟稱船隖購用新式起重機器連吊架一副共價腳銀一萬三千三百七十餘兩該件爲船隖修船

起吊重器所必需經於光緒十九年四月二十三年十二月先後咨報戶部覆准定購有案又船廠鐵水坪爲廠中起卸運送重件之區所有起重機並鐵車路及木板木樑鑲配各鐵件經用日久諸多朽壞計修理工料銀三千二百三十餘兩又船槽爲修理船隻任重之所其升降軸路夾匡鑲配木鐵各件經用日久均有損壞計修理工料銀三千八百五十餘兩又船槽配用裝土船三號光緒二十二年曾經修理二號尚有一號係十七年間修過一次裝運日久艙

堵朽壞船底損蝕尤甚計修理工料銀五百餘
兩又第一號船臺歷時已久木質不無朽壞因
開造吉雲拖船上臺鑲配應予修理計工料銀
一千三百餘兩又繪事院前學堂均有添招學
生所有樓房學舍委屬不敷居住且多損壞計
添蓋繪事院洋式樓屋上下二十一間併修理
前學堂學舍共工料銀三千三百三十餘兩又
船政署後山原有洋樓一所洋員不敷居住因
添蓋洋式樓屋上下八間工料銀二千八百三
十餘兩又洋員辦公所添造走廊闌干工料銀

二百四十餘兩又各洋員公所添置器具傢伙
價值銀一千一百三十餘兩又礦務洋員達章
德帶同學生楊濟成等前赴廈門林焙湖頭等
處勘礦計往返路費共用銀四百五十餘兩呈
請立案前來奴才復查無異除照章咨部查照並
彙案造銷外理合將應行聲明立案各款緣由
恭摺具陳伏乞
皇太后
皇上聖鑒謹
奏

同日拜發奉
硃批該部知道欽此

船政衙門並各廠所遭風動用工料銀兩請
飭部立案片
再閩省夏秋之間輒有風颱數次大小不同船政各廠濱臨大江每遇暴雨狂風波浪洶湧廠屋牆院即不免有損壞之處自光緒十一年遭風損壞修葺之後迄今十有餘年雖間遇風颱尚不爲害本年六月二十七月十三等日大雨傾注繼之以狂風怒吼大木爲拔平地水深數尺船政公署繪事院船廠拉鐵廠健丁營水師營恪靖威營工程處護廠礮臺或屋瓦被風吹

掀或牆垣爲水激倒當飭勘估擇要修理尚不過需銀一千一百餘兩正在修葺間詎八月十五十六十七等日颱風又復大作海潮衝湧濁浪滔天一望汪洋幾成澤國直至三晝夜之久風颱始漸平息幸各廠所先事預防於六月間已將製船料件預爲高置不致被水漂失惟船政公署前後學堂繪事院藝圃東西考工所健丁營通濟橋儲材所廣儲所船亭畫圖房水師營船塢及甎灰儲礮拉鐵船槽輪機帆纜模子鐵脅等廠損傷情形較六七月爲尤甚且係均

關緊要不能不從速興修復飭核實勘查續估工料約需銀四千四百餘兩統計兩次應修各廠所共估需工料銀五千五百餘兩據提調道員沈翊清等具報前來除俟工竣再將用過銀兩造册報部外謹先附片陳明伏乞
聖鑒飭部立案施行謹
奏
同日拜發奉
硃批該部知道欽此

各省協撥船廠經費收到銀兩遵

旨解交部庫摺

奏爲各省協撥船廠經費收到銀兩遵

旨解交部庫恭摺仰祈

聖鑒事竊　孥　於本年十一月十六日承准軍機大臣

字寄光緒二十四年十月二十八日奉

上諭增祺奏福建船廠現造船工暨擬續造各船情

形並請截留銀兩各摺片著准其在各省已經解

到之三十五萬兩內留銀十五萬兩以資應用餘

仍儘數解部等因欽此並准戶部咨提前來　孥　伏

查各省已經解到船廠經費計陝西五萬兩江

蘇六萬兩山東五萬兩湖南三萬兩河南五萬

兩四川十萬兩出使經費五萬兩共銀三十九

萬兩遵留銀十五萬兩其餘二十四萬兩應即

解交部庫以應要需所需滙費現准戶部電覆

令由閩海關籌給作正開銷除備具文批發交

號商蔚泰厚源豐潤協同慶蔚長厚新泰厚承

領於十二月初十日起程解赴戶部投納並分

咨查照外謹恭摺具陳伏乞

皇太后

皇上聖鑒謹

奏

光緒二十四年十二月初八日拜發奉

硃批戶部知道欽此

一號快艦下水二號安上龍骨暨原定速率揭
奏為福建船廠現造第一號魚雷快艦業已下水二號快艦安上龍骨各日期暨原定速率一併覆陳恭摺仰祈
聖鑒事竊查前大臣裕祿延聘洋員教習製造先行訂造魚雷快艦兩號限三年內造成並因船塢水勢溜急另造拖船一隻以備拖帶船隻進塢之用均經隨時奏明在案努接辦後曾將現造船工並擬續造二等守口甲艦一艘魚雷艇四艘暨所造拖船業已試洋與原定每點鐘行十

乙海里之數尚屬相符各等因具奏承准軍機大臣字寄光緒二十四年十二月十八日奉
上諭現在外洋各國戰船速率日增魚雷船每點鐘能行二十三海里者甚多各項戰船速率亦不下十七八海里此次該廠所造速率僅止十一海里
國家不惜鉅款辦理船政要貴適於戰守之用若速率太少必致相形見絀該將軍務須督飭洋員將各船造法實力講求毋稍遷就等因欽此仰見
皇太后
皇上修明武備精核考工之至意欽悚莫名維時第

一號快艦正在加工趕製船殼將次告成遂諏吉於十二月十八日下水取名建威第二號快艦亦於本年正月二十二日安上龍骨詢據洋員杜業爾稟稱所購第一號快艦機器三月內可以到閩冬間即可安配齊全第二號快艦約六箇月內外便可下水查其現造船身尺寸及定購機器圖式尚與原議相符惟速率原定每點鐘能行二十二海里半及二十三海里之數前裕祿亦曾與之再四研求須俟全船試洋自能考覈的確努於製造一途本鮮閱歷自到工

後時與杜業爾及在廠各員逐件討論證以各國師船諸表雖船之造法日異月新名色不同總不外乎戰守兩類以求各適其用惟取用既殊斯製造即不能盡歸一式是以外洋各國欲造一船必先定此船作何等用處以為配製之所宜如重於甲厚及噸載多者其速率即減重於速率大者其噸載必輕船殼必薄故鐵甲戰船速率能及二十海里甚少快船雖以速率是尚然速率關乎馬力馬力由於機輪速率愈大則輪機不得不因之愈重輪機重則勢不得不

薄其船殼減其禦具狹其煤艙而其輪機鍋爐又極繁巧最易損壞故平時只升常火必緊要時始以全力行駛且其船身輕脆不耐礮砲之中傷故海面交鋒仍以鐵甲戰船爲體而以快船雷艇爲因利乘便追逐搏擊之資亦猶陸軍之有馬步礮隊相輔爲用無異又如北洋新購之二等窄甲快船三艘其壓水力二千九百五十噸其速率只十九海里半船政現造之三等魚雷快艦其速率則二十二海里半及二十三海里其壓水力又只八百三十噸是亦各有所

長各有所短之明驗也今重立海軍船隻尚少操練未精自不足涉遠以攻人之國則莫如先謀自守口岸爲第一要務且用兵之道必進可以戰退可以守方能計出萬全現在北洋雖購有頭二等快船五艘雷艇四艘可以連爲一隊然以戰事論之則鐵甲戰艦實不可少以中國各海口形勢論之似又無須過大之船即二等守口甲船已爲合式蓋此項船隻既不責其涉遠載煤即不必求多速率亦不必求其過大減此速率厚其甲多其礮既可扼守要口又可保

衛快船誠一舉兩得之用至雷艇一項船既不大用費無多其轟擊之力甚猛故自有雷艇以來用攻可以代守似亦不可不多爲製備奴才前已將洋員杜業爾所繪二等守口船式咨送總理各國事務衙門考察是否合宜應候核覆再行遵辦該洋員於製造一切尙屬勤懇認眞疊經稟請加工趕造及接辦甲艦以期船可速成工無停曠奈船政歲需經費專恃閩海關協濟尙慮不敷如再加工即須添費接造船隻購辦料件更須先籌有款辦理方可裕如是以不能

不飭其仍舊匀工製造稍可從容除俟一號快船試洋速率是否相符再行具奏並仍督同洋員悉心考求以求精進外所有第一號快船下水二號快船安上龍骨各日期及原定速率謹一併恭摺覆陳伏乞

皇太后

皇上聖鑒訓示謹

奏

光緒二十五年二月二十八日拜發奉

硃批知道了欽此

酌定閩廠槽塢代修船隻租費價目片

再船政修船之所小有船槽大有船塢自塢工完竣因水溜太急各船未敢輕於一試去年八月拖船造成後洋員杜業爾稟經奴才派令福安等船先行進塢試驗藉資練習適北洋大臣裕祿派來海籌海琛海容三船進塢油修船底亦均毫無疏虞是閩省船塢足爲南北洋修理中等船隻之用又去年七月美國西能達大舨舨船法國兵船及諳和商船俱因風損壞相繼請爲代修而西能達舨舨船並請上槽勘修船底

自不能不量予通融以敦睦誼卽不能不於修費之外酌收槽租以補經費之不足當卽飭令提調道員沈翊清等與杜業爾商照香港槽塢容泊船艦章程酌擬定數計自一百至三百噸收費一百五十元三百至五百噸收費二百元五百至六百噸收費二百五十元六百至七百噸收費三百元七百至八百噸收費三百五十元八百至九百噸收費三百七十五元九百至一千噸收費四百元自一千噸以上每噸加收費銀四角按噸遞加又於工料價銀之外再行酌加二成以充公費惟香港有任拖帶船艦保險之責其價畧有不同茲船政似可不任拖帶如有上槽入塢請用拖船拖帶者其拖費擬定每次五十元所有駕駛法度均歸請修之船主自專其責倘有意外事變與槽塢無涉其船艦停泊槽塢均以三日爲限逾期照日加費擬一千噸以內之船每日每噸應加修費銀一角一千噸以外之船每日每噸應加修費銀九仙若請修之船係外國戰艦仍請將所擬槽塢價目値什減二以示優待各等情奴才查所擬價目飭

核尚屬酌中此後除南北洋及各省官船不收槽塢租價外凡遇中國商船暨各國兵商輪船來閩上槽入塢者均令照此收費倘日後修船較多於經費不無小補將來或尚有應行添收之款再爲隨時酌量辦理所有去年收過修費及上槽費計洋四千三百八十七元三角四尖已經奴才飭令歸入正款除將動用工料彙案造銷並咨部查照立案外謹附片陳明伏乞

聖鑒謹

奏

同日拜發奉

硃批該衙門知道欽此

船政奏議彙編卷五十二目錄上　許應騤一

代法國東京西貢製造小輪章程立案片

添製方舟修葢船臺洋房各款報明立案片

又目錄下　善　聯一

工需緊要經費奇絀懇　飭戶部北洋籌濟摺

二號魚雷快艦下水日期片

四屆出洋肄業學生交出使大臣照料監督並

繙譯先撤回華摺

船政奏議彙編卷五十二上

代法國東京西貢製造小輪章程立案片　許應騤

再本年三月間迭據船政洋監督杜業爾稟稱法國東京西貢總督擬備價託由閩廠代製淺水小輪船等語函牘往返至再至三因其以睦誼爲詞未便峻拒臣查上年船廠曾代外國修理船艦經前大臣增祺奏明有案事與相符當飭提調道員沈翊清與議章程務求妥愜所有輪機速率以及工料一切概由該監督自理船政不任其責並議明每號小輪船估價洋平銀

二萬一千圓應貼補船政廠租機器等費以二成科算計應銀四千二百圓其銀於訂定合同先付一半工竣找清如照此項船式再造數艘亦可允許續製其出海輪船及他項未經允許者不在此例倘此項輪機速率或有拓改船價或有增減則應納廠租等費亦按二成推遞至於估價之盈絀工料之良窳成船之早遲皆杜業爾之責與船廠無涉據該提調稟送漢洋文章程前來臣逐加細覈尚無窒礙當經電請總理各國事務衙門據情代奏奉

旨允准欽遵在案除飭該監督卽便興工辦理其先繳廠租半費銀二千一百圓收入船政經費項下作正開銷並抄錄章程咨送總理各國事務衙門察覈暨咨戶部立案外謹附片具陳伏乞

聖鑒謹

奏

光緒二十五年七月初五日拜發奉

硃批該衙門知道欽此

添製方舟修蓋船臺洋房各款報明立案片

再前奉戶部奏定外省報銷章程各省設立機器局並閩省船政局如有添購機器經費若干事前奏咨立案事後方准覈銷等因茲據廠員稟稱前因延募洋員製造快艦所有機器料件多購自外洋必須鐵殼方舟以資盤運計造成鐵殼方舟二號共用工料銀一萬五千八百餘兩又工次船臺歷時既久朽壞堪虞凡遇開造新船皆應先行驗明修理以昭慎重計修理船臺工料銀二千八百餘兩又洋員添蓋房舍環屋闌干等項計馬限山洋房添蓋房舍一十四間工料銀四千八十餘兩鶯脰山洋樓添造環屋闌干工料銀四百餘兩馬限山洋房添造環屋闌干並塡築路徑工料銀一千四百餘兩又洋員達韋德帶同學生往古田穆源等處勘礦需用路費銀一百七十餘兩以上各款應歸二十四年分銷案造報呈請

奏咨立案等情前來臣覆覈無異除咨部查照並彙案造銷外理合附片具陳伏乞

聖鑒謹

奏

光緒二十五年十一月初三日拜發奉

硃批該部知道欽此

船政奏議彙編卷五十二下

工需緊要經費奇絀懇　飭戶部北洋籌濟摺　善　聯一

奏爲船政工需緊要經費奇絀籲懇
天恩敕下戶部暨北洋大臣籌款協濟以竟船工恭
摺仰祈
聖鑒事竊查船政現造快艦兩號原限三年告成當
經前大臣裕祿奏蒙
飭部撥濟銀十萬兩每年截留海軍經費十四萬兩
以資開辦嗣奉
諭旨飭各省協撥款項旋令改解部庫船政常年經

費不敷經前大臣增祺奏蒙
允准截留銀二十萬兩以資應用在案現在第二號
快艦亦已下水第一號快艦五六月內可以試
洋轉瞬明年二月已屆限滿而經費所短尚鉅
計上年已積欠洋員料價等項十五萬餘兩本
年十三箇月約需銀六十五萬兩船政常年入
款全恃閩關除六成洋稅項下原撥之三十六
萬兩光緒元二年卽已欠解四五年以後便歸
無著歷經
奏明有案毋庸計議外現在閩關情形無論如何
設法騰挪兼顧船政祇能將四成洋稅項下應
解之二十四萬兩及截留海軍經費之十四萬
兩勉籌解濟自本年至明年二月限滿止約尚
短銀四十六萬兩查此等製造工作必須依限
告成方能呈功節費洋員杜業爾因上年料價
積欠五箇月業已聲明不能肩認成艦限期若
經費不繼作輟遷延必更多所糜費亟應早爲
計畫現已支款環待不容刻緩此際部臣籌款
爲難時艱餉絀上廑
聖懷但使奴才有可設法斷不敢輕率瀆請惟籌維無

術勢處萬難祇有仰懇
天恩飭部迅速籌劃無論何款項下先行挪撥濟用
俾獲竟此船工再查廠造之兩快艦係專爲戰
船之用其船式與北洋海籌等船相仿工竣後
若留福建本省或南洋浙粵等省遣用各該省
均無新式兵艦僅此兩艘亦不得力惟北洋海
軍已成再添此船聲威益壯相應請
旨飭下北洋大臣將來快艦告成卽歸入北洋海軍
以期致用船廠前代南洋製寰泰等船代廣東
製廣甲等船與北洋撥用閩廠之建靖船均由

留船省分協助工料所有兩船工料不敷之四
十餘萬兩應照案由北洋協助此次所請部撥
之款即可由北洋協款內歸還似此一轉移間
北洋認費不及一船料價之半較之購自外洋
實已輕而易舉且船政快艦工程非迅速籌款
應付目前便難支持舍此又無從籌款此中爲
難迫切情形諒邀
聖明洞鑒除分咨查照外所有船政工需緊要經費
奇絀籲懇
飭下戶部暨北洋大臣籌款迅速協濟緣由理合恭

摺具陳伏乞
皇太后
皇上聖鑒訓示施行謹
奏
光緒二十六年三月初九日拜發奉
硃批戶部議奏欽此

二號魚雷快艦下水日期片
再查接管卷內廠造第二號魚雷快艦於光緒
二十五年正月二十二日安上龍骨經前大臣
增祺恭摺
奏明在案奴才接辦後旋據洋員杜業爾稟稱該船
船殼已經鑲配完備請諏吉下水等情前來謹
擇本年二月初三日大潮下水取名建安奴才是
日親赴工次督同提調等勘視尚稱穩妥除飭
將應配機件趕緊鑲配毋誤成船試洋期限外
理合附片陳明伏乞

聖鑒謹
奏
同日拜發奉
硃批知道了欽此

四居出洋肄業學生交出使大臣照料監督並
繙譯先撤回華摺
奏爲船政第四居出洋肄業學生六名擬交出使
大臣照料原派監督繙譯撤令回華以節糜費
恭摺仰祈
聖鑒事竊查接管卷內船政前學堂選派第四居赴
法肄業學生施恩孚等飭派江蘇候補知府吳
德章督帶前往所有出洋經費援照歷居成案
由閩省釐金項下籌撥四分之二閩海關四成
洋稅及船政製船經費項下各籌撥四分之一
撥解船政衙門分年勻解經前大臣裕祿於光
緒二十三年五月恭摺
奏明在案奴才接辦後詳加察核此居出洋肄業學
生祇有六名每年經費共需一萬五千餘兩實
則監督薪水已去其半夫所謂監督者不過挈
同學生出洋到法國後送入學堂肄業按期支
給房膳修金此外無所事事至於學生功課之
勤惰造詣之淺深自有該堂教習爲之課督而
原派往之華監督不與焉卽遇有學堂交涉事
宜乃須就近稟由出使大臣始能轉達法國外

部其居恆約束學生以及稽考堂課則又不如
使館耳目之周是監督一差儼同虛設近年學
生出洋徒染習氣鮮有裁成未始不由於此當
茲時事艱難尤應力求實際斷不能以有用之
帑款稍涉虛糜矧目下船政經費異常支絀閩
省釐金閩海關稅征收亦均形減色此項出洋
用款籌措殊難計自二十三年九月學生由閩
啟程赴法扣至本年九月已滿三年第三年經
費祇閩海關撥解四分之一而閩省釐金應撥
四分之二及船政應撥四分之一均因款絀催
解不前遠隔重洋深恐難期接濟在學生學習
製造理法較深期限六年自未便半途使輟奴才
再四思維監督既徒有虛名轉滋糜費則不如
先期撤返學生交由使臣認眞照料後此三年
畢業或者可冀成材除飭出洋監督吳德章遵
照俟三年屆滿卽挈同繙譯先行回華另候差
遣外相應請
旨敕下總理各國事務衙門咨行出使法國大臣查
照一俟監督吳德章三年屆滿回華所有學生
六名卽歸就近妥爲照料以專責成奴才係爲造

就人材節省糜費起見是否有當理合將船政第四屆出洋學生擬交出使大臣就近照料原派監督繙譯撤令回華各緣由恭摺具陳伏乞

皇太后

皇上聖鑒訓示施行謹

奏

同日拜發奉

硃批著照所請欽此

船政奏議彙編卷五十二終

船政奏議彙編卷五十三目錄

許應騤一

接管船政日期叩謝

天恩摺

四屆出洋學生已歷三年因籌費爲難應一併

遣撤回華片

廠造快艦將次告成擬請改撥鄰省遣用即由

該省籌款協助以清積欠摺

廠購機器一律鑲配所需價腳報明立案片

督銜門奏廠製安海小兵輪下水日期片

船政勢難兼顧請

簡員接管摺

船政奏議彙編卷五十三

接管船政日期叩謝　　許應騤一

天恩摺

奏爲恭報接管船政日期叩謝
天恩仰祈
聖鑒事竊臣前奉
上諭暫行兼管船政大臣當繕摺瀝陳懇
恩收回
成命差弁賫回原奏奉
硃批著不准行欽此臣跪聆之下愧悚莫名當由署

福州將軍兼管船政大臣善聯於本月十三日
委提調道員沈翊清將船政木質關防一顆並
文卷等件移送前來臣當即恭設香案望
闕叩頭謝
恩接受任事伏念船政自訂造快艦經費頓增除閩
關歲撥外更無他款可恃以至入不敷出年甚
一年臣以菲材承乏其間工程可核實以維持
款項難憑虛而策畫查局中冗費比已裁汰淨
盡所例應關領者均洋人工料及華匠口食等
項必不可少之需設閩關撥解稍不應手必多
貽誤仰乞
聖明鑒及
諭飭閩海關監督務核照船政支數寬爲籌足按月
解工俾洋人無得藉口刁難而華匠亦不虞乘
機鼓噪洵屬有裨時局署將軍臣善聯兼理船
政數月洞悉情形且値多事之秋一切均資其
濟諒必不分畛域應請嗣後船政如詳求利弊
嚴察勤惰事關工程者由臣任之其熟酌緩急
豐嗇挹注事關款項者由臣善聯任之庶幾相
與有成力圖補救大局幸甚所有微臣接受船政

日期並感激下忱謹繕摺具陳伏乞
皇太后
皇上聖鑒謹
奏
光緒二十六年八月十六日拜發奉
硃批該衙門知道仍著該督隨時會商善聯妥籌辦
理欽此

四屆出洋學生已歷三年因籌費爲難應一併遣撤回華片

再船政第四屆出洋肄業學生六名原派監督繙譯帶同前往歲需經費一萬五千餘兩經署福州將軍兼理船政臣善聯以經費難籌請將監督繙譯先行裁撤回華學生交由使臣就近照料以節虛糜於本年三月間

奏明在案臣接管船政後准直隸總督臣李鴻章轉駐法出使大臣裕庚電稱無款可墊請將學生撤回以免貽誤等因臣查出洋經費一款除裁撤監督繙譯薪費不計外學生六名每年仍需銀七千餘兩目下船政工需萬分竭蹶將有懸釜待炊之慮實屬無法騰挪因會商善聯亦以關征短絀此項出洋經費閩海關應攤四分之一尚能勉力籌解而釐金劃由閩關代解四分之三能否按期劃撥難以預定等語臣再四思維該學生等遠隔重洋倘未能常川匯款接濟自不免作輟相乘於學業進修不第毫無裨益深恐淹留異域別出事端計自二十三年九月出洋肄業起扣至本年九月已歷三年該生

等於製造專門當有心得誠不如准照裕庚來電遣撤回華即令在閩廠與洋員匠講求工作亦足以資印證不致荒嬉除電覆並一面籌給回費匯洋遣撤外理合附片陳明伏乞

聖鑒謹

奏

光緒二十六年九月二十六日拜發奉

硃批該衙門知道欽此

廠造快艦將次告成擬請改撥鄰省遣用卽由
該省籌款協助以淸積欠摺

奏爲廠造快艦兩號將次告成擬請改撥鄰省遣
用卽由該省籌款協助以淸積欠而免轇轕恭
摺仰祈
聖鑒事竊查廠造快艦兩號原限三年告成屈計明
年二月已屆限滿試洋在卽所需經費及積欠
洋員料價除閩海關力能籌撥外約共短銀四
十六萬兩經署福州將軍臣善聯於本年三月
間具

奏請將快艦撥歸北洋遣用此項短款四十六萬
兩卽由北洋協助奉
旨依議由部咨行欽遵在案臣接管船政後通盤籌
算如善聯所稱短銀四十六萬兩係按閩海關
應解船政經費四成項下年解二十四萬兩又
截留南北洋海防經費年撥十四萬兩全數解
足而言奈本年稅收奇絀前項經費關解多不
足額積欠漸增且洋匠十名三年限滿回國川
資以及酬賞等項未計在內以臣綜核至少亦
須籌銀五十萬兩始能蕆事顧茲鉅款無術取

償惟日向洋員展緩轉瞬兩艦告成又將何詞
以對若無款項淸還深恐別生枝節肆意要求
愈久則愈難消納綢繆未雨焦急萬分閩中瘠
苦甲於他省自籌辦防務以來騰挪兵餉羅掘
已窮兩艦告成亦苦無養船經費擱置則鏽朽
堪虞糜費滋甚目下時局艱難北洋協款已成
無着而船工迫不及待萬難再事緩延再四思
維惟有將快艦兩號改撥鄰省遣用所短之工
料五十萬兩卽由籌款協助庶可以期迅速而
解倒懸伏查各省需船北洋之外莫如南洋其

次廣東現北洋海天海圻等艦概已南下南洋
供億浩繁恐無餘力粵省素稱富庶設籌較易
卽就本年新抽海防緝捕經費一款便可移緩
就急將來養船之費似亦不難且該省濱海風
氣早開居民多業洋務駕駛自不乏人諒費不
及一船料價之半而得兩船之用於海防不無
裨益合無仰懇
天恩飭下廣東督撫臣迅卽如數協籌無論何項先
儘挪撥從速解濟兩艦告成卽由該省派員驗
收撥歸遣用庶船工得款隱患藉以潛消該省

得船巡防足資拱衛是否有當理合將快艦將次告成擬請改撥鄰省遺用即由籌款協助各緣由恭摺具陳伏乞

皇太后

皇上聖鑒訓示施行謹

奏

光緒二十六年十月二十八日拜發奉

硃批另有旨欽此

光緒二十六年十二月十二日奉

上諭許應騤奏廠造快艦將成擬請改撥鄰省遺用

請飭籌款協助一摺據稱閩廠製造快艦兩號將次告成原係擬歸北洋遣用現在北洋協款無著擬請將快艦改撥粵省以備海防之用所需工料銀五十萬兩即由該省籌款協助以應要需等語此項經費關係緊要快艦尤為廣東所必需著陶模德壽迅籌的款如數撥解俟兩艦告成即由該省派員驗收領用原摺著抄給陶模德壽閱看將此各諭令知之欽此

廠購機器一律鑲配所需價腳報明立案片

再前准戶部咨奏定外省報銷新章內載各省設立機器局並閩省船政局如有添購機器經費若干事前奏明咨部立案事後方准核銷等因又准兵部咨購辦機件腳費須另款造報勿得以價腳籠統開列等因歷經遵辦在案茲據船政局提調道員沈翊清稟稱光緒二十五年分添購廠用電燈電機並添造電光坪一座鐵電線杆二十架一百三十匹馬力輪機鍋爐一副掛壁鑽孔汽機四架安置電機輪機鍋爐洋

式房一座共價值工料銀五萬四百餘兩又鐵脅廠添購製泡釘汽機一副鑽孔汽機三架柳條鋸木汽機一架礪石汽機二架並添造捲鐵板汽機一架拗鐵板手機四架抽水汽機二副懸挂鐵風箱一箇安放鐵料木棚一座靠鐵板鐵架五十三架鋼泡釘爐二箇鐵風爐二箇鐵水箱一十五箇打鐵瓢爐八座換配梁上掣機總輪軸全副共價值工料銀三萬八千八百餘兩又輪機廠添購製旋紋汽機製螺餅汽機移動鑽孔汽機連環轉俥鑽汽機各一架共價值

併鑲配工料銀三千二百餘兩又水缸廠添購刨鋼板汽機一架礪石汽機二架鑽孔汽機二架打泡釘水力機一架並添造瓦上鐵汽通九箇驗湯鍋用小馬力抽水機鍋爐一副添蓋驗鍋爐洋式房一座共價值工料銀一萬一千五百餘兩又模廠添購刨木汽機刨木起線汽機各一架共價值併鑲配工料銀一千四百餘兩又拉鐵廠添造六十五匹馬力鍋爐二座抽水汽機一副共工料銀九千五百餘兩又鑄鐵廠添造鑄鋼烘鋼輾爐各一座工料銀二千二百

餘兩又輪機水缸兩廠添購洗湯鍋水龍二架價值銀一百餘兩又由外洋采辦暨代辦監造電報信資以及運閩脚費共銀二萬六千七百餘兩均因整頓船工復募洋員教造巨艦自正監督洋員杜業爾到工後由其察看各廠情形分別購置業經一律鑲配完竣所有前項款目呈請立案前來臣覆核無異除咨部查照並飭彙案造銷外理合附片具陳伏乞

聖鑒謹

奏

光緒二十六年十一月二十八日拜發奉

硃批該部知道欽此

督衙門奏廠製安海小兵輪下水日期片

再閩省下游各處洋面遼濶港仪紛歧伏莽出
沒堪虞防範不容稍懈臣前於
奏報酌裁綠營官兵騰餉練軍摺內聲明所裁水
師大艇節存之款俟積有成數添製輪船數艘
以資巡緝在案茲飭船政提調四川特用道沈
翊清會商洋監督杜業爾試造淺水小輪船一
號於光緒二十六年四月初六日安上龍骨兼
工製造於十二月初六日工竣下水經臣派員
出海驗駛尚屬靈捷取名安海以資號召計該
輪船身長法尺三十尺合英尺一百尺濶法尺
五尺七寸合英尺十九尺吃水深法尺七寸合
英尺二尺四寸重儎六十五噸馬力三百匹係
雙套機器每點鐘可行十海里半至十一海里
共需工料銀一萬五千九百餘兩由所裁水師
大艇節存項下撥給歸入海防案報銷據福
建善後局司道查照新章詳請
奏咨立案前來除分咨戶兵工三部外理合附片
具陳伏乞
聖鑒飭部查照施行謹

奏
光緒二十七年三月初三日拜發奉
硃批戶部知道欽此

船政勢難兼顧請
簡員接管摺
奏爲船政勢難兼顧謹據實瀝陳仰懇
簡員接管事竊臣奉
命暫理船政將屆一年但能勉力搘持何敢託詞諉
卸惟臣兼轄兩省政務殷繁當今時局艱難一
切措施尤不得不慮善而動加以中外交涉覩
昔倍增公牘之往來洋員之接晤幾無虛日悉
心因應已覺昕夕弗遑更兼籌船政深恐顧此
失彼查船政款項專於閩關取給情形經疊次

臚陳則與其分之而仍待挹彼以注茲似不若
合之而常得移緩以就急現臣景星已抵福建
將軍任察其精力數倍於臣而器宇恢宏才識
明敏爲平時所深悉若兼司船政當綽綽有餘
且將軍事簡經理更爲周妥可否請
旨飭其兼管抑或另
簡專員恭候
聖裁不勝迫切待
命之至夫臣所以再三陳請者委非畏難苟安之見
圖息仔肩實欲殫竭愚誠於地方應辦各事專
心區畫以自効於萬一倘蒙
俞允彌感
生成嗣後遇有船政重大事宜仍當和衷商確隨時
相助爲理萬不敢以瓜代有人遂置身事外也
所有船政勢難兼顧仰懇
簡員接管緣由謹繕摺具陳伏乞
皇太后
皇上聖鑒訓示謹
奏
光緒二十七年四月十八日拜發奉

硃批著景星兼管欽此

船政奏議彙編卷五十三終

船政奏議彙編卷五十四　景　星一

恭報接管船政日期叩謝
天恩摺
仍留船政提調沈道在工以資熟手片
閩廠添購機器報明立案片
船廠兼顧難周據實薦舉船務員才懇
恩簡用摺
簡派船政大臣駐廠應准按月照支經費片
閩廠洋員接造留限應視讓艦成否爲準的片

船政奏議彙編卷五十四　景　星一

恭報接管船政日期叩謝
天恩摺

奏爲恭報接管船政日期叩謝
天恩仰祈
聖鑒事竊奴才於七月初七日准閩浙總督臣許應騤咨開光緒二十七年四月十八日具奏船政勢難兼顧請
簡員接管一摺奉
硃批著景星兼管欽此抄摺恭錄咨會查照欽遵等因奴才即於本月十三日接管幷准督臣派船廠提調道員沈翊清賫送關防前來當即祇領恭設香案叩頭謝
恩伏念奴才梼櫟下質無補涓埃感荷
生成倍深悚愧竊維船廠專司製造經費爲先時局正值艱難籌款不易是以近年兼管之員每因籌辦之難預爲持重之慮展轉陳請固出有因而難辦之情形亦所共見以奴才庸愚兼此繁劇益覺隕越堪虞惟有殫竭血誠不辭勞怨隨時督飭廠員細心經理遇有應商事宜仍當會同

督臣斟酌妥辦以期仰答
天恩於萬一所有𧫍接管船政日期恭摺具陳伏乞
皇太后
皇上聖鑒謹
奏
光緒二十七年七月十五日拜發奉
硃批知道了欽此

仍留船政提調沈道在工以資熟手片
再船廠提調四川候補道沈翊清在工多年情形熟悉𧫍接管後查悉該員經理工程講求匠藝實心任事中外咸孚應請仍留該員接充提調以資熟手而獲臂助謹附片具陳伏乞
聖鑒謹
奏
同日拜發奉
硃批知道了欽此

閩廠添購機器報明立案片

再𢍆所管船政衙門前准戶部咨奏定外省報銷新章內載各省設立機器局並閩省船政局如有添購機器經費若干事前奏明咨部立案事後方准覈銷等因歷經遵辦在案玆據船政局提調道員沈翊清稟稱光緒二十六年分輪機廠添購刨旋紋鑽汽機一架磨鑽機傢伙汽機一架製旋紋機一架製鋼𨦟傢伙汽機一架共價值併鑲配工料銀二千二百餘兩又鐵脅水缸兩廠添購通用泡釘電機二架共價值銀

四千二百餘兩又添購廠用德果非李四輪小車併鋪造鐵軌路共價值工料銀二千二百餘兩均因整頓船工復募洋員教造巨艦自正監督洋員杜業爾到工後察看情形分別購置業經一律配造完竣所有前項款目呈請立案前來𢍆覆覈無異除咨部查照並彙案造銷外理合附片具陳伏乞

聖鑒謹

奏

光緒二十七年十月二十九日拜發奉

硃批該部知道欽此

船廠兼顧難周據實薦舉船務真才懇
恩簡用摺
奏爲船廠兼顧難周據實薦舉船務眞才籲懇
天恩簡用恭摺仰祈
聖鑒事竊查船政創設垂三十年締造經營本非容易從前皆派大臣駐工督理成效蒸然近十餘年徒以經費不充改爲兼辦原屬一時權宜之計迨二十二年議聘洋員從新整頓前閩浙總督臣邊寶泉即有另派大員駐工之請總理衙門議奏意見亦復僉同嗣以經費出自閩關竟

歸將軍兼理究之總督將軍皆有職守應辦之事勢難常川赴工不無顧此失彼之慮加之當日延聘洋員合同所載遇事逕商船政大臣工程瑣屑言語不通措循非易所以歷任船政諸臣每因籌辦之難均有請派專員之奏船廠情形早在
聖明洞鑒奴才自上年七月奉
命兼管適值時局多艱不敢稍有推諉駑駘勉竭期報涓埃非萬不獲已又曷敢瀆陳於
君父之前無如奴才於西法製造向未講求竭力經營

罔益事理接管以來特赴工次與洋員討論情形諸多扞格語論屢爲所窮深賴提調道員沈翊清精思贊畫從旁折服藉以箝制惟目下洋員限滿讓艦待成洋監督杜業爾又復紛請攬收外方託製工程堅求爲法員留限事機雜出斷非奴才之檮昧所能因應因思督臣許應騤去歲奏陳原有專員之請誠以兼管難期周妥提調即能旁參贊助究不能公然持論與彼磋磨而欲求工程熟悉洋員信服則未有逾於船政提調四川補用道沈翊清者該員係前船政大

臣兩江督臣沈葆楨之長孫家學淵源能持大體且在工最久諳熟洋情爲歷任船政臣所倚重奴才共事數月深知其於廠務一切措置咸宜堪勝專任合無仰懇
天恩俯念船廠關繫重要將該員沈翊清破格擢用得以專制船廠惟必須准其專摺奏事方足以存體制而期整頓如蒙
俞允可否
賞以四五品京堂作爲船政大臣實於廠務大有裨益奴才爲船工緊要籲懇

鴻施所陳是否有當伏乞
皇太后
皇上聖鑒訓示遵行謹
奏
光緒二十八年正月二十八日拜發奉
硃批另有旨欽此
光緒二十八年三月初三日奉
上諭景星奏船廠勢難兼顧請派專員一摺四川補用道沈翊清前已賞加四品卿銜派充會辦四川礦務商務大臣茲據該將軍奏稱船廠關係重要

總督將軍皆有職守勢難常川赴工必須另派專員以資統攝自係實在情形沈翊清著暫留閩省會辦船政藉資熟手惟該廠經費本出閩關近來交涉事件尤多轇轕仍著責成景星隨時籌商辦理不得藉詞諉卸以維成局而收實效將此諭令知之欽此

簡派船政大臣駐廠應准按月照支經費片
再加蒙
天恩簡派道員沈翊清充當船政大臣自當照舊駐廠以資統攝其船政提調一員即可裁去以重款項查船政大臣每月例支經費銀六百兩船政提調每月薪水三百兩近年船政大臣多係兼理其經費並未支領既派大員駐工專管其事自應每月按照六百兩經費開支以資辦公該員沈翊清深明時局斷不至稍涉糜費多有妄用謹附片具陳伏乞
聖鑒訓示謹
奏
同日拜發奉
硃批覽欽此

閩廠洋員接造留限應視讓艦成否為準的片

再奴才正在拜發前摺承准外務部來咨接准法鮑使來照以福州船廠聘用法國監工匠役人等中有限滿回國者非再為聘訂或另聘法國他人代其執事請電達照辦等因抄錄往來照會咨行酌辦前來奴才查法鮑使照內所稱有謂船廠洋監督杜業爾所商承辦修造輪艦等事雖屬妥洽裨益而船政大臣作難未允事出情理之外各等語此皆奴才誠信未孚以致洋員內懷疑惑查接造留限各節於督臣許應騤奏定

讓艦之時早有明言應視讓艦之成否以為留造之準的目下催辦讓艦即是法員接辦留限之緣起並非奴才接管之後另有意見當為洋員所共諒除咨外務部照覆法鮑使外理合附片一併陳明伏乞

聖鑒謹

奏

同日拜發奉

硃批外務部知道欽此

船政奏議彙編卷五十四終

船政奏議續編一卷

〔清〕總理船政事務衙門編

《船政奏議續編》一卷，清總理船政事務衙門編。輯録光緒二十八年（一九〇二）迄宣統元年（一九〇九）福州船政局提調沈翊清、魏瀚，閩浙總督崇善，福州將軍松壽等奏摺三十三篇，皆有關福州船政文獻史料者，足可補《彙編》之遺。據上海圖書館藏清宣統二年排印本影印。

船政奏議續編

宣統庚戌年

本衙門排印

船政奏議續編

福州啓明印刷有限公司活版

船政奏議續編卷一目錄　　沈翊清一

恭謝　天恩報明任事日期摺

奏爲恭謝
天恩報明任事日期仰祈
聖鑒事竊臣准福州將軍臣景星咨稱承准軍機大臣字寄光
緒二十八年三月初三日奉
上諭景星奏船廠勢難兼顧請派專員一摺四川補用道沈翊
清前已賞加四品卿銜派充會辦四川礦務商務大臣茲據
該將軍奏稱船政關係重要總督將軍皆有職守勢難常川
留閩省會辦船政藉資熟手等因欽此臣恭設香案叩謝
天恩隨准兼署福州將軍督臣許應騤委員將兼管總理船政
木質關防賚送前來臣祇領暫存工次隨時啓用並會銜
印發伏念臣以庸才疊承
恩命甫將趨
闕暫復留工溯船政創立之初惟臣祖實承其乏造端不易
當日視爲長駕遠馭之圖時會屢遷及今已竭彌縫補苴
之術臣智絀能鮮資淺望輕考工而兼柔遠之艱振墜兒
有圖新之責何敢視同傳舍負
聖主之殊知曷由勉就規隨莎先臣之遺緒昕宵循省進退徬
徨謹遵
旨於本月初八日赴工任事仍隨時會同兼管船政大臣籌商
辦理冀殫駑鈍之微誠仰答

鴻慈於萬一所有微臣暫留閩省會辦船政任事日期理合繕
摺報明恭謝
天恩伏乞
皇太后
皇上聖鑒謹
奏
光緒二十八年四月初八日拜發奉
旨知道了欽此

經費支絀請飭下各省需船就廠購造並積欠洋員料價

片

再臣一月之中兩奉

恩命以臣歷充船政提調等差有年荷蒙

特旨暫留會辦藉資熟手而於經費交涉諸事仍責成兼管大臣隨時籌商辦理仰見

聖人明燭萬里無微不至莫名欽感竊以經費之難難於目前之支撐尤難於通盤之籌畫當臣祖先臣沈葆楨開辦伊始

朝廷規畫閎遠鑒其任事之難准予寬籌經費維時閩關旺征籌款尚易每年額定經費四成項下解足二十四萬兩六

成項下解足三十六萬兩而洋員日意格等咸能就我範圍勤奮效命故觀成最速自茲而後款項漸絀前大臣黎兆棠咨商兩江督臣劉坤一左宗棠因有代製南洋各船之舉裴蔭森咨商前兩廣督臣張之洞因有代製粵省各船之舉大學士前直隸總督王文韶與前兼管大臣邊寶泉往返咨商因有在船政購買海軍運船之舉大抵就本省現有之財力供船政而不足必推廣各省以集其成比年解款愈絀致華洋員薪水匠丁辛工學堂經費幾於按月帯欠事勢之難至此已極亦知目下度支奇窘各省所同然以中國之大僅有閩省一船廠而輪船又沿江沿海各省所必需與其向他國購船而任其漏巵不如就閩省製船不窮於挹注況積數十年經營之力廠機林立工匠輩興近且延聘洋員講求新製不於此時收效反置已成之局於無用臣竊惜之可否請

旨飭下沿江沿海各督撫大臣如有備造大小兵運各船不必商購外洋擬照南北洋廣東成案即就船政購造約定工料價目訂明年月期限以便考成即華洋各商有託製商船者亦可訂立合同允為製造以廣招徠庶人人知船政為有用而閩廠足以自立即藉為推廣之基至交涉之事亦往往以採辦帳目欠還致有轇轕查船政延聘洋員訂造新式兩快船鋼鋏各料多取諸外洋約明勻年分還後以經費欠解截至二十七年五月底止除已還外尚約短

銀六十餘萬元經前兼管大臣奏明並擬設法籌還各在案現洋員限期已屆而宿逋未清如能將已成之船易有著之款一以清從前積欠一留為別項製造此後酌盈劑虛量入為出庶無竭蹶之患此固一時權宜而亦先事之所急也臣以本籍紳士而參預要工以新進外僚而過蒙任使軨庸自揣隕越時虞聞

命以來寢食俱廢惟有隨時會同兼管大臣籌商辦理斷不敢以暫時留辦稍涉敷衍自外

生成懔懔愚誠伏乞

聖鑒謹

奏

光緒二十八年四月初八日拜發奉
旨政務處議奏欽此

船政奏議續編卷一目錄

崇善　沈翊清　二

閩廠接造輪船支用各款造册核實報銷摺

奏爲閩廠接造輪船支用各款造册核實報銷恭摺仰祈
聖鑒事竊查閩省船政局光緒二十二年分製船經費用款經
前兼辦大臣裕祿造册
奏銷業於光緒二十四年二月十二日具奏由戶兵工各部核覆分別准駁行查各在案茲臣等查接管卷內核自光緒二十三年正月起至二十四年十二月底止計前兼管船政大臣裕祿增祺任內接造湊成第三十五號七百五十匹實馬力福安輪船一艘開造湊成第三十六號三百五十匹馬力吉雲拖船一艘開造未成第三十七號六千五百匹馬力建威魚雷快艦一艘修理元凱練船一艘添

蓋洋員匠住所學舍廠屋修理船台鐵水坪裝土船添購機器併歲修廠屋爐溝添置書籍器具及添募洋員薪費員弁書役生徒工匠各項常年支銷均係遵照部章奏咨在案惟製船項下向由閩海關洋稅月撥六成銀三萬兩四成銀二萬兩茲查六成洋稅兩年共解銀一十萬兩四成洋稅兩年共解銀四十六萬兩又江海關道奉部准撥銀一十萬兩又洋藥釐金項下勻撥銀一十二萬兩又甘肅省先解造船經費銀五萬兩又前大臣增祺奏留各省協撥造船經費銀一十五萬兩又光緒二十二年分准銷各款扣平銀三千五百二十二兩零又二十二年底存銀一十二萬三千六百九十兩零又存用剩各料價值合銀七萬四千四百三十三兩零以上舊管新收共銀一百一十八萬一千六百四十五兩零內除造船購器修廠贍工等項支用銀七十七萬七千六百七兩零又墊支各輪船薪費銀一萬一千八百七十七兩零又墊支煤炭銀四千五百八十三兩零補除閩省善後局將欠作墊銀七萬二千二百七兩零又補除墊支台灣各款銀九千六百八兩零共支銀八十七萬五千八百八十四兩零除支外實存現銀九千三百六十一兩零又用剩各料價值合銀二十九萬六千四百兩零據承辦委員詳請
奏咨前來臣等覆核無異至二十三四兩年核扣減平銀兩因船政經費支絀異常應請歸於二十五年分列收作正

開銷合併陳明除分咨政務處外務部並造細册咨送戶兵工各部核銷外謹繕摺具陳伏乞
皇太后
皇上聖鑒謹
奏

光緒二十八年九月初二日拜發奉
旨該部議奏欽此

察看船政近日製造情形摺

奏爲察看船政近日製造情形恭摺仰祈
聖鑒事竊臣等查船政自建威建安穹甲艦工竣之後督臣許
應騤兼管船政任內飭製淺水巡洋輪船兩艘一曰安海
一曰定海安海於去年春間告成定海於本年夏間竣事
正在洋面驗試船機以便交與管駕接管茲准督臣會商
以安海宜於江面駛用藉以巡緝盜賊定海舨高可禦風
濤改爲海口港汊偵獲賊船之用每遇風逆潮退大船不
能前進者該船可游弋自如若果得力尚擬再造數艘俾
成艦隊此本省製船之情形也北軍南駐江陰之際海籌
海琛二快船巡洋抵閩擬就閩塢修理適値春旱潮小兼

以塢前淤積嗣經極力開挖俾得進塢業於七月間次第
修竣銜尾赴滬此北軍到塢修理之情形也臣翊清本年
三月奉
旨會辦船政附片奏明各省須向他國購船者不如向閩廠製
船等語奉
旨飭令咨商各督撫妥籌辦理適兩廣督臣陶模署督臣德壽
等咨商仿造淺水快船一號又咨商改木質琛航舊船爲
廉欽一帶轉運軍火之用蓋廉欽盜匪出沒所恃只閩廠
舊製伏波一船深恐粵防單薄故亟託修改琛航以資調
遣至粵省之海口江面緝私捕盜所用則以淺水船爲宜
洋監督杜業爾於此等船隻繪算其喫水處不及二尺頗

盡淺水之能事故本年廣東派員來閩考究現擬陸續解
款先訂一號此外省託製船隻之情形也海關向有巡視
各口標識浮樁之船閩關之福星船近漸剝蝕總稅務司
託船廠代製一船以爲替換此海關託製船隻之情形也
以上各船馬力機鍋雖不甚大然必聚中國數省之財力
以助閩廠工程之作興大抵船大每款鉅效遲船小則費
輕成易故託製者頗形踴躍船政大如穹甲船二號南北
洋各省以養船多費尚難承受不如多製小船取其適用
於百孔千瘡之時藉以調和洋員羈縻工匠撐此局面蓋
目下所急者在籌還洋款洋款還後廠事皆可從容
擘畫臣等祗事未久善後事宜容與督臣許應騤並飭洋

監督杜業爾熟籌詳商冀有以報答
聖慈於萬一其關款按月二萬兩臣崇善仍當隨時解濟以免
支絀所有臣等察看近日船政製造情形謹瀝摺上陳伏
乞
皇太后
皇上聖鑒謹
奏
光緒二十八年十月初三日拜發奉
旨該部知道欽此

學堂招攷學生就已聘洋員分派教導各學片

再船政製造駕駛兩學堂自左宗棠沈葆楨創設以來規模該備人才輩出爲中國南省開學風氣所最先近各省奉
旨設立大學堂武備學堂而船政三十年前所立之學堂若以費絀而不設法鼓舞殊未克以繼前功而責後効臣等於視事之初察看英法文學堂各生尚有七八十名所歷堂課均在五六年以上隨又招攷聰穎子弟七十名以實兩堂時爲黜陟冀成後起之秀將來於水師製船駕船二藝更番接替不至乏材業於七月初一日統令入學除算學教習已有法員邁達一人外其製造學堂就已聘洋員內

令礦師達韋德兼教化學並令洋書記伯樂兼教測量其駕駛學堂令管隝洋員那戴爾兼教駕駛天文之學庶諸生藝學之外於英法文字亦有進境臣等以船政經費支絀即整頓學堂聘請洋教習亦多就船廠取已有薪水之洋員兼爲教授此外則多派堂中已畢業之生徒幫同課導藉通語言時爲繙譯以期仰副
聖主作育人才之至意謹附片具陳伏乞
聖鑒謹
奏
光緒二十八年十月初三日拜發奉
旨覽欽此

閩廠添購化學料件並歷次外洋運料脚費奏咨立案片

再前准戶部咨奏定外省報銷新章內載各省設立機器局並閩省船政局如有添購機器經費若干事前奏明咨部立案事後方准核銷等因又准兵部咨購辦機件脚費須另款造報勿得以價脚籠統開列等因歷經遵辦在案茲據承辦委員稟稱光緒二十七年分添購化學料件共價値銀二千九十餘兩該料件爲廠中考驗物質所必需由正監督洋員杜業爾購辦到廠又自光緒二十六年起至二十七年止因造辦魚雷快艦歷次采辦機器料件各項經杜業爾由外洋承運到閩共脚費銀一萬二千三百八十餘兩應歸二十七年分造銷等語呈請立案前來臣

等覆核無異除咨部查照並飭彙案造銷外理合附片具陳伏乞
聖鑒謹
奏
光緒二十八年十月初三日拜發奉
旨該部知道欽此

船政奏議續編卷一目錄

崇　善三

閩廠建威建安兩快艦請歸南洋收用片

再福建船廠製成六千五百匹新式魚雷快艦兩號取名
建威建安經前兼管船政大臣先後恭摺
奏明在案當値工程將竣核計積欠洋員採辦料價等款不
下五十萬兩取償乏術議將兩艦撥歸南北洋或鄰省遣
用所短之款即由該省協助均因力有未逮屢議無成至
上年十二月間准署兩江督臣張之洞咨詢兩艦規制如
合程度擬購備江防之用派員來閩勘估繪具圖說去後
旋因卸任未准核覆奴才查建威建安兩艦係新式快輪
確合兵船規制利於戰攻必隸歸艦隊相輔爲用方期得
力閩洋未設艦隊且無養船經費艤成擱置鏽朽堪虞在
各省前以協款爲難未能收用現閩廠積欠洋員料價經
奴才訪聞已歸大賠款內理結於本年正月間電詢外務
部接准覆稱詢據法館魏繙譯函稱福州船廠所欠地中
海船廠之款因庚子之亂未能付給現已查悉此項欠款
已歸入大賠款內等因當經詢據洋員杜業爾稱兩艦礮
價未入賠款之內尚待確查除礮價一項共應八萬六千
餘佛郞暫懸不計外是閩廠積欠料價既已清償兩艦撥
歸他省遣用目下似可無須再求協助相應請
旨飭下南洋大臣即將建威建安兩艦收用剋日派員來閩驗
收酌量募配舵水人等駕駛回江編入艦隊相資爲用於
江海巡防不無裨益奴才係爲艦成久擱愼惜起見是否

有當理合附片具陳伏乞
聖鑒訓示施行謹
奏
光緒二十九年六月十二日拜發奉
旨著照所請該部知道欽此

船政奏議續編卷一目錄

魏瀚四

恭謝　天恩並報明任事日期摺

奏爲恭謝
天恩報明任事日期仰祈
聖鑒事竊臣伏讀閏五月初三日
上諭廣西候補道魏瀚賞給四品卿銜會辦船政事宜欽此臣
時在河南許州臨潁錸路工次准兼署湖廣督臣端方電
開接外務部來電奉
旨道員魏瀚已有旨飭令會辦船政事宜該員現在湖北當差
端方傳諭迅赴福建接辦欽此臣當將經手事件清理完竣
剋日馳到福建省城隨准兼署閩浙總督福州將軍臣崇
善委員將兼管總理船政木質關防賫送前來臣謹收存
工次會銜啓用當即恭設香案望
闕叩頭謝
恩訖伏念臣早蒙
甄育數厯荒遐廿載攻工未收橫海伏波之用一階監郡不沒
竹頭木屑之勞茲復
特錫清銜俾參將作當制用拮据之極宜審要以先營鑒借才
駕馭之艱貴收權於旁落迂愚自揣襄贊奚勝惟有以漸
程功積誠感物集衆思於象譯庶幾合舊圖新效薄技於
般倕敢謂駕輕就熟謹於本月二十四日到工任事仍隨
時會同兼管船政大臣籌商辦理冀殫駑鈍仰答
鴻慈所有微臣遵

旨回閩接辦任事日期理合繕摺報明恭謝
天恩伏乞
皇太后
皇上聖鑒謹
奏
光緒二十九年六月二十四日拜發奉
旨知道了欽此

擬請　旨飭沿江沿海各省量力籌款向船政定造各種

魚雷艇片

再臣於近年以來留心考察西國水師船式日新月異工料增美費用愈煩現在鋼鐵等船大者每艘用銀一千餘萬兩次者或五六百萬二三百萬不等且其艘數噸數馬力猶復歲有增添以中國現時財力若欲驟與角逐勢有不逮何待臣言然臣以爲海戰利用鋼船守口莫如雷艇西國以侵略見長故必廣營戰具中國以安全爲務但求先固疆防伏見近來各省稍有民教不和等案彼國借保護爲名動用兵輪多艘闌入腹地示威要挾忌憚毫無寔屬顯違公法推原其故雖皆有所藉口亦由守具未備所

致臣嘗遍詢中外水師將領均謂兵輪所畏首在魚雷凡艦隊遊弋之地若有數號雷艇遙躡其後即須徹夜覘防全軍警備蓋雷艇來去倏忽便於蹈瑕襲擊我攻彼守我逸彼勞故常爲敵所憚臣愚竊謂現在沿江沿海各省誠宜多造各種雷艇以爲扼守之具其便有四雷艇工料每艘用銀三四十萬兩下至五六萬兩不等價值遞減籌款靡難其便一製造雷艇易於陸續告成不若鋼甲鐵甲等船多需時日其便二各省港汊紛歧沙泥淤淺隨處可以收泊但須於敵船不到之地建設頓煤儲彈局所不必全力營造澳塢其便三雷艇速率既快吃水復淺在內港駛行靈捷無事之時可以上下梭巡藉消內匪其便四臣前

在湖北兩江差次嘗以此語商於前署兩江總督臣張之洞署湖廣總督臣端方均以爲是而統領北洋水師南澳鎮總兵臣薩鎮冰尤謂雷艇爲禦敵利器與其統領未成軍之快船不若統領已成軍之雷艇與敵相見較爲有隙可乘等語伏念船政爲中國造船創始之廠經營數十年規制粗備各省尤應合力振興以圖收效可否請

旨飭下沿江沿海各省各就力量所及按年籌款向船政定造各種魚雷艇勻期批解立限驗收一面慎擇統將訓練成軍庶各省皆有守禦之資而船廠亦得維持之力所有微

臣擬請

飭造魚雷艇緣由是否有當理合附片具陳伏乞

聖鑒訓示謹

奏

光緒二十九年六月二十四日拜發奉

旨政務處議奏欽此

船政奏議續編卷一目錄

崇善 魏瀚 五

修挖土各船添配鍋爐修造石塢工料立案片

再准部咨奏定外省報銷新章內載各省設立機器局並閩省船政局添購機器經費若干事前奏明立案事後方准核銷等因茲據閩省船政各廠承辦員紳稟稱光緒二十八年分修理船槽挖土裝土各船及添配鍋爐修造羅星塔石隖動支工料銀兩船槽臨江而處衆流至此折而東行淤垢所叢增高纔漲故前有挖土船之設該船自二十二年修後距茲六載損蝕堪虞於是有挖土船興修工料銀三千六百餘兩之款挖土機船銕鍬千轉需用鍋爐日夕煅炙剝蝕澆薄久不復堪於是有換配鍋爐工料銀四千九百餘兩之款挖土之後需有裝船往時船槽裝土

配用三船二十二三兩年之中迭次報修經時老朽負重難勝於是有興修二號裝土船工料銀九百餘兩之款羅星塔石船隖規模軒敞鐵閘門以禦洪流抽水機以洩滲漏砌以方石纍以層坡數千噸之巨艦無難內容經營數載稍稍可觀所有應行動用款項經前兼船政臣裕祿於光緒二十二年九月間附片

奏明在於製船經費項下開支造報計截至二十四年底止照辦在案嗣以洋員杜業爾到工製造魚雷快艦則石隖是爲必要之圖亟應隨時修造撙節程工計至二十八年底止併案造銷於是有修造羅星塔石船隖工料銀二萬一千九百餘兩之款呈請奏咨立案前來臣等復查無異

除照章咨部並彙案造銷外理合會同會辦船政四品卿
銜臣魏瀚附片具陳伏乞
聖鑒敕部立案施行謹
奏
光緒二十九年十月十七日拜發奉
旨該部知道欽此

船政奏議續編卷一目錄　崇　善六

船政開廠鼓鑄銅元片

再查制錢奇絀各省相同多以鼓鑄銅元相輔而行以維圜法閩省設局鑄送多年銅色既佳流行甚廣閭閻稱便奴才此處親赴船政閲視查内有魚雷一廠因經費支絀停造多年現既空閑擬卽設法籌借款項添購機器就此鼓鑄銅元無須購地建廠鍋爐馬力亦可由近廠帶用機器零件由輪機廠亦能自製將來仿造鼓鑄各項機器更可愈推愈廣綜計現時用款約止借銀十萬元較諸各省便益良多所有廠中一切均照閩省章程擇派精細廉幹之員切寔舉辦俟有盈餘先行歸還借購機器款項餘卽留充船廠經費查海關歲撥船政經費二十四萬兩尚不敷用得此盈餘可以無虞支絀將來鼓鑄擴充能以盈餘鉅款亦可將海關歲撥經費逐漸截止儲備要需各處如購銅元撥款到閩亦可廣爲代鑄似此不獨便商利民猶能振興廠務寔爲有益無弊之舉一俟開廠鼓鑄卽將銅元様式並詳細章程恭呈御覽相應仰懇天恩准飭部立案所有該廠用款並盈餘數目按年彙總造册報部查核除將開辦日期另文咨報外是否有當理合附片具陳伏乞聖鑒訓示謹奏

光緒三十年五月初二日拜發

密舉幹濟賢員破格擢用以維船政摺

奏爲密舉幹濟賢員籲懇

天恩破格擢用以維船政恭摺仰祈

聖鑒事竊目下時局艱難經費奇絀懲先毖後亟應痛戒虛糜力求實際續訂各洋員四年期內凡籌辦工程考稽勤惰必須因時得宜免蹈從前覆轍奴才智慮短淺深恐貽誤若仍前敷衍欺已竊名具有天良何以仰對

君父早夜焦思非有諳熟情形精思幹濟之員提調廠務不足相助爲理現任福建延平府沙縣知縣高凌漢辦理船政文案十年留心廠務巨細周知勤能素著爲歷任兼管船政臣所倚重奴才二十八年到任諮詢船政各事該員知無不言言無不盡實屬留心廠務去歲奴才即擬奏明請

旨派充船政提調藉收得人之效而該員以親老思捧毛檄菽水承歡堅辭而去現船政諸務待理急切需才奴才昕夕憂勞籌款考工實難一身兼任且省署離船廠數十里諸多隔閡耳目難周實不可無幹濟之員以資臂助欲求熟諳情形勤能潔已爲奴才深知確見則無以逾於高凌漢該員在工多年久爲中外員匠所推許惟職分較卑委派提調與洋員會商廠務表率員紳勉勤懲惰恐不足以昭鎮飭而息浮囂再四思維幹濟之才實難其選合無仰懇

天恩破格擢用

俯准將福建延平府沙縣知縣高凌漢開缺以道員存記發往

船政充當提調俾奴才藉資助理將船政善後事宜認眞整頓設法維持廠工幸甚奴才爲急切需才起見是否有當謹繕摺密陳伏乞

皇太后

皇上聖鑒訓示施行謹

奏

光緒三十年五月初二日拜發奉

旨高凌漢着開缺以知府候補餘依議欽此

閩廠修製小機船並添機蓋房辦料脚費遵章奏咨立案

片

再前奉戶部奏定報銷章程各省機器局並閩省船政局如有添購機器經費若干事前奏明咨部立案事後方准覈銷等因茲據船政提調福建候補知府高凌漢詳據各廠委員紳稟稱前督臣許應騤兼理船政任內於光緒二十八年飭由前監督法員杜業爾就廠中工料湊製小機船一號名曰濟川馬力四十匹船身長四十尺寬八尺六寸深六尺三寸吃水深三尺七寸共用工料銀五千一百四十餘兩又洋監督杜業爾辦公差遣製造小機船一號名曰祥雲馬力十六匹船身長二十八尺六寸寬七尺五

寸深五尺吃水深三尺三寸共用工料銀二千七百三十餘兩又修理船槽裝土船一號工料銀四百八十餘兩又船廠添設鋸木汽機拓改廠屋工料銀七千八百八十餘兩又第一號船台改用石料並造船屋工料銀一萬二千九百二十餘兩又船槽添配鋲梁柱工料銀六百三十餘兩又拉鋲廠添製拉鋲槽碾輪三副工料銀一千四百九十餘兩添製鋲圓水箱三箇工料銀一千一百零兩又船政署後山脚起蓋洋式養病院一座計四棡工料銀九百四十餘兩又船隖內起蓋洋式水龍房兩棡工料銀五百六十餘兩又修理洋樓三座工料銀五千八十餘兩又採辦外洋機器料件脚費共銀三萬一千六百餘兩以上各款應歸二十九年分銷案造報呈請奏咨立案前來奴才覆查無異除咨部查照並飭彙案造銷外理合附片陳明伏乞

聖鑒謹

奏

光緒三十年十月二十六日拜發奉

旨該部知道欽此

閩廠接造輪船支用各款造册核實報銷摺

奏爲閩廠接造輪船支用各款造册核實報銷恭摺仰祈
聖鑒事竊查船政製船經費支用各款業經造册報銷至二十四年十二月底止在案茲自光緒二十五年正月起至二十八年十二月止接造未成六千五百匹馬力建威魚雷快艦一艘開造未成六千五百匹馬力建安魚雷快艦一艘開造未成五百五十匹馬力建翼魚雷艇一艘各廠添購電汽機電光燈四輪車鋑脅廠添造輪機鍋爐甑爐風爐風箱水箱電光房電光坪木棚鋑架換配總輪軸水缸廠添造鍋爐鋑汽通驗漲力洋式房拉鋑廠添造鍋爐抽水機鑄鋑廠添造甑爐輪機廠模廠添購各汽機勻撥第

四屆學生出洋經費釆辦料件脚費接續修造羅星塔石船塢修理船槽挖土裝土各船換配挖土船鍋爐歲修廠屋爐溝機器添置書籍傢伙器具化學料件洋員薪費貼薪酬賞盤費員弁書役生徒工匠各項常年支銷均係遵照部章奏咨立案惟製船經費向由閩海關洋稅月撥六成銀三萬兩四成銀二萬兩茲六成洋稅未經撥解四成洋稅四年共解銀七十七萬兩又洋藥釐金項下勻撥銀三十萬兩又粵省協濟銀九萬九百九兩零又洋員杜業爾代法國東京西貢製造小輪船五號廠租等費銀六千三百九兩零又光緒二十三年正月起至二十七年十二月止各款扣平銀三萬五千五十五兩零又上屆報銷案內存銀九千三百六十一兩零又存用剩各料價値銀二十九萬六千四百兩零以上舊管新收共銀一百五十萬八千三十五兩零內除造船購器修廠贍工等項支用銀一百九十四萬三千一百七十四兩零又墊支各輪船薪費銀二萬四千六百四十六兩零又墊支煤炭銀一萬四千一百六十兩零又墊支製造輪船平色銀二千九百一十六兩零共支銀一百九十八萬四千八百九十八兩零收支對除實不敷銀四十七萬六千八百六十二兩零據船政提調福建候補知府高凌漢督同承辦委員將四年中用款造具清册詳請
奏咨前來奴才覆核無異至歷年報銷各款內覈扣減平銀

數因船政經費支絀異常照案歸入遞年列收作正開銷合併陳明除分咨政務處外務部並將細册咨送戶兵工各部核銷外理合恭摺具陳伏乞
皇太后
皇上聖鑒謹
奏

光緒三十一年八月十九日拜發奉
旨該部議奏欽此

江船廢約貼息船政認受接造估需價值立案片

再前船政洋監督杜業爾於光緒二十八年八月間攬造漢口華法立興公司商船三號旋又退造一號實製兩號而工料期限核估未定擅行動工收過該公司工料銀一十九萬五千元兌洋購料遇事擅專經議明撤退回國並由外務部派令浙江甯紹台道高英會同法使所派上海總領事巨籟達來閩勘辦杜業爾經手事件反覆辯論將杜業爾攬造兩船合約作廢其已收過公司工料銀一十九萬五千元酌貼利息四萬元合共二十三萬五千元兌還公司了結查該船第一號船身外殼兩旁鋼板均已鑲配第二號僅安上龍骨船政既經認受自應接續興工飭

據總監工洋員柏奥鏜核實估計該船身長二百八十三尺闊四十三尺三寸深一十八尺六寸吃水深一十尺八寸輪機馬力二千四每船工料價值銀三十八萬兩之譜兩船共七十六萬兩惟原配輪機鍋爐尙須稍改合度等語前來竊思船政經費支絀斷難兩船並造經飭先行接造第一號應俟工竣察看情形再將已安龍骨之第二號或仍造商船或改造兵船另行籌酌辦理以收實用除咨部立案外理合附片具陳伏乞

聖鑒謹

奏

光緒三十一年八月十九日拜發奉

旨該部知道欽此

遣撤杜業爾續訂柏奧鏜議立合同片

再船政原募法員杜業爾派充正監督遇事擅專於光緒二十九年八月間遣撤回國當經電請外務部奏明閩廠無力再延洋監督即就在廠法員中遴選洋員柏奧鏜派充總監工率同洋員匠留廠辦理與駐閩法國領事高樂待議訂合同各洋員以四年爲限洋匠以三年爲限每年薪費不得逾二十七萬佛郎仍按先後到工留辦名額勻月支領以示限制除將續訂合同及各洋員到工日期月支薪費數目抄錄分咨外務部戶部查照外理合附片具陳伏乞

聖鑒謹

奏

光緒三十一年八月十九日拜發奉

旨該部知道欽此

廠製一號江船下水日期並現辦廠務擬籌接造各情形

摺

奏爲廠製第一號江船下水日期並現辦廠務擬籌接造各情形恭摺仰祈

聖鑒事竊廠造第一號江船係前洋員杜業爾代華法立興公司所造成本較昂估價太賤經奴才於二十九年查明將合約作廢該船收回自辦於三十年五月接續興工所有馬力噸數業經

奏明在案隨據總監工洋員柏奧鏜稟稱船身外舨兩脅艙位格堵樓房均已鑲配完妥請示下水日期當諏吉本年十月初三日奴才率同提調等親臨看視是日午刻潮平

將船推送循軌直趨異常穩捷同觀之中外人士咸拍掌稱快下水後工程則全在輪機鍋爐安配如法將來試洋方無疵病據總監工柏奧鏜稱前洋員杜業爾原擬輪機鍋爐圖式尚須稍改始能合度等語除飭加意講求勿得草率並飭提調督同廠員等認眞監視一面催趲勿任宕延外奴才伏查船廠規模宏大徒以費絀未克振興製造愈稀則耗費愈鉅一輪之轉動須運以全廠之煤力其餘油雜各料以及員匠薪工製一船其費如是卽併製數船其費亦相等所以泰西製造工程並務兼營於多中取盈未有全廠僅製一船而能省費速工以獲餘利者船政經費每月祇閩海關協撥二萬兩以之發給中外員匠薪工

生徒贍伙而各廠油雜及煤炭等項已屬不敷其大宗料件實屬無款可辦本年閩關借貸洋款建設銅幣局並清償船政料價原擬以銅元餘利協濟船工擴充製造今銅元既奉部議飭停則閩關重負債累騰挪乏術即每月應撥之二萬兩亦恐勢難按期撥付工料稍不應手曠日持久廠費坐耗於無形又其甚者欠薪賒料攬造外工釀成尾大之勢奴才再四思維廠工正值青黃不接洋員匠年限未滿江船下水亟須另籌接造方免曠廢查二號江船雖安龍骨而材料未備且與第一號同圖其式均係商船製而無用現南北洋重整海軍正資艦隊仍以改製兵船爲當務之急惟定議開工必需實款而船政財力窘絀無

米爲炊久在

聖明洞鑒奴才三年兼管百計籌維始湊成建威建安兩艦撥交南洋核結杜業爾轇轕款目劃清積累挪移力竭羅掘已窮設因而暫停工作又不惟成規廢弛可惜且恐無以杜外人覬覦之心計惟有仰懇

天恩俯念船工關要

飭下南北洋大臣會議現時海軍需用何式兵艦早日商由船政定製即著該省酌協餉項以資挹注近聞南洋擬向德國訂製輪船如未定約儘可劃撥一二改由閩廠自製庶工程有繼無虞斷輟在中國僅此船廠疆臣具有公忠亦應同爲珍惜且昔年廠造平遠鋼甲中東之役方之洋製未遑多讓應請

明降諭旨嗣後各省購船應先商由船政核計圖式價值閩廠力能代製者毋庸遠向外洋訂購既免外溢亦可藉以自强是否有當理合將第一號江船下水日期並現辦廠務擬請

飭下南北洋議籌接造兵艦各緣由恭摺具陳伏乞

皇太后

皇上聖鑒訓示施行謹

奏

光緒三十一年十二月十七日拜發奉

旨練兵處議奏欽此

船政在事人員積年出力請照異常勞績保獎片

再閩廠歷次新式兵船告成在事人員例准奏獎查十三年鏡清快船十八年平遠鋼甲先後告竣均經請照異常勞績擇尤獎敘在案計自平遠船請獎並同時舉行五年例保後迄今已逾十年中間造成通濟福靖福安海定海吉雲建翼各船修改北洋海籌等兵船六艘代製法國西貢等輪船五艘暨閩厦兩口礮台雷營各工程在事員紳等積年宣力爭自奮勉固已深堪嘉尚迨二十七八年間復製成建威建安新式魚雷兵艦兩艘工程尤為浩大查該艦係前大臣裕祿與洋員杜業爾定議開製歷時四載有奇需費至一百二十餘萬兩之多工作異常艱鉅固

不待言且兩艦專尚新式其奧妙繁巧與從前之鐵脅快船迥異馬力計六千五百匹以較舊製最巨之鋼甲其馬力二千餘匹者殆逾三倍溯船局自節費收束之後或一人而兼數事或數廠而併一廠工力乏絀遠遜於前當開造之初外議紛然恇恐廠力不繼迺員紳等刻意求新不辭勞瘁前後五年奔走於嚴寒盛暑中者卒以克蕆大役況製艦喫緊之際正值拳匪肇釁其時中外戒嚴馬江為五方雜處羣情浮動凡在事之華洋工匠風鶴驚心人懷去志工廠岌岌有朝不謀夕之虞而各員紳等除督率匠役照常工作製造礮械趕修兵運各船力贊防務外兼能撫馭華洋多方調護俾各安堵無事以竟船功尤非尋常

出力所可比奴才去年夏間奏報建威建安撥交南洋時本擬將在事員紳奏請獎敘惟念任事甫及經年工次情形尚須察看杜業爾料價轇轕兩艦用款未經咨部報銷不能不懸以有待茲第一號江船如期下水建威建安項下積欠洋款亦於本年設法劃清奴才忝綜其成端資羣策羣力用能日起有功所有各員紳等十數年中勤事趨公始終罔懈不無勞勩足錄且五年例保亦逾兩屆合無

仰懇

天恩俯念船政為海防根本際茲經費奇絀非藉

朝廷名器不足以鼓舞人心可否准將建威建安兩艦告成並第一號江船下水在事出力各員紳查照異常勞績併案

擇尤保獎之處出自

鴻慈逾格理合附片具陳伏乞

聖鑒訓示謹

奏

光緒三十一年十二月十七日拜發奉

旨著准其酌保數員毋許冒濫欽此

建威建安魚雷兵艦告成並一號江船下水所有積年出
力遵　旨擇尤保獎摺
奏為建威建安魚雷兵艦告成並第一號江船下水所有在
事積年出力人員遵
旨擇尤保獎謹分繕清單恭摺仰祈
聖鑒事竊奴才於光緒三十一年十二月十七日
奏報江船下水附片請將建威建安兩艦案內出力員紳人
等查照異常勞績獎敘奉
旨准其擇尤酌保數員欽此奴才查船政近年工程精巧不亞
於外洋而營作艱難實倍於曩昔自費絀收束之後極彌
縫補救之功調度者殫誠盡瘁於無可籌畫之中苦為籌
畫製造者振墜圖新於無可展拓之餘力求展拓餼廩雖
微而操作者踴躍從公且有先事後食之義員額雖減而
監工者奔走竭蹶不憚一人數事之勞在工各員紳人等
竭力奮身始終罔懈而尤以局勢艱危靡不爭激天良以
期成效其急公勤事之忱誠非尋常出力所可比渥蒙
天恩鑒及微勞
准予獎敘自應擇其尤為出力者按照異常勞績請獎船政會
辦提調三品銜直隸候補知府馬慶麒擬請免補本班以
道員留於福建歸候補班補用四品銜江蘇候補同知楊
廉臣福建候補直隸州知州文定祥等二員均擬請免補
本班以知府仍留原省歸候補班補用分省補用同知章

運熺擬請免補本班以知府留於福建歸候補班前先補
用指分江西補用縣丞馬慶周擬請免補本班以知縣仍
留原省補用通判職銜附貢生林萱籌擬請以通判不論
雙單月歸部儘先選用福建試用縣丞銘綸章光貴羅士
松賴永福等四員均擬請免補本班以知縣仍留原省歸
候補班前先補用以上各員均常川駐工或調度工程或
稽查廠務或經理文牘或專管收支均能破除情面力任
勞怨實為船廠不可多得之員擬懇
恩施照准給獎以勵勤事其餘出力各員雖屬資格有別而歷
歲成船多號廠屋十餘所工程浩大不資羣力未易成功
各該員等與同勞瘁未忍獨令向隅且扣計其積久出力
已兩逾五年例保之期茲並從嚴考覈另開清單附案請
獎合無仰懇
天恩俯念事係積年併案
准予一體獎敘以昭激勸而溥
鴻慈所有奴才遵
旨請獎緣由恭摺具陳伏乞
皇太后
皇上聖鑒訓示謹
奏
光緒三十二年閏四月初七日拜發奉
旨該部議奏單並發欽此

添配廠用輪機修理洋房外洋採辦料件脚費遵章奏咨

立案片

再前奉戶部奏定報銷章程各省機器局並閩省船政局如有添購機器經費若干事前奏明咨部立案事後方准核銷等因茲據廠員稟稱光緒二十九年銕脅廠添配一百三十匹馬力輪機一副經前監督法員杜業爾經手製辦於三十年鑲配完竣共用工料銀一萬五千餘兩又洋員匠住房自光緒二十三年修理之後已閱數年中多破漏經陸續修理洋房三座計四十五檔共用工料銀四千四十餘兩又採辦外洋機器料件脚費共銀二萬四千餘兩以上各款應歸三十一年分銷案造報呈請奏咨立案

前來 奴才 覆查無異除分別咨部查照並飭彙案造銷外理合附片陳明伏乞

聖鑒謹

奏

光緒三十二年九月二十五日拜發奉

旨該部知道欽此

閩廠光緒二十五至二十八等年製船物價並無合同單

據可檢請飭部核銷片

再前准工部咨附奏光緒二十五年至二十八年閩廠接造輪船歲修機器不符各款飭查詳復光緒三十一年十月十七日奉

旨依議欽此抄錄原奏咨行欽遵查照等因遵查二十五至二十八等年凡購用外洋楢木銅鉛鋼錫各項既由洋監督杜業爾經手採辦外洋磅價自二十四年以後較前增漲所有洋貨運銷中國成本既增售價自倍該洋員承辦各料比較二十三四等年准銷成案價值雖有增多然核與近年上海香港銷售洋貨市價則又有減無增尚非浮冒

此外如內地所產之楠木杉木白炭棉紗各項又因頻年捐輸重疊百物昂貴處處皆然購料悉憑時價斷難繩以舊章閩廠實用實銷無所用其揑飾若令查照成案辦理則承辦人員曲折彌縫亦又何難但恐教猱升木此端一開轉失核實之道是以前次部臣指查楢木等款料價比較准銷成案不符各節即經 奴才 將磅價物價昂貴時景不同各情形咨復在案茲復接准部咨行令此案必須遵照部議三十二年二月十八日奏定新章將採辦物料原訂合同清單一併檢送等因復查邇年閩廠款項支絀採辦外洋物件係由洋員陸續辦運前後價值漲落不同即採辦內地各物亦係隨用隨辦價目萬難畫一用款瑣碎

名目紛繁均係零星價單並無大宗訂立合同之件閩廠
造銷案內杜業爾經手採辦料件既無合同單據可檢且
在未奉新章以前事有區別合無仰懇
天恩飭部查照閩廠銷册准予核銷以清積牘此後製船用款
如遇洋匠大宗包工及購買外洋船械自當飭取合同單
據遵章隨册送部以資考核其餘零星購用物料名目分
歧價單發票參差不齊不勝查檢仍請免予隨案檢送以
省繁瑣除咨部查照外謹附片具陳伏乞
聖鑒飭部核覆施行謹
奏
光緒三十二年十一月十五日拜發奉
旨該部知道欽此

船政請歸南北洋會籌管理縷陳利弊摺

奏爲船政請歸南北洋會籌管理縷陳利弊仰祈
聖鑒事竊奴才前於第一號江船下水曾將現辦廠務並擬籌
接造情形奏奉
硃批練兵處議奏欽此仰見
朝廷慎重海權維持大局欽佩莫名嗣准練兵處咨稱業經議
復請
旨飭由南北洋迅速會籌辦法等因復准南北洋大臣會委員
弁來閩詳細考察去後伏查船政之設垂四十年全廠規
模粗以成立自前兼管船政臣延聘洋員財屈獘叢氣象
日以不振奴才以該廠爲中國製造肇端之地接管以來
無時不飭各員匠認眞整理以求進步並嚴定賞罰以爲
之程數年中製成及修竣船隻雖亦不少但廠務興衰別
有原理所在僅恃督責之力雖救一偏難裨全局船政受
病之深揆厥由來要非一時一事之所致今請縷晰陳之
創造之初集款頗厚故能因應咸宜毫無掣肘後此關款
改提或解難足數於是停工待料購料待價一方困難百
端牽動逾期給價又須貼息且現銀交易與訂期付值價
目之昂賤懸殊其獘一一輪之動須運以全廠之機力併
造數船其廠費如此造一船費亦如之且造船料件竹頭
木屑都無棄材若祇造一船則宜於甲者或不宜於乙今
款不應手勢難併造數船無形中實滋虧折其獘二匠薪

廠耗或合同之所載或養廠之必需工則作輟相乘費則一無可節其弊三消耗既多間有攬造船隻自不能不權其工費雖極克己較之商廠仍判低昂故修配官船之外商船之修造日稀其弊四閩廠久處困窮人皆視爲殘局即籌商協濟舌敝脣焦鮮有應者閩關稅款連年短絀凡經部指撥之項均有考成自難專顧船政自後廠需尤有日窘之勢其弊五船政前學堂爲製造專門之學卒業後資遣出洋學成回華即以備本廠製造工程之用連年經費不敷無從遣送而前屆回華學生散諸四方就食他省祿養既窮羈縻無術間有才智之士留廠効用亦以工程作輟之故莫罄所長其弊六綜上六弊實出一源奴才之

愚誠知閩關一隅之力固萬萬不足以存船政熟思而審處之決非改歸南北洋會籌管理不可今請再言其利中國海綫延長欲立大枝海軍不能不劃定海軍區域長門口外媽祖一澳天然盤渦峯巒環繞門戶完固可爲軍港屯船之區而船隖尤海軍之母舊有之羅星塔石船隖稍加展拓製造於此修配於此聲勢最爲聯絡故有海軍區而無製廠者未有製廠而不以爲海軍區者也現在南北洋軍艦奏派大員統帶本有聯絡之勢上海船隖亦即改劃今以船政隸南北洋事不繁而功易舉一利也以閩關之餘力供船政則常苦不足以南北洋之合力供船政則又有餘且船政改歸南北洋閩關例協船政之款理當照

舊籌解轉移之間無虞匱乏二利也費充則人集人集則事舉朝甫提議夕已興造朝言招工夕且應募外洋料價不足爲要脅之資員紳匠薪不能爲坐耗之費三利也船政募一洋員不過等諸技師而已外人則視爲勢力範圍之點往往一人去留即爲全國視綫之所及嚴重談判制我偏方若改歸南北洋力足以相頡頏觀聽所傾諸易就範弭患無形之道四利也奴才百計籌維以爲補苴之術誠無益於頹廢之餘而離之雙美兼之兩傷萬不能不爲改隸之策不然五年之中奴才既已勉爲其難何必故爲曉瀆徒以大局所關不敢自安緘默除函商南北洋大臣外所有續陳船政利弊擬請改歸南北洋管理緣由謹恭

摺具陳伏乞

皇太后

皇上聖鑒訓示謹

奏

光緒三十二年十一月初三日拜發奉

旨著陸軍部會同度支部南北洋大臣妥議具奏欽此

船政提調高守應准銷差扶柩回籍終制楊廉臣派充提調片

再船政提調前福州府知府高淩漢於上年二月在任丁嫡母憂開缺當據請咨扶柩回籍守制經 奴才 以該員在工年久情形熟悉船工正關緊要未便遽准銷差附片
奏留在案茲復據該員聲請銷差扶柩回籍終制前來查現在江船將次試洋並無接造工程洋員適將滿限該員亦無經手未完事件自應准其銷差扶柩回籍終制又船政前派會辦提調直隸候補知府馬慶麒因銅幣局案撤差叅革所有船政提調一差應行遴員接辦查有船政總稽查江蘇補用知府楊廉臣由船政學堂出洋畢業學生出身回華後歷充船政工程處總監工諳熟製造精幹耐勞堪以派充提調以資整飭除札委並分咨外理合附片具陳伏乞
聖鑒謹
奏
光緒三十三年四月初十日拜發奉
旨該部知道欽此

船政奏議續編卷一目錄

松壽七

資遣閩廠洋員暫留教習邁達竺蒲匏二員教導學生摺

奏爲蒙
恩撥款資遣閩廠洋員謹將船政近情恭摺仰祈
聖鑒事竊奴才因福建船廠業經陸軍部奏停前募洋員匠柏奥鏜等八員照約扣至本年九月限滿應行遣散所需貼薪路費犒賞及柏奥鏜經辦外洋料價共約銀五萬餘兩計期已迫自應先事預籌以便屆時給付查船廠平時遣回一二員需費無多均就常年經費內支給此次大幫期滿需費較巨擬援照前屆洋員日意格等回國由部撥款成案請
旨飭下度支部撥銀五萬兩俾得如期遣散以免洋員守候等

情於本年七月十二日電請外務部軍機處
奏明在案十三日承准軍機處元電奉
旨松壽電奏遣散前募洋員匠需款五萬兩請援案由度支部撥給等語着照所請該部知道欽此復准度支部篠電閩督
奏遣散洋員匠需款由部撥給奉
旨允准已電江海關於該關洋稅內撥濟希於解滬賠款內截留五萬兩備用等因前來遵即就閩關解滬賠款內照數截留歸船政衙門應用查閩廠續訂合同之總監工柏奥鏜副監工達韋德醫生威測海書記德爾美監工薩巴鐵廠首薛法黎泰員匠首韋海等八員名自光緒二十九年八月扣至本年九月均屆限滿其應給貼薪路費犒賞及柏奥鏜經手採辦外洋料價均查照原議核給以憑散遣旋據船政提調楊廉臣稟稱該廠前學堂教習邁達一員亦屆期滿惟學堂兩班學生尚未畢業邁達係學堂教習與工程不同可否不立合同不定年限暫行留堂以資教授此外尚有繪事教習副監工竺蒲匏一員到工稍遲扣至三十四年五月滿期擬令專課繪生藝徒測繪圖理等事且江船機器圖式經其手出江船出售時當面試驗竺蒲匏自應擔任責成懇請察酌等情前來伏思福建船廠自左宗棠沈葆楨建議以來爲中國特出之舉其形勝利便廠隖天然宜東西列强豔羨而盛稱不置也奴才奉
命兼理船政親臨該廠見其規制閎壯相度咸宜每服諸臣之

計畫深遠未可幾及今方議振興海軍而閩廠前學堂教以造船製機後學堂練習管輪駕駛自創設以迄於兹尚多通曉時務英傑可用之才嗣因經費支絀不能逐漸推廣其學成者又皆分別任用刻下學生不足百名月需經費極意撙節僅千數百兩與其惜此小費棄之於一旦不如留以有待觀效於將來擬將邁達竺蒲匏二洋員暫留學堂藉廣教益其教習學生所需各費仍由船政經費項下酌核開支俟船政定議後再行通籌辦理除奉部撥銀五萬兩飭令該提調就各洋員妥爲資遣核實開報外所有暫留洋員教習邁達竺蒲匏二員及照舊辦理學堂各緣由理合恭摺具陳是否有當伏乞

皇太后
皇上聖鑒訓示謹
奏
光緒三十三年八月初三日拜發奉
旨着照所請該部知道欽此

賞給限滿回國各洋員寶星片
再查外洋員匠在工供差著有勞績者限滿回國之日例
應奏請
賞給寶星以示獎勵歷辦在案茲查總監工柏奥鏜自光緒二
十八年應募來閩充當製造監工嗣洋監督杜業爾因事
撤退即將該監工續聘留廠接管工程升充總監工差使
該洋員自接辦以來謹慎趨公於一切工程尚無貽悞且
在廠前後六年不無微勞足錄自應援照歴屆洋員限滿
成案彙核請奬總監工柏奥鏜擬請
賞給三等第一寶星前學堂總教習三品銜三等寶星邁達擬
請

賞換二等第三寶星醫生威測海擬請
賞給三等第三寶星副監工達韋德竺蒲匏書記德爾美擬請
賞給四品寶星監工薩巴鐵廠首薛法黎泰貝韋海擬請
賞給五品寶星合無仰懇
天恩准予照奬以示鼓勵而柔遠人所有循案彙奬各緣由理
合附片陳明伏乞
聖鑒訓示謹
奏
光緒三十三年八月初三日拜發奉
旨着照所請外務部知道欽此

洋員限滿資遣回國情形摺

奏爲閩廠洋員限滿謹將資遣情形恭摺仰祈

聖鑒事竊查船廠於光緒二十九年八月續訂合同僱用洋總監工柏奧鏜副監工達韋德醫生威測海書記德爾美監工薩巴鐵廠首薛法黎泰貝匠首韋海等八員名扣至本年九月均屆期滿其應給貼薪路費犒賞以及柏奧鏜經手採辦外洋料價共約需銀五萬餘兩經 奴才 奏蒙

兪允飭下度支部撥款五萬兩由部轉飭江海關於該關洋稅內劃撥遵就閩關解滬賠款內如數截留歸船政衙門應用復經奏明在案嗣據該總監工柏奧鏜屆期稟請銷差前來當經督飭船政提調知府楊廉臣將各該員應給前

項貼薪路費犒賞暨柏奧鏜經手採辦外洋料價等項查照原議分別核給隨據柏奧鏜具稟聲明船政各款均已清還並無經手未了賬目及未完事件等情當即批准銷差各該洋員遵已陸續離工一面照會福州法領事知照此次奉部撥款資遣洋員動用細數除俟照章造册咨部核銷外所有資遣洋員離工緣由理合恭摺具陳伏乞

皇太后

皇上聖鑒謹

奏

光緒三十三年十月初三日拜發奉

旨該部知道欽此

修造石船隝銕水坪並添蓋機器房工料立案片

再前奉戶部奏定報銷章程各省機器局並閩省船政局如有添購機器經費若干事前奏明咨部立案事後方准覈銷等因茲據廠員稟稱羅星塔石船隝依山臨江地勢軒敞係供鋼鐵戰艦修理之用該隝遞年均有修理此次自二十九年起至三十二年底止照案彙核陸續修理添配共動用工料銀二萬零數百兩又鐵水坪爲起卸料件要區歷年既久木架板柱中多朽壞難以任重前經洋監工柏奧鏜並請修理並將二十三年間購辦石船隝備用之新式起重機連吊架一副換配是處並添蓋機器房一椆較之原配起重機尤爲任重靈捷共動用工料銀八千

六百餘兩以上各款應歸三十二年分銷案造報呈請奏咨立案等情前來 奴才 覆查無異除分別咨部查照並飭彙案造銷外理合附片陳明伏乞

聖鑒謹

奏

光緒三十三年十一月初三日拜發奉

旨該部知道欽此

船政未便全行停辦續准部咨令就原廠原款設法整頓

片

再查船政接管卷內前准陸軍部咨令船工暫行停辦聽候部議再爲定奪等因先經前任福州將軍崇善電達軍機處以洋員限期未屆江船尚未竣工試洋工程礙難中輟請

旨飭交奴才一併接管情形代

奏在案奴才接管後當即赴工考查江船一項雖大工報竣在即而應辦未了工程尚當接續趲趕此時洋員未散一切開支悉仍其舊按月應需經費不得不由關稅照常撥解以資開發迨江船試洋洋員滿限經奴才請

旨飭部撥款於上年九月間陸續遣散而前總監工柏奧鏜尚有經手未完事件糾葛帳目直至九月底方磋磨妥協斯時江船尚有零星配件以及本省大小各號官輪待修並各砲台砲械等項工程未竟柏奧鏜經手石船隖閘門關掩不密種種工程均須隨時自行料理一時似未便全行停辦然體部議自不能不設法收束力求節省以符暫停之意伏查本省官船砲台隨時請修之件最爲繁夥廠工一停此項工作動須借助洋廠殊多未便且全廠機器林立久廢極易鏽壞不能不酌留員匠監視擦洗工次地段遼闊廠屋散處各廠均有儲積料件不能不分段派人看管以專責成綜計應留人數及堂院生徒按月開支亦不甚輕蓋雖在暫停大工收束之時仍當寓臨時興辦不至無所措手之意當經奴才督飭提調知府楊廉臣將在工匠丁人數酌留照料一切並專辦修理各項工程其餘匠工人等業已大加裁汰現自十月起按月核計約省經費銀七千餘兩仍當隨時酌量廠情撙節經費以期工歸實用款不虛縻所有部議暫停奴才接管後察看廠情酌留員匠節省支銷以維局勢各緣由理合附片具陳伏乞

聖鑒再續准部咨行令就原廠原款設法整頓容奴才另行咨

商部臣隨時奏明辦理合併聲明謹

奏

光緒三十四年正月二十五日拜發奉

旨該部知道欽此

大員沈翊清覩工年久功績最多工次員紳簽請附祀專
祠並懇　天恩宣付國史館立傳摺
奏爲大員覩工年久功績最多工次員紳簽請附祀專祠並
懇
天恩宣付國史館立傳據情轉奏仰祈
聖鑒事竊據船政提調知府楊廉臣暨在工各員紳林萱籌等
呈稱馬江船廠爲中國自强之要圖當日苦心經營力開
風氣係原任兩江總督沈葆楨首創厥謀伊孫陸軍部記
名丞參沈翊清能繼其事隨方整頓漸拓成規計沈翊清
在工供差歷時二十餘年任勞任怨廠事賴以維持當光
緒二十年間辦理船隖厥功最著其建築之精良形勢之
利便迄今西人考察其地者推爲世界第二軍港在工監
造兵商各艦不下數十艘各省籌防藉以固圉他如興學
育材籌措宏遠成效昭然在人耳目甲午庚子北方有事
該員於覩工之餘猶能督隊設防鎮撫大局以鞏固省垣
門戶一時人心賴之安堵凡此立功桑梓濟美箕裘固不
獨在工人員同情愛戴卽閩省紳民亦未嘗不交口稱頌
也伏展水源木本之思敢援崇德報功之義擬請援照記
名簡放總兵李桂馨以積勞病故附祀其叔祖汀州鎮總
兵李南華專祠記名副都統慶恆積勞病故附祀其父副
都統金福專祠成案准將記名陸軍部丞參前四品卿銜
會辦船政大臣沈翊清附祀其祖原任兩江總督沈葆楨

馬江船政專祠暨本籍省城專祠並將生平事蹟宣付國
史館立傳等情呈請具奏前來奴才復查沈翊清於上年
入部供差本年派查八省旗陸軍學堂積勞病故經欽奉
諭旨追贈優卹在案惟念該員在船政効力最久功績最多茲該
員紳等篤念遺愛出於至誠而大員積勞病故附祀祖父
專祠並有成案可援合無仰懇
天恩准予該故員沈翊清附祀其祖沈葆楨船廠專祠暨本籍
省城專祠並將生平事蹟宣付國史館立傳以順輿情而
彰勞勩之處出自
逾格隆恩除將該故員事實清册咨部查核外謹恭摺具陳伏
乞
皇上聖鑒訓示謹
奏
光緒三十四年十二月初四日拜發奉
旨沈翊清着准其附祀該部知道欽此

洋員柏奥鏜陸續運到採辦外洋汽鼓等項價脚銀兩片
再前奉戶部奏定報銷章程各省機器局並閩省船政局
如有添購機器經費若干事前奏明咨部立案事後方准
核銷並奉陸軍部咨凡向外洋採辦機件應給脚費必須
另款造報各等因茲據廠員稟稱前洋總監工柏奥鏜經
手陸續運到採辦外洋汽鼓並零星料件等項脚費共銀
八千四百餘兩應歸三十三年分銷案造報呈請奏咨立
案前來奴才復查無異除分別咨部查照並飭彙案造銷
外理合附片陳明伏乞
聖鑒謹
奏
光緒三十四年十二月初四日拜發奉
旨該部知道欽此

閩廠接造輪船支用各款造册覈實報銷摺
奏爲閩廠接造輪船支用各款造册覈實報銷恭摺仰祈
聖鑒事竊照奴才檢查船政接管卷內製船經費支用各款經
前兼辦大臣崇善造册報銷至光緒二十八年十二月底
止在案茲自光緒二十九年正月起至三十三年十二月
底止所有接造湊成六千五百匹馬力建成建安魚雷快
艦各一艘開造已成未完二千匹馬力江船一號造成濟
川祥雲小機船各一號船台前向改用石料船廠添設木
鋸機拉鐵廠換配銕水箱添製拉鉄槽輾輪鐵脅廠添製
一百三十四馬力輪機船槽添配鐵樑柱船隖起蓋水龍
房署後起蓋洋式養病房修理船槽裝土船暨洋樓洋房
數座接續修造羅星塔石船隖換配銕水坪起重機修造
機器房歷年採辦脚費歲修各廠屋爐溝機器添置書籍
傢伙器具等項並洋員匠薪費貼薪酬賞盤費員弁書役
生徒工匠各項常年支銷均係遵照部章奏咨立案惟製
船經費向由閩海關洋稅月撥六成銀三萬兩四成銀二
萬兩茲六成洋稅未經撥解其四成洋稅一項統共解銀
一百二十九萬兩又江南籌防局先後共解銀一十七萬
一千七百兩又江海關道奉部撥解銀五萬兩又大賠款
攤還杜業爾採辦機器料價銀四十七萬三千九十五兩
零又閩海關解到息借滙豐洋欵番銀三十萬兩折合銀
二十七萬二千七百二十七兩零又奉部核删運費保險

銀九兩零又光緒二十九年正月起至三十三年十二月底止各款扣平銀三萬八千二百二十四兩零除上屆報銷覈結不敷銀四十七萬六千八百六十二兩零管收對除外共收銀一百八十一萬八千八百九十四兩零內除造船購器修廠贍工等項支用銀一百五十三萬七千二百二十八兩零又補給洋員杜業爾結款銀八千八百四十九兩零又剔除閩關銅幣局廠屋機器備抵欠款銀二十三萬六千六百三十五兩零又墊支各輪船薪費銀二萬七十九兩零又墊支煤炭銀一萬七千八百六十兩共支銀一百八十二萬六百五十二兩零收支對除實不敷銀一千七百五十七兩零據船政提調江蘇候補知府楊

廉臣督同承辦各員將五年之中用款造具清册詳請奏咨前來奴才覆覈無異除造册分咨度支部陸軍部覈銷外理合恭摺具陳伏乞

皇上聖鑒謹

奏

宣統元年四月初二日拜發奉

旨該部知道欽此

船政奏議别編不分卷

〔清〕左宗棠等撰

《船政奏議別編》不分卷，清左宗棠等撰。同治五年（一八六六），清廷於福州馬尾創設「總理船政事務衙門」，左宗棠、沈葆楨等先後董理其事。相關船政奏摺，陸續彙刊，爲《船政奏議彙編》五十四卷、《續編》一卷。其後復加搜剔，掇拾左宗棠、沈葆楨、英桂、吴棠等奏議，萃爲一帙，名曰《别編》，用續前書。起同治五年八月，訖光緒五年（一八七九）六月，事涉船廠議立、船政經營、選才置吏及與西人交涉等項，皆有關船政之第一手史料。據福建師範大學圖書館藏抄本影印。

船政奏議別編

欽命總理各國事務衙門清檔

議設船廠 同治五年

ケ八月十四日伯洛内函稱日前本署繙繹官李
親赴貴衙門面談閩省左部堂欲用法國人
日稅務司及德副將在福州地方設立砲船
船廠及海部學房一事本大臣現接上海總
領事稟函内開左部堂曾派委員到總領事
署内面請總領事代本國應許照應保全當
即回云此事左部堂與德日二位自能會議定
福州一名廠
辦想此受託承辦之事如同交易之常情本
國亦不能過問更無允許保全之條例等語
本大臣查該總領事之回言皆按情理且詳
揣此事實乃貴國有益之舉左部堂既託法
國人承辦尤為妥善之籌運闢之甚喜雖有
定制之限不能照管然貴國與德日二公商辦
此事必立有會同字據倘後彼此有所爭論
本大臣自必按照會同所寫查辦再中國設
立船廠一事必有高見本大臣本不應多言

因念情好相關又當明告切思貴國船廠新立一切火輪器具皆由自造恐造成之後每隻較買外國現成之船價銀總有數倍之差至新船應用之槍砲及駛船應用水營之弁工不知本國視此刻時勢情甘意肯辦理否更兼雇外國人到中國教習造船及火輪器具立限三年之說為時太促竊恐所來之人不但無功連中國話亦不能盡曉因查總稅務司赫在中國辦理稅務事件甚為妥善緣其無偏愛一國之心故此各國無不欣羡本大臣想貴國既有意設立砲船之廠及海部學房等事應當候赫總稅司回京之日與伊商明再作道理方合

又八月二十八日致前閩浙總督左函稱所有閩省設立船廠一事前經閣下具奏後當奉有

諭旨飭辦數月以來想已辦有頭緒查設廠雇匠試造機輪誠為當今應辦急務洋匠德克碑等既將造船圖冊繪呈并將購買輪機招延洋匠各事宜逐款開載按圖講論參酌損益自可得其要領惟必須中國揀派精明強幹熟習洋務之員為之監造認真講求盡悉洋人製造駕駛之方方不致虛糜帑項有始無終閣下洞悉機宜躬親督率有利必興有弊必除所派之員亦必爭自濯磨不敢稍涉大意今閣下調鎮蘭疆不日振旅西行閩省一切緊要事宜移交香岩將軍接辦諒能循守舊章斟酌盡善近日以來未准閣下將如何興辦情形隨時知照刻下廠地曾否建立機器曾否購來招募工匠能否合式揀派人員能否得力此事關係重大既經閣下創議於前即

賴香岩將軍守成於後無論若何為難總期志在必行行則必成中國既可收自強之效外族亦可免覬覦之心昨法國李緇譯來署面陳閣下欲用法人日意格德克碑二人承辦本國深為喜悅惟未便作保詳叩其由據稱緣中國木料未免稍遜製造未盡得宜從前寧波試辦未見堅好等語旋據伯公使來函述同前由並論中國設立船廠新立一切火輪器具皆由自造恐造成之後每隻較買外國現成之船價銀總有數倍之差至應用之槍砲及水營之弁工不知本國肯辦理否富侯赫總稅司回京與伊商明等語窺其意無非以募用洋人購買船隻為牟利之張本本處洞矚其情渾含答復但法國既有此論中國尤應極力講求俾資駕馭閣下祇在中流留心時事以自強莫先於防海以防海莫要於造船將來舉辦成功實足以震懾中外諒不致因外國稍有阻撓致形鬆懈務望閣

下與香岩將軍熟商辦法妥定常章并嚴其考察課其程功俾委員等不致始勤終惰以期餉不虛縻功歸實用是為至要

12 十月十八日廣東巡撫蔣益澧函稱昨奉七月二十二日廣十二號鈞函以益澧陳請於沿海一帶省分建設鐵廠製造輪船一節辱承俯采芻蕘曲加獎飾循環雒誦慙感逾增洋務情形益澧本未請習第鑑振古撫綏之道默揣邇來交涉之端思患預防不可或懈因於由浙赴粵時繞道閩疆與左宮保面議設廠造船以冀有備無患任事以來函商至再擬先自左公試辦蓋設廠以擇地為先造船以得人為要福建海口羅星塔一帶地面寬闊水深土實開槽築渠易於集事實為粵浙諸省所不及廣東離省三十里之黃埔雖同為海口可以設廠究不若羅星塔之寬闊益澧在浙時即聞洋人論如此殆從福州比臨斯土親為履勘博訪周諮無不以羅星塔之形勢為佳況與左公商議時原係三省合辦且機器一項左公已將得半是以函致左公請其首先開辦由粵陸續籌備經費也至造

福州船廠　六

船須覓機器機器購自外洋不惜重貲尚屬易得但器以法成法由人授益澧曾與左公試造小輪船駛於杭之西湖以示洋將德克碑稅務司日意格經其指陳利弊并出法國製船圖冊以觀允代為監造現在左公已約日意格德克碑赴閩面商一切機宜亦先從伊入手也且益澧猶有慮者洋人之勸我製備輪船或購或造皆所樂從豈真欲我之果於自強而為之築室代謀抑料我之不克自強而為之旁觀訕笑其言若甘而其情叵測不待智者能辨之矣一旦同時並舉無論人地各不相宜不轉中其疑忌乎是又不得不慎發徐圖也俟福建造成一船視其工本之多少時日之久暫駕駛之利鈍器具之精粗參酌而美備之然後再當另自建設少荃中丞處亦密函就商期於有濟目前廣東函務以固結民心簡練軍實為第一要務譬如射然內志正外體直持弓矢審固然後可以命

福州船廠　七

中
英澧所日夜兢兢而不敢因循推諉者必
先有以安內始得足以攘外自古交鄰之道
不外是矣是否有當尚祈指示庶一切有所
遵循謹泐複陳

35
議設船廠 同治六年
二月二十二日福州將軍英桂函稱正月十七
日接據法國福州稅務司美理登申稱此次
試造輪船辦理欠妥并開具摺畧前來查左
前督與洋員日意格德克碑議定創造輪船
諸法具限五年保使內地工匠學習純熟并
因駕駛外洋必須兼學天文地理算法方有
把握逐一議條約在案竊思製造西洋機器
及天文地理之學奧妙無窮五年之中國難
必其精熟然斷不能不學而成但能悉心講
求久之自有成效況由閩粵甯波上海天津
各洋面駕駛尚有山島可循學習較易現得
駕駛之法如都司貝錦泉者尚不乏人將来
輪船造成廣為招致再加精求便即可用原
不僅謂此幼童五年中即諳造法能駕駛也
其所以必令幼童學習者不過推測其理欲
廣其傳學者既多內中必有通曉可為異日
翻陳出新之技耳至現在所請洋師博賴新

加波人曾恒忠先行教導不過暫時權代以
之教初入學堂之幼童自盡有餘轉瞬日意
格等來閩當另延洋師同來條約內已經聲
明又造船不如買船之省費上年赫總稅司
曾有此議迭經左前督將一切細情奏明并
函致尊處諒已早邀洞鑒又謂法國白總領
事簽押并未稟明駐京公使豈能自主如不
能自主後來該二員辦理欠妥將誰是問查
上年日意格稟左前督係稱德克碑曾將教

福州船廠　十

導中國製造輪船等事面奏法國君主甚為
喜悅准給假三年令來中國教習員匠技藝
嫻熟力圖報効而條約內亦稱德鎮奏明法
國君主及外國駐京公使處由德鎮日稅司
先自稟明等語白總領事復有簽押似屬可
信五月間日意格等即可來閩一切實情自
可再為詳詢也細察美理登所言各節名為
中國節省經費實為暗事阻撓且其詞語前
後多自相矛盾蓋因議造輪船之始美理登

原未預聞及至臘月來閩接辦稅務司即謀
攙入希圖於中取利然此事現與日意格德
克碑等既有成約即有責成美理登係局外
之人自未便復令干預英桂當與沈巡撫周
護撫隨時酌商妥為辦理如美理登所陳或
由赫總稅司徑達尊處并祈力持前議免致
另生枝節除札覆該稅司外謹照抄原摺略
祇呈鑒察敬請鈞安伏惟垂照

照錄原摺略

福州船廠　十一

具摺略日意格德克碑前議試造輪船有欠妥協合
具摺略中明事竊本稅司查前日德二員所與
左宮保文函並其合約俱已詳悉聞當時
日德二員議設藝局招募十三十六歲以內幼
童入局學習外國語言文字算法以及駕駛
輪船做造機器設立船槽教造大小輪船十
六隻冀以五年為限俾中國人學成外國語
言文字並得造船製機之法海上駕駛之方
左宮保遂聽其言遽行陳

奏極力擔承即舉辦學此最難成功之事本稅司深知西洋定例外國幼童欲習技藝並學駕駛輪機等事固係言語已通必先入藝局學習文字圖史算法天文地志等件須學至五六年然後入於本口內輪船之中習看機器又須學至五六年始能頗知頭緒是欲學全功者非數十年難知奥妙不意總理二員如何朦混　左宮保欲使中國素不識外國語言文字之幼童人等期於五年中能造機器能駛輪船本稅司深知徒糜鉅款終無成功故不得不及早申明即以招募生徒學習外國語言文字一事觀之如　總稅司前在京師代延請者皆外國名師教教導生徒自必有益辦理固屬甚善至福州設立藝局其所延教讀之師係新加坡人該人並無學問延以為師斷不能啟盲振瞶其為糜費已可知矣但

國家欲設輪船並學駕駛之法固有案可稽何不照廣東撫督所辦成案而行廣東只置輪船三

隻每隻價約四萬五千兩為費不多輪船辦妥始雇中國數十人入於船中日習進退行止之方樞機轉動之妙水火風濤之宜有物可視有法可循日相觀摩諒數年中即能寔得駕駛之要訣可以任便管駕行洋至將來或尚不足更有北京已教之生徒可以學習本稅司近見總理所議試辦條約誠似夢中行為以夢中之行為而輕動

國家之鉅款所糜經費核寔將過三倍有何所益當此庫款支絀之時四方尚未安謐若將其過倍之費移抵別項急需尚望有益聞　左宮保前已有奏意以五年之後如中國人學不成功尚有十六隻輪船等語然自本稅司觀之有船而不知駕駛要船何為且內地試造之船勢必不及洋來慣造之堅況試造之船比諸購買者價尚高三倍然福州一口亦不必用此多船如欲奉公緝盜有三四隻輪船分巡臺廈本口已足多造十二隻並無所

用廣東現時已有輪船自可勿庸撥用所欲
撥用者惟上北兩三隻而已當時造此多船諒
左宮保尚未計及船成每月所需經費甚鉅
矣據本稅司管見十六船按月經費總在十
二萬兩左右不知後來此項將以何款應給
本稅司見此事辦理欠妥即法國欽差大臣
亦慮有欠妥之處所以不肯干預其事想
左宮保當時定約交銀所恃者有法國總領
事簽押而已然總領事尚未稟明欽差大臣

福州船廠　十四

宜能自主如若不能自主後來該二員辦理
或有欠妥將誰是問若按公事而論承攬事
務權無他屬須由欽差大臣一人擔承舉辦
事方有著德日二員承辦此事出自己見係無
上司督飭之人且未請事體不惜
國帑冒昧而行為今之計且將該二員所議事宜
暫緩辦理一面函致令其不必招雇洋匠來
閩仍發給該二人四個月薪水停辦前議最
為妥善倘或事已成局萬難中止則擬請將

船隻減少只造四條限約更改著令簽押只
可試辦三年洋匠止雇十五人一面請管理
船政人員隨時將應用銀兩咨商本口稅司
核實勘估按月咨報總稅司察核轉報總理
衙門庶幾事有共商可期核寔費有共見弗
致虛糜如此辦理諒七八十萬足敷不必至
三百萬之多但本口既經試造有輪船三四
隻又有船槽將來修理亦便並足以知便宜
之處且足以察看機宜如果可辦將來即再

福州船廠　十五

辦亦可惟前議試辦此事原與本稅司無相
關涉即德日二員與本稅司亦係同國同屬友
好祇因本稅司親在本口承各憲優待之盛
情見
國庫未充不忍坐視輕費此三百萬之
國帑故不得不直言無隱是否有當幸望鈞裁

36 同治六年二月二十七日法國伯洛內函稱本大臣接准上海來函得悉前稅務司日總鎮德前奉 左督憲設立火船船場及火輪機館一事現有福州稅務司美理登擅稱奉有本國及本大臣飭令委其協同管理並藉此詞與該處地方官理論等因本大臣查此光景殊與本國及本大臣有所不便因此不得不細為詳明於貴衙門以便咨行該省督憲查核辦理以免含混查中國舉行之事本國設有可否之論美稅司皆不得而知因伊不在其位也縱有是否之議亦必然咨行本大臣與貴衙門商酌並無使外人於貴國官傳說之理再本大臣又聞知德總鎮於閩省督憲寫立合同之內有法國皇帝已聞知此舉特使該總鎮前來辦理之言查外國官不論大小而朝覲為常若朝見時德總鎮奏明回中國辦理此事本國皇帝亦許有勸伊給中國出力之語殊不可做為前來辦理之特旨尚本國有派

辦之意必由本總理衙門咨行本署轉行貴衙門商酌辦理想中國亦必如此乃美稅司於去年在法國時亦曾造言奉貴親王所委辦理事件若實有其事自必貴衙門先有明文於本署知照以符定例至中國此次設立船場是否願派美稅司或願委日稅司德總鎮之處均應隨便中國做主本大臣絕不過問至此舉後來成否關收亦是中國自做主張於外國並無干涉若中國未辦之先同本大臣商酌自然照直將心內所見確切講明中國既不如此本大臣豈能冒管但此事將來成否不計設有事內之法國人虧欠中國銀兩多寡而中國不得向法國討償不過將虧欠之法國人法國官只能照所立合同之言給中國出力催還本大臣不得不預為說明以免再有前勒日尼色之事查本大臣在中國辦理事件非有欲法國人發財之意若有此意此事及所用之人均係法國之人而

始快意且無別語但本大臣在中國無有不
欲做有利益之事於中國是以不免想現今
辦理之件有所鈄也查中國欲辦此等事件
應用各國之人為是若僅用一國之人難免
別國有所藉口不平如從前李泰國辦理輪
船一事為鑒矣現今中國之稅務內各國之
人皆有所用非止一國而所用之人均學中
國言語真如中國官員一般而各國因無不
平之情反有相同辦理之意焉又查所立之
福州船廠　十八
合同內言明所請泰西各等師傅定以五年為
限期甚不廣而所來之人焉能得其大用中
國文語若不學習中國焉能得其大用再日
稅司德總鎮均係法國水師武官所約之人
亦許是法國軍機處之員此與中國有大不
便之處設如本國或有不測之件飭令該員
等即速回國中國難以強留而於事件不大
有得手即本大臣亦無法辦理因此思攜中
國所用之外國人萬不可用各國之有官權

者又查造大船之事非五年限期可能明白
不論中外匠人雖有一技之能焉知百件之
深理如有人雖能製造船輪即不解此輪不
轉之故若非二十年之工實不得其請熟也
且本大臣於貴衙門言此者恐其嗣後中國
有所失望因知預先有言定不以法國人為
無能也總之此事乃貴國之事本大臣本不
應干預更不得使事外人強為管理倘若將
來中國於事內之人有所爭論法國官只可
福州船廠　十九
查照所立合同視事辦理此布順頌日祉

42 四月十七日閩浙總督吳棠函稱去歲臘月
十六日舟次瓜洲接准英將軍寄奉十一月
初五日鈞函備承指示一切仰見藎籌周遠
燭照精詳捧誦之餘曷勝欽佩祇因赴浙查
勘海塘始於三月三日甫抵閩垣接篆視事
致稽肅復歉悚奚如棠履任後接晤英將軍
並晤沈中丞詢悉船政一切總須日德二將
購買輪機僱募洋匠到閩始可次第舉行日
意格原約五月間來閩德克碑則在九月沈
中丞以該將等未來之前尚無緊要事件計
期六月即可釋服謹擇於六月十七日蒞事
刻下遇有應行商辦各事宜棠自當會同妥
籌辦理期無曠悞其應先修造船廠船槽經
日意格前在閩時估工包匠承辦現留洋人
柏錦達在此監工所有應建船政衙署及工
匠房屋亦已由局委員履勘確估興辦并在城
外先設學堂一處城內暫設兩處一切尚屬妥
協堪以上紓廑注合先肅復祇請鈞安

福州船廠 二十

44 六月十四日閩浙總督吳棠函稱本月十五日
接奉鈞函知前肅寸緘已邀鑒入承示輪船
機器為目前要務果能悉心講求不憚煩難
圖一勞永逸之功為思患預防之計仍將隨
時辦理情形詳陳一切仰見洞燭機宜鴻籌
策勵遵循有自欽佩曷勝棠先於本月初旬
親詣羅星塔馬尾鄉一帶地方周歷勘視現
在船政衙署業已創立初成各廠基地亦在
逐一填築飭令委辦船工各員與本地紳士
及洋人貝錦達會督監工辦理尚屬認真頃
復接晤沈巡撫云於六月下旬即當前赴馬
尾居住以便就近督率監辦於事更能周妥
惟閩機器購辦不易須俟秋後日德二洋將
來閩方見端緒目前惟有將購置物料及蓋
造船廠等事次第辦理以待開工事關遠猷
大計定當遇事講求和衷商辦斷不敢憚煩
弛懈亦未敢草率圖功以期告紓廑注耳專
此肅復祇請鈞安諸祈霽鑒

福州船廠 廿一

欽命總理各國事務衙門清檔
議設船廠
於同治六年七月初九日總理船政大臣沈　文
稱竊照本總理於同治六年六月十七日在
福州馬尾工次具
奏恭謝
天恩馳報任事日期兼瀝下忱一摺候欽奉
批旨另録咨呈外合先鈔摺呈明為此咨呈
欽命總理各國事務衙門謹請察照施行
福州船廠　廿六
照録摺稿
奏為恭謝
天恩馳報任事日期兼瀝下忱仰祈
聖鑒事竊臣於同治五年十一月初一日奉
上諭左宗棠奏請派重臣總理船政一摺沈　著
總司其事並准其專摺奏事先刻木質關防印用
一切應辦事宜並需用經費均著英桂吴棠徐宗
幹妥為經理仍隨時與沈葆楨會商不可稍有延
誤等因欽此臣自渥荷
生成優予終制從未敢一入官署左宗棠奉
命西征倉卒見訪堅以船政相屬臣知事在必行自
顧材非其任面辭者四函辭者三呈辭者再
且徇本籍士民之意聯名籲留左宗棠暫緩
去任原以創造輪船關係至鉅非其人莫能
勝也乃蒙
聖主特達之知采及菲材畀以重寄始飭會辦繼令
專司且感且懼至於涕零早夜傍徨寢食幾
廢誠以臣之材望迥非左宗棠之比而所處
福州船廠　廿七
之地又各不同故也洋人之性善疑非其素
所信服之人動生猜忌日意格德克碑久隸
左宗棠麾下其公忠果毅親見之而習知之
固宜為之盡力臣於二將無一面之識其難
一也輪船經費與别項軍需不同稍不應手
便礙大局從前所估祇屬大概數月以來核
計應辦工程應發欵項便有從前未經議及
者出欵稍溢便苦不敷至於成船之後一船
又有一船之經費非於開眼界通盤籌畫雖

竭帑藏不足以供之臣以迂拙之材處桑梓
嫌疑之地其難二也紳受治於官者也為所
治者忽然與之並列其勢必爭咸豐年間設
團練大臣選臣紳之有鄉望者為之然獲咎
者往往而有未見成功者蓋互相推諉則事
不行互執己見則事又不行構隙甚微頓成
氷炭雖封疆大吏均公忠體國而權勢所在
媒孽者多下至胥隸皆足以簸弄是非其難
三也官之於民有分以相臨故威則知懲恩

福州船廠　廿四

則知歡紳與士民等耳不任事猶可也任
事則親故滿前恩威俱窒所求不遂謗讟橫
生臣自束髮受書及宦成歸里頗不見惡於
鄉黨乃奉
命之日薦書盈篋户為之穿舌敝脣焦立成怨府匿
名揭帖倡自官場寖為風俗輒思搖撼大局
以快其忿於臣何所加損然而人心世道之
憂也其難四也欲速則不成惜費則不成其
理顯而易見然費數百萬帑金責効於五六

年之後人人以利藪相窺一處脂膏便思自
潤先飽私橐貽笑遠人非以法痛繩之即轉
相仿效其難五也外國可法之事無多而製
器之工實臻神妙其人非有聰明絶異之質
但此精益求精密益加密不以見難自阻不
以小得自足此意正自可師內地工匠專以
偷工減料為能其用意即已迴別故不患洋
人教導之不力而患內地工匠向學之不殷
非峻法以驅之重賞以誘之不足以破除其

福州船廠　廿五

相沿之痼習其難六也日意格德克碑功成
之日既獲厚利又得重名名利所歸妬之者
衆求分其利求毀其名皆在意料之中稍涉
游移則前功盡棄左宗棠威望足以鎮之非
臣之所及也其難七也具此七難何敢輕率
從事惟念殷憂啟
聖時事多艱
皇太后
皇上旰食宵衣焦勞中夜若為臣子者狃於避謗

遠罪之私智何以上答
君父而自立於天地之間是以再四躊躕欲辭不敢
計惟有毀譽聽之人禍福聽之天竭盡愚誠
奠報
高厚鴻慈於萬一臣所深恃者
諭旨諄切知自強之道斷自
宸衷以萬不得已之苦心創百世利賴之盛舉必不
為浮說所搖但願共事者體
朝廷之心以為心勿以事屬創行而生畏難之見勿
以議非己出而存隔膜之思則大功之成拭
目可俟矣船廠根本在於學堂臣訪聞所派
教習咸能認真講授生徒英敏勤慎者亦多
其頑梗鈍拙者隨時去之有蒸蒸日上之勢
惟馬尾船廠洋樓一切工程去城較遠監工
員紳呼應不靈匠役不無延緩臣函囑前署
藩司船政提調周開錫先行親赴工所催督
一次現在工程亦漸有端緒可以無誤事機
周開錫一腔血誠不避嫌怨視公事如家事

福州船廠

十六

為船政中必不可少之人現在病已就痊與
臣常川住局可以隨時相與講明而切究之
聞日意格已將機器購齊料理下船約計七
月間可到福建候補道船政提調胡光墉將
左宗棠餉事安置妥帖亦可來閩臣於本月
十六日釋服十七日往晤福州將軍臣英桂
閩浙總督臣吳棠福建巡撫臣李福泰後即
駕輪船駛至馬尾工次恭設香案望
闕叩謝
福州船廠

十七

天恩敬謹任事遵
旨刊刻木質關防文曰總理船政關防即日開用一
切辦理情形容俟詳細察核會商隨時奏請
聖裁所有任事日期並感懼下忱理合先行由驛馳
陳伏乞
皇太后
皇上聖鑒訓示謹
奏

46七月初九日總理船政大臣沈葆楨函稱奉到
四月初七日諭函辱蒙俯鑒愚忱許之釋服
後蒞事仁人錫類感荷曷可名言承示此事
於國計民生所關匪細洵洞徹原委之論欽
佩弗諼葆楨於十七日往晤將軍督撫後駕
輪船駛至馬尾工次即日謝
恩任事時艱任鉅識淺術疏所有為難情形及不敢
固辭之苦衷恭摺具陳皆出自肺腑之言無
敢絲毫欺飾惟望公忠碩畫鑒覺提撕庶幾

仰藉餘光得以因人成事區區之意尚荷青
垂稅務司美里登百計鑽營入局葆楨固却
之近復造作謠言謂得總稅務司赫德信已
承總理衙門允准會辦以惑眾心明知事所
必無然既有所聞不敢不以上達萬一赫德
有所希冀務懇據理折之以杜其搖撼全局
之端蓋與外人交所務在信當時議造輪船
美理登並不在場若令盤踞其中將事事掣
肘人心一懈全局中乘雖有智者無能善其
後矣狂瞽之見無當高深率臆密陳伏惟諒
之祇叩鈞安敬祈霽鑒

57（同治六年）十月十四日福州將軍英桂函稱敬密啟者頃
據辦理南臺口稅務委員協領長慶面稟接
准繙譯官李華達照會福州口正稅司事務
現經美理登委令代辦等情詢其美理登現
往何處據稱探知該稅司於本年八月二十
五日坐輪船先赴厦門擬由厦門而至香港
由香港而詣上海再由上海赴京與赫總稅
司會商事件等語當以福州口稅務其事較
繁其責較重美理登委令繙譯官李華達代
辦並未接據該稅司申陳遽自遠去設有貽
誤關係非輕業飭該協領加意稽查與李華
達悉心經理惟美理登既擬北上名與赫總
稅司會商事件度其意必別有所圖查上年
左前督
奏定創造輪船美理登適由伊國重抵福州即賫
上條陳意在預事此次該稅司之入都或因
前念不已亦未可知謹將查福州口稅司美
理登擬欲北上緣由專函密布伏希垂察敬

60（同治六年）十月十六日總理船政大臣沈葆楨函稱九月
初十日曾肅寸丹諒邀崇鑒適惟盡躬龢豫
元宰均調曷勝忭頌洋將日意格到閩以後
常駐工所每日巳午未三時輒到局中與員
紳會商一切考其逾限之故委係該國輾轉
行查所致尚非有意稽延辰下經始工程頗
有條理一面飭木匠將船槽地基樹樁嵌板
日內暹羅木到當即趕造船胃以便分配輪
機一面飭鐵工試鑄鐵鑿小具並列竪懸椎

機括以待鐵廠開工其趨事赴工之心甚覺
踴躍尚有器具工匠分作三起裝入夾板每
起程期約須五月計頭起之船仲冬可到以
後亦當陸續卸帆明春德克碑之船押尾至
閩一切遂稱齊備至所辦鐵槽據稱尺度宏
濶在外國亦為新法俟其到時眼同量度再
行詳晰備陳知荷廑懷先將刻下情形肅達
祗叩崇安伏惟垂鑒
再肅者船政之舉非諸臣之事
國家之事也吳督身為疆吏果以為萬不可行
命下之日即宜封牘力爭入閩而後果深察情勢萬
不能成亦何妨專銜入
告乃數月以來不置可否其間在在陰起而為難察
其舉動事事務與前人相反船政特其一端
耳夫事涉中外此心原難遽白亦何必求白
於人若意在中傷則縱無可蹈之瑕終難掩
其吹求之術自古行政首在得人人心不固
政將誰舉今日船政萬不能半途中止以貽

笑柄以啓戎心興事之初尤不能不鼓舞人
心赴功策政所以今日特將實在情形具摺
籲
奏非不知和衷共濟古有明文而大局攸關安忍
顧慮瞻徇以負
朝廷委任除將摺稿咨呈鈞覽外再肅奉聞伏惟垂鑒
照錄船政正監督日意格帶來外國員
匠名單
計開

博　賴　五品軍功法國學堂教習舊年來
貝錦達　洋監工舊年來
樂　平　第一木匠頭
哥　送　第二木匠頭現在暹羅采辦木料
博士忙　鎚鐵匠頭
布愛德　水缸匠頭
西　林　鐵廠匠頭
貝那德　畫圖匠頭
卑德兒　木匠

格里那　木匠
巴士假　木匠
臘佛奴　木匠
布愛達　畫圖匠
假格士急　水缸匠
雷　意　打鐵匠

68 同治六年十一月初八日致福州將軍函稱稅司美里登方創船之始即思謀入局中及用洋將德日二員未免心懷猜忌此次日意格旋國幾遺曠職鬧由於該稅司散布謠言小春中浣伊忽貿然來京本處未令其進署及往法館晤公使適該稅司在座談次詢其來京之故舌結言鈍莫明所以不數日即函辭出京跡其奚然而來飄然而去即赫德亦深以為不然大約其來也思得一機會行其讒慝既欲謀入船局又欲傾軋總稅務司及見本處擯不為禮又恐冒擅離職守之懲是以去之甚速此人在閩終是一蠹嗣後總以淡漠遺之而居心行事尤宜提防備訪有劣跡即知會本處當有以易之也

欽命總理各國事務衙門清檔
議設船政
同治七年正月初八日福州將軍英桂函稱月
之二日接奉十一月初八日福字第十四號
聯函謹悉前擬修約各條已邀鑒覽明年各
國換約必多非理之求誠如指示所爭有不
僅在稅課者尊處於
國計民生早已通盤籌及又集衆議而爲之備自能
力障狂瀾閩省設廠造船次第經營規模漸
福州船廠　共
具沈巡撫
簡任既專閫維益切刻洋員及工匠人等自抵局以
來均能孜孜從事揆時度勢可期必成第凡
爲
國家宣力貴乎同寅協恭在大小臣工求能一德
一心和衷共濟縱事關艱鉅當不難集思廣
益相與有成倘同寅寮屬涉於離德離心各
存意見則事雖微細勢必至吹毛索瘢動多
牽掣此自古行政用人理勢之一定不易者
也吳總督履任之始及沈巡撫蒞事之後凡
遇船政一切事宜英桂無不互相榷商同爲
籌畫即彼此鍼芥未投亦無不婉爲排解其
如各有成見在胸執而不化遂生猜忌由漸
而深扞格不通有非言語所能利導者然事
關大局英桂亦與有責成况復仰荷諄諄敢
不殫心竭力曲爲調停竊恐識陋才庸未能
消冰炭而融水乳有負垂諭爲慮耳專肅密
肅敬請勛安
福州船廠　芸
敬再肅者稅司美理登因欲謀入船局屢上
條陳此間皆置之不理計無所施是以突然
赴京尚圖行其鑽古前曾密肅馳達茲尊處
擯不爲禮其鬼蜮自更無所施矣該稅司現
欲請假回國往返約須年餘將來當遵示以
淡泊遺之並事事加意提防倘訪有劣蹟即
行密陳至歷奉函咨凡事關緊要者皆用釘
封或加用夾板沿驛未能偷折事不宜洩此
次奉到鈞函因未釘封內外封套緘口處均

已破爛自係沿驛偷拆應請此後仍用釘封
遞關以期慎密是否伏候裁奪再肅祗請勛
安

福州船廠

100 十一月二十二日致船政大臣函稱案查今年
四月間接據兩生處來函論及製造機器需
費浩繁購材集工諸多不易天津滬上閩省
現計三廠似宜聯絡一氣互相知照俾緩急
克相呼應而權衡多寡庶不致有有餘不足
之弊本處正以所議不為無見擬即通函行
知十月間復據兩生因差運天津機器之便
一再殷殷論及查三廠自各省言之則各廠
為各家自全局言之則各廠仍係一家尊處

福州船廠

一廠現專製造輪船將來倘有餘力成造槍
砲各機器似宜與　地山　雨生處互相關
會俾得緩急相通之益彼處兩廠亦如之並
非謂此廠造某器彼廠必不應造某器酌盈
劑虛及權宜輕重之間則在諸公臨事斟酌
俾均適其用而已製成之日仍希隨照知照
本處俾京營有所藉資能繪圖貼說尤為美
備地山雨生處已一一函致矣暹羅楠木抵
工已有若干年內能成船否專布即頌勛祉

欽命總理各國事務衙門清檔

議設船廠 同治八年

収三月二十七日船政大臣沈葆楨函稱二月十九日祗奉諭函如覩渠誨並從地山侍郎處邠到新刊格物入門五部披文攷義縷析條分洵製器利用之要領較之前人所輯奇器圖說近人所刊重學數等書尤切實曉暢詎徒籍以增廣見聞已耶承允再賜五部乞擲付差弁領回俾得廣為傳布是所至禱來諭示及津滬閩三局各製各器仍聯為一氣緩急相通仰見藎畫周詳自當奉為繩墨以後應與地山函生互相知會着為定章船政工程開年以來拼力趕辦不容假晷惟因春雨連綿艌匠一項甚難為力邇幸開晴亦可計期蔵事矣客歲日意格所采南洋楠木雖陸續到工不過只敷兩船之用以待船運料之故時見稽延徒深焦急去秋即思改由局中專員坐運特以風帆未順得人匪易躊躇至今

茲當春令正海濱商舶出洋之期因遣候補道葉文瀾隨帶委員於二月十二日起程前往暹羅購運冀夏間可以節次來工船材既足乃無曠工之虞而糜費亦可漸省也除將捐稿鈔呈鈞覽外專肅奉復

123 七月二十七日船政大臣沈葆楨文稱據法國
管理通商事務署領事巴世棟咨移照得刻
據前在船政鐵廠工人白爾思抜稟控船政
監督官日意格德克碑二人辭工不照章程
請為質訊以辨曲直以伸冤抑事據此敝署領
事查此案中外人証甚多除將在鐵廠之法
國人由本處行文傳質外其有當時在場華
工據白爾思抜指稱証見六名其名另列清
單敝處未便傳集合當咨請貴大臣希為查
福州船廠
鑒即為傳諭單內人証六名令於六月初八
日未刻前集敝署以便質証以分曲直幸勿
參差實為公便等由據此查船政合同內載
工匠不受節制不守規矩監督等隨時撤令
回國等因前據日監督具稟博士巴不遵匠
頭約束當面罵辱請予撤革當經本總理
核與定章相符批准在案監督有約束工匠
之責不能不予以進退之權若各匠因犯規
革退挾嫌稟控遂令監督與該匠質訊不特

四六

體制未協且恐啟各匠挾制監督之心於船
政大局甚有窒碍其張維新等皆係小工不
通法國言語當時博士巴如何罵辱彼亦不
得而知且中國民人即有過犯應歸中國地
方官審理非署領事所能傳訊况此事與張
維新等無涉乎船政與通商兩不相涉領事
為通商而設不應干預船政本總理未便照
覆除咨明閩浙督院福州將軍福建巡撫並
照會福建通商局轉飭外為此咨呈
福州船廠
欽命總理各國事務衙門謹請察照施行

四七

124 七月二十七日船政大臣沈葆楨呈王爺函稱
前月附驛奉上蕪函計邀青睞辰維鳧衛篤
祜備叶頌私福州自設立通商馬頭以來法
國向無領事今年忽有領事席孟副領事巴
世楝來謁自陳前因福州絕少法國商船故
未設此官比以船政所用員匠該國人為多
是以由甯波調來駐紮且詳問船政一切章
程並極力搜求兩監督短處當直告以領事
為通商而設與船政兩不相涉設席優待之

而去次日求將法文告示貼船廠中復告以
船廠非領事管轄之地且無從知示中所說
是何言語斷難照辦力為拒絕嗣聞廠中洋
醫赴領事處稟控日意格旋經調處息事席
孟佳月餘日遂回本國五月朔第一號輪船
下水巴世楝忽來廠中道喜談次提及鐵匠
卜士巴即白爾思拔因詈辱匠頭博士忙即白爾思蒙
經日意格稟革情殊可憫乞向日意格說情
當告以如係說情則汝與日意格同國之人

憑汝如何說去至我只有照章辦理必不能
有所輕重其間嗣後迭次向總督衙門嘵嘵
不已語多挾制經香嚴制軍再三開導猶復
不知悛改六月初三日竟敢具文咨提該監
督日意格及匠頭博士忙並中國工人張維
新等六名赴伊處候訊越分妄為令人髮指
雖已據理駁斥彼當無可置辭然狼子野心
意別有在據日意格稱該領事曾示意監督
出銀一千元并補該匠辛工五年便可消弭

借端訛詐已屬顯然遂其初心則循例而來
源源不絕拂其所欲則譸張為幻防不勝防
我所急者船工彼總以搆煽洋匠居奇為長
策不特此風一啟洋匠可以挾制匠頭匠頭
可以挾制監督上下威令不行合同置為無
用即目前各洋匠已有恃無恐相率刁難入
夏來洋匠皆卯正到今則辰正始到華匠不
能停工以待則又任意挑剔以為做不如法
雖經日意格再四曉諭堅不聽從風聞該領

事謀此席時所費不少國將於此求償更有稅務司美理登向香嚴制軍求派伊為正監督將日意格德克碑改為左右副監督雖已謝絕之然耽耽虎視於心終不忘也似此情形不撤翻全局不止不得不瀆肩奉聞應如何設法辦理使船政不至動搖祗乞訓示為感但使領事可以裁撤仰仍回駐甯波稅務司固無能為也

福州船廠　四六

126 同治八年八月初六日致船政大臣函稱七月二十七日接到來函並大咨得悉一切法國副領事官巴世棟干預船政並敢用文咨提監督洋匠華工等赴該領事處候訊藉端訛索銀兩種種越分妄為殊屬可惡經閣下據理駁斥嚴詞拒絕曷勝欣慰查從前船廠開辦之始法國住京公使伯洛內曾函致本處有此事係中國之事本大臣不應干預更不得使事外人強為管理將來中國於事內有所爭論法國官只可查照所立合同視事辦理各等語今巴領事越俎干預船政事宜顯與該國伯公使前函所稱各節迥不相符且該領事自甯波調閩未據該國公使知照本處緣船政一事本與公使無干此時若將前項情節告知公使伊必諉為不知轉來乘勢干預有許多饒舌俟諭明該領事是否係駐京公使派往抑係私自赴閩再行酌辦現在該領事如尚在船廠尋隙構釁即希閣下持正力與爭

福州船廠　四七

辦倘該領事不知悛改仍前嘵瀆不休即令該領事稟明駐京公使照會本處核辦本處自可盡力辯駁囑該公使行文嚴行禁止總之外國人視船廠為利藪巳世棟等種種阻撓無非希圖攙入於中取利仍由閣下會同香巖制軍剴切開導維持全局不為浮言所搖惑該領事見無隙可乘必當廢然自返也此復。

福州船廠　四八

127（同治八年）九月初六日船政大臣沈葆楨文稱案准閩浙督部堂英咨開據法國巳署領事仲呈船政鐵工人白爾思拔稟控日監督等辭工不按章程將訊斷案由錄中查核存案等情到本部堂據此粘抄咨會查照等因准此查核粘抄情節與日監督意格原稟大相逕庭照會查覆去後茲據日意格稟稱奉照會查覆等因將博士忙告博士巳一件達總監工咨監督請撤博士巳一件並監督諭帖一件博士忙所告博士巳一件又巳領事咨監督堂供並博士巳告狀三件共七件錄呈憲覽以明監督前稟撤退博士巳合理與否查博士忙所告博士巳屢次不受節制謾罵匠頭是實在情形該匠作工固勤拗僻太甚前在匠頭禮別爾手下亦經屢次鬨鬧如該匠心存後悔肯向匠頭求情還可曲為原諒乃在廠外遇見匠頭又復肆其罵辱果其在廠必致他日鬨爭緣該匠等不分上下不守廠規今日

福州船廠　四九

可以施之匠頭難保明日不施之監督是以
巴署領事向監督為之説情監督碍難代求
回欽也當時副監督早已病假前往福安故
未經會商辦理至於監督之不到巴署領事
處過堂一為巴署領事早將此事伸陳於制
憲英並請制憲函咨於我憲既伸陳於上司
又何必問諸監督一為巴領事欲監督到堂
賠給博士巴工費查船政前立合同所有員
匠薪工係代中國支發發銀歸於中國則賠
銀又何必問諸監督且美稅務司列塔表為
中國所用之官未奉明文竟會審干預中國
發銀賠銀之事監督實所不解也嵩此稟後
附呈抄稿以分到本大臣據此除將所稟情
節咨覆閩浙督部堂并將巴領事訊斷案由
粘抄分咨陝甘爵督福州將軍福建巡撫察
核暨照會閩省通商局知照外相應咨呈總
理各國事務衙門謹請察照施行
照錄粘單

福州船廠　五十

一因原告白爾思拔堅不認不遵命令躲避
廠工並違第十款章程並稱係無理辭
工必欲賠補回國路費並五年滿期之
工銀
一因被告副監督德克碑單來到案據稱
辭工一事當日並未與聞皆係日意格
主意即伊之名字花押亦意格代寫伊
正不依
一因據總監工達士博工頭白落思蒙之
言並無特令白爾思拔做工是白爾思
拔並無不受節制偷頭工特令其做工
亦明知伊不敢推諉
一因白爾思拔人俗話粗亦有應得之罰
一因船政合同第十四款正監督日意格
之不到案乃借此彩避以為其事伊不
與聞殊屬非是按法國律例凡兩家作
合同尤必須看兩家始意不單看合同
之字但先營意為要前監督等在國庭

福州船廠　五一

福州船廠

工時衆工人雖知代中國僱工而為其
所僱之人衆只認得二監督並不認得
中國官彼此將第十四款之意謂是設
中國官不講道理不照合同即監督等
亦無可如何方與監督等無干當有領
事官問明中國官若非此意則是監督
等自己作主違背章程辭革當唯監督
等是問蓋做合同之時二邊自己做主
做事誰違合同惟誰是問現在外國衆
工之在船政者皆受節制于二監督中
國官深明此理並無苛察于其間皆惟
監督之言是聽也
以上此案各緣由主案並協辦共會同
定斷据被告副監督德克碑之言此案
當與其無干免論据被告正監督日意
格不肯到案所言無理且合同第十款
原告白爾思拔本無違犯而辭工合斷
令正監督日于接批之日為限定限三

五二

福州船廠

日內應收回白爾思拔于船廠仍作鉄
工並須從辭工之日算起清還該工人
之工銀並日常應得費用不然三日限
外須罰出給白爾思拔並其眷屬路費
由福州到香港由香港至法國其船價
照公司船例為算並另出賠補銀二千
四百元以賠違背合同又罰堂公費各
項銀元又斷令此案雖其後能上控刻
應遵斷先辦一切罰款並應將案內各
情由譯明照知中國官以便知曉法國
律例並法國官本份也

會審左協辦美理登花押

同治八年六月十三日承審正主案巴世棟花押

會審右協辦列時加士花押

合將案由批斷繙譯錄申

貴部堂希為查核存案是望須至仲陳
者

右

申

五三

大清欽命兵部尚書閩浙總督兼理粮餉鹽
政英
同治八年六月　日仲陳
日監督錄送稿

一博士忙稟總監工
為告匠人博士巴無禮如伊錯不重我
可以原諒但錯太重不能不告
二月二十三日早辰十點鐘在正監督
當面博士巴硬不肯做本匠頭命他所
做之工兼有謾罵的話當時正監督吽
我告他我原諒該匠辛苦所以沒有告
他
一三月三十日在貴總監工當面與該匠
講話又鬥了粗罵的話當時貴總監工
吽我告他我又原諒沒有告他本匠頭
不但原諒該匠因工夫辛苦之極稟貴
總監工添他辛工
今日禮拜十二點半鐘工上調其數事

據他答並不肯做手藝上頭比我熟悉
把他試試看纔知道的本匠頭勸他道
我是汝的匠頭工夫惟我是問汝應聽
我的話他就發氣說在船政裡頭聽這
些款子不中用的調度算掉了在茅廁
裡頭就是羅斯福出來的人連汝都沒
有可教我的（羅斯福乃法國船政也）以下數語乃
穢罵的話不錄來了說我要去他就去
了那時火爐上有鎔鐵在裡頭要等一
會兒打鐵他去了所以本匠頭一人獨
自打了他鬧了這幾回我不能用他所
以稟告貴總監工撤他去
八年四月十二日寫
十三日上總監工

一達總監工咨監督
為咨者內送博士忙稟帖係告博士巴
過于無禮又云凌辱甚重不能留其做
工等語本總監工查此話有理請貴監

督將該博士巴撤去須至咨者
四月十五日

諭革博士巴
照得據總監工咨稱博士巴累次辱罵
匠頭不受節制四月十二日在廠又罵
了匠頭擅自出去竟逃了船政要緊之
工等語本監督查此次不能不撤該匠
候有輪船開往香港即令該匠搭去此
諭
正監督諭押

福州船廠 五六

副監督在福安正監督押代
四月十六日

一博士忙稟正監督
為稟者昨晚七點半敝匠頭 在船塢外
後學堂隔壁匠房十欄排對面撞見博
士巴他又罵我大粗敝匠頭緣不肯生
事不回答他便行去了但應稟明如不
能禁止該匠鬧事敝匠頭無奈何就用
力打他合先稟明四月十七日

福州船廠 五七

一監督諭博士巴已革敢再罵辱即刻著
伊離地
一博士巴原告的稟
為告者因為博士忙拏个稟帖告了我
看又沒有問我又沒有查我監督發了
第一百三十六號諭帖內稱博士巴不
聽匠頭的話擅自出廠著即刻離船政
等語敝匠要在領事當面對質這諭帖
上的字是不寔的我沒有背匠頭話沒
有擅自出廠的監督的話我犯了合同
第十款所以是沒有的故稟明領事將
該事審斷咨日德監督過堂令其將我
連家眷盤費約一千元又滿約限期四
年零八个月共五千六百元統要還我
因為我向日德監督打了做鉄匠合同
限期是五年且總監督先發諭帖該五
年限是八年正月起五月二十八日
一總監工供

福州船廠

巳領事問什麽名姓答達士博某某問
多大年紀答二十八歲問什麽经管答
船政總監工問你與日監督博士巳兩邊有親
戚主僕之誼否答從有問汝伸手指天
發誓汝話是實的麽答曰可照樣發誓
畢問博士巳事情怎麽樣答該日下午
二點半鐘在船廠内撞見博士巳據云
有博士忙罵他隨告伊說博士忙前刻
已訴汝罵了他那時正是打造大螺絲

五八

鉄樑時候博士巳問我應該回廠與否
但是博士忙在彼我不肯去等語我聞
其言即吩咐且回汝家去俟我查查這
情節再吩咐汝嗣監督出諭撤博士巳
後博士巳復到我處說要打聽此番事
情後口稱有博士忙在彼我總不回去
拉鉄廠又稱我實無錯處請向廠内匠
丁問一問便知我對博士巳云你如果
實有不錯的憑據我可以替你請留做

福州船廠

總監工意思博士巳初次告訴我時發
了大氣不過說他的事他亦說肯允回
廠問博士忙幾時告了博士巳答是鬧
事第二天問這个事情汝查過沒有答
我沒有查因為博士忙說一邊話博士
巳說一邊話我無可查對但從前博士
巳在禮別爾手下亦鬧過一次所以我
又不能叫伊回本廠過了三天我纔請
監督撤他回國是細細斟酌的不是不

五九

斟酌的

署領事巳世棟　畫押
達士博　畫押
寫字書吏　畫押

六月十三日

一博士忙口供

巳領事問什麽名字答博士忙某某問
什麽手藝答在船政做打鉄匠頭問多
大年紀答四十一歲問你與日監督博士巳兩

邊有親戚主僕之誼否 答 沒有巴領事操
筆書道這个博士忙先前做過買賣倒
閉不還伐此次不能指天發誓的開廠
裡頭事情汝告訴我聽 答 我十二點鐘
到了他做法他說不肯照辦他說不肯
照辦他說手藝裡頭比我熟悉的把他
試試看纔曉的我遂勸訓了他汝的話
有些微過理汝該曉得我是汝的匠頭
工夫好歹惟我是問汝只管聽我的話

博士巴就發了大氣他說在船政裡頭
聽這些獃子不中用人調度算棹了在
茅廁裡頭就是羅斯福的人連你都沒
有可教我的（羅斯福係法國船政也）餘皆穢罵語
來了說我要去了問他要去汝有沒有
叫他不去 答 沒有問汝罵了他沒有 答 沒
有 問 這是做工夫時候還是歇息的時
候 答 那日是禮拜日但是禮拜日做了
工的那時候十二點半是歇息時候當

時我亦勸了他汝不應該就出廠去也
是勉他不要太錯了意思

巴領事 畫押

博士忙 畫押

寫字書吏 畫押

巴領事又問了樂平盧維兩个 答 這个
事情我不曉得

128（同治八年）九月初九日致閩浙總督函稱前因沈幼丹來
函據稱法國副領事官巴世棟干預船政並
敢用文咨提監督洋匠華工等赴該領事處
候訊藉端訛索銀兩等情並據稱稅務司美
理登向閣下面求派伊為正監督將日意格
德克碑改為左右監督等因當經本處函復
沈幼丹會同閣下剴切開導持正力與爭辯
等情在案昨又據幼丹將控告監督之白爾
思拔呈詞及巴世棟所訊供詞詳晰咨達前

福州船厰　六二

來查船政事務非領事官所應干預亦非稅
務司所能預聞此次日意格所革之鐵匠白
爾思拔係因罵詈匠頭不遵約束核與合同
內開工匠不受節制不守規矩監督等隨即
撤令回國各等語相符巴世棟之所以必欲
傳訊者無非以船厰為利藪藉此牽制監督
希圖訛索於中取利即稅務司美理登之求
為監督亦無非為意圖攙入分肥起見前據
幼丹函稱現經閣下再三開導巴世棟並於

美理登所求峻詞謝絕具見持正秉公維持
大局之意該領事等見無隙可乘必當廢然
自返倘再不知悛改仍前曉瀆不休即令該
領事稟明駐京公使照會本處核辦本處自
可盡力辨駮囑該公使行文嚴行禁止此時
本處所以不即據咨照會法使者以船政一
事本與公使無干若將前項情節告知該使
必誘為不知轉來乘勢干預也現在此案已
否辦有頭緒未據閣下函咨實係繫念船政

福州船厰　六三

正在吃緊之際仍希閣下與幼丹力持大局
不為浮言所惑是為至要幼丹來咨稱美稅
司等為中國所用之官未奉明文竟會審干
預中國發銀賠銀之事各等語當經本處面
詢赫德據稱外國律例案在五百兩以上必
須邀同外國人會審畫押作為見証等語是
該稅務司會審尚無不合惟求派船政監督
係屬越俎干預難保無勾串巴世棟暗中設
計阻撓情事已囑赫總稅務司另行辦理現

在廠中如何情形並日意格辭工一節究否因公抑別有情節以致受人挾制希閣下迅查見覆為盼此布

福州船廠

六四

130 同治八年九月二十五日船政大臣沈　文稱竊照第一號輪船現派船政提調前臺澎道吳大廷督同管駕官遊擊貝錦泉於八月二十六日展輪北上駛抵津門恭候

簡派勘驗所有管駕官以下銜名同月給薪粮銀數飭據貝錦泉造冊呈送前來合就呈送為此

咨呈

欽命總理各國事務衙門謹請察查至該船開行伊始其月需公費銀兩現飭儘數儘報驟難定額應俟數月後察看情形再行酌核具報合併聲明

福州船廠

六五

照錄清冊

管駕第一號輪船副將銜補用遊擊題補澎湖右營都司貝錦泉為造送事遵將船上駕駛人等造具姓名年歲籍貫清冊呈送

察核須至冊者

計開

管駕官
貝錦泉年三十八歲浙江甯波府鎮海
縣人
大副
五品軍功沈仁發年三十八歲浙江甯
波府鎮海縣人
二副
六品軍功孫曉雲年三十歲浙江甯波
府鎮海縣人

三副
五品軍功屠才友年三十九歲浙江甯
波府鄞縣人
管隊
五品軍功陸倫華年三十歲浙江甯波
府鄞縣人
舵工
姚餘全年二十七歲浙江甯波府定海
縣人

張曉福年二十五歲浙江甯波府鎮海
縣人
周鳳智年二十七歲浙江甯波府鄞縣
人
蔡寶林年二十五歲浙江甯波府定海
縣人
楊益順年三十歲浙江甯波府定海縣
人
常廷賚年二十八歲浙江甯波府鎮海

縣人
孫世恩年二十六歲浙江甯波府鎮海
縣人
忻成霆年三十二歲浙江甯波府鄞縣
人
水手頭目
七品軍功應銀有年二十八歲浙江甯
波府鄞縣人
水手副頭目

八品軍功屠宗升年二十八歲浙江寗波府鄞縣人

頭目水手

張文周年二十八歲浙江寗波府定海縣人

周瑞泰年二十九歲浙江寗波府鎮海縣人

朱庭芳年三十歲浙江寗波府定海縣人

周根壽年二十七歲浙江寗波府鎮海縣人

陳榮昌年二十七歲浙江寗波府定海縣人

王瑞金年二十八歲浙江寗波府鎮海縣人

周安祜年三十一歲浙江寗波府定海縣人

王三周年二十五歲浙江寗波府慈谿

縣人

繆恭玉年二十四歲浙江寗波府鄞縣人

嚴廷椿年二十六歲浙江寗波府鎮海縣人

王繼棠年二十八歲浙江寗波府鄞縣人

貝名立年二十八歲浙江寗波府鎮海縣人

王永法年二十七歲浙江寗波府鎮海縣人

張金來年二十六歲浙江寗波府慈谿縣人

戴元法年三十一歲浙江寗波府鄞縣人

陳錦高年二十六歲浙江寗波府鎮海縣人

汪思孝年三十歲浙江寗波府鄞縣人

毛顯恭年三十歲浙江甯波府鎮海縣
人
周鳳寶年三十歲浙江甯波府鄞縣人
顧鶴齡年二十五歲浙江甯波府鎮海
縣人
王廷坤年一十八歲浙江甯波府鎮海
縣人
陳寶生年二十七歲浙江甯波府鎮海
縣人

福州船廠　卆

葉福生年三十三歲浙江甯波府鎮海
縣人
丁鶴和年三十一歲福建泉州府晋江
縣人
周孝良年二十七歲浙江甯波府鎮海
縣人
唐茂柏年二十五歲浙江甯波府鎮海
縣人
毛永順年二十二歲浙江甯波府鎮海

縣人
葉金順年三十四歲浙江甯波府鎮海
縣人
張雲龍年二十四歲浙江甯波府鎮海
縣人
二等水手
張仁才年二十九歲浙江甯波府鄞縣
人
吳曉雲年三十歲浙江甯波府慈谿縣
人

福州船廠　上二

鍾連虎年二十六歲浙江甯波府定海
縣人
沈仁慈年二十歲浙江甯波府鎮海縣
人
金禮義年二十五歲浙江甯波府定海
縣人
馮鳳葵年二十九歲浙江甯波府鎮海
縣人

貝攀龍年三十六歲浙江甯波府鎮海
縣人
朱禮松年三十二歲浙江甯波府鎮海
縣人
翁雨壽年二十歲浙江甯波府慈谿縣
人
貝明芳年二十九歲浙江甯波府鎮海
縣人
號手
朱慶和年二十四歲江南蘇州府寶山
縣人
副號手
六品軍功吳慶堂年二十六歲江南蘇
州府上海縣人
鼓手
陶少溪年二十五歲江南松江府人
管砲
儘先外委陳安明年二十六歲浙江甯

波府鎮海縣人
副管砲
藍翎儘先千總李恩经年三十二歲浙
江甯波府鄞縣人
砲勇
拔補外委蔣金貴年二十八歲浙江甯波
府鄞縣人
嚴仁才年二十七歲浙江甯波府鄞縣
人
夏謡才年二十七歲浙江甯波府定海
縣人
董元忠年二十八歲浙江甯波府定海
縣人
王興法年二十六歲浙江甯波府定海
縣人
柴元太年二十六歲浙江甯波府鄞縣
人
虞得興年二十八歲浙江甯波府定海

縣人
張慶順年二十七歲浙江甯波府慈谿
縣人
李元亨年二十八歲浙江甯波府定海
縣人
金得勝年二十八歲浙江甯波府鄞縣
人
正管輪
五品銜拔補把總童愷年三十四歲浙
江甯波府慈谿縣人
副管輪
儘先外委陳珊年三十歲浙江甯波府
鎮海縣人
三管輪
七品軍功貝名振年二十八歲浙江甯
波府鎮海縣人
管油
八品軍功周桂隆年三十六歲浙江甯

波府鄞縣人
八品軍功張在明年二十七歲浙江甯
波府慈谿縣人
八品軍功孫蘭動年三十歲浙江甯波
府鄞縣人
管水氣表
周紀大年三十七歲浙江甯波府鎮海
縣人
顧述才年三十歲浙江甯波府鄞縣人
李烈擢年三十歲浙江甯波府鄞縣人
頭等升火
陳元貴年三十歲浙江甯波府鄞縣人
范長發年三十歲浙江甯波府鎮海縣
人
陳初榮年三十歲浙江甯波府慈谿縣
人
胡順林年三十歲浙江甯波府鄞縣人
韓文成年二十六歲浙江甯波府鄞縣

人
唐順周年三十歲浙江甯波府鄞縣人
李金釗年二十六歲浙江甯波府鄞縣
人
張鎮海年三十歲浙江甯波府慈谿縣
人
姚順初年二十四歲浙江甯波府慈谿
縣人
吴月船年三十歲浙江甯波府鄞縣人
應雲法年二十九歲浙江甯波府鄞縣
人
姚靄福年二十歲浙江甯波府鄞縣人

二等升大

八品軍功陳定邦年二十二歲浙江紹
興府會稽縣人
陳秀瓚年二十一歲浙江甯波府鎮海
縣人
胡芳金年二十四歲浙江甯波府鄞縣

人
貝名梅年三十一歲浙江甯波府鎮海
縣人
胡孝萱年二十五歲浙江甯波府鄞縣
人
陸倫貴年二十二歲浙江甯波府鄞縣
人

醫生

李鳳翔年三十二歲浙江甯波府鄞縣
人

木匠

陳啟江年三十六歲浙江甯波府鄞縣
人

（同治八年）十月初七日三口大臣崇厚函稱昨肅總字五

百三十九號布陳英國阿使到津等情計邀

鈞鑒崇厚於初二日申刻登舟後因連日西

北風大作潮水既小自郡城至雙港一帶河

身又窄萬年清輪船較往來各輪船長而且

大吃水亦多以致行駛極難節節阻滯直至

初四日東風潮大傍晚始抵大沽初五日寅

初刻趁早潮駛出攔江沙外三十餘里大海

之中飭令該船管駕官遊擊貝錦泉將船上

砲位連環演放並下砲子較試遠近該船所

載鋼砲四門銅砲兩門均係來福砲開花子

砲聲震疊於洪濤駭浪之中船身牢固駕駛

人等亦極嫻熟靈便崇厚奉

命驗收當將該輪船詳細勘閱船身工料極為堅固

銅輪機器亦頗靈穩如法惟詢據監駛之吳

道大廷及管駕遊擊貝錦泉等聲稱此次該

船由閩省北駛時開行匆促機器等件必須

隨時修理現請天津局中洋匠為之整理並

據崇厚帶往熟習機器之洋人將該船機器

詳細看過船器皆精工惟駕駛輪機均係初

學尚應講求可期精進崇厚驗船完竣後赴

南北兩岸砲台飭令該營將弁將各砲洞大

小砲位逐一試演均屬嫻熟有準即於初六

日回津除抄摺另文咨呈愚案外合肅布聞

138 同治八年十月初七日三口大臣文稱竊照本大臣於同
治八年十月初五日在大沽行次具
奏遵
旨勘驗福建新造萬年清輪船完竣一摺除俟奉到
諭旨另行恭錄咨呈外相應抄奏咨呈為此咨呈王
大臣煩請查照施行
照錄抄摺
奏為遵
旨勘驗福建新造萬年清輪船完竣恭摺覆陳仰祈
福州船廠　八十
聖鑒事竊奴才於九月二十八日承准軍機大臣字寄
同治八年九月二十七日奉
上諭沈葆楨奏新造輪船赴津請派大員勘驗一摺
福建新造第一號輪船沈葆楨現派道員吳大廷
監駛赴津著派崇厚前往驗收所有船身機器鍋
鑪一切是否悉臻完善並著詳細勘明據實覆奏
至此號輪船即著照沈葆楨前擬名為萬年清沈
葆楨所繪輪船總圖業由軍機處呈進留中備覽沈
葆楨原摺著抄給崇厚閱看將此各諭令知之欽

此奴才前接沈葆楨來咨以第一號輪船試演
漸熟專員監駛赴津候驗咨會前來隨於九
月二十一日據監駛輪船之前台灣道吳大
廷管駕官遊擊貝錦泉福建候補同知黃維
煊等稟報新造輪船由閩省駛抵津郡停泊
紫竹林新關下候驗等情奴才當於欽奉
諭旨後恭錄行知該道等聽候勘驗去後現於本月
初二日奴才帶同天津鎮總兵陳濟清通商委
員江蘇補用道陳翰芳直隸候補同知許之
福州船廠　八一
泰黃惠廉等並選帶熟悉輪機之洋人前赴
萬年清輪船周圍勘閱勘得該輪船船身按
部頒尺共長二十三丈八尺有奇廣二丈七
尺八寸有奇船頭高二丈六尺一寸有奇船
尾高二丈三尺三寸有奇前後鍋爐兩座前
爐火門五高一丈六寸有奇深九尺九寸有
奇廣一丈五尺七寸有奇後爐火門四高深
均如前爐廣一丈二尺五寸有奇爐後安設
機器器高一丈二尺有奇座廣九尺有奇長

一丈有奇船尾暗輪一架以及桅柁烟筒煤艙舵表氣表遠鏡號鐘等件逐一詳細勘明實係船身工料堅固汽爐輪機器靈捷如法復親督該鎮道委員等舉火試輪由郡城海河趁潮赴大沽海口駛出攔江沙外大洋內飭令管駕官遊擊貝錦泉督率水勇將船上大小砲位連環演放該船在大海之中衝風破浪船身牢固輪機堅穩舵工砲手在事人等駕駛演放均極操縱合宜動作嫻熟與沈

葆楨所奏試演情形均屬相符且查該輪船自管駕官遊擊貝錦泉以下正副管輪管隊舵工水手管水氣表頭二等升火各色人等均係浙江甯波府人居多無一洋人在內奴才伏思外國創設輪船稱雄海上總以機器精靈駕駛精熟最為擅長今閩省新造輪船經沈葆楨悉心講求一切輪機器具教習駕駛實能集外國之所長得其竅妙從此精益求精續造大小各號輪船自必更臻妥善以之

靖宇宙而宏遠模洵屬無疆之利賴惟奴才詢據熟習機器之洋人述及輪船之製有船身大而機器小者便於裝載可為轉運之用有機器大而船身小者便於送信可作兵船之用總以船身堅固機器合宜者方能衝風破浪且機器運動八十觔為一馬力大則數百馬力小則數十馬力以機器之大小定船身之重輕等語質諸閩省駕駛員弁僉以為是並據同知黃維煊遊擊貝錦泉呈閩沿海七

省輿圖自奉天直隸山東江蘇浙江福建廣東沿江五省輿圖自湖南岳州至湖北江西安徽江蘇海門各處港口島嶼潮汐長落附近內江外海分別詳載繪成總圖分圖二十三張均考據地圖度數該員黃維煊等久在海上於沿海沿江各省情形極為熟習積數年之力留心考校所繪各圖明晰詳備如再加校定鐫刻頒發可備外海長江講求水師之用奴才飭令黃維煊將圖冊賚送總理各國

事務衙門查考合併聲明所有詳細勘驗萬
年清輪船完竣緣由理合恭摺覆
奏伏乞
皇太后
皇上聖鑒謹
奏

141（同治八年）十一月初一日閩浙總督英桂函稱九月二十
九日接奉閩字四十七號台函謹悉種切閩
省船政事屬創始在當局者煞費經營事事
力求實濟而旁觀者轉視為利藪羣起覬覦
且所用洋員洋匠大率惟利是趨桀黠者又
居其半動輒挾制居奇幸沈大臣賞罰嚴明
咸知儆懼鐵匠白爾思扳因詈罵匠頭不遵
約束據正監督日意格稟經沈大臣批飭革
退係按合同辦理乃法國署領事官巴世棟
出而干預先則申請英桂代為轉圜冀予復
用迨商諸沈大臣以正詞開導該署領事即
邀稅司美理登生堂會審斷罰三千五百元
將斷由抄呈此間據文轉咨沈大臣查照該
署領事又以宣洩強詞嘵瀆業經英桂專劄
駁斥此後並無一字前來續因總監工達士
博遇事刁難由於巴世棟暗中鼓煽心有所
恃若再姑容則洋匠尤而效之勢將令出不
行船政半途而廢故復撤之此日意格不能

不稟請革撤而沈大臣不得不批飭革撤之
實在情形也詎巴世棟以達士博被撤又有
斷罰之議日意格每月薪水千金計其終歲
所得不足以供一朝之罰是巴世棟之蓄意
必欲日意格懼而自退使船政一步不可行
也況此端一開凡在廠之洋員洋匠作一月
之工程僅得一一月之薪工倘獲過而退有領
事官為之斷罰轉可得數歲之資何樂而不
獲過冀革退以控告者乎日意格充中國監督
為中國辦理船工已非領事官所應箝制而
船政係中國所設尤非領事官所得干預今
巴世棟種種訛索阻撓似非由尊處照會法
國公使將該署領事撤退斷難戢其奸謀是
否之處伏希裁奪蓋彼仍前饒舌　英桂與沈
大臣均可據理而爭茲一味罰銀日意格礙
於外國定例不敢不遵斷具繳則無從而禁
阻之至日意格請革洋匠及請撤洋員均屬因公並
非別有情節以致受人挾制謹肅奉復

福州船廠　八六

敬再密肅者閩省議設船政用日意格德克
碑為監督當時係由上海法國總領事白來
尼擔保所立合同均由白來尼會議畫押故
兩監督心雖離而貌合在閩之領事官亦不
敢干預船政以洋人有總領事遙制也自白
來尼去任德克碑挾日意格以正監督自居
不與其權之嫌積不相容遂勾串巴世棟謀
署領事美理登亦於船政初設時圖預不遂
居中鼓煽彼三人通同一氣以擠日意格而
又遇事訛索阻撓即如席孟本甯波領事告
假回國忽調福州履任數日即歸巴世棟乃
繙譯官接署斯缺此則情顯而易見者也撤
巴世棟則德克碑美理登自能斂戢否則羣
聚為患於船政實有大碍謹以見聞所及覼
縷附陳伏祈裁察　英桂謹又肅
敬再肅者九月二十三日先接閩字四十六
號鈞緘蒙示美理登慫恿購買洋鎗其居心
不外分肥仰見明燭幾微曷勝欽佩擬俟該

福州船廠　八七

税司再來催詢即遵指示各節另擬函稿給閩以絶其圖利之心英國兵船借地操演一案業將錄寄照會稿底照錄轉發通商局司道遵照矣附肅並覆統希垂鑒英桂謹再肅

福州船廠 八八

142（同治八年）十一月初八日覆閩浙總督加單稱再頃接閩字第四十一號密示得悉船廠詳細情形日意格從前請革洋匠及請撤洋員既查係因公並無別項情節以致受人挾制則巴世棟美理登德克碑三人通同一氣儘力排擠日意格情形顯而易見惟招募前項洋匠等項該國公使從前並未參贊一言前公使柏言明不來干預現在該國公使羅淑亞性情詭詐迥異尋常刻因翻騰川黔各省教務新舊各案負氣出京其鋭方張幸而船政一事從前曾經訂明與公使無涉尚未搜求及此今若以巴世棟之事責令辦理勢必出頭乘間干預無異開門揖盜廠中各事宜既經幼丹鎮定布置復有閣下相助為理鬼蜮技倆見無隙可乘必當廢然自返仍望閣下和衷共濟遇事據理力爭以冀維持全局是為至要

福州船廠 八九

144同治八年十一月二十三日船政大臣沈葆楨文稱本年六月初七七月二十九等日業將撤退洋匠博士巴法國領事官趁分干預情形咨呈貴衙門在案茲以總監工達士博居奇挾制怙惡不悛據正監督日意格稟請撤退經本大臣批准達士博又赴領事官具控該領事官復佈圖從中干預據監督等各具稟前來查洋員洋匠食中國薪水辦中國工程便有功過有功過便有賞罰若以局外人把持其間

福州船廠　九十

賞罰不行是船政也其人之有益船政只恐留之不堅豈有忍予撤退之理其撤退之人必與船政為難者也撤則必赴領事官具控控則領事官必斷令監督賠銀是賞其與船政為難也該員匠進有所圖退有所恃有不羣起而與船政為難者乎以船政所豢養之人羣與船政為難望船政之萬有一成無是理也監督稟撤員匠須候本大臣批示遵行是本本大臣撤之也應撤與否本大臣必視該員匠功過為衡即監督亦不能任意為之與領事官毫無干涉何得過問也

國家優給監督每月薪水千金恤其身家所以養其廉節博士巴散匠耳撤一散匠罰銀數千元則撤一總監工應罰者倍蓰其數終歲所得不足以供一朝之罰該監督能變外國之產以奉中國之公乎是該領事阻撓船政不至於一步不可行不止若不將該領事即予撤退不獨日後要挾之端難以枚舉即目前

福州船廠　九一

博士巴達士博兩案混行勒派賠罰監督之貺令不能行於員匠無從責其成功為此將前後各票批抄錄咨呈貴總理衙門請煩察核照會法國公使將迭次阻撓船政之領事官撤退另委賢員接辦

照錄粘單

監督教練輪船德克碑謹

稟

大人閣下敬稟者竊監督前奉

憲台照會改（奏）監督教練輪船業經稟明他務他工不能兼顧等情在案監督已謹將公文並稟批呈送傲國領事官繙譯傲國文字存冊惟監督既卸船政之任則船政責成應歸日監督一人承當此後凡有畫押之事自與監督無涉理合稟懇

大人知會日監督自今以後凡有稟片並外國所有字據均不得寫會同監督畫押字樣以免株累而肅祇請

福州船廠 九二

鈞安伏維

垂鑒監督德克碑謹稟 六月初一日

批船政兩監督久經

奏明有案 貴監督無可卸責惟現在教練輪船不能兼顧船工係屬實情希候照會日監督嗣後凡有稟件應聲明 貴監督奉派教練輪船事務不及會押可也此繳

船政正監督日意格謹

稟

大人閣下敬稟者五月二十七日祇奉

大人照會照得萬年清輪船現已下水當即

赴津請

旨派員勘驗所有後學堂學習駕駛管輪各藝童工未臻純熟經本大臣飭前管駕華福寶之遊擊貝錦泉另招中國素習輪船之管輪舵工水手人等到船駕駛惟萬年清船身較大馬力有加該管輪人等雖技藝素通仍恐有生熟之別德監督向來洞澈船

福州船廠 九三

上機宜勤卓（能）著萬年清船安置器具帆索等件齊備尚有一兩月之久方能出洋副監督可將所派船主管輪舵工水手炮手各色人等認真閱練嫻熟以臻妥協如能著有成效以後新船下水本大臣所派船主管輪舵工水手炮手人等俱由副監督隨時閱練然後開洋以昭慎重大功告成當從重保奬以酬厥勞業經本大臣照會在案嗣據副監督稟稱閱練駕駛責成較

重必逐日躬親方有成效以後他事他工
不能兼顧與閩等情除批來函已悉希認
真閱練俾臻純熟外合就照會為此照會
請煩查照施行須至照會者奉此竊思德
副監督既另奉差使所有監督以後稟函
等件可否毋庸會銜會押以專責成敬候
示遵恭請
鈞安　正監督日意格謹稟　六月初六日
批德副監督既另派差使不能兼顧船政
貴監督以後稟函等件毋庸會函會押可
也此繳
船政正監督日意格謹
稟
大人閣下敬稟者八月十三日第一號萬年清
輪船開演之時並無洋員洋匠在船照料
監督當即將達總監工所咨公文及造船
試船始末之例稟明在案又請周提調官
夏方伯囑將達總監工並洋員匠存心不

福州船廠　九四

順之故詳細轉達
憲聰旋據覆述當日萬年清試開並無洋員
匠到船勘驗原出無心並非故存礙臉外
國之意至試船例應如何實緣貴監督當
時未曾說明以後儘可另擇日期聽憑再
演該船等語嗣于十五日監督面稟
欽憲蒙
諭亦無異辭遵即繕辦公文轉咨達總監工
知照登時復接達總監工公文內稱此事
欲要說開須請監督稟明
欽憲說當時驟行試演誠屬有錯以後當保必
無此等情節如監督不肯照稟或
欽憲不肯頒發此諭本總監工從此再不到萬
年清船上並將此公文抄遞領事官等語
接誦之下殊覺語涉不恭是以未敢粘抄
稟瀆竊思日前閩演輪船不特達總監工
理應察驗即各洋匠亦有分管之職且此
事監督已經作主說開即可了結又經函

福州船廠　九五

勸我二人係各洋匠表率必須同心和氣斷不可各執己見致各匠等藉口效尤更告以萬年清必須趕快駛到天津請其另日會同督演之語詎料達總監工善言不入翌日竟將自己公文抄遞領事官請其察辦復於十九日監督同斯緒譯官與達總監工會商工程之後告以二十一日請到萬年清船上督演并請派洋匠頭德索洋匠留意同往據云不但自己不去早已告

明德索如本總監工未到船上不許擅往請傳德索來問看其聽從誰人之語監督再四思維如達總監工不請撤回將來遇有緊要大工種種刁難如何是可當即面稟

欽憲請即撤卸蒙

諭應撤即撤亦可二十一日萬年清開試出洋監督隨同

憲節在船又經面稟且待此船開駛北行之後如達總監工有悔過之心便留在工却亦有事迫二十六日萬年清開洋北上達總監工依然怙惡不悛竊以演船事關重大如監督一人不承督演專責此船恐必不能屆期北行豈不重碍大局且達總監工不但自己攔阻工務還要籠絡各洋匠為其黨援異相掣肘似此情形嗣後再有緊急要工監督如何能保為此不能不請

裁奪撤退達總監工回國以肅規模候

批示遵行恭請

鈞安 正監督日意格謹稟

九月初四日

批來函閱悉八月十三日試演新船該總監工自己不願上船並非本大臣勒令不許前往經 貴監督屢次曉諭又復種種刁難殊屬冒昧應如所稟撤退希即知照此

繳

船政監督教練輪船德克碑謹

稟
大人閣下敬稟者監督前為副監督時責成有
二十一係船政工程一係與三十七員名洋
員匠共立合同之事既蒙
委員教練事務即卸却工程之責惟洋員匠
等因前合同内有監督名字不肯使監督
遽行脱卸洋員匠等或有差錯或有委曲
要監督照合同辦理現時雖無此事誠恐
將来有冒凟我
憲之處即如總監工今经撤退渠心不服已
控於敝國領事官處監督名字亦在案内
萬一總監工官司獲勝要監督賠給多銀
但此番撤退總監工係日監督一人主意
監督已改
派教練此事並未預聞倘復賠銀殊不公道
且日監督前曾修信知會云此後我之行
為歸我一人責成等語監督不知日監督
有若干私囊約為核估似不敷賠墊一切

福州船廠

九八

洋員匠控賠之項日監督既無銀賠洋員
匠必問監督賠墊無已具稟請
示所賠銀項或係
衙門發給監督自不敢干預否則請明白
批示脱却監督干係後来不致賠累俾免監督
往敝國領事官處剖辨又費一番唇舌也專
此稟懇伏候
批遵並請
鈞安監督德克碑謹稟
九月初八日
批請撤總監工係日監督單銜具稟即使辦
理錯誤亦日監督一人承當非貴監督
干係也希即知照此繳
船政正監督日意格謹
稟
大人閣下敬稟者竊照前立條議五年限滿中
國員匠能自監造駕駛應如外國員匠獎
勞銀六萬兩等因在案嗣因萬年清下水

福州船廠

九九

總監工達士博身先督率晨夕不遑即遇
禮拜日期亦勤事不懈當由監督商請
提調胡 轉達
憲聞俟新船工竣乞於前項獎勞銀內先行
提出三千兩發為達總監工賞款仰荷
准行監督當向達總監工轉諭知悉矣八月
二十六日新船開赴天津後達總監工與
監督公事不合經監督稟請撤退窃以該
總監工達士博雖有後錯究有前功此項
借賞既邀
憲允似不能不仍行請給以符前語而酬其
勞合行肅稟祇候
批發轉給實為
恩便附呈押領恭請
鈞安惟祈
察鑒正監督日意格謹稟
九月二十一日
批奬銀六萬兩謂五年期滿中國官受教導

之益償外國員匠積年口講指畫之勞無
論甫造一船不足以為功即使成船不止
十六號而中國員匠不能脫手自造究於
中國何益即與原約不符當提調轉達
貴監督請借提三千預賞總監工之語本
大臣即據原議駁之嗣該提調等急於觀
成謂創造之難較異尋常以後他船斷不
能援以為例且曽經約明必俟全船竣事
如米工既精良期又迅速 貴監督方能
為乞格外恩施倘遲延附會何敢為之嘵
瀆達士博經一番鼓舞必益加奮勉
貴監督亦可藉此加緊嚴催等語是以本
大臣姑如所請詎意達士博從此之後既
甚倨奇亦復嬾惰當五月初一日下水之
時原謂六月便可出洋乃遲至八月尚有
零星器具未经就緒致本大臣與
奏案不符初次試演新船宜如何慎重乃抑
勒各洋匠不許遵照辦理经 貴監督迭

次曉諭毫無悛心此等舉動加之以賞無
論在中國駁人聞聽想西洋諸國亦定無
此賞法也獎銀六萬兩到教導成時是中
國必發之欵將後提前於中國毫無所損
然賞所以待有功若減將来有功之賞以
與現在有過之人於情於理順手否手倘
以前功為言則凡革去之員匠孰非曾经
効力者不追其從前之薪水給以回國之
路費似亦足矣使革去者皆援例以分後
日之責　貴監督能一一為之請耶抑又
何辞以拒絶之耶且何以服始終勤慎之
員匠耶所請碍難准行希即知照此繳押
領發還
船政正監督日意格謹
稟
大人閣下敬稟者前日法國已領事官面致監督
云此次撤退總監工達士博之事德副監
督已將稟奉憲批轉咨本領事前来據批

中所云請撤總監工係日監督單銜具稟
即使辦理錯誤亦日監督一人承當非貴
監督干係也是達士博所有告狀皆正監
督一人之責應向本領事過堂等語監督
聞之知領事官未明白批語也中國創造
船政
欽派憲為總理大臣蓋總中國外國員匠而理之
也總理之下設立監督固有約束洋員匠
督工教造之任然而每事必請示於
欽憲而後行蓋以
欽憲膺船政之重責也此次撤退達士博先則
面稟蒙准後又具稟蒙准是即
欽憲撤之也如監督稟撤有錯將来惟有
欽憲可以問諸監督别人不能問也已領事見
前批即使二語其意以為監督有約束洋
員匠之權撤退收回可以隨便主意並與
欽差不相涉只是監督承當前在本國招募員
匠之時該員匠等不曉的中國心中估量

只與監督打立合同如有違背合同交監
督自問又
欽差前照會通商局內亦有約束洋匠歸監督
辦理之說故稟撤之事監督不過禮貌上
事其實
欽差照稟照撤未嘗查究應撤與否此次批語
亦是此樣意思也領事之意如此為此博
士巴之案要監督過堂今者達士博之案
亦经要監督過堂監督窃以船政監督名

福州船廠 一〇四

目係在
總理大臣屬下辦中國之事支中國之薪可以不
算外國之員可以算得中國之員而其與
員匠發合同規約中有特代
左憲轉立各約之語又看所發章工及路
費郵費等項亦係奉
憲轉敬之語故撤與不撤惟
憲是主監督只是請示而已遵辦而已是以
領事官過堂監督如何能去如斷出撤退

不是罰賠銀兩從何賠起監督所以博士
巴之事未去過堂早经咨明領事官不去
緣由然此舉甚是擔險監督雖在船工應
遵本國法律領事前斷監督應賠博士巴
案內洋番二千數百元監督已將自己月
薪劃出繳去現在雖向安南按察官控訴
設使仍斷監督之錯前項銀兩竟是虛花
且監督只有一定月薪別無外項進款將
來又派賠銀如何支持得下所以有不能

福州船廠 一〇五

不為
欽憲稟明候
示者一則
欽憲有無總理洋員匠之權稟請撤退之事是否
理應請示抑不過禮貌上事撤退員匠是
欽憲撤之抑只算監督撤之一則僱募洋員匠
有無奉示代立合同各洋員匠等是與中
國官打立合同抑只算是與監督打立合
同至於撤退員匠之事如欲查問是否向

中國官長查問不必問諸監督以上各條
應請
欽憲批示以便各人心上明白後來可以省事
矣專肅敬請
鈞安正監督日意格謹稟
九月二十八日
批德副監督以另派教練之後船廠工程並
未與聞不願同擔干係此因人情是以具
稟前來即予明白批示如果當日稟撤達

福州船廠　一一六

士博事涉虛誣本大臣非　貴監督之問
而誰問耶謂既係正監督專責即應向領
事官過堂此語出何典記豈正監督因領
事官所屬耶監督為船政而設船政為中
國工程中國有大臣主之若法國領事官
可以任意把持則是法國船政非中國船
政也監督有約束外國員匠之責員匠不
遵約束監督理應檢舉至撤與不撤本大
臣自有權衡非監督所能專擅也當日格

里那滋事本大臣照會　貴監督立予撤
退　貴監督雖再四求情本大臣不能曲
允法之所在不可私也若謂撤退收回監
督可以隨便主張然則本大臣所司何事
耶倘中國畀監督以重權至撤留員匠本
大臣且不相涉謂領事官轉可以任意訊
之罰之此何理耶船政之舉是法國永敦
中國之好非法國欲圖中國之利也如領
事官謂法國之人不應代中國辦理船政

福州船廠　一一七

抑或謂本大臣待法國員匠刻薄各員匠
均不願為中國辦理工程亦當稟請
法國駐京公使聽候辦理撤退員匠之事
不時不應向　貴監督查問非領事官責
成所在亦不應向中國官長查問也兩國
永敦和誼船政當不至有始無終假令法
國竟將　貴監督及各員匠一併撤回本
大臣縱萬分為難亦自當另行設法辦理
即使才力不足半途而廢本大臣罪無可

追本大臣之心尚堪自問若有船政之名
無船政之實曲徇人意坐視事之無成縱
朝廷有寬大之恩此心何以上對
君父至於食中國一日薪銀須辦中國一日工
程以盡　責監督及各員匠一日職分天經
地義無二理也希即知照此繳
船政監督教練輪船德克碑謹
稟
大人閣下敬稟者窃日監督撤退總監工經總
監工在敝國領事官控告昨蒙敝國領事
官邀議要監督與日監督會同畫押當時
監督覆云如欲我畫押俾日監督官事速
結須日監督依我兩事一要日監督預備
多銀以防備給總監工之費一須
欽差批准方敢遵行等語但監督前已具稟蒙
批撤退總監工非監督干係等諭曷敢故違
然事在兩難不得不肅稟奉
聞可否之處仰祈

福州船廠

一〇八

批示祗遵敬請
崇安伏維
垂鑒德克碑謹稟
十月初二日
批責副監督另委教練之後船政事宜均不
會同畫押業經稟明有案領事官何得勒
令畫押迨上博由本大臣批繳日監督何
故預備賠銀領事官又何得干預所稟均
不准行希即知照此繳

福州船廠

一〇九

（光緒元年五月廿一日沈葆楨奏）……

（上接《船政奏議彙編》卷十六叶12《洋務運動》之五冊頁165

謹將船政積年在事尤為出力員弁併案請
獎開單恭呈
御覽

計開

工部額外主事陳宗濂
花翎道銜不論班次遇缺即選知府曾光斗
花翎知府銜甘肅候補直隸州知州劉存仁

福州船廠　一

五品銜揀選知縣舉人王葆辰
候選教諭林祇曾
試用訓導沈錦波
不論雙單月選用訓導林雲光
舉人葉蘭台
副貢生周梅初
六品銜遇缺即選從九品范寶書
候選從九品陳崑笙
陳宗濂林雲光二員總辦文案籌畫精密
綱舉目張陳宗濂可否以同知直隸州分
發省分歸候補班前補用並
賞加知府銜林雲光可否以訓導不論雙單月遇缺
先前選用並
賞加五品銜王葆辰林祇曾二員辦理中外交涉事
務操縱得宜動合體制王葆辰可否以知
縣分發省分歸候補班前補用並
賞給四品頂戴林祇曾可否俟選缺後以知縣不論
雙單月儘先前選用並

福州船廠　二

賞加五品銜曾光斗劉存仁沈錦波葉蘭台周梅初
范寶書陳崑笙七員幫辦文案條理精詳
曾光斗可否俟選缺後以道員儘先升用
劉存仁可否俟補缺後以知府升用沈錦
波可否以訓導不論雙單月遇缺先前選
用葉蘭台可否
賞給五品頂戴周梅初可否以復設訓導不論雙單
月儘先前選用范寶書陳崑笙可否均以
巡檢分發省分歸候補班前補用

侯補同知朱景遜
五品頂戴不論雙單月即選知縣黄敬熙
揀選知縣鳳山縣學教諭吳救章
花翎福建侯補遊擊黄淇彬
福建試用巡檢鄔國銓
附生陳全功
書吏鄭友恭
書吏戴慶餘
黄敬熙吳叔章二員總辦文應局考核精
詳久耐煩劇黄敬熙可否侯選缺後以直
隸州歸補侯班前補用並
賞加運同銜吳叔章可否以知縣不論雙單月在任
儘先選用並
賞加五品銜黄淇彬朱景遜二員辦事勤奮黄淇彬
可否
賞給二品頂戴朱景遜可否侯選缺後以知府升用
鄔國銓林全初二員辦事細心鄔國銓可
否侯補缺後以縣丞升用林全初

賞給五品頂戴書吏鄭友恭戴慶餘二員核算精勤
可否均以從九品未入流不論雙單月遇
缺儘先選用
舉人蔣錫璠
揀選知縣舉人吳昂燮
福建閩安左營補用都司林天從
都司銜吳作楫
例貢生林鵬飛
州同銜林士芳

州同銜劉壽年
州同銜薛鳳鄉
州同銜邱篤信
州同銜陳國豪
以上十員均隨同總監工道員葉文瀾分
赴暹羅仰光新加坡各國采辦木料風濤
萬里備極辛勞蔣錫璠吳昂燮苦心擘畫
吳長楫長駐仰光尤為艱苦蔣錫璠吳昂
燮可否均以知縣分發省分歸侯補班前

補用並
賞加五品銜吳作揖可否以守備留閩儘先補用並
賞加游擊銜林天從可否以都司留閩儘先補用林
士芳可否
賞給五品封典林鵬飛劉壽年薛鳳鄉邱篤信陳國
豪可否均
賞給五品頂戴
候選主事區望濂
花翎游擊銜儘先都司吳國順

揀選知縣泰甯縣學訓導林毅
候選訓導黄嘉禾
福建試用縣丞陳耕
附生孟宗伊
書吏黄隆
以上七員常川香港采辦悉心籌畫勞瘁
不辭孟宗伊可否以縣丞不論雙單月儘
先前選用並
賞加五品銜吳國順可否以遊擊留閩儘先補用並
賞加二品頂戴區望濂可否以直隸州不論雙單月
儘先選用林毅可否以知縣不論雙單月
在任儘先選用並
賞加五品銜黄嘉禾可否以訓導不論雙單月儘先
前選用並
賞加五品銜陳耕可否以縣丞歸候補班前補用並
賞加五品銜黄隆可否以從九品未入流不論雙單
月儘先選用
儘先選用知縣邱書勳

留閩補用縣丞蔡品蓮
以上二員前赴台灣番境采辦樟木並煤
炭等件衝冒烟瘴艱險深嘗邱書勳可否
以知縣分發省分歸候補班前補用並
賞加五品銜蔡品蓮可否以縣丞歸候補班前補用
並
賞加五品銜
揀選知縣范繼聲
升用遊擊福建漳州城守營都司林崇春

理問銜廣東候補縣丞陶繼武
藍翎光祿寺署正銜王春暉
縣丞銜葉逢春
按照磨銜監生孟宗疇
以上六員分赴上下游采辦木鐵甎灰各
料久耐煩劇辦事認真范繼聲可否以知
縣分發省分歸候補班前補用並
賞加五品銜孟宗疇可否
賞給五品頂戴林崇春可否

賞加五品銜王春暉葉逢春可否均
賞給五品頂戴
分部學習員外郎林洄淑
提舉銜不論雙單月候選通判鄭綽
分發試用通判董敬箴
揀選知縣舉人林舜璋
崇安縣學訓導馮夢辛
候選訓導梁益謙
候選訓導李錫棻

廣東候補縣丞陳繼徽
候選縣丞李聖培
副貢生林世仁
江西分缺先補用府照磨程克岐
從九品銜監生李栢桂
從九品銜監生戴慶年
附生林豐鑫
浙江海門游擊陳世榮
花翎游擊督標水師補用都司傅德柯

花翎儘先補用都司陳廣明
花翎儘先補用都司陸桂棠
世襲騎都尉兼一等雲騎尉饒懷忠
藍翎升用守備候補千總黃有忠
福建水師提標中營世襲雲騎尉紀鴻慶
福建水師提標前營千總蔡國華
五品軍功福建閩安左營千總陳清福
拔補千總陳兆連
拔補千總王三友

儘先千總蔡德陞
福建督標右營把總于涉瀛
候選從九品吳永柱
書吏林秉慧
書吏吳科蕃
李錫蓁傅德柯董敬箴李聖培陳世榮林
世仁陳兆連王三友八員通曉造船西法
宣力有年李錫蓁可否以鹽大使不論雙
單月儘先前選用並

賞加五品銜傅德柯可否以游擊留閩儘先補用並
賞加二品頂戴董敬箴可否以同知升用並
賞加運同銜李聖培可否俟選缺後以知縣歸候補
班前補用並
賞加五品銜陳世榮可否以叅將留閩浙儘先補用
並
賞加二品銜林世仁可否以教諭不論雙單月儘先
前選用並
賞加五品銜陳兆連王三友可否均以守備留閩儘
先補用並
賞加都司銜林舜璋林洄淑鄭綽梁益謙林豐鑫陸
桂棠饒懷忠馮夢章李栢桂黃有忠蔡國
華陳清福于步瀛十三員分管船工船槽
帆纜木模舢板器具鐵碼頭材料等廠任
勞任怨始終罔懈林舜璋可否以知縣分
發省分歸候補班前補用並
賞加五品銜林洄淑可否俟員外郎補用後以知府
不論雙單月儘先選用先換頂戴鄭綽可

否以通判遇缺前選用並
賞加運同銜梁益謙可否以訓導不論雙單月遇缺
先前選用並
賞加五品銜林豐鑫可否以縣丞不論雙單月儘先
選用並
賞加五品銜陸桂棠可否以游擊留閩浙儘先補用
饒懷忠可否以都司留閩儘先補用並
賞加游擊銜馮夢章可否
賞加五品銜李栢桂可否

賞給五品頂戴黃有忠可否以守備留閩儘先補用
並
賞加都司銜蔡國華陳清福于步瀛可否均以守備
留閩儘先補用程克岐陳繼徽戴慶年陳
廣明蔡德陞紀鴻慶吳永柱林秉慧吳科
蕃九員勤慎供職程克岐可否以從九品
仍留江西候補班前補用陳繼徽可否
賞加五品銜戴慶年可否
賞給五品頂戴陳廣明可否以游擊升用蔡德陞紀

鴻慶可否均以守備留閩儘先補用吳永
柱林秉慧吳科蕃可否均以從九品不論
雙單月遇缺儘先選用
候補內閣中書鍾大鈞
運同銜福建試用同知余慶祺
山東即用知縣署觀城縣知縣何式珍
揀選知縣光澤縣學教諭王星庭
揀選知縣舉人林琅
揀選知縣舉人陳承嫣

舉人郭茀康
舉人林昌謨
候選教諭選缺後以知縣用陳蒓
五品銜候選訓導選缺後以應升之缺升用
曾兆鵬
試用訓導薩克修
試用訓導楊謙
福建試用縣丞鄭應基
廣東試用縣丞劉紹綱

留閩遇缺即補縣丞張家湄
福建試用縣丞余貞祥
候選縣丞林毓良
候選縣丞夏允晃
候選縣丞鄭衡
福建甌甯縣典史楊宗達
福建候補從九品姜春棠
不論雙單月儘先選用從九品曹鎮南
布經歷銜戴景卿

優廩生翁景沂
附貢生陳慶辰
附生許肇基
附生黄春熙
附生王元穪
監生孟宗洛
監生陳桂
監生周貞度
花翎遇缺即補都司補缺後留閩補用游擊

湯昭陞
拔補把總林淂茷
福建都標中營二等武舉楊方平
從九品銜林寶琛
從九品銜鄭三英
從九品銜葉逢春
書吏楊慶辰
王景庭林琅陳承嫣郭苐康林昌謨陳蒓
鄭應基許肇基張家湝孟宗洛林毓良十

一員請熟西法製造宣力有年王景庭可
否以知縣不論雙單月在任儘先選用並
賞加五品銜林琅陳承嫣郭苐康林昌謨可否均以
知縣分發省分歸候補班前補用並
賞加五品銜陳蒓可否以教諭不論雙單月儘先前
選用並
賞加五品銜鄭應基可否以知縣仍留福建歸候補
班前補用並
賞加五品銜許肇基可否以縣丞不論雙單月遇缺

先前選用並
賞加五品銜張家湝可否候補缺後以知縣補用並
賞加五品銜孟宗洛尤熟機器之學可否以縣丞不
論雙單月儘先前選用並
賞加五品銜林毓良可否候選缺後以知縣候補班
前補用並
賞加五品銜余慶祺曾兆鵬薩克修劉紹綱陳慶辰
翁景沂湯昭陞林淂茷黄春熙陳桂十員
與匠丁同艱苦歷久不衰余慶祺可否候

補缺後以知府儘先升用曾兆鵬可否俟
訓導選缺後以知縣在任候選薩克修可
否以復設訓導不論雙單月遇缺先前選
用劉紹綱可否以補缺後知縣仍留廣東
歸候補班前補用並
賞加五品銜陳慶辰黃春熙可否均以縣丞不論雙
單月遇缺先行選用並
賞加五品銜翁景沂可否
賞給五品頂戴湯昭陞可否
福州船廠　十五
賞給二品頂戴林潯茂可否以守備留閩儘先補用
陳桂可否以從九品不論雙單月儘先前
選用夏允晃曹鎮南楊宗達何式珍楊謙
王光穉余貞祥姜春棠戴景卿楊方平鍾
大鈞鄭衡周貞度林寶琛葉逢春鄭三英
楊慶辰十七員辦事認真夏允晃可否以
縣丞留閩歸候補班前補用曹鎮南可否
以從九品留閩歸候補班前補用楊宗達
可否

賞加六品銜何式珍可否以同知升用楊謙可否以
訓導不論雙單月遇缺先前選用王元穉
可否以縣丞不論雙單月儘先前選用余
貞祥可否
賞加五品銜姜春棠可否俟補缺後以縣丞升用戴
景卿可否以布經歷歸部選用楊方平可
否以守備留閩儘先補用鍾大鈞可否
賞加侍讀銜鄭衡可否俟補缺後以知縣升用周貞
可否以從九品不論雙單月儘先前選用
福州船廠　十六
林寶琛葉逢春鄭三英楊慶辰可否均以
從九品不論雙單月遇缺儘先選用
吏部額外主事高紀
三品銜湖北安陸府知府李慶林
浙江候補同知鍾大榮
福建永定縣知縣謝昌霖
五品銜福建補用同知候補班前補用知縣
錫鈞
即選知縣沈樹樺

國子監典籍銜監生劉壽鏗
福建候補鹽大使戴鐸才
六品頂戴選缺後以應升之缺升用分缺先
前選用訓導孫翼文
從九品銜葉捷魁
附生鄭鏞
附生鄭瓊書
已革總兵銜浙江乍浦副將張清標
藍翎把總湯昭明
福州船廠　十七
從九品銜林士譪
書吏陳承綸
書吏林瀾平
劉壽鏗沈樹樺鄭鏞湯昭明四員諳習西
法營造宣力有年劉壽鏗鄭鏞可否以縣
丞不論雙單月遇缺先前選用並
賞加五品銜沈樹樺可否以知縣分發省分歸候補
班前補用並
賞加五品銜湯昭明可否以守備留閩儘先補用並

賞加都司銜鍾大榮張清標葉捷魁三員始終勤奮
遇事躬親鍾大榮可否俟補缺後以知府
仍留原省歸候補班前補用先換頂戴張
清標於咸豐十一年十一月署黃岩鎮總
兵任內縣城失守革職同治元年四月
奏報克復台州各郡縣仍留署任三年二月間卸
事可否開復原官葉捷魁可否
賞給五品頂戴高紀李慶霖謝昌霖戴鐸才孫翼文
臧錫鈞鄭瓊書林士譪陳承綸林瀾平十
福州船廠　十八
員辦事結實高紀可否以同知直隸州分
發省分歸候補班前補用李慶霖可否以
道員歸原省儘先升用戴鐸才可否俟補
缺後以知縣補用孫翼文可否
賞加五品銜謝昌霖臧錫鈞可否均
交部從優議敘鄭瓊書可否以從九品不論雙單月
儘先前選用林士譪陳承綸林瀾平可否
均以從九品不論雙單月遇缺儘先選用
花翎知府銜福建候補同知吳本杰

前署福建福州海防同知彭光藻
前署福建厦門海防同知龔愷
福建補用同知張重颸
福建補用同知侯補知縣潘慶辰
福建試用同知沈兆桂
同知銜福建試用繆嘉行
同知銜福建揀發知縣俞珣
同知銜侯補知縣蘇金策
五品銜福建侯補知縣林大受

陝西大挑知縣梁濟謙
鳳山縣學訓導葉滋東
福建侯補鹽大使李鏞
五品銜廣東試用縣丞葉杓南
福建試用縣丞李麟瑞
侯補縣丞周德新
福建侯補府經歷沈聯奎
侯選從九品鈕家鉠
附生黃嘉爾

署台灣安平協副將周振邦
葉杓南黃嘉爾繆嘉行三員約束嚴明歷久不懈葉杓南可否以知縣仍留廣東歸侯補班前補用黃嘉爾可否以縣丞不論雙單月遇缺先前選用並
賞加五品銜繆嘉行可否侯補缺後以同知直隸州留閩歸侯補班前補用沈兆桂李麟瑞梁濟謙葉滋東沈連奎吳本杰俞珣林大受張重颸潘慶辰龔愷彭光藻蘇金策周德

新周振邦鈕家鉠李鏞十七員稽查得力沈兆桂可否
賞加知府銜李麟瑞可否以縣丞歸侯補班前補用梁濟謙可否仍留陝西歸大挑本班儘先前補用葉滋東係舉人出身可否以知縣不論雙單月在任儘先選用沈聯奎可否侯補缺後以知縣升用俞珣可否侯補缺後以同知儘先補用林大受可否侯補缺後以同知直隸州補用張重颸可否侯補

缺後以知府補用吳本杰葉愷彭光藻潘
慶辰蘇金策周德新可否均
交部從優議叙周振邦可否
賞加總兵銜鈕家鍈可否以從九品留閩儘先補用
李鏞可否
賞加鹽提舉銜
揀選知縣舉人陳壽臧
舉人王舉翰
候選教諭王宣辰

候選從九品吳禮堂
候選從九品黃紹本
不論雙單月候選從九品朱慶生
理問銜監生羅豐祿
附生林憲曾
附生施魯濱
附生黃煊
從九品銜監生魏瀚
從九品銜林日章

五品軍功監生曾恒忠
五品軍功陳兆翱
五品軍功劉步蟾
五品軍功林泰曾
五品軍功陳季同
王樹翰通曉法言語文字兼熟算學機學
可否以知縣不論雙單月儘先前選用並
賞加五品銜曾恒忠精熟英文算學充當教習盡心
訓迪著有成效可否

賞給四品頂戴林憲曾黃煊羅豐祿三員通曉英文
算學訓迪有方可否均以縣丞不論雙單
月遇缺先前選用並
賞加五品銜魏瀚陳兆翱劉步蟾林泰曾陳季同五
名在學堂多年西學最優此次隨日意格
赴英法各國采辦兼資考究情殷報
國不辭艱險應請破格獎叙以為後來者勸魏瀚
可否以縣丞不論雙單月儘先選用並
賞加五品銜陳兆翱劉步蟾林泰曾陳季同可否均

以守備留閩儘先補用並
賞加都司銜朱慶生林日章二名通曉法文測算畫
學朱慶生可否俟選缺後以府經縣丞歸
候補班前補用林日章可否以從九品不
論雙單月儘先前選用陳壽臧王宣辰施
魯濱三員督課認真範圍嚴密陳壽臧可
否以知縣不論雙單月儘先前選用並
賞加五品銜王宣辰可否俟選缺後以知縣不論雙
單月儘先前選用並

福州船廠　廿三

賞加五品銜施魯濱可否以縣丞不論雙單月遇缺
先前選用並
賞加五品銜吳禮堂黃紹本二員幫教得力吳禮堂
可否俟補缺後以縣丞升用黃紹本可否
以從九品分發省分儘先補用
揚武輪船管駕副將銜福建水師提標中軍
叅將貝錦泉
飛雲輪船管駕儘先副將福建湄洲營遊擊
吳世忠
伏波輪船管駕儘先遊擊貝珊泉
濟安輪船管駕拔補千總鄭漁
福星輪船管駕儘先千總楊永年
靖遠輪船管駕儘先千總張成
鎮海輪船管駕儘先千總陸倫華
永保輪船管駕都司銜儘先千總林文和
海鏡輪船管駕都司銜儘先千總柯國棟
靖海輪船管駕儘先千總陳紹芳
萬年清輪船管駕儘先把總沈順發

福州船廠　廿四

湄雲輪船管駕都司銜唐宗年
振威輪船管駕都司銜呂翰
琛航輪船管駕都司銜林國祥
海東雲輪船管駕五品軍功葉富
長勝輪船管駕五品軍功黎家本
以上十六員貝錦泉吳世忠出力最久歷
險最多熟悉洋情於中外交涉事宜均能
得其竅要張成呂翰西學最深船上操演
規矩謹嚴洋人見之均以為合於兵法應

否以水師總兵記名請
旨簡放張成可否以都司仍留福建儘先補用吳翰
可否以守備留閩儘先補用並
賞加遊擊銜貝珊泉鄭漁陸倫華楊永年沈順發屠
宗年均由洋船出身熟悉風濤沙綫由大
二副拔至管駕皆四五年以上始終罔懈
備極辛勞貝珊泉可否俟遊擊補缺後以
參將仍留閩浙儘先補用並
賞加副將銜鄭漁陸倫華楊永年沈順發可否以守
福州船廠　廿五
備留閩浙儘先補用並
賞加都司銜屠宗年可否以守備留閩浙儘先補用
林國祥葉富黎家本通曉西學精於駕駛
林文和柯國棟陳紹芳熟諳海防辦事勤
能可否均以守備留閩儘先補用
福星輪船正管輪留閩補用都司何朝光
揚武輪船正管輪儘先千總董愷
飛雲輪船正管輪儘先千總林維三
伏波輪船正管輪儘先千總胡恒煊

振威輪船正管輪儘先千總黃應元
以上五員充正管輪七八年以上諳練機
學毫無貽誤何朝光可否以遊擊仍留閩
省儘先補用董愷林維三胡恒煊黃應元
可否均以守備仍留閩浙儘先補用並
賞加都司銜
湄雲輪船正管輪儘先千總陳良貴
永保輪船正管輪儘先把總郭成志
以上二員通曉機器不辭勞瘁可否以守
福州船廠　廿六
備留閩浙儘先補用
湄雲輪船大副儘先把總貝錦布
永保輪船二副福建湄洲營千總陳漢
飛雲輪船前大副儘先把總康長慶
飛雲輪船二副儘先把總江輝
揚武輪船學習世襲三等男爵邱炳忠
揚武輪船總管槍礮儘先千總龐輔相
鎮海輪船管帶練兵儘先千總劉文鐸
建威練船前稽查委員花翎游擊本任福建

金門都司陳世英

靖海輪船前營駕藍翎補用守備福建水師

提標後營把總陳有才

以上九員均能不避艱險各勤厥職邱炳

忠可否以副將留閩浙水師儘先補用貝

錦希陳漢江輝麗輔相可否均以守備留

閩浙儘先補用康長慶可否以守備留原

省儘先補用劉文鐸可否

賞加五品銜陳世英可否以遊擊留閩儘先補用陳

有才可否以守備留閩儘先補用

大挑二等舉人趙廷禧

副貢生就職教諭李書升

副貢生就職教諭郭炳燦

試用訓導江承恩

候補縣丞貝錦雷

附貢生吳寶璋

附生黃毓楠

監生王承烈

監生陳良瑜

監生郭紹寬

候選未入流黃葆

文童周書

以上十二員承辦各船文案均能涉歷風

濤任勞耐劇趙廷禧可否以本班儘先前

選用郭炳燦李書升可否均以教諭不論

雙單月遇缺前選用江承恩可否以訓導

遇缺前選用貝錦雷以應升之缺升用吳

寶璋黃毓楠可否均以從九品不論雙單

月遇缺前選用王承烈陳良瑜郭紹寬可

否均以從九品不論雙單月選用黃葆周

書可否均以典史不論雙單月遇缺前選

用

管帶福靖新後老後兩營總兵銜閩浙補用

副將王正道

總兵銜閩浙候補副將余宏亮

候補遊擊湯昭龍

花翎儘先遊擊李忠元
花翎儘先遊擊林本喜
藍翎補用都司孫東軒
遊擊銜浙江海鎮標候補守備陳友定
藍翎都司銜儘先守備王國良
藍翎都司銜儘先守備劉三俊
藍翎守備銜儘先千總余宏富
藍翎儘先千總熊福增
藍翎儘先千總宋喜發

儘先千總戴明耀
藍翎儘先把總王發科
福建督標候補把總林國英
已革福建升用同知同知銜藍翎補用知縣
章慶霖
候選從九品彭肇基
生員王治庭
王正道不避嫌怨晝夜巡防奸匪歛迹可
否以總兵記名請

旨簡放熊福增駐扎船廠實力稽查歷久不懈可否
以守備留閩儘先補用並
賞加都司銜李忠元林本喜二員認真勞務實力巡
防可否均以叅將留閩儘先補用並
賞加副將銜孫東軒王國良宋喜發戴明耀王發科
林國英六員捺防勤奮不遺餘力孫東軒
可否以遊擊留閩儘先補用王國良可否
以都司留閩儘先補用宋喜發戴明耀王
發科林國英可否以均守備留閩儘先補

用余宏亮湯昭龍陳友定劉三俊余宏富
章慶霖彭肇基王治庭八員各勤厥職余
宏亮可否以副將仍留閩浙儘先補用湯
昭龍可否
賞給二品頂戴陳友定可否以都司仍留浙江鎮標
儘先補用劉三俊可否以都司留閩補用
余宏富可否以守備留閩儘先補用章慶
林可否開復原官彭肇基可否以從九品
留閩補用王治庭可否以從九品儘先選

用
二品頂戴花翎儘先進擊楊廷輝
儘先守備世襲雲騎尉繆承勳
都司銜降千總世襲雲騎尉劉朝清
守備銜世襲恩騎尉廖麟
福建閩安左營千總補用守備楊廷煌陳成
勳
千總補缺後儘先守備楊廷煌
藍翎儘先把總吳文基

儘先選用訓導舉人嚴伯謙
廣東候補從九品楊慶璣
繆承勳劉朝清吳文基三員轉運梭巡晝
夜不懈繆承勳可否以都司留閩儘先補
用並
賞加遊擊銜劉朝清可否開復守備仍歸閩省水師
儘先補用吳文基可否以守備仍歸閩省
水師儘先補用嚴伯謙楊廷輝陳成勳廖
麟書楊廷煌楊慶璣六員辦事勤能楊伯

謙可否
賞加內閣中書銜楊廷輝可否以參將留閩儘先補
用楊廷煌陳成勳廖麟書可否均以守備
留閩儘先補用楊慶璣可否以應升之缺
留粵即補
光緒元年六月十三日軍機大臣奉
旨覽欽此

468（光緒二年）十月廿五日署閩浙總督文
文稱據福建善後局司道呈詳奉
欽命總理船政大臣吳照會案據全臺支應局臺灣道夏獻綸詳奉准兩江督部堂沈咨據船政提調吳道呈稱赫總稅司請發凌風飛虎兩船運交砲械價銀船政衙門無案可查呈請察核飭遵等情查此項砲械係本大臣前在臺灣時因海防需用由日監督定購既經凌風飛虎兩船分起運交所有價銀自應照給

福州船廠　卅三

咨會查照轉飭臺灣夏道如數照給等因飭道查明給領等因又奉札開查此項砲械乃沈大臣在臺灣購本衙門並未支給價銀具價值若干本衙門無案可稽惟前准辦公所譯送赫總稅司來緘內稱四十磅砲四尊每尊價銀五百磅二十磅砲四尊每尊價銀三百五十磅八尊共計價銀三千四百英磅照時價折算應合關平銀一萬兩有奇緣該砲前經用過三四年不能照新砲價錢發售酌減至關平銀一萬兩等語經提調吳道開摺具報在案茲准兩江督部堂咨據船政提調吳道呈稱赫總稅司請發凌風飛虎兩船運交砲械價銀船政衙門無案可查理合開摺呈請飭遵等情前來查此項砲械係本大臣前在臺灣時因海防需用由日監督定購既經凌風飛虎兩船分起運交所有價銀自應照給除札提調吳道知照外咨會查照轉飭如數照給等因轉飭查照辦理各到局奉此

福州船廠　卅四

查安蒙士郎前膛螺絲四十磅鋼砲四尊安蒙士郎後膛螺絲二十磅鋼砲四尊均係赫總稅司代辦由飛虎凌風輪船先後運臺歸安平砲臺配用該砲價值若干已否發給局中無案可稽嗣准日監督來函以此項砲價清單轉飭繙譯官日意傑檢查呈送共計三千四百英磅折合洋銀若干兩並請轉飭辦公所按照時價核明暨此項價銀已否付清行局遵照即經開摺呈送茲奉前因復查前

項砲位八尊既准赫總稅司來函內稱四十磅砲每尊價銀五百磅二十磅砲每尊價銀三百五十磅緣該砲前經用過三四年酌減至關平銀一萬兩自應照數給發惟臺防經費係由善後局撥解相應備文詳請查核飭局在於應解臺防經費項下劃撥關平銀一萬兩申合庫平銀一萬一千一百兩呈交轉給歸款以免解運之煩等由據此查此項砲價屢經請領往返咨詢已稽時日既經兩江

督部堂咨照給復據臺灣道詳就省局應解臺防經費項下劃撥歸款相應照局如數解應等因奉此相應由局在於局存應解臺防經費項內劃出庫平番銀一萬一千一百兩填批委員試用縣丞蔡信華解赴船政衙門呈繳察收轉給歸款等情到本兼署部堂部院據此除詳批示外相應咨呈為此咨呈貴衙門謹請察照施行

486

（光緒三年）二月初八日福州將軍文煜文稱為照閩海關四成洋稅一款續經戶部奏准除循舊協撥各款外以一半撥充海防經費以一半歸還部庫撥給西征餉銀二百萬兩之款業經本將軍將六十四結期內餘存四成洋稅各半分勻按數批解清款奏咨在案本年九月接准北洋大臣來咨現派船政學生前赴英法各國探究造船駕駛之精奧所需經費應就部撥海防經費案內福建

省厘金項下就近酌解船政收抵如厘金撥不足數即由閩海關四成洋稅奏撥准抵部撥之款等因當經本將軍核明四成洋稅收支數目現無存銀可動應俟屆滿結期即行核撥緣由分咨查照旋准船政大臣咨學生出洋經費再三核減三年共需銀十九萬二千六百五十兩零內第一年需費銀七萬三千五百六十三兩零咨請會籌撥定見復並經巡撫部院丁酌定於厘捐應撥海防項下

認一半其餘即由海關四成及船政共認一半咨請裁奪各等因核計學生出洋第一年所需經費除歸厘捐及船政匀撥外閩海關四成洋稅應匀解銀一萬八千三百九十兩零自應查照撫部院來咨辦理隨經照咨轉移船政大臣查照各在案茲查閩海關第六十五結四成洋稅項下開除支解各款僅存銀三千九百七十八兩六錢三分一厘二毫內除一半銀兩應解部庫投納外其應撥海防經費項下只有實銀一千九百八十九兩三錢一分五厘六毫除俟下結屆滿核明四成數目再行撥解所有第六十五結實存一半銀兩先行截數解赴船政大臣吳查收外相應先行咨呈為此咨呈總理各國事務衙門請煩察照施行

福州船廠　廿七

499

（光緒三年）五月十三日俄股抄付船政大臣奏稿稱通來船工製造日求其新而經費日見其絀上年七月間起造鐵脅及康邦輪機洋匠半係新招工徒皆非素習考究規摹變通增減稍一大意往往既成復毀工料虛糜不似前此專造舊式之易循成軌也出洋監督道員李鳳苞暨日意格西行時臣曾囑一抵法都即校定一千七百匹馬力巡海快船圖式及應配料件開單趕寄現接電報該監督及學生等於三月二十四日抵法之馬塞海口前項圖式清單計日可到當即起手仿製唯籌工必先籌費而海關月款元年欠解二十萬兩二年欠解十八萬兩本年自正月迄今六成項下又新欠十二萬兩雖四成項下按月撥解二萬兩杯水車薪立見其涸第一號鐵脅船竭力趕工始克依期下水第二號鐵板銅管各料已由外洋購到者價腳未能給清船殼應用之楠木因費不應手

福州船廠　廿八

尚未購辦度支如此其難雖使聰明才力十
倍於臣者處此亦不免有無米為炊之慮況
臣之暗昧尤恐顧此遺彼欲速反遲總督工
道員葉廷春因母病未克來工廠中一切事
件僅恃提調道員吳仲翔襄理該員熟練工
務任事實心深資臂助惟當此工繁費拙措
手殊難倘台防稍鬆臣仍暫回工次往來照
料以期慎密李鴻章以所購三十八頓砲鐵
船二號日內可到囑臣俟該船抵閩將教習

洋人分別去留並配募砲勇核定章程歸併
龍驤虎威等船一處操練屆時臣若未能遄
回應飭吳仲翔就近稟商督撫臣代為酌奪
撫臣丁日昌素抱公忠力維大局台事正有
起色若病勢稍減必仍一手經理以收未竟
之功臣現將廠事略為部署即日帶船政關
防渡台應如何籌畫布置當謹遵
諭旨隨時咨商督撫臣妥籌辦理船政尋常公事暫
交提調吳仲翔代拆代行緊要事件包封遞

台由臣親自酌辦至製船經費為目前急需
並懇
天恩飭下閩海關按月照數撥解並將新舊欠款陸續
解清以濟要工而全大局除俟抵台後察看
情形隨時馳報外所有微臣赴台並將船政
事宜布置緣由理合恭摺附輪船遞交上海
縣四百里馳陳伏乞
皇太后
皇上聖鑒訓示謹
奏

509 （光緒四年）正月初九日船政大臣吳贊
誠函稱敬肅者竊贊誠閩廠督工瞬將兩載
遠叨鈞誨獲藉遵循私衷時深感佩本年鐵
脅船成雖止一號而各船接續大修工費頗
繁緣廠中成船既多閱歲已久雖當日工料
堅寔而多經風浪難免損傷自台防事起各
船輪流轉運曹不少停台洋急溜東趨風浪
最惡且少泊船口岸南北兩路行駛已艱而
後山洶湧倍於前山謹慎十分亦難免時有

損舵失錨之事而船身歛漏尤易受傷修船
之費日增養船之費支絀東西挪墊周轉殊
難製造工程因之牽掣閩中督撫藩司未嘗
不思顧全大局無如稅厘日減部撥加多寔
有無可籌挪之勢海關六成一項短絀過多
即令旺徵亦難足額惟查四成一項間有贏
餘擬請嗣後應解製船經費每結六成不足
即儘四成贏餘劃解業已具疏上陳籲求
恩准疏稿另牘咨呈察查在案擬造二千六百尺馬

力巡海快船洋監督日意格已令學生在外
洋繪算圖表現因學生送入官學繪算尚未
完妥又送地中海洋廠校正確準方可寄回
摹製而監督李鳳苞近日來書又稱英國格
拉司哥廠所創每點鍾能行廿五英里之快
船尤為精利惟製法秘奧須先派學生入廠
學習而後能按圖仿造已函囑其先購總圖
寄回再為酌察辦理學生在英國考入格令
尼次官學者六人入琴士大官學者一人上

狄分司等鉄甲船者三人上伯里洛分等兵
船者三人在法國入削浦官學者四人其餘
尚在地中海等處民學民廠內學習惟第二
年出洋經費僅海關解到銀一萬六千餘兩
其閩省稅厘局應解之三萬三千餘兩現尚
無款撥解船政認出之一萬六千餘兩亦因
費絀無從湊滙尚須設法另籌揚武兵船又
需大修估費頗鉅開春即當趲辦閩中冬節
後陰雨連旬嚴冬持甚粮價驟漲民食多難

幸地方洋面均甚平靖知系藎廑合併附及
肅泐敬請勛安

554 一光緒五年一六月三十日軍機處交出光
祿寺卿吳贊誠抄摺稱為鐵脅輪船仿造成
功所有在事出力員紳將弁匠徒人等遵
旨擇尤保奬謹分繕清單恭摺仰祈
聖鑒事竊閩廠仿製鐵脅輪船並康邦機器著有成
效經 臣於四年八月二十八日
奏請將出力人員奬敘奉
旨著准其擇尤保奏毋許冒濫欽此 臣維泰西製船
機竅奥妙每矜奇而衒異即移步而换形守
舊學者尚易遵循繹新知者驟難融會閩廠
自仿造鐵脅輪船以來調度者苦心擘畫監
視者鋭意推求測算者觸類旁通體認於意
象形聲之表操作者因難見功神明於方圓
規矩之中巡察者冒著衝寒既始終以赴役
采辦者裒多益寡亦轉運之應時犀力畢宣
鉅工用舉事雖因而寔創咸堅學製之心藝
由淺而得深遂集觀成之效向者因材器使
省試親加今者即事課功等差必辨有勞則

錄俾興鼓舞於將來所舉維嚴藉免吹竽之
或濫 臣現核員紳將弁尤為出力者六十七
名教習學生匠首差弁人等尤為出力者七
十名查各廠匠首前屆船工告成案內經沈
葆楨咨部核奬內有已保至千總者此次續
著勞績自應一併上
聞以示激勸謹分繕清單出具考語恭呈
御覽合無仰懇
天恩俯念該文武員弁等從事要工力求新異不無
福州船廠　四五
微勞
准予奬叙用資觀感而勵後來除將出力稍次者咨
部核奬外理合會同兩江總督沈葆楨福州
將軍慶春閩浙總督兼署福建巡撫何璟合
詞恭摺附驛具陳伏
皇太后
皇上聖鑒訓示謹
奏
光緒五年六月二十九日軍機大臣奉
旨許鈐身等均著照所請奬給勵餘依議該部知道
單二件併發欽此
謹將鐵脅輪船仿造成功在事尤為出力員
紳水陸將弁請奬開單恭呈
御覽
計開
二品頂帶直隸候補道許鈐身
該員經派令稽查員紳遇事認真才識通
達可否
福州船廠　四六
交部從優議叙
不論雙單月選用道王葆辰
該員器識宏深經派總辦工程調度有方
不辭勞瘁可否以道員分發省分歸補候
班前補用
同知銜儘先選用何文澍
六品銜鳳山縣訓導不論雙單月在任儘先
選用知縣林穀
以上二員總辦文案精密安詳何文澍埜

灣後山三次勦平番社案內擬保以知縣
留閩歸候補班前補用今可否俟補缺後
以直隸州知州仍留原省補用林毅臺灣
後山三次勦平番社案內擬保以知縣在
任遇缺前先選用今可否俟知縣選缺後
以同知升用先換頂帶
分發試用通判林雲光
六品銜候補班前補用知縣李聖培
以上二員總辦文應稽核精詳林雲光臺

福州船廠 四七

灣後山三次勦平番社案內擬保同知銜
今可否
賞給四品銜李聖培光緒四年閩船工告成案內由
候選縣丞保俟選缺後歸候補班前補用
嗣在福建晋捐局報捐縣丞分發指省江
蘇並捐離縣丞暨捐免補本班歸知縣候
補班前補用今可否以知縣仍留江蘇歸
候補班前補用
六品銜分發省分候補班前先用知縣林祇

曾該員辦理中外交涉事件動合機宜可否
俟補缺後以直隸州知州仍留原省儘先補
用先換頂帶
六品銜藍翎選用知縣李延祜
六品銜指分兩淮候補班前先用鹽大使李
錫棻
六品銜不論雙單月儘先前選用教諭林世
仁
六品銜分發省分候補班前先用縣丞李宗

福州船廠 四八

伊
五品軍功福建候補班前先補用縣丞李麟
瑞
候補從九品程華湘
以上六員熟於造船西法効力有年李延
福臺灣後山三次勦平番社案內擬保以
知縣分發省分補用今可否
賞加同知銜李錫棻可否俟補缺後以知縣仍留江
蘇歸補候班前補用林世仁可否俟選缺

後在任以知縣不論雙單月儘先前選用
孟宗伊李瑞麟可否均俟補缺後以知縣
仍留原省儘先補用程華湘可否以從九
品留閩補用
知州銜福建試用府經歷李烇
該員督造鐵脅備極勤奮可否以府經歷
歸候補班前補用
六品銜補用知縣本任漳浦縣佛曇橋縣丞
張家瀰

五品銜不論雙單月儘先前選用知縣選缺
後補用直隸州王樹翰
六品銜補用知縣不論雙單月儘先選用縣
丞林豊鑫
以上三員諳熟輪機課工勤慎張家瀰可
否以知縣仍留閩歸候補班前補用王樹
翰可否
賞給五品封典林豊鑫可否以知縣歸部選用
五品銜分發省分候補班前知縣林昌謨

運同銜過缺前選用通判鄭綽
以上二員諳熟鼓鑄西法宣力有年林昌
謨可否俟補缺後以直隸州知州仍留原
省儘先補用鄭綽可否俟選缺後以同知
補用
舉人揀選知縣鄭逢時
舉人揀選知縣羅崇鼎
六品銜不論雙單月過缺先前選用縣丞選
缺後補用知縣孟宗洛

以上三員監製鍋鑪始終罔懈鄭逢時可
否以知縣分發省分儘先補用羅崇鼎可
否以知縣分發省分儘先補用孟宗洛可
否以知縣分發省分儘先補用
不論雙單月儘先選用從九品應邦彥
不論雙單月過缺先前選用訓導薩克修
以上二員熟悉船上鑲配工程認真經理
應邦彥可否以巡檢留閩補用薩克修可
否

賞給光祿寺署正銜
五品銜福建候補班前補用知縣鄭應基
舉人陳慶辰
六品銜廣東候補班前補用知縣試用縣丞
劉紹綱
以上三員監督拉造銅鐵備極勤勞鄭應
可否俟補缺後以同知直隸州留閩補用
陳慶辰可否以知縣歸部儘先選用劉紹
綱可否以縣丞歸候補班前補用

舉人鄭瓊書
六品銜本任崇安縣學訓導馮夢辛
五品軍功福建候補班前補用從九品曹鎮
南
六品銜選用從九品戴慶年
以上四員監製木模並帆纜舢板各項積
年勤奮鄭瓊書可否以知縣歸部儘先選
用馮夢辛可否以應升之缺在任候選曹
鎮南可否俟補缺後以府經歷補用戴慶

年可否俟選缺後以縣丞補用
福建候補知縣吳嚴
六品銜河南候補班前知縣林毓良
儘先前選用從九品陳桂
鹽大使銜監生鄭孝穎
五品軍功福建候補班前補用縣丞夏允晃
以上五員管司料件稽覈認真吳嚴可否
俟補缺後以直隸州知州補用先換頂戴
林毓良可否俟補缺後以同知直隸州補

用先換頂戴陳桂可否以從九品分發省
分儘先補用鄭孝穎可否以鹽大使歸部
儘先選用夏允晃可否俟補缺後以知縣
補用
工部員外郎補缺後不論雙單月儘先選用
知府林洄淑
運同銜分發試用通判補缺後升用同知董
敬箴
六品銜不論雙單月儘先前選用知縣王宣

辰
六品銜不論雙單月遇缺儘先前選用縣丞
選缺後儘先補用知縣黃煊
不論雙單月俟選縣丞金仁杰
六品銜不論雙單遇缺先前選用縣丞林憲
曾監生湯金鑄
以上七員稽查學　教督出力林洄淑可
否
賞加道銜董啟箴可否以通判分發省分歸候補班
福州船廠
前補用補缺後仍以同知升用王宣辰可
否
賞加五品銜黃煊可否以縣丞分發省分歸候補班
前補用補缺後仍以知縣留原省儘先補
用金仁杰臺灣後山三次勦平番社案內
擬保以本班留閩歸候補班補用今可否
俟補缺後以知縣仍留閩省補用林憲曾
可否俟選缺後以知縣儘先補用湯金鑄
可否以縣主簿歸部銓選

五三

舉人揀發知縣黃嘉爾
六品銜不論雙單月儘先前選用訓導黃嘉
禾
以上二員辦事認真黃嘉爾可否以知縣
分發省分儘先補用黃嘉禾可否俟選缺
以應升之缺升用
同知銜江蘇試用通判倪懷清
同知銜梁雲漢
廩生黃允威
福州船廠
以上三員採辦出力倪懷清可否
賞加四品頂戴梁雲漢可否以雙月同知歸部選用
黃允威可否以雙月訓導歸部選用
江蘇補用知府柯王棟
該員迭次會解海關銀両均無貽誤可否
交部從優敘議
副將銜福建補用陸路遊擊馬佩琳
該員　查廠　極為出力臺灣後山三次
勦平番社案內擬保免補本班以叅將留

五四

閩儘先前補用今可否
賞給二品封典
花翎准補閩浙督標水師營叅將余致廷
花翎儘先補用遊擊虞先步
遊擊銜留閩儘先補用都司繆承勳
留閩儘先補用守備戴明耀
都司銜儘先守備現署閩安左營都司劉朝
清
藍翎守備銜儘先千總卯為和
福州船廠　五十五
藍翎守備銜儘先千總田鶴明
藍翎守備銜千總胡星煥
都司銜儘先補用千總吳聯超
五品軍功儘先補用千總吳飛彪
五品軍功儘先補用千總謝廷功
五品軍功儘先補用千總黃亨成
五品軍功儘先補用千總陳玉春
藍翎五品軍功儘先補用千總林鳴鶴
藍翎儘先補用千總胡鳳翼

藍翎儘先補用守備吳文基
留閩儘先補用把總胡之紳
以上一十七員晝夜巡防歷久不懈余致
廷可否以副將留閩浙水師儘先補用虞
先步可否以遊擊留閩儘先補用繆承勳
可否俟補缺後以遊擊仍留閩省儘先補
用戴明耀臺灣後山三次勦平番社案內
擬保以都司仍留福建儘先補用今可否
賞加遊擊銜劉朝清吳文基可否均俟補缺後以都
福州船廠　五十六
司留閩儘先補用卯為和田鶴明胡星煥
吳聯超吳飛彪謝建功黃亨成陳玉春林
鳴鶴胡鳳翼可否均俟補缺後以守備留
閩儘先補用胡之紳臺灣後山三次勦平
番社案內擬保以千總儘先拔補今可否
賞加守備銜
光緒五年六月二十九日軍機大臣奉
旨覽欽此
謹將鐵脅輪船仿造成功在事尤為出力教

習學生差弁匠首人等請獎開單恭呈
御覽
計開
縣丞職銜監生鄭誠
縣丞職銜監生游學詩
理問銜監生羅熙祿
五品軍功附生鄭文成
州同銜林鍾璣
五品軍功留閩儘先補用千總葉琛
以上六品教習出力鄭誠游學詩可否均
以縣丞不論雙單月儘先選用羅熙祿可
否以縣丞歸部即選鄭文成可否
賞加中書科中書銜林鍾璣可否以從九品不論雙
單月儘先選用葉琛可否俟補缺後以守
備留閩補用
繙繹學生汪喬年
該生繙繹出力臺灣後山三次剿平番社
案內擬保從九品分發省分歸候補班前

補用今可否俟補缺後以府經縣丞仍留
原省補用
六品軍功從九品職銜曾宗瀛
從九品職銜王慶端
從九品職銜王福昌
從九品職銜陳才銘
從九品職銜陳伯璋
六品軍功從九品職銜李芳榮
六品軍功從九品職銜魏暹
六品軍功監生王迴瀾
監生黃庭
以上九名繪圖出力可否均以從九品
不論雙單月儘先選用
六品軍功留閩儘先拔補千總陳文祥
該弁繪圖出力可否俟補缺後以守備
留閩儘先補用先換頂戴
留閩儘先補用都司王三友
五品軍功閩浙督標中營儘先補用千總

林高陞
五品軍功留閩儘先補用千總李滜標
五品軍功留閩儘先補用千總王國經
五品軍功留閩儘先補用千總許榮光
五品軍功留閩儘先補用千總鄭高標
五品軍功留閩儘先補用千總葉景祺
五品軍功留閩儘先補用千總楊金標
五品軍功留閩儘先補用千總鄭金清
五品軍功留閩儘先補用千總王夲成

五品軍功留閩儘先補用千總鄭福泉
五品軍功留閩儘先補用千總朱培龍
五品軍功留閩儘先補用千總王滜標
五品軍功留閩儘先補用千總鄧苹
五品軍功留閩儘先補用千總王明貴
五品軍功留閩儘先補用千總王心誠
五品軍功留閩儘先補用千總林光錦
五品軍功留閩儘先補用千總梁湘
以上十八名當差勤奮王三友可否俟補

缺後以遊擊留閩浙補用林高陞李滜標
王國經許光榮鄭高標葉景祺楊金標鄭
金清王夲成鄭福泉朱培龍王得標鄧苹
王明貴王心誠林光錦梁湘可否均俟補
缺後以守備留閩補用
五品軍功留閩儘先補用千總林新
五品軍功留閩儘先補用千總陳和慶
以上二員派充拉機鐵廠匠首尤為出力
可否均俟補缺後以守備留閩補用

五品軍功留閩儘先補用千總袁光禮
五品軍功留閩儘先補用千總黃學琳
五品軍功留閩儘先補用千總康長安
以上三名派充水缸廠匠首尤為出力可
否均俟補缺後以守備留閩補用
五品軍功留閩儘先補用千總楊叶
五品軍功留閩儘先補用千總黃戴
以上二名派充輪機廠匠首尤為出力可
否均俟補缺後以守備留閩補用

五品軍功留閩儘先補用千總何景福
五品軍功留閩儘先補用千總鄭青
五品軍功留閩儘先補用千總陳和
五品軍功留閩儘先補用千總陳西第
五品軍功留閩儘先補用千總潘友樾
五品軍功留閩儘先補用千總林烺
五品軍功留閩儘先補用千總馮青湧
五品軍功留閩儘先補用千總賴高
五品軍功留閩儘先補用千總劉寅登

福州船廠　六十一

五品軍功留閩儘先補用千總鄔懤
五品軍功留閩儘先補用千總陳練
以上十一名派充船廠匠首尤為出力何景福鄭青陳和可否均俟補缺後以守備留閩補用陳西第潘友樾林烺馮青湧賴高劉寅登鄔懤陳練可否均
賞加守備銜
五品軍功留閩儘先補用千總歐陽森
五品軍功留閩儘先補用千總韓松山

五品軍功留閩儘先補用千總區日
五品軍功留閩儘先補用千總李蓮
以上四名派充鑄鐵廠匠首尤為出力可否均俟補缺後以守備留閩補用
五品軍功留閩儘先補用千總陳岱萃
五品軍功留閩儘先補用千總王春山
以上二名派充木模廠匠首尤為出力可否均俟補缺後以守備留閩補用
五品軍功留閩儘先補用千總陳東樌

福州船廠　六十二

五品軍功留閩儘先補用千總陳得利
以上二名派充帆纜廠匠首尤為出力可否均俟補缺後以守備留閩補用
五品軍功留閩儘先補用千總蔡良
五品軍功留閩儘先補用千總朱其揚
以上二名派充舢板廠匠首尤為出力可否均俟補缺後以守備留閩補用
五品軍功留閩儘先補用千總沈夲
五品軍功留閩儘先補用千總黃勝

以上二名派充截鐵廠匠首尤為出力可否均俟補缺後以守備留閩補用

五品軍功留閩儘先補用千總黃文禧

五品軍功留閩儘先補用千總蔣泉益

以上二名派充版築所匠首尤為出力可否均

賞加守備銜

六品銜補用縣丞分發省分候補班前補用巡檢范寶書

分發省分候補班前先用巡檢鄭友恭

五品軍功分發省分候補班前先用巡檢林秉慧

以上三名派充書吏勤慎出力范寶書可否俟補缺後以縣丞儘先補用鄭友恭臺灣後山三次勦平番社案内擬保俟補缺後以縣丞儘先補用今可否

賞加理問銜林秉慧可否俟補缺後以府經縣丞用

光緒五年六月二十九日軍機大臣奉

旨覽欽此

欽定福建省外海戰船則例二十三卷首一卷（卷首至卷八）

〔清〕佚名纂

《欽定福建省外海戰船則例》二十三卷首一卷，纂者不詳。是書專記福建省各類戰船製造章程。卷一各省外海戰船總略、福建省外海戰船總略，略陳福建省船隻數目、分類及名目營、號數。其餘各卷則詳述各類戰船之構件名稱、使用材料、尺寸規格、所計費用等，鉅細靡遺，甚稱詳備。據清刻本影印。

奉天外海戰船做法

福建省造送金州水師營大趕繒船叁隻捌號遵

長柒丈肆尺梁頭濶壹丈捌尺柒寸計貳拾壹

艙

今將成造前船需用工料價值細數開後

計開

船底松木龍骨壹道計叁節連交接匙頭湊長捌丈圍大陸尺做凈每折見方尺貳拾尺用艌匠壹工交接匙頭用長貳尺釘拾陸個長陸寸釘貳拾肆個共核用

圍大陸尺松木捌丈壹尺伍寸

長貳尺釘拾陸個

長陸寸釘貳拾肆個

艌匠貳拾肆工

水底板長柒丈肆尺連兩頭湊寬叁丈用長肆丈貳尺寬捌寸厚叁寸大杉木枝陸拾玖塊貳丈叁尺做凈每折見方尺捌拾尺用艌匠壹工鋸板折寬壹尺長柒丈用鋸匠壹工以下鋸板用工倣此

縫湊長貳百玖拾貳丈壹尺每丈用長陸寸釘叁拾個艌縫湊長伍百捌拾肆丈貳尺每丈用灰壹斤桐油陸兩肆錢網紗竹絲各陸兩每柒丈用艌匠壹工舂艌油灰每肆拾斤用舂灰夫壹名以下艌縫用料倣此共核用

圍大叁尺貳寸凈長肆丈貳尺大杉木貳拾叁根柒尺柒寸

長陸寸釘捌千柒百陸拾叁個

灰伍百捌拾肆斤叁兩

桐油貳百叁拾叁斤拾壹兩

網紗貳百拾玖斤壹兩貳錢

竹絲貳百拾玖斤壹兩貳錢

艌匠捌拾工叁分叁釐

鋸匠肆拾伍工玖分

艌匠捌拾叁工肆分陸釐

舂灰夫貳拾名肆分伍釐

各艙梁座梁頭各貳拾貳道用寬貳尺厚肆寸樟木枋壹百捌拾壹丈捌尺玖寸破木根積用玖

根各長壹丈叁尺圍大捌寸梁座梁頭每折見
方尺捌拾尺用艌匠壹工穩吊肆拾尺用艌匠
壹工釘縫湊長壹百玖拾叁丈伍尺玖寸每丈
用長陸寸釘叁拾個艌縫湊長叁百捌拾柒丈
壹尺捌寸共核用
寬貳尺厚肆寸樟木枋壹百捌拾叁丈柒尺
壹寸
圍大捌寸長壹丈叁尺硬木梴玖根
長陸寸釘伍千捌百捌個

灰叁百捌拾柒斤叁兩
桐油壹百伍拾肆斤拾肆兩
網紗壹百肆拾伍斤叁兩壹錢
竹絲壹百肆拾伍斤叁兩壹錢
艌匠壹百拾壹工肆分柒釐
艌匠伍拾伍工叁分壹釐
舂灰夫拾叁名伍分伍釐
各艙樟木極內虎頭艙極貳塊各長壹丈貳寸斗
蓋極貳塊各長伍尺亦沉極貳塊各長壹丈壹

尺頭含檔極貳塊各長壹丈柒寸第貳第叁艙
極肆塊各長壹丈壹尺貳寸小官廳艙極貳塊
各長壹丈壹尺柒寸阿班貳艙極肆塊各長壹
丈壹尺貳寸大桅艙極貳塊水櫃艙極肆塊擔
担艙極貳塊油婆艙極肆塊各長壹丈貳尺柒
寸官廳前後艙極陸塊各長壹丈壹尺柒寸前
後通鋪艙極肆塊綠公艙極貳塊舵公艙極貳
塊各長壹丈貳尺柒寸下金極貳塊目裡前後
八字極肆塊下擔前極貳塊尾堵裡極貳塊各

長壹丈貳尺目裡極貳塊各長叁尺鰍魚極貳
塊各長柒尺拜棚極貳塊各長壹丈壹尺肚極
貳塊頭轉水極貳塊各長玖尺中轉水極貳塊
各長壹丈貳尺尾裡貳塊百子舵拾陸塊各長
陸尺牛頭極捌塊各長貳尺伍寸牛仔極拾伍
塊各長貳尺均圍大壹尺做淨每折見方尺肆
拾尺用艌匠壹工釘縫湊長捌拾玖丈壹尺每
丈用長陸寸釘叁拾個艌縫湊長壹百柒拾捌
丈貳尺共核用

圓大壹尺樟木桅玖拾丈玖尺柒寸
長陸寸釘貳千陸百柒拾叁個
灰壹百柒拾捌斤叁兩
桐油柒拾壹斤肆兩伍錢
網紗陸拾陸斤拾叁兩貳錢
竹絲陸拾陸斤拾叁兩貳錢
艦匠貳拾貳工貳分捌釐
艌匠貳拾伍工肆分陸釐
舂灰夫陸名貳分肆釐

船頭正面頭獅壹架高柒尺寬壹丈用大吉木橫枋貳塊各長壹丈直枋貳塊各長肆尺弓枋壹塊長壹丈叁尺均寬捌寸厚肆寸獅頭板陸塊各長壹丈寬捌寸厚貳寸鐵子拾陸根各長壹丈貳尺寬叁寸厚貳寸鐵子木料截下梢尖內選用架枋鐵子做淨每折見方尺肆拾尺用艦匠壹工獅板捌拾尺用艦匠壹工架枋用長陸寸釘肆拾個鐵子用長陸寸釘肆拾捌個獅板用長肆寸釘壹百貳拾個共核用

圓大叁尺貳寸淨長肆丈貳尺大吉木叁丈伍尺伍寸
長陸寸釘捌拾捌個
長肆寸釘壹百貳拾個
艦匠捌工柒分陸釐
鋸匠貳工玖分叁釐

背面頭獅坪壹架高柒尺寬壹丈用大吉木直枋叁塊各長柒尺橫枋伍塊各長壹丈均寬捌寸厚肆寸坪板陸塊各長壹丈寬捌寸厚貳寸架

枋做淨每折見方尺肆拾尺用艦匠壹工坪板捌拾尺用艦匠壹工架枋用長陸寸釘壹百貳拾個坪板用長肆寸釘肆拾捌個共核用

圓大叁尺貳寸淨長肆丈貳尺大吉木壹根捌尺伍寸
長陸寸釘壹百貳拾個
長肆寸釘肆拾捌個
艦匠伍工柒分陸釐
鋸匠貳工柒釐

船身兩旁走馬貳條水蛇貳條各長柒丈肆尺
捌寸厚肆寸做淨每折見方尺肆拾尺用艌匠
壹工走馬釘縫湊長拾肆丈捌八每丈用長壹
尺釘叁拾個水蛇釘縫湊長拾肆丈捌尺每肆
尺用長壹尺釘叁個艌縫湊長伍拾玖丈貳尺
共核用
圍大叁尺貳寸淨長肆丈貳尺大吉木叁根
貳丈貳尺
長壹尺釘伍百伍拾伍個
灰伍拾玖斤叁兩
桐油貳拾叁斤拾兩玖錢
綱紗貳拾貳斤叁兩貳錢
竹絲貳拾貳斤叁兩貳錢
艌匠拾柒工柒分陸釐
鋸匠伍工柒釐
艌匠捌工肆分陸釐
舂灰夫貳名柒釐
船面兩旁搬板各長柒丈肆尺湊寬壹丈叁尺叁

身長肆丈貳尺寬捌寸厚叁寸大吉木扣
拾塊叁丈伍尺做淨每折見方尺捌拾尺用
匠壹工釘縫湊長壹百貳拾玖丈伍尺每寸
長陸寸釘叁拾個艌縫湊長貳百伍拾玖丈
核用
圍大叁尺貳寸淨長肆丈貳尺大吉木拾
壹丈壹尺柒寸
長陸寸釘叁千捌百捌拾伍個
灰貳百伍拾玖斤
桐油壹百叁斤玖兩陸錢
綱紗玖拾柒斤貳兩
竹絲玖拾柒斤貳兩
艌匠叁拾伍工陸分壹釐
鋸匠貳拾工叁分伍釐
艌匠叁拾柒工
舂灰夫玖名柒釐
兩旁艤板各長玖丈貳尺高陸尺伍寸用長叁丈
陸尺寬伍寸捌分厚貳寸伍分中吉木　伍拾

柒塊壹丈壹寸舦搭肆塊各長叁丈陸尺寬伍
寸捌分厚貳寸伍分浮溪木舦柱叁拾陸根各
長陸尺伍寸凈圍大壹尺柒寸舦枋做凈每折
見方尺捌拾尺用艌匠壹工舦柱肆拾尺用艌
匠壹工舦枋舦搭釘縫湊長貳百貳拾丈陸尺
壹寸每丈用長伍寸釘叁拾個舦柱釘縫湊長
貳拾叁丈肆尺每丈用長陸寸釘叁拾個舦枋
舦柱艌縫湊長肆百伍拾玖丈貳尺貳寸共核
用

圍大貳尺伍寸淨長叁寸陸尺中吉木貳拾
根壹丈伍尺肆寸
圍大貳尺淨長叁丈貳尺浮溪木柒根壹丈
長陸寸釘柒百貳個
長伍寸釘陸千陸百拾捌個
灰肆百伍拾玖斤肆兩
桐油壹百捌拾叁斤拾壹兩
網紗壹百柒拾貳斤叁兩叁錢
竹絲壹百柒拾貳斤叁兩叁錢

艌匠伍拾伍工柒分貳釐
鋸匠貳拾陸工壹分陸釐
艌匠陸拾伍工陸分
舂灰夫拾陸名柒釐
兩舦邊舦斗捌塊湊長叁丈貳尺目裡貳塊湊長
壹丈肆尺均寬壹尺貳寸用寬伍寸厚叁寸浮
溪木枋拾壹丈肆寸樟木極舦幞叁拾陸塊鳥
嘴燕貳塊各長肆尺船頭龍目貳塊各長壹尺
伍寸均圍大壹尺做凈每折見方尺肆拾尺用

艌匠壹工舦斗目裡釘縫湊長拾壹丈肆寸每
丈用長伍寸釘叁拾個舦幞鳥嘴燕龍目每塊
用長陸寸釘肆個舦斗舦幞鳥嘴燕龍目艌縫
湊長肆拾陸丈叁尺陸寸共核用
圍大貳尺淨長叁丈貳尺浮溪木壹根肆尺
捌寸
圍大壹尺樟木極拾伍丈玖尺
長伍寸釘叁百叁拾壹個
長陸寸釘壹百陸拾個

灰肆拾陸斤陸兩
桐油拾捌斤捌兩柒錢
網紗拾柒斤陸兩貳錢
竹絲拾柒斤陸兩貳錢
艌匠捌工貳分玖釐
鋸匠壹工貳分陸釐
艌匠陸工陸分貳釐
舂灰夫壹名陸分貳釐
舨上前後鼠橋板肆塊各長貳丈陸尺壓板肆塊

各長貳丈捌尺均寬伍寸厚貳寸做淨每折見
方尺捌拾尺用艌匠壹工釘縫湊長貳拾壹丈
陸尺每丈用長伍寸釘叁拾個壓板艌縫湊長
貳拾貳丈肆尺共核用
圍大貳尺淨長叁丈貳尺浮溪木貳根捌尺
長伍寸釘陸百肆拾捌個
灰貳拾貳斤陸兩
桐油捌斤拾伍兩肆錢
網紗捌斤陸兩肆錢

竹絲捌斤陸兩肆錢
艌匠叁工柒分捌釐
鋸匠貳工壹分陸釐
艌匠叁工貳分
舂灰夫柒分捌釐
兩旁大壓貳條笨柚貳條各長柒丈肆尺木械肆
條各長叁丈柒尺均寬陸寸陸分厚叁寸伍分
做淨每折見方尺肆拾尺用艌匠壹工釘縫湊
長肆拾肆丈肆尺每丈用長陸寸釘叁拾個艌

縫湊長捌拾捌丈捌尺共核用
圍大貳尺伍寸淨長叁丈陸尺中吉木陸根
陸尺
長陸寸釘壹千叁百叁拾貳個
灰捌拾捌斤拾叁兩
桐油叁拾伍斤捌兩叁錢
網紗叁拾叁斤肆兩捌錢
竹絲叁拾叁斤肆兩捌錢
艌匠貳拾貳工肆分貳釐

鋸匠陸工肆分壹釐
艌匠拾貳工陸分玖釐
舂灰夫叁名壹分壹釐
官廳横直梁捌根各長壹丈貳尺寬壹尺貳寸厚
捌寸用長壹丈貳尺見方捌寸大吉木杉拾貳
塊做淨每折見方尺肆拾尺用艦匠壹工共核
用
圍大叁尺貳寸淨長肆丈貳尺大吉木叁根
壹丈捌尺

艦匠拾叁工肆分肆釐
鋸匠叁工捌分肆釐
官廳上用中吉木戰櫃板貳拾塊官廳內鋪板貳
拾塊後牆板貳拾塊各長壹丈貳尺兩旁[illegible]裡
牆板肆拾塊鋪板肆拾塊各長肆尺均寬陸寸
陸分厚叁寸伍分官廳門貳扇各高柒尺寬叁
尺虎頭艙門貳扇貓裡門貳扇各高伍尺寬貳
尺用寬伍寸捌分厚貳寸伍分板拾肆丈壹尺
肆寸官廳用木段拜棚板拾貳塊各長壹丈肆

尺寬捌寸厚貳寸伍分做淨每折見方尺捌拾
尺用艦匠壹工戰櫃板牆板拜棚板釘縫灰長
捌拾丈捌尺每丈用長伍寸釘叁拾個門扇
用長肆寸釘貳拾肆個戰櫃板拜棚板艌縫灰
長捌拾壹丈陸尺共核用
圍大叁尺伍寸木段肆丈貳尺陸寸
圍大貳尺伍寸淨長叁丈陸尺中吉木拾伍
根貳丈柒尺壹寸
長伍寸釘貳千肆百貳拾肆個

長肆寸釘壹百肆拾肆個
灰捌拾壹斤拾兩
桐油叁拾貳斤拾兩貳錢
網紗叁拾斤玖兩陸錢
竹絲叁拾斤玖兩陸錢
艦匠叁拾叁工陸分
鋸匠拾玖工貳分
艌匠拾壹工陸分陸釐
舂灰夫貳名捌分陸釐

官廳兩旁用浮溪木戰櫃柱拾貳根各長壹丈
尺圍大壹尺柒寸貓裡櫃上下欿捌塊各長
尺炕床前後上下枋肆塊各長壹丈兩旁上下
枋肆塊各長伍尺直枋肆塊各長叁尺均寬伍
寸厚叁寸跳板貳塊側板肆塊各長壹丈捌尺
小官廳鋪板貳拾伍塊各長捌尺均寬伍寸厚
貳寸戰櫃上兩邊用木段樓挑貳根各長壹丈
肆尺圍大叁尺貳寸戰櫃柱貓裡欿炕床枋樓
挑做淨每折見方尺肆拾尺用艌匠壹工跳板

等板捌拾尺用艌匠壹工共核用
圍大貳尺淨長叁丈貳尺浮溪木拾貳根貳
尺柒寸
圍大叁尺伍寸木段貳丈捌尺肆寸
艌匠貳拾貳工貳分伍釐
鋸匠肆工陸分叁釐
官廳前後通鋪板捌塊各長壹丈柒尺船後尾裡
板拾塊各長伍尺均寬壹尺貳寸厚叁寸做淨
每折見方尺捌拾尺用艌匠壹工釘縫灰長拾

捌丈陸尺每丈用長陸寸釘叁拾個艌縫灰長
叁拾柒丈貳尺共核用
寬壹尺貳寸厚叁寸松木枋拾捌丈捌尺陸
寸
長陸寸釘伍百伍拾捌個
灰叁拾柒斤叁兩
桐油拾肆斤拾肆兩壹錢
綱紗拾叁斤拾伍兩貳錢
竹絲拾叁斤拾伍兩貳錢

艌匠陸工玖分捌釐
艌匠伍工叁分壹釐
舂灰夫壹名叁分
船面扛豆貳條用大吉木各長柒丈圍大貳尺玖
寸緞牛拾貳塊用松木各長捌尺伍寸寬壹尺
貳寸厚叁寸做淨每折見方尺肆拾尺用艌匠
壹工扛豆用長捌寸釘貳拾貳個緞牛
長拾丈貳尺每丈用長陸寸釘叁
長肆拾捌丈肆尺八共核用

丈陸尺
圍大壹尺陸寸淨長貳丈捌尺高洋木貳拾
陸根壹丈叁尺壹寸
艌匠柒拾貳工貳釐
鋸匠肆拾壹工壹分陸釐
船面艌盖板壹百貳拾陸塊各長陸尺玖寸冲天
盖杪拾貳塊各長肆尺陸寸均寬捌寸厚貳寸
伍分通槽拾捌個側槽陸個水槽陸個各長肆
尺陸寸圍大叁尺貳寸盖板做淨每折見方尺

捌拾尺用艌匠壹工通槽等槽叁拾尺用艌匠
壹工盖板釘縫湊長玖拾貳丈肆尺陸寸每丈
用長伍寸釘叁拾個艌縫湊長壹百捌拾肆丈
玖尺貳寸共核用
圍大叁尺伍寸木段叁拾柒丈捌尺柒寸
長伍寸釘貳千柒百柒拾肆個
灰壹百捌拾肆斤拾伍兩
桐油柒拾叁斤拾伍兩伍錢
綑紗陸拾玖斤伍兩伍錢

圍大叁尺貳寸淨長肆丈貳尺大青木叁根
壹丈肆尺
寬壹尺貳寸厚叁寸松木枋拾丈肆尺肆寸
長捌寸釘貳拾貳個
長陸寸釘叁百陸個
灰肆拾捌斤陸兩
桐油拾玖斤伍兩捌錢
綑紗拾捌斤貳兩肆錢
竹絲拾捌斤貳兩肆錢

艌匠拾柒工捌分
舵匠陸工玖分壹釐
舂灰夫壹名陸分玖釐
兩旁皦面戰棚板各長柒丈肆尺湊寬壹丈叁尺
伍寸用寬伍寸厚貳寸長叁丈貳尺浮溪木板
陸拾貳塊壹丈肆尺各艙內高洋木堵板捌百
肆拾柒塊各長叁尺伍寸寬肆寸厚壹寸做淨
每折見方尺捌拾尺用艌匠壹工共核用
圍大貳尺淨長叁丈貳尺浮溪木貳拾根貳

[illegible]拾陸丁[illegible]分貳釐
春灰夫陳名肆分柒釐
水底[illegible]每艙用壓艙板叁塊共陸拾叁塊各長壹
丈寬壹尺貳寸厚叁寸做淨每折見方尺捌拾
尺用艌匠壹工共核用
寬壹尺貳寸厚叁寸松木枋陸拾肆丈貳尺

陸寸
艌匠貳拾叁工陸分叁釐
船面兩旁牛欄肆根湊長拾壹丈貳尺圍大壹尺
叁寸做淨每折見方尺肆拾尺用艌匠壹工共
核用
圍大壹尺陸寸淨長貳丈捌尺高半木肆根
艌匠叁工陸分肆釐
船頭斗蓋壹塊用樟木長壹丈捌尺闊大貳尺肆
寸蝦籠梁貳塊各長捌尺伍寸[illegible]下兜耳壹

塊長壹丈托浪板[illegible]肚勒壹塊長捌尺均寬
壹尺伍寸厚叁寸托浪板玖塊各長壹丈寬壹
尺叁寸厚肆寸斗蓋蝦籠梁兜耳鹿肚勒做淨
每折見方尺肆拾尺用艌匠壹工托浪板捌拾
尺用艌匠壹工斗蓋用長捌寸釘拾貳個蝦籠
梁托浪板釘縫湊長拾丈柒尺每丈用長陸寸
釘叁拾個兜耳鹿肚勒釘縫湊長壹丈捌尺每
丈用長伍寸釘叁拾個蝦籠梁托浪板兜耳鹿
肚勒艌縫湊長貳拾伍丈共核用

圍大貳尺肆寸長壹丈捌尺伍寸樟木壹根
寬壹尺伍寸厚叁寸樟木枋叁丈伍尺捌寸
寬壹尺叁寸厚肆寸長壹丈貳寸樟木玖塊
長捌寸釘拾貳個
長[illegible]寸釘叁百貳拾壹個

竹絲玖斤陸兩
艌匠捌工陸釐
艌匠叁工伍分柒釐
舂灰夫捌分捌釐
中舍櫃壹塊長壹丈捌尺柒寸見方貳尺捌寸頭舍櫃壹塊長壹丈伍尺見方貳尺舍櫃梁貳塊各長貳丈頭舍櫃閘叁塊各長捌尺均寬壹尺伍寸厚叁寸做淨每折見方尺叁拾尺用艌匠壹工舍櫃梁釘縫湊長肆丈每丈用長陸寸釘

叁拾個舍櫃舍櫃梁艌縫湊長拾肆丈柒尺肆寸共核用
見方貳尺捌寸長壹丈捌尺玖寸樟木壹塊
見方貳尺長壹丈伍尺貳寸樟木壹塊
寬壹尺伍寸厚叁寸樟木枋陸丈伍尺
長陸寸釘壹百貳拾個
灰拾肆斤拾貳兩
桐油伍斤拾肆兩叁錢
網紗伍斤捌兩肆錢

竹絲伍斤捌兩肆錢
艌匠拾捌工陸分陸釐
艌匠貳工壹分壹釐
舂灰夫伍分貳釐
中轉水壹塊長壹丈捌尺寬貳尺捌寸厚壹尺伍寸頭轉水壹塊長壹丈肆尺寬壹尺伍寸厚捌寸樟木極轉水鞋貳塊各長柒尺伍寸圍大壹尺做淨每折見方尺肆拾尺用艌匠壹工轉水每塊用長壹尺釘貳個轉水鞋每塊用長陸寸

釘柒個艌縫湊長玖丈肆尺共核用
寬貳尺捌寸厚壹尺伍寸長壹丈捌尺貳寸樟木壹塊
寬壹尺伍寸厚捌寸長壹丈肆尺貳寸樟木壹塊
圍大壹尺樟木極壹丈伍尺肆寸
長壹尺釘肆個
長陸寸釘拾肆個
灰玖斤陸兩

桐油叁斤拾貳兩貳錢
網紗叁斤捌兩肆錢
竹絲叁斤捌兩肆錢
艌匠伍工捌分陸釐
艌匠壹工叁分肆釐
舂灰夫叁分叁釐
尾樓上下板各寬壹丈陸尺進深柒尺兩旁拜棚板各長玖尺湊寬壹丈陸尺用寬捌寸厚叁寸大吉木板拾壹塊貳丈貳尺貳寸尾樓挑貳根

用中吉木湊長叁丈圍大貳尺貳寸拜棚槓肆根用木段各長柒尺圍大叁尺貳寸尾樓板拜棚板做淨每折見方尺捌拾尺用艌匠壹工樓挑拜棚槓肆拾尺用艌匠壹工尾樓升棚板釘縫湊長肆拾捌丈肆尺貳寸每丈用長伍寸釘叁拾個艌縫湊長玖拾陸丈捌尺肆寸共核用
圍大叁尺貳寸淨長肆丈貳尺大吉木叁根
叁丈伍尺肆寸
圍大貳尺伍寸淨長叁丈陸尺中吉木叁丈

圍大叁尺伍寸木段貳丈捌尺捌寸
長伍寸釘壹千肆百伍拾叁個
灰玖拾陸斤拾叁兩
桐油叁拾捌斤拾壹兩捌錢
網紗叁拾陸斤伍兩
竹絲叁拾陸斤伍兩
鑿匠拾柒工貳分壹釐
鋸匠柒工陸分壹釐
艌匠拾叁工捌分叁釐

舂灰夫叁名叁分玖釐
上金壹塊用樟木長壹丈柒尺寬貳尺伍寸厚壹尺下金壹塊長柒尺伍寸見方貳尺伍寸七星冠壹塊長壹丈捌尺寬壹尺捌寸厚壹尺下牽梁壹塊長壹丈柒尺寬貳尺柒寸厚壹尺陸寸尾巖梁壹塊長壹丈捌尺寬叁尺厚壹尺捌寸繚牛壹副長柒尺伍寸寬貳尺肆寸厚陸寸硬木棍下金拾貳根繚牛楲肆根各長陸尺伍寸圍大捌寸木段繚牛槓貳根各長柒尺圍大叁

尺貳寸上下金七星冠下犂梁尾巖梁繚牛做
淨每折見方尺叁拾尺用艌匠壹工下金栓繚
牛艌繚牛槓肆拾尺用艌匠壹工上金下犂梁
尾巖梁每塊用長壹尺釘拾捌個下金用長捌
寸釘拾捌個繚牛用長捌寸釘貳拾貳個繚牛
艌釘縫湊長貳丈陸尺每丈用長伍寸釘叁拾
個下金艌縫湊長柒尺伍寸共核用
寬貳尺伍寸厚壹尺長壹丈柒尺貳寸樟木
壹塊

見方貳尺伍寸長柒尺柒寸樟木壹塊
寬壹尺捌寸厚壹尺長壹丈捌尺貳寸樟木
壹塊
寬貳尺柒寸厚壹尺陸寸長壹丈柒尺貳寸
樟木壹塊
寬叁尺厚壹尺捌寸長壹丈捌尺貳寸樟木
壹塊
寬貳尺肆寸厚陸寸長柒尺柒寸樟木壹塊
圍大捌寸長壹丈叁尺椵木棍叁根

圍大叁尺伍寸木段壹丈肆尺肆寸
長壹尺釘伍拾肆個
長捌寸釘肆拾個
長伍寸釘柒拾捌個
灰拾貳兩
桐油肆兩捌錢
網紗肆兩伍錢
竹絲肆兩伍錢
艌匠貳拾肆工壹分陸釐

艌匠壹分壹釐
舂灰夫叁釐
船尾硬筋貳根用木段各長壹丈肆尺圍大叁尺
貳寸尾樓虲魚翅貳塊各長柒尺尾樓艕板陸
塊各長壹丈肆尺均寬捌寸厚肆寸猴袋板肆
塊紗帽匙貳塊雞母窩壹塊尾燕板肆塊各長
壹丈肆尺寬捌寸厚貳寸伍分浮濕木箭柒板
肆塊尾座板肆塊各長壹丈貳尺寬伍寸厚貳
寸硬筋虲魚翅尾艕板做淨每折見方尺肆拾

尺用艌匠壹工猴袋各板撥拾尺用艌匠壹工
硬筋頭尾用長陸寸釘拾貳個尾破板釘縫湊
長捌丈肆尺每丈用長伍寸釘叁拾個共核用
閘大叁尺伍寸木段拾壹丈柒尺叁寸
閘大貳尺淨長叁丈貳尺浮溪木壹根
長陸寸釘拾貳個
長伍寸釘貳百伍拾貳個
艌匠拾叁工捌分肆釐
鋸匠肆工玖分伍釐

船尾軟筋貳塊各長壹丈貳尺目裡鞋貳塊各長
叁尺朴竹肆塊各長壹丈肆尺均寬壹尺太平
牛頭肆塊各長肆尺寬壹尺伍寸俱厚叁寸軟
筋目裡鞋牛頭做淨每折見方尺肆拾尺用艌
匠壹工朴竹捌拾尺用艌匠壹工牛頭每塊用
長陸寸釘捌個共核用
寬壹尺厚叁寸柯檎木枋捌丈柒尺肆寸
寬壹尺伍寸厚叁寸柯檎木枋壹丈陸尺肆
寸

長陸寸釘叁拾貳個
艌匠伍工貳分壹釐
船尾櫓通板肆塊各長壹丈貳尺櫓門枋貳塊各
長壹丈櫓床貳塊各長柒尺雙頭蚱貳塊各長
肆尺均寬壹尺伍寸厚叁寸櫓通板做淨每折
見方尺捌拾尺用艌匠壹工櫓門枋櫓床雙頭
蚱肆拾尺用艌匠壹工櫓床每塊用長捌寸釘
拾貳個櫓通板釘縫湊長肆丈捌尺每丈用長
陸寸釘叁拾個櫓床櫓通板艙縫湊長拾貳丈

肆尺共核用
寬壹尺伍寸厚叁寸樟木枋玖丈壹尺捌寸
長捌寸釘貳拾肆個
長陸寸釘壹百肆拾肆個
灰拾貳斤陸兩
桐油肆斤拾伍兩肆錢
網紗肆斤拾兩肆錢
竹絲肆斤拾兩肆錢
艌匠伍工玖分肆釐

艌匠壹工柒分柒釐

各灰大肆分叁釐

大桅座壹塊長捌尺頭桅座壹塊長伍尺陸寸俱見方貳尺伍寸做淨每折見方尺叁拾尺用艌匠壹工共核用

見方貳尺伍寸長捌尺貳寸樟木壹塊

見方貳尺伍寸長伍尺捌寸樟木壹塊

艌匠肆工伍分叁釐

大鹿耳貳塊用樟木各長壹丈伍尺寬貳尺肆寸

厚壹尺陸寸頭鹿耳貳塊各長壹丈壹尺寬壹尺伍寸厚玖寸硬木棍鹿耳夾貳根各長壹丈貳尺闊大捌寸做淨每折見方尺肆拾尺用艌匠壹工共核用

寬貳尺肆寸厚壹尺陸寸長壹丈伍尺貳寸樟木貳塊

寬壹尺伍寸厚玖寸長壹丈壹尺貳寸樟木貳塊

闊大捌寸長壹丈叁尺硬木棍貳根

艌匠玖工壹分貳釐

大桅壹根長捌丈貳尺圍大柒尺頭桅壹根長伍丈伍尺圍大肆尺伍寸做淨每折見方尺肆拾尺用艌匠壹工共核用

圍大柒尺長捌丈貳尺桅木壹根

圍大肆尺伍寸長伍丈伍尺桅木壹根

艌匠貳拾工伍分肆釐

桅尾用何榔木馬面叁塊各長叁丈伍尺寬壹尺伍寸厚叁寸樟木大桅笠壹塊長貳尺頭桅笠

壹塊長壹尺陸寸均寬壹尺伍寸中吉木大桅琵琶貳塊各長叁尺頭桅琵琶壹塊長貳尺均寬陸寸俱厚叁寸大桅竚壹根長壹丈肆尺闊大貳尺貳寸高洋木頭桅竚壹根長捌尺圍大壹尺叁寸馬面做淨每折見方尺捌拾尺用艌匠壹工桅笠琵琶桅竚肆拾尺用艌匠壹工馬面釘縫湊長拾丈伍尺每丈用長陸寸釘貳拾個共核用

寬壹尺伍寸厚叁寸柯榔木拾捌丈伍尺陸

寸

寬壹尺伍寸厚叁寸樟木枋叁尺捌寸

圍大貳尺伍寸淨長叁丈陸尺中古木壹丈

捌尺

圍大壹尺陸寸淨長貳丈捌尺高洋木捌尺

長陸寸釘貳百拾個

艌匠陸工肆分肆釐

鋸匠壹分

大篷擔貳根用浮溪木各長叁丈貳尺頭篷擔貳

根各長壹丈陸尺均圍大壹尺柒寸大小篷匙

貳塊各長壹丈貳尺篷踏貳塊各長壹丈肆尺

均寬壹尺貳寸厚叁寸用寬伍寸厚叁寸板陸

丈貳尺肆寸做淨每折見方尺肆拾尺用艌匠

壹工篷匙篷踏釘縫各長陸丈貳尺肆寸每丈

用長伍寸釘叁拾個共核用

圍大貳尺淨長叁丈貳尺浮溪木叁根叁丈

壹尺貳寸

長伍寸釘壹百捌拾柒個

艌匠陸工伍分捌釐

鋸匠柒分壹釐

大篷車員壹根用中古木長貳丈捉車員壹根長

壹丈陸尺均圍大貳尺貳寸大篷半車員壹根

斗頭車員壹根尾樓車員壹根用浮溪木各長

叁丈貳尺圍大壹尺柒寸樟木車耳拾塊各長

捌尺伍寸寬壹尺柒寸厚伍寸浮溪木船頭車

脚板貳拾肆塊各長貳丈捌尺寬伍寸厚貳寸

硬木棍車子柒拾根各長壹丈叁尺圍大捌寸

車員車耳做淨每折見方尺叁拾貳尺用艌匠

壹工車脚板捌拾尺用艌匠壹工共核用

圍大貳尺伍寸淨長叁丈陸尺中古木壹根

圍大貳尺淨長叁丈貳尺浮溪木捌根

寬壹尺柒寸厚伍寸長捌尺柒寸樟木捌塊

圍大捌寸長壹丈叁尺硬木棍柒拾根

艌匠貳拾柒工陸分叁釐

鋸匠陸工柒分貳釐

大小篷架梁叁根各長貳丈柒尺架柱陸根各長

肆丈貳尺架針叁根湊長貳丈壹尺均寬壹尺
厚捌寸做淨每折見方尺叁拾貳尺用艌匠壹
工共核用
圍大叁尺伍寸木段玖丈貳尺肆寸
艌匠拾工壹分叁釐
鋸匠貳工叁分壹釐
水櫃肆個用樟木牛頭捌塊各長伍尺寬壹尺伍
寸厚叁寸木段水櫃板壹百陸拾捌塊各長肆
尺陸寸寬捌寸厚貳寸伍分水櫃柱肆根各長

陸尺伍寸水仙門柱貳根各長肆尺陸寸俱圍
大叁尺貳寸牛頭柱木做淨每折見方尺肆拾
尺用艌匠壹工水櫃板捌拾尺用艌匠壹工牛
頭水仙門柱釘縫湊長肆丈玖尺貳寸每丈用
長陸寸釘叁拾個水櫃柱釘縫湊長貳丈陸尺
每丈用長陸寸釘貳拾個水櫃板釘縫湊長柒
拾柒丈貳尺捌寸每丈用長伍寸釘叁拾個水
櫃牛頭柱板艌縫湊長壹百陸拾柒丈柒尺陸
寸共核用

寬壹尺伍寸厚叁寸樟木枋柒丈陸寸
圍大叁尺伍寸木段貳拾叁丈叁尺陸寸
長陸寸釘貳百個
長伍寸釘貳千叁百拾捌個
灰壹百陸拾柒斤拾貳兩
桐油陸拾柒斤壹兩柒錢
網紗陸拾貳斤拾肆兩陸錢
竹絲陸拾貳斤拾肆兩陸錢
艌匠貳拾陸工柒分

鋸匠拾壹工伍分玖釐
艌匠貳拾叁工玖分柒釐
舂灰夫伍名捌分柒釐
媽祖龍用杉木板拾貳塊鷹板貳塊番仔板肆塊
順風板貳塊各長貳丈伍尺寬陸寸厚壹寸高
洋木媽祖旗杆壹根長貳丈圍大壹尺叁寸旗
杆做淨每折見方尺肆拾尺用艌匠壹工龍板
各板捌拾尺用艌匠壹工龍板釘縫湊長叁拾
丈每丈用長肆寸釘叁拾個艌縫湊長陸拾丈

共核用
寬陸寸厚壹寸杉木板伍拾丈肆尺
圍大壹尺陸寸淨長貳丈捌尺高洋木貳丈
長肆寸釘玖百個
灰陸拾斤
桐油貳拾肆斤
瀏紗貳拾貳斤捌兩
竹絲貳拾貳斤捌兩
艌匠玖工肆分

艌匠捌工伍分柒釐
舂灰夫貳名壹分
船尾橫欄杆壹面寬壹丈柒尺高伍尺用橫枋叁
根各長壹丈柒尺直枋肆根各長伍尺兩旁欄
杆貳面各寬貳丈叁尺高伍尺共用橫枋捌根
各長貳丈叁尺直枋拾陸根各長伍尺均見方
肆寸鈸子玖拾條各長伍尺寬肆寸厚貳寸劍
刀鎗肆拾貳條各長叁尺寬叁寸厚貳寸各料
係截下梢尖內選用做淨每折見方尺肆拾尺

用艌匠壹工錠欄杆用長陸寸釘貳百肆拾個
鈸子劍刀鎗用長肆寸釘壹百貳拾陸個共核
用
長陸寸釘貳百肆拾個
長肆寸釘壹百貳拾陸個
艌匠叁拾工伍釐
鋸匠捌工伍分玖釐
船面兩旁砲架蓋捌個每個用長肆尺陸寸寬捌
寸厚貳寸伍分板柒塊做淨每折見方尺捌拾

尺用艌匠壹工共核用
圍大叁尺伍寸木段陸丈伍尺捌寸
艌匠陸工柒分陸釐
鋸匠叁工捌分陸釐
船頭用大吉木桅壹枝長肆丈貳尺圍大貳尺玖
寸樟木桅牙壹塊長伍尺寬壹尺伍寸厚叁寸
做淨每折見方尺肆拾尺用艌匠壹工桅牙用
長捌寸釘陸個共核用
圍大叁尺貳寸淨長肆丈貳尺大吉木壹根

寬壹尺伍寸厚叁寸樟木枋伍尺壹寸
長捌寸釘陸個
艌匠叁工伍分
船尾舵壹門用桙木舵桿壹根長貳丈玖尺寬貳
尺厚壹尺舵門板陸塊各長壹丈捌尺湊寬叁
尺玖寸陸分用寬伍寸捌分厚貳寸伍分中吉
木板拾貳丈貳尺玖寸樟木極舵夾捌塊各長
肆尺櫓尖貳個各長壹尺伍寸俱圍大壹尺硬
木棍舵牙貳根各長壹丈叁尺圍大捌寸舵桿

做淨每折見方尺叁拾尺用艌匠壹工舵夾櫓
尖舵牙肆拾尺用艌匠壹工舵門板捌拾尺用
艌匠壹工舵夾釘縫湊長叁丈貳尺每丈用長
捌寸釘伍拾個舵夾舵門板艌縫湊長叁拾丈
玖尺捌寸共核用
寬貳尺厚壹尺長貳丈玖尺貳寸桙木壹塊
圍大貳尺伍寸厚長叁丈陸尺中吉木壹塊
伍尺
圍大壹尺樟木極叁丈陸尺

圍大捌寸長壹丈叁尺硬木棍貳根
長捌寸釘壹百陸拾個
灰叁拾壹斤
桐油拾貳斤陸兩叁錢
網紗拾壹斤玖兩玖錢
竹絲拾壹斤玖兩玖錢
艌匠玖工柒分肆釐
鋸匠壹工肆分陸釐
艌匠肆工肆分叁釐

跟隨戰船舢板船壹隻長貳丈寬柒尺肆寸深叁
尺伍寸計肆艙
春灰夫壹名捌棼
舢板船龍骨壹根用柯栒木長壹丈柒尺托浪貳
塊各長伍尺陸寸斗蓋壹塊長陸尺均寬壹尺
厚叁寸水底板長壹丈捌尺湊寬壹丈貳尺艙
板捌塊各長貳丈湊寬肆尺貳寸肆分牆板貳
拾肆塊各長陸尺伍寸湊寬壹丈貳尺柒寸貳
分用寬伍寸厚貳寸浮溪木板柒拾陸丈柒尺

龍骨做淨每折見方尺肆拾尺用艌匠壹工
蓋各板捌拾尺用艌匠壹工龍骨用長陸寸釘
拾貳個托浪板水底板鈹板釘縫湊長陸拾壹
丈貳尺捌寸每丈用長伍寸釘叁拾個艌縫湊
長壹百貳拾貳丈伍尺陸寸共核用
寬壹尺厚叁寸柯梅木枋叁丈伍尺
圍大貳尺淨長叁丈貳尺浮溪木柒根叁丈
壹尺柒寸
長陸寸釘拾貳個

長伍寸釘壹千捌百叁拾捌個
灰壹百貳拾貳斤玖兩
桐油肆拾玖斤肆錢
網紗肆拾伍斤拾伍兩肆錢
竹絲肆拾伍斤拾伍兩肆錢
艌匠拾伍工捌釐
鋸匠柒工陸分柒釐
艌匠拾柒工伍分壹釐
舂灰夫肆名貳分玖釐

舢板船兩旁水蛇貳塊各長壹丈捌尺壓板
各長貳丈水戧貳塊各長壹丈柒尺均寬伍
厚貳寸做淨每折見方尺捌拾尺用艌匠壹
水蛇釘縫湊長叁丈陸尺每肆尺用長捌寸釘
叁個壓板水戧釘縫湊長柒丈肆尺每丈用長
伍寸釘叁拾個艌縫湊長貳拾貳丈共核用
圍大貳尺淨長叁丈貳尺浮溪木壹根肆尺
柒寸
長捌寸釘貳拾柒個

長伍寸釘貳百貳拾貳個
灰貳拾貳斤
桐油捌斤拾貳兩捌錢
網紗捌斤肆兩
竹絲捌斤肆兩
艌匠壹工玖分叁釐
鋸匠壹工壹分
艌匠叁工壹分肆釐
舂灰夫柒分柒釐

舢舨船樟木梁座貳塊各長伍尺梁頭捌塊各長
柒尺均寬壹尺伍寸厚叁寸樟木桅舢舨梁肆
塊各長肆尺肆寸冲天桅貳塊百子䑸陸塊各
長叁尺半頭桅拾伍塊各長貳尺均圍大壹尺
梁座梁頭做淨每折見方尺捌拾尺用艌匠壹
工舢舨梁百子䑸各桅肆拾尺用艦匠壹工釘
縫湊長拾叁丈柒尺陸寸每丈用長陸寸釘叁
拾個艌縫湊長貳拾柒丈伍尺貳寸共核用
寬壹尺伍寸厚叁寸樟木枋陸丈柒尺捌寸

圍大壹尺樟木桅柒丈肆尺叁寸
長陸寸釘肆百拾叁個
灰貳拾柒斤捌兩
桐油拾壹斤壹錢
網紗拾斤伍兩壹錢
竹絲拾斤伍兩壹錢
艦匠肆工柒分陸釐
艌匠叁工玖分叁毫
舂灰夫玖分陸釐

大桅鐵箍拾貳個頭桅箍肆個舵頭箍叁個桅箍
貳個椗齒陸個櫓箍捌個鐵環陸個以上鐵料
淨重叁百貳拾伍斤每正鐵壹斤加耗鐵壹斤
每正鐵伍斤用鐵匠壹工每正耗鐵壹斤用炭
叁斤共核用
生鐵陸百伍拾斤
炭壹千玖百伍拾斤
鐵匠陸拾伍工
油畫前船共用

桐油拾斤
淡底貳斤
烏烟貳拾捌斤
廣紅拾叁斤
銅碌肆兩
京紅伍兩
南粉貳斤
銀硃貳兩
藤黄肆兩

鹽粉肆兩捌錢
硫粉壹兩
松香捌兩
水膠陸兩
墨貳塊
油艌匠拾陸工
大小麻繩用麻肆千壹百斤每打繩壹百斤用繩
匠叁工陸分共核用
麻肆千壹百斤

繩匠壹百肆拾柒工陸分
大小棕繩用棕陸千玖百斤每撕棕肆拾斤用撕
棕匠壹工成繩肆拾斤用成繩匠壹工共核用
棕陸千玖百斤
撕棕匠壹百柒拾貳工伍分
成繩匠壹百柒拾貳工伍分
椗舵上配用竹繩草繩共用
竹篾玖百陸拾斤
繩匠叁拾肆工伍分陸釐

草心貳千斤
繩匠伍拾工
千秋游索用
槐藤肆拾斤
籐匠捌工
竪立大小桅用
壯夫伍拾名
前船共用大小鐵釘肆萬柒千伍百玖拾貳個砌
抹釘頭每百個用桐油陸兩肆錢灰壹斤每油

灰拾斤用艌匠壹工共核用
桐油壹百玖拾斤伍兩玖錢
灰肆百柒拾伍斤拾伍兩
艌匠陸拾陸工陸分叁釐
舂灰夫拾陸名陸分陸釐
前船共用艌匠玖百貳拾工叁分陸釐係照杉松
木植核定內有樟柯等硬料用匠再加伍拾貳
工肆分肆釐每工外加匠貳分該加匠伍拾工
肆分玖釐共匠玖百柒拾工捌分伍釐每百工

加安裝匠拾工計安裝匠玖拾柒工玖釐每艌
匠安裝匠壹百工加隨匠夫貳拾名計卅夫貳
百拾叁名伍分玖釐
以上共用
圍大陸尺松木捌丈壹尺伍寸
計銀陸兩壹錢壹分叁釐
圍大叁尺貳寸淨長肆丈貳尺大吉木伍拾根貳
丈陸尺捌寸每根銀貳兩柒錢
計銀壹百叁拾陸兩柒錢貳分叁釐

圍大貳尺伍寸淨長叁丈陸尺中吉木肆拾伍根
貳丈玖尺伍寸每根銀壹兩伍錢
計銀陸拾捌兩柒錢貳分玖釐
圍大貳尺淨長叁丈貳尺浮溪木陸拾伍根貳丈
叁尺壹寸每根銀伍錢
計銀叁拾貳兩捌錢陸分壹釐
圍大壹尺陸寸淨長貳丈捌尺高洋木叁拾壹根
壹丈叁尺壹寸每根銀貳錢
計銀陸兩貳錢玖分肆釐

圍大叁尺伍寸木段壹百丈貳尺核長壹丈肆
段料柒拾壹根捌尺每根銀陸錢
計銀肆拾貳兩玖錢肆分叁釐
寬貳尺厚肆寸樟木枋壹百捌拾叁丈柒尺壹寸
核長貳丈枋料玖拾壹塊壹丈柒尺壹寸每塊銀肆兩柒錢壹分玖釐
計銀貳百肆拾玖兩柒錢伍分肆釐
寬壹尺伍寸厚叁寸樟木枋叁拾壹丈壹寸核長
壹丈柒尺枋料拾捌塊肆尺壹寸每塊銀壹兩叁錢
計銀貳拾叁兩柒錢壹分肆釐
寬壹尺叁寸厚肆寸長壹丈貳寸樟木枋玖塊每塊銀玖錢
壹釐

計銀捌兩壹錢玖釐
寬壹尺貳寸厚叁寸松木枋玖拾叁丈伍尺陸寸
核長壹丈柒尺枋料伍拾伍塊陸寸每塊銀叁錢伍分
計銀拾玖兩貳錢陸分柒釐
圍大壹尺樟木極壹百拾玖丈肆尺肆寸核長壹
丈貳尺樟木極玖拾玖塊陸尺肆寸每塊銀

計銀拾玖兩玖錢柒釐

寬壹尺伍寸厚叁寸柯𣗳木枋拾貳丈貳尺每丈銀壹錢柒分壹釐伍毫

計銀陸兩玖錢柒分貳釐

寬壹尺厚叁寸柯𣗳木枋拾貳丈貳尺肆寸每丈銀壹錢捌分壹釐

計銀肆兩陸錢陸分叁釐

圍大捌寸長壹丈叁尺硬木棍捌拾陸根每根銀捌分

計銀陸兩捌錢捌分

寬陸寸厚壹寸杉木板伍拾丈肆尺每丈銀肆錢

計銀貳拾兩壹錢陸分

圍大貳尺肆寸長壹丈捌尺伍寸樟木壹塊

計銀陸錢陸分壹釐

見方貳尺捌寸長壹丈捌尺玖寸樟木壹塊

計銀拾壹兩叁分玖釐

見方貳尺長壹丈伍尺貳寸樟木壹塊

計銀肆兩伍錢叁分

寬貳尺捌寸厚壹尺伍寸長壹丈捌尺貳寸樟木壹塊

計銀伍兩陸錢玖分伍釐

寬壹尺伍寸厚捌寸長壹丈肆尺貳寸樟木壹塊

計銀壹兩貳錢陸分玖釐

寬貳尺伍寸厚壹尺長壹丈柒尺貳寸樟木壹塊

計銀叁兩貳錢叁釐

見方貳尺伍寸長柒尺柒寸樟木壹塊

計銀叁兩伍錢捌分伍釐

見方貳尺伍寸長捌尺貳寸樟木壹塊

計銀叁兩捌錢壹分捌釐

見方貳尺伍寸長伍尺捌寸樟木壹塊

計銀貳兩柒錢

寬壹尺捌寸厚壹尺長壹丈捌尺貳寸樟木壹塊

計銀貳兩肆錢肆分

寬貳尺柒寸厚壹尺陸寸長壹丈柒尺貳寸樟木壹塊

計銀伍兩伍錢叁分伍釐

寬叁尺厚壹尺捌寸長壹丈捌尺貳寸樟木壹塊

計銀柒兩叁錢貳分貳釐
寛貳尺肆寸厚陸寸長柒尺柒寸樟木壹塊
計銀捌錢貳分陸釐
寛貳尺肆寸厚壹尺陸寸長壹丈伍尺貳寸樟木貳塊每塊銀肆兩叁錢肆分捌釐
計銀捌兩陸錢玖分陸釐
寛壹尺伍寸厚玖寸長壹丈壹尺貳寸樟木貳塊每塊銀壹兩壹錢貳分陸釐
計銀貳兩貳錢伍分貳釐

寛壹尺柒寸厚伍寸長捌尺柒寸樟木捌塊每塊銀伍錢伍分壹釐
計銀肆兩肆錢捌釐
寛貳尺厚壹尺長貳丈玖尺貳寸棪木壹塊
計銀貳拾陸兩貳錢伍分陸釐
圍大柒尺長捌丈貳尺桅木壹根
計銀柒拾貳兩肆錢捌分貳釐
圍大肆尺伍寸長伍丈伍尺桅木壹根
計銀捌兩伍分肆釐

長貳尺釘拾陸個每個重壹斤計重拾陸斤長壹尺釘陸百拾叁個每貳個重壹斤計重叁百陸斤捌兩長捌寸釘貳百玖拾壹個每伍個重壹斤計重伍拾捌斤叁兩貳錢長陸寸釘貳萬陸千壹百叁拾柒個每拾伍個重壹斤計重壹千柒百肆拾貳斤柒兩伍錢長伍寸釘壹萬玖千壹百玖拾柒個每貳拾個重壹斤計重玖百伍拾玖斤拾叁兩陸錢長肆寸釘壹千叁百叁拾捌個每叁拾個重壹斤計重肆拾肆斤玖兩陸

錢以上鐵釘共重叁千壹百貳拾柒斤以兩玖錢每斤銀貳分貳釐
計銀陸拾捌兩捌錢捌釐
灰叁千伍百貳斤捌兩每百斤銀貳錢
計銀柒兩伍釐
桐油壹千肆百拾壹斤柒錢每斤銀叁分
計銀肆拾貳兩叁錢叁分壹釐
網紗壹千壹百叁拾肆斤拾伍兩捌錢每斤銀壹分貳釐
計銀拾叁兩陸錢貳分

竹絲壹千壹百叁拾肆斤拾伍兩捌錢每斤銀陸釐

計銀陸兩捌錢壹分

生鐵陸百伍拾斤每斤銀壹分

計銀陸兩伍錢

炭壹千玖百伍拾斤每百斤銀壹錢陸分

計銀叁兩壹錢貳分

淡底貳斤每斤銀伍分

計銀壹錢

烏烟貳拾捌斤每斤銀壹分伍釐

計銀肆錢貳分

廣紅拾叁斤每斤銀伍分

計銀陸錢伍分

銅碌肆兩每斤銀叁錢

計銀柒分伍釐

京紅伍兩每斤銀捌分

計銀貳分伍釐

南粉貳斤每斤銀壹分

計銀貳分

銀硃貳兩每斤銀陸錢肆分

計銀捌分

滕黄肆兩每斤銀貳錢

計銀伍分

藍粉肆兩捌錢每斤銀捌分

計銀貳分肆釐

杭粉壹兩每斤銀壹錢陸分

計銀壹分

松香捌兩每斤銀貳分

計銀壹分

水膠陸兩每斤銀肆分

計銀壹分伍釐

墨貳塊每塊銀壹分

計銀貳分

麻肆千壹百斤每斤銀壹分伍釐

計銀陸拾壹兩伍錢

棕陸千玖百斤每斤銀叁分

計銀貳百柒兩

竹篾玖百陸拾斤（每百斤銀壹錢陸分）
計銀壹兩伍錢叁分陸釐
草心貳千斤（每百斤銀柒分）
計銀壹兩肆錢
棕籐肆拾斤（每斤銀貳分伍釐）
計銀壹兩
艌匠玖百柒拾工捌分伍釐
安裝匠玖拾柒工玖釐
鋸匠貳百伍拾壹工陸分捌釐

舵匠肆百玖拾玖工壹釐
鐵匠陸拾伍工
油畫匠拾陸工
繩匠貳百叁拾貳工壹分陸釐
棕匠叁百肆拾伍工
籐匠捌工
壯夫叁百捌拾陸名壹分捌釐
共匠夫貳千捌百柒拾工玖分柒釐（每工銀伍分）
計銀壹百肆拾叁兩伍錢肆分玖釐

置備物件開後
椗叁門齒全每門長貳丈寬壹尺貳寸厚柒寸（每門銀壹兩柒錢伍分肆釐）
計銀伍兩貳錢陸分貳釐
櫓貳枝各長肆丈肆尺寬玖寸厚陸寸（每枝銀貳兩肆錢貳分貳釐）
計銀肆兩捌錢肆分肆釐
舢板櫓貳枝各長叁丈陸尺寬捌寸厚伍寸（每枝銀陸錢陸分）

計銀壹兩叁錢貳分
小槳肆枝各長貳丈陸尺寬肆寸厚叁寸（每枝銀貳錢柒分肆釐）
計銀壹兩玖分陸釐
大小風篷貳扇
計銀柒兩
桅餅肆個（每個銀壹錢貳分壹釐）
計銀肆錢捌分肆釐
大小無底升捌百個（每百個銀捌分）

計銀陸錢肆分
大纛紬旗壹面什長紬旗五面彩畫貼金紅纓[illegible]
貝鐵身漆桿全
計銀捌兩伍錢肆分
大纛兩帽壹頂
計銀貳錢貳釐
什長旗兩帽伍頂 每頂銀壹錢伍釐
計銀伍錢貳分伍釐
媽祖紬旗壹面

計銀貳兩貳錢
色布旗幟
計銀伍兩叁錢貳分伍釐
樾籐陸拾肆斤 每斤銀貳分伍釐
計銀壹兩陸錢
大桿陸枝各長叁丈肆尺寬伍寸厚叁寸 每枝銀叁錢貳分貳釐
計銀壹兩玖錢叁分貳釐
木桶叁拾件 每件銀叁分

計銀玖錢
鐵鍋肆口 每口銀壹錢陸分貳釐
計銀陸錢肆分捌釐
裝塑媽祖金身像壹位
計銀捌錢
尾樓燈壹盞
計銀叁錢貳分貳釐
琉璃燈壹架
計銀壹錢貳釐

刊刻靖海貳字擢金硃漆
計銀壹錢
金壹面重陸斤 每斤銀壹錢叁分
計銀柒錢捌分
鼓壹面
計銀肆錢
以上成造前船准銷成案內開每隻當用工料及添
備加增長潤料工共銀壹千肆百叁拾捌兩伍錢
伍分伍釐今按册開丈尺做法按條查核與准銷

叙數相符應令該撫於前項船屆應更造之年飭令承辦之員撙節妥辦如有應行節省之處據實核明在於應領銀內扣除仍令照例委員雇覓舵水人等駕送奉天應用

各省外海戰船總畧

查各省設立外海戰船丈尺不同名色各異要皆因江海之險合駕駛之宜以供巡防操演之用也

修造定例康熙貳拾玖年題准自新造之年爲始扣叁年准其小修小修後叁年大修再過叁年如船隻尚堪修理仍令再次大修如不堪修理該督等題明拆造乾隆貳拾陸年拾貳月內欽奉

上諭阿爾泰奏登州鎮南汛貳伍兩號戰船及東汛柒號船現屆拆造之年驗明船板釘鍋尚屬堅固毋庸拆

造應請大修一次等語甚得核實辦公之道向來各省修造船隻徒循大小修及拆造例限初不問其實在應行修造與否在承辦者利于開銷而上官亦但知歲月相符並不悉心查勘此皆故套相沿于公事視同膜外最爲惡習前此已傳諭各省矣今阿爾泰能力破流弊加意釐正洵可爲各省法式着將此摺抄寄各該督撫將軍等令其一體實力查驗照此辦理毋任稍有冒濫致滋弊竇仍令每次具摺奏聞欽此自欽奉

諭旨之後各省督撫俱于各項船隻屆期修造之先責力

查勘有倘應修造而勘明船隻尚屬堅固緩修壹年者有拆造改爲大修大修改爲小修者并有應拆造大小修而所用工料銀兩較歷定之數節省者均于未經題估之先專摺奏報年底造册報部彙總開單咨送軍機處查核奏

聞至修造限期向例小修限三個月完工大修拆造限肆個月完工雍正陸年九卿議定小修展限肆個月大修拆造展限陸個月完工乾隆貳拾肆年復經軍機大臣等定議仍照向例辦理其修造船隻需用工料

銀兩有部價協貼之分部價係動支司庫正項錢糧協貼則在于各州縣耗羨銀內派撥從前並未報部有案自雍正拾年耗羨歸公之後始行定議將協貼銀兩在于耗羨項下動支內江蘇浙江二省不論大小修拆造每部價壹百兩量加津貼自壹百貳拾伍兩至壹百捌拾兩不等山東省照正價加倍動給廣東省小修每百兩加肆拾兩大修加陸拾兩拆造加捌拾兩福建省小修加拾大修加玖拾[illegible][illegible][illegible]又于正加津貼之外每百兩另加銀叁拾兩作[illegible][illegible]造隨

重洋一應料物運送維艱復于應加津貼并另加叁分之外再加運費銀貳分所有各省報銷册籍俱照此例開造至分年修造之例先于康熙伍拾柒年定議各省船隻每屆應修造之期該督撫一件題明先修壹半仍留壹半在汛巡防俟前半完工到汛即將後半續修工完一併題銷嗣因各省辦理不能畫一于乾隆貳拾肆年據江南提督王進泰奏請仍照舊例先後分修經軍機大臣議覆准行通行有船各省一體遵照在案惟是前項船隻各省標營設立年久該

督撫等有以舊船丈尺做法與配駕情形未能合宜因拆造之時將長濶丈尺稍爲更變而名色號數仍照從前編定者有因配駕不同將丈尺做法名色號數從新更正者又有原係分隸各營而現在歸併一處並將此處船隻改隸他營者亦有船身丈尺較前稍增所用銀兩按數扣算數目過多者並有丈尺較前減少而聲明成造堅固兼之時價昂貴用價較前加增者變更不一斯章程難定嘗于乾隆拾叁年經工部奏請通行各省督撫將舊有各項船隻以及續

行改造船隻一體詳查按照船身丈尺做法需用工料價值酌定成規送部查核嗣于乾隆貳拾陸年貳月內吏部等部會議貴州巡撫周人驥條奏將有關成例案件督率司員詳細檢查如有應行增入之條一併彙齊奏明頒行各省一體遵循等因隨于本年柒月內于奏請纂輯各省物料價值則例案內並請將戰船成規詳查更定嗣于乾隆叁拾叁年欽奉

諭旨令將應裁應改之處悉心籌議隨經奏明將物料價值則例先行趕辦繕冊進

呈其各省戰船行令各督撫詳查核議奏報到部再行編輯成書頒行各省遵照辦理再查

盛京金州水師旅順營設有戰船陸隻例係浙閩二省分造駕送凡屆大小修之期所需物料匠役由該將軍核明銀數行文該二省辦解撥送其大小修年限先于雍正伍年議定照內河戰船辦理嗣于雍正拾貳年據該將軍以前項船隻風濤沖擊易于朽壞題准照外海戰船之例辦理除工料銀兩按例造報外並無外加津貼銀兩合併聲註

福建省外海戰船總畧

查福建省額設外海戰船叁百貳隻有趕繒雙篷艍哨等名目不同丈尺亦異就其各船長寬丈尺相若者分別列則計趕繒船分為拾捌則雙篷艍哨各船分為拾則于福泉漳臺肆廠并閩安協督標水師營分造節經裁改趕繒船第拾伍則第拾捌則雙篷艍哨等船第壹則第貳則第肆則第伍則裁改無存現存趕繒船拾陸則計壹百肆拾壹隻雙篷艍哨等船陸則計壹百拾柒隻又有杉板頭哨船捌隻甫經改造未歸入則共大小戰船貳百陸拾陸隻原送成規冊內所用工料俱以木植名色相同彙欵開列並不按依造船應用各項料件名目次第分晰開載亦不按依船身丈尺核用料物并有同一料物名目所用匠工前後多寡互異之處均難查核今將各則船隻按依修造用料次第逐欵開註按料計工分別釐定所需料工銀兩有應行增減者分晰核明于逐欵項下照註以備考核

所有各船名目營分號數開列于後

福建省外海趕繒船拾陸則

第壹則船伍隻

水師提標後營清字捌號

澎湖協標左營綏字拾號

臺灣協標右營澄字捌號

臺灣協標右營澄字拾號

淡水營波字肆號

第貳則船貳隻

淡水營波字貳號

澎湖協標右營寧字拾號

第叁則船肆隻

臺灣協標右營澄字玖號

海壇鎮標左營永字捌號拾號

南澳鎮標左營南字玖號

第肆則船玖隻

澎湖協標右營寧字捌號玖號

澎湖協標左營綏字捌號玖號

臺灣協標左營定字拾號

臺灣協標中營平字拾號
南澳鎮標左營南字捌號
水師提標左營國字肆號
海壇鎮標右營固字拾號
第伍則船拾肆隻
水師提標左營國字柒號
水師提標前營年字捌號
臺灣協標左營定字玖號
澎湖協標左營綏字柒號

澎湖協標右營寧字陸號柒號
臺灣協標右營澄字柒號
銅山營紀字柒號捌號
南澳鎮標左營南字柒號
閩安協標左營安字捌號
閩安協標右營瀾字捌號
海壇鎮標右營固字玖號拾貳號
第陸則船捌隻
銅山營紀字陸號

水師提標左營國字叁號伍號
水師提標中營海字伍號
水師提標右營萬字叁號
海壇鎮標左營永字玖號
海壇鎮標右營固字拾壹號
閩安協標右營瀾字柒號
第柒則船叁隻
水師提標中營海字柒號捌號
水師提標後營清字伍號

第捌則船柒隻
水師提標右營萬字柒號
水師提標前營年字陸號
海壇鎮標右營固字捌號
金門鎮標右營湯字叁號
臺灣協標中營平字柒號
臺灣協標左營定字伍號
澎湖協標左營綏字陸號
第玖則船貳隻

臺灣協標中營平字伍號陸號

第拾則船伍拾柒隻

臺灣協標中營平字叁號肆號

臺灣協標左營定字叁號肆號陸號

臺灣協標右營澄字肆號伍號

水師提標中營海字叁號肆號陸號

水師提標右營萬字肆號伍號陸號

水師提標前營年字叁號肆號伍號

水師提標後營清字叁號肆號陸號柒號

金門鎮標左營金字貳號叁號肆號伍號陸號柒號捌號

金門鎮標右營湯字壹號肆號伍號陸號柒號捌號

澎湖協標左營綏字叁號肆號伍號

澎湖協標右營寧字叁號肆號

海壇鎮標左營永字壹號肆號伍號陸號柒號

海壇鎮標右營罔字叁號肆號伍號陸號柒號

閩安協標右營瀾字肆號伍號

閩安協標左營安字柒號

水師旗營爲字叁號肆號

烽火營慶字陸號

南澳鎮標左營南字叁號　號

銅山營紀字肆號

第拾壹則船陸隻

水師提標左營國字貳號

水師提標後營清字貳號

南澳鎮標左營南字伍號

澎湖協標右營寧字伍號

臺灣協標中營平字玖號

臺灣協標右營澄字陸號

第拾貳則船陸隻

水師提標後營清字壹號

水師提標左營國字壹號

水師提標前營年字貳號

銅山營紀字伍號

閩安協標左營安字陸號

臺灣協標右營澄字叁號

第拾叁則船叁隻

閩安協標右營瀾字陸號

烽火營慶字捌號

臺灣協標左營定字貳號

第拾肆則船叁隻

臺灣協標右營澄字貳號

烽火營慶字伍號

閩安協標左營安字貳號

第拾陸則船叁隻

臺灣協標中營平字壹號

臺灣協標右營澄字壹號

水師提標前營年字壹號

第拾柒則船玖隻

臺灣協標左營定字壹號

臺灣協標中營平字貳號

澎湖協標左營綏字壹號貳號

澎湖協標右營寧字壹號貳號

閩安協標左營安字肆號

烽火營慶字壹號

銅山營紀字貳號

外海雙篷艍哨各船陸則

第叁則船貳隻

臺灣協標中營波字柒號

水師提標右營萬字拾貳號

第陸則船拾肆隻

金門鎮標右營揚字拾貳號拾肆號

水師提標左營國字拾肆號

南澳鎮標左營南字拾號拾伍號

閩安協標左營安字拾貳號拾叁號拾肆號

閩安協標右營瀾字拾叁號拾伍號

督標水師營靖字壹號貳號叁號肆號

第柒則船拾肆隻

閩安協標右營瀾字拾貳號

水師提標左營國字玖號拾壹號

水師提標右營萬字拾肆號

水師提標後營清字玖號拾號拾貳號
水師提標前營年字拾號
南澳鎮標左營南字拾壹號拾肆號
澎湖協標左營綏字拾貳號拾叁號
烽火營慶字拾號拾壹號
第捌則船貳拾陸隻
水師提標中營海字玖號拾號拾壹號拾貳號
水師提標左營國字拾號
水師提標前營年字拾貳號拾叁號

水師提標右營萬字拾壹號
閩安協標左營安字拾號拾壹號
閩安協標右營瀾字玖號拾號拾壹號
銅山營紀字拾貳號
烽火營慶字玖號
海壇鎮標左營永字拾伍號拾陸號拾柒號拾捌
號拾玖號
海壇鎮標右營固字拾陸號拾捌號拾玖號
臺灣協標右營澄字拾弌號拾叁號

澎湖協標右營寧字拾貳號
第玖則船貳拾隻
銅山營紀字拾壹號拾叁號拾肆號
水師提標左營國字拾貳號
水師提標右營萬字玖號
金門鎮標右營湯字拾壹號拾陸號
金門鎮標左營金字拾貳號拾叁號拾肆號拾伍
號拾陸號
臺灣協標中營平字拾叁號

澎湖協標右營寧字拾壹號
澎湖協標右營綏字拾捌號
澎湖協標左營綏字拾壹號拾肆號拾陸號
海壇鎮標右營固字拾叁號
烽火營慶字拾叁號
第拾則船肆拾壹隻
水師提標中營海字壹號
水師提標右營萬字壹號拾號
水師提標前營年字玖號

閩安協標左營安字壹號叄號玖號
閩安協標右營瀾字貳號叄號
海壇鎮標左營永字貳號叄號拾叄號
烽火營慶字貳號叄號肆號柒號
臺灣協標右營澄字拾壹號拾伍號
臺灣協標左營定字拾叄號拾肆號拾陸號
臺灣協標中營平字拾壹號拾貳號
澎湖協標左營綏字拾伍號拾柒號
澎湖協標右營寧字拾肆號拾伍號拾陸號

金門鎮標右營湯字貳號玖號拾號拾伍號
金門鎮標左營金字壹號拾號拾壹號
海壇鎮標右營固字壹號貳號
南澳鎮標左營南字壹號
銅山營紀字壹號叄號玖號

不入則

臺協中左右叄營利字號杉板頭哨船捌隻

以上各則船隻長寬丈尺界有參差查原送成規並節次准銷成案所開工料均屬相同今俱按則分別訂定俟應拆造之年按照各則一律造報

又造送

奉天金州水師營趕繒船叄隻

福建省外海戰船做法

第壹則趕繒船伍隻內水師提標後營清字捌號
船壹隻身長肆丈陸尺頭起翹肆尺尾起翹叁
尺船頭長壹丈捌尺面勻寬捌尺捌寸底勻寬
捌尺船中長壹丈陸尺面勻寬壹丈叁尺貳寸
底勻寬壹丈貳寸船尾長壹丈貳尺面勻寬壹
丈貳尺陸寸底勻寬玖尺肆寸兩邊舨長伍丈
貳尺陸寸計拾伍艙深肆尺叁寸
今將拆造前船需用工料價值細數開後

計開
船底松木龍骨壹道計叁節船頭壹節長壹丈伍
尺船中壹節連交接匙頭長叁丈壹尺船尾壹
節長壹丈均寬壹尺厚捌寸做淨每折見方尺
貳拾尺用艌匠壹工交接匙頭貳處每處用長
壹尺釘捌個每邊用長陸寸釘拾貳個共核用
寬壹尺厚捌寸松木枋伍丈陸尺陸寸
查成規內開大吉中吉浮淺高洋四項木植
俱截去尖梢作欄杆籠[illegible]等項
之用其木身木料[illegible]一切
枋段各料有截去[illegible]不等

者亦有未加長荒者參差不一今照六段
各料每件長五尺以內者加長荒二寸伍
尺以外者加長荒貳寸圓桴樟木什長壹
丈以內者每根加長荒二寸長壹丈以外
者每根加長荒五寸
一律核定餘倣此
長壹尺釘拾陸個
長陸寸釘貳拾肆個
艌匠拾工捌釐
船底板連起翹長肆丈陸尺內船底勻寬玖尺陸
寸柒分兩站各勻高肆尺玖寸伍分用長肆丈
貳尺寬捌寸厚叁寸大吉木板貳拾捌塊做淨

每折見方尺捌拾尺用艌匠壹工鋸板折寬壹
尺長柒丈用鋸匠壹工（以下鋸板用工倣此）釘縫湊長壹
百拾柒丈陸尺每丈用長陸寸釘叁拾個艌縫
湊長貳百叁拾伍丈貳尺每丈用灰壹觔桐油
陸兩肆錢網紗竹絲各陸兩每柒丈用艌匠壹
工舂製油灰每肆拾斤用舂灰夫壹名（以下[illegible]縫用工）
（用料倣此）共核用
圍大叁尺貳寸淨長肆丈貳尺大吉木玖根
壹丈肆尺

長陸寸釘叁千伍百貳拾捌個
灰貳百叁拾伍斤叁兩
桐油玖拾肆斤壹兩叁錢
網紗捌拾捌斤叁兩貳錢
竹絲捌拾捌斤叁兩貳錢
艌匠叁拾貳工叁分肆釐
鋸匠拾捌工肆分捌釐
艌匠叁拾叁工陸分
舂灰夫捌名貳分叁釐

各艙內用樟木梁座拾陸塊湊長拾伍丈伍尺柒寸添換艙梁拾貳塊湊長拾貳丈均寬壹尺伍寸厚叁寸松木梁頭貳拾塊湊長貳拾陸丈捌尺寬壹尺貳寸厚叁寸硬木棍穩兜玖根各長壹丈叁尺圍大捌寸梁座梁頭俱淨尋折見方尺捌拾尺用艌匠壹工穩兜肆拾尺用艌匠壹工釘縫湊長陸拾陸丈柒寸每丈用長陸寸釘叁拾個艌縫湊長壹百叁拾貳丈壹尺肆寸共核用

寬壹尺伍寸厚叁寸樟木枋貳拾捌丈壹尺叁寸
寬壹尺貳寸厚叁寸松木枋貳拾柒丈貳尺
圍大捌寸長壹丈叁尺硬木棍玖根
長陸寸釘壹千玖百捌拾貳個
灰壹百叁拾貳斤貳兩
桐油伍拾貳斤拾叁兩柒錢
網紗肆拾玖斤捌兩捌錢
竹絲肆拾玖斤捌兩捌錢

艌匠貳拾肆工捌分
艌匠拾捌工捌分捌釐
舂灰夫肆名陸分貳釐

各艙添換樟木極肆拾貳塊內虎頭艙極貳塊各長玖尺伍寸冲天極貳塊水櫃艙極貳塊擔担艙極貳塊油婆前極貳塊各長玖尺後通鋪極貳塊各長捌尺下金極貳塊目裏前後八字極肆塊下擔前極貳塊尾堵裏極貳塊舨上兩旁牛頭極貳塊船後肚極貳塊舨邊一行極貳塊

轉水桅貳塊各長陸尺小官廳桅貳塊一付後
桅貳塊船頭桅貳塊各長伍尺甘蔗桅貳塊各
長肆尺鰍魚桅貳塊各長柒尺拜棚桅貳塊各
長壹丈壹尺均圍大壹尺做淨每折見方尺肆
拾尺用艦匠壹工每塊用長陸寸釘貳個艌縫
湊長伍拾柒丈捌尺共核用
圍大壹尺樟木桅貳拾玖丈陸尺陸寸
長陸寸釘捌拾肆個
灰伍拾柒斤拾叁兩

桐油貳拾叁斤壹兩玖錢
網紗貳拾壹斤拾兩捌錢
竹絲貳拾壹斤拾兩捌錢
艦匠柒工貳分叁釐
艌匠捌工貳分陸釐
舂灰夫貳名貳釐
船身兩旁走馬貳條水蛇貳條抽換各長肆丈貳
尺寬捌寸厚肆寸做淨每折見方尺肆拾尺用
艦匠壹工走馬釘縫湊長捌丈肆尺每丈用長
壹尺釘叁拾個水蛇釘縫湊長捌丈肆尺每丈
尺用長壹尺釘叁個艌縫湊長叁拾叁丈陸尺
共核用
圍大叁尺貳寸淨長肆丈貳尺大吉木貳根
長壹尺釘叁百拾伍個
灰叁拾叁斤拾兩
桐油拾叁斤柒兩
網紗拾貳斤玖兩陸錢
竹絲拾貳斤玖兩陸錢

艦匠拾工捌釐
鋸匠貳工捌分捌釐
艌匠肆工捌分
舂灰夫壹名壹分捌釐
船面兩旁鹼板長肆丈陸尺湊寬捌尺叁寸柒分
用長肆丈貳尺寬捌寸厚叁寸大吉木板拾貳
塊做淨每折見方尺捌拾尺用艦匠壹工釘縫
湊長伍拾丈肆尺每丈用長陸寸釘叁拾個艌
縫湊長壹百丈捌尺共核用

圍大叁尺貳寸淨長肆丈貳尺大吉木肆根
長陸寸釘壹千伍百拾貳個
灰壹百斤拾叁兩
桐油肆拾斤伍兩壹錢
網紗叁拾柒斤拾貳兩捌錢
竹絲叁拾柒斤拾貳兩捌錢
艌匠拾叁工捌分陸釐
鋸匠柒工玖分貳釐
舱匠拾肆工肆分

春灰夫叁名伍分叁釐
兩旁舨板各長伍丈貳尺陸寸高肆尺用長叁丈陸尺寬伍寸捌分厚貳寸伍分中吉木板貳拾塊兩旁添換浮溪木舨柱拾陸根各長肆尺圍大壹尺柒寸舨板做淨每折見方尺捌拾尺用艌匠壹工舨柱肆拾尺用艌匠壹工舨板釘縫湊長柒拾貳丈每丈用長伍寸釘叁拾個舨柱釘縫湊長陸丈肆尺每丈用長陸寸釘叁拾個艌縫湊長壹百伍拾陸丈捌尺共核用

圍大貳尺伍寸淨長叁丈陸尺中吉木[illegible]
貳丈肆尺
圍大貳尺淨長叁丈貳尺浮溪木貳根
長陸寸釘壹百玖拾貳個
長伍寸釘貳千壹百陸拾個
灰壹百伍拾陸斤拾叁兩
桐油陸拾貳斤拾壹兩伍錢
網紗伍拾捌斤拾貳兩捌錢
竹絲伍拾捌斤拾貳兩捌錢

艌匠拾柒工陸分陸釐
鋸匠捌工伍分肆釐
舱匠貳拾貳工肆分
春灰夫伍名肆分玖釐
查成規內舨板未載寬高尺寸今按舨柱長丈核定
兩旁舨邊樟木舨斗肆塊湊長壹丈陸尺寬壹尺伍寸厚叁寸樟木極龍目貳塊各長壹尺伍寸鳥嘴燕貳塊各長叁尺舨柱添換拾貳塊各長叁尺伍寸均圍大壹尺做淨每折見方尺肆拾

尺用艌匠壹工缺乎釘縫長壹丈陸尺毎丈用
長伍寸釘叁拾個鳥嘴燕釘縫湊長陸尺毎尺
用長肆寸釘叁個艌縫毎塊用長陸寸釘貳個
龍目毎塊用長陸寸釘陸個艌縫湊長拾叁丈
肆尺共核用
圍大壹尺樟木極伍丈貳尺陸寸
寛壹尺伍寸厚叁寸樟木枋壹丈陸尺肆寸
長陸寸釘叁拾陸個
長伍寸釘肆拾捌個

長肆寸釘拾捌個
灰拾叁斤陸兩
桐油伍斤伍兩捌錢
網紗伍斤肆錢
竹絲伍斤肆錢
艌匠貳工柒分貳釐
艌匠壹工玖分壹釐
舂灰夫肆分柒釐
缺上前後浮溪木鼠橋板肆塊各長壹丈伍尺伍

寸厚艌板[illegible]尺均[illegible]寸厚
[illegible]兩旁中吉木艌搭貳塊各長叁丈陸尺寬壹
寸陸分厚貳寸叁分兩邊木段猴袋板捌塊各
長肆尺陸寸寛捌寸厚貳寸伍分做淨併折[illegible]
方尺[illegible]尺用艌匠壹工鼠橋壓板艌搭釘縫
湊長貳拾貳丈貳尺毎丈用長伍寸釘叁拾個
壓板艌縫湊長拾柒丈陸尺共核用
圍大貳尺淨長叁丈貳尺浮溪木壹根壹丈
捌尺

圍大貳尺伍寸淨長叁丈陸尺中吉木貳丈
肆尺
圍大叁尺伍寸木段玖尺肆寸
長伍寸釘陸百陸拾陸個
灰拾柒斤拾兩
桐油柒斤陸錢
網紗陸斤玖兩陸錢
竹絲陸斤玖兩陸錢
艌匠伍工壹分玖釐

艌匠貳工玖分柒釐
艌匠貳工伍分壹釐
舂灰夫陸分貳釐
兩旁大壓貳條水錢貳條接換各長叁丈陸尺寬陸寸陸分厚叁寸伍分繳面簗𦘦貳條各長肆丈肆尺寬捌寸厚肆寸做淨每折見方尺肆拾尺用艌匠壹工釘縫湊長貳拾貳丈捌尺每丈用長陸寸釘叁拾個艌縫湊長肆拾伍丈陸尺
共核用

圍大叁尺貳寸淨長肆丈貳尺大吉木壹根
圍大貳尺伍寸淨長叁丈陸尺中吉木貳根
長陸寸釘陸百捌拾肆個
灰肆拾伍斤拾兩
桐油拾捌斤叁兩捌錢
網紗拾柒斤壹兩陸錢
竹絲拾柒斤壹兩陸錢
艌匠拾貳工叁分壹釐
艌匠叁工伍分貳釐

艌匠陸工伍分壹釐
舂灰夫壹名陸分
官廳前後用中吉木梁叁根各長壹丈肆尺圍大貳尺貳寸官廳貼柱用木段陸節各長肆尺陸寸戰櫃上兩邊樓挑貳根各長壹丈肆尺俱圍大叁尺貳寸戰櫃板捌塊長壹丈肆尺湊寬伍尺貳寸捌分鋪板拾叁塊長捌尺湊寬捌尺伍寸捌分沖天蓋板拾塊長肆尺湊寬陸尺陸寸用寬伍寸捌分厚貳寸伍分中吉木板貳拾玖

丈壹尺叁寸官廳內浮溪木跳板壹塊側板壹塊各長壹丈壹尺寬伍寸厚貳寸官廳梁柱戰櫃樓挑做淨每折見方尺肆拾尺用艌匠壹工戰櫃等板捌拾尺用艌匠壹工戰櫃板沖天蓋板釘縫湊長拾柒丈貳尺玖寸陸分每丈用長伍寸釘叁拾個艌縫湊長叁拾肆丈伍尺玖寸貳分共核用
圍大貳尺伍寸淨長叁丈陸尺中吉木叁根
叁丈壹尺壹寸

圍大貳尺淨長叁丈貳尺浮溪木柒尺叁寸
叁分
圍大叁尺伍寸木段伍丈陸尺陸寸
長伍寸釘伍百拾玖個
灰叁拾肆斤玖兩
桐油拾叁斤拾叁兩肆錢
綢紗拾貳斤拾伍兩陸錢
竹絲拾貳斤拾伍兩陸錢
艌匠拾叁工壹分玖釐

鋸匠叁工陸分柒釐
艌匠肆工玖分肆釐
舂灰夫壹名貳分壹釐
官廳前迎鋪貳塊各長壹丈肆尺從迎鋪貳塊各
長壹丈貳尺坐寶板拾貳塊各長陸尺均寬壹
尺貳寸厚叁寸做淨務折見方尺捌拾尺用艌
匠壹工通鋪板釘縫湊長伍丈貳尺[illegible]丈用長
陸寸釘叁拾個艌縫湊長拾丈肆尺[illegible]艌用
寬壹尺貳寸厚叁寸松木枋拾貳[illegible]柒尺貳
寸
長陸寸釘壹百伍拾陸個
灰拾斤陸兩
桐油肆斤貳兩陸錢
綢紗叁觔拾肆兩肆錢
竹絲叁觔拾肆兩肆錢
艌匠肆工陸分伍釐
艌匠壹工肆分玖釐
舂灰夫叁分陸釐

官廳兩旁用浮溪木猫裏柱捌根各長肆尺猫裏
櫃上下枋肆根各長捌尺均圍大壹尺柒寸猫
裏艙板拾塊長壹丈壹尺湊寬伍尺叁寸鋪板
玖塊長柒尺湊寬肆尺[illegible]寸柒分艙底板捌塊
長柒尺湊寬肆尺貳寸[illegible]分用寬伍寸厚貳寸
浮溪木板貳拾肆丈貳尺柒寸肆分木段猫裏
堵板貳拾肆塊各長肆尺陸寸寬捌寸厚貳寸
伍分猫裏柱上下欲做淨務折見方尺肆拾尺
用艌匠壹工猫裏各板捌拾尺用艌匠壹工猫

仮釘縫湊長拾壹丈陸尺陸寸每丈用長伍寸
釘叁拾個共核用
圍大貳尺淨長叁丈貳尺浮溪木肆根壹丈
陸尺玖寸壹分
圍大叁尺伍寸木段貳丈捌尺貳寸
長伍寸釘叁百伍拾個
艌匠玖工捌分柒釐
鋸匠肆工捌釐
官廳虎頭艙鋪板拾塊長陸尺伍寸湊寬伍尺叁

寸用寬伍寸厚貳寸浮溪木板陸丈捌尺玖寸
做淨每折見方尺捌拾尺用艌匠壹工共核用
圍大貳尺淨長叁丈貳尺浮溪木貳丈貳尺
玖寸柒分
艌匠壹工貳分壹毫
鋸匠陸分玖釐
兩旁廠面戰棚板添換用長壹丈肆尺寬肆寸厚
貳寸高洋木板拾貳塊又艙內堵板用長貳尺
捌寸寬肆寸厚壹寸高洋木板貳百捌拾塊做

淨每折見方尺捌拾尺用艌匠壹工
圍大壹尺陸寸淨長貳丈捌尺高洋木拾根
艌匠拾貳工叁分貳釐
鋸匠柒工肆釐
兩旁艙上撒牛捌塊各長捌尺伍寸各艙口扛豆
陸塊各長壹丈柒尺均寬壹尺貳寸厚叁寸做
淨每折見方尺肆拾尺用艌匠壹工撒牛每塊
用長陸寸釘肆個扛豆釘縫湊長拾丈貳尺每
丈用長陸寸釘叁拾個艌縫湊長叁拾肆丈共

核用
寬壹尺貳寸厚叁寸松木枋拾柒丈貳尺捌
寸
長陸寸釘叁百叁拾捌個
灰叁拾肆斤
桐油拾叁斤玖兩陸錢
網紗拾貳斤拾貳兩
竹絲拾貳斤拾貳兩
艌匠拾貳工柒分伍釐

艌匠肆工捌分陸釐
舂灰夫壹名壹分玖釐
各艙蓋板用長肆尺陸寸寬捌寸厚貳寸伍分杉
段板陸拾塊艙蓋下通樑拾伍個各長肆尺陸
寸見方捌寸艙蓋做淨每板見方尺捌拾尺用
艌匠壹工通樑叁拾尺用艌匠壹工艙蓋釘縫
湊長貳拾柒丈陸尺每丈用長伍寸釘叁拾個
艌縫湊長伍拾伍丈[illegible]尺共核用
圍大叁尺伍寸木段拾肆丈壹尺

長伍寸釘捌百貳拾捌個
灰伍拾伍斤叁兩
桐油貳拾貳斤壹兩叁錢
網紗貳拾斤拾壹兩貳錢
竹絲貳拾斤拾壹兩貳錢
艌匠拾肆工陸分壹釐
鋸匠伍工柒分貳釐
艌匠柒工捌分玖釐
舂灰夫壹名玖分[illegible]釐

旁艙上用高洋木牛欄肆根內船頭貳根各長
捌尺船後貳根各長貳丈均圍大壹尺叁寸做
淨每折見方尺肆拾尺用艌匠壹工共核用
圍大壹尺陸寸淨長貳丈捌尺高洋木貳根
艌匠壹工捌分貳釐
船頭斗蓋用樟木壹塊長壹丈伍尺圍大肆尺柒
寸蝦籠梁壹塊長捌尺伍寸寬柒寸斗蓋下兔
耳壹塊長捌尺寬壹尺伍寸鹿肚勒壹個長肆
尺寬肆寸托浪板肆塊各長陸尺伍寸寬壹尺

俱厚叁寸斗蓋蝦籠梁兔耳鹿肚勒做淨每折
見方尺肆拾尺用艌匠壹工托浪板捌拾尺用
艌匠壹工斗蓋用長捌寸釘拾貳個蝦籠梁托
浪板釘縫湊長叁丈肆尺伍寸每丈用長陸寸
釘叁拾個兔耳鹿肚勒釘縫湊長壹丈貳尺每
丈用長伍寸釘叁拾個蝦籠梁托浪板兔耳鹿
肚勒艌縫湊長玖丈叁尺共核用
圍大肆尺柒寸長壹丈伍尺伍寸樟木壹[illegible]
圍壹尺伍寸厚叁寸樟木枋壹丈叁尺叁寸

伍分
寬壹尺厚叁寸長陸尺柒寸樟木板肆塊
長捌寸釘拾貳個
長陸寸釘壹百肆個
長伍寸釘叁拾陸個
灰玖斤伍兩
桐油叁斤拾壹兩伍錢
網紗叁斤柒兩捌錢
竹絲叁斤柒兩捌錢

一 艦匠叁工捌分玖釐
艌匠壹工叁分叁釐
一 舂灰夫叁分叁釐
中舍檀壹塊長壹丈捌尺圍大柒尺頭合檀壹塊
長壹丈伍尺圍大伍尺叁寸合檀粱壹塊長壹
丈貳尺陸寸頭合檀閘壹塊長陸尺伍寸厚見
壹尺伍寸厚叁寸做[illegible]用
艦匠壹工含檀粱釘縫長壹[illegible]尺陸[illegible]丈
長陸寸釘叁拾個含檀含桅粱艌縫湊長八[illegible]

[illegible]尺貳寸共核用
圍大柒尺長壹丈捌尺伍寸樟木壹根
圍大伍尺叁寸長壹丈伍尺伍寸樟木壹根
寬壹尺伍寸厚叁寸樟木枋壹丈玖尺伍寸
長陸寸釘叁拾捌個
灰玖斤貳兩
桐油叁斤拾兩肆錢
網紗叁斤陸兩柒錢
竹絲叁斤陸兩柒錢

艦匠玖工壹分肆釐
艌匠壹工叁分
舂灰夫叁分貳釐
中轉水貳塊各長壹丈陸尺寬貳尺厚玖寸伍分
樟極轉水鞋貳塊各長柒尺伍寸圍大壹尺做
淨每折見方尺肆拾尺用艦匠壹工轉水每塊
用長壹尺釘貳個轉水鞋每塊用長陸寸釘柒
個艌縫湊長玖丈肆尺共核用
寬[illegible]尺厚玖寸伍分長壹丈陸尺[illegible]

貳塊

圍大壹尺樟木桅壹丈伍尺肆寸

長壹尺釘肆個

長陸寸釘拾肆個

灰玖斤陸兩

桐油叁斤拾貳兩貳錢

網紗叁斤捌兩肆錢

竹絲叁斤捌兩肆錢

艌匠伍工壹分

艌匠壹工叁分肆釐

舂灰夫叁分叁釐

船尾用木段拜棚槓肆根各長柒尺尾樓舨柱陸根各長肆尺陸寸均圍大叁尺貳寸大吉木拜棚板拾貳塊各長柒尺寬捌寸厚叁寸尾樓舨板肆塊長叁丈柒寬貳尺陸寸肆分用寬伍寸捌分厚貳寸伍分中吉木板拾叁丈陸尺伍寸伍分拜棚槓尾舨柱做淨勻折見方尺肆拾尺

一艌匠壹工尾舨板拜棚板捌拾尺用艌匠壹工

丁艌板拜棚板釘縫以長貳拾丈伍尺

每丈用長伍寸釘叁拾個拜棚板艌縫每

陸丈捌尺共核用

圍大叁尺貳寸淨長肆丈貳尺大吉木丈

捌尺

圍大貳尺伍寸淨長叁丈陸尺中吉木壹根

玖尺伍寸貳分

圍大叁尺徑寸木段伍丈柒尺

長伍寸釘陸百陸拾貳個

灰拾陸斤拾叁兩

桐油陸斤拾壹兩伍錢

網紗陸斤肆兩捌錢

竹絲陸斤肆兩捌錢

艌匠玖工伍分玖釐

船匠貳工玖分肆釐

艌匠貳工肆分

舂灰夫伍分玖釐

船尾用樟木下金壽□塊長柒尺伍寸圍大柒尺伍

寸大繚牛壹副長柒尺伍寸寬貳尺肆寸[illegible]
寸樟極小繚牛貳塊各長肆尺伍寸圍大壹尺
尾樓樟木上金壹塊長壹丈柒尺寬貳尺壹寸
厚捌寸七星冠壹塊長壹丈捌尺寬壹尺貳寸
厚陸寸硬木棍下金拴貳根繚牛繳貳根各長
陸尺伍寸圍大捌寸木段繚牛柱貳根各長肆
尺陸寸圍大叁尺貳寸下金繚牛上金七星冠
做淨每拆見方尺叁拾尺用艌匠壹工下金拴
繚牛繳小繚牛繚牛柱肆拾尺用艌匠壹工下

金用長捌寸釘拾捌個繚牛用長捌寸釘貳拾
貳個上金用長壹尺釘拾捌個小繚牛每塊用
長陸寸釘貳個繚牛繳釘縫湊長壹丈叁尺每
丈用長伍寸釘叁拾個下金艌縫長柒尺伍寸
共核用
圍大柒尺伍寸長柒尺柒寸樟木壹段
寬貳尺肆寸厚陸寸長柒尺柒寸樟木壹塊
寬貳尺壹寸厚捌寸長壹丈柒尺貳寸樟木
壹塊
寬壹尺貳寸厚陸寸長壹丈捌尺貳寸木
壹塊
圍大捌寸長壹丈叁尺硬木棍貳根
圍大壹尺樟木極玖尺貳寸
圍大叁尺伍寸木段玖尺肆寸
長壹尺釘拾捌個
長捌寸釘肆拾個
長陸寸釘肆個
長伍寸釘叁拾玖個

灰拾貳兩
桐油肆兩捌錢
網紗肆兩伍錢
竹絲肆兩伍錢
艌匠拾工陸分壹釐
艌匠壹分壹釐
舂灰夫叁釐
一尾舵邊用木段硬筋貳根各長壹丈肆尺圍大
叁尺貳寸尾樓[illegible]貳塊各長柒尺寬壹尺

厚肆寸柯桐木軟筋貳塊各長壹丈壹尺寬壹
尺厚叁寸做淨每折見方尺肆拾八用艌匠壹
工硬筋頭尾用長陸寸釘拾貳個共核用
圍大叁尺伍寸木段叁丈伍尺陸寸
寬壹尺厚叁寸柯桐木枋貳丈貳尺肆寸
長陸寸釘拾貳個
艌匠肆工陸分伍釐
鋸匠貳分捌釐
尾樓用大吉木板陸塊各長柒尺寬捌寸厚叁寸

舵邊用高洋木寄藥板肆塊尾座板肆塊各長
柒尺寬肆寸厚貳寸中吉木尾樓挑貳根共長
貳丈伍尺圍大貳尺貳寸船後松木尾裏板拾
塊各長伍尺寬壹尺貳寸厚叁寸尾樓挑做淨
每折見方尺肆拾尺用艌匠壹工樓尾各板捌
拾尺用艌匠壹工尾樓板尾裏板釘縫湊長玖
丈貳尺每丈用長伍寸釘叁拾個尾裏板艌縫
湊長拾丈共核用
圍大叁尺貳寸淨長肆丈貳尺大吉木壹丈

肆尺
圍大壹尺陸寸淨長貳丈捌尺高洋木壹根
圍大貳尺伍寸淨長叁丈陸尺中吉木貳丈
伍尺
寬壹尺貳寸厚叁寸松木枋伍丈壹尺
長伍寸釘貳百柒拾陸個
灰拾斤
桐油肆斤
網紗叁斤拾貳兩

竹絲叁斤拾貳兩
艌匠伍工貳分伍釐
鋸匠壹工壹分肆釐
艌匠壹工肆分叁釐
舂灰夫叁分伍釐
尾樓下用樟木櫓遮板壹塊長壹丈貳尺櫓門枋
壹塊櫓床貳塊各長伍尺均寬壹尺伍寸厚叁
寸尾樓雙頭柱貳個長肆尺[illegible]
再壹個長貳尺寬柒寸均厚叁寸[illegible]

每折見方尺捌拾尺用艌匠壹工杉門杉櫓□
雙頭蛇尾樓車肆拾尺用艌匠壹工櫓床每塊
用長捌寸釘拾貳個櫓通板釘縫長壹丈貳尺
每丈用長陸寸釘叁拾個櫓床櫓通板艌縫湊
長肆丈肆尺共核用

陸分
寬壹尺伍寸厚叁寸樟木枋叁丈壹尺柒寸

長捌寸釘貳拾肆個
長陸寸釘叁拾陸個

灰肆斤陸兩
桐油壹斤拾貳兩貳錢
網紗壹斤拾兩肆錢
竹絲壹斤拾兩肆錢
艌匠貳工貳分玖釐
艌匠陸分叁釐
舂灰夫壹分伍釐

水仙門柱用中吉木壹根長肆尺圍大貳尺貳寸
木段板肆塊各長肆尺陸寸寬捌寸厚貳寸八

分樟木極百子鮑肆塊各長壹丈貳尺圍大貳
尺□□蓋下樟木牛頭兜耳壹個長叁尺伍寸寬
壹尺貳寸厚叁寸做水仙門柱百子鮑兜耳每
折見方尺肆拾尺用艌匠壹工板捌拾尺用艌
匠壹工百子鮑釘縫湊長肆丈捌尺每丈用長
陸寸釘叁拾個艌縫湊長玖丈陸尺共核用
圍大貳尺伍寸淨長叁丈陸尺中吉木肆尺
圍大叁尺伍寸木段肆尺柒寸
圍大壹尺樟木極肆丈捌尺捌寸

寬壹尺伍寸厚叁寸樟木枋貳尺捌寸捌分

長陸寸釘壹百肆拾肆個
灰玖斤拾兩
桐油叁斤拾叁兩肆錢
網紗叁斤玖兩陸錢
竹絲叁斤玖兩陸錢
艌匠貳工壹分陸釐
鋸匠貳分捌釐
艌匠壹工叁分柒釐

[illegible]夫叁[illegible]

大桅座壹塊長捌尺見方貳尺肆寸頭桅座壹塊
長伍尺陸寸圍大肆尺陸寸做淨每折見方尺
叁拾尺用艌匠壹工共核用
見方貳尺肆寸長捌尺貳寸樟木壹塊
圍大肆尺陸寸長伍尺捌寸樟木壹段
艌匠叁工肆分貳釐
大鹿耳貳塊各長壹丈貳尺寬貳尺貳寸厚壹尺
壹寸頭鹿耳貳塊各長玖尺捌寸寬壹尺捌寸

厚捌寸硬木梘鹿耳夾貳根各長壹丈叁尺圍
大捌寸柯椈木目裏驗壹塊長叁尺寬壹尺厚
叁寸做淨每折見方尺肆拾尺用艌匠壹工共
核用
寬貳尺貳寸厚壹尺壹寸長壹丈貳尺貳寸
樟木貳塊
寬壹尺捌寸厚捌寸長壹丈樟木貳塊
寬壹尺厚叁寸柯椈木枋叁尺壹寸
圍大捌寸長壹丈叁尺硬木梘貳根

艌匠柒工貳分貳釐
大桅壹根長陸丈圍大肆尺伍寸頭桅壹根長
丈圍大肆尺叁寸做淨每折見方尺肆拾尺用
艌匠壹工共核用
圍大肆尺伍寸長陸丈桅木壹根
圍大肆尺叁寸長伍丈桅木壹根
艌匠拾貳工壹分叁釐
桅尾用柯椈木馬面貳塊各長叁丈伍尺寬壹尺
伍寸厚叁寸樟木大小桅笠共長貳尺寬壹尺

貳寸大桅琵琶壹塊長叁尺寬壹尺頭桅琵琶
壹塊長貳尺寬陸寸均厚叁寸中吉木大桅笠
壹根長壹丈壹尺圍大貳尺貳寸高洋木頭桅
笠壹根長捌尺圍大壹尺叁寸馬面做淨每折
見方尺捌拾尺用艌匠壹工桅笠桅笠琵琶肆
拾尺用艌匠壹工馬面釘縫淩長柒丈每丈用
長陸寸釘貳拾個共核用
寬壹尺伍寸厚叁寸柯椈木枋柒丈肆寸
寬壹尺伍寸厚叁寸樟木枋肆尺陸寸柒分

圍大貳尺伍寸淨長叁丈陸尺用吉木叁丈
壹尺
圍大壹尺陸寸淨長貳丈捌尺高洋木捌尺
長陸寸釘壹百肆拾個
艌匠肆工肆分伍釐
大風篷壹扇長肆丈捌尺寬貳丈陸尺頭風篷壹
扇長貳丈肆尺寬壹丈肆尺大篷擔貳根各長
貳丈陸尺頭篷擔貳根各長壹丈肆尺均圍大
壹尺柒寸做淨每折見方尺肆拾尺用艌匠壹

工共核用
寬貳丈陸尺長肆丈捌尺風篷壹扇
寬壹丈肆尺長貳丈肆尺風篷壹扇
圍大貳尺淨長叁丈貳尺浮溪木貳根壹丈
陸尺
艌匠叁工肆分
大小篷跳貳塊湊長壹丈大小篷踏貳塊湊長壹
丈肆尺大小日裹貳塊湊長壹丈肆尺均寬壹
尺伍寸厚叁寸做淨每折見方尺肆拾尺用艌

匠壹工共核用
寬壹尺伍寸厚叁寸樟木枋叁丈玖尺
艌匠叁工肆分貳釐
大小篷架用木段橫梁貳根各長壹丈肆尺架
貳根大小篷架針捌根各長柒尺均寬壹尺厚
捌寸做淨每折見方尺叁拾貳尺用艌匠壹工
共核用
圍大叁尺伍寸木段拾丈肆寸
艌匠拾壹工叁釐

鋸匠貳工伍分貳釐
大篷車員用中吉木壹根長壹丈貳尺旋車員腳[illegible]
根長壹丈均圍大貳尺貳寸高洋木車腳斜板
捌塊各長捌尺寬肆寸厚貳寸硬木車子[illegible]貳
拾伍根各長壹丈叁尺圍大捌寸車員做淨每
折見方尺叁拾貳尺用艌匠壹工車腳板捌拾
尺用艌匠壹工共核用
圍大貳尺伍寸淨長叁丈陸尺中吉木貳丈
貳尺

天盤尺陸寸弔長貳丈捌尺高洋木壹
肆尺
圍大捌寸長壹丈叁尺硬木棍貳拾伍根
艌匠貳工肆分柒釐
鋸匠伍分伍釐
水櫃用樟木牛頭捌塊各長肆尺伍寸寬壹尺伍
寸厚叁寸木段水櫃柱肆根各長肆尺陸寸圍
大叁尺貳寸水櫃板貳拾肆塊各長肆尺陸寸
寬捌寸厚貳寸伍分水櫃柱牛頭做淨每折見

方尺肆拾尺用艌匠壹工水櫃板捌拾尺用艌
匠壹工水櫃柱每根用長陸寸釘貳拾個斤頭
釘縫湊長叁丈陸尺每丈用長陸寸釘玖拾個
水櫃板釘縫湊長拾壹丈肆寸每丈用長壹寸
釘叁拾個艌縫湊長叁拾貳丈玖尺陸寸共核
用
寬壹尺伍寸厚叁寸樟木枋叁丈陸尺捌寸
圍大叁尺伍寸木段肆丈柒尺
長陸寸釘壹百捌拾捌個

長伍寸釘叁百叁拾[illegible]個
灰叁拾貳斤拾伍兩
桐油拾叁斤貳兩玖錢
綢紗拾貳斤伍兩捌錢
竹絲拾貳斤伍兩捌錢
艌匠柒工陸分壹釐
鋸匠壹工陸分陸釐
鐵匠肆工柒分壹釐
舂灰夫壹名壹分伍釐

媽祖龕用杉木板拾塊湊長貳拾玖丈寬陸寸厚
壹寸高洋木媽祖旗杆壹根長貳丈圍大壹尺
叁寸旗杆做淨每折見方尺肆拾尺用艌匠壹
工龕板捌拾尺用艌匠壹工釘縫湊長貳拾玖
丈每丈用長肆寸釘叁拾個艌縫湊長伍拾捌
丈共核用
寬陸寸厚壹寸杉木枋貳拾玖丈貳尺
圍大壹尺陸寸淨長貳丈捌尺高洋木壹丈
長肆寸釘捌百柒拾個

灰伍拾捌斤
桐油貳拾叁斤叁兩貳錢
[illegible]紗貳拾壹斤拾貳兩
竹絲貳拾壹斤拾貳兩
艌匠伍工柒分叁釐
舵匠捌工貳分玖釐
舂灰夫貳名叁釐
船面兩旁砲架陸個并蓋每個用長肆尺陸寸寬
捌寸厚貳寸伍分木段柒肆塊做淨每折見方

尺捌拾尺用艌匠壹工共核用
圍大叁尺伍寸木段貳丈捌尺貳寸
艌匠貳工玖分
鋸匠壹工陸分陸釐
船頭用中吉木撬壹枝長叁丈貳尺圍大貳尺
寸樟木槽尖貳個各長壹尺伍寸寬捌寸厚
寸做淨每折見方尺肆拾尺用艌匠壹工共核
用
圍大貳尺伍寸長叁丈陸尺中吉木叁

尺
寬壹尺伍寸厚叁寸樟木枋壹尺柒寸壹分
艌匠壹工玖分叁釐
船尾舵壹門用楮木舵杆壹根長壹丈捌尺寬壹
尺肆寸厚捌寸舵閂板叁塊長壹丈肆尺凑寬
壹尺玖寸捌分用寬伍寸捌分厚貳寸伍分中
吉木板肆丈柒尺柒寸玖分樟木極舵夾捌塊
各長肆尺圍大壹尺硬木棍舵牙扼貳根各長
壹丈叁尺圍大捌寸舵桿做淨每折見方尺叁

拾尺用艌匠壹工舵夾舵牙肆拾尺用艌匠壹
工舵閂板捌拾尺用艌匠壹工舵夾釘縫湊長
叁丈貳尺每丈用長捌寸釘伍拾個舵夾舵閂
板艌縫湊長拾伍丈玖尺伍寸捌分共核用
寬壹尺肆寸厚捌寸長壹丈捌尺貳寸楮木
壹塊
圍大貳尺伍寸淨長叁丈陸尺中吉木壹丈
伍尺玖寸叁分
圍大壹尺樟木極叁丈貳尺捌寸

計銀壹兩叁錢貳釐
寬壹尺貳寸厚陸寸長壹丈陸尺貳寸樟木壹塊
計銀壹兩玖分陸釐
寬壹尺貳寸厚柒寸長陸尺柒寸樟木壹塊
計銀伍錢貳分玖釐
寬壹尺貳寸厚壹尺長壹丈貳尺貳寸樟木貳塊 每塊銀壹兩叁錢柒分陸釐
計銀貳兩柒錢伍分貳釐
寬壹尺貳寸厚肆寸伍分長柒尺貳寸樟木貳塊

每塊銀叁錢陸分伍釐
計銀柒錢叁分
查原送成規內開樟木舍桅等料拾壹款所開價值逐款核算俱屬參差今照新船每折見方壹尺核銀玖分叁釐玖毫陸絲之數一律核定
寬壹尺貳寸厚捌寸長壹丈伍尺貳寸楮木壹塊
計銀拾貳兩
闊大肆尺伍寸長陸丈桅木壹根
計銀貳拾兩
闊大貳尺陸寸長叁丈桅木壹根

計銀壹兩
長壹尺釘叁百叁拾捌個每貳個重壹斤計重壹百陸拾玖斤長捌寸釘貳百肆拾肆個每伍個重壹斤計重肆拾捌斤拾貳兩捌錢長陸寸釘捌千柒百柒拾陸個每拾伍個重壹斤計重伍百捌拾伍斤壹兩壹錢長伍寸釘叁千肆百伍拾肆個每貳拾個重壹斤計重壹百柒拾貳斤拾壹兩貳錢長肆寸釘伍百拾叁個每叁拾個重壹斤計重拾柒斤壹兩陸錢以上鐵釘共重

玖百玖拾貳斤拾兩柒錢除選用舊釘貳百玖拾柒斤拾貳兩捌錢外添新陸百玖拾肆斤拾叁兩玖錢每斤銀貳分玖釐
計銀拾伍兩貳錢捌分柒釐
灰壹千壹百拾玖斤拾叁兩 每斤銀貳錢
計銀貳兩貳錢肆分
桐油肆百伍拾斤拾肆兩柒錢 每斤銀叁分
計銀拾叁兩伍錢貳分捌釐
網紗叁百陸拾玖斤拾伍兩叁錢 每斤銀壹分[illegible]釐

各長柒尺均寬伍寸　[illegible]尺
桅杆尺用艌匠壹工水蚱釘縫湊[illegible]尺
每肆尺用長捌寸釘叁個壓板水蛾釘縫湊長
肆丈捌尺每丈用長伍寸釘叁拾個艌縫湊長
拾陸丈貳尺共核用
圍大貳尺淨長叁丈貳尺浮溪木貳丈柒尺
長捌寸釘貳拾伍個
長伍寸釘壹百肆拾肆個
灰拾陸斤叁兩

桐油陸斤柒兩柒錢
綱紗陸斤壹兩貳錢
竹絲陸斤壹兩貳錢
艌匠壹工肆分貳釐
鋸匠捌分壹釐
艌匠貳工叁分壹釐
舂灰穴伍分柒釐
舢板船用樟木梁座陸塊各長伍尺肆寸梁頭貳
塊各長伍尺均寬壹尺伍寸厚叁寸樟極舢板

梁肆塊各長肆尺肆寸牛頭仔拾[illegible]塊各
貳尺冲天極貳塊百子舵肆塊[illegible]陸塊各長
貳尺伍寸均圍大壹尺舢板梁各極做淨每折
見方尺肆拾尺用艌匠壹工梁座梁頭捌拾尺
用艌匠壹工梁座梁頭舢板梁百子舵釘縫湊
長柒丈每丈用長陸寸釘叁拾個牛頭極冲天
極[illegible]每塊用長陸寸釘貳個梁座梁頭舢板
梁冲天極百子舵[illegible]艌縫湊長拾捌丈共核
用

寬壹尺伍寸厚叁寸樟木枋肆丈叁尺捌寸
圍大壹尺樟木極柒丈肆尺肆寸
長陸寸釘貳百伍拾個
灰拾捌斤
桐油柒斤叁兩貳錢
綱紗陸斤拾貳兩
竹絲陸觔拾貳兩
艌匠叁工柒分
艌匠貳工[illegible]

計銀拾貳兩陸錢
幅寬壹尺色布叁拾丈 每丈銀壹錢
計銀叁兩
苧線肆兩 每斤銀壹錢貳分
計銀叁分
椗貳門齒全各長壹丈肆尺寬捌寸厚伍寸 每門銀壹兩
計銀貳兩
櫓貳枝各長叁丈貳尺寬柒寸厚肆寸 每枝銀柒錢

計銀壹兩肆錢
舢板櫓壹枝長貳丈伍尺寬柒寸厚肆寸
計銀叁錢貳分壹釐
大風篷壹扇長肆丈捌尺寬貳丈二
計銀貳兩玖錢玖分叁毫
頭風篷壹扇長貳丈肆尺寬壹丈壹尺
計銀捌錢貳分叁釐
查原送成規內開各則風篷價值參差今照繪船每折見方壹丈核銀叁錢壹分壹釐捌毫之數一律核定

大小桅餅柒個 每個銀柒分
計銀肆錢玖分
大小無底升肆百個 每百個銀捌分
計銀叁錢貳分
竹篾肆百肆拾捌斤 每百斤銀壹錢陸分
計銀柒錢壹分柒釐
草心伍百柒拾斤 每百斤銀柒分
計銀叁錢玖分玖釐
槐籐拾玖斤 每斤銀貳分伍釐

計銀肆錢柒分伍釐
艦匠貳百叁拾工陸分貳釐
安裝匠貳拾叁工陸釐
鋸匠肆拾捌工壹分伍釐
艌匠壹百伍拾玖工陸分壹釐
鐵匠叁拾壹工貳分伍釐
[illegible]匠捌工
[illegible]匠貳拾肆工柒分捌釐
[illegible]匠貳拾壹工

縴匠拾貳工玖分陸釐

正椗索壹條長肆拾貳丈大柒寸副椗索壹條長肆拾丈大陸寸大篷筋壹條長陸丈大壹寸捌分小篷筋壹條長叁丈大壹寸綠仔繚耳共拾捌條各長貳丈大貳寸椗奴貳條各長壹丈伍尺大陸寸大小摘尾貳條共長拾貳丈大肆寸伍分舵弔壹條長叁丈大伍寸伍分以上棕繩共重叁百捌拾斤每撕棕肆拾斤用匠壹工成繩肆拾斤用匠壹工共核用

棕叁百捌拾斤

撕棕匠玖工伍分

成繩匠玖工伍分

中風旗壹面長寬各壹丈陸尺壹條龍旗壹面長陸丈寬叁尺媽祖旗壹面長寬各伍尺大小帶風旗叁面內壹面長陸尺貳面各長肆尺伍均寬壹尺共核用

幅寬壹尺色布伍拾丈

線拾兩

[illegible]匠伍分

單椗貳門齒全各長壹丈捌尺寬壹尺厚陸寸

中桅貳枝各長肆丈貳尺寬捌寸厚伍寸

尾桅壹枝長貳丈伍尺寬柒寸厚肆寸

大小[illegible]餅柒個

大小無底升肆百個

篷上配用竹纜草繩共用

竹篾叁百陸拾斤

縴匠拾貳工玖分陸釐

草心叁百肆拾貳斤

繩匠捌工伍分伍釐

查原送成規內關打造竹繩草繩所用匠工多寡不齊今照棕麻繩索用工之例一律核定

篷上配用大小繚毯攝子兔耳共用

棚藤貳拾叁斤

藤匠肆工陸分

刻字用

刻字匠叁工

大小桅□

壯夫叁拾伍名

前船共用大小鐵釘壹萬柒千捌百捌拾陸個例

抹釘頭每百個用桐油陸兩肆錢灰壹斤每油

灰拾斤用艌匠壹工共核用

桐油柒拾壹斤捌兩柒錢

灰壹百柒拾捌斤拾肆兩

艌匠貳拾伍工肆釐

舂灰夫陸名貳分陸釐

前船共用艌匠叁百肆拾壹工壹分伍釐係照彩

松木楻核定內有樟柯等硬料用匠捌拾柒工

捌分貳釐每工外加匠貳分計加匠拾柒工伍

分陸釐共匠叁百伍拾捌工柒分壹釐每百工

加安裝匠拾工計安裝匠叁拾伍工捌分柒釐

每艌匠安裝匠壹百工加隨匠壯夫貳拾名計

壯夫柒拾捌名玖分貳釐

□工所造前船共用

□尺厚捌寸松木伍丈肆尺陸寸 每丈銀肆錢

計銀貳兩叁錢□分叁釐

查原送成規內開□木按依拾陸則丈尺開算每丈核銀肆錢捌分壹釐至叁錢肆分壹釐不等多寡參差均匀計算每丈需銀肆錢壹分肆釐今照肆錢壹分肆釐之數一律核定

圍大叁尺貳寸淨長肆丈貳尺大吉木拾柒根壹

丈肆尺 每根銀肆兩柒錢

計銀肆拾陸兩捌錢

查原送成規內開大吉木拾陸根今按丈尺做法核算應增□根壹丈肆尺

圍大貳尺伍寸淨長叁丈陸尺中吉木拾柒根壹

丈捌尺伍寸伍分 每根銀壹兩伍錢

計銀貳拾陸兩貳錢柒分叁釐

查原送成規內開中吉木拾陸根今按丈尺做法核算應增壹根壹丈捌尺伍寸伍分

圍大貳尺淨長叁丈貳尺浮溪木拾伍根壹丈叁

寸伍分 每根銀伍錢

計銀柒兩陸錢陸分貳釐

查原送成規內開浮溪木拾陸根今按丈尺做法核算應減□丈□寸伍分

圍大壹尺陸寸淨長貳丈捌尺□□

尺 每根銀□錢

計銀叁兩貳分玖釐

查原送成規內開高洋木拾陸根今按丈尺做法核算應減貳丈肆尺

圍丈叁尺伍寸木段伍拾壹丈柒尺伍寸核長壹丈肆尺段料叁拾陸根壹丈叁尺伍寸 每根銀陸錢

計銀貳拾貳兩壹錢柒分玖釐

查原送成規內開木段肆拾根今按丈尺做法核算應減叁根伍寸

寬壹尺伍寸厚叁寸樟木枋肆拾玖丈壹尺壹寸柒分核長壹丈柒尺枋料貳拾捌塊壹丈伍尺壹寸柒分 每塊銀壹兩叁錢

計銀叁拾柒兩伍錢陸分

查原送成規內開樟枋貳拾柒塊今按丈尺做法核算應增壹塊壹丈伍尺壹寸柒分

寬壹尺厚叁寸長陸尺柒寸樟板肆塊 每塊銀叁錢肆分貳釐

計銀壹兩叁錢陸分捌釐

查原送成規內開樟木枋梁座梁頭壹則[illegible]拾柒則各長壹丈柒尺寬壹尺伍寸[illegible]叁寸每塊銀壹兩叁錢扎梁[illegible]不貳[illegible]壹則長陸尺伍寸寬壹尺厚叁寸每塊開銀伍錢第貳則至拾柒則各長捌尺寬壹尺厚叁寸每塊亦開銀伍錢價值參差今俱[illegible]梁座梁頭之價一律核定

寬壹尺貳寸厚叁寸松木枋陸拾貳丈[illegible]尺核長壹丈柒尺枋料叁拾陸塊壹丈壹尺 每塊銀叁錢伍分

計銀拾貳兩捌錢貳分陸釐

查原送成規內開松枋叁拾陸塊今按丈尺做法核算應增壹丈壹尺

圍大壹尺樟木極伍拾貳丈玖尺捌寸核長壹丈貳尺樟極肆拾肆塊壹尺捌寸 每塊銀貳錢

計銀捌兩捌錢叁分

查原送成規內開樟極肆拾肆塊今按丈尺做法核算應增壹尺捌寸

寬壹尺伍寸厚叁寸柯梱木枋柒丈肆寸 每丈銀伍錢叁

分壹釐伍毫

計銀肆兩貳分叁釐

寬壹尺厚叁寸柯梱木枋肆丈玖尺玖寸 每丈銀叁錢捌分壹釐

計銀壹兩玖錢壹釐

查原送成規內開柯梱木馬面合則查拾柒則各長叁丈伍尺寬壹尺伍寸[illegible]叁寸每塊開銀貳兩軟筋及艙板龍目[illegible]壹則至伍則各長貳丈伍尺寬壹尺[illegible]叁寸每塊開銀壹兩陸則至拾柒則各長[illegible]丈[illegible]尺寬壹尺厚叁寸每塊開銀貳兩價值參差今俱照馬面之價一律核定

棡大捌寸長壹丈叁尺硬木桅肆拾根 每根銀捌分

計銀叁兩貳錢

寬陸寸厚壹寸杉木板貳拾玖丈貳尺 每丈銀肆錢

計銀拾壹兩陸錢捌分

圍大柒尺長壹丈捌尺伍寸樟木壹根

計銀柒兩玖分捌釐

圍大伍尺叁寸長壹丈伍尺伍寸樟木壹根

計銀叁兩肆錢玖釐

見方貳尺肆寸長捌尺貳寸樟木壹塊

計銀肆兩肆錢叁分捌釐

圍大肆尺陸寸長伍尺捌寸樟木壹段

計銀玖錢陸分

寬貳尺壹寸厚捌寸長壹丈柒尺貳寸樟木壹塊

計銀貳兩柒錢壹分肆釐

圍大柒尺伍寸長柒尺柒寸樟木壹段

計銀叁兩叁錢玖分壹釐

寬貳尺貳寸厚壹尺壹寸長壹丈貳尺貳寸樟木

[illegible]每塊銀貳兩柒錢柒分叁釐

計銀伍兩伍錢肆分陸釐

寬壹尺捌寸厚捌寸長壹丈樟木貳塊 每塊銀壹兩叁錢伍分叁釐

計銀貳兩柒錢陸釐

寬貳尺厚玖寸伍分長壹丈陸尺貳寸樟木貳塊 每塊銀貳兩捌錢玖分貳釐

計銀伍兩柒錢捌分肆釐

圍大肆尺柒寸長壹丈伍尺伍寸樟木壹根

計銀貳兩陸錢捌分壹釐

寬壹尺貳寸厚陸寸長壹丈捌尺貳寸樟木壹塊

計銀壹兩貳錢叁分壹釐

寬貳尺肆寸厚陸寸長柒尺柒寸樟木壹塊

計銀壹兩肆分貳釐

查原造成規內開壹號至叁號趕繒船所用樟木等件拾貳款內開價值[illegible]核計俱屬參差均勻計算錢[illegible]見方[illegible]銀改分叁[illegible]玖毫陸絲今照改分[illegible]玖毫一[illegible]錢之數作核定

寬壹尺肆寸厚捌寸長壹丈[illegible]尺[illegible]樟木壹根

計銀拾陸兩

圍大肆尺伍寸長陸丈桅木壹根
計銀貳拾叁兩
圍大肆尺叁寸長伍丈桅木壹根
計銀柒兩
長壹尺釘叁百伍拾叁個每貳個重壹斤計重壹百柒拾陸斤捌兩長捌寸釘貳百陸拾壹個每伍個重壹斤計重伍拾貳斤叁兩貳錢長陸寸釘玖千肆百柒拾捌個每拾伍個重壹斤計重陸百叁拾壹斤拾叁兩玖錢長伍寸釘陸千玖

百陸個每貳拾個重壹斤計重叁百肆拾伍斤肆兩捌錢長肆寸釘捌百捌拾捌個每叁拾個重壹斤計重貳拾玖斤玖兩陸錢以上鐵釘共重壹千貳百叁拾伍斤柒兩伍錢除選用舊釘肆百陸拾玖斤柒兩伍錢添新柒百陸拾陸斤每斤銀貳分貳釐
計銀拾陸兩捌錢伍分貳釐
炭壹千叁百柒拾貳斤拾伍兩
計銀貳兩柒錢肆分陸釐

桐油伍百伍拾叁斤貳兩玖錢每斤銀叁分
計銀拾陸兩伍錢玖分伍釐
網紗肆百肆拾柒斤拾貳兩陸錢每斤銀壹分貳釐
計銀伍兩叁錢柒分叁釐
竹絲肆百肆拾柒斤拾貳兩陸錢每斤銀陸釐
計銀貳兩陸錢捌分柒釐
生鐵叁百伍拾肆斤每斤銀壹分
計銀叁兩伍錢肆分
炭壹千陸拾貳斤每百斤銀壹錢陸分

計銀壹兩陸錢玖分玖釐
烏烟叁斤伍兩每斤銀壹分伍釐
計銀伍分
廣紅伍斤每斤銀伍分
計銀貳錢伍分
銅碌肆兩每斤銀叁錢
計銀柒分伍釐
京紅肆兩每斤銀捌分
計銀貳分

南粉貳斤 每斤銀壹分

計銀貳分

銀硃壹兩 每斤銀陸錢肆分

計銀肆分

槐黃肆兩 每斤銀貳錢

計銀伍分

藍粉肆兩 每斤銀捌分

計銀貳分

枕粉壹兩 每斤銀壹錢陸分

計銀壹分

水膠陸兩 每斤銀肆分

計銀壹分伍釐

松香捌兩 每斤銀貳分

計銀壹分

[illegible]貳塊 每塊銀壹分

計銀貳分

淡底壹斤

計銀伍分

[illegible]陸拾斤 每斤銀[illegible]

計銀伍兩肆錢

棕叁百捌拾斤 每斤銀叁分

計銀拾壹兩肆錢

[illegible]寬壹尺色布伍拾丈 每丈銀壹錢

計銀伍兩

苧線拾兩 每斤銀壹錢貳分

計銀柒分伍釐

舵貳門 齒全各長壹丈捌尺寬壹尺厚陸寸 每[illegible]銀[illegible]兩壹錢貳分柒釐

計銀貳兩貳錢伍分肆釐

查原送成規內開木舵壹則至伍則每門銀壹兩伍錢陸則至拾柒則每門銀壹兩陸錢所開丈尺第壹第貳第叁第伍第陸則每門長壹丈捌尺寬壹尺厚陸寸第肆則長壹丈捌尺寬壹尺貳寸厚陸寸第柒第捌第拾第拾壹第拾肆[illegible]則長[illegible]壹尺叁寸厚陸寸第[illegible]則長[illegible]寬壹尺厚陸寸[illegible]柒則[illegible]長貳丈[illegible]尺寬壹尺厚捌寸俱未按則分配價值[illegible]拔係開丈尺則之大小則酌核[illegible]至伍則每門長壹丈捌尺寬壹尺厚陸寸陸至拾貳則長貳丈壹尺寬壹尺貳寸[illegible]

小者[illegible]則至拾[illegible]則長貳丈[illegible]尺寬[illegible]貳寸厚捌寸價值照依大小長寬丈尺分計算每折見方壹尺需銀[illegible]錢肆釐肆毫之數一律核定

櫓貳枝各長肆丈貳尺寬捌寸厚伍寸 每枝銀壹兩柒錢[illegible]分叁釐

計銀叁兩肆錢貳分陸釐

舢板櫓壹枝長貳丈伍尺寬柒寸厚肆寸

計銀叁錢貳分壹釐

查原送成規內開中櫓壹則至伍則長肆丈貳尺寬捌寸厚伍寸每枝銀壹兩肆錢陸[illegible]則至拾柒則長肆丈捌尺寬捌寸厚伍寸每枝銀貳兩壹錢舢板櫓壹則至叁則長貳丈伍尺寬柒寸厚肆寸每枝銀貳錢肆[illegible]則至拾柒則長貳丈玖尺寬柒寸厚肆寸每枝銀肆錢價值參差均勻核計中櫓每丈需銀肆錢柒[illegible]捌毫舢板櫓每丈需銀壹錢貳分捌釐伍毫[illegible]分照此數一律核定

大風篷壹扇長肆丈捌尺寬貳丈陸尺

計銀叁兩捌錢玖分壹釐

頭風篷壹扇長貳丈肆尺寬壹丈肆尺

計銀壹兩[illegible]分捌[illegible]

查原送成規[illegible]則至拾柒則大篷每[illegible]銀伍兩伍[illegible]錢[illegible]丈尺大篷[illegible]丈捌尺[illegible]丈陸尺[illegible]尺不等[illegible]

肆尺至叁丈[illegible]尺寬自壹丈肆[illegible]陸尺伍寸不等俱屬參差均勻[illegible]見方壹丈需銀叁錢壹分壹釐捌[illegible]照叁錢壹分壹釐捌毫之數分別核定

大小桅餅柒個 每個銀柒分

計銀肆錢玖分

大小無底升肆百個 每百個銀捌分

計銀叁錢貳分

竹篾叁百陸拾斤 每百斤銀壹錢陸分

計銀伍錢柒分陸釐

草心叁百肆拾貳斤 每百斤銀柒分

計銀貳錢叁分玖釐

纜藤貳拾叁斤 每斤銀貳分伍釐

計銀伍錢柒分伍釐

艦匠叁百伍拾捌工柒分[illegible]釐

安裝匠叁拾伍工捌分[illegible]釐

鋸匠捌拾工陸分肆釐

艌匠壹百玖拾伍工陸分叁釐

鐵匠叁拾伍工肆分

[illegible]拾工

艌匠叁拾肆工肆分柒釐
棕匠拾玖工
裁縫匠伍工
鋸匠肆工陸分
刻字匠叁工
壯夫壹百陸拾壹名玖分玖釐
以上匠夫共玖百肆拾肆工叁分壹釐伍分每工銀
計銀肆拾柒兩貳錢壹分陸釐
又置備物件開後

木桶貳拾件每件銀叁分
計銀陸錢
鐵鍋貳口換新每口貼工料銀壹錢貳分
計銀貳錢肆分
鼓壹面修理換皮
計銀肆錢捌分
金壹面重肆斤換新每斤貼工料銀柒分
計銀貳錢捌分
以上拆造前船成規內開共需工料銀

柒錢壹分叁釐肆毫內部價銀壹百玖拾陸兩
分肆釐加捌津貼并另加叁分銀貳百拾伍兩陸
錢伍分玖釐肆毫臺釐拆造加壹運費再加加壹
運費共銀叁拾玖兩貳錢壹分捌毫今按條查核
應用一切工料有與丈尺做法相符者照依原定
成規分晰開載有多寡參差者分別增減更正計
節減工料銀壹兩捌分陸釐肆毫臺釐運費銀壹
錢叁釐捌毫需用工料銀肆百拾兩陸錢貳分柒

釐內部價銀壹百玖拾伍兩伍錢叁分柒釐加捌
津貼并另加叁分銀貳百拾伍兩玖分毫釐加運
費銀叁拾玖兩壹錢柒釐行令該撫于前船屆應
拆造之期委員先行確勘如有應行節省同前節
減銀兩一併據實核明在于應領銀內扣除其拆
下舊料成規內估變銀拾捌兩恭查乾隆叁拾叁
年伍月內奉
上諭前據工部核駁熊學鵬估變裁汰船隻一本閱其情
節顯係承辦之員以多報少希圖染指分肥當經傳諭
永德另委妥員確實估報今據該撫覆奏果有舞弊

之方桂獘混情節摺參革職審擬並請定例凡屆限滿拆
造船隻不得仍循部定估變成規逐案委員據實確勘
報部變價等語所辦甚是已如所議行矣此等船隻俱
係動用官帑修造每隻不下數千金即經歷年久拆卸
變價亦何至每隻僅止數十金之少其爲官吏欺公肥
橐不問可知今浙省明驗如此則其餘各省已可概見
着將通諭各督撫提鎮等嗣後遇有屆限應行拆造船
隻悉照浙省所辦嚴飭各屬悉心確估變價務使物料
皆歸實用而帑項不致虛糜毋任稍有中飽侵漁自干

咎戾著爲令摺並發欽此嗣後限滿拆造船隻舊料變
價該省督撫欽遵
諭旨逐案委員據實確估變價扣底報部查核至前船大
小修理成規內開大小共需工料銀貳百捌拾壹兩
叁錢陸分伍釐內部價銀壹百貳拾柒兩捌錢玖分
叁釐加玖津貼并另加叁分銀壹百伍拾叁兩肆錢
柒分貳釐壹毫加貳運費銀貳拾伍兩伍錢柒分玖
釐小修共需工料銀貳百壹兩玖錢[illegible]內部
價銀捌拾柒兩柒錢捌分玖釐加[illegible]另加叁

分銀壹百拾肆兩壹錢貳分陸釐壹毫加貳運費銀
拾柒兩伍錢伍分捌釐其一切匠工物料應令按依
應修處所丈尺做法均照拆造之例逐款核明開報
請銷以歸畫一其餘繒船肆隻長寬丈尺稍有不符
所用料工原舊成規內開均屬相同嗣後屆應拆造
大小修之年俱令照此一律造報
再查外海戰船各省成規除開載拆造工料銀兩數
目之外并將每船大修小修每次應用工料及部
價津貼銀兩數目逐款分註即如前船每次大小

修成規內開某項物料朽爛應換需用銀若干某
項器具損壞應添需用銀若干共大修壹次共需
用銀若干內部價銀若干津貼銀若干小修壹次
共需用銀若干內部價銀若干津貼銀若干共額
定銀兩原以各船大小修限期年分相同所需工
料銀兩亦不至大相懸殊若不定以成數恐啟不
肖員弁借端張大浮冒開銷之弊但查船隻應行
修換處所原應按照各項器物實在朽損丈尺名
目據實更換或今次修換下次尚[illegible]用或今次

未修下次料甚不堪之形非一工料自不能一律
相同若預行擬定不特膠柱鼓瑟徒屬拘泥且恐
假借請銷愈滋弊混恭查乾隆貳拾陸年拾貳月
內欽奉
上諭阿爾泰奏登州鎮南汛貳伍兩號戰船及東汛柒號
船俱現屆拆造之年驗明船板釘鋦尚屬堅固毋庸拆
造應請大修壹次等語甚得核實辦公之道向來各省
修造船隻徒循大小修及拆造例限初不問其實在應
行修造與否在承辦者利于開銷而上官亦但知歲月

相符並不悉心查勘此皆故套相沿于公事視同膜外
最為惡習前此已傳諭各省矣今阿爾泰能力破流弊
加意釐正洵可為各省法式着將此摺抄寄各該督撫
將軍等令其一體實力查驗照此辦理毋任稍有冒濫
致滋弊竇仍令每次具摺奏聞欽此自欽奉
諭旨之後各省戰船有屆應修造勘明船身尚屬堅固奏
請緩修者有拆造改為大修大修改為小修并于應
行修造項下撙節辦理者現在各省修造船隻一應
節省銀兩俱專摺奏報年底造冊報部工部彙總開

單咨送軍機處查覈奏
使工歸實用帑不虛糜所有各省船隻除拆造工料
係按依做法核定自應查照各省送到冊籍刪減省
節算定條規遵照辦理外其大修小修應用工料銀
兩將原定額數附載各船拆造工料冊後以備稽查
冊籍逐款定擬嗣後各省督撫凡有委員勘明實應
大修小修船隻飭令承辦之員將應行修換物料丈
尺器具名目確查呈報內各該督撫派員驗修工竣
核實報銷總不得有逾額定銀數其有額內節省之

木植鐵料等項變價銀兩一併據實確查在于應領
銀內扣除仍將節省銀兩彙入各船改修緩修節省
案內分別具奏年底彙冊報部咨送軍機處查
核辦理

福建省外海戰船做法

第貳則趕繒船貳隻內澎水營波字貳號船[illegible]通身長伍丈肆尺頭起䑸肆尺伍寸尾起䑸叁尺貳寸船頭長貳丈面匀寬壹丈叁寸底匀寬捌尺捌寸船中長壹丈柒尺面匀寬壹丈伍尺柒寸底匀寬壹丈玖寸船尾長壹丈柒尺面匀寬壹丈伍尺叁寸底匀寬壹丈玖寸兩邊皺長伍丈玖尺肆寸計拾陸艙深伍尺叁寸肆分

今將拆造前船需用工料價值細數開後

計開

船底松木龍骨壹道計叁節船頭壹節長壹丈肆尺船中壹節連交接趾頭長叁丈船尾壹節長壹丈共湊長伍丈肆尺均寬壹尺厚捌寸做淨每折見方尺貳拾尺用艦匠壹工交接趾頭貳處每處用長壹尺釘捌個又每趾用長陸寸釘拾貳個共核用

寬壹尺厚捌寸松木枋伍丈肆尺陸寸（查成規內開大吉市吉浮洪前洋肆頭木植俱截去梢尖作桅杆灶楯鐵于木牌等項之用其本等木料毋庸另加長荒外一切枋段各料有截去壹貳尺至叁伍尺不等者亦有未加長荒者參差不一今將枋段各料每件長伍尺以內者加長荒壹寸伍尺以外者加長荒貳寸圓徑俾木長壹丈以內者每根加長荒貳寸長壹丈以外者每根加長荒伍寸一律核定）

長壹尺釘拾陸個

長陸寸釘貳拾肆個

艦匠玖工柒分貳釐

船底板連起䑸長伍丈肆尺內船底匀寬壹丈伍寸兩站各匀高陸尺叁寸柒分用長肆丈貳尺

寬捌寸厚叁寸大吉木板叁拾玖塊做淨每折見方尺捌拾尺用艦匠壹工鋸板折寬壹尺長柒丈用鋸匠壹工（以下鋸板用工倣此）釘縫湊長壹百陸拾叁丈捌尺每丈用長陸寸釘叁拾個艌縫湊長叁百貳拾柒丈陸尺每丈用灰壹斤桐油陸兩肆錢網紗竹絲各陸兩每柒丈用艌匠壹工舂製油灰每肆拾斤用[illegible]壹名（以下艌縫用工用料倣此）共核用

闊大叁尺貳寸淨長肆丈貳尺大吉木拾叁

原缺

原缺

埕船尾陸塊各長壹丈貳尺官廳極貳塊各長
玖尺伍寸鰍魚極貳塊各長柒尺尾埒裡極貳
塊各長陸尺伍寸轉水極貳塊壹仔舨極貳塊
各長陸尺均圍大壹尺做淨每折見方尺肆拾
尺用艦匠壹工每塊用長陸寸釘貳個艌縫湊
長陸拾陸丈捌尺共核用
圍大壹尺樟木極叁拾肆丈肆寸
長陸寸釘陸拾肆個
灰陸拾陸斤拾叁兩

桐油貳拾陸斤拾壹兩伍錢
網紗貳拾伍斤捌錢
竹絲貳拾伍斤捌錢
艦匠捌工叁分伍釐
艌匠玖工伍分肆釐
舂灰夫貳名叁分肆釐
船身兩旁走馬貳條水蛇貳條抽換各長肆丈貳
尺寬捌寸厚肆寸做淨每折見方尺肆拾尺用
艦匠壹工走馬釘縫湊長捌[illegible]丈[illegible]長

壹尺釘叁拾個水蛇釘縫湊長捌丈肆尺每[illegible]
尺用長壹尺釘叁個艌縫湊長叁拾叁丈陸尺
共核用
圍大叁尺貳寸淨長肆丈貳尺大吉木貳根
長壹尺釘叁百拾伍個
灰叁拾叁斤拾兩
桐油拾叁斤柒兩
網紗拾貳斤玖兩陸錢
竹絲拾貳斤玖兩陸錢

艦匠拾工捌釐
鋸匠貳工捌分捌釐
艌匠肆工捌分
舂灰夫壹名壹分捌釐
船面兩旁繳板長伍丈肆尺湊寬壹丈叁寸抽換
用長肆丈貳尺寬捌寸厚叁寸大吉木板拾伍
塊做淨每折見方尺捌拾尺用艦匠壹工釘縫
湊長陸拾叁丈每丈用長陸寸釘[illegible]拾個艌縫
湊長壹百貳拾陸丈共核用

圍大叁尺貳寸淨長肆丈貳尺尖吉木伍根

長陸寸釘壹千捌百玖拾個

灰壹百貳拾陸斤

桐油伍拾斤陸兩肆錢

網紗肆拾柒斤肆兩

竹絲肆拾柒斤肆兩

艌匠拾柒工叁分叁釐

鋸匠玖工玖分

捻匠拾捌工

春灰夫肆名肆分壹釐

兩旁舨板各長伍丈玖尺肆寸高柒尺添換用長叁丈陸尺寬伍寸捌分厚貳寸伍分中吉木板貳拾陸塊兩旁添換浮溪木舨桯玖根各長柒尺圍大壹尺柒寸舨板做淨每折見方尺捌拾尺用艌匠壹工舨桯肆拾尺用艌匠壹工改桯叁釘縫湊長玖拾叁丈陸尺每丈用長伍寸釘叁拾個舨桯釘縫湊長陸丈叁尺每丈用長陸寸釘叁拾個艌縫湊長壹百玖拾玖丈捌尺共核用

圍大貳尺伍寸淨長叁丈陸尺中吉木捌根

貳丈肆尺

圍大貳尺淨長叁丈貳尺浮溪木壹根叁丈

壹尺

長陸寸釘壹百捌拾玖個

長伍寸釘貳千捌百捌個

灰壹百玖拾玖斤拾叁兩

桐油柒拾玖斤拾肆兩柒錢

網紗柒拾肆斤拾肆兩捌錢

竹絲柒拾肆斤拾肆兩捌錢

艌匠貳拾貳工壹分

鋸匠拾壹工壹分

捻匠貳拾捌工伍分肆釐

春灰夫陸名玖分玖釐

查成規內舨板未載舨高尺寸今按舨桯長丈核定

兩旁舨邊換樟木舨斗貳塊湊長捌尺寬壹尺伍寸厚叁寸樟極舨艕拾貳塊各長叁尺柒寸龍

用貳個各長壹尺伍寸均圍大壹尺做淨每折
見方尺肆拾捌尺用艌匠壹工艌手釘縫湊長捌
尺每丈用長伍寸釘叁拾個艌縫每塊用長陸
寸釘貳個龍骨每塊用長陸寸釘陸個艌縫湊
長拾壹丈捌尺共核用

寬壹尺伍寸厚叁寸樟木枋捌尺貳寸
圍大壹尺樟木極肆丈捌尺捌寸
長陸寸釘叁拾陸個
長伍寸釘貳拾肆個

灰拾壹斤壹兩
桐油肆斤陸兩玖錢
網紗肆斤貳兩伍錢
竹絲肆斤貳兩伍錢
艌匠壹工玖分壹釐
艌匠壹工伍分捌釐
舂灰夫叁分玖釐

艌上前後浮溪木鼠橋板肆塊各長壹丈伍尺伍
寸縣艌板肆塊各長叁丈貳尺均寬伍寸厚貳
寸兩邊木段艌裝板肆塊各長伍尺寬捌寸厚
貳寸伍分做淨每折見方尺捌拾尺用艌匠壹
工鼠橋壓板釘縫湊長拾玖丈每丈用長伍寸
釘叁拾個壓板艌縫湊長貳拾伍丈陸尺共核
用

圍大貳尺淨長叁丈貳尺浮溪木貳根
圍大叁尺伍寸木段伍尺壹寸
長伍寸釘伍百柒拾個
灰貳拾伍斤拾兩

桐油拾斤叁兩捌錢
網紗玖斤玖兩陸錢
竹絲玖斤玖兩陸錢
艌匠叁工捌分伍釐
鋸匠貳工貳分
艌匠叁工陸分陸釐
舂灰夫玖分

兩旁笨抽貳塊大壓貳塊接換各長叁丈陸尺水
繖肆塊接換各長壹丈捌尺均寬陸寸陸分厚

叁寸伍分做淨每折見方尺肆拾尺用艌匠壹
工釘縫湊長貳拾壹丈陸尺每丈用長陸寸釘
叁拾個艌縫湊長肆拾叁丈貳尺共核用
圍大貳尺伍寸淨長叁丈陸尺中吉木叁根
長陸寸釘陸百肆拾捌個
灰肆拾叁斤叁兩
桐油拾柒斤肆兩伍錢
網紗拾陸斤叁兩貳錢
竹絲拾陸斤叁兩貳錢

艢匠拾工玖分壹釐
鋸匠叁工壹分貳釐
艌匠陸工壹分柒釐
舂灰夫壹名伍分壹釐
官廳前後用中吉木梁叁根各長壹丈肆尺圍大
貳尺貳寸浮溪木柱肆根各長壹丈叁尺圍大
壹尺柒寸官廳上用中吉木戰櫃板叁拾陸塊
各長壹丈捌尺湊寬貳丈叁尺柒寸陸分用寬
伍寸捌分厚貳寸伍分板柒拾叁丈柒尺肆寸

浮溪木鋪板拾塊各長玖尺湊寬伍尺叁寸戰
櫃樓挑貳塊側板貳塊踏板壹塊各長壹丈叁
尺均寬伍寸用寬伍寸厚貳寸板拾陸丈肆寸
木段冲天蓋板拾貳塊各長肆尺陸寸寬捌寸
厚貳寸伍分官廳梁柱做淨每折見方尺肆拾
尺用艌匠壹工樓挑各板捌拾尺用艌匠壹工
戰櫃板冲天蓋板釘縫湊長柒拾玖丈貳尺陸
寸每丈用長伍寸釘叁拾個艌縫湊長壹百伍
拾捌丈伍尺貳寸共核用

圍大貳尺伍寸淨長叁丈陸尺中吉木柒根
叁丈伍尺捌寸
圍大貳尺淨長叁丈貳尺浮溪木叁根玖尺
伍寸
圍大叁尺伍寸木段壹丈肆尺壹寸
長伍寸釘貳千叁百柒拾捌個
灰壹百伍拾捌斤捌兩
桐油陸拾叁斤陸兩伍錢
網紗伍拾玖斤柒兩壹錢

竹絲伍拾玖斤柒兩壹錢
艦匠貳拾肆工捌釐
鋸匠拾壹工壹分捌釐
艌匠貳拾貳工陸分伍釐
舂灰夫伍名伍分伍釐
官廳前後通鋪伍塊各長壹丈柒尺坐賽板捌塊
各長陸尺均寛壹尺貳寸厚叁寸做淨每折見
方尺捌拾尺用艦匠壹工通鋪板釘縫湊長捌
丈伍尺每丈用長陸寸釘叁拾個艌縫湊長拾

柒丈共核用
寛壹尺貳寸厚叁寸松木枋拾叁丈伍尺陸
寸
長陸寸釘貳百伍拾伍個
灰拾柒斤
桐油陸斤拾貳兩捌錢
網紗陸斤陸兩
竹絲陸斤陸兩
艦匠肆工玖分玖釐

艌匠貳工肆分叁釐
舂灰夫陸分
官廳兩旁用浮溪木貓裡牆板拾塊各長肆尺陸
寸湊寛伍尺叁寸鋪板拾塊櫃底板拾塊各長
柒尺湊寛壹丈陸寸用寛伍寸厚貳寸板拾玖
丈柒尺貳寸木段貓裡櫃上下栿肆塊各長柒
尺寛捌寸厚肆寸上下栿做淨每折見方尺肆
拾尺用艦匠壹工貓裡各板捌拾尺用艦匠壹
工牆板釘縫湊長肆丈捌尺柒寸陸分每丈用

長伍寸釘叁拾個共核用
圓大貳尺淨長叁丈貳尺浮溪木貳根壹尺
柒寸
圓大叁尺伍寸木段壹丈肆尺肆寸
長伍寸釘壹百肆拾陸個
艦匠伍工壹分叁釐
鋸匠貳工肆分伍釐
官廳內浮溪木虎頭艙門板拾塊各長陸尺肆寸
湊寛伍尺叁寸虎頭艙鋪板捌塊櫃底板捌塊

各長柒尺共湊寬捌尺肆寸捌分用寬伍寸厚
貳寸板拾捌丈陸尺陸寸做淨每折見方尺捌
拾尺用艦匠壹工虎頭艙門枋釘縫湊長陸丈
柒尺捌寸肆分每丈用長伍寸釘叁拾個共核
用
闌大貳尺淨長叁丈貳尺浮溪木壹根叁丈
貳寸
長伍寸釘貳百肆個
艦匠叁工貳分柒釐

鋸匠壹工捌分柒釐
兩旁廠面戰棚板抽換用長貳丈捌尺寬肆寸厚
貳寸高洋木板貳拾肆塊各艙內鋪板用長叁
尺寬肆寸厚壹寸高洋木板貳百拾陸塊做淨
每折見方尺捌拾尺用艦匠壹工共核用
闌大壹尺陸寸淨長貳丈捌尺高洋木拾捌
根
艦匠拾捌工壹分捌釐
鋸匠拾工叁分玖釐

兩旁廠上廠牛肆塊各長捌尺伍寸各艙口扛豆
叁塊各長壹丈柒尺均寬壹尺貳寸厚叁寸做
淨每折見方尺肆拾尺用艦匠壹工廠牛每塊
用長陸寸釘肆個扛豆釘縫湊長伍丈壹尺每
丈用長陸寸釘叁拾個艌縫湊長拾柒丈共核
用
寬壹尺貳寸厚叁寸松木枋捌丈陸尺肆寸
長陸寸釘壹百陸拾玖個
灰拾柒斤

桐油陸斤拾貳兩捌錢
網紗陸斤陸兩
竹絲陸斤陸兩
艦匠陸工叁分捌釐
艌匠貳工肆分叁釐
舂灰夫陸分
各艙蓋板用長肆尺陸寸寬捌寸厚貳寸伍分木
段板柒拾貳塊艙蓋下大通槽拾個水槽陸個
側槽陸個各長肆尺陸寸寬壹尺厚捌寸小通

槽捌個各長肆尺陸寸見方捌寸艙蓋收做淨
每折見方尺捌拾尺用艌匠壹工通槽等槽叁
拾尺用艌匠壹工艙蓋板釘縫湊長叁拾叁丈
壹尺貳寸每丈用長伍寸釘叁拾個艌縫湊長
陸拾陸丈貳尺肆寸共核用
圍大叁尺伍寸木段貳拾貳丈伍尺陸寸
長伍寸釘玖百玖拾肆個
灰陸拾陸斤肆兩
桐油貳拾陸斤柒兩玖錢

綑紮貳拾肆斤拾叁兩肆錢
竹絲貳拾肆斤拾叁兩肆錢
艌匠貳拾肆工柒分陸釐
鋸匠捌工肆分壹釐
艌匠玖工肆分陸釐
舂灰夫貳名叁分貳釐
兩旁皺邊用高洋木牛欄肆根內船頭貳根各長
捌尺船後貳根各長貳丈均圍大壹尺叁寸做
淨每折見方尺肆拾尺用艌匠壹工共核用

圍大壹尺陸寸淨長貳丈捌尺高洋木
艌匠壹工捌分貳釐
船頭斗蓋用樟木壹塊長壹丈伍尺圍大肆尺柒
寸蝦鬚梁壹塊長捌尺伍寸寬壹尺斗蓋下兎
耳壹塊長捌尺寬壹尺伍寸鹿肚勒壹個長肆
尺寬壹尺貳寸托浪板肆塊各長捌尺寬壹尺
俱厚叁寸斗蓋蝦鬚梁兎耳鹿肚勒做淨每折
見方尺肆拾尺用艌匠壹工托浪板捌拾尺用
艌匠壹工斗蓋用長捌寸釘拾貳個蝦鬚梁托

浪板釘縫湊長肆丈伍寸每丈用長陸寸釘叁
拾個兎耳鹿肚勒釘縫湊長壹丈貳尺每丈用
長伍寸釘叁拾個蝦鬚梁托浪板兎耳鹿肚勒
艌縫湊長拾丈伍尺共核用
圍大肆尺柒寸長壹丈伍尺伍寸樟木壹根
寬壹尺伍寸厚叁寸樟木枋壹丈柒尺叁寸
寬壹尺厚叁寸長捌尺貳寸樟木板肆塊
長捌寸釘拾貳個
長陸寸釘壹百貳拾貳個

長伍寸釘叁拾陸個
灰拾斤捌兩
桐油肆斤叁兩貳錢
網紗叁斤拾伍兩
竹絲叁斤拾伍兩
艦匠肆工叁分捌釐
艌匠壹工伍分
舂灰夫叁分柒釐
中含檀壹塊長壹丈捌尺圍大柒尺頭含檀壹塊

長壹丈伍尺圍大伍尺叁寸含檀梁壹塊長壹丈陸尺頭含檀閘壹塊長捌尺均寬壹尺伍寸厚叁寸做淨每折見方尺叁拾尺用艦匠壹工含檀梁釘縫湊長壹丈陸尺每丈用長陸寸釘叁拾個含檀含檀梁艌縫湊長玖丈捌尺共核用
圍大柒尺長壹丈捌尺伍寸樟木壹根
圍大伍尺叁寸長壹丈伍尺伍寸樟木壹根
寬壹尺伍寸厚叁寸樟木枋貳丈肆尺肆寸

長陸寸釘肆拾捌個
灰玖斤拾叁兩
桐油叁斤拾肆兩柒錢
網紗叁斤拾兩捌錢
竹絲叁斤拾兩捌錢
艦匠玖工柒分叁釐
艌匠壹工肆分
舂灰夫叁分肆釐
中轉水貳塊各長壹丈陸尺寬貳尺厚玖寸伍分

樟極轉水鞋貳塊各長柒尺圍大壹尺做淨每折見方尺肆拾尺用艦匠壹工轉水每塊用長壹尺釘貳個轉水鞋每塊用長陸寸釘柒個艌縫湊長玖丈貳尺共核用
寬貳尺厚玖寸伍分長壹丈陸尺貳寸樟木貳塊
圍大壹尺樟木極壹丈肆尺肆寸
長壹尺釘肆個
長陸寸釘拾肆個

灰玖斤叁兩
桐油叁斤拾兩玖錢
綢紗叁斤柒兩貳錢
竹絲叁斤柒兩貳錢
鐵匠伍工柒釐
艌匠壹工叁分壹釐
舂灰夫叁分貳釐
船尾用浮溪木尾樓皴桂肆根各長肆尺圍大壹尺柒寸木段拜棚槓肆根各長柒尺圍大叁尺

貳寸拜棚板拾陸塊各長柒尺寬捌寸厚貳寸伍分皴桂拜棚槓做淨每折見方尺肆拾尺用艌匠壹工拜棚板捌拾尺用艌匠壹工拜棚板釘縫湊長拾壹丈貳尺每丈用長伍寸釘叁拾個艌縫湊長貳拾貳丈肆尺共核用
圍大貳尺淨長叁丈貳尺浮溪木壹丈陸尺
圍大叁尺伍寸木段伍丈柒尺陸寸
長伍寸釘叁百叁拾陸個
灰貳拾貳斤陸兩

桐油捌斤拾伍兩肆錢
綢紗捌斤陸兩肆錢
竹絲捌斤陸兩肆錢
鐵匠伍工捌分陸釐
鋸匠壹工陸分捌釐
艌匠叁工貳分
舂灰夫柒分捌釐
船尾用樟木下金壹塊長柒尺伍寸圍大柒尺伍寸繚牛壹副長柒尺伍寸寬貳尺肆寸厚陸寸

尾樓上金壹塊長壹丈柒尺寬貳尺壹寸厚捌寸柒星冠壹塊長壹丈捌尺寬壹尺貳寸厚陸寸硬木棍下金栓貳根繚牛皴貳根各長陸尺伍寸圍大捌寸木段繚牛槓貳根各長柒尺圍大叁尺貳寸下金繚牛上金柒星冠做淨每折見方尺叁拾尺用艌匠壹工下金栓繚牛皴繚牛槓肆拾尺用艌匠壹工下金用長捌寸釘拾捌個繚牛用長捌寸釘貳拾貳個上金用長壹尺釘拾捌個繚牛皴釘縫湊長壹丈叁尺每丈

用長伍寸釘叁拾個下金艌縫湊長柒尺伍寸
共核用
圓大柒尺伍寸長柒尺柒寸樟木壹段
寬貳尺肆寸厚陸寸長柒尺柒寸樟木壹塊
寬貳尺壹寸厚捌寸長壹丈柒尺貳寸樟木
壹塊
寬壹尺貳寸厚陸寸長壹丈捌尺貳寸樟木
壹塊
圓大捌寸長壹丈叁尺硬木棍貳根

圓大叁尺伍寸木段長壹丈肆尺肆寸
長壹尺釘拾捌個
長捌寸釘肆拾個
長伍寸釘叁拾玖個
灰拾貳兩
桐油肆兩捌錢
網紗肆兩伍錢
竹絲肆兩伍錢
艌匠拾工柒分陸釐

艌匠壹分壹釐
舂灰夫叁釐
船尾舵邊用木段硬筋貳根各長壹丈肆尺圓大
叁尺貳寸尾樓魴魚翅肆塊各長柒尺寬壹尺
厚肆寸柯榔木軟筋貳塊各長壹丈壹尺寬壹
尺厚叁寸做淨每折見方尺肆拾尺用艌匠壹
工硬筋頭尾用長陸寸釘拾貳個共核用
圓大叁尺伍寸木段肆丈貳尺捌寸
寬壹尺厚叁寸柯榔木貳丈貳尺肆寸

長陸寸釘拾貳個
艌匠伍工陸分叁釐
鋸匠伍分陸釐
尾樓用浮溪木舖板拾塊各長肆尺尾座板肆塊
各長壹丈貳尺舭邊寄菜板貳塊各長壹丈肆
尺碗格貳塊各長壹丈壹尺尾樓挑貳塊各長
壹丈叁尺均寬伍寸厚貳寸做淨每折見方尺
捌拾尺用艌匠壹工尾樓舖板釘縫湊長肆丈
每丈用長伍寸釘叁拾個共核用

圍大貳尺淨長叁丈貳尺浮溪木壹根貳丈
貳尺柒寸
長伍寸釘壹百貳拾個
艌匠貳工捌分柒釐
鋸匠壹工陸分肆釐
尾樓下用樟木櫓通板壹塊長壹丈貳尺櫓門枋
壹塊櫓床貳塊各長伍尺均寬壹尺伍寸厚叁
寸雙頭蛇壹塊長肆尺寬壹尺貳寸厚叁寸櫓
通板做淨每折見方尺捌拾尺用艌匠壹工櫓

門枋櫓床雙頭蛇肆拾尺用艌匠壹工櫓床每
塊用長捌寸釘拾貳個櫓通板釘縫長壹丈貳
尺每丈用長陸寸釘叁拾個櫓床櫓通板艌縫
湊長肆丈肆尺共核用
寬壹尺伍寸厚叁寸樟木枋叁丈捌寸
長捌寸釘貳拾肆個
長陸寸釘叁拾陸個
灰肆斤陸兩
桐油壹斤拾貳兩貳錢

網紗壹斤拾兩肆錢
竹絲壹斤拾兩肆錢
艌匠貳工壹分玖釐
艌匠陸分叁釐
舂灰夫壹分伍釐
水仙門兩旁用浮溪木桅肆根各長肆尺陸寸圍
大壹尺柒寸樟木極百子桅肆塊各長壹丈貳
尺圍大壹尺做淨每折見方尺肆拾尺用艌匠
壹工百子桅釘縫湊長肆丈捌尺每丈用長陸

寸釘叁拾個艌縫湊長玖丈陸尺共核用
圍大貳尺淨長叁丈貳尺浮溪木壹丈捌尺
肆寸
圍大壹尺樟木極肆丈捌尺捌寸
長陸寸釘壹百肆拾肆個
灰玖斤拾兩
桐油叁斤拾叁兩肆錢
網紗叁斤玖兩陸錢
竹絲叁斤玖兩陸錢

艙匠壹工玖分捌釐
艌匠壹工叁分柒釐
舂灰夫叁分肆釐
大桅座壹塊長捌尺見方貳尺肆寸頭桅座壹塊
長伍尺陸寸圍大肆尺陸寸做淨每折見方尺
叁拾尺用艙匠壹工共核用
見方貳尺肆寸長捌尺貳寸樟木壹塊
圍大肆尺陸寸長伍尺捌寸樟木壹段
艙匠叁工肆分貳釐

大鹿耳貳塊各長壹丈貳尺寬貳尺貳寸厚壹尺
壹寸頭鹿耳貳塊各長玖尺捌寸寬壹尺捌寸
厚捌寸硬木棍鹿耳夾貳根各長壹丈叁尺圍
大捌寸柯椈木目裡鞋壹塊長叁尺寬壹尺厚
叁寸做淨每折見方尺肆拾尺用艙匠壹工共
核用
寬貳尺貳寸厚壹尺壹寸長壹丈貳尺貳寸
樟木貳塊
寬壹尺捌寸厚捌寸長壹丈樟木貳塊

圍大捌寸長壹丈叁尺硬木棍貳根
寬壹尺厚叁寸柯椈木叁尺壹寸
艙匠柒工貳分貳釐
大桅壹根長陸丈圍大肆尺伍寸頭桅壹根長伍
丈圍大肆尺叁寸做淨每折見方尺肆拾尺用
艙匠壹工共核用
圍大肆尺伍寸長陸丈桅木壹根
圍大肆尺叁寸長伍丈桅木壹根
艙匠拾貳工壹分叁釐

桅尾用柯椈木馬面貳塊各長叁丈伍尺寬壹尺
伍寸厚叁寸樟木大桅笠壹塊長貳尺寬壹尺
貳寸大桅琵琶壹塊長叁尺寬壹尺頭桅琵琶
壹塊長貳尺寬陸寸均厚叁寸木段大桅竚壹
根長壹丈貳尺頭桅竚壹根長玖尺均圍大叁
尺貳寸馬面做淨每折見方尺捌拾尺用艙匠
壹工桅笠桅竚琵琶肆拾尺用艙匠壹工馬面
釘縫湊長柒丈每丈用長陸寸釘貳拾個共核
用

寛壹尺伍寸厚叁寸柯　木柒丈肆寸
寛壹尺伍寸厚叁寸樟木枋肆尺陸寸
圍大叁尺伍寸木段貳丈壹尺肆寸
長陸寸釘壹百肆拾個
艌匠伍工貳分柒釐
大風篷壹扇長肆丈捌尺寛貳丈柒尺捌寸頭風
篷壹扇長貳丈捌尺寛壹丈肆尺浮溪木大篷
擔貳根各長貳丈柒尺捌寸頭篷擔貳根各長
壹丈肆尺均圍大壹尺柒寸做淨每折見方尺

肆拾尺用艌匠壹工共核用
寛貳丈柒尺捌寸長肆丈捌尺風篷壹扇
寛壹丈肆尺長貳丈捌尺風篷壹扇
圍大貳尺淨長叁丈貳尺浮溪木貳根壹丈
玖尺陸寸
艌匠叁工伍分伍釐
大篷架用木段橫梁壹根長壹丈肆尺頭篷架橫
梁壹根架斜叁根各長柒尺均寛壹尺厚捌寸
做淨每折見方尺叁拾貳尺用艌匠壹工共核

川
圍大叁尺伍寸木段肆丈叁尺
艌匠肆工柒分叁釐
鋸匠壹丁捌釐
大篷車員用中吉木壹根長壹丈肆尺半車員壹
根斗頭車員壹根各長陸尺椗車員壹根長壹
丈均圍大貳尺貳寸浮溪木車脚前板肆塊各
長壹丈斜板肆塊各長柒尺均寛伍寸厚貳寸
硬木棍車子貳拾伍根各長壹丈叁尺圍大捌

寸車員做淨每折見方尺叁拾貳尺用艌匠壹
工車脚斜直板捌拾尺用艌匠壹工共核用
圍大貳尺伍寸淨長叁丈陸尺中吉木壹根
圍大貳尺淨長叁丈貳尺浮溪木貳丈貳尺
柒寸
圍大捌寸長壹丈叁尺硬木棍貳拾伍根
艌匠叁工陸分柒釐
鋸匠陸分捌釐
水櫃用樟木牛頭陸塊各長伍尺寛壹尺伍寸厚

參寸木段水櫃柱肆根各長柒尺圍大參尺貳寸水櫃闊肆塊各長柒尺見方捌寸水櫃板參拾陸塊各長肆尺陸寸寬捌寸厚貳寸伍分水櫃柱闊牛頭做淨每折見方尺肆拾尺用艦匠壹工水櫃板捌拾尺用艦匠壹工水櫃柱每根用長陸寸釘貳拾個牛頭釘縫湊長參丈每丈用長陸寸釘參拾個水櫃釘縫湊長拾陸丈伍尺陸寸每丈用長伍寸釘參拾個艌縫湊長伍拾丈參尺貳寸共核用

寬壹尺伍寸厚參寸樟木枋參丈陸寸

圍大參尺伍寸木段玖丈玖尺玖寸

長陸寸釘壹百柒拾個

長伍寸釘肆百玖拾柒個

灰伍拾斤伍兩

桐油貳拾斤貳兩

網紗拾捌斤拾參兩玖錢

竹絲拾捌斤拾參兩玖錢

艦匠拾壹工伍分參釐

鋸匠參工壹分貳釐

艌匠柒工壹分玖釐

舂灰夫壹名柒分陸釐

媽祖龕用杉木板貳拾丈尾樓劒刀鎗及兩旁砲眼窗用板拾丈均寬陸寸厚壹寸做淨每折見方尺捌拾尺用艦匠壹工釘縫湊長貳拾丈每丈用長肆寸釘參拾個艌縫湊長肆拾丈共核用

寬陸寸厚壹寸杉木板參拾丈陸尺

長肆寸釘陸百個

灰肆拾斤

桐油拾陸斤

網紗拾伍斤

竹絲拾伍斤

艦匠伍工貳分伍釐

艌匠伍工柒分壹釐

舂灰夫壹名肆分

船面兩旁砲架陸個并蓋每個用長肆尺陸寸寬

捌寸厚貳寸伍分木段板陸拾塊做淨每折見寸
尺捌拾尺用艌匠壹工共核用
圍大叁尺伍寸木段肆丈貳尺叁寸
艌匠肆工叁分伍釐
鋸匠貳工肆分捌釐
船頭用中吉木梔壹根長叁丈陸尺圍大貳尺貳
寸做淨每折見方尺肆拾尺用艌匠壹工共核
用
圍大貳尺伍寸淨長叁丈陸尺中吉木壹根

艌匠壹工玖分捌釐
船尾舵壹門用楮木舵桿壹根長壹丈捌尺寬壹
尺肆寸厚捌寸中吉木舵閂板叁塊各長壹丈
肆尺湊寬壹尺玖寸捌分用寬伍寸捌分厚貳
寸伍分板肆丈柒尺柒寸玖分樟木極舵夾捌
塊各長肆尺圍大壹尺硬木棍舵牙扼貳根各
長壹丈叁尺圍大捌寸舵棍做淨每折見方尺
叁拾尺用艌匠壹工舵夾舵牙肆拾尺用艌匠
壹工舵閂板捌拾尺用艌匠壹工舵夾釘縫湊

長叁丈貳尺每丈用長捌寸釘伍拾個舵夾舵
閂板艌縫湊長拾伍丈玖尺伍寸捌分共核用
寬壹尺肆寸厚捌寸長壹丈捌尺貳寸楮木
壹根
圍大貳尺伍寸淨長叁丈陸尺中吉木壹丈
伍尺玖寸叁分
圍大壹尺樟木極叁丈貳尺捌寸
圍大捌寸長壹丈叁尺硬木棍貳根
長捌寸釘壹百陸拾個

灰拾伍斤拾伍兩
桐油陸斤陸兩壹錢
網紗伍斤拾伍兩柒錢
竹絲伍斤拾伍兩柒錢
艌匠肆工玖分伍釐
鋸匠伍分柒釐
艌匠貳工貳分捌釐
舂灰夫伍分陸釐
跟隨戰船舢板船用柯槓木舵桿壹根長壹丈肆

尺斗蓋壹塊托浪板壹塊各長伍尺均寬壹尺
厚叁寸浮溪木水底板陸塊各長貳丈陸尺柒
寬叁尺壹寸捌分舭板肆塊各長壹丈捌尺柒
寬貳尺壹寸貳分堵板拾貳塊各長陸尺柒寬
陸尺叁寸陸分用寬伍寸厚貳寸板貳拾伍丈
肆尺肆寸龍骨做淨每折見方尺肆拾尺用艌
匠壹工斗蓋各板捌拾尺用艌匠壹工龍骨用
長陸寸釘拾貳個托浪板水底板舭板釘縫湊
長拾捌丈叁尺捌分每丈用長伍寸釘叁拾個

托浪板水底板舭板艌縫湊長叁拾陸丈陸尺
壹寸陸分共核用
寬壹尺厚叁寸柯枸木枋貳丈肆尺肆寸
圍大貳尺淨長叁丈貳尺浮溪木貳根貳丈
捌寸
長陸寸釘拾貳個
長伍寸釘伍百肆拾玖個
灰叁拾陸斤拾兩
桐油拾肆斤拾兩叁錢

網紗拾叁斤拾壹兩柒錢
竹絲拾叁斤拾壹兩柒錢
艌匠伍工陸分玖釐
鋸匠貳工伍分肆釐
艌匠伍工貳分叁釐
舂灰夫壹名貳分捌釐
舢板船兩旁水蛇貳根各長壹丈陸尺壓板貳塊
各長壹丈捌尺水戧貳根各長壹丈伍尺均寬
伍寸厚貳寸做淨每折見方尺捌拾尺用艌匠

壹工水蛇釘縫湊長叁丈貳尺每肆尺用長捌
寸釘叁個壓板水戧釘縫湊長陸丈陸尺每丈
用長伍寸釘叁拾個艌縫湊長拾玖丈陸尺共
核用
圍大貳尺淨長叁丈貳尺浮溪木壹根柒寸
長捌寸釘貳拾肆個
長伍寸釘壹百玖拾捌個
灰拾玖斤拾兩
桐油柒斤拾叁兩肆錢

網紗柒斤伍兩陸錢
竹絲柒斤伍兩陸錢
艦匠壹工柒分貳釐
鋸匠玖分捌釐
艌匠貳工捌分
春灰夫陸分玖釐
舢板船用樟木舢板舵伍個各長肆尺寬伍寸厚叁寸樟極舢板梁肆塊各長肆尺肆寸牛頭仔極拾伍塊各長貳尺冲天極貳塊牛頭極肆塊

各長貳尺捌寸均圍大壹尺做淨每折見方尺肆拾尺用艦匠壹工舢板舵梁釘縫湊長叁丈柒尺陸寸每丈用長陸寸釘叁拾個冲天極牛頭極每塊用長陸寸釘貳個舢板舵梁冲天極牛頭極艌縫湊長拾丈捌尺捌寸共核用
寬壹尺伍寸厚叁寸樟木枋陸尺捌寸
圍大壹尺樟木極陸丈陸尺玖寸
長陸寸釘壹百貳拾伍個
灰拾斤油拾肆兩

桐油肆斤伍兩陸錢
網紗肆斤壹兩叁錢
竹絲肆斤壹兩叁錢
艦匠貳工肆分壹釐
艌匠壹工伍分伍釐
春灰夫叁分捌釐
大桅鐵箍陸個各長肆尺陸寸頭桅箍肆個各長肆尺肆寸舵頭箍叁個各長肆尺柒寸椗箍貳個各長叁尺肆寸俱寬貳寸厚伍分椗齒叁個

各長壹尺八寸寬陸寸厚伍分櫓箍肆個各長貳尺肆寸寬壹寸厚叁分鐵鐶肆個各圍大陸寸以上鐵料共淨重壹百捌拾貳斤拾貳兩每正鐵壹斤加耗鐵壹斤每正鐵伍斤用鐵匠壹工每正耗鐵壹斤用炭叁斤共核用
生鐵叁百陸拾伍斤捌兩
炭壹千玖拾陸斤捌兩
鐵匠叁拾陸工伍分伍釐
油灰前船共用

烏烟叁斤伍兩
廣紅伍斤
銅條肆兩
京紅肆兩
南粉貳斤
銀硃壹兩
藤黄肆兩
藍粉肆兩
杭粉壹兩

松香捌兩
水膠陸兩
墨貳塊
桐油肆斤
淡底壹斤
油畵匠拾工
麻大桅肄索貳條各長柒丈貳尺大陸寸貳分頭桅肄索貳條各長陸丈大肆寸伍分大踏索貳條各長陸丈大肆寸伍分小踏索貳條各長伍丈大叁寸大繚母壹條長肆丈大柒寸小繚母壹條長貳丈肆尺大叁寸陸分大帮襯陸條各長壹丈陸尺大貳寸小帮襯玖條各長伍尺大壹寸伍分以上麻繩共重肆百斤每百斤用繩匠叁工陸分共核用
麻肆百斤
繩匠拾肆工肆分
棕正椗索壹條長肆拾貳丈大捌寸副椗索壹條長肆拾丈大柒寸大篷筋壹條長陸丈陸尺大

壹寸捌分小篷筋壹條長叁丈叁尺大壹寸繚仔繚耳共拾捌條各長貳丈壹尺大貳寸椗奴貳條各長壹丈伍尺大柒寸大小摘尾貳條共長拾貳丈大伍寸舵弔壹條長叁丈大陸寸以上棕繩共重肆百叁拾斤每撕棕肆拾斤用匠壹工成繩肆拾斤用匠壹工共核用
棕肆百叁拾斤
撕棕匠拾工柒分伍釐
成繩匠拾工柒分伍釐

沖風旗壹面長寬各壹丈陸尺壹條龍旗壹面長
陸丈寬叁尺媽祖旗壹面長寬各伍尺大小定
風旗叁面內壹面長陸尺貳面各長肆尺伍寸
均寬壹尺共核用
幅寬壹尺色布伍拾丈
苧線拾兩
裁縫匠伍工
中桅貳門齒全各長壹丈捌尺寬壹尺厚陸寸
中櫓貳枝各長肆丈貳尺寬捌寸厚伍寸

舢板櫓壹枝長貳丈伍尺寬柒寸厚肆寸
大小桅餅柒個
大小無底升肆百伍拾個
桅舵上配用竹繩草繩共用
竹篾叁百玖拾斤
繩匠拾肆工肆釐
草心叁百柒拾肆斤
織匠玖工叁分伍釐
查原送成規內開打造竹繩草繩所用匠工多寡不齊今照棕麻繩索用工之例一律

核定

篷上配用大小篠毬攝子兎耳共用
樅籐貳拾叁斤
籐匠肆工陸分
刻字用
刻字匠叁工
豎立大小桅用
壯夫叁拾伍名
前船共用大小鐵釘貳萬壹千玖百叁拾捌個刷

抹釘頭每百個用桐油陸兩肆錢灰壹斤每油
灰拾斤用艌匠壹工共核用
桐油捌拾柒斤拾貳兩
灰貳百拾玖斤陸兩
艌匠叁拾工柒分壹釐
舂灰夫柒名陸分捌釐
前船共用艌匠叁百捌拾工叁分叁釐係照杉松
木植核定內有樟柯等硬料用匠捌拾捌工肆
分柒釐每工外加匠貳分計加匠[illegible]柒工陸分

玖叁共匠叁百玖拾捌工貳釐每百工另安裝

匠拾工計安裝匠叁拾玖工捌分每艙匠安裝

匠壹百工加隨匠壯夫貳拾名共壯夫捌拾柒

名伍分陸釐

以上折造前船共用

寛壹尺厚捌寸松木伍丈肆尺陸寸每丈銀肆錢壹分肆釐

計銀貳兩貳錢陸分

查原送成規內開松木按依拾陸則丈尺計筭每丈核銀肆錢捌分壹釐零至叁錢肆分壹釐不等多寡參差均勻核計每丈需銀肆錢壹分肆釐今照肆錢壹分肆釐之數一律核定

圍大叁尺貳寸淨長肆丈貳尺大吉木貳拾根每根銀貳兩柒錢

計銀伍拾肆兩

圍大貳尺伍寸淨長叁丈陸尺中吉木貳拾貳根

叁尺柒寸叁分每根銀壹兩伍錢

計銀叁拾叁兩壹錢伍分伍釐

查原送成規內開中吉木貳拾根今按丈做法核筭應增貳根叁尺柒寸叁分

圍大貳尺叁寸長叁丈貳尺浮溪木貳拾壹根壹之

叁寸每根銀伍錢

計銀拾兩伍錢貳分

查原送成規內開浮溪木貳拾根今按丈尺做法核筭應增壹根壹尺叁寸

圍大壹尺陸寸淨長貳丈捌尺高洋木貳拾根每根銀貳錢

計銀肆兩

圍大叁尺伍寸木段伍拾捌丈陸寸核算壹丈肆

尺段料肆拾壹根陸尺陸寸每根銀陸錢

計銀貳拾肆兩捌錢捌分叁釐

查原送成規內開木段肆拾貳根今按丈尺做法核筭應減柒尺肆寸

寛壹尺伍寸厚叁寸樟木枋伍拾貳丈壹尺陸寸

核長壹丈柒尺枋料叁拾塊壹丈壹尺陸寸每塊銀壹兩叁錢

計銀叁拾玖兩捌錢捌分柒釐

查原送成規內開樟枋叁拾柒塊今按丈尺做法核筭應減陸塊伍尺肆寸

寛壹尺厚叁寸長捌尺貳寸樟板肆塊每塊銀肆錢壹分捌釐

計銀壹兩陸錢柒分貳釐

查原送成規內開樟木梁座梁頭壹則至拾柒則各長壹丈柒尺寬壹尺伍寸厚叁寸每塊銀壹兩叁錢托泥樟木板筋壹則長陸尺伍寸寬壹尺厚叁寸每塊開銀伍錢第貳則至拾柒則各長捌尺寬壹尺厚叁寸每塊亦開銀伍錢價值參差今俱照梁座梁頭之價一律核定

寬壹尺貳寸厚叁寸松木枋陸拾伍丈伍尺陸寸核長壹丈柒尺枋料叁拾捌塊玖尺陸寸每塊銀叁錢伍分

計銀拾叁兩肆錢玖分捌釐

查原送成規內開松枋叁拾捌塊今按丈尺做法核算應增玖尺陸寸

圍大壹尺樟木極伍拾伍丈貳尺壹寸核長壹丈貳尺樟極肆拾陸塊壹寸每塊銀貳錢

計銀玖兩貳錢貳釐

查原送成規內開樟極肆拾陸塊今按丈尺做法核算應增壹寸

寬壹尺伍寸厚叁寸柯枸木枋柒丈肆寸每丈銀伍錢柒分壹釐伍毫

計銀肆兩貳分叁釐

寬壹尺厚叁寸柯枸木枋肆丈玖尺玖寸每丈銀叁錢捌分壹釐

計銀壹兩玖錢壹釐

查原送成規內開柯枸木馬面壹則至拾柒則各長叁丈伍尺寬壹尺伍寸厚叁寸每塊開銀貳兩軟筋及舢板龍骨等料壹則至伍則各長貳丈伍尺寬壹尺厚叁寸每塊開銀壹兩陸則至拾柒則各長叁丈伍尺寬壹尺厚叁寸每塊開銀貳兩價值參差今俱照馬面之價一律核定

圍大捌寸長壹丈叁尺梗木棍肆拾根每根銀捌分

計銀叁兩貳錢

寬陸寸厚壹寸杉木板叁拾丈陸尺每丈銀肆錢

計銀拾貳兩貳錢肆分

圍大柒尺長壹丈捌尺伍寸樟木壹根

計銀柒兩玖分捌釐

圍大伍尺叁寸長壹丈伍尺伍寸樟木壹根

計銀叁兩肆錢玖釐

見方貳尺肆寸長捌尺貳寸樟木壹塊

計銀肆兩肆錢叁分捌釐

圍大肆尺陸寸長伍尺捌寸樟木壹段

計銀玖錢陸分

寬貳尺壹寸厚捌寸長壹丈柒尺貳寸樟木壹塊

計銀貳兩柒錢壹分肆釐
圍大柒尺伍寸長柒尺柒寸樟木壹段
計銀叁兩叁錢玖分壹釐
寬貳尺貳寸厚壹尺壹寸長壹丈貳尺貳寸樟木貳塊每塊銀貳兩柒錢柒分叁釐
計銀伍兩伍錢肆分陸釐
寬壹尺捌寸厚捌寸長壹丈樟木貳塊每塊銀壹兩叁錢伍分叁釐
計銀貳兩柒錢陸釐

寬貳尺厚玖寸伍分長壹丈陸尺貳寸樟木貳塊每塊銀貳兩捌錢玖分貳釐
計銀伍兩柒錢捌分肆釐
圍大肆尺柒寸長壹丈伍尺伍寸樟木壹根
計銀貳兩陸錢捌分壹釐
寬壹尺貳寸厚陸寸長壹丈捌尺貳寸樟木壹塊
計銀壹兩貳錢叁分壹釐
寬貳尺肆寸厚陸寸長柒尺柒寸樟木壹塊
計銀壹兩肆分貳釐

查原送成規內開壹則至拾柒則每則用樟木含楦等料拾貳款所開價值逐款核計俱屬參差不均今計其每折見方壹尺需銀玖分叁釐玖毫陸絲今照玖分叁釐玖毫陸絲之數一律核定

寬壹尺肆寸厚捌寸長壹丈捌尺貳寸楮木壹根
計銀拾陸兩
圍大肆尺伍寸長陸丈桅木壹根
計銀貳拾叁兩
圍大肆尺叁寸長伍丈桅木壹根
計銀柒兩

長壹尺釘叁百伍拾叁個每貳個重壹斤計重壹百柒拾陸斤捌兩長捌寸釘貳百陸拾個每伍個重壹斤計重伍拾貳斤長陸寸釘壹萬壹千捌百貳拾陸個每拾伍個重壹斤計重柒百捌拾捌斤陸兩肆錢長伍寸釘捌千捌百玖拾玖個每貳拾個重壹斤計重肆百肆拾肆斤拾伍兩貳錢長肆寸釘陸百個每叁拾個重壹斤計重貳拾斤以上鐵釘共重壹千肆百捌拾壹斤拾叁兩陸錢除選用舊釘陸百柒拾伍斤貳兩

柒錢外添新捌百陸斤拾兩玖錢每斤銀貳分貳釐
計銀拾柒兩柒錢肆分柒釐
灰壹千柒百叁拾玖斤捌兩每百斤銀貳錢
計銀叁兩肆錢柒分玖釐
桐油陸百玖拾玖斤拾貳兩貳錢每斤銀叁分
計銀貳拾兩玖錢玖分叁釐
網紗伍百柒拾斤肆錢每斤銀壹分貳釐
計銀陸兩捌錢肆分
竹絲伍百柒拾斤肆錢每斤銀陸釐

計銀叁兩肆錢貳分
生鐵叁百陸拾伍斤捌兩每斤銀壹分
計銀叁兩陸錢伍分伍釐
炭壹千玖拾陸斤捌兩每百斤銀壹錢陸分
計銀壹兩柒錢伍分肆釐
烏烟叁斤伍兩每斤銀壹分伍釐
計銀伍分
廣紅伍斤每斤銀伍分
計銀貳錢伍分

銅綠肆兩每斤銀叁錢
計銀柒分伍釐
京紅肆兩每斤銀捌分
計銀貳分
南粉貳斤每斤銀壹分
計銀貳分
銀硃壹兩每斤銀陸錢肆分
計銀肆分
藤黃肆兩每斤銀貳錢

計銀伍分
藍粉肆兩每斤銀捌分
計銀貳分
杭粉壹兩每斤銀壹錢陸分
計銀壹分
水膠陸兩每斤銀肆分
計銀壹分伍釐
松香捌兩每斤銀貳分
計銀壹分

墨貳塊每塊銀壹分
計銀貳分
淡底壹斤
計銀伍分
麻肆百斤每斤銀壹分伍釐
計銀陸兩
棕肆百叁拾斤每斤銀叁分
計銀拾貳兩玖錢
幅寬壹尺色布伍拾丈每丈銀壹錢

計銀伍兩
苧線拾兩每斤銀壹錢貳分
計銀柒分伍釐
椗貳門齒全各長壹丈捌尺寬壹尺厚陸寸每門銀壹兩壹錢貳分柒釐
計銀貳兩貳錢伍分肆釐
中檣貳枝各長肆丈貳尺寬捌寸厚伍寸每枝銀壹兩柒錢壹分叁釐
計銀叁兩肆錢貳分陸釐

舢板櫓壹枝長貳丈伍尺寬柒寸厚肆寸
計銀叁錢貳分壹釐
大風篷壹扇長肆丈捌尺寬貳丈柒尺捌寸
計銀肆兩壹錢陸分壹釐
頭風篷壹扇長貳丈捌尺寬壹丈肆尺
計銀壹兩貳錢貳分貳釐
查原送成規內開壹則至拾柒則大篷每扇銀伍兩伍錢頭篷每扇銀壹兩伍錢所開丈尺大篷長肆丈捌尺至柒丈寬自貳丈陸尺至叁丈叁尺不等頭篷長自貳丈肆尺至叁丈伍尺寬自壹丈肆尺至壹丈陸尺伍寸不等俱屬參差均勻核計每折見

方壹丈需銀叁錢壹分壹釐捌毫今照叁錢壹分壹釐捌毫之數分別核定
大小桅餅柒個每個銀柒分
計銀肆錢玖分
大小無底升肆百伍拾個每百個銀捌分
計銀叁錢陸分
竹篾叁百玖拾斤每百斤銀壹錢陸分
計銀陸錢貳分肆釐
草心叁百柒拾肆斤每百斤銀柒分
計銀貳錢陸分貳釐

樾藤貳拾叁斤每斤銀貳分五釐
計銀伍錢柒分伍釐
艦匠叁百玖拾捌工貳釐
安裝匠叁拾玖工捌分
鋸匠壹百肆工伍分柒釐
艌匠貳百肆拾柒工捌分伍釐
鐵匠叁拾陸工伍分伍釐
油漆匠拾工
繩匠叁拾柒工柒分玖釐

棕匠貳拾壹工伍分
裁縫匠伍工
籐匠肆工陸分
刻字匠叁工
壯夫壹百捌拾叁名肆分柒釐
以上匠夫共壹千玖拾貳工壹分伍釐每名銀伍分
計銀伍拾肆兩陸錢捌釐
添置備物件開後
木桶貳拾件每件銀叁分

計銀陸錢
舊鍋貳口換新每口貼工料銀壹錢貳分
計銀貳錢肆分
舊[illegible]修理換皮
計銀肆錢捌分
舊[illegible]面重肆斤換新每斤貼工料銀柒分
計銀貳錢捌分
以上[illegible]造前船成規內開共需工料銀肆百伍拾肆兩叁錢叁分捌毫內部價銀貳百拾陸兩叁錢肆

分捌釐加捌津貼并另加叁分銀貳百叁拾柒兩玖錢捌分貳釐捌毫臺廠運費銀肆拾叁兩貳錢陸分玖釐陸毫今按條查核分別增減更正需用工料銀肆百伍拾叁兩捌錢叁分柒釐內部價銀貳百拾陸兩壹錢壹分叁釐加捌津貼并另加叁分銀貳百叁拾柒兩柒錢貳分肆釐臺廠運費銀肆拾叁兩貳錢貳分叁釐計節減工料銀肆錢玖分叁釐捌毫運費銀肆分陸釐陸毫行令該廠於前船屆應拆造之期將節減銀兩在於應領銀之

加倏至六小脩𦒿成規內開大脩工料銀叁百玖
兩柒錢柒分壹釐內部價銀壹百肆拾兩捌錢伍
釐加玖津貼并另加叁分銀壹百陸拾捌兩玖錢
陸分陸釐臺廠運費銀貳拾捌兩壹錢陸分壹釐
小脩工料銀貳百貳拾貳兩貳錢壹分貳釐內部
價銀玖拾陸兩陸錢壹分肆釐加拾津貼并另加
叁分銀壹百貳拾伍兩伍錢玖分捌釐臺廠運費
銀拾玖兩叁錢貳分叁釐其餘壹船做此

福建省外海戰船做法

第叁則趕繒船肆隻內臺灣協標右營[illegible]

船壹隻身長伍丈頭起䑽肆尺貳寸尾起䑽叁
尺船頭長壹丈玖尺面勻寬玖尺伍寸底勻寬
捌尺陸寸船中長壹丈陸尺面勻寬壹丈肆尺
陸寸底勻寬壹丈壹尺船尾長壹丈伍尺面勻
寬壹丈肆尺貳寸底勻寬壹丈壹尺柒寸兩邊
舨長伍丈伍尺計拾陸艙深肆尺捌寸捌分

今將拆造前船需用工料價值細數開後

計開

船底松木龍骨壹道計叁節船頭壹節長壹丈捌
尺船中壹節連交節趾頭長叁丈貳尺船尾壹
節長壹丈共湊長陸丈均寬壹尺厚捌寸做淨
每折見方尺貳拾尺用艌匠壹工交接趾頭貳
處每處用長壹尺釘捌個每邊用長陸寸釘拾
貳個共核用

寬壹尺厚捌寸松木枋陸丈陡[illegible]

查成規內開大吉[illegible]
俱被去梢火[illegible]

之用其本身木料每周另加長[illegible]
板以谷料有截去壹貳尺至叁尺
者亦有未加長荒者參差不一[illegible]
各料每件長伍尺以內加長荒壹寸伍分
以外者加長荒貳寸圓徑樟木長壹丈以
內者每根加長荒貳寸長壹丈以外者每
根加長荒伍
寸一律核定

長壹尺釘拾陸個

長陸寸釘貳拾肆個

艌匠拾工捌分

船底板連起碗長伍丈內船底勻寬壹丈陸寸伍
分兩站各勻高伍尺陸寸壹分用長肆丈貳尺

寬捌寸厚叁寸大吉木板叁拾肆塊做淨每折
見方尺捌拾尺用艌匠壹工鋸板折寬壹尺長
柒丈用鋸匠壹工（以下鋸板用工做此）釘縫湊長壹百肆
拾貳丈捌尺每丈用長陸寸釘叁拾個艌縫湊
長貳百捌拾伍丈陸尺每丈用灰[illegible]斤桐油陸
兩肆錢網紗竹絲各陸兩每柒丈[illegible]艌匠壹工
舂製油灰每肆拾斤用舂灰夫[illegible]（以下艌縫用工用料做此）

共核用（做此）

圍大叁尺貳寸淨長肆丈[illegible]木拾壹

根壹丈肆尺

長陸寸釘肆千貳百捌拾肆個

灰貳百捌拾伍斤拾兩

桐油壹百拾肆斤叁兩捌錢

網紗壹百柒斤壹兩陸錢

竹絲壹百柒斤壹兩陸錢

艌匠叁拾玖工貳分柒釐

鋸匠貳拾貳工肆分肆釐

艌匠肆拾工捌分

舂灰夫拾名

各艙內用樟木梁座拾玖塊湊長叁拾貳丈叁尺
艙梁拾柒塊湊長貳拾叁丈柒尺玖寸均寬壹
尺伍寸厚叁寸松木梁頭貳拾柒塊湊長肆拾
肆丈伍尺均寬壹尺貳寸厚叁寸硬木襯廒吊
玖根各長壹丈叁尺圍大捌寸梁座梁頭[illegible]做淨
每折見方[illegible]拾尺用艌匠壹工[illegible]拾尺
用[illegible]壹[illegible]縫湊長壹百拾貳丈[illegible]尺以寸
每丈用[illegible]拾[illegible]艌縫湊長[illegible]拾

[illegible]尺[illegible]核用
[illegible]壹尺伍寸厚叁寸樟木枋伍拾陸丈捌尺
壹寸
寬壹尺貳寸厚叁寸松木枋肆拾伍丈肆寸
圍大捌寸長壹丈叁尺硬木梘玖根
長陸寸釘叁千叁百陸拾玖個
灰貳百貳拾肆斤玖兩
桐油捌拾玖斤拾叁兩叁錢
網紗捌拾肆斤叁兩伍錢

竹絲捌拾肆斤叁兩伍錢
艦匠肆拾肆工貳分柒釐
艌匠叁拾貳工捌釐
春灰夫柒名捌分陸釐
各艙配用樟木極叁拾塊內船頭捌塊船中捌塊
船尾捌塊各長壹丈貳尺頭轉水極貳塊各長
陸尺鰍魚極貳塊各長柒尺日裡極貳塊各長
壹丈貳尺均圍大[illegible]尺做淨每折見方[illegible]拾
尺用艦匠壹工每塊用長陸寸釘貳[illegible]縫湊

長陸拾柒丈陸尺共核用
圍大壹尺樟木極叁拾肆丈肆尺
長陸寸釘陸拾個
灰陸拾柒斤拾兩
桐油貳拾柒斤陸錢
網紗貳拾伍斤伍兩陸錢
竹絲貳拾伍斤伍兩陸錢
艦匠捌工肆分伍釐
艌匠玖工陸分陸釐

春灰夫貳名叁分柒釐
船身兩旁走馬貳條水蛇貳條抽換各長肆丈貳
尺寬捌寸厚肆寸做淨每折見方尺肆拾尺用
艦匠壹工走馬釘縫湊長捌丈肆尺每丈用長
壹尺釘叁拾個水蛇釘縫湊長捌丈肆尺每肆
尺用長壹尺釘叁個艌縫湊長叁拾柒丈陸尺
共核用
圍大叁尺貳寸淨長肆丈貳尺大青木貳根
長壹尺釘叁百拾伍個

灰叁拾叁斤拾兩
桐油拾叁斤柒兩
網紗拾貳斤玖兩陸錢
竹絲拾貳斤玖兩陸錢
艌匠拾工捌釐
鋸匠貳工捌分捌釐
艌匠肆工捌分
舂灰夫壹名壹分捌釐
船面兩旁𦨕板長伍丈湊寬壹丈用長肆丈貳尺

寬捌寸厚叁寸六吉木板拾伍塊做淨每折見
方尺捌拾尺用艌匠壹工釘縫湊長陸拾叁丈
每丈用長陸寸釘叁拾個艌縫湊長壹百貳拾
陸丈共核用
圍大叁尺貳寸淨長肆丈貳尺大吉木伍根
長陸寸釘壹千捌百玖拾個
灰壹百貳拾陸斤
桐油伍拾斤陸兩肆錢
網紗肆拾柒斤肆兩

竹絲肆拾柒斤肆兩
艌匠拾柒工叁分叁釐
鋸匠玖工玖分
艌匠拾捌工
舂灰夫肆名肆分壹釐
兩旁舨板各長伍丈伍尺高陸尺伍寸添換用長
叁丈陸尺寬伍寸捌分厚貳寸伍分中吉木板
叁拾貳塊兩旁添換浮溪木舨村拾貳根各長
陸尺伍寸圍大壹尺柒寸舨板做淨每折見方

尺捌拾尺用艌匠壹工舨桯肆拾尺用艌匠壹
工舨板釘縫湊長壹百拾伍丈貳尺每丈用長
伍寸釘叁拾個舨桯釘縫湊長柒丈捌尺每丈
用長陸寸釘叁拾個艌縫湊長貳百肆拾陸丈
共核用
圍大貳尺伍寸淨長叁丈陸尺中吉木拾根
貳丈肆尺
圍大貳尺淨長叁丈貳尺浮溪木貳根壹丈
肆尺

長陸寸釘貳百叁拾肆個
長伍寸釘叁千肆百伍拾陸個
灰貳百肆拾陸斤
桐油玖拾捌斤陸兩肆錢
網紗玖拾貳斤肆兩
竹絲玖拾貳斤肆兩
艦匠貳拾柒工貳分貳釐
鋸匠拾叁工陸分陸釐
艌匠叁拾伍工壹分肆釐

舂灰夫捌名陸分壹釐
查成規內舨板未載舨高尺寸今按舨柱長丈核定
兩旁添換樟木極舨艘拾貳塊各長叁尺柒寸龍目貳塊各長壹尺伍寸均圍大壹尺做淨毎折見方尺肆拾尺用艦匠壹工舨艘毎塊用長陸寸釘貳個龍目毎塊用長陸寸釘陸個艌縫湊長玖丈肆尺捌寸共核用
圍大壹尺樟木極肆丈捌尺捌寸
長陸寸釘叁拾陸個

灰玖斤捌兩
桐油叁斤拾貳兩柒錢
網紗叁斤捌兩玖錢
竹絲叁斤捌兩玖錢
艦匠壹工壹分玖釐
艌匠壹工叁分伍釐
舂灰夫叁分叁釐
舨上前後浮溪木鼠橋板肆塊各長壹丈伍尺壓舨板肆塊各長叁丈貳尺均寬伍寸厚貳寸兩

邊木段猴袋板肆塊各長伍尺寬捌寸厚貳寸伍分做淨毎折見方尺捌拾尺用艦匠壹工鼠橋壓板釘縫湊長拾捌丈捌尺毎丈用長伍寸釘叁拾個壓板艌縫湊長貳拾伍丈陸尺共核用
圍大貳尺淨長叁丈貳尺浮溪木壹根叁丈柒寸
圍大叁尺伍寸木段伍尺壹寸
長伍寸釘伍百陸拾肆個

灰貳拾伍斤拾兩
桐油拾斤叁兩捌錢
綑紗玖斤玖兩陸錢
竹絲玖斤玖兩陸錢
艌匠叁工捌分貳釐
鋸匠貳工壹分捌釐
艌匠叁工陸分陸釐
舂灰夫玖分
兩旁中吉木筀抽貳塊大壓貳塊水戧貳塊接[illegible]

各長叁丈陸尺寬陸寸陸分厚叁寸伍分做淨
每折見方尺肆拾尺用艌匠壹工釘縫凑長貳
拾壹丈陸尺每丈用長陸寸釘叁拾個艌縫凑
長肆拾叁丈貳尺共核用
圍大貳尺伍寸淨長叁丈陸尺中吉木叁根
長陸寸釘陸百肆拾捌個
灰肆拾叁斤叁兩
桐油拾柒斤肆兩伍錢
綑紗拾陸斤叁兩貳錢

竹絲拾陸斤叁兩貳錢
艌匠拾工玖分壹釐
鋸匠叁工壹分貳釐
艌匠陸工壹分柒釐
舂灰夫壹名伍分壹釐
官廳前後梁用中吉木叁根各長壹丈伍尺圍大
貳尺貳寸戰櫃上兩邊用浮溪木樓挑貳根各
長壹丈叁尺圍大壹尺柒寸官廳側板貳塊踏
板壹塊各長壹丈叁尺均寬伍寸厚貳寸官廳

內鋪板拾塊各長玖尺凑寬伍尺叁寸戰櫃下
地板拾捌塊各長柒尺凑寬玖尺伍寸肆分官
廳門板捌塊各長肆尺凑寬肆尺貳寸肆分共
用寬伍寸厚貳寸浮溪木板叁拾丈壹尺玖寸
官廳上戰櫃板叁拾陸塊各長壹丈捌尺凑寬
貳丈叁尺柒寸陸分用寬伍寸捌分厚貳寸伍
分中吉木板柒拾叁丈柒尺肆寸木陵冲六蓋
板拾貳塊各長肆尺陸寸寬[illegible]厚貳寸伍分
官廳桅叁根各長壹丈叁尺[illegible]大[illegible]尺貳寸官

艙梁杠戰櫃樓挑做淨每折見方尺肆拾尺用
艦匠壹工側板等板捌拾尺用艦匠壹工戰櫃
板冲天蓋板官廳門板釘縫湊長捌拾貳丈陸
尺伍寸貳分每丈用長伍寸釘叁拾個戰櫃板
冲天蓋板艌縫湊長壹百伍拾捌丈伍尺貳寸
共核用
圍大貳尺伍寸淨長叁丈陸尺中吉木捌根
貳尺捌寸
圍大貳尺淨長叁丈貳尺浮溪木叁根叁丈
陸寸
圍大叁尺伍寸木段伍丈叁尺柒寸
長伍寸釘貳千肆百捌拾個
灰壹百伍拾捌斤捌兩
桐油陸拾叁斤陸兩伍錢
網紗伍拾玖斤柒兩壹錢
竹絲伍拾玖斤柒兩壹錢
艦匠貳拾捌工柒分叁釐
鋸匠拾貳工伍分玖釐

匠貳拾貳工陸分伍釐
舂灰夫伍名伍分伍釐
艙面前後通鋪伍塊各長壹丈柒尺坐寮板捌尺
各長陸尺均寬壹尺貳寸厚叁寸做淨每折見
方尺捌拾尺用艦匠壹工通鋪釘縫湊長[illegible]丈
伍尺每丈用長陸寸釘叁拾個艌縫湊長拾柒
丈共核用
寬壹尺貳寸厚叁寸松木枋拾叁丈伍尺陸
寸
長陸寸釘貳百伍拾伍個
灰拾柒斤
桐油陸斤拾貳兩捌錢
網紗陸斤陸兩
竹絲陸斤陸兩
艦匠肆工玖分玖釐
艌匠貳工肆分叁釐
舂灰夫陸分
官廳兩旁用浮溪木捕裡牆板貳拾塊各長捌尺

湊寬壹丈陸寸鋪板拾塊各長陸尺湊寬伍尺
叁寸猫裡門板捌塊各長肆尺湊寬肆尺貳寸
肆分用寬伍寸厚貳寸板貳拾陸丈柒尺壹寸
貳分木段猫裡櫃上下栿肆塊各長柒尺寬捌
寸厚肆寸上下栿做淨每折見方尺肆拾尺用
艌匠壹工猫裡各板捌拾尺用艌匠壹工猫裡
貓板門板釘縫湊長貳拾丈叁尺伍寸貳分每
丈用長伍寸釘叁拾個共核用

圍大貳尺淨長叁丈貳尺浮溪木貳根貳丈

伍尺

圍大叁尺伍寸木段壹丈肆尺肆寸

長伍寸釘陸百拾壹個

艌匠陸工叁分伍釐

鋸匠叁工壹分伍釐

官廳內浮溪木虎頭艙門板捌塊鋪板拾貳塊各
長肆尺湊寬壹丈陸寸用寬伍寸厚貳寸板捌
丈肆尺捌寸做淨每折見方尺捌拾尺用艌匠
壹工門板釘縫湊長[illegible]丈叁尺玖寸貳分每丈

用長伍寸釘叁拾個共核用

圍大貳尺淨長叁丈貳尺浮溪木貳丈捌尺
叁寸

長伍寸釘壹百貳個

艌匠壹工肆分捌釐

鋸匠捌分伍釐

兩旁鰍面戰棚板抽換用長貳丈捌尺寬肆寸厚
貳寸高洋木板叁拾塊各艙內鋪板用長叁尺
寬肆寸厚壹寸高洋木板貳百伍拾貳塊做淨

每折見方尺捌拾尺用艌匠壹工共核用

圍大壹尺陸寸淨長貳丈捌尺高洋木貳拾
貳根

艌匠貳拾貳工伍釐

鋸匠拾貳工陸分

兩旁鰍上鰍牛肆塊各長捌尺伍寸各艙口扛豆
肆塊各長壹丈柒尺均寬壹尺貳寸厚叁寸做
淨每折見方尺肆拾尺用艌匠壹工鰍牛每塊
用長陸寸釘肆個扛豆釘縫湊長拾丈捌尺每

丈用長陸寸釘叄拾個艙縫湊長貳拾丈肆尺

共核用

寬壹尺貳寸厚叄寸松木枋拾丈叄尺陸寸

長陸寸釘貳百貳拾個

灰貳拾斤陸兩

桐油捌斤貳兩陸錢

網紗柒斤拾兩肆錢

竹絲柒斤拾兩肆錢

艦匠柒工陸分伍釐

艌匠貳工玖分壹釐

舂灰夫柒分壹釐

各艙蓋板用長肆尺陸寸寬捌寸厚貳寸伍分木

段捌柒拾貳塊艙蓋下大通槽拾個側槽陸個

水槽陸個各長肆尺陸寸寬壹尺厚捌寸小通

槽捌個各長肆尺陸寸見方捌寸艌蓋板做淨

每折見方尺捌拾尺用艦匠壹工通槽等槽叄

拾尺用艦匠壹工艌蓋板釘縫湊長叄拾叄丈

壹尺貳寸每丈用長伍寸釘叄拾個艙縫湊長

陸拾陸丈貳尺肆寸共核用

圍大叄尺伍寸木段貳拾貳丈伍尺陸寸

長伍寸釘玖百玖拾肆個

灰陸拾陸斤肆兩

桐油貳拾陸斤柒兩玖錢

網紗貳拾肆斤拾叄兩肆錢

竹絲貳拾肆斤拾叄兩肆錢

艦匠貳拾肆工柒分陸釐

鋸匠捌工肆分壹釐

艌匠玖工肆分陸釐

舂灰夫貳名叄分貳釐

兩旁被邊用高洋木牛欄肆根內船頭貳根各長

捌尺船後貳根各長貳丈均圍大壹尺叄寸做

淨每折見方尺肆拾尺用艦匠壹工共核用

圍大壹尺陸寸淨長貳丈捌尺高洋木貳根

艦匠壹工捌分貳釐

船頭斗蓋用樟木壹塊長壹丈伍尺圍大肆尺柒

寸艌艙梁壹　長捌尺伍寸寬壹尺斗蓋下兜

片壹塊長捌尺寬壹尺伍寸鹿耳勒肚肆個長肆
尺寬壹尺貳寸托浪板肆塊各長捌尺寬壹尺貳
均厚叁寸斗蓋蝦籠梁兎耳鹿肚勒做淨每折
見方尺肆拾尺用艌匠壹工托浪板捌拾尺用
艌匠壹工斗蓋用長捌寸釘拾貳個蝦籠梁托
浪板釘縫湊長肆丈伍寸每丈用長陸寸釘叁
拾個兎耳鹿肚勒釘縫湊長壹丈貳尺每丈用
長伍寸釘叁拾個蝦籠梁托浪板兎耳鹿肚勒
艌縫湊長拾丈伍尺共核用

圍大肆尺柒寸長壹丈伍尺伍寸樟木壹根
寬壹尺伍寸厚叁寸樟木枋壹丈柒尺叁寸
寬壹尺厚叁寸長捌尺貳寸樟木板肆塊
長捌寸釘拾貳個
長陸寸釘壹百貳拾貳個
長伍寸釘叁拾陸個
灰拾斤捌兩
桐油肆斤叁兩貳錢
網紗叁斤拾伍兩

竹絲叁斤拾伍兩
艌匠肆工叁分捌釐
艌匠壹工伍分
舂灰夫叁分柒釐
中舍櫃壹塊長壹丈捌尺圍大柒尺頭舍櫃壹塊
長壹丈伍尺圍大伍尺叁寸舍櫃梁壹塊長壹
丈柒尺頭舍櫃閘壹塊長捌尺均寬壹尺伍寸
厚叁寸做淨每折見方尺叁拾尺用艌匠壹工
舍櫃梁釘縫湊長壹丈柒尺每丈用長陸寸釘

叁拾個舍櫃舍櫃梁艌縫湊長拾丈共核用
圍大柒尺長壹丈捌尺伍寸樟木壹根
圍大伍尺叁寸長壹丈伍尺伍寸樟木壹根
寬壹尺伍寸厚叁寸樟木枋貳丈伍尺肆寸
長陸寸釘伍拾壹個
灰拾斤
桐油肆斤
網紗叁斤拾貳兩
竹絲叁斤拾貳兩

艌匠玖工捌分伍釐
艌匠壹工肆分叁釐
舂灰夫叁分伍釐
中轉水貳塊各長壹丈陸尺寬貳尺厚玖寸伍分
樟極轉水鞋貳塊各長柒尺圍大壹尺做淨每
折見方尺肆拾尺用艌匠壹工轉水每塊用長
壹尺釘貳個轉水鞋每塊用長陸寸釘柒個艌
縫湊長玖丈貳尺共核用
寬貳尺厚玖寸伍分長壹丈陸尺貳寸樟木

貳塊
圍大壹尺樟木極壹丈肆尺肆寸
長壹尺釘肆個
長陸寸釘拾肆個
灰玖斤叁兩
桐油叁斤拾兩玖錢
網紗叁斤柒兩貳錢
竹絲叁斤柒兩貳錢
艌匠伍工柒釐

艌匠壹工叁分壹釐
舂灰夫叁分貳釐
船尾用浮溪木尾樓舨柱肆根各長肆尺拜棚橫
貳根各長壹丈叁尺均圍大壹尺柒寸木段尾
樓舨板捌塊各長壹丈肆尺拜棚板拾陸塊各
長柒尺均寬捌寸厚貳寸伍分舨柱拜棚橫做
淨每折見方尺肆拾尺用艌匠壹工舨板拜棚
板捌拾尺用艌匠壹工舨板拜棚板釘縫湊長
貳拾貳丈肆尺每丈用長伍寸釘叁拾個拜棚

板艌縫湊長貳拾貳丈肆尺共核用
圍大貳尺淨長叁丈貳尺浮溪木壹根壹丈
圍大叁尺伍寸木段伍丈柒尺貳寸
長伍寸釘陸百柒拾貳個
灰貳拾貳斤陸兩
桐油捌斤拾伍兩肆錢
網紗捌斤陸兩肆錢
竹絲捌斤陸兩肆錢
艌匠柒工陸分柒釐

鋸匠叁工叁分陸釐
艌匠叁工貳分
舂灰夫柒分捌釐
船尾用樟木下金壹塊長柒尺伍寸圍大柒尺伍寸繚牛壹副長柒尺伍寸寬貳尺肆寸厚陸寸尾樓上金壹塊長壹丈柒尺寬貳尺壹寸厚捌寸柒星冠壹塊長壹丈捌尺寬壹尺貳寸厚陸寸硬木棍下金拴貳根繚牛鰍貳根各長陸尺伍寸圍大捌寸木段繚牛槓貳根各長柒尺圍

大叁尺貳寸下金繚牛上金柒星冠做淨𢑥折見方尺叁拾尺用艌匠壹工下金拴繚牛鰍繚牛槓肆拾斤用艌匠壹工下金用長捌寸釘拾捌個繚牛用長捌寸釘貳拾貳個上金用長壹尺釘拾捌個繚牛鰍釘縫湊長壹丈叁尺每丈用長伍寸釘叁拾個下金艌縫長柒尺伍寸共
核用
圍大柒尺伍寸長柒尺柒寸樟木壹段
寬貳尺肆寸厚陸寸長柒尺柒寸樟木壹塊
寬貳尺壹寸厚捌寸長壹丈柒尺貳寸樟木壹塊
寬壹尺貳寸厚陸寸長壹丈捌尺貳寸樟木壹塊
圍大捌寸長壹丈叁尺硬木棍貳根
圍大叁尺伍寸木段長壹丈肆尺肆寸
長壹尺釘拾捌個
長捌寸釘肆拾個
長伍寸釘叁拾玖個

灰拾貳兩
桐油肆兩捌錢
網紗肆兩伍錢
竹絲肆兩伍錢
艌匠拾工柒分陸釐
艌匠壹分壹釐
舂灰夫叁釐
船尾舵邊用木段硬筋貳根各長壹丈肆尺圍大叁尺貳寸尾樓魴魚翅肆塊各長柒尺寬壹尺

厚肆寸柯栦木軟筯貳塊各長壹丈壹尺寬壹
尺厚叁寸做淨每折見方尺肆拾尺用艌匠壹
工使筋頭尾用長陸寸釘拾貳個共核用
圍大叁尺伍寸木段肆丈貳尺捌寸
寬壹尺厚叁寸柯栦木貳丈貳尺肆寸
長陸寸釘拾貳個
艌匠伍工陸分叁釐
鋸匠伍分陸釐
尾樓用浮溪木鋪板拾塊各長肆尺尾座板肆塊

各長壹丈貳尺皺邊寄菜板貳塊各長壹丈肆
尺碗格貳塊各長壹丈壹尺均寬伍寸厚貳寸
尾樓挑貳根各長壹丈叁尺圍大壹尺柒寸鋪
板等板做淨每折見方尺捌拾尺用艌匠壹工
樓挑肆拾尺用艌匠壹工尾樓鋪板釘縫湊長
肆丈每丈用長伍寸釘叁拾個共核用
圍大貳尺淨長叁丈貳尺浮溪木貳根捌尺
長伍寸釘壹百貳拾個
艌匠叁工伍分貳釐

鋸匠壹工叁分捌釐
尾樓下用樟木櫓通板壹塊長壹丈貳尺櫓門枋
壹塊櫓牀貳塊各長伍尺均寬壹尺伍寸厚叁
寸雙頭蛇壹塊長肆尺寬壹尺厚叁寸櫓通板
做淨每折見方尺捌拾尺用艌匠壹工櫓牀櫓
門枋雙頭蛇肆拾尺用艌匠壹工櫓牀每塊用
長捌寸釘拾貳個櫓通板釘縫長壹丈貳尺每
丈用長陸寸釘叁拾個櫓牀櫓通板艙縫湊長
肆丈肆尺共核用

寬壹尺伍寸厚叁寸樟木枋叁丈貳寸
長捌寸釘貳拾肆個
長陸寸釘叁拾陸個
灰肆斤陸兩
桐油壹斤拾貳兩貳錢
網紗壹斤拾兩肆錢
竹絲壹斤拾兩肆錢
艌匠貳工壹分伍釐
艌匠陸分叁釐

舂灰大壹分伍釐
水仙門兩旁用浮溪木柱肆根各長肆尺圍大壹
尺柒寸樟極百子艙蓋塊各長壹丈貳尺圍大
壹尺做淨每折見方尺肆拾尺用艌匠壹工百
子艙釘縫湊長肆丈捌尺每丈用長陸寸釘叁
拾個艌縫湊長玖丈陸尺共核用
圍大貳尺淨長叁丈貳尺浮溪木壹丈陸尺
圍大壹尺樟木極肆丈捌尺捌寸
長陸寸釘壹百肆拾肆個

灰玖斤拾兩
桐油叁斤拾叁兩肆錢
綱紗叁斤玖兩陸錢
竹絲叁斤玖兩陸錢
艍匠壹工捌分捌釐
艌匠壹工叁分柒釐
舂灰大叁分肆釐
大桅座壹塊長捌尺見方貳尺肆寸頭桅座壹塊
長伍尺陸寸圍大肆尺陸寸做淨每折見方尺

叁拾尺用艍匠壹工共核用
見方貳尺肆寸長捌尺貳寸樟木壹塊
圍大肆尺陸寸長伍尺捌寸樟木壹段
艍匠叁工肆分貳釐
大鹿耳貳塊各長壹丈貳尺寬貳尺貳寸厚壹尺
壹寸頭鹿耳貳塊各長玖尺捌寸寬壹尺捌寸
厚捌寸硬木棍鹿耳夾貳根各長壹丈叁尺圍
大捌寸柯檔木目裏鞋壹塊長叁尺寬壹尺厚
叁寸做淨每折見方尺肆拾尺用艍匠壹工共
核用

寬貳尺貳寸厚壹尺壹寸長壹丈貳尺貳寸
樟木貳塊
寬壹尺捌寸厚捌寸長壹丈樟木貳塊
圍大捌寸長壹丈叁尺硬木棍貳根
寬壹尺厚叁寸柯檔木叁尺壹寸
艍匠柒工貳分貳釐
大桅壹根長陸丈圍大肆尺伍寸頭桅壹根長伍
丈圍大肆尺叁寸做淨每折見方尺肆拾尺用

艦匠壹工共核用
圍大肆尺伍寸長陸丈桅木壹根
圍大肆尺叁寸長伍丈桅木壹根
艌匠拾貳工壹分叁釐
桅尾用柯掏木馬面貳塊各長叁丈伍尺寬壹尺伍寸厚叁寸樟木大桅笠壹塊長貳尺寬壹尺貳寸大桅琵琶壹塊長叁尺寬壹尺伍寸頭桅琵琶壹塊長貳尺寬陸寸均厚叁寸木段大桅竚壹根長壹丈貳尺頭桅柱壹根長玖尺均圍

大叁尺貳寸馬面做淨每折見方尺捌拾尺用艌匠壹工桅笠桅竚琵琶肆拾尺用艌匠壹工馬面釘縫湊長柒丈每丈用長陸寸釘貳拾個
共核用
寬壹尺伍寸厚叁寸柯掏木枋柒丈肆寸
寬壹尺伍寸厚叁寸樟木枋伍尺陸寸
圍大叁尺伍寸木段貳丈壹尺肆寸
長陸寸釘壹百肆拾個
艌匠伍工叁分肆釐

大風篷壹扇長肆丈捌尺寬貳丈柒尺捌寸頭風篷壹扇長貳丈捌尺寬壹丈肆尺浮溪木大篷擔貳根各長貳丈柒尺捌寸頭篷擔貳根各長壹丈肆尺圍大壹尺柒寸做淨每折見方尺肆拾尺用艌匠壹工共核用
寬貳丈柒尺捌寸長肆丈捌尺風篷壹扇
寬壹丈肆尺長貳丈捌尺風篷壹扇
圍大貳尺淨長叁丈貳尺浮溪木貳根壹丈玖尺陸寸

艌匠叁工伍分伍釐
大篷架用木段横梁壹根長壹丈肆尺頭篷横梁壹根架釗叁根各長柒尺均寬壹尺厚捌寸做淨每折見方尺叁拾貳尺用艌匠壹工共核用
圍大叁尺伍寸木段肆丈叁尺
艌匠肆工柒分叁釐
鋸匠壹工捌釐
大篷車員用中吉木壹根長壹丈肆尺半車員壹根　頭車員壹根各長陸尺掟車員壹根長壹

丈均。圍大貳尺貳寸浮溪木車脚直板肆塊各
長壹丈斜板肆塊各長柒尺均寬伍寸厚貳寸
硬木棍車子貳拾伍根各長壹丈叁尺圍大捌
寸車身做淨每折見方尺叁拾貳尺用艌匠壹
工車脚斜直板捌拾尺用艌匠壹工共核用
圍大貳尺伍寸淨長叁丈陸尺中吉木壹根
圍大貳尺淨長叁丈貳尺浮溪木貳丈貳尺
柒寸
圍大捌寸長壹丈叁尺硬木棍貳拾伍根

艌匠叁工陸分柒釐
鋸匠陸分捌釐
水櫃用樟木牛頭陸塊各長伍尺寬壹尺伍寸厚
叁寸木段水櫃柱肆根各長柒尺圍大叁尺貳
寸水櫃閘肆塊各長柒尺見方捌寸水櫃板叁
拾陸塊各長肆尺陸寸寬捌寸厚貳寸伍分水
櫃柱閘牛頭做淨每折見方尺肆拾尺用艌匠
壹工水櫃板捌拾尺用艌匠壹工水櫃柱每根
用長陸寸釘貳拾個牛頭釘縫湊長叁丈每丈
用長陸寸釘叁拾個水櫃板釘縫湊長拾陸丈
伍尺陸寸每丈用長伍寸釘叁拾個艌縫湊長
伍拾丈叁尺貳寸共核用
寬壹尺伍寸厚叁寸樟木枋叁丈陸寸
圍大叁尺伍寸木段玖丈玖尺玖寸
長陸寸釘壹百柒拾個
長伍寸釘肆百玖拾柒個
灰伍拾斤伍兩
桐油貳拾斤貳兩

網紗拾捌斤拾叁兩玖錢
竹絲拾捌斤拾叁兩玖錢
艌匠拾壹工伍分叁釐
鋸匠叁工壹分貳釐
艌匠柒工壹分玖釐
舂灰夫壹名柒分陸釐
媽祖龕用杉木板叁拾貳丈寬陸寸厚壹寸做淨
每折見方尺捌拾尺用艌匠壹工釘縫湊長叁
拾貳丈每丈用長肆寸釘叁拾個艌縫湊長陸

拾肆丈共核用

寬陸寸厚壹寸杉木板叁拾貳丈陸尺肆寸

長肆寸釘玖百陸拾個

灰陸拾肆斤

桐油貳拾伍斤玖兩陸錢

絧紗貳拾肆斤

竹絲貳拾肆斤

艦匠伍工陸分

艌匠玖工壹分肆釐

舂灰夫貳名貳分肆釐

船面兩旁砲架陸個并蓋每個用長肆尺陸寸寬捌寸厚貳寸伍分木段板陸塊做淨每折見方尺捌拾尺用艦匠壹工共核用

圍大叁尺伍寸木段肆丈貳尺叁寸

艦匠肆工叁分伍釐

鋸匠貳工肆分捌釐

船頭用中吉木樾壹根長叁丈[illegible]尺圍大貳尺貳寸做淨每折見方尺肆拾尺用艦匠壹工共核

用

圍大貳尺伍寸淨長叁丈陸尺中吉木壹根

艦匠壹工玖分捌釐

艄尾舵壹門用楮木舵桿壹根長壹丈捌尺寬壹尺肆寸厚捌寸中吉木舵閂板叁塊各長壹丈肆尺湊寬壹尺玖寸捌分用寬伍寸捌分厚貳寸伍分板肆丈柒尺柒寸玖分樟木極舵夾捌塊各長肆尺圍大壹尺硬木棍舵牙掗貳根各長壹丈叁尺圍大捌寸舵桿做淨每折見方尺

叁拾尺用艦匠壹工舵夾舵牙肆拾尺用艦匠壹工舵閂板捌拾尺用艦匠壹工舵夾釘共湊長叁丈貳尺每丈用長捌寸釘伍拾個舵夾舵閂板艌縫湊長拾伍丈玖尺伍寸捌分共核用

寬壹尺肆寸厚捌寸長壹丈捌尺貳寸楮木壹塊

圍大貳尺伍寸淨長叁丈陸尺中吉木壹丈伍尺玖寸叁分

圍大壹尺樟木極叁丈貳尺捌寸

圍大捌寸長壹丈叁尺硬木棍貳根
長捌寸釘壹百陸拾個
灰拾伍斤拾伍兩
桐油陸斤陸兩壹錢
綢紗伍斤拾伍兩柒錢
竹絲伍斤拾伍兩柒錢
艌匠肆工玖分伍釐
鋸匠伍分柒釐
艌匠貳工貳分捌釐

舂灰夫伍分陸釐
跟隨戧船舢板船用柯桐木龍骨壹根長壹丈肆尺斗蓋壹塊長陸尺托浪板壹塊長伍尺均寬壹尺厚叁寸浮溪木水底板拾塊各長壹丈陸尺湊寬伍尺叁寸艍板陸塊各長壹丈捌尺湊寬叁尺壹寸捌分掐板拾肆塊各長陸尺湊寬柒尺肆寸貳分共用寬伍寸厚貳寸板叁拾柒丈叁尺壹寸貳分龍骨做淨每折見方尺肆拾尺用艌匠壹工斗蓋各板捌拾尺用艌匠壹工

龍骨用長陸寸釘拾貳個托浪板水底板艍板釘縫湊長貳拾捌丈玖尺捌分每丈用長伍寸釘叁拾個托浪板水底板艍板艌縫湊長伍拾柒丈捌尺壹寸陸分共核用
寬壹尺厚叁寸柯桐木枋貳丈伍尺伍寸
圍大貳尺淨長叁丈貳尺浮溪木叁根貳丈捌尺肆寸
長陸寸釘拾貳個
長伍寸釘捌百陸拾柒個

灰伍拾柒斤拾叁兩
桐油貳拾叁斤貳兩
綢紗貳拾壹斤拾兩玖錢
竹絲貳拾壹斤拾兩玖錢
艌匠柒工捌分
鋸匠叁工柒分叁釐
艌匠捌工貳分陸釐
舂灰夫貳名貳釐
舢板船兩旁水蛇貳根水綫貳根各長壹丈陸尺

壓板貳塊各長壹丈捌尺均寬伍寸厚貳寸做
淨每折見方尺捌拾尺用艌匠壹工水蛇釘縫
湊長叁丈貳尺每肆尺用長捌寸釘叁個壓板
水鰍釘縫湊長陸丈捌尺每丈用長伍寸釘叁
拾個艌縫湊長貳拾丈共核用
圍大貳尺淨長叁丈貳尺浮溪木壹根壹尺
叁寸
長捌寸釘貳拾肆個
長伍寸釘貳百肆個

灰貳拾斤
桐油捌斤
網紗柒斤捌兩
竹絲柒斤捌兩
艌匠壹工柒分伍釐
鋸匠壹工
艌匠貳工捌分陸釐
舂灰夫柒分
舢板船用樟木舢板艙伍個各長肆尺寬伍寸厚

叁寸樟木極舢板梁肆塊各長肆尺肆寸牛頭
仔極拾伍個各長貳尺冲天極貳塊各長貳尺
捌寸均圍大壹尺做淨每折見方尺肆拾尺用
艌匠壹工舢板艙梁釘縫湊長叁丈柒尺陸寸
每丈用長陸寸釘叁拾個冲天極每塊用長陸
寸釘貳個舢板艙梁冲天極艌縫湊長捌丈陸
尺肆寸共核用
寬壹尺伍寸厚叁寸樟木枋陸尺捌寸
圍大壹尺樟木極伍丈伍尺叁寸

長陸寸釘壹百拾柒個
灰捌斤拾兩
桐油叁斤柒兩叁錢
網紗叁斤叁兩捌錢
竹絲叁斤叁兩捌錢
艌匠貳工壹分叁釐
艌匠壹工貳分叁釐
舂灰夫叁分
大桅鐵箍陸個各長肆尺陸寸頭桅箍肆個各長

肆尺肆寸舵頭箍肆個各長肆尺柒寸梔箍叁
個各長叁尺肆寸俱寬貳寸厚伍分椗齒肆個
各長壹尺寬柒寸厚伍分櫓箍陸個各長貳尺
柒寸寬壹寸厚叁分鐵鐶陸個各圍大陸寸以
上鐵料共淨重壹百玖拾陸斤捌兩每正鐵壹
斤加耗鐵壹斤每正鐵伍斤用鐵匠壹工每正
耗鐵壹斤用炭叁斤共核用
生鐵叁百玖拾叁斤
炭壹千壹百柒拾玖斤
鐵匠叁拾玖工叁分
油畫前船共用
烏烟叁斤伍兩
廣紅伍斤
銅碌肆兩
京紅肆兩
南粉貳斤
銀硃壹兩
籐黃肆兩

藍粉肆兩
杭粉壹兩
水膠陸兩
松香捌兩
墨貳塊
桐油肆斤
淡底壹斤
油畫匠拾工
麻大桅繂索貳條各長柒丈貳尺大柒寸頭桅繂
索貳條各長陸丈大肆寸伍分大踏索貳條各
長陸丈大伍寸小踏索貳條各長伍丈大叁寸
大繚母壹條長肆丈大柒寸小繚母壹條長貳
丈肆尺大肆寸大帮襯陸條各長壹丈陸尺大
貳寸小帮襯玖條各長伍尺大壹寸伍分以上
共重肆百肆拾斤每百斤用繩匠叁工陸分共
核用
麻肆百肆拾斤
繩匠拾伍工捌分肆釐

棕正椗索壹條長肆拾貳丈大捌寸貳分副椗索壹條長肆拾丈大柒寸伍分大蓬筋壹條長陸丈陸尺大貳寸小蓬筋壹條長叁丈柒尺大壹寸綠纤綠耳共拾捌條各長貳丈大貳寸椗奴貳條各長壹丈伍尺大柒寸大小搞尾貳條共長拾貳丈大伍寸舵弔壹條長叁丈大陸寸以上共重肆百柒拾斤每撕棕肆拾斤用匠壹工成繩肆拾斤用匠壹工共核用

棕肆百柒拾斤

撕棕匠拾壹工柒分伍釐

成繩匠拾壹工柒分伍釐

冲風旗壹面長寬各壹丈陸尺壹條龍旗壹面長陸丈寬叁尺媽祖旗壹面長寬各伍尺大小定風旗叁面內壹面長陸尺貳面各長肆尺伍寸均寬壹尺共核用

幅寬壹尺白布伍拾丈

苧線拾兩

裁縫匠伍工

中椗貳門齒全各長壹丈捌尺寬壹尺厚陸寸

中櫓貳枝各長肆丈貳尺寬捌寸厚伍寸

舢板櫓壹枝長貳丈伍尺寬柒寸厚肆寸

大小桅餅柒個

大小無底升伍百個

椗舵上配用竹繩草繩共用

竹篾肆百貳拾斤

繩匠拾伍工壹分貳釐

草心叁百玖拾貳斤

繩匠玖工捌分

查原送成規內開打造竹繩草繩所用匠工多寡不齊今照棕麻繩索用工之例一律核定

蓬上配用大小繚毯攝子兎耳共用

槐籐貳拾伍斤

籐匠伍工

刻字用

刻字匠叁工

豎大小桅用

壯夫叁拾伍名

前船共用大小鐵釘貳萬肆千伍拾叁個刷抹釘頭每百個用灰壹斤桐油陸兩肆錢每油灰拾斤用艌匠壹工共核用

灰貳百肆拾斤捌兩

桐油玖拾陸斤叁兩肆錢

艌匠叁拾叁工陸分柒釐

舂灰夫捌名肆分貳釐

前船共用艦匠肆百貳工貳分叁釐係照杉松木

植核定內有樟柯等硬料用匠玖拾伍工叁分每工外加匠貳分計加匠拾玖工陸釐共匠肆百貳拾壹工貳分玖釐每百工加安裝匠拾工計安裝匠肆拾貳工壹分叁釐每艦匠安裝匠壹百工加隨匠壯夫貳拾名計壯夫玖拾貳名陸分捌釐

以上拆造前船共用

寬壹尺厚捌寸松木陸丈陸寸 每丈銀肆錢壹分肆釐

計銀貳兩伍錢玖釐

查原送成規內開杉木按依拾陸則丈尺計算每丈核銀肆錢捌分壹釐至叁錢肆分壹釐不等多寡參差均勻核計每丈需銀肆錢壹分肆釐今照肆錢壹分肆釐之數一律核定

圍大叁尺貳寸淨長肆丈貳尺大吉木拾捌根壹丈肆尺 每根銀貳兩柒錢

計銀肆拾玖兩伍錢

查原送成規內開大吉木貳拾貳根今按丈尺做法核算應減叁根貳丈捌尺

圍大貳尺伍寸淨長叁丈陸尺中吉木貳拾肆根陸尺柒寸叁分 每根銀壹兩伍錢

計銀叁拾陸兩貳錢捌分

查原送成規內開中吉木貳拾貳根今按丈尺做法核算應增貳根陸尺柒寸叁分

圍大貳尺淨長叁丈貳尺浮溪木貳拾肆根壹丈陸寸 每根銀伍錢

計銀拾貳兩壹錢陸分陸釐

查原送成規內開浮溪木貳拾貳根今按丈尺做法核算應增貳根壹丈陸寸

圍大壹尺陸寸淨長貳丈捌尺高洋木貳拾肆根 每根銀貳錢

計銀肆兩捌錢

圍大叁尺伍寸木段陸拾壹丈玖尺捌寸核長壹丈肆尺段料肆拾肆根叁尺捌寸每根銀陸錢

計銀貳拾陸兩伍錢陸分叁釐

查原送成規內開木段肆拾肆根今按丈尺做法核算應增叁尺捌寸

寬壹尺伍寸厚叁寸樟木枋陸拾捌丈肆尺核長壹丈柒尺枋料肆拾塊肆尺每塊銀壹兩叁錢

計銀伍拾貳兩叁錢陸釐

查原送成規內開樟枋肆拾壹塊今按丈尺做法核算應減壹丈叁尺

寬壹尺厚叁寸長捌尺貳寸樟木板肆塊每塊銀肆錢壹分捌釐

計銀壹兩陸錢柒分貳釐

查原送成規內開樟木梁座梁頭壹則至拾柒則各長壹丈柒尺寬壹尺伍寸厚叁寸每塊銀壹兩叁錢托浪樟木板第壹則長陸尺伍寸寬壹尺厚叁寸每塊開銀伍錢第貳則至拾柒則各長捌尺寬壹尺厚叁寸每塊亦開銀伍錢價值參差今俱照梁座梁頭之價一律核定

寬壹尺貳寸厚叁寸松木枋陸拾捌丈玖尺陸寸核長壹丈柒尺枋料肆拾塊玖尺陸寸每塊銀叁錢伍

計銀拾肆兩壹錢玖分捌釐

查原送成規內開松枋肆拾塊今按丈尺陸寸

圍大壹尺樟木極伍拾肆丈肆尺壹寸核長壹丈貳尺樟極肆拾伍塊肆尺壹寸每塊銀貳錢

計銀玖兩陸分捌釐

查原送成規內開樟極伍拾塊今按丈尺做法核算應減肆塊柒尺玖寸

寬壹尺伍寸厚叁寸柯楠木枋柒丈肆寸每丈銀伍錢柒分壹釐伍毫

計銀肆兩貳分叁釐

寬壹尺厚叁寸柯楠木枋伍丈壹尺每丈銀叁錢捌分壹釐

計銀壹兩玖錢肆分叁釐

查原送成規內開柯楠木馬面壹則至拾柒則各長叁丈伍尺寬壹尺伍寸厚叁寸每塊開銀貳兩軟筋及舢板龍骨等料壹則至伍則各長貳丈伍尺寬壹尺厚叁寸每塊開銀壹兩陸則至拾柒則各長叁丈伍尺寬壹尺厚叁寸每塊開銀貳兩價值參差今俱照馬面之價一律核定

圍大捌寸長壹丈叁尺硬木棍肆拾根每根銀捌分

計銀叁兩貳錢

寬陸寸厚壹寸杉木板叁拾[illegible]丈[illegible]尺肆寸每丈銀肆

錢
計銀拾叁兩伍分陸釐
闊大柒尺長壹丈捌尺伍寸樟木壹根
計銀柒兩玖分捌釐
圍大伍尺叁寸長壹丈伍尺伍寸樟木壹根
計銀叁兩肆錢玖釐
見方貳尺肆寸長捌尺貳寸樟木壹塊
計銀肆兩肆錢叁分捌釐
圍大肆尺陸寸長伍尺捌寸樟木壹段

計銀玖錢陸分
寬貳尺壹寸厚捌寸長壹丈柒尺貳寸樟木壹塊
計銀貳兩柒錢壹分肆釐
圍大柒尺伍寸長柒尺柒寸樟木壹段
計銀叁兩叁錢玖分壹釐
寬貳尺貳寸厚壹尺壹寸長壹丈貳尺貳寸樟木
貳塊（每塊銀貳兩柒錢柒分叁釐）
計銀伍兩伍錢肆分陸釐
寬壹尺捌寸厚捌寸長壹丈樟木貳塊（每塊銀壹兩叁錢伍

分叁釐）
計銀貳兩柒錢陸釐
寬貳尺厚玖寸伍分長壹丈陸尺貳寸樟木貳塊（每塊銀貳兩捌錢玖分貳釐）
計銀伍兩柒錢捌分肆釐
圍大肆尺柒寸長壹丈伍尺伍寸樟木壹根
計銀貳兩陸錢捌分壹釐
寬壹尺貳寸厚陸寸長壹丈捌尺貳寸樟木壹塊
計銀壹兩貳錢叁分壹釐

寬貳尺肆寸厚陸寸長柒尺柒寸樟木壹塊
計銀壹兩肆分貳釐
查原送成規內開壹則至拾柒則每則用樟木含檣等料拾貳款所開價值逐款核計俱屬參差均匀計算每折見方壹尺需銀玖分叁釐玖毫陸絲今照玖分叁釐玖毫陸絲之數一律核定
寬壹尺肆寸厚捌寸長壹丈捌尺貳寸楮木壹根
計銀拾陸兩
圍大肆尺伍寸長陸丈桅木壹根
計銀貳拾叁兩

圓大肆尺叁寸長伍丈桅木壹根

計銀柒兩

長壹尺釘叁百伍拾叁個每貳個重壹斤計重壹百柒拾陸斤捌兩長捌寸釘貳百陸拾個每伍個重壹斤計重伍拾貳斤長陸寸釘壹萬壹千捌百叁拾捌個每拾伍個重壹斤計重柒百捌拾玖斤叁兩貳錢長伍寸釘壹萬陸百肆拾貳個每貳拾個重壹斤計重伍百叁拾貳斤壹兩陸錢長肆寸釘玖百陸拾個每叁拾個重壹斤

計重叁拾貳斤以上鐵釘共重壹千伍百捌拾壹斤拾貳兩捌錢內除選用舊釘柒百玖拾貳斤拾肆兩外添新柒百捌拾捌斤拾肆兩捌錢　每斤銀貳分貳釐

計銀拾柒兩叁錢伍分陸釐

灰壹千捌百肆拾柒斤拾肆兩　每百斤銀貳錢

計銀叁兩陸錢玖分陸釐

桐油柒百肆拾叁斤貳兩陸錢　每斤銀叁分

計銀貳拾貳兩貳錢玖分伍釐

網紗陸百貳斤拾貳兩叁錢　每斤銀壹分貳釐

計銀柒兩貳錢叁分叁釐

竹絲陸百貳斤拾貳兩叁錢　每斤銀陸釐

計銀叁兩陸錢壹分柒釐

生鐵叁百玖拾叁斤　每斤銀壹分

計銀叁兩玖錢叁分

炭壹千壹百柒拾玖斤　每百斤銀壹錢陸分

計銀壹兩捌錢捌分陸釐

烏烟叁斤伍兩　每斤銀壹分伍釐

計銀伍分

廣紅伍斤　每斤銀伍分

計銀貳錢伍分

銅碌肆兩　每斤銀叁錢

計銀柒分伍釐

京紅肆兩　每斤銀捌分

計銀貳分

胡粉貳斤　每斤銀壹分

計銀貳分

磅壹兩 每斤銀陸錢肆分
計銀肆分
藤黃肆兩 每斤銀貳錢
計銀伍分
藍粉肆兩 每斤銀捌分
計銀貳分
杭粉壹兩 每斤銀壹錢陸分
計銀壹分
水膠陸兩 每斤銀肆分

計銀壹分伍釐
松香捌兩 每斤銀貳分
計銀壹分
墨貳塊 每塊銀壹分
計銀貳分
淡底壹斤
計銀伍分
麻肆百肆拾斤 每斤銀壹分伍釐
計銀陸兩陸錢

棕肆百柒拾斤 每斤銀叁分
計銀拾肆兩壹錢
色布伍拾丈 每丈銀壹錢
計銀伍兩
苧線拾兩 每斤銀壹錢貳分
計銀柒分伍釐
椗貳門 鹵全各長壹丈捌尺寬壹尺厚陸寸 每門銀壹兩壹錢貳分柒釐
計銀貳兩貳錢伍分肆釐

中櫓貳枝 各長肆丈貳尺寬捌寸厚伍寸 每枝銀壹兩柒錢壹分叁釐
計銀叁兩肆錢貳分陸釐
舢板櫓壹枝長貳丈伍尺寬柒寸厚肆寸
計銀叁錢貳分壹釐
大風篷壹扇長肆丈捌尺寬貳丈柒尺捌寸
計銀肆兩壹錢陸分壹釐
頭風篷壹扇長貳丈捌尺寬壹丈肆尺
計銀壹兩貳錢貳分貳釐

查原送成規內開壹則至拾柒則大篷每扇銀伍兩伍錢頭篷每扇銀壹兩伍錢所開丈尺大篷長自肆丈捌尺至柒丈寬自貳丈陸尺至叁丈叁尺不等頭篷長自貳丈肆尺至叁丈伍尺寬壹丈肆尺至壹丈陸尺伍寸不等俱屬參差均勻核計每折見方壹丈需銀叁錢壹分壹釐捌毫今照叁錢壹分壹釐捌毫之數一律核定

大小桅餅柒個每個銀柒分

計銀肆錢玖分

大小無底升伍百個每百個銀捌分

計銀肆錢

竹篾肆百貳拾斤每百斤銀壹錢陸分

計銀陸錢柒分貳釐

草心叁百玖拾貳斤每百斤銀柒分

計銀貳錢柒分肆釐

欄藤貳拾伍斤每斤銀貳分伍釐

計銀陸錢貳分伍釐

艌匠肆百貳拾壹工貳分玖釐

安裝匠肆拾貳工壹分叁釐

鋸匠壹百玖工柒分肆釐

艌匠貳百陸拾叁工貳分玖釐

鐵匠叁拾玖工叁分

油畫匠拾工

繩匠肆拾工柒分陸釐

棕匠貳拾叁工伍分

裁縫匠伍工

篠匠伍工

刻字匠叁工

壯夫壹百玖拾貳名叁分柒釐

以上共匠夫壹千壹百伍拾伍工叁分捌釐每工

銀伍分

計銀伍拾柒兩柒錢陸分玖釐

又置備物件開後

木桶貳拾件每件銀叁分

計銀陸錢

鐵鍋貳口換新每口貼工料銀壹錢貳分

計銀貳錢肆分

鼓皮面脩理換皮

計銀肆錢捌分

金壹面重肆斤換新每斤貼工料銀柒分
計銀貳錢捌分
以上拆造前船成規內開共需工料銀肆百柒拾玖
兩捌錢伍分捌釐肆毫內部價銀貳百貳拾捌兩
伍錢肆釐加捌津貼并另加叁分銀貳百伍拾壹
兩叁錢伍分肆釐肆毫臺廠運費銀肆拾伍兩柒
錢捌毫今按條查核分別增減更正需用工料銀
肆百柒拾柒兩玖錢壹分陸釐內部價銀貳百貳
拾柒兩伍錢柒分玖釐加捌津貼并另加叁分銀
貳百伍拾兩叁錢叁分柒釐臺廠運費銀肆拾伍
兩伍錢壹分陸釐計節減工料銀壹兩玖錢肆分
貳釐肆毫運費銀壹錢捌分肆釐捌毫行令該撫
於前船屆應拆造之期將節減銀兩在於應領銀
內扣除至大小脩理成規內開大脩工料銀叁百
貳拾捌兩肆錢壹分肆釐內部價銀壹百肆拾玖
兩貳錢柒分玖釐加玖津貼并另加叁分銀壹百
柒拾玖兩壹錢叁分伍釐臺廠運費銀貳拾玖兩
捌錢伍分陸釐小脩工料銀貳百叁拾肆兩壹錢

[illegible]分叁釐內部價銀壹百壹兩捌錢壹分加拾津
貼并另加叁分銀壹百叁拾貳兩叁錢伍分叁釐
臺廠運費銀貳拾兩叁錢陸分貳釐其餘叁船做
此

福建省外海戰船做法

第肆則趕繒船玖隻內澎湖協標右營壹號玖號

船壹隻身長伍丈伍尺頭起龍肆尺伍寸尾起龍叁尺貳寸船頭長貳丈面勻寬壹丈叁寸底勻寬捌尺捌寸船中長壹丈捌尺面勻寬壹丈伍尺柒寸底勻寬壹丈玖寸船尾長壹丈柒尺面勻寬壹丈伍尺叁寸底勻寬壹丈玖寸兩邊舨長陸丈貳尺計拾陸艙深伍尺叁寸肆分

今將折造前船需用工料價值細數開後

計開

船底松木龍骨壹道計叁節船頭壹節長壹丈伍尺船中壹節連交接駝頭長叁丈伍尺船尾壹節長壹丈共湊長陸丈均寬壹尺厚捌寸做淨每折見方尺貳拾尺用艌匠壹工交接駝頭貳處每處用長壹尺釘捌個又每邊用長陸寸釘拾貳個共核用

寬壹尺厚捌寸松木枋陸丈陸寸

查成規內開大吉中吉浮溪高洋肆項木植俱截去尖梢作欄杆竈櫃鐵子木署等項之用共本身木料毋庸另加長荒外一塊枋段各料有截去壹貳尺至叁伍尺不等者亦有未加長荒者參差不一今將枋段各料每件長伍尺以內者加長荒壹寸伍分以外者加長荒貳寸圓徑樽木長壹丈以內者每根加長荒貳寸長壹丈以外者每根加長荒伍寸一律核定

長壹尺釘拾陸個

長陸寸釘貳拾肆個

艌匠拾工捌分

船底板連起龍長伍丈伍尺內船底勻寬壹丈伍寸貳分兩站各勻高陸尺叁寸柒分用長肆丈

貳尺寬捌寸厚叁寸大吉木板肆拾塊做淨每折見方尺捌拾尺用艌匠壹工鋸板折寬壹尺長柒丈用鋸匠壹工以下鋸板用工倣此釘縫湊長壹百陸拾捌丈每丈用長陸寸釘叁拾個艌縫湊長叁百叁拾陸丈每丈用灰壹斤桐油陸兩肆錢綑紗竹絲各陸兩每柒丈用艌匠壹工舂製油灰每肆拾斤用舂灰夫壹名以下艌縫用工用料倣此共核用

圍大叁尺貳寸淨長肆丈貳尺大吉木拾叁

根壹丈肆尺
長陸寸釘伍千肆拾個
灰叁百叁拾陸斤
桐油壹百叁拾肆斤陸兩肆錢
網紗壹百貳拾陸斤
竹絲壹百貳拾陸斤
艌匠肆拾陸工貳分
鋸匠貳拾陸工肆分
艌匠肆拾捌工

舂灰夫拾壹名柒分陸釐

各艙樟木梁座貳拾壹塊內船頭配用柒塊湊長拾丈伍尺船中柒塊湊長拾壹丈玖尺船尾柒塊湊長拾壹丈貳尺艙梁抽換拾柒塊內船頭配用陸塊湊長陸丈肆尺伍寸船中陸塊湊長拾壹丈壹尺船尾伍塊湊長柒丈玖尺伍寸均寬壹尺伍寸厚叁寸松木梁頭抽換叁拾伍塊內船頭配用拾塊湊長拾陸丈船中拾貳塊湊長拾玖丈貳尺船尾拾叁塊湊長貳拾丈捌尺均寬壹尺貳寸厚叁寸硬木棍穩弔玖根各長壹丈叁尺圍大捌寸梁座梁頭做淨每折見方尺捌拾尺用艌匠壹工穩弔肆拾尺用艌匠壹工釘縫湊長壹百貳拾陸丈捌尺每丈用長陸寸釘叁拾個艌縫湊長貳百伍拾叁丈陸尺共核用

寬壹尺伍寸厚叁寸樟木枋伍拾玖丈捌尺陸寸
寬壹尺貳寸厚叁寸松木枋伍拾陸丈柒尺

圍大捌寸長壹丈叁尺硬木棍玖根
長陸寸釘叁千捌百肆個
灰貳百伍拾叁斤拾兩
桐油壹百壹斤柒兩
網紗玖拾伍斤壹兩陸錢
竹絲玖拾伍斤壹兩陸錢
艌匠肆拾玖工玖分肆釐
艌匠叁拾陸工貳分叁釐
舂灰夫捌名捌分捌釐

各艙用樟木極叁拾肆塊內虎頭艙極貳塊沖婆
前極貳塊沖天極貳塊各長玖尺伍寸水櫃艙
極貳塊各長玖尺鮍邊各艙極拾貳塊拜棚極
貳塊各長壹丈官廳前極貳塊各長捌尺伍寸
下擔前極貳塊下金極貳塊各長陸尺頭轉水
極貳塊各長壹丈貳尺鰍魚極貳塊各長柒尺
斗蓋極貳塊各長伍尺均圍大壹尺做淨每折
見方尺肆拾尺用艦匠壹工每塊用長陸寸釘
貳個艌縫湊長陸拾丈捌尺共核用

圍大壹尺樟木極叁拾壹丈陸寸
長陸寸釘陸拾捌個
灰陸拾斤拾叁兩
桐油貳拾肆斤伍兩壹錢
網紗貳拾貳斤拾貳兩捌錢
竹絲貳拾貳斤拾貳兩捌錢
艦匠柒工陸分
艌匠捌工陸分玖釐
舂灰夫貳名壹分叁釐

船身兩旁走馬貳條水蛇貳條抽換各長肆丈貳
尺寬捌寸厚肆寸做淨每折見方尺肆拾尺用
艦匠壹工走馬釘縫湊長捌丈肆尺每丈用長
壹尺釘叁拾個水蛇釘縫湊長捌丈肆尺每肆
尺用長壹尺釘叁個艌縫湊長叁拾叁丈陸尺
共核用
圍大叁尺貳寸淨長肆丈貳尺大吉木貳根
長壹尺釘叁百拾伍個
灰叁拾叁斤拾兩

桐油拾叁斤柒兩
網紗拾貳斤玖兩陸錢
竹絲拾貳斤玖兩陸錢
艦匠拾工捌釐
鋸匠貳工捌分捌釐
艌匠肆工捌分
舂灰夫壹名壹分捌釐
船面兩旁礟板長伍丈伍尺湊寬壹丈叁寸抽換
用長肆丈貳尺寬捌寸厚叁寸大吉木板拾陸

塊做淨每折見方尺捌拾尺用艦匠壹工釘縫
湊長陸拾柒丈貳尺每丈用長陸寸釘叁拾個
艌縫湊長壹百叁拾肆丈肆尺共核用
闊大叁尺貳寸淨長肆丈貳尺大吉木伍根
壹丈肆尺
長陸寸釘貳千拾陸個
灰壹百叁拾肆斤陸兩
桐油伍拾叁斤拾貳兩貳錢
網紗伍拾斤陸兩肆錢

竹絲伍拾斤陸兩肆錢
艦匠拾捌工肆分捌釐
鋸匠拾工伍分陸釐
艌匠拾玖工貳分
舂灰夫肆名柒分
兩旁皺板各長陸丈貳尺高捌尺抽換用長叁丈
陸尺寬伍寸捌分厚貳寸伍分中吉木板叁拾
塊兩旁滲換浮溪木皺柱拾根各長捌尺圍大
壹尺柒寸皺板做淨每折見方尺捌拾尺用艦
匠壹工皺柱肆拾尺用艦匠壹工皺板釘縫湊
長壹百捌丈每丈用長伍寸釘叁拾個皺柱釘
縫湊長捌丈每丈用長陸寸釘叁拾個艌縫湊
長貳百叁拾貳丈共核用
闊大貳尺伍寸淨長叁丈陸尺中吉木拾根
闊大貳尺淨長叁丈貳尺浮溪木貳根壹丈
陸尺
長陸寸釘貳百肆拾個
長伍寸釘叁千貳百肆拾個

灰貳百叁拾貳斤
桐油玖拾貳斤拾貳兩捌錢
網紗捌拾柒斤
竹絲捌拾柒斤
艦匠貳拾伍工捌分壹釐
鋸匠拾貳工捌分壹釐
艌匠叁拾叁工壹分肆釐
壯夫捌名壹分貳釐
查成規內皺板未載艙高八寸今按皺柱長丈核定

兩旁皺䉶貳拾叁塊各長叁尺柒寸龍目貳塊各長壹尺伍寸均圍大壹尺做淨每折見方尺肆拾尺用艦匠壹工皺䉶每塊用長陸寸釘貳個龍目每塊用長陸寸釘陸個艌縫湊長拾柒丈陸尺貳寸共核用

圍大壹尺樟木極玖丈陸寸

長陸寸釘伍拾捌個

灰拾柒斤拾兩

桐油柒斤捌錢

網紗陸斤玖兩柒錢

竹絲陸斤玖兩柒錢

艦匠貳工貳分

艌匠貳工伍分貳釐

舂灰夫陸分貳釐

皺上前後浮溪木鼠橋板肆塊各長貳丈伍尺壓板肆塊各長叁丈貳尺均寬伍寸厚貳寸兩邊木段猴袋板肆塊各長伍尺寬捌寸厚貳寸伍分做淨每折見方尺捌拾尺用艦匠壹工鼠橋壓板釘縫湊長貳拾貳丈捌尺每丈用長伍寸釘叁拾個壓板艌縫湊長貳拾伍丈陸尺共核用

圍大貳尺淨長叁丈貳尺浮溪木貳根壹丈貳尺

圍大叁尺伍寸木段伍尺壹寸

長伍寸釘陸百捌拾肆個

灰貳拾伍斤拾兩

桐油拾斤叁兩捌錢

網紗玖斤玖兩陸錢

竹絲玖斤玖兩陸錢

艦匠肆工伍分貳釐

鋸匠貳工伍分捌釐

艌匠叁工陸分陸釐

舂灰夫玖分

兩旁大壓貳塊笨抽貳塊水戧貳塊抽換各長叁丈陸尺均寬陸寸陸分厚叁寸伍分做淨每折見方尺肆拾尺用艦匠壹工釘縫湊長貳拾壹

丈陸尺每丈用長陸寸釘叁拾個艌縫凑長肆
拾叁丈貳尺共核用
圍大貳尺伍寸淨長叁丈陸尺中吉木叁根
長陸寸釘陸百肆拾捌個
灰肆拾叁斤叁兩
桐油拾柒斤肆兩伍錢
綱紗拾陸斤叁兩貳錢
竹絲拾陸斤叁兩貳錢
艌匠拾工玖分壹釐

鋸匠叁工壹分貳釐
艌匠陸工壹分柒釐
舂灰夫壹名伍分壹釐
官廳前後梁用中吉木貳根各長壹丈陸尺伍寸
圍大貳尺貳寸浮溪木柱肆根戰櫃挑貳根各
長壹丈叁尺圍大壹尺柒寸官廳上用中吉木
戰櫃板叁拾陸塊各長壹丈陸尺伍寸凑寬貳
丈叁尺柒寸陸分用寬伍寸捌分厚貳寸伍分
板陸拾柒丈伍尺玖寸叁分木段冲天蓋板拾

貳塊各長肆尺陸寸寬捌寸厚貳寸伍分浮溪
木鋪板拾塊各長玖尺凑寬伍尺叁寸官廳門
板捌塊各長肆尺凑寬肆尺貳寸肆分用寬伍
寸厚貳寸板拾貳丈玖尺叁寸貳分側板貳塊
踏板壹塊各長壹丈叁尺均寬伍寸厚貳寸官
廳梁柱戰櫃挑做淨每折見方尺肆拾尺用艌
匠壹工戰櫃各板捌拾尺用艌匠壹工戰櫃板
冲天蓋官廳門釘縫凑長柒拾陸丈伍尺伍分
每丈用長伍寸釘叁拾個戰櫃板冲天蓋板艌

縫凑長壹百肆拾陸丈貳尺貳寸陸分共核用
圍大貳尺伍寸淨長叁丈陸尺中吉木柒根
陸尺叁寸
圍大貳尺淨長叁丈貳尺浮溪木肆根陸尺
壹寸
圍大叁尺伍寸木段壹丈肆尺壹寸
長伍寸釘貳千貳百玖拾伍個
灰壹百肆拾陸斤肆兩
桐油伍拾捌斤柒兩捌錢

網紗伍拾肆斤拾叁兩肆錢
竹絲伍拾肆斤拾叁兩肆錢
艦匠貳拾叁工伍分伍釐
鋸匠拾工伍分叁釐
艌匠貳拾工捌分玖釐
舂灰夫伍名壹分貳釐
官廳前拙換通鋪板貳塊各長壹丈柒尺後通鋪
板貳塊各長壹丈陸尺寬壹尺貳寸厚叁寸做
淨每折見方尺捌拾尺用艦匠壹工釘縫湊長
陸丈陸尺每丈用長陸寸釘叁拾個艌縫湊長
拾叁丈貳尺共核用
寬壹尺貳寸厚叁寸松木枋陸丈陸尺捌寸
長陸寸釘壹百玖拾捌個
灰拾叁斤叁兩
桐油伍斤肆兩伍錢
網紗肆斤拾伍兩貳錢
竹絲肆斤拾伍兩貳錢
艦匠貳工肆分捌釐

艌匠壹工捌分玖釐
舂灰夫肆分陸釐
官廳兩旁浮溪木猫裡墻板拾陸塊猫裡門板捌
塊各長肆尺湊寬壹丈貳尺柒寸貳分兩旁猫
裡鋪板拾塊櫃底板拾塊各長柒尺湊寬壹丈
陸寸用寬伍寸厚貳寸板貳拾伍丈壹寸陸分
木段猫裡櫃上下裖肆塊各長柒尺寬捌寸厚
肆寸上下裖做淨每折見方尺肆拾尺用艦匠
壹工猫裡各板捌拾尺用艦匠壹工墻板門板
釘縫湊長拾丈壹尺柒寸陸分每丈用長伍寸
釘叁拾個共核用
圍大貳尺厚長叁丈貳尺浮溪木貳根壹丈
玖尺肆寸
圍大叁尺伍寸木段壹丈肆尺肆寸
長伍寸釘叁百伍個
艦匠陸工陸釐
鋸匠貳工玖分捌釐
官廳內浮溪木虎頭艙門板捌塊兩旁鋪板捌塊

各長肆尺玖寸寬捌尺肆寸捌分用寬伍寸厚
寸板陸丈柒尺捌寸肆分做淨每折見方尺捌
拾尺用艌匠壹工虎頭艙門板釘縫艌長叁丈
叁尺玖寸貳分每丈用長伍寸釘叁拾個共核
用
劏大貳尺淨長叁丈貳尺浮溪木貳丈貳尺
陸寸
長伍寸釘壹百貳個
艌匠壹工壹分玖釐

鋸匠陸分捌釐
兩旁艙面戰棚板抽換用長貳丈捌尺寬肆寸厚
貳寸高洋木板貳拾陸塊各艙內鋪板用長肆
尺寬肆寸厚壹寸高洋木板壹百玖拾陸塊做
淨每折見方尺捌拾尺用艌匠壹工共核用
圍大壹尺陸寸淨長貳丈捌尺高洋木貳拾
根
艌匠貳拾工柒分貳釐
鋸匠拾壹工捌分肆釐

兩旁艙上艙牛肆塊各長捌尺伍寸各艙口扛豆
肆塊各長壹丈柒尺寬壹尺貳寸厚叁寸做淨
每折見方尺肆拾尺用艌匠壹工艙牛每塊用
長陸寸釘肆個扛豆釘縫艌長陸丈捌尺每丈
用長陸寸釘叁拾個艌縫艌長貳拾丈肆尺共
核用
寬壹尺貳寸厚叁寸松木枋拾丈叁尺陸寸
長陸寸釘貳百貳拾個
灰貳拾斤陸兩

桐油捌斤貳兩陸錢
網紗柒斤拾兩肆錢
竹絲柒斤拾兩肆錢
艌匠柒工陸分伍釐
艌匠貳工玖分壹釐
舂灰夫柒分壹釐
各艙蓋板用長肆尺陸寸寬捌寸厚貳寸伍分木
段板捌拾肆塊艙蓋下大通槽拾個側梢陸個
槽陸個各長五尺陸寸寬壹尺厚捌寸小

槽捌個各長肆尺陸寸見方捌寸艙蓋枋做浮
舟折見方尺捌拾尺用艦匠壹工通槽等槽叁
拾尺用艦匠壹工艙蓋板釘縫湊長叁拾捌丈
陸尺肆寸每丈用長伍寸釘叁拾個艙縫湊長
柒拾柒丈貳尺捌寸共核用
圍大叁尺伍寸木段貳拾叁丈玖尺柒寸
長伍寸釘壹千壹百伍拾玖個
灰柒拾柒斤肆兩
桐油叁拾斤拾肆兩陸錢

綱紗貳拾捌斤拾伍兩柒錢
竹絲貳拾捌斤拾伍兩柒錢
艦匠貳拾陸工貳分壹釐
鋸匠玖工貳分肆釐
艌匠拾壹工肆釐
舂灰夫貳名柒分
兩旁皷邊用高洋木牛欄肆根內船頭貳根各長
捌尺船後貳根各長貳丈均圍大壹尺叁寸做
浮每折見方尺肆拾尺用艦匠壹工共核用

圍大壹尺陸寸淨長貳丈捌尺高洋木貳根
艦匠壹工捌分貳釐
船頭斗蓋用樟木壹塊長壹丈伍尺圍大肆尺柒
寸蝦䉶梁壹塊長捌尺伍寸寬柒寸兔耳壹塊
長捌尺寬壹尺伍寸鹿肚勒壹個長肆尺寬壹
尺貳寸托浪板肆塊各長捌尺寬壹尺俱厚叁
寸斗蓋蝦䉶梁兔耳鹿肚勒做淨每折見方尺
肆拾尺用艦匠壹工托浪板捌拾尺用艦匠壹
工斗蓋用長捌寸釘拾貳個蝦䉶梁托浪板釘

縫湊長肆丈伍寸每丈用長陸寸釘叁拾個兔
耳鹿肚勒釘縫湊長壹丈貳尺每丈用長伍寸
釘叁拾個蝦䉶梁托浪板兔耳鹿肚勒艌縫湊
長拾丈伍尺共核用
圍大肆尺柒寸長壹丈伍尺伍寸樟木壹根
寬壹尺伍寸厚叁寸樟木枋壹丈伍尺伍寸
肆分
寬壹尺厚叁寸長捌尺貳寸樟木板肆塊
長捌寸釘拾貳個

長陸寸釘壹百貳拾貳個
長伍寸釘叁拾陸個
灰拾斤捌兩
桐油肆斤叁兩貳錢
網紗叁斤拾伍兩
竹絲叁斤拾伍兩
艦匠肆工貳分伍釐
艌匠壹工伍分
舂灰夫叁分柒釐

中含檀壹塊長壹丈捌尺圍大柒尺頭含檀壹塊長壹丈伍尺圍大伍尺叁寸含檀梁壹塊長壹丈柒尺頭含檀闊壹塊長捌尺均寬壹尺伍寸厚叁寸做淨每折見方尺叁拾尺用艦匠壹工含檀梁釘縫長壹丈柒尺每丈用長陸寸釘叁拾個含檀含檀梁艌縫湊長拾丈共核用
圍大柒尺長壹丈捌尺伍寸樟木壹根
圍大伍尺叁寸長壹丈伍尺伍寸樟木壹根
寬壹尺伍寸厚叁寸樟木枋貳丈伍尺肆寸

長陸寸釘伍拾壹個
灰拾斤
桐油肆斤
網紗叁斤拾貳兩
竹絲叁斤拾貳兩
艦匠玖工捌分伍釐
艌匠壹工肆分叁釐
舂灰夫叁分伍釐
中轉水貳塊各長壹丈陸尺寬貳尺厚玖寸伍分

樟極轉水鞋貳塊各長柒尺圍大壹尺做淨每折見方尺肆拾尺用艦匠壹工轉水每塊用長壹尺釘貳個轉水鞋每塊用長陸寸釘柒個艌縫湊長玖丈貳尺共核用
寬貳尺厚玖寸伍分長壹丈陸尺貳寸樟木貳塊
圍大壹尺樟木極壹丈肆尺肆寸
長壹尺釘肆個
長陸寸釘拾肆個

灰玖斤叁兩
桐油叁斤拾兩玖錢
網紗叁斤柒兩貳錢
竹絲叁斤柒兩貳錢
艌匠伍工柒釐
艌匠壹工叁分壹釐
舂灰夫叁分貳釐
船尾用浮溪木尾樓舭柱肆根各長肆尺圍大壹尺柒寸木段拜棚槓肆根各長柒尺圍大叁尺

貳寸拜棚板拾陸塊各長柒尺尾樓舭板捌塊各長壹丈肆尺均寬捌寸厚貳寸伍分舭柱拜棚槓做淨每折見方尺肆拾尺用艌匠壹工舭板拜棚板捌拾尺用艌匠壹工拜棚板舭板釘縫湊長貳拾貳丈肆尺每丈用長伍寸釘叁拾個拜棚板艌縫湊長貳拾貳丈肆尺共核用
圍大貳尺淨長叁丈貳尺浮溪木壹丈陸尺
圍大叁尺伍寸木段捌丈陸尺
長伍寸釘陸百柒拾貳個

灰貳拾貳斤陸兩
桐油捌斤拾伍兩肆錢
網紗捌斤陸兩肆錢
竹絲捌斤陸兩肆錢
艌匠捌工捌分
鋸匠叁工叁分陸釐
艌匠叁工貳分
舂灰夫柒分捌釐
船尾用樟木下金壹塊長柒尺伍寸圍大柒尺伍

寸繚牛壹副長柒尺伍寸寬貳尺肆寸厚陸寸尾樓上金壹塊長壹丈柒尺寬貳尺壹寸厚捌寸七星冠壹塊長壹丈捌尺寬壹尺貳寸厚陸寸硬木棍下金拴貳根繚牛鹹貳根各長陸尺伍寸圍大捌寸木段繚牛槓貳根各長柒尺圍大叁尺貳寸下金繚牛上金七星冠做淨每折見方尺叁拾尺用艌匠壹工下金拴繚牛鹹繚牛槓肆拾尺用艌匠壹工下金用長捌寸釘拾捌個繚牛用長捌寸釘貳拾貳個上金用長壹

尺釘拾捌個綠牛皦釘縫湊長壹丈叁尺毎丈
用長伍寸釘叁拾個下金艙縫湊長柒尺伍寸
共核用
圍大柒尺伍寸長柒尺柒寸樟木壹段
寬貳尺肆寸厚陸寸長柒尺柒寸樟木壹塊
寬貳尺壹寸厚捌寸長壹丈柒尺貳寸樟木
壹塊
寬壹尺貳寸厚陸寸長壹丈捌尺貳寸樟木
壹塊

圍大捌寸長壹丈叁尺硬木棍貳根
圍大叁尺伍寸木段壹丈肆尺肆寸
長壹尺釘拾捌個
長捌寸釘肆拾個
長伍寸釘叁拾玖個
灰拾貳兩
桐油肆兩捌錢
綱紗肆兩伍錢
竹絲肆兩伍錢

艦匠拾工柒分陸釐
艌匠壹分壹釐
舂灰夫叁釐
船尾舵邊用木段砌筋貳根各長壹丈肆尺圍大
叁尺貳寸尾樓魴魚翅肆塊各長柒尺寬壹尺
厚肆寸柯梅木軟筋貳根各長壹丈壹尺寬壹
尺厚叁寸做淨每折見方尺肆拾尺用艦匠壹
工硬筋頭尾用長陸寸釘拾貳個共核用
圍大叁尺伍寸木段肆丈貳尺捌寸
寬壹尺厚叁寸柯梅木貳丈貳尺肆寸
長陸寸釘拾貳個
艦匠伍工陸分叁釐

鋸匠伍分陸釐
尾樓上用浮溪木鋪板拾貳塊各長肆尺尾壓板
肆塊各長壹丈貳尺舨邊寄栞板肆塊各長壹
丈肆尺碗格板肆塊各長壹丈壹尺拷寬伍寸
厚貳寸尾樓挑貳塊各長壹丈叁尺圍大壹尺
柒寸樓挑做淨每折見方尺肆拾尺用艦匠壹

工鋪板各板捌拾尺用艌匠壹工尾樓鋪板釘
縫湊長肆丈捌尺每丈用長伍寸釘叁拾個共
核用
圍大貳尺淨長叁丈貳尺浮溪木貳根貳丈
柒尺叁寸
長伍寸釘壹百肆拾肆個
艌匠肆工伍分肆釐
鋸匠壹工玖分陸釐
船尾用樟木櫓通板壹塊長壹丈貳尺櫓門枋壹

塊櫓床貳塊各長伍尺雙頭虵壹塊長肆尺均
寬壹尺伍寸厚叁寸櫓通板做淨每折見方尺
捌拾尺用艌匠壹工櫓門枋櫓床雙頭虵肆拾
尺用艌匠壹工櫓床每塊用長捌寸釘拾貳個
櫓通板釘縫湊長壹丈貳尺每丈用長陸寸釘
叁拾個櫓床櫓通板總縫湊長肆丈肆尺共核
用
寬壹尺伍寸厚叁寸樟木枋叁丈壹尺陸寸
長捌寸釘貳拾肆個

長陸寸釘叁拾陸個
灰肆斤陸兩
桐油壹斤拾貳兩貳錢
細紗壹斤拾兩肆錢
竹絲壹斤拾兩肆錢
艌匠貳工貳分伍釐
艌匠陸分叁釐
舂灰夫壹分伍釐
水仙門兩旁用浮溪木柱貳根各長肆尺圍大壹

尺柒寸樟極百子艙肆塊各長壹丈貳尺闊大
壹尺做淨每折見方尺肆拾尺用艌匠壹工百
子艙釘縫湊長肆丈捌尺每丈用長陸寸釘叁
拾個艌縫湊長玖丈陸尺共核用
圍大貳尺淨長叁丈貳尺浮溪木捌尺
圍大壹尺樟木極肆丈捌尺捌寸
長陸寸釘壹百肆拾肆個
灰玖斤拾兩
桐油叁斤拾叁兩肆錢

綢紗叁斤玖兩陸錢
竹絲叁斤玖兩陸錢
艦匠壹工伍分肆釐
艌匠壹工叁分柒釐
舂灰夫叁分肆釐
大桅座壹塊長捌尺見方貳尺肆寸頭桅座壹塊長伍尺陸寸圍大肆尺陸寸做淨每折見方尺叁拾尺用艦匠壹工共核用
見方貳尺肆寸長捌尺貳寸樟木壹塊

圍大肆尺陸寸長伍尺捌寸樟木壹段
艦匠叁工肆分貳釐
大鹿耳貳塊各長壹丈貳尺寬貳尺貳寸厚壹尺壹寸頭鹿耳貳塊各長玖尺捌寸寬壹尺捌寸厚捌寸硬木梘鹿耳夾貳根各長壹丈叁尺圍大捌寸柯楠木目裏講壹塊長叁尺寬壹尺厚叁寸做淨每折見方尺肆拾尺用艦匠壹工共核用
寬貳尺貳寸厚壹尺壹寸長壹丈貳尺貳寸

樟木貳塊
寬壹尺捌寸厚捌寸長壹丈樟木貳塊
圍大捌寸長壹丈叁尺硬木梘貳根
寬壹尺厚叁寸柯楠木叁尺壹寸
艦匠柒工貳分貳釐
大桅壹根長陸丈貳尺圍大肆尺玖寸頭桅壹根長伍丈圍大肆尺叁寸做淨每折見方尺肆拾尺用艦匠壹工共核用
圍大肆尺玖寸長陸丈貳尺桅木壹根

圍大肆尺叁寸長伍丈桅木壹根
艦匠拾貳工玖分柒釐
桅尾用柯楠木馬面貳塊各長叁丈伍尺寬壹尺伍寸厚叁寸樟木大桅笠壹塊長貳尺寬壹尺貳寸大桅琵琶壹塊長叁尺寬壹尺頭桅琵琶壹塊長貳尺寬捌寸均厚叁寸木段大桅竚壹根長壹丈貳尺頭桅竚壹根長玖尺均圍大叁尺貳寸馬面做淨每折見方尺捌拾尺用艦匠壹工桅笠桅竚琵琶肆拾尺用艦匠壹工馬面

釘縫湊長柒丈每丈用長陸寸釘貳拾個共核
用
寛壹尺伍寸厚叁寸柯樹木枋柒丈肆寸
寛壹尺伍寸厚叁寸樟木枋肆尺捌寸柒分
圍大叁尺伍寸木段貳丈壹尺肆寸
長陸寸釘壹百肆拾個
艌匠伍工貳分玖釐
大風篷壹扇長伍丈寛貳丈柒尺捌寸頭風篷壹
扇長貳丈捌尺寛壹丈肆尺浮溪木大篷担貳

根各長貳丈柒尺捌寸頭篷担貳根各長壹丈
肆尺圍大壹尺柒寸做淨每折見方尺肆拾尺
用艌匠壹工共核用
寛貳丈柒尺捌寸長伍丈風篷壹扇
寛壹丈肆尺長貳丈捌尺風篷壹扇
圍大貳尺淨長叁丈貳尺浮溪木貳根壹丈
玖尺陸寸
艌匠叁工伍分伍釐
大篷架用木段横梁壹根長壹丈肆尺頭篷架横

梁壹根架針叁根各長柒尺均寛壹尺厚捌寸
做淨每折見方尺叁拾貳尺用艌匠壹工共核
用
圍大叁尺伍寸木段肆丈叁尺
艌匠肆工柒分叁釐
鋸匠壹工捌釐
大篷車員壹根用中吉木長壹丈肆尺半車員壹
根斗頭車員壹根各長陸尺椗車員壹根長壹
丈均圍大貳尺貳寸浮溪木車脚直板肆塊各

長壹丈斜板肆塊各長柒尺均寛伍寸厚貳寸
硬木棍肆拾伍根各長壹丈叁尺圍大捌寸車
員做淨每折見方尺叁拾貳尺用艌匠壹工斜
直板捌拾尺用艌匠壹工共核用
圍大貳尺伍寸淨長叁丈陸尺中吉木壹根
圍大貳尺淨長叁丈貳尺浮溪木貳丈貳尺
柒寸
圍大捌寸長壹丈叁尺硬木棍肆拾伍根
艌匠叁工陸分柒釐

鋸匠陸分捌釐

水櫃用樟木牛頭陸塊各長伍尺寬壹尺伍寸厚叁寸木段水櫃柱肆根各長陸尺伍寸圍大叁尺貳寸水櫃閘肆塊各長陸尺伍寸見方捌寸水櫃板叁拾陸塊各長肆尺陸寸寬捌寸厚貳寸伍分水櫃柱閘牛頭做淨每折見方尺肆拾尺用艦匠壹工水櫃板捌拾尺用艦匠壹工水櫃柱每根用長陸寸釘貳拾個牛頭釘縫湊長叁丈每丈用長陸寸釘叁拾個水櫃板釘縫湊

長拾陸丈伍尺陸寸每丈用長伍寸釘叁拾個艌縫湊長肆拾玖丈伍尺貳寸共核用

寬壹尺伍寸厚叁寸樟木枋叁丈陸寸

圍大叁尺伍寸木段玖丈伍尺玖寸

長陸寸釘壹百柒拾個

長伍寸釘肆百玖拾柒個

灰肆拾玖斤捌兩

桐油拾玖斤拾貳兩玖錢

網紗拾捌斤玖兩壹錢

竹絲拾捌斤玖兩壹錢

艦匠拾壹工貳分壹釐

鋸匠叁工捌釐

艌匠柒工柒釐

夯灰夫壹名柒分叁釐

媽祖龕用杉木板貳拾叁丈尾樓後劍刀銃砲眼窗用板拾丈均寬陸寸厚壹寸做淨每折見方尺捌拾尺用艦匠壹工媽祖龕板釘縫湊長貳拾叁丈每丈用長肆寸釘叁拾個艌縫湊長肆

拾陸丈共核用

寬陸寸厚壹寸杉木板叁拾叁丈陸尺陸寸

長肆寸釘陸百玖拾個

灰肆拾陸斤

桐油拾捌斤陸兩肆錢

網紗拾柒斤肆兩

竹絲拾柒斤肆兩

艦匠伍工柒分捌釐

艌匠陸工伍分柒釐

春灰夫壹名肆分壹釐
船面兩旁砲架陸個并蓋每個用長肆尺陸寸寬
捌寸厚貳寸伍分上下段板陸塊做淨每折見方
尺捌拾尺用艦匠壹工共核用
圍大叁尺伍寸上下段肆丈貳尺叁寸
艦匠肆工叁分伍釐
鋸匠貳工肆分捌釐
船頭用中吉木梿壹根長叁丈陸尺圍大貳尺貳
寸做淨每折見方尺肆拾尺用艦匠壹工共核
用
圍大貳尺伍寸淨長叁丈陸尺中吉木壹根
艦匠壹工玖分捌釐
船尾舵壹門用楮木舵梓壹根長壹丈捌尺寬壹
尺肆寸厚捌寸中吉木舵門板叁塊各長壹丈
肆尺湊寬壹尺玖寸捌分用寬伍寸捌分厚貳
寸伍分板肆丈柒尺柒寸玖分樟極舵夾捌塊
各長肆尺圍大壹尺硬木棍舵牙梔貳根各長
壹丈叁尺圍大捌寸舵桿做淨每折見方尺叁

拾尺用艦匠壹工舵門板捌拾尺用艦匠壹工
舵夾舵牙肆拾尺用艦匠壹工舵夾釘縫湊長
叁丈貳尺每丈用長捌寸釘伍拾個舵夾舵肉
板艌縫湊長拾伍丈玖尺伍寸捌分共核用
寬壹尺肆寸厚捌寸長壹丈捌尺貳寸楮木
壹根
圍大貳尺伍寸淨長叁丈陸尺中吉木壹丈
伍尺玖寸叁分
圍大壹尺樟木極長叁丈貳尺捌寸
圍大捌寸長壹丈叁尺硬木棍貳根
長捌寸釘壹百陸拾個
灰拾伍斤拾伍兩
桐油陸斤陸兩壹錢
網紗伍斤拾伍兩柒錢
竹絲伍斤拾伍兩柒錢
艦匠肆工玖分伍釐
鋸匠伍分柒釐
艌匠貳工貳分捌釐

舂灰夫伍分陸釐

跟隨戰船舢板船用柯𣗳木龍骨壹根長壹丈肆尺斗蓋壹塊長陸尺托浪板壹塊長伍尺均寬壹尺厚叁寸浮溪木水底板拾塊各長壹丈陸尺湊寬伍尺叁寸舭板陸塊各長壹丈捌尺湊寬叁尺壹寸捌分揞板拾肆塊各長陸尺湊寬柒尺肆寸貳分用寬伍寸厚貳寸板叁拾柒丈叁尺壹寸貳分龍骨做淨每折見方尺肆拾尺用艌匠壹工斗蓋各板捌拾尺用艌匠壹工龍骨用長陸寸釘拾貳個托浪板水底板舭板釘縫湊長貳拾捌丈玖尺捌分每丈用長伍寸釘叁拾個托浪板水底板舭板艌縫湊長伍拾柒丈捌尺壹寸陸分共核用

寬壹尺厚叁寸柯𣗳木貳丈伍尺伍寸

圍大貳尺淨長叁丈貳尺浮溪木叁根貳丈捌尺肆寸

長陸寸釘拾貳個

長伍寸釘捌百陸拾柒個

灰伍拾柒斤拾叁兩

桐油貳拾叁斤貳兩

網紗貳拾壹斤拾兩玖錢

竹絲貳拾壹斤拾兩玖錢

艌匠柒工捌分

鋸匠叁工柒分叁釐

艌匠捌工貳分陸釐

舂灰夫貳名貳釐

舢板船兩旁水蛇貳根水䑲貳根各長壹丈陸尺壓板貳塊各長壹丈捌尺均寬伍寸厚貳寸做淨每折見方尺捌拾尺用艌匠壹工水蛇釘縫湊長叁丈貳尺每肆尺用長捌寸釘叁個壓板水䑲釘縫湊長陸丈捌尺每丈用長伍寸釘叁拾個壓板艌縫湊長貳拾丈共核用

圍大貳尺淨長叁丈貳尺浮溪木壹根壹尺叁寸

長捌寸釘貳拾肆個

長伍寸釘貳百肆個

灰貳拾斤
桐油捌斤
綢紗柒斤捌兩
竹絲柒斤捌兩
艌匠壹工柒分伍釐
鋸匠壹工
艌匠貳工捌分陸釐
舂灰夫柒分
舢板船用樟木舢板舵伍個各長肆尺寬肆寸厚

叁寸樟極舢板梁肆塊各長肆尺肆寸牛仔極拾伍個各長貳尺冲天極貳塊牛頭極陸塊各長貳尺捌寸均圍大壹尺做淨每折見方尺肆拾尺用艌匠壹工舢板舵梁釘縫湊長叁丈柒尺陸寸每丈用長陸寸釘叁拾個冲天極牛頭極每塊用長陸寸釘貳個舢板舵梁冲天極牛頭極舵縫湊長拾貳丈共核用
寬壹尺伍寸厚叁寸樟木枋伍尺肆寸柒分
圍大壹尺樟木徑柒丈貳尺柒寸

長陸寸釘壹百貳拾玖個
灰拾貳斤
桐油肆斤拾貳兩捌錢
綢紗肆斤捌兩
竹絲肆斤捌兩
艌匠貳工肆分伍釐
舵匠壹工柒分壹釐
舂灰夫肆分貳釐
大桅鐵箍陸個各長伍尺頭桅鐵箍肆個各長肆

尺肆寸舵頭箍肆個各長肆尺柒寸桅箍叁個各長叁尺叁寸俱寬貳寸厚伍分椗齒伍個各長壹尺寬柒寸厚伍分櫓箍伍個各長貳尺肆寸寬壹寸厚貳分鐵鐶陸個各圍大陸寸以上鐵料共淨重貳百陸斤每正鐵壹斤加耗鐵壹斤每正鐵伍斤用鐵匠壹工每正耗鐵壹斤用炭叁斤共核用
生鐵肆百拾貳斤
炭壹千貳百叁拾陸斤

鐵匠肆拾壹工貳分
油畫削船共用
烏烟叁斤伍兩
廣紅伍斤
銅碌肆兩
京紅肆兩
南粉貳斤
銀硃壹兩
籐黃肆兩

藍粉肆兩
杭粉壹兩
松香捌兩
水膠陸兩
墨貳塊
桐油肆斤
淡底壹斤
油畫匠拾工
麻大椗繂索貳條各長柒丈貳尺大柒寸伍分[illegible]

椗繂索貳條各長陸丈大肆寸伍分大踏索貳條各長陸丈大伍寸小踏索貳條各長伍丈大叁寸大繚母壹條長肆丈大柒寸小繚母壹條長貳丈肆尺大肆寸大帮䙡陸條各長壹丈陸尺大貳寸小帮䙡玖條各長陸尺大壹寸伍分以上麻索共重肆百捌拾斤每百斤用繩匠叁工陸分共核用
麻肆百捌拾斤
繩匠拾柒工貳分捌釐

棕正椗索壹條長肆拾貳丈大捌寸伍分副椗索壹條長肆拾丈大柒寸伍分大蓬筋壹條長陸丈陸尺大貳寸小蓬筋壹條長叁丈叁尺大壹寸貳分繚仔繚耳共拾捌條各長貳丈壹尺大貳寸椗奴貳條各長壹丈伍尺大柒寸大小摘尾貳條共長拾貳丈大伍寸舭弔壹條長叁丈大陸寸以上棕繩共重伍百斤每斷棕肆拾斤用匠壹工成繩肆拾斤用匠壹工共核用
棕伍百斤

撕椶匠拾貳工伍分
成繩匠拾貳工伍分
沖風旂壹面長寬各壹丈陸尺一條龍旂壹面長
陸丈寬叁尺媽祖旂壹面長寬各伍尺大小定
風旂叁面內壹面長陸尺貳面各長肆尺伍寸
均寬壹尺共核用
幅寬壹尺色布伍拾丈
苧線拾兩
裁縫匠伍工

中椗貳門每全各長壹丈捌尺寬壹尺厚陸寸
中櫓貳枝各長肆丈貳尺寬捌寸厚伍寸
舢板櫓壹枝長貳丈玖尺寬柒寸厚肆寸
大小桅餅柒個
大小無底升伍百個
椗舵上配用竹繩草繩共用
竹篾肆百伍拾肆斤
繩匠拾陸工叁分肆釐
草心肆百玖拾貳斤

繩匠拾貳工叁分
查原送成規內開打造竹繩草繩所用匠工多寡不齊今照椶麻繩索用工之例一律核定
蓬上配用大小繚毯攝子兔耳共用
樾籐貳拾柒斤
籐匠伍工肆分
刻字用
刻字匠叁工
豎立大小桅用

壯夫叁拾伍名
前船共用大小鐵釘貳萬肆千陸百玖拾叁個剔
抹釘頭每百個用桐油陸兩肆錢灰壹斤每油
灰拾斤用艌匠壹工共核用
桐油玖拾捌斤拾貳兩肆錢
灰貳百肆拾陸斤拾伍兩
艌匠叁拾肆工伍分柒釐
舂灰夫捌名陸分肆釐
前船共用艌匠肆百拾工叁釐係照杉松木桅核

定內有樟柯等硬料用匠玖拾柒工陸釐每工外加匠貳分計加匠拾玖工肆分壹釐共匠肆百貳拾玖工肆分肆釐每百工加安裝匠拾工計安裝匠肆拾貳工玖分肆釐每艌匠安裝匠壹百工加隨匠夫貳拾名計壯夫玖拾肆名肆分捌釐

以上拆造前船共用

寬壹尺厚捌寸松木陸丈陸寸每丈銀肆錢壹分肆釐

計銀貳兩伍錢玖釐

查原送成規內開松木按依拾陸則丈尺計算每丈核銀肆錢捌分壹釐至叁錢肆分壹釐不等多寡參差均勻計算每丈需銀肆錢壹分肆釐今照肆錢壹分肆釐之數一律核定

圍大叁尺貳寸淨長肆丈貳尺大吉木貳拾根丈捌尺每根銀貳兩柒錢

計銀伍拾伍兩捌錢

查原送成規內開大吉木貳拾貳根今按丈尺做法核算應減壹根壹丈肆尺

圍大貳尺伍寸淨長叁丈陸尺中吉木貳拾貳根貳丈貳尺貳寸叁分每根銀壹兩伍錢

計銀叁拾叁兩玖錢貳分陸釐

查原送成規內開中吉木貳拾貳根今按丈尺做法核算應增貳丈貳尺貳寸叁分

圍大貳尺淨長叁丈貳尺浮溪木貳拾肆根柒尺肆寸每根銀伍錢

計銀拾貳兩壹錢壹分陸釐

查原送成規內開浮溪木貳拾貳根今按丈尺做法核算應增貳根柒尺肆寸

圍大壹尺陸寸淨長貳丈捌尺高洋木貳拾貳根每根銀貳錢

計銀肆兩肆錢

圍大叁尺伍寸木段陸拾壹丈玖尺壹寸核長壹丈肆尺木段肆拾肆根叁尺壹寸每根銀陸錢

計銀貳拾陸兩伍錢叁分叁釐

查原送成規內開木段肆拾伍根今按丈尺做法核算應減壹丈玖寸

寬壹尺伍寸厚叁寸樟木枋柒拾壹丈貳尺捌分核長壹丈柒尺枋料肆拾壹塊壹丈伍尺捌分每塊銀壹兩叁錢

計銀伍拾肆兩肆錢伍分叁釐

查原送成規內開樟枋肆拾肆塊今按丈尺做法核算應減貳塊壹尺玖寸貳分

寛壹尺厚叁寸長捌尺貳寸樟木板肆塊每塊銀肆錢壹分捌釐
計銀壹兩陸錢柒分貳釐
查原送成規內開樟木梁座梁頭壹則至拾柒則各長壹丈柒尺寛壹尺伍寸厚叁寸每塊銀壹兩叁錢托渠樟木板第壹則長壹尺伍寸寛壹尺厚叁寸每塊開銀伍錢第貳則至拾柒則各長捌尺寛壹尺厚叁寸每塊亦開銀伍錢價值參差今俱照梁座梁頭之價一律核定
寛壹尺貳寸厚叁寸松木枋柒拾叁丈柒尺肆寸核長壹丈柒尺枋料肆拾叁塊陸尺肆寸每塊銀叁錢伍分

計銀拾伍兩壹錢捌分貳釐
查原送成規內開松木枋肆拾伍塊今按丈尺做法核算應減壹塊壹丈陸寸
圓大壹尺樟木桅伍拾陸丈玖尺玖寸核長壹丈貳尺樟桅肆拾柒塊伍尺玖寸每塊銀貳錢
計銀玖兩肆錢玖分捌釐
查原送成規內開樟桅伍拾塊今按丈尺做法核算應減貳塊陸尺壹寸
寛壹尺伍寸厚叁寸柯楠木枋柒丈肆寸每丈銀伍錢柒分壹釐伍毫

計銀肆兩貳分叁釐
寛壹尺厚叁寸柯楠木枋伍丈壹尺每丈銀叁錢捌分壹釐
計銀壹兩玖錢肆分叁釐
查原送成規內開柯楠木馬面壹則至拾柒則各長叁丈伍尺寛壹尺伍寸厚叁寸每塊開銀貳兩軟筋及舢板龍骨等料壹則至伍則各長貳丈伍尺寛壹尺厚叁寸每塊開銀壹兩陸則至拾柒則名長叁丈伍尺寛壹尺厚叁寸每塊開銀貳兩價值參差今俱照馬面之價一律核定
圓大捌寸長壹丈叁尺硬大棍陸拾根每根銀捌分
計銀肆兩捌錢

寛陸寸厚壹寸杉木板叁拾叁丈陸尺陸寸每丈銀肆錢
計銀拾叁兩肆錢陸分肆釐
圓大柒尺長壹丈捌尺伍寸樟木壹根
計銀柒兩玖分捌釐
圓大伍尺叁寸長壹丈伍尺伍寸樟木壹根
計銀叁兩肆錢玖釐
見方貳尺肆寸長捌尺貳寸樟木壹塊
計銀肆兩肆錢叁分捌釐

圍大肆尺陸寸長伍尺捌寸樟木壹段
計銀玖錢陸分
寬貳尺壹寸厚捌寸長壹丈柒尺貳寸樟木壹塊
計銀貳兩柒錢壹分肆釐
圍大柒尺伍寸長柒尺柒寸樟木壹段
計銀叁兩叁錢玖分壹釐
寬貳尺貳寸厚壹尺壹寸長壹丈貳尺貳寸樟木貳塊 每塊銀貳兩柒錢柒分叁釐
計銀伍兩伍錢肆分陸釐

寬壹尺捌寸厚捌寸長壹丈樟木貳塊 每塊銀壹兩叁錢伍分叁釐
計銀貳兩柒錢陸釐
寬貳尺厚玖寸伍分長壹丈陸尺貳寸樟木貳塊 每塊銀貳兩捌錢玖分貳釐
計銀伍兩柒錢捌分肆釐
圍大肆尺柒寸長壹丈伍尺伍寸樟木壹根
計銀貳兩陸錢捌分壹釐
寬壹尺貳寸厚陸寸長壹丈捌尺貳寸樟木壹塊
計銀壹兩貳錢叁分壹釐
寬貳尺肆寸厚陸寸長柒尺柒寸樟木壹塊
計銀壹兩肆分貳釐

查原送成規內開壹則至拾柒則用樟木[illegible]櫃等料拾貳款所開價值逐款核計俱屬參差均勻計算每折見方壹尺需銀玖分叁釐玖毫陸絲令照玖分叁釐玖毫陸絲之數一律核定

寬壹尺肆寸厚捌寸長壹丈捌尺貳寸櫧木壹根
計銀拾陸兩

圍大肆尺玖寸長陸丈貳尺桅木壹根
計銀貳拾伍兩
圍大肆尺叁寸長伍丈桅木壹根
計銀柒兩
長壹尺釘叁百伍拾叁個每貳個重壹斤計重壹百柒拾陸斤捌兩長捌寸釘貳百陸拾個每伍個重壹斤計重伍拾貳斤長陸寸釘壹萬叁千壹百肆拾陸個每拾伍個重壹斤計重捌百柒拾陸斤陸兩肆錢長伍寸釘壹萬貳百肆拾肆個每貳拾個重壹斤計重伍百拾貳斤叁兩貳

錢長肆寸釘陸百玖拾個每叁拾個重壹斤計
重貳拾叁斤以上鐵釘共重壹千陸百肆拾斤
壹兩陸錢除選用舊釘捌百玖斤拾貳兩捌錢
外添新捌百叁拾斤肆兩捌錢每斤銀貳分貳釐
計銀拾捌兩壹錢陸分柒釐
灰壹千玖百捌斤拾伍兩每百斤銀貳錢
計銀叁兩捌錢壹分捌釐
桐油柒百陸拾柒斤玖兩陸錢每斤銀叁分
計銀貳拾叁兩貳分捌釐

網紗陸百貳拾叁斤肆兩肆錢每斤銀壹分貳釐
計銀柒兩肆錢柒分玖釐
竹絲陸百貳拾叁斤肆兩肆錢每斤銀陸釐
計銀叁兩柒錢肆分
生鐵肆百拾貳斤每斤銀壹分
計銀肆兩壹錢貳分
炭壹千貳百叁拾陸斤每百斤銀壹錢陸分
計銀壹兩玖錢柒分捌釐
烏烟叁斤伍兩每斤銀壹分伍釐

計銀伍分
窯紅伍斤每斤銀伍分
計銀貳錢伍分
銅綠肆兩每斤銀叁錢
計銀柒分伍釐
京紅肆兩每斤銀捌分
計銀貳分
南粉貳斤每斤銀壹分
計銀貳分

銀硃壹兩每斤銀陸錢肆分
計銀肆分
籐黄肆兩每斤銀貳錢
計銀伍分
藍粉肆兩每斤銀捌分
計銀貳分
杭粉壹兩每斤銀壹錢陸分
計銀壹分
水膠陸兩每斤銀肆分

計銀壹分伍釐

松香捌兩 每斤銀貳分

計銀壹分

墨貳塊 每塊銀壹分

計銀貳分

淡底壹斤

計銀伍分

麻肆百捌拾斤 每斤銀壹分伍釐

計銀柒兩貳錢

棕伍百斤 每斤銀叁分

計銀拾伍兩

色布伍拾丈 每丈銀壹錢

計銀伍兩

苧線拾兩 每斤銀壹錢貳分

計銀柒分伍釐

碇貳門齒全各長壹丈捌尺寬壹尺厚陸寸 每頂工料銀壹兩壹錢貳分柒釐

計銀貳兩貳錢伍分肆釐

櫓貳枝各長肆丈貳尺寬捌寸厚伍寸 每枝工料銀壹兩柒錢壹分叁釐

計銀叁兩肆錢貳分陸釐

舢板櫓壹枝長貳丈玖尺寬柒寸厚肆寸

計工料銀叁錢柒分貳釐

大風篷壹扇長伍丈寬貳丈柒尺捌寸

計銀肆兩叁錢叁分肆釐

頭風篷壹扇長貳丈捌尺寬壹丈肆尺

計銀壹兩貳錢貳分貳釐

查原送成規內開壹則至拾柒則大篷每扇銀伍兩伍錢頭篷每扇銀壹兩伍錢所開丈尺大篷長自肆丈捌尺至柒丈寬自貳丈陸尺至叁丈叁尺不等頭篷長自貳丈肆尺至叁丈伍尺寬自壹丈肆尺至壹丈陸尺伍寸不等俱屬參差均勻核計每折見方壹丈需銀叁錢壹分壹釐捌毫今照叁錢壹分壹釐捌毫之數分別核定

大小梳餅柒個 每個銀柒分

計銀肆錢玖分

大小無底升伍百個 每百個銀捌分

計銀肆錢

竹篾肆百伍拾肆斤 每百斤銀壹錢陸分

計銀柒錢……

工料肆百玖拾貳斤八兩 每百斤銀柒分

計銀叁錢肆分肆釐

䰟藤貳拾柒斤 每斤銀貳分伍釐

計銀陸錢柒分伍釐

艌匠肆百貳拾玖工肆分肆釐

安裝匠肆拾貳工玖分肆釐

鋸匠壹百拾貳工壹分貳釐

舵匠貳百柒拾貳工壹釐

欽定福建省外海戰船則例　卷四　……

鐵匠肆拾壹工貳分

油畫匠拾工

繩匠肆拾伍工玖分貳釐

棕匠貳拾伍工

蔴縫匠伍工

篠匠伍工肆分

刻字匠叁工

壯夫壹百玖拾陸名貳分玖釐

以上匠夫共壹千壹百捌拾捌工叁分貳釐每工

……伍……分

計銀伍拾玖兩肆錢壹分陸釐

又置備物件開後

木桶貳拾貳件 每件銀叁分

計銀陸錢陸分

鐵鍋貳口 換新每口貼料銀壹錢貳分工

計銀貳錢肆分

鼓壹面修理換皮

計銀肆錢捌分

欽定福建省外海戰船則例　卷四　……

金壹面重肆斤 換新每斤貼工料銀柒分

計銀貳錢捌分

以上拆造前船成規內開共需工料銀肆百玖拾陸

兩貳錢肆釐捌毫內部價銀貳百叁拾陸兩貳錢

捌分捌釐加捌津貼并另加叁分銀貳百伍拾玖

兩玖錢壹分陸釐捌毫臺廠運費銀肆拾柒兩貳

錢伍分柒釐陸毫今按條查核分別增減更正需

……工料銀肆百玖拾肆兩玖錢柒分……內部價

……伍兩……分……捌津……另加……

分銀貳百伍拾玖兩貳錢柒分貳釐臺廠運費銀
肆拾柒兩壹錢肆分計節減工料銀壹兩貳錢叁
分壹釐捌毫運費銀壹錢壹分柒釐陸毫行令該
撫於前船屆應拆造之期將節減銀兩在於應領
銀內扣除至大小修理成規內開大修工料銀叁
百叁拾玖兩柒錢肆分捌釐內部價銀壹百伍拾
肆兩肆錢叁分壹釐加玖津貼并另加叁分銀壹
百捌拾伍兩叁錢壹分柒釐臺廠運費銀叁拾兩
捌錢捌分陸釐小修工料銀貳百肆拾貳兩肆錢

壹分壹釐內部價銀壹百伍兩叁錢玖分陸釐加
拾津貼并另加叁分銀壹百叁拾柒兩壹分伍釐
臺廠運費銀貳拾壹兩柒分玖釐其餘捌船做此

福建省外海戰船做法

第伍則趕繒船拾肆隻內水師提標左營[illegible]字
號船壹隻身長伍丈柒尺頭起艙肆尺伍寸尾
起艙叁尺貳寸船頭長貳丈壹尺面勻寬壹丈
捌寸底勻寬玖尺叁寸船中長壹丈捌尺面勻
寬壹丈陸尺貳寸底勻寬壹丈壹尺肆寸船尾
長壹丈捌尺面勻寬壹丈伍尺捌寸底勻寬壹
丈壹尺肆寸兩邊舷長陸丈肆尺計拾陸艙深
伍尺叁寸肆分

今將拆造前船需用工料價值細數開後

計開

船底松木龍骨壹道計叁節船頭壹節長壹丈伍
尺船中壹節連交接匙頭長叁丈伍尺船尾壹
節長壹丈湊長陸丈均寬壹尺厚捌寸做淨每
折見方尺貳拾尺用艌匠壹工交接匙頭貳處
每處用長壹尺釘捌個又每邊用長陸寸釘拾
貳個共核用

寬壹尺厚捌寸松木枋陸丈陸寸

查成規內開大吉中吉浮溪高洋肆項木植俱截去尖梢作欄杆篙櫃鼓子木牌等項之用其本身木料如有另加長荒外一切枋段各料有截去壹貳尺至叁伍尺不等者亦有未加長荒者參差不一今將枋段各料每件長伍尺以內者加長荒壹寸伍尺以外者加長荒貳寸圓徑樟木長壹丈以內者每根加長荒貳寸長壹丈以外者每根加長荒伍寸一律核定

長壹尺釘拾陸個

長陸寸釘貳拾肆個

艌匠拾工捌分

船底板連起䑸長伍丈柒尺內船底勻寬壹丈壹尺壹分兩站各勻高陸尺叁寸柒分用長肆丈貳尺寬捌寸厚叁寸大吉木板肆拾貳塊壹丈柒尺貳寸伍分做淨每折見方尺捌拾尺用鋸匠壹工鋸板折寬壹尺長柒丈用鋸匠壹工以下鋸板用工做此釘縫湊長壹百柒拾捌丈壹尺貳寸伍分每丈用長陸寸釘叁拾個艌縫湊長叁百伍拾陸丈貳尺伍寸每丈用灰壹斤桐油陸兩肆錢網紗竹絲各陸兩每柒丈用艌匠壹工舂製油灰每肆拾斤用舂灰夫壹名以下船縫用工用料做此共

核用

圓大叁尺貳寸淨長肆丈貳尺大吉木拾肆根伍尺柒寸伍分

長陸寸釘伍千叁百肆拾肆個

灰叁百伍拾陸斤肆兩

桐油壹百肆拾貳斤捌兩

網紗壹百叁拾叁斤玖兩伍錢

竹絲壹百叁拾叁斤玖兩伍錢

艌匠肆拾捌工玖分捌釐

鋸匠貳拾柒工玖分玖釐

艌匠伍拾工捌分玖釐

舂灰夫拾貳名肆分柒釐

各艙樟木梁座貳拾伍塊內船頭配用柒塊湊長柒丈叁尺船中玖塊湊長拾肆丈柒尺船尾玖塊湊長拾叁丈玖尺捌寸船梁拾玖塊內船頭配用肆塊湊長肆丈貳尺船中伍塊湊長柒丈捌尺柒寸船尾拾塊湊長拾伍丈玖尺均寬壹尺伍寸厚叁寸松木梁頭叁拾柒塊內船頭配

用拾貳塊湊長拾捌丈船中拾叁塊湊長貳拾貳丈壹尺船尾拾貳塊湊長拾玖丈貳尺均寬壹尺貳寸厚叁寸硬木榥穩吊玖根各長壹丈叁尺圍大捌寸梁座梁頭做淨每折見方丈捌拾尺用艌匠壹工穩吊肆拾尺用艌匠壹工釘縫湊長壹百叁拾肆丈玖尺伍寸每丈用長陸寸釘叁拾個艌縫湊長貳百陸拾玖丈玖尺共核用

寬壹尺伍寸厚叁寸樟木枋陸拾肆丈捌尺叁寸

寬壹尺貳寸厚叁寸松木枋陸拾丈肆寸

圍大捌寸長壹丈叁尺硬木榥玖根

長陸寸釘肆千肆拾玖個

灰貳百陸拾玖斤拾肆兩

桐油壹百柒斤拾伍兩肆錢

綢紗壹百壹斤叁兩肆錢

竹絲壹百壹斤叁兩肆錢

艌匠伍拾叁工叁分陸釐

艌匠叁拾捌工伍分陸釐

舂灰夫玖名肆分伍釐

各艙配用樟木極叁拾捌塊內虎頭艙極貳塊冲天極貳塊各長玖尺伍寸油婆艙前極貳塊拜棚極貳塊各長壹丈水艙極貳塊月梩八字極肆塊舨邊曲手極肆塊各長玖尺後逼鋪極貳塊各長捌尺官廳曲手極貳塊各長捌尺伍寸中轉水極貳塊各長壹丈貳尺鰍魚極貳塊各長柒尺斗蓋極貳塊各長伍尺下捷前極貳塊

頭轉水極貳塊下金極貳塊各長陸尺尾裡極貳塊各長陸尺伍寸頭目裡極貳塊各長肆尺均圍大壹尺做淨每折見方尺肆拾尺用艌匠壹工每塊用長陸寸釘貳個艌縫湊長陸拾壹丈貳尺共核用

圍大壹尺樟木極叁拾壹丈叁尺貳寸

長陸寸釘柒拾陸個

灰陸拾壹斤叁兩

桐油貳拾肆斤柒兩柒錢

綱紗貳拾貳斤拾伍兩貳錢
竹絲貳拾貳斤拾伍兩貳錢
艦匠柒工陸分伍釐
艌匠捌工柒分肆釐
舂灰夫貳名壹分肆釐
船身兩旁走馬貳條水蛇貳條抽換各長肆丈貳
尺寬捌寸厚肆寸做凈每折見方尺肆拾尺用
艦匠壹工走馬釘縫湊長捌丈肆尺每丈用長
壹尺釘叁拾個水蛇釘縫湊長捌丈肆尺每肆

尺用長壹尺釘叁個艌縫湊長叁拾叁丈陸尺
共核用
圍大叁尺貳寸凈長肆丈貳尺大吉木貳根
長壹尺釘叁百拾伍個
灰叁拾叁斤拾兩
桐油拾叁斤柒兩
綱紗拾貳斤玖兩陸錢
竹絲拾貳斤玖兩陸錢
艦匠拾工捌釐

鋸匠貳工捌分捌釐
艌匠肆工捌分
舂灰夫壹名壹分捌釐
船身兩旁欟板長伍丈柒尺湊寬壹丈捌寸用長
肆丈貳尺寬捌寸厚叁寸大吉木板拾玖塊做
凈每折見方尺捌拾尺用艦匠壹工釘縫湊長
柒拾玖丈捌尺每丈用長陸寸釘叁拾個艌縫
湊長壹百伍拾玖丈陸尺共核用
圍大叁尺貳寸凈長肆丈貳尺大吉木陸根

壹丈肆尺
長陸寸釘貳千叁百玖拾肆個
灰壹百伍拾玖斤拾兩
桐油陸拾叁斤拾叁兩肆錢
綱紗伍拾玖斤拾叁兩陸錢
竹絲伍拾玖斤拾叁兩陸錢
艦匠貳拾壹工玖分伍釐
鋸匠拾貳工伍分肆釐
艌匠貳拾貳工捌分

舂灰夫伍名伍分玖釐

兩旁鮍板各長陸丈肆尺高柒尺拙換用長叁丈陸尺寬伍寸捌分厚貳寸伍分中吉木板叁拾肆塊兩旁添換木𠃊鮍柱肆根各長柒尺圍大叁尺貳寸鮍板做淨每折見方尺捌拾尺用艌匠壹工鮍柱肆拾尺用艌匠壹工鮍柱釘縫湊長壹百貳拾貳丈肆尺每丈用長伍寸釘叁拾個鮍柱釘縫湊長貳丈捌尺每丈用長陸寸釘叁拾個艌縫湊長貳百伍拾丈肆尺共核用

圍大貳尺伍寸淨長叁丈陸尺中吉木拾壹

根壹丈貳尺

圍大叁尺伍寸木𠃊貳丈捌尺捌寸

長陸寸釘捌拾肆個

長伍寸釘叁千陸百柒拾貳個

灰貳百伍拾斤陸兩

桐油壹百斤貳兩陸錢

綑紗玖拾叁斤拾肆兩肆錢

竹絲玖拾叁斤拾肆兩肆錢

艌匠貳拾柒工陸分肆釐

釘匠拾肆工伍分壹釐

艌匠叁拾伍工柒分柒釐

舂灰夫捌名柒分陸釐

查成規內鮍板未載鮍高尺寸今按鮍柱長丈核定

兩旁鮍䑺拾玖塊各長叁尺柒寸圍大壹尺做淨每折見方尺肆拾尺用艌匠壹工每塊用長陸寸釘貳個艌縫湊長拾肆丈陸寸共核用

圍大壹尺樟木極柒丈貳尺貳寸

長陸寸釘叁拾捌個

灰拾肆斤壹兩

桐油伍斤拾兩

綑紗伍斤肆兩肆錢

竹絲伍斤肆兩肆錢

艌匠壹工柒分陸釐

艌匠貳工壹釐

舂灰夫肆分玖釐

鮍上前後浮溪木𣏾福板肆塊各長貳丈伍尺壓

板肆塊各長叁丈貳尺均寬　厚貳寸兩邊
木段猴袋板肆塊各長伍尺寬捌寸厚貳寸伍
分做淨每折見方尺捌拾尺用艌匠壹工鼎桅
壓板釘縫湊長貳拾貳丈捌尺每丈用長伍寸
釘叁拾個壓板艌縫湊長貳拾伍丈陸尺共核
用
圍大貳尺淨長叁丈貳尺浮溪木貳根壹丈
貳尺
圍大叁尺伍寸木段伍尺壹寸

長伍寸釘陸百捌拾肆個
灰貳拾伍斤拾兩
桐油拾斤叁兩捌錢
綱紗玖斤玖兩陸錢
竹絲玖斤玖兩陸錢
艌匠肆工伍分貳釐
鋸匠貳工伍分捌釐
艌匠叁工陸分陸釐
舂灰夫玖分

兩旁大壓貳塊桊拙貳塊水戧貳塊拙換各長叁
丈陸尺均寬陸寸陸分厚叁寸伍分做淨每折
見方尺肆拾尺用艌匠壹工釘縫湊長貳拾壹
丈陸尺每丈用長陸寸釘叁拾個艌縫湊長肆
拾叁丈貳尺共核用
圍大貳尺伍寸淨長叁丈陸尺中吉木叁根
長陸寸釘陸百肆拾捌個
灰肆拾叁斤叁兩
桐油拾柒斤肆兩伍錢

綱紗拾陸斤叁兩貳錢
竹絲拾陸斤叁兩貳錢
艌匠拾工玖分壹釐
鋸匠叁工壹分貳釐
艌匠陸工壹分柒釐
舂灰夫壹名伍分壹釐
官廳前後桊用中吉木叁根各長壹丈陸尺伍寸
圍大貳尺貳寸官廳上戰櫃板拾貳塊後墻板
拾貳塊各長壹丈陸尺伍寸湊寬壹丈伍尺捌

寸肆分左右墻板貳拾肆塊各長捌尺湊寬壹
丈伍尺捌寸肆分用寬伍寸捌分厚貳寸伍分
板陸拾陸丈玖尺壹寸官廳貼柱用浮溪木捌
根各長壹丈叁尺見方伍寸官廳門板捌塊各
長肆尺湊寬肆尺貳寸肆分官廳內鋪板拾捌
塊各長捌尺湊寬玖尺伍寸肆分用寬伍寸厚
貳寸板拾捌丈陸尺伍寸陸分戰櫃挑貳塊官
廳側板貳塊踏板壹塊各長壹丈叁尺均寬伍
寸厚貳寸木段沖天蓋板拾貳塊各長肆尺陸

寸寬捌寸厚貳寸伍分梁柱做淨每折見方尺
肆拾尺用艦匠壹工戰櫃等板捌拾尺用艦匠
壹工戰櫃板墻板沖天蓋板官廳門釘縫湊長
柒拾伍丈捌尺貳寸貳分每丈用長伍寸釘叁
拾個戰櫃板墻板沖天蓋板艙縫湊長壹百肆
拾肆丈捌尺陸寸共核用

閩大貳尺伍寸淨長叁丈陸尺中吉木柒根

貳丈伍寸

閩大貳尺淨長叁丈貳尺浮溪木伍根貳丈

原缺

圍大叁尺伍寸木段壹丈肆尺肆寸
長伍寸釘叁百伍個
艌匠陸工陸釐
鋸匠貳工玖分捌釐
官廳內中吉木炕床楨壹根長壹丈陸尺圍大貳尺貳寸浮溪木虎頭艙門板捌塊各長肆尺湊寬肆尺貳寸肆分鋪板捌塊各長柒尺湊寬肆尺貳寸肆分用寬伍寸厚貳寸板玖丈叁尺貳寸捌分炕床楨做淨每折見方尺肆拾尺用艌

匠壹工虎頭艙各板捌拾尺用艌匠壹工虎頭艙門釘縫湊長叁丈叁尺玖寸貳分每丈用長伍寸釘叁拾個共核用
圍大貳尺伍寸淨長叁丈陸尺中吉木壹丈陸尺
圍大貳尺淨長叁丈貳尺浮溪木叁丈壹尺壹寸
長伍寸釘壹百貳個
艌匠貳工伍分壹釐

鋸匠玖分叁釐
兩旁艙面戰棚板用長貳丈捌尺寬肆寸厚貳寸高洋木板貳拾陸塊各艙內鋪板用長肆尺寬肆寸厚壹寸高洋木板貳百貳拾肆塊做淨每折見方尺捌拾尺用艌匠壹工共核用
圍大壹尺陸寸淨長貳丈捌尺高洋木貳拾壹根
艌匠貳拾貳工壹分貳釐
鋸匠拾貳工陸分肆釐

兩旁艙上艙牛肆塊各長捌尺各艙口扛豆肆塊各長壹丈柒尺均寬壹尺貳寸厚叁寸做淨每折見方尺肆拾尺用艌匠壹工艙牛每塊用長陸寸釘肆個扛豆釘縫湊長陸丈捌尺每丈用長陸寸釘叁拾個艙縫湊長貳拾丈共核用
寬壹尺貳寸厚叁寸松木枋拾丈壹尺陸寸
長陸寸釘貳百貳拾個
灰貳拾斤
桐油捌斤

網紗柒斤捌兩
竹絲柒斤捌兩
艌匠柒工伍分
艌匠貳工捌分陸釐
舂灰夫柒分

各艙蓋板用長陸尺玖寸寬捌寸厚貳寸伍分木段板陸拾肆塊艙蓋下大通槽拾個側槽陸個水槽陸個各長肆尺陸寸寬壹尺厚捌寸小通槽捌個各長肆尺陸寸見方捌寸艙蓋板做淨

每折見方尺捌拾尺用艌匠壹工通槽等槽叁拾尺用艌匠壹工艙蓋板釘縫湊長肆拾肆丈壹尺陸寸每丈用長伍寸釘叁拾個艌縫湊長捌拾捌丈叁尺貳寸共核用
圓大叁尺伍寸木段貳拾匹丈肆尺陸寸
長伍寸釘壹千叁百貳拾伍個
灰捌拾捌斤伍兩
桐油叁拾伍斤伍兩貳錢
網紗叁拾叁斤壹兩玖錢
竹絲叁拾叁斤壹兩玖錢
艌匠貳拾柒工陸分陸釐
鋸匠拾工柒釐
艌匠拾貳工陸分貳釐
舂灰夫叁名玖釐

兩旁舨邊用高洋木牛欄肆根內船頭貳根各長壹丈肆尺船後貳根各長貳丈捌尺均圓大壹尺叁寸做淨每折見方尺肆拾尺用艌匠壹工共核用

圓大壹尺陸寸淨長貳丈捌尺高洋木叁根
艌匠貳工柒分叁釐

船頭斗蓋用樟木壹塊長壹丈伍尺圓大肆尺柒寸蝦緬梁壹塊長捌尺伍寸寬柒寸斗蓋下兎耳壹塊長捌尺寬壹尺伍寸鹿肚勃壹個長肆尺寬壹尺貳寸托浪板肆塊各長捌尺寬壹尺均厚叁寸斗蓋蝦緬梁兎耳鹿肚勃做淨每折見方尺肆拾尺用艌匠壹工托浪板捌拾尺用艌匠壹工斗蓋用長捌寸釘拾貳個蝦緬梁托

浪板釘縫湊長肆丈伍寸每丈用長陸寸釘叁
拾個兔耳鹿肚勒釘縫湊長壹丈貳尺每丈用
長伍寸釘叁拾個蝦箍梁托浪板兔耳鹿肚勒
艌縫湊長拾丈伍尺共核用
圍大肆尺柒寸長壹丈伍尺伍寸樟木壹根
寬壹尺伍寸厚叁寸樟木枋壹丈伍尺伍寸
肆分
寬壹尺厚叁寸長捌尺貳寸樟木板肆塊
長捌寸釘拾貳個

長陸寸釘壹百貳拾貳個
長伍寸釘叁拾陸個
灰拾斤捌兩
桐油肆斤叁兩貳錢
綱紗叁斤拾伍兩
竹絲叁斤拾伍兩
艦匠肆工貳分伍釐
艌匠壹工伍分
舂灰夫叁分柒釐

中舍櫃壹塊長壹丈捌尺圍大柒尺頭舍櫃壹塊
長壹丈伍尺圍大伍尺叁寸舍櫃梁壹塊長壹
丈陸尺頭舍櫃闌壹塊長捌尺均寬壹尺伍寸
厚叁寸做淨每折見方尺叁拾尺用艦匠壹工
舍櫃梁釘縫長壹丈陸尺每丈用長陸寸釘叁
拾個舍櫃舍櫃梁艌縫湊長玖丈捌尺共核用
圍大柒尺長壹丈捌尺伍寸樟木壹根
圍大伍尺叁寸長壹丈伍尺伍寸樟木壹根
寬壹尺伍寸厚叁寸樟木枋貳丈肆尺肆寸

長陸寸釘肆拾捌個
灰玖斤拾叁兩
桐油叁斤拾肆兩柒錢
綱紗叁斤拾兩捌錢
竹絲叁斤拾兩捌錢
艦匠玖工柒分叁釐
艌匠壹工肆分
舂灰夫叁分肆釐
中轉水貳塊各長壹丈陸尺寬貳尺厚玖寸伍分

樟櫪轉水鞋貳塊各長柒尺圍大壹尺做淨復
折見方尺肆拾尺用艌匠壹工轉水每塊用長
壹尺釘貳個轉水鞋每塊用長陸寸釘柒個艌
縫湊長玖丈貳尺共核用
寬貳尺厚玖寸伍分長壹丈陸尺貳寸樟木
貳塊
圍大壹尺樟木極壹丈肆尺肆寸
長壹尺釘肆個
長陸寸釘拾肆個

灰玖斤叁兩
桐油叁斤拾兩玖錢
綱紗叁斤柒兩貳錢
竹絲叁斤柒兩貳錢
艌匠伍工柒釐
艙匠壹工叁分壹釐
舂灰夫叁分貳釐
船尾用淨溪木尾樓舨桎肆根各長肆尺拜棚楨
叁根各長壹丈貳尺均圍大壹尺柒寸木段尾

樓舨板捌塊各長壹丈肆尺拜棚板拾陸塊各
長柒尺均寬捌寸厚貳寸伍分舨杆拜棚楨做
淨每折見方尺肆拾尺用艌匠壹工舨板拜棚
板捌拾尺用艌匠壹工舨板拜棚板釘縫湊長
貳拾貳丈肆尺每丈用長伍寸釘叁拾個拜棚
板艌縫湊長貳拾貳丈肆尺共核用
圍大貳尺淨長叁丈貳尺浮溪木壹根貳丈
圍大叁尺伍寸木段伍丈柒尺貳寸
長伍寸釘陸百柒拾貳個

灰貳拾貳斤陸兩
桐油捌斤拾伍兩肆錢
綱紗捌斤陸兩肆錢
竹絲捌斤陸兩肆錢
艌匠捌工玖釐
鋸匠叁工叁分陸釐
艙匠叁工貳分
舂灰夫柒分捌釐
船尾用樟木下金壹塊長柒尺伍寸圍大柒尺伍

寸綀牛壹副長柒尺伍寸寬貳尺肆寸厚陸寸
尾樓上金壹塊長壹丈柒尺寬貳尺壹寸厚捌
寸柒星冠壹塊長壹丈捌尺寬壹尺貳寸厚陸
寸硬木棍下金拴貳根綀牛繖貳根各長陸尺
伍寸圍大捌寸木段綀牛槓貳根各長柒尺圍
大叁尺貳寸下金綀牛上金柒星冠做淨每折
見方尺叁拾尺用艌匠壹工下金拴綀牛繖綀
牛槓肆拾尺用艌匠壹工下金用長捌寸釘拾
捌個綀牛用長捌寸釘貳拾貳個上金用長壹

尺釘拾捌個綀牛繖釘縫湊長壹丈叁尺每丈
用長伍寸釘叁拾個下金艌縫湊長柒尺伍寸
共核用
圍大柒尺伍寸長柒尺柒寸樟木壹段
寬貳尺肆寸厚陸寸長柒尺柒寸樟木壹塊
寬貳尺壹寸厚捌寸長壹丈柒尺貳寸樟木
壹塊
寬壹尺貳寸厚陸寸長壹丈捌尺貳寸樟木
壹塊

圍大捌寸長壹丈叁尺硬木棍貳根
圍大叁尺伍寸木段壹丈肆尺肆寸
長壹尺釘拾捌個
長捌寸釘肆拾個
長伍寸釘叁拾玖個
灰拾貳兩
桐油肆兩捌錢
網紗肆兩伍錢
竹絲肆兩伍錢
艌匠拾工柒分陸釐
艌匠壹分壹釐
舂灰夫叁釐

船尾舵邊用木段硬筋貳根各長壹丈肆尺圍大
叁尺貳寸尾樓舫魚翅肆塊各長柒尺寬壹尺
厚肆寸桐陶木軟筋貳塊各長壹丈壹尺寬壹
尺厚叁寸做淨每折見方尺肆拾尺用艌匠壹
工硬筋頭尾用長陸寸釘拾貳個共核用
圍大叁尺伍寸木段肆丈貳尺捌寸

寬壹尺厚叁寸柯楠木貳丈貳尺肆寸
長陸寸釘拾貳個
艌匠伍工陸分叁釐
鋸匠伍分陸釐
尾樓上用浮溪木鋪板拾塊各長肆尺尾坐板肆塊各長壹丈貳尺舨邊寄菜板貳塊各長壹丈肆尺碗格貳塊各長壹丈壹尺尾樓挑貳塊各長壹丈叁尺均寬伍寸厚貳寸做淨每折見方尺捌拾尺用艌匠壹工尾樓鋪板釘縫湊長肆丈每丈用長伍寸釘叁拾個共核用
圍大貳尺淨長叁丈貳尺浮溪木壹根貳丈貳尺柒寸
長伍寸釘壹百貳拾個
艌匠貳工捌分柒釐
鋸匠壹工陸分肆釐
船尾用樟木櫓通䉶貳塊各長壹丈肆尺櫓門枋壹塊長柒尺貳塊各長伍尺均寬壹尺伍寸厚叁寸櫓床雙頭蛇壹塊長肆尺寬壹尺貳寸厚叁寸櫓

通䉶做淨每折見方尺捌拾尺用艌匠壹工櫓門枋櫓床雙頭蛇每肆拾尺用艌匠壹工櫓床每塊用長捌寸釘拾貳個櫓通䉶釘縫湊長貳丈捌尺每丈用長陸寸釘叁拾個櫓床櫓通板艌縫湊長柒丈陸尺共核用
寬壹尺伍寸厚叁寸樟木枋肆丈陸尺玖寸捌分
長捌寸釘貳拾肆個
長陸寸釘捌拾肆個
灰柒斤拾兩
桐油叁斤陸錢
網紗貳斤拾叁兩陸錢
竹絲貳斤拾叁兩陸錢
艌匠貳工玖分壹釐
艌匠壹工玖釐
舂灰夫貳分柒釐
水仙門兩旁用浮溪木邊柱貳根中柱貳根各長肆尺圍方壹尺柒寸水仙門板拾肆塊各長肆

尺湊寬柒尺肆寸貳分用寬伍寸厚貳寸板伍
丈玖尺叁寸陸分樟極百子舥拾陸塊各長陸
尺圍大壹尺水仙門柱百子舥做淨每折見方
尺肆拾尺用艌匠壹工門板捌拾尺用艌匠壹
工百子舥釘縫湊長玖丈陸尺每丈用長陸寸
釘叁拾個百子舥艌縫湊長拾玖丈貳尺共核
用
圍大貳尺淨長叁丈貳尺浮溪木壹根叁尺
捌寸

圍大壹尺樟木極玖丈玖尺貳寸
長陸寸釘貳百捌拾捌個
灰拾玖斤叁兩
桐油柒斤拾兩玖錢
網紗柒斤叁兩貳錢
竹絲柒斤叁兩貳錢
艌匠肆工壹分貳釐
[illegible]匠伍分玖釐
[illegible]匠貳工柒分肆釐

[illegible]灰夫陸分柒釐
大桅座壹塊長捌尺見方貳尺肆寸頭桅座壹塊
長伍尺陸寸圍大肆尺陸寸做淨每折見方尺
叁拾尺用艌匠壹工共核用
見方貳尺肆寸長捌尺貳寸樟木壹塊
圍大肆尺陸寸長伍尺捌寸樟木壹段
艌匠叁工肆分貳釐
大鹿耳貳塊各長壹丈貳尺寬貳尺貳寸厚壹尺
壹寸頭鹿耳貳塊各長玖尺捌寸寬壹尺捌寸

厚捌寸硬木棍鹿耳夾貳塊各長壹丈叁尺圍
大捌寸柯栂木目裡鞋壹塊長叁尺寬壹尺厚
叁寸做淨每折見方尺肆拾尺用艌匠壹工共
核用
寬貳尺貳寸厚壹尺壹寸長壹丈貳尺貳寸
樟木貳塊
寬壹尺捌寸厚捌寸長壹丈樟木貳塊
圍大捌寸長壹丈叁尺硬木棍貳根
寬壹尺厚叁寸柯栂木枋叁尺壹寸

艌匠柒工貳分貳釐

大桅壹根長陸丈貳尺圍大肆尺玖寸頭桅壹根長伍丈圍大肆尺叁寸做淨每折見方尺肆拾尺用艌匠壹工共核用

圍大肆尺玖寸長陸丈貳尺桅木壹根

圍大肆尺叁寸長伍丈桅木壹根

艌匠拾貳工玖分柒釐

桅尾用柯㭭木馬面貳塊各長叁丈伍尺寬壹尺伍寸厚叁寸樟木大桅笠壹塊長貳尺寬壹尺

貳寸頭桅笠壹塊長壹尺陸寸寬壹尺大桅琵琶壹塊長叁尺寬壹尺頭桅琵琶壹塊長貳尺寬捌寸均厚叁寸木段大桅岈壹根長壹丈貳尺頭桅岈壹根長玖尺均圍大叁尺貳寸馬面做淨每折見方尺捌拾尺用艌匠壹工桅笠桅岈琵琶肆拾尺用艌匠壹工馬面釘縫湊長柒丈每丈用長陸寸釘貳拾個共核用

寬壹尺伍寸厚叁寸楠木枋柒丈肆寸

寬壹尺伍寸厚叁寸木枋陸尺

圍大叁尺伍寸木段貳丈壹尺肆寸

長陸寸釘壹百肆拾個

艌匠伍工叁分玖釐

大風篷壹扇長伍丈寬貳丈柒尺捌寸頭風篷壹扇長貳丈捌尺寬壹丈肆尺浮溪木大篷担貳根各長貳丈柒尺捌寸頭篷担貳根各長壹丈肆尺圍大壹尺柒寸樟木極小篷踏壹塊長叁尺伍寸圍大壹尺做淨每折見方尺肆拾尺用艌匠壹工共核用

寬貳丈柒尺捌寸長伍丈風篷壹扇

寬壹丈肆尺長貳丈捌尺風篷壹扇

圍大貳尺淨長叁丈貳尺浮溪木貳根壹丈玖尺陸寸

圍大壹尺樟木極叁尺陸寸

艌匠叁工陸分肆釐

大篷架用木段橫梁壹根長壹丈肆尺頭篷架橫梁壹根架針叁根各長柒尺均寬壹尺厚捌寸做淨每折見方尺叁拾貳尺用艌匠壹工共核

用

圍大叁尺伍寸木段肆丈叁尺

艌匠肆工柒分叁釐

鋸匠壹工捌釐

大蓬車員壹根用中吉木長壹丈陸尺半車員壹
根斗頭車員壹根各長壹丈椗車員壹根長壹
丈伍尺均圍大貳尺貳寸浮溪木車鄉直板肆
塊各長壹丈斜板肆塊各長柒尺均寬伍寸厚
貳寸硬木棍車子肆拾伍根各長壹丈叁尺圍

大捌寸車員做淨每折見方尺叁拾貳尺用艌
匠壹工斜直板捌拾尺用艌匠壹工共核用

圍大貳尺伍寸淨長叁丈陸尺中吉木壹根
壹丈伍尺

圍大貳尺淨長叁丈貳尺浮溪木貳丈貳尺
柒寸

圍大捌寸長壹丈叁尺硬木棍肆拾伍根

艌匠肆工柒分

鋸匠陸分捌釐

水櫃用樟木牛頭肆塊各長伍尺寬壹尺伍寸厚
叁寸木段水櫃柱肆根各長柒尺圍大叁尺
寸水櫃閘肆塊各長柒尺見方捌寸水櫃板
拾陸塊各長肆尺陸寸寬捌寸厚貳寸伍分水
櫃柱閘牛頭做淨每折見方尺肆拾尺用艌匠
壹工水櫃板捌拾尺用艌匠壹工水櫃柱
用長陸寸釘貳拾個牛頭釘縫湊長貳丈每丈
用長陸寸釘叁拾個水櫃板釘縫湊長拾陸丈
伍尺陸寸每丈用長伍寸釘叁拾個艙縫湊長

肆拾捌丈叁尺貳寸共核用

寬壹尺伍寸厚叁寸樟木枋貳丈肆寸

圍大叁尺伍寸木段玖丈玖尺玖寸

長陸寸釘壹百肆拾個

長伍寸釘肆百玖拾柒個

灰肆拾捌斤伍兩

桐油拾玖斤伍兩貳錢

網紗拾捌斤壹兩玖錢

竹絲拾捌斤壹兩玖錢

艌匠拾工陸分叁釐
鋸匠叁工壹分貳釐
艌匠陸工玖分
舂灰夫壹名陸分玖釐
媽祖龕用杉木板貳拾肆丈尾樓劍刀鎗般遮[illegible]
亭等項用板拾丈均寬陸寸厚壹寸做淨毎[illegible]
見方尺捌拾尺用艌匠壹工媽祖龕板釘縫[illegible]
長貳拾肆丈每丈用長肆寸釘叁拾個艌縫湊
長肆拾捌丈共核用

寬陸寸厚壹寸杉木板叁拾肆丈陸尺捌寸
長肆寸釘柒百貳拾個
灰肆拾捌斤
桐油拾玖斤叁兩貳錢
網紗拾捌斤
竹絲拾捌斤
艌匠伍工玖分伍釐
艌匠陸工捌分陸釐
舂灰夫壹名陸分捌釐

船面兩旁砲架陸個并護[illegible]佃用長肆[illegible]
捌寸厚貳寸伍分木段板陸塊做淨每[illegible]
尺捌拾尺用艌匠壹工共核用
圍大叁尺伍寸木段肆丈貳尺叁寸
艌匠肆工叁分伍釐
鋸匠貳工肆分捌釐
船頭用中吉木榧壹根長叁丈陸尺圍大貳尺[illegible]
寸做淨每折見方尺肆拾尺用艌匠壹工共[illegible]
用

圍大貳尺伍寸淨長叁丈陸尺中吉木壹根
艌匠壹工玖分捌釐
船尾舵壹門用椿木大桿壹根長壹丈捌尺寬壹
尺肆寸厚捌寸中吉木舵閂板叁塊各長壹丈
捌尺湊寬壹尺玖寸捌分用寬伍寸捌分厚貳
寸伍分板陸丈壹尺肆寸伍分樟木極舵夾拾
肆塊各長肆尺圍大壹尺硬木棍舵牙扼貳根
各長壹丈叁尺圍大捌寸舵桿做淨每折見方
尺叁拾尺用艌匠壹工舵夾舵牙肆拾尺用艌

匠壹工舵閂板捌拾尺用艌匠壹工舵夾釘縫
凑長伍丈陸尺每丈用長捌寸釘伍拾個舵夾
舵閂板艌縫凑長貳拾叁丈肆尺玖寸共核用
寬壹尺肆寸厚捌寸長壹丈捌尺貳寸楮木
壹根
圍大貳尺伍寸淨長叁丈陸尺中吉木貳丈
肆寸捌分
圍大壹尺樟木桅伍丈柒尺肆寸
圍大捌寸長壹丈叁尺硬木棍貳根

長捌寸釘貳百捌拾個
灰貳拾叁斤捌兩
桐油玖斤陸兩叁錢
網紗捌斤拾貳兩玖錢
竹絲捌斤拾貳兩玖錢
艌匠伍工捌分肆釐
鋸匠柒分叁釐
拾匠叁工叁分陸釐
舂灰夫捌分貳釐

跟隨戰船舢板船用柯楠木龍骨壹根長壹丈肆
尺斗蓋壹塊長陸尺托浪板壹塊長伍尺均寬
壹尺厚叁寸浮溪木水底板拾塊各長壹丈陸
尺凑寬伍尺叁寸舨板陸塊各長壹丈捌尺凑
寬叁尺壹寸捌分堵板拾肆塊各長陸尺凑寬
柒尺肆寸貳分用寬伍寸厚貳寸板叁拾柒丈
叁尺壹寸貳分龍骨做淨每折見方尺肆拾尺
用艌匠壹工斗蓋各板捌拾尺用艌匠壹工龍
骨用長陸寸釘拾貳個托浪板水底板舨板釘
縫凑長貳拾捌丈玖尺捌分每丈用長伍寸釘
叁拾個托浪板水底板舨板艌縫凑長伍拾柒
丈捌尺壹寸陸分共核用
寬壹尺厚叁寸柯楠木枋貳丈伍尺伍寸
圍大貳尺淨長叁丈貳尺浮溪木叁根貳丈
捌尺肆寸
長陸寸釘拾貳個
長伍寸釘捌百陸拾柒個
灰伍拾柒斤拾叁兩

桐油貳拾叁斤貳兩
網紗貳拾壹斤拾兩玖錢
竹絲貳拾壹斤拾兩玖錢
艦匠柒工捌分
鋸匠叁工柒分叁釐
艌匠捌工貳分陸釐
舂灰夫貳名貳釐
舢板船兩旁水蛇貳根水餓貳根各長壹丈陸尺
壓板貳塊各長壹丈捌尺均寬伍寸厚貳寸做

淨每折見方尺捌拾尺用艌匠壹工水蛇釘縫
湊長叁丈貳尺每肆尺用長捌寸釘叁個壓板
水餓釘縫湊長陸丈捌尺每丈用長伍寸釘叁
拾個艌縫湊長貳拾丈共核用
圍大貳尺淨長叁丈貳尺浮溪木壹根壹尺
叁寸
長捌寸釘貳拾肆個
長伍寸釘貳百肆個
灰貳拾斤

桐油捌斤
網紗柒斤捌兩
竹絲柒斤捌兩
艦匠壹工柒分伍釐
鋸匠壹工
艌匠貳工捌分陸釐
舂灰夫柒分
舢板船用樟木舢板舵叁個各長肆尺寬伍寸厚
叁寸樟木極舢板梁肆塊各長肆尺肆寸牛仔

極拾伍個各長貳尺冲天極貳塊牛頭極捌塊
各長貳尺伍寸均圍大壹尺做淨每折見方尺
肆拾尺用艦匠壹工舢板舵梁釘縫湊長貳丈
玖尺陸寸每丈用長陸寸釘叁拾個冲天極牛
頭極每塊用長陸寸釘貳個舢板舵梁冲天極
牛頭極艌縫湊長拾丈玖尺貳寸共核用
寬壹尺伍寸厚叁寸樟木枋肆尺壹寸
圍大壹尺樟木極柒丈伍尺伍寸
長陸寸釘壹百玖個

灰拾斤拾伍兩
桐油肆斤伍兩玖錢
綱紗肆斤壹兩伍錢
竹絲肆斤壹兩伍錢
艌匠貳工叁分
艌匠壹工伍分陸釐
舂灰夫叁分捌釐
大桅鐵箍拾個各長伍尺頭桅箍肆個各長肆寸
肆寸舵頭箍叁個各長肆尺柒寸槌箍貳個各叁

長叁尺叁寸俱寬貳寸厚伍分椗齒肆個各長
壹尺寬柒寸厚伍分櫓箍肆個各長貳尺柒寸
寬壹寸厚叁分鐵環肆個各圍大陸寸以上鐵
料共淨重貳百貳拾陸斤捌兩每正鐵壹斤加
耗鐵壹斤每正鐵伍斤用鐵匠壹工每正耗鐵
壹斤用炭叁斤共核用
生鐵肆百伍拾叁斤
炭壹千叁百伍拾玖斤
鐵匠肆拾伍工叁分

油畫前船共用
烏烟叁斤伍兩
廣紅伍斤
銅綠肆兩
京紅肆兩
南粉貳斤
銀硃壹兩
藤黃肆兩
藍粉肆兩

杭粉壹兩
松香捌兩
水膠陸兩
墨貳塊
桐油肆斤
淡底壹斤
油畫匠拾工
蔴大桅繂索貳條各長柒丈肆尺肆寸大柒寸伍
分頭桅繂索貳條各長陸丈貳尺大肆寸伍分

大踏索貳條各長陸丈貳尺大伍寸小踏索貳
條各長伍丈大叁寸大繚毋壹條長肆丈大柒
寸小繚毋壹條長貳丈肆尺大肆寸大帮襯陸
條各長壹丈陸尺大貳寸小帮襯玖條各長陸
尺大壹寸伍分以上麻索共重伍百貳拾斤每
百斤用繩匠叁工陸分共核用
麻伍百貳拾斤
繩匠拾捌工柒分貳釐
椶正椗索壹條長肆拾貳丈大柒寸陸分副椗索

壹條長肆拾丈大柒寸陸分大蓬筋壹條長陸
丈陸尺大貳寸小蓬筋壹條長叁丈叁尺大壹
寸貳分繚仔繚耳共拾捌條各長貳丈壹尺大
貳寸椗奴貳條各長壹丈伍尺大柒寸貳分大
小搖尾貳條共長拾貳丈大伍寸叁分舵甲壹
條長叁丈大陸寸貳分以上椶繩共重伍百肆
拾斤每擔椶肆拾斤用匠壹工成繩肆拾斤用
匠壹工共核用
椶伍百肆拾斤

撚椶匠拾叁工伍分
成繩匠拾叁工伍分
沖風旂壹面長寬各壹丈陸尺壹條龍旂壹面長
陸丈寬叁尺媽祖旂壹面長寬各伍尺大小定
風旂叁面內壹面長陸尺貳面各長肆尺伍寸
均寬壹尺共核用
幅寬壹尺色布伍拾丈
苧線拾兩
裁縫匠伍工

中椗貳門齒全各長壹丈捌尺寬壹尺厚陸寸
中櫓貳枝各長肆丈貳尺寬捌寸厚伍寸
舢板櫓壹枝長貳丈玖尺寬柒寸厚肆寸
大小桅餅柒個
大小無底弁伍百個
椶舵上配用竹繩草繩共用
竹篾肆百捌拾斤
繩匠拾柒工貳分捌釐
草心伍百拾斤

繩匠拾貳工柒分伍釐

查原送成規內開打造竹繩草繩所用匠工多寡不齊今照棕麻繩索用工之例壹律核定

蓬上配用大小繚球攝子兔耳共用

滬篠貳拾柒斤

篠匠伍工肆分

刻字用

刻字匠叁工

竪大小桅用

壯夫叁拾伍名

前船共用大小鐵釘貳萬陸千叁百玖拾柒個刷抹釘頭每百個用桐油陸兩肆錢灰壹斤每油灰拾斤用艌匠壹工共核用

桐油壹百伍斤玖兩肆錢

灰貳百陸拾肆斤

艌匠叁拾陸工玖分陸釐

舂灰夫玖名貳分肆釐

[illegible]共用艌匠肆百[illegible]拾叁工柒分肆釐係[illegible]亦隨核工內有樟柯等硬料用匠壹百工叁分叁釐每工外加匠貳分計加匠貳拾工柒釐共肆百伍拾叁工捌分壹釐每百工加安裝匠拾工計安裝匠肆拾伍工叁分捌釐每艌匠安裝匠壹百工加隨匠壯夫貳拾名計壯夫玖拾玖名捌分肆釐

[illegible]上拆造前船共用

寬壹尺厚捌寸松木陸丈陸寸 每丈銀肆錢壹分肆釐

計銀貳兩伍錢玖釐

查原送成規內開松木按依拾陸則丈尺計算每丈核銀肆錢捌分壹釐至叁錢肆分壹釐不等多寡參差均勻計算每丈需銀肆錢壹分肆釐今照肆錢壹分肆釐之數一律核定

圍大叁尺貳寸淨長肆丈貳尺大吉木貳拾貳根

壹丈玖尺柒寸伍分 每根銀貳兩柒錢

計銀陸拾兩陸錢柒分

查原送成規內開大吉木貳拾肆根今按丈尺撤法核算應減壹根貳丈貳尺貳寸伍分

圍大貳尺伍寸淨長叁丈陸尺中吉木貳拾伍根

壹丈壹尺玖寸捌分兩伍錢

計銀叁拾柒兩玖錢玖分玖釐

查原送成規內開中吉木貳拾肆根今按丈尺做法核算應增壹根壹丈壹尺玖寸捌分

圍大貳尺淨長叁丈貳尺浮溪木貳拾肆根壹丈陸尺捌寸伍分每根銀伍錢

計銀拾貳兩貳錢陸分叁釐

查原送成規內開浮溪木貳拾肆根今按丈尺做法核算應增壹丈陸尺捌寸伍分

圍大壹尺陸寸淨長貳丈捌尺高洋木貳拾肆根每根銀貳錢

計銀肆兩捌錢

圍大叁尺伍寸木段陸拾叁丈捌尺核長壹丈肆尺木段肆拾伍根捌尺每根銀陸錢

計銀貳拾柒兩叁錢肆分叁釐

查原送成規內開木段肆拾陸根今按丈尺做法核算應減陸尺

寬壹尺伍寸厚叁寸樟木枋柒拾陸丈伍尺柒寸貳分核長壹丈柒尺枋料肆拾伍塊柒寸貳分每塊銀壹兩叁錢

計銀伍拾捌兩伍錢伍分伍釐

查原送成規內開樟枋伍拾塊今按丈尺法核算應減肆塊壹丈陸尺貳寸捌分

寬壹尺厚叁寸長捌尺貳寸樟板肆塊每塊銀肆錢壹分捌釐

計銀壹兩陸錢柒分貳釐

查原送成規內開樟木梁座梁頭壹則至拾柒則各長壹丈柒尺寬壹尺伍寸厚叁寸[illegible]每塊銀壹兩叁錢托浪樟木板第壹則陸尺伍寸寬壹尺厚叁寸每塊開銀伍錢[illegible]第貳則至拾柒則各長捌尺寬壹尺厚叁寸每塊亦開銀伍錢價值參差今俱照梁座梁頭之價一律核定

寬壹尺貳寸厚叁寸松木枋捌拾丈叁尺貳寸核長壹丈柒尺枋料肆拾柒塊肆尺貳寸每塊銀叁錢伍分

計銀拾陸兩伍錢叁分陸釐

查原送成規內開松枋肆拾玖塊今按丈尺做法核算應減壹塊壹丈貳尺捌寸

圍大壹尺樟木極陸拾叁丈伍尺伍寸核長壹丈貳尺樟極伍拾貳塊壹丈壹尺伍寸每塊銀貳錢

計銀拾兩伍錢玖分貳釐

查原送成規內開樟極伍拾陸塊今按丈尺做法核算應減叁塊伍寸

寬壹尺伍寸厚叁寸柯㭬木枋柒丈肆寸每丈銀伍錢柒分壹釐伍毫

計銀肆兩貳分叁釐

寬壹尺厚叁寸柯㭬木枋伍丈壹尺每丈銀叁錢捌分壹釐

計銀壹兩玖錢肆分叁釐

查原送成規內開柯㭬馬面壹則至拾柒則各長叁丈伍尺寬壹尺伍寸厚叁寸每塊開銀貳兩軟筋及舢板龍骨等料壹則至伍則各長貳丈伍尺寬壹尺厚叁寸每塊開銀壹兩陸則至拾柒則各長叁丈伍尺寬壹尺厚叁寸每塊開銀貳兩價值參差今俱照馬面之價一律核定

圍大捌寸長壹丈叁尺硬木桅陸拾根每根銀捌分

計銀肆兩捌錢

寬陸寸厚壹寸杉木板叁拾肆丈陸尺捌寸每丈銀肆錢

計銀拾叁兩捌錢柒分貳釐

圍大柒尺長壹丈捌尺伍寸樟木壹根

計銀柒兩玖分捌釐

圍大[illegible]尺叁寸長壹丈伍尺伍寸樟木壹根

計[illegible]玖釐

見方貳尺[illegible]寸長[illegible]尺貳寸樟木壹塊

計銀肆兩肆錢叁分捌釐

圍大肆尺陸寸長伍尺捌寸樟木壹段

計銀玖錢陸分

寬貳尺壹寸厚捌寸長壹丈柒尺貳寸樟木壹塊

計銀貳兩柒錢壹分肆釐

圍大柒尺伍寸長柒尺柒寸樟木壹段

計銀叁兩叁錢玖分壹釐

寬貳尺貳寸厚壹尺壹寸長壹丈貳尺貳寸樟木

貳塊每塊銀貳兩柒錢柒分叁釐

計銀伍兩伍錢肆分陸釐

寬壹尺捌寸厚捌寸長壹丈樟木貳塊每塊銀壹兩叁錢伍分叁釐

計銀貳兩柒錢陸釐

寬貳尺厚玖寸伍分長壹丈陸尺貳寸樟木貳塊每塊銀貳兩捌錢玖分貳釐

計銀伍兩柒錢捌分肆釐

圍大肆尺柒寸長壹丈伍尺伍寸樟木壹根

計銀貳兩陸錢捌分壹釐
寬壹尺貳寸厚陸寸長壹丈捌尺貳寸樟木壹塊
計銀壹兩貳錢叁分壹釐
寬貳尺肆寸厚陸寸長柒尺柒寸樟木壹塊
計銀壹兩肆分貳釐
查原送成規內開壹則至拾柒則每則用樟木杉桅等料拾貳款所開價值逐款核計俱屬參差均勻計算每折見方壹尺需銀玖分叁釐玖毫陸絲今照玖分叁釐玖毫陸絲之數一律核定
寬壹尺肆寸厚捌寸長壹丈捌尺貳寸楮木壹根

計銀拾陸兩
圍大肆尺玖寸長陸丈貳尺桅木壹根
計銀貳拾伍兩
圍大肆尺叁寸長伍丈桅木壹根
計銀柒兩
長壹尺釘叁百伍拾叁個每貳個重壹斤計重壹百柒拾陸斤捌兩長捌寸釘叁百捌拾個每伍個重壹斤計重柒拾陸斤長陸寸釘壹萬肆千[illegible]拾陸個每[illegible]伍個重壹斤計重玖百

拾叁斤壹兩壹錢長伍寸釘壹萬柒百玖拾捌個每貳拾個重壹斤計重伍百叁拾玖斤拾肆兩肆錢長肆寸釘柒百貳拾個每叁拾個重壹斤計重貳拾肆斤以上鐵釘共重壹千柒百伍拾玖斤柒兩伍錢除選用舊釘捌百柒拾叁斤貳兩貳錢添新捌百捌拾陸斤伍兩叁錢每斤銀貳分貳釐
計銀拾玖兩肆錢玖分玖釐
灰貳千叁拾玖斤每百斤銀貳錢

計銀肆兩柒分捌釐
桐油捌百拾玖斤玖兩貳錢每斤銀叁分
計銀貳拾肆兩伍錢捌分柒釐
網紗陸百陸拾伍斤玖兩玖錢每斤銀壹分貳釐
計銀柒兩玖錢捌分柒釐
竹絲陸百陸拾伍斤玖兩玖錢每斤銀陸釐
計銀叁兩玖錢玖分肆釐
生鐵肆百伍拾叁斤每斤銀壹分
計銀肆兩伍錢叁分

炭壹千叁百伍拾玖斤每百斤銀壹錢陸分
計銀貳兩壹錢柒分肆釐
烏烟叁斤伍兩每斤銀壹分伍釐
計銀伍分
廣紅伍斤每斤銀伍分
計銀貳錢伍分
銅綠肆兩每斤銀叁錢
計銀柒分伍釐
水紅肆兩每斤銀捌分

計銀貳分
南鉛貳斤每斤銀壹分
計銀貳分
銀硃壹兩每斤銀陸錢肆分
計銀肆分
藤黃肆兩每斤銀貳錢
計銀伍分
藍粉肆兩每斤銀捌分
計銀貳分

[illegible]兩每斤銀壹錢陸分
計銀壹分
水膠陸兩每斤銀肆分
計銀壹分伍釐
松香捌兩每斤銀貳分
計銀壹分
墨貳塊每塊銀壹分
計銀貳分
炭底壹斤

計銀伍分
麻伍百貳拾斤每斤銀壹分伍釐
計銀柒兩捌錢
棕伍百肆拾斤每斤銀叁分
計銀拾陸兩貳錢
㐌布伍拾丈每丈銀壹錢
計銀伍兩
苧線拾兩每斤銀壹錢貳分
計銀柒分伍釐

桅貳門齒全各長壹丈捌尺寬壹尺厚陸寸 每門工料銀壹兩壹錢貳分柒釐

計銀貳兩貳錢伍分肆釐

中檣貳枝各長肆丈貳尺寬捌寸厚伍寸 每枝工料銀壹兩柒錢壹分叁釐

計銀叁兩肆錢貳分陸釐

舢板櫓壹枝長貳丈玖尺寬柒寸厚肆寸

計工料銀叁錢柒分貳釐

大風篷壹扇長伍丈寬貳丈柒尺捌寸

計銀肆兩叁錢叁分肆釐

頭風篷壹扇長貳丈捌尺寬壹丈肆尺

計銀壹兩貳錢貳分貳釐

查原造成規壹則至拾柒則大篷每扇銀伍兩伍錢頭篷每扇銀壹兩伍錢所開丈尺大篷長自肆丈捌尺至柒丈寬自貳丈肆尺至叁丈叁尺不等頭篷長自貳丈肆尺至叁丈伍尺寬自壹丈肆尺至壹丈陸尺伍寸不等俱屬參差均勻核計每折見方壹丈需銀叁錢壹分壹釐捌毫今照叁錢壹分壹釐捌毫之數一律核定

大小桅餅柒個 每個銀柒分

計銀肆錢玖分

大小無底升伍百個 每個[illegible]分

計銀肆錢

竹蔑肆百捌拾斤 每百斤銀壹錢陸分

計銀柒錢陸分捌釐

草心伍百拾斤 每百斤銀柒分

計銀叁錢伍分柒釐

桅藤貳拾柒斤 每斤銀貳分伍釐

計銀陸錢柒分伍釐

艌匠肆百伍拾叁工捌分壹釐

安裝匠肆拾伍工叁分捌釐

鋸匠壹百貳拾壹工玖分柒釐

艌匠貳百玖拾工伍分肆釐

鐵匠肆拾伍工叁分

油畫匠拾工

䌫匠肆拾捌工柒分伍釐

棕匠貳拾柒工

粧綵匠伍工

雕花匠工肆分

刻字匠叁工
莊夫貳百陸名貳分
以上共匠夫壹千貳百陸拾貳工叁分伍釐每工銀伍分
計銀陸拾叁兩壹錢壹分捌釐
又置備物件開後
木桶貳拾貳件每件銀叁分
計銀陸錢陸分
錢鍋貳口換新每口貼工料銀壹錢貳分
計銀貳錢肆分

鼓壹面修理換皮
計銀肆錢捌分
金壹面重肆斤換新每斤貼工料銀柒分
計銀貳錢捌分
以上拆造前船成規內開共需工料銀伍百貳拾叁兩捌錢叁釐內部價銀貳百肆拾玖兩肆錢叁分加捌津貼并另加叁分銀貳百柒拾肆兩叁錢柒分叁釐臺廠運費銀肆拾玖兩捌錢捌分陸釐今按條查核分別增減更正需用工料銀伍百貳拾貳兩貳錢柒釐內部價銀貳百肆拾捌兩陸錢柒分加捌津貼并另加叁分銀貳百柒拾叁兩伍錢叁分柒釐臺廠運費銀肆拾玖兩柒錢叁分肆釐
計節減工料銀壹兩伍錢玖分陸釐運費銀壹錢伍分貳釐行令該撫于前船屆應拆造之期將節減銀兩在於應領銀內扣除至大小修理成規內開大修工料銀叁百伍拾捌兩貳錢玖分玖釐內部價銀壹百陸拾貳兩捌錢陸分叁釐加玖津貼

并另加叁分銀壹百玖拾伍兩肆錢叁分陸釐臺廠運費銀叁拾貳兩伍錢柒分叁釐小修工料銀貳百伍拾肆兩柒錢陸分肆釐內部價銀壹百拾兩柒錢陸分柒釐加拾津貼并另加叁分銀壹百肆拾叁兩玖錢玖分柒釐臺廠運費銀貳拾貳兩壹錢伍分叁釐其餘拾叁船倣此

福建省外海戰船做法

第陸則趕繒船捌隻內銅山營紀字陸號

身長陸丈貳尺頭起龍肆尺捌寸尾起龍叁寸伍寸船頭長貳丈貳尺面勻寬壹丈壹尺叁寸底勻寬玖尺捌寸船中長貳丈貳尺面勻寬壹丈陸尺柒寸底勻寬壹丈壹尺玖寸船尾長壹丈捌尺面勻寬壹丈陸尺叁寸底勻寬壹丈壹尺玖寸兩邊艕長陸丈玖尺計拾柒艙深伍尺伍寸肆分

今將拆造前船需用工料價值細數開後

計開

船底松木龍骨壹道計叁節船頭壹節長貳丈貳尺船中壹節連交接鈀頭長叁丈陸尺船尾壹節長壹丈伍尺湊長柒丈叁尺均寬壹尺厚捌寸做淨每折見方尺貳拾尺用艌匠壹工交接鈀頭貳處每處用長壹尺釘捌個又每邊用長陸寸釘拾貳個共核用

寬壹尺厚捌寸松木枋柒丈叁尺陸寸

查成規內開大吉中吉浮淨高洋[illegible]頭山俱截去尖梢作欄杆臺櫃籤子木料等用之用其本身木料毋庸另加長荒外不算枋段各料有截去壹貳尺至叁伍尺不等者亦有未加長荒者參差不一今將枋段各料每件長伍尺以內者加長荒壹寸伍尺以外者加長荒貳寸圓桅樟木長壹丈以內者每根加長荒貳寸長壹丈以外者每根加長荒伍寸一律核定

長壹尺釘拾陸個

長陸寸釘貳拾肆個

艌匠拾叁工壹分肆釐

船底板連起龍長陸丈貳尺內船底勻寬壹丈壹

尺伍寸叁分兩站各勻高陸尺伍寸捌分用長肆丈貳尺寬捌寸厚叁寸大吉木板肆拾柒塊肆丈貳寸做淨每折見方尺捌拾尺用艌匠壹工鋸板折寬壹尺長柒丈用鋸匠壹工以下鋸板用工做此釘縫湊長貳百壹丈肆尺貳寸每丈用長陸寸釘叁拾個艌縫湊長肆百貳丈捌尺肆十[illegible]丈用灰壹斤桐油陸兩肆錢綱紗竹絲合[illegible]每柒丈用艌匠壹工舂製油灰每肆拾斤灰夫壹名以下[illegible]用工[illegible]此共核用

□□淨長肆丈貳□□大□木□
□□丈壹尺肆寸
長陸寸釘陸千肆拾叁個
灰肆百貳斤拾叁兩
桐油壹百陸拾壹斤貳兩貳錢
□紗壹百伍拾壹斤壹兩
□絲壹百伍拾壹斤壹兩
艌匠一伍拾伍工叁分玖釐
□匠叁拾壹工陸分伍釐

□匠伍拾柒工伍分伍釐
□灰夫拾肆名壹分
木梁座貳拾柒塊內船頭配用玖塊□
丈伍尺船中玖塊湊長拾肆丈肆尺船□
□長拾伍丈叁尺艙梁貳拾壹塊內船□
□換拾壹塊湊長拾柒丈陸尺船尾拾□
柒丈均寬壹尺伍寸厚叁寸松木□
船頭添換拾叁塊湊長拾玖丈一
□□長貳拾叁□□捌尺□尾□

□□□寬壹□□□□
板各長壹丈叁尺圍大捌寸
折見方尺捌拾尺用艌匠壹工
艌匠壹工釘縫湊長壹百伍拾□
□用長陸寸釘叁拾個艌縫湊長叁□
尺共杉用
壹尺伍寸厚叁寸樟木枋柒拾捌丈柒
陸寸
□壹尺貳寸厚叁寸松木枋陸拾肆丈玖尺

□大捌寸長壹丈叁尺硬木棍玖根
□陸寸釘肆千陸百捌個
灰叁百柒斤叁兩
桐油壹百貳拾貳斤拾肆兩壹錢
網紗壹百拾伍斤叁兩貳錢
竹絲壹百拾伍斤叁兩貳錢
艌匠陸拾壹工叁分玖釐
□匠□拾叁工捌分玖釐
□名柒分伍釐

各艙抽換樟木極肆拾塊內虎頭艙極貳塊冲天
極貳塊油婆前後極肆塊各長玖尺伍寸水櫃
艙極貳塊各長玖尺下擔極貳塊下金極貳塊
尾裏極肆塊各長陸尺各艙內極拾陸塊各長
壹丈轉水極貳塊各長壹丈貳尺鰍魚極貳塊
各長柒尺斗蓋極貳塊各長伍尺均圍大壹尺
做淨每折見方尺肆拾尺用艌匠壹工每塊用
長陸寸釘貳個艌縫湊長柒拾丈共核用
圍大壹尺樟木極叁拾伍丈柒尺捌寸

長陸寸釘捌拾個
灰柒拾斤
桐油貳拾捌斤
網紗貳拾陸斤肆兩
竹絲貳拾陸斤肆兩
艫匠捌工柒分伍釐
艌匠拾工
舂灰夫貳名肆分伍釐
船身兩旁走馬貳條水蛇貳條抽換各長肆丈貳

尺[illegible]寸厚肆寸做淨每折見方尺肆拾尺用
艫匠壹工走馬釘縫湊長捌丈肆尺每丈用長
壹尺釘叁拾個水蛇釘縫湊長捌丈肆尺每肆
尺用長壹尺釘叁個艌縫湊長叁拾叁丈陸尺
共核用
圍大叁尺貳寸淨長肆丈貳尺大吉木貳根
長壹尺釘叁百拾伍個
灰叁拾叁斤拾兩
桐油拾叁斤柒兩

網紗拾貳斤玖兩陸錢
竹絲拾貳斤玖兩陸錢
艫匠拾工捌釐
鋸匠貳工捌分捌釐
艌匠肆工捌分
舂灰夫壹名壹分捌釐
船面兩旁擻板長陸丈貳尺湊寬壹丈壹尺叁寸
抽換用長肆丈貳尺寬捌寸厚叁寸大吉木板
拾捌塊做淨每折見方尺捌拾尺用艫匠壹工

釘縫湊長柒拾伍丈陸尺每丈用長陸寸釘叁
拾個艙縫湊長壹百伍拾壹丈貳尺共核用
圍大叁尺貳寸净長肆丈貳尺大吉木陸根
長陸寸釘貳千貳百陸拾捌個
灰壹百伍拾壹斤叁兩
桐油陸拾斤柒兩柒錢
網紗伍拾陸斤拾壹兩貳錢
竹絲伍拾陸斤拾壹兩貳錢
艦匠貳拾工柒分玖釐

鋸匠拾壹工捌分捌釐
艌匠貳拾[illegible]工陸分
舂灰夫伍名貳分玖釐
兩旁䑸板各長陸丈玖尺高陸尺伍寸派換用長
叁丈陸尺寬伍寸捌分厚貳寸伍分中吉木板
叁拾陸塊兩旁添換木段䑸枋肆根各長陸尺
伍寸圍大叁尺貳寸䑸板[illegible]見方尺捌
拾尺用艦匠壹工䑸柱肆拾[illegible]用[illegible]匠壹工䑸
板釘縫湊長壹百貳拾玖丈陸尺每丈用長伍

寸釘叁拾個䑸柱釘縫湊長貳丈陸尺每丈用
長陸寸釘叁拾個艙縫湊長貳百陸拾肆丈肆
尺共核用
圍大貳尺伍寸淨長叁丈陸尺中吉木拾貳
根
圍大叁尺伍寸木段貳丈陸尺捌寸
長陸寸釘柒拾捌個
長伍寸釘叁千捌百捌拾捌個
灰貳百陸拾肆斤陸兩

桐油壹百伍斤拾貳兩貳錢
網紗玖拾玖斤貳兩肆錢
竹絲玖拾玖斤貳兩肆錢
艦匠貳拾捌工玖分柒釐
鋸匠拾伍工叁分柒釐
艌匠叁拾柒工柒分柒釐
舂灰夫玖名貳分伍釐
查成規內䑸板未載䑸高尺寸今按䑸柱長丈核定
兩旁䑸[illegible]拾捌塊各長肆尺能月貳塊各長壹尺

伍寸均圍大壹尺做淨每折見方尺肆拾尺用
艦匠壹工舨䑸每塊用長陸寸釘貳個龍目每
塊用長陸寸釘陸個艌縫湊長拾伍丈共核用
圍大壹尺樟木極柒丈柒尺
長陸寸釘肆拾捌個
灰拾伍斤
桐油陸斤
網紗伍斤拾兩
竹絲伍斤拾兩

艦匠壹工捌分捌釐
艌匠貳工壹分肆釐
舂灰夫伍分叁釐
舨上前後浮溪木扆條枋肆塊各長貳丈伍尺壓
舨板肆塊各長貳丈捌尺均寬伍寸厚貳寸兩
邊木段猴袋板肆塊各長伍尺寬捌寸厚貳寸
伍分做淨每折見方尺捌拾捌尺用艦匠壹工貳
橋壓板釘縫湊長貳拾丈肆尺每丈用長伍
寸釘叁拾個壓板艌縫湊長貳拾捌丈捌尺共

核用
圍大貳尺淨長叁丈貳尺浮溪木貳根壹丈
柒尺叁寸
圍大叁尺伍寸木段伍尺壹寸
長伍寸釘柒百叁拾貳個
灰貳拾捌斤拾叁兩
桐油拾壹斤捌兩叁錢
網紗拾斤拾貳兩捌錢
竹絲拾斤拾貳兩捌錢

艦匠肆工捌分
鋸匠貳工柒分肆釐
艌匠肆工壹分壹釐
舂灰夫壹名壹釐
兩旁大壓貳塊笨抽貳塊水戧貳塊各長叁丈陸
尺寬陸寸陸分厚叁寸伍分做淨每折見方尺
肆拾尺用艦匠壹工釘縫湊長貳拾壹丈陸尺
每丈用長陸寸釘叁拾個艌縫湊長肆拾叁丈
貳尺共核用

圍大貳尺伍寸净長叁丈陸尺中吉木叁根
長陸寸釘陸百肆拾捌個
灰肆拾叁斤叁兩
桐油拾柒斤肆兩伍錢
綢紗拾陸斤叁兩貳錢
竹絲拾陸斤叁兩貳錢
艦匠拾工玖分壹釐
鋸匠叁工壹分貳釐
艌匠陸工壹分柒釐

春灰夫壹名伍分壹釐
官廳前後用中吉木樑叁根各長壹丈陸尺伍寸
圍大貳尺貳寸浮溪木柱肆根各長壹丈叁尺
圍大壹尺柒寸照柱鋸根各長壹丈叁尺見方
伍寸官廳上中吉木戰棚板作左右後叁面墻
板共叁拾陸塊各長壹丈陸尺捌寸湊寬貳丈
叁尺柒寸陸分照寬伍寸捌分厚貳寸伍分板
陸拾捌丈捌尺[illegible]寸[illegible]段冲天蓋設拾貳
塊各長肆尺陸寸寬捌寸厚貳寸伍分浮溪木

釘板拾肆塊各長玖尺湊寬捌尺肆寸捌分官
廳門板捌塊各長肆尺湊寬肆尺捌寸肆分用
寬伍寸厚貳寸板拾捌丈陸尺伍寸陸分戰棚
梯貳塊側板貳塊踏板壹塊各長壹丈柒尺均
寬伍寸厚貳寸官廳梁柱貼柱做净每折見方
尺肆拾尺用艌匠壹工戰棚各板捌拾尺用艌
匠壹工戰棚板墻板冲天蓋板官廳門板釘縫
湊長柒拾柒丈柒尺叁寸肆分每丈用長伍寸
釘叁拾個戰棚板墻板冲天蓋板艌縫湊長壹

百肆拾捌丈陸尺捌寸肆分共核用
圍大貳尺伍寸净長叁丈陸尺中吉木柒根
貳丈陸尺玖寸
圍大貳尺净長叁丈貳尺浮溪木柒根貳丈
貳尺伍寸貳分
圍大叁尺伍寸木段壹丈肆尺壹寸
長伍寸釘貳千叁百叁拾貳個
灰壹百肆拾捌斤拾壹兩
桐油伍拾玖斤柒兩陸錢

網紗伍拾仟斤拾貳兩壹[illegible]
竹絲五[illegible]斤拾貳兩壹錢
艌匠[illegible]工陸分[illegible]
艌匠拾叁工壹分玖釐
艌匠貳[illegible]壹[illegible]分[illegible]釐
春灰[illegible]
官廳前通鋪[illegible]各長壹丈柒尺後[illegible]鋪
枋貳塊各長壹[illegible]壹尺貳寸厚[illegible]
做淨每折見方[illegible]八[illegible]艌匠壹工釘[illegible]

第[illegible]號[illegible]船

長拾丈每丈用長[illegible]寸[illegible]拾個艌縫麥[illegible]
拾丈共核用
寬壹尺貳寸厚叁寸松木枋拾丈壹尺貳寸
長陸寸釘叁百個
灰貳拾斤
桐油捌斤
網紗柒斤捌兩
竹絲柒斤捌兩
艌匠叁工柒分伍釐

艌匠貳工捌分肆釐
春灰[illegible]柒分
官廳前[illegible]浮溪木[illegible]墻板拾塊[illegible]門[illegible]
塊各長肆尺兩[illegible]丈貳尺八[illegible]寸貳[illegible]
裏[illegible]板拾塊又[illegible]板拾塊各[illegible]柒尺寬壹
丈陸寸用寬伍寸厚貳寸枋貳拾伍丈壹寸陸
分[illegible]段[illegible]裏上下[illegible]肆塊各長柒尺寬[illegible]寸厚
肆寸上下[illegible]做淨每折見方尺肆拾尺用艌匠
壹工[illegible]裏各板捌拾尺用艌匠壹工[illegible]裏墻板

第[illegible]號[illegible]船

[illegible]板釘縫[illegible]長拾丈壹尺八柒寸陸分每丈用長
伍寸釘叁拾個共核用
圓大貳尺淨長叁丈貳尺浮溪木貳根壹丈
玖尺肆寸
圓大叁尺伍寸木段壹丈肆尺肆寸
長伍寸釘叁百伍個
艌匠陸工陸釐
鋸匠貳工玖分捌釐
官廳內中[illegible]根長壹丈陸尺伍寸圍

大貳尺貳寸浮溪木虎頭艙門板捌塊各長[illegible]
尺柒寬肆尺貳寸肆分虎頭艙鋪板捌塊各長
陸尺柒寬肆尺貳寸肆分用寬伍寸厚貳寸板
捌丈肆尺捌寸炕床[illegible]做淨每折見方尺肆拾
尺用艌匠[illegible]工[illegible]各設捌拾尺用艌匠壹
工虎頭艙[illegible]長[illegible]丈叁尺玖寸貳分
每丈用[illegible]核用
捌丈[illegible]尺中吉木壹丈
[illegible]
[illegible]
[illegible]溪木貳丈捌尺
[illegible]
長[illegible]百貳[illegible]
[illegible]
[illegible]
兩旁[illegible]板用長貳丈捌尺寬肆寸厚貳寸
高洋木板貳拾[illegible]塊各艙內鋪板用長肆尺寬
肆寸厚壹寸高洋木[illegible]百貳拾肆塊做淨每
折見方尺捌拾尺用艌匠壹工共核用

十五　卷六

圓大壹尺陸寸淨長貳丈捌尺高[illegible]
貳根
艌匠貳拾[illegible]陸釐
[illegible]拾叁[illegible]
兩旁[illegible]長捌尺[illegible]艙口杠豆肆塊
各長壹丈柒[illegible]寬[illegible]寸厚叁寸做淨每
折見方尺肆拾[illegible]壹工艌[illegible]用長
陸寸釘肆個[illegible]丈陸丈捌尺每丈用
長[illegible]寸釘叁[illegible]個[illegible]共貳拾丈共核用
[illegible]
寬壹尺[illegible]枋[illegible]丈[illegible]尺[illegible]寸
長陸寸釘[illegible]個
灰[illegible]拾斤
桐油捌斤
網紗柒斤捌兩
竹絲柒斤捌兩
艌匠柒工伍分
[illegible]匠貳工捌分陸釐
[illegible]柒分

十六　卷六

各艙蓋板用長陸尺玖寸寬捌寸厚貳寸伍分木[illegible]
段板柒拾貳塊艙蓋下大通槽拾個側槽陸個
水槽陸個各長肆尺陸寸寬壹尺厚捌寸小過[illegible]
槽捌個各長肆尺陸寸見方捌寸艙蓋板做淨
每折見方尺捌拾尺用[illegible]槽等槽叁
拾尺用[illegible]壹工艌蓋板釘縫[illegible]長肆拾玖丈
陸尺捌寸每丈用長伍寸[illegible]艌縫湊長
玖拾玖[illegible]叁尺陸寸[illegible]
圍大叁尺伍寸[illegible]拾[illegible]丈捌尺捌寸

長[illegible]寸釘壹[illegible]
[illegible]拾玖[illegible]
[illegible]叁拾[illegible]斤[illegible]兩[illegible]
[illegible]
竹絲叁拾柒斤[illegible]兩貳錢
[illegible]貳拾玖[illegible]
[illegible]拾工玖分
艌[illegible]分玖釐
舂灰夫[illegible]分捌釐

兩旁艌邊用高洋[illegible]
[illegible]根各長貳[illegible]寸做淨[illegible]
[illegible]尺肆拾尺用[illegible]修用
[illegible]尺[illegible]尺高洋木肆根
艌匠叁工[illegible]
[illegible]斗蓋用樟木[illegible]尺圍大肆尺柒
[illegible]梁[illegible]柒寸斗蓋下[illegible]
[illegible]塊長[illegible]肚勒壹個長[illegible]
尺寬壹尺[illegible]托[illegible]捌尺寬[illegible]尺

均厚叁寸[illegible]做淨每折
見方尺肆拾尺[illegible]板捌拾尺用
艌匠[illegible]貳個蝦籠梁托
湊板[illegible]每丈用長陸寸
釘叁拾個[illegible]鹿肚[illegible]湊長壹丈貳尺每
丈用長伍寸釘叁拾[illegible]梁托浪板兔耳鹿
肚勒艌縫湊長柒丈叁尺共核用
圍大肆尺柒寸長壹丈伍尺伍寸樟木壹根[illegible]
[illegible]壹尺伍寸[illegible]叁寸樟[illegible]杉壹丈[illegible]尺伍寸

肆分
寬壹尺厚玖寸長捌尺貳寸樟木板貳塊
長捌寸釘拾貳個
長陸寸[illegible]釘柒拾肆個
長伍寸釘叁拾陸個
灰柒斤伍兩
桐油[illegible]斤拾肆兩[illegible]錢
綱紗[illegible]斤拾壹兩[illegible]錢
竹絲[illegible]斤拾壹兩[illegible]

艌匠[illegible]工[illegible]分[illegible]釐
艌匠壹丁肆釐
舂灰夫貳分陸釐
中台擋壹塊長壹丈捌尺圍大[illegible]尺[illegible]合[illegible]壹塊
長壹[illegible]伍尺圍大伍尺[illegible]寸[illegible]壹塊長壹
丈[illegible]尺頭尾[illegible]長[illegible]尺均[illegible]壹[illegible]伍寸
[illegible]匠壹工
[illegible]長陸寸釘叁
拾個[illegible]纜索長[illegible]丈捌尺共核用

周大柒尺長壹丈捌尺伍寸[illegible]
圍大[illegible]尺叁寸長[illegible]丈伍尺[illegible]樟木[illegible]板
寬[illegible]尺伍寸厚叁寸樟木枋[illegible]丈[illegible]尺肆寸
長陸寸釘[illegible]捌個
灰玖斤拾[illegible]兩
桐油叁斤[illegible]肆兩柒錢
綱紗叁斤[illegible]兩捌錢
竹絲叁斤[illegible]兩捌錢
[illegible]匠玖工[illegible]分[illegible]釐

艌匠壹工[illegible]分
舂灰夫叁[illegible]肆釐
轉水貳塊[illegible]尺[illegible]寸伍分
樟桅轉水[illegible]塊[illegible]尺圍大壹尺做淨每
折見方尺[illegible]尺用[illegible]工轉水每塊用長
壹尺釘貳個轆水鞋[illegible]長陸寸釘柒個艌
縫湊長玖丈貳尺共[illegible]
寬貳尺厚玖寸伍分長壹丈陸尺貳寸樟木
貳塊

圍大壹尺樟木桅壹支長肆尺肆寸
長壹尺釘肆個
長陸寸釘拾肆個
灰玖斤叁兩
桐油叁斤拾兩玖錢
網紗叁斤柒兩貳錢
竹絲叁斤柒兩貳錢
艌匠伍工柒分
艌匠壹工叁分壹釐

春灰[illegible]貳釐
艄尾用浮溪木尾樓[illegible]肆根各長肆尺圍大壹
尺柒寸木[illegible]尾樓[illegible]板捌塊各長壹丈肆尺[illegible]
棚板拾陸[illegible]各長[illegible]尺均寬捌寸厚貳寸伍分
舥柱[illegible]見方尺肆拾尺用艌匠壹工舥
板拜棚板[illegible]工拜捌板舥板[illegible]
縫灰長貳[illegible]伍寸釘叁拾
過拜捌板艌[illegible]長貳拾貳丈肆尺[illegible]
圍大貳尺厚[illegible]寸[illegible]尺[illegible]木[illegible]

圍大叁尺伍寸[illegible]段伍[illegible]柒[illegible]貳寸
長伍[illegible]
[illegible]貳拾貳斤[illegible]
桐油[illegible]拾[illegible]肆錢
網紗[illegible]兩[illegible]錢
竹絲捌斤[illegible]兩[illegible]
艌匠[illegible]伍分[illegible]
艌匠[illegible]分[illegible]
[illegible]貳[illegible]

春灰[illegible]分[illegible]
[illegible]用[illegible]下金壹[illegible]長柒[illegible]寸[illegible]柒尺伍
寸繚[illegible]副長柒[illegible]貳尺[illegible]厚陸寸
[illegible]樓上金壹塊長[illegible]貳尺壹寸厚捌
寸柒星冠壹塊長[illegible]捌尺寬壹尺貳寸厚陸
寸硬木桅[illegible]金拴[illegible]繚牛轆貳根各長陸尺
伍寸圍大捌寸木[illegible]繚牛槓貳根各長柒尺圍
大叁尺貳寸下金繚牛上金七星冠做淨每折
[illegible]見方尺叁拾尺用艌匠壹工下金拴繚牛轆繚

牛頭肆拾尺用艌匠壹工下金用長捌寸釘[illegible]
捌個繚牛用長捌寸釘貳拾貳個上金用長[illegible]
尺釘拾捌個繚牛厰釘縫凑長壹丈叁尺每丈
用長伍寸釘叁拾個下金艌縫凑長柒尺伍寸
共核用
圍大柒尺伍寸長柒尺柒寸樟木壹段
寬貳尺肆寸厚陸寸長柒尺柒寸樟木壹塊
寬貳尺壹寸厚捌寸長壹丈柒尺貳寸樟木
壹[illegible]

寬壹尺貳寸厚陸寸長壹丈捌尺貳寸樟木
壹[illegible]
圍大捌寸長壹丈叁尺硬木桅貳根
圍大叁尺伍寸木段壹丈肆尺肆寸
長壹尺釘拾捌個
長捌寸釘肆拾個
長伍寸釘叁拾玖個
灰拾貳兩
桐油肆兩捌錢

網紗肆兩[illegible]錢
竹絲肆兩伍錢
艌匠拾工[illegible]分[illegible]釐
艌[illegible]壹分[illegible]釐
舂灰夫[illegible]
[illegible]尾舵邊用[illegible]硬筋貳根各長壹丈肆尺圍大
叁尺貳寸尾[illegible]筋[illegible]肆塊各長柒尺寬壹尺
厚肆寸[illegible]貳塊各長壹丈壹尺寬壹
尺厚叁寸[illegible]肆拾尺用艦匠壹

工硬筋頭尾[illegible]長陸寸釘[illegible]貳個共核用
圍大叁尺[illegible]貳尺捌寸
寬壹尺厚叁寸[illegible]木貳丈貳尺肆寸
長陸寸釘拾貳個
艦匠伍工陸分叁釐
鋸匠伍分陸釐
尾樓上用浮溪木鋪板拾塊各長肆尺尾座板肆
塊各長壹丈貳尺厰邊寄菜板貳塊各長壹丈
肆尺碗[illegible]貳塊各長壹丈壹尺尾樓[illegible]貳[illegible]

桅壹根各長壹丈柒尺均寬伍寸厚貳寸做淨每折見方尺捌拾尺用艌匠壹工尾樓鋪板釘縫湊長肆丈每丈用長伍寸釘叁拾個共核用

圍大貳尺淨長叁丈貳尺浮浮木壹根叁丈壹尺

長伍寸釘壹百貳拾個

艌匠叁工叁分壹釐

鋸匠壹工捌分玖釐

船尾用樟木櫓通板貳塊各長壹丈肆尺櫓門枋

壹塊櫓床貳塊各長伍尺雙頭蛇壹塊長肆尺均寬壹尺伍寸厚叁寸櫓通板做淨每折見方尺捌拾尺用艌匠壹工櫓門枋櫓床雙頭蛇肆拾尺用艌匠壹工櫓床每塊用長捌寸釘拾貳個櫓通板釘縫湊長貳丈捌尺每丈用長陸寸釘叁拾個櫓床櫓通板艌縫湊長柒丈陸尺共核用

寬壹尺伍寸厚叁寸樟木枋肆丈柒尺捌寸

長捌寸釘貳拾肆個

用長伍寸釘叁拾個托浪板木底板舨板艌縫湊長伍拾玖丈伍寸陸分共核用

寬壹尺厚叁寸柯楠木叁丈伍尺

圍大貳尺淨長叁丈貳尺浮溪木叁根貳丈捌尺肆寸

長陸寸釘拾貳個

長伍寸釘捌百捌拾陸個

灰伍拾玖斤壹兩

桐油貳拾叁斤拾兩

網紗貳拾貳斤貳兩叁錢

竹絲貳拾貳斤貳兩叁錢

艌匠捌工貳分

鋸匠叁工柒分叁釐

艌匠捌工肆分肆釐

舂灰夫貳名柒釐

舢板船兩旁水蛇貳根木餞貳根各長壹丈陸尺壓板貳塊各長壹丈捌尺均寬伍寸厚貳寸做淨每折見方尺捌拾尺用艌匠壹工水蛇釘縫

捌寸

圍大壹尺樟木梔玖丈玖尺貳寸

寬壹尺厚叁寸柯榔木枋壹丈貳尺肆寸

長陸寸釘貳百捌拾捌個

灰拾玖斤叁兩

桐油柒斤拾兩玖錢

網紗柒斤叁兩貳錢

竹絲柒斤叁兩貳錢

艦匠肆工伍分壹釐

鋸匠伍分玖釐

艌匠貳工柒分肆釐

舂灰夫陸分柒釐

大桅座壹塊長捌尺見方貳尺肆寸頭桅座壹塊

長伍尺陸寸圍大肆尺陸寸做淨每折見方尺

叁拾尺用艦匠壹工共核用

見方貳尺肆寸長捌尺貳寸樟木壹塊

圍大肆尺陸寸長伍尺捌寸樟木壹段

艦匠叁工肆分貳釐

大鹿耳貳塊各長壹丈貳尺寬貳尺貳寸厚壹尺

壹寸頭鹿耳貳塊各長玖尺捌寸寬壹尺捌寸

厚捌寸硬木棍鹿耳夾貳塊各長壹丈叁尺圍

大捌寸做淨每折見方尺肆拾尺用艦匠壹工

共核用

寬貳尺貳寸厚壹尺壹寸長壹丈貳尺貳寸

樟木貳塊

寬壹尺捌寸厚捌寸長壹丈樟木貳塊

圍大捌寸長壹丈叁尺硬木棍貳根

艦匠柒工叁釐

大桅壹根長柒丈貳尺圍大伍尺柒寸頭桅壹根

長伍丈圍大肆尺叁寸做淨每折見方尺肆拾

尺用艦匠壹工共核用

圍大伍尺柒寸長柒丈貳尺桅木壹根

圍大肆尺叁寸長伍丈桅木壹根

艦匠拾伍工陸分肆釐

桅尾用柯榔木馬面貳塊各長叁丈伍尺寬壹尺

伍寸厚叁寸樟木大桅笠壹塊長貳尺寬壹尺

伍寸頭桅笠壹塊長壹尺陸寸寬壹尺貳寸大
桅琵琶壹塊長叁尺寬壹尺頭桅琵琶壹塊長
貳尺寬捌寸均厚叁寸木段大桅竚壹根長壹
丈貳尺頭桅竚壹根長玖尺均圍大叁尺貳寸
馬面做淨每折見方尺捌拾尺用艦匠壹工桅
笠桅竚琵琶肆拾尺用艦匠壹工馬面釘縫叅
長柒丈每丈用長陸寸釘貳拾個共核用
寬壹尺伍寸厚叁寸柯椥木枋柒丈肆寸
寬壹尺伍寸厚叁寸樟木枋陸尺陸寸伍分

圍大叁尺伍寸木段貳丈壹尺肆寸
長陸寸釘壹百肆拾個
艦匠伍工肆分肆釐
大風篷壹扇長陸丈寬貳丈柒尺捌寸頭風篷壹
扇長貳丈捌尺寬壹丈肆尺浮溪木大篷檐貳
根各長貳丈柒尺捌寸頭篷檐貳根各長壹丈
肆尺圍大壹尺柒寸做淨每折見方尺肆拾尺
用艦匠壹工共核用
寬貳丈柒尺捌寸長陸丈風篷壹扇

寬壹丈肆尺長貳丈捌尺風篷壹扇
圍大貳尺淨長叁丈貳尺浮溪木貳根壹丈
玖尺陸寸
艦匠叁工伍分伍釐
大篷架用木段橫梁壹根長壹丈肆尺頭篷架橫
梁壹根架針叁根各長柒尺均寬壹尺厚捌寸
做淨每折見方尺叁拾貳尺用艦匠壹工共核
用
圍大叁尺伍寸木段肆丈叁尺

艦匠肆工柒分叁釐
鋸匠壹工捌釐
大篷車員壹根用中吉木長壹丈陸尺半車員壹
根斗頭車員壹根各長壹丈椗車員壹根長壹
丈伍尺均圍大貳尺貳寸浮溪木車耳陸個各
長陸尺車脚直枝捌塊各長壹丈伍尺斜枝肆
塊各長壹丈壹尺均寬伍寸厚貳寸硬木棍車
子肆拾伍根各長壹丈叁尺圍大捌寸車員車
耳做淨每折見方尺叁拾貳尺用艦匠壹工車

脚斜直板捌拾尺用艙匠壹工共核用
圍大貳尺伍寸净長叁丈陸尺中吉木壹根
壹丈伍尺
圍大貳尺净長叁丈貳尺浮溪木貳根貳尺
柒寸
圍大捌寸長壹丈叁尺硬木棍肆拾伍根
艌匠柒工玖分伍釐
鋸匠貳工
水櫃用樟木牛頭肆塊各長伍尺寬壹尺伍寸厚

叁寸木段水櫃柱肆根各長陸尺伍寸圍大叁
尺貳寸水櫃閘肆塊各長柒尺見方捌寸水櫃
板叁拾陸塊各長肆尺陸寸寬捌寸厚貳寸伍
分水櫃柱閘牛頭做淨每折見方尺肆拾尺用
艙匠壹工水櫃板捌拾尺用艙匠壹工水櫃柱
每根用長陸寸釘貳拾個牛頭釘縫湊長貳丈
每丈用長陸寸釘叁拾個水櫃板釘縫湊長拾
陸丈伍尺陸寸每丈用長伍寸釘叁拾個艌縫
湊長肆拾柒丈玖尺貳寸共核用

寬壹尺伍寸厚叁寸樟木枋貳丈肆寸
圍大叁尺伍寸木段玖丈柒尺玖寸
長陸寸釘壹百肆拾個
長伍寸釘肆百玖拾柒個
灰肆拾柒斤拾伍兩
桐油拾玖斤貳兩柒錢
網紗拾柒斤拾伍兩伍錢
竹紗拾柒斤拾伍兩伍錢
艌匠拾工肆分柒釐

鋸匠叁工壹分貳釐
艌匠陸工捌分伍釐
舂灰夫壹名陸分捌釐
媽祖龕用杉木板貳拾肆丈尾樓刀劍舭邊砲眼
等項用板拾貳丈均寬陸寸厚壹寸做淨每折
見方尺捌拾尺用艙匠壹工釘縫湊長貳拾肆
丈每丈用長肆寸釘叁拾個艌縫湊長肆拾捌
丈共核用
寬陸寸厚壹寸杉木板叁拾陸丈柒尺貳寸

長肆寸釘柒百貳拾個
灰肆拾捌斤
桐油拾玖斤叁兩貳錢
網紗拾捌斤
竹絲拾捌斤
艦匠陸工叁分
艌匠陸工捌分陸釐
舂灰夫壹名陸分捌釐
船面兩旁砲架陸個并蓋每個用長肆尺陸寸寬

欽定福建省外海戰船則例　第陸則趕繒船　三十三　卷六

捌寸厚貳寸伍分木段板陸塊做淨每折見方
尺捌拾尺用艦匠壹工共核用
圍大叁尺伍寸木段肆丈貳尺叁寸
艦匠肆工叁分伍釐
鋸匠貳工肆分捌釐
船頭用中吉木樾壹根長叁丈陸尺圍大貳尺貳
寸做淨每折見方尺肆拾尺用艦匠壹工共核
用
圍大貳尺伍寸淨長叁丈陸尺中吉木壹根

艦匠壹工玖分捌釐
船尾舵壹門用楮木舵桿壹根長壹丈捌尺寬壹
尺肆寸厚捌寸中吉木舵閂板叁塊各長壹丈
捌尺湊寬壹尺玖寸捌分用寬伍寸捌分厚貳
寸伍分板陸丈壹尺肆寸伍分樟木極舵夾捌
塊各長肆尺圍大壹尺硬木棍舵牙柅貳根各
長壹丈叁尺圍大捌寸舵桿做淨每折見方尺
叁拾尺用艦匠壹工舵夾舵牙肆拾尺用艦匠
壹工舵閂板捌拾尺用艦匠壹工舵夾釘縫湊

欽定福建省外海戰船則例　第陸則趕繒船　三十四　卷六

長叁丈貳尺每丈用長捌寸釘伍拾個舵夾舵
閂板舵縫湊長拾捌丈陸尺玖寸共核用
寬壹尺肆寸厚捌寸長壹丈捌尺貳寸楮木
壹根
圍大貳尺伍寸淨長叁丈陸尺中吉木貳丈
肆寸捌分
圍大壹尺樟木極叁丈貳尺捌寸
圍大捌寸長壹丈叁尺硬木棍貳根
長捌寸釘壹百陸拾個

灰拾捌斤拾壹兩
桐油柒斤柒兩陸錢
綱紗柒斤壹錢
竹絲柒斤壹錢
艦匠伍工貳分肆釐
鋸匠柒分叁釐
艌匠貳工陸分柒釐
舂灰夫陸分伍釐
跟隨戰船舢板船用柯槨木龍骨壹根長壹丈柒

尺斗蓋壹塊長陸尺托浪板貳塊各長伍尺陸
寸均寬壹尺厚叁寸浮溪木水底板拾塊各長
壹丈陸尺湊寬伍尺叁寸舭板陸塊各長壹丈
捌尺湊寬叁尺壹寸捌分堵板拾肆塊各長陸
尺湊寬柒尺肆寸貳分用寬伍寸厚貳寸板叁
拾柒丈叁尺壹寸貳分龍骨做淨每折見方尺
肆拾尺用艦匠壹工斗蓋各板捌拾尺用艦匠
壹工龍骨用長陸寸釘拾貳個托浪板水底板
舭板釘縫湊長貳拾玖丈伍尺貳寸捌分每丈

長陸寸釘捌拾肆個
灰柒斤拾兩
桐油叁斤陸錢
綱紗貳斤拾叁兩陸錢
竹絲貳斤拾叁兩陸錢
艦匠貳[illegible]玖分柒釐
艌匠壹工[illegible]分[illegible]釐
舂灰夫[illegible]分[illegible]釐
水仙門兩旁用[illegible]各長肆尺圍大

壹尺[illegible]寸水仙[illegible]各長肆尺湊寬[illegible]
尺肆寸貳分用寬伍[illegible]寸板伍丈玖尺[illegible]
寸陸分樟木極百子艙拾陸塊各長陸尺圍大
壹尺舭邊柯槨木朴竹貳塊各長陸尺寬壹尺
厚叁寸水仙門柱百子艙做淨每折見方尺肆
拾尺用艦匠壹工門板朴竹捌拾尺用艦匠壹
工百子艙釘縫湊長玖丈陸尺每丈用長陸寸
釘叁拾個艌縫湊長拾玖丈貳尺共核用
圍大貳尺淨長叁丈貳尺浮溪木壹根叁尺

湊長叁丈貳尺每肆尺用長捌寸釘叁個壓板
水鐵釘縫湊長陸丈捌尺每丈用長伍寸釘叁
拾個艙縫湊長貳拾丈共核用
圍大貳尺浄長叁丈貳尺浮溪木壹根壹尺
叁寸
長捌寸釘貳拾肆個
長伍寸釘貳百肆個
灰貳拾斤
桐油捌斤

網紗柒斤捌兩
竹絲柒斤捌兩
艦匠壹工柒分伍釐
鋸匠壹工
艌匠貳工捌分陸釐
舂灰夫柒分
舢板船用樟木舢板舵叁個各長肆尺寬伍寸厚
叁寸樟木極舢板梁肆塊各長肆尺肆寸牛頭
仔極拾伍個各長貳尺冲天極貳塊牛頭極陸

塊各長貳尺捌寸均圍大壹尺做浄每折見方
尺肆拾尺用艦匠壹工舢板舵梁釘縫湊長貳
丈玖尺陸寸每丈用長陸寸釘叁拾個冲天極
牛頭極每塊用長陸寸釘貳個舢板舵梁冲天
極牛頭極艙縫湊長拾丈肆尺共核用
寬壹尺伍寸厚叁寸樟木枋肆尺壹寸
圍大壹尺樟木極柒丈貳尺柒寸
長陸寸釘壹百伍個
灰拾斤陸兩

桐油肆斤貳兩陸錢
網紗叁斤拾肆兩肆錢
竹絲叁斤拾肆兩肆錢
艦匠貳工貳分叁釐
艌匠壹工肆分玖釐
舂灰夫叁分陸釐
大桅鐵箍捌個各長伍尺捌寸頭桅箍肆個各長
肆尺肆寸舵箍叁個各長肆尺柒寸拋碇箍貳個
各長叁尺叁寸俱寬貳寸厚伍分碇齒叁個各

長壹尺寬柒寸厚伍分櫓箍肆個各長貳尺柒
寸寬壹寸厚叁分鐵鐶肆個各圍大陸寸以上
鐵料共淨重貳百肆拾貳斤拾貳兩每正鐵壹
斤加耗鐵壹斤每正鐵伍斤用鐵匠壹工每正
耗鐵壹斤用炭叁斤共核用
生鐵肆百捌拾伍斤捌兩
炭壹千肆百伍拾陸斤捌兩
鐵匠肆拾捌工伍分伍釐
油艌前船共用

烏烟叁斤伍兩
廣紅伍斤
銅碌肆兩
京紅肆兩
南粉貳斤
銀硃壹兩
籐黃肆兩
藍粉肆兩
硫粉壹兩

水膠陸兩
松香捌兩
墨貳塊
桐油肆斤
淡底壹斤
油畫匠拾工
麻大桅繂索貳條各長捌丈伍尺大柒寸伍分頭
桅繂索貳條各長柒丈壹尺大肆寸伍分大踏
索貳條各長柒丈壹尺大伍寸小踏索貳條各

長伍丈大叁寸大繚母壹條長肆丈貳尺大柒
寸小繚母壹條長貳丈伍尺大肆寸大幇襯陸
條各長壹丈陸尺大貳寸小幇襯玖條各長伍
尺伍寸大壹寸陸分以上麻繩共重伍百陸拾
斤每百斤用繩匠叁工陸分共核用
麻伍百陸拾斤
繩匠貳拾工壹分陸釐
棕正椗索壹條長肆拾貳丈大捌寸柒分副椗索
壹條長肆拾丈大柒寸貳分大篷筋壹條長陸

丈捌尺大壹寸捌分小蓬筋壹條長叁丈陸尺大壹寸貳分繚仔繚耳共拾捌條各長貳丈壹尺大貳寸椗奴貳條各長壹丈伍尺大柒寸貳分大小摘尾貳條共長拾貳丈大肆寸叁分舵弔壹條長叁丈大陸寸貳分以上棕繂共重伍百捌拾斤每撕棕肆拾斤用匠壹工成繩肆拾斤用匠壹工共核用

棕伍百捌拾斤

撕棕匠拾肆工伍分

成繩匠拾肆工伍分

冲風旗壹面長寬各壹丈陸尺壹條龍旗壹面長陸丈寬叁尺媽祖旗壹面長寬各伍尺大小定風旗叁面內壹面長陸尺貳面各長肆尺伍寸均寬壹尺共核用

幅寬壹尺色布伍拾丈

苧線拾兩

裁縫匠伍工

冲定風門幽全各長貳丈壹尺寬壹尺貳寸厚陸寸

冲櫓貳枝各長肆丈捌尺寬捌寸厚伍寸

舢板櫓壹枝長貳丈玖尺寬柒寸厚肆寸

大小桅餅柒個

大小無底升伍百伍拾個

椗舵上配用竹繩草繩共用

竹篾伍百貳拾斤

繩匠拾捌工柒分貳釐

草心伍百叁拾柒斤

繩匠拾叁工肆分叁釐

查原送成規內開打造竹繩草繩所用匠工多寡不齊今照棕麻繩索用工之例一律核定

桅籐貳拾捌斤

籐匠伍工陸分

蓬上配用大小繚毬攝子兔耳共用

刻字用

刻字匠叁工

豎立大小桅用

壯夫肆拾名
前船共用大小鐵釘貳萬柒千捌百柒拾個刷抹
釘頭每百個用桐油陸兩肆錢灰壹斤每油灰
拾斤用艌匠壹工共核用
桐油壹百拾壹斤柒兩柒錢
灰貳百柒拾捌斤拾壹兩
艌匠叁拾玖工貳釐
舂灰夫玖名柒分伍釐
前船共用艌匠肆百陸拾貳工陸分柒釐係照杉

松木植核定內有樟柯等硬料用匠壹百柒工
貳分壹釐每工外加匠貳分計加匠貳拾壹工
肆分肆釐共匠肆百捌拾肆工壹分壹釐每百
工加安裝匠拾工計安裝匠肆拾捌工肆分壹
釐每艌匠安裝匠壹百工加隨匠壯夫貳拾名
計壯夫壹百陸名伍分
以上拆造前船共用
寬壹尺厚捌寸松木柒丈叁尺陸寸 每丈銀肆錢壹分肆釐
計銀叁兩肆分柒釐

查原送成規內開松木按依拾陸則丈尺計筭每丈核銀自肆錢捌分壹釐至叁錢肆分壹釐不等多寡參差均勻計筭每丈銀肆錢壹分肆釐今照肆錢壹分肆釐之數一律核定
圍大叁尺貳寸淨長肆丈貳尺大吉木貳拾叁根
肆丈壹尺肆寸 每根銀貳兩柒錢
計銀陸拾肆兩柒錢陸分壹釐
查原送成規內開大吉木貳拾陸根今按丈尺做法核筭應減貳根陸寸
圍大貳尺伍寸淨長叁丈陸尺中吉木貳拾陸根
陸尺捌寸捌分 每根銀壹兩伍錢

計銀叁拾玖兩貳錢捌分柒釐
查原送成規內開中吉木貳拾陸根今按丈尺做法核筭應增陸尺捌寸捌分
圍大貳尺淨長叁丈貳尺浮溪木貳拾陸根叁丈
貳寸玖分 每根銀伍錢
計銀拾叁兩肆錢柒分叁釐
查原送成規內開浮溪木貳拾陸根今按丈尺做法核筭應增叁丈貳寸玖分
圍大壹尺陸寸淨長貳丈捌尺高洋木貳拾陸根
每根銀貳錢
計銀伍兩貳錢

圍大叁尺伍寸木段陸拾肆丈捌尺貳寸核長壹丈肆尺段料肆拾陸根肆尺貳寸每根銀陸錢

計銀貳拾柒兩柒錢捌分

查原送成規內開木段肆拾柒根今按丈尺做法核算應減玖尺捌寸

寬壹尺伍寸厚叁寸樟木枋玖拾丈陸尺肆寸玖分核長壹丈柒尺枋料伍拾叁塊伍尺肆寸玖分每塊銀壹兩叁錢

計銀陸拾玖兩叁錢貳分

查原送成規內開樟木枋伍拾陸塊今按丈尺做法核算應減貳塊壹丈壹尺壹寸伍

分

寬壹尺厚叁寸長捌尺貳寸樟木板貳塊每塊銀肆錢壹分捌釐

計銀捌錢叁分陸釐

查原送成規內開樟木梁座梁頭壹則至拾柒則各長壹丈柒尺寬壹尺伍寸厚叁寸每塊銀壹兩叁錢托浪樟木板第壹則長陸尺伍寸寬壹尺厚叁寸每塊開銀伍錢第貳則至拾柒則各長捌尺寬壹尺厚叁寸每塊亦開銀伍錢價值參差今俱照梁座梁頭之價一律核定

寬壹尺貳寸厚叁寸松木枋捌拾伍丈壹尺捌寸

核長壹丈柒尺枋料伍拾塊壹尺捌寸每塊銀叁錢伍分

計銀拾柒兩伍錢叁分柒釐

查原送成規內開松木枋伍拾貳塊今按丈尺做法核算應減壹塊壹丈伍尺貳寸

圍大壹尺樟木極陸拾伍丈叁尺玖寸核長壹丈貳尺樟極伍拾肆塊伍尺玖寸每塊銀貳錢

計銀拾兩捌錢玖分捌釐

查原送成規內開樟木極伍拾捌塊今按丈尺做法核算應減叁塊陸尺壹寸

寬壹尺伍寸厚叁寸柯檝木枋柒丈肆寸每丈銀伍錢柒

分壹釐伍毫

計銀肆兩貳分叁釐

寬壹尺厚叁寸柯檝木枋陸丈玖尺捌寸每丈銀叁錢捌分壹釐

計銀貳兩陸錢伍分玖釐

查原送成規內開柯檝木馬面壹則至拾柒則各長叁丈伍尺寬壹尺伍寸厚叁寸每塊開銀貳兩軟筋及舢板龍骨等料壹則至伍則各長貳丈伍尺寬壹尺厚叁寸每塊開銀壹兩陸則至拾柒則各長叁丈伍尺寬壹尺厚叁寸每塊開銀貳兩價值參差今俱照馬面之價一律核定

圍大捌寸長壹丈叁尺硬木棍陸拾根每根銀捌分

計銀肆兩捌錢

寬陸寸厚壹寸杉木板叁拾陸丈柒尺貳寸每丈銀肆錢

計銀拾肆兩陸錢捌分捌釐

圍大柒尺長壹丈捌尺伍寸樟木壹根

計銀柒兩玖分捌釐

圍大伍尺叁寸長壹丈伍尺伍寸樟木壹根

計銀叁兩肆錢玖釐

見方貳尺肆寸長捌尺貳寸樟木壹塊

計銀肆兩肆錢叁分捌釐

圍大肆尺陸寸長伍尺捌寸樟木壹段

計銀玖錢陸分

寬貳尺壹寸厚捌寸長壹丈柒尺貳寸樟木壹塊

計銀貳兩柒錢壹分肆釐

圍大柒尺伍寸長柒尺柒寸樟木壹段

計銀叁兩叁錢玖分壹釐

寬貳尺貳寸厚壹尺壹寸長壹丈貳尺貳寸樟木貳塊每塊銀貳兩柒錢柒分叁釐

計銀伍兩伍錢肆分陸釐

寬壹尺捌寸厚捌寸長壹丈樟木貳塊每塊銀壹兩叁錢伍分叁釐

計銀貳兩柒錢陸釐

寬貳尺厚玖寸伍分長壹丈陸尺貳寸樟木貳塊每塊銀貳兩捌錢玖分貳釐

計銀伍兩柒錢捌分肆釐

圍大肆尺柒寸長壹丈伍尺伍寸樟木壹根

計銀貳兩陸錢捌分壹釐

寬壹尺貳寸厚陸寸長壹丈捌尺貳寸樟木壹塊

計銀壹兩貳錢叁分壹釐

寬貳尺肆寸厚陸寸長柒尺柒寸樟木壹塊

計銀壹兩肆分貳釐

查原造成規內開壹則至拾柒則每隻用樟木含檀等料拾貳款所開價值逐款核計俱屬參差均勻計算每折見方壹尺需銀玖分叁釐玖毫陸絲今照玖分叁釐玖毫陸絲之數一律核定

寬壹尺肆寸厚捌寸長壹丈捌尺貳寸楮木壹根

計銀拾陸兩
圍大伍尺柒寸長柒丈貳尺桅木壹根
計銀叁拾貳兩
圍大肆尺叁寸長伍丈桅木壹根
計銀柒兩
長壹尺釘叁百伍拾叁個每貳個重壹斤計重壹百柒拾陸斤捌兩長捌寸釘貳百陸拾個每伍個重壹斤計重伍拾貳斤長陸寸釘壹萬伍千貳百叁拾肆個每拾伍個重壹斤計重壹千拾

伍斤玖兩陸錢長伍寸釘壹萬壹千叁百叁個每貳拾個重壹斤計重伍百陸拾伍斤貳兩肆錢長肆寸釘柒百貳拾個每叁拾個重壹斤計重貳拾肆斤以上鐵釘共重壹千捌百叁拾叁斤肆兩除選用舊釘玖百叁拾玖斤拾兩伍錢外添新捌百玖拾叁斤玖兩伍錢每斤銀貳分貳釐
計銀拾玖兩陸錢伍分玖釐
灰貳千壹百陸拾叁斤肆兩每百斤銀貳錢
計銀肆兩叁錢貳分柒釐

桐油捌百陸拾玖斤伍兩叁錢每斤銀叁分
計銀貳拾陸兩捌分
網紗柒百陸斤拾壹兩伍錢每斤銀壹分貳釐
計銀捌兩肆錢捌分壹釐
竹絲柒百陸斤拾壹兩伍錢每斤銀陸釐
計銀肆兩貳錢肆分
生鐵肆百捌拾伍斤捌兩每斤銀壹分
計銀肆兩捌錢伍分伍釐
炭壹千肆百伍拾陸斤捌兩每百斤銀壹錢陸分

計銀貳兩叁錢叁分
烏烟叁斤伍兩每斤銀壹分伍釐
計銀伍分
廣紅伍斤每斤銀伍分
計銀貳錢伍分
銅碌肆兩每斤銀叁錢
計銀柒分伍釐
京紅肆兩每斤銀捌分
計銀貳分

冇粉貳斤每斤銀壹分
計銀貳分
銀硃壹兩每斤銀陸錢肆分
計銀肆分
藤黃肆兩每斤銀貳錢
計銀伍分
藍粉肆兩每斤銀捌分
計銀貳分
杭粉壹兩每斤銀壹錢陸分

計銀壹分
水膠陸兩每斤銀肆分
計銀壹分伍釐
松香捌兩每斤銀貳分
計銀壹分
墨貳塊每塊銀壹分
計銀貳分
淡底壹斤
計銀伍分

麻伍百陸拾斤每斤銀壹分伍釐
計銀捌兩肆錢
棕伍百捌拾斤每斤銀叁分
計銀拾柒兩肆錢
色布伍拾丈每丈銀壹錢
計銀伍兩
苧線拾兩每斤銀壹錢貳分
計銀柒分伍釐
椗貳門齒全各長貳丈壹尺寬壹尺貳寸厚陸寸

每門工料銀壹兩伍錢柒分捌釐
計銀叁兩壹錢伍分陸釐
中櫓貳枝各長肆丈捌尺寬捌寸厚伍寸每枝工料銀壹兩玖錢伍分柒釐
計銀叁兩玖錢壹分肆釐
舢板櫓壹枝長貳丈玖尺寬柒寸厚肆寸
計工料銀叁錢柒分貳釐
人風篷壹扇長陸丈寬貳丈柒尺捌寸
計銀伍兩貳錢壹釐

頭風篷壹扇長貳丈捌尺寬壹丈肆尺

計銀壹兩貳錢貳分貳釐

查原送成規內開壹則至拾柒則大蓬每扇銀伍兩伍錢頭蓬每扇銀壹兩伍錢所開丈尺大蓬長自肆丈捌尺至柒丈寬自貳丈陸尺至叁丈叁尺不等頭蓬長自貳丈肆尺至叁丈伍尺寬自壹丈肆尺至壹丈陸尺伍寸不等俱屬參差均勻核算每折見方壹丈需銀叁錢壹分壹釐捌毫今照叁錢壹分壹釐捌毫之數分別核定

大小桅餅柒個 每個銀柒分

計銀肆錢玖分

大小無底升伍百伍拾個 每百個銀捌分

計銀肆錢肆分

竹篾伍百貳拾斤 每百斤銀壹錢陸分

計銀捌錢叁分貳釐

草心伍百叁拾柒斤 每百斤銀柒分

計銀叁錢柒分陸釐

槐藤貳拾捌斤 每斤銀貳分伍釐

計銀柒錢

艙匠肆百捌拾肆工壹分壹釐

安裝匠肆拾捌工肆分壹釐

鋸匠壹百貳拾玖工貳分貳釐

艌匠叁百捌工貳分陸釐

鐵匠肆拾捌工伍分伍釐

油畫匠拾工

繩匠伍拾貳工叁分壹釐

棕匠貳拾玖工

裁縫匠伍工

篠匠伍工陸分

刻字匠叁工

壯夫貳百貳拾貳名貳分壹釐

以上匠夫共壹千叁百肆拾伍工陸分柒釐 每工銀伍分

計銀陸拾柒兩貳錢捌分肆釐

又置備物件開後

木桶貳拾柒件 每件銀叁分

計銀捌錢壹分

鐵鍋叁口 換新每口貼工料銀壹錢貳分

計銀叁錢陸分

鼓壹面修理換皮
計銀肆錢捌分
金壹面重肆斤換新每斤貼工料銀柒分
計銀貳錢捌分
以上拆造前船成規內開共需工料銀伍百陸拾叁兩捌錢肆分柒釐玖毫內部價銀貳百陸拾捌兩肆錢玖分玖釐加捌津貼并另加叁分銀貳百玖拾伍兩叁錢肆分捌釐玖毫今按條查核分別增減更正需用工料銀伍百陸拾壹兩柒錢叁釐內

部價銀貳百陸拾柒兩肆錢柒分捌釐加捌津貼并另加叁分銀貳百玖拾肆兩貳錢貳分伍釐計節減銀貳兩壹錢肆分肆釐玖毫行令該撫于前船屆應拆造之期將節減銀兩在于應領銀內扣除至大小修理成規內開大修工料銀叁百捌拾伍兩伍錢捌分柒釐內部價銀壹百柒拾伍兩貳錢陸分柒釐加玖津貼并另加叁分銀貳百拾兩叁錢貳分小修工料銀貳百柒拾肆兩捌錢伍分柒釐內部價銀壹百拾玖兩伍錢叁釐加拾津貼并另加叁分銀壹百伍拾伍兩叁錢伍分肆釐其餘柒船倣此

福建省外海戰船做法

第柒則趕繒船叁隻內水師提標中營海壹號船壹隻身長陸丈伍尺頭起龍肆尺捌寸尾起龍叁尺伍寸船頭長貳丈伍尺面勻寬壹丈貳尺伍寸底勻寬壹丈壹尺船中長貳丈貳尺面勻寬壹丈捌尺肆寸底勻寬壹丈肆尺船尾長壹丈捌尺面勻寬壹丈柒尺肆寸底勻寬壹丈叁尺五寸兩邊皺長柒丈貳尺計拾捌艙深陸尺壹寸肆分

今將拆造前船需用工料價值細數開後

計開

船底松木龍骨壹道計叁節船頭壹節長壹丈捌尺船中壹節連交接匙頭長叁丈伍尺船尾壹節長壹丈貳尺湊長陸丈伍尺均寬壹尺厚捌寸做淨每折見方尺貳拾尺用艌匠壹工交接匙頭貳處每處用長壹尺釘捌個每邊用長陸寸釘拾貳個共核用

寬壹尺厚捌寸松木陸丈伍尺陸寸

查成規內開大吉中吉浮溪高洋肆項俱截去尖稍作欄杆篷櫃籤子木料之用其本身木料毋庸另加長荒外切杉段各料有截去壹貳尺至叁伍尺等者亦有木加長荒者參差不一今將段各料每件長伍尺以內者加長荒壹伍尺以外者加長荒貳寸圓徑棹木長壹丈以內者每根加長荒貳寸長壹丈以外者每根加長荒伍寸一律核定

長壹尺釘拾陸個

長陸寸釘貳拾肆個

艌匠拾壹工柒分

船底板連起龍長陸丈伍尺內船底勻寬壹丈叁

尺叁寸伍分兩站各勻高柒尺捌分抽換用長肆丈貳尺寬捌寸厚叁寸大吉木板伍拾肆塊做淨每折見方尺捌拾尺用艌匠壹工鋸板流寬壹尺長柒丈用鋸匠壹工（以下鋸板用工做此）釘縫湊長貳百貳拾陸丈捌尺每丈用長陸寸釘叁拾個艌縫湊長肆百伍拾叁丈陸尺每丈用灰壹斤桐油陸兩肆錢網紗竹絲各陸兩每柒丈用艌匠壹工舂製油灰每肆拾斤用舂灰夫壹名（以下艌縫用工用料做此）共核用

圍大叁尺貳寸淨長肆丈貳尺大吉木拾捌
根
長陸寸釘陸千捌百肆個
灰肆百伍拾叁斤拾兩
桐油壹百捌拾壹斤柒兩
網紗壹百柒拾斤壹兩陸錢
竹絲壹百柒拾斤壹兩陸錢
艦匠陸拾貳工叁分柒釐
鋸匠叁拾伍工陸分肆釐

艌匠陸拾肆工捌分
舂灰夫拾伍名捌分捌釐
各艙棹木梁座貳拾玖塊內船頭配用捌塊湊長拾丈玖尺船中拾塊湊長拾柒丈船尾拾壹塊湊長拾捌丈伍尺伍寸艙梁貳拾叁塊內船頭肆塊湊長肆丈柒尺伍寸船中玖塊湊長拾伍丈叁尺船尾拾塊湊長拾陸丈柒尺均寬壹尺伍寸厚叁寸各艙松木梁頭肆拾叁塊船頭配用拾伍塊湊長貳拾肆丈船中拾肆塊湊長貳拾叁丈捌尺船尾拾肆塊湊長貳拾叁丈捌尺均寬壹尺貳寸厚叁寸硬木棍穩𠛬玖根各長壹丈叁尺圍大捌寸梁座梁頭做淨每折見方尺捌拾尺用艦匠壹工穩𠛬肆拾尺用艦匠壹工釘縫湊長壹百陸拾陸丈伍尺每丈用長陸寸釘叁拾個艌縫湊長叁百叁拾叁丈共核用
寬壹尺伍寸厚叁寸棹木枋捌拾肆丈貳尺
肆寸
寬壹尺貳寸厚叁寸松木枋柒拾貳丈肆尺

陸寸
圍大捌寸長壹丈叁尺硬木棍玖根
長陸寸釘肆千玖百玖拾伍個
灰叁百叁拾叁斤
桐油壹百叁拾叁斤叁兩貳錢
網紗壹百貳拾肆斤拾肆兩
竹絲壹百貳拾肆斤拾肆兩
艦匠陸拾陸工陸分叁釐
艌匠肆拾柒工伍分柒釐

舂灰夫拾壹名陸分陸釐
各艙配用樟木極肆拾陸塊內虎頭艙極貳塊水櫃艙極貳塊各長玖尺伍寸油婆前極肆塊冲天極貳塊中轉水極貳塊官廳前後極肆塊舦內曲手極捌塊拜棚極貳塊各長壹丈八字極貳塊各長玖尺通鋪前後極肆塊各長捌尺下金極貳塊頭轉水極貳塊下擔前極貳塊各長陸尺獻魚極貳塊各長柒尺尾裡極肆塊各長陸尺伍寸斗蓋極貳塊各長伍尺均圍大壹尺

做淨每折見方尺肆拾尺用艌匠壹工每塊用長陸寸釘貳個艌縫湊長柒拾捌丈捌尺共核用
圍大壹尺樟木極肆拾丈叁尺
長陸寸釘玖拾貳個
灰柒拾捌斤拾叁兩
桐油叁拾壹斤捌兩叁錢
網紗貳拾玖斤捌兩捌錢
竹絲貳拾玖斤捌兩捌錢

艌匠玖工捌分五釐
艌匠拾壹工貳分陸釐
舂灰夫貳名柒分陸釐
船身兩旁走馬貳條水蛇貳條抽換各長肆丈貳尺寬捌寸厚肆寸做淨每折見方尺肆拾尺用艌匠壹工走馬釘縫湊長捌丈肆尺每丈用長壹尺釘叁拾個水蛇釘縫湊長捌丈肆尺每肆尺用長壹尺釘叁個艌縫湊長叁拾叁丈陸尺共核用

圍大叁尺貳寸淨長肆丈貳尺大吉木貳根
長壹尺釘叁百拾伍個
灰叁拾叁斤拾兩
桐油拾叁斤柒兩
網紗拾貳斤玖兩陸錢
竹絲拾貳斤玖兩陸錢
艌匠拾工捌釐
鉗匠貳工捌分捌釐
艌匠肆工捌分

舂灰夫壹名壹分捌釐
[illegible]兩旁艙板長陸丈伍尺湊寬壹丈貳尺[illegible]
抽換用長肆丈貳尺寬[illegible]寸厚叁寸大吉木[illegible]
拾伍塊做淨每折見方[illegible]捌拾尺用艌匠壹[illegible]
釘縫湊長陸拾叁丈每丈用長陸寸釘叁拾[illegible]
艌縫湊長壹百貳拾陸丈共核用
圍大叁尺貳寸淨長[illegible]丈貳尺大吉木伍根
長陸寸釘壹千捌百玖拾個
灰壹百貳拾陸斤

桐油伍拾斤陸兩肆錢
網紗肆拾柒斤肆兩
竹絲肆拾柒斤肆兩
艌匠拾柒工叁分叁釐
鋸匠玖工玖分
艌匠拾捌工
舂灰夫肆名肆分壹釐
[illegible]板各長柒丈貳尺寬[illegible]尺抽換用長叁丈
[illegible]寸厚貳寸伍分中[illegible]

貳塊兩旁添換木段舨柱肆根各長柒尺[illegible]
叁尺貳寸舨板做淨每折見方尺捌拾尺用[illegible]
匠壹工舨柱肆拾尺用艌匠壹工舨板釘縫[illegible]
長壹百伍拾壹丈貳尺每丈用長伍寸釘叁拾[illegible]
個舨柱釘縫湊長貳丈捌尺每丈用長陸寸釘[illegible]
叁拾個艌縫湊長叁百捌丈共核用
圍大貳尺伍寸淨長叁丈陸尺中吉木拾肆
根
圍大叁尺伍寸木段貳丈捌尺捌寸

長陸寸釘捌拾肆個
長伍寸釘肆千伍百叁拾陸個
灰叁百捌斤
桐油壹百貳拾叁斤叁兩貳錢
網紗壹百拾伍斤捌兩
竹絲壹百拾伍斤捌兩
艌匠叁拾叁工陸分壹釐
鋸匠拾柒工玖分叁釐
[illegible]工

舂灰夫拾名柒分捌釐

查成規內舨板未載舨高尺寸

今該舨注長丈核定

兩旁舨艞貳拾伍塊各長叁尺柒寸圍大壹尺做

淨每折見方尺肆拾尺用艦匠壹工每塊用長

陸寸釘貳個艌縫湊長拾捌丈伍尺共核用

圍大壹尺樟木極玖丈伍尺

長陸寸釘伍拾個

灰拾捌斤捌兩

桐油柒斤陸兩肆錢

網紗陸斤拾伍兩

竹絲陸斤拾伍兩

艦匠貳工叁分壹釐

艌匠貳工陸分肆釐

舂灰夫陸分伍釐

舨上前後浮溪木鼠橋板肆塊各長貳丈陸尺寬

伍寸厚貳寸高洋水壓板肆塊各長叁丈陸尺

寬肆寸厚貳寸兩邊木段猴袋板肆塊各長壹

丈肆尺寬捌寸厚貳寸伍分做淨每折見方尺

捌拾尺用艦匠壹工鼠橋板壓板釘縫湊長貳

拾肆丈捌尺每丈用長伍寸釘叁拾個壓板艌

縫湊長貳拾捌丈捌尺共核用

圍大貳尺淨長叁丈貳尺浮溪木壹根貳尺

柒寸

圍大壹尺陸寸淨長貳丈捌尺高洋木貳根

壹丈陸尺

圍大叁尺伍寸木段壹丈肆尺貳寸

長伍寸釘柒百肆拾肆個

灰貳拾捌斤拾叁兩

桐油拾壹斤捌兩叁錢

網紗拾斤拾貳兩捌錢

竹絲拾斤拾貳兩捌錢

艦匠伍工肆分伍釐

鋸匠叁工壹分壹釐

艌匠肆工壹分壹釐

舂灰夫壹名壹釐

兩旁笨舯貳塊大壓貳塊各長叁丈陸尺水線肆

塊各長壹丈捌尺均寬陸寸陸分厚叁寸伍分
做淨每折見方尺肆拾尺用艌匠壹工釘縫湊
長貳拾壹丈陸尺每丈用長陸寸釘叁拾個艌
縫湊長肆拾叁丈貳尺共核用
圍大貳尺伍寸淨長叁丈陸尺中吉木叁根
長陸寸釘陸百肆拾捌個
灰肆拾叁斤叁兩
桐油拾柒斤肆兩伍錢
綢紗拾陸斤叁兩貳錢

竹絲拾陸斤叁兩貳錢
艌匠拾工玖分壹釐
鋸匠叁工壹分貳釐
艌匠陸工壹分柒釐
舂灰夫壹名伍分壹釐
官廳前後用中吉木梁叁根各長壹丈柒尺捌寸
圍大貳尺貳寸浮溪木貼柱捌根各長壹丈叁
尺見方伍寸官廳上中吉木戰櫃板拾貳塊後
墻板拾貳塊各長壹丈柒尺捌寸湊寬壹丈伍

尺捌寸肆分左右墻板貳拾肆塊各長捌尺湊
寬壹丈伍尺捌寸肆分用寬伍寸捌分厚貳寸
伍分板柒拾丈肆尺陸寸木段冲天蓋板拾貳
塊各長肆尺陸寸寬捌寸厚貳寸伍分浮溪木
鋪板拾陸塊各長玖尺湊寬捌尺肆寸捌分官
廳門板捌塊各長肆尺湊寬肆尺貳寸肆分用
寬伍寸厚貳寸板拾捌丈陸尺伍寸陸分高洋
木戰櫃挑貳塊側板貳塊踏板壹塊各長壹丈
捌尺寬肆寸厚貳寸官廳梁貼柱做淨每折見

方尺肆拾尺用艌匠壹工戰櫃各板捌拾尺用
艌匠壹工戰櫃板墻板冲天蓋板官廳門板釘
縫湊長柒拾玖丈叁尺柒寸貳分每丈用長伍
寸釘叁拾個戰櫃板墻板冲天蓋板艌縫湊長
壹百伍拾壹丈玖尺陸寸共核用
圍大貳尺伍寸淨長叁丈陸尺中吉木捌根
貳寸柒分
圍大貳尺淨長叁丈貳尺浮溪木伍根陸尺
貳寸

圍大壹尺陸寸淨長貳丈捌尺高洋木壹根
壹丈柒尺
圍大叁尺伍寸木段壹丈肆尺壹寸
長伍寸釘貳千叁百捌拾壹個
灰壹百伍拾壹斤拾伍兩
桐油陸拾斤拾貳兩伍錢
網紗伍拾陸斤拾伍兩捌錢
竹絲伍拾陸斤拾伍兩捌錢
艦匠貳拾捌工捌分貳釐

鋸匠拾叁工叁分壹釐
艌匠貳拾壹工柒分壹釐
舂灰夫伍名叁分貳釐
官廳前通鋪肆塊各長壹丈陸尺後通鋪貳塊各長壹丈柒尺均寬壹尺貳寸厚叁寸做淨每折見方尺捌拾尺用艦匠壹工釘縫湊長玖丈捌尺每丈用長陸寸釘叁拾個艌縫湊長拾玖丈陸尺共核用
寬壹尺貳寸厚叁寸松木枋玖丈玖尺貳寸
長陸寸釘貳百玖拾肆個
灰拾玖斤拾兩
桐油柒斤拾叁兩肆錢
網紗柒斤伍兩陸錢
竹絲柒斤伍兩陸錢
艦匠叁工陸分捌釐
艌匠貳工捌分
舂灰夫陸分玖釐
官廳兩旁用高洋木猫裡柱肆根貼柱肆根各長

肆尺圍大壹尺叁寸浮溪木猫裡墻板拾陸塊猫裡門板捌塊各長肆尺湊寬壹丈貳尺柒寸貳分鋪板拾塊櫃底板拾塊各長柒尺湊寬壹丈陸寸用寬伍寸厚貳寸板貳拾伍丈壹寸陸分木段猫裡櫃上下枋肆塊各長柒尺寬捌寸厚肆寸猫裡柱貼柱上下枋做淨每折見方尺肆拾尺用艦匠壹工猫裡各板捌拾尺用艦匠壹工猫裡墻板門板釘縫湊長拾丈壹尺柒寸伍分每丈用長伍寸釘叁拾個共核用

圍大貳尺淨長叁丈貳尺浮溪木貳根壹丈
玖尺肆寸
圍大壹尺陸寸淨長貳丈捌尺高洋木壹根
肆尺
圍大叁尺伍寸木段壹丈肆尺肆寸
長伍寸釘叁百伍個
艌匠柒工壹分
鋸匠貳工玖分捌釐
官廳內中吉木炕床槓壹根長壹丈陸尺炕床柱

貳根各長肆尺均圍大貳尺貳寸虎頭艙浮溪
木鋪板捌塊各長柒尺湊寬肆尺貳寸肆分虎
頭艙門板捌塊各長肆尺湊寬肆尺貳寸肆分
用寬伍寸厚貳寸板玖丈叁尺貳寸捌分炕床
槓柱做淨每折見方尺肆拾尺用艌匠壹工虎
頭艙各板捌拾尺用艌匠壹工虎頭艙門板釘
縫湊長叁丈叁尺玖寸貳分每丈用長伍寸釘
叁拾個共核用
圍大貳尺伍寸淨長叁丈陸尺中吉木貳丈

肆尺
圍大貳尺淨長叁丈貳尺浮溪木叁丈壹尺
壹寸
長伍寸釘壹百貳個
艌匠貳工玖分伍釐
鋸匠玖分叁釐
兩旁艙面戰棚板用長叁丈貳尺寬伍寸厚貳寸
浮溪木板拾伍塊各艙內鋪板用長肆尺寬肆
寸厚壹寸高洋木板貳百貳拾肆塊做淨每折

見方尺捌拾尺用艌匠壹工共核用
圍大貳尺淨長叁丈貳尺浮溪木伍根
圍大壹尺陸寸淨長貳丈捌尺高洋木捌根
艌匠拾玖工陸分
鋸匠拾壹工貳分
兩旁艙上艙牛肆塊各長捌尺各船口扛豆肆塊
各長壹丈柒尺均寬壹尺貳寸厚叁寸做淨每
折見方尺肆拾尺用艌匠壹工艙牛每塊用長
陸寸釘肆個扛豆釘縫湊長陸丈捌尺每丈用

長陸寸釘叁拾個艌縫湊長貳拾丈共核用
寬壹尺貳寸厚叁寸松木枋拾丈壹尺陸寸
長陸寸釘貳百貳拾個
、灰貳拾斤
桐油捌斤
綳紗柒斤捌兩
竹絲柒斤捌兩
艦匠柒工伍分
艌匠貳工捌分陸釐

春灰夫柒分
各艙蓋板用長陸尺玖寸寬捌寸厚貳寸伍分木
段板柒拾貳塊艙蓋下大遍槽拾個側槽陸個
水槽陸個各長肆尺陸寸寬壹尺厚捌寸小遍
槽捌個各長肆尺陸寸見方捌寸艙蓋板做淨
每折見方尺捌拾尺用艦匠壹工遍槽等槽叁
拾尺用艦匠壹工艙蓋板釘縫湊長肆拾玖丈
陸尺捌寸每丈用長伍寸釘叁拾個艌縫湊長
玖拾玖丈叁尺陸寸共核用

圍大叁尺伍寸木共貳拾陸丈捌尺捌寸
長伍寸釘壹千肆百玖拾個
灰玖拾玖斤陸兩
桐油叁拾玖斤拾壹兩玖錢
綳紗叁拾柒斤肆兩貳錢
竹絲叁拾柒斤肆兩貳錢
艦匠貳拾玖工壹分壹釐
鋸匠拾工玖分
艌匠拾肆工壹分玖釐

春灰夫叁名肆分捌釐
兩旁舨邊用高洋木牛欄肆根內船頭貳根各長
壹丈肆尺船後貳根各長貳丈捌尺均圍大壹
尺叁寸做淨每折見方尺肆拾尺用艦匠壹工
共核用
圍大壹尺陸寸淨長貳丈捌尺高洋木叁根
艦匠貳工柒分叁釐
船頭斗蓋用樟木壹塊長壹丈伍尺圍大肆尺柒
寸厚篩梁壹塊長捌尺伍寸寬柒寸斗蓋下鬼

耳壹塊長捌尺寬壹尺伍寸鹿肚勒壹個長肆
尺寬壹尺貳寸托浪板貳塊各長捌尺寬壹尺
均厚叁寸斗盖蝦鬚梁兜耳鹿肚勒做淨每折
見方尺肆拾尺用艌匠壹工托浪板捌拾尺用
艌匠壹工斗盖用長捌寸釘拾貳個蝦鬚梁托
浪板釘縫湊長貳丈肆尺伍寸每丈用長陸寸
釘叁拾個兜耳鹿肚勒釘縫湊長壹丈貳尺每
丈用長伍寸釘叁拾個蝦鬚梁托浪板兜耳鹿
肚勒艌縫湊長柒丈叁尺共核用

圍大肆尺柒寸長壹丈伍尺伍寸樟木壹根
寬壹尺伍寸厚叁寸樟木枋壹丈伍尺伍寸
肆分
寬壹尺厚叁寸長捌尺貳寸樟木板貳塊
長捌寸釘拾貳個
長陸寸釘柒拾肆個
長伍寸釘叁拾陸個
灰柒斤伍兩
桐油貳斤拾肆兩柒錢

網紗貳斤拾壹兩捌錢
竹絲貳斤拾壹兩捌錢
艌匠叁工柒分叁釐
艌匠壹工肆釐
舂灰夫貳分陸釐
中含檀壹塊長壹丈捌尺圍大柒尺頭含檀壹塊
長壹丈伍尺圍大伍尺叁寸含檀梁壹塊長壹
丈貳尺頭含檀閘壹塊長捌尺均寬壹尺伍寸
厚叁寸做淨每折見方尺叁拾尺用艌匠壹工

含檀梁釘縫長壹丈貳尺每丈用長陸寸釘叁
拾個含檀含檀梁艌縫湊長玖丈共核用
圍大柒尺長壹丈捌尺伍寸樟木壹根
圍大伍尺叁寸長壹丈伍尺伍寸樟木壹根
寬壹尺伍寸厚叁寸樟木枋貳丈肆寸
長陸寸釘叁拾陸個
灰玖斤
桐油叁斤玖兩陸錢
網紗叁斤陸兩

竹絲叁斤陸兩
艌匠玖工貳分伍釐
艌匠壹工貳分玖釐
舂灰夫叁分貳釐
中轉水貳塊各長壹丈陸尺寬貳尺厚玖寸伍分
樟木極轉水鞋貳塊各長柒尺圍大壹尺做淨
每折見方尺肆拾尺用艌匠壹工轉水每塊用
長壹尺釘貳個轉水鞋每塊用長陸寸釘柒個
艌縫湊長玖丈貳尺共核用

寬貳尺厚玖寸伍分長壹丈陸尺貳寸樟木
貳塊
圍大壹尺樟木極壹丈肆尺肆寸
長壹尺釘肆個
長陸寸釘拾肆個
灰玖斤叁兩
桐油叁斤拾兩玖錢
綱紗叁斤柒兩貳錢
竹絲叁斤柒兩貳錢

艌匠伍工柒釐
艌匠壹工叁分壹釐
舂灰夫叁分貳釐
船尾用浮溪木尾樓舨柱肆根各長肆尺拜棚槓
叁根各長壹丈叁尺均圍大壹尺柒寸木段尾
樓舨板捌塊各長壹丈肆尺拜棚板拾陸塊各
長柒尺均寬捌寸厚貳寸伍分舨柱拜棚槓做
淨每折見方尺肆拾尺用艌匠壹工舨板拜棚
板捌拾尺用艌匠壹工拜棚板舨板釘縫湊長

貳拾貳丈肆尺每丈用長伍寸釘叁拾個拜棚
板艌縫湊長貳拾貳丈肆尺共核用
圍大貳尺淨長叁丈貳尺浮溪木壹根貳丈
叁尺
圍大叁尺伍寸木段伍丈柒尺貳寸
長伍寸釘陸百柒拾貳個
灰貳拾貳斤陸兩
桐油捌斤拾伍兩肆錢
綱紗捌斤陸兩肆錢

竹絲捌斤陸兩肆錢
艌匠捌工貳分貳釐
鋸匠叁工叁分陸釐
艌匠叁工貳分
舂灰夫柒分捌釐
船尾用樟木下金壹塊長柒尺伍寸圍大柒尺伍
寸繚牛壹副長柒尺伍寸寬貳尺肆寸厚陸寸
尾樓上金壹塊長壹丈柒尺寬貳尺壹寸厚捌
寸柒星冠壹塊長壹丈捌尺寬壹尺貳寸厚陸

寸硬木棍下金拴貳根繚牛𣝣貳根各長陸尺
伍寸圍大捌寸木段繚牛槓貳根各長柒尺圍
大叁尺貳寸下金繚牛上金柒星冠倣淨每折
見方尺叁拾尺用艌匠壹工下金拴繚牛𣝣繚
牛槓肆拾尺用艌匠壹工下金用長捌寸釘拾
捌個繚牛用長捌寸釘貳拾貳個上金用長壹
尺釘拾捌個繚牛𣝣釘縫湊長壹丈叁尺每丈
用長伍寸釘叁拾個下金艌縫湊長柒尺伍寸
共該用

圍大柒尺伍寸長柒尺柒寸樟木壹段
寬貳尺肆寸厚陸寸長柒尺柒寸樟木壹塊
寬貳尺壹寸厚捌寸長壹丈柒尺貳寸樟木
壹塊
寬壹尺貳寸厚陸寸長壹丈捌尺貳寸樟木
壹塊
圍大捌寸長壹丈叁尺硬木棍貳根
圍大叁尺伍寸木段壹丈肆尺肆寸
長壹尺釘拾捌個

長捌寸釘肆拾個
長伍寸釘叁拾玖個
灰拾貳兩
桐油肆兩捌錢
網紗肆兩伍錢
竹絲肆兩伍錢
艌匠拾工柒分陸釐
艌匠壹分壹釐
舂灰夫叁釐

船尾舵邊用木段硬筋貳根各長壹丈肆尺圍大叁尺貳寸尾樓舫魚翅肆塊各長柒尺寬壹尺厚肆寸紗帽匙貳塊鷄母宿壹塊尾燕板壹塊各長壹丈肆尺寬捌寸厚貳寸伍分柯檝木軟筋貳塊各長壹丈壹尺寬壹尺厚叁寸硬筋舫魚翅軟筋做淨每折見方尺肆拾尺用艌匠壹工紗帽匙各板捌拾尺用艌匠壹工硬筋頭尾用長陸寸釘拾貳個共核用

圍大叁尺伍寸木段伍丈柒尺

寬壹尺厚叁寸柯檝木貳丈貳尺肆寸

長陸寸釘拾貳個

艌匠柒工壹分

鋸匠壹工肆分

尾樓上用浮溪木鋪板拾塊各長肆尺尾座板肆塊各長壹丈貳尺舨邊寄萊板貳塊各長壹丈肆尺碗格貳塊各長壹丈壹尺均寬伍寸厚貳寸高洋木尾樓挑貳根各長壹丈捌尺圍大壹尺叁寸櫓棚壹根長壹丈捌尺寬肆寸厚貳寸

樓挑做淨每折見方尺肆拾尺用艌匠壹工鋪板各板捌拾尺用艌匠壹工尾樓鋪板釘縫湊長肆丈每丈用長伍寸釘叁拾個共核用

圍大貳尺淨長叁丈貳尺浮溪木壹根壹丈肆尺

圍大壹尺陸寸淨長貳丈捌尺高洋木壹根壹丈柒尺

長伍寸釘壹百貳拾個

艌匠叁工捌分陸釐

鋸匠壹工伍分叁釐

船尾用樟木櫓通板叁塊各長壹丈陸尺櫓門枋壹根櫓床貳塊各長伍尺均寬壹尺伍寸厚叁寸雙頭蛇壹個長肆尺寬壹尺貳寸厚叁寸櫓通板做淨每折見方尺捌拾尺用艌匠壹工櫓門枋櫓床雙頭蛇肆拾尺用艌匠壹工櫓床每塊用長捌寸釘拾貳個櫓通板釘縫湊長肆丈捌尺每丈用長陸寸釘叁拾個櫓床櫓通板艌縫湊長貳拾壹丈陸尺共核用

寬壹尺伍寸厚叁寸樟木枋陸丈柒尺壹
捌分
長捌寸釘貳拾肆個
長陸寸釘壹百肆拾肆個
灰拾壹斤拾兩
桐油肆斤拾兩貳錢
綢紗肆斤伍兩陸錢
竹絲肆斤伍兩陸錢
艦匠叁工捌分壹釐

艌匠壹工陸分陸釐
舂灰夫肆分壹釐
水仙門兩旁用浮溪木邊柱貳根中柱貳根各長
肆尺圍大壹尺柒寸水仙門板拾肆塊各長肆
尺湊寬柒尺肆寸貳分用寬伍寸厚貳寸板伍
丈玖尺叁寸陸分樟木極百子舵拾陸塊各長
陸尺圍大壹尺舷邊柯楠朴竹貳根各長陸尺
寬壹尺厚叁寸水仙門柱百子舵做淨每折見
方尺肆拾尺用艦匠壹工門板朴竹捌拾尺用

艦匠壹工百子舵釘縫湊長玖丈陸尺每丈用
長陸寸釘叁拾個艌縫湊長拾玖丈貳尺共核
用
圍大貳尺淨長叁丈貳尺浮溪木壹根叁尺
捌寸
圍大壹尺樟木極玖丈玖尺貳寸
寬壹尺厚叁寸柯楠木枋壹丈貳尺肆寸
長陸寸釘貳百捌拾捌個
灰拾玖斤叁兩

桐油柒斤拾兩玖錢
綢紗柒斤叁兩貳錢
竹絲柒斤叁兩貳錢
艦匠肆工伍分壹釐
鋸匠伍分玖釐
艌匠貳工柒分肆釐
舂灰夫陸分柒釐
大桅座壹塊長捌尺見方貳尺肆寸頭桅座壹塊
長伍尺陸寸圍大肆尺陸寸做淨每折見方尺

叁拾尺用艌匠壹工共核用
見方貳尺肆寸長捌尺貳寸樟木壹塊
圍大肆尺陸寸長伍尺捌寸樟木壹段
艌匠叁工肆分貳釐
大鹿耳貳塊各長壹丈貳尺寬貳尺貳寸厚壹尺壹寸頭鹿耳貳塊各長玖尺捌寸寬壹尺捌寸厚捌寸硬木棍鹿耳夾貳根各長壹丈叁尺圍大捌寸做淨每折見方尺肆拾尺用艌匠壹工共核用

寬貳尺貳寸厚壹尺壹寸長壹丈貳尺貳寸樟木貳塊
寬壹尺捌寸厚捌寸長壹丈樟木貳塊
圍大捌寸長壹丈叁尺硬木棍貳根
艌匠柒工叁釐
大桅壹根長柒丈貳尺圍大伍尺柒寸頭桅壹根長伍丈圍大肆尺叁寸做淨每折見方尺肆拾尺用艌匠壹工共核用
圍大伍尺柒寸長柒丈貳尺桅木壹根

圍大肆尺叁寸長伍丈桅木壹根
艌匠拾伍工陸分肆釐
桅尾用杉椈木馬面貳塊各長叁丈伍尺寬壹尺伍寸厚叁寸樟木大桅笠壹塊長貳尺寬壹尺伍寸頭桅笠壹塊長壹尺陸寸寬壹尺貳寸均厚叁寸木段大桅竚壹根長壹丈肆尺頭桅竚壹根長壹丈貳尺均圍大叁尺貳寸馬面做淨每折見方尺捌拾尺用艌匠壹工桅笠桅竚肆拾尺用艌匠壹工馬面釘縫湊長柒尺每丈用

長陸寸釘貳拾個共核用
寬壹尺伍寸厚叁寸柯椈木枋柒丈肆寸
寬壹尺伍寸厚叁寸樟木枋叁尺肆寸陸分
圍大叁尺伍寸木段貳丈陸尺肆寸
長陸寸釘壹百肆拾個
艌匠伍工伍分叁釐
大風篷壹扇長陸丈寬貳丈柒尺捌寸頭風篷壹扇長貳丈捌尺寬壹丈肆尺浮溪木大篷担貳根各長貳丈柒尺捌寸頭篷担貳根各長壹丈

肆尺圍大壹尺柒寸做淨每折見方尺肆拾尺
用艌匠壹工共核用
寬貳丈柒尺捌寸長陸丈風篷壹扇
寬壹丈肆尺長貳丈捌尺風篷壹扇
圍大貳尺淨長叁丈貳尺浮溪木貳根壹丈
玖尺陸寸
艌匠叁工伍分伍釐
大篷架用木段橫梁壹根長壹丈肆尺頭篷架橫
梁壹根架釘叁根各長柒尺均寬壹尺厚捌寸

做淨每折見方尺叁拾貳尺用艌匠壹工共核
用
圍大叁尺伍寸木段肆丈叁尺
艌匠肆工柒分叁釐
鋸匠壹工捌釐
大篷車員壹根椗車員壹根用中吉木各長壹丈
陸尺大篷半車員壹根斗頭車員壹根各長壹
丈均圍大貳尺貳寸高洋木車耳捌個各長陸
尺車脚直板拾貳塊斜板肆塊各長貳丈捌尺

均寬肆寸厚貳寸硬木棍車子肆拾伍根各長
壹丈叁尺圍大捌寸車員車耳做淨每折見方
尺叁拾貳尺用艌匠壹工車脚斜直板捌拾尺
用艌匠壹工共核用
圍大貳尺伍寸淨長叁丈陸尺中吉木壹根
壹丈陸尺
圍大壹尺陸寸淨長貳丈捌尺高洋木捌根
貳丈肆尺
圍大捌寸長壹丈叁尺硬木棍肆拾伍根

艌匠拾貳工壹分
鋸匠肆工貳分伍釐
水櫃用樟木牛頭肆塊各長伍尺寬壹尺伍寸厚
叁寸木段水櫃柱肆根各長柒尺圍大叁尺貳
寸水櫃閘肆塊各長柒尺見方捌寸水櫃板叁
拾陸塊各長肆尺陸寸寬捌寸厚貳寸伍分水
櫃柱閘牛頭做淨每折見方尺肆拾尺用艌匠
壹工水櫃板捌拾尺用艌匠壹工水櫃柱每根
用長陸寸釘貳拾個牛頭釘縫旁長貳丈每寸

用長陸寸釘叁拾個水𥱊板釘縫湊長拾陸丈
伍尺陸寸每丈用長伍寸釘叁拾個艌縫湊長
肆拾捌丈叁尺貳寸共核用
寬壹尺伍寸厚叁寸樟木枋貳丈肆寸
圍大叁尺伍寸木扆玖丈玖尺玖寸
長陸寸釘壹百肆拾個
長伍寸釘肆百玖拾柒個
灰肆拾捌斤伍兩
桐油拾玖斤伍兩貳錢

網紗拾捌斤壹兩玖錢
竹絲拾捌斤壹兩玖錢
艦匠拾工陸分叁釐
鋸匠叁工壹分貳釐
艌匠陸工玖分
舂灰夫壹名陸分玖釐
媽祖龕用杉木板貳拾肆丈尾後沓仔板畫鷹板
順風板及刀劍砲眼用板拾伍丈均寬陸寸厚
壹寸高洋木媽祖旂杆壹根長貳丈貳尺圍大

壹尺叁寸旂杆做淨每折見方尺肆拾尺用艌
匠壹工媽祖龕各板捌拾尺用艦匠壹工龕板
釘縫湊長貳拾肆丈每丈用長肆寸釘叁拾個
艌縫湊長肆拾捌丈共核用
寬陸寸厚壹寸杉木板叁拾玖丈柒尺捌寸
圍大壹尺陸寸淨長貳丈捌尺高洋木貳丈
貳尺
長肆寸釘柒百貳拾個
灰肆拾捌斤

桐油拾玖斤叁兩貳錢
網紗拾捌斤
竹絲拾捌斤
艦匠柒工伍分肆釐
艌匠陸工捌分陸釐
舂灰夫壹名陸分捌釐
船面兩旁砲架陸個并蓋每個用長肆尺陸寸寬
捌寸厚貳寸伍分木扆板陸塊做淨每折見方
尺捌拾尺用艦匠壹工共核用

圍大叁尺伍寸木㪷肆丈貳尺叁寸
艌匠肆工叁分伍釐
鋸匠貳工肆分捌釐
船頭用大吉木𣏾壹根長肆丈貳尺圍大貳尺玖寸樟木𣏾牙壹塊長伍尺寬壹尺伍寸厚叁寸做淨每折見方尺肆拾尺用艌匠壹工𣏾牙用長捌寸釘陸個共核用
圍大叁尺貳寸淨長肆丈貳尺大吉木壹根
寬壹尺伍寸厚叁三寸樟木枋伍尺壹寸

長捌寸釘陸個
艌匠叁工伍分
船尾舵壹門用楮木舵桿壹根長壹丈捌尺寬壹尺肆寸厚捌寸中吉木舵閂板叁塊各長貳丈湊寬壹尺玖寸捌分用寬伍寸捌分厚貳寸伍分板陸丈捌尺貳寸捌分樟木極舵夾捌塊各長肆尺圍大壹尺硬木棍舵牙扼壹根各長壹丈叁尺圍大捌寸舵桿做淨每折見方尺叁拾尺用艌匠壹工舵夾舵牙肆拾尺用艌匠壹工舵閂板捌拾尺用艌匠壹工舵夾釘縫湊長叁丈貳尺每丈用長捌寸釘伍拾個舵夾舵閂板艌縫湊長貳拾丈伍寸陸分共核用
寬壹尺肆寸厚捌寸長壹丈捌尺貳寸楮木壹根
圍大貳尺伍寸淨長叁丈陸尺中吉木貳丈貳尺柒寸陸分
圍大壹尺樟木極叁丈貳尺捌寸
圍大捌寸長壹丈叁尺硬木棍貳根

長捌寸釘壹百陸拾個
灰貳拾斤壹兩
桐油捌斤肆錢
網紗柒斤捌兩叁錢
竹絲柒斤捌兩叁錢
艌匠伍工叁分捌釐
鋸匠捌分壹釐
艌匠貳工捌分柒釐
舂灰夫柒分

跟隨戰船舢板船用柯楠木龍骨壹根長壹丈柒尺斗蓋壹塊長陸尺托浪板貳塊各長伍尺陸寸均寬壹尺厚叁寸浮溪木水底板拾塊各長壹丈捌尺湊寬伍尺叁寸舭板肆塊各長貳丈湊寬貳尺壹寸貳分堵板拾貳塊各長陸尺伍寸湊寬陸尺叁寸陸分用寬伍寸厚貳寸板叁拾伍丈捌尺貳寸捌分龍骨做淨鉤折見方尺肆拾尺用艌匠壹工斗蓋各板捌拾尺用艌匠壹工龍骨用長陸寸釘拾貳個托浪板水底板

舭板釘縫湊長貳拾捌丈陸尺捌寸每丈用長伍寸釘叁拾個托浪板水底板舭板艌縫湊長伍拾柒丈叁尺陸寸共核用

寬壹尺厚叁寸柯楠木枋叁丈伍尺

圍大貳尺淨長叁丈貳尺浮溪木叁根貳丈叁尺肆寸

長陸寸釘拾貳個

長伍寸釘捌百陸拾個

灰伍拾柒斤陸兩

桐油貳拾貳斤拾伍兩壹錢

絧紗貳拾壹斤捌兩貳錢

竹絲貳拾壹斤捌兩貳錢

艌匠柒工玖分肆釐

鋸匠叁工伍分捌釐

艙匠捌工壹分玖釐

舂灰夫貳名壹釐

舢板船兩旁水蛇貳根各長壹丈捌尺壓板貳塊各長貳丈水戧貳根各長壹丈柒尺均寬伍寸

厚貳寸做淨鉤折見方尺捌拾尺用艌匠壹工水蛇釘縫湊長叁丈陸尺每肆尺用長捌寸釘叁個壓板水戧釘縫湊長柒丈肆尺每丈用長伍寸釘叁拾個艌縫湊長貳拾貳丈共核用

圍大貳尺淨長叁丈貳尺浮溪木壹根肆尺柒寸

長捌寸釘貳拾柒個

長伍寸釘貳百貳拾貳個

灰貳拾貳斤

桐油捌斤拾貳兩捌錢
網紗捌斤肆兩
竹絲捌斤肆兩
艦匠壹工玖分叁釐
鋸匠壹工壹分
艌匠叁工壹分肆釐
舂灰夫柒分柒釐
舢板船用樟木舢板舵叁個各長肆尺寬伍寸厚
叁寸樟木極舢板梁肆塊各長肆尺肆寸牛頭

仔極拾伍塊各長貳尺冲天極貳塊牛頭極捌
塊各長貳尺伍寸均圍大壹尺做淨每折見方
尺肆拾尺用艌匠壹工舢板舵梁釘縫湊長貳
丈玖尺陸寸每丈用長陸寸釘叁拾個冲天極
牛頭極每塊用長陸寸釘貳個舢板舵梁冲天
極牛頭極艌縫湊長拾丈玖尺貳寸共核用
寬壹尺伍寸厚叁寸樟木枋肆尺壹寸
圍大壹尺樟木極柒丈伍尺伍寸
長陸寸釘壹百玖個

灰拾斤拾伍兩
桐油肆斤伍兩玖錢
網紗肆斤壹兩伍錢
竹絲肆斤壹兩伍錢
艦匠貳工叁分
艌匠壹工伍分陸釐
舂灰夫叁分捌釐
大桅鐵箍柒個各長伍尺捌寸頭桅纜肆個各長
肆尺肆寸舵頭箍叁個各長肆尺柒寸檛箍貳

個各長叁尺叁寸俱寬貳寸厚伍分椗齒伍個
各長壹尺寬柒寸厚伍分樒箍肆個各長貳尺
柒寸寬壹寸厚叁分鐵鐶肆個各圍大陸寸以
上鐵料共淨重貳百伍拾伍斤拾貳兩每正鐵
壹斤加耗鐵壹斤每正鐵伍斤用鐵匠壹工每
正耗鐵壹斤用炭叁斤共核用
生鐵伍百拾壹斤捌兩
炭壹千伍百叁拾肆斤捌兩
鐵匠伍拾壹工壹分伍釐

油畫前船共用
烏烟叁斤伍兩
廣紅伍斤
銅碌肆兩
京紅肆兩
南粉貳斤
銀硃壹兩
籐黃肆兩
藍粉肆兩

杭粉壹兩
水膠陸兩
松香捌兩
墨貳塊
桐油肆斤
淡底壹斤
油畫匠拾工
麻大桅緷索貳條各長捌丈伍尺大柒寸伍分頭桅緷索貳條各長柒丈壹尺大肆寸伍分大踏索貳條各長柒丈壹尺大伍寸小踏索貳條各長伍丈大叁寸大緷母壹條長肆丈貳尺大柒寸伍分小緷母壹條長貳丈伍尺大肆寸大帮襯陸條各長壹丈陸尺大貳寸小帮襯玖條各長陸尺伍寸大壹寸陸分以上麻繩共重伍百柒拾斤每百斤用繩匠叁工陸分共核用
麻伍百柒拾斤
繩匠貳拾工伍分貳釐
棕正椗索壹條長肆拾貳丈大捌寸柒分副椗索

壹條長肆拾丈大柒寸柒分大篷筋壹條長陸丈捌尺大壹寸捌分小篷筋壹條長叁丈陸尺大壹寸貳分繚仔繚耳共拾捌條各長貳丈陸尺大貳寸椗奴貳條各長壹丈伍尺大柒寸貳分大小擴尾貳條共長拾貳丈大伍寸貳分舵弔壹條長叁丈大陸寸貳分以上棕繩共重伍百玖拾斤每擔棕肆拾斤用匠壹工成繩肆拾斤用匠壹工共核用
棕伍百玖拾斤

撕棕匠拾肆工柒分伍釐
成繩匠拾肆工柒分伍釐
冲風旂壹面長寬各壹丈陸尺一條龍旂壹面長
陸丈寬叄尺媽祖旂壹面長寬各伍尺大小定
風旂叄面內壹面長陸尺貳面各長肆尺伍寸
均寬壹尺共核用
幅寬壹尺色布伍拾丈
苧線拾兩
裁縫匠伍工

中桅貳門菌全各長貳丈壹尺寬壹尺貳寸厚陸
寸
中櫓貳枝各長肆丈捌尺寬捌寸厚伍寸
舢板櫓壹枝長貳丈玖尺寬柒寸厚肆寸
大小桅餅柒個
大小無底升陸百個
椗舵上配用竹繩草繩共用
竹篾伍百貳拾斤
繩匠拾捌工柒分貳釐

草心伍百伍拾捌斤
繩匠拾叄工玖分伍釐
查原送成規內開打造竹繩草繩所用匠工多寡不齊今照棕麻繩索用工之例一律
核定
篷上配用大小線毯褥子兜耳共用
桅縧貳拾捌斤
籐匠伍工陸分
刻字用
刻字匠叄工

豎大小桅用
壯夫肆拾名
前船共用大小鐵釘貳萬玖千肆百拾陸個刷抹
釘頭每百個用桐油陸兩肆錢灰壹斤每油灰
拾斤用艌匠壹工共核用
桐油壹百拾柒斤拾兩陸錢
灰貳百玖拾肆斤叄兩
艌匠肆拾壹工壹分玖釐
舂灰夫拾名叄分

前船共用艌匠肆百捌拾叁工陸分壹釐係照杉松木植核定內有樟柯等硬料用匠壹百拾壹工柒分壹釐每工外加匠貳分計加匠貳拾貳工叁分肆釐共匠伍百伍工玖分伍釐每百工加安裝匠拾工計安裝匠伍拾工陸分每艌匠安裝匠壹百工加隨匠壯夫貳拾名計壯夫壹百拾壹名叁分壹釐

以上拆造前船共用

寬壹尺厚捌寸桅木陸丈伍尺陸寸 每丈銀肆錢壹分肆釐

計銀貳兩柒錢壹分陸釐

查原送成規內開松木按依拾陸則丈尺計算每丈核銀自肆錢捌分壹釐至叁錢肆分壹釐不等多寡參差均勻計算每丈需銀肆錢壹分肆釐今照肆錢壹分肆釐之數一律核定

圍大叁尺貳寸淨長肆丈貳尺大吉木貳拾陸根 每根銀貳兩柒錢

計銀柒拾兩貳錢

圍大貳尺伍寸淨長叁丈陸尺中吉木貳拾柒根貳丈柒尺叁分 每根銀壹兩伍錢

計銀肆拾壹兩陸錢貳分柒釐

查原送成規內開中吉木貳拾柒根今按丈尺做法核算應增貳丈柒尺肆分

圍大貳尺淨長叁丈貳尺浮溪木貳拾陸根壹丈玖尺玖寸 每根銀伍錢

計銀拾叁兩叁錢壹分壹釐

查原送成規內開浮溪木貳拾柒根今按丈尺做法核算應減壹丈貳尺壹寸

圍大壹尺陸寸淨長貳丈捌尺高洋木貳拾柒根壹丈陸尺 每根銀貳錢

計銀伍兩伍錢壹分肆釐

查原送成規內開高洋木貳拾柒根今按丈尺做法核算應增壹丈陸尺

圍大叁尺伍寸木段陸拾捌丈伍寸核長壹丈肆尺段料肆拾捌根捌尺伍寸 每根銀陸錢

計銀貳拾玖兩壹錢陸分肆釐

查原送成規內開木段肆拾玖根今按丈尺做法核算應減伍尺伍寸

寬壹尺伍寸厚叁寸樟木枋玖拾柒丈捌尺伍寸捌分核長壹丈柒尺枋料伍拾柒塊玖尺伍寸捌分 每塊銀壹兩叁錢

計銀柒拾肆兩捌錢叁分叁釐

查原送成規內開樟枋伍拾玖塊今按丈尺做法核算應減壹塊柒尺肆寸貳分

寬壹尺厚叁寸長捌尺貳寸樟木板貳塊 每塊銀肆錢壹分捌釐

計銀捌錢叁分陸釐

查原送成規內開樟木梁座梁頭壹則至拾柒則各長壹丈柒尺寬壹尺伍寸厚叁寸每塊銀壹兩叁錢托浪樟木板第壹則長陸尺伍寸寬壹尺厚叁寸每塊開銀伍錢第貳則至拾柒則各長捌尺寬壹尺厚叁寸每塊亦開銀伍錢價值參差今俱照梁座梁頭之價一律核定

寬壹尺貳寸厚叁寸松木枋玖拾貳丈伍尺肆寸

核長壹丈柒尺枋料伍拾肆塊柒尺肆寸 每塊銀叁錢伍分

計銀拾玖兩伍分貳釐

查原送成規內開松枋伍拾伍塊今按丈尺做法核算應減玖尺陸寸

圍大壹尺樟木極柒拾壹丈玖尺玖寸核長壹丈貳尺樟極伍拾玖塊壹丈壹尺玖寸 每塊銀貳錢

計銀拾壹兩玖錢玖分捌釐

查原送成規內開樟木極陸拾肆塊今按丈尺做法核算應減肆塊壹寸

寬壹尺伍寸厚叁寸柯楠木枋柒丈肆寸 每丈銀伍錢柒分壹釐伍毫

計銀肆兩貳分叁釐

寬壹尺厚叁寸柯楠木枋陸丈玖尺捌寸 每丈銀叁錢捌分壹釐

計銀貳兩陸錢伍分玖釐

查原送成規內開柯楠木馬面壹則至拾柒則各長叁丈伍尺寬壹尺伍寸厚叁寸每塊開銀貳兩歃筋及舢板龍骨等料壹則至伍則各長貳丈伍尺寬壹尺厚叁寸每塊開銀壹兩陸則至拾柒則各長叁丈伍尺寬壹尺厚叁寸每塊開銀貳兩價值參差今俱照馬面之價一律核定

圍大捌寸長壹丈叁尺硬木棍陸拾根 每根銀捌分

計銀肆兩捌錢

寬陸寸厚壹寸杉木板叁拾玖丈柒尺捌寸 每丈銀肆錢

計銀拾伍兩玖錢壹分貳釐

圍大柒尺長壹丈捌尺伍寸樟木壹根

計銀柒兩玖分捌釐

圍大伍尺叁寸長壹丈伍尺伍寸樟木壹根

計銀叁兩肆錢玖釐

見方貳尺肆寸長捌尺貳寸樟木壹塊
計銀肆兩肆錢叁分捌釐
圍大肆尺陸寸長伍尺捌寸樟木壹段
計銀玖錢陸分
寬貳尺壹寸厚捌寸長壹丈柒尺貳寸樟木壹塊
計銀貳兩柒錢壹分肆釐
圍大柒尺伍寸長柒尺柒寸樟木壹段
計銀叁兩叁錢玖分壹釐
寬貳尺貳寸厚壹尺壹寸長壹丈貳尺貳寸樟木

貳塊每塊銀貳兩柒錢柒分叁釐
計銀伍兩伍錢肆分陸釐
寬壹尺捌寸厚捌寸長壹丈樟木貳塊每塊銀壹
兩叁錢伍分叁釐
計銀貳兩柒錢陸釐
寬貳尺厚玖寸伍分長壹丈陸尺貳寸樟木貳塊每塊銀貳兩捌錢玖分貳釐
計銀伍兩柒錢捌分肆釐
圍大肆尺柒寸長壹丈伍尺伍寸樟木壹根

計銀貳兩陸錢捌分壹釐
寬壹尺貳寸厚陸寸長壹丈捌尺貳寸樟木壹塊
計銀壹兩貳錢叁分壹釐
寬貳尺肆寸厚陸寸長柒尺柒寸樟木壹塊
計銀壹兩肆分貳釐
查原趕成規內開壹則至拾柒則每則用樟木各種等料拾貳款所開價值逐款核計俱屬參差均匀計算每折見方壹尺需銀玖分叁釐玖毫陸絲今照玖分叁釐玖毫陸絲之數一律核定
寬壹尺肆寸厚捌寸長壹丈捌尺貳寸楮木壹根

計銀拾陸兩
圍大伍尺柒寸長柒丈貳尺桅木壹根
計銀叁拾貳兩
圍大肆尺叁寸長伍丈桅木壹根
計銀柒兩
長壹尺釘叁百伍拾叁個每貳個重壹斤計重壹
百柒拾陸斤捌兩長捌寸釘貳百陸拾玖個每
伍個重壹斤計重伍拾叁斤拾貳兩捌錢長陸
寸釘壹萬陸千柒拾個每拾伍個重壹斤計重

壹千柒拾壹斤伍兩叁錢長伍寸釘壹萬貳千肆個每貳拾個重壹斤計重陸百斤叁兩貳錢長肆寸釘柒百貳拾個每叁拾個重壹斤計重貳拾肆斤以上鐵釘共重壹千玖百貳拾伍斤拾叁兩叁錢除選用舊釘玖百拾玖斤外添新壹千陸斤拾叁兩叁錢（每斤銀貳分貳釐）

計銀貳拾貳兩壹錢伍分

灰貳千貳百玖拾肆斤拾叁兩（每百斤銀貳錢）

計銀肆兩伍錢玖分

桐油玖百貳拾壹斤拾叁兩捌錢（每斤銀叁分）

計銀貳拾柒兩陸錢伍分陸釐

網紗柒百伍拾斤叁兩貳錢（每斤銀壹分貳釐）

計銀玖兩貳釐

竹絲柒百伍拾斤叁兩貳錢（每斤銀陸釐）

計銀肆兩伍錢壹釐

生鐵伍百拾壹斤捌兩（每斤銀壹分）

計銀伍兩壹錢壹分伍釐

炭壹千伍百叁拾肆斤捌兩（每百斤銀壹錢陸分）

計銀貳兩肆錢伍分伍釐

烏烟叁斤伍兩（每斤銀壹分伍釐）

計銀伍分

廣紅伍斤（每斤銀伍分）

計銀貳錢伍分

銅碌肆兩（每斤銀叁錢）

計銀柒分伍釐

京紅肆兩（每斤銀捌分）

計銀貳分

南粉貳斤（每斤銀壹分）

計銀貳分

銀硃壹兩（每斤銀陸錢肆分）

計銀肆分

籐黄肆兩（每斤銀貳錢）

計銀伍分

藍粉肆兩（每斤銀捌分）

計銀貳分

杭粉壹兩（每斤銀壹錢陸分）

計銀壹分
水膠陸兩每斤銀肆分
計銀壹分伍釐
松香捌兩每斤銀貳分
計銀壹分
墨貳塊每塊銀壹分
計銀貳分
淡底壹斤
計銀伍分

麻伍百柒拾斤每斤銀壹分伍釐
計銀捌兩伍錢伍分
棕伍百玖拾斤每斤銀叁分
計銀拾柒兩柒錢
幅寬壹尺色布伍拾丈每丈銀壹錢
計銀伍兩
苧線拾兩每斤銀壹錢貳分
計銀柒分伍釐
椗貳門齒全谷長貳丈壹尺寬壹尺貳寸厚陸寸

每門銀壹兩伍錢柒分捌釐
計銀叁兩壹錢伍分陸釐
櫓貳枝各長肆丈捌尺寬捌寸厚伍寸每枝銀壹兩玖錢伍分柒釐
計銀叁兩玖錢壹分肆釐
舢板櫓壹枝長貳丈玖尺寬柒寸厚肆寸
計銀叁錢柒分貳釐
大風篷壹扇長陸丈寬貳丈柒尺捌寸
計銀伍兩貳錢壹釐

頭風篷壹扇長貳丈捌尺寬壹丈肆尺
計銀壹兩貳錢貳分貳釐
查原送成規內開壹則至拾柒則大篷每扇銀伍兩伍錢頭篷每扇銀壹兩伍錢所開丈尺大篷長自肆丈捌尺至柒丈寬自貳丈陸尺至叁丈叁尺不等頭篷長自貳丈肆尺至叁丈伍尺寬自壹丈肆尺至壹丈陸尺伍寸不等俱屬參差均勻核計每折見方壹丈需銀叁錢壹分壹釐捌毫今照叁錢壹分壹釐捌毫之數分別核定
大小桅餅柒個每個銀柒分
計銀肆錢玖分
大小無底升陸百個每百個銀捌分

計銀肆錢捌分
竹筏伍百貳拾斤 每百斤銀壹錢陸分
計銀捌錢叁分貳釐
葦心伍百伍拾捌斤 每百斤銀柒分
計銀叁錢玖分壹釐
棚籐貳拾捌斤 每斤銀貳分伍釐
計銀柒錢
艌匠伍百伍工玖分伍釐
安裝匠伍拾工陸分

鋸匠壹百叁拾伍工貳分
艌匠叁百貳拾陸工玖分柒釐
鐵匠伍拾壹工壹分伍釐
油灰匠拾工
繩匠伍拾叁工壹分玖釐
棕匠貳拾玖工伍分
裁縫匠伍工
籐匠伍工陸分
刻字匠叁工

壯夫貳百叁拾壹名陸分陸釐
以上匠夫共壹千肆百柒名捌分貳釐 每名銀伍分
計銀柒拾兩叁錢玖分壹釐
又置備物件開後
木桶貳拾柒件 每件銀叁分
計銀捌錢壹分
鐵鍋叁口換新 每口貼工料銀壹錢貳分
計銀叁錢陸分
鼓壹面修理換皮

計銀肆錢捌分
金壹面重肆斤換新 每斤貼工料銀柒分
計銀貳錢捌分
以上拆造前船成規內開共需工料銀伍百捌拾貳兩肆錢陸分捌釐陸毫內部價銀貳百柒拾柒兩叁錢陸分陸釐加捌津貼并另加叁分銀叁百伍兩壹錢貳釐陸毫今按條查核分別增減更正需用工料銀伍百捌拾玖兩壹錢肆分捌釐內部價銀貳百捌拾兩伍錢肆分柒釐加八津貼并另加

[illegible]分銀叄百捌兩陸錢壹釐計加增銀[illegible]
柒分玖釐肆毫行令該撫于前船留應拆造之則
[illegible]加增銀兩在於各則節減銀內支領至大小脩
[illegible]成案內開大脩工料銀叄百玖拾柒兩陸錢貳
內[illegible]價銀壹百捌拾兩柒錢貳分捌釐[illegible]
[illegible]加叄分銀貳百拾陸兩捌錢柒分[illegible]小
[illegible]銀貳百捌拾叄兩壹錢柒釐內部價銀壹
[illegible]拾叄兩玖分加拾[illegible]并另加叄分[illegible]
陸拾兩壹分柒釐其餘貳船倣此

福建省外海戰船做法

第捌則趕繒船柒隻內水師提標右營[illegible]
船壹隻身長陸丈捌尺頭起鷁肆尺捌寸尾起鷁叄尺貳寸船頭長貳丈伍尺面匀寬壹丈貳尺玖寸底匀寬壹丈捌寸船中長貳丈壹尺伍寸面匀寬壹丈柒尺柒寸底匀寬壹丈貳尺玖寸船尾長貳丈壹尺伍寸面匀寬壹丈柒尺叄寸底匀寬壹丈貳尺玖寸兩邊舨長柒丈陸尺
計拾玖艙深陸尺壹寸肆分

今將拆造前船需用工料價值細數開後

計開

船底松木龍骨壹道計叄節船頭壹節長壹丈玖尺船中壹節連交接匙頭長叄丈伍尺船尾壹節長壹丈肆尺湊長陸丈捌尺均寬壹尺厚捌寸做淨每折見方尺貳拾尺用艌匠壹工交接匙頭貳處每處用長壹尺釘捌個又每邊用長陸寸釘拾貳個共核用
寬壹尺厚捌寸松木陸丈捌尺陸寸

全成規內開大吉中吉浮溪高洋肆項木植俱截去尖梢作欄杆灶櫃簸子木頭等之用其木身木料毋庸另加長荒外一切杉段各料有截去壹貳尺至叁伍尺不等者亦有木加長荒者參差不一今將杉段各料每件長伍尺以內者加長荒壹寸伍尺以外者加長荒貳寸圓徑樟木長壹丈以內者每根加長荒貳寸長壹丈以外者每根加長荒伍寸一律核定

長壹尺釘拾陸個

長陸寸釘貳拾肆個

艌匠拾貳工貳分肆釐

船底板連起䑨長陸丈捌尺內船底匀寬壹丈貳尺伍寸壹分兩站各匀高柒尺貳寸用長肆丈貳尺寬捌寸厚叁寸大吉木板伍拾柒塊做淨每折見方尺捌拾尺用艌匠壹工鋸板折寬壹尺長柒丈用鋸匠壹工以下鋸板用工做此釘縫湊長貳百叁拾玖丈肆尺每丈用長陸寸釘叁拾個艌縫湊長肆百柒拾捌丈捌尺每丈用灰壹斤桐油陸兩肆錢網紗竹絲各陸兩每柒丈用艌匠壹工舂製油灰每肆拾斤用舂灰夫壹名以下艌縫用工用料做此共核用

圍大叁尺貳寸淨長肆丈貳尺大吉木拾玖根

長陸寸釘柒千壹百捌拾貳個

灰肆百柒拾捌斤拾叁兩

桐油壹百玖拾壹斤捌兩叁錢

網紗壹百柒拾玖斤捌兩捌錢

竹絲壹百柒拾玖斤捌兩捌錢

艌匠陸拾伍工捌分肆釐

鋸匠叁拾柒工陸分貳釐

艌匠陸拾捌工肆分

舂灰夫拾陸名柒分陸釐

各艙用樟木梁座貳拾玖塊內船頭配用捌塊湊長玖丈捌尺船中拾壹塊湊長拾捌丈柒尺船尾拾塊湊長拾柒丈艙梁貳拾壹塊內船頭配用叁塊湊長肆丈船中拾塊湊長拾柒丈船尾捌塊湊長拾叁丈伍尺伍寸均寬壹尺伍寸厚叁寸松木梁頭肆拾叁塊內船頭配用拾伍塊湊長貳拾肆丈船中拾肆塊湊長貳拾叁丈捌

尺船尾拾肆塊湊長貳拾叁丈捌尺均寬壹尺
貳寸厚叁寸硬木棍穩吊玖根各長壹丈叁尺
圍大捌寸梁座梁頭做淨每折見方尺捌拾尺
用艌匠壹工穩吊肆拾尺用艌匠壹工釘縫湊
長壹百陸拾叁丈叁尺伍寸每丈用長陸寸釘
叁拾個艌縫湊長叁百貳拾陸丈柒尺共核用
寬壹尺伍寸厚叁寸樟木枋捌拾壹丈伍寸
寬壹尺貳寸厚叁寸松木枋柒拾貳丈肆尺
陸寸

圍大捌寸長壹丈叁尺硬木棍玖根
長陸寸釘肆千玖百個
灰叁百貳拾陸斤拾壹兩
桐油壹百叁拾斤拾兩玖錢
網紗壹百貳拾貳斤捌兩貳錢
竹絲壹百貳拾貳斤捌兩貳錢
艌匠陸拾伍工貳分壹釐
船匠肆拾陸工陸分柒釐
舂灰夫拾壹名肆分叁釐

各艙配用樟木極肆拾捌塊內虎頭艙極貳塊水
櫃艙極貳塊各長玖尺伍寸油婆艙前後極肆
塊冲天極貳塊官廳前後極肆塊舨內曲手極
捌塊井棚極貳塊中轉水極貳塊各長壹丈通
舖前後極肆塊各長捌尺舵工艙極貳塊八字
極貳塊各長玖尺下金極貳塊頭轉水極貳塊
下擔前極貳塊各長陸尺鰍魚極貳塊各長柒
尺斗蓋極貳塊各長伍尺尾裡極肆塊各長陸
尺伍寸均圍大壹尺做淨每折見方尺肆拾尺

用艌匠壹工每塊用長陸寸釘貳個艌縫湊長
捌拾貳丈肆尺共核用
圍大壹尺樟木極肆拾貳丈壹尺肆寸
長陸寸釘玖拾陸個
灰捌拾貳斤陸兩
桐油叁拾貳斤拾伍兩肆錢
網紗叁拾斤拾肆兩肆錢
竹絲叁拾斤拾肆兩肆錢
艌匠拾工叁分

艌匠拾壹工柒分柒釐
舂灰夫貳名捌分捌釐
船身兩旁走馬貳條水蛇貳條抽換各長肆丈貳尺寬捌寸厚肆寸做淨每折見方尺肆拾尺用艌匠壹工走馬釘縫湊長捌丈肆尺每丈用長壹尺釘叁拾個水蛇釘縫湊長捌丈肆尺每肆尺用長壹尺釘叁個艌縫湊長叁拾叁丈陸尺共核用
圓大叁尺貳寸淨長肆丈貳尺大吉木貳根
長壹尺釘叁百拾伍個
灰叁拾叁斤拾兩
桐油拾叁斤柒兩
網紗拾貳斤玖兩陸錢
竹絲拾貳斤玖兩陸錢
艌匠拾工捌釐
鋸匠貳工捌分捌釐
艌匠肆工捌分
舂灰夫壹名壹分捌釐

[illegible]面兩旁廠板長陸丈捌尺寬壹丈壹尺捌寸抽換用長肆丈貳尺寬捌寸厚叁寸大吉木板拾伍塊做淨每折見方尺捌拾尺用艌匠壹工釘縫湊長陸拾叁丈每丈用長陸寸釘叁拾個艌縫湊長壹百貳拾陸丈共核用
圓大叁尺貳寸淨長肆丈貳尺大吉木伍根
長陸寸釘壹千捌百玖拾個
灰壹百貳拾陸斤
桐油伍拾斤陸兩肆錢
網紗肆拾柒斤肆兩
竹絲肆拾柒斤肆兩
艌匠拾柒工叁分
鋸匠玖工玖分
艌匠拾捌工
舂灰夫肆名肆分肆釐
兩旁戧板各長柒丈貳尺高柒尺抽換用長叁丈圓尺寬伍寸捌分厚貳寸伍分中吉木板肆[illegible]貳塊兩旁添換木段艙柱肆根各長柒尺[illegible]

叁尺貳寸艌泥做淨每折見方尺捌拾尺用艌
匠壹工艌桂肆拾尺用艌匠壹工艌板釘縫湊
長壹百伍拾壹丈貳尺每丈用長伍寸釘叁拾
個艌桂釘縫湊長貳丈捌尺每丈用長陸寸釘
叁拾個艌縫湊長叁百捌丈共核用
圍大貳尺伍寸淨長叁丈陸尺巾吉木拾肆
根
圍大叁尺伍寸木段貳丈捌尺捌寸
長陸寸釘捌拾肆個

長伍寸釘肆千伍百叁拾陸個
灰叁百捌斤
桐油壹百貳拾叁斤叁兩貳錢
網紗壹百拾伍斤捌兩
竹絲壹百拾伍斤捌兩
艌匠叁拾叁工陸分壹釐
鋸匠拾柒工玖分叁釐
艌匠肆拾肆工
舂灰夫拾名柒分捌釐

查成規內艌板未載艌高尺寸今按艌桂長丈核定
兩旁艌艕貳拾伍塊各長叁尺柒寸圍大壹尺做
淨每折見方尺肆拾尺用艌匠壹工每塊用長
陸寸釘貳個艌縫湊長拾捌丈伍尺共核用
圍大壹尺樟木極玖丈伍尺
長陸寸釘伍拾個
灰拾捌斤捌兩
桐油柒斤陸兩肆錢
網紗陸斤拾伍兩

竹絲陸斤拾伍兩
艌匠貳工叁分壹釐
艌匠貳工陸分肆釐
舂灰夫陸分伍釐
艌上前後浮溪木鼠橋板肆塊各長貳丈陸尺寬
伍寸厚貳寸高洋木壓板肆塊各長叁丈陸尺
寬肆寸厚貳寸兩邊木段猴袋板肆塊各長壹
丈肆尺寬捌寸厚貳寸伍分做淨每折見方尺
捌拾尺用艌匠壹工鼠橋板壓板釘縫湊長貳

拾肆丈捌尺每丈用長伍寸釘叁拾個壓板艙
縫湊長貳拾捌丈捌尺共核用
閫大貳尺淨長叁丈貳尺實溪木壹根貳尺
柒寸
圓大壹尺陸寸淨長貳丈捌尺高洋木貳根
壹丈陸尺
圓大叁尺伍寸木段壹丈肆尺貳寸
長伍寸釘柒百肆拾肆個
灰貳拾捌斤拾叁兩
桐油拾壹斤捌兩叁錢
網紗拾斤拾貳兩捌錢
竹絲拾斤拾貳兩捌錢
艌匠伍工肆分伍釐
鋸匠叁工壹分壹釐
艙匠肆工壹分壹釐
舂灰夫壹名壹釐
兩旁坐抽貳塊大壓貳塊各長叁丈陸尺水蛇肆
塊各長壹丈捌尺均寬陸寸陸分厚叁寸

[illegible]折見方尺[illegible]尺用[illegible]
貳拾壹丈陸尺每丈用長陸寸釘叁[illegible]
縫湊長肆拾叁丈貳尺共核用
圓大貳尺伍寸淨長叁丈陸尺中吉木[illegible]
長陸寸釘陸百肆拾捌個
灰肆拾叁斤叁兩
桐油拾柒斤肆兩伍錢
網紗拾陸斤叁兩貳錢
竹絲拾陸斤叁兩貳錢
艌匠拾工玖分壹釐
鋸匠叁工壹分貳釐
艙匠陸工壹分柒釐
舂灰夫壹名伍分壹釐
[illegible]前後梁叁根用中吉木各長壹丈柒尺其[illegible]
閫[illegible]貳尺貳寸官廳上戰棚板拾貳塊[illegible]
拾貳塊各長壹丈柒尺捌寸寬[illegible]
[illegible]分左右牆板貳拾肆塊各長捌尺[illegible]
[illegible]尺捌寸[illegible]

[illegible]拾丈肆尺陸寸浮溪木官廳貼柱捌根
[illegible]長壹丈叄尺見方伍寸官廳門板捌塊各長柒
尺湊寬肆尺貳寸肆分官廳鋪板拾陸塊各長
玖尺湊寬捌尺肆寸捌分用寬伍寸厚貳寸板
拾捌丈陸尺伍寸陸分高洋木戰櫃挑貳根官
廳側板貳塊踏板壹塊各長壹丈捌尺[illegible]寸
厚貳寸冲天蓋用木段板拾貳塊各長肆尺陸
寸寬捌寸厚貳寸伍分官廳梁貼柱做淨每[illegible]
見方尺肆拾尺用艌匠壹工[illegible]板捌拾尺

用艌匠壹工戰櫃板牆板冲天蓋板官廳門板
釘縫湊長柒拾玖丈叄尺柒寸貳分每丈用長
伍寸釘叄拾個戰櫃板牆板冲中蓋板艌縫湊
長壹百伍拾壹丈玖尺陸寸共核用
圍大貳尺伍寸淨長叄丈陸尺中吉木桅[illegible]
貳寸柒分
[illegible]貳尺淨長叄丈貳尺浮溪木伍根
[illegible]
[illegible]陸[illegible]淨長貳丈[illegible]

壹丈柒尺
圍大叄尺伍寸木段壹丈肆尺壹寸
長伍寸釘貳千叄百捌拾壹個
灰壹百伍拾壹斤拾伍兩
桐油陸拾斤拾貳兩伍錢
網紗伍拾陸斤拾伍兩捌錢
竹絲伍拾陸斤拾伍兩捌錢
艌匠貳拾捌工捌分貳釐
鋸匠拾叄工叄分壹釐

艌匠貳拾壹工柒分壹釐
舂灰夫伍名叄分貳釐
官廳前通鋪板肆塊各長壹丈柒尺後通鋪板貳
塊各長壹丈陸尺均寬壹尺貳寸厚叄寸做淨
每折見方尺捌拾尺用艌匠壹工釘縫湊長拾
丈每丈用長陸寸釘叄拾個艌縫湊長貳拾丈
共核用
寬壹尺貳寸厚叄寸松木枋拾丈壹尺貳寸
長陸寸釘叄百個

灰貳拾斤
桐油捌斤
網紗柒斤捌兩
竹絲柒斤捌兩
艌匠叁工柒分伍釐
鋸匠貳工捌分陸釐
舂灰夫柒分
官廳兩旁高洋木猫裡柱肆根貼柱肆根各長肆
尺圍大壹尺叁寸木段猫裡上下衬肆塊各長

柒尺寬捌寸厚肆寸浮溪木猫裡牆板拾陸塊
猫裡門板捌塊各長肆尺湊寬壹丈貳尺柒寸
貳分兩旁猫裡板拾塊櫃底板拾塊各長柒尺
湊寬壹丈陸寸用寬伍寸厚貳寸板貳拾伍丈
壹寸陸分猫裡柱貼柱上下衬做淨毎折見方
尺肆拾尺用艌匠壹工猫裡各板捌拾尺用艌
匠壹工猫裡牆板門板釘縫湊長拾丈壹尺柒
寸陸分毎丈用長伍寸釘叁拾個共核用
圍大貳尺淨長叁丈貳尺浮溪木貳根壹丈

玖尺肆寸
圍大壹尺陸寸淨長貳丈捌尺高洋木壹根
肆尺
圍大叁尺伍寸木段壹丈肆尺肆寸
長伍寸釘叁百伍個
艌匠柒工壹分
鋸匠貳工玖分捌釐
官廳內中吉木炕床槓貳根各長壹丈陸尺炕床
柱肆根各長肆尺均圍大貳尺貳寸虎頭艙浮

溪木鋪板捌塊各長柒尺湊寬肆尺貳寸肆分
虎頭艙門板捌塊各長肆尺湊寬肆尺貳寸肆
分用寬伍寸厚貳寸板玖丈叁尺貳寸捌分炕
床槓柱做淨毎折見方尺肆拾尺用艌匠壹工
虎頭艙各板捌拾尺用艌匠壹工虎頭艙門板
釘縫湊長叁丈叁尺玖寸貳分毎丈用長伍寸
釘叁拾個共核用
圍大貳尺伍寸淨長叁丈陸尺中吉木壹根
壹丈貳尺

圍大貳尺淨長叁丈貳尺浮溪木叁丈壹尺
壹寸
長伍寸釘壹百貳個
艌匠肆工貳分柒釐
鋸匠玖分叁釐
兩旁艙面戰棚板用長叁丈貳尺寬伍寸厚貳寸
浮溪木板拾捌塊各艙內鋪板用長肆尺寬肆
寸厚壹寸高洋木板貳百伍拾貳塊做淨每折
見方尺捌拾尺用艌匠壹工共核用

圍大貳尺淨長叁丈貳尺浮溪木陸根
圍大壹尺陸寸淨長貳丈捌尺高洋木玖根
艌匠貳拾貳工陸分捌釐
鋸匠拾貳工玖分陸釐
兩旁艙上艙牛陸塊各長捌尺伍寸各艙口扛豆
肆塊各長壹丈陸尺均寬壹尺貳寸厚叁寸做
淨每折見方尺肆拾尺用艌匠壹工艙牛每塊
用長陸寸釘肆個扛豆釘縫湊長陸丈肆尺每
丈用長陸寸釘叁拾個艌縫湊長貳拾叁丈共

核用
寬壹尺貳寸厚叁寸松木枋拾壹丈柒尺
長陸寸釘貳百拾陸個
灰貳拾叁斤
桐油玖斤叁兩貳錢
綑紗捌斤拾兩
竹絲捌斤拾兩
艌匠捌工陸分叁釐
艌匠叁工貳分玖釐

舂灰夫捌分壹釐
各艙蓋板用長陸尺玖寸寬捌寸厚貳寸伍分木
段板捌拾貳塊艙蓋下大通槽拾伍側槽陸個
水槽陸個各長肆尺陸寸寬壹尺厚捌寸小迴
槽捌個各長肆尺陸寸見方捌寸艙蓋板做淨
每折見方尺捌拾尺用艌匠壹工通槽各槽叁
拾尺用艌匠壹工艙蓋釘縫湊長伍拾陸丈伍
尺捌寸每丈用長伍寸釘叁拾個艌縫湊長壹
百拾叁丈壹尺陸寸共核用

大叁尺伍寸六段貫拾捌丈陸尺伍寸六
分
長伍寸釘壹千陸百玖拾柒個
灰壹百拾叁斤叁兩
桐油肆拾伍斤肆兩貳錢
綱紗肆拾貳斤柒兩
竹絲肆拾貳斤柒兩
艌匠叁拾工玖分貳釐
鋸匠拾壹工玖分叁釐

艌匠拾陸工壹分柒釐
舂灰夫叁名玖分陸釐
兩旁艌邊用高洋木牛欄肆根內船頭貳根各長
壹丈肆尺船後貳根各長貳丈捌尺均圓大壹
尺叁寸做淨每折見方尺肆拾尺用艌匠壹工
共核用
圓大壹尺陸寸淨長貳丈捌尺高洋木叁根
艌匠貳工柒分叁釐
頭斗蓋用樟木壹塊長壹丈伍尺圓大肆尺柒

寸蝦𥱼梁壹塊長捌尺伍寸寬柒寸斗蓋下兎
耳壹塊長捌尺寬壹尺伍寸鹿肚勒壹個長肆
尺寬壹尺貳寸托浪板貳塊各長捌尺寬壹尺
均厚叁寸斗蓋蝦𥱼梁兎耳鹿肚勒做淨每折
見方尺肆拾尺用艌匠壹工托浪板捌拾尺用
艌匠壹工斗蓋用長捌寸釘拾貳個托浪板蝦
𥱼梁釘縫湊長貳丈肆尺伍寸每丈用長陸寸
釘叁拾個兎耳鹿肚勒釘縫湊長壹丈貳尺每
丈用長伍寸釘叁拾個蝦𥱼梁托浪板兎耳鹿

肚勒艌縫湊長柒丈叁尺共核用
圓大肆尺柒寸長壹丈伍尺伍寸樟木壹根
寬壹尺伍寸厚叁寸樟木枋壹丈伍尺伍寸
肆分
寬壹尺厚叁寸長捌尺貳寸樟木板貳塊
長捌寸釘拾貳個
長陸寸釘柒拾肆個
長伍寸釘叁拾陸個
灰柒斤伍兩

桐油貳斤拾肆兩柒錢
細紗貳斤拾壹兩捌錢
竹絲貳斤拾壹兩捌錢
艦匠叁工柒分叁釐
艌匠壹工肆釐
舂灰夫貳分陸釐
中含檀壹塊長壹丈捌尺圍大柒尺頭含檀壹塊
長壹丈伍尺圍大伍尺叁寸含檀梁壹塊長壹
丈貳尺頭含檀閘壹塊長捌尺均寬壹尺伍寸

厚叁寸做淨每折見方尺叁拾尺用艦匠壹工
含檀梁釘縫長壹丈貳尺每丈用長陸寸釘叁
拾個含檀含檀梁艌縫湊長玖丈共核用
圍大柒尺長壹丈捌尺伍寸樟木壹根
圍大伍尺叁寸長壹丈伍尺伍寸樟木壹根
寬壹尺伍寸厚叁寸樟木枋貳丈肆寸
長陸寸釘叁拾陸個
灰玖斤
桐油叁斤玖兩陸錢

細紗叁斤陸兩
竹絲叁斤陸兩
艦工玖工貳分伍釐
艌匠壹工貳分玖釐
舂灰夫叁分貳釐
中轉水貳塊各長壹丈陸尺寬貳尺厚玖寸伍分
樟木極轉水鞋貳塊各長柒尺圍大壹尺做淨
每折見方尺肆拾尺用艦匠壹工轉水每塊用
長壹尺釘貳個轉水鞋每塊用長陸寸釘柒個

艌縫湊長玖丈貳尺共核用
寬貳尺厚玖寸伍分長壹丈陸尺貳寸樟木
貳塊
圍大壹尺樟木極壹丈肆尺肆寸
長壹尺釘肆個
長陸寸釘拾肆個
灰玖斤叁兩
桐油叁斤拾兩玖錢
細紗叁斤柒兩貳錢

竹絲叁斤柒兩貳錢

艌匠伍工柒釐

艌匠壹工叁分壹釐

舂灰夫叁分貳釐

船尾用浮溪木拜棚槓叁根各長壹丈叁尺尾樓𦨴柱肆根各長肆尺均圓大壹尺柒寸木段拜棚板拾陸塊各長柒尺尾𦨴板捌塊各長壹丈肆尺均寬捌寸厚貳寸伍分拜棚槓尾𦨴柱做淨每折見方尺肆拾尺用艌匠壹工拜棚板尾

𦨴板捌拾尺用艌匠壹工拜棚板𦨴板釘縫湊長貳拾貳丈肆尺每丈用長伍寸釘叁拾個拜桐板艌縫湊長貳拾貳丈肆尺共核用

圍大貳尺淨長叁丈貳尺浮溪木壹根貳丈叁尺

圍大叁尺伍寸木段伍丈柒尺貳寸

長伍寸釘陸百柒拾貳個

灰貳拾貳斤陸兩

桐油捌斤拾伍兩肆錢

網紗捌斤陸兩肆錢

竹絲捌斤陸兩肆錢

艌匠捌工貳分貳釐

鋸匠叁工叁分陸釐

艌匠叁工貳分

舂灰夫柒分捌釐

船尾用樟木下金壹塊長柒尺伍寸圍大柒尺伍寸繚牛壹副長柒尺伍寸寬貳尺肆寸厚陸寸尾樓上金壹塊長壹丈柒尺寬貳尺壹寸厚捌

寸七星冠壹塊長壹丈捌尺寬壹尺貳寸厚陸寸硬木棍下金拴貳根繚牛𦩴貳根各長陸尺伍寸圍大捌寸木段繚牛槓貳根各長柒尺圍大叁尺貳寸下金繚牛上金七星冠做淨每折見方尺叁拾尺用艌匠壹工下金拴繚牛𦩴繚牛槓肆拾尺用艌匠壹工下金用長捌寸釘拾捌個繚牛用長捌寸釘貳拾貳個上金用長壹尺釘拾捌個繚牛𦩴釘縫湊長壹丈叁尺每丈用長伍寸釘叁拾個下金艌縫長柒尺伍寸共

核用
圍大柒尺伍寸長柒尺柒寸樟木壹段
寬貳尺肆寸厚陸寸長柒尺柒寸樟木壹塊
寬貳尺壹寸厚捌寸長壹丈柒尺貳寸樟木
壹塊
寬壹尺貳寸厚陸寸長壹丈捌尺貳寸樟木
壹塊
圍大捌寸長壹丈叁尺硬木棍貳根
圍大叁尺伍寸木段壹丈肆尺肆寸

長壹尺釘拾捌個
長捌寸釘肆拾個
長伍寸釘叁拾玖個
灰拾貳兩
桐油肆兩捌錢
網紗肆兩伍錢
竹絲肆兩伍錢
艌匠拾工柒分陸釐
艌匠壹分壹釐

春灰夫叁釐
舵尾舵邊用木段硬筋貳根各長壹丈肆尺圍大
叁尺貳寸尾樓舫魚翅肆塊各長柒尺寬壹尺
厚肆寸紗帽匙貳塊雞毋宿壹塊尾燕板壹塊
各長壹丈肆尺寬捌寸厚貳寸伍分柯桐木軟
筋貳塊各長壹丈壹尺寬壹尺厚叁寸硬筋舫
魚翅軟筋做淨剪折見方尺肆拾尺用艌匠壹
工紗帽匙各板捌拾尺用艌匠壹工硬筋頭尾
用長陸寸釘拾貳個共核用

圍大叁尺伍寸木段伍丈柒尺
寬壹尺厚叁寸柯桐木枋貳丈貳尺肆寸
長陸寸釘拾貳個
艌匠柒工壹分
鋸匠壹工肆分
尾樓上用浮溪木鋪板拾塊各長肆尺尾座板肆
塊各長壹丈貳尺舷邊寄菜板貳塊各長壹丈
肆尺碗格貳塊各長壹丈壹尺均寬伍寸厚貳
寸烏洋木尾樓挑貳塊艙棚壹塊各長壹丈捌

尺均寬肆寸厚貳寸做淨每折見方尺捌拾尺
用艌匠壹工尾樓鋪板釘縫湊長肆丈每丈用
長伍寸釘叁拾個共核用
圍大貳尺淨長叁丈貳尺浮溪木壹根壹丈
肆尺
圍大壹尺陸寸淨長貳丈捌尺高洋木貳丈
柒尺
長伍寸釘壹百貳拾個
艌匠叁工貳分叁釐
鋸匠壹工捌分肆釐
舡尾用樟木櫓通板叁塊各長壹丈陸尺櫓門枋
壹塊櫓床貳塊各長伍尺均寬壹尺伍寸厚叁
寸尾樓雙頭蛇壹個長肆尺寬壹尺貳寸厚叁
寸櫓通板做淨每折見方尺捌拾尺用艌匠壹
工櫓門枋櫓床雙頭蛇肆拾尺用艌匠壹工櫓
床每塊用長捌寸釘拾貳個櫓通板釘縫湊長
肆丈捌尺每丈用長陸寸釘叁拾個櫓床櫓通
板艙縫湊長拾壹丈陸尺共核用

寬壹尺伍寸厚叁寸樟木枋陸丈柒尺壹寸
捌分
長捌寸釘貳拾肆個
長陸寸釘壹百肆拾肆個
灰拾壹斤拾兩
桐油肆斤拾兩貳錢
網紗肆斤伍兩陸錢
竹絲肆斤伍兩陸錢
艌匠叁工捌分壹釐
舵匠壹工陸分陸釐
舂灰夫肆分壹釐
水仙門兩旁用浮溪木邊柱叁根中柱壹根各長
肆尺圍大壹尺柒寸水仙門板拾肆塊各長肆
尺奏寬柒尺肆寸貳分用寬伍寸厚貳寸板伍
丈玖尺叁寸陸分樟木極百子鮑拾陸塊各長
陸尺圍大壹尺鮍邊柯樹木朴竹貳塊各長陸
尺寬壹尺厚叁寸水仙門柱百子鮑做淨每折
見方尺肆拾尺用艌匠壹工門板朴竹捌拾尺

用艌匠壹工百子舭釘縫㚒長玖丈陸尺每丈
用長陸寸釘叁拾個艌縫㚒長拾玖丈貳尺共
核用
圍大貳尺淨長叁丈貳尺浮溪木壹根叁尺
捌寸
圍大壹尺樟木桅玖丈玖尺貳寸
寛壹尺厚叁寸桐槲木枋壹丈貳尺肆寸
長陸寸釘貳百捌拾捌個
灰拾玖斤叁兩

桐油柒斤拾兩玖錢
綢紗柒斤叁兩貳錢
竹絲柒斤叁兩貳錢
艌匠肆工伍分壹釐
鋸匠伍分玖釐
艌匠貳工柒分肆釐
舂灰大陸分柒釐
桅座壹塊長捌尺見方貳尺肆寸頭桅座壹塊
長伍尺陸寸圍大肆尺陸寸做淨每折見方尺

叁拾尺用艌匠壹工共核用
見方貳尺肆寸長捌尺貳寸樟木壹塊
圍大肆尺陸寸長伍尺捌寸樟木壹段
艌匠叁工肆分貳釐
大鹿耳貳塊各長壹丈貳尺寛貳尺貳寸厚壹尺
壹寸頭鹿耳貳塊各長玖尺捌寸寛壹尺捌寸
厚捌寸硬木棍鹿耳夾貳根各長壹丈叁尺圍
大捌寸做淨每折見方尺肆拾尺用艌匠壹工
共核用

寛貳尺貳寸厚壹尺壹寸長壹丈貳尺貳寸
樟木貳塊
寛壹尺捌寸厚捌寸長壹丈樟木貳塊
圍大捌寸長壹丈叁尺硬木棍貳根
艌匠柒工叁釐
大桅壹根長柒丈貳尺圍大伍尺柒寸頭桅壹根
長伍丈圍大肆尺叁寸做淨每折見方尺肆拾
尺用艌匠壹工共核用
圍大伍尺柒寸長柒丈貳尺桅木壹根

圍大肆尺叁寸長伍丈桅木壹根

艌匠拾伍工陸分肆釐

桅尾用柯楠木馬面貳塊各長叁丈伍尺寬壹尺伍寸厚叁寸中吉木大桅尖壹根長肆尺圍大貳尺貳寸樟木大桅笠壹個長貳尺寬壹尺伍寸頭桅笠壹個長壹尺陸寸寬壹尺貳寸均厚叁寸木段大桅竚壹根長壹丈肆尺頭桅竚壹根長壹丈貳尺均圍大叁尺貳寸馬面做淨每折見用尺捌拾尺用艌匠壹工桅尖桅笠桅竚

肆拾尺用艌匠壹工馬面釘縫湊長柒丈每丈用長陸寸釘貳拾個共核用

寬壹尺伍寸厚叁寸柯樹木枋柒丈肆寸

寬壹尺伍寸厚叁寸樟木枋叁尺肆寸陸分

圍大貳尺伍寸淨長叁丈陸尺中吉木肆尺

圍大叁尺伍寸木段貳丈陸尺肆寸

長陸寸釘壹百肆拾個

艌匠伍工柒分伍釐

大風篷壹扇長陸丈寬叁丈貳尺頭風篷壹扇長叁丈寬壹丈陸尺浮溪木大篷檐貳根各長叁丈貳尺頭篷檐貳根各長壹丈陸尺均圍大壹尺柒寸做淨每折見方尺肆拾尺用艌匠壹工共核用

寬叁丈貳尺長陸丈風篷壹扇

寬壹丈陸尺長叁丈風篷壹扇

圍大貳尺淨長叁丈貳尺浮溪木叁根

艌匠肆工捌釐

大篷架用木段橫梁壹根長壹丈肆尺頭篷橫梁

壹根架針叁根各長柒尺均寬壹尺厚捌寸做淨每折見方尺叁拾貳尺用艌匠壹工共核用

圍大叁尺伍寸木段肆丈叁尺

艌匠肆工柒分叁釐

鋸匠壹工捌釐

大篷車員壹根椗車員壹根用中吉木各長壹丈陸尺大篷半車員壹根斗頭車員壹根各長壹丈均圍大貳尺貳寸高洋木車耳捌個各長陸尺車脚直板拾貳塊斜板肆塊各長貳丈捌尺

均寬肆寸厚貳寸硬木棍車子肆拾伍根各長壹丈叁尺圍大捌寸車員車耳做淨每折見方尺叁拾貳尺用艌匠壹工車脚斜直板捌拾尺用艌匠壹工共核用

圍大貳尺伍寸淨長叁丈陸尺中吉木壹根

壹丈陸尺

圍大壹尺陸寸淨長貳丈捌尺高洋木捌根

貳丈肆尺

圍大捌寸長壹丈叁尺硬木棍肆拾伍根

艌匠拾貳工壹分

鋸匠肆工貳分伍釐

水櫃用樟木牛頭肆塊各長伍尺寬壹尺伍寸厚叁寸木段水櫃柱肆根各長柒尺圍大叁尺貳寸水櫃閘肆塊各長柒尺見方捌寸水櫃板叁拾陸塊各長肆尺陸寸寬捌寸厚貳寸伍分水櫃柱閘牛頭做淨每折見方尺肆拾尺用艌匠壹工水櫃板捌拾尺用艌匠壹工水櫃柱每根用長陸寸釘貳拾個牛頭釘縫湊長貳丈每丈用長陸寸釘叁拾個水櫃板釘縫湊長拾陸丈伍尺陸寸每丈用長伍寸釘叁拾個艌縫湊長肆拾捌丈叁尺貳寸共核用

寬壹尺伍寸厚叁寸樟木枋貳丈肆寸

圍大叁尺伍寸木段玖丈玖尺玖寸

長陸寸釘壹百肆拾個

長伍寸釘肆百玖拾柒個

灰肆拾捌斤伍兩

桐油拾玖斤伍兩貳錢

網紗拾捌斤壹兩玖錢

竹絲拾捌斤壹兩玖錢

艌匠拾工陸分叁釐

鋸匠叁工壹分貳釐

艌匠陸工玖分

舂灰夫壹名陸分玖釐

繡補艙用杉木板貳拾伍丈尾樓番仔板畫鷹翅順風板及刀劍砲眼用板拾伍丈均寬陸寸厚壹寸高洋木繡補旗杆壹根長貳丈貳尺圍大

[illegible]

叁[illegible]斫見方尺肆拾尺[illegible]

呰二工媽祖龕[illegible]捌拾尺用艙匠壹工

釘縫湊長貳拾伍丈每丈用長肆寸釘叁拾

艌縫灰長伍拾丈共核用

寬陸寸厚壹寸杉木板肆拾丈捌尺

圍大壹尺陸寸淨長貳丈捌尺高洋木貳丈

貳尺

長肆寸釘柒百伍拾個

灰[illegible]拾斤

桐油貳拾斤

綱紗拾捌斤拾貳兩

竹絲拾捌斤拾貳兩

艦匠柒工柒分貳釐

艌匠柒工壹分肆釐

舂灰夫壹名柒分伍釐

舡面兩旁砲架陸個并葢每個用長肆尺陸寸寬

捌寸厚貳寸伍分木段板陸塊做淨每折見方

尺[illegible]拾尺用艦匠壹工共核用

圍大叁尺伍寸木段肆丈貳尺叁寸

艌匠肆工叁分伍釐

鋸匠貳工肆分捌釐

舡頭用大吉木樬壹根長肆丈貳尺圍大貳尺玖

寸樟木樬牙壹塊長伍尺寬壹尺叁寸厚叁寸

做淨每折見方尺肆拾尺用艦匠壹工樬牙用

長捌寸釘陸個共核用

圍大叁尺貳寸淨長肆丈貳尺大吉木壹根

寬壹尺伍寸厚叁寸樟木枋肆尺肆寸貳分

長捌寸釘陸個

艦匠叁工肆分伍釐

舡尾舵壹門用楮木舵桿壹根長壹丈捌尺寬壹

尺肆寸厚捌寸中吉木舵門板叁塊各長貳丈

湊寬壹尺玖寸捌分用寬伍寸捌分厚貳寸伍

分板陸丈捌尺貳寸捌分樟木極舵夾捌塊各

長肆尺圍大壹尺硬木梶舵牙扼貳根各長壹

丈叁尺圍大捌寸舵桿做淨每折見方尺叁拾

尺用艦匠壹工舵牙舵夾肆拾尺用艦匠壹工

舵門板捌拾尺用艌匠壹工舵夾釘縫湊長叁
丈貳尺每丈用長捌寸釘伍拾個舵夾舵門板
艌縫湊長貳拾丈伍寸陸分共核用
寬壹尺肆寸厚捌寸長壹丈捌尺貳寸楮木
壹根
圍大貳尺伍寸淨長叁丈陸尺中吉木貳丈
貳尺柒寸陸分
圍大壹尺樟木極叁丈貳尺捌寸
圍大捌寸長壹丈叁尺硬木棍貳根

長捌寸釘壹百陸拾個
灰貳拾斤壹兩
桐油捌斤肆錢
網紗柒斤捌兩叁錢
竹絲柒斤捌兩叁錢
艌匠伍工叁分捌釐
鋸匠捌分壹釐
艌匠貳工捌分柒釐
舂灰夫柒分

跟隨戰舡舢板舡用柯楠木龍骨壹根長壹丈柒
尺斗蓋壹塊長陸尺托浪板貳塊各長伍尺陸
寸均寬壹尺厚叁寸浮溪木水底板拾塊各長
壹丈捌尺湊寬伍尺叁寸䑢板肆塊各長貳丈
湊寬貳尺壹寸貳分堵板拾貳塊各長陸尺伍
寸湊寬陸尺叁寸陸分用寬伍寸厚貳寸板叁
拾伍丈捌尺貳寸捌分龍骨做淨每折見方尺
肆拾尺用艌匠壹工斗蓋各板捌拾尺用艌匠
壹工龍骨用長陸寸釘拾貳個托浪板水底板

䑢板釘縫湊長貳拾捌丈陸尺捌寸每丈用長
伍寸釘叁拾個托浪板水底板䑢板艌縫湊長
伍拾柒丈叁尺陸寸共核用
寬壹尺厚叁寸柯楠木枋叁丈伍尺
圍大貳尺淨長叁丈貳尺浮溪木叁根貳丈
叁尺肆寸
長陸寸釘拾貳個
長伍寸釘捌百陸拾個
灰伍拾柒斤陸兩

桐油貳拾貳斤拾伍兩壹錢
網紗貳拾壹斤捌兩貳錢
竹絲貳拾壹斤捌兩貳錢
艦匠柒工玖分肆釐
鋸匠叁工伍分捌釐
艌匠捌工壹分玖釐
舂灰夫貳名壹釐
舢板舡兩旁水蛇貳根各長壹丈捌尺壓板貳塊
各長貳丈水戧貳根各長壹丈柒尺均寬伍寸

厚貳寸做淨每折見方尺捌拾尺用艦匠壹工
水蛇釘縫湊長叁丈陸尺每肆尺用長捌寸釘
叁個壓板水戧釘縫湊長柒丈肆尺每丈用長
伍寸釘叁拾個艌縫湊長貳拾貳丈共核用
圍大貳尺淨長叁丈貳尺浮溪木壹根肆尺
柒寸
長捌寸釘貳拾柒個
長伍寸釘貳百貳拾貳個
灰貳拾貳斤

桐油捌斤拾貳兩捌錢
網紗捌斤肆兩
竹絲捌斤肆兩
艦匠壹工玖分叁釐
鋸匠壹工壹分
艌匠叁工壹分肆釐
舂灰夫柒分柒釐
舢板舡用樟木舢板舥叁個各長肆尺寬伍寸厚
叁寸樟木極舢板梁肆塊各長肆尺肆寸牛仔

極拾伍塊各長貳尺冲天極貳塊牛頭極陸塊
各長貳尺伍寸均圍大壹尺做淨每折見方尺
肆拾尺用艦匠壹工舢板舥梁釘縫湊長貳丈
玖尺陸寸每丈用長陸寸釘叁拾個冲天極牛
頭極每塊用長陸寸釘貳個舢板舥梁冲天極
牛頭極艌縫湊長玖丈玖尺貳寸共核用
寬壹尺伍寸厚叁寸樟木杉肆尺壹寸
圍大壹尺樟木桅柒丈叁寸
長陸寸釘壹百伍捌

灰玖斤拾伍兩

桐油叁斤拾伍兩伍錢

綳紗叁斤拾壹兩伍錢

竹絲叁斤拾壹兩伍錢

艌匠貳工壹分柒釐

艌匠壹工肆分貳釐

舂灰大叁分伍釐

大桅鐵箍玖個各長伍尺捌寸頭桅箍伍個各長肆尺肆寸桅頭箍叁個各長肆尺柒寸起箍叁

個各長叁尺肆寸俱寬貳寸厚伍分桅齒肆個各長壹尺寬柒寸厚伍分櫓箍叁個各長貳尺肆寸寬壹寸厚叁分鐵鐶叁個各圍大陸寸以上鐵料共淨重貳百陸拾叁斤捌兩每正鐵壹斤加耗鐵壹斤每正鐵伍斤用鐵匠壹工每正杭鐵壹斤用炭叁斤共核用

生鐵伍百貳拾柒斤

炭壹千伍百捌拾壹斤

鐵匠伍拾貳工柒分

油艌前艙共用

烏烟叁斤伍兩

廣紅伍斤

銅綠肆兩

京紅肆兩

南粉貳斤

銀硃壹兩

籐黃肆兩

藍粉肆兩

杭粉壹兩

水膠陸兩

松香捌兩

墨貳塊

桐油肆斤

淡底壹斤

油艌匠拾工

麻大桅肄索貳條各長捌丈陸尺肆寸大柒寸伍分頭桅肄索貳條各長柒丈貳尺大肆寸伍分

大踏索貳條各長柒丈貳尺大伍寸小踏索貳
條各長伍丈大叁寸大繚母壹條長肆丈貳尺
大柒寸伍分小繚母壹條長貳丈伍尺大肆寸
大帑襯陸條各長壹丈陸尺大貳寸小帑襯玖
條各長陸尺大壹寸陸分以上麻繩共重伍百
捌拾斤每百斤用繩匠叁工陸分共核用
麻伍百捌拾斤
繩匠貳拾工捌分捌釐
棕正椗索壹條長肆拾貳丈大捌寸柒分副椗索

壹條長肆拾丈大柒寸捌分大篷筋壹條長陸
丈捌尺大壹寸捌分小篷筋壹條長叁丈陸尺
大壹寸貳分繚仔繚耳共拾捌條各長貳丈陸
尺大貳寸椗奴貳條各長壹丈伍尺大柒寸貳
分大小搞尾貳條各長拾貳丈大肆寸叁分綁
巾壹條長叁丈大陸寸貳分以上棕繩共重陸
百斤每撕棕肆拾斤用匠壹工成繩肆拾斤用
匠壹工共核用
棕陸百斤

撕棕匠拾伍工
成繩匠拾伍工
沖風旂壹面長寬各壹丈陸尺壹條龍旂壹面長
陸丈寬叁尺媽祖旂壹面長寬各伍尺大小定
風旂叁面內壹面長陸尺貳面各長肆尺伍寸
均寬壹尺共核用
幅寬壹尺色布伍拾丈
苧線拾兩
裁縫匠伍工

寸
中椗壹門齒全各長貳丈壹尺寬壹尺貳寸厚陸
中櫓貳枝各長肆丈捌尺寬捌寸厚伍寸
舢板櫓壹枝長貳丈玖尺寬柒寸厚肆寸
大小桅餅柒個
大小無底升陸百伍拾個
椗舵上配用竹繩草繩共核用
竹栰伍百捌拾斤
繩匠貳拾工捌分捌釐

草心陸百斤

繩匠拾伍工

查原送成規內開造竹繩草繩所用匠工多寡不齊今照棕麻繩索用工之例一律核定

篷上配用大小綵毬攤子兎耳共核用

𣚴籐貳拾玖斤

籐匠伍工捌分

刻字用

刻字匠叁工

監大小桅用

壯夫肆拾名

前舡共用大小鐵釘貳萬玖千玖百叁拾捌個例

抹釘頭每百頭用桐油陸兩肆錢灰壹斤每油

灰拾斤用艌匠壹工共核用

桐油壹百拾玖斤拾貳兩

灰貳百玖拾玖斤陸兩

艌匠肆拾壹工玖分壹釐

舂灰夫拾名肆分捌釐

前船共用艌匠肆百玖拾肆工壹分伍釐係照杉

松木桅核定內有樟柯等硬料用匠壹百拾名

伍分玖釐每工外加匠貳分計加匠貳拾貳工

壹分貳釐共匠伍百拾陸工貳分柒釐每百工

加安裝匠拾工計安裝匠伍拾壹工陸分叁釐

每艌匠安裝匠壹百工加隨匠壯夫貳拾名計

壯夫壹百拾叁名伍分捌釐

以上拆造前舡共用

寬壹尺厚捌寸松木長陸丈捌尺陸寸每丈銀肆錢壹分肆

釐

計銀貳兩捌錢肆分

查原送成規內開松木按依拾陸則丈尺計算每丈核銀自肆錢捌分壹釐至叁錢肆分壹釐不等多寡參差均勻計算每丈需銀肆錢壹分肆釐今照肆錢壹分肆釐之數一律核定

圍大叁尺貳寸淨長肆丈貳尺大吉木貳拾柒根每根銀貳兩柒錢

計銀柒拾貳兩玖錢

圍大貳尺伍寸淨長叁丈陸尺中吉木貳拾捌根

壹丈玖尺叁分（每根銀壹兩伍錢）

計銀肆拾貳兩柒錢玖分叁釐

查原送成規內開中吉木貳拾捌根今按丈尺做法核算應增壹丈玖尺叁分

圍大貳尺淨長叁丈貳尺浮溪木貳拾捌根叁寸（每根銀伍錢）

計銀拾肆兩伍釐

查原送成規內開浮溪木貳拾捌根今按丈尺做法核算應增叁寸

圍大壹尺陸寸淨長貳丈捌尺高洋木貳拾柒根

貳丈陸尺（每根銀貳錢）

計銀伍兩伍錢捌分陸釐

查原送成規內開高洋木貳拾捌根今按丈尺做法核算應減貳尺

圍大叁尺伍寸木段陸拾玖丈捌尺貳寸伍分核

長壹丈肆尺段料肆拾玖根壹丈貳尺貳寸伍

分（每根銀陸錢）

計銀貳拾玖兩玖錢貳分伍釐

查原送成規內開木段伍拾根今按丈尺做法核算應減壹尺柒寸伍分

寬壹尺伍寸厚叁寸樟木枋玖拾肆丈陸尺核長

壹丈柒尺枋料伍拾伍塊壹丈壹尺（每塊銀壹兩叁錢）

計銀柒拾貳兩叁錢肆分壹釐

查原送成規內開樟枋伍拾玖塊今按丈尺做法核算應減叁塊陸尺

寬壹尺厚叁寸長捌尺貳寸樟木板貳塊（每塊銀肆錢壹分捌釐）

計銀捌錢叁分陸釐

查原送成規內開樟木梁座梁頭壹則至拾柒則各長壹丈柒尺寬壹尺伍寸厚叁寸每塊銀壹兩叁錢托浪樟木板第壹則長陸尺伍寸寬壹尺厚叁寸每塊開銀伍錢第貳則至拾柒則各長捌尺寬壹尺厚叁寸每塊亦開銀伍錢價值參差今俱照梁座梁頭之價一律核定

寬壹尺貳寸厚叁寸松木枋玖拾肆丈貳尺捌寸

核長壹丈柒尺枋料伍拾伍塊柒尺捌寸（每塊銀叁錢伍分）

計銀拾玖兩肆錢壹分壹釐

查原送成規內開松枋伍拾陸塊今按丈尺做法核算應減玖尺貳寸

圍大壹尺樟木極柒拾叁丈叁尺壹寸核長壹丈

貳尺樟極陸拾壹塊壹尺壹寸（每塊銀貳錢）

計銀拾貳兩貳錢壹分捌釐

查原送成規內開樟極陸拾陸塊今按丈尺做法核算應減肆塊壹丈玖寸

寬壹尺伍寸厚叁寸柯樹木枋柒丈肆寸每丈銀伍錢柒分壹釐伍毫

計銀肆兩貳分叁釐

寬壹尺厚叁寸柯樹木枋陸丈玖尺捌寸每丈銀叁錢捌分壹釐

計銀貳兩陸錢伍分玖釐

查原送成規內開柯樹木馬面壹則至拾柒則各長叁丈伍尺寬壹尺伍寸厚叁寸每塊開銀貳兩軟筋及舢板龍骨等料壹則至伍則各長貳丈伍尺寬壹尺厚叁寸每塊開銀壹兩陸則至拾柒則各長叁丈伍尺寬壹尺厚叁寸每塊開銀貳兩價值參差今俱照馬面之價一律核定

圍大捌寸長壹丈叁尺硬木棍陸拾根每根銀捌分

計銀肆兩捌錢

寬陸寸厚壹寸杉木板肆拾丈捌尺每丈銀肆錢

計銀拾陸兩叁錢貳分

圍大柒尺長壹丈捌尺伍寸樟木壹根

計銀柒兩玖分捌釐

圍大伍尺叁寸長壹丈伍尺伍寸樟木壹根

計銀叁兩[illegible]釐

見方貳尺肆寸長捌尺貳寸樟木壹塊

計銀肆兩肆錢叁分捌釐

圍大肆尺陸寸長伍尺捌寸樟木壹段

計銀玖錢陸分

寬貳尺壹寸厚捌寸長壹丈柒尺貳寸樟木壹塊

計銀貳兩柒錢壹分肆釐

圍大柒尺伍寸長柒尺柒寸樟木壹段

計銀叁兩叁錢玖分壹釐

寬貳尺貳寸厚壹尺壹寸長壹丈貳尺貳寸樟木貳塊每塊銀貳兩柒錢柒分叁釐

計銀伍兩伍錢肆分陸釐

寬壹尺捌寸厚捌寸長壹丈樟木貳塊每塊銀壹兩叁錢伍分叁釐

計銀貳兩柒錢陸釐

寬貳尺厚玖寸伍分長壹丈陸尺貳寸樟木貳塊每塊銀貳兩捌錢玖分貳釐

計銀伍兩柒錢捌分肆釐

圍大肆尺柒寸長壹丈伍尺伍寸樟木壹根

計銀貳兩陸錢捌分壹釐

寬壹尺貳寸厚陸寸長壹丈捌尺貳寸樟木壹塊

計銀壹兩貳錢叁分壹釐

寬貳尺肆寸厚陸寸長柒尺柒寸樟木壹塊

計銀壹兩肆分貳釐

查原造成規內開壹則至拾柒則每則用樟木各檀等料均載欽明開價值逐款核計俱屬參差均勻計算每折見方壹尺需銀玖分叁釐玖毫陸絲今照玖分叁釐玖毫陸絲之數畫一律核定

寬壹尺肆寸厚捌寸長壹丈捌尺貳寸楮木壹根

計銀拾陸兩

闊大伍尺柒寸長柒丈貳尺桅木壹根

計銀叁拾貳兩

闊大肆尺叁寸長伍丈桅木壹根

計銀柒兩

長壹尺釘叁百伍拾叁個每貳個重壹斤計重壹百柒拾陸斤捌兩長捌寸釘貳百陸拾玖個每伍個重壹斤計重伍拾叁斤拾貳兩捌錢長陸寸釘壹萬陸千[illegible]個每拾伍個重壹斤計重壹千玖拾斤伍兩叁錢長伍寸釘壹萬貳千貳百拾壹個每貳拾個重壹斤計長陸百拾斤捌兩捌錢長肆寸釘柒百伍拾個每叁拾個重壹斤計重貳拾伍斤以上鐵釘共重壹千玖百伍拾陸斤貳兩玖錢除選用舊釘玖百肆拾斤叁兩外添新壹千拾伍斤拾伍兩玖錢每斤銀貳分貳釐

計銀貳拾貳兩叁錢伍分貳釐

灰貳千叁百肆拾斤拾兩每百斤銀貳錢

計銀肆兩陸錢捌分壹釐

桐油玖百肆拾斤叁兩捌錢每斤銀叁分

計銀貳拾捌兩貳錢柒釐

網紗柒百陸拾伍斤柒兩肆錢每斤銀壹分貳釐

計銀玖兩壹錢捌分陸釐

竹絲柒百陸拾伍斤柒兩肆錢每斤銀陸釐

計銀肆兩伍錢玖分叁釐

生鐵伍百貳拾柒斤每斤銀壹分

計銀伍兩貳錢柒分

灰壹千伍百捌拾壹斤 每百斤銀壹錢陸分
計銀貳兩伍錢叁分
烏烟叁斤伍兩 每斤銀壹分伍釐
計銀伍分
廣紅伍斤 每斤銀伍分
計銀貳錢伍分
銅綠肆兩 每斤銀叁錢
計銀柒分伍釐
京紅肆兩 每斤銀捌分
計銀貳分

南粉貳斤 每斤銀壹分
計銀貳分
銀硃壹兩 每斤銀陸錢肆分
計銀肆分
藤黃肆兩 每斤銀貳錢
計銀伍分
藍粉肆兩 每斤銀捌分
計銀貳分

亢粉壹兩 每斤銀壹錢陸分
計銀壹分
水膠陸兩 每斤銀肆分
計銀壹分伍釐
松香捌兩 每斤銀貳分
計銀壹分
墨貳塊 每塊銀壹分
計銀貳分
淡底壹斤
計銀伍分

麻伍百捌拾斤 每斤銀壹分伍釐
計銀捌兩柒錢
棕陸百斤 每斤銀叁分
計銀拾捌兩
幅寬壹尺色布伍拾丈 每丈銀壹錢
計銀伍兩
苧線拾兩 每斤銀壹錢貳分
計銀柒分伍釐

椗貳門每全各長貳丈壹尺寬壹尺貳寸厚陸寸 每門銀壹兩伍錢柒分捌釐
計銀叁兩壹錢伍分陸釐

中檣貳枝各長肆丈捌尺寬捌寸厚伍寸 每枝銀壹兩玖錢伍分柒釐
計銀叁兩玖錢壹分肆釐

舢板檣壹枝長貳丈玖尺寬柒寸厚肆寸
計銀叁錢柒分貳釐

大風篷壹扇長陸丈寬叁丈貳尺
計銀伍兩玖錢捌分柒釐

頭風篷壹扇長叁丈寬壹丈陸尺
計銀壹兩肆錢玖分柒釐

查原送成規內開壹則至拾柒則大篷每篷銀伍兩伍錢頭篷每篷銀壹兩伍錢所開丈尺大篷長自肆丈捌尺至柒丈寬自貳丈陸尺至叁丈叁尺不等頭篷長自貳丈肆尺至叁丈伍尺寬自壹丈肆尺至壹丈陸尺伍寸不等俱屬參差均勻核計每折見方壹丈需銀叁錢壹分壹釐捌毫今照叁錢壹分壹釐捌毫之數分別核定

大小桅餅柒個 每個銀柒分
計銀肆錢玖分

百伍拾[illegible]
伍錢貳分
捌拾斤[illegible]
銀玖錢貳分捌釐

白[illegible]斤 每百斤銀柒分
計銀肆錢貳分

貳拾玖斤 每斤銀貳分伍釐
計銀柒錢貳分伍釐

匠伍百拾陸工貳分柒釐

裝匠伍拾壹工陸分叁釐
匠壹百肆拾工貳分捌釐
匠叁百叁拾叁工伍分壹釐
匠伍拾貳工柒分
畫匠拾工
匠伍拾陸工柒分陸釐
[illegible]拾一

[illegible]捨伍名伍分貳釐

匕匠入共壹千肆百肆拾工肆分柒釐每工銀[illegible]

[illegible]分

計銀柒拾貳兩貳分肆釐

[illegible]物件開後

[illegible]貳拾柒件每件銀叁分

計銀捌錢壹分

[illegible]銅叁口換新每口貼工料銀壹錢貳分

計銀叁錢陸分

[illegible]面修理換底

計銀肆錢捌分

[illegible]肆斤換新每斤貼工料銀柒分

[illegible]錢捌分

[illegible]共需工料銀伍百玖拾[illegible]

[illegible]貳百[illegible]

[illegible]分銀叁百[illegible]

今按條查核分別增減更正需用工料銀伍百玖拾柒兩捌錢肆分肆釐內部價銀貳百捌拾肆兩陸錢捌分柒釐加捌津貼并另加叁分銀叁百拾叁兩壹錢伍分柒釐臺廠運費銀伍拾陸兩玖錢叁分柒釐計加增工料銀叁兩陸錢貳分捌釐運費銀叁錢肆分伍釐行令該撫于前缸屆應拆造之期將加增銀兩在于各則節減銀內支領至大小修理成規內開大修工料銀肆百玖兩陸錢肆分內部價銀壹百捌拾陸兩貳錢加玖津貼并另

加叁分銀貳百貳拾叁兩肆錢肆分臺廠運費銀叁拾柒兩貳錢肆分小修工料銀貳百玖拾壹兩壹錢伍分柒釐內部價銀壹百貳拾陸兩伍錢玖分加拾津貼并另加叁分銀壹百陸拾肆兩伍錢陸分柒釐臺廠運費銀貳拾伍兩叁錢壹分捌釐其餘陸缸倣此

国家出版基金项目
NATIONAL PUBLICATION FOUNDATION

海上絲綢之路文獻集成

總主编 陳支平 陳春聲

歷代史籍編 129

主编 范金民

海峡出版發行集團
THE STRAITS PUBLISHING & DISTRIBUTING GROUP
福建人民出版社

本册目次

欽定福建省外海戰船則例二十三卷首一卷（卷九至卷二三）

〔清〕佚名纂

福建省外海戰船做法

第玖則趕繒船貳隻內臺灣協標中營平字伍號

船壹隻身長陸丈玖尺頭起䑮肆尺捌寸尾起䑮叁尺伍寸船頭長貳丈肆尺面勻寬壹丈貳尺叁寸底勻寬壹丈陸寸船中長貳丈肆尺面勻寬壹丈捌尺伍寸底勻寬壹丈叁尺陸寸船尾長貳丈壹尺面勻寬壹丈柒尺伍寸底勻寬壹丈叁尺兩邊䑮長柒丈柒尺計拾玖艙深陸尺壹寸肆分

今將折造前船需用工料價值細數開後

計開

船底松木龍骨壹道計叁節船頭壹節長貳丈壹尺船中壹節連交接匙頭長叁丈伍尺船尾壹節長壹丈湊長陸丈陸尺均寬壹尺厚捌寸做淨每折見方尺貳拾尺用艌匠壹工交接匙頭貳處每處用長壹尺釘捌個又每邊用長陸寸釘拾貳個共核用

寬壹尺厚捌寸松木枋陸丈陸尺陸寸

查成規內開大吉中吉浮溪高洋肆[illegible]俱截去尖梢作欄杆竈櫃鐵子木所等項之用其本身木料毋庸另加長荒外一切枋段各料有截去壹貳尺至叁伍尺不等者亦有未加長荒者參差不一今將枋段各料每件長伍尺以內者加長荒壹寸伍尺以外者加長荒貳寸圓徑梓木長壹丈以內者每根加長荒貳寸長壹丈以外者每根加長荒伍寸一律核定

長壹尺釘拾陸個

長陸寸釘貳拾肆個

艌匠拾壹工捌分捌釐

船底板連起䑮長陸丈玖尺內船底勻寬壹丈叁

尺兩跕各勻高柒尺貳寸壹分用長肆丈貳尺寬捌寸厚叁寸大吉木板伍拾玖塊壹丈壹尺肆寸伍分做淨每折見方尺捌拾尺用艌匠壹工鋸板折寬壹尺長柒丈用鋸匠壹工以下鋸板用工做此釘縫湊長貳百肆拾捌丈玖尺肆寸伍分每丈用長陸寸釘叁拾個艌縫湊長肆百玖拾柒丈捌尺玖寸每丈用灰壹斤桐油陸兩肆錢網紗竹絲各陸兩每柒丈用艌匠壹工舂製油灰每肆拾斤用舂灰夫壹名以下艌縫用工用料做此共核用

圍大叁尺貳寸淨長肆丈貳尺大吉木拾玖
根叁丈壹尺捌寸
長陸寸釘柒千肆百陸拾捌個
灰肆百玖拾柒斤拾肆兩
桐油壹百玖拾玖斤貳兩伍錢
網紗壹百捌拾陸斤拾壹兩叁錢
竹絲壹百捌拾陸斤拾壹兩叁錢
艦匠陸拾捌工肆分陸釐
鋸匠叁拾玖工壹分貳釐

艌匠柒拾壹工壹分叁釐
舂灰夫拾柒名肆分叁釐
各艙用樟木梁座貳拾玖塊內船頭配用拾塊湊長拾伍丈船中拾塊湊長拾柒丈船尾玖塊湊長拾伍丈叁尺艙梁貳拾貳塊內船頭柒塊湊長拾丈伍尺船中柒塊湊長拾壹丈玖尺船尾捌塊湊長拾叁丈陸尺均寬壹尺伍寸厚叁寸松木梁頭肆拾伍塊船頭拾伍塊湊長貳拾肆丈船中拾伍塊湊長貳拾伍丈伍尺船尾拾伍塊湊長貳拾伍丈伍尺均寬壹尺貳寸厚叁寸硬木棍穩冔玖根各長壹丈叁尺圍大捌寸梁座梁頭做淨每折見方尺捌拾尺用艦匠壹工穩冔肆拾尺用艦匠壹工釘縫湊長壹百柒拾丈每丈用長陸寸釘叁拾個艌縫湊長叁百肆拾丈共核用
寬壹尺伍寸厚叁寸樟木枋捌拾肆丈叁尺貳寸
寬壹尺貳寸厚叁寸松木枋柒拾伍丈玖尺

圍大捌寸長壹丈叁尺硬木棍玖根
長陸寸釘伍千壹百個
灰叁百肆拾斤
桐油壹百叁拾陸斤
網紗壹百貳拾柒斤捌兩
竹絲壹百貳拾柒斤捌兩
艦匠陸拾柒工玖分伍釐
艌匠肆拾捌工伍分柒釐
舂灰夫拾壹名玖分

各艙配用樟木極肆拾肆塊內虎頭艙極貳塊冲
天極貳塊油婆前極貳塊各艙極拾貳塊中轉
水極貳塊鰍魚極貳塊舵工艙極貳塊各長壹
丈貳尺頭轉水極貳塊尾裏極肆塊各長壹丈
壹尺捌寸極貳塊官廳前後極肆塊各長玖尺
伍寸水櫃艙極貳塊尾堵極貳塊拜棚極貳塊
各長玖尺尾樓極貳塊各長陸尺伍寸均圍大
壹尺做淨每折見方尺肆拾尺用艦匠壹工每
塊用長陸寸釘貳個艌縫湊長玖拾伍丈陸尺

共核用
闈大壹尺樟木極肆拾捌丈陸尺捌寸
長陸寸釘捌拾捌個
灰玖拾伍斤拾兩
桐油叄拾捌斤叄兩捌錢
網紗叄拾伍斤拾叄兩陸錢
竹絲叄拾伍斤拾叄兩陸錢
艦匠拾壹工玖分伍釐
艌匠拾叄工陸分陸釐

舂灰夫叄名叄分伍釐
船身兩旁走馬貳條水蛇貳條抽換各長肆丈貳
尺寬捌寸厚肆寸做淨每折見方尺肆拾尺用
艦匠壹工走馬釘縫湊長捌丈肆尺每丈用長
壹尺釘叄拾個水蛇釘縫湊長捌丈肆尺每肆
尺用長壹尺釘叄個艌縫湊長叄拾叄丈陸尺
共核用
闈大叄尺貳寸淨長肆丈貳尺大吉木貳根
長壹尺釘叄百拾伍個

灰叄拾叄斤拾兩
桐油拾叄斤柒兩
網紗拾貳斤玖兩陸錢
竹絲拾貳斤玖兩陸錢
艦匠拾工捌釐
鋸匠貳工捌分捌釐
艌匠肆工捌分
舂灰夫壹名壹分捌釐
船面兩旁敝板長陸丈玖尺湊寬壹丈貳尺叄寸

添換用長肆丈貳尺寬捌寸厚叁寸大吉木板
拾捌塊做淨每折見方尺捌拾尺用艦匠壹工
釘縫湊長柒拾伍丈陸尺每丈用長陸寸釘叁
拾個艌縫湊長壹百伍拾壹丈貳尺共核用
圍大叁尺貳寸淨長肆丈貳尺大吉木陸根
長陸寸釘貳千貳百陸拾捌個
灰壹百伍拾壹斤叁兩
桐油陸拾斤柒兩柒錢
網紗伍拾陸斤拾壹兩貳錢

竹絲伍拾陸斤拾壹兩貳錢
艦匠貳拾工柒分玖釐
鋸匠拾壹工捌分捌釐
艌匠貳拾壹工陸分
舂灰夫伍名貳分玖釐
兩旁舨板各長柒丈柒尺高柒尺抽換用長叁丈
陸尺寬伍寸捌分厚貳寸伍分中吉木板肆拾
伍塊舨板做淨每折見方尺捌拾尺用艦匠壹
工釘縫湊長壹百陸拾貳丈每丈用長伍寸釘

叁拾個艌縫湊長叁百貳拾肆丈共核用
圍大貳尺伍寸淨長叁丈陸尺中吉木拾伍
根
長伍寸釘肆千捌百陸拾個
灰叁百貳拾肆斤
桐油壹百貳拾玖斤玖兩陸錢
網紗壹百貳拾壹斤捌兩
竹絲壹百貳拾壹斤捌兩
艦匠叁拾叁工陸分貳釐

鋸匠拾玖工貳分壹釐
艌匠肆拾陸工貳分玖釐
舂灰夫拾壹名叁分肆釐
兩旁舨艔貳拾肆塊各長肆尺闊大壹尺做淨每
折見方尺肆拾尺用艦匠壹工每塊用長陸寸
釘貳個艌縫湊長拾玖丈貳尺共核用
闊大壹尺樟木極玖丈捌尺肆寸
長陸寸釘肆拾捌個
灰拾玖斤叁兩

桐油柒斤拾兩玖錢
網紗柒斤叁兩貳錢
竹絲柒斤叁兩貳錢
艦匠貳工肆分
艌匠貳工柒分肆釐
舂灰夫陸分柒釐
舨上前後浮溪木鼠橋板肆塊各長貳丈陸尺寬伍寸厚貳寸高洋木舨壢板肆塊各長貳丈捌尺寬肆寸厚貳寸兩邊猴袋木段板肆塊各長

壹丈肆尺寬捌寸厚貳寸伍分做淨每折見方尺捌拾尺用艦匠壹工鼠橋板壢板釘縫湊長貳拾壹丈陸尺每丈用長伍寸釘叁拾個壢板艌縫湊長貳拾貳丈肆尺共核用
圍大貳尺淨長叁丈貳尺浮溪木壹根貳尺柒寸
圍大壹尺陸寸淨長貳丈捌尺高洋木貳根
圍大叁尺伍寸木段壹丈肆尺貳寸
長伍寸釘陸百肆拾捌個

灰貳拾貳斤陸兩
桐油捌斤拾伍兩肆錢
網紗捌斤陸兩肆錢
竹絲捌斤陸兩肆錢
艦匠肆工玖分柒釐
鋸匠貳工捌分肆釐
艌匠叁工貳分
舂灰夫柒分捌釐
兩旁笨舳貳塊大壓貳塊水戧貳塊各長叁丈陸

尺均寬陸寸陸分厚叁寸伍分做淨每折見方尺肆拾尺用艦匠壹工釘縫湊長貳拾壹丈陸尺每丈用長陸寸釘叁拾個艌縫湊長肆拾叁丈貳尺共核用
圍大貳尺伍寸淨長叁丈陸尺中吉木叁根
長陸寸釘陸百肆拾捌個
灰肆拾叁斤叁兩
桐油拾柒斤肆兩伍錢
網紗拾陸斤叁兩貳錢

竹絲拾陸斤叁兩貳錢
艌匠拾工玖分壹釐
鋸匠叁工壹分貳釐
艌匠陸工壹分柒釐
舂灰夫壹名伍分壹釐
官廳前後梁叁根用中吉木各長壹丈柒尺捌寸圍大貳尺貳寸浮溪木柱陸根各長壹丈叁尺圍大壹尺柒寸貼柱捌根各長壹丈叁尺寬伍寸厚貳寸伍分官廳上用中吉木戰櫃板叁拾陸塊各長壹丈捌尺湊寬貳丈叁尺柒寸陸分用寬伍寸捌分厚貳寸伍分板柒拾叁丈柒尺叁寸捌分木段冲天蓋板玖塊各長肆尺陸寸寬捌寸厚貳寸伍分浮溪木官廳門板捌塊各長肆尺湊寬肆尺貳寸肆分鋪板拾貳塊各長玖尺湊寬陸尺叁寸陸分用寬伍寸板拾肆丈捌尺肆寸厚貳寸倒仰板拾塊各長壹丈叁尺寬伍寸厚壹寸高洋木戰櫃挑貳根各長壹丈捌尺圍大壹尺叁寸側板貳塊各長壹丈貳尺

踏板壹塊長壹丈陸尺均寬肆寸厚貳寸官廳梁柱戰櫃挑做淨每折見方尺肆拾尺用艌匠壹工戰櫃各板捌拾尺用艌匠壹工戰櫃板冲天蓋板官廳門板釘縫湊長捌拾壹丈貳尺柒寸每丈用長伍寸釘叁拾個戰櫃板冲天蓋板艌縫湊長壹百伍拾伍丈柒尺伍寸陸分共核用

圍大貳尺伍寸淨長叁丈陸尺中吉木捌根壹丈壹尺貳寸
圍大貳尺淨長叁丈貳尺浮溪木伍根貳丈叁尺捌寸
圍大壹尺陸寸淨長貳丈捌尺高洋木貳根
圍大叁尺伍寸木段壹丈陸寸
長伍寸釘貳千肆百叁拾捌個
灰壹百伍拾伍斤拾貳兩
桐油陸拾貳斤肆兩捌錢
網紗伍拾捌斤陸兩伍錢
竹絲伍拾捌斤陸兩伍錢

艌匠叁拾工玖分壹釐
鋸匠拾叁工肆分貳釐
艌匠貳拾貳工貳分伍釐
舂灰夫伍名肆分伍釐
官廳抽換前通鋪肆塊後通鋪貳塊各長壹丈柒尺寬壹尺貳寸厚叁寸做淨每折見方尺捌拾尺用艌匠壹工釘縫湊長拾丈貳尺每丈用長陸寸釘叁拾個艌縫湊長貳拾丈肆尺共核用寬壹尺貳寸厚叁寸松木枋拾丈叁尺貳寸

長陸寸釘叁百陸個
灰貳拾斤陸兩
桐油捌斤貳兩陸錢
網紗柒斤拾兩肆錢
竹絲柒斤拾兩肆錢
艌匠叁工捌分叁釐
艌匠貳工玖分壹釐
舂灰夫柒分壹釐
官廳兩旁高洋木貓裏柱肆根貼柱肆根各長肆

尺圍大壹尺叁寸木段貓裏上下栿肆塊各長柒尺寬捌寸厚肆寸浮溪木貓裏牆板捌塊各長捌尺湊寬肆尺貳寸肆分貓裏門板捌塊各長肆尺湊寬肆尺貳寸肆分兩旁貓裏板拾塊貓裏牆底板拾塊各長柒尺湊寬壹丈陸寸用寬伍寸厚貳寸板貳拾伍丈壹寸陸分貓裏柱上下栿做淨每折見方尺肆拾尺用艌匠壹工貓裏各板捌拾尺用艌匠壹工貓裏牆板門板釘縫湊長拾丈壹尺柒寸陸分每丈用長伍寸

釘叁拾個共核用
圍大壹尺陸寸淨長貳丈捌尺高洋木壹根
肆尺
圍大貳尺淨長叁丈貳尺浮溪木貳根壹丈
玖尺肆寸
圍大叁尺伍寸木段壹丈肆尺肆寸
長伍寸釘叁百伍個
艌匠柒工壹分
鋸匠貳工玖分捌釐

官廳內中吉木梳牀檳貳根各長壹丈陸尺梳牀
柱肆根各長叁尺均圍大貳尺貳寸虎頭艙浮
溪木鋪板拾陸塊各長伍尺湊寬捌尺肆寸捌
分虎頭艙門板捌塊各長肆尺湊寬肆尺貳寸
肆分用寬伍寸厚貳寸板拾壹丈捌尺柒寸貳
分梳牀檳柱做淨每折見方尺肆拾尺用艌匠
壹工虎頭艙各板捌拾尺用艌匠壹工虎頭艙
門板釘縫湊長叁丈叁尺玖寸貳分每丈用長
伍寸釘叁拾個共核用

圍大貳尺伍寸淨長叁丈陸尺中吉木壹根
捌尺
圍大貳尺淨長叁丈貳尺浮溪木壹根柒尺
陸寸
長伍寸釘壹百貳個
艌匠肆工伍分
鋸匠壹工壹分玖釐
兩旁艙面戰棚板用長叁丈貳尺寬伍寸厚貳寸
浮溪木板貳拾壹塊各艙內鋪板用長肆尺寸

肆寸厚壹寸高洋木板貳百捌拾塊做淨
見方尺捌拾尺　匠壹工共核用
圍大貳尺淨長叁丈貳尺浮溪木柒根
圍大壹尺陸寸淨長貳丈捌尺高洋木拾根
艌匠貳拾伍工柒分陸釐
鋸匠拾肆工柒分貳釐
兩旁艙上艙牛陸塊各長捌尺伍寸各艙口扛豆
伍塊各長壹丈柒尺均寬壹尺貳寸厚叁寸做
淨每折見方尺肆拾尺用艌匠壹工艙牛每塊

用長陸寸釘肆個扛豆釘縫湊長捌丈伍尺每
丈用長陸寸釘叁拾個艙縫湊長貳拾柒丈貳
尺共核用
寬壹尺貳寸厚叁寸松木枋拾叁丈捌尺貳
寸
長陸寸釘貳百柒拾玖個
灰貳拾柒斤叁兩
桐油拾斤拾肆兩壹錢
網紗拾斤叁兩貳錢

竹絲拾斤叁兩貳錢
艦匠拾工貳分
艌匠叁工捌分玖釐
舂灰夫玖分伍釐
後艙蓋板用長陸尺玖寸寬捌寸厚貳寸伍分木段板捌拾貳塊艙蓋下大通槽拾個側槽陸個水槽陸個各長肆尺陸寸寬壹尺厚捌寸小通槽捌個各長肆尺陸寸見方捌寸艙蓋板做淨每折見方尺捌拾尺用艦匠壹工通槽等槽叁

拾尺用艦匠壹工艙蓋板釘縫湊長伍拾陸丈伍尺捌寸每丈用長伍寸釘叁拾個艌縫湊長壹百拾叁丈壹尺陸寸共核用
圍大叁尺伍寸木段貳拾捌丈陸尺伍寸伍分
長伍寸釘壹千陸百玖拾柒個
灰壹百拾叁斤叁兩
桐油肆拾伍斤肆兩貳錢
網紗肆拾貳斤柒兩

竹絲肆拾貳斤柒兩
艦匠叁拾工玖分貳釐
鋸匠拾壹工玖分叁釐
艌匠拾陸工壹分柒釐
舂灰夫叁名玖分陸釐
兩旁舨邊用高洋木牛欄肆根內船頭貳根各長壹丈肆尺船後貳根各長貳丈捌尺均圍大壹尺叁寸做淨每折見方尺肆拾尺用艦匠壹工共核用
圍大壹尺陸寸淨長貳丈捌尺高洋木叁根
艦匠貳工柒分叁釐

船頭斗蓋用樟木壹塊長壹丈伍尺圍大肆尺柒寸斗蓋下兎耳壹塊長捌尺寬壹尺伍寸鹿肚勘壹個長肆尺寬壹尺貳寸托浪板貳塊各長捌尺寬壹尺均厚叁寸斗蓋兎耳鹿肚勘做淨每折見方尺肆拾尺用艦匠壹工托浪板捌拾尺用艦匠壹工斗蓋用長捌寸釘拾貳個托浪板釘縫湊長壹丈陸尺每丈用長陸寸釘叁拾

個兎耳鹿肚勒釘縫湊長壹丈貳尺每丈用長
伍寸釘叁拾個托浪板兎耳鹿肚勒艌縫湊長
伍丈陸尺共核用
闊大肆尺柒寸長壹丈伍尺伍寸樟木壹根
寬壹尺伍寸厚叁寸樟木枋壹丈壹尺肆寸
捌分
寬壹尺厚叁寸長捌尺貳寸樟木板貳塊
長捌寸釘拾貳個
長陸寸釘肆拾捌個

長伍寸釘叁拾陸個
灰伍斤拾兩
桐油貳斤叁兩捌錢
綢紗貳斤壹兩陸錢
竹絲貳斤壹兩陸錢
艦匠叁工叁分
艌匠捌分
舂灰夫貳分
中含檀壹塊長壹丈捌尺闊大柒尺頭含檀壹塊

長壹丈伍尺闊大伍尺叁寸含檀梁壹塊長壹
丈柒尺頭含檀閘壹塊長壹丈貳尺均寬壹尺
伍寸厚叁寸做淨每折見方尺叁拾尺用艦匠
壹工含檀梁釘縫湊長壹丈柒尺每丈用長陸
寸釘叁拾個含檀含檀梁艌縫湊長拾丈共核
用
闊大柒尺長壹丈捌尺伍寸樟木壹根
闊大伍尺叁寸長壹丈伍尺伍寸樟木壹根
寬壹尺伍寸厚叁寸樟木枋貳丈玖尺肆寸

長陸寸釘伍拾壹個
灰拾斤
桐油肆斤
綢紗叁斤拾貳兩
竹絲叁斤拾貳兩
艦匠拾工叁分叁釐
艌匠壹工肆分叁釐
舂灰夫叁分伍釐
中轆水貳塊各長壹丈陸尺寬貳尺厚玖寸伍分

樟木極轉水鞋貳塊各長捌尺圍大壹尺做淨
每折見方尺肆拾尺用艌匠壹工轉水每塊用
長壹尺釘貳個轉水鞋每塊用長陸寸釘捌個
艌縫湊長玖丈陸尺共核用
寬貳尺厚玖寸伍分長壹丈陸尺貳寸樟木
貳塊
圍大壹尺樟木極壹丈陸尺肆寸
長壹尺釘肆個
長陸寸釘拾陸個

灰玖斤拾兩
桐油叄斤拾叄兩肆錢
網紗叄斤玖兩陸錢
竹絲叄斤玖兩陸錢
艌匠伍工壹分貳釐
艌匠壹工叄分柒釐
舂灰夫叄分肆釐
船尾用浮溪木尾樓舨柱肆根各長肆尺圍大壹
大柒寸木段并棚槓貳根各長壹丈肆尺圍大

叄尺貳寸尾樓舨板捌塊各長壹丈肆尺拜棚
板拾陸塊各長柒尺均寬捌寸厚貳寸伍分舨
柱拜棚槓做淨每折見方尺肆拾尺用艌匠壹
工舨板拜棚板捌拾尺用艌匠壹工舨板拜棚
板釘縫湊長貳拾貳丈肆尺每丈用長伍寸釘
叄拾個拜棚板艌縫湊長貳拾貳丈肆尺共核
用
圍大貳尺淨長叄丈貳尺浮溪木壹丈陸尺
圍大叄尺伍寸木段捌丈伍尺陸寸

長伍寸釘陸百柒拾貳個
灰貳拾貳斤陸兩
桐油捌斤拾伍兩肆錢
網紗捌斤陸兩肆錢
竹絲捌斤陸兩肆錢
艌匠捌工捌分
鋸匠叄工叄分陸釐
艌匠叄工貳分
舂灰夫柒分捌釐

船尾用樟木下金壹塊長柒尺伍寸圍大柒尺伍寸繚牛壹副長柒尺伍寸寬貳尺肆寸厚陸寸尾樓上金壹塊長壹丈柒尺寬貳尺壹寸厚捌寸柒星冠壹塊長壹丈捌尺寬壹尺貳寸厚陸寸硬木棍下金拴貳根繚牛觸貳根各長陸尺伍寸圍大捌寸木段繚牛槓貳根各長柒尺圍大叁尺貳寸下金繚牛上金柒星冠做浄每折見方尺叁拾尺用艌匠壹工下金拴繚牛觸繚牛槓肆拾尺用艌匠壹工下金用長捌寸釘拾捌個繚牛用長捌寸釘貳拾貳個上金用長壹尺釘拾捌個繚牛觸釘縫湊長壹丈叁尺每丈用長伍寸釘叁拾個下金艌縫長柒尺伍寸共

核用

圍大柒尺伍寸長柒尺柒寸樟木壹段

寬貳尺肆寸厚陸寸長柒尺柒寸樟木壹塊

寬貳尺壹寸厚捌寸長壹丈柒尺貳寸樟木壹塊

寬壹尺貳寸厚陸寸長壹丈捌尺貳寸樟木

壹塊

圍大捌寸長壹丈叁尺硬木棍貳根

圍大叁尺伍寸木段壹丈肆尺肆寸

長壹尺釘拾捌個

長捌寸釘肆拾個

長伍寸釘叁拾玖個

灰拾貳兩

桐油肆兩捌錢

網紗肆兩伍錢

竹絲肆兩伍錢

艌匠拾工柒分陸釐

艌匠壹分壹釐

舂灰夫叁釐

船尾舵邊用木段硬筋貳根各長壹丈肆尺圍大叁尺貳寸尾樓舫魚翅肆塊各長柒尺寬壹尺厚肆寸紗帽匙貳塊鷄母宿壹塊尾燕板壹塊各長壹丈肆尺寬捌寸厚貳寸伍分柯枸木欹筋貳塊各長壹丈壹尺寬壹尺厚叁寸硬筋舫

魚翅軟筋做淨每折見方尺肆拾尺用艌匠壹
工紗帽匙各板捌拾尺用艌匠壹工硬筋頭尾
用長陸寸釘拾貳個共核用
圍大叁尺伍寸木段伍丈柒尺
寬壹尺厚叁寸柯桷木貳丈貳尺肆寸
長陸寸釘拾貳個
艌匠柒工壹分
鋸匠壹工肆分
尾樓上用浮溪木鋪板拾肆塊各長肆尺尾座板

肆塊各長壹丈貳尺艕邊寄菜板貳塊各長壹
丈肆尺碗格貳塊各長壹丈壹尺均寬伍寸厚
貳寸高洋木尾樓挑貳塊各長壹丈捌尺圍大
壹尺叁寸櫓棚壹塊長壹丈伍尺寬肆寸厚貳
寸尾樓挑做淨每折見方尺肆拾尺用艌匠壹
工鋪板各板捌拾尺用艌匠壹工尾樓鋪板釘
縫湊長伍丈陸尺每丈用長伍寸釘叁拾個共
核用
圍大貳尺淨長叁丈貳尺浮溪木壹根壹丈

玖尺叁寸
圍大壹尺陸寸淨長貳丈捌尺高洋木壹根
壹丈伍尺伍寸
長伍寸釘壹百陸拾捌個
艌匠肆工玖釐
鋸匠壹工陸分柒釐
船尾用樟木櫓通板叁塊各長壹丈陸尺櫓門枋
壹塊櫓牀貳塊各長伍尺均寬壹尺伍寸厚叁
寸雙頭甦壹個長肆尺寬壹尺厚叁寸櫓通板

做淨每折見方尺捌拾尺用艌匠壹工櫓門枋
櫓牀雙頭甦肆拾尺用艌匠壹工櫓牀每塊用
長捌寸釘拾貳個櫓通板釘縫湊長肆丈捌尺
每丈用長陸寸釘叁拾個櫓床櫓通板總縫湊
長拾壹丈陸尺共核用
寬壹尺伍寸厚叁寸樟木枋陸丈陸尺陸寸
叁分
長捌寸釘貳拾肆個
長陸寸釘壹百肆拾肆個

灰拾壹斤拾兩
桐油肆斤拾兩貳錢
網紗肆斤伍兩陸錢
竹絲肆斤伍兩陸錢
艌匠叁工柒分柒釐
艌匠壹工陸分陸釐
舂灰夫肆分壹釐
水仙門兩旁用浮溪木邊柱肆根各長肆尺圍大
壹尺柒寸水仙門板拾肆塊各長肆尺湊寬柒

尺肆寸貳分用寬伍寸厚貳寸板伍丈玖尺叁
寸陸分樟木極百子舵拾陸塊各長陸尺圍大
壹尺舵邊柯栒木朴竹貳塊各長柒尺寬壹尺
厚叁寸水仙門柱百子舵做淨每折見方尺肆
拾尺用艌匠壹工門板朴竹捌拾尺用艌匠壹
工百子舵釘縫湊長玖丈陸尺每丈用長陸寸
釘叁拾個艌縫湊長拾玖丈貳尺共核用
圍大貳尺淨長叁丈貳尺浮溪木壹根叁尺
捌寸

圍大壹尺樟木極玖丈玖尺貳寸
寬壹尺厚叁寸柯栒木枋壹丈肆尺
長陸寸釘貳百捌拾捌個
灰拾玖斤叁兩
桐油柒斤拾兩玖錢
網紗柒斤叁兩貳錢
竹絲柒斤叁兩貳錢
艌匠肆工伍分捌釐
鋸匠伍分玖釐

艌匠貳工柒分肆釐
舂灰夫陸分柒釐
大桅座壹塊長捌尺見方貳尺肆寸頭桅座壹塊
長伍尺陸寸大肆尺陸寸做淨每折見方尺叁
拾尺用艌匠壹工共核用
見方貳尺肆寸長捌尺貳寸樟木壹塊
圍大肆尺陸寸長伍尺捌寸樟木壹塊
艌匠叁工肆分貳釐
大鹿耳貳塊各長壹丈貳尺寬貳尺貳寸厚壹

壹寸頭鹿耳貳塊各長玖尺捌寸寬壹尺捌寸
厚捌寸硬木棍鹿耳夾貳根各長壹丈叁尺圍
大捌寸做淨每折見方尺肆拾尺用艌匠壹工
共核用

寬貳尺貳寸厚壹尺壹寸長壹丈貳尺貳寸
樟木貳塊

寬壹尺捌寸厚捌寸長壹丈樟木貳塊

圍大捌寸長壹丈叁尺硬木棍貳根

艌匠柒工叁釐

大桅壹根長柒丈貳尺圍大伍尺柒寸頭桅壹根
長伍丈圍大肆尺叁寸做淨每折見方尺肆拾
尺用艌匠壹工共核用

圍大伍尺柒寸長柒丈貳尺桅木壹根

圍大肆尺叁寸長伍丈桅木壹根

艌匠拾伍工陸分肆釐

桅尾用柯栂木馬面貳塊各長叁丈伍尺寬壹尺
伍寸厚叁寸樟木大桅笠壹個長貳尺寬壹尺
伍寸頭桅笠壹個長壹尺陸寸寬壹尺貳寸均

厚叁寸木段大桅跄壹根長壹丈肆尺頭桅跄
壹根長壹丈貳尺均圍大叁尺貳寸馬面做淨
每折見方尺捌拾尺用艌匠壹工桅笠桅跄肆
拾尺用艌匠壹工馬面釘縫湊長柒丈每丈用
長陸寸釘貳拾個共核用

寬壹尺伍寸厚叁寸柯栂木枋柒丈肆寸

寬壹尺伍寸厚叁寸樟木枋叁尺肆寸陸分

圍大叁尺伍寸木段貳丈陸尺肆寸

長陸寸釘壹百肆拾個

艌匠伍工伍分叁釐

大風篷壹扇長陸丈寬叁丈貳尺頭風篷壹扇長
叁丈寬壹丈陸尺浮溪木大篷擔貳根各長叁
丈貳尺頭篷擔貳根各長壹丈陸尺圍大壹尺
柒寸做淨每折見方尺肆拾尺用艌匠壹工共
核用

寬叁丈貳尺長陸丈風篷壹扇

寬壹丈陸尺長叁丈風篷壹扇

圍大貳尺淨長叁丈貳尺浮溪木叁根

艌匠肆工捌釐

大篷架用木段横梁壹根長壹丈肆尺頭篷架横梁壹根架針叁根各長柒尺均寬壹尺厚捌寸做浄每折見方尺叁拾貳尺用艌匠壹工共核用

圍大叁尺伍寸木段肆丈叁尺

艌匠肆工柒分叁釐

鋸匠壹工捌釐

大篷車員壹根椗車員壹根用中吉木各長壹丈

陸尺半車員壹根斗頭車員壹根各長壹丈均圍大貳尺玖寸高洋木車耳肆個各長陸尺車脚直板拾貳塊斜板肆塊各長貳丈捌尺均寬肆寸厚貳寸硬木棍車子肆拾伍根各長壹丈叁尺圍大捌寸車員車耳做浄每折見方尺叁拾貳尺用艌匠壹工車脚斜直板捌拾尺用艌匠壹工共核用

圍大貳尺伍寸浄長叁丈陸尺中吉木壹根

壹丈陸尺

圍大壹尺陸寸浄長貳丈捌尺高洋木捌根

壹丈貳尺

圍大捌寸長壹丈叁尺硬木棍肆拾伍根

艌匠拾壹工貳分

鋸匠肆工伍釐

水櫃用樟木牛頭肆塊各長伍尺寬壹尺伍寸厚叁寸木段水櫃柱肆根各長陸尺伍寸圍大叁尺貳寸水櫃閘肆塊各長柒尺見方捌寸水櫃板叁拾陸塊各長肆尺陸寸寬捌寸厚貳寸伍

分水櫃柱閘牛頭做浄每折見方尺肆拾尺用艌匠壹工水櫃板捌拾尺用艌匠壹工水櫃柱每根用長陸寸釘貳拾個牛頭釘縫湊長貳丈每丈用長陸寸釘叁拾個水櫃板釘縫湊長拾陸丈伍尺陸寸每丈用長伍寸釘叁拾個艌縫湊長肆拾柒丈玖尺貳寸共核用

寬壹尺伍寸厚叁寸樟木枋貳丈肆寸

圍大叁尺伍寸木段玖丈柒尺玖寸

長陸寸釘[illegible]個

長伍寸釘肆百玖拾柒個
灰肆拾柒斤拾伍兩
桐油拾玖斤貳兩柒錢
網紗拾柒斤拾伍兩伍錢
竹絲拾柒斤拾伍兩伍錢
艌匠拾工肆分柒釐
鋸匠叁工壹分貳釐
艌匠陸工捌分伍釐
舂灰夫壹名陸分捌釐

媽祖龕用杉木板貳拾伍丈船尾番仔板壽隲板
順風板及刀劍炮眼用板拾伍丈均寬陸寸厚
壹寸高洋木媽祖旂杆壹根長貳丈貳尺圍大
壹尺叁寸旂杆做淨每折見方尺肆拾尺用艌
匠壹工媽祖龕各板捌拾尺用艌匠壹工龕板
釘縫湊長貳拾伍丈每丈用長肆寸釘叁拾個
艌縫湊長伍拾丈共核用
寬陸寸厚壹寸杉木板肆拾丈捌尺
圍大壹尺陸寸淨長貳丈捌尺高洋木貳丈

貳尺
長肆寸釘柒百伍拾個
灰伍拾斤
桐油貳拾斤
網紗拾捌斤拾貳兩
竹絲拾捌斤拾貳兩
艌匠柒工柒分貳釐
艌匠柒工壹分肆釐
舂灰夫壹名柒分伍釐

船面兩旁砲架陸個并蓋每個用長肆尺陸寸寬
捌寸厚貳寸伍分木段板陸塊做淨每折見方
尺捌拾尺用艌匠壹工共核用
圍大叁尺伍寸木段肆丈貳尺叁寸
艌匠肆工叁分伍釐
鋸匠貳工肆分捌釐
船頭用大吉木樾壹根長肆丈貳尺圍大貳尺玖
寸樟木樾牙壹塊長伍尺寬壹尺厚叁寸做淨
每折見方尺肆拾尺用艌匠壹工樾牙用長捌

寸釘陸個共核用
圍大叁尺貳寸淨長肆丈貳尺大吉木壹根
寬壹尺伍寸厚叁寸樟木枋叁尺肆寸
長捌寸釘陸個
艌匠叁工叁分柒釐
船尾舵壹門用楮木舵桿壹根長壹丈捌尺寬壹
尺肆寸厚捌寸中吉木舵閂板叁塊各長貳丈
湊寬壹尺玖寸捌分用寬伍寸捌分厚貳寸伍
分板陸丈捌尺貳寸捌分樟木極舵夾捌塊各

長肆尺圍大壹尺硬木棍舵牙梔貳根各長壹
丈叁尺圍大捌寸舵桿做淨每折見方尺叁拾
尺用艌匠壹工舵夾舵牙肆拾尺用艌匠壹工
舵閂板捌拾尺用艌匠壹工舵夾釘縫湊長叁
丈貳尺每丈用長捌寸釘伍拾個舵夾舵閂板
艌縫湊長貳拾丈伍寸陸分共核用
寬壹尺肆寸厚捌寸長壹丈捌尺貳寸楮木
壹根
圍大貳尺伍寸淨長叁丈陸尺中吉木貳丈

貳尺柒寸陸分
圍大壹尺樟木極叁丈貳尺捌寸
圍大捌寸長壹丈叁尺硬木棍貳根
長捌寸釘壹百陸拾個
灰貳拾斤壹兩
桐油捌斤肆錢
綑紗柒斤捌兩叁錢
竹絲柒斤捌兩叁錢
艌匠伍工叁分捌釐

鋸匠捌分壹釐
艌匠貳工捌分柒釐
舂灰夫柒分
跟隨戰船舢板船用柯楠木龍骨壹根長壹丈柒
尺斗蓋壹塊長陸尺托浪板貳塊各長伍尺陸
寸均寬壹尺厚叁寸浮溪木水底板拾塊各長
壹丈捌尺湊寬伍尺叁寸舦板肆塊各長貳丈
湊寬貳尺壹寸貳分堵板拾貳塊各長陸尺伍
寸湊寬陸尺叁寸陸分用寬伍寸厚貳寸板叁

拾伍丈捌尺貳寸捌分　骨做淨每折見方六
[illegible]拾尺用艌匠壹工斗蓋各板捌拾尺用艌匠
壹工龍骨用長陸尺釘拾貳個托浪板水底板
艉板釘縫湊長貳拾捌丈陸尺捌寸每丈用長
伍寸釘叁拾個托浪板水底板艉板艌縫湊長
伍拾柒丈叁尺陸寸共核用
寬壹尺厚叁寸柯椆木枋叁丈伍尺
圍大貳尺淨長叁丈貳尺浮溪木叁根貳丈
叁尺肆寸

長陸寸釘拾貳個
長伍寸釘捌百陸拾個
灰伍拾柒斤陸兩
桐油貳拾貳斤拾伍兩壹錢
網紗貳拾壹斤捌兩貳錢
竹絲貳拾壹斤捌兩貳錢
艌匠柒工玖分肆釐
鋸匠叁工伍分捌釐
艙匠捌工壹分玖釐

舂灰夫貳名壹釐
板船兩旁水蛇貳根各長壹丈捌尺壓板貳根
各長貳丈水戧貳根各長壹丈柒尺均寬伍寸
厚貳寸做淨每折見方尺捌拾尺用艌匠壹工
水蛇釘縫湊長叁丈陸尺每肆尺用長捌寸釘
叁個壓板水戧釘縫湊長柒丈肆尺每丈用長
伍寸釘叁拾個艌縫湊長貳拾貳丈共核用
圍大貳尺淨長叁丈貳尺浮溪木壹根肆尺
柒寸

長捌寸釘貳拾柒個
長伍寸釘貳百貳拾貳個
灰貳拾貳斤
桐油捌斤拾貳兩捌錢
網紗捌斤肆兩
竹絲捌斤肆兩
艌匠壹工玖分叁釐
鋸匠[illegible]工壹分
艙匠叁工壹分[illegible]釐

舂灰夫柒分柒釐

舢板船用樟木舢板舵叁個各長肆尺寬伍寸厚叁寸樟木極舢板梁肆塊各長肆尺肆寸牛頭仔極拾伍塊各長貳尺冲天極貳塊牛頭極陸塊各長貳尺捌寸均圍大壹尺做淨毎折見方尺肆拾尺用艌匠壹工舢板舵梁釘縫湊長貳丈玖尺陸寸毎丈用長陸寸釘叁拾個冲天極牛頭極毎塊用長陸寸釘貳個舢板舵梁冲天極牛頭極艌縫湊長拾丈肆尺共核用

寬壹尺伍寸厚叁寸樟木枋肆尺壹寸

圍大壹尺樟木極柒丈貳尺柒寸

長陸寸釘壹百伍個

灰拾斤陸兩

桐油肆斤貳兩陸錢

網紗叁斤拾肆兩肆錢

竹絲叁斤拾肆兩肆錢

艌匠貳工貳分叁釐

艌匠壹工肆分玖釐

舂灰夫叁分陸釐

大桅鐵箍柒個各長伍尺捌寸頭桅箍肆個各長肆尺肆寸繚頭箍叁個各長肆尺柒寸榅箍長個各長叁尺叁寸俱寬貳寸厚伍分椗齒伍個各長壹尺寬柒寸厚伍分櫓箍肆個各長貳尺柒寸寬壹寸厚叁分鐵鐶肆個各圍大陸寸以上鐵料共淨重貳百柒拾貳斤毎正鐵壹斤加耗鐵壹斤毎正鐵伍斤用鐵匠壹工毎正耗鐵壹斤用炭叁斤共核用

生鐵伍百肆拾肆斤

炭壹千陸百叁拾貳斤

鐵匠伍拾肆工肆分

油畫前船共用

烏烟叁斤伍兩

廣紅伍斤

銅碌肆兩

京紅肆兩

南粉貳斤

銀硃壹兩
臙脂肆兩
藍粉肆兩
杭粉壹兩
松香捌兩
水膠陸兩
墨貳塊
桐油肆斤
淡底壹斤

油艌匠拾工
麻大桅繂索貳條各長捌丈陸尺肆寸大柒寸柒分頭桅繂索貳條各長柒丈貳尺大肆寸伍分大踏索貳條各長柒丈貳尺大伍寸小踏索貳條各長伍丈大叁寸貳分大繚母壹條長肆丈貳尺大柒寸陸分小繚母壹條長貳丈伍尺大肆寸大帮襯陸條各長壹丈陸尺大貳寸小帮襯玖條各長陸尺伍寸大壹寸陸分以上麻繩共重陸百斤每百斤用繩匠叁工陸分共該用
麻陸百斤
繩匠貳拾壹工陸分
棕正椗索壹條長肆拾貳丈大捌寸捌分副椗索壹條長肆拾丈大捌寸大篷筋壹條長陸丈捌尺大貳寸小篷筋壹條長叁丈陸尺大壹寸貳分繚仔繚耳共拾捌條各長貳丈陸尺大貳寸椗奴貳條各長壹丈伍尺大柒寸叁分大小摘尾貳條共長拾貳丈大肆寸叁分舵弔壹條長叁丈大陸寸伍分以上棕繩共重陸百貳拾斤

每擻棕肆拾斤用匠壹工成繩肆拾斤用匠壹工共該用
棕陸百貳拾斤
擻棕匠拾伍工伍分
成繩匠拾伍工伍分
沖風旂壹面長寬各壹丈陸尺壹條龍旂壹面長陸丈寬叁尺媽祖旂壹面長寬各伍尺大小定風旂叁面內壹面長陸尺貳面各長肆尺伍寸均寬壹尺共該用

幔寬壹尺色布伍拾丈
苧線拾兩
裁縫匠伍工
中椗貳門齒全各長貳丈壹尺寬壹尺貳寸厚捌寸
中檣貳枝各長肆丈捌尺寬捌寸厚伍寸
頭桅檣壹枝長貳丈玖尺寬柒寸厚肆寸
大小桅餅柒個
大小無底升柒百個

椗舵上吧用竹纜草纜共用
竹篾伍百玖拾斤
纜匠貳拾壹工貳分肆釐
草心陸百貳拾伍斤
纜匠拾伍工陸分叁釐
核定　查原送成規內開打造竹纜草纜所用匠工多寡不齊今照棕麻纜索用工之例一律
篷上吧用大小繚毬攝子兎耳共用
黄藤貳拾玖斤

繚匠伍工捌分
刻字用
刻字匠叁工
竪立大小桅用
壯夫肆拾名
首船共用大小鐵釘叁萬壹千壹百壹個刷抹釘頭每百個用桐油陸兩肆錢灰壹斤每油灰拾斤用艌匠壹工共核用
桐油壹百貳拾肆斤陸兩伍錢

灰叁百拾壹斤
艌匠肆拾叁工伍分肆釐
舂灰夫拾名捌分玖釐
前船共用艌匠伍百拾壹工捌分叁釐係照杉松木植核定內有樟柯等硬料用匠壹百拾肆工伍分每工外加匠貳分計加匠貳拾貳工玖分共匠伍百叁拾肆工柒分叁釐每百工加安裝匠拾工計安裝匠伍拾叁工肆分柒釐每艌匠
捻索匠壹百工加隨匠壯夫貳拾名計壯夫壹

百拾柒名陸分肆釐

以上所造商船共用

寛壹尺厚捌寸松木陸丈陸尺陸寸每丈銀[illegible]錢壹分肆釐

計銀貳兩柒錢伍分柒釐

查原送成規內開松木按依拾陸則丈尺計算每丈核銀肆錢捌分壹釐至叁錢肆分壹釐不等多寡參差均勻計算每丈需銀肆錢壹分肆釐今照肆錢壹分肆釐之數一律核定

閘大叁尺貳寸淨長肆丈貳尺大吉木貳拾捌根叁丈壹尺捌寸每根銀貳兩柒錢

計銀柒拾柒兩陸錢肆分肆釐

查原送成規內開大吉木貳拾玖根今按丈尺做法核算應減壹丈貳寸

閘大貳尺伍寸淨長叁丈陸尺中吉木貳拾玖根貳丈壹尺玖寸陸分每根銀壹兩伍錢

計銀肆拾肆兩肆錢壹分伍釐

查原送成規內開中吉木貳拾玖根今按丈尺做法核算應增貳丈壹尺玖寸陸分

閘大貳尺淨長叁丈貳尺浮溪木貳拾捌根貳丈肆尺柒寸每根銀伍錢

計銀拾肆兩叁錢捌分陸釐

查原送成規內開浮溪木貳拾玖根今按丈尺做法核算應減柒尺叁寸

閘大壹尺陸寸淨長貳丈捌尺篙洋木貳拾捌根貳丈伍尺伍寸每根銀貳錢

計銀伍兩柒錢捌分貳釐

查原送成規內開浮溪木貳拾玖根今按丈尺做法核算應減貳尺伍寸

閘大叁尺伍寸木段陸拾玖丈貳尺叁寸伍分核長壹丈肆尺段料肆拾玖根陸尺叁寸伍分每根銀陸錢

計銀貳拾玖兩陸錢柒分貳釐

查原送成規內開木段伍拾根今按丈尺做法核算應減柒尺陸寸伍分

寛壹尺伍寸厚叁寸樟木枋玖拾捌丈貳尺柒分核長壹丈柒尺枋料伍拾柒塊壹丈叁尺柒分每塊銀壹兩叁錢

計銀柒拾伍兩玖分玖釐

查原送成規內開樟木枋陸拾塊今按丈尺做法核算應減貳塊叁尺玖寸叁分

寛壹尺厚叁寸長捌尺貳寸樟木板貳塊每塊銀肆錢壹分捌釐

計銀捌錢叁分陸釐

查原送成□□□木梁座梁頭壹則至拾
柒則各長壹丈柒尺寬壹尺伍寸厚叁寸
每塊銀壹兩叁錢托浪樟木板第壹則長
陸尺伍寸寬壹尺厚叁寸每塊開銀伍錢
第貳則至拾柒則各長捌尺寬壹尺厚叁
寸每塊亦開銀伍錢價值參差今俱照梁
座梁頭之價
一律核定

寬壹尺貳寸厚叁寸松木枋壹百丈肆寸核長壹丈柒尺枋料伍拾捌塊壹丈肆尺肆寸每塊銀叁錢伍分

計銀貳拾兩伍錢玖分陸釐

查原送成規內開松木枋伍拾玖塊今
按丈尺做法核算應減貳尺陸寸

欽定福建省外海戰船則例　第玖則趕繒船　四七　卷九

圍大壹尺樟木極捌拾丈陸尺叁寸核長壹丈貳尺極陸拾柒塊貳尺叁寸每塊銀貳錢

計銀拾叁兩肆錢叁分捌釐

查原送成規內開樟極陸拾陸塊今按
丈尺做法核算應增壹塊貳尺叁寸

寬壹尺伍寸厚叁寸柯桐木枋柒丈肆寸每丈銀伍錢柒分壹釐伍毫

計銀肆兩貳分叁釐

寬壹尺厚叁寸柯桐木枋柒丈壹尺捌寸每丈銀叁錢□□分□□

計銀貳兩柒錢叁分陸釐

查原送成規內開何樹木馬面壹則至拾柒
則各長叁丈伍尺寬壹尺伍寸厚叁寸每
塊開銀貳兩軟筯及艙板龍骨等料壹則
至伍則各長貳丈伍尺寬壹尺厚叁寸每
塊開銀壹兩陸則至拾柒則各長叁丈伍
尺寬壹尺厚叁寸每塊開銀貳兩價值參
差今俱照馬面
之價一律核定

圍大捌寸長壹丈叁尺硬木棍陸拾根每根銀捌分

計銀肆兩捌錢

寬陸寸厚壹寸杉木板肆拾丈捌尺每丈銀肆錢

計銀拾陸兩叁錢貳分

欽定福建省外海戰船則例　第玖則趕繒船　四八　卷九

圍大柒尺長壹丈捌尺伍寸樟木壹根

計銀柒兩玖分捌釐

圍大伍尺叁寸長壹丈伍尺伍寸樟木壹根

計銀叁兩肆錢玖釐

見方貳尺肆寸長捌尺貳寸樟木壹塊

計銀肆兩肆錢叁分捌釐

圍大肆尺陸寸長伍尺捌寸樟木壹段

計銀玖錢陸分

□尺壹寸厚捌寸□壹丈柒尺貳寸樟木壹□

計銀貳兩柒錢壹分肆釐

圍大柒尺伍寸長柒尺柒寸樟木壹段

計銀叁兩叁錢玖分壹釐

寬貳尺貳寸厚壹尺壹寸長壹丈貳尺貳寸樟木貳塊每塊銀貳兩柒錢柒分叁釐

計銀伍兩伍錢肆分陸釐

寬壹尺捌寸厚捌寸長壹丈樟木貳塊每塊銀壹兩叁錢伍分叁釐

計銀貳兩柒錢陸釐

寬貳尺厚玖寸伍分長壹丈陸尺貳寸樟木貳塊每塊銀貳兩捌錢玖分貳釐

計銀伍兩柒錢捌分肆釐

圍大肆尺柒寸長壹丈伍尺伍寸樟木壹根

計銀貳兩陸錢捌分壹釐

寬壹尺貳寸厚陸寸長壹丈捌尺貳寸樟木壹塊

計銀壹兩貳錢叁分壹釐

寬貳尺肆寸厚陸寸長柒尺柒寸樟木壹塊

計銀壹兩肆分貳釐

查原送成規內開壹則至拾柒則每則用樟木合桅等料拾貳款所開價值逐款核計俱屬參差均令計算每折見方壹尺需銀玖分叁釐玖毫貳絲今照玖分叁釐玖毫陸絲之數律核定

寬壹尺肆寸厚捌寸長壹丈捌尺貳寸楮木壹根

計銀拾陸兩

圍大伍尺柒寸長柒丈貳尺桅木壹根

計銀叁拾貳兩

圍大肆尺叁寸長伍丈桅木壹根

計銀柒兩

長壹尺釘叁百伍拾叁個每貳個重壹斤計重壹百柒拾陸斤捌兩長捌寸釘貳百陸拾玖個每伍個重壹斤計重伍拾叁斤拾貳兩捌錢長陸寸釘壹萬柒千壹百捌拾伍個每拾伍個重壹斤計重壹千壹百肆拾伍斤拾兩陸錢長伍寸釘壹萬貳千伍百肆拾肆個每貳拾個重壹斤計重陸百貳拾柒斤叁兩貳錢長肆寸釘柒百伍拾個每叁拾個重壹斤計重貳拾伍斤以上

鐵釘共重貳千壹拾捌斤貳兩陸錢除選用舊

[illegible]百柒拾貳斤拾兩外添新壹千伍拾斤
捌兩陸錢每斤銀貳分貳釐
計銀貳拾叁兩貳錢貳分貳釐
灰貳千肆百肆拾壹斤捌兩每百斤銀貳錢
計銀肆兩捌錢捌分叁釐
桐油玖百捌拾斤玖兩柒錢每斤銀叁分
計銀貳拾玖兩肆錢壹分捌釐
網紗柒百玖拾捌斤拾肆兩玖錢每斤銀壹分貳釐
計銀玖兩伍錢捌分柒釐

竹絲柒百玖拾捌斤拾肆兩玖錢每斤銀陸釐
計銀肆兩柒錢玖分肆釐
生鐵伍百肆拾肆斤每斤銀壹分
計銀伍兩肆錢肆分
炭壹千陸百叁拾貳斤每百斤銀壹錢陸分
計銀貳兩陸錢壹分壹釐
烏烟叁斤伍兩每斤銀壹分伍釐
計銀伍分
[illegible]伍斤每斤銀伍分

計銀貳錢伍分
銅條肆兩每斤銀叁錢
計銀柒分伍釐
京紅肆兩每斤銀捌分
計銀貳分
南粉貳斤每斤銀壹分
計銀貳分
銀硃壹兩每斤銀陸錢肆分
計銀肆分

滕黃肆兩每斤銀貳錢
計銀伍分
藍粉肆兩每斤銀捌分
計銀貳分
杭粉壹兩每斤銀壹錢陸分
計銀壹分
水膠陸兩每斤銀肆分
計銀壹分伍釐
[illegible]兩每斤銀[illegible]分

計銀壹分
[illegible]貳塊每塊銀壹分
計銀貳分
淡底壹斤
計銀伍分
麻陸百斤每斤銀壹分伍釐
計銀玖兩
棕陸百貳拾斤每斤銀叁分
計銀拾捌兩陸錢

色布伍拾丈每丈銀壹錢
計銀伍兩
苧線拾兩每斤銀壹錢貳分
計銀柒分伍釐
桅貳門齒全各長貳丈壹尺寬壹尺貳寸厚陸寸每門銀壹兩伍錢柒分捌釐
計銀叁兩壹錢伍分陸釐
中櫓貳枝各長肆丈捌尺寬捌寸厚伍寸每枝銀壹[illegible]錢伍分柒釐

計銀叁兩玖錢[illegible]分肆釐
[illegible]桅壹枝長貳丈玖尺寬柒寸厚肆寸
計銀叁錢柒分貳[illegible]
大風篷壹扇長陸丈寬叁丈貳尺
計銀伍兩玖錢捌分柒釐
頭風篷壹扇長叁丈寬壹丈陸尺
計銀壹兩肆錢玖分柒釐
查原送成規內開壹則至拾柒則大篷每扇銀伍兩伍錢頭篷每扇銀壹兩伍錢所開丈尺大篷長自肆丈捌尺至柒丈寬自貳丈陸尺至叁丈叁尺不等頭篷長自貳丈

肆尺至叁丈伍尺寬自壹丈肆尺至壹丈陸尺伍寸不等俱屬參差均勻核計每扇見方壹丈需銀叁錢壹分壹釐捌毫△照叁錢壹分壹釐捌毫之數分別核定
大小桅餅柒個每個銀柒分
計銀肆錢玖分
大小無底升柒百個每百個銀捌分
計銀伍錢陸分
竹簑伍百玖拾斤每百斤銀壹錢陸分
計銀玖錢肆分肆釐
[illegible]心蓆百貳拾[illegible]斤每百斤[illegible]分

計銀肆錢【?】捌【?】
【?】修試拾玖斤每斤銀貳分伍毫
計銀柒錢貳分伍釐
艌匠伍百叁拾肆工柒分叁釐
安裝匠伍拾叁工肆分柒釐
鋸匠壹百肆拾陸工伍分叁釐
艌匠叁百肆拾柒工玖分壹釐
鐵匠伍拾肆工肆分
【?】【?】匠拾工

繩匠伍拾捌工肆分柒釐
桶匠叁拾壹工
【?】縫匠伍工
篷匠伍工捌分
刻字匠叁工
【?】夫貳百肆拾叁名壹分
以上匠夫共壹千肆百玖拾叁工肆分【?】釐【?】【?】伍分
計銀柒拾肆兩【?】錢柒分

又置備物件開後
木桶叁拾件每件銀叁分
計銀玖錢
鐵鍋叁口換新每口貼工料銀壹錢貳分
計銀叁錢陸分
鼓壹面修理換皮
計銀肆錢捌分
金壹面重肆斤換新每斤貼工銀柒分
計銀貳錢捌分

以上拆造前船成規內開共需工料銀陸百拾壹【?】
貳錢伍分柒釐伍毫內部價銀貳百玖拾壹兩【?】
分伍釐加捌津貼并另加叁分銀叁百貳拾兩【?】
錢捌分貳釐伍毫臺廠運費銀伍拾捌兩貳錢【?】
分伍釐今按條查核分別增減更正需用工料
陸百拾陸兩伍錢叁分柒釐內部價銀貳百【?】
叁兩伍錢捌分玖釐加捌津貼并另加叁分【?】
百貳拾貳兩玖錢肆分捌釐臺廠運費銀伍
兩柒錢壹分【?】【?】計【?】增工料銀伍兩貳

運費銀伍錢叁釐行令□撫□於前船內應拆
删將加增銀兩在於各則節減銀內動支至大
修平戌規內開大脩工料銀肆百貳拾兩叁錢四
分□釐內部價銀壹百玖拾壹兩捌分叁釐加玖
□分另加叁分銀貳百貳拾玖兩叁錢臺廠運
費銀叁拾捌兩貳錢壹分柒釐小脩工料銀貳百
□拾玖兩叁錢貳分貳釐內部價銀壹百叁拾兩
壹錢肆分加拾津貼并另加叁分銀壹百陸拾玖
兩肆錢捌分貳釐臺廠運費銀貳拾陸兩貳分捌

釐其餘壹船倣此

福建省外海戰船做法

第拾則趕繒船伍拾柒隻內臺灣協標中營□□
叁號船壹隻身長柒丈頭起舵伍尺尾□□□
尺捌寸船頭長貳丈肆尺伍寸面勻寬壹丈貳
尺柒寸底勻寬壹丈壹尺船中長貳丈肆尺伍
寸面勻寬壹丈捌尺玖寸底勻寬壹丈肆尺船
尾長貳丈壹尺面勻寬壹丈柒尺玖寸底勻寬
壹丈叁尺伍寸兩邊皺長捌丈肆尺計貳拾艙
深陸尺貳寸柒分

今將拆造前船需用工料價值細數開後

計開

一船底松木龍骨壹道計叁節船頭壹節長貳丈船
中壹節連交接駝頭長叁丈伍尺船尾壹節
壹丈伍尺共湊長柒丈均寬壹尺厚捌寸做法
每折見方尺貳拾尺用艌匠壹工交接駝頭貳
處每處用長壹尺釘捌個又每邊用長陸寸釘
拾貳個共核用
寬壹尺厚捌寸松木枋柒丈陸寸

查成規內開大吉中吉浮溪高洋四項木植
俱截去尖梢作樑杆燈櫃簽子木脚等項
之用其本身木料毋庸另加長荒外如
杉等各料有荒截去壹貳尺至叁伍尺不等
者亦有去加荒者參差不一今將杉段各
料每件長伍尺以內者加長荒壹寸五尺
以外者加長荒貳寸圓徑桅木長壹丈以
內者每根加長荒貳寸長壹丈以外者每
根加長荒伍寸一律核定
長壹尺釘拾陸個
長陸寸釘貳拾肆個
艌匠拾貳工陸分
竹篾板連起艕長柒丈內舡底勻寬壹丈叁尺肆
寸兩旁各勻高柒尺叁寸肆分用長肆丈貳尺
寬捌寸厚叁寸大吉木板陸拾塊做淨每塊折
方尺捌拾尺用艌匠壹丁鋸板折寬壹尺長
丈用鋸匠壹工以下鋸板用工做此釘縫湊長貳百伍拾
貳丈每丈用長陸寸釘叁拾個艌縫湊長伍
丈每丈用灰壹斤桐油陸兩肆錢綢紗竹
各壁兩每柒丈用艌匠壹工舂與油灰每肆拾
斤用舂灰夫壹名以下艌釘用工做此照舊用
閩尺□□□□寸□□□□大吉木

銀
長陸寸釘柒千伍百陸拾個
灰伍百柒斤
桐油貳百壹斤玖兩陸錢
綢紗壹百捌拾玖斤
竹絲壹百捌拾玖斤
艌匠陸拾玖工叁分
鋸匠叁拾玖丁陸分
艌匠柒拾貳工
春灰夫拾柒名陸分肆釐
各艕樟木梁座叁拾塊內舡頭配用拾塊湊長拾
陸丈舡中拾塊湊長拾柒丈船尾拾塊湊長拾
陸丈艕梁貳拾貳塊內舡頭配用捌塊湊長拾
貳丈舡中柒塊湊長拾壹丈玖尺舡尾柒塊湊
長拾壹丈貳尺均寬壹尺伍寸厚叁寸松木梁
頭肆拾陸塊內舡頭配用拾陸塊湊長貳拾
丈舡中拾伍塊湊長貳拾伍丈伍尺舡尾拾伍
塊湊長貳拾肆丈均寬壹尺貳寸厚叁寸硬木

桅[illegible][illegible]玖叙各長壹丈叄尺圍大捌寸梁座[illegible]
[illegible][illegible][illegible]每折見方尺捌拾尺用艌匠壹工穩[illegible]
肆拾尺用艌匠壹工釘縫湊長壹百陸拾玖丈
叄尺每丈用長陸寸釘叄拾個艌縫湊長叄百
叄拾捌丈陸尺共核用
寬壹尺伍寸厚叄寸樟木枋捌拾伍丈壹尺
肆寸
寬壹尺貳寸厚叄寸松木枋柒拾肆丈肆尺
貳寸

圍大捌寸長壹丈叄尺硬木桅玖根
長陸寸釘伍千柒拾玖個
灰叄百叄拾捌斤拾兩
桐油壹百叄拾伍斤柒兩
網紗壹百貳拾陸斤拾伍兩陸錢
竹絲壹百貳拾陸斤拾伍兩陸錢
艌匠捧拾柒工柒分伍釐
艌匠[illegible]捌工[illegible]分柒釐
[illegible]

各艙配用杉木極伍拾塊內虎頭艙極貳塊阿[illegible]
艙極肆塊各長玖尺伍寸冲天極貳塊[illegible]棚極
貳塊各長壹丈壹尺小官廳極貳塊／字極貳
塊各長壹丈油麥前極肆塊官廳前後極肆[illegible]
[illegible]艙艙極貳塊前後通鋪極肆塊綠公極貳塊
[illegible]工極貳塊水櫃艙極貳塊中轉水極貳塊各
長壹丈貳尺頭轉水極貳塊一仔梁極貳塊各[illegible]
長玖尺鰍魚極貳塊各長柒尺尾裡極肆塊各[illegible]
長陸尺斗蓋極貳塊各長伍尺目裡極貳塊／[illegible]
長叄尺均圍大壹尺做淨每折見方尺肆拾尺
用艌匠壹工每塊用長陸寸釘貳個艌縫湊長
玖拾玖丈共核用

圍大壹尺樟木極伍拾丈肆尺陸寸
長陸寸釘壹百個
灰玖拾玖斤
桐油叄拾玖斤玖兩陸錢
網紗叄拾柒斤貳兩
竹絲叄拾柒斤貳兩

艌匠拾貳工叁分捌釐
艌匠拾肆工壹分肆釐
舂灰夫叁名肆分柒釐
舡身走馬貳條水蛇貳條各長陸丈叁尺寬捌寸
厚肆寸做淨每折見方尺肆拾尺用艌匠壹工
走馬釘縫湊長拾貳丈陸尺每丈用長壹尺釘
叁拾個水蛇釘縫湊長拾貳丈陸尺每肆尺用
長壹尺釘叁個艌縫湊長伍拾丈肆尺共核用
圓大叁尺貳寸淨長肆丈貳尺大吉木叁根

長壹尺釘肆百柒拾貳個
灰伍拾斤陸兩
桐油貳拾斤貳兩陸錢
綱紗拾捌斤拾肆兩肆錢
竹絲拾捌斤拾肆兩肆錢
艌匠拾伍工壹分貳釐
鋸匠肆工叁分貳釐
艌匠柒工貳分
舂灰夫壹名柒分陸釐

兩旁艌板長柒丈湊寬壹丈貳尺寸
長肆丈貳尺寬捌寸厚叁寸大吉木杉
做淨每折見方尺捌拾尺用艌匠壹工釘
湊長柒拾伍丈陸尺每丈用長陸寸釘叁拾
艌縫湊長壹百伍拾壹丈貳尺共核用
圓大叁尺貳寸淨長肆丈貳尺大吉木陸根
各長陸寸釘貳千貳百陸拾捌個
灰壹百伍拾壹斤叁兩
桐油陸拾斤柒兩柒錢

綱紗伍拾陸斤拾壹兩貳錢
竹絲伍拾陸斤拾壹兩貳錢
艌匠貳拾工柒分玖釐
鋸匠拾壹工捌分捌釐
艌匠貳拾壹工陸分
舂灰夫伍名貳分玖釐
艌板各長捌丈肆尺高陸尺伍寸抽換用長
陸尺寬伍寸捌分厚貳寸伍分中吉木[illegible]
[illegible]

大參尺加　做淨每折見方尺玖
用艌匠壹工艌柱肆拾尺用艌匠壹工艌
釘縫湊長壹百陸拾貳丈每丈用長伍寸釘
參拾個艌柱釘縫長貳丈陸尺每丈用長陸寸
釘參拾個艙縫湊長參百貳拾玖丈貳尺共核
用
圍大貳尺伍寸淨長參丈陸尺中吉木拾伍
根
圍大參尺伍寸木段貳丈陸尺捌寸

長陸寸釘柒拾捌個
長伍寸釘肆千捌百陸拾個
灰參百貳拾玖斤參兩
桐油壹百參拾壹斤拾兩玖錢
網紗壹百貳拾參斤柒兩貳錢
竹絲壹百貳拾參斤柒兩貳錢
艌匠參拾伍工柒分
艙匠拾[illegible]工貳分[illegible]厘
匠肆[illegible]柒工[illegible]

舂灰夫拾壹名伍分貳釐
查成規內艌板未載艌高尺寸今按艌柱長丈核定
兩旁艌艌貳拾伍塊各長參尺柒寸圍大壹尺做
淨每折見方尺肆拾尺用艌匠壹工每塊用長
陸寸釘貳個艙縫湊長拾捌丈伍尺共核用
圍大壹尺樟木極玖丈伍尺
長陸寸釘伍拾個
灰拾捌斤捌兩
桐油柒斤陸兩肆錢

網紗陸斤拾伍兩
竹絲陸斤拾伍兩
艌匠貳工參分壹釐
艙匠貳工陸分肆釐
舂灰夫陸分伍釐
艌上面後浮楻木鼠橋板肆塊各長貳丈陸尺寬
伍寸厚貳寸高洋木艌壓板肆塊各長參丈陸
尺寬肆寸厚貳寸兩邊木段猴袋板肆塊各長
[illegible]捌寸厚貳寸伍分做淨每折見方

尺捌拾尺用艌匠壹工扁橋板壓板釘縫湊長
貳拾肆丈捌尺每丈用長伍寸釘叁拾個壓板
艌縫湊長貳拾捌丈捌尺共核用
圍大貳尺淨長叁丈貳尺浮溪木壹根貳尺
柒寸
圍大壹尺陸寸淨長貳丈捌尺高洋木貳根
壹丈陸尺
圍大叁尺伍寸木段壹丈肆尺貳寸
長伍寸釘柒百肆拾肆個

灰貳拾捌斤拾叁兩
桐油拾壹斤捌兩叁錢
網紗拾斤拾貳兩捌錢
竹絲拾斤拾貳兩捌錢
艌匠伍工肆分伍釐
鋸匠叁工壹分壹釐
艌匠肆工壹分壹釐
舂灰夫壹名壹釐
旁笨插貳塊大壓貳塊水蝕貳塊添換各長[illegible]

丈捌尺寬陸寸陸分厚叁寸伍分做淨每折[illegible]
方八肆拾尺用艌匠壹工釘縫湊長貳拾捌丈
捌尺每丈用長陸寸釘叁拾個艌縫湊長伍拾
柒丈陸尺共核用
圍大貳尺伍寸淨長叁丈陸尺中吉木肆根
長陸寸釘捌百陸拾肆個
灰伍拾柒斤拾兩
桐油貳拾叁斤陸錢
網紗貳拾壹斤玖兩陸錢

竹絲貳拾壹斤玖兩陸錢
艌匠拾肆工伍分肆釐
鋸匠肆工壹分陸釐
艌匠捌工貳分叁釐
舂灰夫貳名貳釐
官廳前後梁用中吉木叁根各長壹丈捌尺肆寸
圍大貳尺貳寸官廳上戰櫃板拾陸塊後擋板
拾塊各長壹丈捌尺湊寬壹丈柒尺壹寸陸分
又左右牆板貳拾塊各長玖尺湊寬壹丈叁寸

貳寸官廳內麒麟枋大砲艙枋共拾伍塊各長
肆尺貳寸湊寬玖尺玖寸用寬伍寸捌分厚貳
寸伍分板捌拾丈玖尺浮溪木官廳貼柱捌根
各長壹丈叁尺見方伍寸官廳門板捌塊各長
肆尺湊寬肆尺貳寸肆分官廳鋪板貳拾塊各
長玖尺湊寬壹丈陸寸用寬伍寸厚貳寸板貳
拾貳丈肆尺柒寸貳分高洋木戰櫃挑貳塊官
廳側板貳塊踏板壹塊各長壹丈捌尺寬肆寸
厚貳寸木段冲天蓋板拾貳塊各長肆尺陸寸

寬捌寸厚貳寸伍分官廳梁貼柱做淨每折見
方尺肆拾尺用艙匠壹工戰櫃等板捌拾尺用
艌匠壹工戰櫃板墻板冲天蓋板官廳門板釘
縫湊長捌拾玖丈捌尺壹寸貳分每丈用長伍
寸釘叁拾個戰櫃板墻板冲天蓋板艌縫湊長
壹百柒拾貳丈捌尺肆寸共核用
　圍大貳尺伍寸淨長叁丈陸尺中吉木玖根
　玖寸
　圍大貳尺淨長叁丈貳尺浮溪木伍根壹丈
捌尺玖寸
　圍大壹尺陸寸淨長貳丈捌尺高洋木壹根
　壹丈柒寸
　圍大叁尺伍寸木段壹丈肆尺[illegible]寸
　伍寸釘貳千陸百玖拾肆個
　灰壹百柒拾貳斤拾叁兩
　油陸拾玖斤貳兩貳錢
　麻陸拾肆斤拾[illegible]
　[illegible]絲壹拾肆斤拾叁兩

艙匠叁拾壹工[illegible]釐
鋸匠拾肆工玖分貳釐
艌匠貳拾肆工陸分玖釐
舂灰夫陸名伍釐
官廳前通鋪肆塊各長壹丈柒尺後通鋪貳塊各
長壹丈陸尺均寬壹尺貳寸厚叁寸做淨每折
見方尺捌拾尺用艙匠壹工釘縫湊長拾丈每
丈用長陸寸釘叁拾個艌縫湊長貳拾丈共核
用

[illegible]尺貳寸厚[illegible]分[illegible]　木杉拾丈壹尺貳
[illegible]寸釘叁百個
灰貳拾斤
桐油捌斤
細紗柒斤捌兩
竹絲柒斤捌兩
艌匠叁工柒分伍釐
艌匠貳工捌分肆釐
[illegible]夫柒分

[illegible]內安[illegible]猫裡[illegible]柱[illegible]各[illegible]
[illegible]八[illegible]寸浮溪[illegible]板拾[illegible]
[illegible]長肆[illegible]丈貳[illegible]
[illegible]板拾塊各長柒尺湊寬伍[illegible]叁寸用寬[illegible]
[illegible]貳寸板拾柒丈伍尺玖寸陸分木段猫裡
[illegible]襯肆塊各長柒尺寬[illegible]厚肆寸猫裡[illegible]
[illegible]柱上下襯做淨每折見方尺肆拾尺用艌匠
壹工墻板等板捌[illegible]艌匠壹工墻板門板
釘[illegible]長拾丈[illegible]尺[illegible]陸分每丈用長[illegible]

釘叁拾個共核用
圓大貳尺浮長叁丈貳尺浮溪木壹根貳丈
陸尺柒寸
圓大壹尺陸寸淨長貳丈捌尺高洋木壹根
實用
[illegible]叁尺伍寸木段壹丈肆尺肆寸
[illegible]伍寸釘叁百伍個
[illegible]伍[illegible]分
[illegible]分肆釐

官廳內中吉木炕床櫃貳根各[illegible]壹丈陸尺圍大
貳尺貳寸浮溪木虎頭艙門[illegible]捌塊各長肆尺
湊寬肆尺貳寸肆分虎頭艙兩旁鋪板拾塊各
長柒尺湊寬伍尺叁寸用寬伍寸厚貳寸板拾
丈捌尺壹寸貳分炕床櫃做淨每折見方尺肆
拾尺用艌匠壹工虎頭艙各板捌[illegible]尺用[illegible]
壹工虎頭艙門板釘縫湊長叁丈[illegible]尺玖[illegible]
分每[illegible]用[illegible]寸釘[illegible]拾個共核用
圓大貳尺伍寸[illegible]叁丈陸尺中吉木[illegible]

人
圍大貳尺淨長叁丈貳尺浮溪木壹根肆尺
長伍寸釘壹百貳個
艦匠叁工陸分伍釐
鋸匠壹工捌釐
兩旁皶面戰棚板拋換用長叁丈貳尺寬伍寸厚
貳寸浮溪木板貳拾壹塊各艙內鋪板用長肆
尺寬肆寸厚壹寸高洋木板貳百捌拾塊做
每折見方尺捌拾尺用艦匠壹工共核用

圍大貳尺淨長叁丈貳尺浮溪木柒根
桅大壹尺陸寸淨長貳丈捌尺高□木拾根
艦匠貳拾伍工柒分陸釐
鋸匠拾肆工柒分貳釐
兩旁皶上皶牛陸塊各長捌尺伍寸各艙口扛豆
伍塊各長壹丈柒尺均寬壹尺貳寸厚叁寸做
淨每折見方尺肆拾尺用艦匠壹工皶牛每塊
用長陸寸釘肆個扛豆釘縫麻□捌丈伍尺每
丈用長陸寸釘叁拾個□□□長貳拾柒丈貳

尺共核用
寬壹尺貳寸厚叁寸松木枋拾叁丈捌尺貳
寸
長陸寸釘貳百柒拾□個
灰□拾柒斤叁兩
桐油拾斤拾肆兩壹錢
鐵砂拾斤叁兩貳錢
竹絲拾斤叁兩貳錢
艦匠拾工貳分

艌匠叁工捌分玖釐
舂灰夫玖分伍釐
各艙蓋板用長陸尺玖寸寬捌寸厚貳寸伍分木
□板捌拾塊艙蓋下大通槽拾個側槽陸個水
槽陸個各長肆尺陸寸寬壹尺厚捌寸小漏槽
捌個各長肆尺陸寸見方捌寸艙蓋用柯柏木
桅頭叁塊各長肆尺伍寸寬壹尺厚叁寸艙蓋
板桅頭木做淨每折見方尺捌拾尺用艦匠壹
工通槽等槽叁拾尺用□□壹工艙蓋板□□

湊長伍拾伍丈貳尺每丈用長伍寸釘叁拾个
艌縫湊長壹百拾丈肆尺共核用
闊大叁尺伍寸木段貳拾捌丈叁尺
寬壹尺厚叁寸柯樹木枋壹丈叁尺捌寸
長伍寸釘壹千陸百伍拾陸個
灰壹百拾斤陸兩
桐油肆拾肆斤貳兩陸錢
網紗肆拾壹斤陸兩肆錢
竹絲肆拾壹斤[illegible]錢

艌匠叁拾壹工[illegible]
繚匠拾壹工[illegible]
艌匠拾伍工柒[illegible]
舂灰夫叁名捌分陸[illegible]
[illegible]邊用高洋木牛欄肆根內舡頭貳根舡尾
[illegible]根各長貳丈捌尺圍大壹尺叁寸做學每折
見方尺肆拾尺用艌匠壹工共核用
圍大壹尺陸寸淨長貳丈捌尺高洋木肆根
艌匠叁工陸分[illegible]

舡頭斗蓋用樟木壹塊長壹丈伍尺圍大[illegible]
[illegible]蝦籠梁壹塊長捌尺[illegible]斗蓋[illegible]兔耳壹塊
長捌尺鹿肚勒壹個長[illegible]尺[illegible]尺伍寸厚
叁寸托浪板貳塊各長捌尺寬壹尺厚叁寸斗
蓋蝦籠梁兔耳鹿肚勒做學每折見方尺肆拾
尺用艌匠壹工托浪板捌拾尺用艌匠壹工斗
蓋用長捌寸釘拾貳個蝦籠梁托浪板釘縫湊
長貳丈肆尺伍寸每丈用長陸寸釘叁拾個兔
耳鹿肚勒釘縫湊長壹丈貳尺每丈用長伍寸[illegible]

釘叁拾個蝦籠梁托浪板兔耳鹿肚勒艌縫湊
長柒丈叁尺共核用
圍大肆尺柒寸長壹丈伍尺伍寸樟木壹[illegible]
寬壹尺伍寸厚叁寸樟木枋貳丈壹尺
寬壹尺厚叁寸長捌尺貳寸樟木板貳塊
長捌寸釘拾貳個
長陸寸釘柒拾肆個
長伍寸釘叁拾陸個
灰柒斤伍兩

桐油貳斤拾肆兩[illegible]錢
綱紗貳斤拾壹兩捌錢
竹絲貳斤拾壹兩捌錢
艦匠肆工壹分叁釐
艌匠壹工肆釐
舂灰夫貳分陸釐
甲含檀壹塊長壹丈捌尺圍大柒尺頭含檀壹塊
長壹丈伍尺圍大伍尺叁寸含檀梁壹塊長壹
丈貳尺頭含檀閘壹塊長捌尺均寬壹尺伍寸

厚叁寸做淨每折見方尺叁拾尺用艦匠壹工
含檀梁釘縫長壹丈貳尺每丈用長陸寸釘叁
拾個含檀含檀梁艌縫湊長玖丈共核用
圍大柒尺長壹丈捌尺伍寸樟木壹根
圍大伍尺叁寸長壹丈伍尺伍寸樟木壹根
寬壹尺伍寸厚叁寸樟木枋貳丈肆寸
長陸寸釘叁拾陸個
灰玖斤
桐油叁斤玖兩陸錢

綱紗叁斤陸兩
竹絲叁斤陸兩
艌匠玖工貳分伍釐
艦匠壹工貳分玖釐
舂灰夫叁分貳釐
中轉水貳塊各長壹丈陸尺寬貳尺厚玖寸伍分
樟木[illegible]轉水鞋貳塊各長柒尺圍大壹尺做淨
每折見方尺肆拾尺用艦匠壹工轉水每塊用
長壹尺釘貳個轉水鞋每塊用長陸寸釘柒個

艌縫湊長玖丈貳尺共核用
寬貳尺厚玖寸伍分長壹丈陸尺貳寸樟木
貳塊
圍大壹尺樟木極壹丈肆尺肆寸
長壹尺釘肆個
長陸寸釘拾肆個
灰玖斤叁兩
桐油叁斤拾兩玖錢
綱紗叁斤柒兩貳錢

竹絲叁斤[illegible]兩錢
艦匠伍工柒釐
艌匠壹工叁分壹釐
舂灰夫叁分貳釐
舡尾用浮溪木拜棚槓叁根各長壹丈貳尺尾樓
舵柱陸根各長肆尺均圍大壹尺柒寸木段拜
棚板捌塊尾舵板捌塊各長壹丈肆尺寬捌寸
厚貳寸伍分拜棚槓尾舵柱做淨每折見方尺
肆拾尺用艦匠壹工拜棚板尾樾板捌拾尺用

艦匠壹工舵板拜棚椵釘縫湊共貳拾貳丈肆
尺每丈用長伍寸釘叁拾個拜棚板艌縫湊長
貳拾貳丈肆尺共核用
圍大貳尺淨長叁丈貳尺浮溪木壹根[illegible]
捌尺
大叁尺伍寸木段伍丈陸尺捌寸
長伍寸釘陸百柒拾貳個
灰叁拾貳斤陸兩
桐油捌斤拾伍兩肆錢

[illegible]紗捌斤陸兩肆錢
竹絲捌斤陸兩肆錢
艦匠捌工肆分叁釐
鐵匠叁工叁分陸釐
艌匠叁工貳分
舂灰夫柒分捌釐
舡尾用樟木下金壹塊長柒尺伍寸圍大柒尺伍
寸繚牛壹副長柒尺伍寸寬貳尺肆寸厚陸寸
犀枋上金壹塊長壹丈柒尺寬貳尺壹寸厚捌

寸七星冠壹塊長壹丈捌尺寬壹尺貳寸厚陸
寸硬木棍下金拴貳根繚牛擨貳根各長陸尺
伍寸圍大捌寸木段繚牛槓貳根各長柒尺圍
大叁尺貳寸下金繚牛上金七星冠做淨每折
見方尺叁拾尺用艦匠壹工下金拴繚牛擨繚
牛槓肆拾尺用艦匠壹工下金用長捌寸釘拾
捌個繚牛用長捌寸釘貳拾貳個上金用長壹
尺釘拾捌個繚牛擨釘縫湊長壹丈叁尺每丈
用長伍寸釘叁拾個下金艌縫湊長柒尺伍寸

[illegible]用
圍大柒尺伍寸長柒尺柒寸樟木壹段
寛貳尺肆寸厚陸寸長柒尺柒寸樟木壹塊
寛貳尺壹寸厚捌寸長壹丈柒尺貳寸樟木
壹塊
寛壹尺貳寸厚陸寸長壹丈捌尺貳寸樟木
壹塊
圍大捌寸長壹丈叁尺硬木棍貳根
圍大叁尺伍寸木段壹丈肆尺肆寸

長壹尺六寸釘拾捌個
長捌寸釘肆拾個
長伍寸釘叁拾玖個
灰拾貳兩
桐油肆兩捌錢
綱紗肆兩伍錢
竹絲肆兩伍錢
艌匠拾工六分陸釐
艌匠壹分六[illegible]釐

春灰夫叁釐
舵尾鯊邊用木段硬筋貳根各長壹丈肆尺圍六
叁尺貳寸尾樓鮘魚翅肆塊各長柒尺寛壹尺
厚肆寸紗帽匙貳塊雞母宿壹塊尾燕板壹塊
各長壹丈肆尺寛捌寸厚貳寸伍分俱樹木軟
筋貳塊各長壹丈貳尺寛壹尺厚叁寸硬筋鮘
魚翅軟筋做淨每折見方尺肆拾尺用艌匠壹
工紗帽匙各板捌拾六尺用艌匠壹工硬筋頭尾
圍大陸寸釘拾貳個共核用

頭大叁尺伍寸木段伍丈柒尺
寛壹尺厚叁寸柯樹木枋貳丈肆尺肆寸
長陸寸釘拾貳個
艌匠柒工貳分叁釐
鋸匠壹工肆分
尾樓上用浮溪木鋪板拾貳塊各長肆尺□　座板
肆塊各長壹丈貳尺緘邊當茱板貳塊各長壹
丈肆尺碗格貳塊各長壹丈壹尺均寛伍寸厚
貳寸尚樣木尾樓扶貳塊樑棚壹塊各長壹丈

寬壹寸厚貳寸做淨每折見方尺捌拾尺

用艌匠壹工尾樓蓋板釘縫湊長肆丈陸尺每

丈用長伍寸釘叁拾個共核用

圍大貳尺淨長叁丈貳尺浮溪木壹根壹丈

陸尺柒寸

圍大壹尺陸寸淨長貳丈捌尺高洋木貳丈叁

柒尺

長伍寸釘壹百肆拾肆個

艌匠叁工叁分柒釐

鋸匠壹工玖分貳釐

紅尾用樟木櫓通板叁塊各長壹丈陸尺櫓門枋

壹塊櫓床貳塊各長伍尺均寬壹尺伍寸厚叁

寸尾樓雙頭蚱壹個長肆尺寬壹尺厚叁寸櫓

通板做淨每折見方尺捌拾尺用艌匠壹工櫓

門枋櫓床雙頭蚱肆拾尺用艌匠壹工櫓床旁

塊用長捌寸釘拾貳個櫓通板釘縫湊長肆丈

捌尺每丈用長陸寸釘叁拾個櫓床櫓通板艌

縫湊長拾壹丈陸尺共核用

寬壹尺伍寸厚叁寸樟木枋厚又陸尺陸寸叁

叁分

長捌寸釘貳拾肆個

長陸寸釘壹百肆拾肆個

灰拾壹斤拾兩

桐油肆斤拾兩貳錢

網紗肆斤伍兩陸錢

竹絲肆斤伍兩陸錢

艌匠叁工柒分柒釐

艌匠壹工陸分陸釐

舂灰夫肆分壹釐

水仙門兩旁用浮溪木邊柱肆根中柱貳根各長

肆尺圍大壹尺柒寸水仙門板拾肆塊各長肆

尺湊寬柒尺肆寸貳分用寬伍寸厚貳寸板伍

丈玖尺叁寸陸分樟木極百子艌拾陸塊各長

陸尺圍大壹尺艌邊柯樹木朴竹肆塊各長捌

尺寬壹尺厚叁寸水仙門柱百子艌做淨每折

見方尺肆拾尺用艌匠壹工門板朴竹捌拾尺

用艌匠壹工百子艌釘縫湊長玖丈陸尺每
用長陸寸釘叁拾個艌縫湊長拾玖丈貳尺
核用
圍大貳尺淨長叁丈貳尺浮溪木壹根壹寸
壹尺捌寸
圍大壹尺樟木桅玖丈玖尺貳寸
寬壹尺厚叁寸柯榀木枋叁丈貳尺捌寸
長陸寸釘貳百捌拾捌個
灰拾玖斤叁兩

桐油柒斤拾兩玖錢
網紗柒斤叁兩貳錢
竹絲柒斤叁兩貳錢
艌匠伍工伍分
鋸匠伍分玖釐
縫匠貳工柒分肆釐
舂灰夫陸分柒釐
大桅座壹塊長捌尺見方貳尺肆寸頭桅座壹塊
長伍尺陸寸圍大肆尺陸寸做淨每折 方寸

叁拾尺用艌匠壹工共核用
見方貳尺肆寸長捌尺貳寸樟木壹塊
圍大肆尺陸寸長伍尺捌寸樟木壹段
艌匠叁工肆分貳釐
大鹿耳貳塊各長壹丈貳尺寬貳尺貳寸厚壹尺
壹小頭鹿耳貳塊各長玖尺捌寸寬壹尺捌寸
厚捌寸硬木棍鹿耳夾貳根各長壹丈叁尺圍
大捌寸做淨每折見方尺肆拾尺用艌匠壹工
共核用

寬貳尺貳寸厚壹尺壹寸長壹丈貳尺貳寸
樟木貳塊
寬壹尺捌寸厚捌寸長壹丈樟木貳塊
圍大捌寸長壹丈叁尺硬木棍貳根
艌匠柒工叁釐
大桅壹根長柒丈貳尺圍大伍尺柒寸頭桅壹根
長伍丈圍大肆尺叁寸做淨每折見方尺肆拾
尺用艌匠壹工共核用
圍大伍尺柒寸長柒丈貳尺桅木壹根

圍大肆尺叁寸長伍丈桅木壹根
艌匠拾伍工陸分肆釐
桅尾用柯㭬木馬面貳塊各長叁丈伍尺寬壹尺
伍寸厚叁寸樟木大桅箭壹個長貳尺寬壹尺
伍寸頭桅箭壹個長壹尺陸寸寬壹尺貳寸均
厚叁寸木段大桅蹄壹根長壹丈肆尺頭桅蹄
壹根長壹丈貳尺均圍大叁尺貳寸馬面做淨
每折見方尺捌拾尺用艦匠壹工桅箭桅蹄肆
拾尺用艦匠壹工馬面釘縫湊長柒丈每丈用

長陸寸釘貳拾個共核用
寬壹尺伍寸厚叁寸柯㭬木枋柒丈肆寸
寬壹尺伍寸厚叁寸樟木枋叁尺肆寸陸分
圍大叁尺伍寸木段貳丈陸尺肆寸
長陸寸釘壹百肆拾個
艦匠伍工伍分叁釐
大風篷壹扇長陸丈寬叁丈貳尺頭風篷壹扇長[illegible]
叁丈寬壹丈陸尺浮溪木大篷[illegible]貳根各長[illegible]
丈貳尺頭篷櫓貳根各長[illegible]

尺柒寸做淨每折見方尺肆拾尺用艦匠壹工
共核用
寬叁丈貳尺長陸丈風篷壹扇
寬壹丈陸尺長叁丈風篷壹扇
圍大貳尺淨長叁丈貳尺浮溪木叁根
艦匠肆工捌釐
大篷架用木段橫梁壹根長壹丈肆尺頭篷架橫
梁壹根架針叁根各長柒尺均寬壹尺厚捌寸
做淨每折見方尺叁拾貳尺用艦匠壹工共核

用
圍大叁尺伍寸木段肆丈叁尺
艦匠肆工柒分叁釐
鋸匠壹工捌釐
大篷車員壹根用中吉木長貳丈椗車員壹根長
壹丈陸尺均圍大貳尺貳寸浮溪木大篷半車
員壹根斗頭車員壹根各長壹丈尾樓車員壹
根長壹丈貳尺均圍大壹尺柒寸高洋大[illegible]
捌個各長柒尺桌腳直板拾貳塊斜板[illegible]

長貳丈捌尺均寬肆寸厚貳寸硬木棍車十肆
拾伍根各長壹丈叁尺圍大捌寸車員車耳做
淨每折見方尺叁拾貳尺用艌匠壹工車鄉斜
面板捌拾尺用艌匠壹工共核用
圍大貳尺伍寸淨長叁丈陸尺中吉木壹根
圍大貳尺淨長叁丈貳尺浮溪木壹根
圍大壹尺陸寸淨長貳丈捌尺高洋木玖根
圍大捌寸長壹丈叁尺硬木棍肆拾伍根
艌匠拾叁工

鋸匠肆工叁分貳釐
水櫃用樟木牛頭肆塊各長伍尺寬壹尺伍寸厚
叁寸木段水櫃柱肆根各長柒尺圍大叁尺鋸
寸水櫃閘肆塊各長柒尺見方捌寸水櫃板叁
拾陸塊各長肆尺陸寸寬捌寸厚貳寸伍分水
櫃柱閘牛頭做淨每折見方尺肆拾尺用艌匠
壹工水櫃板捌拾尺用艌匠壹工水櫃柱[illegible]
用長陸寸釘[illegible]長貳[illegible]丈
[illegible]長陸寸釘[illegible]

伍尺陸寸每丈用長伍寸釘叁拾個艌縫叁[illegible]
肆拾捌丈叁尺[illegible]寸共核用
寬壹尺伍寸厚叁寸樟木枋貳丈肆寸
圍大叁尺伍寸木段玖丈玖尺玖寸
長陸寸釘壹百肆拾個
長伍寸釘肆百玖拾柒個
灰肆拾捌斤伍兩
桐油拾玖斤伍兩貳錢
綢紗拾捌斤壹兩玖錢

竹絲拾捌斤壹兩玖錢
艌匠拾工陸分叁釐
鋸匠叁工壹分貳釐
艌匠陸工玖分
舂灰夫壹名陸分玖釐
媽祖龕用杉木板貳拾伍丈尾樓嵜仔板[illegible]板
順風板及刀劍碩眼用板拾伍丈均寬[illegible]寸厚
壹寸高洋木媽祖[illegible]根長貳丈貳尺[illegible]
壹尺叁寸旂[illegible]折見方尺肆拾尺用

匠壹工媽祖龕冬板捌拾尺用艌匠壹工龕板
釘縫湊長貳拾伍丈每丈用長肆寸釘叁拾個
艌縫湊長伍拾丈共核用
寬陸寸厚壹寸杉木板肆拾丈捌尺
圍大壹尺陸寸淨長貳丈捌尺高洋木貳丈
貳尺
長肆寸釘柒百伍拾個
灰伍拾斤
桐油貳拾斤

網紗拾捌斤拾貳兩
竹絲拾捌斤拾貳兩
艌匠柒工柒分貳釐
艌匠柒工壹分肆釐
舂灰夫壹名柒分伍釐
舡面兩旁炮架陸個計蓋每個用長肆尺陸寸寬
捌寸厚貳寸伍分木段板陸塊做淨每折見方
尺捌拾尺用艌匠壹工共核用
圍大叁尺伍寸木段肆丈貳尺叁寸

艌匠肆工叁分伍釐
鋸匠貳工肆分捌釐
舡頭用大吉木槌壹枝長肆丈貳尺圍大貳尺玖
寸樟木槌牙壹塊長伍尺寬壹尺貳寸厚叁寸
做淨每折見方尺肆拾尺用艌匠壹工槌牙用
長捌寸釘陸個共核用
圍大叁尺貳寸淨長肆丈貳尺大吉木壹根
寬壹尺伍寸厚叁寸樟木枋肆尺捌分
長捌寸釘陸個

艌匠叁工肆分貳釐
舡尾舵壹門用楮木舵杆壹根長壹丈捌尺寬壹
尺肆寸厚捌寸中吉木舵門板陸塊各長壹丈
捌尺湊寬叁尺玖寸陸分用寬伍寸捌分厚貳
寸伍分板拾貳丈貳尺玖寸樟木極舵夾捌塊
各長肆尺圍大壹尺硬木棍舵牙扼貳根各長
壹丈叁尺圍大捌寸舵杆做淨每折見方尺叁
拾尺用艌匠壹工舵牙舵夾肆拾尺用艌匠壹
工舵門板捌拾尺用艌匠壹工舵夾釘縫湊長

叁丈貳尺每丈用長捌寸釘伍拾個艕夾艕肉
板艙縫湊長叁拾丈玖尺捌寸共核用
寬壹尺肆寸厚捌寸長壹丈捌尺貳寸楮木
壹根
圍大貳尺伍寸淨長叁丈陸尺中吉木壹根
伍尺
圍大壹尺樟木極叁丈貳尺捌寸
圍大捌寸長壹丈叁尺硬木棍貳根
長捌寸釘壹百陸拾個

灰叁拾壹斤
桐油拾貳斤陸兩叁錢
網紗拾壹斤玖兩玖錢
竹絲拾壹斤玖兩玖錢
艦匠陸工伍分壹釐
鋸匠壹工肆分陸釐
艌匠肆工肆分叁釐
舂灰夫壹名捌釐
頭隨䑸舡舢板舡用柯𣏌木龍骨壹根長壹丈柒

尺斗蓋壹塊長陸尺托浪板貳塊各長伍尺陸
寸均寬壹尺厚叁寸浮溪木水底板拾塊各長
壹丈捌尺湊寬伍尺叁寸艕板肆塊各長貳丈
湊寬貳尺壹寸貳分堵板拾貳塊各長陸尺伍
寸湊寬陸尺叁寸陸分用寬伍寸厚貳寸板叁
拾伍丈捌尺貳寸捌分龍骨做淨每折見方尺
肆拾尺用艦匠壹工斗蓋各板捌拾尺用艦匠
壹工龍骨用長陸寸釘拾貳個托浪板水底板
艕板釘縫湊長貳拾捌丈陸尺捌寸每丈用長

伍寸釘叁拾個托浪板水底板艕板艙縫湊長
伍拾柒丈叁尺陸寸共核用
寬壹尺厚叁寸柯𣏌木枋叁丈伍尺
圍大貳尺淨長叁丈貳尺浮溪木叁根貳丈
叁尺肆寸
長陸寸釘拾貳個
長伍寸釘捌百陸拾個
灰伍拾柒斤陸兩
桐油貳拾貳斤拾伍兩壹錢

絅紗貳拾壹斤捌兩貳錢
竹絲貳拾壹斤捌兩貳錢
艌匠柒工玖分肆釐
鋸匠叁工伍分捌釐
艌匠捌工壹分玖釐
舂灰夫貳名壹釐
舢板舡兩旁水蛇貳根各長壹丈捌尺壓板貳塊各長貳丈水戧貳根各長壹丈柒尺均寬伍寸厚貳寸做淨每折見方尺捌拾尺用艌匠壹工

水蛇釘縫湊長叁丈陸尺每肆尺用長捌寸釘叁個壓板水戧釘縫湊長柒丈肆尺每丈用長伍寸釘叁拾個艌縫湊長貳拾貳丈共核用
圓大貳尺淨長叁丈貳尺浮溪木壹根肆尺柒寸
長捌寸釘貳拾柒個
長伍寸釘貳百貳拾貳個
桐油捌斤拾貳兩捌錢
灰貳拾貳斤

絅紗捌斤肆兩
竹絲捌斤肆兩
艌匠壹工玖分叁釐
鋸匠壹工壹分
艌匠叁工壹分肆釐
舂灰夫柒分柒釐
舢板舡用樟木舢板舤叁個各長肆尺寬伍寸厚叁寸樟木極舢板梁肆塊各長肆尺肆寸牛頭仔極拾伍塊各長貳尺冲天極貳塊牛頭極陸

塊各長貳尺伍寸均圓大壹尺做淨每折見方尺肆拾尺用艌匠壹工舢板舤梁釘縫湊長貳丈玖尺陸寸每丈用長陸寸釘叁拾個冲天極牛頭極每塊用長陸寸釘貳個舢板舤梁冲天極牛頭極艌縫湊長玖丈玖尺貳寸共核用
寬壹尺伍寸厚叁寸樟木枋肆尺壹寸
圓大壹尺樟木極柒丈叁寸
長陸寸釘壹百伍個
桐油叁斤拾伍兩伍錢

灰玖斤拾伍兩
網紗叁斤拾壹兩伍錢
竹絲叁斤拾壹兩伍錢
艌匠貳工壹分柒釐
艌匠壹工肆分貳釐
舂灰夫叁分伍釐
大桅鐵箍拾個各長伍尺捌寸頭桅箍肆個各長
肆尺肆寸舵頭箍叁個各長肆尺柒寸尅箍貳
個各長叁尺叁寸俱寬貳寸厚伍分椗齒伍個

各長壹尺寬柒寸厚伍分櫓箍陸個各長貳尺
柒寸寬壹寸厚叁分鐵鐶陸個各圍大陸寸以
上鐵料共淨重貳百柒拾陸斤捌兩每正鐵壹
斤加耗鐵壹斤每正鐵伍斤用鐵匠壹工每正
耗鐵壹斤用炭叁斤共核用
生鐵伍百伍拾叁斤
炭壹千陸百伍拾玖斤
鐵匠伍拾伍工叁分
南臺廠船共用

烏烟叁斤伍兩
廣紅伍斤
銅碌肆兩
京紅肆兩
南粉貳斤
銀硃壹兩
藤黄肆兩
藍粉肆兩
杭粉壹兩

松香捌兩
水膠陸兩
墨貳塊
桐油肆斤
淡底壹斤
油畫匠拾工
麻大桅繂索貳條各長捌丈陸尺肆寸大柒寸柒
分頭桅繂索貳條各長柒丈貳尺大肆寸陸分
大踏索貳條各長柒丈貳尺大伍寸小踏索貳

條各長伍丈大叁寸貳分大繚母壹條長肆丈貳尺大柒寸陸分小繚母壹條長貳丈伍尺大肆寸大邪襯陸條各長壹丈陸尺大貳寸小邪襯玖條各長伍尺伍寸大壹寸伍分以上麻繩共重陸百拾斤每百斤用繩匠叁工陸分共核用

麻陸百拾斤

麻繩匠貳拾壹工玖分陸釐

棕正椗索壹條長肆拾貳丈大捌寸捌分副椗索

壹條長肆拾丈大捌寸大篷筋壹條長陸丈捌尺大貳寸小篷筋壹條長叁丈陸尺大壹寸貳分繚仔繚耳共拾捌條各長貳丈陸尺大貳寸椗紗貳條各長壹丈伍尺大柒寸叁分大小摘尾貳條共長拾肆丈大肆寸叁分舵邪壹條長叁丈大陸寸伍分以上棕繩共重陸百叁拾斤每擲棕肆拾斤用匠壹工成繩肆拾斤用匠壹工共核用

棕陸百叁拾斤

擲棕匠拾伍工柒分伍釐

成繩匠拾伍工柒分伍釐

冲風旂壹面長寬各壹丈陸尺壹條龍旂壹面長陸丈寬叁尺媽祖旂壹面長寬各伍尺大小定風旂叁面內壹面長陸尺貳面各長肆尺伍寸均寬壹尺共核用

幅寬壹尺色布伍拾丈

苧線拾兩

裁縫匠伍工

中椗貳門齒全各長貳丈壹尺寬壹尺貳寸厚陸寸

中櫓貳枝各長肆丈捌尺寬捌寸厚伍寸

舢板櫓壹枝長貳丈玖尺寬柒寸厚肆寸

大小桅餅柒個

大小無底升捌百個

椗舵上配用竹繩草繩共用

竹篾陸百斤

繩匠貳拾壹工陸分

草心陸百伍拾陸斤

繩匠拾陸工肆分

查原送成規內開打造竹纜草繩所用匠工多寡不齊今照棕麻繩索用工之例一律核定

綫上配用大小繚毯攝子兔耳共用

棚籐貳拾玖斤

籐匠伍工捌分

刻字用

刻字匠叁工

豎立大小桅用

壯夫肆拾名

前舡共用大小鐵釘叁萬壹千玖百貳拾柒個刷

抹釘頭每百個用桐油陸兩肆錢灰壹斤每[illegible]

灰拾斤用艌匠壹工共核用

桐油壹百貳拾柒斤拾壹兩叁錢

灰叁百拾玖斤肆兩

艌匠肆拾肆工柒分

舂灰夫拾壹名[illegible]分柒釐

前舡共用艌匠伍百貳拾柒工壹分係照[illegible]

補核定內有樟柯等梗料用匠壹百拾陸工伍

釐每工外加匠貳分計加匠貳拾叁工貳分壹

釐共匠伍百伍拾工叁分壹釐每百工加安裝

匠拾工計安裝匠伍拾伍工叁釐每艌匠安裝

匠壹百工加隨匠壯夫貳拾名計壯夫壹百貳

拾壹名柒釐

以上拆造前船共用

寬壹尺厚捌寸松木柒丈陸寸每丈銀肆錢壹分肆釐

計銀貳兩玖錢貳分叁釐

查原送成規內開松木按依拾陸則丈尺計算每丈核銀肆錢捌分壹釐至叁錢肆分壹釐不等多寡參差均勻計算每丈需銀肆錢壹分肆釐今照肆錢壹分肆釐之數一律核定

圍大叁尺貳寸淨長肆丈貳尺太吉木叁拾根每根銀貳兩柒錢

計銀捌拾壹兩

圍大貳尺伍寸淨長叁丈陸尺中吉木叁拾壹根每根銀壹兩伍錢

壹尺玖寸

計銀肆拾陸兩伍錢柒分玖釐

查原送成規內開中吉木叁拾根今按丈尺做法核算應增壹根壹尺玖寸

圍大貳尺淨長叁丈貳尺浮溪木叁拾根捌尺玖寸每根銀伍錢

計銀拾伍兩壹錢叁分玖釐

查原送成規內開浮溪木叁拾根今按丈尺做法核算應增捌尺玖寸

圍大壹尺陸寸淨長貳丈捌尺高洋木叁拾根貳尺每根銀貳錢

計銀陸兩壹分肆釐

查原送成規內開高洋木叁拾根今按丈尺做法核算應增貳尺

圍大叁尺伍寸木段陸拾玖丈貳尺叁寸核長壹丈肆尺段料肆拾玖根陸尺叁寸每根銀陸錢

計銀貳拾玖兩陸錢柒分

查原送成規內開木段伍拾根今按丈尺做法核算應減柒尺柒寸

寬壹尺伍寸厚叁寸樟木枋玖拾玖丈壹尺肆寸柒分核長壹丈柒尺枋料伍拾捌塊伍尺肆寸柒分每塊銀壹兩叁錢

計銀柒拾伍兩捌錢壹分捌釐

查原送成規內開樟陸拾貳塊今按丈尺做法核算應減叁沁壹丈壹尺伍寸六分

寬壹尺厚叁寸長捌尺貳寸樟木板貳塊每塊銀肆錢壹分捌釐

計銀捌錢叁分陸釐

查原送成規內開樟木枋梁座梁頭壹則至拾柒則各長壹丈柒尺寬壹尺伍寸厚叁寸每塊銀壹兩叁錢托浪樟木板第壹則長陸尺伍寸寬壹尺厚叁寸每塊開銀伍錢第貳則至拾柒則各長捌尺寬壹尺厚叁寸每塊亦開銀伍錢價值參差今俱照梁座梁頭之價一律核定

寬壹尺貳寸厚叁寸松木枋玖拾捌丈叁尺陸寸

核長壹丈柒尺枋料伍拾柒塊壹丈肆尺陸寸每塊銀叁錢伍分

計銀貳拾兩貳錢伍分壹釐

查原送成規內開松木枋陸拾塊今按丈尺做法核算應減貳塊貳尺肆寸

圍大壹尺樟木極捌拾壹丈陸尺叁寸核長壹丈貳尺樟極陸拾捌塊叁寸每塊銀貳錢

計銀拾叁兩陸錢伍釐

查原送成規內開樟極柒拾塊今按丈尺做法核算應減壹塊壹丈壹尺柒寸

寬壹尺伍寸厚叁寸柯樹木枋柒丈肆寸每丈銀伍錢柒

分壹釐伍毫

計銀肆兩貳分叁釐

寬壹尺厚叁寸柯榔木枋拾丈陸尺 每丈銀叁錢捌分壹釐

計銀肆兩叁分玖釐

查原送成規內開柯榔木馬面壹則至拾柒則各長叁丈伍尺寬壹尺伍寸厚叁寸每塊開銀貳兩軟筋及舢板龍骨等料壹則至伍則各長貳丈伍尺寬壹尺厚叁寸每塊開銀壹兩陸則至拾柒則各長叁丈伍尺寬壹尺厚叁寸每塊開銀貳兩價值參差今俱照馬面之價一律核定

圓大捌寸長壹丈叁尺硬木棍陸拾根 每根銀捌分

計銀肆兩捌錢

寬陸寸厚六寸杉木肆拾丈捌尺 每丈銀肆錢

計銀拾陸兩叁錢貳分

圓大柒尺長壹丈捌尺伍寸樟木壹根

計銀柒兩玖分捌釐

圓大伍尺叁寸長壹丈伍尺伍寸樟木壹根

計銀叁兩肆錢玖釐

見方貳尺肆寸長捌尺貳寸樟木壹塊

計銀肆兩柒錢叁分捌釐

圓大肆尺陸寸長伍尺捌寸樟木壹段

計銀玖錢陸分

寬貳尺壹寸厚捌寸長壹丈柒尺貳寸樟木壹塊

計銀貳兩柒錢壹分肆釐

圓大柒尺伍寸長柒尺柒寸樟木壹段

計銀叁兩叁錢玖分壹釐

寬貳尺貳寸厚壹尺壹寸長壹丈貳尺貳寸樟木貳塊 每塊銀貳兩柒錢柒分叁釐

計銀伍兩伍錢肆分陸釐

寬壹尺捌寸厚捌寸長壹丈樟木貳塊 每塊銀壹兩叁錢伍分叁釐

計銀貳兩柒錢陸釐

寬貳尺厚玖寸伍分長壹丈陸尺貳寸樟木貳塊 每塊銀貳兩捌錢玖分貳釐

計銀伍兩柒錢捌分肆釐

圓大肆尺柒寸長壹丈伍尺伍寸樟木壹根

計銀貳兩陸錢捌分壹釐

寬壹尺貳寸厚陸寸長壹丈捌尺貳寸樟木壹塊

計銀壹兩貳錢叁分壹釐
寛貳尺肆寸厚陸寸長柒尺柒寸樟木壹塊
計銀壹兩肆分貳釐
查原送成規内開壹則至拾柒則每則用樟木含櫃等料拾貳款所開價値逐款核計俱屬參差均勻計算每折見方壹尺需銀玖分叁釐玖毫陸絲今照玖分叁釐玖毫陸絲之數一律核定
計銀拾陸兩
寛壹尺肆寸厚捌寸長壹丈捌尺貳寸楮木壹根
圍大伍尺柒寸長柒丈貳尺桅木壹根

計銀叁拾貳兩
圍大肆尺叁寸長伍丈桅木壹根
計銀柒兩
長壹尺釘伍百拾個每貳個重壹斤計重貳百伍拾伍斤長捌寸釘貳百陸拾玖個每伍個重壹斤計重伍拾叁斤拾貳兩捌錢長陸寸釘壹萬柒千伍百陸拾柒個每拾伍個重壹斤計重壹千壹百柒拾壹斤貳兩壹錢長伍寸釘壹萬貳千捌百叁拾壹個每貳拾個重壹斤計重陸百肆拾壹斤捌兩捌錢長肆寸釘柒[illegible]個每叁拾個重壹斤計重貳拾伍斤以上鐵釘共重貳千壹百肆拾陸斤柒兩柒錢除選用舊釘壹千斤叁兩柒錢外添新壹千壹百肆拾陸斤肆兩每斤銀貳分
計銀貳拾伍兩貳錢壹分柒釐
灰貳千伍百貳拾伍斤每百斤銀貳錢
計銀伍兩伍分
桐油壹千拾肆斤叁錢每斤銀叁分

計銀叁拾兩肆錢貳分
網紗捌百貳拾柒斤貳兩陸錢每斤銀壹分貳釐
計銀玖兩玖錢貳分陸釐
竹絲捌百貳拾柒斤貳兩陸錢每斤銀陸釐
計銀肆兩玖錢陸分叁釐
生鐵伍百伍拾叁斤每斤銀壹分
計銀伍兩伍錢叁分
炭壹千陸百伍拾玖斤每百斤銀壹錢陸分
計銀貳兩陸錢伍分肆釐

烏烟叁斤伍兩　每斤銀壹分伍釐
計銀伍分
廣紅伍斤　每斤銀伍分
計銀貳錢伍分
銅碌肆兩　每斤銀叁錢
計銀柒分伍釐
京紅肆兩　每斤銀捌分
計銀貳分
甪粉貳斤　每斤銀壹分
計銀貳分

計銀貳分
銀硃壹兩　每斤銀陸錢伍分
計銀肆分
臙黃肆兩　每斤銀貳錢
計銀伍分
藍粉肆兩　每斤銀捌分
計銀貳分
杭粉壹兩　每斤銀壹錢陸分
計銀壹分

水膠陸兩　每斤銀肆分
計銀壹分伍錢
松香捌兩　每斤銀貳分
計銀壹分
墨貳塊　每塊銀壹分
計銀貳分
淡底壹斤
計銀陸分
麻陸百拾斤　每斤銀壹分伍釐

計銀玖兩壹錢伍分
棕陸百叁拾斤　每斤銀叁分
計銀拾捌兩玖錢
色布伍拾丈　每丈銀壹錢
計銀伍兩
苧線拾兩　每斤銀壹錢貳分
計銀柒分伍釐
椗貳門　樹全各長貳丈壹尺寬壹尺貳寸厚陸寸　每門銀壹兩伍錢柒分捌釐

計銀叁兩壹錢伍分陸釐

中櫓貳枝各長肆丈捌尺寬捌寸厚伍寸每枝銀壹兩玖錢伍分柒釐

計銀叁兩玖錢壹分肆釐

舢板櫓壹枝長貳丈玖尺寬柒寸厚肆寸

計銀叁錢柒分貳釐

大風篷壹扇長陸丈寬叁丈貳尺

計銀伍兩玖錢捌分柒釐

頭風篷壹扇長叁丈寬壹丈陸尺

計銀壹兩肆錢玖分柒釐

查原送成規內開壹則至拾柒則大篷每扇銀伍兩伍錢頭篷每扇銀壹兩伍錢所開丈尺大篷長自肆丈捌尺至柒丈寬自[illegible]丈陸尺至叁丈叁尺不等頭篷長自[illegible]肆尺至叁丈伍尺寬自壹丈肆尺至壹[illegible]陸尺伍寸不等俱屬參差均匀核計每折見方壹丈需銀叁錢壹分壹釐捌毫今照叁錢壹分壹釐捌毫之數分別核定

大小桅餅柒個每個銀柒分

計銀肆錢玖分

大小無底升捌百個每百個銀捌分

計銀陸錢肆分

[illegible]陸百斤每百斤銀壹錢陸分

計銀玖錢陸分

字心陸百伍拾陸斤每百斤銀柒分

計銀肆錢伍分玖釐

棲藤貳拾玖斤每斤銀貳分伍釐

計銀柒錢貳分伍釐

艦匠伍百伍拾工叁分壹釐

安裝匠伍拾伍工叁釐

鋸匠壹百伍拾壹工叁分柒釐

艌匠叁百伍拾玖工捌分

鐵匠伍拾伍工叁分

油畫匠拾工

䌊匠伍拾玖工玖分陸釐

[illegible]匠叁拾壹工伍分

裁縫匠伍工

籐匠伍工捌分

刻字匠叁工

[illegible]夫貳百肆拾玖名肆分伍釐

以上匠夫共壹千伍百叁拾陸工伍分貳釐（每工銀伍分）

計銀柒拾陸兩捌錢貳分陸釐

又置備物件開後

木桶叁拾件（每件銀叁分）

計銀玖錢

鐵鍋叁口換新（每口貼工料銀壹錢貳分）

計銀叁錢陸分

鼓壹面修理換皮

計銀肆錢捌分

金壹面重肆斤換新（每斤貼工料銀柒分）

計銀貳錢捌分

以上拆造前舡成規內開共需工料銀陸百叁拾兩伍錢貳分玖釐貳毫內部價銀叁百兩貳錢伍分貳釐加捌津貼并另加叁分銀叁百叁拾兩貳錢柒分柒釐貳毫臺廠運費銀陸拾兩伍分肆毫

按條查核分別增減更正需用工料銀陸百叁拾壹兩伍錢柒分捌釐內部價銀叁百兩柒錢伍分壹釐加捌津貼并另加叁分銀叁百叁拾兩捌錢貳分柒釐臺廠運費銀陸拾兩壹錢伍分計增丁料銀壹兩肆分捌釐捌毫運費銀玖分玖釐陸毫行令該撫於前舡屆應拆造之期將加增銀兩在於各則節減銀內動支至大小修理成規內開大修工料銀肆百叁拾貳兩壹錢貳釐內部價銀壹百玖拾陸兩肆錢壹分加玖津貼并另加叁分銀貳百叁拾伍兩陸錢玖分貳釐臺廠運費銀叁拾玖兩貳錢捌分貳釐小修工料銀叁百柒兩叁錢

肆分貳釐內部價銀壹百叁拾叁兩陸錢貳分柒釐加拾津貼并另加叁分銀壹百柒拾叁兩柒錢壹分伍釐臺廠運費銀貳拾陸兩柒錢貳分伍釐

共餘伍拾陸舡倣此

福建省外海戰船做法

第拾壹則趕繒船陸隻內水師提標左營
號船壹隻身長柒丈叁尺頭起龍伍尺尾起龍
叁尺捌寸船頭長貳丈柒尺伍寸面勻寬壹丈
叁尺壹寸底勻寬壹丈壹尺肆寸船中長貳丈
肆尺伍寸面勻寬壹丈玖尺叁寸底勻寬壹丈
肆尺肆寸船尾長貳丈壹尺面勻寬壹丈捌尺
叁寸底勻寬壹丈肆尺兩邊艕長捌丈柒尺計
貳拾壹艙深陸尺肆寸叁分

今將折造前船需用工料價值細數開後

計開

船底松木龍骨壹道計叁節船頭壹節長貳丈叁
尺船中壹節連交接匙頭長叁丈伍尺船尾壹
節長壹丈伍尺共湊長柒丈叁尺均寬壹尺厚
捌寸做淨每折見方尺貳拾尺用艦匠壹工交
接匙頭貳處每處用長壹尺釘捌個又每邊用
長陸寸釘拾貳個共核用

寬壹尺厚捌寸松木枋柒丈叁尺陸寸

查成規內開大吉中吉浮溪高洋肆項木
俱截去尖梢作櫥杆灶櫃篾子木脚等
之用其本身木料外應另加長荒外一
枋段各料有截去壹貳尺至叁伍尺不等
者亦有木加長荒者參差不一今將桅
各料每件長伍尺以內者加長荒壹寸伍
尺以外者加長荒貳寸圍徑桅木長壹丈
以內者每根加長荒貳寸長壹丈以外者
每根加長荒伍寸一律核定

長壹尺釘拾陸個

長陸寸釘貳拾肆個

艦匠拾叁工壹分肆釐

船底板連起龍長柒丈叁尺內船底勻寬壹丈叁

尺柒寸捌分兩站各勻高柒尺肆寸捌分添換
用長肆丈貳尺寬捌寸厚叁寸大吉木板陸拾
塊做淨每折見方尺捌拾尺用艦匠壹工鋸板
折寬壹尺長柒丈用鋸匠壹工以下鋸板用工倣此釘縫
湊長貳百伍拾貳丈每丈用長陸寸釘叁拾個
艌縫湊長伍百肆丈每丈用灰壹斤桐油陸兩
肆錢網紗竹絲各陸兩每柒丈用艌匠壹工舂
製油灰每肆拾斤用舂灰夫壹名以下艌縫用工料倣此

共核用

圍大叁尺貳寸每長肆丈貳尺大吉木貳拾
根
長陸寸釘柒千伍百陸拾個
灰伍百肆斤
桐油貳百壹斤玖兩陸錢
網紗壹百捌拾玖斤
竹絲壹百捌拾玖斤
艌匠陸拾玖工叁分
鋸匠叁拾玖工陸分

艌匠柒拾貳工
舂灰夫拾柒名陸分肆釐
各艌用樟木梁座叁拾壹塊內船頭配用拾壹塊
湊長拾陸丈伍尺船中拾塊湊長拾柒丈船尾
拾塊湊長拾柒丈艌梁貳拾肆塊內船頭配用
捌塊湊長拾貳丈捌尺船中捌塊湊長拾叁丈
陸尺船尾捌塊湊長拾叁丈陸尺均寬壹尺伍
寸厚叁寸松木梁頭伍拾塊內船頭配用拾柒
塊湊長貳拾柒丈貳尺船中拾柒塊湊長貳拾
捌丈玖尺船尾拾陸塊湊長貳拾柒丈貳尺寬
壹尺貳寸厚叁寸硬木桅穩弔玖根各長壹丈
叁尺圍大捌寸梁座梁頭做淨每折見方尺捌
拾尺用艌匠壹工穩弔肆拾尺用艌匠壹工釘
縫湊長壹百捌拾伍丈伍尺每丈用長陸寸釘
叁拾個艌縫湊長叁百柒拾壹丈共核用
寬壹尺伍寸厚叁寸樟木枋玖拾壹丈陸尺
寬壹尺貳寸厚叁寸松木枋捌拾肆丈叁尺
圍大捌寸長壹丈叁尺梗木棍玖根

長陸寸釘伍千伍百陸拾伍個
灰叁百柒拾壹斤
桐油壹百肆拾捌斤陸兩肆錢
網紗壹百叁拾玖斤貳兩
竹絲壹百叁拾玖斤貳兩
艌匠柒拾肆工叁分
艌匠伍拾叁工
舂灰夫拾貳名玖分玖釐
各艌配用樟木極伍拾貳塊內虎頭艌極貳塊拜

梱極貳塊阿班艙極陸塊各長壹丈冲天極貳
塊各長壹丈壹尺小官廳艙極貳塊各長柒尺
八字極貳塊各長壹丈伍寸水櫃艙極貳塊含
檔極貳塊官廳艙前後極肆塊通鋪艙前後極
肆塊絲公艙極貳塊舵工艙極貳塊中轉水極
貳塊各長壹丈貳尺頭轉水極貳塊各長捌尺
鰍魚極貳塊各長柒尺斗蓋極貳塊各長伍尺
尾鯉極肆塊下金極貳塊下擔極貳塊各長陸
尺壹仔梁艙極肆塊各長玖尺均圍大壹尺做

淨毎折見方尺肆拾尺用艌匠壹工毎塊用長
陸寸釘貳個艌縫湊長玖拾玖丈肆尺共核用
圍大壹尺樟木極伍拾丈柒尺貳寸
長陸寸釘壹百肆個
灰玖拾玖斤陸兩
桐油叁拾玖斤拾貳兩貳錢
網紗叁拾柒斤肆兩肆錢
竹絲叁拾柒斤肆兩肆錢
艌匠拾貳工肆分叁釐

艌匠拾肆工貳分
舂灰夫叁名肆分捌釐
船身走馬貳條水蛇貳條抽換各長陸丈叁尺寬
捌寸厚肆寸做淨毎折見方尺肆拾尺用艌匠
壹工走馬釘縫湊長拾貳丈陸尺毎丈用長壹
尺釘叁拾個水蛇釘縫湊長拾貳丈陸尺毎肆
尺用長壹尺釘叁個艌縫湊長伍拾丈肆尺共
核用
圍大叁尺貳寸淨長肆丈貳尺大吉木叁根

長壹尺釘肆百柒拾貳個
灰伍拾斤陸兩
桐油貳拾斤貳兩陸錢
網紗拾捌斤拾肆兩肆錢
竹絲拾捌斤拾肆兩肆錢
艌匠拾伍工壹分貳釐
鋸匠肆工叁分貳釐
艌匠柒工貳分
舂灰夫壹名柒分陸釐

船面兩旁鈹板長柒丈叄尺湊寬壹丈叄尺叄寸
添換用長肆丈貳尺寬捌寸厚叄寸大吉木板
貳拾壹塊做淨毎折見方尺捌拾尺用艌匠壹
工釘縫湊長捌拾捌丈貳尺毎丈用長陸寸釘
叄拾個艌縫湊長壹百柒拾陸丈肆尺共核用
圍大叄尺貳寸淨長肆丈貳尺大吉木柒根
長陸寸釘貳千陸百肆拾陸個
灰壹百柒拾陸斤陸兩
桐油柒拾斤玖兩

網紗陸拾陸斤貳兩肆錢
竹絲陸拾陸斤貳兩肆錢
艌匠貳拾肆工貳分陸釐
鋸匠拾叄工捌分陸釐
艌匠貳拾伍工貳分
舂灰夫陸名壹分柒釐
兩旁鈹板各長捌丈柒尺高柒尺添換用長叄丈
陸尺寬伍寸捌分厚貳寸伍分中吉木板肆拾
捌塊兩旁添換木段鈹柱伍根各長柒尺圍大

叄尺貳寸鈹板做淨毎折見方尺捌拾尺用艌
匠壹工鈹柱肆拾尺用艌匠壹工鈹板釘縫湊
長壹百柒拾貳丈捌尺毎丈用長伍寸釘叄拾
個鈹柱釘縫湊長叄丈伍尺毎丈用長陸寸釘
叄拾個艌縫湊長叄百伍拾貳丈陸尺共核用
圍大貳尺伍寸淨長叄丈陸尺中吉木拾陸
根
圍大叄尺伍寸木段叄丈陸尺
長陸寸釘壹百伍個

長伍寸釘伍千壹百捌拾肆個
灰叄百伍拾貳斤拾兩
桐油壹百肆拾壹斤陸錢
網紗壹百叄拾貳斤叄兩陸錢
竹絲壹百叄拾貳斤叄兩陸錢
艌匠叄拾捌工陸分陸釐
鋸匠貳拾工肆分玖釐
艌匠伍拾工叄分柒釐
舂灰夫拾貳名叄分肆釐

查成規內艙板未載艙高尺寸今按艙板長丈核定

兩旁艙膜貳拾伍塊各長叁尺柒寸圍大壹尺做
淨每折見方尺肆拾尺用艦匠壹工每塊用長
陸寸釘貳個艌縫湊長拾捌丈伍尺共核用
圍大壹尺樟木櫞玖丈伍尺
長陸寸釘伍拾個
灰拾捌斤捌兩
桐油柒斤壹兩肆錢
網紗陸斤拾伍兩
竹絲陸斤拾伍兩
艦匠貳工叁分壹釐
艌匠貳工陸分肆釐
舂灰夫陸分伍釐
頭上前後浮溪木鼠橋板肆塊各長貳丈陸尺寬
伍寸厚貳寸高洋木艎壓板肆塊各長壹丈肆
尺寬肆寸厚貳寸兩邊木段猴袋板肆塊各長
壹丈肆尺寬捌寸厚貳寸伍分做淨每折見方
尺捌拾尺用艌匠壹工鼠橋板壓板釘縫湊長

拾陸丈每丈用長伍寸釘叁拾個壓板艌縫湊
長拾壹丈貳尺共核用
圍大貳尺淨長叁丈貳尺浮溪木壹根貳尺
柒寸
圍大壹尺陸寸淨長貳丈捌尺高洋木壹根
圍大叁尺伍寸木段壹丈肆尺貳寸
長伍寸釘肆百捌拾個
灰拾壹斤叁兩
桐油肆斤柒兩柒錢
網紗肆斤叁兩貳錢
竹絲肆斤叁兩貳錢
艦匠肆工壹分叁釐
鋸匠貳工叁分陸釐
艌匠壹工陸分
舂灰夫叁分玖釐
兩旁笨抽貳塊大壓貳塊水戧貳塊抽換各長肆
丈捌尺寬陸寸陸分厚叁寸伍分做淨每折見
方尺肆拾尺用艦匠壹工釘縫湊長貳拾捌丈

捌尺每丈用長陸寸釘叁拾個艌縫湊長伍拾
柒丈陸尺共核用
圍大貳尺伍寸淨長叁丈陸尺中吉木肆根
長陸寸釘捌百陸拾肆個
灰伍拾柒斤拾兩
桐油貳拾叁斤陸錢
網紗貳拾壹斤玖兩陸錢
竹絲貳拾壹斤玖兩陸錢
艌匠拾肆工伍分肆釐

鋸匠肆工壹分陸釐
艌匠捌工貳分叁釐
舂灰夫貳名貳釐
官廳前後梁用中吉木叁根各長壹丈捌尺捌寸
圍大貳尺貳寸浮溪木貼柱捌根各長壹丈叁
尺見方伍寸官廳上用中吉木戰櫃板拾陸塊
官廳下後牆板拾塊各長壹丈捌尺湊寬壹丈
柒尺壹寸陸分左右牆板貳拾塊各長玖尺湊
寬壹丈叁尺貳寸官廳內旗櫃拾坊拾塊大砲

艙枋拾塊各長肆尺貳寸湊寬壹丈叁尺貳寸
用寬伍寸捌分厚貳寸伍分板捌拾叁丈叁尺
木段冲天蓋板拾貳塊各長肆尺陸寸寬捌寸
厚貳寸伍分浮溪木鋪板拾陸塊各長玖尺湊
寬捌尺肆寸捌分官廳門板捌塊各長肆尺湊
寬肆尺貳寸肆分用寬伍寸厚貳寸板拾捌丈
陸尺伍寸陸分高洋木戰櫃挑貳塊側板貳塊
踏板壹塊各長壹丈肆尺寬肆寸厚貳寸官廳
梁貼柱做淨每折見方尺肆拾尺用艌匠壹工

戰櫃各板捌拾尺用艌匠壹工戰櫃板牆板冲
天蓋板官廳門板釘縫湊長捌拾貳丈陸尺伍
寸每丈用長伍寸釘叁拾個戰櫃板牆板冲天
蓋板艌縫湊長壹百伍拾捌丈伍尺壹寸陸分
共核用
圍大貳尺伍寸淨長叁丈陸尺中吉木玖根
壹丈柒分
圍大貳尺淨長叁丈貳尺浮溪木伍根陸尺
貳寸

圍大壹尺陸寸淨長貳丈捌尺高洋木壹根
柒尺
圍大叁尺伍寸木段壹丈肆尺壹寸
長伍寸釘貳千肆百捌拾個
灰壹百伍拾捌斤捌兩
桐油陸拾叁斤陸兩伍錢
網紗伍拾玖斤柒兩壹錢
竹絲伍拾玖斤柒兩壹錢
艦匠叁拾壹工叁分伍釐

鋸匠拾肆工陸分陸釐
艌匠貳拾貳工陸分伍釐
舂灰夫伍名伍分伍釐
官廳前通鋪肆塊各長壹丈陸尺後通鋪貳塊各
長壹丈柒尺均寬壹尺貳寸厚叁寸做淨每折
見方尺捌拾尺用艦匠壹工釘縫湊長玖丈捌
尺每丈用長陸寸釘叁拾個艌縫湊長拾玖丈
陸尺共核用
寬壹尺貳寸厚叁寸松木枋玖丈玖尺貳寸

長陸寸釘貳百玖拾肆個
灰拾玖斤拾兩
桐油柒斤拾叁兩肆錢
網紗柒斤伍兩陸錢
竹絲柒斤伍兩陸錢
艦匠叁工陸分捌釐
艌匠貳工捌分
舂灰夫陸分玖釐
官廳兩旁高洋木猫裏柱肆根貼柱肆根各長肆

尺圍大壹尺叁寸浮溪木猫裏牆板拾陸塊猫
裏門板捌塊各長肆尺湊寬壹丈貳尺柒寸貳
分鋪板拾塊櫃底板拾塊各長柒尺湊寬壹丈
陸寸用寬伍寸厚貳寸板貳拾伍丈壹寸陸分
木段猫裏上下袱肆塊各長柒尺寬捌寸厚肆
寸猫裏柱貼柱上下袱做淨每折見方尺肆拾
尺用艦匠壹工牆板等板捌拾尺用艦匠壹工
猫裏牆板門板釘縫湊長拾丈壹尺柒寸陸分
每丈用長伍寸釘叁拾個共核用

圍大貳尺淨長叁丈貳尺浮溪木貳根壹丈
玖尺肆寸
圍大壹尺陸寸淨長貳丈捌尺高洋木壹根
肆尺
圍大叁尺伍寸木段壹丈肆尺肆寸
長伍寸釘叁百伍個
艌匠柒工壹分
鋸匠貳工玖分捌釐
官艙內中吉木炕床槓貳根各長壹丈陸尺圍大

貳尺貳寸虎頭艙浮溪木鋪板捌塊各長柒尺
湊寬肆尺貳寸肆分虎頭艙門板捌塊各長肆
尺湊寬肆尺貳寸肆分用寬伍寸厚貳寸板玖
丈叁尺貳寸捌分炕床槓做淨每折見方尺肆
拾尺用艌匠壹工虎頭艙各板捌拾尺用艌匠
壹工虎頭艙門板釘縫湊長叁丈叁尺玖寸貳
分每丈用長伍寸釘叁拾個共核用
圍大貳尺伍寸淨長叁丈陸尺中吉木叁丈
貳尺

圍大貳尺淨長叁丈貳尺浮溪木叁丈壹尺
壹寸
長伍寸釘壹百貳個
艌匠叁工叁分玖釐
鋸匠玖分叁釐
兩旁敵面戰棚板用長叁丈貳尺寬伍寸厚貳寸
浮溪木板貳拾壹塊各艙內鋪板用長肆尺寬
肆寸厚壹寸高洋木板叁百捌塊做淨每折見
方尺捌拾尺用艌匠壹工共核用
圍大貳尺淨長叁丈貳尺浮溪木柒根
圍大壹尺陸寸淨長貳丈捌尺高洋木拾壹
根
艌匠貳拾柒工壹分陸釐
鋸匠拾伍工伍分貳釐

兩旁繖上繖牛陸塊各長捌尺各艙口扛豆伍塊
各長壹丈柒尺均寬壹尺貳寸厚叁寸做淨每
折見方尺肆拾尺用艌匠壹工繖牛每塊用長
陸寸釘肆個扛豆釘縫湊長捌丈伍尺每丈用

長陸寸釘叁拾個艌縫湊長貳拾陸丈陸尺共
核用
寛壹尺貳寸厚叁寸松木枋拾叁丈伍尺貳
寸
長陸寸釘貳百柒拾玖個
灰貳拾陸斤拾兩
桐油拾斤拾兩貳錢
網紗玖斤拾伍兩陸錢
竹絲玖斤拾伍兩陸錢

艦匠玖工玖分捌釐
艌匠叁工捌分
舂灰夫玖分叁釐
各艙蓋板用長陸尺玖寸寛捌寸厚貳寸伍分木
段板捌拾塊艙蓋下大通槽拾個側槽陸個水
槽陸個各長肆尺陸寸寛壹尺厚捌寸小通槽
捌個各長肆尺陸寸見方捌寸艙蓋用柯㭵木
枕頭肆塊各長肆尺伍寸寛壹尺厚叁寸艙蓋
板枕頭木做淨毎折見方尺捌拾尺用艦匠壹

工通槽等槽叁拾尺用艦匠壹工艙蓋板釘
湊長伍拾伍丈貳尺毎丈用長伍寸釘叁拾個
艌縫湊長壹百拾丈肆尺共核用
圍大叁尺伍寸木段貳拾捌丈叁尺
寛壹尺厚叁寸柯㭵木枋壹丈捌尺肆寸
長伍寸釘壹千陸百伍拾陸個
灰壹百拾斤陸兩
桐油肆拾肆斤貳兩陸錢
網紗肆拾壹斤陸兩肆錢
竹絲肆拾壹斤陸兩肆錢

艦匠叁拾壹工壹分伍釐
鋸匠拾壹工柒分貳釐
艌匠拾伍工柒分柒釐
舂灰夫叁名捌分陸釐
兩旁舦邊用高洋木牛欄肆根內船頭貳根船後
貳根各長貳丈捌尺圍大壹尺叁寸做淨毎折
見方尺肆拾尺用艦匠壹工共核用
圍大壹尺陸寸淨長貳丈捌尺高洋木肆根

艌匠叁工陸分肆釐

船頭斗蓋用樟木壹塊長壹丈伍尺圍大肆尺柒寸蝦䈥梁壹塊長捌尺伍寸寬壹尺貳寸斗蓋下兔耳壹塊長捌尺寬壹尺伍寸鹿肚勒壹個長肆尺寬壹尺貳寸托浪板肆塊各長捌尺寬壹尺均厚叁寸斗蓋蝦䈥梁兔耳鹿肚勒做淨每折見方尺肆拾尺用艌匠壹工托浪板捌拾尺用艌匠壹工斗蓋用長捌寸釘拾貳個蝦䈥梁托梁板釘縫湊長肆丈伍尺每丈用長陸寸

釘叁拾個兔耳鹿肚勒釘縫湊長壹丈貳尺每丈用長伍寸釘叁拾個蝦䈥梁托梁板兔耳鹿肚勒艌縫湊長拾丈伍尺共核用

圍大肆尺柒寸長壹丈伍尺伍寸樟木壹根

寬壹尺伍寸厚叁寸樟木枋壹丈捌尺肆寸

肆分

寬壹尺厚叁寸長捌尺貳寸樟木板肆塊

長捌寸釘拾貳個

長陸寸釘壹百貳拾貳個

長伍寸釘叁拾陸個

灰拾斤捌兩

桐油肆斤叁兩貳錢

網紗叁斤拾伍兩

竹絲叁斤拾伍兩

艌匠肆工肆分陸釐

艌匠壹工伍分

舂灰夫叁分柒釐

中舍檀壹塊長壹丈捌尺圍大柒尺頭舍檀壹塊

長壹丈伍尺圍大伍尺叁寸舍檀梁壹塊長壹丈貳尺頭舍閘壹塊長捌尺均寬壹尺伍寸厚叁寸做淨每折見方尺叁拾尺用艌匠壹工舍檀梁釘縫長壹丈貳尺每丈用長陸寸釘叁拾個舍檀舍檀梁艌縫湊長玖丈共核用

圍大柒尺長壹丈捌尺伍寸樟木壹根

圍大伍尺叁寸長壹丈伍尺伍寸樟木壹根

寬壹尺伍寸厚叁寸樟木枋貳丈肆寸

長陸寸釘叁拾陸個

灰玖斤

桐油叁斤玖兩陸錢

網紗叁斤陸兩

竹絲叁斤陸兩

艌匠玖工貳分伍釐

艌匠壹工貳分玖釐

舂灰夫叁分貳釐

中轉水貳塊各長壹丈陸尺寬貳尺厚玖寸伍分

樟木極轉水䅉貳塊各長柒尺圍大壹尺做淨

每折見方尺肆拾尺用艌匠壹工轉水每塊用

長壹尺釘貳個轉水鞋每塊用長陸寸釘柒個

艌縫湊長玖丈貳尺共核用

寬貳尺厚玖寸伍分長壹丈陸尺貳寸樟木

貳塊

圍大壹尺樟木極壹丈肆尺肆寸

長壹尺釘肆個

長陸寸釘拾肆個

灰玖斤叁兩

桐油叁斤拾兩玖錢

網紗叁斤柒兩貳錢

竹絲叁斤柒兩貳錢

艌匠伍工柒釐

艌匠壹工叁分壹釐

舂灰夫叁分貳釐

鼻尾用浮溪木拜棚楨叁根各長壹丈陸尺尾樓

舦柱陸根各長肆尺陸寸均圍大壹尺柒寸木

段拜棚板捌塊尾舦板捌塊各長壹丈肆尺寬

捌寸厚貳寸伍分拜棚楨尾舦柱做淨每折見

方尺肆拾尺用艌匠壹工拜棚板尾舦板捌拾

尺用艌匠壹工拜棚板舦板釘縫湊長貳拾貳

丈肆尺每丈用長伍寸釘叁拾個拜棚板艌縫

湊長貳拾貳丈肆尺共核用

圍大貳尺淨長叁丈貳尺浮溪木貳根壹丈

壹尺陸寸

圍大叁尺伍寸木段伍丈陸尺捌寸

長伍寸釘陸百柒拾貳個

灰貳拾貳斤陸兩
桐油捌斤拾伍兩肆錢
綱紗捌斤陸兩肆錢
竹絲捌斤陸兩肆錢
艌匠玖工玖釐
鋸匠叁工叁分陸釐
艌匠叁工貳分
舂灰夫柒分捌釐
船尾用樟木下金壹塊長柒尺伍寸圍大柒尺伍

寸縩牛壹副長柒尺伍寸寬貳尺肆寸厚陸寸尾樓上金壹塊長壹丈柒尺寬貳尺壹寸厚捌寸七星冠壹塊長壹丈捌尺寬壹尺貳寸厚陸寸硬木棍下金拴貳根縩牛瞰貳根各長陸尺伍寸圍大捌寸木段縩牛楨肆根各長柒尺圍大叁尺貳寸下金縩牛上金七星冠做淨每折見方尺叁拾尺用艌匠壹工下金拴縩牛瞰縩牛楨肆拾尺用艌匠壹工下金用長捌寸釘拾捌個縩牛用長捌寸釘貳拾貳個上金用長壹尺釘拾捌個縩牛瞰釘縫湊長壹丈叁尺每丈用長伍寸釘叁拾個下金艌縫長柒尺伍寸共

核用
圍大柒尺伍寸長柒尺柒寸樟木壹段
寬貳尺肆寸厚陸寸長柒尺柒寸樟木壹塊
寬貳尺壹寸厚捌寸長壹丈柒尺貳寸樟木壹塊
寬壹尺貳寸厚陸寸長壹丈捌尺貳寸樟木壹塊

圍大捌寸長壹丈叁尺硬木棍貳根
圍大叁尺伍寸木段貳丈捌尺捌寸
長壹尺釘拾捌個
長捌寸釘肆拾個
長伍寸釘叁拾玖個
灰拾貳兩
桐油肆兩捌錢
綱紗肆兩伍錢
竹絲肆兩伍錢

艌匠拾壹工捌分捌釐
艌匠壹分壹釐
舂灰夫叁釐
船尾屁邊用木段硬觔貳根各長壹丈肆尺圍大
叁尺貳寸尾樓舫魚翅貳塊各長柒尺寬壹尺
厚肆寸紗帽匙貳塊雞母宿壹塊尾燕板壹塊
各長壹丈肆尺寬捌寸厚貳寸伍分柯樹木軟
觔貳塊各長壹丈肆尺寬壹尺厚叁寸硬觔舫
魚翅軟觔做淨每折見方尺肆拾尺用艌匠壹

工紗帽匙各扳捌拾尺用艌匠壹工硬觔頭尾
用長陸寸釘拾貳個共核用
圍大叁尺伍寸木段肆丈玖尺捌寸
寬壹尺厚叁寸柯樹木枋貳丈捌尺肆寸
長陸寸釘拾貳個
艌匠陸工伍分壹釐
鋸匠壹工壹分貳釐
尾樓上用浮溪木鋪板拾塊各長肆尺尾座板肆
塊各長壹丈貳尺舨邊寄茶板貳塊各長壹丈

肆尺碗格貳塊各長壹丈壹尺均寬伍寸厚貳
寸高洋木尾樓挑貳塊櫓棚壹塊各長壹丈肆
尺寬肆寸厚貳寸做淨每折見方尺捌拾尺用
艌匠壹工尾樓鋪板釘縫湊長肆丈每丈用長
伍寸釘叁拾個共核用
圍大貳尺淨長叁丈貳尺浮溪木壹根壹丈
肆尺
圍大壹尺陸寸淨長貳丈捌尺高洋木貳丈
壹尺
長伍寸釘壹百貳拾個

艌匠叁工伍釐
鋸匠壹工柒分肆釐
船尾用樟木櫓通板叁塊各長壹丈柒尺櫓門枋
壹塊櫓床貳塊各長伍尺尾樓雙頭蛇壹個長
肆尺均寬壹尺伍寸厚叁寸櫓通板做淨每折
見方尺捌拾尺用艌匠壹工櫓門枋櫓床雙頭
蛇肆拾尺用艌匠壹工櫓床每塊用長捌寸釘
拾貳個櫓通板釘縫湊長伍丈壹尺每丈用長

陸寸釘叁拾個櫓床櫓通板艌縫湊長拾貳丈
貳尺共核用
寛壹尺伍寸厚叁寸樟木枋柒丈壹尺
長捌寸釘貳拾肆個
長陸寸釘壹百伍拾叁個
灰拾貳斤叁兩
桐油肆斤拾肆兩壹錢
網紗肆斤玖兩貳錢
竹絲肆斤玖兩貳錢

艦匠肆工壹釐
艌匠壹工柒分肆釐
舂灰夫肆分叁釐
水仙門兩旁用浮溪木邊柱肆根中柱貳根各長
肆尺圍大壹尺柒寸水仙門板拾肆塊各長肆
尺湊寛柒尺肆寸貳分用寛伍寸厚貳寸板伍
丈玖尺叁寸陸分樟木極百子舵拾陸塊各長
陸尺圍大壹尺船中浮溪木蝦箍心壹根長叁
丈貳尺闊大壹尺柒寸蝦邊柯栂木朴竹肆塊
各長壹丈肆尺伍寸寛壹尺厚叁寸水仙門杜
百子舵蝦箍心做淨每折見方尺肆拾尺用艦
匠壹工門板朴竹捌拾尺用艦匠壹工白了舵
釘縫湊長玖丈陸尺每丈用長陸寸釘叁拾個
艌縫湊長拾玖丈貳尺共核用
圍大貳尺淨長叁丈貳尺浮溪木貳根壹丈
壹尺捌寸
圍大壹尺樟木極玖丈玖尺貳寸
寛壹尺厚叁寸柯栂木枋伍丈捌尺捌寸

長陸寸釘貳百捌拾捌個
灰拾玖斤叁兩
桐油柒斤拾兩玖錢
網紗柒斤叁兩貳錢
竹絲柒斤叁兩貳錢
艦匠柒工柒分壹釐
艍匠伍分玖釐
艌匠貳工柒分肆釐
舂灰夫陸分柒釐

大桅座壹塊長捌尺見方貳尺肆寸頭桅座壹塊
長伍尺陸寸圍大肆尺陸寸做淨每折見方尺
叁拾尺用艌匠壹工共核用
見方貳尺肆寸長捌尺貳寸樟木壹塊
圍大肆尺陸寸長伍尺捌寸樟木壹段
艌匠叁工肆分貳釐
大鹿耳貳塊各長壹丈貳尺寬貳尺貳寸厚壹尺
壹寸頭鹿耳貳塊各長玖尺捌寸寬壹尺捌寸
厚捌寸硬木梘鹿耳夾貳根各長壹丈叁尺圍

大捌寸做淨每折見方尺肆拾尺用艌匠壹工
共核用
寬貳尺貳寸厚壹尺壹寸長壹丈貳尺貳寸
樟木貳塊
寬壹尺捌寸厚捌寸長壹丈樟木貳塊
圍大捌寸長壹丈叁尺硬木根貳根
艌匠柒工叁釐
大桅壹根長柒丈柒尺圍大陸尺貳寸頭桅壹根
伍丈圍大肆尺叁寸做淨每折見方尺肆拾

尺用艌匠壹工共核用
圍大陸尺貳寸長柒丈柒尺桅木壹根
圍大肆尺叁寸長伍丈桅木壹根
艌匠拾柒工叁分壹釐
桅尾用柯椆木馬面叁塊各長叁丈伍尺寬壹尺
伍寸厚叁寸樟木大桅笠壹個長貳尺寬壹尺
伍寸頭桅笠壹個長壹尺陸寸寬壹尺貳寸均
厚叁寸木段大桅䈕壹根長壹丈肆尺頭桅䈕
壹根長壹丈貳尺均圍大叁尺貳寸馬面做淨

每折見方尺捌拾尺用艌匠壹工桅笠桅䈕肆
拾尺用艌匠壹工馬面釘縫湊長拾丈伍尺每
丈用長陸寸釘貳拾個共核用
寬壹尺伍寸厚叁寸柯椆木枋拾丈伍尺陸
寸
寬壹尺伍寸厚叁寸樟木枋叁尺肆寸陸分
圍大叁尺伍寸木段貳丈陸尺肆寸
長陸寸釘貳百拾個
艌匠柒工壹分壹釐

大風篷壹扇長陸丈肆尺寛叁丈貳尺頭風篷壹
扇長叁丈貳尺寛壹丈陸尺浮溪木大篷擔貳
根各長叁丈貳尺頭篷擔貳根各長壹丈陸尺
均圍大壹尺柒寸做淨每折見方尺肆拾尺用
艌匠壹工共核用
寛叁丈貳尺長陸丈肆尺風篷壹扇
寛壹丈陸尺長叁丈貳尺風篷壹扇
圍大貳尺淨長叁丈貳尺浮溪木叁根
艌匠肆工捌釐

大篷架用木段橫梁壹根長壹丈肆尺頭篷架橫
梁壹根架針叁根各長柒尺均寛壹尺厚捌寸
做淨每折見方尺叁拾貳尺用艌匠壹工共核
用
圍大叁尺伍寸木段肆丈叁尺
艌匠肆工柒分叁釐
鋸匠壹工捌釐
大篷車員壹根用中吉木長貳丈従車員壹根長
壹丈陸尺均圍大貳尺貳寸浮溪木大篷半車
員壹根斗頭車員壹根各長壹丈尾樓車員壹
根長壹丈貳尺均圍大壹尺柒寸烏洋木車耳
捌個各長柒尺車脚直板拾貳塊斜板肆塊各
長貳丈捌尺均寛肆尺寛貳寸硬木棍車子陸
拾伍根各長壹丈叁尺圍大捌寸車員車耳做
淨每折見方尺叁拾貳尺用艌匠壹工車脚斜
直板捌拾尺用艌匠壹工共核用
圍大貳尺伍寸淨長叁丈陸尺中吉木壹根
圍大貳尺淨長叁丈貳尺浮溪木壹根

圍大壹尺陸寸淨長貳丈捌尺高洋木玖根
圍大捌寸長壹丈叁尺硬木棍陸拾伍根
艌匠拾叁工
鋸匠肆工叁分貳釐
水櫃用樟木牛頭肆塊各長伍尺寛壹尺伍寸厚
叁寸木段水櫃柱肆根各長柒尺圍大叁尺貳
寸水櫃闊肆塊各長柒尺見方捌寸水櫃板叁
拾陸塊各長肆尺陸寸寛捌寸厚貳寸伍分水
櫃柱闊牛頭做淨每折見方尺肆拾尺用艌匠

壹工水櫃板捌拾尺用艙匠壹工水櫃杆每根
用長陸寸釘貳拾個斗頭釘縫湊長貳丈每丈
用長陸寸釘叁拾個水櫃板釘縫湊長拾陸丈
伍尺陸寸每丈用長伍寸釘叁拾個艙縫湊長
肆拾捌丈叁尺貳寸共核用
寬壹尺伍寸厚叁寸樟木枋貳丈肆寸
圍大叁尺伍寸木段玖丈玖尺玖寸
長陸寸釘壹百肆拾個
長伍寸釘肆百玖拾柒個

灰肆拾捌斤伍兩
桐油拾玖斤伍兩貳錢
網紗拾捌斤壹兩玖錢
竹絲拾捌斤壹兩玖錢
艌匠拾工陸分叁釐
船匠叁工壹分貳釐
艌匠陸工玖分
舂灰夫壹名陸分玖釐
媽祖龕用杉木板貳拾伍丈尾樓番仔板畫鷹板

順風板及刀劍炮眼用板拾伍寸均寬陸寸厚
壹寸高洋木媽祖旗杆壹根長貳丈貳尺圍大
壹尺叁寸旗杆做淨每枋見方尺肆拾尺用艌
匠壹工媽祖龕名板捌拾尺用艌匠壹工龕板
釘縫長貳拾伍丈每丈用長肆寸釘叁拾個艌
縫湊長伍拾丈共核用
寬陸寸厚壹寸杉木板肆拾丈捌尺
圍大壹尺陸寸淨長貳丈捌尺高洋木貳丈
貳尺

長肆寸釘柒百伍拾個
灰伍拾斤
桐油貳拾斤
網紗拾捌斤拾貳兩
竹絲拾捌斤拾貳兩
艌匠柒工柒分貳釐
艌匠柒工壹分肆釐
舂灰夫壹名柒分伍釐
船面兩旁舵架陸個并菰每個用長肆尺陸寸寬

捌寸厚貳寸伍分木段板陸塊做淨每折見方
尺捌拾尺用艌匠壹工共核用
圍大叁尺伍寸木段肆丈貳尺叁寸
艌匠肆工叁分伍釐
鋸匠貳工肆分捌釐
船頭用大吉木榩壹枝長肆丈貳尺圍大貳尺玖
寸樟木榩牙壹塊長伍尺寬壹尺貳寸厚叁寸
做淨每折見方尺肆拾尺用艌匠壹工榩牙用
長捌寸釘陸個共核用

圍大叁尺貳寸淨長肆丈貳尺大吉木壹根
寬壹尺伍寸厚叁寸樟木枋肆尺捌分
長捌寸釘陸個
艌匠叁工肆分貳釐
船尾舵壹門用楮木舵桿壹根長壹丈捌尺寬壹
尺肆寸厚捌寸中吉木舵閂板陸塊各長壹丈
捌尺湊寬叁尺玖寸陸分用壹伍寸捌分厚貳
寸伍分板拾貳丈貳尺玖寸樟木極舵夾捌塊
各長肆尺圍大壹尺硬木棍舵牙扼貳根各長

壹丈叁尺圍大捌寸舵杆做淨每折見方尺叁
拾尺用艌匠壹工舵牙舵夾肆拾尺用艌匠壹
工舵閂板捌拾尺用艌匠壹工舵夾釘縫湊長
叁丈貳尺每丈用長捌寸釘伍拾個舵夾舵閂
板艙縫湊長叁拾丈玖尺捌寸共核用
寬壹尺肆寸厚捌寸長壹丈捌尺貳寸楮木
壹根
圍大貳尺伍寸淨長叁丈陸尺中吉木壹根
伍尺

圍大壹尺樟木極叁丈貳尺捌寸
圍大捌寸長壹丈叁尺硬木棍貳根
長捌寸釘壹百陸拾個
灰叁拾壹斤
桐油拾貳斤陸兩叁錢
網紗拾壹斤玖兩玖錢
竹絲拾壹斤玖兩玖錢
艌匠陸工伍分壹釐
鋸匠壹工肆分陸釐

艌匠肆工肆分叁釐
舂灰夫壹名捌釐
跟隨戰船舢板船用柯桐木龍骨壹根長壹丈柒尺斗蓋壹塊長陸尺托浪板貳塊各長伍尺陸寸均寬壹尺厚叁寸浮溪木水底板拾塊各長壹丈捌尺湊寬伍尺叁寸舭板肆塊各長貳丈湊寬貳尺壹寸貳分牆板拾貳塊各長陸尺伍寸湊寬陸尺叁寸陸分用寬伍寸厚貳寸板叁拾伍丈捌尺貳寸捌分龍骨斂淨每折見方尺

肆拾尺用艌匠壹工斗蓋各板捌拾尺用艌匠壹工龍骨用長陸寸釘拾貳個托浪板水底板舭板釘縫湊長貳拾捌丈陸尺捌寸每丈用長伍寸釘叁拾個托浪板水底板舭板艌縫湊長伍拾柒丈叁尺陸寸共核用
寬壹尺厚叁寸柯桐木枋叁丈伍尺
圍大貳尺淨長叁丈貳尺浮溪木叁根貳丈叁尺肆寸
長陸寸釘拾貳個
長伍寸釘捌百陸拾個
灰伍拾柒斤陸兩
桐油貳拾貳斤拾伍兩壹錢
網紗貳拾壹斤捌兩貳錢
竹絲貳拾壹斤捌兩貳錢
艌匠柒工玖分肆釐
鋸匠叁工伍分捌釐
艌匠捌工壹分玖釐
舂灰夫貳名壹釐
舢板船兩旁水蛇貳根各長壹丈捌尺壓板貳塊各長貳丈水戧貳根各長壹丈柒尺均寬伍寸厚貳寸斂淨每折見方尺捌拾尺用艌匠壹工

水蛇釘縫湊長叁丈陸尺每肆尺用長捌寸釘叁個壓板水戧釘縫湊長柒丈肆尺每丈用長伍寸釘叁拾個艌縫湊長貳拾貳丈共核用
圍大貳尺淨長叁丈貳尺浮溪木壹根肆尺柒寸
長捌寸釘貳拾柒個

長伍寸釘貳百貳拾貳個
灰貳拾貳斤
桐油捌斤拾貳兩捌錢
網紗捌斤肆兩
竹絲捌斤肆兩
艌匠壹工玖分叁釐
鋸匠壹工壹分
艕匠叁工壹分肆釐
舂灰夫柒分柒釐

舢板船用樟木舢板舵叁個各長肆尺寬伍寸厚叁寸樟木極舢板柒肆塊各長肆尺肆寸牛頭仔極拾伍塊各長貳尺冲天極貳塊牛頭極捌塊各長貳尺伍寸均圍大壹尺做淨每折見方尺肆拾尺用艌匠壹工舢板舵柒釘縫湊長貳丈玖尺陸寸每丈用長陸寸釘叁拾個冲天極牛頭極每塊用長陸寸釘貳個舢板舵柒冲天極牛頭極艌縫湊長拾丈玖尺貳寸共核用
寬壹尺伍寸厚叁寸樟木枋肆尺壹寸
圍大壹尺樟木極柒丈伍尺伍寸
長陸寸釘壹百玖個
灰拾斤拾伍兩
桐油肆斤伍兩玖錢
網紗肆斤壹兩伍錢
竹絲肆斤壹兩伍錢
艌匠貳工叁分
艕匠壹工伍分陸釐
舂灰夫叁分捌釐

大桅鐵箍拾個各長陸尺叁寸頭桅箍伍個各長肆尺肆寸舵頭箍叁個各長肆尺柒寸楗箍叁個各長叁尺肆寸俱寬貳寸厚伍分碇齒伍個各長壹尺寬柒寸厚伍分櫓箍叁個各長貳尺肆寸寬壹寸厚叁分鐵鐶陸個各圍大陸寸以上鐵料共淨重貳百玖拾柒斤每正鐵壹斤加耗鐵壹斤每正鐵伍斤用鐵匠壹工每正耗鐵壹斤用炭叁斤共核用
生鐵伍百玖拾肆斤

炭壹千柒百捌拾貳斤
鉄匠伍拾玖工肆分
粉畫前船共用
烏烟叁斤伍兩
廣紅伍斤
銅碌肆兩
京紅肆兩
南粉貳斤
銀硃壹兩

籐黃肆兩
藍粉肆兩
杭粉壹兩
松香捌兩
水膠陸兩
墨貳塊
桐油肆斤
淡灰壹斤
油漆匠拾工

麻大桅繂索貳條各長玖丈貳尺肆寸大柒寸伍分頭桅繂索貳條各長柒丈柒尺大肆寸伍分大踏索貳條各長柒丈柒尺大伍寸小踏索貳條各長伍丈大叁寸貳分大繚母壹條長肆丈伍尺大柒寸陸分小繚母壹條長貳丈伍尺大肆寸大幫襯陸條各長壹丈陸尺大貳寸小幫襯玖條各長伍尺伍寸大壹寸伍分以上麻繩共重陸百肆拾斤每百斤用繩匠叁工陸分共
核用

麻陸百肆拾斤
麻繩匠貳拾叁工肆釐
棕正椗索壹條長肆拾陸丈大捌寸捌分副椗索壹條長肆拾丈大捌寸大篷筋壹條長柒丈大貳寸小篷筋壹條長叁丈捌尺伍寸大壹寸貳分繚仔繚耳共拾捌條各長貳丈陸尺大貳寸椗奴貳條各長壹丈伍尺大柒寸伍分大小舵尾貳條共長拾肆丈大肆寸伍分舵弔壹條長六丈大陸寸伍分以上棕繩共重陸百陸拾斤

每撕棕肆拾斤用匠壹工成繩肆拾斤用匠壹
工共核用
棕陸百陸拾斤
撕棕匠拾陸工伍分
成繩匠拾陸工伍分
冲風旗壹面長寬各壹丈陸尺壹條龍旗壹面長
陸丈寬叁尺媽祖旗壹面長寬各伍尺大小
定風旗叁面內壹面長陸尺貳面各長肆尺
伍寸均寬壹尺共核用

幅寬壹尺色布伍拾丈
苧線拾兩
裁縫匠伍工
中桅貳門齒全各長貳丈壹尺寬壹尺貳寸厚陸
寸
中桅貳枝各長肆丈捌尺寬捌寸厚伍寸
舢板桅壹枝長貳丈玖尺寬柒寸厚肆寸
大小桅餅柒個
大小無底升捌百個

桅舵上配用竹繩草繩共用
竹篾陸百貳拾斤
繩匠貳拾貳工叁分貳釐
草心陸百捌拾貳斤
繩匠拾柒工伍釐
查原送成規內開打造竹繩草繩所用匠工
多寡不齊今照棕麻繩索用工之例一律
核定
蓬上配用大小籐毬攝子兎耳共用
揪籐貳拾玖斤

籐匠伍工捌分
刻字用
刻字匠叁工
豎立大小桅用
壯夫肆拾伍名
前船共用大小鐵釘叁萬貳千柒百陸拾玖個
刷抹釘頭每百個用桐油陸兩肆錢灰壹斤
每灰拾斤用艌匠壹工共核用
桐油壹百叁拾壹斤壹兩貳錢

灰叁百貳拾柒斤拾壹兩

艌匠肆拾伍工捌分捌釐

舂灰夫拾壹名肆分柒釐

前船共用艌匠伍百肆拾捌工壹分伍釐係照杉松木植核定內有樟柯等硬料用匠壹百貳拾貳工伍分壹釐每工外加匠貳分計加匠貳拾肆工伍分共匠伍百柒拾貳工陸分伍釐每百工加安裝匠拾工計安裝匠伍拾柒工貳分陸釐每艌匠安裝匠壹百工加隨匠壯夫貳拾名

計壯夫壹百貳拾伍名玖分捌釐

以上撩造前船共用

筧壹尺厚捌寸松木枋柒丈叁尺陸寸每丈銀肆錢壹分肆

桅

計銀叁兩肆分柒釐

查原送成規內開松木桅依拾陸則丈尺計算每丈核銀肆錢捌分壹釐至叁錢肆分壹釐不等多寡參差均勻計算每丈需銀肆錢壹分肆釐今照肆錢壹分肆釐之數一律核定

圍大叁尺貳寸淨長肆丈貳尺大吉木叁拾壹根每根銀貳兩柒錢

計銀捌拾叁兩柒錢

圍大貳尺伍寸淨長叁丈陸尺中吉木叁拾貳根壹丈壹尺柒分每根銀壹兩伍錢

計銀肆拾捌兩肆錢陸分壹釐

查原送成規內開中吉木叁拾壹根今按丈尺做法核算應減壹根壹丈壹尺柒分

圍大貳尺淨長叁丈貳尺浮溪木叁拾壹根貳丈捌尺玖寸每根銀伍錢

計銀拾伍兩玖錢伍分貳釐

查原送成規內開浮溪木叁拾壹根今按丈尺做法核算應增貳丈捌尺玖寸

圍大壹尺陸寸淨長貳丈捌尺高洋木貳拾捌根貳丈陸尺每根銀貳錢

計銀伍兩柒錢捌分陸釐

查原送成規內開高洋木叁拾壹根今按丈尺做法核算應減貳根貳尺

圍大叁尺伍寸木段柒拾丈捌尺柒寸核長壹丈肆尺段料伍拾根捌尺柒寸每根銀陸錢

計銀叁拾兩叁錢柒分叁釐

查原送成規內開木段伍拾根今按丈尺做法核算應增捌尺柒寸

寬壹尺伍寸厚叁寸樟木枋壹百伍丈柒尺捌寸捌分核長壹丈柒尺枋料陸拾貳塊叁尺捌寸捌分每塊銀壹兩叁錢

計銀捌拾兩捌錢玖分柒釐

查原送成規內開樟枋陸拾肆塊今按丈尺做法核算應減壹塊壹丈叁尺壹寸貳分

寬壹尺厚叁寸長捌尺貳寸樟木板肆塊每塊銀肆錢壹分捌釐

計銀壹兩陸錢柒分貳釐

查原送成規內開樟木枋梁座梁頭壹則至拾柒則各長壹丈柒尺寬壹尺伍寸厚叁寸每塊銀壹兩叁錢托浪樟木板第壹則長陸尺伍寸寬壹尺厚叁寸每塊開銀伍錢第貳則至拾柒則各長捌尺寬壹尺厚叁寸每塊亦開銀伍錢價值參差今俱照梁座梁頭之價一律核定

寬壹尺貳寸厚叁寸松木枋壹百柒丈柒尺肆寸核長壹丈柒尺枋料陸拾叁塊陸尺肆寸每塊銀叁錢伍分

計銀貳拾貳兩壹錢捌分貳釐

查原送成規內開松木枋陸拾肆塊今按丈尺做法核算應減壹丈陸寸

闊大壹尺樟木極捌拾貳丈肆尺壹寸核長壹丈貳尺樟極陸拾捌塊捌尺壹寸每塊銀貳錢

計銀拾叁兩柒錢叁分伍釐

查原送成規內開樟極柒拾塊今按丈尺做法核算應減壹塊叁尺玖寸

寬壹尺伍寸厚叁寸柯槸木枋拾丈伍尺陸寸每丈銀伍錢柒分壹釐伍毫

計銀陸兩叁分伍釐

寬壹尺厚叁寸柯槸木枋拾肆丈陸寸每丈銀叁錢捌分壹釐

計銀伍兩叁錢伍分柒釐

查原送成規內開柯槸木馬面壹則至拾柒則各長叁丈伍尺寬壹尺伍寸厚叁寸每塊開銀貳兩軟筋及舢板龍骨等料壹則至伍則各長貳丈伍尺寬壹尺厚叁寸每塊開銀壹兩陸則至拾柒則各長叁丈伍尺寬壹尺厚叁寸每塊開銀貳兩價值參差今俱照馬面之價一律核定

闊大捌寸長壹丈叁尺硬木棍捌拾根每根銀捌分

計銀陸兩肆錢

寬陸寸厚壹寸杉木板肆拾丈捌尺每丈銀肆錢

計銀拾陸兩叁錢貳分

闊大柒尺長壹丈捌尺伍寸樟木壹根

計銀柒兩玖分捌釐
闊大伍尺叁寸長壹丈伍尺伍寸樟木壹根
計銀叁兩肆錢玖釐
見方貳尺肆寸長捌尺貳寸樟木壹塊
計銀肆兩肆錢叁分捌釐
闊大肆尺陸寸長伍尺捌寸樟木壹段
計銀玖錢陸分
寛貳尺壹寸厚捌寸長壹丈柒尺貳寸樟木壹塊
計銀貳兩柒錢壹分肆釐

闊大柒尺伍寸長柒尺柒寸樟木壹段
計銀叁兩叁錢玖分壹釐
寛貳尺貳寸厚壹尺壹寸長壹丈貳尺貳寸樟木貳塊 每塊銀貳兩柒錢柒分叁釐
計銀伍兩伍錢肆分陸釐
寛壹尺捌寸厚捌寸長壹丈樟木貳塊 每塊銀壹兩叁錢伍分叁釐
計銀貳兩柒錢陸釐
寛貳尺厚玖寸伍分長壹丈陸尺貳寸樟木貳塊 每塊銀貳兩捌錢玖分貳釐
計銀伍兩柒錢捌分肆釐
闊大肆尺柒寸長壹丈伍尺伍寸樟木壹根
計銀貳兩陸錢捌分壹釐
寛壹尺貳寸厚陸寸長壹丈捌尺貳寸樟木壹塊
計銀壹兩貳錢叁分壹釐
寛貳尺肆寸厚陸寸長柒尺柒寸樟木壹塊
計銀壹兩肆分貳釐
查原送成規內開壹則至拾柒則每則用樟木合檀等料拾貳款所開價值逐款核計

俱屬參差均匀計算每折見方壹尺需銀玖分叁釐玖毫陸絲今照玖分叁釐玖毫陸絲之數一律核定
寛壹尺肆寸厚捌寸長壹丈捌尺貳寸楮木壹根
計銀拾陸兩
闊大陸尺貳寸長柒丈柒尺桅木壹根
計銀叁拾柒兩
闊大肆尺叁寸長伍丈桅木壹根
計銀柒兩
長壹尺釘伍百拾個每貳個重壹斤計重貳百伍

拾伍斤長捌寸釘貳百陸拾玖個每伍個重壹斤計重伍拾叁斤拾貳兩捌錢長陸寸釘壹萬捌千伍百捌拾柒個每拾伍個重壹斤計重壹千貳百叁拾玖斤貳兩壹錢長伍寸釘壹萬貳千陸百伍拾叁個每貳拾個重壹斤計重陸百叁拾貳斤拾兩肆錢長肆寸釘柒百伍拾個每叁拾個重壹斤計重貳拾伍斤以上鉄釘共重貳千貳百伍斤玖兩叁錢除選用舊釘壹千叁拾肆斤貳兩叁錢外添新壹千壹百柒拾壹斤

柒兩 每斤銀貳分貳釐

計銀貳拾伍兩柒錢柒分貳釐

灰貳千伍百捌拾陸斤拾壹兩 每百斤銀貳錢

計銀伍兩壹錢柒分叁釐

桐油壹千叁拾捌斤拾壹兩貳錢 每斤銀叁分

計銀叁拾壹兩壹錢陸分壹釐

綢紗捌百肆拾柒斤貳兩叁錢 每斤銀壹分貳釐

計銀拾兩壹錢陸分陸釐

竹絲捌百肆拾柒斤貳兩叁錢 每斤銀陸釐

計銀伍兩捌分叁釐

生鉄伍百玖拾肆斤 每斤銀壹分

計銀伍兩玖錢肆分

炭壹千柒百捌拾貳斤 每百斤銀壹錢陸分

計銀貳兩捌錢伍分壹釐

烏烟叁斤伍兩 每斤銀壹分五釐

計銀伍分

廣紅伍斤 每斤銀五分

計銀貳錢伍分

銅碌肆兩 每斤銀叁錢

計銀柒分伍釐

京紅肆兩 每斤銀捌分

計銀貳分

南粉貳斤 每斤銀壹分

計銀貳分

銀硃壹兩 每斤銀陸錢肆分

計銀肆分

藤黃肆兩 每斤銀貳錢

計銀伍分
嵒粉肆兩 每斤銀捌分
計銀貳分
杭粉壹兩 每斤銀壹錢陸分
計銀壹分
水膠陸兩 每斤銀肆分
計銀壹分伍釐
松香捌兩 每斤銀貳分
計銀壹分

墨貳塊 每塊銀壹分
計銀貳分
淡底壹斤
計銀伍分
麻陸百肆拾斤 每斤銀壹分伍釐
計銀玖兩陸錢
棕陸百陸拾斤 每斤銀叁分
計銀拾玖兩捌錢
色布伍拾丈 每丈銀壹錢

計銀伍兩
苧線拾兩 每斤銀壹錢貳分
計銀柒分伍釐
桅眠門齒企各長貳丈壹尺寬壹尺貳寸厚陸寸 每門銀壹兩伍錢柒分捌釐
計銀叁兩壹錢伍分陸釐
中檣貳枝各長肆丈捌尺寬捌寸厚伍寸 每枝銀壹兩玖錢伍分柒釐
計銀叁兩玖錢壹分肆釐

舢板檣壹枝長貳丈玖尺寬柒寸厚肆寸
計銀叁錢柒分貳釐
大風篷壹扇長陸丈肆尺寬叁丈貳尺
計銀陸兩叁錢捌分陸釐
頭風篷壹扇長叁丈貳尺寬壹丈陸尺
計銀壹兩伍錢玖分陸釐
查原送成例內開壹則至拾柒則大篷每扇銀伍兩伍錢內頭篷每扇銀壹兩伍錢所開丈尺大篷長自肆丈捌尺至柒丈寬自貳丈陸尺至叁丈叁尺不等頭篷長自貳丈肆尺至叁丈伍尺寬自壹丈肆尺至壹丈陸尺伍寸不等俱屬參差均勻核計負折

見方壹丈需銀叁錢壹分壹釐捌毫今照叁錢壹分壹釐捌毫之數分別核定

大小桅餅柒個 每個銀柒分

計銀肆錢玖分

大小無底升捌百個 每百個銀捌分

計銀陸錢肆分

竹筏陸百貳拾斤 每百斤銀壹錢陸分

計銀玖錢玖分貳釐

草心陸百捌拾貳斤 每百斤銀柒分

計銀肆錢柒分柒釐

欄藤貳拾玖斤 每斤銀貳分伍釐

計銀柒錢貳分伍釐

艌匠伍百柒拾貳工陸分伍釐

安裝匠伍拾柒工貳分陸釐

鋸匠壹百伍拾肆工伍分伍釐

船匠叁百陸拾捌工伍分玖釐

鐵匠伍拾玖工肆分

油漆匠拾工

[illegible]匠陸拾貳工肆分壹釐

棕匠叁拾叁工

裁縫匠伍工

藤匠伍工捌分

刻字匠叁工

壯夫貳百陸拾壹名伍分貳釐

以上匠夫共壹千伍百玖拾叁工壹分捌釐 每工銀伍分

計銀柒拾玖兩陸錢伍分玖釐

又置備物件開後

木桶叁拾件 每件銀叁分

計銀玖錢

鐵鍋叁口換新 每口貼工料銀壹錢貳分

計銀叁錢陸分

鼓壹面修理換皮

計銀肆錢捌分

金壹面重肆斤換新 每斤貼工料銀柒分

計銀貳錢捌分

以上拆造前船成規內開共需工料銀陸百伍拾捌

兩玖錢陸分柒釐肆毫內部價銀叁百拾叁兩柒錢玖分肆釐加捌津貼并另加叁分銀叁百肆拾伍兩壹錢柒分叁釐肆毫臺廠運費銀陸拾貳兩柒錢伍分捌釐捌毫今按條查核分別增減更正需用工料銀陸百陸拾貳兩伍錢玖分伍釐內部價銀叁百拾伍兩伍錢貳分壹釐加捌津貼并另加叁分銀叁百肆拾柒兩柒分肆釐臺廠運費銀陸拾叁兩壹錢肆釐計增工料銀叁兩陸錢貳分柒釐陸毫運費銀叁錢肆分伍釐貳毫行令該撫

于前船屆應拆造之期將加增銀兩在于各則節減銀內動支至大小修理成規內開大修工料銀肆百肆拾柒兩貳錢陸分玖釐內部價銀貳百叁兩叁錢肆釐加玖津貼并另加叁分銀貳百肆拾叁兩玖錢陸分伍釐臺廠運費銀肆拾兩陸錢陸分壹釐小修工料銀叁百拾玖兩陸錢玖分伍釐內部價銀壹百叁拾捌兩玖錢玖分捌釐加捻肆[illegible]另加叁分銀壹百捌拾兩陸錢玖[illegible]
[illegible]銀貳拾柒兩捌錢其餘伍船做

福建省外海戰船做法

第拾貳則趕繒船陸隻內水師提標後[illegible]號船壹隻身長柒丈柒尺頭起翹伍尺尾起翹肆尺船頭長貳丈玖尺叁寸面勻寬壹丈叁尺伍寸底勻寬壹丈壹尺捌寸船中長貳丈伍尺柒寸面勻寬壹丈玖尺柒寸底勻寬壹丈肆尺捌寸船尾長貳丈貳尺面勻寬壹丈捌尺柒寸底勻寬壹丈肆尺叁寸兩邊舨長玖丈貳尺計貳拾壹艙深陸尺肆寸柒分

今將拆造前船需用工料價值細數開後

計開

船底松木龍骨壹道計叁節船頭壹節長貳丈肆尺船中壹節連交接匙頭長叁丈捌尺船尾壹節長壹丈伍尺共湊長柒丈柒尺均寬壹尺厚捌寸做淨每折見方尺貳拾尺用艌匠壹工交接匙頭貳處每處用長壹尺釘捌個又每邊用長陸寸釘拾貳個共核用

寬壹尺厚捌寸松木枋柒丈柒尺陸寸

查成規內開大吉中吉浮溪高洋肆項木楠俱截去尖梢作欄杆竈櫃鍬子木牌等項之用其本身本料毋庸另加長荒外一切枋段各料有截去壹貳尺至叁伍尺不等者亦有未加長荒者參差不一今將枋段各料每件長伍尺以內者加長荒壹寸伍尺以外加長荒貳寸圓徑樟木長壹丈以內者每根加長荒貳寸長壹丈以外者每根加長荒伍寸一律核定

長壹尺釘拾陸個

長陸寸釘貳拾肆個

艌匠拾叁工捌分陸釐

船底板連起艕長柒丈柒尺內船底勻寬壹丈肆尺壹寸陸分兩站各勻高柒尺伍寸貳分抽換用長肆丈貳尺寬捌寸厚叁寸大吉木板陸拾叁塊做淨每折見方尺捌拾尺用艌匠壹工鋸板折寬壹尺長柒丈用鋸匠壹工（以下鋸板用工倣此）釘縫湊長貳百陸拾肆丈陸尺每丈用長陸寸釘叁拾個艌縫湊長伍百貳拾玖丈貳尺每丈用灰壹斤桐油陸兩肆錢網紗竹絲各陸兩每柒丈用艌匠壹工舂製油灰每肆拾斤用舂灰夫壹名（以下艌縫用工料倣此）共核用

圓大叁尺貳寸淨長肆丈貳尺大吉木貳拾壹根

長陸寸釘柒千玖百叁拾捌個

灰伍百貳拾玖斤叁兩

桐油貳百拾壹斤拾兩玖錢

網紗壹百玖拾捌斤柒兩貳錢

竹絲壹百玖拾捌斤柒兩貳錢

艌匠柒拾貳工柒分柒釐

鋸匠肆拾壹工伍分捌釐

艌匠柒拾伍工陸分

舂灰夫拾捌名伍分貳釐

各艙用樟木梁座叁拾叁塊內船頭配用拾壹塊湊長拾陸丈伍尺船中拾壹塊湊長拾柒丈陸尺船尾拾壹塊湊長拾捌丈柒尺樟梁貳拾柒塊內船頭配用玖塊湊長拾肆丈肆尺船中玖塊湊長拾伍丈叁尺船尾玖塊湊長拾伍丈叁尺均寬壹尺伍寸厚叁寸松木梁頭伍拾貳塊內船頭配用拾捌塊湊長貳拾捌丈捌尺船中

拾柒塊湊長貳拾捌丈玖尺船尾拾柒塊湊長
貳拾捌丈玖尺均寬壹尺貳寸厚叁寸硬木棍
穩弔玖根各長壹丈叁尺圍大捌寸梁座梁頭
做淨每折見方尺捌拾尺用艦匠壹工穩弔肆
拾尺用艦匠壹工釘縫湊長壹百玖拾陸丈壹
尺每丈用長陸寸釘叁拾個艌縫湊長叁百玖
拾貳丈貳尺共核用
寬壹尺伍寸厚叁寸樟木枋玖拾玖丈
寬壹尺貳寸厚叁寸松木枋捌拾柒丈陸尺

肆寸
圍大捌寸長壹丈叁尺硬木棍玖根
長陸寸釘伍千捌百捌拾叁個
灰叁百玖拾貳斤叁兩
桐油壹百伍拾陸斤拾肆兩壹錢
網紗壹百肆拾柒斤壹兩貳錢
竹絲壹百肆拾柒斤壹兩貳錢
艦匠柒拾捌工捌分叁釐
艌匠伍拾陸工叁釐

舂灰夫拾叁名柒分叁釐
各艙隔用樟木極叁拾肆塊內船頭捌塊船中捌
塊船尾捌塊轉水極肆塊鰍魚梁貳塊尾裏極
肆塊各長壹丈貳尺圍大壹尺做淨每折見方尺
肆拾尺用艦匠壹工每塊用長陸寸釘貳個艌
縫湊長捌拾壹丈陸尺共核用
圍大壹尺樟木極肆拾壹丈肆尺捌寸
長陸寸釘陸拾捌個
灰捌拾壹斤拾兩

桐油叁拾貳斤拾兩貳錢
網紗叁拾斤玖兩陸錢
竹絲叁拾斤玖兩陸錢
艦匠拾工貳分
艌匠拾壹工陸分陸釐
舂灰夫貳名捌分陸釐
船身兩旁走馬貳條水蛇貳條各長陸丈叁尺寬
捌寸厚肆寸做淨每折見方尺肆拾尺用艦匠
壹工走馬釘縫湊長拾貳丈陸尺每丈用長壹

尺釘叁拾個水蛇釘縫湊長拾貳丈陸尺每肆尺用長壹尺釘叁個艌縫湊長伍拾丈肆尺共核用

闊大叁尺貳寸淨長肆丈貳尺大吉木叁根

長壹尺釘肆百柒拾貳個

灰伍拾斤陸兩

桐油貳拾斤貳兩陸錢

網紗拾捌斤拾肆兩肆錢

竹絲拾捌斤拾肆兩肆錢

艦匠拾伍工壹分貳釐

鋸匠肆工叁分貳釐

艌匠柒工貳分

舂灰夫壹名柒分陸釐

船面兩旁舨板長柒丈柒尺湊寬壹丈叁尺柒寸添換用長肆丈貳尺寬捌寸厚叁寸大吉木板貳拾肆塊做淨每折見方尺捌拾尺用艦匠壹丁釘縫湊長壹百丈捌尺每丈用長陸寸釘叁拾個艌縫湊長貳百壹丈陸尺共核用

圍大叁尺貳寸淨長肆丈貳尺大吉木捌根

長陸寸釘叁千貳拾肆個

灰貳百壹斤拾兩

桐油捌拾斤拾兩貳錢

網紗柒拾伍斤玖兩陸錢

竹絲柒拾伍斤玖兩陸錢

艦匠貳拾柒工柒分貳釐

鋸匠拾伍工捌分肆釐

艌匠貳拾捌工捌分

舂灰夫柒名陸釐

兩旁舨板各長玖丈貳尺高陸尺伍寸抽換用長叁丈陸尺寬伍寸捌分厚貳寸伍分中吉木板伍拾肆塊兩旁添換木段舨柱柒根各長陸尺伍寸圍大叁尺貳寸舨板做淨每折見方尺捌拾尺用艦匠壹工舨柱肆拾尺用艦匠壹工舨板釘縫湊長壹百玖拾肆丈肆尺每丈用長伍寸釘叁拾個舨柱釘縫湊長肆丈伍尺伍寸每丈用長陸寸釘叁拾個艌縫湊長叁百玖拾柒

丈玖尺共核用
圍大貳尺伍寸淨長叁丈陸尺中吉木拾捌
根
圍大叁尺伍寸木段肆丈陸尺玖寸
長陸寸釘壹百叁拾柒個
長伍寸釘伍千捌百叁拾貳個
灰叁百玖拾柒斤拾肆兩
桐油壹百伍拾玖斤貳兩陸錢
網紗壹百肆拾玖斤叁兩肆錢

竹絲壹百肆拾玖斤叁兩肆錢
艫匠肆拾叁工玖分捌釐
綵匠貳拾叁工伍釐
艌匠伍拾陸工捌分肆釐
舂灰夫拾叁名玖分叁釐
查成規內篷板未載篷高尺寸今按篷桅長丈核定
兩旁篷𥳑貳拾伍塊各長肆尺圍大壹尺做淨每
折見方尺肆拾尺用艌匠壹工每塊用長陸寸
釘貳個艌縫湊長貳拾丈共核用

圍大壹尺樟木桅[illegible]丈貳尺伍寸
長陸寸釘伍拾個
灰貳拾斤
桐油捌斤
網紗柒斤捌兩
竹絲柒斤捌兩
艫匠貳工伍分
艌匠貳工捌分陸釐
舂灰夫柒分

艙上前後浮溪木鼠橋板肆塊各長貳丈陸尺寬
伍寸厚貳寸高洋木艙壓板肆塊各長叁丈陸
尺寬肆寸厚貳寸兩邊木段猴袋板肆塊各長
壹丈肆尺寬捌寸厚貳寸伍分做淨每折見方
尺捌拾尺用艫匠壹工鼠橋板壓板釘縫湊長
貳拾肆丈捌尺每丈用長伍寸釘叁拾個壓板
艌縫湊長貳拾捌丈捌尺共核用
圍大貳尺淨長叁丈貳尺浮溪木壹根貳尺
柒寸

圍大壹尺陸寸淨長貳丈捌尺高洋木貳根
壹丈陸尺
圍大叁尺伍寸木段壹丈肆尺貳寸
長伍寸釘柒百肆拾肆個
灰貳拾捌斤拾叁兩
桐油拾壹斤捌兩叁錢
網紗拾斤拾貳兩捌錢
竹絲拾斤拾貳兩捌錢
艌匠伍工肆分陸釐

鋸匠叁工壹分壹釐
艌匠肆工壹分壹釐
舂灰夫壹名壹釐
兩旁笨抽貳塊各長肆丈陸尺大壓貳塊各長伍丈水戧貳塊各長肆丈捌尺均寬陸寸陸分厚叁寸伍分做淨每折見方尺肆拾尺用艌匠壹工釘縫湊長貳拾捌丈捌尺每丈用長陸寸釘叁拾個艌縫湊長伍拾柒丈陸尺共核用
圍大貳尺伍寸淨長叁丈陸尺中吉木肆根

長陸寸釘捌百陸拾肆個
灰伍拾柒斤拾兩
桐油貳拾叁斤陸錢
網紗貳拾壹斤玖兩陸錢
竹絲貳拾壹斤玖兩陸錢
艌匠拾肆工伍分肆釐
鋸匠肆工壹分陸釐
艌匠捌工貳分叁釐
舂灰夫貳名貳釐

官廳前後梁叁根用中吉木各長壹丈玖尺貳寸
圍大貳尺貳寸浮溪木柱肆根各長壹丈叁尺
圍大壹尺柒寸貼柱陸根各長壹丈貳尺見方伍寸官廳上用中吉木戰櫃板叁拾陸塊各長壹丈捌尺湊寬貳丈叁尺柒寸陸分官廳內麒麟堵楠裏枋拾塊大砲艙枋拾塊各長肆尺貳寸湊寬壹丈叁尺貳寸用寬伍寸捌分厚貳寸伍分板捌拾叁丈叁尺木段冲天蓋板拾貳塊各長肆尺陸寸寬捌寸厚貳寸伍分浮溪木鋪

板拾陸塊各長玖尺湊寬捌尺肆寸捌分官廳門板捌塊各長肆尺湊寬肆尺貳寸肆分用寬伍寸厚貳寸板拾捌丈陸尺伍寸陸分高洋木戰櫃挑貳根各長壹丈肆尺圍大壹尺叁寸做枋貳塊踏板壹塊各長壹丈肆尺寬肆寸厚貳寸官廳梁柱貼柱戰櫃桃做淨每折見方尺肆拾尺用艦匠壹工戰櫃各板捌拾尺用艦匠壹工戰櫃板沖天蓋板官廳門板釘縫湊長捌拾貳丈陸尺伍寸每丈用長伍寸釘叁拾個戰櫃

板沖天蓋板艌縫湊長壹百伍拾捌丈伍尺壹寸陸分共核用

圍大貳尺伍寸淨長叁丈陸尺中吉木玖根壹丈壹尺貳寸柒分

圍大貳尺淨長叁丈貳尺浮溪木伍根貳丈陸尺貳寸

圍大壹尺陸寸淨長貳丈捌尺高洋木壹根貳丈壹尺

圍大叁尺伍寸木陵壹丈肆尺壹寸

長伍寸釘貳千肆百捌拾個

灰壹百伍拾捌斤捌兩

桐油陸拾叁斤陸兩伍錢

網紗伍拾玖斤柒兩壹錢

竹絲伍拾玖斤柒兩壹錢

艦匠叁拾貳工伍分貳釐

鋸匠拾叁工玖分陸釐

艌匠貳拾貳工陸分伍釐

舂灰夫伍名伍分伍釐

官廳前後通鋪陸塊各長壹丈陸尺寬壹尺貳寸厚叁寸做淨每折見方尺捌拾尺用艦匠壹工釘縫湊長玖丈陸尺每丈用長陸寸釘叁拾個艌縫湊長拾玖丈貳尺共核用

寬壹尺貳寸厚叁寸松木枋玖丈柒尺貳寸

長陸寸釘貳百捌拾捌個

灰拾玖斤叁兩

桐油柒斤拾兩玖錢

網紗柒斤叁兩貳錢

竹絲柒斤叁兩貳錢
艌匠叁工陸分
艌匠貳工柒分肆釐
春灰夫陸分柒釐
官廳兩旁高洋木猫裏杆捌根各長肆尺圍大壹尺叁寸浮溪木猫裏桮兩旁板拾捌塊各長伍尺叁寸湊寬玖尺伍寸肆分牆板拾陸塊門板捌塊各長肆尺湊寬壹丈貳尺柒寸貳分鋪板拾塊櫃底板拾塊各長柒尺湊寬壹丈陸寸用

寬伍寸厚貳寸板叁拾伍丈壹尺貳寸捌分木段上下栿肆塊各長柒尺寬捌寸厚肆寸猫裏柱上下栿做淨每折見方尺肆拾尺用艌匠壹工牆板各板捌拾尺用艌匠壹工猫裏牆板門板釘縫湊長拾丈壹尺柒寸陸分每丈用長伍寸釘叁拾個共核用
圍大貳尺淨長叁丈貳尺浮溪木叁根貳丈壹尺壹寸
圍大壹尺陸寸淨長貳丈捌尺高洋木壹根肆尺
圍大叁尺伍寸木段壹丈肆尺肆寸
長伍寸釘叁百伍個
艌匠捌工捌分柒釐
鋸匠叁工玖分玖釐
官廳內中吉木炕牀槓貳根各長壹丈陸尺圍大貳尺貳寸虎頭艙浮溪木鋪板捌塊各長陸尺湊寬肆尺貳寸肆分虎頭艙門板捌塊各長肆尺湊寬肆尺貳寸肆分用寬伍寸厚貳寸板捌

丈肆尺捌寸炕牀槓做淨每折見方尺肆拾尺用艌匠壹工虎頭艙各板捌拾尺用艌匠壹工虎頭艙門板釘縫湊長叁丈叁尺玖寸貳分每丈用長伍寸釘叁拾個共核用
圍大貳尺伍寸淨長叁丈陸尺中吉木叁丈貳尺
圍大貳尺淨長叁丈貳尺浮溪木貳丈捌尺叁寸
長伍寸釘壹百貳個

艌匠叄工貳分肆釐
鋸匠捌分伍釐
兩旁厰面戰棚板用長叄丈貳尺寬伍寸厚貳寸
浮溪木板貳拾肆塊各艙內舖板用長肆尺寬
肆寸厚壹寸高洋木板叄百叄拾陸塊做淨每
折見方尺捌拾尺用艌匠壹工共核用
闊大貳尺淨長叄丈貳尺浮溪木捌根
闊大壹尺陸寸淨長貳丈捌尺高洋木拾貳
根

艌匠叄拾工貳分肆釐
鋸匠拾柒工貳分捌釐
兩旁厰上厰牛陸塊各長捌尺各艙口扛頭伍塊
各長壹丈柒尺均寬壹尺貳寸厚叄寸做淨每
折見方尺肆拾尺用艌匠壹工厰牛每塊用長
陸寸釘肆個扛豆釘縫湊長捌丈伍尺每丈用
長陸寸釘叄拾個艌縫湊長貳拾陸丈陸尺共
核用
寬壹尺貳寸厚叄寸松木枋拾叄丈伍尺貳

寸
長陸寸釘貳百柒拾玖個
灰貳拾陸斤拾兩
桐油拾斤拾兩貳錢
網紗玖斤拾伍兩陸錢
竹絲玖斤拾伍兩陸錢
艌匠玖工玖分捌釐
艌匠叄工捌分
春灰夫玖分叄釐

各艙蓋板用長陸尺玖寸寬捌寸厚貳寸伍分木
段板捌拾捌塊艙蓋下大通槽拾貳個側槽陸
個水槽陸個各長肆尺陸寸寬壹尺厚捌寸小
通槽玖個各長肆尺陸寸見方捌寸艙蓋用柯
橁木枕頭肆塊各長肆尺伍寸寬壹尺厚叄寸
艙蓋板枕頭木做淨每折見方尺捌拾尺用艌
匠壹工通槽等槽叄拾尺用艌匠壹工艙蓋板
釘縫湊長陸拾丈柒尺貳寸每丈用長伍寸釘
叄拾個艌縫湊長壹百貳拾壹丈肆尺肆寸共

核用
圍大叁尺伍寸木段叁拾壹丈壹尺叁寸
寬壹尺厚叁寸柯樹木枋壹丈捌尺肆寸
長伍寸釘壹千捌百貳拾貳個
灰壹百貳拾壹斤柒兩
桐油肆拾捌斤玖兩貳錢
網紗肆拾伍斤捌兩陸錢
竹絲肆拾伍斤捌兩陸錢
艌匠叁拾肆工壹分玖釐

鋸匠拾貳工捌分玖釐
艌匠拾柒工叁分伍釐
舂灰夫肆名貳分伍釐
兩旁鈹邊用高洋木牛欄肆根內船頭貳根船後
貳根各長貳丈捌尺圍大壹尺叁寸做淨每折
見方尺肆拾尺用艌匠壹工共核用
圍大壹尺陸寸淨長貳丈捌尺高洋木肆根
艌匠叁工陸分肆釐
船頭斗蓋用樟木壹塊長壹丈伍尺圍大肆尺柒
寸蝦籠梁壹塊長捌尺伍寸斗蓋下兎耳壹塊
長捌尺均寬壹尺伍寸鹿肚勒壹個長肆尺寬
壹尺貳寸托浪板伍塊各長捌尺寬壹尺均厚
叁寸斗蓋蝦籠梁兎耳鹿肚勒做淨每折見方
尺肆拾尺用艌匠壹工托浪板捌拾尺用艌匠
壹工斗蓋用長捌寸釘拾貳個蝦籠梁托浪板
釘縫湊長肆丈捌尺伍寸每丈用長陸寸釘叁
拾個兎耳鹿肚勒釘縫湊長壹丈貳尺每丈用
長伍寸釘叁拾個蝦籠梁托浪板兎耳鹿肚勒

艌縫湊長拾貳丈壹尺共核用
圍大肆尺柒寸長壹丈伍尺伍寸樟木壹根
寬壹尺伍寸厚叁寸樟木枋貳丈壹寸捌分
寬壹尺厚叁寸長捌尺貳寸樟木板伍塊
長捌寸釘拾貳個
長陸寸釘壹百肆拾陸個
長伍寸釘叁拾陸個
灰拾貳斤貳兩
桐油肆斤拾叁兩肆錢

綑紗肆斤捌兩陸錢
竹絲肆斤捌兩陸錢
艦匠肆工捌分伍釐
艌匠壹工柒分叁釐
舂灰夫肆分貳釐
中含檀壹塊長壹丈捌尺圍大柒尺頭含檀壹塊長壹丈伍尺圍大伍尺叁寸含檀梁壹塊長壹丈叁尺頭含檀閘壹塊長捌尺均寬壹尺伍寸厚叁寸做淨每折見方尺叁拾尺用艦匠壹工

含檀梁釘縫長壹丈叁尺每丈用長陸寸釘叁拾個含檀含檀梁艌縫湊長玖丈貳尺共核用
圍大柒尺長壹丈捌尺伍寸樟木壹根
圍大伍尺叁寸長壹丈伍尺伍寸樟木壹根
寬壹尺伍寸厚叁寸樟木枋貳丈壹尺肆寸
長陸寸釘叁拾玖個
灰玖斤叁兩
桐油叁斤拾兩玖錢
綑紗叁斤柒兩貳錢

竹絲叁斤柒兩貳錢
艦匠玖工叁分柒釐
艌匠壹工叁分壹釐
舂灰夫叁分貳釐
中轉水貳塊各長壹丈陸尺寬貳尺厚玖寸伍分樟木極轉水鞋貳塊各長柒尺圍大壹尺做淨每折見方尺肆拾尺用艦匠壹工轉水每塊用長壹尺釘貳個轉水鞋每塊用長陸寸釘柒個艌縫湊長玖丈貳尺共核用

寬貳尺厚玖寸伍分長壹丈陸尺貳寸樟木貳塊
圍大壹尺樟木極壹丈肆尺肆寸
長壹尺釘肆個
長陸寸釘拾肆個
灰玖斤叁兩
桐油叁斤拾兩玖錢
綑紗叁斤柒兩貳錢
竹絲叁斤柒兩貳錢

艌匠伍工柒釐
艌匠壹工叁分壹釐
舂灰夫叁分貳釐
船尾用浮溪木拜棚槓叁根各長壹丈尾樓鈹柱肆根各長肆尺均圍大壹尺柒寸木段尾鈹板捌塊各長壹丈肆尺寬捌寸厚貳寸伍分拜棚槓尾鈹柱做淨毎折見方尺肆拾尺用艌匠壹工尾鈹板捌拾尺用艌匠壹工鈹板釘縫湊長拾壹丈貳尺毎丈用長伍寸釘叁拾個共核用

圍大貳尺淨長叁丈貳尺浮溪木壹根壹丈肆尺
圍大叁尺伍寸木段貳丈捌尺肆寸
長伍寸釘叁百叁拾陸個
艌匠肆工玖分
鋸匠壹工陸分捌釐
船尾用樟木下金壹塊長柒尺伍寸圍大柒尺伍寸綠牛壹副長柒尺伍寸寬貳尺肆寸厚陸寸尾樓上金壹塊長壹丈柒尺寬貳尺壹寸厚捌寸柒星冠壹塊長壹丈捌尺寬壹尺貳寸厚陸寸硬木棍下金拴貳根綠牛檝貳根各長陸尺伍寸圍大捌寸木段綠牛槓肆根各長柒尺圍大叁尺貳寸下金綠牛上金柒星冠做淨毎折見方尺叁拾尺用艌匠壹工下金拴綠牛槓肆拾尺用艌匠壹工下金用長捌寸釘拾捌個綠牛用長捌寸釘貳拾貳個上金用長壹尺釘拾捌個綠牛檝釘縫湊長壹丈叁尺毎丈用長伍寸釘叁拾個下金艌縫長柒尺伍寸共核用

圍大柒尺伍寸長柒尺柒寸樟木壹段
寬貳尺肆寸厚陸寸長柒尺柒寸樟木壹塊
寬貳尺壹寸厚捌寸長壹丈柒尺貳寸樟木壹塊
寬壹尺貳寸厚陸寸長壹丈捌尺貳寸樟木壹塊
圍大捌寸長壹丈叁尺硬木棍貳根
圍大叁尺伍寸木段貳丈捌尺捌寸
長壹尺釘拾捌個

長捌寸釘肆拾個
長伍寸釘叁拾玖個
灰拾貳兩
桐油肆兩捌錢
網紗肆兩伍錢
竹絲肆兩伍錢
艦匠拾壹工捌分捌釐
艌匠壹分壹釐
舂灰夫叁釐

船尾舵邊用木段硬筋貳根各長壹丈肆尺圍大叁尺貳寸尾樓舫魚翅貳塊各長柒尺寬壹尺厚肆寸紗帽匙貳塊鷄母宿壹塊尾燕板壹塊各長壹丈肆尺寬捌寸厚貳寸伍分柯樹木軟筋貳塊各長壹丈壹尺寬壹尺厚叁寸硬筋舫魚翅軟筋做淨每折見方尺肆拾尺用艦匠壹工紗帽匙各板捌拾尺用艦匠壹工硬筋頭尾用長陸寸釘拾貳個共核用
圍大叁尺伍寸木段肆丈玖尺捌寸

寬壹尺厚叁寸柯樹木枋貳丈貳尺肆寸
長陸寸釘拾貳個
艦匠陸工壹分貳釐
鋸匠壹工壹分貳釐

尾樓上用浮溪木鋪板拾塊各長肆尺尾座板肆塊各長壹丈貳尺舨邊寄菜板貳塊各長壹丈肆尺碗格貳塊各長壹丈壹尺均寬伍寸厚貳寸高洋木尾樓挑貳根各長壹丈肆尺圍大壹尺叁寸櫓棚壹塊長壹丈肆尺寬肆寸厚貳寸

樓挑做淨每折見方尺肆拾尺用艦匠壹工鋪板各板捌拾尺用艦匠壹工尾樓鋪板釘縫湊長肆丈每丈用長伍寸釘叁拾個共核用
圍大貳尺淨長叁丈貳尺浮溪木壹根壹丈肆尺
圍大壹尺陸寸淨長貳丈捌尺高洋木壹根柒尺
長伍寸釘壹百貳拾個
艦匠叁工伍分肆釐

鋸匠壹工伍分

船尾用樟木櫓通板叁塊各長壹丈柒尺櫓門枋壹塊櫓牀貳塊各長伍尺均寬壹尺伍寸厚叁寸尾樓雙頭蛇壹個長肆尺寬壹尺厚叁寸櫓通板做淨每折見方尺捌拾尺用艌匠壹工櫓門枋櫓牀雙頭蛇肆拾尺用艌匠壹工櫓牀每塊用長捌寸釘拾貳個櫓通板釘縫湊長伍丈壹尺每丈用長陸寸釘叁拾個櫓牀櫓通板艌縫湊長拾貳丈貳尺共核用

寬壹尺伍寸厚叁寸樟木枋陸丈玖尺陸寸叁分

長捌寸釘貳拾肆個

長陸寸釘壹百伍拾叁個

灰拾貳斤叁兩

桐油肆斤拾肆兩壹錢

網紗肆斤玖兩貳錢

竹絲肆斤玖兩貳錢

艌匠叁工玖分壹釐

艌匠壹工柒分肆釐

舂灰夫肆分叁釐

水仙門兩旁用浮溪木邊柱肆根各長肆尺圍大壹尺柒寸水仙門板拾肆塊各長肆尺湊寬柒尺肆寸貳分用寬伍寸厚貳寸板伍丈玖尺叁寸陸分樟木極百子舵拾陸塊各長陸尺圍大壹尺舨邊柯椈木朴竹肆塊各長壹丈肆尺伍寸寬壹尺厚叁寸船中浮溪木蝦箍心壹根長叁丈貳尺圍大壹尺柒寸邊柱百子舵蝦箍心

做淨每折見方肆拾尺用艌匠壹工門板朴竹捌拾尺用艌匠壹工百子舵釘縫湊長玖丈陸尺每丈用長陸寸釘叁拾個艌縫湊長拾玖丈貳尺共核用

圍大貳尺淨長叁丈貳尺浮溪木貳根叁尺捌寸

圍大壹尺樟木極玖丈玖尺貳寸

寬壹尺厚叁寸柯椈木枋伍丈捌尺捌寸

長陸寸釘貳百捌拾捌個

灰拾玖斤叁兩
槅油柒斤拾兩玖錢
綑紗柒斤叁兩貳錢
竹絲柒斤叁兩貳錢
艌匠柒工叁分柒釐
鋸匠伍分玖釐
艌匠貳工柒分肆釐
舂灰夫陸分柒釐
大桅座壹塊長捌尺見方貳尺肆寸頭桅座壹塊

長伍尺陸寸圍大肆尺陸寸做淨每折見方尺
叁拾尺用艌匠壹工共核用
見方貳尺肆寸長捌尺貳寸樟木壹塊
圍大肆尺陸寸長伍尺捌寸樟木壹段
艌匠叁工肆分貳釐
大鹿耳貳塊各長壹丈貳尺寬貳尺貳寸厚壹尺
壹寸頭鹿耳貳塊各長玖尺捌寸寬壹尺捌寸
厚捌寸硬木棍鹿耳夾貳根各長壹丈叁尺圍
大捌寸做淨每折見方尺肆拾尺用艌匠壹工

共核用
寬貳尺貳寸厚壹尺壹寸長壹丈貳尺貳寸
樟木貳塊
寬壹尺捌寸厚捌寸長壹丈樟木貳塊
圍大捌寸長壹丈叁尺硬木棍貳根
艌匠柒工叁釐
大桅壹根長捌丈圍大陸尺伍寸頭桅壹根長伍
丈圍大肆尺叁寸做淨每折見方尺肆拾尺用
艌匠壹工共核用

圍大陸尺伍寸長捌丈桅木壹根
圍大肆尺叁寸長伍丈桅木壹根
艌匠拾捌工叁分捌釐
桅尾用柯樹木馬面叁塊各長叁丈伍尺寬壹尺
伍寸厚叁寸樟木大桅笠壹個長貳尺寬壹尺
伍寸頭桅笠壹個長壹尺陸寸寬壹尺貳寸均
厚叁寸木段大桅斿壹根長壹丈肆尺頭桅斿
壹根長壹丈貳尺均圍大叁尺貳寸馬面做淨
每折見方尺捌拾尺用艌匠壹工桅笠桅斿肆

拾六用艌匠壹工馬面釘縫湊長拾丈伍尺每
丈用長陸寸釘貳拾個共核用
寬壹尺伍寸厚叁寸柯桐木枋拾丈伍尺陸
寸
寬壹尺伍寸厚叁寸樟木枋叁尺肆寸陸分
圍大叁尺伍寸木段貳丈陸尺肆寸
長陸寸釘貳百拾個
艌匠柒工壹分壹釐
大風篷壹扇長陸丈陸尺寬叁丈貳尺頭風篷壹

扇長叁丈叁尺寬壹丈陸尺浮溪木大篷擔貳
根各長叁丈貳尺頭篷擔貳根各長壹丈陸尺
均圍大壹尺柒寸做淨每折見方尺肆拾尺用
艌匠壹工共核用
寬叁丈貳尺長陸丈陸尺風篷壹扇
寬壹丈陸尺長叁丈叁尺風篷壹扇
圍大貳尺淨長叁丈貳尺浮溪木叁根
艌匠肆工捌釐
大篷架用木段橫梁壹根長壹丈肆尺頭篷架橫

梁壹根架針叁根各長柒尺均寬壹尺厚捌寸
做淨每折見方尺叁拾貳尺用艌匠壹工共核
用
圍大叁尺伍寸木段肆丈叁尺
艌匠肆工柒分叁釐
鋸匠壹工捌釐
大篷車員壹根用中吉木長貳丈椗車員壹根長
壹丈陸尺均圍大貳尺貳寸浮溪木大篷斗車
員壹根斗頭車員壹根各長壹丈尾樓車員壹

根長壹丈貳尺均圍大壹尺柒寸高洋木車耳
捌個各長柒尺車脚直板拾肆塊斜板肆塊各
長貳丈捌尺均寬肆寸厚貳寸硬木棍車子陸
拾伍根各長壹丈叁尺圍大捌寸車員車耳做
淨每折見方尺叁拾貳尺用艌匠壹工車脚斜
直板捌拾尺用艌匠壹工共核用
圍大貳尺伍寸淨長叁丈陸尺中吉木壹根
圍大貳尺淨長叁丈貳尺浮溪木壹根
圍大壹尺陸寸淨長貳丈捌尺高洋木拾根

圍大捌寸長壹丈叁尺硬木棍陸拾伍根

艌匠拾叁工捌分肆釐

鋸匠肆工捌分

水櫃用樟木牛頭肆塊各長伍尺寬壹尺伍寸厚叁寸木段水櫃柱肆根各長柒尺圍大叁尺貳寸水櫃閘肆塊各長柒尺見方捌寸水櫃板叁拾陸塊各長肆尺陸寸寬捌寸厚貳寸伍分水櫃柱閘牛頭做淨每折見方尺肆拾尺用艌匠壹工水櫃板捌拾尺用艌匠壹工水櫃柱每根

用長陸寸釘貳拾個牛頭釘縫湊長貳丈每丈用長陸寸釘叁拾個水櫃板釘縫湊長拾陸丈伍尺陸寸每丈用長伍寸釘叁拾個艌縫湊長肆拾捌丈叁尺貳寸共核用

寬壹尺伍寸厚叁寸樟木枋貳丈肆寸

圍大叁尺伍寸木段玖丈玖尺玖寸

長陸寸釘壹百肆拾個

長伍寸釘肆百玖拾柒個

灰肆拾捌斤伍兩

桐油拾玖斤伍兩貳錢

網紗拾捌斤壹兩玖錢

竹絲拾捌斤壹兩玖錢

艌匠拾工陸分叁釐

鋸匠叁工壹分貳釐

艌匠陸工玖分

舂灰夫壹名陸分玖釐

媽祖龕用杉木板貳拾丈船尾番仔板畫鷹板順風板及刀劒砲眼用板貳拾丈均寬陸寸厚壹

寸高洋木媽祖旗杆壹根長貳丈貳尺圍大壹尺叁寸旗杆做淨每折見方尺肆拾尺用艌匠壹工媽祖龕各板捌拾尺用艌匠壹工龕板釘縫湊長貳拾丈每丈用長肆寸釘叁拾個艌縫湊長肆拾丈共核用

寬陸寸厚壹寸杉木板肆拾丈捌尺

圍大壹尺陸寸淨長貳丈捌尺高洋木貳丈貳尺

長肆寸釘陸百個

灰肆拾斤
桐油拾陸斤
網紗拾伍斤
竹絲拾伍斤
艌匠柒工柒分貳釐
艌匠伍工柒分壹釐
舂灰夫壹名肆分
船面兩旁砲架陸個并蓋每個用長肆尺陸寸寬捌寸厚貳寸伍分木段板陸塊做淨每折見方

尺捌拾尺用艌匠壹工共核用
圍大叁尺伍寸木段肆丈貳尺叁寸
艌匠肆工叁分伍釐
鋸匠貳工肆分捌釐
船頭用大吉木樾壹枝長肆丈貳尺圍大貳尺玖寸樟木樾牙壹塊長伍尺寬壹尺伍寸厚叁寸做淨每折見方尺肆拾尺用艌匠壹工樾牙用長捌寸釘陸個共核用
圍大叁尺貳寸淨長肆丈貳尺大吉木壹根

寬壹尺伍寸厚叁寸樟木枋伍尺壹寸
長捌寸釘陸個
艌匠叁工伍分
船尾舵壹門用楮木舵桿壹根長壹丈捌尺寬壹尺肆寸厚捌寸中吉木舵閂板陸塊各長壹丈捌尺湊寬叁尺玖寸陸分用寬伍寸捌分厚貳寸伍分板拾貳丈貳尺玖寸樟木極舵夾捌塊各長肆尺圍大壹尺硬木梚舵牙貳根各長壹丈叁尺圍大捌寸舵桿做淨每折見方尺叁拾

尺用艌匠壹工舵夾舵牙肆拾尺用艌匠壹工舵閂板捌拾尺用艌匠壹工舵夾釘縫湊長叁丈貳尺每丈用長捌寸釘伍拾個舵夾舵閂板艌縫湊長叁拾丈玖尺捌寸共核用
寬壹尺肆寸厚捌寸長壹丈捌尺貳寸楮木壹根
圍大貳尺伍寸淨長叁丈陸尺中吉木壹根伍尺
圍大壹尺樟木極叁丈貳尺捌寸

圍大捌寸長壹丈叁尺硬木梴貳根
長捌寸釘壹百陸拾個
灰叁拾壹斤
桐油拾貳斤陸兩叁錢
網紗拾壹斤玖兩玖錢
竹絲拾壹斤玖兩玖錢
艦匠陸工伍分壹釐
鋸匠壹工肆分陸釐
艌匠肆工肆分叁釐

舂灰夫壹名捌釐
跟隨戰船舢板船用柯槓木龍骨壹根長壹丈柒
尺斗蓋壹塊長柒尺托浪板貳塊各長陸尺均
寬壹尺厚叁寸浮溪木水底板拾塊各長壹丈
捌尺湊寬伍尺叁寸槭板肆塊各長貳丈湊寬
貳尺壹寸貳分堵板拾貳塊各長陸尺伍寸湊
寬陸尺叁寸陸分用寬伍寸厚貳寸板叁拾伍
丈捌尺貳寸捌分龍骨做淨每折見方尺肆拾
尺用艌匠壹工斗蓋各板捌拾尺用艌匠壹工

龍骨用長陸寸釘拾貳個托浪板水底板槭板
釘縫湊長貳拾捌丈柒尺陸寸每丈用長伍寸
釘叁拾個托浪板水底板槭板艌縫湊長伍拾
柒丈伍尺貳寸共核用
寬壹尺厚叁寸柯槓木枋叁丈陸尺捌寸
圍大貳尺淨長叁丈貳尺浮溪木叁根貳丈
叁尺肆寸
長陸寸釘拾貳個
長伍寸釘捌百陸拾叁個

灰伍拾柒斤捌兩
桐油貳拾叁斤壹錢
網紗貳拾壹斤玖兩壹錢
竹絲貳拾壹斤玖兩壹錢
艦匠捌工
鋸匠叁工伍分捌釐
艌匠捌工貳分貳釐
舂灰夫貳名壹釐
舢板船兩旁水蛇貳根各長壹丈捌尺壓板貳塊

各長貳丈水䥫貳根各長壹丈柒尺均寬伍寸
厚貳寸做淨每折見方尺捌拾尺用艌匠壹工
水蛇釘縫湊長叁丈陸尺每肆尺用長捌寸釘
叁個壓板水䥫釘縫湊長柒丈肆尺每丈用長
伍寸釘叁拾個艌縫湊長貳拾貳丈共核用
圍大貳尺淨長叁丈貳尺浮溪木壹根肆尺
柒寸
長捌寸釘貳拾柒個
長伍寸釘貳百貳拾貳個

灰貳拾貳斤
桐油捌斤拾貳兩捌錢
網紗捌斤肆兩
竹絲捌斤肆兩
艌匠壹工玖分叁釐
鋸匠壹工壹分
艌匠叁工壹分肆釐
舂灰夫柒分柒釐
舢板船用樟木舢板舵叁個各長肆尺寬伍寸厚
叁寸樟木極舢板梁肆塊各長伍尺牛頭仔極
拾肆個各長貳尺均圍大壹尺做淨每折見方
尺肆拾尺用艌匠壹工舢板舵梁釘縫湊長叁
丈貳尺每丈用長陸寸釘叁拾個舢板舵梁艌
縫湊長陸丈肆尺共核用
寬壹尺伍寸厚叁寸樟木枋肆尺壹寸
圍大壹尺樟木極肆丈玖尺捌寸
長陸寸釘玖拾陸個
灰陸斤陸兩

桐油貳斤玖兩
網紗貳斤陸兩肆錢
竹絲貳斤陸兩肆錢
艌匠壹工陸分捌釐
艌匠玖分壹釐
舂灰夫貳分貳釐
大桅鐵箍拾壹個各長陸尺陸寸頭桅箍肆個各
長肆尺肆寸舵頭箍叁個各長肆尺柒寸梿箍
貳個各長叁尺肆寸俱寬貳寸厚伍分旋繭陸

個各長壹尺貳寸寬柒寸厚伍分櫓箍捌個各
長貳尺柒寸寬壹寸厚叁分鐵鍰陸個各圍大
陸寸以上鐵料共淨重叁百拾捌斤捌兩每正
鐵壹斤加耗鐵壹斤每正鐵伍斤用鐵匠壹工
每正耗鐵壹斤用炭叁斤共核用
生鐵陸百叁拾柒斤
炭壹千玖百拾壹斤
鐵匠陸拾叁工柒分
油艌前船共用

烏烟叁斤伍兩
廣紅伍斤
銅綠肆兩
京紅肆兩
南粉貳斤
銀硃壹兩
籐黃肆兩
藍粉肆兩
杭粉壹兩

松香捌兩
水膠陸兩
墨貳塊
桐油肆斤
淡底壹斤
油畫匠拾工
麻大桅繂索貳條各長玖丈陸尺大柒寸伍分頭
桅繂索貳條各長捌丈大肆寸伍分大踏索貳
條各長捌丈大伍寸小踏索貳條各長伍丈大

叁寸貳分大繚每壹條長肆丈伍尺大柒寸陸
分小繚每壹條長叁丈大肆寸大帮襯陸條各
長壹丈陸尺大貳寸小帮襯玖條各長伍尺伍
寸大壹寸伍分以上麻繩共重陸百捌拾斤每
百斤用繩匠叁工陸分共核用
麻陸百捌拾斤
繩匠貳拾肆工肆分捌釐
棕正椗索壹條長肆拾貳丈大玖寸副椗索壹條
長肆拾丈大捌寸大篷筋壹條長柒丈陸尺大

貳寸小篷筋壹條長肆丈大壹寸貳分繚子繚
耳共捌條各長貳丈陸尺大貳寸椗奴貳條
各長壹丈陸尺大柒寸伍分大小搞尾貳條共
長拾陸丈大肆寸伍分舵弔壹條長叁丈大陸
寸伍分以上棕繩共重柒百斤每撕棕肆拾斤
用匠壹工成繩肆拾斤用匠壹工共核用
棕柒百斤
撕棕匠拾柒工伍分
成繩匠拾柒工伍分

中風旗壹面長寬各壹丈陸尺壹條龍旗壹面長
陸丈寬叁尺媽祖旗壹面長寬各伍尺大小定
風旗叁面內壹面長陸尺貳面各長肆尺伍寸
均寬壹尺共核用
幅寬壹尺色布伍拾丈
苧線拾兩
裁縫匠伍工
中椗貳門齒全各長貳丈壹尺寬壹尺貳寸厚陸
寸

中櫓貳枝各長肆丈捌尺寬捌寸厚伍寸
舢板櫓壹枝長貳丈玖尺寬柒寸厚肆寸
大小桅餅柒個
大小無底升捌百個
椗舵上配用竹繩草繩共用
竹篾陸百陸拾斤
繩匠貳拾叁工柒分陸釐
草心柒百貳拾叁斤
繩匠拾捌工捌釐

查原送成規內開打造竹繩草繩所用匠工
多寡不齊今照棕麻繩索所工之例一律
核定
篷上配用大小繚穗攝子兎耳共用
棞籐叁拾壹斤
籐匠陸工貳分
刻字用
刻字匠叁工
監立大小桅用
壯夫伍拾名

前船共用大小鐵釘叁萬肆千肆百肆拾貳個𠛇
抹釘頭每百個用桐油陸兩肆錢灰壹斤每油
灰拾斤用艌匠壹工共核用
桐油壹百叁拾柒斤拾貳兩叁錢
灰叁百肆拾肆斤柒兩
艌匠肆拾捌工貳分貳釐
舂灰夫拾貳名伍釐
前船共用艌匠伍百柒拾壹工壹分捌釐係照杉
松木植核定內有樟柯等硬料用匠壹百貳拾

叁工叁分每工外加匠貳分計加匠貳拾肆工
陸分陸釐共匠伍百玖拾伍工捌分肆釐每百
工加安裝匠拾工計安裝匠伍拾玖工伍分捌
釐每艌匠安裝匠壹百工加隨匠壯夫貳拾名
計壯夫壹百叁拾壹名捌釐
以上拆造前船共用
寬壹尺厚捌寸松木枋柒丈柒尺陸寸 每丈銀肆錢壹分肆釐
計銀叁兩貳錢壹分叁釐

查原送成規內開松木桅依拾陸則丈尺折筭每丈核銀肆錢捌分壹釐至叁錢肆分壹釐不等多寡參差均勻計筭每丈需銀肆錢壹分肆釐今照肆錢壹分肆釐之數
一律
核定
圍大叁尺貳寸淨長肆丈貳尺大吉木叁拾叁根 每根銀貳兩柒錢
計銀捌拾玖兩壹錢
圍大貳尺伍寸淨長叁丈陸尺中吉木叁拾肆根
壹丈貳尺貳寸柒分 每根銀壹兩伍錢
計銀伍拾壹兩伍錢壹分壹釐

查原送成規內開中吉木叁拾叁根今核丈尺做法核筭應增壹根壹丈貳尺貳寸柒分
圍大貳尺淨長叁丈貳尺浮溪木叁拾叁根壹丈
貳寸 每根銀伍錢
計銀拾陸兩陸錢伍分玖釐
查原送成規內開浮溪木叁拾叁根今核丈尺做法核筭應增壹丈貳寸
圍大壹尺陸寸淨長貳丈捌尺高洋木叁拾叁根
壹丈肆尺 每根銀貳錢
計銀陸兩柒錢

查原送成規內開高洋木叁拾叁根今核丈
尺做法核算應增壹丈肆尺
圍大叁尺伍寸木段柒拾壹丈玖尺伍寸核長壹
丈肆尺段料伍拾壹根伍尺伍寸每根銀陸錢
計銀叁拾兩捌錢叁分陸釐
查原送成規內開木段伍拾貳根今按丈尺
做法核算應減捌尺伍寸
寬壹尺伍寸厚叁寸樟木枋壹百拾叁丈肆尺貳
寸柒分核長壹丈柒尺枋料陸拾陸塊壹丈貳
尺貳寸柒分每塊銀壹兩叁錢
計銀捌拾陸兩柒錢叁分捌釐

查原送成規內開樟枋陸拾捌塊今按丈尺
做法核算應減壹塊肆尺柒寸叁分
寬壹尺厚叁寸長捌尺貳寸樟木板伍塊每塊銀肆錢壹
分捌釐
計銀貳兩玖分
查原送成規內開樟木枋梁座梁頭壹則至
拾柒則各長壹丈柒尺寬壹尺伍寸厚叁
寸每塊開銀壹兩叁錢扎浪樟木板第壹
則長陸尺伍寸寬壹尺厚叁寸每塊開銀
伍錢第貳則至拾柒則各長捌尺寬壹尺
厚叁寸每塊亦開銀伍錢價值參差今俱
照梁座梁頭之
價一律核定
寬壹尺貳寸厚叁寸松木枋壹百拾丈捌尺捌寸

核長壹丈柒尺枋料陸拾伍塊叁尺捌寸每塊銀叁
錢伍分
計銀貳拾貳兩捌錢貳分捌釐
查原送成規內開松木枋陸拾陸塊今核丈
尺做法核算應減壹丈叁尺貳寸
圍大壹尺樟木極柒拾壹丈叁尺伍寸核長壹丈
貳尺樟木極伍拾玖塊伍尺伍寸每塊銀貳錢
計銀拾壹兩捌錢玖分貳釐
查原送成規內開樟木極伍拾捌塊今按丈
尺做法核算應增壹塊伍尺伍寸
寬壹尺伍寸厚叁寸柯椥木枋拾丈伍尺陸寸每丈

銀伍錢柒分
壹釐伍毫
計銀陸兩叁分伍釐
寬壹尺厚叁寸柯椥木枋拾叁丈陸尺肆寸每丈銀叁
錢捌分
壹釐
計銀伍兩壹錢玖分柒釐
查原送成規內開柯椥木馬面壹則至拾柒
則各長叁丈伍尺寬壹尺伍寸厚叁寸每
塊開銀貳兩軟筋及舳板龍骨等料壹則
至伍則各長貳丈伍尺寬壹尺厚叁寸每
塊開銀壹兩陸則至拾柒則各長叁丈伍
尺寬壹尺厚叁寸每塊開銀貳兩價值參
差今俱照馬面
之價一律核定

圍大捌寸長壹丈叁尺硬木棍捌拾根每根銀捌分

計銀陸兩肆錢

寬陸寸厚壹寸杉木板肆拾丈捌尺每丈銀肆錢

計銀拾陸兩叁錢貳分

圍大柒尺長壹丈捌尺伍寸樟木壹根

計銀柒兩玖分捌釐

圍大伍尺叁寸長壹丈伍尺伍寸樟木壹根

計銀叁兩肆錢玖釐

見方貳尺肆寸長捌尺貳寸樟木壹塊

計銀肆兩肆錢叁分捌釐

圍大肆尺陸寸長伍尺捌寸樟木壹段

計銀玖錢陸分

寬貳尺壹寸厚捌寸長壹丈柒尺貳寸樟木壹塊

計銀貳兩柒錢壹分肆釐

圍大柒尺伍寸長柒尺柒寸樟木壹段

計銀叁兩叁錢玖分壹釐

寬貳尺貳寸厚壹尺壹寸長壹丈貳尺貳寸樟木貳塊每塊銀貳兩柒錢柒分叁釐

計銀伍兩伍錢肆分陸釐

寬壹尺捌寸厚捌寸長壹丈樟木貳塊每塊銀壹兩叁錢伍分叁釐

計銀貳兩柒錢陸釐

寬貳尺厚玖寸伍分長壹丈陸尺貳寸樟木貳塊每塊銀貳兩捌錢玖分貳釐

計銀伍兩柒錢捌分肆釐

圍大肆尺柒寸長壹丈伍尺伍寸樟木壹根

計銀貳兩陸錢捌分壹釐

寬壹尺貳寸厚陸寸長壹丈捌尺貳寸樟木壹塊

計銀壹兩貳錢叁分壹釐

寬貳尺肆寸厚陸寸長柒尺柒寸樟木壹塊

計銀壹兩肆分貳釐

查原送成規內開壹則至拾柒則每則用樟木舍匱等料拾貳款所開價值逐款核計俱屬參差均勻計算每折見方壹尺需銀玖分叁釐玖毫陸絲今照玖分叁釐玖毫陸絲之數一律核定

寬壹尺肆寸厚捌寸長壹丈捌尺貳寸楮木壹根

計銀拾陸兩

閭大陸尺伍寸長捌丈桅木壹根

計銀肆拾貳兩

闊大肆尺叁寸長伍丈桅木壹根

計銀柒兩

長壹尺釘伍百拾個每貳個重壹斤計重貳百伍拾伍斤長捌寸釘貳百陸拾玖個每伍個重壹斤計重伍拾叁斤拾貳兩捌錢長陸寸釘壹萬玖千陸百陸拾伍個每拾伍個重壹斤計重壹千叁百拾壹斤長伍寸釘壹萬叁千叁百玖拾

捌個每貳拾個重壹斤計重陸百陸拾玖斤拾肆兩肆錢長肆寸釘陸百個每叁拾個重壹斤計重貳拾斤以上鐵釘共重貳千叁百玖斤拾壹兩貳錢除選用舊釘壹千貳拾貳斤拾肆兩伍錢外添新壹千貳百捌拾陸斤拾貳兩柒錢每斤銀叁分貳釐

計銀貳拾捌兩叁錢玖釐

灰貳千陸百玖拾柒斤伍兩每百斤銀貳錢

計銀伍兩叁錢玖分伍釐

桐油壹千捌拾貳斤拾伍兩每斤銀叁分

計銀叁拾貳兩肆錢捌分捌釐

綱紗捌百捌拾貳斤伍兩伍錢每斤銀壹分貳釐

計銀拾兩伍錢捌分捌釐

竹絲捌百捌拾貳斤伍兩伍錢每斤銀陸釐

計銀伍兩貳錢玖分肆釐

生鐵陸百叁拾柒斤每斤銀壹分

計銀陸兩叁錢柒分

炭壹千玖百拾壹斤每百斤銀壹錢陸分

計銀叁兩伍分捌釐

烏煙叁斤伍兩每斤銀壹分伍釐

計銀伍分

廣紅伍斤每斤銀伍分

計銀貳錢伍分

銅條肆兩每斤銀叁錢

計銀柒分伍釐

京紅肆兩每斤銀捌分

計銀貳分

南粉貳斤每斤銀壹分
計銀貳分
銀硃壹兩每斤銀陸錢肆分
計銀肆分
藤黃肆兩每斤銀貳錢
計銀伍分
藍粉肆兩每斤銀捌分
計銀貳分
杭粉壹兩每斤銀壹錢陸分

計銀壹分
水膠陸兩每斤銀肆分
計銀壹分伍釐
松香捌兩每斤銀貳分
計銀壹分
墨貳塊每塊銀壹分
計銀貳分
淡底壹斤
計銀伍分

麻陸百捌拾斤每斤銀壹分伍釐
計銀拾兩貳錢
棕柒百斤每斤銀叁分
計銀貳拾壹兩
色布伍拾丈每丈銀壹錢
計銀伍兩
苧線拾兩每斤銀壹錢貳分
計銀柒分伍釐
椗貳門齒全各長貳丈壹尺寬壹尺貳寸厚陸寸

每門銀壹兩伍錢柒分捌釐
計銀叁兩壹錢伍分陸釐
櫓貳枝各長肆丈捌尺寬捌寸厚伍寸每枝銀壹兩玖錢伍分柒釐
計銀叁兩玖錢壹分肆釐
舢板櫓壹枝長貳丈玖尺寬柒寸厚肆寸
計銀叁錢柒分貳毫
大風篷壹扇長陸丈陸尺寬叁丈貳尺
計銀陸兩伍錢捌分伍釐

頭風篷壹扇長叁丈叁尺寬壹丈陸尺

計銀壹兩陸錢肆分陸釐

查原送成規內開壹則至拾柒則大篷每扇銀伍兩伍錢頭篷每扇銀壹兩伍錢所開丈尺大篷長自肆丈捌尺至柒丈寬自貳丈陸尺至叁丈叁尺不等頭篷長自貳丈肆尺至叁丈伍尺寬自壹丈肆尺至壹丈陸尺伍寸不等俱屬參差均勻核計每折見方壹丈需銀叁錢壹分壹釐捌毫今照叁錢壹分壹釐捌毫之數分別核定

大小桅餅柒個每個銀柒分

計銀肆錢玖分

大小無底升捌百個每百個銀捌分

計銀陸錢肆分

竹篾陸百陸拾斤每百斤銀壹錢陸分

計銀壹兩伍分陸釐

草心柒百貳拾叁斤每百斤銀柒分

計銀伍錢陸釐

櫃篠叁拾壹斤每斤銀貳分伍釐

計銀柒錢柒分伍釐

艌匠伍百玖拾伍工捌分肆釐

安裝匠伍拾玖工伍分捌釐

鋸匠壹百陸拾叁工伍分肆釐

艌匠叁百捌拾肆工叁分肆釐

鐵匠陸拾叁工柒分

油畫匠拾工

繩匠陸拾陸工叁分貳釐

枋匠叁拾伍工

裁縫匠伍工

籐匠陸工貳分

刻字匠叁工

壯夫貳百柒拾伍名肆分捌釐

以上匠夫共壹千陸百陸拾捌工每工銀伍分

計銀捌拾叁兩肆錢

又置備物件開後

木桶叁拾件每件銀叁分

計銀玖錢

鐵鍋叁口換新每口貼工料銀壹錢貳分

計銀叁錢陸分

鼓壹面脩理換皮

計銀肆錢捌分
金壹面重肆斤換新料每斤貼丁料銀柒分
計銀貳錢捌分
以上拆造前船成規內開共需工料銀陸百玖拾伍兩捌錢叁分柒釐壹毫內部價銀叁百叁拾壹兩叁錢伍分壹釐加捌津貼并另加叁分銀叁百陸拾肆兩肆錢捌分陸釐壹毫臺廠運費銀陸拾陸兩貳錢柒分貳毫今按條查核分別增減更正需用工料銀陸百玖拾肆兩肆錢捌分陸釐內部價

銀叁百叁拾兩柒錢捌釐加捌津貼并另加叁分銀叁百陸拾叁兩柒錢柒分捌釐臺廠運費銀陸拾陸兩壹錢肆分貳釐計節減工料銀壹兩叁錢伍分壹釐壹毫運費銀壹錢貳分捌釐貳毫行令該撫於前船屆應拆造之期將節減銀兩在於應領銀內扣除至大小脩理成規內開大脩工料銀肆百陸拾捌兩捌錢捌分捌釐內部價銀貳百拾叁兩壹錢叁分壹釐加玖津貼并另加叁分銀貳百伍拾伍兩柒錢伍分柒釐臺廠運費銀肆拾貳兩陸錢貳分陸釐小脩工料銀叁百叁拾伍兩柒錢貳分肆釐內部價銀壹百肆拾伍兩玖錢陸分柒釐加拾津貼并另加叁分銀壹百捌拾玖兩柒錢伍分柒釐臺廠運費銀貳拾玖兩壹錢玖分叁釐其餘伍船倣此

福建省外海戰船做法

第拾叁則趕繒船叁隻內閩安協標右營[illegible]號船壹隻身長柒丈捌尺頭起䑸伍尺尾起䑸肆尺船頭長叁丈面勻寬壹丈肆尺壹寸底勻寬壹丈貳尺伍寸船中長貳丈陸尺面勻寬貳丈叁寸底勻寬壹丈伍尺伍寸船尾長貳丈貳尺面勻寬壹丈玖尺叁寸底勻寬壹丈伍尺兩邊艕板長拾丈計貳拾壹艙深陸尺陸寸

今將拆造前船需用工料價值細數開後

計開

船底松木龍骨壹道計叁節船頭壹節長貳丈肆尺船中壹節連交接匙頭長肆丈船尾壹節長壹丈肆尺共湊長柒丈捌尺均寬壹尺厚捌寸做淨每折見方尺貳拾尺用艌匠壹工交接匙頭貳處每處用長壹尺釘捌個又每邊用長陸寸釘拾貳個共核用

寬壹尺厚捌寸松木枋柒丈捌尺陸寸　查成規內開大吉中吉淸淺高洋肆百木植俱截去尖梢作攔杆龍銜鐵丁木艄等項之用其本身木料毋庸另加長荒外壹枋枋段各料有截去壹貳尺至叁伍尺不等者亦有未加長荒者參差不壹今將枋段各料每件長伍尺以內者加長荒壹寸伍尺以外者加長荒貳寸圓徑樟木料長壹丈以內者每根加長荒貳寸長壹丈以外者每根加長荒伍寸一律核定

長壹尺釘拾陸個

長陸寸釘貳拾肆個

艌匠拾肆工肆釐

船底板連起䑸長柒丈捌尺內船底勻寬壹丈肆尺捌寸伍分兩站各勻高柒尺陸寸叁分添換

用長肆丈貳尺寬捌寸厚叁寸大吉木板陸拾陸塊做淨每折見方尺捌拾尺用艌匠壹工鋸板折寬壹尺長柒丈用鋸匠壹工　以下鋸板用工倣此　釘縫湊長貳百柒拾柒丈貳尺每丈用長陸寸釘叁拾個艌縫湊長伍百伍拾肆丈肆尺每丈用灰壹斤桐油陸兩肆錢絹紗竹絲各陸兩每柒丈用艌匠壹工舂製油灰每肆拾斤用舂灰夫壹名　以下艌縫用工用料倣此　共核用

圓大叁尺貳寸淨長肆丈貳尺大吉木貳拾

貳根
長陸寸釘捌千叁百拾陸個
灰伍百伍拾肆斤陸兩
桐油貳百貳拾壹斤拾貳兩貳錢
網紗貳百柒斤拾肆兩肆錢
竹絲貳百柒斤拾肆兩肆錢
艦匠柒拾陸工貳分叁釐
船匠肆拾叁工伍分陸釐
艌匠柒拾玖工貳分

舂灰夫拾玖名肆分
各艙樟木梁座叁拾伍塊內船頭配用拾貳塊湊長拾捌丈船中拾壹塊湊長拾捌丈柒尺船尾拾貳塊湊長貳拾丈肆尺艙梁貳拾柒塊內船頭配用玖塊船中玖塊船尾玖塊各湊長拾伍丈叁尺均寬壹尺伍寸厚叁寸各艙松木梁頭伍拾肆塊內船頭配用拾捌塊湊長貳拾柒丈船中拾捌塊船尾拾捌塊各湊長叁拾丈陸尺均寬壹尺貳寸厚叁寸硬木棍穩犻玖根各長壹丈叁尺圍大捌寸梁座梁頭做淨每折見方尺捌拾尺用艦匠壹工穩犻肆拾尺用艦匠壹工釘縫湊長貳百貳丈玖尺每丈用長陸寸釘叁拾個艌縫湊長肆百伍丈捌尺共核用
寬壹尺伍寸厚叁寸樟木枋壹百肆丈貳尺肆寸
寬壹尺貳寸厚叁寸松木枋捌拾玖丈貳尺捌寸
圍大捌寸長壹丈叁尺硬木棍玖根

長陸寸釘陸千捌拾柒個
灰肆百伍斤拾叁兩
桐油壹百陸拾貳斤伍兩壹錢
網紗壹百伍拾貳斤貳兩捌錢
竹絲壹百伍拾貳斤貳兩捌錢
艦匠捌拾壹工柒分柒釐
艌匠伍拾柒工玖分柒釐
舂灰夫拾肆名貳分
各艙配用樟木極肆拾貳塊內虎頭艙極貳塊各

長玖尺伍寸冲天極貳塊各長壹丈壹尺小官
廳極貳塊捌字極貳塊拜棚極貳塊各長壹丈
官廳極貳塊油婆艙極貳塊水櫃艙極貳塊大
桅艙極貳塊通鋪艙前後極肆塊繚公艙極貳
塊舵公艙極貳塊中轉水極貳塊各長壹丈貳
尺頭轉水極貳塊各長玖尺鰍魚極貳塊各長
柒尺斗蓋極貳塊各長伍尺尾裹極肆塊下金
極貳塊下擔極貳塊各長陸尺均圍大壹尺做
淨毎折見方尺肆拾尺用艦匠壹工毎塊用長

陸寸釘貳個艌縫湊長捌拾壹丈肆尺共核用
圍大壹尺樟木極肆拾壹丈伍尺貳寸
長陸寸釘捌拾肆個
灰捌拾壹斤陸兩
桐油叁拾貳斤玖兩
綱紗叁拾斤捌兩肆錢
竹絲叁拾斤捌兩肆錢
艦匠拾工壹分捌釐
艌匠拾壹工陸分叁釐

春灰夫貳名捌分伍釐
船身兩旁走馬貳條各長柒丈捌尺水蛇貳條各
長肆丈捌尺俱寬捌寸厚肆寸做淨毎折見方
尺肆拾尺用艦匠壹工走馬釘縫湊長拾伍丈
陸尺毎丈用長壹尺釘叁拾個水蛇釘縫湊長
玖丈陸尺毎肆尺用長壹尺釘叁個艌縫湊長
伍拾丈肆尺共核用
圍大叁尺貳寸淨長肆丈貳尺大吉木叁根
長壹尺釘伍百肆拾個

灰伍拾斤陸兩
桐油貳拾斤貳兩陸錢
綱紗拾捌斤拾肆兩肆錢
竹絲拾捌斤拾肆兩肆錢
艦匠拾伍工壹分貳釐
鋸匠肆工叁分貳釐
艌匠柒工貳分
春灰夫壹名柒分陸釐
船面兩旁繳板長柒丈捌尺湊寬壹丈肆尺叁寸

抽換用長肆丈貳尺寬捌寸厚叁寸大吉木板
貳拾肆塊做淨每折見方尺捌拾尺用艦匠壹
工釘縫湊長壹百丈捌尺每丈用長陸寸釘叁
拾個艌縫湊長貳百壹丈陸尺共核用
闊大叁尺貳寸淨長肆丈貳尺大吉木捌根
長陸寸釘叁千貳拾肆個
灰貳百壹斤拾兩
桐油捌拾斤拾兩貳錢
網紗柒拾伍斤玖兩陸錢

竹絲柒拾伍斤玖兩陸錢
艦匠貳拾柒工柒分貳釐
鋸匠拾伍工捌分肆釐
艌匠貳拾捌工捌分
舂灰夫柒名陸釐
兩旁艘板各長拾丈高柒尺添換用長叁丈陸尺
寬伍寸捌分厚貳寸伍分中吉木板伍拾肆塊
兩旁添換木段艘柱肆根各長柒尺闊大叁尺
貳寸艘板做淨每折見方尺捌拾尺用艦匠壹

工艘柱肆拾尺用艦匠壹工艘板釘縫湊長壹
百玖拾肆丈肆尺每丈用長伍寸釘叁拾個艘
柱釘縫湊長貳丈捌尺每丈用長陸寸釘叁拾
個艌縫湊長叁百玖拾肆丈肆尺共核用
圍大貳尺伍寸淨長叁丈陸尺中吉木拾捌
根
闊大叁尺伍寸木段貳丈捌尺捌寸
長陸寸釘捌拾肆個
長伍寸釘伍千捌百叁拾貳個

灰叁百玖拾肆斤陸兩
桐油壹百伍拾柒斤拾貳兩貳錢
網紗壹百肆拾柒斤拾肆兩肆錢
竹絲壹百肆拾柒斤拾肆兩肆錢
艦匠肆拾貳工伍分捌釐
鋸匠貳拾叁工伍釐
艌匠伍拾陸工叁分肆釐
舂灰夫拾叁名捌分
查成規內艘板未載艘高尺寸分數艘柱長丈該定

兩旁舨艤貳拾肆塊各長肆尺圍大壹尺做淨每
折見方尺肆拾尺用艦匠壹工每塊用長陸寸
釘貳個艌縫湊長拾玖丈貳尺共核用
圍大壹尺樟木極玖丈捌尺肆寸
長陸寸釘肆拾捌個
灰拾玖斤叁兩
桐油柒斤拾兩玖錢
綱紗柒斤叁兩貳錢
竹絲柒斤叁兩貳錢

艦匠貳工肆分
艌匠貳工柒分肆釐
舂灰夫陸分柒釐
舨上前後浮溪木鼠橋板肆塊各長貳丈柒尺寬
伍寸厚貳寸高洋木舨壓板肆塊各長叁丈陸
尺寬肆寸厚貳寸兩邊木段猴袋杉肆塊各長
壹丈肆尺寬捌寸厚貳寸伍分做淨每折見方
尺捌拾尺用艦匠壹工鼠橋板壓板釘縫湊長
貳拾伍丈貳尺每丈用長伍寸釘叁拾個壓板

艌縫湊長貳拾捌丈捌尺共核用
圍大貳尺淨長叁丈貳尺浮溪木壹根肆尺
圍大壹尺陸寸淨長貳丈捌尺高洋木貳根
壹丈陸尺
圍大叁尺伍寸木段壹丈肆尺貳寸
長伍寸釘柒百伍拾陸個
灰貳拾捌斤拾叁兩
桐油拾壹斤捌兩叁錢
綱紗拾斤拾貳兩捌錢

竹絲拾斤拾貳兩捌錢
艦匠伍工伍分貳釐
鋸匠叁工壹分伍釐
艌匠肆工壹分壹釐
舂灰夫壹名壹釐
兩旁牮抽貳條大壓貳條各長柒丈貳尺水戧捌
條各長壹丈捌尺均寬陸寸陸分厚叁寸伍分
做淨每折見方尺肆拾尺用艦匠壹工釘縫湊
長肆拾叁丈貳尺每丈用長陸寸釘叁拾個艌

縫湊長捌拾陸丈肆尺共核用
圜大貳尺伍寸淨長叁丈陸尺中吉木陸根
長陸寸釘壹千貳百玖拾陸個
灰捌拾陸斤陸兩
桐油叁拾肆斤玖兩
網紗叁拾貳斤陸兩肆錢
竹絲叁拾貳斤陸兩肆錢
艌匠貳拾壹工捌分貳釐
鋸匠陸工貳分叁釐

艌匠拾貳工叁分肆釐
舂灰夫叁名貳釐
官廳前後梁叁根用中吉木各長壹丈玖尺伍寸圜大貳尺貳寸浮溪木貼柱捌根各長壹丈叁尺見方伍寸官廳上中吉木戰櫃板拾捌塊官廳內後牆板陸塊各長壹丈玖尺伍寸湊寬壹丈伍尺捌寸肆分左右牆板拾貳塊各長陸尺湊寬柒尺玖寸貳分麒麟堵枋拾塊大砲艙枋拾塊各長肆尺貳寸湊寬壹丈叁尺貳寸用寬伍寸捌分厚貳寸伍分板柒拾壹丈柒分木段冲天蓋板拾貳塊各長肆尺陸寸寬捌寸厚貳寸伍分浮溪木鋪板拾塊各長玖尺湊寬伍尺叁寸官廳門板捌塊各長肆尺湊寬肆尺貳寸肆分用寬伍寸厚貳寸板拾貳丈玖尺叁寸貳分高洋木戰櫃塊貳塊側板貳塊踏板貳塊俱長壹丈肆尺寬肆寸厚貳寸官廳梁貼柱做淨每折見方尺肆拾尺用艌匠壹工戰櫃各板捌拾尺用艌匠壹工戰櫃板牆板冲天蓋板官廳

門板釘縫湊長柒拾丈叁尺陸寸每丈用長伍寸釘叁拾個戰櫃板牆板冲天蓋板艌縫湊長壹百叁拾叁丈玖尺叁寸陸分共核用
圜大貳尺伍寸淨長叁丈陸尺中吉木捌根
柒尺貳寸
圜大貳尺淨長叁丈貳尺浮溪木肆根壹丈
玖尺壹寸
圜大壹尺陸寸淨長貳丈捌尺高洋木壹根
壹丈肆尺

圍大叁尺伍寸木段壹丈肆尺壹寸
長伍寸釘貳千壹百拾壹個
灰壹百叁拾叁斤拾伍兩
桐油伍拾叁斤玖兩貳錢
網紗伍拾斤叁兩陸錢
竹絲伍拾斤叁兩陸錢
艦匠貳拾捌工壹分貳釐
鋸匠拾貳工柒分伍釐
艌匠拾玖工壹分叁釐

舂灰夫肆名陸分玖釐
官廳前通鋪肆塊各長壹丈陸尺後通鋪貳塊各長壹丈柒尺均寬壹尺貳寸厚叁寸做淨每折見方尺捌拾尺用艦匠壹工釘縫湊長玖丈捌尺每丈用長陸寸釘叁拾個艌縫湊長拾玖丈陸尺共核用
寬壹尺貳寸厚叁寸松木枋玖丈玖尺貳寸
長陸寸釘貳百玖拾肆個
灰拾玖斤拾兩

桐油柒斤拾叁兩肆錢
網紗柒斤伍兩陸錢
竹絲柒斤伍兩陸錢
艦匠叁工陸分捌釐
艌匠貳工捌分
舂灰夫陸分玖釐
官廳兩旁高洋木插裏柱肆根貼柱肆根各長肆尺圍大壹尺叁寸浮溪木插裏桅兩旁板拾捌塊各長伍尺叁寸湊寬玖尺伍寸肆分牆板拾

陸塊門板捌塊各長肆尺湊寬壹丈貳尺柒寸貳分鋪板拾塊櫃底板拾塊各長柒尺湊寬壹丈陸寸用寬伍寸厚貳寸板叁拾伍丈壹尺貳寸捌分木段插裏上下枕肆塊各長柒尺寬捌寸厚肆寸插裏柱貼柱上下枕做淨每折見方尺肆拾尺用艦匠壹工牆板等板捌拾尺用艦匠壹工插裏牆板門板釘縫湊長拾丈壹尺柒寸陸分每丈用長伍寸釘叁拾個共核用
圍大貳尺淨長叁丈貳尺浮溪木叁根貳丈

壹尺壹寸
圍大壹尺陸寸淨長貳丈捌尺高洋木壹根
肆尺
圍大叁尺伍寸木段壹丈肆尺肆寸
長伍寸釘叁百伍個
艌匠捌工捌分柒釐
鋸匠叁工玖分玖釐
官廳內中吉木炕床槓貳根各長壹丈陸尺圍大
貳尺貳寸虎頭艙浮溪木鋪板捌塊各長柒尺

湊寬肆尺貳寸肆分虎頭艙門板捌塊各長肆
尺湊寬肆尺貳寸肆分用寬伍寸厚貳寸板玖
丈叁尺貳寸捌分炕床槓做淨每折見方尺肆
拾尺用艌匠壹工虎頭艙各板捌拾尺用艌匠
壹工虎頭艙門板釘縫湊長叁丈叁尺玖寸貳
分每丈用長伍寸釘叁拾個共核用
圍大貳尺伍寸淨長叁丈陸尺中吉木叁丈
貳尺
圍大貳尺淨長叁丈貳尺浮溪木叁丈壹尺

壹寸
長伍寸釘壹百貳個
艌匠叁工叁分玖釐
鋸匠玖分叁釐
兩旁艙面戰棚板用長叁丈貳尺寬伍寸厚貳寸
浮溪木板貳拾肆塊各艙內鋪板用長肆尺寬
肆寸厚壹寸高洋木板叁百叁拾陸塊做淨每
折見方尺捌拾尺用艌匠壹工共核用
圍大貳尺淨長叁丈貳尺浮溪木捌根
圍大壹尺陸寸淨長貳丈捌尺高洋木拾貳

根
艌匠叁拾工貳分肆釐
鋸匠拾柒工貳分捌釐
兩旁艙上艙牛陸塊各長捌尺伍寸各艙口扛豆
伍塊各長壹丈陸尺均寬壹尺貳寸厚叁寸做
淨每折見方尺肆拾尺用艌匠壹工艙牛每塊
用長陸寸釘肆個扛豆釘縫湊長捌丈每丈用
長陸寸釘叁拾個艌縫湊長貳拾陸丈貳尺共

貳寸厚叁寸松木枋拾叁丈叁尺弍
寸釘貳百陸拾肆個
灰貳拾陸斤叁兩
桐油拾斤柒兩柒錢
網紗玖斤拾叁兩貳錢
竹絲玖斤拾叁兩貳錢
艌匠玖工捌分叁釐

艌匠叁工柒分肆釐
舂灰夫玖分貳釐
合艙蓋板用長陸尺玖寸寬捌寸厚貳寸伍分木
段板捌拾捌塊艙蓋下大通槽拾貳個側槽陸
個水槽陸個各長肆尺陸寸寬壹尺厚捌寸小
通槽玖個各長肆尺陸寸見方捌寸艙蓋用柯
桐木枕頭柒塊各長肆尺捌寸寬壹尺厚叁寸
蓋板枕頭木做淨每折見方尺捌拾尺用艌
艙蓋等槽叁拾[illegible]尺用艌匠壹工艙[illegible]

長陸拾丈柒尺貳寸每丈用[illegible]伍寸釘叁
個艌縫[illegible]共壹百貳拾壹丈肆尺肆寸共核
用
圍大叁尺伍寸木段叁拾壹丈壹尺叁寸
寬壹尺厚叁寸柯桐木枋叁丈肆尺叁寸
長伍寸釘壹千捌百貳拾貳個
灰壹百貳拾壹斤柒兩
桐油肆拾捌斤玖兩貳錢
網紗肆拾伍斤捌兩陸錢
竹絲肆拾伍斤捌兩陸錢

[illegible]匠叁拾肆工陸分玖釐
鋸匠拾貳工捌分玖釐
艌匠拾柒工叁分伍釐
灰夫肆名貳分伍釐
用高洋木牛欄肆根內船頭貳根船後
貳丈捌尺圍大壹尺叁寸做淨每折
尺用艌匠壹工共核用
貳丈捌尺高洋木肆根

艌匠叁工陸分肆釐
船頭斗蓋用樟木壹塊長壹丈伍尺圍大肆尺柒寸蝦鬚梁壹塊長捌尺伍寸寬壹尺貳寸斗蓋下兔耳壹塊長捌尺寬壹尺伍寸均厚叁寸托浪板陸塊各長捌尺寬壹尺厚叁寸斗蓋蝦鬚梁兔耳做淨每折見方尺肆拾尺用艌匠壹工托浪板捌拾尺用艌匠壹工斗蓋用長捌寸釘拾貳個蝦鬚梁托浪板釘縫湊長伍丈陸尺伍寸每丈用長陸寸釘叁拾個兔耳用長伍寸釘

貳拾肆個蝦鬚梁托浪板兔耳艌縫湊長拾貳丈玖尺共核用
圍大肆尺柒寸長壹丈伍尺伍寸樟木壹根
寬壹尺伍寸厚叁寸樟木枋壹丈伍尺壹寸陸分
寬壹尺厚叁寸長捌尺貳寸樟木板陸塊
長捌寸釘拾貳個
長陸寸釘壹百柒拾個
長伍寸釘貳拾肆個

灰拾貳斤拾肆兩
桐油伍斤貳兩陸錢
網紗肆斤拾叁兩肆錢
竹絲肆斤拾叁兩肆錢
艌匠肆工陸分捌釐
艌匠壹工捌分肆釐
舂灰夫肆分伍釐
中含檀壹塊長壹丈捌尺圍大柒尺頭含檀壹塊長壹丈伍尺圍大伍尺叁寸含檀梁壹塊長壹

丈柒尺頭含檀閘壹塊長壹丈貳尺均寬壹尺伍寸厚叁寸做淨每折見方尺叁拾尺用艌匠壹工含檀梁釘縫長壹丈柒尺每丈用長陸寸釘叁拾個含檀含檀梁艌縫湊長拾丈共核用
圍大柒尺長壹丈捌尺伍寸樟木壹根
圍大伍尺叁寸長壹丈伍尺伍寸樟木壹根
寬壹尺伍寸厚叁寸樟木枋貳丈玖尺肆寸
長陸寸釘伍拾壹個
灰拾斤

桐油肆斤
網紗叁斤拾貳兩
竹絲叁斤拾貳兩
艌匠拾工叁分叁釐
艌匠壹工肆分叁釐
舂灰夫叁分伍釐
中轉水貳塊各長壹丈陸尺寬貳尺厚玖寸伍分
樟木極轉水堆貳塊各長柒尺圍大壹尺做淨
每折見方尺肆拾尺用艌匠壹工轉水每塊用

長壹尺釘貳個轉水堆每塊用長陸寸釘柒個
艌縫寮長玖丈貳尺共八核用
寬貳尺厚玖寸伍分長壹丈陸尺貳寸樟木
貳塊
圍大壹尺樟木極壹丈肆尺肆寸
長壹尺釘肆個
長陸寸釘拾肆個
灰玖斤叁兩
桐油叁斤拾兩玖錢

網紗叁斤柒兩貳錢
竹絲叁斤柒兩貳錢
艌匠伍工柒釐
艌匠壹工叁分壹釐
舂灰夫叁分貳釐
尾樓用浮溪木拜棚槓叁根各長壹丈伍尺尾樓
舨往肆根各長肆尺陸寸均圍大壹尺柒寸木
段尾舨板捌塊各長壹丈肆尺寬捌寸厚貳寸
伍分拜棚槓尾舨柱做淨每折見方尺肆拾尺

用艌匠壹工尾舨板捌拾尺用艌匠壹工舨板
釘縫寮長拾壹丈貳尺每丈用長伍寸釘叁拾
個共核用
圍大貳尺淨長叁丈貳尺浮溪木貳根
圍大叁尺伍寸木段貳丈捌尺肆寸
長伍寸釘叁百叁拾陸個
艌匠伍工陸分叁釐
鋸匠壹工陸分捌釐
船尾用樟木下金壹塊長柒尺伍寸圍大柒尺伍

寸繚牛壹副長柒尺伍寸寬貳尺肆寸厚陸寸
尾樓上金壹塊長壹丈柒尺寬貳尺壹寸厚捌
寸七星冠壹塊長壹丈捌尺寬壹尺貳寸厚陸
寸硬木棍下金拴貳根繚牛緻貳根各長陸尺
伍寸圍大捌寸木段繚牛頂肆根各長柒尺圍
大叁尺貳寸下金繚牛上金七星冠做淨每折
見方尺叁拾尺用艌匠壹工下金拴繚牛緻繚
牛頂肆拾尺用艌匠壹工下金用長捌寸釘拾
捌個繚牛用長捌寸釘貳拾貳個上金用長壹

尺釘拾捌個繚牛緻釘縫湊長壹丈叁尺每丈
用長伍寸釘叁拾個下金艌縫長柒尺伍寸共
核用
圍大柒尺伍寸長柒尺柒寸樟木壹段
寬貳尺肆寸厚陸寸長柒尺柒寸樟木壹塊
寬貳尺壹寸厚捌寸長壹丈柒尺貳寸樟木
壹塊
寬壹尺貳寸厚陸寸長壹丈捌尺貳寸樟木
壹塊

圍大捌寸長壹丈叁尺硬木棍貳根
圍大叁尺伍寸木段貳丈捌尺捌寸
長壹尺釘拾捌個
長捌寸釘肆拾個
長伍寸釘叁拾玖個
灰拾貳兩
桐油肆兩捌錢
網紗肆兩伍錢
竹絲肆兩伍錢

艌匠拾壹工捌分捌釐
艌匠壹分壹釐
舂灰夫叁釐
船尾舵邊用木段硬筋貳根各長壹丈肆尺圍大
叁尺貳寸尾樓舫魚翅肆塊各長柒尺寬壹尺
厚肆寸紗帽匙貳塊鷄毋宿壹塊尾燕板壹塊
各長壹丈肆尺寬捌寸厚貳寸伍分柯楠木軟
筋貳塊各長壹丈肆尺寬壹尺厚叁寸硬筋舫
魚翅軟筋做淨每折見方尺肆拾尺用艌匠壹

工紗帽髦各板捌拾尺用艌匠壹工碩舫頭尾
用長陸寸釘拾貳個共核用
圓大叁尺伍寸木段伍丈柒尺
寬壹尺厚叁寸柯梼木枋貳丈捌尺肆寸
長陸寸釘拾貳個
艌匠柒工肆分玖釐
鋸匠壹工肆分
尾樓上用浮溪木鋪板拾塊各長肆尺尾座板肆
塊各長壹丈貳尺舨邊寄萊板貳塊各長壹丈

肆尺碗格貳塊各長壹丈壹尺均寬伍寸厚貳
寸高洋木尾樓挑貳塊櫓棚壹塊各長壹丈肆
尺寬肆寸厚貳寸做淨每折見方尺捌拾尺用
艌匠壹工尾樓鋪板釘縫湊長肆丈每丈用長
伍寸釘叁拾個共核用
圓大貳尺淨長叁丈貳尺浮溪木壹根壹丈
肆尺
圓大壹尺陸寸淨長貳丈捌尺高洋木貳丈
壹尺

長伍寸釘壹百貳拾個
艌匠叁工伍釐
鋸匠壹工柒分肆釐
船尾用樟木櫓通板叁塊各長壹丈柒尺櫓門枋
壹塊櫓床貳塊各長伍尺均寬壹尺伍寸厚叁
寸櫓通板做淨每折見方尺捌拾尺用艌匠壹
工櫓門枋櫓床共拾尺用艌匠壹工櫓床每塊
用長捌寸釘拾貳個櫓通板釘縫湊長伍丈壹
尺每丈用長陸寸釘叁拾個櫓床櫓通板舨縫

湊長拾貳丈貳尺共核用
寬壹尺伍寸厚叁寸樟木枋陸丈陸尺玖寸
長捌寸釘貳拾肆個
長陸寸釘壹百伍拾叁個
灰拾貳斤叁兩
桐油肆斤拾肆兩壹錢
網紗肆斤玖兩貳錢
竹絲肆斤玖兩貳錢
艌匠叁工陸分伍釐

艌匠壹工柒分肆釐
舂灰夫肆分叁釐
水仙門兩旁用浮溪木邊柱肆根中柱貳根各長
肆尺圍大壹尺柒寸水仙門板拾肆塊各長肆
尺湊寬柒尺肆寸貳分用寬伍寸厚貳寸板伍
丈玖尺叁寸陸分樟木極百子舵拾陸塊各長
陸尺圍大壹尺船中浮溪木蝦䉶心壹根長叁
丈貳尺圍大壹尺柒寸舭邊柯楠木朴竹陸塊
各長壹丈叁尺寬壹尺厚叁寸水仙門柱百子

舵蝦䉶心做淨每折見方尺肆拾尺用艌匠壹
工門板朴竹捌拾尺用艌匠壹工百子舵釘縫
湊長玖丈陸尺每丈用長陸寸釘叁拾個艌縫
湊長拾玖丈貳尺共核用
圍大貳尺淨長叁丈貳尺浮溪木貳根壹寸

壹尺捌寸
圍大壹尺樟木極玖丈玖尺貳寸
寬壹尺厚叁寸柯楠木枋柒丈玖尺貳寸
長陸寸釘貳百捌拾捌個

灰拾玖斤叁兩
桐油柒斤拾兩玖錢
網紗柒斤叁兩貳錢
竹絲柒斤叁兩貳錢
艌匠捌工叁分陸釐
鋸匠伍分玖釐
艌匠貳工柒分肆釐
舂灰夫陸分柒釐
大桅座壹塊長捌尺見方貳尺肆寸頭桅座壹塊

長伍尺陸寸圍大肆尺陸寸做淨每折見方尺
叁拾尺用艌匠壹工共核用
見方貳尺肆寸長捌尺貳寸樟木壹塊
圍大肆尺陸寸長伍尺捌寸樟木壹段
艌匠叁工肆分貳釐
大鹿耳貳塊各長壹丈貳尺寬貳尺貳寸厚壹尺
壹寸頭鹿耳貳塊各長玖尺捌寸寬壹尺捌寸
厚捌寸硬木棍鹿耳夾貳根各長壹丈叁尺圍
大捌寸做淨每折見方尺肆拾尺用艌匠壹工

共核用
寬貳尺貳寸厚壹尺壹寸長壹丈貳尺貳寸
樟木貳塊
寬壹尺捌寸厚捌寸長壹丈樟木貳塊
圍大捌寸長壹丈叁尺硬木棍貳根
艦匠柒工叁釐
大桅壹根長捌丈圍大陸尺伍寸頭桅壹根長伍
丈圍大肆尺叁寸做淨每折見方尺肆拾尺用
艦匠壹工共核用

圍大陸尺伍寸長捌丈桅木壹根
圍大肆尺叁寸長伍丈桅木壹根
艦匠拾捌工叁分捌釐
桅尾用柯桐木馬面叁塊各長叁丈伍尺寬壹尺
伍寸厚叁寸樟木大桅笠壹個長貳尺寬壹尺
伍寸頭桅笠壹個長壹尺陸寸寬壹尺貳寸均
厚叁寸木段大桅斿壹根長壹丈肆尺頭桅斿
壹根長壹丈貳尺均圍大叁尺貳寸馬面做淨
每折見方尺捌拾尺用艦匠壹工桅笠桅斿肆

拾尺用艦匠壹工馬面釘縫湊長拾丈伍尺每
丈用長陸寸釘貳拾個共核用
寬壹尺伍寸厚叁寸柯桐木枋拾丈伍尺陸
寸
寬壹尺伍寸厚叁寸樟木枋叁尺肆寸陸分
圍大叁尺伍寸木段貳丈陸尺肆寸
長陸寸釘貳百拾個
艦匠柒工壹分壹釐
大風篷壹扇長陸丈陸尺寬叁丈貳尺頭風篷壹

扇長叁丈叁尺寬壹丈陸尺浮溪木大篷擔貳
根各長叁丈貳尺頭篷擔貳根各長壹丈陸尺
均圍大壹尺柒寸做淨每折見方尺肆拾尺用
艦匠壹工共核用
寬叁丈貳尺長陸丈陸尺風篷壹扇
寬壹丈陸尺長叁丈叁尺風篷壹扇
圍大貳尺淨長叁丈貳尺浮溪木叁根
艦匠肆工捌釐
大篷架用木段橫梁壹根長壹丈肆尺頭篷架橫

貳壹根架針叁根各長柒尺寬壹尺厚捌寸份

淨每折見方尺叁拾貳尺用艌匠壹工共核用

圍大叁尺伍寸木段肆丈叁尺

艌匠肆工柒分叁釐

鋸匠壹工捌釐

大蓬車員壹根用中吉木長貳丈椗車員壹根長

壹丈陸尺均圍大貳尺貳寸浮溪木大蓬牛車

員壹根斗頭車員壹根各長壹丈尾樓車員壹

根長壹丈貳尺均圍大壹尺柒寸高洋木車耳

拾壹個各長陸尺車脚直板拾肆塊斜板陸塊

各長貳丈捌尺均寬肆寸厚貳寸硬木棍車子

陸拾伍根各長壹丈叁尺圍大捌寸車員車耳

做淨每折見方尺叁拾貳尺用艌匠壹工車脚

斜直板捌拾尺用艌匠壹工共核用

圍大貳尺伍寸淨長叁丈陸尺中吉木壹根

圍大貳尺淨長叁丈貳尺浮溪木壹根

圍大壹尺陸寸淨長貳丈捌尺高洋木拾壹

根伍尺

圍大捌寸長壹丈叁尺硬木棍陸拾伍根

艌匠拾伍工伍釐

鋸匠伍工叁分柒釐

水櫃用樟木牛頭肆塊各長伍尺寬壹尺伍寸厚

叁寸木段水櫃柱肆根各長柒尺圍大叁尺貳

寸水櫃閘肆根各長柒尺見方捌寸水櫃板叁

拾陸塊各長肆尺陸寸寬捌寸厚貳寸伍分水

櫃柱閘牛頭做淨每折見方尺肆拾尺用艌匠

壹工水櫃板捌拾尺用艌匠壹工水櫃柱每根

用長陸寸釘貳拾個牛頭釘縫湊長貳丈每丈

用長陸寸釘叁拾個水櫃板釘縫湊長拾陸丈

伍尺陸寸每丈用長伍寸釘叁拾個艙縫湊長

肆拾捌丈叁尺貳寸共核用

寬壹尺伍寸厚叁寸樟木枋貳丈肆寸

圍大叁尺伍寸木段玖丈玖尺玖寸

長陸寸釘壹百肆拾個

長伍寸釘肆百玖拾柒個

灰肆拾捌斤伍兩

桐油拾玖斤伍兩貳錢
網紗拾捌斤壹兩玖錢
竹絲拾捌斤壹兩玖錢
艌匠拾工陸分叁釐
鋸匠叁工壹分貳釐
艌匠陸工玖分
舂灰夫壹名陸分玖釐
一[illegible]用杉木板貳拾丈船尾番仔板畫鷹板順
風舨及刀劍砲眼用板貳拾丈均寬陸寸厚壹

寸高洋木媽祖旗杆壹根長貳丈貳尺圍大壹
尺叁寸旗杆做淨每折見方尺肆拾尺用艌匠
壹工媽祖龕各板捌拾尺用艌匠壹工龕板釘
縫湊長貳拾丈每丈用長肆寸釘叁拾個艌縫
湊長肆拾丈共核用
寬陸寸厚壹寸杉木板肆拾丈捌尺
圍大壹尺陸寸淨長貳丈捌尺高洋木貳丈
貳尺
長肆寸釘[illegible]斤[illegible]

灰肆拾斤
桐油拾陸斤
網紗拾伍斤
竹絲拾伍斤
艌匠柒工柒分貳釐
艌匠伍工柒分壹釐
舂灰夫壹名肆分
船面兩旁砲架陸個併蓋每個用長肆尺陸寸寬
捌寸厚貳寸伍分木段板陸塊做淨每折見方

尺肆拾尺用艌匠壹工共核用
圍大叁尺伍寸木段肆丈貳尺叁寸
艌匠肆工叁分伍釐
鋸匠貳工肆分捌釐
一船頭用大吉木榿壹枝長肆丈貳尺圍大貳尺玖
寸樟木榿牙壹塊長伍尺寬壹尺貳寸厚叁寸
做淨每折見方尺肆拾尺用艌匠壹工榿牙用
長捌寸釘陸個共核用
圍大叁尺貳寸淨長肆丈貳尺大吉木[illegible]

寛壹尺伍寸厚叁寸樟木枋肆尺捌分
長捌寸釘陸個
艌匠叁工肆分貳釐
船尾舵壹門用楮木舵桿壹根長壹丈捌尺寛壹
尺肆寸厚捌寸中吉木舵閃板陸塊各長壹丈
捌尺湊寛叁尺玖寸陸分用寛伍寸捌分厚貳
寸伍分板拾貳丈貳尺玖寸樟木極舵夾捌塊
各長肆尺圍大壹尺硬木梘舵牙梘貳根各長
壹丈叁尺圍大捌寸舵桿做淨每折見方尺叁

拾尺用艌匠壹工舵夾舵牙肆拾尺用艌匠壹
工舵閃板捌拾尺用艌匠壹工舵夾釘縫湊長
叁丈貳尺每丈用長捌寸釘伍拾個舵夾舵閃
板艌縫湊長叁拾丈玖尺捌寸共核用
寛壹尺肆寸厚捌寸長壹丈捌尺貳寸楮木
壹根
圍大貳尺伍寸淨長叁丈陸尺中吉木壹根
伍尺
圍大壹尺樟木極叁丈貳尺捌寸

圍大捌寸長壹丈叁尺硬木梘貳根
長捌寸釘壹百陸拾個
灰叁拾壹斤
桐油拾貳斤陸兩叁錢
網紗拾壹斤玖兩玖錢
麻拾壹斤玖兩玖錢
艌匠陸工伍分壹釐
鐵匠壹工肆分陸釐
艌匠肆工肆分叁釐

舂灰夫壹名捌釐
跟隨戰船舢板船用柯檎木龍骨壹根長貳丈斗
蓋壹塊長柒尺托浪板壹塊長陸尺均寛壹尺
厚叁寸浮溪木水底板拾塊各長貳丈湊寛伍
尺叁寸槭板陸塊各長貳丈貳尺湊寛叁尺壹
寸捌分堵板拾貳塊各長柒尺湊寛陸尺叁寸
陸分用寛伍寸厚貳寸板肆拾肆丈玖寸陸分
龍骨做淨每折見方尺肆拾尺用艌匠壹工斗
蓋各板捌拾尺用艌匠壹工龍骨用長陸寸釘

拾貳個托浪板水底板舭板釘縫湊長叁拾伍
丈柒尺玖寸貳分每丈用長伍寸釘叁拾個托
浪板水底板舭板艌縫湊長柒拾壹丈伍尺捌
寸肆分共核用
寬壹尺厚叁寸柯椆木枋叁丈叁尺陸寸
圍大貳尺淨長叁丈貳尺浮溪木肆根壹丈
玖尺
長陸寸釘拾貳個
長伍寸釘壹千柒拾肆個

灰柒拾壹斤玖兩
桐油貳拾捌斤拾兩壹錢
網紗貳拾陸斤拾叁兩伍錢
竹絲貳拾陸斤拾叁兩伍錢
艌匠玖工肆分肆釐
鋸匠肆工肆分壹釐
艌匠拾工貳分叁釐
舂灰夫貳名伍分
舢板船兩旁水蛇貳根水鐵貳根各長貳丈厚

貳塊各長貳丈貳尺均寬伍寸厚貳寸俱浮溪
折見方尺捌拾尺用艌匠壹工水蛇釘縫湊長
肆丈每肆尺用長捌寸釘叁個壓板水鐵釘縫
湊長捌丈肆尺每丈用長伍寸釘叁拾個艌縫
湊長貳拾肆丈捌尺共核用
圍大貳尺淨長叁丈貳尺浮溪木壹根玖尺
叁寸
長捌寸釘叁拾個
長伍寸釘貳百伍拾貳個

灰貳拾肆斤拾叁兩
桐油玖斤拾肆兩柒錢
網紗玖斤肆兩捌錢
竹絲玖斤肆兩捌錢
艌匠貳工壹分柒釐
鋸匠壹工貳分肆釐
艌匠叁工伍分肆釐
舂灰夫捌分柒釐
舢板船用樟木舢板桅叁個各長肆尺寬伍寸厚

叁寸樟木極舢板柒肆塊各長肆尺肆寸牛頭
仔極拾伍個各長貳尺均圍大壹尺做淨每折
見方尺肆拾尺用艌匠壹工舢板舵梁釘縫湊
長貳丈玖尺陸寸每丈用長陸寸釘叁拾個舢
板舵梁艌縫湊長伍丈玖尺貳寸共核用
寬壹尺伍寸厚叁寸樟木枋肆尺壹寸
圍大壹尺樟木極肆丈玖尺伍寸
長陸寸釘捌拾玖個
灰伍斤拾伍兩

桐油貳斤伍兩玖錢
蔴絲貳斤叁兩伍錢
□□貳□□兩伍錢
艌匠壹工柒分柒釐
鐵匠捌分伍釐
舂灰夫貳分壹釐
尺桅鐵箍拾貳個各長陸尺陸寸頭桅箍肆個各
長肆尺肆寸舵頭箍叁個各長肆尺柒寸　椗箍
貳個各長叁尺肆寸俱寬貳寸厚伍分椗齒塗

個各長壹尺貳寸寬柒寸厚伍分桅箍陸個各
長貳尺柒寸寬壹寸厚叁分鐵鋦陸個各圍大
陸寸以上鐵料共淨重叁百貳拾伍斤每正鐵
壹斤加耗鐵壹斤每正鐵伍斤用鐵匠壹工每
正耗鐵壹斤用炭叁斤共核用
生鐵陸百伍拾斤
炭壹千玖百伍拾斤
鐵匠陸拾伍工
油畫前船共用

烏烟叁斤伍兩
廣紅伍斤
銅碌肆兩
京紅肆兩
南粉貳斤
銀硃壹兩
陸黃肆兩
藍粉肆兩
杭粉壹兩

松香捌兩
水膠陸兩
墨貳塊
桐油肆斤
淡底壹斤
油畫匠拾工
麻大桅繂索貳條各長玖丈陸尺大柒寸伍分頭
桅繂索貳條各長捌丈大肆寸伍分大踏索貳
條各長捌丈大伍寸小踏索貳條各長伍丈大

貳寸貳分大篷繚母壹條長肆丈伍尺大捌寸小
柒寸子壹條長叁丈大肆寸大幫襯陸條各長壹
丈柒尺大貳寸小幫襯玖條各長陸尺大壹寸
陸分以上麻繩共重柒百斤每百斤用繩匠叁
工陸分共核用
麻柒百斤
繩匠貳拾伍工貳分
棕正桅索壹條長肆拾貳丈大玖寸副桅索壹條
長肆拾丈大捌寸大篷筋壹條長柒丈陸尺大

貳寸小篷筋壹條長肆丈大壹寸貳分纖紅椗
耳共拾捌條各長貳丈陸尺大貳寸貳分椗索
貳條各長壹丈陸尺大柒寸伍分大小櫓尾貳
條共長拾陸丈大伍寸叁分舵吊壹條長叁丈
大陸寸伍分以上棕繩共重柒百貳拾斤每斷
棕肆拾斤用匠壹工成繩肆拾斤用匠壹工共
核用
棕柒百貳拾斤
打棕匠拾捌工
成繩匠拾捌工

冲風旗壹面長寬各壹丈陸尺壹條龍旗壹面長
陸丈寬叁尺媽祖旗壹面長寬各伍尺大小定
風旗叁面內壹面長陸尺貳面各長肆尺伍寸
均寬壹尺共核用
幅寬壹尺色布伍拾丈
苧線拾兩
裁縫匠伍工
中桅貳門齒全各長貳丈壹尺寬壹尺貳寸厚捌

寸

中櫓貳枝各長肆丈捌尺寬捌寸厚伍寸

舢板櫓壹枝長貳丈玖尺寬柒寸厚肆寸

大小桅餅柒個

大小無底升捌百個

桅䈬上配用竹繩草繩共用

竹篾柒百貳拾斤

繩匠貳拾伍工玖分貳釐

草心柒百玖拾捌斤

繩匠拾玖工玖分伍釐

查原送成規內開打造竹繩草繩所用匠工多寡不齊今照棕麻繩索用工之例一律核定

蓬上配用大小棕纜繩子兔耳共用

棕麻貳拾玖斤

繩匠伍工捌分

刻字匠

[illegible]子匠叁工

豎立大小桅用

壯夫伍拾名

前船共用大小鐵釘叁萬伍千叁百捌拾個釘抹

釘眼每百個用桐油陸兩肆錢灰壹斤每油灰

拾斤用艌匠壹工共核用

桐油壹百肆拾壹斤捌兩叁錢

灰叁百伍拾叁斤[illegible]兩

艌匠肆拾玖工伍分叁釐

壯夫拾貳名叁分捌釐

前船共用艌匠伍百捌拾伍工陸分玖釐係照杉

松木桅核定內有樟柯等硬木用匠壹百貳拾

柒工肆分玖釐每工外加匠貳分計加匠貳拾

伍工伍分共匠陸百拾壹工壹分玖釐每百工

加安裝匠拾工計安裝匠陸拾壹工壹分貳釐

每艦匠安裝匠壹百工加隨匠壯夫貳拾名計

壯夫壹百叁拾肆名肆分陸釐

以上折造前船共用

寬壹尺厚捌寸松木柒丈捌尺陸寸每丈銀肆錢壹分肆釐

計銀叁兩貳錢伍分肆釐

查原送成規內開松木按依拾陸則丈尺計
筭每丈核銀肆錢捌分壹釐至叁錢肆分
壹釐不等多寡參差均勻計筭每丈需銀
肆錢壹分肆釐今照肆錢壹分肆釐之數
一律核定

圍大叁尺貳寸淨長肆丈貳尺大吉木叁拾肆根每根銀貳兩柒錢

計銀玖拾壹兩捌錢

圍大貳尺伍寸淨長叁丈陸尺中吉木叁拾伍根
捌尺貳寸每根銀壹兩伍錢

計銀伍拾貳兩捌錢肆分貳釐

查原送成規內開中吉木叁拾肆根今按
丈尺做法核筭應增壹根捌尺貳寸

圍大貳尺淨長叁丈貳尺浮溪木叁拾肆根壹尺
肆寸每根銀伍錢

計銀拾柒兩貳分貳釐

查原送成規內開浮溪木叁拾肆根今
按丈尺做法核筭應增壹尺肆寸

圍大[illegible]寸淨長[illegible]尺高洋木叁拾叁根
貳丈[illegible]每根銀貳錢

計銀陸兩柒錢捌分陸釐

查原送成規內開高洋木叁拾肆根
今按丈尺做法核筭應減貳尺

圍大叁尺伍寸木段柒拾丈捌尺陸寸核長壹丈
肆尺段料伍拾根捌尺陸寸每根銀陸錢

計銀叁拾兩叁錢陸分玖釐

查原送成規內開木段伍拾貳根今按
丈尺做法核筭應減壹根伍尺肆寸

寬壹尺伍寸厚叁寸樟木枋壹百拾捌丈伍尺玖
寸核長壹丈柒尺枋料陸拾玖塊壹丈貳尺玖
寸每塊銀壹兩叁錢

計銀玖拾兩陸錢捌分陸釐

查原送成規內開樟枋柒拾壹塊今按
丈尺做法核筭應減壹塊肆尺壹寸

寬壹尺厚叁寸長捌尺貳寸樟木板陸塊每塊銀肆錢壹
分捌釐

計銀貳兩伍錢捌釐

查原送成規內開樟木枋梁座梁頭壹則至
拾柒則各長壹丈柒尺寬壹尺伍寸厚叁
寸每塊開銀壹兩叁錢托浪樟木板第壹
則長陸尺伍寸寬壹尺厚叁寸每塊開銀
伍錢第貳則至拾柒則各長捌尺寬壹尺
厚叁寸每塊亦開銀伍錢價值參差今但
照梁座梁頭之
價一律核定

寬壹尺貳寸厚叁寸松木枋壹百拾貳丈伍尺貳
寸核長壹丈柒尺枋料陸拾陸塊叁尺貳寸

銀叁錢伍分

計銀貳拾叁兩壹錢陸分陸釐

查原造成規內開松木枋陸拾捌塊今核丈尺做法核算應減壹塊壹丈叁尺捌寸

閣大壹尺樟木極柒拾丈玖尺伍寸核長壹丈貳尺樟極伍拾玖塊壹尺伍寸每塊銀貳錢

計銀拾壹兩捌錢貳分伍釐

查原造成規內開樟木極陸拾塊今核丈尺做法核算應減壹丈伍寸

直壹尺伍寸厚叁寸柯樹木枋拾丈伍尺陸寸每丈銀伍錢柒分[illegible]伍毫

計銀陸兩[illegible]叁分五釐

寬壹尺厚叁寸柯樹木枋拾柒丈伍尺伍寸每丈銀叁錢捌分壹毫

計銀陸[illegible]陸錢[illegible]分柒釐

查原造成[illegible]樟木馬面壹則至拾柒則長[illegible]尺寬壹尺厚叁寸每則[illegible]兩款筋及龍骨等料壹則[illegible]則各長[illegible]丈[illegible]尺寬壹尺厚叁寸[illegible]銀壹兩[illegible]則至拾柒則各長叁丈伍尺寬壹尺厚[illegible]寸每塊開銀貳兩價值叁[illegible]分俱照[illegible]一律[illegible]

閣大捌寸長壹丈[illegible]硬木棍捌拾根每根銀捌分

計銀陸兩[illegible]

寬陸寸厚壹寸杉木板肆拾丈捌尺每丈銀[illegible]錢

計銀拾[illegible]兩[illegible]錢貳分

閣大柒寸長壹丈捌尺伍寸樟木壹根

計銀柒兩玖分[illegible]

閣八伍尺叁寸長[illegible]伍尺伍寸樟木壹根

計銀叁兩肆錢玖釐

見方貳尺肆寸長捌尺貳寸樟木壹塊

計銀肆兩肆錢叁分捌釐

閣大[illegible]尺陸寸長伍尺捌寸樟木壹段

計銀玖錢陸分

寬貳尺壹寸厚捌寸長壹丈柒尺貳寸樟木壹塊

計銀貳兩柒錢壹分肆釐

閣大柒尺伍寸長柒尺柒寸樟木壹段

計銀叁兩叁錢玖分壹釐

寬貳尺貳寸厚壹尺壹寸長壹丈貳尺貳寸樟木貳塊每塊銀貳兩柒錢柒分叁釐

計銀伍兩伍錢肆分陸釐

寬壹尺捌寸厚捌寸長壹丈樟木貳塊每塊銀壹兩叁錢伍分叁釐
計銀貳兩柒錢陸釐
寬貳尺厚玖寸伍分長壹丈陸尺貳寸樟木貳塊每塊銀貳兩捌錢玖分貳釐
計銀伍兩柒錢捌分肆釐
圍大肆尺柒寸長壹丈伍尺伍寸樟木壹根
計銀貳兩陸錢捌分壹釐
寬壹尺貳寸厚陸寸長壹丈捌尺貳寸樟木壹塊

計銀壹兩貳錢叁分壹釐
寬貳尺肆寸厚陸寸長柒尺柒寸樟木壹塊
計銀貳兩肆分叁釐
查原造[illegible]規內[illegible]則至今[illegible]每則用[illegible]木含[illegible]等[illegible]戰款所[illegible]逐[illegible]修[illegible]其[illegible]關[illegible]玖分[illegible]叁釐[illegible]陸絲[illegible]毫[illegible]一律[illegible]定
寬壹尺肆寸厚捌寸長壹丈捌尺貳寸楮木壹根
計[illegible]陸兩
圍大叁尺伍寸長[illegible]丈桅木壹根

計銀肆拾[illegible]
圍大肆尺叁寸長伍丈桅木壹根
計銀柒兩
長壹尺[illegible]伍百柒拾捌個每貳個重壹斤計重貳百[illegible]拾[illegible]斤[illegible]計[illegible]百柒拾貳個每伍個重壹斤[illegible]伍拾肆斤陸兩肆錢長陸寸釘貳萬[illegible]陸拾個每拾[illegible]個重壹斤計重壹千叁百柒拾柒斤[illegible]兩叁錢長伍寸釘壹萬叁千貳百柒[illegible]個每貳拾個重壹斤計重陸百陸拾叁斤捌兩長肆寸釘陸百個每叁拾個重壹斤計重貳拾斤以上鐵釘共重貳千肆百肆斤叁兩柒錢除選用舊釘壹千玖拾肆斤叁兩柒錢外添新壹千叁百拾斤每斤銀貳分貳釐

計銀貳拾捌兩捌錢貳分
灰貳千柒百陸拾叁斤貳兩每百斤銀貳錢
計銀伍兩伍錢貳分陸釐
桐油壹千壹百玖斤肆兩捌錢每斤銀叁分
計銀叁拾叁兩貳錢柒分玖釐

綢紗玖百叁斤捌兩伍錢 每斤銀壹分貳釐

計銀拾兩捌錢肆分貳釐

竹絲玖百叁斤捌兩伍錢 每斤銀壹釐

計銀玖兩肆錢貳分[illegible]釐

牛筋陸百伍拾斤 每斤銀壹分

計銀陸兩伍錢

炭壹千肆百伍拾斤 每百斤銀壹錢[illegible]分

計銀[illegible]兩壹錢貳[illegible]

烏烟叁斤 每斤銀壹[illegible]分[illegible]釐

計銀伍分

廣紅伍斤 每斤銀伍分

計銀貳錢伍分

銅碌肆兩 每斤銀叁錢

計銀柒分伍釐

京紅肆兩 每斤銀捌分

計銀貳分

西粉貳斤 每斤銀壹分

計銀貳分

銀硃壹兩 每斤銀陸錢肆分

計銀肆分

藤黃肆兩 每斤銀貳錢

計銀伍分

藍粉肆兩 每斤銀捌分

計銀貳分

杭粉壹兩 每斤銀壹錢陸分

計銀壹分

水膠陸兩 每斤銀肆分

計銀壹分伍釐

松香[illegible] 每斤銀[illegible]分

計銀壹分

[illegible]壹斤 每斤銀[illegible]分

計銀貳分

淡[illegible]壹斤

計銀伍分

麻茶百斤 每斤銀壹錢伍釐

計銀拾兩伍錢

棕柒百貳拾斤 每斤銀叄分
計銀貳拾壹兩陸錢
幅寬壹尺色布伍拾丈 每丈銀壹錢
計銀伍兩
苧線拾兩 每斤銀壹錢貳分
計銀柒分伍釐
椗貳門齒全各長貳丈壹尺寬壹尺貳寸厚捌寸 每門銀貳兩壹錢伍釐
計銀肆兩貳錢壹分

櫓貳枝各長肆丈捌尺寬捌寸厚伍寸 每枝銀壹兩玖錢伍分柒釐
計銀叄兩玖錢壹分肆釐
舢板櫓壹枝長貳丈玖尺寬柒寸厚肆寸
計銀叄錢柒分貳釐
大風篷壹扇長陸丈陸尺寬叄丈貳尺
計銀陸兩伍錢捌分伍釐
頭風篷壹扇長叄丈叄尺寬壹丈陸尺
計銀壹兩陸錢肆分陸釐

查原送成規內開壹則至拾柒則大篷每扇銀伍兩伍錢頭篷每扇銀壹兩伍錢所開丈尺大篷長自肆丈捌尺至柒丈寬自貳丈陸尺至叄丈叄尺不等頭篷長自貳丈肆尺至叄丈伍尺寬自壹丈肆尺至壹丈陸尺伍寸不等俱屬參差均勻核計每折見方壹丈需銀叄錢壹分壹釐捌毫今照叄錢壹分壹釐捌毫之數分別核定
大小桅餅柒個 每個銀柒分
計銀肆錢玖分
大小無底升捌百個 每百個銀捌分
計銀陸錢肆分
竹篾柒百貳拾斤 每百斤銀壹錢陸分
計銀壹兩壹錢伍分貳釐

草心柒百玖拾捌斤 每百斤銀柒分
計銀伍錢伍分玖釐
櫃篠貳拾玖斤 每斤銀貳分伍釐
計銀柒錢貳分伍釐
艌匠陸百拾壹工壹分玖釐
安裝匠陸拾壹工壹分貳釐
鋸匠壹百陸拾捌工伍分陸釐
艌匠叄百玖拾叄工柒分壹釐

鐵匠陸拾伍工

油畫匠拾工

繩匠柒拾壹工柒釐

棕匠叁拾陸工

裁縫匠伍工

藤匠伍工捌分

刻字匠叁工

壯夫貳百捌拾壹名壹分陸釐

以上共匠夫壹千柒百拾壹工陸分壹釐每工銀伍分

計銀捌拾伍兩伍錢捌分

又置備物件開後

水桶叁拾件每件銀叁分

計銀玖錢

鐵鍋叁口換新每口貼工料銀壹錢貳分

計銀叁錢陸分

鼓壹面修理換皮

計銀肆錢捌分

金壹面重肆斤換新料每斤貼工料銀柒分

計銀貳錢捌分

以上折造前船成規內開共需工料銀柒百拾伍兩陸錢伍分陸釐內部價銀叁百肆拾兩柒錢捌分陸釐加捌津貼并另加叁分銀叁百柒拾肆兩捌錢陸分肆釐陸毫臺廠運費銀陸拾捌兩壹錢伍分柒釐貳毫今按條查核分別增減更正需用工料銀柒百拾兩玖錢陸釐內部價銀叁百叁拾捌兩伍錢貳分柒釐加捌津貼并另加叁分銀叁百柒拾貳兩叁錢柒分玖釐臺廠運費銀陸拾柒兩柒錢伍釐計節減工料銀肆兩柒錢肆分肆釐陸毫運費銀肆錢伍分貳釐貳毫行令該撫于前船屆應折造之期將節減銀兩在于應領銀內扣除至大小修理成規內開大修工料銀肆百捌拾壹兩伍分玖釐內部價銀貳百拾捌兩陸錢陸分柒釐加玖津貼并另加叁分銀貳百陸拾貳兩叁錢玖分陸釐臺廠運費銀肆拾叁兩柒錢叁分叁釐小修工料銀叁百肆拾叁兩玖錢陸分叁釐內部

價銀壹百肆拾玖兩伍錢肆分玖釐加拾津貼[illegible]
另加叁分銀壹百玖拾肆兩肆錢壹分肆釐臺[illegible]
運費銀貳拾玖兩玖錢壹分其餘貳船做此

福建省外海戰船做法

第拾肆則趕繒船叁隻內臺灣協標右營[illegible]號船壹隻身長捌丈壹尺頭起䑯伍尺尾起䑯肆尺船頭長叁丈壹尺面勺寬壹丈肆尺底勺寬壹丈貳尺肆寸船中長貳丈柒尺面勺寬貳丈貳寸底勺寬壹丈伍尺肆寸船尾長貳丈叁尺面勺寬壹丈玖尺貳寸底勺寬壹丈肆尺玖寸兩邊䑭長拾丈計貳拾壹艙深陸尺玖寸肆分

今將拆造前船需用工料價值細數開後

計開

船底松木龍骨壹道計叁節船頭壹節長貳丈陸尺船中壹節連交接匙頭長肆丈貳尺船尾壹節長壹丈伍尺共湊長捌丈叁尺均寬壹尺厚捌寸做淨每折見方尺貳拾尺用艌匠壹工交接匙頭貳處每處用長壹尺釘捌個又每邊用長陸寸釘拾貳個共核用

寬壹尺厚捌寸松木枋捌丈叁尺陸寸

查成規內開大吉中吉浮溪高洋肆項木植俱截去尖梢作欄杆竈櫃幾千木牌等項之用其本身木料毋庸另加長荒外一切杉段各料有截去壹貳尺至叁伍尺不一者亦有未加長荒者參差不一今將杉段各料每件長伍尺以內者加長荒壹寸伍尺以外者加長荒貳寸圓徑樟木料長壹丈以內者每根加長荒貳寸長壹丈以外者每根加長荒伍寸一律核定

長壹尺釘拾陸個

長陸寸釘貳拾肆個

艌匠拾肆工玖分肆釐

船底板連起龍長捌丈壹尺內船底勻寬壹丈肆尺柒寸陸分兩站各勻高柒尺玖寸柒分添換用長肆丈貳尺寬捌寸厚叁寸大吉木板陸拾陸塊做淨每折見方尺捌拾尺用艌匠壹工鋸板折寬壹尺長柒丈用鋸匠壹工以下鋸板釘用工做此縫湊長貳百柒拾柒丈貳尺每丈用長陸寸釘叁拾個艌縫湊長伍百伍拾肆丈肆尺每丈用灰壹斤桐油陸兩肆錢綢紗竹絲各陸兩每柒丈用艌匠壹工舂製油灰每肆拾斤用舂灰夫壹名以下艌縫用工用料做此共核用

圍大叁尺貳寸淨長肆丈貳尺大吉木貳拾貳根

長陸寸釘捌千叁百拾陸個

灰伍百伍拾肆斤陸兩

桐油貳百貳拾壹斤拾貳兩貳錢

綢紗貳百柒斤拾肆兩肆錢

竹絲貳百柒斤拾肆兩肆錢

艌匠柒拾陸工貳分叁釐

鋸匠肆拾叁工伍分陸釐

艌匠柒拾玖工貳分

舂灰夫拾玖名肆分

各艙樟木梁座叁拾陸塊內船頭配用拾貳塊湊長拾捌丈船中拾貳塊湊長貳拾丈肆尺船尾拾貳塊湊長貳拾丈肆尺艙梁貳拾柒塊內船頭玖塊湊長拾肆丈肆尺船中玖塊湊長拾伍丈叁尺船尾玖塊湊長拾伍丈叁尺均寬壹尺伍寸厚叁寸松木梁頭伍拾肆塊內船頭配用拾捌塊湊長貳拾捌丈捌尺船中拾捌塊湊長

叁拾丈陸尺船尾拾捌塊湊長叁拾丈陸尺均
寬壹尺貳寸厚叁寸硬木棍穩𢃄玖根各長壹
丈叁尺圍大捌寸梁座梁頭做淨每折見方大
捌拾尺用艦匠壹工穩𢃄肆拾尺用艦匠壹工
釘縫湊長貳百伍丈伍尺每丈用長陸寸釘叁
拾個艌縫湊長肆百拾壹丈共核用
寬壹尺伍寸厚叁寸樟木枋壹百伍丈陸寸
寬壹尺貳寸厚叁寸松木枋玖拾壹丈捌寸
圍大捌寸長壹丈叁尺硬木棍玖根

長陸寸釘陸千壹百陸拾伍個
灰肆百拾壹斤
桐油壹百陸拾肆斤陸兩肆錢
網紗壹百伍拾肆斤貳兩
竹絲壹百伍拾肆斤貳兩
艦匠捌拾貳工捌分
艌匠伍拾捌工柒分壹釐
舂灰夫拾肆名叁分玖釐
各艙配用樟木極肆拾貳塊內虎䠒艙極貳塊各

長玖尺伍寸冲天極貳塊拜棚極貳塊各長壹
丈壹尺小官廳極貳塊各長壹丈大桅艙極貳
塊油婆艙前後極肆塊官廳艙極貳塊通鋪前
後極肆塊辦公艙極貳塊舵公艙極貳塊中轉
水極貳塊各長壹丈貳尺八字極貳塊各長壹
丈伍寸鰍魚極貳塊各長柒尺尾裡極肆塊下
金極貳塊下擔極貳塊各長陸尺斗蓋極貳塊
各長伍尺頭轉水極貳塊各長玖尺均圍大壹
尺做淨每折見方尺肆拾尺用艦匠壹工每塊

用長陸寸釘貳個艌縫湊長捌拾貳丈共核用
圍大壹尺樟木極肆拾壹丈捌尺貳寸
長陸寸釘捌拾貳個
灰捌拾貳斤
桐油叁拾貳斤拾貳兩捌錢
網紗叁拾斤拾貳兩
竹絲叁拾斤拾貳兩
艦匠拾工貳分伍釐
艌匠拾壹工柒分壹釐

舂灰夫貳名捌分柒釐
船身兩旁走馬貳條水蛇貳條各長捌丈肆尺寬捌寸厚肆寸做淨每折見方尺肆拾尺用艌匠壹工走馬釘縫湊長拾陸丈捌尺每丈用長壹尺釘叁拾個水蛇釘縫湊長拾陸丈捌尺每肆尺用長壹尺釘叁個艌縫湊長陸拾柒丈貳尺共核用
圍大叁尺貳寸淨長肆丈貳尺大吉木肆根
長壹尺釘陸百叁拾個

灰陸拾柒斤叁兩
桐油貳拾陸斤拾肆兩壹錢
網紗貳拾伍斤叁兩貳錢
竹絲貳拾伍斤叁兩貳錢
艌匠貳拾工壹分陸釐
鋸匠伍工柒分陸釐
艌匠玖工陸分
舂灰夫貳名叁分伍釐
船面兩旁艙板長捌丈湊寬壹丈肆尺貳寸添換用長肆丈貳尺寬捌寸厚叁寸大吉木板貳拾壹塊做淨每折見方尺捌拾尺用艌匠壹工釘縫湊長捌拾捌丈貳尺每丈用長陸寸釘叁拾個艌縫湊長壹百柒拾陸丈肆尺共核用
圍大叁尺貳寸淨長肆丈貳尺大吉木柒根
長陸寸釘貳千陸百肆拾陸個
灰壹百柒拾陸斤陸兩
桐油柒拾斤玖兩
網紗陸拾陸斤貳兩肆錢

竹絲陸拾陸斤貳兩肆錢
艌匠貳拾肆工貳分陸釐
鋸匠拾叁工捌分陸釐
艌匠貳拾伍工貳分
舂灰夫陸名壹分柒釐
兩旁艙板各長拾丈高柒尺添換用長叁丈陸尺寬伍寸捌分厚貳寸伍分中吉木板伍拾肆塊
兩旁添換木段艙柱柒根各長柒尺圍大叁尺貳寸艙板做淨每折見方尺捌拾尺用艌匠壹

工舨柱肆拾尺用艌匠壹工舨板釘縫湊長壹百玖拾肆丈肆尺每丈用長伍寸釘叁拾個舨杙釘縫湊長肆丈玖尺每丈用長陸寸釘叁拾個艌縫湊長叁百玖拾捌丈陸尺共核用

圍大貳尺伍寸淨長叁丈陸尺中吉木拾捌根

圍大叁尺伍寸木段伍丈肆寸

長陸寸釘壹百肆拾柒個

長伍寸釘伍千捌百叁拾貳個

灰叁百玖拾捌斤拾兩

桐油壹百伍拾玖斤柒兩

網紗壹百肆拾玖斤柒兩陸錢

竹絲壹百肆拾玖斤柒兩陸錢

艌匠肆拾肆工貳分陸釐

鋸匠貳拾叁工伍釐

艌匠伍拾陸工玖分肆釐

舂灰夫拾叁名玖分伍釐

造成艍內舨板未載艌高尺寸今按舨柱長丈核定

兩旁舨艭貳拾伍塊各長叁尺柒寸圍大壹尺做淨每折見方尺肆拾尺用艌匠壹工每塊用長陸寸釘貳個艌縫湊長拾捌丈伍尺共核用

圍大壹尺樟木極玖丈伍尺

長陸寸釘伍拾個

灰拾捌斤捌兩

桐油柒斤陸兩肆錢

網紗陸斤拾伍兩

竹絲陸斤拾伍兩

艌匠貳工叁分壹釐

艌匠貳工陸分肆釐

舂灰夫陸分伍釐

舨上前後浮溪木鼠橋板肆塊各長貳丈柒尺寬伍寸厚貳寸高洋木舨壓板貳塊各長捌丈陸尺寬肆寸厚貳寸兩邊木段猴袋板肆塊各長壹丈肆尺寬捌寸厚貳寸伍分做淨每折見方尺捌拾尺用艌匠壹工鼠橋板壓板釘縫湊長貳拾捌丈每丈用長伍寸釘叁拾個壓杉艌縫

湊長叁拾肆丈肆尺共核用
圍大貳尺淨長叁丈貳尺浮溪木壹根肆尺
圍大壹尺陸寸淨長貳丈捌尺高洋木叁根
貳尺
圍大叁尺伍寸木段壹丈肆尺貳寸
長伍寸釘捌百肆拾個
灰叁拾肆斤陸兩
桐油拾叁斤拾貳兩貳錢
網紗拾貳斤拾肆兩肆錢

竹絲拾貳斤拾肆兩肆錢
艦匠伍工玖分肆釐
鋸匠叁工叁分玖釐
艌匠肆工玖分壹釐
舂灰夫壹名貳分
兩旁苿抽貳條大壓貳條水戧貳條各長捌丈肆
尺寬陸寸陸分厚叁寸伍分做淨每折見方尺
肆拾尺用艌匠壹工釘縫湊長伍拾丈肆尺每
丈用長陸寸釘叁拾個艌縫湊長壹百丈捌尺

共核用
圍大貳尺伍寸淨長叁丈陸尺中吉木柒根
長陸寸釘壹千伍百拾貳個
灰壹百斤拾叁兩
桐油肆拾斤伍兩壹錢
網紗叁拾柒斤拾貳兩捌錢
竹絲叁拾柒斤拾貳兩捌錢
艦匠貳拾伍工肆分伍釐
鋸匠柒工貳分柒釐

艌匠拾肆工肆分
舂灰夫叁名伍分叁釐
官廳前後梁叁根用中吉木各長貳丈圍大貳尺
貳寸戧櫃板拾捌塊各長貳丈湊寬壹丈壹尺
捌寸捌分後牆板拾塊各長壹丈陸尺湊寬陸
尺陸寸左右牆板拾伍塊各長捌尺湊寬玖尺
玖寸麒麟堵枋拾塊大砲枋拾塊各長肆尺貳
寸湊寬壹丈叁尺貳寸用寬伍寸捌分厚貳寸
伍分板捌拾貳丈叁尺捌寸陸分浮溪木官廳

貼柱捌根各長壹丈叁尺見方伍寸官廳門板
捌塊各長肆尺湊寬肆尺貳寸肆分鋪板叁拾
塊各長壹丈壹尺肆寸湊寬壹丈伍尺玖寸用
寬伍寸厚貳寸板叁拾玖丈陸尺肆寸肆分高
洋木戰櫃挑貳塊官廳側板貳塊踏板貳塊各
長壹丈柒尺寬肆寸厚貳寸木段冲天蓋板拾
貳塊各長肆尺陸寸寬捌寸厚貳寸伍分官廳
梁貼柱做淨每折見方尺肆拾尺用艌匠壹工
戰櫃各板捌拾尺用艌匠壹工戰櫃板墻板冲

天蓋板官廳門板釘縫湊長捌拾壹丈柒尺肆
寸每丈用長伍寸釘叁拾個戰櫃板墻板冲天
蓋板艌縫湊長壹百伍拾陸丈陸尺玖寸陸分
共核用
圍大貳尺伍寸淨長叁丈陸尺中吉木玖根
壹丈陸寸
圍大貳尺淨長叁丈貳尺浮溪木柒根壹丈
貳尺壹寸
圍大壹尺陸寸淨長貳丈捌尺高洋木壹根
貳丈叁尺
圍大叁尺伍寸木段壹丈肆尺壹寸
長伍寸釘貳千肆百伍拾貳個
灰壹百伍拾陸斤拾壹兩
桐油陸拾貳斤拾兩玖錢
網紗伍拾捌斤拾貳兩貳錢
竹絲伍拾捌斤拾貳兩貳錢
艌匠叁拾伍工伍分壹釐
鋸匠拾陸工玖分貳釐

舵匠貳拾貳工叁分玖釐
舂灰夫伍名肆分捌釐
官廳前遍鋪板肆塊各長壹丈陸尺後遍鋪板貳
塊各長壹丈柒尺均寬壹尺貳寸厚叁寸做淨
每折見方尺捌拾尺用艌匠壹工釘縫湊長玖
丈捌尺每丈用長陸寸釘叁拾個艌縫湊長拾
玖丈陸尺共核用
寬壹尺貳寸厚叁寸松木枋玖丈玖尺貳寸
長陸寸釘貳百玖拾肆個

灰拾玖斤拾兩
桐油柒斤拾叁兩肆錢
綢紗柒斤伍兩陸錢
竹絲柒斤伍兩陸錢
艌匠叁工陸分捌釐
艌匠貳工捌分
舂灰夫陸分玖釐
官廳兩旁高洋木猫裡柱肆根各長肆尺圍大壹
尺叁寸木段猫裡上下袱肆塊各長柒尺寬捌

寸厚肆寸浮溪木官廳內猫裡墻板拾陸塊
板捌塊各長肆尺湊寬壹丈貳尺柒寸貳分猫
裡棬兩旁板拾捌塊各長伍尺叁寸湊寬玖尺
伍寸肆分用寬伍寸厚貳寸板貳拾丈貳尺捌
寸捌分猫裡柱上下袱做淨每折見方尺肆拾
尺用艌匠壹工猫裡各板捌拾尺用艌匠壹工
猫裡墻板門板釘縫湊長拾丈壹尺柒寸陸分
每丈用長伍寸釘叁拾個共核用
圍大壹尺陸寸淨長貳丈捌尺高洋木壹丈

陸尺
圍大貳尺淨長叁丈貳尺浮溪木貳根叁尺
陸寸
圍大叁尺伍寸木段壹丈肆尺肆寸
長伍寸釘叁百伍個
艌匠伍工柒分伍釐
鋸匠貳工伍分壹釐
官廳內中吉木炕床槓貳根各長壹丈陸尺圍大
貳尺貳寸虎頭艙浮溪木鋪板捌塊各長柒尺

湊寬肆尺貳寸肆分虎頭艙門板捌塊各長肆
尺湊寬肆尺貳寸肆分用寬伍寸厚貳寸板玖
丈叁尺貳寸捌分炕床槓做淨每折見方尺肆
拾尺用艌匠壹工虎頭艙各板捌拾尺用艌匠
壹工虎頭艙門板釘縫湊長叁丈叁尺玖寸貳
分每丈用長伍寸釘叁拾個共核用
圍大貳尺伍寸淨長叁丈陸尺中吉木叁丈
貳尺
圍大貳尺淨長叁丈叁尺浮溪木叁丈壹尺

壹寸
長伍寸釘壹百貳個
艌匠叁工叁分玖釐
鋸匠玖分叁釐
兩旁緻面戰棚板用長叁丈貳尺寬伍寸厚貳寸
浮溪木板貳拾柒塊各艙內鋪板用長肆尺寬
肆寸厚壹寸高洋木板叁百叁拾陸塊做淨每
折見方尺捌拾尺用艌匠壹工共核用
圍大貳尺淨長叁丈貳尺浮溪木玖根

圍大壹尺陸寸淨長貳丈捌尺高洋木拾貳
根
艌匠叁拾壹工玖分貳釐
鋸匠拾捌工貳分肆釐
兩旁緻上緻牛陸塊各長捌尺各艙口扛豆伍塊
各長壹丈柒尺均寬壹尺貳寸厚叁寸做淨每
折見方尺肆拾尺用艌匠壹工緻牛每塊用長
陸寸釘肆個扛豆釘縫湊長捌丈伍尺每丈用
長陸寸釘叁拾個艌縫湊長貳拾陸丈陸尺共

核用
寬壹尺貳寸厚叁寸松木枋拾叁丈伍尺試
寸
長陸寸釘貳百柒拾玖個
灰貳拾陸斤拾兩
桐油拾斤拾兩貳錢
網紗玖斤拾伍兩陸錢
竹絲玖斤拾伍兩陸錢
艌匠玖工玖分捌釐

艌匠叁工捌分
舂灰夫玖分叁釐
各艙蓋板用長陸尺玖寸寬捌寸厚貳寸伍分木
段板玖拾塊艙蓋下大通槽拾貳個側槽陸個
水槽陸個各長肆尺陸寸寬壹尺厚捌寸小通
槽玖個各長肆尺陸寸見方捌寸艙蓋用柯樹
木枕頭玖塊各長肆尺捌寸寬壹尺厚叁寸艙
蓋板枕頭木做淨每折見方尺捌拾尺用艌匠
壹工通槽等槽叁拾尺用艌匠壹工艙蓋板釘

縫湊長陸拾貳丈壹尺每丈用長伍寸釘叄拾
個艌縫湊長壹百貳拾肆丈貳尺共核用
　圍大叄尺伍寸木段叄拾壹丈肆尺捌寸
　寬壹尺厚叄寸柯榔木枋肆丈肆尺壹寸
　長伍寸釘壹千捌百陸拾叄個
　灰壹百貳拾肆斤叄兩
　桐油肆拾玖斤拾兩玖錢
　網紗肆拾陸斤玖兩貳錢
　竹絲肆拾陸斤玖兩貳錢

　艌匠叄拾伍工叄分柒釐
　鋸匠拾叄工壹分
　艌匠拾柒工柒分肆釐
　舂灰夫肆名叄分伍釐
兩旁艕邊用高洋木牛欄肆根內船頭貳根船後
貳根各長貳丈捌尺圍大壹尺叄寸做淨每折
見方尺肆拾尺用艌匠壹工共核用
　圍大壹尺陸寸淨長貳丈捌尺高洋木肆根
　艌匠叄工陸分肆釐

船頭斗蓋用樟木壹塊長壹丈伍尺闊大肆尺柒
寸蝦箍梁壹塊長捌尺伍寸斗蓋下兎耳壹塊
長捌尺均寬壹尺伍寸厚叄寸托浪板陸塊各
長捌尺寬壹尺厚叄寸斗蓋蝦箍梁兎耳做淨
每折見方尺肆拾尺用艌匠壹工托浪板捌拾
尺用艌匠壹工斗蓋用長捌寸釘拾貳個蝦箍
梁托浪板釘縫湊長伍丈陸尺伍寸每丈用長
陸寸釘叄拾個兎耳釘縫長捌尺每丈用長伍
寸釘叄拾個蝦箍梁兎耳托浪板艌縫湊長拾

貳丈玖尺共核用
　圍大肆尺柒寸長壹丈伍尺伍寸樟木壹根
　寬壹尺伍寸厚叄寸樟木枋壹丈陸尺玖寸
　寬壹尺厚叄寸長捌尺貳寸樟木板陸塊
　長捌寸釘拾貳個
　長陸寸釘壹百柒拾個
　長伍寸釘貳拾肆個
　灰拾貳斤拾肆兩
　桐油伍斤貳兩陸錢

綢紗肆斤拾叁兩肆錢
竹絲肆斤拾叁兩肆錢
艌匠肆工捌分壹釐
艌匠壹工捌分肆釐
舂灰夫肆分伍釐

中舍櫃壹塊長壹丈捌尺圍大柒尺頭舍櫃壹塊
長壹丈伍尺圍大伍尺叁寸舍櫃梁壹塊長壹
丈柒尺頭舍櫃關壹塊長壹丈貳尺均寬壹尺
伍寸厚叁寸做淨每折見方尺叁拾尺用艌匠

壹工舍櫃梁釘縫長壹丈柒尺每丈用長陸寸
釘叁拾個舍櫃舍櫃梁艌縫湊長拾丈共核用
圍大柒尺長壹丈捌尺伍寸樟木壹根
圍大伍尺叁寸長壹丈伍尺伍寸樟木壹根
寬壹尺伍寸厚叁寸樟木枋貳丈玖尺肆寸
長陸寸釘伍拾壹個
灰拾斤
桐油肆斤
綢紗叁斤拾貳兩

竹絲叁斤拾貳兩
艌匠拾工叁分叁釐
艌匠壹工肆分叁釐
舂灰夫叁分伍釐
中轉水貳塊各長壹丈陸尺寬貳尺厚玖寸伍分
樟木極轉水鞋貳塊各長柒尺圍大壹尺做淨
每折見方尺肆拾尺用艌匠壹工轉水每塊用
長壹尺釘貳個轉水鞋每塊用長陸寸釘柒個
艌縫湊長玖丈貳尺共核用

寬貳尺厚玖寸伍分長壹丈陸尺貳寸樟木
貳塊
圍大壹尺樟木極壹丈肆尺肆寸
長壹尺釘肆個
長陸寸釘拾肆個
灰玖斤叁兩
桐油叁斤拾兩玖錢
綢紗叁斤柒兩貳錢
竹絲叁斤柒兩貳錢

艌匠伍工柒釐
舵匠壹工叁分壹釐
舂灰夫叁分貳釐
船尾用浮溪木拜棚横叁根各長壹丈陸尺尾樓舨柱肆根各長肆尺均圍大壹尺柒寸木段尾舨板捌塊各長壹丈肆尺寬捌寸厚貳寸伍分拜棚横尾舨柱做淨每折見方尺肆拾尺用艌匠壹工尾舨板捌拾尺用艌匠壹工尾舨板釘縫湊長拾壹丈貳尺每丈用長伍寸釘叁拾個

共核用
圍大貳尺淨長叁丈貳尺浮溪木貳根
圍大叁尺伍寸木段貳丈捌尺肆寸
長伍寸釘叁百叁拾陸個
艌匠伍工陸分陸釐
鋸匠壹工陸分捌釐
船尾用樟木下金壹塊長柒尺伍寸圍大柒尺伍寸繚牛壹副長柒尺伍寸寬貳尺肆寸厚陸寸尾樓上金壹塊長壹丈柒尺寬貳尺壹寸厚捌寸七星冠壹塊長壹丈捌尺寬壹尺貳寸厚陸寸硬木棍下金栓貳根繚牛樧貳根各長陸尺伍寸圍大捌寸木段繚牛槓肆根各長柒尺圍大叁尺貳寸下金繚牛上金七星冠做淨每折見方尺叁拾尺用艌匠壹工下金栓繚牛樧繚牛槓肆拾尺用艌匠壹工下金用長捌寸釘拾捌個繚牛用長捌寸釘貳拾貳個上金用長壹尺釘拾捌個繚牛樧釘縫湊長壹丈叁尺每丈用長伍寸釘叁拾個下金艙縫長柒尺伍寸共

核用
圍大柒尺伍寸長柒尺柒寸樟木壹段
寬貳尺肆寸厚陸寸長柒尺柒寸樟木壹塊
寬貳尺壹寸厚捌寸長壹丈柒尺貳寸樟木
壹塊
寬壹尺貳寸厚陸寸長壹丈捌尺貳寸樟木
壹塊
圍大捌寸長壹丈叁尺硬木棍貳根
圍大叁尺伍寸木段貳丈捌尺捌寸

長壹尺釘拾捌個
長捌寸釘肆拾個
長伍寸釘叁拾玖個
灰拾貳兩
桐油肆兩捌錢
網紗肆兩伍錢
竹絲肆兩伍錢
艌匠拾壹工捌分捌釐
艌匠壹分壹釐

舂灰夫叁釐
船尾舵邊用木段硬筋貳根各長壹丈肆尺圍大叁尺貳寸尾樓鲂魚翅貳塊各長柒尺寬壹尺厚肆寸紗帽匙貳塊鷄毋宿壹塊尾燕板壹塊各長壹丈肆尺寬捌寸厚貳寸伍分柯㭘木軟筋貳塊各長壹丈肆尺寬壹尺厚叁寸硬筋鲂魚翅軟筋做淨每折見方尺肆拾尺用艌匠壹工紗帽匙各板捌拾尺用艌匠壹工硬筋頭尾用長陸寸釘拾貳個共核用

圍大叁尺伍寸木段肆丈玖尺捌寸
寬壹尺厚叁寸柯㭘木枋貳丈捌尺肆寸
長陸寸釘拾貳個
艌匠陸工伍分壹釐
鋸匠壹工壹分貳釐
尾樓上用浮溪木鋪板貳拾壹塊各長肆尺尾座板肆塊各長壹丈貳尺紕邊寄菜板貳塊各長壹丈肆尺碗格貳塊各長壹丈壹尺均寬伍寸厚貳寸高洋木尾樓挑貳塊櫓棚壹塊各長壹

丈柒尺寬肆寸厚貳寸做淨每折見方尺捌拾尺用艌匠壹工尾樓鋪板釘縫湊長捌丈肆尺每丈用長伍寸釘叁拾個共核用
圍大貳尺淨長叁丈貳尺浮溪木壹根貳丈捌尺柒寸
圍大壹尺陸寸淨長貳丈捌尺高洋木貳丈伍尺伍寸
長伍寸釘貳百伍拾貳個
艌匠叁工玖分伍釐

鋸匠貳工貳分陸釐

船尾用樟木櫓通板叁塊各長壹丈柒尺櫓門枋壹塊櫓床貳塊各長伍尺均寛壹尺伍寸厚叁寸櫓通板做淨每折見方尺捌拾尺用艌匠壹工櫓門枋櫓床肆拾尺用艌匠壹工櫓床每塊用長捌寸釘拾貳個櫓通板釘縫湊長伍丈壹尺每丈用長陸寸釘叁拾個櫓床櫓通板艌縫湊長拾貳丈貳尺共核用

寛壹尺伍寸厚叁寸樟木枋陸丈陸尺玖寸

長捌寸釘貳拾肆個

長陸寸釘壹百伍拾叁個

灰拾貳斤叁兩

桐油肆斤拾肆兩壹錢

網紗肆斤玖兩貳錢

竹絲肆斤玖兩貳錢

艌匠叁工陸分伍釐

艌匠壹工柒分肆釐

舂灰夫肆分叁釐

水仙門兩旁用浮溪木邊柱陸根中柱貳根各長肆尺圍大壹尺柒寸水仙門板拾肆塊各長肆尺湊寛柒尺肆寸貳分用寛伍寸厚貳寸板伍丈玖尺叁寸陸分樟木極百子舵拾陸塊各長陸尺圍大壹尺船中浮溪木蝦𥱼心壹根長叁丈貳尺圍大壹尺柒寸舨邊柯栒木朴竹捌塊各長壹丈叁尺寛壹尺厚叁寸邊柱中柱百子舵蝦𥱼心做淨每折見方尺肆拾尺用艌匠壹工門板朴竹捌拾尺用艌匠壹工百子舵釘縫湊長玖丈陸尺每丈用長陸寸釘叁拾個艌縫湊長拾玖丈貳尺共核用

圍大貳尺淨長叁丈貳尺浮溪木貳根壹丈玖尺捌寸

圍大壹尺樟木極玖丈玖尺貳寸

寛壹尺厚叁寸柯栒木枋拾丈伍尺陸寸

長陸寸釘貳百捌拾捌個

灰拾玖斤叁兩

桐油柒斤拾兩玖錢

綱紗柒斤叁兩貳錢
竹絲柒斤叁兩貳錢
艌匠玖工伍分肆釐
鋸匠伍分玖釐
艌匠貳工柒分肆釐
舂灰夫陸分柒釐

大桅座壹塊長捌尺見方貳尺肆寸頭桅座壹塊長伍尺陸寸圍大肆尺陸寸做淨每折見方尺叁拾尺用艌匠壹工共核用

見方貳尺肆寸長捌尺貳寸樟木壹塊
圍大肆尺陸寸長伍尺捌寸樟木壹段
艌匠叁工肆分貳釐

大鹿耳貳塊各長壹丈貳尺寬貳尺貳寸厚壹尺壹寸頭鹿耳貳塊各長玖尺捌寸寬壹尺捌寸厚捌寸硬木梘鹿耳夾貳根各長壹丈叁尺圍大捌寸做淨每折見方尺肆拾尺用艌匠壹工共核用

寬貳尺貳寸厚壹尺壹寸長壹丈貳尺貳寸

樟木貳塊
寬壹尺捌寸厚捌寸長壹丈叁尺樟木貳塊
圍大捌寸長壹丈叁尺硬木梘貳根
艌匠柒工叁釐

大桅壹根長捌丈貳尺圍大陸尺玖寸頭桅壹根長伍丈圍大肆尺叁寸做淨每折見方尺肆拾尺用艌匠壹工共核用

圍大陸尺玖寸長捌丈貳尺桅木壹根
圍大肆尺叁寸長伍丈桅木壹根
艌匠拾玖工伍分貳釐

桅尾用柯桐木馬面叁塊各長叁丈伍尺寬壹尺伍寸厚叁寸樟木大桅笠壹個長貳尺寬壹尺伍寸厚叁寸木段大桅跨壹根長壹丈肆尺頭桅跨壹根長壹丈貳尺均圍大叁尺貳寸馬面做淨每折見方尺捌拾尺用艌匠壹工桅笠桅跨肆拾尺用艌匠壹工馬面釘縫灰長拾丈伍尺每丈用長陸寸釘貳拾個共核用

寬壹尺伍寸厚叁寸柯桐木枋拾丈伍尺陸

寸
寬壹尺伍寸厚叁寸槦木枋貳尺壹寸
圍大叁尺伍寸木段貳丈陸尺肆寸
長陸寸釘貳百拾個
艌匠陸工玖分玖釐
大風篷壹扇長陸丈捌尺寬叁丈貳尺頭風篷壹扇長叁丈肆尺寬壹丈陸尺浮溪木大篷擠貳根各長叁丈貳尺頭篷擠貳根各長壹丈陸尺均圍大壹尺柒寸做淨每折見方尺肆拾尺用

艌匠壹工共核用
寬叁丈貳尺長陸丈捌尺風篷壹扇
寬壹丈陸尺長叁丈肆尺風篷壹扇
圍大貳尺淨長叁丈貳尺浮溪木叁根
艌匠肆工捌釐
大篷架用木段橫梁壹根長壹丈肆尺頭篷架橫梁壹根架針叁根各長柒尺均寬壹尺厚捌寸做淨每折見方尺叁拾貳尺用艌匠壹工共核用

圍大叁尺伍寸木段肆丈叁尺
艌匠肆工柒分叁釐
鋸匠壹工捌釐
大篷車員壹根用中吉木長貳丈椗車員壹根長壹丈陸尺均圍大貳尺貳寸浮溪木大篷牛車員壹根斗頭車員壹根各長壹丈尾樓車員壹根長壹丈貳尺均圍大壹尺柒寸高洋木車耳拾壹個各長陸尺車脚直板拾肆塊斜板陸塊各長貳丈捌尺均寬肆寸厚貳寸硬木棍車子

陸拾伍根各長壹丈叁尺圍大捌寸車員車耳做淨每折見方尺叁拾貳尺用艌匠壹工車脚斜直板捌拾尺用艌匠壹工共核用
圍大貳尺伍寸淨長叁丈陸尺中吉木壹根
圍大貳尺淨長叁丈貳尺浮溪木壹根
圍大壹尺陸寸淨長貳丈捌尺高洋木拾壹根伍尺
圍大捌寸長壹丈叁尺硬木棍陸拾伍根
艌匠拾伍工伍釐

鋸匠伍工叁分柒釐

木櫃用樟木牛頭肆塊各長伍尺寬壹尺伍寸井口枋捌塊各長貳尺捌寸寬柒寸均厚叁寸木段水櫃柱肆根各長柒尺圍大叁尺貳寸水櫃閘肆塊各長柒尺見方捌寸水櫃板叁拾陸塊各長肆尺陸寸寬捌寸厚貳寸伍分水櫃柱閘牛頭井口枋做淨每折見方尺肆拾尺用艙匠壹工水櫃板捌拾尺用艙匠壹工水櫃柱每根用長陸寸釘貳拾個牛頭釘縫湊長貳丈每丈

用長陸寸釘叁拾個水櫃板釘縫湊長拾陸丈伍尺陸寸每丈用長伍寸釘叁拾個木櫃柱閘水櫃板牛頭艙縫湊長肆拾捌丈叁尺貳寸共核用

寬壹尺伍寸厚叁寸樟木枋叁丈壹尺貳寸叁分

圍大叁尺伍寸木段玖丈玖尺玖寸

長陸寸釘壹百肆拾個

長伍寸釘肆百玖拾柒個

灰肆拾捌斤伍兩

桐油拾玖斤伍兩貳錢

網紗拾捌斤壹兩玖錢

竹絲拾捌斤壹兩玖錢

艌匠拾壹工柒分伍釐

鋸匠叁工壹分貳釐

艙匠陸工玖分

舂灰夫壹名陸分玖釐

媽祖龕用杉木板貳拾丈船尾嵌仔板畫鷹板順

風板及刀劍砲眼用板貳拾丈均寬陸寸厚壹寸高洋木媽祖旂杆壹根長貳丈貳尺圍大壹尺叁寸旂杆做淨每折見方尺肆拾尺用艙匠壹工媽祖龕各板捌拾尺用艙匠壹工龕板釘縫湊長貳拾丈每丈用長肆寸釘叁拾個艌々湊長肆拾丈共核用

寬陸寸厚壹寸杉木板肆拾丈捌尺

圍大壹尺陸寸淨長貳丈捌尺高洋木貳

貳尺

長肆寸釘陸百個
灰肆拾斤
桐油拾陸斤
網紗拾伍斤
竹絲拾伍斤
艌匠柒工柒分貳釐
艌匠伍工柒分壹釐
舂灰夫壹名肆分
船面兩旁砲架陸個并蓋每個用長肆尺陸寸寬

捌寸厚貳寸伍分木段板陸塊做淨每折見方
尺捌拾尺用艌匠壹工共核用
圍大叁尺伍寸木段肆丈貳尺叁寸
艌匠肆工叁分伍釐
鋸匠貳工肆分捌釐
船頭用大吉木槌壹枝長肆丈貳尺圍大貳尺玖
寸樟木槌牙壹塊長伍尺寬壹尺貳寸厚叁寸
做淨每折見方尺肆拾尺用艌匠壹工槌牙用
長捌寸釘陸個共核用

圍大叁尺貳寸淨長肆丈貳尺大吉木壹根
寬壹尺伍寸厚叁寸樟木枋肆尺捌分
長捌寸釘陸個
艌匠叁工肆分貳釐
船尾舵壹門用楮木舵桿壹根長壹丈捌尺寬壹
尺肆寸厚捌寸中吉木舵閂板陸塊各長壹丈
捌尺湊寬叁尺玖寸陸分用寬伍寸捌分厚貳
寸伍分板拾貳丈貳尺玖寸樟木極舵夾捌塊
各長肆尺圍大壹尺硬木棍舵牙扼貳根各長

壹丈叁尺圍大捌寸舵桿做淨每折見方尺叁
拾尺用艌匠壹工舵夾舵牙肆拾尺用艌匠壹
工舵閂板捌拾尺用艌匠壹工舵夾釘縫湊長
叁丈貳尺每丈用長捌寸釘伍拾個舵夾舵閂
板艌縫湊長叁拾丈玖尺捌寸共核用
寬壹尺肆寸厚捌寸長壹丈捌尺貳寸楮木
壹根
圍大貳尺伍寸淨長叁丈陸尺中吉木壹根
伍尺

團大壹尺樟木極叁丈貳尺捌寸
團大捌寸長壹丈叁尺硬木棍貳根
長捌寸釘壹百陸拾個
灰叁拾壹斤
桐油拾貳斤陸兩叁錢
網紗拾壹斤玖兩玖錢
竹絲拾壹斤玖兩玖錢
艦匠陸工伍分壹釐
鋸匠壹工肆分陸釐

艌匠肆工肆分叁釐
舂灰夫壹名捌釐
跟隨戰船舢板船用柯𣗳木龍骨壹根長貳丈斗
蓋壹塊長柒尺托浪板壹塊長陸尺均寬壹尺
厚叁寸浮溪木水底板拾塊各長貳丈湊寬伍
尺叁寸舭板陸塊各長貳丈貳尺湊寬叁尺壹
寸捌分堵板拾貳塊各長柒尺湊寬陸尺叁寸
陸分用寬伍寸厚貳寸板肆拾肆丈玖寸陸分
龍骨做淨每折見方尺肆拾尺用艌匠壹工斗

蓋各板捌拾尺用艌匠壹工龍骨用長陸寸釘
拾貳個托浪板水底板舭板釘縫湊長叁拾伍
丈柒尺玖寸貳分每丈用長伍寸釘叁拾個托
浪板水底板舭板艌縫湊長柒拾壹丈伍尺捌
寸肆分共核用
寬壹尺厚叁寸柯𣗳木枋叁丈叁尺陸寸
團大貳尺淨長叁丈貳尺浮溪木肆根壹丈
玖尺
長陸寸釘拾貳個

長伍寸釘壹千柒拾肆個
灰柒拾壹斤玖兩
桐油貳拾捌斤拾兩壹錢
網紗貳拾陸斤拾叁兩伍錢
竹絲貳拾陸斤拾叁兩伍錢
艦匠玖工肆分肆釐
鋸匠肆工肆分壹釐
艌匠拾工貳分叁釐
舂灰夫貳名伍分

舢板船兩旁水蛇貳根水戧貳根各長貳丈壓板
貳塊各長貳丈貳尺均寬伍寸厚貳寸做淨每
折見方尺捌拾尺用艌匠壹工水蛇釘縫湊長
肆丈每肆尺用長捌寸釘叁個壓板水戧釘縫
湊長捌丈肆尺每丈用長伍寸釘叁拾個艌縫
湊長貳拾肆丈捌尺共核用
圍大貳尺淨長叁丈貳尺浮溪木壹根玖尺
叁寸
長捌寸釘叁拾個
長伍寸釘貳百伍拾貳個
灰貳拾肆斤拾叁兩
桐油玖斤拾肆兩柒錢
網紗玖斤肆兩捌錢
竹絲玖斤肆兩捌錢
艦匠貳工壹分柒釐
鋸匠壹工貳分肆釐
艌匠叁工伍分肆釐
舂灰夫捌分伍釐

舢板船用樟木極舢板梁肆塊各長肆尺肆寸牛
頭仔極拾伍個各長貳尺冲天極貳塊牛頭極
陸塊各長貳尺伍寸均圍大壹尺做淨每折見
方尺肆拾尺用艦匠壹工舢板梁釘縫湊長壹
丈柒尺陸寸每丈用長陸寸釘叁拾個冲天極
牛頭極每塊用長陸寸釘貳個舢板梁冲天極
牛頭極艌縫湊長柒丈伍尺貳寸共核用
圍大壹尺樟木極柒丈叁寸
長陸寸釘陸拾玖個
灰柒斤捌兩
桐油叁斤壹錢
網紗貳斤拾叁兩壹錢
竹絲貳斤拾叁兩壹錢
艦匠壹工陸分玖釐
艌匠壹工柒釐
舂灰夫貳分陸釐
大桅鐵箍拾貳個各長柒尺頭桅箍肆個各長肆
尺肆寸舵頭箍叁個各長肆尺柒寸椗箍貳個

名長叁尺肆寸俱寬貳寸厚伍分椗齒陸個各
長壹尺貳寸寬柒寸厚伍分櫓箍柒個各長貳
尺柒寸寬壹寸厚叁分鐵環陸個各圍大陸寸
以上鐵料共淨重叁百肆拾柒斤每正鐵壹斤
加耗鐵壹斤每正鐵伍斤用鐵匠壹工每正耗
鐵壹斤用炭叁斤共核用
生鐵陸百玖拾肆斤
炭貳千捌拾貳斤
鐵匠陸拾玖工肆分

油艌前船共用
烏烟叁斤伍兩
廣紅伍斤
銅碌肆兩
京紅肆兩
南粉貳斤
銀硃壹兩
籐黃肆兩
藍粉壹兩

桃粉壹兩
松香捌兩
水膠陸兩
墨貳塊
桐油肆斤
淡底壹斤
油畫匠拾工
麻大桅肄索貳條各長玖丈捌尺肆寸大柒寸伍
分頭桅肄索貳條各長捌丈貳尺大肆寸伍分

大踏索貳條各長捌丈貳尺大伍寸小踏索貳
條各長伍丈大叁寸貳分大繚母壹條長肆丈
伍尺大捌寸小繚母壹條長叁丈大肆寸大幫
襯陸條各長壹丈柒尺大貳寸小幫襯玖條各
長陸尺大壹寸陸分以上麻繩共重柒百叁拾
斤每百斤用繩匠叁工陸分共核用
麻柒百叁拾斤
繩匠貳拾陸工貳分捌釐
棕正椗索壹條長肆拾貳丈大玖寸副椗索壹

長肆拾丈大捌寸貳分大篷筋壹條長柒丈
尺大貳寸貳分小篷筋壹條長肆丈大壹寸貳
分繚仔繚耳共拾捌條各長貳丈陸尺大貳寸
貳分椗奴貳條各長壹丈陸尺大柒寸伍分大
小捎尾貳條共長拾陸丈大伍寸叁分舵吊壹
條長叁丈大陸寸伍分以上棕繩共重柒百伍
拾斤每撕棕肆拾斤用匠壹工成繩肆拾斤用
匠壹工共核用
棕柒百伍拾斤

撕棕匠拾捌工柒分伍釐
成繩匠拾捌工柒分伍釐
冲風旗壹面長寬各壹丈陸尺壹條龍旗壹面
陸丈寬叁尺媽祖旗壹面長寬各伍尺大小定
風旗叁面內壹面長陸尺貳面各長肆尺伍寸
均寬壹尺共核用
幅寬壹尺色布伍拾丈
苧線拾兩
裁縫匠伍工

中椗貳門齒全各長貳丈壹尺寬壹尺貳寸厚捌
寸
中櫓貳枝各長肆丈捌尺寬捌寸厚伍寸
舢板櫓壹枝長貳丈玖尺寬柒寸厚肆寸
大小桅餅柒個
大小無底升捌百個
桅𦨭上配用竹繩草繩共用
竹篾柒百肆拾斤
繩匠貳拾陸工陸分肆釐

草心捌百伍拾玖斤
繩匠貳拾壹工肆分捌釐
查原送成規內開打造竹繩草繩所用匠工
多寡不齊今照棕麻繩索用工之例一律
核定
篷上配用大小繚毬擄子兜耳共用
槌籐貳拾玖斤
籐匠伍工捌分
刻字用
刻字匠叁工

豎立大小桅用

壯夫伍拾名

前船共用大小鐵釘叁萬陸千肆拾貳個捌林釘頭每百個用桐油陸兩肆錢灰壹斤每油灰拾斤用艌匠壹工共核用

桐油壹百肆拾肆斤貳兩柒錢

灰叁百陸拾斤柒兩

艌匠伍拾工肆分陸釐

舂灰夫拾貳名陸分貳釐

前船共用艦匠陸百伍工壹分壹釐係照杉松木植核定內有樟柯等硬木用匠壹百叁拾工壹分叁釐每工外加匠貳分計加匠貳拾陸工叁釐共匠陸百叁拾壹工壹分肆釐每百工加安裝匠拾工計安裝匠陸拾叁工壹分壹釐每艦匠安裝匠壹百工加隨匠壯夫貳拾名計壯夫壹百叁拾捌名捌分伍釐

以上拆造前船共用

寛壹尺厚捌寸松木捌丈叁尺陸寸每丈銀肆錢壹分肆釐

計銀叁兩肆錢陸分壹釐

查原送成規內開松木按依拾陸則丈尺計算每丈核銀肆錢捌分壹釐至叁錢肆分壹釐不等多寡參差均勻計算每丈需銀肆錢壹分肆釐今照肆錢壹分肆釐之數一律核定

圍大叁尺貳寸淨長肆丈貳尺大吉木叁拾肆根每根銀貳兩柒錢

計銀玖拾壹兩捌錢

圍大貳尺伍寸淨長叁丈陸尺中吉木叁拾柒根壹丈壹尺陸寸每根銀壹兩伍錢

計銀伍拾伍兩玖錢捌分叁釐

查原送成規內開中吉木叁拾伍根今按丈尺做法核算應增貳根壹丈壹尺陸寸

圍大貳尺淨長叁丈貳尺浮溪木叁拾陸根叁丈壹尺陸寸每根銀伍錢

計銀拾捌兩肆錢玖分肆釐

查原送成規內開浮溪木叁拾伍根今按丈尺做法核算應增壹根叁丈壹尺陸寸

圍大壹尺陸寸淨長貳丈捌尺高洋木叁拾肆根玖尺伍寸每根銀貳錢

計銀陸兩捌錢陸分捌釐

查原送成規內開高洋木叁拾伍根今核丈尺做法核算應減壹丈捌尺伍寸
圍大叁尺伍寸木段柒拾貳丈陸尺伍寸核長壹
丈肆尺段料伍拾壹根壹丈貳尺伍寸每根銀陸錢
查原送成規內開木段伍拾貳根今按丈尺做法核算應減壹尺伍寸
計銀叁拾壹兩壹錢叁分陸釐
寬壹尺伍寸厚叁寸樟木枋壹百貳拾丈壹尺貳
寸壹分核長壹丈柒尺枋料柒拾塊壹丈壹尺
貳寸壹分每塊銀壹兩叁錢
計銀玖拾壹兩捌錢伍分柒釐

查原送成規內開樟木枋柒拾貳塊今按丈尺做法核算應減壹塊伍尺柒寸玖分
寬壹尺厚叁寸長捌尺貳寸樟木板陸塊每塊銀肆錢壹分捌釐
計銀貳兩伍錢捌釐
查原送成規內開樟木枋梁座梁頭壹則至拾柒則各長壹丈柒尺寬壹尺伍寸厚叁寸每塊開銀壹兩叁錢托浪樟木板第壹則長陸尺伍寸寬壹尺厚叁寸每塊開銀伍錢第貳則至拾柒則各長捌尺寬壹尺厚叁寸每塊亦開銀伍錢價值參差今俱照梁座梁頭之價一律核定
寬壹尺貳寸厚叁寸松木枋壹百拾肆丈伍尺貳

寸核長壹丈柒尺枋料陸拾柒塊陸尺貳寸每塊銀叁錢伍分
計銀貳拾叁兩伍錢柒分捌釐
查原送成規內開松木枋陸拾捌塊今按丈尺做法核算應減壹丈捌寸
圍大壹尺樟木極柒拾貳丈玖尺玖寸核長壹丈
貳尺樟極陸拾塊玖尺玖寸每塊銀貳錢
計銀拾貳兩壹錢陸分伍釐
查原送成規內開樟木極陸拾塊今按丈尺做法核算應增玖尺玖寸
寬壹尺伍寸厚叁寸柯梱木枋拾丈伍尺陸寸每丈銀伍錢柒分壹釐伍毫

計銀陸兩叁分伍釐
寬壹尺厚叁寸柯梱木枋貳拾壹丈壹尺柒寸每丈銀叁錢捌分壹釐
計銀捌兩陸分陸釐
查原送成規內開柯梱木馬面壹則至拾柒則各長叁丈伍尺寬壹尺伍寸厚叁寸每塊開銀貳兩軟筋及艙板龍骨等料壹則至伍則各長貳丈伍尺寬壹尺厚叁寸每塊開銀壹兩陸則至拾柒則各長叁丈伍尺寬壹尺厚叁寸每塊開銀貳兩價值參差今俱照馬面之價一律核定

圍大捌寸長壹丈叁尺硬木棍捌拾根（每根銀捌分）
計銀陸兩肆錢
寬陸寸厚壹寸杉木板肆拾丈捌尺（每丈銀肆錢）
計銀拾陸兩叁錢貳分
圍大柒尺長壹丈捌尺伍寸樟木壹根
計銀柒兩玖分捌釐
圍大伍尺叁寸長壹丈伍尺伍寸樟木壹根
計銀叁兩肆錢玖釐
見方貳尺肆寸長捌尺貳寸樟木壹塊

計銀肆兩肆錢叁分捌釐
圍大肆尺陸寸長伍尺捌寸樟木壹段
計銀玖錢陸分
寬貳尺壹寸厚捌寸長壹丈柒尺貳寸樟木壹塊
計銀貳兩柒錢壹分肆釐
圍大柒尺伍寸長柒尺柒寸樟木壹段
計銀叁兩叁錢玖分壹釐
寬貳尺貳寸厚壹尺壹寸長壹丈貳尺貳寸樟木貳塊（每塊銀貳兩柒錢柒分叁釐）

計銀伍兩[illegible]分陸釐
寬壹尺捌寸厚捌寸長壹丈樟木貳塊（每[illegible]兩叁分叁釐）
計銀貳兩柒錢陸釐
寬貳尺厚玖寸伍分長壹丈陸尺貳寸樟木貳塊（每塊銀貳兩捌錢玖分貳釐）
計銀伍兩柒錢捌分肆釐
圍大肆尺柒寸長壹丈伍尺伍寸樟木壹根
計銀貳兩陸錢捌分壹釐

寬壹尺貳寸厚陸寸長壹丈捌尺貳寸樟木壹塊
計銀壹兩貳錢叁分壹釐
寬貳尺肆寸厚陸寸長柒尺柒寸樟木壹塊
計銀壹兩肆分貳釐
查原送底冊內開壹則至拾柒則每則用樟木含摺等計拾貳款所開價值逐款核計俱屬參差均勻計算每折見方壹尺需銀玖分叁釐玖毫陸絲今照玖分叁釐玖毫陸絲之數一律核定
寬壹尺肆寸厚捌寸長壹丈捌尺貳寸楠木壹根
計銀拾陸兩

圍大陸尺玖寸長捌丈貳尺桅木壹根
計銀伍拾貳兩
圍大肆尺叁寸長伍丈桅木壹根
計銀柒兩
長壹尺釘陸百陸拾捌個每貳個重壹斤計重叁
百叁拾肆斤長捌寸釘貳百柒拾貳個每伍個
重壹斤計重伍拾肆斤陸兩肆錢長陸寸釘貳
萬陸百叁拾肆個每拾伍個重壹斤計重壹千
叁百柒拾伍斤玖兩陸錢長伍寸釘壹萬叁千

捌百陸拾捌個每貳拾個重壹斤計重陸百玖
拾叁斤陸兩肆錢長肆寸釘陸百個每叁拾個
重壹斤計重貳拾斤以上鐵釘共重貳千肆百
柒拾柒斤陸兩肆錢除選用舊釘壹千柒拾陸
斤壹兩玖錢外添新壹千肆百壹斤肆兩伍錢
每斤銀貳分貳釐
計銀叁拾兩捌錢貳分捌釐
熟[illegible]千捌百拾捌斤叁兩每百斤銀貳錢
計銀伍兩陸錢叁分陸釐

桐油壹千壹百叁拾壹斤伍兩每斤銀叁分
計銀叁拾叁兩玖錢叁分玖釐
細紗玖百貳拾壹斤拾壹兩壹錢每斤銀壹分貳釐
計銀拾壹兩陸分
竹絲玖百貳拾壹斤拾壹兩壹錢每斤銀陸釐
計銀伍兩伍錢叁分
生鐵陸百玖拾肆斤每斤銀壹分
計銀陸兩玖錢肆分
炭貳千捌拾貳斤每百斤銀壹錢陸分

計銀叁兩叁錢叁分壹釐
烏烟叁斤伍兩每斤銀壹分伍釐
計銀伍分
廣紅伍斤每斤銀伍分
計銀貳錢伍分
銅碌肆兩每斤銀叁錢
計銀柒分伍釐
京紅肆兩每斤銀捌分
計銀貳分

南粉貳斤每斤銀壹分
計銀貳分
銀硃壹兩每斤銀陸錢肆分
計銀肆分
藤黃肆兩每斤銀貳錢
計銀伍分
藍粉肆兩每斤銀捌分
計銀貳分
杭粉壹兩每斤銀壹錢陸分
計銀壹分
水膠陸兩每斤銀肆分
計銀壹分伍釐
松香捌兩每斤銀貳分
計銀壹分
墨貳塊每塊銀壹分
計銀貳分
冰底壹斤
計銀伍分

麻[illegible]百[illegible]拾斤每斤銀壹分伍釐
計銀拾兩玖錢伍分
棕柒百伍拾斤每斤銀叁分
計銀貳拾貳兩伍錢
色布伍拾丈每丈銀壹錢
計銀伍兩
苧線拾兩每斤銀壹錢貳分
計銀柒分伍釐
椗貳門鹵全各長貳丈壹尺寬壹尺貳寸厚[illegible]寸

每門銀貳兩壹錢伍釐
計銀肆兩貳錢壹分
櫓貳枝各長肆丈捌尺寬捌寸厚伍寸每枝銀壹兩玖錢伍分柒釐
計銀叁兩玖錢壹分肆釐
舢板櫓壹枝長貳丈玖尺寬柒寸厚肆寸
計銀叁錢柒分貳釐
大風篷壹扇長陸丈捌尺寬叁丈貳尺
計銀陸兩柒錢捌分伍釐

貳號篷壹扇長叁丈肆尺寬壹丈陸尺
計銀壹兩陸錢玖分陸釐
查原送成規內開壹則至拾柒則大篷每扇銀伍兩伍錢頭篷每扇銀壹兩伍錢所開丈尺大篷長自肆丈捌尺至柒丈寬自貳丈陸尺至叁丈叁尺不等頭篷長自貳丈肆尺至叁丈伍尺寬自壹丈肆尺至壹丈陸尺伍寸不等俱屬參差均勻核計每折見方壹丈需銀叁錢壹分壹釐捌毫今照叁錢壹分壹釐捌毫之數分別核定
大小桅餅柒個每個銀柒分
計銀肆錢玖分
大小無底升捌百個每百個銀捌分

計銀陸錢肆分
竹篾柒百肆拾斤每百斤銀壹錢陸分
計銀壹兩壹錢捌分肆釐
草心捌百伍拾玖斤每百斤銀柒分
計銀陸錢壹釐
椶藤貳拾玖斤每斤銀貳分伍釐
計銀柒錢貳分伍釐
艌匠陸百叁拾壹工壹分肆釐
一安穴　匠陸拾叁工壹分壹釐

合一　壹百柒拾叁工肆分
艌匠肆百壹工伍分伍釐
鐵匠陸拾玖工肆分
油艌匠拾工
繩匠柒拾肆工肆分
條匠叁拾柒工伍分
裁縫匠伍工
籐匠仙工捌分
刻字匠叁工

壯夫貳百捌拾柒名肆分陸釐
以上匠夫共壹千柒百陸拾壹工柒分陸釐每工銀伍分
計銀捌拾捌兩捌分捌釐
又置備物件開後
木桶叁拾件每件銀叁分
計銀玖錢
鐵鍋叁口換新每口貼工料銀壹錢貳分
計銀叁錢陸分

鼓壹面修理換皮

計銀肆錢捌分

金壹面重肆斤（換新每斤貼工料銀柒分）

計銀貳錢捌分

以上拆造前船成規內開共需工料銀柒百叁拾捌兩玖分叁釐叁毫內部價銀叁百伍拾壹兩肆錢柒分叁釐加八津貼并另加叁分銀叁百捌拾陸兩陸錢貳分叁毫臺廠運費銀柒拾兩貳錢玖分肆釐陸毫今按條查核分別增減更正需用工料

銀柒百叁拾柒兩捌錢壹分伍釐內部價銀叁百伍拾壹兩叁錢肆分加八津貼并另加叁分銀叁百捌拾陸兩肆錢柒分伍釐臺廠運費銀柒拾兩貳錢陸分捌釐計節減工料銀貳錢柒分捌釐叁毫運費銀貳分陸釐陸毫行令該撫於前船屆應拆造之期將節減銀兩在于應領銀內扣除至大小修理成規內開大修工料銀伍百兩玖錢捌分肆釐內部價銀貳百貳拾柒兩柒錢貳分加九津貼并另加叁分銀貳百柒拾叁兩貳錢陸分肆釐臺廠運費銀肆拾伍兩伍錢肆分肆釐小修工料銀叁百伍拾陸兩壹錢柒釐內部價銀壹百伍拾肆兩捌錢貳分玖釐加十津貼并另加叁分銀貳百壹兩貳錢柒分捌釐臺廠運費銀叁拾兩玖錢陸分陸釐其餘貳船倣此

福建省外海戰船做法

第拾陸則趕繒船叁隻內臺灣協標中營[illegible]號船壹隻身長捌丈陸尺頭起巯伍尺尾起巯肆尺船頭長叁丈壹尺貳寸面勻寬壹丈伍尺壹寸底勻寬壹丈叁尺伍寸船中長貳丈柒尺肆寸面勻寬貳丈壹尺叁寸底勻寬壹丈陸尺伍寸船尾長貳丈柒尺肆寸面勻寬貳丈叁寸底勻寬壹丈陸尺兩邊舨長拾丈叁尺貳寸計貳拾貳艙深柒尺玖分

今將拆造前船需用工料價值細數開後

計　開

船底松木龍骨壹道計叁節船頭壹節長貳丈陸尺船中壹節連交節匙頭長肆丈陸尺船尾壹節長壹丈陸尺共湊長捌丈捌尺均寬壹尺厚捌寸做淨每折見方尺貳拾尺用艌匠壹丁交接匙頭貳處每處用長壹尺釘捌個又每邊用長陸寸釘拾貳個共核用

寬壹尺厚捌寸松木枋捌丈捌尺陸寸

查成規內開大吉中吉浮溪高洋肆步杉俱截去尖梢作桅杆寵櫃木絆錢子等項之用其本身木料毋庸另加長荒外一切枋段各料有截去壹貳尺至叁伍尺不等者亦有未加長荒並參差不一今將枋些各料每件長伍尺以內者加長荒壹寸伍尺以外者加長荒貳寸圓徑樟木長壹丈以內者每根加長荒貳寸長壹丈以外者每根加長荒伍寸一律核定

長壹尺釘拾陸個

長陸寸釘貳拾肆個

艌匠拾伍工捌分肆釐

船底枚連起巯長捌丈陸尺內船底勻寬壹丈伍尺捌寸捌分兩站各勻高捌尺壹寸貳分添換用長肆丈貳尺寬捌寸厚叁寸大吉木板陸拾塊做淨每折見方尺捌拾尺用艌匠壹工鋸板折寬壹尺長柒丈用鋸匠壹工以下鋸板用工做此釘縫湊長貳百伍拾貳丈每丈用長陸寸釘叁拾個艌縫湊長伍百肆丈每丈用灰壹斤桐油陸兩肆錢網紗竹絲各陸兩每柒丈用艌匠壹工舂製油灰每肆拾斤用舂灰夫壹名以下艌縫工用料做此

共核用

圍[illegible]叁[illegible]丈貳尺

根

長陸寸釘柒千伍百陸拾個

灰伍百肆斤

桐油貳百壹斤玖兩陸錢

綱紗壹百捌拾玖斤

竹絲壹百捌拾玖斤

艌匠陸拾玖工叁分

鋸匠叁拾玖工陸分

艌匠柒拾貳工

舂灰夫拾柒名陸分肆釐

各艙樟木梁座叁拾柒塊內船頭配用拾叁塊湊

長貳拾貳丈壹尺船中拾貳塊船尾拾貳塊各[illegible]

湊長貳拾丈肆尺艙梁貳拾柒塊內船[illegible]

玖塊船中玖塊船尾玖塊各湊長拾伍[illegible]

均寬壹尺伍寸厚叁寸松木梁[illegible]

船頭配用貳拾塊湊[illegible]叁拾[illegible]

[illegible]尾拾[illegible]塊各[illegible]拾貳丈[illegible]

貳寸厚叁寸硬木[illegible]根各長壹丈

圍大捌寸梁座梁頭做淨每折見方尺捌拾

用艌匠壹工穩吊肆拾尺用艌匠[illegible]釘鋦湊

長貳百拾玖丈壹尺每丈用長陸寸釘叁拾個

艌縫湊長肆百叁拾捌丈貳尺共核用

寬壹尺伍寸厚叁寸樟木枋壹百拾丈捌寸

寬壹尺貳寸厚叁寸松木枋玖拾玖丈柒尺

陸寸

圍大捌寸長壹丈叁尺硬木棍玖根

長陸寸釘陸千伍百柒拾叁個

灰肆百叁拾捌斤叁兩

桐油壹百柒拾伍斤肆兩伍錢

綱紗壹百陸拾肆斤伍兩貳錢

竹絲壹百陸拾肆斤伍兩貳錢

艌匠捌拾捌工貳分捌釐

艌匠陸拾貳工陸分

舂灰夫拾伍名叁分肆釐

[illegible]記弓樟[illegible]

班艙極肆塊各長玖尺伍寸冲天極貳塊八字
極貳塊拜棚極貳塊各長壹丈壹尺小官廳極
貳塊各長壹丈六尺八字艙極貳塊冲涘艙前後片
肆塊官廳前後極肆塊通鏈前後極肆塊繚公
艙極貳塊舵公艙極貳塊中轉水極貳塊各長
壹丈貳尺鰍魚極貳塊各長柒尺尾裏極肆塊
下金極貳塊下擔極貳塊各長陸尺斗蓋極貳
塊牛頭極陸塊各長貳尺伍寸均圓大壹尺符
淨每折見方尺肆拾尺用艦匠壹工每塊用長

陸寸釘貳個艌縫湊長玖拾叁丈共核用
圓大壹尺樟木極肆拾柒丈肆尺陸寸
長陸寸釘壹百肆個
灰玖拾叁斤
桐油叁拾柒斤叁兩貳錢
網紗叁拾肆斤拾肆兩
竹絲叁拾肆斤拾肆兩
艦匠拾壹工陸分叁釐
艌匠拾叁工貳分玖釐

舂灰夫叁名貳分陸釐
船身兩旁走馬貳條水蛇貳條各長玖丈寬捌寸
厚肆寸做淨每折見方尺肆拾尺用艦匠壹工
走馬釘縫湊長拾捌丈每丈用長壹尺釘叁拾
個水蛇釘縫湊長拾捌丈每肆尺用長壹尺釘
叁個艌縫湊長柒拾貳丈共核用
圓大叁尺貳寸淨長肆丈貳尺大吉木肆根
壹丈貳尺
長壹尺釘陸百柒拾伍個

灰柒拾貳斤
桐油貳拾捌斤拾貳兩捌錢
網紗貳拾柒斤
竹絲貳拾柒斤
艦匠貳拾壹工陸分
鋸匠陸工壹分柒釐
艌匠拾工貳分玖釐
舂灰夫貳名伍分貳釐
船面兩旁蔽板長捌丈陸尺湊寬壹丈伍尺叁寸

添換用長肆丈貳尺[illegible]捌寸厚叁寸大吉木貳拾柒塊做淨每折見方尺捌拾尺用艦匠[illegible]工釘縫湊長壹百拾叁丈肆尺每丈用長陸寸釘叁拾個艌縫湊長貳百貳拾陸丈捌尺共核用

圍大叁尺貳寸淨長肆丈貳尺大吉木玖根長陸寸釘叁千肆百貳個

灰貳百貳拾陸斤拾叁兩

桐油玖拾斤拾壹兩伍錢

網紗捌拾伍斤捌錢

竹絲捌拾伍斤捌錢

艦匠叁拾壹工壹分玖釐

鋸匠拾柒工捌分貳釐

艌匠叁拾貳工肆分

舂灰夫柒名玖分肆釐

兩旁艕板各長拾丈叁尺貳寸高柒尺用長叁丈陸尺寬伍寸捌分厚貳寸伍分中吉木板陸拾塊兩旁添換木段艕柱柒根各長柒尺圍大叁尺貳寸艕板做淨每折見方尺捌拾尺用艦匠壹工艕柱肆拾尺用艦匠壹工艕板釘縫湊長貳百拾陸丈每丈用長伍寸釘叁拾個艕柱釘縫湊長肆丈玖尺每丈用長陸寸釘叁拾個艌縫湊長肆百肆拾壹丈捌尺共核用

圍大貳尺伍寸淨長叁丈陸尺中吉木貳拾根

圍大叁尺伍寸木段伍丈肆寸

長陸寸釘壹百肆拾柒個

長伍寸釘陸千肆百捌拾個

灰肆百肆拾壹斤拾叁兩

桐油壹百柒拾陸斤拾壹兩伍錢

網紗壹百陸拾伍斤拾兩捌錢

竹絲壹百陸拾伍斤拾兩捌錢

艦匠肆拾柒工肆分玖釐

鋸匠貳拾肆工玖分

艌匠陸拾叁工壹分壹釐

舂灰夫拾伍名肆分陸釐

查成規內舷板未載舷頭尺寸今按舷柱長丈核定

兩旁舷艕貳拾肆塊各長肆尺圍大壹尺做淨分
折見方尺肆拾尺用艦匠壹工每塊用長陸寸
釘貳個艌縫湊長拾玖丈貳尺共核用
圍大壹尺樟木桅玖丈捌尺肆寸
長陸寸釘肆拾捌個
灰拾玖斤叁兩
桐油柒斤拾兩玖錢
網紗柒斤叁兩貳錢

欽定福建省外海戰船則例　第拾陸則趕繒船　九

竹絲柒斤叁兩貳錢
艦匠貳工肆分
艌匠貳工柒分肆釐
舂灰夫陸分柒釐
舷上前後浮溪木鼠橋板捌塊各長貳丈叁尺伍
寸寬伍寸厚貳寸高洋木舷壓板貳塊各長捌
丈陸尺寬肆寸厚貳寸兩邊木段猴袋板肆塊
各長壹丈肆尺寬捌寸厚貳寸伍分做淨每折
見方尺捌拾尺用艦匠壹工鼠橋板壓板釘縫

湊長叁拾陸丈每丈用長伍寸釘叁拾個壓板
艌縫湊長叁拾肆丈肆尺共核用
圍大貳尺淨長叁丈貳尺浮溪木壹根叁丈
柒寸
圍大壹尺陸寸淨長貳丈捌尺高洋木叁根
貳尺
圍大叁尺伍寸木段壹丈肆尺貳寸
長伍寸釘壹千捌拾個
灰叁拾肆斤陸兩
桐油拾叁斤拾貳兩貳錢

欽定福建省外海戰船則例　第拾陸則趕繒船　十

網紗拾貳斤拾肆兩肆錢
竹絲拾貳斤拾肆兩肆錢
艦匠柒工叁分肆釐
鋸匠肆工壹分玖釐
艌匠肆工玖分壹釐
舂灰夫壹名貳分
兩旁笨抽貳條大壓貳條各長玖丈木栰拾條各
長壹丈捌尺均寬陸寸陸分厚叁寸伍分做淨

每折見方尺□拾□尺用鑑匠壹工　縫湊長伍
拾肆丈每丈用長陸寸釘叁拾個艌縫湊長壹
百捌丈共核用
圍大貳尺伍寸淨長叁丈陸尺中吉木柒根
壹丈捌尺
長陸寸釘壹千陸百貳拾個
灰壹百捌斤
桐油肆拾叁斤叁兩貳錢
綱紗肆拾斤捌兩

竹絲肆拾斤捌兩
艌匠貳拾柒工貳分柒釐
鋸匠柒工柒分玖釐
艌匠拾伍工肆分叁釐
舂灰夫叁名柒分捌釐
官廳前後梁叁根用中吉木各長貳丈壹尺肆寸
闊大貳尺貳寸浮溪木貼柱捌根各長壹丈叁
尺見方伍寸官廳上中吉木戰櫃板貳拾塊各
長貳丈壹尺肆寸湊寬壹丈叁尺貳寸官廳內

麒麟堵枋拾肆塊大砲艙枋拾肆塊各長肆尺
貳寸湊寬壹丈捌尺肆寸捌分用寬伍寸捌分
厚貳寸伍分板陸拾貳丈捌寸伍分木段冲天
蓋板拾貳塊各長肆尺陸寸寬捌寸厚貳寸伍
分浮溪木鋪板拾陸塊各長玖尺湊寬捌尺肆
寸捌分官廳門板捌塊各長肆尺湊寬肆尺貳
寸肆分用寬伍寸厚貳寸板拾捌丈陸尺伍寸
陸分高洋木戰櫃挑貳塊側板貳塊踏板貳塊
各長壹丈柒尺寬肆寸厚貳寸官廳梁貼杜□

淨每折見方尺肆拾尺用艦匠壹工戰櫃各□
捌拾尺用艦匠壹工戰櫃板冲天蓋板官廳門
板釘縫湊長伍拾柒丈陸尺壹寸伍分每丈用
長伍寸釘叁拾個冲天蓋板戰櫃板艌縫湊長
壹百捌丈肆尺肆寸陸分共核用
圍大貳尺伍寸淨長叁丈陸尺中吉木柒根
壹丈玖尺壹寸伍分
圍大貳尺淨□叁丈貳尺浮溪木伍根陸寸

圍大壹尺陸寸净長貳丈捌尺高洋木壹根
貳丈叁尺
圍大叁尺伍寸木段壹丈肆尺壹寸
長伍寸釘壹千柒百貳拾捌個
灰壹百捌斤柒兩
桐油肆拾叁斤陸兩
網紗肆拾斤拾兩柒錢
竹絲肆拾斤拾兩柒錢
艦匠貳拾柒工捌分陸釐

鋸匠拾貳工肆分貳釐
艌匠拾伍工肆分玖釐
舂灰夫叁名捌分
官廳前通鋪肆塊後通鋪肆塊各長壹丈柒尺寬
壹尺貳寸厚叁寸做凈每折見方尺捌拾尺用
艦匠壹工釘縫湊長拾叁丈陸尺每丈用長陸
寸釘叁拾個艌縫湊長貳拾柒丈貳尺共核用
寬壹尺貳寸厚叁寸松木枋拾叁丈柒尺陸
寸

長陸寸釘肆百捌個
灰貳拾柒斤叁兩
桐油拾斤拾肆兩壹錢
網紗拾斤叁兩貳錢
竹絲拾斤叁兩貳錢
艦匠伍工壹分
艌匠叁工捌分玖釐
舂灰夫玖分伍釐
官廳兩旁用高洋木栭裹柱肆根各長肆尺圍大

壹尺叁寸浮溪木左右墻板拾塊各長壹丈貳
尺湊寬伍尺叁寸後墻板柒塊各長貳丈湊寬
叁尺柒寸壹分栭裹門板捌塊各長肆尺湊寬
肆尺貳寸肆分用寬伍寸厚貳寸板叁拾丈玖
尺伍寸貳分木段栭裹上下袱肆塊各長柒尺
寬捌寸厚肆寸栭裹柱上下袱做凈每折見方
尺肆拾尺用艦匠壹工墻板門板捌拾尺用艦
匠壹工墻板門板釘縫湊長叁拾丈玖尺伍寸
貳分每丈用長伍寸釘叁拾個共核用

圍大壹尺陸寸淨長貳丈捌尺高洋木叁丈
陸尺
圍大貳尺淨長叁丈貳尺浮溪木叁根柒尺
貳寸
圍大叁尺伍寸木叚壹丈肆尺肆寸
長伍寸釘玖百貳拾玖個
艌匠柒工陸分貳釐
鋸匠叁工伍分捌釐
官廳內中吉木炕床槓貳根各長壹丈陸尺圍大

貳尺貳寸虎頭艙浮溪木鋪板捌塊各長柒尺
湊寬肆尺貳寸肆分虎頭艙門板捌塊各長肆
尺湊寬肆尺貳寸肆分用寬伍寸厚貳寸板玖
丈叁尺貳寸捌分炕床槓做淨每折見方尺肆
拾尺用艌匠壹工虎頭艙各板捌拾尺用艌匠
壹工虎頭艙門板釘縫湊長叁丈叁尺玖寸貳
分每丈用長伍寸釘叁拾個共核用
圍大貳尺伍寸淨長叁丈陸尺中吉木叁丈
貳尺

圍大貳尺淨長叁丈貳尺浮溪木叁丈壹尺
壹寸
長伍寸釘壹百貳個
艌匠叁工叁分玖釐
鋸匠玖分叁釐
兩旁艣面戰棚板用長叁丈貳尺寬伍寸厚貳寸
浮溪木叚叁拾叁塊各艙內堵板用長肆尺寬
肆寸厚壹寸高洋木板叁百叁拾陸塊做淨每
折見方尺捌拾尺用艌匠壹工共核用

圍大貳尺淨長叁丈貳尺浮溪木拾壹根
圍大壹尺陸寸淨長貳丈捌尺高洋木拾貳
根
艌匠叁拾伍工貳分捌釐
鋸匠貳拾工壹分陸釐
兩旁艣上艣牛陸塊各長捌尺伍寸各艙口扛豆
伍塊各長壹丈柒尺均寬壹尺貳寸厚叁寸做
淨每折見方尺肆拾尺用艌匠壹工艣牛每塊
用長陸寸釘肆個扛豆釘縫湊長捌丈伍尺每

丈用長陸寸釘叁拾個艌縫湊長貳拾柒丈貳
尺共核用
寬壹尺貳寸厚叁寸松木枋拾叁丈捌尺貳
寸
長陸寸釘貳百柒拾玖個
灰貳拾柒斤叁兩
桐油拾斤拾肆兩壹錢
網紗拾斤叁兩貳錢
竹絲拾斤叁兩貳錢

艦匠拾工貳分
艌匠叁工捌分玖釐
舂灰夫玖分伍釐
各艙蓋枋用長陸尺玖寸寬捌寸厚貳寸伍分木
段枋捌拾捌塊艙蓋下大通槽拾貳個側槽陸
個水槽陸個各長肆尺陸寸寬壹尺厚捌寸小
通槽玖個各長肆尺陸寸見方捌寸艙蓋用柯
榔木枕頭陸塊各長肆尺捌寸寬壹尺厚叁寸
艙蓋枋枕頭木做凈勿折見方尺捌拾尺用艦

匠壹工通槽等槽叁拾尺用艦匠壹工艙蓋枋
釘縫湊長陸拾丈柒尺貳寸每丈用長伍寸釘
叁拾個艌縫湊長壹百貳拾壹丈肆尺肆寸共
核用
圍大叁尺伍寸木段叁拾壹丈壹尺叁寸
寬壹尺厚叁寸柯榔木枋貳丈玖尺肆寸
長伍寸釘壹千捌百貳拾貳個
灰壹百貳拾壹斤柒兩
桐油肆拾捌斤玖兩貳錢
網紗肆拾伍斤捌兩陸錢
竹絲肆拾伍斤捌兩陸錢

艦匠叁拾肆工伍分肆釐
鋸匠拾貳工捌分玖釐
艌匠拾柒工叁分伍釐
舂灰夫肆名貳分伍釐
兩旁舨邊用高洋木牛欄肆根內船頭貳根船後
貳根各長貳丈捌尺圍大壹尺叁寸做凈勿折
見方尺肆拾尺用艦匠壹工共核用

圍大壹尺陸寸淨長貳丈捌尺高洋木肆根
艌匠叁工陸分肆釐
艄頭斗蓋用樟木壹塊長壹丈伍尺闊大肆尺柒寸蝦籬梁壹塊長捌尺伍寸斗蓋下兎耳壹塊長捌尺均寬壹尺伍寸厚叁寸托浪板陸塊各長捌尺寬壹尺厚叁寸斗蓋蝦籬梁兎耳做淨每折見方尺肆拾尺用艌匠壹工托浪板捌拾尺用艌匠壹工斗蓋用長捌寸釘拾貳個蝦籬梁托浪板釘縫湊長伍丈陸尺伍寸每丈用長

陸寸釘叁拾個兎耳釘縫長捌尺每丈用長伍寸釘叁拾個蝦籬梁托浪板兎耳艌縫湊長拾貳丈玖尺共核用
圍大肆尺柒寸長壹丈伍尺伍寸樟木壹根
寬壹尺伍寸厚叁寸樟木枋壹丈陸尺玖寸
寬壹尺厚叁寸長捌尺貳寸樟木板陸塊
長捌寸釘拾貳個
長陸寸釘壹百柒拾個
長伍寸釘貳拾肆個

灰拾貳斤拾肆兩
桐油伍斤貳兩陸錢
網紗肆斤拾叁兩肆錢
竹絲肆斤拾叁兩肆錢
艌匠肆工捌分壹釐
艌匠壹工捌分肆釐
舂灰夫肆分伍釐
中含檀壹塊長壹丈捌尺圍大柒尺頭含檀壹塊長壹丈伍尺圍大伍尺叁寸含檀梁壹塊長壹

丈柒尺頭含檀閘壹塊長壹丈貳尺均寬壹尺伍寸厚叁寸做淨每折見方尺叁拾尺用艌匠壹工含檀梁釘縫長壹丈柒尺每丈用長陸寸釘叁拾個含檀含檀梁艌縫湊長拾丈共核用
圍大柒尺長壹丈捌尺伍寸樟木壹根
圍大伍尺叁寸長壹丈伍尺伍寸樟木壹根
寬壹尺伍寸厚叁寸樟木枋貳丈玖尺肆寸
長陸寸釘伍拾壹個
灰拾斤

桐油肆斤
網紗叁斤拾貳兩
竹絲叁斤拾貳兩
艌匠拾工叁分叁釐
艌匠壹工肆分叁釐
舂灰夫叁分伍釐
中轉水貳塊各長壹丈陸尺寬貳尺厚玖寸伍分
樟木極轉水鞋貳塊各長捌尺圍大壹尺做淨
每折見方尺肆拾尺用艌匠壹工轉水每塊用

長壹尺釘貳個轉水鞋每塊用長陸寸釘捌個
艌縫湊長玖丈陸尺共核用
寬貳尺厚玖寸伍分長壹丈陸尺貳寸樟木
貳塊
圍大壹尺樟木極壹丈陸尺肆寸
長壹尺釘肆個
長陸寸釘拾陸個
灰玖斤拾兩
桐油叁斤拾叁兩肆錢

網紗叁斤玖兩陸錢
竹絲叁斤玖兩陸錢
艌匠伍工壹分貳釐
艌匠壹工叁分柒釐
舂灰夫叁分肆釐
船尾用浮溪木拜棚楻叁根各長壹丈肆尺尾樓
舨柱肆根各長伍尺均圍大壹尺柒寸木段尾
舨杈捌塊各長壹丈肆尺寬捌寸厚貳寸伍分
拜棚楻舨柱做淨每折見方尺肆拾尺用艌匠

壹工尾舨杈捌拾尺用艌匠壹工尾舨杈釘縫
湊長拾壹丈貳尺每丈用長伍寸釘叁拾個共
核用
圍大貳尺淨長叁丈貳尺浮溪木壹根叁丈
圍大叁尺伍寸木段貳丈捌尺肆寸
長伍寸釘叁百叁拾陸個
艌匠伍工伍分柒釐
鋸匠壹工陸分捌釐
船尾用樟木下金壹塊長柒尺伍寸圍大柒尺伍

寸繚牛壹副長柒尺伍寸寬貳尺肆寸厚陸寸
尾樓上金壹塊長壹丈柒尺寬貳尺壹寸厚捌
寸柒星冠壹塊長壹丈捌尺寬壹尺貳寸厚陸
寸硬木棍下金拴貳根繚牛楲貳根各長陸尺
伍寸圍大捌寸木段繚牛楨肆根各長柒尺圍
大叁尺貳寸下金繚牛上金柒星冠做凈毋折
見方尺叁拾尺用鑑匠壹工下金拴繚牛楲繚
牛楨肆拾尺用艦匠壹工下金用長捌寸釘拾
捌個繚牛用長捌寸釘貳拾貳個上金用長壹

尺釘拾捌個繚牛楲釘縫湊長壹丈叁尺每丈
用長伍寸釘叁拾個下金艙縫長柒尺伍寸共
核用
圍大柒尺伍寸長柒尺柒寸樟木壹段
寬貳尺肆寸厚陸寸長柒尺柒寸樟木壹塊
寬貳尺壹寸厚捌寸長壹丈柒尺貳寸樟木
壹塊
寬壹尺貳寸厚陸寸長壹丈捌尺貳寸樟木
壹塊

圍大捌寸長壹丈叁尺硬木棍貳根
圍大叁尺伍寸木段貳丈捌尺捌寸
長壹尺釘拾捌個
長捌寸釘肆拾個
長伍寸釘叁拾玖個
灰拾貳兩
桐油肆兩捌錢
網紗肆兩伍錢
竹絲肆兩伍錢

艦匠拾壹工捌分捌釐
艌匠壹分壹釐
舂灰夫叁釐
船尾舵邊用木段硬筋貳根各長壹丈肆尺圍大
叁尺貳寸尾樓舫魚翅貳塊各長柒尺寬壹尺
厚肆寸紗帽匙貳塊雞毋宿壹塊尾燕板壹塊
各長壹丈肆尺寬捌寸厚貳寸伍分桁桷木軟
筋貳塊各長壹丈壹尺寬壹尺厚叁寸硬筋舫
魚翅軟筋做凈毋折見方尺肆拾尺用艦匠壹

工紗帽匙各板捌拾尺用艌匠壹工硬筋頭[illegible]
用長陸寸釘拾貳個共[illegible]用
圍大叁尺伍寸木段肆丈玖尺捌寸
寛壹尺厚叁寸柯椈木枋貳丈貳尺肆寸
長陸寸釘拾貳個
艌匠陸工壹分貳釐
鋸匠壹工壹分貳釐
尾樓上用浮溪木鋪板拾塊各長肆尺尾座板肆
塊各長壹丈貳尺舦邊寄萊板貳塊各長壹丈

肆尺碗格貳塊各長壹丈壹尺均寛伍寸厚貳
寸高洋木尾樓挑貳塊櫓棚壹塊各長壹丈柒
尺均寛肆寸厚貳寸做淨每折見方尺捌拾尺
用艌匠壹工尾樓鋪板釘縫湊長肆丈每丈用
長伍寸釘叁拾個共核用
圍大貳尺淨長叁丈貳尺浮溪木壹根壹丈
肆尺
圍大壹尺陸寸淨長貳丈捌尺高洋木貳丈
伍尺伍寸

長伍寸釘壹百貳拾個
艌匠叁工壹分捌釐
鋸匠壹工捌分貳釐
船尾用樟木櫓通板叁塊各長壹丈柒尺櫓門枋
壹塊櫓床貳塊各長伍尺均寛壹尺伍寸厚叁
寸櫓通板做淨每折見方尺捌拾尺用艌匠壹
工櫓門枋櫓床肆拾尺用艌匠壹工櫓床每塊
用長捌寸釘拾貳個櫓通板釘縫湊長伍丈壹
尺每丈用長陸寸釘叁拾個櫓床櫓通板艌縫

湊長拾貳丈貳尺共核用
寛壹尺伍寸厚叁寸樟木枋陸丈陸尺玖寸
長捌寸釘貳拾肆個
長陸寸釘壹百伍拾叁個
灰拾貳斤叁兩
桐油肆斤拾肆兩壹錢
網紗肆斤玖兩貳錢
竹絲肆斤玖兩貳錢
艌匠叁工陸分伍釐

艙匠壹工柒分肆釐
舂灰夫肆分叁釐
水仙門兩旁用浮溪木邊柱肆根中柱貳根各長
伍尺圍大壹尺柒寸水仙門板拾肆塊各長肆
尺湊寬柒尺肆寸貳分用寬伍寸厚貳寸枚伍
丈玖尺叁寸陸分樟木極百子舱拾陸塊各長
陸尺圍大壹尺船中大青木蝦䗛心壹根長叁
丈圍大貳尺玖寸舨邊柯榭木朴竹捌塊各長
壹丈叁尺寬壹尺厚叁寸邊柱中柱百子舱蝦

䗛心做淨每折見方尺肆拾尺用艌匠壹工門
板朴竹捌拾尺用艌匠壹工百子舱釘縫湊長
玖丈陸尺每丈用長陸寸釘叁拾個百子舱艙
縫湊長拾玖丈貳尺共核用
圍大貳尺淨長叁丈貳尺浮溪木壹根壹丈
柒尺捌寸
圍大壹尺樟木極玖丈玖尺貳寸
圍大叁尺貳寸淨長肆丈貳尺大吉木叁丈
寬壹尺厚叁寸柯榭木枋拾丈伍尺陸寸

長陸寸釘貳百捌拾捌個
灰拾玖斤叁兩
桐油柒斤拾兩玖錢
網紗柒斤叁兩貳錢
竹絲柒斤叁兩貳錢
艌匠拾工貳分柒釐
鋸匠伍分玖釐
艙匠貳工柒分肆釐
舂灰夫陸分柒釐

大桅座壹塊長捌尺見方貳尺肆寸頭桅座壹塊
長伍尺陸寸圍大肆尺陸寸做淨每折見方尺
叁拾尺用艌匠壹工共核用
見方貳尺肆寸長捌尺貳寸樟木壹塊
圍大肆尺陸寸長伍尺捌寸樟木壹段
艌匠叁工肆分貳釐
大鹿耳貳塊各長壹丈貳尺寬貳尺貳寸厚壹尺
壹寸頭鹿耳貳塊各長玖尺捌寸寬壹尺捌寸
厚捌寸硬木提鹿耳夾貳根各長壹丈叁尺圍

大捌寸做淨每折見方尺肆拾尺用艌匠壹工
共核用
寬貳尺貳寸厚壹尺壹寸長壹丈貳尺貳寸
樟木貳塊
寬壹尺捌寸厚捌寸長壹丈樟木貳塊
圍大捌寸長壹丈叁尺硬木棍貳根
艌匠柒工叁釐
大桅壹根長捌丈肆尺圍大柒尺壹寸頭桅壹根
長伍丈圍大肆尺叁寸做淨每折見方尺肆拾

尺用艌匠壹工共核用
圍大柒尺壹寸長捌丈肆尺桅木壹根
圍大肆尺叁寸長伍丈桅木壹根
艌匠貳拾工貳分玖釐
桅尾用柯槝木馬面叁塊各長叁丈伍尺寬壹尺
伍寸厚叁寸樟木大桅笠壹個長貳尺寬壹尺
伍寸頭桅笠壹個長壹尺陸寸寬壹尺貳寸均
厚叁寸木段大桅竚壹根長壹丈肆尺頭桅竚
壹根長壹丈貳尺均圍大叁尺貳寸馬面做淨

每折見方尺捌拾尺用艌匠壹工桅笠桅竚與
拾尺用艌匠壹工馬面釘縫湊長拾丈伍尺匀
丈用長陸寸釘貳拾個共核用
寬壹尺伍寸厚叁寸柯槝木枋拾丈伍尺陸
寸
寬壹尺伍寸厚叁寸樟木枋叁尺肆寸陸分
圍大叁尺伍寸木段貳丈陸尺肆寸
長陸寸釘貳百拾個
艌匠柒工壹分壹釐

大風篷壹扇長柒丈寬叁丈叁尺頭風篷壹扇長
叁丈伍尺寬壹丈陸尺伍寸浮溪木大篷擔貳
根各長叁丈叁尺頭篷擔貳根各長壹丈陸尺
伍寸均圍大壹尺柒寸做淨每折見方尺肆拾
尺用艌匠壹工共核用
寬叁丈叁尺長柒丈風篷壹扇
寬壹丈陸尺伍寸長叁丈伍尺風篷壹扇
圍大貳尺淨長叁丈貳尺浮溪木叁根叁尺
艌匠肆工貳分壹釐

大篷架用木段橫梁貳根各長壹丈肆尺頭遂
橫梁壹根架針伍根各長柒尺均寬壹尺厚捌
寸做淨每折見方尺叁拾貳尺用艌匠壹工共
核用
圍大叁尺伍寸木段柒丈壹尺陸寸
艌匠柒工捌分捌釐
鋸匠壹工捌分
大篷車員壹根用中吉木長貳丈椗車員壹根長
壹丈捌尺均圍大貳尺貳寸浮溪木大篷半車

員壹根斗頭車員壹根各長壹丈尾樓車員壹
根長壹丈貳尺均圍大壹尺柒寸高洋木車耳
拾壹個各長陸尺車脚直板拾肆塊斜板拾塊
各長貳丈捌尺均寬肆寸厚貳寸硬木棍車子
陸拾伍根各長壹丈叁尺圍大捌寸車員車耳
做淨每折見方尺叁拾貳尺用艌匠壹工車脚
斜直板捌拾尺用艌匠壹工共核用
圍大貳尺伍寸淨長叁丈陸尺中吉木壹根
貳尺

圍大貳尺淨長叁丈貳尺浮溪木壹根
圍大壹尺陸寸淨長貳丈捌尺高洋木拾叁
根伍尺
圍大捌寸長壹丈叁尺硬木棍陸拾伍根
艌匠拾陸工捌分柒釐
鋸匠陸工叁分叁釐
水櫃用樟木牛頭肆塊各長伍尺寬壹尺伍寸厚
叁寸木段水櫃柱肆根各長柒尺圍大叁尺貳
寸水櫃閘肆塊各長柒尺見方捌寸水櫃板叁

拾陸塊各長肆尺陸寸寬捌寸厚貳寸伍分水
櫃柱閘牛頭做淨每折見方尺肆拾尺用艌匠
壹工水櫃板捌拾尺用艌匠壹工水櫃柱每根
用長陸寸釘貳拾個牛頭釘縫湊長貳丈每丈
用長陸寸釘叁拾個水櫃板釘縫湊長拾陸丈
伍尺陸寸每丈用長伍寸釘叁拾個艌縫湊長
肆拾捌丈叁尺貳寸共核用
寬壹尺伍寸厚叁寸樟木枋貳丈肆寸
圍大叁尺伍寸木段玖丈玖尺玖寸

長陸寸釘壹百貳十六個
長伍寸釘肆百玖拾柒個
灰肆拾捌斤伍兩
桐油拾玖斤伍兩貳錢
網紗拾捌斤壹兩玖錢
竹絲拾捌斤壹兩玖錢
艦匠拾工陸分叁釐
鋸匠叁工壹分貳釐
艌匠陸工玖分

春灰夫壹名陸分玖釐
媽祖龕用杉木板貳拾貳丈船尾番仔板書鷹板
順風板及刀劍砲眼用板貳拾丈均寬陸寸厚
壹寸高洋木媽祖旗杆壹根長貳丈貳尺圍大
壹尺叁寸旗杆做淨每折見方尺肆拾尺用
匠壹工媽祖龕各板捌拾尺用艦匠壹工龕
釘縫湊長貳拾貳丈每丈用長肆寸釘叁拾個
艌縫湊長肆拾肆丈共核用
寬陸寸厚壹寸杉木板肆拾貳丈捌尺

圍大壹尺陸寸淨長貳丈捌尺高洋木貳尺
貳尺
長肆寸釘陸百陸拾個
灰肆拾肆斤
桐油拾柒斤玖兩陸錢
網紗拾陸斤捌兩
竹絲拾陸斤捌兩
艦匠捌工柒釐
艌匠陸工貳分玖釐

春灰夫壹名伍分肆釐
船面兩旁砲架陸個并蓋每個用長肆尺陸寸寬
捌寸厚貳寸伍分木段板陸塊做淨每折見方
尺捌拾尺用艦匠壹工共核用
圓大叁尺伍寸木段肆丈貳尺叁寸
艦匠肆工叁分伍釐
鋸匠貳工肆分捌釐
用大吉木槌壹根長肆丈貳尺圍大貳尺
樟木槌牙壹塊長伍尺寬壹尺

做淨每折見方尺肆拾尺用艌匠壹工艌牙用
長捌寸釘陸個共核用
圍大叁尺貳寸淨長肆丈貳尺大吉木壹根
寬壹尺伍寸厚叁寸樟木枋肆尺捌分
長捌寸釘陸個
艌匠叁工肆分貳釐
舵尾舵壹門用楮木舵桿壹根長壹丈捌尺寬壹
尺肆寸厚捌寸中吉木舵閂板柒塊各長貳丈
叁尺湊寬肆尺陸寸貳分用寬伍寸捌分厚貳

寸伍分板拾捌丈叁尺貳寸樟木極舵夾捌塊
各長肆尺圍大壹尺硬木棍舵牙梔貳根各長
壹丈叁尺圍大捌寸舵桿做淨每折見方尺叁
拾尺用艌匠壹工舵夾舵牙肆拾尺用艌匠壹
工舵閂板捌拾尺用艌匠壹工舵夾釘縫湊長
叁丈貳尺每丈用長捌寸釘伍拾個舵夾舵閂
板艌縫湊長肆拾叁丈肆寸共核用
寬壹尺肆寸厚捌寸長壹丈捌尺貳寸楮木
壹根

圍大貳尺伍寸淨長叁丈陸尺中吉木壹根
貳丈伍尺壹寸
圍大壹尺樟木極叁丈貳尺捌寸
圍大捌寸長壹丈叁尺硬木棍貳根
長捌寸釘壹百陸拾個
灰肆拾叁斤壹兩
桐油拾柒斤叁兩伍錢
網紗拾陸斤貳兩貳錢
竹絲拾陸斤貳兩貳錢

艌匠柒工柒分陸釐
鋸匠貳工壹分柒釐
艌匠陸工壹分伍釐
舂灰夫壹名伍分壹釐
跟隨戰船舢板船用柯栂木龍骨壹根長貳丈叁
蓋壹塊長柒尺托浪板壹塊長陸尺均寬壹尺
厚叁寸浮溪木水底板拾塊各長貳丈貳尺湊寬伍
尺叁寸艌板陸塊各長貳丈貳尺湊寬叁尺陸
寸捌分堵板拾貳塊各長柒尺湊寬陸尺叁寸

陸分用寬伍寸厚貳寸板肆拾肆丈玖寸陸分
龍骨做淨每折見方尺肆拾尺用艌匠壹工斗
蓋各板捌拾尺用艌匠壹工龍骨用長陸寸釘
拾貳個托浪板水底板艕板釘縫湊長叁拾伍
丈柒尺玖寸貳分每丈用長伍寸釘叁拾個托
浪板水底板艕板艌縫湊長柒拾壹丈伍尺捌
寸肆分共核用
寬壹尺厚叁寸柯楠木枋叁丈叁尺陸寸
圍大貳尺淨長叁丈貳尺浮溪木肆根壹丈

玖尺
長陸寸釘拾貳個
長伍寸釘壹千柒拾肆個
灰柒拾壹斤玖兩
桐油貳拾捌斤拾兩壹錢
網紗貳拾陸斤拾叁兩伍錢
竹絲貳拾陸斤拾叁兩伍錢
艌匠玖工肆分肆釐
鋸匠肆工肆分壹釐

艌匠拾工貳分叁釐
舂灰夫貳名伍分
舢板船兩旁水蛇貳根水錢貳根各長貳丈壓板
貳塊各長貳丈貳尺均寬伍寸厚貳寸併淨每
折見方尺捌拾尺用艌匠壹工水蛇釘縫湊長
肆丈每肆尺用長捌寸釘叁個壓板水錢釘縫
湊長捌丈肆尺每丈用長伍寸釘叁拾個艌縫
湊長貳拾肆丈捌尺共核用
圍大貳尺淨長叁丈貳尺浮溪木壹根玖尺

叁寸
長捌寸釘叁拾個
長伍寸釘貳百伍拾貳個
灰貳拾肆斤拾叁兩
桐油玖斤拾肆兩柒錢
網紗玖斤肆兩捌錢
竹絲玖斤肆兩捌錢
艌匠貳工壹分柒釐
鋸匠壹工貳分肆釐

艌匠叁工伍分肆釐
舂灰夫捌分柒釐
舢板船用樟木舢板舵叁個各長肆尺寬伍寸厚叁寸樟木極舢板梁肆塊各長肆尺肆寸牛頭仔極拾伍個各長貳尺冲天極貳塊牛頭極陸塊各長貳尺伍寸均圍大壹尺做淨每折見方尺肆拾尺用艌匠壹工舢板舵梁釘縫湊長貳丈玖尺陸寸每丈用長陸寸釘叁拾個冲天極牛頭極每塊用長陸寸釘貳個舢板舵梁冲天

極牛頭極艌縫湊長玖丈玖尺貳寸共核用
寬壹尺伍寸厚叁寸樟木枋肆尺壹寸
圍大壹尺樟木極柒丈叁寸
長陸寸釘壹百伍個
灰玖斤拾伍兩
桐油叁斤拾伍兩伍錢
網紗叁斤拾壹兩伍錢
竹絲叁斤拾壹兩伍錢
艌匠貳工壹分柒釐

艌匠壹工肆分貳釐
舂灰夫叁分伍釐
大桅鐵箍拾貳個各長柒尺貳寸頭桅箍肆個各長肆尺柒寸舵頭箍叁個各長伍尺貳寸槛箍貳個各長叁尺肆寸俱寬貳寸厚伍分碇齒伍個各長壹尺寬柒寸厚伍分櫓箍伍個各長貳尺柒寸寬壹寸厚叁分鐵鐶伍個各闊大陸寸
以上鐵料共淨重叁百柒拾伍斤每正鐵壹斤加耗鐵壹斤每正鐵伍斤用鐵匠壹工每正耗

鐵壹斤用炭叁斤共核用
生鐵柒百伍拾斤
炭貳千貳百伍拾斤
鐵匠柒拾伍工
油畫前船共用
烏烟叁斤伍兩
廣紅伍斤
銅碌肆兩
京紅肆兩

南粉貳斤
銀硃壹兩
籐黃肆兩
藍粉肆兩
杭粉壹兩
松香捌兩
水膠陸兩
墨貳塊
桐油肆斤

淡底壹斤
油艌匠拾工
麻大椗緯索貳條各長拾丈捌尺大柒寸頭椗緯索貳條各長捌丈肆尺大肆寸伍分大踏索貳條各長捌丈肆尺大伍寸小踏索貳條各長伍丈大叁寸貳分大繚母壹條長伍丈大捌寸貳分小繚毋壹條長叁丈大肆寸大帮櫬陸條各長貳丈大貳寸貳分小帮櫬玖條各長陸尺大壹寸柒分以上麻繩共重柒百捌拾斤每百斤

用繩匠叁工陸分共核用
麻柒百捌拾斤
繩匠貳拾捌工捌釐
棕正椗索壹條長肆拾貳丈大玖寸副椗索壹條長肆拾丈大捌寸叁分大蓬筋壹條長柒丈柒尺大貳寸貳分小蓬筋壹條長肆丈大壹寸貳分繚仔繚耳共拾捌條各長貳丈陸尺大貳寸貳分椗奴貳條各長壹丈捌尺大柒寸大小摛尾貳條共長拾柒丈肆尺大伍寸叁分舵弔壹

條長叁丈大陸寸伍分以上棕繩共重捌百斤每觔棕肆拾斤用匠壹工成繩肆拾斤用匠壹工共核用
棕捌百斤
撕棕匠貳拾工
成繩匠貳拾工
布風旗壹面長寬各壹丈陸尺壹條龍旗壹面長陸丈寬叁尺媽祖旗壹面長寬各伍尺大小定風旗叁面內壹面長陸尺貳面各長肆尺伍寸

均寬壹尺共核用
幅寬壹尺色布伍拾丈
苧線拾兩
裁縫匠伍工
中桅貳門崗全各長貳丈壹尺寬壹尺貳寸厚捌
寸
中樽貳枝各長肆丈捌尺寬捌寸厚伍寸
舢枚櫓壹枝長貳丈玖尺寬柒寸厚肆寸
大小桅餅柒個

大小無底升捌百個
椗舵上配用竹繩草繩共用
竹篾柒百捌拾陸斤
繩匠貳拾捌工叁分
草心玖百捌拾壹斤
繩匠貳拾肆工伍分叁釐
查原送成規內打造竹繩草繩所用匠工多寡不齊今照棕麻繩索用工之例壹律核定
篷上配用大小綵毬攝子兒耳共用

桄篾貳拾玖斤
篾匠伍工捌分
刻字用
刻字匠叁工
竪大小桅用
壯夫伍拾名
前船共用大小鐵釘叁萬柒千肆百伍拾個刷抹
釘頭每百個用桐油陸兩肆錢灰壹斤每油灰
拾斤用艌匠壹工共核用

桐油壹百肆拾玖斤拾貳兩捌錢
灰叁百柒拾肆斤捌兩
艌匠伍拾貳工肆分叁釐
舂灰夫拾叁名壹分壹釐
前船共用艌匠陸百貳拾伍工柒分貳釐係照杉
松木植核定內有樟桐等硬木用匠壹百叁拾
貳工伍分叁釐每工外加匠貳分計加匠貳拾
陸工伍分壹釐共匠陸百伍拾貳工貳分叁釐
每百工加安裝匠拾工計安裝匠陸拾伍工貳

分貳釐每艦匠安裝匠壹百工加隨匠壯夫貳拾名計壯夫壹百肆拾叁名肆分玖釐

以上拆造前船共用

寬壹尺厚捌寸松木長捌丈捌尺陸寸 每丈銀肆錢壹分肆釐

計銀叁兩陸錢陸分捌釐

查原送成規內開松木按依拾陸則丈尺計筭每丈核銀自肆錢捌分壹釐至叁錢肆分壹釐不等價值參差均勻計筭每丈需銀肆錢壹分肆釐今照肆錢壹分肆釐之數壹律核定

圍大叁尺貳寸淨長肆丈貳尺大吉木叁拾伍根 每根銀貳兩柒錢

計銀玖拾肆兩伍錢

圍大貳尺伍寸淨長叁丈陸尺中吉木叁拾捌根貳丈肆尺貳寸伍分 每根銀壹兩伍錢

計銀伍拾捌兩壹分

查原送成規內開中吉木叁拾柒根今按丈尺做法核筭應增壹根貳丈肆尺貳寸伍分

圍大貳尺淨長叁丈貳尺浮溪木叁拾柒根捌尺叁寸 每根銀伍錢

計銀拾捌兩陸錢叁分

查原送成規內開浮溪木叁拾柒根今按丈尺做法核筭應增捌尺叁寸

圍大壹尺陸寸淨長貳丈捌尺高洋木叁拾陸根玖尺伍寸 每根銀貳錢

計銀柒兩貳錢陸分捌釐

查原送成規內開高洋木叁拾柒根今按丈尺做法核筭應減壹丈捌尺伍寸

圍大叁尺伍寸木段柒拾伍丈壹尺陸寸核長壹丈肆尺段料伍拾叁根玖尺陸寸 每根銀陸錢

計銀叁拾貳兩貳錢壹分壹釐

查原送成規內開木段伍拾肆根今按丈尺做法核筭應減肆尺肆寸

寬壹尺伍寸厚叁寸樟木枋壹百貳拾肆丈陸尺肆分核長壹丈柒尺枋料柒拾叁塊伍尺肆分 每塊銀壹兩叁錢

計銀玖拾伍兩貳錢捌分伍釐

查原送成規內開樟枋柒拾叁塊今按丈尺做法核筭應增伍尺肆分

寬壹尺厚叁寸長捌尺貳寸樟木板陸塊 每塊銀肆錢壹分捌釐

計銀貳兩伍錢捌釐

查原送成規內開樟木枋梁座梁頭壹則至拾柒則各長壹丈柒尺寬壹尺伍寸厚叁寸每塊開銀壹兩叁錢托浪樟木板第壹則長陸尺伍寸寬壹尺厚叁寸每塊開銀伍錢第貳則至拾柒則各長捌尺寬壹尺厚叁寸每塊亦開銀伍錢價值參差今俱照梁座梁頭之價壹律核定

寬壹尺貳寸厚叁寸松木枋壹百貳拾柒丈叁尺肆寸核長壹丈柒尺枋料柒拾肆塊壹丈伍尺肆寸 每塊銀叁錢伍分

計銀貳拾陸兩貳錢壹分柒釐

查原送成規內開松木枋柒拾肆塊今按丈尺做法核算應增壹丈伍尺肆寸

圍大壹尺樟木極柒拾玖丈壹尺柒寸核長壹丈貳尺樟極陸拾伍塊壹丈壹尺柒寸 每塊銀貳錢

計銀拾叁兩壹錢玖分伍釐

查原送成規內開樟極陸拾陸塊今按丈尺做法核算應減叁寸

寬壹尺伍寸厚叁寸柯槓木枋拾丈伍尺陸寸 每丈銀伍錢柒分壹釐伍毫

計銀陸兩叁分伍釐

寬壹尺厚叁寸柯槓木枋拾玖丈壹尺 每丈[illegible]錢[illegible]分

計銀柒兩貳錢柒分柒釐

查原送成規內開柯槓木馬面壹則至拾柒則各長叁丈伍尺寬壹尺伍寸厚叁寸每塊開銀貳兩軟篩及舢板龍骨等料壹則至伍則各長貳丈伍尺寬壹尺厚叁寸每塊開銀壹兩陸則至拾柒則各長叁丈伍尺寬壹尺厚叁寸每塊開銀貳兩價值參差今俱照馬面之價壹律核定

圍大捌寸長壹丈叁尺硬木棍捌拾根 每根銀捌分

計銀陸兩肆錢

寬陸寸厚壹寸杉木板肆拾貳丈捌尺肆寸 每丈銀肆錢

計銀拾柒兩壹錢叁分陸釐

圍大柒尺長壹丈捌尺伍寸樟木壹根

計銀柒兩玖分捌釐

圍大伍尺叁寸長壹丈伍尺伍寸樟木壹根

計銀叁兩肆錢玖釐

見方貳尺肆寸長捌尺貳寸樟木壹塊

計銀肆兩肆錢叁分捌釐

圍大肆尺陸寸長伍尺捌寸樟木壹段

計銀玖錢陸分
寬貳尺壹寸厚捌寸長壹丈柒尺貳寸樟木壹塊
計銀貳兩柒錢壹分肆釐
閫大柒尺伍寸長柒尺柒寸樟木壹段
計銀叁兩叁錢玖分壹釐
寬貳尺貳寸厚壹尺壹寸長壹丈貳尺貳寸樟木
貳塊每塊銀貳兩柒錢柒分叁釐
計銀伍兩伍錢肆分陸釐
寬壹尺捌寸厚捌寸長壹丈樟木貳塊每塊銀壹兩叁錢伍

分叁釐
計銀貳兩柒錢陸釐
寬貳尺厚玖寸伍分長壹丈陸尺貳寸樟木貳塊每塊銀貳兩捌錢玖分貳釐
計銀伍兩柒錢捌分肆釐
閫大肆尺柒寸長壹丈伍尺伍寸樟木壹根
計銀貳兩陸錢捌分壹釐
寬壹尺貳寸厚陸寸長壹丈捌尺貳寸樟木壹塊
計銀壹兩貳錢叁分壹釐

寬貳尺肆寸厚陸寸長柒尺柒寸樟木壹塊
計銀壹兩肆分貳釐
查原送成規內開壹則至拾柒則每則用樟木合桅等料拾貳款所開價值逐款核計俱屬參差均匀計算每折見方壹尺需銀玖分叁釐玖毫陸絲之數今照玖分叁釐玖毫陸絲壹律核定
寬壹尺肆寸厚捌寸長壹丈捌尺貳寸楮木壹根
計銀拾陸兩
閫大柒尺壹寸長捌丈肆尺桅木壹根
計銀伍拾柒兩

閫大肆尺叁寸長伍丈桅木壹根
計銀柒兩
長壹尺釘柒百拾叁個每貳個重壹斤計重叁百
伍拾陸斤捌兩長捌寸釘貳百柒拾貳個每伍
個重壹斤計重伍拾肆斤陸兩肆錢長陸寸釘
貳萬壹千叁百貳拾貳個每拾伍個重壹斤計
重壹千肆百貳拾壹斤柒兩伍錢長伍寸釘壹
萬肆千肆百捌拾叁個每貳拾個重壹斤計重
柒百貳拾肆斤貳兩肆錢長肆寸釘陸百陸拾

個每叁拾個重壹斤計重貳拾貳斤以上鐵釘
共重貳千伍百柒拾捌斤捌兩叁錢除選用舊
釘壹千壹百玖拾柒斤壹兩貳錢外添新壹千
叁百捌拾壹斤柒兩壹錢每斤銀貳分貳釐
計銀叁拾兩叁錢玖分貳釐
灰貳千玖百貳斤柒兩每百斤銀貳錢
計銀伍兩捌錢伍釐
桐油壹千壹百陸拾伍斤每斤銀叁分
計銀叁拾肆兩玖錢伍分

網紗玖百肆拾柒斤拾伍兩每斤銀壹分貳釐
計銀拾壹兩叁錢柒分陸釐
竹絲玖百肆拾柒斤拾伍兩每斤銀陸釐
計銀伍兩陸錢捌分捌釐
生鐵柒百伍拾斤每斤銀壹分
計銀柒兩伍錢
炭貳千貳百伍拾斤每百斤銀壹錢陸分
計銀叁兩陸錢
烏烟叁斤伍兩每斤銀壹分伍釐

計銀伍分
廣紅伍斤每斤銀伍分
計銀貳錢伍分
銅條肆兩每斤銀叁錢
計銀柒分伍釐
京紅肆兩每斤銀捌分
計銀貳分
南粉貳斤每斤銀壹分
計銀貳分

銀硃壹兩每斤銀陸錢肆分
計銀肆分
臙黄肆兩每斤銀貳錢
計銀伍分
藍粉肆兩每斤銀捌分
計銀貳分
杭粉壹兩每斤銀壹錢陸分
計銀壹分
水膠陸兩每斤銀肆分

計銀壹分伍釐
松香捌兩 每斤銀貳分
計銀壹分
墨貳塊 每塊銀壹分
計銀貳分
淡底壹斤
計銀伍分
麻柒百捌拾斤 每斤銀壹分伍釐
計銀拾壹兩柒錢

棕捌百斤 每斤銀叁分
計銀貳拾肆兩
色布伍拾丈 每丈銀壹錢
計銀伍兩
苧線拾兩 每斤銀壹錢貳分
計銀柒分伍釐
梹貳門齒全各長貳丈壹尺寬壹尺貳寸厚……
每門銀貳兩壹錢伍釐
計銀肆兩貳錢壹分

櫓貳枝各長肆丈捌尺寬捌寸厚伍寸 每枝銀壹兩玖錢伍分柒釐
計銀叁兩玖錢壹分肆釐
舢板櫓壹枝長貳丈玖尺寬柒寸厚肆寸
計銀叁錢柒分貳釐
大風篷壹扇長柒丈寬叁丈叁尺
計銀柒兩貳錢叁釐
頭風篷壹扇長叁丈伍尺寬壹丈陸尺伍寸
計銀壹兩捌錢壹釐

查原送成規內開壹則至拾柒則大篷每扇銀伍兩伍錢頭篷每扇銀壹兩伍錢所開丈尺大篷長自肆丈捌尺至柒丈寬自貳丈陸尺至叁丈叁尺不等頭篷長自貳丈肆尺至叁丈伍尺寬自壹丈肆尺至壹丈陸尺伍寸不等俱屬參差均勻核計每折見方壹丈需銀叁錢壹分壹釐捌毫零照叁錢壹分壹釐捌毫之數分別核定

大小桅餅柒個 每個銀柒分
計銀肆錢玖分
大小無底升捌百個 每百個銀捌分
計銀陸錢肆分
竹篾柒百捌拾陸斤 每百斤銀壹錢陸分

計銀壹兩貳錢伍分捌釐

草心玖百捌拾壹斤（每百斤銀柒分）

計銀陸錢捌分柒釐

桅篠貳拾玖斤（每斤銀貳分伍釐）

計銀柒錢貳分伍釐

艦匠陸百伍拾貳工貳分叁釐

安裝匠陸拾伍工貳分貳釐

鋸匠壹百柒拾柒工貳分壹釐

艌匠肆百拾叁工伍分捌釐

鐵匠柒拾伍工

油畫匠拾工

繩匠捌拾工玖分壹釐

棕匠肆拾工

裁縫匠伍工

篠匠伍工捌分

刻字匠叁工

壯夫貳百玖拾伍名玖釐

以上匠夫共壹千捌百貳拾叁工肆釐（每□銀

計銀玖拾壹兩壹錢伍分貳釐

又置備物件開後

木桶叁拾件（每件銀叁分）

計銀玖錢

鐵鍋叁口（換新每口貼工料銀壹錢貳分）

計銀叁錢陸分

鼓壹面（修理換皮）

計銀肆錢

金壹面（重肆斤　換新每工貼工料銀柒分）

計銀貳錢捌分

以上折造前船成規內開共需工料銀柒百柒拾貳兩貳錢伍分壹釐玖毫內部價銀叁百陸拾柒兩柒錢叁分玖釐加捌津貼并另加叁分銀肆百肆兩伍錢壹分貳釐玖毫臺廠運費銀柒拾叁兩伍錢肆分柒釐捌毫今按條查核分別增減更正需用工料銀柒百陸拾肆兩伍錢貳分捌釐內部價銀叁百陸拾肆兩陸分壹釐加捌津貼并另加叁分銀肆百兩肆錢陸分柒釐臺廠運費銀柒拾貳

加錢壹分貳釐計節減工料銀多
釐玖六運費銀柒錢叁分伍釐捌毫
於前船届應拆造之期將節減銀兩在于應領銀
內扣除至大小修理成規內開大修工料銀伍百
貳拾壹兩陸分壹釐內部價銀貳百叁拾陸兩捌
錢肆分陸釐加玖津貼并另加叁分銀貳百捌拾
肆兩貳錢壹分伍釐臺廠運費銀肆拾柒兩叁錢
陸分玖釐小修工料銀叁百柒拾貳兩貳錢叁分
內部價銀壹百陸拾壹兩捌錢叁分玖釐加拾津

貼并另加叁分銀貳百拾兩叁錢玖分壹釐臺廠
運費銀叁拾貳兩叁錢陸分捌釐其餘貳船做此

福建省外海戰船做法

第拾柒則趕繒船玖隻內臺灣協標左營[illegible]字壹
號船壹隻身長捌丈頭起翹伍尺尾起翹肆尺
船頭長貳丈玖尺面勺寬壹丈肆尺陸寸底勺
寬壹丈叁尺船中長貳丈伍尺伍寸面勺寬貳
丈捌寸底勺寬壹丈陸尺船尾長貳丈伍尺伍
寸面勺寬壹丈玖尺捌寸底勺寬壹丈伍尺伍
寸兩邊艕長玖丈陸尺計貳拾貳艙深柒尺貳
寸陸分

今將拆造前船需用工料價值細數開後

計開

船底松木龍骨壹道計叁節船頭壹節長貳丈肆
尺船中壹節連交接匙頭長肆丈船尾壹節長
壹丈陸尺湊長捌丈均寬壹尺厚捌寸做凈每
折見方尺貳拾尺用艌匠壹工交接匙凹貳處
每處用長壹尺釘捌個又每邊用長陸寸釘拾
貳個共核用

寬壹尺厚捌寸松木枋捌丈陸寸

查成規內開大吉中吉淨溪高洋肆個杉木樁俱截去尖梢作欄杆龍檣木牌幾子等料之用其本身木料冊開另加長荒外一等杉段各料有截去壹貳尺至叁伍尺不等者亦有未加長荒者參差不一今將杉段各料每件長伍尺以內者加長荒壹寸伍尺以外者加長荒貳寸圓徑樟木長壹丈以內者每根加長荒貳寸長壹丈以外者每根加長荒伍寸一律核定

長壹尺釘拾陸個

長陸寸釘貳拾肆個

艌匠拾肆工肆分

船底板連起龍長捌丈內船底勻寬壹丈伍尺叁寸捌分兩站各勻高捌尺貳寸玖分添換用長肆丈貳尺寬捌寸厚叁寸大吉木板陸拾陸塊做淨每折見方尺捌拾尺用艌匠壹工鋸板折寬壹尺長柒丈用鋸匠壹工以下鋸板用工倣此釘縫湊長貳百柒拾柒丈貳尺每丈用長陸寸釘叁拾個艌縫湊長伍百伍拾肆丈肆尺每丈用灰壹斤桐油陸兩肆錢網紗竹絲各陸兩每柒丈用艌匠壹工舂製油灰每肆拾斤用舂灰夫壹名以下艌縫用工用料倣此共核用

圓大叁尺貳寸淨長肆丈貳尺大吉木貳拾貳根

長陸寸釘捌千叁百拾陸個

灰伍百伍拾肆斤陸兩

桐油貳百貳拾壹斤拾貳兩貳錢

網紗貳百柒斤拾肆兩肆錢

竹絲貳百柒斤拾肆兩肆錢

艦匠柒拾陸工貳分叁釐

鋸匠肆拾叁工伍分陸釐

艌匠柒拾玖工貳分

舂灰夫拾玖名肆分

各艙樟木梁座叁拾玖塊內船頭配用拾叁塊船中拾叁塊船尾拾叁塊各湊長貳拾貳丈壹尺船梁叁拾塊內船頭配用拾塊船中拾塊船尾拾塊各湊長拾柒丈均寬壹尺伍寸厚叁寸松木梁頭陸拾貳塊內船頭配用貳拾壹塊船中貳拾壹塊各湊長叁拾伍丈柒尺船尾貳拾塊湊長叁拾肆丈均寬壹尺貳寸厚叁寸便木梘

穩弔玖根各長壹丈叁尺圍大捌寸梁座梁頭
做淨每折見方尺捌拾尺用艌匠壹工穩弔肆
拾尺用艌匠壹工釘縫湊長貳内叁拾肆丈肆
尺每丈用長陸寸釘叁拾個艌縫湊長肆百陸
拾捌丈捌尺共核用
寛壹尺伍寸厚叁寸樟木枋壹百拾捌丈陸
尺捌寸
寛壹尺貳寸厚叁寸松木枋壹百陸丈陸尺
肆寸
圍大捌寸長壹丈叁尺硬木棍玖根
長陸寸釘柒千叁拾貳個
灰肆百陸拾捌斤拾叁兩
桐油壹百捌拾柒斤捌兩叁錢
網紗壹百柒拾伍斤拾貳兩捌錢
竹絲壹百柒拾伍斤拾貳兩捌錢
艦匠玖拾肆工陸分伍釐
艌匠陸拾陸工玖分柒釐
舂灰夫拾陸名肆分壹釐

各艙配用樟木極伍拾貳塊内虎頭艙極貳塊阿
班艙極肆塊各長玖尺伍寸小官廳極貳塊頭
轉水極貳塊各長壹丈擔担艙極貳塊八字極
貳塊拜棚極貳塊各長壹丈壹尺官廳極肆塊
冲天極貳塊水櫃艙極貳塊油婆艙前後極陸
塊遍鋪前後極肆塊繚公艙極貳塊舵公艙極
貳塊中轉水極貳塊各長壹丈貳尺鰍魚極貳
塊各長柒尺尾裡極肆塊下金極貳塊下擔極
貳塊各長陸尺手盖極貳塊各長伍尺均圍大
壹尺做净每折見方尺肆拾尺用艦匠壹工每
塊用長陸寸釘貳個艌縫湊長壹百肆丈陸尺
共核用
圍大壹尺樟木極伍拾叁丈叁尺貳寸
長陸寸釘壹百肆個
灰壹百肆斤拾兩
桐油肆拾壹斤拾叁兩肆錢
網紗叁拾玖斤叁兩陸錢
竹絲叁拾玖斤叁兩陸錢

艌匠拾叁工捌釐
艌匠拾肆工玖分肆釐
舂灰夫叁名陸分陸釐
船身兩旁走馬貳條水蛇貳條各長捌丈肆尺寬捌寸厚肆寸做淨每折見方尺肆拾尺用艌匠壹工走馬釘縫湊長拾陸丈捌尺每丈用長壹尺釘叁拾個水蛇釘縫湊長拾陸丈捌尺每肆尺用長壹尺釘叁個艌縫湊長陸拾柒丈貳尺共核用

園大叁尺貳寸淨長肆丈貳尺大吉木肆根
長壹尺釘陸百叁拾個
灰陸拾柒斤叁兩
桐油貳拾陸觔拾肆兩壹錢
綱紗貳拾伍斤叁兩貳錢
竹絲貳拾伍斤叁兩貳錢
艌匠貳拾工壹分陸釐
鋸匠伍工柒分陸釐
艌匠玖工陸分

舂灰夫貳名叁分伍釐
船面兩旁欄板長捌丈湊寬壹丈肆尺捌寸添換用長肆丈貳尺寬捌寸厚叁寸大吉木板叁拾叁塊做淨每折見方尺捌拾尺用艌匠壹工釘縫湊長壹百叁拾捌丈陸尺每丈用長陸寸釘叁拾個艌縫湊長貳百柒拾柒丈貳尺共核用
園大叁尺貳寸淨長肆丈貳尺大吉木拾壹根
長陸寸釘肆千壹百伍拾捌個

灰貳百柒拾柒斤叁兩
桐油壹百拾斤拾肆兩壹錢
綱紗壹百叁斤拾伍兩貳錢
竹絲壹百叁斤拾伍兩貳錢
艌匠叁拾捌工壹分貳釐
鋸匠貳拾壹工柒分捌釐
艌匠叁拾玖工陸分
舂灰夫玖名柒分
兩旁戧板各長玖丈陸尺高柒尺用長叁丈陸尺

寬伍寸捌分厚貳寸伍分中吉木板陸拾肆塊
壹丈叁尺貳寸肆分兩旁添换木段舨柱陸根
各長柒尺圍大叁尺貳寸舨板做淨每折見方
尺捌拾尺用艦匠壹工舨柱肆拾尺用艦匠壹
工舨板釘縫湊長貳百叁拾壹丈柒尺貳寸肆
分每丈用長伍寸釘叁拾個舨柱釘縫湊長肆
丈貳尺每丈用長陸寸釘叁拾個艌縫湊長肆
百柒拾壹丈捌尺肆寸捌分共核用
圍大貳尺伍寸淨長叁丈陸尺中吉木貳拾

壹根壹丈陸尺肆寸
闊大叁尺伍寸木段肆丈叁尺貳寸
長陸寸釘壹百貳拾陸個
長伍寸釘陸千玖百伍拾貳個
灰肆百柒拾壹斤拾肆兩
桐油壹百捌拾捌斤拾壹兩捌錢
網紗壹百柒拾陸斤拾伍兩壹錢
竹絲壹百柒拾陸斤拾伍兩壹錢
艦匠伍拾壹工肆分肆釐

鋸匠貳拾柒工肆分捌釐
艌匠陸拾柒工肆分壹釐
舂灰夫拾陸名伍分貳釐
查成規內舨板未載舨高尺寸今按舨柱長丈核定
兩旁舨䑸用樟木極貳拾肆塊各長肆尺圍大壹
尺做淨每折見方尺肆拾尺用艦匠壹工每塊
用長陸寸釘貳個艌縫湊長拾玖丈貳尺共核
用
圍大壹尺樟木極玖丈捌尺肆寸

長陸寸釘肆拾捌個
灰拾玖斤叁兩
桐油柒斤拾兩玖錢
網紗柒斤叁兩貳錢
竹絲柒斤叁兩貳錢
艦匠貳工肆分
艌匠貳工柒分肆釐
舂灰夫陸分柒釐
舨上前後用浮溪木鼠橋板捌塊各長貳丈叁尺

伍寸寬伍寸厚貳寸高洋木舨壓板貳條各長
捌丈陸尺寬肆寸厚貳寸兩邊木段猴袋板肆
塊各長壹丈肆尺寬捌寸厚貳寸伍分做淨每
折見方尺捌拾尺用艌匠壹工鼠橋板壓板釘
縫湊長叁拾陸丈每丈用長伍寸釘叁拾個壓
板艌縫湊長叁拾肆丈肆尺共核用
圍大貳尺淨長叁丈貳尺浮溪木壹根叁丈
柒寸
圍大壹尺陸寸淨長貳丈捌尺高洋木叁根

貳尺
圍大叁尺伍寸木段壹丈肆尺貳寸
長伍寸釘壹千捌拾個
灰叁拾肆斤陸兩
桐油拾叁斤拾貳兩貳錢
綢紗拾貳斤拾肆兩肆錢
竹絲拾貳斤拾肆兩肆錢
艌匠柒工叁分肆釐
鋸匠肆工壹分玖釐

艌匠肆工玖分壹釐
舂灰夫壹名貳分
兩旁梁托貳條大壓貳條水棧貳條各長捌丈
尺寬陸寸陸分厚叁寸伍分做淨每折見方
肆拾尺用艌匠壹工釘縫湊長伍拾丈肆尺
丈用長陸寸釘叁拾個艌縫湊長壹百丈捌
共核用
圍大貳尺伍寸淨長叁丈陸尺中吉木柒根
長陸寸釘壹千伍百拾貳個

灰壹百斤拾叁兩
桐油肆拾斤伍兩壹錢
綢紗叁拾柒斤拾貳兩捌錢
竹絲叁拾柒斤拾貳兩捌錢
艌匠貳拾伍工肆分伍釐
鋸匠柒工貳分柒釐
艌匠拾肆工肆分
舂灰夫叁名伍分叁釐
官廳前後梁叁根用中吉木各長貳丈壹尺圍大

貳尺貳寸麒麟堵枋肆塊大砲艙枋伍塊各長
肆尺貳寸湊寬伍尺玖寸肆分戰櫃板拾柒塊
各長貳丈壹尺湊寬壹丈壹尺貳寸貳分左右
墻板伍塊各長壹丈伍尺湊寬叁尺叁寸用寬
伍寸捌分厚貳寸伍分板伍拾叁丈肆尺陸寸
浮溪木官廳貼柱捌根各長壹丈叁尺見方伍
寸官廳門板捌塊各長肆尺湊寬肆尺貳寸肆
分鋪板貳拾塊各長壹丈壹尺湊寬壹丈陸寸
用寬伍寸厚貳寸板貳拾陸丈柒尺壹寸貳分

高洋木戰櫃挑貳塊官廳側板貳塊踏板貳塊
各長壹丈柒尺均寬肆寸厚貳寸木段冲天蓋
板拾貳塊各長肆尺陸寸均寬捌寸厚貳寸伍
分官廳梁貼柱做淨每折見方尺肆拾尺用艌
匠壹工戰櫃各板捌拾尺用艌匠壹工戰櫃板
墻板冲天蓋板官廳門板釘縫湊長伍拾捌丈
柒寸每丈用長伍寸釘叁拾個戰櫃板墻板冲
天蓋板艌縫湊長壹百玖丈叁尺伍寸陸分
核用

圍大貳尺伍寸淨長叁丈陸尺中吉木陸根
貳丈伍尺貳寸
圍大貳尺淨長叁丈貳尺浮溪木陸根壹尺
圍大壹尺陸寸淨長貳丈捌尺高洋木壹根
貳丈叁尺
圍大叁尺伍寸木段壹丈肆尺壹寸
長伍寸釘壹千柒百肆拾貳個
灰壹百玖斤陸兩
桐油肆拾叁斤拾壹兩玖錢

綱紗肆拾壹斤壹錢
竹絲肆拾壹斤壹錢
艌匠貳拾柒工肆分壹釐
鋸匠拾貳工貳分
艌匠拾伍工陸分貳釐
舂灰夫叁名捌分叁釐
官廳前通鋪板肆塊後通鋪板肆塊各長壹丈柒
尺寬壹尺貳寸厚叁寸做淨每折見方尺捌拾
尺用艌匠壹工釘縫湊長拾叁丈陸尺每丈用

長陸寸釘叁拾個艌縫湊長貳拾柒丈貳尺共
核用
寬壹尺貳寸厚叁寸松木枋拾叁丈柒尺陸
寸
長陸寸釘肆百捌個
灰貳拾柒斤叁兩
桐油拾斤拾肆兩壹錢
網紗拾斤叁兩貳錢
竹絲拾斤叁兩貳錢

艌匠伍工壹分
艌匠叁工捌分玖釐
舂灰夫玖分伍釐
官廳兩旁高洋木猫裡柱肆根各長肆尺圍大壹
尺叁寸木段猫裡上下栿肆塊各長柒尺寬捌
寸厚肆寸浮溪木猫裡墻板貳拾塊各長肆尺
湊寬壹丈陸寸底板玖塊各長壹丈伍寸湊寬
肆尺柒寸柒分猫裡門板捌塊各長肆尺湊寬
肆尺貳寸肆分用寬伍寸叁分厚貳寸板貳拾

壹丈捌尺捌寸玖分猫裡柱上下栿做淨每折
見方尺肆拾尺用艌匠壹工猫裡墻板捌拾
尺用艌匠壹工猫裡墻板門板釘縫湊長拾壹
丈捌尺柒寸貳分每丈用長伍寸釘叁拾個共
核用
圍大壹尺陸寸淨長貳丈捌尺高洋木壹丈
陸尺
圍大貳尺淨長叁丈貳尺浮溪木貳根玖尺
圍大叁尺伍寸木段壹丈肆尺肆寸
長伍寸釘叁百伍拾陸個

艌匠陸工叁釐
鋸匠貳工陸分柒釐
官廳內用中吉木炕床横貳根各長壹丈陸尺圍
大貳尺貳寸虎頭艙浮溪木鋪板捌塊櫃底板
捌塊各長柒尺湊寬捌尺肆寸捌分虎頭艙門
板捌塊各長肆尺湊寬肆尺貳寸肆分用寬伍
寸厚貳寸板拾伍丈貳尺陸寸肆分炕床横做
淨每折見方尺肆拾尺用艌匠壹工虎頭艙各

板捌拾尺用艌匠壹工虎頭艙門枋釘縫湊長
叁丈叁尺玖寸貳分每丈用長伍寸釘叁拾個
共核用
圍大貳尺伍寸淨長叁丈陸尺中吉木叁丈
貳尺
圍大貳尺淨長叁丈貳尺浮溪木壹根壹丈
捌尺玖寸
長伍寸釘壹百貳個
艌匠肆工肆分叁釐

鋸匠壹工伍分叁釐
兩旁皺面戰棚板用長叁丈貳尺寬伍寸厚貳寸
浮溪木板叁拾陸塊各艙鋪板用長肆尺寬肆
寸厚壹寸高洋木板叁百叁拾陸塊做淨每折
見方尺捌拾尺用艌匠壹工共核用
圍大貳尺淨長叁丈貳尺浮溪木拾貳根
圍大壹尺陸寸淨長貳丈捌尺高洋木拾貳
根
艌匠叁拾陸工玖分陸釐

鋸匠貳拾壹工壹分貳釐
兩旁皺上皺牛陸塊各長捌尺伍寸各艙口扛豆
伍塊各長壹丈柒尺均寬壹尺貳寸厚叁寸做
淨每折見方尺肆拾尺用艌匠壹工皺牛每塊
用長陸寸釘肆個扛豆釘縫湊長捌丈伍尺每
丈用長陸寸釘叁拾個艙縫湊長貳拾柒丈貳
尺共核用
寬壹尺貳寸厚叁寸松木枋拾叁丈捌尺貳
寸

長陸寸釘貳百柒拾玖個
灰貳拾柒斤叁兩
桐油拾斤拾肆兩壹錢
綑紗拾斤叁兩貳錢
竹絲拾斤叁兩貳錢
艌匠拾工貳分
艌匠叁工捌分玖釐
舂灰夫玖分伍釐
各艙蓋板用長陸尺玖寸寬捌寸厚貳寸伍分木

段板捌拾貳塊艙蓋下大通槽拾貳個倒槽陸
倒水槽陸個各長肆尺陸寸寬壹尺厚捌寸小
通槽玖個各長肆尺陸寸見方捌寸艙蓋下柯
椈木枕頭陸塊各長肆尺捌寸寬壹尺厚叁寸
艙蓋板枕頭木做淨每折見方尺捌拾尺用艌
匠壹工通槽各槽叁拾尺用艌匠壹工艙蓋板
釘縫湊長伍拾陸丈伍尺捌寸每丈用長伍寸
釘叁拾個艙縫湊長壹百拾叁丈壹尺陸寸共
核用

圍大叁尺伍寸木段叁拾丈陸寸
寬壹尺厚叁寸柯椈木枋貳丈玖尺肆寸
長伍寸釘壹千陸百玖拾柒個
灰壹百拾叁斤貳兩
桐油肆拾伍斤肆兩貳錢
網紗肆拾貳斤柒兩
竹絲肆拾貳斤柒兩
艌匠叁拾叁工肆分伍釐
鋸匠拾貳工貳分柒釐

艌匠拾陸工壹分柒釐
舂灰夫叁名玖分陸釐
兩旁舨邊用高洋木牛欄肆根內船頭貳根船後
貳根各長貳丈捌尺圍大壹尺叁寸做淨每折
見方尺肆拾尺用艌匠壹工共核用
圍大壹尺陸寸淨長貳丈捌尺高洋木肆根
艌匠叁工陸分肆釐
船頭斗蓋用樟木壹塊長壹丈伍尺圍大肆尺柒
寸蝦籠梁壹塊長捌尺伍寸斗蓋下兎耳壹塊

長捌尺均寬壹尺伍寸厚叁寸托浪板捌塊各
長捌尺寬壹尺厚叁寸斗蓋蝦籠梁兎耳做淨
每折見方尺肆拾尺用艌匠壹工托浪板捌拾
尺用艌匠壹工斗蓋用長捌寸釘拾貳個蝦籠
梁托浪板釘縫湊長柒丈貳尺伍寸每丈用長
陸寸釘叁拾個兎耳釘縫長捌尺每丈用長伍
寸釘叁拾個蝦籠梁兎耳托浪板艌縫湊長拾
陸丈壹尺共核用
圍大肆尺柒寸長壹丈伍尺伍寸樟木壹根

寬壹尺伍寸厚叁寸　壹
寬壹尺厚叁寸長捌尺貳寸樟木板捌塊
長捌寸釘拾貳個
長陸寸釘貳百拾捌個
長伍寸釘貳拾肆個
灰拾陸斤貳兩
桐油陸斤柒兩
綑紗陸斤陸錢
竹絲陸斤陸錢

艦匠伍工叁分叁釐
艌匠貳工叁分
舂灰夫伍分陸釐
中舍櫃壹塊長壹丈捌尺圍大柒尺頭含櫃壹塊
長壹丈伍尺圍大伍尺叁寸舍櫃梁壹塊長壹
丈柒尺頭舍壇閘壹塊長壹丈貳尺均寬壹尺
伍寸厚叁寸做淨每折見方尺叁拾尺用艦匠
壹工舍櫃梁釘縫長壹丈柒尺每丈用長陸寸
釘叁拾個舍櫃舍櫃梁艌縫湊長拾丈共核用

圍大柒尺長壹丈捌尺伍寸樟木壹根
圍大伍尺叁寸長壹丈伍尺伍寸樟木壹根
寬壹尺伍寸厚叁寸樟木枋貳丈玖尺肆寸
長陸寸釘伍拾壹個
灰拾斤
桐油肆斤
綑紗叁斤拾貳兩
竹絲叁斤拾貳兩
艦匠拾工叁分叁釐

艌匠壹工肆分叁釐
舂灰夫叁分伍釐
中轉水貳塊各長壹丈陸尺寬貳尺厚玖寸伍分
樟木極轉水鞋貳塊各長捌尺圍大壹尺做淨
每折見方尺肆拾尺用艦匠壹工轉水每塊用
長壹尺釘貳個轉水鞋每塊用長陸寸釘捌個
艌縫湊長玖丈陸尺共核用
寬貳尺厚玖寸伍分長壹丈陸尺貳寸樟木
貳塊

圍大壹尺樟木桅長壹丈陸尺肆寸
長壹尺釘肆個
長陸寸釘拾陸個
灰玖斤拾兩
桐油叁斤拾叁兩肆錢
網紗叁斤玖兩陸錢
竹絲叁斤玖兩陸錢
艦匠伍工壹分貳釐
艌匠壹工叁分柒釐

舂灰夫叁分肆釐
船尾用浮溪木拜棚槓叁根各長壹丈肆尺尾樓舦柱伍根各長伍尺均圍大壹尺柒寸木段拜棚板肆塊尾舦板捌塊各長壹丈肆尺寬捌寸厚貳寸伍分拜棚槓尾舦柱做淨每折見方尺肆拾尺用艌匠壹工拜棚各板捌拾尺用艌匠壹工拜棚板尾舦板釘縫湊長拾陸丈捌尺每丈用長伍寸釘叁拾個拜棚板艌縫湊長拾壹丈貳尺共核用

圍大貳尺淨長叁丈貳尺浮溪木貳根叁尺
圍大叁尺木段肆丈貳尺陸寸
長伍寸釘伍百肆個
灰拾壹斤叁兩
桐油肆斤柒兩柒錢
網紗肆斤叁兩貳錢
竹絲肆斤叁兩貳錢
艦匠柒工貳分陸釐
鋸匠貳工伍分貳釐

艌匠壹工陸分
舂灰夫叁分玖釐
船尾用樟木下金壹塊長柒尺伍寸圍大柒尺伍寸繚牛壹副長柒尺伍寸寬貳尺肆寸厚陸寸尾樓上金壹塊長壹丈柒尺寬貳尺壹寸厚捌寸七星冠壹塊長壹丈捌尺寬壹尺貳寸厚陸寸硬木棍下金拴貳根繚牛鰍貳根各長陸尺伍寸圍大捌寸木段繚牛槓肆根各長柒尺圍大叁尺貳寸下金繚牛上金七星冠做淨每折

見方尺叁拾尺用艌匠壹工下金拴線牛皺線
牛楨肆拾尺用艌匠壹工下金用長捌寸釘拾
捌個線牛用長捌寸釘貳拾貳個上金用長壹
尺釘拾捌個線牛皺釘縫湊長壹丈叁尺每丈
用長伍寸釘叁拾個下金艙縫長柒尺伍寸共
核用
圍大柒尺伍寸長柒尺柒寸樟木壹段
寬貳尺肆寸厚陸寸長柒尺柒寸樟木壹塊
寬貳尺壹寸厚捌寸長壹丈柒尺貳寸樟木

壹塊
寬壹尺貳寸厚陸寸長壹丈捌尺貳寸樟木
壹塊
圍大捌寸長壹丈叁尺硬木棍貳根
圍大叁尺伍寸木段貳丈捌尺捌寸
長壹尺釘拾捌個
長捌寸釘肆拾個
長伍寸釘叁拾玖個
灰拾貳兩

桐油肆兩捌錢
網紗肆兩伍錢
竹絲肆兩伍錢
艌匠拾壹工捌分捌釐
艌匠壹分壹釐
舂灰夫叁釐
船尾舵邊用木段硬筋貳根各長壹丈肆尺圍大
叁尺貳寸尾樓鮘魚翅肆塊各長柒尺寬壹尺
厚肆寸紗帽匙貳塊雞母宿壹塊尾燕板壹塊

各長壹丈肆尺寬捌寸厚貳寸伍分柯桐木軟
筋貳塊各長壹丈壹尺寬壹尺厚叁寸硬筋鮘
魚翅軟筋做爭毎折見方尺肆拾尺用艌匠壹
工紗帽匙各板捌拾尺用艌匠壹工硬筋頭尾
用長陸寸釘拾貳個共核用
圍大叁尺伍寸木段伍丈柒尺
寬壹尺厚叁寸柯桐木枋貳丈貳尺肆寸
長陸寸釘拾貳個
艌匠柒工壹分

鋸匠壹工肆分

尾樓上用浮溪木鋪板拾塊各長肆尺尾座板肆塊各長壹丈貳尺舷邊寄菜板貳塊各長壹丈肆尺碗格貳塊各長壹丈壹尺均寬伍寸厚貳寸高洋木尾樓挑貳塊櫓棚壹塊各長壹丈柒尺均寬肆寸厚貳寸做淨每折見方尺捌拾尺用艌匠壹工尾樓鋪板釘縫湊長肆丈每丈用長伍寸釘叁拾個共核用

圍大貳尺淨長叁丈貳尺浮溪木壹根壹丈

肆尺

圍大壹尺陸寸淨長貳丈捌尺高洋木貳丈

伍尺伍寸

長伍寸釘壹百貳拾個

艌匠叁工壹分捌釐

鋸匠壹工捌分貳釐

船尾用樟木櫓通板叁塊各長壹丈柒尺櫓門枋壹塊櫓床貳塊各長伍尺均寬壹尺伍寸厚叁寸櫓通板做淨每折見方尺捌拾尺用艌匠壹工櫓門枋櫓床肆拾尺用艌匠壹工櫓床每塊用長捌寸釘拾貳個櫓通板釘縫湊長伍丈壹尺每丈用長陸寸釘叁拾個櫓床櫓通板艌縫湊長拾貳丈貳尺共核用

寬壹尺伍寸厚叁寸樟木枋陸丈陸尺玖寸

長捌寸釘貳拾肆個

長陸寸釘壹百伍拾叁個

灰拾貳斤叁兩

桐油肆斤拾肆兩壹錢

網紗肆斤玖兩貳錢

竹絲肆斤玖兩貳錢

艌匠叁工陸分伍釐

鋸匠壹工柒分肆釐

舂灰夫肆分叁釐

水仙門兩旁用浮溪木邊柱肆根中柱貳根各長伍尺圍大壹尺柒寸水仙門板拾肆塊各長肆尺湊寬柒尺肆寸貳分用寬伍寸厚貳寸板伍丈玖尺叁寸陸分樟木極百子舵拾陸塊各長

陸尺圍大壹尺舭邊柯椥木朴竹捌塊各長壹
丈叁尺寬壹尺厚叁寸樟木砲眼叁個各長肆
尺寬壹尺伍寸厚叁寸邊柱中柱百子舥砲眼
做淨每折見方尺肆拾尺用艌匠壹工門栿朴
竹捌拾尺用艌匠壹工百子舥釘縫湊長玖丈
陸尺每丈用長陸寸釘叁拾個共核用
圍大貳尺淨長叁丈貳尺浮溪木壹根壹丈
柒尺捌寸
圍大壹尺樟木極玖丈玖尺貳寸

寬壹尺厚叁寸柯椥木枋拾丈伍尺陸寸
寬壹尺伍寸厚叁寸樟木枋壹丈貳尺叁寸
長陸寸釘貳百捌拾捌個
灰拾玖斤叁兩
桐油柒斤拾兩玖錢
網紗柒斤叁兩貳錢
竹絲柒斤叁兩貳錢
艌匠玖工壹分柒釐
鋸匠伍分玖釐

艌匠貳工柒分肆釐
舂灰夫陸分柒釐
大桅座壹塊長捌尺見方貳尺肆寸頭桅座壹塊
長伍尺陸寸圍大肆尺陸寸做淨每折見方尺
叁拾尺用艌匠壹工共核用
見方貳尺肆寸長捌尺貳寸樟木壹塊
圍大肆尺陸寸長伍尺捌寸樟木壹段
艌匠叁工肆分貳釐
大鹿耳貳塊各長壹丈貳尺寬貳尺貳寸厚壹尺

壹寸頭鹿耳貳塊各長玖尺捌寸寬壹尺捌寸
厚捌寸硬木棍鹿耳夾貳根各長壹丈叁尺圍
大捌寸做淨每折見方尺肆拾尺用艌匠壹工
共核用
寬貳尺貳寸厚壹尺壹寸長壹丈貳尺貳寸
樟木貳塊
寬壹尺捌寸厚捌寸長壹丈樟木貳塊
圍大捌寸長壹丈叁尺硬木棍貳根
艌匠柒工叁釐

大桅壹根長捌丈肆尺圍大柒尺壹寸頭桅壹根
長伍丈圍大肆尺叁寸做淨每折見方尺肆拾
尺用艌匠壹工共核用
圍大柒尺壹寸長捌丈肆尺桅木壹根
圍大肆尺叁寸長伍丈桅木壹根
艌匠貳拾工貳分玖釐
桅尾用柯槝木馬面叁塊各長叁丈伍尺寬壹尺
伍寸厚叁寸樟木大桅笠壹個長貳尺寬壹尺
伍寸厚叁寸木段大桅揨壹根長壹丈肆尺頭

桅揨壹根長壹丈貳尺均圍大叁尺貳寸馬面
做淨每折見方尺捌拾尺用艌匠壹工桅笠桅
揨肆拾尺用艌匠壹工馬面釘縫湊長拾丈伍
尺每丈用長陸寸釘貳拾個共核用
寬壹尺伍寸厚叁寸柯槝木枋拾丈伍尺陸
寸
寬壹尺伍寸厚叁寸樟木枋貳尺壹寸
圍大叁尺伍寸木段貳丈陸尺肆寸
長陸寸釘貳百拾個

艌匠陸工玖分玖釐
大風篷壹扇長柒丈寬叁丈叁尺頭風篷壹扇長
叁丈伍尺寬壹丈陸尺伍寸浮溪木大篷擔貳
根各長叁丈貳尺頭篷擔貳根各長壹丈陸尺
伍寸均圍大壹尺柒寸做淨每折見方尺肆拾
尺用艌匠壹工共核用
寬叁丈叁尺長柒丈風篷壹扇
寬壹丈陸尺伍寸長叁丈伍尺風篷壹扇
圍大貳尺淨長叁丈貳尺浮溪木叁根叁尺

艌匠肆工貳分壹釐
大篷架用木段橫梁貳根頭篷架橫梁壹根各長
壹丈肆尺架針伍根各長柒尺均寬壹尺厚捌
寸做淨每折見方尺叁拾貳尺用艌匠壹工共
核用
圍大叁尺伍寸木段柒丈捌尺陸寸
艌匠捌工陸分陸釐
鋸匠壹工玖分捌釐
大篷車員壹根用中吉木長貳丈梶車員壹根長

壹丈陸尺各圍大貳尺貳寸浮溪木大蓬半車
員壹根斗頭車員壹根各長壹丈尾樓車員壹
根長壹丈貳尺均圍大壹尺柒寸高洋木車耳
拾壹個各長陸尺車脚直板拾肆塊斜板拾貳
塊各長貳丈捌尺均寬肆寸厚貳寸硬木梘車
子陸拾伍根各長壹丈叁尺圍大捌寸車員車
耳做淨每折見方尺叁拾貳尺用艌匠壹工車
脚直斜板捌拾尺用艌匠壹工共核用
圍大貳尺伍寸淨長叁丈陸尺中古木壹根

圍大貳尺淨長叁丈貳尺浮溪木壹根
圍大壹尺陸寸淨長貳丈捌尺高洋木拾肆
根伍尺
圍大捌寸長壹丈叁尺硬木梘陸拾伍根
艌匠拾柒工伍分柒釐
鋸匠陸工捌分壹釐
水櫃用樟木牛頭肆塊各長伍尺寬壹尺伍寸厚
叁寸木段水櫃柱肆根各長柒尺圍大叁尺貳
寸水櫃閘肆塊各長柒尺見方捌寸水櫃板叁

拾陸塊各長肆尺陸寸寬捌寸厚貳寸伍分水
櫃柱閘牛頭做淨每折見方尺肆拾尺用艌匠
壹工水櫃板捌拾尺用艌匠壹工水櫃柱每根
用長陸寸釘貳拾個水櫃板釘縫湊長拾陸丈
伍尺陸寸每丈用長伍寸釘叁拾個牛頭釘縫
湊長貳丈每丈用長陸寸釘叁拾個艌縫湊長
肆拾捌丈叁尺貳寸共核用
寬壹尺伍寸厚叁寸樟木枋貳丈肆寸
圍大叁尺伍寸木段玖丈玖尺玖寸

長陸寸釘壹百肆拾個
長伍寸釘肆百玖拾柒個
灰肆拾捌斤伍兩
桐油拾玖斤伍兩貳錢
網紗拾捌斤壹兩玖錢
竹絲拾捌斤壹兩玖錢
艌匠拾工陸分叁釐
鋸匠叁工壹分貳釐
艌匠陸工玖分

舂灰夫壹名陸分玖釐
媽祖龕用杉木板貳拾叁丈船尾附行板高鷹板
順風板及刀劍砲眼用板貳拾丈均寬陸寸厚
壹寸高洋木媽祖旂杆壹根長貳丈貳尺圍大
壹尺叁寸旂杆做淨每折見方尺肆拾尺用艌
匠壹工媽祖龕各板捌拾尺用艌匠壹工龕板
釘縫湊長貳拾叁丈每丈用長肆寸釘叁拾個
艌縫湊長肆拾陸丈共核用
寬陸寸厚壹寸杉木板肆拾叁丈捌尺陸寸

圍大壹尺陸寸淨長貳丈捌尺高洋木貳丈
貳尺
長肆寸釘陸百玖拾個
灰肆拾陸斤
桐油拾捌斤陸兩肆錢
綑紗拾柒斤肆兩
竹絲拾柒斤肆兩
艌匠捌工貳分肆釐
艌匠陸工伍分柒釐

舂灰夫壹名陸分壹釐
船面兩旁砲架陸個并蓋每個用長肆尺陸寸寬
捌寸厚貳寸伍分木段板陸塊做淨每折見方
尺捌拾尺用艌匠壹工共核用
圍大叁尺伍寸木段肆丈貳尺叁寸
艌匠肆工叁分伍釐
鋸匠貳工肆分捌釐
船頭用大吉木椗壹枝長肆丈貳尺圍大貳尺玖
寸樟木椗牙壹塊長伍尺寬壹尺貳寸厚叁寸
做淨每折見方尺肆拾尺用艌匠壹工椗牙用
長捌寸釘陸個共核用
圍大叁尺貳寸淨長肆丈貳尺大吉木壹根
寬壹尺伍寸厚叁寸樟木枋肆尺捌分
長捌寸釘陸個
艌匠叁工肆分貳釐
船尾舵壹門用椿木舵桿壹根長壹丈捌尺寬壹
尺肆寸厚捌寸中吉木舵門板陸塊各長壹丈
捌尺湊寬叁尺玖寸陸分用寬伍寸捌分厚貳

寸伍分板拾貳丈貳尺玖寸樟木極舵夾捌塊
各長肆尺圍大壹尺硬木棍舵牙扼貳根各長
壹丈叁尺圍大捌寸舵桿做淨每折見方尺叁
拾尺用艦匠壹工舵夾舵牙肆拾尺用艦匠壹
工舵門板捌拾尺用艦匠壹工舵夾釘縫湊長
叁丈貳尺每丈用長捌寸釘伍拾個舵夾舵門
板艌縫湊長叁拾丈玖尺捌寸共核用
寬壹尺肆寸厚捌寸長壹丈捌尺貳寸桅木
壹根

圍大貳尺伍寸淨長叁丈陸尺中吉木壹根
伍尺
圍大壹尺樟木極叁丈貳尺捌寸
圍大捌寸長壹丈叁尺硬木棍貳根
長捌寸釘壹百陸拾個
灰叁拾壹斤
桐油拾貳斤陸兩叁錢
細紗拾壹斤玖兩玖錢
竹絲拾壹斤玖兩玖錢

艦匠陸工伍分壹釐
鋸匠壹工肆分陸釐
艌匠肆工肆分叁釐
舂灰夫壹名捌釐
跟隨戰船舢板船用柯椈木龍骨壹根長貳丈貳
尺斗蓋壹塊長柒尺托浪板壹塊長陸尺均寬
壹尺厚叁寸浮溪木水底板拾塊各長貳丈湊
寬伍尺叁寸艕板陸塊各長貳丈貳尺湊寬叁
尺壹寸捌分堵板拾貳塊各長柒尺湊寬陸尺

叁寸陸分用寬伍寸厚貳寸杉板肆拾肆丈玖寸
陸分龍骨做淨每折見方尺肆拾尺用艦匠壹
工斗蓋各板捌拾尺用艦匠壹工龍骨用長陸
寸釘拾貳個托浪板水底板艕板釘縫湊長叁
拾伍丈柒尺玖寸貳分每丈用長伍寸釘叁拾
個龍骨托浪板水底板艕板艌縫湊長柒拾壹
丈伍尺捌寸肆分共核用
寬壹尺厚叁寸柯椈木枋叁丈伍尺陸寸
圍大貳尺淨長叁丈貳尺浮溪木肆根壹丈

玖尺
長陸寸釘拾貳個
長伍寸釘壹千柒拾肆個
灰柒拾壹斤玖兩
桐油貳拾捌斤拾兩壹錢
網紗貳拾陸斤拾叁兩伍錢
竹絲貳拾陸斤拾叁兩伍錢
艦匠玖工伍分柒釐
鋸匠肆工肆分壹釐

艌匠拾工貳分叁釐
舂灰夫貳名伍分
舢板船兩旁水蛇貳根水創貳根各長貳丈壓枋貳塊各長貳丈貳尺均寬伍寸厚貳寸做淨每折見方尺捌拾尺用艦匠壹工水蛇釘縫湊長肆丈每肆尺用長捌寸釘叁個壓枋水戧釘縫湊長捌丈肆尺每丈用長伍寸釘叁拾個艌縫湊長貳拾肆丈捌尺共核用
圍大貳尺淨長叁丈貳尺浮溪木壹根玖尺

叁寸
長捌寸釘叁拾個
長伍寸釘貳百伍拾貳個
灰貳拾肆斤拾叁兩
桐油玖斤拾肆兩柒錢
網紗玖斤肆兩捌錢
竹絲玖斤肆兩捌錢
艦匠貳工壹分柒釐
鋸匠壹工貳分肆釐

艌匠叁工伍分肆釐
舂灰夫捌分柒釐
舢板船用樟木極舢板梁肆塊各長肆尺肆寸牛頭仔極拾伍塊各長貳尺冲天極貳塊牛頭極陸塊各長貳尺伍寸均圍大壹尺做淨每折見方尺肆拾尺用艦匠壹工舢板船梁釘縫湊長壹丈柒尺陸寸每丈用長陸寸釘叁拾個冲天極牛頭極每塊用長陸寸釘貳個舢板梁冲天極牛頭極艌縫湊長柒丈伍尺貳寸共核用

鹵大壹尺樟木椗柒丈叁寸

長陸寸釘陸拾玖個

灰柒斤捌兩

桐油叁斤壹錢

綳紗貳斤拾叁兩壹錢

竹絲貳斤拾叁兩壹錢

艦匠壹工陸分玖釐

艌匠壹工柒釐

舂灰夫貳分陸釐

大桅鐵箍拾肆個各長柒尺貳寸頭桅箍肆個各長肆尺柒寸舵頭箍叁個各長伍尺叁寸槌箍貳個各長叁尺肆寸俱寬貳寸厚伍分椗齒陸個各長壹尺寬柒寸厚伍分櫓箍陸個各長貳尺柒寸寬壹寸厚叁分鐵鐶伍個各圍大陸寸

以上鐵料共淨重肆百斤每正鐵壹斤加耗鐵壹斤每正鐵伍斤用鐵匠壹工每正耗鐵壹斤用炭叁斤共核用

生鐵捌百斤

炭貳千肆百斤

鐵匠捌拾工

油畫前船共用

烏烟叁斤伍兩

廣紅伍斤

銅碌肆兩

京紅肆兩

南粉貳斤

銀硃壹兩

籐黃肆兩

藍粉肆兩

杭粉壹兩

水膠陸兩

松香捌兩

墨貳塊

桐油肆斤

淡底壹斤

油畫匠拾工

麻大桅縴索貳條各長拾丈捌寸大柒寸伍分頭桅縴索貳條各長捌丈肆尺大肆寸伍分大踏索貳條各長捌丈肆尺大伍寸小踏索貳條各長伍丈大叁寸貳分大繚毋壹條長伍丈大捌寸貳分小繚毋壹條長叁丈大肆寸大帮襯陸條各長貳丈大貳寸小帮襯玖條各長陸尺大壹寸伍分以上麻繩共重捌百拾斤每百斤用繩匠叁工陸分共核用

麻捌百拾斤

繩匠貳拾玖工壹分陸釐

棕正椗索壹條長肆拾貳丈大玖寸貳分副椗索壹條長肆拾丈大捌寸叁分大蓬筋壹條長柒丈柒尺大貳寸貳分小蓬筋壹條長肆丈大壹寸貳分繚行繚耳共拾捌條各長貳丈陸尺大貳寸貳分椗奴貳條各長壹丈捌尺大柒寸大小摘尾貳條共長拾柒丈肆尺大伍寸叁分舵弔壹條長叁丈大柒寸以上棕繩共重捌百叁拾斤每擻棕肆拾斤用匠壹工成繩肆拾斤用匠壹工共核用

棕捌百叁拾斤

擻棕匠貳拾工柒分伍釐

成繩匠貳拾工柒分伍釐

冲風旂壹面長寬各壹丈陸尺壹條龍旂壹面長陸丈寬叁尺媽祖旂壹面長寬各伍尺大小定風旂叁面內壹面長陸尺貳面各長肆尺伍寸均寬壹尺共核用

幅寬壹尺色布伍拾丈

苧綫拾兩

裁縫匠伍工

中椗貳門齒全各長貳丈壹尺寬壹尺貳寸厚捌寸

中櫓貳枝各長肆丈捌尺寬捌寸厚伍寸

舢板櫓壹枝長貳丈玖尺寬柒寸厚肆寸

大小桅餅柒個

大小無底升捌百個

椗舵上配用竹繩草繩共核用

竹篾捌百肆拾斤
繩匠叁拾工貳分肆釐
草心壹千捌拾伍斤
繩匠貳拾柒工壹分叁釐
查原送成規內開打造竹繩草繩所用匠工多寡不齊今照棕麻繩索用工之例壹律核定
篷上配用大小繚毬攝子鬼耳共用
桅籐貳拾玖斤
籐匠伍工捌分

刻字用
刻字匠叁工
竪立大小桅用
壯夫伍拾名
前船共用大小鐵釘叁萬玖千貳百肆拾伍個刷抹釘頭每百個用桐油陸兩肆錢灰壹斤每油灰拾斤用艌匠壹工共核用
桐油壹百伍拾陸斤拾伍兩柒錢
灰叁百玖拾貳斤柒兩

艌匠伍拾肆工玖分肆釐
舂灰夫拾叁名柒分肆釐
前船共用艌匠陸百肆拾捌工貳分陸釐係照杉松木植核定內有樟柯等硬料用匠壹百叁拾捌工玖分肆釐每工外加匠貳分計加匠貳拾柒工柒分玖釐共匠陸百柒拾陸工伍釐每百工加安裝匠拾工計安裝匠陸拾柒工陸分壹釐每艌匠安裝匠壹百工加隨匠壯夫貳拾名計壯夫壹百肆拾捌名柒分叁釐

以上折造前船共用
寬壹尺厚捌寸松木捌丈陸寸 每丈銀肆錢壹分肆釐
計銀叁兩叁錢叁分柒釐
查原送成規內開松木按依拾陸則丈尺計算每丈核銀肆錢捌分壹釐至叁錢肆分壹釐不等多寡參差均勻計算每丈需銀肆錢壹分肆釐今照肆錢壹分肆釐之數壹律核定
圍大叁尺貳寸淨長肆丈貳尺大吉木叁拾捌根 每根銀貳兩柒錢
計銀壹百貳兩陸錢

圍大貳尺伍寸淨長叁丈陸尺中吉木叁拾捌根陸尺陸寸每根銀壹兩伍錢

計銀伍拾柒兩貳錢柒分伍釐

查原送成規內開中吉木叁拾捌根今核丈尺做法核算應增陸尺陸寸

圍大貳尺淨長叁丈貳尺浮溪木叁拾捌根貳丈玖尺柒寸每根銀伍錢

計銀拾玖兩肆錢陸分肆釐

查原送成規內開浮溪木叁拾捌根今按丈尺做法核算應增貳丈玖尺柒寸

圍大壹尺陸寸淨長貳丈捌尺高洋木叁拾柒根

玖尺伍寸每根銀貳錢

計銀柒兩肆錢陸分捌釐

查原送成規內開高洋木叁拾捌根今按丈尺做法核算應減壹丈捌尺伍寸

圍大叁尺伍寸木段柒拾陸丈貳尺壹寸核長壹丈肆尺段料伍拾肆根陸尺壹寸每根銀陸錢

計銀叁拾貳兩陸錢陸分壹釐

查原送成規內開木段伍拾伍丈今按丈尺做法核算應減柒尺玖寸

寬壹尺伍寸厚叁寸樟木枋壹百叁拾叁丈捌尺捌寸捌分核長壹丈柒尺枋料柒拾捌塊壹丈貳尺捌寸捌分每塊銀壹兩叁錢

計銀壹百貳兩叁錢捌分伍釐

查原送成規內開樟木枋柒拾捌塊今按丈尺做法核算應增壹丈貳尺捌寸捌分

寬壹尺厚叁寸長捌尺貳寸樟木板捌塊每塊銀肆錢分捌釐

計銀叁兩肆錢肆分肆釐

查原送成規內開樟木梁座梁頭壹則至拾柒則各長壹丈柒尺寬壹尺伍寸厚叁寸每塊銀壹兩叁錢托浪樟木板第壹則長陸尺寬壹尺厚叁寸每塊開銀伍錢第貳則至拾柒則各長捌尺寬壹尺厚叁寸每塊亦開銀伍錢價值參差今俱照梁座梁

頭之價壹律核定

寬壹尺貳寸厚叁寸松木枋壹百叁拾肆丈貳尺貳寸核長壹丈柒尺枋料柒拾捌塊壹丈陸尺貳寸每塊銀叁錢伍分

計銀貳拾柒兩陸錢叁分叁釐

查原送成規內開松枋柒拾捌塊今按丈尺做法核算應增壹丈陸尺貳寸

圍大壹尺樟木極捌拾伍丈叁寸核長壹丈貳尺樟極柒拾塊壹丈叁寸每塊銀貳錢

計銀拾肆兩壹錢柒分貳釐

查原送成規內開樟木桅柒拾塊今按丈尺做法核算應增壹丈叁寸

寬壹尺伍寸厚叁寸柯桐木枋拾丈伍尺陸寸每丈銀伍錢柒分壹釐陸毫

計銀陸兩叁分伍釐

寬壹尺厚叁寸柯桐木枋拾玖丈叁尺每丈銀叁錢捌分壹釐

計銀柒兩叁錢伍分叁釐

查原送成規內開柯桐木馬面壹則至拾柒則各長叁丈伍尺寬壹尺伍寸厚叁寸每塊開銀貳兩軟筋及艙板龍骨等料壹則至伍則各長貳丈伍尺寬壹尺厚叁寸每

塊開銀壹兩陸則至拾柒則各長叁丈伍尺寬壹尺厚叁寸每塊開銀貳兩價值參差今俱照馬面之價一律核定

圍大捌寸長壹丈叁尺硬木棍捌拾根每根銀捌分

計銀陸兩肆錢

寬陸寸厚壹寸杉木板肆拾叁丈捌尺陸寸每丈銀肆錢

計銀拾柒兩伍錢肆分肆釐

圍大柒尺長壹丈捌尺伍寸樟木壹根

計銀柒兩玖分捌絲

圍大伍尺叁寸長壹丈伍尺伍寸樟木壹根

計銀叁兩肆錢玖釐

見方貳尺肆寸長捌尺貳寸樟木壹塊

計銀肆兩肆錢叁分捌釐

圍大肆尺陸寸長伍尺捌寸樟木壹段

計銀玖錢陸分

寬貳尺壹寸厚捌寸長壹丈柒尺貳寸樟木壹塊

計銀貳兩柒錢壹分肆釐

圍大柒尺伍寸長柒尺柒寸樟木壹段

計銀叁兩叁錢玖分壹釐

寬貳尺貳寸厚壹尺壹寸長壹丈貳尺貳寸樟木貳塊每塊銀貳兩柒錢柒分叁釐

計銀伍兩伍錢肆分陸釐

寬壹尺捌寸厚捌寸長壹丈樟木貳塊每塊銀壹兩叁錢伍分叁釐

計銀貳兩柒錢陸釐

寬貳尺厚玖寸伍分長壹丈陸尺貳寸樟木貳塊每塊銀貳兩捌錢玖分貳釐

計銀伍兩柒錢捌分肆釐
圍大肆尺柒寸長壹丈伍尺伍寸樟木壹根
計銀貳兩陸錢捌分壹釐
寬壹尺貳寸厚陸寸長壹丈捌尺貳寸樟木壹塊
計銀壹兩貳錢叁分壹釐
寬貳尺肆寸厚陸寸長柒尺柒寸樟木壹塊
計銀壹兩肆分貳釐
查原造戰船内開壹則至拾柒則每則用樟木杳檀等料拾貳款所開價值逐款核計俱屬參差均匀計算每折見方壹尺需銀玖分叁釐玖毫陸絲今照玖分叁釐玖毫

陸絲之數壹律核定
寬壹尺肆寸厚捌寸長壹丈捌尺貳寸楮木壹根
計銀拾陸兩
圍大柒尺壹寸長捌丈肆尺桅木壹根
計銀伍拾柒兩
圍大肆尺叁寸長伍丈桅木壹根
計銀柒兩
長壹尺釘陸百陸拾捌個每貳個重壹斤計重叁
百叁拾肆斤長捌寸釘貳百柒拾貳個每伍個

重壹斤計重伍拾肆斤陸兩肆錢長陸寸釘貳
萬叁千壹百柒拾陸個每拾伍個重壹斤計重
壹千伍百肆拾伍斤壹兩壹錢長伍寸釘壹
肆千肆百叁拾玖個每貳拾個重壹斤計重柒
百貳拾壹斤拾伍兩貳錢長肆寸釘陸百玖拾
個每叁拾個重壹斤計重貳拾叁斤以上鐵釘
共重貳千陸百柒拾捌斤陸兩柒錢除選用舊
釘壹千貳百叁拾斤拾壹兩柒錢外添新壹千
肆百肆拾柒斤拾壹兩每斤銀貳分貳釐

計銀叁拾壹兩捌錢肆分玖釐
灰叁千柒拾陸斤每百斤銀貳錢
計銀陸兩壹錢伍分貳釐
桐油壹千貳百叁拾肆斤陸兩捌錢每斤銀叁分
計銀叁拾柒兩叁分叁釐
綱紗壹千陸斤伍兩柒錢每斤銀壹分貳釐
計銀拾貳兩柒分陸釐
竹絲壹千陸斤伍兩柒錢每斤銀陸釐
計銀陸兩叁分捌釐

生鐵捌百斤每斤銀壹分
計銀捌兩
炭貳千肆百斤每百斤銀壹錢陸分
計銀叁兩捌錢肆分
烏烟叁斤伍兩每斤銀壹分伍釐
計銀伍分
黄紅伍斤每斤銀伍分
計銀貳錢伍分
銅碌肆兩每斤銀叁錢

計銀柒分伍釐
京紅肆兩每斤銀捌分
計銀貳分
南粉貳斤每斤銀壹分
計銀貳分
銀硃壹兩每斤銀陸錢肆分
計銀肆分
藤黄肆兩每斤銀貳錢
計銀伍分

塩粉肆兩每斤銀捌分
計銀貳分
杭粉壹兩每斤銀壹錢陸分
計銀壹分
水膠陸兩每斤銀肆分
計銀壹分伍釐
松香捌兩每斤銀貳分
計銀壹分
墨貳塊每塊銀壹分
計銀貳分

淡底壹斤
計銀伍分
麻捌百拾斤每斤銀壹分伍釐
計銀拾貳兩壹錢伍分
棕捌百叁拾斤每斤銀叁分
計銀貳拾肆兩玖錢
色布伍拾丈每丈銀壹錢
計銀伍兩

苧線拾兩（每斤銀壹錢貳分）

計銀柒分伍釐

栜貳門齒全各長貳丈壹尺寬壹尺貳寸厚捌寸（每門銀貳兩壹錢伍釐）

計銀肆兩貳錢壹分

櫓貳枝各長肆丈捌尺寬捌寸厚伍寸（每枝銀壹兩玖錢伍分柒釐）

計銀叁兩玖錢壹分肆釐

舢板櫓壹枝長貳丈玖尺寬柒寸厚肆寸

計銀叁錢柒分貳釐

大風蓬壹扇長柒丈寬叁丈叁尺

計銀柒兩貳錢叁釐

頭風蓬壹扇長叁丈伍尺寬壹丈陸尺伍寸

計銀壹兩捌錢壹釐

查原送成規內開壹則至拾柒則大蓬每扇銀伍兩伍錢頭蓬每扇銀壹兩伍錢所開丈尺大蓬長自肆丈捌尺至柒丈寬自貳丈陸尺至叁丈叁尺不等頭蓬長貳丈肆尺至叁丈伍尺寬自壹丈肆尺至壹丈陸尺伍寸不等俱屬參差均勻核計每折見方壹丈需銀叁錢壹分壹釐捌毫今照叁錢壹分壹釐捌毫之數分別核定

大小桅餅柒個（每個銀柒分）

計銀肆錢玖分

大小無底升捌百個（每百個銀捌分）

計銀陸錢肆分

竹篾捌百肆拾斤（每百斤銀壹錢陸分）

計銀壹兩叁錢肆分肆釐

草心壹千捌拾伍斤（每百斤銀柒分）

計銀柒錢陸分

[illegible]籐貳拾玖斤（每斤銀壹分伍釐）

計銀柒錢貳分伍釐

艦匠陸百柒拾陸工伍釐

安裝匠陸拾柒工陸分壹釐

鋸匠壹百捌拾柒工陸分陸釐

艌匠肆百叁拾捌工叁分壹釐

鐵匠捌拾工

油畫匠拾工

纜匠捌拾陸工伍分叁釐

棕匠[illegible]拾壹工伍分

裁縫匠伍工

篩匠伍工捌分

刻字匠叁工

壯夫叁百陸名叁分捌釐

以上共匠夫壹千玖百柒工捌分肆釐每工銀伍分

計銀玖拾伍兩叁錢玖分貳釐

又置備物件開後

木桶叁拾件每件銀叁分

計銀玖錢

鐵鍋叁口換新每口貼工料銀壹錢貳分

計銀叁錢陸分

鼓壹面修理換皮

計銀肆錢捌分

金壹面重肆斤換新每斤貼工料銀柒分

計銀貳錢捌分

以上折造前船成規內開共需工料銀捌百肆

分貳釐叁毫內部價銀叁百捌拾貳兩捌錢

叁釐加八津貼并另加叁分銀肆百貳

錢肆分玖釐叁毫臺廠運費銀柒拾陸兩伍錢柒分貳釐陸毫今按條查核分別增減更正需用工料銀柒百玖拾伍兩貳錢捌分伍釐內部價銀叁百柒拾捌兩柒錢柒釐加八津貼并另加叁分銀肆百拾陸兩伍錢柒分捌釐臺廠運費銀柒拾伍兩柒錢肆分壹釐計節減工料銀捌兩柒錢貳分柒釐叁毫臺廠運費銀捌錢叁分壹釐陸毫行令該撫於前船屆應拆造之期將節減銀兩在於應領銀內扣除至大小修理成規內開大修工料銀

伍百肆拾伍兩叁錢伍分壹釐肆毫內部價銀貳百肆拾柒兩捌錢捌分柒釐加九津貼并另加叁分銀貳百玖拾柒兩肆錢陸分肆釐肆毫臺廠運費銀肆拾玖兩伍錢柒分柒釐肆毫小修工料銀叁百捌拾捌兩肆錢捌分陸釐壹毫內部價銀壹百陸拾捌兩玖錢柒釐加十津貼并另加叁分銀貳百拾玖兩伍錢柒分玖釐壹毫臺廠運費銀叁拾叁兩柒錢捌分壹釐其餘捌船倣此

福建省外海戰船做法

第叁則雙篷船貳隻內臺灣協標中營波字柒號

船壹隻身長叁丈肆尺頭起甋貳尺肆寸尾起甋貳尺船頭長壹丈貳尺面勻寬陸尺叁寸肆分底勻寬伍尺柒寸船中長壹丈貳尺面勻寬玖尺柒寸陸分底勻寬柒尺捌寸船尾長壹丈面勻寬玖尺陸寸底勻寬陸尺陸寸兩邊艕長肆丈貳尺計拾肆艙深叁尺叁寸

今將折造前船需用工料價值細數開後

計開

船底松木龍骨壹道計叁節船頭壹節長壹丈船中壹節連交接匙頭長貳丈陸尺船尾壹節長陸尺湊長肆丈貳尺見方捌寸做淨每折見方尺貳拾尺用艌匠壹工交接匙頭貳處每處用長壹尺釘捌個又每邊用長捌寸釘拾貳個共

核用

見方捌寸松木肆丈貳尺陸寸

長壹尺釘拾陸個

長捌寸釘貳拾肆個

艌匠陸工柒分貳釐

舡底板連起甋長叁丈肆尺內舡底勻寬柒尺貳寸伍分兩站各勻高叁尺柒寸柒分抽換用長叁丈陸尺寬陸寸肆分厚貳寸叁分中吉木板貳拾壹塊做淨每折見方尺捌拾尺用鋸匠壹工鋸板折實壹尺長柒丈用鋸匠壹工以下鋸板用工做此釘縫湊長柒拾伍丈陸尺每丈用長陸寸釘叁拾個艌縫湊長壹百伍拾壹丈貳尺每丈用

灰壹斤桐油陸兩肆錢網紗竹絲各陸兩每柒丈用艌匠壹工舂製油灰每肆拾斤用舂灰夫壹名以下艌縫用工料做此共核用

圍大貳尺伍寸淨長叁丈陸尺中吉木柒根

長陸寸釘貳千貳百陸拾捌個

灰壹百伍拾壹斤叁兩

桐油陸拾斤柒兩柒錢

網紗伍拾陸斤拾壹兩貳錢

竹絲伍拾陸斤拾壹兩貳錢

艌匠拾陸工肆分肆釐
鋸匠玖工肆分
艌匠貳拾壹工陸分
舂灰夫伍名貳分玖釐
各艙抽換樟木梁座捌塊內舡頭叁塊舡中叁塊舡尾貳塊共湊長拾貳丈捌尺艙梁柒塊內舡中叁塊湊長貳丈玖尺貳寸舡尾肆塊湊長叁丈捌尺柒寸均寬壹尺伍寸厚叁寸松木梁頭拾捌塊內舡頭貳塊湊長壹丈壹尺舡中拾塊

湊長拾丈貳寸舡尾陸塊湊長伍丈柒尺陸寸均寬壹尺貳寸厚叁寸硬木棍穩吊陸根各長壹丈叁尺圍大捌寸梁座梁頭做淨每折見方尺捌拾尺用艦匠壹工穩吊肆拾尺用艦匠壹工釘縫湊長肆拾肆丈貳尺柒寸每丈用長陸寸釘叁拾個艌縫湊長捌拾捌丈伍尺肆寸共核用
寬壹尺伍寸厚叁寸樟木枋拾玖丈捌尺玖寸
寬壹尺貳寸厚叁寸松木枋拾柒丈貳尺肆寸
圍大捌寸長壹丈叁尺硬木棍陸根
長陸寸釘壹千叁百貳拾捌個
灰捌拾捌斤玖兩
桐油叁拾伍斤陸兩柒錢
網紗叁拾叁斤叁兩貳錢
竹絲叁拾叁斤叁兩貳錢
艦匠拾陸工柒分壹釐
艌匠拾貳工陸分伍釐
舂灰夫叁名壹分

各艙用樟木極拾陸塊內油婆前極貳塊水艙極貳塊鰍魚極貳塊各長柒尺尾堵裏極貳塊[illegible]裏八字極貳塊轉水極貳塊各長伍尺舨邊一仔極貳塊各長肆尺冲天極貳塊各長捌尺[illegible]圍大壹尺做淨每折見方尺肆拾尺用艦匠[illegible]工每塊用長陸寸釘貳個艌縫湊長拾玖丈[illegible]尺共核用

圍大壹尺樟木桅玖丈捌尺肆寸
長陸寸釘叁拾貳個
灰拾玖斤叁兩
桐油柒斤拾兩玖錢
網紗柒斤叁兩貳錢
竹絲柒斤叁兩貳錢
艦匠貳工肆分
艌匠貳工柒分肆釐
舂灰夫陸分柒釐

舡身兩旁走馬貳條水蛇貳條抽換各長壹丈捌尺寬陸寸陸分厚叁寸做淨每折見方尺肆拾尺用艦匠壹工走馬釘縫湊長叁丈陸尺每丈用長壹尺釘叁拾個水蛇釘縫湊長叁丈陸尺每肆尺用長壹尺釘叁個艌縫湊長拾肆丈肆尺共核用
圍大貳尺伍寸淨長叁丈陸尺中吉木壹根
長壹尺釘壹百叁拾伍個
灰拾肆斤陸兩

桐油伍斤拾貳兩貳錢
網紗伍斤陸兩肆錢
竹絲伍斤陸兩肆錢
艦匠叁工肆分陸釐
鋸匠玖分玖釐
艌匠貳工陸釐
舂灰夫伍分
舡面兩旁皺板長叁丈肆尺湊寬陸尺陸分添換用長叁丈陸尺寬陸寸肆分厚貳寸叁分中吉

木板叁塊做淨每折見方尺捌拾尺用艦匠壹工釘縫湊長拾丈捌尺每丈用長陸寸釘叁拾個艌縫湊長貳拾壹丈陸尺共核用
圍大貳尺伍寸淨長叁丈陸尺中吉木壹根
長陸寸釘叁百貳拾肆個
灰貳拾壹斤拾兩
桐油捌斤拾兩貳錢
網紗捌斤壹兩陸錢
竹絲捌斤壹兩陸錢

艦匠貳工叁分伍釐
鋸匠壹工叁分肆釐
艌匠叁工玖釐
舂灰夫柒分陸釐
兩旁抽換浮溪木舨板叁塊各長叁丈貳尺寬伍寸厚貳寸做淨每折見方尺捌拾尺用艦匠壹工釘縫湊長玖丈陸尺每丈用長伍寸釘叁拾個艌縫湊長拾玖丈貳尺共核用
圍大貳尺淨長叁丈貳尺浮溪木壹根

長伍寸釘貳百捌拾捌個
灰拾玖斤叁兩
桐油柒斤拾兩玖錢
網紗柒斤叁兩貳錢
竹絲柒斤叁兩貳錢
艦匠壹工陸分捌釐
鋸匠玖分陸釐
艌匠貳工柒分肆釐
舂灰夫陸分柒釐

兩旁用樟木極舨艐捌塊各長叁尺圍大壹尺樟木舨斗壹個用板叁塊各長叁尺寬壹尺伍寸鳥嘴燕貳個各長貳尺寬肆寸均厚叁寸做淨每折見方尺肆拾尺用艦匠壹工舨艐每塊用長陸寸釘貳個舨斗釘縫湊長玖尺每丈用長伍寸釘叁拾個鳥嘴燕釘縫湊長肆尺每丈用長肆寸釘叁拾個艌縫湊長柒丈肆尺共核用
圍大壹尺樟木極貳丈肆尺捌寸
寬壹尺伍寸厚叁寸樟木枋壹丈肆寸貳分

長陸寸釘拾陸個
長伍寸釘貳拾柒個
長肆寸釘拾貳個
灰柒斤陸兩
桐油貳斤拾伍兩肆錢
網紗貳斤拾貳兩肆錢
竹絲貳斤拾貳兩肆錢
艦匠壹工伍分伍釐
艌匠壹工陸釐

舂灰夫貳分陸釐

兩旁廠面用浮溪木笨抽貳根抽換各長叁丈貳尺寬伍寸厚叁寸中吉木大壓貳塊水鍁貳條抽換各長壹丈捌尺均寬陸寸陸分厚叁寸做淨每折見方尺肆拾尺用艌匠壹工釘縫湊長拾叁丈陸尺每丈用長陸寸釘叁拾個艌縫湊長貳拾柒丈貳尺共核用

圍大貳尺伍寸淨長叁丈陸尺中吉木壹根

圍大貳尺淨長叁丈貳尺浮溪木壹根

長陸寸釘肆百捌個

灰貳拾柒斤叁兩

桐油拾斤拾肆兩壹錢

網紗拾斤叁兩貳錢

竹絲拾斤叁兩貳錢

艌匠陸工貳釐

鋸匠壹工柒分貳釐

艌匠叁工捌分玖釐

舂灰夫玖分伍釐

官廳上用浮溪木戰櫃板肆塊各長壹丈壹尺寬伍寸厚貳寸戰櫃楨叁根各長壹丈陸寸貼柱捌根各長肆尺均圍大壹尺柒寸樟木太平牛貳塊各長肆尺寬壹尺伍寸厚叁寸戰櫃楨貼柱太平牛做淨每折見方尺肆拾尺用艌匠壹工戰櫃板捌拾尺用艌匠壹工戰櫃板釘縫湊長肆丈肆尺每丈用長伍寸釘叁拾個太平牛每塊用長伍寸釘拾貳個戰櫃板楨艌縫湊長拾伍丈壹尺陸寸共核用

圍大貳尺淨長叁丈貳尺浮溪木貳根壹丈肆尺伍寸

寬壹尺伍寸厚叁寸樟木枋捌尺貳寸

長伍寸釘壹百伍拾陸個

灰拾伍斤叁兩

桐油陸斤壹兩

網紗伍斤拾壹兩

竹絲伍斤拾壹兩

艌匠肆工貳分

鋸匠肆分肆釐
艌匠貳工壹分柒釐
舂灰夫伍分叁釐
官廳前通鋪板貳塊各長壹丈陸寸後通鋪板貳塊各長玖尺伍寸均寬壹尺貳寸厚叁寸做淨每折見方尺捌拾尺用艌匠壹工釘縫湊長肆丈貳寸每丈用長陸寸釘叁拾個艌縫湊長捌丈肆寸共核用
寬壹尺貳寸厚叁寸松木枋肆丈壹尺

長陸寸釘壹百貳拾壹個
灰捌斤壹兩
桐油叁斤叁兩伍錢
網紗叁斤貳錢
竹絲叁斤貳錢
艌匠壹工伍分壹釐
艌匠壹工壹分伍釐
舂灰夫貳分捌釐
官廳兩旁木段猫裏桂肆根各長肆尺陸寸圍大貳尺貳寸猫裏墻板肆塊猫裏堵板肆塊各長肆尺陸寸寬陸寸肆分厚貳寸叁分猫裏村做淨每折見方尺肆拾尺用艌匠壹工猫裏各板捌拾尺用艌匠壹工猫裏墻板釘縫湊長壹丈捌尺肆寸每丈用長陸寸釘叁拾個共核用
圍大貳尺伍寸木段叁丈壹尺叁寸
長陸寸釘伍拾伍個
艌匠壹工捌分壹釐
鋸匠肆分陸釐

兩旁敝面高洋木戰棚板捌塊各長貳丈捌尺寬肆寸厚貳寸各艙內堵板壹百貳拾塊各長貳尺捌寸寬肆寸厚壹寸木段艙蓋板伍拾叁塊各長肆尺陸寸寬陸寸肆分厚貳寸叁分通槽陸個各長肆尺陸寸寬陸寸陸分厚陸寸松木水槽墊板肆塊各長肆尺尾裏板貳塊各長伍尺繚跳貳塊各長玖尺均寬壹尺貳寸厚叁寸通槽做淨每折見方尺叁拾尺用艌匠壹工戰棚各板捌拾尺用艌匠壹工艙蓋板尾裏板釘

縫湊長貳拾伍丈叄尺捌寸每丈用長伍寸釘叄拾個艌蓋板尾裏板艌縫湊長伍拾丈柒尺陸寸共核用

圍大壹尺陸寸淨長貳丈捌尺高洋木柒根

圍大貳尺伍寸木段拾壹丈壹尺貳寸

寬壹尺貳寸厚叄寸松木枋肆丈伍尺

長伍寸釘柒百陸拾壹個

灰伍拾斤拾貳兩

桐油貳拾斤肆兩玖錢

綱紗拾玖斤陸錢

竹絲拾玖斤陸錢

艦匠拾陸工捌分叄釐

鋸匠柒工捌分伍釐

艌匠柒工貳分伍釐

舂灰夫壹名柒分捌釐

兩旁舨上舨牛貳塊各長伍尺各艙口扛豆貳塊各長壹丈貳尺均寬壹尺貳寸厚叄寸做淨每折見方尺肆拾尺用艦匠壹工艙牛每塊用長陸寸釘肆個扛豆釘縫湊長貳丈肆尺每丈用長陸寸釘叄拾個艌縫湊長陸丈捌尺共核用

寬壹尺貳寸厚叄寸松木枋叄丈肆尺陸寸

長陸寸釘捌拾個

灰陸斤拾叄兩

桐油貳斤拾壹兩伍錢

綱紗貳斤捌兩捌錢

竹絲貳斤捌兩捌錢

艦匠貳工伍分伍釐

艌匠玖分柒釐

舂灰夫貳分肆釐

兩旁舨上用高洋木牛欄貳根內抽換船頭壹根長壹丈船面壹根長壹丈捌尺圍大壹尺叄寸做淨每折見方尺肆拾尺用艦匠壹工共核用

圍大壹尺陸寸淨長貳丈捌尺高洋木壹根

艦匠玖分壹釐

船頭斗蓋壹塊用樟木長壹丈貳尺寬捌寸厚柒寸蝦箍梁壹塊長柒尺寬捌寸斗蓋下兔耳壹

塊長陸尺寬壹尺伍寸均厚叁寸托浪板貳塊
各長伍尺伍寸寬壹尺厚叁寸斗蓋蝦籠梁兔
耳做淨每折見方尺肆拾尺用艌匠壹工托浪
板捌拾尺用艌匠壹工斗蓋用長捌寸釘拾貳
個兔耳蝦籠梁釘縫湊長壹丈叁尺每丈用長
伍寸釘叁拾個托浪板釘縫湊長壹丈壹尺每
丈用長陸寸釘叁拾個兔耳蝦籠梁托浪板艌
縫湊長肆丈捌尺共核用
寬捌寸厚柒寸長壹丈貳尺貳寸樟木壹塊

寬壹尺伍寸厚叁寸樟木枋壹丈肆分
寬壹尺厚叁寸長伍尺柒寸樟木板貳塊
長捌寸釘拾貳個
長陸寸釘叁拾叁個
長伍寸釘叁拾玖個
灰肆斤拾叁兩
桐油壹斤拾肆兩柒錢
綑紗壹斤拾貳兩捌錢
竹絲壹斤拾貳兩捌錢

艌匠貳工壹分捌釐
艌匠陸分玖釐
舂灰夫壹分柒釐
中合櫳壹塊長壹丈貳尺寬壹尺伍寸厚壹尺伍
寸頭合櫳壹塊長捌尺寬壹尺貳寸厚伍寸合
櫳梁壹塊長壹丈貳尺一仔梁壹塊長伍尺合
櫳閘壹塊長玖尺均寬壹尺伍寸厚叁寸做淨
每折見方尺叁拾尺用艌匠壹工合櫳梁一仔
梁釘縫湊長壹丈柒尺每丈用長陸寸釘叁拾
個合櫳合櫳梁一仔梁艌縫湊長柒丈肆尺共

核用
寬壹尺伍寸厚壹尺伍寸長壹丈貳尺貳寸
樟木壹塊
寬壹尺貳寸厚伍寸長捌尺貳寸樟木壹塊
寬壹尺伍寸厚叁寸樟木枋貳丈陸尺伍寸
長陸寸釘伍拾壹個
灰柒斤陸兩
桐油貳斤拾伍兩肆錢

網紗貳斤拾貳兩肆錢
竹絲貳斤拾貳兩肆錢
艌匠陸工肆分叁釐
艌匠壹工陸釐
舂灰夫貳分陸釐
轉水貳塊和尚拴貳條共用長陸尺伍寸寬壹尺厚陸寸樟木板貳塊內和尚拴長肆尺伍寸寬肆寸厚叁寸目裏鞋貳塊各長貳尺伍寸砲眼肆個各長壹尺均寬壹尺厚叁寸做淨每折見

方尺肆拾尺用艌匠壹工轉水每塊用長壹尺釘貳個目裏鞋每塊用長陸寸釘捌個砲眼每個用長陸寸釘拾貳個艌縫瘵長肆丈肆尺共
核用
寬壹尺厚陸寸長陸尺柒寸樟木貳塊
寬壹尺伍寸厚叁寸樟木枋陸尺肆寸
長壹尺釘肆個
長陸寸釘陸拾肆個
臥肆斤陸兩

桐油壹斤拾貳兩貳錢
網紗壹斤拾兩肆錢
竹絲壹斤拾兩肆錢
艌匠壹工柒分捌釐
艌匠陸分叁釐
舂灰夫壹分伍釐
船尾用樟木下金壹塊長伍尺伍寸寬壹尺伍寸厚壹尺伍寸繚牛壹副長陸尺寬貳尺厚陸寸尾樓上金壹塊長壹丈叁尺寬壹尺伍寸厚柒

寸七星冠壹塊長壹丈陸尺寬壹尺貳寸厚陸寸硬木棍下金拴貳根繚牛樧貳根各長陸尺伍寸圍大捌寸下金繚牛上金七星冠做淨每折見方尺叁拾尺用艌匠壹工下金拴繚牛樧肆拾尺用艌匠壹工下金用長捌寸釘拾捌個繚牛用長捌寸釘拾捌個上金用長壹尺釘拾捌個繚牛樧釘艌縫瘵長壹丈叁尺每丈用長伍寸釘叁拾個下金艌縫瘵長伍尺伍寸共核用
寬壹尺伍寸厚壹尺伍寸長伍尺柒寸樟木

壹塊
寬貳尺厚陸寸長陸尺貳寸樟木壹塊
寬壹尺伍寸厚柒寸長壹丈叁尺貳寸樟木
壹塊
寬壹尺貳寸厚陸寸長壹丈陸尺貳寸樟木
壹塊
圍大捌寸長壹丈叁尺硬木梶貳根
長壹尺釘拾捌個
長捌寸釘叁拾陸個

長伍寸釘叁拾玖個
灰玖兩
桐油叁兩伍錢
網紗叁兩叁錢
竹絲叁兩叁錢
艌匠陸工柒分叁釐
艌匠捌釐
舂灰夫貳釐
船尾用木段硬筋貳條各長玖尺水仙門柱貳根

各長伍尺圍大貳尺貳寸船邊用樟木極百子
艌貳塊各長壹丈貳尺圍大壹尺做淨每折見
方尺肆拾尺用艌匠壹工硬筋頭尾用長陸寸
釘拾貳個百子艌釘縫長貳丈肆尺每丈用長
陸寸釘叁拾個百子艌艌縫長肆丈捌尺共核
用
圍大貳尺伍寸木段貳丈捌尺陸寸
圍大壹尺樟木極貳丈肆尺肆寸
長陸寸釘捌拾肆個

灰肆斤拾叁兩
桐油壹斤拾肆兩柒錢
網紗壹斤拾貳兩捌錢
竹絲壹斤拾貳兩捌錢
艌匠貳工壹分肆釐
艌匠陸分玖釐
舂灰夫壹分柒釐
船尾用樟木樽通板壹塊長捌尺櫓床貳塊各長
肆尺伍寸均寬壹尺伍寸塊面壹塊長叁尺寬

壹丈均厚叁寸[illegible]樑做淨每折見方尺捌拾
尺用艦匠壹工櫓床鬼面肆拾尺用艦匠壹工
櫓床每塊用長捌寸釘拾貳個櫓通板釘縫長
捌尺每丈用長伍寸釘叁拾個鬼面用長陸寸
釘陸個櫓床櫓通板艌縫湊長叁丈肆尺共核
用
寛壹尺伍寸厚叁寸樟木枋壹丈玖尺肆寸
柒分
長捌寸釘貳拾肆個

長陸寸釘陸個
長伍寸釘貳拾肆個
灰叁斤陸兩
桐油壹斤伍兩捌錢
網紗壹斤肆兩肆錢
竹絲壹斤肆兩肆錢
艦匠壹工叁分伍釐
艌匠肆分玖釐
舂灰夫壹分貳釐

大桅座壹塊長陸尺寛壹尺貳寸厚柒寸做淨每
折見方尺叁拾尺用艦匠壹工共核用
寛壹尺貳寸厚柒寸長陸尺貳寸樟木壹塊
艦匠柒分陸釐
大鹿耳貳塊各長壹丈貳尺寛壹尺貳寸厚壹尺
頭鹿耳貳塊各長柒尺寛壹尺貳寸厚肆寸伍
分硬木梘鹿耳夾貳根各長壹丈叁尺圍大捌
寸做淨每折見方尺肆拾尺用艦匠壹工共核
用

寛壹尺貳寸厚壹尺長壹丈貳尺貳寸樟木
貳塊
寛壹尺貳寸厚肆寸伍分長柒尺貳寸樟木
貳塊
圍大捌寸長壹丈叁尺硬木梘貳根
艦匠肆工叁分貳釐
大桅壹根長伍丈圍大貳尺捌寸頭桅壹根長叁
丈圍大貳尺陸寸做淨每折見方尺肆拾尺用
艦匠壹工共核用

圍大貳尺捌寸長伍丈桅木壹根
圍大貳尺陸寸長叁丈桅木壹根
艌匠伍工肆分伍釐
大風篷壹扇長肆丈貳尺寬貳丈頭風篷壹扇長貳丈壹尺寬壹丈大篷擔貳根各長貳丈頭篷擔壹根長壹丈均圍大壹尺柒寸做淨每折見方尺肆拾尺用艌匠壹工共核用
寬貳丈長肆丈貳尺風篷壹扇
寬壹丈長貳丈壹尺風篷壹扇

圍大貳尺淨長叁丈貳尺浮溪木壹根壹丈
捌尺
艌匠貳工壹分叁釐
大篷架橫梁壹根用木段長玖尺頭篷架橫梁壹根長伍尺圍大貳尺貳寸浮溪木大篷車員壹根長壹丈圍大壹尺柒寸樟木大篷踏壹塊長肆尺伍寸寬壹尺伍寸車耳壹個長叁尺寬壹尺均厚叁寸硬木棍車子貳拾叁根各長壹丈叁尺圍大?寸大篷架篷腳車貝車耳做淨台?

原缺

長伍寸釘壹百玖拾叁個
灰拾捌斤陸兩
桐油柒斤伍兩伍錢
網紗陸斤拾肆兩貳錢
竹絲陸斤拾肆兩貳錢
艌匠叁工伍分叁釐
鋸匠陸分玖釐
艌匠貳工陸分貳釐
舂灰夫陸分肆釐

媽祖龕用杉木板肆塊各長壹丈柒尺官廳虎頭
艙門板捌塊鋪板拾塊各長肆尺均寬陸寸厚
壹寸做淨每折見方尺捌拾尺用艌匠壹工媽
祖龕釘縫湊長陸丈捌尺每丈用長肆寸釘叁
拾個虎頭艙門板釘縫湊長叁丈貳尺每丈用
長伍寸釘叁拾個媽祖龕板艙縫湊長拾叁丈
陸尺共核用
寬陸寸厚壹寸杉木板拾肆丈貳尺陸寸
長伍寸釘玖拾陸個

長肆寸釘貳百柒個
灰拾叁斤拾兩
桐油伍斤柒兩
網紗伍斤壹兩陸錢
竹絲伍斤壹兩陸錢
艌匠貳工肆分伍釐
艌匠壹工玖分肆釐
舂灰夫肆分捌釐
船頭用中吉木槌壹根長貳丈伍尺圍大貳尺貳

寸樟木槌牙壹塊長肆尺寬伍寸厚叁寸做淨
每折見方尺肆拾尺用艌匠壹工槌牙用長捌
寸釘陸個共核用
圍大貳尺伍寸淨長叁丈陸尺中吉木貳丈
伍尺
寬壹尺伍寸厚叁寸樟木枋壹尺叁寸柒分
長捌寸釘陸個
艌匠壹工伍分肆釐
船尾舵壹門用楮木舵杆壹根長壹丈伍尺寬壹

大貳寸厚捌寸中吉木桅門板叁塊各長壹丈壹尺寬陸寸肆分厚貳寸叁分樟木極桅夾墊塊各長肆尺圍大壹尺硬木桄桅牙掟貳根各長壹丈叁尺圍大捌寸桅杆做淨每折見方尺叁拾尺用艌匠壹工桅夾桅牙肆拾尺用艌匠壹工桅門板捌拾尺用艌匠壹工桅夾釘縫湊長貳丈肆尺每丈用長捌寸釘伍拾個桅門板桅夾艌縫湊長拾壹丈肆尺共核用

寬壹尺貳寸厚捌寸長壹丈伍尺貳寸梢木

壹塊

圍大貳尺伍寸淨長叁丈陸尺中吉木壹丈

壹尺

圍大壹尺樟木極貳丈肆尺陸寸

圍大捌寸長壹丈叁尺硬木桄貳根

長捌寸釘壹百貳拾個

灰拾壹斤陸兩

桐油肆斤玖兩

網紗肆斤肆兩肆錢

竹絲肆斤肆兩肆錢

艌匠叁工捌分肆釐

鋸匠肆分壹釐

艌匠壹工陸分叁釐

舂灰夫肆分

跟隨戰船舢板舡用浮溪木水底板肆塊各長壹丈貳尺舨板肆塊各長壹丈叁尺艙內鋪板拾塊各長肆尺均寬伍寸厚貳寸做淨每折見方尺捌拾尺用艌匠壹工水底板舨板釘縫湊長

拾丈每丈用長伍寸釘叁拾個水底板舨板艙縫湊長貳拾丈共核用

圍大貳尺淨長叁丈貳尺浮溪木壹根壹丈

肆尺柒寸

長伍寸釘叁百個

灰貳拾斤

桐油捌斤

網紗柒斤捌兩

竹絲柒斤捌兩

艌匠貳工肆分伍釐
鋸匠壹工肆分
艌匠貳工捌分陸釐
舂灰夫柒分
舢板船兩旁水蛇貳根大壓貳塊各長壹丈叁尺寬伍寸厚貳寸做淨每折見方尺捌拾尺用艌匠壹工水蛇釘縫湊長貳丈陸尺每肆尺用長捌寸釘叁個大壓釘縫湊長貳丈陸尺每丈用長伍寸釘叁拾個艌縫湊長拾丈肆尺共核用

圓大貳尺淨長叁丈貳尺浮溪木壹丈柒尺叁寸
長捌寸釘拾玖個
長伍寸釘柒拾捌個
灰拾斤陸兩
桐油肆斤貳兩陸錢
網紗叁斤拾肆兩肆錢
竹絲叁斤拾肆兩肆錢
艌匠玖分壹釐

鋸匠[illegible]分貳釐
艌匠壹工肆分玖釐
舂灰夫叁分陸釐
舢板船用樟木極舢板梁肆塊各長叁尺舨極陸塊各長貳尺均圓大壹尺做淨每折見方尺肆拾尺用艌匠壹工舢板梁釘縫湊長壹丈貳尺每丈用長陸寸釘叁拾個舨極每塊用長伍寸釘貳個艌縫湊長肆丈捌尺共核用
圓大壹尺樟木極貳丈伍尺

長陸寸釘叁拾陸個
長伍寸釘拾貳個
灰肆斤拾叁兩
桐油壹斤拾肆兩柒錢
網紗壹斤拾貳兩捌錢
竹絲壹斤拾貳兩捌錢
艌匠陸分
艌匠陸分玖釐
舂灰夫壹分柒釐

大桅鐵箍捌個各長貳尺玖寸頭桅箍肆個梔箍
叁個各長貳尺陸寸俱寬貳寸厚伍分桅舊貳
個各長壹尺寬伍寸厚伍分櫓箍貳個各長壹
尺玖寸寬壹寸厚叁分鐵鐸貳個各圍大肆寸
以上鐵料共淨重壹百伍斤每正鐵壹斤加耗
鐵壹斤每正鐵伍斤用鐵匠壹工每正耗鐵壹
斤用炭叁斤共核用
生鐵貳百拾斤
炭陸百叁拾斤

鐵匠貳拾壹工
油艌前船共用
烏烟貳斤
廣紅叁斤
銅碌叁兩貳錢
京紅叁兩
籐黃貳兩肆錢
南粉壹斤捌兩
銀硃捌錢

杭粉捌錢
藍粉叁兩
墨貳塊
松香肆兩
水膠肆兩
淡底壹斤
桐油叁斤
油艌匠捌工
麻大桅肆索貳條各長陸丈貳尺大肆寸捌分頭

桅肆索貳條各長伍丈大叁寸大踏索貳條各
長伍丈大叁寸貳分小踏索貳條各長貳丈大
貳寸捌分大繚每壹條長叁丈陸尺大肆寸捌
分小繚母壹條長貳丈大叁寸大邪纜陸條各
長壹丈伍尺大壹寸伍分小邪纜玖條各長肆
尺伍寸大壹寸以上麻索共重壹百玖拾斤每
百斤用繩匠叁工陸分共核用
麻壹百玖拾斤
繩匠陸工捌分肆釐

棕正椗索壹條長肆拾貳丈大伍寸副椗索壹條
長肆拾丈大肆寸伍分大篷筋壹條長伍丈大
壹寸陸分小篷筋壹條長貳丈肆尺大壹寸繚
仔繚耳共拾捌條各長壹丈大壹寸伍分椗奴
貳條各長壹丈伍尺大伍寸大小摘尾貳條共
長拾貳丈大叁寸伍分舢舨吊壹條長叁丈大肆
寸五分以上棕繩共重貳百拾斤每撕棕肆拾
斤用匠壹工成繩肆拾斤用匠壹工共核用
棕貳百拾斤

撕棕匠伍工貳分伍釐
成繩匠伍工貳分伍釐
冲風旂壹面長寬各壹丈貳尺壹條龍旂壹面長
陸丈寬貳尺媽祖旂壹面長寬各肆尺伍寸大
小定風旂叁面內壹面長肆尺貳面各長叁尺
均寬壹尺共核用
幅寬壹尺色布叁拾丈
竿線肆兩
裁縫匠叁工

杉木門齒全各長壹丈肆尺寬捌寸厚伍寸
椗貳枝各長叁丈貳尺寬柒寸厚肆寸
舢板槽壹枝長貳丈伍尺寬柒寸厚肆寸
大小桅餅柒個
大小無底升肆百個
椗舵上配用竹繩草繩共用
竹篾壹百捌拾叁斤拾叁兩
繩匠陸工陸分貳釐
草心貳百伍拾伍斤

繩匠陸工叁分捌釐
查原送成規內開竹篾草心所用匠工多寡不齊今照棕繩索用工之例一律核定
篷上配用大小線球攝子兔耳共核用
棚籐拾捌斤
籐匠叁工陸分
刻字用
刻字匠叁工
竪立大小桅用
壯夫拾貳名

前船共用大小鐵釘[illegible]千陸百肆拾玖觔[illegible]
毎百觔用桐油[illegible]肆觔[illegible]壹斤每油玖拾[illegible]
[illegible]用艌匠壹工[illegible]用
桐油[illegible]觔[illegible]錢
灰[illegible]拾陸斤伍兩
艌匠拾工陸分捌釐
舂灰夫貳名陸分柒釐
前船共用艌匠壹百叁拾伍工玖分柒釐係照杉
松木槓核定內有樟櫧等硬料用匠肆拾肆工

陸分肆釐每工外加匠貳分計加匠捌工玖分
叁釐共匠壹百肆拾肆工玖分每百工加安裝
匠拾工計安裝匠拾肆工肆分玖釐每艌匠安
裝匠壹百工加隨匠壯夫貳拾名計壯夫叁拾
壹名捌分捌釐
上拆造前船共用
見方捌寸松木肆丈貳尺陸寸　每丈銀叁錢叁分[illegible]釐
計銀壹兩肆錢壹分
查原送成規內開松木按依丈尺計算價值
參差今照繒船寬壹尺厚捌寸每丈銀肆[illegible]

錢壹分肆釐核算每丈需銀叁
錢叁分壹釐之數一律核定
圍大貳尺伍寸淨長叁丈陸尺中吉木拾壹根　每根銀壹兩伍錢
計銀拾陸兩伍錢
查原送成規內開中吉木捌根今
按丈尺做法核算應增叁根
圍大貳尺淨長叁丈貳尺浮溪木捌根壹丈伍寸　每根銀伍錢
計銀肆兩壹錢陸分肆釐
查原送成規內開浮溪木捌根今按
丈尺做法核算應增壹丈伍寸

圍大壹尺陸寸淨長貳丈捌尺高洋木捌根　每根銀貳錢
計銀壹兩陸錢
圍大貳尺[illegible]木段貳拾叁丈貳尺肆寸核長[illegible]
丈[illegible]尺[illegible]根捌尺肆寸　每根銀[illegible]錢
計銀肆[illegible]分
查原送成規[illegible]
丈尺做法[illegible]
[illegible]壹尺伍寸厚[illegible]寸[illegible]貳拾玖丈柒尺[illegible]
柒尺[illegible]丈柒尺[illegible]料拾柒塊捌尺壹寸[illegible]

分[illegible]壹

計銀貳拾貳兩柒錢貳分伍釐

查原送成規內開樟[illegible]今按丈尺做法核算應增[illegible]

寬壹尺[illegible]厚叁寸長伍尺柒寸樟板貳塊[illegible]

釐

計銀伍錢捌分貳釐

查原送成規內開樟木柒塊長[illegible]壹尺伍寸厚叁寸每塊銀壹[illegible]板長伍尺伍寸寬壹尺厚叁[illegible]銀價值叁錢[illegible]

寬壹尺貳寸厚叁寸松木枋貳拾玖[illegible]長

壹丈柒尺枋料拾柒塊肆尺 每塊銀叁錢伍分

計銀陸兩叁分貳釐

查原送成規內開松枋拾柒塊今按丈尺做法核算應增肆尺

圍大壹尺樟木桅拾玖丈柒尺貳寸核長貳丈[illegible]

尺樟桅拾陸塊伍尺貳寸 每塊銀貳錢

計銀叁兩貳錢捌分柒釐

查原送成規內開樟桅拾陸塊今按丈尺做法核算應增伍尺貳寸

圍大捌寸長壹丈叁尺硬木棍叁拾伍根 每根銀捌分

計銀貳兩捌錢

寬[illegible]寸厚壹寸杉木板拾肆丈貳尺陸寸 每丈肆[illegible]

計銀伍兩柒錢肆釐

寬捌寸厚柒寸長壹丈貳尺貳寸樟木壹塊

計銀陸錢肆分貳釐

寬壹尺伍寸厚壹尺伍寸長壹丈貳尺貳寸樟木

壹塊

計銀貳兩伍錢柒分玖釐

寬壹尺貳寸厚伍寸長捌尺貳寸樟木壹塊

計銀肆錢陸分貳釐

寬壹尺厚陸寸長陸尺柒寸樟木壹塊[illegible]

釐

計銀柒錢伍分陸釐

寬壹[illegible]寸厚壹尺伍寸長伍尺[illegible]寸[illegible]

計銀壹兩[illegible]錢[illegible]

寬貳尺厚陸寸長陸尺貳寸樟木壹塊

計銀陸錢玖分[illegible]

寬壹[illegible]厚柒寸長[illegible]尺貳寸[illegible]

計銀壹兩[illegible]錢[illegible]

寬壹尺貳寸厚陸寸長壹丈陸尺貳寸樟木壹□

計銀壹兩玖分陸釐

寬壹尺貳寸厚柒寸長陸尺貳寸樟木壹塊

計銀肆錢捌分玖釐

寬壹尺貳寸厚壹尺長壹丈貳尺貳寸樟木貳塊

每塊銀壹兩叁錢柒分陸釐

計銀貳兩柒錢伍分貳釐

寬壹尺貳寸厚肆寸伍分長柒尺貳寸樟木壹塊

每塊銀叁錢陸分伍釐

計銀柒錢叁分

查原送成規內開樟木含觔等料拾壹款所開價值逐款核計俱屬參差今照總船每折見方壹尺核銀玖分叁玖毫陸絲之數一律核定

寬壹尺貳寸厚捌寸長壹丈伍尺貳寸桅木壹根

計銀拾貳兩

圍大貳尺捌寸長伍丈桅木壹根

計銀捌兩

圍大貳尺陸寸長叁丈桅木壹根

計銀壹兩

長壹尺釘壹百柒拾叁個每貳個重壹斤計重捌拾陸斤捌兩長捌寸釘貳百肆拾壹個每伍個重壹斤計重肆拾捌斤叁兩貳錢長陸寸釘肆千玖百捌拾陸個每拾伍個重壹斤計重叁百叁拾貳斤陸兩肆錢長伍寸釘貳千拾叁個每貳拾個重壹斤計重壹百斤拾兩肆錢長肆寸釘貳百拾陸個每叁拾個重壹斤計重柒斤□兩貳錢以上鐵釘共重伍百柒拾肆斤拾伍兩貳錢內選用舊釘壹百捌拾壹斤拾叁兩貳錢

添新叁百玖拾叁斤貳兩 每斤銀貳分貳釐

計銀捌兩陸錢肆分玖釐

灰陸百玖斤拾壹兩 每百斤銀貳錢

計銀壹兩貳錢壹分玖釐

桐油貳百肆拾陸斤拾肆兩肆錢 每斤銀叁分

計銀柒兩肆錢柒釐

網紗貳百斤伍錢 每斤銀壹分貳釐

計銀貳兩肆錢

竹絲貳百斤伍錢 每斤銀壹釐

計銀壹兩貳錢

生鐵貳百拾斤　每斤銀壹分

計銀貳兩壹錢

炭陸百叁拾斤　每百斤銀壹錢陸分

計銀壹兩捌釐

烏烟貳斤　每斤銀壹分伍釐

計銀叁分

廣紅叁斤　每斤銀伍分

計銀壹錢伍分

銅條叁兩貳錢　每斤銀叁錢

計銀陸分

京紅叁兩　每斤銀捌分

計銀壹分伍釐

嫩黄貳兩肆錢　每斤銀貳錢

計銀叁分

南粉壹斤捌兩　每斤銀壹分

計銀壹分伍釐

銀硃捌錢　每斤銀陸錢肆分

計銀叁分貳釐

杭粉捌錢　每斤銀壹錢陸分

計銀捌釐

藍粉叁兩　每斤銀捌分

計銀壹分伍釐

墨貳塊　每塊銀壹分

計銀貳分

松香肆兩　每斤銀貳分

計銀伍釐

水膠肆兩　每斤銀肆分

計銀壹分

淡底壹斤

計銀伍分

麻壹百玖拾斤　每斤銀壹分伍釐

計銀貳兩捌錢伍分

棕貳百拾斤　每斤銀叁分

計銀陸兩叁錢

幅寬壹尺色布叁拾丈　每丈銀壹錢

計銀叁兩

苧線肆兩 每斤銀壹錢貳分

計銀叁分

椗貳門 齒全各長壹丈肆尺寬捌寸厚伍寸 每門銀□兩

計銀貳兩

□貳枝各長叁丈貳尺寬柒寸厚肆寸 每枝銀柒錢

計銀壹兩肆錢

舢板櫓壹枝長貳丈伍尺寬柒寸厚肆寸

計銀叁錢貳分壹釐

大風篷壹扇長肆丈貳尺寬貳丈

計銀貳兩陸錢壹分玖釐

頭風篷壹扇長貳丈壹尺寬壹丈

計銀陸錢伍分伍釐

查原送成規內開各則風篷價值參差今照糟船每折見方壹丈核銀叁錢壹分壹釐捌毫之數一律核定

大小桅餅柒個 每個銀柒分

計銀肆錢玖分

大小無底升肆百個 每百個銀捌分

計銀叁錢貳分

竹篾壹百捌拾叁斤拾叁兩 每百斤銀壹錢陸分

計銀貳錢玖分肆釐

草心貳百伍拾伍斤 每百斤銀柒分

計銀壹錢柒分玖釐

槐藤拾捌斤 每斤銀貳分伍釐

計銀肆錢伍分

艦匠壹百肆拾肆工玖分

安裝匠拾肆工肆分玖釐

鋸匠貳拾陸工壹分捌釐

艌匠捌拾陸工玖分貳釐

鐵匠貳拾壹工

油畫匠捌工

繩匠拾玖工捌分肆釐

棕匠拾工伍分

武縫匠叁丁

□匠叁工陸分

[illegible]艌工
小夫匠拾伍名貳分貳釐
以上匠夫共肆百陸工陸分伍釐每工銀伍分
計銀貳拾兩叁錢
[illegible]置備物件開後
木桶貳拾件每件銀叁分
計銀陸錢
鐵鍋貳口換新每口貼工料銀叁錢貳分
計銀貳錢肆分

[illegible]壹面修理換皮
計銀肆錢捌分
合壹面重肆斤換新每斤貼工料銀柒分
計銀貳錢捌分
以上於告前船成規內開其需工料銀壹百柒拾兩
玖錢肆分柒釐內部價銀捌拾壹兩肆錢叁釐加
捌洋貼并另加叁分銀捌拾玖兩伍錢肆分肆釐
叁毫[illegible]銀拾陸兩貳錢捌分壹釐今按條查核
分別[illegible]需用工料銀壹百柒拾兩柒錢[illegible]

分內部價銀捌拾壹兩叁錢壹分肆釐加捌洋貼
[illegible]分銀捌拾玖兩肆錢肆分陸釐臺廠運
費銀拾陸兩貳錢陸分叁釐計節減工料銀壹錢
捌分柒釐運費銀壹分捌釐行令該撫於前船估
題拆造之期將節減銀兩在於應領銀內扣除至
大小修理成規內開大修工料銀壹百叁拾肆兩
[illegible]分柒釐內部價銀陸拾兩玖錢貳分壹釐加捌
洋貼并另加叁分銀柒拾叁兩壹錢陸釐臺廠運
費銀拾貳兩壹錢捌分肆釐小修工料銀捌拾捌

兩叁錢貳分叁釐內部價銀叁拾捌兩肆錢壹釐加
捌洋貼并另加叁分銀肆拾玖兩玖錢貳分貳釐
臺廠運費銀柒兩陸錢捌分其餘壹舡倣此

[illegible]海[illegible]船[illegible]
[illegible]蓬[illegible]金門船樣[illegible]
長肆丈[illegible]尺[illegible]起[illegible]陸寸
[illegible]寸船頭長[illegible]陸尺面[illegible]
[illegible]尺船中[illegible]丈[illegible]尺[illegible]
[illegible]丈船尾[illegible]丈貳尺面[illegible]
[illegible]尺[illegible]兩邊[illegible]
[illegible]計拾[illegible]艙[illegible]
[illegible]拆造[illegible]工[illegible]細數開後

[illegible]頭壹節長壹丈貳
[illegible]長叁丈貳尺船尾壹
[illegible]肆尺見方捌寸做淨每折
見方尺式[illegible]用[illegible]匠壹丁交接[illegible]頭貳處每
湊[illegible]長壹尺釘[illegible]個又每邊用長捌寸釘拾貳
個共核用
見方捌寸松木伍丈肆尺陸寸
長壹尺釘拾陸個

長捌寸釘貳拾肆個
艦匠捌工陸分肆釐
船底板連起䑸長肆丈肆尺內船底匀寬玖尺[illegible]
寸兩旁各匀高肆尺玖寸伍分抽換用長叁丈
陸尺寬陸寸肆分厚貳寸叁分中吉木板拾[illegible]
塊做淨每折見方尺捌拾尺用艦匠壹工鋸板
折算壹尺長柒丈用鋸匠壹工（以下鋸板用工做此）釘[illegible]
湊長陸拾捌丈畢尺每丈用長陸寸釘叁拾個
[illegible]縫湊長壹百叁拾陸丈捌尺每丈用灰壹斤

桐油陸兩肆錢網紗竹絲各陸兩每柒丈用艌
匠壹工舂製油灰每肆拾斤用舂灰夫壹名[illegible]
艌縫用工用料做此　共核用
圍大貳尺伍寸淨長叁丈陸尺中吉木陸根
壹丈貳尺
長陸寸釘貳千伍拾貳個
[illegible]百叁拾陸斤拾叁兩
桐油伍拾肆斤拾[illegible]兩伍錢
網紗伍拾壹斤肆[illegible]兩捌錢

原缺

網紗柒斤拾肆兩
竹釘柒斤拾肆兩
艌匠柒工捌分捌釐
艌匠叁工
舂灰夫柒分肆釐
兩旁板上用□洋木牛欄肆根各長壹丈肆寸八圍
大壹尺叁寸做淨每折見方尺肆拾□尺用□□
壹工只該用
圍大壹尺陸寸淨長貳丈捌尺高洋木貳根

艦匠壹工捌分貳釐
船頭斗蓋壹塊用樟木長壹丈貳尺寬捌寸厚柒寸蝦籠梁壹塊長柒尺伍寸寬捌寸斗蓋下兎耳壹塊長柒尺寬壹尺伍寸均厚叁寸托浪板伍塊各長捌尺寬壹尺厚叁寸斗蓋蝦籠梁兎耳做淨每折見方尺肆拾尺用艦匠壹工托浪板捌拾尺用艦匠壹工斗蓋用長捌寸釘拾貳個兎耳蝦籠梁釘縫湊長壹丈肆尺伍寸每丈用長伍寸釘叁拾個托浪板釘縫湊長肆丈每

丈用長陸寸釘叁拾個兎耳蝦蘢梁托兩板艌
縫湊長拾丈玖尺共核用
寬捌寸厚柒寸長壹丈貳尺貳寸樟木壹塊
寬壹尺伍寸厚叁寸樟木枋壹丈壹尺叁寸
壹分
寬壹尺厚叁寸長捌尺貳寸樟木板伍塊
長捌寸釘拾貳個
長陸寸釘壹百貳拾個
長伍寸釘肆拾叁個

灰拾斤[illegible]肆兩
桐油[illegible]斤伍兩[illegible]錢
綑紗[illegible]斤壹兩[illegible]錢
竹絲[illegible]斤[illegible]兩[illegible]錢
[illegible]
[illegible]
[illegible]
平倉[illegible]壹塊長[illegible]尺寬[illegible]尺伍寸[illegible]壹尺伍
[illegible]壹塊長捌尺寬壹尺貳寸厚伍寸含

檔梁壹塊長壹丈[illegible]尺含檔間壹塊長壹[illegible]
寬壹尺伍寸厚叁寸做淨每折見方尺叁拾[illegible]
用艌匠壹工含[illegible]釘縫長壹丈[illegible]尺每丈用
長陸寸釘叁拾個含[illegible]含檔梁艌縫叁長陸丈
[illegible]尺共核用
寬壹尺伍寸[illegible]伍寸長壹丈貳尺[illegible]
樟木壹塊
寬壹尺貳寸厚伍寸長捌尺貳寸樟木壹[illegible]
寬壹尺伍寸厚叁寸樟木枋貳丈叁尺肆寸

長陸寸釘叁拾玖個
灰陸斤拾兩
桐油貳斤拾兩貳錢
綑紗貳斤柒兩陸錢
竹絲貳斤柒兩陸錢
艌匠陸工柒釐
艌匠玖分肆釐
舂灰夫貳分叁釐
轉水貳塊各長壹丈壹尺寬壹尺厚陸寸做淨[illegible]

折見方尺肆拾尺用艌匠壹工每塊用長壹寸
釘貳個艌縫湊長肆丈肆尺共核用
寬壹尺厚陸寸長壹丈壹尺貳寸樟木[illegible]
長壹尺釘肆個
灰肆斤陸兩
桐油壹斤拾貳兩貳錢
網紗壹斤拾兩肆錢
竹絲壹斤拾兩肆錢
艌匠壹工柒分陸釐

艌匠陸[illegible]釐
舂灰夫壹分[illegible]釐
艌尾用樟木下金壹塊長伍尺伍寸寬壹尺伍寸
厚壹尺伍寸綠牛壹副長陸尺寬貳尺厚陸寸
尾樓上金壹塊長壹丈叁尺寬壹尺伍寸厚柒
寸七星冠壹塊長壹丈陸尺寬壹尺貳寸厚壹
寸硬木棍下金搓柄根綠牛緞牙根各長陸尺
伍寸圍大捌寸下金綠牛上金七星冠[illegible]
折見方尺叁拾尺用艌匠壹工下金搓綠牛緞[illegible]

肆拾尺用艌匠壹工下金用長捌寸釘拾捌個
綠牛用長捌寸釘拾捌個上金用長壹尺釘拾
捌個綠牛緞釘縫湊長貳丈陸尺每丈用長伍
寸釘叁拾個下金艌縫長伍尺伍寸共核用
寬壹尺伍寸厚壹尺伍寸長伍尺柒寸樟木
壹塊
寬貳尺厚陸寸長陸尺貳寸樟木壹塊
寬壹尺伍寸厚柒寸長壹丈叁尺貳寸樟木
壹塊
寬壹尺貳寸厚陸寸長壹丈陸尺貳寸樟木

壹塊
圍大捌寸長壹丈叁尺硬木棍叁根
長壹尺釘拾捌個
長捌寸釘叁拾陸個
長伍寸釘柒拾捌個
灰玖兩
桐油叁兩伍錢
網紗叁兩叁錢

竹絲叁兩叁錢
艌匠陸工玖分玖釐
艌匠捌釐
舂灰夫貳釐
船尾用木段硬筋貳根各長壹丈水仙門柱貳根
各長肆尺圍大貳尺貳寸船邊用樟木極百子
舵陸塊各長肆尺圍大壹尺做淨每折見方尺
肆拾尺用艌匠壹工硬筋頭尾用長陸寸釘伍
貳個百子舵釘縫湊長貳丈肆尺每丈用長陸
寸釘叁拾個百子舵艌縫湊長肆丈捌尺共核

用
圍大貳尺伍寸木段貳丈捌尺陸寸
圍大壹尺樟木極貳丈肆尺陸寸
長陸寸釘捌拾肆個
灰肆斤拾叁兩
桐油壹斤拾肆兩柒錢
網紗壹斤拾貳兩捌錢
竹絲壹斤拾貳兩捌錢

艌匠貳工壹分肆釐
艌匠陸分玖釐
舂灰夫壹分柒釐
船尾用樟木櫓通枋壹塊長壹丈櫓床貳塊各長
肆尺均寬壹尺伍寸厚叁寸櫓通枋做淨每折
見方尺捌拾尺用艌匠壹工櫓床肆拾尺用艌
匠壹工櫓床每塊用長捌寸釘拾貳個櫓通枋
釘縫長壹丈用長伍寸釘叁拾個艌縫湊長叁
丈陸尺共核用

寬壹尺伍寸厚叁寸樟木枋壹丈捌尺肆寸
長捌寸釘貳拾肆個
長伍寸釘叁拾個
灰叁斤拾兩
桐油壹斤柒兩
網紗壹斤伍兩陸錢
竹絲壹斤伍兩陸錢
艌匠壹工壹分柒釐
艌匠伍分壹釐

舂灰夫壹分叁釐

大桅座壹塊用樟木長陸尺寬壹尺貳寸厚柒寸木段大小桅夫貳個各長肆尺圍大貳尺貳寸桅座做淨每折見方尺叁拾尺用艌匠壹工桅夫肆拾尺用艌匠壹工共核用

圍大貳尺伍寸木段捌尺貳寸

寬壹尺貳寸厚柒寸長陸尺貳寸樟木壹塊

艌匠壹工貳分

大鹿耳貳塊各長壹丈貳尺寬壹尺貳寸厚壹尺

頭鹿耳貳塊各長柒尺寬壹尺貳寸厚肆寸伍分硬木棍鹿耳夾貳根各長壹丈叁尺圍大捌寸做淨每折見方尺肆拾尺用艌匠壹工共核用

寬壹尺貳寸厚壹尺長壹丈貳尺貳寸樟木貳塊

寬壹尺貳寸厚肆寸伍分長柒尺貳寸樟木貳塊

圍大捌寸長壹丈叁尺硬木棍貳根

艌匠肆工叁分貳釐

大桅壹根長伍丈伍尺圍大肆尺叁寸頭桅壹長叁丈圍大貳尺陸寸做淨每折見方尺肆拾尺用艌匠壹工共核用

圍大肆尺叁寸長伍丈伍尺桅木壹根

圍大貳尺陸寸長叁丈桅木壹根

艌匠柒工捌分陸釐

大風蓬壹扇長肆丈陸尺寬貳丈頭風蓬壹扇長貳丈壹尺寬壹丈大蓬簷貳根各長貳丈頭蓬

簷壹根長壹丈均圍大壹尺柒寸做淨每折見方尺肆拾尺用艌匠壹工共核用

寬貳丈長肆丈陸尺風蓬壹扇

寬壹丈長貳丈壹尺風蓬壹扇

圍大貳尺淨長叁丈貳尺浮溪木壹根壹丈捌尺

艌匠貳工壹分叁釐

大蓬架橫梁壹根用木段長壹丈叁尺頭蓬架橫梁壹根長壹丈均圍大貳尺貳寸樟木大蓬架

壹塊長陸尺寬壹尺伍寸厚叄寸做淨每折見
方尺叄拾貳尺用艌匠壹工共核用
寬壹尺伍寸厚叄寸樟木枋陸尺貳寸
圍大貳尺五寸木段貳丈叄尺肆寸
艌匠貳工貳分陸釐
大篷車肖壹根碇車員壹根用浮溪木各長壹丈
肆尺圍大壹尺柒寸樟木碇車耳篷車耳共陸
個各長叄尺伍寸寬壹尺伍寸厚叄寸硬木梘
車子貳拾壹根各長壹丈叄尺圍大捌寸車員

車耳做淨每折見方尺叄拾貳尺用艌匠壹工
共核用
圍大貳尺淨長叄丈貳尺浮溪木貳丈捌尺
寬壹尺伍寸厚叄寸樟木枋貳丈壹尺陸寸
圍大捌寸長壹丈叄尺硬木梘貳拾壹根
艌匠叄工捌分伍釐
水櫃用樟木牛頭貳塊各長伍尺寬壹尺伍寸厚
叄寸木段水櫃柱肆根各長柒尺圍大貳尺貳
寸水櫃閘肆塊各長柒尺寬陸寸陸分厚陸寸

水櫃設貳拾肆塊各長肆尺陸寸寬陸寸肆分
厚貳寸叄分牛頭水櫃柱閘做淨每折見方尺
肆拾尺用艌匠壹工水櫃板捌拾尺用艌匠壹
工水櫃柱每根用長陸寸釘貳拾個牛頭水櫃
板釘縫湊長拾貳丈肆寸每丈用長伍寸釘叄
拾個艌縫湊長叄拾伍丈貳尺捌寸共核用
圍大貳尺伍寸木段玖丈伍尺貳寸
寬壹尺伍寸厚叄寸樟木枋壹丈貳寸
長陸寸釘捌拾個

長伍寸釘叄百陸拾壹個
灰叄拾伍斤肆兩
桐油拾肆斤壹兩捌錢
網紗拾叄斤叄兩柒錢
竹絲拾叄斤叄兩柒錢
艌匠陸工陸分
鋸匠壹工捌分捌釐
艌匠伍工肆釐
舂灰夫壹名貳分叄釐

媽祖龕用杉木板捌塊各長壹丈捌尺官廳虎頭
艙門板捌塊各長叁尺鋪板捌塊各長肆尺內
寬陸寸厚壹寸做淨每折見方尺捌拾尺用艌
匠壹工媽祖龕板釘縫湊長拾肆丈肆尺每丈
用長肆寸釘叁拾個虎頭艙門板釘縫湊長貳
丈肆尺每丈用長伍寸釘叁拾個龕板艌縫湊
長貳拾捌丈捌尺共核用
寬陸寸厚壹寸杉木板貳拾丈叁尺貳寸
長伍寸釘柒拾貳個

長肆寸釘肆百叁拾貳個
灰貳拾捌斤拾叁兩
桐油拾壹斤捌兩叁錢
網紗拾斤拾貳兩捌錢
竹絲拾斤拾貳兩捌錢
艌匠叁工伍分
艌匠肆工壹分壹釐
舂灰夫壹名壹釐
船頭門用中吉木[illegible]壹根長貳丈伍尺圍大貳尺貳

寸樟木槌牙壹塊長肆尺寬伍寸厚叁寸做淨
每折見方尺肆拾尺用艌匠壹工槌牙用長肆
寸釘陸個共核用
圍大貳尺伍寸淨長叁丈陸尺中吉木貳丈
伍尺
寬壹尺伍寸厚叁寸樟木枋壹尺叁寸柒分
長捌寸釘陸個
艌匠壹工伍分肆釐
船尾舵壹門用楮木舵杆壹根長壹丈伍尺寬壹

尺貳寸厚捌寸中吉木舵閂板叁塊各長壹丈
壹尺寬陸寸肆分厚貳寸叁分樟木極舵夾陸
塊各長肆尺圍大壹尺硬木棍舵牙栀貳根各
長壹丈叁尺圍大捌寸舵杆做淨每折見方尺
叁拾尺用艌匠壹工舵夾舵牙肆拾尺用艌匠
壹工舵閂板捌拾尺用艌匠壹工舵夾釘縫湊
長貳丈肆尺每丈用長捌寸釘伍拾個舵閂板
舵夾艌縫湊長拾壹丈肆尺共核用
寬壹尺貳寸厚捌寸長壹丈伍尺貳寸楮木

壹塊
圍大貳尺伍寸淨長叁丈陸尺中吉木壹丈
壹尺
圍大壹尺樟木極貳丈肆尺陸寸
圍大捌寸長壹丈叁尺硬木棍貳條
長捌寸釘壹百貳拾個
灰拾壹斤陸兩
桐油肆斤玖兩
綱紗肆斤肆兩肆錢
竹絲肆斤肆兩肆錢

艙匠叁工捌分肆釐
鋸匠肆分壹釐
艌匠壹工陸分叁釐
舂灰夫肆分
跟隨戰船舢板船用浮溪木水底板捌塊各長壹
丈貳尺捌寸觖板陸塊各長壹丈肆尺艙內堵
板捨陸塊各長肆尺均寬伍寸厚貳寸做淨每
折見方尺捌拾尺用艙匠壹工水底板觖板釘

縫湊長拾捌丈陸尺肆寸每丈用長伍寸釘叁
拾個水底板觖板艌縫湊長叁拾柒丈貳尺捌
寸共核用
圍大貳尺淨長叁丈貳尺浮溪木貳根壹丈
玖尺伍寸
長伍寸釘伍百伍拾玖個
灰叁拾柒斤肆兩
桐油拾肆斤拾肆兩陸錢
綱紗拾叁斤拾伍兩柒錢
竹絲拾叁斤拾伍兩柒錢

艙匠肆工叁分捌釐
鋸匠貳工伍分
艌匠伍工叁分叁釐
舂灰夫壹名叁分
舢板船兩旁水蛇貳塊各長壹丈肆尺寬伍寸厚
貳寸做淨每折見方尺捌拾尺用艙匠壹工水
蛇釘縫湊長貳丈捌尺每肆尺用長捌寸釘叁
個艌縫湊長伍丈陸尺共核用

闊大貳尺淨長叁丈貳尺浮溪木玖尺叁
長捌寸釘貳拾壹個
灰伍斤拾兩
桐油貳斤叁兩捌錢
網紗貳斤壹兩陸錢
竹絲貳斤壹兩陸錢
艦匠肆分玖釐
鋸匠貳分捌釐
艌匠捌分

舂灰夫貳分
舢板船用樟木極舢板梁肆塊各長叁尺皺極陸塊冲天極貳塊牛頭極陸塊各長貳尺圍大壹尺做淨每折見方尺肆拾尺用艦匠壹工舢板梁釘縫湊長壹丈貳尺每丈用長陸寸釘叁拾個皺極等極每塊用長伍寸釘貳個艌縫湊長捌丈共核用
闊大壹尺樟木極肆丈壹尺捌寸
長陸寸釘叁拾陸個

長伍寸釘貳拾捌個
灰捌斤
桐油叁斤叁兩貳錢
網紗叁斤
竹絲叁斤
艦匠壹工
艌匠壹工壹分肆釐
舂灰夫貳分捌釐
大桅鐵箍柒個各長肆尺肆寸頭桅箍叁個各長

貳尺柒寸舵頭箍貳個各長肆尺壹寸椗箍壹個長叁尺叁寸俱寬貳寸厚伍分椗齒貳個各長壹尺寬柒寸厚伍分櫓箍貳個各長貳尺肆寸寬壹寸厚叁分鐵鐶貳個各圍大伍寸以上鐵料共淨重壹百叁拾柒斤每正鐵壹斤加耗鐵壹斤每正鐵伍斤用鐵匠壹工每正耗鐵壹斤用炭叁斤共核用
生鐵貳百柒拾肆斤
炭捌百貳拾貳斤

鐵匠貳拾柒工肆分
油畫前船共用
烏烟貳斤
廣紅叁斤
銅絲叁兩貳錢
京紅叁兩
籐黃貳兩肆錢
南粉壹斤捌兩
銀硃捌錢

杭粉捌錢
藍粉叁兩
墨貳塊
松香肆兩
水膠肆兩
淡底壹斤
桐油叁斤
油畫匠捌工
麻大桅肄索貳條各長陸丈陸尺大陸寸頭桅肄

索貳條各長伍丈伍尺大肆寸大踏索貳條各長伍丈伍尺大肆寸伍分小踏索貳條各長貳丈捌尺大叁寸大繚毋壹條長肆丈大伍寸貳分小繚毋壹條長貳丈肆尺大叁寸貳分大帮櫬陸條各長壹丈伍尺大壹寸捌分小帮櫬玖條各長肆尺伍寸大壹寸貳分以上麻索共重貳百捌拾斤每百斤用繩匠叁工陸分共核用
麻貳百捌拾斤
繩匠拾工捌釐

棕正椗索壹條長肆拾貳丈大陸寸副椗索壹條長肆拾丈大伍寸伍分大篷筋壹條長伍丈伍尺大壹寸捌分小篷筋壹條長貳丈捌尺大壹寸繚仔繚耳共拾伍條各長壹丈捌尺大壹寸捌分椗奴貳條各長壹丈伍尺大陸寸大小搖尾貳條共長拾貳丈大肆寸伍分舵卯壹條長叁丈大伍寸以上棕繩共重叁百斤每斤棕肆拾斤用匠壹工成繩肆拾斤用匠壹工共核用
棕叁百斤

撕棕匠柒工伍分
成繩匠柒工伍分
冲風旗壹面長寛各壹丈貳尺一條龍旗壹面長
陸丈寛貳尺媽祖旗壹面長寛各肆尺伍寸人
小定風旗叁面内壹面長肆尺貳面各長叁尺
均寛壹尺共核用
幅寛壹尺色布叁拾丈
苧線肆兩
裁縫匠叁工

椗貳門齒全各長壹丈肆尺寛捌寸厚伍寸
櫓貳枝各長叁丈貳尺寛柒寸厚肆寸
槳捌枝各長貳丈
舢板櫓壹枝長貳丈伍尺寛柒寸厚肆寸
大小桅餅柒個
大小無底升肆百個
椗舵上配用竹繩草繩共用
竹篾叁百斤
繩匠拾工捌分

草心肆百拾捌斤
繩匠拾工肆分伍釐
查原送成規内開打造竹繩草繩所用匠工多寡不齊今照棕麻繩索用工之例一律核定
篷上配用大小綠球攝子兎耳共用
櫼篠拾玖斤
篠匠叁工捌分
刻字用
刻字匠叁工

豎立大小桅用
壯夫拾陸名
前船共用大小鐵釘玖千玖百捌拾伍個刷抹釘
頭每百個用桐油陸兩肆錢灰壹斤每油灰拾
斤用艌匠壹工共核用
桐油叁拾玖斤拾伍兩
灰玖拾玖斤拾肆兩
艌匠拾叁工玖分捌釐
舂灰夫叁名伍分

前船共用艌匠壹百捌拾肆工壹分係照杉松木
植核定內有樟楮等硬木用匠伍拾伍工叁釐
每工外加匠貳分計加匠拾壹工壹釐共匠壹
百玖拾伍工壹分壹釐每百工加安裝匠拾工
計安裝匠拾玖工伍分壹釐每艌匠安裝匠壹
百工加隨匠壯夫貳拾名計壯夫肆拾貳名玖
分貳釐

以上拆造前船共用

見方捌寸松木伍丈肆尺陸寸 每丈銀叁錢叁分壹釐

計銀壹兩捌錢柒釐

查原送成規內開松木按依丈尺計算價值參差今照紛船寬壹尺厚捌寸每丈銀肆錢壹分肆釐核算每丈需銀叁錢叁分壹釐之數一律核定

一圓大貳尺伍寸淨長叁丈陸尺中吉木拾叁根壹
丈貳尺 每根銀壹兩伍錢

計銀貳拾兩

查原送成規內開中吉木拾壹根今減丈尺做法核算應增貳根壹丈貳尺

圓大貳尺淨長叁丈貳尺浮溪木拾壹根壹丈柒
尺柒寸 每根銀伍錢

計銀伍兩柒錢柒分柒釐

查原送成規內開浮溪木拾壹根今減丈尺做法核算應增壹丈柒尺柒寸

圓大壹尺陸寸淨長貳丈捌尺高洋木拾壹根 每根銀貳錢

計銀貳兩貳錢

圓大貳尺伍寸木段叁拾玖丈肆寸核長壹丈肆
尺段料貳拾柒根壹丈貳尺肆寸 每根銀叁錢

計銀捌兩叁錢陸分陸釐

查原送成規內開木段貳拾捌根今按丈尺做法核算應減壹尺陸寸

寬壹尺伍寸厚叁寸樟木枋叁拾玖丈壹尺壹寸
肆分核長壹丈柒尺枋料貳拾叁塊壹寸肆分 每塊銀壹兩叁錢

計銀貳拾玖兩玖錢壹分

查原送成規內開樟木枋貳拾[illegible]尺做法核算應減壹丈陸尺[illegible]

寬壹尺厚叁寸長捌尺貳寸樟木板伍塊[illegible] 分捌釐

計銀貳兩玖分

查原送成規內開樟木梁頭長壹丈柒尺寬壹尺伍寸厚叁寸每塊銀壹兩

（板長捌尺寬壹尺厚叁寸每塊銀伍錢價值參差今照梁座之價一律核定）

寬壹尺貳寸厚叁寸松木枋叁拾玖丈伍寸核長叁壹丈柒尺枋料貳拾貳塊壹丈陸尺伍寸（每塊銀叁錢伍分）

計銀捌兩肆分

（查原送成規內開松木枋貳拾肆塊今按丈尺做法核算應減壹塊伍寸）

圍大壹尺樟木極叁拾肆丈叁尺陸寸核長壹丈貳尺樟極貳拾捌塊柒尺陸寸（每塊銀貳錢）

計銀伍兩柒錢貳分柒釐

（查原送成規內開樟極貳拾捌塊今按丈尺做法核算應增柒尺陸寸）

圍大捌寸長壹丈叁尺硬木棍叁拾伍根（每根銀捌分）

計銀貳兩捌錢

寬陸寸厚壹寸杉木板貳拾丈叁尺貳寸（每丈銀肆錢）

計銀捌兩壹錢貳分捌釐

捌寸厚柒寸長壹丈貳尺貳寸樟木壹塊

計銀陸錢肆分貳釐

尺伍寸厚壹尺伍寸長壹丈貳尺貳寸樟木壹塊

計銀貳兩伍錢柒分玖釐

寬壹尺貳寸厚伍寸長捌尺貳寸樟木壹塊

計銀肆錢陸分貳釐

寬壹尺厚陸寸長壹丈壹尺貳寸樟木貳塊（每塊銀陸錢叁分壹釐）

計銀壹兩貳錢陸分貳釐

寬壹尺伍寸厚壹尺伍寸長伍尺柒寸樟木壹塊

計銀壹兩貳錢伍釐

寬貳尺厚陸寸長陸尺貳寸樟木壹塊

計銀陸錢玖分玖釐

寬壹尺伍寸厚柒寸長壹丈叁尺貳寸樟木壹塊

計銀壹兩叁錢貳釐

寬壹尺貳寸厚陸寸長壹丈陸尺貳寸樟木壹塊

計銀壹兩玖分陸釐

寬壹尺貳寸厚柒寸長陸尺貳寸樟木壹塊

計銀肆錢捌分玖釐

寬壹尺貳寸厚壹尺長壹丈貳尺貳寸樟木貳塊（每塊銀壹兩叁錢柒分陸釐）

計銀貳兩柒錢伍分貳釐

寬壹尺貳寸厚肆寸伍分長柒尺貳寸樟木貳塊 每塊銀叁錢陸分伍釐

計銀柒錢叁分

查原送成規內開樟木含價等料拾壹款所開價值逐款核計俱屬參差今照新船分折見方壹尺核銀玖分叁釐玖毫陸絲之數一律核定

寬壹尺貳寸厚捌寸長壹丈伍尺貳寸楮木壹塊

計銀拾貳兩

圍大肆尺叁寸長伍丈伍尺桅木壹根

計銀拾陸兩

圍大貳尺陸寸長叁丈桅木壹根

計銀壹兩

長壹尺釘叁百捌個每貳個重壹斤計重壹百伍拾肆斤長捌寸釘貳百肆拾叁個每伍個重壹斤計重肆拾捌斤玖兩陸錢長陸寸釘陸千壹百捌拾叁個每拾伍個重壹斤計重肆百拾貳斤叁兩貳錢長伍寸釘貳千捌百拾叁個每貳拾個重壹斤計重壹百肆拾斤拾兩肆錢長肆寸釘肆百叁拾捌個每叁拾個重壹斤計重拾肆斤玖兩陸錢以上鐵釘共重柒百柒拾斤捌錢內除選用舊釘貳百叁拾壹斤貳錢外添新伍百叁拾玖斤陸錢 每斤銀貳分貳釐

計銀拾壹兩捌錢伍分玖釐

灰捌百叁拾捌斤陸兩 每百斤銀貳錢

計銀壹兩陸錢柒分柒釐

桐油叁百叁拾捌斤伍兩壹錢 每斤銀叁分

計銀拾兩壹錢伍分

綱紗貳百柒拾陸斤拾伍兩壹錢 每斤銀壹分貳釐

計銀叁兩叁錢貳分叁釐

竹絲貳百柒拾陸斤拾伍兩壹錢 每斤銀陸釐

計銀壹兩陸錢陸分貳釐

生鐵貳百柒拾肆斤 每斤銀壹分

計銀貳兩柒錢肆分

炭捌百貳拾貳斤 每百斤銀壹錢陸分

計銀壹兩叁錢壹分伍釐

烏烟貳斤 每斤銀壹分伍釐

計銀叁分
廣紅叁斤　每斤銀伍分
計銀壹錢伍分
銅碌叁兩貳錢　每斤銀叁錢
計銀陸分
京紅叁兩　每斤銀捌分
計銀壹分伍釐
籐黃貳兩肆錢　每斤銀貳錢
計銀叁分

南粉壹斤捌兩　每斤銀壹分
計銀壹分伍釐
銀硃捌錢　每斤銀陸錢肆分
計銀叁分貳釐
杭粉捌錢　每斤銀壹錢陸分
計銀捌釐
藍粉叁兩　每斤銀捌分
計銀壹分伍釐
墨貳塊　每塊銀[illegible]分

計銀貳分
松香肆兩　每斤銀貳分
計銀伍釐
水膠肆兩　每斤銀肆分
計銀壹分
淡底壹斤
計銀伍分
麻貳百捌拾斤　每斤銀壹分伍釐
計銀肆兩貳錢

棕叁百斤　每斤銀叁分
計銀玖兩
幅寬壹尺色布叁拾丈　每丈銀壹錢
計銀叁兩
苧線肆兩　每斤銀壹錢貳分
計銀叁分
梹貳門齒全各長壹丈肆尺寬捌寸厚伍寸　每門銀壹兩
計銀貳兩

櫓貳枝各長叁丈貳尺寬柒寸厚肆寸 每枝銀柒錢
計銀壹兩肆錢
舢板櫓壹枝長貳丈伍尺寬柒寸厚肆寸
計銀叁錢貳分壹釐
槳捌枝各長貳丈 每枝銀貳錢
計銀壹兩陸錢
查原造成規內聲稱槳惟平底船需用雙篷船不用所買價值爲數無幾無庸議給今照冊開價值核入凡遇雙篷船隻拆造之時仍照舊扣除
大風篷壹扇長肆丈陸尺寬貳丈

計銀貳兩捌錢陸分玖釐
頭風篷壹扇長貳丈壹尺寬壹丈
計銀陸錢伍分伍釐
查原造成規內開各則風篷價值參差今照繒船每折見方壹丈核銀叁錢壹分貳釐捌毫之數一律核定
大小桅餅柒個 每個銀柒分
計銀肆錢玖分
大小無底升肆百個 每百個銀捌分
計銀叁錢貳分

竹篾叁百斤 每百斤銀壹錢陸分
計銀肆錢捌分
草心肆百拾捌斤 每百斤銀柒分
計銀貳錢玖分叁釐
桅籐拾玖斤 每斤銀貳分伍釐
計銀肆錢柒分伍釐
艕匠壹百玖拾伍工壹分壹釐
安裝匠拾玖工伍分壹釐
鋸匠叁拾柒工貳分叁釐

艌匠壹百拾玖工肆分柒釐
鐵匠貳拾柒工肆分
油畫匠捌工
繩匠叁拾壹工叁分叁釐
棕匠拾伍工
裁縫匠叁工
籐匠叁工捌分
刻字匠叁工
雜夫捌拾捌名貳分捌釐

以上匠夫共伍百伍拾壹工壹分叁釐（每工銀伍分）
計銀貳拾柒兩伍錢伍分柒釐
又置備物件開後
木桶貳拾件（每件銀叁分）
計銀陸錢
鐵鍋貳口換新（每口貼工料銀壹錢貳分）
計銀貳錢肆分
鼓壹面修理換皮
計銀肆錢捌分

金壹面重肆斤換新（每斤貼工料銀柒分）
計銀貳錢捌分
以上折造前船成規內開共需工料銀貳百貳拾伍兩玖錢伍分柒釐內部價銀壹百柒兩伍錢玖分玖釐加捌津貼并另加叁分銀壹百捌兩叁錢伍分捌釐今按條查核分别增減更正需用工料銀貳百貳拾陸兩伍錢壹分玖釐內部價銀壹百柒兩捌錢陸分陸釐加捌津貼并另加叁分銀壹百拾捌兩陸錢伍分叁釐計加增工料銀伍錢陸分貳釐行令該撫於前船届應折造之期將加增銀兩在於各則節減銀內支領至大小修理成規內開大修工料銀壹百捌拾柒兩叁錢陸分內部價銀捌拾伍兩壹錢陸分肆釐加玖津貼并另加叁分銀壹百貳兩壹錢玖分陸釐小修工料銀壹百拾柒兩內部價銀伍拾兩捌錢柒分加拾津貼并另加叁分銀陸拾陸兩壹錢叁分其餘拾叁船倣此

福建省外海戰船做法

第柒則雙篷船拾肆隻內閩安協標右營閩字拾貳號船壹隻身長肆丈陸尺頭起航叁尺陸寸尾起航貳尺陸寸船頭長壹丈陸尺伍寸面勻寬捌尺玖寸底勻寬柒尺伍寸船中長壹丈陸尺伍寸面勻寬壹丈叁尺柒寸底勻寬壹丈貳寸船尾長壹丈叁尺面勻寬壹丈貳尺柒寸底勻寬玖尺壹寸兩旁艕板長伍丈貳尺計拾肆艙深肆尺肆寸伍分

今將折造前船需用工料價值細數開後

計開

船底松木龍骨壹道計叁節船頭壹節長壹丈貳尺船中壹節連交接匙頭長叁丈叁尺船尾壹節長壹丈湊長伍丈伍尺見方捌寸做淨每折見方尺貳拾尺用艦匠壹工交接匙頭貳處每處用長壹尺釘捌個又每邊用長捌寸釘拾貳個共核用

見方捌寸松木伍丈伍尺陸寸

長壹尺釘拾陸個

長捌寸釘貳拾肆個

艦匠捌工捌分

船底板連起航長肆丈陸尺內船底勻寬玖尺伍寸陸分兩站各勻高伍尺貳寸叁分抽換用長叁丈陸尺寬陸寸肆分厚貳寸叁分中吉木板貳拾肆塊做淨每折見方尺捌拾尺用艦匠壹工鋸板折寬壹尺長柒丈用鋸匠壹工（以下鋸板用工做此）釘縫湊長捌拾陸丈肆尺每丈用長陸寸釘

叁拾個艌縫湊長壹百柒拾貳丈捌尺每丈用灰壹斤桐油陸兩肆錢網紗竹絲各陸兩每柒丈用艌匠壹工舂製油灰每肆拾斤用舂灰夫壹名（以下艌縫用工用料做此）共核用

圍大貳尺伍寸淨長叁丈陸尺中吉木捌根

長陸寸釘貳千伍百玖拾貳個

灰壹百柒拾貳斤拾叁兩

桐油陸拾玖斤壹兩玖錢

網紗陸拾肆斤拾貳兩捌錢

竹絲陸拾肆斤拾貳兩捌錢

艌匠拾捌工柒分玖釐

鋸匠拾工柒分肆釐

舩匠貳拾肆工陸分玖釐

舂灰夫陸名伍釐

各船抽換樟木梁座拾貳塊內船頭肆塊湊長陸丈船中肆塊船尾肆塊共湊長拾貳丈捌尺船梁拾壹塊內船頭肆塊湊長叁丈肆尺船中陸塊湊長捌丈捌寸船尾壹塊長壹丈叁尺貳寸均寬壹尺伍寸厚叁寸松木梁頭拾陸塊內船頭伍塊湊長肆丈伍尺伍寸船中玖塊湊長拾貳丈壹尺船尾貳塊湊長貳丈伍尺貳寸均寬壹尺貳寸厚叁寸硬木棍穩甲柒根各長壹丈叁尺圍大捌寸梁座梁頭做淨毎折見方尺捌拾尺用艌匠壹工穩甲肆拾尺用艌匠壹工釘縫湊長伍拾玖丈捌尺柒寸毎丈用長陸寸釘叁拾個艌縫湊長壹百拾玖丈柒尺肆寸共核用

寬壹尺伍寸厚叁寸樟木枋叁拾貳丈陸寸寬壹尺貳寸厚叁寸松木枋拾玖丈肆尺玖

小

圍大捌寸長壹丈叁尺硬木棍柒根

長陸寸釘壹千柒百玖拾陸個

灰壹百拾玖斤拾貳兩

桐油肆拾柒斤拾肆兩叁錢

網紗肆拾肆斤拾肆兩肆錢

竹絲肆拾肆斤拾肆兩肆錢

艌匠貳拾叁工貳分叁釐

舩匠拾柒工壹分壹釐

舂灰夫肆名壹分玖釐

各船用樟木極貳拾肆塊內冲天極貳塊鹹魚極貳塊各長柒尺小官廳艙極貳塊各長捌尺伍寸阿班一艙極貳塊各長壹丈阿班貳艙極貳塊各長壹丈伍寸大桅艙極貳塊油婆二艙極貳塊各長壹丈貳尺水櫃艙極貳塊各長壹丈叁尺肆寸官廳艙極貳塊各長壹丈壹尺油婆

一艙極貳塊各長壹丈肆尺叁寸下金極貳塊各長伍尺轉水舭極貳塊各長玖尺均圍大壹尺做淨每折見方尺肆拾尺用艌匠壹工每塊用長陸寸釘貳個艌縫湊長肆拾柒丈捌尺捌寸共核用

圍大壹尺樟木極貳拾肆丈肆尺

長陸寸釘肆拾捌個

灰肆拾柒斤拾肆兩

桐油拾玖斤貳兩肆錢

網紗拾柒斤拾伍兩叁錢

竹絲拾柒斤拾伍兩叁錢

艦匠伍工玖分玖釐

艌匠陸工捌分肆釐

舂灰夫壹名陸分捌釐

船身兩旁走馬貳條水蛇貳條抽換各長肆丈均寬柒寸厚叁寸伍分做淨每折見方尺肆拾尺用艌匠壹工走馬釘縫湊長捌丈每丈用長壹尺釘叁拾個水蛇釘縫湊長捌丈每肆尺用長壹尺釘叁個艌縫湊長叁拾貳丈共核用

圍大叁尺淨長肆丈大吉木貳根

長壹尺釘叁百個

灰叁拾貳斤

桐油拾貳斤拾貳兩捌錢

網紗拾貳斤

竹絲拾貳斤

艦匠捌工肆分

鋸匠貳工肆分

艌匠肆工伍分柒釐

舂灰夫壹名壹分貳釐

船面兩旁鱲板長肆丈陸尺湊寬玖尺抽換用長叁丈陸尺寬陸寸肆分厚貳寸叁分中吉木板玖塊做淨每折見方尺捌拾尺用艦匠壹工釘縫湊長叁拾貳丈肆尺每丈用長陸寸釘叁拾個艌縫湊長陸拾肆丈捌尺共核用

圍大貳尺伍寸淨長叁丈陸尺中吉木叁根

長陸寸釘玖百柒拾貳個

灰陸拾肆斤拾叄兩
桐油貳拾伍斤拾肆兩柒錢
綱紗貳拾肆斤肆兩捌錢
竹絲貳拾肆斤肆兩捌錢
艦匠柒工伍釐
鋸匠肆工叄釐
艌匠玖分貳分陸釐
舂灰夫貳名貳分柒釐
兩旁抽換浮溪木舨板叄塊各長叄丈貳尺寬伍

寸厚貳寸做淨每折見方尺捌拾尺用艦匠壹
工釘縫湊長玖丈陸尺每丈用長伍寸釘叄拾
個艌縫湊長拾玖丈貳尺共核用
圍大貳尺淨長叄丈貳尺浮溪木壹根
長伍寸釘貳百捌拾捌個
灰拾玖斤叄兩
桐油柒斤拾兩玖錢
綱紗柒斤叄兩貳錢
竹絲柒斤叄兩貳錢

艦匠壹工陸分捌釐
鋸匠玖分陸釐
艌匠貳工柒分肆釐
舂灰夫陸分柒釐
兩旁用樟木極舨艕拾貳塊各長肆尺圍大壹尺
樟木舨斗貳個各長叄尺寬壹尺伍寸烏嘴壹
個長貳尺寬肆寸均厚叄寸做淨每折見方尺
肆拾尺用艦匠壹工舨艕每塊用長陸寸釘貳
個舨斗釘縫湊長陸尺每丈用長伍寸釘叄拾

個烏嘴釘縫長貳尺每丈用長肆寸釘叄拾個
艌縫湊長拾壹丈貳尺共核用
圍大壹尺樟木極肆丈玖尺貳寸
寬壹尺伍寸厚叄寸樟木枋陸尺柒寸陸分
長陸寸釘貳拾肆個
長伍寸釘拾捌個
長肆寸釘陸個
灰拾壹斤叄兩
桐油肆斤柒兩柒錢

網紗肆斤叁兩貳錢
竹絲肆斤叁兩貳錢
艌匠壹工捌分壹釐
舵匠壹工陸分
舂灰夫叁分玖釐
兩旁艕面用杉溪木笨抽貳根抽換各長叁丈貳尺寬伍寸厚叁寸中吉木大壓貳塊各長叁丈陸尺水戧肆塊各長壹丈捌尺均寬陸寸陸分厚叁寸做淨每折見方尺肆拾尺用艌匠壹工

釘縫湊長貳拾丈捌尺每丈用長陸寸釘叁拾個艌縫湊長肆拾壹丈陸尺共核用
圍大貳尺伍寸淨長叁丈陸尺中吉木貳根
圍大貳尺淨長叁丈貳尺杉溪木壹根
長陸寸釘陸百貳拾肆個
灰肆拾壹斤拾兩
桐油拾陸斤拾兩貳錢
網紗拾伍斤玖兩陸錢
竹絲拾伍斤玖兩陸錢

艌匠玖工肆分柒釐
鋸匠貳工柒分壹釐
艌匠伍工玖分肆釐
舂灰夫壹名肆分陸釐
官廳上用杉溪木戧櫃板拾貳塊各長玖尺均寬伍寸厚貳寸戧櫃槓叁根各長壹丈叁尺伍寸貼柱貳根各長壹丈叁尺均圍大壹尺柒寸樟木太平牛頭貳塊各長肆尺寬壹尺伍寸厚叁寸戧櫃槓貼柱太平牛頭做淨每折見方尺肆

拾尺用艌匠壹工戧櫃板捌拾尺用艌匠壹工戧櫃板釘縫湊長拾丈捌尺每丈用長伍寸釘叁拾個太平牛頭每塊用長伍寸釘拾貳個戧櫃板槓艌縫湊長貳拾玖丈柒尺共核用
圍大貳尺淨長叁丈貳尺杉溪木叁根陸尺伍寸
寬壹尺伍寸厚叁寸樟木枋捌尺貳寸
長伍寸釘叁百肆拾捌個
灰貳拾玖斤拾壹兩

桐油拾壹斤拾肆兩壹錢
網紗拾壹斤貳兩貳錢
竹絲拾壹斤貳兩貳錢
艦匠伍工肆分肆釐
鋸匠壹工捌釐
艌匠肆工貳分肆釐
舂灰夫壹名肆釐
官廳前通鋪板叁塊各長壹丈叁尺後通鋪板叁
塊各長壹丈貳尺均寬壹尺貳寸厚叁寸做淨

每折見方尺捌拾尺用艦匠壹工釘縫湊長柒
丈伍尺每丈用長陸寸釘叁拾個艌縫湊長拾
伍丈共核用
寬壹尺貳寸厚叁寸松木枋柒丈陸尺貳寸
長陸寸釘貳百貳拾伍個
灰拾伍斤
桐油陸斤
網紗伍斤拾兩
竹絲伍斤拾兩

艦匠貳工捌分壹釐
艌匠貳工壹分肆釐
舂灰夫伍分叁釐
官廳內用浮溪木鋪板拾伍塊各長柒尺寬伍寸
厚貳寸兩旁木段猫裏牆板拾捌塊猫裏堵板
拾捌塊各長肆尺陸寸寬陸寸肆分厚貳寸叁
分做淨每折見方尺捌拾尺用艦匠壹工猫裏
牆板釘縫湊長捌丈貳尺捌寸每丈用長陸寸
釘叁拾個猫裏牆板艌縫湊長拾陸丈伍尺陸

寸共核用
圍大貳尺淨長叁丈貳尺浮溪木壹根叁尺
圍大貳尺伍寸木段伍丈陸尺肆寸
長陸寸釘貳百肆拾捌個
灰拾陸斤玖兩
桐油陸斤拾兩
網紗陸斤叁兩肆錢
竹絲陸斤叁兩肆錢
艦匠伍工肆分肆釐

鋸匠叁工壹分壹釐
艌匠貳工叁分柒釐
舂灰夫伍分捌釐
兩旁[舟敝]面用高洋木戰棚板貳拾肆塊各長壹丈肆尺寬肆寸厚貳寸各艙內堵板壹百陸拾塊各長貳尺捌寸寬肆寸厚壹寸木段各艙蓋板柒拾貳塊各長肆尺陸寸寬陸寸肆分厚貳寸叁分通槽捌個側槽肆個各長肆尺陸寸寬陸寸陸分厚陸寸松木尾裡板貳塊各長柒尺緣

跳貳塊各長捌尺均寬壹尺貳寸厚叁寸通槽等槽做淨每折見方尺叁拾尺用艌匠壹工戰棚各板捌拾尺用艌匠壹工艙蓋板尾裡板釘縫湊長叁拾肆丈伍尺貳寸每丈用長伍寸釘叁拾個艌蓋板尾裡板艌縫湊長陸拾玖丈肆寸共核用
圍大壹尺陸寸淨長貳丈捌尺高洋木拾根
圍大貳尺伍寸木段拾陸丈玖尺貳寸
寬壹尺貳寸厚叁寸松木枋叁丈捌寸

長伍寸釘壹千叁拾陸個
灰陸拾玖斤壹兩
桐油貳拾柒斤玖兩玖錢
網紗貳拾伍斤拾肆兩貳錢
竹絲貳拾伍斤拾肆兩貳錢
艌匠貳拾叁工陸分壹釐
鋸匠拾壹工壹分玖釐
艌匠玖工捌分陸釐
舂灰夫貳名肆分貳釐

兩旁[舟敝]上[舟敝]牛伍塊內叁塊各長柒尺貳塊各長捌尺前中艙扛豆肆塊各長壹丈陸尺後艙扛豆貳塊各長捌尺均寬壹尺貳寸厚叁寸做淨每折見方尺肆拾尺用艌匠壹工[舟敝]牛每塊用長陸寸釘肆個扛豆釘縫湊長捌丈每丈用長陸寸釘叁拾個艌縫湊長貳拾叁丈肆尺共核用
寬壹尺貳寸厚叁寸松木枋拾壹丈玖尺貳寸

長陸寸釘貳百陸拾個
灰貳拾叁斤陸兩
桐油玖斤伍兩捌錢
網紗捌斤拾貳兩肆錢
竹絲捌斤拾貳兩肆錢
艌匠捌工柒分捌釐
艌匠叁工叁分肆釐
舂灰夫捌分貳釐
兩旁艎上用高洋木牛欄貳根尾挑貳根各長壹

丈肆尺圍大壹尺叁寸做淨每折見方尺肆拾
圍大壹尺陸寸淨長貳丈捌尺高洋木貳根
尺用艌匠壹工共核用
艌匠壹工捌分貳釐
船頭斗蓋壹塊用樟木長壹丈貳尺寬捌寸厚柒
寸蝦䉶梁壹塊長捌尺伍寸寬捌寸斗蓋下兜
耳壹塊長捌尺寬壹尺伍寸均厚叁寸托浪板
伍塊各長捌尺寬壹尺厚叁寸斗蓋蝦䉶梁兜
耳做淨每折見方尺肆拾尺用艌匠壹工托浪

板捌拾尺用艌匠壹工斗蓋用長捌寸釘拾貳
個兜耳蝦䉶梁釘縫湊長壹丈陸尺伍寸每丈
用長伍寸釘叁拾個托浪板釘縫湊長肆丈每
丈用長陸寸釘叁拾個兜耳蝦䉶梁托浪板艌
縫湊長拾壹丈叁尺共核用
寬捌寸厚柒寸長壹丈貳尺貳寸樟木壹塊
寬壹尺伍寸厚叁寸樟木枋壹丈貳尺捌寸
肆分
寬壹尺厚叁寸長捌尺貳寸樟木板伍塊

長捌寸釘拾貳個
長陸寸釘壹百貳拾個
長伍寸釘肆拾玖個
灰拾壹斤伍兩
桐油肆斤捌兩叁錢
網紗肆斤叁兩捌錢
竹絲肆斤叁兩捌錢
艌匠叁工叁分玖釐
艌匠壹工陸分壹釐

春灰夫肆分

中舍樘壹塊長壹丈貳尺寬壹尺伍寸厚壹尺伍寸頭舍檀壹塊長捌尺寬壹尺貳寸厚伍寸舍樘梁壹塊長壹丈叁尺伍寸舍樘闊壹塊長壹丈肆寸寬壹尺伍寸厚叁寸做淨每折見方尺叁拾尺用艌匠壹工舍檀梁釘縫長壹丈柒尺伍寸每丈用長陸寸釘叁拾個舍檀舍檀梁艌縫湊長陸丈柒尺共核用

寬壹尺伍寸厚壹尺伍寸長壹丈貳尺貳寸

樟木壹塊

寬壹尺貳寸厚伍寸長捌尺貳寸樟木壹塊

寬壹尺伍寸厚叁寸樟木杉貳丈叁尺玖寸

長陸寸釘肆拾個

灰陸斤拾壹兩

桐油貳斤拾兩玖錢

網紗貳斤捌兩貳錢

竹絲貳斤捌兩貳錢

艌匠陸工壹分叁釐

艌匠玖分陸釐

春灰夫貳分叁釐

轉水貳塊各長壹丈壹尺寬壹尺厚陸寸做淨每折見方尺肆拾尺用艌匠壹工每塊用長壹尺貳個艌縫湊長肆丈肆尺共核用

寬壹尺厚陸寸長壹丈壹尺貳寸樟木貳塊

長壹尺釘肆個

灰肆斤陸兩

桐油壹斤拾貳兩貳錢

網紗壹斤拾兩肆錢

竹絲壹斤拾兩肆錢

艌匠壹工柒分陸釐

艌匠陸分叁釐

春灰夫壹分伍釐

船尾用樟木下金壹塊長伍尺伍寸寬壹尺伍寸厚壹尺伍寸續牛壹副長陸尺寬貳尺厚陸寸尾樓上金壹塊長壹丈叁尺寬壹尺伍寸厚柒寸七星冠壹塊長壹丈陸尺寬壹尺貳寸厚陸

寸硬木棍下金拴貳根繚牛繖肆根各長陸尺
伍寸圍大捌寸下金繚牛上金七星冠做淨每
折見方尺叁拾尺用艌匠壹工下金拴繚牛繖
肆拾尺用艌匠壹工下金用長捌寸釘拾捌個
繚牛用長捌寸釘拾捌個上金用長壹尺釘拾
捌個繚牛繖釘縫湊長貳丈陸尺每丈用長伍
寸釘叁拾個下金艌縫長伍尺伍寸共核用
寬壹尺伍寸厚壹尺伍寸長伍尺柒寸樟木
壹塊

寬貳尺厚陸寸長陸尺貳寸樟木壹塊
寬壹尺伍寸厚柒寸長壹丈叁尺貳寸樟木
壹塊
寬壹尺貳寸厚陸寸長壹丈陸尺貳寸樟木
壹塊
圍大捌寸長壹丈叁尺硬木棍叁根
長壹尺釘拾捌個
長捌寸釘叁拾陸個
長伍寸釘柒拾捌個

灰玖兩
桐油叁兩伍錢
網紗叁兩叁錢
竹絲叁兩叁錢
艌匠陸工玖分玖釐
艌匠捌釐
舂灰夫貳釐
船尾用木段硬筋貳根各長壹丈肆尺圍大貳尺
貳寸樟木極百子鮑陸塊各長肆尺圍大壹尺

做淨每折見方尺肆拾尺用艌匠壹工硬筋頭
尾用長陸寸釘拾貳個百子鮑釘縫湊長貳丈
肆尺每丈用長陸寸釘叁拾個百子鮑艌縫湊
長肆丈捌尺共核用
圍大貳尺伍寸木段貳丈捌尺肆寸
圍大壹尺樟木極貳丈肆尺陸寸
長陸寸釘捌拾肆個
灰肆斤拾叁兩
桐油壹斤拾肆兩柒錢

綑紗壹斤拾貳兩捌錢
竹絲壹斤拾貳兩捌錢
艌匠貳工壹分肆釐
艌匠陸分玖釐
舂灰夫壹分柒釐
船尾用樟木櫓通板壹塊長壹丈櫓床貳塊各長
肆尺均寬壹尺伍寸厚叁寸櫓通板做淨每折
見方尺捌拾尺用艌匠壹工櫓床肆拾尺用艌
匠壹工櫓床每塊用長捌寸釘拾貳個櫓通板
釘縫長壹丈每丈用長伍寸釘叁拾個艌縫湊

長叁丈陸尺共核用
寬壹尺伍寸厚叁寸樟木枋壹丈捌尺肆寸
長捌寸釘貳拾肆個
長伍寸釘叁拾個
灰叁斤拾兩
桐油壹斤柒兩
綑紗壹斤伍兩陸錢
竹絲壹斤伍兩陸錢

艌匠壹工壹分柒釐
艌匠伍分壹釐
舂灰夫壹分叁釐
大桅座壹塊用樟木長陸尺伍寸寬壹尺貳寸厚
柒寸中吉木大桅菂壹個長捌尺圍大貳尺貳
寸木段大小桅尖貳個各長肆尺圍大貳尺貳
寸桅座做淨每折見方尺叁拾尺用艌匠壹工
桅尖桅菂肆拾尺用艌匠壹工共核用
寬壹尺貳寸厚柒寸長陸尺柒寸樟木壹塊
圍大貳尺伍寸淨長叁丈陸尺中吉木捌尺

圍大貳尺伍寸木段捌尺貳寸
艌匠壹工柒分
大鹿耳貳塊各長壹丈貳尺寬壹尺貳寸厚壹尺
頭鹿耳貳塊各長柒尺寬壹尺貳寸厚肆寸伍
分硬木棍鹿耳夾貳根各長壹丈叁尺圍大捌
寸做淨每折見方尺肆拾尺用艌匠壹工共核
用
寬壹尺貳寸厚壹尺長壹丈貳尺貳寸樟木

貳塊

寬壹尺貳寸厚肆寸伍分長柒尺貳寸樟木

貳塊

圍大捌寸長壹丈叁尺硬木棍貳根

艌匠肆工叁分貳釐

大桅壹根長陸丈圍大肆尺伍寸頭桅壹根長叁丈圍大貳尺陸寸做淨每折見方尺肆拾尺用艌匠壹工共核用

圍大肆尺伍寸長陸丈桅木壹根

圍大貳尺陸寸長叁丈桅木壹根

艌匠捌工柒分

大風篷壹扇長肆丈捌尺寬貳丈貳尺頭風篷壹扇長貳丈肆尺寬壹丈壹尺大篷擔貳根各長貳丈貳尺頭篷擔壹根長壹丈壹尺均圍大壹尺柒寸做淨每折見方尺肆拾尺用艌匠壹工共核用

寬貳丈貳尺長肆丈捌尺風篷壹扇

寬壹丈壹尺長貳丈肆尺風篷壹扇

圍大貳尺淨長叁丈貳尺浮溪木壹根貳丈叁尺

艌匠貳工叁分肆釐

大篷架橫梁壹根用木段長壹丈叁尺頭篷架橫梁壹根長壹丈均圍大貳尺貳寸樟木大篷架壹塊長陸尺寬壹尺伍寸厚叁寸做淨每折見方尺叁拾貳尺用艌匠壹工共核用

寬壹尺伍寸厚叁寸樟木枋陸尺貳寸

圍大貳尺伍寸木段貳丈叁尺肆寸

艌匠貳工貳分陸釐

大篷車員壹根椗車員壹根用浮溪木各長壹丈肆尺圍大壹尺柒寸樟木斗頭車耳壹個長貳尺伍寸寬壹尺伍寸椗車耳貳個各長肆尺寬壹尺均厚叁寸硬木棍車子貳拾壹根各長壹丈叁尺圍大捌寸車員車耳做淨每折見方尺叁拾貳尺用艌匠壹工共核用

圍大貳尺淨長叁丈貳尺浮溪木貳丈捌尺

寬壹尺伍寸厚叁寸樟木枋捌尺柒分

圍大捌寸□壹□叁尺□
艌匠貳工肆分貳釐
水櫃用樟木牛頭貳塊各長伍尺寬壹□
叁寸木段水櫃柱肆根各長柒尺圍大貳尺
寸水櫃闌肆塊各長柒尺寬陸寸厚陸分厚□
水櫃板貳拾肆塊各長肆尺陸寸寬陸寸□□
厚貳寸叁分牛頭水櫃柱闌做淨每折見方
肆拾尺用艌匠壹工水櫃板捌拾尺用艌匠壹
工水櫃柱每根用長陸寸釘貳拾個牛頭水

板釘縫湊長拾貳丈肆寸每丈用長伍寸釘叁
拾個艌縫湊長叁拾伍丈貳尺捌寸共核用
圍大貳尺伍寸木段玖丈伍尺貳寸
寬壹尺伍寸厚叁寸樟木枋壹丈貳寸
長陸寸釘捌拾個
長伍寸釘叁百陸拾壹個
灰叁拾伍斤肆兩
桐油拾肆斤壹兩捌錢
絅紗拾叁斤叁兩柒錢

拾□斤叁□
□工陸分
□匠壹工捌分捌釐
艌匠伍分肆釐
舂灰夫壹名貳分玖釐
□□龕用杉木板捌塊各長壹丈捌尺伍寸虎頭
艙門板拾塊各長叁尺鋪□拾塊各長肆尺均
寬陸寸厚壹寸做淨每折見方尺捌拾尺用艌
匠壹工媽祖龕板釘縫湊長拾肆丈捌尺每丈

用長肆寸釘叁拾個虎頭艙門板釘縫長叁丈
每丈用長伍寸釘叁拾個媽祖龕板艌縫湊長
貳拾玖丈陸尺共核用
寬陸寸厚壹寸杉木板貳拾貳丈壹尺陸寸
長伍寸釘玖拾個
長肆寸釘肆百肆拾個
灰貳拾玖斤拾兩
桐油拾壹斤拾叁兩肆錢
絅紗拾壹斤壹兩陸錢

竹絲拾壹斤壹兩陸錢
艌匠叁工捌分貳釐
艌匠肆工貳分叁釐
舂灰夫壹名肆釐
船頭用中吉木樾壹根長貳丈捌尺圍大貳尺貳寸樟木樾牙壹塊長肆尺寬伍寸厚叁寸做淨每折見方尺肆拾尺用艌匠壹工樾牙用長捌寸釘陸個共核用
圍大貳尺伍寸淨長叁丈陸尺中吉木貳丈

捌尺
寬壹尺伍寸厚叁寸樟木枋壹尺叁寸柒分
長捌寸釘陸個
艌匠壹工柒分
船尾舵壹門用楮木舵杆壹根長壹丈伍尺寬壹尺貳寸厚捌寸浮溪木舵門板陸塊各長玖尺伍寸寬伍寸叁分厚貳寸伍分樟木極舵夾陸塊各長肆尺圍大壹尺硬木棍舵牙栓貳根各長壹丈叁尺圍大捌寸舵杆做淨每折見方尺叁拾尺用艌匠壹工舵夾舵牙肆拾尺用艌匠壹工舵門板捌拾尺用艌匠壹工舵夾釘縫湊長貳丈肆尺每丈用長捌寸釘伍拾個舵門板舵夾艙縫湊長拾陸丈貳尺共核用
寬壹尺貳寸厚捌寸長壹丈伍尺貳寸楮木壹塊
圍大貳尺淨長叁丈貳尺浮溪木貳丈捌尺伍寸
圍大壹尺樟木極貳丈肆尺陸寸

圍大捌寸長壹丈叁尺硬木棍貳根
長捌寸釘壹百貳拾個
灰拾陸斤叁兩
桐油陸斤柒兩柒錢
網紗陸斤壹兩貳錢
竹絲陸斤壹兩貳錢
艌匠肆工貳分叁釐
鋸匠陸分肆釐
艌匠貳工叁分壹釐

舂灰夫伍分柒釐

跟隨戰船舢板船用浮溪木水底板捌塊各長壹丈貳尺捌寸艕板陸塊各長壹丈肆尺艙堵板拾陸塊各長肆尺均寬伍寸厚貳寸做淨每折見方尺捌拾尺用艋匠壹工水底板艕板釘縫湊長拾捌丈陸尺肆寸每丈用長伍寸釘叁拾個水底板艕板艌縫湊長叁拾柒丈貳尺捌寸共核用

圍大貳尺淨長叁丈貳尺浮溪木貳根壹丈

玖尺伍寸

長伍寸釘伍百伍拾玖個

灰叁拾柒斤肆兩

桐油拾肆斤拾肆兩陸錢

網紗拾叁斤拾伍兩柒錢

竹絲拾叁斤拾伍兩柒錢

艋匠肆工叁分捌釐

鋸匠貳工伍分

艌匠伍工叁分叁釐

舂灰夫壹名叁分

舢板船兩旁水蛇貳塊各長壹丈肆尺寬伍寸厚貳寸做淨每折見方尺捌拾尺用艋匠壹工水蛇釘縫湊長貳丈捌尺每肆尺用長捌寸釘叁個艌縫湊長伍丈陸尺共核用

圍大貳尺淨長叁丈貳尺浮溪木玖尺叁寸

長捌寸釘貳拾壹個

灰伍斤拾兩

桐油貳斤叁兩捌錢

網紗貳斤壹兩陸錢

竹絲貳斤壹兩陸錢

艋匠肆分玖釐

鋸匠貳分捌釐

艌匠捌分

舂灰夫貳分

舢板船用樟木極舢板梁肆塊各長叁尺艕極陸塊冲天極貳塊牛頭極陸塊各長貳尺均圍大壹尺做淨每折見方尺肆拾尺用艋匠壹工舢

板梁釘縫湊長壹丈貳尺每丈用長陸寸釘叁
拾個艙板每塊用長伍寸釘貳個艙縫湊長捌
丈共核用
圍大壹尺樟木桅肆丈壹尺捌寸
長陸寸釘叁拾陸個
長伍寸釘貳拾捌個
灰捌斤
桐油叁斤叁兩貳錢
網紗叁斤

竹絲叁斤
艋匠壹工
艌匠壹工壹分肆釐
舂灰大貳分捌釐
大桅鉄箍柒個各長肆尺陸寸頭桅箍叁個各長
貳尺柒寸舵頭箍貳個各長肆尺壹寸桅箍貳
個各長叁尺叁寸俱寬貳寸厚伍分椗齒貳個
各長壹尺寬柒寸厚伍分桅箍叁個各長貳尺
寸厚叁分鉄鋲肆個各圍大伍寸以

上鉄料共淨重壹百肆拾肆斤每正鐵壹斤加
耗鉄壹斤每正鉄伍斤用鐵匠壹工每正耗鉄
壹斤用炭叁斤共核用
生鉄貳百捌拾捌斤
炭捌百陸拾肆斤
鉄匠貳拾捌工捌分
油畫通船共用
烏烟貳斤
廣紅叁斤

銅碌叁兩貳錢
京紅叁兩
籐黃貳兩肆錢
南粉壹斤捌兩
銀硃捌錢
杭粉捌錢
靛粉叁兩
墨貳塊
松香肆兩

水膠肆兩
淡底壹斤
桐油叁斤
油艌匠捌工
蔴大桅肆索貳條各長柒丈貳尺大陸寸頭桅肆
索貳條各長陸丈大肆寸大踏索貳條各長陸
丈大肆寸伍分小踏索貳條各長叁丈大叁寸
大繚母壹條長肆丈貳尺大陸寸小繚母壹條
長貳丈肆尺大叁寸貳分大帮襯陸條各長壹
丈伍尺大貳寸小帮襯玖條各長伍尺大壹寸
貳分以上麻索共重叁百貳拾斤每百斤用繩
匠叁工陸分共核用
麻叁百貳拾斤
繩匠拾壹工伍分貳釐
棕正椗索壹條長肆拾貳丈大陸寸伍分副椗索
壹條長肆拾丈大陸寸大篷筋壹條長陸丈大
壹寸捌分小篷筋壹條長叁丈大壹寸繚仔繚
耳共拾伍條各長壹丈捌尺大壹寸捌分椗奴

貳條各長壹丈伍尺大陸寸貳分大小捎尾貳
條共長拾貳丈大伍寸舵弔壹條長叁丈大伍
寸以上棕繩共重叁百肆拾斤每撕棕肆拾斤
用匠壹工成繩肆拾斤用匠壹工共核用
棕叁百肆拾斤
撕棕匠捌工伍分
成繩匠捌工伍分
冲風旗壹面長寬各壹丈貳尺一條龍旗壹面長
陸丈寬貳尺媽祖旗壹面長寬各肆尺伍寸大
小定風旗叁面內壹面長肆尺貳面各長叁尺
均寬壹尺共核用
幅寬壹尺色布叁拾丈
苧線肆兩
裁縫匠叁工
椗貳門鹵全各長壹丈肆尺寬捌寸厚伍寸
櫓貳枝各長叁丈貳尺寬柒寸厚肆寸
舢板櫓壹枝長貳丈伍尺寬柒寸厚肆寸
大小桅餅柒個

大小無底升肆百個

椗舵上配用竹繩草繩共用

竹篾叁百肆拾斤

繩匠拾貳工貳分肆釐

草心肆百伍拾陸斤

繩匠拾壹工肆分

查原送成規內開竹篾草心所用匠工多寡不齊今照棕麻繩索用工之例一律核定

篷上配用大小繚綵攝子兎耳共用

櫓藤拾捌斤

藤匠叁工陸分

刻字用

刻字匠叁工

竪立大小桅用

壯夫貳拾陸名

前船共用大小鉄釘壹萬壹千陸拾伍個刷抹釘頭每百個用桐油陸兩肆錢灰壹斤每油灰拾斤用艌匠壹工共核用

桐油肆拾肆斤肆兩貳錢

灰壹百拾斤拾兩

艌匠拾伍工肆分玖釐

舂灰夫叁名捌分柒釐

前船共用艦匠壹百玖拾捌工陸分陸釐係照杉松木植核定內有樟楮等硬木用匠伍拾陸工伍分叁釐每工外加匠貳分計加匠拾壹工叁分壹釐共匠貳百玖工玖分柒釐每百工加安裝匠拾工計安裝匠貳拾壹工每艦匠安裝匠

壹百工加隨匠壯夫貳拾名計壯夫肆拾陸名壹分玖釐

以上拆造前船共用

寬捌寸厚捌寸松木伍丈伍尺陸寸（每丈銀叁錢叁分壹釐）

計銀壹兩捌錢肆分

查原送成規內開松木按依丈尺計算價值參差今照繒舡寬壹尺厚捌寸每丈銀肆錢壹分肆釐核算每丈需銀叁錢叁分壹釐之數一律核定

圍大叁尺淨長肆丈大吉木貳根（每根銀貳兩伍錢）

計銀伍兩

圍大貳尺伍寸淨長叁丈陸尺中吉木拾肆根 每根銀壹兩伍錢

計銀貳拾壹兩

查原送成規內開中吉木拾根今按丈尺做法核算應增肆根

圍大貳尺淨長叁丈貳尺浮溪木拾貳根貳丈壹尺捌寸 每根銀伍錢

計銀陸兩叁錢肆分壹釐

查原送成規內開浮溪木拾貳根今按丈尺做法核算應增貳丈壹尺捌寸

圍大壹尺陸寸淨長貳丈捌尺高洋木拾貳根 每根銀貳錢

計銀貳兩肆錢

圍大貳尺伍寸木段叁拾捌丈捌寸核長壹丈肆尺段料貳拾柒根貳尺捌寸 每根銀叁錢

計銀捌兩壹錢陸分

查原送成規內開木段貳拾陸根今按丈尺做法核算應增壹根貳尺捌寸

寬壹尺伍寸厚叁寸樟木枋肆拾壹丈陸尺伍寸肆分核長壹丈柒尺枋料貳拾肆塊捌尺伍寸肆分 每塊銀壹兩叁錢

計銀叁拾壹兩捌錢伍分叁釐

查原送成規內開樟木枋貳拾陸塊今按丈尺做法核算應減壹塊捌尺肆寸陸分

寬壹尺厚叁寸長捌尺貳寸樟木板伍塊 每塊銀肆錢[illegible]分捌釐

計銀貳兩玖分

查原送成規內開樟木梁座長壹丈柒尺寬壹尺伍寸厚叁寸每塊銀壹兩叁錢托根板長捌尺寬壹尺厚叁寸每塊銀伍錢價值參差今照梁座之價一律核定

寬壹尺貳寸厚叁寸松木枋肆拾貳丈壹尺壹寸核長壹丈柒尺枋料貳拾肆塊壹丈叁尺壹寸

每塊銀叁錢伍分

計銀捌兩陸錢柒分

查原送成規內開松木枋貳拾陸塊今按丈尺做法核算應減壹塊叁尺玖寸

圍大壹尺樟木極叁拾捌丈肆尺貳寸核長壹丈貳尺樟極叁拾貳塊貳寸 每塊銀貳錢

計銀陸兩肆錢叁釐

查原送成規內開樟木極叁拾塊今按丈尺做法核算應增貳塊貳寸

匝大捌寸長壹丈叁尺硬木棍叁拾伍根 每根銀捌分

計銀貳兩捌錢

寛陸寸厚壹寸杉木板貳拾貳丈壹尺陸寸每丈銀肆
錢
計銀捌兩捌錢陸分肆釐
寛捌寸厚柒寸長壹丈貳尺貳寸樟木壹塊
計銀陸錢肆分貳釐
寛壹尺伍寸厚壹尺伍寸長壹丈貳尺貳寸樟木
壹塊
計銀貳兩伍錢柒分玖釐
寛壹尺貳寸厚伍寸長捌尺貳寸樟木壹塊

計銀肆錢陸分貳釐
寛壹尺厚陸寸長壹丈壹尺貳寸樟木貳塊每塊銀陸
錢叁分
壹釐
計銀壹兩貳錢陸分貳釐
寛壹尺伍寸厚壹尺伍寸長伍尺柒寸樟木壹塊
計銀壹兩貳錢伍釐
寛貳尺厚陸寸長陸尺貳寸樟木壹塊
計銀陸錢玖分玖釐
寛壹尺伍寸厚柒寸長壹丈叁尺貳寸樟木壹塊

計銀壹兩叁錢貳釐
寛壹尺貳寸厚陸寸長壹丈陸尺貳寸樟木壹塊
計銀壹兩玖分陸釐
寛壹尺貳寸厚柒寸長陸尺柒寸樟木壹塊
計銀伍錢貳分玖釐
寛壹尺貳寸厚壹尺長壹丈貳尺貳寸樟木貳塊每塊銀壹兩叁
錢柒分陸釐
計銀貳兩柒錢伍分貳釐
寛壹尺貳寸厚肆寸伍分長柒尺貳寸樟木貳塊

每塊銀叁錢
陸分伍釐
計銀柒錢叁分
查原造成規內開樟木合檣等料拾查欽所開價值逐款核計俱屬參差今照舊䑸每折見方壹尺核銀玖分叁釐玖毫陞絲之數一律核定
寛壹尺貳寸厚捌寸長壹丈伍尺貳寸楮木壹塊
計銀拾貳兩
圍大肆尺伍寸長陸丈桅木壹根
計銀貳拾兩
圍大貳尺陸寸長叁丈桅木壹根

計銀壹兩

長壹尺釘叁百叁拾捌個每貳個重壹斤計重壹百陸拾玖斤長捌寸釘貳百肆拾叁個每伍個重壹斤計重肆拾捌斤玖兩陸錢長陸寸釘柒千壹百肆拾玖個每拾伍個重壹斤計重肆百柒拾陸斤玖兩陸錢長伍寸釘貳千捌百捌拾伍個每貳拾個重壹斤計重壹百肆拾肆斤肆兩長肆寸釘肆百伍拾個每叁拾個重壹斤計重拾伍斤以上鐵釘共重捌百伍拾叁斤柒兩

貳錢內除選用舊釘貳百伍拾陸斤陸錢添新伍百玖拾柒斤陸兩陸錢 每斤銀貳分貳釐

計銀拾叁兩壹錢肆分叁釐

灰玖百叁拾陸斤拾肆兩 每百斤銀貳錢

計銀壹兩捌錢柒分肆釐

桐油叁百柒拾柒斤拾貳兩 每斤銀叁分

計銀拾壹兩叁錢叁分叁釐

網紗叁百玖斤拾叁兩肆錢 每斤銀壹分貳釐

計銀叁兩柒錢壹分捌釐

竹絲叁百玖斤拾叁兩肆錢 每斤銀陸釐

計銀壹兩捌錢伍分玖釐

生鐵貳百捌拾捌斤 每斤銀壹分

計銀貳兩捌錢捌分

炭捌百陸拾肆斤 每百斤銀壹錢陸分

計銀壹兩叁錢捌分貳釐

烏烟貳斤 每斤銀壹分伍釐

計銀叁分

廣紅叁斤 每斤銀伍分

計銀壹錢伍分

銀碌叁兩貳錢 每斤銀叁錢

計銀陸分

京紅叁兩 每斤銀捌分

計銀壹分伍釐

藤黃貳兩肆錢 每斤銀貳錢

計銀叁分

南粉壹斤捌兩 每斤銀壹分

計銀壹分伍釐

鈒硃捌錢每斤銀陸錢肆分

計銀叁分貳釐

杭粉捌錢每斤銀壹錢陸分

計銀捌釐

藍粉叁兩每斤銀捌分

計銀壹分伍釐

墨貳塊每塊銀壹分

計銀貳分

松香肆兩每斤銀貳分

計銀伍釐

水膠肆兩每斤銀肆分

計銀壹分

淡底壹斤

計銀伍分

麻叁百貳拾斤每斤銀壹分伍釐

計銀肆兩捌錢

棕叁百肆拾斤每斤銀叁分

計銀拾兩貳錢

幅寬壹尺色布叁拾丈每丈銀壹錢

計銀叁兩

苧線肆兩每斤銀壹錢貳分

計銀叁分

椗貳門齒全各長壹丈肆尺寬捌寸厚伍寸每門銀壹兩

計銀貳兩

櫓貳枝各長叁丈貳尺寬柒寸厚肆寸每枝銀柒錢

計銀壹兩肆錢

舢板櫓壹枝長貳丈伍尺寬柒寸厚肆寸

計銀叁錢貳分壹釐

大風篷壹扇長肆丈捌尺寬貳丈貳尺

計銀叁兩貳錢玖分叁釐

頭風篷壹扇長貳丈肆尺寬壹丈壹尺

計銀捌錢貳分叁釐

查原送成規內開各則風篷價值參差今照櫓舡每折見方壹丈核銀柒錢壹分壹釐捌毫之數一律核定

大小桅餅柒個每個銀柒分

計銀肆錢玖分
大小無底升肆百個每百個銀捌分
計銀叁錢貳分
竹篾叁百肆拾斤每百斤銀壹錢陸分
計銀伍錢肆分肆釐
草心肆百伍拾陸斤每百斤銀柒分
計銀叁錢壹分玖釐
槐篠拾捌斤每斤銀貳分伍釐
計銀肆錢伍分

艌匠貳百玖工玖分柒釐
安裝匠貳拾壹工
鋸匠肆拾壹工伍分貳釐
艌匠壹百叁拾叁工伍分貳釐
鐵匠貳拾捌工捌分
油畫匠捌工
細匠叁拾伍工壹分陸釐
棕匠拾柒工
裁縫匠叁工
漆匠叁工陸分
刻字匠叁工
壯夫壹百伍名
以上匠夫共陸百玖工伍分柒釐每工銀伍分
計銀叁拾兩肆錢柒分玖釐
又置備物件開後
木桶貳拾件每件銀叁分
計銀陸錢
鐵鍋貳口換新每口貼工料銀壹錢貳分

計銀貳錢肆分
鼓壹面修理換皮
計銀肆錢捌分
金壹面重肆斤換新每斤貼工料銀柒分
計銀貳錢捌分
以上折造前船成規內開共需工料銀貳百肆拾柒兩捌錢玖分叁釐內部價銀壹百拾捌兩肆分肆釐加捌津貼并另加叁分銀壹百貳拾玖兩捌錢肆分玖釐臺廠運費銀貳拾叁兩陸錢玖[illegible]分按

除查核分別增減更正需用工料銀貳百肆拾捌兩叁錢柒分柒釐內部價銀壹百拾捌兩貳錢柒分伍釐加捌津貼并另加叁分銀壹百叁拾兩壹錢貳毫臺廠運費銀貳拾叁兩陸錢伍分伍釐計加增工料銀肆錢捌分肆釐運費銀肆分陸釐行令該撫于前船屆應拆造之期將加增銀兩在于各則節減銀內支領至大小修理底規內開大修工料銀貳百伍兩捌錢陸分捌釐內部價銀玖拾叁兩伍錢柒分陸釐加玖津貼并另加叁分銀壹

百拾貳兩貳錢玖分貳釐臺廠運費銀拾捌兩柒錢壹分伍釐小修工料銀壹百貳拾捌兩壹錢肆釐內部價銀伍拾伍兩陸錢玖分柒釐加拾津貼并另加叁分銀柒拾貳兩肆錢柒釐臺廠運費銀拾壹兩壹錢叁分玖釐其餘拾叁船倣此

福建省外海戰船做法

第捌則雙篷船貳拾陸隻內水師提標中營海字玖號船壹隻身長肆丈玖尺頭起翹肆尺尾起翹叁尺船頭長貳丈面匀寬玖尺底匀寬柒尺船中長壹丈陸尺面匀寬壹丈叁尺伍寸底匀寬壹丈船尾長壹丈叁尺面匀寬壹丈貳尺捌寸底匀寬捌尺捌寸兩旁舨板長伍丈肆尺捌寸計拾伍艙深肆尺陸寸貳分

今將拆造前船需用工料價值細數開後

計開

船底松木龍骨壹道計叁節船頭壹節長壹丈肆尺船中壹節連交接匙頭長叁丈肆尺船尾壹節長壹丈湊長伍丈捌尺見方捌寸做淨每拆見方尺貳拾尺用艌匠壹工交接匙頭貳處每處用長壹尺釘捌個又每邊用長捌寸釘拾貳個共核用

見方捌寸松木伍丈捌尺陸寸

長壹尺釘拾陸個

長捌寸釘貳拾肆個
艌匠玖工貳分捌釐
船底板連起翹長肆丈玖尺內船底勻寬玖尺貳寸叁分兩站各勻高伍尺肆寸叁分抽換用長叁丈陸尺寬陸寸肆分厚貳寸叁分中吉木板貳拾肆塊做淨每折見方尺捌拾尺用艦匠壹工鋸板折寬壹尺長柒丈用鋸匠壹工以下鋸板用工倣此釘縫湊長捌拾陸丈肆尺每丈用長陸寸釘叁拾個艌縫湊長壹百柒拾貳丈捌尺每丈用

灰壹斤桐油陸兩肆錢網紗竹絲各陸兩每柒丈用艌匠壹工舂製油灰每肆拾斤用舂灰夫壹名以下艌縫用工用料倣此共核用
圍大貳尺伍寸淨長叁丈陸尺中吉木捌根
長陸寸釘貳千伍百玖拾貳個
灰壹百柒拾貳斤拾叁兩
桐油陸拾玖斤壹兩玖錢
網紗陸拾肆斤拾貳兩捌錢
竹絲陸拾肆斤拾貳兩捌錢

艦匠拾捌工柒分玖釐
鋸匠拾工柒分肆釐
艌匠貳拾肆工陸分玖釐
舂灰夫陸名伍釐
各艙抽換樟木梁座拾叁塊內船頭伍塊船中伍塊船尾叁塊共湊長貳拾貳丈柒尺艙梁拾壹塊內船頭肆塊湊長叁丈肆尺船中陸塊湊長捌丈捌寸船尾壹塊長壹丈叁尺貳寸均寬壹尺伍寸厚叁寸松木梁頭拾肆塊內船頭陸塊

船中伍塊船尾叁塊共湊長貳拾壹丈貳尺均寬壹尺貳寸厚叁寸硬木榥穩弔拾根各長壹丈叁尺圍大捌寸梁座梁頭做淨每折見方尺捌拾尺用艦匠壹工穩弔肆拾尺用艦匠壹工釘縫湊長陸拾玖丈柒尺每丈用長陸寸釘叁拾個艌縫湊長壹百叁拾玖丈肆尺共核用
寬壹尺伍寸厚叁寸樟木枋叁拾伍丈玖尺
捌寸
寬壹尺貳寸厚叁寸松木枋貳拾壹丈肆尺

捌寸

圍大捌寸長壹丈叁尺硬木棍拾根

長陸寸釘貳千玖拾壹個

灰壹百叁拾玖斤陸兩

桐油伍拾伍斤拾貳兩貳錢

網紗伍拾貳斤肆兩肆錢

竹絲伍拾貳斤肆兩肆錢

艦匠貳拾陸工伍分叁釐

艌匠拾玖工玖分壹釐

春灰夫肆名捌分捌釐

各艌用樟木極叁拾塊內冲天極貳塊小官廳極貳塊各長陸尺阿班艌極貳塊各長柒尺伍寸艌極貳塊鰍魚極貳塊各長捌尺擔担艌極貳大桅艌極貳塊通鋪艌極貳塊各長壹丈水櫃塊舵工艌極貳塊各長玖尺伍寸斗蓋極貳塊日裹極貳塊各長肆尺油婆艌極貳塊各長壹丈貳尺官廳艌極貳塊各長壹丈壹尺拜棚極貳塊各長柒尺下金極貳塊各長伍尺均圍大壹尺做淨每折見方尺肆拾尺用艦匠壹工每塊用長陸寸釘貳個艌縫湊長肆拾柒丈共該用

圍大壹尺樟木極貳拾肆丈肆寸

長陸寸釘陸拾個

灰肆拾柒斤

桐油拾捌斤拾貳兩捌錢

網紗拾柒斤拾兩

竹絲拾柒斤拾兩

艦匠伍工捌分捌釐

艌匠陸工柒分壹釐

春灰夫壹名陸分伍釐

船身兩旁走馬貳條水蛇貳條抽換各長肆丈均寛柒寸厚叁寸叁分做淨每折見方尺肆拾尺用艦匠壹工走馬釘縫湊長捌丈每丈用長壹尺釘叁拾個水蛇釘縫湊長捌丈每肆尺用長壹尺釘叁個艌縫湊長叁拾貳丈共核用

圍大叁尺淨長肆丈大吉木貳根

長壹尺釘叁百個
灰叁拾貳斤
桐油拾貳斤拾貳兩捌錢
網紗拾貳斤
竹絲拾貳斤
艦匠捌工貳分肆釐
鋸匠貳工叁分伍釐
艌匠肆工伍分柒釐
春灰夫壹名壹分貳釐

船面兩旁皺板長肆丈玖尺湊寬壹丈抽換用長
叁丈陸尺寬陸寸肆分厚貳寸叁分中吉木板
拾貳塊做淨每折見方尺捌拾尺用艦匠壹工
釘縫湊長肆拾叁丈貳尺每丈用長陸寸釘叁
拾個艌縫湊長捌拾陸丈肆尺共核用
圓大貳尺伍寸淨長叁丈陸尺中吉木肆根
長陸寸釘壹千貳百玖拾陸個
灰捌拾陸斤陸兩
桐油叁拾肆斤玖兩

網紗叁拾貳斤陸兩肆錢
竹絲叁拾貳斤陸兩肆錢
艦匠玖工肆分
鋸匠伍工叁分柒釐
艌匠拾貳工叁分肆釐
春灰夫叁名貳釐
兩旁抽換浮溪木皺板叁塊各長叁丈貳尺寬伍
寸厚貳寸做淨每折見方尺捌拾尺用艦匠壹
工釘縫湊長玖丈陸尺每丈用長伍寸釘叁拾

個艌縫湊長拾玖丈貳尺共核用
圓大貳尺淨長叁丈貳尺浮溪木壹根
長伍寸釘貳百捌拾捌個
灰拾玖斤叁兩
桐油柒斤拾兩玖錢
網紗柒斤叁兩貳錢
竹絲柒斤叁兩貳錢
艦匠壹工陸分捌釐
鋸匠玖分陸釐

艌匠貳工柒分肆釐
舂灰夫陸分柒釐
兩旁用樟木極艍艉拾貳塊各長肆尺圍大壹尺
樟木艍斗貳個各長叁尺寬壹尺伍寸厚叁寸
做淨每折見方尺肆拾尺用艌匠壹工艍艉每
塊用長陸寸釘貳個艍斗釘縫湊長陸尺每丈
用長伍寸釘叁拾個艌縫湊長拾丈捌尺共核
用
圍大壹尺樟木極肆丈玖尺貳寸

寬壹尺伍寸厚叁寸樟木枋陸尺貳寸
長陸寸釘貳拾肆個
長伍寸釘拾捌個
灰拾斤拾叁兩
桐油肆斤伍兩壹錢
網紗肆斤捌錢
竹絲肆斤捌錢
艦匠壹工柒分肆釐
艌匠壹工伍分肆釐

舂灰夫叁分捌釐
兩旁艌面用浮溪木笨抽貳根抽擠各長叁丈貳
尺寬伍寸厚叁寸中吉木大壓貳根水鐵貳根
各長叁丈陸尺寬陸寸陸分厚叁寸做淨每折
見方尺肆拾尺用艌匠壹工釘縫湊長貳拾丈
捌尺每丈用長陸寸釘叁拾個艌縫湊長肆拾
壹丈陸尺共核用
圍大貳尺伍寸淨長叁丈陸尺中吉木貳根
圍大貳尺淨長叁丈貳尺浮溪木壹根

長陸寸釘陸百貳拾肆個
灰肆拾壹斤拾兩
桐油拾陸斤拾兩貳錢
網紗拾伍斤玖兩陸錢
竹絲拾伍斤玖兩陸錢
艦匠玖工肆分柒釐
鋸匠貳工柒分壹釐
艌匠伍工玖分肆釐
舂灰夫壹名肆分陸釐

官廳梁貳根用高洋木各長壹丈肆尺圍大壹尺
叁寸浮溪木戰櫃板拾貳塊各長玖尺均寬伍
寸厚貳寸戰櫃槓叁根各長壹丈叁尺捌寸貼
柱肆根各長壹丈貳尺均圍大壹尺柒寸樟木
太平牛頭貳塊各長肆尺寬壹尺伍寸厚叁寸
官廳梁戰櫃槓貼柱太平牛頭做淨每折見方
尺肆拾尺用艌匠壹工戰櫃板捌拾尺用艌匠
壹工戰櫃板釘縫湊長拾丈捌尺每丈用長伍
寸釘叁拾個太平牛頭每塊用長伍寸釘拾貳
個戰櫃板槓艌縫湊長貳拾玖丈捌尺捌寸共
核用
圍大壹尺陸寸淨長貳丈捌尺高洋木壹根
圍大貳尺淨長叁丈貳尺浮溪木叁根貳丈
玖尺肆寸
寬壹尺伍寸厚叁寸樟木枋捌尺貳寸
長伍寸釘叁百肆拾捌個
灰貳拾玖斤拾肆兩
桐油拾壹斤拾伍兩貳錢

網紗拾壹斤叁兩叁錢
竹絲拾壹斤叁兩叁錢
艌匠柒工叁分貳釐
鋸匠壹工捌釐
艌匠肆工貳分柒釐
舂灰夫壹名伍釐
官廳前通鋪板叁塊各長壹丈叁尺後通鋪板叁
塊各長壹丈貳尺伍寸繚跳肆塊各長捌尺均
寬壹尺貳寸厚叁寸做淨每折見方尺捌拾尺
用艌匠壹工通鋪釘縫湊長柒丈陸尺伍寸每
丈用長陸寸釘叁拾個通鋪艌縫湊長拾伍丈
叁尺共核用
寬壹尺貳寸厚叁寸松木枋拾壹丈伍寸
長陸寸釘貳百叁拾個
灰拾伍斤伍兩
桐油陸斤壹兩玖錢
網紗伍斤拾壹兩捌錢
竹絲伍斤拾壹兩捌錢

艦匠肆工柒釐

艌匠貳工壹分玖釐

春灰夫伍分肆釐

官廳內用浮溪木鋪板拾伍塊各長捌尺壹寸寬伍寸厚貳寸兩旁木段葫裏牆板拾捌塊葫裏堵板拾捌塊各長肆尺陸寸寬陸寸肆分厚貳寸叄分做淨每折見方尺捌拾尺用艦匠壹工葫裏牆板釘縫湊長捌丈貳尺捌寸每丈用長陸寸釘叄拾個牆板艌縫湊長拾陸丈伍尺陸

寸共核用

圓大貳尺淨長叄丈貳尺浮溪木壹根捌尺伍寸

圓大貳尺伍寸木段伍丈陸尺肆寸

長陸寸釘貳百肆拾捌個

灰拾陸斤玖兩

桐油陸斤拾兩

細紗陸斤叄兩肆錢

竹絲陸斤叄兩肆錢

艦匠伍工柒分叄釐

鋸匠叄工貳分柒釐

艌匠貳工叄分柒釐

春灰夫伍分捌釐

兩旁艙面用高洋木戰棚板貳拾肆塊各長壹丈肆尺寬肆寸厚貳寸各艙內堵板壹百貳拾捌塊各長叄尺叄寸寬肆寸厚壹寸木段各艙蓋板柒拾柒塊各長肆尺陸寸寬陸寸肆分厚貳寸叄分通槽玖個側槽陸個各長肆尺陸寸寬

陸寸陸分厚陸寸通槽等槽做淨每折見方尺叄拾尺用艦匠壹工戰棚各板捌拾尺用艦匠壹工艙蓋板釘縫湊長叄拾伍丈肆尺貳寸每丈用長伍寸釘叄拾個艙蓋板艌縫湊長柒拾丈捌尺肆寸共核用

圓大壹尺陸寸淨長貳丈捌尺高洋木玖根貳丈壹尺陸寸

圓大貳尺伍寸木段拾玖丈壹尺壹寸

長伍寸釘壹千陸拾叄個

灰柒拾斤拾叁兩
桐油貳拾捌斤伍兩肆錢
網紗貳拾陸斤玖兩
竹絲貳拾陸斤玖兩
艦匠貳拾叁工捌分貳釐
鋸匠拾壹工伍分肆釐
艌匠拾工壹分貳釐
舂灰夫貳名肆分捌釐
兩旁㭊上㭊牛貳塊各長玖尺伍寸前後艙扛豆

伍塊各長壹丈陸尺中艙扛豆叁塊各長壹丈
柒尺均寬壹尺貳寸厚叁寸做淨毎折見方尺
肆拾尺用艦匠壹工㭊牛毎塊用長陸寸釘肆
個扛豆釘縫湊長拾叁丈壹尺毎丈用長陸寸
釘叁拾個㭊牛扛豆艌縫湊長叁拾丈共核用
寬壹尺貳寸厚叁寸松木枋拾伍丈貳尺
長陸寸釘肆百壹個
灰叁拾斤
桐油拾貳斤

網紗拾壹斤肆兩
竹絲拾壹斤肆兩
艦匠拾壹工貳分伍釐
艌匠肆工貳分玖釐
舂灰夫壹名伍釐
兩旁舨上用高洋木牛欄肆根內船頭貳根各長
壹丈陸尺船尾貳根各長壹丈貳尺均圍大壹
尺叁寸做淨毎折見方尺肆拾尺用艦匠壹工
共核用

圍大壹尺陸寸淨長貳丈捌尺高洋木貳根
艦匠壹工捌分貳釐
船頭斗蓋壹塊用樟木長壹丈貳尺寬捌寸厚柒
寸蝦箍梁壹塊斗蓋下兎耳壹塊各長捌尺均
寬壹尺伍寸厚叁寸托浪板伍塊各長捌尺寬
壹尺厚叁寸斗蓋蝦箍梁兎耳做淨毎折見方
尺肆拾尺用艦匠壹工托浪板捌拾尺用艦匠
壹工斗蓋用長捌寸釘拾貳個兎耳蝦箍梁釘
縫湊長壹丈陸尺毎丈用長伍寸釘叁拾個托

浪板釘縫湊長肆丈每丈用長陸寸釘叁拾個
蝦蘊梁兎耳托浪板艙縫湊長拾壹丈貳尺共
核用
寬捌寸厚柒寸長壹丈貳尺貳寸樟木壹塊
寬壹尺伍寸厚叁寸樟木枋壹丈陸尺肆寸
寬壹尺厚叁寸長捌尺貳寸樟木板伍塊
長捌寸釘拾貳個
長陸寸釘壹百貳拾個
長伍寸釘肆拾捌個

灰拾壹斤叁兩
桐油肆斤柒兩柒錢
網紗肆斤叁兩貳錢
竹絲肆斤叁兩貳錢
艦匠叁工陸分肆釐
艌匠壹工陸分
舂灰夫叁分玖釐
中含檔壹塊長壹丈貳尺寬壹尺伍寸厚壹尺伍
寸頭含檔壹塊長捌尺寬壹尺貳寸厚伍寸含

檔梁壹塊長壹丈肆尺含檔閘壹塊長壹丈貳
尺均寬壹尺伍寸厚叁寸做淨每折見方尺叁
拾尺用艦匠壹工含檔梁釘縫長壹丈肆尺每
丈用長陸寸釘叁拾個含檔含檔梁艙縫湊長
陸丈捌尺共核用
寬壹尺伍寸厚壹尺伍寸長壹丈貳尺貳寸
樟木壹塊
寬壹尺貳寸厚伍寸長捌尺貳寸樟木壹塊
寬壹尺伍寸厚叁寸樟木枋貳丈陸尺肆寸

長陸寸釘肆拾貳個
灰陸斤拾叁兩
桐油貳斤拾壹兩伍錢
網紗貳斤捌兩捌錢
竹絲貳斤捌兩捌錢
艦匠陸工肆分叁釐
艌匠玖分柒釐
舂灰夫貳分肆釐
樽水貳塊各長壹丈壹尺寬壹尺厚陸寸做淨每

折見方尺肆拾尺用艦匠壹工每塊用長壹尺
釘貳個艙縫凑長肆丈肆尺共核用
寬壹尺厚陸寸長壹丈壹尺貳寸樟木貳塊
長壹尺釘肆個
灰肆斤陸兩
桐油壹斤拾貳兩貳錢
網紗壹斤拾兩肆錢
竹絲壹斤拾兩肆錢
艦匠壹工柒分陸釐

艌匠陸分叁釐
舂灰夫壹分伍釐

船尾用樟木下金壹塊長伍尺伍寸寬壹尺伍寸
厚壹尺伍寸繚牛壹副長陸尺寬貳尺厚陸寸
尾樓上金壹塊長壹丈叁尺寬壹尺伍寸厚柒
寸柒星冠壹塊長壹丈陸尺寬壹尺貳寸厚陸
寸硬木棍下金拴貳根繚牛艙肆根各長陸尺
伍寸圍大捌寸下金繚牛上金柒星冠做凈每
折見方尺叁拾尺用艦匠壹工下金拴繚牛艙

肆拾尺用艦匠壹工下金用長捌寸釘拾捌個
繚牛用長捌寸釘拾捌個上金用長壹尺釘拾
捌個繚牛艙釘縫凑長貳丈陸尺每丈用長伍
寸釘叁拾個下金艙縫長伍尺伍寸共核用
寬壹尺伍寸厚壹尺伍寸長伍尺柒寸樟木
壹塊
寬貳尺厚陸寸長陸尺貳寸樟木壹塊
寬壹尺伍寸厚柒寸長壹丈叁尺貳寸樟木
壹塊
寬壹尺貳寸厚陸寸長壹丈陸尺貳寸樟木
壹塊

圍大捌寸長壹丈叁尺硬木棍叁根
長壹尺釘拾捌個
長捌寸釘叁拾陸個
長伍寸釘柒拾捌個
灰玖兩
桐油叁兩伍錢
網紗叁兩叁錢

竹絲叁兩叁錢
艦匠陸工玖分玖釐
艌匠捌釐
舂灰夫貳釐
船尾用木段硬筋壹根長壹丈肆尺圍大貳尺貳寸樟木極百子舵陸塊各長肆尺圍大壹尺做淨每折見方尺肆拾尺用艦匠壹工硬筋頭尾用長陸寸釘拾貳個百子舵釘縫湊長貳丈肆尺每丈用長陸寸釘叁拾個百子舵艌縫湊長肆丈捌尺共核用
圍大貳尺伍寸木段壹丈肆尺貳寸
圍大壹尺樟木極貳丈肆尺陸寸
長陸寸釘捌拾肆個
灰肆斤拾叁兩
桐油壹斤拾肆兩柒錢
網紗壹斤拾貳兩捌錢
竹絲壹斤拾貳兩捌錢
艦匠壹工叁分柒釐

艌匠陸分玖釐
舂灰夫壹分柒釐
船尾用樟木櫓通板壹塊長壹丈櫓牀貳塊各長肆尺均寬壹尺伍寸厚叁寸櫓通板做淨每折見方尺捌拾尺用艦匠壹工櫓牀肆拾尺用艦匠壹工櫓牀每塊用長捌寸釘拾貳個櫓通板釘縫長壹丈用長陸寸釘叁拾個艌縫湊長叁丈陸尺共核用
寬壹尺伍寸厚叁寸樟木枋壹丈捌尺肆寸
長捌寸釘貳拾肆個
長陸寸釘叁拾個
灰叁斤拾兩
桐油壹斤柒兩
網紗壹斤伍兩陸錢
竹絲壹斤伍兩陸錢
艦匠壹工壹分柒釐
艌匠伍分壹釐
舂灰夫壹分叁釐

大桅座壹塊用樟木長陸尺伍寸寬壹尺貳寸厚柒寸頭桅笠壹個長貳尺寬壹尺伍寸厚叁寸木段頭桅尖壹個長柒尺圍大貳尺貳寸桅座做淨每折見方尺叁拾尺用艦匠壹工桅笠桅尖肆拾尺用艦匠壹工共核用

寬壹尺貳寸厚柒寸長陸尺柒寸樟木壹塊

寬壹尺伍寸厚叁寸樟木枋貳尺壹寸

圍大貳尺伍寸木段柒尺貳寸

艦匠壹工叁分玖釐

大鹿耳貳塊各長壹丈貳尺寬壹尺貳寸厚壹尺頭鹿耳貳塊各長柒尺寬壹尺貳寸厚肆寸伍分硬木棍鹿耳夾貳根各長壹丈叁尺圍大捌寸做淨每折見方尺肆拾尺用艦匠壹工共核用

寬壹尺貳寸厚壹尺長壹丈貳尺貳寸樟木貳塊

寬壹尺貳寸厚肆寸伍分長柒尺貳寸樟木貳塊

圍大捌寸長壹丈叁尺硬木棍貳根

艦匠肆工叁分貳釐

大桅壹根長陸丈圍大肆尺伍寸頭桅壹根長叁丈圍大貳尺陸寸做淨每折見方尺肆拾尺用艦匠壹工共核用

圍大肆尺伍寸長陸丈桅木壹根

圍大貳尺陸寸長叁丈桅木壹根

艦匠捌工柒分

大風篷壹扇長肆丈捌尺寬貳丈貳尺頭風篷壹

扇長貳丈肆尺寬壹丈壹尺浮溪木大篷擔壹根長貳丈貳尺頭篷擔壹根長壹丈壹尺均圍大壹尺柒寸做淨每折見方尺肆拾尺用艦匠壹工共核用

寬貳丈貳尺長肆丈捌尺風篷壹扇

寬壹丈壹尺長貳丈肆尺風篷壹扇

圍大貳尺淨長叁丈貳尺浮溪木壹根壹尺

艦匠壹工肆分

大篷架橫梁壹根用木段長壹丈肆尺頭篷架壹

根長柒尺均圍大貳尺貳寸樟木頭篷踏壹塊
長伍尺寬壹尺伍寸厚叁寸做凈每折見方尺
叁拾貳尺用艦匠壹工共核用
寬壹尺伍寸厚叁寸樟木枋伍尺壹寸
圍大貳尺伍寸木段貳丈壹尺肆寸
艦匠貳工
大篷車員壹根椗車員壹根用浮溪木各長壹丈
肆尺圍大壹尺柒寸硬木梘車子貳拾捌根各
長壹丈叁尺圍大捌寸車員做凈每折見方尺

叁拾貳尺用艦匠壹工共核用
圍大貳尺凈長叁丈貳尺浮溪木貳丈捌尺
圍大捌寸長壹丈叁尺硬木梘貳拾捌根
艦匠壹工肆分玖釐
水櫃用樟木牛頭貳塊各長伍尺伍寸寬壹尺伍
寸厚叁寸木段水櫃柱肆根各長柒尺圍大貳
尺貳寸水櫃閘肆塊各長柒尺寬陸寸陸分厚
陸寸水櫃板貳拾肆塊各長肆尺陸寸寬陸寸
肆分厚貳寸叁分牛頭水櫃柱閘做凈每折見

方尺肆拾尺用艦匠壹工水櫃板捌拾尺用艦
匠壹工水櫃柱每根用長陸寸釘貳拾個牛頭
水櫃板釘縫湊長拾貳丈壹尺肆寸每丈用長
伍寸釘叁拾個艌縫湊長叁拾伍丈肆尺捌寸
共核用
寬壹尺伍寸厚叁寸樟木枋壹丈壹尺肆寸
圍大貳尺伍寸木段玖丈伍尺貳寸
長陸寸釘捌拾個
長伍寸釘叁百陸拾肆個

灰叁拾伍斤捌兩
桐油拾肆斤叁兩壹錢
綢紗拾叁斤肆兩玖錢
竹絲拾叁斤肆兩玖錢
艦匠陸工柒分
鋸匠壹工捌分捌釐
艌匠伍工柒釐
舂灰夫壹名貳分肆釐
鳩舢艙用杉木板玖塊各長壹丈玖尺虎頭艙鋪

板拾塊各長陸尺玖寸均寬陸寸厚壹寸做淨
每折見方尺捌拾尺用艌匠壹工媽祖龕板釘
縫湊長拾柒丈壹尺每丈用長肆寸釘叁拾個
龕板艌縫湊長叁拾肆丈貳尺共核用
寬陸寸厚壹寸杉木板貳拾肆丈叁尺捌寸
長肆寸釘伍百拾叁個
灰叁拾肆斤叁兩
桐油拾叁斤拾兩玖錢
網紗拾貳斤拾叁兩貳錢

竹絲拾貳斤拾叁兩貳錢
艌匠肆工貳分
艌匠肆工捌分玖釐
舂灰夫壹名貳分
船頭用中吉木椗壹根長叁丈陸尺圍大貳尺貳
寸樟木椗牙壹塊長肆尺寬壹尺貳寸厚叁寸
做淨每折見方尺肆拾尺用艌匠壹工椗牙用
長捌寸釘陸個共核用
圍大貳尺伍寸淨長叁丈陸尺中吉木壹根

寬壹尺伍寸厚叁寸樟木枋叁尺貳寸捌分
長捌寸釘陸個
艌匠貳工貳分捌釐
船尾舵壹門用楮木舵桿壹根長壹丈伍尺寬壹
尺貳寸厚捌寸浮溪木舵閂板肆塊各長壹丈
叁尺伍寸寬伍寸叁分厚貳寸伍分樟木極舵
夾陸塊各長肆尺圍大壹尺硬木棍舵牙扼貳
根各長壹丈叁尺圍大捌寸舵桿做淨每折見
方尺叁拾尺用艌匠壹工舵夾舵牙肆拾尺用

艌匠壹工舵閂板捌拾尺用艌匠壹工舵夾釘
縫湊長貳丈肆尺每丈用長捌寸釘伍拾個舵
閂板舵夾艌縫湊長拾伍丈陸尺共核用
寬壹尺貳寸厚捌寸長壹丈伍尺貳寸楮木
壹塊
圍大貳尺淨長叁丈貳尺浮溪木貳丈柒尺
圍大壹尺樟木極貳丈肆尺陸寸、
圍大捌寸長壹丈叁尺硬木棍貳根
長捌寸釘壹百貳拾個

灰拾伍斤拾兩
桐油陸斤叁兩捌錢
網紗伍斤拾叁兩陸錢
竹絲伍斤拾叁兩陸錢
艌匠肆工壹分柒釐
鋸匠陸分
船匠貳工貳分叁釐
舂灰夫伍分伍釐
跟隨戰船舢板船用浮溪木水底板拾塊各長壹

丈肆尺舭板陸塊各長壹丈肆尺肆寸堵板拾陸塊各長肆尺陸寸均寬伍寸厚貳寸做淨每折見方尺捌拾尺用艌匠壹工水底板舭板釘縫湊長貳拾貳丈陸尺肆寸每丈用長伍寸釘叁拾個水底板舭板艌縫湊長肆拾伍丈貳尺捌寸共核用
圓大貳尺淨長叁丈貳尺浮溪木叁根肆尺
長伍寸釘陸百柒拾玖個
灰肆拾伍斤肆兩

桐油拾捌斤壹兩捌錢
網紗拾陸斤拾伍兩柒錢
竹絲拾陸斤拾伍兩柒錢
艌匠伍工貳分伍釐
鋸匠叁工
艌匠陸工肆分柒釐
舂灰夫壹名伍分捌釐
舢板船兩旁水蛇貳塊大歷貳塊各長壹丈肆尺肆寸均寬伍寸厚貳寸做淨每折見方尺捌拾

尺用艌匠壹工大歷釘縫湊長貳丈捌尺捌寸每丈用長伍寸釘叁拾個水蛇釘縫湊長貳丈捌尺捌寸每肆尺用長捌寸釘叁個艌縫湊長拾壹丈伍尺貳寸共核用
圓大貳尺淨長叁丈貳尺浮溪木壹丈玖尺貳寸
長捌寸釘貳拾貳個
長伍寸釘捌拾陸個
灰拾壹斤捌兩

桐油肆斤玖兩柒錢
網紗肆斤伍兩壹錢
竹絲肆斤伍兩壹錢
艌匠壹工壹釐
鋸匠伍分捌釐
艌匠壹工陸分伍釐
舂灰夫肆分
舢板船用樟木極舢板梁叁塊各長肆尺皺極陸
塊各長貳尺冲天極貳塊各長貳尺伍寸牛頭

極陸塊各長貳尺肆寸均圍大壹尺做淨每折
見方尺肆拾尺用艌匠壹工舢板梁釘縫湊長
壹丈貳尺每丈用長陸寸釘叁拾個各極每塊
用長伍寸釘貳個艌縫湊長捌丈陸尺捌寸共
核用
圍大壹尺樟木極肆丈伍尺壹寸
長陸寸釘叁拾陸個
長伍寸釘貳拾捌個
灰捌斤拾壹兩

桐油叁斤柒兩陸錢
網紗叁斤肆兩壹錢
竹絲叁斤肆兩壹錢
艌匠壹工玖釐
艌匠壹工貳分肆釐
舂灰夫叁分
大桅鐵箍陸個各長肆尺陸寸頭桅鐵箍叁個各
長貳尺柒寸舵頭箍叁個各長肆尺壹寸桅箍
貳個各長叁尺叁寸俱寬貳寸厚伍分桅尚貳

個各長壹尺寬柒寸厚叁分櫓箍叁個各長貳
尺柒寸寬壹寸厚叁分鐵鋦肆個各圍大伍寸
以上鐵料共淨重壹百伍拾貳斤拾貳兩每正
鐵壹斤加耗鐵壹斤每正鐵伍斤用鐵匠壹工
每正耗鐵壹斤用炭叁斤共核用
生鐵叁百伍斤捌兩
炭玖百拾陸斤捌兩
鐵匠叁拾工伍分伍釐
油畫前船共用

烏烟叁斤伍兩
廣紅叁斤
銅碌叁兩貳錢
京紅叁兩
籐黃貳兩肆錢
南粉壹斤捌兩
銀硃捌錢
杭粉捌錢
藍粉叁兩

墨貳塊
松香肆兩
水膠肆兩
淡底壹斤
桐油叁斤
油畫匠捌工
麻人桅繂索貳條各長柒丈貳尺大陸寸貳分頭
桅繂索貳條各長陸丈大肆寸陸分大踏索貳
條各長陸丈大肆寸捌分小踏索貳條各長叁
丈大叁寸貳分大繚每壹條長肆丈大陸寸小
繚每壹條長貳丈肆尺大叁寸伍分大帮襯陸
條各長壹丈伍尺大貳寸小帮襯玖條各長伍
尺大壹寸貳分以上麻索共重叁百陸拾斤每
百斤用繩匠叁工陸分共核用
麻叁百陸拾斤
繩匠拾貳工玖分陸釐
棕正碇索壹條長肆拾貳丈大柒寸副碇索壹條
長肆拾丈大陸寸貳分大篷筋壹條長陸丈大

貳寸小篷筋壹條長叁丈大壹寸貳分繚仔繚
耳共拾伍條各長壹丈捌尺大貳寸碇奴貳條
各長壹丈伍尺大陸寸伍分大小摘尾貳條共
長拾貳丈大伍寸舵弔壹條長叁丈大伍寸以
上棕繩共重叁百捌拾斤每撕棕肆拾斤用匠
壹工成繩肆拾斤用匠壹工共核用
棕叁百捌拾斤
撕棕匠玖工伍分
成繩匠玖工伍分

沖風旗壹面長寬各壹丈貳尺　條龍旗壹面長
陸丈寬貳尺媽祖旗壹面長寬各肆尺伍寸大
小定風旗叁面內壹面長肆尺貳面各長叁尺
均寬壹尺共核用
幅寬壹尺色布叁拾丈
苧線肆兩
裁縫匠叁工
陸威門齒全各長壹丈肆尺寬捌寸厚伍寸
櫓槳枝各長叁丈貳尺寬柒寸厚肆寸

槳捌枝各長貳丈
舢板櫓壹枝長貳丈伍尺寬柒寸厚肆寸
大小桅餅柒個
大小無底升肆百個
椗舵上配用竹繩草繩共核用
竹篾肆百叁拾斤
繩匠拾伍工肆分捌釐
草心伍百拾陸斤
繩匠拾貳工玖分

查原送成規內開竹篾草繩所用匠工多寡
不齊今照棕麻繩索用工之例一律核定
篷上配用大小繚繸攝子兎耳共用
柵籐拾玖斤
籐匠叁工捌分
刻字用
刻字匠叁工
豎立大小桅用
壯夫貳拾陸名
前船共用大小鐵釘壹萬貳千伍拾叁個刷抹釘

頭每百個用桐油陸兩肆錢灰壹斤每油灰拾
斤用艌匠壹工共核用
桐油肆拾捌斤叁兩肆錢
灰壹百貳拾斤捌兩
艌匠拾陸工捌分柒釐
舂灰夫肆名貳分貳釐
前船共用艌匠貳百拾工叁分捌釐係照杉松木
植核定內有樟楮等硬木用匠伍拾捌工捌分
玖釐每工外加匠貳分計加匠拾壹工柒分捌

釐共匠貳百貳拾貳工壹分陸釐每百工加安裝匠拾工計安裝匠貳拾貳工貳分貳釐每艦匠安裝匠壹百工加隨匠壯夫貳拾名計壯夫肆拾捌名捌分捌釐

以上折造前船共用

寬捌寸厚捌寸松木伍丈捌尺陸寸每丈銀叁錢叁分壹釐

計銀壹兩玖錢肆分

查原送成規內開松木按依丈尺計算價值參差今照繒船寬壹尺厚捌寸每丈核銀肆錢壹分肆釐核算每丈需銀叁錢叁分壹釐之數一律核定

圍大叁尺淨長肆丈大吉木貳根每根銀貳兩伍錢

計銀伍兩

圍大貳尺伍寸淨長叁丈陸尺中吉木拾伍根每根銀壹兩伍錢

計銀貳拾貳兩伍錢

查原送成規內開中吉木拾叁根今按丈尺做法核算應增貳根

圍大貳尺淨長叁丈貳尺浮溪木拾叁根貳丈壹尺壹寸每根銀伍錢

計銀陸兩捌錢叁分

查原送成規內開浮溪木拾叁根今按丈尺做法核算應增貳丈壹尺壹寸

圍大壹尺陸寸淨長貳丈捌尺高洋木拾貳根貳丈壹尺陸寸每根銀貳錢

計銀貳兩伍錢伍分肆釐

查原送成規內開高洋木拾叁根今按丈尺做法核算應減陸尺肆寸

圍大貳尺伍寸木段叁拾捌丈伍尺伍寸核長壹丈肆尺段料貳拾柒根柒尺伍寸每根銀叁錢

計銀捌兩貳錢陸分壹釐

查原送成規內開木段貳拾玖根今按丈尺做法核算應減壹根零柒尺伍寸

寬壹尺伍寸厚叁寸樟木枋肆拾伍丈柒尺貳寸捌分核長壹丈柒尺枋料貳拾陸塊壹丈伍尺貳寸捌分每塊銀壹兩叁錢

計銀叁拾肆兩玖錢陸分捌釐

查原送成規內開樟木枋貳拾柒塊今按丈尺做法核算應減壹尺柒寸貳分

寬壹尺厚叁寸長捌尺貳寸樟木板伍塊每塊銀肆錢壹分捌釐

計銀貳兩玖分

查原送成規內開樟木梁座長壹丈柒尺壹尺伍寸厚叁寸每塊銀壹兩叁錢[illegible]

板長捌尺寬壹尺厚叁寸每塊銀伍分價值參差今照梁座之價一律核定

寬壹尺貳寸厚叁寸松木枋肆拾柒丈柒尺叁寸核長壹丈柒尺枋料貳拾捌塊壹尺叁寸每塊銀叁錢伍分

計銀玖兩捌錢貳分柒釐

查原送成規內開松木枋叁拾塊今按丈尺做法核算應減壹塊壹丈伍尺柒寸

圍大壹尺樟木極叁拾捌丈叁尺玖寸核長壹丈貳尺樟極叁拾壹塊壹丈壹尺玖寸每塊銀貳錢

計銀陸兩叁錢玖分捌釐

查原送成規內開樟木極叁拾貳塊今按丈尺做法核算應減壹寸

圍大捌寸長壹丈叁尺硬木棍肆拾伍根每根銀捌分

計銀叁兩陸錢

寬陸寸厚壹寸杉木板貳拾肆丈叁尺捌寸每丈銀肆錢

計銀玖兩柒錢伍分貳釐

寬捌寸厚柒寸長壹丈貳尺貳寸樟木壹塊

計銀陸錢肆分貳釐

寬壹尺伍寸厚壹尺伍寸長壹丈貳尺貳寸樟木壹塊

計銀貳兩伍錢柒分玖釐

寬壹尺貳寸厚伍寸長捌尺貳寸樟木壹塊

計銀肆錢陸分貳釐

寬壹尺厚陸寸長壹丈壹尺貳寸樟木貳塊每塊銀陸錢叁分壹[illegible]釐

計銀壹兩貳錢陸分貳釐

寬壹尺伍寸厚壹尺伍寸長伍尺柒寸樟木壹塊

計銀壹兩貳錢伍釐

寬貳尺厚陸寸長陸尺貳寸樟木壹塊

計銀陸錢玖分玖釐

寬壹尺伍寸厚柒寸長壹丈叁尺貳寸樟木壹塊

計銀壹兩叁錢貳釐

寬壹尺貳寸厚陸寸長壹丈陸尺貳寸樟木壹塊

計銀壹兩玖分陸釐

寬壹尺貳寸厚柒寸長陸尺柒寸樟木壹塊

計銀伍錢貳分玖釐

寬壹尺貳寸厚壹尺長壹丈貳尺貳寸樟木貳塊

每塊銀壹兩叁錢柒分陸釐

計銀貳兩柒錢伍分貳釐

寛壹尺貳寸厚肆寸伍分長柒尺貳寸樟木貳塊 每塊銀叁錢陸分伍釐

計銀柒錢叁分

查原送成規內開樟木合櫃等料拾壹款所開價值逐款核算俱屬參差今照繒船每折見方壹尺核銀玖分叁釐玖毫陸絲之數一律核定

寛壹尺貳寸厚捌寸長壹丈伍尺貳寸楮木壹塊

計銀拾貳兩

圍大肆尺伍寸長陸丈桅木壹根

計銀貳拾兩

圍大貳尺陸寸長叁丈桅木壹根

計銀壹兩

長壹尺釘叁百叁拾捌個每貳個重壹斤計重壹百陸拾玖斤長捌寸釘貳百肆拾肆個每伍個重壹斤計重肆拾捌斤拾貳兩捌錢長陸寸釘柒千玖百伍拾捌個每拾伍個重壹斤計重伍百叁拾斤捌兩伍錢長伍寸釘叁千個每貳拾個重壹斤計重壹百伍拾斤長肆寸釘伍百拾叁個每叁拾個重壹斤計重拾柒斤壹兩陸錢

以上鐵釘共重玖百拾伍斤陸兩玖錢除選用舊釘貳百柒拾肆斤拾兩壹錢外添新陸百肆拾斤拾貳兩捌錢 每斤銀貳分貳釐

計銀拾肆兩玖分捌釐

灰壹千拾肆斤陸兩 每百斤銀貳錢

計銀貳兩貳分玖釐

桐油肆百捌斤拾貳兩叁錢 每斤銀叁分

計銀拾貳兩貳錢陸分叁釐

網紗叁百叁拾伍斤叁兩肆錢 每斤銀壹分貳釐

計銀肆兩貳分叁釐

竹絲叁百叁拾伍斤叁兩肆錢 每斤銀陸釐

計銀貳兩壹分壹釐

生鐵叁百伍斤捌兩 每斤銀壹分

計銀叁兩伍分伍釐

炭玖百拾陸斤捌兩 每百斤銀壹錢陸分

計銀壹兩肆錢陸分陸釐

烏烟叁斤伍兩 每斤銀壹分伍釐
計銀伍分
黄紅叁斤 每斤銀伍分
計銀壹錢伍分
銅條叁兩貳錢 每斤銀叁錢
計銀陸分
京紅叁兩 每斤銀捌分
計銀壹分伍釐
籐黄貳兩肆錢 每斤銀貳錢

計銀叁分
南粉壹斤捌兩 每斤銀壹分
計銀壹分伍釐
銀硃捌錢 每斤銀陸錢肆分
計銀叁分貳釐
杭粉捌錢 每斤銀壹錢陸分
計銀捌釐
藍粉叁兩 每斤銀捌分
計銀壹分伍釐

羅底塊 每塊銀壹分
計銀貳分
松香肆兩 每斤銀貳分
計銀伍釐
水膠肆兩 每斤銀肆分
計銀壹分
淡底壹斤
計銀伍分
麻叁百陸拾斤 每斤銀壹分伍釐

計銀伍兩肆錢
棕叁百捌拾斤 每斤銀叁分
計銀拾壹兩肆錢
幅寬壹尺色布叁拾丈 每丈銀壹錢
計銀叁兩
苧線肆兩 每斤銀壹錢貳分
計銀叁分
椗貳門齒全各長壹丈肆尺寬捌寸厚伍寸 每門銀壹兩

計銀貳兩

櫓貳枝各長叁丈貳尺寬柒寸厚肆寸每枝銀柒錢

計銀壹兩肆錢

槳捌枝各長貳丈每枝銀貳錢

計銀壹兩陸錢

查原送成規內聲稱槳惟平底船需用雙篷船不用所負價值為數無幾毋庸議給今照兩開價值核入凡遇雙篷船隻折造之時仍照舊扣除

[illegible]篷枝長貳丈伍尺寬柒寸厚肆寸

計銀叁錢貳分壹釐

大風篷壹扇長肆丈捌尺寬貳丈貳尺

計銀叁兩貳錢玖分叁釐

頭風篷壹扇長貳丈肆尺寬壹丈壹尺

計銀捌錢貳分叁釐

查原送成規內開各則風篷價值參差今照雙篷船每折見方壹丈核銀叁錢壹分壹釐捌毫之數一律核定

大小桅餅柒個每個銀柒分

計銀肆錢玖分

大小[illegible]底升肆百個每百個銀捌分

計銀叁錢貳分

竹篾肆百叁拾斤每百斤銀壹錢陸分

計銀陸錢捌分捌釐

草心伍百拾陸斤每百斤銀柒分

計銀叁錢陸分壹釐

櫚藤拾玖斤每斤銀貳分伍釐

計銀肆錢柒分伍釐

艦匠貳百貳拾貳工壹分陸釐

安裝匠貳拾貳工貳分貳釐

鋸匠肆拾肆工捌釐

艌匠壹百肆拾肆工伍分捌釐

鐵匠叁拾工伍分伍釐

油畫匠捌工

繩匠肆拾壹工叁分肆釐

棕匠拾玖工

裁縫匠叁工

藤匠叁工捌分

刻字匠叁工

舵夫壹百拾名肆分

以上匠夫共陸百伍拾貳工壹分叁釐每工銀伍分

計銀叁拾貳兩陸錢柒釐

又置備物件開後

木桶貳拾件每件銀叁分

計銀陸錢

鐵鍋貳口換新每口貼工料銀壹錢貳分

計銀貳錢肆分

鼓壹面修理換皮

計銀肆錢捌分

金壹面重肆斤換新每斤貼工料銀柒分

計銀貳錢捌分

以上折造前船成規內開共需工料銀貳百陸拾伍兩伍錢貳釐內部價銀壹百貳拾陸兩肆錢叁分加捌津貼并另加叁分銀壹百叁拾玖兩柒分貳釐臺廠運費銀貳拾伍兩貳錢捌分陸釐今按條查核分別增減更正需用工料銀貳百陸拾伍兩壹錢玖分[illegible]釐內部價銀壹百貳拾陸兩貳錢捌分壹釐加捌津貼并另加叁分銀壹百叁拾捌兩玖錢壹分臺廠運費銀貳拾伍兩貳錢伍分陸釐

計節減工料銀叁錢壹分壹釐運費銀叁分行令該撫於前船屆應折造之期將節減銀兩在於[illegible]領銀內扣除至大小修理成規內開大修工料銀貳百貳拾叁兩叁錢叁分陸釐內部價銀壹百壹兩伍錢壹分陸釐加玖津貼并另加叁分銀壹百貳拾壹兩捌錢貳分臺廠運費銀貳拾兩叁錢叁釐小修工料銀壹百叁拾玖兩叁錢柒分內部價

銀陸拾兩伍錢玖分陸釐加拾津貼并另加叁分銀柒拾捌兩柒錢柒分[illegible]釐臺廠運費銀拾貳兩壹錢壹分玖釐其餘貳拾伍船倣此

福建省外海戰船做法

第玖則雙篷船貳拾隻內銅山營紀字拾肆號船
壹隻身長伍丈叁尺頭起航肆尺尾起航叁尺
船頭長壹丈捌尺伍寸面匀寬壹丈底匀寬捌
尺貳寸船中長壹丈捌尺伍寸面匀寬壹丈伍
尺伍寸底匀寬壹丈壹尺船尾長壹丈陸尺面
匀寬壹丈肆尺肆寸底匀寬玖尺玖寸兩旁舨
長伍丈捌尺捌寸計拾柒艙深伍尺壹寸伍分
今將拆造前船需用工料價值細數開後

計開
船底松木龍骨壹道計叁節船頭壹節長壹丈陸
尺船中壹節連交接匙頭長叁丈柒尺船尾壹
節長壹丈湊長陸丈叁尺見方捌寸做淨每折
見方尺貳拾尺用鑑匠壹工交接匙頭貳處每
處用長壹尺釘捌個又每邊用長捌寸釘拾貳
個共核用
見方捌寸松木陸丈叅尺陸寸
長壹尺釘拾陸個

長捌寸釘貳拾肆個
艦匠拾工捌釐
船底枋連起航長伍丈叁尺內船底匀寬壹丈叅
寸伍分兩頭各匀高陸尺壹寸陸分抽換用長
叅丈陸尺寬陸寸肆分厚貳寸叅分中吉木板
叅拾塊做淨每折見方尺捌拾尺用艦匠壹工
鋸板折寬壹尺長柒丈用鋸匠壹工以下鋸板用工做此
釘縫湊長壹百捌丈每丈用長陸寸釘叅拾個
艌縫湊長貳百拾陸丈每丈用灰壹斤桐油陸

兩肆錢網紗竹絲各陸兩每柒丈用艌匠壹工
舂製油灰每肆拾斤用舂灰夫壹名以下艌縫用工用料做此
共核用
闊大貳尺伍寸淨長叁丈陸尺中吉木拾根
長陸寸釘叁千貳百肆拾個
灰貳百拾陸斤
桐油捌拾陸斤陸兩肆錢
網紗捌拾壹斤
竹絲捌拾壹斤

艌匠貳拾叁工肆分玖釐
鋸匠拾叁工肆分貳釐
艌匠叁拾工捌分陸釐
舂灰夫柒名伍分陸釐
各艙掐換樟木梁座拾肆塊內船頭伍塊湊長柒丈船中陸塊船尾叁塊共湊長拾肆丈肆尺艙梁玖塊內船中陸塊湊長玖丈貳尺貳寸船尾叁塊湊長肆丈貳尺伍寸均寬壹尺伍寸厚叁寸松木梁頭拾陸塊內船頭陸塊湊長捌丈肆尺船中陸塊湊長玖丈陸尺船尾肆塊湊長陸丈均寬壹尺貳寸厚叁寸硬木棍穩弔拾根各長壹丈叁尺圍大捌寸梁座梁頭做淨每折見方尺捌拾尺用艌匠壹工穩弔肆拾尺用艌匠壹工釘縫湊長柒拾壹丈捌尺柒寸每丈用長陸寸釘叁拾個艌縫湊長壹百肆拾叁丈柒尺肆寸共核用
寬壹尺伍寸厚叁寸樟木枋叁拾伍丈叁尺叁寸

寬壹尺貳寸厚叁寸松木枋貳拾肆丈叁尺貳寸
圍大捌寸長壹丈叁尺硬木棍拾根
長陸寸釘貳千壹百伍拾陸個
灰壹百肆拾叁斤拾貳兩
桐油伍拾柒斤柒兩玖錢
網紗伍拾叁斤拾肆兩肆錢
竹絲伍拾叁斤拾肆兩肆錢
艦匠貳拾柒工貳分玖釐
艌匠貳拾工伍分叁釐
舂灰夫伍名叁釐
各艙用樟木極叁拾陸塊內冲天極貳塊擔担艙極貳塊鰍魚極貳塊各長柒尺小官廳極貳塊下擔極貳塊各長陸尺阿班艙極貳塊各長捌尺大桅艙極貳塊官廳艙極肆塊通鋪艙極貳塊各長玖尺伍寸斗蓋艙極貳塊下金極貳塊各長伍尺水艙極貳塊拜棚極貳塊各長玖尺油麥艙極貳塊轉水極貳塊各長[illegible]尺門

裏極貳塊各長叁尺半仔極貳塊各長貳尺均
圍大壹尺做淨每折見方尺肆拾尺用艌匠壹
工每塊用長陸寸釘貳個艌縫湊長伍拾肆丈
肆尺共核用
圍大壹尺樟木極貳拾柒丈捌尺肆寸
長陸寸釘柒拾貳個
灰伍拾肆斤陸兩
桐油貳拾壹斤拾貳兩貳錢
網紗貳拾斤陸兩肆錢

竹絲貳拾斤陸兩肆錢
艦匠陸工捌分
艌匠柒工柒分柒釐
舂灰夫壹名玖分
船身兩旁走馬貳條水蛇貳條抽換各長肆丈均
寬柒寸厚叁寸叁分做淨每折見方尺肆拾尺
用艦匠壹工走馬釘縫湊長捌丈每丈用長壹
尺釘叁拾個水蛇釘縫湊長捌丈每肆尺用長
壹尺釘叁個艌縫湊長叁拾貳丈共核用

圍大叁尺淨長肆丈大吉木貳根
長壹尺釘叁百個
灰叁拾貳斤
桐油拾貳斤拾貳兩捌錢
網紗拾貳斤
竹絲拾貳斤
艦匠捌工貳分肆釐
鋸匠貳工叁分伍釐
艌匠肆工伍分柒釐

舂灰夫壹名壹分貳釐
船面兩旁緻板長伍丈叁尺湊寬壹丈壹尺抽換
用長叁丈陸尺寬陸寸肆分厚貳寸叁分中吉
木板拾貳塊做淨每折見方尺捌拾尺用艦匠
壹工釘縫湊長肆拾叁丈貳尺每丈用長陸寸
釘叁拾個艌縫湊長捌拾陸丈肆尺共核用
圍大貳尺伍寸淨長叁丈陸尺中吉木肆根
長陸寸釘壹千貳百玖拾陸個
灰捌拾陸斤陸兩

桐油叁拾肆斤玖兩
網紗叁拾貳斤陸兩肆錢
竹絲叁拾貳斤陸兩肆錢
艌匠玖工肆分
鋸匠伍工叁分柒釐
艌匠拾貳工叁分肆釐
舂灰夫叁名貳釐
兩旁抽換浮溪木皺板陸塊各長叁丈貳尺寬伍
寸厚貳寸做淨每折見方尺捌拾尺用艌匠壹

工釘縫奏長拾玖丈貳尺每丈用長伍寸釘叁
拾個艌縫奏長叁拾捌丈肆尺共核用
圍大貳尺淨長叁丈貳尺浮溪木貳根
長伍寸釘伍百柒拾陸個
灰叁拾捌斤陸兩
桐油拾伍斤伍兩捌錢
網紗拾肆斤陸兩肆錢
竹絲拾肆斤陸兩肆錢
艌匠叁工叁分陸釐

鋸匠壹工玖分貳釐
艌匠伍工肆分玖釐
舂灰夫壹名叁分肆釐
兩旁用樟木極皺膜拾貳塊各長肆尺圍大壹尺
樟木皺斗貳個各長叁尺寬壹尺伍寸厚叁寸
做淨每折見方尺肆拾尺用艌匠壹工皺膜每
塊用長陸寸釘貳個皺斗釘縫奏長陸尺每丈
用長伍寸釘叁拾個艌縫奏長拾丈捌尺共核
用

圍大壹尺樟木極肆丈玖尺貳寸
寬壹尺伍寸厚叁寸樟木枋陸尺貳寸
長陸寸釘貳拾肆個
長伍寸釘拾捌個
灰拾斤拾叁兩
桐油肆斤伍兩壹錢
網紗肆斤捌錢
竹絲肆斤捌錢
艌匠壹工柒分肆釐

艌匠壹工伍分肆釐
春灰夫叁分捌釐
兩旁攸面用浮溪木笨抽貳根抽換各長叁丈貳尺寬伍寸厚叁寸中吉木大壓貳根水戧貳根各長叁丈陸尺寬陸寸陸分厚叁寸做淨每折見方尺肆拾尺用艦匠壹工釘縫湊長貳拾丈捌尺每丈用長陸寸釘叁拾個艌縫湊長肆拾壹丈陸尺共核用
圍大貳尺伍寸淨長叁丈陸尺中吉木貳根

圍大貳尺淨長叁丈貳尺浮溪木壹根
長陸寸釘陸百貳拾肆個
灰肆拾壹斤拾兩
桐油拾陸斤拾兩貳錢
綑紗拾伍斤玖兩陸錢
竹絲拾伍斤玖兩陸錢
艦匠玖工肆分柒釐
鋸匠貳工柒分壹釐
艌匠伍工玖分肆釐

春灰夫壹名肆分陸釐
官廳梁貳根戰櫃槓貳根用浮溪木各長壹丈伍尺圍大壹尺柒寸戰櫃枋拾貳塊各長壹丈肆尺捌寸寬伍寸厚貳寸官廳梁戰櫃槓做淨每折見方尺肆拾尺用艦匠壹工戰櫃枋捌拾尺用艦匠壹工戰櫃枋釘縫湊長拾柒丈柒尺陸寸每丈用長伍寸釘叁拾個戰櫃枋槓艌縫湊長肆拾壹丈伍尺貳寸共核用
圍大貳尺淨長叁丈貳尺浮溪木叁根貳丈

叁尺貳寸
長伍寸釘伍百叁拾叁個
灰肆拾壹斤捌兩
桐油拾陸斤玖兩柒錢
綑紗拾伍斤玖兩壹錢
竹絲拾伍斤玖兩壹錢
艦匠伍工陸分陸釐
鋸匠壹工柒分捌釐
艌匠伍工玖分柒釐

舂灰夫壹名肆分伍釐
官廳前通鋪板叁塊各長壹丈柒尺後通鋪板叁
塊各長壹丈陸尺線蹺肆塊各長捌尺均寬壹
尺貳寸厚叁寸做淨每折見方尺捌拾尺用艌
匠壹工通鋪釘縫湊長玖丈玖尺每丈用長陸
寸釘叁拾個通鋪艌縫湊長拾玖丈捌尺共核
用
寬壹尺貳寸厚叁寸松木枋拾叁丈叁尺
長陸寸釘貳百玖拾柒個

灰拾玖斤拾叁兩
桐油柒斤拾肆兩柒錢
綢紗柒斤陸兩捌錢
竹絲柒斤陸兩捌錢
艦匠肆工玖分壹釐
艌匠貳工捌分叁釐
舂灰夫陸分玖釐
官廳內用浮溪木鋪板捌塊各長玖尺寬伍寸厚
貳寸兩旁木段箍裏墻板拾捌塊箍裏墻板拾

捌塊各長肆尺陸寸寬陸寸肆分厚貳寸叁分
做淨每折見方尺捌拾尺用艦匠壹工箍裏墻
板釘縫湊長捌丈貳尺捌寸每丈用長陸寸釘
叁拾個墻板艌縫湊長拾陸丈伍尺陸寸共核
用
圍大貳尺淨長叁丈貳尺浮溪木貳丈肆尺
圍大貳尺伍寸木段伍丈陸尺肆寸
長陸寸釘貳百肆拾捌個
灰拾陸斤玖兩

桐油陸斤拾兩
綢紗陸斤叁兩肆錢
竹絲陸斤叁兩肆錢
艦匠肆工捌分陸釐
鋸匠貳工柒分捌釐
艌匠貳工叁分柒釐
舂灰夫伍分捌釐
兩旁廳面用高洋木戳栅板拾貳塊各長貳丈捌
尺寬肆寸厚貳寸墻板壹百肆拾塊各長柒尺

貳寸寬肆寸厚壹寸木段艙蓋板捌拾[illegible]塊
長肆尺陸寸寬陸寸肆分厚貳寸叁分通槽玖
個側槽陸個各長肆尺陸寸寬陸寸陸分厚陸
寸通槽等槽做淨每折見方尺叁拾尺用艦匠
壹工戧棚板各板捌拾尺用艦匠壹工艙蓋板
釘縫湊長叁拾捌丈壹尺捌寸每丈用長伍寸
釘叁拾個艙蓋板艌縫湊長柒拾陸丈叁尺陸
寸共核用
圍大壹尺陸寸淨長貳丈捌尺高洋木拾根

圍大貳尺伍寸木段貳拾丈伍寸
長伍寸釘壹千壹百肆拾伍個
灰柒拾陸斤陸兩
桐油叁拾斤捌兩柒錢
網紗貳拾捌斤拾兩貳錢
竹絲貳拾捌斤拾兩貳錢
艦匠貳拾肆工柒分肆釐
鋸匠拾貳工柒釐
艌匠拾工玖分壹釐

春灰夫貳名陸分柒釐
兩旁前後艙扛豆伍塊各長壹丈陸尺中艙扛豆
叁塊各長壹丈柒尺均寬壹尺貳寸厚叁寸做
淨每折見方尺肆拾尺用艦匠壹工釘縫湊長
拾叁丈壹尺每丈用長陸寸釘叁拾個艌縫湊
長貳拾陸丈貳尺共核用
寬壹尺貳寸厚叁寸松木枋拾叁丈貳尺陸
寸
長陸寸釘叁百玖拾叁個

灰貳拾陸斤叁兩
桐油拾斤柒兩柒錢
網紗玖斤拾叁兩貳錢
竹絲玖斤拾叁兩貳錢
艦匠玖工捌分叁釐
艌匠叁工柒分肆釐
春灰夫玖分貳釐
兩旁舷上前後用高洋木牛欄肆根各長壹丈肆
尺圍大壹尺叁寸做淨每折見方尺肆拾尺用

艌匠壹工共核用

圍大壹尺陸寸淨長貳丈捌尺高洋木貳根

艌匠壹工捌分貳釐

船頭斗蓋壹塊用樟木長壹丈貳尺寬捌寸厚柒寸蝦籠梁壹塊斗蓋下兎耳壹塊各長捌尺均寬壹尺伍寸厚叁寸托浪板伍塊各長捌尺寬壹尺厚叁寸斗蓋蝦籠梁兎耳做淨每折見方尺肆拾尺用艌匠壹工托浪板捌拾尺用艌匠壹工斗蓋用長捌寸釘拾貳個兎耳蝦籠梁釘

縫湊長壹丈陸尺每丈用長伍寸釘叁拾個托浪板釘縫湊長肆丈每丈用長陸寸釘叁拾個蝦籠梁兎耳托浪板艌縫湊長拾壹丈貳尺共核用

寬捌寸厚柒寸長壹丈貳尺貳寸樟木壹塊

寬壹尺伍寸厚叁寸樟木枋壹丈陸尺肆寸

寬壹尺厚叁寸長捌尺貳寸樟木板伍塊

長捌寸釘拾貳個

長陸寸釘壹百貳拾個

長伍寸釘肆拾捌個

灰拾壹斤叁兩

桐油肆斤柒兩柒錢

綑紗肆斤叁兩貳錢

竹絲肆斤叁兩貳錢

艌匠叁工陸分肆釐

艌匠壹工陸分

舂灰夫叁分玖釐

中舍櫃壹塊長壹丈貳尺寬壹尺伍寸厚壹尺伍

寸頭舍櫃壹塊長捌尺寬壹尺貳寸厚伍寸舍櫃梁壹塊長壹丈陸尺舍櫃閘壹塊長壹丈叁尺均寬壹尺伍寸厚叁寸做淨每折見方尺叁拾尺用艌匠壹工舍櫃梁釘縫長壹丈陸尺每丈用長陸寸釘叁拾個舍櫃舍櫃梁艌縫湊長柒丈貳尺共核用

寬壹尺伍寸厚壹尺伍寸長壹丈貳尺貳寸

樟木壹塊

寬壹尺貳寸厚伍寸長捌尺貳寸樟木壹塊

寬壹尺伍寸厚叁寸樟木枋貳丈捌尺肆寸
長陸寸釘肆拾捌個
灰柒斤叁兩
桐油貳斤拾肆兩壹錢
網紗貳斤拾壹兩貳錢
竹絲貳斤拾壹兩貳錢
艦匠陸工陸分柒釐
艌匠壹工叁釐
舂灰夫貳分伍釐

轉水貳塊各長壹丈壹尺寬壹尺厚陸寸做淨每
折見方尺肆拾尺用艦匠壹工每塊用長壹尺
釘貳個艌縫湊長肆丈肆尺共核用
寬壹尺厚陸寸長壹丈壹尺貳寸樟木貳塊
長壹尺釘肆個
灰肆斤陸兩
桐油壹斤拾貳兩貳錢
網紗壹斤拾兩肆錢
竹絲壹斤拾兩肆錢

艦匠壹工柒分陸釐
艌匠陸分叁釐
舂灰夫壹分伍釐
船尾用樟木下金壹塊長伍尺伍寸寬壹尺伍寸
厚壹尺伍寸繚牛壹副長陸尺寬貳尺厚陸寸
尾樓上金壹塊長壹丈叁尺寬壹尺伍寸厚柒
寸七星冠壹塊長壹丈陸尺寬壹尺貳寸厚陸
寸硬木棍下金拴貳根繚牛檄肆根各長陸尺
伍寸圍大捌寸下金繚牛上金七星冠做淨每

折見方尺叁拾尺用艦匠壹工下金拴繚牛檄
肆拾尺用艦匠壹工下金用長捌寸釘拾捌個
繚牛用長捌寸釘拾捌個上金用長壹尺釘拾
捌個繚牛檄釘縫湊長貳丈陸尺每丈用長伍
寸釘叁拾個下金艌縫長伍丈伍寸共核用
寬壹尺伍寸厚壹尺伍寸長伍尺柒寸樟木
壹塊
寬貳尺厚陸寸長陸尺貳寸樟木壹塊
寬壹尺伍寸厚柒寸長壹丈叁尺貳寸樟木

壹塊
寬壹尺貳寸厚陸寸長壹丈陸尺貳寸樟木
壹塊
圍大捌寸長壹丈叁尺硬木棍叁根
長壹尺釘拾捌個
長捌寸釘叁拾陸個
長伍寸釘柒拾捌個
灰玖兩
桐油叁兩伍錢

綢紗叁兩叁錢
竹絲叁兩叁錢
艦匠陸工玖分玖釐
艌匠捌釐
舂灰夫貳釐
船尾用木段硬筋壹根長壹丈肆尺圍大貳尺貳
寸樟木極百子舵陸塊各長肆尺圍大壹丈做
淨每折見方尺肆拾尺用艦匠壹工硬筋頭尾
用長陸寸釘拾貳個百子舵釘縫湊長貳丈肆

尺每丈用長陸寸釘叁拾個百子舵艌縫湊長
肆丈捌尺共核用
圍大貳尺伍寸木段壹丈肆尺貳寸
圍大壹尺樟木極貳丈肆尺陸寸
長陸寸釘捌拾肆個
灰肆斤拾叁兩
桐油壹斤拾肆兩柒錢
綢紗壹斤拾貳兩捌錢
竹絲壹斤拾貳兩捌錢

艦匠壹工叁分柒釐
艌匠陸分玖釐
舂灰夫壹分柒釐
船尾用樟木櫓過板壹塊長壹丈櫓床貳塊各長
伍尺均寬壹尺伍寸厚叁寸櫓通板做淨每折
見方尺捌拾尺用艦匠壹工櫓床肆拾尺用艦
匠壹工櫓床每塊用長捌寸釘拾貳個櫓通板
釘縫長壹丈用長陸寸釘叁拾個艌縫湊長肆
丈共核用

寬壹尺伍寸厚叁寸樟木枋貳丈肆寸
長捌寸釘貳拾肆個
長陸寸釘叁拾個
灰肆斤
桐油壹斤玖兩陸錢
綱紗壹斤捌兩
竹絲壹斤捌兩
艌匠壹工叁分伍釐
艌匠伍分柒釐

舂灰夫壹分肆釐
大桅座壹塊用樟木長陸尺伍寸寬壹尺貳寸厚柒寸高洋木大桅折壹根長壹丈肆尺圍大壹尺叁寸木段頭桅尖壹個長伍尺圍大貳尺貳寸桅座做淨每折見方尺叁拾尺用艌匠壹工桅折桅尖肆拾尺用艌匠壹工共核用
寬壹尺貳寸厚柒寸長陸尺柒寸樟木壹塊
圍大壹尺陸寸淨長貳丈捌尺高洋木壹丈肆尺

圍大貳尺伍寸木段伍尺壹寸
艌匠壹工伍分伍釐
大鹿耳貳塊各長壹丈貳尺寬壹尺貳寸厚壹尺頭鹿耳貳塊各長柒尺寬壹尺貳寸厚肆寸伍分硬木棍鹿耳夾貳根各長壹丈叁尺圍大捌寸做淨每折見方尺肆拾尺用艌匠壹工共核用
寬壹尺貳寸厚壹尺長壹丈貳尺貳寸樟木貳塊

寬壹尺貳寸厚肆寸伍分長柒尺貳寸樟木貳塊
圍大捌寸長壹丈叁尺硬木混貳根
艌匠肆工叁分貳釐
大桅壹根長陸丈圍大肆尺伍寸頭桅壹根長叁丈圍大貳尺陸寸做淨每折見方尺肆拾尺用艌匠壹工共核用
圍大肆尺伍寸長陸丈桅木壹根
圍大貳尺陸寸長叁丈桅木壹根

艌匠捌工柒分

大風蓬壹扇長肆丈捌尺寬貳丈頭風蓬壹扇長貳丈肆尺寬壹丈壹尺浮溪木大蓬撟壹根長貳丈頭蓬撟壹根長壹丈壹尺均圍大壹尺柒寸做淨毋折見方尺肆拾尺用艌匠壹工共核用

寬貳丈長肆丈捌尺風蓬壹扇

寬壹丈壹尺長貳丈肆尺風蓬壹扇

圍大貳尺淨長叁丈貳尺浮溪木叁丈壹尺

艌匠壹工叁分貳釐

大蓬架横梁壹根用木段長壹丈肆尺頭蓬架横梁壹根長壹丈壹尺均圍大貳尺貳寸樟木大蓬踏壹塊長陸尺寬壹尺伍寸厚叁寸做淨毋折見方尺叁拾貳尺用艌匠壹工共核用

圍大貳尺伍寸木段貳丈伍尺肆寸

寬壹尺伍寸厚叁寸樟木枋陸尺貳寸

艌匠貳工叁分玖釐

斗頭車員壹根用浮溪木長壹丈壹尺尾樓車員壹根長玖尺蓬車員壹根長柒尺舢板車員壹根長伍尺均圍大壹尺柒寸硬木棍車子貳拾捌根各長壹丈叁尺圍大捌寸車員做淨毋折見方尺叁拾貳尺用艌匠壹工共核用

圍大貳尺淨長叁丈貳尺浮溪木壹根

圍大捌寸長壹丈叁尺硬木棍貳拾捌根

艌匠壹工柒分

水櫃用樟木牛頭貳塊各長捌尺寬壹尺伍寸厚叁寸木段水櫃柱肆根各長柒尺圍大貳尺貳

寸水櫃閘肆塊各長柒尺寬陸寸陸分厚陸寸水櫃板貳拾肆塊各長肆尺陸寸寬陸寸肆分厚貳寸叁分牛頭水櫃柱閘做淨毋折見方尺肆拾尺用艌匠壹工水櫃板捌拾尺用艌匠壹工水櫃柱肆根用長陸寸釘貳拾個木櫃牛頭水櫃板釘縫湊長拾貳丈陸尺肆寸毋丈用長伍寸釘叁拾個艌縫湊長叁拾陸丈肆尺捌寸共核用

寬壹尺伍寸厚叁寸樟木枋壹丈陸尺肆寸

圍大貳尺伍寸木段玖丈伍尺貳寸
長陸寸釘捌拾個
長伍寸釘叁百柒拾玖個
灰叁拾陸斤捌兩
桐油拾肆斤玖兩伍錢
網紗拾叁斤拾兩玖錢
竹絲拾叁斤拾兩玖錢
艌匠柒工壹分伍釐
鋸匠壹工捌分捌釐

艌匠伍工貳分壹釐
舂灰夫壹名貳分捌釐
媽祖龕用杉木枋玖塊各長壹丈玖尺虎頭龕鍬
枋拾塊各長陸尺玖寸均寬陸寸厚壹寸做淨
每折見方尺捌拾尺用艌匠壹工伍枚釘縫叅
長拾柒丈壹尺每丈用長肆寸釘叁拾個龍枚
艌縫叅長叁拾肆丈貳尺共核用
寬陸寸厚壹寸杉木枋貳拾肆丈叁尺捌寸
長肆寸釘伍百拾叁個

灰叁拾肆斤叁兩
桐油拾叁斤拾兩玖錢
網紗拾貳斤拾叁兩貳錢
竹絲拾貳斤拾叁兩貳錢
艌匠肆工貳分
艌匠肆工捌分玖釐
舂灰夫壹名貳分
船頭用大吉木樾壹根長肆丈圍大貳尺柒寸樟
木樾牙壹塊長肆尺寬壹尺貳寸厚叁寸做淨

每折見方尺肆拾尺用艌匠壹工樾牙用長捌
寸釘陸個共核用
圍大叁尺淨長肆丈大吉木壹根
寬壹尺伍寸厚叁寸樟木枋叁尺貳寸捌分
長捌寸釘陸個
艌匠叁工
船尾舵壹門用楮木舵杆壹根長壹丈伍尺寬壹
尺貳寸厚捌寸高洋木舵肉板陸塊各長壹丈
肆尺寬柒寸厚貳寸叁分樟木椋舵夾肆塊各

長陸尺圍大壹尺硬木棍舵牙拖貳根各長壹
丈叁尺圍大捌寸舵杆做淨每折見方尺叁拾
尺用艌匠壹工舵夾舵牙肆拾尺用艌匠壹工
舵門枋捌拾尺用艌匠壹工舵夾釘縫湊長貳
丈肆尺每丈用長捌寸釘伍拾個舵門枋舵夾
艌縫湊長貳拾壹丈陸尺共核用
寬壹尺貳寸厚捌寸長壹丈伍尺貳寸楮木
壹塊
圍大壹尺陸寸淨長貳丈捌尺高洋木壹根

壹丈肆尺
圍大壹尺樟木桅貳丈肆尺捌寸
圍大捌寸長壹丈叁尺硬木棍貳根
長捌寸釘壹百貳拾個
灰貳拾壹斤拾兩
桐油捌斤拾兩貳錢
綢紗捌斤壹兩陸錢
竹絲捌斤壹兩陸錢
艌匠肆工肆分肆釐

鋸匠柒分陸釐
艌匠叁工玖釐
舂灰夫柒分陸釐
跟隨戰船舢板船用浮溪木水底板玖塊各長壹
丈肆尺伍寸艌板陸塊各長壹丈伍尺兜板拾
貳塊各長伍尺均寬伍寸厚貳寸做淨每折見
方尺捌拾尺用艌匠壹工水底板艌板釘縫湊
長貳拾貳丈伍寸每丈用長伍寸釘叁拾個水
底板艌板艌縫湊長肆拾肆丈壹尺共核用

圍大貳尺淨長叁丈貳尺浮溪木貳根貳丈
玖尺伍寸
長伍寸釘陸百陸拾壹個
灰肆拾肆斤貳兩
桐油拾柒斤拾兩貳錢
綢紗拾陸斤捌兩陸錢
竹絲拾陸斤捌兩陸錢
艌匠肆工玖分壹釐
鋸匠貳工捌分壹釐

艌匠陸工叁分
舂灰夫壹名伍分肆釐
舢板船兩旁水蛇貳塊各長壹丈伍尺寬伍寸厚貳寸做淨每折見方尺捌拾尺用艌匠壹工釘縫湊長叁丈每肆尺用長捌寸釘叁個艌縫湊長陸丈共核用
圓大貳尺淨長叁丈貳尺浮溪木壹丈
長捌寸釘貳拾貳個
灰陸斤

桐油貳斤陸兩肆錢
網紗貳斤肆兩
竹絲貳斤肆兩
艌匠伍分叁釐
鋸匠叁分
艌匠捌分陸釐
舂灰夫貳分壹釐
舢板船用樟木樑舢板梁肆塊各長伍尺叁寸[illegible]天樑貳塊牛頭樑陸塊各長貳尺伍寸均圍大

壹尺做淨每折見方尺肆拾尺用艌匠壹工艌板梁釘縫湊長貳丈壹尺貳寸每丈用長陸寸釘叁拾個各樑每塊用長伍寸釘貳個艌縫湊長捌丈貳尺肆寸共核用
圓大壹尺樟木樑肆丈貳尺捌寸
長陸寸釘陸拾肆個
長伍寸釘拾陸個
灰捌斤肆兩
桐油叁斤肆兩柒錢

網紗叁斤壹兩肆錢
竹絲叁斤壹兩肆錢
艌匠壹工叁釐
艌匠壹工壹分捌釐
舂灰夫貳分玖釐
大桅鐵箍柒個各長肆尺陸寸頭桅箍叁個各長貳尺柒寸舵箍叁個各長肆尺壹寸櫓箍叁個各長叁尺叁寸俱寬貳寸厚伍分椗齒貳個各長壹尺寬柒寸厚伍分櫓箍叁個各長貳尺柒

寸寬壹寸厚叁分鐵鐶肆個 大伍寸以
鐵料共淨重壹百伍拾陸斤肆兩每正鐵壹斤
加耗鐵壹斤每正鐵伍斤用鐵匠壹工每正鉏
鐵壹斤用炭叁斤共核用
生鐵叁百拾貳斤捌兩
炭玖百叁拾柒斤捌兩
鐵匠叁拾壹工貳分伍釐
油艌前船共用
烏烟叁斤伍兩

廣紅叁斤
銅綠叁兩貳錢
京紅叁兩
籐黃貳兩肆錢
南粉壹斤捌兩
銀硃捌錢
杭粉捌錢
藍粉叁兩
墨貳塊

松香肆兩
水膠肆兩
淡底壹斤
桐油叁斤
油艌匠捌工
麻大棕繂索貳條各長柒丈貳尺大柒寸頭棕繂
索貳條各長陸丈大肆寸陸分大踏索貳條各
長陸丈大肆寸捌分小踏索貳條各長叁丈大
叁寸貳分大繚毋壹條長肆丈大陸寸肆分小

繚毋壹條長貳丈肆尺大叁寸伍分大幫襯陸
條各長壹丈陸尺大貳寸小幫襯玖條各長伍
尺大壹寸伍分以上麻棕共重肆百斤每百斤
用繩匠叁工陸分共核用
麻肆百斤
繩匠拾肆工肆分
棕正椗索壹條長肆拾貳丈大柒寸伍分副椗索
壹條長肆拾丈大陸寸捌分大篷筋壹條長陸
丈陸尺大貳寸小篷筋壹條長叁尺大

寸繚仔繚耳共拾伍條各長壹丈捌尺大貳寸
椗奴貳條各長壹丈伍尺大柒寸大小摛尾貳
條共長拾貳丈大伍寸舵弔壹條長叁丈大伍
寸以上棕繩共重肆百貳拾斤每撕棕肆拾斤
用匠壹工成繩肆拾斤用匠壹工共核用
棕肆百貳拾斤
撕棕匠拾工伍分
成繩匠拾工伍分
冲風旗壹面長寬各壹丈貳尺一條龍旗壹面長

陸丈寬貳尺媽祖旗壹面長寬各肆尺伍寸大
小定風旗叁面內壹面長肆尺貳面各長叁尺
均寬壹尺共核用
幅寬壹尺色布叁拾丈
苧線肆兩
裁縫匠叁工
椗貳門齒全各長壹丈肆尺寬捌寸厚伍寸
櫓貳枝各長叁丈貳尺寬柒寸厚肆寸
舢板櫓壹枝長貳丈伍尺寬柒寸厚肆寸

大小篷餅柒個
大小無底升肆百個
桅舵上配用竹繩草繩共用
竹篾肆百肆拾捌斤
繩匠拾陸工壹分叁釐
草心伍百柒拾斤
繩匠拾肆工貳分伍釐
查原送成規內開竹篾草繩所用匠工多寡不齊今照棕繩索用工之例一律核定
篷上配用大小繚球攝子兔耳共用

纜籐拾玖斤
籐匠叁工捌分
刻字用
刻字匠叁工
豎立大小桅用
壯夫貳拾陸名
前艙共用大小鐵釘壹萬叁千叁百貳拾伍個刷
抹釘頭每百個用桐油陸兩肆錢灰壹斤每油
灰拾斤用艌匠壹工共核用

桐油伍拾叁斤肆兩捌錢
灰壹百叁拾叁斤肆兩
艌匠拾捌工陸分陸釐
舂灰夫肆名陸分陸釐
前船共用艌匠貳百拾捌工柒分壹釐係照杉[illegible]木植核定內有樟楮等硬木用匠伍拾玖工伍分肆釐每工外加匠貳分計加匠拾壹工玖分壹釐共匠貳百叁拾工陸分貳釐每百工加安裝匠拾工計安裝匠貳拾叁工陸釐每艦匠安

裝近壹百工加隨匠壯夫貳拾名計壯夫伍拾名柒分肆釐
以上拆造前船共用
寬捌寸厚捌寸松木陸丈叁尺陸寸 每丈銀叁錢叁分壹釐
計銀貳兩壹錢伍釐
查原送成規內開松木按依丈尺計算每[illegible]叁[illegible]分照繪船寬壹尺厚捌寸每丈[illegible]銀肆錢壹分肆釐核算每丈核銀叁錢叁分壹釐之數一律核定
圍大叁尺淨長肆丈大吉木叁根 每根銀貳兩伍錢
計銀柒兩伍錢

[illegible]大貳尺伍寸淨長叁丈陸尺中吉木拾陸根 每根銀壹兩伍錢
計銀貳拾肆兩
查原送成規內開中吉木拾叁根今按丈尺做法核算應增叁根
圍大貳尺淨長叁丈貳尺浮溪木拾貳根貳丈壹尺柒寸 每根銀伍錢
計銀陸兩叁錢叁分玖釐
查原送成規內開浮溪木拾肆根今按丈尺做法核算應減壹根壹丈叁寸
圍大壹尺陸寸淨長貳丈捌尺高洋木拾肆根 每根銀貳錢

計銀貳兩捌錢
圍大貳尺伍寸木段叁拾玖丈陸尺捌寸核長壹丈肆尺段料貳拾捌根肆尺捌寸 每根銀叁錢
計銀捌兩伍錢叁釐
查原送成規內開木段貳拾玖根今按丈尺做法核算應減玖尺貳寸
寬壹尺伍寸厚叁寸樟木枋肆拾伍丈伍寸捌分核長壹丈柒尺枋料貳拾陸塊捌尺伍寸捌分 每塊銀壹兩叁錢

計銀叁拾肆兩肆錢伍分陸釐

查原送成規內開樟木枋貳拾玖塊今按丈尺做法核算應減貳塊捌尺肆寸貳分

寬壹尺厚叁寸長捌尺貳寸樟木板伍塊每塊銀肆錢壹分捌釐

計銀貳兩玖分

查原送成規內開樟木梁座長壹丈柒尺寬壹尺伍寸厚叁寸每塊銀壹兩叁錢托浪板長捌尺寬壹尺厚叁寸每塊銀伍錢價值參差今照梁座之價一律核定

寬壹尺貳寸厚叁寸松木枋伍拾丈捌尺捌寸核長壹丈柒尺枋料貳拾玖塊壹丈伍尺捌寸每塊

銀叁錢伍分

計銀拾兩肆錢柒分伍釐

查原送成規內開松木枋叁拾貳塊今按丈尺做法核算應減貳塊壹尺貳寸

濶大壹尺樟木極肆拾壹丈玖尺捌寸核長壹丈貳尺樟極叁拾肆塊壹丈壹尺捌寸每塊銀貳錢

計銀陸兩玖錢玖分柒釐

查原送成規內開樟木極叁拾陸塊今按丈尺做法核算應減壹塊貳寸

濶大捌寸長壹丈叁尺硬木棍肆拾伍根每根銀捌分

計銀叁兩陸錢

寬陸寸厚壹寸杉木板貳拾肆丈叁尺捌寸每丈銀肆錢

計銀玖兩柒錢伍分貳釐

寬捌寸厚柒寸長壹丈貳尺貳寸樟木壹塊

計銀陸錢肆分貳釐

寬壹尺伍寸厚壹尺伍寸長壹丈貳尺貳寸樟木壹塊

計銀貳兩伍錢柒分玖釐

寬壹尺貳寸厚伍寸長捌尺貳寸樟木壹塊

計銀肆錢陸分貳釐

寬壹尺厚陸寸長壹丈壹尺貳寸樟木貳塊每塊銀陸錢叁分壹釐

計銀壹兩貳錢陸分貳釐

寬壹尺伍寸厚壹尺伍寸長伍尺柒寸樟木壹塊

計銀壹兩貳錢伍釐

寬貳尺厚陸寸長陸尺貳寸樟木壹塊

計銀陸錢玖分玖釐

寬壹尺伍寸厚柒寸長壹丈叁尺貳寸樟木壹塊

計銀壹兩叁錢貳釐
寛壹尺貳寸厚陸寸長壹丈陸尺貳寸樟木壹塊
計銀壹兩玖分陸釐
寛壹尺貳寸厚柒寸長陸尺柒寸樟木壹塊
計銀伍錢貳分玖釐
寛壹尺貳寸厚壹尺長壹丈貳尺貳寸樟木貳塊每塊銀壹兩叁錢柒分陸釐
計銀貳兩柒錢伍分貳釐
寛壹尺貳寸厚肆寸伍分長柒尺貳寸樟木貳塊

每塊銀叁錢陸分伍釐
計銀柒錢叁分
查原送成規內開樟木含枷等杉拾壹款所開價值逐款核算俱屬參差今照新船每折見方壹尺核銀玖分叁釐玖毫陸絲之數一律核定
寛壹尺貳寸厚捌寸長壹丈伍尺貳寸楮木壹塊
計銀拾貳兩
閘大肆尺伍寸長陸丈桅木壹根
計銀貳拾兩
閘大貳尺陸寸長叁丈桅木壹根
計銀壹兩
長壹尺釘叁百叁拾捌個每貳個重壹斤計重壹百陸拾玖斤長捌寸釘貳百肆拾肆個每伍個重壹斤計重肆拾捌斤拾貳兩捌錢長陸寸釘捌千柒百柒拾陸個每拾伍個重壹斤計重伍百捌拾伍斤壹兩壹錢長伍寸釘叁千肆百伍拾肆個每貳拾個重壹斤計重壹百柒拾貳斤拾壹兩貳錢長肆寸釘伍百拾叁個每叁拾個重壹斤計重拾柒斤壹兩陸錢以上鐵釘共重

玖百玖拾貳斤拾兩柒錢除選用舊釘貳百玖拾柒斤拾貳兩捌錢外添新陸百玖拾肆斤拾叁兩玖錢每斤銀貳分貳釐
計銀拾伍兩貳錢捌分柒釐
灰壹千壹百拾玖斤拾叁兩每斤銀貳錢
計銀貳兩貳錢肆分
桐油肆百伍拾斤拾肆兩柒錢每斤銀叁分
計銀拾叁兩伍錢貳分捌釐
網紗叁百陸拾玖斤拾伍兩叁錢每斤銀壹分[illegible]釐

計銀肆兩肆錢叁分玖釐
竹紙叁百陸拾玖斤拾伍兩叁錢　每斤銀陸釐
計銀貳兩貳錢貳分
生鐵叁百拾貳斤捌兩　每斤銀壹分
計銀叁兩壹錢貳分伍釐
炭玖百叁拾柒斤捌兩　每百斤銀壹錢陸分
計銀壹兩伍錢
烏烟叁斤伍兩　每斤銀壹分伍釐
計銀伍分

廣紅叁斤　每斤銀伍分
計銀壹錢伍分
銅碌叁兩貳錢　每斤銀叁錢
計銀陸分
京紅叁兩　每斤銀捌分
計銀壹分伍釐
籐黃貳兩肆錢　每斤銀貳錢
計銀叁分
南粉壹斤捌兩　每斤銀壹分

計銀壹分伍釐
銀硃捌錢　每斤銀陸錢肆分
計銀叁分貳釐
杭粉捌錢　每斤銀壹錢陸分
計銀捌釐
藍粉叁兩　每斤銀捌分
計銀壹分伍釐
墨貳塊　每塊銀壹分
計銀貳分

松香肆兩　每斤銀貳分
計銀伍釐
水膠肆兩　每斤銀肆分
計銀壹分
淡底壹斤
計銀伍分
麻肆百斤　每斤銀壹分伍釐
計銀陸兩
棕肆百貳拾斤　每斤銀叁分

計銀拾貳兩陸錢
幅寬壹尺色布叁拾丈每丈銀壹錢
計銀叁兩
苧線肆兩每斤銀壹錢貳分
計銀叁分
椗貳門齒全各長壹丈肆尺寬捌寸厚伍寸每門銀壹兩
計銀貳兩
櫓貳枝各長叁丈貳尺寬柒寸厚肆寸每枝銀柒錢

計銀壹兩肆錢
舢板櫓壹枝長貳丈伍尺寬柒寸厚肆寸
計銀叁錢貳分壹釐
大風篷壹扇長肆丈捌尺寬貳丈一
計銀貳兩玖錢玖分叁釐
頭風篷壹扇長貳丈肆尺寬壹丈壹尺
計銀捌錢貳分叁釐
查原送成規內開各則風篷價值參差不一照繪船每折見方壹丈核銀叁錢壹分叁釐捌毫之數一律核定

大小桅餅柒個每個銀柒分
計銀肆錢玖分
大小無底升肆百個每百個銀捌分
計銀叁錢貳分
竹篾肆百肆拾捌斤每百斤銀壹錢陸分
計銀柒錢壹分柒釐
草心伍百柒拾斤每百斤銀柒分
計銀叁錢玖分玖釐
樹籐拾玖斤每斤銀貳分伍釐

計銀肆錢柒分伍釐
艙匠貳百叁拾工陸分貳釐
安裝匠貳拾叁工陸釐
鋸匠肆拾捌工壹分伍釐
艌匠壹百伍拾玖工陸分壹釐
鐵匠叁拾壹工貳分伍釐
油漆匠捌工
縫匠肆拾肆工柒分捌釐
索匠貳拾壹工

艌縫匠叁工
艌匠叁工捌分
刻字匠叁工
壯夫壹百拾伍名玖分貳釐
以上匠夫共陸百玖拾貳工壹分玖釐每工銀伍分
計銀叁拾肆兩陸錢壹分
又置備物件開後
木桶貳拾件每件銀叁分
計銀陸錢

鐵鍋貳口換新每口貼工料銀壹錢貳分
計銀貳錢肆分
皷壹面修理換皮
計銀肆錢捌分
金壹面重肆斤換新每斤貼工料銀柒分
計銀貳錢捌分
以上拆造前船成規內開共需工料銀貳百柒拾伍兩伍錢陸分叁釐內部價銀壹百叁拾壹兩貳錢貳分伍毫加捌津貼并另加叁分銀壹百肆拾肆兩叁錢肆分貳釐伍毫臺廠運費銀貳拾陸兩貳錢肆分肆釐今按條查核分別節減更正需用工料銀貳百柒拾伍兩肆錢伍分貳釐內部價銀壹百叁拾壹兩壹錢陸分捌釐加捌津貼并另加叁分銀壹百肆拾肆兩貳錢捌分肆釐臺廠運費銀貳拾陸兩貳錢叁分肆釐計節減工料銀壹錢壹分壹釐運費銀壹分行令該撫於前船屆應拆造之期將節減銀兩在于應領銀內扣除至大小修理成規內開大修工料銀貳百貳拾玖兩壹錢貳

分柒釐內部價銀壹百肆兩壹錢肆分玖釐加玖津貼并另加叁分銀壹百貳拾肆兩玖錢柒分捌釐臺廠運費銀貳拾兩捌錢叁分小修工料銀壹百肆拾柒兩陸錢伍分貳釐內部價銀陸拾肆兩壹錢玖分柒釐加拾津貼并另加叁分銀捌拾叁兩肆錢伍分伍釐臺廠運費銀拾貳兩捌錢叁分玖釐其餘拾玖船倣此

福建省外海戰船做法

第拾則雙篷船肆拾壹隻內水師提標中營游

壹號舡壹隻身長伍丈陸尺壹寸貳分頭尢

肆尺伍寸尾起魫叁尺伍寸舡頭長貳丈壹尺

柒寸貳分面匀寬壹丈肆寸肆分底匀寬捌尺

陸寸舡中長壹丈捌尺捌寸面匀寬壹丈陸尺

伍寸底匀寬壹丈壹尺玖寸舡尾長壹丈伍尺

陸寸面匀寬壹丈伍尺叁寸底匀寬壹丈玖寸

兩旁舦板長陸丈柒尺計拾捌艙深伍尺伍寸

肆分

今將折造前舡需用工料價值細數開後

計　開

舡底松木龍骨壹道計叁節舡頭壹節長壹丈玖

尺舡中壹節連交接匙頭長叁丈捌尺船尾壹

節長壹丈湊長陸丈柒尺見方捌寸做淨每折

見方尺貳拾尺用艦匠壹工交接匙頭貳處每

處用長壹尺釘捌個又每邊用長捌寸釘拾貳

個共核用

見方捌寸松木陸丈柒尺陸寸

長壹尺釘拾陸個

長捌寸釘貳拾肆個

艦匠拾工柒分貳釐

舡底板連起魫長伍丈陸尺壹寸貳分內舡底匀

寬壹丈壹尺壹寸貳分兩站各匀高陸尺伍寸

伍分抽換用長叁丈陸尺寬陸寸肆分厚貳寸

叁分中吉木板貳拾玖塊做淨每折見方尺[illegible]

拾尺用艦匠壹工鋸板折寬壹尺長柒丈用[illegible]

匠壹工（以下鋸板用工倣此）釘縫湊長壹百肆丈肆尺每

丈用長陸寸釘叁拾個艌縫湊長貳百捌丈捌

尺每丈用灰壹斤桐油陸兩肆錢綳紗竹絲各

陸兩每柒丈用艌匠壹工舂製油灰每肆拾斤

用舂灰夫壹名（以下艌縫用工用料倣此）共核用

圓大貳尺伍寸淨長叁丈陸尺中吉木玖根

貳丈肆尺

長陸寸釘叁千壹百叁拾貳個

灰貳百捌斤拾叁兩

桐油捌拾叁斤捌兩叁錢
綢紗柒拾捌斤肆兩捌錢
竹絲柒拾捌斤肆兩捌錢
艌匠貳拾貳工柒分壹釐
鋸匠拾貳工玖分捌釐
艌匠貳拾玖工捌分叁釐
舂灰夫柒名叁分壹釐
各艙抽換樟木梁座拾肆塊內舡頭伍塊湊長柒丈伍尺舡中陸塊船尾叁塊共湊長拾肆丈肆

尺艙梁玖塊內船頭壹塊長壹丈伍尺捌寸舡中陸塊湊長玖丈柒尺陸寸舡尾貳塊湊長叁丈壹尺陸寸均寬壹尺伍寸厚叁寸松木梁頭拾捌塊內舡頭柒塊湊長拾丈伍尺舡中柒塊湊長拾壹丈玖尺舡尾肆塊湊長陸丈肆尺均寬壹尺貳寸厚叁寸硬木棍穩吊拾叁根各長壹丈叁尺圍大捌寸梁座梁頭嵌淨每折見方尺捌拾尺用艌匠壹工穩吊肆拾尺用艌匠壹工釘縫湊長捌拾貳丈壹尺每丈用長陸寸釘

灰拾個艙縫湊長壹百陸拾肆丈貳尺共該用
寬壹尺伍寸厚叁寸樟木枋叁拾陸丈捌尺陸寸
寬壹尺貳寸厚叁寸松木枋貳拾玖丈壹尺陸寸
圍大捌寸長壹丈叁尺硬木棍拾叁根
長陸寸釘貳千肆百陸拾叁個
灰壹百陸拾肆斤叁兩
桐油陸拾伍斤拾兩玖錢

綢紗陸拾壹斤玖兩貳錢
竹絲陸拾壹斤玖兩貳錢
艌匠叁拾工伍分陸釐
艌匠貳拾叁工肆分陸釐
舂灰夫伍名柒分伍釐
各艙用樟木極叁拾捌塊內沖天極貳塊阿班艙極貳塊各長捌尺小官廳艙極貳塊尾裹極貳塊各長陸尺大桅艙極貳塊各長壹丈水艙極貳塊魪魚極貳塊各長玖尺擔桿爐極貳塊舵

工艙極貳塊各長玖尺伍寸油婆艙極貳塊各長壹丈貳尺官廳艙極肆塊內貳塊各長玖尺伍寸貳塊各長壹丈壹尺通鋪艙極貳塊各長壹丈壹尺目裏極貳塊各長肆尺拜棚極貳塊轉水艙極貳塊各長柒尺斗蓋極貳塊下舍極貳塊各長伍尺牛仔極貳塊各長貳尺伍寸均闊大壹尺做淨每折見方尺肆拾尺用艦匠壹工每塊用長陸寸釘貳個艌縫湊長伍拾玖丈陸尺共核用

闊大壹尺樟木極叁拾丈肆尺捌寸

長陸寸釘柒拾陸個

灰伍拾玖斤拾兩

桐油貳拾叁斤拾叁兩肆錢

網紗貳拾貳斤伍兩陸錢

竹絲貳拾貳斤伍兩陸錢

艦匠柒工肆分伍釐

艌匠捌工伍分壹釐

舂灰夫貳名玖釐

船身兩旁走馬貳條水蛇貳條抽換各長肆丈均寬柒寸厚叁寸叁分做淨每折見方尺肆拾尺用艦匠壹工走馬釘縫湊長捌丈每丈用長壹尺釘叁拾個水蛇釘縫湊長捌丈每肆尺用長壹尺釘叁個艌縫湊長叁拾貳丈共核用

闊大叁尺淨長肆丈大吉木貳根

長壹尺釘叁百個

灰叁拾貳斤

桐油拾貳斤拾貳兩捌錢

網紗拾貳斤

竹絲拾貳斤

艦匠捌工貳分肆釐

鋸匠貳工叁分伍釐

艌匠肆工伍分柒釐

舂灰夫壹名壹分貳釐

船身兩旁櫼板長伍丈陸尺壹寸貳分湊寬壹丈壹尺抽換用長叁丈陸尺寬陸寸肆分厚貳寸叁分中吉木板拾貳塊做淨每折見方尺捌拾

尺用艣匠壹工釘縫湊長肆拾叁丈貳尺每丈
用長陸寸釘叁拾個艌縫湊長捌拾陸丈肆尺
共核用
圍大貳尺伍寸淨長叁丈陸尺中吉木肆根
長陸寸釘壹千貳百玖拾陸個
灰捌拾陸斤陸兩
桐油叁拾肆斤玖兩
綱紗叁拾貳斤陸兩肆錢
竹絲叁拾貳斤陸兩肆錢

艣匠玖工肆分
鋸匠伍工叁分柒釐
艌匠拾貳工叁分肆釐
舂灰夫叁名貳釐
兩旁抽換浮溪木舭板陸塊各長叁丈貳尺寬伍
寸厚貳寸做淨每折見方尺捌拾尺用艣匠壹
工釘縫湊長拾玖丈貳尺每丈用長伍寸釘叁
拾個艌縫湊長叁拾捌丈肆尺共核用
圍大貳尺淨長叁丈貳尺浮溪木貳根

長伍寸釘伍百柒拾陸個
灰叁拾捌斤陸兩
桐油拾伍斤伍兩捌錢
綱紗拾肆斤陸兩肆錢
竹絲拾肆斤陸兩肆錢
艣匠叁工叁分陸釐
鋸匠壹工玖分貳釐
艌匠伍工肆分玖釐
舂灰夫壹名叁分肆釐

兩旁用樟木極舭艕拾貳塊各長肆尺圍大壹尺
樟木舭斗貳個各長叁尺寬壹尺伍寸厚叁寸
做淨每折見方尺肆拾尺用艣匠壹工舭艕每
塊用長陸寸釘貳個舭斗釘縫湊長陸尺每丈
用長伍寸釘叁拾個艌縫湊長拾丈捌尺共核
用
圍大壹尺樟木極肆丈玖尺貳寸
寬壹尺伍寸厚叁寸樟木枋陸尺貳寸
長陸寸釘貳拾肆個

長伍寸釘拾捌個
灰拾斤拾叁兩
桐油肆斤伍兩壹錢
網紗肆斤捌錢
竹絲肆斤捌錢
艌匠壹工柒分肆釐
艌匠壹工伍分肆釐
舂灰夫叁分捌釐
兩旁艌匠用浮溪木筰抽貳根抽換各長叁丈貳

尺寬伍寸厚叁寸中吉木大壓貳根旅戧貳根
各長叁丈陸尺寬陸寸陸分厚叁寸做淨每折
見方尺肆拾尺用艌匠壹工釘縫湊長貳拾丈
捌尺每丈用長陸寸釘叁拾個縫湊長肆拾
壹丈陸尺共核用
圓大貳尺伍寸淨長叁丈陸尺中吉木貳
圍大貳尺淨長叁丈[illegible]尺浮溪木壹
長陸寸釘陸百貳拾[illegible]個
灰肆拾壹斤拾兩

桐油拾陸斤拾兩貳錢
網紗拾伍斤玖兩陸錢
竹絲拾伍斤玖兩陸錢
艌匠玖工肆分柒釐
鋸匠貳工柒分壹釐
艌匠伍工玖分肆釐
舂灰夫壹名肆分陸釐
官廳上用浮溪木戰櫃板捌塊各長壹丈陸尺寬
伍寸厚貳寸戰櫃槓貳根各長壹丈陸尺圍大

壹尺柒寸戰櫃槓做淨每折見方尺肆拾尺用
艌匠壹工戰櫃板捌拾尺用艌匠壹工戰櫃槓
釘縫湊長拾貳丈捌尺每丈用長伍寸釘叁拾
個戰櫃板槓艌縫湊長叁拾貳丈共核用
圍大貳尺淨長叁丈貳尺浮溪木貳根壹丈
柒寸
長伍寸釘叁百捌拾肆個
灰叁拾貳斤
拾貳斤拾貳兩捌錢

網紗拾貳斤
竹絲拾貳斤
艌匠叁工陸分
鋸匠壹工貳分捌釐
艌匠肆工伍分柒釐
舂灰夫壹名壹分貳釐
官廳前通鋪板叁塊各長壹丈柒尺後通鋪板叁塊各長壹丈陸尺標跳肆塊各長捌尺寬壹尺貳寸厚叁寸做淨每折見方尺捌拾尺用鋸匠壹工通鋪釘縫湊長玖丈玖尺每丈用長陸寸釘叁拾個通鋪艌縫湊長拾玖丈捌尺共核用

寬壹尺貳寸厚叁寸松木枋拾叁丈叁尺
長陸寸釘貳百玖拾柒個
灰拾玖斤拾叁兩
桐油柒斤拾肆兩柒錢
網紗柒斤陸兩捌錢
竹絲柒斤陸兩捌錢

艌[illegible]工玖分壹釐
[illegible]工捌分叁釐
舂灰夫陸分玖釐
官廳內用浮溪木鋪板拾貳塊各長玖尺貳寸寬伍寸厚貳寸兩旁木段猫裏牆板拾捌塊各長堵板拾捌塊各長肆尺陸寸寬陸寸肆分厚貳寸叁分做淨每折見方尺捌拾尺用鋸匠壹工備裏牆板釘縫湊長捌丈貳尺捌寸每丈用長陸寸釘叁拾個牆板艌縫湊長拾陸丈伍尺陸寸共核用

圓大貳尺淨長叁丈貳尺浮溪木壹根肆尺捌寸
圍大貳尺伍寸木段伍丈陸尺肆寸
長陸寸釘貳百肆拾捌個
灰拾陸斤玖兩
桐油陸斤拾兩
網紗陸斤叁兩肆錢
竹絲陸斤叁兩肆錢

艣匠伍工伍分叁釐
鋸匠叁工壹分陸釐
舩匠貳工叁分柒釐
舂灰夫伍分捌釐
兩旁櫼面用高洋木戰棚板貳拾肆塊各長壹丈肆尺寬肆寸厚貳寸各艙內增板壹百貳拾捌塊各長叁尺陸寸寬肆寸厚壹寸木段艙蓋板捌拾捌塊各長肆尺陸寸寬陸寸肆分厚貳寸叁分通槽拾個側槽捌個各長肆尺陸寸寬陸

寸陸分厚陸寸通槽側槽做淨每折見方尺叁拾尺用艣匠壹工戰棚各板捌拾尺用艣匠壹工艙蓋板釘縫湊長肆拾丈捌尺捌寸分丈用長伍寸釘叁拾個艙蓋板艙縫湊長捌拾丈玖尺陸寸共核用
圍大壹尺陸寸淨長貳丈捌尺高洋木桅㮵
叁尺貳寸
圍大貳尺伍寸木段貳拾貳丈貳尺伍寸
長伍寸釘壹千貳百[illegible]拾貳個

灰捌拾斤拾伍兩
桐油叁拾貳斤陸兩壹錢
網紗叁拾斤伍兩捌錢
竹絲叁拾斤伍兩捌錢
艣匠貳拾陸工伍分陸釐
鋸匠拾貳工陸分玖釐
舩匠拾壹工伍分柒釐
舂灰夫貳名捌分叁釐
兩旁櫼上扛豆玖塊內舡頭叁塊舡中肆塊各長

壹丈陸尺舡尾貳塊各長捌尺均寬壹尺貳寸厚叁寸做淨每折見方尺肆拾尺用艣匠壹工釘縫湊長拾貳丈捌尺每丈用長陸寸釘叁拾個艙縫湊長貳拾伍丈陸尺共核用
寬壹尺貳寸厚叁寸松木枋拾貳丈玖尺捌寸
長陸寸釘叁百捌拾肆個
灰貳拾伍斤拾兩
桐油拾斤柒兩捌錢

網紗玖斤玖兩陸錢
竹絲玖斤玖兩陸錢
艌匠玖工陸分
艌匠叁工陸分陸釐
舂灰夫玖分
兩旁舨上用高洋木牛欄肆根內舡頭貳根各長
壹丈陸尺舡尾貳根各長壹丈貳尺均圍大壹
尺叁寸做淨每折見方尺肆拾尺用艌匠壹工
共核用

圍大壹尺陸寸淨長貳丈捌尺高洋木貳根
艌匠壹工捌分貳釐
舡頭斗蓋壹塊用樟木長壹丈貳尺寬捌寸厚柒
寸蝦䈙梁壹塊斗蓋下兔耳壹塊各長捌尺均
寬壹尺伍寸厚叁寸托浪板伍塊各長捌尺寬
壹尺厚叁寸斗蓋蝦䈙梁兔耳做淨每折見方
尺肆拾尺用艌匠壹工托浪板捌拾尺用艌匠
壹工斗蓋用長捌寸釘拾貳個兔耳蝦䈙梁釘
縫湊長壹丈陸尺每丈用長伍寸釘[illegible]個

浪板釘縫湊長肆丈[illegible]釘[illegible]拾[illegible]
蝦䈙梁兔耳托浪板艌縫湊長拾壹丈貳尺[illegible]
核用
寬捌寸厚柒寸長壹丈貳尺貳寸樟木壹塊
寬壹尺伍寸厚叁寸樟木枋壹丈陸尺肆寸
寬壹尺厚叁寸長捌尺貳寸樟木枋伍塊
長捌寸釘拾貳個
長陸寸釘貳百貳拾個
長伍寸釘肆拾捌個

灰拾壹斤叁兩
桐油肆斤柒兩柒錢
網紗肆斤叁兩貳錢
竹絲肆斤叁兩貳錢
艌匠叁工陸分肆釐
艌匠壹工陸分
舂灰夫叁分玖釐
中舍[illegible]梁長壹丈貳尺寬壹尺伍寸[illegible]厚壹寸[illegible]
[illegible]頭合[illegible]樟[illegible]塊長捌尺[illegible]

櫃梁[illegible]塊長壹丈陸尺合[illegible]制[illegible]塊長
尺均寬壹尺伍寸厚叁寸做淨每折[illegible]方
拾尺用艌匠壹工合櫃梁釘縫長壹丈陸口
丈用長陸寸釘叁拾個合櫃合櫃梁艌縫湊
柒丈貳尺共核用
寬壹尺伍寸厚壹尺伍寸長壹丈貳尺貳
樟木壹塊
寬壹尺貳寸厚伍寸長捌尺貳寸樟木壹塊
寬壹尺伍寸厚叁寸樟木枋貳丈捌尺肆寸

長陸寸釘肆拾捌個
灰柒斤叁兩
桐油貳斤拾肆兩壹錢
綱紗貳斤拾壹兩貳錢
竹絲貳斤拾壹兩貳錢
爐匠陸工陸分柒釐
艌匠壹工叁釐
舂灰六[illegible]貳分伍釐
[illegible]水貳[illegible]名[illegible]寬[illegible]尺[illegible]寸做[illegible]

[illegible]尺[illegible]拾尺用艌匠壹工每塊用[illegible]
釘貳個艌縫湊長肆丈肆尺共核用
寬壹尺厚陸寸長壹丈壹尺貳寸樟木貳[illegible]
長壹尺釘肆個
灰肆斤陸兩
桐油壹斤拾貳兩貳錢
網紗壹斤拾兩肆錢
竹絲壹斤拾兩肆錢
艌匠壹工[illegible]分陸釐

艌匠[illegible]分叁釐
舂灰夫壹分伍釐
舡尾用[illegible]下金壹塊長伍尺伍寸寬壹尺伍寸
厚壹尺伍寸繚牛壹副長陸尺寬貳尺厚陸寸
尾樓[illegible]金壹塊長壹丈叁尺寬壹尺伍寸厚[illegible]
寸七星冠[illegible]塊長壹丈陸尺寬[illegible]尺貳寸厚
寸下金栓貳根繚牛瞰肆根各長陸尺伍寸
大捌寸下金繚牛上金七星冠做淨每折
尺叁拾尺用艌匠壹工下金栓繚牛[illegible]

用艌匠壹工下金舟長捌十　拾
長捌寸釘拾捌個上金用長壹尺釘
牛皮釘縫湊長貳丈陸尺每丈用長
拾個下金艙縫長伍尺伍寸共板
寬壹尺伍寸厚壹尺伍寸長伍尺
壹塊
寬貳尺厚陸寸長陸尺貳寸樟木
寬壹尺伍寸厚柒寸長壹丈叁尺貳
壹塊

寬壹尺貳寸厚陸寸長壹丈陸尺貳
壹塊
圍大捌寸長壹丈叁尺硬木棍　根
長壹尺釘拾捌個
長捌寸釘叁拾陸個
長伍寸釘柒拾捌個
灰玖兩
桐油叁兩伍錢
網紗叁兩叁錢

匠陸　玖分玖釐
艌匠捌名
舂灰夫貳名
用木段硬筋壹根長壹丈肆尺圍大貳尺貳
[illegible]樟木拜棚板拾貳塊各長壹丈肆尺寬肆
寸樟木極百子舵陸塊各長肆尺圍大
尺硬筋百子舵做淨每折見方尺肆拾尺用
壹工拜棚板別拾尺用艌匠壹工硬筋頭

長陸寸釘拾貳個百子舵釘縫湊長貳丈
尺每丈用長陸寸釘叁拾個拜棚板釘
拾陸丈捌尺每丈用長伍寸釘叁拾個
百子舵艙縫湊長叁拾捌丈肆尺共板
圍大壹尺陸寸淨長貳丈捌尺高洋木
圍大貳尺伍寸木段壹丈肆尺貳寸
圍大壹尺樟木極貳丈肆尺陸寸
長陸寸釘捌拾[illegible]個
[illegible]寸[illegible]伍百[illegible]

灰[illegible]拾[illegible]

桐油拾伍斤[illegible]兩[illegible]錢

綢紗拾肆斤陸兩[illegible]錢

竹絲拾肆斤[illegible]兩[illegible]錢

艌匠叁工捌分[illegible]釐

鐵匠壹工肆分[illegible]釐

艌匠伍工[illegible]分玖釐

舂灰夫[illegible]名叁分肆釐

舵尾用椗木櫓通[illegible]壹塊長[illegible]櫓床貳塊各長

伍尺均寬壹尺伍寸厚叁寸[illegible]做淨每折

見方尺捌拾尺艌匠壹工櫓[illegible]肆拾尺用艌

匠壹工櫓床每塊用長捌寸釘拾貳個櫓通板

釘縫長壹丈用長陸寸釘叁[illegible]艌縫湊長肆

丈共核用

寬壹尺伍寸厚叁寸樟木枋貳丈肆寸

長捌寸釘貳拾肆個

長陸寸釘叁拾個

灰肆斤

桐油壹斤玖兩陸

綢紗壹斤捌兩

竹絲壹斤捌兩

艌匠壹工叁分伍釐

艌匠伍分柒釐

舂灰夫壹分肆釐

大[illegible]座壹塊用樟木長陸尺伍寸寬壹尺貳寸厚

柒寸木段大桅尖壹個長柒尺圍大貳尺貳寸

浮溪木頭桅尖壹個長柒尺圍大壹尺柒寸桅

座做淨每折見方尺叁拾尺用艌匠壹工桅尖

肆拾尺用艌匠壹工共核用

寬壹尺貳寸厚柒寸長陸尺柒寸樟木壹塊

圍大貳尺伍寸木段柒尺貳寸

圍大貳尺淨長叁丈貳尺浮溪木肆尺

艌匠壹工叁分捌釐

大鹿耳貳塊各長壹丈貳尺寬壹尺貳寸厚壹尺

頭鹿耳貳塊各長柒尺寬壹尺貳寸厚肆寸伍

分硬木棍廊耳夾[illegible]根各長壹丈叁尺圍大[illegible]

[illegible]折見方尺肆拾尺[illegible]
[illegible]寸[illegible]壹[illegible]貳[illegible]
[illegible]尺[illegible]樟木
[illegible]尺[illegible]福貳寸
[illegible]肆工叁分[illegible]
[illegible]根長陸寸闊大[illegible]頭桅壹根長[illegible]

[illegible]闊大貳[illegible]八陸寸做[illegible]方尺肆拾尺用
[illegible]匠壹工[illegible]核用
闊大肆[illegible]八伍寸長[illegible]木壹根
闊大貳八陸寸[illegible]木壹根
艌匠捌工柒分
大風篷壹扇長肆丈[illegible]貳丈貳尺貳寸頭風
篷壹扇長貳丈肆尺[illegible]八貳尺大篷擔壹根
[illegible]貳丈貳尺[illegible]長壹丈貳尺均
闊大[illegible]尺柒[illegible]

[illegible]篷[illegible]
[illegible]貳[illegible]尺[illegible]長肆丈捌尺風篷壹扇
[illegible]八風篷壹扇
闊大貳[illegible]丈[illegible]尺浮溪木壹根貳尺[illegible]
[illegible]貳寸
艌匠壹[illegible]釐
[illegible]下横梁二[illegible]木[illegible]壹丈肆尺頭篷架横
梁壹根長[illegible]大均圍大[illegible]尺[illegible]樟木大篷踏
壹塊長肆尺寬壹尺伍寸厚叁寸做淨毎折見

方尺叁拾貳尺用艌匠壹工共核用
寬壹尺伍寸厚叁寸樟木枋陸尺貳寸
圍[illegible]尺[illegible]木段貳丈壹尺肆寸
[illegible]貳工壹分貳釐
大篷[illegible]壹根用浮溪木[illegible]壹丈陸尺椗車員壹
根長[illegible]丈肆尺均圍大壹尺柒寸硬木桄車子
叁拾根各長壹丈叁尺圍大捌寸車員做淨毎
折見方尺叁拾貳尺用艌匠壹工共核用
闊大貳尺淨[illegible]叁丈貳尺浮溪木叁丈

闊大[illegible]長[illegible]叁尺[illegible]
艙匠[illegible]　[illegible]寸厚
[illegible]大壹尺[illegible]
寸[illegible]分厚陸寸
水[illegible]肆尺[illegible]龜守肆分
[illegible]頭木[illegible]每箭[illegible]
[illegible]工[illegible]尺用釘
[illegible]用[illegible]個水[illegible]

福建省外海戰船則例　[illegible]　卷廿三

[illegible]陸壹肆尺
[illegible]陸尺肆寸
[illegible]

鋼紗拾叁[illegible]
竹絲拾叁斤[illegible]
艌匠柒工壹分[illegible]
鋸匠壹工捌分捌釐
艌匠伍工貳分[illegible]
春灰夫壹名[illegible]
租龜用杉木板玖塊[illegible]長壹丈玖尺虎頭艙舖
板[illegible]柒尺[illegible]寬陸寸厚壹寸做淨
每[illegible]捌拾[illegible]匠[illegible]工龜板釘縫[illegible]

福建省外海戰船則例　[illegible]　卷廿三

長拾柒丈[illegible]尺每[illegible]肆寸釘叁拾個[illegible]
[illegible]共核用
[illegible]寸[illegible]叁尺[illegible]寸
[illegible]
叁拾[illegible]
[illegible]兩玖錢
紗拾[illegible]
[illegible]
艙[illegible]捌分[illegible]

[illegible]工料[illegible]歷

[illegible]板[illegible]大貳尺柒寸樟

[illegible]寸[illegible]叁寸繳淨

[illegible]尺[illegible]拾[illegible]壹[illegible]用長捌

個共該[illegible]

叁尺[illegible]根

[illegible]尺伍寸[illegible]尺貳寸捌分

艌[illegible]二[illegible]

[illegible]伍尺寬壹

[illegible]各長壹丈

[illegible]伍分樟木槭舵夾肆

[illegible]牙扼貳根各

[illegible]做淨每折見方尺

[illegible]舵夾艙丂肆拾尺用艌匠

[illegible]舵[illegible]板[illegible]拾尺用[illegible]舵夾釘縫湊

[illegible]尺[illegible]用長捌寸[illegible]舵門[illegible]

舵夾艙縫湊長拾[illegible]丈[illegible]尺共該用

寬壹尺貳寸厚捌寸長壹丈伍尺貳寸楮木

壹塊

圍大貳尺淨[illegible]貳尺浮溪木壹根

圍大壹尺憶[illegible]貳丈肆尺捌寸

圍大捌寸[illegible]硬木棍貳根

長捌寸釘[illegible]

灰拾柒斤拾[illegible]

桐油柒斤陸[illegible]

網紗陸斤玖兩[illegible]

竹絲陸[illegible]玖兩[illegible]

艌匠肆工叁分[illegible]

鋸匠柒分壹釐

艌匠貳工伍分[illegible]

舂灰夫陸[illegible]分貳釐

興隨戰[illegible]船[illegible]用[illegible]木底板捌塊各長壹

丈陸尺[illegible]陸塊[illegible]壹丈陸尺伍寸皆板[illegible]

肆塊各長伍尺伍寸均寬伍寸厚貳寸做[illegible]

折見方尺捌拾尺用艌匠壹工水底坂鮍板釘
縫湊長貳拾貳丈柒尺每丈用長伍寸釘叁拾
個水底板鮍板艌縫湊長肆拾伍丈肆尺共核
用
圍大貳尺淨長叁丈貳尺浮溪木叁根伍尺
叁寸
長伍寸釘陸百捌拾壹個
灰肆拾伍斤陸兩
桐油拾捌斤貳兩陸錢

網紗拾柒斤肆錢
竹絲拾柒斤肆錢
艦匠伍工叁分貳釐
鋸匠叁工肆釐
艌匠陸工肆分玖釐
舂灰夫壹名伍分玖釐
艑板舡兩旁水蛇貳塊大壓貳塊各長壹丈陸尺
伍寸均寬伍寸厚貳寸做淨每折見方尺捌拾
尺用艦匠壹工大壓釘縫湊長叁丈叁尺每丈

用長伍寸釘叁拾個水蛇釘縫湊長叁丈叁尺
每肆尺用長捌寸釘叁個艌縫湊長拾叁丈貳
尺共核用
圍大貳尺淨長叁丈貳尺浮溪木貳丈貳尺
長捌寸釘[illegible]伍個
長伍寸釘玖[illegible]個
灰拾叁斤叁[illegible]
桐油伍斤[illegible]錢
網紗肆斤拾[illegible]貳錢

竹絲肆斤拾[illegible]貳錢
艦匠壹工壹分陸釐
鋸匠陸分[illegible]
艌匠壹工捌分[illegible]釐
舂灰夫肆分陸釐
艑板舡用楂木極艑板梁叁塊各長伍尺叁寸沖
天極貳塊牛頭極捌塊各長貳尺伍寸均圍大
壹尺做淨每折見方尺肆拾尺用艦匠壹工艑
板梁釘縫湊長壹丈伍尺玖寸每丈用長陸寸

計叁拾個冲天各極每塊用長伍寸釘貳個艌
縫湊長捌丈壹尺捌寸共核用
團大壹尺樟木極肆丈貳尺伍寸
長陸寸釘肆拾捌個
長伍寸釘貳拾個
灰捌斤叁兩
桐油叁斤肆兩肆錢
綢紗叁斤壹兩壹錢
竹絲叁斤壹兩壹錢

艌匠壹工貳釐
艌匠壹工壹分柒釐
舂灰夫貳分玖釐
大桅鐵箍柒道各長肆尺陸寸頭桅箍叁個各長
貳尺柒寸舵頭箍叁個各長肆尺壹寸擺[illegible]箍貳
個各長叁尺叁寸均寬貳寸厚伍分椗齒[illegible]
各長壹尺寬柒寸厚伍分櫓箍叁個各長[illegible]尺
柒寸寬壹寸厚叁分鐵鐶叁個各圍大伍寸以
上鐵料共淨重壹百陸合貳斤每正鐵壹斤加

耗鐵壹斤每正鐵伍斤用鐵匠壹工每正[illegible]
壹斤用炭叁斤共核用
生鐵叁百貳拾肆斤
炭玖百柒拾貳斤
鐵匠叁拾貳工肆分
油畫前艙共用
烏烟叁斤伍兩
廣紅叁斤
銅綠叁兩貳錢

京紅叁兩
藤黃貳兩肆錢
南粉壹斤捌兩
銀硃捌錢
杭粉捌錢
藍粉叁兩
墨貳塊
降香肆兩
水膠肆兩

淡灰壹斤

桐油叁斤

油灰匠捌工

頭大桅鵝頸索貳條各長柒丈貳尺大柒寸貳分頭桅絆索貳條各長陸丈大肆寸陸分大踏索貳條各長陸丈大伍寸小踏索貳條各長叁丈大叁寸貳分大繚母壹條長肆丈大陸寸捌分小繚母壹條長貳丈肆尺大叁寸陸分大帮襯陸條各長壹丈陸尺大貳寸小帮襯玖條各長伍

尺大壹寸伍分以上麻索共重肆百貳拾斤每百斤用繩匠叁工陸分共核用

麻肆百貳拾斤

繩匠拾伍工壹分貳釐

椗□椗索壹條長肆拾貳丈大柒寸捌分副椗索壹條長肆拾丈大柒寸大篷筋壹條長陸丈陸尺大貳寸小篷筋壹條長叁丈叁尺大壹寸繚仔繚耳共拾伍條各長壹丈捌尺大貳寸椗纜貳條各長壹丈伍尺大柒寸大小摘尾貳條共

長拾貳丈大伍寸舵弔壹條長叁丈大伍寸以上棕繩共重肆百肆拾斤每擲棕肆拾斤用匠壹工成繩肆拾斤用匠壹工共核用

棕肆百肆拾斤

撕棕匠拾壹工

成繩匠拾壹工

沖天旂壹面長寬各壹丈貳尺壹條龍旂壹面長陸丈寬貳尺媽祖旂壹面長寬各肆尺伍寸大小定風旂叁面內壹面長肆尺貳面各長叁尺

均寬壹尺共核用

幅寬壹尺色布叁拾丈

苧線肆兩

裁縫匠叁工

椗貳門齒今各長壹丈肆尺寬捌寸厚伍寸

櫓貳枝各長叁丈貳尺寬柒寸厚肆寸

舢板櫓壹枝長貳丈伍尺寬柒寸厚肆寸

大小桅餅柒個

大小無底升肆百個

椗舵上配用竹繩草繩共用
竹篾肆百陸拾斤
繩匠拾陸工伍分陸釐
草心陸百柒斤
繩匠拾伍工壹分捌釐
查原送成規內開竹篾草繩所用匠工多寡不齊今照棕麻繩索核用
篷上配用大小篠毯攝子兎耳共用
楤篠拾玖斤
篠匠叄工捌分

刻字用
刻字匠叄工
豎立大小桅用
壯夫貳拾陸名
前船共用大小鐵釘壹萬肆千捌拾壹個刷抹釘頭每百個用桐油陸兩肆錢灰壹斤每油灰拾斤用艌匠壹工共核用
桐油伍拾陸斤伍兩貳錢
灰壹百肆拾斤拾[illegible]

艌匠拾玖工柒分壹釐
舂灰夫肆名玖分叄釐
前船共用艌匠貳百貳拾伍工玖分叄釐係照杉松木植核定內有樟楮等硬木用匠陸拾壹工陸分陸釐每工外加匠貳工外加匠拾貳工叄分肆釐共匠貳百叄拾捌工貳分陸釐每百工加安裝匠拾工計安裝匠貳拾叄工捌分叄釐每艌匠安裝匠壹百工船隨匠壯夫貳拾名計壯夫伍拾貳名肆分貳釐

以上拆造前船共用
寬捌寸厚捌寸松木陸丈柒尺陸寸每丈銀叄錢叄分壹釐
計銀貳兩貳錢叄分捌釐
查原送成規內開松木按依丈尺計算價值參差今照繒船寬壹尺厚捌寸每丈核銀肆錢壹分肆釐核算每丈需銀叄錢叄分壹釐之數一律核定
圍大叄尺淨長肆丈大吉木叄根每根銀貳兩伍錢
計銀柒兩伍錢
圍大貳尺伍寸淨長叄丈陸尺中吉木拾伍根貳丈肆尺每根銀[illegible]

計銀貳拾叁兩伍錢

查原送成規內開中吉木拾肆根今按丈尺做法核算應增壹根貳丈肆尺

圍大貳尺淨長叁丈貳尺浮溪木拾叁根壹丈伍尺每根銀伍錢

計銀陸兩柒錢叁分肆釐

查原送成規內開浮溪木拾伍根今按丈尺做法核算應減壹根壹丈柒尺

圍大壹尺陸寸淨長貳丈捌尺高洋木拾伍根叁尺貳寸每根銀貳錢

計銀叁兩貳分叁釐

查原送成規內開高洋木拾伍根今按丈尺做法核算應增叁尺貳寸

圍大貳尺伍寸木段肆拾壹丈陸尺玖寸核長壹丈肆尺段料貳拾玖根壹丈玖寸每根銀叁錢

計銀捌兩玖錢叁分肆釐

查原送成規內開木段叁拾根今按丈尺做法核算應減叁尺壹寸

寬壹尺伍寸厚叁寸樟木枋肆拾陸丈伍尺捌寸捌分核長壹丈柒尺枋料貳拾柒塊陸尺捌寸捌分每塊銀壹兩叁錢

計銀叁拾伍兩陸錢貳分陸釐

查原送成規內開樟木枋貳拾玖塊今按丈尺做法核算應減壹塊壹丈壹寸貳分

寬壹尺厚叁寸長捌尺貳寸樟木板伍塊每塊銀肆錢壹分捌釐

計銀貳兩玖分

查原送成規內開樟木梁座長壹丈柒尺寬壹尺伍寸厚叁寸每塊銀壹兩叁錢托泥板長捌尺寬壹尺厚叁寸每塊銀伍錢價值參差今照梁座之價一律核定

寬壹尺貳寸厚叁寸松木枋伍拾伍丈肆尺肆寸核長壹丈柒尺枋料叁拾貳塊壹丈肆寸每塊銀叁錢伍分

計銀拾壹兩肆錢壹分肆釐

查原送成規內開松木枋叁拾肆塊今按丈尺做法核算應減壹塊陸尺陸寸

圍大壹尺樟木極肆拾肆丈伍尺玖寸核長壹丈貳尺樟極叁拾柒塊壹尺玖寸每塊銀貳錢

計銀柒兩肆錢叁分貳釐

查原送成規內開樟木極叁拾捌塊今按丈尺做法核算應減壹丈壹寸

圍大捌寸長壹丈叁尺硬木棍伍拾根每根銀捌分

計銀肆兩

寬陸寸厚壹寸杉木板貳拾伍丈叁尺捌寸每丈銀

錢
計銀拾兩壹錢伍分貳釐
寬捌寸厚柒寸長壹丈貳尺貳寸樟木壹塊
計銀陸錢肆分貳釐
寬壹尺伍寸厚壹尺伍寸長壹丈貳尺貳寸樟木壹塊
計銀貳兩伍錢柒分玖釐
寬壹尺貳寸厚伍寸長捌尺貳寸樟木壹塊
計銀肆錢陸分貳釐

寬壹尺厚陸寸長壹丈壹尺貳寸樟木貳塊 每塊銀陸錢叁分壹釐
計銀壹兩貳錢陸分貳釐
寬壹尺伍寸厚壹尺伍寸長伍尺柒寸樟木壹塊
計銀壹兩貳錢伍釐
寬貳尺厚陸寸長陸尺貳寸樟木壹塊
計銀陸錢玖分玖釐
寬壹尺伍寸厚柒寸長壹丈叁尺貳寸樟木壹塊
計銀壹兩叁錢貳釐

寬壹尺貳寸厚陸寸長壹丈陸尺貳寸樟木壹塊
計銀壹兩玖分陸釐
寬壹尺貳寸厚柒寸長陸尺柒寸樟木壹塊
計銀伍錢貳分玖釐
寬壹尺貳寸厚壹尺長壹丈貳尺貳寸樟木貳塊 每塊銀壹兩叁錢柒分陸釐
計銀貳兩柒錢伍分貳釐
寬壹尺貳寸厚肆寸伍分長柒尺貳寸樟木貳塊 每塊銀叁錢陸分伍釐

計銀柒錢叁分
查原送成規內開樟木含檣等料拾壹款所開價值逐款核計俱屬參差今照精[illegible]每折見方壹尺核銀玖分叁釐玖毫陸絲之數一律核定
寬壹尺貳寸厚捌寸長壹丈伍尺貳寸楮木壹塊
計銀拾貳兩
圍大肆尺伍寸長陸丈桅木壹根
計銀貳拾兩
圍大貳尺陸寸長叁丈桅木壹根
計銀壹兩

長壹尺釘叁百叁拾捌個每貳個重壹斤計重壹百陸拾玖斤長捌寸釘貳百肆拾柒個每伍個重壹斤計重肆拾玖斤陸兩肆錢長陸寸釘捌千玖百伍拾肆個每拾伍個重壹斤計重伍百玖拾陸斤拾肆兩玖錢長伍寸釘肆千貳拾玖個每貳拾個重壹斤計重貳百壹斤柒兩貳錢長肆寸釘伍百拾叁個每叁拾個重壹斤計重拾柒斤壹兩陸錢以上鐵釘共重壹千叁拾叁斤拾肆兩壹錢除選用舊釘叁百拾斤貳兩陸錢外添新柒百貳拾叁斤拾壹兩伍錢每斤銀貳分貳釐

計銀拾伍兩玖錢貳分貳釐

灰壹千壹百柒拾捌斤伍兩每百斤銀貳錢

計銀貳兩叁錢伍分柒釐

桐油肆百柒拾肆斤伍兩伍錢每斤銀叁分

計銀拾肆兩貳錢叁分

澗紗叁百捌拾玖斤壹兩叁錢每斤銀壹分貳釐

計銀肆兩陸錢陸分玖釐

竹絲叁百捌拾玖斤壹兩叁錢每斤銀陸釐

計銀貳兩叁錢叁分肆釐

生鐵叁百貳拾肆斤每斤銀壹分

計銀叁兩貳錢肆分

炭玖百柒拾貳斤每百斤銀壹錢陸分

計銀壹兩伍錢伍分伍釐

[illegible]桐叁斤伍兩每斤銀壹分伍釐

計銀伍分

廣紅叁斤每斤銀伍分

計銀壹錢伍分

銅碌叁兩貳錢每斤銀叁錢

計銀陸分

京紅叁兩每斤銀捌分

計銀壹分伍釐

籐黃貳兩肆錢每斤銀貳錢

計銀叁分

南粉壹斤捌兩每斤銀壹分

計銀壹分伍釐

銀硃捌錢每斤銀陸錢肆分

計銀叁分貳釐

滾粉捌錢每斤銀壹錢陸分

計銀捌釐

藍粉叁兩每斤銀捌分

計銀壹分伍釐

墨貳塊每塊銀壹分

計銀貳分

松香肆兩每斤銀貳分

計銀伍釐

水膠肆兩每斤銀肆分

計銀壹分

淡底壹斤

計銀伍分

麻肆百貳拾斤每斤銀壹分伍釐

計銀陸兩叁錢

棕肆百肆拾斤每斤銀叁分

計銀拾叁兩貳錢

幅寬壹尺色布叁拾丈每丈銀壹錢

計銀叁兩

縫線肆兩每斤銀壹錢貳分

計銀叁分

桅貳門齒全各長壹丈肆尺寬捌寸厚伍寸每門銀壹兩

計銀貳兩

櫓貳枝各長叁丈貳尺寬柒寸厚肆寸每枝銀柒錢

計銀壹兩肆錢

舢板櫓壹枝長貳丈伍尺寬柒寸厚肆寸

計銀叁錢貳分壹釐

大風篷壹扇長肆丈捌尺寬貳丈貳尺貳寸

計銀叁兩叁錢貳分叁釐

頭風篷壹扇長貳丈肆尺寬壹丈貳尺

計銀捌錢玖分捌釐

查原送成規內開各則風篷價值參差今照繒船每折見方壹丈核銀叁錢壹分壹釐捌毫之數一律核定

大小桅併柒個每個銀柒分

計銀肆錢玖分
大小無底升肆百個 每百個銀捌分
計銀叁錢貳分
竹篾肆百陸拾斤 每百斤銀壹錢陸分
計銀柒錢叁分陸釐
草心陸百柒斤 每百斤銀柒分
計銀肆錢貳分伍釐
棚藤拾玖斤 每斤銀貳分伍釐
計銀肆錢柒分伍釐

艦匠貳百叁拾捌工貳分陸釐
安裝匠貳拾叁工捌分叁釐
鋸匠伍拾工壹分玖釐
艌匠壹百陸拾柒工玖分伍釐
鐵匠叁拾貳工肆分
油畫匠捌工
繩匠肆拾陸工捌分陸釐
捺匠貳拾貳工
裁縫匠叁工

篠匠叁工捌分
刻字匠叁工
北夫壹百拾玖名陸分柒釐
以上匠夫共柒百拾捌工玖分陸釐 每工銀伍分
計銀叁拾伍兩玖錢肆分捌釐
置備物件開後
木桶貳拾件 每件銀叁分
計銀陸錢
鐵鍋貳口換新 每口貼工料銀壹錢貳分
計銀貳錢肆分

鼓壹面修理換皮
計銀肆錢捌分
金壹面重肆斤換新 每斤貼工料銀柒分
計銀貳錢捌分
以上折造前船成規內開共需工料銀貳百捌拾肆兩貳錢壹分柒釐內部價銀壹百叁拾伍兩叁錢肆分壹釐伍毫加捌津貼并另加叁分銀壹百肆拾捌兩捌錢柒分伍釐[illegible]

兩陸分捌釐今按條查核分別增減更正需用工料銀貳百捌拾肆兩壹錢叁分肆釐內部價銀壹百叁拾伍兩叁錢貳釐加捌津貼并另加叁分銀壹百肆拾捌兩捌錢叁分貳釐臺廠運費銀貳拾柒兩陸分計節減工料銀捌分叁釐運費銀捌釐行令該撫於前船屆應折造之期將節減銀兩在於應領銀內扣除至大小修理成規內開大修工料銀貳百肆拾壹兩柒錢伍分內部價銀壹百玖兩捌錢捌分陸釐加玖津貼并另加叁分銀壹百

叁拾壹兩捌錢陸分肆釐臺廠運費銀貳拾壹兩玖錢柒分柒釐小修工料銀壹百伍拾壹兩捌錢捌分肆釐內部價銀陸拾陸兩叁分柒釐加拾津貼并另加叁分銀捌拾伍兩捌錢肆分柒釐臺廠運費銀拾叁兩貳錢柒釐其餘肆拾船倣此

福建省外海戰船做法

臺灣協標中營利字壹號肆號左營陸號柒號號玖號右營拾號拾肆號杉板頭哨船捌隻每隻身長叁丈肆尺伍寸頭起䑸貳尺捌寸尾起䑸貳尺貳寸船頭長壹丈貳尺面勻寬柒尺肆寸底勻寬陸尺壹寸船中長壹丈貳尺伍寸面勻寬壹丈玖寸底勻寬捌尺船尾長壹丈面勻寬壹丈伍寸底勻寬柒尺計拾肆艙深叁尺伍寸

今將拆造前船需用工料價值細數開後

計開

船底松木龍骨壹道計叁節船頭壹節長壹丈船中壹節連交接匙頭長壹丈捌尺船尾壹節長捌尺共湊長叁丈陸尺見方捌寸做淨每折見方尺貳拾尺用艌匠壹工交接匙頭貳處每處用長壹尺釘捌個又每邊用長陸寸釘拾貳個共核用

見方捌寸松木叁丈柒尺陸寸

長壹尺釘拾陸個

長陸寸釘貳拾肆個

艫匠伍工柒分陸釐

船底板連起亂長叁丈肆尺伍寸內船底匀寬柒尺伍寸貳分兩站各匀高肆尺壹寸捌分用長叁丈陸尺寬陸寸肆分厚貳寸叁分中吉木枋貳拾肆塊做淨每折見方尺捌拾尺用艫匠壹工鋸板折寬壹尺長柒丈用鋸匠壹工（以下鋸板用工做此）釘縫湊長捌拾陸丈肆尺每丈用長陸寸釘

叁拾個艌縫湊長壹百柒拾貳丈捌尺每丈用灰壹斤桐油陸兩肆錢網紗竹絲各陸兩每柒丈用艌匠壹工舂製油灰每肆拾斤用舂灰夫壹名（以下艌縫用工用料做此）共核用

圓大貳尺伍寸淨長叁丈陸尺中吉木捌根

長陸寸釘貳千伍百玖拾貳個

灰壹百柒拾貳斤拾叁兩

桐油陸拾玖斤壹兩玖錢

網紗陸拾肆斤拾貳兩捌錢

竹絲陸拾肆斤拾貳兩捌錢

艫匠拾捌工柒分玖釐

鋸匠拾工柒分肆釐

艌匠貳拾肆工陸分玖釐

舂灰夫陸名伍釐

各艙抽換樟木梁座拾壹塊湊長玖丈捌尺叁寸艙梁陸塊湊長伍丈捌尺叁寸均寬壹尺伍寸厚叁寸松木梁頭玖塊湊長玖丈叁尺均寬壹尺貳寸厚叁寸配換樟木極貳拾貳塊內冲天

極貳塊阿班一艙極貳塊鰍魚極貳塊各長陸尺尾堵裡極貳塊目裡八字極貳塊各長肆尺水櫃艙極貳塊各長柒尺轉水極貳塊油婆艙極貳塊各長玖尺尾舨極貳塊後通鋪艙極貳塊各長捌尺下金極貳塊各長伍尺均圍大壹尺硬木棍穩弔陸根各長壹丈叁尺圍大捌寸梁座梁頭做淨每折見方尺捌拾尺用艫匠壹工冲天各極穩弔肆拾尺用艫匠壹工梁座艙梁釘縫湊長拾伍丈肆尺陸寸每丈用長伍寸

釘叁拾個梁頭穩門釘縫湊長拾柒丈壹尺每
丈用長陸寸釘叁拾個樟極每塊用長陸寸釘
貳個艙縫湊長玖拾肆丈叁尺貳寸共核用
寬壹尺伍寸厚叁寸樟木枋拾陸丈
寬壹尺貳寸厚叁寸松木枋玖丈肆尺捌寸
闊大壹尺樟木極拾肆丈柒尺捌寸
闊大捌寸長壹丈叁尺硬木梶陸根
長陸寸釘伍百伍拾柒個
長伍寸釘肆百柒拾個

灰玖拾肆斤伍兩
桐油叁拾柒斤拾壹兩陸錢
網紗叁拾伍斤伍兩玖錢
竹絲叁拾伍斤伍兩玖錢
艦匠拾伍工陸分玖釐
艌匠拾叁工肆分柒釐
舂灰夫叁名叁分
船身兩邊走馬貳條水蛇貳條用長叁丈肆尺伍
寸寬陸寸陸分厚叁寸中吉木板肆塊做凈每

折見方尺肆拾尺用艦匠壹工走馬釘縫湊長
陸丈玖尺每丈用長壹尺釘叁拾個水蛇釘縫
湊長陸丈玖尺每肆尺用長壹尺釘叁個艙縫
湊長貳拾柒丈陸尺共核用
闊大貳尺伍寸凈長叁丈陸尺中吉木壹根
叁丈叁尺
長壹尺釘貳百伍拾玖個
灰貳拾柒斤拾兩
桐油拾壹斤陸錢

網紗拾斤伍兩陸錢
竹絲拾斤伍兩陸錢
艦匠陸工陸分貳釐
鋸匠壹工捌分玖釐
艌匠叁工玖分肆釐
舂灰夫玖分柒釐
船面兩旁皦板長叁丈肆尺伍寸湊寬捌尺抽換
用長叁丈陸尺寬陸寸肆分厚貳寸叁分中吉
木板玖塊做凈每折見方尺捌拾尺用艦匠壹

工釘縫湊長叁拾貳丈肆尺每丈用長陸寸釘
叁拾個艙縫湊長陸拾肆丈捌尺共核用
圍大貳尺伍寸淨長叁丈陸尺中吉木叁根
長陸寸釘玖百柒拾貳個
灰陸拾肆斤拾叁兩
桐油貳拾伍斤拾肆兩柒錢
綱紗貳拾肆斤肆兩捌錢
竹絲貳拾肆斤肆兩捌錢
艦匠柒工伍釐

鋸匠肆工叁釐
艌匠玖工貳分陸釐
舂灰夫貳名貳分柒釐
皦面用浮溪木笨抽貳塊各長叁丈貳尺寬伍寸
厚貳寸皦邊用中吉木水戧貳塊舨內大壓貳
塊各長壹丈捌尺均寬陸寸陸分厚叁寸樟木
極舨艆陸塊百子艙陸塊各長肆尺均圍大壹
尺做淨每折見方尺肆拾尺用艦匠壹工笨抽
大壓水戧百子艙釘縫湊長拾陸丈每丈用長

陸寸釘叁拾個舨艆每塊用長陸寸釘貳個艙
縫湊長叁拾陸丈捌尺共核用
圍大貳尺淨長叁丈貳尺浮溪木壹根
圍大貳尺伍寸淨長叁丈陸尺中吉木壹根
圍大壹尺樟木極肆丈玖尺貳寸
長陸寸釘肆百玖拾貳個
灰叁拾陸斤拾叁兩
桐油拾肆斤拾壹兩伍錢
綱紗拾叁斤拾貳兩捌錢
竹絲拾叁斤拾貳兩捌錢

艦匠陸工玖分
鋸匠壹工陸分叁釐
艌匠伍工貳分陸釐
舂灰夫壹名貳分玖釐
官廳用浮溪木貼柱肆根各長壹丈叁尺見方叁
寸戰櫃槓叁根各長壹丈貳尺圍大壹尺柒寸
鋪枋拾伍塊各長柒尺戰櫃板肆塊各長玖尺
均寬伍寸厚貳寸木段猫裡堵板玖塊堵板玖

塊各長肆尺陸寸寬陸寸肆分厚貳寸叁分樟
木太平牛頭貳塊各長肆尺寬壹尺伍寸厚叁
寸柾槓太平牛頭做淨每折見方尺肆拾尺用
艌匠壹工鋪板等板捌拾尺用艌匠壹工戰櫃
仮猫裡墻板釘縫凑長柒丈柒尺肆寸每丈用
長伍寸釘叁拾個太平牛頭每塊用長伍寸釘
拾貳個戰櫃板槓艌縫凑長拾肆丈肆尺共核
用
圍大貳尺淨長叁丈貳尺浮溪木叁根

圍大貳尺伍寸木段貳丈捌尺貳寸
寬壹尺伍寸厚叁寸樟木枋捌尺貳寸
長伍寸釘貳百伍拾陸個
灰拾肆斤陸兩
桐油伍斤拾貳兩貳錢
網紗伍斤陸兩肆錢
竹絲伍斤陸兩肆錢
艌匠捌工捌釐
鋸匠貳工捌分捌釐

艌匠貳工陸釐
春灰夫伍分
前通鋪叁塊各長壹丈壹尺後通鋪叁塊各長壹
丈扛豆伍塊各長壹丈叁尺尾裡板伍塊各長
肆尺繚挑貳塊各長捌尺均寬壹尺貳寸厚叁
寸通鋪尾裡板繚挑做淨每折見方尺捌拾尺
用艌匠壹工扛豆肆拾尺用艌匠壹工通鋪扛
豆釘縫凑長拾貳丈捌尺每丈用長陸寸釘叁
拾個尾裡板釘縫凑長貳丈每丈用長伍寸釘

叁拾個通鋪扛豆尾裡板艌縫凑長貳拾玖丈
陸尺共核用
寬壹尺貳寸厚叁寸松木枋拾陸丈柒尺壹
寸
長陸寸釘叁百捌拾肆個
長伍寸釘陸拾個
灰貳拾玖斤拾兩
桐油拾壹斤拾叁兩肆錢
網紗拾壹斤壹兩陸錢

竹絲拾壹斤壹兩陸錢
艦匠捌工伍分玖釐
艌匠肆工貳分叁釐
舂灰夫壹名肆釐
船旁艙面用高洋木戰棚板捌塊各長貳丈捌尺寬肆寸厚貳寸名艙內堵板壹百陸拾塊各長貳尺捌寸寬肆寸厚壹寸木段艙蓋板伍拾肆塊各長肆尺陸寸寬陸寸肆分厚貳寸叁分通槽捌個側槽肆個各長肆尺陸寸寬陸寸陸分厚陸寸松木水槽墊板肆塊各長肆尺寬壹尺貳寸厚叁寸通槽側槽做淨每折見方尺叁拾尺用艌匠壹工戰棚各板捌拾尺用艦匠壹工艙板蓋釘縫湊長貳拾肆丈捌尺肆寸每丈用長伍寸釘叁拾個艌縫湊長肆拾玖丈陸尺捌寸共核用
閘大壹尺陸寸淨長貳丈捌尺高洋木捌根
閘大貳尺伍寸木段拾肆丈壹尺
寬壹尺貳寸厚叁寸松木枋壹丈陸尺肆寸

長伍寸釘柒百肆拾伍個
灰肆拾玖斤拾壹兩
桐油拾玖斤拾肆兩
網紗拾捌斤拾兩壹錢
竹絲拾捌斤拾兩壹錢
艦匠拾玖工陸分
鋸匠玖工貳分
艌匠柒工壹分
舂灰夫壹名柒分肆釐
船頭斗蓋壹塊用樟木長壹丈貳尺寬捌寸厚柒寸托浪板肆塊各長捌尺寬壹尺厚叁寸兔耳壹塊長陸尺蝦鬚梁壹塊長柒尺均寬壹尺伍寸厚叁寸斗蓋兔耳蝦鬚梁做淨每折見方尺肆拾尺用艦匠壹工托浪板捌拾尺用艦匠壹工斗蓋用長捌寸釘拾貳個托浪板蝦鬚梁釘縫湊長叁丈玖尺每丈用長陸寸釘叁拾個兔耳釘縫湊長陸尺每丈用長伍寸釘叁拾個托浪板兔耳蝦鬚梁艌縫湊長玖丈共核用

寬捌寸厚柒寸長壹丈貳尺貳寸樟木壹塊
寬壹尺厚叁寸長捌尺貳寸樟木板肆塊
寬壹尺伍寸厚叁寸樟木枋壹丈叁尺肆寸
長捌寸釘拾貳個
長陸寸釘壹百拾柒個
長伍寸釘拾捌個
灰玖斤
桐油叁斤玖兩陸錢
網紗叁斤陸兩

竹絲叁斤陸兩
艦匠叁工壹分壹釐
艌匠壹工貳分玖釐
舂灰夫叁分貳釐
中舍櫃壹塊長壹丈貳尺見方壹尺伍寸頭含櫃
壹塊長捌尺寬壹尺貳寸厚伍寸含櫃梁壹塊
長壹丈貳尺含櫃槽壹塊長玖尺一仔梁壹塊
長伍尺均寬壹尺伍寸厚叁寸做淨每折見方
尺叁拾尺用艌匠壹工含櫃梁一仔梁釘縫湊

長壹丈柒尺每丈用長陸寸釘叁拾個含櫃含
櫃梁一仔梁艌縫湊長柒丈肆尺共核用
見方壹尺伍寸長壹丈貳尺貳寸樟木壹塊
寬壹尺貳寸厚伍寸長捌尺貳寸樟木壹塊
寬壹尺伍寸厚叁寸樟木枋貳丈陸尺伍寸
長陸寸釘伍拾壹個
灰柒斤陸兩
桐油貳斤拾伍兩肆錢
網紗貳斤拾貳兩肆錢

竹絲貳斤拾貳兩肆錢
艦匠陸工肆分叁釐
艌匠壹工陸釐
舂灰夫貳分陸釐
轉水貳塊各長壹丈壹尺寬壹尺厚陸寸船尾用
上金壹塊長壹丈叁尺寬壹尺伍寸厚柒寸下
金壹塊長伍尺伍寸見方壹尺伍寸繚牛一副
長陸尺寬貳尺厚陸寸硬木棍下金拴貳根繚
牛繳肆根各長陸尺伍寸闊大捌寸上金下金

繚牛做淨毎折見方尺叁拾尺用艌匠壹工轉
水下金拴繚牛钀肆拾尺用艌匠壹工轉水毎
塊用長壹尺釘貳個上金用長壹尺釘拾捌個
下金繚牛用長捌寸釘叁拾陸個繚牛钀釘縫
湊長貳丈陸尺每丈用長伍寸釘叁拾個轉水
艌縫湊長肆丈肆尺下金艌縫長伍尺伍寸共
核用

寬壹尺厚陸寸長壹丈壹尺貳寸樟木貳塊
寬壹尺伍寸厚柒寸長壹丈叁尺貳寸樟木

壹塊
見方壹尺伍寸長伍尺柒寸樟木壹塊
寬貳尺厚陸寸長陸尺貳寸樟木壹塊
圍大捌寸長壹丈叁尺硬木棍叁根
長壹尺釘貳拾貳個
長捌寸釘叁拾陸個
長伍寸釘柒拾捌個
灰肆斤拾伍兩
桐油壹斤拾伍兩柒錢

網紗壹斤拾叁兩柒錢
竹絲壹斤拾叁兩柒錢
艌匠陸工捌分叁釐
艌匠柒分壹釐
舂灰夫壹分柒釐
船尾用木段硬筋貳根各長壹丈水仙門柱貳根
各長肆尺均圍大貳尺貳寸高洋木尾挑貳根
各長壹丈肆尺圍大壹尺叁寸樟木櫓床貳塊
各長肆尺寬壹尺伍寸厚叁寸做淨毎折見方

尺肆拾尺用艌匠壹工硬筋頭尾用長陸寸釘
拾貳個櫓床毎塊用長捌寸釘拾貳個櫓床艌
縫湊長壹丈陸尺共核用
圍大貳尺伍寸木段貳丈捌尺陸寸
圍大壹尺陸寸淨長貳丈捌尺高洋木壹根
寬壹尺伍寸厚叁寸樟木枋捌尺貳寸
長捌寸釘貳拾肆個
長陸寸釘拾貳個
灰壹斤拾兩

桐油拾兩貳錢
細紗玖兩陸錢
竹絲玖兩陸錢
艌匠叁工壹分柒釐
艌匠貳分叁釐
舂灰夫陸釐
大桅座壹塊長陸尺寬壹尺貳寸厚柒寸做淨每
折見方尺叁拾尺用艌匠壹工共核用
寬壹尺貳寸厚柒寸長陸尺貳寸樟木壹塊

艌匠柒分陸釐
大桅壹根長伍丈貳尺圍大肆尺貳寸頭桅壹根
長叁丈圍大貳尺陸寸樟木大鹿耳貳塊各長
壹丈貳尺寬壹尺貳寸厚壹尺頭鹿耳貳塊各
長柒尺寬壹尺貳寸厚肆寸伍分大桅笠壹塊
長壹尺伍寸小鬼面壹塊長叁尺均寬壹尺厚
叁寸硬木棍鹿耳夾貳根各長壹丈叁尺圍大
捌寸做淨每折見方尺肆拾尺用艌匠壹工鬼
面用長陸寸釘陸個共核用

圍大肆尺貳寸長伍丈貳尺桅木壹根
圍大貳尺陸寸長叁丈桅木壹根
寬壹尺貳寸厚壹尺長壹丈貳尺貳寸樟木
貳塊
寬壹尺貳寸厚肆寸伍分長柒尺貳寸樟木
貳塊
寬壹尺伍寸厚叁寸樟木枋叁尺壹寸叁分
圍大捌寸長壹丈叁尺硬木棍貳根
長陸寸釘陸個

艌匠拾貳工貳釐
大風篷壹扇長肆丈貳尺寬貳丈頭風篷壹扇長
貳丈壹尺寬壹丈浮溪木大篷擔貳根各長貳
丈頭篷擔壹根長壹丈均圍大壹尺柒寸做淨
每折見方尺肆拾尺用艌匠壹工共核用
寬貳丈長肆丈貳尺風篷壹扇
寬壹丈長貳丈壹尺風篷壹扇
圍大貳尺淨長叁丈貳尺浮溪木壹根壹丈
捌尺

艌匠貳工壹分叁釐
大篷架橫梁壹根用木段長壹丈貳尺圍大貳尺
貳寸樟木大篷踏壹塊長伍尺寬壹尺伍寸厚
叁寸浮溪木大篷車員壹根長壹丈肆尺圍大
壹尺柒寸樟木車耳伍塊各長叁尺伍寸寬壹
尺厚叁寸硬木棍車子貳拾根各長壹丈叁尺
圍大捌寸篷梁篷踏車員車耳做淨每折見方
尺叁拾貳尺用艌匠壹工共核用
圍大貳尺伍寸木段壹丈貳尺貳寸

寬壹尺伍寸厚叁寸樟木枋壹丈柒尺壹寸
圍大貳尺淨長叁丈貳尺浮溪木壹丈肆尺
圍大捌寸長壹丈叁尺硬木棍貳拾根
艌匠叁工伍分伍釐
水櫃用樟木牛頭貳塊各長肆尺寬壹尺伍寸厚
叁寸木段水櫃柱肆根各長柒尺圍大貳尺貳
寸水櫃隔肆塊各長柒尺寬陸寸陸分厚陸寸
水櫃板拾捌塊各長肆尺陸寸寬陸寸肆分厚
貳寸叁分牛頭柱隔做淨每折見方尺肆拾尺

用艌匠壹工水櫃板捌拾尺用艌匠壹工牛頭
釘縫湊長捌尺每丈用長陸寸釘叁拾個水櫃
板釘縫湊長捌丈貳尺捌寸每丈用長伍寸釘
叁拾個水櫃柱每根用長陸寸釘貳拾個艌縫
湊長貳拾玖丈叁尺陸寸共核用
寬壹尺伍寸厚叁寸樟木枋捌尺貳寸
圍大貳尺伍寸木段捌丈伍尺捌寸
長陸寸釘壹百肆個
長伍寸釘貳百肆拾捌個

灰貳拾玖斤陸兩
桐油拾壹斤拾壹兩玖錢
綢紗拾壹斤貳錢
竹絲拾壹斤貳錢
艌匠伍工捌分貳釐
鋸匠壹工伍分叁釐
艌匠肆工壹分玖釐
舂灰夫壹名叁釐
船頭用中吉木椗壹枝長貳丈伍尺圍大貳尺肆

寸樟木槌牙貳塊各長叁尺寬伍寸厚叁寸做
淨每折見方尺肆拾尺用艌匠壹工槌牙用長
捌寸釘陸個共核用
圍大貳尺伍寸淨長叁丈陸尺中吉木貳丈
伍尺
寬壹尺伍寸厚叁寸樟木務貳尺柒分
長捌寸釘陸個
艌匠壹工陸分貳釐
船尾舵壹門用楮木舵桿壹根長壹丈伍尺寬壹

尺貳寸厚捌寸中吉木舵閂板叁塊各長壹丈
壹尺寬陸寸肆分厚貳寸叁分樟木極舵夾陸
塊各長肆尺圍大壹尺硬木棍舵牙梔貳根各
長壹丈叁尺圍大捌寸舵桿做淨每折見方尺
叁拾尺用艌匠壹工舵夾舵牙肆拾尺用艌匠
壹工舵閂板捌拾尺用艌匠壹工舵夾釘縫湊
長貳丈肆尺每丈用長捌寸釘伍拾個舵夾舵
閂板艌縫湊長拾壹丈肆尺共核用
寬壹尺貳寸厚捌寸長壹丈伍尺貳寸楮木

壹塊
圍大貳尺伍寸淨長叁丈陸尺中吉木壹丈
壹尺
圍大壹尺樟木極貳丈肆尺陸寸
圍大捌寸長壹丈叁尺硬木棍貳根
長捌寸釘壹百貳拾個
灰拾壹斤陸兩
桐油肆斤玖兩
網紗肆斤肆兩肆錢

竹絲肆斤肆兩肆錢
艌匠叁工捌分肆釐
鋸匠肆分壹釐
艌匠壹工陸分叁釐
舂灰夫肆分
跟隨戰船舢板船用浮溪木水底板捌塊各長壹
丈叁尺水舵貳塊各長壹丈肆尺艕板陸塊各
長壹丈肆尺艙堵板拾陸塊各長肆尺伍寸均
寬伍寸厚貳寸樟木冲天極貳塊牛頭極肆塊

舨極陸塊各長貳尺艙板梁肆塊各長叁尺均闊大壹尺樟木各極做淨每折見方尺肆拾尺用艦匠壹工水底各舨捌拾尺用艦匠壹工水底板舨板釘縫湊長拾捌丈捌尺每丈用長伍寸釘叁拾個水蛇釘縫湊長貳丈捌尺每肆尺用長陸寸釘叁個艙板梁釘縫湊長壹丈貳尺每丈用長陸寸釘叁拾個冲天各極每塊用長陸寸釘貳個水底板水蛇舨板冲天各極艙板梁艙縫湊長伍拾丈肆尺共核用

闊大貳尺淨長叁丈貳尺浮溪木叁根

圍大壹尺樟木極叁丈柒尺陸寸

長陸寸釘捌拾壹個

長伍寸釘伍百陸拾肆個

灰伍拾斤陸兩

桐油貳拾斤貳兩陸錢

網紗拾捌斤拾肆兩肆錢

竹絲拾捌斤拾肆兩肆錢

艦匠伍工玖分柒釐

鋸匠貳工捌分捌釐

艙匠柒工貳分

砟灰夫壹名柒分陸釐

大桅鐵箍陸個各長肆尺叁寸頭桅箍叁個各長貳尺柒寸舵頭箍貳個各長肆尺壹寸槌箍貳個各長叁尺叁寸均寬貳寸厚伍分椗齒貳個各長壹尺寬柒寸厚伍分櫓箍壹個長貳尺肆寸寬壹寸厚叁分鐵鐶肆個各圍大陸寸共淨重壹百叁拾柒斤捌兩每正鐵壹斤加耗鐵壹

斤每正鐵伍斤用鐵匠壹工每正耗鐵壹斤用炭叁斤共核用

生鐵貳百柒拾伍斤

炭捌百貳拾伍斤

鐵匠貳拾柒工伍分

油畫前船共用

烏烟壹斤

廣紅貳斤

銅碌貳兩陸錢

〔康熙〕天津衛志四卷首一卷

〔清〕薛柱斗修　〔清〕高必大纂

〔康熙〕《天津衛志》四卷首一卷，清薛柱斗修，高必大纂。此爲現存最早之天津志書，始修於康熙十三年（一六七四）。卷一沿革、建置、形勝、渡蹕、至到、古蹟，卷二風俗、利弊、賦役、户口、籍貫、官職，卷三官職、功陞、崇祀、名宦鄉賢、封蔭、科甲、貢例、寓賢、耆壽冠帶、人物、土産、災變、宫廟，卷四藝文。據中國國家圖書館藏清抄本影印。

諭條奏事康熙拾壹年柒月初壹日禮科抄出少
師兼太子太師户部尚書保和殿大學士加二
級臣衛周祚奏前事本月初六日奉
旨這應進講書籍知道了餘著該部議奏欽此欽
遵於柒月拾壹日到部除各部事宜應聽各該
部議覆外該臣等議得保和殿大學士衛周祚

疏稱各省通志宜修如天下山川形勢户口丁
徭地畝錢糧風俗人物疆域險要宜彙集成帙
名曰通志誠一代之文獻也迄今各直省尚未
編修甚屬缺典何以襄我
皇上興隆盛治乎除河南陝西二省已經前撫臣
賈漢復纂修進呈外請
勅下直隸各省督撫聘集夙儒名賢接古續今纂
輯成書總發翰林院彙為
大清一統志等因前來查直隸各省通志關係一
代文獻除河南陝西二省已經前撫臣賈漢復
纂修進呈外其餘直隸各省通志請
勅下各省該督撫詳查各山川形勢户口丁徭地
畝錢糧風俗人物疆域險要照河南陝西通志
款式纂輯成書到部之日送翰林院為
大清一統志恭進
睿覽可也等因康熙拾壹年柒月貳拾肆日題本
月貳拾柒日奉
旨依議

重修天津衛志序

今夫天有分野而星辰象緯躔度次舍之在所必詳地有畛域而扼塞險要國俗民風之在所必紀故昔盛王之世太史陳詩以考風市師納價而問俗各有分土分民以相志猗歟休哉其二帝三王之隆也及廢封建以後而郡有郡志州有州志遞至縣衛莫不載記圖繪井疆鱗次以相及也外而疆圉險扼以為國之捍籓内而風俗人民以為國之治紀有學校以興民行斯

正德必先厚生有防禦以捍牧圉斯文事必嚴武備民為邦本故户口之籍在所必稽食乃民天故地畝之規在所必釐公旬有役而丁徭之制所急詳也維正有供而貢賦之則所亟飭也大而山川形勝弘巨麗之觀細而歌咏詩詞發謳吟之響顯而縉紳先生鍾崧生嶽降之奇隱而碩德名流表幽人逸士之韻以至忠臣孝子之氣雲漢為昭貞女烈婦之操氷霜比潔靡不備載以俟輶軒採風者之詳考焉天津為衛去

神京二百餘里當南北往來之衝京師歲食東南數百萬之漕悉道經于此舟楫之所式臨商賈之所萃集五方之民之所雜處皇華使者之所銜命以出贒士大夫之所報命而還者亦必由於是名雖為衛實則即一大都會所莫能過也故明初無志正德中始創於胡公繼修於彭公自茲以來幾經九十載未聞有嗣修者誠哉翰林倫分所謂創難而繼亦不易也庚戌冬予奉

簡命來涖兹土即擬修志書以昭一代之盛顧以

政事繁劇未遑旁稽然此志殷殷未嘗一日去諸懷也癸丑歲方修葺黌宫以及官府務期一切利弊有關國計民生者為之次第舉行適奉

天子明詔繕治志書於是急下所司博求儒贒旁採舊聞稗官野乘皆在所稽故老遺黎亦在所擇然後弘綱巨紀炳炳為章纖悉細微離離並著直令有善必揚無媺不録矢公矢正無黨無私閲數月採輯成書藏諸政府凡使後之採風者取而覽觀而知户口之乘除貢賦之編額官

府之沿革制度之廢興山川形勝之壯我疆圉
國俗民風之率我政教無不燦若列眉洞如觀
火庶幾瞭然於目而了然於心於以助流教化
一道同風未必不由於是則是書之成或亦有
裨化理竊自附文獻之一　考藉手拜稽以對揚
天子之休命云
旨
康熙十三年歲次甲寅冬十二月吉旦
整飭天津等處兼理馬政驛傳糧餉屯田河道
鹽法事務山東按察司副使加六級關中薛柱
斗撰

圖說

天津一城三面臨河大海在其東南三角淀繞
其西北為水陸通衢
畿南要地設立僅三百年其中大小衙門及寺觀
宮廟庵祠牌坊之麗洵稱壯觀巍然一大都會
也因繪為圖以資披覽

天津衛儒學署教授舉人高陽韓特扒識

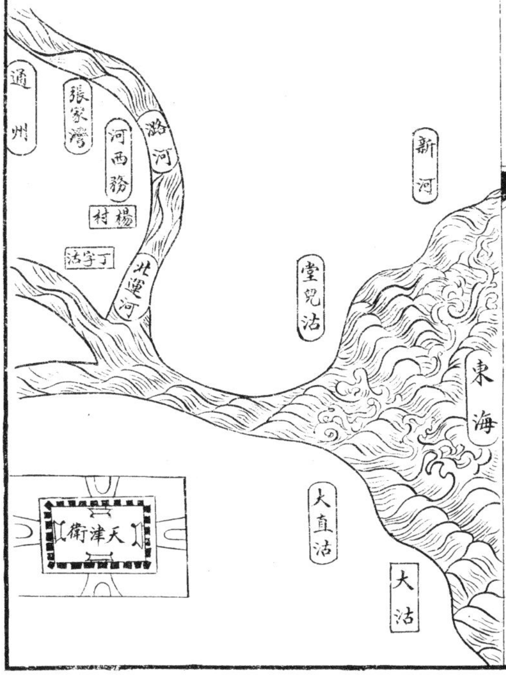

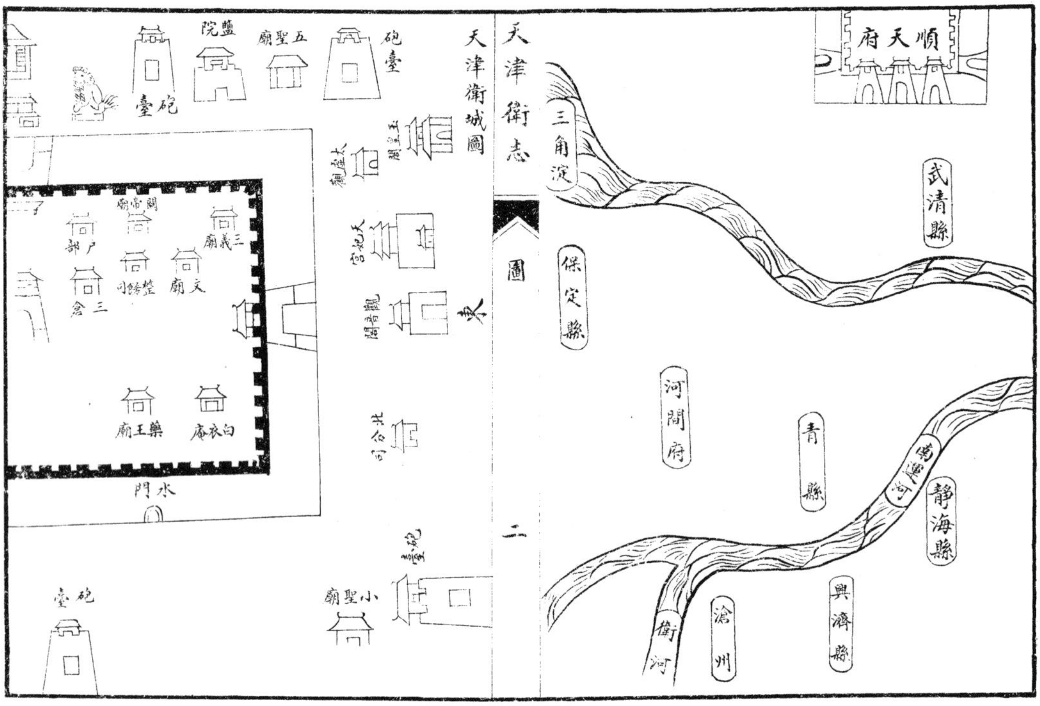
天津衛志
圖
二
天津衛城圖
順天府
武清縣
三角淀
保定縣
河間府
青縣
南運河
靜海縣
興濟縣
滄州
衛河
砲臺
鹽院
五聖廟
砲臺
關帝廟
三義廟
戶部
文廟
三倉
樂王廟
白衣庵
水門
砲臺
小聖廟

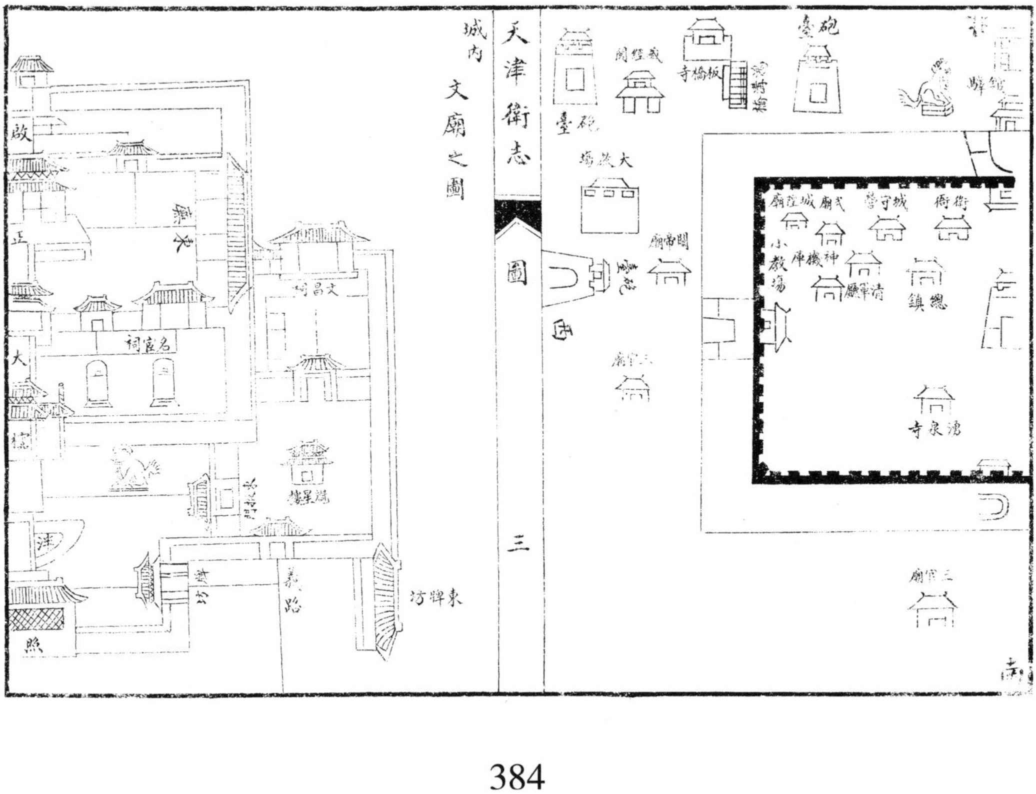
天津衛志
圖
三
城內文廟之圖
名宦祠
文昌祠
魁星樓
義路
東牌坊
砲臺
藏經閣
板橋寺
砲臺
關帝廟
三官廟
城隍廟
武廟
城守營
衛
小教場
神機庫
清軍廳
總鎮
清泉寺
三官廟

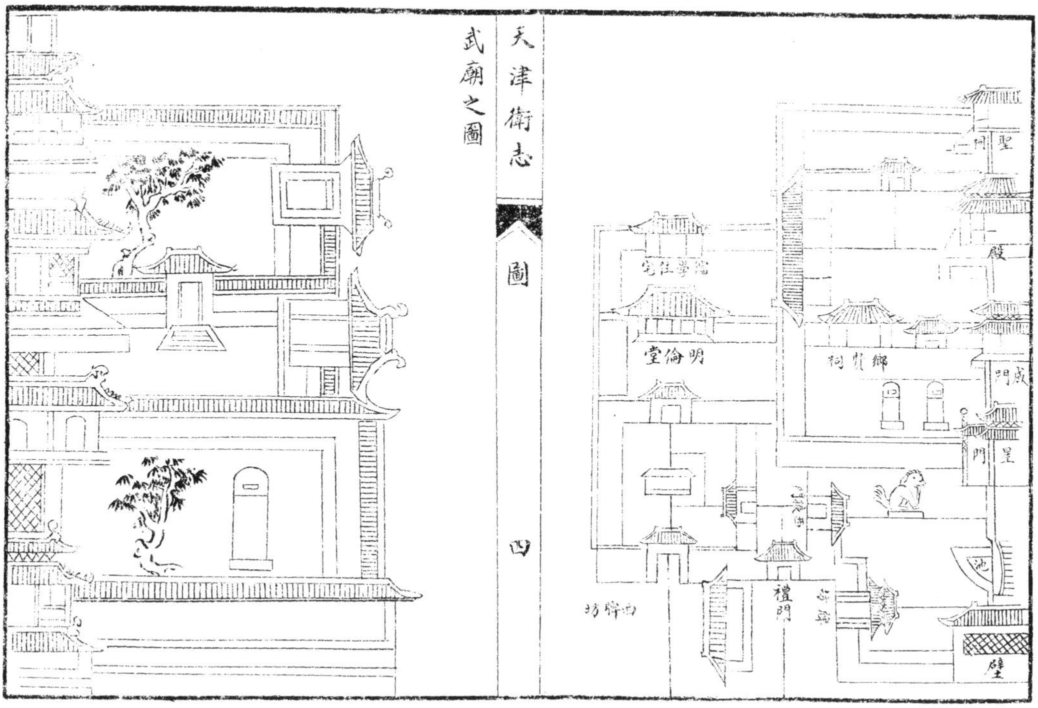

武廟之圖

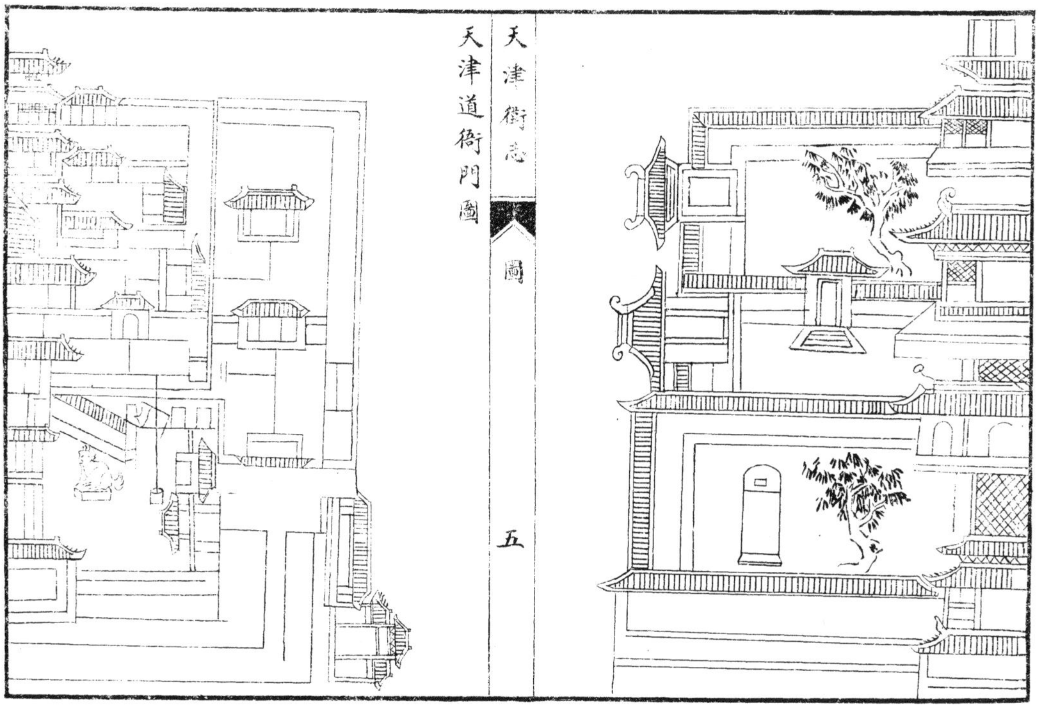

天津道衙門圖

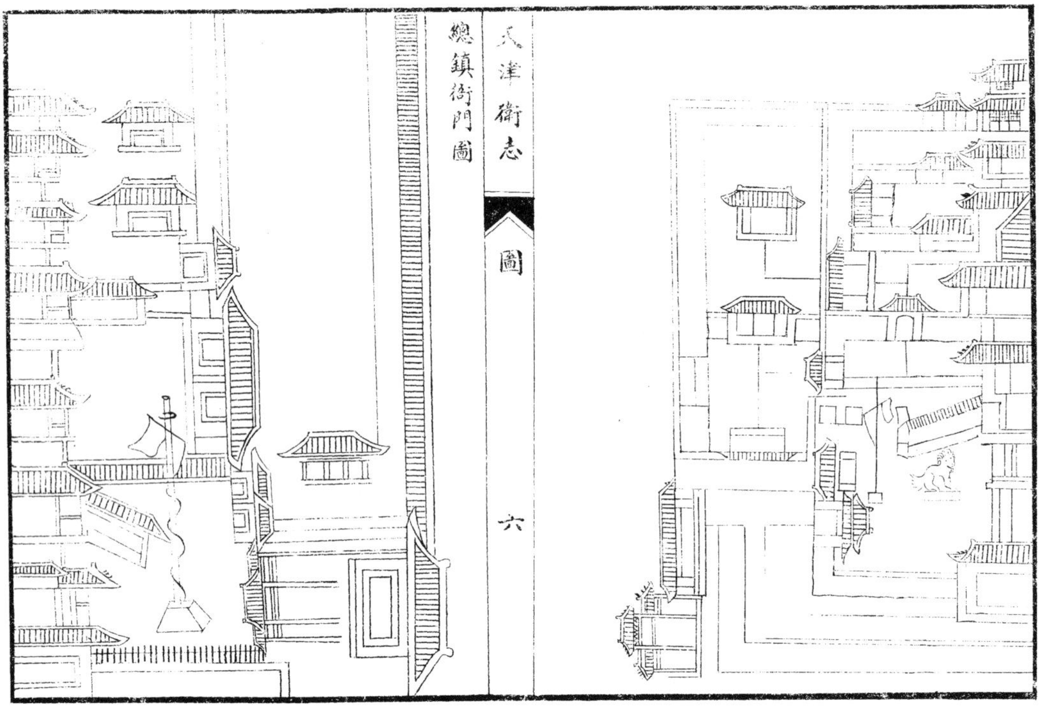

天津衛志　圖　六

總鎮衙門圖

天津衛志　圖　七

清軍廳衙門圖

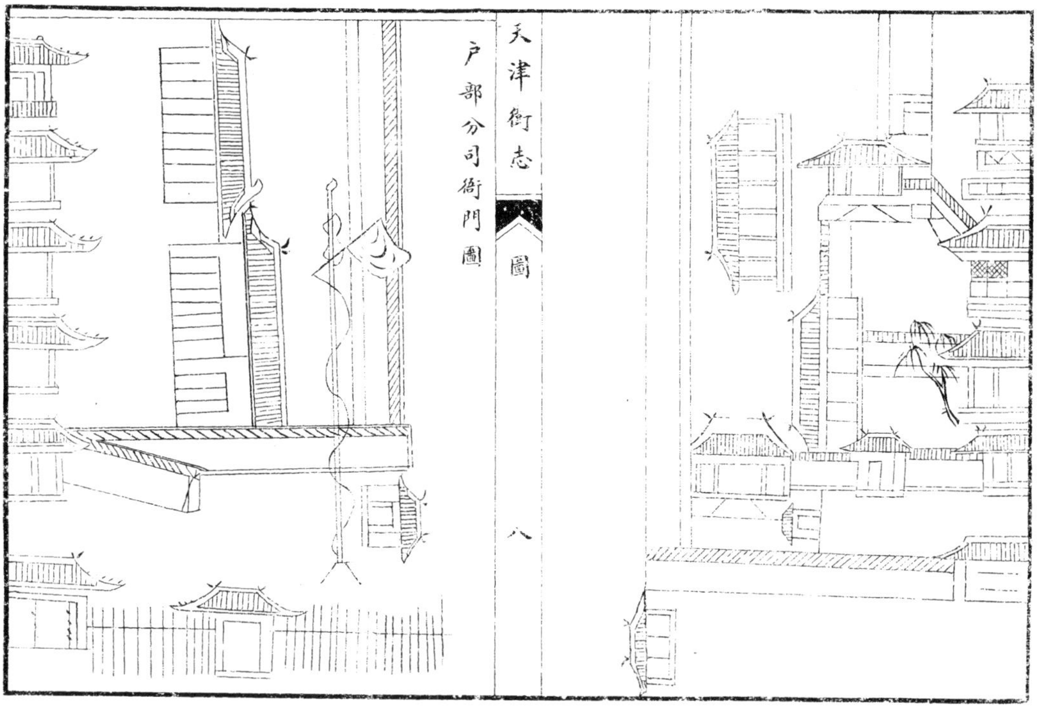
天津衛志
圖
八
户部分司衙門圖

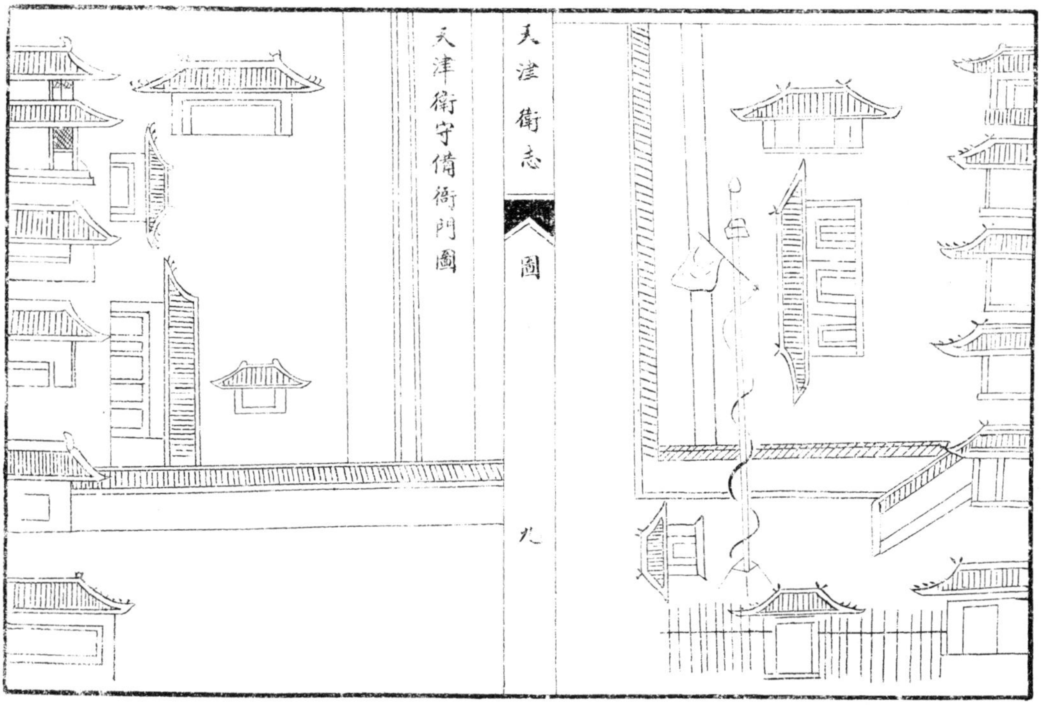
天津衛志
圖
九
天津衛守備衙門圖

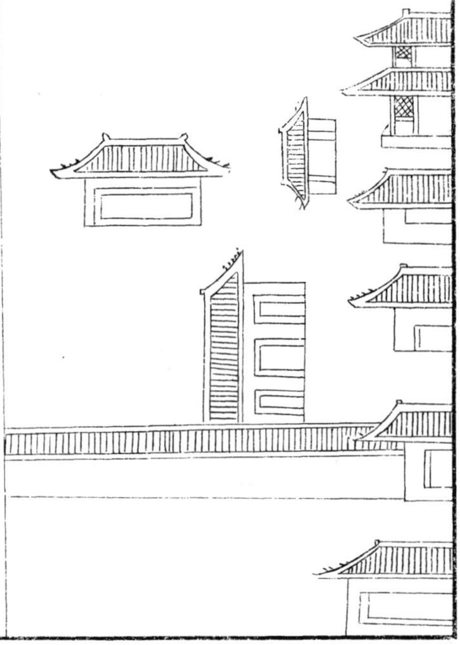

城外鹽院衙門圖

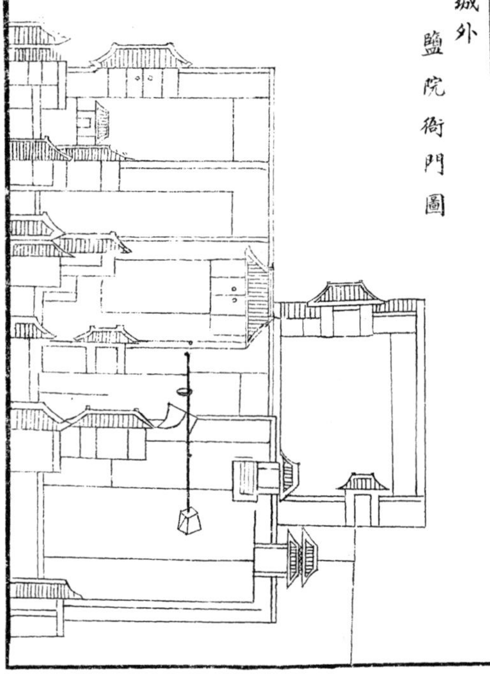

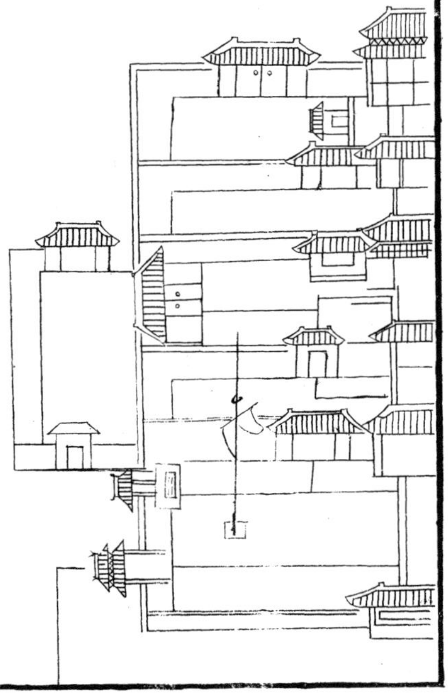

舊志序

古史有地理職官之志天下官署郡縣又各因其地輿職為別志史載宏綱而別志於事特詳尤徵遠之不可廢者天津列峙官署莫非甸藩之雄而所轄之地固錯綜於郡縣間在兩義皆宜志而舊未有紀也整飭憲副萊陽胡公既涖事進屬將父老諸生問其邦之故則以無志告公曰是在我迺用修政之暇稽方界蒐故實採異聞授諸生具草躬筆削而成之衆大欣幸則以公命徵予序予惟

天下之事不易於繼而尤難為創也天津為古九河近地古之帝王更都三河雍豫之間斯固寂寞之濱耳至元始立海運萬户府於今城約八里迨明永樂渡此因錫嘉名披草萊而立城北通京師南扼千萬里之通津而東為濱海捍蔽矣宣德中始分監儲之司正統中始建學弘治中始分山東憲司統攝其權夫以一大都會如此而曠百年無文獻之傳令也有遺憾於前必有責望於後非公乃令修之後益遠而難為矣夫形勝與天地俱生而必重於斯故志與地里職官相因以紀洪猷開後緒者而必備於今日經書蒐求之功可不謂難哉夫功有難創而難繼者而有難成而難廢者繼自是覩是編者其必有所得乎官於是者思地任之樞要而弗敢輕守已定之防範而不敢紊生於是者思以美風俗宣人文以無忝於桑梓而道於是者仰洪猷而益思天下大計且為畿甸惜民力而無擾焉夫然則重鎮永為後人賴而是編之助亦良多矣必有愛而傳之嗣而修之者今日之功

可庶垂之無窮矣哉如其不然則信予繼者之難也予故推胡公之意以告後人公名文璧字汝重以名進士歷官所至聲實兼茂在天津凡黌宮射圃城池閱場之屬皆新而完之以及此廢典蓋政成而志興俱云翰林院國史編修南海倫以訓著

重修衛志舊碑

江西　彭國光　庚辰進士

山東提形按察司副使彭為重修衛志事照得天津三衛志書其來已久且并原籍消毀嗣後教化之純疵風俗之厚薄賢才之登進武職之承襲軍

民之利病營伍之更番建置之興廢事體之沿革戶口錢糧之增損祥瑞災異之互見御製詩勅之褒封忠孝節義之紀傳文藝吟咏之標題寓居隱逸之遷延物產商販之盛衰甚至民謠巷議有關風化者亦未可輕遺不錄至聖取孺子之歌豈無為哉諸如此類慨自正德十四年以後湮沒遺忘不知其幾何以繼盛美而示將來本道整飭一方職司風紀亦興有責焉合行修纂看得天津衛儒學訓導胡曰桝青年銳志博學練才堪以委任為

此牌仰本官從公遴選有學行生員及老儒歷諳世故者各三名先開姓名呈道定奪仍登請鄉大夫賢士淵識卓見摅為定評羣情輿論並加參酌毋私而公毋虛而實毋泛而約毋俚而文毋輕而游揚毋故為中傷天道難欺人心難昧諒爾輩必不為也倘搜羅考証井井有條除原志仍舊外其餘應補者增之應革者註之天津形勢城池卷首各應圖繪者繪之虛心類草成帙本官逐一詳覈封送本道會同天津監督倉儲戶部員外郎張秉公校閱刪訂去取絕無成心天日監之編集付之良工匪直信今且以傳後期無為同志羞此外若紙筆之費鐫刻之工酬勞之舉本道另行處置決不敢干預軍民之毫髮也須勉力共襄其事勿負重委即具遵行緣由查繳須至牌者

舊跋

予始至天津索衛志弗得詢其板曰火矣予憮然惜之居嘗與兵憲彭公談及公亦慨然有志是書而遺編無考且以公務旁午而未暇及庚寅予得

舊刻於衛山東都揮使倪君乃知三衛舊無志志始之正德十四年本鎮副使胡公所定前無所因草創簡約惟藝文獨詳予於衛為客職愧非守土不敢專任且寡聞淺見焉所稱於記載之事獨念其板燬於分司亭中而以必復舊刻為己責乃取其不可易者先命工之而以其有關於風教掌職者舉而屬諸彭公重修一牌公之制作槩可見也壬辰春舊刻者告完新栽者甫就復命工續刻未卒事而公已報榮轉先行吁志者識也善惡皆當

存之以備參考者也而其中亦有不盡然者玩其是而非者可知味其詳而畧者自見閒或有所詆譏而其美者不盡無也存予觀者自得之耳張横渠作正蒙謂為睟盤示兒予於衛志亦云天津糧諸户部郎中張常謹頓首書於末簡

舊跋

嘗觀古人凡遇事觸物皆有日記記也者所以紀其事之顛末物之顯晦及時之先後以備他日之考究焉者是豈徒然而已哉故列國皆有史而今

之郡縣莫不各有志其亦古昔作史之遺法也由是觀之則志之不可無也明矣矧天津為兩京要區又非一郡一邑可比正德己卯八月下澣余受命來兹整飭天津時户曹鄭公士鳳以督儲寓天津監司一日各飲於浣浴亭遍覽羣公壁韻重為之惜曰天津何無志也鄭公曰聞前此整飭胡公汝重修輯垂成以改選去弗克終事稿付學宫收録韓公守清繼之久值地方多事誠有待於執事之今日也余曰諾汝重於余為同年况斯典曠之久矣義不敢辭即退取覽仰窺天津之名起於北都定鼎之後前此未有也北近京師東連海岱天下糧艘商舶魚貫而進殆無虚日首建天津及左右三衛以防禦之次及城池則濱海之險有其蔽矣次及屯田則軍國之需有其備矣次及學校則作養之士有其所矣次及閲場則講武之夫有其地矣國計所當重地出納之不得其平侵冒之或滋其弊故又設户部分司以監之民命所當恤也軍民雜處似不能無紛爭之情商賈所聚似不能

無盗賊之患故又設按察分司以隸之考覈有據區畫有方於是益慨胡公為謀之遠而用心之勤也明日以復鄭公鄭公乃曰非鋟梓固不能及遠而垂後君其圖之余喜是編之成且重鄭公之命遂翻謄成帙命工分治雖嫌於速成不暇恤也昔晦翁守南康下車未幾輒詢郡志良以是爾至於山川形勝錢穀之盈虛人材之盛衰風俗之美惡及忠孝節義古今著述之類首序已備述之矣余復何言哉庸書此以紀歲月正德十四年孟冬既

望賜進士第山東按察司副使呂盛書

凡例

一奉

旨纂修為

皇清一統書編內記載皆以今時為主其從前沿習並浮浪之事槩從芟削以成信史用供

宸覽

一建置沿革

舊無今有昔舊今新者備載其詳以勸將來

一山川形勝難移衛係草創之地分野與河間

府同當從府志記之不敢妄增附會

一官職丁地賦役悉循經制凡經廢革者止載

大綱以記事實之所由始

一學校教場乃文事武備之地故各目下備書

建設之詳使人知所重焉

一科貢出仕者書其官未仕者列其名仕宦功

陞宜加備述人材學行不為遺隱方可激勵後

世

一忠孝節義乃風俗之所關化理之所出書之

示勸必多採孤寒不狥豪右曾經
旌表及公舉者始增入之　舊志載者亦不敢删
一寺觀祠廟淫祀恣造者不敢濫及津梁渡口
厲民病涉者亦不敢畧
一詩文碑記舊志太繁惟擇其簡要者錄之以
備叅考非徒為吟咏叙作而已

天津衛志總目

纂修
整飭天津等處兼理馬政驛傳糧餉屯田河道
鹽法事務山東按察司副使加六級薛柱斗
協修
直隸河間府天津海防清軍兵糧同知高必大
監修
直隸天津衛掌印兼理屯務管守備事楚國柱
參修
天津衛儒學署教授張國寯

天津衛學採輯生員馮允京
張彩
校正生員孫彧
馮士俊
陳曰俞
督刊黄世寵

天津衛志

沿革

自古封建不一變遷靡常皆有可考衛乃濱鹵之地宜不能國而星野形勝竊附于河間名屬未改山河如故于今稱雄鎮焉志沿革

按一統志順天府禹貢冀州之域天文箕尾分野高陽氏為幽陵陶唐曰都虞為幽州武王封堯後于薊封召公奭于燕後歷秦漢晉魏周隋唐宋沿革不一總不出于幽燕至元初建中都

後改為大都路明洪武初改為北平府永樂初改為順天府

國朝因之

衛係直隸密邇

京畿首列者志所自統也

高陽氏

謂之幽陵

唐虞

唐曰都虞為幽州

夏殷

省幽入冀又為冀州地

周

復置幽州武王封堯後于薊封召公奭於燕

秦

為上谷漁陽二郡地

漢

初為燕國又分置涿郡元狩中改燕國為幽州元鳳初改為廣陽郡本始初更為廣陽國

東漢

省廣陽合上谷永光初復立廣陽郡後罷郡

立幽州治薊

三國魏

改為燕國

晉

改為范陽國

後魏

於薊立燕郡又於郡置幽州

北齊

於幽州置東北道行臺

後周

改置燕及范陽二郡兼立總管於幽州

隋

開皇初郡廢州存後省州入涿郡

唐

武德初改為幽州總管府開元間改州為范陽郡乾元初復為幽州

遼

陞幽州為南京幽都府後改幽都為析津府

宋

宣和改名燕山府

金

稱燕京改號中都以析津府為大興府

元

初為燕京路號大興府至元初建中都後改為大都路

明

洪武初改為北平府永樂初改為順天府

國朝因之

郡屬

河間府禹貢冀州之域天文箕尾分野春秋為東陽國戰國為燕趙齊地秦屬鉅鹿上谷二郡漢曰渤海曰河間隋唐曰瀛州宋曰瀛海元為河間路明曰河間府

國朝因之

衛名 洪武以前無考永樂三年調補天津衛左衛四年調補右衛

按天津衛屬小直沽荒曠斥鹵之地初無所隸焉明文皇靖內難駐兵于兹及即位樂永二年築城三年調官軍守之文皇渡此賜名曰天津始隸之河間箕尾分野其賜名之因則李文正記詳之復考直沽一載武清縣志一載靜海縣志衛實界於兩縣之間也又曰衛陽此地為衛水所經因衛治在南岸故名

國朝因之李文正記載四卷內

建置

鑿池築城守國者之要務夫有地無城與無地同有城無池與無城同衛值衝煩奸宄易生必防禦無懈修葺時勤則倉庫積貯之蓄監所囚羈之犯神機火藥之藏始無踈虞之患矣若養濟院為恤孤之典義塚為枯骨之澤橋梁津渡皆王政攸關窑竈井泉皆民居攸賴不可忽也志建置

城池

城垣九里十三步高三丈五尺開設四門門上建樓東去潞河二百二十步北抵衛河二百步明永樂二年文皇命工部尚書黄福平江伯陳瑄都指揮僉事凌雲指揮同知黄綱築城浚池民有賽淮安城之説都指揮陳逵在鎮用磚包砌遞年始完萬曆十四年寖壞天津道副使王來賢重修詳見碑記順治十年大水渰城坍塌二面總兵甘應祥副使梁應元重修

康熙十三年總鎮趙良棟因民居靠近城墻有碍馬道且城樓内藏火藥深為不便令盡行拆毁離城三丈不許民間起蓋房屋以後永為遵行

又於十三年濬週圍城壕使之寬深如式不許民間填塞永著為令

砲臺

崇禎十二年城外撥民地建砲臺七座今總兵趙良棟每日各臺撥兵十名晝夜防守

閘河

城東南角石閘一座引海河潮水週城四面由南城水門入城水門上有引汲受福四字於順治十年因大水閉塞閘口水涸壕平内外渠溝皆不能通今士民公呈請詳撫院照舊開濬庶金湯二字不虚云

堤岸

城西門外有陸公堤在藏經閣前去城半里餘萬曆三十二年教場口岸衝決浸及城碍二十四層有清軍同知陸敏捷申請題留兩營班軍

修護城堤一道統城西南二面以絕水患係衛城第一要防工成名為陸公堤今雖坍塌基址尚存所宜亟修以免後害敎場口岸尤為要害時當補築

樓閣

拱北樓北門城樓今改拱神京

鎮東樓東門城樓今改東達滄海

定南樓南門城樓今改南達江淮

安西樓西門城樓今改西引太行

聚奎樓三間今廢

鐘鼓樓在城中十字街

望海樓在河北望海寺前

館驛樓在北門外有海門重鎮畿輔要津二扁鄉會賓興在此

魁星閣在文昌祠前緊靠義路門

藏經閣在城外西北角

玉皇閣在城外東北角

倉厫附草廠

按漕船志永樂十三年罷海運從裏河運糧令天津衛官建蓋倉厫貯糧於宣德間增置三倉俱在天津道衙門西命戶部主事一員監督

天津衛大運倉六厫計三十間

官廳三間　門樓一座

天津左衛大盈倉九厫計四十五間

官廳三間　土地祠一所　門樓一座

天津右衛廣備倉七厫計三十五間

官廳三間　關王廟一所　門樓一座

以上闖寇焚毀無存

國朝建

公字厫六間

聚粟厫五間

裹餱厫五間

日字厫五間

以上四厫一貯本衛屯糧一貯截留南糧歲支本鎮兵餉

倉神廟三間　廟後房三間

關王廟一所係舊建今重修

放糧小廳一間　上宿房二間

積貯門一座　出糧門一座舊廒四至基址俱存

草廠在南門內東白衣菴前

教場舊建在東門外東南隅今新建在西門外西北隅

左右二營馬步兵原額一千八百四十名今實在一千五百五十九名各汛亦在內

城守營步守兵原額六百名今實在五百六十四名

演武廳五間　將臺一座　旗纛廟一座

關帝廟一座　火神廟一座

牌坊

泮宮儒林二坊在東門裡儒學左右萬曆十四年重修改敷教典賢歷經重修

改德配天地道冠古今

翊隆皇運興起斯文二坊在文廟照壁內東西天津道副使加六級薛柱斗新建

海天要鎮坊在總鎮衙前

貞憲肅度二坊在天津道左右康熙十二年副使加六級薛柱斗捐俸建

綏民防海坊在清軍廳左

詰戎儹運坊在清軍廳右

國計邊儲二坊在戶部分司左右今存一

澄清海甸屏翰畿封二坊在舊道署今廢

黃甲聯芳坊在北門裡為進士張愚立今廢

登瀛坊為翰林院劉鈺立今廢

羣英坊為舉人王鶴葉廣趙鑑鍾魯葛鳳儀孫昂王登輔立今廢

一鶚橫秋坊為舉人蔣儀立今廢

進士坊為進士蔣儀立今廢

孝行節孝坊孝行坊二為孝子鄭海倪維城立併廢節孝坊一為節婦朱氏立存

昊天聖主坊在東門外玉皇廟前

護國保民坊一在東門外天妃宮前一在城外西北龍王廟前

龍飛渡躍坊在北門外正馬頭河沿上

星拱辰居石坊在太虛觀前善士蔣仲倫劉好義捐貲建立

橋梁

鴻溝橋在城西北角十步景泰三年立

安西橋在西門外去城五六步弘治八年立

石橋在北門外河北離城二里順治十一年立

魚化橋在標星門裡明成化乙酉泮池內有雙鯉躍過是年秋中劉鈺衛琳故名今廢

登瀛橋在標星門外康熙十二年天津道副使加六級薛柱斗新建

津渡

真武廟渡在城東北隅　北馬頭渡在城北河下

晏公廟渡在河北　寇家口渡在城東南十里餘
寶船口渡在城東南五里餘　西沽渡在城北三里
大直沽渡在城東南十里
以上各渡口船隻明萬曆十六年天津整飭副使查牌仰天津三衛經歷司查議置造各渡口船隻俱用本道官銀置造每船水手一名每月每名給工食銀叁錢船隻年深歲久今瀼廢無存行人苦之

神機庫

坐落清軍廳衙西　大門三間　正堂三間

監所

坐落左營西　東羈候所　西監

養濟院

坐落城外東南角龍王廟後明撫院李繼貞創立

窰竈

天津衛中所燒造官窰五座坐落馬家口地方
天津衛左所燒造官窰五座坐落馬家口地方
天津衛右所燒造官窰五座坐落西門外
以上燒磚修城基址猶存

井泉

義井在河北寺
惠井在南門外明弘治七年開水獨澄徹甘列今廢
異泉井在儒學內西南角今廢
西市井在西門外今廢
甜水井在城東南張百戶宅內今廢

氷窖三所

天津衛在南門裡西今廢

左衛在東門裡房後今廢
右衛在三皇廟前今廢

義塚

一在西門外一里許五十餘畝明弘治六年立
一在西門外小稍直口路南明工部尚書王公施
一在西門外砲臺南順治十四年天津道副使張道湜施名曰漏園

集期附店

市集舊五集明弘治六年添立五集一市
寶泉集 在鼓樓 初五十五二十五
仁厚集 在東門內 初三十三二十三
貨泉集 在南門內 初六十六二十六
富有集 在西門內 初九十九二十九
大道集 在北門內 初八十八二十八
通濟集 在東門外 初二十二二十二
豐樂集 在北門外 初十二十三十
恒足集 在北門外西 初七十七二十七

永豐集 在張官屯 初四十四二十四
宮前集 初一十一二十一
安西市 在西門外
以上集期俱廢
城西北河沿一帶舊有雜糧店商賈販糧百萬資運京通商民均便
河東新創雜糧商店賈販糧通濟河東一帶村庄

形勝

按一統志河經武垣之北九河之會五壘之居東瀕滄海西麓太行南枕滹沱北背高河地勢廣闊水陸要衝 舊志同河間

山本衛無山

海去城一百二十里

衛河源出衛輝府經流故城吳橋青縣各界又東北流三百里由直沽入海 出一統志亦名御河

三岔河在津城東北潞衛二水會流潞水清衛

水濁合流東注於海

盧溝河在順天府西本桑乾河其源出山西大同府桑乾山經太行山入宛平縣境出盧溝橋下東南至看丹口分為二派其一流至通州高麗庄入白河其一南經固安至武清縣小直沽與衛河合流入海 出一統志 小直沽即今天津衛

巨馬河在霸州治北源自盧溝河流經州境東合界河今移流州治附會霸水至直沽入海 出一統志

玉帶河在保定縣北東流入會通河入海出一統志

黄叉河在大城縣東北八十里源自交河分流至縣境入三角淀由直沽入海出一統志

三角淀在武清縣南週圍二百里或云即古之雍奴水經雍奴者藪澤之名四面有水不流曰雍以其源自范甕口王家沱河越湲河劉道口魚兒里河諸河水聚東會由直沽河入於海出一統志

火燒淀廣四十餘畝聚石溝折河急河三水流入衛河由直沽入海出一統志

清沽港西接安沽港東合丁字沽由直沽入於海出一統志

高橋淀週圍三四十里衆流所聚北入柳叉河東會堂兒淀出一統志

馬家口去城東南約一里許洩南淀之水

寇家口去城南約十里許通水淀之利

丁字沽去城北七里其河形有如丁字之象萬艘分載於此

鹹水沽去城東南六十里命名以鹹而沽水甜淡

新河去城東南九十里在寶坻縣境内先年因海運遭風波之險明天順元年漕官奏准調四縣夫役由水套新開二沽開濬新河一道計四十里通接潮水以便海運焉

渡蹕

巡狩之典載於虞書將以採歌謠觀風俗今我
皇巡幸復古禮也兵衛少而徵求寡
鑾輿所駐庶民慶之志渡蹕
明文皇曾渡此
國朝康熙八年十一月初一日
皇上幸天津駐營稍直口
御駕親入西門出北門凡遇生員叩接我
皇馬上躬身

天語下詢是何年進學習某經若干年紀優隆士
子亘古未聞遍訪民間疾苦萬姓歡呼
旨傳天津道僉事毛壽登營中試策又
旨傳生員進營
親詢毛僉事治蹟次日從教場過河
命魚船打魚一網獲鯉二尾賞銀五兩村童牧叟
遮道仰瞻
天顏仝莫之禁天津彈丸之區自明至
清兩經
御蹕焉

至到

彼疆此界舊制依然若道理遠近是郵傳所由限時日而輸將用以稽遲速也志至到

南至靜海縣陸路柒拾五里　水路一百里
北至楊村驛陸路陸拾里　水路七十里
東至梁城所陸路一百肆拾里　水路壹百柒拾里
西至楊柳青陸路肆拾里　水路伍拾里
南到江寧府陸路貳千伍百里　水路叁千里

北到順天府陸路貳百伍拾里　水路肆百里
東至海陸路一百里　水路一百貳拾里
西到河間府陸路叁百里　水路叁百伍拾里

古蹟

援古以信今考蹟以徵實憑眺者所不遺也天津建立雖三百年而遺蹟匪朝伊夕遵舊採新以資閱覽志古蹟

潮汐海水溢上為潮縮下為汐其所至之處北至楊村南至長屯一日兩潮

呂彭城在城外西北去城十餘里俗傳呂布彭越曾駐兵於此而築之也

巨家庄在城南去城五十里世傳為漢時巨無霸故里

軍糧城在城東南去城柒拾里元海運為屯糧之所週圍基址尚存

三箇庄在城南去城南三十里其村俗稱兄弟三人所居

塌河淀在城東北去城三十里俗傳前代塌陷為淀週圍百餘里遇陰晦時見其城池之形

富家村在城南去城二十里俗傳漢孝子董永典身葬親處

寶船口在城東南去城五里明初命官往貸西域灣泊巨舟於此明季曾撈鐵錨一口甚大今無存

出龍河在城南去城二十餘里俗傳曾有龍出於此河故名

掛甲寺在城東南去城十三里世傳曾有兵過此處掛甲於寺

天津衛志卷之一

天津衛志卷之二

風俗

凡風以習染俗以化成間有澆薄汚染未能復乎古道者端有頼於良司牧賢大夫矣志風俗

民性淳良俗皆敦朴以農桑為先務以詩書為要領　貴德耻爭民純訟簡　邇來五方雜處逐末者衆訟獄繁興習尚奢靡

歲時立春食蘿蔔謂之咬春先一日迎芒神設宴咬春餅至期鞭土牛觀者取土塗壁

正月元旦昧爽長幼皆起盛衣冠設香燭拜天地拜祖先拜父母以次而及設盛饌和樂同享各食角子取更新交子之義親戚鄉里交拜履新互相請席名曰吃年茶

上元日通衢張燈結綵放花炬婦女群遊曰走百病作粉丸食之曰元宵二十五日填食羅灰末於院中名曰打囤置諸穀少許於中為豐登兆

二月初一日以灰末穀糠末從河下引　名曰引錢龍食煎糕煎餅粉

三月清明節前一日為寒食婦女上墳掃墓標楮錢焚化增新土於塚上陳祭品哭新鬼

四月初八日浴佛之期邑人就農桑業

五月五日書門符懸艾虎兒童綵繩繫臂謂之角命縷戚里餽送角黍飲菖蒲雄黃酒書硃符以驅百毒百草為膏

六月六日曝晒書帙衣服造麯造醬飲豆湯食麪

七月七日女子設瓜菓祀織女乞巧十五日薦祖先各廟修盆會放河燈路燈

八月中秋戚里餽送月餅設瓜餅拜月親友相率醼飲

九月九日登高尋菊

十月一日祀祖先焚寒衣

十一月冬至拜官府謁師長如年節禮紳衿行之

十二月八日食臘粥以米豆棗栗雜煮之日臘

八粥兼飼貧二十四日相傳竈君朝天而餞之除夕多嫁娶易門神換桃符插芝蔴楷於壁辭歲祭祖禰祭品較常豐盛家人設酒守歲

冠禮久廢不行

婚禮為婚不拘六禮但以通媒為定不計財禮不侈粧奩親迎士紳行之庶民久廢女必冠髻始行入門合巹禮三日拜天地拜公姑謁家廟母家餽食三日至於承凶而娶居喪而聘敗俗瀆禮法所當禁

喪禮臨危不復故後哭奠於城隍廟土地祠三日變服其服制男女俱遵家禮而行邇來漸趨浮靡修醮行香以親友多為盛出殯之日紙人竹馬綵童花架觀美之費不一明時鼓樂抬槓分三衛地方甚為喪家之害至清禁革兼有義槓永杜此患有覇易道署天津道張示附於四卷文藝末

祭禮元旦清明七月望日十月朔日或祭掃墳墓或祭奠通衢

利弊

從來利之藪即弊之源則更絃期其必調拯救不得不急者也審地方之衝煩以措為方略察土俗之淳澆以異其恩威何難登上理哉志利弊

一海去城百里從無入寇之患商出百萬之課民獲興販之利乃魚鹽之藪也自

國朝通糴遼東內外交益各旗有投充網戶捕魚進

上嗣因浙省海寇未靖奉

旨嚴禁片板不許入海窮民困苦江寧巡撫韓山東巡撫周北直巡撫王江南江西總督麻俱以少弛海禁具題奉

旨計令百姓徒步採捕都察院多題請兵部覆奏於康熙十一年四月內奉

旨止許令木筏捕魚至今每月取各官甘結民困少甦鹽船運鹽曾經題准鹽院給票出海商課永賴

一河有魚蟹之利俗語天津螃蟹鎮江酒謂美而多也

一南艘鱗集商有興販之利

一本衛土著之民凋零殆盡其比閭而居者率多流寓之人是津門雖屬商賈湊集之地而土著者不得獲其利焉

一鄉飲禮每歲正月望日十月朔舉賓介耆老乃禮教之大典今府州縣仍載其公費記其儀文獨天津俱廢使後人無由而興可不嘆歟

一鄉者歷來保舉有年有德一正一副每月朔望在湧泉寺講明修諭平息鄉民之訟今因土著者少流寓者多而條諭講究難以遍及亦缺典也

一天津地方舊無行鹽引額嗜利者屢告添設憲司並不允行

一文武生員奉有
恩詔一款生員照舊優免又蒙
經制免糧免丁下司奉行不善以致鄉約簽派牌頭夫役雜差順治四年五月十一日蒙津道陳具詳為祈恩更定牌甲另立諸生一冊以垂優免實惠事蒙　部院張批如議垂久行繳順治六年四月又蒙　部院夏將生員開於牌甲之外康熙十年八月内奉　部院來文為嚴立牌甲等情蒙　本道薛　軍廳高准照舊例行刊有三衛文武兩學優免錄儒學藏板

一衛當衝要往來兵船派捉民夫受累難堪於順治十五年大司馬覺羅伊圖公題覆一遇縴

夫准動驛遞正項錢糧奉
旨依議有碑記附後

賦役

賦從田出丁隨地起國計軍需所重賴焉淺夫運船有定項起運存留有額支節法久弊生欺隱影射飛洒之習成於下借徵帶徵加徵嚴於上苦累或增是在憲司嚴禁而月困可蘇也志賦役

地畝錢糧

天津衛三所原額屯地九千二百二頃四十三畝八分五釐九毫四絲六忽

中所原額屯地二千九百七十六頃九十七畝二分二釐五毫

除圈佔撥補投充絕荒地二千二百四十頃五十六畝五釐二毫五忽

實在徵糧熟地六十三頃二十四畝五分九釐八毫每畝徵正項地丁銀一分一釐三絲

共徵正項銀七百三十一兩五錢六分三毫一絲五忽九微四纖

每畝徵新增銀二釐九毫二忽七微一纖一沙五塵

共徵新增銀一百九十二兩五錢二分一釐一毫七絲三忽三微四纖七沙四塵七埃七渺

每畝徵粟米一升三合八勺五抄之撮三圭四粟

共徵粟米九百一十八石九斗四升九合八勺五抄五撮六圭五粟三粒三顆

每畝徵黑豆一合一勺一抄五撮七圭二粟

共徵黑豆七十四石二勺四抄三撮七圭三粟六粒五顆

寄庄熟地二十八頃四十畝八分四釐

每畝徵正銀二分二釐六絲

共徵正項銀六十二兩六錢六分八釐九毫三絲四微

每畝徵新增銀二釐九毫二忽七微一纖一沙五塵

共徵新增銀八兩二錢四分六釐一毫三絲八忽九微三纖七沙六塵六埃

每畝徵粟米一升三合八勺五抄五撮三圭四粟

共徵粟米三十九石三斗六升八勺四撮八粟五粒六顆

每畝徵黑豆一合一勺一抄五撮七圭三粟

共徵黑豆三石一斗六升九合六勺一抄四圭一粟三粒三顆

有人無力荒地四十四頃七十五畝七分三釐
每畝止徵正項地丁銀四釐
共徵正項銀十七兩九錢二釐九毫二絲
左所原額屯地三千六百三頃一十九畝五分
四釐五毫二絲一忽
除圈撥投充絶荒二千四百四十頃二十一畝
九分三釐五絲一忽
實在徵糧熟地七百六十二頃五十二畝八分
三釐一毫八絲

每畝徵正項銀八釐二毫
共徵正項銀六百二十五兩二錢七分三釐二
毫二絲七微六纖
每畝徵新增銀一釐二毫三絲九忽五微二纖
五沙三塵
共徵新增銀九十四兩五錢一分七釐三毫一
絲四忽二微一纖二沙七塵四埃四渺五漠
每畝徵粟米七合八勺六抄一撮四圭六粟
共徵粟米五百九十九石四斗五升八合五勺

八抄七撮八粟二粒二顆
每畝徵黑豆六勺八抄六撮二圭七粟
共徵黑豆五十二石三斗三升三抄八圭七粟
九粒四顆
寄庄徵糧熟地一百二頃四畝四分三釐七毫
九絲
每畝徵正項地丁銀一分六釐四毫
共徵正項銀一百六十七兩三錢五分二釐七
毫八絲一忽五微六纖

每畝徵新增銀一釐二毫三絲九忽五微二纖
五沙三塵
共徵新增銀一十二兩六錢四分八釐六毫五
絲八忽九微四纖九沙三塵二埃八渺九漠
每畝徵粟米七合八勺六抄一撮四圭六粟
共徵粟米八十石二斗二升一合七勺八抄三
圭七粟三粒四顆
每畝徵黑豆六勺八抄六撮二圭七粟
共徵黑豆七石二合九勺九抄九撮五圭九粟

七粒六顆
有人無力荒地一百八十四頃二十畝四分三
釐
每畝止徵正項銀四釐
共徵正項銀七十三兩六錢八分一釐七毫二
絲
撥補文安縣歸衛就地納糧熟地四十五頃一
十畝四分一釐照彼處科則
每畝止徵正項銀一分四釐九毫五絲七忽六

微四纖二沙七塵
共徵正項銀六十七兩四錢六分五毫一絲一
忽二微一纖五塵七渺
撥補文安縣歸衛就地納銀有人無力荒地六
十九頃九畝五分五毫
每畝止徵正項銀四釐
共徵正項銀二十七兩六錢三分八釐二絲
右衛原額屯地二千六百二十二頃二十七畝
九釐四毫二絲

除圈撥投充絕荒地一千四百五十頃四畝四
分三釐九毫一絲
實在徵糧熟地六百八十二頃七畝一分一釐
一絲
每畝徵正項地丁銀九釐二毫八絲二忽
共徵正項銀六百三十三兩九分八釐三毫九
絲五忽九微四纖八沙二塵
每畝徵新增銀一釐六毫三絲
共徵新增銀一百一十一兩一錢七分七釐五

毫八絲九忽四微六纖三沙
每畝徵粟米一升
共徵粟米六百八十二石七升一合一勺一撮
每畝徵黑豆二合三勺
共徵黑豆一百五十六石八斗七升六合三勺
五抄三撮二圭三粟
寄庄徵糧熟地四十七頃六十二畝五釐
每畝徵正項銀一分八釐五毫六絲四忽
共徵正項銀八十八兩四錢二釐六毫九絲六

忽二微
每畝徵新增銀一釐六毫三絲
共徵新增銀七兩七錢六分二釐一毫四絲一
忽五微
每畝徵粟米一升
共徵粟米四十七石六斗二升五勺
每畝徵黑豆三合三勺
共徵黑豆十石九斗五升三合七勺一抄五撮
有人無力荒地四百四十二頃五十三畝四分

九釐五毫
每畝止徵正項銀四釐
共徵正項銀一百七十七兩一分三釐九毫八
絲
以上三所
共徵正項銀二千六百七十二兩五分八釐八
絲二忽一纖八沙七塵七渺
共徵新增銀四百二十六兩八錢七分三釐一
絲六忽七微一纖二塵一埃四漠

共徵粟米二千三百六十七石六斗八升二合
六勺二沙八撮一圭九粟四粒七顆
共徵黑豆三百四石三斗三升二合五抄二撮
八圭四粟

河口

天津衛中所南河口淺十座
蔡家淺　界宿淺
呂家淺　王家淺
西漫撒淺　東漫撒淺

馬家淺　王家淺
辛莊淺　潑張淺
天津衛左所南河口淺十四座
流佛寺淺　南捷堤淺
官莊口淺　許家口淺
石莊口淺　朱家墳淺
南橫堤淺　北橫堤淺
索家馬頭淺　安都寒淺
高家馬頭淺　大掃灣淺

張家口淺　莫家口淺

天津衛右所南河口淺五座

馬家口淺　蕭家口淺

白洋口淺　南陽口淺

北洋口淺

運船

中所運船八隻每船屯丁拾貳名共丁玖拾陸名

每月每名食糧八斗每名給地伍拾畝

左所運船陸隻每船屯丁拾貳名共丁柒拾貳名

每月每名食糧八斗每名給地伍拾畝

右所運船伍隻每船屯丁拾貳名共丁陸拾名

每月每名食糧捌斗每名給地伍拾畝

屯堡三所原轄調衛分分派民間空閑地土立屯與民相參居住叁百餘里

中所屯堡坐落興濟縣范橋社滄州忠孝慈惠将相三鄉靜海縣北長亭子牙里青縣流河里

左所屯堡坐落興濟縣范橋社范家莊張家庄滄州贊善孝友二鄉青縣運坊里夾河堤靜海縣邢家莊

右所屯堡坐落南皮縣煙村里蓮花池火頭村半壁店閆澇窪大良店玉皇堂王四集馬名店五馬營三家店滄州慈惠鄉

屯田坐落疆城四至界畔因軍士逃故典賣拋荒不一或為豪右所侵據典籍不清屯糧或槩屯包或新軍認納一時之通患也天啟四年軍

廳同知盧觀象倡義復興屯田勸助開河自捐囊貲身在荒田中數載其田坐落何家圈等處地方專管屯田寺院董應舉屯田學院左光斗會薦有異才異守異能十目十手十心等語至

國朝康熙四年将屯田歸併靜海縣納糧

窑柴地坐落城南自城壕起東至大道南至王千戶莊西至稍直口大道北至馬家口南北長十里東西濶八里軍民開種照數納糧舊為豪右所據弘治五年修城奏復之每年抽分蘆葦

併收子粒共計價銀貳百伍拾餘兩收貯在官
均支造磚查得窯柴地土先年郭烏二爵奏討
莊田自行收租後於隆慶三年奉例追奪還官
改為進宮及備邊等項各官舍佃種聽三衛徵
收閑解靜海解府彙解於順治十二年歸併靜
海縣每畝徵銀壹分抵補本縣不敷銀兩

起運

各部寺銀兩無存留項欵
萬壽撰奏並進表盤費銀拾貳兩貳錢順治十

三年會議裁半銀陸兩一錢解部
冬至撰表並進表盤費銀拾貳兩貳錢順治十
三年會議裁半銀陸兩壹錢解部
元旦撰表并進表盤費銀拾貳兩貳錢順治十
三年會議裁半銀陸兩壹錢解部
後府運蘆葦脚價銀伍拾兩順治十三年會議
全裁解部
清軍同知
鋪兵三名每名歲支工食銀柒兩貳錢共銀貳
拾壹兩陸錢順治十三年會議裁半銀叁兩陸
錢解部
總河部院楊　題准不派民夫令印官募夫辦
料修築河工每年支用銀玖百玖拾捌兩貳錢
年終借開實用細數報銷如用不盡下剩起解
官俸役食
本衛守備壹員
俸銀每年貳拾柒兩叁錢玖分肆釐
新銀每年柒拾貳兩

蔬菜燭炭每年銀捌兩
心紅紙張銀捌兩
書辦叁名每歲支工食銀陸兩共銀拾捌兩
康熙元年會議全裁
門子貳名每歲支工食銀陸兩共銀拾貳兩
步快貳名每名歲支工食陸兩共銀拾貳兩
牢役陸名每名歲支工食銀陸兩共銀叁拾陸
兩
傘馬夫叁名每名歲支工食銀陸兩共銀拾捌

兩
看監禁役捌名每名歲支工食銀陸兩共銀肆
拾捌兩
修理氷窖銀玖兩順治拾叁年會議全裁解部
左所掌印千總壹員
俸銀每年拾捌兩柒錢伍釐玖毫玖絲陸忽
薪銀每年肆拾捌兩
書辦壹名歲支工食銀陸兩康熙元年會議全
裁

門子壹名歲支工食銀陸兩
牢役肆名每名歲支工食銀陸兩共銀貳拾肆
兩
傘馬夫二名每名歲支工食銀陸兩共銀拾貳
兩
右所掌印千總壹員
俸年每年拾捌兩柒錢伍釐玖毫玖絲陸忽
薪銀每年肆拾捌兩
書辦壹名歲支工食銀陸兩康熙元年會議全

裁
門子壹名歲支工食銀陸兩
牢役肆名歲支工食銀陸兩共銀貳拾肆兩
傘馬夫二名歲支工食銀陸共銀拾貳兩
天津衛管河千總貳員
俸銀每年各拾捌兩柒錢伍釐玖毫玖絲陸忽
共銀叁拾柒兩肆錢壹分壹釐玖毫玖絲貳忽
康熙六年奉文裁千總壹員裁俸銀拾捌兩柒
錢伍釐玖毫玖絲陸忽

薪銀每年各肆拾捌兩共銀玖拾陸兩康熙陸
年奉文裁千總壹圓裁薪銀肆拾捌兩
書辦壹名歲支工食銀陸兩康熙元年會議全
裁
門子壹名歲支工食銀陸兩
牢役陸名每名歲支工食銀陸兩共銀叁拾陸
兩康熙六年奉文裁牢役貳名裁工食銀拾貳
兩
傘馬夫叁名每名歲支工食銀陸兩共銀拾捌

兩康熙陸年奉文裁傘馬夫壹名裁工食銀陸
兩
左所管河千總貳員
俸銀每年各拾捌兩柒錢伍釐玖毫玖絲貳忽
共銀叁拾柒兩肆錢壹分壹釐玖毫玖絲貳忽
康熙陸年奉文裁千總一員裁俸銀拾捌兩柒
錢伍釐玖毫玖絲陸忽
薪銀每年各肆拾捌兩共銀玖拾陸兩康熙陸
年奉文裁千總壹員裁薪銀肆拾捌兩
書辦壹名歲支工食銀陸兩康熙元年會議全
裁
門子壹名歲支工食銀陸兩
牢役陸名每名歲支工食銀陸兩共銀叁拾陸
兩康熙陸年奉文裁牢役貳名裁工食銀拾貳
兩
傘馬夫叁名每名歲支工食銀陸兩共銀拾捌
兩康熙陸年奉文裁傘馬夫壹名裁工食銀陸
兩

右衛管河千總貳員
俸銀每年各拾捌兩柒錢伍釐玖毫玖絲陸忽
共銀叁拾柒兩肆錢壹分壹釐玖毫玖絲貳忽
康熙陸年奉文裁千總壹員裁俸銀拾捌兩柒
錢伍釐玖毫玖絲陸忽
薪銀每年各肆拾捌兩共銀玖拾陸兩康熙陸
年奉文裁千總壹員裁薪銀肆拾捌兩
書辦壹名歲支工食銀陸兩康熙元年會議全
裁
門子壹名歲支工食銀陸兩
牢役陸名每名歲支工食銀陸兩共銀叁拾陸
兩康熙陸年奉文裁牢役貳名裁工食銀拾貳
兩
傘馬夫叁名每名歲支工食銀陸兩共銀拾捌
兩康熙陸年奉文裁傘馬夫壹名裁工食銀陸
兩
左所百總
廩給銀每年銀叁拾陸兩康熙伍年奉文百總

裁汰
書辦壹名歲支工食銀陸兩康熙元年會議全
裁
牢役叁名每名歲支工食銀陸兩共銀拾捌兩
康熙伍年奉文百總裁汰
右所百總
廩給銀每年銀叁拾陸兩康熙伍年奉文百總
裁汰
書辦壹名歲支工食銀陸兩康熙元年會議全

裁
牢役叁名每名歲支工食銀陸兩共銀拾捌兩
康熙伍年奉文百總裁
經歷
俸銀每年叁拾陸兩
書辦壹名歲支工食銀陸兩康熙元年會議全
裁
門子壹名歲支工食銀陸兩
皂隸四名每名歲支工食銀陸兩共銀貳拾肆

兩
傘馬夫壹名歲支工食銀陸兩
以上經歷俸銀門子皂隸傘馬夫工食等銀俱
係按季支領
教授
俸銀每年拾玖兩伍錢貳分
薪銀每年拾貳兩
以上貳項共銀叁拾壹兩伍錢貳分順治拾叁
年會議俱作俸銀支領

訓導
俸銀每年拾玖兩伍錢貳分
薪銀每年拾貳兩
以上貳項共銀叁拾壹兩伍錢貳分順治拾叁
年會議俱作俸銀支領康熙叁年奉文裁汰訓
導
齋夫陸名每名歲支工食銀拾貳兩共銀柒拾
貳兩康熙叁年奉文裁訓導齋夫叁名工食銀
叁拾陸兩

廩膳生員叁拾名每名月糧銀捌錢陸分共銀叁百玖拾兩陸錢順治十三年會議裁叁分之貳銀貳百陸兩肆錢解部存支銀壹百叁兩貳錢康熙貳年奉文裁廩不裁膳又裁廩糧銀捌拾叁兩貳錢解部存支膳夫銀貳拾兩

膳夫貳名每名歲支工食銀貳拾兩共銀肆拾兩順治十三年會議裁叁分之貳銀貳拾陸兩陸錢陸分柒釐未領存支銀拾叁兩叁錢叁分叁釐康熙三年奉文訓導膳夫壹名裁工食銀陸兩陸錢陸分陸釐伍毫存支銀陸兩陸錢陸

分陸釐伍毫

門斗伍名掌教叁名分教貳名每名歲支工食銀陸兩共銀叁拾兩康熙三年奉文裁訓導門斗貳名工食銀拾貳兩

學書壹名歲支工食銀陸兩康熙元年會議全裁

教官貳員喂馬草料每員歲支銀拾貳兩共銀貳拾肆兩康熙三年奉文裁訓導喂馬草料銀拾貳兩

以上教授俸銀薪齋夫膳夫門斗工食喂馬草料等銀俱係按季支領

學院科歲兩考文武生童試卷花紅等項銀壹百貳拾柒兩肆錢柒分順治十三年會議裁花紅銀拾叁兩伍錢伍分康熙六年奉部駁又裁半銀伍拾陸兩玖錢陸分解部存支銀伍拾陸兩玖錢陸分叁年一辦

文廟春秋二大祭銀肆拾叁兩伍錢

武廟春秋二大祭銀拾捌兩

鞭春塑牛春宴銀陸兩

巡鹽人役拾名每名歲支工食銀陸兩共錢陸拾兩

運糧千總牢役捌名每名歲支工食銀陸兩共銀肆拾捌兩

舖司貳名每名歲支工食銀陸兩共銀拾貳兩

置買各衙門刑具銀玖兩

三所攢造地畝等冊紙張銀陸兩

以上衛淺貳拾玖處每淺夫拾名共夫貳百玖拾名每名歲支工食銀柒兩貳錢共銀貳千捌拾捌兩內除吳鹽慶三縣協濟銀壹千肆拾肆兩支給秋冬二季工食外春夏二季工食實支本衛地丁銀壹千肆拾肆兩

貳年一辦

貢生盤費花紅旗扁銀肆拾兩每年徵銀貳拾兩

叁年一辦

科舉文武生員賓興盤費花紅酒席銀貳佰伍拾壹兩每年徵銀捌拾叁兩陸錢陸分陸釐柒毫康熙六年奉部欵裁銀伍拾叁兩伍錢解部存支銀叁拾兩壹錢陸分陸釐柒毫三年一辦

會試舉人每名車價銀拾兩每年徵銀叁兩叁錢叁分叁釐叁毫

新中舉人每名牌坊銀捌拾兩每年徵銀貳拾陸兩陸錢陸分陸釐柒毫

新中進士每名牌坊銀壹百兩每年徵銀叁拾叁兩叁錢叁分叁釐肆毫

新中武舉人每名旗扁銀伍兩每年徵銀壹兩陸錢陸分陸釐陸毫

新中武進士旗扁銀拾兩每年徵銀叁兩叁錢叁分叁釐叁毫

叁年一辦共銀肆百伍拾陸兩每年徵銀壹百伍拾貳兩

以上存留共銀伍千伍百叁拾伍兩伍分壹釐玖毫陸絲捌忽除吳鹽慶三縣協濟淺夫工食

銀壹千肆拾肆兩領支外下止存留銀肆千肆百玖拾壹兩伍分壹釐玖毫陸絲捌忽內節年裁扣共銀壹千伍拾叁兩肆錢捌分壹釐肆毫捌絲捌忽內除不在地丁裁扣銀伍百伍拾捌兩玖錢柒分壹釐肆毫捌絲捌忽奉裁未領實止地丁裁扣銀肆百玖拾肆兩伍錢壹分留支官俸役食領用外尚有存留不敷銀壹百捌拾伍兩玖錢壹分貳釐叁毫玖絲柒忽玖微捌纖壹沙貳塵玖埃叁渺詳請新增銀兩留支

地畝人丁貳項除蠲荒圈投逃絕缺額外實徵正項銀叁千貳百伍拾壹兩陸錢伍分捌釐捌絲貳忽壹纖捌沙柒塵玖渺存留支用外尚有存留不敷銀壹百捌拾伍兩玖錢壹分貳釐叁毫玖絲柒忽玖微捌纖壹沙貳塵玖埃叁渺實徵新增銀肆百貳拾陸兩捌錢柒分叁釐壹絲陸忽肆微壹纖貳塵壹埃肆埃除留支存留不敷銀壹百捌拾伍兩玖錢壹分貳釐叁毫玖絲柒忽玖微捌纖壹沙貳塵玖埃叁渺外實止不

剩新增銀貳百肆拾兩玖錢陸分陸毫壹絲捌忽肆微貳纖捌沙玖塵壹埃柒渺肆漠實徵并撤免粟米貳千叁百陸拾柒石陸斗捌升貳合陸勺貳抄捌撮壹圭玖粟肆粒柒顆實徵并撤免黑豆叁百肆石叁斗叁升貳合伍抄貳撮捌圭肆粟陸粒柒顆

起運各部寺銀兩無止有解

户部下剩新增銀貳百肆拾兩玖錢陸分陸毫壹絲捌忽肆微貳纖捌沙玖塵壹埃柒渺肆漠

天津道克餉并撤免粟米貳千叁百陸拾柒石陸斗捌升貳合陸勺貳抄捌撮壹圭玖粟肆粒顆

天津道詳請克餉并撤免黑豆叁百肆石叁斗叁升貳合伍抄貳撮捌圭肆粟陸粒柒顆

存留官俸役食正廩等項銀除協濟支領外下剩存留銀肆千肆百玖拾壹兩伍分壹釐玖毫陸絲捌忽

順治十三年奉文會議左於存留內裁扣銀叁

百貳拾柒兩伍錢壹分柒釐內除不在地丁裁扣銀貳拾陸兩陸錢陸分柒釐係餘稅銀內支給奉裁未領實止地丁裁扣銀叁百兩捌錢伍分留支官俸役食

康熙元年奉文會議在於存留內裁扣銀柒拾貳兩係在餘稅銀內支給奉裁

康熙二年奉文在於存留內裁扣銀捌拾叁兩貳錢係在地丁銀內支給奉裁留支官俸役食

康熙三年奉文在於存留內裁扣銀玖拾捌兩

壹錢捌分陸釐伍毫係在餘税銀內支給奉文
裁
康熙五年奉文在於存留內裁扣銀壹百捌兩
係在本府正襍銀內支給奉裁
康熙六年奉文在於存留內裁扣銀貳百伍拾
肆兩壹錢壹分柒釐玖毫捌絲捌忽係在本府
止襍銀內支給奉裁
康熙六年奉部駁在於存留內裁扣銀壹百壹
拾兩肆錢陸分係在地丁銀內支給奉裁留支

官俸役食
裁剩解部無

戶口

古者獻民數於王拜而受之登於天府重民數也戶分繁簡丁稽登耗衛自屯所圈撥之後日見凋零司民牧者當以滋培招徠為首事志戶口門則玖則人丁除老弱逃亡外康熙二年十年編審過共丁叁千二百八十二丁

天津一區流寓錯處者多版籍不清則昌籍不明昌籍不明則考試每多攻訐之擾邇來法禁甚嚴犯者每至奏褫革是功令所當遵化衛今後廢弁似不必復紀姓名但文武考試必取據甘結為官為軍某屯某所則當年遠調來津立城定賦其來歷不容泯也故於戶口例復志籍貫

官籍

賀興隆長沙人　倪保兒全椒人　費　勝嘉興人
秦　郎三河人　紀　浩和州人　姚　興徐州人
陸顯宗崑山人　顧　旺江都人　呼　德孝感人

趙　全徐州人　婁不顏山後人　張　能鳳陽人
周通前壽州人　佟　原臨邑人　蘭　馨贛榆人
毋　文滁州人　朱真光太康人　賈　二當塗人
陳　聚遵化人　李　太曹縣人　高雙頭上元人
亢　大新城人　張　玉遷安人　黄回子臨淮人
王惟兒齊東人　胡　進江夏人　杜志誠大同人
公來住山後人　殷　成合肥人　倪　寬邳州人
李　龍溧水人　楊　嵩壽州人　楊　奐應城人
黄得貴合肥人　李　信大興人　劉　隆合肥人

楊闕合肥人陳良合肥人蔣旺江都人
呂昇定遠人金新三無錫人孟用蕭縣人
李存兒三河人張二豐潤人祝玉鄞縣人
張林山後人吳志長沙人陳福滁州人
張日招溧水人王人山後人袁興鳳陽人
淋祥武昌人張通開封人楊闕無為州人
李茂兗州府人周得吳泰州人彭黑倪晉州人
靳旺當塗人張奉太峪人張勝潁州人
雷榮渭南人鄒成無錫人李青河內人

何富四無為州人許成太和人吳銘武昌人
王寶華亭人張興懷遠人潘太江都人
唐翰江陵人張保仝宛平人裴敬歸德人
周十三含山人凌善安吉人曾思義應城人
李黑廝徐州人楊益黃縣人王厚吉壽州人
劉郎遷安人盧狗子懷遠人陳一林太康人
安馬丹迤北人張計哥無為州人孫林昌樂人
劉忠定遠人馮貴六安州人孫成泗州人
張林上蔡人楊泰祥符人王人全椒人

陳興金華人李賢宿松人陳一清當塗人
夏彥成昌平人劉信宛平人柴義山後人
孫符潁上人羅鑑沭陽人李奉南陽人
羅士放黃巖人楊青滋陽人林仲先黃巖人
吳野極通州人林雄湘山人蕭華臨湘人
王勝樂亭人管榮涇縣人杜罕臨江人
高興滑縣人張福臨淮人侯玉宛平人
黃興諸暨人姚富武陵人沈德常興人
凃禎黃岡人徐三保江都人時興海州人

張從道郯縣人張大應山人詹來保江夏人
王瑄陽武人蕭成固安人黎旺定遠人
趙天祐博野人丁貴開封人陳義蕭縣人
劉海霍丘人柳順黃縣人何得海合肥人
耿秀灤州人曾士儀真人王得富灤州人
張俊興平人范旺徐州人楊受蘇州人
劉小一儀真人祝周驢登州人張進
楊忠黃巖人趙福登州人江老兒益都人
賈川兒和州人王福曲阜人倪成定遠人

鮑成平都人陳千四泰州人王洪開封人
只朶罕河津人賈鎮揚州人李咬兒登州人
趙德全江都人梁神保六合人王疙疸永平人
張珐當塗人張興濮州人張彬江都人
馬俊平度人邊勝館陶人呂受大冶人
劉六兒平度人陳興固始人奚得成壽州人
王童僧平度人夏小六當塗人小張山陽人
高荒兒西原人張福宿州人羅祐汝縣人
歸復歸安人宋必賢江夏人楊法茂合肥人

田芳貴縣人陸芳合肥人王維缺
殷勝缺沙銘缺王二保江都人
倪賢和州人何四定遠人楊春舒城人
李保山陽人薛貴江都人戎誘滁州人
顧臣儀真人褚興興化人陳德合肥人
韓清交河人張家兒宛平人梅滿兒武進人
趙雲寶坻人徐騰即墨人夏銘仁和人
汪得壽州人黄雙二龍泉人陳潤泰州人
李戍祥符人許義泰州人梁架新安人

白永合肥人吳成合肥人鄭漢文登人
呂仲信永清人周興兒南陽人郭福江都人
劉成江都人王安邳州人李斌金谿人
穆旺泰州人王真臨淮人趙乞住臨淮人
陳思滁州人陳丹長垣人李清潁上人
李成蘄水人郭福合肥人張海盱眙人
劉紀武進人尹成山陽人張宣六安州人
潘震貴州人齊衆博興人李讓宛平人
馬𠊱能壽光人高閑驢貴州人楊政瀏陽人

王諒山後人張興蒙城人湯和衛山人
闞銳仁和人許祥祥符人陳良蒙城人
李雲高郵人曹鈺句容人周成山陽人
曾一壽龍泉人譚成益都人朱真宿州人
王艾金華人劉興澧州人蕭德興寧人
高把都通州人張鑑蒙城人王名五海鹽人
王勇諸城人袁剛滁州人趙敬朝邑人
楊勇盱眙人張良永州人陳大良句容人
張得兒歸德人侯鼎江都人伯福豐州人

康隆龍泉人　王三保舍山人　周臣滁州人
劉輔灤州人　王彥滮縣人　劉昱龍陽人
翟慶河內人　沈釗高郵人　王逵潛山人
章昂江陰人　李良長州人　姚清錢塘人
梁洪大興人　耿福武定人　梅勇合肥人
陳九成滁州人　張淮全椒人　陳璉桐城人
夾茂棲霞人　徐俊懷遠人　姜洪即墨人
鞠成文登人　王亮即墨人　徐璋膠州人
余忠江夏人　王著沛縣人　劉鉞江都人

繼武即墨人　周祿缺　林缺
馮佐清豐人今缺　劉勳南海人　許頤六安人
張隆武進人　邵資壽光人　史推鄒縣人
樊英岳陽人　陳騰蕪湖人　袁實蒙城人
宋俊蓬萊人　尹鈺蕭縣人　劉英缺
張臣合肥人　馬文缺　倪玘全椒人
陳缺　謝賢福寧人　郎缺
戴成即墨人　白缺　譚欽合肥人
馮廣全椒人今缺　朱斌合肥人楊計宗缺　王廷言招遠人王、鑾缺

軍籍繁多不使通載舊志亦不載姓名

官職前附公署

設官分職各有攸司革故鼎新茲多變置自改屯歸州縣後衛弁槩由
朝選非復世襲之舊矣兵憲府佐等以治氏總鎮叅遊等以講武戶曹醝政要皆國賦所關何損益之允當也臨蒞之所自應併詳志官職

建整飭天津道

明弘治三年侍郎白昂御史鄒魯議本鎮密邇

京師東頰大海水陸要會因無法司鈐束致姦盜竊發百務廢弛添設整飭次年設按察司副使奉勑整飭天津等處整飭操練軍馬修濬城池禁革奸弊問理詞訟兼管運河事宜正德二年裁革後因盜賊充斥設捕盜御史壹員五年裁革六年流賊四起後設
國朝因之國初孫肇興為始

建清軍廳

嘉靖四十四年屯田御史陳加楫題奏添設河

間府管馬廳通判駐扎本衛問理本道批發詞
訟後改清軍同知
國朝因之國初徐雲上為始
建衛
永樂三年調天津衛左衛次年調右衛
指揮肆拾肆員
千户玖拾貳員
百户壹百陸拾壹員
鎮撫拾貳員

冠帶總旗二員以上俱廢
國朝歸併一衛國初于良輔為始
建教官
景泰五年教授訓導各一員
國朝因之教授蘇騰霄為始
訓導王君猷為始康熙二年奉文裁汰
建經歷一員
知事一員明季裁汰知事
國朝因之國初王家垣為始

僧正司壹員康熙九年添設住板橋寺
建總兵
萬歷四十八年添設
國朝因之國初婁光先為始
建遊擊
永樂三年設春秋兩班營遊擊
國朝改為左右兩營遊擊國初右營周天命為始
右營移駐滄州磚河
建城守營

崇禎十三年撫院李繼貞題請添設
國朝因之國初捷為始
公署
整飭天津道係天津左衛公署
轅門貳座　旗臺貳座
皷棚貳座　大門叁間
儀門叁間　脚門貳間
東皂隷叁間　西皂隷房叁間
大堂伍間　東餉銀庫壹間

西餉銀庫壹間　抱廈叁間
貳堂伍間　東號房
兵馬房　河海房
稿房　西賢否房
刑名房　糧餉房
屯田房　內宅門壹座
內宅上房伍間　東廂房叁間
西廂房叁間　後宅高樓伍間
東廂房叁間　西廂房叁間

東夾道上房叁間　東廂房貳間為一院
後上房叁間　過亭叁間
東廂房貳間為一院
康熙十一年天津道加六級副使薛柱斗重修
添設有記
過街牌坊貳座
東外貞憲　內控制海門
西外肅度　內儀型河匋
東西轅門貳座

石獅子壹對　川廊伍間
二堂槅東壹間為宜夏軒　西壹間為長春窩
屏門壹座額內臺　書房三楹額渡瀛
書房前立兩坊東曰虛心逕　西曰百歲園
花亭貳間　上房叁間
宅外築圍墻壹圈計壹百伍十丈
清軍廳
大門叁間　二門叁間
大堂伍間　書吏房東西四間

二堂伍間原止兩小間軍廳高必大捐俸重修
三堂伍間　後住房伍間高必大捐俸建
東西園房各玖間
馬號伍間高必大草苫另蓋
廂房肆間詳在碑記
土地祠叁間
總鎮係天津衛舊公署
衙門壹座今重修間數未定
守城營衙門壹座係屯田舊公署

左營寄駐衙門壹座 係天津衛右衛舊公署

右營寄駐衙門壹座 係舊察院

天津衛係兵備道舊公署

大門壹間　二門壹座

大堂伍間　三堂叁間

後樓伍間　東西廂房各貳間

土地祠壹間

經歷司

大門壹座　大堂叁間

二堂叁間　三堂叁間

東廂房叁間　西廂房叁間

土地祠壹間

郵亭壹所 此處為津城之首豪右占為苦盆壁又堵塞水門大為闔城之害屢折未果

大門叁間

正堂叁間　石獅子壹對

後穿堂叁間　舊廂房六間 今廢基址俱存

館驛

大門壹座　正廳叁間 今存

後堂叁間　氷窖壹所

房六間 舊楊青驛遞運所　以上俱廢地基四至俱存

察院壹座 今右管寄住

移駐公署

舊餉道衙門壹所　倉厫貳拾餘間 在河北岸

於康熙八年鹽院移駐天津鹽商重修

青州分司衙門壹所

稅課司 在城東門隸靜海縣舊制

巡檢司 在城西北隸武清縣

批驗所 在城東門外隸長蘆運司

鹽關 在河東鹽北北臨河岸

明萬歷戊午年添設督餉部院

李長庚湖廣麻城縣人進士

畢自嚴山東淄川人進士

李邦華江南人進士

黃運泰河南人進士

崔爾進陝西長安縣人進士

翟鳳冲山東益都縣人進士

鄭中周山西汶水縣人進士
賀世壽江南丹陽縣人進士
李繼貞江南蘇州府人進士
杜三策山東東平州人進士
馮元飈浙江慈谿人進士
國朝
駱養性北京錦衣衛人世襲指揮於順治元年
任
張　忻山東萊州府人進士於順治二年任奉

裁部院改爲撫院
管兵撫院順治二年間添設
雷　興滿州人順治三年任
李猶龍陝西貢士
夏　玉遼東人順治七年間奉裁
屯田撫院
全之俊江南人進士
周應朝江南人進士於崇禎十七年任遏闖賊
回籍

屯田道
韓毓忠陝西人進士明末裁
屯田推官
孫　謀浙江人進士明末裁
督餉道
韓初命山東掖縣人舉人
宋繼發山東萊陽縣人進士
錢士晉浙江杭州府人進士
莊起元江南常州人進士

王元雅山西人進士
張先芳山西陽城縣人舉人
潘永圖江南丹徒縣人進士
辛思學山西人舉人
秦樂天陝西人舉人
李元萃湖廣麻城縣人舉人
國朝
黃　紀四川人舉人
徐永禎滿州人順治五年任六年裁

整飭天津道
劉　福字順夫四川巴縣人由進士任刑部員外郎轉雲南僉事陜西副使丁憂弘治四年復除本鎮兵備在任六年陞浙江按察使改貴州卒於米魯之難
陳家謨字良顯四川富順縣人由進士先任御史轉廣西及北直隸僉事弘治九年陞本鎮兵備三年以疾歸
金獻民字舜舉四川綿州人由進士任御史弘

治十二年陞本鎮兵備丁憂復除湖廣陞山東按察司僉都御史右副都御史刑部侍郎
施槃字彥器浙江黄巖縣人由進士任刑部郎中陞河間知府弘治十五年陞本鎮兵備陞年以侍養歸
栁尚義字宗正湖廣巴陵縣人由進士正德四年革去兵備司衙門以御史奉勅本鎮捕盗尋陞右僉都御史降副使致仕復起除徐州兵備陞陜西右叅政卒

陳天祥字元吉江南吳江縣人由進士任御史陞西安府知府本鎮兵備副使流賊倡亂氏多塗炭公備禦有方一鎮賴以保全累陞副都御史卒
蔣　曙字景明廣西全州人由進士任戶部主事員外郎改御史陞保定府知府本鎮兵備副使陞廣東叅政
杭　淮字東卿江南宜興縣人由進士任刑部主事員外郎浙江僉事陞副使丁憂復除本鎮

兵備改雲南提學
胡文璧字汝重湖廣耒陽縣人由進士任戶部主事陞員外郎郎中遷鳳陽府知府改保定府陞本鎮兵備副使
韓　廉字守清浙江餘姚縣人由進士任直隸任縣知縣陞廣東道御史河南僉事本鎮兵備副使
呂　盛字文郁江南建平縣人由進士任浙江義烏縣知縣陞南京戶部主事員外郎郎中湖

州知府改東昌府陞本鎮兵備副使
錢如京字公溥江南桐城縣人由進士任雲南
道鹽察御史陞河南按察司副使補本鎮兵備
副使歷陞至刑部尚書
高　嶼字子州錦衣衛籍江南崑山縣人由進
士任雲南道監察御史改任歷陞工部都水司
郎中山東濟南府知府陞本鎮兵備副使
王　騰字允昇河南洛陽縣人甲戌進士以真
定府知府陞任

姚文清字康夫山西陽曲縣人辛未進士嘉靖
四年以陝西僉事陞任歷任浙江按察使
萬　木字仁夫浙江上虞縣人丁丑進士嘉靖
九年以淮安知府陞任朱家墳口決險急難塞
壞民田廬道路不通公載鍋沉般實土始安至
今無患陞山西參政
華　全字全宣無錫人辛巳進士嘉靖十三年
以雲南參議陞任
敖　英字子發江西清江縣人辛巳進士嘉靖

十四年以陝西副使改任歷陞參政按察使布
政使
茹鳴全字聲父江南無錫縣人癸未進士嘉靖
十五年以承天府知府陞任改山陝副使
孫　錦字元朴陝西綏德縣人丙戌進士嘉靖
十六年以順德府知府陞任改山西副使歷任
僉都御史
張承祥字懋德河南光山縣人丙戌進士嘉靖
十七年以太原府知府陞任

王　琇字允玉河南宣城衛人癸未進士嘉靖
十八年以山東僉事陞任
陳仲錄字子載湖廣常德衛籍吳江縣人丙戌
進士嘉靖十九年以兗州府知府陞任
王　璣字在叔浙江西安縣人己丑進士嘉靖
二十年以江西參議陞任歷任參政右僉都御
史
朱鴻漸字子明江南吳縣人辛巳進士嘉靖二
十三年以雲南副使補任陞湖廣參政

吳嘉會字惟禮山西振武衛人乙未進士嘉靖二十六年以山東參議陞任歷陞參政巡撫都御史兵部左侍郎

劉廷臣字伯鄰山西洪桐縣人戊戌進士嘉靖二十九年以湖廣副使改任歷陞參政僉都御史

張　鐸字世鳴常熟縣人辛丑進士嘉靖三十二年以陝西參議陞任

毛　愷字達和浙江江山縣人壬辰進士嘉靖

三十三年以瑞州府知府陞任本鎮副使遺愛在民民為立祠副使汪來撰有毛公德政碑記歷陞吏部尚書　碑記載四卷藝文中

馬　珮字鳴宸山東德州人辛丑進士嘉靖三十六年以河南副使改任陞巡撫僉都御史

曾于拱字思極江西泰和縣人辛丑進士嘉靖三十六年以四川副使補任

李凌雲字霄冲河南鈞州人戊戌進士嘉靖三十七年任陞山西右參政

雷夢麟字伯仁江西進賢縣人甲辰進士嘉靖三十八年任陞陝西左參政

曹　麟字汝祥湖廣黃梅縣人庚戌進士嘉靖四十一年任

黃　中字文卿浙江遂昌縣人辛卯舉人嘉靖四十二年任

曹　科字甲聯山西寧鄉縣人癸丑進士嘉靖四十四年任陞陝西參政歷陞順天府尹

周希哲字聖思四川威遠縣人庚戌進士隆慶

三年任

吳一本字仲立湖廣河陽衛人壬戌進士隆慶四年任

楊　樞字運卿山西陽城縣人己未進士隆慶五年任陞河南參政按察司布政史

安嘉善字體亨山西代州人乙丑進士萬歷二年任陞河南參政按察使

張修孔字允治直隸大名縣人乙丑進士萬歷五年任

徐學古字子友河南洛陽縣人壬戌進士萬曆
六年任
賴庭檜字爾舟福建晉江縣人乙丑進士萬曆
七年任增修學校振作人材易火神為房號併
夫厰於驛遞民多便陞四川叅政卒
劉　魯字希曾河南安陽人戊辰進士萬曆十
年任
帥　祥字復卿四川安居縣人辛未進士萬曆
十十年任

王來賢字元德雲南臨安縣人辛未進士萬曆
十二年任陞河南叅政按察使四川布政使
查志隆字鳴治浙江海寧縣人己未進士萬曆
十五年任潞鹽就封道經天津公處置有方軍
民不擾詳見鹽封案稿創建小學教民興行詳
見小學碑記陞山東左叅政卒
俞　均字平公江西新建縣人戊辰進士萬曆
十七年任
彭國光字用卿江西德化縣人庚辰進士初任

晉江縣舉卓異行取選戶部虛工科史科萬曆
十七年以在給事中陞本鎮兵備副使公雅操
堅持才識明敏遇事綽有擔當待下不假辭色
歷任三年美政難以殫述而調停驛遞之苦經
理防倭之務乃其大者志書上下及正德以後
有關係者多所裁定壬辰夏陞浙江叅政
梁雲龍字會可廣東瓊山縣人由進士任兵部
主事陞員外郎陝中贊理經畧陞井陘兵備副
使二月餘調本鎮防倭此時凶荒頻仍兵食俱

困焦勞壽策廟堂嘉納南北兵集戰守用裕津
門鎖鑰既嚴神京保障益固且也漕運罷學俾
門杜而多士慶北淺增糧借夫養而津民生創
舉鄉飲酒禮始祀鄉賢名宦詣學講課多士命
官訓練應襲加俸官軍立學鄉社清添驛馬躬
親鄉約救荒賑貧彰善癉惡美政未可殫述也
楊　兆陝西延安府膚施縣人進士歷陞工部
尚書
葉　宰福建人進士

馮　任浙江寧波府慈谿縣人進士
來斯行浙江蕭山縣人進士
朱大典浙江金華府人進士
陳六韐江南蘇州府人進士
蔣　燦江南蘇州府長洲縣人進士
馮元颺浙江寧波府慈谿縣人進士
王鼎新山西汾州府介休縣人進士
李化熙濟南府長山縣人進士
原毓宗陝西西安府韓城縣人進士
王東謙陝西西安縣蒲城縣人進士

國朝
孫肇興山東東昌府莘縣人進士於順治元年
六月內任陞山西提學道
李正修河南懷慶府人進士於順治二年五月
初八日任
劉武元滿洲人於順治二年十月二十九日任
陞湖南巡撫
陳洪謨遼東貢生於順治四年四月二十八日
任
王化隆遼東人於順治四年六月十九日任
徐永禎遼東人於順治六年七月初七日任陞
福建巡撫大兵勦洗靜海一帶徐公力保天津無賊億萬生靈陰受其福
李呈祥山西潞州人舉人於順治九年八月初
一日任陞通政司至工部左侍郎　捐俸修學
梁應元遼東人生員於順治十一年五月二十
五日任
張適湜山西沁水縣人進士於順治十三年十
一月二十二日任　捐捧修學

李嵩陽河南封丘縣人舉人於順治十六年十
二月二十二日任陞按察司
楊廷錦常州府武進縣人於順治十七年十月
二十日任
毛壽發湖廣荊州府公安縣拔貢於康熙六年
十二月初九日任愛士惠民嚴拏鬮將有法
薛柱斗陝西延安府延長縣人戊子科拔貢於
康熙九年十一月初一日任廉以率屬寬以惠

民士于倍加優隆口碑遍於四野
户部分司監督舊志始于宣德十年今國朝裁革不便多載止從萬歷元年始
譚　啟四川大寧人進士萬歷元年任
杜從易四川合江縣人舉人萬歷二年任
岳凌霜直隸高邑縣人進士萬歷三年任
甘來學四川雅州人進士萬歷四年任
梁承學山東聊城人進士萬歷五年任
張維城順天永清人進士萬歷六年任
田時秀直隸完縣人進士萬歷七年任

房守士山東齊河縣人進士萬歷八年任
趙南星直隸高邑縣人進士萬歷十一年任
石昆玉湖廣黄梅縣人進士萬歷十一年任
鄭　扎陝西澄城縣人舉人萬歷十四年任
張　常福建漳浦縣人進士萬歷十七年任
余夢鯉福建清籍鎮東衛人進士萬歷二十年任
劉汝康山東曹州人進士萬歷二十三年任
張汝蘊山東章丘縣人進士萬歷二十四年任

文　球河南固始縣人進士萬歷二十六年任
張五典山西沁水縣人進士萬歷二十九年任
高　第直隸灤州人進士萬歷三十二年任
王國翼順天遵化人進士萬歷三十四年任
岳儲精山東觀城縣人進士萬歷三十六年任
蔡　悦福建晋江縣人進士萬歷三十八年任
趙　謙山西人進士
吳　暘江南常州府人進士歷任浙江巡撫
千　偉山東東阿縣人官生陞廣東雷州府知府

王濬初山西大同府山陰人解元
樊維城湖廣麻城人進士
劉大猷陝西文縣人舉人
陸思禹江南人特用拔貢
唐廷彦四川人舉人

國朝

劉汝慧安寧人官生陞通薊整飭道
沈奕璞淮安府高郵州人舉人

傅鶴祥河南人官生陞山東兖州府知府

楊宗岱陝西進士

蘇　霖北京人進士　捐俸修學

陳　襄北京人進士　捐俸修學

李　溥河南人進士順治十二年五月内裁

天津衛志卷之二終

天津衛志卷之三

官職

清軍同知原在本府萬曆二年題改天津駐劄自湖廣江陵縣洪濟遠始

陸敏捷山西大同府人舉人萬曆三十二年任

趙性粹陝西固原州人舉人陞雲南知府轉陞雲南整飭道

李喬嶽陝西漢中府人舉人陞雲南知府

盧觀象江西人選貢陞後府經歷創學田水田有功天津

張懋德江南人選貢陞中府經歷

王東衡陝西平凉府人舉人陞南京户部員外

李應節四川人舉人陞鳳陽府知府轉陞鳳陽屯田道

都景運陝西人貢生

張　星江南寧國府人拔貢

王思行貴州人舉人

馬玉清貴州人舉人

國朝

徐雲上湖廣人貢生於順治二年間任

覃楚大湖廣人貢生於順治三年間任調任鳳陽同知

崔爾巖山東膠州人貢生於順治六年間任

焦紘薰山東興山衛人貢生於順治十年間任

廖先登四川城都府人貢生於順治十二年十二月內任

全光緒山東德州人貢生於順治十五年六月初二日任陞江西南昌府知府

趙　森遼東海州人貢生於康熙元年間任

姜先徹遼東人於康熙二年二月內任

章國佐浙江杭州人舉人於康熙三年三月十一日任

高必大湖廣襄陽籍廣寧人貢生於康熙九年任陞鳳陽府知府政清刑簡愛士惠民　捐俸修學

顧高嘉浙江嘉興人戊戌進士由翰林院遷補於康熙十四年三月十五日任

天津衛順治元年

天津衛掌印楊維翰　左衛掌印李枝蕃

右衛掌印李効忠

順治二年部頒衛印三顆

天津衛掌印賀邦基　左衛掌印倪元勲

右衛掌印李應聘　以上俱明季世襲

順治四年

天津衛掌印守備于良輔 部選武進士涿州人

左衛掌印馮盛世 世襲

李　標 世襲

右衛掌印費復興 世襲

楊騰雲 世襲

九年歸併一衛奉文掌天津衛印務王會圖 世襲

部選守備鄒　斌 江南人武進士順治九年任

守備張　含 真定府棗强縣人武進士順治十二年任

守備曹　斌 浙江嘉興府人武進士順治十四年任

守備譚　經 江南上元縣人武舉康熙五年任

守備滑之棟 山西陽和衛人將才康熙九年任

守備楚國柱河南杞縣人武進士康熙十二年
儒學教授舊志自高陽縣田甫始其間舊志多闕畧無考今從國朝載起
蘇騰霄保定府束鹿縣人歲貢於順治元年十
一月二十四日任
王文昌真定府藁城縣人己卯副榜於順治八
年十一月初三日任
吕應兆直隸延慶州永寧人恩貢於順治九年
十二月十六日任
崔似羣真定府冀州人歲貢於順治十一年正

月二十五日任
郝際雍順天涿州人歲貢於順治十三年六月
十三日任
劉坤元順德府任縣人歲貢於順治十四年六
月二十九日任
孫枝茂保定府定興縣人歲貢於順治十五年
十月二十九日任
郭履泰順天府大興縣人貢監於順治十六年
十月十三日任

程觀頤永平府山海衛人戊戌科進士於順治
十七年十月十三日任
韓時执保定府高陽縣人辛卯科舉人康熙四
年十月二十七日任忠誠謹慎率士以德
馬方伸順天府密雲人歲貢康熙十二年八月二十五日署事訓士有方
張國寯順天府宛平縣人庚子科舉人康熙十
二年十二月十一日任操守廉潔文行兼優允稱師範康熙十三年督
修
武廟參衛志十四年督修魁星樓請歸共山學田
訓導舊志自曲阜縣李暢始舊志多闕畧無考今從國朝載起

王君弼順天府密雲縣人歲貢順治四年任
齊國璧保定府高陽縣人歲貢順治九年正月
二十七日任
楊德懋保定府清苑縣人歲貢順治十三年閏
五月二十九日任
梁養大真定府井陘縣人歲貢順治十七年八
月二十四日任康熙二年奉文裁汰
武學教官裁歸併儒學
李際陽　孫炎龍　楊雲龍　吳道昌

經歷司正德年自德平縣王子始明分三衛今併一衛舊志多闕故自國朝載起

王家垣順治元年任貢生

段懸錦順治五年任貢生

浦　省順治十三年任江南人貢生

張文斌順治十四年任浙江紹興府人吏員

黃如瑾戊戌科進士江南人康熙四年十月二十四日任

禹正儀江南人戊戌科進士前任河南南陽府推官以科場事降補今職於康熙十一年五月二十一日任

知事壹員明季裁汰

天津衛叄所掌印千總

中所千總翟立勳天津衛人世襲順治六年奉裁中所

左所千總鄒之孟天津衛人世襲

右所千總楊惟正天津衛人世襲

國朝

左所千總姜捷遼東人

李允通江南人武舉

王家鼎宣府人武舉

李學曾山東人武舉

右所千總郭喬年山東人武舉

李實光江南人武舉

蔡可賦江南人武舉

高崇道宣府人武舉

左所掌印百總沙遇時天津衛人康熙五年奉裁

右所掌印百總陳有章天津衛人康熙五年奉裁

天津衛管河千總貳員

周之望　王守忠天津衛人世襲

胥廷淳江南人武舉

王　贊陝西人武舉

田養賢淮安人武舉

王名揚江南人武舉

馬龍韜禹州人武舉康熙六年奉文裁千總一員

左衛管河千總貳員

梁龍光　姚斌標天津衛人世襲陞肇鎮守備

郭　全河南人武舉

王光前江南人武舉

薛琰真定府人武舉

楊正芳山西平陽府人武舉

張鉞保定府人武舉

右衛管河千總貳員

高三捷天津衛人

呼　叅天津衛人世襲

吳　鉉大名府人武舉

李國祥江南人武舉

牛佳貞山西人武舉康熙六年奉文裁千總一員

添設屯田同知

盧觀象江西人選貢明末裁

添設兵餉推官

全鉉江南人進士

李化熙山東長山人進士

章謨江南人進士

牛裕范山西人副榜拔貢

孫銓山東人進士

總兵官

王洪榆林人世襲

巢丕昌江南人武進士

馬爌山西蔚州人武進士

劉復戎關東人將材

曹友義江南人將材

國朝

婁光先天津衛人世襲　國初紳衿保舉

蘇屏翰順天雄縣人武進士

梁　武關東人

管效忠滿洲人　捐俸修學

甘應祥關東人不克兵餉不受官餽隆士重民德難民没捐俸修學

李克德滿洲人

佟聖輔滿洲人

徐智都滿洲人拆房濬壕有保障之功

田進學陝西人

趙良棟陝西人兵餉獲其實惠捐俸修學

春班營

褚東山羽林前衛人萬曆年任
劉　龍榆林人萬曆年任
曹　煥通州右衛人萬曆年任
朱　心學德安所人萬曆年任
徐　輝廣昌所人萬曆年任
王　永壽昭陵衛人萬曆年任
藺登瀛龍驤衛人萬曆年任
秋班營
趙繼光天津衛人萬曆年任
王通榆林衛人萬曆年任
王秋登州人萬曆年任
莫矜功薊州人
佐天祿遵化人
張東忠陽和衛人
常世爵保定中衛人
張國将大同中衛人
許大成棉衣衛人
謝惟能開平衛人

滑　滋陽和衛人
春秋兩班營遊擊
國朝改為左右兩營遊擊
左營遊擊
周天命天津衛人
緱永慶遼東人
葉勳臨清州人
劉承義遼東人
王政純遼東人
尤起龍江南人武進士
張應龍福建人将材
右營遊擊移駐磚河
城守營遊擊
陳捷浙江人陞大城縣叅将
周福滿洲人陞真定府撫標中軍叅将
孫廷相江寧人陞宣撫上西路叅將
張翰順德州人陞蒲州營叅将
劉正朝遼東人陞福建原江遊擊

滿其性宣撫人
尤順行河南人
張　進陝西人
魏國珍四川人
右營中軍守備
林有材遼東人
栢永甡遼東人
徐才河南人
周琬河南人

王廷臣山西人
張緒祖遼東人
移駐衙門
鹽院
孟戈爾遼東人　捐俸修學
李棠廣西桂林府人進士捐俸修學有慕疏與碑記附後卷
羅璧遼東人
戎上德浙江寧波人進士
吳　賽滿洲人　捐俸修學

余縉浙江人　捐俸修學
花上滿洲人　捐俸修學
謝兆昌浙江人進士　捐俸修學
哲備滿洲人捐俸一百兩修學康熙十二年議裁尋復
凱音布滿洲人
鹽法道
康萬民江南人
拉自滿洲人進士
夏寅遼東人

柯汝英遼東人
楊天祥遼東人
袁仲魁遼東人
趙秉樞臨清人進士
徐來麟遼東人
李兆乾陝西人廪生
塗應泰遼東人
翁長庸江南人進士
盧紘湖廣人進士

周卜世遼東人　捐俸二百兩修學
李興元遼東人　捐俸修學
遲日豫遼東人
班璉遼東人丁亥貢士　捐俸修學
青州分司
柯汝英遼東人
徐萬錦遼東人
袁仲魁遼東人
張元璘遼東人

牛藩山東海豐人貢生　捐俸修學
張安豫松江人貢生　捐俸修櫺星門
范正脉河南人進士
劉道著遼東人
潘瀛選常州府宜興縣人進士
徐兆霖揚州府通州人副榜拔貢　捐俸修學
張一魁奉天廣寧人　捐俸修學
經歷司
馬之英江南人

李文敏陝西鞏昌人
楊九鼎浙江山陰縣人拔貢
張可立福建人乙未進士
務關戶部康熙四年河西務裁缺
朱亢泥滿洲人
李為霖江南興化縣人進士
康熙五年歸併天津道
楊廷錦常州府武進縣人進士
康熙六年

張泝山西高平人進士署天津道事原任霸易
道有禁作作等示載四卷末
康熙七年
毛壽登湖廣公安縣人貢士　捐俸修學
康熙八年復戶部關差移駐天津
哈霓布滿洲人　捐俸修學
陳丹赤福建閩縣人舉人　捐俸修學
康熙九年
哈世泰滿洲人　丁犹煒福建晉江人拔貢

康熙十年
祁永清遼東人　鍾國義浙江山陰人進士
康熙十一年
蔡璧兎滿洲人　勞之辨浙江石門人進士
康熙十二年
吳世把滿洲人　捐俸修學
康熙十三年
清寶滿洲人
康熙十四年
卜舒庫滿洲人

功陞
書曰功懋懋賞周禮日爵以馭貴言乎有功必錄耳故勲猷茂著不一其人晉秩崇隆各殊其報彪邑乘炳於今為烈焉志功陞
湯　節指揮使廉能陞漕運叅将
張　通指揮僉事功陞後軍都督府都督僉事
吳　昇指揮僉事驍勇陞薊州都指揮僉事
孫　典指揮同知征南有功陞都指揮僉事調湖廣都司
呂　巖指揮僉事才幹陞都指揮僉事京營把總
紀　釗指揮使能幹陞山東都司都指揮同知漕運把總
倪　鉉指揮使捕鹽有功陞都指揮僉事
賀　勇指揮同知勦賊有功陞都指揮同知
賈承嗣指揮同知勦賊有功陞都指揮僉事
婁　政指揮僉事功陞都指揮使京營把總
李　成副千户累功陞指揮僉事男李琮有功

繼陞同知
呼　勝正千户累功陞指揮僉事
趙　雄正千户累功陞指揮僉事
李承宗鎮撫獲賊有功陞本衛署正千户
張　翔百户征蠻有功陞右衛副千户
周　臣鎮撫勦賊有功陞指揮僉事
靳　勇百户功陞副千户
盧　旺副千户功陞正千户
黃　東指揮僉事掌衛事清廉聞上擢陞都指

揮僉事賜扁曰清風高節

殷尚質指揮僉事掌衛事有青天之號歷陞遼東總兵殞於陣贈少保謚忠勇仍遣官諭祭馬

雷以成千戶歷陞山西叅将

趙繼先指揮僉事累陞倒馬關叅将

倪敏政指揮使歷陞黃花鎮叅将

倪思立指揮使累陞山西都司利民堡叅将

趙宗道指揮僉事推陞崔黃口守備

靳廷桂副千戶任分鎮倒馬關叅将加陞副總兵

劉守約指揮僉事陞三屯營守備

閻賓天津人錦衣籍以功陞錦衣衛指揮署後所印

趙宗道指揮僉事陞京營遊擊

高　遷陞倒馬關叅将

倪　河陞河大營遊擊

張承業歷陞淮大總運都司

王　鉞守備陞昌鎮左車營遊擊

陳天爵陞山西北樓口叅将加副将

只登瀛真定府院中軍叅将加副将

陳懋功陞石匣營遊擊

顧邦鎮陞天津左營遊擊

趙宗德陞北路叅将

呂啟元天津部院中軍帶通津營遊擊

只啟第山東德州春班營遊擊

羅繼洪陞北直崔黃口守備

楊大慶陞河南撫院中軍加副将

張崇德陞河南衛輝府遊擊

賀盛明陞後軍都督府都督同知

張國英陞天津城守營遊擊歷陞山西潞澤營叅将

紀國柱陞書家路遊擊

王振武由武舉授山海關中營守備

趙榮祖歷任京營叅将

褚有光歷任昌鎮實授遊擊

梅應文由武學功陞羅文峪守備

梅應武由指揮功陞河間道旗鼓守備

張天縱陞薊鎮中協嚴勇營都司
鄭繼莊陞天津衛葛沽營遊擊
梅應元陞山東撫院中軍遊擊
張凌雲陞易州道中軍守備歷任鳳陽府留守
都司
凡
國初投誠已經部選者俱載入志其未經部選委
署者不敢妄載
國朝

只啟濬天津部院中軍歷陞海運參將順治二
年運糧有功告病回籍現今八十六歲
毋世科陞江南上江江防都司管遊擊事
倪元勳陞福建福州府水師右營守備轉陞都
司
周天命武舉陞天津鎮標中軍副將管參將事
唐官屯勦賊陣亡
恩綸優卹 見忠臣
劉　英陞福建邵武府左營遊擊轉陞貴州安

南城守參將 政仕回籍
張書紳陞江南京口營都司
趙國祥歷陞興安州副將
劉慶遠守城有功陞獨石都司
佟國弼歷陞古北口都司
李振華歷陞廣東雷白縣城守遊擊
佟國柱歷陞廣東守禦所守備
李　炳歷陞山西井坪城守備
佟國輔山東文登營守備

劉顯綸陞任湖廣鎮遠衛掌印守備
侯慶凱歷陞通協楊村營守備
崇祀 附學田
文武廟他方皆歸併
孔聖獨津則另祀
武成王亦列配哲如禮此在道統原屬見知在
治統則正合今日經緯無觭重之病也志崇祀
文廟
在東門內明正統元年天津衛指揮使朱勝煦

陝西按察司僉事林時建言事例奏准開設本
官遂將任居一所施為學宮首建堂齋公廨十
二年大成殿成景泰五年行春秋祀禮每祀頒
胙時賜施學宮地朱勝照子孫豬首一枝至今
不廢是年戶部主事解延年建櫺星門又創兩
廡後弘治八年整飭天津道修明倫堂展出前
門二十餘步修兩廡四齋戟門等舍十七年設
樂舞今廢正德十一年整飭天津道重修四齋
築墻垣射圃嘉慶四十四年整飭天津道黃中

創建名宦鄉賢二祠正德十一年提學洪奏准
衛學比照各縣學廩膳名數定優等生員二十
名比增廣名數定次等二十名其餘生員俱作
附學之數萬曆四十二年本學生員張布載馮
天澤趙念祖張夢辰比潼關衛例具呈學院題
准增廩膳十名增廣十名
國朝因之則此四生大有益於津學至今永被其
功焉順治十年天津道副使李呈祥重修有碑記載
天津志書康熙八年長蘆運使鹽法道周卜世重修
增磚泮池圍墻十二年天津道副使加六級薛
柱斗重修增石泮池木橋周圍欄杆兩掖門花
墻花壁東西兩小牌坊禮門義路二門夾道磚
墻有記載天津志書十四年建魁星閣於文昌祠首

大成殿三間　東廡十一間
西廡十一間今各存七間　香桌三張
戟門三間　櫺星門三坐
明倫堂五間　講堂五間今廢
志道齋三間今廢　據德齋三間今廢

依仁齋三間今廢　游藝齋三間今廢
啟聖祠五間　文昌祠三間
名宦祠三間　鄉賢祠三間
齋宿房三間今廢　大門三間
二門三間　神庫三間今廢
射圃一所今廢　東西號房各三間今廢
石碑四通　卧碑一通
教授公廨一所
訓導公廨一所今廢　以上地界東西過街牌坊為止

歷考祀聖之樂代有異同要夫樂以昭德非大成之樂不足以祀至聖自漢及唐雜用樂章且未頒之州縣學校至宋徽宗更撰釋奠文宣王樂章高宗以祀文宣王大成樂舞頒降肄習元成宗各省備先聖廟樂明洪武命部臣議大成樂令製樂器頒於天下學校衛學久廢因考之以俟後之興舉焉

祭器昔有今廢

學東偶有射圃今猶存其名

春秋仲月上丁日祀典先祭啓聖而後孔子

國朝八年三月禮部甲學政六條於天下學較一學臣考覈一學臣新舊交代不許代署一定磨勘罰例一生員不許糾黨一教官生員與武職兵丁以事有爭教官生員聽學臣處置不許武臣擅責一教職不得濫委

九年二月初九日禮部頒學政十八條凡大學考入生員四十名中學二十五名小學十五名教職不得以衰耄充數又興社學嚴倡優隸卒之禁

學田

一坐落天津河北武清縣納糧地八十一畝六分（有碑記立大城門外）

一坐落尖山庄靜海縣納糧小地貳拾貳頃伍拾畝屢被侵占自康熙五年間闔學師生具呈請詳至康熙十七年間糧地俱經辯明（有尖山學田記附藝文卷內）

武廟

聖位初設西南城花樓上供享春秋二祭明萬曆四十年整飭天津道高邦佐建

三衛掌印指揮張文學趙如祖楊大慶監修

武成王殿三間　東廡三間西廡廡三間

仰聖門三間　東名宦祠三間（今廢）

西鄉祠三間（今廢）　腳門二坐　櫺星門三間

啓聖祠三間（今廢）　明倫堂三間　儲英毓秀齋（三間）

進德修業齋三間　涼亭一座

名宦鄉賢

褒揚之典不一而崇祀為尤重必其理學淵源節操純粹始無愧於俎豆之榮也志名宦鄉賢

名宦 萬曆二十二年始附主祀之

毛愷浙江江山縣人壬辰進士以瑞州知府陞任天津副使遺愛在民民為立祠有碑記歷陞吏部尚書

鄉賢 萬曆二十二年始附主祀之

整飭陝西兵備道僉事蔣儀

巡撫延綏都察院右副都御史張愚 入延綏名宦

整飭密雲兵備山東提刑按察司副使汪來 入密雲名宦

山東樂陵縣知縣倪尚志 入本縣名宦

封蔭

臣子篤匪躬之誼國家弘錫類之恩其來向矣衛雖僻壤科甲代不乏人恩拔世繼其美而武榜為尤盛焉間有明經授例亦莫非英儁之材為楨為幹是在士之自為振勵耳志封蔭科甲

貢例

封贈

張　鳳以子愚贈山西按察司僉事

劉　清以孫燾贈右副都御史兼兵部左侍郎

劉　氣以子燾贈右副都御史兼兵部左侍郎

汪　宦以子來贈封刑部主事

任　澤以子天祚贈封兵部主事贈本部郎中

母　鉞由汾州府同知以子楊祖贈封奉政大夫母倪氏封宜人

母康祖由增生以子懷慶贈封河南衛輝府推官母蕭氏封孺人

侯　祉以子倫贈封中憲大夫妻郭氏封淑人

朱延桂以子承命贈文林郎妻李氏贈封太孺人

于　躍由生員以子登仕贈封徵仕郎光祿寺署丞大理寺評事前母王氏封孺人生母李氏贈封孺人

只登明廪膳以子啟祚贈光祿寺署丞

倪光薦由己身贈封文林郎歷任太僕寺少卿

以子綿祖貴贈封奉直大夫妻宜氏封宜人

王大慶由貢生以子儆祖贈封鴻臚寺序班加一級妻倪氏封孺人

恩蔭

張元性　官生

劉維城　軍生以父燾左都御史蔭入太學除後軍都督府都事經歷陞順天府治中河東運同

劉維垣　恩生以父燾左都御史蔭入太學生

劉維墉　補垣恩生

國朝

婁光祿　恩生考通判

周明命　恩生任萬全都司經歷

倪錦祖　恩生歷任山東兗州府曹縣管河同知封奉直大夫妻齊氏封宜人

鄉科

丁卯科正統

王鵷　軍生除錢塘縣縣丞

庚午科景泰

趙鑑　軍生除解州知州

己卯科天順

孫昂　官生除高平縣知縣擅發倉救饑民全活甚衆以此去官人皆惜之

葛鳳儀　軍生除蒲圻縣知縣

葉廣　軍生府訓導除漢陽

己酉科成化

衛琳　軍生除崑山縣縣丞

劉鈺　見甲科

己酉科弘治

王澄　武生除武城縣訓導

辛酉科弘治

蔣儀　見甲科

庚午科正德

張佑　見甲科

辛卯科嘉靖

張愚　見甲科

甲午科嘉靖

汪來　見甲科

丁酉科 嘉靖
劉　燾見甲科
己酉科 嘉靖
李永康見甲科
庚午科 隆慶
任天祚見甲科
壬午科 萬曆
羅逢年軍生
楊于延軍生

于　範軍生任揚州府通判
辛卯 萬曆
倪尚志官生任山東樂陵縣封文林郎卒崇祀
名宦鄉賢妻辛氏封孺人
丁酉科 萬曆
王養蒙軍生署北直祁州學正入名宦陞陝西
鳳翔府麟遊縣知縣
癸卯 萬曆
劉大知官生任山西聞喜縣知縣

壬子科 萬曆
母槐慶官生任户部山西清吏司主事有恵政
金臺士民口碑歷任襄陽府推官妻周氏封孺
人
甲子科 天啟
賈允廸見甲科
庚午科 崇禎
張凤抱見甲科
丙子科 崇禎
張國士官生

袁　銘軍生任户部主事
國朝
乙酉科 順治
賈廷奭見甲科
戊子科 順治
朱承命見甲科
辛卯科 順治
吳愚公軍

甲午科
孟宗舜見甲科
張人端官生除四川新繁縣知縣
土逢五軍生署大名府縣教諭
丁酉科順治
張奇抱見甲科
張士紳軍生
壬子科康熙
徐德含軍生

袁　任軍生
甲科
丙戌科成化
劉　鈺軍生選翰林院庶吉士除户部主事員外郎中常州府知府
甲戌科弘治
蔣　儀軍生除蘭谿縣知縣調壽張歷任陝西僉事蒞官清苦政寬平所至人皆慕德及居鄉角巾徒步遇人恭謹如寒賤時鄉閭至今稱頌

庚辰科正德
張佑官生除臨分縣知縣矯詔發倉救饑民欽取侍御史
壬辰科嘉慶
張愚軍生除户部主事歷陞都察院右副都御史賦性剛方蒞政明敏巡撫延綏嚴飭戎務欽賜莽玉五十三歲卒於官賜諭祭蔭子元性入延綏名宦祠入天津鄉賢祠家有懋功祠在天津鼓樓東大街南
戊戌科嘉靖

張　壽除授濟南府推官歷陞都察院左都御史兼兵部左侍郎幼閑弓馬志尚韜鈐屢叨重寄累建奇勳兩次奪情屢疏求退上封乃祖乃父蔭子維城維垣維墉居鄉惟以耕讀為業仕途不以進用為心修河防而一方受惠立義塚而九死卹恩齒德兼隆功爵並懋平生撰述最多所著有書稿奏議行於世才行詳著于司馬傳中

李　旦左衛軍生代足邊戍中陝西庚子鄉試
登辛丑進士除刑部主事
辛丑科嘉靖
汪　來除授刑部主事歷陞山西兵備副使涖
官正大志在憂國抑豪縱培善良居家不發私
書不接冠蓋以詩文自娛
癸丑科嘉靖
李永康軍生除山東諸城縣知縣
辛未科隆慶

任天祚軍生除兵部主事歷陞山東右布政
辛未科崇禎
賈允廸官生除山西汾陽縣知縣
癸未科崇禎
張鳳抱軍生除河南彰德府推官歷陞福建延
平府知府
國朝
丙戌科順治
賈廷薁官生任登州府推官

己丑科順治
朱承命官生現
戊戌科順治
張奇抱軍生除陝西鞏昌府成縣知縣
己亥科順治
孟宗舜軍生原任廣西桂林府推官改授江西
萍鄉縣知縣
歲貢建學初未有成化二年天津衛指揮使倪通奏請歲貢自此始附恩拔
謝榮天津右衛軍生成化三年貢

陳　縉天津衛軍生成化五年貢除山西文城
縣訓導
賈　英天津左衛軍生成化七年貢美峪所吏
目
夏　清天津左衛軍生成化九年貢除淄川縣
縣丞
趙　忠天津左衛軍生成化十一年貢除黎平
府訓導
周　元天津右衛軍生成化十二年貢除大同

府訓導
王　剛天津衛軍生成化十五年貢
高　鈺天津衛軍生成化十七年貢除寧溪所
吏目
李　真天津左衛軍生成化十九年貢除汜水
縣訓導陞河南息縣教諭
方　正天津衛軍生成化二十一年貢
羅文林天津右衛軍生成化二十三年貢除太
平縣訓導陞河南封丘縣教諭

王　溥天津右衛軍生弘治二年貢除江西餘
干縣縣丞
吴　謙天津左衛軍生弘治四年貢
劉　賢天津右衛軍生弘治六年貢
賈　明天津左衛軍生弘治八年貢除山東鰲
山衛訓導
劉　澄天津左衛軍生弘治九年貢除鳳陽府
照磨
安　泰天津左衛軍生弘治十年貢

高　俊天津衛軍生弘治十一年貢除冠縣訓
導
汪　濟天津衛軍生弘治十二年貢除山東泰
安州訓導陞山西靈丘縣教諭
鞠　海天津左衛軍生弘治十四年貢除南京
金吾衛經歷
葉　成天津衛軍生弘治十六年貢除泰州衛
經歷
李　翀天津衛軍生弘治十八年貢除山西萬

家縣知縣
王　全天津衛軍生正德二年貢除廣西灌縣
知縣
姚　愣天津衛軍生正德四年貢除山東定陶
縣訓導
武　源天津衛軍生正德六年貢
王　旻天津左衛軍生正德八年貢除山東鰲
山德訓導
姜　紳天津衛軍生正德十年貢除山東霑化

縣訓導
顧　琁天津右衛軍生正德十二年貢
陳　旦天津右衛軍生正德十四年貢除山東
莊平縣訓導
張　昇天津左衛軍生正德十五年貢除山東
平原縣訓導
羅　邈天津右衛軍生正德十六年貢除亳州
訓導陞教諭
孫　琦天津左衛軍生嘉靖元年貢除河南鞏

縣訓導
李　琮天津右衛軍生嘉靖二年貢除青州府
訓導
夏　雍天津左衛軍生嘉靖四年貢除藍山縣
訓導
周　禄天津左衛軍生嘉靖六年貢
都　萃天津右衛軍生嘉靖八年貢除代州訓
導陞安化縣教諭
汪　昔天津衛軍生嘉靖十年貢

張　珍天津衛軍生嘉靖十一年貢除孟縣訓
導
陶　梓天津左衛軍生嘉靖十二年貢
秦　誥天津右衛軍生嘉靖十三年貢除修武
縣縣丞
倪　化天津右衛軍生嘉靖十五年貢除金鄉
縣訓導
袁　弁天津衛軍生嘉靖十七年貢
李　葵天津左衛軍生嘉靖十八年貢除新鄉

縣訓導
潘　鉞天津衛官生嘉靖十九年貢除長山縣
訓導
于　英天津衛軍生嘉靖二十年貢
李　還天津左衛軍生嘉靖二十二年貢
于　琁天津左衛軍生嘉靖二十三年貢除臨
洮府通判
季永康天津左衛軍生嘉靖二十五年貢
劉　勲天津左衛軍生嘉靖二十七年貢

謝　展天津右衛官生嘉靖三十九年貢除宜
興縣主簿陞山東諸城縣縣丞
孫　佶天津右衛軍生嘉靖三十一年貢除安
慶府推官陞鳳陽府同知
倪　倫天津衛軍生嘉靖三十三年貢除寧遠
衛教授
徐　祿天津衛軍生嘉靖三十五年貢
張文珂天津衛軍生嘉靖三十七年貢
馬　祿天津左衛軍生嘉靖二十九年貢除豐

潤縣訓導
徐　佩天津左衛軍生嘉靖四十一年貢除壺
關縣訓導改德平縣教諭
呂　侗天津左衛軍生嘉靖四十三年貢除山
東齊河縣訓導
陳　英天津衛軍生嘉靖四十五年貢
毋　鈛天津衛官生隆慶二年貢除山西蒲州
同知
田邦稅天津衛軍生隆慶三年恩貢除陝西全

州判官
孫　字天津衛軍生隆慶四年貢除河南汲縣
主簿
李良悑天津右衛官生隆慶六年貢
賈應忠天津左衛官生萬曆二年貢
周明德天津衛軍生萬曆二年貢
徐汝同天津左衛軍生萬曆四年貢除河南南
召縣知縣
侯　倫天津右衛官生萬曆六年貢除河南南

陽府裕州同知陞西城兵馬指揮
鄭　宣天津左衛軍生萬曆八年貢除河南開
封府通許縣縣丞
毋　鎧天津衛官生萬曆十年貢
賈美中天津左衛官生萬曆十二年貢除直隸
真定府新樂縣訓導
張維祺天津左衛軍生萬曆十四年貢除山東
臨清州訓導
賈如舟天津左衛軍生萬曆十六年貢除香河

縣訓導
耿　葵天津衛軍生萬曆十八年貢
丁文炳天津衛軍生萬曆二十年貢
倪　傑軍生除濮州教授歲貢
秦　鈛官生歲貢
孫　健軍生除山東兖州府同知歲貢
毋　鈛官生任山西汾州府同知歲貢
邢士先軍生除山東教諭歲貢
張文珂官生歲貢

劉献可軍生拔貢選江南掌印兵馬
徐　渭軍生選教諭歲貢
田大有軍生除教諭歲貢
劉献猷軍生選趙州學正歲貢
陳　瑾官生恩貢除浙江嚴州府壽昌縣知縣
遲鳴雷官生歲貢
毋楊祖官生除四川綏陽縣知縣陞寧夏監收
軍功加四品服俸陝西慶陽府同知歲貢
倪光薦官生恩貢歷任通州坐糧廳加太僕寺卿蔭一子

張　愈官生除河南開封府教授歲貢
宋　郊軍生歲貢
辛國運軍生除山東長清縣教諭歲貢
姜宗昌軍生除鄆城縣教諭歲貢
邢　清軍生考縣丞歲貢
張夢辰軍生除江南休寧縣縣丞歲貢
張希載官生除北直豐潤縣教諭歲貢
楊接完官生拔貢考州判
周曰庠軍生歲貢

馮天澤官生除北直保定府清苑縣訓導歲貢
宋東忠軍生除北直樂亭縣訓導歲貢
靳良慶官生歲貢
國朝
張拱賜官生除山東濱州知州歲貢
周啟元軍生除浙江杭州府仁和縣知縣歲貢
劉弘道軍生除户部主事歲貢
姚文光官生除教諭歲貢
張鵬南軍生除延慶衛教授陞宜興縣主簿歲貢

母鶴慶官生除山東兗州府金鄉縣知縣歲貢
劉顯祖官生除北直三河縣訓導歲貢三舉德行
于必和軍生除訓導歲貢
王永昌官生除德州穤縣知縣歲貢
林鴻鳴軍生除北直密雲縣訓導歲貢
張　瑄軍生歲貢
只啟胤官生考縣丞歲貢
陸寵錫官生除河南南陽縣知縣歲貢
徐士昌軍生歲貢

朱孔陽軍生考縣丞歲貢
劉顯斌官生考知縣歲貢
楊君聖官生除浙江海寧縣縣丞歲貢原考州判改選縣丞
張汝長官生考歲導歲貢
賈獻修官生歲貢
衣象升軍生歲貢
宜　銘軍生歲貢兩舉德行
賈廷燮官生歲貢

王顯漢官生拔貢除河南歸德府推官陞福建漳州府同知死難卹典贈奉議大夫廕一侄見忠臣
毋光孝官生乙酉科副榜拔貢除河南新鄭縣教諭
孫纘緒官生恩貢除陝西金縣知縣
賈廷奕官生拔貢除陝西鄠縣知縣
張希曾官生恩貢老州同
郝　傑軍生恩貢老州同

張鳴陽軍生拔貢除山東青城縣知縣
欒枝茂軍生庚子科副榜拔貢由教習除河南府靈寶縣知縣

例貢

張　鳳官生
顏　輔軍生除臨汾縣縣丞陞垣典縣知縣
葛　璽軍生
彭　佑軍生除解州同知陞石州知州
張　寬軍生

萬　塗軍生除館陶縣縣丞
孫　著軍生
田　宇軍生除涇陽縣縣丞
張　丙軍生除山西代州吏目
王　華軍生除涇陽縣縣丞
王　輦軍生
季　道軍生
劉　澤軍生除棠益縣主簿
劉　浹軍生

葉叢林軍生
蕭　棟軍生
穆文璧軍生
蕭　鉞軍生
劉　祉軍生除滎河縣縣丞
劉　謨軍生
葉朝輔軍生
王胤先軍生
李明節軍生

侯　禎官生
王　澤軍生除浙江山陰縣主簿
房　松軍生
李　科軍生
馬汝迅軍生
陳　恕軍生
陳　愚軍生
范　桂軍生除山西同州吏目
楊維清軍生

張　祉軍生
姜崇謙軍生
侯　儀官生除山西臨晉縣縣丞居官清廉建
監生祠
胡來朝官生
胡乾誠官生
侯　衿官生除鴻臚寺鳴贊
劉　衢軍生
張元靜軍生

孫　沛軍生除陝西漢中府經歷

侯　倬官生歷任光祿寺署正捐尖山學田庄

一處

于登仕軍生附監歷任大理寺

只啟祚官生由廩生監任光祿寺署丞

王恩張官生由廩生入國學老授教職

國朝

王傚祖官生由生員入國學授鴻臚寺序班加

一級

孟宗軻軍生由生員入監

劉繼儒由生員入監考州同

李肇甲軍生由生員入監

武舉　正德十一年武鄉試始　正德十五年武會試始

盧　起中正德十一年武舉鄉試

高　山中正德十五年武舉會試

侯　爵中正德十八年武舉會試

高　遷中嘉靖庚戌武舉會試

楊　璞中嘉靖丙辰武舉會試

只秉中中嘉靖己未武舉會試

劉　珏中嘉靖己未武舉會試

楊　珩中隆慶戊辰武舉會試

佟嗣賢中隆慶戊辰武舉會試

倪思立中萬曆甲戌武舉會試

雷以誠中萬曆甲戌武舉會試

李光國中萬曆丁丑武舉會試

周時雍中萬曆丁丑武舉會試

楊　文中萬曆丁丑武舉會試

張大才中萬曆戊戌武舉會試　以上見舊志

王振武　楊國礎　張鵬翼　劉鶴鳴

趙拱極　毋永慶　李攀桂　李國弼

林有勛　蔣克明　丁景華　薛維翰

王思位　蔣克進　孫克纘　宋聯芳

林中元　任文煌　李敬魯　李祖績

任光祖　魯明任　劉振武　胡國定

以上俱武舉

國朝

徐天爵中順治甲午科武舉 任榆林千總
劉騰鳳中順治甲午科武舉
梅開甲中康熙丙午科武舉 兵部候推守備
張逢源中康熙丙午科武舉
孫　景中康熙丙午科武舉
婁拱朝中康熙丙午科武舉 兵部候推守備
崔榮祖中康熙壬子科武舉
章孔祿中康熙壬子科武舉
張爾煜中康熙壬子科武舉

武進士

崔國彥　呂　斌　李廷獻 典濟籍　任之遠 江南籍

國朝

張國柱歷陞大同府助馬路叅將
添生色陞北京忠孝前衛掌印守備
張　瑜歷陞福建閩安鎮遊擊
王弘恩陞江寧上元前衛守備
林中桂
李　芬 鎮守崇明縣提督標下隨征候補遊擊

楊起渭

寓賢

鍾　會天津衛吏中順天府鄉試不記何處人

何子壽錦衣衛籍交城縣人巳未進士任戶部主事初經本倉監督歷任江西布政使同籍移寓天津

沈　襄浙江紹興衛人父錬嘉靖中為嚴嵩建言謫遷保定州襄以選貢歷任刑部郎中陞姚安太守母老不仕遂告侍養出京資乏因寓天津蓋忠臣之裔也

吳維登原籍江南嶽州府人寓居天津國學監生授鴻臚寺序班

國朝

徐兆舉丙戌科進士 紹興籍
徐兆慶戊子科舉人 紹興籍
汪伯翔巳丑科進士 武清籍
蔡震蘭巳丑科進士 滄州籍
李枝長戊戌科進士 靜海籍

繆邦達丁酉科舉人 靜海籍
張時華巳酉科舉人 滄州籍
朱尚隆癸丑科進士 順天籍
張時正庚戌科武進士 順天籍
張時雍監生 順天籍
許榮華監生 順天籍
周尚禮監生 順天籍
毛鳳翔監生 順天籍
王廷錫監生 順天籍

耆壽冠帶

古有上庠下庠之養杖國杖朝之制優崇殊典此風今猶未數也飲以賓之服以榮之為斯世勸豈淺鮮哉志耆壽冠帶

周　義天津左衛軍餘百有五歲
張　廉天津右衛軍餘九十八歲
陳　旺天津衛軍餘九十七歲
李　穆盧龍衛舍餘九十歲
鎖　政天津左衛軍餘九十六歲
蔣　德天津右衛軍餘九十五歲
高　冕天津左衛軍餘九十四歲
强並成天津左衛軍餘九十一歲
李　茂天津衛軍餘九十歲
孫　寧天津衛軍餘八十九歲
錢大有天津左衛軍餘九十一歲
孫　貴天津右衛軍餘八十九歲
趙　貴天津右衛軍餘九十歲
呂景華天津衛軍餘八十七歲

安　佑天津左衛軍餘八十九歲
屈勝天津左衛軍餘八十八歲
辛　勝天津衛軍餘八十六歲
楊　端天津左衛軍餘八十七歲
栁　清天津衛軍餘八十五歲
賀　臣天津右衛軍餘八十九歲
傅　震蘇州人天津右衛醫生八十八歲
趙　鈴天津右衛軍餘八十八歲
毋　神天津衛舍餘八十二歲

倪　鸞天津衛軍餘八十四歲

沈　田天津右衛軍餘八十二歲

張　桂天津衛軍餘八十二歲

刑　鈿天津衛軍餘齒德並茂督學御史高題
准冠帶榮身八十五歲

查　瑩天津衛軍餘年高有德督學御史高題
准冠帶榮身九十八歲

馮一彬天津左衛舍餘有德有齒赴鄉飲四次
部院李給扁奬勵冠帶榮身八十一歲

謝　殿天津衛舍餘赴鄉飲十三次九十九歲

劉觀晉天津衛人現今八十七歲

人物

川嶽鍾秀於人者不一必加詳採斯公論符而懿徽彰所有忠臣孝子高誼德行賢德貞節皆足興頑懦動鬼神焉故筆之以勵風化志人物

國朝

忠臣

土顯謨天津衛人由援貢歷陞福建漳州府同知時海寇作亂破城執之欲其歸順顯謨罵賊賊怒埋其身於土中僅露其首餓而死事聞於
上贈奉議大夫恩任元翰除江南太和縣知縣

周天命天津衛人由武舉陞天津鎮標中軍管叅將事時土寇猖狂天命率兵住唐官屯征剿深入賊地血戰而死事聞於
上恩綸優血恩弟明命除萬全都司經歷

孝弟

鄭　海天津左衛前所小旗以廬墓有感旗表其門　坊在城東北偶今廢

張　鎧天津衛指揮僉事張鏞弟代兄死擊獄遇赦得免有傳附于後

張　海天津衛前所餘丁自幼孝友母范氏故廬於墓側屢遇盜寇號泣不離終三年始歸

倪維城天津衛學生員少孤孝事節母陳氏及長孝行愈篤學院霍奏保翰林院李題疏奉
旨建孝行坊旌表　坊在城內鼓樓東街南費家衚衕口今廢

梅應文天津衛人弟應元任山東濟南府遊擊

時值流寇擾亂山東應文尋弟濟南被執代弟而死至今骸骨未歸

王紹慶天津衛學生員以弟廷慶誤遺縲絏紹慶憫其無嗣以身代之苦歷三木後遇赦得免年七十九歲終

高誼

郭先生天津衛人善藥博學江右有蔡姓者流寓天津與郭善蔡臨終無嗣以四百金暗囑郭郭辭再三强受郭聞蔡妻有遺腹後五月果生男後五年還其金封識宛然人大奇之

侯　能天津右衛富旌性多慈仁嘗有賊潛入其家盗其貲財獲郎釋之且與之千錢以勸為善人以為難鄉里至今稱之

毋　紳天津衛人古樸好施予素無疾言遽色治家有法訓嗣有方人莫不稱長者

倪　鸞天津衛人事父母及繼母俱孝姑母孀貧鸞養給以終其節如生員陳邦政死無棺木鸞助之嘗道行拾銀四兩二錢訪三四日始知李萬貴女銀即還之皆稱為盛德

王　珠天津衛生員聰敏博學素性耿介事父母孝處鄉黨和好施予不殺生時稱為道學云

張鵾翼天津衛人品行無疵慈良夙著倡義捐資五十金修建砲臺復捐磚灰修城實有可據之績

馮宗雍天津衛人賦性純良好義急公每多善行至於輪米賑饑民捐地築砲臺尤為可風鄉里咸稱為長者

國朝

劉得寧天津衛人賑濟饑民四次養難民數百口掩葬無主難屍奉

旨恩賜八品服色八十六歲終

朱天成天津衛人平生善蹟已有扁奬設廠賑濟饑民活人甚多共賑三個月事竣兩院合詞具題蒙部覆奉

旨恩賜八品服色七十九歲終

德行

國朝

林鴻鳴天津衛歲貢任密雲縣學訓導幼育於兄克盡弟道經身無二色一生不入公門居家處人恕詈不形解任手不釋卷津人無不欽仰現今八十七歲

劉顯祖天津衛歲貢任三河縣學訓導能盡孝道克郭友于經注　吳　曹宗師三次優舉德行

宣　銘天津衛歲貢生平不干公事不入公門兩舉德行經翰林院侍讀督學汪　胡榮奬

盧元陽天津衛學廩生品行端方克全孝道

賢德

國朝

劉氏係天津衛米希榮妻劉氏父母嫌壻米希榮家貧貌醜欲奪其嫁劉氏方年十四誓死不從卒歸於米天津撫院夏玉聞而異之廉得其實給扁奬其門曰冲年賢德

貞烈

楊氏天津衛指揮使倪旺妻年十九歲旺故守節無玷六十八歲卒

劉氏天津衛指揮楊潤妻年二十潤故撫子檜方一歲事姑以孝教子有方及檜授官受軍敬事人以為母教所致六十四歲卒

佟氏天津衛指揮使紀銳妻年二十二歲銳故守節服素終身五十二歲卒

王氏天津右衛後所副千户張翔妻年二十三翔故上無舅姑下鮮兄弟理家教子以賢見稱七十一歲卒

唐氏天津右衛正千户孫佑妻年三十佑故朝夕悲痛不食月餘而卒與佑合葬

王氏天津右衛軍餘何昌妻年二十昌故鄉人有求配者誓死不變引刀刺面年八十六歲卒

蔣氏天津右衛左所軍餘張和妻年二十七和故撫遺孤寡貧甚無玷里人服其節七十歲卒

王氏天津右衛右所舍餘孫恕妻年十八恕故無子事姑以孝姑死殯葬如禮五十九歲卒

吳氏天津衛左所總旗李實妻年三十五實故

撫孤無玷七十五歲
朱氏天津右衛舍餘孫能妻年二十七能故氏守服三年不出閨門哀毀踰禮一日除服畢即以是日閉門飲毒自盡衆皆哀之卒年三十歲
鍾氏天津右衛前所副千户徐榮妻年二十七歲榮故子綱三歲家貧以耕織為事守節無玷卒年八十八歲
李氏天津衛指揮使倪通繼妻理家不私業成悉以歸前妻子雄祀先必齋戒待親族妾媵皆有恩

楊氏都指揮僉事呂巖繼妻撫前妻子昂三歲如己出婚娶以時人以慈母稱之以為勸
倪氏天津右衛鎮撫舍餘謝芳妻年二十四芳故矢志靡他撫三歲幼子竟成立事孀姑以禮姑歿禮葬之鄉隣稱其孝節卒年七十五歲
朱氏天津左衛千户舍餘馮綸妻年十九歲綸故撫幼子瀾守節無玷八十四歲卒
康氏天津左衛千户舍餘馮瀾妻年二十三瀾故守節無玷八十六歲卒巡撫劉給扁獎勉雙節
章氏天津右衛指揮舍餘李天秩妻年二十七秩故守節三年父母欲奪之嫁即斷髮齋素示無他心翁死事姑孝死即痛悼成疾不數月死年六十五歲
賈氏天津衛學生員李栢妻年二十四栢故氏撫孤無玷卒年六十五歲
佟氏天津衛百户馮馭貴妻年二十七歲貴故氏撫孤無玷卒年六十歲前任監督鄭郎中曾

經給扁表揚
杜氏天津左衛正千户盧鴛鳴妻杜氏年二十六歲鴛鳴歿于王事氏撫四歲遺孤邦靖守志撫按學三院扁旌日貞節可風年六十六歲終

國朝

朱氏天津衛學廩膳生員馮鼎錫妻年二十七歲鼎錫故撫幼孤三人教之成立茹素食貧性孝志貞氷操四十六年天津副使梁應元申文

河間府院董天機三省軍門張鉉錫順天學院
程芳廟於順治十四年公同題疏奉
旨建節孝坊旌表卒年七十三歲坊在城東門內大街衛南文
廟封過現存
馮氏天津衛學生員張廷詡妻年二十五歲廷
詡故茹氷守志教子成立撫院王登聯給扁奬
勵日皦節垂昆卒年六十四歲
李氏天津衛朱延桂妻年二十八歲延桂故氷
霜苦守撫孤成名現今七十六歲受

封太孺人
戴氏天津衛監生汪美妻年二十八歲美故氷
操撫孤四十二年七十歲全節而終
李氏天津衛學生員汪炡妻年二十二歲炡故
撫養二孤苦節四十三年六十五歲終
陳氏天津衛孫克開妻年二十五歲舅歿姑孀
即與夫隅床伴姑眠二十九載夫先姑歿禮葬
二喪撫育二孤成立鄉閭稱為孝婦現今八十
四歲

陳氏天津衛張朝樞之妻方年二十歲朝樞故
甘貧守志艱苦全操撫孤成立六十六歲終
栁氏天津衛張棟妻年二十五歲棟故茹貧守
節撫孤三人孝養哀姑天津副使梁應元扁奬
天壽懿貞年八十歲終
王氏天津衛學生員邢昌言妻年二十二歲昌
言故無子撫養二女氷操三十五年現今五十
七歲
楊氏天津衛學生員楊篤慶妻年二十二歲篤

慶故撫一週孤子甘貧守節三十一年現今五
十三歲
韓氏天津衛學生員陳所養妻年二十二歲所
養故貧苦撫孤霜操五十四年七十六歲終
宣氏天津衛學生員劉慶宏妻年二十二歲慶
宏故霜操不替六十三歲全節而終
蔣氏天津衛學生員孟宗伊妻年二十二歲宗
伊故氏父憫其年幼令其改嫁氏矢死守節撫
養二子氷操三十四年現今五十六歲

林氏天津衛吳應賓妻年二十七歲應賓故苦
守孤女出嫁始終完節六十九歲終
王氏天津衛楊懋禧妻年二十九歲懋禧故矢
志守節撫孤成立現今八十一歲
丁氏天津衛陸暉妻年二十五歲暉故撫育三
孤節凜霜筠天津清軍同知章國佐給扁獎曰
名淑完操現今六十五歲
李氏天津衛趙應貞妻年二十四歲應貞故上
孝哀姑歿加厚葬下撫八月遺孤成立守節四

十四年艱苦倍嘗始終不改其操現今六十八
歲
呂氏天津衛守備張夢周妻年二十九歲夢周
故子幼家寒霜操終始如一守節五十八年八
十七歲終
馮氏天津衛學生員張英妻年二十歲英故並
無子女茹貧食苦侍養孀姑三十餘年無倦節
而且孝現今五十八歲
孫氏天津衛學生員王思哲妻年二十八歲思

哲故居鄉兩遭兵火矢志不替七十九歲全節
而終
王氏天津衛姜萬提妻年二十二歲萬提故不
兩月翁姑繼歿矢志撫孤貞節無愧現今五十
四歲
董氏天津衛學生員沈可成妻年二十七歲可
成故守節撫孤現今八十歲
劉氏天津衛辛念恒妻年二十四歲念恒故遺
孤三歲茹荼撫孤守節無玷現今六十三歲

李氏天津衛武進士任京營守備漆生色妻年
二十八歲生色故苦守霜節現今六十七歲
何氏天津衛學生員倪光國妻年二十八歲光國
故撫孤守節五十九歲終
張氏天津衛舉人任戶部主事母槐慶妻年二
十九歲槐慶故撫孤堅操現今七十四歲
靳氏天津衛學生員母光瑜妻年二十八歲光
瑜故貞志苦守孝事孀姑現今五十三歲
劉氏天津衛姜承美妻年二十九歲承美故家

貧苦守現今全節五十九歲

楊氏天津衛學生員張書紳妻年二十七歲書紳故撫孤食貧苦守七十三歲而終

謝氏天津衛倪光榮妻光榮故無嗣苦守完節現今七十一歲

周氏天津衛學生員張汝弼妻年二十六歲汝弼故家寒守節撫孤苦守二十五年五十一歲終

于氏天津衛學生員李先登妻年二十七歲先登故撫孤守節二十四年五十一歲終

靳氏天津衛秦守安妻年二十九歲守安故甘貧守節撫子成立八十一歲終

劉氏天津衛詹全妻年二十六歲全故撫孤守節五十八歲終

羅氏天津衛學生員于滋妻年二十九歲滋故守節撫孤四十四年現今七十三歲

朱氏天津衛韓再捷妻年二十四歲再捷故守節撫孤貞操不替居鄉落青縣地方本縣給扁節勵氷霜現今七十一歲

土產

職方所貢備載方物國計民生所由賴也其產物雖微亦占風土惟在司民社者力撙節勸茂肩毋使有遺利焉志土產

穀類

大麥　小麥　蜀秫　蕎麥　穀

芝蔴　黃豆　黍　稷　稻

豌豆　黃豆　紅豆　白豆　豇豆

菉豆　黑豆

菜類

棉花　白蔴

木類

椿　槐　柳　榆　合歡

杜　楊

花類

芍藥　黃葵　秋葵　蜀葵有紅白二種

秋海棠　剪春羅　金錢花　鳳仙花其色有數樣

萱花　石竺花　薔薇　鷄冠花有紅白二種
玉簪花　望江南　水蓮花好生泥淖中其花㬌㬌可愛即
紅蓼　馬蘭花生道旁　菊花有白牡丹娃娃西太師黃太保黃等
名　江西蠟其色藍色似菊而瓣單

菓類
桃　石榴　葡萄　杏　蓮蓬
梨　棗　李　花紅菓

藥品
紫花地丁　天仙子　蛇床子　葶藶

車前子　赤色兒　榆白皮　牽牛
水紅花　馬前草　地黃　蒲黃
兔絲子　北蒺藜　桑白皮　菖蒲
蘆芽　蘇子　芒硝　蟬蛻
海螵蛸　牡蠣

蔬菜
葱　山藥　韭菜　芥菜
白菜　芫荽　萵苣　菠菜
芹菜　玉環　銀條　水藕
茄子　蒜　葫蘿蔔　若蓮
莧菜　地梨　旱蘿蔔色紅形圓而大
水蘿蔔　王瓜　瓠子　葫蘆
甜瓜　香瓜甜瓜中形小而味尤香甜　絲瓜
冬瓜　西瓜　中瓜　南瓜
蔓菁菜　菜瓜

羽類
鵝　鴨　鳥　鴿
鴛鴦　野鴨　野鷄　黃雀

雀　鵪鶉　燕　鷹
斑鳩　鴉　鴈春秋有之

毛類
牛　馬　驢　騾
羊　豕　犬　猫
兎　獐　狐狸　狼
獾

鮮
鯉魚　銀魚十一月有　鯽魚　鰱魚

鮎魚　白魚　羊魚　鯖魚
鮭魚　鱸魚　魴魚　鰻魚
鰲魚　鰷魚　燕魚　鱧魚
鮻魚　鯙魚　比目魚　鮈魚
鰕　虰鰕　線鰕　河魨三月有春血有毒　對鰕　西施乳即河魨魚白

介類

蟹秋間肥美味甲天下　蟶　鱉　蛤蜊

蟲類

蜜蜂　蝴蝶　螢火　蜻蜓
螳螂　蟋蟀　螞螂　蚓
蝠　蚊　蟲　蠅　蝦蟆

災變

春秋書祥端而紀災異謹天戒也蓋使省躬修德有所惕勵耳否則祥桑之拱立枯蠲租之詔屢下何為乎志災變

故明萬歷十七年十一月初二日辰時有四虹並出相背二環日二轉何天氣陰曖不明二三刻乃霽

十八年春旱秋大水北河堤決是年屯糧折徵

十九年夏大蝗羣飛蔽天聲若雷雨流糞遍地落民田食禾稼殆盡是年屯糧折徵

二十年五月以前旱六月霪雨至秋不止南北河堤多決城西南郊皆為洪流平地成川田化為湖小舟裝載來往

三十二年六月霪雨兩月衛決教塲口岸湮城磚二十四層人民餓死無算

崇禎十二年秋蝗蟲蔽天食禾殆盡十三年春人民相食屍骸遍野

十七年人染異病十喪八九親友不敢相弔俗傳為探頭病謂一探頭即染病而死也

國朝順治十年十一年大水衛決口岸湮城磚十七層小舟裝載來往

康熙七年大水衛決口岸湮城磚十六層小舟裝載來往

康熙七年六月十七日戌時地震十八日又震

寺觀宮廟 附庵祠

神道設教聖人不廢勸善懲惡亦可以佐政刑之不逮況中有祝釐之所嵩呼萬壽者乎為城為隍既伯既禱凡聰明正直而壹槩當致敬也

志寺觀宮廟

湧泉寺 在南門裡僧人悟省立天津官員君儀於此詳見碑記

觀音寺 在河北岸僧人惠清立

望海寺 在城外東北河北岸

慈惠寺 在西門外

板橋寺 在城外西北角十步餘

稽古寺 在城外西北一里許明萬歷七年建後有藏經閣佛經一藏在內

太虛觀 在城外東北衛路二河交會處明成化十二年太監鄭山都督陳逵奉勅創建

朝陽觀 在城內倉北户部分司東

天妃宮 在本衛城東河邊元朝建明永樂元年重建正統十年參將楊節重修禮部劄付道士部振祖領道藏一部

靈慈宮 在河東大直沽去城十里元至正年建

玉皇廟 在城外東城河邊明萬曆五年建前有坊後有閣

城隍廟 在城內西北明永樂四年創立年久傾圮成化十七年重修

三義廟 在城內東北隅

關帝廟三所

一在城內倉北户部分司東

一舊在南門裡永樂四年建重改西門外

一在北門甕

九天廟 在西門外

三官廟 在城南門外明弘治年建

真武廟 在北門外河北岸

晏公廟 在城外西北隅

藥王廟 一在城外西北角　一在城外河北岸　一在城內南門裡東

馬神廟 在東門甕城內明宣德十年建

東嶽廟三所

一在大直沽河岸明天順年建

一在東門外捎北離城七八步

一在城外東北河北岸

小聖廟 一在城外東南隅明崇禎五年勅建　一在河東鹽坨有石牌坊

甘露庵 在北門外河北岸

育德庵 在城外瓜菓店

白衣庵在城內草廠東南角

祠堂四所

一在大儀門裡街北係前道毛公愷祠有碑記附後

一在北門外館驛樓傍係前道王公弘祖祠

一在河北餉司東前部院李公長庚祠

一在馬頭東街南係前部院李公繼貞祠今改為萬壽宮

天津衛志卷之三終

天津衛志卷之四

藝文上

風雅之章可補史書之遺舊志存詩太繁或詠物吟景而間涉應酬故多刪之若傳載事實記詳始末均有關乎興廢至於歌賦以及疏書示凡可採者因同彙集以永貞珉志藝文

詩

直沽舟中　滑臺宋訥祭酒

旅思搖搖嗜晝眠舟人報是直沽前夕陽野飯烹魚釜秋水蒲帆賣蟹船詩有白鷗沙上興書無青鳥海東傳老緣聲利閑驅遣少讀南華四

五篇

舟次直沽簡彭彥實同寅　丘濬禮部尚書兼大學士

潞河澄徹衛河渾二水交流下海門直北回看龍闕迥極東搖望蜃樓昏孤舟近水舟多泊列戍分耕野盡屯我有好懷無處寫欲沽樽酒對君論

八景

拱北遥岑　李東陽 戶部尚書兼大學士

百尺高樓拱帝庭北山秋望入空冥太行西帶城烟碧碣石東連海樹青吟客放懷朝柱笏使違翹首夜占星監司止屬埋輪地一夜朝天夢幾醒

鎮東晴旭

五夜城頭聽早雞海東紅日上雲梯飛鳥曉颭朱簾影舞燕晴翻畫棟泥千里帆檣天遠近萬家村市屋高低客來不用愁風雨無限風光入

品題

安西烟樹

安西門外碧參差絲樹層烟曉更宜縹緲不知天盡處霏微疑是雨來時林間暝色聞聲杳野外寒光見日遲睡起鈎簾看午靄一川花鳥正離離

定南禾風

層軒南向坐薰風極目平疇遠近同萬里黃雲吹不斷一天翠浪卷還空阜財正藉驅煩力飽

士新成偃武功殿閣微涼天上句撒將餘興續坡翁

吳粳萬艘

盛朝拱奉出三吳白粲千鍾轉舳艫欸乃聲連明月夜參差帆指紫雲衢萬年壯麗留畿甸千里清香上御廚聖主憂勤先稼穡子來應未有稽逋

天驥連營

龍媒昔在渥洼川寄牧三沽近九天目瑩月精

懸夾鏡毛分雲錦動連錢千金骨市燕昭日九逸歌成漢武年好把車攻獻真主周宣不廢四時畋

百沽平潮

海門晴雪浸金鰲百道沽來湧暗濤望極遠空知岸闊卧欸殘夢覺船高遥疑夢澤相吞吐不似胥江狂怒號時有海舟隨下上往來沙口不辭勞

海門夜月

海門東望極空明月裏山河影乍晴萬里滄波天一色數聲靈籟夜三更水晶宮闕魚龍冷白玉成高鸛鶴輕不用扁舟泛寥廓已看奇絶盡平生

浣俗亭詩　汪必東 戶部主事

十畝清池一熳臺病夫親與剪蒿萊泉通海汲應難涸樹帶花移亦旋開小借江南留客坐遠疑林下伴人來方亭曲檻雖無補也稱繁書浣俗埃

登拱北樓　姑蘇 申用懋 兵部員外

樓閣居然表翠微開樽春色淨烟霏峯排萬堞窗中吐浪蹴千帆樹杪飛不盡天風吹漬幘何來雲氣上征衣瞻天莫謂長安遠直北關河是帝畿

國朝

康熙十二年癸丑修學口占　延長 薛柱斗 天津道加六級副使

兩振門高拱聖宮推開面壁引文風花磚日麗奎光燦壁水波澄映彩虹 一

學人聯翩奮南宮寗待區區積厚風盡我滋培期許意池城應自起飛虹 二

步前韻　崇川 徐起霖 運同副榜拔貢

有伍於今頌閟宮穆然吉甫惠清風素心式憲人如玉紫氣騰空彩似虹 一

北極巍巍肅在宮仰承文德自天風天應錫寵經成日黄玉由來是赤虹 二

步前韻　襄陽 高必大 清軍同知貢生

津雲炫燿素王宮津水蛟龍得雨風自是河東來彩鳳因教天半亘長虹 一

詩成噴出藁珠宮絲竹音同孔壁風夫子闕西兹復見圜橋一駕海天虹 二

步前韻　浙江 沈德全 運判貢士

迢遞津門萬仞宮源洄泗水接高風千年拭履鍾離意新檜亭亭似玉虹 一

孰是如津問衛宮仰瞻每欲駕長風尊經猶得文翁力告備還應下赤虹 二

步前韻　　福建張可立長蘆經歷乙未進士

百仞難窺仰

聖宮櫺門四達起文風淵泓半壁明芹藻共指奎

光亘似虹　一

聖道自尊豈在宮經營式廓好歌風諸生莫說甘

棠愛一望星門氣吐虹　二

步前韻

津士欣瞻數仞宮憲文炳蔚競從風森然闕里

初栽檜亘似圜橋一駕虹　一

芹藻池開半壁宮向榮桃李坐春風新詩楮艷

光搖大何事江淹更賦虹　二

步前韻　　宛平張國寯衛學署教授庚子舉人

肅雝禮樂屬黌宮丹堊重新振士風更喜池成

濬半月雲衢高跨一長虹　一

憲節初臨整泮宮襟期霽月引光風歌成郢曲

垂金石雲靄津庠欲吐虹　二

步前韻　　天津馮允京庠生

玲瓏垣擁

聖人宮門接浮雲鐸振風花壁宵明輝皓月芹池

曉霽燦長虹　一

栽培桃李媲酆宮沐花知殊昔日風夢裏文思

花作筆胸中武庫劍如虹　二

會射偶占　　天津道加六級副使延長薛柱斗

將軍射圃聚羣公騎射文章報

國忠馬似流星飛紫電弓猶滿月挹清風揖升下

飲樽浮綠論道談心日映紅武緯文經兼濟日

由來此會少人同

步前韻

臣鵠孰能似我公拍將象弭共懷忠蘋蘩循節

昭星日貔虎爭雄迅雨風嫺習春來裘帶麗靜

謀曠處俎尊紅堵墻矍相觀猶昔正直相期內

外同

步前韻

騶虞倡首道原公不二臣心各効忠疏遠即今

成率土武文自昔競從風穿楊善息柔枝綠報

粟相投赭面紅獨愧毛錐何太拙矢心入彀或

堪同

步前韻　福建張可立 長蘆經歷乙未進士

佳晨讌集喜從公騎射聊資報
國忠細柳軍容開霽日長楊賦手紀雄風蒼茫髯
欲論兵白渥赭顏因錫爵紅部意平山詩話好
千秋盛事得相同

靜海之野有虎自斃偶成　延長薛柱斗 天津道加六級副使

謾說當年虎渡河渡河猶自阻人過不如僵臥
蘆深處大地咸成安樂窩

又因論道前韻

虎溪之水透天河夾脊雙關玉枕過任爾猖狂
饒白額牽來送入五雲窩

步前韻　崇川徐起霖 運同

鳳麟瑞藹耀天河獰猛何須此地過遺炳為留
皐比坐遊寬可返水山窩　一
道能伏虎氣馮河夾脊崑崙透頂過消郤亢禎
寧鼻息存將安樂貯心窩　二

步前韻　於潛章國佐 清軍同知丙子舉人

春風盎盎扇津河武節驅除不啻過殘暴奄然
成物化疆場何自狼窩　一
政邁弘農澤潤河肯餘遺害越疆過祇今服化
銷形後牧豎高軒睡草窩　二

步前韻　襄陽高必大 清軍同知

常流懿善決江河谷嘯風從那得過海上天吳
尚遁影澤中咆哮敢藏窩　一
村村飲水各濱河日夕牛羊陌上過攫啞無能
今斂爪絜將雞犬入雲窩　二

歌

天津歌　汪必東 戶部主事

壯燕遊兮靡楚人來天風兮泊天津天津渺兮
不可以目極但見波光凌亂一望四際如搖銀
左黃河之一線兮分遠派於崑崙右帝橋之金
水兮自兩山而踏滄瀛溟渤合沓澎湃日夕
東注而不舍兮有若天河下上轂轉而環循逆
潮汐以漲岸兮高百尺之嶙峋商舶浮海兮沓
沓魚舟聚沽兮鱗鱗楚艘吳艦檣簇樹而帆排

雲兮仍仍而頻頻或瞻星於月夕或號風於雨
晨或包茅以裹王或彈冠而搢紳皆揚衡而含
笑言棖步於京塵仰天樞於北辰兮陋星橋於
西洛顧瀛州之在瞻兮邇蓬萊於東閣游吾竃
兮汗漫采童謠兮村落恨野詞兮美稗婉翰香
兮蘭葯景皇風而波立搜枯腸而吟噱安得排
峯涸海之筆硯兮繼大雅而有作

賦

觀海賦

歲丁丑兮月季春日庚寅兮閶芳辰立東門兮
望東海來天風兮下天津進桂櫂兮蘭漿侶商
舶兮漁舫沽河兮橫直萬魚兮下上發胸臆兮
崔嵬弘襟帶兮泱漭遠危竃於四游兮縱奇觀
於萬象頓夙心其若降兮袪塵事之鞅掌苟神
仙之可遇兮將脫蹤而偕往褰津人兮曩猶羌
不行兮中流海天荒海崖幽目未極兮心神愀
天無風兮水自波空不雲兮霧常浮風颼颼塵揚
揚兮羌白日之忽敗潮洶洶而山來兮撼草樹

其顛沛蛟室寂而貝光寒兮蜃樓高而鼉鼓大
闢四顧其無人恍蝄象之害也十州三島之神
仙兮竃渺渺乎可在也指登萊其瓊居兮乃曰
塵迹所屆也抑神仙樂帝遊兮又奚為彼界也
亮夙昔之傳聞好事者誠好怪也粵有功莫秦
皇兮勤徐市以東迎窮十年而不獲兮製連弩
以毒鮫鯨暨漢武之效尤兮頻海居其幾夕偕
公孫而迃緱氏兮空巨人狗雉之輕迹格吾竃
兮四遊返桂櫂兮蘭舟舍小道兮鬼國觀大化

兮皇州擷華藻以為佩兮採白蘋以為饈託褰
修以為理兮結永好於靈修脫靈修之不吾以
兮吾將就平陸於楚之林丘

記

修造衛城舊記　長沙　李東陽　戶部尚書兼大學士

天津及左右三衛其地曰直沽沽云者小水入
海之名也蓋禹貢冀州之域在天文為箕尾之
分勝國以前實海濱荒地然潞衛二河南北相
接以入於海會此焉我朝太宗文皇帝兵下滄

州始立兹衛命工部尚書黄公福平江伯陳瑄築城浚池立爲今名則相車駕所渡處也衛既武置無州縣承平之餘故習未改則肆爲強戾訟獄繁起越愬京師者殆無虛月往來舟檝夫役之費不統於一下上病之朝廷乃用議者特置山東按察副使一人專督兵備而凡城池兵馬詞公盜賊之事皆隸之於時西蜀劉君實膺是選承勅以行君至則謂城池最重宜亟爲之處顧之帑積勢不可猝辦累歲而計每事而處

徐而圖之城爲高甓而咼之隅方而準平又構樓於門曰鎮東曰定南曰安西曰拱北皆踰尋累尺平看俯瞰迴出塵垢而北樓尤絕特相倍往來命使及大夫士之有事於是者登眺之際神竦心暢瞻宮闕之尊崇覽畿甸之高曠周諏隱幽則嚚關不生詢察吏治則紀紛不作於斯城也可以觀政矣夫城之爲制實取諸設險守國之義其來尚矣是必預制於平居無事之日乃可以保治於無窮顧凡有民社兵馬之寄者不加之意日頹月廢無復有經久制遠之具固識者所不能忽也矧畿輔之近喉襟之要擁重兵置羣士而無以控制統馭之其可哉且矧是地也矧是政也匪人以理之則治效不著然則天津之治亦豈可誣也哉予入聞劉君積財穀籍丁户第差役其所爲役治廟學備祭器闢射圃立教場及諸祠宇工局類皆就緒而城池尤重是其始末不可以不紀也天下之事成於前必繼於後乃可以久存而不壞今廢之久而修之

難於此則繼是以往惡可以不之慎哉予嘗以使命夜道天津見土城頹圮兵士傳遞者越堞而行若履平地心甚訝之感兹役之獲成也故因諸衛戍官之請爲之記劉君名福字順夫成化己丑進士歷刑部員外郎雲南按察僉事陝西副使改今職云

天津提刑兵備分司新建舊記

賜進士及第中憲大夫南京太常少卿前翰林國史修撰左春坊左諭德兼經筵講官皇太子

講書官杭郡李旻撰弘治辛亥用廷臣議始於
山東按察司員外置副使以璽書命之使整飭
兵備於畿內之天津去京師二百餘里地連大
海當南北往來之要衝故爲三衛指揮司各分
兵屯田同處一城不相統屬居上者易爲安逸
驕恣下之黠者每操其短長以爲脅持訟訐至
於扞格不可爲理謀國者之憂也置憲職以統
治之固其宜哉其始得蜀人劉君福次則陳君
嘉謨金君獻民皆寄治天津衛司即其廳事涖

事焉劉君既爲四門麗譙以爲法當有分司而
寄治非宜方經營適遷去不果爲也繼金而得
黃岩施君槃君以甲辰進士爲刑部正郎遷河
間太守自河間復有茲擢即至踰三載政成而
上下信之乃行相地得城之西北隅壤土平爽
面陽負陰樹表步方廣袤宜稱遂以狀請於巡
撫王都憲用商稅餘銀之在有司者市其地凡
材木瓦甓工廪之費皆取給焉爲涖事之廳退
食之堂庋置器籍之屋各若干楹皆翼以兩廡

繚以周垣前爲儀門又前爲臺門爲甬道以通
行庖湢有處案牘有房百用所需無不具備堦
廡之屬而各定分焉經始於己丑五月望日歲
十月而落成方其始謀適仁和衛士周源至自
京師因留之使相地命日視表定位遲速袤序
咸取衷焉擇於衆得指揮賀勇使董工賦廪度
材差藝而千户王璽張昇徐耀又分任諸事以
佐之謀之詳而不亟費之鉅而不擾成之易而
無沮有由然哉夫一國之君一邑之宰必有宫

廟以臨其下而出政令以繫屬下人之心古有
明制國有著令其來久矣雅頌緜緜閟宫諸什
詠歌當時之事春秋於考宫築館與世室不修
之類必詳書於經寓褒貶焉我太祖高皇帝定
考績之法亦以公廨之增建修葺爲功揆之於
古未始不同也然或視若不當爲而不敢爲者
非才不足則中有歉耳施君自郎署以至今官
氷蘖之操凜然著稱於時又才足以當寄任之
重不可屈撓故見義敢爲若此者特其一事之

小在他人所難而君則易之予南還道出台境閭勇等率其僚屬來徵文記創建之本末將俾後之人知之以毋忘君功予與君同舉進士爲相知且樂道其事以爲流俗之警也故不辭而書之是爲記

創建明倫堂舊記

天津三衛者未有學正統紀元聖天子嗣位之初以武臣子弟皆將繼其祖父之職業以效用於之不可不素養而預教之乃命天下凡武衛

悉建武學而立之師選武官與軍士子弟之俊秀者充弟子員於是天津及左右衛始有學首掌學事則司訓曲阜李君賜也於是諸生率初就學倥傯悍厲之氣固自若也君爲列教條正句讀導進退既而亦頗蹈矩矱閱再期教授辰山劉君俊司訓杭川詹君穆同來涖學事乃相與協心力以作倡之乃者侍御程公又以老成宿學奉命督學事從而激勵之於是諸生莫不思自奮發以期底於有成於茲蓋六七年矣余嘗以公暇詣學進諸生於明倫堂見其循循雅飭進止有序無復驕悍麤厲之氣竊喜學校教養之有益於人也固若是哉教授劉君因以明倫堂記爲請余辭勿獲敢以平日所聞於師友者爲諸生告夫人之大倫有五父子親君臣義夫婦別長幼序朋友信之謂也是倫也即書所謂五典中庸所謂達道固未始有不明者惟其溺於氣習之偏奪於外物之誘故或有明乎此而昧乎彼此所以必資於師友講而明之然師

友之所聚在於學學之堂以明倫名之孟軻氏所謂三代之學皆所以明人倫也惟爾諸生席祖父之蔭荷聖天子教養之恩旦夕升堂覩其名思其義引而伸之觸類而長之或有未明者則必資之於師辨之於友期必至於明而後已斯乃學之大者也然講明之功雖資乎人而躬行之實則由乎己明其倫而不踐其實是猶不明也必也爲臣思忠爲子思孝與凡所謂五者務必踐其實則於人倫之道蓋昭昭矣乃舍此

不務而徒操觚染翰以馳騁於文藝之場抑末矣亦豈朝廷建學立師之意哉衆曰諾謬書以為記

創建兩廡舊記　新安汪淵教授

天津設學始于正統之元年其時文教聿興規度未備雖創建文廟而兩廡迄今二十餘年每遇春秋二祀逢簃為舍設先賢位祭畢撤去以為常景泰丙子領教以來顧茲缺典未嘗不抑鬱而發唏噓之嘆也天順戊寅適戶部員外郎

樓霞解公延年監督三衛軍儲謁廟之餘以補漏為任顧材用無所出乃首捐已俸為倡入集三衛官僚而語之再四始各出俸有差於時境內耆老高仲良蔣英高晃輩聞之而遞相播告以樂助之凡材用之出入淵實掌之經始於是年三月落成於七月計若干楹覆以瓦甃以磚各闢二門四窗塗以丹雘設木主造香案如儀又以餘資增置正殿龕案重修櫺星門皆以次成始有足觀者自是聖賢之靈庶以安聠與淵

之心因以慰而守茲土者亦免愆於素餐矣不可不書以告來者庸是謹具本末歲月以為之記

天津重修湯泉寺舊記　新安程敏政

我文廟入靖內難自小直沽渡蹕而南名其地曰天津置三衛以守則永樂甲申也都北以來兵備加嚴地重事殷無所責成乃弘治辛亥置按察副使一人奉璽書專理置司天津已逾劉公首被推擇而來適百度之弛也久公悉厥心

以次修舉爰先事成檣次及閱武場次及學宮不三四年皆告厥成公以每年聖旦令節及元會長至四大禮必先習儀於所謂湯泉寺者寺止舊堂十有二楹卑陋弗稱且其前地狹容僅百人講肄禮文多不能如式方岳入覲者前期集此或拜於舟中展敬而已莫可致力公暢然曰是亦在我乃募工鳩材拓地若干步值他寺在令甲當廢者三悉撤而用之湯泉一為前殿一為伽藍殿而移舊堂於後為具服所僧舍則

聽築於垣外由是習儀之際陛墀高廣宫宇靚深儀衛具陳冠裳就列儼乎若六龍當御八佾在縣典謁者有所籍而周旋入覲者咸得與事而免於苟簡覲者嘖嘖知禮之當肅也若此於是三衛具察書來京師請予記惟公治天津總一道兵刑之任而無利權可展布乃能節縮浮費修城浚隍簡戎器葺樓櫓興文教使橐鞬之士兼俎豆之習屹然京師一巨屏又一其暇日新茲梵宮示人以禮其施之有序其爲之有法

惡可不書之告來者俾謹嗣之而毋忘斯役之所自哉或疑釋氏之宮非吾人所當起廢亦不然彼徼利於鬼神破吾民之財力爲異教者倡是誠外矣今所葺者特藉此寬閒清寂之境伸遠臣敬上之至情其奚不可之有昔韓子謂浮屠氏有慕吾之道者拘其法而未能入今即其地與其庭修禮樂之容明上下之等設贊相拜起陟降進退之節秩乎粲然先王之制而昭代之所因也安知不有如韓子之説可化其徒使歸於中國聖人之教者哉是亦可書公名福字順夫起進士甲科屢更中外以公勤練核著稱一時其功名當益有大焉是役也董之者指揮周傑千户唐玉佐之者指揮倪雄黄津吕昂裴繪諸梵像者土人張俊民李興張安而主是寺者釋悟懷也法得附書

户部分司題名記　杭淮監餉副使朱鴻漸

天津之爲衛有三衛各有倉歲儲蓄所漕運之粟各若干萬斛以給官軍士宣德正統間户部

建分司於其地每三年差官監督收放益防奸僞之滋也自後歲一更官至於今蓋百年矣考天津志得七十有九人馬闕中裴君良臣亦嘗監督於此懼名氏之漫滅不可考也迺列刻本榜懸之聽事之後併注其甲科後先更代履歷之年位使一舉首可見庶無忘也正德乙亥王田張君天敘亦以監三倉來以爲刻名於木固愈於無託矣然焉能保其久而不壞耶於是又去木而易以石焉空其下方俾來者續之嗚呼

去者歲數遠矣夫其歷任外內居散四方或在或亡不可得而知矣吾將循其科第㚖考其歷履之資則知某也剛直正方建績舉功某也憸隨佞邪僨道敗德其為世之是非公論何如賢可為勸不肖可因以自省吾於此有一推二君之心矣豈特無忘哉今之視昔如此使繼此而來者不猶視於今乎故書以為記

國朝

修學記　　整飭天津副使加六級薛柱斗

文廟在衛城東門內不半畝地舊制後啟聖祠前大成殿東西兩廡次二門與二門並而祀宮墻之內者左名宦祠右鄉賢祠前櫺星門迤東則另闢一區為文昌宮迤西則另闢一區為明倫堂亦偉然一盛地也但不知當日剏者是何意見將學宮全局一味儹簇退縮而略無拖展前進之勢計自櫺星門以至於街市尚離有五十步之遥且泮池崩頹成一坑塹而東與文昌宮出路西與明倫堂出路混為一處散漫荒唐全無

結構此自創建以來數百年之缺陷也余於

國朝康熙九年冬十一月到任行香目覩形勢慨然有改造之意𨗳因布置未定資財無出延至康熙十二年二月二十六日與諸生面為區畫遂於櫺星門外添建東西掖門二座以為官衿駿奔趨蹌之地砌磚花墻二道直抵街市文影壁建戟門以為

至聖陟降左右之路中將泮池以石為之上駕木橋一座以象學海飛龍士人變化之兆西花墻之外再添夾道磚墻一道以別學宮與明倫堂之界而且配合於東也其一切工匠物料皆余倡捐於前而同城諸公共勷於後並未動民間一夫一木而數百年之缺陷不三月而培補無遺矣寧直為津衛之巨觀即方之海內學宮未能或先也衛學落成之日謹敘其事以誌一時盛舉亦以其後之士子乘風氣而發達者毋忘余一番經理之苦心可也是為記

修道署記　　整飭天津副使加六級薛柱斗

兵備司於
國朝康熙四年間改為整飭天津道署其署今在
學宮之西倉廒之東考其形勢即故明之初天
津左衛署基也相傳曾為巡撫衙門及奉裁巡
撫之後又為總鎮駐劄未幾改為道署前時左
右設轅門皆南向次旗臺次鼓棚大門三間儀
門三間腳門二間東西皂隸房各三間大堂五
間隔東一間為餉銀庫西一間為餉錢庫簷接
抱厦三間三堂五間東四房稿房號房兵馬房

河海房西四房賢否房刑名房錢糧房餉房內
宅門一座內宅上房五間東西廂房各三間後
宅門高樓五間東西廂房各三間又夾道上房
三間東廂房二間為一院後上房三間過亭三
間西廂房二間為一院大抵自鼎革之後率以
官為傳舍至康熙九年冬余蒞任之後審度形
勢捐俸修葺遂添轅門外過街牌坊二座外曰
貞憲曰肅度內曰控制海門曰儀型河園角壁
進前計一丈五尺鹿角臺退後五尺乃改轅門

為東西向安石獅子一對而規模與昔迥別焉
復添建川廊五間重修二堂隔東一間為書舍
額曰宜夏軒西一間曰長春窩移建宅門於巽
方添設奋墻一層屏門一座額曰內臺西建書
房三楹額曰渡瀛書館面前有葦甚盛因砌花
墻以圍之東西立兩坊東曰虛心遲西曰百歲
園又於宅外築圍墻一圈計一百五十丈以為
內外之防其一切夫匠物料俱出余捐囊自備
並未動民間一夫一草而數百年之傳舍數十

年之頹圮至此煥然一新而形勢全備矣其視
以衛署為傳舍借修葺為聚斂者其相去為何
如耶工城之日謹述其事以告後人尤望後人
之再為修葺者傚而行之勿以華堂擾茅簷則
余改造之心始為愜然矣是為記

建鎮倉關王廟舊記

明之鼎建津儲也歲遣部臣來司庾慎以拱宸
居而悉運政蓋有深意存焉矣故當斯任者必
以正人而又正神臨之乃可以釐奸而裕其積

所謂明有法度幽有鬼神者永樂以來正人代望乃神之正者則莫關公若公生漢末與劉帝冑張車騎為異姓骨肉交自締盟桃園以至威震華夏馳驅表見無非義者荊州裂而義終矣寥寥千載生氣猶存真如列宿爭芒霄漢而瞻報不窮焉建廟鎮倉相沿歲久至朱君天俸始感夢而廓大之威靈愈加顯矣隆慶已巳冬涞寄鱗集予承之監督即謁神治事時一展拜睹陛下碑二缺文僭許撰書並及聯額將謝冗徐

圖之而中月叨轉延綏行不遑及乃神夢中索弗置予師逢仙翁曰人約不可爽也而况神乎子其亟圖之矣厥明造白之神復以迄中竣事許既行舍舟而陸登泰山西抵清河方寸覺精白強撰成章附歸鐫之其碑亭二座稍出舖國餘米以充而計功督役準期襄事者則指揮雷以成總之千戶羅乾百戶劉永禎分理惟虔矣起工之日適代部副郎滇南胡君泉至神明效順上下交孚其於國儲豈曰小補因記歲時而

頌神德業云一自桃園攀日角高允獨上萬人先封侯漢氏忠精矣秉燭房中節凜然望帝矢心圖報效思兄蹈尾肯縈韋豆箕陋見多增媿山斗威名遠播傳千里牛岡伏偽相百年虎女拒驍權虛壞臣主從三顧危慮當機敢一前氣薄青雲尊帝室志凝白壁映泓淵文通左史徵奎燦武逼降婁欲國還流冑常存明出地掀鼙一怒昂離纏捐軀守國言方畢驍背心謀義不延路格參商誰救助井欄遐邇任孤懸寰中要

地輸山鬼柳外秋聲托杜鵑星隕未遑扶正統勳張猶自冠西山存孚翼運威靈廣軫紀於今遍八埏

河東大直沽天妃宮舊碑　國子監丞危素

慶國利民廣濟福惠明著天妃祠吳僧嗣慶福主之泰定間弗戒於火福言於都漕運萬戶府朝廷發宮帑錢使更作焉嗣慶福者二人始吳僧智本主六年以至正十一年圖寂衆請主西廊僧福聚來繼其任然東廟素卑下潮汐漸淫

棟宇摧壞會覃懷逯公魯曾以海道萬戶督運行海中所乘舟觸山石幾被覆乃亟踞呼天妃俄大發樟杆若掀其柁遂得免請於朝加神封號福聚具以修廟告逯公以文書至戶部監察御史海岱劉公真工部郎中魯郡白公守忠交章以達中書發錢八百五十緡命大都路達魯花赤高昌公以京府務繁不皇躬涖工役屬同知漷州事脫歡庸責其成因增築基地高至八尺有餘蓋瓦級甎為之一新於是工部郎中槀城魯公銓員外郎馬邑王公朵羅解皆以接運至中書斷事官知事張允東中張師雲其咸竭力相助脫歡恪承太府之意又出俸錢為之倡裒衆資增置地基漕民吳中郁慶國徐珍等各施財即廟前僧聚剏觀音堂慶國又塑觀音阿羅四十餘像過者竦然為之敬畏乃因會稽沙門元復來請為之記福聚之主西廟能率其師之志多與興剏至是益竭其心思以治東廟鐘梵魚皷之聲蓋朝夕相聞云卿使食君之祿居

一官効一職舉若福聚之為庶政其有不治者乎迺者加天妃之廟額天曆間所賜也

接運海糧官王公董魯公舊去思碑

後至元庚辰冬海運之民倪實等介其府令史王元珪以書來言曰維海漕國用重寄也在世祖皇帝混一區夏爰始取道遼海運米南土給餉京師內置漕運使司暨萬戶府於京畿外立都漕運萬戶府於吳會募民籍名數具舟航以任其事凡運米以石計歲三百五十萬有奇每春若夏再運萬戶分命僚屬馬吳會太倉揚帆恃風徑絕海洋遭道黑水北抵直沽漕運萬戶之在內者亦部署其官屬往翼舟航交受所運達之京倉當其歸納授受之際或失其當則海運之民傾貲破產以補不足其患有不能勝者故朝廷必選官按臨監護名曰接運監其隱微辨其枉直權其授受以砥其平以去其弊皆所以恤吾民也後至元六年萬戶阿里中憲職春運抵直沽時兵部郎中濟寧王公維翰君錫禮

部員外郎董古魯公元善又奉命主接運事米凡至者百七十萬石有司舉先所進樣以比類其色澤有弗同者弗受告於公二公曰郡所進米爲樣袋二三合耳使者晝夜馳驛數千里抵京師風日振蕩無所擁蔽故能致明潔若分運之法動以五六千石載一舟氣含濕蒸色又何能相同凡以樣進者懼其雜糧灰若穅耳茲既無是也色雖不同苟能飯馬以充吾饑受之庸何傷或人有以米樣蒸熱弗受公愀然曰噫傖

石之儲時暑尚爾況萬斛之舟之所積乎且民捐軀涉萬里不測之淵出入蛟螭爪牙間幸至此汝弗受將安歸之耶有司逦不敢有所言於是事得其平而吾民之職是役者始免禍矣先是者運官廨燬於延燎有司僦民居之宏敞者以館於公公度其費無從出逦辭焉即臨清萬戶府廳事以居殊狹隘二公曰是雖隘然庶無僦貴以厲民也或霖潦驕陽則手編葦自蔽處之泰然無一毫勉強意直沽素無嘉醞海舟有

貨東陽之名酒者有司市以進公弗受曰若雖酹其直寧能無所嫌耶其公正廉明類此官屬吏民小有過者必諄切教戒而寬容之雖蒲鞭未始示辱於人而人亦服其威信罔敢怠逸下車以五月三日集事七月四日歸報於朝蓋二公剔歷臺省聲聞素著公明正大簡重平允而幕府令史李公亮曹寧祖亦由風憲辟置搽存雅潔同心協贊故能成其美政而民被其澤是故我民思之去之愈遠且久而不能忘願有以

識之也謹述其辭以識於右

直沽接運官德政舊碑　貢師道

夫易聖人所以明幽微之理然理非有形聲氣貌也於是設象以明理則因其象之昭昭者以明乎理之所以然逮其象天下之至險其爲理不難知其爲物不難見則莫過於涉川況川水以爲天下之至險何況於海合天下名川三百支川三千未有不歸於海者故海爲百川主夫涉其支流聖人於易已設戒而謂之險難矣則

其視鯨波萬里如坦塗濱渤九淵如郵傳囊括東南之稻米舉而輸之海六七千里之間轉漕流通儲峙不缺抑亦何以而能若是也歟是蓋國家無窮之洪休要非世之人小知狹識所能窺度也我世祖皇帝定都於燕聚四方萬國之衆含哺鼓腹以仰食於燕使由江河轉運以饋饟於燕顧豈不可然聖朝規度包六合爲一家視四海爲一衣帶水故能運天下之至神越天下之至險舉無遺策以建丕基於無窮惟至正

六年歲次丙戌是年夏接運官奉政大夫宣政院參議石郁文甫監察御史史鈞公質都漕運使臨清運糧萬户等官一皆能以絜矩存心寬簡布政不眩明以凌物不任智以馭人其一時從事之賢皆能贊翼其上之人矜哀海道之艱危糧儲之不易蓋所謂表之直者影無不正源之深者流無不清要皆自然之理也是年押運官嘉議大夫海道都漕運副萬寳信安鄭用和彦禮能以誠慤孚於神人神聽不違故海颶風陰護漕船如出平陸是則孚於神明之所致也若夫公之慎飭廉隅能帥其下於是人心惠和感動一以公爲命故其至於直沽也其聲實有以孚於接運之公卿然則接運之公卿能敷惠於漕民謂非押運有以感動之不可也於是漕民相與言曰身爲齊民世爲不役之民使官吏一切如今年則吾民蓋未至於筋疲力竭也若是者何人之心理欲不齊天之道盈虧迭異後之來者恒若今之諸公卿則所謂息我黥而

補我劓又豈無更生之理耶然我漕民將叫閽以聲於朝則非下民之事將泯泯而遂沒其善則不可自比於人於是論列其所以敷惠於漕民者勒之金石與是年春接運官德政記同樹之直沽云

三叉沽創立鹽場舊碑　王鶚　翰林學士旨

洪範五行其一曰水水曰潤下潤下作鹹鹹也者其鹺之謂歟夫水爲五行之首而鹽爲五味之先可以便民可以益國國之益民之便者豈

淺鮮乎唐虞三代澤梁無禁未聞有抅榷之説逮至春秋齊人管仲始議伐菹薪煮水爲鹽口計而征其直漢晉而下因之取利設官置竈旁及遠方雖蒲池之所自産益井之所自出莫不首課額馬唐稱劉晏斂不及民而用度足時河朔用兵天下之利鹽居其半鹽之利其亦溥哉

國家創制事從簡易燕京所轄有縣曰寶坻蘆臺越支疇昔之鹽場也曰三叉沽則未之聞甲午之秋三叉之地未霜而草枯灘面寬平鹽鹵

湧出或經日自生時人指以爲瑞遂相率訴於官按驗得實受旨煎造初得舊戶高松謝實十有八人歲不再易招徠者日益衆河路通使商販幢幢往來是年辦課五百餘錠比之他場幾倍之無何康定之後爲勢家龍斷竈戶工本例不給之折以無用之物故戶皆貧窶借不能償至元二年朝廷擇人授任以中書省左右司郎中倪德政爲禮部侍郎兼使鹺職公革去弊政善政日新成績上聞陞中都路都轉運使官大

中大夫仍以提領稅課司荅木丁同知使事寶坻鹽使曹嚴臣副之授任之後蒞政清嚴以恤民爲急有功必賞有罪必罰竈戶歲給一一均及殊無折支諸物之弊有司租調彼亦欣欣然輸納自餘無私毫科斂由是人得安業鹽蝸山積於今三年矣前副使王進及耆老夏慶溫資甫梁溫全崔居仁採輿人之誦數來過顧得一記刻諸堅珉以爲後來者之勸予初難之復因老宿懇禱不已乃嘉進等能事其事而不忘大

中指授之功故摭其實蹟爲書之且告之曰古之場業已成矣而今而後更能恪然守其職以安共屬則國家懋賞自有不次之用予將大書屢書不獨一書而已矣

天津整飭副使毛公德政去思舊碑

副使汪來　天津

毛公愷字達和越之江山人也以讀書起至天津整飭副使三年擢山西參政於其行也天津人遮道涕泣而留之去後涕泣而思之爲之立

生祠號曰報功祠又爲之立碑今十年天津人又涕泣而思之又爲之立碑十年之間追琢者二三何思公之深也　蓋天津近東海故荒石蘆荻處永樂初始闢而居之雜以閩廣吳楚齊梁之民風俗不甚統一心性少惇朴官不讀書皆武流且萬竈沿河而居日以戈矛弓矢爲事兵馬倥偬之際而欲其和輯小民不亦難乎既不讀書爭相驕侈爲高日則事遊獵從歌舞俱在綺襦紈袴之間而欲其道德揖讓不亦難乎

武以儲將因有終身在家死守一事而不顧他出爲將他出復返返而復在家死守一事冀利有澤藪也又以中貴人皆所親屬與故所善齎金必脫於法又善所過者齎金亦脫於法公至以大根公道爲先不信私書爲本一年不廢鞭笞二年半鞭笞半不鞭笞三年鞭笞不用上者講兵陶鎔將才數輩中者和平公正若讀書人下者亦知奮發不至廢墜　天津地下九河之水從茲而入岸懸如綫往時壅潰不修惟公築

堤修堰長三百里下乇蘆草以作固上植楊柳萬本以生材亦以作固茲事具人得其利焉水安其流利於桔槔與漢時搴茭築樹引淮渠何以異哉　天津無沃田人皆以賈趨利既以賈趨利彼必與時俯仰然不平其值人皆散之魚鹽贏蛤不販天津而販都會絮帛粟稻不之天津而之豐臺麯紙板木不泊天津而泊河西務闠闠之中惟薪藁滿車醬醯滿甂彼賈者性苦而嗇善保物不以予人彼安得不散公至罷官

價風弊彼與時俯仰此亦與時高下一時魚鹽贏蛤絮帛粟稻麯紙板木復從都會豐臺河西務至焉至則頗有立產業基址者　又燕俗剽悍萑葦彌途豺狼易生烟水連天鯨鯢肆出是盜賊出入不可不爲之備公至簡武流中有志節有勇力一二人又州縣中有志節有勇力一二人往來捕索殆盡往時不爲捕索反繫亡家後不敢告以故浸廣閙捕索一二則沿門抵誣坐與巨寇通甚至大酒肥肉邀巨寇於上坐令

其指某家某巨寇有良心亦負氣決不肯指某家某彼必怒叱而拷掠之又羣小趁之使言亦不得不為言之茲事甚於掠殺也　什伍中有缺者則從籍選家人子閩廣萬里吳楚三千里齊梁千里來豈容易管轄者利其田而來則必令去且家人子起田中從軍亦有故鄉之思令其去亦樂去公至嚴隱占屯田埋沒軍伍之禁而萬里三千里千里稍稍有至者至則樂業無敢去　天津不出城廓設巡捕官三設小委巡

捕官三又設把總一把總管操官一事權太分號令不一煩擾若此非計之得者也公至革二把總如明旌旗擊刀斗嚴機警則付武流處斷而他政不與焉他政在賢有司賢有司多讀書明義理寓情於法寬在嚴中於是天津無坐不辜之人　什伍中子弟有歲辦公家銀往時徵銀設有銀頭銀頭撰在賈中公革去蓋徵銀不以官而以賈非法也什伍中有鼓樂官有僕獄有卒往時亦選賈中公亦革去蓋銀頭以賈則

為審戶奇貨鼓樂以賈則為中軍奇貨僕以賈則為印捕奇貨卒以賈則為鎮撫奇貨諸賈盡在諸君門下日夜焦勞所得不足供有所求少有不遂則呈侵欺而欲其賠遂使諸賈不出銀辦公家而出銀辦私家皆下戶也下戶貧必亡去　服食人所欲往時造酒出於沽釀家養鷹取於屠彘家設席陳綉帷列翠屏夏以湘簟冬以絨氊毹取於賈家夜則遊宴列炬之外隨以燈籠公下令不敢復蹈前愆聞有一二家皆醜

之久則肅然矣　驛遞用財出力公非持節者不應非執符者不應他以貲以蔭自能出路又安用應往時用度無節致擾閭巷少壯者戍於邊家有稚叟弱齡又為人牽纜送船仁人不忍見聞也車有腳戶船有網戶往時一出於私家公至革之　往時天菑流行百姓多死遺骸骨於中野公惡其暴而掩之　以至重學校廣賙賻恤孤寡逐娼優驅遊惰其大節大要在好惡公正姦宄難容扶植善類始終如一法逾久而名

逾著公何以得此蓋出逢中則問之耕牧入則延父兄問以饑寒疾苦之狀故按脉而治治無不平公自奉儉約布衣瓦器飯常蔬菜衣食必以常祿非常祿所出則弗衣食學宗孔孟際時而行於道家道德參同契諸書釋家法華楞嚴諸書亦無不究極其義又嘗梓直武垂訓以教人公容貌清癯精神炯炯外若自下而志念常仲馬其他景滄鹽濟諸州縣善政不可殫述

且在景滄鹽濟諸州縣

毛公諱愷字達和浙江江山縣人壬辰進士

嘉靖三十三年以瑞州知府陞任天津副使

遺愛在民民為立祠歷陞吏部尚書

重修天津衛學宮舊碑記

天津學宮其來舊矣而士之孕靈毓秀致身青雲者濟濟不乏焉唯是歲也遠遠風雨震凌棟垣摧圮丹壁漫漶幾不學矣今人望之低徊不忍見旦年來人材放失儒效濶疎而科第寥寥滅於昔雖不當踵堪輿家唯地脉是累而識者

未嘗不感嘆於學宮之頹廢也大中丞汪公先是以備兵至未幾秉撫節鉞而開府焉目擊學宮闕狀慨於中非一日祇緣倭警震鄰宵旦拮据唯兵戎儲精從事減此而後朝食又何暇紬武右文而以之儆儆營建乎迨其後鯨波就恬壘防漸撤櫜戈戢而興絃誦此其時矣於是首事學宮估值捐俸而下之檄為文武倡不必別求哀益貽人以好施名諸凡吏始事宜悉以授觀察使張公張公體此意更倍極焦勞偕不佞

親詣視之凡至再歸而語不佞曰余家世東省闕里規制睹聞頗不謬學宮有泮池制也門可近時譁乎殿可就卑下乎文昌祠可任其湮没乎啟聖祠與名宦鄉賢可祀於廟之前乎總之非體也吾儕舉此事未何惜小費而闕大體哉不佞應之曰唯唯張公遂集董事諸員役于攜而面命之為之鑿池為之易門為之崇殿基為之建文昌祠於東移啟聖祠於後而遷名宦鄉賢俎豆於學之旁焉不敢曰實仍舊一切以固

睘完局復又虞人影則心渙時久則費滋而專
其責於清戎李郡丞無一不布置唯謹衛中諸
將軍皆斌斌質有文者各牽麾下鳩工庀材趨
子來而襄盛舉甫彌月工告竣矣士民耳且目
之舉相賀曰自古文翁化蜀伏恭令杭牵以學
宮爲兢兢猶云守其土不敢曠厥職耳大中丞
汪公暨觀察使張公封疆鎖鑰實式憑之而學
宮非其任矣今一旦舉數十年之頹廢殿屋門
廡黝堊丹漆無一不改觀此大有造於津之士

也不佞又有說焉上之鼓下也若桴下之應上
也若響二公文教旁洽士類厚植加意於學宮
若斯之諄切也天津諸人士當俯自修省上之
人惓惓爲學宮計也何爲有不洒濯自搽者非
夫也最上人文鵲起科目雲聯而以天下爲己
任不當存溫飽念頭其次伏首窮徑繩趨尺步
雖不被弓旌而奮履純白爲閭里規始不負當
事者興學育才至意而將來誦學宮之休美於
不衰不者數仞宮墻直觀美視之無乃與此與

相刺謬乎不佞媿無專責亦無多助落成後觀
察使張公徵不佞記之不佞譾劣不嫻於辭無
能稱揚盛舉自揣寸衷厚望多士敢不以言勗
焉倘多士是余言竟不令托之空乎不佞亦竊
附以言贈人者庶幾無媿於勒石云汪大中丞
公名應蛟號澄源徽州婺源人張觀察使公名
汝蘊號逢原山東章丘人李郡丞陝西咸寧人
望瑞其名滄霖其號也萬曆二十有九歲在辛
丑孟春吉日立石賜同進士出身監督天津河
間等處糧儲戶部山西清吏司主事汝南文球

頓首拜撰

重修天津衛學宮舊碑記

余曩僑寓津門有事舂揷之役與津之諸士紳
遊詢知津故無學學於正統改元初朱揮使勝
捐舍基建之嗣倪揮使寬請增廣生二十名僅
與邑頏埒道化翔洽人才浸盛科第蟬聯津成
文明勝區至萬曆四十六年間廩生張希載援
潼關例聞闕伏臘者三始獲奏允廩育如州制

滄滯頓踈青衫輩益爭淬勵矣余猶記學宮徧設東關歲歷滋久諸圜垣射圃異井種種亭榭咸就頹廢墜址多爲左右侵占水道湮塞淫霖爲浸無歲不苦傾圮諸生嘗聚懇力爭之近稍稍釐正猶以未盡復規制爲快迨王滿一憲長真心惠愛士民政圖崇修雖以直道難容調去不果臨發仍留二百四十金貯司爺踰歲籍此略一塗漏廢頹差足觀美數稘來風雨侵凌虫蠹毀剝自殿廡以至祠齋堂舍所在頹檐破壁

納日星浥霜露甚者垣圯唐汙棖欹扉壞幾不可俎豆卑比矣客歲閏南石使君奉勅兵備於茲甫下車謁廟周覽慨然興嗟直以崇修鼎新爲已任旋值羽檄旁午倅倅未遑戊辰春聖天子龍飛啟運鯨波不揚政通人和使君亟檄清戎王郡丞專董厥役郡丞銑材幹毅然承之朝夕以釁舍爲署分任弁吏程其功而廪之食井如也經始於初夏落成於季夏蓋不踰一季廢者增敝者新粲黝丹雘軒翔炳燿翼翼乎改觀

矣工甫竣使君復捐十萬餘緡錢爲津創置雍陽邑腴田二百畝用資寒生之弗能舉火婚葬者恩更渥也所皆從來未有之舉津人士抑何幸獲此厚遭哉博士吳君道行韓君自立廪生馮生天澤張生希載張生夢辰趙生念祖慶其不世之遇懷其興造之功向余問記而鐫之石余聞之不覺欣欣是役之數善備而厥成茂也余思今之當官者率諱言土木之役慮夫宮室至百楹勢必役衆費鉅柰何以其身爲怨府爲

耗蠹又慮任一弗稱僅飾故爲新刻樸爲麗虛耗金錢而無俾況時值三空四盡田賦無正額爺藏無餘羨舉何容易乃使君以節縮八百餘金不以自用而用以修學更以俸贖佐之此其善善在不傷財亦不忍驅役閭閻籍伍卒餘力日加犒下慰勞焉並梓匠瓦墁之徒俱予以厚值子趨不倦此其善善在不勞力堅欲竹笆客欲松茂丹堊欲翬飛至水道浸沒民間者督濬如故此其善善在以誠不以文較興廢與當道

相倚伏人文盛衰又與學校相倚伏津學久苦
圮而俄美輪奐久缺田而俄創膏腴起廢衰為
興盛至今日為極美非剝復之一會耶使君振
作既什倍於前則英才蔚奮濟濟亦什倍於前
往者津門先達筞高第任為國華豎為國楨如
世廟時建制府中丞之纛者勲名爛然史冊諸
士典型具在也代興者豈伊異人任乎此其功
安聖靈與人文於無斁亾彰彰也嗟嗟善者一
時而觀記在吾人吾將持書符之與論功垂不

朽而仰承在多士多士勉矣使君善政豐功纍
纍不且論茲興學其最鉅者使君諱聲諧號鳳
亭陝西西城圍人登癸丑進士王君諱東衛陝
西平凉人躬督底績別駕蘇君諱濾踰四川蓬
溪人新蒞茲土例侍立書崇禎二年歲已巳孟
夏穀旦賜進士第詹事府協理府事經筵日講
太子賓客禮部右侍郎兼理翰林院侍讀學士
吳松徐光啟撰

國朝

重修天津衛儒學碑記

修學以重名何哉謂非僅完其舊也誌其善也
津故襟海而治距漕河不數百武而城而隍郭
以内去東門數衣械以吾
孔子廟居焉廟建於正統年間橫亘古道盤旋蜿
蟺水沼青海陸汞黃塵而吳楚艨艟巨艦飆風
四矗每疾風怒雨欲野散雲呼許呼祁震撼飈
盪致使殿庭廊廡爰不克嶢而善頹繫於明季
年間重修迄今凡二十餘祀要亦遞修遞弛如

塞漏卮而沃焦釜則何裨焉嗣是流寇背叛蔓
延茲土所在田廬人畜悉為蹂躪彼中人士咸
困於寇
聖宮廟貌俄就偃仆而又大禮大浸交加商羊肥
蟺游至凡遊夫子之門者即欲殫力以聿新之
其道何由間有謂姑稍理以俟後之君子尋復
旋蠕不果迨至順治癸巳春適鹺柱史張公中
允巡歷至是謁吾
夫子廟對越之頃不勝欷歔既而嘆曰此吾儕根

本重地亦若傾圯耶顧相謂寮屬曰凡餐食者不肥體惜費者無遠計遂捐俸一百金並前柱史楊公義二百金爲重修津學宮費時總戎管公效忠甘公應祥計使君蘇公霖陳公襄鹽憲使徐公來麟兵憲李公呈祥鹽使者牛君藩劉君進禮一時相對莫逆各捐俸數百什金不將又有顯人大賈暨本庠諸博士弟子員輩俱各仰承上之德意亦皆欣然輸助又有學博吕子應兆齋子國璧率庠弟子數人會計皆值校核

功績躬勵厥成不置餘力而兵憲公猶以身總其凡經營終始其諸工師匠石矢力錯事靡不人人自奮僉議既同百堵皆作於焉

聖殿焕矣廊廡儼若倏然而成金墉砥柱之固也復嘗考按今昔此一役也誠逾於前功而爲後世景仰垂不朽者不亦謦乎善哉且役不逾時民不徒使財不侈費一往鳩工輙著爲巻籍令議論齮齕動淹時日又何異於假越人以拯溺哉噫是役也其多注意膠庠矣聞古人有善則名誌不妄也昔唐叙得木而名之書漢武得鼎而名之年魯獲僑如而名之子葢善之大小不齊其誌不忘一也維時予方入直

綸扉未遑猶睹迺事而吾鄉人士相往來京師者未嘗不沾沾道柱史之善於創始而鹽憲公兵憲公之善於成終也雖然向使有善始者導之前苟無善成者纘之後而二三子雖欲優游彷彿於宮墻泮水之旁其可得乎兹也既善其始又善其終使而二三子均相與優游彷彿於其

間者抑誰之力歟此莫非柱史公鹽憲公兵憲公之賜也其又可忘之乎故彼都庶士所以樂斯成而僕僕焉以求余記者豈非上有善作之長而下多善善之士也哉余故曰是役也非僅完其舊也誌其善也詎尋常締造所可同日語耶厥工始於癸巳之春二月告於季夏之六日而後先董斯役與夫諸執事爵里名姓且載碑左是爲記賜進士及第内弘文院太子太保大

學士高爾儼拜撰

重修天津衛儒學立碑跋（在前記碑陰）　馮允京（天津庠生）

聞之事無振興之功則創始之績俱隳故聞之者難而繼之者尤難焉津之學宮誠爲教化之原乃芹藻香淨之餘僉以美其有恤者固爲闡西李公呈祥所拮据然比歲靁雨多被捐壞茲山右張公道湜秉憲津門復舉而堅茨丹雘之俾津士矢菜鼓篋不致嘆茂草之鞠而衿佩青青獲嗣音以慰思也伊誰之力哉則張公葺理之勤渠不其偕李公其著之春風桃李間耶敬以是爲

順治十五年歲次戊戌仲夏吉旦立石

重修天津衛儒學碑記

大哉文乎日星以之麗天山河以之奠地上[illegible]下黷高卑錯陳經緯互交而陰陽咸理具在於人崇四術而敷五教非是罔攸叙也故建國君民教學爲先

京師首善之區也近畿嚮風之首也

國家定鼎燕山南面而聽天下天津一衛城耳然直輦轂之東南地鄰風雨之交扼川途之衝要漳衛衆流所滙九州萬國貢賦之艘仕宦出入商旅往來之帆楫莫不棲泊於其境海濱廣斥鹽利走於燕晉趙魏三河齊魯之郡復絲成縞之商羣萃而托處自故明以來蕃衍甲於滄瀛之間衛之有學也以爲庶富之後不可以無教且五方所輻輳望

天京者觀光於是始焉文治無容以或闕也間也屬

開創之始我

皇清撥亂世而反之正民瘡痍者漸以起而生聚猶未興故闤闠蕭條蓋藏寡之詩書絃誦之文輟而不聞學宮鞠爲茂草過者咨嗟嘆之余以

康熙七年戊申偕孟公巡鹺長蘆爰蒞茲土往昔鹽使者留居邸舍間巡行之役一再至津門而余軫商灶之艱難念吏弊之叢蠹大欲整飭釐剔之始請駐節於斯以朝夕經紀其政下車之始謁

先聖於學觀廟貌摧頹堂廡圮壞慨然於文教之
不振思有以倡率而鼎新之視事以後搜宿弊
除朘削省額外之科歛商竈稍稍寧息民生計
藉以安乃首蠲薄俸庀材鳩工諏吉興作海防
通轉運使以下聞風樂趨諸紳士興慕義之民
交相鼓勸畚挶如雲斧斤雷動至康熙八年己
酉三月而告成堂皇赫𣂏欂櫨星豁硏房序陰岑
丹碧炳煥祀事因之虔觀瞻因以肅今

聖天子臨太學親行釋奠之禮

御彝倫堂聽講經義首善之地文治蔚興而余適
以時葺宮墻新黌序勸師儒而作多士俾近畿
之域雍雍乎時聞詩書絃誦之聲九州萬國觀
光而至者被中和禮樂之澤思所以一道德而
同風俗未必無裨於

盛時文治之萬一也乃鏤貞珉以紀歲月而系之
以銘銘曰倬彼雲漢垂天章邦畿東南惟津梁
津宮巍峩文治昌作新廟貌瞻宮墻家絃戶誦
士習良千秋芹藻流芬芳

賜進士第巡按長蘆等處鹽政監察御史加一
級李棠頓首撰

天津衛重修武廟碑記

津門舊設武庠捜羅俊彥城西北隅建有武廟
一區內供
周昭烈武成王尊神暨歷代諸名將之位歲時豐
祀蓋敦本崇源之意也但今歲月漸久殿宇摧
殘　管鎮王元旦行香目覩廟貌荒凉即舉重
修之念於是首倡捐俸兼藉　首司鑾儀各營

及鹽商協力輸助並賴城守孫遊戎辦料督工
不踰月而前後落成煥然改色君謬托予為文
以為記予不敏因不獲辭遂援筆述詞而進之
曰夫天下安注意相天下危注意將言將相文
相重也矧今

聖明御宇拊髀思賢而宮墻濟濟之才皆可充桓
桓之選前者武廟傾頹因是士風莫振　管鎮
主尊神愛士首發義念諸名公之同心樂善捐
輸恐後加以督理得人營建如式不日告成共

襄津門一大美事將見諸神默祐武氣炳揚不
惟士子射策金門力賴魚龍之變即閫鎮蒼黎
咸庇袵席之安抑又雖人之力歟是為記
兵科都給事中上谷李運長沐手拜撰
鎮守天津河間等處地方統轄水陸官兵總兵
官都督同知管效忠　立石

重修武廟碑記

古者取士之法不一或以芹藻或以弓矢至治
之世揆文奮武不能偏廢藻勝者挾爲天章力

絕者樹以貍首先王麟鳳之綱誠畜兵即如泗
水之堂或取用舍或謀行軍士各有長期於致
主故昔之田穰苴孫吳韓樂衛霍諸賢莫不彪
炳千載多士懋哉
國家定鼎以來引弓發塞之威耀於四海良臣上
帥各策勳金戈鐵馬中胙裂茅土勒石鏞鼎武
功可謂盛矣多士懋哉津門爲
神京股肱士多悲歌慷慨擊筑刺劍有燕趙故風
之士華實並茂者往往連袂素有武廟祠

師尚文也尊以課力雄之士里升之衛衛升之郡
學使者受而籍之殿最之獻之
天子之廷祖楊暴虎賁育疆膭武不以貌穿揚没
石操矢桀弦武不以藝負弩疾發給茅前驅武
並不以名其公侯干城爲王驅馳者風彩固在
棨戟韜鈐之外而武弟子員亦蒸蒸起焉予視
師茲土見斥鹵滓樸樂觀士民之敦慤會武廟
傾圮日久大總戎世美李公倡其事予與同事
諸君咸捐俸其襄厥舉不日武廟落成翬飛翼

跂盡丹青素堊之勝堂廡儼然廟貌巍矗弟子
日益廣藝日益進李公時與多士角技其中居
然矍相圃也多士尚其進哉成於勤毋荒於嬉
翻黃石之書策青驪之轡實足以翔騰
天廟文能附衆武能威敵思所以大吾用者期與
田穰苴孫吳輩頡頏天壤斯即予之期於多士
者用舍行軍致主一轍意也多士懋哉
天津整飭道副使楊廷錦撰
鎮守天津河間等處地方統轄水陸官兵總兵

官都督同知充德　立石

重建武廟告成越歷兩載時康熙二年春三月

也

大元戎李公每於朔望臨祀

先聖先賢偕諸多士講武談兵於內雖見廟貌巍

我全璧文耀足覘我

清上國之光聿卜三津人文之盛然猶盧墻垣日久漸被風雨所浸修整漫無專主於是躬率標下遊戎尤滿二君守戎王翟二君浚池培基種

栁株於內外植蓮草於水中冀以普天布蔭遍地生香為諸生發軔之基俊進諸生議於墻東隙地招瓦土二作蓋房住居嗣後廟內地租永佐修理之助更諭諸生置簿輪管選德優者主之俾諸人不為侵奪以冀常新固極一時之美備也第恐年遠法弛不得不深長計之而待其人也倘後復有作者鑒　李公之已事為

國家育人才而加意修葺則為之前與為之後者相得益彰矣如是雖千百年之後而謂廟貌之巍煥如其今日無不可也予深有厚望

郡丞三韓趙森勒於碑陰

武廟地基四至

南至官街　北至城根　墻東闊四丈三尺　墻西闊五尺

奉

旨依議不許派撥民夫碑記

竊惟天津濱海而距京二百四十里許誠

畿東南第一要鎮也惟是地當九河下梢斥鹵不

毛軍民商賈雖云稠還屈指版圖土著僅什之二猶歎津城去漕河不數百武路通七省舟車輻輳使客輪蹄誠素稱水陸交衢南北孔道加復四方多故師旅繁興自順治六年始舉凡大兵來舟過津需用縴夫動輒數千以致驛使告匱卒徒疲弊當事萬目無已暫派民間權應一時本非成例豈期因循成習沿為漏厄至斯民困頓不能以自存八年間督撫張公存仁據前任津兵憲餘公永禎詳文題為縴夫甚為民累

等事比奉有不許派累民間之
旨彼時沿河蒼赤甫獲小康越四載忽於順治十
二年而過津兵船復又派累民夫甚至四五千
名不等一時鼎沸幾乎激變故津民告有兵船
動用縴夫數千辱官罷市奴亾無算民不堪命
等語嗟夫民之生斯時也鱀良苦矣兵憲張公
目擊心惻時為軫切適郡丞全公來守茲土甫
下車即惓惓以縴夫害民為念不翅慈母之憶
其子猶體兵憲公如傷一念郡丞公遂力任其

事於是捐俸為道途資屬津民之練達者遍覈
當宁意必妥斯民於衽席仍一面具詳本道而
兵憲公亟欲為民請旦夕之命即通撫按兩院
當是時蓋順治十五年之孟冬也嗣於十一月
初二日直指公董公具疏題為民夫之苦累難
堪等事本月十四日奉
旨這奏内船夫事情着詳確議奏該部知道欽此
該大司馬覺羅伊圖公等於十二月十一日題
覆疏云查回兵乘空糧船縴夫動用數千苦累

不堪沿河大害其漕船運糧原有水手縴夫設
有運軍行月等糧既可以載重運豈不可以帶
兵行嗣後凡調防大兵乘坐空糧船止照本船
水手縴夫名數每名日給米八合一勺州縣驛
遞准動正項錢糧事完開銷如本船水手縴夫
果不足用止動用設驛額設驛夫如驛夫不足
果係緊要軍機該驛仍量行僱覓以速運行事
完照例開銷不許捉民夫庶驛困民累兩有裨
益併不許領兵章京多索一夫越站淩虐如有

故違該撫按立行據實題參議處併請
勅户部查照可也十二月奉
旨依議欽此欽遵在案噫是誠廷臣憂國愛民至
意久遠良法也雖然向非兵憲公郡丞公樂勸
厥事彼中人士雖欲熙穰於河清海晏之世其
可得乎茲而所以得休息於堯天舜日之下者
微二公其誰與然則事關國計民瘼爰用鐫石
勒碑永為遵守其諸有裨於厥成者是功爵里
記莫能盡並付諸匠石刻之於左以垂不朽是

為記

重修建清軍廳署碑記　天津清軍同知 高必大

昔者子產喻為政以棟梁子美虛興懷於廣廈固知身之不庇焉能庇民且顧名思義防禦及手海澨而牖戶綢繆先訣冡焉其謂之何考厥所繇凡衙宇之不修者大約云此郵亭且何自苦以利人此謂之私不則避富潤名恐人疑已有餘資力也此謂之吝私與吝所藉口者則又曰

功令森嚴恐因是騷擾民間迫期終事此謂之暴暴昕私與吝尤大不可矣果自為拮据勉措經營不累及地方一土一木一手一足之力而遲之又久克底觀成即自今以往慄慄危懼尚未知稅駕何所而反之居心可告無咎也清軍署舊在城之西北明萬曆三十二年前官陸君詳買謝鎮撫私宅積歲未修前後左右槩與民居錯處為伍爰移大門於東與立照壁於離南別治體也顧垣墻而外了無隙地凡男婦詬誶鷄

犬襍遝之聲一一相聞而後屋二間髣髴小廟在刑家占之謂玄武蹢躅大不利予亦不暇顧也唯家繁食指子及子婦孫男女之屬無安身處因創建後屋五間廂房二間此辛亥年事也乃自三堂出視事則階下陷窪如井泥不可步其二堂原制則用二破三為羣房所壓如蜂腰然占者又極言非宜且傾圮頹敗身將壓焉勢不得不為更造即胥役目擊亦知其不可因仍咸願趨事赴工而予亦給之饘粥總不累市廛

毫釐亦於庚戌之春拓成五間與前後等顏曰二思堂蓋取盡忠補過之義每退食閒用以自省爾川堂亦照例修起至於廚竈向苦烟鬱庇焉向傷暴露以迨記室之地服待之役向無駐足者今東西各得九間雖力所不及但用苦草要其次第規模已可以俟後之君子因勤此記於壁間俾知三年捐俸之餘初未擾人亦無廢事有如此或相與有成併草苫而易以陶瓦是在異日耳若相度之言雖不足信然以公劉之

陟巘降原楚宮之揆日卜藏諭之則天理地理
二俱不可廢也是爲記
重修天津閱武廳碑記
瀛海密邇甸輔控永薊通河等諸邦邑於襄㝢
各鎮爲切近扃鑰仰賴
聖天子神武鯨鯢恬波萑苻息警顧水陸𡨋洑滿
漢錯居商賈艫艇來往無虛日防禦者幾幾難
之歲己酉
聖駕巡行念此一方咽喉重地綢繆未雨獨致惓

惓越明年庚戌津門偶缺大帥廷議
奏請謂臣進學秦晋蜀滇間有勞勣且曾邀章服
錫鞍馬試騎射堪膺是任
制曰可臣進學則受命飲氷日凜凜不勝任是懼
兩載來叨幸枚寧而有備無患唯練戎講旅實
爲要圖乃演武廳側在城西原廳全氣而歲久
傾圮因用揚威予不佞正躊躇議修復會
憲副薛公　鹽道遲公　分司郡丞參軍
諸君以公事過臨遲公首倡其議曰是宜亟舉
顧共襄之咸捐俸集事不日告成蓋諸公咸經
緯兼才每於予較獵會射同心一德匪一日矣
今合經營鳩工於三月朔一日落成於五月二
十日諸公復令予紀厥事予則安能唯在武言
武竊嘗習先司馬嚴位之篇矣如所云等道義
立卒伍定行列正縱橫察名實立進退俯坐進
跪凡皆爲戰時言之而樹表建旗遵七鼓之遺
訓惟是相度茲地相與嫺習所關於步伐止齊
匪細故也茲雖一梓人事予且因是而得用兵

之意焉木若石必先儲戒豫備也榱桷甍砌必
整齊肅行陣也垣墉惟塗塈茨耀藻飾也耶呼
而椽橐橐鳴鐃也大匠偕庶工丕作一心力也
風雨除而鳥鼠去儼遠害成功也嗟我士聽無
譁大水必工師求太平匪一人力茲用底厥成
者惟是文武調和羣材輻輳樂觀成績庶無負
聖天子駐蹕時殷殷睠顧至意曷敢不列名貞珉
勒於廳事之左以爲將來勸
旹士子孟夏穀旦鎮守直隸天津統轄永薊通

涿等處地方總兵官都督僉事西涼田進學撰

疏

重修天津文廟疏引　　御史李棠

世之人於梵刹則欣然樂施而聖賢廟祀闕焉不講此無他禍福之念動於中而理欲之介未晰也我
夫子之道昭然萬古如日月之中天凡帝王師相以及村户編氓莫不尊崇而敬禮之又非釋氏之可同日語者余奉
命巡鹺駐節津水謁

廟之日見殿宇傾圮既悚然有不自安之思顧以操凜氷霜囊無餘蓄捐修之舉恤有志而未逮焉今夏西巡初歸諸生來謁復以重修
聖廟爲請余例不敢辭爰計一歲薄俸所入悉以付之俾助土木費若夫其襄厥成是所賴於有事茲土之
諸君子爾

重修天津衛儒學疏引

天津道副使加六級薛柱斗

古者建國教學爲先今
聖天子文命覃敷自
臨幸庚止及春秋政祀莫不以此爲化民成俗之本是故辟雍之詩謂思服之東西朔南悉基於此下逮郡邑頖宮咸半
天子之學况密邇畿甸東漸首及者乎柱斗分視
津門毎謁
文廟則見其義路禮門爲八

聖域之所托始而規制退縮莫聳觀瞻再抵泮池則形非半璧又不能實水以象教化之流行凡皆素未甓砌僅爲汚下之藪耳若乃宮墻外望得門或寡自端木氏業以及肩數仞爲言而今則居民錯處斷續不清其於閟宮有侐之義缺然矣至名宦鄉賢二祠幾於頹圮無以則古昔而觀來茲文筆一鋒逼於雉堞無以位巽方而昭離象此皆有事茲土者所費不貲獨力難勑惟捐俸百金先付匠石則

請以告諸郡邑長吏相與協力勿曰此衛學也於五治無涉夫獨不見一月映萬川而萬川之月統一月攝手必分屬之是此心此理四海聖人不必同也則又請以告諸土著流寓巨賈大商各捐餘資成此美舉勿曰此士子事也且亦孰無子弟讀書而私心嚮慕者乎教先而率謹即不必盡此黌序其誰曰非聖人之徒則又請以告諸闔學諸生其饒有甲第兼營家塾者感此慨然毋待言即半畝之宮環堵之室亦互相

勸勉如積塵成嶽積水成川焉士雖多貧亦烏可以已哉予見每緇黃者流如鹿苑鷲嶺各有叢林玉宇瓊樓各宅真宮而儒門弟子反不知尊崇

先師其謂吾道何嘗讀皮襲美廟碑有云道未可銓其有物釋未可證其無生則於三教中輕重大小爲何如也且夫樂施之人凡冥冥不可知之福尚冀幸邀若夫事同資敬即爲人紀之肇修禮崇聖賢即爲凡庸之判界上以承

聖天子右文之化下以啟都人士遵教之思其爲歛福更不可量今已諏期鳩工矣凡有與於斯文者願共助諸

書

求志舊書　天津整飭副使胡文璧

整飭副使胡致書再拜於太史彥式倫先生閣下天津志舊無有也凡天下郡邑類有志以昭形勝載沿革紀風俗辨士物稽制度而天津曷爲乎獨無也蓋官府市廛營伍廬舍率自本朝

創設前此未之有焉則其志之無考也固宜予按夏書禹導河積石至於龍門北過洚水至於大陸又北播爲九河同爲逆河入於海註云水陸變遷洚水大陸九河逆河皆難指實又雜引酈道元水經注謂九河碣石皆淪於海韋昭謂碣石昔在河口海濱世久爲水所漸淪入於海已去岸五百餘里程氏謂今滄州之地與北平接境相去五百餘里九河當其地今已淪沒予嘗行慶雲縣覩過古黃河廣可三里許兩岸堤

俱高大餘究然故道岀入歷歷能道之數千年風沙填翳猶未能泯慶雲距滄州百四十里距天津三百餘里則所謂滄州北平相去五百里何嘗淪沒或者東北至今海口古碣石入河之處淪入於海則不可知河自南從後九河故道或爰為平地如所謂水陸變遷之說蔡氏註書時實未親至其地特得之傳聞耳疑此地三代時在大陸碣石左右今父老相傳猶稱九河下稍可知已秦漢有渤海右北平二郡勃海為今舊滄州北平為今京師則此界乎二郡之間晉宋而降地名更改不可勝考唐初北海之濱悉為郡縣獨此猶為荒落之藪宋興因之景德盟好南北以白溝為界天雄軍瀛州悉為巨鎮白溝河今在定興縣天雄軍今雄縣瀛州今河間府以今天津屬河間在當時未詳所屬曾見文安縣有蘇洵祠洵曾為其邑主簿又保定縣舊名三陽縣興濟縣為宋范橋鎮青縣為宋乾寧軍靜海縣為宋渦口塞信安鎮仍宋舊名也元

統四海東南貢賦集劉家港由海道上直沽達燕都舟車攸會聚落始繁有宮觀有接運廳有臨清萬户府皆在大直沽去今城東十里許廢寺中有至元間碑柳貫貢師道危素所撰頗載其槩沿直沽而北為丁字沽取水形象丁字也又北為倉上為南倉為北倉元朝儲積之地時移物換舊名仍存明永樂初始賜今名建三衛宣德中建户部分司正統中建衛學弘治中建按察司西涯李文正公紀之甚詳獨地志尚未有為之紀者夫地志之關於政治尚矣昔蕭相國入秦府藏獨取圖籍收之因得知地里阨塞險易之詳高密侯初見世祖先披輿地圖示之則地之有志政治所先未可視為文具而不之究也予非材自承乏即進官屬師儒父老諮訪形勝沿革風俗土物及先時制度事功學莫之能詳坐無志可稽耳時地曹汪希會分司鹽儲與予意合即欲托之秉筆希會以前無紀述靡所憑據為辭予笑曰志者紀實云耳九丘所載

禹貢所書周職方所錄豈亦前有所稽憑耶後世水經山海經方輿勝覽輿地志郡國志寰宇記諸書亦賢士大夫據所見聞筆册以貽諸後耳昔人云莫為之前雖美弗彰莫為之後雖盛弗傳前乎此記莫之有作矣及今不述所聞日益訛所見日益遷所知日益遺忘將逾久而逾無傳乎希會莫之能斷而竟莫之肯任也予因即官屬生儒諸父老所能言者其藻光之顧才寡識陋學業荒蕪不知紀述家體且屬公務倥

偬舉筆輒擲者累月惟執事學擅三長名重一代舉大魁職史館國家政治君相功列皆將待於如椽之筆茲者仙舟南旅取道斯境河氷適合翻然假寓天其以前之弗及作者屬之今日耶官屬生儒素知予志適以為言予為之雀躍爰述梗槩冒干謁者惟冀抽毫思舒華藻慨然揮翰以完鄙薄之志以慰士民之心以成地方美事於千萬世之遠顧不偉歟毋見拒曰吾能言之文獻不足徵也

傳

張鎧舊傳

永新劉定之侍郎兼學士

張鎧祖父通為後府都督初任為天津衛指揮僉事及居後府天津乃其所統屬衛僚有事來府約繩以法罕有所假貸而宗族留居衛有稍自肆者衛僚欲有以中之顧未得間爾都督既捐館其孫鏞襲天津衛指揮僉事鏞少長居京師為武安侯鄭宏婿頗習飛騑然家素儉薄無以交歡於僚鏞特出意見決衛事其明斷欲以

取名譽不悟其僚以踵常蹈故為賢且孽積多藏能轉移事非鏞所能勝也衛屬有勇悍者其僚陰嗾之與杭爭喧閙於衛署其夕取死老嫗置諸衢誣為鏞所殺網羅其宗族悉致諸衛獄考掠械繫文移誣佐獄成不可解兒鎧鏞同産弟也未冠婚方事作時寓京師怨家以鎧為幼無能為亦不急捕之鎧獨念兄為人陷則祖職墜父兄未葬母失祿養宗族淪胥矣我且獨以身當禍遂奮然出曰殺老嫗者鎧也事上刑部

先在獄者悉釋歸鐸坐獄踰半歲有審疑獄於闕前自辯得免者相繼鐸恐獄變累其兄終不自辯御究役入獄又數月新天子登極與民便始重辟皆許自新於是鐸出鋪與其叔珉等迎鐸以歸見聞其事皆嘆息有為泣下者予觀於是以為可勸戒非一端處倫屬和則諒矣從生守先世傳付官祿當畏謹矣在作聰明為宗族宜飭以禮使之假聲威逞所以禍之爾兄弟有肯代死者雖良朋但永嘆焉予於鐸異姓雁行

故傳鐸以勸戒其家抑鐸亦可謂能為弟且童幼而能尤足嘉也昔童區寄見傳於柳宗元寄所能未若鐸於倫理風化關係甚重子是以書之垂後

國朝

示

覇易道署天津道張汧示

為嚴行禁飭事照得喪禮一節原以稱家有無非可一槩取盈也近聞天津三衛地方有仵作一行恃有槓具各分疆界把持恣肆揹索如遇三衛地方有喪不容彼此攙越不顧人家貧富一槩需索多價若遂其意則已少拂其欲便多方措勒使人有不得不從之勢豈知貧民日求升合餬口尚憂不敷一遭喪事生死靡寧良可悼嘆甚至吹手紙扎等行亦皆效尤無畢種種惡風不一而足利己病人莫此為甚除已往不究易俟　本道捐備槓具安置各庵廟寺院聽民永遠取用外合先出示禁飭為此示仰天津三衛地方軍民人等知悉嗣後凡遇有喪之家

所需仵作槓具及吹手紙扎等項毋論是何地方務要聽從民便不許仍前把持恣意刁揹如有仵作等行把持強索許被害者赴　道陳禀依憑重究枷責各宜凜遵勿蹈法網慎之慎之

康熙六年十月十三日示

尖山學田記

津學舊無田有之自故明天啟年間衛學生員侯倬置買靜海尖山庄小地二十六頃捐入本學立馬學田至

本朝定鼎經理無人地多拋荒順治三年間有網
戶鄭和等圈去熟地叁頃伍十畝下剩荒地二
十二頃五十畝被民人劉官朦朧耕種後于康
熙五年間衛學生員孫弼清等具控　撫學兩院
批　津道毛行　軍廳章斷歸孫弼清等承種
嗣因孫弼清等又無力耕種榛蕪日久康熙十
四年三月間本學教授張國雋同闔學生員陳
曰俞等呈明　督學王批　津道薛行　軍廳
顧斷歸儒學督理闔學生員公中墾種因係縣

地隨于康熙十五年五月內用庄頭于文學之
名赴靜海縣認墾小地十頃轉報各衛門蒙
守道董批准歸入靜海縣十五年墾荒冊內彙
報應于康熙十八年起科又于十五年十月二
十七日蒙　學院吳批該　津道胡呈詳前事
蒙批開荒美政取具佃戶領種遵依免租之議
姑如所請上完　國課下賑貧生查有侵漏追
奪充餉康熙十六年七月內本學教授張國雋
同闔學生員又因奉

旨清丈不許隱漏准開荒納糧隨且通墾學田荒
地情詞將大山庄下剩小地十二頃五十畝情
愿首報　各憲通行認墾現年起科隨于十七
年間已蒙靜海縣入冊徵糧訖以上二頃共小
地二十二頃五十畝內經本縣查明中地二頃
每畝徵銀七厘八毫下地二十頃零五十畝每
畝徵銀五厘八毫一應呈詳批查卷案俱存本
學衛內學田內分收籽粒每年除完納靜海縣
正項錢糧外遵奉

撫學兩院憲批修理　文廟賑濟貧生務期有濟
公務以無負義捐辦歸諸人及　各上臺培植
至意是為記

天津衛志卷之四終

〔康熙〕靖海衛志十卷增補一卷

〔清〕佚名纂

［康熙］《靖海衛志》十卷增補一卷，纂者不詳。靖海衛，明洪武三十一年（一三九八）置，屬山東都司，治所在今山東省榮城市靖海鎮。清雍正十二年（一七三四）省入文登縣。卷一形勝、卷二屯田、卷三户口、卷四名宦、卷五官職、卷六科目、卷七名賢、卷八貤封、卷九逸行、卷十貞節，增補一卷爲屯名、藝文、外志、山川。據中國國家圖書館藏抄本影印。

靖海衛志

祀

先師孔子四配

祝文

詞曰惟師德配天地道冠古今删述六經垂憲萬世謹以牲帛醴齍粢盛庶品祗奉舊章式陳明薦以復聖顏子宗聖曾子述聖子思亞聖孟子配尚饗

形勝卷之一

靖海衛古名普庵郡明魏國公徐達平定東牟草創衛治洪武三十一年始築石城周九百七十一丈高二丈四尺門四後倭乘西門入寇始塞今止三門樓鋪二十九座池深一丈濶二丈五尺為東咽喉極衝專城自明季天啟年間湮廢至今漸坍塌五十五處久成通衢於康熙十一年守備葉植勸諭軍丁輸工葺補捐俸重理三門晨昏啟閉城上尚少資費修理圍墻垛口雖未得成東海巨觀亦足為萑苻之備城內有普庵寺城隍廟玄帝廟關帝廟三官廟龍勢來自東北形如鳳凰展翅槎山拱翠於東西有文筆數峯獨立海面南有蘇山鎮其水口龜山俯其北門山水之秀有足多云

寧津所磚城周二里高二丈濶二丈門四樓鋪十六座池深一丈濶二丈今圮

衛署自明季坍塌前官皆賃民房康熙七年守備葉植捐俸金五十兩有奇修理樓址

衛學明正統四年指揮潘興草創嘉靖年間兵巡道馮時雍東巡移文修葺萬曆末年鄉官宋廷訓捐資修飾

國朝順治年間教授周之翰建戟門開泮池康熙十年守備葉植教授舉人馬負圖各捐俸重修兩廡門墻鑿深泮池明倫堂久廢尚未重建啟聖公祠久日倒塌守備葉植捐俸重理聿新

聖賢像守備葉楨捐俸重粧

屯田卷之二

本衛原額屯地一千一十四頃內除無主荒地九百二十五頃八畝四厘七絲免派又除復荒地九頃四十四畝八分八厘免派實在成熟一例地七十八頃五十二畝七厘三絲每畝額銀三分一厘六毫九絲四忽六微該徵銀二百四十八兩八錢六分八厘五毫一絲二忽五微八纖二沙於康熙九年守備葉楨任內勸墾老荒應自康熙十二年起科地九十五畝該徵銀三兩一分九毫八絲七忽見今行差一例地七十九頃四十七畝七厘九毫三絲共照額徵銀二百五十一兩八錢七分九厘四毫九絲九忽五微八纖二沙

寧津所原額上中下三則屯地八十六頃五十七畝八分內上地三十六畝一分五厘全熟每畝額銀二分七厘共徵銀九錢七分六厘五絲中地一頃二十一畝二分四厘四毫內除復荒地一十六畝八分免派成熟中地一頃四畝四分四厘四毫每畝額徵銀一分七厘共徵銀一兩七錢七分五厘五毫四絲八忽下地八十五頃四分六毫內除荒地七十四頃七十六畝五分八厘五絲二忽四微六纖免派外成熟下地八頃四十七畝三分二厘四毫三絲七忽五微六纖每畝額徵銀一分五厘共徵銀八兩八錢九分六厘九毫五忽九微四纖後於康熙九年守備葉楨任內勸墾應自康熙十二年起科下地一頃七十六

畝五分八絲該增銀一兩八錢五分五厘二毫五絲八忽四微
以上成熟上中下三則地一十一頃六十四畝四分一厘九毫一絲七忽五微六纖共照額徵銀一十三兩五錢一厘七毫六絲二忽三微四纖
以上衛所共地九十一頃一十一畝四分九厘八毫四絲七忽五微六纖

戶口卷之三

國朝順治元年本衛原額當差中下二則人丁共五百零五个至順治十年奉文編審共有七百三十八人又順治十四年新增滋生並添入優免供丁一百零一个共當差人丁八百三十九个內中則丁每丁額派銀七錢下則丁每丁額派銀五錢三分四厘自于逆兵燹之後造報殺戮奉
旨豁免下則人丁二十六丁又於康熙元年為請定編審劃一之期等事奉
旨開除下則人丁三十六个以上共除豁人丁六十二个免派實在人丁七百七十七个後於康熙三年新增安插島民下則人丁一个共七百七十八个守備張繼震於康熙六年編審不清節年逃亡二百二十一个未能審補康熙七年四月初二日交盤摺內有名無實官役被累難堪至康熙十一年守備葉植奉文編審將節年招撫逃个清編共有八百一个除補原額外新增人个二十三个見今實在當差中个三十个每个照額徵銀七錢共銀二十一兩下个七百七十一个每个照額徵銀五錢三分四厘共徵銀四百一十一兩七錢一分四厘
以上中下人个共徵銀四百三十二兩七錢一分四厘
寧津守禦所自順治十二年裁併入衛原額一例人个一百七十七个自于逆變後造報殺戮奉

旨豁免人丁十丁又於康熙元年為請定編審劃一之期等事
奉　旨開除人丁十二丁以上共豁除人丁二十二丁免派實
在人丁一百五十五丁至康熙十一年守備葉楨奉文編審新
增人丁一十一丁今實在當差人丁一百六十六丁每丁照額
徵銀五錢四分六厘九毫共徵銀九十两七錢八分五厘四毫
以上衛所丁地共徵銀七百八十八两八錢八分六毫六絲一
忽九微二纖二沙
本衛所地處海濱疊經兵燹煢煢蒼黎不為流離者幾希矣自
守備葉楨來任極力清剔除數十年牢不可破之積弊復九百
丁久失原額之軍丁招撫流移新荒復業勸墾老荒歲賦日增
上裕　國課下保殘黎紳衿軍丁勒石永銘

名宦卷之四

明

宋訓廷字仰宇號正吾本衛人生平莊嚴有道學風萬曆乙酉
薦於鄉己丑成進士初授戶部主事值西夏哱劉之亂疏請視
朝聽講抑畏修省等事奉差兼理草塲會大災甘罰己俸為商
請價續差督稅淮上釐剔夙弊課士講學以闡聖教轉本部正
郎尋以稅絀受謫山居數載色養雙親親殁哀毀骨立葬祭一
準諸禮分產以給兩弟開館以誨諸生所著如孝經詳解小學
概括兒訓女箴幾希湛省等篇悉皆性命之真起補刑部正郎
歷升山西叅議兼攝五符清操徹骨官吏皆懼未三年政教翔
洽及北上入覲民遮道泣送一切夫例胥減告歸後歲餘而殁
山西祀名宦鄉人思其功德舉祀鄉賢

官職卷之五

明

指揮使正三品方印一顆五年軍政選賢能指揮一員主之賢否由本衛

楊武樂安人天啟志無

商能沭陽人洪武間封

潘古難不花山後人洪武間封

指揮同知正四品

向銘高安人洪武間封

王忠新安人洪武間封

王日成任邱人洪武間封

連子寶浙江錢塘人洪武間封

鄭鑑北直武清人洪武間封

馮真南滁州人洪武間封

伯拜革郎澧州人洪武二年封

王友昌平人洪武間封

許旺滁州人洪武間封

路爵間革

谷景春調濟南衛

劉宦調河南衛

湯文間革

王政

王通

衛鎮撫從五品方印一顆五年軍政選賢能鎮撫一員主之賢否由本衛

仇剛調青州

常富直隸合肥人洪武間封

宋安邳州人洪熙元年封

衛千戶正千戶正五品副千戶從五品所千戶五員共印一顆軍政選賢能千戶一員主之賢否由本衛

王德泰興人

劉四懷仁人

張史兒高密人

龔民桃源人

潘玉萊陽人

張買奴興州人

趙黑廝通州人

黃受直隸江都人

郭瘦廝北直豐潤人

王銘餘干人

劉斌滋陽人永樂十五年封

完成

李玉分宜人

衛百户正六品
蔡誥黄巖人
武博興博興人
王義先直隸舞陽人
李允直隸合肥人
李茂
張貴
傅迪立功未回
陳愷立功未回
朱重　自蔡誥至此天啟志作百户
汪立浮梁人洪武間封自蔡誥至此縣志註千户列
吴興直隸盱眙人
陳子忠直隸江都人
韓君傳大興人
項旺丹徒人
胡伴哥贛縣人
胡興先合肥人
王哥兒烏江人
馮僩㒒通許人
董雲美河間人

劉玉四川人
泰安鄞縣人
何潤興州人
顧成大興人
張永新安人
許大保上蔡人
劉榮湖廣人
孫敬夏蔡人
陶珣立功未回
王哼囉達兒山後人

寧津所鎮撫
賽納山後人
張臣高密人天啓志無
所千户
張勝全椒人洪武二十二年封天啟元年加僉事
馬成山後人
許昭湖廣江夏人
盧真江陰人
周佑沂州人
尹忠鳳陽人

所百户
孫勝 山陽人洪武間封
錢旺 山陽人洪武間封萬曆志無
張山 合肥人洪武間封
楊興 合肥人洪武間封
吳錢 泰州人洪武間封
衛經歷 從七品方印一顆管軍民詞訟及府道文移呈堂正途出身應升知縣萬曆前無考
賈永成 咸陽人
王達
施良全 華亭人升紀善

雷震青 德化人升都事
江國昭 福建人
李宗舜 弋陽人
蔣廷璧 武進人
王光道 太湖人
陳克嘉 稷嘉人選貢升青縣知縣
丁夢說 原武人
申光綬 浙江人
馬應龍
王道立 北直人

黃鐔 福建人
教授
胡紹 壽州人
賈曹 唐縣人
張表 鄒平人
劉三極 應州人
羅天德 升紀善
李嘉會 武城人升知縣天啟志作王命
徐鏜 登州衛人
年應極 福山人升德州紀善

王子蕃 齊河人天啟志作鄒平人訓誨有功升德府紀善
陳秉忠 章邱人
劉極 青州人升通判
李秉忠 高密人
陳五章 曹縣人
李館 臨清人
杜允文 霸州人
王鐸 掖縣人
胡宗舜 即墨人
郝大名

李聯芳邢台人
陳志義遼東人
衛倉大使天啟年間裁
卜世隆任邱人天啟志作章邱
竇寶吳橋人
王江大城人
姜受允肅寧人
梁邦表平遥人
孫孝賓河間人
蔡思賢保定人

焦景時靜海人天啟志作景懷上海人
寧津所吏目
王棟衛水人
李芝河間人
王仁思太原人
劉廷舉山西人
鍾倫江西人
倪公相
邵宏憲
吳鍾浙江人

朱希吉海鹽人
所倉大使
郝汝翼永平人清廉勤儉
項定邦懷遠人
温世相雄縣人
楊守仁南皮人
尼山秀昌邑人以下天啟志作衛使
崔朝用武定人
王鏜元城人
徐良歷城人天啟志無

國朝
衛守備
韋盛山西人武進士順治四年任
王京北直人武進士十一年任
徐大任北直人武進士十六年任
劉元孝北直人武進士康熙元年任
張繼震北直人三科武舉三年任
葉植湖廣蘄州人武舉七年任
章靖金華人武進士十七年任
李文龍浙江蕭山人武進士二十一年任

宋斌河南祥符人武進士二十八年任
杜振龍陝西長安人武進士四十一年任
高福貴齊河人四十六年任
曹賢江寗人武進士五十七年任

衛千總

孫承遜京衛人順治六年任十二年奉裁
王尚禮京衛人順治六年任十二年奉裁

寗津所千總

盧之鍾宣城人順治六年任十二年奉裁

衛經歷

袁紹毅浙江人貢生五年任
祝運昌陝西人恩貢十年任奉裁

教授

徐宏典德平人順治十年任
周之翰安東人十二年任
孔聞式定陶人十四年任
耿廷楫新城人十七年任
任實掖縣人康熙四年任
馬負圖長山人舉人九年任
蘇名失傳

高三思益都人舉人二十二年任
王宏緒新城人舉人四十年任
蘇學軾益都人舉人四十五年任升知縣
李在泮黄縣人舉人五十三年任
王琯濟寗人捐貢五十九年任
于紳寗海州舉人六十年任

科目卷之六

進士

明洪武四年辛亥始會試六年癸丑罷至十八年乙酉復會試

宋廷訓萬曆乙酉荐於鄉登乙丑進士歷山西叅議

國朝

齊玉綸康熙丁未進士司李改授知縣

齊璋康熙庚戌進士候選知縣

舉人

國朝

常天祚字凝祉順治戊子舉人見任靈山衛教授

宋禹震字西齋壬子拔貢甲子順天舉人江陵知縣

齊珠字合浦癸未舉人縣志作癸巳

武舉

明

宋應期鎮撫嘉靖辛卯舉人

齊寶鎮撫萬曆己卯舉人任本府海防中軍

馮祚胤指揮癸卯舉人

許選指揮丙午舉人

國朝

連奮飛康熙己酉舉人

貢監

明

張貴南皮主簿

蔣昇隴州吏目

許紘景州吏目以上永樂間貢

姜恩全州吏目性耿介開館會文供給不怠衛士皆賴興起正統間貢

孫銘獲嘉主簿景泰間貢

崔勻絳州同知府志崔星

常卿以上天順間貢

張峡壺關縣丞

項玉

張麟信陽州判

湯秀平谷知縣

連綺以上成化間貢

蔣鷴長子縣丞

商希曾樂安主簿

顧欽泗水教諭

姜有容恩子臨淮主簿以上宏治年間貢

連瑩當塗主簿

馬負圖死流賊難

劉金壬子志作企
韓奇樂亭縣丞以上正德間貢
郭鑑河間主簿
許思仁肥鄉主簿
馬洲嘉定縣丞
張倫
劉鳳字桐岡肇昌通判安插番衆撫綏軍民
商祖舜樂亭縣丞
潘崙合肥主簿
賽從倫三和知縣

連珠平順主簿
張學禮四川布政司檢校
陳汝舟安東主簿
何日密雲縣丞以上嘉靖間貢
王業撫寧主簿
許寵萊蕪教諭
王堂
胡大本曲州縣丞
宋宸寧國府檢校縣志作景泰時人以上隆慶間貢
侯銳沙河知縣

劉守鳳子高邑知縣孝友廉潔課成多士
侯鎧河南衛輝府經歷
侯鑽侯選訓導
梁材
侯横河間府經歷
宋應試延安同知
鄧時姜常州主簿
戰以計
周崑滋陽訓導
賽維垣歷任廣信池州通判

修憲萊陽人由衛庠生平涼通判
劉文炳沁源知縣
宋應機歲貢未仕
范雨起渭南縣丞
高如嶽榆次縣丞
宋廷讓
馮嘉聘武功縣丞
賽延胤隆德知縣
常三錫遵義知府卓有政聲
連躍淮安同知

張顯謨淳化知縣
宋廷謁永平府通判
王佐器六安州同以上萬曆間貢
張體敎汜縣縣丞
高岸萊陽人由衛庠選貢
韓仰泰武岡州知州
李佐選貢
宋廷謨蒲州判官
賽延祺徐州州判卅盧龍經歷
呂宣春陳留縣丞

宋思厚魏縣知縣
許文衡猗氏縣丞
崔允高未仕以上泰昌間貢
劉夢熊龍安知府
王建恒未仕
王國祚以上崇禎間貢
國朝
榮登陛章邱教諭
常兆新三錫子莘縣訓導
馮祚鴻恩選考授通判

張大倫恩選考授通判
常依仁兆新子考授縣丞
秦永壽字惟昭鳳翔縣丞
高怡萊陽人由衛庠
賽玉成辛丑恩選延胤子字五瑞
向懷樸歲貢
宋鳴震壬子拔監甲子順天舉人江陵知縣以上順治間貢
連第字芝臺歲貢
侯宣字來伯
盧時瑞字麟州甲寅貢日照訓導

宋雍字伊水陽谷訓導著綠蕉圖諸集
榮甲字開黃昌邑訓導
馮運開字大來
王憲字竹臺
樂九成字雲門鄒縣訓導
邢繼元字眉山
柳琯字官玉丙寅拔貢泗水教諭
賽玉綸
賽瑶字瓊玉庚午利津訓導著層園詩集
賽玉黼字觀六

滎鼎字彖九甲戌
張玉字瀾石
張曙字若木戊寅
許卿祿字南宮丙子
宋復震字西園庚辰
宋熹字復中戊寅拔貢齊河教諭
宋昌齡字鐵山甲申
劉道興字白水壬午
孫薰字榮公戊子
滎應祈字士章丙寅縣志作丙戌

靖海衛志　科目 貢監　二十四

滎瑛字美綺
崔慶雲字雯卿壬辰
滎應推字竹菴庚寅
常甲字鑾生丙申奇貧嗜學
錢式字惟一甲午
王繼武丁酉
連天慶字萬林庚子
秦輔周字西藩戊戌
連元字斗章壬寅利津訓導
吳琨字荆石壬寅恩貢以上康熙間貢

王澤字桐伯癸卯拔貢
韓士錦字帛黼甲辰
王可師字心齋庚戌在乙巳後補入者
宋契商字承殷辛亥
竇枝廣附生例貢
王鏞堂邑訓導
王澤潤恩貢

靖海衛志　科目 貢監　二十五

名賢卷之七

明

賫從儉號時菴本衛鎮撫實之次子也上世皆武貴先生始以文學起家仕三和知縣廉介不附三載列上考致政請歸胞兄賫從仁早逝子維忠夫婦繼亡遺孤應襲延祿甫三歲先生撫若己出維藩維垣與祿同時出痘獨祿症不治先生晝夜涕泣焚香祝曰吾有二子願捐一以活祿若祿殤則世職莫襲予將何以白於鄉黨隣里乎後三人俱瘥祿長為完娶及承襲始怡然先生將祖遺黄山庄田一處盡以畀祿而自卜居於文邑之東關迄今累世仕宦科貢濟濟

賫維垣號盤石家貧力學初仕廣信通判署篆弋陽會赤旱先生步禱仙姑井距邑二十餘里無倦容祝畢忽一鱉自井中上浮水面珹雙履陰陽各一以歸供於衛之三聖廟頃刻大雨沾足翼旦往謝仍以盤置水面瀠洄者久之遂沉時遠近喧傳邑人為立祠記其事都諫夏公贈詩有一榻齋居亭上月雙鳧踏破隴頭烟之句尋調池州通判多善政年四十二卒於官扶櫬歸里惟有先人之敝廬而已

向化本衛指揮向上次子也父署衛印時化年十六歲值撫按臨父文冊未備投海而死化哀號踊躍泣尋三日投海次日父屍浮水面時天大晴忽西南角似鼓響數聲須臾雷雨大作化屍頭頂父袱浮起衛人觀者如市觀察郭公給銀八兩命葬成禮　詔給銀三十兩豎坊以旌

賫維藩字柱石從儉冢子庠生以子延胤貴封文林郎先生端方儉樸終其身足跡不至公室上以父蔭下以子榮蔬食自若也壽八旬有五無病而終

賫延胤號景樸維藩仲子幼失恃事繼母以孝聞讓產兄弟年十四入庠第一即予餼由揀選除隆德令居官清慎才能四應隣邑巨寇陳高庄負險十餘年諸道兵不能克先生計擒之凱旋督台率藩臬以下把盞慶曰闗中數千里得以安枕者賢令尹功也遂舉卓異以覃恩晋階文林郎三載卒於官年三十有六入名宦

連璧本衛指揮僉事掌衛屢有建明升河南歸德守備功勛甚著商祖堯與宋奎常林潘鑄劉鑾武忠宋應期潘榮張玉許富皆本衛武彥也嘉靖三十一年倭衆犯衛祖堯等率衆捍禦奮不顧身倭遂潜退皆堯等之功事聞各蒙欽賞銀緞而宋奎馬馳幾遇害賴子應期奮救功尤卓焉

賫延祺號海嶠維垣季子也八歲失怙胞兄弟六人析炊讓產敝屋以居為諸生講學不輟資束脩以事筮仕徐州判露宿河干分修長山等大功數月竣事總河劉公榮嗣特厚遇之時河決為患在在見告凡稱難治劉公輒檄先生至指畫如有成竹

樊口溜淺先生創造布閘激水以渡之劉公嘆曰真奇才也漕運畢叙功七省第一會劉公以浮言中傷所部監司倅二被逮者四十二員先生莅任期月廿盧龍經廳堅不就或力勸之答曰吾生平數厄守拙功名抑可知也因賦歸來山居二十餘年布衣草屋官長不識其面

國朝

賽玉紘字冠夫讀書務實學潛心墳典爲文原本經史視帖括家一切軟語滑態毙然不屑立文山社課諸生多知名之士著慵齋文集丙午以策論登賢書丁未成進士年逾五旬遂不樂仕進云

貤封卷之八

明

宋奎以仲子績誥封武毅將軍加贈飛騎尉

宋應綬封承德郎顏氏柳氏封安人以子廷訓貴

常柏庠生封文林郎新安縣知縣晉封奉直大夫應州知州

連氏初封宜人晉封安人以子三錫貴

賽維藩封文林郎　于氏　于氏封孺人以子延胤貴

連爾鏕封奉直大夫　許氏封宜人以子躍貴

韓思范庠生封奉直大夫　崔氏封宜人以子仰泰貴

張文綽封文林郎　許氏封太孺人以子顯謨貴

刑氏封孺人以夫賽延胤貴

齊氏封安人以子宋應試貴

蔣氏以夫宋應試貴封安人

畢氏以夫連躍貴封宜人

劉氏以夫常三錫貴封孺人再封安人

于氏以夫韓仰泰貴封宜人

周氏以夫韓仰泰貴封宜人

許氏以夫張顯謨貴封孺人

國朝

賽玉弦封文林郎臨汾知縣晉贈奉直大夫山西提督學道

鞠氏封孺人晉贈宜人以子璋貴
于氏以夫賓璋貴封孺人晉封宜人

逸行卷之九

明

將孟本衛軍餘失目父喪家貧難以贍母與人作傭得菓肉輒懷歸奉母母有疾朝夕奉養母年九十餘孟年七十五人稱其孝

鄭振華父歿廬墓三年孝思純篤鄉人為之勒碑

宋虬字自伯工畫尤長於山水得小李將軍筆意隱居槎山飄飄有仙致

王希孔父平於康熙四十二年被賊害希孔方幼及長常持斧尋仇未得遂志一日乘衆觀花炮突出斧擊賊腦裂隨自投獄慷慨赴難畧無懼色賊未即死潛逃京師希孔亦遇赦其事泯沒無傳特表之

貞節卷之十

明

烈婦

高氏軍餘管克勤妻勤死氏號泣三日水漿不下竟自縊死

節婦

王氏監生連琪妻事姑三十餘年撫按旌表其門

蕭氏舍餘宋奪妻年十八守節撫幼子應徵年八旬孫廷訓登第方卒人咸謂苦節之報縣志無

于氏應襲指揮潘獄妻二十三歲誓守一女旌表其門

周氏舍餘商朝國妻二十三歲守節倍歷辛苦

蕭氏宋鐸妻甘貧守志七旬而卒

宋氏宋廷言長女百戶劉宗崇妻年二十二歲寡居無子備嘗百艱七十四歲邑侯旌表縣志無

國朝

烈婦

高氏衛廩生范磊妻磊亡無子嘗一投井不死終以自經邑侯徐公勒碑旌表

宋氏軍餘蔣良魁妻年二十歲魁死遺子三歲氏堅守撫養後子亡即哭死

叢氏儒童李永豐妻適甫朞年豐病殂氏號泣終日竟環縊柩

前

張氏寧津所王鏡妻年十八歲鏡偶得猝病死遺子二歲氏涕泣不顧當日環縊柩前

劉氏李泮妻泮亡無子乘隙自縊

潘氏連可傳妻年十五于歸兩月夫赴京歿無子氏聞訃自縊

張氏常元福妻于歸未及半載夫赴京歿氏聞訃自縊年十九歲

王氏胡士璐妻年十九于歸越二載夫歿撫子能食堅志殉夫絶粒死

向氏趙克美妻年二十夫故殉節

節婦

叢氏生員常兆升妻二十無子矢志苦守五十年凜如一日

常氏指揮王古隆繼妻二十守節壽延八旬六十年凜如一日

周氏韓仰泰繼妻三十守節撫四子七十六歲倍歷辛苦

王氏百戶劉應熊妻二十五歲守節事姑弗怠撫二子成人今年逾古稀閒姑之遺言遺行猶泣涕

楊氏韓瑎妻年十七夫故撫遺腹子守節

王氏秦翰因妻年十九夫故事孀姑撫幼子守節

郤氏庠生宋珏妻念二夫亡無子守貞

張氏庠生蔣一元妻念三守貞教子入泮

張氏庠生宋理妻念四夫故無子守貞
許氏庠生宋思恭妻念四守節事翁純孝撫子成立
黄氏張文善妻
遲氏宋可久妻念三夫故繼子苦節
王氏李淇源妻十九守節
宋氏王維武妻奇貧苦節
宋氏庠生許汝麟妻
畢氏韓士祥妻守節六十年
連氏劉大紳妻
殷氏張某妻

宋氏王大孚妻繼子守貞
劉氏庠生連壽妻
宋氏常輔仁妻
柳氏宋可悦妻年十九無子守貞
王氏廩生賽岫繼妻撫前妻子守節

屯名

本衛屯四十三處曰狼尾曰老軍曰草埠曰草埠角曰古障曰古障角曰殿山院曰鄒山曰桃子山曰玄真島寨曰蔓天嶺曰石窯曰榛子溝曰桃花石曰達車曰明光山曰望港山曰長會寨曰石獐河曰五里島寨曰劉家塋曰汪島曰生家島曰湯灣泊曰楊家港曰落落溝曰大金院曰金家庄曰小泊子曰小泊子角曰峯山曰管山曰西古障曰黑石埠曰茅茨埠曰遠庄曰泊子曰窯南泊曰冷家庄曰黄埠嶺曰綿馬曰青里以上各屯俱坐落寧海文登界內

寧津所屯共二十一處曰龍灣曰蒲免曰王古曰槎山曰裡山

曰土山曰闞馬曰黄　曰星石曰九城欒曰博落曰港頭曰黄山曰桃花石曰紫閣閘曰打島曰横椰島曰紫家曰慈山以上各屯俱在文登界內

本衛墩二十座曰柘島曰鐸木曰郭家口曰石嵐山曰唐浪頂曰杵杵頂曰菰蔞寨曰狗脚山曰脚山曰路家馬頭曰木石曰長會口曰經土崖曰明光山曰青島嘴曰姚山頭曰峯窩曰浪浪曰大灣口曰黑夫歇

本衛堡八座曰蒸餅曰狐西曰慈山曰望漿曰墳臺曰殿山曰葫蘆山曰起雨山

寧津所墩八座曰漫埠曰龍山曰羊家島曰芝蘇灘曰王古曰

柴家山曰青埠曰孟家山
寧津所堡九座曰帽子山曰箇山寨曰高嶅山曰拖地崗曰王家埠曰大頂山曰土現口曰龍虎山曰箇山
教場在城西南角有亭一間僅存遺址
本衛城三面環海當東南出入要地地多斥鹵居民仰漁利以自給自明以來生齒漸繁科甲相繼材能輩出名賢著績於先後節孝垂光於里閈地丁錢糧勸輸以時移風易俗是賴賢能

藝文

邑修文廟碑記

賽玉鉉

邑有文廟尚矣考諸志始建城東南隅金大定間邑侯李公大成遷縣志東迄明嘉靖邑侯辛公三畏乃重修焉由此觀之自古帝王之興如漢明帝臨雍袒割固曠代所未有即守一郡令一邑而以興學校敦教化為急務者亦必數百年而後一遇也三代教士之法雜見於周禮戴記漢唐以來邈矣難復勝國學校之盛嘉隆為最至萬歷而駸衰當其盛也天子重澤宮之選或閣碩輔為大司成下至郡邑學正亦克以庶常崇廉恥抑奔競別賢否為勸懲以故士修實行名公巨卿接踵而出及其衰也釋菜視為故事師儒之官或闕而不備士有終身不履庠序不辨俎豆者鉉當弱冠之年嘗北達燕冀南浮河淮矣至其處往往見學宮茂草甚至牧人豎子躑躅其中蓋不勝歔欷而流涕也　大清鼎革百度維新世祖章皇帝孜孜以廣學校為先
今上即位加意作人海內裒然向風矣文邑僻處東陲壤地磽确兼以兵燹相仍學日就圮正殿不蔽風雨門廡垣墉一望瓦礫過者弗恤焉康熙庚戌夏邑侯邰公來莅茲土謁廟嘆曰廢弛若此曷以達　功令而勸多士越明年春亟謀鳩工諸生以公私彈壓難之公曰予與諸生約上不累國下不病民其許我乎諸生曰諾公遂出俸金倡捐助僚佐紳士亦競相勸也不

數月而正殿戟門竣事堊黝丹雘煥然改觀堂舍齋祠次第具舉絃于是嘆天下事之可與樂成而難與慮始也公下車將及三載持己以廉惠民以仁至于好賢下士一出乎禮廟貌既成瞻仰肅拜復集多士於明倫堂而告之曰爾諸生亦知先王建學立教之意乎非徒功名蓋以德行為本爾諸生苟能德化一方如古彥方其人雖窮而在下亦邦家之光也若臣焉不忠子焉不孝雖掇巍科躋膴士聲勢赫奕足以誇耀一時而不免聖賢之罪人爾諸生其勗哉于是諸生咸凛然以恐悠然以思夙夜勉之以佩公之訓而公之教澤行且形為咏歌宣金石被管絃以垂于無窮豈非數百年而一遇者哉公諱沆字李仲浙江鄞縣人登辛卯賢書

劉協鎮去思碑記　賽玉綋

都督劉公諱進寶字君重遼東廣寧人也生平慷慨工韜畧從事戎行歷叅漳泉間厥功甚茂　今上即位念東陲為神京左臂特設協鎮於文邑之舊營而以公開幕府焉公未蒞之先于逆倡亂虎負鋸齒山一呼響應自登郡東南數百里在在揭竿勢如燎原之火而文邑西有崑崙山地扼險要巨寇巢穴其中與鋸齒相為特角文邑嘗被圍七晝夜矢盡糧竭危若累卵公適當其時率十餘騎轉戰前進城內望見大纛喜將軍從天而下也公既入城號令嚴肅壁壘一新賊自是不敢薄城下然猶

盤據西山出没無常公按甲不動者數日諸裨將屢請曰今不亟擣其穴城未可一日保也公不聽賊聞之以為怯忽一日因天雨雪乘夜疾馳五十餘里深入不測一鼓而擒厥渠首人始嘆公方畧之奇也至脅從之衆悉令解散有願歸農伍者勿誅于是反側子自安雖李愬之取元濟不是過矣當是時于逆未擒　禁旅雲集而公獨能底定東方不煩大兵之臨糗糧芻茭省民數十萬緡既而鋸齒破羣醜平則以公能先剪其羽翼勢孤援絕而後大兵得以成其功也公可不謂首庸乎公深通兵法好整以暇十餘年來撫輯士卒恩威並用由是兵民安堵境內晏然公又時與士大夫從容讌樂無淩轢飛揚之色輕裘緩

帶惟公有焉公今總戎南贛矣封侯萬里豈必戀戀于此但以公功德在文不忍舍又不能忘爰伐石誌之以傳後世

修老子殿序　賽玉綋

文邑東南距三十里許名慈口觀者乃老子大殿也創于元泰定之二年今久而圮矣羽流某欲重修之而徵予言為序余考之史記曰老子苦縣厲鄉曲仁里人也括地志曰苦在亳州谷陽界有老子宅及廟是老子生有地死有鄉矣奚為而祀於此也耶豈老子之神亦如地中之水無往而不在也太史公為老子立列傳一曰莫知其所終一曰世莫知其然否杜工部詩曰谷神如不死養拙更何鄉然則老子之神在彼乎在此乎是未

可知也蓋老子大旨貴清淨自然當時關令尹已以聖人事之所著道德五千言後世有道之君如漢文帝者往往用其術以治身治天下其祀之也亦宜乃自古天下之禍之烈無如申韓之刑名蘇張之捭闔兩晉之清談而說者謂皆原於道德則其合祀與否又未可知也雖然余誦法孔子者也孔子有言曰老子其猶龍乎安知其果不可以祀也若曰老子之徒借孔子以重其師則余又不知其所云

董仲婦傳贊　　賽玉鉉

萊陽董樵生仲子道廣四歲入西山庚子冬十一月棲霞孫士彥以女歸庚戌秋七月道廣卒于西山孫氏死贊曰吁嗟乎萊陽吾董樵也何為入西山耶道廣年甫弱冠能讀父書卒於西山道廣之志也孫氏曰吾無子當死識知道者歟豈云烈哉氏死書年月正其終也歸亦書年月正其終必謹其始也氏且死廡姑勸之弟勸之隣婦與婢又勸之皆不得書不與其勸也書樵與樵也有樵而後有道廣有道廣而後有氏也當樵入西山最初與余交今二十有八年樵其以西山老乎然則樵乃西山之樵也西山之樵何為萊陽書美哉固萊陽之風也

五言詩

遊山待友人不至　　宋廷訓

堵居驚春去山色入夏深不堪景頻擲乘興暫幽尋時雨綠田

野正陽麗園林栁看錦成織麥湧浪作金鶯花紛燁燁蛙鼓亦欽欽更有嵐嶺好金香松欝陰韶華惬獨往勝集懷同心如何待不至搔首自沉吟

詠新月　　宋廷訓

萬古此明月一秋看一新照人今夕月看月去年人月桂長多少人情閱幾經安能人共月照看永無磷

名文臺　　曹賢

始皇志坑儒構臺先名士可憐魯諸生竭厥恐後至臺荒千古存秦業不二世一嘯來天風徘徊感遺事

五言律

除夕　　宋廷訓

两年爭一夜萬里聚同人酒泛寒歲柏斗回月令寅行踪客裏舊世態眼中新去往非吾事浩歌待曉春

夜笛　　宋廷訓

羌笛吹殘夜蕭蕭過小亭玉關人未入郢調客中聽竹韻微風亂漁歌和晚汀一聲橫塞月吹落萬山青

寒夜　　宋廷訓

木落霜天晚千家盡掩扉書聲燈火細漁吹荻江微月印蒼松冷風迴白雁飛遥憐邊塞苦應念授寒衣

展龍池　　宋廷訓

清池豈古勝曾說武皇過碧玉寒凝露青蘋淡寫波龍無潛隱
跡櫂有往來歌莫過昆明水由來一勺多

登文山有感　賽玉綸

鶯語春風度翛然樹杪行四山團野色兩水抱孤城黃石終埋
姓丹砂可避名秦宮何處是但見暮煙橫

登槎山　宋翟

不入此山久重來興欲迷雪殘幽徑滑天遠數峯低落日晴光
滿浮雲海色齊扁舟如可泛更在暮潮西

望槎山　王一貫 大興人

一望衆山小凌雲青逼天相傳人不到孤立自何年海氣龍池

合雲光鳥道懸誰當窮九頂洞裏有神仙

遊鐵槎山作　何漣 會稽人

峯影興雲連乘槎直上天蒼藤盤絕頂黃葉下飛泉苔蘚龍池
畔煙嵐蜃氣邊偶然謝塵事來訪洞中仙

遊千佛洞　鄒士華 廣東興寧人

鐵槎流翠雨石瀨響空山欲上清涼頂來敲寂靜關風聲修竹
月色白雲間思得琴高鯉海天任往還

七言古

大叅鞠公入祠歌　賽瑤

吾邑鞠公不可攀堂堂正氣文文山念載宦遊歷秦晉在在輿

黃卓魯閒居平磊落號人傑他年事業期轟烈自是讀書見禮
明臨機發矢還一決節越漁陽蓋有年一朝失守豈遷延慷慨
一劍身徇國留取孤忠向九天欲將一木支大廈凜凜生氣溢
中夏浩然歸泉石自悠詎知潛德終難滅夜夜幽光射斗牛天
王使者下東方觀風第一錄忠良三代直道猶未泯桑梓籲請
入宮牆宮牆數仞人多以富遺子孫君家不徑復不實詔賜明
禋拜新恩追崇無與倫俎豆煌煌左右陳因思二心臣子輩終
須一死死羞人富貴爭如擊石火功名休自認為我但使忠孝
處死生枯骨終當同岷峨我生未獲侍風宸我志於邑恨未伸
長歌聊借先生發留為野史勸忠臣

雨雹　賽珠

丁酉之歲秋八月霹靂犁雷無時歇何人推墮水晶宮冰摧玉
裂拋滿空滿空撒擲雜風雨迸入新菑帶　林莽鳥飛飛不
得垂頭塌翼無顏色近聞人從港口來魚顛鱉倒委青苔更有
老農泣嗚咽膏腴千頃填冰雪去年苦旱多穮穠今年苦雨禾
生耳黍稷高梁比不登螟螣蟊賊匝地生膹有水田三十畝帶
雨荷鋤不住手準擬今秋上場屋半入官糧半裹腹又被天公
收拾了千村萬落疾如掃記取明年謝犁鋤拋將田土走湖蘇

遊栢楊山　賽珠

山勢屭贔盤海曲遊人一步一躑躅我從崑嵛山下來猶貪山

色入山腹千載空傳柘陽石至今不見柘陽木惟有鬱鬱萬松林亂峯高下迎人緣歸然古寺藏巖底碧瓦參差襍茅屋入門突兀摩雙碑石花斑駁不可讀金星統元至正年達魯花赤字鬖鬖老僧延客闥深堂隨意起坐無拘束西行更上老龍宮畫壁森羅紛水族馮夷擊鼓黿鼉舞措點丹青看不足我生性癖酷愛山老樵童牧喜追逐竭玆游真奇絶幾時踏遍海山麓行拾紫芝調白鹿蓑衣蒻笠慊幽獨

七言絶

過許秀才任奇廬墓處　常元素 衛廩生

空山寂寂鳩鳴幽小碣苔深字不留無數秋山動秋思孤雲落處起潮頭

七言律

黄山山房　賽從儉

猿鳥無聲盡掩扉寒原隔水到人稀雲晴古木月初上雪滿空庭鶴未歸蘂圃地連山色靜樵家路入樹烟微棲遲慣得滄浪興雲閣還應夢釣磯

槎山登眺　邵三奇

群峯拱立碧霄端胸盪層雲縱目寬池上龍飛鱗甲動洞中仙去皂爐寒千村回望迷烟樹萬象平收列畫闌乘興躋攀須信宿海天日夕有奇觀

清凉頂次董東湖韻　宋　雍

二月空山雪未消登臨游客半漁樵浮雲忽送孤峯影高閣全憑萬里潮風起魚龍通碧海月明笙鶴下丹霄從君杖履非無意不信蓬萊此際遥

重遊槎山　呂　槐

回首滄桑一望遥十年曾此狎漁樵九峯夜度蓬萊鶴萬里朝通閩粤潮遊客登臨低向日仙人宮闕出青霄分明已久星源裏何事乘槎泛漢橋

登槎山　林　淇

孤峯直峙海雲邊縱目澄波萬里烟石磴層層疑鳥道浮鷗點點是漁船龍池水闊珊瑚靜佛洞苔深峭壁懸振策清凉最高處茫茫一髮見青天

崑嵛山　曹　賢

崑嵛山勢削芙蓉蘿蔓崩崖倒挂松一氣靈鍾三百里半天雲影萬千峯仙人已去留餘迹古寺難尋但聽鐘安得攸然謝塵網軒軒霞裡駕倉龍

薄暮步西嶺用少陵韻　賽　珠

舍南舍北向黄昏天末猶餘夕照痕野塚已摧元代碣山居未改漢時村豚河風急迷沙岸仙窟雲深擁石門最是登高多古意不關孤客也銷魂

六言絕四首

其一　　賽珠

臨水荒園半畝負山草屋數椽有客閒樽花下無人敲句柳邊

其二

興至敲棋把酒悶來問酒尋花欵客殺鷄為黍家常脫粟籬瓜

其三

雨過一簑一笠炎蒸不履不衫坐看蜻蜓上下卧聽紫燕呢喃

其四

架上牙籤常滿樽中濁酒不空讀罷貪杯苦渴枝頭果墜初紅

崑陽書屋銘

矮矮書屋其大如斗不堊不黝亦户亦牖湫水龍吟山松虎吼盲左腐遷繽紛左右向仙賀鬼揖讓前後醉或擊劍歌亦拊缶何以勒銘古文蝌斗

外志

流寓

曾景陝西潼關人正德五年歲薦除本衛學博剛直古樸因年老子幼遂占籍文登後遭兵燹湮沒無傳

許念敬河南人任大理寺評事充衛軍

王玉陽字處一東牟人金大定間侍重陽子居烟霞洞修真重陽授以道法三十六卷載顯異錄後以烟霞人跡雜居徙居槎山構屋居焉一日遊山之西愛其巉巖自成一洞名曰千真至今宛然

怪異

賽從儉卜地葬父於黄山西南某圖某地葬之日地主遣一老嫗夜赴塋乘未葬欲撲墳為難迷道忽遇二童各執燈謂嫗曰汝欲往賽氏塋乎吾為汝導嫗隨之及將曉二童不見嫗乃在海港中幾不能出至塋則棺已下而墳已成矣

康熙丙午春有異人張姓借船入蘇山島獨居毒蛇惡物不敢近舟子入借風風即順丁未春堆柴一園自坐其中焚死

鐵槎山在衛東南相距十八里齊乘作鐵查山山連九頂南瞰大海絶頂大石之上有龍窩跡印宛然有龍池大旱不乾有千佛洞洞壁有窩每窩一佛傳為真人王處一用木魚究成山東有名上天梯以手捫石方能行年久手印寸許東頂有雲光洞即王真人修煉處東南有雲濛山山下有水簾洞洞内有二石珠將大風雨珠盪激響如雷土人以卜陰晴每歲元旦水退可步至洞門外窺之窅然無際洞門題水簾洞三字大如斗過日則水勢汪洋舟人遥望之而已

蘇門島在衛東南海中水面約四十里一名蘇心上有海神廟隆冬花開名耐冬類茶花有泉甘洌北有漲濛島西有桑島墨

島又西有邢家島此島與姑蘇相對故云蘇門春夏之交頻見海市誠奇觀也

姑嫂石在衛西水面三十里俗傳有姑嫂投海而死化為二石隔里許故名海市多出其上

馬蹄泉在衛城南里許津石中間宛然馬蹄潮至四面俱鹹中仍甘美可飲

圖書在版編目（CIP）數據

海上絲綢之路文獻集成. 歷代史籍編. 第四輯. 第三卷 / 范金民主編. --福州：福建人民出版社，2023.8
ISBN 978-7-211-09068-6

Ⅰ. ①海… Ⅱ. ①范… Ⅲ. ①海上運輸-絲綢之路-史料-彙編 Ⅳ. ①K203

中國國家版本館CIP數據核字（2023）第072988號

審圖號 GS（2022）4637號
本書有關内容和地圖僅代表作者個人觀點，不代表官方立場。

海上絲綢之路文獻集成・歷代史籍編（第四輯 第三卷）

主　　編　范金民
責任編輯　劉挺立
美術編輯　白　玫
出版發行　福建人民出版社
電　　話　0591-87533169（發行部）
電子郵箱　fjpph7221@126.com
地　　址　福建省福州市東水路 76 號
經　　銷　福建新華發行（集團）有限責任公司
印刷裝訂　上海盛通時代印刷有限公司
地　　址　上海市金山區廣業路 568 號
電　　話　021-37910000
開　　本　787 毫米 ×1092 毫米　1/16
印　　張　277
版　　次　2023 年 8 月第 1 版第 1 次印刷
書　　號　ISBN 978-7-211-09068-6
定　　價　3600.00 元（共 9 册）